니체사전

엮은이 기마에 도시아키+다카하시 준이치+미시마 겐이치+오누키 아츠코+오이시 기이치로   옮긴이 이신철

도서출판 b

□ 엮은이 □

기마에 도시아키(木前利秋)__ 1951년 출생. 오사카 대학 인간과학부 조교수
다카하시 준이치(高橋順一)__ 1950년 출생. 와세다 대학 교양학부 교수
미시마 겐이치(三島憲一)__ 1942년 출생. 오사카 대학 인간과학부 교수
오누키 아츠코(大貫敦子)__ 1954년 출생. 가쿠슈인 대학 문학부 교수
오이시 기이치로(大石紀一郎)__ 1960년 출생. 도쿄 대학 교양학부 조교수

□ 옮긴이 □

이신철(李信哲): 연세 대학교 철학과를 졸업하고 건국 대학교에서 철학 박사 학위를 받았다. 지은 책으로는 『논리학』, 『진리를 찾아서』, 『철학의 시대』 등이 있으며, 옮긴 책으로는 『칸트사전』, 『헤겔사전』, 『맑스사전』, 『현상학사전』, 『헤겔』, 『헤겔의 서문들』, 『학문론 또는 이른바 철학의 개념에 관하여』, 『현대의 위기와 철학의 책임』, 『독일 철학사』, 『헤겔 이후』 등이 있다. 한국과학기술원(KAIST)에서 강의하고 있다.

NIETZSCHE JITEN

by OISHI Kiichiro / ONUKI Atsuko / KIMAE Toshiaki / TAKAHASHI Junichi / MISHIMA Kenichi

Copyright ⓒ 1995 by OISHI Kiichiro / ONUKI Atsuko / KIMAE Toshiaki / TAKAHASHI Junichi / MISHIMA Kenichi

All rights reserved. Originally published in Japan by KOBUNDO, LTD., Tokyo. Korean translation rights arranged with KOBUNDO, LTD., Japan. through THE SAKAI AGENCY and BESTUN KOREA AGENCY.

서 문

고분도(弘文堂) 편집부로부터 본 사전의 기획에 대한 타진이 있었던 것은 이미 꽤 오래전인 1988년 봄의 일이다. 니체의 번역도 다 나오고 해설서도 다양화되고 일본에서의 수용 역사에도 그 나름의 중층성이 나타난 사태를 발판으로 하여 니체를 다각적으로 사전으로서 다루어보고 싶다는 것이 본래의 시작이었다. 내가 이 기획을 받아들이게 된 배경에 놓여 있는 것은 첫째, 1980년대와 더불어 점점 더 첨예함을 증대시켜 온 니체의 현실성이다. 이제 니체는 파시즘에 결과적으로 도움을 준 사상가라든가 니힐리즘이나 힘에의 의지, 영원회귀나 초인을 실없이 떠들어댄 광기의 철학자와 같은 이미지로는 더 이상 다 마무리되지 않게 되었을 뿐 아니라 더 나아가 현대 서구 문명을 생각하는 데서 중요한 실마리가 되었다. 둘째, 이를 위해서는 일단 니체를 그가 살았던 시대의 맥락으로 옮겨 놓고 재구성하는 작업이 불가결하지만, 이 점과 관련해서 일본에서는 그다지 많은 것이 이루어지지 않은 것으로 보인다. 셋째, 니체 수용의 다면성을 파악할 필요가 있는데, 물론 그것은 우리의 손으로 이루어질 수 있는 일이 아니지만 다소나마 단서라도 만들어 둘 필요가 있을 것이다. 대강 이 정도가 기획 수용의 배후에 놓여 있었다.

그런 까닭에 반드시 니체를 전문으로 하고 있지 않은 분들에게도 감히 공동 편집자의 역할을 맡아 주실 것을 부탁하기로 했다. 현대 사상에 밝은 분들과 독일 19세기의 문화적 맥락이나 니체를 최초로 수용한 시대에 대한 연구 실적이 있는 분들이 그런 분들이지만, 니체 전문가로서 지식을 쌓고 있는 분들이 빠질 수 없음은 말할 것도 없다. 사전을 가능한 한 다양한 관점에서 만들자는 것이 그렇게 한 취지다. 이리하여 기마에 도시아키(木前利秋), 다카하시 준이치(高橋順一), 오누키 아츠코(大貫敦子), 오이시 기이치로(大石紀一郎) 선생들께서 참여해 주시게 되어 편집 위원회가 출범했다.

하지만 강단 철학자와 달리 전문 용어만 하더라도 니체의 경우에는 제한되어 있다. 개념사적인 발상에서 접근하는 것에도 한계가 있다. 또한 수용의 경우에도 항목 선정 단계에서조차 우리가 감당할 수 있는 지역이나 문화에 한계가 있다. 니체와 교제가 있었던 인물도 의외로 많다. 니체에게 있어 중요한 유럽의 과거 사상가나 문학자도 상당수에 이른다. 무리라도 하고 싶지만 실패해서도 안 되는 일이다. 나아가 니체의 용어는 아니지만 현대의 눈으로 보아 재구성할 수 있는 것들도(예: 계몽의 변증법, 페미니즘) 받아들이기로 했다. 항목 선정이 예상외로 난항을 겪은 끝에 마침내 대략 570항목을 선택하여 분류하고, 집필해 주셨으면 하는 선생들께 의뢰의 편지를 발송하기에 이른 것은 1990년 가을의 일이다. 그 사이 베를린 장벽이 무너지고 냉전 체제가 붕괴하여 세계사가 예상할 수 없는 속도로 미지의 영역을 향해 돌진하기 시작했고, 그리하여 니체의 말들 가운데 여럿이 점점 더 꺼림칙하게 울려나게 되었다.

항목 선정에서는 400자 원고지 20매 혹은 그 이상이 될 수도 있다고 예상되는 항목을 20개 정도 정해놓고 이들에 대해서는 공동 편집자들이 떠맡아 상호 토론을 거쳐 마무리하는 방식을 취하기로 했다. 그 이외에도 편집자들이 집필하는 분량을 많게 하여 전체적으로 절반 이상이 될 것을 목표로 했다. 집필 방식도 사전

스타일에 구애받지 않는 자유롭고 다소 주관적인 강세를 지니는 것으로 했다. 그러한 시도가 성공했는지의 여부에 대해서는 전혀 자신이 없지만, 그 때문에 완성이 오래도록 지연되고 말았다. 그에 의해 다소나마 만족할 만한 것이 되었으면 하고 바랄 뿐이다. 어쨌든 그 사이 니체의 중요성은 증가한 점은 있어도 감소하진 않았다고 믿고 있다.

바쁘신 가운데서도 원고 집필을 흔쾌히 떠맡아 주신 집필자 선생들께 이 자리를 빌려 진심으로 감사드린다. 특히 일찌감치 원고를 건네주신 선생들께는 간행이 늦어진 점에 대해 사과드리지 않을 수 없다.

마침내 완성을 보게 되면서 우리의 소걸음과도 같은 작업 모습을 인내하는 가운데 시종 쾌활하게 일을 함께 해주신 고분도 편집부의 우라쓰지 유지로(浦辻雄次郎) 씨에게 진심으로 감사드린다. 그는 일정 조정에서부터 원고 정리, 세세한 상호 연락과 관련한 모든 것, 그리고 그 밖에도 이러한 기획의 성공에 불가결한 '인간적인 너무나 인간적인' 배려 일체를 떠맡아 주셨다. 작업이 끝나가는 '아침놀'이 비칠 무렵, 때로는 '즐거운 학문'을 느낄 수 있었던 것도, 또한 '선악의 저편'에서 토론할 수 있었던 것도, 그리고 사상에서의 '우상의 황혼'은 복잡한 모습을 하고 있다는 점을 이해할 수 있었던 것도 어떠한 힘에의 의지도 보이지 않는 우라쓰지 씨의 초인적인 조정에 힘입은 것이었다. 바로 '이 사람을 보라'고 말하고 싶을 뿐이다.

1995년 1월 10일

공동 편집자를 대표하여

미시마 겐이치(三島憲一)

옮긴이 서문

이 『니체사전』은 일본의 고분도 출판사에서 1995년에 출간된 『ニーチェ事典』을 번역하여 우리말 순서에 따라 사항들을 다시 편집하고, 거기에 '한국어판 니체 저작 및 연구 문헌 일람'을 덧붙인 것이다. 니체 철학과 관련된 전문적인 연구 성과를 내놓은 연구자들과 니체 사상의 전모를 해명하는 데서 빼놓을 수 없는 현대 사상 및 19세기 독일 문화 전문가들이 집필자로 참여한 이 『니체사전』은 니체 사상의 기본 개념들 및 니체 연구와 관련된 기본적인 사항들을 거의 빠짐없이 설명할 뿐만 아니라 철학적으로 중요한 개념들의 경우에는 독자적인 논문의 분량으로 충실히 해설하고 있다. 나아가 부록으로 '니체 연보', '다양한 니체 전집에 대하여', '문헌 안내'도 덧붙여져 있으며, 상세하고도 치밀한 사항 색인과 인명 색인, 저작명 색인도 포함되어 있어 독자들의 사전 이용에 차질이 생겨나지 않도록 하고 있다. 한국어판 『니체사전』에서도 이 색인들을 충실히 반영하여 빠짐없이 정리했음은 물론이다.

니체는 "나는 인간이 아니다, 나는 다이너마이트다"라고 말한 적이 있지만, 만약 누군가가 우리에게 왜 니체에게 하나의 『사전』이 바쳐져야 하는지 묻는다면, 우리는 그가 실제로 다이너마이트였기 때문이라고 대답할 수 있을 것이다. 이 철학적 테러리스트만큼 그토록 많은 것을 파괴함으로써 전혀 다른 세계의 가능성을 열어 보인 사상가는 거의 존재하지 않을 것이다. 니체는 체계적·형이상학적 철학에 대한 반대와 아포리즘적 사유의 개현, 그리스도교와 유럽 문화에 대한 비판과 피안에 대한 어떠한 전망도 지니지 않는 삶에 대한 긍정, 보편주의적 도덕에 대한 반란과 역사 과정에서의 도덕적 표상들과 가치들의 성립에 대한 명민한 분석을 통해 우리에게 우리가 처한 정황을 전혀 다른 개념들을 가지고서 파악할 수 있도록 하고 있으며, 인간 영혼과 문화의 심층에 대해서나 도덕적 성취들의 의문스러움을 통해 드러나는 정신의 위험에 대해 그야말로 민감하게 사유하지 않을 수 없도록 하고 있는 것이다.

물론 우리는 가령 니체의 정신적 자서전 『이 사람을 보라』를 읽어나갈 때 어떤 인간적 당혹감마저 느끼지 않을 수 없으며, 나아가 경탄을 불러일으키는 니체의 빛나는 심리학적·현상학적 통찰들과 그의 영롱한 언어와 문체에도 불구하고 그의 인식론과 존재론 및 윤리학이 변증법적으로 일관되지 못하다는 생각을 숨길 수 없다. 왜냐하면 그의 진술들에서는 수많은 모순들이 발견되는바, 그에게서는 서로 양립하기가 어려운 자연주의자와 급진적 해석학자, 모럴리스트와 냉소가, 사형의 반대자와 폭력의 찬미자, 자유주의자와 전체주의자, 낭만주의자와 냉정한 예술 심리학자 등등이 모습을 드러내기 때문이다. 요컨대 그의 이념 세계에서는 미학적 민감성과 심리학적 명민함 그리고 문헌학적-역사학적 지식이 논리적 지성과 일관된 형이상학에 대한 감수성을 동반하지 않은 채 성취되어 있는 것이다.

그러나 그에게서 발견되는 이러한 내적 비일관성과 근본적인 가치 회의주의에도 불구하고, 그리고 우리가 그와는 다르게 사유하고자 함에도 불구하고, 우리는 니체를 위대한 사상가로서 인정할 뿐만 아니라 또한 성실히 연구해야만 할 것이다. 왜냐하면 그가 당대의 문화, 과학, 예술, 철학의 천박함을 누구보다도 꿰뚫어보는 가운데 그 위선적인 문화에 대해 근본적인 물음을 제기했고, 급기야는 자기 절멸에 이르기까지 그것과 성실히 대결했다는 점에 대해서는 어떠한 의심도 있을 수 없기 때문이다. 따라서 우리는 니체와 더불어 사유하는 가운데 다음과 같이 묻지 않을 수 없다. 정신은 존재의 역사적 생기사건 속에서 그토록 늦게 출현했음에도 불구하고 어떻게 최종적으로 근거지어진 진리를 사유할 수 있으며, 우리의 도덕적 감각들에 전혀 호소력을 지니지 못하는 역사와 현실 속에서 우리는 어떻게 보편적이고 무제약적으로 타당한 윤리를 모색할 수 있는가?

이미 출간된 『칸트사전』, 『헤겔사전』, 『맑스사전』, 『현상학사전』에 이어진 이 『니체사전』의 출간으로 도서출판 b의 현대철학사전 시리즈가 완결되게 되었다. 옮긴이는 각각의 『사전』을 내놓을 때마다 그것들이 각각의 철학자들이 다루는 주제들의 철학적 깊이와 체계의 방대함, 가닥을 찾기 어렵게 얽혀 있는 개념들의 그물망, 종잡을 수 없는 해석의 역사와 영향작용사를 헤쳐 나갈 수 있는 개념적 지도를 제공함으로써, 독자들이 스스로 각각의 철학을 거침없이 독해해 나가는 데 이바지할 수 있기를 희망했다. 독자들에게 미로를 헤쳐 나가는 아리아드네의 이끄는 실을 제공했으면 하는 그러한 바람은 지금 이 『니체사전』에 대해서도 마찬가지다.

또한 옮긴이는 각각의 『사전』들을 출간하면서 일본 학계의 놀라울 정도로 짜임새 있는 성과에 대한 부러움과 우리 철학함의 일반적 상황에 대한 번역자로서의 착잡한 심정을 밝힌 바 있었다. 그 상황이란 우리 사회의 몰교양주의와 학문에 대해 적대적이기까지 한 풍조, 역사와 철학에 대한 관심의 일반적인 감소, 학문에 헌신하고자 하는 진지한 학문 후속 세대의 격감, 양적으로 측정되는 업적에 치중하는 관료적 연구 작업의 만연, 그리고 철학 내적으로는 진리 추구를 목표로 한 근거짓기 이론적인 작업의 결여 등이었는데, 지금 『니체사전』을 출간하는 이 시점에서 그러한 상황이 더 악화되어 있다고 느낄 수밖에 없는 것은 그야말로 안타까운 일이 아닐 수 없다. 옮긴이는 각각의 『사전』마다에서 이러한 현실이 어떻게 치유될 수 있을지를 묻고, 칸트와 헤겔, 맑스와 현상학자들에게 우리의 모습을 비추어 보는 가운데 우리의 철학적인 내적 무력함을 정직하게 고백하고 철학적인 물음의 순수함과 체계적 노력을 회복하는 데서 출발할 것을 요구한 바 있지만, 이제 이 『니체사전』과 더불어 그 요구는 시대와 문화에 대한 근본적인 물음과 성실한 대결로 표현되지 않을 수 없을 것이다.

그럼에도 각각의 『사전』이 맞이한 운명은 다행스러운 것이었다. 그것들은 많은 연구자들에게 편람으로서의 역할을 수행할 수 있었으며, 많은 학생들에게는 각 철학자의 주요 텍스트를 읽어나가는 데서 개념적 지도를 제공하는 안내자로서 받아들여질 수 있었다. 이 방대한 각각의 『사전』들을 통독하는 사람들과, 함께 모여 읽는 모임들에 대한 소식은 옮긴이에게마저도 아연한 일이었지만, 다른 한편으로는 기쁘기 한량없는 것임과 동시에 옮긴이로 하여금 어떤 책임감마저 느끼게 하는 것이기도 했다. 이제 이 『니체사전』에게도 그러한 다행스러운 운명이 주어지기를, 그리고 이후의 옮긴이의 작업이 그와 같은 갈망과 욕구에 부응하는 것이 될 수 있기를 바랄 뿐이다.

이 『니체사전』으로 마무리된 『사전』들의 번역, 출판하는 과정에서 이루어진 사람들과의 만남과 도움에 감사드리는 것은 그야말로 인간적인 도리일 것이다. 그런 한에서 누구보다도 우선 도서출판 b의 조기조 대표와 편집부의 백은주, 김장미 두 선생, 그리고 심철민, 이성민, 조영일, 정지은 기획위원들에게는 그들이 옮긴이에게 베풀어준 신뢰와 그때그때마다의 공동 작업에 대해 감사드려야만 할 것이다. 각각의 번역 초고들을 꼼꼼히 살펴 귀중한 충고를 아끼지 않은 나종석 박사, 오진석 선생에 대해서는 우정과 연대의 마음을 담아 고마움을 표현하지 않을 수 없다. 또한 이런저런 기회에 각각의 작업들에 관심을 표명하며 격려를 아끼지 않은 분들과 독자로서 『사전』을 이용하고 고마움을 표시한 분들도 많이 계셨는데, 여기서 일일이 호명하진 못하지만 그 분들께 특별히 이 자리를 빌려 감사의 말씀을 드리고자 한다. 옮긴이로서는 이제 이 모든 분들과 우리 모두에게, 그리고 『니체사전』을 비롯한 『사전』들에게 행운이 함께 하기를 빌 뿐이다.

2016년 8월
백운호숫가 우거에서
이신철

집필자 일람

가네코 마사카쓰(兼子正勝), 가시와바라 게이이치(柏原啓一), 가와모토 다카시(川本隆史), 가와사키 도루(川崎洸), 고무라 후지히코(好村富士彦), 고바야시 마코토(小林眞), 고토 요시야(後藤嘉也), 구쓰나 게이조(忽那敬三), 기다 겐(木田元), 기마에 도시아키(木前利秋), 나카노 도시오(中野敏男), 나카오 겐지(中尾健二), 노에 게이이치(野家啓一), 다카다 다마키(高田珠樹), 다카하시 도오루(高橋透), 다카하시 준이치(高橋順一), 다키타 나쓰키(瀧田夏樹), 도쿠나가 마코토(德永恂), 무라오카 신이치(村岡晋一), 무라타 쓰네카즈(村田経和), 미나토미치 다카시(港道隆), 미시마 겐이치(三島憲一), 미야케 아키코(三宅晶子), E. 샤이펠레, 소노다 무네토(薗田宗人), 스기타 히로코(杉田弘子), 스즈키 다다시(鈴木直), 스토 노리히데(須藤訓任), 시미즈 혼유(清水本裕), 야마모토 유(山本尤), 야마시타 다케시(山下威士), 야마우치 히사시(山内昶), 오누키 아츠코(大貫敦子), 오이시 기이치로(大石紀一郎), 와시다 기요카즈(鷲田清一), 우다가와 히로시(宇田川博), 우에야마 야스토시(上山安敏), 우카이 사토시(鵜飼哲), 이마무라 히토시(今村仁司), 이와부치 다쓰지(岩淵達治), 쵸키 세이지(長木誠司), 후지카와 요시유키(富士川義之).

사용 안내

【항목 표제어 및 배열】

1) 배열은 사항·인명·저작명을 나누지 않고 우리말의 가나다순으로 했다.

2) 항목 표제어에는 필요에 따라 그에 대응하는 원어를 덧붙였다.

3) 인명 항목 가운데 서구 인명에 대해서는 성을 제시하고 일반적으로 사용되는 알파벳 이름 전체와 생몰연대를 덧붙였다. 독일어 표기를 주로 하고 본래 이름을 ( ) 안에 병기한 경우도 있다. 일본인에 대해서는 성과 이름을 제시하고 한자 이름과 생몰연대를 덧붙였다.

 [예] 쇼펜하우어 [Arthur Schopenhauer 1788-1860]

   카이사르 [Cäsar(Gaius Julius Caesar) 100-44 B.C.]

   하기와라 사쿠타로 [萩原朔太郎 1866-1942]

 서구 인명 가운데 성이 같은 경우에는 ｛ ｝안에 이름을 제시해 구별될 수 있도록 했다.

 [예] 바그너｛코지마｝ [Cosima Wagner 1837-1930]

4) 검색 빈도가 높다고 생각되는 다른 번역이나 맞짝 형식의 표제어 후반부 등은 빈 표제어로 하고 ⇨로 참조해야 할 독립 항목을 제시했다.

 [예] 승려 ⇨사제｛승려｝

   인식 ⇨진리와 인식

5) 표제어 중의 ｛ ｝와 ( )는 아래 기준에 따라 사용했다.

 ① ｛ ｝: 동의어·별칭을 나타낸다.

 [예]『즐거운 학문』｛『즐거운 지식』｝

 ② 표제어 말미 ( ) 안의 내용: 보충 설명 또는 기술 범위의 한정.

 [예] 반니체(자유주의의)

【본문 중의 주의 사항】

1) 기술해 나가는 가운데 니체 저작명은 처음 나올 때는 완전하게 표기하는 원칙에 따르지만, 두 번째 이후 또는 오해의 여지가 없는 경우에는 아래에 있는 일람표의 약칭을 그대로 사용한다.

2) 본문 중 오른쪽 위에 *를 덧붙인 말은 본 사전에 항목으로 포함되어 있는 용어·인명·저작명이라는 것을 나타낸다. 어디까지나 이용자를 위한 참고로서 덧붙인 것이기 때문에 문맥상의 중요도를 가리지 않고 원칙적으로 각 항목에서 처음 나올 때 덧붙였다. 반드시 망라한 것은 아니며, 또한 항목 표제어와 약간 다른 표기의 경우에도 덧붙였다.

3) 본문 끝의 ☞는 해당 항목과 관련하여 참조해 주었으면 하는 항목을 지시한다.

【참고 문헌】

항목의 내용 이해를 심화시키는 데 참고가 될 것으로 생각되는 문헌을 맨 끝에 제시했다. 일부의 경우에는 편자의 판단으로 덧붙이기도 했다. 또한 권말의 '문헌 안내'와 중복되는 것들도 있다.

【인용 범례 및 약호】

기술의 전거 또는 인용 출처는 본문 중의 [ ]에 표시했다.

1) 니체 저작의 출전 표기는 다음의 원칙에 따른다.

① 일반적인 저작에 대해서는 아래에 있는 표의 오른쪽 난의 약칭을 사용했다.

② 이하의 전집에 수록되어 있는 저작들로부터의 인용은 그루이터판 주석에서 사용되는 약호를 따라 아래에서 제시되는 방식으로 약기하여 나타냈다.

슐레히타판 전집	SA
역사적·비판적 전집	BAW
무자리온판 전집	MusA
그루이터판 페이퍼백판 전집 주석	KSA 14

　　[예] [BAW 2. 50]　　(역사적·비판적 전집 제2권 50쪽에서의 인용)

③ 서간으로부터의 인용은 ……에게 보낸 편지, 년. 월. 일.의 체재로 제시했다.

　　[예] [페터 가스트에게 보낸 편지, 1881. 6. 5.]

④ 유고·단편에 대해서는 하쿠스이샤(白水社)판 일본어역 전집의 기, 권, 쪽으로 나타냈다.

　　[예] [유고 Ⅱ. 8. 278]　　(제Ⅱ기의 8권 278쪽에 해당하는 단편에서의 인용)

2) 번역에 대하여

니체 저작으로부터의 인용에서는 하쿠스이샤판, 이소사(理想社)판(치쿠마학예문고) 등 기존의 일본어역을 참고한다든지 그대로 이용할 수 있도록 허락받은 부분도 있다. 다만 집필자의 판단으로 적절히 번역문을 변경한 경우도 있다. 특히 유고에 관해서는 출전 표기에서는 하쿠스이샤판 전집의 대응 쪽을 제시하더라도 문맥이나 필요에 따라 번역문을 변경한 경우가 많다. (지금 이 『니체사전』의 한국어판에서는 일본어 원문을 기본으로 하되 필요한 경우 그루이터판 전집의 독일어 원문과 그 사이에 나온 한국어 번역 등을 참고하여 옮겼다.─ 옮긴이)

3) 니체 이외의 저작가들의 작품과 저작으로부터의 인용은 오해가 없는 범위 내에서 적절히 저작명(경우에 따라서는 쪽수나 장절 번호까지)을 제시했다.

저작명(저작 약칭)	장절명/아포리즘 번호	장절 약칭
「우리 교육 기관의 미래에 대하여」 「쓰이지 않은 다섯 권의 책을 위한 다섯 개의 서문」(「다섯 개의 서문」)	제1~5 강연 진리의 파토스에 대하여 우리 교육 기관의 미래에 대한 생각 그리스 국가 쇼펜하우어 철학의 독일 문화에	「교육 기관」 Ⅰ~Ⅴ 「다섯 개의 서문」 Ⅰ 「다섯 개의 서문」 Ⅱ 「다섯 개의 서문」 Ⅲ 「다섯 개의 서문」 Ⅳ

<특별히 약칭을 설정하지 않은 저작>

「호메로스와 고전문헌학」
「그리스 음악극」
「소크라테스와 비극」
「디오니소스적 세계관」
「비극적 사상의 탄생」
「소크라테스와 그리스 비극」
「주간지 『새로운 나라에서』 편집자에 대한 새해 인사」
「독일인에 대한 경종」

가다머 [Hans-Georg Gadamer 1900-2002]

가다머에게 있어 니체는 두 가지 점에서 중요하다. 첫째, 니체는 고증과 주석에 자기 만족하는 19세기적인 정신과학에 대한 격렬한 비판을 했다는 점에서 자기의 해석학적 반성과의 모종의 가까움을 인정할 수 있는 존재다. 해석학*이야말로 어떠한 역사적 인식이라 하더라도 그때그때마다의 현대의 행위로부터 이루어지는 질문을 암묵적인 전제로 하고 있다는 것을 의식하게 하기 때문이다. 둘째, 은사 하이데거*가 행했다고 일컬어지는 서구 형이상학*의 해체에 선구적인 존재로서이다. 서구 사상의 발단이자 또한 그 내재적 논리인 '존재 망각'에 대한 인식을 플라톤* 이래의 유럽 니힐리즘*의 폭로라는 형태로 시작한 것이 니체라고 말하는 것이다. 하지만 첫 번째 점에 관해서는 니체가 청년 운동* 등을 선취하는 가운데 맹목적인 삶을 찬양한 것이 아닐까 하는 의혹을 가다머는 끊임없이 표명하고 있다. 오히려 자신은 니체에게서의 다소라도 난폭한 점을 좀 더 잘 분절화해 보였다는 자부심이 존재한다. 두 번째 점에 관해서는 니체의 논의를 니체 자신이 비판한 전통이 지니는 수준의 높이에 걸맞게 계속되도록 했다는 점에서 니체보다 하이데거를 중시한다[*Wahrheit und Methode*, S. 243f.]. 가다머는 초월론적인 물음 그 자체를 근대 형이상학의 주관주의라고 인식할 수 있었던 것은 하이데거라고 하는 입장을 취한다. 그런 점에서 니체를 바라보는 눈은 결코 높지 않다. 그러면서도 니체를 청춘의 중요한 독서 체험으로 하고 있는 세대인 만큼 그의 삶*이라는 개념에는 끊임없이 매료되어 있다는 점도 틀림없다. 예를 들면 삶의 실상을 비극의 카타르시스 효과에서 보고자 하는 기술이 대저 『진리와 방법』에 있다[제2장 제1절]. 다름 아닌 시간과 공간이라는 틀이 붕괴하고 실제 인생에서의 모든 의미와 규범이 무로 화하는 운명적 파국 속에서 예술이 그리는 삶의 의미를 보고자 하는 논의다. 여기에는 니체의 그림자가 짙게 드리워져 있다.

하지만 『비극의 탄생』*은 다른 한편으로 해석학적 반성에 대한 도발이다. 요컨대 이해의 틀을 넘어선 이질적인 것, 전적인 타자를 그 이질성에서, 즉 타자성에서 보자, 아니 그것에 의해 흔들려 움직이자고 니체는 주장하지만, 그러한 자세는 가다머에게 부족하다. 그의 해석학은 하이데거를 이어받고 있음에도 불구하고 무슨 일에 있어서도 지적 전통의 연속성을 강조하여 해석하는 경향이 있다. '존재의 역사'야말로 반성의 궁극적인 대상이면서도 가다머에게 있어서는 그것이 역시 '반성'인 이상 연속성에 흡수되어 버린다. 하지만 그것은 하이데거 그 자신에게도 존재한다. 하지만 『비극의 탄생』은 좀 더 풍부한 가능성을 내포하고 있다. 그것은 태고의 이질적인 경험, 상실된 경험으로부터의 도발을 존재―신학으로 격화시키지도 않고(데리다*, 하이데거) 또한 19세기 시민사회의 인문적 전통에 대한 회고적 기분을 북돋우는(석학 가다머) 것도 하지 않은 채 받아들이는 가능성이다. ☞ 해석학, 하이데거

―미시마 겐이치(三島憲一)

가면과 놀이假面―
【Ⅰ】은폐의 가면

니체에게는 고독*의 그림자*가 항상 따라붙고 있다. 그것은 이해하는 자가 얻어지지 않는 고독함이며, 또

한 역으로 스스로 추구한 고독이기도 하다. 천박한 이해자를 얻기보다는 오히려 몰이해 속에서 고독을 선택한 니체에게 있어 가면은 타자와 관계할 때의 모습이다. 1883년 초, 『차라투스트라』*의 제1부를 다 썼음에도 불구하고 루 살로메*와의 관계 파탄과 누이와의 불화로 인해 "이 겨울은 내 생애에서 가장 고통스러운 겨울이었다네"[P. 가스트에게 보낸 편지, 1883. 2. 19.]라고 적었던 시기에 니체는 또한 다음과 같이 심경을 토로하고 있다. "내 생활의 모든 것은 내 눈앞에서 부수어져 버렸네. 이 기분 나쁘고 숨겨진 생활은 6년마다 한 걸음 전진할 뿐으로, 이 발걸음 이외에는 아무것도 바라지 않는다네. 그 밖의 모든 것, 나의 모든 인간관계는 나의 가면에 관계되는 것이네. 그리고 나는 언제나 계속해서 숨겨진 생활을 보내지 않을 수 없는 희생자에 지나지 않는다네."[오버베크에게 보낸 편지, 1883. 2. 10.] 루와 레*만큼은 "가면을 쓰지 않고" 교제할 수 있는 몇 안 되는 친구라고도 적고 있다[누이에게 보내는 편지의 초고, 1885년 3월 중순].

하지만 은둔자와 같은 생활을 선택한 자에게 있어서뿐만 아니라 대인관계는 모두 가면으로 성립한다고 니체는 파악한다. "우리(은둔자)도 '사람들'과 교제한다. 우리도 점잖은 옷을 몸에 걸치고서…… 사회 속으로, 다시 말해 가장한 사람들 속으로 들어간다. 그러나 그들은 자신이 가장하고 있다고 말하고자 하지 않는다. 우리 은둔자도 모든 영리한 가면 쓴 사람들과 마찬가지로 행동한다"[『학문』 365] 이러한 의미에서의 가면이란 타자와 잘 지내기 위해 자기를 숨기는 자기 보존의 책략이다. "인간이라는 것은 필요로 인해서나 무료함에서 사회적으로 무리를 이루어 살아가고자 하기 때문에 평화 조약을 맺으며, 적어도 최대의 '만인의 만인에 대한 투쟁'이 자신의 세계에서 사라지도록 노력한다."[「진리와 거짓」 1] 그리고 인간은 사회적으로 살아가기 위해, 요컨대 가축떼*의 평화를 유지하기 위해 "기만, 아첨, 거짓과 사기, 등 뒤의 험담, 체면 차리는 행동, 휘황찬란한 꾸밈 속에서의 삶, 가면 속의 존재, 은폐의 규약을 지니고서 타인에 대해서도 자신에 대해서도 연극한다."[같은 곳] 가면은 자기 보존을 위한 자기

은폐의 술책이다.

가면에 대한 이러한 니체의 파악방식은 인격(Person)이라는 말이 어원적으로 극을 연기하는 배우의 가면(페르소나)에서 유래한다는 것을 염두에 두고 있다. 이 점에서 인간의 사회적 인격이 타자에 대한 가면이라고 생각한 융(Carl Gustav Jung 1875-1961) 등과도 공통된 점이 있다. 사회적인 도덕규범의 세계와 그 배후에 있는 억압된 자아와의 이중성은, 예를 들면 츠바이크*의 『어제의 세계』에 묘사되어 있듯이, 19세기 말의 유럽 시민사회의 특성인바, 니체의 가면에 대한 사유는 결코 예외가 아니라 오히려 그러한 사회의 반영이다. 그런 까닭에 가면의 허위성을 드러낸 니체의 사유는 그에 공명하는 많은 사람을 얻었다. 모두가 가면을 쓰고 허영과 겉보기의 조화를 유지하는 사회라는 이미지는 예를 들면 표현주의* 화가인 베크만(Max Beckmann 1884-1950)에게 커다란 영향을 주었다. 그가 그리는 대도시 사교장의 인간의 표정, 겉이 화려한 세계와 대조적으로 그려진 비참한 생활 광경은 니체가 비판한 가면의 사회를 방불케 한다. 또한 벤야민*은 『파사주론』에서 19세기의 "가면의 열광적 유행"을 지적하고, 시민사회의 내향화 현상과 관계시켜 파악하고 있다. 실제로 가면무도회나 과거의 의복으로 가장한 파티 등이 자주 열렸던 것도 시대의 특성을 보여준다. 19세기의 시민사회는 스스로의 모순된 실태를 은폐하기 위해 가면을 필요로 한 시대였다.

【II】 가면·어릿광대·배우

사회적 자아와 내적 자아의 분열이 근대의 징후라는 점을 니체는 지적한다. "근대인에게는 확실한 본능이 결여되어 있기" 때문에 "모든 것이 연기가 된다"[유고 II. 11. 229]고 파악하는 니체는 걱정이 없는 민중적인 것이나 양심*의 가책이나 수치심을 지니지 않는 남부 유럽적인 것(로시니(Gioacchino Rossini 1792-1868)의 오페라나 스페인의 기사소설]에서 "가면을 쓴 즐거움"을 인정한다[『학문』 77]. 그것은 본능*을 숨기고 내면성으로 도피함으로써 자기 보존을 도모할 필요가 없는 세계이며, "고대 정신의 온천욕과 휴식"[같은 곳]이 있는 세계이다. 이러한 가면은 자아의 본래의 모습을

숨기기 위한 가면이 아니라 "표면에 굳게 머무는 것"[같은 책, 서문 4]에 대한 기쁨을 수반한다. 여기에는 일찍이 『비극의 탄생』*에서 전개된 가면의 사유와의 연속성도 있지만 차이는 무시할 수 없다. 『비극의 탄생』에서는 비극에서 연출되는 삶*의 고뇌의 두려운 본질이 무대 위에서 영웅*들의 빛나는 모습으로서의 가면에 투영되어 아폴론*적 가상이 된다. 그 가상*의 아름다움에 의한 삶의 구제가 "그리스적 경쾌함"이었다. 『즐거운 학문』*에서는 "가상에 대해 우호적인 예술"의 필요성이 말해지며, "현존재는 미적 현상으로서 나타날 때 우리에게 견딜 만한 것이 된다"[107]고 하는 표현이 있다. 그러나 그 예술은 "신나고 떠돌아다니고 춤추고 조소적이고 유치하고 황홀한 예술"[같은 곳]이다. 고통스러움, 심원함, 올곧음과는 인연이 없는 경쾌함이, 요컨대 마침 『즐거운 학문』의 제목이 함의하고 있는 남프랑스의 투르바두르(Troubadours)적인 쾌활함이 예술에서 추구되고 있다.

이러한 예술에 존재하는 "가면을 쓴 즐거움"은 자신이나 사물로부터 거리를 두고 웃어넘기는 경쾌함이다. 여기서는 삶의 구제가 아니라 오히려 "다양한 사항에 대한 자유를 잃지 않기" 위한 '거리'를 부여하는 것으로서의 가상이 중시된다. 인식에서의 반성적인 시선으로서의 '거리'의 필요성은 대단히 근대적인 의식에 기초하는 것이며, 자기 조소하는 태도는 낭만주의 이후의 아이러니*와도 중첩된다. 그러나 니체는 '거리를 취하는 자세'의 범형을 고전 고대나 중세 남유럽 등 근대 이전에서 찾고 있다는 점에서 소박한 의식의 전체성을 회복할 수 없는 근대의 문제가 지닌 복잡성을 감축시키고 있다 할 것이다. 그러한 문제성은 건드리지 않은 채 니체는 '거리를 취하는 자세'를 "어릿광대적인 것"이라 표현하고 그것을 인식의 자세로서도 추구한다. "우리의 인식의 열정 안에 숨어 있는 영웅적인 것과 어릿광대적인 것을 우리는 발견해야만 한다"[『학문』107]고 하는 그는 『즐거운 학문』을 "학문의 형태를 취한 어릿광대"[유고 Ⅱ. 9. 199]라고 말하고 있다. 특히 『즐거운 학문』의 마지막에 놓인 「포겔프라이 왕자의 노래」는 바로 그러한 어릿광대의 극한이다.

이러한 어릿광대적인 인식자의 시점에서 보면 세계의 현상들은 '놀이'로서 파악되며, 그것을 말하는 말도 놀이가 된다.

'어릿광대'가 자신으로부터 거리를 취하기 위한 하나의 가면이라고 한다면, 니체는 그 가면을 사용하여 연기하고 있다고 말할 수 있다. 뢰비트*도 니체 자신이 "디오니소스*를 연기한" 것이라고 논의하며, 또한 P. 슬로터다이크*도 그를 '무대 위의 철학자'라고 부르고 있다. 그러나 니체는 어릿광대적인 것은 평가하지만, '배우'에 대해서는 대체로 부정적이다. 인간은 본래 외계로부터 요구된 역할에 인격을 합치시킨다는 점에서만 배우다[유고 Ⅱ. 7. 145]. 하지만 특히 자기를 연출하여 허영의 가면을 쓰는 인간의 경우에는 그 배우적인 요소에 대해 기탄없는 비판을 쏟아 붓고 있다. 그중에서도 특히 바그너*에 대해서는 그의 "배우적인 몸짓과 거동에 의한 속임수"[『학문』368]를 비난하고, 그리스의 "덕의 철학자"는 그 덕을 자랑해 보였기[『아침놀』29] 때문에 "위대한 배우성"[유고 Ⅱ. 7. 53]을 지니고 있었다고 부정적으로 바라본다. 이러한 자기 과시하는 배우적인 인간에 대한 혐오를 담아 니체는 "나는 본질적으로 반연극적으로 태어났다"[『학문』368]고 말한다. 다른 한편으로 그는 자기 자신의 저작에 대해 "나의 자식인 차라투스트라가 나의 견해를 말하고 있다는 등등으로 생각하지 말라. 그는 나의 막간극의 하나이기 때문에"[누이에게 보낸 편지, 1885. 5. 7.]라고 저작 전체를 연극에 비유하기도 한다. 이와 같이 하나의 입각점을 고정하기가 불가능한 니체의 발언은 이를테면 가면의 전략이라고도 말할 수 있을 것이다.

【Ⅲ】가면과 언어 비판

니체는 스스로의 문체에 대해 내면 상태의 다양성에 따라 다양한 문체의 가능성이 있다고 말한다[『이 사람』Ⅲ. 4]. 그와 마찬가지로 그가 쓰는 가면은 그때그때마다의 사항과 상대방에 따라 바꿔 착용된다. 니체의 가면은 그의 저작에서 하나의 니체 상, 하나의 니체 해석을 발견하고자 하는 독자의 의표를 찌르고, 의미의 다양성과 모순을 남기고서는 몸을 돌려 피해버린다. "깊이 있는 모든 것은 가면을 사랑한다.* 가장 깊이 있는 것은 이미지와 비유에 대한 증오마저도 지니고 있다. …… 본능적으로 침묵하고 비밀로 하기 위해 말을 사용하고, 끊임없이 의사소통을 회피하는 이 은둔자는 자기 대신 자신의 가면이 친구들의 가슴과 머릿속에서 맴돌기를 **원하고** 장려한다. …… 심오한 정신에는 모두 가면이 필요하다. 더 나아가 모든 심오한 정신의 주변에는 모든 말 한 마디, 모든 발걸음, 그가 부여하는 모든 삶의 기호를 끊임없이 잘못되게, 즉 **천박하게** 해석하는 덕분에 가면이 계속 자라난다."[『선악』 40] 모든 것이 해석이라고 한다면, 가면은 해석을 고정하는 것을 저지하는 활동을 한다.

조용히, 더욱이 냉철하게 자기로부터도 타자로부터도 거리를 취한 가면의 시선은 말 하나하나의 리듬과 템포를 청취하고, 몸짓과 미묘한 심리적 움직임에서 다양한 짜임새(뉘앙스)를 읽어내며, 그 속을 꿰뚫음으로써 왜곡과 허위를 밝혀간다. 부정성의 반복을 행하는 이러한 비판의 방법은 그때마다 비판의 거점을 변화시켜 간다. 마치 가면을 그때그때마다 바꿔 쓰듯이. 더군다나 가면의 배후에서 하나의 근거나 본질을 찾을 수 없다. 오히려 가면의 전략은 본질이나 유일한 진리 등이 존재하는 것이 아니라 모든 것은 관계성에 의해 규정되어 있는 것에 불과하다는 것을 보여주고자 한다. 『선악의 저편』*에서 니체는 다시 은둔자로 하여금 다음과 같이 말하게 하고 있다. "은둔자는 일찍이 철학자가 …… 자신의 고유하고 최종적인 생각을 책에 표현했다고 믿지 않는다. 본래 책이라는 것은 자신이 숨기고 있는 것을 숨기기 위해 쓰는 것이 아닐까? 그렇기는커녕 은둔자는 도대체 철학자가 '최종적이며 고유한' 생각을 가질 수 있을 것인가를 의심할 것이다. 그리고 어떠한 동굴 속에도 한층 더 깊은 동굴이 있으며, 또 이는 틀림없이 아닐까— 표면적인 세계를 넘어선 곳에 좀 더 광대하고 낯설고 풍요로운 세계가 있으며, 어떠한 근저/근거(Grund)의 배후에도, 어떠한 '근거짓기'(Begründung)의 아래에도 심연(Abgrund)이 있는 것이 아닐까 의심하게 될 것이다. 어떠한 철학도 표층의 철학이다. …… 모든 철학은 또 하나의 철학을 숨기고 있다. 어떠한 생각도 하나의 은신처이고, 어떠

한 말도 하나의 가면이다."[『선악』 289]

가면에 대해 말할 때의 니체에게는 철학의 언어로서의 개념에 대한 깊은 의심이 있다. 그는 언어란 무엇인가라는 물음을 다음과 같이 해석한다. 우선 우리는 신경에 대한 무언가의 자극을 받는다. 그것을 어떤 이미지로 치환한다. 이것이 첫 번째 메타포라. 이번에는 이 이미지를 음성, 요컨대 언어로 치환한다. 이것이 두 번째 메타포라. 더 나아가 언어로부터 개념이 성립하는 것은 언어가 본래 메타포라는 것을 망각함으로써 이루어진다는 것이다. 그런 까닭에 이중의 메타포라의 망각에 기초하여 형성된 개념을 사용하여 사유하는 철학이 주장하는 진리는 환상에 지나지 않는다. 진리란 "메타포, 환유, 의인화 표현으로 이루어지는 유격대다. 단적으로 말하자면, 인간의 관계들의 총계이며, 그것이 시적, 수사적으로 과장되고 전용되고 분식된 것이다."[「진리와 거짓」 1] 철학자는 언어의 왜곡/위장(Verstellung)의 명인이라고 니체는 말한다. 형이상학 비판을 위해 니체가 행하는 이러한 언어 비판의 방법은 발생과 귀결의 관계를 역전시키는 계보학*의 그것이다. 여기서 중요한 것은 니체가 개념 언어에 의해 왜곡된 관계를 역전시킴으로써 올바른 관계가 찾아진다고 주장하지 않는다는 점이다. 어떠한 형태로든 진리 개념을 적극적으로 세우는 것이 기만이기 때문이다. 이러한 입장에서 니체가 행하는 비판은 수사학의 힘에 의해 관계를 치환시켜 위장된(ver-stellt) 진리 개념과 가치 질서를, 그것도 수사학 차원에서 뒤집어 놓는 방법이다. 이 점이 이데올로기 비판과 기본적으로 다른 비판이다. 폴 드 만(Paul De Man 1919-83)은 이러한 니체의 방법을 끝이 없는 '해체'이자 무한의 반성을 반복하는 낭만적 아이러니와 마찬가지로 스스로 말하는 언어마저도 부정하고 해체하는 '작업'이라고 지적한다. 요컨대 언어가 결코 수사학에 의한 왜곡을 벗어날 수 없는 이상, 왜곡을 비판하는 언어 역시 왜곡이며, 그 왜곡을 무한히 지적하는 수밖에 없다고 하는 것이다.

【IV】 놀이와 반형이상학의 수사학

'표층성'에 머무르고자 하는 가면의 사유가 '놀이'와

밀접히 관계한다는 것은 이미 【Ⅱ】에서 언급했다. 초기의 메모에 다음과 같은 말이 있다. "'이론적 인간'의 새로운 이상. 그는 국가 등에 관여한다 하더라도 오로지 놀이로서 그러할 뿐이다. 이것이 최고의 인간의 가능성이다.— 요컨대 모든 것을 놀이 속으로 해소하는 것. 그 놀이의 배후에는 진지함이 있지만."[유고 Ⅰ. 4. 506] 여기에는 실러*의 『인간의 미적 교육에 관한 서간』에서 보이는 사상, 요컨대 인간은 목적이나 강제가 없는 놀이 안에 있을 때야말로 자유롭다고 하는 사상이 공명하고 있다고도 생각되지만, 실러의 경우에는 미의 세계에서의 놀이가 진리와 선의 범주에 이끌린 것인 데 반해, 니체의 경우의 놀이는 세계 전체가 목적도 의미도 없이 우연성의 놀이라고 하는 점에서 다르다. "세계가 신의 놀이이며, 선악의 저편에 있다"고 생각한 옛 사람은 헤라클레이토스*라고 니체는 적고 있다[유고 Ⅱ. 7. 261]. 헤라클레이토스는 세계의 생성을 어떠한 인과율도 목적론도 없는 코스모스의 아들, 제우스의 놀이라고 이해했다. 이 사상에 니체는 학생 시절부터 매료되어 있었던 듯하다. 세계가 아이온(영원)의 자기 자신과의 놀이라고 한다면, 외재적인 윤리적 명령이나 목적론에 구속되지 않는 완전한 자유가 가능해진다고 생각했던 것이다. 이러한 제우스의 창조의 놀이는 마치 예술가의 그것과 같이 "어떠한 도덕적 책임도 없이" 행해지는 죄 없음 속에서의 창조다. "힘을 쌓은 것"의 무한한 자기 생성으로서의 놀이는 "신의 유아성"이라고 말하기도 한다[같은 책 Ⅱ. 9. 174]. "세계의 놀이는 위풍당당하게 / 존재와 가상을 뒤섞어놓는다: ——영원한 어릿광대가 / 우리를 뒤섞어놓는다——그 안으로!"[『학문』, 「포겔프라이 왕자의 노래」에 모여져 있는 시 「괴테에게」] 이로부터 '영원회귀'의 사상에 대한 연계가 쉽게 간취된다.

하지만 니체의 '놀이'의 사유를 지나치게 '예술가 형이상학'으로서 이해한다든지 '영원회귀*'와 결부시켜 해석한다든지 하면 그 반형이상학적인 요소를 보지 못하게 된다. 그의 '놀이'는 오히려 형이상학적인 근거 짓기나 세계 해석을 행하는 언어——요컨대 자기 보존을 위한 거짓을 만들어내는 도구가 된 언어——가 망각

하고 배제해 버린 개별성·우연성을 구출하는 언어를 추구하고자 하는 하나의 실험'이다. "공상을 떠돌아다니고, 있을 수 없는 것이나 난센스인 것을 생각하는 것은 즐겁다. 왜냐하면 그것은 의미도 목적도 없는 행위이기 때문"[유고 Ⅰ. 8. 226/227]이라고 이 놀이를 말하는 니체는 '춤', '어릿광대', '배우'와 같은 비유를 사용한다. 예를 들면 "만물이 우연*의 발로 춤추기를 좋아한다"[『차라투스트라』 Ⅲ-4], "자기 자신의 내면으로 더없이 멀리 뛰어들고, 그 속에서 방황하며 배회까지 할 만큼 더없이 포괄적인 영혼. 기쁜 나머지 우연 속으로 뛰어드는, 더없이 불가결한 영혼"[같은 책 Ⅲ-12. 19] 등이 그것이다.

니체에서의 '놀이'는 진리라는 허구를 만들어내는 수사학의 작용을 이를테면 역으로 구사하여 허구를 무너뜨리는 책략을 전개하고자 하는 것이다. 이것을 언어 비판과 결부시켜 로고스 중심주의에 대한 비판을 행하는 것이 데리다*를 필두로 하는 후기구조주의자들이다. 니체를 기호학의 관점에서 다시 독해한 것은 그들의 공적이다. 「도덕 외적인 의미에서의 진리와 거짓에 대하여」가 그들에게 있어 탈구축* 사유의 기반이 되는 것은 우연이 아니다. 데리다는 니체에 의거하는 가운데 스스로의 입장을 "오류도 진리도 근원도 없는 기호의 세계의 즐거운 긍정"이라고 말하는 표현을 한다. 여기에는 서양적 로고스가 만들어낸 진리 체계가 차이를 무리하게 동일성 원리로 해소하고 언어 바깥에 상정된 모종의 근거를 정립함으로써 날조된 것이라고 하는 비판이 놓여 있다. 요컨대 데리다의 입장에서 보면, 시니피앙(기표)에 맞서 언어 바깥에 상정된 형이상학적인 시니피에(기의)를 대응시켜 온 것이 서양적 로고스 중심주의를 산출했던 것이며, 언어 바깥의 초월적인 시니피에는 존재하지 않고, 있는 것은 오로지 시니피앙의 무한한 놀이뿐인 것이다. "의미를 지니지 않고 존재하지 않는 흔적 또는 차연(différance)의 놀이"라는 데리다의 표현에서 우리는 특정한 근거나 진리 체계에 안주하는 것을 거짓이라고 하는 니체의 '놀이' 사상으로부터의 영향을 분명히 볼 수 있다.

니체가 근년에 이르러 후기구조주의*의 관점에서 재평가되고 있는 것은 60년대 후반에 이데올로기 비판의 입장이 최종적으로 좌절한 이후의 시대에 서양적 합리성의 전체가 물음에 붙여지는 상황을 반영한다고도 말할 수 있다. 차이*나 비동일성을 손상시키지 않기 위해서는 어떠한 형태로든 특정한 중심을 지닌 체계*의 구축을 행하는 것은 가능하지 않다. 합리성 비판을 위해 '이성의 타자'에 의거하는 것도 역으로 체계적 사상에 빠지게 된다. 그렇다면 니체가 이성 자신의 기반을 "뚫고" "캐내는" 것과 같은 형태로 행한 비판의 수법이 서양적 합리성을 그 내부로부터 탈구축하고자 하는 후기구조주의에게 있어 유일하게 가능한 비판의 방식일 것이다.

니체의 사상에 관해서는 초인*이나 영원회귀, 신의 죽음*, 선악의 저편 등, 과장된 몸짓의 니체의 발언에 많은 니체 해석이 주목해온 경향이 있다. 또한 그중에는 니체 자신의 가면의 계략을 보지 못한 채 니체를 다시 형이상학화해 버리는 해석도 있었다. 하지만 오히려 니체의 '가면'과 '놀이'의 사유는 어떠한 사유도 그것이 절대적 타당성을 요구할 수 없다는 것을 보여주고자 한다. 이 점을 염두에 둔다면, 니체 저작의 독해에 있어서는 과장된 배우적인 몸짓의 발언 부분보다 오히려 언어의 허위성에 주목한 그의 비판의 수법을 분석해 가야만 할 것이다. ☞자기 보존, 언어, 후기구조주의

—오누키 아츠코(大貫敦子)

가상假象 [Schein]

가상은 본질이나 존재에 대립하는 용어로서 철학의 역사 속에서 사용되어 왔다. 존재에 대립하는 경우에는 비존재이면서 존재하는 것 같은 겉보기를 지닌 것으로서 환상이나 허위와 유사한 의미를 지녀 이성의 빛에 의해 간파되어야 할 것으로 생각되며, 본질에 대립하는 경우에는 사물의 본래 모습을 덮어 숨기는 존재(비존재가 아니다)로서 본질적인 것이 아닌 것으로 생각되어 왔다. 어느 경우이든 그러한 가상은 우리의 감각이나 지각이 파악한 것과 동일시되어 왔다.

감각이나 지각이 오류에 사로잡히기 쉽다는 일상 경험이 배후에 놓여 있다는 점에 대해서는 말할 필요도 없을 것이다. 그에 반해 가상과 혼동되기 쉬운 현상(Erscheinung)의 경우에는 본질의 복사 내지 투사로서, 즉 본질의 활동에 내속하는 본질적인 것으로서 신플라톤주의 등에서 생각되어 왔다. 니체의 가상 개념은 이들 가운데 어느 것과도 다르다.

가상에 관한 이러한 전통적 사고는 18세기 계몽을 거쳐 미학적 사고가 탄생하는 것과 더불어 예술을 둘러싼 논의 가운데서 크게 변용된다. 뚜렷한 예는 예술의 세계를 "미적 가상의 나라"로 본 실러*[『미적 교육에 관한 서간』]다. 예술의 세계를 거짓의 세계나 본질을 숨기는 우연적인 것으로 보지 않고, 경험적 현실보다 높은 품격을 지닌 존재이자 교양*에 이르는 길이라고 파악한 것이다. "인륜성의 상징으로서의 미"를 말하는 칸트[『판단력비판』]가 배경에 있다. 진리와 미적 가상은 분리되는 동시에 그때까지의 사상이 알지 못한 새로운 결합을 수행한다. 『미학 강의』에서 헤겔*이 미를 정의하여 "이념의 감각적 가현(scheinen, 나타남)"이라고 한 것도 그 연장이다. 니체의 가상 개념은 이러한 미학화를 배경으로 하고 있지만, 중요한 것은 그것과 교양이나 선도나 진리와의 밀접한 관련을 단절하고 있다는 점이다.

『비극의 탄생』*에서 가상은 꿈속의 아름다운 상을 관장하는 빛의 신, 빛나는 자(der Scheinende)인 아폴론*과 결부되어 있다. 일상적 현실보다 완벽한 형상이 나타나는 내면의 환상의 세계를 가능하게 하고, 더욱이 그 환상이 병적인 것으로 떨어질 위험을 조용히 제거해 주는 신이 아폴론이다. 우리는 이러한 '꿈의 세계의 아름다운 가상'에 열중하여 그것을 즐기면서도, 결국 이것은 꿈이라고 하는 기분과 동시에 그럼에도 상관없이, 이 꿈을 계속해서 볼 것 같지는 않은가라고 외치지 않으면 안 될 때가 있을 거라고 니체는 논의한다. 그런 가운데 철학적 인간은 "우리가 살아가고 있는 이 현실의 아래에 두 번째의 전혀 다른 은폐된 현실이 있으며, 그런 의미에서는 일상적 현실 자신이 가상인 것은 아닐까라는 예감"[『비극』 1]을 지닌다.

더욱이 꿈속의 가상은 즐겁고 아름다운 것만이 아니다. 괴로움과 파괴의, 기만과 미혹의 신성한 비극인 인생의 실상이 나타나는 경우도 있다. 그럼에도 불구하고 꿈을 계속해서 보는 동시에 이 실제 인생도 꿈으로 간주하여 가상 속에서 계속 살아가는 태도가 있다고 하는 이 논의야말로 그가 쇼펜하우어*의 사상에서 다시 파악한 그리스인의 세계다. 그리스인은 자신들의 인생의 고뇌를 올림포스의 신들이라는 가상을 전개함으로써 견뎌내고자 했다. "그리스인은 살아가는 것의 공포와 경악을 알고 있었고 느꼈다. 그리스인은 살아갈 수 있기 위하여 자신들의 눈앞에 올림포스 신들의 빛나는 꿈의 세계를 세워야만 했다."[같은 책 3] 더 나아가서는 만약 이 일상적 현실 그 자체도 자기가 의지인 까닭에 고뇌하는 세계의 근원적인 근원−의지가 그려내는 가상, 요컨대 "참된 비존재"라고 한다면, 우리의 미적 가상으로서의 꿈과 예술적 형상은 "가상의 가상"[같은 책 5]으로서 좀 더 커다란 즐거움과 만족의 매개체일 것이다. 그렇다면 개체화* 원리의 실현으로서의 '가상의 가상'에서 근원적 일자*는 스스로가 의지라는 것으로부터 구원받는다. "개인적 주체는 매개체로 되고, 참으로 존재하는 주체가 그 매개체를 통해 가상에 있어 자기의 구원을 축하한다."[같은 책 5] 요컨대 한 사람의 예술가를 매개체로 하여 세계와 인류가 가상에 있어 자기의 고뇌로부터 구원받고, 인간 공동체의 축제가 빛과 빛남 속에서 성취된다고 하는 것일 터이다. "미적 현상으로서만 현존재와 세계는 영원히 정당화된다."*[같은 책 5]

플라톤*에게서 이 세계는 단순한 현상이었다. 이데아의 세계에 참여(methexis)하기는 하지만, 결국은 그 현상(Erscheinung)이었다. 그런 의미에서는 존재에 맞선 비존재이기도 했다. 가상이 지니지 않을 수 없게 된 모든 부정적 요소가 우리가 살고 있는 이 경험적 세계에 주어져 있었다. 니체에게 있어서는 전적으로 반대로 가상 속에서야말로 구원이 존재한다. 가상은 현실'도 현실의 깊은 곳에 있는 본질도 아니라면, 또한 가짜인 환영도 아니다. 독자적인 존재의 품격을 지니게 되지만, 그것은 어디까지나 가상이다. 더욱이 이

가상의 '중간세계' ── "올림포스 신들의 예술적인 중간세계"[『비극』 3] ── 는 미적 현상(Phänomen)이 된다. 이 현상은 무언가의 본질이 현출한다는 의미에서의 현상은 이미 아니다. 꿈의 세계에서 세계의 본래적인 모습이, 요컨대 세계의 '본질'이 **미적 가상으로서 경험된다**고 하는 것이다. 세계를 움직이고 있는 것, 그 율동하는 힘은 바로 미로서의 가상에 있다. 그리고 그것은 세계의 깊은 곳의 고뇌의 발현이면서 바로 고뇌를 구원하는 미가 되고 있기 때문에 본질의 단순한 발현이 아닌 자립적인 현상이다. 『즐거운 학문』*에서 그 사정은 다음과 같이 표현된다. "내게 있어 '가상'이란 무엇인가? 그것은 무언가의 본질이라는 것에 대립하는 것이 아니다. 무언가의 본질 따위라고 말하는 곳에서 그 가상에 붙이는 술어 이외에 무엇을 말할 수 있을 것인가!" 나아가 계속해서 가상이란 바로 삶의 활력 그 자체라고 생각된다. "가상이란 내게 있어 작용하고 살아가는 것(das Wirkende und Lebende) 자체. 이러한 삶은 자기를 조소함으로써 인생에서는 가상과 도깨비불과 유령의 춤밖에 없으며, 그 이외의 것은 아무것도 없다는 것을 내게 느끼게 해준다. 이와 같이 모든 자가 꿈꾸는 가운데 '인식하는 자'인 나도 나의 춤을 추고 있으며, 인식하는 자라고 하는 것은 이 지상의 춤을 길게 끌게 하는 수단이고, 그런 의미에서 인생의 축제의 담지자라고 하는 것을 느끼게 해주는 것이.'[『학문』 54] 여기서는 예술에서의 가상에 의해서뿐만 아니라 인식에 의해서도 세계는 미로 전환된다는 것이 강조되고 있다. 인식도 이 세계에서 살아가기 위한 환영으로서 예술이 된다.

이러한 새로운 미의 사고 속에서 가상과 그 대립물(존재든 본질이든)과의 관계는 사라진다. 거기서는 세계와 인생을 일상의 거래나 이해관계의 대립 그리고 자기 보존* 행동의 틀 내에서 보지 않는 새로운 가능성이 추구되고 있다. "이른바 세계사에서의 상호 절멸의 싸움"[『비극』 7]을 응시하면서도 그것에 절망하지 않고 그리스인이 살아갈 수 있었던 것은 가상 때문이다. 예술*과 인식에 의해 세계와 인생이 얼마나 우연적인 것인지를 알면서도 그 우연적인 세계와 인생을 통해

개별화의 미*의 쾌락*을 통해 개별화되지 않는 위대한 생명의 충동과의 미적인 일체감이 가상에서 가능해진다. "그리스인을 구원하는 것은 예술이며, 예술을 통해 스스로를 구원하는 것은 삶*이다."[같은 곳]

하지만 문제는 가상에 대한 이러한 미학적 논의가 특히 후기의 니체에게서 힘에의 의지*에 의한 세계 해석과 결부되는 것이다. 그 점은 이른바 인식론이나 가치를 둘러싼 논의에서 볼 수 있다. 그의 말을 빌리자면, 있는 것은 무수한 해석이며 '참된 해석'이라는 것은 무의미한 표현이다. 참과 거짓이라는 대립 자신이 힘의 하나의 배치 결과에 지나지 않는다. 삶이 있다고 생각하는 것마저도 어떤 거짓된 해석일지도 모른다. "오늘날 또한 사람들이 철학의 어떤 관점을 취한다 하더라도, 또 어떤 입장에서 보더라도, 우리가 그 속에서 살고 있다고 믿는 세계가 잘못되었다는 것은 우리의 눈이 확인할 수 있는 가장 확실한 것이다. …… 하지만 다음의 것은 인정되어야 한다. 원근법*적인 평가와 그럴듯한 가상성(Scheinbarkeit)에 바탕을 두지 않는 한, 삶 그 자체가 전혀 존재할 수 없을 것이라는 것을."[『선악』 34] "진리* 쪽이 가상보다 더 가치가 있다는 것은 단지 도덕적인 선입견일 뿐이다. …… 겉보기의 가상성에 여러 단계가 있다는 것을 인정하는 것만으로 충분하지 않은가?"[같은 곳] 여러 가지 가상, 가상의 다양한 단계를 설정하는 것은 힘에의 의지다. 그렇다면 진리보다 가상 쪽에 더 높은 가치가 있을지도 모른다. "모든 삶에 있어 더 높고 근본적인 가치는 가상에, 기만에의 의지에, 이기심에, 욕망에 있다고 생각해야만 한다는 것은 가능할 것이다. 아니, 그뿐만 아니라 또한 저 훌륭하고 존중할 만한 사물의 가치를 만드는 것이 바로 겉보기에(scheinbar) 대립되는 저 나쁜 사물과 위험할 정도로 유사하고 또 연관되어 있으며, 단단히 연계되어 있고, 어쩌면 본질적으로 동일한 것일 수 있다는 것도 생각될 수 있다."[『선악』 2] 전통적 사고에서 존재나 본질과 대립관계에 있다고 생각되고 있던 가상이 그러한 이항대립을 벗어난 독자적 위치를 획득하여 일단 미에서의 구원의 꿈을 나타내는 것으로 되면서도, 이 단계에 이르면 또한 이항대립의 한 항으로서 생각되게 된다. 요컨대 진리에 대립하는 거짓이라는 경우와 마찬가지로 여전히 양자를 이항대립으로서 설정해 버린 다음, 다른 항을 한 항으로 흡수하는 형태로 모든 것이 가상이라는 논의의 짜임새가 되는 것이다. 이항대립의 해소를 위한 논의가 이항대립을 첨예화하고, 한 항의 다른 항에 대한 압도적 승리로 끝나는 논리.——"진리에 대한 이러한 신앙은 우리에게 있어 그 최후의 궁극적인 형태에 이른다. …… 요컨대 일반적으로 숭상하는 것이 있다고 한다면, 숭상해야만 하는 것은 **가상**이라는 결론으로, 그리고 거짓말은 신적이라고 하는 결론으로."[유고 II. 9. 314] 거기서는 아름다운 가상으로서의 올림포스의 신들이라는 의미에서의 가상 개념은 배경으로 물러나고, '겉보기'라는 어의 쪽이 또다시 중요해진다. 이전에는 직관이 지니는, 결코 개념으로 포착될 수 없는 매력이야말로 중요했다. 그리고 이성에게 이질적이라는 것만으로 이성을 매료시키는 가상의, 관능적이고 우연적인, 그리고 한 순간의 힘이야말로 "우연의 지나친 희롱"[『비극』 1]인 세계와 인생의 화해를 가져다주었다. 그리고 존재하는 것은 감각적 현실이라는 것을 깨닫게 해주었다. 정말이지 어떠한 직관도 개념으로 포착될 수 없지만, 개념으로 말해지지 않으면 바로 그것이 직관이라는 것도 가능하지 않기 때문에 화해가 가능한 것이었다. 그러한 것이 후기에 이르면 존재하는 것은 힘에 의해 설정된 거짓된 가치들의 싸움, 가상의 가치들의 투쟁에 지나지 않는다. 미보다는 '거짓', '겉보기'라는 의미에서의 가상이 전면에 나선다. '가상'이라는 말에서 중점이 두어지는 방식의 이동은 니체의 사상 변화에 상응한다. ☞원근법/원근법주의, 예술, 진리와 인식, 날조, 미와 쾌락

—미시마 겐이치(三島憲一)

가스트 [Peter Gast (Heinrich Köselitz) 1854-1918]

페터 가스트(본명 하인리히 쾨젤리츠)는 1875년부터 바젤대학에서 니체, 오버베크*, 부르크하르트*의 강의를 청강하고 얼마 안 있어 니체에게 심취하여

눈이 나쁜 니체를 위해 원고를 정리한다든지 교정을 거든든지 하여 헌신적으로 봉사했다. 그러한 봉사는 니체의 퇴직 후에도 계속되며, 니체에게 있어 몇 살 어린 친우로서 빈번하게 편지를 교환한다. 후에 니체는 『인간적인 너무나 인간적인』*은 두통으로 고통 받는 자신의 구술을 가스트가 필기하고 정정했기 때문에 그가 "본래의 저작자"이고 자신은 "단순한 원작자에 지나지 않는다"고 말하기도 했다[『이 사람』, Ⅵ. 5]. '페터 가스트'라는 이름 자체가, 베네치아*에 살며 작곡가로서의 성공을 꿈꾸고 있던 그에게, 이탈리아인에게도 기억되기 쉽도록 니체가 붙여준 것이었다(이탈리아 풍으로 '피에트로 가스티'라고 부르기도 한다). 니체는 가스트가 모차르트*에게도 필적하는 "남방의 음악"의 명장이라고 하며[같은 책 Ⅱ. 7], 치마로사(Domenico Cimarosa 1749-1801)의 「비밀의 결혼」과 같은 각본으로 그가 작곡한 오페라 「베네치아의 사자」(이 제목 변경도 니체에 의한다)의 상연을 위해 이리저리 애썼다(1890년에 니체의 친우 칼 푹스(Carl Fuchs 1838-1922)의 노력에 의해 단치히에서 실현). 1888년의 유고에서는 "근대의 최선의 오페라는 나의 벗 하인리히 쾨젤리츠의 오페라로, 그것은 바그너적 독일로부터 자유로운 유일한 오페라 「베네치아의 사자」다"라고 말하고 있다(제2위로는 비제*의 「카르멘」, 제3위로는 "음악에서의 딜레탕티즘의 결작"으로서 바그너*의 <뉘른베르크의 마이스터징거>를 들고 있다[유고 Ⅱ. 11. 320]. 또한 바그너를 '모더니티'를 집약하여 체현하는 존재로 보는 입장에서[『바그너의 경우』 서문] 니체는 가스트를 "최후의 고전적인 작곡가"라고 상찬하고[마이젠부크에게 보낸 편지, 1888. 10. 20.], 자신이 루 살로메*의 시로 작곡한 「삶에의 찬가」를 가스트에게 오케스트라와의 합창을 위해 편곡케 하여 출판했다. 니체의 발광 후 가스트는 누이 엘리자베트에게 협력하여 니체 전집의 편집 작업에 참여했지만, 그가 보관하고 있던 『이 사람을 보라』의 원고에서 니체가 어머니와 누이를 매도하고 있는 부분을 둘러싸고 대립하며, 1893년에는 일단 관계를 끊었다. 그러나 니체의 필적을 해독하기 위해 아무래도 가스트의 협력을 필요로 했던

엘리자베트는 화해를 제의하고, 1899년에 복귀한 그는 악명 높은 위서 『권력에의 의지』의 날조에 협력할 수밖에 없게 되었다. 은사 오버베크*나 칼 알브레히트 베르누이*와 엘리자베트와의 사이에 끼어 괴롭게 된 가스트는 1909년에 최종적으로 니체 아르히프를 떠났다. 『이 사람을 보라』의 문제의 부분 원고는 누이에 의해 파기되었지만, 그것을 예기하여 가스트가 남긴 사본이 최근 발견되어, 콜리*와 몬티나리*에 의한 전집에 채록되어 있다.

—오이시 기이치로(大石紀一郎)

가축떼

동시대의 유럽인들 전반에 대해 후기의 니체가 많이 사용한 호칭. '가축떼'란 온순한 군거성 동물, 예를 들어 양·산양·소 등의 무리를 가리키지만, 그의 눈에는 동시대인이 그와 같은 모습으로 보였다. 『선악의 저편』*[44, 62, 199, 201, 201 참조]에 따르면, '신 앞에서의 평등'을 표방하는 그리스도교*는 원래 다수파인 약자들이 자기 보존*의 전략으로서 고안한 것이며, 그 도덕은 공공심·친절·근면·절도·겸허·관용·동정* 등, 집단의 존속에 있어 유용한 약자 자신의 성질들을 미덕으로서 칭찬하고, 예외자이고자 하는 의욕과 돌출된 권력욕 등을 집단의 존속을 위협하는 악덕으로서 비방했다. 그러한 도덕의 근저에 있는 것은 "어느 날엔가 무섭고 두려워해야 할 아무것도 존재하지 않게 될 것을 우리는 바란다."라는 "가축떼적인 겁 많음"에 다름 아니다. 또한 그리스도교 정신을 흡수하여 '권리의 평등'과 '모든 고뇌하는 자에 대한 동정'을 슬로건으로 내거는 민주주의자는 모든 이를 위한 생활의 보장·평안·쾌적·안락의 실현을 지향하고 있지만, 그러한 것은 가축떼의 "푸른 목장의 행복"이라고 불려야 한다. 그리고 사회주의자와 혁명가, 그뿐만 아니라 무정부주의자마저도 실제로는 모두 한 동아리인바, 가축떼가 자치권을 쥐는 사회 형태 이외의 어떠한 사회 형태에 대해서도 본능적 적의를 지닌다는 점에서는 다름이 없다. 이상과 같이 니체는 그리스도

9

교 도덕과 민주주의*를 인간의 비소화・병약화・범용화・균질화, 요컨대 가축떼화를 초래하는 것으로서 비판한다. 왜냐하면 그의 관심은 오로지 '초인' 내지 '고급 유형'을 산출하기 위한 인간의 '훈육과 육성'에 있거니와, 인간이 종래에 어떠한 조건 하에서 가장 힘차게 성장해 왔는지를 돌아보게 되면 공포와 고뇌는 물론이고 노예제와 악마적 소업조차 필요 불가결하다고 생각하고 있었기 때문이다. 결코 모든 이에게 권리를 인정하는 개인주의자가 아니었던 그의 모습을 잘못 보아서는 안 된다. ☞그리스도교, 민주주의

―시미즈 혼유(清水本裕)

가치의 전환價値―轉換〉{모든 가치의 가치 전환―價値― 價値轉換〉[Umwertung aller Werte]

【Ⅰ】 말년의 구상을 둘러싸고

만년의 니체는 『모든 가치의 전환』을 표제로 한 네 개의 글로 이루어진 저술을 구상한 적이 있다[유고 Ⅱ. 9. 401; Ⅱ. 12. 47f., 114]. 이것은 본래 『힘에의 의지』라는 제목으로 생각을 다듬고 있었던 저작이 포기된 후에 그것을 잇는 모습으로 떠올랐던 것으로, 주제목이 되기 이전에는 자주 『힘에의 의지』의 부제로 놓여 있었다[같은 책 Ⅱ. 11. 147; 『계보』 Ⅲ. 27]. 그루이터판 전집의 편자들에 따르면, 니체는 1888년 8월 말부터 9월 초에 『힘에의 의지』의 계획을 최종적으로 단념하고 그때까지의 초고들을 『모든 가치의 전환』으로서 정리하여 출판할 것을 착상했던 듯하다. 사실 이 9월 초 이후에 이르면 '모든 가치의 전환'이라는 제목의 저술 계획이 이곳저곳에서 보이며[유고 Ⅱ. 12. 43], 넷으로 나누어진 각 글의 계획도 거기에 포함되어 있다(일례를 들면, 제1부・안티크리스트, 제2부・자유정신, 제3부・비도덕주의자, 제4부・디오니소스*[같은 책 Ⅱ. 12. 47f.]). 오늘날 『안티크리스트』*라는 이름으로 알려져 있는 글은 당초 그 제1부로서 구상되어 있었다. 그렇다면 모든 가치의 전환이란 만년의 니체가 의도한 사상의 집대성, 즉 자기의 사상을 수렴시키고자 하는 생각에서 나온 결정적인 한 마디에

다름 아니었다고 말할 수 있을지도 모른다. 첫째로 '그리스도교 비판'을 시도하는 **안티크리스트**, 둘째로 '니힐리즘 운동으로서의 철학에 대한 비판'을 수행하는 **자유정신**, 셋째로 '가장 불행한 무지의 일종이라고도 말해야 할 도덕에 대한 비판'을 감행하는 **비도덕주의자**, 그리고 넷째로 '영원회귀의 철학'을 예언하는 **디오니소스***―지금까지의 가치의 파괴와 새로운 가치의 창조를 둘이면서 하나로 한 이러한 총괄들은 생애의 긴 사유 끝에 나타난, 니체에게 있어 사상의 도달점이라고 말할 수 있을지도 모른다.

하지만 가치의 전환이라는 사상을 만년에 완성을 본 경지로만 받아들이게 되면 그것의 중요한 부분을 간과하게 된다. 무엇보다도 우선 니체가 『모든 가치의 전환』이라는 책을 완성시키지 못한 사실을 지적해 두지 않으면 안 된다. 가치의 전환은 만년에도 끝난 것이 아니라 체계*의 완성으로부터는 조금 멀었다고 말하는 것이 진실이다. 하지만 그것은 니체의 사상이 성숙하지 못한 채 끝났다는 것을 의미하지 않는다. 거기에서는 미성숙하기는커녕 성숙의 한 단계에 만족하고자 하지 않은 그의 사유의 강인한 풍모가 보인다. 체계의 완성에서 거리가 멀었다기보다는 체계에의 의지와는 인연이 멀었다고 해야 할까? 저작에서 엿볼 수 있는 사고의 수많은 반복은 그 증좌다. 그리고 이것은 가치의 전환이라는 사상이 만년이라는 한 시기에 끝날 수 없었을 뿐만 아니라 역으로 그의 사유의 모든 시기에 열려 있었다는 것도 이야기하고 있다. 생각되는 그대로 니체는 "『비극의 탄생』*은 나의 최초의 모든 가치의 전환이었다"고 술회한 바 있다[『우상』 X. 5]. 모든 가치의 전환은 니체의 생애의 저작들을 관통하고 있었다.

【Ⅱ】 가치 전환이라는 지속적인 모티브

'모든 가치의 전환'이라는 표현이 후기에 속한다 하더라도 가치의 전환이라는 사상이 후기로만 한정되는 것은 아니다. 예를 들면 『비극의 탄생』*은 **모든** 가치의 전환은 아니라 하더라도 확실히 **어떤** 가치의 전환을 시도한 저작이다. 후에 쓰인 서문 「자기비판」은 이 가치 전환의 자취를 다시 파악한 것이기도 했다.

페시미즘*이라고 하면 몰락의 징후로 단정하기 쉬운 상식에 대항하여 '강함의 페시미즘'이라고 말해야 할 것도 있지는 않을까 하는 식으로 통례적인 견해를 뒤집고, 소크라테스*에게서 그리스 사상의 절정을 보아온 전통적인 고대 그리스관에 대해 "다름 아닌 이 소크라테스주의야말로 몰락, 피로, 병듦의 징후"이지 않을까 하는 의혹을 드러낼 때[「자기비판」 1] 가치를 전환시키고자 하는 시도가 확실히 엿보인다. "학문*"을 예술*의 광학 하에서 보고, 다른 한편 예술을 삶*의 광학 하에서 본다'는 과제 설정이나 "삶의 광학 하에서 볼 때 ─ 도덕이란 무엇을 의미하는가?"라는 문제제기[같은 책 2, 4]는 이러한 시도와 결부되어 있었다. 가치의 전환이란 학문과 도덕, 삶의 가치를 규정해 온 고대 그리스 전통의 규범력을 다시 묻는 것이다. 니체는 만년의 유고 단편에서 『비극』에 포함된 세 개의 새로운 착상으로서 "삶의 위대한 자극제로서의 예술", "새로운 유형의 페시미즘", "그리스인에 대한 새로운 구상"을 들고 있다[유고 Ⅱ. 11. 37]. 과학적 진리에 대립한 예술, 낭만주의적 페시미즘에 대립한 '고전적 페시미즘', 소크라테스의 그리스에 대립한 비극 작가*들의 그리스 ─ 유럽의 전통을 규정해 온 가치의 전환이야말로 『비극』을 관통하고 있었다.

그런데 『비극』은 고대 그리스라는 과거의 상의 전환을 꾀하는 동시에 니체의 시대 그 자체에 대한 비판의 눈길도 숨기지 않고 있다. 『반시대적 고찰』*에 이르면 이것이 선명해진다. 쇼펜하우어*론에는 과거의 민족*이나 이민족의 역사를 연구하는 것의 의의에 대해 다음과 같이 언급한 구절이 있다. "고대의 그리스 철학자들이 현존재의 가치에 대해 내린 평가는 현대적 평가보다 훨씬 더 많은 것을 말해준다. 그것은 그들이 충분히 완성된 형태의 삶을 눈앞에서 혹은 자기 주변에서 보았기 때문이며, 또 우리 시대와는 달리 그 시대의 사상가들의 감정이 한편으로는 삶의 자유와 미, 위대함에 대한 소망과 다른 한편으로는 도대체 현존재가 무슨 가치가 있느냐고 묻는 진리에 대한 충동으로 분열되어 혼란을 일으키는 일이 없었기 때문이다." [『반시대적』. Ⅲ. 3] 『비극』에서의 중점이 고대 그리스

관의 전환에 있었다고 한다면, 여기서 니체는 고대 그리스로부터 본 현대 사회의 가치에 대한 회의와 전환 가능성에 대해 말하고 있다. "현재 눈앞에 있는 것은 모두 강요하는 듯한 점이 있기 때문에" 그것은 우리의 "시야를 한정해 버린다." 과거의 역사를 아는 것은 "현대를 극복하는" 자세를 몸에 익히는 데도 유익하다[같은 곳]. 『바그너의 경우』의 표현을 빌리자면, "일체의 시대적인 것, 시세에 적합한 것에 대한 깊은 소원함, 냉담, 냉정한 태도', "인간이라는 사실 전체를 엄청난 거리를 두고 개관하는…… 차라투스트라의 눈"을 필요로 하는 것이다[『경우』 서문]. 니체가 말하는 가치의 전환은 "자기 속에서 자신의 시대를 초월하여 '시대에 사로잡히지 않게' 되는 것이기도 했다[유고 Ⅱ. 3. 209]. 말하자면 **고대에 관한 가치의 전환이 현대에서의 가치의 전환으로 움직여 갔던 것이다.** 모든 가치의 전환이란 다름 아닌 과거와 현재를 둘러싼 가치의 파괴다.

다만 니체가 '반시대적'이라는 것을 슬로건으로 소리 높여 외칠 때, 지금까지의 모든 가치를 버리는 것에 그치지 않는 좀 더 적극적인 의미도 담고 있었다. '반시대적'이란 "시대에 저항하고, 그에 의해 시대에 맞서며, 바라기로는 와야 할 시대를 위해" 활동하는 것이라고 그는 언급하고 있지만, 그렇다면 반시대적이란 현실적으로 존재하는 가치의 파괴를 통해 또한 와야 할 가치의 창조를 알리는 것이었을 터이다. 고대를 기준으로 하여 현대가 평가되는 것은 사실은 이러한 미래에 대한 지향성에 뿌리박고 있다. 다만 니체의 경우, 기준이 되는 고대 그 자체의 해석 변화가 이루어지고 있었다. 과거를 기준으로 한 현대의 평가가 미래 지향적인 것이 되려면, 이 기준의 해석 그 자체도 와야 할 것을 향한 실천의 하나이어야만 한다. 과거와 현재는 어쨌든 불확실성 속에서 바래진다. 그리고 그것은 자주 각각의 종래의 가치 상실과도 통할 수 있다. 그러나 모든 가치의 전환이라는 사상은 종래의 가치의 파괴라는 부정적인 측면으로만 환원되는 것이 아니다. 종래의 가치 상실을 미래의 가치 창조와 결합하고자 하는 것이야말로 가치 전환 사상에 있어 중요한 문제인

것이다.

【Ⅲ】 가치 전환 시도의 변화

하지만 니체의 가치 전환을 가능하게 한 조건이 과거·현재·미래라는 역사적인 문화와 사회의 위상으로만 끝나게 된다면 특별히 그의 독창성에 대해 말하기 어렵다. 가치 전환의 사상이 "이리도 암담하고도 끔찍한 것"[『우상』 서문]으로 비치는 것은 니체가 스스로도 이 가치 전환의 표적으로 삼았기 때문이다. 가치 전환의 운동은 니체 자신의 생애와 개성의 위상 자체에 내재해 있었다. "억울한 마음이 없지는 않지만, 나는 이제 더 고독하게 그리고 나 자신을 심하게 불신하면서 나 자신에게 적이 되었고, 바로 나에게 고통을 주고 혹독하게 대했던 모든 것의 편을 들게 되었다." [『인간적』 Ⅱ 서문 4] 니체는 초기로부터 중기로의 전환을 이렇게 뒤돌아보며 그것을 "반낭만주의적 자기 치유"라고 부르고 있다[같은 책 2]. 자기 음미를 통한 자기 부정, 자기 치유, 이러한 고통과 쾌유*를 살아가는 것이 가치의 전환을 가능하게 한 또 하나의 조건이다. "한 사람 속에 의사와 환자를 동시에 지니고 있는 나는 지금까지 시도된 적이 없는 정반대의 영혼의 풍토로, 특히 낯선 고장과 낯선 것 속으로 물러서는 방랑과…… 모든 종류의 낯선 것에 대한 호기심을 나 자신에게 강요했다……"[같은 책 5] 니체는 『바그너의 경우』의 서문에서 '무시대적'이기 위해서는 자기 극복, 자기 훈련의 노력이 필요하다는 뜻을 말하고 있지만, 그것은 자기의 지금까지의 모든 것을 멀리하고, 미지의 새로운 것, 먼 이질적이고 낯선 것에 대한 감수성을 연마하는 것과 통할 것이다.

다만 이러한 변용이나 변신이 니체의 생애에 몇 차례 닥쳐옴에도 불구하고, 그의 사유 속에서 몇 개인가의 동일한 주제를 둘러싼 성찰이 몇 번이고 반복되었다는 것을 간과해서는 안 된다. 하지만 이러한 끝없는 반복은 사고의 고정화나 불변적인 해답의 구축으로 수렴되는 것이 아니다. 오히려 이러한 반복에는 바로 자기모순도 두려워하지 않는 유동적인 사고 운동이 수반되고 있다. 사람들은 무언가 마음에 떠오른 상념을 적어두면 자신의 생각이 어떤 형태를 얻어 정착된

것 같이 착각하게 된다. 그러나 다음 순간에 우리를 덮치는 것은 기록해 둔 문자에 대한 회의다. 적어둔 것이란 오히려 우리의 사고 운동의 흔적에 지나지 않는다. 생각해 보면 사소하면서 누구나 자신이 **극복한** 것만을 말하고 있다"[『인간적』 Ⅱ 서문 1]는 것이다. 아포리즘*이라는 서술 스타일은 이러한 살아 있는 사고를 하나의 형태에 머무르게 하고자 한 것이었다고 볼 수도 있을 것이다. 야스퍼스*는 니체의 성찰에서 보이는 '끝없는 반복'에는 "개별적인 명제들에서 근본 사상이 빠질 수 있는 진부한 고정화로부터 그것을 구출하는 바의 변용"[『니체』]이 수반될 수밖에 없다는 점을 지적하고 있다. 완성된 체계*에 안주하고자 하지 않는 사유의 지속과 반복, 그 강함이야말로 모든 가치의 전환이라는 고행을 견뎌내게 하는 것이다. **니체에게서의 모든 가치의 전환은 가치 전환을 둘러싼 사유의 반복과 지속 없이는 성립하지 않는다.**

가치 전환의 시도는 니체 사유의 어느 단계에서도 나타난다. 초기에는 자기의 철학을 "역전된 플라톤주의"라고 부르고, "참으로 존재하는 것으로부터 멀면 멀수록 좀 더 순수하고 좀 더 아름다우며 좀 더 좋아져 간다. 가상*의 내적인 삶이 목적"[유고 Ⅰ. 3. 267]이라고 적고 있었지만, 여기서는 진리*와 가상의 세계라는 두 세계설을 '예술가 형이상학'의 입장에서 역전시키고자 한 자세가 보인다. 중기에 이르면 "이미 자연과학과 분리해서 더 이상 생각할 수 없는 역사적 철학"이 "형이상학*적 철학" 일반을 대체하는 것으로서 받아들여진다[『인간적』 Ⅰ. 1]. 영원한 진리는 존재하지 않는다. 오히려 그 배후에서 "작고 눈에 띄지 않는 진리"를 "엄밀한 방법으로" 발견해 가는 심리학*적 고찰이야말로 주안점이 된다[같은 책 Ⅰ. 3]. 그러나 후기에는 이 방법도 "세계의 배후"에 무언가가 존재한다고 하는 견해로부터 벗어나 있지 않다는 점이 반성되고, 다양한 "가치 판단 그 자체는 어떠한 가치를 지니는가"라는 물음이 '힘에의 의지'의 시각에서 계보학*적으로 음미되게 된다. '예술가 형이상학'에 의한 플라톤주의의 역전, '심리학적 고찰'에 의한 형이상학적 진리의 환원, '힘에의 의지'의 생리학*에 기초한 계보학적 사유, 이

들은 그 어느 것이든 가치 전환의 시도인 것이다. 그렇다고 한다면 니체의 가치 전환의 시도에 있어서는 생애에 걸쳐 그 기도가 반복되는 가운데 그 시도 자신이 부단한 극복의 대상이 되었던 것을 알 수 있다. 가치의 전환 자신의 전환이다. 니체에게 있어 **가치 전환의 시도란 가치 전환의 방법 그 자체의 변용의 역사이**기도 했다.

『차라투스트라』*의 한 절인 「삼단의 변화에 대하여」*는 낙타·사자·어린아이의 은유를 통해 있어야 할 정신의 변화 자취를 더듬은 것이지만, 뢰비트*는 니체의 사상 발전을 '삼단의 변화'에 대응시켜 초기는 바그너, 쇼펜하우어를 숭배한 신봉자의 시대, 중기는 자유정신에 기초하는 '오전의 철학'의 시대, 그리고 『차라투스트라』로 시작되는 후기는 영원회귀*의 교사가 되는 '정오의 철학'의 시대라고 정리하고 있다. 만약 그렇게 말할 수 있다면, '삼단의 변화'는 니체의 가치 전환의 편력도 더듬은 것인 까닭에, 그런 의미에서 가치 전환의 전환에 관한 성찰을 묶은 것으로 읽을 수도 있을 것이다. 이 해석의 정당성 여부야 어쨌든 니체의 서술에는 그 자신이 시도한 것, 기도하고자 했던 것에 관한 자기비판을 기록해 둔 것이 있다. 1886년에 이미 간행된 저서들의 신판에 붙인 서문들과 『이 사람을 보라』* 등에 머물지 않고 유고 단편의 이곳저곳에서 볼 수 있는 자기비판이 그것이다. 이들은 이미 완성을 본 그의 사상 체계를 훗날 알기 쉽게 해설한 것이라기보다 니체에게 있어서의 가치 전환의 사상이 그 자신의 인식과 삶의 변천에 대한 자기 성찰 없이 성립하지 않았음을 이야기해 주고 있다 할 것이다. **그렇다면 니체에게서의 가치 전환의 사상은 여기서 가치 전환의 변용에 관한 성찰 그 자체를 안에 포함한 것으로서 성립한** 것이 될 것이다.

가치 전환의 반복, 가치 전환의 반복에서의 그 변용, 그리고 가치 전환의 반복에서의 변용에 관한 자기 성찰—반복, 변용, 성찰과 같은 모습들이 니체의 가치 전환의 시도를 역동적인 것이자 풍부한 것으로 만들고 있는 것이다.

【IV】 후기에서의 가치 전환론

"니체의 시도는 아주 개괄적으로 말하자면 다음과 같다. 즉, 철학 속에 의미와 가치의 개념을 도입하는 것"—들뢰즈*는 니체에게서의 가치 개념의 중요성을 이렇게 지적하고 있다[『니체의 철학』]. 후기 니체에게서 '모든 가치의 전환'이라는 말이 자주 나온다는 사실로부터도 가치 개념이 후기에서 결정적 의의를 지닌다는 것은 틀림없다. 서두에서 보았듯이 니체는 가치의 전환을 축으로 하여 자기의 사상을 정리하고자 시도하기도 했다. 체계적 완성에 이를 수는 없었지만, '힘에의 의지'에 기초한 '모든 가치의 전환' 사상은 후기 니체에게 있어 어느 정도의 줄거리를 지닌 몇 가지 명제로 요약될 수 있다.

인간은 보통 거짓보다는 진리를, 악보다는 선을 가치 있는 것으로 생각한다. 진리, 도덕, 종교와 같은 것이 이러한 가치 매김을 전제로 성립한다는 것은 말할 필요도 없을 것이다. 이러한 가치 판단을 자명한 전제로 하여 최고선이나 첫 번째 진리가 무엇인지를 물어온 것이 종래의 형이상학의 역사였다. 니체가 묻는 것은 궁극적으로 참된 가치, 선한 가치를 지니는 것은 무엇인가가 아니다. "우선 물어야만 하는 것은 이들 가치는 어떠한 가치를 지니는가 하는 것이다." [『계보』 서문 6] 최고의 선, 첫 번째 진리란 무엇인가가 아니라 거짓이나 악보다 진리나 선에 좀 더 가치가 있다고 판단하는 것 자체에는 본래 어떠한 가치가 있는 것인가를 묻는 것이다. 이런저런 가치를 전제로 하여 최상의 가치를 찾아내는 것이 아니라 가치들 그 자체의 가치를 묻는 것—모든 가치의 전환에서 물어지고 있는 것은 이 가치들의 가치다.

물론 이러한 물음은 진리나 선 쪽을 가치 있다고 보는 평가 부여 그 자체에 대한 회의와 표리일체를 이룬다. "'선한 사람' 쪽이 '악한 사람'보다 가치에 있어 훨씬 더 높은 가치를 지닌다고 평가하는 것에 대해서는 누구도 지금까지 조금이라도 의심한다든지 동요한다든지 하지 않았다. …… 그런데 그 반대가 진리라고 한다면 어떨까? '선한 사람'에게도 퇴화의 징후가 있다고 한다면 어떨까?"[『계보』 서문 6] 니체는 여기서 가치 평가를 단지 뒤집어 놓는 것이 아니라 참과 거짓,

선과 악의 대립을 자명한 것으로 보는 것이나 진리와 선에 긍정의 가치를 부여하고 거짓과 악에 부정의 가치를 부여하는 것 모두에게서 거리를 두고자 하고 있다. 이항대립의 바깥에 섬으로써 이 대립을 성립시키는 가치와 대립하는 가치가 있다고 하는 신앙을 의심하고 있다. 그것은 지금까지 가치의 상이성이란 가치의 대립이 아니라 정도의 차이에 지나지 않는다는 발상을 전환하여 가치 있다고 생각된 것의 총체가 무로 화하는 철저한 니힐리즘*을 경험하는 것이기도 하다. 가치의 전환과 새로운 가치의 설정이 주제로 되는 것은 이러한 차원이다. 모든 가치의 전환이란 엄밀히 말하자면 **모든 가치들의 가치의 전환**인 것이다.

그렇다면 이 가치들의 가치란 무엇인가? 가치 평가란 "어떤 종류의 삶을 보존하기 위한 생리적 요구"[『선악』 3]다. 하이데거*에 의하면 "니체에게 있어 가치란…… 삶이 '삶이기 위한 조건이라는 것과 거의 같다."[『니체』] 따라서 가치는 삶을 어떻게 가능하게 하는가에 따라 구별된다. "가치 판단 그 자체는 어떠한 가치를 지니는 것인가? …… 그것은 삶의 곤궁, 빈곤화, 퇴화의 징후인 것인가? 그와는 반대로 삶의 충실, 힘, 의지의 나타남인 것인가?"[『계보』 서문 3] 이러한 가치 설정의 방식에서 우리가 모든 것을 삶으로 환원하는 니체의 일면을 보았다고 해서 반드시 부당한 것은 아니다. 하지만 그러한 난점을 지적하는 것으로만 이야기가 끝나는 것은 아니다. 니체는 이 삶에 대한 해석을 그의 디오니소스*적인 고대 그리스관으로부터 끌어내고 있다. 그것은 바로 전통적 그리스관 그 자체의 그 자신에 의한 전환으로부터 그것을 끌어냈다고 하는 것을 말한다. 다만 니체는 그것을 초기의 성과로부터 그대로 도입하지 않고 초기의 사유에 대한 자기비판을 매개로 하여 도입하고 있다. 니체의 가치 전환의 사상이 첫째로 그리스적 전통에서의 규범력의 가치 전환을 포함하고, 나아가 가치 전환의 시도의 변용에 관한 성찰도 내부에 포함하고 있었던 것이 **삶의 퇴화의 징후인가, 삶의 충실의 나타남인가라는 가치들에 대한 가치 판단**으로 열매 맺었던 것이다.

그런데 충실의 나타남인가 퇴화의 징후인가라는

판단의 구별은 후기 니체의 경우에는 또한 힘 그 자체의 유형의 차이에도 대응한다. 강자의 고귀*한 능동적인 힘과 약자의 열악한 반동적인 힘의 차이가 그것으로, 니체가 말하는 가치는 이러한 힘의 질의 차이이기도 하다. 들뢰즈의 표현을 빌리자면, "어떤 사태의 가치란 복합적 현상인 그 사태 속에 표현되어 있는 이런저런 힘의 서열"이다[『니체와 철학』]. 니체의 이러한 가치 개념에 비추어 보면 현대의 가치들은 열악하고 유약한 반동적 힘이 지배적이게 되었기 때문에 우위를 자랑하게 된 것들인 까닭에 결국 삶의 쇠약화를 부를 뿐이다. 이러한 현대의 가치들 위에 군림하는 것은 무엇인가? 니체에게 있어 그것은 '도덕적 가치'다. "**소크라테스** 이래의 유럽의 역사에서 공통적으로 보이는 것은 도덕적 가치로 하여금 다른 모든 가치에 군림하게 하려는 시도"[유고 Ⅱ. 10. 125]에 지나지 않는다. 그것은 삶의 심판자 내지 인도자인 것만이 아니다. 그것은 또한 인식, 예술, 국가적・사회적 노력의 심판자 내지 인도자이기도 하다. 『계보』 등에서 니체가 '도덕의 가치'를 논란할 때 통상적인 도덕론을 넘어서 있었다고 말할 수 있을지도 모른다. "도덕적 가치는 지금까지 가장 높은 곳에 있는 가치였다. …… 우리가 도덕적 가치를 저 가장 높은 곳에서 제거하면, 우리는 모든 가치를 변혁하게 된다."[같은 책 Ⅱ. 10. 217]

근대 사회의 가치들에 대한 비판을 니체는 이러한 자세에서 전개한다. 다만 그는 현대에서의 열악한 반동적인 힘의 지배를 그 자체로 하나의 '가치의 전도'의 결과로 바라본다[『선악』 46, 62, 195]. 유럽의 역사에서 이러한 전도에 크게 관여한 것이 그리스도교*의 지배다. "행위와 진실에서 유럽 인종의 열등화를 위해 작업하는 것 외에 그들(그리스도교의 '성자들')이 해야만 했던 것은 무엇이었던가? 모든 가치를 전도시키는 것 — 그들은 이것을 했어야만 했다!"[『선악』 62] 그러나 그렇게 되면 가치들의 가치 평가에는 이 전도 이전에 전도될 수 없는 평가의 방식이 있었던 것이 된다. 『계보』에서는 그러한 가치 평가를 "기사적・귀족적 가치 판단"이라고 부르고, 전도의 결과 생겨난 "사제적 가치 평가"와 구별하고, 유럽사를 양자의 상극의 역사로서 묘사하고 있다 Ⅰ. 7]. 모든 가치의 전환이란 이러한 **'가치의 전도'의 극복** 위에서 성립한다.

하지만 가치의 전환에 관한 이러한 견해는 가치들의 다양한 모습을 '힘에의 의지'와 '삶'의 사상으로 일률적으로 환원해 버리는 견해와 통할지도 모른다. 그러나 다른 한편으로 니체는 이러한 명제들을 도출하기 위해 몇 가지 주제에 걸쳐 성찰을 거듭하고 있다. 그리고 이것이 그의 가치 전환을 둘러싼 사유의 매력이기도 하다. "도덕상의 자연주의. 다시 말하면 아무리 봐도 자연으로부터 해방된 것처럼 보이는 초자연적인 도덕 가치를 그 '자연'으로, 즉 자연적인 배덕성이라든가 자연적인 '유용성' 등으로 환원하는 것"[유고 Ⅱ. 10. 66]— 이는 상당히 의심스러운 '자연' 개념이기도 하지만, 이것이 초기의 자연 개념이나 중기에서 보이는 모럴리스트*에 대한 적극적 평가에 대한 니체의 자기 반성을 거치고 있다는 것은 간과되어서는 안 된다. "사회학이 오로지 군집성의 퇴락한 형성물을 경험으로부터만 알고서 불가피하게 퇴락 본능을 사회학적 비판의 규범으로 삼고 있는 것은 역시 그것의 비난받아야 할 점이다. …… **가축떼** 본능은…… 귀족주의적 사회성의 본능과는 근본적으로 상이한 것이다."[같은 책 Ⅱ. 11. 47]. "이기주의는 그것을 지니는 자가 생리학적으로 가치가 있는 그만큼의 가치가 있다. …… 이타주의적인 가치 매김의 우세는 이미 발생한 악함으로 인한 본능의 결과다."[같은 책 Ⅱ. 11. 39f.] — 공동성이나 이기주의에 관한 폭언으로도 보이는 이러한 발언은 인간의 사회적 관계에 통합적인 구조나 가치를 전제하지 않은 지평으로부터 인간의 공동성이나 관계성을 묻는 길과 통하기도 한다.

"도덕적 가치 대신에…… 자연주의적 가치. / '사회학' 대신에 지배조직론. / '인식론' 대신에 정념의 원근법이론…… / 형이상학과 종교 대신에 영원회귀설"[같은 책 Ⅱ. 10. 21], '진리에의 의지*'에 대한 '기만에의 의지', '선－악'에 대한 '좋음－나쁨', '자아'에 대한 '자기' 등등.— 이러한 다양한 모티브야말로 **모든** 가치의 전환을 이야기하는 니체의 다함이 없는 매력이다. 물론 이들을 둘러싼 그의 사유가 세계의 사태들을 삶과 힘이라는 것으로 환원하는 방향과, 삶과 힘을 다양한 주제의 사유에 의해 풍요롭게 하는 방향으로 향하고 있음은 부인할 수 없다. 니체에게서의 '모든 가치의 전환' 사상을 어떻게 해석해 갈 것인가 하는 것은 니체 독해의 금후의 과제일 것이다. ☞『비극의 탄생』, 아폴론/디오니소스, 『안티크리스트』, 진리와 인식

―기마에 도시아키(木前利秋)

개체화個體化 [Individuation]

보편적 본질이 개개의 특수한 본질 또는 존재로서 전개(현상)하는 데는 어떠한 원리가 작용하고 있는가 하는 것은 이미 고대 철학에서도 논의되고, 나아가 스콜라 철학에서 정치한 논의를 산출했지만, 니체는 오로지 쇼펜하우어*에 의해 개체화를 이해하고 있다. 그 쇼펜하우어에게서 개체화란 다양성을 그 특성으로 하는 현상 세계의 일이다. 요컨대 칸트*의 현상계를 자기 나름대로 답습하고 있는 것이다. 따라서 개체화를 가져오는 원리(principium individuationis, 개체화 원리)는 칸트에게서 직관의 형식으로 생각된 시간과 공간이다. 세계의 근저에 있는 근원－의지가 시간과 공간에서 개체화되어 우리 한 사람 한 사람의 욕망이 되며, 그 욕망은 근원－의지의 표상이 현상계인 것과 마찬가지로 다양한 환영을 표상한다. 따라서 우리는 그러한 허무한 욕망의 괴로움으로부터 그것만이 유일한 정화를 가져오는 예술의 표상에 의해, 요컨대 "이해관심을 일절 알지 못하는 예술의 태양의 눈길"에 의해 해탈해야만 한다고 주장된다. 『비극의 탄생』*에서는 이러한 쇼펜하우어의 사상 구성이 그리스 비극의 구조 설명에 사용되고 있다.

―미시마 겐이치(三島憲一)

거리의 파토스距離── [das Pathos der Distanz]

거리의 파토스라는 말은 힘에의 의지* 사상과 결부되어 있기 때문인지 공개된 저작들에서는 니체 후기의 작품에서 나온다. 그러나 이 표현이 상징하는 니체

생각의 일정한 측면은 후기에만 한정되지 않는다. 예를 들면 『선악의 저편』*의 한 구절에서 귀족적인 사회는 "인간과 인간 사이에 있는 서열'이나 가치 차이의 긴 단계를 믿어 왔으며 어떤 의미에서 노예 제도를 필요로 했고", 거기서는 "거리의 파토스'라는 것이 "혈육화된 신분 차이에서, 지배 계급이 예속자나 도구를 끊임없이 바라다보고 내려다보는 데서, 그리고 복종과 명령, 억압과 거리의 끊임없는 연습에서 생겨난다"[『선악』 257]고 말하고 있지만, 이런 종류의 노예 제도의 용인이나, 인간은 원래 평등하지 않다는 주장은 초기의 논고 「그리스 국가」 이래의 것이다. "예술이 발전할 수 있는 넓고 깊고 비옥한 땅이 있기 위해서는 소수를 위해 봉사하는 엄청난 다수가 자신들의 개인적인 욕구의 정도를 **넘어서서** 삶의 노고에 노예처럼 예속되어 있어야 한다"[「다섯 개의 서문」 III] 니체의 어떠한 텍스트 사용례에서도 거리의 파토스에서 말하는 거리란 틀림없이 신분 간, 계층 간의 차별이라는 의미를 함축하고 있다. 평등에의 의지'나 동정* 도덕, 이웃 사랑* 등과 대극에 있는 것이 다름 아닌 이 파토스다. 무엇보다도 우선 강자, 고귀*한 자, 높은 계층에 속하는 자의 가장 깊은 곳에 잠재된 감정이야말로 거리의 파토스라는 것이다. "윤리적 감정이라는 것은 처음에는 인간에 관해(무엇보다도 먼저 계층에 관해서지만) 만들어지고, 나중에야 행위나 성격에도 적용되게 되었다. **거리의 파토스**야말로 이 감정의 가장 깊은 곳에 숨어 있는 것이다." "높은 계층에 속한다는 기분이야말로 윤리적 감정에서 중심적이다."[유고 II. 9. 19]

그러나 단지 강자의 차별 감정으로 끝나게 되면, '거리의 파토스'라는 레토릭을 운위할 필요가 없을 것이다. 니체는 차별 감정을 과장하기 위해 거리라는 메타포를 사용한 것이 아니라 역으로 거리라는 말의 뉘앙스의 (확실히 중요한) 하나에 차별이라는 뜻을 담은 것이라고 받아들여지지 않는 것도 아니다. 예를 들면 『우상의 황혼』*의 한 구절에서는 그러한 뉘앙스의 얼마간을 느끼게 하는 것이 나온다.

"'평등'이나 '동등권' 이론에서 그 표현을 얻는 사실상의 동류화라는 것은 본질적으로 쇠퇴에 속한다. 인간과 인간 사이의 간격, 계층과 계층 사이의 간격, 유형의 다수성, 자기 자신이고자 하는 의지, 자신을 두드러지게 하고자 하는 의지, 요컨대 내가 거리의 파토스라고 부르는 것은 어떠한 강한 시대에도 특유한 것이다."[『우상』 IX. 37]

니체는 여기서 평등이나 동등권을 '사실상의 동류화(Anähnlichung)', 동일화를 말한 것으로 보고 있다. 개인 사이의 평등화나 동등권화를 요구하는 주장이 여기서는 인간의 개성을 말살하고 낮은 수준으로 평준화해 버리는 경향, 예를 들면 키르케고르*적인 '수평화'를 긍정하는 것과 그다지 다르지 않은 듯하다. 거리의 파토스가 이와 같은 의미에서의 평등주의의 대극에 있다고 한다면, 그것은 동일화에 맞서는 감성, 차별이라기보다 차이화의 감성에 기초하는 것이라고 말할 수 있을 것이다. 또는 차이나 차별이라는 것이 번거롭다고 한다면, 차라리 '다름'이라고 할 만한 것이야말로 거리인 것이라고 말해도 좋을 것이다. 거리란 어떤 것과 다른 것과의 관계를 말한 말이다. 게다가 이 관계 속의 연결된 줄이 아니라 끊어진 틈, 동일성이 아니라 차이성, 이와 같은 의미에서의 다름과 틈으로부터 생겨나는 것이 거리인 것이다. 물론 니체의 시점으로부터는 '평등화'와 '수평화'를 변별하여 평등한 자, 동등한 권리를 지닌 자들 사이의 상위·거리 감각을 논의하고자 하는 길은 열리지 않는다. 차이는 평등 바깥에 있다. 차이가 차별과 구별되지 않는 이유의 하나는 여기에 있다. 평등·동등권과 '동일화'에 대항하는 차별과 '차이화'—거리의 파토스는 우선 이러한 위치에 놓여 있다.

물론 이와 같은 의미의 차이화에도 몇 가지 면이 존재한다. 첫째, 거리의 파토스로부터는 인간들의 거리를 존중하는 의식이 생겨난다. 니체의 사상에는 가까운 자들의 화목함을 혐오하는 경향이 있지만, 이러한 경향과 결부되어 있는 것이 거리의 파토스다. "나 지금 너희에게 이웃을 사랑하도록 권하는 것인가? 나 오히려 이웃 사람들에게 등을 돌리도록, 그리고 더없이 먼 곳에 있는 사람들을 사랑하도록 권하고 있거늘! / 이웃에 대한 사랑보다 더 숭고한 것은 더없이 먼 곳에 있는 사람과 앞으로 태어날 미래의 사람들에 대한 사랑이다."[『차라투스트라』 I-16] 이러한 더없이 멀리서 와야 할 사람들에 대한 사랑은 니체의 경우 '초인'에 대한 사랑에 이르지만, 우리는 오히려 여기에 관계 속의 갈라진 틈에 의의를 두는 시점이 놓여 있다는 점에 주목하고 싶다. 인간 상호의 관계에 대해 말할 때, 사람들은 우선 인간을 결합시키는 줄이나 연관, 구조를 선취하여 생각하는 경향이 있다. 그러나 관계라는 것에는 분열이나 단절의 가능성이 존재하며, '찢어져 갈라짐'이나 '벌어짐'과 같은 작용이 움직이고 있다. 그리고 이것이야말로 '유형의 다양성'이라는 길로 통하는 것이다.

거리를 두고자 하는 자세는 둘째, 타인으로부터 완전히 거리를 둔 상태, 즉 고독'을 중시하는 생각과 통한다. 물론 고독이라 하더라도 여러 가지가 존재한다. "어떤 자의 고독은 병든 자의 도주다. 다른 자의 고독은 병든 자들로부터의 도주다."[『차라투스트라』 III-6] 후자의 고독, 인식을 위한 삶'에서의 "자유롭고 제멋대로 경쾌한 고독"[『선악』 25]이 다수자에 대한 거리의 파토스로부터 생겨난다. 젊은 니체는 탈레스, 헤라클레이토스' 등 소크라테스 이전의 철학자들을 언급하여 "그들 모두는 당시 오직 인식만을 위해 살았던 유일한 사람들로서 위대한 고독 속에 은둔하고 있었다"고 말하고 있다[「비극 시대의 철학」 1].

더 나아가 거리의 파토스는 셋째, 자기 내부에서 자기 자신으로부터 거리를 두는 자세와도 통한다. "자기이고자 하는" 의지란 자기의 "영혼 그 자체의 내부에 점점 더 새로운 거리의 확대를 가져오고자 하는 요구"다. "그것은 점점 더 높고 점점 드물고 좀 더 멀리 좀 더 폭넓게 긴장시키는 좀 더 광범위한 상태를 만들어내는 것이며, …… 지속적인 인간의 '자기 극복'에 지나지 않을 것이다."[『선악』 257] 니체는 거리의 파토스를 "부단한 복종과 명령……의 훈련에서 생겨나는" 것이라고 말하고 있지만, 이것은 단지 사회적 신분 사이에서의 습관을 말한 것만이 아니다. "의욕하는 인간"은 "자기 속에서 복종하는 어떤 것……에 명령한다. …… 우리는 주어진 경우에서 동시에 명령자이자

또한 복종자"다[같은 책 19]. 자기 내부에서 명령과 복종을 분화시켜 자기 자신을 향해 법을 세우고 법의 명령에 복종하며 실행한다——"자기를 두드러지게 하고자 하는 의지"는 의지 내에서의 명령과 복종의 분화, 그 거리의 확대에 기초하여 자기 극복에 이르는 것이다.

그런데 거리의 파토스는 평등이나 동등권의 근대 사상에 대립하는 한에서 그러한 사상을 주창하는 자로부터 거리를 두는 것이기도 하다. 따라서 거리의 파토스는 두 개의 모습을 지닌다. 하나는 개인과 개인 사이에는 차이·차별이 있다고 하는 모습, 그리고 또 하나는 차이·차별을 인정하고자 하지 않는 인간들과의 차이를 세워야만 한다고 하는 모습이다. 후자의 모습은 말하자면 거리의 파토스를 인정하고자 하지 않는 것으로부터 거리를 두는 것이다. 단지 '동일화'에 대립하는 '차이화'가 아니라 '동일화'와 '차이화' 사이의 '서로 다름'에 대한 감각이라고 해야만 할 것으로, 이것 역시 거리의 파토스에 포함된다. 그리고 이 '서로 다름'에 대한 감각이 차이와 차별을 구별하지 않는 또 하나의 이유가 된다.

니체의 견해로는 거리의 파토스를 부인하고 평등을 주장하는 자(예를 들어 "평등을 이야기하는 자")는 열악한 자이다. "평등을 이야기하는 자들이여, 무기력이라는 폭군의 광기가 너희 내면에서 '평등'을 외쳐대는구나. 너희가 더없이 은밀하게 품고 있는 폭군적 욕망은 이처럼 덕이라는 말을 탈로 쓰고 있는 것이다! / 상처받은 자부심, 억제된 시샘, 너희 선조의 것일지도 모를 자부심과 시샘. 이런 것들이 너희 가슴속에서 불꽃이 되고 앙갚음의 광기가 되어 터져 나오는구나."[『차라투스트라』 II-7] 악질이자 천성이 열악한 인간과 고귀'하고 힘이 넘치는 사람과의 사이에는 거리가 있다. 여기서는 두 사람의 다름이 복수심에서 평등을 이야기하는 자와 불평등 속에서 자기 극복을 향해 싸우는 자의 다름이 되어 나타난다. 이리하여 거리의 파토스는 "상위의 지배적 종족이 하위의 종족……에 대해 지니는 지속적·지배적인 전체 감정과 근본 감정"[『계보』 I. 2]이 되어 나타난다.

『도덕의 계보』*에서 니체는 선악이라는 "가치 판단 그 자체는 어떠한 가치를 지니는 것인가? …… 그것은 삶의 곤궁……의 징후인 것인가? 그렇지 않으면 역으로 삶의 충실……의 나타남인 것인가?"[서문 3]라는 물음을 제기하고 있었다. 도덕 판단에서는 '선인가 악인가'(gut-böse)라는 가치의 평가가 행해진다. 니체가 문제로 삼은 것은 이 선악이라는 가치 판단의 가치를 묻는 것이다. '선인가 악인가'라는 가치의 구별 내부에 머무르는 것이 아니라 이 가치 기준 외부에 몸을 두고 이 가치 판단의 가치를 묻는 것, '선-악'의 구별 그 자체로부터 거리를 두는 것 — 이 거리의 파토스에 의해 니체는 선악의 저편으로 몸을 옮겼던 것이다. 하지만 이러한 거리의 파토스는 니체가 처음으로 몸에 갖춘 것이 아니다.

"'좋음'이라는 판단은 '선의'를 받았다고 표명하는 사람들의 입장에서 나오는 것은 아니다! 오히려 그것은 '좋은 인간들' 자신에게 있었던 것이다. 즉 고귀한 사람이…… 천민적인 것과의 대조에서 자기 자신 및 자기의 행위를 '좋다고'…… 느끼고, 또한 그렇게 평가했던 것이다. 이와 같은 거리의 파토스로부터 그들 고귀한 사람들은 가치를 창조하고, 가치들의 이름을 새기는 권리를 비로소 가지게 되었던 것이다."[『계보』 I. 2]

여기서 말하는 가치의 창조란 도덕적 가치 평가 그 자체의 가치를 창조하는 것, 그런 의미에서 계보상의 기원에 있는 가치의 창조다. 거리의 파토스가 그러한 가치의 창조를 인도한다고 하면, 그것은 이 기원에 놓여 있는 차이의 입장이라고 말하는 것이 된다. 그것도 가치를 창조하는 차이적인 입장이다. 다만 거리의 파토스가 가치의 기원에 놓는다 하더라도, 니체는 이것을 상실된 과거의 유물로 본 것이 아니다. 오히려 역으로 거리의 파토스는 "모든 **강한** 시대에 고유한 것으로"[『우상』 IX. 37] "와야 할 강자"의 시대에도 생길 수 있다.

"인간의 점점 더 진전해 가는 왜소화야말로 보다 강한 종족의 육성(사육*)에 생각이 이르게 하기 위한 원동력이다. …… 이러한 종족을 육성하기 위한 수단은 역사가 가르치고 있는 그것이라고 말할 수 있을 것이다. 즉, 오늘날 평균적으로 보이는 것과는 거꾸로 된 보존 의도에 의한 고립화, 거꾸로 된 가치 평가의 훈련, 파토스로서의 거리, 오늘날 가장 과소평가되고 가장 금지되고 있는 것에게조차 사로잡히지 않는 양심을 지니는 것이다."[유고 Ⅱ. 10. 121]

이러한 강자의 시대가 찾아온다면, 그때 '파토스로서의 거리'는 '선-악'이라는 도덕적 가치를 성립시켰던 가치의 역전으로 변하여 일체의 가치를 가치를 전환*시키는 것이 된다. 이런 의미에서 거리의 파토스는 가치의 기원에서의 차이적인 입장일 뿐만 아니라 가치의 전환에서의 차이적인 입장이기도 하다. 다만 니체는 이 차이를 일관되게 고귀한 자의 비속한 자에 대한 차별과 등치시키고 있다. 니체 사상의 가능성과 한계를 음미하는 데서도 거리의 파토스라는 개념은 대단히 흥미로운 소재다. ☞『도덕의 계보』, 평등에의 의지, 고독

—기마에 도시아키(木前利秋)

게르스도르프 [Carl Freiherr von Gersdorff 1844-1904]

동프로이센, 실레지아 지방의 융커 출신으로 니체와는 슐포르타*에서 서로 알게 된 이래 굳은 우정*으로 묶였다. 예술가 기질로 음악을 애호하고 취미로 그림을 그린 게르스도르프는 가족의 요구로 시작한 법률 공부를 일찌감치 내던지고서 니체와 미리 짜고 라이프치히대학으로 옮겨 독일 문학을 전공했다. 로데*와 친하게 되기 이전의 니체에게 있어 게르스도르프는 무엇이든 서로 말할 수 있는 몇 안 되는 친구들 가운데 하나이며, 편지 속에서도 이런저런 계획이나 감상을 털어놓고 있다. 게르스도르프에게 있어서도 니체는 독서나 예술 취미에 관한 자문역이며, 바그너*의 예술이나 쇼펜하우어*의 철학에 대한 열광에 그를 끌어들인 것도 니체였다. 그와 함께 바이로이트*의 축제 극장 기공식에 참석하고, 뮌헨에서의 <트리스탄과 이졸데>*의 상연에도 달려갔다. 니체가 바젤대학에 부임하자 게르스도르프는 여러 차례 그를 방문하여 오랫동안

머물며, 니체의 강의를 청강한다든지 함께 스위스 알프스를 여행한다든지 했다. 또한 페터 가스트*가 나타나기 이전에는 두통으로 괴로워하는 니체를 위해 구술 필기나 정서를 도와줬다. 1877년에 게르스도르프는 그와 이탈리아의 백작 부인과의 혼약 문제를 둘러싸고 니체와 사이가 틀어지며, 그 전해에 바이로이트에서 만난 것이 양자의 최후의 만남이 되었지만, 1881년이 되어서 편지 교환을 재개했다. 니체는 그에게 저서를 계속해서 증정하며, 게르스도르프 쪽에서도 니체의 의견을 받아들여 바그너로부터 떨어져 나왔다. 니체의 장례식 때에는 관을 앞에 두고 간결한 고별사를 행한다. ☞슐포르타, 우정

—오이시 기이치로(大石紀一郎)

게르첸 [Aleksandr Ivanovich Gertsen 1812-70]

러시아의 작가·혁명가(독일어로는 헤르첸Herzen, 니체의 서간에도 이 철자로 나온다). 1847년에 러시아로부터 망명. 50년대 중반, 런던에서 홀아비 생활을 한탄하고 있던 게르첸의 집에 두 딸의 가정교사로서 동거하고 있던 사람이 말비다 폰 마이젠부크*이다. 니체는 1872년 여름, 게르첸의 『회상』을 마이젠부크의 번역(Aus den Memoiren eines Russen, 1855/56)으로 읽으며, 그녀의 자서전 『어느 이상주의자의 회상』과 함께 깊은 감명을 받는다[게르스도르프에게 보낸 편지, 1872. 8. 2.]. 같은 해 8월 말에는 말비다가 게르첸의 딸 올가와 그 약혼자를 동반하여 바젤*을 방문한다. 그녀들과의 교제는 니체에게는 즐거웠던 듯하며, 그는 올가의 결혼을 위해 피아노곡을 만들어 준다. 1877년 여름에는 마이젠부크 등이 니체의 결혼 계획을 꺼냈을 때, 게르첸의 또 한 사람의 딸 나탈리에를 니체에게 천거했다고 한다. "하지만 그녀는 서른이나 되었다. 또 열두 살 어렸으면 좋았을 거라고 생각한다. 그 밖의 점에서는 행동거지나 머리 모두 내게는 나무랄 데 없다"[누이에게 보낸 편지, 1877. 3. 31.] "정신적 자질로 하자면 나탈리에 게르첸이 제일 적당한 사람이라고 나는 언제나 생각한다"[누이에게 보낸 편지, 1877. 4.

25.]—니체의 마음의 동요가 엿보인다. ☞마이젠부크

—기마에 도시아키(木前利秋)

게오르게 [Stefan George 1868-1933]

게오르게가 니체를 접한 것은 파리로부터 말라르메의 상징주의를 이끌고 독일로 돌아와 시 잡지 『예술총지』를 간행하고, 자율적인 예술의 아름다움에 의해 새로운 현실을 창조하는 운동을 시작한 1892년이라고 한다. 게오르게가 노래하는 선악의 저편에 있는 전제 군주 알가발(Algabal, 1892)에는 차라투스트라의 그림자가 강렬하여, 게오르게는 호프만스탈*과 더불어 "차라투스트라의 아름다운 아이들"이라고도 말해졌다. 시 잡지 『예술총지』에 게재되고(1900/01), 후에 시집 『제7륜』(Der siebente Ring, 1907)에 수록된 시 「니체」는 게오르게의 니체관을 단적으로 보여준다. 거기서 니체는 황량한 얼음 산 위에 흡사 그리스도처럼 "피의 관을 쓰고" 선다. 세상 운명의 무게를 등에 짊어지고 오로지 신들을 쓰러뜨리기 위해서만 신들을 창조한 니체에게서는 그리움의 나라가 미소 짓는 일도 없다. 만약 니체에게 "사랑이 묶는 동포의 권역 내에 들어오는" 일이 가능했더라면, 요컨대 시라는 인연으로 맺어지는 서클에 몸을 두고 시로써 그 사상을 표현했더라면, 저와 같은 깊은 고독에 괴로워하는 일은 없었다고 하면서 "이 새로운 영혼은 노래했어야 했다—말하지 말고!"라는, 『비극의 탄생』*의 나중에 덧붙인 서문으로부터의 한 구절을 인용하여 시를 마감해 간다. 차라투스트라의 '너 자신이 되라'는 요청을 열광적일 정도의 진지함으로 시의 세계에서 양식화하고자 하는 게오르게는 니체의 이 말을 너무도 진실하게 비탄의 외침으로 받아들이고 있다.

그러나 가치 전환*의 가시밭길을 걷는 중에 심각한 실존의 위기에 빠져 있던 니체가 이 말에 포함시킨 일시적인 감개를 니체 전체에 적용하는 것은, 토마스 만*도 말하듯이, 시로써는—단순한 시로써는—깊은 인식을 표출할 수 없다는 것을 마음속으로 알고 있던 니체를 오해하고, 최고급의 산문가, 훌륭한 문체

를 지니는 비평가로서의 니체의 문화적 사명을 왜소화하는 것이기도 할 것이다. 게오르게는 스스로의 이상에 대한 권위 있는 증인 내지 전거로서 자의적인 동시에 자기중심적으로 니체를 이용한다. 그의 주위에 생겨난 남성애적인 정신으로 맺어진 심취자들의 교단풍 서클의 니체 이해도 당연히 스승을 따른다. 두 사람의 제자 베르트람*과 힐데브란트(Kurt Hildebrandt 1881-1966)는 니체를 스승 게오르게가 지닌 이상의 예언자로, 스승 게오르게를 니체가 예고한 환상의 완성자로 만들어내고, 니체라는 개인의 비극적 운명을 신화화한다. 게오르게에게 있어 니체의 비극은 니체가 '구상적인 신'을 가지지 못했다는 점이었다. 게오르게가 자신이 추구하던 인품과 영혼의 충만함을 지닌 아름답고 재능 있는 소년 막시민(Maximilian Kronberger 1888-1904)과 더불어 성공한 것, 이것을 니체는 신을 가지지 못했던 까닭에 만들어낼 수 없었다는 것이다. 니체는 그의 신들, 쇼펜하우어*, 특히 바그너*를 평생 그리워하면서 그것을 자기 안에서 죽여 버렸던 까닭에 고독의 낙인을 받을 수밖에 없었다.

그러나 게오르게가 고지하는 새로운 신은 니체와는 전혀 차원을 달리 하는 것으로, 콤메렐(Max Kommerell 1902-44)은 니체와 게오르게의 차이를 이 점에서 보고, 게오르게의 종교적 낙관주의, 자기 자신의 종교적 페르소나에 대한 양식화를 비판적으로 받아들이고 있다. 차라투스트라가 추종자, 심취자를 가지기를 바라지 않았던 데 반해, 게오르게는 양식화된 자기를 표현함으로써 교단과 같은 추종자들을 자신의 주위에 모으고 제자들을 계속해서 사로잡았기 때문이다. 제1차 대전이 발발한 해에 나온 『맹약의 별』(Der Stern des Bundes, 1914)에서 게오르게는 새로운 지도자의 출현을 요청한다. 그 지도자는 "우레와 강철처럼 날카롭게 심연을 열어 나가고", "사람들의 광기를 격렬하게 몰아세우며, 마침내는 그의 목구멍도 터뜨려버린" 인물, 명시적으로 그라고 지칭되고 있지는 않지만 분명히 니체인바, 거기서 게오르게는 제국의 실현을 지향하는 '행위자'를 보고자 한다. 나치스*가 게오르게를 니체와 더불어 그 이데올로기의 정신적 선구자로 간주한 것도 당연하며, 제3제국 창설 기념일에는 베를린대학의 제1차 대전 전몰 학생 기념비 앞에서 게오르게의 시집 『새로운 나라』(Der neue Reich, 1928)의 시 「사자들에게」가 낭송되었다.

1944년 7월 20일의 히틀러 암살 사건의 주모자 클라우스 솅크 폰 슈타우펜베르크(Claus Schenk von Stauffenberg 1907-44) 대령이 게오르게 심취자였다는 점을 게오르게의 반나치의 논거로 삼는 자들이 있지만, 적어도 33년 가을까지 게오르게는 히틀러의 정권 획득에 의해 새로운 국민적 가능성이 생겨난다고 생각하고 있었다. 결국 게오르게는 자신의 엘리트적이고 귀족적인 이상이 나치의 비속한 천민적 요소와는 어울리지 않는다는 것을 깨닫고 나치의 새로운 시인 아카데미의 회장 취임 제의를 거절하지만, 게오르게 신봉자는 대체로 예외 없이 나치 체제에 몸을 던지고 있으며, 신봉자들 중의 유대인들(볼프스켈(Karl Wolfskehl), 군돌프*, 잘린(Edgar Bernhard Jacques Salin 1892-1974), 칼라 등)도 뢰비트*가 말하듯이 만약 인종적인 장벽이 없다면 확실히 나치 운동에 가담했을 것이다[『니체의 철학』]. 나치의 선전장관 괴벨스는 하이델베르크대학에서 독일 문학 전공의 학생으로서 군돌프에게 사사하며, 니체와 게오르게에 대해, 그리고 신성한 독일의 신화, 위대한 영웅, 카리스마적 지도자에 대해 열정을 바친 그의 강의를 청강하고 있었다. 게오르게와 니체에게 그들의 주제, 언어, 사고방식에 공통성이 있다는 것은 다양하게 지적된다. 그러나 게오르게는 참으로 니체의 자취를 이었다 하더라도, 니체라는 인간의 표현 형태와만 집중적으로 대결하고 그의 철학과는 대결함이 없이 니체를 이용함으로써 니체를 왜곡했다고 말하지 않을 수 없다. 게오르게의 보수적 감각은 니체의 일체의 가치 전도*라는 사고 과정과는 본질적으로 모순되기 때문이다. ☞나치스

—야마모토 유(山本尤)

결혼結婚 ⇨여성과 결혼

계몽의 변증법啓蒙──辨證法

이 말을 보통명사로서, 즉 진보와 퇴보가, 문화와 야만*이 상쟁하고 서로 길항하면서 운동해 가는 문명화 역사의 역동적인 과정으로 이해한다면, 거의 인류사라고 하는 것과 같은 가장 넓은 의미의 사용법이 되며, 조금 시야를 좁히자면 유럽 근대에 성립한 문명 유형이 전 지구를 끌어들여 만들어낸 합리화 내지 근대화라는 매우 강렬한 명암을 지닌 드라마를 가리킨다고도 말할 수 있을 것이다. 그러나 이러한 사용법이 애초에 가능해진 것은 다름 아니라 바로 이것을 서명으로 하는 저작이 존재하고 널리 수용되었기 때문이다. 왜냐하면 종래에 계몽이란 사상사적으로는 유럽 근대의 어떤 특정한 사상운동의 명칭이고, 널리 인류의 문명화 과정 전체를 가리키는 것이 아니었기 때문이다. 그러나 『계몽의 변증법』이라는 제목을 내건 1947년에 공간된 호르크하이머*와 아도르노*에 의한 공저에서 계몽은 M. 베버*의 '탈주술화'(Entzauberung)라는 개념의 도움을 빌려 인간으로부터 공포를 제거하고 인간을 지배자의 지위에 앉히고자 하는 진보적 사상 일반에로 당초의 함의를 남기면서 확장되었던 것이다. 폭스바겐을 고찰하기 위해서는 애니미즘의 근절로까지 소급할 필요가 있다는 것이다. 게다가 이 인류사를 관통하는 계몽이라는 동력은 이제 그 의도한 바와는 달리 야만에로의 동력이 되어 지구상에 재앙을, 예를 들어 홀로코스트(유대인 대량학살)를 벌이고 있다는 기본 인식에 서서 계몽 그 자체에 반성을 돌리고자 하는 것이 이 책이다. 그리고 이 책에는 계몽 비판의 선구자 니체가 짙은 그림자를 드리우고 있기도 하다. 따라서 여기서는 우선 『계몽의 변증법』이라는 저작 속에서 니체가 어떠한 역할을 맡고 있는지를 서술하고(【Ⅰ】), 다음으로 보통명사화한 '계몽의 변증법'과 니체의 관계를 하버마스*의 논의를 따라 더듬어 보고자 한다(【Ⅱ】).

【Ⅰ】『계몽의 변증법』과 니체

『계몽의 변증법』의 제2보론 「줄리엣 또는 계몽과 도덕」은 칸트*, 사드(Marquis de Sade 1740-1814), 그리고 니체를 다루고 있다. 이 세 사람을 "계몽의 가차 없는 완성자"로 자리매김하고, 그들의 사상을 통해 모든

자연적인 것을 지배 아래 두고자 하는 시도가 결국 자연적인 것에 의한 지배로 역전해 가는 것을 저자들은 여기서 보이고자 하는 것이다. 언뜻 대립하는 것처럼 보이는 칸트의 도덕적 엄격함과 사드의 배덕은 계몽이라는 분모에 비추어 보면 그로부터 태어난 아주 닮은 쌍둥이에 지나지 않는다. 곧이어 니체가 이 쌍둥이를 풀어 설명하는 열쇠를 제공하게 된다. "사실들을 가장 능숙하게 처리하고, 자연 지배에 있어서도 가장 유효하게 주체를 지지하는 인식의 형태"이자 자기 보존"을 원리로 하는 계몽은 칸트의 비판 작업을 통해 명료한 면모를 보이게 된다. 칸트는 과학적 체계야말로 진리의 형태라는 것을 확인하는 성과를 거두었지만, 이것은 저자들의 말을 빌리자면 사고의 무효성을 증명한 것이 된다. "왜냐하면 과학이란 기술적 훈련이며, …… 자기 자신의 목적을 반성하는 것으로부터 멀리 떨어져 있기 때문이다." 이러한 과학과 진리의 동일시는 이성의 도구화라는 사태를 촉진한다. 이성은 계획이라든가 계산이라고 말하는 것이 어울리는 것으로 되며, 그러한 과학적 이성 앞에서는 윤리도 반윤리도 중립적인 에너지량과 같은 것이 되어 버린다(선악의 저편!). '위에 있는 하늘'이 물리학적 자연 사실로 되었듯이, '안에 있는 도덕률'도 '이성의 사실'로, 요컨대 그것이 없는 곳에서는 타당하지 않은 덧없는 것으로 된다. 또한 계획하고 계산하는 이성의 입장에서 보자면, 정념과 같은 것은 인식으로부터 쫓겨나며 단순한 자연으로 간주된다. 그것은 이성에 의해 처리되고 지배되는 대상에 지나지 않게 된다. 그 지배가 엄격한 덕의 관점에서 이루어지는지, 쾌락의 추구라는 배덕의 관점에서 이루어지는지, 그러한 목적을 이성은 이미 물을 수 없는 것이다. 사드는 급진화한 칸트다.

그러나 세상에 도구밖에 존재하지 않는다는 것도 부조리한 이야기다. 따라서 탈신화화되고 객관적 질서를 잃고서 물질의 집적이 된 자연에 직면하여 여전히 남아 있는 삶의 법칙이 인정된다고 한다면, 그것은 사드 및 니체에게 있어서는 자기 보존으로부터 도출되는 '강자의 법칙'밖에는 없었다. 이것은 물론 시민적 세계의 현실을 반영하고 있기도 하다. 사드는 그의

소설의 등장인물로 하여금 "자연은 약자를 노예로서, 가난한 자로서 만들었다. 약자가 굴종하고자 하지 않는 것은 약자의 옳지 않음인 것이다'라고 말하게 한다. 니체도 "병든 자들이야말로 인간의 커다란 위험이다"라고 르상티망*의 심리학을 이에 덧붙여 우리에게 들이댄다. 니체에게 있어서는 진리성마저도 강자의 법칙으로 환원되며, '힘에의 의지*'로서 폭로된다. 도구화된 이성이 진위와 선악의 척도를 무화시킨 후에, 그 공백을 메꾸는 것으로서 야만화한 자기 보존이, 요컨대 강함에 대한 숭배가 그것에 동반하게 되었던 것이다. 강자의 지배(우승열패)도 역시 의사(疑似) 자연이라고 한다면, 인간 사회는 완벽하게 자연화한 것으로 된다. 자연으로부터의 해방은 자연에로의 퇴락이다. 이것이 『계몽의 변증법』의 후렴구지만, 이 사태를 인식하는 것에 희미한 희망을 걸고 있기도 하다. 『계몽의 변증법』의 저자들은 사드와 니체에게서 파시즘과의 친화성을 지적하면서도, 그들이 시민적 세계의 예정조화적인 허위의식을 공격하고 계몽의 귀결(지배와 이성의 동일성)을 계속해서 냉철하게 응시한 것을 옹호하며 높이 평가하는 것이다. 이 보론의 말미의 인용은 니체의 말 "너의 최대의 위험은 어디에 있는가? 동정* 속에"이다. 그리고 바로 이러한 동정에 대한 거부 속에서야말로 유토피아의 태동이 들린다고 저자들은 말하는 것이다.

【Ⅱ】 '계몽의 변증법'과 니체

하버마스*는 『계몽의 변증법』의 시야를 어떤 의미에서는 다시 좁혀, 인류사를 관통하는 벗어나기 어려운 역학이라는 인상을 줄 수도 있는, 그의 스승인 호르크하이머와 아도르노의 역사철학적 구상을 물리치고, 근대의 기도와 그 역사적 경험에 초점을 맞춘다. 또한 그는 다른 의미에서는 그 시야를 확장하기도 한다. 왜냐하면 이성이 도구로 화한 것을 고발하는 스승들의 '도구적 이성 비판'은 근대의 기도를 전체에 걸쳐 고찰하기에는 너무 일면적이기 때문이다. 자유롭고 민주적인 사회를 어떻게 만들어 갈 것인지, 이성의 사회적 실현을 어떻게 도모해야 할 것인지, 인간은 서로 어떻게 행위를 이성적으로 조정해 갈 것인지와 같은 상호

주체적인 수준에서 작동하는 논리는 결코 도구를 사용하여 객체에 작용하는 논리에 흡수 동화될 수 없는 것이며, 따라서 후자에 의한 전자의 억압을 문제 삼는 것도 가능해진다. 근대의 기도에는 주체들 사이에서 성립하는, 도구적 이성과는 다른 이성이 포함되어 있었던 것이다. 하버마스가 설정한 이러한 시야에 서면, 니체의 자리매김도 그의 스승들과는 매우 다른 것이 될 수밖에 없다.

하버마스는 그의 『근대의 철학적 담론』의 몇 군데서 '계몽의 변증법'을 보통명사화해서 사용하고 있다. 그는 헤겔*이 '근대의 비판적 자기 확인'이라는 근대론의 주제를 정하고, 또한 그 주제의 변주 규칙을 '계몽의 변증법'으로서 설정했다고 표현한다. 이것은 '계몽의 변증법' 하에서 근대 사회의 성과와 모순이 그로부터 생겨나온 것과 동일한 원리에 기초하여 이 근대 사회를 설명하고 비판하고 경우에 따라서는 변혁해 가고자 하는 입장을 생각하고자 하는 것이다. 실제로 좌우의 헤겔학파들은 이러한 변주 규칙으로부터 벗어나지 않았으며, 맑스*도 역시 혁명 구상에 있어 "계몽의 변증법의 추진력"에 의거했다. 그러나 "니체는 혁명의 희망과 그것에 대한 반동이라는 두 가지 역할이 각각 등장하는 이 연극 전체의 드라마투르기를 폭로하고자 한다." 이성적인 것은 어떠한 사회인가라는 물음은 이미 효력을 잃고, 이성 일반이 힘에의 의지로서, 더욱이 그것의 뛰어난 은폐로서 폭로되기에 이른다. 계몽의 변증법에 따라서 이성의 일정한 실현 형태를, 여전히 그 이성에 잠재하는 힘(다른 이성!)으로 비판하는 것이 아니라 이성으로부터 가장 멀다고 간주되는 장소(이성의 타자!)로부터, 즉 소크라테스* 이전의 그리스 비극의 정신이나 당시 최신의 전위예술의 경험으로부터 비판하는 것이다. 이런 의미에서 하버마스는 니체가 '계몽의 변증법'으로부터 '결별'했다고 단정한다.

이로부터 니체에게 생기는 어려움은 그의 비판적 언설의 타당성을 재는 척도인 진리성이 그의 비판에 의해 파괴되어 버린다는 점이다. 이것에서는 모든 것이 '힘의 놀이'라는 것으로 되어 버리며(이 선상에 있는 것이 푸코*), 남는 것은 그의 미적 단편들의 현기증

나는 수사법의 매력뿐이게 될지도 모른다. 진과 선의 요구가 도착된 힘에의 의지로서 폭로되어 버리면, 남는 것은 '취미 판단'뿐이다. 그것도 칸트적인 보편타당성을 요청하는 것과 같은 것이 아니라 단지 주체의 힘의 발현을 찬양하는 그러한 것일 뿐이다. 이 영역에서는 반론으로 시작되는 토론이 애초에 가동되지 않는다. 기껏해야 '당신과는 기호가 다르다'로 끝나는 것이다. 진리성을 도구성에 동화시키고 도덕에 회의적인 경향은 니체와 『계몽의 변증법』이 공유하는 성격이다. 도구적 이성이 이성 전체를 가리게 되면, 이미 타당성을 요청하는 사항과 자기 보존에 이바지하는 사항의 구별이 사라지며, 권력*과 타당성 간의 장벽이 무너져 버린다. 하지만 이 구별이야말로 신화*를 극복한 근대적 세계 이해의 성과라는 것을 하버마스는 강조한다. 맑스주의를 헤쳐 나와 그것의 사회 비판 정신을 계승하는 『계몽의 변증법』은 '계몽의 자기반성'이라는 위태로운 발판을 어떻게든 보존하고 조금씩 이루어지는 현상 긍정에는 빠지지 않았다. 저자들은 비판의 자기 언급적인 구조를 의식하면서 거기에 머물렀다. '다른 이성의 존재방식'에 대한 회구는 논증적 연관을 형성하고 있지는 않지만, 이 책 속에 뿔뿔이 흩어져 담겨 있다. 다른 한편 니체는 그의 힘의 이론을 가지고서 세계를 '모든 것은 힘에의 의지'로서 다시 신화화했다. 여기에 급진화된 비판이 왜 현상 시인으로 역전되는지에 대한 대답이 놓여 있을 것이다. 현실적으로 강력한 것, 삶*을 고양시키는 것, 오싹할 정도로 아름다운 것이 제국주의적 침략이든 독재 정치를 후견으로 한 스포츠 대회이든 니체적인 언설에서는 찬미될 수도 있는 것이다. 역시 근대의 기도는 비판의 언설이 그것을 넘어서서 역행해서는 안 되는 지점을 정하고 있는 것으로 보인다. 세계사는 근대 사회에서 완성된다고 하는 작금의 '역사의 종언'론이 허풍선이라 하더라도, 이를 계기로 '계몽의 변증법'에로 다시 한 번 돌아가라는 제언으로서 그것을 듣는다면 반드시 무의미한 논의도 아닐 것이다. ☞자기 보존, 아도르노, 호르크하이머, 하버마스

—나카오 겐지(中尾健二)

계몽주의 啓蒙主義

여기서 말하는 계몽주의란 독일어의 Aufklärung, 나아가 영어의 enlightenment로부터의 번역어이며, 본래 어둠에 빛이 비추어 밝아지는 것을 의미한다. 그로부터 중세의 암흑을 타파하여 정치적으로는 전제의, 종교적으로는 교회의 압제로부터의 해방을 이루어낸 18세기 프랑스를 중심으로 하는 사상운동을 가리키는 용어로서 사용되게 되었다. 그것은 무지몽매, 미신과 광신으로부터의 해방이며, 이성의 보편성과 지성의 진보를 믿는 시민 계층의 밝은 낙관주의에 의해 뒷받침되고 있었다. 그러나 후진국 독일에서 보면 그것은 외래 사상인바, 독일 고유의 문화는 오히려 계몽주의와 대립하는 낭만주의 방향으로 형성되고 있었다. 적어도 19세기 전반에는 그러했다. 그리하여 니체는 "계몽주의에 대한 독일인의 적의"에 대해 말하고 있다. 철학에서 독일인은 과학 이전의 사변적 단계로 되돌아갔다. 역사 연구에서는 그리스도교, 민족정신과 민간 전승, 민족 언어, 중세적인 것, 동양 문화 등에 대한 인식이 보급되었다. 자연 연구에서는 뉴턴이나 볼테르*에 맞서 괴테*나 쇼펜하우어*처럼 신적인 자연과 그 상징적인 의미 등의 사상이 회복되었다. "독일인의 전체적인 커다란 경향은 계몽주의와 반대이며, 사회의 혁명과 반대였다." 이상의 숭배를 대신하는 감정의 숭배, 이러한 독일 낭만주의의 공을 인정하는 데 니체는 인색하지 않다. 그러나 그 역시 독일인이 전통적인 '경건'의 생각에 기초하여 "인식을 일반적으로 감정 아래 억누르는 것", 칸트*의 말로 하자면 "지식에 그 한계를 보여줌으로써 신앙에 다시 길을 여는" 것에 두려움을 느낀다. 여기에는 "적지 않은 일반적 위험이 놓여 있다." 그러나 1880년대 초가 되어 니체가 느끼는 것은 "이 위험의 때는 지나갔다"는 놀라움이다. 대혁명과 그것에 이어지는 대반동은 사실은 작은 파도에 지나지 않는다. 그러한 파도의 물결을 넘어서서 계몽주의는 낭만주의를 부정적 매개로 삼으면서 그것을 흡수하는 가운데 좀 더 커다란 조류가 되어 흘러간다. 그것에 올라타 그것을 계속하는 것이야말로 "우리의 과제다."[『아침놀』197] '계몽'(Aufklärung)의 원의가

어둠에 빛이 비추게 하는 것, 아는 기쁨의 소생이라고 한다면, 니체의 『아침놀』*이나 『즐거운 학문』*에서 울려나고 있는 것은 바로 '계몽주의'의 부활, 재발견과 참가에의 기쁨의 노래라고 말할 수 있을 것이다.

그러나 니체가 처음부터 이러한 경지에 도달해 있었던 것은 아니었다. 보통 그의 사상적 전개는 초기·중기·후기의 셋(내지 넷)으로 나누어진다. 예를 들어 핑크는 『비극의 탄생』*으로 대표되는 초기를 '예술'과 형이상학*'의 시기로서, 중기를 '계몽주의'의 시기로서 특징짓고 있다. 이 경우 중기란 1876년부터 82년 정도까지, 저작으로 말하면 『인간적』*(1878-80), 『아침놀』(1881), 『즐거운 학문』(1882)으로 대표되는 시기다. 이 초기와 중기 사이에 대해서는 단지 변화와 비약이라고 할 수 있을 뿐만 아니라 경우에 따라서는 대립, 반전이라고까지 말할 수 있는 전회가 인정된다. 그것은 일반적으로는 바그너*와 쇼펜하우어, 요컨대 예술과 형이상학에 대한 심취로부터 자기 자신에게로, 인식과 학문에로, 이상의 저변에 놓여 있는 "너무나 인간적인 것"에로의 귀환으로 특징지어지고 있지만, 계몽주의에 대한 평가에서도 두드러진 전회가 인정된다. 계몽기라는 시대에 대해서는 초기에서도 자유와 인간성의 진전이라고 하는 한에서 일정한 평가가 주어지고 있지만, 계몽주의는 기본적으로 천박한 주지주의 내지 민중에 대한 선동이라는 의미로 사용되고 있으며, 그 대표자는 소크라테스* 내지 알렉산드리아적인* 정신에서 찾아지고 있다. 비극에서 '아폴론*적인 것'만을 인정하고 '디오니소스*적인 것'을 보려고 하지 않는 문헌학자들은 천박한 계몽주의의 중심이며, 참된 '헬라스적 정신'을 알지 못한다. 이러한 초기 니체에게서 낭만주의적 영웅주의 입장으로부터 이루어지는 계몽주의 비난은 오히려 앞에서 말한 '계몽주의'에 대한 독일인의 적의의 전형을 이룬다고까지 말할 수 있을 것이다.

70년대 후반, 니체 자신이 이러한 낭만주의적 도취로부터 깨어남에 따라 계몽주의는 다른 빛 아래서 다시 파악되게 된다. "천재*와 영웅*에 대한 낭만주의적 굴종과는 무관한 계몽주의 정신'[『아침놀』 298]의

의의는 "루소*에 맞서 볼테르를"이라는 슬로건으로 열매 맺는다. 이와 관련하여 말하자면 『인간적』의 초판은 볼테르에게 바쳐지고 있었다. 이제 니체에게 있어 계몽주의란 혁명에 대한 열광이나 이성의 보편성에 대한 낙관적인 신앙이 아니다. 그것은 페트라르카(Fran cesco Petrarca 1304-1374), 에라스무스, 볼테르로 이어 내려온 냉정한 인간 인식과 우상 숭배 부정의 운동, 완만한 개변의 과정이다. "혁명의 낙천적 정신을 일깨운 것은 정리하고 정화하며 개조하는 경향이 있는 볼테르의 절도 있는 정신이 아니라 루소의 정열적인 어리석음과 반쯤의 거짓말들이었다. 이 정신에 맞서 나는 '그 비열한 자를 굴복시켜라!'고 외친다. 그 정신 때문에 계몽 정신과 진보적 발전의 정신은 오랫동안 축출되었다. 우리가―각자가 자기 자신에게서―그 정신을 다시 불러오게 하는 것이 가능한지를 주시하자!"[『인간적』 I. 463] 이리하여 계몽주의가 소생할 가능성에 대한 자기 점검이 니체의 과제가 된다. 주의해야 하는 것은 그것이 결코 낭만주의 측에서 본 계몽주의, 요컨대 이성의 보편성에 대한 열광, 맹신 그 자체의 긍정이 아니라는 점이다. 계몽과 진보의 과정은 결코 직선적이 아니다. 특히 독일에서 그것은 다양한 요인에 의해 반동과 장애와 왜곡을 경험했다. 그러나 쇼펜하우어가 그리스도교*와 아시아의 종교를 포착한 "이 공정성이라는 엄청난 성과가 있은 다음에, 즉 계몽 시대를 불러일으킨 역사적 고찰 양식을 이렇게 본질적 관점에서 수정한 다음에야 비로소 우리는 계몽의 깃발을 다시 계속해서 들고 갈 것이다. 반동으로부터 진보를 만들어내는"[『인간적』 I. 26] 것이 과제인 것이다.

이렇게 보면 니체의 중기에서의 계몽주의에 대한 긍정은 많은 조건을 붙여 다층적으로, 요컨대 이렇게 말해도 좋다면 변증법적으로 행해지고 있었던 것을 알 수 있다. 그것은 확실히 초기의 낭만주의적인 예술과 형이상학에 대한 도취와 구가로부터의 이탈이며, 예술에 대해서는 학문·과학이, 인간을 넘어선 형이상학적인 것에 대해서는 '너무나 인간적인 것'이 대치되어 있다. 그러나 그러한 계몽주의를 단순히 실증주

의와 등치시킨다든지, 또한 그 우상 부정에서 오로지 모독적인 비속한 폭로만을 보는 것은 잘못일 것이다. 여기서 조용하게 노래 불리고 있는 것은 회색의 실증주의나 차가운 합리주의가 아니라 낭만주의의 꿈으로부터 깨어난 '자유정신*'의 소생의 기쁨이며, "인식을 삶의 수단으로 하여 살아가는" 자기 긍정의 노래일 것이다. 따라서 여기서 말해지고 있는 학문(Wissenschaft)만 하더라도 그것은 실증과학적인 대상 인식, '폭로 심리학'적인 소피스트주의가 아니라 오히려 무제약적인 비판에 대한 의지, 자기 자신도 과감한 실험*에 바치고자 하는 실존적 태도에 의해 뒷받침되고 있다. 계몽주의는 니체에게 있어 고정된 입장인 것이 아니라 계몽주의 그 자체가 계몽되어 간다. '자유정신'은 '미스트랄'을 타고 콜럼버스*처럼 미지의 바다로 출항한다. 그러나 그가 종교와 형이상학과 도덕이라는 '가상'의 안개를 깨트리고 발견한 것은 바다 저편의 신대륙이 아니라 "존재의 전체에 대해 근본적으로 새로운" 태도를 취하는 '초인*'이며, '운명에 대한 사랑*', '동일한 것의 영원회귀*'로서의 자기 긍정이었다.

이러한 니체의 근본 사상이 '힘에의 의지*'에 어느 정도의 비중을 두고서 그것을 파악하든지 간에 80년대 초에 성숙되어 가며, 『차라투스트라』*에서 결정적인 표현에 도달한다는 것은 잘 알려져 있는 대로이다. 그 도달점을 '정오의 사상', '한낮의 환희'라고 한다면, 중기의 사상은 나중에 그가 되돌아보며 말하듯이 여전히 '오전의 사상'이며 새벽의 어슴푸레한 빛에 그치고 있는지도 모른다. 그런 의미에서 그의 중기의 계몽주의적인 입장은 본질적으로 이행기, 하나의 통과점이며, 초기의 미적 형이상학을 후기의 '힘에의 의지'의 형이상학으로 중개하는 '부정적 매개'의 하나의 계기에 지나지 않는지도 모른다. 그러나 그 점은 니체의 중기의 계몽주의가 후기의 성숙된 사상 속으로 흡수되어 사라진다는 것을 의미하는 것일까? 아니면 오히려 중기의 계몽주의는 경우에 따라서는 후기 사상에 대해서조차 비판적인 작용을 수행하는 하나의 계기를 보존하고 있다고 말할 수 없는 것일까? 확실히 니체의 계몽주의는 아포리즘적인 표현 형식, 실증주의로 오인되는

걸모습과 어울려서 분명하게는 파악되기 어렵다. 그러나 니체의 계몽주의가 '계몽된 계몽주의'라고 한다면, 거기서 확보된 '앎'의 입장은 단지 미적 형이상학에 대립할 뿐인 것이 아니라 그것이 지니는 활력에 뒷받침된 앎, 이렇게 말해도 좋다면 '디오니소스적인 앎'이라고도 말할 수 있는 것이 아닐까? 그러한 앎이 '힘에의 의지'라기보다 '현실에의 의지'에 의해 한정될 때, 요컨대 '존재'에서가 아니라 '존재자'의 세계에서, 영원에서가 아니라 역사의 세계에서 발휘될 때, 거기서는 후기에서의 형이상학에로의 일탈을 시정하고, 현실로 되돌리는 비판적 계기를 발견할 수 있는 것이 아닐까? 중기의 니체가 떠안은 '계몽주의의 계속'이라는 과제를 우리는 그러한 형태로 좀 더 이어나갈 수 있다고 생각한다. 니체에게서의 '계몽의 변증법*'은 초기가 중기로, 중기가 후기로 '지양되어 가는 '발전'에서뿐만 아니라 오히려 중기의 계몽주의가 후기에 다 지양되지 않는 단면 속에서 엿보이는 것이 아닐까? ☞자유정신과 이성 비판, 계몽의 변증법, 볼테르, 루소

—도쿠나가 마코토(德永恂)

계보학系譜學 ⇨해석과 계보학

고귀함高貴—

『선악의 저편』*의 마지막(제9) 장에는 「고귀함이란 무엇인가?」라는 표제가 붙어 있으며, 그중에서도 287번은 '고귀함이란 무엇인가?'라는 물음으로 시작되고 있다. 또한 유고에서도 마찬가지 제목이 붙어 있는 단상이 몇 개 보인다. 그러나 그것들 가운데 어느 것에서도 '고귀함'이라는 개념의 명확한 규정이 이루어져 있다고는 말하기 어렵다. 우리는 갑작스럽게 맞닥뜨리는 '고귀함'이라는 말의 다양한 용법들의 전체로부터 그 의미를 이해하지 않으면 안 된다.

'고귀한'(vornehm)은 일반적으로 가치가 높은 인간에게 붙여지는 형용사이며, 굳이 말하자면 '됨됨이가 좋은'으로 치환할 수 있다. 따라서 인간 유형의 니체

식의 이분법인 '주인과 노예', '지배자와 피지배자', '강자와 약자', '건강한 자와 병든 자' 등등의 대립에서는 각각의 전자만을 표시한다. 그러면 고귀한 인간, 됨됨이가 좋은 인간이란 좀 더 상세하게 말하면 어떠한 자인가? '고귀함'은 '귀족적'(edel, adelig, aristokratisch)과 거의 구별 없이 사용되지만, 여기서 문제가 되는 것은 반드시 출생이나 혈통이 아니다. 니체는 어떤 국면에서는 확실히 출생이나 혈통의 중요성을 강조하는 경우도 있었지만, 그것이 본질적인 것이 아니었다. 그 증거로 예를 들면 그가 역사상 가장 위대하고 가장 고귀한 인간으로서 평가한 나폴레옹*은 코르시카 섬의 소지주 집안 태생이다. 앞에서 말한 『선악의 저편』 287번은 '고귀함이란 무엇인가?'라는 물음에 대해 다음과 같이 대답하고 있다. "여기서 결정을 하고, 여기서 서열*을 확정하는 것은, 오랜 종교적 관용어를 새로운 한층 더 깊은 의미에서 다시 받아들여 말하자면, 그것은 업적이 아니라 **믿음**이다. 그것은 고귀한 영혼이 자기 자신에 대해 가지고 있는 어떤 근본적인 확신이며, 구할 수도 없고 찾을 수도 없으며 아마 잃어버릴 수도 없을 것인 그 무엇이다.── 고귀한 영혼은 자기 자신에 대한 외경의 염을 지닌다." 즉, 스스로 갖추어지는 자기 확신과 자기 외경이 고귀함의 요건이라는 것이다.

한편으로 같은 책 265번은 그와 같은 고귀한 인간이 타자를 대할 때의 행동 원리에 대해 그것은 '이기주의'라고 말한다. "내가 말하는 이기주의란 '우리가 그것이 다와 같은 존재에게는 다른 존재가 그 본성상 종속되고 희생되어야만 한다는 저 확고한 신념이다." 나아가 272번에서는 타자에 대한 특권의 행사를 자기의 의무 속에 헤아려 넣는 것이야말로 '고귀함의 표시'라고 말해지고 있다. 그러나 타자들에게도 물론 다양한 서열이 있다. "여러 사정이 처음에는 그를 망설이게 만들지만, 이 영혼은 자기와 동등한 권리를 가진 사람이 있음을 인정한다. 이 서열 문제를 명백히 한 후, 그는 자기 자신과 관계할 때 갖는 것과 같은 확실한 수치심과 섬세한 존경심 속에서, 이들 동등한 인간이나 동등한 권리를 가진 사람들 사이에서 움직이게 된다. ……

그는 이러한 사람들과 스스로 그와 같은 사람들에게 주는 권리 속에서 스스로를 존경하는 것이다."[『선악』 265] 이상의 것으로부터 고귀한 인간의 행동 원리로서의 이기주의는 "의무를 짊어져야만 하는 것은 자기와 동등한 자에 대해서뿐이며, 서열이 낮은 존재나 모든 이질적인 것에 대해서는 뜻대로, '마음이 바라는 대로', 어쨌든 '선악의 저편에서' 행동해도 상관이 없다는 원칙"[같은 책 260]으로 정리될 수 있다. 요컨대 고귀한 인간은 자기 자신이 바라는 바를 '선'으로서 거리끼지 않는 자주적 권력의 주체이며, 그런 의미에서 다음에 제시되듯이 도덕적 가치의 창조자이기도 하다. "고귀한 부류의 인간은 스스로를 가치를 결정하는 자라고 느낀다. 그에게는 타인에게 인정받는 것이 필요하지 않다. 그는 '나에게 해로운 것은 그 자체로 해로운 것'이라고 판단한다. …… 그는 자신의 입장에서 알고 있는 모든 것을 존중한다. 이러한 도덕은 자기 예찬이다. 그 전경에는 충만한 감정과 넘쳐흐르고자 하는 힘의 느낌, 고도로 긴장된 행복과 베풀어주고 싶어 하는 부유함의 의식이 있다.── 고귀한 인간 역시 불행한 사람을 돕지만, 그러나 거의 동정에서가 아니라 오히려 넘치는 힘이 낳은 충동에서 돕는다."[같은 책 260]

따라서 니체 식 가치 평가의 키워드인 '힘의 과잉'이나 '삶의 충실'이 결국 고귀함의 근원인 것이다. 고귀한 인간은 자발적, 적극적, 능동적으로 살아간다. 타인의 시선이나 평판 따위에 신경 쓰지 않는 까닭에 거짓말을 하지도, 허영심*이나 르상티망*에 내몰리지도 않는다. 다만 마지막으로 덧붙여야만 하는 것은 니체가 말하는 고귀한 인간에게는 대단히 잔학하고 냉혹한 측면도 엄연히 존재한다는 점이다. 『도덕의 계보』* 제1논문 11절에 따르면 역사상 고귀한 종족은 동료들끼리는 배려와 자제와 신의와 우정을 서로 보이지만, 일단 밖의 세계로 나오면 그 야성적 투쟁 본능을 마음껏 발휘하며, 살인·방화·능욕·고문 등 만행의 끝을 보았다. 침략의 족적이 미친 모든 지역에 '야만인'이라는 개념을 남긴 것은 다름 아닌 이 고귀한 종족이라는 것이다. 니체는 이 야성적 투쟁 본능을 '금발의 야수'

라는 말로 긍정적으로 표현했으며, 나치스*가 니체 텍스트의 이 부분을 특히 좋아하며 이용한 것은 일찍이 알려진 바이다. ☞ 귀족, 『선악의 저편』, 서열, 금발의 야수, 이기주의, 나폴레옹

—시미즈 혼유(清水本裕)

고대 로마인古代—人

고전문헌학*에서 출발한 초기 니체에게 있어 고대 로마인은 그리스인과 더불어 인류의 모범이 되는 민족이었지만, 그리스인이 비극에서 삶*의 심연*에 마주치고 철학을 발전시킨 것과는 대조적으로 철학 없이도 건강하게 살 수 있었던 로마인은 모호함은 없다 하더라도 일면적인 민족이었다「디오니소스적 세계관」 2;「비극 시대의 철학」 1]. 로마인에게서 그가 배운 것은 무엇보다도 그 문체였다고 한다. 인문주의적 교육으로 명성이 높았던 슐포르타* 재학 중에 코르센(Paul Wilhelm Corssen 1820-75) 선생에게서 라틴어를 익혀 좋은 성적을 받은 니체는 살루스티우스*를 접촉하여 일거에 문체의 진수를 터득했다고 회상한다. 그의 야심은 호라티우스*처럼 간결하고 엄격하면서 일체의 미사여구 없이 많은 실질을 표현할 수 있는 "로마적인 문체*에 도달하는 것에 있었다『우상』 X. 1]. 로마인에 대한 이와 같은 이해는 그의 동시대인들이 공유하고 있던 고전적 교양과 큰 차이가 없는 것이지만, 후기가 되면 니체는 고귀*하고 잔인한 강자로서의 로마인을 찬양하게 된다. "로마인은 바로 강하고 고귀한 자들이었다. 일찍이 지상에 그들 이상으로 강하고 고귀한 자들이 존재한 적은 한 번도 없었으며, 꿈에서 볼 수조차 없었다."[『계보』 I. 16] 정복 전쟁에 의해 지중해 세계의 패권을 장악한 로마 제국은 "지금까지 달성된 것들 가운데 가장 장대한 조직 형태"이며, "위대한 양식의 가장 경탄할 만한 예술 작품"에 비교해야 할 것이기도 했다. 그러나 교활한 그리스도교*가 천민*의 르상티망*을 부추겨서 "위대한 문화를 위한 토양을 획득한다고 하는 로마인의 거대한 사적"을 헛수고로 끝나게 하고 말았다. 그로 인해 "본능의 고귀함, 취미*, 방법적 연구,

조직과 행정의 천재, 신념, 인류의 미래에 대한 **의지**, 로마 제국으로서 모든 감각에 대해 가시적인 것으로 되어 있던, 모든 사물에 대한 최고의 긍정*, 그리고 이미 단순한 기법이 아니라 현실, 진리, **삶**이 된 위대한 양식"이 상실되고, 고대 문화의 의미가 탈취되고 말았다고 한다[『안티크리스트』 58, 59]. 여기서도 문헌학자 니체가 품은 고대 문화의 영광에 대한 안타까움과, '힘에의 의지'의 철학자 니체의 근대적인 힘에 대한 예찬이 미묘하게 색조를 변화시키면서 상호적으로 땅과 그림을 이루어 나타났던 듯하다.

—오이시 기이치로(大石紀一郎)

고독孤獨 [Einsamkeit]

니체의 만년이 적어도 지적으로는 고독했다는 점은 새삼스럽게 말할 필요가 없다. 그리고 고독한 인간으로서 소리 높여 고독에 대해 말하는 경향이 있었다는 점도 마찬가지다. 그 대표는 『차라투스트라』*다. 이 책 제1부의 「시장터의 파리들에 대하여」에서는 "벗이여, 너의 고독 속으로 달아나라!"가 후렴처럼 반복된다. "고독이 끝나는 곳에서 시장이 시작된다"고도 말해지며, 대중으로부터 거리를 두는 고독한 창조자(아도르노*가 말하는 '시민적 문화 비판'의 전형적인 사고 형상이기도 하다)인 자신이 강조된다. 「창조하는 자의 길에 대하여」에서는 다음과 같이 말해진다. "형제여, 너의 사랑 그리고 너의 창조와 더불어 고독 속으로 물러서라." 거기서는 "자유정신*, 새로운 철학자*로서 "깊은 밤과 한낮의 고독"에 강한 자부심을 지니고 자신감을 가지는 면[『선악』 44도 참조]과 동시에 바이로이트*의 무리들로부터의 거리도 표현되어 있다. 이전의 동료들이 모두 다 보수적으로 작아지고 있는 것은 "고독이 거대한 고래라도 되듯 나를 삼켜버렸기 때문일까?"[『차라투스트라』 III-8] 정점은 "불멸의 탄식"[『이 사람』 IX. 7]으로 형용되고, 동시에 디티람보스*의 노래로 되어 있는 「밤의 노래」다. 이전에는 집단적 제의에서의 환희의 노래였던 디티람보스가 고독과 결부되는 점이 재미있다. 또 하나의 정점은 인간들의 나라들을

방랑한 후에 어머니인 ‘고독’의 환영을 받고서 고독의 좋음을 노래한 제3부의 「귀향」일 것이다. 거기서는 “오, 고독이여! 너, 나의 고향, 고독이여!”라는 유명한 구절이 반복된다. 덧붙이자면, 나쓰메 소세키*의 『행인』(行人)의 마지막 부분에 이 말이 나온다. 신경병을 앓은 ‘형님’의 힐문에 대해 H씨라는 인물이 “Keine Brücke führt von Mensch zu Mensch(사람에게서 사람으로 건너지르는 다리는 없다)”라고 회피하자, ‘형님’은 “Einsamkeit, du meine Heimat Einsamkeit(고독이여, 너, 나의 고향, 고독이여)”라고 말하며 달아난다. 당시의 소세키가 고독했던 것은 확실하지만, 아무리 고독한 가운데서도 디티람보스의 노래로 자기주장을 굽히지 않는 니체의 고독과는 역시 다른 일본적인 인생론의 분위기가 소세키에게는 존재한다. ☞디티람보스, 나쓰메 소세키

—미시마 겐이치(三島憲一)

고바야시 히데오 [小林秀雄 1902-83]

고바야시 히데오는 근대의 한가운데서 데카당스*의 모습을 자각적으로 보고자 한 일본에서 최초의 비평가였다. 이 점에서 고바야시는 독일에서의 근대에 대한 시대 진단에서 문명 비판자로서의 니체가 차지하고 있던 것과 아주 유사한 위치를 일본에서 차지하고 있었다고 말할 수 있을 것이다. 보들레르*에서 시작되는 프랑스 상징주의와의 만남으로부터 문학에 들어간 고바야시는 거기서 근대의 핵심에 놓여 있는 자아-의식의 내부로 폐쇄된 극의 귀결로서의 데카당스와 조우한다. 데카당스란 고바야시에게 있어 자아-의식이 산출하는 정치한 내폐 공간에 꼼짝없이 얽매여 옴짝달싹도 못하게 된 근대인의 삶의 쇠약해진 형식을 의미한다. 이러한 쇠약을 스스로의 내면에서 생생하게 점검할 수 있을 정도로 근대의 무르익음을 자기 몸으로 받아들인 것은 당시 고바야시뿐이었다. 이것은 동시대의 사소설(私小說)을 뒷받침하고 있던 소박한 자아 예찬과는 무관한, 오히려 근대 일본에서의 최초의 근대 의식의 체험이었다고 말할 수 있을 것이다. 이러한

근대 의식은 니체의 출발점이기도 하다. 그런데 고바야시는 근대가 자아-의식의 내부로 폐쇄된 극의 귀결에서 보여준 데카당스의 모습을 남김없이 점검함과 동시에, 랭보라는 “비할 바 없는 보행자”와 함께 이 내폐 공간의 파쇄와 스스로의 ‘구조’를 기도한다. 그것은 어떤 의미에서 고바야시의 ‘힘에의 의지*’의 선언이다. 왜냐하면 고바야시는 그것을, 자아-의식에 뿌리박은 관념·표상의 세계를 ‘장식’에 지나지 않는다고 부정해 버리는 심리주의 비판에 의해 행하고자 하기 때문이다. “무릇 모든 관념학은 인간의 의식에 결코 그 기초를 두는 것이 아니다. 맑스가 말했듯이 ‘의식이란 의식된 존재 이외의 그 어떤 것일 수 없는 것이다.’” [「맑스의 깨달음」(マルクスの悟達)] 고바야시가 지향한 것은 역사의 상대성을 빠져나와 비틀거리지 않는 “미의 형상” 경험의 절대성이었다. 이러한 고바야시의 궤적은 확실히 ‘위대한 정오*’에서의 미적 구제의 이념에 도달한 니체와의 유사성을 보여준다. 그러나 고바야시는 미의 실체를 전통에서 구하고, 모데르네의 문제 권역으로부터 이탈한다. 전통의 뒷받침 위에서 사심 없음과 상식의 우위를 말하는 만년의 고바야시에게서 도학자 분위기는 느껴진다 하더라도 니체와의 연관성은 느껴지지 않는다. 덧붙이자면, 고바야시가 니체를 직접 언급한 문장으로서 「니체 잡감」(ニイチェ雑感, 쇼와 25년)이 있다.

—다카하시 준이치(高橋順一)

고전문헌학 古典文獻學 [klassische Philologie]

발터 옌스(Walter Jens 1923-2013)는 그리스학으로부터 출발한 전후 독일의 대표적인 비판적 지식인 가운데 한 사람인데, 그러한 그는 19세기 이후의 고전문헌학의 공동화를 논의한 「고색창연한 고전 고대」라는 문장 속에서 만약 맑스*와 니체가 만났더라면 라틴어로 에우리피데스에 대해 논의할 수 있었을 거라고 말한다. 그리고 이전에는 카멘츠든 트리어든 슐포르타*든 그리스의 숨결이야말로 김나지움의 정신적 활동의 공동의 기반이자 원동력이었으며, 바로 튀빙겐과 본과 라

이프치히* 사이에서는 독일의 헬라스가 꿈꾸어지고 있었다는 등등의 것을 취지로 하는 것을 쓰고 있다. 레싱*, 맑스, 니체, 그리고 젊은 날의 헤겔*, 횔덜린*, 셸링(Friedrich Wilhelm Joseph von Schelling 1775-1854)을 가리키는 것일 터이다. 레싱의 논문 「고대인은 죽음을 어떻게 표상했는가」 에서는 그리스인에게 있어 죽음은 저승과 이승을 나누는 것이 아니라 단적인 잠일 뿐이었다는 것, 그리고 사후의 영혼은 나비가 되어 아름다운 대기 가운데를 비상하고 있었다는 것이 그들의 묘를 장식한 형상들에 대한 분석에 의해 해명되고 있다. 이러한 의견은 그대로 그리스도교*적 세계상에 대한 도발이었다. 요컨대 그리스 이해는 계몽에 의한 정신의 세속화의 기폭제였던 것이다. 또한 빙켈만*이 라오콘 상에서 본 "고귀한 단순함과 고요한 위대함"은, 그리고 『고대 예술 모방론』에서 전개하는 아름다운 자연을 모방하는 그리스 예술의 모습은 "비뚤어진 자세를 취한" 귀족*의 자제들의 제멋대로 놀아나는 생활에 대한 비판을 의미하며, 그것은 그대로 시민사회의 새로운 자기의식과 정치적인 자기의식을 알리는 것이었다. 또한 이 빙켈만이 독일 전체를 찾아 헤맸어도 불완전한 사본 세 개가 발견되었을 뿐인 호메로스*를 20년 후의 괴테* 소설의 주인공 베르테르는 샘가에 걸터앉아 읽고 있다. 겨우 20년 만에 호메로스는 이미 상식이 되어 채워지지 않는 내면의 충동을 발산시키는 장이 되고 있었다. 그리스는 시민사회의 지하 터널인 예술 경험의 매체가 되기도 했던 것이다. 바로 그러한 시대인 까닭에 헤겔도 『니벨룽겐의 노래』를 읽을 때, 등장인물의 조야한 고유명사를 어떻게든 문학적으로 즐기기 위해 그리스 신화의 이름으로 바꿔 놓으면서 읽었다고 하는 에피소드가 생겨났던 것이다(이것은 브렌타노가 1809년에 헤겔을 방문했을 때의 일화다). 그리고 레싱, 빙켈만, 괴테는 니체가 일관되게 존경했던 위대한 선배들이었다.

특히 중대했던 것은 괴테의 존재다. 독일에서 고전문헌학의 조상으로 여겨지는 프리드리히 아우구스트 볼프(Friedrich August Wolf 1759-1824)가 논문 「고대학 개론」을 괴테에게 바치고 있는 것에서도 그 점은 명확

히 보인다. 볼프는 고전문헌학 강좌를 할레대학에 개설한 인물로, 얼마 지나지 않아 나폴레옹 전쟁으로 할레대학이 폐쇄된 후 1810년에 신설된 베를린대학으로 초청되며, 프로이센 문교부 장관 훔볼트와 함께 고대 인간성의 이상에 입각한 순수하게 이론적인 학문, 즉 훔볼트가 말하는 "주관적 교양과 객관적 학문의 일치"의 이상을 실현하고자 했다. 자유롭게 논의를 나누는 세미나 제도를 교육에 받아들인 것도 볼프라고 말해진다. 니체는 바젤대학 교수 시절에 고전문헌학의 존재방식을 생각함에 있어 볼프가 쓴 몇 개의 논문을 숙독하고 있다. 하지만 훔볼트의 대학 개혁은 앎에 의한 사회적 선별의 항상화이기도 했다. 원래는 빈곤 가정에서 대학 진학의 능력이 있는 자들에 대한 장학금을 의미했던 아비투어가 1830년경에 프로이센에서 고교 졸업 시험=대학 입학 자격시험으로서 제도화된 시점에 그 사태는 분명해지고 있었다. 벤야민*이 말하듯이 고대의 공화제에 대한 꿈과 현대의 혁명적 폭발이 등가였던 시대는 끝나버렸다. 목사의 길을 내던져 버린 니체가 고전문헌학으로 나아간 것은 바로 이 학문의 꿈이 실현 불가능한 것에 불과하다는 것이 분명해진 이러한 시대였다.

라이프치히*의 학생 시절부터 그는 문헌학이 남자의 일생의 직업이 될 수 있는가 하는 의혹을 드러내고 있으며, 바젤대학에 부임할 무렵에 쓴 자전적 문장에서도 "내가 어떻게 해서 예술로부터 철학으로, 철학으로부터 학문으로, 나아가 학문 중에서도 점점 더 좁은 영역에로 들어가게 되었는지를 뒤돌아보면, 그것은 거의 의식적인 체념의 길이었던 것으로 보이기도 한다'고 분명하게 쓰고 있다. 취임 강연인 「호메로스와 고전문헌학」 에서도 "고전문헌학에 대해서는 오늘날 통일적이고 명확하게 그것으로 식별할 수 있는 공적인 견해는 존재하지 않는다'고 니체는 청중들 앞에서 선언한다. 요컨대 산산이 흩어진 연구 상황을 보게 되면 고전문헌학이란 학문의 명칭만을 공유하고 있을 뿐이 아닐까, 아니면 역사학, 자연과학 그리고 미학의 혼합에 지나지 않는 것이 아닐까 한다는 것이다. 그렇게 서론을 제시하면서 그는 호메로스를 실재한 한 사람의

예술시인으로 볼 것인가 아니면 다양한 민중시인들의 집단의 총칭으로 볼 것인가 하는 예로부터의 논쟁에 대한 자신의 견해를 전개한다. 그의 논지는 문헌학의 정밀한 작업 현장으로부터 한편으로는 민중시인들, 다른 한편으로는 위대한 개성을 지닌 예술가라는 낭만주의적인 역사적 사고의 기만을 날카롭게 공격한다. 국민정신이라든가 민족*의 영혼과 깊이 결부된 옛날의 민중시인들과 같은 사고방식이 얼마나 난센스인지를 가차 없이 폭로한다. 왜냐하면 근대의 위대한 시인이라 하더라도 바로 민족의 영혼에 뿌리를 내리고 있기 때문에 위대한 것이며, 그러한 것으로부터 풀려난 뿌리 없는 풀은 아니기 때문이라고 논의된다. 결론적으로는 호메로스의 실재를 믿지는 않지만, 호메로스의 것으로 여겨지는 작품은 민중시인들의 집단적 성과가 아니라 어떤 한 사람의 위대한 시인의 개성의 나타남이라는 것을 믿는다고 주장된다. 요컨대 일리아스와 오디세이아의 작자를 한 사람의 인간으로 하는 **미적 판단**을 믿는 것이다. 그리고 이러한 서사시와 비슷하긴 해도 잘 어울리지 않는 다양한 시가 이미 그리스에서 호메로스의 것으로 여겨지고 있었다는 전설이 존재하고 있고, 또한 노래 경연이 호메로스와 헤시오도스 사이에서 이루어졌다는 말이 전해지고도 있지만, 물론 그것들이 허구라는 점 등등으로부터 호메로스라는 이름을 지니는 시인의 실재 그 자체를 의심하고 있다. 이미 이러한 논리 구성에는 낭만주의의 허구를 냉정하게 타파한 비판 정신이 있음과 동시에, 또한 거기서는 위대한 개성과 민족의 영혼의 — 태고 시대에 한정해서는 안 되는 — 결합이라는 새로운 신화*의 요소도 인정된다. 본질을 무시한 낭만주의적 관련짓기에 대한 비판 정신에 기초한 폭로, 현장의 분석적 작업의 경험에 의거한 반론이 그 씨름판을 떠나 미적 판단에 대한 신앙에로, 그리고 일종의 예술 형이상학에 빠질지도 모르는 곳까지 가고 있다. 니체의 문헌학 비판에는 언제나 이러한 양면이 존재한다.

하지만 이러한 새로운 신화의 기폭력, 아니 폭풍은 니체 문제를 생각할 때 한 번은 반드시 고려해야만 하는 것일 터이다. 한편으로 훈고 주석이나 엄밀한

텍스트 교정의 배후에 있는 이데올로기가 폭로된다. 예를 들어 그리스 정신과 휴머니즘의 일체성과 같은 이데올로기, 또한 그러한 그리스로부터 근대 유럽으로 이성의 길이 이어지고 있다고 하는 이데올로기, 그리스 고대가 다른 고대들에 대해 특권적 위치를 지닌다고 하는 무근거한 전제, 그러한 것들을 폭로하면서, 다른 한편으로 그리스, 그것도 소크라테스* 이전의 그리스가 근대 유럽에 있어 절대적인 타자로서 소화·흡수·통합이 불가능한 타자로서 제시된다. 그러한 세계로서 호메로스의 세계를 설정하는 까닭에, 호메로스 문제는 니체에게 있어, 그리고 고전문헌학에 있어 단지 한 학문 내부의 개별적인 문제가 아니라 "학문"과 문화의 생활 전체와 관계되는" 것인 것이다. 그런 까닭에 강연의 마지막에서는 이미 지적 생산력의 한계에 도달한 이 학문이 설령 쇠퇴한다 하더라도 참된 철학이 번영하기를 원하는 것이다. "예전에 문헌학이었던 것은 지금은 철학이 되었다"라고, "호메로스의 관(冠)을 잡아 찢는다"고 이미 실러*가 형용한 학자*들에 대해서는 매우 엄혹한 비판이 반복된다.

하지만 만약 그렇다면 철학에 봉사하는 문헌학의 역할, 아니 철학이 된 문헌학의 역할은 어디에 있는 것일까? 그것은 역사의 먼지에 묻혀 있던 소크라테스 이전의 세계를 발굴한 것, 그리고 그 세계를 바야흐로 근대 유럽에게 있어서의 완전한 타자로서 제시하는 데 있다. 취임 강연에서의 이러한 논의는 머지않아, 『비극의 탄생』*에서 문헌학계로부터 매장당한 경험을 토대로 19세기의 역사주의*와의 대결을 시도한 『삶에 대한 역사의 공과』에서 좀 더 심화된다. 그 서문의 유명한 한 구절에서는 "우리 시대의 고전문헌학이 이 시대에 반시대적으로 — 다시 말해 시대와 대립해서, 그렇게 함으로써 시대에 그리고 바라기로는 앞으로 도래할 시대를 위해 — 영향을 끼치는 것이 아니라면 어떤 의미를 지닐 것인지 나는 잘 모른다"(『반시대적』 II 서문)고 적고 있다. 요컨대 시대의 대세를 거슬러 고대를 이질성으로 보고, 그 속에서 반해석학적으로 나누는 것, 그 긴장관계로부터 현대가 참으로 흔들리고 상대화되는 것 속에서 문헌학의 사명을 니체는

보고 있다.

하지만 이러한 기폭력이 비판적인 정밀함에 의해 뒷받침되고 있다는 것을 보지 못하면, 니체와 문헌학 관계의 절반밖에 못 보는 것이 된다. 후년이 되어서도 그는 다음과 같이 말한다. "내가 문헌학자였던 것이 쓸모없는 것은 아니다. 아마도 나는 여전히 문헌학자다. 즉 천천히 읽을 것을 가르치는 교사 말이다. …… 문헌학이란 다음의 한 가지 사항, 즉 그것의 숭배자들에게 우회해서 가고 여유를 갖고 조용해지고 느려지는 것을 다른 모든 것보다도 요구하는 저 존중할 만한 기술이다."[『아침놀』 서문 5] 이질적인 타자는, 요컨대 근대적 이성에게 있어서의 타자는 ― 또는 타자로서 설정된 것은 ― 엄청나게 큰 고생 끝에 볼 수 있게 되는 것이다. 이미 앞의 취임 강연에서도 "산처럼 높은 수많은 선입견에 파묻힌" 호메로스의 세계를 발굴하기 위해서는 "우리 학문의 무수한 제자들의 피와 땀과 노고로 넘쳐난 사상의 노동"이 필요했다고 말해지는 그대로이다.

하지만 어느덧 니체는 그것을 포기해 버린다. 그리고 "학자들이 살고 있는 집을 뛰쳐나온 것"[『차라투스트라』 II-16]을 자랑하기 시작한다. "내 영혼은 허기진 배를 하고 너무나도 오랫동안 저들의 식탁 곁에 앉아 있었다. 나 저들과는 달라서 호두까기 같은 인식의 작업에는 길들여지지 않은 터였다."[같은 곳] 이 이후 벤이 말하는 대로 학문과 예술은 결정적으로 분리되며, 예술에 대한 학문적 논의는 적어도 독일에서는 계속해서 저조하게 이루어진다. 특히 그리스 문화에 대한 그것은 하이데거적인 협애함에 빠지기 쉽게 되었다. 또한 고전문헌학의 딸들 가운데 하나인 독어독문학은 독일의 야만에 손을 빌려주게 되었다. 그 야만과 비교하면 "니벨룽겐의 이야기보다는 트로이 전쟁 쪽이 우리에게는 훨씬 더 현재적이다. 니벨룽겐은 국민의식에 있어서는 이미 지나간 역사에 지나지 않는다"고 『미학 강의』에 쓴 헤겔이야말로 니체가 가까운 쪽이라는 점도 확실히 되어 온 시대가 된다. 그러한 불행한 1930년대 이후의 시대 속에서 그 틀은 뛰어나지 않지만 다소나마 자유로운 그리스 이해를 시도한 것은 문헌학

자인 칼 라인하르트와 발터 오토 정도일 것이며, 그리스 이해와 자유를 연결시킨 것은 한나 아렌트(Hannah Arendt 1906-75) 정도일 것이다. 덧붙이자면, 전자는 바이마르의 니체 아르히프 작업의 엉성함과 기만성을 발견하는 데에 크게 기여했다는 점도 지적하고 싶다. "산처럼 높은 수많은 선입견에 파묻힌" 니체를 발굴하는 데에 문헌학이 실제로 역할을 수행했던 것이다. ☞학문, 학자, 『비극의 탄생』, 호메로스, 리츨

―미시마 겐이치(三島憲一)

📖 ▷Walter Jens, *Antiquierte Antike?* Münsterdorf 1971.

고통 苦痛

니체에게 있어 고통이란 단지 기피·방지의 대상이 아니다. 그는 "죄책과 고통이야말로 추구되어야 할 것이다"라고 말하고[『차라투스트라』 III-12. 5], "고통 속에는 쾌락 속에 있는 것과 동일할 뿐인 예지가 놓여 있다. 고통도 쾌락과 마찬가지로 종족을 보존하고자 하는 최고급의 힘의 하나다"[『학문』 318]라고 평가하고 있었다. "커다란 고통이야말로 정신의 궁극의 해방자인 것이다. …… 커다란 고통이야말로 우리 철학자로 하여금 그 최후의 깊이에까지 억지로 내려하게끔 하는 것이다."[같은 책 서문 3] "고통 없는 인류의 지도자나 교육자가 될 수 없다."[『인간적』 I. 109] 그럼에도 불구하고 정신적 고통도 육체적 고통도 대부분 경험할 수 없고, 고뇌하는 자의 모습을 목격할 기회도 적어진 현대인은 "예전 사람들보다 고통을 훨씬 더 미워하게 되었고, 그 어느 때보다도 그것을 더 나쁘다고 말하게" 되고 말았다[『학문』 48]. 더 나아가 "금욕주의적 이상"은 괴로워하는 자의 관심을 괴로움으로부터 다른 데로 돌리기 위해 모종의 "기계적 활동"을 사람들에게 주입하고, 그 최면 작용으로 그들의 고통에 대한 감수성을 마비시켜 왔다[『계보』 III. 18]. 따라서 "고통은 신성하고"라는 고대 그리스의 비교(秘敎)의 가르침으로 되돌아가 "일체의 생성과 성장, 일체의 미래를 보증하는 것이 고통의 전제가 된다"는 것을 확고히 이해해야만 한다[『우상』 X. 4]. 니체에 의한 이러한 고통의 파악은

타자와의 분리가 초래하는 고통이 재합일의 전제라고 생각한 헤겔*[『기독교의 정신과 그 운명』(1798)]과 통하는 측면을 지니고 있으며, 니체를 의식하면서 "고통을 괴로워하는 것이 그 격렬함을 완화시킨다"고 이야기한 작품으로 셸러*의 「고통의 의미에 대하여」[(1916), 『사회학 및 세계관학 논집』(1923)에 재수록]가 있다. 또한 억제를 상실한 안락에의 예속·고통의 회피가 회사나 조직에 대한 과잉 충성, 국가에 대한 의존 감각의 만연을 가져왔다고 하는 후지타 쇼조(藤田省三 1927-2003)의 진단[「안락에의 전체주의」[『사상의 과학』 1985. 8])을, 니체의 시대 비판("실존이 섬세해지고 용이해져서 영혼과 육체가 모기에 물리는 정도의 불가피한 고통을 겪는 것만으로도 이미 이것을 너무 잔혹하고 악한 것으로 여기게 되는 시대"[『학문』 48])의 연장선상에서 읽는 것도 불가능하지는 않을 것이다.

─가와모토 다카시(川本隆史)

공리주의功利主義 [Utilitarismus]

독일에서는 특히 19세기 중반 이후에 J. S. 밀*이나 허버트 스펜서*, 콩트*가 수용되어 뒤링*이나 E. v. 하르트만*에게도 영향을 미쳤지만, 동시에 딜타이* 등에게서 전형적으로 보였듯이 독일의 정신과학은 공리주의와 실증주의*에 대한 거부와 방법론적 대결을 통해 발전했다. 니체는 파울 레*의 『도덕 감정의 기원』(Der Ursprung der moralischen Empfindungen, 1877)을 통해 공리주의에 주목했지만, 그것은 도덕의 기원을 설명함에 있어 "계보학적 가설로서는 거꾸로 도착된 방식, 본래적으로 **영국식의** 방식"이라고 비판한다[『계보』 서문 4]. 또한 『도덕의 계보』*에서는, 영국*의 심리학자들은 비이기적 행위에 의해 이익을 얻은 자가 그것을 '선'이라고 부르며, 얼마 안 있어 그것이 습관적으로 선이라고 여겨지게 되어 그 기원이 망각되었다고 하고 있지만, 이 학설은 비역사적이라고 여겨진다. 그리고 스펜서는 '선'을 '유익'이나 '합목적적'이라는 개념과 동일시했지만, 이것도 잘못이라고 한다. "실제로 특히 영국에서 크게 호평 받고 있는 철저하게 잘못된 도덕설

이 있다. 그것에 따르면 '선'과 '악'의 판단은 '합목적적'과 '비합목적적'에 대한 경험들의 집적이다. 나아가 또한 '선'이라고 불리는 것은 종을 보존하는 것이며, 다른 한편 '악'이라고 불리는 것은 종을 훼손하는 것이다."[『계보』 Ⅰ. 1-3] 그러나 사실은 "악의 충동들은 선의 충동들과 똑같이 고도로 합목적적이며 종을 보존하는 것이고 불가결한 것이다"라고 그는 주장한다[『학문』 4]. 니체는 고귀*한 자가 비천한 자에 대한 '거리의 파토스*'로부터 스스로를 '좋음'(gut)으로서 '나쁨'(schlecht)과의 차이를 세운 곳에서 선의 기원을 발견하며, 그것이 공리적인 타산과 같은 미적지근한 것이 아니라고 하는 것이다[『계보』 Ⅰ. 2]. 그에 반해 천민*은 자신에게 해를 초래하는 행위를 '악'(böse)이라 하고 '유용하고 쾌적한 것'을 '선'이라 하는 것이기 때문에, 모든 도덕상의 공리주의는 '천민'의 도덕이라고 생각된다[『선악』 190]. 천민은 자신들의 공동체의 존속만을 지향하는 "가축떼*의 공리성"에서 단결하지만, 강력한 강한 이웃, 즉 가축떼에 순응하는 것을 좋다고 하지 않는 개인에 대해서는 두려움을 품는다. 그리하여 강자를 '악'으로 하여 조심스럽게 순응하며, 평등화하는 심성, 욕구의 범용함을 '도덕적'이라고 하여 범용함의 증대를 '진보'라고 부른다는 것이다[『선악』 201]. 이와 같은 견해에서 보면, 평등을 추구하는 민주주의*나 사회주의도 강자에 대한 두려움에서 성립한 그리스도교*의 "이웃사랑*의 도덕"과 본질적으로 동일한 것이며, 오늘날 유럽에서의 "가축떼의 도덕"[『선악』 202]을 정식화한 것이 공리주의라고 말하게 된다. 더 나아가 공리주의적인 "가치 평가" 자체가 영국의 도덕적 풍토를 반영한 산물이라고도 말한다. 즉, 벤섬을 뒤따르는 영국의 공리주의자들은 "일반의 이익"이나 "최대 다수의 행복"을 내걸고 있지만, 이기주의를 "일반의 복지" 문제로서 정리하고자 하는 것은 "가축떼"의 사고이며, 더욱이 그러한 사고방식은 본래 "안일(comfort)과 유행(fashion)"을 추구하는 "영국식의 행복"에 다름 아니다. 공리주의적인 영국인은 본래는 영국 의회에 의석을 지니는 것이 목적인 데도 불구하고 그것을 숨겨서 도덕적 위선에 과학적인 장식을 가하고

있는 데 지나지 않으며, "근본적으로 범용한 종류의 인간"이라는 것이다[『선악』 228].

후기의 유고에서는 도덕의 철학적 근거짓기에 대한 비판이라는 관점으로부터도 공리주의 도덕이 비판된다. 그 하나는 공리주의의 논의 자체가 포함하는 난점으로 향한다. "유용하다는 것은 전적으로 완전히 **의도**에, 요컨대 '무엇을 위해?'에 의존하며, 의도라는 것은 또한 전적으로 완전히 **힘**의 정도에 의존한다. 그런 까닭에 공리주의는 사물의 근저로는 될 수 없으며, 단순한 결과설일 수밖에 없다. 그것이 **만인**에게 있어 **구속력**을 지니는 것 따위는 절대로 있을 수 없다."[유고 Ⅱ. 10. 57] "행위의 가치는 그 결과에 의해 측정되어야만 한다 ― 고 공리주의자는 말하지만, ― 행위를 그 유래에 따라서 측정한다는 것은 하나의 불가능한 일, 요컨대 그 유래를 **알고 있다**는 것을 함의한다." 그러나 행위의 유래나 결과는 모두 분명하지 않은 것이고 행위의 가치를 측정할 수 없는 것이기 때문에, 공리주의자의 논의는 지나치게 소박하다는 것이다[같은 책 Ⅱ. 11. 209f.]. 또 하나는 공리주의의 전제에 대한 근본적 의문이다. 즉, "공리주의(사회주의, 민주주의)는 도덕적 가치 평가의 유래를 비판하지만, **그 가치 평가 그 자체는 믿고 있다.**" "이것은 제재하는 신이 있지 않게 되더라도, 도덕은 남아 있다는 소박한 생각이다. 도덕에 대한 신앙이 유지되어야만 한다면, '피안'은 절대 불가결함에도 불구하고." 그에 반해 이러한 신앙의 유래를 묻는 것이 니체의 입장이다. 그는 도덕적 판단을 살아 있는 것의 자기 보존'과 증대의 '징후'로서 이해하고, 모든 가치 평가의 배후에 도덕적 가치 평가의 존재를 폭로하고자 한다. 그리고 같은 단편의 말미에서 다음과 같은 명제를 주장한다. "도덕적 현상이라는 것은 존재하지 않는다. 존재하는 것은 이러한 현상들의 도덕적 해석뿐이다. 이 해석 그 자체는 도덕 바깥에 그 기원을 지닌다."[같은 책 Ⅱ. 9. 198f.] 이러한 사고방식에서 보면 공리주의란 향락주의나 페시미즘', 행복주의와 함께 표면적인 쾌와 고통에 의해 사물을 재는 "전경의 사고방식"이며, 위대한 고뇌의 감화가 인간을 고양시킨다는 것을 무시하는 것으로서 배척되

는 것이다[『선악』 225]. ☞영국/영국인, 밀, 스펜서, 콩트

―오이시 기이치로(大石紀一郎)

공쿠르 형제 [Edmond Huot de Goncourt 1822-96; Jules Huot de Goncourt 1830-70]

공쿠르 형제의 『일기』는 19세기 프랑스' 문단과 사회에 관한 중요한 기록으로서 알려지며, 그들이 제창한 '기록 문학'은 졸라(Émile François Zola 1840-1902) 등의 자연주의'의 선구가 되었다. 니체는 1880년대 후반, 특히 1888년에 『일기』를 숙독하며, 그로부터 다양한 지식을 얻는다든지 표현을 빌린다든지 하고 있지만, 사소한 사실에 얽매이는 경향에 대해서는 비판적이었다. 『우상의 황혼』'에서는 그것을 "행상인의 심리학"이라고 부르며, "자그마한 사실"만을 추적하여 전체를 보지 못하는 것은 예술가에 어울리지 않는다고 하고 있다. 그로부터 생겨나는 것은 잡다한 모음이며, 공쿠르 형제는 그 점에서 최악의 지점까지 도달해 있다는 것이다[『우상』 IX. 7]. 니체는 또한 공쿠르 형제를 '데카당'이라고 부르고 있는데, 이러한 평언은 부르제'가 공쿠르 형제에 대해 그들은 세부적인 것을 숭배함으로써 "스스로 선택한 데카당"이 되었다고 말한 것에 의한 것이다.

―오이시 기이치로(大石紀一郎)

공포恐怖 ⇨전율과 공포

과도함過度― ⇨과잉

과잉過剰

니체의 문장에는 풍성한 것, 가득 차 흘러넘치는 것, 확대·성장하는 것을 노래한 말이 아로새겨져 있다. "나는 사랑하노라. 자신을 잊을 만큼, 그리고 자신

속에 만물을 간직할 만큼 넘쳐흐르는 영혼을 지닌 자들.'[『차라투스트라』 서문 4] 과잉의 철학 — 그 이미지 연상에 의탁하여 말하자면, 우리는 니체의 사상을 이렇게 말할 수 있을 것이다.

『비극의 탄생』에는 아폴론*과 디오니소스*의 화해 과정을 미의 절도*에 자연의 과잉이 침입해 오는 과정으로서 묘사한 부분이 있다. 아폴론적인 미의 절도에 기초하여 수립된 세계에 "이제 디오니소스 축제의 망아적 음조가 침입하여 쾌락과 고통, 인식에서의 자연의 **과잉**이 동시에 계시되었다. 이제까지 경계로, 절도의 규정으로 간주되고 있던 모든 것이 여기서는 예술가적 가상이라는 본성을 드러내고, '과잉'이 진실로서 출현했다.'[「디오니소스적 세계관」] 여기서 '과잉'이라고 번역한 말 Übermaß는 '절도(Maß)'를 '넘어선 것'(Über)이라는 의미를 지니며, 경계를 돌파하는 디오니소스적 자연의 모습을 표현한다. 과잉은 여기서는 절도의 **경계의 침범**이라는 의미를 짊어지고 있다. 그리고 자연이라는 것은 이러한 과잉을 그 특징으로서 지니는 것이다. "…… 자연에 있어 지배적인 것은 궁핍한 모습이 아니라 과잉(Überfluß)이며 낭비이고, 그것도 무의미할 정도의 과잉과 낭비다.'[『학문』 349] 만약 예술이 이러한 과잉한 자연과 인간의 화해를 가능하게 하는 것이라면, 예술 자신에게도 그 과잉이라는 특성이 이전될지도 모른다. "예술이란 무엇보다 우선 왕성한 신체성의 과잉(Überschluß)이자 다름 아닌 형상과 원망의 세계로의 그 유출이지만, 다른 한편으로는 고양된 삶으로부터 생겨나는 형상과 원망에 의한 동물적 기능에 대한 자극이기도 하다[유고 Ⅱ. 10. 83].

과잉이란 그러나 문자 그대로는 **풍요로움**이자 부이다. "무한하고 감격해야 할 부! …… 더 이상 나는 어떻게 사람들이 마음이 가난한 자들을 복되다고 찬양할 수 있는지 이해할 수 없다!'[『아침놀』 476] 니체가 여기서 말하는 것은 경험과 사상에서의 풍부함이지만, 넓은 의미에서의 문화인의 능력은 니체에게 있어서는 결핍이나 필요성에서라기보다 부와 과잉에서 생겨난다. "우리 문화인의 능력은 더 나아가 흘러넘치는 능력으로부터 뺄셈을 한 것이다.'[유고 Ⅱ. 11. 120] 과잉된

부는 또한 **사치**를 허용한다. "사치를 좋아하는 것은 인간의 깊은 곳까지 미친다 — 그것은 흘러넘치는 것 (das Überflüssige), 과잉한 것(das Übermäßige)이야말로 그의 영혼이 가장 즐겨 헤엄치는 물이라는 사실을 드러낸다.'[『아침놀』 405] 부는 축적이나 보존의 대상이 되지만, 니체에게 있어 그것은 오히려 베풂이나 낭비의 대상이 되어야 할 것이다. 과잉한 것은 **베풀어줄** 수 있다. "사람들에게 아무것도 바라지 않고 언제나 그들에게 베푸는 것에 익숙한 사람은 자신도 모르는 사이에 고귀*하게 행동하게 된다.'[『인간적』 Ⅰ. 497] 고귀한 자의 베푸는 덕*은 말하자면 과잉에서 생겨난 덕에 다름 아니다. 또한 과잉한 것은 **낭비할** 수 있다. 그리고 이러한 과잉의 낭비는 자주 폭력이나 잔학함을 동반한다. "도의의 가혹함과 처절함은 삶*의 과잉의 하나의 결과일 수 있다. 즉 삶이 과잉할 때에는 많은 것이 감행되고 많은 것이 도전받으며 많은 것이 탕진되는 것도 허용되는 것이다.'[『우상』 Ⅸ. 37]

물론 과잉한 것은 베풂이나 낭비의 대상으로서 나타날 뿐만 아니라 또한 증대나 성장에의 의지가 되어서도 나타난다. "삶은 힘의 성장을 나타내는 것이어야만 한다. 그것은 '좀 더 많이'라는 차이가 의식되기 때문이다."[유고 Ⅱ. 11. 98] 성장이 힘의 질이라고 한다면, 과잉은 **힘의 증명**이다. "힘이 남아돌아야 비로소 **힘의 증명**이 된다.'[『우상』 서문]

과잉한 것을 사랑한 니체의 언설은 예를 들면 바타유*가 『저주의 몫』에서 묘사한 '보편 경제학'에 다양한 시사를 주었다. 마르셀 모스(Marcel Mauss 1872-1950)의 증여론에 의거한 미개 사회에서의 포틀래치의 해석이나 '노동의 이상'에 기초하는 한정 경제학에 대해 '과잉의 탕진'에 의거한 보편 경제학을 구상하고자 한 시도는 모두 경계의 침범, 풍부한 부의 증여, 탕진, 힘의 증대와 차이의 의식과 같은 과잉을 둘러싼 니체의 언설을 빼놓고서는 생각할 수 없다. 『무신학대전』 제3권 『니체에 대하여』의 다음과 같은 구절 등이 과잉을 축으로 한 『도덕의 계보』*의 바꿔 읽기라는 점은 일목요연하다. "나는 선과 악을 대립시키는 것이 아니라 '도덕상의 정점'과 '쇠퇴'를 대립시키고 싶다. 여기서

말하는 '도덕상의 정점'은 선과는 다르다. '쇠퇴'도 악과는 아무런 관계가 없다. 역으로 '쇠퇴'의 필연성이 선의 양태들을 결정한다. / 정점은 힘의 과잉에, 넘쳐흐름에 대응한다. 정점은 비극적인 격렬함을 최고도로 이끈다. 정점은 도를 넘어선 에너지의 소비와, 존재의 일체성의 침해와 결부된다. 따라서 정점은 선보다는 악에 가깝다. / 쇠퇴 — 초췌와 피로의 때에 대응한다 — 는 존재를 유지하고 풍부하게 하는 배려에 최고의 가치를 부여한다. 도덕적 규범은 바로 이 쇠퇴의 지배 하에 있다. ☞절도|중용|, 베푸는 덕, 미와 쾌락, 바타유

―기마에 도시아키(木前利秋)

관습의 윤리 慣習──倫理 [Sittlichkeit der Sitten]

『아침놀』*의 니체는 관습의 윤리 시대를 "인류의 성격을 결정한 참된 결정적인 주요 역사"라고 부르고 있다. 관습의 윤리는 니체가 "도덕적 편견의 유래"를 고찰해 가는 가운데 원시 사회에 상정하게 된 도덕 개념이다. 관습이란 "행위나 평가의 인습적인 방식"으로, 관습 속에서는 개인보다 공동체가 가치 있는 것으로 여겨지며, 일시적인 이익보다 지속적인 이익이 우선시되었다. 관습의 윤리란 이러한 "관습에 복종하는 것"[『아침놀』9]을 으뜸으로 삼는 도덕이다. 관습의 윤리의 입장에 따르게 되면, 도덕에서의 선인가 악인가, 윤리적인가 아닌가는 "오랜 인습이나 규칙에 따르는가" 아닌가에서 결정된다. 거기서는 "무엇보다도 우선 하나의 집단을 유지하는 것, 하나의 민족을 보존하는 것이 목적"[『인간적』Ⅰ. 96]으로 여겨지며, 그러한 지속적인 공동성에 개인들을 속박하는 힘이 인간을 획일적이고 규칙적으로 산정 가능한 존재로 훈련시키게 된다. 『도덕의 계보』제2논문에서 니체는 관습의 윤리의 이러한 활동을 "인간의 역사 이전의 작업"이라고 말하고 있다[Ⅱ. 2]. 이와 같은 관습의 윤리 개념은 한편으로는 동정*의 윤리나 이타적 가치 부여를 도덕적 가치로 보는 입장을 대신하는 니체에게 고유한 계보학*적 가설을 이룬다. 니체의 말을 빌리자면, 이러한 관습의 윤리야말로 "비이기적인 행동을 요구하는 도덕"보다 훨씬 오래된 근원적인 것으로, 거기서는 "고통이 덕으로서, 잔혹이 덕으로서…… 동정이 위험으로서, 동정을 받는 것이 모멸로서…… 여겨지고 있었다."[『아침놀』18] 그러나 또한 다른 한편으로 관습의 윤리는 "인간의 역사 이전의 작업"으로서 다음과 같은 의미도 지닌다. "관습의 윤리가 무엇에 이르는 수단에 불과했다는 것이 마침내 드러나는 지점에 서서 본다면, 우리는 그 나무에서 가장 잘 익은 열매로 주권적 개인을 발견하게 될 것이다. 이는 오직 자기 자신과 동일한 개체이며, 관습의 윤리에서 다시 벗어난 개체이고, 자율적이고 초윤리적인 개체이다."[『계보』Ⅱ. 2] 한편으로 이타적인 도덕보다 근원적이라고 여겨지면서, 다른 한편으로 초윤리적인 개인의 가능성을 열고 이러한 개인에 의해 극복되는 도덕으로서 놓인 것이 관습의 윤리다.

―기마에 도시아키(木前利秋)

관점/관점주의 觀點/觀點主義 ⇨원근법/원근법주의

광기 狂氣

고대에는 참된 현인과 광인 사이에 모종의 관련이 있고 광기로부터야말로 좀 더 높은 진실이 새어나온다고 여겨져 광인은 현자*나 신탁 고시자로서 존경받았다. 게오르게*파의 시인들도 횔덜린*의 광기에서 '보는 자'를 보고 있지만, 니체도 김나지움 시대의 작문에서 이미 횔덜린의 「숭고함과 미」에서 "애처로운 불협화음에서 중단되는" 광기를 알아차리며, 모종의 두려움을 느끼면서도 그것을 찬양하고 있다[BAW 2. 3]. 당시 다양하게 화제가 된 C. 롬브로조(Cesare Lombroso 1836-1909)의 『천재와 광기』(1864)에 대해 니체가 한 마디도 언급하고 있지 않은 것은 불가사의한 일이지만, "새로운 길을 개척하고, 존경받고 있던 습관이나 미신의 속박을 깨뜨리는 것은 거의 어디서나 광기"였다. 그리고 도덕의 질곡을 깨뜨리고 새로운 율법을 주고자

하는 사람들이 실제로 광기가 아닌 경우에는 "자신을 미치게 하거나 미친 것처럼 보이게 하는 것 외에 다른 방도가 없었다"고 말한다[『아침놀』 14]. 『즐거운 학문』*에서의 유명한 곳[125번]의, 밝은 대낮에 등불을 켜고서 신의 죽음*을 알리며 돌아다니는 광인은 시대에 앞서 너무 일찍 왔기 때문에 광기의 가면을 써야만 했던 것이 아니었을까? 『차라투스트라』*에서도 "너희를 혀로 핥을 번갯불은 어디에 있는가? 너희에게 접종했어야 할 광기는 어디에 있는가? / 보라, 나 너희에게 초인*을 가르치노라. 그가 바로 번갯불이요 광기다!" [서문 3], "그리하여 정신 위로 구름들이 층층이 몰려와 요동을 치게 된 것이다. 마침내 광기가 나서서 '모든 것은 사라진다. 그러나 모든 것은 사라질 만하다!'고 설교할 때까지"[Ⅱ-20]라고 하고 있다. 다른 한편으로 니체는 일반적인 집단, 당파, 민족, 시대에서의 비본래적인 광기를 격렬하게 탄핵한다. 그는 "독일인은 교양*을 정치적, 국민적 광기와 교환했다. 물론 그들은 이러한 광기 덕분에 다른 국민들의 관심을 당시 그들의 교양을 통해 끌었던 것보다 훨씬 더 많이 끌게 되었다"[『아침놀』 190]고 하고, "어떤 희생을 치르더라도 진리를 추구하겠다'는 진리에의 의지, 진리에의 사랑에 빠진 이 젊은이들의 광기'를 더없이 혐오스럽게 생각한다[『학문』 서문 4]. 광기는 좋다, 그러나 적당하지 않으면 위험하다고 하여 광기로부터 건강한 이성에로의 유연한 이행을 요청하면서도 니체 스스로는 본래적인 광기의 어둠 속으로 들어갔다. ☞휠덜린

―야마모토 유(山本尤)

광학光學{Optik} ⇨원근법/원근법주의

괴테 [Johann Wolfgang von Goethe 1749-1832]

니체의 시대는 무어라 해도 괴테 숭배의 시대였다. 그에게 있어서도 괴테는 가장 위대한 독일인*의 한 사람이며, 『에커만과의 대화』는 "대체로 존재하는 가장 좋은 독일 책"[『인간적』 Ⅱ-2. 109]이며, 슐포르타*

시대 이래로 괴테에 대한 찬탄의 생각은 말년의 유고를 제외하면 거의 일관된다. 다만 동시대의 교양속물*들의 괴테 숭배와는 의식적으로 선을 긋고 있었다. 니체에 따르면 독일인을 넘어선 곳에서[『인간적』 Ⅱ-1. 170] 『타소』(Tasso)와 『이피게니에』(Iphigenie)를 쓴 괴테인데도 불구하고, 낭만주의자들이 괴테를 떠받들고 그들의 잠시만 맛보는 것과 같은 예술 태도가 헤겔*의 제자들에게 감염되고 말았다. 그리고 "19세기 독일인의 진짜 교육자들'로 형용되는 그들을 통해 참된 기쁨에 대한 감각이 "민족적인 명예심"에 자리를 내주게 되었다[『인간적』 Ⅱ-1. 170]. 그런 의미에서 세간의 괴테 숭배는 바로 "취미*의 타락"일 뿐이며, 예술을 보고서 "기뻐하지 않으면 안 된다"고 생각하는 시대의 산물이라고 니체는 한탄한다.

바이마르*의 괴테・실러 아르히프의 건물이 완성된 것이 프로이센-프랑스 전쟁* 직후였다는 것은 상징적이다. 양식도 바로 거품 회사 난립 시대의 그것이다. 그리고 1860년대 초의 프로이센 헌법 투쟁을 계기로 비스마르크* 국가에 자신을 서로 겹쳐 놓고 있었던 딜타이*가 자신의 방법론에 가장 어울리는 수단으로서 괴테에 대한 에세이를 교양 계급용의 잡지(『베스터만 월보』(Westermanns Monatshefte)에 쓰기 시작했다. 사실 제도와 유착된 괴테 상은 괴테의 죽음과 더불어 시작되고 있었다. "정치적 영향 욕구와는 무언"하며 "국가의 안녕과 질서"를 중시하고 "자기 억제야말로 최고의 의무"라고 한 괴테야말로 "운명의 축복이 조국과 조국의 전래의 지배자들 머리 위에 씌운 관에 부여해준 귀중한 보석"이다 ― 이렇게 말한 것은 괴테의 공식 장의에서의 동료 뮐러 재상이었다. 60년 후인 1890년대, 괴테협회는 황제 빌헬름 2세를 명예회장으로 하고 있었으며, 일본 주재의 독일인으로서 오직 한 사람 가입해 있던 것이 당시의 요코하마 총영사(국가를 짊어지는 계층으로서의 외교관)였다는 점은 이렇게 보면 지극히 자연스럽다. 바이마르에 세워진 유명한 괴테와 실러 동상은 이러한 내셔널리즘의 커다란 한 단계이다. 독일 통일 훨씬 전인 50년대에 건립된 이 상의 배면에는 "한 쌍의 시인에게, 조국으로부터"라

고 새겨져 있다.

이에 맞서 니체는 교양속물의 서재에서 금문자가 새겨진 표지의 전집 안에 갇히든가 내셔널리즘에 악용되고 있는 괴테를 구해내고 역사병으로 괴로워하는 현대에 살아 있는 것의 빛남을 되찾고자 한다. 『삶에 대한 역사의 공과』의 서문이 "내게 지식을 줄 뿐, 나의 활동을 증대시키지도 못하고 또한 직접적으로 활력을 주지도 못하는 것만큼 내가 싫어하는 것은 없다"는 괴테의 말로 시작되고 있는 것은 바로 행위의 직접성을 획득하기 위해서 괴테와의 직접적인 관계를 맺기 위해서다. 실제로는 역사적으로 매개되고 있다 하더라도 그러한 매개성을 넘어선 괴테와의 직접적 관계에 대한 의지는 니체가 라이프치히대학으로 옮긴 1865년 10월 18일의 입학식보다 정확히 100년 전에 괴테가 역시 같은 대학에 들어간 것을 특별한 행운처럼 느낀 것에서도 알아볼 수 있다.

괴테를 행위의 사람으로서 파악하는 방식은 초기에 두드러진다. 나폴레옹*을 "행위의 생산성이라는 것도 있다"[『비극』 18]고 말하는 괴테가 언급되고, 『삶에 대한 역사의 공과』에서 "학문은 좀 더 높은 프락시스를 통해서만 외부 세계에 작용해야 한다"[7절]고 말한 괴테가 특별히 기록되고 있는 것도 이러한 연관에서다. 다만 '행위'라든가 '좀 더 높은 프락시스'에서 니체가 무엇을 생각하고 있었는지는 무언가 분명하지 않다. 바이마르 각료로서의 괴테의 행정이나 조사 활동을 말하는 것일까 또는 화려한 연애 편력을 가리키는 것일까, 아니면 고전주의 운동에 의해 시대의 짜임새를 변화시킨 여러 가지 활동을 말하는 것일까 또는 필시 그것들 모두를 애매하게 상념하고 있었던 것이 아닐까? 그리고 니체에게 있어 무엇보다 중요한 것은 지적 조작에 의해 왜곡되지 않은 살아 있는 과거로서의 괴테와의 직접적인 만남일 것이다. 그런 까닭에 『삶에 대한 역사의 공과』에서는 부르크하르트*를 상정하고 있는 두 번째 역사, 요컨대 상고적 역사 부분에서 슈트라스부르크의 대성당 앞에서 건축가인 에르빈 폰 슈타인바흐(Erwin von Steinbach 1244?-1318)에 대한 생각을 기록한 저 유명한 논문 「독일적 건축 양식에 대하여」

의 괴테가 예로서 인용된다. 부르크하르트와 괴테─이 전적으로 다른 두 자질이 "좀 더 높은 프락시스"라는 공통의 측면에서 파악되고 있다.

『교육자로서의 쇼펜하우어』에서는 언뜻 보아 이것과 반대되는 괴테관을 찾아볼 수 있다. 거기서는 근대의 세 가지 인간상으로서 루소*, 괴테, 쇼펜하우어*가 거론되는데, 루소는 불만에 내몰려 자연을 이상으로 하여 혁명적 행동으로 달려 나가는 유형의 대표이며, 괴테는 비약을 내포한 난폭한 사고를 싫어하고 "고차적인 양식에서의 관조적인 인간"이었다고 생각된다. 그러한 그는 보존과 유지를 지향하고 그런 점에서는 속물과 종이 한 장만큼도 다르지 않지만, 루소적인 인간보다 훨씬 더 호의를 가질 수 있다고 여겨지고 있다. 그렇게 보면 앞의 프락시스도 실제적인 활동을 가리키기보다 지식 편중의 문화를 넘어선 곳에서의 고요하고 통합적인 생활 방식을 생각하고 있었던 면도 있는 것이게 된다. 그러한 사정은 『우상의 황혼』*의 「괴테」라는 제목이 붙은 아포리즘에서 엿보인다. "그는 역사에서도 자연과학에서도 고대에서도, 또한 마찬가지로 스피노자*에서도 도움을 받았다. 그는 순전히 그 자체로 통일체를 이루는 지평들로 자신을 에워쌌다. 그는 자신을 삶으로부터 분리시키지 않고, 삶 안에 정위시켰다. …… 그가 원했던 것은 총체성이다. 그는 이성, 감성, 감정, 의지의 분열(이것이야말로 괴테의 대극에 위치하는 칸트*가 두려워해야 할 방식으로 설교한 것이다)에 대항하여 싸웠다. 그는 자기를 도와하여 하나의 전체성으로 만들었다."[『우상』 IX. 49]

어쨌든 그러한 존재로서 "괴테는 어떠한 의미에서도 독일인을 넘어선 존재다."[『인간적』 II-1. 170] 또는 "괴테는 독일인의 역사에서 우발적인 사건이며, 어떠한 영향도 남기지 않을 정도의 존재다. 최근 70년간의 독일 정치에서 한 조각의 괴테라도 보일 수 있는 자가 있을 것인가?"[같은 책 II-2. 125] 괴테는 "독일의 사건이 아니라 유럽적 사건"이다[『우상』 IX. 49]. 그는 "좋은 취미를 지닌 최후의 독일인"이며, '좋은 취미'의 체현인 로코코적인 문체를 쓰고, 그런 까닭에 계몽의 "18세기 극복의 시도"다. 따라서 니체는 독일인이야말로

18세기의 정신에서 가장 나쁜 영향을 받으며 19세기의 진보에서 꿈속에 빠진 인종이라고 하는 자기의 독일 비판을 괴테의 독일인 비판에 투영할 수도 있었다. 독일적인 것으로서 유명한 '게뮈트'(Gemüt, 감정)를 "타인과 자신의 약함에 대한 관용"이라고 한 괴테의 정의 등을 즐겁게 인용하는『선악』244]것은 그 때문이다.

괴테가 이와 같이 위대한 존재가 된 것은 그리스 때문이며, 그 점이 지금과 다르다고 니체는 본다. "이제까지 독일 정신이 어느 시대에 어느 사람에게서 그리스인들로부터 배우려고 가장 애를 썼는지 한번 저울질하고 싶다. 괴테와 실러'와 빙켈만'의 고귀한 교양 투쟁에 이 유일한 칭송이 돌아가야 한다고 자신 있게 가정한다면, 그 시대 이후 그리고 저 투쟁이 직접 영향을 미친 후 같은 길을 걸으며 교양과 그리스인들에게 도달하려는 노력은 이해할 수 없을 정도로 약해졌다는 말도 덧붙여야 한다."[『비극』20] 고전 고대의 정신을 근대 독일에서 정말로 살리고 있던 것은 괴테라고 초기부터 중기에 걸친 니체는 생각하고 있었다. 다만 그 무렵에도 괴테의 그리스관, 요컨대 자기 자신 속에서 안식하는 고요하게 완성된 미의 세계라는 아폴론'적인 견해로부터는 거리를 취하고 있었다. 그리고 만년에 이르면 이 점에서는 괴테와의 거리가 좀 더 격렬하게 표현된다. "괴테는 그리스인을 이해하지 못했다."[『우상』X. 4] 그러나 그것과 동시에 전체를 중시했다는 점에서는 괴테야말로 디오니소스'의 이름을 주어 마땅하다[같은 책 IX. 49]와 같은 견해도 있다고 한다면, 만년에는 괴테 따위는 아무래도 좋으며, 자신의 문화 이해에 괴테를 합치시켜 이용했을 뿐일지도 모른다.

그런 까닭에 80년대 후반 이후가 되면 괴테의 의고전주의에 대해 비판적인 견해도 증대된다. 괴테적인 생활 태도가 현실 순응 이외의 아무것도 아니라고 폭로되기 시작한다. 관조적인 생활이 속물과 종이 한 장 차이라는 것은 앞에서도 지적되고 있지만, 그 속물성이 강조된다. "괴테에게는 일종의 왕성한, 계속해서 신뢰한 운명론이 있다. 이 운명론은 혁명을 위한 반항을 하는 것이 아닐 뿐만 아니라 또한 기분이 우울해지는

것도 아니며, 자기 속으로부터 전체를 만들어내고자 한다. 바로 이 전체성에서야말로 모든 것이 구원되고, 좋은 것, 승인된 정당한 것으로서 나타난다고 하는 신앙이 여기에 존재한다."[유고 Ⅱ. 10. 142] 그리고 이와 같은 운명론과 전체성 신앙은 "현실에 복속하는 철학자" 헤겔[Ⅱ. 8. 334]과 동일한 것으로 여겨진다. 당연한 것이지만 괴테의 문체도 "딱딱함과 우아함의 혼합"[『선악』28]으로 여겨지며, 다소나마 비판의 대상이 된다. 확실히 오늘날의 입장에서 생각해 보면 괴테는 그의 문학이나 문체 모두 자각적으로 무리해서 만들어낸 것이다. 고대에 대한 열정만 하더라도, 니체도 말하는 대로[『인간적』221], 전통을 파괴한 현대 문학의 가능성을 다 즐긴 후에 거기서 획득한 판타지의 힘으로 고대의 유적으로부터 이미 존재하지 않는 완벽한 아름다움을 그려내는 능력 때문이었으며, 본래 화가를 지향했음에도 불구하고 그 길에 통절한 "이별을 고하고"[『인간적』Ⅱ-1. 227] 문자로 향했던 것이다. 결여를 보충하고 무리와 판타지에 의해 완성에로 향하는 능력 — 여기에서 니체는 단순한 고대적인 자기 충족으로서의 완성 이상의 것을, 즉 완성에의 전진이라는 의미에서의 근대성을 보고 있었다. 그러한 견해를 토대로 해서 보면, 괴테는 로코코를 출발점으로 한 낭만주의자라는 것이 될 것이다. 『파우스트』를 작곡할 수 있는 것은 모차르트'(니체는 모차르트를 최선의 로코코로 보고 있었다)뿐일 거라고 괴테가 에커만에게 말하면서 낭만주의자 들라크루아'가 그린 17매의 파우스트 삽화(Lithographie)를 평가하고 있는 것 — 니체가 거론하고 있는 예는 아니지만 — 이 함께 생각될 수 있다.

살아 있는 프락시스의 사람, 그리스를 현대에 소생시킨 사람으로서의 괴테로부터 현실 순응과 판타지 사이를 요동하는 괴테. 생각나는 것은 아도르노'의 강연「괴테의 이피게니에」다. 시민사회의 카논으로서 냉동된 괴테의 "고전성"을 유동화시켜 시대에 대한 저항의 모멘트를 읽어내는 가운데 아도르노는 동시에 이피게니에의 "순수한 인간성" 그 자체가 토아스왕에 대한 책략이었다는 것을 지적한다. 인간성에 의한 야

만의 극복. "부디 그 사이 그리스로 놀러오세요"라는, 이별할 때의 이피게니에의 초대에 대해 순수한 영혼의 순수성에 의해 배반당한 토아스왕은 응할 수 없을 것이라는 아도르노의 지적은 예리하다. 만년의 니체도 괴테 속에 있는 이러한 계몽의 비애에 눈을 향하고 있었다. 덧붙이자면, 아도르노의 강연은 독일의 교양 체계가 괴테에게 최종적으로 이별을 고한 1968년에 이루어졌다. 라이프치히* 시대의 니체로부터 거의 100년 후, 그러한 시대의 변화를 우리는 느낄 수밖에 없다.
☞실러, 빙켈만, 루소, 쇼펜하우어, 독일/독일인, 니체와 문학사, 바이마르

―미시마 겐이치(三島憲一)

교양敎養 [Bildung]

【Ⅰ】앎과 삶의 화해로서의 교양의 이상

『반시대적 고찰』*의 제1편 이후, 봇둑을 무너뜨릴 듯이 시작되는 시대 비판, 역사주의* 비판, 그리고 통렬한 독일 비판의 커다란 기축은 시민사회적인 교양에 대한 비판이다. 이미 『비극의 탄생』*도 "우리가 오늘날 문화·교양·문명이라고 부르는 모든 것"을 심판자 디오니소스* 앞에 세우고 그 기만을 폭로하는 기도이다. 니체는 앎의 형식화와 그것에 수반되는 삶의 공동화가 이미 알렉산드리아적인* 정신에서 발단하며, 근대 시민사회에서 최대한으로 가속화되었다고 본다. 삶의 근원적인 요구를 질식시키는 교양주의에 대한 비판은 합리주의 비판과 서로 중첩된다.

교양(Bildung)이라는 말은 그에 대응하는 라틴어(eruditio, formatio)가 보여주듯이 야만적인 상태로부터 벗어나 자기를 형성하는 것을 의미한다. 그것은 두 가지 의미에서 자연의 도야다. 요컨대 우선은 외적인 자연 환경에 대한 작용에 의해 자연을 개조함으로써 조야한 자연으로부터 해방되는 것이며, 나아가 사회 환경과의 관계 속에서 인간의 내적인 자연을 개조함으로써 정신적 자유를 획득하는 것이다. 그러나 시민사회는 교양을 내적 자연을 길들이는 방법으로 만들어 버렸다. 프로이트*에 이르러 "문명은 인간의 본능을 영구히 억압하는 것이다"라고 말해진다.

니체가 교양에서 구하고 있었던 것은, 바로 아티카 비극의 재생 구상에서 보이듯이, 이론 이성과 삶*의 근원적 의지와의 상호 보완적인 관계, 요컨대 이성의 전횡도 또 삶에의 격정적 도취도 아닌 형태로 양자를 화해시킬 수 있는 앎과 삶의 관계이며, 삶의 억압으로 되지 않는 공동체와 개인의 관계다. 바젤*에서의 초기 강연 「우리 교육 기관의 미래에 대하여」에서는 있을 수 있는 교양에 대해 "진정한 교양인은 어떤 단절도 없이 유년 시절의 명상적인 본능에 충실할 수 있다고 하는, 이루 말할 수 없이 귀중한 자산을 얻게 되고 그로써 생존 경쟁을 위해 키워진 젊은이들이 상상조차 할 수 없는 평온, 일치, 통합과 조화를 얻게 된다"[『교육 기관』Ⅳ]고 말해지고 있다. 하지만 현재의 교양은 본능에 멍에를 씌우는 일에 집착하고 있다. "독일*의 청년 교육은 바로 이 잘못되고 비생산적인 문화 개념에서 출발한다. 극히 순수하고 고귀하게 고안된 그 목표는 자유로운 교양인이 아니라 학자, 학문적 인간이며 그것도 가능한 한 일찍 이용할 수 있는 학문적 인간이다. 그는 삶을 정말 분명하게 인식하기 위하여 삶으로부터 떨어져 있다."[『반시대적』Ⅱ. 10] 『교육자로서의 쇼펜하우어』에서 반복하여 '청년'의 감성이나 '젊은 영혼'에 기대를 담아 말해지는 발언의 배후에는 슐포르타*에서의 엄격한 고전 교육 수업에서 느낀 중압감에 대한 추억과, 그것을 넘어서서 젊은 날의 그가 그 자신의 '읽기'에 의해 그리스 고전이나 근대 문학으로부터 느꼈던 삶의 넘쳐흐름의 경험이 놓여 있다.

【Ⅱ】제2제정기와 교양의 왜곡

자연을 압살하지 않고 분열을 알지 못하는 삶의 형식을 비극의 재생에 의해 획득하는 시도에 건 기대는 그 실현이 되어야 했던 바이로이트*에서 완전히 배반당했다. 예술*과 권력*과의 유착을 바그너*에게서 보기에 이르러 이제 현재 존재하는 것과 같은 예술까지도 비판의 대상이 된다. 그럼에도 불구하고 『반시대적 고찰』에서는 삶의 있을 수 있는 형식의 규범이 되는 것은 여전히 예술이다. "문화란 무엇보다도 우선 어떤 민족의 삶의 모든 표현에서 예술적 양식의 통일이다."

[『반시대적』 I. 1] 그렇다면 여기서 '예술적'이란 무엇을 의미하는 것일까?

프로이센-프랑스 전쟁*에서의 승리를 문화의 승리로 착각하고 '문화의 시대'에 취해버린 독일 시민 계급의 문화는 니체에게는 '야만* 그 자체로 비쳤다. 프로이센-프랑스 전쟁의 배상금에 의해 막대한 자산을 손에 넣은 시민 계급은 스스로의 문화 결여를 과거의 문화를 빌려 호도하기에 급급하고 있었다. 네오고딕으로부터 의고전주의까지의 건축 양식이 혼재하고, 실내에는 오리엔트나 동양풍의 인테리어가 비좁게 늘어놓인다. 그것은 양식의 통일과는 거리가 멀다. 그것은 그가 경멸하며 '교양속물*'이라고 부르는 시민 계급의 추악한 취미다. "그런데 우리 시대의 독일인은 일체의 양식들이 뒤죽박죽 섞여 있는 혼돈 속에서 살고 있다. 아주 많이 알고 있음에도 불구하고 이런 사실을 깨닫지 못하며 게다가 현재의 '교양'을 진정으로 기뻐하는 일이 어떻게 가능한가 하는 점은 여전히 중대한 문제로 남아 있다. 모든 것이 그를 깨우쳐 주어야 한다는 것이다. 자신의 옷과 방, 집을 볼 때마다, 자기 도시의 거리를 걸을 때마다, 그리고 유행 예술품을 거래하는 상인들의 상점을 들를 때마다 이 모든 것이 그를 깨우칠 것이다. 사교 모임에서 그는 자신의 예의범절과 몸가짐의 근본을 자각할 것이며, 미술관에 들어가고 음악회, 극장 및 박물관의 즐거움을 맛보면서 그는 가능한 모든 양식의 그로테스크한 나열과 겹침을 자각할 것이다."[『반시대적』 I. 1]

이전에 있을 수 있었던, 그리고 두 번 다시 돌아올 수 없는 이상적인 교양의 모습으로서 니체가 파악하는 빙켈만*이나 괴테*, 레싱*, 빌헬름 폰 훔볼트(Wilhelm von Humboldt 1767-1835)에게서는 역사적 과거나 서양 이외의 미지의 나라들과 접촉하는 것은 현재의 삶의 양식이 지닌 한계를 자각하고 그것을 넘어서는 것을 탐구하는 일이었다. 그러나 이제는 과거도 다른 나라들도 인용의 대상 이외의 것이 아니다. 프로이센에 의해 강압된 만들어진 통일에 지나지 않는 독일 제국을 정당화하기 위해 '역사적 교양'은 현재의 독일이야말로 일체의 과거의 적통 상속인이라고 참칭하고, 과거

의 독일 문화를 승리의 증거물로서 박물관에 전시하도록 제공하고 있다. 헤겔*에 입각해 말하자면, 정신은 역사 과정의 정점에 서서 과거의 것을 자랑스러운 유산으로서 바라보며 즐거워할 뿐이다. 또한 교육에 관해서는 "젊은이의 머리는 엄청난 수의 개념들로 가득 차는데, 이 개념들은 삶을 직접적으로 관찰해서 얻어진 것이 아니라 과거의 시대와 민족들에 대한 극히 간접적인 지식에서 추출된 것들이다. 스스로 체험하고 자신의 체험들이 서로 연관되어 극히 생동적인 체계가 자신의 내면에서 자라나는 것을 느끼고 싶어 하는 그의 욕망 — 그런 욕망은 마비되어 마치 술에 취한 것처럼 되고 만다."[『반시대적』 II. 10] 그리고 음악회나 극장을 방문하는 일은 '교양 있는' 시민 계급에게 속하는 허무한 자기확증 이외에 아무것도 아니다.

니체에 의하면 현재의 독일적 교양이 피상적인 것은 "삶과 앎의 모순을 참았기 때문이고, 진정한 문화 민족의 교양에서 특징적인 점을, 즉 문화는 오로지 삶으로부터 성장하여 활짝 핀다는 것을 전혀 보지 못했기 때문이다."[같은 곳] 그러한 모순의 은폐에 기여할 뿐인 문화의 의심스러움이나 개개의 일상적인 취미 판단에서 나타나는 부자연스러움을 민감하게 헤아려 아는 감각의 날카로움이야말로 본래의 교양이 길러내야 할 것이며, 그것이야말로 삶의 예술적인 양식화라는 표현에서의 '예술적'이 의미하는 것이다.

【III】 시민 계급 비판으로서의 교양 개념

"교양 있는 계급이나 국가는 대단히 경멸해야 할 화폐경제에 마음을 빼앗기고 있다", "사람을 고독하게 하는 교양, 금전과 이익을 초월하여 목표들을 정하는 교양, 매우 많은 시간을 낭비하는 교양, 이 모두가 혐오스럽게 생각되고 만다"와 같은 초기 저작의 표현뿐이라면, 언뜻 보아 20세기의 독일에서 그 후예를 볼 수 있는 우파 헤겔주의적인 사고, 요컨대 근대 합리성의 결함을 문화에 의해 보완하고자 하는 사상과 그다지 다를 바 없는 것으로 보인다. 또한 문화 페시미즘과 근대적 교양의 조락에 대한 비가라는 방향에서는 거의 같은 시기에 영국에서 저술된 매튜 아놀드(Matthew Arnold 1822-88)의 『교양과 무질서』(1869)에서 보이는

전통회귀 사상과의 공통성도 있다. 그런 의미에서 니체의 교양 비판은 유럽 시민사회의 폐쇄성과 근대 합리성의 만성적인 딜레마를 마찬가지로 반영하고 있다고 할 수 있을 것이다. 그러나 문화 보수적인 이러한 방향들과 니체의 교양 개념이 서로 구분되는 것은 그가 추구하는 문화가 교양속물에 있어서는 '비위에 거슬리는 것'이라는 것, 요컨대 일상적인 인간관계에 윤활유를 칠하는 데 지나지 않는 '문화'나 '교양'이, 또한 거기서 찬양받는 값싼 휴머니즘이나 인간성과 같은 이념이 기만이라는 것을 폭로하는 것이라는 점이다. 교양속물의 일상성을 뒤흔드는 바로 그 인식을 니체는 교양에서 찾았다. 그런 의미에서는 소시민적 일상성에 동요를 일으키는 모더니즘 예술과의 가까움이 놓여 있다.

속물적인 교양 시민 계급이 다다르는 끝이 '야만'이라는 테제가 첨예화되는 것은 『계몽의 변증법*』에서이다. 나치스*·독일에서의 유대인 대량학살을 목격한 호르크하이머*와 아도르노*는 외적 자연으로부터의, 그리고 조야한 내적 자연으로부터의 해방이 계산적 이성에 의한 인간 자신에 대한 지배로 귀결되는 모습을 나치스의 전체주의와 마찬가지로 아메리카의 문화산업에서도 보았다. 그들은 니체를 끌어들여 문화산업을 "비문화의 체계"이자 "양식화된 야만"이라고 말한다. 외적, 내적인 자연으로부터의 해방이 "왜 정말로 인간다운 상태에 도달하는 대신에 새로운 야만에 빠지고 마는 것일까?"라는 물음이 『계몽의 변증법』의 출발점에 놓인다. 호르크하이머와 아도르노에게 있어서도 역시 있을 수 있는 삶의 표현 형식의 유일한 규범은 예술에, 그것도 오로지 모더니즘에만 놓여 있다.

그러나 여기서 '교양'이라는 개념이 19세기 이래로 '문화'와 나란히 특별한 의미를 지녀온 독일의 사정을 무시할 수는 없다. 영국*, 프랑스*와 비교해서 시민 계급의 발달이 늦은 독일에서는 시민 계급이 사회적 의지 형성 과정에 참여하는 기회가 대단히 적었다. 그것이 '교양'을 특별히 내면화하고 사회에 대한 관여보다는 오히려 개인적인 인격 형성으로 이해하는 경향

에 박차를 가했다. 그러한 내재화된 교양 개념이야말로 니체, 호르크하이머, 아도르노의 교양 비판의 초점이었다. 현대 프랑스의 사회학자 피에르 부르디외(Pierre Bourdieu 1930-2002)의 말을 빌려 다시 말하자면, 공동체 형성을 위해 필요한 '실천 감각'을 산출할 수 없었던 것이 독일 시민 계급의 비극이며 또한 지워버릴 수 없는 부채이기도 하다. 관점을 바꿔 리처드 로티(Richard Rorty 1931-2007)처럼 아메리카의 자유주의 사회를 뒷받침으로 하여 민주주의적인 코먼 센스 형성 능력을 시민적 교양성(civility)으로 간주하는 입장에서 말하자면, 니체에게서나 또한 호르크하이머와 아도르노에게서나 그 교양 비판은 "민주국가의 시민들이 자신들을 자발적으로 '의사소통 공동체'의 구성원으로 보는" [『연대와 자유의 철학』] 것이 가능하지 않았던 독일 지식인 고유의 지극히 국지적인 이야기에 지나지 않게 된다. 하지만 로티의 입장이 결국은 자유주의 사회의 현실을 추인하는 보수 자유주의자 방향으로 향할 수밖에 없다는 점을 생각하면, 국지성 때문에 역설적으로도 철저한 부정성을 품은 니체의 교양 비판은 현재의 자유주의 사회에서의 자유의 현실 형태가 지닌 기만성을 폭로하는 데서 여전히 유효할 것이다. 특히 니체가 그 정도로 혐오한 독일적 교양 전통 속으로 니체 그 자신도 짜 넣어 수용해 버린 일본의 교양과 문화의 모습에 대해서는 그의 교양 비판의 시선을 다시 한 번 향해볼 필요가 있는 것은 아닐까? ☞독일/독일인, 일본에서의 수용

―오누키 아츠코(大貫敦子)

교양속물教養俗物 [Bildungsphilister]

프로이센-프랑스 전쟁*에서 승리한 후의 독일*을 니체는 페르시아 전쟁에서의 승리에 도취한 아테나이인에 비교했다. 아테나이인이 페르시아 전쟁 이래의 "정치의 광기"로 인해 비극의 정신을 잃고 이윽고 고전 고대 문화가 알렉산드리아·로마 문화로 형해화해 갔듯이, 독일인*도 군사적 승리에 취해 문화의 비극적인 요소를 망각하고 있다는 것이다. 후에 그 자신이

"철저하고 전투적"이라고 형용하는 『반시대적 고찰』*에서 공격의 과녁이 되는 것은 비극성을 상실하고 삶으로부터 유리된 독일 문화의 모습이다. 그러한 문화를 참된 문화로 믿고서 독일 문화를 칭송하는 노래를 선창하고 있는 것이 교양속물들이다. 덧붙이자면, 니체는 『이 사람을 보라』*에서 '교양속물'이 자신의 저서 『반시대적 고찰』로부터 태어난 말이라고 호언하고 있다.

속물(Philister)이라는 말은 18세기경부터 학생들 사이에서 사용되고 있었다. 당시에는 반드시 모멸적인 의미가 아니라 학생이 아닌 일반 시민을 의미하는 말이었지만, 19세기 낭만파 무렵부터 서서히 예술가의 독특한 공상 세계에 대한 이해가 없는, 범용한 일상생활에 매몰된 소시민을 경멸하여 말하는 뉘앙스가 강해졌다. E. T. A. 호프만(Ernst Theodor Amadeus Hoffmann 1776-1822), 하이네*, 뵈르네(Carl Ludwig Börne 1786-1837) 등에서는 분명히 협량하고 현실 생활만을 중요하게 여겨 예술에 대한 이해가 없는 범인이라는 의미에서 사용되고 있다. 이러한 의미의 변화 속에서는 예술이 이미 일반 시민의 사회생활과 깊은 도랑을 사이에 두고 나누어지기 시작한 19세기 전반의 시민사회의 변질을 볼 수 있다. 교양속물이라는 표현은 니체의 조어지만, 그 표현으로 그는 19세기 후반에서의 시민사회의 두 번째 변질 과정을 멋지게 표현하고 있다. 예술은 이미 사회생활과 분리되었을 뿐만 아니라 사회에 의해 순치됨으로써 속물적인 일상성에 봉사하게 되었다. 교양속물은 예술에 대해 소원한 것이 아니라 역으로 "스스로를 시신(詩神)의 자식이자 문화인이라고 망상함"으로써 자신은 '속물'이 아니라 교양인이라는 의식을 지닌다.

니체가 교양속물의 필두로 거론하는 것은 다비드 슈트라우스*다. 그의 저서 『오랜 신앙과 새로운 신앙』은 겨우 몇 달 만에 4판을 거듭할 정도로 팔려 나갔지만, 그것만으로도 니체에게는 근대적 악폐의 가장 두드러진 징후였다. "이 악한 시대에 즉각적으로 효과를 거둬 보급되는 것은 모두 열악한 것들이라고 평가하고자 합니다."[1873년 코지마에게 보낸 편지]

저널리즘*을 비롯하여 대중의 찬동을 받는 이런 종류의 열악한 것들의 문화는 "문화에 대한 점액질적인 무감각 상태"를 산출하며, "어떤 일에도 놀라지 않는(nil admirari)" 둔감함에 의해 문화로부터 힘찬 삶의 운동을 탈취하고 마비시켜 해체하고 있다고 한다. 이것이 일체의 학문*, 특히 철학과 고전문헌학*을 피폐하게 만드는 원인이다.

『반시대적 고찰』에서 니체는 슈트라우스로 대표되는 교양속물의 특성을 "일상성을 신격화"해 버리는 헤겔주의에서 보고 있다. "이 철학은 모든 현실적인 것의 이성적 성격에 관해 말했고, 그렇게 함으로써 요란한 장식을 좋아하는 교양속물의 환심을 샀다. 교양속물들은 자신들만이 현실적이라고 생각하고, 자신의 현실을 이 세상의 이성의 척도로 취급하는 것이다." 그들은 예술*을 취미로 삼기는 하지만, 예술이 그들의 현실 — 그것은 직업과 가정과 관습에 지나지 않는 것이지만 — 에 동요를 일으키는 요구를 내세우면, "무언가 외설적인 것을 본 것처럼 이러한 예술에서 눈을 돌리고, 정조를 지키는 파수꾼의 표정으로 보호가 필요한 모든 덕성에게 보고만 있지 말라고 경고한다." 이러한 "농민풍의 건강함"이 횔덜린*이나 쇼펜하우어*를 병적으로 간주하여 배척하는 "교양속물들의 저 유명한 건강"이다. 그러나 이 건강함은 그들의 약함의 뒤집음인 것이다. "참된 근원적인 독일 문화"에 틀림없이 존재하는 "탐구하고 새로운 삶을 갈망하는 독일 정신"을 짊어지기에는 지나치게 약하기 때문에, 교양속물은 괴테*로부터도 베토벤*으로부터도 그리고 또한 횔덜린으로부터도 기분 좋은 조화만을 추출하여 그것을 "독일 고전"으로서 날조해 버렸다고 한다. 이러한 사태는 허약한 교양속물이 권력을 지니게 된 귀결이라고 니체는 보고 있다[『반시대적』 I. 2].

『비극의 탄생』*의 사상 권역으로부터 아직 완전히 벗어나 있지 않은 『반시대적 고찰』에서는 참된 독일 문화에 존재하는 '비극적인 것'을 쇼펜하우어에게서 간취하고, 그 실현을 바그너*의 음악극에 맡기고 있었다. 그러나 바그너의 복고적이고 권력 추종적인 경향을 냄새 맡기 시작할 무렵부터 니체는 바그너의 예술도

"교양 있는 천민*들이 애호하는 낭만적인 열광과 감성의 착란"[『학문』 서문 4]을 자극하는 것으로서 바로 교양속물의 문화를 촉진하고 있다고 비판하게 된다.

니체가 당시의 교양속물 문화로서 거론하는 전형은 다음과 같은 것이다. "서가에는 가장 좋은 책들이 꽂혀 있고, 악보대에는 유명한 악곡의 악보가 놓여 있으며"; 또한 "처자식 옆에서 신문을 읽고 정치적 일상 대화를 나누며"[『반시대적』 I. 9], 고전적인 작가나 예술가와 관련해 괴테 협회나 베토벤 협회를 설립하여 문화 진흥에 기여하고 있다고 생각한다. 이러한 교양속물에 대한 니체의 신랄한 비판은 현대에도 여전히 효력을 잃지 않고 있다고 말할 수 있을 것이다. ☞슈트라우스[다비드], 독일/독일인

—오누키 아츠코(大貫敦子)

교토학파와 니체京都學派—

전전·전중의 교토학파에서 니체가 주제적으로 다루어지는 기회는 생각보다 적다. 그렇지만 이 학파에 있어 니체의 사상이 전혀 의미를 가지지 못했던 것은 아니다. 예를 들어 니시타니 게이지(西谷啓治 1900-90)의 「니체의 차라투스트라와 마이스터 에크하르트」[『근원적 주체성의 철학』(根源的主體性の哲學, 쇼와 15년)]는 자아가 삶을 규정하는 것이 아니라 "위대한 생명이 자기를 채워서 온다"는 점에서 니체에서의 삶의 근원성 사상을 파악하고, "신과의 합일도 넘어선" 순수한 하나의 경지에서 삶의 근원성을 본 마이스터 에크하르트(Meister Eckhart ca. 1260-1327)와 상통하는 "삶의 변증법적 운동의 철저함"을 보고 있다. 에크하르트를 들고 나온 것은 니시타니의 독창적인 점이다. 다만 종교적 삶과의 연결을 추구하면서 데카르트적 자아와는 다른 창조적 주체성의 가능성을 찾고자 한 점에서는 『세계사의 철학』(世界史の哲學)의 고야마 이와오(高山岩男 1905-93)가 역사성을 주체의 창조적 행위의 자취로서 논하는 점과 유사하다. 니시다 기타로(西田幾多郎 1870-1945) 문하의 근저에 공통된 세계관의 일면이다. 이것은 전후의 실존주의* 유행에 앞서 고사

카 마사아키(高坂正顯 1900-69)가 니체의 철학은 "실존 철학에 그치지 않고 동시에 삶의 철학"이며, 그의 초인*이란 "단순한 실존이 아니라 역사적 실존이다"라고 해석하는 자세와도 통한다[『차라투스트라를 읽는 사람을 위하여』(ツアラツストラを讀む人のために, 쇼와 25년)]. 다만 고야마 등의 역사철학에는 역사성을 좀 더 나아가 역사의 지역성으로부터 다시 파악하는 시점이 겹쳐져 있었다. 이 때문에 일본 정신에 대해 서구 문명에 대항하여 그것을 극복하는 세계사적 과제가 주어지며, 이것이 당시의 총력전을 정당화하는 시대적 급무의 논리로 이어졌다. 예를 들면 니시다가 "일본 문화는 강하며, 당연히 그것을 고독한 것으로 생각하지 않고 세계 문화의 하나의 요소로 우러러야 한다고 생각한다. …… 우리가 벚꽃을 사랑하는 마음 깊은 곳에서도 니체가 '나는 창조하고 사라져가는 것을 사랑한다'……라고 하는 것과 같은 창조적 의지의 철학을 맛보고 싶다"[「일본적이라는 것에 대하여」, 『사조』(思潮, 다이쇼 6년 10월)]고 말하게 된 것에서는 니체에 대한 공통된 태도가 대표되고 있다고 말할 수 있을 것이다. 이러한 맥락을 배경으로 하면 하이데거*의 나치 관여 문제를 니체의 디오니소스*적인 어두운 측면과 결부지어 논란을 벌이고, 니체의 고전문헌학자로서의 자질로부터 그의 사상의 특성을 비판적으로 그려낸 미키 기요시*(三木淸)의 니체론[「니체와 현대 사상」]은 니시다 문하 가운데서도 이색적이다. ☞미키 기요시

—기마에 도시아키(木前利秋)

교회教會

"복음의 근원이자 의미이고 권능이었던 것과는 정반대의 것 앞에 인간이 무릎을 꿇는다는 것, '복음을 가져다준 자가 그 자신 아래에, 그 자신 뒤에 있다고 느낀 바의 바로 그것을 '교회'라는 개념에서 신성화한다는 것—이것보다 더 엄청난 형식의 세계사적 아이러니*를 찾는 것은 헛된 일이다."[『안티크리스트』 36] 바울*에 의해 그리스도교*는 '교회'가 되었다. 니체는 이 교회에서 예수*의 복음과는 정반대의 것을 간취한

다. 니체는 그리스도교를 비판하지만, 그 비판의 창끝은 예수가 아니라 바울에 의해 설립된 교회적 개념에서의 이러한 그리스도교로 향한다. 니체에 의하면 본래 예수의 복음에는 '죄'도 '갚음'도 '용서'도 포함되어 있지 않다. 오히려 예수의 복음이란 그에게 악의를 지니는 자에 대해 말에 의해서나 또한 마음속에서라도 저항하지 않고, 누구에 대해서도 분노하지 않고 누구도 경멸하지 않은 채 그들 속에 있으면서 이를 사랑하는 것과 같이 현재를 살아가는 실천 그 자체였다. 이 점에 의해 예수의 복음은 신과 인간 사이의 모든 거리 관계를 폐지하며, 그런 까닭에 신과의 사귐을 위한 모든 의식을 무의미하게 만들었다. 그러나 바울에 의해 설립된 교회는 가장 비복음적인 감정인 복수심을 부활시킨다. 교회에서는 '죄'가 머지않아 '재판받는다'는 기대가 전면에 등장하고, 그리스도에 의한 구제 신앙이 고양되며, 중점이 '저 세상'으로 옮아가 버렸다. 이에 따라 그리스도교는 대중의 종교가 된다. 그리고 그에 따라 예수의 복음 그 자체는 사멸한다. 이리하여 니체는 다음과 같이 말한다. "만인이 좋아하는 책에서는 언제나 불쾌한 냄새가 난다: 거기에는 소인의 냄새가 배어 있는 것이다. 대중이 먹고 마시는 곳에서는, 심지어 그들이 숭배하는 곳에서조차 악취가 나곤 한다. **순수한** 공기를 마시고자 한다면, 교회에 가서는 안 된다."[『선악』 30] ☞바울

―나카노 도시오(中野敏男)

구제 救濟

『차라투스트라』* 제2부 말미 가까이에는 「구제에 대하여」라는 제목이 붙은 장이 있다[Ⅱ-20]. 니체는 거기서 구제에 대해 차라투스트라로 하여금 다음과 같이 말하게 하고 있다. "지나가 버린 것들을 구제하고 일체의 '그랬었다'를 '내가 그렇게 되기를 원했다'로 전환하는 것 ― 이것이야말로 내가 구제라고 부르고 싶은 것이다." 이미 과거로 화해 버린 것, 그렇게 되어 버린 것은 의지의 손으로는 어떻게 하더라도 안 된다. "시간이 거꾸로 돌아가지 않는다는 것, 이것이 의지의

깊은 분노다." 이러한 분노가 과거를 죽은 것으로 삼고자 하는 복수를 낳는다. 그리고 그것이 현재의 고뇌를 무언가의 벌이라고 해석한다든지 한다. 그 모두 시간은 거꾸로 돌아갈 수 없다고 하는 견해로부터 온다. 이에 반해 "과거의 구제"를 부르짖는 니체는 지나간 것 모두를 긍정하고 미래를 바람직한 것으로 하는 것에서 일체의 과거를 구제할 것을, 즉 지나간 것을 그 단편과 우연*과 수수께끼 모두에 걸쳐 긍정하면서 와야 할 것으로 향하는 필연적 계기로 전환시킬 것을 요구한다. 물론 이를 위해서는 어떠한 것이든 과거 일체를 긍정할 수 있는 강인한 힘에의 의지*가 필요하다. 그리스도교* 전통에서 구제는 신의 손으로 이루어진다. 하지만 신이 죽은 이상, 이미 이 절대자에 의한 구제를 바랄 수 없다. 의지 자신에 의한 자기 구제로 전환시키는 것, "지나간 것의 구제"는 그러한 구제 전통의 전환도 지향하고 있다. 또한 시간을 둘러싼 구제의 모티브는 영원회귀* 사상의 전조라고도 해석할 수 있다.

구제는 이미 초기부터 존재한 주제다. 『비극의 탄생』*에서는 "근원적 일자*는 영원히 고뇌하는 것·모순당착으로 가득 찬 것"으로 "이것을 구제하기 위해서는 마음을 매혹하는 환상이나 마음 즐거운 가상*을 필요로 한다"[『비극』 4]고 주장되어 디오니소스*적·아폴론*적 예술 충동의 의의가 말해지고 있었다. 쇼펜하우어*로부터의 영향이 짙은 이 단계에 있어서도 삶에의 의지*의 부정에 의해 고뇌로부터의 구제를 추구하고자 한 쇼펜하우어 사상과는 선을 긋고 있었다. 『비극』에서의 구제는 고뇌를 완화하는 마취제* 작용과 고뇌를 환희로 전환시키는 열정의 활동이 분화되지 않은 채 애매한 점이 남아 있지만, 의지 자신의 자기 긍정과 고뇌 구제의 결합은 이미 니체의 독자적인 사상이 되고 있다. ☞영원회귀, 『비극의 탄생』, 『차라투스트라는 이렇게 말했다』

―기마에 도시아키(木前利秋)

국가 國家

니체는 초기의 초안에서 오늘날 철학의 특성으로서 "국가나 사회 등에 대한 고찰의 천박함"을 들고 있다. 확실히 그에게서는 정리된 형태로 정식화된 국가론은 눈에 띄지 않는다. 그러나 그는 추상이나 내면성 영역으로 들어가는 것이 아니라 시종일관 국가나 사회에 대한 관심을 계속해서 지녔다. 물론 그 대부분은 그의 저작 전체 안에서 단편적인 형태로 표현된다. 다만 그것은 아마추어 풍의 시국담론이나 이른바 과학적인 관찰 보고가 아니며, 또한 마키아벨리 풍의 군주의 실천 도덕론이나 헤겔*과 같은 법이라는 형태에서의 이성의 실현 형태에 대한 서술도 아니다. 그것은 그에게 독특한 원근법* 하에서 나중에 '힘에의 의지'*로서 주제화되는 형이상학적인 문제 권역으로 끌어들여져 그로부터 자주 과격한, 경우에 따라서는 역설적인 표현 형식으로써 방사된다. 그러한 니체의 국가관을 그저 이데올로기론 수준에서 이루어지는 좌우 양익으로부터의 왜곡이나 비난을 넘어서서 해석하면서 파악할 것이 요구되는 것으로 보인다. "민주주의*란 국가의 타락 형태다"라든가 "사회가 노예를 필요로 하듯이 국가는 전쟁을 필요로 한다"와 같은 표현을, 곧바로 "제국주의의 간접적 호교론자"(루카치)라든가 "나치즘의 선구"로 연결하는 것은 너무도 피상적이라고 말할 수 있을 것이다. 그의 '위대한 정치론'은 이를테면 메타 국가론 수준에서 전개되고 있기 때문이다.

니체의 저작 활동이 전개된 것은 1870년, 80년대의 약 20년간이다. 그것은 프로이센-프랑스 전쟁*의 승리와 프로이센 주도 하의 독일 제국의 통일(1871), 독일 자본주의의 급격한 발전과 그에 수반되는 노동 운동의 격화, 사회주의 진압법(1878)으로부터 비스마르크*의 실각(1890)에로 이어지는 격동의 시기였다. 프랑스에서는 파리 코뮌으로부터, 일본에서는 메이지 유신으로부터 대략 20년에 걸친 시기에 해당된다. 이러한 시대의 움직임에 니체도 물론 무관할 수 없었다. 그는 그것에 민감하게, 그러나 미묘하게 굴절된 형태로 반응한다. 프로이센-프랑스 전쟁에 직면하여 그는 자진해서 지원병으로 참가함과 동시에, 다른 한편 루브르 화재의 오보에 대해서는 부르크하르트*와 손을 맞잡고 탄식하며, 또한 독일과 프랑스 양국이 그 승패에 관계없이 전쟁에 의해 정신적으로 무엇을 잃었는지를 냉정하게 헤아린다. 그는 한편으로 "정치적 사건에 의해 생존 문제가 정리된다든지 해결된다든지 한다고 생각하는 일체의 철학"을 거짓 철학으로서 공격함과 동시에, 다른 한편으로 플라톤*적 이원론*에 기초하여 현실 세계를 벗어나 정관의 경지에 은둔한다든지 하지 않는다. 그로부터 그의 강렬한 현상 부정, 동시대 비판이 용솟음쳐 나온다.

이미 초기의 강연 「우리 교육 기관의 미래에 대하여」에서 니체는 동시대의 교육 제도와 그 이념――메이지 일본이 모델로 삼은 것――을 격렬하게 공격한다. 거기서는 국가를 위해 충성스러운 공복과 병사를 육성하는 것이 교양*의 목적으로 여겨진다. 교육 목표는 국가 목적에 종속된다. 교양의 이끄는 별로서의 국가! 여기서 국가는 "문화의 비교(秘敎) 사제"로서 나타난다. 이것이 "헤겔 철학에서 보이는 국가라는 신화의 정점"이 아니고 무엇이란 말인가? 문화는 국가로부터 자유로워야만 한다. 그러나 이러한 비판을 니체는 단순히 교양주의, 문화주의 입장에서 행하고 있는 것이 아니다. 국가에 대한 문화나 교양의 우위를 일반적으로 주장하고 있는 것이 아닌 것이다. 그는 오히려 "감나지움을 통해 획일화된 국가 문화"를, 즉 국가 목적에 종속된 동시대 문화 그 자체를 비판하고 있다. 문화 국가의 기만성에 대한 고발은 동시에 국가 문화에 대한 고발로 이어진다. 그가 초기의 초고에서 "국가는 수단에 지나지 않는다"고 말할 때, 목적으로 생각되고 있는 '참된 교양'이란 당대의 교양주의적인 문화 개념이 아니라 우선은 '정신적 귀족제'라는 형태와 결부된 그리스 문화의 부활이자 '문명'에 대한 투쟁이었다. 확실히 그리스인은 국가에 대해서 강렬한 찬미와 감사의 정을 느끼고 있었다. 그러나 그것은 국가가 문화에 대한 통제나 감시자가 아니라 비할 바 없이 고귀*한, 찬미 받아 마땅한 문화가 "몹시 거친 현실을 거쳐 나갈 때의 호위의 역할을 맡는" 한에서 감사의 말을 받은 데 지나지 않는다. 문화와의 연관에서 그리스 국가가 니체에 의해 미화된 것은 아니다. 인간의 일면적 능력을 엄격한 규율에 의해 육성하여 국가에 봉사하게 하고자 한 스파르타가 "질서와 통제에 대한 탁월한 감각"을 지님은 물론이고, 서로 대립하는 자유로운 개인들의 조화를 도모하고자 한 아테네에서조차 "천재의 육성과 폴리스의 민주제"는 모순하며, "교양은 폴리스에 거슬러 발전했다"고 여겨지고 있다[『인간적』 I. 474]. 따라서 그리스에서조차 '문화 국가'라는 것이 말해질 수 있다고 한다면, 그것은 플라톤의 철인왕의 이념에 감추어진 "국가와 천재를 연결하는 비교(秘敎)"에서뿐인 것이다. 근대에서는 문화 국가도 국가 문화도 성립할 수 없다. 양자는 본질적으로 서로 모순되고 대립한다. 그 까닭은 다음과 같기 때문이다. "국가에 있어서는 결코 진리 따위가 문제가 아니라 언제나 국가에 유용한 진리만이, 진리든 반진리든 비진리든 일반적으로 국가에 유용한 모든 것만이 중요했다. 따라서 국가와 철학의 동맹이 의미를 지니는 것은 철학이 국가에 무조건적으로 유용하다는 것, 요컨대 진리보다도 국가의 이익을 상위에 두는 것을 약속할 수 있을 때뿐이다."[『반시대적』 III. 8] 국가가 이러한 "모든 것을 나라를 위해"라는 공리주의를 본질로 하는 한에서 철학, 즉 참된 문화·교양은 그것에 대해 거리를 두고 대립할 수밖에 없다. "가능한 한 국가(의 역할)를 없애라!"라는 유명한 슬로건이 그로부터 생겨난다[『인간적』 I. 473; 『아침놀』 179 등]. 고귀한 정신에게 있어서는 국가의 문제, 정치나 경제에 관련되게 되는 것은 단순한 낭비일 뿐이다.

니체에게 있어 국가가 타기되어야 할 존재인 것은 그것이 군대라는 조야한 수단과 학교라는 세련된 수단을 통해 인간에게 '동화'를 요구하고 인간을 '순치'하며 인간을 약소화하고 비루하게 만들기 때문이었다. 이미 「우리 문헌학자들」 초안에서 그는 "국가가 보다 좋게 조직화됨에 따라 인간성은 점점 더 기운이 빠진 것으로 되어 간다"고 적고 있지만, 그것은 『인간적』 제1부 등에서 보이는 "완전한 국가"라는 생각으로 이어진다. 거기서는 오로지 "지쳐버린 개인"만이 자리를 차지하며, 본래 개인을 지키기 위한 것이었던 국가에 의해 역으로 개인이 약화되고 해체된다고 하는 전도가

생긴다[『인간적』 I. 235]. 민주주의·사회주의·내셔널리즘 등의 근대의 조류들은 그 결과이자 징후임과 동시에 그것에 박차를 가하는 동인이기도 하다. 이러한 피폐한 가축떼, "순치되기 위해 국가 안에 가두어진 동물인간의 자기 가책의 의지" 안에서 니체는 교회의 금욕, 르상티망과 더불어 있는 '도덕의 계보'를 간취하고 있다[『계보』 II. 22]. 이러한 형태로 국가에 동화됨으로써 삶의 쇠약은 애국도덕에 의해 좀 더 왜곡되고 미화된다. 국가는 교회와 더불어 — 정신성에서 그것보다 못한 — "위선의 개"로 전락한다.

이러한 국가 안에 가두어진 동물인간의 쇠약해지고 도착된 의지에 대해 니체는 젊디젊고 몹시 거친 자유의 본능으로서의 '힘에의 의지'를 대치시킨다[『계보』 II. 18]. 그리고 이 '힘에의 의지'의 발현으로서 '가장 오랜 국가'를, 즉 '금발의 야수', '지배 종족', 본래의 '정복자'에 의한 '국가의 창건'을 꿈꾼다. 이러한 '힘에의 의지'의 사고 권역 안에서는 "지고의 인간, 강자라는 유형과 관련해서는" 군국주의적 국가의 수호도 "최후의 수단"으로서 허용된다[유고 II. 10. 533]. 이러한 생각은 뒤에 나치스에 대한 선구로서 이용되어 규탄된 일면을 지니지만, 니체는 과연 이것을 어디까지 현실적인 것으로서 생각하고 있었던 것일까? 그가 문화에 대해 '야만'을 단지 부정적인 것으로서 대치시킬 뿐만 아니라 쇠약해진 문화를 활성화하는 충격으로서 역설적으로 긍정했듯이, 이 경우에도 쇠약해진 의지에 대한 '충격요법'으로서 역설적으로 국가의 현상(現狀)에 대한 대립상을 드러내 보였던 것은 아니었을까? "치료법으로서의 전쟁"을 찬미할 때와 동일한 과장된 역설이 환시적으로 그려지고 있는 것으로 보인다.

니체는 같은 시기의 사고 권역에서도 "인간이 국가에 대해 봉사하여 행하는 모든 것은 인간의 본성에 배치된다"는 것을, 즉 국가가 "조직화된 비도덕성"에 다름 아니라는 것을 충분히 분별하고 있었다. 국가가 참된 교양과 대립하고 생명을 쇠약케 하며 인간을 비루하게 만들고, 그럼에도 불구하고 애국 도덕에 의해 미화되고 정복욕이나 복수욕에 의해 내몰리는 것인 이상, 니체가 "선인에게도 악인에게도 자기를 보지

못하게 하는" 내셔널리즘이라는 '우상'의 파괴자가 되는 것은 당연하다. 따라서 그는 차라투스트라에게 「새로운 우상에 대하여」라는 장에서 부르짖게 하고 있다. "국가가 끝나는 곳, 거기서 비로소 쓸데없는 것이 아닌 인간이, 필연적인 자의 노래가, 일회적이고 대체 불가능한 방식이 시작된다. / 국가가 끝나는 곳에서 …… 나의 형제들이여! 너희에게는 저것이 보이지 않는 가? 무지개가, 초인에 이르는 다리가?"[『차라투스트라』 I -1] 그는 "초인'에 의해 지도되는 국가"를 현실에서 상정하는 것이 아니라 국가가 끝났을 때에 비로소 초인을, 즉 현재의 인간을 극복할 가능성의 지평을 떠올릴 수 있다고 말하는 것이다.

현실의 국가 상태와 관련하여 니체는 영국과 미국에 대해서는 높은 평가를 부여하지 않고 오히려 러시아의 장래에 기대를 걸며, 또한 독일*에게는 엄격한 자기비 판을 행하면서도 국민국가의 대립을 넘어선 '좋은 유럽'의 중개 역할을 기대하고 있었던 듯하다. 다만 이 "최후의 비정치적 독일안"의 '위대한 정치'론은 정치 영역과 미적 영역, 현실과 형이상학적 시점이 서로 겹쳐진 메타 수준의 언설들을 포함하는데, 물론 거기 에는 독자적인 매력이 있음과 동시에 다양한 해석의 여지, 경우에 따라서는 오해의 여지가 있다는 점도 부정할 수 없다. ☞민주주의, 위대한 정치, 비스마르크

—도쿠나가 마코토(德永恂)

군대軍隊 ⇨전쟁과 군대

군돌프 [Friedrich Gundolf 1880-1931]

독일의 문예학자·하이델베르크대학 교수. 『니체』의 저자 베르트람* 등과 함께 게오르게*파(George-K reis)의 유력 멤버들 가운데 한 사람이었다. 문예학자로서의 군돌프는 딜타이*로부터의 영향에 기초하는 정신사적 방법을 문학사에 응용하고, 개개의 작가·작품의 정신을 시대의 통일적 힘의 상징적 나타남으로서 파악하고자 한 작업으로 알려져 있다. 『셰익스피어*와

독일 정신』(Shakespeare und der deutsche Geist, 1911)은 그 대표적인 업적이다. 하지만 이러한 문예학자로서의 작업에 머무르지 않고 군돌프는 게오르게파의 멤버로서 시대를 향한 적극적인 발언을 시도한다. 그 무대가 된 것은 볼터스(Friedrich Wolters 1876-1930)와 함께 창간한 『정신 운동을 위한 연감』(Jahrbuch für die geistige Bewegung)이었다. 거기서 보이는 논조는 정신의 위계성의 강조, 게르만 정신과 고대 그리스 정신의 결합, '지배와 봉사'를 취지로 하는 맹약 집단의 찬미 등이다. 이러한 정신의 귀족주의라고도 말해야 할 지향에 니체가 일정한 영향을 주었다는 것은 쉽게 간취할 수 있다. 그리고 이러한 경향은 당시의 청년 운동*의 흐름 등과 더불어 니체가 독일의 전(前)-나치즘적인 정신 토양의 생성에서 수행한 역할을 보여준다. 군돌프가 나치스*의 지도자들 가운데 한 사람인 괴벨스(Paul Joseph Goebbels 1897-1945)의 스승이었다는 것은 그런 의미에서 상징적이다. 다만 군돌프 자신은 유대인이었다. ☞게오르게, 청년 운동과 니체, 베르트람

—다카하시 준이치(高橋順一)

📖 ▷F. Gundolf, Shakespeare und der deutsche Geist, 1911(竹内敏雄 訳『シェイクスピアと獨逸精神』岩波文庫, 1940).

군축群畜 ⇨가축떼

권력權力

'힘에의 의지*'는 자주 권력의지 등으로 번역되는 경우가 있지만, 니체의 힘 개념을 통상적으로 우리가 사용하는 권력이라는 말로 귀착시켜서는 안 된다. 오히려 힘에의 의지 사상은 저속한 권세욕과 같은 것을 비판하고 그것으로부터 거리를 취하는 자세와 통하기도 한다. 그렇지만 힘에의 의지 사상에 권력의지로 표현할 수 있는 측면이 존재한다는 점은 부정할 수 없다. 초기 그리스 국가를 논의한 한 절에 "우리가 문화의 본질 속에서 발견한 것과 동일한 잔혹함은 모든 강력한 종교의 본질 속에서도, 또한 일반적으로

47

언제나 사악한 바의 권력의 본질 속에서도 존재한다"[「다섯 개의 서문」Ⅲ]고 말하는 대목이 있지만, 삶과 죽음을 건 전투에서 강한 자들이 권력을 서로 과시하는 세계의 처참함을 응시하고 그것을 미적 가상 속에서 구제하고자 한 니체의 사상에서는 이미 역사, 사회, 정치, 문화, 일반적으로 인간의 삶 속에 숨어 있는 권력에의 욕구를 사실로서, 운명으로서 받아들이고자 하는 자세가 보인다. "'자연다움'에로의 진보. 모든 정치적 문제에서, 또한 당파들 간의 관계에서도(상인의 또는 노동자의, 또는 기업가의 당파들 사이에서조차도) 중심이 되는 것은 다름 아닌 힘{권력}의 문제다―우선 '무엇을 이룰 수 있는가?'이며, 그것으로부터 점차로 '무엇을 이루어야 하는가?'로 된다."[유고 Ⅱ. 10. 98] 니체에게는 권력의 활동을 무화시키고자 하는 생각은 없다. 그의 심층의식에는 탁월한 의미에서의 강자나 권력자에 대한 외경의 염이 존재하고 있다고 고쳐 말할 수 있을 것이다. 니체의 사상은 이런 의미에서도 강자의 사상이다.

물론 권력이 나타나는 방식은 다양하다. 인간의 역사에 나타나는 권력의 모습도 하나가 아니다. 니체로서도 권력을 지니는 자라면 누구라도 좋다고 하는 것은 아니다. 니체에게 있어 탁월한 의미에서의 강자가 실제의 권력으로부터 멀리 물러나는 경우도 있다. "가장 강하고 가장 행복한 자들도 조직화된 가축떼 본능을, …… 적으로 돌릴 때에는 약한 것이다."[같은 책 Ⅱ. 11. 128] 아니, 오히려 그가 보는 바로는 시대가 내려감에 따라 권력은 나쁜 양상을 드러내게 되는 것이 현실이다. 예를 들어 민주주의 정치의 현실을 앞에 두고 니체는 다음과 같이 말한다. "마치 여기에는 둘로 분리된 힘의 영역이 있어서, 좀 더 강하고 높은 쪽이 좀 더 약하고 낮은 쪽과 교섭하고 협정한 것처럼 정부와 국민 사이를 나누는 것은 계승된 정치적 감각'에 속한다. "이에 반해 정부라는 것은 국민의 기관 외의 아무것도 아니며, 겸손에 익숙해 있는 '아래'에 대비되는 용의주도하고 존경할 만한 가치가 있는 '위'가 아니라는 사실을 배워야만 한다."[『인간적』 Ⅰ. 450] "신학자들이 군주(또는 민중)의 '양심'을 통해 **권력**을

향해 손을 뻗는 일이 발생할 때마다 그 근본에서 발생하고 있는 것에 대해 의구심을 품지 말자. 종말에의 의지, 니힐리즘적인 의지가 권력을 원하고 있는 것이다."[『안티크리스트』 9] 여기에는 이전에 잔학과 파괴를 하고 싶은 대로 행한 강자의 권력이 삶의 유약화와 더불어 자기 보존'을 일로 삼는 약자의 권력으로 옮겨졌다고 하는 생각이 숨겨져 있다. 니체가 삶을 고양시키는 것으로서의 힘에의 의지를 말할 때, 그것은 이와 같은 권력의 존재방식에 대해 오히려 반권력으로서 작용할 것이다.

니체의 권력에 관한 견해를 답습하면서 권력론에 새로운 시점을 도입한 것으로 말하자면, 우선 미셸 푸코의 이름이 떠오른다. "권력이라는 말에 의해 우선 이해해야 한다고 생각되는 것은 무수한 힘의 관계이자 그것들이 행사되는 영역에 내재적인 동시에 그것들의 조직의 구성 요소인 그러한 것이다. 끊임없는 투쟁과 충돌에 의해 그것들을 변형하고 강화하며 역전시키는 승부=게임이다. 이들 힘의 관계가 서로 안에서 발견하는 받침이자 연쇄 내지 시스템을 형성하는 것, 또는 역으로 그와 같은 힘의 관계를 상호적으로 분리시키는 작용을 하는 어긋남이나 모순이다."[『성의 역사』] 권력의 편재성을 주창하는 푸코의 주장이 니체에게 빚지고 있다는 것은 분명하다. 또한 이전의 군주가 지니고 있던 생사여탈권, "죽음에 대한 어찌할 바 없는 권리"가 근대에 이르러 "생명에 대해 엄밀한 관리 통제와 전체적인 조정을 수행하고자 하는 권력", 즉 '삶-권력'으로 변모했다고 하는 견해도 니체와 평행하는 면을 보여준다. 그러나 동시에 잔학한 "죽음에 대한 어찌할 바 없는 권리"를 역사적으로 상대화하는 푸코의 시점에서는 힘에의 의지의 파괴적 성격으로부터 조금 거리를 두는 자세가 분명히 엿보인다. ☞ 힘에의 의지, 지배와 복종, 푸코

―기마에 도시아키(木前利秋)

권력(에의)의지 權力―意志 ⇨ 힘에의 의지

권태倦怠

"── 그러고 나서 나는 커다란 슬픔이 인간들에게 덮쳐오는 것을 보았다. 가장 뛰어나다는 자들조차 저들이 이룩한 위업에 지쳐버린 것이다. / 가르침 하나가 반포되고 신념 하나가 그와 더불어 퍼져갔으니, '모든 것은 공허하다. 모든 것은 한결같다. 모든 것은 끝났다!'는 것이다. / 그러나 모든 언덕에서 메아리가 울려 퍼졌지. '모든 것은 공허하다. 모든 것은 한결같다. 모든 것은 이미 끝났다!'고 / 우리는 이미 추수를 끝냈다. 그런데 어찌하여 열매가 모두 썩어 갈색으로 변한 것이지? 간밤에 저 사악한 달에서 무엇이 내리기라도 했는가? / 모든 노고가 부질없는 것이 되고 말았구나. 포도주는 독이 되고, 사악한 눈길이 있어 우리의 들녘과 심장을 노랗게 태워버렸으니.'[『차라투스트라』 Ⅱ-19] 예언자가 이렇게 말하는 것을 듣고서 차라투스트라는 깊은 비애에 잠긴다. 19세기를 관통하는 권태의 기분이 여기에 놓여 있다. 교양의 세기가 산출한 모든 것은 기껏해야 기분 전환을 위한 것일 뿐이다. "예술작품이라는 형태로 통용되고 있는 예술"이 오늘날에 존재하는 것은 "여가가 있는 대다수의 사람들이…… 음악이나 극장이나 미술관을 관람하지 않고서는, 또한 소설과 시를 읽지 않고서는 자신들의 시간을 활용할 수 없다고 생각하는 것에 의해서다.[『인간적』 Ⅱ-1. 175]

니체보다 조금 늦게 베버*도 문화나 교양을 아무리 몸에 익히더라도 점점 더 몸에 익히면 익힐수록 문화인(신칸트학파*의 용어로서, 자기의 문화를 반성적으로 파악하는 교양인 집단에 속하는 자들을 가리킨다)을 덮치는 무력감과 니힐리즘*에 대해 말하고 있다. "오로지 현세 내적으로 자기완성을 이루어가는 것의 무의미화'라고 베버는 형용하면서 다음과 같이 말한다. "물론 그들도 '살아가는 것에 권태를 느낀다'는 것은 있을 수 있지만, 하나의 순환이 완결되었다는 의미에서 '살아가는 것에 포만을 느낀다는 것은 있을 수 없다.'[「세계 종교의 경제 윤리」의 '중간 고찰'](여기에는 차라투스트라의 권태 모티브의 숨겨진 인용이 있다.) 당초의 니체는 바그너*에게 권태 극복의 희망을 걸었다. 오직

그만은 "채워지지 않는 권태와 기분 전환의 탐욕을 달래기 위해 크게 벌린 입속으로 너무도 무차별적으로 자신의 예술이 삼켜지는 것"에 저항한다[『반시대적』 Ⅳ. 8]고 생각하고 있었다. 하지만 그 바그너의 쇼도 『차라투스트라』*의 「마술사」 장에 있듯이 단순한 자기 연출, 아마도 권태 속에서의 자기 연출에 지나지 않았다.

그 배경에 있는 것은 비판에 의한 가치의 파괴이다. 더 나아가 「그림자」 장에서 차라투스트라의 그림자는 말한다. "나, 내가 예로부터 마음속으로 숭배해 왔던 것, 그것을 그대와 함께 파괴했고 모든 경계석과 우상들을 무너뜨렸으며, 위험스럽기 짝이 없는 소망을 뒤쫓기도 했다. …… 내게는 너무나 많은 것이 분명해졌다. 그 때문에 지금은 아무것도 나의 관심을 끌지 못하게 되었다."[『차라투스트라』 Ⅳ-9] "지금은 아무것도 나의 관심을 끌지 못하게 되었다" ── 이러한 19세기의 권태에 대한 싸움을 니체는 다양하게 시도했던 것이다. 하지만 권태를 깨닫는 것은 여전히 미련이 있다는 증거다. "이 세상에 싫증난 자여! 그러면서도 당신네들은 이 세상으로부터 멀어지지도 않았다! 나는 당신네들이 전과 다름없이 지상에 연연하고 있는 것을 보았다. 자기 자신의 지상에 대한 권태에서 도리어 홀딱 반해 있는 것마저도 보았다." 권태도 나르시시즘의 하나의 형식인 것이다.

벤야민*은 권태를 정의하여 "우리가 권태를 느끼는 것은 우리가 무엇을 가지고 있는지가 분명하지 않을 때다. 우리가 무엇을 지니고 있는지를 깨닫고 있다고 한다면, 또는 깨닫고 있다고 생각하고 있다면, 그것은 대부분의 경우 우리의 천박함이나 산만함의 표현이다. 권태는 위대한 행동의 문턱이다"[『파사주론』 D2, 7]라고 말한다. 권태는 행동에의 욕망, 아니 행동에 수반되는 고뇌에의 욕망이기조차 하다는 것에 대해서는 니체도 지적하고 있다. "권태와 자기 자신을 견딜 수 없는 수백만의 유럽 청년들이 무언가를 하고 싶어하는 욕망에 끊임없이 우물대고 있는" 것은 고뇌에의 욕망이 있기 때문이며, 그 고뇌가 행위를 산출하는 것에 대한 기대 때문이라고 한다[『학문』 56]. 『파사주

론』에서 벤야민은 이러한 권태의 기분이 1840년대에 역병처럼 퍼지고 있었다고 지적하면서, 그 경제적 하부구조에는 엥겔스(Friedrich Engels 1820-95)가 묘사하는, 분업 속에서 동일한 작업을 매일같이 반복하는 공장 노동이 있다고 하고 있는데, 이는 올바른 지적이다. 또한 그는 "인생이 행정 관리의 규범에 맞추어 파악되면 될수록, 사람들은 기다리는 것을 배워야만 한다"[D10a, 2]고도 말한다. 재미있는 것은 「권태와 영원회귀」라는 제목의 장을 벤야민이 설정하고 있다는 점이다. 1870년대 이후의 자본주의에서 자본과 상품의 끊임없는 회전 속에서 이미 자신들이 만들어낸 사회의 결말로부터 눈을 돌릴 수밖에 없게 된 부르주아지가 약간 사이의 꿈에 열중할 수 있는 것이 영원회귀*다. 목적도 없고 의미도 없는 세계 비전은 읽는 자에게 약간 사이의 행복한 꿈을 자아낸다고 그는 논의한다. 그런 점에서는 영원을 방기하여 순간의 행복에 목숨을 건 보들레르*의 영웅성 및 거기에 숨어 있는 모더니즘과 영원회귀 사상은 유례가 없는 대조성에서 좋은 맞짝을 이룬다고 여겨진다. 발전하면서도 일상생활에서는 단조로운 반복밖에, 그리고 가치의 상대주의로서의 교양밖에 산출하지 못하는 19세기 자본주의에서의 권태감이 영원회귀 사상의 깊은 곳에 숨어 있는 것으로 생각된다.

이러한 권태감에 대해 니체는 고전적인 여가(otium)를 끄집어내는 것이 개개의 아포리즘에서는 많지만, 최종적으로는 그러한 에피쿠로스*적 프로그램을 방기하고 장대한 우주론으로 달려갈 수밖에 없었다. 마찬가지로 벤야민이 지적하듯이 『천체에 의한 영원』의 블랑키*도 자신의 싸움의 적인 시민사회에 패배한 것을 일종의 영원회귀 사상에 연루시켜 인정하고 있다. 블랑키가 묘사하는 우주상도 영원의, 그리고 동시의 무수한 반복 속에서 새로운 것은 아무것도 일어나지 않는 사회로서 읽는 것이 가능하다. 이리하여 헤겔*은 "자연은 무료함이며 역사야말로 중요하다", 그리고 구약 성서의 유명한 한 구절을 본떠서 자연의 태양 아래서는 새로운 것은 아무것도 일어나지 않는다고 서술했지만, 그 발언으로부터 반세기가 지난 시점에서

는 이미 시민사회의 태양 하에서는 새로운 것은 아무것도 일어나지 않는다고 하는 권태의 사상이 19세기의 권태를 넘어서고자 했을 니체나 블랑키에게서조차 설파되고 있는 것이게 된다. ☞영원회귀, 19세기와 니체, 블랑키, 벤야민

―미시마 겐이치(三島憲一)

귀족貴族 [Adel; Aristokratie]

니체는 이해관계를 고집하는 현대 문화에서는 '고귀한 형식'이 결여되어 있는 데 반해, 고귀*함이라는 것은 긴 세월 덕분이라고 하면서 궁정에서 고통스러운 자세를 유지할 수 있고 또 고난에도 의연하게 대처하는 귀족의 모습에서 우월한 힘의 의식을 보고 있었다[『학문』 3, 40; 『아침놀』 201]. 이와 같은 귀족적 긍지에 대한 예찬에는 당시의 시민 계급이 귀족의 칭호를 귀중히 여기고 귀족적인 행동거지를 모범으로 삼는 풍조가 있었던 것을 떠올리게 하는 점이 있다. 그러나 "모든 좋은 것은 상속이다"라고 하면서 천재*나 아름다움도 몇 세계에 걸친 엄격한 억제와 재능의 축적 결과라고 생각하는 니체에게 있어 귀족의 혈통은 가문의 좋음을 보여주는 것이라기보다는 오히려 정신적으로 탁월한 존재가 출현하기 위한 조건이자 신체*의 교양*에 의한 선별이라는 원리를 체현하는 것이었다[『우상』 IX. 47]. 이것은 민주주의*나 사회주의*와 같은 '천민*'의 평등주의를 경멸하는 생각에 대응함과 동시에 니체 스스로의 귀족적 혈통에 대한 신앙과도 밀접히 결부되어 있었다. 그는 자신의 이름이 '니에츠키'라는 폴란드의 귀족에서 유래하며, 100년 정도 전에 종교적 박해를 피해 독일로 이주해 온 프로테스탄트 가계라고 믿고 있었다[유고 I. 12. 333]. 『이 사람을 보라』*에서도 "지상에 존재했던 것 중에서 가장 고귀한 혈통을, 내가 보여주는 것처럼 그 순수한 본능을 대중 속에서 발견하려면, 몇 세기를 거슬러 올라가야 할 것이다. 나는 오늘날 귀족적이라고 불리는 모든 것이 나와는 다르다는 무제한적인 느낌을 갖는다.―나는 독일의 젊은 황제에게도 내 마부일 수 있는 명예마저도 허용하

지 않을 것이다"라고 말하고 있다[『이 사람』 Ⅰ. 3]. 그렇지만 혈통에 대해 말하면서도 그가 거기서 실제로 문제로 삼고 있는 것은 오히려 정신에서의 귀족성이다. "차라투스트라, 모세, 마호메트, 예수*, 플라톤*, 브루투스, 스피노자*, 미라보를 밀어붙이고 있던 것 속에서 나도 이미 살고 있으며, 더욱이 많은 사항에 관해서는 태아 그대로의 상태에서 몇 천 년을 지낼 필요가 있던 것이 내 속에서 비로소 성숙하여 백일하에 나타나는 것이다. 우리는 정신의 역사에서의 최초의 귀족주의자다'라는 발언도 있다[유고 Ⅰ. 12. 274f.]. 그리고 '귀족적 급진주의'라는 브란데스*에 의한 형용을 니체는 기쁘게 받아들이고 있다.

『선악의 저편』*의 「고귀함이란 무엇인가?」라는 제목을 달고 있는 장과 『도덕의 계보』*의 제1논문에서는 귀족적인 정신의 모습이 도덕적 가치의 성립과 관련하여 논의되고 있다. 즉, 모든 '지배자의 도덕'의 근원에 있는 것은 스스로의 강인하고 건강한 육체를 과시하고, 유약하고 비속한 '천민'에 대한 우위의 의식을 긍정하며('거리의 파토스*'), 스스로를 '좋음'으로 하고 약자를 '나쁨'으로 하는 '기사적·귀족적 가치 평가'다. 그에 반해 약자는 자기의 보잘것없음과 무력감으로부터 강자에 대한 증오('르상티망*')를 심화시켜 강자의 힘에 의한 지배를 '악'으로 하는 '노예 도덕'을 안출했다고 주장된다[『선악』 260; 『계보』 Ⅰ. 3, 7]. 그러나 이 양자 가운데 전자가 보여주는 '고귀'한 정신의 모습이야말로 인류의 있어야 할 모습을 예시하는 것이라고 한다. 왜냐하면 '고귀한 카스트'는 처음에는 언제나 '야만인의 카스트'[『선악』 257], '금발의 야수'[『계보』 Ⅰ. 11]였던 것이며, 그로부터 출발하여 '인간이라는 유형'을 높여 왔다는 점에서 귀족 사회야말로 '인간의 자기 극복'의 담지자였기 때문이다. 그리고 "이 우월감 위에 구축된 귀족 문화의 다툴 여지가 없는 행복은 이제 한층 더 고차적인 단계로 오르고자 하고 있거니와, "인식의 기사단"에서 "좀 더 높은 기사적 봉사"가 이루어져야 한다고 하고 있다[『아침놀』 201].

『차라투스트라』* 제4부에서는 가짜 '상류 사회'에서 '예절'을 익힌 체하는 '천민'들을 혐오하여 이 가짜

'귀족'을 피해온 왕들이 차라투스트라의 동굴을 방문한다[Ⅳ-3]. 이 왕들과 같은 '더 높은 인간*'들에 대한 연설에서 차라투스트라는 그들이 약자의 획일적인 평등주의를 극복할 것을 기대하지만, 동시에 '더 높은 인간들' 자신도 자신들이 실패작이라는 것을 인정하고 스스로의 존재를 비웃으며 자신들 가운데 아직 '인간의 미래'가 숨겨져 있다는 것을 배워야 한다고 말한다[Ⅳ-13. 1, 2, 15]. 『즐거운 학문』*에서도 "과거의 일체의 정신적 유산이 지닌 모든 고귀성의 계승자"는 "모든 고귀한 자들 가운데서 가장 고귀한 자"이며 "새로운 귀족의 첫아이"라고 하여 인간의 미래에 대한 희망을 잉태하는 귀족성에 대해 말하고 있지만[『학문』 337], 『차라투스트라』에서도 천민의 지배를 타파해야 할 '새로운 귀족'이 대망되고 있다. "오, 형제들이여, 모든 천민과 모든 전제폭군적인 것에 대적하는 적대자로서 새로운 서판에 '고결'이라는 말을 써넣을 그런 **새로운 귀족이 출현해야겠다**."[Ⅲ-12. 11] 다만 범용한 천민의 지배인가 르상티망을 알지 못하는 고귀한 정신에 의한 인간의 극복인가라는 양자택일은 힘의 증대에 의한 자연 지배야말로 '새로운 귀족 계급'을 형성하는 것이라고 하는 충동적이고 직관적인 사고방식과도 연결되어 있었다[유고 Ⅱ. 9. 271]. 또한 역으로 그 후의 수용에서 니체의 정신귀족성이 자주 현실 정치나 사회에 대한 참여를 경멸하는 문화 보수적인 태도와 결부되어 해석된 점도 분명하다. ☞귀족, 천민, 거리의 파토스

―오이시 기이치로(大石紀一郎)

그리스도 ⇨예수

그리스도교

김나지움 최상급생 때에 쓴 자전적인 작은 글에서 니체는 "나는 식물로서는 교회 묘지 가까이에서, 인간으로서는 목사관에서 태어났다"고 말하고 있다[SA 3. 108]. 스스로를 명백히 '안티크리스트'라고 부른 니체

가 본래는 스스로의 출신을 비할 바 없이 뚜렷하게 자각하고 있었다는 점은 명기되어야만 한다. 그리스도교에 대한 니체의 열렬한 비판은 말하자면 자신의 태생과 성장 과정에 대한 엄격한 자기비판이기도 했다. 물론 그의 비판은 단순한 감정적 비판이나 반발이 아니라 어디까지나 그가 구상한 사상과 역사관에 기초한 것이다. 여기서는 우선 (1) 니체의 사상 전체 속에서 그리스도교 문제는 본래 어떠한 위치를 차지하는 것이었던가, 그리고 (2) 니체가 그리스도교 그 자체를 어떠한 종교로서 성격짓고 있는가, 나아가 (3) 그리스도교와 그 교회*가 유럽의 역사에서 수행한 역할을 니체는 어떻게 해석하고, 또한 어떻게 비판하고 있는가의 세 가지 점으로 나누어 기술한다.

【 I 】위치짓기

『비극의 탄생』*은 그리스 비극을 중심으로 폭넓게 예술의 문제를 논한 것이지만, 이 글에서 니체는 '디오니소스*적인 것'이라는 개념을 제기하고 있다. 이것은 아폴론*적인 가상* 원리의 도움을 받으면서도 무한히 생성*의 세계로 회귀하고, 무한한 자기 확대를 의지하는 삶*의 근원적 원리 그 자체의 호명이었다. 아름다운 가상의 세계를 펼치는 예술*도 그 근저에 바로 건전한 생명 원리인 디오니소스적인 것이 있기 때문에 참된 예술일 수 있는바, 그것이 상실되었을 때에는 이미 본래의 기능을 수행할 수 없다. 그리스 비극, 더 나아가서는 그리스 문화를 쇠퇴시킨 것은 이 디오니소스적인 것을 대신한 소크라테스주의, 요컨대 앎과 논리를 우선시키는 것이자 나아가서는 현실의 생성 세계보다 영원한 이데아의 세계를 '참다운 세계'라고 생각한 플라톤*의 사상이었다. 현실의 생성 세계와 영원히 '존재'하는 초월 세계라는 대립이 안출되었을 때 그리스 정신은 결정적으로 변질했던 것이며, 가치의 역전이 이루어졌던 것이다. 니체가 '디오니소스적인 것'을 삶의 근원으로 생각하는 동시에 일체의 인간적 영위를 '삶의 광학'으로부터 보고자 하는 한, 초월적·피안적 존재를 가치의 근본에 두는 세계관은 모두 삶의 타락이자 데카당스*다. 『비극』에는 그리스도교에 대한 언급은 전혀 없다. 그러나 곧이어 니체가

그리스도교를 "대중용 플라톤주의"라고 부르고, '디오니소스 대 그리스도'라는 공식을 가지고서 철저하게 그리스도교를 비판하고 공격해 가는 이치는 이미 여기서 명확하게 읽어낼 수 있다. 끊임없이 생성하는 현실 세계의 저편에 망상된 이 '영원의' '존재 세계'는 하나의 '다른 세계'라고도, 또한 '배후 세계'라고도 불린다. 이 '배후 세계'에 가치의 중심을 둔다는 점에서 플라톤 이래의 형이상학*과 그리스도교는 동질이며, 모두 다 힘에의 의지의 왜곡된 형태다.

【 II 】성격짓기

『즐거운 학문』* 제125절에 등장하는 광인이 "신은 죽었다"고 외칠 때, 이 신은 아직 단적으로 그리스도교의 신을 가리킨 것이 아니라 오히려 일반적으로 초월적인 존재자, 초월적인 가치의 기준을 의미하고 있었다. 중기의 저작에서도 물론 그리스도교에 대한 비판은 곳곳에서 배어나오고 있지만, 그것이 정면에서의 비판이 되는 것은 역시 『안티크리스트』* 이후이다. 『차라투스트라』에는 작품의 이르는 곳마다 성서*의 말들이 패러디화되며, 그로부터도 이미 반그리스도교적인 자세가 분명하다. "대지의 의의*에 충실하라"고 이야기하고, 이를테면 강자에 의한 약자의 도태를 내거는 '초인*'과 '힘에의 의지*'의 사상으로부터 우선은 '동정*', 요컨대 '고뇌를 함께 한다'고 하는 그리스도교적 미덕이 오히려 '기쁨을 함께 하는' 미덕으로 전환되어야 한다는 것이 설파되며, 애처로운 '이웃사랑'이 멀리 미래를 바라는 '먼 곳에 있는 사람에 대한 사랑'으로 변화되어야만 한다고 주장된다. 일신교와 다신교의 대비가 이루어지며, "신들은 있어도 하나의 신 따위는 존재하지 않는다. 그것이 신이라는 것이 아닐까?"[III-8]라고 말해지지만, 이것은 경기의 정신에 기초하는 그리스적인 세계의 입장에서 가치의 절대화에 의해 유연한 생명력을 상실하고 만 그리스도교 세계를 야유한 것이다. 이 글의 몇 개의 장, 즉 마리아의 '처녀 수태'를 조롱한 부분이나 제4부의 「퇴직」, 「나귀 축제」 장 등에는 신을 모독하는 것이라고까지 말할 수 있는 표현이 보인다.

『도덕의 계보』*는 니체 자신이 말하는 대로 "그리스

도교에 대한 심리학", 요컨대 그리스도교의 본질과 그 이념들을 철저하게 심리학*적으로 분석한 것이다. 여기서 그리스도교는 '성령'으로부터가 아니라 약자의 강자에 대한 '르상티망'(원한 감정)의 정신'으로부터 생겨났다고 말해진다. 그것은 고귀*한 가치들의 지배에 대해 약자가 가치의 기준을 피안에 옮겨 놓고자 한 거대한 봉기인바, 본래가 '반동적인'(reaktiv) 것이라고 여겨진다. 또한 '양심*'과 '죄'의 의식도 자기를 이미 외부로 향해 발산하는 것이 불가능해진 정신이 그 창끝을 내부로 향하게 한 "잔학성의 본능"에 다름 아니다. 마지막으로 금욕의 이상이란 '사람은 아무것도 의욕하지 않기보다는 오히려 무를 의욕한다*'는 '종말에의 의지', 왜곡된 힘에의 의지라는 것이 폭로된다. 이리하여 그리스도교적 도덕은 한 마디로 말하자면 '노예의 도덕'으로 특징지어지며, 니체가 내거는 지배자와 창조자의 도덕에 대치되는 것이다. 『안티크리스트』*나 80년대의 유고에서도 보이는 이러한 격렬한 그리스도교 비판은, 그 철저성과 표현의 과격함이야 어쨌든, 그 자세로서는 근세 이래로 그리스도교 내부에서 일어난 비판 운동을 이어받은 것이자 용어들 가운데서도 많은 것을 차용하고 있다고 자주 지적되고 있다. 그러나 이들의 비판이 그리스도교의 정신을 구하고자 하여 오로지 그리스도교회의 타락을 공격했을 뿐인 데 반해(하기는 니체에게서도 【Ⅲ】에서 논의되듯이 그리스도교와 예수* 그리스도는 명확히 구별되는 것이지만), 니체의 비판은 어디까지나 현실의 삶과 육체의 입장에 서서 그리스도교의 본질 그 자체를 비판하고 있다는 점에서 대체로 차원을 달리 하고 있다는 점은 말할 필요도 없다.

【Ⅲ】비판

니체에 따르면 그리스도교는 그것이 그리스도교로서 성립한 순간에 예수 그리스도의 가르침과는 전혀 다른 것으로 된다. 예수의 사랑과 수난의 생애는 가르침과 실천, 진리와 삶의 완전한 일체성을 보여주며, 신의 사랑을 그대로 체현한 사랑의 생활이야말로 신의 나라의 구현이었다. 하지만 바울*을 중심으로 한 초대의 교부들에 의해 예수의 가르침과 생애는 전적으로

다른 의미 부여를 당하고 만다. 순수한 사랑과 수난의 배후에 '죄'라든가 '속죄'의 의미가 끼워 넣어지며, 사랑의 완성이었던 수난이 구원의 약속의 출발점이 된다. 바울에 의해 예수의 가르침이 유대*화되고 만 것이라고 니체는 말한다. 더 나아가 아우구스티누스(Aurelius Augustinus 354-430)에 의해 플라톤주의가 도입되며, 나아가 신비주의에 의해 십자가가 상징화되고, 또한 금욕의 이상이 더해졌다. 그리스도교회는 그 자신의 확대를 위해 오로지 '신의 나라'를 장려하게 묘사해내는 동시에 현세의 삶과 육체의 가치를 폄하하는 것에 전념해 왔던 것이다. 하지만 인간성의 이념이 부활한 르네상스* 시대에는 생명욕과 지배욕이 흘러넘치는 체자레 보르자*와 같은 인물이 자칫하면 교황의 자리에 앉을 뻔했다. 만약 그가 교황이 되었더라면 그리스도교는 바로 그 중심부로부터 변혁되었을 것이다. 그러나 바로 그때 마르틴 루터*가 나타나 그 개혁 운동에 의해 점차로 붕괴하고 있던 그리스도교회를 되살려내고 말았다. 루터의 그늘 아래 저 장대한 르네상스 운동도 망쳐지고 말았다고 니체는 생각한다. 모처럼의 애쓰는 노력을 망쳐버리는 것은 언제나 독일인이며, 그리스도교의 역사에 관해서도 그러했다.

그리스도교에 대한 니체의 자세를 만년의 니체는 "십자가에 못 박힌 자 대 디오니소스"라는 공식으로 요약하고 있다. 이 양자에게 있어 공통된 것은 수난이었다. 다만 그리스도교에 있어 현세의 고뇌는 축복의 나라에서 치유되어야 할 것인 데 반해, 디오니소스에게 있어서는 이 고뇌의 현세, 영원히 생성과 소멸을 반복하는 삶만이 성스러운 세계다. 그리스도교의 문제가 니체에게 있어 최후의 최후까지 얼마나 심각한 것이었는지는 자기 자신을 "십자가에 못 박힌 자 대 디오니소스*"라고 부르고 있는 『이 사람을 보라』*의 맺는말이 가장 단적으로 보여주고 있다. ☞『안티크리스트』, 신의 죽음, 예수, 프로테스탄티즘, 종교개혁, 형이상학, 르상티망, 플라톤, 루터, '십자가에 못 박힌 자 대 디오니소스'

—소노다 무네토(薗田宗人)

53

그림자 [Schatten]

니체의 고독*의 경험에는 '그림자가 따라붙는 경우가 많다. 『방랑자와 그의 그림자』라는 제목이 붙어 있는 『인간적』 II-2의 서두와 끝에서는 방랑자가 그의 그림자와 수수께끼 같은 대화를 나눈다. 인식의 빛이 비출 때에는 어떠한 사물에서도 그림자가 가능하다. 그 그림자야말로 방랑자의 그림자라고 그림자 스스로 말한다. 그리고 그림자와의 대화인 이 글이 끝난 곳에서 그림자는 너희 방랑자가 점차 "가장 가까운 것들의 좋은 이웃"이 되려고 한다는 것은 마음에 들었다고 말한다. 방랑*의 철학자의 모놀로그(그림자와의 대화)는 반성철학과 같은 개념화로 향하지 않고서 일상적인 교제나 남녀 간의 미묘한 사정 또는 친구나 식사에 대해 말한다 ─ 니체에게서의 "가장 가까운 것들"의 발견은 클라게스*도 평가하는 점이다. 이윽고 해가 저뭄과 동시에 그림자는 방랑자에게 나무 그늘에 들어가 뒤를 돌아보도록 부탁한다. 당연히 그 사이에 그림자는 사라진다. 본서의 마지막은 "어디로 사라진 것인가"라는 그림자에 대한 외침으로 끝난다. 물론 배경에는 대학을 사직한 해의 생활과 사유의 경험이 놓여 있다. "1879년…… 내 생애에서도 가장 햇빛이 희박했던 겨울에는 나움부르크*에서 그림자 그 자체로서 살았다. ……『방랑자와 그의 그림자』가 그 사이에 태어났다."[『이 사람』 I-1]

또한 서두의 대화에서 방랑자는 플라톤*이 텍스트보다도 대화를 중시한 것을 끌어들이는 가운데 "그렇지만 후세의 독자들은 플라톤(의 텍스트)에게서 좀 더 많은 즐거움을 지니게 될 거야. 실제로 즐겁게 해주는 대화는 문서로 바꾸어 읽히게 되면 완전히 잘못된 원근법*으로 그려진 그림과 마찬가지로 되어버리지. …… 그렇지만 무엇에 대하여 우리의 의견이 일치했는지는 아마 말해도 되겠지?'라고 말한다. 데리다*를 선취하고 있는 것처럼 보이는 이 구절은 에크리튀르와 음성의 미묘한 사정이 방랑자와 그림자의 대화에 의한 텍스트의 지어냄으로써 암시되고 있다.

『차라투스트라』* 제4부의 「사막의 딸들 사이에서」*는 '차라투스트라의 그림자'를 자칭하는 '방랑자'가 차라투스트라를 향해 '가지 말아 주시오'라고 말하는 것으로부터 시작되고 있다. 아포리즘 모음집 『방랑자』에서는 방랑하는 '나'와 그림자가 다른 존재였지만, 여기서는 방랑자와 그림자가 동일한 존재다. 그리고 이 그림자는 이전에 본 동방의 맑고 상쾌한 공기 속의 사랑스러운 딸들에 대해 노래한다. 또한 「그림자」라는 제목이 붙은 장(제4부)에서 '그림자'는 다음과 같이 말한다. "내가 그대의 그림인 것을 허락해 주시오 …… 나는 방랑자라네. 지금까지도 오랫동안 나는 그대의 뒤를 쫓아 떠돌아다녔네. …… 당신과 함께 나는 예로부터 내 마음속으로 존경하고 있던 것을 파괴했네." 여기서도 방랑자와 동일한 존재인, 여위어 홀쭉해진 그림자는 비판적 이성으로서 이성의 가치를 파괴해 왔다고 하는 역설이 암시되고 있다. 일반적으로 니체의 '그림자'는 우리의 사유의 가장 깊은 곳으로부터 산출되는 역설과 깊은 관계가 있을 것이다. ☞방랑, 자유정신과 이성 비판

─미시마 겐이치(三島憲一)

극복 克服

'극복'은 『차라투스트라』*라는 작품의 기본 주제다. 니체의 형이상학적 세계관에 따르면 세계는 무수한 개별적인 '힘에의 의지'*로부터 이루어진 하나의 거대한 '힘에의 의지'이며, 세계의 존재방식은 다름 아닌 이 거대한 힘에의 의지의 자동운동, 다시 말하면 개별적인 힘에의 의지들의 영원히 계속되는 상호 극복 및 자기 극복의 운동이지만, 『차라투스트라』에서는 그러한 세계관에 기초한 그의 윤리 사상이 전개되고 있다. 신의 죽음*이라는 사태, 즉 2,000년 가까이 유럽을 지배해 온 그리스도교*의 세계관과 가치관의 붕괴라는 사태에 직면해 있는 지금, 인간은 어떻게 살아가야 할 것인가? 차라투스트라는 10년간의 산속 생활의 성과인 초인* 사상을 들고서 하산하여 설교 활동을 시작한다. 인간은 극복되어야만 하는 존재이며, 인간의 본질인 힘에의 의지의 최고의 구현자인 초인이야말로 실현되어야만 한다고 그는 말한다. 그리고 미래에서의

초인 산출을 위해서는 그 모태인 인류가 전체로서 힘을 고양시키는 것이 필요한 까닭에, 그는 현재 인간의 한 사람 한 사람에게 몰락*의 위험과 표리 관계에 있는 끊임없는 자기 극복에 의한 삶의 방식을 요구한다. 그렇지만 얼마 안 있어 세계의 일체는 동일한 것의 영원한 반복에 지나지 않는다는 영원회귀* 사상을 예감하여 차라투스트라는 공포와 구토에 사로잡힐 수밖에 없다. 왜냐하면 구역질을 느낄 정도로 비루한 인간마저도 영원히 회귀하게 된다면, 미래에서의 초인 산출을 위한 설교 활동에 몸을 바쳐온 그의 인생에는 아무런 의미도 없었던 것이 되기 때문이다. 그러나 그는 용기와 주체적인 마음가짐의 전환에 의해 결국 이 공포와 구토를 극복하고, '영원회귀의 교사'로서의 자기 자신의 운명과 그 영원회귀를 절대적으로 긍정하기에 이른다. 이것이 『차라투스트라』의 대강의 줄거리지만, 초인 사상 설교자로서의 자기를 극복하여 영원회귀 사상을 피와 살로 만드는 주인공의 삶의 방식은 몰락의 위험과 표리 관계에 있는 끊임없는 자기 극복에 의해 힘을 고양시킨다고 하는 초인 사상의 역설적 실천이 된다. ☞『차라투스트라는 이렇게 말했다』, '인간은 극복되어야 할 그 무엇이다', 초인, 몰락

—시미즈 혼유(清水本裕)

근원적 일자根源的一者 [das Ur-Eine]

쇼펜하우어*가 칸트*의 사물 자체*와의 유비에서 생각한 세계의 궁극적 근거. 그것을 그는 자기 자신에서 괴로워하는 의지 모델에서 포착하고 있다. 이 근원적 일자가 시간과 공간이라는 개체화의 원리에 의해 가상*에 지나지 않는 일상생활의 다양한 현상이 되어 전개된다. 이 현상이야말로 우리의 고뇌=번뇌의 원천이다. 따라서 이 가상으로부터 우리는 예술이라는 "태양의 눈"에 의해 구제되어야만 하며, 또한 그에 의해 근원적 일자도 구해진다고 하는 것이 쇼펜하우어의 사고방식이다. 여기에는 의지는 의지라는 것에 괴로워한다고 하는, 욕망 충족이 불가능한 근대 사회의 경험이 숨어 있다. 이 사상은 『비극의 탄생』에서의 니체의

그리스 문화 해석의 기반이 됨과 동시에 디오니소스*라는 이름을 부여받게 된다. 하지만 디오니소스가 서구의 숨겨진 전통 안에서 보존해 온 축제의 성격, 즉 영원히 지속하는 생명 찬미의 사상과 쇼펜하우어의 페시미즘*과는 오래 공존할 수 있는 것이 아니어서, 니체는 이윽고 쇼펜하우어로부터 벗어나게 된다. ☞ 사물 자체

—미시마 겐이치(三島憲一)

금발의 야수金髮──野獸 [die blonde Bestie]

가축처럼 사육되고 길들여지며 왜소화하고, 생생한 본능*이나 충동*은 억압되고, 가축떼 도덕에 지배되는 시대, 이러한 시대의 퇴락한 정신적 상황에 대해 니체는 극약을 처방하고자 했다. 『선악의 저편』*에서는 "흉포하고 잔인한 야수"에게 공포를 지니는 것은 미신이라고 하며, 잔인함이란 타인의 고통을 바라보는 데서 생기는 것이라고밖에 가르칠 수 없는 종래의 심리학은 어리석고 열등한 것으로 여겨지고 있었다[『선악』 229]. 이 "흉포하고 잔인한 야수"가 얼마 안 있어 『도덕의 계보』*에서 "노획물과 승리를 갈망하여 방황하는 장려한 금발의 야수"라는 구상적인 형태로 제출된다[『계보』 I. 11]. 그것은 오랜 가치에 달라붙어 있는 무해하고 어리석은 가축떼*에 대한 용맹스러운 '야만인', 사육되고 길들여져 이미 달려들어 물지 않는 '원숭이'에 대한 용맹한 '사자', 흑발의 피정복 종족에 대한 고귀*한 지배자 종족의 메타포였다. 니체가 금발의 야수라는 귀족적 종족에서 염두에 두고 있던 것은 "로마, 아라비아, 게르만, 일본의 귀족, 호메로스*의 영웅*, 스칸디나비아의 바이킹" 등 모든 고귀한 귀족* 또는 르네상스 시기의 체자레 보르자*의 이미지이지[『계보』 I. 11] 결코 게르만인을 가리키는 것이 아닌바, 어떠한 당대 풍의 인종론이나 국수주의와도 관계가 없으며, "정치적 육성 따위라는 목표로 인간을 깎아내리는 것으로부터는 그야말로 멀리 떨어진"[뢰비트 『헤겔에서 니체로』] 문학적 차원의 메타포였을 것이다.

그러나 당시 널리 읽혀지고 있던 펠릭스 단(Julius Sophus Felix Dahn 1834-1912)의 『로마를 둘러싼 투쟁』(*E in Kampf um Rom*, 1876)에서도 게르만인이 등장하는 곳에서는 언제나 "금색으로 빛나는 머리털", "금색으로 빛나는 수염의 흔들림", "금발의 젊은이"라는 표현이 나타나 있듯이, 고대 로마에서는 "금발의 야수"(flava bestia)란 '사자'(leo)를 문장으로 한 '야만인'(barbarus)의 용병, 요컨대 게르만 용병의 용감한 공격 상징이었다. 로마 황제 카라카라도 사자 군단으로 불리는 게르만의 금발의 초인들을 경호원으로 하고 있었다고 한다. 게다가 "몇 세기에 걸쳐 유럽이 **게르만의** 금발의 야수의 광포함을 목격하고……"[『계보』 I. 11] 등의 니체 자신의 발언으로부터 금발의 야수가 이윽고 오로지 게르만성과 결부되게 되었다고 하더라도 이상할 것이 없다. "금발의 게르만, 너는 언제까지 잠자고 있을 것인가"와 같은 국수주의적인 외침이 발호하는 가운데, 이 '금발의 야수'라는 대단히 강하게 게르만성을 연상시키는 메타포를 들고 나온다면, 독일인의 귀에 이것이 어떠한 울림을 지닐 것인지, 이것을 니체는 생각하지 않았던 것일까? '사자'나 '야만인' 등의 개념이 흘러드는 '금발의 야수'를 그의 초인'을 위한 표어로서 선택했기 때문에, 이것은 진의를 이해하지 못하는 어리석은 국수주의자에게 이용되고, 니체의 초인 그 자체도 오로지 독일인만의 것으로 간주되기도 했다. 나치즘의 사상재(思想材)를 정신적으로 정당화하기 위해 이용된 니체의 용어들 가운데에서도 이 정도로 불행한 운명을 겪은 것도 없을 것이다. 바로 자유롭게 떠도는 공중그네 같은 비유 때문에 저 정도로 대중적이게 된 것이라 하더라도, 니체가 금발의 야수를 가지고서 독일 국수주의자들을 의식적으로 군기 아래 소집했다는 비난도 반드시 부정해 버릴 수는 없다.

루카치'는 금발의 야수를 섬세한 문화 비판 내부에서의 무해한 메타포에 지나지 않는다고 하는 의견에 대해 반론을 제기하여 "니체가 여기서 주고 있는 것은 제국주의의 계급투쟁에 관계하는 부르주아지, 부르주아 지식인을 위한 논리'라고 하며, 맹수의 악의는 사악한 본능을 제국주의적으로 찬미하는 신화에 이른다고 한다[『이성의 파괴』]. 금발의 야수는 니체의 도발적인, 그러나 경솔하고 오해를 불러일으키는 용어 선택의 전형이기도 하다. 오늘날에도 예를 들어 카셀의 독영 사전의 'blond' 항에는 'the blond beast(Nietzsche's Germanic superman)"이라고 되어 있으며, 소설이나 영화에서 모질고 비정한 악역에는 금발의 독일인이 분장하는 것이 보통이고, '마블 코믹스'(Marvel Comics)의 슈퍼맨에서도 금발이 게르만적 독일의 상징, 니체의 이름은 금발의 야수의 고지자라는 기묘한 형태로 보급되고 있으며, 플레밍(Ian Lancaster Fleming 1908-64)의 제임스 본드도 니체식의 초인이다. 그러한 대중 수준에서가 아니라 하더라도 금발의 야수에서 거품 회사 난립 시대의 "신사복을 입은 금발의 야수"(J. 헤르만트/R. 하만), "프로이센 장교의 발칙한 생명력"(G. 만), "자본주의적 살육자, 제국주의적 찬탈자"(W. 옌스)를 보는 것이 있으며, "독일에서는 프티부르주아적인 속물이 금발의 야수의 진가를 발휘했다"(Th. 아도르노)고도 말해진다.

토마스 만'은 "내게 있어 그(니체)의 권력 철학과 '금발의 야수'는 무엇이었던가'라는 물음을 제기하고, 정신을 희생시켜 생명을 찬미한 니체를 독일의 사유에 있어 좋지 않은 결과를 초래한 서정시라고 하여 "이것을 받아들일 유일한 가능성은 아이러니로서뿐. '금발의 야수'는 확실히 나의 젊을 때의 작품 속에 배회하고 있었다. 그러나 그 야수적 성격은 제거되어 있어 후에 남아 있는 것은 맥이 빠진 것과 한데 합쳐진 금발성뿐이다'라고 말한다[『약전』]. 『토니오 크뢰거』(*Tonio Kröger*, 1903)에서의 금발의 잉게, 금발의 한스는 단순하고 어리석은, 그러나 또한 육욕을 사랑해야 할 상징이기도 하다. 니체의 메타포를 만식의 아이러니에 의해 에로틱하게, 그러나 보수적으로 긍정한 것이다. 그러나 아이러니 없이 이것이 보수적으로 긍정되고 나치즘과 혼동되는 맥락 속에서 이 말이 인용될 때에는 이것으로부터도 거칠고 사나운 위세를 떨칠지도 모른다. ☞초인, 나치스

—야마모토 유(山本尤)

금욕 도덕禁慾道德 [die asketische Moral; das asketische Ideal]

그리스도교적 금욕의 합리적 성격에 대해 M. 베버*는 이렇게 말하고 있다. "그것은 자연의 지위를 극복하고, 인간의 비합리적인 충동의 힘과 현세 및 자연에 대한 의존으로부터 떼어내 계획적 의지에 복종시키며, 그의 행위를 부단한 자기 **심사**와 윤리적 의의를 지닌 **숙려** 하에 두는 것을 목적으로 하는, 그러한 합리적 생활 태도의 조직적으로 완성된 방법으로서 이미 완성되어 있다"『프로테스탄트 윤리와 자본주의 정신』]. 이러한 금욕 윤리는 무엇보다도 수도사의 덕행의 목표이자 세속 외 금욕의 이상적 모습이었다. 퓨리터니즘도 이 이상을 이어받지만, 동시에 금욕 윤리의 방향 전환도 행한다. 합리적 금욕을 세속 바깥으로부터 세속 내의 실천으로 옮겨놓고, 일상생활을 살아가는 모든 사람들을 마치 수도사처럼 살아가도록 하는 것이 퓨리터니즘의 중요한 역할이다. 세속 외 금욕으로부터 세속 내 금욕에로의 전환을 촉진한 것은 "일체의 피조물은 신으로부터 완전히 격리되어 무가치하다"는, "피조물 신화神化"를 거부하는 태도다. 감각이나 감정은 이 세상의 사물에 대한 집착을 보이기 때문에 피조물 신화와 쉽게 통한다. 피조물 신화와 결부되는 모든 욕망은 절대적으로 부정된다. 특히 사치와 낭비는 피조물 신화로서 배척된다.

이 세상의 것이 모두 무가치하게 되면 이 세상에서 살아가는 인간도 역시 무가치하다. 인간은 신체를 갖는 한에서, 감각과 감정 없이 해나갈 수 없다. 그럼에도 불구하고 '피조물 신화'를 부인하는 교의는 사람들에 대해 마치 신체 없는 존재일 것을 요구한다. 일정한 욕망이 압살될 때, 인간은 황량한 심적 풍경밖에 가질 수 없다. 이것을 견디는 길은 철저한 자기 규율을 지니고서 신으로부터 맡겨진 재산을 관리하는 영리 기계에 철저를 기하는 것이다. 피조물 신화의 죄를 범하지 않는지의 여부, 소비 욕망에 휩쓸려 감각이나 감정과 타협하지 않았는지의 여부를 일상적으로 자기 심사하지 않으면 안 된다. 종교적인 자기 보존 심사의 노력으로부터 자기 규율의 정신이 단련되며, 이러한 자기 규율이 하나의 직업윤리로 되어 간다. 자신의 생활

전체를 피조물 신화의 거부와 그것으로부터 흘러나오는 세속 내 금욕의 규범에 비추어 방법적으로 조직화해 가는 곳에 근대의 금욕주의적 윤리의 최대 특징이 존재한다. 근대는 일상의 생산 활동 속에서 방법의 정신을 낳고, 생활의 방법화를 산출했다. 방법적 생활은 자기 자신의 생활, 자기·사물·타자와의 관계를 합리적으로 '경영'하는 정신, 한 마디로 말하면 경제 합리성을 결과로서 산출했다. 베버에 따르면, 세속 내 금욕에 기초하는 방법적·합리적 경영의 정신이 근대 산업 자본주의의 궤도를 설정한 것이다. 근대 노동은 세속 내 금욕의 도덕의식과 불가분이다.

시민 경제 안에서 형성되는 생활의 방법주의와 더불어 근대는 이성의 방법주의도 낳았다. 프랜시스 베이컨(Francis Bacon 1561-1626)이 인식의 확실성을 추구하여 "정신을 처음부터 방임하는 것이 아니라 끊임없이 지도하여 이를테면 기계에 의한 것처럼 작업을 수행하도록 할 수밖에 없다"『노붐 오르가눔』 서문]고 말했을 때, 앎의 조직화와 방법주의의 씨앗이 뿌려졌다. "제작에 의해 자연을 정복한다"[같은 곳]는 베이컨의 말은 적어도 두 가지 방향을 암시하고 있다. 하나는 지성의 활동을 기술적 생산 노동과 동질의 것으로 하는 것이다. 또 하나는 기술자의 행동과 마찬가지로 지성을 지도와 훈련에 복종시키고, 지적 활동과 그 성과를 조직적으로 조립하는 것이다. 이 두 가지 방향은 데카르트*에 의해서 한층 더 정밀해진다. 『정신 지도의 규칙』(Regulae ad directionem ingenii)은 '기계 기술'과 지성의 조작을 동일시하고, 훈련을 쌓은 '직인들'의 몸짓으로부터 배워야 한다는 것을 강조하고 있다. 기계를 만드는 기술은 사실상 언제나 방법적이다. 데카르트는 근대의 방법적 정신을 『방법서설』에서 명증성, 요소로의 분해, 질서에 따르는 종합, 완전한 매개라는 네 가지 원칙으로 정리해낸다. 대상의 제작을 학문의 방법으로서 강조한 홉스도 역시 방법적 정신의 주장자였다. 어떠한 대상의 지식도 그것의 생성과 제작 양식을 사전에 인식하는 것으로부터 생겨난다. 자연이나 신에 의해서가 아니라 인간이 생산하고 제작할 수 있는 것은 인간에 의해 인식 가능하다. 이 인식 가능성

의 근거는 홉스의 경우에서도 베이컨이나 데카르트와 마찬가지로 기계 기술에서 구해진다. "기술은 코먼웰스 또는 국가(civitas)라고 불리는 위대한 리바이어던을 창조하지만, 그것은 다름 아닌 인공적 인간이다."[『리바이어던』 서설]

근대 이성은 그것이 생산주의적인 활동인 까닭에 방법적 정신이 된다. 자연계나 인간계에 대한 이론적 대상을 생산하고, 그것을 이론적 문제로 다듬어내면서 그 문제에 해답을 지식으로서 제공한다. 물음은 제작되고, 해답도 제작된다. 물음과 해답의 관계를 질서 정연하게 조직화하는 방법은 근대 정신의 근본적 특질이 된다. 이 방법이 진리에의 의지*를 부단히 산출한다. 진리를 의욕하면서 정신의 영위를 방법적으로 제어하는 태도는 이성 영역에서의 금욕주의라고 불릴 수 있을 것이다. 이러한 금욕주의적 방법은 경험적 자연 대신에 기계론적 자연을 제작하고, 그렇게 함으로써 자연을 조작의 대상으로 만든다. 마찬가지로 금욕주의적 방법은 경험적 인간이 아니라 인공적 인간을 제작하며, 그렇게 함으로써 인간의 세계를 조작과 관리의 대상으로 만들어낸다. 지적으로 바꿔 만들어진 자연상과 인간상은 모두 자연적인 것은 포함하지 않는다. 세계의 모든 것이 '만들어진다'는 의미에서 인공적(인위적)이 된다. 생산주의적 이성과 금욕적 방법주의는 '자연적인 것'을 추방한다. 인간과 관련해서는 감각이나 감정은 '진리에의 의지'에 의해 격하되든가 억압된다.

앎의 방법주의는 명백하게 금욕 도덕을 공언하지 않는다. 그러나 이성의 질서에 따르는 지식의 방법적 체계의 몸짓은 일상적인 생산 활동 속에서 태어났다. 퓨리턴적인 금욕 도덕과 방법주의는 서로 공명한다. 근대의 앎은 탄생의 처음부터 인간을 자연으로부터 탈출시키고자 하고 있었다. 세계 내 금욕 역시 자연(즉 감각, 감정, 욕망*)을 넘어설 것을 강력하게 요청하고 있었다. "자연의 지위를 넘어선다고 생각되는 것은 부단한 반성에 의해 이끌리는 생활 이외에는 없다. 데카르트의 '나는 생각한다, 그러므로 나는 존재한다'는 말은 이러한 새로운 윤리적인 의미에서 당시의

퓨리턴들이 수용하는 바가 되었다."[베버, 앞의 책] 바로 그렇기 때문에 니체는 말한다――"과학과 금욕주의적 이상, 이 양자는 실로 동일한 지반 위에 서 있다." [『계보』 Ⅲ. 25] 앎에의 의지, 진리에의 의지, 방법주의 등이 금욕주의의 이상이라고 한다면, 방법적 생활과 방법적 앎에 대한 장애물은 단호하게 배척되어야만 한다. 장애물은 무엇보다도 자연적인 것, 육체의 쾌락이다. "직업 노동이나 신앙을 잊게 만드는 **충동적인** 쾌락은 어김없이 합리적 금욕의 적으로 되었던 것이다."[베버, 앞의 책] 다른 한편 정신의 영역에서 방법적 지성에 대립하는 적이란 예술이다. "예술에서는 **허위** 그 자체가 신성화되고 **기만에의 의지**가 양심의 가책을 받음이 없이 허락되기 때문에, 예술은 과학보다는 훨씬 근본적으로 금욕주의적 이상과 대립한다."[『계보』 Ⅲ. 25]

금욕 도덕에 의해 내면으로부터 추동되는 생산자들은 자기의 전문직에 전념해 가게 되지만, 그것은 세계를 전체적으로 인식하고 만능의 인간이고자 하는 르네상스적인 전체인으로서의 파우스트적 인간의 전면성을 단념하는 것이다. 천직으로서의 직업에서 '업적'을 올리는 것과 파우스트적 인간상의 '단념'은 근대인의 생활 스타일이 된다. 바로 이 단념이야말로 르상티망*의 원천이 된다. 르상티망은 금욕주의의 산물이다. 이로부터 "비유기적・기계적 생산의 기술적・경제적 조건에 결부된 근대적 경제 질서의 저 강력한 질서계(Kosmos)"가 성립한다. 이 기구에 들어가는 모든 개인(생산자들만이 아니라 모든 근대인)을 가두는 "강철처럼 견고한 우리"가 확립된다[베버, 앞의 책].

생활 측면에서도 지성 측면에서도 동일한 정도로 강력하게 성립한 금욕주의와 방법주의가 철의 힘으로 조형하는 '근대적 인간'이란 어떤 자인가? 진리에의 의지, 앎에의 의지, 방법에의 의지란 어떠한 의지인가? 그것은 "무에의 의지*이며, 삶에 대한 혐오이고, 삶의 가장 근본적인 전제에 대한 반역이다."[『계보』 Ⅲ. 28] 근대인이란 니힐리즘*에 의해 전면적으로 침투된 인간 유형이다. 이 인간 유형을 니체는 '마지막 인간'=인간 말종'(die letzten Menschen)이라고 부른다. "슬픈 일

이다! 사람이 더 이상 별을 탄생시킬 수 없게 될 때가 올 것이니. 슬픈 일이다! 자기 자신을 더 이상 경멸할 줄 모르는, 그리하여 경멸스럽기 짝이 없는 사람의 시대가 올 것이니. …… 그때 대지는 작아졌으며, 그 위에서 모든 것을 작게 만드는 저 마지막 인간이 날뛰고 있다. …… 마지막 인간은 누구보다도 오래 산다." [『차라투스트라』 서문 5] 사실 '마지막 인간의 시대가 도래했으며, 현재도 의연히 '마지막 인간'의 시대다. 막스 베버의 작업은 '마지막 인간'의 성립사에 대한 해명이라고 말할 수 있다. 자본주의 정신이란 '마지막 인간'의 정신이다. 근대의 이중적인 의미에서의(생활과 정신 양면에서의) '방법주의적 인간'이란 '최후의 인간'이다. "이러한 문화 발전의 최후에 나타나는 '마지막 인간'에게 있어서는 다음과 같은 말이 진리로 되는 것이 아닐까? '정신이 없는 전문인, 심정이 없는 향락인. 이 무인 것은 인간성이 이전에 도달한 적이 없는 단계에까지 이미 올라섰다고 스스로 황홀해 할 것이다'라고."[베버, 앞의 책] ☞ 베버{막스}, 푸리에, 마지막 인간, 노동, 르상티망

—이마무라 히토시(今村仁司)

금욕적 이상禁慾的理想 ☞ 금욕 도덕

기쁨 ☞ 미와 쾌락

기지/유머機智/── [Witz/Humor]
"가장 기지에 넘친 작가들은 쉽게 알아볼 수 있는 미소를 거의 만들어내지 않는다"[『인간적』 I. 186]라는 말에는 니체가 애독한 프랑스 모럴리스트*들이나 니체 자신의 아포리즘*을 읽을 때에 문득 짓게 되는 은밀한 웃음을 떠올리게 하는 점이 있다. 그것은 통상적인 사고 질서의 비틂이나 시점의 역전에 의해 그때까지 사로잡혀 있던 사고로부터 풀려난 해방감이 가져오는 웃음이다. 프로이트*는 기지와 무의식의 관계를

지적하여 사회적으로 터부시되고 있는 것을 우스꽝스러운 이야기의 틀에 숨겨 사람들 앞에 말하듯이 하는 기지는 무의식과 마찬가지로 방어기제의 해제라고 하고 있다[『기지와 무의식』(1905)]. 웃음을 불러일으키는 해방의 요소는 기지와 유머에 공통되지만, 니체는 유머보다는 기지 쪽에서 자신의 사고와의 유사성을 보고 있었던 듯하다. 거기에는 이 두 개의 말이 19세기까지 더듬어온 의미의 변천이 영향을 미치고 있다.

기지(Witz)는 17세기까지는 이해력이나 지식을 나타내는 말이었지만, 18세기 초에 크리스티안 베르니케(Christian Wernicke 1661-1725)라는 시인에 의해 프랑스어의 esprit의 번역어로서 사용되었다. 에스프리란 기민한 지적 능력을 지니고 교묘한 회화로 사람들을 즐겁게 하며 임기응변의 재치 있는 대응을 할 수 있는 능력으로 생각되었고 프랑스인에게 고유한 것이라는 견해가 강했다. 독일의 초기 계몽사상가 토마지우스(Christian Thomasius 1655-1728)는 프랑스인의 에스프리를 모방할 것을 독일인에게 권고하고 있다. 18세기에 들어서면 더 나아가 영국의 위트(wit)의 의미가 이에 더해진다. 위트라는 말의 수용에 있어서는 특히 영국 경험론 철학의 영향이 강했다. 철학자 Ch. v. 볼프(Christian von Wolff 1679-1754)는 존 로크(John Locke 1632-1704)에 의한 위트의 정의를 그대로 받아들여 유사한 것을 지각하는 능력을 기지로 파악하고, "몇 가지의 이미 아는 진리로부터 올바른 추론에 의해 다른 진리를 끌어내 가는 것"[『신에 대한 이성적 사고』(1720)]이라고 규정하고 있다. 볼프를 비롯한 계몽사상가들에게 있어 기지는 통찰(Scharfsinn)과 더불어 합리적 사고에 있어 불가결한 요소가 되었다. 통찰이 일반 개념으로부터의 연역 능력인 데 반해 기지는 개별적 사실로부터 일반 개념을 끌어내는 종합 판단의 능력이며 구상력과도 관계된다고 파악되었다. 이러한 사고방식은 칸트*에게도 계승되어 그는 기지에 대해 "유사성을 분별하는 특유의 능력"[『인간학』(1798)]이라는 표현을 하고 있다.

에스프리와 위트라는 양쪽의 각 측면을 이어받은 기지 개념은 계몽기의 문학·예술론에도 반영되어

있다. 하지만 이미 아는 것으로부터 새로운 진리*를 끌어내는 발견적인 상상력으로서의 측면은 1760년경 부터는 이른바 천재* 개념으로 대체되며, 서서히 기지라는 말은 우스운 결말이 있는 조크와 같은 짧은 이야기만을 가리키는 말로 되어간다. 이 경향은 19세기에 들어서서 한층 더 강해졌다. 이미 아는 것의 독창적인 조합으로부터 새로운 판단을 이끌어내는 18세기 철학에서의 의미로 기지라는 말이 마지막으로 사용된 것은 19세기 초의 전기 낭만파에서다. 노발리스(Novalis 1772-1801)나 F. 슐레겔(Friedrich von Schlegel 1772-1829)에게 있어 기지는 분석적 사고 능력으로 축소되어 버린 이성 개념을 비판하는 사고 형태의 하나이며, 자유로운 연상에 의해 좁은 의미의 합리성의 틀을 넘어서는 사고력으로 높이 자리매김 되고 있다. F. 슐레겔은 기지란 "무의식의 세계로부터 오는 번개"라고 말하고 있다. 또한 장 파울(Jean Paul 1763-1825)도 "기지만이 발견을 행할 수 있다"고 18세기 계몽의 기지 개념을 이어받으면서 창조적 능력으로서의 기지를 강조한 이해를 보여준다. 요컨대 19세기까지 기지라는 말에는 이와 같은 주로 세 가지 의미, 요컨대 (1) 프랑스적인 에스프리라는 의미, (2) 계몽철학이 포착한 발견 능력으로서의 기지, (3) 사교적 장면에서 이야기를 북돋우기 위한 조크나 익살이라는 의미가 담겨 있었던 것이지만, 이 가운데 철학적 의미는 니체 시대에는 이미 사라져 있었다. 니체가 그 말을 구사하는 방식도 (1)이나 (3)의 의미에 대응한다.

사교적 대화의 수단이 된 기지에 대해 니체는 회의적이다. 예를 들면 "대화할 때에 솜씨 좋은 익살(Witz)을 던지는 것"[『인간적』 I. 369]이나 "화해의 수단"으로서의 농담[같은 책 312] 따위에 대해 말하는 경우에는 교제의 윤활유로서 기지 내지 농담을 필요로 할 수밖에 없는 인간의 심리를 파헤치고 있다. 또한 "독일적 깊이"에 대해 말하고 있는 아포리즘 『선악』 244]에서는 프랑스적인 에스프리와는 전적으로 인연이 먼 둔중한 독일인의 '깊이'를 비판하기는 하지만, 그와는 다른 한편으로 "프로이센적인 격식 차린 말투"나 "베를린적인 농담"보다는 아직 '깊이'로 관철되고 있던 쪽이 좋다고까

지 말한다. 깊이에 들어서지 못한 채 표면상의 인간관계를 활발하게 할 뿐인 기지에 관해 니체는 부정적으로 보고 있다. 「대도시의 시인들에게」[『인간적』 II-1, 11]라는 제목의 아포리즘에서는 "시인들이여, 너희는 만약 어떤 순수하고 아름다운 감정이 너희에게 세례를 받을 경우 항상 대부에게 기지와 불결을 부탁해야 할 필요가 있겠는가?"라고 비난하고 있지만, 베를린적인 농담으로 대표되는 기지는 니체에게 있어 어딘가 도시의 속도가 빠른 혼잡한 가운데서의 생활을 떠올리게 해 그가 좋아하는 바는 아니었던 듯하다.

이에 반해 니체가 높이 평가하는 프랑스적인 기지를 대표하는 저작가로서 거론되는 것은 몽테뉴, 라 로슈푸코*, 라 브뤼예르*(Jean de La Bruyère 1645-96), 퐁트넬(Bernard Le Bovier de Fontenelle 1657-1757), 보브나르그(Luc de Clapiers de Vauvenargues 1715-47), 샹포르*이며, 그들을 읽으면 "기원전 최후의 몇 세기의 정신이 되살아온다"[『인간적』 II-1. 214]고 말한다. 여기서 프랑스 모럴리스트를 규범으로 삼아 그로부터 과거로 시선이 돌아가는 것은 니체에게 고유한 사고 회로이기도 하지만, 그와 동시에 독일어로 기지라는 말이 19세기에는 이미 에스프리라는 의미를 대부분 잃어버리고 있었던 사정과도 관계될 것이다. 달리 표현하자면, 에스프리는 독일 사회에서 뿌리내리지 못한 사태의 나타남이기도 할 것이다. 에스프리라는 의미에서의 기지를 대신하는 말로서 니체는 '재기가 넘치는'(geistreich)이라는 표현을 사용하고 있다. 그것은 "재기로 사람들을 즐겁게 해주고, 격려해주며, 감격시키고, 진지함과 농담으로 매료시키는"[『인간적』 I. 264] 것이다. 재기가 넘치는 자들은 보잘것없는 학자*들에 의해 멸시당하고, 재기가 넘치는 자들은 역으로 학문에 대한 혐오를 지닌다는 말은 니체 자신의 자기관찰에서 유래하는 것이라는 느낌마저 든다.

기지와 비슷하게 시점의 전환에 의해 웃음을 불러일으키는 유머(Humor)는 인생이나 세계에 대해 달관할 수 있는 높은 곳에 시점을 두고 도덕적 통념으로부터 거리를 취해 통상적인 것들에 대한 견해를 역전시켜 보는 것이다. 예를 들면 강대한 지배자에게서 인간적

약함을, 고결하게 보이는 자에게서 탐욕스러운 욕망을 찾아낸다든지, 또는 역으로 빈곤한 생활을 하고 있는 사람에게서 쾌활함을, 괴짜 취급받는 사람에게서 따뜻한 인간성을 발견하는 식으로 강함과 약함, 지배와 피지배, 선과 악 등의 사회 통념이 역전될 때의 골계가 웃음을 불러일으키는 것이다. 본래 조금 색다른 인물에 대해 말하면서 그의 인간성을 존중하는 영국의 '유머'에서 생겨난 문학 전통에서 유래하는 것인 그것은 H. 필딩(Henry Fielding 1707-54)이나 L. 스턴(Laurence Sterne 1713-68)의 작품을 통해 독일에도 알려지는데, 장 파울은 유머에 대한 최초의 이론화를 『미학 입문』(1804)에서 행했다. 그의 작품은 유머 소설의 전형이라고 말할 수 있다. 시점의 역전이나 있는 것 속에서 반대되는 것을 발견하는 사고는 니체의 가치의 전환*이나 심리학*적 관점과 공통점을 갖고 있는 것으로 보이면서도 니체가 유머를 그다지 다루고 있지 않은 것은 유머가 약자에 대한 동정*을 포함하고 있기 때문이다. 유머의 관점에서는 철저하게 독을 품은 해학이나 니힐리즘*은 불가능하다. 니체는 유머의 이론가이자 작가인 장 파울을 슐포르타* 시대에 애독한 일을 자전의 시도에 적고 있지만, 그 즈음에는 장 파울을 기지의 작가로 간주하고 있다. 후에는 장 파울에 대해 부정적인 견해를 나타내게 되어, 장 파울은 애써 기지의 센스를 지니고 있으면서도 동정적인 유머의 '눈물'로 기지를 망쳐버렸다고 한다. "(그는) 감정과 진지함을 가지고 있었지만, 그것을 맛보도록 줄 때에는 그 위에 혐오감을 일으키는 눈물 소스를 끼얹었다. 사실 그는 기지를 가지고는 있었다. — 그러나 유감스럽게도 그것을 바라는 그의 열망에 비해서는 너무나 적었다"[『인간적』 II-2. 99]고 니체는 적고 있다. 이 발언에서 니체가 유머에서 너무나도 '인간적'인 냄새를 느끼고 있었던 까닭에 혐오했다는 것이 읽혀진다. 덧붙이자면, 문학에서의 유머는 독일에서 1848년의 3월 혁명의 좌절 후 쇼펜하우어*의 페시미즘* 영향 하에 유행했다. 유머는 현실의 변혁이 불가능해진 상태에 대해 체념을 품고 있던 작가들에게 있어 시민사회 내에 머물면서 최대한으로 가능한 현실 비판을 행하는 형태였다고

할 수 있다.

시점 전환의 우스꽝스러움이라는 점에서는 기지나 유머 모두 니체가 "무의미에서 느끼는 기쁨"[『인간적』 I. 213]이라고 말한 것과 공통점을 지닌다. 니체는 다음과 같이 말한다. "경험을 반대의 것으로, 합목적적인 것을 무목적적인 것으로, 필연적인 것을 임의적인 것으로 전환하는 것은 인간을 기쁘게 하며, 게다가 이 과정이 아무런 해도 주지 않고 일시적인 즐거움으로만 나타나는 것은 더욱더 인간을 기쁘게 한다. 왜냐하면 그것은 우리가 통상적으로 우리의 무자비한 주인으로 느끼는 필연적인 것, 합목적적인 것, 경험적인 것의 속박에서 일시적으로 우리를 해방시키기 때문이다. 기대되었던 것(보통 우리를 불안하게 만들고 긴장시키는 것)이 아무런 해도 주지 않고 해결될 때, 우리는 즐거워하며 웃음을 터뜨린다." 이것을 니체는 "사티로스 제의에서의 노예의 기쁨"이라 명명하고 있다. 문학에서는 그러한 사티로스 제의적인 시점 전환의 수법이 언제나 존재해 왔다. 기지도 유머도 그것의 한 형태라고 생각할 수 있을 것이다. 덧붙이자면, 풍자(Satire)는 어원적으로 사티로스와 관계가 없지만, 그 유사성 때문에 로마 말기나 르네상스* 시기에는 시대적으로 거슬러 올라가 사티로스에서 유래한다고 생각된 적도 있다. 니체의 비판에 문학 장르에서 말하는 풍자와 가까운 점이 있는 것도 우연이 아닐 것이다. 여하튼 기지, 유머, 풍자, 나아가서는 아이러니* 따위의 문학적 수법이나 장르는 니체가 말하는 '해를 주지 않고' 가치를 전환함으로써 비판을 행하는 다양한 가능성이었다. 이러한 다양한 비판의 형태와 씨름하는 가운데 니체는 '무의미에서 느끼는 기쁨'이 지니는 비판의 잠재력을 구해내는 형태를 모색하고 있었다고 말할 수 있을 것이다. ☞모럴리스트, 아이러니

—오누키 아츠코(大貫敦子)

깊이 있는 모든 것은 가면을 사랑한다 ["Alles, was tief ist, liebt die Maske"]

『선악의 저편』* 40번 서두의 말로, 니체 사상의 스타

일을 잘 표현한 것으로 받아들여지는 경우가 많다. 실제로 니체는 자신의 발언과 사교는 모두 겉보기이며, 그 깊숙한 곳에는 깊은, 사람들이 들었다면 도저히 견딜 수 없는 사상을 숨기고 있다고 하는 것을 암시하는 문장을 많이 쓰고 있다. "올바로 침묵하기 위해서는 말하기를 배워야만 한다. 깊숙한 곳을 지니는 인간은 전면을 필요로 한다. 그것은 타인을 위해서이기도 하다면, 자신을 위해서이기도 하다. 왜냐하면 자기 자신으로부터 휴식을 취하기 위해서는 전면이 필요하기 때문이다. 또한 타인이 우리와 함께 살아갈 수 있기 위해서도."[유고 Ⅱ. 8. 296] 또는 "은둔자는 일찍이 철학자가…… 자신의 고유하고 최종적인 생각을 책에 표현했다고 믿지 않는다.'[『선악』 289] 가면*과 유사한

비유로서는 한스부르스트(Hanswurst, 어릿광대*)나 연기 등도 사용되지만, 거기에 귀족적 긍지가 숨어 있다는 것은 말할 필요도 없다. 다른 한편 연기나 가면을 넌지시 말함으로써 연기나 가면이라는 것을 무의미하게 해버린다는 점도 중요하다. 거짓말쟁이가 자신은 거짓말을 하고 있다고 말해버렸다면 그걸로 끝이다. 하지만 그것들과 별도로 가면과 본질, 전면과 깊숙한 곳, 연기와 속마음과 같은 구별 그 자체가 유동화되고 있는 면도 간과될 수 없다. 그러한 이항대립을 고수하는 인간을 쾌활하게 비웃는 문장은 곳곳에 놓여 있다. 이것은 니체의 고유한 철학적 경험에 속하는 것일 터이다. ☞ 가면과 놀이

—미시마 겐이치(三島憲一)

ㄴ

나는 무소처럼 혼자서 걷는다 ["So wandle ich einsam wie das Rhinozeros"]

불경 수타 니파타의 영역에 나오는 후렴구를 니체가 자기 식으로 번역한 것[게르스도르프에게 보낸 편지 1875. 12. 13.]. 니체가 사랑한 말이다. 『아침놀』*에는 "불교인의 노래에 의하면 '무소의 뿔처럼 혼자서 걷는' 현자'가 모든 것을 분쇄하며 내딛는 무거운 발걸음에도 때로는 화해적이고 부드러운 인정의 징표가 필요하다'라는 구절이 있다[『아침놀』 469]. 오랜 불경에 눈길을 보내는 젊은 날의 기호에는 쇼펜하우어*의 영향이 남긴 흔적이 엿보인다. 자기에게 충실하게 살아가며, '성실'의 고뇌를 받아들이는 그 자세에는 무소의 풍모로 이미지화되는 현자의 고독'한 방랑'과 일맥상통하는 바가 있었을지도 모른다. 무소는 고고한 동물이다. 무소처럼 "무엇이든 으깨어버리는 발걸음"은 "인식의 모든 성과와 발전은 용기에서, 자신에 대한 엄격과 순수함에서 나온다[『이 사람』 서문]는 "인식의 정열"과 통한다. ☞현자

―기마에 도시아키(木前利秋)

나쓰메 소세키 [夏目漱石 1867-1916]

소설가. 동경에서 태어난다. 중학 시기에 니쇼가쿠샤(二松學舍)에서 한학을 공부한 후 영어영문학으로 옮기며, 메이지 26년 7월 도쿄제국대학 영문과를 졸업. 마쓰야마 중학, 구마모토의 제5고등학교 등에서 교편을 잡은 후, 문부성 파견으로 메이지 33년 10월부터 36년 1월까지 런던에 유학한다. 귀국 후 제1고등학교 및 고이즈미 야쿠모(小泉八雲 1850-1904)의 후임으로서

도쿄대학 강사를 겸임한다. 메이지 40년에 아사히신문에 입사하며, 이후 창작에 전념했다.

일본에 니체가 이입되고, 다카야마 쵸규*와 도바리 치쿠후(登張竹風)를 중심으로 하는 니체 논의가 문단의 이목을 모은 것은 메이지 34년부터 35년에 걸친 것으로, 이것은 정확히 소세키의 유학 중에 해당한다. 소세키는 물론 이 논전에 참가하지 않지만, 메이지 36년 9월부터 38년 6월까지 2년간에 걸쳐 도쿄대학에서 행한 강의를 정리한『문학론』에는 니체의 이름이 나온다. 그리스도교*의 도덕을 노예 도덕이라 하고, 군주 도덕을 찬양한 니체의 교설을 소개한 다음, 이것은 특별히 진기한 교설이 아닌바, 이 두 가지 도덕은 서로 나란히 나아가 온 것이지만, 자기를 위하는 군주 도덕은 사람들이 나날이 실천하고 있는 것으로 굳이 창도할 필요까지도 없었다고 소세키는 말한다. 강자의 도덕이라고도 해야 할 무사도가 아직 살아 있던 메이지의 자식다운 반응이다. 『문학론』은 신경쇠약이 될 정도로 맹렬하게 공부한 런던 시기의 성과를 집대성한 것인데, 니체의 교설에 대한 소개는 5편으로 이루어진 이 저작의 제1편에 나온다. 요컨대 상당히 이른 부분에 나오는 것이지만, 노예 도덕과 군주 도덕이 논의되는 니체의 저작은『도덕의 계보』*이며, 이 작품은 소세키의 장서 가운데는 없다. 따라서 니체 소개의 원천은 명확하지 않지만, 그야 어쨌든 이 무렵까지의 소세키의 니체에 대한 관심은 아직 당시의 상식 범위를 넘어서는 것이 아니었을 것이다.

소세키가 쓴 것으로 독특한 니체에 대한 언급이 보이는 것은 메이지 38년 1월부터 39년 8월에 걸쳐 잡지『호토토기스』(ホトトギス, 두견)에 연재한 처녀작

『나는 고양이로소이다』에서이다. 제7장의 목욕탕 장면에서 한구석에 일어선 덩치가 엄청나게 큰 사람을 평하여 고양이가 "초인"이다! 니체의 이른바 초인이다!"라고 외치며, 평등하게 되고자 아무리 벌거벗더라도 또한 호걸이 나와서 다른 범인들을 압도해 버린다고 하는 감개를 말하는 곳이다. 더 나아가 마지막의 제11장에서 도쿠센(独仙)이 개성을 늘리면 늘릴수록 서로 답답하게 되는, 개성이 발달한 19세기에는 영웅이 나올 여지가 없으며, 니체의 초인 따위도 이상이라기보다 원한통분의 소리라고 하는 곳이다. 고양이 식의 해학과 유유자적한 맛을 교차시킨 논평이지만, 메이지 38년 11월 무렵부터 39년 여름 무렵까지의 단편(창작 메모)을 보면 계속해서 니체와 관련된 것이 나온다. 소세키의 장서 가운데 니체의 저작은 A. Tille 역의 *Thus spake Zarathustra*(1899년 간행)의 한 책뿐이지만, 이 책을 비상한 관심을 가지고서 숙독, 음미한 흔적이 있는데, 다른 책과 비교하며 한 무리를 뽑아내고 소세키 자신이 영문으로 난외에 써넣은 것이 많이 있다. 이 독서가 계기가 되어 단편이 쓰이고, 『고양이』에 대한 언급으로 발전했던 것일 터이다. 따라서 이 독서는 『고양이』 집필 중에, 좀 더 말하자면 초인이 나오는 제7장을 쓰기 직전인 38년 11월 즈음을 중심으로 하는 것일 터이다. 제8장에는 예의 철학자 도쿠센이 등장하며, 그의 영향을 받아 실성한 텐도코헤이(天道公平)의 편지 등도 9장에 나온다. 도쿠센은 불평투성이인 데다 짜증이 많은 구샤미(苦沙弥)에게 마음의 수양을 이야기하며, 서양의 적극주의를 비판하여 소극의 극에서 마음의 자유를 얻는 선가 풍의 동양 철학을 이야기한다. 이 맥락에서 최후의 초인론도 나오는 것이다. 그런데 예의 영문 메모를 보면, 『차라투스트라』* 제3부 구제의 장에 도쿠센의 의견과 거의 동일한 내용의 소세키의 메모가 있다. 도쿠센은 차라투스트라 독서에 촉발되어 조형된 인물이라고도 생각된다. 근대적 자아의 확립은 당시 지식인의 중요 과제였다. 자기 본위의 입장을 확립하고자 했던 당시의 소세키에 있어 자기를 신으로 만들 정도로 자아의 절대성에 대한 주장으로 소세키가 파악하고 있던 니체는 그런 의미에서 공감의 대상이

기도 했다. 그러나 자기 추구의 결과, 삶의 목표로서 니체가 이야기하는 이상이 초인이라고 한다면, 그것은 스스로 극도의 신경병으로 괴로움을 당하고 있던 소세키의 구원이 되지는 못하며, 오히려 자기 멸각의 동양 철학에서야말로 구원이 있다고 생각한다. 이로부터 크게 전환하여 서양 근대 비판이 시작되며, 개성 존중의 서양의 비극, 더 나아가서는 서양을 추수하는 일본의 장래의 비극을 보게 된다. 소세키는 대단히 주체적·비판적으로 이 책을 읽고 있으며, 저 메모에는 그러한 공감과 반발이 이상한 모양의 열기로 교차하고 있다. 어떻든지 간에 『차라투스트라』 독서가 소세키의 사유에 대한 커다란 자극이 되어 『고양이』 후반의 인물 조형과 주제, 문명 비판에 커다란 그림자를 드리우고 있다고 말할 수 있다. 이후 소세키가 니체를 깊이 연구하는 일은 없었던 듯하지만, 훨씬 뒤의 『행인』 등에도 니체에 대한 마음 씀이 보인다. 니체가 소세키의 실존의 근본을 건드리는 사상가였기 때문일 것이다. 소세키 문하로부터 이쿠타 쵸코*와 같은 니체 번역자, 와츠지 데츠로*, 아베 지로*, 아베 요시시게(安倍能成 1883-1966)와 같은 니체 연구자, 또한 니체에 대한 관심을 계속해서 지녔던 아쿠타가와 류노스케*와 같은 문학자가 배출되는 것도 소세키와 니체의 이러한 관계방식과 관련이 있는 것인지도 모른다.

—스기타 히로코(杉田弘子)

참 ▷平川祐弘「夏目漱石の『ツァラトゥストラ』讀書」氷上英広教授還曆記念論文集刊行委員會 編『ニーチェとその周邊』 수록, 朝日出版社, 1972. ▷杉田弘子「漱石の『猫』とニーチェ」『武藏大學人文學部紀要』 제26권 제2호, 1994.

나움부르크 [Naumburg]

부친의 사후; 니체 가족이 1850년에 이주한 작센안할트 지방의 소도시. 교회 미술이라는 점에서 유명한 대성당이 있는 것 이외에는 전적으로 따분한 시골 마을로, 보수적이고 완미한 경건함이 남아 있는 그런 상태의 지방이기도 했다. 니체는 1858년에 교외의 슐포르타*로 전학하기까지 이 도시의 소학교와 대성당 부

속의 김나지움에 다녔지만, 누이가 전하는 바에 따르면, 당시의 니체는 장대비가 쏟아져도 광장을 달려 건너는 일 따위는 절대로 하지 않는 행동거지가 좋은 아이로, '작은 목사'라는 별명을 받을 정도였다. 후년에 그는 어머니와 누이에게는 골수까지 물들어 있던 편협하고 인색한 소시민적 도덕을 "나움부르크의 미덕"이라고 부르며 혐오했다. 또한 고향에 돌아와 가족을 방문할 때마다 이 지방의 기후가 그의 건강에 좋지 않다는 것을 탄식하고 있다. 나움부르크 산의 씁쌀한 와인은 원래 술에 약한 니체의 입에는 맞지 않았지만, 돼지고기 햄만은 예외로, 1888년이 되어서도 어머니에게 몇 번이나 편지를 써서 보내줄 것을 조르고 있다. 니체는 발광 후, 1890년에 어머니에게 맡겨져 1897년에 누이에 의해 바이마르*로 옮겨지기까지의 기간을 이 도시에서 보냈다. 그 후에도 나움부르크는 구태의연한 곳으로, 1930년에는 나치스*의 대두 전야라는 정치 상황을 남의 일로 하여 '제3의 인문주의'를 주창한 베르너 예거*의 주최에 의한 나움부르크 고전학 회의의 개최지가 되었다.

—오이시 기이치로(大石紀一郎)

나치스

1889년 1월, 니체는 광기의 어둠 속에서 떠나가지만, 이 해의 4월 20일에 히틀러가 태어나는 것은 히틀러를 '니체의 유언 집행자'로 만들고자 했던 자들에게 있어서는 의미 깊은 일이었을 것이다. 초인*, 금발의 야수*, 도야와 육성, 호전주의, 반도덕주의, 반지성주의, 반민주주의, 반사회주의 등, 나치즘의 온갖 도구들은 니체에게서 얼추 준비되어 있었기 때문이다. 그리고 니체의 유고 관리인으로 바이마르*의 '니체 아르히프'를 책임지는 누이 엘리자베트는 히틀러에게서 오빠 니체가 꿈꾼 차라투스트라의 고귀한 제자, 오빠가 생각하고 있던 귀족적인 가치를 부흥시킬 하늘에서 온 자를 보았던 것인지 어떤 것인지, 그녀의 오빠에 대한 히틀러의 관심을 증대시킴으로써 오빠와 함께 그녀 자신의 명성을 높이고자 니체를 히틀러에게 정력적으로 팔아

넘기고 있다. 당연히 히틀러는 이것을 정치적으로 이용하고자 하여 몇 차례인가 니체 아르히프로 발을 옮기며, 개인적으로 25만 마르크를 니체 기념 기금으로 갹출하고, 1934년에는 독일 민족이 순례하는 성소로 삼기 위해 니체 신전을 건축하며, 1935년에 엘리자베트가 사망했을 때에는 성대한 국장으로써 대우하고, 스스로 장의에 참례하여 화환을 바친다. 엘리자베트는 생전에 히틀러에게 니체가 애용한 지팡이를 선물하고 있는데, 아무리 생각해도 상징적인 선물이다. 히틀러는 이 지팡이를 가지고서 가축떼의 승리와 계몽의 종언을 축하하고자 한다. 탄넨베르크에 건립된 제1차 대전에서의 러시아군에 대한 전승 기념비의 아치 천장에는 히틀러의 『나의 투쟁』, 로젠베르크*의 『20세기의 신화』와 더불어 니체의 『차라투스트라』*가 성전(聖典)으로서 바쳐지며, 무솔리니의 50세 생일에는 강철 장식으로 가장자리가 꾸며지고 양피지에 손으로 쓰인 호화본 『차라투스트라』가 히틀러로부터 선사되고 있다.

이리하여 나치 시대에는 니체의 작품과 미완의 원고로부터 나치즘에 안성맞춤인 것만을 선택한 선집이 여러 개 출판되며, 또한 『권력에의 의지』로서 편집된 유고에는 나치 이데올로그들에 의해 피비린내 나는 주석이 덧붙여졌다. 니체 학자들도 나치의 인종주의와 민족 공동체 프로파간다에 비굴할 정도로 열심히 순응하며, 니체의 말을 두려울 만큼 단순화하여 '획일화'해 갔다. 니체의 무도화는 프로이센의 장화로, 니체의 야유하는 위트와 유머는 북방 게르만의 고지식함으로 치환되었던 것이다. 여기서는 니체의 아포리즘* 문체가 지니는 문제성도 지적된다. 히틀러가 니체 신전을 공식적으로 방문하여 니체 흉상 앞에서 삼가고 있는 사진이 남아 있지만, 그 사진에서는 니체의 얼굴이 반으로 잘려 있다. 나치가 니체 사상의 절반밖에 흥미를 지니지 않는다는 것을 사진가는 보여주고자 했던 것일까? 정치의 소용돌이에 휘말려들지 않고자 하는 철학자는 당시 니체로부터 거리를 두고 있으며, 야스퍼스*만 하더라도 니체를 말하는 경우, 정치적으로 이용되기 때문이겠지만, 후기의 니체를 피해가고 있

다. 전후에 망명에서 돌아온 철학자들, 예를 들어 뢰비트*, 장 발(Jean André Wahl 1888-1974) 등과, 또한 외국에 머물렀던 예를 들어 발터 카우프만(Walter Arnold Kaufmann 1921-80) 등이 나치에 의해 왜곡된 니체상의 수정에 과감히 몰두하게 된다.

니체의 나치화에 공헌한 것은 보임러*와 로젠베르크 등 나치 어용학자들의 잘못된 해석과 위조에 의한 것만이 아니다. 반나치 진영으로부터의 공헌도 이것에 못지않다. 좌익 맑스주의의 가장 급진적인 대표자 루카치*에게 있어 니체는 "제국주의 시대의 비합리주의의 창설자", 히틀러의 파시즘을 더할 나위 없이 구체적으로 선취한 철학자, "히틀러로의 길"을 더듬어간 악의 화신이며, "파시즘 미학의 모티브 중에서 니체에게서 유래하지 않는 것은 직접적으로든 간접적으로든 아무것도 없다", "히틀러, 히믈러(Heinrich Himmler 1900-46), 괴벨스, 괴링(Hermann Göring 1893-1946)은 족쇄가 풀린 본능의 피비린내 나는 도덕을 설파하는 니체에게서 정신적=도덕적 동맹자를 발견했다'고 한다[『파시즘 미학의 선구자로서의 니체』]. 메링(Franz Erdmann Mehring 1846-1919)도 니체의 철학을 "착취적인 자본주의의 철학", "자본주의의 계급 도덕"으로 보고, 자본주의적 '초안'의 "지배자 도덕"을 선악의 구별을 알지 못하는 "파충류", "투기가"(Börsenjobber)라고 부른다[『사회주의에 반대하는 니체』]. 오늘날 이러한 니체관은 맑스주의* 측에서도 전쟁 시대와 스탈린주의의 산물로 간주되어 수정되게 되었지만, 그럼에도 '제국주의적 독점 자본주의'와 '지상의 지배자' 도덕의 기초를 쌓기 위해 니체가 수행한 지도적 역할을 강조하고 있는 자는 적지 않다. 니체와 나치즘의 결부에 대한 지적은 또한 제2차 세계대전 중의 미국과 영국으로부터도 다양하게 나오고 있었다. 낭만주의*로부터 쇼펜하우어*를 거쳐 니체에, 그리고 니체로부터 삶의 철학을 거쳐 파시즘에 이르는 특수하게 독일적인 도정, 니체를 슈퍼 나치라고 하는 선전은 W. M. 맥거번(William Montgomery McGovern 1897-1964)의 『루터로부터 히틀러로』(From Luther to Hitler, 1941)나 P. 비렉(Peter Viereck 1916-2006)의 『낭만파로부터 히틀러로』(From Wagner

and the German Romantics to Hitler, 1941) 등에 의해 행해지고 있었다.

그러나 히틀러는 니체의 문장을 한 줄도 읽은 적이 없었다고 말해진다. 라우슈닝(Hermann Rauschning 1887-1982)의 반드시 신빙할 만하지는 않은 전언도 포함하여 히틀러는 세 번 니체에 대해 언급한 일이 있긴 하지만, 『나의 투쟁』에도 『식탁에서의 담화』에도 니체의 이름은 한 번도 나오지 않는다. 히틀러는 오직 니체의 명성을 문화 정책적으로 이용하고자 했을 뿐이었다. 니체는 나치식의 인종주의자가 아니며, 초기의 어떤 시기를 제외하면 국수주의자도 아니고, 나치에게 있어서는 유감스러운 일이겠지만 반유대주의*자도 아니며, 니체의 귀족* 도덕도 나치의 지도자 원리와 같은 군국주의적 위계질서와는 무관한바, 고독한 사상가 니체와 대중의 도움을 필요로 하는 나치스는 서로 용납될 수 있는 것이 아니다. 히틀러, 괴벨스, 괴링 등의 인물을 니체가 자기의 눈으로 보았다면, 자기 사상의 지나친 변모에 놀라고 그들의 속물성을 혐오했을 것인바, 그들에게서 '지상의 새로운 지배자, '초안'을 보는 일은 결코 없었을 것이다. 확실히 나치의 출현과 니체의 꿈을 혼동하는 것은 모든 오해 중에서도 가장 꼴사나운 오해일 것이다. 그러나 토마스 만*도 말하듯이 "니체가 도덕, 인간성, 동정, 그리스도교*에 적대한 모든 것, 그리고 아름다운 방탕, 전쟁*, 사악에 참여하여 입에 올린 모든 것은 파시즘의 사이비 이데올로기에 자리를 얻었으며, 병든 자를 죽이고 열약한 것을 거세하라고 처방한 니체의 '의사를 위한 도덕', 노예제의 필연성의 인상을 준 교설, 종족 위생상의 선택 도태……의 넋두리는 나치스의 실천에 받아들여졌다"[『우리의 경험에서 본 니체의 철학』]는 사실은 변하지 않는다.

그렇다 치더라도 나치 시대의 니체론은 비평할 만한 가치가 낮은 수준의 것이었다. 나치 진영의 니체 해석에서 유일하게 보임러의 것이 철학적 수준을 지니고 있었다고 여겨지지만, 거기서는 계몽을 철저히 생각해나간 니체가 아니라 오직 반계몽의 니체만이, 좋은 유럽인*이자 프랑스*의 친구인 니체가 아니라 오직 북방의 게르만적 니체만이 추출되며, '힘에의 의지*'는 '영원회귀*'와의 체계적인 결부로부터 분리되어 전설화되고, 니체의 초인은 오직 서구의 도회성에 대항하여 칼을 휘두르는 지그프리트일 뿐이다. "북방 독일, 횔덜린*과 니체의 독일만이…… 유럽의 창조자일 수 있다. …… 장래의 독일은 비스마르크*의 창조의 계속이 아니라 니체의 정신으로부터, 위대한 전쟁의 정신으로부터 만들어진다"[『철학자이자 정치가 니체』]고 주장되며, "우리가 젊은이들에게 '하일 히틀러'라고 외칠 때, 우리는 이 부르짖음으로써 동시에 프리드리히 니체에게 인사를 보내는 것이다"[『니체와 나치즘』]라고도 말한다. 니체의 사유의 화살은 비게르만 나라들을 정복하기 위한 게르만의 폭탄으로 변형된다. 로젠베르크가 제3제국에서의 니체 운동의 후원자를 자칭한 것도 자신들의 운동에 철학적 정당성을 부여하기 위해서일 뿐이었다.

물론 나치 이데올로그 중에서도 예를 들어 E. 크리크(Ernst Krieck 1882-1947)이나 Chr. 슈테딩(Christoph Steding 1903-38)처럼 니체에게는 나치즘에 불충분하거나 모순되는 요소가 있다고 하여 이것을 비판하는 자도 있었지만, "니체에게서 발견되는 의지적, 본질적으로 우리와 동질적인 힘은 추천하지만, 니체 전체가 우리의 관점에서 용인되는 것은 아니다"라는 나치 문화 담당관의 말에도 나타나 있듯이, 니체와의 철학적인 대결은 최소한도인 채로 지극히 당 기구의 평가가 우선되었다. 1930년 이래로 니체 전집의 편집을 맡고 있던 보임러는 니체 저작의 공인된 서문 서기가 되며, 나치 정권 획득 후에는 베를린대학의 정치교육학의 정교수에 취임하여 로젠베르크와 함께 나치당의 정신적 세계관적 교육 전체의 감독을 맡는다. 로젠베르크가 바이마르의 니체 아르히프에서의 니체 탄생 100주년 기념식전에서 행한 연설에서는 니체의 운명과 1944년의 독일의 그것이 직접적인 병행 관계에 놓이며, 독일 민족에게 전쟁의 계속을 선동하기 위해 "정신적인 형제"로서의 니체가 추어올려졌다. 바이마르 시내 질버블릭의 니체 아르히프와 골짜기를 사이에 둔 맞은 편에 1937년 이래로 부헨발트 강제 수용소가 있었던

것은 참으로 상징적이다. 니체는 지금 형성되고 있는 나치 문화와의 관계로부터만 읽히고, 니체 생존 중에 니체가 비판하고 니체를 거부한 문화와의 관계에서 읽히는 일은 없었다.

일본에서도 나치 이데올로그인 헤르틀레(Heinrich Härtle 1909-86)의 『니체와 민족사회주의』(Nietzsche und der Nationalsozialismus, 1937)가 쇼와 15년에, 보임러의 『니체—그의 철학관과 정치관』도 쇼와 19년에 일역되며, 일본의 독일 문학자도 "히틀러가 현실에 나치스 독일을 구축했다고 한다면, 그 밖의 모든 것, 정신의지, 지시, 구성의 모든 것이 니체에 의해 준비되었다'고 쓴다[하가 마유미(芳賀檀 1903-93) 『니체의 군림』『민족과 우정』實業之日本社, 昭和 17년 2월]. 그리고 오늘날에도 니체를 좋게 읽지 않는 독자층에게는 니체를 나치즘과 동일시하는 경향이 남아 있으며, 과거 50년 사이에 저술된 니체 해설서는 음으로 양으로 니체를 나치 운동의 주류 철학자 내지 창조자는 아니라 하더라도 그 선도자로 간주하는 편견에서 벗어나 있지 않다. O. E. 하르트레벤(Otto Erich Hartleben 1864-1905)은 니체가 발광한 해인 1890년의 일기에 "니체라는 이 우아한 '무용수'가 그 안에서 거친 손에 붙잡히고, 그야말로 진지한 철학이 잔인하기 짝이 없는 체계를 만드는 취미를 지닌 프로크루스테스 침대에 붙들려 매어지는 시대가 어떻게든 올 것이다…… 누군가가 무정하고도 용서 없이 니체를 자신의 형편에 좋은 형태로 잘라내 정리하게 될 것이다. 불쌍한 사람이다'라고 썼는데, 시인의 예감은 보기 좋게 맞아떨어지고 있었다. ☞독일/독일인, 보임러, 로젠베르크, 게오르게, 일본 파시즘과 니체, 금발의 야수, 반유대주의, 바이마르

—야마모토 유(山本尤)

📖 ▷E. Sandvoss, *Hitler und Nietzsche*, Göttingen 1969. ▷H. Langreder, *Die Auseinandersetzung mit Nietzsche im Dritten Reich*, Diss. Kiel 1971(이것에는 16쪽의 문헌표가 붙어 있다). ▷I. Seidler, War Nietzsche ein Vorläufer der faschistischen Ästhetik?, in: *Akten des XIV. Internationalen Kongresses für Philosophie*, Bd. VI, Wien 1971.

나폴레옹 [Napoléon Bonaparte 1769-1821]

니체에게 있어 프랑스 혁명*의 승리는 유대*적인 것에 응축된 "민중*의 르상티망 본능"[『계보』 I . 12]의 승리를 의미했다. "유럽에 존재했던 최후의 정치적 고귀함"이 종언했던 것이다. "그러나 그 한가운데서 실로 엄청나기 짝이 없는 것"이 일어났다고 니체는 말한다. 그것은 나폴레옹의 출현이다. "르상티망*"에 의해 체현되는 "다수자의 특권"에 대해 "소수자의 특권"을 대치시키는 "고귀*한 이상"의 "육화"로서의 나폴레옹의 출현──그것은 체사레 보르자*와 마찬가지로 가축떼* 도덕에 의해 지배된 세계에 대해 "한 사람의 무조건적으로 명령하는 자의 출현"[『선악』 199]이 가져오는 은혜를 증명하는 것이다. 예를 들어 "나폴레옹, **사람 아닌 사람과 초인**의 이 종합"이라고 하는 표현에는 니체가 나폴레옹에 대해 느낀 매력의 일단이 나타나 있다. '해방 전쟁'에서 나폴레옹이 타파된 것은 니체에게 있어 근대의 가장 큰 불행이었다[『이 사람』 XIII. 2 참조]. ☞프랑스 혁명, 영웅

─다카하시 준이치(高橋順一)

날조捏造 [erfinden; Erfindung]

날조하기, 또한 그것에 의해 생기는 가상*과 허구는 니체에게 있어서는 삶*의 근본 사실에 속하는 사태이자 오히려 그것에 의해 삶이 성립한다고도 말할 수 있는 것이었다. "우리가 그 속에서 의식적으로 살아가고 있는 '날조'와 '착오'가 얼마나 본질적인가, 우리가 우리의 모든 언어 속에서 얼마나 날조를 말하고 있는가, 인류의 결합이 얼마나 이러한 날조들을 이어받고 있으며, 또한 한층 더한 허구에 기초하고 있는 것인가"[유고 II . 6. 475]라는 것은 니체에게 있어서는 의심할 수 없는 전제이며, 주관과 객관, 원인과 결과, 사물, 논리, 자연법칙 등, 모든 개념과 언어도 원근법*적 해석에 의해 만들어진 가상에 다름 아니었다. 본래 모든 것은 가상이라고 하는 이 사고방식은 초기에는 '아폴론*적인 것'의 작용으로서 무엇보다도 우선 예술과 관련되는 것이었다. 그러나 중기 이후 '디오니소스*적

인 것'이 예술 영역에서의 유일한 근본 개념으로 확장됨에 따라서 날조에 기초하는 가상의 산출이라는 사고는 오히려 인식*의 문제와 관련하여 전개되게 된다. 그리고 모든 것이 날조의 결과라고 한다면, 진리*와 오류의 구별은 본질적인 것이 아니라 단지 삶에 있어 유용한 것이며, 또한 삶을 촉진한다고 하는 관점에서 가치가 있는 것이 '진리'라고 불리는 데 지나지 않는다고 한다. 그로부터는 또한 "처음의 가상이 마지막에는 대부분 언제나 본질이 되어 본질로서 **작용한다**"라고 한다면, 새로운 사물을 창조하기 위해서는 새로운 이름붙이기와 평가와 진짜 같음을 창조하기만 하면 충분하다고 하는 사고방식도 생겨난다[『학문』 58]. 그리고 삶의 유지·고양에 가상의 날조는 불가결하다고 여겨지며, 그 원리는 후에 '힘에의 의지*'로서 규정되기에 이르는 것이다. ☞진리와 인식, 가상

─오이시 기이치로(大石紀一郎)

낭만주의浪漫主義 ⇨니체와 바그너──낭만주의의 문제

내셔널리즘{민족주의} ⇨국가, 민족, 독일/독일인, 19세기와 니체, 나치스

냉소주의冷笑主義 ⇨시니시즘

노동勞動

물건을 만드는 노동이 사회생활에 필요하다는 것과 노동이 사회적·문화적 '가치 기준'으로 되는 것은 전혀 별개의 사항이다. 고대와 중세에는 노동이 생활 운영에 있어 필요하다는 것을 인정하면서도 노동을 사회 형성의 원리로 하는 것이나 문화를 조망하는 표준으로 하는 것을 거부하고 있었다. 고대와 중세에 있어서는 '생활에 필요한 것'은 사회적으로도 문화적으로도 '가치'로 될 수 없었다. 따라서 이들 시대에는

생활의 필요로부터 벗어나 있다는 의미에서의 '여가'(s chole, otium)가 사회적·문화적 가치였다. 이에 반해 생활의 필요에 내몰린다는 의미에서의 '비여가'(negoti um)는 사회적으로나 문화적으로 낮은 평가밖에 얻을 수 없었다. 비여가로서의 네고티움은 상업 생활과 직인의 생산노동이지만, 이것들이 언제나 사회적 저변에 자리매김 되는 것도 당시의 가치 체계에서 필연적으로 생겨난다.

오티움/네고티움의 가치 기축은 근대에 들어서서 전도되기 시작한다. 네고티움 축에 나란히 서는 생산적 노동과 상업 활동이 일거에 상승한다. 시장경제의 확대와 심화가 이러한 상승의 배경에 놓여 있다. 근면한 산업 활동(industry)이 사회를 움직이는 중심적 위치를 차지하게 된다. 넓은 의미의 노동은 근대 시민사회와 근대 자본주의의 원리가 되고, 또한 그로부터 '노동은 가치를 낳는다'라는 사상도 발생한다. 경제학에서의 '노동가치설'은 오티움/네고티움이라는 위치 관계 전도의 먼 귀결이며, 또한 이러한 근대적 가치 전도를 상징적으로 표현한다. 근대라는 시대가 대단히 긴 전통을 지니는 '여가' 가치를 근저로부터 뒤집어엎고, 비여가를 가치라고 하며, 금욕 윤리에 의해 내면적으로 구동되는 근면주의(industry)를 대두시키는 것, 한마디로 말하면 '다망'(business)을 문화 가치로 하는 시대라는 것, 이것은 근대성이 지니는 가장 중요한 근본 특징이다. 전근대와 근대 사이에 하나의 절단선이 달려갔던 것이다. 여가로부터 다망으로, 유희로부터 노동으로의 가치 이동이 있었다. 이것은 하나의 가치의 대전도였다. 니체가 '가치 전도*'를 말할 때, 그가 시야에 모으는 가운데 적대한 것은 이러한 근대적 가치 전도였다. 니체는 이 전도를 전도시킨다. 니체의 사상 속에서 여가와 유희가 중시되는 것도 이러한 가치 기준의 근대적 변동이라는 맥락 없이는 이해될 수 없다. 그러나 문제는 형식적인 가치 기준의 이동이 아니다. 근대의 가치 전도, 요컨대 시장·상업·노동의 우위에 의해 인간 생활 속에서 무엇이 일어났는지가 문제인 것이다.

근대 이성은 '인간이 만든 것만을 인식할 수 있다는 원리에 선다. 기술적 제작 활동이 이성의 활동의 모델로 여겨진다. 이러한 생산주의적인 이성은 자연도 제작 가능한 것으로 바꾼다. 자연은 '수학의 언어로 쓰여 있는 책이라는(갈릴레오) 사상은 자연을 기계로 간주하고, 기계와 마찬가지로 분해한다든지 조립한다든지 할 수 있다고 생각한다. 마찬가지로 근대 이성은 인간의 세계를 기계로 보고, 기계처럼 분해한다든지 조립한다든지 한다(홉스). 이전에 신의 일이었던 창조의 힘은 모두 다 인간 측으로 이동한다. 인간의 제작 활동(생산적 노동)은 신을 추방하고, 그렇게 함으로써 인간중심주의의 사상적 근거가 된다. 인간 정신은 노동이 된다. 비코(Giambattista Vico 1668-1744)의 'verum=factum' 원리는 비코의 의도를 넘어서서 근대성의 근본 원칙이 된다. 만드는 것과 아는 것은 바로 치환 가능하기 때문에, 진리와 제작된 것은 동일하게 된다. 시민사회가 확립되기 이전에 이미 근대 사상은 인간 정신을 노동화하고, 또한 노동을 창조라는 의미에서의 생산과 동일시함으로써 본래의 창조자인 '신'을 죽인다. 신이 세계 존재의 의미 부여자였다고 한다면, 근대의 노동하는 정신은 존재 의미의 살해자가 되고, 의미의 부재라는 니힐리즘*을 처음부터 끌어안는다. 노동하는 이성은 니힐리즘의 생산자다.

인간중심주의는 주관성을 '의미'의 원천이 된다고 확신했다. 그러나 노동하는 정신은 모든 것을 대상화하고, 마침내는 세계를 사물로서 조작한다. 다시 말하면 세계의 하나의 요소인 자기 자신마저 대상으로서, 즉 사물적 성격을 지니는 존재자로서 파악하게 된다. 사물로 된다는 것은 죽음을 의미한다. 인간중심주의는 신을 죽임과 동시에 자기를 죽인다. 근대 생산주의 이성은 '인간'의 죽음을 처음부터 끌어안는다. 니체는 말한다.──"진정한 종교 생활을 위해서는…… 어느 정도까지 외적인 한가함이나 절반 정도의 한가함이 필요한지를 사람들은 잘 관찰해왔다. 즉 내가 의도하는 것은 양심에 거리낌 없는 한가함, 즉 노동은 **더럽힌다**──즉 영혼과 몸을 천하게 만든다──는 귀족의 감정에 전혀 낯설지 않은 예부터의 혈통상의 한가함이다. 따라서 현대의 소란스럽고 시간을 독점하며 자신에 대해 자부심을 가진, 어리석게도 자부하는 부지런함이 다른 어떤 것보다도 바로 '신앙이 없는 자'를 가르치고 준비하는 것이 아닐까? …… 그들, 이 부지런한 사람들은 일과 향락으로 이미 충분히 바쁜 것이다.'[『선악』 58]

네고티움의 시대, 비즈니스(다망)의 시대, 요컨대 노동과 인더스트리의 시대는 니힐리즘의 시대다. 산업자본주의는 '자유로운 시민'을 산출하기는커녕 군중사회를 만들어낸다. 니체가 본 19세기 자본주의는 바로 산업혁명에 의해 기술과 노동의 사회를 확립했지만, 동시에 '가축떼'라는 군중을 대량 생산한다. 정신과 신체 속에 무의미와 니힐리즘을 새겨 넣은 '마지막 인간'=말종 인간(최후의 인간)이 사회의 표면을 다 뒤덮어간다. 근대의 '노동사회'는 니힐리스트 군상을 매일같이 산출하는 사회다. 노동은 인간을 '자유'롭게 하기는커녕 다시 인간을 '노예'로 만들어간다. 노동 속에서 '자유'의 원천을 보고자 했던 근대인의 기대는 완전히 배반당한다. 노동과 자유를 등치시키는 모든 사상은 현실의 노예 상태와 니힐리즘을 은폐하는 이데올로기일 뿐이다. 금욕주의적 근면노동이 산출한 '군중'='가축떼'는 르상티망과 허영심으로 살아가는 까닭에, 여러 형태의 '목자'형 지배자를 요구하게 된다. 19세기부터 20세기에 걸쳐 인류사는 군중이 요구하는 '전제적 지배자'의 여러 유형들을 만들어냈다. "그들[노동자]은 나날의 빵을 필요로 하는 것과 마찬가지로 명령자를 **필요로 한다**.'[『선악』 242] 한 사람의 '지도자'에 예종하는 '가축떼'='군중'. 근대 노동사회는 오랜 예속관계를 해체하면서 새로운 예속 상태를 산출했다. 가치로서의 노동이라는 관념 자체가 해체되어야만 한다. 왜냐하면 니힐리즘의 원천은 노동에 있기 때문이다. ☞가축떼, 금욕도덕

―이마무라 히토시(今村仁司)

노동자 勞動者

니체는 그의 시대를 "노동의 시대'라고 말하고 있다[『반시대적』 Ⅱ. 7]. 근대적 노동관에 대한 비판의 뜻을 담은 것으로, 노동자는 니체에게 있어 경멸적인 칭호

의 하나다. 거기에는 고대 그리스의 노동관이 그림자를 드리우고 있다. 하지만 니체가 근대의 노동자와 고대의 노예를 동류로 보았던 것은 아니다. 니체의 입장에서 보면, 분수에 맞게 따르는 기술을 몸에 갖추고 있던 노예에 비하면, 근대의 노동자는 근로에 복무하는 자로서 "신중하게 자기를 아는" 것을 그만두었으며[『우상』 Ⅸ. 40], "노동의 존엄"과 "어리석은 한에서의 망상"을 입에 올린다[유고 Ⅰ. 3. 193]. 정말이지 니체가 근대적 노동의 비인간적 부분을 보지 못했다고 말하면 거짓말이다. 오늘날의 노동은 "무명의 비개인적"인 것으로 되고, "기계는 비인격적이며, 노동이 만들어낸 것으로부터 그 긍지, 그 개인적 장점……을 앗아간다'[『인간적』 Ⅱ-2. 288]는 지적도 있다. 그러나 그는 여기서 노동자가 소외되어 있다고 고발하는 것이 아니다. 니체가 눈길을 보내는 것은 "이미 개인일 수 없고, 나사의 가치로 떨어지는" 것을 부끄러워하지 않는 그들의 어리석음, 거기에 안주하는 그들의 나약함이다[『아침놀』 206]. 노동을 축복하는 것에는 "개체적인 것에 대한 공포심"이 숨겨져 있다[같은 책 173]. "사람들이 지금 노동……을 보고서 느끼는 점은…… 그것이 각 사람을 제어하여 그 이성과 욕정과 독립욕의 발전을 강하게 방해할 수 있다는 점이다. …… 이리하여 격렬하게 노동이 행해지는 사회에서는 안전성이 증대할 것이다." 니체가 묘사한 노동자의 모습은 예를 들어 엥겔스(Friedrich Engels 1820-95)가 영국에서 관찰한 노동자의 상태와는 대단히 다르다. "오늘날에는 이전의 노동자의 착취가 어리석은 행위였다는 것……이 알려져 있다."[『인간적』 Ⅱ-2. 286] 거기서 대기하고 있는 것은 대중사회의 선구와 같은 것이다. "노동자는 너무나도 행복하기 때문에, 지금도 조금씩 많은 것을, 그것도 뻔뻔스럽게 요구한다."[유고 Ⅱ. 10. 339] 니체에게는 "철학적 노동자", "과학적 노동자" 등, 노동자를 메타포로 한 용어가 있지만[『선악』 211; 『아침놀』 41], 여기서도 주안점을 이루는 것은 철학과 학문의 창조적 영위를 망각하고 "노동의 시대"에 아부하는 태도에 대한 비판이다. "사람들이 성숙하기 전에 학문 공장에서 일하면서 유용한 사람으로 만들어진다면, 학문은

너무 일찍 이 공장에서 이용되었던 노예들처럼 파멸할 것이다. …… 최종적 결과로서 일어나는 것은 일반적으로 받아들여지는 학문의…… 대중화다.”[『반시대적』 Ⅱ. 7]

―기마에 도시아키(木前利秋)

노마드{유목민}

방랑자로서의 니체의 풍모는 그의 사상을 말하는 데서 빠질 수 없는 이미지를 제공한다. 아마도 그러한 이미지로부터의 연상도 역할을 하고 있는 것이겠지만, 예를 들어 『인간적』* Ⅱ-1에서는 ‘자유정신’을 “정신적인 노마드”[211]라고 부르고, 『선악』*에서는 미래의 유럽인에게서 “유목민적인 종류의 인간”[242]이 등장할 가능성을 예언하고 있다. 그렇긴 하지만 이러한 인상 깊은 용법은 드물며, 노마드라는 비유*를 니체가 많이 사용한 정황은 없다. 니체의 사상과 결부하여 노마드라는 말이 각광을 받게 된 것은 들뢰즈*와 가타리(Felix Guattari 1930-92)가 ‘노마드적 사고’를 입에 올렸을 때부터일 것이다. 내부화, 정주화, 코드화하는 사고의 폭력에 저항하는 사고의 운동, 그들이 말하는 ‘전쟁 기계’를 노마드라는 비유가 말하고 있다. “니체가 철학이라는 것에 속하지 않는다고 한다면, …… 그것은 무엇보다도 우선 노마드적 언설이다. 그것은 “관리적인 합리적 기계와 순수 이성의 관료인 철학자”에 의해서가 아니라 “동적인 전쟁 기계에 의해서 산출된다. …… 오늘날의 혁명과 관련된 과제는…… 무언가의 국가 장치를 재흥시킨다든지 하지 않는 전쟁 기계, 내적인 전제적 통일체를 재흥시킨다든지 하지 않고서 외부와의 관계를 맺는 노마드적 통일체를 발견하는 것이다.”[들뢰즈 「노마드적 사고」] “절대적인 탈코드화”, 표류, “탈속령화”의 운동에 몸을 던지고, 사고를 하나의 전쟁 기계로 하는 것, 그것이 사고를 노마드이게끔 하는 일이다. ☞방랑

―기마에 도시아키(木前利秋)

노예의 반란 奴隷——反亂

‘도덕에서의 노예의 반란’이란 그때까지는 고귀*하고 위대하며 강한 것을 좋다고 하고 있던 지배자의 도덕에 대항하여 이 세계에서 약한 것, 품격이 낮은 것이야말로 선이라고 하는 가치의 역전이 생긴 것을 가리킨다. 요컨대 지배자에 대한 원한에서 출발하는 것이다. 『도덕의 계보』* 제1논문에서는 “르상티망* 자신이 창조적으로 되는”[10절] 것이 노예의 반란으로 여겨진다. ‘창조적’이란 새로운 가치를 날조*한다고 하는 의미다. 니체의 말을 빌리자면, 이 반란은 승리를 거두었다. 따라서 그것이 일어났다고 하는 것조차도 우리에게 보이지 않게 된다고 하는 것이다. 반란을 일으킨 것은 그 누구도 아닌 유대인*이다. “유대인들…… ‘노예로 태어난’ 민족, 그들 스스로 말하고 믿기로는 ‘모든 민족 가운데 선택된 민족이 가치의 전환’이라는 저 기적적인 일을 해냈다. 그 덕분에 지상에서의 삶은 몇 천 년간 새롭고 위험한 매력을 띠게 되었다. …… 그들과 더불어 도덕에서의 노예의 반란이 시작되었다.”[『선악』 195] 니체의 역사 구성은 이 문장에서도 알 수 있듯이 반드시 ‘노예의 반란’을 모든 악들의 근원으로 다루고 있는 것이 아니다. 왜냐하면 지상에서의 삶이 “새롭고 위험한 매력”을 띠게 된 것에 그것은 기여하고 있기 때문이다. 이 매력이야말로 또한 니체로 하여금 좀 더 새로운 미래의 삶의 존재방식에 대한, 즉 인간을 넘어서는 초인*에 대한 꿈을 산출하는 기반이기도 했기 때문이다. 이러한 역사의 짜임새에 대한 시선이야말로 니체의 사상과 문체를 뒷받침하는 바로 그것이다.

그렇지만 ‘노예의 반란’이라는 표현 그 자체가 경멸적이라는 것은 틀림이 없다. 『선악의 저편』* 이후 말년에 걸친 문장에는 역사의 짜임새를 보는 눈과 경멸적 언사 사이의 동요가 격렬해져간다. 반유대주의*와도 무관하지 않은 표현이 점차 많아진다. 예를 들어 “폴란드계 유대인과 교제를 할 마음이 별로 없듯이 우리는 ‘초대 그리스도교인’과의 교제도 내켜하지 않는다. 그들에 대해 무언가 이의가 있다는 것이 전혀 아니다. 양자 모두 좋지 않은 냄새를 풍긴다.”[『안티크리스트』

46] 반유대주의에 대해서는 끊임없이 비판적이었던 니체지만, 무언가를 경멸할 때의 언어에는 의도하지 않은 형태로 문제가 있는 표현이 숨어들어 오는 데는 역시 당시의 독일어권에서 반유대주의가 강해졌던 것이 울려나고 있다. '노예의 반란과 같은 매우 자극적인 표현에도 그러한 사정이 작용하고 있을 것이다.
—미시마 겐이치(三島憲一)

놀이 ⇨ 가면과 놀이

놀테 [Ernst Nolte 1923-]
　독일의 역사가. 『그 시대에서의 파시즘』(*Der Faschismus in seiner Epoche*, 1963) 이래로 20세기에서의 광란의 근원을 사회경제사보다도 정치와 문화, 사상과 정신의 역사에 중점을 두고서 추구하고 있다. 나치스*의 과거의 재검토에 관한 1986년 6월의 신문 투고를 계기로 다른 '수정주의' 역사가와 더불어 하버마스*에게 매우 엄혹하게 비판되어 이른바 역사가 논쟁이 개시되었다. 절멸 수용소의 모범은 이미 스탈린이 시작했다는 것, 히틀러의 유대인 살해는 유대인 세계평의회로부터의 도발에 대한 대답이었다는 것, 대량 학살은 캄보디아도 포함하여 다른 곳에도 있다는 것 등이 그가 제기한 테제들이다. 그 무렵부터 러시아 혁명과 나치스를 상호 반응적인 것으로서 파악하는 시도를 계속하고 있다. 결국 19세기에 대한 반응이라는 점에서 맑스*와 니체의 공통적인 면을 중시하는 논의가 된다. 1990년의 『니체와 니체주의』(*Nietzsche und der Nietzscheanismus*)는 1917년부터 1989년까지의 세계 시민 전쟁이라는 보수파의 역사관에 기초하여 파시즘에 대한 규범적 비판의 칼날을 무디게 하고, 유럽 근대와 전체주의와의 관련에 강조점을 둔 기술이 되고 있다. 특히 사회주의자와 아나키스트, 데카당 문학자와 예술가를 사로잡은 1914년 이전의 니체주의에서 정치적 좌우의 구별과는 다른 논리가 작용하고 있었다는 것을 암시하는 부분 등은 웅변이라 할 수 있다. 그렇지만 그 '다른

논리'에 대해서는 언제나 웅변적인 암시를 넘어서고자 하지 않는 것도 '수정주의자'의 특징이다. 또한 마지막 장의 무솔리니론에서는 제1차 대전 전에 순수한 맑스주의자였던 무솔리니의 니체론 속에서 소렐* 등을 넘어서서 곧이어 파시즘으로 향하는 요소를 끄집어내고자 하고 있다. 여기에도 맑스주의와 파시즘의 '불순한' 부분에는 공통성이 있다고 하는 이해하기 어려우면서도 암시로 가득 찬 지적도 있지만, 충분히 일독할 만한 가치가 있다. ☞나치스
—미시마 겐이치(三島憲一)

〈뉘른베르크의 마이스터징거〉 [Die Meistersinger von Nürnberg. 1867 성립; 1868 초연]
　바그너*의 오페라 가운데 거의 유일한 해피엔딩 희극이라고 해도 좋은 이 작품에 대해 니체는 『선악의 저편』*에 다음과 같은 유명한 구절을 적어놓고 있다. "나는 다시 한 번 처음으로 리하르트 바그너의 〈마이스터징거〉의 서곡을 들었다. …… 이러한 종류의 음악은 독일인에 대해 내가 생각하고 있는 것을 가장 잘 표현하고 있다. 독일인들은 그제의 인간이면서 모레의 인간이다.——그들에게는 아직 오늘이 없다."[240] 독일인이 조국과 전통과 같은 것에 대해 지니고 있는 깊이와 변덕스러운 기분 그리고 자의적인 고양과 조야한 거칠음이 뒤섞인 무어라 말하기 어려운 기분, 기질의 모습을 니체는 〈마이스터징거〉에 입각하여 이렇게 형용했던 것이다. 거기에 투영되어 있는 것은 바그너 자신도 가담한 3월 전기(Vormärz)로부터 1848년에 이르는 독일 시민혁명 흐름의 좌절 및 틀어짐과 그 파토스가 내셔널리즘의 병리로 용해된 것 그리고 그 귀결로서의 '독일 제국' 건국이라는 19세기 후반의 독일의 역사 상황에 대한 니체의 초조함이다. 기사의 아들 발터가 마이스터징거(직장 가인)의 노래 경연에서 승리함으로써 금 세공사의 딸 에파와의 사랑을 성취하게 되는 것을 기본적인 줄거리로 하는 이 오페라는 한편으로는 바그너에게 놓여 있었던 시민 감각 및 귀족적·궁정적 예술에 대한 시민적·민중적 예술(Meistergesang)

의 찬양이라는 예술 변혁의 요소와 결부된다. 하지만 이 오페라의 클라이맥스라고도 해야 할 제3막의 노래 경연 모임 장면은 그러한 시민성의 계기가 바그너에 의해 있어야 할 독일의 국민성의 계기로 변질되어 가는 과정을 보여준다. 마지막으로 작스가 노래하는 「독일의 마이스터 예술의 찬미」는 그 변질의 징표라고 해도 좋을 것이다. 니체는 일치감치 이 오페라에서 그러한 '독일적인 것'의 무매개적인 예찬이 지니는 수상쩍은 이데올로기 효과를 간취했던 것이다. 히틀러의 제3제국에서는 예를 들어 1938년의 뉘른베르크 당 대회 전야에서의 상연과 1943년의 푸르트뱅글러*의 지휘에 의한 전시 바이로이트 축제에서의 상연──이 때에는 합창에 히틀러 유겐트와 친위대의 멤버가 참가한다──으로 상징되듯이, 이 오페라의 상연에 특별한 축전적인 의미가 부여되어 있었다. 이러한 역사적 경위를 상기할 때, 니체의 이 오페라에 관한 인식은 거의 예언자적 의의를 지니고 있는 것이라고 말할 수 있을 것이다. ☞푸르트뱅글러

─다카하시 준이치(高橋順一)

<니벨룽겐의 반지> [Der Ring des Niebelungen. 완성 1874; 초연 1876]

바그너*의 음악극 <니벨룽겐의 반지>는 1848년에 구상이 개시된 이래로 완성까지 26년이 걸린 문자 그대로 바그너의 필생의 작업이라고 해야 할 작품이다. 전체는 전야제극 <라인의 황금>(Das Rheingold)과 그에 이어지는 음악극 <발퀴레>(Die Walküre), <지크프리트>(Siegfried), <신들의 황혼>(Götterdämmerung)의 4부로 이루어지며, 상연에는 약 14시간이 걸린다.

이 대작의 구상은 바그너가 드레스덴에서의 혁명적 봉기에 참가한 것과 거의 같은 시기에 쓰인 드라마 초안 「지크프리트의 죽음」에서 유래한다. 그 무렵 바그너는 논문 「비베른겐──전설에서 발흥된 세계사」를 집필하는데, 거기서 그는 여러 게르만족들의 항쟁의 역사와 니벨룽족─지크프리트로부터 발하는 신화 전승을 결부시켜 '전설 세계사'(신화로서의 역사)를

구상한다. 이 '전설 세계사'에 의해 그 방향이 규정되는 신화에의 지향이 바그너에게 있어서의 미래 예술의 받침 접시가 되는 것이다. 이러한 신화에의 지향을 구체화하는 것으로서 「지크프리트의 죽음」의 구상이 부풀어간다. 바그너는 주로 에다, 사가라고 불리는 북구 고전승에서 소재를 취하면서 후에 「신들의 황혼」의 대본이 되는 「지크프리트의 죽음」을 52년까지 완성한다. 그 후에 이 영웅 지크프리트의 죽음에 이르는 복선을 명확히 하기 위해 바그너는 「젊은 지크프리트」(「지크프리트」로 개명), 「발퀴레」, 「라인의 황금」으로, 정확히 드라마의 시간적 순서와는 거꾸로 된 순서로 대본을 써 나아갔다. 음악 쪽은 <라인의 황금>으로부터 작곡이 시작되었지만, 도중인 57년부터 64년에 걸쳐 긴 중단 기간이 있으며, 최종적으로 전체 4부작의 음악이 완성되는 것은 74년에 이루어진다. 그리고 전체는 76년의 제1회 바이로이트* 축제에서 초연되었다.

이 장대한 작품에 바그너는 그의 세계관, 예술관, 혁명관의 모든 것을 주입하고 있다. 드라마의 골격을 이루는 것은 오랜 신들의 세계인 발할라를 무대로 하여 권력을 둘러싸고서 항쟁하는 신들, 거인족, 니벨룽족들이 몰락하고, 영웅 지크프리트와 신들의 딸 브륀힐데에 의해 대표되는 새로운 세계의 탄생이 고지된다고 하는 세계 구원의 이념이다. 하지만 거기에서는 더 나아가 포이어바흐(Ludwig Andreas Feuerbach 1804-72)의 사랑의 사상, 쇼펜하우어*의 의지 부정의 페시미즘, 또는 프루동(Pierre-Joseph Proudhon 1809-65)의 화폐 비판과 바쿠닌(Mikhail Aleksandrovich Bakunin 1814-76)의 아나키즘* 등, 바그너가 영향을 받은 다양한 사상적 요소가 복잡하게 서로 얽혀 대단히 착종된 세계가 나타나 있다. 그리고 주목해야만 하는 것은 오랜 게르만·켈트 신화에서 소재를 찾은 이 신화극의 드라마투르기 및 음악어법 안에서 신화라는 판타스마고리아의 베일을 통해 19세기 근대의 근원적 역사라고도 해야 할 요소들──예를 들면 황금=화폐의 문제──이 생생하게 표현되어 있다는 점이다. 이에 의해 이 작품은 바그너의 예술이 지니는 복잡한 근대성을 가장 웅변적으로 표현하고 있다.

이러한 <반지>라는 작품에 대해 니체는 『반시대적』[*] 제4편 『바이로이트의 리하르트 바그너』에서 다음과 같이 말하고 있다. "바그너에게서 문학적인 것은 다음과 같은 점에서 나타난다. 즉 그는 개념에 의해 사유하는 것이 아니라 느낄 수 있는 진행 과정에 의해 사유한다고 볼 수 있는데, 다시 말하면 민중이 항상 그렇게 했던 것처럼 바로 신화적으로 사유한다는 것이다. 기교적인 문화의 후예들이 잘못 생각하는 것처럼 신화에 하나의 사상이 놓여 있는 것이 아니라, 오히려 신화 자체가 일종의 사유하는 행위다. 신화는 사건, 행위, 고뇌를 차례차례 보여주면서 세계에 관한 표상을 전달한다. <니벨룽겐의 반지>는 사상의 개념적 형식이 없는 하나의 거대한 사상체계다."[IV. 9] 여기서 니체는 바그너의 논문 「미래의 예술 작품」, 「오페라와 드라마」에 놓여 있는 오감의 전체성에 뿌리박은 종합 예술 작품의 구상, 또는 그 담지자로서의 민중이라는 사고방식에 의거하면서 <반지>에서의 신화[*]의 의미를 규정짓고 있다. 이러한 신화 규정은 후에 Th. 만[*]의 바그너관의 핵심에로도 계승된다.

그런데 니체의 이러한 <반지>에 대한 견해가 바그너에 대한 공감에 기초하고 있다고 한다면, 니체가 바그너 비판으로 전환한 후의 <반지>관은 『바그너의 경우』에 표명되어 있다. 여기서 니체는 <반지>의 주인공 지크프리트에 의탁한 바그너의 기본 이념이 '혁명'에 있었다는 것, 요컨대 일체의 "도덕에 대한 선전포고"로서의 의의를 지닌 오랜 세계의 아나키즘적인 파괴와 "자유연애의 성사"에 기초하는 피억압자로서의 여성(브륀힐데)의 해방에야말로 지크프리트의 의미가 있었다는 것을 지적한 다음, 그러한 '혁명'의 이념이 쇼펜하우어 철학이라는 '암초'에 올라앉은 결과, <반지> 전체가 데카당스[*]로 전락해 버렸다고 말한다. "데카당스의 철학자가 비로소 데카당스의 예술가에게 자기 자신을 주었던 것이다—."[편지 4] 이러한 니체의 지적은 구체적으로는 <신들의 황혼>의 마지막 장면인 <브륀힐데의 자기희생>의 대사를 바그너가 당초에는 포이어바흐의 사랑의 사상에 기초하여 써두었음에도 불구하고, 후에 쇼펜하우어 철학의 영향을 받아 좀

더 페시미즘적인 버전으로 변경했다는 것에 기초한다. 니체는 이러한 포이어바흐 버전으로부터 쇼펜하우어 버전으로의 변경을 <반지>에서의 바그너의 데카당스로서의 자기 각성 과정으로서 파악하고 있는 것이다. 하지만 얄궂은 것은 니체에게 있어서의 바그너의 최고 걸작은 바그너가 쇼펜하우어로부터 가장 강한 영향을 받아 쓴 작품 <트리스탄과 이졸데>[*]였다는 점이다. 그것은 아마도 <트리스탄>에서의 신화의 미적 가상에로의 승화가 보여주는 순수함의 높이와 <반지>에서의 신화의 불투명하고 착종된 성격, 그리고 그로부터 나타나는 역설적인 근대성 사이의 차이에 의한 것일 터이다. 마지막으로 니체의 최후 시기 저작의 제목인 『우상의 황혼』[*](Götzendämmerung)이 <신들의 황혼>(Götterdämmerung)의 패러디라는 점을 지적해 두고자 한다. ☞니체와 바그너——낭만주의의 문제, 바이로이트

—다카하시 준이치(高橋順一)

⟦參⟧ ▷Th. Mann, Leiden und Größe Richard Wagners, in: *Die Neue Rundschau*, Berlin 1933(小塚敏夫 訳「リヒャルト・ワーグナーの苦悩と偉大さ」『ワーグナーと現代』수록, みすず書房, 1971). ▷ders., Richard Wagner und >Der Ring des Niebelungen<, in: *Maß und Wert*, Zürich 1938(小塚敏夫 訳「リヒャルト・ワーグナーと『ニーベルングの指環』수록, みすず書房, 1971).

니스 [Nizza(Nice)]

리비에라 해안의 프랑스[*] 측의 도시 니스를 니체는 1883년부터 84년에 걸친 겨울에 처음으로 방문하며, 그 이래로 매년 가을부터 봄에 걸쳐 단골 여관인 팡숑 드 주네브에 머물면서 겨울을 지냈다. 니체 자신이 조사한 바로는 니스는 220일이나 맑고 온난한 곳으로, 프랑스 도시이면서도 이탈리아[*]적인 분위기도 있는 점이 그의 마음에 들었던 듯하다. 이 지역에서는 커다란 도시이기 때문에 너무 북적이는 소음이 견디기 어렵다고 호소하기도 하지만, 스위스의 엔가딘 지방과 마찬가지로 건조한 공기와 기후가 그의 몸 상태에는 좋았던 듯하다[오버베크에게 보낸 편지 1884. 12. 22.;

어머니와 누이에게 보낸 편지 85. 1월 초순]. 1884년부터 85년에 걸친 메모에서는 "니스에게 빚지고 있는 것은 차라투스트라를 완성한 알"이며, "니스는 코즈모폴리턴이고, 질스*는 고산적"이기 때문에 자신의 과제에 걸맞다고 하고, "원칙으로서 — 독일에는 살지 않는 것, 유럽적 사명에 있기 때문에"라고 적고 있다[유고 II. 8. 78f.]. 『이 사람을 보라』*에서도 84년의 겨울에 여기서 『차라투스트라』* 제3부가 쓰인 것에 대해 "니스의 경관에 숨겨져 있는 수없이 많은 곳과 높은 산들은 잊을 수 없는 순간들을 통해서 나에게 봉헌되었다. '낡은 서판과 새로운 서판에 대하여'라는 제목의 그 결정적인 부분은 기차역에서부터 그 놀라운 무어인의 바위성 에차로 무척이나 힘들게 오르는 동안 쓰였다"고 회상하고 있다[『이 사람』 IX. 4]. 도시 안에서 지내면서도 그 정도로 넓은 교제도 없고, 찾아오는 지인들도 얼마 안 되고, 편지 교환에 힘쓰는 이외에는 거의 은둔자처럼 생활하고 있던 니체는 오로지 독서와 집필에 열중했다. 1885-86년에는 『선악의 저편』*이, 86-87년에는 『즐거운 학문』*의 제5부가 니스에서 성립하며, 87-88년에는 『모든 가치의 가치 전환』으로서 계획되었던 책을 위한 방대한 초고도 여기서 쓰였다. 그러나 88년 봄에 이전부터 페터 가스트*에게서 권유받고 있던 토리노*를 방문하자 니체는 토리노에 매혹되며, 그때까지 찬양하고 있던 니스를 폄하하게 되었다.

─오이시 기이치로(大石紀一郎)

니체〈엘리자베트〉 [Elisabeth Förster-Nietzsche] ⇨니체의 가계

니체 열광─熱狂 ⇨세기말과 니체

니체 회의(르와요몽) [Le colloque philosophique international de Royaumont, 《Nietzsche》]
1964년 7월 4일부터 8일에 걸쳐 프랑스 북부의 르와요몽에서 니체를 둘러싼 토론회가 개최되었다(13세기에 건립된 르와요몽의 수도원에는 '르와요몽 재단'이 설립되어 토론회 등의 각종 문화 활동이 조직되고 있다. 르와요몽 제7회 국제철학토론회 <니체>가 그것이다. 우선 토론자 전체 및 발표 표제를 제시해 두자면 아래와 같다. 서언, 마르시알 게루(Martial Gueroult, 니체가 본 인간과 세계). 제1부, 앙리 비로(Henri Birault, 니체의 지복에 대하여), 칼 뢰비트*(니체와 세계의 회복 시도), 장 발(Jean Wahl, 니체 사상에서의 질서와 무질서), 가브리엘 마르셀(Gabriel Marcel 1889-1973, 우리의 의문점), 제2부, G. 콜리*, M. 몬티나리*(Giorgio Colli et Mazzino Montinari, 니체 텍스트의 상태들), 에두아르 가에드(Edouard Gaède, 니체와 문학), H. W. 라이헤르트(Herbert W. Reichert, 니체와 헤르만 헤세, 영향의 한 사례), 보리스 드 슐뢰제르(Boris de Schloezer, 니체와 도스토예프스키), 당코 그를릭(Danko Grlic, 니체의 반심미주의), 미셸 푸코*(니체, 프로이트, 맑스), 제3부, 지안니 바티모(Gianni Vattimo 1936-, 니체와 존재론적 훈련으로서의 철학), 피에르 클로소프스키*(동일한 것의 영원회귀의 생생한 체험에서의 망각과 회상), 장 보프레(Jean Beaufret 1907-82, 하이데거와 니체 ─ 가치의 개념), 질 들뢰즈*(결론 ─ 힘에의 의지와 영원회귀에 대하여). 얼마 안 있어 후기구조주의*를 이끌게 되는 30대의 푸코와 들뢰즈로부터 75세의 마르셀까지 쟁쟁한 멤버들이 세대를 넘어서서 참여하고 있는 것은 위에서 보는 그대로이다.

니체 연구 역사에서 1964년이라는 해가 어떠한 시대 배경을 지니고 있는 것인지, 그것을 어떤 의미에서 가장 잘 이야기해주는 것은 오늘날 유포되어 있는 신판 니체 전집의 편자인 콜리와 몬티나리가 이 토론에 참가하여 구래의 그로스옥타프판(Großoktavausgabe, 1894-1926)의 결함을 실례에 입각하여 보고한 것일 터이다. 이른바 '권력에의 의지'라는 것이 니체 철학의 근간과 결부되어 있었던 오랜 오해의 역사에 비추어보면, 이것을 니체 연구에 비치기 시작한 새로운 '아침놀'로 파악하는 것이 허락될 수 있을 것이다. 또한 하이데거*의 『니체』가 간행된 지 아직 시간이 얼마 지나지 않았

던 것의 영향도 간과할 수 없다. 5명의 발표자 및 적지 않은 토론 참가자가 크게든지 작게든지 간에, 또한 찬성과 반대는 어찌됐든지 간에 그의 이름을 언급하고 있는 것은 그 때문이라고 생각된다(후술). 셋째로 특기해야 할 것은 들뢰즈의 획기적인 저작 『니체와 철학』이 간행되고서 2년 후였다는 점이다. 그는 다음 해에도 요점이 분명한 저작 『니체』를 발표하게 되지만, 이 시기에 들뢰즈가 수행하고 있던 지도적인 역할은 이 회의를 매듭짓는 「결론」부에서의 발표가 그에게 맡겨졌다는 점으로부터도 엿볼 수 있다. (다만 그의 니체 해석을 상세하게 살펴보는 것은 다른 항으로 넘기고자 한다.) 그런데 그 「결론」에서 들뢰즈는 회의의 논점들을 아래의 다섯 가지 '주제'로 정리하고 있다. (1) 가면*과 복수(複數)주의, (2) 힘에의 의지*, (3) 긍정과 부정, (4) 영원회귀*, (5) 비교 연구. 더욱이 들뢰즈가 덧붙인 조작에 따르면, 이들 주제는 서로 흩어져 나열되고 있는 것이 아니라 순환적으로 배열되어 있다. 요컨대 (주요한 것을 열거하자면) 신의 죽음*에서 유래하는 자기 동일성의 해체(클로소프스키), 니체의 복수주의(발) → 해석들의 가치의 문제(보프레), 가치 전환의 최종 심급으로서의 존재론 문제(바티모), 최종 심급으로서의 '힘에의 의지'의 해석, 즉 부정으로부터 긍정에로의 원근법의 전환(비로) → 니힐리즘*의 극복과 '세계의 회복'(뢰비트, 마르셀) → 디오니소스*적 긍정의 근본 의미로서의 영원회귀(다수의 발표자) …… 토론회 전체의 흐름은 이에 의해 분명하지만, 들뢰즈가 덧붙인 조작이 논점들을 등질화해 버린다는 인상도 부정할 수 없는 것이 아니다. 여기서는 역으로 논쟁을 불러일으킨 논쟁점에 주목함으로써 이 회의의 성격을 부각시켜 보고자 한다.

(1) 긍정과 부정 및 니체 철학에서의 모순에 대하여. 이것은 비로의 대단히 흥미로운 서두 발표 이래로 일찍부터 반복하여 토의된 논쟁점이다. 비로는 (들뢰즈로부터의 시사를 설명한 다음) 니체의 사상에 불연속성이나 거리의 주제는 존재하지만, 모순·대립의 관념은 존재하지 않으며, 또한 모든 부정은 긍정으로부터 긍정을 함수로 하여 이루어진다고 주장한다. 토

론부에서 들뢰즈가 그것에 호응한 발언을 하는 것은 당연한 일로서 다섯 명의 토론 참가자로부터 부정과 모순의 계기를 경시한다고 하는 반론이 있으며, 두 견해는 정면으로 대립한다. 니체가 내포하는 모순이야말로 두드러지게 고전적인 논쟁점이었던 역사를 생각하면 그 연장선으로 파악할 수도 있겠지만, '변증법'과의 투쟁'을 니체의 하나의 근간으로 간주하는 들뢰즈가 논쟁점을 좀 더 첨예화시켰다는 점도 간과할 수 없다. 이 회의 이후 니체의 모순이 아니라 **모순** 그 자체를, 좀 더 근본적으로 말하면 **부정성**을 어떻게 파악할 것인가 하는 방향으로 문제가 심화되어 가게 되지만, 그 광범한 문제 영역은 이 토론회에서는 심화되지 못한 채 끝나버린 헤겔/맑스/니체를 둘러싼 문제도 포함하여 장래의 문제로서 남겨졌다고 말할 수 있다(발은 니체에서의 모순을 주제적으로 논의한 발표를 행했지만, 유감스럽게도 설득력을 결여한다).

(2) 마르셀이 제기하는 문제는 니체의 모순 여하가 아니라(모순은 없다고 표명하고 있다) 『즐거운 학문』* 346번에서 귀결되는 적극적 니힐리즘을 니체의 **제자**로서 선택하는 것의 불가능성, 나아가서는 **니체주의자** 일반의 불가능성으로 요약할 수 있을 것이다. 그에 반해 뢰비트는 같은 텍스트를 다루면서 마르셀이 도달점으로 간주한 것을 '공중에 매달린 상태', 즉 『우상의 황혼』*에 의해 해답을 부여받는 물음으로 해석함으로써 하나의 논쟁점을 형성하고 있다. 요컨대 뢰비트가 니체 철학의 근저로 보는 '세계의 회복 시도'란 단지 신에게 **저항하는** 것이 아니라 우화로 되어 영원히 회귀하는 세계와 **한패가 되는** 것이기도 한바, 그와 같은 가능성을 감춘 자아와 세계의 문제, 또는 '세계와 인간(이것은 토론회 제1부의 총제목 그 자체다)'이라는 문제는 뢰비트에 따르면 여전히 세워진 채로인 것이다. 한편으로는 마르셀과 다른 한편으로는 니체의 비판 대상을 가장 넓은 의미에서의 그리스도교*(플라톤주의 및 그 근대적인 형태)로 집약시키는 뢰비트와의 사이에서 생겨난 논쟁점은 고전적이라고도 말할 수 있겠지만, 자아의 문제가(예를 들면 니체와 정신분석의 문제도 포함한다) 오늘날의 문제로 발전할 수 있다

는 것도 사실이다.

(3) 뢰비트, 바티모, 보프레는 모두 다 광범위한 철학사 안에서 니체를 다시 파악하고자 하고 있지만, 이 가운데서 가장 논쟁적인 것은 의심할 바 없이 보프레였을 것이다. 그는 명시적으로 하이데거를 원용한 데 기초하여 힘에의 의지나 영원회귀와 더불어 니체 철학의 중추를 차지하는 **가치**의 관념(에의 의거)이야말로 "존재의 역운"에서 "니체의 형이상학 그 자체"를 드러내는 것이 아닐까 하고 묻는다. 이에 대해서는 가치의 전환·초월, "존재의 역운"과 "가장 긴 착오의 역사"의 차이, 칸트*적이지 않은 의미에서의 가치의 "가능성의 조건"에 대한 탐구와 같은 관점으로부터의 반비판이 잇따르고 있지만, 보프레의 조금은 강인한 입론의 근거를 반비판자들이 공격할 수 있는가 아닌가는 약간 의문이 남는다. 또한 '탈신화화로서의 니체 철학'이라는 해석을 탈구시킨 다음, 보프레와는 역으로 니체의 **비형이상학성**을 논증하고자 한 바티모의 자극적인 발표의 경우에도 니체의 철학이 '초역사적' 탐구를 지향하는 까닭에 '존재론적'이라고 하는 결론에서 보면, 대립들의 메타 레벨로서의 존재론을 안이하게 설정한 다음 니체/하이데거의 화해를 성급하게 시도했다는 인상이 불식되지 않는다. 이러한 논쟁은 하이데거 자체에 대한 평가를 끌어넣은 장기간에 걸친 논쟁점을 예측하게 하는 것이지만, 적어도 이 시점에서 결여되어 있었던 것은 그의 강력한 니체 해석으로부터의 거리였을지도 모른다.

(4) 한편으로 푸코는 **해석의 기술**의 계보 안에 프로이트*, 맑스*와 더불어 니체를 자리매김하고, 그들이 다 같이 가져다준 '근대의 해석학' — 끝없는 임무로서의 해석, 언제나 **해석의 해석**으로밖에 존재할 수 없는 해석 — 을 명쾌하게 추적하고 있다. 이와 같은 해석학 성립의 결정적인 근거를 **이미** 해석인 **기호**에 대한 해석의 우위성에서 찾는 그의 학설의 새로움은 니체 해석에 **기호학**을 도입했다는 점에 있다고 간주되어서는 안 된다. 역으로 푸코는 "우리가 지금도 속해 있는 해석의 시스템"에 입각하여 기호(학)의 이를테면 **신학적 성격**을 니체와 함께 폭로하고 있는 것이다. 이러한 관점에

서 보면 클로소프스키도 역시 기호학적이지 않은 관점으로부터 "강도(强度)의 파동의 혼적"으로서의 기호를 논한다는 점에서 니체에 접근하고 있다고 말할 수 있다. 그의 문제의식은 '생생한 체험'(으로서의 영원회귀)이 어떻게 해서 사고·사상으로 되는 것인가, 의미를 지니지 않는 강도가 어떻게 해서 의미작용=기호작용을 행하기에 이르는가라는 것이다. 앞의 논쟁점의 근저에도 깔려 있는 **자아**의 문제(일상적 코드의 하나의 기호에 지나지 않는 자아의 해체) 등, 클로소프스키가 도출한 논점들을 상세히 서술할 여유는 없지만, 들뢰즈의 요약에 따르면 클로소프스키의 공적은 신의 죽음, 영원회귀, 힘에의 의지라는 "세 가지의 니체적인 논제들을 전적으로 새로운 방식으로 결합"한 점에 있다고 여겨지며, 그것은 들뢰즈 자신의 「결론」부의 발표에 훌륭하게 반영되어 있다. 요컨대 신의 죽음으로부터 귀결되는 힘에의 의지란 "**차이**, 놀이, 증여의 긍정"이며, 영원회귀의 세계란 "강도에서의 세계, 차이들의 세계"인 것이다. 이것은 토론회 전체의 결론으로 불리기에는 지나치게 들뢰즈적으로 정리된 것이고, 다른 면에서 말하면 너무나 포괄적이라고 말할 수도 있을 것이다. 하지만 문제는 다른 곳에 놓여 있다. 확실히(틀림없이 60년대의 조류를 보여준 푸코와 클로소프스키를 병렬시키는 것이 허락된다고 한다면) 전자는 **근원적 기의로서의** 신의 죽음, **해석의 영원회귀를**, 그리고 후자는 **자아의 동일성을 보증하는** 신의 죽음, **강도의 파동**의 영원회귀를 말하고 있다. 하지만 그것은 주제의 수집을 지향해서가 아니라 주제의 통일성으로서의 니체를 해체하는 그러한 방향으로 이루어지고 있었던 것이 아닐까? 니체적인 '주제'를 둘러싼 논쟁은 끝없는 논쟁일 것이며, 특히 토론회와 같은 형식은 시대성과 반시대성(예를 들면 기호를 기호학적으로가 **아니게** 말하는 것)이 각인되어 가는 것일 터이다. 하지만 적어도 이 토론회를 통해 명시된 것은 '권력에의 의지'라고 하는 것과 같은 형태로 테마주의적으로 찬탈하는 것으로부터 니체를 해방하는 방향이었던 것은 아닐까? 그리고 이것은 서두에서 언급한 텍스트 비판의 아침놀에 의해서도 암시되고 있었던 것일 터이다.

☞후기구조주의, 들뢰즈, 클로소프스키, 푸코, 뢰비트
—우다가와 히로시(宇田川博)

﹝참﹞▷*Cahiers de Royaumont, Philosophie N° VI Nietzsche*, Les
Éditions de Minuit, 1967.

니체와 동시대의 자연과학——同時代——自然科學

니체가 살아가는 동시에 집필 활동을 행한 19세기 후반은 '제2의 과학 혁명'이라고도 불리는 '과학의 제도화'가 완성되고, 과학의 성과가 생활세계의 구석구석까지 뿌리를 내리기 시작한 시대였다. 사실 '과학자(scientist)라는 새로운 직업인을 가리키는 말이 W. 휴얼(William Whewell 1794-1866)에 의해 조어된 것은 니체가 태어난 1840년대 중반의 일이다. 과학적 지식이 기술적 응용과 결합될 가능성이 자각됨과 더불어 대학에는 이공계 학부가, 대기업에는 기업 내 연구소가 신설되어 산업 사회의 기반을 형성하고, 과학만능주의의 이데올로기가 대중적 규모에서 침투해 간 것도 이 시대였다. 이러한 '과학과 실증의 세기' 또는 '철과 증기기관의 시대'를 상징하는 것이 바로 유럽에서의 공업 사회의 실현을 자기 확인하는 일대 이벤트라고도 해야 할 만국박람회에 다름 아니다. 1851년에 런던에서 개최된 제1회 만국박람회에서는 하이드 파크에 건조된 철골과 유리로 이루어진 크리스털 팰리스가 사람들의 이목을 놀라게 하며, 동시에 크루프를 중심으로 하는 독일의 철강업 제품은 영국인의 눈을 빼앗아 다양한 크루프 신화를 산출했다. 이윽고 1873년에는 빈에서 제6회의 만국박람회가 열리게 된다. 니체가 살아간 것은 바로 이와 같은 발흥기의 산업 사회였다. 그것은 독일에서는 '거품 회사 난립 시대'(Gründerzeit)라거나 '비스마르크 시대'라고 불리는 시대인데, 후에 니체는 『반시대적 고찰』을 쓰는 것에 의해 이 시대의 '교양속물'에 대한 근본적 비판을 전개했던 것이다.

그런 까닭에 니체가 이 시대를 이끌어가고 있던 자연과학의 동향에 무관심하게 있었을 리가 없다. 실제로 니체의 장서 가운데는 당시의 자연과학의 해설서가 상당수 포함되어 있으며, 1870년대 초에는 보스코비치 등의 자연과학서와 열심히 씨름하고 있었던 자취가 보인다는 점에 대해서는 슐레히타 등의 연구가 분명히 밝혀주는 바이다. 물론 니체는 자연과학 연구에 대해서는 어디까지나 아마추어에 지나지 않았다. 하지만 니체의 문장 안에서 자주 나오는 '개념과 감각의 화학', '가치의 광학', '미학의 생리학', '삶의 위생학', '영혼의 천문학자', '실험과학'과 같은 표현을 보더라도 그가 그 당시 개별 과학들로 전문화하고 있던 자연과학의 움직임에 적지 않은 관심을 지니고 있었던 모습을 엿볼 수 있다.

니체의 자연과학에 대한 관심을 최초로 불러일으킨 것은 F. A. 랑게(Friedrich Albert Lange 1828-75)의 『유물론의 역사』(*Geschichte des Materialismus und Kritik seiner Bedeutung in der Gegenwart*, 1866)와의 만남이었다. 1865년에 21세의 니체는 헌책방의 가게 앞에서 쇼펜하우어의 『의지와 표상으로서의 세계』를 손에 넣고 그 형이상학적 세계로부터 크고 깊은 충격을 받지만, 바로 다음 해 여름에 그는 막 간행된 『유물론의 역사』를 읽고서 그 감동을 게르스도르프 앞으로 다음과 같이 써 보낸다. "우리가 쇼펜하우어에게 무엇을 빚지고 있는지가 최근에야 어떤 사람의 다른 저서에서 내게 대단히 분명해졌네. 그 저서는 그 나름대로 우수한 것으로 크게 배우는 바가 있네. 그 저서는 F. A. 랑게가 1866년에 저술한 『유물론의 역사와 현대에서의 그 의의의 비판』이네. 여기서 우리는 단호하게 편견을 벗어난 칸트학자이자 자연과학자의 모습을 보았다네."[1866년 8월 말]

이후에 계속되는 랑게 학설의 소개는 감관생리학의 식견을 원용하여 소박실재론을 비판하고, 나아가 '사물 자체' 개념의 부정에 이르는 그의 견해를 상당히 적확하게 요약한 것이라고 말할 수 있다. 니체는 이러한 랑게의 급진적인 칸트 해석을 접하게 됨으로써 이를테면 쇼펜하우어 류의 형이상학으로부터 이탈하는 계기를 붙잡은 것이다. 더 나아가 그보다 1년 후에 니체는 다시 랑게에 대해 열렬한 찬양의 편지를 쓴다. "만약 네게 오늘날의 유물론적인 움직임에 대해, 즉 다윈의 이론과 우주 체계와 생명이 통하는 어둠상자 등을 응용한 자연과학에 대해 완전히 알고 싶다는 기분이 들게 되면, 또한 동시에 윤리적인 유물론과 맨체스터 이론 등에 대해서도 다 알고 싶게 되면, 한 번 정말 훌륭한 것을 소개할 수 있다. 요컨대 F. A. 랑게의 『유물론의 역사』다. 그 책은 표제에서 기대하는 이상의 것을 가르쳐 주며, 진정한 귀중품으로서 몇 번이라도 숙독, 통독될 것이다."[1868. 2. 16]

이 말 그대로 니체는 1887년에 『유물론의 역사』의 신판이 나오자 즉시 구입하여 다시 읽어버린다. 또한 편지의 내용에서 명확하듯이 다윈의 진화론과 당시의 천체 이론에 대한 그의 지식은 이 저작에서 얻은 것일 터이며, 보스코비치의 이름 등도 랑게를 통해 알았을 것으로 보인다.

이렇게 해서 랑게에 의해 일깨워진 자연과학에 대한 긍정적 관심이 저작에서도 선명하게 나타나게 되는 것은 쇼펜하우어와 바그너*의 주박에서 스스로를 해방시킨 그의 '실증주의 시대'라고 불리는 시기다. 그는 자서전에서 문헌학자로서 지낸 그 이전의 10년간을 "나는 쓸모 있는 하나도 더 배우지 않았고, 먼지투성이의 박식의 허섭스레기에 몰두하여 어이없을 정도로 많은 것을 잊어버리고 있었다"[『이 사람』 VI. 3]고 회고하면서 "현실성이라는 것이 바로 내 안에는 결여되어 있었다. 그리고 '이상성이라는 것'이 있었다 하더라도 그것이 무슨 쓸모가 있단 말인가! 정말 타는 듯한 갈증이 나를 덮쳤다. 이때부터 나는 사실상 생리학과 의학과 자연과학 공부 외에 다른 일은 전혀 하지 않았다"[같은 곳]고 말한다. 이 실증주의 시기에는 과학의 냉철한 분석력에 대한 신뢰가 예술 및 예술가와 대비되어 다음과 같이 말해진다. "혹독한 공기 — 산속에서와 같이 과학의 세계에서도 가장 훌륭하고 건강한 것은 그 속에서 부는 혹독한 공기다. — (예술가처럼) 정신적으로 약한 사람들은 이 혹독한 공기 때문에 과학을 기피하고 비방한다."[『인간적』 II-1. 205] "상징과 비유*에 반대해서 — 상징(형상)과 비유로 설득할 수는 있다. 그러나 입증하지는 못한다. 이 때문에 사람들은 과학 안에서는 상징과 비유를 꺼려한다."[같은 책 II-2. 145]

이리하여 『비극의 탄생』*에서 '예술'이 차지하고 있던 위치를 이번에는 '과학'이 차지하게 된다. 이 시기의 니체는 과학을 비판의 무기로 하여 예술과 종교와 형이상학*을 상대화하고, 그 기만성을 폭로하는 것이다.

그러나 과학에 대한 이러한 긍정적 태도도 머지않아 니체 자신에 의해 극복되어 간다. 그는 근대 과학이 새로운 가치를 창조하는 힘을 지니지 않는 한에서, 그것이 '니힐리즘'의 귀결에 다름 아니라는 것을 정확히 통찰하고 있다. 니체는 "지금까지의 모든 문제들 중에서 가장 복잡한 문제"로서 "과학이 행동의 목표를 빼앗아 가거나 근절하는 것이 가능하다는 것을 증명한 후에, 과연 과학에게는 행동 목표를 부여할 힘이 있을 것인가"[『학문』 7]라고 묻는 것이다. 그리고 "오늘날 광범위한 대중들에게서 과학적, 실증주의적으로 분출하고 있는 저 확실성에 대한 요구, 무언가를 확고하게 소유하려는 요구"[같은 책 347]를 니체는 "약함의 본능"이라고 단정한다. 나아가 그의 원근법주의*의 입장에서 보면, 과학이 제시하는 세계상 역시 한의 세계 해석, 그것도 "모든 가능한 세계-해석들 중에서 가장 의미가 빈곤한 세계-해석"[같은 책 373]에 지나지 않는다. 그런 까닭에 과학을 진리의 점유자로 생각하는 과학주의를 니체는 다음과 같이 매도한다. "**그대들이 권리를 지니는** 영역에서의 세계-해석만이, **그대들의** 의미에서 (— 그대들은 이것을 **역학적**이라고 생각하겠지?) 과학적으로 탐구되고 계속해서 연구될 수 있는 세계-해석만이, 수를 세고, 계산하고, 무게를 달고, 눈으로 보고, 손으로 쥐는 것 외에는 아무것도 용납하지 않는 세계-해석만이 정당하다는 주장은 정신병이나 천치가 아니라면 우둔함이나 단순함의 소치이다."[같은 책 373]

이와 같은 견지에서 보면, 전통적 세계상을 파괴한 것처럼 보이는 근대 과학은 플라톤주의나 그리스도교*가 설파하는 금욕주의적 이상의 적대자가 아니다. 그렇기는커녕 "과학은 금욕주의적 이상과 동일한 기반 위에 바탕을 두고 있다. 양자의 전제는 일종의 삶의 빈곤화이다"[『계보』 III. 25]라는 것이다. 그런 까닭에 니체는 17세기 이래의 근대 과학의 진보 속에서 명민하게도 없애기 어려운 니힐리즘에로의 기울어짐을 탐지해낸다. 즉 "코페르니쿠스 이래로 인간은 경사면에 놓인 것처럼 보인다.— 인간은 이제부터 중심점에서 점점 더 빨리 떨어져 굴러간다.— 어디로? 허무로? '파고들어가는 자신의 허무의 감정'으로? …… 그렇다!"[같은 곳] 과학이 초래하는 니힐리즘이라는 이러한 문제의식은 이미 처녀작 『비극의 탄생』에서 니체의 소크라테스* 비판을 보일 듯 안 보일 듯 관통하고 있던 모티브였다. 그는 "사유는 인과성의 실마리를 따라 존재의 가장 깊은 심연에까지 이를 수 있다"는 과학주의적 신념을 소크라테스의 망상이라고 단정하고, "그러나 이제 과학은 자신의 강력한 환상에 자극받아 쉴 틈 없이 자신의 경계에까지 이른다. 이 경계에서 논리학의 본질 속에 감추어진 학문의 낙천주의는 실패하고 만다"[『비극』 15]고 결론을 내린다. 이 시기에는 과학주의 극복의 방도가 "이 한계에서 과학은 예술로 전환될 수밖에 없다"[같은 곳]고 하여 예술에서 찾아지고 있었다. 하지만 후기에는 그 방도가 '영원회귀'*의 관념을 축으로 하는 우주론적 형이상학의 구상에서 추구된다.

그러나 후기의 니체가 자연과학의 성과를 무시하거나 내던져버렸다고 생각하는 것은 올바르지 않다. 그가 비판한 것은 어디까지나 '과학주의'이지 '과학' 그 자체가 아니다. 사실 니체는 『즐거운 학문』*을 완성하고 『차라투스트라』* 제1부의 구상을 성숙시켜가고 있던 시기에 "나는 로베르트 마이어(Julius Robert von Mayer 1814-78)를 읽었다"고 가스트*에게 보고하고, 아직껏 '물질'을 믿고 있는 마이어를 비판함과 동시에 보스코비치에게 의거하여 "동력학 이론은 원자에서 운동 에너지 외에 적어도 또한 응집력과 중력이라는 두 개의 힘을 인정해야만 한다"[1882. 3. 20.]고 논의하고 있다. 마이어의 에너지 보존 원리를 둘러싼 이러한 고찰은 이윽고 '영원회귀'의 과학적 설명이라고도 말해야 할 것으로 발전해 간다. 니체는 "에너지 보존의 원리는 영원회귀를 요청한다"[유고 Ⅱ. 9. 268]라는 테제를 세우고, 그것을 다음과 같이 증명한다. "세계를

일정량의 힘으로서, 또한 일정수의 힘의 중심으로서 생각하는 것이 허락된다고 한다면, …… 이것으로부터 나오는 결론은 세계가 그 생존의 대대적인 주사위 놀이를 계속하면서도 산정될 수 있는 일정수의 결합관계를 통과해야만 한다는 것이다. 무한한 시간 속에서는 모든 가능한 결합관계가 언젠가 한 번은 달성되어 있었을 것이다. 그뿐만 아니라 그것들은 무한 번 달성되어 있었을 것이다. …… 즉 그것은 이미 무한히 여러 차례 반복되었고 또한 무한히 그 놀이를 유희하는 원환 운동으로서의 세계에 다름 아니다."[같은 책 Ⅱ. 11. 214]

물론 니체가 시대적 제약으로 인해 열역학 제2법칙을 알지 못했다는 점은 어쩔 수 없다 하더라도, 이것이 과연 영원회귀의 '증명'이 되는지 여부는 문제일 것이다. 그러나 그가 동시대 자연과학의 성과를 흡수하면서 그것에 예민하게 반등하는 가운데 최후의 사상적 경지로 발걸음을 밀고 나아갔다는 점은 잊혀서는 안 된다. 니체는 한편으로는 과학의 식견이 정신에게 가져다주는 '자유'와 '해방'의 계기를 올바르게 움켜쥐고 있었다. 그런 한에서 그는 서구 근대의 계몽의 유산을 이어받는 철학자였다. 그러나 다른 한편으로 니체는 과학주의가 초래하는 '니힐리즘의 귀결'을 전혀 위축됨이 없이 응시하고, 그 해악을 철저하게 비판했다. 그 점에서 그의 파괴적 고찰은 예를 들어 후설의 『위기』로 대표되는 20세기에서의 근대 과학 비판의 선구를 이루는 것이었다. 바젤대학에 취직한 다음 해에 니체는 로데* 앞으로 "과학과 예술과 철학이 결합되어 이제 내 몸 안에 있지만, 아마도 나는 언젠가 켄타우로스를 낳게 될 것이다"[1870. 1월 말과 2. 15.]라고 써 보냈지만, 바로 이 의미에서 그 자신이 다름 아닌 하나의 '켄타우로스'였던 것이다. ☞다윈주의, 화학, 보스코비치

—노에 게이이치(野家啓一)

▷Karl Schlechta und Anni Anders, *Friedrich Nietzsche. Von den verborgenen Anfängen seines Philosophierens*, Stuttgart-Bad Cannstatt 1962.

니체와 문학사 —— 文學史

【 I 】 국민 문학사의 시대

니체가 소년기를 보낸 시기는 독일*의 통일을 추구하여 그 문화적 정체성의 거점을 '국민 문학'에서 발견하는 문학사 서술이 왕성하게 시도된 시대였다. 1830년대부터 40년대에 걸쳐 게르비누스(Georg Gottfried Gervinus 1805-71)는 괴테*와 실러*의 바이마르 고전주의를 정점으로 하여 그 주변에 레싱* 등을 배치하는 독일 문학사 구상을 내세웠지만, 1848년의 자유주의적인 시민 혁명의 기도가 좌절되고 50년대에 들어서자 율리안 슈미트(Heinrich Julian Schmidt 1818-86), 고트샬(Rudolf Karl von Gottschall 1823-1909), 헤트너(Hermann Julius Theodor Hettner 1821-82) 등은 역시 괴테와 실러를 중심으로 하면서도 낭만파도 짜 넣어 전통의 연속성을 강조하며, 이리하여 독일 문학의 규범이 확립되어갔다. 슐포르타*에서는 코버슈타인(Karl August Koberstein 1797-1870)이 스스로 저술한 『독일 국민 문학사 강요』(Grundriss der Geschichte der deutschen Nationalliteratur, 1827, ⁴1847-66)를 사용하여 문학사를 가르쳤다. 그림 형제(Jacob Grimm 1785-1864; Wilhelm Grimm 1786-1859)에게 사사한 그는 중세의 서사시와 전설도 중시했지만, 괴테와 레싱을 숭배하고 티크(Johann Ludwig Tieck 1773-1853)와 클라이스트(Bernd Heinrich Wilhelm von Kleist 1777-1811)를 평가하며, 클롭슈톡(Friedrich Gottlieb Klopstock 1724-1803)은 좋아 하지 않고 하이네*를 경멸했다고 한다. 1859년에는 실러의 탄생 100주년을 기념하는 행사가 독일 각지에서 행해지며, 슐포르타에서도 기념제가 열렸는데, 니체가 전하는 바에 따르면 코버슈타인은 "이 국민적 축제는 독일의 국민감정이 다시 각성한 것을 보여주는 매우 의의 있는 징후이며, 이 축전에 아름다운 미래에 대한 희망을 결부시킬 수 있을 것이다"라고 연설하여 정치적으로 분열된 독일을 통합하는 문화에 대한 기대를 말했다고 한다 「슐포르타에서의 실러 축제」, BAW 1. 188; 어머니에게 보낸 편지 1859. 11월 중순. 니체 자신에게도 슐포르타 재학 중에 게르비누스와 고트샬을 읽고 헤트너의 『18세기 독일 문학사』(Literaturgeschichte des achtzehnten Jahrhunderts,

1856 ff)의 발췌를 작성하는 등, 문학사 공부에 몰두한 시기가 있었다[어머니에게 보낸 편지 1863. 5. 2]. 다만 그는 독일 문학사의 규범에 속하는 작가만을 읽은 것이 아니라 셰익스피어*와 바이런*, 그에 더하여 당시에는 아직 거의 평가되고 있지 못했던 횔덜린*에 열중했다. 그가 남긴 장서에는 1850년대에 라이프치히*의 '현대의 고전 작가 서점'에서 간행된 『약전과 작품 발췌』 총서 가운데 아이헨도르프(Joseph von Eichendorff 1788-1857), 임머만(Karl Leberecht Immermann 1796-1840), 울란트(Ludwig Uhland 1787-1862), 가이벨(Emanuel Geibel 1815-84), 유스티누스 케르너(Justinus Andreas Christian Kerner 1786-1862), 횔덜린, 호프만 폰 팔러슬레벤(August Heinrich Hoffmann von Fallersleben 1798-1874)의 권들이 있지만, 후년에 그가 긍정적으로 언급하는 것은 횔덜린뿐이다. 또한 괴테, 실러, 클라이스트, 레싱에 관해서는 학생 시기 말 무렵까지 간행된 전집과 선집을 소지하고 있으며, 리히텐베르크*의 아포리즘*과 하이네의 시집, E. T. A. 호프만(Ernst Theodor Amadeus Hoffmann 1776-1822)의 소설도 포함되어 있다.

프로이센–프랑스 전쟁*의 승리에 의한 독일 통일 후, 그때까지 정치적 분열을 보상하는 역할을 짊어지고 있던 문학사는 새로운 정치적 현실을 반영하여 독일 제국의 문화 통합에 봉사하게 되었다. 그에 대해 니체는 『반시대적 고찰』* 제1편에서 자기만족에 젖어 있는 '교양속물'*을 비판하여 그들은 '고전적 작가'의 동상을 세운다든지 기념제를 개최하고 협회를 만든다든지 하고 있지만, 실제로는 자신들의 수준으로 끌어내려 향유하고 있는 데 지나지 않으며, 횔덜린과 클라이스트는 이와 같은 속물의 문화를 견딜 수 없어 파멸했던 것이라고 말하고 있다[『반시대적』 I. 1, 2]. 거기서는 다비드 슈트라우스*가 고전적 작가를 자처하고, 아우어바흐(Berthold Auerbach 1812-82)와 구츠코(Karl Gutzkow 1811-78)와 같은 '저널리스트'까지 고전적 작가라고 여겨져 '고전적 작가'가 무리를 이루어 나타나는 한편, 게르비누스와 J. 슈미트, 고트샬과 같은 문학사가는 '고전' 시대는 이미 지나가고 현대는 '에피고넨'의 시대라고 하며 태연한 태도를 취하고 있다고 하여 니체는 저널리즘*과 학문*의 야만적인 결탁을 규탄한다[같은 책 Ⅰ. 10, 11;「교육 기관」Ⅱ]. 그리고 그는 이 상황을 앞에서 보면 다비드 슈트라우스이고 뒷모습은 게르비누스인데도 불구하고 '레싱'이라고 내세워져 있는 섬뜩한 '고전적 작가'의 상이 진열되어 있는 밀랍 인형관의 악몽으로서 묘사하고 있다[『반시대적』Ⅰ. 4]. 이와 같은 "독일적 교양의 기만과 불순"이 생겨난 것은 니체의 견해에 따르면 낭만파가 괴테를 숭배하고 헤겔학파가 교육에 영향을 미치며 내셔널리즘이 시인의 명성을 이용한 결과였다[『인간적』Ⅱ-1. 170]. "'교양'은 실러-괴테적 기반 위에 마치 소파에라도 걸치듯이 앉고자 해왔다'고 하여[유고 Ⅰ. 4. 131], 그는 국민 문학사가 촉진하는 바이마르 고전주의 숭배가 문학을 여기에서의 오락으로 폄하하는 미적 교양과 결부된 것을 비난하고 있다.

【Ⅱ】'독일 고전 문학'과 니체

「독일 고전 작가는 존재하는가?」라는 제목의 아포리즘에서 니체는 독일의 출판업자는 어떠한 저자라도 사망 후 30년이 지나면 '고전적 작가'인 것처럼 다루고 있지만, 괴테, 클롭슈톡, 헤르더(Johann Gottfried von Herder 1744-1803), 빌란트(Christoph Martin Wieland 1733-1813), 레싱, 실러 가운데 낡아 있지 않은 것은 괴테뿐이며, 더욱이 그는 '국민 문학'의 틀에는 수렴되지 않는 존재라고 하고 있다[『인간적』Ⅱ-2. 125]. 클롭슈톡은 "국민의 도덕적 계몽가"가 되고자 하여 예술가로서의 한계를 넘어서고 말았으며[같은 책 Ⅱ-1. 150], 빌란트는 "그 누구보다 더 훌륭하게 독일어를 썼지만" 그 사상은 이제 낡아버렸다[같은 책 Ⅱ-2. 107]. 헤르더는 새로운 것을 냄새 맡는 능력을 지니고 있었지만 위대한 창조자는 아니며, 그가 발견한 것을 완성한 것은 칸트*와 괴테, 그에 더하여 독일의 역사가와 문헌학자들이었다고 한다[같은 책 Ⅱ-2. 118]. 또한 실러는 예술가가 미학이나 도덕철학에 손을 대야 하는 것은 아니라는 것을 보여주는 예이며[같은 책 Ⅱ-2. 123], 고결한 언어로 단순하게 감격하는 소년소녀를 향한 "도덕의 나팔수"에 지나지 않는다고 여겨진다[같은 책 Ⅱ-1. 170, Ⅱ-2. 125;『우상』Ⅸ. 1]. 레싱은 동시대의 문학사에

의해 자주 바이마르 고전주의를 준비한 존재로서 자리매김 되었지만, 여기서도 니체는 다른 견해를 취하고 있다. 요컨대 괴테라 할지라도 장황하고 지루한 독일적 문체의 전통으로부터 자유롭지 않았던 데 반해, 레싱은 프랑스인에게서 배워 재기로 넘쳐난 매력적인 산문을 고안해내고 자유정신*에 어울리는 프레스토 템포로 썼다고 하는 것이다[『반시대적』Ⅲ. 2;『인간적』Ⅱ-2. 103;『선악』28]. 그러나 레싱이 너무나도 빠르게 프랑스*의 형식을 버리고 셰익스피어로 달려갔기 때문에, 독일 문학은 형식의 강제로부터 서서히 해방되는 것이 아니라 갑자기 무제약적인 야만 상태로 되돌아가고 말았다. 그 때문에 괴테와 실러는 다양한 형식의 실험을 시도하지 않으면 안 되게 되고, 이리하여 괴테는 그가 과거의 전통에서 발견한 다양한 수단을 사용하여 "예술 속에서, 즉 참된 예술을 회상하는 것으로서의 예술 속에서 살았다. 그의 창작은 아득한 옛날에 멀어져 버린 낡은 예술 시대를 회상하고 이해하기 위한 보조수단이 되었다'고 한다[『인간적』Ⅰ. 221]. 이와 같이 독일 문학사를 묘사한 다음, 니체는 해가 저문 후에 여전히 삶의 하늘을 빛나게 하는「예술의 저녁놀」에 대해 말하고 있다[같은 책 Ⅰ. 223].

그는 바이마르 고전주의를 동시대의 문학사가 헤겔*적인 '예술의 종언' 의식을 지니고서 그것을 국민 문학의 정점으로서 숭배한 것과는 다른 의미에서, 또한 하이네가 정치적 진보와 손을 맞잡고 나아가는 새로운 예술을 추구하여 괴테가 대표했던 '예술 시대'의 종언을 고한 것과도 다른 의미에서 과거의 예술의 잔영 아래에서 보고 있었다. 그에게 있어 고전 문학이란 고대 그리스라는 참된 교양의 고향으로 이끄는 것이며, 그 점에서 그는 고대에 도달하고자 한 괴테, 실러, 빙켈만*을 칭송하지만, 그들에게는 참된 그리스 정신을 파악하는 것이 불가능했으며, 현대에는 그들의 노력조차 소홀히 여겨지고 있다고 말한다[『비극』20;「교육 기관」Ⅱ].『비극의 탄생』*에서 예술은 '아폴론'적인 것과 '디오니소스'적인 것의 결합에서 생겨난다고 설명한 니체는 그 후에도 감정과 장식이 지나치게 많은 '아시아적' 야만*을 억제하고 명석하고 절도* 있

는 표현으로 가져온 그리스인의 예술 감각을 이상으로 삼았다[『인간적』 Ⅱ-1. 219]. 그가 인정한 것은 "호메로스', 소포클레스', 테오크리토스', 칼데론(Pedro Calderon de la Barca 1600-81), 라신(Jean Baptiste Racine 1639-99), 괴테에서 **흘러나오는** 예술, 현명하고 조화로운 생활 방식에서 흘러넘치는 **과잉**'으로서의 예술"뿐이며[같은 책 Ⅱ-1. 173], 그런 까닭에 그는 "예술가의 가장 어렵고 궁극적인 과제는 불변하는 것, 자신 속에서 안주하는 것, 고귀한 것, 단순한 것, 사소한 자극과는 전혀 동떨어진 것을 표현하는 것이다"라고 하여 그것을 "시인으로서의 클로드 로랭'에 대한 원망"이라고 표현했던 것이다[같은 책 Ⅱ-1. 177].

【Ⅲ】독자로서의 니체

니체는 정당화든 비판이든 문학에 무언가의 정치적 기능을 부과한다든지 예술을 '국민적 정체성'의 창출과 같은 예술 이외의 목적에 종속시키는 것에 대해 일관되게 저항했다. 그런 까닭에 독자로서의 니체가 관심을 기울이는 것은 당시의 문학사가 즐겨 다룬 작품과 작자의 인격과의 관계나 그 국민 문화에 대한 의의가 아니라 작품 그 자체다. 그는 "예술가는 결국 그 작품의 선행 조건이나 모태나 토양에 지나지 않으며, 경우에 따라서는 그 위에서 또 거기에서 작품이 성장하는 비료나 거름인 것이다.— 그러므로 예술가란 대부분의 경우에, 그의 작품을 즐기고자 한다면 잊어버려야만 하는 무엇이다"라고 하여 예술가를 그 작품으로부터 분리하고 예술가보다도 작품을 중시해야 한다고 이야기하고 있다[『계보』 Ⅲ. 4]. 니체는 또한 독자의 역할에 주목하는 '수용 미학'적인 시점도 보여준다. 그는 과거의 예술을 "그것이 이전에 있었던 그대로" 재현하고자 하는 역사주의'적 태도의 "불모의 외경심"을 비판하고, 후세의 독자에게는 현대의 영혼에 의해 과거의 작품을 살리는 권리가 있다고 주장한다. "왜냐하면 우리가 그것에 우리의 영혼을 부여함으로써만 과거의 작품들은 계속 살아남을 수 있기 때문이다. 즉 그 작품들이 비로소 **우리에게** 말하게 하는 것은 바로 **우리의** 피이기 때문이다."[『인간적』 Ⅱ-1. 126] 80년대 후반에 이르면 니체는 "삶에 대한 자극제"로서

작용하는 예술을 산출하는 예술가의 '힘에의 의지'를 문제로 삼아 수용자의 미학을 대신하는 예술가의 미학을 추구하게 되지만[유고 Ⅱ. 11. 191ff], 그가 독자로서 문학 작품을 접하는 태도는 기본적으로 변함이 없었다.

개별적인 문학 경향들에 대한 니체의 평가를 보면 낭만주의 문학에 대해서는 그다지 발언이 없으며, 「낭만주의란 무엇인가?」라는 아포리즘이 다루고 있는 것은 바그너'와 쇼펜하우어'이다[『학문』 370]. 해학적인 유머' 문학을 창조한 장 파울'은 당시의 문학사가들 사이에서도 평가가 나뉘었지만, 니체에게 있어서는 "실러와 괴테의 부드러운 비옥한 밭 위에 밤사이 자라난 가지각색의 억센 잡초"에 지나지 않았다[『인간적』 Ⅱ-2. 99]. 코체부(August von Kotzebue 1761-1819)와 같은 통속 작가는 감상적이고 윗사람에게는 비굴하지만 마음속으로는 자기 자신에게 만족하는 독일인에게 잘 어울린다고 여겨진다[같은 책 Ⅱ-1. 170]. 니체는 정치적 해방의 요구를 내건 '청년 독일'을 혐오하고 구츠코를 "불쾌한 문체의 괴물"이라 매도하지만[『반시대적』 Ⅰ. 11], 하이네만은 예외였다. 초기에는 다채로운 문체를 구사하는 뛰어난 기계를 인정하면서도 그것이 문체의 통일성을 파괴하고 있다고 비판하지만[유고 Ⅰ. 4. 246], 『이 사람을 보라』'에서는 최고의 서정시인으로서 찬양하며, 자신은 하이네와 더불어 "독일어에서의 제1급의 명인"이라고 하고 있다[『이 사람』 Ⅱ. 4]. 다른 한편 J. 슈미트나 프라이타크(Gustav Freytag 1816-95), 아우어바흐의 사실주의는 "미와 숭고"에 반대하는 세력이라고 하여 물리치며[유고 Ⅰ. 3. 358], 나아가 "대도시의 시인들"은 하수구의 악취가 난다고 하여[『인간적』 Ⅱ-1. 111] 슈필하겐(Friedrich von Spielhagen 1829-1911)처럼 도회 풍속을 그린 작가들을 혐오하고 있었다. 동시대의 독일어권 작가로 니체가 좋아한 것은 켈러', 슈티프터', 슈피텔러' 등, 극소수의 사람들이었다. 『방랑자와 그의 그림자』의 「독일 산문의 보배」에서 그는 괴테의 저작과 "독일의 책 중에서 최고의 책"인 『에커만과의 대화』 이외에 읽을 만한 가치가 있는 독일어의 산문 문학으로서 리히텐베르크의 아포리즘, 융-슈틸링(Johann Heinrich Jung-Stilli ng 1740-1817)의 자서전(『하인리히 슈틸링의 생애』(Heinrich Stillings Leben, 5권, 1806), 슈티프터의 『늦여름』(Nachsommer), 켈러의 『젤트빌라의 사람들』(Leute von Seldwyla)을 들고 있다[같은 책 Ⅱ-2. 109]. 1888년 가을의 유고에서 니체는 괴테의 「단편」(Novelle)에서 얻은 인상에 대해 "구름 한 점 없이 맑게 개인 가을을 맛보고 숙성시키며,── 간절히 기다려 최상의 영적인 것으로까지 꿰뚫고 들어가는 10월의 햇빛. 황금색으로 감미롭고 왜 그런지 부드러운 것 **결코** 대리석이 아닌 것── 그것을 나는 괴테적이라고 부른다"고 말하고, 슈티프터의 『늦여름』에 호의를 품은 것도 괴테적인 '취미' 때문이라고 하고 있다[유고 Ⅱ. 12. 166f.].

【Ⅳ】 '좋은 유럽인'의 문화로

괴테는 니체가 외경을 품은 최후의 독일인*이자[『우상』 Ⅸ. 51] 미래의 문학에 이르는 길을 지시하는 인물이기도 했지만[『인간적』 Ⅱ-1. 99], '국민 문학'보다 고급한 문학 장르에 속하는 존재였다[같은 책 Ⅱ-2. 125]. "베토벤*이 독일인을 넘어서서 작곡하고, 쇼펜하우어가 독일인을 넘어서서 철학했듯이, 괴테는 『타소』와 『이피게니에』를 독일인을 넘어서서 창작했다. 그를 따른 사람들은 **극소수의** 최고의 교양인들이었으며 고대 문화와 인생과 여행*을 통해 교육받은 자와 독일적 본질을 넘어서서 성장한 자들이었다"라는 것이다[같은 책 Ⅱ-1. 170]. "좋은 의미에서 독일적이라고 하는 것은 스스로를 탈독일적으로 만드는 것이다"라고 말했을 때[같은 책 Ⅱ-1. 170], 그가 본보기로서 염두에 두고 있었던 것은 괴테였음에 틀림없다. 괴테는 "독일적 사건이라기보다는 유럽적 사건"이며, "자연으로 돌아감에 의해 르네상스*의 자연성으로 **올라감**에 의해 18세기를 극복하려는 탁월한 시도였다"고 하여 니체는 이 **자유로워진** 정신에서 모든 것을 긍정하는 디오니소스적 신념의 소유자를 발견하고 있다[『우상』 Ⅸ. 49].

니체가 평가한 그 이외의 저작가들도 내셔널리즘에 사로잡히지 않고서 유럽적 문화의 발전에 공헌했다고 간주되는 사람들이었다. 그가 산문의 명장으로서 드는 것은 레오파르디*, 메리메*, 에머슨*, 월터 새비지 랜더(Walter Savage Landor 1775-1864)이며[『학문』 92], 잠언과 아이러니*를 포함하여 부유하는 "애매함의 거장" 로렌스 스턴(Laurence Sterne 1713-68)의 자유정신적인 "초유머"도 찬양한다[『인간적』 Ⅱ-1. 113]. 물론 아포리즘에 의해 자기의 사상을 말한 몽테뉴와 라 로슈푸코*와 같은 모럴리스트*들, 독일에서는 리히텐베르크와 쇼펜하우어*도 니체가 즐겨 읽은 저작가였다. 또한 명부에서의 대화 상대자로서 그는 에피쿠로스*, 몽테뉴, 괴테, 스피노자*, 플라톤*, 루소*, 파스칼*, 쇼펜하우어의 이름을 들고 있다[같은 책 Ⅱ-1. 408]. 그리고 유럽 문화의 발전을 가져온 사람들로서 나폴레옹*, 괴테, 베토벤, 하이네, 쇼펜하우어, 바그너를 든다든지[『선악』 256], "유럽적인 사건"으로서 쇼펜하우어, 괴테, 헤겔, 하이네를 든다든지 한다[『우상』 Ⅸ. 21]. 그렇긴 하지만 니체가 "유럽적인 책"으로서 생각하는 것은 특히 몽테뉴, 라 로슈푸코, 라 브뤼예르*, 퐁트넬*, 보브나르그(Luc de Clapiers de Vauvenargues 1715-47), 샹포르*와 같은 프랑스의 모럴리스트들인바, 르네상스의 일환을 이루어 국민 문화의 틀을 초월해 있던 그들의 저작으로부터는 고대의 숨결이 느껴진다고 하여 괴테나 쇼펜하우어와 같은 독일의 가장 좋은 사상가라 하더라도 그들만큼 그리스적인 문체로 쓸 수는 없었다고 말하고 있다[『인간적』 Ⅱ-2. 214].

80년대의 니체는 "독일어로 저술하는 프랑스의 저작가"(몬티나리*)라고 말해도 좋을 정도로 프랑스 문화로의 경도를 심화시켜 갔다. 이리하여 니체는 "취미의 프랑스*"에서 "좋은 유럽인"의 문화의 모범을 발견하게 된다[『선악』 254]. "실제로 내가 항상 다시 돌아가는 사람들은 몇 안 되는 옛 프랑스인들이다. 나는 오로지 프랑스적 교양만을 믿고 다른 유럽적 '교양'은 전부 오해라고 간주한다. 물론 독일적 교양은 말할 것도 없다", "독일의 숨결이 닿으면 문화는 부패해버린다"는 것이다[『이 사람』 Ⅱ. 3]. 스탕달*, 발자크*, 모파상*, 플로베르*, 보들레르*, 생트 뵈브*, 르낭*, 부르제*, 로티(Pierre Loti 1850-1923), 공쿠르 형제*, 아나톨 프랑스(Anatole France, Francois Anatole Thibault 1844-1924), 르메트르(François-Élie-Jules Lemaître 1853-1914), 텐*, 브륀티에르(Ferdinand Brunetiere 1849-1906) 등, 그는 실로 넓은 범위에 걸쳐 19세기 프랑스의 문학과 평론을 읽으며, 그것들을 통해 동시대의 문화의 지표를 발견하고 있었다. 예술은 '삶에의 자극제'이어야만 한다고 주장하더라도 그가 세기말*의 데카당스* 문학에서 그 나름의 매력을 느끼고 있었다는 것은 확실한바, 니체는 언설에 있어서는 고전성을 지향하면서도 미적 모더니즘의 심성을 선취하고 있었다고 말할 수 있을 것이다. ☞독일/독일인

—오이시 기이치로(大石紀一郎)

图 ▷蘭田宗人「ニーチェと「文學史」の問題」『理想』557호, 1979년 10월. ▷Peter Uwe Hohendahl, *Literarische Kultur im Zeitalter des Liberalismus 1830-70*, München 1985. ▷Ralph-Rainer Wuthenow, Nietzsche als Leser, in: Hans Joachim Piechotta/ R.-R. Wuthenow/Sabine Rothemann(hrsg), *Die literarische Moderne in Europa*, Bd. 1, Opladen 1994.

니체와 바그너—낭만주의의 문제 [Richard Wagner 1813-83]

1869년 5월 17일, 니체는 바그너를 스위스의 트립셴에서 방문했다. 이때부터 두 개의 거대한 19세기 정신 사이에서 펼쳐진 운명극이 시작된다. 니체는 바그너의 『오페라와 드라마』를 읽고 커다란 감명을 얻고 있었다. 그것은 전통적 오페라 형식에 아직 사로잡혀 있던 초기의 '낭만주의적 오페라'와 결별하고 '음악극'(Musikdrama)이라 불리는 표현 형식을 창조하는 것, 더욱이 이러한 표현 형식의 창조가 의미하는 바를 단지 예술 장르 내부에서의 문제로서만이 아니라 예술과 사회의 관계의 근원적인 변혁(혁명)의 실천으로서 다시 파악하는 것을 지향하고 있었다. 그러면 '음악극' 또는 '종합 예술 작품'(Gesamtkunstwerk, 총체 예술)이라 불리는 이 표현 형식에 담고자 했던 이념은 어떠한 것이었을까?

【Ⅰ】 바그너의 '종합 예술 작품'의 이념

우선 바그너가 의거하고자 한 것은 '전체성' 개념이었다. 이념적으로 그것은 육체, 감정, 지성이라는 세 가지 요소의 유기적 결합으로서 파악되는 인간의 전체성에 기초한다. 이 '전체성' 개념에 예술 장르에서 대응하는 것이 무도, 음향, 시작이다. 이 세 가지는 특히 음향을 통해 내재적으로 서로 연관되며, 전체로서 하나의 종합 예술을 구성한다. 이러한 종합 예술의 모습을 구체화하는 표현 형식으로서 바그너가 드는 것은 '드라마'다. '드라마'는 음악과 시작의 참된 융합을, 조금 더 정확히 말하자면, 시작의 내적 욕구에 입각한 음악 표현의 성취를 그 본성으로 한다. 그리고 바그너에게서 '드라마'는 시원으로서의 전체성의 재생이 그대로 미래의 있어야 할 삶의 전체성(본원성)의 창조일 수 있는 그러한 예술=혁명의 장을 형성하는 것이다. 이러한 인식으로부터 바그너 예술이 지니는 몇 가지 역사적 의미, 특히 동시대로서의 19세기 근대에 대해 바그너가 지니는 의미를 추출할 수 있다.

우선 첫 번째는 그의 전체성 개념이 기본적으로는 인간의 정동적·감성적 측면에 의존하고 있다는 점이다. 바그너의 구체적인 창작 활동에서 이러한 정동적·감성적 측면의 중시는 다양한 형태를 취해 나타난다. 그 가운데서도 가장 중요한 것은 Th. 만*이 '심리학'과 '신화'라고 부르는 요소다. '심리학'은 바그너에게서의 인간의 심층의식에 대한 주목을 보여주는 개념이다. 바그너는 음악과 시의 융합을 통해 지성의 영역경계 밑에서 태동하는 심층의식의 영역에 빛을 비췄다. 거기서 떠오르는 것은 죽음에의 충동이자 그것과 표리 일체를 이루고 있는 성애(에로스)의 욕동이다. 이 요소는 쇼펜하우어*와의 만남에 의해 더욱더 강화되며, 바그너에게 있어 거의 숙명적인 '세계성애'(Welterotik)의 이념, 즉 근원적 구제의 존재모습으로서의 '사랑의 죽음'(Liebstod)의 이념(<트리스탄과 이졸데>)에로 승화된다. 바그너의 이러한 심층의식 수준에서의 죽음과 성애에 대한 지향에서는 세계를 주관적 삶의 근원으로부터의 무한 확장으로서 보고자 하는 낭만주의 지향과의 동질성이 간취된다. 그리고 낭만주의의 이와 같은 지향으로부터 생겨나는 삶의 내면성과 외부세계 사이의 날카로운 대립의 의식이 그대로 바그너의 세계성애가 지니는 세속적 세계의 부정에 대한 의지의 기저로 연결되어 간다.

그런데 '신화'* 쪽은 어떠한가? 여기서도 문제가 되는 것은 심층의식의 수준이다. 신화에서 심층의식은 죽음과 성애의 차원과 서로 관계하면서 '집합적 무의식' 영역에로 향한다. 이 '집합적 무의식'에 대한 지향에서 작용하고 있는 것은 역사의 심층에 원형적인 성격을 띠고서 잠재해 있는 원초적인 공동체의 기억과, 그것에 관련되는 다양한 전승 형태로의 경도다. 그것은 역사의 집합적인 동시에 익명적인 심층 구조에 신화가 지니고 있는 상징적・비유적 표현 형태를 통해 빛을 비추고 싶어 하는 욕구다. 이러한 지향 역시 삶의 근원에 종교적・공동체적인 신성성을 부여하고자 하는 낭만주의의 지향과 서로 중첩된다. 거기에 더 나아가 세계와 삶의 예술*=미에 의한 시인이라는 이념의 문제를 덧붙이면, 바그너와 낭만주의의 공통성은 좀 더 커다란 것이 될 것이다. 바그너 역시 개개의 삶과 사회의 전체성을 보편적으로 다리 놓고자 한 18세기 계몽의 해체와 함께 생겨난 낭만주의의 문제권역에서 출발하고 있다.

그런데 지금 말한 것과 같은 바그너 수용 경향과도 관련시키면서 바그너가 지니고 있는 두 번째의 역사적 의미를 언급해야만 한다. 그것은 바그너가 전체성 개념을 현실화하는 매체로서 선택한 신화 또는 그 구체적 표현 형식으로서의 '드라마의 표현상의 특성과 효과의 문제다. 바그너가 신화를 스스로의 예술의 매체로서 선택한 시대는 말할 필요도 없이 이미 탈신화화된 근대 시민사회의 시대다. 따라서 바그너가 기도한 신화는 어떠한 사회적・역사적 기반도 지니지 않는 인위적인 창작 신화일 수밖에 없다. 다시 말하면 바그너는 스스로의 예술 표현이 지니는 효과만을 통해 근대 시민사회의 내부에서의 신화 작용(Phantasmagorie, 환영)을 산출해야만 했던 것이다.

그것은 한편으로 말하자면, 낭만주의를 넘어서서 19세기 모데르네의 문제권역, 즉 근대 시민사회의 근저에 놓여 있는 합리주의 이데올로기에 대한 미적 모데르네의 비판적 대항성이라는 문제권역에로 바그너가 들어갔다는 것의 증명이기도 하다. 그러나 동시에 이때 '드라마'로 응집되는 종합 예술의 구상이 또 하나의 다른 의미를 띠어간다. 즉 종합 예술로서의 '드라마'는 그 그릇으로서의 '극장'이라는 특권적인 표현 공간에 시민사회의 군중을 모여들게 하고, 거기서 그들의 심층의식 수준에서의 정동적・감성적 요소에 작용을 가하면서 의사적인 '신화' 체험을 만들어내는 것이다. 그것은 바그너가 예술=혁명의 근간에 둔 '예술종교'의 이념을 시민사회에서의 새로운 문화 제단으로서의 극장을 통해 구체화하는 것에 다름 아니다. 바이로이트* 축제 극장의 건설은 이러한 시민사회 내부에서 신화 작용이 발동하는 마당으로서의 문화 제단을 창출하고자 하는 시도라고 말할 수 있을 것이다.

그런데 우리가 보지 않으면 안 되는 것은 이러한 바그너의 신화가 지니는 성격이 이미 성숙을 맞이하고 있던 자본주의 시스템 하에서 상품 물신의 대가임과 동시에 그 상관물이기도 한 '문화산업(문화의 상품화)'의 선구로서의 의미를 지닌다는 점이다. 즉 예술종교를 축하하는 문화 제단으로서의 극장=드라마를 만들어내고자 하는 바그너의 노력이, 그리고 거기서 바그너의 이념적 측면만이 아니라 실무적인 면도 포함한 의미에서 종합 예술을 생산하고자 하는 노력이 결과적으로 보게 되면 자본주의 하에서의 새로운 문화의 물신성이 나타난 것으로서의 '문화산업'의 형성 과정과 서로 멋지게 겹치는 것이다.── 바그너의 이러한 측면에 관해서는 아도르노*의 『바그너 시론』이 가장 첨예한 분석을 행하고 있다. "바그너의 드라마는 쇼펜하우어가 '나쁜 상품의 겉모습'이라고 부른, 현기증을 초래하는 작품에로의 경향, 즉 환영(Phantasmagorie)에로의 경향을 지닌다."[같은 책 VI]

【Ⅱ】 니체의 바그너관

그런데 이러한 바그너의 역사적 의미에 대해 니체는 어떠한 인식을 지니고 있었던 것인가? 여기서는 무수히 존재하는 니체의 바그너에 대한 언급들 가운데 가장 전형적이라고 생각되는 세 개의 텍스트, 즉 바그너 옹호의 입장으로부터의 전환을 미묘한 형태로 예고하는 『반시대적 고찰』* 제4편 『바이로이트의 리하르트 바그너』와 격렬한 바그너 비판서인 『바그너의 경우』 그리고 『니체 대 바그너』를 주된 소재로 하여 니체의 바그너관을 되돌아보고자 한다.

(1) 『바이로이트의 리하르트 바그너』. 니체의 바그너로의 경도는 1876년의 바이로이트 축제 극장 개설까지 계속된다. 그리고 이 바그너의 자기 작품 상연을 위한 이상적인 극장 건설을 측면에서 원호하기 위해 저술된 것이 『바이로이트의 리하르트 바그너』였다. 따라서 본서에서 표면적으로 읽히는 것은 『비극의 탄생』* 이래의 바그너 찬미의 어조다. 그러나 니체의 내면에는 실은 이미 1872년의 바이로이트 정초식 즈음을 경계로 하여 바그너에 대한 의혹과 환멸이 싹트고 있었다. 그 점은 『인간적』* 제2부의 서문에 있는 "그리고 실제로는 이별과 결별이었다"라는 이 책에 대한 말에서도 명확하다. 그것은 바그너가 내거는 이념과 그것이 수용되는 방식 간의 간격에서 생겨난 것이라고 해도 좋을 것이다. 다시 말하면 니체에게 있어 바이로이트 건설이 구체화한 이후의 바그너는 순수한 경도의 대상으로부터 동시대의 하나의 문제 현상으로 되어 갔던 것이다. 예를 들어 이 책의 다음과 같은 기술에서는 그러한 사정이 엿보인다. "그것은 이 시대의 결실인 '교양인'이 바그너가 행하고 생각한 것에 접근할 수 있는 방법은 오로지 패러디뿐이라는—이런저런 모든 것이 패러디화되어 있는 것처럼—것이며, 바이로이트의 행사는 익살스러운 신문 기자의 아주 평이한 등불을 통해서만 조명되도록 되어 있다는 것이다. 패러디에 머물더라도 정말이지 다행한 일이리라!"[『반시대적』 Ⅳ. 1]

바이로이트 이후의 바그너는 좋든지 안 좋든지 상관없이 어쩔 수 없이 동시대의 교양 시민 문화와 제2제국의 시대사조를 받아들여 갔다. 바이로이트는 그러한 동시대성에 대한 '반시대적'인 성채여야 했음에도 불구하고 그것 자체가 동시대적 현상으로 미묘하게 변모해 갔던 것이다. 여기서 니체가 '교양인'의 바그너에 대한 접근 방식으로 야유하고 있는 내용이야말로 바그너가 수용되는 그러한 방식에 다름 아니었다. 그리고 여기서의 니체의 기술은 비록 바그너를 옹호하는 입장에서긴 하지만, 나중의 바그너 비판 내용과 참으로 유사한 것이라고 할 수 있을 것인가? '교양인의'라는

한정을 붙여서 제시된 '패러디'라는 형태의 바그너에 대한 접근은 사실은 이미 이 시점에서 니체가 지닌 바그너 이해의 본심이었다고 말해야 할 것이다.

여기서 니체의 바그너관의 핵심이라고도 이야기해야 할 '이중성'의 인식을 다루어 두고자 한다. "그것은 다름 아닌 그 놀라운 경험과 인식이었다. 즉 자기 본질의 한 차원은 다른 차원에 정절을 지킨다는 점, 자유롭고 몰아적인 사랑에서 정절이 유지된다는 점, 그리고 창조적이고 순진한 밝은 차원은 어둡고 무절제한 폭력적인 차원에 정절을 지킨다는 점, 이것이 그의 경험과 인식이었다."[『반시대적』. Ⅳ. 2] 그런 만큼 니체는 여기서 바그너를 옹호한다. 그러나 여기서 니체가 말하는 '정절'에는 복잡한 의미가 담겨 있다. 니체는 바그너의 '놀라운' 독창성이 바그너 안에 있는 '어두운 차원'에 대한 '정절'에 뿌리박고 있다고 말하는 것에 의해 바그너의 정신과 그것이 산출하는 예술의 '사악한' 성격을 부각시키고 있는 것이다. 이 '사악함'이란 구체적으로 어떠한 형태로 포착되는 것일까?

니체가 바그너의 '종합 예술 작품'의 이념과 지향에서 발견한 것은 '드라마'가 지니는 표현 기능을 통한 대중에 대한 강렬한 지배 의지의 발현이었다. 이러한 지배 의지의 근원에 놓여 있는 것이야말로 바그너에게 숨어 있는 '사악함'이었다고 해도 좋을 것이다. 확실히 니체는 여기서 그러한 '사악한' 지배 의지가 바그너의 예술가로서의 사명의식에 뿌리박고 있는 것이라고 말하고 있다. 그리고 그것은 니체 자신의 '힘에의 의지'*의 사고에도 투영되고 있다. 하지만 그러한 지배 의지에서 유래하는 바그너의, 특히 바이로이트에서의 수용 방식에는 새로운 데카당스*의 정신 스타일이 몰래 들어와 있다는 것을 니체는 이미 냄새 맡고 있었다. 예를 들어 바그너에서의 '드라마'의 종합 예술로서의 표현 효과가 가져온 것을 니체는 다음과 같이 말하고 있다. "우리는 그에게서 본래의 연극적인 기질을 취해도 좋을 것이다. 그것은 극히 평범한 가까운 길 위에서 자신을 만족시키는 것을 단념해야만 하는 기질이며, 모든 예술을 하나의 위대한 연극적 계시로 끌어 오는 것에서 대책과 구원을 발견하는 기질이다."[『반시대

적』 IV. 7]

　여기서 니체가 사용하는 '연극적인 기질'이라는 말은 분명히 부정적인 뉘앙스를 띠고 있다. 바그너의 '사악한' 지배 의지에 뿌리박은 예술은 이미 '연극'이라는 말이 어울리는 그러한 어떤 것으로, 다시 말하면 '패러디'라고 불러야 할 어떤 것으로 변용해 버린 것이다. 그렇다고 한다면 표면적인 맥락에서 아무리 바그너 예술과 대조적인 것으로서 말해지고 있다 하더라도, 다음과 같은 동시대 예술의 규정이 오히려 바로 바그너에게 — 연극성, 패러디성에서 — 어울리는 것이라는 것은 분명할 것이다. "그리고 여기서 갑자기 근대 예술의 임무도 분명해진다. 무감각이거나 혹은 도취*다! 잠들어버리거나 혹은 마비시키는 것이다! 이런저런 방식으로 양심*(Gewissen)을 무지(Nichtwissen)로 가져가는 것이다! 근대인의 마음이 순진함으로 되돌아갈 수 있도록 도와주는 것이 아니라 죄책감을 뛰어넘도록 도와주는 것이다. 그리고 이것을 적어도 한순간에! 인간이 자기 자신 안에서 침묵하도록 하고 들을 수 없도록 함으로써 그를 자기 자신 앞에서 변호하는 것이다!"[『반시대적』 IV. 6] 바그너의 '사악한' 지배 의지는 대중이 지니는 감각세계에 환영을 통해 물신적 지배·조작을 가져온다. 그것은 구원이 아니라 마비이며 기만이다. 이로부터 "바그너는 데카당스다", "바그너는 연극배우다", "바그너는 딜레탕트다"라는 니체의 바그너 비판의 핵심이 생겨난다.

　(2) 니체의 낭만주의 비판. 여기서는 『즐거운 학문』* 370번에 있는 니체의 낭만주의에 대한 총괄적인 검증 내용을 다루어 두고자 한다. 니체는 예술 및 철학의 근본 충동이 "고뇌와 고뇌하는 자"라고 말하고 있다. 그리고 이 고뇌하는 자에게는 두 가지 유형이 있다고 한다. "그 하나는 삶의 과잉으로 인해 고뇌하는 자"이며, "다른 하나는 삶의 궁핍으로 인해 고뇌하는 자"다. 전자는 "디오니소스*적 예술을, 그리고 또한 삶에 대한 비극적인 견해와 통찰을 원한다." 그에 반해 후자는 "안식, 고요, 잠잠한 바다, 예술과 인식을 통한 자신으로부터의 구원을 추구하거나 도취, 경련, 마비, 광기를 추구한다." 여기서 후기의 사유를 규정하고 있는 명확

한 이항대립이 간취될 수 있을 것이다. 즉 전자에 대응하는 '강자의 도덕'으로서의 '힘에의 의지'와, 후자에 대응하는 '약자=소인의 도덕'으로서의 '르상티망'의 대립이다. 전자, 즉 "디오니소스적인 신과 인간"에게는 "어떤 사막도 풍요로운 옥토로 만들 수 있는 힘의 과잉의 결과로…… 악한 것, 부조리한 것, 추한 것도 모두 허용된다." 후자가 추구하는 것은 "신, …… 병자를 위한 신, '구세주'로서의 신"이다. 그리고 그것을 통해 나타나는 것은 "고정과 영원을 향한 열망, 존재를 향한 열망"이며, 그것이 "창조의 원안"으로 되는 것이다. 이러한 열망은 전자에서의 "파괴, 변화, 새로운 것, 미래, 생성*을 향한 열망"과 확실히 대조된다. '과잉*'과 '궁핍'의 형태로 말이다. 여기서는 아직 명확히 말하고 있지 않지만, 니체가 이 '궁핍'의 계보—에피쿠로스*, 그리스도교도, 낭만주의자—를 '빈곤함'으로서 부정하고자 하는 것은 명확하다.

　그런데 앞에서 인용했듯이 후자의 예술적 지향에는 '안식·고요함'에의 지향과 '도취·경련'에의 지향의 두 가지 방향이 있다. 니체는 앞쪽의 지향을 '신화(神化)의 예술'(Apotheosenkunst)이라고 부른 다음, 거기에 놓여 있는 '감사', '사랑', '선의'에 대해 일정한 긍정을 부여한다. 그에 반해 뒤쪽의 지향은 "커다란 고통을 겪고 있는 자, 싸우는 자, 고문당하는 자의 폭군적인 의지"라고 한다. 이 '폭군적인 의지'라는 표현은 『바이로이트의 리하르트 바그너』에서의 '어두운 차원'의 지적에 대응한다. 사실 여기서 이름이 거론되고 있는 것은 쇼펜하우어와 바그너인데, 니체는 양자에게 "로마적 페시미즘"이라는 명칭을 부여한다. 그것이 추구하는 것은 '파괴·부정'의 힘의 노골적인 발현이 아니라 스스로의 특이한 기호(Idiosynkrasie)를 대상으로 강요하고자 하는 '르상티망'의 발현이다. 즉 "모든 사물에 자신의 상, 자신의 고문의 상을 찍어 누르고, 강제로 각인하며, 불로 지져 새김으로써, 이를테면 이것들에 복수를 하는" 것이다. 이러한 '르상티망'이 예술 표현의 효과로서의 '도취·경련·마비·광기'에의 지향으로 연결되어 간다. 그것은 바그너에게서의 '대중에 대한 지배 의지'의 핵에 놓여 있는 것, 바그너에게서의

데카당스*의 핵심이다. 니체는 이러한 쇼펜하우어/바그너적인 것으로서 나타나는 낭만주의의, 비판적 대항성이 아니라 자기부정(융해)적인 페시미즘과 표리일체를 이루는 주제를 모르고서 으스대는 지배 의지로 일탈해 버리는 성격에 대해 등을 돌리는 것이다.

(3) 바그너의 데카당스 이러한 바그너 예술의 특성에는 어떠한 사정이 숨어 있는 것일까? 『바그너의 경우』에서 니체는 <니벨룽겐의 반지*>를 집어 들고서 다음과 같이 말한다. "'세계의 온갖 불행은 어디서 유래하는가?'라고 바그너는 묻습니다. '낡은 계약들에서'라고 그는 모든 혁명 이데올로기의 주창자처럼 대답합니다. 명료하게 말하자면, 관습과 법률과 도덕과 제도들에서, 옛 세계와 옛 사회가 뿌리박고 있던 모든 것에서. 그러면 '사람들은 어떻게 세계의 불행을 사라지게 하는가?' '어떻게 사람들은 옛 사회를 없애버리는가?' 오로지 '계약들'(관습, 도덕)에 전쟁을 선언함에 의해서. 이런 일을 지크프리트가 하고 있습니다.'[『경우』 편지 4]

니체는 <반지>의 주인공 지크프리트에게서 '도덕에 대한 선전포고'를 본다. 거기에 놓여 있는 것은 "최초의 충동에만 따르고, 전해 내려오는 모든 것과 일체의 경외심 그리고 일체의 외경을 무너뜨리는"[같은 곳] 순수한 '힘에의 의지'의 발현이다. 그러나 이러한 바그너의 지크프리트에 기댄 지향은 변질해 버린다. 그것은 쇼펜하우어 철학이라는 '암초'에 걸리고 만 결과다. "바그너는 정반대의 세계관이라는 암초에 걸려버리고 말았던 것입니다."[같은 곳] 그는 지크프리트가 지니는 '낙관주의'적 성격을 수치스럽게 여겨 "<반지>를 쇼펜하우어적인 것으로 옮겨버린 것입니다."[같은 곳] 그것은 바그너에게 무엇을 가져다주었던 것일까?

여기서 니체의 결정적이라고도 해야 할 인식이 제시된다. "데카당스 철학자여야 비로소 데카당스 예술가에게 자기 자신을 선사하는 법입니다 —."[같은 곳] 지크프리트의 '무구'한 '힘에의 의지'는 쇼펜하우어식의 페시미즘에서 데카당스로 전환되었던 것이다.

바그너의 데카당스에 대해 니체는 이렇게 말하고 있다. "자신의 부패한 취향을 필연적이라고 체감하는 자, 이 취향을 좀 더 높은 취향으로서 요구하는 자, 자신의 부패상을 법칙으로서, 진보로서, 완성으로서 관철시킬 줄 아는 자는 전형적인 데카당입니다."[『경우』 편지 5] 이러한 바그너의 데카당스는 음악에 '신경증'을 초래한다. 그것은 참된 구원으로부터는 거리가 먼 일종의 통각 마비와 같은 마약적인 효과, 즉 다름 아닌 환영의 효과가 낳은 것일 뿐이다. "바그너는 음악에게는 엄청난 불운입니다. 그는 음악에서 지쳐버린 신경을 자극하는 수단을 알아내었고 — 그것을 가지고 음악을 병들게 했습니다. 그의 천부적인 고안 능력은 기술적 측면에서 본다면 하찮은 것이 아닙니다. 그 기술은 가장 지쳐버린 자를 다시 고무하고, 반쯤 죽어버린 자를 소생시키지요."[같은 곳]

(4) '배우' 바그너. 바그너의 환영(Phantasmagorie) 효과로서 나타나는 데카당스는 당연하게도 그의 '배우'로서의 성격으로 연결된다. 배우란 극장=드라마를 통해 대중을 지배하는 기술에 뛰어난 자다. "말하자면 비할 바 없는 연기자(Histrio), 가장 위대한 배우(Mime), 독일인이 소유했던 가장 경탄스러운 극장의 천재, 전형적인 우리의 연출가였습니다."[『경우』 편지 8] 그리고 그는 "천성적인 음악가는 아니었습니다. 그가 음악의 모든 법칙들, 좀 더 명확히 말하자면 음악의 모든 양식을 포기해버린 것이 그 증거입니다. 그것들로부터 자기가 필요로 한 것, 즉 무대-수사법, 표현 수단, 몸동작의 강화 수단, 암시 수단, 심적 피토레스크의 수단을 만들기 위해서지요."[같은 곳] 음악 예술에 내재하는 디오니소스적 요소는 바그너에게서 데카당스로, 그리고 데카당스는 매체로서의 '효과'로 — "그는 효과를 원하고, 효과 이외의 그 무엇도 원하지 않습니다"[같은 곳] — 치환되어 있는 것이다. 그것을 촉진하는 것이 다름 아닌 바그너의 존재적 본성으로서의 '배우'성이다.

'데카당'이자 '배우'인 바그너, '비극'과의 결별을 "과도하게 넘쳐흐르는 최고의 경솔한 패러디"[『계보』 III. 3]인 '사티로스극'에 의해 표현한 바그너는 니체에 따르면 '딜레탕트'=문외한이기도 했다. 바그너의 '딜레탕트'성은 '데카당스'와 '배우'라는 성격과도 결부되면서, 바그너를 수용한 제2제국 건설 시기의 독일 교양 시민 문화에 내재하는 하나의 경향, 즉 니체를 격렬한 분노로 몰아댄 경향으로 연결되어 간다. "바그너 추종자들은 비싼 대가를 치르고 있습니다. …… 그들의 운동은 진정 누구를 전면에 내세웠습니까? 그들의 운동은 어떤 것을 점점 더 거대하게 키워냈습니까?— 무엇보다도 먼저 문외한의 오만불손을, 예술에는 백치인 자들의 오만불손을 키워내지 않았습니까? …… 그 운동이 키워냈던 두 번째 것은 예술에 봉사하는 모든 엄격하고도 고상하며 양심적인 교육을 점점 더 중요하게 생각하지 않도록 했던 것이지요. 그런 교육의 자리를 천재를 향한 신앙이 차지해 버립니다. 독일어로 말하자면, 뻔뻔스러운 딜레탄티스무스(Dilettantismus)라는 것입니다. …… 그들의 운동이 키워냈던 세 번째 것은 가장 나쁘기도 한 것으로서 그것은 극장독재제(Theatrokratie)입니다—. 즉 연극이 우위를 점한다고 믿는, 연극이 제반 예술을 지배하고, 예술을 지배한다고 믿는 난센스를 키웠던 것입니다…… 연극은 언제나 예술의 하부에 있을 뿐이고, 언제나 두 번째 것이며, 거칠게 된 것이고, 대중을 위해 잘 처리되고 잘 위장된 것이라고 말입니다! …… 바이로이트는 거대한 오페라이지만— 좋은 오페라가 결코 아닙니다…… 연극은 취향 문제에 있어서 대중 숭배의 한 형식이고, 일종의 대중 봉기이며, 좋은 취향에 대적하는 국민투표입니다…… 이 점을 바로 바그너의 경우가 입증하고 있습니다. 그는 다수를 얻었습니다— 그러나 그는 취향을 망쳐놓았고, 오페라를 위해 우리의 취향 자체를 망쳐놓았던 것입니다!—"[『경우』추신]

【Ⅲ】'또 한 사람의 바그너'로서의 니체

바그너에 대한 이러한 격앙되었다고도 해야 할 비판에 의해 니체는 바그너 예술의 속박 권역으로부터 완전히 벗어났던 것일까? 아니 본래 벗어나기를 원하고 있었던 것일까? 『니체 대 바그너』의 「나는 어떻게 바그너에게서 벗어났는가」에서 니체는 바그너에 대한 환멸과 의혹이 그에게 깊은 '피로'를 가져왔다고 말하고 있다. 그것은 "나를 이제 이전의 어느 때보다도 …… 더 깊은 고독 속에 홀로 있도록 선고했다고 하는

의혹'에서 유래하는 "너무도 마음 아픈 피로였다. 왜냐하면 내게는 리하르트 바그너 외에는 아무도 없었기 때문이다……." 여기서의 니체의 어투는 비탄이며, 감상적인 분위기마저 난다. 앞에서 언급되었듯이 니체의 바그너 비판은 언제나 그의 안에 있는 것, 그것도 그의 존재의 근간에 관계되는 것에 대한 통절한 비판으로서의 성격을 띠고 있다. 그로부터 우리가 간취해야 할 문제성이란 무엇일까?

바그너와 니체가 공통의 기반으로 하고 있던 것은 대항적 근대(모데르네)로서의 미적 모데르네의 문제성이었다. 자본주의적 생산양식의 확대·발전과 그에 수반되는 상품 지배력의 전 사회 영역에로의 침투는 예술도 예외로 하지 않았다. 상품 지배가 초래하는 근대 시민사회의 물상화 상황 하에서 예술은 물상화된 사회적 현실과 거기에 배태된 분열·상극(Antagonismus)을 스스로의 표현 그 자체에서 받아들이고자 하는— 거기서는 당연하게도 '쾌=미'의 자족하는 동일성·영원성에서 변하여 '불쾌=추'의 비동일성·'새로움'의 일과성이 기준이 된다— 아방가르드 예술화로의 경향과, 예술의 상품화와 상품화된 예술을 수용하는 '군중'의 존재에 상관적인 매스컬처(Mass Culture)화 경향을 산출해 간다. '문화산업'은 다름 아닌 바로 그것의 나타남이다. 거기서는 상품의 물신성과 미적 판단의 융합에 뿌리내린 현상들, 즉 '모드'와 '키치' 등이 나타난다. 그것들은 본질적으로는 상품 물신의 은폐와 보상의 기능을 수행하고 있다.

그리고 여기서 우리가 확인해 두지 않으면 안 되는 것은 이러한 미적 모데르네에서의 아방가르드화와 매스컬처화가 언뜻 보아 대조적으로 보이면서도 다른 한편으로는 대단히 상보적이라고 하는 점, 그리고 낭만주의 이래의 '미적 구원'의 지향이 이러한 아방가르드화와 서브컬처(Sub-culture)화의 상보적 분열 관계와 그것을 강화하고 있는 근대 시민사회의 물상화된 현실과의 상호 관계에서밖에 존재할 수 없다는 점이다. 바그너의 예술은 아마도 그 점의 최초인 동시에 가장 본질적인 증좌였다고 말할 수 있을 것이다. 니체의 바그너 비판은 오히려 바그너가 미적 모데르네에 내재

하는 위와 같은 문제성을 제시하면서도 어중간한 예술 신앙―낭만주의의 잔재로서의―에 머물고 말아 문제의 참된 의미에서의 철저화를 시도하지 않았던 것으로 향해 있다고 말할 수 있을 것이다. 그렇다고 한다면 니체는 바그너보다 훨씬 더 앞서 나아가고자 한 '또 한 사람의 바그너'라고도 생각할 수 있는 것이 아닐까? ☞바이로이트, <트리스탄과 이졸데>, <니벨룽겐의 반지>, <파르지팔>, <뉘른베르크의 마이스터징거>

―다카하시 준이치(高橋順一)

參 ▷R. Wagner, *Das Kunstwerk der Zukunft*, Zürich 1849(奧津彦 重 訳 『未來の藝術作品』 桜井書店, 1948). ▷ders., *Oper und Drama*, Leipzig 1852(杉谷恭一 외 訳 『オペラとドラマ』 第三 文明社, 1993). ▷Th. W. Adorno, *Versuch über Wagner*, München/Zürich 1964.

니체와 비유럽

니체가 비유럽 세계의 사상과 문화에 관심을 갖는 계기의 하나로 된 것은 1865년 라이프치히*에서 쇼펜하우어*의 『의지와 표상으로서의 세계』와 만난 일이다. 한 번 읽고서 이 책에 사로잡히게 된 니체는 쇼펜하우어가 이 책에서 보여주는 인도* 베단타학파의 사상 및 불교 사상에로의 경도로부터 커다란 영향을 받았다. 덧붙이자면, 니체는 쇼펜하우어 사상을 슐포르타* 이래의 친우인 도이센*에게 가르쳐주며, 그것이 계기가 되어 도이센은 후에 뛰어난 인도 학자가 된다―『우파니샤드』의 원전으로부터의 독일어 번역을 최초로 행한 것은 도이센이었다.

그런데 니체의 이러한 인도에 대한 관심은 조금 더 거시적으로 보면 19세기 초 이래로 독일에서 인도 및 동양에 대한 관심이 심화되는 맥락에서 파악할 수 있을 것이다. 이때 중요한 존재로 되는 것이 괴테*다. 괴테는 친우인 하만(Johann Georg Hamann 1730-88)과 헤르더(Johann Gottfried von Herder 1744-1803)의 영향도 있어서 동양의 사상 및 문학에 일찍부터 친숙해 있었다. 괴테의 동양에 대한 깊은 관심은 『코란』 연구에 손을 댄 슈트라스부르크대학의 학생 시절부터 만년에

페르시아의 시인 하피스의 시적 세계에 몰입한 것에 이르기까지 일관되어 변함이 없었다. 그러한 괴테의 동양에 대한 관심의 결정이 1819년에 출판된 『서동시집』(*West-östlicher Diwan*)이다. 사랑의 관능을 서정적으로 노래한 「줄라이카의 서(書)」로 이름 높은 이 시집은 니체의 애독서의 하나였다. 니체가 쇼펜하우어와 해후한 것과 거의 같은 시기에 『서동시집』의 한 장인 「관찰의 서」를 읽고 있었다는 것이 자전적 문장에 기록되어 있다[BAW 3. 313]. 괴테에서 발원한 동양에 대한 관심의 흐름은 낭만파로 계승되어 산스크리트어를 중심으로 하는 인도유럽어 연구 조류를 산출했지만, 쇼펜하우어와 니체도 크게 보면 19세기 독일에서의 이러한 시대 풍조 안에 자리매김하여 생각할 수 있을 것이다.

【 I 】 비유럽 세계의 의미

비유럽 세계가 지리적으로 유럽의 외부라는 것, 그런 까닭에 비유럽 세계에 자리 잡는 것에 의해 유럽을 바깥쪽으로부터 상대화할 수 있다는 것이 니체의 비유럽 세계에 대한 관심을 촉진했다. 그것은 고대 인도의 브라만* 성전 및 불교에 쌓아올려진 비유럽적인 지혜가 유럽 문명의 전통으로서의 그리스도교* 도덕과 형이상학*의 멍에로부터의 해방을 위한 실마리로 되는 것과 나란히 가고 있다. 이런 의미에서 보면, 니체가 그리스 연구에서 그때까지의 전통적인 그리스관을 거슬러 소크라테스*, 플라톤* 이전의 그리스로 소급해가고자 했던 것도, 또한 본래 오리엔트의 신격인 디오니소스*에게서 그리스적인 것의 본성을 확인하고자 했던 것도 비유럽 세계에 대한 관심의 맥락 안에서 파악할 수 있을 것이다. 좀 더 말하자면, 니체의 고대* 및 신화*・비극에 대한 관심도 공간적인 형태에서의 비유럽 세계에 대한 관심을 시간 축을 따라 옮겨 놓은 것으로 생각할 수 있을 것이다. 그리고 이러한 것들은 니체의 비유럽 세계에 대한 관심이 니체 고유의 사상적 입장, 콘텍스트의 형성 과정과 깊이 결부되어 있다는 것을 보여준다. 니체의 핵심적인 인식으로서의 '신의 죽음*'은 니체의 비유럽 세계에 대한 관계로부터 생겨난 유럽 문명 전통의 상대화의 소산임과 동시에 그러한 상대화에 니체가 부여한 사상적 의미이기도 하다.

동시에 그것은 목사의 자식으로서 자라난 니체에게 있어 그리스도교 도덕에 완전히 물들어 있던 과거의 자기로부터의 탈각이라는 의미도 지니고 있었다. '신의 죽음'의 시대에서의 '전통의 해체'라는 부정적 계기와 '좀 더 자유로운 시야의 획득'이라는 긍정적 계기가 교차하는 지점에 세계 인식의 갱신으로서의 성격과 자기 극복으로서의 성격을 이중으로 짊어지는 형태로 니체의 비유럽 세계에 대한 관심이 자리매김 되는 것이다. "여기서 주의해야 할 것은, 니체의 의식이 성장하는 것에 밀착하여 생각하자면, 신의 죽음-도덕감의 동요-서구 문화의 가치 체계에 대한 불신과 그 상대화-시야의 확대와 같은 도식은 반드시 그대로 타당하지 않다는 점이다. 요컨대 니체의 정신적 전개의 뒤를 착실히 따라가면, 그는 젊을 때부터 유럽 문화라는 것에 대해서 상당히 광범위한 시야(고대 그리스에 대한 침잠과 그 오리엔트적인 성격에 대한 주목, 쇼펜하우어에 의한 인도 사상에의 개안)를 지니고 있었던바, 그 상대화는 당초부터 예각적으로 수행되고 있었다고 말할 수 있다는 것이다. 오히려 그러한 상대화가 전제로 되어서야 비로소 '신은 죽었다'라는 단정이 가능해졌다고도 생각할 수 있다." "니체의 탈유럽 사상을 탐지하는 것은 지리적으로 확대되는 것인 동시에 역사적이자 내면적이기도 한 자기 초월을 더듬어가는 것이 될 것이다."[히가미 히데히로(氷上英広)]

【Ⅱ】「사막의 딸들 사이에서」

여기서 니체의 비유럽 세계에 대한 접근을 텍스트에 따라서 구체적으로 살펴보고자 한다. 우선 기본적으로 니체가 유럽과 비유럽의 관계를 어떻게 보고 있었는가 하는 것을 검증해 보고 싶다. 예를 들면 『학문』*에 다음과 같은 말이 있다. "남유럽은 심오한 오리엔트와 태고의 신비로 가득 찬 아시아와 그 명상의 유산을 계승했다."[350] 이 표현에서는 분명히 오리엔트와 태고의 아시아를 유럽보다 우위에 놓는 발상이 엿보인다. '남유럽'이라는 말에는 바그너*에 대한 비제*의 대치나 이탈리아*에 대한 편애가 상징하는 니체의 남방 예찬의 사고가 투영되어 있지만, 그러한 남방적인 것의 뿌리에 놓여 있는 것을 니체는 오리엔트와 인도에

대한 연결에서 찾는 것이다. 그러한 니체의 시각은 구약 성서를 찬양하는 『선악의 저편』의 다음과 같은 문장에서도 간취된다. "우리는 일찍이 존재했던 인간 자취의 이러한 엄청난 유물 앞에서 공포와 외경을 느낀다. 그리고 이때 고대 아시아를 생각하고, 아시아에 비해 철저히 '인간의 진보'라고 해석하고 싶어 하는, 아시아에서 돌출된 반도 유럽을 생각하면 슬픈 생각이 든다."[52]

그런데 이러한 오리엔트와 인도의 계승자로서의 남방적인 것에 대해 니체는 "공기의 건조함, 대기의 투명함"을 갖춘 "다른 감성, 다른 감수성, 다른 명랑함"이 거기에 존재한다고 지적한 다음 "그 명랑함은 아프리카적입니다"[『경우』 편지 2]라고 말하고 있다. 이 '아프리카적'이라는 말은 『차라투스트라』* 제4부에 있는 「사막의 딸들 사이에서」*를 곧바로 상기시킨다. 차라투스트라라는 이름 역시 오리엔트(페르시아)의 예언자에서 유래하여 니체의 오리엔트 지향을 뒷받침하고 있지만, 그중에서도 이 장은 니체에게서의 비유럽의 의미를 가장 명료하게 말해주고 있다. 이 시를 노래하는 이는 '차라투스트라의 그림자'를 자인하는 방랑자다. 이 방랑자에는 『인간적』* 이후의 니체의 사유의 발걸음, 즉 '자유정신'*에 의한 철저한 회의*의 수행 과정이 투영되어 있다. 이러한 회의는 마침내 모든 가치의 파괴로서의 니힐리즘*에 다다른다. 그것은 도덕과 형이상학적 언어에 의지하는 것으로 니힐리즘을 은폐하고자 하는 열약함에 비하면 확실히 강함을 지니지만, 적극적인 긍정성으로서의 차라투스트라의 경지에는 도달할 수 없다. 이러한 방랑자의 니힐리즘을 상징하는 것이 '사막'이다. 시의 제1행에 다음과 같은 표현이 있다. "사막은 자란다: 화 있을지어다, 사막을 간직하고 있는 자에게!" 방랑자는 자기의 내부에 있는 니힐리즘을 비애의 감정에서 파악한다. 그러나 이 니힐리즘은 스스로가 "도덕을 부르짖는 원숭이"인 유럽인인 한에서 벗어날 수 없는 것이다. 이 방랑자 안에 간직된 니힐리즘과 그것에 대한 비애의 대극에 놓여 있는 것이 '사막'의 '저편'인 '오아시스'에서 쉬는 '가련한 딸들'이다. 이 딸들에 대한 부름에 '줄라이카'

라는 이름이 자주 사용되고 있는 것은 괴테의 『서동시집』에로의 니체의 경도를 입증하고 있어 흥미롭다. 그리고 딸들과 함께 방랑자가 노래하는 것은 다음과 같은 세계다. "― 나 여기 앉아 있는 것이다, 더없이 상쾌한 대기를 들이마셔 가며, / 진정 낙원의-대기를, / 밝고 경쾌한 대기를, 금빛 줄을 하고 있는, / 이토록 상쾌한 대기는 언젠가/ 달에서 내려왔을 것이다 ―/ 우연히, / 아니면 분방함에서?" 바로 그것은 유럽인으로서 부정적인 회의로부터 자유롭게 될 수 없는 방랑자의 '저편'의 세계였다.

【Ⅲ】 니체와 불교 세계

'저편'이라는 말은 불교를 연상시킨다. 불교에 대해 니체는 말할 필요도 없이 그리스도교보다 높은 평가를 부여한다. "나와 마찬가지로······ 실로 한 번은 아시아적인, 또한 초아시아적인 눈으로 가능한 모든 사유방식 중 세계를 가장 부정하는 사유방식으로 꿰뚫고 들어가 바닥을 본 적이 있는― 부처*나 쇼펜하우어처럼 도덕의 속박이나 망상에 있는 것이 아니라 선과 악의 저편에 있는 사람, 이러한 사람은 그것을 의도한 적이 없다고 해도 아마 이로 말미암아······ 가장 대담하고 생명력 넘치며 세계를 긍정하는 인간의 이상에 눈을 뜨게 되었을 것이다.'[『선악』 56] 이러한 '선악의 저편'에 서는 사상으로서의 불교는 그런 까닭에 '신' 없는 세계의 수용에서 유럽보다 훨씬 앞서 가는 것이다. "한 걸음 더 나아가 그들(고대 브라만들)은 신을 배제했다. 유럽도 언젠가는 그렇게 해야만 한다! 한 걸음 더 나아가서 그들에게는 승려와 매개하는 사람들 역시 더 이상 필요하지 않았다. 그리고 자력에 의한 구원을 가르치는 교사, 즉 부처가 출현했다. 아직도 유럽은 이러한 문화적 단계에서 얼마나 멀리 떨어져 있는지!"[『아침놀』 96]

하지만 불교가 세계종교로서 교의화되고 거기에 그리스도교와 마찬가지로 세계 부정의 금욕윤리가 몰래 들어올 때 니체는 불교도 부정한다. "여기서 추론되는 것은 불교와 그리스도교라는 두 세계종교가 생겨나 그리도 급속하게 전파된 원인은 의지의 커다란 질병에 있을지도 모른다는 것이다. 그리고 실제로 그랬다. 이 두 종교는 의지의 질병을 통해 '너는 마땅히 해야 한다'를 향한 불합리하고 절망적인 요구에 직면했던 것이다.'[『학문』 347] 이 "'너는 마땅히 해야 한다'를 향한 요구"란 '금욕주의적 이상'을 의미한다[『계보』 Ⅲ. 27 참조]. 그러한 이상의 궁극적인 지점으로서의 '열반(니르바나)'을 부정하는 것과 '저편'에의 지향은 니체의 불교 이해 안에서 결코 모순되지 않는다[히가미 히데히로(氷上英広) 참조].

또한 니체가 같은 아시아에서도 중국에 대해서는 부정적인 평가밖에 부여하고 있지 않다는 것과, '일본'에 대해서도 『선악의 저편』의 229번 등에서 언급하고 있다는 것을 덧붙여 두고자 한다. ☞인도, 중국/중국인, 브라만, 부처, 「사막의 딸들 사이에서」, 일본

―다카하시 준이치(高橋順一)

📖 ▷氷上英広 「ニーチェにおけるヨーロッパの思想」『ニーチェの顔』 수록, 岩波新書, 1976.

니체와 언어철학 ── 言語哲學

니체는 그 자신이 언어의 마술사라고도 말해야 할 철학자이자 또한 언어*에 대한 예리한 통찰을 저서와 유고의 곳곳에 아로새기고 있지만, 체계적인 언어철학이나 언어론이라고 부를 수 있는 논고는 남기지 않았다. 언어에 관해 유일하게 정리된 고찰을 전개하는 것은 1873년 여름에 쓰이고 1903년에서야 겨우 공표된 「도덕 외적인 의미에서의 진리와 거짓에 대하여」라는 표제를 지니는 논문이다. 그는 이 논고에서 언어와 그것이 표시하는 개념에 대한 파괴적인 비판을 감행하고, 언어에 의해서는 진리*에 도달할 수 없다는 것, 그리고 진리 그 자체가 "착각이라는 것을 잊어버리게 된 착각"에 지나지 않는다는 것을 철저하게 폭로한다. 이 논문을 비롯해서 『차라투스트라』* 이전의 저작들에서 언어의 기능과 역할은 대체로 부정적으로 파악되고 있다. 그러나 『차라투스트라』 제3부에서는 전적으로 전환하여 '언어와의 화해'라고도 불러야 할 긍정적 언사가 나타난다. 부정으로부터 긍정에로의 이 전환에 니체의 언어론의 비밀이 숨겨져 있다고 말해야 할

것이다.

니체의 언어에 대한 위화감과 불신감은 이미 청년기에 그 조짐이 나타나기 시작했던 듯하다. 18세의 그가 어머니와 누이 앞으로 써 보낸 1863년 9월 6일자 편지에서 그 위화감은 이미 '숙명'이라는 상징적인 언어로 표현되고 있다. "무엇이건 제멋대로 생각해도 좋은 그러한 시기가 있습니다. 그러한 때 저는 자신의 멜로디를 위해 언어를 찾고, 자신의 언어를 위해 멜로디를 찾는다든지 합니다. 그러나 자신의 것으로 된 이 언어와 멜로디가 하나로 합쳐지면, 그것들은 저의 하나의 영혼으로부터 나온 것이면서도 서로 어울릴 수 없습니다. 그럴지라도 이것이 저의 숙명인 것이겠지요!"

그가 작곡에서도 어릴 적부터 비범한 재능을 보여주었다는 것은 잘 알려져 있지만, 흘러넘치는 곡 구상에 언어가 쫓아가지 못하는, 즉 언어와 멜로디가 '어울릴 수 없다'고 하는 근원 체험을 가졌던 것은 그의 그 후의 언어관에 미묘한 영향을 주었을 것이라고 추측된다. 음악과 언어의 어긋남과 대립이라는 이러한 모티브는 머지않아 처녀작 『비극의 탄생』*에서 명확한 주제가 되어 나타난다. "언어의 세계 상징은 바로 그 때문에 언어로써는 어떤 방식으로도 충분히 설명할 수 없다. ...... 음악에 비하면 모든 현상은 오히려 비유*에 불과하다. 따라서 현상들의 도구이자 상징인 **언어**는 결코 음악의 가장 깊은 내면을 외부로 돌려놓을 수 없으며, 음악을 모방하는 즉시 언어는 음악과의 피상적인 접촉 상태에만 머무르게 된다."[『비극』 6]

이와 같은 음악에 대한 찬양과 언어에 대한 불신이라는 모티브는 그리스 비극을 논할 때에도 형태를 변화시키면서 변주된다. 언어의 드라마로서밖에 그리스 비극을 접할 방법이 없는 현대인은 비극을 실제로 상연된 것보다 피상적이고 천박한 것으로 이해하기 십상이다. 그러나 니체에 따르면 "신화*라는 것은 말해진 언어 속에서 결코 적당한 객체화를 발견하지 못하는" 것이며, 잊어서는 안 되는 것은 "당시 신화의 최고의 정신화와 이상성에 도달하는 일은 언어의 시인에게는 불가능했지만, 창조적인 음악가로서의 시인에게는 언제 어떠한 순간에도 성공이 가능했다"[『비극』 17]는 점이다.

『비극의 탄생』 출판 1년 후에 쓰인 「도덕 외적인 의미에서의 진리와 거짓에 대하여」는 언어에 대한 니체의 이러한 근원적 위화감을 명시적인 '언어 비판'이라는 형태로 전개한 것이다. 거기서 그는 "언어의 저 관습이라는 것은 어떠한 사정에 놓여 있는 것일까? 그것은 아마도 인식의, 진리 감각의 산물인 것일까? 표시와 사물은 서로 일치하는 것일까? 언어는 모든 실재의 적정한 표현인 것일까?'라는 물음을 제기한다. 이 물음들은 바로 이후의 분석 철학자들에 의해 제기된 것이었다. 기묘한 일이긴 하지만, 그들도 역시 니체와 마찬가지로 '언어에 대한 불신'에서 출발했던 것이다.

예를 들면 G. 프레게(Friedrich Ludwig Gottlob Frege 1848-1925)는 일상 언어에서의 의미(Sinn)의 변동에 대해 논의하면서 그와 같은 변동은 "논증 과학의 이론 구성에서는 피해야 하며, 완전한 언어에서는 전혀 허락될 수 없다"고 말하고 있다. 또한 "모든 철학은 '언어 비판'이다"라고 갈파한 비트겐슈타인(Ludwig Wittgenstein 1889-1951)은 『논리철학 논고』에서 "일상 언어로부터 언어의 논리를 직접적으로 간취하는 것은 인간에게는 불가능하다. 언어는 사상을 변장시킨다"고 하여 철학적 문제가 언어 사용의 혼란에서 유래한다는 것을 지적한다. 그들은 이러한 '언어에 대한 불신'을 논리적으로 완전한 이상 언어를 구축하는 것에 의해 해소하고, 이른바 '언어론적 전회'로의 길로 힘차게 나아가기를 선택했다. 그러나 "논리학이 그것인 바의 기호의 약속이 본래 어떠한 가치를 가지는가'라는 의문'[『우상』 III. 3]을 지니고 있던 니체에게 있어 그것은 고려할 수 있는 해결법이 아니었다. 그는 오히려 예술 체험의 근원성에 정위함으로써 언어에 대한 불신을 극복하는 길을 선택했던 것이다.

니체는 앞의 물음에 대해 같은 논문 「진리와 거짓」에서 "말이라는 것에 있어서는 결코 진리가 문제인 것이 아니며, 또한 적정한 표현이 문제인 것도 아니다'라고 대답하고 있다. 즉 언어의 성립에 즈음해서는 "하나의 신경 자극이 우선 하나의 형상으로 전이된다"고 하는 형태로 제1의 은유가, 그리고 "그 형상이 다시 소리에서 모사된다"고 하는 형태로 제2의 은유가 작용하는 것이다. 그런 까닭에 언어는 신경 자극, 형상, 소리라는 이질적인 영역들을 뛰어넘는 은유인 것이지 사물의 본질을 표시하는 이름이 아니다. 니체에 따르면 우리가 "나무라든가 색이라든가 눈이라든가 꽃이라든가에 대해 말할 때 그러한 사물 그 자체에 대해 무언가 알고 있는 듯이 생각하지만, 실제로는 근원적인 본질에는 전혀 대응하지 않는 그러한 사물의 이런저런 은유 이외에는 우리는 아무것도 소유하고 있지 않다"는 것이다. 그리하여 그는 말이 표시하는 개념이란 "같지 않은 것을 등치시키는 것에 의해 발생하는" 것이며, "개체와 유라는 우리가 세운 대립물도 의인적인 것이지 사물의 본질에서 유래한 것이 아니다'라고 생각한다. 예를 들면 나무의 잎이라는 개념은 "나무의 잎의 개성적인 차이성을 임의로 탈락시키고 여러 가지 상이점들을 망각함으로써 형성된 것"이며, 나무의 잎 그 자체라고도 부를 수 있는 본질을 가리키는 것이 아닌 것이다.

이와 같은 니체의 반본질주의적인 내지 유명론적인 언어관은 언어를 사물의 이름이라고 하는 '언어 명칭 목록설'에 대한 근본적인 비판을 포함하고 있다는 점에서 20세기 언어철학의 문제의식을 이미 선취하고 있었다고 말할 수 있다. 그러나 동일한 언어 명칭 목록설 비판에서 출발한 소쉬르(Ferdinand de Saussure 1857-1913)가 언어를 사회적 제도로서 다시 파악하고 그것을 '체계' 또는 '구조'라는 관점에서 분석했던 것에 반해, 니체에게는 그러한 문제 관심은 존재하지 않는다. 오히려 그는 그로부터 일거에 진리론으로 도약한다. 즉 언어가 "대담한 은유"에 지나지 않는다는 것을 지적한 다음, 니체는 "그렇다면 진리란 무엇인가?"라고 묻고, 그에 대해 다음과 같이 대답하고 있다. "그것은 유동적인 한 무리의 은유, 환유, 의인관 등이다. 간단히 말해서 시적, 수사학적으로 고양되고 전용되고 장식되어 이를 오랫동안 사용한 민족에게는 확고하고 교의적이고 구속력이 있는 것으로 여겨지는 인간적 관계들의 총체이다. …… 진리는 마모되어 감각적 힘을 잃어버린 은유라는 사실을 우리가 망각해버린 그런 환상이다." 「진리와 거짓」 I]

그런 까닭에 진실을 말하라고 하는 준칙은 '관용적인 은유를 사용하라'고 하는 의무에 지나지 않는다. 도덕적으로 표현하면, 그것은 "확고한 관습에 따라 거짓말해야 한다는, 모든 사람에게 타당한 양식으로 무리지어 거짓말해야 한다는 의무"에 다름 아니다. 이러한 언어관은, 표현이야 다르지만, 언어활동을 '관습적 규칙에 따른 게임'으로서 파악하고, 언어의 의미를 '사용'에서 찾은 후기 비트겐슈타인의 언어철학과 서로 통하는 면을 지닌다. 그러나 물론 니체는 '언어 비판'에 의해 철학적 문제를 해명하고자 하는 방향으로는 향하지 않았다. 그의 '언어 비판'은 오히려 "언어는 어떠한 올바른 세계상도 줄 수 없다"고 말한 F. 마우트너(Fritz Mauthner 1849-1923)의 그것과 궤를 같이한다. 그런 의미에서 니체의 언어론은 20세기의 언어철학과 교차하면서도 그것과 단적으로 묶일 수는 없었다고 말할 수 있을 것이다.

그러나 이와 같은 언어의 기능에 대한 철저한 불신과 회의의 생각은 『차라투스트라』 제3부에서 구름이 걷히듯이 해소되며, 언어에 접하여 감화를 받고 그것과 유희하는 니체의 모습이 떠오르게 된다. "여기서는 모든 사물이 응석을 부려가며 네가 하는 말로 다가와 네게 아첨을 하리라. 너의 등에 업혀 달려보고 싶은 것이다. 너 예서 온갖 비유*의 등에 업혀 온갖 진리를 향해 달리고 있으니."[『차라투스트라』 III-9] "말이란 것이 있고 소리란 것이 있으니 얼마나 기분 좋은가! 말과 소리, 영원히 헤어진 자들 사이에 걸쳐 있는 무지개이자 가상의 교량이 아닌가? …… 온갖 담화 그리고 소리의 속임수는 얼마나 듣기에 좋은가! 소리와 더불어 우리의 사랑이 형형색색의 무지개 위에서 춤을 추니 말이다."[같은 책 III-13. 2]

이전에 '은유'와 '거짓말'로서 부정적으로 파악되고 있던 언어의 활동이 여기서는 '영원히 헤어진 자들 사이에 걸쳐 있는 무지개' 또는 '가상의 교량'이라는 아름다운 형상에 의해 긍정적으로 말해지고 있다. 이러한 격렬한 전환은 무엇에서 유래하는 것인가? 그 수수께끼를 푸는 열쇠를 니시오 간지(西尾幹二)는 『차라투스트라』 집필 중에 니체를 덮친 영감 체험에서

찾고 있는데, 그것은 정확한 지적이라고 말해야 할 것이다『니체와의 대화』(ニーチェとの對話)]. 니체는 그 체험을『이 사람을 보라』*에서 "어떤 것이 제 스스로 다가오고 스스로 비유가 되어버리는 것처럼 보인다"고 묘사한다[X. 3]. 말하자면 그는 그때 "언어에 습격당한" 것이며, 그것을 통해 "언어와의 화해"를 수행했던 것이다. 그 화해의 모습은『차라투스트라』제3부에서는 다음과 같이 말해지고 있다. "여기서는 존재의 말과 그 말을 담아두고 있는 상자 모두가 나를 향해 활짝 열린다. 모든 존재가 여기서 말이 되기를 원하며, 모든 생성은 내게서 말하는 법을 배우고 싶어 한다."[III-9] 이 문장에는 하이데거*가 '언어는 존재의 집이다'라고 말한 의미에서의 일종의 존재론적 언어관을 향한 맹아가 감추어져 있다. 그러나 그것을 구체적으로 전개하는 시간이 니체에게는 남겨져 있지 않았다. 니체의 언어론은 아직 발굴되지 않은 광맥에 머물러 있는 것이다. ☞ 언어, 비유, 진리와 인식

—노에 게이이치(野家啓一)

니체와 음악 — 音樂

니체는 어릴 적부터 음악에 대해 이상할 정도로 강한 관심을 지니고 있었다. 이미 아홉 살 무렵부터 작곡을 시작하여 슐포르타* 시절에는 현악4중주곡과 오라토리오 등의 작품을 남기고 있다. 또한 피아노 연주 솜씨도 상당한 수준의 것으로, 친우인 게르스도르프*에 따르면 즉흥 연주가 특히 훌륭했던 듯하다. 전문가가 되기 위한 정식 음악 교육을 받은 적은 없지만, 니체에게 있어 음악은 단순한 취미나 여가의 영역을 넘어선, 그의 삶의 영감의 원천 그 자체이자 가장 중요한 인생의 과제였다. 문헌학자로서의 길을 걷기 시작하고 나서도 니체는 자신이 본래는 음악가라고 하는 자기 인식을 남모르게 계속해서 지니고 있었다. 이것이 바그너*와의 만남으로 이어지고, 나아가 처녀작『비극의 탄생』*을 낳게 된다.

【 I 】 디오니소스적 음악

『비극의 탄생』에서 니체는 예술을 '아폴론*적인 것'과 '디오니소스*적인 것'으로 나눴다. '아폴론적인 것'은 '가상*'(Schein)의 충족과 예지를 관장하는 '꿈'의 세계에 속하는 데 반해, '디오니소스적인 것'은 '아폴론적인 것'의 기초로서의 '개체화*'의 원리(쇼펜하우어*), 즉 맹목적인 의지에 명료한 표상을 주는 형식 원리가 타파되었을 때에 나타나는 '도취*'의 세계에 귀속된다. 이 '도취'의 세계에서는 "개인이 파기되고 또 신비적인 합일감정에 의해 구제되는 것이 추구된다."[『비극』 2] 이러한 도취의 경지를 체험하는 것이 '디오니소스적 음악', 즉 '디오니소스 찬가'(Dithyrambos)다. 그것은 '야만'과 '과대'의 세계이며, 개인의 부정인 '자기 방기'(Selbstentäußerung)를 전제한다. 이러한 견해는 한편으로는 쇼펜하우어의 페시미즘적인 세계관에서 유래한다. 특히 그리스인의 정신을 체현하는 '아폴론적 정신'의 장려한 형상의 근저에서 디오니소스의 종자 실레노스에 의한 '삶의 부정'의 어두운 부르짖음을 보고자 하는 니체의 자세에서는 그것이 감지된다. 그러나 니체의 '디오니소스적 음악'에 기대는 지향이 미묘하게 쇼펜하우어와 어긋난다는 것도 사실이다. 왜냐하면 니체의 '디오니소스적 음악'을 둘러싼 인식에는 삶의 맹목적 의지가 최종적으로는 있는 그대로 긍정되어야 한다고 하는 지향이 포함되어 있고, 그 긍정에서 쇼펜하우어 식의 '개체화 원리'와는 다른 길, 즉 삶의 맹목적 의지의 '부정'으로서의 예술이 아니라 '긍정'으로서의 예술*에 의한 삶과 세계의 표현과 구제의 징후가 나타나 있기 때문이다. "왜냐하면 미적 현상으로서만 현존재와 세계는 영원히 정당화되기 때문이다"[『비극』 5]라는 것은 이와 같은 맥락에서 이해되어야 한다.

니체의 음악에 대한 인식이 좀 더 명확히 되는 것은 다음과 같은 기술에서일 것이다. "디오니소스 찬가에서 인간은 자신이 가진 모든 상징 능력을 최고로 고양시키도록 자극을 받는다. …… 이제 자연의 본질이 상징적으로 표현되어야 한다."[『비극』 2] 여기서 니체가 '디오니소스적 음악'의 중핵에 '상징 능력'을 놓았다는 점에 주목할 필요가 있다. 이 '상징 능력'에 대해 니체는 그것이 '전신(全身)의 상징법'인 '춤'과 '음악의

힘들'인 '리듬', '강약', '화음'의 두 가지 요소를 포함한다고 말한다. 이러한 인식에서는 분명히 바그너의 『미래의 예술 작품』과 『오페라와 드라마』의 영향을 알아챌 수 있다. 바그너는 이 저작들에서 비조형 예술(춤, 음악, 시)을 예술의 본질이라고 한 다음, 더 나아가 지성에 뿌리박은 언어 예술인 시와 신체=몸짓의 예술인 춤이 최종적으로는 음향 예술로서의 음악에서 통합되어야만 한다고 한다. 이러한 바그너의 관점이 앞에서 인용한 니체의 '상징 능력'이라는 개념의 기초를 이룬다. 이러한 이념을 포함하는 바그너의 음악은 니체에게 있어 '디오니소스적 음악'의 현대에서의 재생이었다. 그리고 바그너의 음악을 통해 니체는 가장 근원적인 것으로서의 자연의 표현 충동(예술 충동)의 순수한 발현이 음악이라고 하는 인식을 얻었던 것이다. 그것은 후년의 니체 사상의 핵심이 되는 '힘'의 인식의 선구로서의 의의를 지닌다. 음악이 '힘에의 의지'와 세계의 미적·예술적 구원의 원형적인 장으로서의 성격을 지닌다는 것——, 이 점에 니체에게서의 음악이 지니는 의미의 핵심이 있다. 그것을 니체에게 가르친 것이 바그너의 음악이었다고 한다면, 니체의 음악에 대한 관계의 거의 모든 것이 바그너와의 관계에서 다 드러난다고 해도 지나친 말이 아닐 것이다.

【Ⅱ】 바그너에서 비제로

그러나 바그너와의 결별은 그 후의 니체의 음악과의 관계를 대단히 굴절된 것으로 만들었다. 물론 이 결별은 대단히 이중적이다. 아니 본래적으로 그것을 결별이라 불러도 좋은 것인가 하는 것마저도 의심스럽다. '있어야 할' 바그너를 현실의 바그너가 배반해 간다는 것에 대한, 순진무구한 바그너주의자의 입장에서 하는 원망——, 그러한 어조마저도 니체의 바그너 비판으로부터 들을 수 있다. "왜냐하면 내게는 리하르트 바그너밖에 없었기 때문이다……."[『니체 대 바그너』 IX. 1] 이러한 바그너 비판이 초래한 니체의 음악관에서의 굴절이 지닌 최대의 요점은 다름 아닌 '음악에서의 남방적인 것에 대한 동경'이다. "독일 음악에 대해서는 여러 가지 주의를 기울일 필요가 있다고 나는 생각한다. 내가 남방을 사랑하듯이, 누군가가 남방을 사랑하

며, 그것도 가장 정신적인 것과 관능적인 것에서의 쾌유*의 위대한 학교로, 독립적이고 스스로를 신뢰하는 현존재 위로 퍼져나가는 제어할 수 없는 충분한 태양빛과 태양의 정화로 사랑한다고 가정해보자. 그러면 그러한 사람은 독일 음악에 조심해야 할 것이 있음을 알게 될 것이다. 왜냐하면 독일 음악은 그의 취향을 망가뜨림으로써 그의 건강도 함께 망가뜨리기 때문이다."[『선악』 255] 여기서 말해지고 있는 '남방'에 대한 평가는 분명히 『인간적』*에서 선포된 '자유정신*'에로 나아가는 길의 연장선상에서 나타난 것이다. 그것은 '위대한 해방'으로서의, "자기 결정의 힘과 의지의 최초의 폭발, **자유로운** 의지에 대한 의자'로서의, "위대한 건강*'의 징표"로서의 '힘의 과잉*'[『인간적』 Ⅰ 서문]의 상징이다. 이러한 것으로서의 '남방적인 것'에 대치되는 '독일 음악'(독일적인 것)이란 <니벨룽겐의 반지>로부터 <파르지팔>로 나아가는 발걸음에서 결정적인 것으로 된 바그너의 예술적 성격인 '병', '데카당스*'의 표상에 다름 아니다. 그리고 니체는 이러한 바그너와의 결별과 '남방적인 것'에 대한 동경을 비제*의 음악에 대한 편애에 맡기게 된다.── 덧붙이자면 니체의 제자였던 페터 가스트*는 거의 무명에 가까운 작곡가였지만, 니체는 그까지도 '남방적' 거장의 한 사람으로 들고 있다.

하지만 그렇다 치더라도 왜 비제인 것인가? 예를 들어 왜 모차르트*, 또는 베르디(Giuseppe Verdi 1813-1901)는 될 수 없었던 것인가?── 실제로 다른 곳에서 니체는 모차르트에 대한 찬미를 표명하고 있다. 확실히 비제의 음악은 뛰어났다. 그러나 바그너에 대한 비제라는 것은 아무래도 불가해한 바가 남는다. 문제는 비제의 '경쾌함'이다. 칼 푹스(Carl Fuchs)에게 보낸 서간에서 니체는 특별히 비제가 아니더라도 바그너에 대항할 수 있다면 누구라도 좋았다고 하는 의미의 말을 써 남기고 있지만[1888. 12. 27.], 그렇다고 한다면 다음과 같은 말은 어떻게 이해되어야 할 것인가? "나는 어제 **비제**의 걸작을 스무 번째── 당신은 이것을 믿을 수 있겠습니까?── 들었습니다. 정신을 유연하게 다시 가다듬고 그것을 견디어냈으며 다시 도망치지 않았습

니다. 나 자신의 끈기 없음을 이겨낸 일이 나를 놀라게 합니다. 이런 작품을 어떻게 더 완전하게 만든단 말입니까? 사람들 자신이 이 작품과 더불어 '걸작이 되는데요.'[『경우』 편지 1] 니체의 이 말에는 내면에 커다란 고통을 짊어진 채 억지로 쾌활하게 행동하고자 하는 인간에 대해 느끼는 것과 같은 어떤 애처로움이 있다. 방대한 바그너 전기의 저자로서 알려지는 어니스트 뉴먼(Ernest Newman 1868-1959)은 니체의 본래적인 음악적 취향은 '가벼운 음악'에 있었다고 말하고 있다. 그리고 사실 지금 인용한 직후의 부분에서 "좋은 것은 가볍고, 신적인 모든 것은 물결처럼 부드럽게 흘러간다'[같은 곳]고 니체도 쓰고 있다. 이러한 취향은 니체의 베토벤*과 슈만*의 음악에 대한 혐오의 근거가 되었다. 하지만 그럼에도 불구하고 니체의 비제 평가에서는 바그너에 대해 말하고 있던 니체에게서는 엿볼 수 없었던 무리한 자세가 느껴진다. 하물며 비제 외에 로시니(Gioacchino Rossini 1792-1868)나 쇼팽, 마침내는 오펜바흐(Jacques Offenbach 1819-80)까지 평가의 대상으로서 끌어내기에 이르러서는 다만 니체 내면에서 바그너를 잃은 것의 결손이 얼마나 커다란가—'초조함'—하는 것이 역으로 떠오를 뿐이다.

【Ⅲ】 브람스의 경우

니체의 바그너 비판이 결코 반바그너 진영에로의 전향을 의미하는 것이 아니었다는 또 하나의 증거로서 니체의 브람스(Johannes Brahms 1833-97) 평가를 살펴보고자 한다. 처음에 니체는 브람스를 평가하고 있었던 듯하지만, 뒤에는 완전한 부정으로 바뀐다. "오늘날 유명하다는 것이 바그너와 비교하여 '더 좋은' 음악을 만들어내는 것은 아닙니다. 그저 좀 더 모호하고 좀 더 아무래도 좋은 음악을 만들어낼 뿐입니다.—좀 더 아무래도 좋은, 이라고 말하는 것은 어중간한 것은 **전체가 있다**는 것과 더불어 끝나버리기 때문입니다. 그러나 바그너는 전체적이었습니다. 그러나 바그너는 전체적 타락이었습니다. 그러나 바그너는 타락 속의 용기, 의지, 확신이었습니다.—요한네스 브람스의 경우는 어떠한지요!"[『경우』 두 번째 추신] 니체가 바그너에게서 본 '데카당스'는 니체의 '건강에의 의지'와 결코 무관하지 않았다. 정확하게 '병자의 광학'과 '건강'의 상보 관계와 동질적인 것이 '데카당스'와 '건강에의 의지'—'힘에의 의지*'—와의 관계에서 느껴진다. 그것은 바꿔 말하면 니체와 바그너의 숙명적이라고도 말할 수 있는 상보 관계의 성격이기도 하다. 그것은 동시에 19세기의 미적 모데르네의 최첨단에 위치하는 문제권역의 소재를 가리켜 보여준다. 이 지점에서 보면 브람스의 음악은 교양 시민 문화의 의사 고전 취미에 영합하는 퇴행 이외에 아무것도 아니었을 것이다. ☞니체와 바그너 — 낭만주의의 문제, 비제, 베토벤, 슈만

—다카하시 준이치(高橋順一)

[참] ▷F. Nietzsche, *Der musikalische Nachlaß*, hrsg. von Curt P. Janz, Basel 1976. ▷M. Eger, *Wenn ich Wagnern den Krieg mache*, Wien 1988(武石みどり 訳『ニーチェとヴァーグナー』音樂之友社, 1992).

니체와 작곡—作曲

니체는 아홉 살부터 피아노를 익히기 시작했는데, 상당히 능숙하게 연주했다고 전해지며, 특히 즉흥 연주를 훌륭하게 했다고 한다. 슈만*과 베토벤*을 존경하고 있던 그는 독학으로 작곡을 하게 되었다. 남아 있는 스케치 등에 의해 그가 1854년부터 82년경까지 작곡을 했다는 것이 알려져 있지만, 그중에서도 특히 페퇴피(Sándor Petőfi 1823-49)나 샤미소(Adalbert von Chamisso 1781-1838), 바이런* 경 등의 시에 작곡한 16곡 정도의 가곡에는 슈베르트(Franz Peter Schubert 1797-1828)나 슈만*의 영향 아래 아취 있는 가요성이 보이며, 피아노 반주 파트도 소박하면서도 소탈한 정취를 감추고 있다. 창작의 마지막을 장식하는 것이 루 살로메*의 시에 의한 가곡 <삶의 기도>(Lebensgebet)였다는 것도 흥미롭다. 그 밖에 아이헨도르프(Joseph von Eichendorff 1788-1857)의 텍스트에 의한 멜로드라마, 그리고 피아노 독주곡과 연탄곡, 바이올린 곡 등도 남아 있지만, 에르마나리히의 영웅 전설을 표제로 지니는 피아노 독주 작품 <교향시 에르마나리히>는 규모의 크기와 풍부한

음악적 창의, 극적인 구성력에 의해 대표작으로 말할 수 있을 것이다. 니체는 이 곡의 관현악도 구상하고 있었다. 또한 바이런* 경의 『만프레드』에 심취하고 있던 젊은 니체는 슈만의 만프레드 이해(부수 음악 <만프레드>)에 반발하여 <만프레드——명상>을 작곡했다. 바그너* 음악극의 몇몇 장면을 방불케 하는 악구 등, 매력적인 부분도 많은 작품이지만, 전체의 황당무계한 만듦새가 재앙이 되어 얼마간 장황한 인상은 지울 수 없다. 지휘자 한스 폰 뷜로*에게 일축 당한 일은 『이 사람을 보라』*의 한 구절에서 말해지고 있다. 니체의 작곡은 유명한 사실이고, 그의 음악 작품의 출판은 생전부터 단발적으로 행해지고 있었지만, 정리된 것으로서는 1924년에 굇러(Karl Georg Göhler 1874-1954)가 편집한 『음악 작품집 제1권』의 가곡집이 최초이다. 이것은 제2권 이후는 출판되지 못하며, 또한 1939년 이래로 렌체프스키(Gustav Lenzewski 1896-1988)가 하고 있던 음악 유고집의 편집도 전화(戰火)로 좌절했다. 스케치를 포함한 포괄적인 유고집은 마침내 1976년에 이르러 얀츠(Curt Paul Janz 1911-2011)의 편집에 의해 니체의 연고가 있는 바젤*의 베렌라이터사로부터 출판된다(Friedrich Nietzsche, *Der musikalische Nachlass*, Bärenreiter-Verlag, Basel, 1976). ☞니체와 음악, 니체의 시, 슈만, 베토벤, 뷜로

—쵸키 세이지(長木誠司)

니체의 가계——家系

니체는 1844년 10월 15일에 라이프치히* 서남쪽 20km에 위치한 도시 뤼첸의, 그 또한 교외에 있는 작은 마을 뢰켄의 목사관에서 태어나며, 1900년 8월 25일에 바이마르*에서 영면했다. 니체 집안에서는 폴란드의 귀족 니에츠키(Niëzky) 백작이 조상이라고 하는 말이 전해지고 있고, 니체 자신도 이 설을 때때로 언급하며 선전하고 있었지만, 아버지 쪽과 어머니 쪽 8대 앞까지 거슬러 올라간 실증적인 조사에 따르면 대체로 부유한 시민과 지식인의 가계이긴 하더라도 귀족 선조는 없었던 듯하다.

아버지 칼 루트비히(Carl Ludwig Nietzsche 1813-49)는 신학 박사로서 저서도 있는 고위직 목사였던 부친과, 마찬가지로 고위직 목사의 딸이었던 모친과의 사이에서 두 사람의 누나 밑의 막내로서 태어났다. 양친 모두 재혼으로 아버지 쪽으로는 더 나아가 배다른 형제자매가 9명 있었다. 프로테스탄티즘이 영방국가와 밀착해 있던 시대에 자란 그는 프로이센 국왕에게 충성을 맹세하는 보수적인 목사가 되었다. 할레대학의 신학부를 나온 후, 한때 알텐부르크의 공작가에서 3명의 딸들의 가정교사를 했지만, 이 공작을 통해 면식을 얻은 국왕 프리드리히 빌헬름 4세(Friedrich Wilhelm IV 1795-1861) 자신의 배려에 의해 뢰켄의 목사직을 얻은 것이다. 깊이 감사하고 있던 그는 장남이 우연하게도 이 국왕의 탄생일에 태어났을 때, 감격하여 프리드리히 빌헬름이라고 이름 지었다고 한다. 그 후 장녀와 차남의 탄생을 본 것 외에 사회적으로는 특별한 업적을 남기지 못한 그는 35세의 젊은 나이에 사망했다. 사인은 뇌연화증으로 진단되고 있다. 아들 니체는 후년에 안티크리스트를 자처하고 아버지와는 조금도 닮지 않은 삶의 방식을 취했음에도 불구하고 생애 내내 이 부친을 계속해서 경애했지만, 그것은 상실감을 메우기 위한 이상화였다고 말하지 않을 수 없다. 네 살 때 아버지와 사별한 그에게는 아버지가 착실하고 꼼꼼한 사람이자 피아노의 명수였다고 하는 사실 정도밖에 구체적인 기억은 없었다고 생각된다.

어머니 프란치스카(Franziska Nietzsche 1826-97)는 뢰켄에서 멀지 않은 작은 마을 포블레스의 목사관에서 욀러*(Oehler)가의 넷째 딸로서, 11명의 형제 중 여섯째로 태어났다. 부친은 모직 직인의 자식에서 목사가 된 사람이며, 모친도 작센의 부유한 장원 영주의 딸이었기 때문에, 그녀가 자란 것은 같은 목사관이라 하더라도 니체가와는 달리 사냥 등을 즐기는 개방적인 가정이었다. 1843년, 17세 때에 그녀는 구혼을 받아 뢰켄의 목사관으로 시집을 가게 되며, 13세 연상의 남편, 남편의 어머니 및 남편의 두 명의 누나와 함께 지내게 되었다. 다음 해에는 장남 프리드리히, 46년에는 장녀 엘리자베트, 48년에는 차남 요제프가 태어났

다. 그러나 행복한 결혼생활은 49년의 남편의 죽음에 의해 너무 짧게 파탄된다. 다음 해인 50년에는 차남인 요제프마저 생치경련으로 갑자기 사망했다. 이어지는 육친의 죽음은 어린 니체에게도 심각한 충격을 준 것으로 보인다. 목사관은 후임자에게 넘겨주게 되고, 일가는 인근의 나움부르크*로 이사하지 않을 수 없게 되었다. 프란치스카는 미망인 연금을 받고 남편이 이전에 가르친 공작의 딸들로부터의 도움도 얻었지만, 자립할 수 있을 만큼의 경제력으로는 충분하지 않았기 때문에 재산을 가지고 있는 시어머니와 시누이들과의 동거를 계속하지 않을 수 없었다. 이 동거는 남편의 어머니가 사망하여 재산 분여를 받은 56년까지 계속되었다. 따라서 유년 시절의 니체는 하녀도 포함하여 여자 6명, 남자 1명의 가정에서 거의 6년간을 자랐다는 것으로, 이러한 사정이 그의 조숙함과 정서 불안정에 관계되어 있다는 것은 부정될 수 없을 것이다. 이후 프란치스카는 71세에 세상을 떠나기까지 나움부르크에 머무르며 아이들을 계속해서 지켜보았다. 아들의 배교와 병, 딸의 해외 이주, 나아가서는 아들의 발광과 즐거움보다는 괴로움이 훨씬 더 눈에 띄는 그녀의 생애를 지탱한 것은 부모로부터 물려받은 생명력과 소박한 신앙의 힘이었다고 생각된다.

니체의 누이 엘리자베트(Elisabeth Förster-Nietzsche 1846-1935)는 가족으로부터 리스헨이라고 불리며, 마찬가지로 프릿츠라고 불린 오빠를 전면적으로 신뢰하고 존경하고 있었다. 니체는 그녀를 남미의 동물 이름을 따서 '라마'라고도 불렀지만, 어쨌든 '프릿츠가 그렇게 말했다'는 그녀에게 있어 모든 논의를 매듭짓는 것을 의미했다고 한다. 그녀는 드레스덴의 미혼 여성을 위한 학교를 나온 후, 바젤대학에 홀몸으로 부임해 있던 오빠와 동거하며 한 시기 주부의 역할까지 수행했지만, 82년의 루 살로메* 사건으로 오빠와 누이 사이에 균열이 생기고 나서, 85년 5월 22일(바그너*의 탄생일)에 반유대주의*자 베른하르트 피르스터(Bernhard Förster 1843-89)와 결혼식을 올리고 다음 해에 남편과 함께 남미 파라과이의 식민지로 이주했다. 오빠가 혐오하는 신조를 지닌 이 남자와의 결혼으로 인해 그녀의 운명은

오빠로부터 떨어진 것처럼 보였지만, 사업이 실패하여 남편이 자살한 결과, 그녀는 독일로 귀국하여 다시 오빠와 관계하게 된다. 때마침 발광한 니체가 유명해지기 시작한 무렵으로 엘리자베트는 94년에 니체 자료관을 창설하고 니체 전집·서간집의 편집과 출판을 정력적으로 추진했다. 그리고 89세로 사망하기까지 큰 책으로 이루어진 전기와 해설서를 써서 니체 소개에 종사했다. 그녀가 개인적인 명예욕과 질투심에서 많은 서간을 고친 사실, 천박한 이해로부터 이것저것 이어 붙여 『권력에의 의지』를 만들어내어 니체의 '주저'로서 간행한 사실, 만년에 나치스*에게 협력하여 히틀러와도 친교가 있었던 사실 등등으로부터 오늘날 그녀의 평판은 대단히 나쁘지만, 니체가 쓴 것을 조각난 문서의 단편에 이르기까지 망라하여 수집·보존한 공적만큼은 인정해야만 할 것이다. ☞나움부르크, 귀족, 윌러

—시미즈 혼유(清水本裕)

니체의 기호—嗜好

『이 사람을 보라』*에서 니체는 "제대로 잘된 인간"은 "자신에게 유익한 것만을 맛있게 느낀다. 자신에게 유익한 것의 한계를 넘어서면 그의 만족감과 기쁨은 중지해버린다"라는 "선택의 원리"에 대해 말하고 있다 [『이 사람』 Ⅰ. 2]. 자신의 취미*에 반하는 것에는 '구토감'을 품고, 알기 쉽게 설명할 수 있는 사상만을 환영하는 니체에게 있어 음식에서의 기호 역시 정신의 건강에 직결되는 중대한 문제였다. 학생 시기의 라이프치히*의 요리는 일부러 영양불량이 되기 위해 위장을 망치고자 하는 물품이었다. 어쨌든 독일 요리 그 자체가 좋지 않다. "푹 익은 고기, 기름과 밀가루가 범벅된 야채, 문진(文鎭)으로 변질되어버린 밀가루 음식"에 더하여 식후의 음주— 독일 정신의 기본은 소화불량에 있다고 한다. 또한 영국*의 식사도 "식인주의로의 복귀"이자 "정신에 무거운 다리를 달아놓은 것"으로 여겨지며, "최고의 요리는 피에몬테식이다"라고 한다. 마실 것에 대해서는 맥주와 와인은 설사 한 잔이라 하더라도 견디기 어렵기 때문에 "뮌헨에는 내 대척자들이 살고

있다'고 하며, 물(특히 니스˚와 토리노˚, 질스–마리아˚의 샘솟는 물)만으로 좋다고 하고 있다. 그리고 자신의 도덕으로서 든든하게 먹어 위를 활성화하는 것, 식사를 오래 질질 끈다든지 간식한다든지 하지 않는 것, 커피는 우울하게 하지만 짙은 홍차는 아침만이라면 좋다는 것, 모든 편견은 내장으로부터 생겨나는 까닭에 꾹 눌러앉아 있지 않고 바깥을 돌아다니며 얻은 사상만이 신뢰할 수 있다는 것을 들고 있다[같은 책 Ⅱ. 1]. 그 밖에도 니체의 기호로서 흡연을 싫어한 것이나 채식주의가 들어지지만, 후자는 바그너˚에게 웃음의 대상이 되고서 포기했다.

실제의 식생활은 어떠한 모습이었을까? 1888년의 여름을 질스에서 보내게 된 그는 어머니에게 지난해의 "둥글고 굵은 돼지고기 햄"은 대단히 좋았으며, 4개월간 매일 저녁에 먹기 위해서는 6kg이 필요하다고 보내줄 것을 재촉하는 편지를 몇 차례나 보낸다. 그 햄 외에 러스크와 홍차도 들어 있는 소포가 도착하자 "햄은 극상품으로 훌륭해 보입니다. 저는 새로운 신뢰를 지니고서 미래를 응시하고 있습니다'라고 보고한다[어머니에게 보낸 편지 1888. 6. 16.; 6. 25.]. 질스에서의 하루의 식생활은 다음과 같았다. "5시에 (침대 속에서) **코코아** 한 잔, 6시 반쯤 나의 **홍차**를 마십니다. 12시에 혼자서 호텔 식사보다 반시간 **전에** 먹습니다. 언제나 비프스테이크와 오믈렛입니다. 저녁은 7시에 제 방에서 햄을 한 조각, 날달걀의 노른자 둘에 흰 **빵**을 두 조각 먹습니다.'[같은 책 7. 17] 그 해 가을의 토리노에서의 식생활도 상당히 잘 먹는 것이었다. "레스토랑에서 조금 팁을 주면 미네스트로네 수프가 넉넉히 나오고 야채도 파스타도 일급품으로 한가득 놓인다. 부드러운 송아지 고기에 시금치 등의 야채가 곁들여지고, 작은 **빵** 세 개와 그리시니(막대 **빵**)가 있는 식사는 지금까지 먹어본 적이 없을 정도로 맛있다.'[가스트에게 보낸 편지 10. 30.] "참으로 믿음직스럽고 청결하며, 게다가 세련된 요리입니다! 지금까지 저는 좋은 식욕이란 **무엇**인지를 알지 못했습니다. 정직하게 말해서 니스에 있을 때의 4배를 먹어도 **그것보다 편안하고** 아직까지도 위가 더부룩한 것이 없습니다'[어머니에게 보

낸 편지 11. 17.]라고 맛있는 이탈리아 요리에 입맛을 다시고 있다. 위가 약하다는 이미지가 강한 니체라 하더라도 먹은 것을 언제나 토해냈던 것만은 아닌 것이다.

─오이시 기이치로(大石紀一郎)

니체의 시

사전적인 기술을 함에 있어 니체를 우선 첫째로 서정시인으로서 규정하는 사람은 없음에 틀림없다. 그러나 그것은 사상가로서의 이름이 너무나도 크기 때문인바, 설사 그 방면에서의 작업이 전혀 없었다 하더라도 그의 시작(詩作)은 그 양과 그 질에서, 독일 근대 시사에서 차지하는 그 지위에서, 그 영향력의 크기에서 독일 문학사로부터 니체의 이름을 생략할 수 없는 힘을 지닌다. 니체의 시는 그의 생존 중에 독자적인 시집으로서 출판될 기회가 적어 다수는 다른 저작 중에 포함되어 발표되었지만, 정리된 것으로서는 1908년에 누이 엘리자베트의 편집에 의한 『시와 잠언』(Gedichte und Sprüche. C. G. Naumann, Leipzig와 무자리온판 전집 제20권 Nietzsches Gesammelte Werke, Musarion-Verlag, München 1920-29, Bd. 20: Dichtungen; 일본어판, 秋山英夫・富岡近雄 訳 『ニーチェ全詩集』 人文書院, 1968) 등이 있지만, 이에 따르면 전자에는 무언(誣言)을 포함하여 325편, 후자에는 약 340편이 수집되어 있다. 이에 더하여 14세 당시의 니체가 그 시기를 이미 자신의 시작의 제3기로 칭하고서 그 이전 몇 년간의 시작 50편 이상의 제목을 들고 있는 것을 고려하게 되면 모두 해서 400편 가량의 작품이 고려될 수 있게 된다. 어찌됐든 이들 시집에는 1858년 니체가 13세일 때의 시로부터 1888년까지의 시가 수록되어 있다. 이와 같은 '시인' 니체에게 시작에 있어 영향을 준 서정시인 또는 그의 소양이 된 시인의 수는 적다. 사상가들의 수와 비교하면 놀랄 정도로 적다. 본 사전에서 볼 수 있는 항목에서 제시하더라도 거기에는 괴테˚, 실러˚, 횔덜린˚, 하이네˚, 외국의 시인으로서 바이런˚, 레오파르디˚가 있지만, 이것에 뫼리케(Eduard Friedrich Mörike 1804-

75)의 이름을 덧붙일 수 있을 것이다. 여기서 든 서정시인들은 독일 시인에 관한 한 모두 다 음악성에 의해 노래로 불리는 경우가 많으며, 또한 가곡으로서 작곡되는 일이 많은 사람들이다. 당연한 일이지만 니체는 적확하게 자신에게 맞는 시인들만을 골라냈다. 니체는 무엇보다도 노래 부르기를 바랐다. 시에서 음악성을 구했다. 니체가 음악에 조예가 깊은 것은 말할 필요도 없다('니체와 음악' 항목 등을 참조). 스스로 작곡도 행하며, 말러*로부터도 그의 작곡가로서의 재능을 높이 평가받고 있다. 바그너*뿐만 아니라 영향을 받았거나 영향을 준 음악가의 수는 많다. 19세기 독일에서는 시민 계급의 생활이 점차 안정을 보이고 문화의 중추적인 담당자로서의 지위를 차지하게 됨에 따라 예술의 모든 층에서 시각적 이미지가 강하게 나타나게 된다. 이것은 계몽사상의 보급과 이 계급 본래의 실리 추구·주위의 작은 세계의 안정 추구의 도덕, 생활환경의 과학기술적 향상 등의 기반 위에 세워지는 것이지만, 회화에서의 사실성(寫實性)은 말할 것도 없고 음악에서조차 시각적 요소가 다양한 형태로 몰려들어온다. 문예에서도 본래 사실적인 장르인 소설이 발달하고, 서정시에서도 관상적인 심정의 토로로부터 정경의 묘사가 승리하는 것으로의 이행이 보인다. 이러한 경향은 시민사회가 세대를 거쳐 문화적 난숙에 도달하자 다시 구심력을 잃고 기반이 다양화되며, '신이 죽고', '중심이 상실'되는 것이다. 니체의 서정시도 이러한 영향 하에서 벗어날 수 없다. 초기의 서정시는 보수적인 정형시로 시작되고 시각적 이미지가 비교적 강하지만, 사실적 요소는 서서히 형상화되며 동시에 남성 운이 많이 사용되게 된다. 특히 후기의 『디오니소스 디티람보스』에 이르러 남성 각운뿐만 아니라 시행 안에서의 남성 운 조각에 의한 강력한 부르짖음이 울려나게 된다. 새로운 음악성의 넘실거림인바, 이것이 이어지는 세대와 또한 표현주의*의 젊은 세대에게 열광적으로 받아들여지게 된다. 이것을 그 내용에서 보면 초기의 헤어짐, 여행, 두려움, 죽음과 같은 19세기 독일시의 전통을 따르는 것으로부터 아직 보이지 않는 신에 대한 생각, 동시대의 시민사회에 대한 신랄한 비판,

신을 버리고 신을 추구하는 고뇌와 환희 등이다. 니체의 서정시는 그의 사상과 나란히 가고 있는바, 그의 사상의 시적 토로가 된다. ☞니체와 음악, 니체와 작곡

—무라타 쓰네카즈(村田経和)

니키슈 [Ernst Niekisch 1889-1967]

독일의 정치가, 정치평론가. 프로이센의 국가급진 사회주의의 대표자이기도 하다. 슈펭글러*의 『서구의 몰락』의 팬이었던 그는 그 의미에서도 니체의 사상과 인연이 없지 않았다. 뮌헨 혁명 때에는 쿠르트 아이스너(Kurt Eisner 1867-1919)와 에른스트 톨러(Ernst Toller 1893-1939) 등의 '문필가 정권'에 참가하고, 레테(Räte, 노동자평의회)의 의장이 된다. 1919년에 한 번 체포·구금된다. 바이에른 란트 의회, 베를린의 직물 노동자 동맹에서 활약한 후, 1926년부터 34년까지 잡지 『저항』의 편집에 힘을 들이며, 내셔널 볼셰비키적인 방향을 대표하고 있었다. 경계하고 있던 히틀러의 정권 장악 후에는 좌익의 저항을 결집하고자 노력했지만, 나치스* 정권 하의 1937년에 반역죄로 체포, 투옥되며, 부당한 취급으로 병들게 되었다. 전후 자유의 몸이 되어 동베를린의 훔볼트대학의 교수직에 취임하며, 제국주의 연구의 연구소 소장이 된다. 독일사회주의통일당(SED)의 구성원으로서 인민 의회의 의원에 선출되었지만, 1953년의 군중 봉기에 관계했기 때문에 자리와 당을 떠났다. 주저로『히틀러 — 어떤 운명』(Hitler - ein deutsches Verhängnis, 1932), 『독일 혁명가의 기억』(Erinnerungen eines deutschen Revolutionärs, 1958-74)이 있다. ☞뮌헨 레테공화국

—우에야마 야스토시(上山安敏)

니힐리즘 [Nihilismus]

니힐리즘에 대해 생각하고자 할 때 투르게네프(Ivan Sergeyevich Turgenev 1818-83)의 『아버지와 아들』(1862)에 있는 "권위에 굴복하지 않고, 원리가 사람들로부터 아무리 높이 존경받고 있다 하더라도 결코 어떠한

원리도 신조로 삼지 않는' 태도라는 정의가 우선 떠오른다. 이 투르게네프의 니힐리즘 정의는 바쿠닌(Mikhail Aleksandrovich Bakunin 1814-76)과 도스토예프스키* 등의 사상과도 공명하면서 러시아 니힐리즘*의 중핵을 이루고 있다. 이 러시아 니힐리즘 운동은 차리즘 체제에 대한 정치적 저항이라는 측면을 포함하면서도 그에 머무르지 않는 좀 더 광범한 가치 부정, 질서 파괴 충동의 나타남이었다. 이때 니힐리즘이 부정과 파괴의 대상으로 간주한 가치와 질서의 중심이 되어 있었던 것은 말할 필요도 없이 그리스도교*(교회*)였다. 그리고 이러한 그리스도교에 대한 부정, 파괴의 충동은 종교 비판이라는 틀에만 머무르지 않는 기존 세계 총체에 대한 철저하고 근본적인 부정으로 확대되어 간다. 또한 오블로모프주의에서 보이는 것과 같은 데카당스*도 니힐리즘의 한 측면으로 되어간다.

러시아 니힐리즘에 의해 각인된 이와 같은, 즉 자기와 타자를 포함하는 세계 전체에 대한 부정과 파괴의 충동의 돌출은 라우슈닝(Hermann Rauschning 1887-1982)도 말하고 있듯이 19세기부터 20세기에 걸쳐 다양한 형태로 생기한 정치적, 사상적 니힐리즘의 요람이었다. 하지만 니힐리즘이라는 말의 기원은 상당히 오래 전인 18세기로 거슬러 올라간다. 특히 중요한 것은 야코비(Friedrich Heinrich Jacobi 1743-1819)다. 그는 피히테를 표적으로 하면서 칸트* 이후의 독일 관념론*이 세계의 주관적 구성이라는 입장을 채택함으로써 실재성의 기반을 파괴하고, 더 나아가서는 그리스도에게 화육된 신성도 부정하는 무신론에 귀착했다고 논란한다. 그리고 야코비는 이러한 사태를 니힐리즘이라는 말로 불렀던 것이다. 이러한 야코비의 니힐리즘이라는 말의 사용방식에도 근대와 함께 시작된 세속화와 그것을 통한 전통적 질서의 해체 과정이 투영되어 있다. 니힐리즘은 근대라는 역사적 경험에 내재하는 해체와 확산의 계기를 첨예화한 것이라고 말해도 좋을 것이다. 그것은 확실히 부정과 파괴의 충동의 나타남이었지만, 다른 한편으로는 기성 질서의 멍에로부터 해방된 자유로운 자기, '자유로운 정신'의 발현이라는 긍정적인 성격을 지니고 있었다는 것도 보지 못해서는 안 된다.

그리고 이러한 니힐리즘의 양면성의 중심에 자리하는 것이 바로 니체다.

【 I 】 니체의 니힐리즘 개념의 개관

니체라고 하면 '니힐리즘의 사상가'라고 할 정도로 니체와 니힐리즘의 관계는 밀접하다고 생각되고 있지만, 니체와 니힐리즘의 관계는 그렇게 간단하게 정리될 수 없는 문제를 포함한다.

니체의 저작 가운데 니힐리즘이라는 말이 최초로 등장하는 것은 아마도 『학문』*의 346장일 것이다. 여기서 니체는 "세계가 절대로 신적인 경과를 취하고 있지 않다는 통찰"로부터 출발한다. 그것은 세계가 가치를 지니며 존경할 만한 가치가 있는 것이라는 인식을 근저로부터 뒤흔드는 것이다. 이러한 세계의 가치의 동요로부터 생겨나는 '의혹'은 지금까지 세계와 대치하고 세계를 부정하고자 하는 인간의 오만함에 의해 은폐되어 왔다. 니체는 이 오만함에서, 불교와 그리스도교에 내재하고 근대적 페시미즘*에서 그 최후의 표현을 보게 되는 '미망'을 간취한다. 왜냐하면 이러한 페시미즘의 계보는 세계가 무가치할지도 모른다는 의혹, 다시 말하면 세계의 근원이 무일지도 모른다는 의혹을 직시하고자 하지 않고, 또 하나의 가치로서의 인간이라는 척도를 세우는 것에 의해 이러한 의혹에 덮개를 씌워버리기 때문이다. 그러나 이러한 미망은 그에 대한 직접적인 반발로서의 인간 자신에 대한, 다시 말하면 자기 자신에 대한 혐오도 산출한다. 그것은 어떤 의미에서 신적인 것의 소실과 부재의 필연적 귀결이라고 해도 좋을 것이다. 왜냐하면 신적인 것의 소실과 부재는 세계뿐만 아니라 그것과 대치하는 인간도 포함한 모든 가치의 존립 그 자체의 붕괴로 귀착될 수밖에 없기 때문이다. 하지만 인간을 가치 척도로서 가장 높은 것으로 만드는 미망도 그에 대한 직접적 반발로서의 인간에 대한 혐오와 함께 신적인 것의 소실과 부재라는 사태가 초래한 의혹에 대해 상관적이다. 조금 더 정확히 말하자면, 이러한 의혹의 핵심에 놓여 있는 세계의 확고한 근거의 소실·부재라는 부정적 성격이 그대로 두 가지 태도를 근저에서 공통적으로 규정하는 요소가 되어 있다고 하는 것이다. 인간의 오만함도 인간에 대한 경멸도 모두 세계를 부정적으로 보는 삶의 태도의 소산으로서 공통성을 지닌다. 그리고 이러한 부정적 성격이야말로 니힐리즘에 다름 아니다.

"그것은 우리 자신에 대한 가차 없고, 근본적이고, 지극히 심각한 의혹이며, 우리 유럽인들을 점점 더 많이, 점점 더 가혹하게 지배하게 되어, 미래의 세대에게 다음과 같은 두려운 양자택일을 강요할 것이다. '존경을 폐기하든지 아니면 **너희들 자신을** 폐기하라!' 후자는 허무주의일 것이다. 하지만 전자 역시도— 허무주의가 아닐까?— 이것이 **우리가 찍어놓은** 의문부호이다."[『학문』 346]

이로부터 우리는 니체의 니힐리즘 개념이 그에 의해 유럽의 역사에 내재하는 숙명으로서 간취된 신적인 것의 소실과 부재로 향하는 과정—'신의 죽음'*—의 산물이며, 그러한 사태의 부정적인 반영이라는 것을 분명히 인식할 수 있을 것이다. 거기서 작용하고 있는 것은 삶의 쇠약이자 퇴폐이며, 무엇보다도 '무에의 의지'*에 다름 아니다. 그런 의미에서 니체에 있어 니힐리즘은 하나의 병*이었다.

【Ⅱ】 니힐리즘의 세 개의 단계

니체의 니힐리즘 개념 안에서는 이미 언급했듯이 두 개의 상반되는 경향이 엿보인다. 즉 신의 소실·부재를 직시하고자 하지 않고 오히려 그것을 은폐하기 위해 있을지도 모를 가치를 날조*하고자 하는 경향과 신의 소실·부재에 대한 초조함을 자기 파괴 충동으로 전화시키고 삶을 경멸의 대상으로 폄하해 버리는 경향이다(상반되는 이 두 가지 경향이 니힐리즘이라는 개념에 포함되기 때문에, 니체의 니힐리즘에 대한 기술에서는 용어상의 혼란이 보이며, 그것이 니체의 니힐리즘 개념에 대한 파악을 어렵게 한다).

니체는 전자의 경향의 전형을 그리스도교 도덕에서 보고자 했다. 예를 들어 다음과 같은 기술에서는 그것이 잘 나타나 있다. "**무가치한 것 자체**로 남아 있는 생존 일반(생존을 허무주의적으로 포기함, 허무를 갈망함 또는 생존에 '반대되는 것'을, 달리 존재하는 것을, 불교나 그와 유사한 것을 갈망함)을 생각해 보라.— 마침내 우리는 고통 받는 인간이 일시적으로 위안을 찾은 역설적이고 무시무시한 방책인 저 그리스도교의 천재적 장난 앞에 갑자기 서게 된 것이다."[『계보』 Ⅱ. 21]

그에 반해 이러한 소극적·도피적 경향에 대한 직접적 반발로부터 생겨나는 자기 파괴 충동으로서의 니힐리즘이란 어떠한 것인가? 여기서 니체의 니힐리즘 인식의 하나의 정점을 보여주는 것이라고 해야 할 1887년 6월 10일의 날짜를 지니고 있는 유고 중의 단장을 살펴보고자 한다[유고 Ⅱ. 9. 276-284. 이하에서는 특별히 주를 달지 않은 한 이 단장으로부터의 인용이다. 「유럽의 니힐리즘」이라는 제목을 달고 있는 이 단장은 16개의 단락으로 이루어진 상당히 긴 것으로, 니체의 니힐리즘 인식이 정리된 형태로 전개되고 있다. 특히 그리스도교 도덕에 숨어 있는 소극적·도피적 경향으로부터 왜 그리고 어떻게 해서 자기 파괴 충동으로서의 니힐리즘이 생겨나는 것인가에 대해 빈틈없는 분석을 행하고 있다. 우선 니체는 그리스도교 도덕의 세 가지 '이점'을 거론한다. 그것은 (1) 미세하고 우연적인 존재에 지나지 않는 인간에 대한 절대적인 가치 부여{인간중심주의}, (2) 괴로움과 재앙으로 넘쳐난 이 세계에 대한 완벽함이라는 성격 부여{신의 섭리의 변호}, (3) 절대적 가치에 관한 앎의 권능의 인간에 대한 부여{인간 인식의 지상화}이다. 이러한 이점에 의해 인간은 삶에 대한 절망과 대항이라는 입장을 취하지 않고서 살았다. 다시 말하면 이들 이점에 의해 인간은 '자기 보존'의 수단을 손에 넣은 것이다. 니체는 도덕이야말로 "실천적 및 이론적 니힐리즘에 대한 커다란 저항제였다"고 말한다. 따라서 그리스도교 도덕으로 상징되는 소극적·도피적 니힐리즘은 '니힐리즘의 부정으로서의 니힐리즘'이라고 할 수 있을 것이다. 하지만, 이라고 니체는 말한다. 그리스도교 도덕 안에는 '성실성'을 기르는 힘이 놓여 있다. 그리고 이 성실성은 마침내 도덕 자신에게서 '목적론'과 '이해관계를 포함한 사물에 대한 견해', 즉 '기만'을 찾아낸다. 이 기만에 대한 통찰은 도덕이 요구해온 것이 '비진리에 대한 욕구'에 지나지 않았다는 것을 드러낸다. 여기서 도덕이 요구하는 자기 보존에 대한 지향과 그러한 지향에 숨어 있는 기만에 대한 불신의 '대립'이 발생한다. 그리고 이 대립이 도덕의 '해체 과정'을 산출한다. 이 해체 과정을 촉발한다는 의미에서 성실성은 '니힐리즘에의 자극제'로서의 의미를 지니는 것이다.

이러한 '최초의 니힐리즘'으로서의 도덕에 대한 '반항제'에 의해 이끌린 유럽의 역사는 현재 이미 그러한 반항제를 그다지 필요로 하지 않을 정도의 도덕의 훈육 능력의 저하에 이르러 있다. 즉 "신'은 이미 너무나도 극단적인 가설로 되어버린" 것이다. 그러한 가운데 도덕에 대한 반정립으로서 "자연의 절대적인 비도덕성, 몰목적성과 무의미성에 대한 신앙"이 생겨난다. 이러한 신의 죽음의 시대의 "필연적인 정서"가 또 하나의 니힐리즘을 산출한다. 이러한 니힐리즘은 "헛되었다!"라고 하는, 지금까지의 의미와 가치에 대한 불신에 그 윤곽을 부여하고 있다. 모든 것은 '무'이며, 무는 영원히 계속해서 회귀한다. 이것은 언뜻 보면 대단히 부정적인 사태로 생각된다.

그러나 여기서 니체는 하나의 물음을 제기한다. "도덕이 부정되면, 일체의 사물에 대한 이러한 (모든 것이 완벽하고 신적이며 영원하다'고 하는) 범신론적인 긍정의 입장도 불가능해지는 것일까? 결국 도덕적인 신이 극복되었을 뿐이 아닐까? '선악의 저편'에 서는 신을 생각하는 것에 의미가 있다고 말할 수 없는 것일까?" 무의 영원회귀'는 확실히 도덕이 구축하고자 한 의미와 가치의 세계를 파괴했다. 그리고 이 파괴의 근저에 놓여 있는 것은 '불신'이라는 형태로 제시되는 부정적인 심리의 작용이었다. 하지만 한편으로 도덕 그 자체가 이미 소극적・도피적인 니힐리즘으로서의 성격, 다시 말하면 부정성의 계기를 내포하고 있는 한에서, 도덕의 부정은 오로지 부정・파괴의 심화만을 의미하는 것이 아니라 오히려 '부정의 부정'으로서의 긍정성을, 즉 도덕이 날조한 자기 보존의 메커니즘 방향과는 대조적인 삶의 단적인 긍정을 의미한다고 생각할 수 있는 것이 아닐까? 방금 인용한 구절의 앞에서 니체는 다음과 같이 말한다. "과정 안에서 목적이라는 관념을 제거하고, 그럼에도 불구하고 여전히 과정

을 긍정할 수 있는 것일까?"

여기서 니체의 니힐리즘을 둘러싼 물음의 세 번째 단계가 떠오른다. 즉 니힐리즘을 촉발하는 신의 죽음이라는 사태의 근원에는 신을 기원으로 하면서 구성되는 도덕(최초의 니힐리즘)이 계속 은폐해온 긍정성이 존재한다는 것을 보지 않으면 안 된다는 것이다. 이 긍정성이 '힘에의 의지'에 다름 아니다. 따라서 니힐리즘에 대한 물음 안에서는 특히 후기의 니체의 사유에서 가장 근본적인 주제인, 일체의 인과성'과 합목적성의 멍에로부터 해방된 '사건'의 우발성・일회성의 긍정, 그리고 이러한 긍정의 근저를 이루는 '모든 것은 힘과 힘의 관계(가치관계)의 나타남이다'라는 인식, 즉 '힘에의 의지'와 '계보학'을 통한 형이상학' 비판의 사고 지평에로의 출발점이 간취된다.

이러한 니체의 니힐리즘 인식의 특성에 대해 하이데거'는 다음과 같이 말하고 있다. "니힐리즘과 더불어, 즉 힘에의 의지로서의 존재자 한가운데서 동일한 것의 영원회귀에 직면하여 행해지는 일체의 기존 가치의 전환'과 더불어 인간 본성의 새로운 정립이 필요해진다. 그러나 '신은 죽었다'는 것이기 때문에 인간에게 있어 척도와 중심이 될 수 있는 것은 오직 인간 자신뿐이다. 물론 그 인간은 임의의 인간이 아니며, 개개의 어딘가 그 근방에 있는 인간들 아래 있는 인간도 아니다. 그것은 모든 가치를 힘에의 의지라는 유일한 힘으로 전환시킨다고 하는 널리 알려진 과제를 받아들이고, 대지권역을 뒤덮는 절대적인 지배로 나아가고자 하는 저 인류의 '유형', '모습'이다. 힘에의 의지로서의 존재자를 일체의 기존 가치의 전환으로서 경험하고 동일한 것의 영원회귀를 유일한 '목표'로서 인가할 수 있는 고전적 니힐리즘은 인간 자신을—즉 지금까지의 인간을—자기를 '넘어서' 높이고, 척도로서 '초인'의 모습을 만들어내야만 하는 것이다."[『니체』]

니힐리즘은 긍정성에 대한 적대임과 동시에, 니힐리즘에 내재하는 두 개의 상반된 경향 사이의 대립을 통해 그때까지 은폐되어 있던 긍정성의 소재를 떠오르게 하는 계기로도 되는 것이다. 도덕이란 '지배자', 요컨대 강자에게만 허락되는 태도로서의 '힘에의 의

지'에 대한 '만듦새가 나쁜 무리'(약자)의 르상티망*을 정당화하는 수단이었다. 다시 말하면 도덕에 의해 약자는 '힘에의 의지'를 '미워할 권리'를 손에 넣고, 그에 의해 스스로의 삶을 보호할 수 있었던 것이다. '최초의 니힐리즘'으로서의 니힐리즘의 부정이 의미하고 있던 것은 이러한 사태였다. 신의 죽음이라는 사태는 확실히 이러한 도덕에 의한 보호(자기 보존의 보증)에 숨어 있는 기만을 분명히 했다. 그러나 긍정성을 견딜 수 없는 약자에게 있어 도덕이라는 피막이 상실되는 것은 다만 '절망'에의, '무'에의 '몰락'을 의미할 뿐이다. 여기서 두 번째의 자기 파괴 충동으로서의 니힐리즘의 의미가 밝혀진다. 니체는 다음과 같이 말하고 있다. "'니힐리즘. 그 징후는 만듦새가 나쁜 무리가 위로를 발견하는 마당이 없어진 것이며, 그들이 얼마 안 있어 자기가 파괴되기 위해 파괴를 행하는 것이고, 도덕으로부터 분리되어 버렸기 때문에 '비하할 근거를 잃은 것이며 ── 그들이 정반대의 원리를 기반으로 하게 되고 강자가 자신들의 사형 집행인이 되도록 강요하는 것을 통해 자신들도 힘을 추구하는 것이다. 이것은 불교의 유럽적 형태이다. 요컨대 모든 현존재가 그 '의미'를 잃은 후의 부정의 행위이다."

이러한 자기 파괴 충동으로서의 니힐리즘에는 도덕의 단계에는 없는 적극적 요소가 포함되어 있다. 왜냐하면 이러한 니힐리즘이 생겨나기 위해서는 어느 정도의 높이에 도달한 '정신문명'과 '학식'이 필요하기 때문이다. 하지만 이러한 단계에 도달하면서도 근본적으로 긍정성을 받아들일 수 없는 인간은 일체의 목적인을 상실한 '과정'의 영원회귀를 눈앞에 두면서 그것에서 '저주'밖에 느끼지 못한다. 역으로 말하면 니힐리즘이란 여기서 이러한 저주가 촉발하는 일종의 '경련'일 뿐이다. 하지만 거기에서는 니힐리즘의 단계, 즉 첫 번째, 두 번째 단계에 공통된 부정적 니힐리즘의 자기 극복으로서의 니힐리즘, 긍정성으로서의 니힐리즘에로의 전회가 준비되고 있다.

【Ⅲ】 니체의 니힐리즘 개념의 다면성

그런데 지금까지 인용해온 단장과 더불어 또 하나, 니힐리즘을 둘러싼 중요한 단장이 있다. 그리고 이 단장에서의 니체의 니힐리즘 인식에서는 지금까지 보아온 단장에서의 니힐리즘 인식의 전회의 심화가 간취된다. 1887년 가을에 쓰인 이 단장은 「니힐리즘. 하나의 정상적 상태」[유고 Ⅱ. 10. 30-32. 이하에서는 특별히 주를 달지 않은 한 이 단장으로부터의 인용이다]라는 말로 시작된다. 니체는 분명히 한 걸음 더 나아가 니힐리즘을 '힘에의 의지'에 뿌리박은 스스로의 사고에 있어 적극적인 계기로서 다시 파악하고자 한다. 이 점은 이 단장 직후의 다른 단장의 다음과 같은 표현으로부터도 분명할 것이다. "'니힐리즘'은 정신의 최고의 강력함이 내거는 이상, 더할 나위 없이 풍요로운 삶이 내거는 이상. 반은 파괴적인, 반은 반어적인(ironisch)."[같은 책 Ⅱ-10. 33] 여기서 니체는 앞에서 보았던 「유럽의 니힐리즘」의 경우 이상으로 명확히 니힐리즘을 신의 죽음이라는 사태 아래 놓여 있는 인간의 보편적인 모습으로서 제시하고자 한다.

여기서도 우선 니체는 니힐리즘이 이면적인 것이라는 점을 지적한다. 즉 '능동적 니힐리즘'과 '수동적 니힐리즘'의 이면성이다. 능동적 니힐리즘은 "정신의 힘이 증대하고, 그 결과 종래의 목표들('확신', 신앙고백)이 이 힘과 조화를 이룰 수 없을 정도로 되어버리는 일이 있을 수 있다"고 하는 것에서 생겨난다. 따라서 그것은 "강함의 징후일 수 있다." 하지만 이 강함은 아직 긍정적인 '힘'으로 될 수 없다. 왜 그런가? "다른 한편으로 이 니힐리즘은 새롭게 자기 자신을 위해 생산적으로 또 하나의 목표를 세울 정도로 충분한 강함을 지니지 않기" 때문이다. 이 결과 능동적 니힐리즘은 "폭력적인 파괴의 힘"으로서 나타난다. 이러한 능동적 니힐리즘의 대극에 놓여 있는 것이 "피폐한 니힐리즘", 즉 "정신의 힘이 기진맥진하고, 그 결과 종래의 목표들과 가치들이 [이 힘에] 어울리지 않게 되는" 것에서 생겨나는 '수동적 니힐리즘'이다. 그것은 '데카당스'와 '페시미즘'으로서 나타난다. 그리고 니힐리즘은 능동적 형태를 취하든 수동적 형태를 취하든 "일종의 병리적인 중간 상태를 나타낸다." 그것은 니힐리즘이 기만의 해체 과정(몰락의 과정)에 있으면서도 새로운 긍정성을 발견하기까지에는 이르러 있지 않기 때문이다. 거기에는 자기와 타자로 향해진 순수한 파괴의 부정성만이 존재한다(이 '중간 상태'라는 표현은 『차라투스트라』 서문에서의 "인간은 동물과 초인 사이에 둘러쳐진 하나의 밧줄이다"[4]를 상기시킨다). 하지만 중요한 것은 니힐리즘의 이면성 각각에 포함되어 있는 힘의 불균형이 모든 진리의 형이상학적 관점을 불가능하게 만든다는 점이다. 니체는 지금까지 보아온 니힐리즘의 파악방식의 전제를 다음과 같이 말한다. "진리는 존재하지 않는다는 것, 사물의 절대적 성질, '사물 자체' 등은 존재하지 않는다는 것 / ─ 이것 자체가 일종의 니힐리즘이며, 그것도 가장 극단적인 니힐리즘일 뿐이다. 이 니힐리즘은 사물의 가치를 다음의 한 점에 밀어놓는다. 즉, 실재성이란 가치 정립자 측의 힘의 징후에 지나지 않으며, 삶의 목적을 위한 단순화에 지나지 않는다고 하는, 바로 이 한 점에." 여기서 니체는 '힘에의 의지'의 긍정성에로 전회한다. 뢰비트*가 지적하는 니체에게서의 사유의 전회, 즉 '무에의 의지'로서의 니힐리즘의 부정성으로부터 '영원회귀에의 의욕'으로서의 긍정성에로의 전회가 생겨나는 것이다.

니체의 니힐리즘 개념은 가장 그 정도가 낮은 '니힐리즘의 부정으로서의 니힐리즘'(도덕)으로부터 데카당스·페시미즘의 단계를 거쳐 어떤 순간에는 '힘에의 의지'의 발현 그 자체로 잘못 보는 곳까지 대단히 폭넓은, 때로는 상호 간에 모순되는 것으로 생각되는 내용들을 포함한다.

이러한 다면성을 띤 니체의 니힐리즘 개념에는 우선 첫째로, 세기말*로 다가가고 있는 19세기 근대에 관한 니체의 시대 진단이 투영되어 있다. 이 시대 진단을 가로지르는 것은 한편으로 약자의 르상티망을 정당화하고자 하는 민주주의자와 사회주의자들이며, 또한 사회 변역에의 지향을 절망적인 페시미즘의 막다른 골목에서 파괴 충동으로 승화한 러시아 니힐리스트(테러리스트)들이며, 다른 한편으로는 페시미즘을 데카당스로 전화하는 쇼펜하우어*와 바그너*였다. 이러한 동시대의 현상들에 대한 니체의 시대 진단의 모습은 예를 들어 다음과 같은 단장에서 엿볼 수 있다. "페시미즘의 주요 징후. / 마니정에서의 만찬회(생트 뵈브*와 공쿠르 형제*의 회합을 가리킨다). / 러시아적 페시미즘. 톨스토이 도스토예프스키 / 미적 페시미즘 예술을 위한 예술 '기술' 낭만주의적 및 반낭만주의적 페시미즘 / 인식론적 페시미즘. 쇼펜하우어. '현상주의'. / 아나키즘적인 페시미즘. / '동정의 종교', 불교에 의한 선행 운동. / 문화의 페시미즘(외국 심취. 세계 시민주의) / 도덕상의 페시미즘, 즉 나 자신 / 기분 전환, 페시미즘으로부터의 일시적인 구제. / 대전쟁, 강력한 군대 조직. 민주주의 / 산업 경쟁 / 학문 / 오락 / ……"[유고 II. 10. 102]

덧붙이자면, 여기서 페시미즘의 징후로서 거론되고 있는 것과 같은 니힐리즘적인 시대 경향에 대한 니체의 인식에 커다란 영향을 준 것이 폴 부르제*의 『현대 심리학 논집』이었다. 과학기술 문명의 폭발적 진보와 함께 생겨난 정신적 욕구와 세계의 현 상황과의 부조화(그 결과로서의 세계 혐오와 부인)를 부르제는 니힐리즘이라고 불렀지만, 니체의 니힐리즘 개념에도 분명히 이러한 부르제적인, 시대의 기능 부전의 양상들에 관한 인식이 내포되어 있다. 하지만 이미 언급했듯이 니체의 니힐리즘 개념은 이러한 시대 진단의 지평에 머물지 않는다. 지금 인용한 단장에 이어지는 다른 단장에서 니체는 이렇게 말하고 있다. "니힐리즘의 도래. / 니힐리즘의 논리 / 니힐리즘의 자기 극복 / 극복하는 자들과 극복되는 자들."[유고 II. 10. 103] 니체는 니힐리즘 안에서 시대를 신의 죽음에 의해 초래되는 부정성의 극한으로까지 몰아넣어 가는 역사의 과정적 논리─신의 죽음에 의해 이끌리는 몰락의 필연성─와, 그러한 부정성의 극한에서만 생겨날 수 있는 긍정성에로의 반전력─부정성의 자기 극복─을 보고자 하는 것이다. 그것은 뢰비트가 다음과 같이 지적하고 있는 사태다. "니체의 실험철학은 시험 삼아 원리적인 니힐리즘의 가능성을 선취한다─ 그것도, 그 역인 존재의 영원의 순환(영원회귀)의 긍정성─필자)에 도달하기 위해."[『니체의 철학』]

니체의 니힐리즘 개념은 한편으로 근대의 부정성에 대한 시대 진단의 성격을 지님과 동시에, 다른 한편으로는 그러한 근대를 극복하기 위한 원리적 지표로서의 의미도 지니는 것이었다. 이 양가성이 니체의 니힐리즘 개념의 파악방식을 어렵게 하고 있다고 말할 수 있을 것이다. ☞가치의 전환, 신의 죽음, 데카당스, 페시미즘, 러시아 니힐리즘과 니체

—다카하시 준이치(高橋順一)

다윈주의 [Darwinismus(Darwinism)]

1859년에 다윈의 『종의 기원』이 공간되었을 때 니체는 15세였다. 즉, 다윈의 진화론이 유럽을 순식간에 석권해간 시기는 그대로 니체의 정신 형성기와 겹치는 것이다. 더욱이 니체가 왕성한 집필 활동을 계속하고 있던 1870년대부터 80년대에 걸친 시기는 사회 다윈주의, 즉 인간은 유전과 환경에 지배되면서 생존 투쟁을 수행하는 가운데 우승열패의 철칙에 따라 부적응자가 서서히 도태되어 간다고 하는 숙명론적 페시미즘 사상이 세계적으로 유행했던 시대였다. 그런 까닭에 니체가 이러한 시대사조로부터 영향을 받지 않았을 리가 없다. 사실 그는 다윈의 『종의 기원』과 『인간의 유래』를 정성 들여 읽고 있으며, 또한 랑게(Friedrich Albert Lange 1828-75)의 『유물론의 역사』를 통해 진화론의 사상적 의미를 파악하고 있었다. 그러나 다윈주의에 대한 니체의 태도는 이를테면 양의적이라고 말할 수밖에 없다. 요컨대 한편으로 니체의 세계상은 진화론의 영향을 색깔 짙게 반영하면서도, 다른 한편으로 그가 남긴 문장에 비추어보는 한에서 다윈주의의 사상에 대해서는 대단히 비판적인 것이다. 그가 그려낸 세계상이란 예를 들면 다음과 같은 것이다. "우리가 살고 있는 별의 질서는 예외에 속한다. 이 질서와 그것에 의해 조건지어진 지속성이 다시금 예외 중의 예외인 유기체의 생성을 가능하게 했다. 반면에 이 세계의 전체적 성격은 카오스*다. 필연성이 결여되어 있다는 의미에서가 아니라 질서, 조직 구조, 형식, 미, 지혜, 그 밖에 우리가 심미적 인간성이라고 부르는 모든 것이 결여되어 있다는 의미에서 그렇다는 것이다. ⋯⋯ 우주는 법칙이라는 것을 알지 못한다. 자연에 법칙이

있다고 말하는 것을 경계하자. 자연에는 오직 필연성이 있을 뿐이다. 자연에는 명령하는 자도, 복종하는 자도, 위반하는 자도 없다."[『학문』 109]

우주를 의미도 목적도 없는 혼돈*으로 간주하는 니체의 기본 사상은 분명히 그의 다윈에 대한 친숙함의 하나의 귀결이었다. 니체에게 있어 우연적 변이에 기초하는 자연선택{자연도태}의 과정은 형이상학적 의미가 벗겨내진 자연 과정을 상징하는 것에 다름 아니었다. 그런 까닭에 삶*의 개념과 초인* 사상도 포함하여 니체의 철학 전체를 진화론의 맥락 안에서 해석하는 것도 불가능하지 않다. R. 리히터(Raoul Richter 1871-1912)가 삶의 개념에 생물학적 의미를 부여하고, 니체의 철학을 '생물학적 진화론'이라는 관점에서 특징지었던 것은 잘 알려져 있다. 또한 짐멜*은 "니체는 인류의 진화라는 사실에서 삶으로 하여금 다시 자기를 긍정하도록 하는, 어떤 목적의 가능성을 발견한다"거나 "니체는 쇼펜하우어*와는 반대로 진화의 사상으로부터 전적으로 새로운 삶의 개념을 추출해 왔다"고 하여 니체 철학의 핵심을 "다윈의 진화론 이념의 시적・철학적 절대화"로 규정하고 있다[『쇼펜하우어와 니체』]. 이미 니체 자신이 게르스도르프*에게 보낸 편지[1873. 4. 5.]에서 "최근의 어떤 신문에서 '음악적인 것으로 번역된 다윈 진화론과 물질주의'라고 나의 것을 부르고 있었네. 불순한 것을 '다윈의 원세포'와 비교한다든지 하고 있었다네."라고 말하고 있는 것에서 보더라도 니체의 사상을 진화론과 결부시키는 것은 당시부터 상당히 널리 행해지고 있던 해석으로 생각된다.

그러나 니체 자신은 이와 같은 해석을 거절하고, 스스로 "반다윈"을 표방한다. 그는 '생존 투쟁' 개념을

비판하여 다음과 같이 말하고 있다. "그러나 이런 투쟁이 일어난다고 하면, 유감스럽게도 그것은 다윈학파가 바라거나 이들과 더불어 사람들이 바랄 수 있을 만한 결과와는 완전히 정반대일 것이다. 즉 강자나 특권자들이나 행복한 예외자들에게 불리할 것이다. 좋은 완전성이라는 상태 안에서 성장하는 것이 아니다. 약자가 거듭해서 강자를 지배하기 때문인바, 그것은 약자가 다수이고 약자가 더 영리하기도 하기 때문이다." [『우상』 IX. 14]

동일한 비판이 유고에서도 자주 나타난다. 그러나 여기서 니체가 표적으로 하는 것은 '우승열패'를 내걸고서 사회 현상을 설명하는 사회 다윈주의자들일 것이다. 다윈 자신이 그러한 말을 사용한 적이 없을 뿐만 아니라 생존 투쟁이라는 개념 그 자체가 일종의 비유적 형상이라는 것을 단언하고 있다. 따라서 니체의 창끝은 다윈 이론이라기보다는 오히려 통속화된 다윈주의로 향해 있는 것이다. 하지만 여기서 약자가 강자를 능가하는 "역도태"라는 개념이 제기되고 있다는 점에 주목해야만 한다. 이 사상은 헤켈 등의 사회 다윈주의를 매개로 하여 나치스*의 인종 정책과 우생 사상으로 결부되어 가는 것이기 때문이다. 그런 까닭에 니체의 사상이 이 단계에 머무는 것이라면, 그것은 뒤집힌 사회 다윈주의일 뿐이다. 그러나 니체는 그것을 '영원 회귀*' 사상을 통해 극복함으로써 새로운 철학적 시계(視界)를 여는 것이다. 그런 의미에서 다윈주의는 니체의 사상적 전개에서 긍정과 부정의 양 측면에서 중요한 이끄는 실의 역할을 수행한다고 말할 수 있을 것이다.

—노에 게이이치(野家啓一)

다카야마 쵸규 [高山樗牛 1871-1902]

다카야마 쵸규가 메이지 34년 8월에 잡지 『태양』(太陽)에 발표한 「미적 생활을 논한다」는 니체의 이름이 한 번도 거론되고 있지 않음에도 불구하고 니체의 색깔이 짙은 것으로 일본에서의 본격적인 니체 수용을 알리는 것이었다. 쵸규는 이미 같은 해 1월에 같은 잡지에 발표한 「문명 비평가로서의 문학자」에서 니체를 논의의 밑받침으로도 또한 중심인물의 한 사람으로도 삼고 있었다. 거기서 그는 니체의 위대함은 "위대한 문명 비평가(Kulturkritiker)인 점에 존재한다"고 하고, 니체가 19세기의 진보 신앙과 '민주 평등주의' 그리고 '역사 발달설'(Historismus)을 비판하고, 최종적으로는 개인의 '나만으로 하는 개인주의'의 덕을 설파했다고 하여 대단히 찬양하고 있다. "그는 젊은이의 벗으로서 모든 이상의 적과 싸우고, 지금의 모든 학술을 가르치기보다 거듭해서 위대한 실재의 우주로 충만케 할 것을 인정했다." 그리고 "문명 비평가로서의 그의 위대한 품성과 고매한 식견이란 내가 특히 우리나라 문학자의 주의를 끌었으면 하고 바라는 바이다"라고 논의를 발전시키고 있다. 쵸규로 하여금 말하게 하자면, 하우프트만(Gerhart Johann Robert Hauptmann 1862-1946), 톨스토이(Lev Nikolayevich Tolstoy 1828-1910), 입센*, 졸라(Émile François Zola 1840-1902), 그들은 모두 시대의 문명을 "포용하여 자기의 이상 안으로 길러내기에 족한 문학 비평가"다. 그러한 서양의 비평가에 비교하여 일본의 비평가가 얼마나 스케일이 작고 "기개가 없으며, 지조가 없고, 정처 없이 얄팍하게 시대의 유행에 따르지 못하는 것을 두려워하는, 그 기상이 약하고 경박한" 무리인지를 한탄한다. 니체에 의해 박력이 없는 문필가들에게 생명을 불어넣고자 했던 것이리라. 니체에 대한 쵸규의 지식은 원전으로부터라기보다는 친우인 아네사키 쵸후*(姉崎嘲風) 등에 의한 바가 많았던 듯하며, 스기타 히로코(杉田弘子)의 연구[杉田弘子 「니체 이입의 자료적 연구」 『國語國文學』 쇼와 41년 5월]에 따르면, 당시의 통속적 해설자인 치글러(Theobald Ziegler 1846-1918) 책의 재인용이 중심이었다.

이 시기까지의 쵸규는 일본주의자이자 국가주의자였다. 그것은 청일 전쟁 후의 삼국 간섭에 대해 격앙된 국민 의식을 반영하는 것이었다. 하시카와 분조(橋川文三)가 지적하는 대로 당시의 나고야 유년학교의 학생이었던 나중의 무정부주의자 오스기 사카에*(大杉栄)도 대러 복수 전쟁을 원하고 있었을 정도다. 다른 한편으로 근대 국가로서의 체제를 일단 정비한 일본 사회 안에서는 문학과 예술에서 가장 잘 나타나는 종류의 개인주의도 지식층을 중심으로 널리 퍼지고 있었다. 상반된 사조의 그러한 미묘한 공존을 민감하게 감지한 것이 「미적 생활을 논한다」이다. 그런 의미에서 일본주의로부터의 전향이라기보다 그것과 상보적인 것이었다고 받아들이고 싶다. 이 에세이에서 쵸규는 예부터 도덕의 이상으로 여겨지고 있던 것이 얼마나 상대적인 것이며 도덕과는 조금도 닮지 않은 것인지를 논의한다. 어떠한 도덕도 그것을 지키는 인간에게 있어 만족을 주게 되면 그것은 도덕이라고 말할 수 있는 것이 아니라, 자신의 본능에 따르고 있는 데 지나지 않는다. 또한 그러한 도덕을 정말로 자연스럽게 몸에 익히고 있게 되면, 이것은 들의 꽃이 피고 "구름이 산부리에 나오는" 것과 같은 것으로 자연 현상과 다를 바가 없다. 좀 더 논의를 진전시켜 그는 도덕은 대부분의 경우 인간 본성을 억압하는 것이라고 단정한다. 억압하는 것은 "도학자 선생"이 설교하는 바만이 아니다. 지식과 진리를 추구하는 마음도 억압적이다. 아무리 도덕을 지키려고 해도, 아무리 진리 인식에 몰두한다 하더라도 참된 '행복'은 얻어지지 않는다. "행복이란 무엇인가? 내가 믿는 바를 가지고 보면, 본능의 만족, 이것뿐. …… 인성 본연의 요구를 만족시키는 것, 이에 이것을 미적 생활이라고 부른다." 도학자가 말하는 바에 따라서 아무리 근엄하게 지냈다 하더라도, 마음속의 진심은 "인생의 지극한 즐거움은 결국 성욕의 만족에 존재한다는 것을 인정한다." 아무리 진지하게 지식을 추구한다 하더라도, 그러한 생활도 "한 잔의 좋은 술을 받들고서 청풍명월을 대할 때"와 비교하면, 아무런 의미도 없다는 것은 모두 다 알고 있다. 그런 까닭에 본연의 욕구를 만족시키는 미적 생활이야말로, 그리고 그것을 뒷받침하는 개인주의야말로 절대적이라고 생각된다. 그의 말을 빌리자면, 절대의 가치로 살아가는 것이 미적 생활이며, 그 절대의 가치는 본능'에 있다는 것이다. 다만 이와 같이 논의하게 되는 경우, 충신의 덕도 지조를 지키는 열부도 그들에게 있어서는 주군이, 그리고 남편이 절대의 가치이게 된다면, 그것은 그것대로 미적 생활이라는 것이 되어버린다. 따라서 도덕적 가치로서는 부정된 다양한 이상이 하나의 미적

스타일로서 또다시 돌아오는 논의가 최후로 된다. 이러한 방향은 확실히 니체에게도 존재한다. 중요한 것은 가치가 아니라 고귀함이라는 것이다. 다만 쵸규의 경우에는 그 이상으로 심성에 무언가의 강함을 간직하고 있다면, 내용은 묻지 않는다고 하는 일본적인 판단 기준을 양성하는 방향으로 기울어져 있다. "가슴에 왕국을" 지니고 있다면 그것으로 좋다는 것이 된다.

이 「미적 생활을 논한다」는 하세가와 덴케이(長谷川天渓 1876-1940)를 비롯하여 다양한 반론을 불러일으키며, 친우인 도바리 치쿠후(登張竹風) 등이 변론의 논진을 펼쳤다. 그러한 변호론에서는 확실히 니체가 논거로 되고 있다. 모리 오가이(森鷗外)가 「속심두어」(続心頭語)*에서 쵸규의 논의를 "손톱도 없고 이빨도 없는 니체"라고 평한 이야기는 유명하지만, 오가이의 직감은 그 나름대로 옳다고 말할 수밖에 없다. 왜냐하면 이 무렵부터 쵸규는 또다시 강세를 이동시켜 니치렌(日蓮 1222-82)으로 향해갔기 때문이다. 니치렌을 평가하지 않는 아네사키의 반론도 듣지 않고서 종교적 초인("그의 성격의 위대함은 거의 인간계의 규준을 초월하지 않는다")으로서의 니치렌에게로 끌려들어갔다. 결핵으로 인해 서양 행을 단념한 그는 요절하게 되지만, 이시카와 다쿠보쿠(石川啄木 1886-1912)도 후에 이러한 쵸규의 발전을 비판한다「시대 폐쇄의 현 상황」]. 쵸규의 니체 수용은 이렇게 보면 대단히 천박하고 피상적인 것처럼 보이기도 하지만, 낭만주의적인 시대 비판과 비분강개, 위대한 것에 대한, 미사여구를 희롱하는 근거가 박약한 도취는 유럽에서의 니체 수용에도 존재하는바, 그것은 그것 나름대로 필연이었던 것이 아닐까, 그리고 니체의 텍스트에 그것을 촉진하는 요소가 있었던 것이 아닐까 하는 의혹을 생기게 하는 점이 있다. ☞ 일본에서의 수용, 아네사키 마사하라{쵸후}, 모리 오가이

―미시마 겐이치(三島憲一)

단눈치오 [Gabriele D'Annunzio 1863-1938]

16세에 처녀시집 『이른 봄에』(*Primo vere*, 1879)를

내고, 도취적 감격과 극도로 다듬어진 신경증적 감수성에 의해 호프만스탈*과 더불어 천재 시인으로서 찬양된 단눈치오는 일찍부터 니체에 대해 친숙하며, 니체의 죽음을 애도하는 시 「니체를 그리며」에서 "오, 이탈리아*여, 너의 태양, 너의 태양은 / 그의 이마를 갈색으로 그을리며, / 그의 강인한 지혜를 성숙시켜, / 그가 쏘는 화살의 촉을 황금으로 변화시켰네. / 저 성지 참배하는 야만인……"이라고 노래한다. 그리스의 자식을 자칭하고, 고대의 위대함으로부터 새로운 생명을 되살리고자 하는 단눈치오는 니체를 '야만인'이라고 부르면서 그의 사상, 그의 삶의 방식에서 강렬한 영향을 받고 있었다. 대표작 『죽음의 승리』(Il trionfo della morte, 1894)의 주인공 클라우디오는 육욕에 불타는 정열적인 공상과 초낭만주의적 감수성을 지닌 초인이며, 그것이 에로스와 죽음의 뒤섞임으로 받아들여지는 바그너*의 세계와 기묘하게 공존한다. 창조력과 감정의 육적인 생명의 영속적 발전이라는 형태로 변형된 초인*은 먼 고대를 회상하는 병적이고 동경적인 포에지, 달빛에 비추어진 여성미를 찬미하는 낭만적인 감상성에 휩싸인 것으로, 삼각관계나 근친상간 등 육욕의 외잡함이라는 정신적인 독을 흩뿌려 세기 전환기를 사이에 두고 서구의 문단에 강렬한 인상을 주는 것이었다. 이탈리아의 시인들 가운데서는 단눈치오와 더불어 마리네티(Filippo Tommaso Marinetti 1876-1944)도 니체의 그림자를 짙게 새기고 있지만, 마리네티의 초인은 비행기, 자동차, 무기 등의 근대 기술의 위험 안으로 들어가 죽음에의 도발에 의해 단련되는 인물이자 단눈치오의 자기 폭로적, 육욕적 실험과는 전혀 다른바, 그 때문에도 마리네티는 단눈치오를 격렬하게 공격한다. 양자 사이에는 니체의 바그너 비판과도 유사한 상극이 있다. 단눈치오 자신은 제1차 대전에 자진하여 참전하며, 전후에는 의용군을 지휘하여 피우메를 점거한다는 '초인적 행동'에 나선다. 전쟁도 애국주의도 미학화의 충전제, 초인이 실천하는 예술 행위인바, 그것이 파시즘의 선구 현상이었던 점으로부터 보더라도, 또한 미시마 유키오(三島由紀夫)가 단눈치오를 애독하고 있었던 점으로부터 하더라도, 탐미주의*적 시

인과 파시즘의 관계 배후에서의 니체의 그림자에 대해 다양하게 생각해 볼 수 있다.

―야마모토 유(山本尤)

당나귀

당나귀는 일반적으로는 '어리석음'의 비유이지만, 『차라투스트라』*에서는 그 의미를 포함하는 가운데 두 종류의 뉘앙스로 사용된다. 제2부 「이름 높은 현자들에 대하여」에서는 사회의 오피니언 리더로서의 진보적 지식인이 당나귀로 불린다. 그들은 민중*을 사랑하고 민중으로부터 존경받으면서 민중을 이끌고 있다고 믿지만, 사실은 민중을 교묘하게 조종하고 싶어 하는 권력자에 의해 민중이라는 짐수레로 끌려 매어져 있는 데 지나지 않는다는 것이다. 제3부 「중력의 영에 대하여」와 제4부 「각성」 등에서 당나귀는 어떠한 경우에도 이아(I-A, 이것은 울음소리 i ah를 나타냄과 동시에 영어의 yes에 해당하는 독일어의 ja와 통한다)라고 말하며 긍정하는 존재로서 그려진다. 이 당나귀는 인종의 미덕의 체현자로서 '더 높은 인간'들에게 있어서는 그리스도교*의 신을 대신하는 숭배의 대상이 될 수 있지만, 그 긍정은 부정하는 용기와 힘의 결여에서 나오는 데 지나지 않는 까닭에, 니체가 말하는 디오니소스*적 긍정과 '운명에 대한 사랑*'과는 전혀 다른 것이다. ☞『차라투스트라는 이렇게 말했다』

―시미즈 혼유(清水本裕)

대지의 의의大地―意義 [der Sinn der Erde]

"보라, 나는 너희에게 초인*을 가르치노라! / 초인이란 대지의 의의다. 너희 의지로 하여금 말하도록 하라. 초인이야말로 대지의 의의가 **되어야 한다**고! / 나는 너희에게 절망한다, 형제들이여, **대지에 충실하라.** 그리고 하늘나라에 대한 희망을 설교하는 자들을 믿지 말라!"[『차라투스트라』 서문 3] ― 이와 같이 초인에 대한 동경을 이야기하는 『차라투스트라』*의 서문은 마치 신약 성서에서의 산상수훈의 패러디인 것처럼

들린다. 거기서는 초인이 '바다'나 '번개'에도 비유되고 있지만, 니체가 자연에 기대어 표현한 것은 오히려 지상의 삶'에서의 직접적인 감각의 기쁨이자 또한 신체'와 대지를 비방하고 천상에서의 구원을 설교하는 그리스도교'에 대한 경멸이다. 거기에는 확실히 알베르 카뮈가 그리는 것과 같은, 아직 언어에 의해 더럽혀지지 않은 지중해의 빛에 비추어진 자연과 통하는 점도 있다. 다만 똑같이 천상의 축복 따위란 존재하지 않으며 지금 바로 지상에 낙원을 실현할 것을 노래한다 하더라도, 인간의 해방을 소박하게 구체적인 식욕에 기대어 묘사한 『독일 겨울 이야기』의 하이네'에 견주자면 니체의 표현은 조금 추상적이며, 또한 그에게 있어서는 본의가 아니겠지만 '대지'에 수상한 의미를 읽어 들여 비합리적인 근원이나 민족의 신화에 대한 찬미로 달려가는 이데올로기적인 이용에 대항한 제어장치도 결여되어 있었다.

—오이시 기이치로(大石紀一郎)

더 높은 인간 [der höhere Mensch]

『차라투스트라』' 제4부에는 백발이 된 차라투스트라가 산속에서 다양한 인물들과 만나는 장면이 있다. 예언자, 두 사람의 왕, 양심적인 학자, 마술사, 퇴직한 교황, 가장 추한 인간, 제 발로 거지가 된 자, 그리고 차라투스트라의 그림자라고 칭하는 방랑자가 그들로, 총칭하여 '더 높은 인간'이라고 한다. 다양한 그 인물상은 더 높은 인간의 다채로운 모습을 형용하고 있다. 두 사람의 왕이 데리고 온 한 마리의 나귀'는 민족'의 개성을 잃고서 일양화한 국민을 풍자한 것일까? 왕이 두 사람 있는 것은 지배권의 분열을 비유한 것일 터이다. 거머리의 뇌수를 연구하는 양심적인 학자는 실증주의'와 전문가 바보들의 캐리커처로 읽을 수 있다. 마술사의 모델이 바그너'였다는 것은 자주 지적되는 일이지만, 반드시 바그너로 한정할 필요는 없을 것이다. 퇴직한 교황은 신의 죽음'으로 자리를 잃은 자다. 다른 한편 제 발로 거지가 된 자는 예수'의 희화화일 터이다. 차라투스트라의 그림자는 회의정신을 빗댄

것일 것이다. 마지막 인간'이 '인간 말종'으로 여겨지듯이 더 높은 인간은 '고인'(高人) 등으로 번역된다. 고인은 인간 말종보다 높지만 초인'은 아니다. 인간의 현실에 대해 고뇌한다는 점에서 자각적이지만, 어정쩡하게 흔들리는 것이 더 높은 인간이다. 한편으로 영원회귀' 사상을 "전하는 것이 가능하고, 그 때문에 몰락"하는 일은 없다고 말해지면서[유고 II. 8. 80-81], 신의 죽음을 견디지 못한 채 당나귀를 "우리의 산"으로 판단하고서 당나귀 축제에 취하게 된다. 차라투스트라는 결국 그들을 동굴로부터 몰아내고, 홀로 영원회귀의 "징후가 도래하는" 것을 기다리게 된다. 다만 가장 추한 인간과 조우하는 장면에서는 바로 그 차라투스트라가 이 더 높은 인간의 추함에 대한 '동정'에 사로잡히고 만다. 니체가 비판하길 결코 그만두지 않은 동정에 말이다. 신의 죽음을 견딜 수 없는 더 높은 인간과 그들에 대한 동정에 사로잡히는 차라투스트라 — 이들 종래 가치의 극복'이 얼마나 어려운 것인지를 말해주는 것이 더 높은 인간의 이야기다. ☞ 마지막 인간, 초인

—기마에 도시아키(木前利秋)

데리다와 니체 [Jacques Derrida 1930-2004]

자크 데리다의 니체 독해는, 그리고 일반적으로 그의 사유와 행위는, 곳곳에서 그것이 받고 있는 동일한 비방과 중상에도 불구하고, 곳곳에서 대단히 엄밀한 바의 것이다. 니체라는 장소에 한정한다면, 그것이 독해에서나 사상에서나 데리다의 '탈구축'과 하이데거'의 '존재 사유'의 '대결'의 대단히 중요한 결절점들의 하나를 이룬다는 것을 잊어서는 안 된다. 따라서 데리다의 니체에 대한 관계를 생각할 때에는 하이데거를 경유할 필요가 있다.

하이데거가 특히 1936년 이후의 강의에서 시도한 장대한 니체 독해는 어떠한 것이었던가? 그것은 무엇보다도 니체를 심리주의적·생물학주의적인 해석에서 분리하여 순수하게 '형이상학적인' 사유 전통 안에 다시 자리매김하고, 나치스'에 의한 이용으로부터 니

113

체를 구출하는 것에 놓여 있었다. 그것은 자기 구출의 몸부림이기도 했다. 그러나 그 면밀함, 그 세심함에도 불구하고, 하이데거의 독해는 중대한 전제를 지니며, 또한 중대한 귀결을 낳는다. 예를 들면 그것은 니체가 '삶'으로 부르는 것 모두를 사상하여 니체를 순수한 '사유'로 환원한다. 또한 니체를 플라톤주의의 전도로서 형이상학*의 역사 안에 명확한 위치를 부여한다. 나아가 이 독해는 위대한 사유자에 의해 유일하게 '사유된 것'은 유일한 '사유되지 않은 것'(das Ungedachte)을 증언한다는, 사유(되지 않은 것)의 **유일성**을 전제한다[『사유란 무엇인가』]. 니체를 읽는 데리다는 한편으로 이러한 하이데거의 해석 지평을, 따라서 그 사유 그 자체를 다시 묻게 된다. 예를 들면 『에쁘롱. 니체의 스타일들』(Éperons: Les Styles de Nietzsche, 일역 『尖筆とエクリチュール』)에서 데리다는 니체에서의 진리 **또는** 삶의 알레고리로서의 여성*을 독해의 요점으로 삼으면서 니체의 텍스트에서는 여성 물음이 진리 물음의 틀 안으로 수렴되지 않는다는 것, 따라서 여성 일반에 관한—그리고 일반적으로—니체의 텍스트를 진리 물음에 종속시킬 수 없다는 논지를 증명한다. "하이데거의 독해는 성 물음을 세우지 않고 있었다. 또는 적어도 이 물음을 존재의 진리 물음 일반에 종속시키고 있었다"고 한다면, 데리다의 독해는 존재의 진리 물음에 이끌리는 하이데거의 해석을 근본적으로 동요시킴과 동시에 하이데거와는 전혀 다른 문제계열을 니체의 텍스트로부터 끌어내게 된다.

Otobiographie(일역 『他者の耳』)에서의 데리다는 철학적 테제의 체계와 전기{삶-기술}적인 것(le biographique) 및 서명(署名)의 관계를, 더 나아가서는 '자서전'에서의 '전기적인 것'과 autos{자기}의 이해를 따져 물음으로써 니체의 '자서전' 『이 사람을 보라』*에서 '삶-죽음'의 문제계열, 고유명사와 서명의 문제계열이 니체의 '사유'로부터 환원 불가능하다는 것을 증명한다. 수많은 철학소의 체계(와 그 '내재적' 독해)와 고유명사 하에서 고정시킬 수 있는 '저자'의 삶과 그 경험적인 독해) 사이의, 그리고 '작품'과 '삶-죽음' 사이의 가장자리(bordure)는 논의의 여지가 없는 부동의 분할

선이 아니다. 니체야말로 그것을 에크리튀르에서 다시 물은 보기 드문 철학자다. 더욱이 니체{라는 자}가 자기 이름을 댄 이런저런 이름과 그에게 유증된 이런저런 삶, 그리고 이것이 내포하는 정치적 미래에 있어서의 위험을 고려하지 않고서 니체의 텍스트를 읽을 수는 없다.

데리다가 주목하는 것은 '자서전적' 작품 『이 사람을 보라』(부제 「사람은 어떻게 자기 자신인 바의 것이 되는가?」)의 '프리드리히 니체'라는 서명을 지니는 서문과 제1장 사이에 삽입된 한 쪽의 명구=작품외부(exergue)다. 바로 거기에서 서명은 장소를 지닌다. 이 짧은 텍스트에는 날짜가 달려 있다. 니체가 기입하는 '오늘', 1888년 10월 15일, 44세의 생일이다. "포도가 갈색이 되었을 뿐 아니라, 모든 것이 잘 익은 이 완벽한 날에 다름 아닌 한 줄기 햇살이 내 삶을 비추었다." 이 날, 마치 인생의 정오, 위대한 하루, 해가 기울지 않은 한낮에 "나는 되돌아보았고, 멀리 내다보기도 했다." '나'는 이 한 해를 '매장'했지만, 동시에 "이 한 해 동안 생명을 받았던 것이 구원을 받았으며 불멸의 것이 되었다." 즉, 『안티크리스트』, 「디오니소스 디티람보스」, 『우상의 황혼』, "이 모든 것이 이 한 해의 선물이고, 그것도 이 해의 마지막 석 달간의 선물이다! 어찌 내가 나의 삶 전체에 감사하지 않을 수 있을까?" 지나가버린 '이 한 해'를 매장하고, 삶으로부터의 불멸과 같은 증여에 감사하며, 그로부터 '이 한 해'를 좋은 것으로서 긍정함으로써 '나'는 첫 번째 수신인으로서 타자인 '나'에게 스스로의 삶과 저작을 들려주고자 한다. '자기'의 차이에서 '나'가 '나'에게 향해 이루는 이러한 선택적인 긍정은 '오늘' 한 번에 한정되는 것이 아니라 또 한 번, 몇 번이라도 '나의 삶'이 회귀하기를 바라고 의지하는 긍정이다. 더욱이 이 '나'는 "인류의 최고 자각의 순간을 준비하는 것을, 즉 인류가 지나온 방식을 돌아다보고 가야 할 방향을 통찰하는…… **위대한 정오**를 준비하는 것"을 사명으로 한다. 여기서 서명은 '나'(=타자)에 대한 '나'의 이 사명의 수락, 이 부채의 동의, 즉 계약의 서명으로서 생기한다. '나'는 영원회귀*의 약속-신용 안에서만 날짜를 기입하고 서명할

수 있는 것이다. 따라서 서명은 미리 '나의 자기 동일성'을 전제로 하지 않는다. 오히려 회귀하는 '그렇다, 그렇다' 쪽이 서명하는 것이라고 말해도 좋다. 그렇다면 영원회귀의 **사유**와, 영원회귀 안에서 생기는 (여러 이름을 대는) 니체의 서명을, 그리고 "내가 나에게 이야기한다"는 자서전적 성격을 분리할 수 없다. 그러나 서명이란 사상을 전하고 사라지는 텍스트 밖에서 첨가된 하나의 고유명사가 아니다. 그것은 사상으로 환원될 수 없는 텍스트 작용의 전체이며, 그 유언 구조에 의해 텍스트의 텍스트성을 이룬다. 서명-텍스트의 힘은 수신인이 되는 독자들이 함께 서명하는 것에 의해서만 반복적·회귀적으로 보증되며, 힘의 새로운 긍정의 가능성을 열 수 있는 것이다.

하이데거의 **귀**는 "'니체'— 사상가의 이름이 그의 사유의 **사태**(Sache)를 보여주는 표제로서 놓여 있는" 것으로 청취하고 있다[『니체 강의』 서문]. '사태'란 '계쟁 문제'이며 사유의 '대결'이다. 이와 같은 고유명사의 힘의 감축은 하이데거의 독자적인 니체 자료들(corpus)에 대한 개입에 의해 가능해진다. 자료를 망라하고자 하는 역사적·비판적 전집은 19세기의 기도에서 유래하며, 생애나 동시대인의 의견에 대해 자료 전체를 구명하고자 하는 방법은 당대의 심리학적·전기주의적인 열병에서 태어난 기형아에 지나지 않는다. 하이데거에 있어서는 니체의 "본래적인 저작(1881-89년)의 참된 모습"을 복원하기 위한 규준이 되는 "본래적인 사태"는 "우리가 묻는 것 안에서 니체를 서양 형이상학의 종결로서 파악하고" "존재의 진리를 묻는 물음에로 향하는 것 없이는 결코 성취될 수 없다." 따라서 니체의 고유명사와 서명이란 사유의 사태의 이름 이외의 아무 것도 아니며, '삶'과 '욕망', 스스로의 텍스트에 대한 관계를 비롯한 '전기적인' 사태와 텍스트, 나아가서는 사유로 환원 불가능한 '문학적' 텍스트로부터 분리해야 하는 것이다. 여기서 하이데거가 유고 『힘에의 의지』에 부여하는 특권이 유래한다. 그에 반해 데리다는 서명과 텍스트를 수행적인(performative) 힘의 차원에서 읽음으로써 왜 니체의 이름을 받들어 모실 수 있었던 정치적인 것이 유일하게 나치즘이었던가 하는, (하

이데거도 포함하여) 철학적 담론의 정치적 효과에 대한 접근의 새로운 가능성을 추구한다. 다른 한편으로 **그렇게** 읽힌 니체야말로 나치스의 독해 방식이나 하이데거의 독해로 수렴되지 않는 가능성을 열었다고 하는 데리다의 독해는 니체의 텍스트에 전적으로 다른 연서명을 하는 것이다.

데리다의 하이데거와의 '대결'은 자주 니체를 경유한다. 『입장들』(Positions, 1972)에서 그는 스스로의 사상적 영위가 "하이데거에 의해 저 몇 가지 물음이 열리지 않았더라면" 가능하지 않았다고 말한다. 또한 하이데거의 니체 독해의 필연성도 언제나 강조한다. 그러나 바로 그렇기 때문에 차이의 문제계열을 '존재적-존재론적 차이'로 수렴시키는 하이데거의 (니체나 다른 경우와 똑같이 균질적이지도 연속적이지도 않은) 텍스트 속에서 하이데거 자신이 '존재-신학'이라고 부른 것에 계속해서 이어져 있는 지점을 인정할 수밖에 없다. 그렇다면 "하이데거적이기보다는 오히려 니체적인 어떤 몸짓에 의해" 차이를 '차연'(différance)으로 열어야 할 것이다.

데리다는 일찍이 『그라마톨로지에 대하여』에서 존재를 현전으로 규정하는 서양 형이상학의 전통을 지탱해 온 '음성(및 음성기호) 중심주의'와 '로고스 중심주의'와의 결합을 분석하고, "목소리와 존재의, 목소리와 존재의 의미의, 목소리와 의미의 이념성의 절대적인 근접성"을 지적한 다음, 이 전통에 대한 하이데거의 양의성을 문제로 삼고 있다. 그에게 있어 '존재의 목소리', '존재의 부름'과 말이나 분절언어음과의 사이에 단절이 있다고 하는 사실은 언어를 우회하지 않는 온전한 현전의 형이상학에로의 되돌아감이라고도, 미증유의 존재 사유에 의한 형이상학의 탈구축이라고도 읽을 수 있다. 초월론적 심급을 인정하지 않고 존재가 철저히 역사적이라고 하는 하이데거의 '길'을 더듬어 가게 되면, 탈-형이상학적인 힘은 부정할 여지가 없다. 그럼에도 불구하고 "존재 그 자체의 유일성"을 고수하고, 존재의 본질 현성을 위한 "유일한 말"을 발견해야 한다고 하며, '존재의 의미', '존재의 진리', 로고스의 집약성을 반복해서 주장하는 하이데거는 여전히

형이상학의 포로가 되고 있다고 말할 수 있다(아무것도 쓰지 않은 까닭에 "서양의 가장 순수한 사상가"인 소크라테스*와, 그 후의 사상에의 문헌=에크리튀르의 개입에 대한 『사유란 무엇인가』의 가치 평가를 참조). 집약을 가능하게 하는 것은 그것을 불가능하게 하는 차이의 잔류로서의 쓰인(écriture)에 대한 음성의 우위의 주장이다. 하이데거의 사유는 인간, 현전(Anwesen), 집, 고향, 근접성, 비호, 빛, 목소리, 정신 등의 주제계열 내지 비유계열을 가지고서 서양 형이상학을 유례없을 정도로 탈구축하면서도 형이상학이 사유해 온 가치들을 유례없을 정도로 강화하는 위험을 지닌다. 여기서 니체가 개입한다. "니체는 그가 쓴 **것을 썼다.** 에크리튀르가 ── 그리고 우선은 그의 그것이 ── 로고스와 진리에 근원적으로는 종속하지 않는다는 것을 쓴 것이다." 하이데거의 필연적인 독해 끝에서 니체 텍스트의 "절대적인 기괴함"이 나타나며, 그 에크리튀르의 유형에 의해 충실한 독해방식이 추구되는 것이다.

1968년의 논문 「인간의 여러 종언=목적」 이래로 데리다는 하이데거의 '인간 중심주의'를 분석한다. 존재의 사유가 철학적 인간주의를 근대 형이상학으로서 배척하고, '인간의 종언을 고하는 것은 이해하기 쉽다. 그러나 그것은 존재와 인간의 근접성에 기초하는 인간 고유의 것에 대한 사유이자 유례없을 정도로 미세하고 은밀한 최강의 '인간 구출'이 되는 것은 아닐까? 하이데거에서의 인간의 특권은 '인간**의** 사유'로서의 존재 의미의(후에는 진리의) **물음** 자체에서 유래한다. 『존재와 시간』에서는 **물음**의 형식적 구조로부터 보아 현존재(Dasein)가 존재(Sein)의 의미를 묻기 위한 특권적인 텍스트를 이룬다. 그것은 범례적인 "우리 자신이 그것인 존재자"다. 다만 "그것은 인간인 **것이 아니라** 하더라도, 그럼에도 현존재(Dasein)는 인간 **이외의 아무것도 아니다.**"(데리다) 그 후에도 존재 사유에 있어서는 형이상학과 기술의 확대 속에서 위험받고 있는 것이야말로 인간의 **본질**인바, 그것은 인간과 존재와의 공속의 존엄과 양자의 근접성을 재흥시킴으로써 구출되어야 하는 것이다. "인간주의에 대항하여 사유하는 것은 인간주의가 humanitas를 충분히 높게 평가하지 않기 때문이

다."[『휴머니즘 서한』] 전통적인 '싸움터'를 바꾸지 않는 이러한 사유의 철저화의 필연성과 위험을 지적하고, 다른 한편으로는 프랑스 구조주의처럼 '싸움터를 바꿀' 필연성과 일면성도 강조하여 데리다는 탈구축에는 **적어도** 이 두 가지 모티브를 서로 연결하는 것이 필요하다고 말한다 ── "동시에 복수의 언어를 이야기하고, 복수의 텍스트를 만들어내는 것." 다시 니체가 개입한다. "우리가 아마도 필요로 하는 것은 니체가 말했듯이 '스타일'의 변경이기 때문이며, 또한 니체가 우리에게 상기시키는 것이지만 스타일이 있다고 한다면 그것은 **복수**일 것이기 때문이다."

데리다는 (하이데거와 마찬가지로) 니체의 후계자를 자임하는 것이 아니다. 그럼에도 니체가 결정적인 중요성을 지닌다고 말해도 좋다. 힘의 차이의 사상가 니체에게 있어서는 힘 일반이라는 것은 여러 힘의 양과 차이의 놀이 이외의 것이 아닌바, 힘 그 자체가 현전하는 것은 아니다. 현전의 장인 의식은 힘들의 효과에 지나지 않는다. 니체는 차이에 대한 반동적인 무관심=무차별(indifférence)한 철학에 대한 비판으로서 읽을 수 있다. 사물 그 자체의, 그 현전에서의 현전화로서의 진리의 개시에서 끊임없는 독해를 치환하는 능동적인 해석의 주제계열과 실천이 지니는 (탈구축의) 힘 ── **쓰는** 사상가 니체. 동일한 것의 회귀라는 형이상학설로서가 아니라 영원회귀에서의 선택적인 차이와 반복의 같음을 차연으로부터 사유하는 데리다. 회귀하는 것은 '그렇다, 그렇다'이다. 세계를 무언가의 '최종 심급'으로부터 질서짓는 것이 아니라 그때마다 질서가 있는 것은 당연하다 하더라도 언제나 그 계보학적인 유래를 묻고, 오히려 텔로스 없는 '세계의 놀이'를 노스탤지어 없이 긍정한다. 니체의 초인*은 "깨어나서 떠나간다. 배후에 남은 것을 뒤돌아보지 않고서. 자신의 텍스트를 불태우고, 스스로의 발걸음의 자취를 지운다. 그, 초인의 웃음은 그때 타오르게 될 것이다. 이미 인간주의의 형이상학적 반복이라는 형식을 띠고 있지 않은 회귀로, 어쩌면 더 나아가 형이상학을 '넘어서' 존재의 의미의 비망=기념(mémorial) 또는 그 비호라는 형식, 존재가 사는 집과 진리라는 형식을 띠고

있지 않은 회귀로. 그, 초인은 집 바깥에서 『도덕의 계보』*가 말하는 저 aktive Vergeßlichkeit, 저 '능동적 망각'과 잔인한(grausam) 축제를 춤출 것이다. 의심할 여지없이 니체는 존재의 능동적인 망각에 호소하고 있는 것이다. 하이데거가 그에게 책임을 지우는 형이 상학의 형식을 그는 갖고 있지 않았다는 것이 되는 것이 아닐까?' 탈구축——그러한 것이 **있다**고 한다면 ——이란 '최종 심급'도 그때마다 놀이 속에서 기입되어 짜 넣어진다고 하는 것을 써 표시하고, 세계라는 놀이와 거기에서의 책임을 긍정하는 사상에 다름 아니다. ☞ 하이데거, 형이상학, 후기구조주의, 탈구축

—미나토미치 다카시(港道隆)

📖 ▷Jacques Derrida, *Éperons: Les styles de Nietzsche*, Flammari on, 1978(白井健三郎 訳 『尖筆とエクリテュール』 朝日出版社, 1979). ▷id., *Otobiographie. L'enseignement de Nietzsche et la politique du nom propre*, Galilée, 1984; *L'Oreille de l'autre*, VLB, 1982(浜名優美 외 訳 『他者の耳』 産業圖書, 1988). ▷id., *De la grammatologie*, Minuit, 1967(足立和浩 訳 『グラマトロ ジーについて—根源の彼方に』 상・하, 現代思潮社, 1984). ▷ id., *L'écriture et la différence*, Seuil, 1967(若桑毅 외 訳 『エクリ チュールと差異』 상・하, 法政大學出版局, 1977, 1983). ▷id., *Marges: de la philosophie*, Minuit, 1972. ▷id., *Positions*, Minuit, 1972(高橋允昭 訳 『ポジシオン』 青土社, 1981). ▷id., *De l'espr it*, Galilée, 1987(港道隆 訳 『精神について』 人文書院, 1990). ▷M. Heidegger, *Nietzsche*, 2Bde., Neske, 1961(薗田宗人 訳 『ニーチェ』 Ⅰ-Ⅲ, 白水社, 1976, 1977). ▷ders., *Was heißt Denken?*, Niemeyer, 1954(四日谷敬子 외 訳 『思惟とは何の謂 いか』 ハイデッガー全集 別巻 3, 創文社, 1987). ▷ders., *Brief über den "Humanismus"*, Klostermann, 1947(佐々木一義 訳 『ヒューマニズムについて』 ハイデッガー選集 23, 理想社, 197 4). ▷Philippe Forget (Hrsg), *Text und Interpretation*, W. Fink, 1984(デリダ, ガーダマー 외 著, 轡田收 외 訳 『テクストと解 釋』 産業圖書, 1990). ▷Sarah Kofman, *Nietzsche et la scène philosophique*, Galilée, 1986; *Explosion* Ⅰ. *de l'Ecce Homo de Nietzsche*, Galilée, 1992. ▷Philippe Lacoue-Labarthe, *Le sujet de la philosophie*, Aubier-Flammarion, 1979.

데멜 [Richard Dehmel 1863-1920]

19세기 말부터 20세기 초의 독일의 대표적인 서정시 인. 처음에 잠간 실무에 임한 후, 처녀시집 『해탈』(1891) 을 릴리엔크론(Axel Detlev von Liliencron 1844-1909)에 게 인정받는다. 시인 몸베르트(Alfred Mombert 1872-194 2), 화가 뵈클린(Arnold Böcklin 1827-1901), 클링거(Max Klinger 1857-1920), 극작가 스트린드베리* 등과 친교를 맺고, 독특한 시작(詩作)에 의해 자기의 지반을 구축했 다. 1894년에는 예술지 『판』을 창간한다. 일찍부터 자연주의적・사회주의적 경향을 보이며, 노동자 계급 에 대한 공감도 두드러지고, 홀츠(Arno Holz 1863-1929) 의 제창에 의한 서정시인 카르텔의 성립에도 애쓰고, 토마스 만*을 비롯한 젊은 시인・작가의 발견과 육성 에 힘을 기울인다. "니체와 릴리엔크론이 없었더라면 데멜 및 몸베르트도 세상에 없었을 것이다"는 데멜 자신의 말이다. 그의 작품은 소설, 희곡, 동화 등 여러 갈래에 걸쳐 있지만, 그 본령은 서정시에 있다. 데멜은 자연을 무엇보다도 성적 충동・정욕으로 파악하고, 그 충동을 해방하는 곳에서야말로 자유가 있다고 주장 했다. 예술은 그와 같은 인간을 혼란으로 끌어들이는 자연의 모방이 아니라 그 착종의 한가운데로부터 계획 에 기초한 우주를 창출하는 일에 놓여 있다. 그로 인해 그의 시에는 자주 억제하기 어려운 에로스의 힘, 인간 육체의, 그리고 생명의 힘이 노래로 칭송되며, 분열하 는 자아, 자아와 세계의 대립, 자기 해탈・정화, 세계와 의 합일이 노래된다. 그 저변에는 니체 철학이 있다고 말하고 『차라투스트라』*의 영향을 자주 입에 올리고 있지만, 형식면에서는 오히려 괴테*, 실러*, 하이네*, 레나우(Nikolaus Lenau 1802-50) 등의 전통적인 서정성 을 전하고 그에 더하여 또한 표현주의*를 선취하는 형상성을 보여준 곳에 신인상주의 시인 데멜의 의의가 있다.

—무라타 쓰네카즈(村田経和)

데카당스 [décadence]

니체는 『안티크리스트』*에서 "나는 인간의 퇴락성

을 가려 숨기는 장막을 끌어내렸다'고 말한다. 지금까지 대단히 의식적으로 노력의 목표가 되어온 '덕'이라든가 '신성', 지고의 원망이 담겨 있는 모든 가치, 바로 여기에서 니체는 퇴락성을, 요컨대 데카당스를 강력하게 감지한다. 거기에는 힘에의 의지*의 쇠퇴가 놓여 있기 때문이다. 정신의 이완, 문화의 퇴락 현상의 삶에 대한 이익과 손해에 대해서는 이미 『비극의 탄생』*과 『반시대적 고찰』*에서도 예를 들어 소크라테스주의에서의 지성과 본능의 역할의 역전 등에서 언급되고 있지만, 80년대 후반이 되고서부터 삶*을 보존하고 강하게 하는 것이 아니라 삶을 파괴하는 방향으로 작용하는 모든 것을 프랑스*의 '저주받은 시인'들이 자칭하는 데카당스라는 말을 사용하여 격렬하게 탄핵하게 된다. 페터 가스트*와 브란데스*에게 보낸 편지에 따르면, 1888년까지의 5년간이 데카당스 문제에 집중하여 몰두한 시기였다. 삶의 필연적 결과로서의 데카당스는 세기말* 유럽의 니힐리즘* 문제 안에 응축해 있어 모든 데카당스의 가치는 니힐리즘적인 가치로 이해된다.

19세기 후반의 프랑스에서는 프로이센-프랑스 전쟁*의 패전으로 제2제정 이래의 몰락 경향이 현실로 되고, 정치적 장래에 대한 비관주의가 만연하며, 강력한 몰락 감정 하에 '세기말(fin de siècle)'이 표어가 되고, 그것이 '세계의 종말(fin du globe)'도 연상시켜 예술 영역에서는 데카당스 풍조가 지배적으로 되고 있었다. 그러나 프로이센-프랑스 전쟁에서 승리하여 제국의 통일이라는 정치적 비원을 달성하고 전승 기분에 들끓는 포말회사 난립 시대의 독일*에서는 합리주의, 실증주의*를 토대로 경제적, 국민적 위대함의 건설에 애를 써 프랑스에서와 같은 세기말 의식은 일부를 제외하고는 거의 보이지 않으며, 데카당스도 훨씬 후에 헤르만 바르(Hermann Bahr 1863-1934)에 의해 독일어권에 수입되기까지는 이것을 의식하는 자는 없어 일찍부터 스스로 데카당을 자인하고 있던 것은 오직 한 사람 니체뿐이었다. "낙오자, 타락, 쓰레기는 그것 자체로는 단죄되어야 하는 것이 아니다. 그것은 삶의 필연적 논리다. 데카당스 현상은 삶의 상승과 전진이 필연적인 것과

마찬가지로 필연적이다. 그것을 방지하는 것은 불가능하다. 역으로 그것에게는 그것의 권리를 인정하는 것이 이성"[유고 Ⅱ. 11. 69]이며, "데카당스에는 또한 가장 매력 있는 것, 가장 가치 있는 것, 가장 새로운 것, 가장 존경할 만한 것이 듬뿍 포함되어 있다"[칼 푹스에게 보낸 1884/85년 겨울의 편지]고까지 그는 생각하기도 했다. 보들레르*의 경우에도 니체에게 있어서는 최초로 들라크루아*를 이해한 인물, 당시의 예술가 전체를 한 몸에 간직한 인물, 전형적인 데카당스 예술가의 최후의 한 사람으로서 호의적으로 보이고 있던 시기도 있으며, 데카당스하고 페시미즘적인 프랑스와 러시아의 시도 니체는 높이 평가하고 있었다.

그러나 니체는 데카당을 자칭하면서도 또한 동시에 데카당스의 반대자를 입에 담게 된다[『이 사람』 I. 2]. 이것은 "바그너*와 마찬가지로 시대의 자식"으로서 데카당스 경향으로부터 벗어날 수 없다는 것의 정직한 고백임과 더불어, 그 시대의 근본적 동향에 숨어 있는 모순을 끝내 살아가고자 하는 의지의 표명이기도 하다. 니체는 바로 스스로가 데카당이라는 것을 분별하고 있기 때문에, 그의 내적인 철학자가 이에 반항하고 있었다[『경우』서문]. 그리고 이전에는 고상한 예술의 혁신이자 데카당스의 반대 운동으로 이해되고 있던 바그너 음악, 이것이 이제 바로 데카당스의 전형으로 보이게 된다. 바그너 예술의 강렬한 효과의 축적, 위축된 감각을 자극하는 병적이고 공허한 추상과 야수성은 창조적 전체의 상실, 주관의 아나키, 자기만족적인 우수, 배우적인 호들갑스러움, 허위 경향, 자율적인 형식미로의 도피, 삶의 쇠약, 기교성, 인공물이며, 거기서는 시대의 경멸받아야 할 특질은 무엇 하나 극복되지 않고, 특수하게 독일적인 느림과 둔함은 무엇 하나 명석하게 되지 못하는바, 그것은 독일의 속물들의 신비적, 애국주의적인 장식욕을 채울 뿐인 것 외에 아무것도 아니다. 그것은 "잔인하고 기교적이며 동시에 순진무구하고, 이에 의해 근대의 영혼의 감관에게 일거에 말을 걸고…… 접촉하는 모든 것을 병들게 하기"[『경우』편지 5] 때문이다. 바그너의 오페라와 현대의

심리주의에서 예술적 데카당스를 본 니체는 "본능*과 싸울 수밖에 없는 데카당스의 정식"을 모든 영역으로 확장해 가며, 사회주의*와 현대 문명에서 사회적·정치적 데카당스를, 소크라테스*의 이성과 본능의 관계에 대한 오해와, 칸트*의 무인격적이고 보편타당성을 지니는 '덕', '의무', '선'과, 쇼펜하우어*의 삶에의 의지를 부정하는 페시미즘적인 동정*의 도덕에서 도덕적·철학적 데카당스를, 그리스도교*의 동정과 피안의 모럴에서 종교적 데카당스를 지적한다. 이리하여 데카당스는 니힐리즘과 더불어 시대의 문화의 거의 모든 현상을 파악하는 두 개의 개념이 된다. 니힐리즘이 근대의 계몽이성의 자기 붕괴의 결과, 유럽 역사의 내재적 원리라고 한다면, 데카당스는 유럽 역사의 필연적 결과의 현재화(顯在化)였다. 더욱이 니체에게 있어 니힐리즘은 데카당스의 원인이 아니라 데카당스의 논리이자 데카당스의 결과이며[유고 Ⅱ. 11. 81], 이 점을 깨달은 것에서 니체의 도덕 문제의 원근법* 전체가 변한다. 자기 자신에게 상처를 입히는 약자야말로 데카당스의 전형이 된다면, 이러한 니힐리즘과 데카당스에 대항하는 삶의 고양의 암호로서 이것에 대치되는 것이 초인*이어야만 한다.

사드(Marquis de Sade 1740-1814)로부터 보들레르와 베를렌(Paul Marie Verlaine 1844-96)에 이르는 데카당스는 유용성에는 무용한 아름다움을, 자연에는 인공물을, 정상에는 도착을, 건강에는 병을, 삶의 활력에는 죽음에 대한 동경을, 옵티미즘에는 페시미즘*을, 의지의 소통만을 지향하는 부패한 언어에는 의미의 다층적인 미적 안티언어를 대치시켰던 것이지만, 거기에 포함되는 부르주아 세계와 그것의 속물주의나 공리주의, 그리고 그것의 타락한 이중 모럴에 대한 미적 반세계가 지니는 반역의 측면은 이미 니체에게는 그것이 지닌 삶 부정적인 자세 때문에 받아들여질 수 없는 것이 된다. 데카당스의 예술가는 "삶에 대해 니힐리즘적이고 삶으로부터 도피하여 도취* 속으로, 또는 형식의 아름다움 속으로 도망해 들어가기" 때문이다[유고 Ⅱ. 10. 275]. 물론 도덕적 치료법으로는 데카당스의 진행을 멈추게 할 수 없다. 도덕이란 데카당스의 본능인바,

도덕의 역사 전체에서의 수단이 절대적인 비도덕성이기 때문이다. 데카당스의 시인들이 이 비도덕성을 반격의 수로 취하여 현대에 대항하고자 한다 하더라도, 그들이 삶의 몰락 형식으로서의 데카당스에 푹 잠겨 있는 한, 그것은 데카당스를 촉진하는 것일 뿐이다. 데카당스의 예술가를 니체가 뛰어난 '근대적 예술가'라고 말할 때, 그것은 '하강하는 삶' 속에서 다름 아닌 '근대적인 것'을 보기 때문이었다. 그렇지만 이것에는 배경이 있는바, 1887년에 출판된 보들레르의 일기에서 니체는 보들레르가 바그너에게 심취해 있었다는 것을 알게 되는데, 이 시기는 바그너 비판의 가장 첨예한 때이며, 니체는 보들레르가 바그너에게 감격해 있었다고 하는 것만으로 보들레르를 포함하여 파리의 데카당스 시인 일반을 공격의 과녁으로 삼은 혐의가 있다. "『악의 꽃』의 기괴한 시인, 4분의 3은 미쳐 있던 보들레르……, 반은 미치고 천천히 죽음으로 다가가고 있던 만년의 그에게는 바그너 음악이 즐겨 사용되었다"[가스트에게 보낸 편지 1988. 2. 26.]라는 것에는 바그너 증오가 보들레르에게까지 분풀이로 미치고 있다. 보들레르의 바그너에 대한 심취가 상징주의적인 공감각적 지각의 원천에 대한 것이었다는 점을 바그너 자신은 전혀 이해하지 못했다고 말하지만, 니체가 보들레르의 바그너 심취에서 "전신 발작, 신경 쇠약적 장치의 이러한 말기성과 과민성"만을 보고 "사람들은 파리에서도 바그너에게 속고 있다"[『경우』 편지 5]고 하는 것은 조금은 지나치게 일면적이라고도 말할 수 있다. 게다가 프랑스의 데카당스 시인들에게는 니체가 공격하는 "독일인들에게 항복하고……, 독일 제국적으로 된" 바그너[『이 사람』 Ⅱ. 5], 고대 신화를 현대에 재생시키는 독일적이고 국수주의적인 바그너는 인연이 없었다.

물론 데카당스에 싸움을 거는 것만으로 데카당스로부터 벗어날 수 있는 것은 아니다. 그렇게 생각하는 것은 "철학자들과 도덕주의자들의 자기기만이다. 빠져나오는 것은 그들 능력 밖의 일이다. 그들이 수단으로서, 구조책으로서 선택하는 것, 그것 자체가 다시 데카당스의 또 다른 표현에 지나지 않으니 말이다──

데카당스가 표현을 바꾼 것이지 자기 자신을 없애버린 것은 아니었기"[『우상』Ⅱ. 11] 때문이다. 데카당스 본능의 숨겨진 움직임을 통찰하고, 현대 세계에서의 데카당스의 본질을 이와 같이 간파한 것은 그 자신이 데카당스 내부에 있어 그것을 숙지하고 있었기 때문이다. 니체는 데카당스 속에서 또 하나의 다른 삶의 흔적을 마치 확대경을 가지고서 하듯이 찾아낸다. 그러나 건강과 병*이 본질적으로 다른 것이 아니듯이, 병과 치유의 순환에 대한 단순한 반응에 탐닉하는 것이 아니라 바로 병의 위험을 알기 때문에 목소리를 크게 하여 위험을 호소하고, 병으로부터, 요컨대 데카당스로부터 벗어날 수 없다 하더라도, 병을, 요컨대 데카당스 그것을 삶의 긍정 안으로 다시 끌어들이고자 했다.

빌헬름 제국 안에서도 후기 시민사회의 사회적·심리적 해체 현상, 일반적 문화 페시미즘이 뒤늦게이기는 하지만 서서히 머리를 치켜들게 되어 헤르만 바르가 프랑스의 데카당스 개념을 독일어권에 소개한 이래로 호프만스탈*, 안드리안(Leopold Andrian 1875-1951), 베르-호프만(Richard Beer-Hofmann 1866-1945) 등, '세기말' 분위기와 더불어 '젊은 빈'으로 대표되는 '예술을 위한 예술'(L'art pour l'art)의 이른바 신낭만파 운동이 우수와 미적 세련, 권태*와 댄디즘에서, 이를테면 뛰어난 주관성에서 미에 헌신하게 된다. 거기에는 니체의 영향이 다양하게 그림자를 드리우고 있어 삶의 권태 속에서도 삶에 대한 갈망이 기묘하게 뒤섞여 있지만, 데카당스 그 자체에 대한 니체의 깊은 통찰이 정면으로 생각된 자취는 없다. 데카당스 문학이라고 말해지는 것, 예를 들어 호프만스탈의 초기 시극과 산문, 릴케*의 초기 시와 『말테의 수기』, 토마스 만*의 『부덴브로크가』(Buddenbrooks-Verfall einer Familie, 1901)와 『베네치아에서의 죽음』(Der Tod in Venedig, 1912) 등, 또는 그 후의 독일 현대 문학의 다양한 시도도 유럽에 퍼져 있던 몰락 현상에 대한 대결이겠지만, 그것들은 주관적으로나 객관적으로 니체가 진단을 내린 후기 시민사회의 데카당스 현상 내부의 경험들에 결부되어 있다.
☞니힐리즘, 세기말과 니체, 탐미주의와 니체 수용, 니체와 바그너 ─ 낭만주의의 문제, 보들레르

─야마모토 유(山本尤)

데카르트 [René Descartes 1596-1650]

니체에게 있어 데카르트는 스피노자*와 더불어 "인식을 즐간"[『아침놀』 550] 철학자였다. 그 점에서 니체는 데카르트에 대한 모종의 공감을 숨기고 있지 않다. 하지만 데카르트에 대한 의문도 역시 표명된다. 니체는 데카르트의 방법적 회의 "모든 것에 대해 의심한다"에 대한 의문을 드러낸다. 왜냐하면 이러한 데카르트의 회의는 유럽 형이상학*과 함께 "대립하는 가치들에 대한 신앙"[『선악』 2]을 의심하지 못하고서 어떤 '좋은' 가치가 그 반대물에서 생겨날지도 모른다는 인식의 가능성을 배제해 버렸기 때문이다. 요컨대 모든 회의의 끝에서 데카르트가 도달한 '나는 생각한다'의 '의심할 수 없음'이야말로 회의에 노출되어야만 한다고 니체는 생각하는 것이다. 그에 의해 니체는 데카르트가 방법적 회의를 통해 확증하고자 한 '나는 생각한다'를 기점으로 하는 '원인과 결과'의 인과 계열('나'의 직접적 확실성으로부터 출발하는 '진리*'의 체계)을 부인한다[같은 책 16, 17]. '이성주의의 아버지' 데카르트는 이 '진리'의 체계에 대해 너무나도 지나치게 성실했던 까닭에, '진리'의 무근거성을 본능적으로 알고 있던 '신학자와 철학자'의, '비합리적인 것'에 대한 '자기기만적 굴복 속에 숨어 있는 역사적 진실을 보지 못하고 말았던 것이다[같은 책 191 참조].

─다카하시 준이치(高橋順一)

『도덕의 계보道德──系譜』 [Zur Genealogie der Moral. 1887]

【Ⅰ】『도덕의 계보』의 성립 배경

후기 니체를 대표하는 저작의 하나. 서간에는 "1887년 7월 10일부터 30일 사이에 집필을 결정하고, 다 써서 인쇄할 수 있는 형태로 만들어 라이프치히*의 인쇄소로 송부했다"[브란데스에게 보낸 편지 1888. 4. 10.]고 하는 증언이 있지만, 『차라투스트라』*의 집필 기간과 마찬가지로 어디까지 믿을 수 있는지 의심스럽

다. 제목 페이지 안에 "최근 공간된 『선악의 저편』*의 보론 및 해설을 위해서"라고 적혀 있는 것으로부터도 알 수 있듯이(다만 그루이터판 전집에서는 삭제), 『선악』(1886)의 자매편이라고도 말해야 할 위치를 차지하는 저작이다. 누이의 전기에서는 질스-마리아*에서 받은 몇 통의 편지로부터 "오늘날을 지배하는 도덕의 유래를 좀 더 상세하게 논의하고, 『선악의 저편』에서 불러일으킨 다양한 오해를 풀 필요가 있다"[『니체의 생애』]고 느낀 것이 집필 동기라고 말해지고 있다. 『이 사람을 보라』*에서는 『선악』에 대해 가해진 "범죄적 비평"이 자신의 저서에 대한 비평에 대해서는 평소 "어떠한 호기심도 지니지 않는" 니체의 눈에 띄었다고 말하고 있다. 『차라투스트라』를 다 쓴 후 『힘에의 의지』라는 제목의 저작을 준비하고 있던(그렇다고 니체가 공언한) 시기의 것으로서 『선악』과 함께 원숙한 사상과 문체가 결정화된 작품이다. 이어서 『바그너의 경우』, 『우상의 황혼』*, 『안티크리스트』*, 『이 사람』의 작품군이 탈고된 그 다음 해인 1888년은 이미 니체가 광기에 빠지기 전해에 해당된다.

『계보』에는 또한 '하나의 논박서'라는 부제가 붙어 있다. 반론의 대상이 무엇에 있었는지 단언하기 어렵지만, 서문에서의 자전적인 회고와 본론에서의 논박의 내용에서 미루어 파울 레*의 『도덕 감정의 기원』(1877)의 내용에 있었다고 보아 크게 잘못하는 것이 아닐 것이다. 도덕의 기원을 '동정 도덕'에서 찾고 도덕의 가치 부여를 이타적 가치 부여에서 본 "순수 영국식의 물구나무선 계보학적 가설"에 대한 비판이다(그렇지만 레 자신의 글은 본래 이런 종류의 도덕에 대한 비판을 기도한 것이다). 확실히 이 책의 각 장들의 제목을 모아보는 것만으로도, 즉 "Ⅰ. 선악 개념의 기원, Ⅱ. 양심의 기원······"에서 시작하여, 나아가 "Ⅳ. 정의감과 처벌의 기원", "Ⅵ. 도덕의 진보" 등, 니체가 이 책을 의식했다고 생각되는 점이 있다. 다만 대상이 오로지 레의 개인적 견해에 있었다고 생각하게 되면, 본서의 범위를 너무나도 좁게 취하는 것이 될 것이다. 도덕의 기원에 관한 가설 등보다 훨씬 중대한 것으로서 니체가 마음에 두고 있었던 것은 "도덕의 가치" 문제였

다[서문 5]. 동정 도덕과 이타적인 가치 부여를 가지고서 니체가 비판의 대상으로 삼은 것은 다름 아닌 유럽을 지배하고 있던 "근대의 감정 유약화" 경향과 거기에서 표현된 "가축떼 도덕"[『선악』 201]의 가치를 둘러싼 문제다.

【Ⅱ】『계보』의 주제와 내용

본서의 전체는 조금 긴 「서문」과 세 개의 논문으로 이루어진다. 각 논문은 거의 각 단락마다 번호가 매겨져 있어 아포리즘을 수록한 것처럼 읽을 수도 있지만, 니체의 저작으로는 드물게 줄거리를 갖춘 문자 그대로의 논문 형식으로 이루어져 있다. 본론의 주제를 솜씨 좋게 정리한 것으로서 자주 인용되는 것으로 『이 사람』에서의 『계보』에 대해 언급한 부분이 있다. 제1논문 「'선과 악(Gut u. Böse)', '좋음과 나쁨(Gut u. Schlecht)'」은 "그리스도교*의 심리학*", 제2논문 「'죄', '양심의 가책' 그리고 그와 유사한 것들」은 "양심의 심리학"; 그리고 제3논문 「금욕주의적 이상이란 무엇을 의미하는가?」는 "사제의 심리학"이다 — 간결하고 요령 있게 이루어진 니체 자신의 정리로서 이것에 지나친 것은 없지만, 『도덕의 계보』라는 책이 이 정리에 따라 읽으면 끝날 정도로 완성되어 있는 것은 아니다.

본서의 전체를 관통하고 있는 것은 무엇보다도 우선 '힘에의 의지'를 둘러싼 몇 개의 변주, 특히 유약하고 열악한 자의 힘에의 갈망이 불러일으키는 다양한 주제의 변주다. 르상티망*, 양심*의 가책, 금욕주의적 이상은 그러한 전개의 여러 모습들을 나타낸다. 물론 이러한 고찰들에서는 그것과 반대의 극에 놓여 있는 권력*을 지닌 고귀*한 자에게서의 가치 평가의 모습이 언제나 나란히 물어져 간다. 열악한 자, 고귀한 자라고 하더라도, 여기서 다루어지고 있는 힘의 논리를 지극히 피상적인 '권력의지', 권력욕과 같은 수준으로 환원해 버리고자 하는 것은 아니다. 아마도 이야기는 그와는 반대로 오히려 거기에서 표현된 대립의 계보학*적인 유래를 권력욕 등과는 조금 다른 힘의 논리로부터 해명해 보는 것이 중요한 것이다.

제1논문에서의 '좋음'이라는 말의 두 가지 뜻도 그러한 예들 가운데 하나다. '좋다'라는 판단은 본래 고귀한

사람들이 천민*적인 것과의 대조, '거리의 파토스*'에 의해 스스로와 그 행위를 '좋다'고 느끼고 평가했을 때에 나왔던 것으로, 상위의 '좋은' 사람에게 있어 하위의 비속한 것은 '나쁠' 것이다. '로마적인 지배 종족과 '유대'적인 천민과의 이러한 대립에 '좋음과 나쁨(Gut u. Schlecht)'의 대립의 유래가 놓여 있다. 고귀한 도덕이 이와 같이 자기를 '좋은' 자로 긍정하는 것에서 태어나는 데 반해, 노예 도덕은 힘없는 열악한 자가 권세 있는 자를 향해 '아니다'를 말하는 것에서 시작된다. 르상티망의 계기를 이루는 것이 이것이다. 힘없는 자는 "행동에 의한 반발이 가능하지 않은 데로부터 오로지 상상에서의 복수에 의해 자기가 받은 손해를 벌충하고자" 한다. 르상티망이 "창조적으로 되어 가치를 산출한다." 이리하여 자기의 구제*를 원하는 '커다란 이야기'가 날조*된다. 학대받은 자에게 있어 증오의 대상이 되는 것은 '악한' 자이며, 그 반대물이 '선한' 자이다. '선과 악(Gut u. Böse)'의 대립이 여기서 생겨난다. "그리스도교의 심리학"은 이 후반 부분의 맥락에 들어온다. 그가 귀족적인 가치 평가와 사제적인 가치 평가라고 부른 이 대립은 **자기를 긍정하는 능동적인 힘이 자발적인 행동에 의해 반동적인 힘을 지배하는 경우와, 타자를 부정하는 반동적인 힘이 상상에서의 복수에 의해 능동적인 힘을 증오하는 경우와의 대항**에 다름 아니다.

제2논문에서도 비슷한 대항 구도가 위상을 변화시키면서 살아 있다. 고귀한 자, 군주다운 사람은 능동적인 기억력에 기초한 "책임이라는 이상한 특권에 통하고 있다고 자랑하고", 이 자유와 힘의 의식을 지배적인 본능으로까지 높였을 때, 그것을 양심이라고 부른다. 그러한 능동적인 힘이 밖으로 향해 자유롭게 발로될 기회를 잃고 야만적인 잔학한 본능이 반동적으로 "뒤로 돌아 인간 자신에게로 거슬러 왔을" 때 "양심의 가책"이 생겨난다. 인간은 이리하여 내면의 세계를 허구적으로 만들어낸다. 여기서는 힘의 잔학성이 밖으로 해방되어 '자유의 의식'을 산출해가는 경우와, 안에 갇혀서 '죄책*의 감정'을 만들어 가는 경우의 대항이 표현되어 있다. 니체는 형벌, 축제, 그리고 정의, 법의 참된 계보를 전자의 맥락에서, 죄, 양심의 가책을 후자

의 맥락에서 고찰하고 있다. 그렇지만 양심의 가책은 단지 밖에 대한 안의 의식이라는 차원으로 끝나지 않는다. 니체는 양심의 가책이라는 부채 감정의 성숙을 그리스도교의 신 관념의 생장과 관련시켜 말하고 있다. 양심의 가책을 지닌 인간은 자기의 꺼림칙함을 몰아세우기 위해 그 종교적 전제로서 신에게 부채가 있다고 하는 사상을 만들어내고, 자기의 동물적 본능에 대립하는 모든 것을 신 안에서 상정한다. 이리하여 잔학한 힘의 반동에 의해 인간의 내적인 짐승과 외적인 신, 내면의 의식과 신의 관념의 분단, 대립이 생겨난다. 니체에게 있어 이러한 '그리스도교의 신성한 신'은 "인간의 내적인 짐승이 스스로를 신으로 느끼고, 자기 자신을 분열시키는 일이 없었던" '그리스의 신들'의 대극에 위치하는 자이다. **능동적인 힘이 자기를 분열시키는 일 없이 밖으로 발로시키는 짐승적이고 신적인 자유의 의식과, 반동적인 힘이 자기를 분열시켜 동물적 본성과 신성한 신을 대립시키는 내면의 의식과의 대항** — 이것이 "양심의 심리학"을 가능하게 하고 있는 맥락이다.

위의 어느 것에서도 능동적인 힘과 반동적인 힘의 대항이 전제에 놓여 있지만, 제3논문에서도 비판의 메스가 들이대지고 있는 종류의 인간(사제·철학자·학자)도 이 대립을 축으로 고찰되고 있다. 그들은 니체가 관상적인 삶을 보내는 사람들로 규정한 자들에 속한다[『아침놀』 42]. 금욕주의적 이상은 관상적인 인간의 가장 오랜 종족인 종교적 인간의 신념, 의지로되는 바의 것이다. 사제들은 르상티망의 방향을 타인으로부터 자기 쪽으로 바꾸고 약자의 자기 보존* 본능의 육성에 이용한다. 금욕주의적 이상은 이러한 자기보존 본능을 위해 싸우는 퇴폐한 생명의 방위 본능과 치유 본능에서 생겨났던 것이다. 종교에서 출발하는 이 이상은, 그러나 과학에 대한 신뢰가 높아지고 신에 대한 신앙이 쇠퇴했다 하더라도 없어지는 것이 아니다. 그렇기는커녕 니체에게 있어서는 과학에서의 진리에의 의지야말로 금욕주의적 이상 그 자체에 다름 아니다. 과학보다 훨씬 금욕주의적 이상에 대립하는 것을 든다고 한다면, 그것은 오히려 예술이다. "플라톤* 대호메로스*', 이것이야말로 전면적이고 진정한 적대 관

계이다― 전자는 자발적인 '피안의 인간'이자 삶의 위대한 비방자인 데 반해, 후자는 삶을 무의식적으로 신격화한 인간, 황금의 자연이다.'[『계보』 III. 25] 예술이 도덕의 가치뿐만 아니라 진리의 가치에도 대항하는 위치에 놓여 있지만, 물론 이것이 예술이라면 무엇이라도 좋다는 것이 아니다. 바그너'처럼 예술가가 금욕주의적 이상에 봉사하는 일도 없는 것이 아니다. 여기서 니체가 시도한 것은 "행위의 야수"인 것을 방해받은 자의 "관념의 야수성"을 폭로하고, 진리의 믿음을 위해 자유의 정신을 실행할 수 없는 자를 고발하는 것이다. 과학에서의 '진리에의 의지'와 예술에서의 '기만에의 의지'의 대립의 근저에 놓여 있는 것은 **진리를 위조하는 힘의 자기 보존과 삶을 확신하는 힘의 자기 확대와의 대항**에 다름 아니다.

【III】『도덕의 계보』의 영향

　『도덕의 계보』는 후년에 준 영향력이라는 점에서 니체의 저작들 중에서도 특이한 지위를 차지해 왔다. 특히 르상티망의 분석은 막스 셸러'의 『도덕 형성에서의 르상티망』을 통해 널리 알려지게 되었지만, 막스 베버'가 『종교 사회학 논집』에서의 「세계 종교의 경제 윤리・서론」에서 비판의 대상으로 하고 있는 것도 니체의 르상티망론이다. 또한 미셸 푸코'가 자기의 역사 기술의 수법을 '계보학'이라고 부르는 것도 한편으로는 『도덕의 계보』에서 유래한다. 영향력이 특정한 분야에 한정되지 않고, 철학・역사학・사회과학 등 폭넓은 분야에 미치고 있는 것도 본서의 특징일 것이다. 아마도 니체 자신이 『선악의 저편』과 함께 자신의 저작들 가운데 가장 중요한 것이라고 말했던 것 이상으로, 그 중요도를 계속해서 증대시켜가고 있는 것이 이 『도덕의 계보』이다. ☞해석과 계보학, 심리학, 르상티망, 양심, 레

―기마에 도시아키(木前利秋)

도스토예프스키 [Fyodor Mikhailovich Dostoevsky 1821-81]
　니체가 도스토예프스키의 저작을 만난 것은 그가 정신에 이상을 일으키기 몇 년 전이었다고 생각되며,

시간적 여유라는 면에서도 과연 충분한 이해에 도달할 수 있었을까 하는 것은 의심스러운 바가 있다. 그렇긴 하지만 니체는 1886년부터 87년에 걸친 겨울의 니스'에 머물 때에 몇 주 전까지만 해도 이름조차 알지 못했던 도스토예프스키의 프랑스어역 『지하의 정신』을 서점에서 우연히 발견하고, 이전의 쇼펜하우어'나 스탕달'과의 만남에 비교해야 할 "친연성의 본능"이 곧바로 작용하여 이상한 기쁨을 느꼈다는 것을 오버베크'에게 보낸 편지[1887. 2. 23.]에 적고 있다. 그 이후 니체는 도스토예프스키의 소설 『학대받은 사람들』, 『죽음의 집의 기록』, 『악령』 등을 프랑스어역으로 정력적으로 읽게 된다. 후에 『우상의 황혼』[IX. 45]에서 도스토예프스키는 "내가 배워야 할 것을 가진 유일한 심리학자"이자 "나의 인생의 가장 뛰어난 행운의 하나'라고 평가되며, 또한 브란데스'에게 보낸 편지[1888. 11. 20.]에서는 '내가 아는 가장 가치 있는 심리학적 소재로서 그를 평가하고 있습니다 ― 비록 그가 얼마만큼은 나의 가장 하층의 본능에 반한다 하더라도, 기묘하게도 나는 그에게 감사하고 있습니다. 이것은 내가 대체로 좋아하고 있는 파스칼'과의 관계에 거의 해당됩니다. 왜냐하면 파스칼은 끝없이 배우는 바가 있었던 유일한 논리적 그리스도교도이기 때문입니다'라고 적고 있다. 이 두 가지 평언들로부터 추측하는 한에서 도스토예프스키는 니체에게 있어 우선은 크게 정신의 공명을 느끼는 인물이자 인간 심리에 대한 혹독한 분석자로서의 측면이 평가되고 있지만, 후자의 발언으로부터 하자면 그리스도 및 그리스도교 해석을 축으로 강한 결합과 동시에 기본적인 차이 역시 의식되고 있었다고 생각된다.

　그런데 『지하의 정신』(L'esprit souterrain)이라는 제목의 책은 도대체 어떤 것이었을까? 종래에는 『지하생활자의 수기』와 동일시되어 온 이 책은 1973년에 밀러(C. A. Miller)라는 미국의 연구자가 밝힌 바에 따르면, 도스토예프스키가 25세 때에 쓴 단편 『주부』와 『지하생활자의 수기』의 후반 부분을 주로 한, 번역이라기보다는 번안에 가까운 것이었다고 한다. 또 하나의 발견이라고 할 만한 것이라고 한다면, 1970년부터 간행되고

있는 그루이터판 니체 전집에 처음으로 『악령』으로부터의 발췌가 게재된 일이다. 당시 니체가 사용하고 있던 노트 13쪽에 걸쳐 스토리에 관계된 것이 아니라 스타브로긴, 키릴로프, 표트르, 샤토프와 같은 등장인물의 자기 분석과 세계 해석만이 발췌되고 있어 '소재'라는 표현으로 상응한다고 말할 수 있을 것이다. 물론 문헌상의 증거와 양자의 사상 전체의 비교는 레벨이 다른 문제다. 우선 그리스도 및 그리스도교*를 둘러싼 문제가 양자의 비교 검토의 첫 번째 축이 될 것이다. 이것은 종래에 다양하게 논의되어온 논점이다. 일본에서는 키르케고르*나 니체와의 관련에서 도스토예프스키를 파악하는 셰스토프(Lev Isaakovich Shestov 1866-1938)의 『비극의 철학』이 쇼와 10년 전후에 '셰스토프적 불안'이라는 유행어와 함께 문단·사상계를 석권한 일이 있다. 니힐리즘*과 실존주의*의 선상에서 도스토예프스키를 파악하는 이러한, 예를 들어 『지하생활자의 수기』를 작자 자신의 사상적 선언으로 읽는 경향이 받아들여진 전제에 놓여 있었던 것은 권력의 탄압과 자발적 전향에 의한 맑스주의*의 붕괴였다. 이러한 일종의 '보편주의'의 해체가 사상적 공백을 초래하고, 그 후에 대가의 부활('문예부흥')과 전통으로의 회귀(일본 낭만파)가 생겨났던 것이다. 이러한 '공백'이라는 하나의 점에 대응한 것이 셰스토프였다고 말할 수 있을 것이다. 그것은 무한정한 부정, 오직 관념에서만의 급진성에 양분을 주는 것이었다. 셰스토프가 읽힌 것은 니체도 역시 그와 같이 읽히게 되고 만다는 것이기도 하다. 그러나 도스토예프스키의 작품이 시클로프스키(Viktor Borisovich Shklovsky 1893-1984)가 말하듯이 "절망의 분석이지 사상의 거부는 아니었다"고 한다면, 셰스토프는 너무나 일면적이라고 말할 수밖에 없다.

도스토예프스키는 '근대', 특히 '사회주의*'의 내재적 비판을 전통과 보편주의가 만들어내는 긴장된 자장 안에서 시도했던 것이며, 니체 역시 그러한 것이라고 생각하고 싶다. 루카치*는 니체에게 '사회주의의 적'이라는 레테르를 붙였지만, 오늘날에도 여전히 니체에게 사상적 활력이 있다고 한다면, 그것이 그가 얼마만큼 이나 훌륭한 사회주의의 적이었는가에 달려 있을 것이다. 요컨대 그 비판의 영향 범위가 기존의 사회주의를 관통하여 어디까지 가 있는가 하는 것에 문제인 것이다. 왜냐하면 종래의 좌익적 당파성은 이 사이의 세계사적 변동으로 인해서도 거의 무효로 되어버려, 거기서 적이라든가 자기편이라든가 말하더라도 그러한 설명 자체가 무의미하게 되어버렸기 때문이다. 그렇다고 해서 '영원회귀*'나 '힘에의 의지*'가 '역사의 종언'이라는 자족적 분위기 속에서 읽히고 말아서는 니체에게 미래는 없을 것이다. 문제를 은폐하는 도구로 이용될 뿐이기 때문이다. 보편주의에 대한, 특히 자칭 보편주의에 대한 비판적 가시로서 니체는 읽혀야만 한다. 서구의 선진적 사상과 토착적 전통, 혁명과 반동이라는 대항축이 도스토예프스키라는 확대경을 갖다 댐으로써 니체 안에서 좀 더 분명하게 독해될 수 있는 것이 된다면, 양자의 비교는 좀 더 생산적인 것으로 될 것이다.

—나카오 겐지(中尾健二)

📖 ▷Charles Anthony Miller, Nietzsche's 'Discovery' of Dostoevsky, in: *Nietzsche-Studien*, Bd. 2 (1973) Berlin/New York.

도이센 [Paul Jakob Deussen 1845-1919]

1859년에 슐포르타*에서 서로 알게 된 이래로 도이센은 니체의 생애를 통해 충실한 친구가 되었다. 그렇지만 두 사람의 교우는 한 살 연상인 니체가 도이센에 대해 언제나 설교하고 이것저것 지도하는 관계로, 도이센에게 있어서는 그것이 때때로 고통으로 느껴지는 일은 있었어도 "니체의 편지는 언제나 하나의 사건"이며, 니체는 그의 "엄격한 선생"이었다. 더욱이 니체에게는 자신이 열광하는 대상을 다른 사람에게도 강제하지 않으면 마음이 놓이지 않는 점이 있었다. 본대학에서 함께 고전문헌학* 공부를 시작한 도이센이 신학에 대한 관심을 강화하여 튀빙겐으로 옮기자 니체는 "네가 뒤집어쓰고 있는 신학이라는 곰의 모피를 벗어던지고 문헌학의 젊은 사자로서 행동하게나"[1866. 9.]라고 써서 본으로 다시 불렀으며, 베를린에서 문헌학 공부를 계속하는 도이센에게 쇼펜하우어*를 읽을 것을 명령하고, 바그너*야말로 진정한 문헌학자라고 써 보낸 것도 니체였다. 이리하여 니체에 의해 쇼펜하우어의 철학으로 이끌린 도이센은 그의 열렬한 신봉자가 되며, 거기서 자기의 학문적·종교적 입장을 발견하기에 이른다. 박사 논문 시험을 목전에 두고 즉시 '의지의 부정'을 실천하고자 한 도이센은 니체의 조소에 부딪치게 된다. 후에 『형이상학의 기초』(Die Elemente der Metaphysik, 1877)를 보내온 도이센에게 니체는 너의 책은 "내가 이미 진리라고는 생각하지 않는 것을 솜씨 좋게 수집한 것"이며, 교육자로서의 쇼펜하우어가 쇼펜하우어 철학에로 교육하는 자라고는 생각하지 않는다고 대답한다[1877. 8]. 혼란된 도이센은 왜 네가 그러한 것을 말하는 것인지 알 수 없다는 답신을 보내고 "변함없이 충실한 도이센"이라고 서명하고 있다[1877. 10. 14]. 쇼펜하우어의 철학을 자신의 세계관으로서 받아들이고 후년에 쇼펜하우어 협회를 설립한 도이센과, 쇼펜하우어를 넘어서서 독자적인 철학적 사유를 전개한 니체가 걸어간 길은 이미 여기서 결정적으로 나누어져 있었다. 그렇지만 성실하고 정직한 도이센은 그 후에도 그 모습에 변함이 없이 니체에게 가르침을 구하면서 대학 교수가 되어 자신의 철학을 강의한다고 하는 꿈의 실현을 향해 착실한 노력을 거듭해 갔다. 김나지움 교사와 가정교사를 하면서 니체의 격려도 있어 산스크리트어를 공부한 그는 인도* 철학 연구에 매진하며, 1881년에는 교수 자격을 획득하고, 1889년 이후에는 킬대학 교수로서 인도 철학과 철학사를 강의하는 것과 동시에, 그리스, 스페인, 이집트, 그리고 인도로 수많은 조사 여행을 행했다. 필생의 저작이 된 『일반 철학사』(Allgemeine Geschichte der Philosophie, 1894-1914)에서는 인도 철학과 서양 철학에 각각 3권을 배정하여 인도 사상과 그리스도교*의 가르침, 거기에 칸트*의 정언명법*을 쇼펜하우어를 정점으로 하여 조화시키고자 하는 매우 절충적 시도를 행하고 있다. 니체는 『도덕의 계보』*[Ⅲ. 17]에서 "유럽에서 인도 철학에 관한 최초의 진정한 전문가"라고 도이센을 칭송하고, 그의 『베단타의 체계』(Das System der Vedânta, 1883)와 산스크리트어를 번역한 『베단타 수트라』(Die Sûtra's des Vedânta, 1887)로부터 "지자는 선악을 넘어선다", "덕을 쌓는 것에서 해탈은 얻어지지 않는다"와 같이 자신에게 필요한 부분만 인용하고 있지만, 도이센에 대해서는 "너의 책이 아니다라고 말하는 곳에서 나의 선언문(『차라투스트라』를 말함)은 마찬가지로 웅변으로 그렇다고 말한다네"라고 써 보냈다[1883. 3. 16]. 도이센에게 보낸 최후의 서간에서 광기의 니체는 천지를 창조한 것은 실은 자신이며, 그 세계 속에서 너는 "사티로스"이고 "축제의 짐승"이라고 쓰고 있는데[1889. 1. 4], 그에게 있어 도이센은 결국 자신이 주재하는 디오니소스 축제의 수레를 끄는 순종적인 짐승에 지나지 않았던 것일까?

확실히 그의 충실함을 증명하는 예에는 부족함이 없다. 1886년에 신혼여행에서 돌아오는 길에 부인과 함께 질스-마리아*로 니체를 방문한 도이센은 그가 검소한 생활을 보내고 있는 것에 놀란다. 다음 해, 니체를 존경하는 학생으로부터 자금 원조의 제안이 있자 기뻐하며 그것을 니체에게 전하며, 그 자금은 『우상의 황혼』*과 『이 사람을 보라』*의 출판 비용에 충당되었다. 니체의 사후에 출판한 『프리드리히 니체 회상』(1901)에서 도이센은 자신에게 보낸 니체의 서간을 소개하면서 자신들의 교우의 궤적을 그리고, 돌아간 친우의 모습을 그리워하고 있다. 발광 후의 니체를 문안한 도이센이 스페인 이야기를 하자 니체는 "거기는 도이센이 갔던 곳이다"라고 말하면서 본인이 눈앞에 있는 것을 깨닫지 못했다고 한다. 『니체 회상』의 권말에 부록으로서 덧붙여진 「니체의 철학에 대한 몇 가지 메모」에서 그는 니체의 '힘에의 의지' 철학은 '의지의 긍정'을 주장하여 쇼펜하우어의 '의지의 부정'과 모순되는 듯이 보이지만, 그것은 오히려 개별의 의지를 부정하여 개별을 넘어선 의지를 긍정하는 것인 바, 역시 쇼펜하우어의 사상을 따르는 것이라고 주장하고 있다. 자신이 경애하는 철학자와 자신을 가르쳐 이끌어준 친우 그 양자 모두에게 충실했던 그는 여기서도 무리하여 양자의 타협을 꾀하고자 했던 것일까? 하지만 이 유화책은 기묘하게도 머지않아 역시 도이센

적인 충실함으로 니체를 받아들인 극동의 나라에서 열매를 맺게 된다. 유학 중에 킬에서 도이센에게 직접 지도를 받은 아네사키 마사하라{쵸후}*(姉崎正治{嘲風})는 쇼펜하우어로부터 출발한 니체의 학설은 바그너에게서 조화에 이른다고 설파하며, 구와키 겐요쿠(桑木嚴翼 1874-1946)도 『니체 윤리학설 일부』(ニーチェ氏倫理說一斑, 1902)에 수록된 「니체와 도이센」에서 『니체 회상』의 개요를 소개하여 니체의 '힘에의 의지'는 반드시 쇼펜하우어의 '의지의 부정'에 반하는 것은 아니라고 하는 도이센의 「메모」를 인용한다. 그리고 와츠지 데츠로*(和辻哲郎)는 『니체 연구』(ニイチェ研究, 1913)의 서문에서 역시 「메모」를 언급하여 니체는 극단적인 에고이즘으로서 비난받는 그러한 학설을 주창한 것이 아니라 오히려 의식적인 자아로부터의 해탈을 추구했던 것이라고 하는 변명적인 해석을 정당화하는 근거의 하나로 삼았다. ☞우정, 인도, 슐포르타

—오이시 기이치로(大石紀一郞)

【참】▷Paul Deussen, *Erinnerungen an Friedrich Nietzsche*, Leipzig 1901.

도취 陶醉 [Rausch]

『비극의 탄생』*에서 디오니소스*적 도취는 아폴론*적 예술을 보완해야 하는 것인바, 마야의 베일이 벗겨져 삶*의 근원적 고뇌가 슬쩍 엿보임으로써 '개체화'의 원리'가 넘어서지는 구제*의 한순간으로 파악되고 있다. 이 시기에 디오니소스적 도취는 주로 예술에서의 미적 경험으로 이해된다. 후에 『아침놀』*에는 이러한 도취가 한때의 위안에 지나지 않는, 즉 일시적인 치유의 착각을 가져오는 마비와 같은 것으로, 오히려 뒤에는 그 금단증상에 괴로워하게 된다고 하는 각성된 견해가 있다[52]. 마찬가지로 『아침놀』*에서는 "모든 종류의 비애와 영혼의 비참한 상태를 극복하기 위해…… 사람들은 자신을 도취시키는 것들에 손을 뻗치기 쉽다"[269]고도 말해진다. 이러한 발언의 배후에서는 바그너*의 예술에 대한 실망이 읽혀지지만, 이와 같은 견해는 이윽고 도취감에 수반되는 권력* 지향에

대한 '심리학*적' 고찰로 발전해 간다. 예를 들어 "희생*의 도덕"은 자신보다 강력한 것과 합일한다고 하는 "사상의 도취"이며, "희생을 통해 다시 증명된 힘의 감정에 취하는"[215] 것이라고 한다. 또한 "도취라고 말해지는 쾌락의 상태는 바로 높은 차원의 권력을 지니고 있다고 느끼는 것이다"[유고 Ⅱ. 11. 116]라고 말해진다. 여기서 '힘에의 의지'의 원천이 인정되고 있다는 것은 간과될 수 없다. 확실히 도취의 원천을 응시하는 이러한 각성된 눈이 있다고 하더라도, 『차라투스트라』*나 『이 사람을 보라』* 등에서는 니체 자신이 자기도취에 빠져 있는 점이 있다는 것도 부정할 수 있다. 이에 반해 『비극의 탄생』에서 말해지고 있는 탈일상성의 경험으로서의 도취가 니체 이후의 시대에도 반체제적인 비판력의 원천이 되고 있다는 점을 간과할 수 없을 것이다. 예를 들면 초현실주의*나 벤야민*에서 보이는 것과 같은 마약 경험과 혁명적 파토스의 밀접한 연관, 그리고 1960년대 후반에서의 학생운동과 발걸음을 함께 하는 하위문화(Subculture)에서의 LSD 유행 등에서 그 예를 볼 수 있다.

—오누키 아츠코(大貫敦子)

독수리와 뱀

『차라투스트라』* 서문의 서두에는 차라투스트라가 떠오르는 태양을 향해 "너는 지난 십 년 동안 여기 내 동굴을 찾아주었다. 내가, 그리고 나의 독수리와 뱀이 없었더라면 너는 필경 너의 빛과 그 빛의 여정에 지쳐 있으리라"[『차라투스트라』 서문 1]라고 말하는 장면이 있다. 독수리와 뱀은 차라투스트라가 "나의 짐승들"이라고 말하는 존재다. 성서*에는 "뱀처럼 지혜롭고 비둘기같이 순결하라"[마태복음 10: 16]는 구절이 있지만, 이 순결함과 지혜로움이라는 덕의 상징에 맞서, 『차라투스트라』*에서 독수리는 "태양 아래서 가장 긍지 높은 짐승", 뱀은 "태양 아래서 가장 영리한 동물"로서 각각 고상함과 영리함이라는 덕의 상징으로 여겨진다. 어느 쪽이든 "태양 아래" 있는 동물로서 이미지화되며, 서문의 말미에서 차라투스트라는 정오

의 하늘에 걸린 태양 아래서 독수리 한 마리가 커다란 원을 그리며 하늘을 날고 있고 뱀 한 마리가 거기 매달려 있는 것을 올려다본다. 독수리가 뱀을 부리와 발톱으로 사로잡은 그림과 문장 종류는 예부터 전해지고 있고, 이 도안에서 높음과 하늘의 상징을 나타내는 독수리는 땅과 낮음의 상징을 나타내는 뱀의 적, 먹이로 여겨지고 있다. 이에 반해 서문의 말미에 나오는 뱀은 "먹이가 아니라 벗"인 듯이 보인다. "왜냐하면 뱀이 독수리의 목을 감은 채 독수리에 의지하고 있었기 때문이다."[『차라투스트라』 서문 10] 독수리가 하늘에 그리는 원이라고 하고, 뱀이 독수리의 목을 감고 있다고 하는 것은 어느 쪽이든 원환, 나아가서는 회귀를 암시하는 듯하다. 니체의 단편에는 "너희들 동물은 내게 고하는가, 태양은 이미 정오에 접어들고 있다고? 영원이라는 이름의 뱀은 이미 몸을 서리고 있다고?[유고 II. 5. 63-64] 써 둔 구절이 있다. 하이데거*는 이 두 마리의 동물에 대해 "(1) 그 선회와 몸의 서림은 영원회귀*의 원환을 나타내며, (2) 그 궁지 높음과 영리함은 영원회귀의 교사가 지니는 기본자세와 앎의 존재방식을 보여주고, (3) 차라투스트라의 고독을 찾아오는 동물들은 차라투스트라에 대한 최고의 요구를 나타낸다'고 요약하고 있다[『니체』]. 태양 아래서 벗처럼 놀이하는 동물들은 정오의 철학에서의 영원회귀의 전조라고 말해야 할 것인가?

—기마에 도시아키(木前利秋)

독일 관념론獨逸觀念論

【Ⅰ】독일 관념론과의 가까움과 멂

1844년에 니체가 태어났을 때에는 이른바 '독일 관념론의 붕괴'가 거의 완료되어 있었다. 예를 들면 루게(Arnold Ruge 1802-1880)는 1842년에 『할레 연보』에 "헤겔'의 국가는 플라톤'의 국가 이상으로 실재성이 없다'고 그 관념론을 비판하고 있다. 그 전해에 루게는 헤겔 철학의 혁명적 내용을 정확히 파악하는 논문을 발표했지만, 이 철학에 현실로의 통로가 없다는 것은 그에게 있어 명백했다. 마찬가지로 바우어(Bruno Bauer 1809-8

2)도 헤겔의 역사철학적인 현실 긍정을 일체의 동일화를 거부하는 철학적 아이러니에 의해 넘어서고자 하고 있었다.

헤겔 사후에 청년 헤겔학파의 혁명적 기분을 억누르기 위해 셸링(Friedrich Wilhelm Joseph von Schelling 1775-1854)을 베를린대학에 초빙한 것은 국왕 프리드리히 빌헬름 4세(Friedrich Wilhelm Ⅳ 1795-1861)다. 그리고 니체의 아버지는 이 국왕을 알게 된 것이 계기가 되어 레켄의 목사로 임명된다. 그 셸링도 1841년에 베를린대학의 강의를 그만둔다. 후기 셸링을 독일 관념론의 '완성'(발터 슐츠[Walter Schulz 1912-2000])으로 볼 것인가의 여부는 의견의 다른 바이지만, 본질보다는 실재에 사상이 도달할 것을 지향하여 자연 철학으로 향한 셸링도 관념론의 해체를 기도하고 있었다는 것은 틀림없다. 이미 젊은 날에 '악의 변신론'이라고도 말할 수 있는 사상을 전개하고 있던 그에게 있어 '우발적으로 필연적인 것'을 변증법의 매개로 거두어들일 수 없다는 것은 자명했다. 아니 본래적으로 무릇 개념으로부터 실재를 짜낼 수 없다고 하는 것은 시대의 경험에 속해 있었다.

덧붙이자면, 이 셸링의 강의는 키르케고르*, 바쿠닌(Mikhail Aleksandrovich Bakunin 1814-76), 엥겔스(Friedrich Engels 1820-95), 그리고 부르크하르트*가 청강했다. 그리고 니체는 '성공의 역사'를 비난하는 부르크하르트의 헤겔 비판(그는 헤겔과 논쟁한 역사학파도 과거를 현재라는 정점으로 향해서 그리는 자들로서 한 묶음으로 비판한다)을 그로부터 듣게 된 일도 있어 그것을 공유하게 된다. 또한 동시에 뢰비트*의 지적에 따르면 바우어의 『폭로된 그리스도교』(1843)에서의 관념론 비판으로부터 니체는 많은 시사를 얻은 점이 있다[『헤겔에서 니체로』]. 특히 『안티크리스트』*에는 바우어의 이 저작과의 두드러진 대응 관계가 있다는 점을 지적하면서, 뢰비트는 이 관련을 "19세기의 지하도"라는 표현으로 형용하고 있다. 또한 『반시대적 고찰』* 제1논문에서 철저하게 비판된 D. 슈트라우스*는 청년 헤겔학파로서 그리스도교*의 역사주의적 해체를 기도하고 있었다. 비판된 것은 바로 그의 자유사상의 불철저함이었지만, 역사신학*에 의한 관념론의 해체는 니체 청년 시기의 커다란 경험이다(이미 김나지움 시기에 슈트라우스를 읽고서 어머니와 누이의 분노를 샀다). 그런 의미에서 독일 관념론으로부터 발생하여 관념론을 넘어가고자 한 역사주의*는 니체와 독일 관념론 사이의 커다란 징검다리다. 또한 바우어는 니체의 슈트라우스론의 좋은 독자인데, 『이 사람을 보라』*에 따르면 노년에도 최후까지 니체의 발전을 지켜보고 있었다고 한다. 루게의 부인 아그네스(옛 성 니체)가 니체와 증조부를 같이하고 있다고 하는 혈연상의 에피소드는 차치하더라도, 이러한 여러 가지 관계와 사정으로부터 니체와 관념론의 지하도를 통한 가까움의 다른 한편으로, 독일 철학이 현실에 의해 추월당해버린 "50년대의 늦지의 독가"를 두고서 관념론과 니체의 사이에는 상당한 거리가 놓여 있었다. 니체의 관념론과의 관계를 생각할 때에는 이러한 양면을 볼 필요가 있다.

【Ⅱ】 정치학으로서의 독일 관념론과 자민족중심주의

다른 한편 독일 관념론은 하나의 정치학 또는 정치철학이었다. 그 점은 하이네*가 『독일에서의 종교와 철학의 역사에 대하여』(일역 제목은 『독일 고전철학의 본질』)에서 훌륭하게 그려내고 있다. "사상은 행동이 되고자 하고, 말은 육체가 되고자 한다"—독일이야말로 철학 혁명의 땅이다. 배경에 독일의 후진성이 놓여 있었던 것은 하이네가 보는 대로이다. 하이네는 무신론의 이유로 고발된 피히테의 편지를 인용한다. "저 사람들은 나의 이른바 무신론을 박해하고 있는 것이 아니다. …… 평판이 나쁜 민주주의자로서 나를 박해하고 있는 것이다."[1799년] 니체도 이러한 정치적 정열과 관념론의 관계를 보고 있었지만, 그 정치사상으로서의 민주주의적 내실에 대해서는 그다지 공감을 보이지 않았다. 저 시대에 "유럽이 자유의 나무 주위에서 춤췄다"[『선악』 245]는 것에 대해서는 언제나 회의적이었다.

하지만 그 이상으로 확실히 비판적이었던 것은 프랑스에서 유래하는 자유의 운동이 독일에서 민족적인 사상과 결부된 사실에 대해서다. 앞의 피히테 자신이 머지않아 인간의 자기규정을 설파하면서 독일 지상론자로 전향했다. 니체의 말을 빌리자면, 신화화된 루소*와 프랑스*에서의 고대 로마의 소생이라는 위대한 조류가 "좀 더 약한 이웃"인 독일에 들어와 "독일의 젊은 이"에게 받아들여지자 "독일적"이라는 말에는 "미덕으로 가득 차 있다"라는 뉘앙스가 생겨난다. 특히 그것은 실러*, 피히테(Johann Gottlieb Fichte 1762-1814), 슐라이어마허(Friedrich Ernst Daniel Schleiermacher 1768-1834)에서 두드러지며, 기원으로서는 칸트*도 무관하지 않다. 이것이 독일 관념론의 도덕을 뒷받침하는 심정이며, 그것은 그대로 유물론과 쾌락을 설파한 엘베시우스(Claude Adrien Helvétius 1715-71)의 망각으로 이어진다[『인간적』 Ⅱ-2. 216]. 또는 독일에서 교양*이 민족적이고 정치적인 광기로 변화되는 그 계기가 실러, W. 폰 훔볼트(Wilhelm von Humboldt 1767-1835), 슐라이어마허, 헤겔, 셸링 등에서의 "어떻게 해서라도 도덕적이고자 하는 갈망. 뼈대 없는 보편성에 대한 욕망"에 이미 숨어 있었다고 생각된다[『아침놀』 190].

이러한 형태의 관념론 비판, 요컨대 관념론 속에 있는 공허한 보편성이 정치학으로서의 자문화중심주의로 전환한 것에 대한 비판은 바그너*에 대한 혐오로부터 독해된 정신사적 콘텍스트의 폭로이기도 했다. "헤겔과 셸링이 사람들의 마음을 유혹하고 있을 무렵, 바그너가 젊었다는 것을 상기해봅시다. 그가 알아차린 것, 그에게 명백했던 것은 독일인만이 진지하게 받아들였던 것으로서, 그것은 — '이념'이었습니다. 이념은 어둡고 불명료하며 불길한 예감이 드는 것입니다."[『경우』 편지 10] 이 점에서 상기되는 것은 "독일인은 이념은 믿지만, 현상은 보지 않는다"라는 괴테*의 유명한 말이다[『에커만과의 대화』]. 관념론의 정치학을 시대의 콘텍스트로서 역사적으로 보는 니체도 때로는 괴테와 마찬가지로 '국민성'에서 그 원인을 본다. 독일인이라는 것은 관념론에로의 기울어짐을 간직하고 있다는 것이다. "설사 헤겔이라는 인물이 존재하지 않았다고 할지라도 우리 독일인들은 헤겔주의자들이었을 것이다. (라틴계의 사람들과는 달리) 우리는 '존재'하는 것보다 생성과 발전에 더 깊은 의미와 풍부한

가치를 부여한다는 점에서 그렇다.”[『학문』 357]

【Ⅲ】 변증법적 총체성에 대한 비판

그러나 독일 관념론은 이러한 측면과는 별도로 정치철학, 예술론 그리고 신학적인 역사철학이라는, 현재는 전적으로 이질적인 것이 되어버린 것들을 함께 생각하고자 하는 사상운동이기도 했다. 서로 대립하는 것을 함께 생각하는 것이야말로 변증법*의 특성이다. 그것은 예술과 정치의, 또는 예술과 역사의 관계, 그것들에 대한 담론의 새로운 배치를 추구하는 거대한 지적 노력이었다. “예술이란 선험적 관점을 공공의 관점으로 하는 것이다”라고 피히테가 말하는 것은 [『윤리학 체계』 제3부 31절] 그런 의미에서이며, 튀빙겐 신학교에서의 젊은 휠덜린*, 셸링, 헤겔을 고무시킨 것도 이 문제의식이었다. 거기에는 고대의 축제 공동체가 불가능한 시대에 새로운 신화를 어떻게 구축할 것인가 하는 문제가 놓여 있었다. 당연히 거기에는 봉건적 지배체제에 대한 비판뿐만 아니라 그 이상으로 당시 등장하고 있던 근대 시민사회적인 인간에 대한 깊은 회의가 놓여 있으며, 또한 예술을 역사의 원리로 하는 것을 거부하는 계몽적 이성에 대항하여 계몽의 근거를 붕괴시키고자 하는 의지가 있었다. 바그너가 1848/49년, 드레스덴의 혁명 소요에서 추구한 것도 같은 문제였다. 『비극의 탄생』*에서의 실러의 「소박한 문학과 감상적 문학에 관하여」(Über naive und sentimentale Dichtung, 1796)와의 논쟁적 대결, 슐레겔 형제에 의한 관객론의 극복 시도 등은 이러한 독일 관념론 문제의 니체적 변주다. 아니 『비극의 탄생』 전체가 고대의 축제 공동체의 재생이라는 주제에서 보면, 예술과 공공성과 역사적 운명의 관련이라는 독일 관념론 초기의 문제를 추구한 것이다.

하지만 니체의 취각은 이러한 문제 설정 배후에서 현실 호도, 고상함에 대한 소시민적인 동경, 그리고 특히 섹슈얼리티*에 관한 종래의 그리스도교 도덕의 묵수 등을 감지하지 않을 수 없었다. 그런 의미에서 관념론으로 특징지어지는 모든 독일 철학은 바로 변증법적인 물음을 계속해서 유지함으로써 “복면 쓴 신학”이라고밖에 볼 수 없다. 당시의 독일인은 “도덕적이고 아직 현실 정치적이지 않았기” 때문에 칸트의 도덕률을 기뻐하고, 튀빙겐 신학교의 젊은 신학자들도 기뻐하며 철학으로 급히 달려갔던 것이라고 그는 말하고 있다[『선악』 11]. 이 신학이 다다르는 끝은 괴이한 자기 긍정이며, 그것도 특히 총체성이라는 이름에서의 자기 긍정이다. 예를 들어 헤겔은 “정신의 명예를 위해서라고 칭하면서 현실에 복속하는 철학자”[유고 Ⅱ. 8. 334]의 전형이며, 그 점에서는 괴테도 같은 종류로 여겨진다. “헤겔의 사물에 대한 사고방식은 괴테의 그것과 그다지 떨어져 있지 않다. …… 우주 전체와 삶을 신적인 것으로 간주하고, 그것을 직관하며, 탐구하는 것 안에서 평정과 행복을 발견하고자 하는 의지. 헤겔은 도처에서 이성을 추구한다. 이성 앞에서 사람은 공손의 뜻을 표하고 조용히 삼가야 한다는 것이다. 괴테에게는 일종의 생동하고 신뢰로 가득 찬 운명론이 있다. 이 운명론은 혁명적 반항을 하는 것도 아니라면 침울한 것도 아닌바, 자기 안에서 총체성을 만들어내고자 한다. 이 총체성에서야말로 모든 것이 구제되며, 좋은 것, 승인된 정당한 것으로서 나타난다는 신앙이 여기에는 존재한다.”[Ⅱ. 10. 142] 괴테와 헤겔에게 공통된 자기의 우주에 대한 자족성. 총체성이라는 이름에서의 현실에 대한 영합. 이것은 정치와 신학과 예술을 상호적으로 이질적인 것이 되어버린 것으로 보면서도, 그럼에도 불구하고 이미 함께 그것들에 대해 생각하는 것이 아니라 매개라고 칭하면서 모든 것을 조화 속으로 용해하는 것으로 화하고 있다. 개념으로 거두어들여지지 않는 것 측에 선 니체인 이상, 독일 관념론의 모든 것을 매개로 녹여 넣는 발상에 비판적이었다. 그리고 그것은 그대로 개념으로 거두어들여지지 않는 삶*과 성의 우발성에 대한 찬가로 된다. 우발성의 신 디오니소스*의 이름을 부른 『비극의 탄생』과 더불어 슐포르타*의 졸업에 즈음하여 쓴 시 「알려지지 않는 신에게」에는 아직 있었던 그리스도교적인 동시에 관념론적인 사고에 대한 결별이 이루어졌던 것이다. 따라서 슈트라우스가 비판된 것이며, 따라서 바우어와 니체 사이에 은밀한 지하도를 통한 이해가 성립했던 것일 터이다. ☞헤겔, 괴테, 하이네, 실러, 슈트라우

스{다비드}, 체계, 변증법{디알렉틱}, 역사주의

—미시마 겐이치(三島憲一)

독일/독일인 獨逸/獨逸人

【Ⅰ】독일관의 변천과 원근법

1871년, 아직 『비극의 탄생』*을 집필하는 중이었던 니체는 "헬레니즘적 세계의 독일적 재생"[유고 Ⅰ. 3. 474]을 기대하고 있었다. 그러나 1888년 12월 8일의 스트린드베리*에게 보낸 편지에서는 『이 사람을 보라』*의 저작이 "파멸적일 정도로까지 반독일적이다"라고 말하는 데까지 이르렀다. 니체의 주요 저작 대부분이 성립하는 이 약 18년간에 '독일'이라는 말에 담긴 의미는 이 정도로 변화하고 있다. 거기에는 확실히 개인적인 이유도 있다. 예를 들면 바젤* 시기에 새로운 독일의 교육과 교양*을 위해 끊임없이 마음을 기울였음에도 불구하고 바로 그 독일에서 그의 저작에 거의 반향이 없었던 것은 그에게 깊은 상처를 주었다. 하지만 그것을 니체는 그에게 특유한 "귀족적 급진주의"[브란데스에게 보낸 편지 1887. 12. 2.] 때문에 털어놓고 이야기할 수 없었다. 그런 까닭에 니체가 자신의 저작은 문명 세계 곳곳에서 읽히고 있으며, 읽히고 있지 않는 것은 독일 즉 "유럽의 평탄지"[『이 사람』 Ⅲ. 2]뿐이라고 호언하는 발언은 고립 상태를 이용하여 반격함으로써 우월성을 획득하고자 하는 고독자의, 때로는 익살스러운 양상마저도 보이는 조급함의 시도의 하나라고 말할 수 있을 것이다. 그러나 이러한 개인적 사정은 니체의 독일관의 변화를 설명하는 하나의 동기지만, 후기에서의 독일관을 납득시키는 설명이 되는 것은 아니다.

니체는 그 자신의 시도가 "편협한 해석의 극복"이라고 주장하고 있다. 그것은 그의 "저작에 일관된"[유고 Ⅱ. 9. 156] 경향이라고 한다. 만약 그의 독일관의 변화를 이 틀에서 생각한다면, 『비극의 탄생』 시대에는 아직 높이 평가되고 있던 독일과 독일인에 대한 평가의 전환이 일관된 사고에 따른 것임이 이해될 수 있다. 그때마다 "자기의 것"을 "타자"의 관점에서 "따져 묻

는'(hinterfragen)[『아침놀』 523] 것은 니체의 비판적·해석학*적인 방법이다. 예를 들어 프로테스탄티즘을 가톨릭의 관점에서, 또는 독일 문화를 다른 나라들, 특히 프랑스*의 시점에서, 나아가 유럽 문화 전체를 그 밖의 문화 전체(유대*, 이슬람, 불교)의 관점에서 캐물어 간다. 이러한 원근법주의*는 일정한 구조를 지니고 있는바, 처음에는 높이 평가한 것이 다음에 부분적으로 평가를 깎여 받거나 반대의 평가를 받게 되고, 머지않아서는 완전히 비난받게 된다. 그 원근법에서 언제나 다루어지는 주제는 루터주의, 베토벤*의 음악, 바이마르 고전주의, 바그너*, 비스마르크*에 의한 제국에 의해 특징지어지는 독일 근대의 문화다.

【Ⅱ】초기의 독일관

니체는 슐포르타* 시기나 학생 시기에는 루터주의나 프로이센 기질 또는 고전적 교양 등의 스스로의 전통에 대해 위화감을 느낀 적이 없었다. 그러나 바그너와 알게 되고 또한 바젤대학에 초빙을 받았을 무렵부터 서서히 자신의 시대의 문화를 동일한 독일 문화이면서도 이미 이질적인 것이 되어 있는 괴테 시대나 신인문주의 시대와 같은 과거의 문화와 대비하고, 사적·공적인 발언에서 '참된' 독일 문화의 재생을 요구하게 된다. 『음악 정신으로부터의 비극의 탄생』과 바젤에서의 강연 「우리 교육 기관의 미래에 대하여」(1872)에서 자주 바그너의 논문 「독일적이란 무엇인가」에 대해 언급하고 있는 것도 우연이 아니다. 니체는 이 논문에서 "디오니소스*적인 새"의 "너무도 행복하고 매혹적인 울음소리"가 독일인에게서 "오래전에 완전히 망각되어 버린" "신화적인 고향"[『비극』 23]을 나타내고 있다는 것을 보았던 것이다.

'제2제정기 독일'의 문화에 대한 니체의 비판은 무엇보다도 시대 비판이었다. 프로이센-프랑스 전쟁*에서 독일의 문화도 승리했다고 하는 생각은 잘못이며, "승리를 완전한 패배로 변용"시켜 버리는 것이라고 그는 말한다. 요컨대 이 승리는 "제국을 소중히 여기는 나머지 독일 정신을 근절시켜 버린다"[『반시대적』 Ⅰ. 1]고 하는 것이다. 이 비판은 니체가 생각하는 '참된' 독일 문화의 관점에서 이루어지고 있다. 참된 독일 문화란

두 가지 개혁, 요컨대 루터*의 종교개혁*과 괴테* 및 실러*에 의한 개혁이지만, 그들의 "고귀*한 정신"을 독일인은 "모조리 잃어버렸다"[유고 Ⅰ. 8. 32]고 한다. 요컨대 신흥 독일 제국에 대한 초기 니체의 비판은 아직 그 반동적인 정치에 대해서가 아니라 독일은 그 국가의 통일과 독립성의 획득과 함께 "독일의 독자적인 문화"도 전수받았다고 하는 '교양속물'의 어리석은 자기 과신을 향해 있었던 것이다. 독자적인 문화는커녕 그 모습에 전혀 변함이 없이 서쪽의 이웃나라들을 흉내 내고 있을 뿐이라고[『반시대적』 Ⅰ. 1] 간주하는 니체는 바그너의 정신에서 "참된 독일 예술"을 다시 획득하는 데 힘써야 한다고 설득하고 있다[「독일인에 대한 경종」 유고 Ⅰ. 2. 496]. 『비극의 탄생』에서는 그리스 정신과 독일 정신이 유사하다고 말해지고 있지만, 바로 그런 의미에서 "우리 독일의 고전적 저작가들"을 상기하고, 또한 그 저작가들에 의해 매개된 그리스 문화를 상기함으로써 "고전적 교양"의 혁신이 이루어져야만 한다고 니체는 주장한다[「교육 기관」 Ⅱ].

브란데스*에게 보낸 서간에서는 다비드 슈트라우스* 비판의 글이 "프랑스에 대한 승리를 가져온 것이라고 사람들이 기리고 있던 독일의 교양에 대한 최초의 암살이었다"[1888. 2. 19]고 적고 있다. 이 무렵의 저작에서 각별히 교양속물을 풍자하고 있는 수많은 예에서 보면, 니체가 신인문주의의 교양 개념 그 자체가 아니라 오히려 그 도착된 모습을 공격하는 것이라는 것을 알 수 있다. 그뿐만 아니라 그가 동시대의 독일의 교양을 비난하는 경우, 괴테와 실러와 훔볼트(Wilhelm von Humboldt 1767-1835) 시대의 '전인격적 인간'이라는 이상이 전제로 되어 있다. 이전에 교양이 지향하는 것이 '인간'의 형성이었다고 한다면, 현재의 그것은 국가* 안에서 출세하기("이제 인식하지 않고서 잘 살기")위해 교양재화를 능란하게 다루는 솜씨를 익히고 있는 '교양속물'의 육성에로 전락해 있는바, 요컨대 "통용되는 인간"[유고 Ⅰ. 3. 348]이 되는 것이 교양으로 되어버렸다는 것이다.

【Ⅲ】독일 고유의 문화에 대한 희구

니체에게 있어 중요했던 것은 "새로운 조형"이다.

횔덜린*의 이 표현을 그가 1875년 5월 24일의 바그너에게 보낸 서간에서 사용한 것은 우연이 아니다. 니체는 1871년에 바그너가 "실러와 니체가 시작한 일을 단지 계속했을 뿐만 아니라 그것을 완성시켰다. 더욱이 독일 땅에서"라고 적고 있다[유고 Ⅰ. 3. 377]. 요컨대 니체가 자신의 동시대에 결여되어 있다고 느꼈던 '독일 고유의 문화'는 고전주의 시대의 지식인 괴테와 실러도 가져올 수 없었던 것이다. 실러는 "민족에 대해서가 아니라 인간에 대해서", 요컨대 "미래의 인간들에 대해서" 말을 걸었던 것이라고 니체는 말한다. 그러나 이제 최대의 목표는 "독일적 교양이 아니라 독일인을 형성하는 것이다."[유고 Ⅰ. 4. 135] 실러가 말하는 '인간의 미적 교육'이 아니라 '독일인의 미적 교육'인 것이다[같은 책 Ⅰ. 3. 157].

레싱*과 괴테와 실러는 그들의 저작의 주제와 소재의 선택에서 이미 "초독일적"[『반시대적』 Ⅳ. 10]이었던바, 요컨대 한 나라의 문화에 사로잡혀 있지 않았다. 그에 반해 니체는 이제 "독일의 과거의 요소들"을 문제로 삼아야 한다고 말한다. 그는 이 요소들 가운데 몇 가지를 열거하고 그 뒤에 작품의 제목을 적고 있지만, 『파우스트』를 제외하면 모두 바그너의 음악극 제목이다. "종교개혁 시대의 민중 예술 — 파우스트, 마이스터징거. 금욕과 순애, 로마 — 탄호이저. 충성과 기사, 오리엔트 — 로엔그린. 가장 오랜 신화, 인간 — 니벨룽겐의 반지. 사랑의 형이상학 — 트리스탄."[유고 Ⅰ. 4. 135]

이것이야말로 "독일의 신화의 세계"라고 한다. 이 세계는 "종교개혁까지" 살아 있었던 것이며, "이 세계에 대한 신앙은 그리스인이 그들의 신화에 대해 품었던 신앙과 대단히 유사하다"[유고 Ⅰ. 4. 135]고 하는 것이다. 니체는 바그너 작품 속에서 "비극의 참된 재생"을 인정하고, 그것이 "고대의 재각성의, 즉 〔종교〕개혁 운동의 재개"라고 하여 변호한다[같은 책 Ⅰ. 3. 554]. 그로부터 세 가지 것이 분명해진다. 첫째, 후에 니체가 엄격하게 구별하는 종교개혁과 르네상스*는 아직 1871/72년의 단계에서는 동일한 것으로 생각되고 있었다는 점이다. 둘째, 니체가 고대라고 말하는 경우에 그것은

'독일의 고대'를 의미한다는 점이다. 그때 물론 독일의 고대와 그리스의 그것과의 유사성을 니체는 강조한다. 그리고 셋째, "헬레니즘 세계의 독일적 재생"이라는 표현은 그리스인들이 자신들의 신화를 믿었듯이 스스로의 신화를 믿는 세계를 재생한다는 것을 의미한다[같은 책 Ⅰ. 4. 135]. 요컨대 '디오니소스적'인 것의 '독일적' 재생인 것이다. 더 나아가 이미 게르만인의 신화는 '디오니소스적'이었다고 말한다[같은 책 Ⅰ. 3. 323]. '게르만적'과 '독일적'을 자주 동일한 의미로 받아들이고 있던 당시의 니체는 1871년에는 디오니소스적인 것이 "게르만적 소질"에 대응한다고 말하고 있다. 그런 까닭에 "음악 정신"으로부터의 디오니소스적인 것의 재생은 "음악에 의해 게르만적인 것을 다시 형성하고 계속해서 형성하는 것"[같은 책 Ⅰ. 3. 127]인 것이다. "게르만적 소질"은 "루터에게서", 그리고 그 후 "독일의 음악에서 나타났던"[같은 책 Ⅰ. 3. 370] 것이며, 그러한 소질이 가져다준 "디오니소스적 열광자들"에게서 "독일의 신화의 재생"이 이루어진 그날에는 "감사하게" 될 것이라고 니체는 말한다[『비극』 23].

니체는 루터의 찬미가를 "최초의 디오니소스적인 유혹의 울음소리"[같은 곳]라고 표현하고, 또한 바그너의 음악에서도 "디오니소스적인 새의 매혹적인 울음소리"[같은 곳]를 듣고 있다. 그리고 무엇보다도 바그너의 음악을 그리스 비극과 나란히 루터의 종교개혁과 관계지었다. 종교개혁은 내면성의 해방자이며, 그 보편적인 표현을 비로소 음악 안에서, 요컨대 루터 자신의 작곡과 나아가서는 바흐(Johann Sebastian Bach 1685-1750)와 헨델(Georg Friedrich Händel 1685-1759)의 작품 속에서 발견했다고 한다. 그리고 바흐와 헨델의 작품에서는 "루터 및 그와 유사한 영혼의 가장 좋은 것이 울려나고 있다"[『인간적』 Ⅱ-1. 171]고 하고 있다. 또한 루터의 종교개혁과 실러와 바그너는 무엇보다도 '로마니즘'(Romanism)에 대항하여 등장한 것이라고 한다. 그리고 장래는 바로 이 로마니즘으로부터 완전히 해방되어야만 한다고 말한다[유고 Ⅰ. 3. 444]. 여기서 로마니즘이라고 말해지는 것에는 다양한 의미가 놓여 있다. 루터의 종교개혁의 경우에는 분명히 로마 교회

를 가리키며, 실러에 관해 말해지는 경우에는 로마 고전 고대의 영향을 가리키고, 그로부터의 괴리와 그리스로의 경도라는 빙켈만* 이래의 독일 교양의 방향 전환이 염두에 놓여 있다. 이에 반해 니체가 그 자신의 시대에서 로마니즘으로부터 독일인을 해방한다고 말하는 경우에는 독일 문화로부터 로마니즘적 요소를, 좀 더 정확하게는 프랑스의 영향을 제거하는 것을 생각하고 있다. 이 경우에 그는 이것으로부터 이루어져야 하는 해방과 1870/71년의 프로이센-프랑스 전쟁의 군사적 승리를 평행적으로 파악하고 있다[『비극』 23]. 프랑스적이라는 의미에서 로마니즘이라는 말이 사용되고 있는 경우는 실러와 관련해서는 (프랑스 고전주의 비극을 이미 모범으로 하지 않는다는 점에서) 아마도 그러할 것이며, 또한 바그너에 관련해 말해지고 있는 경우에는 확실히 그렇다.

이제까지 말한 것으로부터 분명하듯이 니체가 바젤 시대에 '독자적'인 독일 국민문화라는 표현에서 생각하고 있는 것은 프랑스인들의 로마니즘에 대항하는 '게르만적' 문화다. 이 단계에서 니체는 디오니소스적인 것을 아폴론*적인 것보다 훨씬 기본적이고 "좀 더 심연"인 것으로 간주하고 있다. 이 점에서 니체는 놀라울 정도로 초기 낭만주의와 가까운 사고방식을 취하고 있다. 그런 까닭에 70년대 초의 니체에게는 아폴론적인 것을 "좀처럼 이해할 수 없는"[유고 Ⅰ. 3. 370] 자국의 독일 문화 쪽이 이질적인 "로마니즘적인 것"보다 훨씬 우월하다고 생각했던 것이다.

【Ⅳ】 문화와 국가

이러한 발언은 오늘날의 우리에게는 내셔널리즘적으로 들린다. 그러나 니체의 사고는 그것이 "게르만적 심연"이나 "참된 독일적 예술의 고귀한 마법과 공포"[「독일인에 대한 경종」 유고 Ⅰ. 2. 496]와 같은 표현으로 크게 과장된 경우에서조차 의심스러운 나치스*적인 수용에 대해서는 저항한다. 왜냐하면 그는 언제나 "독일적 정신"과 "독일 제국"과는 다른 것이라는 점을 강조하고 있었기 때문이다.

『우상의 황혼』*(1889)에서는 "제국을 소중히 여기는 나머지 독일 정신을 도려내 버린다"고 하는 것을 이미

경고하는 데 머무르지 않는다. "권력을 쥐기 위해서는 높은 대가를 필요로 한다. 권력은 인간을 우매하게 만든다"[『우상』 Ⅷ. 1]고 하는 견해는 이 시기의 니체에게 있어서는 이미 확고한 테제가 되어 있었다. 바그너도 역시 1878년 이래로 비스마르크와 호엔촐레른가와 프로이센 독일의 군국주의에 대해서는 점차 혐오를 느끼고 있었다. 하지만 바그너도 젊은 니체도 어느 정도 국가와 문화를 구별했다고는 할지라도 두 가지 의미에서 민족주의적인 경향을 강화하는 것에 손을 빌려주게 되었다. 그 하나는 독일의 '문화'(Kultur)와 서구 여러 나라의 '문명'(Zivilisation)을 대치시킨 것이고, 또 하나는 독일은 아직 젊고 생성 도상에 있으며 동적인 존재라고 하는 견해, 요컨대 미래는 독일의 것이라고 하는 견해다. 이 두 가지 경향은 후에 이른바 '독일의 특수한 길'(deutscher Sonderweg)로서 하나로 되어간다. 이러한 사고로부터 자양분을 얻은 것은 묄러 판 덴 브루크*[『제3의 제국』(1923)]뿐이 아니다. 토마스 만*[『비정치적 인간의 고찰』]도 호프만스탈*[『국민의 정신적 공간으로서의 저작』]도 비록 일시적이었긴 하지만 이러한 생각에 찬동하고 있었다.

헤르더(Johann Gottfried von Herder 1744-1803)와 실러의 시대에 문화국민(Kulturnation)으로서의 독일이라는 사상은 정치적으로는 아직 죄가 없는 것이었다. 왜냐하면 '문화'란 가치를 낮게 평가받은 외국의 '문명'과 대치된 것이 아니라 '정치적 제국'에 대치되는 것이었기 때문이다. 신성 로마 제국의 해체 시대를 살아간 실러는 「독일의 위대함」이라는 단편(1797)에서 "독일 제국과 독일 국민'은 다른 것이라고 강조하고, "제국이 멸망하더라도 독일인의 존엄은 흔들리지 않는다"고 말하고 있다. 실러는 독일인의 위대함을 무엇보다도 모든 민족의 행복을 위해 정신적 자유를 얻고자 싸우는 점에 있다고 본다. 여기서 루터가 생각되고 있다는 것은 분명하다. 그리고 아마도 칸트의 일도 염두에 놓여 있을 것이다. 이 사상을 계속 이어나가게 되는 것은 하이네*다.

앞에서 말한 것과 같은 사상은 니체에게서도, 또한 바그너에게서도 보인다. 그렇지만 그 경우에 실러의 세계시민적이고 인문주의적인 경향은 민족주의의 색채가 짙은 편협한 것으로 왜곡되어 버린다. 예술이 문화를 대표하는 것으로서 높이 평가되는 것은 실러, 낭만주의, 그리고 셸링(Friedrich Wilhelm Joseph von Schelling 1775-1854)을 거쳐 이후 시대에는 너무나도 자명한 것이 되어 있었다. 그런 까닭에 니체가 그의 시대에 대해 말하는 경우에 '예술', '문화', '교양'이라는 개념이 언제나 서로 맞바꿀 수 있는 것들로 사용되고 있는 것도 이상하지 않다. 그러나 이들의 언뜻 보아 비정치적인 영역에서조차 민족주의를 떠올리게 하는 가락이 들린다는 것을 무시할 수 없다. "신성 로마 제국이 멸망하더라도 신성한 독일의 예술은 마땅히 남아야 한다"는 말이 바그너의 「마이스터징거」*에 있다. 그리고 니체도 이 가사의 의미에 동의하고 있었다. "마이스터징거 ─ 문명과 대립하는 것, 프랑스적인 것과 대립하는 독일적인 것."[유고 Ⅰ. 5. 451] 독일인은 "젊고, 생성하고 있는 것"[같은 책 Ⅱ. 8. 240]이며, "생성하고 있는 문화에 대한 희망"을 준다[같은 책 Ⅰ. 4. 143]고 니체는 1872년에 말하고 있다.

【Ⅴ】탈독일화

그러나 널리 알려져 있듯이 니체는 독일인에 대해 지녔던 이 기대를 머지않아 잃어버리고 말았다. 점차 니체는 동시대의 독일을 과거의 더 나은 독일과 비교하는 것이 아니라 독일 문화의 모든 것을 유럽을 기준으로 하여 측정하게 되어간다. 그리고 일반적으로 르네상스와 계몽기로 경도되기 시작하며, 또한 '자유정신'(『인간적』*, 『아침놀』*, 『즐거운 학문』* 이래로)을 생각하기에 이르러 게르만적 신화나 루터주의로부터 괴리되어간다. 이전에는 영광의 빛에 둘러싸여 보였던 것이 이제 독일과 독일인에 대해 혐의를 불러일으키는 요인이 되고 있는 것이다. 또한 특정한 문화 현상을 각각의 "민족의 특성"으로 환원하게 된다. 이 점에서 니체는 바로 시대의 아들인 것이다. 나아가 이전에는 그토록 높이 평가하고 있던 "독일의 내면성"에 대해 엄격한 판정을 내리게 된다. 이 내면성에 대해 『삶에 대한 역사의 공과』에서는 아직 허용하고 있는 점이 있다. 예를 들어 만약 외국인이 독일인에 대해서 그 내면성에 관해 "외부에 대해 작용하고 스스로에게 형태를 부여하기에는 너무나 약하고 혼란스럽다"고 비난했다 하더라도 그에 대해 "일리 있다"[『반시대적』 II. 4]라는 정도의 의혹을 품고 있었던 데 지나지 않는다. 그러나 이제 자주 말해지는 "독일적 심원함"은 "자기에게 적대하는 본능의 불결함"[『이 사람』 XIII. 3]에 다름 아니라고 말한다.

이 시기의 니체는 루터의 "광학" 안에서 광신자의 "시각의 병적인 제약성"을 인지하며, 또한 루터 자신 안에서 — 사보나롤라와 루소*, 로베스피에르와 생시몽 등과 마찬가지로 — "강하고 자유롭게 된 정신의 반대 유형"[『안티크리스트』 54]을 보고 있다. 그리고 무엇보다도 르네상스를 기준으로 하는 관점에서 보아 루터의 종교개혁(이전에는 르네상스와 동일시하고 있었지만)을 독일의 후진성의 원인이라고 하고 있다. 또한 루터의 종교개혁을 독일 특유의 현상으로 간주하는 까닭에, 스스로의 종파인 프로테스탄트를 적어도 좀 더 도회적이고 초국가적인 가톨릭보다 더 격렬하게 공격하는 것이다. 『안티크리스트』*에 이르면, 독일인이 "르네상스와, 르네상스에 의한 그리스도교적 가치의 전환이라는 최후의 위대한 문화적 성과"를 유럽으로부터 탈취해 버리게 된 것은 주로 루터의 탓이라고까지 말해진다[같은 책 61]. 하이네도 맑스*도 진보의 시대로 간주한 루터의 종교개혁에서 루터는 독일의 후진성의 주된 원인을 간취했던 것만이 아니다. 종교개혁은 유럽 전체에 있어 비운이 되어 버렸다고 한다. 왜냐하면 루터의 종교개혁이 없다면 로마 교회가 더욱더 세속화됨으로써 머지않아 그리스도교가 '폐지'되어 있을 것이라고[같은 곳] 니체는 생각하는 것이다.

"북방적 심원함", "독일적 학식의 어떤 철저성과 내면성"을 니체가 평가한다 하더라도 그것이 "남방의 아름다움, 마음의 우미함"과 결부된 경우에 한정되게 된다[에른스트 슈프에게 보낸 편지 1885. 10. 초순]. 『인간적』 이래로 니체는 그가 좀 더 높은 문화로 간주하는 것에 의해 "탈독일화한"[『인간적』 II -1. 323] 독일인을 좋아하게 된다. 예를 들어 신성 로마 제국 황제가 되어 시칠리아의 왕으로서도 군림하며 아라비아 문화

를 적극적으로 수입한 호엔슈타우펜 왕조의 프리드리히 2세(Friedrich II 1194-1250)와 프랑스의 계몽사상가를 궁정으로 불러 문화에 대한 조예를 심화시킨 프로이센의 프리드리히 2세(Friedrich II., der Große 1712-86)다. 전자는 니체가 자신에게 가장 가까운 부류라고 생각하는 황제이지만[『이 사람』 IX. 4], 그는 "무어인적·오리엔트적 계몽"을, 후자의 프리드리히 2세는 "프랑스"를 "열정적으로 추구했기" 때문이라고 한다[유고 II. 8. 344, 238]. 또한 이전에는 대단히 독일적이라고 평가했던 바그너에 대해서는 파리에 있는 것이 어울리는 인간이며, 자신이 바그너를 존경했던 것은 "외국"으로서인 것이라고[『이 사람』 II. 5] 말하고 있다. 더 나아가 니체 자신이 스스로가 폴란드 혈통이라는 것을 강조하고 있기도 하다[같은 책 II. 7]. 이러한 예에서는 "좋은 의미에서" 독일적이라고 하는 것은 다름 아니라 "스스로의 독일적 특성을 극복하는 것"[『인간적』 II -1. 323]인 것이다. 그리고 자기의 문화나 특성을 '좋다'고 말할 수 있는 것은 그것이 이질적인 것으로 된 경우뿐이다. 이 단계에서 니체가 독일에 대해 여전히 인정하는 것은 종교개혁 이전의 독일[유고 II. 8. 240f.]이며, 또한 "하인리히 쉬츠(Heinrich Schütz 1585-1672)와 바흐와 헨델과 같은 이미 소멸되어버린 독일인들"[『이 사람』 II. 7]이다. 괴테와 베토벤 그리고 쇼펜하우어*에 대한 평가는 변해 있지 않다. 그중에서도 특히 괴테는 니체에게 있어 "독일적인 사건이 아니라 유럽적인 사건"[『우상』 IX. 49]이다. 아폴론적 인간인 괴테는 그에 그치지 않고 끝내는 "자유롭게 된 디오니소스적 인간"[같은 곳]이라고까지 말해진다.

【VI】원근법에 의한 문화 비교

니체는 자기의 고유한 것을 제기 위해 예로 나오는 이질적인 것을 자기의 고유한 것보다 높이 평가한다. 그것을 확실히 알 수 있는 것은 그가 독일 문화를 다른 유럽의 문화와 비교하는 경우다. 극단적인 표현을 하자면, 니체가 어떤 나라를 높이 평가한다고 하면, 그것은 그 나라가 독일과 얼마나 분명히 구별될 수 있는가 하는 관점으로부터 이루어진다. 가장 평가가 나쁜 것은 영국인*[『선악』 253; 유고 II. 7. 47f.]이며,

가장 좋은 것은 프랑스인이다. 그 중간에 폴란드인, 이탈리아인, 유대인이 자리한다. "원근법을 변화시켜 본다"[『이 사람』Ⅰ. 1]는 니체 특유의 견지가 가장 명확히 보이는 것은 프랑스와 프랑스인에 대한 견지다. 요컨대 이전에는 "로마니즘적 요소를 제거하는 것"이 "독일의 독자적인 문화"의 형성을 위한 전제였지만, 이제는 프랑스인의 로마니즘적인 요소가 독일적인 모든 것에 대해 판단하고 판정을 내리기 위한 시점이 되어 있는 것이다. 예를 들어 니체는 바그너가 제시한 '독일적이란 무엇인가?'라는 물음에 다음과 같이 대답한다. "불명료한 상징성, 불명료하게 사고된 것에 대한 기쁨, 가짜 '심원'함, 자의성, 불꽃과 위트와 우아함을 결여하는 것, 위대한 방침이 지속되지 못하고 필연성을 다룰 수 없는 것."[유고 Ⅱ. 10. 467] 물론 니체가 프랑스의 문명을 무조건적으로 숭배하는 것은 아니다. 도덕이라는 관점에서는 프랑스의 낭만주의와 모더니즘*을 '데카당스'라고 비난하는 한편, 취미*라는 관점에서는 데카당스마저도 허락한다[『이 사람』Ⅱ. 5].

프랑스인 다음으로 니체가 공감을 보여주는 것은 유대인에 대해서다. 그것도 니체가 독일인에 대해서 위화감을 강화시킴에 따라 그 공감은 강화된다. 초기에는 분명히 반유대적인 발언이 이루어졌지만, 이윽고 경의를 보이는 발언으로 변화해간다. 물론 소크라테스 이전의 '헬레니즘'이라는 좀 더 오랜 관점에서 이루어진 그리스도교에 대한 부정적 발언은 그리스도교가 유대교로부터 출발하는 한에서 유대*에 대해서도 들어맞는다. 그러나 후기의 저작과 유고에서는 민족으로서의 유대에 대한 경의가 나타난다. 니체가 유대인을 높이 평가하는 점은 "엄격함으로 완전히 관철되고 스스로에 반하는 용기가 있는 것"이며, 또한 "아름다움에 대한 깊은 감정"을 지니고 있다는 것이다. 이것들은 독일을 되돌아본 경우에 독일인에게는 없는 특성인 바, 특히 "반유대주의*의 사람들"[유고 Ⅱ. 12. 104]에게는 결여된 특성이라고 니체는 보고 있다. 유럽은 많은 것을 유대에게 빚지고 있다고 한다[『선악』250]. 종교적 관점에서 보아 전적으로 반대의 것으로서 특징지어지고 있는 것이 유럽의 장래라는 관점에서는 하나로

결합된다. 요컨대 그리스도교가 서양의 "오리엔트화"에 가장 책임이 있다고 한다면, 유대교는 서양을 "점점 서양화하는 것", 요컨대 "유럽의 과제와 역사를 그리스의 그것의 계속으로 삼는 것"에 결정적인 조력을 수행했다고 하는 것이다[『인간적』Ⅰ. 475].

【Ⅶ】 니체 해석의 왜곡
이전에 상찬하고 있던 것에 낮은 평가를 부여하고, 거기에 그치지 않고 그 가치 전환*을 꾀하는 것은 결코 자의적으로 이루어지는 것이 아니라 "편협한 해석을 극복한다"고 하는 그의 원근법주의 경향에 따라 이루어지고 있다. 그러한 편협한 해석의 하나로서 점차 그의 눈에 비쳐지게 된 것은 민족주의였다. 독일 민족은 "민족주의적인 신경통과 정치적 야심으로 병들어 있"거나 "반프랑스주의의 어리석음", 또한 "반유대적", "반폴란드적", "그리스도교적·낭만주의적", "바그너적", "튜튼적", "프로이센적"인 어리석음을 니체는 "독일 정신과 양심을 흐리게 하는 이러한 작은 마비 상태"라고 형용하고 있다[『선악』251]. 민족들이 "민족주의의 광기에 의해······ 병적으로 서로 소원해지고 있는 탓에······ 유럽이 하나가 되기를 원한다는 것을 표현하고 있는 가장 명백한 징조들이 간과되거나 제멋대로 기만적으로 곡해되고 있다"[같은 책 256]고 니체는 말한다.

루카치*의 유명한 테제[『이성의 파괴』]에 따르면, 니체는 독일 제국주의의 대변자, 아니 그에 그치지 않고 파시즘의 전조였다고 한다. 그러나 니체는 위에서 말해왔듯이 자신의 민족과 문화를 대단히 비판적으로, 그야말로 달리 전례가 없을 만큼 자기 비판적으로 '따져 물었던' 것이다. 그것도 제국주의의 최전성기에서 말이다. 그러나 나치스적인 니체 해석은 프랑스를 정열적으로 사랑한 니체를 얄궂게도 '본래적' 독일인이라고 곡해하고, 반유대주의*를 명확히 적대시한 니체를 유대 혐오 인간으로 꾸며내며, 1933년 이후에 다시 '독일적'이라고 간주되게 된 것을 그토록 경멸한 니체를 바로 열광적인 게르만주의자로 꾸며냈다. 이러한 왜곡된 니체 해석의 시도는 오늘날에는 참으로 어이없는 것으로 생각될 수 있다.

니체의 후기 저작에서 독일적인 모든 것에 대해 내려지고 있는 엄격한 판정에는 부당하다고 생각되는 마디도 있을지 모르지만, 이전에 독일의 새로운 교양을 위해 싸운 니체는 이러한 발언을 결코 경솔하게나 무지로부터 말하고 있지 않다는 것을 잘 알지 않으면 안 된다. 니체는 그의 '따져 묻는' 해석학의 의미에서 그 자신의 전통 연관으로부터 거리를 두고서 그에 대해 비판적으로 판단하기 위해 그로부터 빠져나왔던 것이며, 그에 의해 스스로의 문화적 전통 안에 있어서는 보통 깨닫지 못하는 것 또는 바로 장점이라고 간주해 버리는 것의 결점과 약점을 인식할 수 있었던 것이다. ☞교양, 니체와 바그너 ― 낭만주의의 문제, 괴테, 프랑스, 프로이센-프랑스 전쟁, 종교개혁, 루터, 르네상스, 유대

―E. 샤이펠레(오누키 아츠코(大貫敦子) 역)

동고同苦 ⇨동정{연민}

동정同情{연민憐憫} [Mitleid]

니체는 동정에 대한 혐오와 경멸을 자주 입에 올렸다. 니체에게 있어 동정 도덕의 문제는 "모든 도덕에 대한 믿음이 흔들리고", "도덕적 가치들을 비판하는 것이 필요할"[『계보』 서문 6] 정도로 중대하다고 생각되는 듯하다.

동정 개념에 대한 비판은 초기의 저작에서는 보이지 않는다. 『비극의 탄생』*에는 <트리스탄과 이졸데>*와 관련하여 "동정은 어떤 의미에서는 우리를 세계의 근원적 고통으로부터 구출한다"[21절]고 긍정적으로 언급된 구절마저 존재한다. 동정 개념에 대한 분명한 형태의 비판이 등장하는 것은 중기부터일 것이다. 『인간적』*이나 『아침놀』* 등의 성찰에서 눈길을 끄는 것은 동정(Mitleiden)을 '동-고(Mit-leiden)'로 풀어서 행한 비판이다. 동정에 동고의 뜻을 돌린 자로는 쇼펜하우어*가 있다. 동정 도덕 비판이 중기 즈음에 얼굴을 내밀게 되는 것은 아마도 니체가 그 무렵에 쇼펜하우어

로부터 거리를 두기 시작한 것과 무관하지 않을 것이다. 삶*의 본질을 고뇌로 보면서 '개체화*의 원리'에 현혹된 에고이즘의 입장을 넘어서고자 하는 쇼펜하우어의 입장에서 보면, 타인의 고뇌를 인식하고 자기의 고뇌와 동일시하는 사랑의 행위는 삶에의 의지*의 완전한 부정에 이르는 길의 하나일 뿐이다. 그리고 사랑이 타자의 고뇌를 자기의 고뇌와 동일시하는 것이라면, "모든 사랑은 동정이다." 사랑을 이루어주는 동정이란 쇼펜하우어에게 있어 도덕의 극치라고도 말해야 할 것으로, 더욱이 그것은 추상적 반성에서 나오는 칸트* 식의 정언명법*과 정면에서 대립하는 것으로 간주되었다. 따라서 니체가 동정을 비판적으로 고찰하는 것은 간접적으로긴 하지만 칸트인 도덕 개념에 대한 무언가의 태도를 채택하는 것이 되기도 했을 것이다. 동정 도덕의 가치에 대한 비판이 모든 도덕적 가치에 대한 비판을 필요로 한다고 조금은 과장된 듯하게 니체로 하여금 말하게 한 것도 이러한 사정 때문일지도 모른다.

동정에 관한 중기의 발언은 심리학*적 고찰의 전형적인 예라고 말할 수 있는 것으로, 이 '너무도 인간적인' 현상을 해부해 보이는 메스는 날카롭다. 이것에 관계되어 있던 것은 필시 라 로슈푸코* 등의 이른바 모럴리스트*들의 인간 관찰이었을 것이다. 『인간적』에는 라 로슈푸코의 동정 비판을 언급한 구절이 있는데, 반쯤은 비판적이면서도 동정 도덕에 대한 거리를 취하는 방식은 상당히 가깝다. 예를 들면 동정이라는 현상을 분석하는 수법에서는 동정 도덕을 도덕 명제의 이론적 연역 속에서 체계화하는 통례적인 도덕학과는 전혀 다르며, 일상적인 인간관계에서 소용돌이치는 다양한 감정의 뒤얽힘과 모순, 충동의 갈등, 착종 안에서 동정이라 불리는 덕의 모습들을 폭로해 보인다. "라 로슈푸코 식의 예리한 회의"[『아침놀』 103]로부터 배운 바가 컸다고 말해도 지나친 말이 아니다.

동정 도덕론자에게 있어 동정이란 타자의 고뇌를 인식하는 좋은 덕으로서 도덕의 원천에 놓인다. 니체의 논박은 다방면으로부터 이러한 도덕관에 대한 회의*를 철저하게 만드는 데 놓여 있다. 예를 들어 동정이란

인간의 뛰어난 덕이라고 하는 가치관은 의심스럽다. 동정의 교설은 개인이 무언가의 공동체에 귀속·합치하는 것을 좋은 것으로 보아 오히려 "개체의 약화"를 초래한다『아침놀』132]. 또한 동정이 만약 동고라고 하더라도, "가장 하등한 동물도 남의 고통을 상상할 수 있기" 때문에, 오히려 "남의 고통을 상상"하여 괴로워하는 것(동고)보다도 "남의 기쁨을 상상하여 기뻐하는"(동희同喜) 쪽이 "가장 고등한 동물들의 가장 높은 특권이다."『인간적』Ⅱ-1. 62] "동정(Mitleiden)은 그로 인해 실제로 고뇌(Leiden)가 산출되는 한에서…… 하나의 약점"『아침놀』134]이다. 따라서 니체의 말을 빌리자면 "고귀한 도덕에서 동정은 약함"인바『안티크리스트』7], 동정은 인간의 생래적인 도덕 원천 따위가 아니다. 니체는 동정 도덕보다도 그가 말하는 관습도덕* 쪽이 훨씬 더 오랜 근원적인 것이라고 간주하고 있다. 동정에서 행위하는 인간을 도덕적 인간으로 인지하게 된 것은 "그리스도교*가 유럽에 초래한 가장 보편적인 영향"으로 보아야 하는 것이다. 이 동정 도덕과 그리스도교를 결부시키는 견해는 『아침놀』에서 처음으로 언급되고서부터 강화되며, 『차라투스트라』[Ⅱ-3]에서는 "사람들에 대한 동정 때문에 신은 죽었다"고 단정되게 된다. 『차라투스트라』 제4부가 동정 비판을 중요한 모티브로 하고 있다는 것, 『안티크리스트』*[7]에서 그리스도교를 "동정의 종교"라고 부르고 있는 것 등을 생각하면, 이러한 결부에 대한 주목의 정도를 엿볼 수 있을 것이다.

동정 도덕은 종래의 도덕의 원천이 될 수 없었듯이 장래의 인류에게도 좋은 조짐을 보여주는 것이라고 말할 수 없다. 동정은 덕이기는커녕 해이다. 종말의 시작이며, 삶에 반항하는 의지다. 그것은 "발전의 법칙을, 요컨대 도태의 법칙을 방해한다." 그리고 "동정이란 니힐리즘*의 실천이다."『안티크리스트』7] 그렇지만 니체가 '동정'이라고 부르는 모든 것을 부정했는가 하면 그렇지는 않다. 『차라투스트라』에서는 차라투스트라 자신의 "위대한 사랑"이 동정을 대신하는 것으로 여겨지고 있었지만, 『선악의 저편』*에는 두 가지 종류의 동정을 구별한 고찰이 있다. "노예 계급에 대한

동정"과 그와 같은 "동정에 대한 동정"『선악』225]이 그것으로, 전자의 "고뇌를 제거하고자" 하는 동정 대신에 "위대한 고뇌의 훈련"이 되는 동정을 도래해야 할 가능성으로서 그리고 있다. ☞그리스도교, 관습과 도덕, 쇼펜하우어, 정언명법

―기마에 도시아키(木前利秋)

뒤러 [Albrecht Dürer 1471-1528]

『비극의 탄생』*에서 니체는 현대의 황폐 속에서 고대의 재생에 의한 "독일 정신의 혁신과 정화"를 믿고서 고독하게 싸우는 자를 뒤러의 유명한 판화 「기사와 죽음과 악마」에 그려진 기사에 비유하고 있다. 그것은 "갑옷으로 무장하고, 그 눈길은 딱딱하게 굳어 있으며, 소름끼치는 동행자들이 있어도 흔들림 없이 그러나 희망도 없이 말과 개를 데리고 공포의 길을 걸어가는 기사"인바, 진리를 구하여 고독한 길을 걸어간 쇼펜하우어*도 그와 같은 인물들 가운데 한 사람이었다고 한다『비극』20]. 후설(Edmund Husserl 1859-1938)이 뒤러를 좋아하는 것과도 통하는 바가 있지만, 젊은 니체도 그러한 비장한 영웅주의가 마음에 들었던 듯하다. 당시의 유고에서는 의무를 수행하면서 생존의 무게를 견뎌내는 "게르만적 페시미즘"에 대해 말하고, "뒤러의 기사와 죽음과 악마의 판화"는 "우리 삶의 존재방식의 상징"이라고 하고 있으며[Ⅰ. 3. 412], 또한 이 판화의 복제품을 1870년에 코지마 바그너*에게 선물한다든지 하고 있다. 니체 자신은 뒤러 풍의 의상에서 독일* 국민문화의 정수를 보는 것과 같은 문화 내셔널리즘에 대해서는 거리를 취하고 있었지만『인간적』Ⅱ-2. 215], 베르트람*이나 토마스 만*에게서 보였듯이 독일 시민문화의 전통의 시조를 뒤러에서 찾고 니체를 그 후예로 자리매김하는 것과 같은 수용이 니체를 문화보수주의로 받아들이는 기도에 공헌했다는 것은 확실하다. 베르트람은 『니체 ― 어떤 신화의 시도』의 1장을 「기사와 죽음과 악마」라는 제목으로 하여 니체를 루터* 이래의 북방적 그리스도교의 정신적 혈통 속에 자리매김하고 있다. 토마스 만은 "니체를 매개로 해서

야 비로소 나는 뒤러의 세계를 체험하고 예감하며 응시했다'고 말하고, "십자가와 죽음과 무덤"의 기분을 떠올리게 하는 뒤러의 기사에서 독일인의 파우스트적 고뇌의 상징을 발견하고 있다[『비정치적 인간의 고찰』]. 그리고 나치스 독일의 붕괴를 눈앞에서 보면서 독일적 내면성의 역사를 형상화한 『파우스투스 박사』에서는 주인공의 운명에 니체의 전기적 요소를 짜 넣고, 뒤러의 판화를 도구로 하여 이야기를 전개하고 있다. 거의 최근까지 독일 연방 공화국의 지폐에 뒤러 풍의 인물화가 사용되고 있었다는 것을 생각하면, 니체를 끌어들여 전개된 권력과 내면성의 밀접한 연결에는 뿌리 깊은 바가 있다고 말하지 않을 수 없다.

—오이시 기이치로(大石紀一郎)

뒤링 [Karl Eugen Dühring 1833-1921]

니체의 동시대에 유행한 독일의 철학자. 저작은 철학, 경제학, 사회주의, 자연과학과 다방면에 미친다. 젊은 날의 니체의 서간[1868년에 게르스도르프에게 보낸 편지]에서는 "쇼펜하우어*, 바이런*, 페시미즘* 등에 대해 언제나 멋진 강의를 하고 있었다'고 칭찬되었지만, 『선악의 저편』*에서는 "오늘날의 유행 덕분으로, 숙련의 절정에 있으면서도 포기되고 있는 그러한 철학의 대표자'의 한 사람으로 야유된다. 니체는 1875년에 뒤링의 『삶의 가치』(Der Wert des Lebens, 1865)와 『철학 교정』(Kursus der Philosophie, 1875)을 읽고 전자에 대해 상세한 노트를 남기며[유고 I. 5. 282-340], 후자는 1881년에 다시 읽는다. 『인간적』* 제1부에는 '삶의 가치'라는 말이 보이는 문장으로 시작된 아포리즘이 있는데[32, 33], 이것은 『삶의 가치』에 관한 노트의 일부를 거의 그대로 이용한 것이다[유고 I. 5. 287f.]. 뒤링의 『삶의 가치』가 요소요소에서 쇼펜하우어에 대립하는 견해를 주장하고 있었다는 것은 니체의 노트로부터도 읽어낼 수 있지만, 니체는 쇼펜하우어로부터 거리를 취하기 시작할 무렵에 이 책을 손에 넣었다. 단상에는 "뒤링을, 쇼펜하우어를 장사지내 버리는 시도를 지닌 글로서 상세하게 연구"한다고 기록되어 있

다[유고 I. 5. 279]. 『계보』*에서는 뒤링의 정의론을 비판한 구절이 보이는데, 정의의 기원을 르상티망*에서 찾는 뒤링의 견해는 이미 위의 노트에 적혀 있으며, 쇼펜하우어의 "영원의 정의"도 복수 감정에서 유래하는 데 지나지 않는다고 비판되고 있다[같은 책 I. 5. 334f.]. 뒤링은 스스로의 철학을 "현실 철학"이라 칭하고, 외국의 철학자로서는 콩트*를 평가하고 있었다. 『선악』에서의 실증주의* 비판 맥락에서 "현실 철학"[204], "사이비 현실 철학자"[10]와 같은 말이 보이는 것도 이것과 무관하지 않을 것이다. 니체가 뒤링을 읽은 1875년이라고 하면 이른바 고타 강령이 채택되고 독일 사회주의노동자당(후에 사회민주당으로 개칭)이 탄생한 해인데, 뒤링은 강단 사회주의자로서 널리 알려져 베른슈타인(Eduard Bernstein 1850-1932), 모스트(Johann Joseph Most 1846-1906)를 필두로 사회주의자들 사이에서도 뒤링 열풍이 비등하고 있었다. 경악한 엥겔스(Friedrich Engels 1820-95)가 『반뒤링론』(Herrn Eugen Dührings Umwälzung der Wissenschaft) 집필을 결의한 것은 다음 해인 76년 봄의 일이기 때문에, 아마도 이 시기에 니체와 엥겔스는 뒤링을 읽었을 것이다. ☞쇼펜하우어

—기마에 도시아키(木前利秋)

들라크루아 [Eugène Delacroix 1798-1863]

프랑스 낭만주의 회화의 선도자였던 들라크루아를 니체가 언급하는 경우에 그 대부분이 바그너*와의 연관에서라는 것은 특징적이다. 그에게 있어 들라크루아는 "바그너와 가장 비슷한" 예술가였다. 양자에게 공통된 것은 "숭고한 것, 그뿐만 아니라 추함과 잔인함의 왕국에서의 위대한 발견자"이자 "예술들과 감성을 매개하고 혼합하며", 다른 모든 것을 희생하더라도 표현을 열광적으로 추구하는 예술가라는 점이라고 한다. 그런 의미에서 들라크루아는 바로 낭만주의의 특성을 모두 갖추고 있다. 더 나아가 그는 "논리와 직선의 타고난 적이었고, 이질적인 것, 이국적인 것, 기괴한 것, 구부러진 것, 자기 모순적인 것을 갈구했던 것이다.

인간으로서는 의지의 탄탈로스들이며, 인생과 창작에서는 고귀*한 템포, 즉 렌토(lento)를 알지 못했던, 갑자기 떠오르기 시작한 천민*"이라고 니체는 말하고 있다 [『선악』 256]. '렌토를 알지 못했던'이라는 표현에서는 니체가 각별히 사랑한 로랭*과 푸생(Nicolas Poussin 1594-1665) 등의 영웅적 풍경화의 고요함과는 전혀 다른 경향에 대한 거부적인 반응을 엿볼 수 있지만, 그러한 형용이 반드시 부정적인 평가로 이어지는 것은 아니다. 니체는 들라크루아와 바그너를 보들레르*라는 공통항에서 연결하고 있다. 들라크루아의 가치를 최초로 인정하고 그 대변자가 된 보들레르가 아직 생존하고 있다면 "현재 파리에서 제1의 바그너 숭배자일 것이다"[유고 II. 8. 416]라는 니체의 말에서는 ─ 바그너와의 결렬에도 불구하고 ─ 후기 낭만주의적 데카당스*를 시대 상황의 표현으로서 인정하고, 그것에 여전히 매료되어 있는 감성이 엿보인다. 들라크루아의 예술은 "우리 시대의 정념이고 신경이며 악함"의 표현, 요컨대 "근대(modern)의 고뇌" 그 자체이고, 또한 그것들 모두를 관통하는 "숭고한 번개"라고 한다[II. 7. 68]. 데카당스의 표현으로서의 후기 낭만주의 예술을 니체는 1830년대의 시대 분위기에 의한 것으로 보고 있다[II. 8. 405]. 요컨대 "나폴레옹 시대의 저 비극적 동란의 유산이며, 나아가 그 이상으로 희생자"인 세대에게 공통된 시대 상황 속에서 태어나야만 해서 태어난 예술이라고 하는 것이다. 역으로 말하면, 바그너적인 낭만주의는 데카당적인 파리 그 자체인 것이다. "파리 지엥을 불가피하게 바그너로 전향시키는 마력"이 이 데카당스의 분위기에는 놓여 있다. 다만 바그너의 경우에는 '제국 독일'의 저속한 취미에 영합했던 데 반해, 들라크루아에게는 그 독일적 성격이 없었던 것이 신랄한 비판이 아니라 오히려 공감을 보내고 있는 이유다. 그러나 니체에게는 1830년 7월 혁명을 소재로 하여 공화주의자로서의 심정을 표현한 들라크루아를 보는 시점은 없다. 저 삼색기를 내거는 '자유의 여신'에게서 혁명의 불타오르는 불꽃을 간취한 하이네*와는 달리, 니체는 들라크루아에게서 "태양의 빛을 알지 못하는" 예술가를 보고 있다. 그런 의미에서는 보들레르가 그

리는 우수와 권태의 세계에 들라크루아를 자리매김하고 있다고 말할 수 있다. 니체의 들라크루아 관에는 바그너도 공유하고 있던 낭만주의적 데카당스가 '독일적'으로 변질되지 않는 그러한 다른 가능성이 투영되고 있다. ☞니체와 바그너 ─ 낭만주의의 문제, 보들레르

─오누키 아츠코(大貫敦子)

들뢰즈 [Gilles Deleuze 1925-1995]

제2차 대전 후의 프랑스 사상계만큼 각종 사상의 난무가 보였던 곳은 없다. 맑스주의*, 실존주의*, 구조주의*, 현상학*이 차례차례 서로 복잡하게 중첩되면서 등장하고 논전한다. 헤겔*, 맑스*, 니체, 프로이트*, 후설(Edmund Husserl 1859-1938)과 같은 독일의 거장들이 어디에서나 얼굴을 내미는, 이와 같은 전개가 전후 프랑스를 유럽 사상의 첨단에 서게 했다는 것은 의심할 수 없다. 이러한 광경은 화려하긴 하지만, 다른 한편으로는 조금 머리를 갸웃하게 되는 점도 있다. 프랑스의 당사자들은 이 광경을 어떻게 보고 있었을까? 들뢰즈는 말한다 ─ "현대 철학은 뒤죽박죽 상태에 있다. 이것은 철학의 활기와 정력의 증거이기는 하지만, 또한 정신에게 있어서의 위험도 포함한다."[『니체와 철학』 일역 277쪽] 이것은 적확한 판단이다. 하지만 여기서 말해지는 "정신에게 있어서의 위험"이란 무엇일까? 이 위험의 본질을 정확히 꿰뚫어보고 그 위험으로부터 탈출하는 것이 적어도 들뢰즈의 철학적 과제였다고 생각된다. 서구 철학에서의 위험이 놓여 있는 곳을 재빨리 알아채고 정확한 진단을 내린 사람, 바로 그 사람이 니체라고 들뢰즈는 말한다. 따라서 니체는 들뢰즈에게 있어 불가결한 인물이며, 들뢰즈 철학은 니체 철학의 현대적 재건이다.

무엇보다도 우선 '철학의 이마주'를 변화시키지 않으면 안 된다. "니체가 철학의 가장 일반적인 전제들을 음미했을 때, 그는 그것들이 본질적으로 도덕적이라고 말한다."[G. Deleuze, *Différence et répétition*, p. 172] 왜냐하면 사고가 좋은 본성을 지니고, 사고하는 자가 좋은

139

의지를 지닌다고 우리에게 설득하는 것은 도덕뿐이며, 선만이 사고와 진리의 친화성을 근거지을 수 있기 때문이다. 사고의 도덕적 이마주는 전통 철학의 이마주다. 따라서 새로운 사고는 이 이마주와 그것이 포함하는 공준에 대한 철저한 비판에서 출발해야만 한다. 이마주는 표상이다. 이마주의 비판은 표상의 비판이며, 동시에 도덕의 비판이기도 하다. 도덕적 이마주(표상)와 손을 끊는 데서 사고는 개시된다. 이마주 없는 사고란 차이*의 사고다. 이것이 니체의 메시지다.

철학의 도덕적 이마주는 차이를 압살한다. "파악된 동일성, 판단된 유비(analogie), 상상된 대립, 지각된 유사(similitude)와 관계됨으로써 차이는 표상의 대상이 되어버린다."[같은 책 p. 180] 표상의 세계는 차이를 그것 자체로서 생각할 수 없으며, 차이를 차이이게끔 하는 반복도 생각할 수 없다.

니체는 표상의 세계와 표상의 철학의 해체자였다. 힘에의 의지*와 영원회귀*의 사고는 차이와 반복의 사고다. 현대 철학이 형이상학*이라고 불리는 표상의 철학과 손을 끊고 다시 출발해야 할 사명을 지니는 것이라고 한다면, 니체야말로 현대 철학의 최초의 고지자였다고 들뢰즈는 생각한다. "사유의 새로운 이마주를 만들어내는 것, 뭉개버리려고 덮치는 무게로부터 해방시키는 것."[『니체와 철학』 일역 278쪽] 그러나 이러한 절박한 과제의 실현을 방해하는 최대의 적이 지금도 살아남아 있다. 표상의 철학의 최대의 대표자는 변증법*이다. 니체의 표상 비판은 동시에 헤겔 변증법 비판이다. 니체와 헤겔 사이에서 타협은 있을 수 없다. 변증법을 구성하는 세 가지 요소가 있다——(1) 부정의 힘, 대립과 모순의 원리. (2) 고통과 비참의 가치, 수난과 분열의 실천적 원리, 불행한 의식. (3) 긍정성의 관념, 부정의 부정으로서의 긍정성. 니체는 이들 세 계열의 관념들을 전면적으로 거부한다. 왜냐하면 변증법은 부정의 힘에 의해 차이를 동일성으로 회수함으로써 차이 자체를 압살하고, 금욕주의적 이상과 니힐리즘*을 합체시키는 사제의 사상이기 때문이다. 변증법은 최후의 그리스도교적 이데올로기이자 노예의 사상이다. 삶의 단념(예를 들면 노동*) 속에서

부정의 생산력을 발견하고 부정의 힘을 매개로 한 긍정성을 찬양한 곳에서 그 긍정성은 가짜 긍정성일 뿐이다. 수난과 고뇌에 의해 긍정성을 측정하는 것은 사자의 가죽을 뒤집어쓴 나귀*이고, 그 나귀란 '마지막 인간'=말종 인간('최후의 인간, 현대인)이다. 마지막 인간은 "우리는 행복을 발명했다"고 말한다[『차라투스트라』 서문 5]. 변증법은 마지막 인간의 철학이다. 마지막 인간이 극복되고 마지막 인간의 철학(표상의 철학)으로서의 변증법이 극복되어야 한다고 하면, 니체의 사상은 우리가 의지해야 할 유일한 사상이라고 말할 수 있을 것이다. 마지막 인간(형이상학, 변증법)은 '~란 무엇인가?'를 묻는다. 니체는 '누가?'를 묻는다. 니체의 물음의 원리는 힘에의 의지다. 그것은 "차이의 입장"[『니체와 철학』 일역 280쪽]이다. 차이의 입장에 서야말로 힘에의 의지는 창조적인 긍정의 힘이 되고 증여의 원리가 된다. 금욕과 절약과 고뇌의 사상 및 그것의 사변적 이론으로서의 변증법은 이렇게 해서 물리쳐진다. ☞ 변증법

—이마무라 히토시(今村仁司)

디오게네스 라에르티오스 [Diogenes Laertios]

저자에 대해서는 3세기 후반의 사람이라는 것밖에 알려져 있지 않지만, 소크라테스* 이전부터 헬레니즘 시기까지의 그리스 철학자들의 생애와 발언을 서술한 『저명한 철학자들의 삶과 의견』 10권은 많은 원전이 상실되었기 때문에 고대 철학사의 귀중한 자료가 되고 있다. 19세기의 문헌학 연구에서는 이 철학자전의 전거가 왕성하게 논의되며, 문헌학도 니체가 메가라의 테오그니스(Theognis 544-41 B.C. 무렵 활약)와 수이다스(Suidas)에 이어 몰두한 것도 이 문제였다. 자기 제자의 연구 동향을 알고 있던 리츨*은 1866년의 라이프치히대학의 현상 논문으로서 「디오게네스 라에르티오스의 전거에 대하여」라는 과제를 출제했다. 니체가 다음 해 여름에 마무리한 응모 논문은 당선되어 리츨이 주재하는 『라인 문헌학지』에 게재되었다(1868-69년). 이 논문은 또한 바젤대학 초빙에 즈음하여 니체의

학문적 능력을 증명하는 업적으로서 주목받았다. 이 논문에서 니체는 디오게네스 라에르티오스가 들고 있는 문헌들 가운데 직접적인 전거는 디오클레스와 파보리노스뿐이라고 주장하고, "라에르티오스는 디오클레스의 요약이다"라는 가설을 실증하고자 하고 있다. 이에 대해서는 빌라모비츠-묄렌도르프*와 딜스(Hermann Diels 1848-1922) 등의 반론도 있지만, 현대의 연구자들에 따르면 세부적인 잘못은 있긴 하지만 디오게네스 라에르티오스 연구에 새로운 전개를 가져온 독창적인 논문이라고 한다. 다만 니체가 이 철학자전을 읽은 것은 문헌학 연구를 위해서뿐만 아니라 스스로의 철학적 연구에 기초하여 고대 철학자들과 대화를 나누고자 했기 때문이기도 했다. 후에 그는 대학에서의 철학이 과거의 사상가에 관한 연구로 되고 있는 것을 비판하여 디오게네스 라에르티오스에게서는 "고대 철학자의 정신이 살아 있자"만 첼러(Eduard Zeller 1814-1904)의 그리스 철학사에는 살아 있는 정신이 없다고 말하고 있다『반시대적』Ⅲ. 8].「그리스 비극 시대의 철학」 서문에서 철학자들의 체계보다 인격에 무게를 두고, 각각의 인물에 대해 세 개의 일화를 말하면 좋을 것이라고 하고 있는 것도 디오게네스 라에르티오스를 의식한 표현일 것이다. 『비극의 탄생』*에서 그리스 비극의 몰락 원인으로서 에우리피데스의 미적 소크라테스주의에 대한 종속을 논하면서 아테네에서는 소크라테스가 에우리피데스의 시작(詩作)을 거들어 준다는 풍설이 있었다고 말하는 것은『비극』13] 분명히 디오게네스 라에르티오스『철학자들의 삶과 의견』Ⅱ. 5]에 기초하고 있다. ☞리츨

—오이시 기이치로(大石紀一郎)

📖 ▷Jonathan Barnes, Nietzsche and Diogenes Laertius, in: *Nietzsche-Studien*, Bd. 15, 1986.

디오니소스 ⇨아폴론/디오니소스

디컨스트럭션 ⇨탈구축

디티람보스 [Dithyrambus(Dithyrambos)]

디티람보스란 고대 그리스에서 디오니소스 신에 대한 열광적인 숭배자들에 의해 주연에서 반쯤은 즉흥적으로 불려 이 신의 출생과 사적에 대해 언급한 찬가였다고 한다. 그것을 예술적인 시 형식으로까지 세련화한 것은 기원전 7세기, 코린토스의 음악가 아리온(Arion(Ariōn) B.C. 7세기경)이다. 헤로도토스는 아리온을 "디티람보스의 창시자이자 명명자"[『역사』Ⅰ. 23]라고 전하고 있다. 후에 이것이 아테나이에 수입되며, 대 디오니소스 축제 제정 시기에 비극과 함께 경연 제도가 만들어졌다. 아리스토텔레스의 『시학』에는 "비극은 디티람보스의 지휘자였던 사람들에게서 시작된다"[1449 a10]고 기록되어 있지만, 비극의 기원을 둘러싸고 이 서술을 어떻게 받아들일 것인가 하는 것이 논의거리의 하나가 되어 왔다. 니체는 아리스토텔레스의 견해에 찬성하는 것은 아니지만, 니체가 "비극은 비극의 코러스로부터 발생한 것이다"[『비극』7]라고 말했을 때, 코러스란 어디까지나 디티람보스를 노래하는 코러스를 가리키기 때문에, 니체는 이것에서 디오니소스*와 음악의 결합, 또는 디오니소스의 음악적 성격을 보고 있다. "초기의 디티람보스는 순수하게 디오니소스적인 것이며, 그것이 실제로 음악으로 변용해 갔다."[유고 Ⅰ. 3. 93] 디오니소스의 디티람보스에서는 인간의 모든 상징 능력이 최고도로 발휘되며, 일종의 도취*적인 망아 속에서 자연과의 융합이 달성되었다고 한다. 니체에게 있어서는 디오니소스적인 것의 선명한 모습이 여기에서 나타나 있었던 것이다. 이러한 디티람보스에서 니체는 "음악 드라마의 가장 행복한 시기"를 본다. 음악 드라마란 물론 바그너*의 음악극을 염두에 둔 것이다. 니체는 바그너를 아이스킬로스와 더불어 디티람보스 극작가라고 말하고 있다[『반시대적』Ⅳ. 7]. 바그너와 결별한 후에도 니체는 계속해서 디티람보스라는 시 형식에 대해 특별한 생각을 지닌 듯한데, 광기에 떨어지기 직전의 시집에 붙인 이름은「디오니소스 디티람보스」다.

—기마에 도시아키(木前利秋)

딜타이 [Wilhelm Dilthey 1833-1911]

『비극의 탄생』*에 대해 "이와 같은 것을 쓴 자는 학문적으로 죽은 것과 다름없다'고 말했다고 전해지는 것은 니체의 본 시기의 고전문헌학 교수 우제너*인데, 이 우제너의 처는 딜타이의 누이동생이었다. 또한 학생 시기에 니체는 메가라의 테오그니스(Theognis 544-41 B.C. 무렵 활약)에 대해 논문을 썼는데, 테오그니스의 어떤 단편에 관해 이미 고고학자로서 일가를 이루고 있던 베를린의 칼 딜타이(Carl Dilthey 1839-1907), 요컨대 철학자 빌헬름 딜타이의 형에게 문의하고 있다. 또한 한 시기에 바젤대학에 있었던 딜타이가 킬로 초빙 받아 독일로 돌아가게 되어 바젤*을 떠난 것은 후에 크게 독일을 혐오하게 된 니체가 바젤에 부임하기 한 학기 전이었다. 이와 같이 몇 가지 서로 접근하는 일이 있었던 두 사람이지만, 더듬어간 지적 항로는 크게 괴리되어 갔다.

니체는 역사적 학문인 고전문헌학*에서 출발하면서도 이윽고 그로부터의, 아니 학문* 그 자체로부터의 탈출을 도모했다. "나, 학자들이 살고 있는 집을 뛰쳐나온 것이다. 그러고는 문을 등 뒤로 힘껏 닫아버렸던 것이다."[『차라투스트라』 II-16] 그에 반해 딜타이는 역사적 학문으로서 파악된 정신과학의 근거짓기에 생애를 건다. 그것은 어떠한 회의에도 구애받지 않는 역사와 학문에 대한 신뢰이기도 했다. "인간에 관한 학문들이 인간의 자기반성이라는 요원한 목표를 향해 항상적으로 접근하고 있다는 것은 역사가 보여준다."[『정신과학에서의 역사적 세계의 구성』, 전집 VII. 83] 동료인 짐멜*에 비교하면 청강생의 수는 그 정도로 많지 않았지만, 뛰어난 실력으로 모두에게 인정받는 석학이었다. 그는 또한 젊은 날에 『비극의 탄생』과 관련하여 니체와 한바탕 일이 있었던 빌라모비츠-묄렌도르프*와 더불어 프로이센 학사원의 회원이었다. 바로 그 빌라모비츠-묄렌도르프가 제1차 세계대전 발발에 즈음하여 교수단의 전쟁 지지에 앞장선 일은 잘 알려져 있다.

니체는 모든 독일적인 것으로부터, 그 소시민성으로부터의 탈출을 기도한다. "벗이여, 달아나고자 하지 않는가? 따분한 것들로부터, 구름으로 뒤덮인 하늘 밑으로부터, 꼴사납게 걸어가는 거위로부터, 지나치게 딱딱한 여인으로부터, 무엇을 쓰고 책을 출산하는 노처녀들로부터 ― 따분해 하고 있기에는 인생이 너무 짧지 않은가?"[유고 II. 9. 62]

그는 근대 사회가 빠지기 쉬운 공동 환상이 너무도 혐오스러웠다. 바그너* 혐오도 그런 까닭이다. "내가 바그너를 결코 용서할 수 없는 점은 무엇인가? 그가 독일인에게 **응해 주었다는** 점 ― 그가 독일 제국적으로(reichsdeutsch) 되었다는 점이다."[『이 사람』 II. 5] 그에 반해 딜타이는 1862-66년의 프로이센 헌법 투쟁에서 시민층으로 이루어진 자유주의 당파들이 패배하고서부터는 비스마르크*의 외교적-군사적 성공에 내기를 건다. 프로이센-프랑스 전쟁* 발발 직전에 "현재의 정열적 순간"에 대해 말하고, "로엔그린의 백조로부터 프로이센의 독수리 문장으로"라는 전개에 희망을 품고 있었다.

니체는 목사 집안 출신이면서도 그리스도교*를 르상티망* 무리의 힘에의 의지*의 나타남이라고 폭로한다. 그에 반해 딜타이는 계몽 이후의 내면화된 프로테스탄트적인 종교성에 깊이 뿌리를 내리고 있었다. "나의 사명은 종교적 생활의 가장 깊은 곳에 놓여 있는 것을 역사 속에서 파악하는 것이다'라고 그는 1860년에 일기에 적고 있다. 하이데거*가 다루어 유명해진 요르크 폰 바르텐부르크(Yorck von Wartenburg 1835-97)와의 왕복서간에서도 종교적 경험을 배경으로 한 역사성, 시간성이 문제로 되고 있었다. 요컨대 정신과학에 관해서도 독일의 존재방식에 관해서도 그리고 종교적 전통의 평가에 관해서도 니체와의 대비는 뚜렷한 것이다. 막스 셸러*의 「삶의 철학 시론」(1913) 이후로 니체와 딜타이를 삶의 철학 항으로 정리하는 것이 철학사의 상식이 되고 있지만, 이것은 뒤집을 필요가 있을 것이다.

그런데 딜타이라는 이름은 니체가 쓴 것에 나오지 않지만, 그가 딜타이의 책을 상당한 확률로 알고 있었다는 자취가 있다. 왜냐하면 만년의 니체를 질스-마리아*로 방문한 하인리히 폰 슈타인*은 당시 베를린대학

철학과에 출입하고 있었는데, 대단히 장래를 촉망받고 있었지만 불행하게도 요절한 미학자인 그가 오랜 대화 중에 1883년에 나온 『정신과학 입문』의 일을 화제로 올리지 않았다고는 생각되지 않기 때문이다. 아마도 『즐거운 학문』* 355번은 암묵적인 딜타이 비판이 아닐까(이 책 제5부에 있는 이 아포리즘은 슈타인과 알게 되고 나서 쓰였다)? 대체로 다음과 같은 내용이다. 우리가 인식*이라고 말하는 것은 미지의 것이자 이질적인 것을 기지의 것, 친숙한 것으로 되돌리는 것, 전자 속에서 조금이라도 후자를 찾아내는 것이다. 그에 의해 우리는 미지의 것이 주는 불안에서 벗어나고자 할 뿐이다. "우리로 하여금 인식하도록 만드는 것은 〔미지의 것에 조우했을 때의〕 **두려움의 본능**이 아닐까? 무언가를 인식한 인간이 환호하며 기뻐하는 것은 다시 안전이 돌아왔다고 하는 감정 때문에 환호할 뿐인 것이 아닐까? …… 이 철학자는 세계를 '이념'으로 환원시키고는 세계를 '인식했'다는 망상을 품는다. 아, 이것은 이 '이념'이 그에게 친숙하고 익숙하기 때문이 아닐까? '이념'에 대해서는 거의 두려움을 느끼지 않기 때문이 아닐까?— 오, 인식하는 자들의 이 만족감이여!" 세계를 이념으로 환원하여 인식을 주장하는 **이 철학자**. 이것은 확실히 딜타이 만년의—니체 자신은 알 까닭이 없다—'세계관의 연구'를 상기시키며, 『정신과학 입문』에도 이러한 취지를 지닌 부분은 얼마든지 있다. '이 철학자'란 딜타이일지도 모른다. 더 나아가 니체는 계속한다. "인식하는 자들 가운데서 가장 신중한 이들조차 적어도 친숙한 것이 낯선 것보다 **더 쉽게 인식된다**고 생각한다. 예를 들어 '내적 세계', '의식의 사실'에서 출발하자는 방법론적 제안은 그것이 **우리에게 더 친숙한** 세계이기 때문이리라! 이것이야말로 오류 중의 오류다!" '내적 세계'라든가 '의식의 사실'이라는 것은 딜타이에게도 있던 용어다. 카머베크(J. Kamerbeek)라는 연구자는 이 두 가지 용어를 근거로 니체가 슈타인을 매개로 하여 딜타이를 알았고, 나아가 읽었을 것이라고 주장한다. 또한 딜타이의 사위인 미쉬(Georg Misch 1878-1965)도 이 추측에는 상당한 정도의 확실성이 있다고 하고 있다[J. Kamerbeek,

Dilthey versus Nietzsche, in: *Studia philosophica*, vol. X, 1950, S. 52-82; G. Misch, Dilthey versus Nietzsche. Eine Stimme aus Niederlanden. Randbemerkungen von Georg Misch, aus der Festgabe für Max Pohlenz zu seinem 80. Geburtstag, abgedruckt in: *Die Sammlung, Zeitschrift für Kultur und Erziehung*, 7. Jg. 1952, S. 378-394.].

딜타이 자신은 광기에 빠지기 전의 니체의 일은 알지 못했겠지만, 90년대 후반에 니체가 유명해지고서부터는 다양한 형태로 논평하고 있다. 그의 니체 비판은 단 한 가지 점으로 끝난다. 그것은 니체가 심리학*을 중심에 놓았다는 점, 더욱이 그 심리학이 경험적인 것이 아니라 자기 관찰, 요컨대 내관(Introspektion)에 기초한다는 점이다. "니체는 한 사람의 정신이 자기 자신에 대해 고민하면 어떠한 것이 되는지를 보여주는 두려워해야 할 예다. …… 이와 같이 끊임없이 자기 관찰을 반복하는 것, 그것이 무엇을 초래했다고 하는 것일까? …… '위험하게 살아간다', 자기의 힘의 가차 없는 발전과 같은 것이 아닐까?"[전집 IV. 528f.] 그에 반해 딜타이는 삶*의 수행이 그대로 삶의 자각(Innerwerden)이며, 반드시 표현되게 된다고 생각한다. 그리고 내관이 아니라 외적 표현의 해석이야말로 삶의 이해의 기본이라고 주장한다. 체험 표현으로부터 시작하여 예술, 문학, 법, 국가, 종교 그리고 도시와 촌락 등의 모든 표현이다. 그는 그것을 삶의 객관화 또는 객관 정신이라고 부른다. 헤겔*에게서는 절대 정신의 형태에 속하는 예술과 종교와 철학도 객관 정신이라는 점이, 그리고 역사의식에 기초하는 상대성이라는 점에서 흥미롭지만, 그것들을 이해(또는 추-이해)함으로써 그것들을 산출한 삶의 역동성에로 되돌아오고, 그런 의미에서는 주관 정신에로 돌아오는 것이 정신과학의 과제로 여겨진다. 이것은 말하자면 헤겔의 정신의 발전과는 반대 방향의 길을 더듬어가는 것일 터이다. 그 입장에서 보면, 니체가 역사상의 다양한 표현을 무시하고서 르상티망*과 "힘에의 의지의 형태학"[『선악』 213]으로서의 심리학을 구사하고 직감적인 발언을 하고 있는 것이 참을 수 없는 것이라는 점은 충분히 상상이 간다. "인간이 무엇인지는 역사만이 말해준다"

[전집 IV. 529]고 그는 명확히 말하고 있다. 이 발언은 후에 딜타이학파의 철학적 인간학(슈프랑거, 놀, 볼노우, 일부는 플레스너) 내에서 "열린 물음"으로서 정식화된다. 요컨대 역사는 진행되어 가는 한에서, 그리고 과거의 역사라 하더라도 미지의 것이 얼마든지 있는 한에서, 인간에 대해 최종적인 발언은 불가능하다고 하는 것이다. 해석학*에는 끝이 없다. 하지만 해석학은 해석학인 한에서, 수전 손택*도 말하듯이, 무언가의 의미로 환원하는 욕망을 지닌다『반해석』]. 해석학은 무언가의 기지의 것으로 끌어당기는 경향을 벗어날 수 없다. 바로 그 점이야말로 니체가 비판한 것이다. 그의 입장에서 보면, 끊임없는 의미로의 환원, 감각의 희생 위에 기지의 의미망을 짜내는 것, 바로 이것이 인간이란 무엇인가에 대해 정신과학적인 해답을 시도하게 하는 이유인 것이다. 이 해답은 결국 교양주의, 요컨대 인간이란 정신문화를 추구하여 상승한다고 하는 사상으로 될 뿐이다. 디오니소스*적인 것, 문명에 의해 거두어들일 수 없는 것은 존재하지 않는 것처럼 무시된다. 니체에게 있어 인간이란 미래로 향한 존재, 요컨대 "극복되어야 할 그 무엇"인 것이지 과거의 역사에 관한 지식의 집대성으로부터 이끌어내지는 무언가 명제의 주어로 되는 것이 아니다.

딜타이는 이러한 역사적 교양이 인간에게 자유를 가능하게 한다고 생각하고 있었다. "인생의 현실에 의해 제한되어 있는 인간은 예술에 의해서만이 아니라 역사의 이해에 의해 자유의 경지로 데려가진다."[전집 VII. 291] "역사는 우리로 하여금 자신들의 삶의 추이 속에서 성립한 의미 시점의 한정성을 넘어서도록 함으로써 우리를 자유롭게 해준다."[같은 책 VII. 223] 하지만

이 자유는 모더니즘 예술 운동 속에서 꿈꾸어진, 시민 사회의 일상으로부터의 탈출이 아니다. 오히려 리버럴한 교양 전통에 기초하여 역사적 연속성을 구축하고, 그 결과 국가의 기능에 봉사하는 것이 딜타이에게서는 자유의 이름으로 바꿔 말해지고 있다. 헌법 투쟁에서 온건한 입헌 군주제를 좋다고 한 독일 관료의 자유일 뿐이다. 그에 반해 민주주의*를 매도한 니체지만, 남유럽을 방랑하는 자유정신*이 살아간 자유는 근대적 지성이 설정한 일상의 시간과 공간의 틀을 넘어선 미적 파국의 순간을 지향하고 있었다. "지나간 것을 역사적으로 분절화하는 것은 그것이 어떻게 있었는지를 인식하는 것이 아니다. 그것이 해야 하는 것은 위기의 순간에 번뜩이는 회상을 획득하는 것이다"[「역사의 개념」, 전집 I -2. 695]라는 벤야민*의 의도는 『비극의 탄생』의 그리스 해석에 적어도 그 방향성으로서는 살아 있는 데 반해, 딜타이의 괴테*론과는 인연이 없다.

하지만 또한 니체가 미의 이름에서 행한 비판과 파괴는 나치스*를 준비하는 예비 파시즘 속에서 벤야민이 두려워한 '정치의 미학화'라는 반근대주의적인 퇴행에 기여했다는 것도 확실하다. 그에 반해 딜타이의 리버럴한 교양은 독일의 비참의 직접적인 책임을 면했다. 그 점은 딜타이의 좋음 때문이기도 하지만, 역시 정신과학과 그 교양주의가 완전히 과거의 것이 된 현대에 니체와 딜타이에게서 그 현실성은 전혀 다르다고 말할 수밖에 없다. 또한 1911년경에 니체 기념당을 바이마르*에 짓자고 하는 운동이 있었는데, 그 출자 호소인에 딜타이가 이름을 올리고 있다는 것을 덧붙여둔다.

—미시마 겐이치(三島憲一)

라 로슈푸코 [François, duc de La Rochefoucauld 1613-80]

니체는 17세기 프랑스*를 "경쾌한 빛나는 삶의 광경의 향유"[유고 Ⅱ. 7. 81]라고 형용하고 더할 수 없이 사랑했지만, 그중에서도 루이 왕조의 궁정인으로서 인간 심리의 미묘한 짜임새를 소탈한 아포리즘*으로 정리한 라 로슈푸코의 『잠언과 성찰』을 바젤* 시대의 후반에 특별히 즐겨 읽었다. 직접적인 계기는 파울레*와의 만남일 것이다. 그와 함께 한 1877년 겨울의 소렌토 여행에 이 책을 가지고 간다. 그 영향은 『인간적』* 36, 37, 50번 등에서 직접적으로 엿볼 수 있다. 또한 베르누이*가 수록하고 있는 오버베크 부인의 회상[C. A. Bernoulli, *Nietzsche und Overbeck*]에도 같은 집의 살롱에서 니체가 열띠게 그에 대해 논의하고 있었던 것이 기록되어 있다. 앙들레르*도 라 로슈푸코가 니체에게 "짧지만 결정적인 영향"을 주었던 것을 강조한다. 무엇보다도 힘에의 의지*의 형태학으로서 후에 자리매김 되게 되는 폭로 심리학, 그중에서도 특히 허영심*과 오만을 둘러싼 관찰에 커다란 자극을 주었다. 어쩌면 직접 철학자의 논의 속에서 개념적으로 비대화되는 경향이 있는 힘에의 의지가 "현세 내재"으로 구체적인, 이를테면 사소한 관찰에 뿌리를 지니고 있는 것은 좀 더 주목될 필요가 있다. 예를 들어 "오만은 언제나 잃은 것을 보충한다. 허영심을 뿌리쳐 버릴 때조차 아무것도 잃지 않는 것이다"[『잠언과 성찰』 33번], "완전히 실패하여 우리가 또한 그로 인해 재기불능하다는 기분이 들 때조차도 자부심은 의외로 자기 자신의 패배 속에서 개가를 올리는 것이다"[같은 책 563번=삭제된 잠언 1번] 등에는 나중의 르상티망* 사상과 통하는 요소마저 놓여 있다. "라 로슈푸코와 프랑스의 영혼

음미의 대가들은…… 과녁의 흑점을, 단 인간성의 흑점을 반복해서 명중시키는 훌륭한 사격수와 같다"고 니체는 말한다. 그러나 거기에는 다름도 분명히 존재한다. 겉보기의 겸허함을 위장하면서 궁정에서 헤엄치는 재주를 깨우치고 있는 사람들을 냉정하게 분석하는 라 로슈푸코가 결국은 전통적 가치관을 전제로 하고 있는 데 반해, 니체는 그러한 가치관 그 자체의 발생의 구조에 점차로 주목하게 된다. 실제로 『잠언과 성찰』에는 오만한 마음을 제거하기 위해서는 본래적인 의미에서의 그리스도교*적 겸허함이 필요하다고 하는 것과 같은 발언도 있다[358번]. 이와 같이 라 로슈푸코가 '겸허함'을, 요컨대 전통적 가치를 무비판적으로 받아들이는 데 대해서는 니체도 분명히 비판하고 있다. "라 로슈푸코는 심정의 고귀함의 참된 동기에 대한 의식이 있었다──그리고 그 동기에 관한 그리스도교적인 어둡고 비참한 평가가."[유고 Ⅱ. 7. 80] 하지만 또한 『인간적』 Ⅰ 의 50번 등에서는 싸구려 동정 도덕을 귀족적 긍지로부터 거부하는 궁정인의 말에 크게 공감하기도 한다. 얼마 안 있어 『아침놀』* 집필 무렵이 되면, 라 로슈푸코 대신에 니체가 "내 생애의 가장 아름다운 우연"[가스트에게 보낸 편지 1887. 3. 7.]이라고 부른 스탕달* 쪽이 중요해져 간다. ☞허영심, 모럴리스트, 스탕달

─미시마 겐이치(三島憲一)

라가르드 [Paul de Lagarde (Paul Anton de Bötticher) 1827-91]

독일의 언어학자·비평가. 처음에는 베를린대학에서 신학을 공부하지만, 후에는 언어학에 대한 관심을

심화시켜 중근동 언어들의 연구와 그리스어역 성서의 본문 교정 등의 연구에 주력한다. 괴팍하고 고집스러운 성격으로 인해 좀처럼 교직으로 연결되지 않았지만, 마침내 1869년에 괴팅겐대학의 구약 성서 강좌의 교수에 취임했다. 그러나 그 후에도 주위와의 알력은 수습되지 않으며, 그로 인해 한때는 런던 이주도 생각하게 된다. 이것은 결국 실행되지 못했지만, 그 대신에 라가르드가 실행한 것은 자신을 백안시한 주위의 독일인들에 대한 펜에 의한 싸움이었다. 그 싸움은 1886년에 출판된 『독일의 저술들』이라는 문화 비판의 저작으로 집대성된다. 이 책에서 라가르드의 출발점이 된 것은 프로이센-프랑스 전쟁*을 계기로 독일 국내에서 생겨난 부박한 애국주의적 자기도취에 대한 위화감이었다. 라가르드는 그러한 시대의 부박함 속에서 상실되고 있는 독일의 전통적 가치들의 재생을 부르짖고, 그 실현을 위해 한편으로는 중유럽의 식민지화라는 제국주의적 정책을, 또한 다른 한편으로는 기성 그리스도교*와는 다른 독일 국민종교의 창출을 제창했다. 이러한 라가르드의 논의는 동시대에 상당한 반향을 불러일으키며, 니체의 친우 오버베크*도 라가르드를 칭찬하고 있다. 니체도 1873년의 바그너*에게 보낸 편지[1873. 4. 18.]에서 오버베크의 저작과 함께 라가르드의 저작을 보내겠다는 뜻을 전하고 있는 것에서 보면, 라가르드의 독일 비판과 교회 비판에 매개된 보수혁명적 이상주의에 니체가 모종의 공감을 지니고 있었다는 것을 엿볼 수 있다.

―다카하시 준이치(高橋順一)

⟦참⟧ ▷P. de Lagarde, *Deutsche Schriften*, Göttingen 1878-81. ▷Fritz Stern, *The Politics of Cultural Despair: A Study in the Rise of the Germanic Ideology*, University of California, 1961(中道寿一 訳 『文化的絶望の政治』三嶺書房, 1988).

라이프치히 [Leipzig]

독일 동부 작센 지방의 중심 도시. 1165년에 마이센 공으로부터 도시 자치권과 시 개최권을 얻은 라이프치히는 이 지방의 상업·교역의 중심지로서 번영했다. 이리하여 축적된 부에 의해 라이프치히는 학문과 예술 및 출판의 중심지의 하나로 되기도 한다. 라이프치히대학은 그러한 라이프치히의 상징이라고도 말해야 할 존재였다. 니체는 슐포르타*를 졸업한 후, 본대학을 거쳐 1865년부터 67년까지 라이프치히대학의 리츨* 밑에서 고전문헌학* 연구에 종사한다. 리츨은 니체의 고전문헌학자로서의 능력을 높이 평가하고, 그것이 후의 바젤대학 교수로의 이례적인 발탁으로 이어진다. 또한 여기서 같은 리츨 문하의 E. 로데*와 친교를 맺은 것도 니체의 생애에 있어 중요한 사건이 된다. 그러나 니체의 고전문헌학자로서의 길을 닫게 되는 맹아도 라이프치히에서 싹튼 것이었다. 즉 쇼펜하우어*의 『의지와 표상으로서의 세계』를 우연히 발견하고 그에 사로잡히게 된 것도, 그리고 니체의 일생을 결정짓는 바그너*와 처음으로 만난 것도 라이프치히였다. 덧붙여 말하자면, 『차라투스트라』* 등의 저작을 출판한 나우만 출판사도 라이프치히에 있었다. ☞리츨, 로데

―다카하시 준이치(高橋順一)

라인하르트 [Karl Reinhardt 1889-1958]

독일의 고전문헌학*자. 1916년 마르부르크대학에서 교수가 된 것을 시초로, 함부르크, 프랑크푸르트, 라이프치히*의 각 대학의 교수를 역임. 1946년 이후 다시 프랑크푸르트대학 교수. 프랑크푸르트의 김나지움 교장이었던 아버지는 후에 현재도 존재하는 유명한 기숙 엘리트 학교 살렘의 창설자들 가운데 한 사람이었다. 이 아버지는 프로테스탄트 목사의 자식으로서 마찬가지로 이웃마을의 목사의 자식이었던 도이센*과 오랜 친교가 있었다. 도이센은 이탈리아로 가는 도중에 언제나 라인하르트 집에 들러 니체에 대해 이야기했다고 한다. 또한 아버지 자신도 바젤대학의 학생 시절에 니체와 부르크하르트*의 강의를 듣고, 본대학에서 우제너*에게 사사하여 학위를 취득한다. 우제너 부부도 자주 놀러 왔다고 한다. 독일 인문주의와 역사주의의 직계라고도 말할 수 있는 환경에서 자란 본인은 제1차 대전 전의 독일 고전문헌학의 제왕, 베를린대학의 빌

라모비츠-묄렌도르프*에게서 배웠다. 빌라모비츠는 밤의 모임에서도 니체에 대해 말하지 않았다고 하지만, 다음 세대인 라인하르트는 역사나 니체가 제시한 문헌학과 역사의식에 대한 물음과 전 생애에 걸쳐 씨름하지 않을 수 없었다. 바로 역사주의*라는 19세기의 가면 행렬이 있었기 때문에, 니체는 2000년의 역사와 생생하게 만날 수 있게 되었던 것이라고 논의한다. 이러한 배경을 토대로 하여 이루어진 니체의 시*「아리아드네*의 탄식」의 해석은 탁월하다. 텍스트에 대한 해석이 텍스트를 낳고, 가면*이 가면을 낳는 미궁의 심연*을 이 시에서 보고자 하는 것이기 때문에, 역으로 광기의 니체가 코지마*를 아리아드네에게, 자기를 디오니소스*에게 비긴 것은 광기 속에서 이루어진 의미와 개인의 혼동에 불과한 것이라고 하여 문제로 삼지 않는다. 그리스 해석자로서의 니체의 의의는 일관되게 평가하고 있다. ☞오토, 역사주의

─미시마 겐이치(三島憲一)

📖 ▷Karl Reinhardt, *Vermächtnis der Antike*, Göttingen 1960.

라파엘로 [Raffael (Raffaello Santi) 1483-1520]

라파엘로에 대한 언급은 이미 1866년의 게르스도르프*에게 보낸 편지에서 보인다. 거기서는 분석적·자연과학적인 진리 개념의 한계를 지적하고, "누가 라파엘로의 마돈나에서 오류를 비난할 것인가"라고 말하며, 예술*이 개념의 속박으로부터 자유롭다는 것을 강조하고 있다[1866년 8월 말]. 니체가 당시 드레스덴에 있었던 「시스티나의 마돈나」를 보았는지의 여부는 명확하지 않지만, 그가 좋아하는 화가의 한 사람이었던 것은 확실하다. "라파엘로와 같은 능산적 자연(natura naturans)"이라는 표현도 보이며, 괴테*와 셰익스피어*와도 나란히 등장하는 경우가 많다. 『비극의 탄생』*[4]에서 라파엘로는 실러*가 '소박'이라고 이름붙인 예술가의 반열에 덧붙여지고 있다. 그의 작품은 자연과 인간이 하나로 녹아드는 "가상"의 미에 완전히 몰입한 상태"를 그리는 예술이다. 아폴론*적 예술이 가상으로서의 현실을 한층 더 환상적 가상으로 변용시키는

것에 의해 구제하는 것과 마찬가지로, 라파엘로의 예술(예를 들면 팔로마의 성당에 있는 「그리스도의 변용」)도 "가상의 가상"이라는 것에 의해 환상적 가상의 세계에서의 구제*를 그려내고 있다고 한다. 『반시대적 고찰』*에서는 천상의 음악에 귀를 맑게 하여 위쪽을 향해 오르간을 연주하는 성 세실리아의 그림(이 그림을 쇼펜하우어*는 예술에 의한 한순간의 해탈의 상징으로 이해한다)을 바그너* 음악의 구제적인 도취감과 중첩시켜 해석하고 있다. 하지만 『아침놀』*[8]에서는 그러한 예술적 가상에 의한 구제관으로부터의 거리가 보인다. "어쩔 줄 모르고 괴로워하는 사람들, 혼란스럽게 꿈꾸는 사람들, 이 세상을 초월한 환희에 잠긴 사람들"이라는 변용의 세 개의 과정을 거친 구제는 이미 현대에는 불가능하다는 것을 니체는 여기서 인정하고, 라파엘로도 현대에는 "새로운 변용"을 눈앞에서 보게 될 것이라고 말하고 있다. 또한 "나는 라파엘로와 마찬가지로 이미 순교의 그림은 그리지 않을 것이다"[『학문』 313], "라파엘로는 그리스도교도가 아니다"[『우상』 IX. 9], "성적 조직의 과정을 빼놓고서 라파엘로를 생각할 수 없다"[유고 II. 11. 117]라는 언명에서도 보이는 탈종교적인 라파엘로 해석은 종교화의 모티프를 사용하면서도 르네상스*의 인간주의를 관철시킨 라파엘로를 평가하고 있다는 것을 엿볼 수 있게 한다. "라파엘로는 교회를 (그것이 지불 능력이 있는 한에서) 중시했지만, …… 교회의 신앙 대상을 중시하는 것이 아니라, 그에게 그림을 주문하는 사람들이 요구했던 광신적인 경건함에는 양보하지 않았다."[『인간적』 II -2. 73] 시스티나의 마돈나 상도 이미 구제의 이미지가 아니라, 어린 아들 예수*의 "구세주인 듯한 표정"에서 신앙이 돈독한 사람들을 "속이고 있다"고 해석되며, 화면 오른쪽의 소녀는 남성을 향해 성모와 같은 "미래의 아내"를 떠올리게 하는 "유혹의 눈길"을 던지고 있다고 말한다. 라파엘로에 대한 이러한 평가의 변화 속에서 예술에 의한 구제의 구상으로부터 폭로 심리학으로의 이행을 볼 수 있을 것이다.

─오누키 아츠코(大貫敦子)

랑벤 [Julius Langbehn 1851-1907]

슐레스비히에서 태어나 킬에서 자라며, 저술가로서 활약한다. 묄러 판 덴 브루크*와 슈팽글러*와 함께 신생 독일의 반자유주의적 페시미즘의 예언자였다. 제정기의 구세대에 대한 반란을 노린 학생 운동의 버팀목이 되며, 반더포겔(Wandervogel)의 청년 운동*에도 영향을 준다. 그가 저술한 『교육자로서의 렘브란트』(1890)는 합리주의적 자연주의에 대해 비합리주의를 창도하여 커다란 반향을 불러일으켜 1년에 6만6천 부에 달하는 베스트셀러가 되었다. 이 책은 근대 민주주의를 부정하고, 근대와 합리주의적 전통을 거부하며, 원시주의에 대한 강한 동경으로 채워져 있었다. 그 원시주의는 기존 사회의 파괴 후에 기본적인 인간의 정열을 해방하고, 새로운 게르만 사회를 만드는 것을 구상한 것이었다. 과학과 지성주의는 독일 문화를 망치는 것이며, 독일 문화는 새로운 위대한 예술적 인간이 힘을 가짐으로써 활성화될 수 있다고 논의했다. 그는 열렬한 니체 심취자였는데, 이 책은 "한 독일인"이라는 익명으로 저술되었기 때문에 니체의 저작으로 오해되었다. 또한 그는 니체가 정신 장애에 빠지자 주치의인 오토 빈스방거를 비판하여 독자적인 치료법을 계획, 한때는 모친과 P. 가스트*의 신뢰를 얻었지만, 과도한 후견의 요구에 모친도 의심을 지니고, 최후에는 니체의 저항에 부딪쳐 계획을 단념했다고 하는 경우도 있다. ☞청년 운동과 니체

— 우에야마 야스토시(上山安敏)

📖 ▷Fritz Stern, *The Politics of Cultural Despair: A Study in the Rise of the Germanic Ideology*, Berkeley 1961 (中道寿一 訳 『文化的絶望の政治―ゲルマン的イデオロギーの台頭に關する研究』 三嶺書房, 1988).

러시아 니힐리즘과 니체

모든 것은 공허하고 무라고 하는 사상은 결코 드문 것이 아니다. 서양에서는 고대 그리스의 소피스트들(예를 들면 고르기아스)이 인식 능력에 관해 이러한 것을 말하고 있으며, 동양에서는 '무위'라는 도교적 표현이 보여주듯이, 인생태도로서 무의 사상이 이야기되는 일이 많았고, 그것은 베버*의 주목도 끌어내고 있다. 호라티우스*에서는 이미 닐 아드미라리(nil admirari)라는 표현이 피타고라스*의 말로서 사용되고 있다. 그러나 19세기 이후의 의미에서 무의 사상이 사용된 것은 독일 관념론*의 야코비(Friedrich Heinrich Jacobi 1743-1819)가 피히테에게 보낸 서간이 최초라고 말해지고 있다. 니힐리즘*이라는 단어가 널리 인구에 회자된 것은 러시아의 소설가 투르게네프(Ivan Sergeyevich Turgenev 1818-83)의 소설 『아버지와 아들』(1862)에서 사용된 이후다. 이 사실은 19세기 러시아의 지적 상황과, 나아가서는 19세기 서구, 특히 독일어권의 그것과 밀접히 연결된다. 주인공 바자로프는 제정 러시아의 오랜 사회 체질과 인간 모습에 대한 반발로부터 극단적인 합리주의에 서서 모든 권위와 습관의 부정을 시도한다. 러시아 문학에서는 알렉산드르 2세 치세 초기부터 이러한 반권위주의의 의미에서 이미 '니힐리즘'이라는 말이 사용되고 있었다. 이러한 배경 하에서 1860/70년대 러시아의 이른바 인텔리겐치아에게서는 반항적 니힐리즘의 색채가 짙어졌다. 아나키스트인 크로포트킨(Peter Kropotkin 1842-1921)도 폭정에 대한 반항으로서 니힐리즘을 평가하고 있다. 여기서는 테러리즘에 가까운 의미마저도 지닌다.

정치적 변혁을 허용하지 않는 강고한 사회에 대한 절망에서 니힐리즘적인 기분이 만연한다는 점에서는 3월 혁명 후의 독일에도 그러한 토양이 존재했다. 이미 슈티르너(Max Stirner 1806-56)의 『유일자와 그의 소유』(1845)는 그것을 준비하고 있었으며, 쇼펜하우어 열풍에서도 그 반영을 엿볼 수 있다. 니체의 니힐리즘론은 이러한 분위기 속에서 불타올랐던 것이지만, 그것은 사회 비판을 두드러지게 형이상학화한 것이었다. 요컨대 평등과 민주주의*에 대한 욕구 그 자체가 니힐리즘의 증명이라고 하여 비판하는 것이기 때문에, 정치적 선입견이 관련된 러시아의 오리지널과는 전혀 닮지 않은 것으로 되었던 것이다. 『즐거운 학문』* 제5부[347번]에서는 프랑스의 자연주의*, 독일과 프랑스의 내셔널리즘과 더불어 "상트페테르부르크의 니힐

리즘"이 과학의 실증주의*와 똑같이 비판되어야 할 것으로서 나오지만, 이것이 생전에 공개된 것 가운데서 최초로 니힐리즘이 나오는 곳이다. 역시 러시아와의 관련이지만, 이 점에서 루 살로메*와의 교제로부터 다소의 지식을 얻었을지 모른다 하더라도, 1880년 당시의 독일의 신문보도에서 자포자기적인 러시아 니힐리즘에 대해 대단히 많이 보도되고 있었던 것이 계기로서는 중요할 것이다. 또한 부르제*의 『현대심리논집』(투르게네프론이 나온다)도 이후 니체의 사용방식에 영향을 주었다고 생각된다. ☞니힐리즘

―미시마 겐이치(三島憲一)

📖 ▷Elisabeth Kuhn, Nietzsches Quelle des Nihilismus-Begriffs, in: *Nietzsche-Studien*, Bd. 13, Berlin/New York 1984.

러시아 세기말과 니체

도스토예프스키*의 죽음(1881) 후 10년을 거쳐 세기말에 이르면, 상징주의의 정착이나 도스토예프스키의 재발견과 더불어 러시아에서 니체 철학이 유행했다. 철학자 솔로비요프(Vladimir Sergeevich Soloviyov 1853-1900)는 이것을 성숙을 위해 필요한 "청춘의 열광"으로서 받아들이고 있다. 디오니소스*적인 철학은 상징주의의 시조 메레지코프스키(Dmitrii Sergeevich Merezhko vskii 1866-1941)와, 데카당파의 작가 아르치바세프(Mik hail Petrovich Artsybashev 1878-1927), 안드레에프(Leonid Nikolaevich Andreev 1871-1919)에게서 성적 방종의 형태를 취하며, 프롤레타리아 작가 고리키(Maxim Gorkii 1868-1936)에게서조차 투쟁하는 의지가 되어 나타났다.

후기 상징파(1900-10)의 시인 벨리(Andrei Belyi 1880-1934)의 문체에는 『차라투스트라』*와의 조응 관계가, 소설 『회귀』에는 영원회귀* 사상이 발견된다. 블로크(Aleksandr Aleksandrovich Blok 1880-1921) 역시 벨리를 통해 니체의 영향을 받으며, 시극 『장미와 십자가』의 최종 장면에는 바그너*의 음악이 투영되어 있다. 20세기 초부터 혁명에 이르기까지의 시기는 러시아 르네상스기라고도 불리며, 일거에 러시아 문화와 정신의 개

화가 보였지만, 거기서 수행한 니체의 역할이 크다는 것은 베르자예프(Nikolai Aleksandrovich Berdyaev 1874-1948)가 『나의 생애』에서 증언하고 있다. 르네상스인 중에서도 특히 디오니소스적인 자질을 발휘한 것은 시인이자 학자이기도 했던 이바노프(Vyacheslav Ivanov ich Ivanov 1866-1949)로, 망명 후에 학위논문(「니체와 디오니소스」1904)을 집필하기까지 일관되게 니체를 다루었다. 그의 주제는 상징으로서의 디오니소스와 그리스도를 일체화하는 것에 놓여 있었다.

상징주의와 그 이전의 고전을 전면적으로 부정한 러시아 아방가르드에서도 니체 철학은 위력을 잃지 않았다. 시인 마야코프스키(Vladimir Vladimirovich May akovskii 1893-1930)는 니체에게 공명하며, 그의 투쟁적인 예술 선언과 시 정신은 니체의 어조의 패러프레이즈라고도 말할 수 있다. 동방적, 신비적인 경향의 시인 흘레브니코프(Velimir Vladimirovich Khlebnikov 1885-1922)에게서는 니체와의 공시적 현상이 보인다.

이와 같이 러시아인들은 무언가의 형식으로 니체를 자기표현을 위한 수단으로 삼았다. 그 가운데서도 가장 두드러진 것은 셰스토프(Lev Isaakovich Shestov 1866-1938)로, 톨스토이(Lev Nikolayevich Tolstoy 1828-1910) 및 도스토예프스키와 비교하여 다룬 니체론은 적극적인 독단으로 채워져 있다. ☞러시아 니힐리즘과 니체

―가와사키 도루(川崎淶)

📖 ▷Bernice Rosenthal, General editor, *Nietzsche in Russia*, Princeton University Press, 1986. ▷川端香男里「ロシア象徴主義とニーチェ」『薔薇と十字架』 수록, 青土社, 1981.

레 [Paul Rée 1849-1901]

동프로이센 출신의 유대인 학자 레와 니체는 1873년경부터 교제가 있으며, 이미 1875년 말에 니체는 로데*에게 보낸 편지에서 레를 "최고로 날카로운 눈길을 지닌 모럴리스트*, 독일인들 사이에서는 대단히 드문 재능"이라고 높이 평가하고 있었다. 그리고 바그너*에 환멸을 느낀 1876년 여름 이후에는 한층 더 친밀도가 높아지며, 같은 해 가을부터의 몇 개월을 함께 보낸

149

소렌토에서 정점에 도달한다. 그것은 예를 들어 『인간적』 36번에서 라 로슈푸코*로 대표되는 프랑스*의 모럴리스트들을 찬양하면서 "최근 한 사람의 독일인, 요컨대 『심리학적 관찰』의 저자가 그들 사이에 더해졌다"라고 덧붙이고 있는 것에서도 나타난다. 실제로 이 레의 책 『심리학적 관찰』은 아포리즘* 모음집이며, 그 장의 구성(「책과 저작가」, 「인간의 행위와 그 동기에 대하여」, 「종교적 사물에 대하여」, 「허영심에 대하여」 등)은 『인간적』*과 아주 유사하다. 또한 당시의 유고를 보면, 본래는 『반시대적 고찰』*의 연장이었을 이 책의 준비단계에서 1876년의 어떤 시기가 되면 갑자기 「여자와 어린아이」라는 메모가 나온다. 이것 등도 레의 영향일 것이다. 또한 앞의 36번의 아포리즘에서 "심리학적 관찰의 즐거움"(Unterhaltung)을 알고 있던 프랑스 17세기의 일을 말하고 있지만, 레도 자신의 책을 "도덕적 목적"을 지향하는 것이 아니라 "오락에 이바지한다"(zur Unterhaltung dienen)고 말하고 있었다. 즐겁게 도덕 비판을 맛보고자 하는, 독일에는 모자라는 전통을 레와 함께 만들고자 했던 것일 터이다. 그리고 루 살로메*가 전하는 바에 따르면, 『인간적』을 레에게 증정할 때에는 헌사로서 Es lebe der Réealismus('레주의, 현실주의 만세')라고 적고 있다. 다음의 37번에는 이렇게 적혀 있기도 하다. "가장 대담하고 냉철한 사상가 중 한 사람인 『도덕 감정의 기원에 대하여』의 저자가, 인간 행위에 대해 그처럼 절실하고 철저하게 분석하여 얻게 되는 주요 명제는 도대체 어떤 것인가? 그는 '도덕적 인간이 육체적 인간보다 예지적(형이상학적) 세계에 더 접근해 있는 것은 아니다'라고 말한다." 소렌토의 겨울에 레에 의해 쓰이고, 니체의 추천에 의해 슈마이츠너 출판사에서 나온 것이 이 『도덕 감정의 기원에 대하여』이다.

그 무렵부터 바그너는 그리스도교*의 제단에 무릎을 꿇고 향을 피우고 있었다. 그 배후에 놓여 있는 소시민화한 그리스도교 도덕에 대한 공격으로 두 사람은 향해 갔다. 하지만 레는 자유의지*를 인과 계열의 필연성으로 해소하는 실증주의*적 발상을 강하게 지니고 있으며, 그 점에서는 니체에게서 형이상학*적

경향을 서서히 강화해 가는 '힘에의 의지*' 철학과는 상당히 다른 바탕에 의거하고 있었다. 그렇지만 이 시점에서는 니체에게도 그 다름이 의식되고 있지 않던 듯하다.

그야 어쨌든 유고 속에서 가장 일찍 '힘에의 의지'라는 표현이 사용되는 경우가 레의 『도덕 감정의 기원에 대하여』와 깊은 관련을 보여준다는 것은 흥미롭다. 1876년경에 니체는 이렇게 쓰고 있다. "두려움(소극적)과 힘에의 의지(적극적)야말로 우리가 타인의 의견을 강하게 고려(starke Rücksicht auf die Meinung der anderen)하는 것을 설명해준다."[유고 I. 8. 218] 레의 허영심론과 이것이 용어에서 유사하다는 것이다. 레는 대체로 다음과 같이 논의한다. 우리의 '허영심*'에는 '적극적인 면'과 '소극적인 면'이 있다. 전자는 타인의 마음에 들자, 기쁨을 주자, 찬탄을 받자, 그에 의해 타인에게 힘을 휘두르자고 하는 마음가짐이다. 후자는 혐오 받는다든지, 과소평가된다든지, 경멸과 조소받는 것을 두려워하는 마음가짐이다. 전자, 요컨대 적극적인 면은 좀 더 나누어져서 타인에게 좋게 생각되기 위해 그에 상응하는 능력을 얻고자 하는 '야심'과, 실질적인 뒷받침이 없음에도 불구하고 타인으로부터의 평가를 높이는 것만으로 '즐거워하는' 좁은 의미의 '허영심'이 된다. 소극적 허영심은 통상적으로 명예심이라고 불리는 것을 가리킨다. 하지만 그것들은 어느 것이든 "타인의 의견에 대한 우리의 고려(Rücksichtsnahme)"를 잘 보여준다고 생각된다. 이렇게 보면 레가 쓴 것에 대해 생각하는 가운데 힘에의 의지에 대한 최초의 언급이 이루어진 것은 분명하다(덧붙이자면, 필자가 아는 한 이러한 문헌학적 사실을 소개한 연구자는 아직 없는 듯하다).

니체는 이미 「도덕 외적인 의미에서의 진리와 거짓에 대하여」 등에서도 허영심이 얼마나 인간에게 있어 중심적인가를 논의하고 있었다. 이것들을 감안해 보면, 후에 심리학*은 "힘에의 의지의 모르폴로기"[『선악』 23]라고 말해지고 있는 것에서도 알 수 있듯이, 이 철학적 교설의 발생에서의 모럴리스트적인 발상과의 관련이 이해된다. 물론 후에 형이상학화되어 가지

만 말이다. 그러한 사정을 잘 보여줌과 동시에 레와 니체 두 사람의 자질의 차이도 확실히 해주는 것은 다음의 두 문장이다. "자기를 낮추는 자는 높여질 것이라고 생각하기 때문에, 사람들은 자기를 낮춘다(Man erniedrigt sich, weil man denkt: Wer sich erniedrigt, wird erhöhet werden)."[레『심리학적 관찰』 S. 32] "누가복음 18장 14절의 수정 — 자기를 낮추는 자는 높여지고자 한다(Lukas 18, 14 verbessert. — Wer sich selbst erniedrigt, will erhöhet werden)."[『인간적』 87] 분명히 레의 모방이지만, 여기에는 모방 이상의 것이 놓여 있다. 레는 누가복음서의 이 문장을 그대로 사용하고, 그것에 '라고 생각하기 때문에'라고 의식적인 조작을, 요컨대 자신은 알고 있지만 사람들은 그것을 깨닫고 있지 못한 인생 전략으로서 덧붙이고 있다. 그러나 무엇이 낮은지, 무엇이 높은지의 전제는 흔들림이 없다. 그에 반해 니체의 경우에는 will이라는 동사를 그의 르상티망* 사상의 맹아로서, 아니 힘에의 의지(Wille)라는 생각의 시작으로서 읽을 수 있다. 말하자면 무의식의 의욕인 것이다. 낮은 것 자신이 높은 것이다. 아마도 이 정도가 두 사람의 차이일 것이다. 후에 레는 니체에게 운명의 여성 루 살로메를 소개하고, 세 사람의 기묘한 생활, 연애에서의 레의 승리, 머지않아 레로부터의 루의 이별이라는 식으로 세기말*의 인간 드라마는 전개되어간다. ☞ 힘에의 의지, 심리학, 허영심, 『도덕의 계보』, 살로메

―미시마 겐이치(三島憲一)

레싱 [Gotthold Ephraim Lessing 1729-81]

계몽주의자 레싱의 이름은 니체의 저작 속에서 자주 증거가 되는 예로 제출되고 있지만, 대부분의 경우 비판적인 방향에서의 언급이다. 『비극의 탄생』*에서 니체는 에우리피데스를 "보통 이상으로 넘치는 그의 비판적 재능이 창조적으로 작용하는 이차적인 예술 충동을 실로 풍부하게 하고 있는 시인"[『비극』 11]이라고 부르고 있지만, 더 나아가 이 점이 레싱의 경우와 마찬가지라는 말을 덧붙인다. 요컨대 레싱은 몇 개의

희곡도 썼지만, 그것들은 어느 것이든 머리에서 나온 것에 지나지 않는다고 하는 것이다. 또한 그를 "가장 성실한 이론적 인간"이라고 부르는 부분[같은 책 15]에서도 레싱의 "나는 진리 그 자체보다도 진리에의 무한한 탐구를 취한다"라는 예의 유명한 말[『하나의 답변 2』]을 인용하고, 이 자세가 앎과 인식의 무제한한 확대를 요구하는 소크라테스주의, 더 나아가서는 근대의 불모의 학문 정신과 근저에서 통한다는 것을 암시한다. 레싱이 아리스토텔레스의 비극론[『시학』]에 도의적 관점을 넣어 읽은 것도 니체의 마음에 들지 않았으며, 특히 니체가 바그너*의 예술에 대해 환멸을 느끼고 명쾌한 프랑스적 형식성으로 기울어져 간 무렵부터는 레싱이 고트셰트(Johann Christoph Gottsched 1700-66)를 비판한 『최신의 문학에 관한 서간』[제17서간]과 『함부르크 연극론』 등에서 "프랑스의 형식, 즉 유일한 근대적 예술형식을 독일에서 조롱거리로 만들고 셰익스피어*를 참조하도록 지시했"[『인간적』 I. 221]던 것은 허락될 수 없는 점이었다. 레싱이 독일을 벗어난, 그것도 프랑스적인 문체를 몸에 갖추고 있다는 점은 평가하면서도, 그리고 예민한 비평안과 논전적인 저작 태도 등에서 레싱과 니체에게는 일맥상통하는 점이 있는 것으로 보임에도 불구하고, 계몽주의자 레싱은 아무래도 니체의 기질에 맞지 않았던 듯하다.

―소노다 무네토(薗田宗人)

레오파르디 [Giacomo Leopardi 1798-1837]

비관주의적으로 삶*의 고뇌와 죽음의 유혹을 노래한 이 이탈리아*의 시인을 니체는 "금세기 최대의 문장가"[유고 I. 5. 145]라고 부르며 일찍부터 애독했다. 『비극의 탄생』*에 감격한 한스 폰 뷜로*로부터 레오파르디를 번역하면 어떨까라는 제안을 들은 적도 있다. 『삶에 대한 역사의 공과』에서는 "초역사적 인간"의 권태*를 "우리의 존재는 고통과 권태보다 나을 것이 없으며, 썩은 흙일 뿐이다"라는 레오파르디의 시구를 인용하여 설명하고 있으며, 가치의 신대륙을 모색하는 항해자가 대양의 "무한한 까닭에 좌절한다"라는 아무

151

리 봐도 니체적인 표현[『아침놀』575]도 레오파르디의 시 「무한」에 기초하고 있다고 한다. 니체가 이 정도까지 레오파르디에 끌린 것은 첫째로는 그가 인정한 것이지만 "핀다로스와 레오파르디와 같이 특히 사상도 지니는 시인뿐"이었기 때문이다[유고 Ⅰ. 5. 278]. 그 사상이란 가혹한 운명을 누그러뜨려 삶을 죽음보다 감미로운 것으로 하는 것은 아름다움뿐이며 그 이외에 삶의 고뇌를 구제하는 것은 아무것도 아니라고 하는, 쇼펜하우어*와도 통하는 염세사상이었다[Ⅰ. 4. 519]. 하지만 니체가 레오파르디에게 공감을 품은 원인은 오히려 레오파르디가 연구를 위한 연구에 매진하는 "학자연하는 문헌학자"(Philologen-Gelehrter)가 아니라 "시인-문헌학자"(Poeten-Philologe)로서 스스로의 창작에 의해 고대의 정신을 현재에 되살리고자 했다는 점에 있었다[Ⅰ. 5. 159]. "괴테"와 레오파르디는 이탈리아의 시인-문헌학자에 이어지는 자들의 마지막으로 뒤늦게 온 위안"이라든가[『반시대적』 Ⅳ. 10], "레오파르디는 근대의 문헌학자의 이상이다. 독일의 문헌학자는 아무것도 만들어낼 수 없다"(실현되지 못한 『반시대적 고찰*』, 『우리 문헌학자들』을 위한 초고[유고 Ⅰ. 5. 127])와 같은 발언도 발견된다. 그러나 머지않아 니체는 "횔덜린*, 레오파르디 유형의 인간"과 같은 "초플라톤주의자"는 익살스러운 말로를 맞이한다고 하는 각성된 표현을 하게 된다[유고 Ⅱ. 7. 335]. 삶의 전체적인 긍정을 지향한 후기의 니체에게 있어 자신의 개인적 불행을 한탄할 뿐인 레오파르디는 이미 "완전한 유형의 니힐리스트"일 수 없었다[Ⅱ. 10. 409]. 이미 1878년에는 레오파르디의 저작집을 선사한 지인에 대해 "알고 계시듯이 저는 그와 같은 '페시미스트'이지 않으며, 어디라 하더라도 '음울'이 있다고 느끼면 그것을 확인할 뿐, 한탄하는 일은 하지 않습니다'라고 써 보내고 있다[마리 폰 바움가르텐에게 보낸 편지, 1878. 12. 29.].

―오이시 기이치로(大石紀一郎)

▷Walter F. Otto, Leopardi und Nietzsche, in: *Mythos und Welt*, Darmstadt 1961.

로데 [Erwin Rohde 1845-98]

니체의 가장 친한 친구들 가운데 한 사람이었던 로데는 그리스 종교사 연구자로서도 저명하며, 예나대학, 하이델베르크대학 등의 교수를 역임했다. 특히 호메로스*로부터 그리스 고전철학의 시대에 이르는 그리스 정신사의 흐름 속에서 영혼과 불사의 관념이 어떻게 다루어져 왔는지를 개관한 대저 『프시케―그리스인의 영혼 숭배와 불사 신앙』(1893)은 대표작이다. 부제로부터도 분명하듯이, 이 『프시케』에서는 오로지 그리스인의 종교적·신화적 내면생활이 주제로서 다루어지며, 이오니아 자연철학 이후의 언뜻 보아 비종교적인 그리스 고전철학조차 그러한 종교적·신화적 요소와 근본적으로 모순되지 않는 것으로서 간주되고 있다. 이 점과 트라키아에 그 기원을 지니는 비올림포스 계열의 신격인 디오니소스*에 대한 숭배와, 그로부터 파생된 역시 비올림포스 계열의 비의종교 집단인 오르페우스 교단―로데는 이집트가 기원이라고 하고 있다―에 대한 강한 관심을 아울러 생각할 때, 본서에서의 로데의 입장이 같은 시기의 그리스 고전 연구의 주류인 빌라모비츠-묄렌도르프* 등의 역사적·비판적 문헌 해석에 기초하는 객관주의적인 그리스관과 날카롭게 대립하는 것이라는 것이 명확해진다. 이 점에서 로데의 그리스관은 친구인 니체가 『비극의 탄생』*에서 제시한 그리스관과 공통의 기반 위에 서 있다. 그것은 그리스인의 심성을 올림포스의 공교적 신통기와 그리스 고전 철학의 합리주의로 상징되는 이성적 요소로부터가 아니라 디오니소스 숭배의 핵심이 되는 도취*와 광란으로 상징되는 비이성적 요소로부터 파악하고자 하는 입장이라고 해도 좋을 것이다. 또한 동시에 이 비이성적 요소에 대한 주목은 그리스에서의 비유럽적인 요소(오리엔트적인 것)의 중시라는 관점으로도 연결된다. 이러한 니체·로데적인 그리스관은 확실히 동시대에서는 빌라모비츠 등에 의한 정통적인 그리스 연구의 그림자에 가려 낮은 평가밖에 받지 못했지만, 그 후의 그리스 연구의 흐름에서의 종교적·신화적 요소의 중시라는 경향, 특히 케레니*에 의한 데메테르 제의와 디오니소스 숭배의 연구,

또는 도즈(Eric Robertson Dodds 1893-1979)의 『그리스인과 비이성』 등으로 대표되는 것과 같은 그리스 연구 동향의 선구로서의 의미를 지닌다.

이러한 로데의 업적으로부터도 명확하듯이 로데와 니체의 만남의 기회가 된 것은 라이프치히대학의 리츨* 밑에서 동창생으로서 함께 고전문헌학*을 공부한 나날이었다. 이 만남 속에서 로데는 니체에게 있어 슐포르타* 이래의 친우인 도이센*과 게르스도르프*, 또는 후에 바젤*에서 알게 된 오버베크와 더불어 가장 친밀한 벗들 가운데 한 사람이 된다. 언제나 함께 교실에 나타나는 두 사람을 스승인 리츨은 '디오스클로이(쌍둥이)'라고 불렀다고 전해진다. "저 라이프치히 시절에 최고의 것이라고 내가 말할 수 있는 것은 한 사람의 벗과의 끊임없는 교제라네. 이 벗은 단지 학우일 뿐만 아니라, 또는 공통의 체험으로 결합되어 있을 뿐만 아니라 그 생활의 진지함이 내 자신의 성향과 참으로 같은 정도를 보여주며, 사물과 인간에 대한 가치평가가 내 것과 거의 같은 법칙에 따르고, 결국 그 존재 전체가 내게 힘을 주고, 나를 단련시켜 주는 효과를 지니고 있다네."[로데에게 보낸 편지, 1867. 11. 3.] 또한 니체는 은사인 리츨의 자신에 대한 후의에 대해서는 감사하면서도, 고전문헌학이라는 학문의 틀 속에 완전히 가두어 버리는 것에 대한 위화감도 로데에게 내비치고 있다. "우리에게 리츨 선생은 뚜쟁이(Kuppler)인 것이지. 선생은 빛나는 찬사로 우리를 문헌학이라는 귀부인의 올가미로 꾀어 들인다네. 나는 다음에 쓰는 리츨 기념논문집을 위한 논문(데모크리토스의 저작에 관한)에서 문헌학자들에게 고통스러운 진실을 반드시 말하고 싶다네[같은 편지 1868. 2. 1-2, 3.]. 이러한 생각이 니체를 바그너*에게로 다가가게 만드는 것이지만, 니체가 그 바그너와의 만남을 곧바로 보고한 상대도 로데였다[같은 편지 1868. 11. 9. 참조].

니체는 바그너에게서 받은 촉발을 실질적인 처녀작인 『비극의 탄생』이라는 열매로 맺게 한다. 그러나 이 저작에 의해 니체는 스승 리츨을 포함한 고전문헌학 세계 전체로부터 격렬한 비판을 받고, 고전문헌학자로서의 생명이 거의 끊기고 만다. 특히 이 저작에 대해

격렬한 비판을 행한 것은 니체의 스승 리츨과 숙적 사이였던 고전문헌학자 얀(Otto Jahn 1813-69)의 제자인 빌라모비츠였다. 그는 「미래의 문헌학!」(1872)이라는 제목의 논문에서 『비극』에 포함되어 있는 많은 사실 관계의 잘못을 지적하고, 이 저작이 고전문헌학의 학문적 기준을 채우고 있지 못하다는 것을 지탄했다. 『비극』에 대한 이러한 비판의 집중이라는 상황에서 단호히 이 저작의 옹호를 위한 논진을 펼친 것이 로데다. 그는 우선 『문학중앙지』(Das Litterarische Centralblatt)에 이 저작의 서평을 기고하지만, 이것은 편자인 차르나크에 의해 게재를 거부당한다. 그리하여 로데는 다시 1872년 5월 26일자의 『북독일 알게마이네 신문』(Die Norddeutsche Allgemeine Zeitung)에 『비극』의 서평을 기고하여 니체에 대한 지지를 공공연하게 표명했다. 후자에서의 로데의 다음과 같은 문장은 니체 및 로데의 그리스관의 핵심이 어느 곳에 놓여 있었는지를 잘 이야기해주고 있다. "그러나 만약 아름다움에 귀를 기울이는 자 모두에 의해 감지된 신화적 비극의 디오니소스적 진실을 말, 즉 개념에 의해 시사하는 것마저도 어렵고, 구명하는 것 따위가 불가능하다면, 그 이유는 여기서 세계의 가장 깊은 비밀이 모든 이성과 그 표현인 보통의 언어(Wortsprache)보다는 훨씬 고차적인 언어에 의해 말해지고 있기 때문이다."

니체의 소개로 스스로도 바그너에게 사숙하게 된 로데는 후년의 니체와 바그너 사이의 위화에 대해서는 당혹할 수밖에 없었던 듯하다. 바그너와 결별한 니체와 바그너로부터 이반할 수 없는 로데 사이에 감정의 어긋남이 생겨난 점도 있었다[엘리자베트 니체에게 보낸 편지, 1877. 4. 25. 참조]. 그리고 마침내 1887년에 텐느*에 대해 부정적 평가밖에 내리지 않은 로데에 대해 니체가 분노의 서간을 보낸 일로부터 두 사람의 이반은 결정적인 것이 된다[로데에게 보낸 편지, 1887. 12. 2.]. 그럼에도 불구하고 앞에서 언급했듯이 로데의 『프시케』가 『비극』에서의 니체의 고대 그리스관을 고전문헌학 영역에서 계승하는 것이었다는 점은 니체와 로데 사이에 존재한 정신의 공통의 기반을 증거하고 있다. ☞고전문헌학, 『비극의 탄생』, 리츨

—다카하시 준이치(高橋順一)

로랭 [Claude Lorrain 1600-82]

광기에 빠지기 직전의 니체는 토리노*에서 가스트* 앞으로 "타오르는 듯한 노란색의 멋진 나무들. 엷은 푸른색의 하늘과 강, 대단히 맑은 공기,—내가 이 눈으로 본다고는 꿈에도 생각하지 못했던 클로드 로랭이다'라고 썼다[1888. 10. 30.]. 『방랑자와 그의 그림자』 무렵의 유고에도 "그저께 저녁 무렵, 나는 클로드 로랭적인 황홀한 감격에 잠겨, 마침내 길고도 격심하게 울고 말았다네. 지상에 이러한 풍경이 존재한다고는 알지 못했지. 이제까지는 뛰어난 화가들이 꾸며낸 것이라고 생각해 왔던 거지. 영웅적·목가적인(heroisch-idyllisch) 것을 이제야 나는 발견했다네'라고 되어 있다 [Ⅰ. 8. 483]. '영웅적·목가적'이란 이른바 목인문학 (Bukolik)의 풍경을 가리키며, 쿠르티우스(Ernst Robert Curtius, 1886-1956)에게도 놓여 있듯이, 베르길리우스 이래의 유럽의 근원 풍경들 가운데 하나다. 로랭은 푸생(Nicolas Poussin 1594-1665) 계열에 들어가는 프랑스 화가이지만, 이탈리아*에서 활약했다. 로랭이 그리는 영웅적·목가적인 아르카디아의 풍경을 니체는 엔가딘 지방 고원의 청명한 대기, 고요한 알프스 산들과 빙하, 지중해로 내려가는 배후의 사면으로부터 쏘여 들어오는 빛에 투영하고 있었다. 말년에는 토리노* 부근의 풍경도 그러한 인상을 주었던 듯하다. 『이 사람을 보라』*에서도 "클로드 로랭이 무한히 계속되고 있는 것과 같은, 하루하루가 똑같이 무한히 완벽한 듯한" 나날의 일이 말해지고 있지만[Ⅻ. 3], 『방랑자와 그의 그림자』에 수록되어 있는 「나 또한 아르카디아에 있고」[『인간적』 Ⅱ-2. 295]와 「자연의 제2자아 현상」[Ⅱ. 2. 338] 등에는 그러한 특히 오버엥가딘에서의 풍경 체험이 주옥과 같은 문장으로 그려져 있다. 똑같은 장대하고 아름다운 자연 속에서 얻는 니체의 경험은 『차라투스트라』*에서도 자주 등장한다. 이러한 고요한 니체는 일반적인 철학자(특히 '주관성의 시대에서의 형이상학*의 완성'과 같은 이야기를 애지중지 반복

하는 일본의 철학자)가 정리한 니체론에서는 거의 무시되고 있는 것이지만, 영원회귀*의 풍경과도 무관하지 않은 중요한 것이다. 고대의 풍경은 근대 유럽에서는 이러한 영웅적·목가적인 유토피아의 그것으로서 수용되는 긴 전통이 있으며, 니체에게도 강하게 남아 있다. 덧붙이자면, 에른스트 베르트람*은 『니체 — 하나의 신화의 시도』에서 한 장을 「클로드 로랭」이라는 제목으로 니체에 대한 성인 전설의 재료로 삼고 있다.

—미시마 겐이치(三島憲一)

〔참〕 ▷氷上英広 「ET IN ARCADIA EGO—ニーチェにおける英雄的·牧歌的風景」(氷上『ニーチェとの對話』 岩波書店, 1988 수록).

로렌스 [David Herbert Lawrence 1885-1930]

중부 잉글랜드의 작은 탄광촌 이스트우드의 갱부의 아들로서 태어났다. 헨리 밀러(Henry Miller 1891-1980)* 는 로렌스를 "최후의 바쿠스적인 인물"이라 평하고, 그 계열에 니체와 예수*를 들고 있다. 오랜 질서의 파괴로부터 새로운 창조를 행하고자 하는 "창조적 파괴"라는 로렌스의 자세는 니체와 서로 반향하는 바가 많다. 실제로 1907년에는 『권력에의 의지』, 1916년에는 『차라투스트라』*를 읽은 자취가 있으며, 그 밖의 니체 저작에 대해서도 언급하고 있었다는 점도 분명히 되고 있다. 또한 1912년에 후에 부인이 되는 프리다 폰 리히트호펜과 함께 방문한 독일에서 표현주의*를 비롯한 당시의 니체 수용의 분위기에 대해 언급했다고 말해진다. 『아론의 지팡이』, 『캥거루』, 『무당벌레』 등이 쓰인 1922/23년은 이른바 디오니소스·모티프를 다룬 시기로 여겨지며, 그 작품들에서 보이는 에로스적 충동, 일종의 영웅주의, 생명주의 등에는 니체의 영향이 놓여 있다. 『무당벌레』의 "다이오니스 백작"은 이름도 디오니소스*의 영어 읽기일 뿐만 아니라 인류애와 가정과 부부애가 타당한 "흰 세계"와는 반대의, 어둠이 지배하는 비일상적인 세계, 어두운 충동의 세계를 상징하는 바로 디오니소스적인 존재다. 빛과 어둠, 정신과 삶 등의 이원적 사유는 로렌스의 작품에서

는 남·녀의 관계에 비쳐져 있다. 그 성 묘사로 인해 몇 차례나 '외설문서'로서 발매금지 처분을 받고, 그의 반민주주의적 발언은 '동성애적 파시스트'라는 평가를 초래하며, 보부아르(Simone de Beauvoir 1908-86)는 그의 작품이 여성을 남성의 종속자로 고정시키는 허용하기 어려운 것이라고 단죄하는 등, 그의 성 묘사는 센세이셔널한 논의의 대상이 되어왔다. 그러나 그 자신은 성 묘사는 이를테면 무대 도구이며, 중심 주제는 이원적 대립의 융합이라고 파악하고 있었다. 「포르노그라피와 외설」(1929)에서는 당시의 외설문학이 퇴폐적이고 단지 성적 흥분을 자아낼 뿐이라는 것을 비판하며, 그러한 것에 대해서는 엄중한 검열이 필요하다고 주장하기도 한다. 오히려 로렌스는 성을 다시 '성스러운 것'으로서 다루고자 했다. 성 행위는 종교적 사귐(communion)과 같은 의미를 지니며[예를 들면 『캥거루』], 우주와의 신비적인 융합이고, 근대 사회의 개별화를 극복하는 하나의 가능성이다. 고대의 원환적 우주관과 뱀의 상징적 의미의 해석[『날개 달린 뱀』], 또는 이교적 영원회귀에 대한 관심[『묵시록론』]에서 니체와의 공통성을 볼 수도 있지만, 로렌스의 경우에는 이집트와 에트루리아 그리고 멕시코·인디언 문화와의 접촉이 좀 더 커다란 사유의 원천이었다고 추측된다. 로렌스를 강렬하게 니체로 끌어들여 해석하는 것은 헨리 밀러인데, 그는 로렌스가 추구한 융합·통일이 결코 조화적인 것이 아니라는 것을 지적하고 있으며, "그(로렌스)는 니체와 마찬가지로 망치를 들고 오랜 상징, 우상, 통용되지 않게 된 법률의 조문을 용서 없이 산산이 쳐부수며", "니체처럼 '남성적 요소'에 완전히 중점을 두는 남자"라고 형용하고 있다. 나아가 니체도 로렌스도 파괴에 의한 창조가 "인간주의적인 부흥으로는 되지 않고, 평범한 사람의 집단적인 부활로도 되지 않는" 변혁을 추구하고 있는 것이라고 한다. "외설스러움은 순수한바, 과잉의 생명력, 생명의 환희, …… 신을 재미있게 하기 위해 신의 콧대를 꺾는 건전한 유형의 인물이 껴안는 신에 대한 무관심에서 출발한다"라고 말하는 밀러는, 니체의 금욕도덕* 비판이 문학에 반영되어 있는 가장 좋은 예를 로렌스에서 읽어내고 있다.

다만 로렌스의 경우에 성 묘사는 기성의 도덕 비판이라는 형태를 취함으로써 역설적으로 도덕성의 규범과의 연결을 여전히 지니고 있는 데 반해(그런 의미에서는 니체의 숨겨진 낭만주의적인 구제 비전을 이어받고 있다), 밀러의 경우에는 완전히 도덕성과는 분리된 예술 표현의 형식으로 되고 있다는 점에서 초현실주의*, 또는 셀린(Louis-Ferdinand Céline 1894-1961) 등과 공통점을 지닌다. 그렇지만 로렌스와 밀러 두 사람이 니체에게서 자양분을 얻고 있다는 것은 모더니즘 예술 전개에서 니체의 충격이 얼마나 큰지를 이야기해준다. ☞밀러

─오누키 아츠코(大貫敦子)

📖 ▷Henry Miller, The World of Lawrence. A passionate appreciation, California 1980(大谷正義 訳『ロレンスの世界』北星堂出版, 1982).

로마 [Rom(Roma)]

"로마는 나를 위한 장소가 아니다 ─ 그것만큼은 확실하다"라고 스스로 말하고 있듯이[가스트에게 보낸 편지, 1883. 5. 10.], 로마는 니체에게 있어 마음 편한 거리는 아니었던 듯하다. 습기와 열풍(시로코(sirocco))에 약한 그는 신경질적으로 비가 오고 개는 평균일수까지 조사하여 자신에게 있어서는 로마보다도 베네치아*와 토리노*, 니스* 쪽이 지내기에 편하다는 것을 확인하고 있다. 또한 가톨릭의 총본산이 있다는 점에서도 니체에게 있어 로마는 달갑지 않은 장소였다. 바그너*가 성금요일의 축제극 「파르지팔」*을 쓴 것은 니체의 입장에서 보면 그리스도교*에게 굴복하여 "로마로 향하는 길"을 걸은 것에 다름 아니었다[『선악』256]. 그 때문인지 니체의 로마 체재는 겨우 두 차례뿐으로, 그것도 대단히 짧은 기간에 지나지 않는다. 말비다 폰 마이젠부크*와 파울 레*의 권유로 방문한 첫 번째는, 후에 스스로 말하고 있는 대로, 루 살로메라는 시로코에 충당되며, 두 번째는 살로메와의 연애사건으로 사이가 틀어진 누이와 만나 화해하기 위해서였다. 『차라투스트라』*의 「밤의 노래」는 이때 바르베리니 광장을

내려다보는 집에서 나왔다고 한다『이 사람』IX. 4].

그렇지만 동시대의 로마를 좋아하지 않았던 니체에게 있어서도 옛날의 로마 제국만큼은 달랐다. 그것은 강자의 귀족*적인 가치가 지배하고, "고귀*하고 경쾌한 관용"이 스며든 "회의적이고 남방적·자유정신*적인 세계"였다. 로마 제국은 정복자로서 모든 민족의 과거를 스스로의 전사로 하고, 영원히 지속될 것 같은 지배를 수립했다. 그러나 그것을 질투한 그리스도교는 로마를 증오하여 복수를 실행했다. 요컨대 당시는 "세계(현세)" 그 자체였던 로마를 죄로 가득 찬 오욕의 세상으로서 폄하하고, 미래에서의 "최후의 심판"을 도입하여 현재의 삶*을 단죄하는 "고대적인 가치의 가치전환"을 꾀했던 것이다『아침놀』71;『선악』46;『안티크리스트』58, 59]. 그 후의 역사도 고귀한 강자 로마와 비천한 약자 유대*의 싸움이라는 도식에서 파악되며, 종교개혁*과 프랑스 혁명*도 천민*적인 르상티망*의 승리였다고 한다『계보』I. 16]. 그에 맞서 니체는 간결한 동시에 실질적이고 "청동보다도 영원"한 로마적인 문체를 모범으로 하여 저술한 자기의 저작에서 삶을 존재하는 그대로 긍정하는 로마적인 건강함을 추구하고, 삶의 퇴락의 역사를 반전시키는 사상을 고지하고자 했던 것이다『우상』X. 1]. ☞고대 로마인

―오이시 기이치로(大石紀一郎)

로젠베르크 [Alfred Rosenberg 1893-1946]

라트비아의 수도 리가에서 소수민족인 발트 독일인으로서 자라며, 이미 제1차 대전 전의 학생 시절에 고비노(Joseph Arthur de Gobineau 1816-82)와 체임벌린(Houston Stewart Chamberlain 1855-1927)의 반유대주의*에서 깊은 영향을 받는다. 1917년에 러시아에서 포로의 고통스러운 체험을 했던 것이 본래 있었던 반슬라브 감정을 상승시켰다. 1918년에 뮌헨으로 옮겨갔는데, 1923년의 히틀러의 뮌헨 폭동에 가담하여 나치스*의 이데올로그가 되며, 당 기관지 『푈키셔 베오바흐터』(Völkischer Beobachter, 민중 관찰자)의 주간도 맡았다. 다만 그의 사상은 인도*의 종교, 그리스, 유대 및 게르만의 고대를 고지식하게 비교하는 것으로, 나치의 난폭한 교조에 있어서는 아무래도 장식에 불과했다. 1917년에 착상을 얻었다고 자칭하는 주저『20세기의 신화』(1930)에서는 인도처럼 인종의 뒤섞임이 일어나면 아리아 인종은 소멸될 수밖에 없으며, 애써 그리스 민족보다 탁월한 의지의 강함을 보여주는 게르만 민족은 그 순수한 피를 보존해야 한다는 인종론이 전개된다. 거기서 차라투스트라는 "순북방적·아리아적" 존재로서 추어올려지고 있다. 이것은 직접적으로 니체의 영향에 의한 것이 아니라, 자신의 고대 종교 연구에서 얻은 신념일지도 모른다. 그렇지만 이 책에서도 니체 열광이 널리 퍼진 1910년 무렵 세대의 분위기를 확실히 하고 있다. 로젠베르크의 말을 빌리자면, 유럽에서 권위는 추상적 국가 원리(자유주의적 개인주의)나 교회의 보편주의에서 찾아져 왔다. 그 결과, "몰인종적 권위가 자유의 아나키를 유발했다." 하지만 "인종적 세계관을 지니는 오늘날에는…… 순수한 유기적 자유는 유형 내에서만 가능하다"는 것을 알아야만 한다. 그리고 "도식과 상품이 지배자가 된" "기계의 시대"에 대항하여 "억압된 수백만의 사람들이 이에 반항하는 필사적인 몸부림의 부르짖는 목소리"가 니체이며, 그의 초인* 사상이었다는 것이다[독일어판 528ff.]. 그리고 헤르더(Johann Gottfried von Herder 1744-1803)와 칸트*로부터 니체에 이르는 근대 독일의 지적 전통은 민족정신 속에서의 강력한 전형 또는 유형의 산출로 향하는 운동이라고 하는 논의가 전개되고 있다. 1946년 뉘른베르크 국제 군사법정에서 사형의 판결을 받고 집행된다. ☞나치스, 반유대주의

―미시마 겐이치(三島憲一)

📖 ▷A. Rosenberg, *Der Mythos des 20. Jahrhunderts*, 119. Aufl., München 1938(吹田順助・上村清延 訳『20世紀の神話』中央公論社, 1938).

뢰비트 [Karl Löwith 1897-1973]

뮌헨에서 태어난 유대계 독일인 철학자. 제1차 대전에 종군한 후, 베버*, 하이데거*, 후설(Edmund Husserl

1859-1938) 등의 영향 하에서 철학 및 사회학을 공부하기 시작하며, 니체에 관한 논문으로 학위를 취득한후, 28년부터 마르부르크대학에서 철학과 사회학을 강의했다. 당시 마르부르크에는 하이데거가 있어 강한영향을 받는다. 33년의 나치스* 정권 탈취에 따라 35년부터 41년까지 센다이의 도호쿠대학에서 교편을 잡았다. 후에 미국으로 망명하고, 뉴욕의 신사회과학원(New School for Social Research)에서 강의했다. 전후 52년에귀국하여 하이델베르크대학 교수가 되었다. 그의 생애는 『1933년 이전 및 이후의 독일에서의 나의 생활』에서상세하게 기록되어 있다.

뢰비트는 어떤 의미에서 반시대적인 사상가다. 하지만 한편으로 뢰비트만큼 자기가 속하는 시대의 양상에대해 민감하게 반응한 사상가는 적다. 언뜻 보면 서로모순되는 이러한 두 가지 성격의 공존이 뢰비트라는사상가의 이해를 어렵게 하는 것이지만, 동시에 이점이 뢰비트의 사상에 음영과 깊이를 주고 있다.

뢰비트의 사유의 출발점에 놓여 있는 것은 유럽문명의 최종적 귀결점으로서의 '근대성'을 둘러싼 역사철학적 인식이다. 뢰비트의 이러한 인식에는 분명히그의 니체 연구의 성과가 그림자를 드리우고 있다. 뢰비트는 우선 그리스 이래의 유럽 문명의 역사를자연의 코스모스적 파악에 뿌리박은 고대 그리스와그리스도교 신학이 지배적이 된 중세 이후의 시기로크게 구별한다. 그리고 고대 그리스의 사유의 중심점을 코스모스로서의 자연의 '테오리아'에서 보고자 한다. 그에 반해 그리스도교* 신학이 지배적으로 된 이후의 시기에서는 그리스도교 신학의 세속화로서의 철학(형이상학*)이 지배적으로 된 근세 이후의 시대도 포함하여 자연은 '세계' 및 '역사'로 된다. 거기서는 코스모스의 일체적인 질서를 대신하여 물리화되고 기계화된죽은 자연과 그로부터 분리된 초월신(또는 그 대체물로서의 인간) 사이의 이원적 관계가 형성된다. 역사란이러한 세계에서 그때그때마다의 목적 의지가 신의일회적 창조를 원형으로 하는 형태로 대상으로서의자연에 작용하는 과정을 의미하게 된다. 뢰비트는 이과정의 정점에서 헤겔*을 보며, 헤겔 이후의 역사에서

목적인조차 상실되어 끝없이 붕괴를 거듭하는 세계상실 과정을 본다. 그것이 '근대성(Modernität)'의 역사적 의미에 다름 아니다. "아마도 이렇게 말하는 것이좋을 것인바, 즉 근대성(modernity)은 인간이 명확한본성과 장을 지니고 있다고 생각되고 있던 자연적인동시에 사회적인 질서의 해체와 함께 시작되며, 근대인의 '실존'의 장은 목표 없는 곳으로 치환되어 카오스의 인연의 극한 상황 속에 있는 것이라고.'[「하이데거 — 실존주의 문제와 배경」]

뢰비트는 이러한 시대에 다시 그리스도교 신학 이전의 고대 그리스의 사유로 돌아갈 것을 제창한다. 이점에서 뢰비트의 반시대성을 볼 수 있다. 하지만 동시에 확인해 두지 않으면 안 되는 것은 이러한 뢰비트의주장이 무매개적인 고전 고대로의 회귀를 의미하는것이 아니라 근대성 그 자체에 내재하는 전회의 필연성에 대한 인식으로부터 생겨난다는 점이다. 요컨대 역사의 헤겔적 완성 이후의 시대에서의 세계 상실 과정이필연적으로 역사를 넘어서는 것으로서의 코스모스=자연의 재생에의 의지를 촉구했다고 뢰비트는 생각하는 것이다. 뢰비트는 이러한 촉구를 19세기의 사회·문화사에 입각하여 면밀하게 검증하고자 한다. 이 작업을 통해 뢰비트는 동시대에서의 가장 우수한 사상사가의 한 사람이 되어갔다. 그리고 뢰비트에게 있어이러한 검증 작업의 중심적인 좌표축에 위치하고 있던것이 니체다.

니체의 의미에 대해 뢰비트는 다음과 같이 말하고있다. "니체는 몰락하는 그리스도교를 기초로 하여그리스 철학의 기원의 반복에 의해 '수천 년의 허위'를극복하고자 시도했다." 여기서 '그리스 철학의 기원'이라고 말해지는 것이 자연의 코스모스적인 파악이며, "역사적 세계는 외견상 변전하더라도 본질적으로 동일한 것이 영원히 회귀한다는 자연철학적 견해"라는것은 말할 필요도 없다. 하지만 니체에게 있어 이러한'영원회귀*'는 무매개적으로 제시되는 것이 아니다. 근대성의 첨단을 향해 축적되어 온 유럽 문명 역사의'허위'가 척결되어야만 한다. 뢰비트는 그것을 니체의니힐리즘* 인식에서 본다. 요컨대 뢰비트에게 있어

니체의 사유 과정은 "무에의 결의를 수행한 현존재의 극단적인 니힐리즘을 뒤집어 똑같은 것의 영원히 필연적인 회귀를 필연적으로 의욕하는 것"으로서 성격지어지는 것이다. 니힐리즘을 인식하고 그것을 극복하는 과정은 오히려 니힐리즘을 철저화하고 극단화하는 과정 속에서만 있을 수 있다. 그것에 의해 인간은 무로 던져진 전율과 함께 참된 의미에서의 자유를 획득한다. 그리고 그것이 그대로 영원회귀의 가능 조건이 되어간다. "신의 죽음은 자기 자신에게 맡겨지고 자기 자신에게 명령하는 인간, 그 극단적인 자유를 마지막으로 '죽음에의 자유'에서 지니는 인간의 부활을 의미한다. 그러나 이 자유의 정점에서 무에의 의지는 똑같은 것의 영원회귀의 의욕으로 전회된다." 이 과정은 다른 방식으로 말하자면 '근대성의 첨단'에서 행해진 '고대의 부활'을 의미한다.

뢰비트가 그린 니체 상은, 예를 들어 하이데거의 니체 상에 놓여 있는 것과 같은 힘에의 의지*와 영원회귀와 초인*을 하나로 한 다음 니체를 전통적 형이상학의 틀에 밀어 넣는 것과 같은 니체 해석에 반해, 니체의 사유가 영원회귀의 긍정성에로 향하는 과정에서 유럽의 근대성의 복잡하게 분절화된 경험에 깊이 매개되어 있다는 것을 두드러지게 만들고자 한 점에 특색이 있다. 다른 방식으로 말하자면 뢰비트는 근대성의 퇴락의 한가운데서 니체를 따라가면서 유럽 문명의 진단과 검증을 꾀하고자 했던 것이라고 말할 수 있을 것이다. ☞하이데거

―다카하시 준이치(高橋順一)

⊳Karl Löwith, Nietzsches Philosophie der ewigen Wiederkehr des Gleichen, Berlin 1935(柴田治三郎 訳 『ニーチェの哲學』 岩波書店, 1960). ⊳ders., Von Hegel zu Nietzsche, Zürich/New York 1939(柴田治三郎 訳 『ヘーゲルからニーチェへ』 岩波書店, 1952). ⊳ders., Mein Leben in Deutschland vor und nach 1933, Stuttgart 1986(秋間実 訳 『ナチズムと私の生活』 法政大學出版局, 1990). ⊳ders., Heidegger: Problem and Background of Existentialism, Sämtliche Schriften 8, Stuttgart 1984(柴田治三郎 訳 『パスカルとハイデガー』 未來社, 1967).

루소 [Jean-Jacques Rousseau 1712-78]

니체는 루소가 혐오스러웠던 듯하다. 『우상의 황혼』*에서는 "내가 용인할 수 없는 자들"[『우상』 IX. 1]의 한 사람으로 루소를 들고 있다. 루소를 적으로 보는 자세는 생애 내내 변하지 않는다. 아포리즘과 유고 단편에서는 "루소에 대항하여"(Gegen Rousseau)라는 문구를 몇 번인가 되풀이한다[『아침놀』 163; 유고 II. 10, 101, 116]. "도덕의 타란툴라", "이상주의와 천민"을 한 몸에 겸비한 남자, 자신의 겉모습을 보존하기 위해 '도덕적 품위'를 필요로 한 남자, 아무지지 못한 허영심*과 아무지지 못한 자기경멸에 병들어 있던 남자, 근대의 문턱에 진을 친 반편이", "루소의 후안무치한 경멸", "루소의 정신착란"[『아침놀』 서언 3; 유고 II. 10. 93f., 147f.]―― 루소에 대한 이러한 온갖 욕설을 보면, 고독한 산보자와 고고한 방랑자는 마치 물과 기름이다.

니체의 후기(1887년 가을) 유고에는 「나의 다섯 가지 '아니다'」라는 제목이 달린 메모가 있다. 죄책 감정, 그리스도교적 윤리, 낭만주의, 가축떼* 본능과 나란히 니체가 싸움을 걸어야 할 상대로 "루소의 18세기"가 들어지고 있지만, 거기서는 '루소적인 것'으로서 니체를 혐오하게 만든 것이 거의 정리된 형태로 나열되고 있다. "나의 싸움은 루소의 18세기에, 요컨대 그의 '자연', 그의 '선인', 감정의 지배에 보내는 그의 신앙―― 즉 인간의 무력화, 허약화, 도덕화로 향해 있다. 저것들은 귀족적 문화에 대한 증오로부터 생겨난 이상, 현실에서는 제한 없는 르상티망 감정에 의한 지배에 다름 아닌 이상……"[유고 II. 10. 155]. 루소에 대한 비난을 쌓아가는 가운데, 니체는 이러한 루소 형 르상티망*을 적으로서 정면에 놓아갔던 것이다.

간행된 것에서 루소의 이름은 이미 『비극의 탄생』*에서 실러*의 자연과의 조화를 언급한 맥락에서 나오지만, 여기서도 루소는 부정적이다[『비극』 3]. 『반시대적 고찰』*의 슈트라우스*론에서는 볼테르*를 언급한 부분에서 괴테*에 대한 구절에 얼굴을 내민다[『반시대적』 I. 10]. 어느 것이든 아무런 의미 없는 말들이지만, 자연을 둘러싼 루소, 볼테르, 괴테와 같은 인물들의 성좌 속의 루소는 이후 니체가 루소를 공격할 때의

과녁이 된다.

루소가 '루소적인 것'을 공간된 저작에서 공격한 것은 『반시대적 고찰』 제3편에서의 쇼펜하우어*론에서의 "루소적 인간"(der Mensch Rousseaus)이 최초일 것이다. 니체는 근대가 차례로 만들어낸 인간상으로서 "혈기가 왕성하고 대중에게 인기가 많은" 루소적 인간, "스케일이 커다란 정관형의" 괴테적 인간, 그리고 "활발한 활동적 인간"인 쇼펜하우어적 인간의 셋을 열거한다. 여기서 니체가 첫 번째 인간상보다는 두 번째를, 두 번째보다는 세 번째를 높이 보고 있었다는 것은 말할 필요도 없다. "성실함에 수반되는 고뇌를 자기 몸에 받아들이는" "쇼펜하우어적 인간"을 당시 이상적인 상으로 삼고 있던 니체에게 있어, 루소적 인간은 쇼펜하우어의 높이로부터 보면 또 한편의 극이라고도 말해야 할 훨씬 아래쪽에서 꿈틀거리고 있다. 쇼펜하우어(나아가 괴테)에 대한 평가는 그 후 크게 동요하지만, '루소적 인간'만은 이러한 최하위에 머물렀다.

"[루소적 인간]상으로부터 힘이 분출되어 격렬한 혁명을 재촉했고 여전히 재촉하고 있다. 모든 사회주의적 진동과 지진에는 항상 루소의 인간이 있기 때문인데, …… 오만한 계급들과 무자비한 부에 억압당하고 짓눌린…… 그 인간은 곤경에서 '신성한 자연'을 큰소리로 불러댄다. 그리고 그는 갑자기 자신이 에피쿠로스의 신처럼 이 자연으로부터 너무 멀리 떨어져 있음을 느낀다. …… 조금 전까지만 해도 자신의 가장 인간적인 면으로 보이던 알록달록한 장식들, 예술과 학문, 세련된 삶의 이점들을 비웃으며 모두 벗어던지고, 주먹으로 벽을 친다. 이 벽으로 생긴 어스름 때문에 그는 그렇게 타락했던 것이다. 그리고 빛과 태양, 숲과 바위를 달라고 소리친다. 그가 '오로지 자연만이 선하다. 오로지 자연적 인간만이 인간적이다'라고 외친다면, 그는 자신을 경멸하는 것이고 자신을 넘어서기를 바라는 것이다."[『반시대적』 III. 4]

니체가 루소의 이름에서 매도하는 상의 윤곽이 여기에 이미 등장하고 있다. 루소적 인간은 우선 지배 계급의 중압에 찌든 평민, 천민이다. 이 평민들은 혈기가 많고, 감정에 좌우되기 쉽다. 더 나아가 그들은 타락한 도덕을 문명의 결과라고 본다. 그리고 자연을 이상으로서 동경한다. 니체는 이러한 점들에 걸쳐 루소에 대항하는 자세를 분명히 해간다.

우선 첫째로, 루소적인 인간은 평민 내지 천민이다. "루소는 평민에 머물고 있었다, 문화인으로서도."[유고 II. 10. 147] 따라서 루소에게 있는 것은 "필자로서의 천민적 르상티망"이다. 니체는 이러한 루소적 천민성에 볼테르의 귀족성을 대치시키고 있다. "볼테르는 아직 르네상스*의 의미에서의 인간성을, 그와 마찬가지로 도덕상의 의무('높은 문화'로서의)를 이해하고 있다. 그는 예절 있는 인간들과 상류사회의 문제를 위해, 취미와 학문과 예술의 문제를 위해, 진보 그 자체와 문명의 문제를 위해 싸운다. / 이 싸움은 1760년경에 불타올랐다. 즉 주네브 공민[루소] 대 투르네의 귀인[볼테르]."[같은 책 II. 10. 147]

이 루소적 평민은 또한 혈기가 많고 감정에 지배되기 쉽다. 루소적인 것의 두 번째 특성은 이러한 감정의 지배. 니체가 '루소의 18세기'라고 부른 것은 이것에 해당한다. 유고에는 17세기를 데카르트*, 18세기를 루소, 19세기를 쇼펜하우어로 대표시켜 정리한 다음과 같은 구절이 있다. "귀족주의, 데카르트, 이성에 의한 지배, 의지가 주권을 장악하고 있는 것에 대한 증언 / 여성주의, 루소, 감정에 의한 지배, 감정이 주권을 장악하고 있는 것에 대한 증언 / 동물주의, 쇼펜하우어, 욕망에 의한 지배, 동물성이 주권을 장악하고 있는 것에 대한 증언."[같은 책 II. 10. 139] 이 가운데 "18세기는 여자에게 지배되고 있다. 즉, 광신적이고 재기로 흐르며 천박하지만, 바람직한 것에 이바지하는 정신을 지니고, 가장 정신적인 것의 향유에 분방하고, 모든 권위의 토대를 무너뜨린다."[같은 책 II. 10. 140] 후기에 속하는 이 유고에서 흥미로운 것은 19세기의 쇼펜하우어가 18세기의 루소를 넘어서고자 하면서도 수행하지 못했다고 보고 있다는 점이다. 오히려 루소적인 18세기의 극복은 18세기 자신의 자기 극복에 의해 완수된다. 이것을 수행한 것이 괴테이며, 나폴레옹*이다. 여기서 우리는 초기의 '루소적 인간-괴테적 인간-쇼펜하우어적 인간'이라는 서열이 '루소-쇼펜하우어-

괴테'로 변하고 있다는 것을 깨닫는다.

그런데 앞에서 본 루소와 볼테르의 대립은 천민성과 귀족'성의 대립으로 끝나는 것이 아니다. 루소와 볼테르는 전자가 혁명을 주창한 데 반해, 후자가 절도' 있는 질서로 나아간 점에서도 대립하고 있다. 그런 까닭에 루소는 둘째로, "혁명의 낙관적인 정신을 불러일으칸" 것이다. 다만 니체는 이 "혁명에서조차 루소를 증오한다." 그가 거기서 보는 것은 볼테르적인 절도에 대한 루소의 감정적인 무절도다. "정리하고 정화하며 개조하는 경향이 있는 **볼테르**의 절도 있는 본성이 아니라, **루소**의 정열적인 어리석음과 반쯤의 거짓말들이 혁명의 낙관주의적 정신을 불러일으켰다. 나는 그 정신에 대하여 '그 비열한 자를 굴복시켜라!'고 외친다." [『인간적』 Ⅰ. 463]

루소와 볼테르에게는 또 하나의 대립점이 있다. 루소가 자연 상태에서 문명의 타락을 벗어난 선한 것을 발견하고, 자연에의 회귀를 부르짖는 데 반해, 볼테르에게 있어 "자연의 상태는 두려운 것이자 인간은 맹수다. 우리의 문명은 이 맹수적 자연에 대한 미증유의 승리다……'[유고 Ⅱ. 10. 101] 그렇지만 니체가 여기서 볼테르 식의 "문명화된 상태가 가져오는 억제, 세련, 정신적 기쁨"으로 충분하다고 간주하고, 자연에의 회귀를 모조리 거부했는가 하면, 그렇지 않다. 니체도 역시 '자연에의 회귀'를 말한다. 다만 회귀라 하더라도 자연으로 돌아가는 것을 말하는 것이 아니다. 오히려 자연에로 올라가는 것이다. "드높고 자유로우며 심지어는 섬뜩하기까지 한 자연과 자연성으로의 올라감…… 비유를 들어 말해보자면, 나폴레옹은 내가 이해하는 의미에서의 '자연으로 돌아감'의 하나였다.'[『우상』 Ⅸ. 48] 볼테르적인 절도를 몸에 갖추면서 자연에로 올라가는 것, '루소에 대항하여' 니체가 취하고자 하는 문명과 자연에 대한 자세가 여기서 나타난다.

반-루소로부터 보이게 되는 니체의 자세는 선명하다. 그러나 그것이 선명해짐에 따라 니체의 루소상이 자주 경직된 모습을 보이는 점은 마음에 걸린다. 과연 니체가 루소에서의 '자연', '선인', '자연에로의 회귀'를 루소의 텍스트로부터 엄밀하게 읽어냈다고 말할 수 있을까? 오히려 상당히 통속적인 루소상에 의거했다는 느낌이 강하다. 『루소, 장 자크를 재판한다』에서 루소는 말하고 있다. 인간의 '절대적인 고독'은 자연에 반하며, 마음을 슬프게 만들 뿐이다. 인간이 각자 '참된 자아'를 향유할 수 있기 위해서는 '타자'와의 협력이 없으면 안 된다. 루소의 '자애심'과 '피티에(pitié)'의 감정은 니체의 입장에서 보면 동정 도덕의 일종에 지나지 않을 것이다. 그러나 루소가 친밀한 관계 속에서 본 감정이 과연 '동정'이라는 한 마디로 묶일 것인가의 여부는 여전히 물을 만한 가치가 있을 것이다.
☞프랑스 혁명, 평등에의 의지, 민주주의, 볼테르
―기마에 도시아키(木前利秋)

루쉰 [魯迅 Ru Hsün 1881-1936]

처음에 의학을 뜻하여 일본에 유학(1902-09)한 루쉰이 얼마 안 있어 문학으로 뜻을 바꾸고, 중국'의 근대화 운동에서의 '정신계의 전사'로서 독특한 역할을 수행하기에 이르는 경위는 잘 알려져 있다. 그것은 정치와 문학의 틈새에서 복잡한 단계를 거쳐 전개된 혁명운동의 시대를 배경으로 하여 행해졌다. 그 핵심은 '인간', '개인', '개성'과 같은 기본적 개념조차 결여된 오랜 봉건적 풍토 속에서 근대화를 지향하는, 과도기 중국의 정신적 고뇌를 '말'에 의해 표현하고 자기부정과 극복을 통해 있어야 할 현재와 미래를 제시하고자 하는 고독한 투쟁이었다. 이러한 루쉰의 행동을 결정한, 아마도 무수한 동기를 단순하게 몇 개의 전향의 모습으로 집약하는 것은 불가능하다. 하지만 그것의 가장 중요한 하나로 '니체'가 있다는 것을 잊어서는 안 될 것이다. 의학에서 전환한 후, 그의 문학적 관심은 슬라브계 문학, 북구・동구의 피압박국들의 민족주의 문학, 바이런', 하이네' 등, 낭만주의적 정치 시인들에게로 향했지만, 그중에서도 특히 니체의 『차라투스트라』'는 늘 곁에 두고 보는 책으로서 즐겨 읽었다고 한다. 초기의 문학 평론 속에서 소개되는 니체는 입센' 등과 함께 세속을 배제한 단호한 의지와 개성의 주장자이며, 개인주의의 영웅이었다. 「차라투스트라 서문」

의 중국어역이 두 차례 시도되는데, 부분적으로 문어로 번역(1918)된 후, 1920년에는 백화(구어)에 의한 완역이 발표되었다. 백화역의 제목은「察拉圖斯拉的序言」으로, 궈모뤄(郭沫若 1892-1978)의『차라투스트라』번역을 비롯한 그 후의 니체 소개의 선구를 이루었다. 번역 작업 시에 이쿠타 쵸코*의 일본어역(1911)을 참조했다는 것이 실증되고 있어 일본의 니체 수용사와도 관련을 지닌다. 그런데 1917년의 러시아 혁명은 허버트 스펜서*식의 사회진화론을 포함하는, 다양한 '그 이전'의 사상을 맑스주의*에 의해 중국 사상계로부터 일소했다고 여겨지고 있다. 그러나 루쉰이 그러한 정치적 동향과 주체적인 관계를 보여주면서도 니체적인 고립 무원의 불굴의 처신과, '초인'을 떠올리게 하는 투철한 거시적인 문화비판, 유연한 반어적 표현을 손에서 놓는 법이 없었던 점에서야말로 그의 니체 수용의 진수가 보인다. 그것은 남겨진 작품 속에서, 엄청난 평론과 논쟁문 속에서, 견고한 빛을 발하며 '인간'에게 각성을 촉구하는 많은 언어에 의해 뒷받침된다. ☞중국/중국인

—다키타 나쓰키(瀧田夏樹)

[참] ▷瀧田夏樹「魯迅と『超人』」氷上英広 編『ニーチェとその周辺』朝日出版社, 1972.

루카치 [György Lukács 1885-1971]

니체의『비극의 탄생』*에서 시작되는 시대 비판의 작업과 루카치의 초기 3부작『영혼과 형식』,『소설의 이론』,『역사와 계급의식』을 맞대놓고 생각해 보면, 양자는 동일한 모더니즘 예술의 정신에서 출발하면서도 어떤 의미에서는 대조적인 탈출로를, 즉 근대 비판의 전적으로 다른 유형을 지시하고 있다는 것을 이해할 수 있다. 사상가 및 작가를 논의한 에세이집인『영혼과 형식』(독일어판 1911년)은 짐멜*의 영향 하에 '영혼(삶)과 형식'이라는 양극성이 논의를 담지하는 기본 틀이 되고 있지만, "삶은 무이며, 작품이 모든 것이다, 삶은 단지 우연일 뿐이지만, 작품은 필연성 그 자체다'라고 말해지고 있듯이, 거기서 현실은 혼돈된 무질서로 간주되며, 그것을 소재로 하여 질서화 하는 것이야말로 예술형식이라고 생각된다. 그렇게 되면 예술 형식은 어느 정도 유토피아의 색채를 띠어갈 것이다. 그것은 삶*의 한 영역이라기보다 삶이 무의미하게 유출하는 것을 필사적으로 저지하는 유일한 방도가 되기 때문이다. 이렇듯 철저하게 된 미적 유토피아주의의 가장 극적인 증언의 하나가 니체의『비극의 탄생』이었던 것은 아닐까(의미 상실 경험을 치유하는 것으로서의 예술). 루카치는 그러나 니체처럼 근대에 오염되지 않았다고 생각되는 비극 시대의 그리스로 소급하여 그것을 지렛대로 근대에 맞죽을 거는 것과 같은 유형의 비판 방향을 취하지 않았다. 시간의 흐름으로부터 벗어나 정지해 있는 것과 같은 한 사람 한 사람의, 키르케고르*라든지 노발리스(Novalis 1772-1801)라든지의 양극성이 품은 긴장은, 고바야시 히데오*적으로 말하자면 염주알과 같은 숙명은, 루카치의 경우 헤겔* 철학에 의해 역사화되는바, 요컨대 시간 축에 재배치되었던 것이다.

제1차 세계대전 중에 쓰인『소설의 이론』에 대해 "대망되고 있던 것은 새로운 문학 형식이 아니라 분명히 '새로운 세계'였다"고 루카치 자신이 후에 말하고 있다. 여기서는 확실히 그리스가 니체와 마찬가지로 커다란 역할을 연출하고 있지만, 비극이 아니라 서사시가 주제로 되는바, 그리스인은 인간적 삶의 근원이라기보다는 근대의 서사시인 소설의 특징 묘사를 위한 후원자로서만 이바지하게 된다. "소설이란 삶의 외연적 총체성이 이미 틀림없는 명료함을 지니고서 주어져 있지 않은 시대의 서사시다. 그것은 의미의 삶 내재가 문제로 된 시대, 그럼에도 불구하고 총체성에의 지향을 지니는 시대의 서사시다." "소설의 내적 형식은 과정으로서 파악될 수 있지만, 과정이란 문제적이게 된 개인이 자기 자신을 지향하여 편력하는 것인바, 단지 현존하는 것에 지나지 않는, 그것 자체에서 이질적인 것이자, 개인에게 있어서는 의미를 잃은 현실 속에 어둡게 사로잡혀 있는 바로부터 명석한 자기인식에 이르는 길이다." 이와 같이 니힐리즘* 경험으로부터의 탈출을 꾀하는 루카치의 사유를 일관되게 동기짓고

있는 것은 '총체성에의 지향, 다시 말하면 단편이 아니라 체계*에의 지향인바, 이미 『영혼과 형식』에서조차 "위대한 미학이 도래한 그날에는 에세이의 제아무리 순수한 성취라 하더라도, 제아무리 강력한 달성이라 하더라도 활력을 잃지 않을 수 없다'고 말할 정도다. 니체가 부르크하르트*와 쇼펜하우어의 영향 하에 반헤겔적인 사상 경험으로부터 출발했던 데 반해, 루카치는 칸트*로부터 헤겔로, 그리고 헤겔로부터 맑스*로, 이를테면 독일 고전 철학의 정수를 그의 젊은 날에 반복해 보였던 것이다.

그리고 '총체성'과 '명석한 자기인식'에의 지향, 다시 말하면 체계에의 지향은 『역사와 계급의식』(1923)에 이르러 프롤레타리아트의 의식이라는 아르키메데스의 점을 발견하는 것에 의해 일거에 그 이론적 전망을 얻는다. 이질적인 외계와 문제적이게 된 개인과의 사이의 균열은 노동력 상품으로서 물화된 프롤레타리아트가 자기의 존재를 의식하는 사물의 자각 운동(객체=주체)에 의해 다리가 놓이기에 이른다. 소원한 현실은 이미 예술 형식에 의해서만 질서화되는 혼돈된 소재인 것이 아니라 물화의 논리에 의해 역사적으로 생성된 것으로서 동태화되며, 그 극복 역시 역사에, 즉 역사에 내재하는 주객의 운동에 돌려진다. 양극성은 변증법*으로 지양된 것이지만, 여기서 생겨난 계급의식의 절대화는 커다란 문제를 잉태하게 된다. 니체도 루카치도 모더니즘 예술이 지니는 비판의 급진성을, 전혀 다른 방식으로긴 하지만, 사회 비판 차원으로까지 지나치게 전체화하고 있는 것이 아닌가 하는 의혹을 불식시킬 수 없는 것이다. 그 후 루카치는 이러한 초기 사상들을 자기비판하여 소비에트 맑스주의에 가까운 선에서 작업을 하게 된다. 아도르노*의 말을 빌리자면 "강요된 화해"라는 것이지만, 이 사이의 사정은 정치와의 관계에서, 요컨대 반파시즘 투쟁을 어떻게 수행할 것인가라는 정치적 결단과의 관계에서 보아야 하며, 단지 이론 내재적으로만 추적할 수 없는 점이 있다. 제2차 세계대전 후에 출판된, 전범 재판과 같은 단죄의 글인 『이성의 파괴』에서 니체는 루카치에 의해 이성을 파괴하고, 파시즘에의 길을 연 비합리주의 전통에 서

는 사상가로서, 사회주의*의 적으로서 그야말로 철저히 공격받고 있다. 이 두 사람의 사상가가 어디까지 그 책임을 짊어져야 하는가는 별도로, 모더니즘 예술에서 출발하는 비판 정신이 이렇게 재회를 수행하는 것에서, 요컨대 파시즘과 소비에트 맑스주의의 만남이라는 형태를 취하는 것에서 역사 현실의 가혹함을 떠올리지 않을 수 없다. ☞반니체(좌익의)

―나카오 겐지(中尾健二)

루터 [Martin Luther 1483-1546]

종교개혁*과 르네상스*는 둘 다 근대의 여명을 알린다고 보고 양자의 상보성을 중시하는가 아니면 양자의 대립 관계를 중시하는가 하는 것은 오래전부터 제기된 문제이지만, 니체는 양자를 극단적으로 대립하는 것으로 보고 종교개혁에 의해 르네상스가 파괴되었다고 하는 주장을 되풀이한다. 종교개혁이 지니는 근대성에 대한 시선도 잊지 않지만, 그것은 근대의 마이너스 측면의 개시라고 여겨진다. 더욱이 그러한 모든 것이 루터에서 시작되었다고 생각되며, 그 루터에게서 독일인* 기질의 모든 것이, 그리고 독일 문화의 모든 폐쇄성이 상징적으로 응축되어 있다고 본다. "종교개혁에서 우리는 이탈리아*에서의 르네상스의, 거칠고 공허한 천민적인 반대물을 지닌다. 동일한 충동에서 출발하고는 있지만, 지체된 비속한 그대로의 북방에서 종교적인 가장을 쓰지 않으면 안 되었다. …… '복음의 자유'라는 한 마디에, 숨겨져 있을 만한 이유가 있었던 일체의 본능이, 미친개처럼 분출하고, 잔학하기 짝이 없는 욕구가 일시에 용기를 얻었다.'[유고 Ⅱ. 11. 269] "독일인은 유럽인이 손에 넣을 수 있었던 최후의 위대한 문화적 수확인 르네상스를 유럽으로부터 빼앗아 버렸다.'[『안티크리스트』 61] 대립관계를 상징하는 것이 자주 인용되는 로마*로 간 루터에 대한 일화다. 로마에서 고위 성직자들의 사치스러운 생활방식과, 그들이 현세의 예술적 관능에 탐닉하는 것을 보고 그야말로 진지한 루터는 분격한다. "루터라는 독일인 수도사가 로마로 갔다. 좌절당한 사제*의 복수심에 불타는 본능

을 죄다 지니고 있는 이 수도사가 로마에서 르네상스에 대항하여 들고 일어났다.'[같은 곳] 그야 어쨌든 체자레 보르자*를 교황으로 하여 그리스도교적 가치를 참으로 전복하고, 올림포스 신들의 큰 웃음을 불러 일으켜야 했던 르네상스가 짓눌려진 것은 루터 때문이다. 이미 삶*이 교황의 자리에 앉아 있었음에도 불구하고, 루터는 그것을 이해하지 못했다는 것이다.

이와 같은 루터관은 상당히 일찍부터 니체 속에서 싹트고 있었다. 확실히 고교 시절에는 당시의 교육 내용과 자기의 출신 계층도 이유가 되어 루터는 그에게 있어서도 독일의 자랑이었다. 열다섯 살 때인 1860년의 성령강림절의 여행 때에는 아이스레벤으로 루터의 생가를 방문하고, 경건한 생각에 젖어든다. 또한 바그너*에 심취해 있던 무렵에는 <트리스탄*>과 <마이스터 징거*>의 가까움을 이해하지 못한 자는 독일 정신의 위대함을, 요컨대 루터, 베토벤*, 바그너의 독일적인 명랑함을 이해할 수 없으며, 이것은 다른 국민이 잘 알 수 없는 점이다[『반시대적』 IV. 8]와 같은 진부한 발상도 보인다. 하지만 이미 『인간적』*에서는, 루터의 종교개혁은 아직 정신의 자유와 과학의 힘이 충분히 강화되어 있지 않은 사태의 증좌이며, 르네상스가 곧바로 사라져버릴 정도의 힘밖에 지니지 않았다는 것을 보여주는 것이라고[『인간적』 I. 26] 여겨진다. 루터가 화형에 처해졌더라면, 계몽은 좀 더 일찍, 좀 더 빛나는 빛을 비추었을 것이라는[같은 책 237] 격앙된 발언도 보인다. 그리고 바그너조차도 그리스도교로 회수되고 독일인의 자기만족에 거두어들여지고 마는 문화 상황을 산출한 악들의 근원에 루터가 있게 된다. 물론 "종교개혁의 운동 전체를 이루어낸 위대한 유대적 영웅적 기세"는 루터의 가장 좋은 부분이며, 이것이 헨델의 음악으로 이어지든가[같은 책 II-1. 171], 루터의 돌대가리가 레겐스부르크의 논쟁을 화해로 이끌지 못했기 때문에 근대의 힘의 원천이 해방되었다[같은 책 226]와 같은 양의적인 발언도 보이지만[『아침놀』 88도 참조], 서서히 루터의 개인상이 일방적으로 되어간다. 신앙은 행위를 낳는다는 거짓말에 대한 신뢰는 루터, 플라톤*, 소크라테스*에게 공통되며[『아침놀』 22], 루터는 바

울*과 마찬가지로 지킬 수 없는 규율의 존재에 증오를 품었다[같은 책 68]고 하며, 나아가서는 권력욕이야말로 인간 생활에서의 모든 것이라는 것을 알고 있는 인물이라고 레테르가 붙여진다[같은 책 262]. 르상티망*의 이론에 의한 해부의 대상으로서, 소크라테스*와 초기 그리스도교도에 이어 루터가 전형적 증례로서 생각되고 있었다는 것을 알 수 있다.

다만 루터와 관련해 이 점은 충분히 전개되지 않으며, 오히려 독일*은 그리스와 남유럽의 복잡함을 지니고 있지 않았기 때문에 루터의 종교개혁이 성공했다는 식으로[『학문』 149], 이를테면 문화 스타일의 문제로서 독일적인 것에 대한 증오와 루터상의 중첩이 눈에 띈다. 루터야말로 바로 "정신의 농민 반란"의 상징이며, 현재의 그리스도교*의 몰락 상태를 초래한 존재다. "그리스도교를 지키고자 한 독일인이야말로 그것의 최고의 파괴자'라는 역설이 강조된다. 교회*의 건설은 남유럽의 정신의 자유분방과 전혀 다른 인간지에, 그 "고귀*한 회의*에, 회의와 관용의 과잉에" 기초하고 있음에도 불구하고, 루터는 그러한 것으로서의 교회에는 눈이 향하지 않았다. 그리고 남유럽 생활의 '다양성'을 보지 못했다. 게다가 중요한 권력* 문제에 대해서는, 루터는 민중* 출신의 인간으로서 전부 판단이 잘못되어 있었다. 그런 까닭에 그에 의한 교회 재건의 시도는 결국 파괴의 시작이 되었다. 성서*의 해방은 문헌학에 의한 성서 파괴의 개시이며, 공의회는 성령을 부정하고, 교회를 파괴하며, 성 행위를 사제에게 반환하여 예외를 없이함으로써 교회로부터 고마움을 빼앗고, 고백을 그만둠으로써 사제직 그 자체를 말소시켜 버렸다. 이상의 타락을 비판하면서 이 이상 그 자체를 파괴한 것은 고귀한 인간의 지배에 대한 증오에서 비롯된다. 요컨대 정신에 대한 농민의 반란이라고 하는 것이다.

하지만 거기에 숨어 있는 역설도 니체는 보고 있었다. 요컨대 루터는 북유럽에서의 정신의 평판화이지만, 그것과 동시에 "정신의 운동, 독립과 자유에 대한 갈증, 권리에 대한 신앙"이 시작되었다는 역설이다[『학문』 358]. 하지만 그것조차도 독일 땅에서는 사이

비 정신적 깊이를 낳고, 그리스도교를 붕괴시키면서 교묘하게 유지하는 독일 정신(니체가 말하는 "라이프 니츠, 칸트", 그 밖의 독일 철학, 해방전쟁, 독일 제국" [『안티크리스트』 61])이라는 또 하나의 역설을 길러내며, 그에 따라 역사의 지연을 초래했다. 더욱이 그것은 루터만의 죄가 아니라 독일인의 책임으로 여겨진다. "독일인은 그리스도교가 존속하고 있는 것에 책임이 있다."[같은 곳] 그리스도교의 유지를 꾀하면서 사실은 붕괴를 초래하고, 동시에 그와 같이 붕괴를 유인하면서 내면에서 유지하는 문화의 빈곤의 원흉이 독일인 루터인 것이다. ☞독일/독일인, 종교개혁, 르네상스

—미시마 겐이치(三島憲一)

르낭 [Ernest Renan 1823-92]

프랑스의 철학자인 동시에 문헌학자. 실증주의"와 다윈주의"에 의거하여 "인생의 과학적 조직화"를 이야기하는 한편, 대저 『그리스도교 기원사』 7권(1863-83), 특히 그 제1권인 『예수전』으로 커다란 영향을 주었다. 에드워드 사이드(Edward W. Said 1935-2003)는 『오리엔탈리즘』에서 르낭을 F. A. 볼프(Friedrich August Wolf 1759-1824)와 니체의 중간에 자리매김하고 있다. 문헌학을 근대의 우월성을 보여주는 학문, 시대의 최고의 학문으로 생각하는 르낭은 바로 그 점에 의해 시대 구분과 문화 구분을 철저화한 유럽중심주의자로 여겨진다. 그의 지적 에너지의 원천은 그리스도교"의 교의가 문헌학적 비판에 기초하는 그리스도교의 역사와의 사이에서 품고 있는 갭이다. 그러한 그에 의한 그리스도교 역사의 연구는 그대로 문헌학자로서 오리엔탈리스트가 되는 일이며, 그것은 또한 다윈주의와도 결합하여 소수의 우월 인종에 의한 다수자에 대한 지배를 밀어붙이는 논으로 되고, 고등인종과 하등인종의 구분을 긍정하며, 특히 셈족을 멸시하는 사상이 되기도 했다. 마찬가지로 19세기의 영광의 학문인 문헌학에서 출발하면서 거기에 힘과 자기긍정의 계기가 숨어 있다는 것을 탐지해낸 니체는 만년에 이 르낭을 읽으며, 어느 정도 D. 슈트라우스"에 대한 비판과도 공통되지

만, 그 이상으로 날카로운 비판을 행하고 있다. 르낭은 "객관성의 안락의자"에 앉은 "반은 주교이고 반은 호색한"인바, 바로 "르낭 향수"라고 말할 수도 있다. 특징은 "겁 많은 정관적 태도"이자 "역사에 대한 음탕한 환관주의"이고, 동시에 "금욕적 이상에 추파"를 던지는 존재다[『계보』 III. 26]. 요컨대 비판적 학자이자 금욕적·정관적 생활을 좋아하지만, 다른 한편으로 결별한 욕망의 세계에도 추잡한 눈길을 보내는 인간이라는 것이다. 따라서 한편으로 인종차별에 기초하는 "정신의 귀족주의"를 말하면서, 다른 한편으로 "복음에 무릎 꿇는" 인간이다. 또한 복음을 경건한 표정으로 읽는 인간이 언제나 억누른 욕망이 불결하게 모습을 나타낸다. 거기에는 "파계승의 비웃는 듯한 웃음"[『우상』 IX. 2]이 있다. 따라서 방법적으로도 "복음서로부터 영혼의 역사를 읽어내고자 하는 시도"에서 보이는 "혐오해야 할 심리학적 경박함"[『안티크리스트』 29]이 놓여 있다는 것이다. 귀족주의와 지배 긍정이라 하더라도 거기에 현상 긍정이 숨어 있게 되면, 그리고 억누르고 있는 까닭에 추잡하고 추악한 냄새가 난다고 한다면, 니체의 준열한 거부에 걸맞은 좋은 예라 할 수 있을 것이다. ☞슈트라우스[다비드]

—미시마 겐이치(三島憲一)

르네상스 [Renaissance]

고전 그리스·로마 문화의 재흥·재생의 시도는 역사에서 몇 차례인가 보인다. 17세기에서의 프랑스의 고전주의도, 또한 18세기 중엽 이후의 독일에서의 그리스 문화 모방 열풍도, 고전 문화의 인용이 시대의 혁신을 꾀하고자 하는 시대의 움직임과 결부되어 있었다는 점에서 고전 그리스·로마 문화의 재생(르네상스)이며, 나아가서는 프랑스 대혁명"의 시대에 고대 로마 풍의 의복 토가가 유행했던 것도, 고대 로마의 공화제 재생의 꿈이 혁명의 열정을 뒷받침하고 있었다는 것을 이야기해 준다. '르네상스'라는 명칭이 14세기 중엽부터 16세기의 이탈리아로 특정되어 사용되기 시작한 것은 하위징아(Johan Huizinga 1872-1945)에 따르

면, 1829년의 발자크*의 작품 『소가의 무도회』라고 한다. 15세기를 정점으로 하는 이탈리아* 문화를 좁은 의미의 르네상스로 하는 사용방식은 쥘 미슐레(Jules Michelet 1798-1874)의 저서 『르네상스』(1855), 나아가서는 부르크하르트*의 『이탈리아 르네상스의 문화』(1860)에서 널리 퍼지게 된다. 19세기 후반부터 20세기 초에 르네상스가 활발하게 논의된 배경에는 "인문주의라는 말 위에는 400년의 학교 교육의 먼지가 쌓여 있다"고 쿠르티우스(Ernst Robert Curtius, 1886-1956)로 하여금 말하게 하고, 또한 니체가 끊임없이 비판의 창끝을 향하게 했던 시민사회의 음울한 상황과 교양*의 공동화 현상에 대한 비판이 놓여 있다는 것을 잊어서는 안 된다. 그러나 르네상스의 시대구분은 관점을 정하는 방식에 따라 유동적이다. 예를 들어 W. 페터와 하스킨즈(Charles Homer Haskins 1870-1937)는 르네상스의 발생을 12세기에서 찾으며, 또한 하위징아는 오히려 중세와의 연속성을 강조한다. 바로 파노프스키(Erwin Panofsky 1892-1968)가 말하듯이 '르네상스 문제'는 역사 해석의 물음을 던지지 않을 수 없는 것이다.

니체는 부르크하르트의 르네상스론으로부터 커다란 영향을 얻고 있지만, 국가와 개인의 발전을 다룬 장은 무시하고, 제3장의 「고대의 재발견」만 공들여 읽은 흔적이 있다. 역사를 항상적인 발전 과정으로서의 실증적 사실의 나열이 아니라 "과거를 우리 속에서 울려나게 하는", 요컨대 현재의 삶에 직접 호소하는 것을 추구하여 과거와 마주하는 부르크하르트의 자세에 공명했을 것이다. 현재의 정신의 높이로부터 과거를 정관적으로 향유하는 헤겔*적인 발전적·연속적인 역사관을 부정하여 니체는 부르크하르트의 영향을 받아 "진보라는 것은 잘못된 이념이다. …… 현재의 유럽인은 그 가치로부터 말하자면 르네상스보다 훨씬 낮다"[『안티크리스트』 4]고 말한다. 역사에 대한 부르크하르트의 태도는 니체의 눈에는 이탈리아 르네상스가 고전 고대 문화를 섭취한 태도와 같은 것으로 비쳐지고 있었다. 르네상스는 니체에게 있어 "이전에 위대한 것이 어쨌든 한 번은 있었던 것이고, 또한 어쩌면 또 한 번 가능할 것이다"라는 확신을 주는 근거였다.

요컨대 그가 말하는 '기념비적 역사'가 삶에 이바지하는 경우의 예증인 것이다. 과거의 유적과 기념비를 눈앞에 두고 자기 자신의 영혼에 대한 말 걸기를 느끼는 듯한 감성이 '르네상스의 이탈리아인들을 인도했고 그들의 시인들에게 고대 이탈리아의 수호신(게니우스)을 다시 일깨웠으며, 그렇게 하여 야콥 부르크하르트가 말했듯이 '태고의 현악기를 멋지게 재현했던' 것이다.'[『반시대적』 II. 3] 그들의 고전 고대로의 복귀는 "고대의 모방"도 "현실로부터의 도피"[유고 『우리 문헌학자들』, II. 5. 123]도 아닌, 현대의 삶을 위한 과거의 섭취다. "미래는 과거의 순수한 광휘 속으로 복귀한다"라는 말을 남긴 페트라르카(Francesco Petrarca 1304-1374)나 보카치오(Giovanni Boccaccio 1313-1375) 등, 부르크하르트가 말하는 '시인 문헌학자'(Poeten-Philologen)에게서 니체는 스스로의 문헌학에 대한 태도와의 공통점을 보고 있었다. 하지만 '시인 문헌학자'는 다른 한편으로 교양인과 대중의 분리의 시작이기도 했다고 보는 니체는 그 분리의 극복을 한때는 바그너*의 종합 예술에서 찾았다[『반시대적』 IV]. 또는 허약하고 신경 과민한 현대 문화를 극복하기 위해 "새로운 르네상스에 대한 희망"[『인간적』 I. 244]의 필요성을 말하고 있다.

또 하나 니체가 르네상스에서 느낀 매력은 르네상스가 그리스도교*적 중세의 껍질을 깨고, 사회적 타협을 넘어선 ─ 그런 의미에서는 비도덕적인 ─ 행동도 마다하지 않는 강렬한 개성을 지닌 인물을 산출했다는 점이다. 체자레 보르자*로 상징되는 그러한 르네상스인은 "반민주주의적이고 반그리스도교적인 정신"으로서 찬양되며, 루소*와 같이 내향적으로 자기가책을 느끼는 약하디 약한 인간과 대치된다. "르네상스 시대에는 범죄자가 만연하는바, 그들은 그들 나름대로의 덕을 몸에 갖추었다. 르네상스 풍의 덕, 즉 도덕에서 자유로워진 덕을."[유고 II. 10. 186] 인문주의적 교양이 기성의 선악의 기준을 뒤집는 정치적 행동력과 하나로 융합해 있던 시대를 니체는 선망한다. 이 언명은 민주주의*를 가축떼 도덕으로 내려다보고 선악의 저편으로 나아가야 할 초인*의 이미지와 겹쳐진다.

이러한 삶*의 충실을 간직한 르네상스라는 "최후이자 위대한 문화유산을 유럽에게서 빼앗아 버린 것은 독일인*이다"[『안티크리스트』 61]라고 니체는 말한다. 그 독일인이란 루터*이자 루터를 지지한 독일 프로테스탄티즘*이고, 나아가서는 그 기반 위에서 극단과 일탈을 혐오하여 '범용'의 도덕을 묵수한 독일 시민 계급이다. 니체에게 있어 르네상스는 삶의 충실을 헤아리는 하나의 척도였다. 또한 『도덕의 계보』*에서 르네상스는 유대*에 대해 로마가 거둔 승리의 하나의 사건으로서 그려진다. 여기서 유대는 그리스도교적 가치관의 대명사로서 사용되며, 그 대극에 르네상스가 놓여 있다. 그리고 종교개혁*에 의해 다시 유대가 승리한 후, 나폴레옹*과 함께 다시 로마적인 것이 승리했다고 한다. 프랑스 혁명의 공화제의 이상에서가 아니라 나폴레옹에게서 고대 로마와 르네상스적 인간의 부활을 보고 있다는 점에서 우리는 체자레 보르자를 찬양하는 니체의 르네상스관의 특성을 찾아볼 수 있다. 니체는 나폴레옹에게서 고대의 이상의 부활을 보고, 다음과 같이 말한다. **"다수자의 특권**이라는 원한의 낡아빠진 허위적 구호에 대해서, 인간을 저열하고 비굴하게 만들며 평균화시키고 하강과 몰락으로 가져가는 의지에 대해서, **소수자의 특권**이라는 무섭고도 매혹적인 반대 구호가 예전보다도 훨씬 더 강력하고 단순하게 진지하게 울려 퍼졌다!"[『계보』 I. 16] 이 "두렵고도 매혹적인 표어"는 나치스* 독일에서 유대 민족의 희생 하에 독일 민족의 삶의 되찾음이라는 도착된 길을 밟아가게 되었다. 르네상스에서 "보다 높고 강한 인간"을 읽어낸 니체 자신의 말에서 니체가 나치스에게서 곡해된 한 원인을 볼 수도 있을 것이다. ☞종교개혁, 이탈리아, 보르자

―오누키 아츠코(大貫敦子)

르상티망 [Ressentiment]

"인간이 복수(Rache)로부터 해방되는 것, 이것이 내게 있어 최고의 희망에 이르는 다리이며, 긴 악천후 끝에 걸리는 무지개다"―『차라투스트라』*에서 니체는 이

와 같은 목표를 내걸고 있다. 여기서 '복수'라고 불리는 것은 자기에게 가해진 부정에 대해 '눈에는 눈'의 논리로써 이루어지는 '보복'이 아니다. 그것은 오히려 무력한 자들이 "권력*을 지니는 자 모두"에 대해 지니는 질투에서 생겨나는 것이다. 그들도 "전제 지배에 대한 정욕"에 내몰리고 있지만, 다만 무력한 까닭에 권력을 지니는 자에 의해 자존심에 상처를 입고 질투에 시달린다. 그리하여 그들은 평등이야말로 정의라고 이야기하고, 권력은 부도덕하다고 고발함으로써 복수하고자 한다고 여겨지며, 이 "평등의 설교자들"은 음험한 독거미 "타란툴라*"에 비유되고 있다[『차라투스트라』 II-7]. 이러한 무력함으로 인한 '증오', 질투에 기초하는 '복수'에 대해 니체가 사용한 또 하나의 명칭이 '르상티망'이며, 이것은 계보학적 사유에 의한 비판의 핵심어로서 후기 니체의 폭로 전략의 중요한 요소가 되었다. 니체는 자신이 바로 '데카당스*'를 스스로 체험했기 때문에 그것을 극복할 수 있다고 주장했지만, 여기서도 그와 마찬가지로 "르상티망으로부터의 자유, 르상티망에 관한 계몽"을 자신이 달성한 것은 이 현상을 스스로의 병에서 스스로의 약함과 힘의 문제로서 체험했기 때문이라고 하고 있다[『이 사람』 I. 6].

'르상티망'이라는 말은 니체가 애독한 몽테뉴*의 『수상록』 제2권 제27장에서도 사용되고 있지만, 17세기 초 무렵에는 프랑스어로부터 독일어로 이입되며, '(심리적인) 상처 받기 쉬움' 외에 '불만', '울분', '증오'라는 의미도 지녔다. 니체가 이 말을 처음으로 사용한 것은 1875년 여름에 쓰인 뒤링*의 『삶의 가치』에 관한 노트에서의 "정의감은 르상티망이며, 복수와 결부되어 있다. **피안에서의 공정**이라는 관념도 **복수** 감정에서 유래한다"라는 구절에서이다. 형이상학*의 본질은 지상에서의 부정에 대해 '신의 재판에 의해 보상을 받고, "복수심을 초월적으로 만족시키는 것"에 있다고 하는 데서는 이미 후년의 르상티망론의 맹아가 보이지만[유고 I. 5. 334f.], 그것이 본격적으로 전개된 것은 『도덕의 계보』*에서였다.

니체는 거기서 두 종류의 도덕적 가치 평가 방식을 구별한다. 첫째는 "기사적・귀족적 가치 평가"이며,

그 전제가 되는 것은 "강한 몸과 생기 넘치고 풍요롭고 스스로 억제할 길 없이 넘쳐나는 건강 그리고 그것을 보전하는 데 필요한 조건들, 전쟁, 모험, 사냥, 춤, 결투 놀이와 강하고 자유로우며 쾌활한 행동을 함축하고 있는 모든 것"이다. 이 가치 판단은 우선 스스로의 강함·고귀*함·아름다움을 '좋다'(gut)고 하고, '나쁜'(schlecht) 자에 대한 차이의 의식('거리의 파토스*')을 지니고서 "지배자의 도덕"을 산출한다. 그에 반해 "사제적 가치 평가"에서는 힘에 의한 지배와 억압에 의해 괴롭힘을 받은 자가 강하게 고귀한 자에 대한 증오로부터 우선 그들을 '악하다'(böse)고 하는 판단을 날조*하고, 그에서 더 나아가 그것과는 반대의 성질을 '선하다'(gut)고 하여 '노예 도덕' 또는 '가축떼*' 도덕'이 생긴다『계보』 I. 7; 『선악』 260 참조. 거기서 작용하는 것이 르상티망인바, 그 특징은 능동적(aktiv)인 힘에 의해 위협받았기 때문이 아니라고 말하는 것, 즉 '반동 (Reaktion)에 의해 작용하는 것에 있다고 한다. 고귀한 자는 곧바로 행동에 의해 반응하기 때문에, 르상티망은 해소되고 과잉하기까지 한 조형력*에 의해 그 해독을 망각하지만, 약자는 "실제적인 반응, 행위에 의한 반응을 포기하고, 오로지 상상의 복수를 통해서만 스스로 해가 없는 존재라고 여기는 사람들의 르상티망'을 지닌다『계보』 I. 10. 그리고 자기 보존*의 본능으로부터 강자=악인'과는 반대의 '선인'일 것을 바라고 스스로의 약함을 긍정한다. 그 결과 지배한다든지 보복한다든지 할 수 없는 무력함이 인내와 선의로서 평가되며, 비굴함이 겸손의 덕으로, 굴종이 신에 대한 복종으로 바뀌치기 되는 것이다같은 책 I. 13, 14]. 그렇지만 약자에게도 지배하고 싶어 하는 욕망은 있는 바, 그들은 직접적으로는 만족될 수 없는 스스로의 '힘에의 의지*'를 다른 형태로 발휘한다. "도덕에서의 노예의 반란*"은 **르상티망** 그 자체가 창조적이 되어 가치를 낳는 것에서 시작된다.'[같은 책 I. 10] 그들은 '양심의 가책'이라는 것을 발명하여 그에 의해 강자를 속박하고자 하지만, 스스로의 지배욕과 복수심을 자각하지 못하기 때문에, 편안히 '선인'의 '정의'의 승리를 축하할 수 있다는 것이다. 더 나아가 니체는 약자에

의한 가치 날조의 기원을 로마에게 지배당한 고대 유대*인에게서 찾는다. "성직자 민족인 유대인, 이들은 자신의 적과 압제자에게 결국 오직 그들의 가치를 철저하게 전도시킴으로써, 즉 **가장 정신적인 복수** 행위로 명예회복을 할 줄 알았다." 그리하여 그들은 비참한 자, 가련한 자, 무력한 자, 비천한 자만이 선한 자라고 했다는 것이다『계보』 I. 7; 『선악』 195 참조].

니체는 르상티망의 도덕이 세력을 얻은 배경에서 약자들의 '가축떼'를 '목자'로서 지키고, 그들의 르상티망이 집단을 해체로 이끌지 않도록 배려하는 "금욕주의적 사제"의 역할을 인정하고 있다『계보』 Ⅲ. 11 이하; 『안티크리스트』 22, 26, 38]. 그들은 민중의 르상티망을 교묘하게 이용하지만, 그것은 병자를 보살핀다고 자처하면서, 실은 우선 병에 들게 하고 나서 치료함으로써 신뢰를 획득하는 의사와 동일한 방식에 의해서이다. 요컨대 고뇌의 원인을 찾는 자들에 대해 금욕주의적 사제는 원인이 그들 자신의 '원죄'에 있다고 가르쳐서 "양심의 가책"을 불러일으키고, "영혼의 불멸"과 "최후의 심판"이라는 관념으로 신도들의 양심'에 고문을 가한다. 이리하여 르상티망이 작용하는 방향을 안쪽으로 전환시킨 다음, 사제는 친절과 위로에 의해 보잘것없는 기쁨을 처방한다든지 '이웃사랑*'에 의해 병자의 '힘에의 의지'를 자극한다든지 한다. 왜냐하면 자선과 봉사는 다소의 우월감을 가져다주기 때문이라고 한다. 그에 의해 심약한 자들의 권력 감정을 어느 정도 만족시킴과 동시에, 구원이 있는 곳을 보여줄 수 있는 것은 사제뿐이라고 믿게 함으로써 그들을 목자에게 충실히 따르는 가축떼로 조직해 간다는 것이다. 이와 같은 사제적 성격의 예로서 니체가 들고 있는 것이 "증오의 천재" 바울*이다. 그를 비롯한 제자들은 예수*의 죽음이 르상티망을 초월해 있었다는 것을 이해하지 못하고, 예수를 신의 아들로서 추어올림으로써 자신들의 지배를 확립하고, 복수심으로부터 대중의 르상티망을 이용하여 고귀한 자에 대한 반란을 일으켰다고 한다『안티크리스트』 40, 42, 43]. 이리하여 이러한 유대인적 '가치의 전환'을 이어받은 그리스도교*는 2000년에 걸쳐 유럽을 지배하고, 그 속으로부터 태어난

민주주의*와 사회주의*에 의한 '평등'의 요구와 더불어 "유럽적인 인간의 왜소화와 획일화"라는 "최대의 위험"이 다가오고 있다고 한다『계보』 I. 8, 12]. 그것은 "모든 고귀한 인종의 근저에 놓여 있는 금발의 야수*"를 두려워한 나머지 "'인간'이라는 맹수를 온순하고 문명화된 동물, 즉 **가축**으로 사육하는 것"에 의해 퇴화시켜 버리는 위험이라고 한다[같은 책 I. 11].

니체의 르상티망 설은 근대의 평등 이념과 그리스도교 윤리에 대한 대담한 비판으로 인해 다양한 반향을 불러일으켰다. 막스 셸러*는 후에 『가치의 전도』에 수록된 논문 「도덕의 구조에서의 르상티망」(1912)에서 르상티망에 의한 도덕적 가치 평가의 전도라는 니체의 학설을 용인하여, 근대의 시민 도덕의 근저에는 확실히 르상티망이 놓여 있으며, 그것이 프랑스혁명* 이래의 사회 변동 속에서 증폭되었다고 하고 있다. 그러나 다른 한편으로 그리스도교 윤리는 르상티망에 기초하는 것이 아닌바, 니체는 '이웃사랑'을 오해하여 근대적인 평등사상을 고대 종교에 넣어 읽고 있다고 비판하기도 한다. 또한 막스 베버*는 「세계 종교의 경제 윤리」 서론에서 "니체의 훌륭한 시론"에 대해 말하고, "종교 윤리가 계급 관계에 의해 전면적으로 제약되어 있다는 견해"는 르상티망 설로부터도 도출될 수 있을 것이라고 하면서도, 하나의 심리 현상을 도덕적 합리화를 규정하는 유일한 동기로 간주하는 것에 대해서는 반대한다. "행복재"의 불평등한 분배에 대답을 주는 "고뇌의 변신론"에서 르상티망이 작용할 가능성은 부정할 수 없지만, 신앙과 금욕주의가 언제나 사회적으로 억압된 계층의 '복수'의 요구에서 생겨난다고는 할 수 없다. 그런 까닭에 지배자와 피지배자의 계층 관계뿐 아니라, 좀 더 개별적인 사회적 조건도 생각해야만 한다는 것이다. 르상티망을 종교 현상의 '설명'으로서 파악하는 베버와, 르상티망에 의한 억압과 지배의 폭로에 의해 삶*의 새로운 해석을 열어젖히고자 하는 니체의 논의는 서로 맞물리지 않는다. 최근에는 들뢰즈*가 능동적으로가 아니라 반동적으로 작용하는 르상티망의 특질을 축으로 하여 니체의 사상을 파악하고자 하고 있다.

르상티망을 둘러싼 니체의 계보학적 고찰은 제도적인 현실과 언뜻 보아 누구도 비판할 수 없는 듯이 보이는 관념의 이데올로기적 이용에 대한 회의의 기술로서 볼 수 있다. 약자 속에도 숨어 있는 지배욕을 가차 없이 드러내고, 약자를 이용하는 '사제'의 위선적인 지배를 고발하는 관점은 스스로를 약자 편의 입장에 두는 논의를 다시 묻는 실마리가 될지도 모른다. 다만 르상티망이 약함의 은폐와 위장에서 유래한다고 한다면, 힘의 강약을 문제로 하는 한에서, 르상티망으로부터 근본적으로 벗어나는 것은 어려운 것이 아닐까? 니체 자신은 르상티망 비판을 도덕을 초월하여 행위하는 강자의 예찬으로 전도시켰지만, 그것과는 다른 귀결을 이끌어내는 것도 가능했을 것이다. ☞그리스도교, 유대, 사제, 거리의 파토스, 평등에의 의지, 천민, 가축떼, 이웃사랑, 죄책{죄}

—오이시 기이치로(大石紀一郎)

리슈탕베르제 [Henri Lichtenberger 1864-1941]

프랑스의 독일 연구가. 낭시대학 교수를 하고 있던 1898년에는 프랑스어로 『니체의 철학』(La philosophie de Nietzsche, Paris 1898)을 출판한다. 또한 니체에 대한 팸플릿과 강연도 많으며, 일찍부터 독일어로도 번역되어 있다(예를 들면 Friedrich Nietzsche, Ein Abriß seines Lebens und seiner Lehre, Dresden u. Leipzig 1900). 그 가운데는 광기의 니체를 바이마르*로 병문안했을 때의 모습이 성인 전설적으로 그려진 장면도 있다. 유럽에 요원의 불길처럼 퍼진 니체 열광의 프랑스에서의 담지자로서 중요한 존재다. 후에 되돌아보며 "당시는 대기 속에 친니체주의가 떠돌고 있어 불이 당겨지기를 기다릴 뿐이었다"고 쓰고 있지만, 그의 분위기에 대한 감각은 발군이었다고 말해야 할 것이다. 그의 니체 해석은 니체의 논의 내용보다도 그의 박력과 열정에 중점을 두고 있다. 바로 가장 경건한 그리스도교도였던 까닭에 신에게 거슬러 새로운 가치의 창출을 지향했던 것이며, 그의 영혼의 깊은 곳에는 여전히 깊은 종교성이 있다든가, 또는 바로 가장 바그너*를 숭배하고 있었기 때문에 그에게서 거리를 취했던 것이며, 소질은 철저히 음악적이라고 하는 등의 찬미 방식이 반복된다. 동정* 도덕에 대한 경멸도, 인간에 대한 동정으로부터 신이 죽은 것과 마찬가지로, 니체는 바로 가장 동정심이 강한 인간인 까닭에 동정의 바다에 빠지지 않기 위해 그 극복을 꾀했던 것이라고 하는 것이다. 결국은 니체와 정반대의 도덕을 설파한 톨스토이조차 깊은 종교성이라는 점에서는 공통되기까지 한다고 여겨진다『니체의 철학』 p. 178]. 그러나 이러한 문장 속에는 새로운 생활형식을 추구하여 부르주아 생활로부터의 탈출을 원망한(더욱이 노동 운동과는 무관계한) 세대와 계층의 생각이 담겨 있다. ☞앙들레르

—미시마 겐이치(三島憲一)

리스트 [Franz Liszt 1811-86]

니체는 이미 라이프치히*의 학생 시절인 1869년 2월에 리스트와 알게 된다. 리스트는 일찍부터 바그너*를 지지하고, 1850년에는 <로엔그린>을 초연한다. 니체는 전해인 1868년 11월에 이 바그너와도 알게 되었다. 그들의 이름으로 대표되는 '신독일음악'은 니체 세대의 이를테면 세대 체험이었지만, 그러한 신봉자들로부터 함께 논진을 펼칠 것을 권유받은 일 등을 기뻐하며 로데*에게 전하고 있다. 어쨌든 리스트는 그의 훌륭한 재주에 의해, 또한 뒤에는 교향양식에 의해 19세기 후반 독일 음악의 중심적인 존재였다. 니체는 아직 고교 시절에 「헝가리아」 등에도 공감을 지니고 있는데, 생애 내내 변하지 않았던 슬라브 민족에 대한 호의는 그 까닭일지도 모른다. 코지마 바그너*가 리스트의 딸이었던 점도 있어, 그 후에도 다양한 접촉이 있었지만, 바그너와의 사이가 틀어진 이후에는 소원해졌다. 평가도 떨어져 "리스트: 또는 능숙함의 학교 ― 여자들에 대한" 등으로 매도하고 있다『우상』 IX. 1]. 또한 『바그너의 경우』에는 "만약 바그너가 그리스도교도였다면, 리스트는 혹여 교부라는 존재가 될 것인가"[『경우』 편지 10]라는 야유가 적혀 있다. 덧붙이자면, 니체와 알게 된 무렵의 리스트는 이미 로마*에서 하급

사제로 서품되어 있었다. 중세의 주제 「분노의 날」 등에서도 보이듯이 당시 유럽의 교양세계의 과거 체험이 토대가 되어 있었던 한에서 니체가 좋아할 리가 없다. "비할 바 없이 진정한 독일 음악가 중의 한 사람, 독일 제국적인 의미로서가 아니라 옛 의미에서의 '독일적' 거장인 하인리히 쉬츠(Heinrich Schütz 1585-1672)를 기린다고 하면서, 라이프치히에서 사실은 **교활한**(listig) 교회 음악을 보호하고 전파시킬 목적으로 리스트 협회가 설립되는 것을 나 자신이 몸소 목격했다. 의심할 여지없이 독일인은 이상주의자다."[『이 사람』 XIII. 1] listig(교활한)과 리스트가 어울려 언어유희를 이루고 있다. 덧붙이자면, 보들레르*는 리스트를 좋아하며, 「리하르트 바그너와 탄호이저의 파리 공연」을 쓸 때에 리스트의 책으로부터 많은 것을 배운다. 또한 리스트도 헝가리의 집시 음악에 대한 책을 보들레르에게 바치며, 무엇보다도 후자의 『파리의 우울』 속의 리스트에게 바친 문장은 유명하다. ☞바그너{코지마

—미시마 겐이치(三島憲一)

리오타르 [Jean François Lyotard 1924-97]

1973년 프랑스의 스리지-라 살(Cerisy-la salle)에서 개최된 니체 국제 콜로키움에서 리오타르는 「회귀와 자본에 관한 노트」라는 제목의 발표를 행했다. 문제는 니체와 '영원회귀'를 강도(强度)에서 읽는 것이다. 그것은 철학을 지배해 온 표상-재현-상연(représentation)과 신학의 질서를 돌파하는 것을 의미한다. 사회 과정과 철학의 언설에 내재하는 개념의 생산과 표상이란 강도를 규칙적인 편차로서 의미작용의 질서에 가둠으로써 강도를 빼앗는다. '영원회귀'와 '가치전환*'에 서조차 그것이 **이론**이 되고 규칙화될 때에는 니힐리즘*을 초래한다. 그에 반해 강도를 잃지 않는 독해란 새로운 다른 강도를 스스로 생산하는 독해이며, 그것 자체가 긍정적인 회귀의 변전 속에 놓여 있다.

오늘날 규칙화된 회귀란 자본이다. 그 운동은 자본주의 이전의 제도들을 해체할 뿐만 아니라 스스로의 제도를 끊임없이 해체-재흥하는 자기 해체로 된다.

이 회귀는, 사물의 사람에 대한(또한 그 역의), 생산물의 생산수단에 대한(또한 그 역의) 끊임없는 변전이라는 (비정치적) 경제로서는, 인간(주의)의 차원을 넘어서기 시작하고 있으며, 거기에 니힐리즘은 없다. 하지만 그 다른 한편에서 자본은 가치법칙의 등식에 따라서만 회귀하는 까닭에, 새로운 표상과 상품의 (무신론적) 신학을 다시 도입한다. 힘의 증대는 생산력의 성장이 되며, 그로부터 극대와 극소의 강도는 역시 배제되며, 규범에 따른 평균적인 강도만이 허용된다. 변전은 언제나 동일한 장소와 경로로 한정되며, 에너지 강도의 이동 가능성과 다양성이 제한된다. 그것과는 다른 회귀를 여는 니체적인 '정치'의 가능성을 리오타르는 자본 상보적으로 전–자본적인 가치로의 회귀와 미래에서의 소외의 화해를 추구하는 고전적 좌익의 **비판**의 운동에서가 아니라, 의도와 주의의 장소 정립(position)으로 수렴되지 않는 성 해방 운동과 무단 거주와 히피, 팝아트와 실험 회화, 존 케이지(John Cage 1912-92)의 음악 등, 정치·사회·문화의 '주변적'인 사건에서(이 시점에서는) 보고 있다. 리오타르의 노력도 역시 정치경제(학)의 비판이 아니라 개념–표상을 돌파하는 '리비도 경제'의 긍정에 놓여 있었던 것이다.

그러나 그 후 레비나스(Emmanuel Lévinas 1906-95) 및 칸트*에 대한 접근을 강화하는 리오타르는 니체에 대해 하이데거*와 동일한 평가를 내리게 된다. 플라톤주의 형이상학으로부터의 해방을 추구하는 니체는 '힘에의 의지*'를 가지고서 다시 형이상학*의 유혹에 굴복했다는 평가인 것이다. 이 점에서 그는 일관되게 니체적인 **측면**을 계속해서 유지하는 맹우 들뢰즈*와 상치되는 것이다. ☞후기구조주의, 들뢰즈

—미나토미치 다카시(港道隆)

📖 ▷*Nietzsche aujour'dui*, 10/18, 1973. ▷Jean-François Lyotard, *Economie libidinale*, Minuit; *L'inhumain*, Galilée, 1988.

리츨 [Friedrich Wilhelm Ritschl 1806-76]

19세기의 대표적인 고전문헌학자의 한 사람. 언어를 통해 고대를 파악하고자 한 고트프리트 헤르만(Gottfried Hermann 1772-1848) 밑에서 고전문헌학* 연구에 들어섰지만, 고대의 언어 그 자체를 연구 대상으로 하는 것에 의해 고대 전체를 파악하고자 한 아우구스트 뵈크(August Boeckh 1785-1867)의 영향도 받아 문헌 비판을 중시하는 한편, "고전 고대의 삶을 그 본질적인 표현의 인식과 직관에 의해 재생하는 것"을 문헌학의 과제로 삼았다. 아카데미즘 제도 속에서 확립된 문헌학 연구를 위한 후계자 육성에도 힘을 기울여 야콥 베르나이스*, 헤르만 우제너* 등을 길러냈다. 니체가 슐포르타*에서 가르침을 받은 코르센(Paul Wilhelm Corssen 1820-75)과 폴크만(Diedrich Volkmann 1838-1903)도 리츨 문하의 고전문헌학자들이었다. 1864년 가을에 본대학에 입학한 니체는 가족의 기대에 반하여 신학보다 고전문헌학에 흥미를 지니고 리츨의 강의를 청강했다. 다음 해 리츨이 오토 얀(Otto Jahn 1813-69)과의 다툼의 결과 라이프치히대학으로 옮겨가자 니체도 라이프치히*로 옮겨 리츨의 지도 아래 본격적으로 문헌학 공부를 시작했다. 그가 역시 리츨 밑에서 공부하고 있던 로데*와 알게 되고 친해지게 된 것도 이 무렵의 일이다. 리츨은 니체에게 문헌학 연구회를 조직할 것을 권한다든지 문헌의 전승과 전거의 비판에 관한 연구의 지도를 맡는 등, 니체에게 있어 '학문적 양심'을 체현하는 존재가 되었다. 그에게 다양한 과제를 주어 그 성과를 자신이 편집하는 학계 잡지 『라인문헌학지』(Rheinisches Museum für Philologie)에 게재한다든지, 대학의 현상 논문 테마로 「디오게네스 라에르티오스*의 전거에 대하여」라는, 이전부터 니체가 몰두하고 있던 문제를 선택하여 자신이 돌보고 있던 학생에게 수상할 수 있도록 한 것도 그의 계획이라면, 아직 박사 학위를 취득하지 못한 니체를 강하게 추천하여 바젤대학에의 초빙을 실현시킨 것도 리츨이었다. 그런 까닭에 『비극의 탄생』* 공간 후에 리츨이 침묵을 지킨 것은 니체를 불안하게 만들었다. 니체의 문의에 리츨은, 자신은 역사적인 경향에 속하는 인간인 까닭에 세계의 구제를 철학 체계에서 발견한 일은 없으며, 당신의 견해가 젊은 세대의 학문에 대한 경멸을 불러일으켜 딜레탄티즘에 길을 열게 되지 않을까 염려한다고 대답하여 그를

실망시켰다[1872. 2. 14.]. 후에 『이 사람을 보라』*에서 니체는 "자신이 만난 유일한 천재적인 학자"로서 리츨을 추어올리지만[Ⅱ. 9], 미세한 문자의 같고 다름을 교정하는 것과 같은 문헌학 연구는 자신의 성격에 맞지 않았다고도 말하고 있다. ☞고전문헌학, 디오게네스 라에르티오스

—오이시 기이치로(大石紀一郎)

리케르트 [Heinrich Rickert 1863-1936]

신칸트학파* 가운데 바덴학파(=남서독일학파)를 대표하는 철학자. 니체에 대해, 그는 진리에 대한 신념을 방기하는 용기를 지니고서 프래그머티즘을 대단히 흥미로운 방식으로 전개할 수 있었던 상대주의자라는 야유 섞인 '높은' 평가를 내리고 있는 리케르트에게 있어서는, 그러나 보편 필연적으로 타당한 인식을 이념으로서 사전에 설정해 두는 것이 철학도 포함한 모든 학문 영위의 대전제이며, 그런 까닭에 그의 철학의 원점도 이러한 인식 가능성의 조건을 초월론적으로 묻는 것에 놓여 있었다. 그대로는 결코 조감할 수 없는 비합리적인 이질적 연속성을 지니는 현실은 기본적으로는 두 개의 도정에서 인식 가능하다고 한다. 하나는 이미 칸트*에 의해 객관적인 타당성이 초월론적으로 연역된 자연과학의 방법인데, 그것은 현실을 동질화하고 연속적인 법칙 속에 포섭하는 일반화하는 개념 구성이라고 간주할 수 있다. 또 하나는 역으로 현실의 연속성을 토막토막 끊어내는 가운데 그 이질성을 보존하고자 하는 문화과학의 개별화하는 방법이다. 리케르트는 이러한 문화과학에 고유한 인식 형식에 대해서도 보편 필연적인 타당성을 요구하고, 그 근거를 문화과학이 현실의 사태들을 취사선택하여 그로부터 유의미한 역사적 개체를 구성해 갈 때에 준거할 수밖에 없는 가치의 초월성에서 찾았다. 따라서 그의 철학은 인식의 영위에 대해 그때마다 당위로서 현전하는 다양한 가치의 하나의 체계 속에서 열매 맺게 된다. 문화과학을 가치 관계적 개념 구성으로서 파악하는 착상은 당시의 사회과학, 특히 M. 베버*의 이해사회학에도

커다란 영향을 미쳤다. 그러나 철학적으로 가치의 초월성은 인식 주체의 추상화를 이끄는 것이 되며, 제1차 대전 후에는 삶의 철학 등으로부터의 비판에 노출되게 되기도 했다. 그렇지만 가치의 체계를 지향하는 철학 그 자신이 어떠한 가치에 의거한 인식의 영위인 것인가라는 물음이 전통적인 철학 사조 속에서도 명확히 의식되게 되는 것에 공헌한 점은 평가될 수 있을 것이다. ☞신칸트학파, 베버{막스}

—구쓰나 게이조(忽那敬三)

리쾨르 [Paul Ricoeur 1913-2005]

프랑스의 철학자. 초기의 논고에는 그리스도교*와 관계된 것이 많으며, 그의 일반적 해석학은 성서해석학을 모범으로 삼았다고 한다. 일찍이 후설 현상학의 영향 하에 있었지만, 그 후 의식의 현상학으로부터 상징의 해석학이라고 해야 할 것으로 전환했다. 니체 사상이 리쾨르 철학에 커다란 그림자를 드리운 흔적은 없지만, 상징의 해석학으로 옮겼을 때, 그 해석 개념을 분명히 하는 데에 니체가 일역을 담당한다. "니체와 더불어 철학 전체가 해석이 되었다"고 말하는 리쾨르는 해석학*적 방법에서의 해석 개념에서 "의미의 상기로서의 해석"과 "회의의 실천으로서의 해석"이라는 대립하는 의미의 계보를 읽어내고, 니체를 후자의 계보에 놓는다. "한편으로 해석학이란 메시지, 선교, 또는…… 선교의 메시지의 형태를 위해…… 고지되는 의미의 천명과 회복"으로 파악되며, 다른 한편으로는 "탈신비화, 환상의 환원으로서 생각된다." 전자에는 레날(Guillaume Thomas François Raynal 1713-96), 엘리아데(Mircea Eliade 1907-86) 등의 종교현상학이 속하는 데 반해, 후자에 속하는 것이 맑스*의 이데올로기론, 프로이트*의 환상론, 그리고 니체의 도덕의 계보학*이다. 뒤의 세 사람의 시도는 "의미의 직접적 의식으로는 환원될 수 없는, 의미의 간접적인 학문을 창조"하고, "해독의 '의식적인' 방법을 암호화의 '무의식적인' 작업과 일치시키는" 것에 놓여 있었다. 니체가 가치의 전환*에 문제의 초점을 맞추면서 "힘에의 의지*의 '힘'

171

과 '약함' 쪽에서 거짓말과 가면을 벗기는 열쇠"를 찾고 폭로 심리학의 수법을 사용한 것은 이것의 나타남이다. 리쾨르의 니체 해석이 특히 주목할 만한 가치가 있다고는 말할 수 없지만, 니체를 프로이트, 맑스와 이를테면 한 세트로 하여 사상의 어떤 흐름이랄지 짜임새를 그려내는 스타일은 현대 사상에서의 니체의 어떤 영향 방식을 대변하고 있다고 말할 수도 있을 것이다. ☞해석학

—기마에 도시아키(木前利秋)

리히텐베르크 [Georg Christoph Lichtenberg 1742-99]
　　프랑스 모럴리스트*의 저작에 필적하는, 경쾌하고 신랄한 야유로 가득 찬 아포리즘*을 저술한 저작가인 동시에 물리학자. 그의 아포리즘과 메모를 모은 『잡기장』은 계몽의 비판 정신으로 넘쳐나면서도 편협한 합리주의에 대해서는 회의적이며, 독특한 사고 실험을 전개하고 있다. 니체는 리히텐베르크를 상당히 애독했던 듯하다. 특히 그의 문체와 "섬세하고 강한 두뇌"[『인간적』 II-2. 125]에 매료되어 있었던 듯한데, D. 슈트라우스* 비판에서는 그와 같은 "천재를 병적으로 추구하는 원조 명칭이의 집요한 기질 때문에 얼마나 고통을 당하게 될 것인가. 그런 명칭이들이 독일에서 버섯처럼 자라나고 있는 현상을 이미 리히텐베르크가 한탄한 바 있다"[『반시대적』 I. 7]와 같은 식으로, 범속하고 일반적으로 받아들여지는 교양속물*에 대한 비판을 행할 때에 리히텐베르크가 자주 인용되고 있다. 리히텐베르크가 말하는 "단순한 쓰기 방삭"에 니체는 매력을 느끼며, 몇 안 되는 "독일 산문의 보배"[『인간적』 II-2. 109]의 하나로 들고 있다. 문체에 대한 관심과 '잘 쓰기'의 괴로움은 이미 학생 시절에 품고 있었던 듯한데, 자신이 레싱*과 쇼펜하우어* 그리고 리히텐베르크와 같은 문체에 이르지 못한 괴로움을 털어놓고 있다[게르스도르프에게 보낸 편지, 1867. 4. 6.]. 비판이 문체 그 자체와 일체를 이루고 있다는 것이 리히텐베르크를 칭찬하는 커다란 이유다. 또한 사유의 유사성도 눈에 띈다. 예를 들어 이웃사랑*이 결코 타인에 대한

동정심에서가 아니라 즐거운 감정을 얻고자 하는 에고이즘에서 유래한다는 것을 폭로한 리히텐베르크의 아포리즘을 인용하고, 도덕 개념의 오류를 폭로한다[『인간적』 I. 133]. 리히텐베르크라는 이름이 명시되고 있지 않더라도 그의 영향이 보이는 경우도 많이 있다. 특히 사고의 주체로서의 자아의 허구성을 지적하고, 인간의 자아가 아닌 무언가인 es를 사고의 주어로 하여 es denkt라고 표현하는 쪽이 좋다고 말하고 있는 단편[『선악』 17]은 리히텐베르크의 아포리즘[『잡기장』 K [76], L [806]]을, es denkt라는 표현도 포함하여 내용적으로도 그대로 답습하고 있다는 느낌을 준다. 리히텐베르크의 사상은 체계화되지 않은 까닭에, 일반적으로 철학사 속에서 칸트의 그림자에 가려져 버렸지만, 그의 기지*로 가득 찬 저작은 또 하나의 계몽의 모습을 보여준다. 독일에서는 소수파인 이 전통을 니체는 이어받고 있다. ☞아포리즘과 사유의 수행

—오누키 아츠코(大貫敦子)

릴케 [Rainer Maria Rilke 1875-1926]
　　시인으로서의 자기 형성에 대한 모색 과정에서 릴케도 니체로부터 영향을 받은 한 사람이었다. 예를 들어 초기의 시집 『나의 축일에』(Mir zur Feier, 1899)에서는 삶의 영원회귀 긍정을 시사하는 듯한 어조가 엿보인다. 또한 릴케와 니체의 관계에 관해 잊을 수 없는 것은 루 안드레아스 살로메*와의 만남이다. 이전에 니체의 구애를 거절한 살로메는 1897년 뮌헨에서 만난 14세 연하의 청년 시인이 그녀에 대해 보여준 정열을 받아들인다. 정신적인 면에서도 훨씬 연장이었던 살로메와의 관계 속에서 미숙한 모색 단계에 지나지 않았던 릴케의 시인으로서의 자아는 급속한 성숙을 보여주게 된다. 그 최초의 결실이 『시도시집(時禱詩集)』(Das Stundenbuch, 1905)이었다. 이 시기에 몇 개인가 니체에 대해 직접 언급한 문장을 릴케는 남긴다. 가장 이른 시기의 것은 1895년의 「보헤미안 만기」인데, 거기서 릴케는 니체의 『반시대적 고찰』*의 「삶에 대한 역사의 공과」를 근거로 하여 자신이 니체가 말하는 의미에서의 '역사적인'

존재라고 말하고 있다. 그러나 니체에 대한 언급에서 최대의 것은 1900년에 쓰인 「니체 방주(Marginalien)」일 것이다. 『비극의 탄생』*의 독서 노트로서의 성격을 지니는 이 텍스트에서는 살로메의 영향이 간취된다. 릴케는 여기서 『비극의 탄생』에서의 음악과 디오니소스적인 것에 대한 해석을 통해 자기 나름의 예술에 대한 파악방식을 모색하고자 하고 있다. "디오니소스*적 삶이란 무제한한 모든 것 속에서의 삶(ein unbegrenztes In-Allem-Leben)이며, 그에 반해 일상은 하잘것없는 비루한 가장으로서 존재한다. 하지만 그때 예술이 전하는 경험이란 이러한 가장만이 유일하게 이런저런 개별 요소와 변용들을 넘어서서 확대되는 위대한 연관들 속으로 때때로 침입하기 위한 가능성을 제공해준다고 하는 것이다." 여기서 릴케는 니체에게 촉발되는 가운데 디오니소스적 삶*의 아폴론*적 가상*에로의 승화에서 예술*의 시원을 보고 있다. 미적 가상을 통한 삶의 무한 긍정을 지향하는 릴케의 자세에는 후년의 '세계 내면 공간'(Weltinnerraum)이라는 개념으로 연결되는 것이 놓여 있다. 다만 릴케는 니체와는 달리 이러한 이념을 어디까지나 서정시 표현의 심화를 통해 계속해서 모색했다. 그 모색의 정점에 서는 것이 『두이노의 비가(悲歌)』(1922)였다. 릴케에게 있어 시란 그 자체에서 세계를 전적으로 포섭하는 신화적 공간임과 동시에, 자기의 삶 그 자체도 신화화하는 매체이기도 했다. 거기에서는 니체가 비판적으로 보고자 한 모더니즘에서의 '예술을 위한 예술'(L'art pour l'art)이라는 경향의 하나의 극점을 볼 수 있다. ☞살로메

—다카하시 준이치(高橋順一)

마르쿠제 [Herbert Marcuse 1898-1979]

60년대의 학생 운동 속에서 프랑크푸르트학파*의 사상이 주목을 받게 된 하나의 이유는 마르쿠제에 있다고 해도 지나친 말이 아니다. 거기에 커다란 오해가 놓여 있었다 하더라도, '위대한 거부'와 '온몸을 성감대로 하는 것과 같은 에로스의 해방'과 같은 충격적인 표현에서 구좌파 이론에 만족하지 않은 젊은 세대는 스스로의 대변자를 찾아냈다. 그의 '해방' 사상의 성립 과정에서 프로이트*와 니체의 사상이 수행한 바는 크다.

마르쿠제는 지방에서 베를린으로 와 한 대에 재산을 일군 부유한 유대계 시민 가정에서 태어났다. 학생 시절에는 양친이 혐오하고 있던 사회민주당의 당원이 되며, 독일 혁명 시기에는 병사평의회 성원으로도 선출되고, 뮌헨 레테공화국*의 수상 아이스너(Kurt Eisner 1867-1919)의 사회주의 사상에 경도되었다. 그러나 R. 룩셈부르크(Rosa Luxemburg 1871-1919)와 K. 리프크네히트(Karl Liebknecht 1871-1919)의 암살 사건을 계기로 혁명의 맹아를 압살하는 사회민주당의 현실에 환멸을 느껴 당을 떠난다. 그러한 마르쿠제를 매료시킨 것은 하이데거*였다. 『존재와 시간』의 현존재 분석은 루카치*에게 결여된 것, 요컨대 일상성에서의 소외의 형태를 해명하는 열쇠를 준다고 생각되었기 때문이다. 거기에는 마르쿠제가 추구하는 '구체성의 철학'과의 가까움이 놓여 있었다. 한때는 하이데거의 조교로 일했지만, 얼마 안 있어 그러한 하이데거에게도 지금 여기에 있는 삶의 충실함을 위한 '구체적인 역사적 조건'에 대한 고찰이 결여되어 있다는 점에 불만을 느낀다. 하이데거와의 결별을 결정적으로 만든 것은 초기 맑스*의 그때까지 간행되어 있지 않았던 『경제학·철학 초고』(1932)와의 만남이다. 이로부터 소외의 지양은 단지 하부구조의 변혁이 아니라 '전면적인 혁명'[『역사적 유물론의 정초를 위한 새로운 원천』(1932)]을 필요로 한다는, 맑스의 바꿔 읽기에 기초하는 해방의 사상이 생겨난다. 그렇다고는 해도 '전면적인 혁명'이 결코 직접적인 정치 행동을 의미했던 것은 아니다. 행동주의에 대한 금욕적 태도와 상부구조에 대한 주목은 정통파 맑스주의나 결단적 실존주의 둘 다 승인하지 않는 호르크하이머*/아도르노*와도 공통된다.

프랑크푸르트학파 중에서도 비교적 눈에 띄지 않는 존재였던 마르쿠제를 일약 유명하게 만든 것은 60년대에 들어서서야 비로소 평가받게 된 저작 『에로스와 문명』(1955)이다. 여기서 마르쿠제는 프로이트에 의거하는 가운데 프로이트의 승화 이론을 넘어서는 관점을 제시하고 있지만, 그 도약대가 되는 것은 니체다. 마르쿠제에 따르면, "성의 본능은 삶의 본능"인바, 에로스적 충동은 문명의 본능적 원천이다. 아리스토텔레스 이래의 로고스의 지배는 지상의 행복을 희생으로 한 자기 보존의 원칙을 낳으며, "문화의 에로스적 토대를 변형시켜 왔다." 확실히 프로이트 심리학은 에로스의 야만적인 억압 하에서만 문명이 성립한다고 하는 '문명의 변증법'에 조명을 비추었지만, 그 억압을 타파하고자 하는 해방의 잠재력을 근거짓는 것은 아니었다. 에로스의 억압의 원인을 오이디푸스 콤플렉스라는 형태로 과거에서 찾는 프로이트에 반해, 마르쿠제는 에로스의 해방 가능성을 현실에서 찾는다. 그것은 '승화'에 의해 예술에 갇혀온 에로스적 자유를 '탈-승화'함으로써 현실 사회로 되돌리는 것이다.

로고스의 우선과 에로스의 억압을 전제로 하는 '존재론' 전통을 유일하게 타파할 수 있었던 것이 니체였다고 그는 말한다. 니체의 영원회귀* 사상은 현재의 삶의 긍정과 억압에 대한 반항을 정당화하는 근거가 되었다. "필연의 방패여! / 존재의 최고 성좌여! ── 어떤 소망도 미치지 못하고, / 어떤 부정도 더럽히지 않는, / 존재의 영원한 긍정, / 나는 영원히 그대의 긍정이다: / 내가 그대를 사랑하기에, 오오, 영원이여! ──"[「명성과 영원」, 『디오니소스 디티람보스』]라는 시에서 마르쿠제는 현실 원칙과 행복의 실현의 일치를 추구하는 '에로스적 의지'를 알아본다. "쾌락은 영원을 추구한다"는 것은 과거와 피안과 예술의 세계로 미루어져 온 "행복의 약속"을 "모든 '여기'"에서 실현시키는 것이라고 마르쿠제는 이해한다. 요컨대 지배의 로고스가 아니라 에로스의 언어야말로 자기 보존*을 대신하는 새로운 현실 원칙이 되어야 한다고 하는 것이다.

온몸이 성감대가 되는 것과 같은 에로스의 해방은 마르쿠제에게 있어 현실에서는 지목하는 것이 가능하지 않은 유토피아다. 결코 미국과 유럽의 학생 운동 세대가 해방의 실현 형태라고 파악한 프리섹스나 록음악에 대한 열광적 도취와 같은 구체적인 감성 경험이 생각되고 있는 것이 아닐 뿐만 아니라 또한 구체적인 혁명의 길을 시사하는 것도 아니다. "아름다움의 세계에 노닐 때, 인간은 자유다'라는 실러*의 사유를 토대로 하고 있는 마르쿠제는 생산력의 확대에 의해 언젠가는 인간의 자기 보존을 위한 노동*의 강제로부터 풀려나 소외 없는 자유를 향유할 수 있는 세계를 마음에 그리고 있었다. 그러나 유토피아의 구체화를 어디까지나 거부하는 태도로부터는 60년대 말에 실제의 세계 혁명을 몽상하고 있던 학생 운동의 행동주의가 태어날 수 없었다. 그렇지만 프랑스 등에서 '마르쿠제의 약방화'라고 조롱되는 사상의 싸구려 판매 현상에 대해 마르쿠제 자신도 책임이 없는 것은 아니다. 젊은이들의 하위문화에서 '새로운 감성'의 발아를 보고, 거기서 구좌파 이론에서는 파악되지 못했던 새로운 사회 운동의 잠재력을 찾고자 하는 나머지 현실의 운동에 동조하

는 발언이 없었던 것은 아니다. 하지만 그가 추구한 '전면혁명'은 현실의 운동에 고정되지 않는, 항상적인 현 상황 부정을 감춘 '영구혁명'이었다. 그러한 오해에도 불구하고 현 사회구조 모두에 대한 '위대한 거부'를 내거는 마르쿠제의 사상은 자본주의 사회에서 익명화된 권력을 '구조적 폭력'과 '억압적 관용'으로서 일상생활 속에서 민감하게 간취하는 감성을 열었다. 학생 운동의 좌절 후 젊은이 세대는 대문자 '혁명'의 비전으로부터 오히려 일상성에 숨어 있는 권력 구조에 눈을 돌리고, 개인 생활 차원에서의 '지금 여기에서의 행복의 충족'을 추구하는 변혁으로 전환해 갔다. 그 과정에서 마르쿠제의 영향은 크다. ☞프랑크푸르트학파, '모든 기쁨은 영원을 원한다'

─오누키 아츠코(大貫敦子)

마이젠부크 [Malwida von Meysenbug 1816-1903]

19세기는 한 면에서 '여성의 시대'였다. 이 '여성의 시대'라는 표현에는 다양한 요소가 포함되지만, 19세기 중반부터 후반에 걸쳐 여성해방의 지향을 안에 간직한 개성적인 여성이 수많이 나타난 것도 중요한 요인이 될 것이다. 마이젠부크도 그러한 여성들 가운데 한 사람이었다. 다만 마이젠부크는 그리스 정신에 대한 동경과 괴테*로 체현된 바이마르 고전 문화 및 칸트*에 대한 경도 등으로부터도 알 수 있듯이 자질 면에서는 여성 해방 운동의 활동가라기보다는 예술적 감수성으로 가득 찬 '이상주의자'(Idealistin)였다. 따라서 마이젠부크의 사람됨과 정신이 니체와 바그너*, 또는 로맹 롤랑(Romain Rolland 1866-1944)과 같은 뛰어난 정신을 끊임없이 끌어당겼던 것이다.

마이젠부크는 북독일 카셀의 귀족 가문 출신으로, 아버지는 이 지역의 선제후로 섬겨지고 있었다. 그러나 1830년대의 3월 전기(Vormärz)로부터 48년의 혁명에 이르는 시기에 마이젠부크는 자유와 민주주의*를 요구하는 공화파의 운동에 적극적으로 가담하게 된다. 그녀의 자서전 『어느 이상주의자의 회상』(1876)에는 48년의 혁명이 한창인 때에 개최된 프랑크푸르트 국민

의회에 대한 감동이 기록되어 있다. 이 혁명 후 마이젠부크는 함부르크에서 프뢰벨(Friedrich Wilhelm August Fröbel 1782-1852)이 시작한 여성을 위한 대학 운영에 협력하지만, 최초의 여성을 위한 이 대학은 혁명 패배 후의 반동 체제 하에서 52년에는 어쩔 수 없이 해산되게 되며, 마이젠부크 자신도 런던으로 망명한다. 그리고 이곳에서 마이젠부크는 바그너와 우연히 만난다. 바그너의 『나의 생애』에 따르면, 이 만남 전에 마이젠부크는 이미 그의 논문 「미래의 예술작품」에 대단히 감동했다는 취지를 편지로 바그너에게 전한 바 있었다. 이러한 인연으로 마이젠부크는 바그너와 급속히 친해졌다. 파리에서의 「탄호이저」 상연 때와 뮌헨에서의 「뉘른베르크의 마이스터징거」* 상연 때의 교유 등을 거쳐 마이젠부크는 1872년 바이로이트*에서의 축제극장 정초식에 초대받아 참석한다. 이 자리에서 마이젠부크는 니체와 처음으로 알게 된다. 이때 니체는 이미 69년에 프랑스어로 공간되어 있던(다만 익명으로) 『어느 이상주의자의 회상』의 제1권을 읽고서 감명을 받았던 듯하다.

이 만남의 때에 니체는 28세, 마이젠부크는 58세로, 두 사람 사이에는 30세 가까운 나이 차이가 있었지만, 니체는 곧바로 이 뛰어난 정신의 소유자에게 강한 경애의 염을 느꼈다. "정말 좋은 범례입니다! 그리고 그때 저는 당신의 일을 떠올렸으며, 정의를 위한 고독한 전투자로서의 존경해야 할 당신과 만난 일을 정말로 마음으로부터 기쁘게 생각하고 있습니다."[마이젠부크에게 보낸 편지, 1872. 11. 7.] 바이로이트에서의 만남 후 곧바로 마이젠부크는 런던 시절부터 교육을 맡아온 러시아 망명 혁명가 게르첸*의 딸 올가를 데리고 바젤로 니체를 방문하기도 한다. 그런데 1876년은 바이로이트에서 최초의 바그너 음악제가 개최된 해이지만, 이 해 겨울 니체는 극도의 몸 상태 악화와 음악제에 대한 위화감도 있어 대학으로부터 휴가를 받아 이탈리아*로 간다. 제노바*, 나폴리를 거쳐 마지막으로 소렌토에 도착한 니체는 여기서 바그너와 만나 그의 「파르지팔」* 구상에 대해 이야기를 나눈다든지 하고 있지만, 이것이 바그너와의 최후의 만남이 되었다. 그리고 이

해 겨울부터 77년에 걸쳐 니체는 마이젠부크, 파울레* 등과 함께 이 소렌토에서 공동생활을 한다. "소렌토에서의 생활은 아주 쾌적한 것이었다. 아침에 우리는 하나가 되지 않는다. 각각이 완전한 자유 아래서 자신의 일에 종사한다. 점심 때 비로소 우리는 하나가 되며, 때로는 오후에 아름다운 주위의 자연 속을 함께 산책했다."[『어느 이상주의자의 회상』] 소렌토에 머물던 이때에 마이젠부크는 니체의 결혼 계획에 대해 니체의 누이 등과 여러모로 획책하고 있다. 결국 열매 맺지 못한 이 계획에서 니체의 상대로 생각된 것은 올가의 누이 나탈리에 게르첸이었던 듯하다. 또한 마이젠부크는 니체와 바그너 사이에서 생겨난 어긋남을 어떻게든 조정하려고 뛰어다닌다. 그에 대해 니체는 마이젠부크에게 보낸 서간에서 다음과 같이 말하고 있다. "저는 변함없는 감사의 염을 지니고서 바그너의 일을 상기하고 있습니다. 왜냐하면 저는 그에게 저의 정신적 자립을 강력하게 촉발한 것의 얼마간을 빚지고 있기 때문입니다. 바그너 부인은 당신도 알고 계시듯이 제가 생애 중에 만난 이들 가운데서 가장 공감을 느끼는 여성입니다.—하지만 모든 교제, 하물며 다시 관계를 회복하는 것 따위는 전혀 논외의 일입니다. 이미 너무 늦었습니다."[1880. 1. 14]

마이젠부크와 니체의 우정은 마이젠부크가 바이로이트에서의 바그너를 둘러싼 서클의 유력한 일원이 되고 나서도 계속되었다. 그러나 1888년 니체가 『바그너의 경우』를 마이젠부크에게 보낸 일이 계기가 되어 이 우정은 종언을 고한다[메타 폰 잘리스에게 보낸 편지 1888. 11. 14 참조]. 다만 바그너와 니체를 둘러싼 인물 군상 가운데서 마이젠부크가 아마도 첫째가는 탁월한 정신의 소유자였다는 것은 틀림없을 것이다. 여기서 마지막으로 마이젠부크의 논집 『다양한 개성』 속에 있는 니체에 대한 평가를 인용해 두고자 한다. "그는 새로운 시대의, 즉 무언가의 형태를 취해 존재한 적이 전혀 없는 시대의 예언자 등이 아니라, 오히려 지금도 대립하고 있는 두 개의 세계관들의 싸움이라는 문화사 속에 놓여 있는 과도기를 가장 탁월한 형태로 대표하는 자이다. 그것은 마치 그 자신의 너무도 일찍

중단되고 만 삶이 아직 완결에 도달하지 못한 과도기 속에 놓여 있는 것과 마찬가지다." ☞게르첸

—다카하시 준이치(高橋順一)

📷 ▷M. v. Meysenbug, *Memoiren einer Idealistin*, 2 Bde., Stuttgart 1876/77. ▷dies., *Der Lebensabend einer Idealistin (Memoiren, Bd. 3)*, Leipzig 1899. ▷dies., *Individualitäten*, Berlin 1901. ▷R. Wagner, *Mein Leben, eine Privatausgabe*, 1871(山田ゆり 訳『わが生涯』勁草書房, 1986).

마지막 인간──人間 [der letzte Mensch; die letzten Menschen]

'마지막 인간'은『차라투스트라』*의 서문에서 "경멸스럽기 짝이 없는 자'라고 말해지는 인간 유형이다. 초인*의 대극에 놓이며, '최후의 인간', '인간 말종' 등으로도 번역된다.

니체의 독과 같은 비유나 조어에는 나날의 타성에 젖어 안온하게 지내는 시민과 교양인 등의 인간 유형을 야유하며 형용한 다양한 표현이 있다. 교양속물*, 가축떼* 등이 그것들로 '마지막 인간'도 그 가운데 하나다. 삶'이 창조적 활력을 잃고, "인간이 이미 그 동경의 화살을, 인간을 넘어서 쏠 수 없게 되고, 그 활의 시위가 울기를 잊은 때", "인간이 이미 무언가 별을 낳을 수 없게 되는 때", 즉 말세, 이미 세상의 **마지막**에 가까워진 때에 등장하는 인간들이다.『차라투스트라』에서는 신의 죽음과 초인의 도래가 처음으로 고지되는 맥락에서 나온다.

산 깊은 곳에서의 10년, 지혜를 사랑하고 고독*을 즐긴 후 차라투스트라는 넘칠 듯한 지혜를 사람들에게 베풀기 위해 산을 내려온다. 숲속에서 신의 죽음*을 알지 못하는 노인과 조우한 후, 최초의 마을에 들어가 차라투스트라는 민중*을 향해 초인을 이야기하고 사랑할 것에 대해 말한다. 차라투스트라가 '마지막 인간'에 대해 말하기 시작하는 것은 초인이나 사랑해야 할 것에 관한 그의 설교를 민중은 이해할 수 없다고 깨달았을 때.

차라투스트라는 '마지막 인간'을 대체로 다음과 같이 그리고 있다──'마지막 인간'들은 성가신 토지를 싫어하고 온화한 이웃사랑*을 좋아한다. 건강에 마음 쓰고 불신을 품지 않으며, 마찰을 피하기 위해 주의하며 지낸다. 술과 담배를 조금씩 즐긴다. 몸에 나쁘지 않을 정도로 일을 한다. 가난함도 부유함도 바라지 않는다. 번거로운 일은 피하며, 사람들을 다스리려고도 타인에게 복종하려고도 하지 않는다. 때때로 다투지만 곧바로 화해한다. "모두가 평등하기를 원하며 실제로 평등하다. 어느 누구든 자신이 특별하다고 느끼는 사람은 제 발로 정신병원으로 가기 마련이다." "'우리는 행복을 찾아냈다.' ──'마지막 인간'들은 이렇게 말하고는 눈을 깜박인다."[『차라투스트라』서문 5]

"우리로 하여금 마지막 인간이 되도록 하라! 그렇게 하면 초인은 당신의 것!" 차라투스트라의 설교는 이러한 민중의 환호에 가로막혔다. 이후 차라투스트라는 민중, 요컨대 '마지막 인간'에게 말 걸기를 그치며, 그의 말을 들을 수 있는 귀를 지닌 '더 높은 인간*'을 찾아내고자 한다.

니체가 '마지막 인간'에서 차라투스트라로 하여금 말하게 한 것은 근대 물질문명의 완전한 발전과 더불어 나타난 대중의 이미지다. 그것은 삶의 쇠퇴·유약화 경향과 더불어 사회를 어찌할 수 없게 지배하는 나쁜 다수자들의 이미지이기도 하다. 그것을 "경멸스럽기 짝이 없는 자"로 단정하는 자세에서는 대중 멸시와 엘리트 사상이 간취된다. 그러나 그것은 또한 이후의 많은 사상가들에게 근대인의 존재방식을 역사적으로 상대화해 가는 데서 유력한 시점을 제공하는 것이 되었다. 예를 들면 막스 베버*는 저명한『프로테스탄티즘의 윤리와 자본주의 정신』의 끝 가까이에서 이 '마지막 인간'을 등장시키고 있다. "비유기적·기계적 생산의 기술적·경제적 조건에 결부된 근대적 경제 질서"라는 "강철의 우리" 속에서 장래에 도대체 누가 살 것인가, "그리고 이 거대한 발전이 끝날 때 전적으로 새로운 예언자들이 나타날 것인지 아니면 이전의 사상과 이상의 강력한 부활이 일어날 것인지, **그렇지 않으면** ──그 어느 쪽도 아니고── 일종의 이상한 존대함으로 장식된 기계적 화석으로 화하게 될 것인지 아직 누구도

알지 못한다. 그러나 그 경우 이러한 문화 발전의 최후에 나타나는 '마지막 인간들'에게 있어서는 다음과 같은 말이 진리가 되지 않을까? '정신이 없는 전문인, 심정이 없는 향락인, 이러한 무인 바의 것은 인간성이 이전에 도달한 적이 없는 단계로까지 이미 올라갔다고 자부할 것이다.'" ☞『차라투스트라는 이렇게 말했다』, 초인, 더 높은 인간, 베버(막스)

—기마에 도시아키(木前利秋)

마취제 痲醉劑

『비극의 탄생』*의 니체는 디오니소스*적인 도취*를 불러일으키는 것의 예로 "전체 자연을 흥겹게 관통하는 강력한 봄기운"과 "모든 원시인이나 원시 민족들이 찬가에서 말하고 있는 마취성 음료"의 작용을 들고 있었다[『비극』 1]. 그러나 『비극』의 재판 때에 덧붙여진 「자기비판의 시도」에서는 독일 음악을 일종의 마취제라고 하여 "취하게 함과 동시에 몽롱하게 만드는" 이중의 특질이 지적되고 있다. '취하게 한다'고 하든 '몽롱하게 만든다'고 하든, 어느 쪽이든 다 부정적인 뉘앙스를 강하게 띤 표현인바, 마취제가 지니는 작용의 의미는 180도 전환되는 것이다. 1875년 봄부터 여름에 걸친 단상에는 "인간이 고통을 가라앉히기 위한 수단이란 다양한 종류의 마취다. 종교와 예술은 관념에 의해 인간을 마취시킨다"[Ⅰ. 5. 218]라는 구절이 있다. 초기의 예술가 형이상학이 동요하기 시작하고 예술에 대한 믿음과 회의가 교차하고 있을 무렵의 성찰이지만, 이후 마취제라는 메타포는 거의 일관되게 부정적인 의미에서 사용된다. "그것의 남용은 그 밖의 아편제의 남용과 전적으로 동일한 결과를 낳는다――신경쇠약증이다."[Ⅱ. 11. 317-8] 마취제의 예로는 위의 종교와 예술 이외에 후에 알코올이 더해진다. "오늘날 야만족들이 유럽인에게서 무엇을 가장 먼저 받아들이고 있는가? 유럽의 마취제인 술과 그리스도교다."[『지혜』 147] 술을 즐기지 않았던 니체지만, 이 정도의 이야기 가운데는 조금 머리를 갸웃하게 되는 논의도 없는 것이 아니다. "감자를 지나칠 정도로 주식으로 하는 것이 독주를 마시도록 만들 듯이, 쌀을 주식으로 하는 것은 아편과 마취제를 사용하게 만든다."[같은 책 145]

—기마에 도시아키(木前利秋)

만, 토마스 [Thomas Mann 1875-1955]

20세기를 대표하는 독일의 소설가, 에세이스트, 형 하인리히*, 장남 클라우스(Klaus Mann 1906-49)도 각각 저명한 작가이며, 차남 골로(Golo Mann 1909-94)는 역사학자. 뤼벡의 대상인의 집안에서 태어나며, 집안의 몰락이 유럽 시민사회의 몰락과 맞물려 일생의 작풍이 결정된다. 니체 작품을 처음으로 접하는 것은 고교 재학 중으로, 『바그너의 경우』가 그것이다. 바그너*에 대한 그의 비판의 안목에 감동받았다고 한다. 이미 『차라투스트라는 이렇게 말했다』*, 『선악의 저편』*, 『도덕의 계보』* 등을 자기 자리 우편에 놓아두고 있던 형 하인리히의 영향도 있어 『선악의 저편』으로부터의 인용도 그 무렵의 메모에서 보이지만, 1896년경에 니체 열광은 급속히 높아져 그의 주저 몇 개를 읽고 책 안에 메모를 적어두며, 자기의 작품에도 인용이 나타나게 된다. 『비극의 탄생』*, 『반시대적 고찰』*, 『인간적인 너무나 인간적인』*, 『아침놀』*, 『즐거운 학문』* 등이 이 무렵의 독서 대상이 된다. 이러한 독서 체험 위에서 쇼펜하우어*를 접하며, 니체의 비판적 자세, 니체로부터 섭취한 아이러니*의 태도로 그의 글을 읽어냈다. 아주 간단하게 말하자면, 쇼펜하우어가 삶*을 부정하고 무를 긍정했던 데 반해, 니체는 삶을 긍정하고 형이상학적인 것을 부정하고자 했지만, 토마스 만은 그 양자를 받아들여 삶과 정신을 동시에 긍정하고자 한다. 1900년 이후 몇 년에 걸쳐 그의 작품에서 보이는, 다양한 이항대립의 설정, 절대 대립에 대한 가치전환의 사유 작업, 그 수단으로서의 아이러니의 행사, 인식의 즐거운 모험의 긍정 등은 그것이 나타난 것이라고 볼 수 있을 것이다. 이에 이어서 자신이 쇼펜하우어, 바그너, 니체로 대표되는 19세기 독일 문화의 정통 계승자라고 주장하는 시기가 오지만, 그 입장에서 바그녀에게서 쇼펜하우어 철학을 체현한 예술가를 보는 것과 마찬가지로 니체 철학을 체현하는 예술가가 아직 없는 것을 보고서 자신이야말로 그 사람이라고 하는 자부심을 얻기에 이른다. 이로 인해 토마스 만의 니체 인용은 초기 단편 「환멸」, 「행복에의 의지」 또는 「토니오 크뢰거」로부터 후기의 이른바 니체 소설 『파우스투스 박사』에 이르기까지, 그리고 초기 에세이로부터 후기의 니체론 『우리의 경험에서 본 니체 철학』에 이르기까지 의도적인 동시에 다량으로 제시된다. 이미 말했듯이 토마스 만의 니체 체험이 『바그너의 경우』에서 시작되고 그 근저에 니체의 비판의 안목에 대한 감동이 있었다고 한다면, 『차라투스트라는 이렇게 말했다』 또는 '힘에의 의지'를 출발점으로 하는 동시대 또는 19세기 말부터 20세기 초에 걸친 젊은이들의 니체 체험과는 그 취지를 달리한다. 이러한 이해 내지 영향의 차이를 만 자신은 세대론으로서 포착하여, 1870년대에 삶을 누린 자들은 니체를 동시대의 극기의 사람, 싸우는 사람으로 본 데 반해, 15년 젊은 세대는 승리하는 니체의 모습밖에 그려내지 못했기 때문이라고 하고 있다. 제1차 세계대전 중에 기록된 "붓에 의한 참전"의 글, 즉 라틴적인 문명세계에 맞서 독일 문화를 옹호하는 입장을 표면에 내세워 사실은 자기 입장의 정당성, 특히 니체 이해에서의 자기 입장의 정당성을 논의한, 대단히 개인적인 변명의 글인 『비정치적 인간의 고찰』에서는 한층 더 전투적으로 "니체파를 내세우는 르네상스식 유미주의자"에 맞서 니체의 말 "윤리적 공기, 파우스트적 분위기, 십자가와 죽음과 무덤"을 모토로 독일성, 요컨대 인식과 윤리성의 입장을 강조한다. 그리고 거기서 자기를 19세기의 니체의 정통 상속인으로 내세우지만, 니체를 체현하는 예술가란 "깊이 인식하고 아름답게 표현하고자" 한다는 뜻을 피력한다. 그리고 인식과 표현이라는 둘로부터 갈라놓을 수 없는 고통을 참을성 있고도 자랑스럽게 안내하는 것이 그의 인생에 도덕적 존엄을 부여하는 것이라고 한다. 제1차 대전 후 토마스 만은 『부덴브로크가』 이래의 시민 계급에 대한 생각을 이론화하고, 그 이상적 모습을 괴테*에게서 찾는다. 그리스도에 대한 흉내와

도 같은 괴테 모방을 실생활에서도 작품에서도 실천했지만, 제2차 대전 중에 망명한 미국에서 다시 19세기, 즉 니체의 시대로 회귀한다. 1947년에는 니체 전기에 기대어 자기와 자기 시대를 비판하는 에세이 『우리의 경험에서 본 니체 철학』 및 니체의 생애를 토대로 하고 파우스트의 계약과 쇤베르크(Arnold Schönberg 1874-1951)의 음악 기법을 사용하여 20세기의 독일 비판을 담은 소설 『파우스투스 박사, 한 친구가 이야기하는 독일 작곡가 아드리안 레버퀸의 생애』에서 니체에 대한 최후의 해석을 보여주게 된다. ☞하인리히 만

—무라타 쓰네카즈(村田経和)

만, 하인리히 [Heinrich Mann 1871-1950]

만 형제는 둘 다 니체의 영향을 강하게 받으면서 그 해석 방향은 전적으로 다르다. 동생 토마스 만*이 니체의 이른바 예술가 형이상학에 매료되어 시민적 삶과 예술의 이원론적 대립을 창작에서의 일관된 테마로 하고 있는 데 반해, 하인리히의 니체 해석은 시대 상황을 반영하여 변화한다.

김나지움을 아비투어 없이 수료한 후, 드레스덴의 출판사에서 견습생으로 일한 것도 예술에 몰두하는 것을 혐오한 아버지의 의지와 문학의 길로 나아가고자 하는 희망 사이에서 가능한 유일한 타협책이었다. 스스로가 자란 제정 시대의 시민 계급 사회의 견디기 어려운 답답함이 예술에 눈을 뜨게 했다는 점에서는 동생 토마스와 마찬가지다. 청년 시기의 하인리히를 매료시킨 것은 『차라투스트라』*였다. 도덕에 매이지 않은 채 삶*에 환호하는 강렬한 개성을 지닌 개인에 대한 찬양, 디오니소스*적 도취*, 힘에의 의지*, 초인* 등의 모티브가 초기의 작품에서 다루어진다. 소설 3부작 『여신들』(1903)에서는 유겐트슈틸* 풍의 터치로 그려지는 정경 속에서 디오니소스적인 삶의 긍정과 찬미가 간취된다. 작품의 주인공의 한 사람인 비오란테 폰 아시의 환상의 세계에서는 꿈속에서 되살아나는 르네상스의 영웅적 인물이 니체의 '힘에의 의지'를 상징적으로 표현하고 있다. 니체와 마찬가지로 이 무

렵의 하인리히는 체자레 보르자*를 그러한 영웅적 개인으로서 숭배하지만, 이러한 르네상스* 찬미는 토마스의 경우에서는 보이지 않는다. 하인리히가 니체의 초인을 강력한 개인의 이미지와 중첩시켜 긍정적으로 받아들인 것은 그것이 권력 정치에 순종하며 따르는 독일인의 정신적 태도와 대극에 놓여 있기 때문이었다. 권력에 예종하는 인간의 익살스러움은 이후의 작품 『충복』(1914)의 테마가 된다. 제정 시대의 사회에 대한 니체의 문화 비판을 이어받은 그의 시대 비판, 특히 교양속물*과 위선적인 도덕관에 대한 비판은 『운라트 교수』(1905; 영화 <푸른 천사>(Der blaue Engel, 1928)의 원작에서 통렬한 야유와 익살을 담아 표현되고 있다.

그러나 니체의 '힘에의 의지'가 점차 권력 긍정론으로서 해석되는 시대의 풍조에 저항하여 H. 만은 디오니소스적 측면을 지나치게 크게 보는 니체 해석으로부터 거리를 취한다. 에세이 「제국과 공화국」(1919)에서는 "니체의 철학적인 힘에의 의지는 독일 제국을 휘덮어 버렸다. 그러나 니체가 힘에의 의지로서 추구한 대상은 권력보다 커다란 것, 정신이었다'고 적고 있다.

H. 만의 니체 해석이 동생 토마스의 그것과 결정적으로 다른 것은 H. 만이 계몽주의*와 민주주의*의 기반을 결코 떠난 적이 없었다는 점이다. H. 만은 1914년의 제1차 대전의 개전과 더불어 서양적 문명에 대한 독일적 문화의 싸움으로서 전쟁을 긍정한 동생 토마스와 절교한다(서구적 민주주의에 적대한 동생과의 절교는 동생 토마스가 22년에 공화국을 지지하는 발언을 하기까지 이어졌다). 니체의 영웅주의가 전쟁 긍정론으로 전화하는 모습을 보고서 이전에 스스로도 빠져 있던 니체 숭배로부터 거리를 취한다. 그렇지만 니체를 완전히 버린 것이 아니라 잘못 해석된 니체 상으로부터 계몽주의적 요소를 구별하는 해석을 강조하게 되었던 것이다. 특히 나치스 시대에 들어서서부터는 니체에 대한 곡해에 대해 니체 자신의 의도와 니체 해석이 지닐 수 있는 위험한 귀결을 구별할 필요가 있다고 강하게 주장한다. 1933년에 독일 국적을 박탈당하고 프랑스로 망명, 거기서 E. 블로흐*와 지드*와 함께 반나치즘 운동을 행한다. 더 나아가 미국으로 건너가고

나서 1939년에 니체의 앤솔로지가 출판되자 서문에 다음과 같이 적었다. "니체의 초기 젊은 독자는 불법성과 전쟁 시대가 찾아오리라고는 한 번도 생각한 적이 없었다. 니체 자신도 이러한 시대는 경험으로서 알지 못했다. 그렇지 않았다면 그는 이러한 시대를 불러일으키는 것과 같은 일은 하지 않았을 것이다. 니체가 알고 있던 것은 정신의 전장이며, 그 이외의 전장을 알고자 하는 따위는 생각도 하지 못했던 것이다." 디오니소스, 초인, 힘에의 의지 등의 언어로 집약되는 경향이 있는 니체 해석에 맞서 그는 프랑스 계몽사상에 연결되는 니체를 강조한다. 제국을 혐오하고 좋은 유럽인*이고자 한 '프랑스의 모럴리스트들의 제자'인 니체를 가지고서 나치스*의 광기의 대변자로 만들어진 니체를 비판함으로써 이성과 인간성을 되찾고자 하는 H. 만은 니체로부터 '바로 인식에의 정열을 읽어내야 하며, 그 이외의 아무것도 아니다'라고 하여 니체를 볼테르*와 더불어 "위대한 정신"이라 칭하고 있다.

계몽주의자 니체를 가지고서 나치스에 의한 반계몽적인 해석에 저항하고자 한 H. 만의 자세는 나치스에 의한 곡해를 풀기 위해 필요하며, 또한 당시로서는 유일하게 가능한 방법이었을 것이다. 그러나 그렇게 함으로써 계몽주의자로서의 니체의 '어두운' 측면, 즉 H. 만 자신이 매료된 디오니소스적 측면에 대해서는 1914년 이후의 저작에서 다시 한 번 발을 들여놓은 분석이 없는 것은 유감이다. ☞토마스 만, 나치스

—오누키 아츠코(大貫敦子)

▷H. Mann, Nietzsche, in: *Maß und Wert*, Zürich 1939; *The Living Thought of Nietzsche*, presented by H. Mann, New York/Toronto 1939 (dt: *Nietzsche Unsterbliche Gedanken*. Eingeleitet von H. Mann. Ausgewählt von Golo Mann, Berlin 1992; (原田義人 訳, 永遠の言葉叢書, ハインリヒ・マン 編 『ニーチェ』 創元社, 1953).

말러 [Gustav Mahler 1860-1911]

세기말* 빈을 대표하는 음악가의 한 사람이었던 말러는 1896년에 발표한 <교향곡 3번>의 제4악장에서

니체의 『차라투스트라』의 「몽중 보행자의 노래」 장의 "나 잠을 자고 있었노라, 나 잠을 자고 있었노라—, / 나 깊은 꿈에서 깨어났노라:— / 세계는 깊다. / 그리고 낮이 생각한 것보다 더 깊다"라는 유명한 시구를 가사로 사용하고 있다. 칼 쇼르스케(Carl E. Schorske 1915-2015)는 『세기말 빈』에서 이 시구를 인용하면서 말러에 의한 니체의 인용이 동시대 빈의 화가 클림트(Gustav Klimt 1862-1918)의 <철학>이라는 그림을 상기시킨다고 말하고 있다. 양자에게서 공통적으로 엿볼 수 있는 것은 세기말 빈의 정신 상황 속에 침투해 있던 니체 숭배의 그림자. 그것은 후의 빈 표현주의*로 결실되는 세기말 빈의 새로운 예술·문화 운동의 핵에 놓여 있었던 계기다. 말러와 클림트가 출입하고 있던 서클에는 빈의 대표적인 니체주의자였던 부르크 극장 감독인 부르크하르트(Max Burckhard 1854-1912)가 있었으며, 말러 자신이 당초에는 자기의 <교향곡 제3번>을 '즐거운 학문'이라 이름붙이고자 할 정도였다. 세기말 예술과 니체 열광의 관련이라는 문제권역에 말러의 음악도 자리매김 될 수 있다. ☞ 유겐트슈틸

―다카하시 준이치(高橋順一)

⟨참⟩ ▷Carl E. Schorske, *Fin-de-Siécle Vienna: Politics and Culture*, New York 1980(安井琢磨 訳『世紀末ウィーン』岩波書店, 1983).

말종 인간未種人間 ⇨ 마지막 인간

맑스와 맑스주의 [Karl Marx 1818-83]

"철학자는 세계를 그저 다양하게 해석해왔을 따름이다. 중요한 것은 세계를 변혁하는 것이다." "세계를 해석하는 것은 우리가 지니는 여러 가지 욕구다." ― 앞의 인용은 맑스, 뒤의 것은 80년대의 니체가 남긴 구절이다. 문자 그대로 취하면 참으로 대조적인 발언으로 보인다. 어느 것이든 본래는 노트에 갈겨 쓴 것이지만, 각각 그들 사상의 특성을 잘 보여준다. 맑스가 세계의 변혁을 주장했듯이 니체도 모든 가치의 전환을 끊임없이 주창한다. 그렇지만 세계의 변혁과 가치의

전환* 사이에 놓여 있는 현격한 거리를 간과할 수는 없다.

맑스가 태어난 것은 1818년, 니체가 태어난 1844년에는 이미 파리로 망명하여 후에 『경제학·철학 초고』라고 불리는 노트를 써 남기고 있었다. 맑스가 사망한 1883년은 니체가 『차라투스트라*』를 상재한 해에 해당한다. 세대 간의 차이와 생활환경의 다름은 부정할 수 없지만, 실제로 활동한 시대에는 상당한 겹침이 놓여 있다. 한쪽은 망명자로서, 다른 한쪽은 방랑자로서 19세기 유럽을 방황한다. 다만 맑스의 망명지는 파리, 브뤼셀, 쾰른, 그리고 런던 ― 행선지로 미루어 맑스와 니체가 서로 만날 기회는 거의 없었던 듯하다.

그들이 살아간 시대를 각각 어떻게 보고 있었는가 하는 것은 상당히 흥미롭다. 하나의 예를 들면, 파리 코뮌을 전해 들었을 때의 태도는 아주 대조적이다. 루브르가 불타올랐다는 소식을 들은 니체는 하루 만에 전 시대의 예술이 절멸해 버렸다고 생각하고 "쓰러져 울고" 만다. "그러나 나는 나의 고통이 아무리 격렬하다 하더라도 저 불경한 무리에게 돌을 던질 수 없었다. 내게 있어 그들은 일반적인 인간들이 저지르는 죄과……를 대표하여 짊어졌을 뿐이기 때문이다."[게르스도르프에게 보낸 편지, 1871. 6. 21.] 예술가 형이상학의 입장에서 예술의 "한층 더 고차적인 사명"을 믿어 의심치 않던 니체의 절절하다기보다 참으로 과장된 개탄이다. "노동자*의 파리는 그 코뮌과 더불어 새로운 사회의 영광된 선구자로서 영원히 찬양받을 것이다. 그 순교자는 노동 계급의 위대한 가슴속에 모셔져 있는 것이다."[『프랑스 내전』] 한편에서의 '불경한 무리'가 다른 한편에서는 '새로운 사회의 영광된 선구자'로 된다.

정치적 입장의 다름에서 주목되는 것은 니체가 사회주의*를 혐오하고 있었다는 점이다. 다만 니체가 직접적으로 비판한 것은 라살레(Ferdinand Gottlieb Lassalle 1825-64) 류의 사회주의였다고 말하기도 한다. 물론 맑스의 이름을 입에 올린 일은 없다. 니체의 위서 『태양으로 날아오르다*』에는 맑스를 하이네*와 더불어 논의한 아포리즘이 열몇 편 아우러져 있지만, 이것은 니체

가 맑스를 읽었다는 증좌가 되기보다는 이 책이 위서라는 증거로 된다고 볼 수 있을 것이다.

맑스와 니체에게는 사유의 습관에 더하여 시대를 대하는 자세의 다름과 같은 것이 있었던 듯하다. 맑스와 니체 모두 결국은 아카데미즘 밖으로 나오지 않을 수 없었다. 다만 맑스는 그 후의 활동의 일부를 저널리즘*에서 찾기를 주저하지 않는다. 이에 반해 니체는 저널리즘으로부터도 거리를 둔다. 사회주의, 노동자, 민주주의*, 프랑스 혁명, 평등사상 등에 대한 맑스와 니체의 태도의 다름은 이 언저리의 사정과도 무관하지 않다. 니체가 노동자와 사회주의 그리고 저널리즘 모두를 거부하면서 독특한 아이러니로 가득 찬 문체로 밖의 시선으로부터 안을 꿰뚫어보는 정신적·문화적인 귀족주의를 고집해 나갔다고 한다면, 맑스의 공산주의는 어느 쪽인가 하면 자본주의 현실을 학문적으로 세련된 문장으로 해부하고 안으로부터 밖으로 돌파하고자 하는 정치적인 사회 운동을 지향해 나갔다고도 말할 수 있을 것인가?

하지만 노동자관이든 사회주의관이든 그리고 저널리즘관이든 맑스는 긍정적이고 니체는 부정적이라고 딱 잘라 말할 수 있을 정도로 단순하지 않다. 젊은 날의 맑스의 논설에는 신문의 존재방식을 회의한 한 구절이 있다. 또한 사회주의관만 하더라도 맑스가 초기부터 일관되게 견지한 것은 다른 어중이떠중이의 사회주의·공산주의를 비판하고, 자기와는 구별하고자 하는 자세. 그리고 그의 노동자상이 이른바 룸펜 프롤레타리아트와는 전혀 무관계한바, 오히려 "하나의 사회적 세부 기능의 담지자인 데 지나지 않는 부분 개인으로…… 전체적으로 발달된 개인을"[『자본론』] 치환하고자 한 것이었다는 점은 주의해야 할 것이다. 19세기 말 무렵부터 대중사회 상황이 만연함에 따라 맑스주의의 새로운 가능성을 묻는 움직임 속에서 니체에게 가까운 자세로부터 대중화된 노동자에 대한 비판이 행해진 것도 이러한 맑스의 미묘한 위치와 무관하지 않다.

그러나 오늘날의 우리에게 맑스와 니체 양자가 두드러진 의미를 지닌다고 한다면, 그것은 역시 현대 사상에 준 영향력의 크기일 것이다. 양자는 현대 사상의 근대 비판과 서구문명 비판에서, 또한 형이상학 비판에서 자주 논의의 중심에 놓여 왔다. 이것에 프로이트*의 이름을 더하면, 현대 사상의 주인공이 모두 다 나온 모습이 된다. 물론 근대 비판이라 하더라도 각각이 취한 사상에서의 얼개는 다르다. 맑스의 경제학 비판이 노동의 논리에 내재하는 가운데 자본주의 경제의 비판적 해부에 한정되어 있었다고 한다면, 니체가 전개한 것은 미적 가상으로 초월하는 가운데서의 다채롭고 폭넓은 문화 비판이다. 맑스가 공산주의라는 동일한 이름 아래 사회제도상의 변혁을 주창해 나갔던 데 반해, 니체는 천재*, 영웅*, 초인* 등, 다양한 이름에 의해 인간 존재의 다른 가능성을 추구해 나갔다. 한편이 새로운 사회라면, 다른 한편은 새로운 개인이다. 어느 쪽이든 실제로 있는 것과는 다른 것에 대한 철저한 탐구를 시도한 것으로서, 여전히 근대 비판의 모범이 되는 지위를 잃고 있지 않다.

근대 비판과 균형을 이루어 맑스와 니체는 영원한 진리를 회의하고 의식과 관념의 자립성의 허위를 비판해 가는 각자의 수법을 짜내고 있다. "…… 개인들이 품는 표상은…… 자연에 대한 그들의 관계에 대한 표상이든가, 그들 상호 간의 관계에 대한…… 표상이다."[『독일 이데올로기』] "모든 논리와 그 움직임의 외견상의 독단성 배후에조차…… 특정한 방식의 삶을 보존하기 위한 생리학적인 요구가 있다."[『선악』] 3] 맑스의 이데올로기 비판과 니체의 폭로 심리학은 진리·인식·의식·표상과 같은 것이 삶의 연관에서 어떠한 관심에 뿌리박고 있으며, 그것들의 자립성의 가상이 어떻게 해서 위조되는 것인지를 해석하는 뛰어난 방법이다. 다만 맑스가 그것들을 물질적 관심으로 환원하는 방향을 취했다고 한다면, 니체는 심리학*적 관심에 귀착시키는 방도를 걸어갔다. 이와 같은 환원의 수법은 생물학주의와 과학주의에 빠질 두려움도 없는 것은 아니지만, 맑스와 니체에게 형이상학* 비판의 유망한 길을 열어주는 수단이 되기도 했던 것이다. 이 점에서 양자 사이에 상호 보완의 가능성을 찾아보는 것도 헛된 일은 아닐 것이다. "자연과학자들이 하고 있듯이 '원인'

과 '결과'를 잘못된 방식으로 **사물화**(verdinglichen)해야 하는 것은 아니다"[『선악』21]라는 니체의 주장은 맑스의 이른바 사물화론을 확장시켜 가는 데서 매우 흥미로운 발언이다.

그러나 양자의 근대 비판에서 간과해서는 안 되는 점은 어느 쪽이든 시대의 현실성에 대한 의식적인 관계를 빼놓고서 성립하지 않았다는 점일 것이다. 초기 니체가 근대의 노동*의 시대를 야유하고[「다섯 개의 서문」 III], 『차라투스트라』가 '마지막 인간'을 비판하며, 후기 니체가 가축떼*를 매도한 것도, 그리고 초기 맑스가 '소외된 노동'을 분석하고, 후기 맑스가 공장노동의 비참함을 생생히 묘사한 것도 그들이 현실적인 문제란 어떠한 것인가에 대해 자각적이었다는 증좌다. 후년의 해석이 니체와 맑스에게서 서구 형이상학과 근대적 세계관의 극복 가능성을 읽어냈다는 점에서, 그것은 어디까지나 나중의 해석일 뿐이다. 근대를 비판하기 위해서는 어떤 의미에서 근대의 이해자여야만 한다. "철학자는 자기 시대의 가책하는 양심이어야 하며"——그러기 위해 그는 자기의 시대를 가장 잘 알고 있어야 한다"[『경우』 서문] 양자는 각자에게 있어 의미 있는 학문(고전문헌학과 정치-경제학)에 대한 비판을 매개로 하여 근대적인 것이 어떠한지를 만난다. 시대에 대한 비판은 앎에 대한 비판과 중첩되어 있었던 것이다.

더 나아가 근대 비판의 양자의 특징으로서 어느 쪽이든 근대 이후에 도래해야 하는 것에 대해 말하기를 마다하지 않았다는 점일 것이다. 그렇지만 니체는 동일한 이상적 상이라 하더라도 상상에서의 르상티망*이 산출하는 종류에 대해서는 부정적이다. 아무래도 사회주의는 니체에게 있어 그러한 종류에 속했던 듯하다. "인류는 언젠가는 궁극의 이상적인 사회 질서를 발견할 것이며, 그리고 그때에는 행복이 열대 나라들의 태양과 같이 언제나 변하지 않는 햇살이 되어 그러한 질서 아래 살아가는 인간 위에 내리쬘 것이라고 생각하는 인간이 세상에 있지만, 우리는 좋은 이성의 가호에 의해 그러한 신조에 물들지 않고자 한다."[『반시대적』 IV. 11] 그렇지만 맑스는 이상적인 사회 체제

의 구체적인 모습을 그리는 것에 대해 금욕적이었다. 극단적으로 말하자면, 맑스는 사적 소유를 자명시하지 않는 전적으로 다른 사회를 구상해 보는 실험적 사고의 가능성을 입에 올렸을 뿐이라고 말할 수 있을지도 모른다.

이러한 점을 생각하면, 맑스와 니체가 다른 문제권역에서 움직이고 있다 하더라도, 맑스를 니체의 위치로부터 비판적으로 재구성하고, 니체를 맑스 측으로부터 고쳐 읽는 노력이 기울여지더라도 이상하지 않다. 예를 들어 호르크하이머*는 니체의 '초인'을 사회이론적 개념으로서 고쳐 읽고, 맑스의 '계급 없는 사회'와 중첩시켜 보았던 것이다. 이 점에서 맑스주의의 흐름에서는 프랑크푸르트학파* 등 일부를 제외하면, 맑스주의자가 니체 사상과의 대화를 시도한 경우는 그다지 존재하지 않는다. 루카치*의 『이성의 파괴』가 니체를 부르주아 철학에서의 비합리주의 계보에 자리매김한 것이 상징적이다. ☞사회주의, 노동자, 프랑크푸르트학파, 『태양으로 날아오르다』(위서)

—기마에 도시아키(木前利秋)

망각忘却

'망각'이 니체에게 있어 주제적으로 논의되는 것은 '삶에 대한 역사의 공과'라는 맥락 하에서이다. 순간을 무심히 향유하는 동물과 달리, 인간은 끊임없이 과거를 고집하고 과거의 사슬을 질질 끌며 망각을 배우는 것을 알지 못한다. 따라서 인간은 불행한 것이다. "불면과 되새김질, 역사적 감각에는 일정한 한도를 넘어서면 인간이든 민족이든 문화든 살아 있는 모든 것을 상처 입히고 몰락시키는 그러한 것"이 포함되어 있다[『반시대적』 II. 1]. 이러한 과잉된 과거의 중압 하에서의 삶*의 쇠약, 역사학의 세기라고 말해지는 19세기에 니체가 발견하는 시대의 질병에 대해, 그가 건강과 행복의 지침으로서 제시하는 것이 "비역사적으로 감각하는 능력", 요컨대 '망각'이다. "잊을 수 있는 자는 강자다." 하지만 그것은 사태의 일면에 지나지 않는다. 잊을 수 있다는 것은 어떤 능력이지만, 잊을 수 있는

자가 모두 강자로 한정되는 것은 아니다. 약자도 역시 자신의 한정된 안온함을 확보하기 위해 과거를 잊고 유래를 덮어 가리고자 한다. 이런 의미에서 망각은 약자가 자기 보존*을 위해 행하는 자기기만이기도 하다. 『인간적』*, 『아침놀』*의 문제권역에서는 "도덕감각에서의 망각의 의의"가, 요컨대 '도덕의 계보'를 덮어 가리는 위선이 폭로된다. 도덕은 본래 "사회의 유용성에서 유래"함에도 불구하고, 그러한 동기를 망각한 것과 같은 행동이 도덕적인 것으로서 상찬된다. 문명은 '야만'*에서 발생했음에도 불구하고, 그러한 전사를 망각하여 인간은 '신의 종족으로부터 태어났다', '이성적 존재자인 것처럼 주장된다. 이러한 기만을 타파하기 위해서는 개인의, 또는 인류의 '근원사'를 망각의 샘으로부터 소생시키는 '상기'가 필요로 된다. 그러나 이 능력은 망각에 비교하면 아직 미미하다고 니체는 생각하고 있었다. 이러한 그의 망각론은 프로이트*의 '반복강박'과 융(Carl Gustav Jung 1875-1961)의 신화론, 하이데거*의 '존재 망각'과 벤야민*의 '회상'론으로까지 이어지고 있다고 말할 수 있을 것이다.

—도쿠나가 마코토(德永恂)

망치를 들고 철학한다

후기의 니체는 망치라는 비유*를 즐겨 사용한다. 『우상』*에는 '사람은 어떻게 망치를 들고 철학하는가(Wie man mit dem Hammer philosophiert)라는 부제가 붙어 있으며, 끝맺음은 「망치는 말한다」라는 제목으로 『차라투스트라』*의 한 구절을 인용하고 있다. 니체는 동일한 구절을 『이 사람을 보라』*의 말미에서나 『안티크리스트』*의 결말에서도 수록하고자 한 기색이 있다. 사람은 망치를 들고서 오래된 석판을 깨트리고, 새로운 석판에만 새긴다. 망치는 파괴와 창조를 둘 다 비유한 것, 오랜 가치의 파괴와 새로운 가치의 창조를 양쪽 다 겸해 가지는 것을 암시한 메타포다. 사람은 철학을 배울 수 없고 철학하기를 배울 수 있을 뿐이라고 말한 것은 칸트*이지만, 니체의 입장에서 보면 그 칸트조차 참된 철학자라기보다 단순한 비평가

에 지나지 않는다[『선악』 210]. 참된 철학자는 철학하기를 배우는 것이 아니라 망치를 들고 철학하는 자여야만 한다. "그들은 창조적인 손으로 미래를 붙잡는다. 이때 존재하는 것, 존재했던 것, 이 모든 것은 그들에게는 수단이 되고 도구가 되며 망치가 된다. 그들의 '인식'은 창조이며, 그들의 창조는 하나의 입법이다."[같은 책 211] ☞『우상의 황혼』

—기마에 도시아키(木前利秋)

메를로-퐁티 [Maurice Merleau-Ponty 1908-61]

메를로-퐁티가 『지각의 현상학』에서 신체성(corporéité)의 현상학을 전개하고, 유고 『보이는 것과 보이지 않는 것』(Le visible et l'invisible)에서 '살'(chair)의 존재론을 논의한 철학자이기도 하다면, 그런 그가 '신체'*(Leib)를 '위대한 이성'*이라 부르고 이 신체가 이야기하는 '대지의 의의'를 언급하면서 '육체를 경멸하는 자'의 어리석음에 대해 말한 니체의 『차라투스트라는 이렇게 말했다』*에 커다란 공명을 보이더라도 이상할 것이 없는 것으로 생각된다. 덧붙이자면, 메를로-퐁티도 후설의 '대지'라는 개념을 대단히 중시하고, 우리의 이러한 '대지'에의 뿌리박음(implantation)에 대한 분석이야말로 현상학적 사고의 근원적 위상을 이룬다고 보고 있었다. 하지만 실제로는 메를로-퐁티의 저술 속에서 니체의 이름은 아주 이따금씩 단편적으로 삽입되는 데 지나지 않는바(그것도 무신론*과 르상티망*론에서 정형적으로 언급될 뿐이다), 니체에 관해 특별히 주제적으로 논의하는 부분은 발견되지 않는다.

유일하게 발견적으로 언급하는 부분이 있다고 한다면, 그것은 만년의 메를로-퐁티가 스스로의 철학적 사고를 '비철학'(nonphilosophie) 또는 '반철학'(antiphilosophie)이라는 식으로 역설적으로 규정하는 부분이다. "헤겔*과 더불어 무언가가 끝났다. 헤겔 이후 철학의 공백이 생겨났다. 그렇다 하더라도 그것이 말하고자 하는 바는 거기에 사상가와 천재가 결여되어 있었다는 것이 아니라 맑스*와 키르케고르*와 니체가 우선 철학에 대한 거부로부터 출발했다는 점이다. 그들과 더불

어 우리는 비철학의 시대에 들어섰다고 말해야만 하는 것이 아닐까?"[『강의요록』] 메를로-퐁티에게서 '비철학' 또는 '반철학'은 존재에 대해 직접 이야기하는 전통적인 존재론과 형이상학*을 해체해 가는 '철학 비판'의 작업을 의미한다. 메를로-퐁티는 이 "비철학에 의해 철학이고자 하는 철학"의 하나의 모델을 니체의 사상 속에서 읽어냈던 것이다. ☞ 현상학, 대지의 의의

—와시다 기요카즈(鷲田清一)

메리메 [Prosper Mérimée 1803-70]

프랑스의 소설가. 관리이자 고증가이기도 했던 메리메는 스페인으로 상징되는 남유럽에 대한 동경을 학문적 고증에 뿌리박은 치밀한 문체에 녹여 담은 중단편 소설을 많이 남겼다. 그 가운데 한 편이 『카르멘』이다. 1875년에 이 소설에 기초하여 비제*가 가극 <카르멘>을 작곡한다. 반바그너 입장으로 변한 니체에게 있어 비제의 음악은 하늘의 계시라고도 말해야 할 것이었다. 니체는 『바그너의 경우』에서 다음과 같이 말하고 있다. "이 작품과 더불어 사람들은 **축축한 북방**에, 바그너적 이상이 만들어내는 온갖 수증기에 이별을 고합니다. 그 줄거리가 이미 그것들로부터의 구원입니다. 그 줄거리는 메리메에 의해 열정의 논리, 가장 짧은 선, 엄격한 필연성까지도 갖추고 있습니다."[편지 2] 니체가 비제의 음악에서 간취한 바그너*적인 데카당스*에 대한 대항축으로서의 '남방적인 것'의 핵심에 원작자 메리메가 크게 그림자를 드리우고 있다는 것은 이 기술로부터도 명확하다. 또한 메리메의 단편 「에트루리아의 항아리」에 대해 "조롱적이고 기품이 있으며, 대단히 침울하다"[페터 가스트에게 보낸 편지, 1880. 7. 18.]고 말하고 있는 것과, 그를 "산문의 거장"[『학문』 92]으로 평가하고 있는 것을 아울러 생각할 때, 니체의 메리메에 대한 경도가 여간한 것이 아니었다는 것을 알 수 있다. ☞ 비제

—다카하시 준이치(高橋順一)

모더니즘과 안티모더니즘 사이
【Ⅰ】 모더니즘에 숨어 있는 안티모더니즘-분별의 어려움

니체의 작업은 어느 정도까지 유럽의 모더니즘 정신에 편승하고 있는 것일까? 또는 루카치*가 지적하듯이 기본적으로는 '이성의 파괴'를 고지하는 것이기 때문에, 20세기의 유럽에 휘몰아친 안티모더니즘 바람의 시작인 것일까? 미래파*(특히 보초니, Umberto Boccioni 1882-1916)의 사상, 유겐트슈틸*의 예술, 게오르게*에 대한 영향, 하이데거*에 의한 수용 방식 등등 떠오르는 대로 거론해 보더라도 그 위치 확정은 어렵다.

그런데 무엇을 가지고 모더니즘(모데르니테, 모데르네)이라 하는가의 정의는 그리 간단하지 않다. 영어, 프랑스어, 독일어에 따라 각각 뉘앙스가 다를 뿐만 아니라, 어떠한 논의 맥락에서 사용되는가에 따라서도 의미 내용이 크게 다르다. 니체와 관련하여 논의하기 위해서는 안티모더니즘을 떠올려 보는 것에서 시작하는 것이 좋을지 모른다. 나치스*에게 이용되는 면이 그에게 있었다는 것을 생각하면, 안티모더니즘이란 20세기의 반동과 지적 타락을, 그리고 아우슈비츠와 일본의 아시아 침략을 뒷받침한 이데올로기를, 또한 그러한 이데올로기의 온상이 된 생활태도/생활형식을 가리키는 것이라고 할 수 있을 것이다. 구체적으로 말하자면, 제복이자 규율과 훈련이고, 명령이자 검열과 차별이다. 자신들의 문화의 '본질'과 특성에 대한 특권적인 앎을 참칭하는 논의이자 국가와 민족을 위해 '목숨을 바친다'는 발상이고, '고향'의 노래이자 '문약한 무리'에 대한 경멸적 발언이다. 그 근저에는 무언가의 실체적인 앎과 개념에 의해 모든 것을 분석하여 매듭짓고 싶어 하는 '간단한 해결'에 대한 동경이 숨어 있을 것이다. 그런 의미에서는 스탈린주의도 안티모더니즘의 하나의 모습일 것이며, 나아가서는 1960년대 후반의 학생 반란에도 그러한 퇴행의 씨앗이 얼마간은 숨어 있었다. 아니, 문제의 어려움은 이러한 안티모더니즘의 몇 가지 특징의 반대물로서 상정되는 모더니즘도 적어도 그것이 정치적 형태를 취한다든지 정치적 참여를 보여주는 경우에는 거의 언제나 안티모더니즘

의 어두운 그림자를 분신으로서 수반하고 있다는 점에 놓여 있다. 일부가 무솔리니에게로 경도되어 있던 미래파의 운명은 상징적이다. 그런 의미에서는 근대성(모더니티)에서의 가장 첨예한 개념이었던 '혁명'이라는 사고 형상에도 한 조각의 안티모더니즘이 숨어 있다고 볼 수도 있을 것이다.

이러한 힘과 악취미와 둔중함의 결합의 정반대로서 모더니즘을 상정하게 되면, 자유롭고 활달한 문사이자 카페와 술집의 생활이고, 또한 성 모럴의 무시와 규칙 파괴, 엉뚱한 복장(댄디즘)과 아방가르드 예술, 어바니즘(도회성)과 인터내셔널리즘이 떠올려진다. 그것은 '해체'와 '타락'(데카당스*)의 긍정과 대담한 표현의 추구이기도 하다. 거기에는 정치에 대한 관심이 많은 경우 정치에 대한 직접적 참여의 거부라는 역설로도 이어지고 있다.— 이러한 모더니즘을 근대화와 합리화 과정 속에 어떻게 자리매김할 것인가에 관해서는 이런저런 사고방식이 있을 것이다. 예를 들어 하버마스*처럼 19세기 후반 이후의 예술가와 예술작품으로 상징되는 모더니즘을 근대에서의 사회적 분화의 결과, 다양한 제도가 성립해온 동일한 과정의 일관된 것으로서 파악하고, 언뜻 보아 합리성의 틀에 맞아떨어지지 않는 것으로 보이는 예술에서의 현상들도 합리성의 진화라는 틀 안의 것이라고 생각하는 입장도 있다. 이른바 사회적 근대화(그 궁극에는 국가와 경제의 철저한 조직화가 생겨난다. 따라서 파시즘도 근대의 산물이다)와 문화적 근대화를 구별하는 사고방식이다. 예술상의 모더니즘이 현대에 경직된 제도와 시민사회의 인습에 도전장을 던지는 측면을 중시하는 것이다. 근대화의 소산이 근대가 산출한 폭력과 억압의 장치, 그것과 동행하는 시민적 생활형식에 반항하는 것을 근대적 이성의 반성 능력의 나타남으로서 보는 사고방식이 여기에 놓여 있다. 보편성과 특수성이 매개될 수 없다는 것을 깨닫는 이성의 자기 인식이라고 말할 수 있다. 물론 거기에는 이성 그 자체에 대한 결별과, '어머니인 것'으로의 회귀 원망, 그리고 권력과 미의, 밤과 죽음의 미학의 절대화로의 탈출(예를 들면 셀린(Louis-Ferdinand Céline 1894-1961)과 윙거*)도 끊임없이

따라다녔다. 그 줄거리야말로 모더니즘의 바로 영광과 비참의 궤적일 것이다. 여기서도 모더니즘 안에 한 조각의 안티모더니즘이 숨어 있는 사태에는 변함이 없다(푸코*가 니체로부터 자극을 받아 모더니즘 문학으로부터 결별한 배경에는 이러한 사정이 놓여 있는 것으로 생각된다).

막스 베버*가 근대에서의 이성의 분화 과정을 정면에서 응시할 것을 학생들에게 이야기하면서 니체와 보들레르*의 이름을 꺼낼 때, 그는 문제의 이러한 복잡함을 염두에 두고 있었다. 제1차 대전 후의 혼란 속에서 '세계관의 투쟁'으로 요동치는 뮌헨의 대학생들을 상대로 한 강연 『직업으로서의 학문』에서 그는 이렇게 말한다. "어떤 것은 아름답지 않더라도 신성할 수 있을 뿐 아니라, 오히려 그것은 아름답지 않은 까닭에, 또한 아름답지 않은 한에서 신성할 수 있는 것이다. …… 또한 어떤 것은 선하지 않지만 아름다울 수 있을 뿐 아니라, 오히려 그것이 선하지 않다는 바로 그 점에서 아름다울 수 있다. 이 점은 니체 이래로 알려져 있으며, 또한 이미 보들레르가 『악의 꽃』이라고 이름붙인 시집에서도 제시되어 있다. 나아가 어떤 것은 아름답지도 않고 신성하지도 않으며, 또한 선하지도 않은 대신에 참일 수는 있다는 것, 아니 그것이 참일 수 있는 것은 오히려 그것이 바로 아름답지도 신성하지도 또한 선하지도 않기 때문이라는 것,— 이것은 오늘날에는 오히려 상식에 속한다." 가치의 최종적인 결정은 합리적으로는, 하물며 학문적으로는 불가능하다는 것을 베버는 여러 차례에 걸쳐 강조하고, 학문이 다루는 진리의 범위를 신중하게 한정하고자 한다. 모던의 시대에는 그 이외에는 무리라고 하는 것이다. 그러나 니체의 외침을 좀 더 소리 높여 외치는 학생들에게는 이성의 한계에 관해 니체도 확인하고 있는 사태(예를 들면 "아름다운 영혼의 예술과 더불어 추한 영혼의 예술이 존재한다."[『인간적』 Ⅰ. 152])가 역으로 작용하여 안티모더니즘으로 전락할 위험이 있다는 것을 베버는 정확히 인식하고 있었다. 하지만 베버를 따라 니체를, 문자 그대로의 모더니스트인 보들레르와(베버는 실제로 논적인 게오르게와 더불어 보들레르의 열심 있는

독자였다) 나란히 보게 되면, 거기에는 또한 니체의 독특한 모더니티도 보이게 된다.

【Ⅱ】 라이프스타일

우선은 개인적인 라이프 스타일. 니체는 끊임없이 여행을 다녔다. 바젤대학을 그만두고 나서의 한 곳에 머무르지 않는 생활은 잘 알려져 있다. 여름은 스위스 알프스로부터 이탈리아*로 내려가는 고개에서 가까운 엔가딘 지방의 질스-마리아*에서, 겨울은 리비에라 지방에서 보내며, 그 사이에 볼일도 포함하여 독일에도 빈번히 돌아온다. 하지만 신진 대학교수로서 '활약하고 있던 무렵에도 공무 사이를 비집고서 밖으로 나간다. 예를 들어 1872년만을 보더라도 1월에는 바그너 부부가 있는 트립셴을 며칠 간 방문하며, 부활제에는 레만 호수를 유람하고, 4월 하순은 트립셴에서 보낸 후, 5월 22일 바이로이트*의 기공식에 출석, 사교에 참가하며, 6월 28일부터 30일에는 마이젠부르크*, 게르스도르프*와 함께 뮌헨으로 가 <트리스탄과 이졸데*>의 상연을 듣는다. 가을에는 이탈리아* 행을 기도했지만, 도중에 되돌아왔다. 11월 22일부터 24일, 슈트라스부르크에서 바그너*와 만나며, 크리스마스 휴가에서 돌아온 나움부르크*로부터 바이마르*로 나가 <로엔그린>을 듣고, 그 기회에 라이프치히*를 방문한다. 다른 해에도 부활제, 성령강림 휴가, 하계휴가, 그리고 가을 학기의 매듭 등에는 반드시 나가고 있다. 베르너오버란트, 바젤*로부터 독일령에 들어간 시기의 바덴바일러, 제네바와 레만 호수, 알프스의 휴양지 악센슈타인, 루가노 호수, 그라우뷘덴, 샤프하우젠, 리기, 루체른, 베른, 바덴바덴, 슈바르츠발트, 친우를 방문하여 독일 측으로의 국경을 넘어서서 한 시기 자주 통과한 뢰르라흐……. 남독일로부터 스위스에 걸친 '관광 명소'를 얼추 망라한다. 증기기관차에서의, 오늘날의 눈으로 보면 터무니없이 시간과 체력을 필요로 하는 여행*이다. 편지에서도 야행 중에 잠을 잘 수 없었다는 것을 자주 한탄하고 있다. 바그너를 듣기 위해 독일 깊숙이 만하임 등으로 나가기도 한다. 상류 계급의 휴가가 일상화되고, 시설도 정비되기 시작한 시대의 생활형식이 그에게도 침투하고 있었다는 것을 알 수 있음과

동시에, 문화적 행사에 부응하여 지적 엘리트가 국경을 넘어 이동하기 시작한 시대이기도 하다. 일부 사람에게는 그리운 이러한 19세기의 호텔과 기차 속에서는 모더니즘을 기르는 새로운 감성이 생겨나고 있었던 것이다. 또한 만년의 여행에는 이 또한 모더니즘의 중요한 측면인 지적인 보헤미안의 요소가 더해진다. 높은 산의 빙하, 지중해의 파도――인간이 없는 세계에 대한 동경이 그를 사로잡게 된다. 하지만 그것이 참으로 도회적인 모더니즘이 아니라는 것은 예를 들어 니체와 같은 시기에 지중해에서 고독한 요트 여행을 하고 있던 광기 직전의 모파상*과 비교해 보면 잘 알 수 있다[『물 위』 참조]. 모파상의 경우에는 파리의 도회가 있었다. 그는 갑자기 요트를 항구에 대고 파리로 돌아온다고 연락한다. "나는 또한 친구와 만나 주식 이야기가 하고 싶어졌다. 거기에 있지 않은 사람의 욕을 철저하게 말하고 싶어졌다. 술을 마시며 젊은 여성의 모습을 찬탄하고 싶어졌다." 이 요소는 니체에게는 없다. 그는 술도 담배도 하지 않고, 복장도 처음부터 끝까지 독일의 대학교수의 그것이었다. 저 독특한 콧수염은 실패한 댄디즘의 일종인가 단순한 권위주의인가? 전체로서 보면, 니체에게도 확실히 일정한 인터내셔널리즘(영어도 프랑스어도 어느 사이엔가 자유롭게 읽게 되었다)은 있었지만, 도회성은 어딘지 모르게 결여되어 있는 듯하다.

그렇지만 토착성이야말로 니체가 철저히 혐오했던 것이다. 특히 그 토착성이 태어나서 자란 도시의 시민 도덕과 결부될 때는 더욱더 그러했다. 루 살로메*와의 일을 부도덕하다고 힐난하는 어머니와 누이가 체현하는 소시민의 사물에 대한 견해는 '나움부르크의 도덕' 이외에 아무것도 아니었다. 니체는 독일의 지방성과 결부된 덕에는 철저히 인연이 없고자 하고 있다. 그러한 시골로부터 탈출한 자의 소식을 조심스럽게 말하는 어떤 아포리즘*에는 이렇게 적혀 있다.

"행복과 문화――우리의 어린 시절의 환경을 돌아보는 일은 우리에게 충격을 준다. 정원이 있는 집, 묘지가 있는 교회, 작은 연못과 숲――이런 것들을 우리는 언제나 고뇌하는 자가 되어 다시 바라보게 된다. 우리 자신

에 대한 동정심이 우리를 엄습한다. 우리는 그 후 얼마나 많은 고뇌를 겪어왔던가! 그런데 그것은 여기에 아직도 이렇게 조용하게, 영원히 남아 있다. 오직 우리들만이 이렇게 변하고 움직이고 있는 것이다. 우리는 떡갈나무에서처럼, 시간이 더 이상 자신의 이로 마모시키지 못한 몇몇 사람들도 다시 만나게 된다. 농부, 어부, 나무꾼들, 그들은 그때와 똑같다.— 더 낮은 문화 앞에서 감동하고 자기를 동정하는 일은 더 높은 문화의 표시다. 거기서 나오는 결론은 좀 더 높은 문화에 의해서는 어쨌든 행복이 커지지 않았다는 사실이다. 삶에서 행복과 안일을 수확하려는 사람은 항상 좀 더 높은 문화를 피하려 할 것이다.'[『인간적』 I. 277] 반성도가 높은 문화로의 탈출은 행복의 실현과는 무관하다. 그것은 베버로부터 하버마스까지의 모던의 담론이 보여준 것의 선취이기도 하다. 이러한 비애감은 또한 좀처럼 성공하지 못하는 탈출에 대한 강한 결의가 되기도 한다. "벗이여, 달아나고자 하지 않는가? 어둠침침한 하늘 밑으로부터, 글을 쓰는 노처녀로부터. 지루해하기에는 인생은 너무 짧지 않은가?"[유고 II. 9. 62]

이와 같은 정신적 태도인 이상, 그는 바그너 주변에서 선전되는 반유대주의*를 철저히 혐오하고 있었다. 어떤 문화에 대한 좋고 나쁨은 있어도(취미*의 미학), 그러한 질의 차이가 무언가의 인종적 이유에 의한다는 생각은 전혀 받아들일 수 없었다. 그것은 계몽 이후의 과학의 세례를 충분히 받았기 때문이다. 그렇기는커녕 "좋게 독일적인 것은 탈독일적인 것을 의미한다"[『인간적』 II-1. 323]고 말할 뿐만 아니라 유럽 문화에 기여한 유대인의 의의를 강조하기를 그만두지 않았다. 그렇게 말하자면, 베버도 저 방대한 『종교사회학논집』의 어떤 주에서 인종에 의해 문화의 다름이 생겨난다고 하는 설을 주의 깊게 검토한 후에 그 무근거성에 대해 엄격한 판결을 덧붙이고 있다. 모던 정신의 최대 공약수의 하나가 여기서 인정된다. 그럼에도 불구하고 니체는 어떤 특정한 민족과 문화 시대를 절대화하는 반근대성을 보여준다. 말할 필요도 없이 소크라테스* 이전의 그리스 문화인바, 결국에는 좀 더 소급하여 오리엔트 사막 속의 차라투스트라에게로 향하게 되었

다. 여기에는 어떠한 논리가 작용하고 있는 것일까? 그로 인해 모던 시대에 대한 니체의 비판적 태도를 언급해 둘 필요가 있다.

【III】 모던 시대에 대한 비판

그에게 있어 현대, 요컨대 모던 시대란 현실적인 삶과 무관한 역사적 교양*이 횡행하고, 사람들이 낭만주의적인 미혹에 빠지기 쉬운 시대다. 거기에 놓여 있는 것은 다만 "다양한 위대한 양식의 카니발", "역사적 우둔함의 초월론적 높이", "세계사의 패러디"[『선악』 223]일 뿐이다. 그리고 계몽과 프랑스 혁명* 이후의 상황은 "모던한 다양한 이상의 정신병원"의 생활[『학문』 350]과 같으며, 사람들은 다만 무제한적으로 논의할 뿐, 어떠한 해결이나 가치도 발견해내지 못한다. 유일한 가치는 선악의 기준을 알고 있다는 자부심뿐이다[『선악』 202]. 그러한 모던의 인간들에 대해 그들이 아무리 싫어하더라도 분명하게 말해야 하는 것은 그들이 "가축떼* 동물"[같은 곳]일 뿐이라는 것이며, 그들의 동정 도덕에 대한 비판이다. "오늘날 동정을 설교하는 곳에서는…… 심리학자는 자신의 귀를 열어놓는 것이 좋다. …… 이러한 설교자의 특유한 모든 허영과 소음을 통과해 그는 목이 쉬고 신음하는 진정한 **자기 멸시**의 소리를 듣게 될 것이다. 이 자기 멸시는 이제 한 세기 동안 고조되고 있는 유럽의 저 음울화와 추악화 현상에 속한다. …… **이 자기 멸시가 음울화와 추악화 현상의 원인이 아니라 해도 말이다.** '근대적 이념'의 인간, 이 자부심 있는 원숭이는 제어할 수 없을 정도로 자기 자신에게 불만족스러워하고 있다. 이는 틀림없는 사실이다. 그는 괴로워한다. 그래서 그의 허영심*은 그가 오직 '함께 괴로워할 것'(mitleiden)을 바란다."[『선악』 222] 또는 다음과 같이 말하기도 한다. 이 시대에 건축 등의 유행은 과거의 스타일을 모방하여 계속해서 변하지만, 복장에 관해서는 최종적으로는 일에 가장 편리한 옷으로 획일화되어 버린다. 이미 계층의 차이를 나타내기 위해 노력하는 쓸데없는 일은 누구도 불식시키지 않는다. 기껏해야 누구라도, 특히 여성은 비교적 좋은 계층에 속하는 것처럼 보이도록 평생 애쓰며, 가능한 한에서는 젊게 보이도록 힘껏 노력할 뿐이다

[「유행과 모던」『인간적』II-2. 215]. 바로 그러한 시대이기 때문에, 예술가는 "히스테리의 가장 가까운 친척"[유고 II. 11. 394]일 뿐이다. 감정을 자극하고, 일시적인 도취를 관객과 독자에게 가져다주는 것만이 목적인바, 그에 의해 시대의 병을 치유하는 것 같은 환상에 사로잡혀 있다. 대표격은 바그너다. "바그너를 통해서 모더니티가 자신 안에 있는 가장 내밀한 말을 하고 있으며', "바그너에게서 모더니티가 농축되어 있다."[『경우』 서문] "중용의 기준과 틀을 알지 못하는, 불안으로 가득 찬 근대정산[『인간적』 I. 221] 속에서는 어떠한 시인도 "실험적인 모방자, 무모한 복제자"가 되며, 독자는 "일체의 예술수법을 유기적으로 억제하고 길들이는 것'이야말로 예술의 과제라는 것을 잊고 만다[같은 곳].

【IV】 태고의 폭력적 규범에로의 회귀

'억제하고 길들인다'는 표현에서 니체가 생각하고 있는 것은 괴테 시대 이래의 고전주의 전통에서 '중용'(Maß)이라든가 '억제'(Mäßigung)라고 말해지는 것임과 **동시에**, ――이것이 결정적인 것이지만―― 디오니소스*를 무리하게 억누른 도리아 양식 내에 감춰진 힘, 아니 폭력*의 마력이기도 하다. 만년의 유고에는 이렇게 적혀 있다. "뉘앙스를 감지하고 기뻐하는 것(――이것이야말로 참된 모더니티), 일반적으로 **없는** 것을 느끼고 기뻐하는 것, 이것은 **전형적인 것**을 파악하는 것에서 기뻐하는 힘을 느끼는 것과 같은 충동, 요컨대 가장 좋은 시대의 그리스의 취미와 같은 것과는 정반대의 것이다. 그 그리스의 취미 속에는 살아 있는 것의 풍요함을 억누르는 것이 놓여 있으며, 중용(Maß)이 지배하고 있었다."[유고 II. 9. 367]

현대의 평면화와 획일화를 혐오한 니체가 '전형'을 말한다든지 삶*의 풍요를 '억누르는' 것을 중시한다든지 하는 것이 의아스럽게 생각될지도 모른다. 하지만 거기에 놓여 있는 도리아적인 것에 대한 지향의 강력함은 특히 만년의 니체에게 분명해지고 있다. 현대 비판이 고전적 모더니즘에 내속해 있다는 것은 가스등과 신문을 저주하는 보들레르에게서도 명확하지만, 그것이 반전되어 태고의 '힘'에 대한, 즉 인간이 자기 보존'

을 위해 삶을 억누르고자 한 기념비에 대한 동경이 된다. 『비극의 탄생』*에서는 아티카 비극이 모델이 되어 있던 것이, 그리고 거기에서의 디오니소스*의 유혹적인 묘사가 대단히 모던했던 것이 어느 사이엔가 스파르타의 무단정치와 단련에로 눈이 향하고 있는 것을 알 수 있다. 이것은 이미 모던으로부터의 결별이다(그렇게 말한다면 니체를 사랑한 미시마 유키오*(三島由紀夫)도 검도장의 미학으로 달려갔다). 모더니티에 대한 비판이 강한 모더니티를 지니면서도 안티모더니즘을 끊임없이 동반하고, 마침내는 그 품으로 뛰어들어가게 되는 사태가 텍스트의 언어에서도 간취될 수 있을 것이다.

잘 알려져 있다시피 낭만파 이래로 미래에서 찾는 가능성의 원천을 아득한 과거에서, 그것도 과거에서조차 실현되지 않았던 가능성에서 찾는 사고 형상이 있었다. 그것은 벤야민*에게까지 이어지는 앎의 전통을 이루고 있기도 하다. 하지만 이 사고 형상 그 자체에는 안티모더니즘에 맞서는 브레이크가 없다. 벤야민의 경우에는 20년대의 사회와 유대인으로서의 자신의 위치로부터, 그리고 맑스주의*의 세례를 받은 까닭에 '적'이 어디에 있는지를 결코 시야에서 놓치지 않았지만, 그러한 브레이크가 없을 때에는 언제 안티모더니즘이 분출하는지를 알지 못할 위험이 있다. 그리고 이 안티모더니즘은 니체가 가장 증오한 소시민의 자기보존 욕망과 적어도 독일에서는 유착하여 내셔널리즘으로 회수되기 쉬운 것이기도 했다(하이데거는 그 좋은 예). 또한 일본에서도 예를 들어 『근대의 초극』에서 보이듯이 "신을 잃은 현대인"에게서 생겨난 언어의 평면화를 넘어서는 것은 일본의 "낡은 불당의 어둠 속에서야말로 빛을 내는 오랜 불상"뿐만 아니라 "오직 조칙이 있을 뿐"[龜井勝一郎(1942)]이라고 하는 것과 같은 논의를 불러내기 쉽다.

【V】 잘못 볼 수 없는 모더니티

그러나 이러한 안티모더니즘에로 빠져든 그 모든 것에도 불구하고, 니체에게는 어떻게 해서도 부정할 수 없는 모던한 점이 있다. 예를 들어 "독일인에게는 뉘앙스를 감지할 손끝이 없다"[『이 사람』 XIII. 4]고 쓰고, "뉘앙스야말로 삶의 최고의 획득물"[『선악』 31]이라고 말할 때, 사람들은 앞에서 인용한 '뉘앙스에 대한 기쁨'을 근대성으로 보고, 그것에서 그에 대해 완고한 강함을 대치시키는 니체와는 다른 니체를 보는 것일 터이다. 사실 니체만큼 문체에서의 섬세함을, 뉘앙스와 그 어긋남을, 다층적인 음계 구성을, 논리의 단절과 우연적 계속을 중시한 자는 존재하지 않는다. 그에 따른 체계화의 거부("체계*에의 의지는 성실함의 결여다"[『우상』 I. 26])라는 경우에도, 미지의 대륙에로의 출항 모티브의 경우에도("마침내 우리의 배는 다시 출발한다. 인식자의 모든 모험이 다시 허락되었다", "배에 오르라! 여러분, 철학자들이여!"[『학문』 343, 289]), 이러한 사유의 수행*은 예술상의 모더니즘에 직접 연결된다. 여기서는 안티모더니즘으로 전락할 위험은 한없이 작다. 그리고 니체를 최초로 수용한 자들 가운데 다수는 이러한 측면이, 독일에서는 제2제정기의 시민문화에 대해, 영국에서는 빅토리아 왕조 시대의 이중도덕에 대해, 그리고 프랑스의 프티부르주아 사회에 대해 강력한 도발이 된다는 것을 감지하고 있었다. 버나드 쇼*, 앙드레 지드*, 헤르만 헤세*, 많은 표현주의자*들의 작품과 증언에서 그것은 명확하다. 세기 전환기에 있어서는 니체가 지니는 안티모더니즘보다 모더니즘 예술 입장으로부터의 저항이 니체 수용의 공통 기반이었다. 유겐트슈틸의 예술가로『차라투스트라*』책의 디자인을 한 반 데 벨데(Henry van de Velde 1863-1957) 한 사람을 보더라도 그것은 명료하다. 그에 반해 대단히 비그리스적인 표정을 보여주는 '힘에의 의지*' 사상은 근대 사회의 현실을 냉소적으로 비추고 있다는 의미에서 역시 '모던', 요컨대 사회적 근대의 체현이었다. 하지만 이 '모던'이야말로 모더니즘 예술이 대적할 수 없는 저항을 시도한 것이었다는 것을 잊어서는 안 된다. ☞ 니체와 바그너 ― 낭만주의의 문제, 미와 쾌락, 일본 낭만파와 니체, 베버{막스}, 보들레르, 미래파, 여행

― 미시마 겐이치(三島憲一)

모든 가치의 가치 전환 ― 價値 ― 價値轉換 ☞ 가치의 전환{모든 가치의 가치 전환}

모든 기쁨은 영원을 원한다 ["Alle Lust will Ewigkeit."] 『차라투스트라*』 제4부 「몽중 보행자의 노래」의 12절 및 제3부 「또 다른 춤의 노래」의 3절에 있는 시편 중의 말. 이 뒤에 이어지는 시행 "깊디깊은 영원을 원한다"와 함께 각각의 장의 결미를 이룬다. 이 두 개의 장은 어느 것이든 『차라투스트라』의 근본 사상인 영원회귀*가 중심적으로 논의되는 부분이다. 그리고 이 "모든 기쁨은……"이라는 말은 차라투스트라가 말하는 영원회귀의 핵심을 보여준다. 기쁨(쾌락)은 영원회귀에서의 세계 긍정의 중심적 계기다. 왜냐하면 그것은 스스로의 대극에 있는 고통*마저도 긍정의 대상으로 삼고자 하기 때문이다. 기쁨이 원하는 '깊은 영원'이란 이러한 고통이라는 부정적 계기도 안에 포함하는 세계의 깊음을, 그 안에 포함되는 모든 대립과 상극을 넘어서서 통째로 긍정할 수 있는 경지를 의미한다. 다시 말하면 영원을 원하는 기쁨이란 스스로의 대립물로서의 고통을 연장하지도 회피하지도 않은 채 "모든 '여기'"[『차라투스트라』 III-13. 2]에서 받아들일 수 있을 만큼의 충분한 강함을 지닌 삶의 증거다. 기쁨도 고통도 모두 긍정되면서 일체의 것이 하나의 반복의 실마리에 의해 아울러지는 것이야말로 영원회귀의 핵심적 의의다. 「또 다른 춤의 노래」에서 사랑스러운 여인의 모습을 한 삶이 차라투스트라를 향해 그가 한밤중을 알리는 종소리와 함께 삶에 대해서 결별을 고할 것이라고 예언하는 것에 대해, 차라투스트라는 그 시각에 맞추어 이 시편을 말한다. 그리고 정확히 자정을 알리는 12시에 "깊은 영원"이라는 말이 말해진다. 그것은 영원회귀가 삶에 대한 부정성의 극단에서 그러한 부정성도 통째로 구제하여 받아들이면서 고지하는 긍정의 경지라는 것을 가리킨다. 덧붙이자면, 마르쿠제*의『에로스와 문명』에 이 주제에 대한 탁월한 고찰이 있다. ☞ '세계는 깊고, 낮이 생각한 것보다 더 깊다', 마르쿠제

—다카하시 준이치(高橋順一)

参 ▷Herbert Marcuse, *Eros and Civilization: A Philosophical Inquiry into Freud*, Boston 1955(南博 訳『エロス的文明』紀伊國屋書店, 1958).

모럴리스트 [Moralist]

니체는 대체로 프랑스의 모럴리스트가 좋았다. 『이 사람을 보라』에서 "결국 내가 되풀이해서 돌아가는 것은 소수의 오랜 프랑스인들이다. 나는 오직 프랑스의 교양만을 믿는다"고 말하고, 문헌학의 논문조차도 "파리의 소설가처럼 재미있게 지어진다"고 자신의 일을 자랑하고 있다. 프로이센-프랑스 전쟁이 결판난 1870년의 크리스마스에는 스스로 소망하여 코지마 바그너로부터 몽테뉴의 호화판을, 누이로부터 라 로슈푸코 등의 모럴리스트의 저작을 선물 받는다. 국제 정치의 이데올로기로부터 지식인들이 얼마나 빠져나와 있었는지를 보여주는 이 에피소드는 또한 전승국 독일의 존재방식에 대한 깊은 회의와도 결부되어 있었다. 그는 바그너와 사이가 틀어진 후인 1876년 가을, 휴가를 얻어 친우들과 이탈리아로 가지만, 제노바로 달려가는 밤기차 속에서 발트 지방에서 온 두 사람의 귀부인과 알게 되었다. 그중의 한 사람인 이자벨라 폰 데어 팔렌은 이 체험을 후에 다음과 같이 쓰고 있다. "니체는 라 로슈푸코의 『잠언과 성찰』을 지니고 있었기 때문에, 그것이 우리의 이야기의 실마리가 되었습니다. 그는 프랑스인들, 그중에서도 특히 라 로슈푸코, 보브나르그(Luc de Clapiers de Vauvenargues 1715-47), 콩도르세(Marquis de Condorcet 1743-94), 파스칼이 하나의 착상을 첨예하게 표현하고 선명하게 부각시키는 재능을 찬양했습니다. 그는 또한 대단히 어려운 형식을 사용함으로써 예술적 완성에 도달하는 소재의 취약함에 대해 말했습니다. 이러한 완성에 대한 요구를 표현하는 것으로서 그가 인용한 시는 지금도 제 귀에 남아 있습니다. '그렇다, 뜻대로 되지 않는 재료로부터 / 아름다운 작품이 나오는 것이다 / 시구와 대리석과 마노와 유약……'" 인용이 프랑스어이고 고티에(Jul

es de Gautier 1858-1942)의 시라는 것이 웅변적으로 사태를 말해준다.

밤기차의 니체는 프랑스 모럴리스트들의 발언 '내용'과 날카로운 '형식'이 연결되어 있다는 것을 논의하고 있었다. 10년 후의 『선악의 피안』에서도 "오래되고 다양한 모럴리스트 문화"를 지니는 프랑스인의 장점으로서 형식에 대한 정열이 거론되고 있다[254]. "작은 수에 대한 외경"에 의해서만 "문학적 실내악"이 가능해지는 것이라고 그는 말한다. 잘 이해할 수 있는 소수의 인간들 앞에서 사항의 미묘한 세부를 전개하는 능력을 가리키는 것일 터이다. 모럴리스트란 도덕론을 펼치는 사람이 아니라 세태와 인정에 대해, 인간의 익살스러움과 우스움에 대해, 하찮음과 어리석고 못난 귀여움에 대해 날카로운 관찰을 적어두는 사람이다. 하지만 그것이 '날카로운' 것은 그 '형식' 때문이다. 고매한 것을 입에 올리면서 땅바닥을 기어 돌아다니고, 떨어지는 금화를 찾으며, 무관심을 가장하면서 내심 희번덕거리는 인간 희극들과 그 내막의 실체를 보는 눈만이 아니다. 그것뿐이라면 인간관계의 바다를 헤엄치는 현대인 누구에게라도 갖춰져 있을지도 모른다. 문제는 그것을 잠언(Sentenz)이라고 불리는, 기지가 풍부하고 아취가 발휘되며, 역설로 가득 차고 가벼운 쓴웃음을 부르는 자상한 표현을 사용함으로써 한층 더 강렬한 비판을 하는 것이다. 단선적 합리성으로는 처리할 수 없는 현실의 세부적인 복잡함을 언어 형식 속으로 건져 올리는 것이다. 이를 위해서는 니체가 독일에서는 몇 안 되는 모럴리스트라고 보는 쇼펜하우어처럼 쓸모없는 "시적·수사적 보조수단을 사용하지 않는"[『반시대적』 Ⅲ. 2] 것이 필요하다. 몽테뉴와 라 로슈푸코는 그 모범인바, 같은 문장가라 하더라도 키케로의 호언장담이라고도 할 수 있는 문체를 니체가 혐오하고, 키케로 혐오라는 점에서 몽테뉴와 같은 의견인 것은 바로 그 때문이다. 하늘의 사귀(邪鬼)는 간결한 예술적 형식을 구사해야만 하는 것이다.

'현실의 복잡함을 언어 형식 속으로 건져 올린다'는 것은 생존의 고뇌를 디오니소스적인 아름다움으로 정화하는 것과 동일한 일이다. 일상의—그렇다고 하더라도 궁정과 살롱의, 그리고 니체에게서는 남유럽과 거의 같은 뜻의 우아한 도회성 속에서의 — 다양한 단편적 장면의 아름다운 추악함 때문에, 그러한 장면이 전개되는 마당을 '무대화'하는 동시에 뛰어난 형식에로 변모시키는 것이 필요한 것이다. 우리의 생활은 이성에 의해 만들어지는 것이 원칙적으로 가능하다 하더라도, 실제로는 다양한 우발적 요소, 단편적 요소로 너무나 가득 채워져 있다. 키 크기와 코 높이가, 심야의 술집에서의 한 잔 술이, 새벽녘의 눈뜸이 인생을 크게 변화시키는 경우도 있다. 개체화* 원리로 관철된 생존 속에서는 질투와 돋보임과 같은 허영심*의 게임이, 또한 우연한 만남이 비애감을 자아낸다. 죽음의 사실성 역시 우연성을 면할 수 없다. 그러한 것들을 지금 굳이 '우발성Kontingenzen'이라고 부르기로 한다면, 그것을 절대화하는 것이나 이성에 의해 전체로 매개·말소하는 것이 아니라 '우발성'을 '우발성'으로서 형식미 속에서 승인하는 지적 대응이야말로 모럴리스틱(Moralistik)이다. '우발성'은 '이성의 타자'나 '외부'가 아니라 '이성의 벗'이어야만 한다. 이미 바젤 시대의 유고에서 사유의 과잉이 효과가 없다는 논의를 펼치고, "지적 충동에 의한 야만화를 억제하는 것"[I. 4. 184]을 생각하는 니체는 "지혜 역시 그 과도함을 지닌다. 그리고 어리석음에 못지않게 절제를 필요로 한다"고 말하는 몽테뉴에게 이 점에서 친연성을 느끼고 있었다. 앙들레르*는 대단히 프랑스적으로 이러한 태도를 '미소 짓는 지성'(l'intelligence souriante)이라고 형용하고, 에피쿠로스의 정원에서 만나는 온건한 회의주의자의 일면을 두 사람에게서 보고 있다.

하지만 '우발성'에 대한 눈길은 형식성에로 건져 올리는 것만으로 그치지 않았다. 머지않아 니체는 "그 무엇이 어떻게 그것과는 정반대되는 것에서부터 생길 수 있는가라는 것', "예컨대 이성적인 것이 이성적이지 않은 것에서, 감각이 있는 것이 죽은 것에서, 논리가 비논리에서, 무관심한 직관이 열망에 찬 의지에서, 이타적인 삶이 이기주의에서, 진리가 오류에서 생길 수 있는 것일까?'[『인간적』 I. 1]라는 문제에 몰두하고, 이러한 대립관계가 허구에 지나지 않는다는 것을 폭로해 간다. 물론 그 경우에도 '우발성'에 대한 눈길이 여전히 중요하다는 것은 틀림없다. 추상 개념을 가장 상단에 내세우는 이성 철학의 스타일은 부정되며, 전래의 이항대립적인 사고가 구석구석까지 스며들어 있는 일상의 시시한 사태가, 즉 그 기만성의 폭로가, 따라서 "작고 보잘것없는 수많은 진리"[같은 책 I. 3]를 발견하는 것이 지향되고 있기 때문이다. 니체는 이 작업도 모럴리스트들의 연장선 위에 있다고 생각하고는 있었다. 하지만 이 폭로 심리학은 머지않아 '힘에의 의지*의 형태학*으로서 자리매김 되어 치열한 도덕 비판과 형이상학 비판으로 결정화된다. 그것은 이미 모럴리스트의 지반 위에서 행해지고 있지 않다. '개별적인 경우'에 입각하면서도 그 '개별적인 경우'는 이미 자신의 테제를 예증하는 것에 지나지 않게 되었다. 특수성으로서 이미 미적 형식에로 정화되고 있지 않다. 확실히 중기 이후의 아포리즘*에서도 프랑스 모럴리스트에게서 그가 칭찬하는 형식의 매력을 가득 담은 '우발성의 승인'이 여전히 약동하고 있기는 하다. "우연, 이것은 이 세상에서 가장 오랜 귀족의 칭호다"[『차라투스트라』 III 4] 그러나 문장 솜씨에만 기댄 문체가 많아지고, 그것이 미적 형식의 포기로 되는 면도 강하다. 더욱이 그것이 점차로 두드러지게 되기도 한다(『차라투스트라』*는 그런 경향이 가장 두드러진 것이다). 그것은 결국 '우발성'과 화해하지 않고 예증으로 향했기 때문일 것이다. 거기에 놓여 있는 것은 '우발성'의 절대화이자 그에 대한 악취미적인 찬미다. 최종적으로는 '힘에의 의지' 그 자체가 절대화된 '우발성'의 대명사가 되고, 그것이 하이데거*가 묘사했듯이 예술의 입장의 보증인이 된다. '우발성'을 '우발성'으로서 승인하는 것과 그것을 절대화하는 것은 다를 것임에도 불구하고

정말이지 프랑스의 모럴리스트들과 닮은 발언은 얼마든지 존재한다. 조금 병렬시켜 보자. "가장 좋은 친구는 아마 가장 좋은 아내를 얻게 될 것이다. 왜냐하면 성공적인 결혼은 우정의 재능에서 나오기 때문이다."[『인간적』 I. 398] "좋은 결혼은 우애의 성질들을 모방하고자 노력한다."[몽테뉴] "여자들의 아름다움

과 함께 일반적으로 그들의 수줍음도 많아진다."[『인간적』Ⅰ. 398] "미인인 까닭에 점점 더 정숙한 것을 자랑한다."[몽테뉴 『수상록』 제2권 제8장] "좋은 우정은 상대방을 지극히 그리고 자신보다도 더 존중하고, 자신만큼은 아니지만 마찬가지로 상대방을 사랑하는 경우에 성립한다."[『인간적』Ⅱ-1. 241] "이쪽에서 존경하지 않는 사람을 사랑하기는 어렵다. 그러나 우리는 자신을 존경하는 이상으로 존경하는 사람을 사랑하는 것도 역시 어렵다."[라 로슈푸코 『잠언과 성찰』 296] 하지만 '우발성의 절대화'에 대한 방법적 자각은 점차로 분명해져 간다. 『아침놀』* 103번에서는 도덕의 부정자에는 두 종류가 있다고 한다. 첫째는, 선악의 구별은 불문에 부치면서 "인간들이 내세우는 윤리적 동기들이 실제로 그들의 행위를 초래했는지"를 묻는 자들이며, 둘째는, "윤리적인 판단이 진리에 의거한다는 것을 부정하는" 자들, 요컨대 "윤리적 판단이 실제로 행위의 동기가 되긴 하지만, 그러한 모든 윤리적 판단의 근거는 오류인바, 이러한 오류가 윤리적 판단의 근거"가 된다는 것을 지적하는 자들이다. 니체는 자신을 후자로 헤아리며, 라 로슈푸코를 전자에 넣어 그들에게 일정한 의의를, 그리고 일정한 의의만을 인정한다. 무엇이 선이고 무엇이 악인지는 묻지 않고, 선 속에 불순한 동기가 들어 있다는 것을 껄끄러운 문장으로 정리하는 입장과, 이미 미적인 언어 형식에 의해 '우발성'을 건져 올리는 것이 아니라 지금까지 선이고 악이라고 여겨지고 있던 기준 그 자체를 성실하게 전복시키고자 하는 입장의 차이다. 후자는 '힘에의 의지'의 형이상학*에로, 그리고 우쭐거리는 논의로 상승될 수밖에 없다. '우발성의 승인'에 기초하여 이루어졌을, 이성의 폭력성에 대한 비판은 '우발성'을 '이성의 타자'로서 대치시키는 방법적 잘못에 빠진다. 그리고 프랑스 모럴리스트에 대한 칭찬의 생각은 최후까지 유지되면서도, 그들과는 전혀 다른 영역으로 나아가게 된다.

『인간적』* 제2부를 선사받은 부르크하르트*의 답례장은 그 점을 정확히 보고 있다. "귀하의 정신의 자유로운 풍부함을 새로운 경탄의 염으로 읽는 동시에 몰래 집어먹고 있습니다. 잘 아시다시피 저는 진정한 사유의 신전에까지 침입하지 못하고, 말의 가장 넓은 의미에서 시각적인 것이 지배하는 신적 영역의 정원과 회랑을 생애 내내 즐겨온 인간입니다. 그러나 저와 같은 야무지지 못한 순례자마저도 당신의 저서는 대단히 배려해 주고 있습니다. 그럼에도 불구하고 따라갈 수 없는 경우에는 귀하가 눈을 현혹하는 듯한 바위능선을 걸어가는 모습을 공포와 만족이 뒤섞인 생각으로 지켜볼 수밖에 없으며, 귀하가 내려다보고 있는 깊이와 넓이를 상상하고 있습니다. 그런데 라 로슈푸코, 라 브뤼예르*, 보브나르그(Luc de Clapiers de Vauvenargues, 1715-47)가 저 세계에서 귀하의 책을 손에 넣게된다면, 어떠한 생각에 사로잡히게 될까요? 더 나아가 몽테뉴는 뭐라고 말하게 될까요? 당장 저는 예를 들어 라 로슈푸코가 참으로 부러워할 것 같은 몇 가지 잠언을 생각하고 있습니다."[1879. 4. 5] 부르크하르트가 보는 대로 니체는 모럴리스트이고자 하면서도 그것에만 그치지 않았다. 그는 니체가 성실하게 걸어가는 바위능선의 높이에 대해서는 공포를 지니고서 멀리서부터 지켜볼 수밖에 없다. 자유롭게 노니는 정신의 비판성·부정의 성벽이야 인생 속의 '우발성'을 이성의 벗으로 보고 기뻐했을 것이지만, 인식의 바위능선에 기어올라 그리스도교적 가치 속의 권력* 게임을 폭로하기에 이르러 그것이 불가능해졌다. "한 의견이 우리에게는 단지 그 전달된 어조만이 호의적이지 않을 뿐인데도, 사람들은 흔히 그 의견을 반대한다"[『인간적』Ⅰ. 303]── 이와 같은 심술궂은 문장의 즐거움은 사라지고, 모럴리스트의 작업을 '화려한 지혜'로 변주하고자 한 니체의 프로그램은 좌절한다. 물론 이러한 상승의 배경에는 모럴리스트와 그 잠언을 불가능하게 만든 19세기 이후의 문화와 사회가 놓여 있다는 것은 말할 필요도 없다. ☞아포리즘과 사유의 수행, 기지/유머, 몽테뉴, 라 로슈푸코

─ 미시마 겐이치(三島憲一)

📖 ▷Julius Wilhelm, *Beiträge zur romanischen Literaturwissenschaft*, Tübingen 1956. ▷W. D. Williams, *Nietzsche and the French*, Oxford 1952. ▷Charles Andler, *Nietzsche, sa vie et sa pensée*, tome Ⅰ, Précurseurs de Nietzsche, tome Ⅱ, La jeunesse de Nietzsche, Paris 1920.

모르겐슈테른 [Christian Morgenstern 1871-1914]

20세기 초 독일의 대표적인 서정시인. 33년이라는 짧은 생애에 수많은 시, 에세이, 잠언, 아포리즘*을 남기며, 특히 그의 시집 『교수대의 노래』(*Galgenlieder*, 1909) 및 『팔름슈트룀』(*Palmström*, 1910)은 그 언어와 정신의 자유로움에서 당시 독일의 젊은 지적 독자들에게 열광적으로 받아들여졌다. 일찍이 어머니를 잃고, 아버지의 재혼, 재재혼 등의 사정으로부터 생활의 장을 전전할 수밖에 없었으며, 또한 젊어서 폐병을 얻은 까닭에 대학을 중퇴하고 수많은 여행을 한 데 기초하여 『자유극장』을 비롯한 문예잡지에 기고하게 된다. 이미 브레슬라우의 고교생 시절(1885-89)에 쇼펜하우어* 철학에 사로잡히며, 1893년에 니체를 발견, 열광적인 독자가 된다. 그중에서도 특히 『차라투스트라』*를 탐욕스러운 정도로 흡수하여 니체의 문체에 많이 물들게 되며, 니체를 노래하고 니체에게 바치는 노래를 부르며, 니체에 대한 아포리즘을 적고, 그 작품을 니체의 어머니에게 헌정하는 등, 열광적인 영향의 시기를 거쳐, 이후 서서히 니체를 극복하여 비판하기에 이른다. 처음에 스트린드베리*, 크누트 함순(Knut Hamsun 1859-1952), 비외른손(Bjørnstjerne Bjørnson 1832-1910) 등 북유럽의 작가, 특히 개인적으로 알게 된 입센*의 번역가로서 알려진 후, 1909년 슈타이너(Rudolf Steiner 1861-1925)의 인지학*을 접하는데, 그 후의 작품에서는 그 영향이 강하게 보인다. 그의 시에서 보이는, 때때로 그로테스크하기까지 한 언어상의 실험과 유희는 호디스(Jakob van Hoddis 1887-1942), 리히텐슈타인(Alfred Liechtenstein 1889-1914) 등의 초기 표현주의* 시인의 블랙유머, 다다이즘의 시인 아르프(Hans Arb 1887-1966)의 언어 조작, 발(Huge Ball 1886-1927)의 음향시, 나아가서는 링겔나츠(Joachim Ringelnatz 1883-1934), 케스트너(Erich Kästner 1899-1974) 등의 유머로 가득 찬 사회비판적인 시에 대한 영향 등에 의해 모르겐슈테른은 문학사에

서 중요한 지위를 차지한다. ☞인지학

—무라타 쓰네카즈(村田経和)

모리 오가이 [森鷗外 1862-1922]

한쪽은 일본의 건설을 위해 서구로 유학한 수재, 다른 한쪽은 독일 제국에서 정신에 대한 배반을 보고 이를테면 중도 탈락한 편벽의 사상가. 이 두 사람이 만나는 것은 상당히 어려울 것이다. 실제로 오가이의 유학 시절은 니체의 『차라투스트라』* 이후의 시기에 거의 해당되지만, 문학을 비롯하여 당시 독일의 지적 생활에 폭넓게 눈을 돌리고 있던 근면한 다독가인 오가이에게도 니체의 이름은 시아에 들어오지 않았다. 만년의 자전적 단편 「망상」에 따르면, 일본을 떠나 그때까지의 수재 생활에 의혹을 지녔을 때에 하르트만*의 형이상학에서 구원을 찾았다고 하지만, "19세기는 철도와 하르트만의 철학을 가져왔다"고 말해져서 구매한 이 하르트만이란 에두아르트 폰 하르트만을 가리키며, 니체가 『반시대적 고찰』* 제2논문에서 극구 매도하고 있는 현실주의 철학자였다. 하지만 귀국 후 니체를 알게 된 오가이는 상당히 열심히 읽는다. 한편으로는 세기말*의 분위기와 작품에 무관심할 수 없게 된 점도 있지만, 다른 한편으로는 오가이가 외면적으로도 보통의 수재가 아니게 된 점도 크다. 문단 활동에 지나치게 힘쓴 점도 있어 메이지 32년, 오구라 사단에서 좌천된 오가이는 한층 더 인생에 대해 기울어진 시각의 펼치를 보이지만, 그 시기에 쓰인 『마음속 말(心頭語)』은 니체와 마찬가지로 아포리즘 풍으로 인생의 미묘한 사정을, 즉 출세와 권력투쟁에 전념하는 세태를 그린 것이다. 다소의 영향도 없었다고는 말하기 어렵다. 또한 문단 복귀 후인 메이지 42년, 그는 『가면』이라는 제목의 단편극을 쓰는데, 이것은 "깊이 있는 모든 것은 가면을 사랑한다*"로 시작되는 『선악의 저편』* 40번의 아포리즘을 연상시키며, 니체의 직접적인 영향이 놓여 있다. 결핵을 진단받고 절망적이 된 학생에게 의사는 자기도 젊은 시절 결핵을 진단받았지만, 가면을 쓰고 범속함을 넘어서서 살아가는 가운데

치유되었다고 말하며 격려하는 것이다. 여기에는 군무 중에 가면을 쓰면서 스스로 그 기만성을 꿰뚫어보고 있던 메이지 일본, 어떤 단편의 표제에 있듯이 「공사 중(普請中)」으로 형용된 메이지 일본에서 살아가는 지식인의 모습이 투영되어 있기도 하다. 그러나 또한 "무엇이든 일본으로 가지고 오면 작아진다"[「청년」]고 쓴 스스로의 말이 이러한 니체의 영향에도 적용될 수 있을 것 같은 느낌도 오늘날의 독자에게는 든다. ☞ 일본에서의 수용, 다카야마 쵸큐, 하르트만

—미시마 겐이치(三島憲一)

모차르트 [Wolfgang Amadeus Mozart 1756-91]

19세기 중반 이후의 저주받은 시인과 작가들의 다수는 이전 시대의 예술가에 대해 비판적이었지만, 음악의 모차르트와 회화의 라파엘로*만큼은 자주 예외다. 정신의 분열과 인생의 차질에 괴로워하는, 시민사회의 섬세한 후예들은 모차르트와 라파엘로에게서 세기말*의 고뇌로부터의 잠깐 동안의 휴식, 한때의 마음의 고요함을 맛보았던 듯하다. 니체에게서의 모차르트도 마찬가지다. 이미 『반시대적』[Ⅰ. 5]에서는 아리스토텔레스가 플라톤*에 대해 말했다는 "그를 단지 칭찬하는 일도 비천한 자에게는 허용되지 않는다"는 문장이 모차르트와 관련하여 인용되고 있다. 모차르트에게서 아이의 기쁨, 아라베스크의 즐거움, 넋을 잃고 반해버린 영혼의 음조를 니체는 듣고자 한다. "모차르트의 우미와 마음의 우아"[『인간적』Ⅱ-1. 298]는 바로 로코코 정신의 진수로 여겨진다. 그리고 음악이라는 것은 지금 바로 끝나려고 하는 시대의 정신을 울려낸다고 하는 그의 음악문화론에 입각하여, 모차르트의 음악은 "루이 14세의 시대와 라신의 예술과 클로드 로랭*의 예술을 소리를 내는 황금으로 만들었다"[『인간적』Ⅱ-1. 171]고 말해진다. 더욱이 이러한 최후의 로코코 정신이라는 것은 "남유럽에 대한 신뢰"[『선악』245]를 지니고 있다는 것이기도 하다. "모차르트는 자신의 멜로디와 〔베토벤〕과는 전혀 다른 관계에 있다. 그는 음악을 들으면서 자신의 영감을 발견한 것이 아니라 삶을,

즉 가장 감동적인 남방의 삶을 관조하면서 영감을 발견한다. 그는 이탈리아*에 있지 않을 때에도 항상 이탈리아를 꿈꾸고 있었다."[『인간적』Ⅱ-2. 152] 좋아하는 것은 남유럽에, 그리고 궁정문화에 놓는 니체 사상의 구조는 모차르트의 경우에도 예외가 아니다. 그런 의미에서 모차르트가 "독일인이 아니었던 것은 다행한 일"[『니체 대 바그너』Ⅳ. 2]이었지만, 어쨌든 이와 같은 음악이 가능했던 시대는 지나가 버렸다는 고통스러운 역사인식과 모차르트의 이름이 함께 나온다. 니체의 시대에는 이미 단순한 모차르트 애호라는 것은 불가능했다는 것을 알 수 있다.

—미시마 겐이치(三島憲一)

모파상 [Guy de Maupassant 1850-93]

노르망디에서 태어나며, 대부이자 어머니의 친구였던 플로베르*를 스승으로 하여 창작을 배운다. 프로이센-프랑스 전쟁*에 소집되어 참전. 이 체험은 후의 반전사상에 반영되어 있다. 니체는 모파상을 좋아하는 프랑스 작가의 한 사람으로서 P. 부르제*, P. 로티(Pierre Loti 1850-1923), H. 메이약(Henri Meilhac 1831-97), A. 프랑스(Anatole France, Francois Anatole Thibault 1844-1924), J. 르메트르(Jules Lemaître 1853-1914) 등과 나란히 거론하며, 이들 작가들에 대해 "역사의 어느 세기에서 현재의 파리처럼 그렇게도 호기심 넘치고 동시에 섬세하기도 한 심리학자들이 모두 한자리에 모일 수 있었을 것인지 나는 전혀 알 수 없다"[『이 사람』Ⅱ. 3]고 감탄을 적고, 그 가운데서 특히 "이 강력한 종족 가운데서 단 한 사람만을 강조한다고 하면, 그것은 나의 각별히 호감을 갖고 있는 진정한 라틴인, 기 드 모파상이다"라고 말하고 있다. 이 작가들은 텐느*처럼 "독일 철학에 의해 몽땅 망쳐버리지 않았기" 때문이다. 그들은 전쟁에 의해 '구제'된 프랑스 정신을 구현하는 세대라고 한다. 니체는 모파상의 구체적인 작품 안으로 들어가서는 거의 논의하고 있지 않지만, 날카로운 감식안으로 "현실을 현실보다도 완전하게, 좀 더 절실하고 좀 더 진실답게" 그리는 것을 스스로의 과제로 삼은 모파

상의 명랑한 문체에서 아직 낭만주의의 병폐를 떨치지 못한 독일 문화에는 없는 것을 읽어내고 있었던 것이다.

—오누키 아츠코(大貫敦子)

모험冒險

니체의 사상적 영위는 그의 생애를 통해 모험의 연속이라고 해도 좋을 것이다. 고전문헌학*의 틀을 대폭적으로 넘어서서 대담한 직관에 의해 '비극의 탄생'을 논의한 처녀작부터 전례 없는 자서전『이 사람을 보라』*에 이르기까지 세상의 양식의 미간을 찌푸리게 하는 '비도덕적'인 발언, 그 이전에는 믿어지지 않은 정반대 방향으로의 변신, 과대망상이라고 할 정도의 장대한 구상, 언뜻 보아 단적인 모순이라고밖에 받아들여지지 않는 양극단의 단정 등을 언제나 계속해서 제시한다. 그러나 자신의 사상의 그러한 모험정신을 니체가 자각하여 그것을 적극적으로 전면에 내세우게 되는 것은『아침놀』* 이래의 것이라고 생각된다. 그 시기의 문장에서는 사상의 모험과 강한 친화성을 보여 주는 말이 수많이 표어적으로 사용되고 있다. 예를 들면, '실험*', '인식의 정열', '인식의 돈 후안', '성실', '나의 것은 무엇일까!', '아마도(vielleicht)'[『선악』2의 말미 참조] 등. 여기서는 '모험'이라는 말 그 자체가 보이는 한 문장을 제시하고자 한다. **"사상가들의 사회로부터**— 생성의 바다 한가운데서, 모험가이자 철새인 우리는 나룻배보다 크지 않은 작은 섬 위에서 깨어나 잠시 주위를 둘러본다. 가능한 한 서두르며 호기심을 품고, 왜냐하면 갑자기 바람이 불어 우리를 날려버리거나, 아니면 파도가 이 작은 섬을 쓸어버려 우리의 어떤 것도 남지 않을지 모르니까. 그러나 여기 이 작은 장소에서 우리는 다른 철새들을 발견하고 이전에 여기에 있었던 철새들에 대해 듣는다. 이렇게 우리는 즐겁게 날갯짓을 하고 지저귀며 소중한 일 분 동안 인식과 추측에 시간을 보내고는, 대양 그 자체에 못지않은 긍지를 품고 정신 속에서 대양으로 모험을 떠난다." [『아침놀』314] 생각하면『아침놀』의 시기란 초기에서

의 바그너* 예술에 대한 도취로부터 깨어난 후, 오로지 과학적 인식에 침잠하는 것에 의해 관상적 생활에 빠져들고 세상의 떠들썩함으로부터 몸을 지키고자 하고 있던『인간적』*으로 이어지는바, 관상적 인식 그 자체에도 잠재해 있지 않을 수 없는 정열을 밝혀내고 생명마저도 인식에 바침으로써 한결같이 그 정열에 성실하고자 하고 있던 시기였던 것이다. ☞항해, 진리와 인식

—스토 노리히데(須藤訓任)

몬타나리 [Mazzino Montinari] ⇨콜리/몬타나리

몰락沒落 [Untergang]

『차라투스트라』*의 서두에서는 서른 살의 차라투스트라가 고향을 버리고 산에 들어가 "그곳에서 자신의 정신과 고독을 즐기면서 보내기를 십 년, 그런데도 조금도 지치지 않았"지만, 어느 날 아침 그는 태양을 향해 나아가 해가 저녁마다 바다 저편으로 떨어짐으로써 지구 저편에 광명을 가져다주듯이 자기의 지혜를 나누어 주기 위해 "나 또한 저들이 하는 대로 너처럼 **몰락하지 않을 수 없다**"고 말하며 동굴을 나와 산을 내려갔다고 하며, "이리하여 차라투스트라의 몰락은 시작되었다"고 말해진다[서문 1]. 차라투스트라의 몰락은 탁월한 인식을 얻은 인간이 자기의 몸을 위태롭게 해서라도 그것을 전달하고자 하는 전도자적인 자세의 표현이며, 인식을 위해서는 어떠한 어려움과 위험도 돌아보지 않는다는 점에서는 니체가 다른 장면에서 사용하는, 무한한 대해로의 '출항'과 '실험*'으로서의 삶이라는 비유*와도 통한다. 실제로 나침반 없는 항해*에는 침몰(Untergang)의 위험도 따라붙는 것이다. 그렇지만『즐거운 학문』에 덧붙여진「몰락」이라는 제명의 시[「농담」47]에서 "그는 이제 가라앉고 있다, 쓰러지고 있다—너희들은 이렇게 올려다보며 웃는다. / 진실은 그가 너희를 향해 내려오고 있다는 것이다'라고 노래하고 있듯이, 차라투스트라의 몰락에는 우위에

있는 자가 이해력이 충분하지 않는 민중*도 알 수 있도록 일부러 하계로 내려가 가르침을 베풀어 깨우친다는 점도 놓여 있다. 하지만 차라투스트라는 "인간에게서 사랑받아야 하는바, 그것이 **이행**(Übergang)이자 **몰락**(Untergang)이라고 하는 것이다. / 내가 사랑하는 것은 몰락하는 자로서 이외에는 살아갈 도리를 알지 못하는 자들이다'라고 설파하여, 자기에게 이어지는 자들에 대해서도 또한 자기를 극복'하기 위해서는 좌절과 고난도 두려워하지 않는 엄격한 태도를 요구하고 있다[서문]. 차라투스트라의 몰락은 인간의 자기 극복이라는 '몰락'을 권유하는 것이며, 극복을 가져오는 사상의 고지에 이르러 완료된다. 제3부의 「건강을 되찾고 있는 자」에서는 독수리와 뱀*이 "가장 무거운 사상"을 견디며 가로 누워 있는 차라투스트라'를 대변하여 '영원회귀'를 선취해서 말하며, 차라투스트라 자신이 되풀이해서 대지와 '초인'과 '위대한 정오*'에 대해 말하기 위해 영원히 회귀하는 것이 분명해졌을 때, 고지자 차라투스트라는 몰락하고, "몰락하는 자가 자기 자신을 축복할" 때가 도래하며, 차라투스트라의 몰락은 끝난다고 예고한다. 뒤에 남는 것은 자기의 영혼과 대화하는 차라투스트라의 침묵*과 위대한 정적뿐이다[III-13. 2].

—오이시 기이치로(大石紀一郎)

몽테뉴 [Michel de Montaigne 1533-92]

1870년의 크리스마스에 스스로 희망하여 코지마 바그너*로부터 몽테뉴 전집을 선사받은 니체는 특히 바젤* 시대에 몽테뉴를 좋아했다. 몽테뉴와 에피쿠로스*가 함께 묶여 거론되고 있는 것으로부터도 알 수 있듯이(예를 들면 『혼합된 의견과 잠언들』의 최후의 아포리즘), 몽테뉴의 온화한 회의 정신을, 앙들레르*가 말하는 '미소 짓는 지성'(l'intelligence souriante)을 사랑하고 있었다. 또한 추수, 헛간의 관리 등의 주변의 친근한 것을 즐겁게 이야기하는 몽테뉴와는 "가장 가까이 놓여 있는 것"에 대한 관심을 공유하고 있다. 당시의 메모에는 "통속철학[플루타르코스*, 몽테뉴]"[유고 I.

4. 406]이라는 것이 있다. 통속철학이라는 표현은 여기서는 좋은 의미에서 사용된다. 그 점은 "우리는 고귀한 통속철학이라는 것을 가지고 있지 않다"[같은 책 I. 4. 22]와 같은, 1872-73년 당시의 메모를 보면 분명할 것이다. '통속철학'이란 해박한 지식과 정밀한 이론이 아니라 오히려 그러한 것에 대한 해독제로서의 실천적인 앎을 의미한다. 『수상록』 제3권 제5장에는 "지혜 역시 그 과도함을 지닌다. 그리고 어리석음에 못지않게 절제를 필요로 한다"는 구절이 있다. 두 번째 『반시대적 고찰』*(『삶에 대한 역사의 공과』)에서 말하는 '조형력'과 동등한 것을 니체가 몽테뉴에게서 인정하고 있다는 것도 납득이 간다.

또한 『수상록』에는 플루타르코스로부터의 인용과 그가 전하는 비사가 무수히 이곳저곳에 박혀 있으며, 그것들에 대해 "즐거움에서 나오는 수다스러움"[『학문』 97]이 전개되고 있다. 니체도 1872년 후반에 "영웅적인 힘의 숨결을 지니는 책이 현대에는 참으로 결여되어 있는 것일까!—플루타르코스마저도 이미 읽히고 있지 않다"[유고 I. 4. 25]고 쓰고 있다. 1년 후에도 "플루타르코스를 알지 못하는 것. 몽테뉴의 플루타르코스론. …… 새로운 플루타르코스는 과연 가능할 것인가"[같은 책 I. 4. 432]라고 적고 있다. 반시대적 문화비판자라는 의미에서 몽테뉴와 플루타르코스가 '통속철학자'로서 묶여진다. 또한 『교육자로서의 쇼펜하우어』에서도 몽테뉴를 쇼펜하우어*와 더불어 성실한 문장가로 형용하고, "나는 플루타르코스를 드문드문 읽은 것만으로 다리와 날개가 생겨났다"라는 『수상록』의 구절을 인용하고 있다. 사실은 이 부분은 니체의 오역인바, 정확하게는 플루타르코스를 모두가 구입하여 인용하는 것을 한탄하면서도 "나 또한 조금 그를 찾을 때마다 그의 지라와 날개를 훔치지 않을 수 없다"[3권 5장, 플레이야드판 p. 852]고 몽테뉴가 말하고 있는 부분이다. 그러나 경쾌한 발걸음과 비상이라는 후년의 니체의 이상을 나타내는 표현이 오역에 의해 구사되고 있는 것에서야말로 니체가 얼마나 몽테뉴에게 친근감을 지니고 있었는지가 간취될 수 있다. ☞모럴리스트, 플루타르코스

—미시마 겐이치(三島憲一)

묄러 판 덴 브루크 [Arthur Moeller van den Bruck 1876-1925]
라인란트의 졸링겐에서 태어난다. 청년 시기에 보헤
미안적 생활을 보내며, 문예평론가로서, 또한 시인으
로서 활약했다. 도스토예프스키*의 번역자로서도 알
려져 있었다. 그가 정치에 눈을 돌린 것은 제1차 대전
중이었다. 대전 후의 11월 혁명이 그의 경로를 결정지
었다. 1918년에 보수혁명의 이론적 지도자가 된다. 랑
벤*과 체임벌린(Houston Stewart Chamberlain 1855-1927)
계보로 이어지는 사상가들 중에서는 가장 니체의 영향
을 받았다고 여겨지지만, 니체의 문화 비판을 구세대
의 자유주의*와 그리스도의 박애주의를 공격하기 위
한 무기로서 이용하며, 바이마르 시기의 반민주주의적
풍조 속에서 니체의 통속화에 일역을 담당했다. 니체
의 초인*은 진화에 형이상학*적 의미를 주는 것이라고
하여, 니체가 힘에의 의지*의 도덕을 인종*과 민족으로
확장하지 않은 것에 불만을 표명한다. 그는 베르사유
조약이야말로 독일의 노예화를 기도하는 것이라고
단정하고, 반자본주의적 · 반서구적 · 반아메리카적
생활방식을 고취하며, 혁명공화국, 자유주의와 사회
민주주의를 독일의 정치적 활력을 쇠약하게 만드는
것이라고 하여 공격했다. 민족주의적이고 인종론적인
논진을 펼치며, 1922년에 『제3제국』을 써서 독일신성
로마제국, 비스마르크* 제국, 그리고 장래의 민족주의
와 사회주의가 혼합된 제국을 그렸다. 그러나 그것은
나치스*의 괴벨스(Paul Joseph Goebbels 1897-1945) 등의
천년왕국론적인 제3제국으로부터는 선을 긋는 것이
었다.

—우에야마 야스토시(上山安敏)

📖 ▷Fritz Stern, *The Politics of Cultural Despair: a Study in
the Rise of the Germanic Ideology*, Berkeley 1961(中道寿一
訳 『文化的絶望の政治―ゲルマン的イデオロギーの台頭に
關する研究』 三嶺書房, 1988).

무신론無神論 [Atheismus]

'신은 죽었다'라는 근본 경험은 니체 사상의 대전제
이자 자명한 역사적 사실성이었다. "근래의 최대의
사건은——'신은 죽었다'는 것, 그리스도교의 신에 대
한 믿음이 믿지 못할 것이 되었다는 점이다.—— 이 사건
은 이미 유럽에 그 최초의 그림자를 드리우기 시작했
다."[『학문』 343] 그러나 무신론이란 본래 '유신론'에
대한 대립개념이며, 신의 존재증명에 대한 회의 또는
신의 비존재론을 논증하고자 하는 철학적 논의를 가리
킨다. 그것은 이미 프랑스 계몽사상 속에서 전개되어
있었음에도 불구하고, 독일에서는 현실을 신성화하고
자 한 헤겔*의 장대한 시도로 인해 현저하게 지체되며,
쇼펜하우어*에 의해 비로소 공공연하게 주장되었다고
니체는 생각한다. 그러나 지금까지의 신의 존재증명에
대한 반박은 모두 다 불충분한바, 그는 "최종적인 반박
으로서의 역사적 반박"[『아침놀』 95]을 시도한다. 그
것은 신이 존재한다는 신앙이 어떻게 해서 **발생**했는지
를 해명하는 것이며, 그에 의해 이미 신의 존재증명에
대한 반박은 불필요한 것이 된다고 니체는 생각했다.
죄책*[부채], 죄책감 등의 도덕감정의 발생을 분석하는
폭로 심리학이 그 방법이 된다. 따라서 무신론의 결정
적 승리는 "제1원인에 대한 죄책이라는 뿌리 깊은 감정
으로부터의 해방"이며, "무신론과 제2의 무후함"은
분리될 수 없다[『계보』 II. 20]. 그러나 이와 같은 "무조
건적으로 성실한 무신론"이 지니는 엄격함, 결벽은
다른 면에서는 실은 그리스도교적 양심의 엄격함에서
유래하는 것인바, 그리스도교 자신의 자기 철저화,
자기 지양이라는 측면을 지닌다[『학문』 357]. 이런 의
미에서 니체의 무신론은 19세기의 실증주의적인 이른
바 '과학적 무신론'과 겹치면서도 역시 '종교적 무신
론'이며, 또한 하이데거*가 끄집어내 보였듯이 최고
가치의 몰락으로서의 니힐리즘*에로 귀결되는 플라톤
주의의 형이상학*적 전제 위에서의 운동이었다고 말
할 수 있을 것이다. ☞신의 죽음, 쇼펜하우어

—도쿠나가 마코토(德永恂)

무에의 의지 無—意志 [der Wille zum Nichts]

무에의 의지란 힘에의 의지*의 퇴락한 현상 형태인 바, 힘에의 의지가 약자에게서 취하는 형태다. 니체에 따르면, 삶의 본질은 힘을 의욕하는 것이며, "의욕한다는 것은 일반적으로 좀 더 강하게 되고자 의욕하는 것, 성장하고자 의욕하는 것과 동일하다."[유고 Ⅱ. 10. 352] 삶*의 본질이 이러한 끊임없는 자기 극복에 있는 이상, 삶에 있어 아무것도 의욕하지 않는 것은 자기 자신의 본질적 가능성을 방기하는 것에 다름 아니다. 따라서 "인간의 의지는 무언가의 목표를 필요로 한다 ─ 그리고 아무것도 의욕하지 않기보다는 오히려 무를 의욕한다."[『계보』 Ⅲ. 1] 의욕하지 않는 것의 공허함을 두려워하는 것이야말로 인간적 의지의 근본 사실인 것이다. 그러나 약자는 지상에서의 생존에 의해 짊어지게 되는 고뇌를 시인하고, 그 고뇌를 견디며 생성하고자 하는 자기의 삶의 현실을 긍정할 만큼의 강함을 결여하고 있기 때문에, 현실 세계 속에서 아무런 목표도 발견할 수 없다. 그리하여 약자는 현실 세계로부터 도피하고, 본래는 스스로의 자기 보존*을 위한 목표에 지나지 않는 가치를 달콤하게 만들어 이상적인 초감성적 가치로 떠받들며, 이것에 의해 역으로 삶을 억압하고자 한다. 이리하여 그러한 초감성적 가치는 그것 자체로서는 환영이며, 무에 지나지 않는다. 요컨대 약자는 삶을 부정하고, 무를 의욕하는 것이다. 무에의 의지는 확실히 "삶에 거스르는 대항의 자"로서 나타나지만, 그 근저에서는 "모든 수단을 가지고서 자기 보존을 꾀하고, 자기의 생존을 위해 싸우는 퇴폐적 생명의 방위 본능 및 치유 본능"[『계보』 Ⅲ. 13]이 작용하고 있다. 무에의 의지란 약자의 에고이즘이며, 니힐리즘*이다. 니체에 따르면 그리스도교*도, 스토아* 이래의 금욕주의적 이상도, 인도*의 종교(브라만*교와 불교)도 무에의 의지의 나타남으로 간주될 수 있다. ☞『도덕의 계보』, '사람은 아무것도 의욕하지 않기보다는 오히려 무를 의욕한다'

─무라오카 신이치(村岡晋一)

무의미 無意味 ⇨의미와 무의미

무정부주의 無政府主義 ⇨아나키즘

무질 [Robert Musil 1880-1942]

무질은 원저로 1,600쪽이 되는 미완의 장편 소설 『특성 없는 남자』(Der Mann ohne Eigenschaften)로 프루스트(Marcel Proust 1871-1922), 조이스*와 나란히 언급되는 오스트리아 출신의 작가다. 18세 때에 니체를 읽고 결정적인 영향을 받았다. 『특성 없는 남자』에도 주인공 울리히로부터 니체 저작집을 선사받는 니체 숭배자인 클라리세라는 여성이 등장한다. 그러나 좀 더 본질적인 것은 무질이 소설이라는 장르 속에 대대적으로 철학적인 사유와 논의 ─ 정말이지 이 소설의 3분의 2가 그러한 논의로 이루어진다 ─ 를 가지고 들어오는 것에 니체가 크게 관여했다는, 다시 말하면 무질이 현대 소설의 하나의 방향을 밝히는 것에 니체의 존재가 놓여 있었다는 점일 것이다.

그런데 이 '특성 없는'이라는 개념에서는 우선은 현실에 대한 비판적 태도가 나타나 있다. 통상적으로 사람은 예를 들어 회사원이고 아버지이며, 또한 야당 지지자로 사교적이라든지 하는 특성들을 지닌다. 그러나 이들 특성들은 다른 모습의 것이기도 할 수 있는 것이 아닐까? 샐러리맨 생활을 벗어나 자영업을 꾸리는 것을 생각하고 있을지도 모르며, 성격이라 하더라도 변할 수도 있다. 덧붙이자면, 사르트르*는 대자존재라는 개념으로 ~다(특성)라는 것을 부정하는 곳에서 인간의 가장 기본적인 존재방식을 보는 극단적인 논의를 전개했다. 무질은 '현실 감각'에 대해 울리히로 구현되는 '가능성 감각'을 대치시키고 있지만, 이것은 인간뿐만 아니라 세계도 포함한 현실을 이를테면 '우발성'(Kontingenz=다른 모습일 수도 있는 것이 현재 우연히 그렇게 되어 있는 것)으로 보는 입장이다. 물론 그 반면에 이 '특성 없음'은 이미 확고한 정체성을 가질 수 없어 괴로워하는 현대라는 시대를 반영하고 있기도

하지만, 무질에게 있어서는 인간을 가능성으로서, 잠재태로서 생각하는 긍정적, 유토피아적 색채가 강한 것이다. 그런데 이 '특성 없는 남자'가 본령을 발휘하는 장면은 도대체 어디인 것일까? "진리를 구하는 인간은 학자가 되고, 주관성의 놀이를 바라는 인간은 작가가 될 것이다. 그러나 그 중간에 놓여 있는 무언가를 구하는 인간은 어떻게 하면 좋을 것인가?' 진리로도 주관성으로도 환원되지 않는 이 중간 영역이야말로 다름 아닌 도덕, 요컨대 규범의 영역인바, 이것을 겨냥하여 무질은 에세이즘(시험=비평주의)을 제기한다. 어떤 행위의 본성과 가치는 그것이 속해 있는 변동하는 총체에 의존한다. 살인은 때로는 범죄가 되고, 때로는 영웅적 행위가 된다. 이 소설 속에서 모스부르거라는 창부 살해가 중요한 역할을 수행하는 것은 까닭 없는 것이 아니다. 엽기 살인과 같은 사건은 노후화하고 평균치에 머문 도덕을 흔들어 움직이게 하기 때문이다. "모든 도덕적 사건은 어떤 힘의 장에서 일어나며, 그 사건들에는 하나의 원자에 화학적인 화합의 여러 가지 가능성이 포함되어 있듯이 선과 악이 동시에 포함되어 있다'라는 엄밀한 과학의 방법을 떠올리게 하는 인식에 서는바, 더욱이 '올바른 삶'을 구할 때에 사람은 시험적으로, 요컨대 에세이를 쓰도록 살아가는 것이다. 그렇지만 그것은 그 장 안에서의 적당한 인식과 삶의 방식이 아니다. "에세이란 한 사람의 인간의 내적 생활이 하나의 결정적인 사상에서 표현되는, 일회적인, 변경 불가능한 형태'이기 때문이다. 그것은 진리가 과학들이라는 세분화된 부분에 배당되고, 그 다른 한 편으로 전체를 파악하고자 하는 철학이 니체 식으로 "철학자는 군대를 갖고 있지 않기 때문에, 세계를 하나의 체계에 가둠으로써 세계를 정복하는 폭력적인 인간이다'라고 통찰한 후에 남은 가장 진지한 삶의 방식이자 인식의 방식일지도 모른다.

그리고 루카치*와 아도르노*의 에세이론과 일맥상통하는 에세이즘은 무질의 경우 최종적으로는 "모유로 진정되는 것과 같은" 일종의 행복감과 융합한다. 분석적으로 현실을 요소들로 해체하고, 그것들의 다양한 조합을 상정하며, 그 위에서 어떤 형태를 확정한다.

그 끝에서 "단지 바람이 멀리서부터 어떤 조짐을 실어 오는 것과 같은" 차원에 발을 들여놓는 것이다. '조짐'은 '복음'으로도 읽을 수 있다. 후루이 요시키치(古井由吉 1937-)는 그의 『무질 관념의 에로스』에서 다른 소설을 언급하고는 있지만, 적확하게 무질의 정신 형태를 알아맞히고 있다. 즉 "대단히 엄밀하게 관념을 분석하고 끝까지 파고 들어가는바, 그 관념이 해체될 무렵에 서정적인 움직임이 나타나 초월적인 쪽으로 흔들린다. …… 이른바 현실이라는 것이 자명한 것으로서 토대하고 있는 관념들, 그것을 분석적으로 파악해 가는, 요컨대 해체해 가는 것이다. 해체를 거듭한 끝에 제거하는 것은 허무라든가 황량이라는 것이다. 그 가까이까지 가면 문장의 가락이 변한다. 무언가 말하기 어려운 것의 예감을 말한다"는 것이다. 니체라면 '영원회귀'라든가 '힘에의 의지*'라고 말하며 성급하게 전체를 알아맞히고자 하는 것 앞에서 무질은 멈추며, 그로부터 다시 소설적 표현으로 되돌아온다. 그러나 그의 에세이즘은 니체의 아포리즘*과 서정시의 정신을 좀 더 겸허하고 세련된 형태로 이어받고 있는 것이 아닐까? 『특성 없는 남자』라는 필생의 저작이 긴 세월을 걸치면서도 미완이었던 것은 이 작품을 둘러싼 무질의 악전고투가 마침내 그 제목에 충실했던 것으로도 생각되는 것이다. 덧붙이자면, 무질은 오스트리아가 독일에 병합된 1938년, 나치스*에 대한 협력을 요청받았지만, 이를 거부하고 스위스로 망명하여 1942년에 이 땅에서 사망했다.

— 나카오 겐지(中尾健二)

문체文體 ⇨수사학과 문체

뮌헨 레테공화국 [Münchener Räterepublik]

1918년 11월 4일, 북독일의 군항 키일에서 일어난 수병들의 반란은 각지에서 노동자 봉기가 되어 확대됨으로써 이른바 독일 혁명의 발단이 되었다. 이 혁명은 황제의 퇴위와 공화국 선언을 초래했지만, 결과적으로는 노농병 소비에트(평의회=레테)와 생산수단의 사회화를 거부한 부르주아 민주주의의 타협을 꾀했다는 점에서 좌절한 혁명으로 평가된다. 때를 같이하여 뮌헨에서는 좀 더 급진적인 그룹이 레테에 의한 인민위원정부를 결성하는 움직임이 활발해지며, 1919년 4월 7일에 레테공화국을 선언하기에 이른다. 이것의 중심 멤버였던 E. 뮈잠(Erich Kurt Mühsam 1878-1934), E. 톨러(Ernst Toller 1893-1939), G. 란다우어(Gustav Landauer 1870-1919), K. 힐러(Kurt Hiller 1885-1972) 등이 모두 문학청년이고, 니체의 강한 영향 하에 있었던 것은 우연이 아니다. 그들은 모두 빌헬름 시대의 독일 사회의 위선성과 음울한 분위기에 대해 불만을 지니고, 현 상황을 일거에 전복시켜 새로운 전망을 열고자 했다. 그러한 패기에 대해서는 『차라투스트라』*로 집약되어 해석된 니체가 사상적인 임팩트가 되었다. 또한 그들의 다수가 표현주의*와 밀접한 관계에 있었다는 것도 간과해서는 안 되는 사실이다. 니체의 개인주의, 자유정신*, 기존 도덕의 위선성의 폭로, 가치의 전환* 등의 사고는 그들에게 있어 현상 변혁이라는 꿈의 자양분이었다. 뮈잠과 란다우어의 경우에는 레테공화국에 대해서조차 만족할 수 없는 아나키즘* 사상으로 이어지고 있다. 하지만 뮌헨 레테공화국은 드높이 선언되었긴 했지만 실제의 정치적 운영 능력은 전혀 없었다. 바쿠닌과 크로포트킨(Peter Kropotkin 1842-1921)의 사상에 심취하고, 러시아 혁명에 심정적인 앙양을 느끼며, 스스로의 저작에 의탁한 변혁의 꿈과 정치혁명을 동일시한 나이브한 그들의 행동주의가, 한편으로는 겨우 한 달이라고는 하지만 레테공화국을 실현한 힘의 원천이었던 것과 동시에, 다른 한편으로는 또한 그 좌절을 처음부터 예고하고 있었던 것이라고 말할 수 있다. 그들은 얄궂게도 공화국 선언을 하면서도 철저한 혁명을 거부한 사회민주당 지휘 하의 노스케(Gustav Noske 1868-1946)가 이끈 의용군에 의해 체포되는 운명이 된다. 뮌헨 레테공화국의 좌절은 니체 사상이 변혁에 대한 의지를 조성하면서도 실제 정치 차원에서는 얼마나 힘이 없는 것인지를 말해주고 있다. ☞표현주의

—오누키 아츠코(大貫敦子)

圖 ▷Seth Taylor, *Left-Wing Nietzscheans. The Politics of German Expressionism*, Berlin/New York 1990.

미래파未来派 [Futurismus (futurismo); Futuristen]

마리네티(Filippo Tommaso Marinetti 1876-1944), 카라(Carlo Carrà 1881-1966) 등을 대표격으로 하여 1909년 이후에 주로 밀라노를 중심으로 새로운 예술 운동을 일으킨 미래파는 몇 개의 「미래파 선언」에 나타나 있듯이 『차라투스트라』*로 상징되는 삶*의 혁신에 대한 희망, 지금까지와 다른 정열적 삶의 방식에 대한 동경을 공유하고 있었다. "감성의 완전한 혁신", "불가능성의 비밀리에 채워진 문을 열어젖힌다"(마리네티)라든가 "삶이 예술작품으로서의 삶으로 되는 시대의 도래"(보초니, Umberto Boccioni 1882-1916)와 같은 표현에는 니체적 모더니즘(미적 역동주의)에 고유한 욕망이 숨어 있다. 그 욕망이란 자신에게만 가능한 미지의 경험에 대한 동경이자 또한 흘러넘칠 정도의 생명과 힘의 찬양(이것은 미래파 고유의 기계와 속도에 대한 찬미와도 관련된다)이다. "나는 당신들에게 초인*을 가르친다. 초인은 이 번개이며, 초인은 이 광기다"라고 차라투스트라가 말하는, 이 번개의 속도와 힘은 미래파도 매료시키고 있었다. 또한 마리네티는 '광기'가 지니는, 상식을 넘어선 영감에 대해 많은 것을 말한다. 카라의 「묵시록의 기사」는 니체가 숭배한 뒤러*의 「죽음과 악마와 기사」의 먼 반영일지도 모른다. 이러한 미래파는 무엇보다도 19세기적인 예술과 예술 이해에 대한 파괴 운동이었다. 역사의식이 과거의 예술과의 거리를 자각시켜 모든 것을 박물관화한 후에는 위대함에 대한 패러디 아니면 위대하다고 생각되는 것에 대한 반항만이 남는다. 조콘다(다빈치의 「모나리자」의 모델)라는 이름의 설사약에 몹시 기뻐하고, 더 나아가 "도서관의 선반에 불을 놓아" "미술관이라는 두려워해야 할 존재로부터 양분을 얻고 있는, 제 정신이 아닌 듯한, 무책임하고 속물적인 과거 숭배에 우리는 반항한다"[「미래파 선언」(1909)]고 외치는 미래파는

하나의 우상파괴 운동이었지만, 『삶에 대한 역사의 공과』의 니체도 앎의 과잉을 혐오하는 반항 운동에 편승하고 있었다. 하지만 거기에 확실히 놓여 있었던 모더니즘의 원리를 니체는 얼마 안 있어 포기하고, 이러한 혁신 운동이 지니는 양의성의 올가미에 사로잡혀 가지만, 그 운명은 미래파도 벗어날 수 없었다. 특히 마리네티 등은 전쟁 긍정론자가 되며, 급기야는 무솔리니의 협력자가 된다. "전쟁, 그것은 우리의 유일한 희망"이라고 고취하는 마리네티는 "나는 당신들에게 말한다. 좋은 전쟁*이야말로 모든 일을 거룩하게 한다"고 호언하는 차라투스트라의 미적 역동주의의 위험함을 그대로 계승하고 있다. 세기 전환기의 혁신 운동이면서도 미래파의 기반에 리조르지멘토(Risorgimento, 이탈리아 통일 운동)의 고양감이 놓여 있고, 베르디(Giuseppe Verdi 1813-1901)의 오페라와 바그너* 숭배가 놓여 있었던 것도 여기에 작용하고 있을 것이다. 미래파의 혁신성을 평가하면서도 실성한 소시민 운동으로 단정하는 트로츠키의 미래파론에도 일정한 진리성이 있을 것이며, 에른스트 윙거*, 초현실주의*, 그리고 가깝게는 미시마 유키오*(三島由紀夫)에서의 예술과 정치의 괴이한 동일화의 뿌리가 니체에게도 있다는 것을 느끼게 한다.

―미시마 겐이치(三島憲一)

미시마 유키오 [三島由紀夫 1925-70]

근대 일본의 작가들 중에서 미시마는 가장 니체와의 친근성을 인정하고, 또한 사람들로부터도 그렇게 인정받고 있는 존재다. 그는 이미 전시 중에 『차라투스트라』*를 읽고서 "초인 사상이라기보다 무언가 사람을 무리하게 흥분시키는 힘"이 "마약 같이" 작용한다는 느낌을 품고 있었다「니체와 현대」, 데츠카 도미오(手塚富雄 1903-83)와의 대담. 무엇보다도 그리스의 비극 세계, 몰락하는 영웅*, 모든 것을 감싸 안으면서 아득한 넓을 간직한 바다*, 이것은 그의 필생의 모티브였다. 영웅 비극을 통해 역사로 전환하는 신화, 거기서의 살육과 결부된 일회적이고 탁월한 아름다움, 어디까지라도 펼쳐지는 푸른 하늘, 그와 같은 그리스 상에 그는 매료되어 있었다. "희생의 부르짖음은 (아폴론 신전의) 원주에 되울려나고, 그 피는 새로운 밝은 백색의 대리석 위에 아름답게 흘렀음에 틀림없다. 희랍 조각에서 언제나 인간의 살을 표현하는 데 사용된 이 돌은 핏줄기의 색과도 그리고 하늘의 색과도 잘 부합한다."[『아폴론의 잔』] "그리움의 땅" 그리스로의 여행의 글은 니체의 그리스로의 여행이기도 했다. "예를 들면 디오니소스 극장을 보는 것이 좋다. 거기서는 소포클레스와 에우리피데스의 비극이 자주 상연되며, 그 비극의 절멸시키는 싸움(vernichtender Kampf)을 같은 푸른 하늘이 소리 없이 지켜보고 있었다." "오늘날도 나는 불붙지 않는 명정(酩酊) 속에 있다. 나는 디오니소스의 유혹을 받고 있는 것 같다. …… 오늘날도 절묘한 푸른 하늘. 절묘한 바람. 엄청나게 많은 빛" 초기 작품 이래로 일상성을 넘어선 영웅적 몰락으로 부름 받은 바다와 항해 모티브는 몇 번이고 되풀이되지만, 그 절정에 놓여 있는 『오후의 예인』은 니체의 이름은 한 번도 나오지 않지만, 마치 토마스 만*이 니체의 모티브를 작품화했듯이, 출발과 체류, 성적 절정과 권태*, 조숙과 범용, 아이러니*와 죽음과 같은 세기말적인 니체 수용의 주요 모티브를 정교하게 짜 맞춘 걸작이다. 또한 그리스와의 관련에서는 『가면의 고백』에 '페데라스트(소년을 사랑하는 사람)'로부터 '페시미스트'에 이르기까지 주인공을 형용하는 친구가 아이러니컬하게 그려지고 있지만, 니체도 그리스의 소년애*를 중시하고 있었다는 것도 미시마는 알고 있었다. 얼마 안 있어 그는 『태양과 철』(1968)과 같은 에세이집에서 점점 더 스파르타적인 그리스를 동경하고, 더욱이 그것을 일본 정신과 동일시하게 된다. 그리고 니체적인 니힐리즘*과 「하가구레(葉隱)」의 사상을 동일 평면에 놓게 되었다. 하지만 그 원점은 이미 1954년의 도발적인 문장 「신파시즘론」에 놓여 있다. "니힐리스트는 세계의 붕괴에 직면한다. …… 니힐리스트는 철저한 위선자가 된다. …… 니힐리스트가 행동을 일으키는 것은 이 지점인 것이다." ☞일본에서의 수용, 단눈치오

―미시마 겐이치(三島憲一)

미와 쾌락美—快樂

"아름다움이여, 그대는 죽은 자들을 비웃으며 그 위로 걸어간다 / 그대의 보석 중 공포도 매력이 못하지 않고, 그대의 가장 비싼 패물 중 살인이 / 그대의 거만한 배 위에서 요염하게 춤춘다 / …… 하늘로부터 오든, 지옥으로부터 오든, 전혀 상관없다 / 오, 아름다움이여, 거대한, 두려운, 청정무구한 괴물이여 / 만약 그대의 눈과 미소와 그대의 발이, …… / 이전에 인식하지 못한 **무한**의 문을 연다면." 보들레르*가『악의 꽃』에 이렇게 적은 것은 니체의 처녀작『비극의 탄생』*이 발표되기 15년 전인 1857년이었다. 도덕의 침범에 수반되는 미적 쾌락과 인식의 모험이 서로 얽혀 있다는 점에서『악의 꽃』은 그 후의 모더니즘 예술의 선구를 이루는 것이었다. 니체 자신은 보들레르에 대해 낭만주의를 질질 끌어가고 있다고 하여 "바그너*와 서로 닮은 정신"[페터 가스트에게 보낸 편지 1888. 2. 26.]이라고 경계하면서도, 일종의 친근감을 금할 수 없다고 하는 복잡한 거리를 취하고 있다. 그렇지만 거기서 인정되는 공통성은 부정할 수 없다. 그것은 도덕성과 이별한 미와 쾌락이 근대 합리성 비판의 근원이 되고, 이성에 대한 철저한 의혹이 미와 쾌락의 이름 아래 표명되고 있다는 점이다. 하지만 바로 그 때문에 니체는 계몽 그 자체를 내버리고자 한다는 혐의를 받기도 한다. 그러나 니체가 미와 쾌락에 의해 전개하고자 하는 이성 비판은 정말로 근대 그 자체를 부정하고 떠나가고자 하는 자세인 것일까?

【 I 】 미와 쾌락을 둘러싼 담론의 변천

예술이 근대에서 점차 교회*와 왕후 귀족의 권력 시위와 종교적 숭배 등의 타율적인 목적으로부터 해방되고, 감상자에게 주는 작용에 주목하여 고찰되기 시작한 것은 계몽과 발걸음을 함께 한 예술의 자율화를 이야기해 준다. 미학을 '감성의 학'으로 정의한 바움가르텐(Alexander Gottlieb Baumgarten 1714-62)의 고찰은 그러한 하나의 과정을 보여주는 것이지만, 더 나아가 칸트*는 한 걸음 더 나아가 단순한 오락예능이 감관에 주는 기분 좋음과 도덕적 이념의 상징으로서의 미가 주는 쾌감(Wohlgefallen=마음에 듦)을 구별했다. 이에

따르면 미적 쾌감은 예술 작품을 통해 최고의 이념인 인륜성(Sittlichkeit)에 접하는 것에 의해 숭고성을 느끼는 감성의 움직임이다. 칸트는 인식과 도덕 판단과 더불어 미에 대해서도 자율적인 영역을 인정하기는 하지만, 최종적으로는 미적 쾌감을 도덕적 요청 하에 종속하는 것으로서 생각한다. 칸트의 이러한 사고방식을 잘 보여주는 것이 실러*의『도덕적 시설로서의 극장』이다. 극장은 도덕성의 이념을 매개하는 사명을 부여받고 있었다. 하지만 초기 시민 계급의 교양*이 형해화해 있던 니체의 시대에는 칸트와 실러와 같은 초기 계몽기의 예술관은 과거의 것이 되어 있었다. 실러가 마음에 그리고 있었던 것과 같은 도덕성과 미의 일치는 불가능해져 있었던 것이다. 극장에 대해 니체는 "오늘날에는 이미 극복된 교양의 신빙성 없는 골동품으로 취급된다"[『비극』22]고 적고 있다.

하지만 니체의 시대를 기다릴 것까지도 없이 미와 도덕의 관계를 둘러싼 칸트의 규정에 대해 의문을 표명하고 있던 것이 이른바 독일 초기 낭만파라고 말해지는 사람들이었다. 초기 낭만파는 칸트가 이성을 우선하여 감성과 상상력의 활동에 한계를 설정한 것에 비판의 화살을 돌렸다. 바로 그 점에 근대 사회가 인간을 고립시키고 자연과 타자와의 유화적인 관계를 분열시켜 온 원인이 놓여 있다고 간주했기 때문이다. '새로운 신화'를 산출하는 예술이야말로 근대적 인간을 분열 상태로부터 치유할 수 있다고 하는 F. 슐레겔(Friedrich von Schlegel 1772-1829)과 노발리스(Novalis 1772-1801), 그리고 초기의 헤겔*, 횔덜린*, 셸링(Friedrich Wilhelm Joseph von Schelling 1775-1854)의 사상에는 미에 의한 세계의 창조를 요청한다는 점에서 니체의『비극의 탄생』의 모티브와 공명하는 바가 있다. 바그너의 음악극에서 독일 신화의 재생을 아직 꿈꾸고 있을 무렵, 니체는 디오니소스*적 예술에 대해 다음과 같이 말하고 있었다. "형이상학적 위로가 당분간 우리를 변화하는 형상들의 덧없는 세상사로부터 벗어나게 해준다. 우리 자신은 진정으로 짧은 순간 동안 원초적 존재 자체가 되며 그 존재의 억제하기 어려운 실존에 대한 탐욕과 의욕을 느낀다. …… 두려움과 동정심에도 불구

하고 우리는 행복하게 사는 자들이다.'[『비극』17] 디오니소스*적 예술에서는 삶의 고뇌와 두려움의 "흉포한 가시에 절린 순간에" "근원적 쾌락"과 일체가 된 쾌감이 주어진다. 개체화*의 원리로 분열된 삶*은 이성이 자기 보존*을 위해 배제해 온 삶의 디오니소스적 측면을 되찾는 것에 의해서만 다시 전체성을 획득하여 "근원적 존재" 그 자체가 된다. 그러나 그 재획득이 예술*에서 이루어진다는 점에서 니체의 이 구상은 낭만파의 그것과 조금도 다르지 않다.

칸트 비판에서 출발한 초기 낭만파의 미 개념은 확실히 도덕의 제약으로부터 미를 해방하고자 하는 것이기는 했다. 조화적 미에 대해서 추함을, 건강에 대해서 병을, 정상에 대해서 광기를 각각 정당화하고, 자극과 충동과 같은 개인적인 감성 경험을 보편화 불가능한 주관성의 증좌로서 중시한 그들의 예술관은 어떤 의미에서는 보들레르 이후의 모더니즘을 선취하고 있는 것으로 볼 수 있다. 하지만 초기 낭만파의 경우에는 아직 최종적으로 미가 도덕의 고삐로부터 풀려나 있다고는 할 수 없다. 예를 들어 F. 슐레겔의 경우에 '새로운 신화'라는 비전에서의 미는 새로운 공동체 형성의 원리로 되어야 하는 것으로서 생각되고 있다. 그런 한에서 미적 경험은 보편적인 도덕적 가치와 결부된 규범성을 여전히 지니는 것이다. 니체의 『비극의 탄생』에서도 동일한 것이 말해질 수 있다. 니체에서 이러한 규범성을 완전히 던져버린 미 개념의 전개는 바그너로부터의, 결국은 낭만주의적 페시미즘*으로부터의 결별에 의해 시작된다. 1886년에 덧붙여진 「자기비판의 시도」에서는 "형이상학적 위로"로서의 비극 예술에 대해 이전에 기대를 걸었던 시대를 스스로 웃어넘기고서 다음과 같이 적고 있다. "그대들이 그렇게 쓰여 있는 것처럼 '위로받고', 진지함과 두려운 것을 향한 온갖 자기 교육에도 불구하고 '형이상학적으로 위로받는 것', 간단히 말해 낭만주의자들이 **기독교적으로** 끝나는 것은 충분히 있을 법한 일이다······ 아니다! 그대들은 우선 **차안의 현세적** 위로의 예술로부터 배워야 한다.── 그대들이 이와는 달리 전적으로 염세주의자로 남아 있기를 바란다면, 나의 젊

은 친구들이여, 그대들은 **웃는 것**을 배워야 한다. 그러면 아마도 그대들은 언젠가 모든 형이상학적 위로 나부랭이를 악마에게── 특히 형이상학을 제일 먼저 던져주게 될 것이다! 혹은 **차라투스트라**라고 불리는 저 디오니소스적 괴물의 언어로 말하자면 다음과 같을 것이다. / 나의 형제들이여 그대들의 가슴을 들어 올려라, 높이, 더 높이! 그리고 다리도 잊지 말아라! 그대들의 다리도 들어 올려라, 그대들, 춤을 멋지게 추는 자들이여, 그대들이 물구나무를 선다면 더욱 좋으리라!" 춤도 웃음도 후기의 저작에서는 자주 반복되는 표현이지만, 여기서 디오니소스적인 것은 도덕적 규범성과의 관계를 끊고 있다.

이러한 낭만주의로부터의 탈각에 의해 니체는 미에 의한 구제라는 구도로부터 결별하고, 미학을 판단 기준에 놓은 가치의 역전 전략으로 이행한다. "만약 우리가 절대적 진리를 부정하게 된다면, 동시에 모든 절대적 요청을 내던지고 미학적 판단에로 되돌아가야만 한다. ······ 도덕을 미학으로 환원하기"[유고 I. 12. 51f]라는 니체의 표현은 계몽 이래의 담론 속에서 언제나 인식과 도덕의 경합 관계에 놓여 있던 미가 양자의 속박으로부터 완전히 풀려난 것이 된 사태를 보여준다. 덧붙이자면, 니체가 '낭만주의'라는 용어를 사용하는 경우에는 오로지 중세 세계로 회귀하는 퇴행적인 과거 회귀와 소시민적인 내면 도피 경향을 염두에 두고 있다. 그에게 있어서는 바그너와 쇼팽이 이를테면 '낭만주의'의 대명사로도 되지만, 이러한 견해는 낭만주의의 다양성을 간과하고 있다. 후기 낭만파로 여겨지는 E. T. A. 호프만(Ernst Theodor Amadeus Hoffmann 1776-1822) 등의 경우에는 대도시의 한가운데서 전개되는 범죄 세계를 공포와 매혹을 가지고서 그리는 포(Edgar Allan Poe 1809-49)나, 터부의 침범을 아름다움으로 보는 보들레르나 와일드(Oscar Fingal O'Flahertie Wills Wilde 1854-1900)의 댄디즘과 공통점을 지니며, 바그너와는 전적으로 반대되는 낭만주의 요소를 포함하여 모더니즘의 맹아라는 것을 보지 못하고 있는 것이다.

【II】예술적 미에 의한 구제로부터 '미학의 생리학'으

로

『비극의 탄생』 후의 저작에서는 쇼펜하우어*의 영향이 농후하게 남아 있는 사상, 요컨대 삶의 고뇌로부터의 구제로서의 디오니소스적 예술과 그 도취적 쾌락이 다시 주제화되는 일은 없다. 오히려 그러한 예술은 '삶의 마취제'로 비난받게 된다. "'구원'이 또한 우리에게 무슨 상관이 있단 말인가!"[『계보』 III. 9] 하지만 사티로스 제의적인 도취의 요소가 강해지는 후기 사상으로 전회하기 이전의 니체에게는 독특한 심리학*에 의해서 형이상학적인 선과 미의 규정을 이를테면 조금씩 해나가는 듯한 시선이 놓여 있다. 예를 들면 우리가 일종의 쾌락을 예감하여 거기서 무언가 새로운 욕망이 생기는 일이 있다. 그러면 그 욕망의 실현을 꾀하기 위해 그 욕망에 "고귀하고 선하며 칭찬할 만하고 희생할 만한 가치가 있다"는 등의 감정의 장식을 입힌다. 그리고 나서 이번에는 그러한 욕망을 "자신 안에 받아들이고, 도덕적이라고 느껴온 여러 가지 목표들에 이 목표를 덧붙인다. 그리하여 이제 우리는 쾌락이 아니라 도덕을 추구한다고 생각한다."[『아침놀』 110] 요컨대 보편적인 도덕률이 있는 것이 아니라 어떤 행위가 자기의 쾌락의 추구라는 것을 숨기는 도롱이가 도덕이라고 하는 것이다. 여기서 사용되는 '쾌락'은 『비극의 탄생』에서 규정된 미적 경험과는 달리 생리적 만족을 주는 쾌의 감정이다.

또한 예술이 불러일으키는 감정에 대해서도 다음과 같은 분석이 있다. "타인을 이해하기 위해…… 훨씬 더 통상적인 것은 그렇게 하지 않고 이 감정으로 인해 타인한테서 일어나고 나타나는 **결과들에** 따라 우리가 이 감정을 갖게 되는 것이다. 즉 우리는 타인의 눈, 타인의 소리, 타인의 발걸음, 타인의 태도를 (혹은 말, 회화, 음악을 통한 그것들의 모방마저) 우리의 신체에서 재현함으로써…… 이 감정을 갖게 되는 것이다. 이렇게 하면 우리 내부에 유사한 감정이 생기는데, 이는 앞뒤로 달리도록 훈련된 감각과 운동 사이의 오래된 연상 작용의 결과에 의한 것이다. …… 음악을 듣는 것은 감정의 모방의 모방이지만…… 우리는 슬퍼할 이유가 전혀 없지만, 단순히 슬퍼하는 사람들의 목소리나 움직임 혹은 나아가 그 사람들의 습관을 상기시키는 음향이나 리듬을 듣는 것만으로도 완전히 바보가 된 것처럼 슬퍼하게 된다."[『아침놀』 142] 요컨대 공감은 "모든 피조물 중에서 가장 겁 많은 피조물인 인간에게 있어" 그 "겁 많음(공포심)"에서 생기는 것인바, "기쁨과 유쾌한 경이, 마지막으로 우스움의 감정은…… 공포심보다 훨씬 나이 어린 공포심의 자매들이다." 동정이나 공감과 같은 감성의 움직임을 깨어난 시선에서 조소하는 것과 같은 이 발언에서 보면, 이전에 『비극의 탄생』에서 <트리스탄과 이졸데>* 종막부에서의 호른의 멜로디에서 "가슴이 도려내지는" 생각을 적고, "동정의 거대한 무게"라고 표현한 니체가 어떻게 자기 자신의 과거의 예술 경험을 상대화하고 있는지 분명히 알 수 있다. 그와 더불어 과거 부지런히 행해져 온 것과 같은 미와 쾌락의 도덕화——칸트와 실러로 대표되듯이, 의무와 정열이 자연스럽게 일치하는 것이 미이자 쾌락이라고 하는, 도덕의 이름 아래 이루어지는 미의 정당화——가 인간의 취약한 본성의 은폐에 지나지 않는다고 하는 것이 제시되고 있다.

약함의 은폐인 것과 같은 미의 관념을 부정함으로써 니체는 지금까지 이성과 도덕의 지배 아래 미의 범주로부터 배제된 것을 의도적으로 긍정하는 형태로 가치의 역전을 행한다. 현재의 인간들이 자랑으로 삼는 "자그마한 인간 이성과 자유의 감정"과는 반대의 가치가 이제 니체에게 있어서는 중요해진다. 그가 주목하는 것은 "고뇌가 덕으로, 잔혹함이 덕으로, 위장이 덕으로, 복수가 덕으로, 이성의 부정이 덕으로 통용되었고, 그에 반해 행복이 위험으로, 지식욕이 위험으로, 평화가 위험으로, 동정이 위험으로, 동정을 받는 것이 모욕으로, 노동이 모멸로서, 광기가 신성으로, 변화가 부도덕하고 불행 자체를 품고 있는 것으로 어디서나 통용되었던 시대"[『계보』 III. 9; 『아침놀』 18 참조]이다. 이리하여 진과 선에 대한 종래의 가치를 전복시키는 새로운 인식의 원천이야말로 쾌락(Lust)이라고 말해지지만, 그것은 지금까지의 인식과 도덕규범의 담론이 말하는 것을 금지해 온 영역을 침범하는 쾌락인 것이다. 『도덕의 계보』*[III. 9]에서는 다음과 같이 말해진다. "만일 어떤 철학자가 스스로를 의식하게 되었다고 한다면, 그는 자신이야말로 '우리는 **금지된 것**을 추구한다'라는 말의 화신이라고 느끼지 않을 수 없을 것이다―따라서 그들은 '자기를 느낀다'든지 자신을 의식하지 않도록 주의했던 것이다." 이성적 인식은 "자기를 느끼는 것"을 금지함으로써 인식의 한계를 설정하고, 취약한 인간의 자기 보존*을 꾀해 왔던 것이다. 그렇다고 한다면 이성에 의해 금지된 것을, 요컨대 감히 그 금지를 깨뜨려 보는 것이 '인식의 쾌락'이 된다. 『차라투스트라』*의 다음의 표현은 그것을 보여준다. "인식하는 것은 사자의 의지를 지니는 자에게는 쾌락이다."[III-12. 16]

또 하나 주목해야 할 것은 이러한 인식의 쾌락과 에로스의 연속성이 강조되고 있는 점이다. 『도덕의 계보』[III. 8]에서는 언뜻 보아 금욕적으로 관능을 부정하고 진리의 탐구에 모든 것을 걸도록 사상가를 촉구하는 것이 사실은 성적 자극과 다르지 않은 것이라고 하는 것이 폭로되고 있다. "그(쇼펜하우어)의 경우, 아름다운 것을 보는 것은 분명히 그의 본성의 주요한 힘(성찰력과 통찰력)을 해방시키는 자극으로 작용했다. 그리하여 이 주요한 힘은 폭발하여 단번에 의식의 지배자가 되었다. …… 그러므로 관능이란 쇼펜하우어가 믿었던 것처럼, 미적 상태가 나타날 때 소멸하는 것이 아니라 단지 변형되는 것이며, 성적 자극으로 더 이상 의식에 드러나지 않는 것이다." 여기서는 프로이트*의 '승화 이론'의 전조를 볼 수 있을 것이다. 데리다*가 니체를 프로이트의 선구자로 간주하는 것은 이러한 점에서 정곡을 찌른 지적이다. 『도덕의 계보』의 지금 인용한 부분에서는 "지금까지 누구도 언급한 적이 없는, 전혀 해명되지 않은 미학의 생리학*"을 전개해볼 필요가 있다고 니체는 말한다. 그것을 니체 자신은 전개할 수 없었지만, 이 발언에서는 진·선·미를 둘러싼 담론의 탈형이상학화를 꾀하고자 하는 니체의 의도를 읽어낼 수 있다. 후기 저작에 두드러지는 사티로스 제의와 디오니소스의 비유는 근대에서 석출되어 정착된 세 개의 가치 영역(학문적 진리, 도덕, 예술)의 분리의 정당성을 다시 한 번 물음에 붙이는 시도다.

【III】금지의 침범과 모더니즘

하지만 이 사티로스 제의와 디오니소스의 비유가 도대체 하버마스*가 비판하듯이 세 개의 가치 영역을 혼동하고, 그런 까닭에 근대를 부정하는 태도라고 말할 수 있는 것일까? 니체는 사티로스 제의에 대해 다음과 같이 말하고 있다. "**비극적 예술가는 자신의 무엇을 전달하는 것인가?** 그가 보여주는 것은 다름 아닌 끔찍한 것과 의문스러운 것 앞에서의 공포 **없는** 상태가 아닌가? …… 한 강력한 적수 앞에서, 커다란 재난과 공포를 불러일으키는 문제 앞에서 느끼는 용기와 자유―이런 **승리**의 상태가 바로 비극적 예술가가 선택하는 상태이며, 그가 찬미하는 상태다. 비극 앞에서 우리 영혼 내부의 전사가 자신의 사티로스의 제의를 거행한다. 고통에 익숙한 자, 고통을 찾는 자, **영웅적인** 인간은 비극과 더불어 자신의 존재를 찬양한다―오직 그에게만 비극 시인은 그런 가장 달콤한 잔혹의 술을 권한다.―'[『우상의 황혼』 IX. 24] 바타유*는 여기에 적혀 있는 것과 같은 제의적 방종을 유용성을 지향하는 생산이 한순간 정지하여 비생산적 소진이 행해지는 축제라고 해석한다. 이러한 축제적인 폭발은 유용성에 지배된 세계에의 사고의 예속성에 대한 이의제기다. 그것은 "인간들의 활동을 스스로의 자원들의 무익한 소진이라는 목적 이외의 목적들에 복종시키는 것과 같은 다양한 이념들을 전반적으로 비판하는 것이다. 종속적인 형태들을 기초짓고 있는 여러 가지 견해들을 파괴하는 것이 문제로 된다."[『에로티시즘의 역사』] 사티로스 제의는 유용성의 세계에서 금지되고 있는 것의 전면 해제이자 "침범의 정점"이다. 그 근저에 놓여 있는 에로티시즘은 모더니즘 예술에서 표현의 장을 지녀왔다. 이러한 침범 행위와 결부된 미적 경험은 이미 칸트가 규정하는 '쾌감=마음에 듦'으로는 기술할 수 없다. 예를 들어 자신의 육체를 자학적으로 고통스럽게 하는 것에서 미적 쾌감을 느끼는 자신을 극명하게 묘사하는 초기 호프만스탈*의 경우에는 자신에게 고통을 주는 것이 완전한 자유의 증거다. 또한 무질*의 『특성 없는 남자』(*Der Mann ohne Eigenschaften*)는 누이와의 근친상간 관계가 주인공의 사고실험과 밀접하게 서로 얽혀 있다. 무질은 스스로의 창작에 대해 "도덕을 미의 관점에서 만들어내는" 시도라고 말하고 있지만, 그것을 근대의 발걸음에 역행한다고 비난할 수는 없다. 다만 바타유가 지적하듯이 유용성 원칙에 대한 비판적 계기를 감춘 에로티시즘의 계기가 문학과 예술 영역을 넘어서서 군대 또는 정치적 영역에서의 일종의 도취 경험으로도 이어질 수 있다고 하는 점은 중요할 것이다. 예를 들어 윙거*나 이탈리아 미래파*가 그리는 전쟁의 아름다움이 그대로 파시즘의 미학과 동일시되었던 것은 간과할 수 없는 사실이다.

금기의 침범이 예술 영역을 넘어서서 현실 세계에서의 행위로 된 경우에는 확실히 반근대적인 퇴행인바, 이러한 퇴행에 빠지지 않기 위해서는 하버마스*가 견지하고자 하는 가치 영역들의 분리는 근대가 획득한 성과로서 고수되어야 한다. 그러나 니체에게서의 '디오니소스적인 것'이 이러한 가치 영역들의 구분을 침범하고 있다고 해서 곧바로 '이성의 타자'라고 단정하여 계몽으로부터의 결별이라고 간주하는 것은 가능하지 않다. 하버마스 자신이 말하고 있듯이 "과학과 도덕과 예술이라는 세 개의 영역에서 그 분화 과정은 반대 방향의 운동을 수반한다. 그 운동은 각각 주가 되는 타당성의 관점에서 처음에는 배제된 다른 두 개의 타당성의 관점을 가지고 들어온다. 그에 의해서만 비판적 사회 이론은 가능해진다.'[『의사소통행위이론』] 그렇다면 니체가 디오니소스 개념에 의해 제시하는 것은 합리성의 관점에서 우선은 배제된 시점인바, 그것을 과학과 도덕의 담론으로 가지고 들어오고자 하는 시도는 계몽적 이성에 대한 내재적 비판이지 계몽 그 자체의 부정이 아니다.

다른 한편으로 현대에서는 이전에 모더니즘 예술이 원천으로 하고 있던 '금기의 침범'조차 불가능해지고 있다. 모든 것이 보드리야르(Jean Baudrillard 1929-2007)가 진단하듯이 시뮬라크르로 화하고 있다면, 금기의 영역조차 소멸하기 때문이다. 또한 더 나아가 역사적 아방가르드 예술 운동이 예술과 생활의 경계의 소멸을 주장한 이래로 이미 예술을 기성 제도의 틀에서 이해하는 것은 불가능해졌다. 미적 경험은 예술이라고 지명

될 필요도 없는 미세한 일상적 공간으로 확산되고 있다. 오히려 이러한 상황 속에서 니체가 전개할 수 없었던 '미의 생리학'과 같은, 세부에서의 미적 경험의 존재방식을 탐구하는 시점이 필요할 것이다. ☞ 아폴론/디오니소스, 예술, 자유정신과 이성 비판, 『비극의 탄생』, 전율과 공포

─오누키 아츠코(大貫敦子)

미적 현상으로서만 현존재와 세계는 영원히 정당화된다

["Nur als ästhetisches Phänomen ist das Dasein und die Welt ewig gerechtfertigt"]

『비극의 탄생』의 중심을 이루는 사고인 미적 구제를 단적으로 표현한 말로 제5장에서 처음 사용되며, 제24장에서 '미적 현상으로서의 세계의 정당화'라는 표현으로 반복되고 있다. 니체는 그리스 비극을 인간의 삶*의 근원적인 고뇌의 나타남으로 보았다. 삶의 잔혹함과 괴로움 그 자체인 디오니소스*가 보는 구제*의 꿈이 무대 위에서 아폴론*적인 아름다움으로서 연출됨으로써 그 고뇌는 '가상*' 속에서 구제되는 것이다. 니체는 이러한 해석의 구도를 세계에 적용하고, 미에 의한 세계의 구제를 생각한다. 그는 감각으로 파악되는 현실의 세계를 형이상학*의 전통 속에서 해석되어 왔듯이 무언가의 본질의 나타남으로서 ─ 그런 의미에서 본질과 비교하여 가치가 낮은 것으로서 ─ 파악하는 것이 아니라, 쇼펜하우어*를 토대로 하는 가운데 개체화의 원리 하에서 의지인 것에 고뇌하는 의지가 사로잡혀 있는 가상으로 생각한다. 이 감성계가 제1의 가상이라고 한다면, 비극은 그것을 더 나아가 미적 가상으로 가져온다. 이 이중의 가상인 비극적 예술에 의해 인간의 삶은 관능의 기쁨과 가혹함, 사악함, 두려움을 모두 포함하여 그대로 삶으로서 긍정되고 구제된다고 하는 구상이 『비극의 탄생』에서 전개된다. 요컨대 인간이 개체화*하는 한에서 삶은 고뇌이지만, 미적 가상 속에서 구제될 수 있다고 생각하는 것에 의해서만 그 삶은 정당화될 수 있는 것으로 된다고 하는 것이다. 이러한 미적 가상은 조화적인 균형을 지닌 아폴론적

207

가상이어서는 안 되며, 추와 부조화에 의한 미적 쾌감을 일으키는 것이다. 이로부터 디오니소스적 고뇌의 근원적인 쾌락과 음악에서의 불협화음의 공통점이 이야기되며, 무한 선율에 의해 기존의 음악적 규칙의 상식을 깨트린 바그너*의 음악극에 문화의 재생(독일 신화의 재생)의 기대를 걸었다. 그러나 1886년에 증보된 「자기비판의 시도」에서는 『비극의 탄생』을 "문제가 있는 책"이라고 하고, "예술에 의한 구제"라는 사상으로부터의 괴리를 분명히 하고 있다. 특히 "본문에서 반복되는 '미적 현상으로서만 세계의 존재는 정당화된다'라는 암시적인 문장"이 형이상학적으로 이해되는 것을 경계하고 있는「자기비판」5] 것은 이른바 예술가 형이상학으로부터의 결별의 표현이다. 그런 의미에서 『비극의 탄생』에서는 극복되어야 할 페시미즘'이 고지되고 있는 데 지나지 않는다고 '자기비판'되고 있다. 그렇긴 하지만 미적 가상으로서의 세계의 정당화라는 표현은 진선미의 삼위일체를 전제하는 고전주의 미학과 교양주의적인 예술관으로부터의 탈출을 도모하고자 하는 『비극의 탄생』의 의도를 단적으로 나타내고 있다. ☞가상, 미와 쾌락

—오누키 아츠코(大貫敦子)

미키 기요시 [三木清 1897-1945]

미키 기요시에게는 「니체」와 「니체와 현대 사상」이라는 짧은 에세이 이외에 정리된 니체론은 없지만, 그의 저작에는 니체에 대한 많은 언급이 있으며, 역사철학, 근대 이성 비판, 하이데거*와 나치즘 문제, 문헌학 내지는 해석학*, 철학적 인간학 등, 다양한 문제와 관련하여 니체가 등장한다. 미키는 독일의 철학과 현대 문학의 콘텍스트를 소개하면서 스스로의 눈앞의 문제와 관련시켜 니체 사상과 씨름했지만, 동시에 몇 개의 2차 문헌을 거의 표절에 가까울 정도로 원용하고 있는 바, 그의 독자성은 시대의 현실성에 대한 반응 방식에서 평가하는 수밖에 없다.

미키는 이쿠타 쵸코*(生田長江) 번역의 『차라투스트라』*(메이지 44년)와 와츠지 데츠로*(和辻哲郎)의 『니체

연구』(다이쇼 2년), 잡지 『사조(思潮)』에 연재된 아베 지로*(阿部次郎)의 『니체의 차라투스트라 해석 및 비평』(다이쇼 7-8년) 등을 통해 니체를 알았지만, 교토제국대학 철학과에서는 니시다 기타로(西田幾多郎 1870-1945) 밑에서 신칸트학파*와 역사철학을 전공했다. 다이쇼 11(1922)년부터 독일에 유학하고, 하이델베르크에서는 리케르트에 대해 공부하고, 야스퍼스*와 게오르게*파의 군돌프*의 강의도 청강했다. 당시는 아직 독일 고전주의 문화 관념을 빠져나오지 못했지만, 다음 해 가을에 마르부르크로 옮기자 하이데거에 의해 해석학적 방법을 철학에서 적용하는 가능성에 눈을 열 수 있었다. 또한 가다머*와 뢰비트*와 알게 되고, 특히 뢰비트로부터 니체, 키르케고르*, 도스토예프스키*, 지드*에 대해 가르침을 받았다고 한다. 당시 미키는 '로만틱의 극복'(다만 그가 말하는 '로만틱'은 주로 독일 관념론*을 가리킨다)을 기도한 사상으로서 신칸트학파, 맑스주의* 외에 니체, 키르케고르, 짐멜*, 딜타이* 등의 '삶의 철학'을 드는데, 그들은 그 과제를 자각하면서도 '로만틱'에 머물렀다고 하고 있지만, 이것도 뢰비트의 시사와 칼 요엘(Karl Joël 1864-1934)의 『니체와 낭만주의』(1905)에 의거한 관점일 것이다.

귀국(다이쇼 14년) 후, 미키는 「인간학의 맑스적 형태」 등의 논문에서 유물론의 인간학적 해석을 시도했지만, 쇼와 5년에 공산당에 대한 자금 제공 혐의로 검거되었다. 「이론, 역사, 정책」(쇼와 3년)에서도 『역사철학』(쇼와 7년)에서도 현재의 삶*이 과거에 의해 규정된다고 하는 딜타이*적인 '삶의 역사성'의 인식에 대해 미래 지향의 실천을 중시하는 니체적인 '역사의 생명성'을 대치시키고 있지만, 쇼와 3년의 단계에서는 혁명적 프롤레타리아트의 의식에 서는 맑스*에게서 양자의 '변증법적 통일'을 구하고 있었던 데 반해, 『역사철학』에서는 그러한 전망이 이미 보이지 않는다(쇼와 5년의 「니체」에서도 "인간의 존재를 사회적으로 생각하지 않았던" 니체는 "비극적 낭만주의자"에 머물렀다고 하여 프롤레타리아트 안에 인류의 미래가 놓여 있다고 하고 있었다). 쇼와 8년의 「불안의 사상」에서 미키는 만주사변 이후의 일본의 정신 상황이 근대

이성에 대한 불신을 특징으로 한다는 점에서 제1차 세계대전 후의 유럽에서의 정신적 위기와 병행성이 있다고 하며, 그 위기의 표현이 니체와 키르케고르 그리고 하이데거가 대표하는 '불안의 사상'인바, 그것을 극복하기 위해서는 프롤레타리아트를 대신하는 '새로운 인간 유형'을 규정해야만 한다고 주장했다. 그리고 그 후에는 독자적인 '철학적 인간학'에서 해결의 길을 찾고자 하게 되었다. 거기서는 인간이 이성적 주체의 객관적 측면인 '로고스'와 '신체'라는 내적 자연에 기초하는 주체의 주관적 측면인 '파토스'로 이루어진 중간적 존재로서 파악되는데, '디오니소스'적인 것'을 주창한 니체는 인간을 '파토스'적인 측면에 기울여져 파악한 점에서 한계가 있었다고 생각된다. '파토스적' 신체성과 '로고스적' 정신성의 '변증법적 통일'이라는 발상은 후의 『구상력의 논리』에 이르기까지 미키의 사고를 규정하는 요소가 된다. 그것은 비합리주의에 빠질 위험을 범하면서도 이성적 존재라는 인간의 정의를 변경하여 근대 이성을 극복하고자 하는 기도인바, 그의 하이데거나 니체와의 대결도 근본적으로는 이 문제 설정과 동일한 도식 속에서 이루어졌다. 후에 '새로운 인간주의'를 주창할 때에도 그는 니체가 '추상적 이성의 지배와 데모크라시의 지배'에 대한 비판에서 출발했지만, '새로운 인간 유형'을 구체적으로 규정하기에 이르지 못했다고 평가한다.

나치스'가 정권을 장악하고 하이데거의 나치스 입당이 알려지자 미키는 「하이데거와 철학의 운명」(쇼와 8년)에서 하이데거와 나치스와의 '내면적'인 결합을 니체를 매개로 하여 지적하고, 하이데거의 프라이부르크대학 총장 취임 강연 「독일 대학의 자기주장」에 대해 민족통일의 원리를 피와 대지라는 '파토스적'인 것에서 찾는 그의 주장에서는 객관적 원리가 제시되지 않는다고 비판했다. "나치스의 디오니소스적인 무도(舞踏)는 어느 곳을 향해 나아가고자 하는 것일까? 로고스의 힘을, 이성의 권리를 회복시키자. / 하이데거는 니체 속으로 함몰되었다. 니체의 철저한 이해와 비판과 극복이란 현대 철학에 있어 사람들이 상상하는 것보다도 훨씬 중요한 과제다'라는 것이다. 「니체와

현대 사상」(쇼와 10년)은 이 과제에 대한 미키 나름의 해답의 시도라고 간주할 수 있다. 거기서 그는 니체의 본질을 '문헌학자'에서 찾고, 그 의의를 '디오니소스적인 것'의 발견, 반시대적 비판, 계보학적 사고, 근원적인 것에 대한 정열, 미래 지향의 역사 해석과 같은 점과 관련해 부연한 다음, 니체는 문헌학을 철학적 방법으로 확장함으로써 딜타이와 하이데거의 해석학적 철학의 선구자가 되었다고 지적하고 있다. 그리고 니체는 이성에 대해서도 비판의 칼날을 향했지만, 결국 그는 '필로로고스'(문헌학자, 로고스를 사랑하는 자)인바, 이성의 전면 부정에 빠진 것은 아니라고 하여 니체의 사상을 비합리주의의 손에서 구출하고자 했다.

그러나 쇼와 13년이 되자 미키는 "일본이 현재 필요로 하고 있는 것은 해석의 철학이 아니라 행동의 철학이다'라고 말하며[「지식 계급에게 준다」], 그때까지 집필하고 있던 『철학적 인간학』을 완성하기를 단념하고, 같은 해 가을 이후에는 쇼와연구회에 가담함과 동시에 정치 저널리즘에 깊이 관여하며, 실무적인 지식을 지닌 행동적 테크노크라트에서 새로운 인간상을 발견했다. 이리하여 그는 한편으로는 근대 이성을 넘어선 것이면서도 이성적인 것에 머문다고 하는 모순된 통일성을 추구하면서, 다른 한편으로는 시국의 변화에 이끌려갔다. 그리고 '로고스와 파토스의 통일'의 도식을 전용하여 '협동주의'에 기초하는 '동아공동체'론을 전개함으로써 일본의 아시아 침략을 정당화한다든지, 해군의 초청으로 점령 하의 필리핀을 방문하고 전쟁 협력적인 기사를 쓴다든지 하게 되었다. 쇼와 20년에 미키는 도주 방조의 혐의로 다시 체포되어 9월에 옥중에서 병사했다. 「니체와 현대 사상」에서 모색된 니체의 새로운 해석이 그 이상의 진전을 본 형적은 없다.
☞ 일본에서의 수용

— 오이시 기이치로(大石紀一郎)

📖 『三木淸全集』 全20卷, 岩波書店, 1984-86.

민족民族

민족에 대해 니체는 명쾌한 정의를 내리고 있지

않지만, 적어도 초기에는 무언가 통일이 있는 것 아니 통일이 있어야 하는 것, 더욱이 그 통일이란 정치적이라기보다 문화적 통일이라고 생각하고 있다는 것은 확실하다. "문화란 무엇보다도 한 민족의 삶의 일체의 표현에 미치는 예술적 양식의 통일이다"[『반시대적』 I. 1]라는 유명한 정의에서도 그것을 엿볼 수 있다. 그렇다면 민족에게 문화적 통일을 주는 것은 무엇인가?『비극의 탄생』*에 따르면 그것은 신화*다. "신화가 없으면 모든 문화는 건강하고 창조적인 자연의 힘을 상실한다. 신화로 둘러싸인 지평이 비로소 전체 문화 운동을 통일시키고 완성시킨다. …… 그리스인은 경험한 모든 것을 무의식적으로 곧 신화와 연결시켰다. 아니 이렇게 연관지어야만 이해할 수 있었다. 그래서 그들에게는 가까운 현재도 '영원의 상 아래에서' 어느 정도 시간을 초월한 것처럼 보일 수밖에 없었다. 그러나 국가나 예술은 순간의 부담과 탐욕에서 쉬기 위해 시간을 초월한 것의 흐름 속에 몸을 담근다. 한 민족의 가치는 —— 인간의 가치도 마찬가지로 —— 자신의 경험에 영원성의 낙인을 찍을 수 있는 정도에 달려 있다. 왜냐하면 그렇게 함으로써 민족이나 인간은 세속에서 벗어나고, 시간의 상대성 그리고 삶의 진정한, 즉 형이상학적 의미에 대한 자신의 무의식적인 확신을 보여주기 때문이다."[『비극』 23] 역사주의*적 상대성을 전혀 알지 못하는 곳에서 안식하는, 그때마다 완결하면서 성장하는 신화 세계야말로 민족의 통일을, "민족적 감각방식의 통일"[『반시대적』 II. 4]을 보증한다. 왜냐하면 개념을 가지고서 사유하는 것이 아니라 "차례차례 나타나는 사건과 행동과 고난을 매개로 하여 하나의 세계상을 제시하는" "그 자신이 하나의 사고인" 신화야말로 민족적 민중의 사고법이기 때문이다[『반시대적』 IV. 9]. 그런데 현대에는 모든 것이 "세속의 상 아래에서" "지금이라는 시간의 상 아래에서" 보이고 있는바, 신화는 상실되고, "모든 관습의 적이자 인간들 사이에서 생겨난 모든 인위적인 소외와 의사불통의적인, 사물에 대한 올바른 감각방식"[같은 책 5]도, 따라서 본원적 자연에로의 귀환도 불가능해져 있다. 그것은 다름이 아니라 그리스의 비극 문화가 지식

숭배의 소크라테스주의에 의해 소멸되고, 근대 세계가 낙관주의적·알렉산드리아*적 문화에 붙들려 있기 때문이다. 그러나 지금 현재 이와는 정반대 과정이, 다름 아닌 독일에서 생겨나려고 하고 있다. 소크라테스적 낙관주의의 맹위에도 불구하고, 루터* 이래로 이어져 온 독일의 디오니소스*적 음악정신으로부터 바그너*의 손에 의해 비극이 재생되려고 하고 있는 것이다. 그런 까닭에 본래적 독일 정신의 순수성이 지켜져야만 한다. "우리는 독일 본질의 순수하고 강한 핵심을 높이 평가하기 때문에 무리하게 이식된 낯선 요소들의 제거를 그것에게 기대하며 또 독일 정신이 다시 자각하고 본연의 모습으로 돌아오는 것이 가능하다고 생각한다. 아마 많은 사람들은 독일 정신이 라틴적 요소의 제거를 위한 투쟁부터 해야 한다고 생각할 것이다. 독일 정신은 지난 전쟁(프로이센-프랑스 전쟁)의 무적의 용맹성과 피에 젖은 영광을 이 투쟁을 위한 외적 준비와 격려라고 인식해도 될 것이다. 그러나 내적인 필연성은 이 길을 거친 고귀한 선배 투사들, 루터나 우리의 위대한 예술가와 시인들과 동등해지려는 경쟁심에서 찾아야 할 것이다."[『비극』 23] 확실히 국수주의적이거나 배외주의적이라고 말할 수 있는 문장이지만, 그와 동시에 니체의 주안점은 어디까지나 정신문화에 있으며(물론 바로 그렇기 때문에 문제의 뿌리는 좀 더 깊이 박혀 있는 것이라고 말할 수 있을 것이다), 그런 까닭에 한편으로 『반시대적 고찰』* 등에서 전승 기분에 취한 독일 문화의 야만에 대해 격렬한 비판을 퍼부을 수도 있었다는 것도 잊어서는 안 될 것이다.

이리하여 민족은 통일적 문화의 기반을 형성하게 된다. 그러나 주의해야만 하는 것이지만, 그것은 어디까지나 기반 내지 토양에 머무는 것인바, 문화의 정화는 오히려 민족을 모태로 하여 산출되는 예술*과 종교의 천재*에 있다고 니체는 생각한다. "민족[민중]의 무의식에서 솟아나는 가장 고귀한 교양[형성]의 힘은 천재를 낳아 올바르게 양육하는 일에서 그 모성적 사명을 찾지. …… 실제로 천재란 민족의 교양에서 탄생하는 것이 아니다. 천재는 형이상학적 근원, 형이상학적 고향에서 나온다는 뜻이다. 천재가 나타난다는

것, 그가 한 민족 가운데서 갑자기 등장한다는 것, 그가 마치 이 민족이 가진 모든 고유한 힘이 반사한 영상이며 짙은 색채의 유희라는 사실, 그리고 그가 한 민족에게 주어진 최고의 사명을 한 개인의 비유적인 본질을 통해 그리고 영원한 업적을 통해 알려준다는 것, 그로써 그의 민족을 영원으로 연결시키고 변화무쌍한 찰나의 영역에서 구원한다는 것, 천재는 이 모든 일을, 그가 한 민족의 교육이라는 모태 안에서 양분을 섭취하여 성장할 경우, 해낼 수 있는 것이지, 보호해주고 온기를 전해주는 고향이 없다면, 그는 영원한 비상을 향해 날개를 펼칠 수 없을 것이고, 예기치 않게 황량한 겨울날, 어느 오지에 떨어진 이방인처럼, 슬픔에 잠겨 붙임의 땅에서 제때에 도망쳐 나올 것이네." [『교육 기관』 III] 이리하여 문화의 토양과 정화라는, 민족과 천재의 상호 의존적 조화 관계가 분명히 되는 것과 동시에, 앞에서 언급된, 민족과 영원의 결합도 결코 직접적인 것이 아니라 특별히 예술적·종교적 천재라는 매개를 거친 것이라는 것이 이해된다. 왜냐하면 천재, 즉 '형이상학적 기원'을 지니는 천재야말로 영원을 불러일으킬 수 있는 것이기 때문이다. (신화도 진정한 비극 작가*의 작품 속에서 음악에 의해 활성화되어서야 비로소 그 사명을 온전히 수행할 수 있는 것이다.)

하지만 중기 『인간적』*의 '오전의 철학'이 함성을 내지르자 니체는 이러한 천재 숭배의 도취로부터 깨어나며, 그와 더불어 앞에서 말한 것과 같은 문화민족주의와도 결별한다. 『인간적』 이후, "유럽은 하나로 되려고 하고 있는"[『선악』 256] 정세 한가운데서 니체가 지향하는 것은 민족주의의 편협함과 민주주의*·사회주의*에 의한 인간의 수평화라는 좌우의 애로를 뚫고 나아가 "좋은 유럽인"*이고자 하는 것이다. 그렇지만 천재 산출의 토양으로서의 민족이라는 저 도식이 흔적도 없이 사라지는 것은 아니다. "한 민족이라는 것은 여섯, 일곱 명의 위대한 인물을 나오게 하기 위한 자연의 우회로다.— 그렇다: 그러고 나서 그들도 우회해서 가기 위한."[같은 책 126] 그러나 여기에 떠오르는 야유하는 표정은 덮어 가려질 수 없을 것이다. 어쨌든 '좋은

유럽인'을 관점에 놓음으로써 그에 수반하여 민족에 관한 사상도 자연히 다시 다듬어지게 된다. 그 모양은 『차라투스트라』의 두 개의 장 「새로운 우상에 대하여」 및 「천 개의 목표와 하나의 목표에 대하여」에서 볼 수 있다. 거기서 보이는 것은 첫째로, 국가와 민족의 준별인바, 말하자면 민족의 비정치화다. 이것은 민족의 순수성을 지키고자 하는 사고방식과도 공통된, 상투적인 패턴일지도 모른다. 다만 하나의 민족의 민족으로서의 동일성을 니체는 인종*의 순혈성에서 인정하는 것이 아닐 뿐만 아니라 또한 신화적 계통의 정통성에서 찾는 것도 이미 아니다. 오히려 근대 국가—자기의 권력의지를 만족시키기 위해 어떠한 가치관·사고법을 빌리거나 훔쳐내더라도 부끄러워하지 않는, 그런 까닭에 거기서는 모든 것이 '가짜'가 되어버리는 근대 국가—속에 민족이 포박되어 버리고, 그로 인해 민족에게서 인정되어야 할 역사적으로 고유한 존재방식이 파악되지 못하는 것을 막고자 할 뿐이다. 그렇다면 민족의 그 고유성이란 무엇인가? 그것을 니체는 각각의 민족 및 민족을 모태로 하는 "창조자", "사랑하는 자"에 의한, 그 민족에게 독자적인 선악의 가치평가에서 본다. 이미 천재적 예술 문화의 토대로서 규정되는 것이 아니라 성원 모두에게 공유되고, 그런 까닭에 성원 모두를 사랑에 의해 결합하는, 고유한 선악의 가치관에 입각하는 공동체—그것이 민족으로 되었던 것이다. 다시 말하면, "이 지상에 그 이상으로 커다란 힘은 없었다"고 생각되는 선악의 가치관의 그 원천이 민족인 것인바, 그런 의미에서 이제 민족은 가치공동체로서의 모습을 좀 더 명확히 했다고 말할 수 있을 것이다. 더욱이 그 점은 민족적 본질을 존중한다 하더라도 어디까지나 차가운 눈길로 간취되고 있는바, 또한 "집단에 관계되는 기쁨 쪽이 자아에 관계되는 기쁨보다 오래며, 자아에게는 양심*의 꺼림칙함이 따라붙고 있었다"든가 "개인이란 극히 최근의 산물이다"[이상은 『차라투스트라』 I-15]라는 중기 이래의 '관습 도덕*'에 대한 계보학적 유래의 투철한 고찰과의 관련 하에서 이끌어내어진다. 계보학적 고찰 속에 민족을 자리매김하고 있는 이상, 가치의 민족적 사고는

아무리 강력한 것이라 하더라도, '태고'의 것으로서 역사적으로 상대화되고 있기도 한바, 그 상대화(니체에게 있어 그것은 『비극의 탄생』과 『반시대적 고찰』에서 비판된 역사주의적 상대성과는 언뜻 보아 비슷하더라고 전혀 그렇지 않은 것일 터이다)를 토대로 하여 지금까지의 '천개의' 민족적 목표를 넘어서 돌파하는 '하나의 목표', 인류적 목표의 관점이 열린다. 그리고 그 '하나의 목표'를 향해 있던 후기 니체의 눈길이 적어도 당장은 저 '좋은 유럽인'에 대한 시선이었다는 것은 말할 필요도 없을 것이다. ☞신화, 국가, 인종, 천재, 독일/독일인, 좋은 유럽인

—스토 노리히데(須藤訓任)

민주주의民主主義

민주주의는 이 말의 창조자인 고대 그리스인에게 있어 반드시 가장 좋은 정체를 의미하지 않는다. 민주주의에 대한 차가운 시선은 그러한 고대 그리스인의 문헌에 정통해 있던 것과 무관하지 않았을지도 모른다. 하지만 니체가 말하는 민주주의의 연원을 고대 그리스에게서 찾는 것은 이중의 의미에서 무리가 있다. 첫째로, 니체가 민주주의로서 문제로 삼았던 것은 근대 이후의 민주주의로, 그는 그 유래를 고대 그리스도교 시대 내지는 프랑스 혁명*에서 찾았기 때문이다. 또한 둘째로, 니체는 고대 그리스의 정체를 오히려 노예제에 의해 지탱된 과두정이라고 풀이하고 있었기 때문이다「다섯 개의 서문」V]. 「그리스의 국가」를 말한 초기의 소론에는 고대 노예제 하에서의 문화적 융성을 찬양하면서 근대 민주제 하의 문화적 타락을 들추어내는 대목이 있다. "문화가 민중의 뜻대로 되는 경우에는…… 문화에 대한 경멸, 정신의 빈곤에 대한 찬미, 예술로부터의 요구들의 우상 파괴적인 부정이 일어날 것이다."[같은 책 Ⅲ] "모든 이의 동등한 권리"와 "인간의 기본적 권리" 등은 "명명백백한 허위"라고 갈파하는 곳을 보면, 민주주의에 대한 모멸적 태도는 명명백백한 사실이다. 이것은 귀족제를 찬양하고 지배자 도덕과 노예 도덕을 준별하는 자세와 통한다. 링거(Fritz K. Ringer 1934-2006)는 19세기 말부터 20세기 초에 이르는 독일 교양층의 문화적·정치적인 정신적 태도에 민주주의를 옳다고 하는 정치 풍토가 반드시 자명한 전제로서 정착해 있지 않았다는 사실을 고찰하고 있다『독서인의 몰락』]. 자유주의적인 정치 감각을 길러낸 근대파 지식인들을 무시하고서 일괄적으로 말하는 것은 위험하지만, 적어도 니체가 그러한 정치 문화를 배경으로 하고 있다는 점은 틀림없다. 반민주주의이자 귀족주의 — 니체의 언설을 총람해 보면, 결국 이렇게 말해도 큰 잘못이 아닐 것이다.

그러나 니체가 자주 반민주주의를 거리낌 없이 공언했다 하더라도, 시기에 따라서는 상당히 미묘한 발언을 하고 있는 것도 사실이다. 특히 중기의 아포리즘*에는 민주주의에서 나오는 (때로는 뜻밖의) 결과를 냉철하게 고찰하고자 하는 태도가 엿보인다. 예를 들어 종교와 국가*의 역사적 관계를 논의한 한 구절에서는 "현대의 민주주의는 **국가의 쇠망**의 역사적 형식이다"[『인간적』Ⅰ. 472]라고 단정하면서도, 그로부터 생기는 결과를 반드시 부정적으로 보지 않는다. 국가와 종교의 이해관계가 서로 손을 잡고서 종교적 기원에 기초하는 "정치적 사항의 신적 질서에 대한 신앙"이 생겨나고 있던 시대는 민주주의의 도래와 함께 끝난다. 민주주의는 국가에서의 "최후의 마력과 미신을 내쫓는 것에 도움"을 주어, 말하자면 국가 차원에서의 탈마술화에 이바지한다. 하지만 그렇게 되면, 위신을 잃은 국가의 공무를 둘러싸고서 당파들의 다툼과 사적 단체의 개입이 일어나며, 결국은 "국가의 경시와 쇠망과 죽음, 사인……의 해방"에 이를 것이다. 그러나 니체의 예측에 따르면, 이러한 쇠망 내지 해방의 결과에 좋은 것이 전혀 없는 것은 아니다. 오히려 그것은 **한편으로** "국가보다도 한층 더 합목적적 안출물이 승리를 거두는" 것으로 이끌 수도 있다. 니체는 다른 아포리즘에서 "이렇게 퍼져나가고 있는 민주주의화의 실제적 결과가 우선 유럽 민족 연합의 형성이라 할 수 있을 것이다"[『인간적』Ⅱ-2. 292]라고 하여, 민족*의 과거의 케케묵은 기억(예를 들어 옛 국경선에 대한 민족적인 집착)으로부터 벗어난 연합의 가능성마저도 예언하고 있다.

또한 **다른 한편으로** 민주주의가 결국에 개인이 아닌 사인(Privatperson)의 해방을 촉진한다고 한다면, 그것은 "가능한 한 많은 사람들에게 자유, 즉 의견, 생활양식, 영업의 자유를 주고 또 그것을 보장하려"[『인간적』 II-2. 293] 할 것이다. 그것은 무산자·부자·당파 등의 도당을 꾸리는 무리를 배제하고, 각 사람의 영리함과 이기심에 의해 자립적이고 자유로운 사인들의 길을 열어젖힐 것이다.

중기에 보이는 이러한 민주주의 고찰에서는 초기와는 다른 두세 가지의 특징이 간취된다. 첫째로, 니체는 과거의 플라톤*적인 이상국가를 상기하면서 현 상황을 탄식하는 것이 아니라 오히려 "유럽의 민주주의는 저지하기 어렵다"고 현 상황을 냉정하게 받아들이는 것에서 사유를 시작한다. 둘째로, 현 상황을 냉정하게 받아들이는 태도는 민주주의에 의한 과거의 단절을 처음부터 부정적으로 파악하지 않고, 그것의 적극적 의의를 평가하는 자세와 통한다. "유럽의 민주주의화는…… 우리가 중세와 현저하게 차별화되는 저 거대한 예방학적 대책이라는 사슬의 일환"이며, "야만인, 전염병, 그리고 육체적, 정신적 노예화를 막는 돌 제방과 보호벽"이다[『인간적』 II-2. 275]. 더 나아가 셋째로, 과거와의 단절을 강조하는 자세는 민주주의가 가져오는 결과에서 어떤 가능성마저도 읽어내고자 하는 태도로 이끌고 있다. 니체는 "민주주의를 와야 할 어떤 것으로서 논의하는" 것이다[같은 책 II-2. 293].

그러나 중기의 이러한 냉정한 태도에도 민주주의로부터 거리를 두는 자세가 관철되고 있는 것을 간과해서는 안 된다. 니체는 초기와 마찬가지로 중기에도 민주주의 그 자체를 평가한다기보다 언제나 그것을 무언가의 수단으로 간주한다. 또한 그것과 관련하여 그는 민주주의 운동을 정치에 고유한 차원으로 보고 있지 않다. 중기에는 역시 정치에 고유한 문제로부터 고찰하는 경향이 강하지만, 후기가 되면 다른 경향이 얼굴을 내민다. 민주주의는 정치의 문제라기보다 도덕의 문제다. "도덕은 오늘날 유럽에서는 가축떼*의 도덕이다. …… (그리고 오늘날) 가장 숭고한 가축떼의 욕구에 따르고 아부했던 종교(그리스도교)의 도움으로,

우리는 정치·사회 제도에서조차 언제나 이러한 도덕이 좀 더 명백하게 표현되어 있음을 찾을 수 있게 되었다. 예를 들면 민주주의 운동은 그리스도교*적 운동의 유산을 상속한 것이다."[『선악』 202] '신 아래에서의 평등'이라는 그리스도교 사상을 '법 앞에서의 평등'으로 정치적으로 바꿔치기하면 민주주의가 된다. 민주주의는 중기 니체에게서는 "국가의 쇠망의 역사적 형식"으로 생각되고 있었지만, 지금은 "오히려 인간의 쇠망 형식, …… 인간의 범용화와 가치의 저하로 간주된다."[『선악』 203] 민주주의란 정치 차원에서의 인간의 부분적 퇴화가 아니라 '인간의 전반적 퇴화'의 징후에 다름 아니다.

니체에게 있어 민주주의는 천민*의 지배와 같다. 그는 민주정과 중우정(Ochlokratie)의 구별 따위는 믿지 않는다. 그에 더하여 니체에게는 민주주의를 정치적 차원에 한정하여 보기보다 문화·도덕의 차원에 관계되는 것으로 보는 관점이 강하다. 그의 관찰의 날카로움과 독창성이 그러한 관점의 선택에서 빛나고 있다는 것은 의심할 수 없을 것이다. 그렇지만 이 비정치적 인간이 보여주는 정치적 고찰의 일종의 조야함이 거기에서 엿보인다는 것도 부정할 수 없다. 니체를 파시스트라고 부르는 것은 무리지만, 그의 언설로부터 파시즘과 유사한 사상을 날조해 보는 것은 무리가 아니다. ☞프랑스 혁명, 천민, 평등에의 의지, 사회주의

―기마에 도시아키(木前利秋)

민중民衆

『차라투스트라』*의 「서문」에서 하산 직후에 시장에서 민중을 향해 "초인*과 마지막 인간*에 대해" 설교하고, 이해를 얻지 못한 주인공은 그 다음날 마음속으로 이렇게 말한다. "한 가닥 빛이 떠올랐다. 이제 차라투스트라는 군중이 아니라 그의 길동무들에게 말하고자 한다! …… 민중과는 더 이상 이야기하지 않고자 한다." [『차라투스트라』서문 9] 따라서 그 이후의 차라투스트라의 교설은 모두 소수의 제자와 젊은이, 즉 엘리트들에게로 향한 것이게 된다. 이러한 설정은 결코 우연

이 아니라 오히려 니체 생애에서의 민중에 대한 태도의 반영으로 간주되어야만 한다. 일반적으로 초기 및 중기의 니체에게는 민중에 대한 애정과 민중이 지니는 에너지에 대한 평가를 느끼게 하는 발언도 다소나마 보이지만, 후기 이후에는 거의 보이지 않는다. 청년기에 고전문헌학*을 전공하고 고대 그리스를 사랑한 니체는 "더 높은 문화는 사회의 서로 다른 두 계층, 노동하는 계층과 여가를 지닌 계층…… 강제노동 계급과 자유노동 계급이 있는 곳에서만 성립할 수 있다"[『인간적』 I . 439]는 문화관을 지니고 있었으며, 역사에 대한 견해로서는 "민중이라는 것은 여섯, 일곱 명의 위대한 인물을 나오게 하기 위한 자연의 우회로다"[『선악』 126]라는 천재* · 영웅*사관을 지니고 있었다. 정치사상 면에서도 니체는 17세기 프랑스*를 범례로 하는 귀족주의(귀족의 지배)의 지지자이며, 민중의 지배를 의미하는 민주주의*와 그것에 수반되는 보통선거 제도를 무엇보다도 혐오했다. 니체의 소개자와 애호자에게는 니체 사상의 이러한 과격한 측면을 완화하고 변호하고자 하는 경향이 있지만, 니체는 민주주의적 가치들이 지배적인 근대 사회에서 인간과 인간의 '거리의 파토스*'와 '서열*'의 중요성을 설파하고 '가치의 전환*'을 주장한 반시대적 인물인바, 그의 매력은 그러한 민중 멸시 측면과도 불가분하다는 것을 우리는 직시하지 않으면 안 된다. ☞민주주의

—시미즈 혼유(清水本裕)

밀 [John Stuart Mill 1806-73]

니체가 영국* 류의 "유럽적 비루함, 근대 이념의 천민주의"를 문제로 삼을 때, 범용한 영국인의 대표로서 매도한 것이 효용성에 기초하는 도덕을 주창한 J. S. 밀이었다[『선악』 252, 253]. 본래 니체가 공리주의*자의 저작으로서 진지하게 읽은 적이 있는 것은 1869년 이후 간행된 밀의 독일어 번역 전집의 일부만이며, 콩트*에 관한 지식도 그 속의 「콩트와 실증주의」로부터 얻고 있었다(덧붙이자면, 니체가 읽은 번역의 일부는 젊은 프로이트*에 의한 것이다). 니체에게 있어 '어

떤 이에게 있어 올바른 것은 다른 사람에게도 정당하며, 자신이 바라지 않는 것을 다른 사람에게 해서는 안 된다는 밀의 학설은 좋은 행동에는 보답이 있다고 하는 '급부의 상호성'이라는, 즉 행동을 금전으로 환산하여 헤아리는 비열한 생각일 뿐만 아니라 본래 등가치한 행동이 있다고 하는 잘못된 전제에 기초하는 것이었다. 그런 까닭에 이 격언은 고귀*한 행동의 개별적인 가치를 부인하는 것이자, 무엇보다도 평등을 바라는 대중의 "가축떼* 본능"을 폭로하고 있다고 생각된다[유고 Ⅱ. 10. 370f.; Ⅱ. 12. 105f.]. 밀의 "공감과 동정 및 이타의 학설"은 그리스도교* 도덕을 '인간애'의 도덕철학으로 다시 주조해낸 것에 다름 아니라는 것이다[『아침놀』 132]. 더 나아가 그는 사적 향락의 추구도 인간이 그것을 타자와 함께 나누고자 하는 한에서는 도덕적으로 올바른 작용을 하지만, 타인을 끌어내리고자 하는 지배욕만은 어떻게 하더라도 안 된다고 하는 밀의 말을 역으로 이용하여 이것은 끊임없이 지배를 욕구하는 '힘에의 의지*'야말로 바로 "유일하고도 절대적으로 비도덕적인 것"이라는 것을 보여주는 것이라고 하고 있다[유고 Ⅱ. 10. 42f.]. ☞영국/영국인, 공리주의

—오이시 기이치로(大石紀一郎)

밀러 [Henry Miller 1891-1980]

뉴욕 주 요크빌에서 독일계 부모 가정에서 태어나며, 유소년 시기는 인종의 도가니라고 말해진 브루클린에서 보낸다. 이 무렵의 경험이 그의 방랑성과 코즈모폴리터니즘을 길렀다고 말해진다. 청춘기에 모든 재산을 던져 성적 방종의 생활을 보낸 끝에 그것에도 만족하지 못하고 직을 전전하며, 유럽으로 건너가 파리에서 초현실주의 작가 아나이스 닌(Anais Nin 1903-77)과 만나고, 36년에 『북회귀선』을 발표. 이 작품은 '외설', '비소설'이라는 비난을 받으면서도 형식 파괴의 작품으로서 주목을 받았다. 이 작품의 서두에서 밀러는 "나는 여러분을 위해 노래하고자 한다. 조금은 가락이 어긋날지도 모르지만, 어쨌든 노래하려고 한다. 여러분이

우는 소리를 할 때 나는 노래한다. 여러분의 더러운 시체 위에서 춤춘다'고 적고 있지만, 이것이 니체의 『차라투스트라』를 토대로 하고 있다는 것은 분명하다. 밀러와 니체의 관계를 가장 명확히 보여주는 것은 D. H. 로렌스*를 평가한 그의 저서 『로렌스의 세계』다. 여기서 밀러는 동일한 니체의 영향을 받은 B. 쇼*와 로렌스를 대비하고, 쇼처럼 "육체가 없는" 인간이 아니라 육체의 긍정을 통해 피폐한 유럽 문명에 아님을 들이댔다고 하여 로렌스를 평가하고 있다. 이 저서에서 밀러가 니체와 슈펭글러*를 동일한 자리매김에서 다루고 있는 것은 주목해야 할 점이다.

밀러가 묘사하는 세계는 로렌스에서 보이는 일종의 낭만주의를 모두 불식하고, 육체의 디오니소스*적 오르기아(orgia)로 꿰뚫고 있다는 점에서 좀 더 니체의 차라투스트라에 가깝다고 말할 수 있을 것이다. 에로스는 먹을거리나 배설과 전적으로 동일한 가치의 생리학으로 환원되는바, 에로스에 의한 해방이라는 낭만주의적인 비전의 그림자도 없다. "바람 부는 대로 춤추는 해골, 부패한 혀끝에서 언어를 발하는 뱀, 배설물로 더러워진 황홀감에 부풀어 오른 페이지가 보인다. 나는 나의 점액, 나의 배설물, 나의 황홀감을 육체의 지하실 속으로 흘러드는 위대한 순환에 합류시킨다."

그의 예술은 가짜 아름다움에 호도된 인간성을 폭로하고, 오물 편애광과 같은 묘사 속에서 자아를 폭발적 해방으로 가져온다. "전율, 공포, 황홀, 오염이 부족하면, 그것은 예술이 아니다. 그것이 아닌 것은 가짜다. 그것이 아닌 것은 모두 인간적이다." 여기에는 니체에게서의 '인간적'인 것에 대한 비판과 공통된 모티브가 놓여 있다. 또한 독일 문화에 대한 혐오, 언뜻 보아 반유대주의*라고 의심받을 수도 있는 발언, 대중화 비판 등에도 니체를 떠올리게 하는 것들이 있지만, 나치스*와 동시대에 저작 활동의 최전성기에 있었음에도 불구하고 나치스적인 사상과 동일화하는 것이나 동일화되는 것은 없었다. 밀러의 문체에는 초현실주의*와 바타유*, 셀린(Louis-Ferdinand Céline 1894-1961)의 그것과 대단히 유사한 점이 있다. 일반적으로 '미적 모더니즘'을 보들레르* 이후의 예술 경향으로서 하나로 묶는 견해가 정착해 있지만, 밀러에게서 보이는 것과 같은 『차라투스트라』* 이후의 니체를 수용한 작가들의 작품은 보들레르의 모더니즘과는 명확히 선을 긋고 있다. 모더니즘 예술의 수용 과정에서 후기 니체가 준 영향이 크다는 것을 밀러의 작품은 보여준다. ☞로렌스

—오누키 아츠코(大貫敦子)

ㅂ

바그너{리하르트} [Richard Wagner] ⇨니체와 바그너—낭만주의의 문제

바그너{코지마} [Cosima Wagner 1837-1930]

리스트*의 딸로서 첫 번째 남편인 지휘자 한스 폰 뷜로*와 헤어져 바그너*의 두 번째 부인이 된 코지마는 니체의 생애에 여러 가지 의미에서 그림자를 드리우고 있다. 1869년 니체는 처음으로 스위스 루체른 근교에 있는 트립셴의 바그너 집을 방문한다. 바그너는 이듬해 8월에 코지마와 정식으로 결혼했다. 니체 자신이 "내 인생의 가장 좋은, 가장 고양된 순간"이라고 부른 트립셴 시절은 니체와 바그너 및 코지마의 관계가 가장 친밀했던 시기이기도 했다.

니체와 코지마의 관계에 대해서는 여러 가지 설이 있지만, 적어도 트립셴의 행복한 시간에는 코지마와 니체 사이에 경애와 우정의 심정이 공유되고 있었던 것이 확실하다. 『비극의 탄생』* 출판에 즈음하여 코지마는 니체에게 다음과 같이 써 보내고 있다. "아, 당신의 책은 얼마나 아름다운지요! 얼마나 아름답고 심원하며 얼마나 심원하고도 더욱이 선명한지요! 우리의 마이스터의 명령밖에 듣지 않겠다고 생각하고 있던 정령들을 당신은 이 책에서 불러 깨워낸 것입니다." 1871년의 코지마 생일에 니체는 자신이 작곡한 <섣달 그믐날 밤에>를 마침 바그너가 그 전해에 <지크프리트 목가>를 코지마의 생일에 보낸 것과 전적으로 똑같은 방식으로 코지마에게 바치고 있다. 다만 코지마는 단지 바그너의 부인이라는 것에만 머무르지 않는 탁월한 판단력과 이해력을 갖춘 하나의 자립적인 인격인 동시에

바그너가 몽상한 예술 제국 건립을 추진하는 입안자이자 매니저이기도 했다. 이러한 점에서 코지마는 처음부터 니체에 대해 정신적으로 우월한 입장에 서서 이용주의적으로 행동한 감이 없지 않다.

따라서 바그너 이데올로기의 충실한 메신저라는 역할에 대한 기대가 니체의 반-바그너로의 전향에 의해 배반당하자 코지마는 니체에 대한 실망과 혐오를 드러내게 된다. 후년의 서간에서는 "이 가여운 인간은 내가 알기 전부터 병자였던 것입니다"라는 식의 표현을 하고 있다. 니체 측에서도 그가 가장 혐오한 교양속물*들의 제단으로 화한 바이로이트*를 통솔하는 "여제"가 된 코지마에 대한 비판을 몇 가지 남기고 있다. 그러나 최후의 서간에서 니체가 코지마 앞으로 "아리아드네, 당신을 사랑하오. 디오니소스"[1889. 1.]라고 써 여전히 없애기 어려운 코지마에 대한 마음을 표명한 것과 정확히 균형을 맞추듯이 코지마의 일기에는 실로 250군데가 넘는 니체에 대한 언급이 남아 있다. 코지마와 니체 사이의 인연은 마지막까지 결코 끊어지지 않았다. ☞니체와 바그너 — 낭만주의의 문제, 뷜로, 리스트, 아리아드네

―다카하시 준이치(高橋順一)

☞ ▷Cosima Wagner, *Die Tagebücher*, Bd. Ⅰ u. Ⅱ, München/Zürich 1976/77.

바다

"나는 바다가 좋다. 바다의 성질을 지니는 모든 것이 좋다. 그것들이 미쳐 날뛰며 내게로 향할 때에도 더욱더 말할 수 없을 정도로 좋다. 미지의 것을 향해 돛을

올리는, 저 탐구하는 즐거움이 내 속에 있다. 내 즐거움 속에는 항해자의 기쁨이 있다."[『차라투스트라』 III-16. 5] "나는 울부짖듯이, 환호하듯이 광대한 바다를 건너가고 싶다."[같은 책 II-1] 니체에게 있어 바다는 그 광대한 넓이와 무수히 요동치는 물마루로 인해 생명 그 자체의 비유*임과 동시에("태양은 바다를 마시고, 그 깊이를 스스로의 높이로 마셔 올리고자 한다. 그때 바다의 욕망은 수많은 유방을 높이 치켜 올린다. …… 진실로 나는 태양과 똑같이 삶과 모든 깊은 바다를 사랑한다"[『차라투스트라』 II-15]), 인류가 아직 도달하지 못한 새로운 바닷가로의 출항과 희망의 표상이기도 했다. "인식하는 자의 일체의 모험이 다시 허용되었다. 바다, 우리의 바다가 다시 열렸다. 아마도 일찍이 이전에는 이와 같은 '자유로운 바다'는 존재하지 않았을 것이다."[『학문』 343]

바다가 삶*의 깊이를 나타낸다는 것은 그것이 반드시 경쾌하고 아름다운 삶의 비유만은 아니라는 것이기도 하다. 그것은 인간이 만들어낸 일체의 가치를, 나아가 그 잔학함과 숭고함도 의미한다. 그러한 삶의 전체를 니체는 "이상에서의 지중해"라고 부르며, 자신을 그 "연해 전체를 두루 항해하기를 갈망하는 영혼[같은 책 382]에, 그리고 아르고선의 승무원에 비유하고 있다. 인간의 제국의 모든 것을 보는 인식하는 자의 항해*를 떠받치고 그 항해가 발견하는 새로운 바다와 새로운 바닷가, 그 궁극의 목적은 목적이 없는 세계의 존재방식, 요컨대 세계의 영원회귀*와 일체화하는 것이다. 그런 점에서 바다를 건너는 디오니소스*를 그린 저 그리스의 접시의 이미지야말로 니체에게 있어서의 바다와 거기서의 고독*의 환희를 잘 보여준다. "여러분은 돛이 넓은 바다를 건너가는 것을 본 적이 없는가? 세찬 바람에 등을 구부려 부풀어 떨면서 건너가는 것을? 그 돛과 같이 정신의 세찬 바람에 떨면서 나의 지혜는 바다를 건너간다."[『차라투스트라』 II-8] ☞항해

—미시마 겐이치(三島憲一)

바울 [Paulus(Paulos) 생몰년 미상]

초기 그리스도교의 전도자. 소아시아의 타르소에서 로마 시민인 유대인으로서 태어났다. 당초 그리스도교도를 박해했지만, 갑작스러운 회심을 경험. 이후 각 지방을 전도했지만 체포되었다. 59-65년경 로마에서 사형되었다고 전해진다. 신약 성서에 서간이 수집되어 있다. 신앙에 의해 의롭게 된다는 것, 예수*의 죽음은 속죄라는 것을 주장했다. 후기의 니체에 따르면, 예수의 복음이란 삶*과 세계를 긍정하고 '하늘나라가 마음의 한 상태로서 지금 실제로 존재한다는 것인바, 예수는 인간을 구원하기 위해서가 아니라 어떻게 살아가야 할 것인지를 보여주기 위해 살고 죽은 것인 데 반해, 제자들은 비복음적으로 복수심에서 '응보', '심판'을 설교했다. 특히 바울은 로마와 세계를 증오했기 때문에, 사제로서 비소한 대중=가축떼*를 지배하는 수단으로서 '불사', '지옥', '속죄', '심판' 등의 관념을 고안하고, 제자들의 퇴폐를 극한으로까지 밀고 나아간 최초의 그리스도교도라고 평가된다. 그는 삶의 중심을 삶으로부터 피안으로 옮겨 가축떼 도덕으로서의 그리스도교*를 창시한 인물로서 자리매김 되는 것이다. ☞그리스도교, 교회, 예수, 『안티크리스트』

—고토 요시야(後藤嘉也)

바이닝거 [Otto Weininger 1880-1903]

여성의 성욕과 동성애를 문제로 삼아 일세를 풍미한 『성과 성격』(Geschlecht und Charakter, 1903)의 저자. 빈의 유대계 가정에서 태어나 빈대학에서 철학, 생물학, 생리학 등을 공부한다. 박사 논문에 가필한 『성과 성격』이 출판되고 반년 후에 권총 자살을 시도하여 유일한 저서가 된 『성과 성격』은 정신 병리학적인 예증으로서도 주목받았다. 니체는 쇼펜하우어*, 칸트*, 슈티르너(Max Stirner 1806-56) 등과 함께 그의 사고 형성에 영향을 준 듯하지만, 『성과 성격』에서는 니체의 『선악의 저편』*에서 남녀평등을 경멸하는 한 문장을 인용하고 있으며, 평등보다는 오히려 "여성 자신에 의한 자발적인 여성 해방"을 지지하는 자세를 보인다.

그 논거는 그의 독특한 성욕론에 따른 것이다. 여성은 이성과 도덕과 예술과는 무관하며, "성교 관념은 여성의 모든 사고의 중심 위치를 차지하고", "전 생애를 통해 오로지 성에만 관심을 지녀 육체적으로도 정신적으로도 전 존재가 성 덩어리가 되어 있다." 여성은 그 제약을 의식하고 이해 파악하는 능력을 지니지 못하는, 요컨대 "자아에의 의자"를 지니지 못하는 존재라고 주장된다. 그리고 "남성이 여성의 성욕에 따르는 한에서" 여성은 성욕에 사로잡혀 자립할 수 없기 때문에 "성교의 단념"이야말로 양성에게 있어 완전한 인간이 되는 조건이라고 그는 논의한다. 한편으로 강렬한 여성 멸시가 있음에도 불구하고 다른 한편으로 동성애를 이상 성애로서 금지하는 도덕을 시대착오라고 비난하는 그의 모순에 가득 찬 논술에는 세기말* 빈의 이중 도덕의 세계가 깊게 그림자를 드리우고 있다.

　　　　　　　　　　　　　—오누키 아츠코(大貫敦子)

바이런 [George Gordon Byron 1788-1824]

　『이 사람을 보라』*[Ⅱ. 4]에서 니체는 자신은 이미 13세에 바이런의 『만프레드』가 이해될 수 있을 정도로 조숙했다고 자만한다. 또한 슈만*의 그것을 능가하는 만프레드 서곡을 작곡했다고도 말한다. 1861년에는 김나지움 시절의 친구들과 만든 문예 그룹인 게르마니아에서 「바이런의 극작품에 대하여」라는 작문의 낭독을 행했다는 것으로부터도, 바이런이 애독하는 작가들 가운데 한 사람이었다는 것을 엿볼 수 있다. 이 작문에서는 바이런을 "불꽃의 정신의 질풍노도"라고 형용하고, 『돈 주앙』(Don Juan, 1819-24) 『마리노 팔리에로』(Marino Faliero, 1820) 『사르다나팔루스』(Sardanapalus, 1821) 『만프레드』(Manfred, 1817) 등의 작품에는 바이런 자신의 성격이 투영되어 있다고 말한다. 덧붙이자면, 이 작문에서 등장인물 만프레드에 대해 '초인'이라는 말이 처음으로 사용되고 있다. 니체의 장서에 1864년판의 바이런 전집이 있는 것에서도 일찍부터 애독하고 있었다는 것을 엿볼 수 있다. 이후에도 '위대한 작가로서 뮈세(Alfred de Musset 1810-57), 포(Edgar Allan Poe

1809-49), 레오파르디*, 클라이스트(Bernd Heinrich Wilhelm von Kleist 1777-1811) 등과 더불어 바이런이 언제나 거론되지만, 니체에게 있어서는 바이런과 괴테*, 특히 그들의 작품 『만프레드』와 『파우스트』가 자유로운 정신을 상징하는 작품이었다. 나폴레옹과 함께 바이런을 "긍지 있는 인간"이라고 말하는 니체는 거기서 자기의 충동에 대해서도 폭군적으로 억누를 수 있을 정도의 강함을 보고 있다[『아침놀』 109]. 그러나 이 강함은 금욕과는 달리 어떠한 것의 노예로도 되지 않는 숭고한 자유의 나타남이다. 바이런은 1816년에 영국을 영원히 떠나 스위스에서 셸리(Percy Bysshe Shelley 1792-1822)와 알게 되는데, 니체는 이 스위스 체재에서 바이런이 초국민적 감정을 길렀다고 하고 있다[유고 Ⅰ. 12. 133]. 후에 그리스에서 해방 전쟁에 참가한 바이런의 정열적인 행동에 대해서는 "지적 투쟁"을 행하는 인간에게 특유한, 순간적으로 불타오르는 "동맥도 돌파하는 욕구와 불꽃"이 정치적 행동으로 몰아세우는 것이라고 하면서도 그 행동은 자기로부터의 도피가 아닐까라는 물음을 던지고 있다[『아침놀』 549]. 또한 「지식은 탄식하고」라는 바이런의 시 안에서 종교의 도그마도 형이상학도 믿을 수 없고 섬세한 신경을 지니고서 괴로워하는 자, "인식된 진리에 피를 흘리는" 자의 모습을 읽어내고 있다. 하지만 니체는 이러한 바이런의 멜랑콜리를 공유하면서도 거기에 안주할 수는 없었다.

　　　　　　　　　　　　　—오누키 아츠코(大貫敦子)

바이로이트 [Bayreuth]

　독일 남부의 프랑켄 지방에 있는 소도시. 대작 <니벨룽겐의 반지>* 상연을 위한 이상적 극장 건축의 꿈을 품고 있던 바그너*는 1864년 바이에른 왕 루트비히 2세의 인정과 원조를 얻게 되자 꿈의 실현을 향해 움직이기 시작했다. 우연히 어떤 백과사전에서 바이로이트에 로코코 양식의 오랜 변경백 극장이 있다는 것을 알게 된 바그너는 변경백의 허가를 얻어 이 극장을 그대로 자신의 극장으로서 사용할 것을 생각했다. 결국 그것은 불가능하다는 것이 판명되지만, 바그너가 사랑하길 그치지 않은 뉘른베르크에서 꽤 가깝고, 대도시 문명의 여파를 받지 않고 있는 이 지방 도시에 대한 바그너의 애착은 결정적인 것이 된다. 그런데 이 시기는 1868년에 처음으로 서로 알게 된 바그너와 니체의 교우 관계가 가장 깊어진 시기이기도 하다. 니체는 바그너에게서 갈가리 찢겨진 그리스 문화를 다시 통합하는 "세계의 단순화"의 수행자로서의 "반알렉산드리아주의의 한 사람"을 보고자 했다. 바그너가 건설을 결심한 바이로이트 축제 극장은 그러한 니체의 바그너에 기대는 생각이 수렴하는 장이었다. "바이로이트는 우리에게 있어서 투쟁의 날 아침에 행하는 성스러운 예식을 뜻한다."[『반시대적』 IV. 4] 그러나 니체의 기대는 배반당한다. 1876년의 제1회 축제를 당면한 니체는 바이로이트가 바그너의 세속 권력과 속물근성에 대한 부끄러워해야 마땅한 굴복의 장이 되었다는 것을 발견하고서 바이로이트로부터 벗어난다. "이미 1876년 여름 첫 번째 바이로이트 축제 기간 중에 나는 바그너에게 내적인 결별을 고했다. 나는 애매모호한 것을 참아내지 못한다. 바그너는 독일로 돌아온 이래로 내가 경멸하는 모든 것으로 차례차례 하강해갔다 ― 반유대주의*에게로마저도."[『니체 대 바그너』 IX. 1] 바그너는 축제 극장이 가까운 반프리트 빌라에 거처를 꾸미고 수많은 신봉자들을 동원하여 의심스러운 반유대주의 선전의 장으로서의 기관지 『바이로이터 블래터』(Bayreuther Blätter)를 발간하면서 바이로이트를 예술종교의 성지로 만들어내고자 부심한다. 그 후의 바이로이트가 예술 스놉(교양속물*)의 조직 동원을 목표로 하는 '문화산업'의 순례 성지가 된 것, 또한 코지마 바그너*, 바그너의 장남 지크프리트의 아내 비니플레트라는 2대의 여제 하에서 반유대주의와 파시즘의 소굴이 된 것을 떠올려볼 때, 니체의 바이로이트와의 결별에서는 바그너 수용이 그 후 밟아간 운명에 대한 니체의 날카로운 후각과 통찰력을 엿볼 수 있다. ☞니체와 바그너 ― 낭만주의의 문제, <니벨룽겐의 반지>, 반유대주의

― 다카하시 준이치(高橋順一)

바이마르 [Weimar]

구동독(튀링겐 지방)의 작은 시골 마을이지만, 18세기 말에는 칼 아우구스트 대공의 비호 아래 헤르더(Johann Gottfried von Herder 1744-1803)와 빌란트(Christoph Martin Wieland 1733-1813), 이어서 괴테*와 실러*가 활약하고, 19세기에는 독일 고전주의 문학의 메카로서 교양* 시민문화의 성지가 되었다. 이러한 상징성에 눈을 돌린 니체의 누이 엘리자베트는 오빠도 문화의 전당에 들어갈 수 있도록 하자는 목적에서 1896년에 니체의 장서와 초고를 바이마르로 옮기고, 다음 해 어머니가 사망하자 이미 회복의 가능성마저도 없어진 오빠를 데리고 이주했다. 노림수는 멋지게 적중하여 니체를 숭배하는 많은 교양속물*이 바이마르를 찾았다(일본인도 수많이 방문했다). 1908년에는 '니체 아르히프 재단'이 설립되며, 1911년에는 하리 케슬러(Harry Graf Kessler 1868-1937) 백작을 중심으로 하여 근교에 니체를 기념하는 신전(반 데 벨데(Henry van de Velde 1863-1957) 설계)이 계획되었다. 그 발기인에는 단눈치오*, 모리스 바레스(Maurice Barrès 1862-1923), 아나톨 프랑스(Anatole France, Francois Anatole Thibault 1844-1924), 지드*, 하우프트만(Gerhart Johann Robert Hauptmann 1862-1946), 호프만스탈*, 말러*, R. 슈트라우스*, 뭉크(Edvard Munch 1863-1944), 발터 라테나우(Walther Rathenau 1867-1922), H. G. 웰즈(Herbert George Wells 1866-1946)와 같은 저명한 인사들이 올랐지만, 제1차 세계대전 발발로 인해 실현에는 이르지 못했다. 덧붙이자면, 대전 후에 쟁란의 베를린을 피해 여기서 새로운 공화국의 헌법 초안이 토의되었던 일에서 '바이마르 공화국'이라는 호칭이 있다. '니체 아르히프 재단'은 1926년에 '니체 아르히프 친우회'로 확장되며, 1931년에는 '니체 전집 편집학술위원회'가 병설되었지만, 본래 반유대주의*적인 심정의 소유자였던 엘리자베트는 무솔리니에 심취하고, 1930년대에는 히틀러가 엘리자베트를 방문하여 꽃다발을 전하며, 그녀 쪽에서도 그에게 니체의 산보용 지팡이를 증정하는 등, 아르히프는 나치스* 동조자들의 사교장이 되기도 했다. 당시 교외에 설립된 부헨발트 수용소에서는 반체제파와 유대인이

구금·살해되고 있었다. 1943년에는 엘리자베트의 사후 아르히프의 중심이 된 리하르트 욀러(Richard Oehler 1878-1948)*가 무솔리니에게서 증정 받은 디오니소스 상을 폭격 속에서 아르히프로 가지고 돌아왔다는 에피소드도 전해지고 있다. 제2차 대전 후, 니체의 장서·유고는 그곳의 괴테·실러·아르히프에 보관되었지만, 동독에서는 (계획된 일은 있었긴 하지만) 니체의 저작 간행이 허가되지 않았다. 다만 사회주의 체제 붕괴 몇 년 전에 '문화유산'의 재평가가 지시되자 이전의 니체 아르히프의 건물이 복구되고, 지난날의 모습을 본떠 유겐트슈틸*을 기조로 하는 니체 기념실이 설치되어, 시내에 자리하는 '국립독일고전문학연구기념관'의 일원이 되었다.

—오이시 기이치로(大石紀一郎)

📖 ▷Hubert Cancik, Der Nietzsche-Kult in Weimar. Ein Beitrag zur Religionsgeschichte der wilhelminischen Ära, in: Nietzsche-Studien, Bd. 16, Berlin/New York 1989. ▷Manfred Riedel, Zeitkehre in Deutschland. Wege in das vergessene Land, Berlin 1991.

바젤 [Basel]

스위스 북부, 독일과의 국경에 위치하는 라인 강변의 도시로 오래전부터 파트리치아라고 불리는 도시 귀족이 지배하며, 19세기에도 그 가부장제적인 전통이 남아 있었다. 바젤대학의 고전문헌학* 강좌는 1861년에 창설되어 리츨* 문하의 문헌학자가 연달아 교수직에 취임했지만, 1868년에 자리 하나가 공석이 되었다. 강좌 창설시의 참모진으로 당시에는 시 참사회원으로서 교육 행정의 중심이 되어 있던 빌헬름 피셔(Wilhelm Vischer-Bilfinger 1808-74)는 리츨의 추천에 기초하여 니체의 초빙에 진력하며, 1869년에 약관 24세로 아직 박사 학위도 취득하지 않은 니체는 고전문헌학의 원외 교수로서 부임했다(취임 강연은 「호메로스와 고전문헌학」이었다). 대학에서 문헌학을 강의하고 부속 김나지움에서 고전어를 가르치는 한편, 그는 주변의 베르너 오버란트로 멀리 나가 준엄한 자연의 아름다움을 만끽하고 루체른 근교의 트립셴으로 바그너*를 방문하여 예술에 의한 사회 변혁의 꿈 이야기를 나누었다. 또한 동료인 역사학자 야콥 부르크하르트*와의 친분을 얻게 되어 이 석학의 「역사의 연구」에 관한 강의(나중에 『세계사적 고찰』로서 공간)에 출석하며, 강의 후에 고대 그리스에 관해 이야기 나누는 것을 즐거움으로 삼았다. 그 밖의 동료로서는 『위대한 사상가의 인생관』(Die Lebensanschauungen der grossen Denker, 1890)으로 알려지게 되는 오이켄(Rudolf Christoph Eucken 1846-1926)도 있었지만, 딜타이*는 그 전해에 킬로 막 옮겨간 상태였다. 다음 해 봄에 신학 교수로서 부임하여 니체와 같은 집에 하숙한 오버베크*와는 평생에 걸친 우정*을 맺게 된다. 『모권론』(Das Mutterrecht, 1861)으로 알려지는 바흐오펜*과도 알게 되어 몇 번인가 초대를 받으며, 그의 시사에 따른 것인지 『비극의 탄생』* 집필 당시에 대학 도서관에서 바흐오펜의 『고대인의 무덤의 상징에 대한 시론』(Versuch über die Gräbersymbolik der Alten, 1859)과 크로이처*의 『고대 민족들, 특히 고대 그리스인의 상징과 신화학』(Symbolik und Mythologie der alten Völker, besonders der Griechen, 1819)을 빌리고 있다. 1872년에 니체는 「우리 교육 기관의 미래에 대하여」라는 제목의 공개 연속 강의를 행하여 동시대의 독일 대학과 김나지움에서의 교육을 용서 없이 비판했지만, 부르크하르트가 전하는 바에 따르면, 이 공개 강연은 바젤의 청중에게 호평 속에 받아들여졌다고 한다. 그러나 『비극의 탄생』은 문헌학계의 불평을 사며, 한때는 니체의 수업을 수강하는 문헌학 전공 학생이 한 사람도 없게 되고 말았다. 철학 교수직으로의 배치전환의 희망도 받아들여지지 않고, 로문트(Heinrich Romundt 1845-ca. 1920)와 도이센* 등, 자신의 친우들을 동료로 맞이하고자 하는 시도도 차례차례 좌절했다. 1879년, 니체는 질병의 악화를 이유로 대학을 퇴직하며, 3,000프랑의 연금을 받게 되었다. 그 후에도 때때로 오버베크를 방문한다든지 새로운 저서를 간행할 때마다 부르크하르트에게 헌정하는 등으로 해서 니체는 바젤에 대해 계속해서 호의적인 감정을 지녔다.

—오이시 기이치로(大石紀一郎)

📖 ▷Johannes Stroux, Nietzsches Professur in Basel, Jena 1925.

바타유 [Georges Bataille 1897-1962]

　조르주 바타유는 제2차 대전 후의 프랑스의 가장 중요한 작가·사상가의 한 사람이자 서양 근대의 산물인 자기의식을 넘어서는 체험과 이론을 철학적 에세이와 소설과 비평, 나아가서는 사회학·경제학 분야에 미치는 이론적 저작까지 실로 다양한 형태로 계속해서 추구했다. '자기의식을 넘어서는 체험'이란 구체적으로는 모종의 신비주의자들의 법열 상태나 성 행위 속에서 도달되는 엑스터시를 가리킨다고 생각해도 좋은 것이지만(예를 들어 바타유는 성 테레지아의 법열을 성적 엑스터시와 동일시한다), 바타유 경우에 특이한 것은 그러한 체험에 안정된 의미를 부여하는 것을 집요하게 거부한 점이다. 예를 들어 신비주의라면 그것을 '신과의 합일'이라고 부를 것이다. 또는 철학이라면 그것을 '초월'이라고 부를 것이다. 어느 쪽이든 기성의 사고에서는 '넘어서기'에 앞서 무엇인가 초월적인 가치가 상정되며, 그 가치에 도달하는 것에서 구제와 자기실현이 이루어진다고 말해진다. 그러나 바타유는 그러한 초월적인 가치를 인정하지 않는다. 거기에는 니체로부터의 깊은 영향이 놓여 있지만, 어쨌든 '넘어서기'에 앞서 무언가 실체적인 것을 인정하고자 하지 않는 바타유의 초월 체험은 대단히 특수한 형태의 것으로 된다. 자기를 넘어서려고 무언가가 움직인다. 그러나 자기의 바깥에는 아무것도 없다. 있는 것은 다만 자기가 넘어서진다고 하는 순간뿐. 자기의 틀이 밀어열리고, 자기가 상실된다고 하는 순간의 환희와 고통뿐이다. 따라서 바타유가 '내적 체험'이라고 부르는 그 체험은 사전에 안정을 보증 받은 자기 초월의 체험이라기보다는 오히려 자기의 파괴를 건 초월 체험, 자기의 파괴 그 자체가 하나의 가치로서 추구되는 것과 같은 체험인바, 그 체험을 철저히 사고함으로써 바타유는 '자기'라는 근대적인 앎의 틀 그 자체에 해체를 강요했다고 말할 수 있을 것이다. 더 나아가 '내적 체험'의 사고가 직접 전개되는 것은 『무신학대전』(La Somme athéologique) 3부작(『내적 체험』(L'expérience intérieure, 1943), 『유죄자』(Le Coupable, 1944), 『니체에 대하여』(Sur Nietzsche, 1945))에서지만, 그 이외의 저작에서 전개되는, 예를 들어 '소비'의 이론(『저주받은 부분』(La Part maudite, 1949)과 '에로티시즘'의 이론(『에로티시즘』(L'Erotisme, 1957))도 사회라는 차원에서 '자기'의 일상적인 질서가 어떻게 파괴되는지를 고찰한 것이라고 생각할 수 있다.

　이러한 바타유의 특이한 사유의 배경에서 니체로부터의 영향을 보는 것은 어렵지 않다. 경건한 가톨릭 신자였던 바타유가 20대 중반에 신앙을 버렸던 것은 니체를 탐독한 결과라고 말해지고 있지만, 니체의 '신의 죽음'의 가르침으로부터 그때 바타유가 받았을 충격은 위에서 말했듯이 모든 초월적인 가치를 부정하는 자세가 되어 바타유 속에 뿌리를 내렸다. 그러나 그것만이 아니라 바타유는 무엇보다도 니체의 과격함을 사랑했다. '신'과 그리스도교를 부정할 때의 과격함도 그 하나지만, 동시에 그리스도교*에 의해 지배된 근대 부르주아 사회의 가치관을 공격할 때의 과격함, 나아가 그러한 기성의 가치 질서를 '넘어서고자' 하는 의지의 과격함. 그러한 모든 국면에서의 니체의 과격함을 바타유는 자신의 것으로서 받아들였다. "니체만이 나와 연대했다"고 바타유는 말한다[『니체에 대하여』]. 요컨대 교의의 이것저것에 대한 사변적인 공감이 아니라 싸움을 같이 하는 자들끼리의 깊은 연대감. 다만 바타유는 니체의 그러한 싸움에서의 과격함을 한층 더 과격화하여 받아들였다고 말할 수 있을지도 모른다. 20년대 말에 비평가로서 데뷔한 바타유의 초기 문장은 니체가 시도한 것과 같은 근대 사회의 가치관의 전도를 그 나름의 방식으로 다시 시도한 것이었지만, 그 방식은 통상적으로는 '추잡스럽다'고 물리쳐지는 것(예를 들면 '도살장'이나 '엄지발가락')에서 적극적인 아름다움을 발견한다고 하는, 독자의 감정을 거슬리는 그러한 것이었다[『도큐망』(Documents, 잡지)에 수록된 논문들]. 또한 '내적 체험'의 사유라 하더라도, 니체의 '넘어서기'에의 의지에는 '초인'과 '힘'과 같은 개념이 준비되어 있어, 적어도 당시의 니체 이해에서는 그것들이 새로운 '초월적 가치'처럼 실체화되어 받아들여지는 일이 많았으며, 니체 자신의 기술에도 그러한 오해를 부르는 요소가 없었다고 말하면 거짓일 것이다. 그것을 바타유는 어디까지나 과격하게 '초월적 가치의 전면적 부정'에로 밀고 나갔던 것이며, 그에 의해 최종적으로는 후기 니체가 소묘했던 것과 같은 '자기 동일성의 해체'의 풍경을 니체와 마찬가지로, 혹은 니체보다 더 대담하게 그려낼 수 있었던 것이다.

바타유가 니체를 체계적으로 논했던 것은 아니다. 그러나 '자기'의 해체가 물어지는 차원까지 니체와 함께 사고를 진전시킨 바타유의 자세 그 자체가 이미 일종의 니체에 대한 비평인바, 그것은 1960년대에 프랑스에서 시작된 니체 해석의 새로운 움직임(푸코*, 들뢰즈* 등)에 대해서도 선구적인 역할을 수행했던 것은 아닐까 생각된다. ☞ 과잉, 신의 죽음

—가네코 마사카쓰(兼子正勝)

바흐오펜 [Johann Jakob Bachofen 1815-87]

바흐오펜은 바젤*의 도시 귀족 가계이자 견직물업을 경영하는 부유한 집에서 태어났다. 바젤, 베를린, 괴팅겐의 각 대학에서 법률학과 고전문헌학을 공부하고, 특히 역사법학파의 태두 F. K. v. 사비니(Friedrich Carl von Savigny 1779-1861)에게 사사한다. 프랑스, 영국 여행을 거쳐 바젤대학에서 로마법 강좌의 교수가 된다. 그러나 대학의 공기에 친숙해지지 못한 채 2년여 만에 사임하고 재판관직에 취임하지만, 집에서 로마사 연구에 몰두한다. 이탈리아의 고대 묘비의 장식과 거기에 나타나는 사자 숭배에 흥미를 지니며, 거기에 망각된 채로 있는 세계의 상징 유물이 감추어져 있다는 것을 직관했다. 그는 고대의 미술과 신화의 상징을 해독하여 그것들이 남성이 아니라 여성이 권력을 장악하고 있던 시대의 망각된 기억=관념층을 표현한다고 생각했다. 종래의 학문에 있어 유일한 자료로 여겨진 역사적 기록의 해석으로부터는 얻어지지 않는 발상이었다. 그는 『고대분묘상징시론』(Versuch über die Gräbersymbolik der Alten, 1859)의 2년 후에 『모권론』(Das Mutterrecht, 1861)을 공간했다. 그 후 『타나퀼의 전승』(1870) 등을 발표한다.

그는 부권제 이전에 존재한 모권제를 두 개의 단계로 나누고, 처음은 아프로디테 신으로 상징되는 난혼제, 창부제의 단계이며, 다음으로 데메테르 신의 원리에서는 혼인적인 여성 지배에 이른다고 한다. 전자는 '진흙의 단계'이며, 무질서, 무도덕이다. 후자에서는 이에 대한 격렬한 투쟁에 의해 비로소 고도한 농경문화와 정주 및 혼인을 수반하는 여성 지배가 확립되었다. 이것은 제한과 질서를 중시하고 결합과 평화와 평등이라는 가치관을 지닌 세련된 문화 단계였다. 여성 지배의 기초에 놓여 있는 종교야말로 모권제의 최고의 형태이다. 여성이야말로 모든 종교의 참된 본질인 밀의의 담당자다. 이에 반해 부권제는 우라노스적인 아폴론으로 상징되며, 그 관념은 물질적이 아니라 정신적이다. 모권제와 부권제와의 투쟁 속에서 부권제가 승리를 거둬 올림포스의 12신이 출현한다. 바흐오펜은 부권제의 최종적 승리를 로마 제국과 그리스도교*로 보고, 모권제로부터 부권제로의 이행을 진보로 바라본다.

바흐오펜과 니체는 바젤의 지식인들 사이에서의 교제 동료였다. 그러나 상호 간에 어떠한 학문적 교류가 있었는지는 분명하지 않다. 쇼펜하우어*로부터 낭만주의를 이어받은 니체는 바흐오펜과 같이 낭만주의의 문헌학이 발굴한 지하신, 지모신에 관심을 보이지 않았다. 따라서 니체의 『비극의 탄생』*에서 보는 디오니소스*와 아폴론*도 지모신, 태모신이 아니다. 두 사람은 니체가 『안티크리스트』*를 쓰기에 이르러 사이가 벌어진다. 바흐오펜은 경건한 프로테스탄트이자 도시 귀족이었기 때문이다.

『모권론』은 출판 당시에는 거의 알려지지 않아 세상에 파묻힌 형태가 되어 있었다. 그러나 미국의 민속학자 모건(Lewis Henry Morgan 1818-81)의 『고대사회』(Ancient Society, 1877)에서 다루어졌다. 이 모건의 책으로부터 차용하여 모권제를 세상에 퍼트린 것은 엥겔스(Friedrich Engels 1820-95)의 『가족, 사유재산 및 국가의 기원』(Ursprung der Familie, des Privateigentums und des Staats, 1884)이다. 엥겔스는 가족의 형태가 집단혼으로부터 일부일처제로, 모권제로부터 부권제로 발전했다

는 것을 인정했다. 이 발전을 모건으로부터 엥겔스에게로 전한 것은 맑스*였다. 이리하여 사회주의자들 사이에서는 모권제의 부권제로의 전환은 여성의 세계사적 패배로 보이며, 그 때문에 바흐오펜의 모권제는 여성 해방 운동에 있어 이끄는 별이 되었다.

그러나 모권제는 세기말*로부터 20년대에 걸쳐 사회주의자가 아니라 뮌헨의 슈바빙 지구에 거주하는 게오르게*, 클라게스* 등을 중심으로 한 우주론 서클에 전파되었다. 그러나 그들은 바흐오펜의 모권제를 반그리스도교 시민 도덕과 반진보, 반근대의 심정으로 읽어 들였다. 여류 작가 레벤트로프 백작부인을 비롯해서 토마스 만*, G. 하우프트만(Gerhart Johann Robert Hauptmann 1862-1946), 릴케*, 호프만스탈*, 헤르만 헤세* 등의 작가에 의해 문학, 시, 희곡의 주제로서 다루어지고 있다. ☞페미니즘[여성 해방]

—우에야마 야스토시(上山安敏)

반니체[1](좌익의)

'좌익의'라는 것에서, 이른바 정통파, 즉 소비에트 맑스주의에 가깝다는 점에서, 게다가 그 내용에 있어서도 영향력이 큰 니체론인 한에서, 루카치*의 대저 『이성의 파괴』(1954)에서의 니체를 둘러싼 한 장을 빼놓을 수 없을 것이다. 이 책은 히틀러의 출현에 이르는 근대 독일의 사상사, 특히 그 '비합리주의'의 역사를 바로 파시즘에 의한 파국을 초래한 역사로서 이성/반이성의 도식 하에 비판적으로 서술하고 있다. 셸링(Friedrich Wilhelm Joseph von Schelling 1775-1854), 키르케고르*, 쇼펜하우어*로부터 니체, 삶의 철학을 거쳐 인종이론에 이르는 비합리주의 전통을 고발하고 단죄하고 총괄하는 그 격렬함과 도식성과 당파성 때문에 이 책은 때때로 악서의 대명사——"『이성의 파괴』는 루카치 자신의 이성의 파괴다"라는 아도르노*의 대사는 아주 자주 인구에 회자되었다——가 되기도 하며, 혹은 구동독에서는 철학사와 문학사 기술의 틀에 박힌 양식을 제공하는 것이 되기도 했다. 일련의 사회주의 정권의 해체라는 역사적 현실(=당파성의 소멸)을 그 도식

과 분별력 전체를 냉정하게 생각해 보는 좋은 기회로 삼아야 하는 것이 아닐까?

그러한 니체론이지만, 이것은 지금까지 일본에서의 니체 수용*의 지배적 추세인 인생론적, 실존주의*적 니체를 고려하면, 그것에 대한 파괴력을 지닌 대항축을 이룬다. 여기서 루카치는 니체를 반동적 부르주아 내지 제국주의의 지도적 철학자로 자리매김하며, 그 주요한 적은 운동 및 세계관으로서의 사회주의*였다고 단죄하고, 그것을 텍스트에 따라서 상세하게 논의해 간다. 물론 니체가 정책으로서의 제국주의를 선취하여 찬미한다든가 사회주의에 간섭하여 비판했다는 것이 아닌바, 그 점에서 그는 무지에 가까웠을 것이다. 오히려 정신의 심층에서 그러한 것과 공명하는 것을 발군의 재능과 감성을 가지고서 표현했다고 하는 것이다. 이 때문에 루카치는 '간접적 변호론'이라는 개념을 고안해내고 있지만——문학에서의 그의 '리얼리즘' 이해에 대응한다——, 이것은 사상가가 **우연하게도** 시대의 핵심부에 놓여 있는 심성을 체현한다고 하는 의미에서 직접적인 것보다 훨씬 더 커다란 영향력을 지닐 수 있다고 생각된다. 루카치는 1848년을 경계로 부르주아 이데올로기가 하강기에 들어서며, 거기서 독특한 데카당한 성격을 지닌 사상적 세계가 생겨났다고 보아, 니체야말로 이 데카당스*를 인식하고서 그 잘못된 극복을 기도한 대표자라고 간주한다. 니체의 "과잉 혁명적 제스처"는 현 상황에 대한 반역임과 동시에 제국주의적 사상 내용을 선취한다고 하는 이중성을 지니며, 세련된 문화 비판과 야만*의 긍정의 공존도 이로부터 설명할 수 있다고 한다. 요컨대 세련은 지배 계급을 향한 것이며, 야만은 억압받는 계급을 향해 있다는 것이다. "노예를 원하면서 노예를 주인으로 교육한다면 바보가 아닐 수 없다"라는 『우상의 황혼』의 「노동 문제」를 다루는 단편[IX. 40]의 말을 붙들고서 루카치는, 니체가 경제적 기초를 무시하고서 오로지 이데올로기 수준에서만 문제를 보고 있으며, 더욱이 그 해결을 주인의 대응 여하에서 찾고 있다(히틀러의 선구!)고 힐난한다. 새로운 유형의 '훈육'이야말로 니체의 불변적 사회적 이상이었던 것이며, 그리하여 이 이상을

방해하는 사회주의자에게로 그의 증오가 향한다.

니체가 왜 반그리스도자로서 등장하는가 하는 것도 이러한 시각에서 파악될 수 있다. 즉 그리스도교*로부터 프랑스 혁명*이 발생하는 것이며, 이로부터 민주주의*가, 그리고 사회주의가 발생한다──따라서 그 반그리스도교는 실은 사회주의의 근절을 바라는 것이었다는 것이다. 영원회귀* 사상도 우선은 그리스도교적인 피안 신앙을 향해 있지만, 모든 '초월'을 격렬하게 공격함으로써 사회주의의 혁명적 미래 전망의 도덕적 지반을 무너뜨리게 된다고 한다. 영원회귀의 사상이 역사의 발전은 원리적으로 아무것도 새로운 것을 산출하지 못한다는 명제의 신화화이기도 하다는 것은 자명하다. 더욱이 이 신화가 사회주의라는 역사적 운동에 대한 '공포'로부터 생겨났다고 하는 루카치의 견해──이와 같은 것은 거의 프로이트*의 합리화론을 생각나게 한다──는 이것을 절반은 시인할 수 있을 것이다. 그러나 이제 사회주의도 다른 의미에서 신화였다고 한다면, 이 '공포'도 절반은 시인되어야만 할 것이다. 그렇다고 한다면, 여기에는 파시즘과 소비에트 맑스주의의 양자택일이 있고, 게다가 그 어느 쪽도 이미 선택할 수 없는 이중 구속이 생겨난다. 하지만 여기에 루카치와 같이 당파성에 의거하지 않고서 이 이중 구속 자체를 살아간 증언이 있는바, 즉 이성과 지배의 동일성에 대한 고발을 이성의 반성 능력에 의해서 행한 『계몽의 변증법*』이다. 『이성의 파괴』와 『계몽의 변증법』은 각각 제2차 대전 중에 망명지 모스크바와 캘리포니아에서 구상되며, 니체를 하나의 축으로 이를테면 서로 대립하는 서구 문명의 끝으로부터 그 중심부에 대한 비판을 감행한 것이다. 니체적인 동기를 니체에 의한 신화화를 배제하고서 되살리는 시도이기도 한 이 『계몽의 변증법』의 노선에서 재차 선명한 반니체를 축으로 헤겔* 이후의 독일 사상사를 서술한 하버마스*의 『근대의 철학적 담론』이 나타났다. 이러한 반니체로부터 당파성 사후의 '**비공산주의적 좌악**'의 가능성이 생겨나는 것인지의 여부가 이제 물어지고 있다. ☞사회주의, 계몽의 변증법, 루카치

──나카오 겐지(中尾健二)

반니체²(신보수주의의)

신보수주의의 어의 그 자체가 그것을 사용하는 사람과 사용되는 시대에 따라 그 폭이 넓어 일의적으로 확정될 수 없지만, 아주 대략적으로 파악해서 말하자면, 프랑스 혁명*에서 시작되는 이성에 의한 사회 개혁에 반대하면서 근대 이전의 전통에 담긴 지혜를 존중하는 입장이 구보수주의라고 한다면, 무언가의 의미에서 근대 사회가 거둘 수 있었던 성과를 인정하면서도 그 같은 근대 사회의 모순에 대해서는 좌익적 극복책을 물리치고 전통을 동원하여 진압하고자 하는 입장이 신보수주의다. 일본의 동시대사로서는 나카소네(中曽根) 정권이 밀어붙인 '작은 정부'를 슬로건으로 하는 시장 만능주의＝민활론과 '일본 문화의 정체성'론의 조합이 상기된다. 하버마스*는 신보수주의적인 시대 진단을 규정하는 특징의 하나로서 사회적 근대에 대해서는 추인하면서 그와 동시에 문화적 근대(모더니즘 문화)의 가치에 대해서는 부정하는 자세를 거론하지만, 이것을 가장 선명하게 내세우는 것이 다니엘 벨(Daniel Bell 1919-2011)일 것이다.

벨은 그의 『자본주의의 문화적 모순』(The Cultural Contradictions of Capitalism, 1976)에서 고도한 자본주의 사회에 있어서는 사회와 문화가 괴리되어 가는, 요컨대 경제 운영과 기술 혁신을 위해 요청되는 사항과 각 사람의 가치 지향이 모순되어 가는 것을 문제로 삼았다. 요컨대 그것 없이는 사회가 성립할 수 없는 '진지함' 지향(＝전통적 노동 윤리)이 자본주의의 발전과 함께 쾌락주의적인 '놀이' 지향에 의해 침식되고 있는 것을 우려하는 것이다. 그의 가까운 논적으로 업적주의를 배제하고 에로스적 문명을 유토피아로서 내세운 마르쿠제*가 있다. 그의 '온몸을 성감대로!'라는 도발적 슬로건을 벨은 조금은 지나치게 '진지하게' 받아들이고, 다형도착을 다룬 포르노 영화와 갑자기 결부시켜 사회의 포르노토피아화를 탄식한다든지 하고 있다. 오늘날의 대중문화를 포르노와 록과 마약으로 상징화한 다음, 그로부터 벨이 간취하는 것은 사람들이 전통적인 종교와 일상의 모럴로부터 이반하고, 자기의 감성만을 의지하여 '진짜'를 찾는 여행에 나서

지만, 결국 그것은 파흥으로 끝날 수밖에 없다는 것이다. 이러한 쾌락 지향을 만연시키는 것에 크게 기여한 것이 벨의 말을 빌리자면 모더니즘 문화이며, 그 중심 인물들 가운데 한 사람이 니체라는 것이다. 특히 그의 '인생은 미적으로만 정당화된다'는 테제가 문제시된다. 미적인 기준만이 절대화되고 자율적인 것으로 되면, 종교와 법과 도덕과 같은 공공생활을 성립시키고 있는 것은 어떻게 되어도 좋게 되며, 진정한 자신의 미적인 탐구만이 홀로 걷기 시작한다. 현재를 특권화하는 것이 모더니즘 일반의 특징이지만, 거기서 생겨나는 과거의 분리(전통의 경시)는 인간을 허무에 빠트릴 뿐이며, 디오니소스적인 취함도 잠시의 것에 지나지 않고, 숙취의 고통스러운 아침이 올 뿐이라고 벨은 니체에게 찬물을 끼얹은 것이다. 문화와 사회 구조의 분열을 우려하는 벨은 그 해결책의 제기에 대해서는 신중하지만, 배후에 미국 원리주의의 신념이 놓여 있다는 것은 틀림없다.

이 신념을 노골적으로 내걸고, 반니체의 논의를 전개하는 것이 『미국 정신의 종언』(*The Closing of the American Mind*, 1987)에서의 앨런 블룸*이다. 이 책은 일종의 대학론이기도 한바, 대학에서 플라톤*을 중심으로 한 고전을 읽을 것을 권고하는(이 의미에서는 보편주의를 표방한다) 것이지만, 이 중에서 니체는 플라톤적 이성을 희생시키고, 더 나아가서는 미국 정신을 폐색시킨 독일 사상의 중심인물로 간주되고 있다. "우리가 말하고 싶은 것은 자유와 평등이라는 우리의 원리와 그것에 기초하는 권리가 이성에 적합하며, 모든 장소에 적용될 수 있다는 것이다. 제2차 세계대전은 이러한 원리를 수용하지 않는 사람들에게 그 수용을 강요하기 위해 행해진, 참으로 교육적인 시도였다. …… 그러나 헤겔* 이후의 독일 철학은 이와 같은 원리에 의문을 던졌다." 그리고 "우리나라의 극단적인 계몽적 보편주의를 생각할 때, 니체와 하이데거*에게 있어 우리를 끌어안는 것만큼은 양해하고 싶은 것이 아니기도 할 것이다." 하지만 이 보편주의가 실은 원리주의가 아닐까 하고 의문을 던지는 것 자체는 정당하지 않을까? 블룸은 니체를 가치 상대주의의 원흉으로서 공격

하는 것이지만, 그의 '이성'을 니체적인 광학으로부터 음미하는 것은 여전히 유효하다. 이리하여 「좌익의 니체주의화 또는 니체주의의 좌익화」라는 장을 포함하는 블룸의 책과 벨의 반니체론은 대학 교육과 대중문화에 니체는 무시할 수 없는 영향을 미치고 있다는 의미에서 니체의 기폭력을 정당하게(!) 평가하고 있다고도 말할 수 있다. 그러나 독일에서는, 그리고 일본에서도, 격렬한 반니체의 논의가 없는 것에 상응하게 니체는 교양의 일환으로 대체로 끼워 넣어져 그 기폭력을 발휘하고 있지 못한 것이다. 사회의 합리화에 의한 의미의 진공을 메우기 위해 전통을 상기하는, 그러한 보완적 직분으로부터 벗어나지 못하는 인문과학의 대상으로 니체가 되어버리고 말면, 니체라는 가시는 조금도 고통스럽지 않은바, 그 무해화라는 점에서 이것이야말로 신보수주의에 의한 참된 반니체인 것일지도 모른다. 특히 이성과 보편주의에 대한 신뢰가 약한 정신 풍토에 있어 니체의 이성 비판은 허공을 때리는 것에 지나지 않으며, 전통의 우성 유전에 자리 잡기 위한 구실을 주는 것으로 끝날 수도 있다는 것을 자각해야 할 것이다. ☞블룸

—나카오 겐지(中尾健二)

반니체³(자유주의)

현대 자유주의는 평등의 이념 및 '복지에 대한 권리'를 기초로 하여 (1) 정치 영역에서는 개인의 자유를 최대한 발휘하게 하고, (2) 경제 영역에서는 정부에 의한 시장에의 개입·재분배를 추구한다고 하는 이중의 특징을 지니는바, 니체가 비판한 19세기의 고전적 자유주의(자유방임주의)로부터는 크게 변용되어 있다. 이러한 복지국가 형 자유주의에 이론적인 뒷받침을 주고자 한 것이 미국의 윤리학자 존 롤즈(John Rawls 1921-2002)의 『정의론』(*A Theory of Justice*, 1971)이다. 칸트주의를 표방하는 그는 선(바람직함·행복)보다도 공정함(올바름·정의)을 우선적인 주제로 생각하고, 다양한 선의 공존을 가능하게 하는 원리를 탐구하는 까닭에, '의무론적 자유주의'라는 진영에 포함될

수 있다. 역으로 롤즈에 따르면 선을 공정함과는 독립적으로 정의하고, 그것을 최대화하는 제도가 정의에 부합한다고 간주하는 '목적론'은 현대 사회의 정의를 구상하는 데서의 적격함을 결여한다. 목적론의 일종으로 니체와 아리스토텔레스를 그 대표격으로 하는 '탁월주의'(perfectionism)가 있는데, 거기서 "예술, 과학, 문화에서의 인간의 탁월을 최대한으로 달성할 수 있도록 제도를 결정하고, 개인의 의무와 부담을 정해야 한다"는 탁월성 원리를 창도한 니체가 공격의 대상이 된다. "인류는 끊임없이 위대한 개인을 낳도록 노력해야만 한다. …… 가장 희귀하고 가장 소중한 표본의 이익을 위해 살 때에만 최고의 가치, 가장 심오한 의미를 획득할 수 있다는 것은 분명하다."[『반시대적』 III. 6] 이렇게 쓴 그가 "소크라테스와 괴테와 같은 위인의 인생에 부여하고 있는 절대적인 무게는 이상하다"고 롤즈는 단정한다. '의무론적 자유주의'의 입장에서 보면, 탁월이라는 선의 최대화로만 인생의 목적을 축소시킨 니체의 입장은 너무나도 편협하며, 다양한 선의 구상을 지니는 개인들로 이루어지는 사회 정의의 기초를 제공할 수 없다. 다만 롤즈의 목적론 비판은 영어권에서 지배적이었던 '공리주의'를 주된 표적으로 정하고 있기 때문에, 그는 니체(및 탁월주의)를 본격적으로 검토하는 데까지 이르고 있지 않다.

같은 미국의 철학자 리처드 로티(Richard Rorty 1931-2007)는 풍요로운 북대서양 지역의 민주주의를 그 역사적·경제적 성공을 이유로 옹호하는 '포스트모던 부르주아 자유주의'라는 기치를 내걸고 있다[Postmoderni st Bourgeois Liberalism, 1983]. 그는 롤즈와 달리 니체를 일단 스스로가 의거하는 프래그머티즘의 전통에 연결해두고 나서 그 불철저함을 공격하는 교묘한 논법을 취했다[Consequences of Pragmatism, 1982]. 로티에 따르면, 니체도 윌리엄 제임스(William James 1842-1910)와 마찬가지로 실재에 대한 대응으로서의 진리라는 관념을 버리고 있는바, 양자는 모두 '실재의 궁극적 본성'에 관해 무언가를 말하고자 하는 형이상학적 충동을 심리학적인 용어로 해석하는 것을 통해 똑같이 '프래그머틱한'(또는 '관점주의적인') 대안을 전개하고 있다. 따

라서 문화를 측량하기 위한 아르키메데스의 점의 탐구를 의식적으로 방기한 이 두 사람은 "자신이 진리를 지니고 있다고 믿지 않는 최초의 세대였다." 그러나 제임스의 경우 프래그머티즘은 고투하는 유한적인 인간의 증명으로서 나타나는 데 반해, 니체(및 푸코)에서의 프래그머티즘은 인간 고유의 유한성에 대한 경멸로서 나타나기 때문에, 결과적으로 "무언가의 강력하고 비인간적인 힘에 대한 갈망이라는 형태"를 취하고 만다. 로티 류의 프래그머티즘에서 이루어지는 니체 비판은 그의 사상에 '연대성'과 '사회적 희망'을 지시하는 어휘가 없다고 하는 한 가지 점에 집약되지만, 로티는 이 비판을 확고한 것으로 하기 위해서는 "목적 달성과 자기실현을 공중도덕 및 정의감과 연동시켜 가는 가능성에 대한 본격적인 논의"가 필요하다고 하는 견해를 제시하는 데 머무르고 있었다.

자유민주주의 및 자유주의 경제의 종국적인 승리에 '역사의 종언'이라는 성격을 부여한 프랜시스 후쿠야마(Francis Fukuyama 1952-)는 『역사의 종언과 최후의 인간』(The End of History and the Last Man, 1992)에서 로티가 내놓은 위와 같은 과제를 받아들이고자 한다. "자유민주주의의 신봉자에게 있어 니체가 걸어간 길[=귀족제, 약육강식의 도덕의 창도]을 끝까지 따라가는 것은 어렵지"만, "우리는 그의 날카로운 심리학적 관찰의 많은 것을 쉽사리 받아들일 수 있다." 요컨대 어느 정도의 '우월 원망'(목숨을 걸고서까지 타인보다 더 뛰어나다는 것을 보이고자 하는 기개)이 생활 그 자체에 있어 결여될 수 없는 전제조건이라고 하는 니체의 주장은 전적으로 올바름에도 불구하고, 민주주의는 그러한 원망을 압살하고, 반대로 '대등 원망'만을 활개 치도록 해 왔다. 그래서 후쿠야마는 니체의 민주주의 비판(특히 『차라투스트라』* 제1부에서의 '마지막 인간'에 대한 통박)의 일부를 받아들여 자유주의의 활성화·고귀화를 위해 '상호 인정'과 위신을 추구하는 기개를 육성해야 한다고 생각하는 것이다.

마크 워런(Mark Warren)의 『니체와 정치사상』(Nietzsche and Political Thought, 1988)은 좀 더 나아가 니체의 '민주주의' 비판, 계급 사회 옹호라는 표면상의 메시지

배후에서 '적극적인 평등주의'를 읽어내고자 하고 있다. 다만 국민국가와 민주주의에 대한 니체의 이데올로기 폭로는 현대의 권력 관계를 파악하는 데서 필수적인 개념(시장 및 관료제)을 결여한 채로 행해지고 있기 때문에, 제도상의 권력을 설명할 때에 그는 지배에의 의지라는 형이상학적인 본질을 끄집어내지 않을 수 없었다. 그의 힘의 철학을 현대의 정치 이론·권력 이론을 가지고서 보완해갈 필요가 있다는 것이다. 현대 자유주의의 반니체 논조는 평등주의의 입장에서 니체를 베어내 버리는 것이 아니라 그의 '자유정신'의 정치사상을 자유주의의 어려움을 자각시키는 자극제로서 다시 읽고, "적대하면서도 그 은혜에 참여하는 관계"[William E. Connolly, 『정치 이론과 모더니티』(*Political theory and modernity*, 1988)]를 맺고자 하고 있다.

—가와모토 다카시(川本隆史)

『반시대적 고찰反時代的考察』 [Unzeitgemäße Betrachtungen. 1873-76]

【Ⅰ】 반시대성

『다비드 슈트라우스—고백자와 저술가』(1873), 『삶에 대한 역사의 공과』(1874), 『교육자로서의 쇼펜하우어』(1874), 『바이로이트의 리하르트 바그너』(1876)의 4편으로 이루어진 『반시대적 고찰』은 "철저히 호전적"인 문화 비판의 글이다. 이 저작들에서 니체가 의도한 것은 '제국', '교양', '그리스도교', '비스마르크', '성공'이라는, 1870년대의 독일에서 찬양되었던 것을 공격하고, 그 대극에서 미래의 문화를 가리켜 보여주는 인간상으로서 "쇼펜하우어"와 바그너, 또는 한 마디로 말하자면 니체"라는 "반시대적 유형"을 그려내는 것이었다[『이 사람』. Ⅴ. 1]. 여기서 '반시대적'(unzeitgemäß)이라는 것은 '현대 풍조' 내지는 '시대에 입각한'이라는 의미의 'zeitgemäß'의 반대어이며, 시류에 영합하지 않고 과감하게 도전하는 자세를 보여준다. 그러나 이 반시대성은 니체가 고전문헌학자로서 근대 문화와 대결하는 자세를 취한 것에 뿌리박고 있었다. 『삶에 대한 역사의 공과』 서문에서는 "고전문헌학"이

반시대적으로—다시 말해 시대와 대립해서, 그렇게 함으로써 시대에 그리고 바라건대 앞으로 도래할 시대를 위해—영향을 미치는 것 외에 우리 시대에 어떤 의미가 있는지 나는 잘 모른다"고 말하고 있다. 반대로 그의 고대에 대한 몰두도 당시의 독일에서 정체돼 있던 시대의 공기로부터 탈출하고 싶다는 원망에 기초하고 있었다. 내셔널리즘을 선동하는 풍조와 일시적인 호황에 들떠 있는 부르주아의 자기기만에 대해서도, 이전의 좌파 지식인의 저널리즘적인 활동에 대해서도, 또한 경직된 아카데미즘에 대해서도 혐오를 지닌 니체는 고대 그리스 비극의 재생이 현대의 정체를 날려버릴 것을 꿈꾸고 있었다. 당시의 서간에서 떠오르는 것은 온건한 석학 부르크하르트"와 그리스 문화에 대해 이야기를 나누는 것에서 기쁨을 느끼면서도, 쇼펜하우어를 좇아서 교양의 형해화를 탄식하고, 친우들과 더불어 그리스적인 아카데미아를 구축하는 계획을 세우며, 바그너와 동맹을 맺고서 미래의 문화 건설을 위해 손잡는 것에 감격하고 있는 니체의 모습이다. 이와 같은 문화적 혁신에 대한 기대가 소용돌이치는 가운데, 현대에 숨 막힘을 느끼면서도 아직 완전하게는 그 속에서 납득되고 있지 못한 자이기 때문에 그가 준비한 경고가 『반시대적 고찰』이었다[로데에게 보낸 편지 1870. 12. 15. 참조]. 거기서 그는 자신의 내부에 있던 모든 "부정적이고 반항적인 것"을 토해냈다고 한다[마이젠부크에게 보낸 편지 1874. 10. 25.]. 다만 '자유정신'이 약동하고 비판하는 자신의 스탠스를 다음 발걸음에서 뛰어넘어가는 『인간적인 너무나 인간적인』"(1878) 이후의 저작과 비교하면, 공격의 대상에 구애되어 요설을 휘두르고, 언제나 스스로의 고대 이해를 기준으로 들고 나오는 『반시대적』의 스타일은 아직 활달한 자유로움이 없다. 그는 『반시대적』을 13편의 시리즈로 할 계획도 세웠지만, 실현된 것은 '교양속물', '역사', '철학자', '예술'에 관한 4편뿐이었다. 당시에 유고에 남겨진 계획 속에서 거론되고 있는 '고전문헌학', '김나지움', '종교', '국가·전쟁·국민', '읽기와 쓰기', '신문', '자연', '사회', '자유에의 길'과 같은 주제들 가운데 실제로 초고가 다듬어진 것은 『우리 문헌학자

227

들』뿐이지만(1875년 초), 그것들에서 전개되었을 논평의 일부는 강연 「우리 교육 기관의 미래에 대하여」(1872)에서의 문화 비판으로부터 엿볼 수 있다.

【II】독일 문화와 공공성에 대한 비판

프로이센–프랑스 전쟁*의 승리와 프로이센 주도에 의한 독일* 통일은 위로부터의 내셔널리즘에 영합하는 세력에 의해 환호의 목소리와 함께 맞아들여졌지만, 니체는 이미 전쟁 당시부터 프로이센 '국가'의 융성이 '문화'의 장래를 위험에 드러낼 것을 걱정하며[게르스도르프에게 보낸 편지 1870. 11. 7.; 어머니·누이에게 보낸 편지 1870. 12. 12.], 문화를 군사적·경제적 성공의 장식물로 폄하하는 경향을 우려하고 있었다.『다비드 슈트라우스』에서는, 독일의 여론은 독일의 군사적 승리가 마치 프랑스 문화에 대한 독일 문화의 승리였기나 한 듯이 찬양하지만, 이것은 문화와는 관계가 없으며, 잘 훈련된 독일군이 과학적인 전술로 싸운 결과에 지나지 않는다고 지적하고, 권력에 아첨하여 국민적 자부심을 부추기는 저널리즘*은 "'독일 제국'을 지원할 뿐으로 독일 정신의 패배, 더 나아가 근절"을 초래할 것 같다고 말하고 있다. 문화란 "한 민족의 모든 삶의 표현에서의 예술적 양식의 통일"이어야 함에도 불구하고, 현대의 문화는 독자적인 양식을 산출하지 못한 채, 역사주의*로 도피해 들어가 과거로부터 빌린 것들을 이어 붙여 현대의 추함을 은폐하는 "사이비 문화"라고 여겨진다[『반시대적』 I. 1]. 이러한 허위의 문화를 지탱하는 자들을 니체는 '교양속물'이라고 부르며, 그들은 구미에 맞는 작품을 제공하는 작가를 '고전적 작가'로 꾸며내어 동상을 만든다든지, "도움이 되는" 콘서트와 극장과 전람회에 찾아가서 입장료에 상응할 뿐인 오락을 소비하고, 독선적인 감동에 몸을 맡긴다든지 하고 있다고 빈정거리는 말투로 그 모습을 묘사하고 있다[I. 2]. 표제가 되는 다비드 슈트라우스*는 이전에 헤겔* 좌파의 논객이었지만, 이와 같은 지식인도 국민적 열광에 사로잡혀 속물의 문화에 영합하고 있다고 비난의 대상이 된다. 슈트라우스는 반(反)쇼펜하우어의 낙관주의에 서서 불안을 해소해 주는 형이상학*을 날조하고 있다고 여겨지며, 또한

그 문체에 이르러서는 철도, 전보, 증기기관, 거래소와 같은 비유를 사용하면 새롭다고 생각한다고 하여 니체는 슈트라우스의 독일어 표현을 집요하게 왈가왈부하고 있다. 그의 다양한 분야에 걸친 비판의 초점을 이루는 것은 비판적인 기능을 상실한 공공의 논의에 대한 불신이며, 형해화된 규범과 종잡을 수 없는 내면성으로 분열된 교양에 대한 의문이다.『반시대적』 제3편에서도 현대의 교양은 "단순한 '여론'"에 지나지 않으며, 'Moment'(순간), 'Meinung'(의견), 'Mode'(유행)라는 세 개의 M이 저널리즘 안에서 세력을 떨치고, 국가와 경제에서의 에고이즘에 교양인까지 휘말려들고 있으며, "현재의 예술과 학문도 포함하여 모든 것이 도래하고 있는 야만에 봉사하고 있다"라는 비판이 행해지고 있다[III. 4].

【III】인식과 삶의 대립

이러한 '문화의 야만'을 초래하는 중대한 요인으로서 니체가『삶에 대한 역사의 공과』에서 다룬 것이 '무엇을 위해서'라는 반성을 결여한 역사 연구였다. 19세기 말의 독일에서의 역사 과학들의 제도적 확립은 위대한 정치적 전통을 지니지 않는 독일의 시민층이 급조된 제국 안에서 문화적 정체성의 거점이 되는 위대한 과거를 찾아서 "궁여지책의 역사주의"(플레스너)로 달려간 결과였다. 이 과정에서 독일 관념론*과 결부되어 있던 교양은 역사적 지식의 모음이 되고, 충실한 동시에 유능한 제국 신민이 되어야 하는 대학 입학자의 선별 기준으로 변질해 갔다. 이와 관련하여 니체는 역사의 정점에 서는 승리자로서 과거를 내려다보고자 하는 헤겔의 역사철학의 귀결과, 역사의 사실을 숭배하여 "세계 과정에 대한 인격의 완전한 헌신"을 이야기하는 E. v. 하르트만*의『무의식의 철학』도 도마 위에 올리고 있다[II. 8-9]. 다만 다른 한편으로는 지나친 역사화를 초래한 것은 역사의 과학화에 대한 요청이라고 지적하고[II. 4], 그것을 오로지 '인식'과 '삶'의 대립의 문제로서 파악하고 있었다. 그는 독일의 교양인이 자랑하는 '역사적 감각'에 '역사병'이라는 진단을 내리고, 그것에 대해서 '비역사적인 것'(망각)과 '초역사적인 것'(예술*·종교)을 처방한다. 그리고 "삶을

위해 과거를 사용하고 이미 일어난 것(das Geschehene)에서 다시 역사(Geschichte)를 만드는 힘을 통해 비로소 인간은 인간이 된다'라고 하여, 우리는 역사가 '삶에 봉사하는' 한에서 역사에 봉사해야 한다고 말한다[Ⅱ. 1]. 거기서 '삶에 봉사하는' 역사의 형태로서 거론되는 것은 위대한 과거를 돌아보고서 현재에서의 행위에 매진하는 '기념비적 역사, 스스로의 출신을 자각하여 전통을 옹호하는 '상고적 역사, 무거운 짐이 되는 과거를 뿌리쳐버리고서 미래를 지향하는 '비판적 역사라는 세 가지 종류의 역사 고찰이다[Ⅱ. 2-3]. 그렇지만 "다만 현재의 최고의 힘으로부터만 여러분은 과거를 해석하는 것을 허락받고 있다'고 그가 말할 때[Ⅱ. 6], 과학의 야만적인 폭주를 억제하여 미래를 구축하는 '현재의 최고의 힘'으로서 상정되는 것은 고대 그리스의 비극을 현대에 되살려야 할 예술이다. 확실히 "지식은 자신의 가시를 자신에게로 향해야만 한다'라는, 역사적 이성의 자기반성에 대한 요청도 놓여 있지만[Ⅱ. 8], 그것은 "인식 충동은 그 한계에 도달하면 스스로에게로 칼날을 향하며, 이윽고 지식 그 자체의 비판에로 돌진한다'는 애매한 변증법적 사고 이상으로는 발전하지 못하며[유고 Ⅰ. 4. 27], "인식의 가치가 문제인 것이라면, 또한 다른 한편으로 아름다운 망상도 그것이 믿어지기조차 한다면 인식과 같은 가치를 지닌다고 하는 것이라면, 삶은 환상을, 요컨대 진리로 간주되는 비진리를 필요로 하는 것이라고 하는 것이 판명된다. 삶에는 진리에 대한 신앙이 필요하다. 하지만 그렇다고 한다면 환상만으로 충분하다'라는 당시의 유고도 보여주고 있듯이[Ⅰ. 4. 33], 상대주의적인 진리관으로 기울어져 갔다. 존경하는 부르크하르트가 이 저작에 거리를 두는 자세를 보였던 것은 니체를 실망시켰지만, 후에 역사주의의 위기가 문제로 되자 이 『반시대적 고찰』 제2편은 트뢸치(Ernst Troeltsch 1865-1923) 등의 전문적인 역사가들에 의해서도 진지한 대결의 대상으로서 논의되게 되었다.

【Ⅳ】 문화의 이상으로서의 철학자와 예술가

니체는 「우리 교육 기관의 미래에 대하여」에서 쇼펜하우어를 모델로 하는 철학자에게 의탁하여 당시의 교육 상황을 비판했지만, 『교육자로서의 쇼펜하우어』에서의 국가와 저널리즘, 교육 제도와 아카데미즘에 대한 비판은 이 1872년의 강연과 내용적으로 대응하는 점이 많다. 이 저작에서 그는 쇼펜하우어를 "현대를 극복하는" 이상적인 철학자로서 묘사하고, "쇼펜하우어에 의해 현대를 알고, 그의 인도로 현대에 반한 자기 교육을 행하는" 것이야말로 우리의 과제라고 한다[Ⅲ. 4]. 그런데 『비극의 탄생』*에서도 보이듯이 낭만주의적 자연관의 영향을 남기고 있던 초기의 니체에게 있어 문화의 목표란 철학자와 예술가, 성자의 출현을 촉진하여 자연의 완성에 관계하는 것인바, 그것은 고차적인 것에서의 자연의 자기 인식에 다름 아니었다[Ⅲ. 5]. 특히 "천재*의 산출"이야말로 자연을 완성하는 것이며, 천재의 교육이라는 중요한 과제가 철학자에게 기대된다. 이것은 후에 그가 철학자란 단순한 "아카데믹한 '반추동물'"이어서는 안 된다고 하여 "가치의 창조자"여야 하는 "새로운 철학자들"의 출현을 대망했던 것을 생각하게 한다[선악』 211]. 후에 니체는 "『교육자로서의 쇼펜하우어』에는 나의 가장 내적인 역사, 나의 **생성**이 써넣어져 있다', '여기서는 모든 말이 체험된 것이며 깊고 내적이다'라고 하여 "여기서는 결국 '교육자로서의 쇼펜하우어'가 아니라 그 대극에 있는 '교육자로서의 니체'가 발언하고 있다'고 술회한다[『이 사람』 Ⅴ. 3].

최후의 『반시대적 고찰』이 된 『바이로이트의 리하르트 바그너』에서 니체는 바그너가 체현하는 예술가의 이상을 그리고 있다. 그리고 바이로이트*의 축제를 함께 축하하는 자는 예술이란 무엇인가라는 것을 발견하는 '반시대적'인 자이자 취미로 예술을 애호하는 '교양인'과는 적대한다고 하여, 교양인이 큰돈을 들여 예술에 대한 욕망까지 사 모으고, 그것에 아첨하는 예술이 양심을 마비시켜 현대를 변명하는 것으로 되고 있는 것에 맞서 현대를 고발하는 예술을 추구하고 있다. 그러나 이 바이로이트의 이상에 충실한 자와 취미적인 교양인의 대립에서 바그너의 추종자들은 어느 쪽인가 하면 후자로 분류된다. 확실히 바그너의 신봉자들은 그를 도그마화했다고 하는 표현에서 바이로이트 서클과 바그너 자신과는 구별되고 있지만, 후에 니체가 사람은 사랑하는 한에서 초상을 그리지 않으며 '관찰'을 하지 않는다고 말하는 대로[『인간적』Ⅱ. 서문 1], 이미 바그너와의 소원함이 시작되고 있었던 징후를 보여주는 표현도 곳곳에서 보인다. "자기를 지배하는 힘을 지닌 예술가는 원하지 않아도 다른 예술가를 자신에게 복종시킨다'고 말해진다든지[『반시대적』Ⅳ. 10], 그 후에도 바그너를 특징지을 때에 사용되는 '배우'라는 말이 나타나며, 또한 디티람보스적 극작가는 "가장 위대한 마술사"라고 하는 표현도 있다[같은 책 Ⅳ. 7]. 그리고 바그너에게 굴복함으로써 그 힘에 참여하고, 그를 통해 그에 대한 저항력을 익히는 것이 추구되며, "비밀로 가득 찬 적대"를 거쳐 그로부터 "벗어나는" 것에서 자신을 발견하는 것까지 말해지는 것이다.

【Ⅴ】 문화 비판의 문제성

『반시대적 고찰』은 가식 없이 말하는 비판으로 채색되어 있지만, 그 비판의 전제로서 민족의 삶의 표현에서의 통일이라는 문화 개념과 기회 있을 때마다 독특한 그리스 이해를 끄집어내는 논의는 조금 설득력을 결여한다. 사회적 변화의 경제적·사회적 요인에 대한 시점의 결여는 문화 현상을 충동과 삶으로의 환원에 의해 파악하고자 한다든지, 인간 유형에 의해 문화적 이상을 그리고자 한다든지 하는 사고 패턴과 밀접하게 관련되는 문제점이다. 현재의 눈으로 보면, 초기의 문화 비판에는 반동적이고 비합리주의적인 근대 문명 비판으로 이어지는 부분과, 적어도 말투에서는 그것과 일치하는 바가 있다. 예를 들면 낭만주의적인 기원을 지니는 '민족', '정신', '삶', '천재'와 같은 표현들이다. 니체의 문화 비판은 막다른 곳에 다다른 계몽적 근대의 귀결을 다시 묻고, 세기말 이후의 '모데르네'의 예술 운동을 자극하며, 또한 이후의 사회학자들에게 비판에 대한 동기를 부여했지만, 비판의 궁극적인 근거로서 '삶'을 정립하고, 학문과 예술, 인식과 삶이라는 이항 대립을 세워 그 한편에만 근원성을 인정하는 논법은 그 후의 반계몽적인 사상가와 비평가가 주지주의적인 이성을 탄핵할 때에 사용한 사고도식이기도 하다. 여기서는 어떤 것이 그 반대물로부터 어떻게 해서 생겨나는가라는 『인간적』 이후의 문제의식은 아직 보이지 않는다. 실현되지 않은 『우리 문헌학자들』을 위한 초고는 확실히 『비극의 탄생』 이래의 새로운 고대 그리스상의 탐구를 현대의 실천에 활용하고자 하는 파토스가 문헌학 연구와 고전 교육의 실태에 대한 엄격한 반성과 결부되어 있는 모습을 엿볼 수 있게 해준다. 그러나 새롭게 발견된 고대가 본래적인 과거로서 실체화되어 버리면 그것을 기준으로 한 현대 비판은 스스로의 근거에 대한 반성을 내버려두고서 겉돌 수 있다. 『우리 문헌학자들』이 완성되지 못한 배경에는 고대와 근대의 대립에서 비판의 근거를 찾는 사고의 문제성을 니체 자신이 느끼기 시작했다고 하는 것이 놓여 있을지도 모른다. **고대는 실제로는 언제나 현대로부터** 이해되어 왔다——그리고 이제는 **현대를 고대로부터** 이해해야만 하는 것인가? …… 그러나 본래 현대적인 것의 인식에 의해서만 **고전적인** 고대에 대한 충동을 얻을 수 있는 것이다. 이 인식 없이 —— 어디서 이 충동이 생겨나는 것일까?[유고 Ⅰ. 5. 140]라는, 비판의 동기와 근거가 놓여 있는 곳에 대한 물음이 그 초고 안에 있다는 것은 우연이 아닐 것이다. 머지않아 비판의 근거에 대한 이러한 반성을 통해 낭만주의와 형이상학적 사고의 극복이라는 중기 이후의 과제가 자각되게 된다. ☞학문, 19세기와 니체, 독일/독일인

—오이시 기이치로(大石紀一郎)

반유대주의 [Antisemitismus]

서구 나라들의 유대인을 둘러싼 상황이 변화하는 것은 18세기 말, 특히 프랑스 혁명의 발발 후의 일이었다. 1776년의 미합중국 독립선언에서의 유대인에 대한 시민권 부여, 1789년의 프랑스에서의 유대인 해방령 등에서 보이는, 시민 혁명 하에서의 유대인의 평등한 시민으로서의 인지는 유대인의 서구 사회로의 동화를 촉진했다. 하지만 유대인의 서구 사회로의 이러한 동화에도 불구하고, 한편으로는 발흥하고 있던 자본주의 경제 하에서의 서구 사회 전체의 격렬한 계층 분화와

재편에 의해, 또한 다른 한편으로는 동구로부터의 방대한 유대인의 유입에 의해 촉발되어 서구 사회에서의 새로운 유대인에 대한 차별과 억압의 상황이 산출되어 간다. 이것이 19세기적 현상으로서의 반유대주의의 시작이다.

【 I 】 반유대주의의 기원

반유대주의의 발생에 대해서는 다양한 견해가 있지만, 우선 주의하지 않으면 안 되는 것은 반유대주의가 명확한 정치 운동으로서의 성격을 획득하는 것은 1871년의 독일 제국 건국 이후의 시기라는 점이다. 이것은 독일 제국 건국이 서구에서의 국민국가 체제의 완성을 상징하고 있다는 점과 관련된다. 예를 들면 한나 아렌트(Hannah Arendt 1906-75)는 반유대주의가 이 독일 제국 건국에 의해 거의 완성을 본 근대 유럽의 정치적 질서의 기본적 틀인 바의 국민국가 체제에 대한 광범위한 공격의 일부라고 말하고 있다. 국민국가의 틀을 지탱하고 있었던 것이 민주주의*에 기초하는 정당 시스템과 근대 관료제이자 거기서의 계층들과 계급들 사이의 모순과 알력의 조정이었을 때, 유대인은 이러한 국민국가의 틀이 가져다준 이익의 가장 큰 수혜자라고 하는 편견을 받기 쉬웠다. 왜냐하면 바로 국민국가의 틀에서 비로소 유대인은 서구 사회에서의 시민권을 획득할 수 있었기 때문이며, 더 나아가 금융과 관료 실무 등의 분야에서 구체적으로 국민국가의 기능적 담당자로 되어 갔기 때문이다. 이것은 국민국가 내부에서의 계층들, 계급들 사이의 대립·항쟁의 과정에서 국민국가의 틀로부터 소외되어 있는, 또는 적어도 거기에 스스로를 동일화할 수 없다고 느끼는 계층에 의한 '희생양'으로서의 유대인에 대한 공격을 국민국가의 틀 그 자체에 대한 공격과 중첩되는 형태로 유발했다.

이것은 아렌트에 따르면 또 하나의 측면을 지닌다. 그것은 유대인의 서구 사회로의 동화의 한계라는 문제다. 19세기 후반의 서구 유대인 사회 안에서는 그리스도교*로의 개종과 서구 사회로의 동화의 진행과 오히려 배반하는 형태로 유대인 정체성의 재확인, 재확립에의 지향이라고 해야 할 움직임이 출현한다. 시오니즘의 등장은 그 전형이다. 아렌트에 따르면 유대인이 서구 사회 안에서 스스로의 정체성을 추구하고자 할 때, 완전한 서구 사회로의 동화로부터 불거지는 이질성의 계기를 불가피하게 떠안지 않을 수 없는 것이다. 이러한 유대인의 서구 사회 안에서의 애매한 위치로부터 사회적·문화적 측면에서의 유대인에 대한 평가가 생겨난다. 즉 유대인의 서구 사회에서의 존재 의미가 긍정적으로든 부정적으로든 그 국외자적·일탈자적 성격에서 찾아진다고 하는 것이다. 특히 독일에서의 반유대주의는 이와 같은 유대인의 위치에 19세기의 사회적, 문화적 모더니즘(보헤미안주의와 퇴폐 취미 등)을 서로 겹쳐놓는 가운데 유대인 공격을 서구 근대 문명에 대한 민족주의적·반모더니즘적 공격의 핵심적 전략으로 삼아갔던 것이다.

【 II 】 반유대주의의 이데올로그들

이러한 반유대주의 이데올로기의 대표적인 예로서 고비노(Joseph Arthur de Gobineau 1816-82), 바그너*, 오이겐 뒤링*을 거론할 수 있을 것이다. 고비노는 프랑스인이지만, 그 인종 이론은 오히려 독일에서 커다란 영향력을 발휘한다. 1854년에 출판된 『인종불평등론』(Essai sur l'inégalité des races humaines)에서 고비노는 각각의 인종*의 특성과 그에 기초하는 위계질서를 확정하고, 이러한 특성과 위계질서에는 더 나아가 문명의 위계질서가 대응한다고 하고 있다. 이러한 위계질서의 정점에 서는 것이 게르만(아리아) 인종과 문명(문화)이며, 그 대극에 서는 가장 열등한 인종이 유대인이었다. 이러한 고비노의 인종 이론은 독일의 모든 반유대주의의 이론적 근거가 된다. 바그너는 「음악에서의 유대성」(Das Judenthum in der Musik)이라는 1850년의 논문에서 왜 유대인을 앞에 두게 되면 "억누르기 어려운 불쾌감"을 느끼는 것인지를 밝히고자 한다. 바그너를 유대인에 대한 증오로 몰아세우고 있는 것은 유대인과 자본주의적 근대를 이중 사본으로 만드는 속임수다. 이에 의해 바그너는 유대인을 저열한 배금주의자로 지어내고, 그들이 창조하는 예술은 그러한 배금주의에 오염된 '상품'에 지나지 않는다고 주장한다. 그리고 유대인이 얼마나 본래적인 의미의 창조성으로부터 거리가 먼 존재인지를 그들의 몸짓과 말의 모양까지 제시하여 증명하고자 한다. 바그너의 반유대주의에서는 48년 혁명에서 좌절된 반자본주의 감정이 왜곡된 형태로 분출한 반유대주의의 전형적인 예를 볼 수 있다. 덧붙이자면, 바그너는 1881년 및 82년에 바이로이트*에서 고비노를 직접 만난다. 또한 바이로이트에서 발행된 바그너파의 기관지 『바이로이트 블래터』(Bayreuther Blätter)는 매우 노골적인 반유대주의 선전 기사를 게재하고 있었다. 뒤링의 경우는 바그너의 경우 이상으로 착종되어 있다. 왜냐하면 뒤링은 유물론*적 실증주의*의 입장에 서는 유력한 사회주의자였기 때문이다. 그러나 뒤링은 한편으로 1881년에 저술한 『인종, 풍속, 문화 문제로서의 유대인 문제』(Die Judenfrage als Racen-, Sitten- und Culturfrage mit einer weltgeschichtlichen Antwort)에서 사회의 모든 영역에 침투하는 '유대인 지배'를 격렬하게 비난하고, '기생 인종' 유대인이야말로 사회 모순의 근원이라고 지명한다. 뒤링의 유대인 비난은 인종론적 수준을 넘어서서 레싱*과 실러*, 나아가서는 니체에까지 미친다. 그들도 또한 '유대인'으로서 지탄되는 것이다. 이러한 착란적이라고도 말할 수 있는 뒤링의 반유대주의에서는 눈앞에 존재하는 사회적 모순과 갈등을 '가상적'의 실체화와 그것에 대한 정서적 대응에 의해 보상하고자 하는, 독일의 근대 비판 이데올로기에 공통된 사고 방법이 엿보인다.

【Ⅲ】 니체의 유대인관

그러면 니체는 반유대주의에 대해 어떠한 태도를 취했던가? 우선 먼저 니체의 유대인관부터 살펴보자. 『선악의 저편』*의 250번에서 니체는 다음과 같이 말하고 있다. "유럽은 유대인에게 어떤 빚을 지고 있는가? — 여러 가지로 좋은 것도 있고 나쁜 것도 있지만, 무엇보다도 최선의 것이자 동시에 최악의 것이 하나 있다. 즉 도덕에서의 위대한 양식, 무한한 요구와 무한한 의미가 주는 두려움과 장엄함, 도덕적으로 의심스러운 것이 갖는 모든 낭만성과 숭고함이 그것이다.— 따라서 이것은 바로 삶을 향한 색채 변화 놀이와 유혹의 가장 매력적이며 위험하며 정선된 부분이다. 그것

들의 남은 미광을 받아 오늘날 우리 유럽 문화의 하늘이, 그 저녁 하늘이 타오르고 — 아마 불타 없어지려는 것 같다." 유대인에게 유럽이 빚지고 있는 것, 그것은 도덕에서 무한성을 사고하고자 하는 태도다. 그것은 초월성에서 인간의 윤리의 척도를 찾고자 하는 이상주의적인 도덕의 기저를 이루는 것이다. 철저한 일신교적 신앙 윤리를 인류사상 처음으로 산출한 유대인만이 이러한 이상주의적인 도덕에의 지향을 가능하게 했던 것이다. 이것을 니체는 '최선'과 '최악'의 양의성에서 보고자 한다. '최선'의 측면이 무엇을 의미하는지는 『도덕의 계보』*에 있는 "'구약 성서' — 실로 이것은 완전히 다른 것이다. '구약 성서'에 전적으로 경의를 표하자! 그 안에서 나는 위대한 인간들, 영웅적 광경, 지상에서 가장 드문 어떤 것, 강인한 심정이 지닌 유일무이한 순박함을 본다"[Ⅲ. 22]는 기술에서 명확할 것이다. 유대인의 정신적 기원이라고 해야 할 구약 성서의 세계에서 니체는 고대 그리스·로마 세계에 필적하는 '강함'을 본다. 그것은 니체가 『안티크리스트』*에서 말하고 있는 "근원적으로 이스라엘은 특히 왕국 시대에 모든 것과 옳은 관계를, 다시 말해 자연적인 관계를 맺고 있었다. 그의 야훼는 힘-의식에 대한 표현이었고, 기쁨 그 자체에 대한 표현이었으며, 그들 자신에 대한 희망의 표현이었다. 야훼 안에서 이스라엘 사람들은 승리와 구원을 기대하고, 야훼와 함께 자연을 신뢰했다"[25]는 내용에 상응한다. 하지만 이 '강함'이 도덕적 사고에 매개될 때, 불가피하게 그것은 변질을 겪지 않을 수 없다. 그리고 그로부터 유대인이 "세계사상 가장 기묘한 민족"으로서 인류에게 초래한 사태가 생겨난다. 그것은 "모든 자연, 모든 자연성, 모든 현실성, 외부 세계 및 내부 세계 전부를 철저하게 위조하는 것"[같은 책 24]이었다. "유대인은 이제껏 한 민족을 살 수 있게 하고, 살 수 있게 허용한 모든 조건과 거리를 두었다. 그들은 자연적 조건들에 대한 반대 개념을 자기 자신들에게서 만들어 냈다."[같은 곳] 이로부터 니체가 '최악'의 측면으로서 바라본 신약 성서의 세계가 열린다. "반면 '신약 성서' 안에서는 오직 사소한 종파적 무질서만이, 오직 영혼의 로코코풍만이, 오직

요란한 허식이나 구석진 것이나 이상한 것만이, 오직 비밀집회의 공기만이 보인다. …… 불쾌한 몸짓이 있다. 여기에는 분명 모든 훌륭한 교육이 없었다.'[『계보』 Ⅲ. 22] 이러한 유대인의 '최악'의 측면이 "말할 수 없이 엄청난 비율로 확대되었음에도 불구하고 그 복사에 지나지 않는 현상'[『안티크리스트』 24]이 그리스도교 도덕이다. 좀 더 부연하자면, 유대인은 "이 지상에서 삶의 **상승** 운동, 제대로 잘됨, 힘, 아름다움, 자기 긍정을 나타내는 모든 것에 대한 부정"을 말하는 '르상티망' 도덕'[같은 곳]에 이르는 길을 준비했던 것이다. 그것이야말로 "**유대인의 최후의 귀결**'[같은 곳]이자 '숙명'에 다름 아니다. 다만 이러한 유대인의 '최악'의 측면에 대한 니체의 견해가 유대인의 '최선'의 측면에 대한 견해에 대해 단순히 양의성이라는 틀로는 해결되지 않는 부정합성을 포함하고 있다는 점도 사실이다.

【Ⅳ】 반유대주의 비판

그런데 유대인의 이러한 '최악'의 측면에 대한 니체의 필치에 주목할 때, 니체도 역시 동시대의 반유대주의 흐름에 편승하고 있는 것으로 보인다. 하지만 그렇지 않다. 여기에 니체가 바그너와 뒤링에 대해 말하고 있는 내용을 인용해 두고자 한다. "바그너는 독일로 돌아온 이래로 내가 경멸하는 모든 것으로 차례차례 하강해갔다 ─ 반유대주의에게로마저도…… 사실 그 때가 작별을 고하기에는 최적기였다. 나는 곧 그 확증을 얻었다. 리하르트 바그너, 그는 가장 성공한 것처럼 보이지만 사실은 부패해버린 절망한 데카당이고, 갑자기 어찌할 바를 모른 채 산산이 부서져 그리스도교의 십자가 앞에서 침몰해버렸다……"[『니체 대 바그너』 Ⅸ. 1] "나는 귀 있는 독자에게 다시 한 번 저 베를린의 복수의 사도 오이겐 뒤링을 상기시키고자 한다. 그는 오늘날 독일에서 가장 점잖지 못하고 역겨운 도덕적 주술을 사용하는 자이다. 뒤링은 심지어 자신의 동료인 반유대인들 가운데 오늘날 최초의 도덕적 허풍선이다.'[『계보』 Ⅲ. 14] 바그너에 대한 비판에서 바그너의 반유대주의로의 '하강'과 그리스도교에 대한 굴복이 등가로 다루어지고 있는 것, 또한 뒤링에 대한 비판에서는 뒤링에 내재하는 '복수', 즉 르상티망의 나타남으

로서의 '도덕적 허풍선'이 반유대주의와 결부되어 있는 것에 주목해야만 한다. 요컨대 니체에게 있어 반유대주의는 유대인의 귀결로서의 '르상티망 도덕' 쪽에, 다시 말하면 니체가 '약자의 니힐리즘'의 나타남으로 간주한 '데카당스' 쪽으로 헤아려지는 것이다. 이 점은 좀 더 동시대적인 맥락에 접근시켜 보면, 독일에서 반유대주의의 이데올로기적 배경을 이루고 있던 게르만 내셔널리즘도 니체가 이러한 '데카당스' 현상의 일환으로서 보고 있었다는 것을 의미한다. "나는 또한 이상주의를 믿는 이러한 가장 최근의 투기꾼들, 반유대주의자들을 좋아하지 않는다. …… 오늘날 독일에서 **온갖 종류의** 정신적인 사기가 성공을 거두고 있다는 사실은 정말 부정할 수 없고 이미 명백한 독일 정신의 **황폐화**와 관련이 있다.'[『계보』 Ⅲ. 26] 니체에게 있어 반유대주의는 유대인이 인류에게 가져온 이상주의적(반자연적) 도덕의 최후의 귀결로서의 '데카당스' 상황을 보여주는 하나의 항목에 지나지 않았다. 반유대주의 대 유대인이라는 대립관계를 뒷받침하고 있는 원근법' 그 자체를 극복하는 강인한 비판적 인식의 눈길이야말로 니체가 추구하는 것이었다. 니체가 베른하르트 푀르스터(Bernhard Förster 1843-89)와 결혼한 누이 엘리자베트가 반유대주의로 기울어지는 것을 경계한 것[푀르스터 및 엘리자베트에게 보낸 편지 1885. 12월 말 참조]은 니체의 사후 엘리자베트가 오빠의 원고를 개찬하여 게르만 내셔널리즘과 반유대주의에 들어맞는 니체 상을 날조하고자 한 것과 아울러 생각할 때 대단히 상징적이다. ☞유대, 르상티망, 인종, 나치스

─다카하시 준이치(高橋順一)

图 ▷Hannah Arendt, *The Origins of Totalitarianism*, Secker and Warburg, 1951(大久保和郎 外 訳 『全體主義の起源』 みすず書房, 1972-75).

발자크 [Honoré de Balzac 1799-1850]

『인간희극』(*La Comédie humaine*, 1842)을 비롯하여 낭만주의로부터 사실주의로의 이행기를 보여주는 작품을 남겼지만, 니체는 발자크를 완전히 낭만주의 작

가로서 파악하고 있다. 1840년대의 프랑스 후기 낭만주의와 바그너*의 내적 연관을 지적한 『선악의 저편』[256]에서는 들라크루아*와 함께 "인간으로서는 의지의 탄탈로스들이자, 인생과 창작에서는 고상한 템포, 즉 렌토(lento)를 취할 수 없다는 것을 알고 있었던, 떠오르기 시작한 천민*이었던" 인간 부류에 넣어지고 있다. 착상이 솟아오르면 서재에 틀어박혀 커피를 뒤집어쓰듯이 마시면서 늙는 것을 아끼며 창작을 계속하고, 그 사이에는 사교계에도 드나들었다고 말해지는 발자크의 탐욕스러운 작업 태도가 니체에게는 마음에 들지 않았던 듯, "무절제한 노동자였으며 거의 노동으로 자기를 파괴하는 자", "균형과 향유를 모르는 야심가요 탐욕자"[같은 곳]라고 형용하고 있다. 다만 그 한편으로는 이러한 낭만주의자들은 "대중의 세기"에서 "더 높은 인간"이라는 것을 가르치고, "대담무쌍하고 당당한 재능"을 지니고 있었다고도 말하고 있다. 발자크의 수법은 등장인물의 특성을 그 환경의 세세한 것들에 걸친 묘사에 의해 떠오르게 한다는 점에 특징이 있지만, 그것은 자연주의*를 생각하게 하는 수법이다. 니체는 이러한 미세한 묘사를 평가하며, "복잡함과 상세함을 혐오하는" 그리스인과 대조적인 심리 관찰의 시점을 지니는 인간으로서 "몽테뉴*로부터 발자크에 이르는 모든 프랑스인"[유고 II. 6. 28]을 위로 올리고 있다. 그렇긴 하지만 그 묘사방식은 "기술가"의 그것이지 회화적이 아니라고[같은 책 II. 7. 63] 한다. 그렇게 생각하면 "포에지에 의해 그림을 그리고자 한" 점에서 예술을 못 쓰게 만들어버리는 작가로서, 위고(Victor Hugo 1802-85) 및 스코트(Walter Scott 1771-1832)와 나란히 세워지고 있다[같은 책 II. 7. 65]. 비방과 칭찬이 뒤섞인 평가지만, 낭만주의와 자연주의*를 느끼게 하는 부분에 대해서는 일관되게 부정적이다. ☞들라크루아

―오누키 아츠코(大貫敦子)

방랑 放浪

니체가 스스로의 지적 생활을 방랑자의 비유*로 말하기를 즐겼던 것에는 한 곳에 거주하지 않는 방랑의 생애를 보냈던 것도 작용하고 있을 것이다. 그러나 그것만이 이유인 것은 아니다. 정착된 습관적 사고와 기성의 가치를 쳐부수고 그 바깥으로 나가고자 하는 것뿐이라면 방랑이라기보다 혁명과 돌격의 비유로 말해질 것이다. 하지만 니체의 경우에 탈출은 그대로 목적지가 없는 방랑이었다. 『인간적』* I 의 마지막 아포리즘[638]은 "방랑자』라는 제목을 지니며, 다음과 같이 시작된다. "어느 정도 이성의 자유에 이른 사람은 지상에서는 스스로를 방랑자로 느낄 수밖에 없다― 비록 하나의 궁극적인 목표를 **향하여** 여행하는 사람이 아니라고 할지라도 말이다. 왜냐하면 이와 같은 목표는 존재하지 않기 때문이다." 이러한 방랑에는 외롭고 공허한 느낌뿐만 아니라 피로감도 수반된다. "물론 그러한 사람에게는 지치고 그에게 휴식을 제공할 도시의 문이 닫혀 있는 것을 발견하게 되는 나쁜 밤들이 오게 될 것이다." 그럼에도 불구하고 용기를 불러일으켜 위험한 길을 정처 없이 걸어 나가는 기개가 마찬가지로 『방랑자』라는 제목을 지닌 시에서 노래 불러지고 있다. "'더 이상 길이 없다. 주위에는 심연과 죽음의 정적뿐이다!'― 그것이 네가 원했던 것이다. 너는 길에서 벗어나기를 원했다! 그렇다, 방랑자여! 냉정하고 명료하게 바라보라! 위험을 생각할 때 너는 길을 잃게 된다."[「농담」 27, 『학문』]

이러한 고독의 경험은 '항해'와 '모험' 또는 '시도'와 '유혹'이라는 말로 표현되지만, '방랑'의 경우의 특징은 많은 경우에 도플갱어라고도 해야 할 '그림자'를 동반하고 있다는 점이다. 『차라투스트라』* 제4부 「사막의 딸들 사이에서」*는 차라투스트라의 그림자를 자칭하는 '방랑자'가 말하는 데서 시작되고 있다. 그는 이전에 본 동양의 맑은 공기 속의 사랑스러운 딸들에 대해 노래한다. 그의 절망은 유럽인으로서 "도덕의 울부짖는 소리"를 알고 있다는 것이다. "그리고 나 이미 거기 서 있으니, / 유럽인으로서, / 달리 도리가 없으니, 신이시여 도와주옵소서!" 관능의 세계를 동경하면서도 "유럽인의 열정, 유럽인의 갈망"인 도덕을 방기할 수 없는 이 그림자는 스스로를 방랑자로서

자리매김한다. 「그림자」라는 제목의 장(제4부)에서 '그림자'는 이렇게 말한다. "내가 그대의 그림자라는 것을 허락해 달라. …… 나는 방랑자다. 지금까지 오랫동안 그대의 뒤를 따라다녔다. …… 그대와 함께 나는 예로부터 마음속으로 숭배해 왔던 것을 파괴했다." 여위어 홀쭉해진 이 그림자는 비판적 이성으로서 역설적이게도 이성의 가치를 파괴해 왔다. 방랑자는 바로 이 그림자 그 자체이며, 따라서 이 그림자와 모놀로그를 반복한다.

『인간적』제2부의 제2장 『방랑자와 그의 그림자』의 서두와 끝에서는 문자 그대로 방랑자가 그의 그림자와 수수께끼와 같은 대화를 나눈다. 그림자가 말하는 말은 방랑자에게는 마치 자신이 말하는 것처럼 들린다. 때는 해 질 녘. 해가 지면 그림자는 소멸하지만, 그때까지는 빛과 그림자가 명석한 사고에 다 함께 필요하다고 여겨진다. 인식*의 빛이 닿을 때에 어떠한 사물에서도 그림자가 생긴다. 그 그림자야말로 방랑자의 그림자라고 그림자 스스로 말한다. 인식에 의해 어떠한 가치의 깊은 곳에도 숨어 있는 허영심*과 힘에의 의지*가 그림자로서 폭로되는 것인가? 또는 삶*의 이면의 그림자 부분을 들여다보고서 폭로하는 인식과 비판이야말로 그림자인 것인가? 모든 것은 수수께끼 같다. 그렇지만 이러한 『방랑자와 그의 그림자』에서 시작되는 수수께끼와 같은 대화가 앞에서 인용한 『차라투스트라』의 부분을 거쳐 『선악의 저편』* 295번의 '나와 디오니소스*의 대화에서 일단 완결된다는 것은 뢰비트*가 말하는 대로이다. 디오니소스는 "나는 종종 현재의 인간보다 어떻게 하면 그를 앞으로 진전시키고 그를 좀 더 강하게, 좀 더 악하게, 좀 더 깊이 있게 만들 것인가를 숙고하곤 한다'고 말한 후, "좀 더 강하고, 악하고, 깊이 있게라고?"라고 되묻는 '나'에게 "그렇다. 좀 더 강하고 악하고 깊이 있고, 또한 아름답게'라고 온화한 겨울 햇살과 같은 미소를 지으며 대답한다. '인식에 파고드는 인식'을 둘러싼 방랑자와 그의 그림자의 대화가 얼마 안 있어 호사스러운 악덕을 감춘 풍요로운 아름다움의 세계로 사라진다는 소식도 감지된다.

이러한 악의 축제로 향한 방랑을 리비도의 흐름으로 바꿔 읽으면서 계승하는 것이 리오타르*의 표류 개념이다. 그의 말을 빌리자면, 현대 자본주의의 필연성 원칙은 "세계 속의 고급 관료에게 멜랑콜리하고 존대한 사고의 양분"을 계속해서 주고 있다. 그 안에서는 이전의 계몽의 개념인 '비판'은 "깊은 곳에서 이성적이며, 시스템에 합치하고, 깊은 곳까지 개량주의적인 데 지나지 않는다." 필요한 것은 "정동의 강도와 리비도의 출력을 유일한 안내자로 하는" "세계 속의 젊은 세대"의 무리가 등가 교환의 원칙을 무시하는 움직임으로 나아가는 것이라고 그는 말한다. 흐름이 변하고, 강가와 바닷가가 강과 바다와 함께 이동하며, 표류를 시작한다. 지금까지의 통일성, 동일성, ID 카드로 무장한 이성과 비판이 형성하는 연안을 떠난 표류 속에 우리는 실제로 있는 것이다. 배에 올라타 있는 것은 리비도의 대항이며, 인간의 단편이고, 비통일의 신체일 뿐이다. "비판의 바깥으로 표류해야만 한다. 좀 더 멀리. 표류는 그것 자체에 의해 비판의 끝이 된다. 어떤 입장과 또 하나의 입장과의 사이에 있는 것은 교체이지 극복이 아니다. 표류이지 비판이 아니다. 사건이지 부정성이 아니다." 비판을 리비도와 에너지의 축제로 재편성할 때에 '표류'에 대해 말해지는 것은 니체의 방랑의 현대판일 것이다. 그러나 정주형의 사고에 맞서 그가 내세우는 유목・방랑형(노마드*)의 사고는 니체를 계승한다 할지라도 거기에는 확실히 엇갈림이 놓여 있다. 자기를 지탱해 온 것에 대한 반항이야말로 방랑의 원동력인 니체의 사고와, 글과 글의 연관은 결국 불연속이고 비약이며 강도에서의 차이의 문제라고 하는 리오타르의 언어학적으로 각성된 입장의 다름이기도 할 것인가? 그리고 방랑은 고독에 대한 결단을 전제로 하고 있는 데 반해, 표류는 결국 일어나 있는 것으로 여겨지고 있다. ☞리오타르, 그림자, 고독, 여행, 노마드

—미시마 겐이치(三島憲一)

▷J. F. Lyotard, *Dérive à partir de Marx et Freud*, U.G.E., 1973(今村仁司 외 訳 『漂流の思想』國文社, 1987).

배우俳優 ⇨가면과 놀이

배후 세계론자背後世界論者 [Hinterweltler]

'배후의 세계를 이야기하는 자(Hinterweltler)라는 말은 본래 독일어에 있는 'Hinterwäldler'(숲 저편에 사는 사람, 요컨대 시골 사람, 촌스러운 사람, '(영) backwoods man')를 비튼 니체의 조어. '배후의 세계'란 현실의 생성하는 세계의 배후에 상정된 영원한 존재의 세계로, 본래는 허구적으로 만들어진 데 지나지 않는 이 세계에 가치의 기준을 두고 그로부터 역으로 현실의 세계를 재고 판가름하고자 하는 것이 '배후 세계론자'이다. 이 말이 최초로 나타나는『인간적』* 제2부에서 "형이상학자들과 배후 세계론자들"[Ⅱ-1. 17]로 병치되어 있듯이, 영원한 존재와 진리를 설파하는 모든 형이상학*이 바로 배후 세계론인 것이며, 그 원조는 말할 필요도 없이 현실의 세계를 이데아의 그림자 내지 반영으로 생각한 플라톤*이다. 니체는 그리스도교*를 "대중용 플라톤주의"라고 생각하지만, 현세를 "고뇌의 골짜기"라고 부르고, 그 저편에 '축복된 신의 나라'를 설파하는 이 종교, 그리고 초월적인 신과 신의 나라를 신앙하는 모든 종교도 배후 세계론이다. 감각적 세계를 넘어선 곳 내지 그 배후에 하나의 초월적 세계를 기투하는 이러한 이원론적 사고는 유럽의 역사 전체를 껴안는 숙명적인 것이며, 그렇다고 한다면 '배후 세계론자라는 말에는 그리스도교도 플라톤도, '사물 자체'*를 생각한 칸트*도 '근원적 의지'를 이야기한 쇼펜하우어*도 모두 포함되게 된다.

『차라투스트라』* 제1부의 하나의 장은 「배후 세계론자들에 대하여」라는 제목을 지니며, 그 서술의 맨 앞에서는 "일찍이 차라투스트라도 배후 세계를 이야기하는 자들이 하나같이 그러하듯이 인간 저편에 대한 망상을 품고 있었다'고 말해진다. 여기서 니체는 쇼펜하우어 철학에 열중한 스스로의 젊은 날의 낭만주의를 반성하고 있다. 그렇다 하더라도 배후 세계론자들이 그 망상을 생각한 것은 정말이지 '인간 저편'이었던 것인지, 아니면 그들이 창작한 신은 결국 인간이 만든 것, 인간의 망상에 지나지 않았던 것은 아닌지 니체는 물어나간다. 그리고 왜, 어떻게 해서 그와 같은 신들이, 배후 세계가 창작되어야만 했던 것인지, 그 유래를 심리학*적으로 캐물어가는 것이 니체의 본령이다. "배후 세계라는 것을 꾸며낸 것은 고뇌와 무능력, 그리고 더없이 극심하게 고뇌하는 자만이 경험하는 그 덧없는 행복의 망상이었다. / 단 한 번의 도약, 죽음의 도약으로 끝을 내려는 피로감, 그 어떤 것도 더 이상 바라지 못하는 저 가련하고 무지한 피로감, 그것이 온갖 신을 그리고 저편의 또 다른 세계라는 것을 꾸며낸 것이다'라고 차라투스트라는 말한다. 모든 초월적 세계는 경건과 신앙심과 순수한 진리에의 의지 따위에 의해 추구된 것이 아니라 고뇌와 절망, 병들어 피폐한 육체, 그리고 이 육체에 대한 경멸, 복수심, 원한, 자학이 만들어낸 것이라고 하는 것이다. 그런 까닭에 이 '배후의 세계'의 유래를 둘러싼 심리학적·생리학*적 고찰로부터 도출되는 처방전, 요컨대 이 망상으로부터 깨어나기 위해 필요한 것이란 우선 건강한 육체, 그리고 '대지의 의의'*에 대한 성실함이다. 병든 이성보다 건강한 육체 쪽이 훨씬 더 이성적인 순수한 목소리로 말한다. 그에 따를 때 비로소 생성*과 가상*에의 의지, 예술에의 의지, 삶의 긍정과 참된 창조가 가능해진다고 여겨지는 것이다. '배후의' 세계라는 말, 그리고 배후 세계론자들은 '세계를 배후로부터 보아왔다'라는 표현에 의해 니체는 가치의 근거가 전적으로 역전된 채로 전개되어 온 유럽 2,000년의 형이상학과 그 종교의 역사를 실로 멋들어지게 요약하고 있다고 말할 수 있을 것이다. ☞형이상학

─소노다 무네토(薗田宗人)

뱀 ⇨독수리와 뱀

법과 정의法─正義

"이 세상에 통하는 이치에 따르면 정의인가 아닌가는 피아의 세력이 백중할 때에 결정이 이루어지는

것. 강자와 약자 사이에서는 강함이 어떻게 큰 것을 이룰 수 있고, 약함이 어떻게 작은 양보로써 벗어날 수 있는가 하는 그 가능성밖에 문제로 될 수 없는 것이다."『인간적』* Ⅰ의 니체는 투키디데스의 『전사』 제5권의 한 구절로 보이는 내용을 언급하면서 정의의 기원을 말하고 있다. "정의(공평)는 투키디데스가 (아테나이와 멜로스의 사절들의 살벌한 회담 속에서) 올바르게 파악한 것처럼 그 기원을 거의 동등한 권력자들 사이에서 지닌다."『인간적』 Ⅰ. 92] 아테나이와 멜로스의 사절들의 회담이란 전시 하에서의 먹을 것인가 먹힐 것인가의 외교 교섭을 말하는 것으로, '피아의 세력 백중'이란 전쟁*에서의 그것이다. 니체에 따르면 "살육과 살육에 대한 속죄로부터 그리스인의 정의 개념이 발전했다"—이른바 "전쟁의 정의"「다섯 개의 서문」Ⅴ]가 여기서의 정의 개념에 얼마간 울려나고 있다.

그렇지만 니체 고유의 정의 개념이 이것과 전적으로 같은 것은 아니다. 니체는 헤시오도스에서의 두 명의 불화의 여신, 즉 인간을 전쟁으로 이끄는 사악한 신과, 경기장과 투기장에서의 기예 경쟁으로 유혹하는 선량한 신을 염두에 두면서, 헤라클레이토스*의 생성* 사상에서의 '영원한 법과 정의'를 논의하고 있다. "서로 대립하는 것의 투쟁이야말로 모든 생성의 기원이다. …… 이 투쟁은 영원한 정의를 드러내는 것이기도 하다. 영원한 법에 결부된…… 정의가 지속적으로 지배하는 상태로서 투쟁을 고찰하는 것은 실로 헬레니즘의 가장 순수한 샘물에서 길어낸 경이로운 표상이다. …… 그것은 헤시오도스(Hesiod(Hesiodos) B.C. 8-7세기)의 불화의 여신 에리스를 세계원리로 변용시킨 것이다. 그것은 또한 개별적인 그리스인과 그리스 국가의 경쟁 사상을 체육관과 운동장, 예술인들의 경쟁장, 정당과 도시국가들의 분쟁으로부터 가장 일반적인 것으로 전용한 것이다."「비극 시대의 철학」5]

전쟁에서가 아니라 경쟁에서의 "거의 동등한 세력을 지닌 자들의 균형"「계보」서문 4]이 다름 아닌 정의다. 그리고 모든 법의 전제는 이 균형에 놓여 있다. 다만 니체는 중기 이후가 되면, 이 경쟁을 조금 더 다른 장면으로 특정하게 된다. 매매, 채권·채무 관계 등의 대인 관계가 그것이다. "뚜렷하게 확인할 수 있는 우세한 힘이 존재하지 않고, 싸움이 아무런 성과도 없이 서로에게 손해만을 초래할 경우에는 합의를 통해 서로의 요구를 협상하려는 생각이 들게 된다. 정의의 최초의 성격은 거래의 성격이다."『인간적』 Ⅰ. 92] "거의 대등한 힘의 상태를 전제한 보상이며 교환", 이것이 정의다.

이러한 정의 개념에는 둘, 셋의 전제가 있다. 첫째로, 매매 등의 교환 관계는 서로의 사적 이익을 최대화하고 개인적 손해를 최소화하고자 하는 이기적 행위이기 때문에, 최초의 정의가 교환의 성격을 지닌다고 한다면, 그것은 서로의 이기주의{에고이즘}를 전제한다. 니체는 이것을 "분별의 이기주의"라고 부른다. 오늘날 공정한 행동이 비이기적인 행동으로 간주되게 되었다면, 그것은 에고이즘이라는 정의의 계보학*적인 유래를 망각했기 때문이다. 둘째로, 균형 상태를 산출하는 힘들은 오로지 경쟁 관계 속에 있는 이상, 그것은 서로 타자보다 뛰어나고자 하는 능동적·공격적인 힘인바, 반동적인 복수 감정과는 무관해야만 한다. 정의의 개념은 약자의 르상티망*으로부터는 생겨나지 않는다. 따라서 셋째로, 정의에서의 '거의 동등한 힘이라는 전제'는 어디까지나 강한 자들 사이에서만 성립하며, 강한 세력과 약한 세력 사이에서는 있을 수 없다. "정의에 기초한 사회주의*적 사고"가 가능하다 하더라도, 그것은 "정의를 실행하는 지배 계급 내부에서만 가능"하다. 예속된 계급의 사회주의자들이 권리의 평등을 요구한 곳에서 그것을 정의의 주장으로는 부르지 않는다『인간적』 Ⅰ. 451]. "인간은 평등하지 않다. 이렇게 말하는 것은 정의다."[유고 Ⅱ. 6. 60]

그런데 정의 개념이 능동적과 반동적의 구별을 전제하게 되면, 거기서는 원한과 복수와 같은 반동적 감정에 대처하는 수단이 필요해진다. 그중에서도 "최상의 권력이 반항과 복수의 감정에 대해 채용하여 실행하는 가장 결정적인" 수단이 법의 제정이다. "역사적으로 고찰해볼 때, 지상에서의 법은…… 바로 반동적 감정에 대항하는 투쟁이요, 능동적이고 공격적인 힘 쪽에서…… 반동적 감정과의 싸움을 말한다.''[『계보』Ⅱ. 11] 법의 제정이란 최상의 권력*의 눈으로 보아 "무엇이 허용되며 옳고, 무엇이 금지되며 부당하다고 여겨질 수 있는지를 명령적으로 선언하는 것''[같은 곳]이다. 니체는 『인간적』에서 법이 이미 관습이 아니게 된 현재, 요구되는 것은 "단지 명령된 것일 수밖에 없고 강제일 수밖에 없는" 법, 즉 "임의적"이라고 하고 있지만, 이 임의법도 명령적・강제적인 성격이 유달리 눈에 띈다[『인간적』Ⅰ. 459]. 그것은 공격적인 힘이 반동적 인간에게로 향해 정과 부정의 구별 방식을 명령하는 강함을 단적으로 표현한 것이다. "'너는 해야 한다'라는 명령적 어조는 법이 준수되는 것의 전제다'[『안티크리스트』57] 정의가 단지 거의 동등한 힘을 지닌 자들의 균형일 뿐이라면, 법이란 동등하지 않은 힘을 지닌 자들의 격차를 눈에 띄게 하는 것에 다름 아닐 것이다. 니체는 "참된 철학자는 명령자이자 입법자다"[『선악』211]라고 말하고 있지만, 미래의 입법에 대해 말한 다음의 구절은 명령하는 자의 강함의 윤리를 능란하게 말하고 있다. "나는 일의 크고 작음을 묻지 않고, 다만 내가 나 자신에게 부여한 법률에만 복종한다."[『아침놀』] ☞이기주의/이타주의

　　　　　　　　　　　　　　　　—기마에 도시아키(木前利秋)

베네치아 [Venedig(Venezia)]

니체는 1880년 봄에 페터 가스트*와 함께 처음으로 베네치아를 방문하여 여름까지 머물렀는데, 그 이래로 일찍이 아드리아 해에 군림했던 이 도시의 매력에 사로잡혔다. 『이 사람을 보라』*에서는 "음악을 표현할 다른 말을 찾는다면, 나는 언제나 베네치아라는 말을 발견하게 된다''[『이 사람』Ⅱ. 7]고 쓰고 있다. 베네치아는 그에게 있어서는 '남국', '남구'의 대명사, 밝고 경쾌한 삶 그 자체였다. 만년의 니체의 문화적 에세이들에서는 그가 혐오한 그리스도교*, 루터*적 프로테스탄티즘*, 독일적 삶의 진지함, 관념론 철학, 북국의 습한 풍토와 거기에 사는 둔중한 사람들의 반대물로서 '남방'과 '남방적'이라는 표현이 마술적인 암호처럼

출현하지만, 실제로 거리 음악사의 도시, 활기찬 카니발의 도시 베네치아야말로 그 결정체였다——다만 페터 가스트의 희극적 오페라 <베네치아의 사자>와 같이, 언제나 가스트의 음악과 결부되는 경솔함을 수반하고 있었지만 말이다. 베네치아라고 하면 토마스 만*의 『베네치아에서의 죽음』으로 대표되듯이 붕괴와 부패를 품은 지난날의 영광의 도시, 질병과 악마적 유혹으로 가득 찬 세기말*의 도시라는 이미지가 강하지만, 니체의 베네치아에서 그런 면을 보는 것은 오해다. 니체를 주제로 한 릴리아나 카바니(Liliana Cavani 1933-)의 영화 <선악의 저편>에서도 매독에 감염되는 니체의 경험이 산마르코 광장에서의 악마의 춤으로 형상화되어 있지만, 이것은 베네치아에 기대는 니체의 '건강' 이미지를 손상시키는 것이다.

그런데 『차라투스트라』제1부가 완성된 1883년 2월 13일에 바그너*가 베네치아의 대운하에 면한 벤드라민 궁전에서 사망한 것을 니체는 자기 생애의 운명적 사건으로서 묘사하고 있는데, 이것도 니체의 베네치아 체험의 일부다. 바그너가 베네치아를 사랑한 것은 니체가 바그너를 용서하는 몇 안 되는 이유들 가운데 하나다. "남국을, 공포*의 전율*을 수반하지 않고서는 생각될 수 없는 행복"을 니체는 다음의 시에서 표현하고 있다. "다리 곁에 나는 서 있었다. / 갈색의 밤 / 흔들리며 들려오는 한 가닥 노랫소리. / 황금색 물방울이 / 전율하는 수면에서 솟아오른다. / 곤돌라와 등불과 음악— / 취한 채 황혼 속으로 헤엄쳐 간다……. / 내 영혼, 이 현의 울림은 / 알지 못하는 가운데 울려나와 / 은밀히 뱃노래에 어울려 노래 부른다. / 찬란한 행복감에 떨면서 / 이 영혼에 귀 기울이는 이 누구인가? ……"[『이 사람』Ⅱ. 7] 광기에 사로잡힌 니체는 오버베크*의 시중을 받으며 바젤*로 향하는 기차 속에서 이 시를 어떤 사람으로 하여금 읊어대게 했다고 전해진다.

　　　　　　　　　　　　　　　　—미시마 겐이치(三島憲一)

베르나이스 [Jacob Bernays 1824-81]

유대교 랍비의 자식으로 태어나 본대학에서 리츨*

에게서 고전문헌학˚을 연구하고, 1866년 이후 본대학 도서관장이 되었다. 1857년의 논문 「비극의 작용에 관한 아리스토텔레스의 잃어버린 논문의 근본 특징」에서 관객의 '동정과 공포'의 환기에 의한 '카타르시스'라는 아리스토텔레스에 의한 비극의 정의는 레싱˚에 의해 주창되었듯이 도덕적인 '정화'를 목적으로 하는 것이 아니라 의학적인 '배설'이라는 의미에 기초하는 비유적인 표현이며, 동정과 공포를 불러일으키는 것에 의해 도리어 그러한 격정을 누그러뜨리는 작용이 있다고 하는 것을 말한 것이라고 주장하여 커다란 논의를 불러일으켰다. 니체는 본대학 재학 중에 같은 리츨 문하의 베르나이스를 존경하여, 그 당시 그가 있던 브레슬라우로 옮길 것도 생각할 정도였다[백모로잘리에에게 보낸 편지 1866. 1. 12.; 어머니·누이에게 보낸 편지 1866. 1. 15.]. 라이프치히˚로 옮기고 나서는 베르나이스의 '허영심˚'을 비판하지만[도이센에게 보낸 편지 1868. 6. 2.; 로데에게 보낸 편지 1868. 6. 6.], 문헌학 연구에서는 베르나이스의 선행 연구를 자주 이용하며, 『비극의 탄생』˚ 집필 당시에도 바젤대학 도서관에서 카타르시스론을 빌리고 있다. 거기서 격정적인 음악에 의한 황홀 상태를 특징으로 하는 바쿠스 숭배의 의례가 그리스 비극에 선행한다고 지적하고 있던 베르나이스는, 『비극의 탄생』은 자신의 견해를 과장한 것에 지나지 않는다고 말했다고 한다. 그것을 전해 들은 니체는 "이 교육을 받은 영리한 유대인의 뻔뻔함에 대해서는 어처구니가 없다"고 분개하고 있다[로데에게 보낸 편지 1872. 12. 7.]. 확실히 베르나이스가 관객의 개인 심리를 문제로 하고 있었던 데 반해, 니체는 『비극의 탄생』에서 그리스인의 삶의 전체에 대한 역사철학적 해석에 몰두하고 있으며, 그 점에서는 오히려 역시 그가 도서관에서 빌렸던 요르크 폰 바르텐부르크(Yorck von Wartenburg 1835-97) 백작의 『아리스토텔레스의 카타르시스와 소포클레스의 콜로노스의 오이디푸스』(1866)의 발상에 가깝다. 그리고 비극에서 "최고의 파토스적인 것"이 "미적 유희"에 지나지 않는다는 것을 체험한 자는 도덕적인 교훈을 찾는다든지 병리학적인 작용을 운운한다든지 하는

입장을 초월하여 "비극적인 것의 근원 현상"을 미적인 것으로서만 파악할 수 있을 것이라고 니체는 논의한다[『비극』 22]. 또한 동정과 공포의 방출이라는 점에 대해서도 그는 후에 개개의 경우에는 그러한 것도 있을지 모르지만, 오히려 충동을 만족시키는 훈련이 되어 충동이 더욱더 강화되는 경우도 있을 수 있다고 하며[『인간적』 I. 212], 본래 아테나이의 사람들은 그러한 정열보다 그것이 어떻게 아름답게 말해질 수 있을까라는 수사학적인 측면을 목적으로 하여 극장에 다녔던 것이라고 말하기도 한다[『학문』 80]. 덧붙이자면, 격정의 환기에 의한 치유라는 병리학적인 카타르시스 해석은 프로이트˚(그의 부인은 베르나이스의 조카에 해당한다)가 브로이어(Josef Breuer 1842-1925)와의 공저 『히스테리 연구』(1895)에서 후에 정신분석으로 발전한 심리 요법을 '카타르시스적 방법'으로 명명하는 계기가 되었다고 한다.

─오이시 기이치로(大石紀一郎)

📖 ▷Jacob Bernays, *Grundzüge der verlorenen Abhandlung des Aristoteles über Wirkung der Tragödie*, Breslau 1857 (Nachdruck: Hildesheim 1970). ▷Karlfried Gründer, Jacob Bernays und der Streit um die Katharsis, in: *Ephirrhosis. Festgabe für Carl Schmitt*, Berlin 1968.

베르누이 [Carl Albrecht Bernoulli 1868-1937]

베르누이 가는 앤트워프로부터 프로테스탄트 박해를 피해 이주하여 1622년에 시민권을 취득한 이래로 이어지는 바젤˚의 명문으로, 특히 18세기에는 '베르누이의 정리'로 유명한 수학자 다니엘 베르누이(Daniel Bernoulli 1700-82) 등 많은 수학자를 배출했다. 니체의 바젤대학 시기의 동료에도 고고학자 요한 야콥 베르누이(Johann Jakob Bernoulli 1831-1913)가 있었다. 칼 알브레히트 베르누이는 바젤대학에서 오버베크˚에게서 신학을 공부하고, 바젤대학의 교회사·종교사 교수가 되었다. 니체에 관해서는 우인들의 서간과 오버베크 부부의 회상에 기초하여 니체의 생애와 오버베크의 교제를 묘사한 대작 『프란츠 오버베크와 프리드리히

니체, 어떤 우정』 2권을 저술하는데, 이것은 바젤에서의 니체의 생활을 아는 데서 귀중한 자료가 되고 있다. 그러나 니체의 오버베크나 부르크하르트*와의 관계가 반드시 언제나 흐린 날이 없는 것은 아니었다고 하는 주장이나 니체의 '아리아드네'*가 코지마 바그너였다는 지적, 그리고 니체 전집의 편집 방침에 대한 비판을 행하여 니체 연구에서의 '바젤 전통'(샤를 앙들레르*)을 확립했다. 이에 대해 니체 아르히프 측은 소송으로 대항하며, 제2권의 많은 부분이 법원의 명령으로 삭제되는 사태에 이르렀다(다만 『오버베크-니체 왕복서간집』(1916)은 베르누이와 R. 욀러*가 협력하여 편집한다). 그 밖에도 니체의 사람됨이나 바젤과의 관계에 관한 많은 저작·에세이가 있다. 또한 바흐오펜*의 전집을 편찬하고, 『J. J. 바흐오펜과 자연 상징』(1924), 『종교학자로서의 J. J. 바흐오펜』(1924)을 저술하여 그에 대한 재평가에 공헌한 것 외에, 에른스트 키르히너라는 필명으로 작가로서도 활동했다. ☞오버베크

―오이시 기이치로(大石紀一郎)

📖 ▷Carl Albrecht Bernoulli, *Franz Overbeck und Friedrich Nietzsche. Eine Freundschaft*, 2 Bde., Jena 1908. ▷ders., *Nietzsche und die Schweiz*, Leipzig 1922, ▷ders., *Das Dreigestirn: Bachofen, Jacob Burckhardt, Nietzsche*, Basel 1931.

베르트람 [Ernst August Bertram 1884-1957]

독일의 문예사가, 시인, 에세이스트 뮌헨, 베를린, 본의 각 대학에서 독일 문학사, 근대 예술사, 철학, 역사학을 전공한 후, 1907년 본대학에서 문학박사 학위, 1919년 교수 자격을 취득, 1922년부터 46년까지 쾰른대학에서 근대 독일 문학의 교수를 맡는다. 문예 활동에서는 게오르게*에게 사숙하고, 그 그룹에 속하여 뛰어난 시작을 행했을 뿐만 아니라, 1931년 군돌프* 사망 후에는 그 그룹의 이론적 중심의 지위에 올랐다. 1918년의 논문 『니체―신화의 시도』(1929년 개정)는 초기의 주요 저작이다. 여기서 그는 당시의 문예론의 주된 흐름인 정신사적 천재론과 풍토론에 입각하여 라틴적 고전 세계의 사상과 북방 게르만적 사상의 대립을 부각시키며, 니체의 모습을 헬라스의 사상을 자기의 이상으로 하여 북방 게르만 정신과 고전 그리스 정신의 융합 속에서 자기 극복을 이루고자 하는 것으로 파악하고, 거기서 새로운 전설·신화를 산출하고자 했다. 이러한 파악 방식은 토마스 만*과도 통하는 바가 있는데, 양자는 1919년 이래로 친교를 맺지만, 동시에 이 생각은 나치스*의 정책이 취하는 것이기도 한바, 베르트람은 입장의 선택을 요구받게 된다. 이에 더하여 나치 시대를 통해 대학의 자리에 있고, 분서·금서의 일에 저항하지 않았던 점, 그의 선민사상의 유포와 관련하여 전후 1946년에 교직 추방, 문필 활동 정지, 재산 몰수의 처분을 받게 된다. 저서는 위에서 언급한 것 외에 『독일적 운명에 대하여』(1933), 『독일적 모습』(1934), 『말의 자유에 대하여』(1935) 등, 독일 문학사에서의 수많은 탁월한 작가들을 논한 연구서와 시인으로서는 1922년의 「라인 강」, 1925년의 「운명의 여신들」 등의 작품이 있다. ☞포르토피노

―무라타 쓰네카즈(村田経和)

베버{막스} [Max Weber 1864-1920]

막스 베버는 말년의 어느 날 "오늘날의 학자, 특히 오늘날의 철학자의 성실함은 그 사람이 니체와 맑스*에 대해 어떠한 태도를 취하는가에 따라 측정될 수 있다. …… 우리 자신이 그 정신에서 실재하고 있는 이 세계는 어디까지나 맑스와 니체에 의해 각인된 세계다"라고 말했다고 한다[Eduard Baumgarten, *Max Weber: Werk und Person*, J. C. B. Mohr, 1964, S. 554f.]. 이 말은 베버의 사상 형성에서 니체의 존재가 얼마나 커다란 위치를 차지하고 있었는지를 명확히 보여준다.

그러나 베버의 저작 자체에서 니체에 대한 직접적인 언급은 사실은 저 '르상티망'* 논의를 둘러싼 방법론적인 평가에 관련된 것에 거의 한정되어 있다. 그것은 『세계 종교의 경제 윤리』의 서론에서 가장 상세한데, 거기서 베버는 르상티망 논의를 다양한 종교 윤리의 생성을 그 담지자의 이해관계 상황에서 심리학적으로 설명하는 방법적 입장으로서 자리매김하여 비판한다.

베버에 의하면 현실의 종교들이 주술의 권역에서 이탈하여 무언가의 종교 윤리를 발전시킬 때에는 현세의 '고난'의 존재를 어떻게 설명할 것인가(고난의 변신론)하는 문제에서도 반드시 피억압 계급의 원한 감정에 직접적으로 의거한 대처가 이루어지는 것은 아니다. 오히려 거기에는 행복 재화의 불평등을 합리적으로 설명하고자 하는 예언자나 구세주의 지성주의적인 관심이 작용하고 있으며, 더욱이 이 사람들이 반드시 피억압 계급 출신이었던 것도 아니다. 물론 구원을 많이 필요로 하는 피억압 계급 쪽이 구원의 교설에 대해서도 더 많이 공감했다고 하는 점은 있을 것이다. 그러나 그때에도 르상티망이 반드시 그것을 매개한 것은 아니며, 더구나 '금욕' 일반을 르상티망이라는 심리적 기원에 돌릴 수 없다고 베버는 주장하는 것이다. 베버의 이와 같은 르상티망 논의 비판은 "니체에 의해 각인된 세계"의 문제에 어디까지나 니체와는 다른 방법을 가지고서 대처하고자 하는 베버의 독자적인 입장을 분명히 보여준다. 즉 객관적으로 "줄거리가 통한다"고 생각할 수 있는 정합 합리적인 연관과 행위자의 주관에서 "현실적으로" 생기한 목적 합리적인 의미 연관을 혼동하지 않고 구별하며, 그에 따라 종교 윤리들에 대해서도 그 생성과 의의를 경험 과학적으로 비교한다고 하는 이해사회학에 고유한 문제 영역이 여기에 획정되어 있는 것이다.

그런데 니체에 대한 베버의 관계는 사상사적으로는 이와 같은 방법론적인 영역과는 다른 데서 문제가 되어 왔다. 그것은 우선은 제2차 대전 후의 독일에서 전후 민주주의적인 풍조를 이어받아 베버 사상의 니체와의 친근성을 나치스* 체험과 결부시켜 비판적으로 다시 묻고자 하는 연구가 나타났던 것에서 출발한다. 몸젠(Wolfgang Justin Mommsen 1930-2004)은 베버의 자유주의가 엄격한 인격의 자율이라는 원칙에 기초를 두고 있다는 점을 파악하여 이것을 귀족주의적인 결단주의로 성격짓고, 여기서 초인*에 대한 지향을 지니는 니체 사상과의 친근성을 본다. 이 결단주의는 모든 가치의 상대성(신들의 투쟁)이라는 인식을 가지고서 자연법사상을 부정한다는 점에서 니체적인 니힐리즘*

과 유사하며, 이러한 관점이 이념형을 도구적으로 구사하는 베버의 학문 방법에까지 관통해 있다고 하는 것이다. 그리고 베버의 그러한 귀족주의적인 입장은 정치사상에서는 "권력 정착"의 입장으로 이어지며 "인민 투표적인 지도자 민주제" 주장에서 가장 나치스적인 영역에 근접한다고 생각되었다. "칼 슈미트*가 베버의 정통 제자라는 사실을 우리는 소홀히 여길 수 없다"는 것은 이러한 맥락에 편승한 하버마스*의 말이다.

그런데 80년대에 들어서면 베버/니체 관계는 그때까지와는 크게 관점이 변화되어 문제가 되어 왔다. 왜냐하면 한편에서의 근대 사회에 고유한 병리의 심화와 다른 한편에서의 포스트모던이라는 사조의 융성을 배경으로 하면서 그리스도교* 비판·근대 서양 비판이라는 모티브의 동류성에서 베버와 니체의 관계가 이야기되게 되었던 것이다. 이러한 논의의 전제에는 예전에는 안심하고 신봉할 수 있었던 모든 가치를 시대 그 자체가 상대화해 버렸다고 하는 현실 인식이 자리 잡고 있다. 세계 사태의 생기 그 자체에서 무언가 '가치'를 발견하고자 하는 것의 단념, 이것이야말로 베버가 니체의 사상에서 배우고 우리도 그것을 공유할 수밖에 없게 된 시대가 요구하는 정신적 태도의 출발점이다. 야마노우치 야스시(山之內靖 1933-)는 이러한 견지에서 오히려 의미 형성적인 창조성을 지니는 것이야말로 우리의 가치 선택의 결단이며, 이 결단을 이끄는 바의 "고귀한 품위 의삭"의 현양이야말로 우리가 배워야 할 베버의 "니체적인 모티브"의 핵심이라고 논의하고 있다.

게오르게파(George-Kreis)와의 친교 등, 베버를 둘러싸고 있던 당시의 시대사조에 대한 니체의 영향이 컸을 뿐만 아니라 베버가 중국 문화권이나 인도 문화권 등과의 비교 시점에서 근대 서양적인 가치 이념의 의의를 물을 때에도 이 가치 이념에 대해 근본적인 회의를 들이대는 니체와 문제 관심의 출발점이 겹친다는 점은 분명하다. 그러나 베버가 니체에 대해서는 특별히 그의 방법론상의 문제에 입각하여 논의하고 있다는 것은 주의해야 할 점이다. 모든 가치의 철저한 전도 끝에 '힘에의 의지*'를 기조로 하는 '삶*'의 형이상학으로 향해 가는 니체와, 현존하거나 가능한 문화 가치의 의의를 경험 과학적인 비교를 통해 고찰하고자 하는 베버, 이 차이를 어떻게 받아들이느냐에 따라 우리의 평가 요점도 달라질 것이다. ☞르상티망, 게오르게

―나카노 도시오(中野敏男)

📖 ▷山之内靖『ニーチェとヴェーバ』未來社, 1993.

베버{알프레드} [Alfred Weber 1868-1958]

사회학자 막스 베버*의 동생이다. 일찍부터 사회 문제에 관심을 지녀 자유 경쟁을 전제로 한 고전파 경제학의 공업 입지론을 비판하고, 사회 정책학의 입장에서 새로운 입지론을 전개했다. 사회 정책학회 안에서는 강단 사회주의의 사회 정책론에 맞서 M. 베버와 공유하는 입장에서 가치중립의 과학의 필요를 이야기했다. 그는 '문화 사회학'을 제창하고 문화 사회의 원리로서 사회와 문화와 문명의 각각의 도정을 구별해야 한다는 것을 강조하여 문화와 문명의 대립이라는 독일의 정신 풍토를 배경으로 한 사고방식에 영향을 주고 있다. 그는 삶의 철학의 요소를 받아들임으로써 형 베버와 미묘한 엇갈림을 보이지만, 그 점은 그가 강하게 니체의 영향을 받고 있었다는 점과 관련된다. 1913년의 '자유독일청년'의 결집에도 호소인 명단에 이름을 올리고 있다. 1933년, 나치스*가 권력을 장악했을 때 하이델베르크대학의 사회과학연구소의 지붕에 게양되어 있는 허켄크로이츠 기를 자신의 손으로 끌어내려 국내 망명파가 되었다. 전후 해방 후에는 독일의 새로운 민주주의 정치에 적극적으로 관여했다.

―우에야마 야스토시(上山安敏)

베토벤 [Ludwig van beethoven 1770-1827]

김나지움으로부터 대학 시절에 걸친 니체는 베토벤을 좋아하고 스스로도 자주 연주한다. 이 대작곡가에 대한 숭배의 염은 바그너*의 인정을 받고 나서도 변함이 없었다. 바그너 자신도 소설 「베토벤 참배」에서

보이듯이 그를 모범으로 삼고 있으며, 1870년 가을 프로이센-프랑스 전쟁*에서 돌아온 니체는 바그너에게서 증정 받은 이 문장을 감격하며 읽는다. 또한 1872년 니체도 출석한 바이로이트* 축제극장의 기공식에서는 변경백의 오페라 극장에서 바그너 스스로 제9교향곡을 지휘한다.

『비극의 탄생』*에서는 디오니소스*적인 것의 예로서 제9교향곡의 합창이 거론된다. 엘리지움의 비의와 절대적 공동성의 환상이 결합해 있는 실러*의 시구에서 디오니소스*의 강림을 보는 것은 충분히 근거가 있는 점이다. 또한 『바이로이트의 리하르트 바그너』에서도 베토벤의 "정열적인 의지"의 음악과 바그너의 "명료한" 음악이 대비되고 있다. 베토벤의 경우에는 정열을 "윤리적 수단"으로 표현하는 과제 때문에 구성보다도 개개의 부분의 내용에 대한 깊은 생각이 하기 쉬운 음악으로 되어 부분 상호 간의 교향적 긴장이 상실되고 "해석이 어려운 불명료한" 음악이 되었던 데 반해, 바그너는 그것을 극복했다[『반시대적』 Ⅳ. 9]는 논의다. 하지만 여기에도 특별히 베토벤에 대한 비판임 직한 가락은 없다. 그러나 중기 이후에는 냉담한 거리감이 증대된다. 모차르트*의 자연스러운 남국성에 비해 베토벤은 음악에 대한 음악이다[『인간적』 Ⅱ-2. 152]와 같은 발언은 근대성 그 자체로부터 니체가 거리감을 지니게 되는 정도와 정비례한다. 이 거리감은 프랑스 혁명*의 시대 그 자체에 대한 비판적 감정과 결부되어 있다. 독일 음악은 프랑스 혁명의 자식이며, '민중'*을 지나치게 중시하여 그 대표인 베토벤은 괴테에 비해 난폭하고, 괴테도 그렇게 보고 있었다와 같은 지적이 있다. 오히려 우리는 멜로디라는 "오랜 유럽의 질서"(귀족*제도)로 돌아가야 하지 않을까라는 것이다[『학문』 103]. 베토벤의 음악은 유럽이 자유의 나무 주위에서 춤춘 과도기의 음악이며, "흐늘흐늘해진 옛 영혼과 끊임없이 다가오는 미래의 너무 젊은 영혼" 사이의 중간기의 목소리다. 더욱이 그 시기 그 자체가 우리의 시대에서 보아 얼마나 옛날이 되어버렸는가[『선악』 245]와 같은 감개에는 이 위대한 시대와 작곡가에 대한 좋음과 나쁨이 뒤섞인 양의성이 배어나온다.

—미시마 겐이치(三島憲一)

베푸는 덕—德 [schenkende Tugend]

'덕'이라고 번역되는 Tugend는 사람들의 모범이 되는 윤리적 심성을 의미한다. 따라서 '베푸는 덕'이란 문자 그대로는 '자기의 소유물을 타자에게 베풀고자 하는 모범적 심성'을 뜻하게 된다. 그렇지만 니체의 이 개념은 그리스도교의 도덕적 이타주의와는 크게 다르다.

'베푸는 덕'은 『차라투스트라』* 제1부 마지막 장의 표제이기도 한데, 이 장에서 차라투스트라는 그가 머문 마을과 거기서 얻은 제자들에게 이별을 고하는 마당에 마지막 설교를 행한다. 그는 우선 "어떻게 해서 황금은 최고의 가치를 지니게 된 것일까"라는 물음을 던진다. 그리고 황금은 희귀하며 비실용적이고 은은한 빛을 발한다는 세 가지 점에서 최고의 덕인 '베푸는 덕'과 유사한 모습의 것으로 되는 까닭에 최고의 가치를 지니기에 이르렀던 것이라고 설명한다. 은은한 빛을 발한다는 것은 베푸는 자의 눈길에 대한 형용임과 동시에 그 자의 존재가 사람들에게 주는 인상에 대한 형용이기도 할 것이다.

그렇다면 어째서 이 베푸는 덕이 최고의 덕이라고 하는 것일까? 차라투스트라는 그 근거를 곧바로 내보이지 않으며, 마치 그것이 자명하기라도 하다는 듯이 이야기를 밀고 나간다. 베푸는 덕을 뜻하는 자는 그 덕을 실천하기 위해 모든 부와 보물을 획득하고자 노력하고 일체의 가치를 강탈하는 자가 되어야만 한다고 그는 말한다. 그리고 그러한 "건강하고 신성한 이기심"과 대비하여 "너무나도 가난하고 굶주린, 언제나 훔치려고만 드는 이기심"이라는 것이 다음과 같이 말해진다. "그와 같은 욕망에 숨어 있는 것은 병이자 눈에 보이지 않는 퇴화다. 그러한 이기심 속에 도사리고 있는 도둑 같은 탐욕은 신체가 병들어 있음을 말해준다. 말해 보아라, 나의 형제들이여. 무엇이 우리에게 나쁜 것이며 무엇이 더없이 나쁜 것인가를. 그것은 곧 퇴화가 아닌가? —퇴화는 베푸는 영혼이 없는 곳에서 일어나는 것이 아닐까 하고 우리는 늘 추측하게 된다. 우리가 갈 길은 저 위로, 종(種)에서 그것 위에 있는 보다 높은 종을 향해 나 있다. 그러나 퇴화하고 있는, 그리하여 고작 '모든 것은 나를 위해!'라고 말하는 그런 심경이야말로 우리에게 하나의 혐오의 대상이다." 이 정도에서 점차 베푸는 덕과 초인* 사상과의 연결이 이해될 것이다. 즉 베푸는 덕과 그 전제가 되는 이기심은 초인 산출을 향해 인류 전체의 힘을 높인다고 하는 최고의 과제에 이바지하는 까닭에 "최고의 덕"이라고 불리고 "건강하고 신성한 이기심"이라고 불리는데 반해, 단순한 이기주의적인 이기심은 인류의 부나 보물을 자기 한 사람에게 정체시킴으로써 저 과제에 역행하는 까닭에 "병든 이기심"이라고 불리는 것이다.

그런데 베푸는 덕의 체현자는 구체적으로는 어떤 것을 베푸는 것일까? 차라투스트라의 말투로부터 판단하는 한에서 베풀어지는 것은 금전이나 재화가 아니라 지혜와 사상 또는 조력 등인 듯하지만, 사실은 그것들에 그치지 않는다. 그는 다음과 같이도 말하고 있다. "너희가 칭찬과 비난에 초연한 높이에 도달하고, 너희의 의지가 사랑하는 자의 의지로서 모든 사물에 명령을 내리고자 할 때, 바로 거기에 너희의 덕의 근원이 있다. …… 이 새로운 덕은 곧 힘이다. 그것은 지배하는 사상인 것이다." 즉 베풀어지는 것에는 명령과 지배도 포함되는 것이다. 이 점은 제3부 「세 개의 악에 대하여」에서의 다음과 같은 회상으로부터도 확인할 수 있다. "지배욕. 하지만 높이 있는 자가 아래로 내려와 힘의 행사를 열망할 때 누가 그것을 병적 탐욕이라고 부를 수 있겠는가? …… 고독의 저 높은 경지가 영원한 고독을 마다하고 자족하지 않는 것 산이 골짜기로 내려오고 높은 곳에 있는 바람이 낮은 곳으로 불어 내리는 것.—오, 그 누가 이러한 동경에 걸맞은 명칭과 덕으로서의 이름을 찾아낼 수 있을 것인가! 이 명명하기 어려운 것을 차라투스트라는 일찍이 '베푸는 덕'이라고 부른 바 있다."

이상과 같이 베푸는 덕은 힘의 과잉과 삶의 충실로부터 나오는 '자신의 힘을 타자에게 베풀지 않고서는 안 되는 심성', '자신의 힘을 타자에게 미치지 않고서는 안 되는 심성'이라고 말할 수 있다. 그것은 황금과 더불어 태양의 은유로도 표현된다. 「서문」의 서두에서 차라투스트라가 태양을 향해 하는 말을 상기하게 된다면, 그의 설교 활동 그 자체가 그 자신의 베푸는 덕으로부터 나오고 있다는 점이 납득될 것이다. 그런 의미에서 이 덕에 대한 설교는 다름 아닌 그의 자기 긍정일 뿐이다. 다만 차라투스트라는 제2부의 「밤의 노래」에서 자신이 베푸는 것밖에 알지 못하는 빛과 같은 존재라는 점을 한탄하고, 빛을 받아들이는 밤과 같은 존재에 대한 동경을 토로하고 있다. 베푸는 자와 받아들이는 자 사이에 반드시 마음의 맞닿음이 없다는 것, 언제나 주는 자는 받아들이는 자의 수치에 둔감해지기 쉽다는 것, 나아가 베푸는 자들 사이에도 교류가 없어 각각이 고독하다는 것 등등이 탄식의 대상이 된다. 그러한 자기비판, 자기혐오, 자기 부정의 심정도 병기되고 있다는 점이 『차라투스트라』라는 철학서의 특이함이자 매력이라고 말할 수 있을 것이다. ☞『차라투스트라는 이렇게 말했다』, 초인

─시미즈 혼유(清水本裕)

벤 [Gottfried Benn 1886-1956]

표현주의*에서 출발하고, 절대시를 확립하여 전후 독일 시단에 커다란 족적을 남긴 시인 벤의 니체 이해는 창조적 오해 중에서도 가장 두드러진 것일 터이다. 만년의 벤에게 있어 니체는 "도덕적 또는 배덕적인 체계의 창시자"나 "하나의 철학의 고지자"가 아니라 "자기의 내적 본질을 말로써 갈기갈기 절단해내는 파괴자, 자기를 표현하고 정식화하며 현혹하고, 불꽃을 살라버리기까지 하는 충동자, 표현을 위한 실체의 소거자"였다[『니체─사후 50년』]. 니체 사상에서의 관련이나 개개의 이념을 사상하고, 오로지 말의 정신으로부터만 바라본 니체다. 그러나 거기에 이르기까지는 고통스러운 니체 체험이 놓여 있다. 바이마르 말기의 혼란 속에서 새로운 유럽의 에토스를 찾고 새로운 독일의 모럴을 세우고자 했을 때, 벤은 니체의 '초인', '도태와 육성', '민족의 재생' 등을 원용하여 나치 신국

가에서 고대 도리아 국가의 두 개의 위대한 힘, 즉 권력과 예술의 실현을 기대한 것이었다. 그러나 곧바로 나치의 잔혹함을 목격하고 "니체를 그의 비장한 현실도태의 어둠 속에서 바라본 것의 잘못"을 깨달으며, "낭만주의자 니체"의 "터무니없는 도태의 환상"에 대한 격렬한 비판이 작성되게 된다. 니체로부터 완전하게는 떠날 수 없었으며, 그렇다고 해서 토마스 만처럼 "노회함과 아이러니와 신중함"의 줄타기도 할 수 없었던 벤은 "니체의 작품, 특히 80년대의 작품이 격정적으로 배양하고 있던 공적인 교육적, 정치적인 것에 대한 관련들을 끊어내고" 니체에게서 새로운 언어를 창조한 기교가만을 보게 된다[『육성 Ⅱ』]. 초기 표현주의 시대의 벤의 지중해적 메타포, 디오니소스적 도취 감정에서 니체와의 공통성이 지적되는 경우도 있지만, 그것도 니체의 사상구조로부터 이끌려내진 것이라고는 할 수 없다. 디오니소스*는 니체에게 있어서는 아폴론*과 변증법적 관계에 서 있는 신화사적 성격의 것이지만, 벤의 경우에는 역사를 부정하고 시공의 범주를 해체하며 전 논리적인 것으로 퇴행하기 위한 상징이기 때문이다.

─야마모토 유(山本尤)

벤야민 [Walter Benjamin 1892-1940]

벤야민이 직접 니체를 주제로 하여 다룬 것은 아마도 「니체와 그의 누이의 아르히프」(1932)라는 짧은 문장 뿐일 것이다. 하지만 직접적 언급이 적음에도 불구하고 벤야민은 니체와 깊은 사상적 차원에서 대결하고 있었다고 생각할 수 있다. 또한 벤야민은 청년 시기에 당시의 니체 열광과도 깊은 관련을 지니고 있던 독일 청년 운동*에 관계하고 있어 일찍부터 니체를 알고 있었다고 생각된다.

청년 운동에 관계한 시기 조금 후에 쓰인 초기의 에세이 「운명과 성격」(1921)에서 벤야민은 운명에 의한 주박으로부터 인간이 어떻게 해방될 수 있는가라는 문제를 묻고자 한다. 벤야민은 운명과 성격의 순수한 분리가 필요하다고 말한다. 그것은 종래의 운명 개념

이 "죄와 벌의 이교적이고 헤아리기 어려운 연관", 즉 "유죄로 여겨진 하나의 생명을 고찰하는 경우에 보이는…… 산 자의 죄 연관(Schuldzusammenhang)"을 의미하기 때문이다. 그리고 전통적인 성격 개념은 언제나 이러한 운명 개념과 혼동되고 있었다. 그에 반해 벤야민이 제시하는 성격 개념은 운명과 윤리와 같은 속박의 그물눈으로부터 벗어나는 인간의 '자유'의 영역에 관계된다. 따라서 죄 연관으로서의 운명으로부터의 인간의 해방을 지시하기 위해서는 성격과 운명의 분리가 필요로 되는 것이다.

이러한 인식은 역사 과정을 있어야 할 근원의 경위로부터의 끊임없는 퇴락, 격리로서 파악함과 동시에, 그러한 퇴락, 격리 속에 놓여 있는 개개의 장면에서 근원에의 매개를 가능하게 하는 흔적과 징후를 확인하고자 하는 벤야민의 역사철학과 깊이 관련된다. 그것은 역사에서의 해방·구제의 가능성을 분명히 하는 과제로 이어지고 있다. 운명과 성격을 둘러싼 벤야민의 물음에도 운명(죄 연관)에 의해 지배된 역사 속에서 핍박받고 인간에게 성격을 통해 그로부터의 탈출구를 시사하고자 하는 문제의식이 투영되어 있다. 그런데 「운명과 성격」의 한 곳에서 니체가 인용되고 있다. 그것은 "성격을 지니는 자는 끊임없이 회귀해 오는 체험을 지닌다"[『선악』 70]는 말이다. 벤야민은 니체의 이 말을 성격을 지니는 자의 운명이 항상성을, 다시 말하면 "운명을 지니지 않는다"는 것을 지시하고 있다고 파악한다. 이러한 "운명을 지니지 않는다"는 것으로서의 항상성은 니체에게서는 영원회귀* 문제와 조응하는 것일 터이다. 그렇다고 한다면 니체의 영원회귀 사상은 벤야민에게서 운명(죄 연관)에 의해 지배되는 역사로부터의 해방·구제의 모티프와 관련되어 파악되고 있다는 것이 된다. 이 문제는 「운명과 성격」보다 조금 후에 쓰인 「폭력비판론」에서 좀 더 명료해진다.

「폭력비판론」에서 벤야민은 두 종류의 폭력을 다룬다. 하나는 법의 정립과 유지에 관계되는 폭력, 즉 지배 연관의 실정성의 기초가 되는 폭력이다. 벤야민은 이러한 폭력을 '신화적 폭력'이라고 부른다. 이 폭력은 운명에 대응한다. 또 하나의 폭력은 '신적 폭력', '섭리의(waltend) 폭력'이라고 불리는 것이다. 이것은 오히려 '신화적 폭력'을 타파하는 폭력, 다시 말하면 해방·구제의 폭력이다. 「운명과 성격」에서 성격이 지니는 '영원회귀'적 요소에 가탁하여 제시된 역사의 해방·구제의 모티프가 「폭력비판론」에서는 '신적 폭력'이라는 개념에 의해 명확히 된다. 동시에 여기서 '신적 폭력'이 '신화적인 것'으로부터의 해방을 시사한다는 것도 간과해서는 안 될 것이다. 벤야민은 같은 시기에 횔덜린*의 시에 대해 논의하고 있지만, 그 내용도 아울러 생각할 때, '신화적인 것'으로부터의 해방이란 카오스로서의 폭력(힘)에 미적 가상을 부여하는 것을 통해 그 승화를 꾀하고자 하는 횔덜린적임과 동시에 니체적이기도 한 '비극의 사상' — 신화*에 대항하는 것으로서의 비극 — 의 소재를 지시하고 있다. 여기서도 벤야민과 니체의 연관을 생각할 수 있을 것이다. 다만 벤야민과 니체 사이에는 다름도 놓여 있다. 왜냐하면 벤야민은 『독일 비극의 근원』에서 니체의 '비극의 사상'을 비판하고 있기 때문이다.

여기서의 벤야민의 니체 비판의 요점이 되는 것은 니체가 비극의 사상을 미적 가상의 형상화로만 승화시키고, 본래 비극에 갖추어져 있을 도덕성의 계기를 무시했다는 점에 놓여 있다. 그것은 비극의 핵심에 놓여 있는 "비극적 죄과와 비극적 속죄의 이론"의 무시를 의미한다. 이 '죄과와 속죄'의 연관이 조금 전에 언급한 '죄 연관' 개념과도 호응한다. 벤야민은 니체가 '비극의 사상'에서 해방·구제의 당위를, '죄과와 속죄'의 연관에 의해 표상되는 지배의 역사의 실정적 과정과 거기에 짜 넣어진 도덕으로 상징되는 사회적 규범성의 문제로부터 완전히 분리해 버린 것에 이의를 제기하고 있다고 말할 수 있을 것이다.

그런데 벤야민은 이후 맑스주의* 입장으로 접근하는 가운데, 니체의 영원회귀 사상을 다시 『파사주론』이라고 불리는 만년의, 파리와 19세기 근대를 주제로 하는 유고 모음 속에서 다루고 있다[「D 권태, 영원회귀」 참조]. 여기서 벤야민은 19세기 근대라는 역사적 조건 속에서 영원회귀가 시사하는 해방·구제 모티프의 소재에 대해 고찰을 진행한다. 이때 주목해야 할 것은 벤야민이 여기서 니체와는 다른 형태의 영원회귀 사상을 다루고 있다는 점이다. 그것은 프랑스의 혁명가 블랑키*의 『천체에 의한 영원』이다. 블랑키는 그가 목표로 한 혁명이 패퇴하고 옥에 갇힌 만년에 이 기묘한 책을 썼다. 그것은 벤야민에 따르면 19세기 근대의 "최후의 판타스마고리(환영)"이자 "지옥의 비전"이다. 즉 블랑키는 19세기 자본주의가 승리한 세계를 마치 원소 주기율표가 지니는 반복적 항상성이 지배하는 것과 같은 '영원회귀'의 세계로서 묘사하는 것이다. 거기에는 확실히 자본주의의 승리와 혁명의 패배에 대한 블랑키의 체념이 나타나 있다. 마치 역사가 출구 없는 지옥이라는 듯이 말이다.

하지만 벤야민은 블랑키의 '영원회귀'가 그리는 자본주의라는 지옥이 그 지옥으로서의 충격력 때문에 자본주의에 대한 비판의 계기로 될 수 있다는 것을, 그리고 블랑키의 '영원회귀'가 분명히 하는 것은 자본주의의 판타스마고리로서의 성격이라는 것을 지적한다. "블랑키는…… 역사 자체가 판타스마고리라는 것이 명백해지는 진보의 상―최신 유행을 몸에 걸치고 잘난 듯이 걸어가는, 기억에 없을 정도로 옛날의 고물―을 그리고자 애쓰고 있다."[『파사주론』] 이러한 블랑키의 영원회귀를 뚫고 나갈 때 니체의 영원회귀에 대한 파악방식도 역시 어떤 변용을 겪을 수밖에 없다. 벤야민은 니체의 영원회귀 사상이 결국 19세기 근대의 역사성과 깊이 결부되어 있다는 것을 지적한다. 그리고 니체가 영원회귀 속에서 미적 가상이 매개하는 해방·구제의 계기를 보고자 하는 데 반해, 벤야민은 니체의 심미적인 영원회귀 개념에 상품의 순환을 포개 놓으면서 근대 시민사회의 꿈(판타스마고리)과 현실의, 선잠과 각성의 변증법을 응시한다. 예를 들어 다음과 같은 단편이 있다. "영원회귀의 이념은 거품회사 난립시대(Gründerzeit)의 비참함으로부터 행운의 환영(Phantasmagorie)을 마술처럼 만들어낸다……."[같은 책] 하지만 그에 의해 벤야민이 스스로의 청년 시기에 니체에게서 발견해낸 영원회귀에서의 해방·구제의 모티프를 전면적으로 내던져버린 것은 아니다. "영원회귀의 주박권역 속에 놓여 있는 삶은 아우라적인

것으로부터 벗어나 있지 않은 존재를 보증한다."[같은 책] ☞블랑키, 19세기와 니체, 영원회귀

―다카하시 준이치(高橋順一)

圏 ▷Walter Benjamin, *Schicksal und Charakter*, Gesammelte Schriften Ⅱ・1, Frankfurt a. M. 1977(野村修 訳「運命と性格」『ベンヤミン著作集』1 収録, 晶文社, 1969). ▷ders., *Zur Kritik der Gewalt*, a. a. O.(野村修 訳「暴力批判論」『ベンヤミン著作集』1 収録, 晶文社, 1969). ▷ders., *Ursprung des deutschen Trauerspiels*, Gesammelte Schriften Ⅰ・1, 1974(川村二郎 外 訳『ドイツ悲劇の根源』法政大學出版局, 1975). ▷ders., *Das Passagen-Werk*, Gesammelte Schriften Ⅴ・1 u. 2, 1982(今村仁司 外 訳『パサージュ論』岩波書店, 1993).

벨하우젠 [Julius Wellhausen 1844-1918]

성서학자인 동시에 이슬람 연구가. 그라이프스발트, 할레, 괴팅겐(파울 드 라가르드*의 후임)의 교수를 역임. 구약의 이스라엘사에 관한 저작은 교회 제도를 의문에 붙이는 내용으로 교회 당국으로부터 적대시되었다. 사이드(Edward W. Said 1935-2003)는 대저 『오리엔탈리즘』에서 그에 대해 오리엔트 연구로서 엄청난 연구를 하면서 고전 고대 숭배를 변화시키지 않으며, 자신의 연구 대상에 대한 경멸을 숨기지 않는 학자 가운데 한 사람이라고 말한다. 막스 베버*는 『고대 유대교』에서 벨하우젠의 작업을 중시하고 있다. 니체는 아마도 1883년 이후 그의 작품을 읽으며, 특히 1887년 가을부터 이듬해 봄에 걸쳐 열심히 읽고 있다. 그 무렵의 유고[예를 들면 Ⅱ. 10. 511f. 등]에는 벨하우젠의 『이스라엘-유대 역사 개설』 등으로부터의 발췌와 그것에서 암시를 얻은 메모가 이곳저곳에서 발견된다. 야훼 신이 이스라엘 민족의 신으로부터 정의의 신으로 변모하고 그와 더불어 이스라엘 백성과 신 사이에 계약 관계가 성립하기에 이르렀다는 것, 나아가서는 유대*교가 태고에는 고대 그리스의 디오니소스* 제의와도 그렇게 다르지 않은, 관능이나 감성과 결부된 농경 및 목축상의 의례였던 것이(이 점에 대해서는 20세기에 케레니*도 지적하고 있다) 사제* 계급에 의해

탈관능화, 탈자연화되어 단순한 규칙의 체계로 변했다는 것 등에 주의가 기울여지고 있다. 그러한 메모 등의 귀결을 『안티크리스트』* 25절에서 볼 수 있다.

―미시마 겐이치(三島憲一)

변증법辨證法 [Dialektik]

잘 알려져 있듯이 '변증법'이라는 말은 대화(Dialog)에서 유래한다. 그 원형은 플라톤*의 대화편이며, 그 속에서 주인공 소크라테스*가 구사하는 문답법(dialektikē)이다. 니체가 Dialektik이라는 말을 사용하는 것도 그 다수는 이 맥락에서다. 플라톤의 대화편에 대해 니체는 『비극의 탄생』14*에서 "기존의 모든 문체와 형식들의 혼합으로 이루어졌으며, 따라서 이야기, 서정시, 연극 사이에서, 산문과 운문 사이를 부유함으로써 통일된 언어 형식이라는 엄격한 과거의 법칙을 깨고 있다'고 그 외적 형태를 평가함과 동시에, 그러한 잡종 형식에 감싸인 본질은 "그다지 머리가 좋지 않은 사람들에게 진실을 비유로 말하는" 이솝 우화를 "무한히 고양시킨" 것에 다름 아니라고 단정한다. 요컨대 교훈에 전념한다는 것이다. 그리고 그 교훈을 이끌어내기 위해 설정되는 기법이 변증법(문답법)이다. 그것은 어떤 사항에 대한 논거와 반대논거를 서로 다투게 하고, 인과를 더듬으면서 추론을 거듭해 나가기 위한 결론을 이끌어내 증명하고자 하는 태도인바, 거기서 보이는 것은 "사유는 인과성의 실마리를 따라 존재의 가장 깊은 심연까지 이를 수 있으며, 사유가 존재를 인식할 수 있을 뿐만 아니라 심지어 **수정할** 능력이 있다'[『비극』 15]는 낙관주의적인 망상이다. 인간의 덕뿐만 아니라 행복도 합리적 앎에 기초짓고자 하는 지성＝덕＝행복이라는 삼위일체의 이러한 낙관주의가 역사상 처음으로 소크라테스라는 인물에게서 구현되었던 것이다.

물론 문답이 그것만으로 낙관주의로 통하는 것은 아니다. 소크라테스주의의 대극에 놓이고 또한 그에 의해 소멸되었다고 하는 비극에서도 문답은 행해진다. 그러나 거기서 "대화(Dialektik)는 길을 잃고 헤맨다.

극의 주인공의 말은 끊임없는 헤맴이자 착각"[유고 I . 3. 379]인바, 문답을 거듭할수록 주인공은 파멸에 가까이 다가간다. 그리고 그 파멸에 의해 역으로 관객은 이 세상에서의 생성소멸의 근저에 놓여 있는 근원적 세계를 엿보게 된다. 그에 반해 세상의 모든 것은 변증법적 인식에 의해 남김없이 드러낼 수 있다고 생각하는 소크라테스주의는 비극적 예술에 의한 현존재의 미적 구제를 부정하고, 사물이 개체화*되어 나타나는 현상계를 유일한 세계로서 견지한다. 모든 사물이 귀일하는 근원적 세계에 대한 예감은 폐쇄되는 것이다. 니체가 소크라테스주의 및 그 기법으로서의 변증법을 어떻게 해서든 용인할 수 없었던 이유는 거기에 놓여 있다.

이상과 같은 변증법관은 기본적으로 니체의 생애를 통해 일관된다. 만년의 저작 『우상의 황혼』*에서는 다음과 같이 말해진다. "소크라테스와 더불어 그리스의 취미는 변증법에 유리하게 돌변했다. …… 천민*이 변증법을 수단으로 삼아 상부로 올라섰다. 소크라테스 이전에는 변증법적인 수법이란 것은 건전한 사회에서는 거부되었다. 이것은 나쁜 수법으로 간주되었고 조롱받았다. …… 다섯 손가락을 모두 보여주는 것은 점잖지 못한 일이다. 스스로를 먼저 입증시켜야만 하는 것은 별 가치가 없는 것이다. 권위가 미풍양속에 속하는 곳, '근거를 들어 정당화'하지 않고 명령하는 곳이라면 어디서든 변증론자는 일종의 어릿광대*에 불과하다. …… 다른 수단이 없을 경우에만 변증법이 선택된다. …… 그것은 단지 다른 무기를 전혀 갖추지 못한 자들의 **정당방위**일 수 있을 뿐이다. …… 누군가가 변증론자라면 그는 무자비한 도구를 하나 갖고 있는 것이다. …… 변증론자는 자신이 바보가 아님을 자신의 적수에게 입증하도록 한다. 그는 적수를 분노하게 하고, 동시에 속수무책으로 만들어버린다. 변증론자는 적수의 지성을 **피로하게 만들어버리는 것이다.**"[『우상』 II . 5-7] 여기서 보이는 것도 냉철한 합리적 인식의 방법으로서의 변증법이며, 또한 그것이 인간 사회에 미치는 부정적 영향에 대한 비판이다. 변증법적 인식 그 자체가 거짓으로서 거부되는 것은 아니다. 그런 것이 아니라 그로 인해 야기되는 인간 유형의 타락이 규탄되는 것이다.

그런데 변증법이라고 하면 누구나 연상하는 것이 헤겔*이겠지만, 이상한 것은 니체에게 헤겔과 변증법을 명확히 연결시켜 논의하는 곳이 그다지 없다는 점이다. 물론 헤겔에 대한 언급은 일일이 열거할 여유가 없지만, 본래 니체의 사상과 헤겔의 변증법적 사유와의 관계를 어떻게 생각하는가 하는 것은 견해가 나뉘는 곳인바, 양자의 친근성을 지적하는 연구자도 있지만, 들뢰즈*처럼 물과 기름처럼 대치시키는 논자도 있다. 여기서는 니체 자신이 자신의 사상과 헤겔을 연결시키고 있는 부분을 한 곳만 들어두고자 한다. 그것은 『이 사람을 보라』*에서 『비극의 탄생』을 자기비판적으로 회고하는 부분이다. "그것(『비극』)은 불쾌한 헤겔적 냄새를 풍긴다. …… 거기서는 하나의 '이념'이 ─ 디오니소스*적과 아폴론*적이라는 대립이 ─ 형이상학적인 것으로 옮겨졌다. 역사 자체가 이 '이념'의 전개 과정이며, 비극에서 그 대립이 통일로 지향된다. 이러한 광학에서 이전에는 결코 마주친 적이 없던 것들이 갑자기 대립되고, 서로를 조명하며, 서로 **개념적으로 이해된다**(begriffen)."[Ⅳ. 1] 만년의 니체의 입장에서 보면, 초기의 자신은 아직 헤겔의 변증법적 사유에 물들어 있었다고 하는 것일 터이다. 이러한 자기 평가는 한편으로 『반시대적 고찰』* 등에서 적어도 표면상으로는 생애에서 가장 신랄하게 헤겔 비판을 펼치고 있던 시기에 관계된다는 것만으로 매우 흥미롭다. ☞플라톤, 소크라테스, 헤겔

─스토 노리히데(須藤訓任)

병과 쾌유病─快癒 [Krankheit; Genesung]

"친애하는 벗이여, **전적으로** 나쁜 상태라네. …… 몸이 안 좋아져 위장의 나쁜 상태가 수면제도 받아들이지 못할 정도라네 ─ 그로 인해 밤에는 도저히 잠을 이루지 못할 만큼 괴로운 데다가 **완전한** 신경쇠약이지.─ 아, 나는 자연으로부터 두려울 정도로 '자학자'가 될 소질을 부여받고 있다네."[오버베크에게 보낸 편지 1883. 2. 22.] "병이다! 친애하는 벗이여, 그렇다네. 제노

바*에 이제 막 도착했지. 발열, 오한, 식은땀, 격렬한 두통, 커다랗고 끊임없는 피로감, 미각도 식욕도 없다네. 증상은 이런 정도지. 대부분 침대 속에서 지내며 어쩌다가 기다시피 해서 거리로 나서지."[가스트에게 보낸 편지 1883. 3. 7.] 니체가 이와 같이 병의 상태를 호소하는 말은 드문 것이 아니다. 눈병의 악화, 반복해서 덮쳐오는 두통과 발열, 소화불량과 구토, 침대에 사로잡혀 보내는 나날, 몸 상태가 회복되었을 때 찾아오는 행복한 기분도 오래 지속되지 않는 것 ─ 서간이나 친우들의 회상에서 떠오르는 그의 일상이다. 그로 인해 그는 신경질적일 정도로 자신이 머무는 곳의 기후나 식사에 마음 쓰고 있었으며, 장서 가운데는 『임상의학 개설』과 『신경쇠약·히스테리 등의 현대적 치료』 등의 의학서뿐만 아니라 『위장이 약한 사람을 위한 요리책』이라든가 『의사가 권하는 실내 운동』과 같은 것까지 포함되어 있다.

그렇지만 니체를 괴롭힌 병은 육체적인 것만이 아니다. 역사학과 예술, 그리스도교*의 도덕 등, 시대의 문화를 더럽히는 '병'에 그는 고뇌하며, 또한 그것들로부터 '쾌유'했다고 믿는 까닭에 자신을 시대의 병리에 능통한 의사에 비교했다. 예를 들어 『삶에 대한 역사의 공과』에서는 19세기의 독일인이 자랑하는 "역사적 감각"을 "역사병"으로 진단하며, 인격의 약체화와 위대한 과거에 대한 아류의식 등의 증상들을 기술하고서는 "역사의 과잉"에 대한 해독제로서 "비역사적"인 망각*과 "초역사적"인 예술·종교를 처방하고 있다. 다만 여기서는 바그너*의 예술이 역사 편중으로부터의 회복을 가져올 것을 기대하고 있지만, 후에 그는 자신이 바그너의 음악을 "모든 독일적인 것에 대해 독으로써 독을 제압하는 부류의 독의 극치"로서 필요로 했다고 말하고 있다[『이 사람』 Ⅱ. 6]. 그 후 그는 "건강한 것은 고전적이며, 병적인 것은 낭만적이다"라는 괴테의 말[에커만 『괴테와의 대화』 1829. 4. 2.]에 입각하여, "삶의 과잉"* 때문에 고뇌하는 자는 디오니소스*적 예술을 추구하지만 "삶의 빈곤화" 때문에 고뇌하는 자는 낭만주의에 이른다고 하고, 바그너의 예술을 후자의 대표라고 보았다[『학문』 370]. 『바그너의 경우』에서

는 "아름다움과 병의 동맹 속에서 생기는 세란"에 의해 신경을 마비시키는 바그너 음악에 의해 "바이로이트"의 정신박약증"에 전염되지 않도록 경계할 것을 호소한다[추신; 두 번째 추신](제명인 "Der Fall Wagner"는 바그너와의 사이에서 계쟁 중인 '사건'을 보여줌과 동시에, 바그너라는 '증례'를 다루고 있다고 하는 의미도 있다). "바그너의 음악에 대한 나의 항의는 생리학적인 항의다. 이 항의를 더 나아가 또한 미학적인 표현으로 가장할 필요가 있을까? 미학이란 바로 응용 생리학에 다름 아니다'라고 하여 니체는 문화의 문제를 '생리학'의 문제로서 다루고자 한다[『니체 대 바그너』 Ⅱ]. 이러한 사고방식은 표현의 수준에도 반영되어 있는데, 그의 저작에서는 '빈혈', '통풍', '당뇨병', '히스테리', '경련', '간질', '신경증', '치매증', '특이체질', '신진대사', '퇴화', '징후', '증례', '진단', '진정제', '마취제', '자극제', '식이요법', '절제', '생체해부' 등, 실로 많은 의학·생리학 용어가 사용되고 있다.

니체가 자기 나름의 '생리학'을 전개한 배경에는 병에 대해 특별한 인식 기능을 인정하는 '병자의 광학'(Kranken-Optik)이라는 사고가 놓여 있다. 『인간적』"과 『학문』"에 붙인 서문(1886)에서 그는 바그너와 결렬 후의 쇠약으로부터의 회복을, '건강에의 의지'에 이끌리는 가운데 과거와 결별하고, 이질적이고 새로운 것을 추구하여 헤매며, 마침내 자기 자신의 과제를 발견하기에 이르는 '쾌유'의 과정으로서 그리고 있다. "병자의 인식"은 몽상으로부터의 각성을 촉구하고, 고통으로 가득 찬 회의를 강화하는 것이기도 하지만[『아침놀』 114번에서는 십자가 위의 그리스도를 그 예로서 들고 있다!), "위대한 고통"이야말로 "위대한 의혹의 교사", "정신의 궁극의 해방자"라고 한다[『학문』 서문 3]. 스스로 병을 체험함으로써 삶에 대한 지금까지와는 다른 눈길, 이를테면 '이화(異化)'된 시점이 획득된다고 하는 것이다. 후에 그는 "나의 삶에서 가장 아팠고 고통스러웠던 그 시절에 내가 느꼈던 행복보다 더 큰 행복을 나는 결코 가져보지 못했다'고 말하며, 육체의 쾌유는 그 결과에 지나지 않는다고 하고 있다[『이 사람』 Ⅵ. 4]. 더욱이 니체에게 있어 이 쾌유의 과정은

개인적 체험에 그치는 것이 아니라, '새로운 건강'을 추구하고 인간을 더럽히는 최대의 병인 그리스도교를 극복하고자 하는 '좋은 유럽인'이 되어야 하는 것이기도 했다. '병자의 광학'은 원근법'의 전환에 익숙해짐으로써 '가치의 전환'을 가능하게 하는 것인 것이다[『이 사람』 Ⅰ. 1]. 왜냐하면 니체에게 있어 그리스도교는 인간의 고뇌에 대해 잘못된 치료를 베풀어 인간의 병을 악화시킨 종교에 지나지 않았기 때문이다[『아침놀』 52]. 『도덕의 계보』"에서는 금욕주의적 사제'가 신자에게 이 세상의 고통과 고뇌는 그들 자신의 '죄'의 탓이라고 하는 해석을 불어넣어 르상티망'을 자기 자신에게로 향하게 하고, 양심'의 가책으로 괴롭혀 점점 더 '병'에 들게 했다고 주장하고 있다. 이에 대해 니체는 병자에 대한 "위대한 구토"와 "위대한 동정"의 위험을 이야기하고, 병자의 간호와 구제는 건강한 자의 사명이 아닌바, 건강한 자는 "거리의 파토스"를 지니고서 병든 자로부터 떠나야 한다고 한다[『계보』 Ⅲ. 13-21]. 이 위생학의 교조적이라고 해야 할 정도의 결벽성은 "성서'를 읽을 때에는 장갑을 끼는 것이 좋다'고 말하는 『안티크리스트』"에서 정점에 도달한다. 교회'는 신경증, 치매, 간질의 환자를 '성자'로서 받아들이는 "가톨릭의 정신병원"을 이상으로 하고 있으며, 섹스를 경멸하여 삶'에 대한 증오를 가르치는 프로테스탄티즘'은 "가장 불결한 그리스도교"에 다름 아니라고 여겨진다[『안티크리스트』 46, 51, 61].

19세기는 의학과 생리학의 발달에 의해 많은 병이 해명되기보다 만들어지며, 위생의 촉진에 의한 건강의 유지라는 현세적 구제(치유)를 추구하는 건강 이데올로기가 정착한 시대였다. 확실히 니체는 "세계는 언젠가 독일적인 본성에 의해 치유되어야 한다'(에마누엘 가이벨Emanuel Geibel 1815-84)와 같은 부류의, 내셔널리즘에서 만능의 치유력을 구하는 사고방식은 거절했지만, 병의 메타포를 남용하고 병적인 것을 결벽증적으로 거절한 점에서는 이러한 건강 이데올로기에 지나칠 정도로 동조하고 있었다. 전 생애를 통해 병으로 고통스러워했을 니체가 『이 사람을 보라』"에서는 "어떠한 병적인 특징도 내게는 없다. 중병을 앓을 때에도

나는 병적으로는 되지 않았다'라고 하여 자신은 "전형적으로 건강한 인간"이라고 강조하고, "나는 건강에의 의지, 삶에의 의지로부터 나의 철학을 만들어냈다"고 말한다[Ⅰ. 2; Ⅱ. 10]. '병자의 광학'은 그것이 건강한 자의 시점을 이화하고, 건전한 상식에게는 발견될 수 없는 것을 탐구하는 한에서는 생산적으로 작용할 수 있다. 그러나 "질병 자체는 삶의 자극제가 될 수 있습니다. 다만 사람들이 이 자극제를 이겨낼 정도로 충분히 건강해야만 합니다!"라고 말해지며[『경우』, 편지 5], 새로운 인식을 추구하는 자에게 "위대한 건강"이 요구되기에 이르러[『학문』 382] 병을 통한 인식의 쾌락은 어느 사이엔가 '건강'이라는 이름에 의한 '불건전'한 것의 배제로 바꿔치기 되어 버린다. "인류의 퇴화"에 저항하기 위해서는 퇴화하는 부분을 절제하고, "사회의 기생충"인 병자는 제거해야 하며, 긍지 있는 삶이 불가능해지면 식물 상태로 살려 두기보다 안락사 시켜야 한다고 하는 발언[『이 사람』 Ⅶ. 2; 『우상』 Ⅸ. 36]은 나치스'에 의한 우생학의 이용을 생각하면 이미 아마추어 '생리학자의 탈선으로서 끝낼 수는 없다. 니체는 사회학도 데카당스'의 하나의 현상이며, 결국은 사회의 "쇠퇴 형태"인 근대 사회에 대해 스스로의 "쇠퇴 본능"에 따라 판단을 내리는 데 지나지 않는다고 하여 잘라 내버리고 있지만[『우상』 Ⅸ. 37], 건강 이데올로기에 동조하여 모든 것을 '생리학'으로 해소하기보다 다시 한 번 시점을 전환하여 예를 들어 사회학의 시점에서 생리학의 시점을 '이화'함으로써 병의 메타포에 의한 인식의 한계와 건강의 환상의 조작을 폭로해야 했던 것이 아닐까? 오늘날에도 자주 '~체질'이라든가 '~증후군'과 같은 생리학적·의학적 메타포로 사회 현상이 말해지는 일이 있지만, 바로 그로 인해 많은 문제의 소재가 은폐되는 것이 아닐까? 그리고 그럼에도 불구하고 이러한 메타포에 안이하게 의존하지 않고서 '병자의 광학'을 활성화할 가능성을 묻는 것도 가능한 것이 아닐까? ☞병력 연구사

―오이시 기이치로(大石紀一郎)

병력 연구사病歷研究史

니체는 1844년 10월 15일, 라이프치히' 근교 뢰켄의 목사관에서 대체로 건강한 양친 사이에서 태어나 비교적 건강한 아이로서 자랐다. 슐포르타'에서는 수학 이외에는 우수한 성적을 보이며, 본과 라이프치히의 대학 시절에는 신학에서 고전문헌학'으로 옮겨 대단히 우수한 업적을 올리고, 1869년에는 24세의 젊은 나이에 바젤대학의 고전학 교수로 부임했다. 이러한 사실들은 누이 엘리자베트에 의한 전기 등에서 잘 알려져 있다. 그러나 1870년 8월 프로이센-프랑스 전쟁'에 종군하고서 교직에 복귀한 후, 1873년 여름 무렵부터 안통·편두통의 발작이 구토와 위통을 수반하여 나타나기 시작하며, 이것은 나아짐과 나빠짐을 반복하면서 5~6년 계속된다. 마침내 1879년에는 시력 장애와 전신 쇠약도 격화되어 6월 바젤대학을 사직하며(니체 34세), 이후 요양과 저작을 위한, 약 10년에 걸친 유럽 각지의 방랑 생활이 시작된다.

1880년 1월경 최악이었던 위에서 언급한 증상들은 같은 해 9월쯤부터 차도를 보이며, 정신적으로도 고양기에 들어서 1881년 여름 질스-마리아'에서는 산책 중에 영원회귀'의 상념을 얻어 환희에 젖는다. 루 살로메'와의 만남은 1882년 4월로, 이 관계는 같은 해 가을에는 이미 파탄되지만, 이 마음의 상처는 오히려 니체의 창조력을 한층 더 자극했던 듯한바, 그 해 겨울부터 다음 해인 1883년 봄에 걸친 라팔로 체재 중에 이상한 영감 상태의 폭풍 속에서 『차라투스트라』' 제1부가 성립한다. 그러나 그 직후에는 반동적으로 일종의 허탈과 우울 상태에 빠지며, 불면과 불안에 맞선 수면제 사용도 이 무렵부터 시작된다.

그 후에는 대체로 3개월 내지 반년 정도의 주기로 가벼운 고양과 우울의 파도를 반복했지만, 1888년 봄과 가을의 토리노' 체재 시기는 잇따라 여섯 개의 주요 저작을 마무리하여 니체 최후의 창작 전성기가 된다. 그러나 같은 해 12월 말부터 다음 해인 1889년 1월에 걸쳐(니체 44세) 갑자기 친우와 지인들 앞으로 분명히 정신 이상을 보이는 다수의 메모를 보내기 시작한다. 그리고 1월 초순(오버베크'에 따르면 1월 7일), 토리노

의 거리에서 울면서 말 머리를 부둥켜안는 이상 행동을 시초로 하여(이것에는 이설도 있다) 급격하게 발병하며, 지리멸렬하고 과대망상적인 혼잣말, 피아노를 치면서 큰 소리로 노래 부르며 잠을 자지 않는 정신 운동성 흥분이 며칠에 걸쳐 계속된다. 부랴부랴 친우 오버베크가 데리고서 바젤대학 정신과에 1889년 1월 10일부터 8일간, 이어서 어머니의 요망에 따라 예나대학 병원 빈스방거(Otto Binswanger 1852-1924) 교수에게로 옮겨져 1890년 3월 24일까지 약 1년 2개월 정도 입원했지만, 이 사이에도 그의 병상 기록에 따르면 계속해서 방향 감각의 상실, 정리되지 않는 혼잣말, 다변과 많은 움직임, 불면, 과대망상과 환각적 피해망상, 충동 행위, 배설물 감추기와 오줌을 마시는 등의 이상 행동도 있었던 듯하다.

1890년 3월 24일에 이르러 일단 이와 같은 급성 증상이 완화되었기 때문에 니체는 어머니에게 넘겨지며, 이후 나움부르크*에서 자택 요양에 들어가지만, 서서히 정신의 둔해짐이 진행되어 1895년 이후에는 완전한 무감정 상태에 빠진다. 1897년 어머니의 사후에는 바이마르*의 누이 엘리자베트에게서 전적인 시중을 받고 있었지만, 때때로 두세 마디를 내뱉을 뿐, 후에는 말없이 의자에 앉아 앞쪽을 응시할 뿐이었다고 한다. 이러한 니체가 육체적인 죽음을 맞이한 것은 1900년 8월 25일(55세의 나이)이며, 사인은 1주간 앓은 폐렴과 24시간 전의 뇌출혈의 발작이었다고 한다.

니체의 생전에도 이미 그의 저작의 문체와 내용으로부터 니체의 모종의 병적 측면을 지적한 일반인은 적지 않지만, 니체의 정신병에 대한 의학적 전문가(즉 정신과 의사)의 본격적인 연구가 나타난 것은 그것의 가장 결정적인 자료로서 위에서 언급한 두 대학 병원에서의 병상 기록의 존재가 확인되고 나서의 일이다. 이것들이 포다흐(Erich Friedrich Podach 1894-1967)에 의해 의학 잡지에 전문이 공간된 것은 1930년의 일이지만, 이미 1902년에 니체에 대한 최초의 병적학적 연구인 *Über das Pathologische bei Nietzsche*(『니체에게서 병적인 것에 대하여』)를 발표한 라이프치히의 정신과 의사 P. J. 뫼비우스(Paul J. Möbius 1853-1907)도 물론

당시 예나대학에 보존되어 있던 이들 병상 기록을 참고로 했다.

뫼비우스는 우선 니체의 누이 엘리자베트를 비롯하여 그 밖의 친척, 친구, 지인, 가정의 등으로부터 널리 구두 및 서간으로 정보를 수집하고, 니체의 아버지 쪽 및 어머니 쪽 가계에서 각각 정신병 내지 정신병질(분열병 내지 분열병질)의 유전적 결함의 존재를 확인했다. 그러고 나서 니체의 정신병에 대해서는 위에서 언급한 두 대학 병원의 병상 기록(거기에는 니체의 매독 감염의 이전 병력과 현 증세가 명기되어 있다)으로부터 당시 담당 의사들의 진단대로 그것이 매독성의 진행 마비라는 것은 의심하지 않으면서도, 그것이 이러한 유전적 결함에 영향을 받아 비상하게 긴 경과(특히 치매의 발현이 더디다)와 복잡한 병의 모습을 보였던 것이라고 하여 최종적으로는 atypische progressive Paralyse(비정형 진행 마비)라는 진단을 내리고 있다.

이 뫼비우스의 소론에서 주목해야 하는 점은 니체의 진행 마비의 발병을 이미 1881년 8월, 저 유명한 영원회귀 이념의 착상 시점으로 보고 있는 것으로, 그 후 1882년 1월부터의 『차라투스트라』 제1부의 놀랄 만한 단기간의 완성은 진행 마비에 의한 대뇌피질의 일부 국재적 병변이 다른 건강 상태 부분에 대해 오히려 자극적으로, 즉 혈류를 증가시키도록 작용했기 때문에 일어난 창조 활동의 증진에 의한 것이라고 한다. 뫼비우스에 따르면 그 후 하나의 완화시기를 거쳐 제2의 커다란 병적 흥분의 시기는 니체 최후의 문필 활동의 해인 1888년인데, 이때 저술된 여섯 개의 저작들 가운데 『우상의 황혼』* 즈음부터 논리적 부정합이 나타나기 시작하며, 니체 최후의 자전적 수기 『이 사람을 보라』*에 두드러지게 기이한 표현과 과대망상이 많이 뒤섞여 들어오고 있는 것은 이미 아마추어의 눈에도 부정될 수 없는 것이다.

이 뫼비우스의 연구는 엘리자베트 등 니체의 측근들과 숭배자들의 격분을 사기는 했지만, 대체로 동시대 사람들(특히 의학자들)의 이해와 찬동을 얻었다. 하지만 이후 약 20년이 경과한 1924년에는 마찬가지로 정신과 의사이자 후에 킬대학의 철학 교수가 된 힐데브란트

(Kurt Hildebrandt 1881-1966)에 의한 "Der Beginn von Nietzsches Geisteskrankheit"(「니체 정신병의 시작」)라는 소론이 나타났다. 이것은 그 대강에서는 뫼비우스의 진행 마비설을 지지하면서도 뫼비우스가 그 발병을 1881-82년으로 보고 있는 것에 반론을 제기하는 것으로, 그것의 의심할 수 없는 징후는 일러야 1888년의 『우상의 황혼』과 『안티크리스트』*의 일부, 그리고 확정적으로는 『이 사람을 보라』에서의 과대망상적 표현에서만 보아야 한다고 하는 것이다. 니체의 근본 사상인 초인*과 영원회귀의 이념에 대해서도 그것들을 뫼비우스가 말하는 것과 같은 진행 마비에 의한 망상적 착상의 소산이 아니라 니체 철학의 하나의 필연적 발전의 결과로 간주해야 한다고 한다.

이 두 가지 니체의 근본 사상을 망상의 산물이 아니라 오히려 인간학적 입장에서 니체가 일단 죽어 버린 신에 대한, 일종의 괴로운 대체물이라고 하는 견해를 취하는 것은 역시 처음에는 하이델베르크대학의 정신과 의사이자 후에 철학자로서 이름이 높아진 야스퍼스*이다. 그는 그의 방대한 연구서 『니체』(초판은 1936년)의 제1부 제3항에서 니체의 병을 상당히 상세하게 논의하고 있는데, 거기서는 역시 ein biologischer Faktor(어떤 생물학적 인자, 결국은 분열병과 같은 내인성 질환이 아니라 무언가의 외인성의 기질적 질환, 아마도 매독성 질환)를 상정해야만 한다고 주장하고 있다.

이에 앞서는 1925년, 하이델베르크에서 이 야스퍼스의 조수로 일하고, 후에 보스턴대학의 정신과 교수가 된 벤다(Clemens E. Benda 1898-1975)도 어떤 의학 잡지에 "Nietzsches Krankheit"(「니체의 병」)라는 논문을 발표했다. 이것도 역시 뫼비우스의 진행 마비설을 전면적으로 부정하는 것이 아니라 다만 1865년 전후의 니체의 류머티즘과 두통에는 매독성 뇌막염, 1868년부터 87년까지의 안통과 시력 장애에는 기저성 뇌매독을 생각해야 한다고 하는 것이다.

뒤이어서 1948년, 함부르크에 거주하는 정신과 의사 랑게-아이히바움(Wilhelm Lange-Eichbaum 1875-1949)은 *Nietzsches Krankheit u. Wirkung*(『니체의 병과 그 영향』)이라는 책(みすず書房에서 나온 일역이 있다)을 내

고, 위에서 언급한 학자들의 학설들을 통합 정리했다. 즉 니체의 매독 감염은 1865년 6월 중순경(본대학 재학 중)으로 설정하고, 얼마 안 있어 조기 매독성 뇌막염이 시작되며, 1868년부터 73년을 제3기 뇌매독, 1880년부터 83년을 진행 마비(제4기 매독)의 시작, 그 후 하나의 완화시기를 거쳐 1888년 12월 말부터 90년 3월까지를 진행 마비의 진전, 1890년 후반부터 1900년의 죽음에 이르기까지를 치매화의 시기로 하여 니체의 매독설을 결정적인 것으로 만들었던 것이다.

그 후 1965년에 이르러 뮌헨대학 정신과 교수 콜레(Kurt Kolle 1898-1975)는 "Nietzsche. Krankheit u. Werk"(「니체. 그의 병과 작품」)라는 논고를 정신신경학회지에 발표하는데, 이것도 기본적으로는 매독설을 부정하는 것이 아니라 다만 니체의 병의 상황이 경과 속에서 보여주는 모습을 좀 더 강조하는 데 지나지 않는 것이다. 또한 최근 1990년에는 쾰른대학 교수 페터스(Uwe Henrik Peters 1930-)가 니체 유고 안에 포함된 단편적인 자전적 텍스트에 대한 정신의학적인 Interpretation을 시도하고 있는데, 거기에는 분열병의 Sprachtorsion(언어 왜곡)은 보이지 않는바, 그것은 어디까지나 organische Krankheit des Gehirns(뇌의 기질적 병변)에 특징적인 문제라고 결론짓고 있다.

일본에서도 옛날 메이지 36년(1903)에 **야부노코** 씨(익명)에 의해 4월 12일자 요미우리신문에 실린 「정신병학에서 니체를 논한다」, 쇼와 25년 1월 사이토 모키치(斎藤茂吉 1882-1953)에 의해 『아라라기』에 발표된 「니체의 병」, 의사신보(医事新報, 1966)에 이토 쇼타(伊東昇太 1928-)에 의한 「니체의 병·보론」, 우치누마 유키오(内沼幸雄 1935-)에 의해 『현대사상』(1976년 11월)에 게재된 「니체의 병」 등이 있지만, 어느 것이든 다 위에서 언급한 독일 선인들의 매독설을 소개하는 것으로, 그것에 특별히 다른 것을 내세우는 것은 아니다.

이상과 같이 니체 병적학의 역사를 통관하여 가장 절실히 느껴지는 것은 그에 대한 본격적인 정신분석적 접근이 결여되어 있다는 점일 것이다. 니체 말기의 망상 내용에 대한 해석에 의해, 즉 마치 꿈 해석처럼 수행하여 니체의 다양한 숨겨진 욕구를 찾아내는 것도

가능하겠지만, 더 나아가 신을 살해하기에 이른 니체의 Vatermord(부친 살해)적 국면에 대해서도, 그리고 더할 나위 없이 가면*을 사랑한 이러한 니체에 대해서도 이후 깊이 파내려간 심층심리학적 연구가 기대되는 바이다. ☞야스퍼스

―고바야시 마코토(小林眞)

보들레르 [Charles Baudelaire 1821-67]

보들레르에 관한 언급은 니체가 생전에 공간한 문장 속에는 많지 않지만, 그가 만년에 몇 번인가 보들레르를 읽고서 그 나름대로 평가하고 있었다는 것이 유고와 서간의 연구로부터 서서히 밝혀지고 있다. 또한 1980년대 이후, 미적 모더니즘의 파괴력과 비판력이 논의되는 과정에서 양자가 공통되는 차원에 대해서도, 특히 벤야민*의 보들레르론 등에서 자극받아 관심이 높아져 왔다. 니체는 1885년 봄에 『악의 꽃』을 읽고, 그것에 덧붙여진 고티에(Pierre Jules Théophile Gautier 1811-72)의 서문 및 다른 곳에서 읽은 부르제*의 보들레르론으로부터 일정한 보들레르 상을 형성하고 있었다. 그때에는 보들레르가 바그너*의 숭배자라고 하는 것은 알지 못한 채, "보들레르, 음악 없는 일종의 바그너[유고 Ⅱ. 8. 267]라든가 "보들레르에게는 많은 바그너가 있다"[같은 책 Ⅱ. 8. 417]고 적고 있다. 또한 1888년에는 '모든 가치의 전환'이라는 제목의 저작을 준비하는 과정에서 『악의 꽃』과 『벌거벗은 마음』과 『화전(火箭)』으로부터 상당량의 발췌를 행한다. 선행하는 1885년 시점에서는 예술의 장르를 넘어서고, 그와 동시에 국민문화의 틀을 비판하고 극복하는 '좋은 유럽인*'의 의미에서 높이 평가하고 있었던 마디가 있지만, 말년에는 오로지 데카당스* 및 바그너 문제와의 관계에서 수용하고 있었다. 그 무렵에는 보들레르의 바그너 숭배, 양자의 교류 등에 대해 알고 있으며, 1888년 2월 22일의 가스트에게 보낸 편지에서는 "대단히 서툰 프랑스어" 편지를 인용하면서 몇 년 전의 자신의 직감을 자랑한다. "나는 보들레르의 시 속에서 지금까지 시 안에서는 어떠한 형식도 발견한 적이 없는 일종의

바그너적인 감성이 있는 부분에 밑줄을 그어두었습니다"라고 말하기도 한다. 여기서 말하는 '감성'이란 과도하게 예민하고 흥분하기 쉬운 신경의 존재방식, 마취*를 좋아하는 데카당스, 쇠약한 욕망을 불러일으켜 영원한 선과 미로 전화시키고자 하는 '4분의 3 어릿광대'인 존재를 가리킨다. 『이 사람을 보라』*에서의 "바그너의 가장 뛰어난 신봉자는 누구일까? 그것은 샤를 보들레르다. 들라크루아*를 최초로 이해한 남자, 이 전형적 데카당이다"[『이 사람』 Ⅱ. 5]라는 문장은 그 점을 말하고 있다.

그렇게 보면, 바그너에 대한 것과 마찬가지로 보들레르에 관해서도 전체로서는 친근성과 반발이 뒤섞인 양의적인 성격의 수용이었던 것을 알 수 있다. "심미성과 끊으려야 끊을 수 없는 관계에 있는 우수"와 같은 보들레르의 문장 발췌 등에서는 양자에서의 미에 의한 구제* 모티프의 공통성이 감지된다. "그녀는 하염없이 울고 있다. 인생을 살아왔기에! / 그리고 지금도 살고 있기에. 하지만 그녀가 특히 한탄하는 건 / 그녀의 무릎까지 떨게 하는 건 / 아 슬프다! 내일도 살아야 하기에 / 내일도 모레도 그리고 언제까지나! ―우리들처럼"[시 「가면」]과 같이 니체가 밑줄을 그었던 우수감은 또한 시 「여행」과 「미의 찬가」(유명한 이 두 개의 시에도 밑줄이 그어져 있다)에서의 탈출이나 순간의 꿈과 겹쳐져 있다. 그것들은 니체에게서도 공통된다[예를 들면 시 「별이 진다」와 「새로운 바다로」].

확실히 근대적인 현실의 짜임새를 저주하고, 그 해체를 한순간만이라도 가능하게 하는 순간의 미에서의 구제가 니체에게서는 디오니소스*의 재래가 되고, 보들레르에게서는 데카당스로부터 영원한 아름다움에로의 상승이 된다고 하는 다름은 있지만, 이와 관련하여 벤야민이 "우울은 현재의 순간과 그 직전에 생겨난 순간과의 사이에 몇 세기를 놓는다. 지치는 일 없이 고대를 복원하는 것은 우울이다"[「센트럴 파크」]라고 말하는 것은 양자에게 공통된 모더니즘 발생의 구조에 대한 멋들어진 기술이다. 미의 유토피아는 사회이론과는 무관한 곳에서 성립하며, 근대의 해방 이야기의 연속성에로의 편입을 거부한다.

또한 「가스등」으로 상징되는 진보를 매도하는 보들레르[예를 들면 「1855년의 살롱」]에 대해서도 니체는 공감을 느끼고 있다. "모든 신문은 인간이 가장 두려워해야 할 타락의 징후를 보여준다. 즉 신문이란 참화의 덩어리다. 가슴이 울컥거리는 이 식전주와 함께 문명인은 아침식사 자리에 들어선다. …… 오히려 청결한 손이 구역질로 경련하는 일 없이 신문을 접하는 일이 가능한 것일 터이다"라는 『벌거벗은 마음』의 한 구절을 니체는 발췌하고 있지만, 같은 시기의 유고에는 "신문을 읽는다든지 아니면 쓴다든지 하는 것이 아무렇지도 않게 가능한 교양은 어떠한 것이든 경멸할 만한 것이다"[유고 Ⅱ. 8. 312]라고 되어 있다. 그런 까닭에 니체도 보들레르도 당시의 공식 미학이었던 의고전주의를 단호하게 거부한다. 「1855년의 살롱」에서는 "영국의 오염 투성이가 된 미학을 완전히 마스터한 교수"가 극구 매도되고 있는 것이 상기된다.

하지만 그 이상으로 중요한 것은 우울로 적셔진 생활 속에서만 역설적으로 가능한 '순간에서의 구제'를 생각하면서도, 그러한 구제에 대한 절망이야말로 양자에게 공통된다는 점이다. 이 점도 벤야민이 잘 보고 있다. 그에 따르면 보들레르와 니체는 모더니즘 탄생 시점에 구제와 구제에 대한 절망의 양면을 서로 다른 형태로 표현하고 있다. "'영원회귀'의 관념은 시대의 비참함으로부터 행복의 사변적 관념(또는 환각 형상)을 환기한다. 니체의 영웅주의는 속물의 비참함으로부터 근대의 환각 형상을 환기하는 보들레르의 영웅주의의 대척점이다."[「센트럴 파크」 35] "보들레르의 영웅적 태도는 니체의 그것에 가장 친근한 것일지도 모른다. …… 우주에 관한 그의 경험은 니체가 '신은 죽었다'라는 문장으로 정리한 경험에 속한다." 하지만 바로 이 벤야민이 "보들레르는 바그너의 마취에 굴복해버렸다"[같은 책 27]고 뱉어버리듯이 쓰고 있는 사실을 잊어서는 안 된다. ☞데카당스, 니체와 바그너─낭만주의의 문제

─미시마 겐이치(三島憲一)

⟶ ▷K. Pestalozzi, Nietzsches Baudelaire-Rezeption, in: *Nietzsche-Studien*, Bd. 7, Berlin/New York 1978.

보르자 [Cesare Borgia 1475/76-1507]

로마 교황 알렉산드르 6세의 자식으로 발렌티노공이라고 말해진 보르자는 권모술수, 결단력, 전투력과 같은 모든 것에서 군주로서의 덕(virtú)과 운(fortuna)을 지닌 인물로서 마키아벨리(Nicollò di Bernardo dei Machiavelli 1469-1527)가 그의 『군주론』에서 찬탄의 염을 지니고서 그려내고 있다. 분열된 이탈리아'의 통일은 그에 의해서밖에 이루어질 수 없다고 마키아벨리는 생각하고 있었다. 그것을 위해서는 신뢰할 수 있는 부하라도 민중의 지지를 자신에게로 향하게 하기 위해 두 동강이 내는 용기가 필요하다고 마침 그곳에 있던 마키아벨리는 느꼈던 듯하다(『군주론』 제7장의 유명한 일화). 후기의 니체는 이 보르자를 우러르고, 그 속에서 전형적인 르네상스'적 인간으로서의 힘과 장렬함을 보고 있었다. "보르자에게 있어서 우리 근대인은 포복절도할 정도의 희극적 존재다."[『우상』 Ⅸ. 37] 그리고 만약 보르자가 교황이 되었더라면, 르네상스는 그리스도교'에 대해 승리를 거두었을 것이며, 그에 의해 올림포스 신들의 불멸의 웃음이 울려 퍼졌을 것이라고까지 말하고 있다[『안티크리스트』 61]. 이러한 보르자 찬미는 당시부터 이미 비판이 있었던 듯한데, 『우상』[Ⅸ. 37]에서는 보르자는 초인'이 아니라고 잡지에서 반박된 것에 대한 분노가 표명되어 있다.

─미시마 겐이치(三島憲一)

보스코비치 [Rudjer Josif Bošković 1711-87]

이탈리아의 수학자, 천문학자, 물리학자. 크로아티아의 두브로브니크에서 태어나 예수회 학교에서 공부하여 사제가 되며, 더 나아가 로마의 예수회 학원으로 진학하여 1740년에 그곳의 수학 교수가 되었다. 40대 후반부터 50대 초에 걸친 몇 년간, 유럽 각지를 편력하여 깊은 연구를 쌓고, 1761년에는 런던에서 왕립협회(로열 소사이어티)의 회원으로 천거된다. 이탈리아로 돌아와 1765년에 파비아대학의 수학 교수가 됨과 동시에, 밀라노의 브레라 천문대의 창설과 운영에 힘을 기울였다. 1775년에 파리로 가 프랑스 해군에서 광학을

지도했지만, 83년에 귀국하여 우울증으로 괴로워하면서 밀라노에서 사망했다.

보스코비치는 생애에 100권에 이르는 저서와 논문을 공표했는데, 주저는 1758년에 간행된 『자연철학의 이론』이다. 그는 뉴턴의 만유인력 이론의 이탈리아에서의 최초의 지지자로 간주되고 있으며, 이 책도 뉴턴의 역학 체계를 사변적으로 확장한 것으로서 영국에서 호평을 받았다. 그러나 그는 뉴턴과 더불어 라이프니츠의 모나드론과 공간의 관계설로부터 강한 영향을 받았으며, 사실 이 글의 서두에서 자신의 이론은 "라이프니츠와 뉴턴 체계의 가운뎃길을 걸어가는 체계를 제시하는" 것이라고 말하고 있다. 그 때문에 그의 역학 이론은 오늘날에는 오히려 뉴턴의 역학과 광학을 비판하여 라이프니츠의 '다이너미즘(역본주의, 역동주의)' 입장을 발전시킨 것으로서 자리매김 되는 경우가 많다. 요컨대 보스코비치의 견해는 '물질'보다 '힘'을 자연계의 궁극적 요소로 보는 일종의 '힘 일원론'에 다름 아닌 것이다.

라이프니츠는 1686년에 논문 「데카르트의 중대한 오류에 관한 간단한 증명」을 발표하여 연장과 불가입성만을 지니는 물질이 운동량을 보존하는 것을 기둥으로 한 데카르트*의 기계론(Mechanism)적 운동학을 비판했다. 라이프니츠에 따르면, 데카르트의 운동량 개념은 천칭과 같은 단순 기계를 모델로 하여 형성된 것인바, 그것은 '사력'(vis mortua)에 지나지 않으며, 실제의 운동은 '활력'(vis viva)에 의해 불러 일으켜지는 것이다. 이러한 사력과 활력의 다름은 오늘날에는 운동량(mv)과 운동에너지(mv²)의 다름에 대응한다. 라이프니츠는 이 활력을 물질에 내재하는 능동적인 힘으로 생각하고, 비활성적인 수동적 물질의 운동을 다루는 기계론적 역학(mechanics)에 반해, 활력 보존의 원리를 기반으로 하는 '동력학'(dynamics)을 구상했다.

보스코비치는 데카르트학파의 기계론적 설명을 물리치고, 라이프니츠의 동력학적 이론을 발전시켰다. 그는 우선 연장과 불가입성을 지니는 물질 입자 개념을 부정하여 힘의 중심인 점 입자(puncta)를 가정하고, 그 주위에 대단히 작은 거리에서는 척력이, 대단히 큰

거리에서는 인력이 작용한다고 생각했다. 그런 까닭에 연장과 불가입성은 척력의 공간적 표상에 지나지 않는다. 그는 이러한 인력과 척력의 작용에 의해서만 물질의 다양한 물리적·화학적 성질을 설명하고자 시도했다. 원자의 실체성을 부정하고, 물질을 힘의 장으로 생각하는 보스코비치의 동력학적 고찰은 현대의 '장' 개념의 선구적 표현으로 간주되고 있으며, 후에 패러데이와 맥스웰의 전자기장 이론에 영향을 주었다. 그러나 물리적 실재의 궁극적 요소로서의 힘 개념은 조작적 개념으로서는 유효하게 기능하지 않으며, 또한 그의 이론 구성이 지나치게 복잡한 점도 있어서 이론물리학의 주류로는 될 수 없었다.

니체는 19세기 후반의 과학만능주의 시대를 살아간 철학자로서 당시의 자연과학 이론에 대해서도 적지 않은 흥미를 지녔으며, 1873-74년경에는 보스코비치의 저작에도 눈을 돌리고 있다. 예를 들어 『선악의 저편』* 제12절에서는 다음과 같은 최대한의 찬사를 그에게 바치고 있다. "유물론적 원자론에 관해 말하자면, 이것은 지금까지 있었던 모든 것 가운데 논박이 가장 잘 된 것 중 하나다. …… 이것은 우선 달마티아인 보스코비치 덕분인데, 그는 폴란드인 코페르니쿠스(Nicolaus Copernicus 1473-1543)와 더불어 지금까지 외관에 대해 승리를 거둔 가장 위대한 적대자였다. 즉 코페르니쿠스는 모든 감각에 거슬러도, 지구는 정지해 있지 않다고 우리를 설득하여 믿게 했던 반면, 보스코비치는 지상에서 '정지해 있는' 최고의 것에 대한 믿음, 즉 '질료'와 '물질', 지상의 잔여물이며 작은 덩어리인 원자에 대한 믿음을 단호하게 버릴 것을 가르쳐주었다. 이는 지금까지 지상에서 얻은 감각에 대한 가장 위대한 승리였다." 니체는 그에 이어 보스코비치의 물질원자 부정의 주장을 그리스도교*가 지켜온 '영혼원자론'의 부정으로 확장할 것을 시도한다[『선악』 12]. 또한 유고에서도 "기계론적·원자론적인 세계 고찰"에 대해 보스코비치의 "동력학적 고찰"을 대치시키고 있으며[유고 Ⅱ. 7. 339], 더 나아가 스스로의 철학적 계보를 "기계론적 운동(일체의 도덕적 및 미적인 문제들을 생리학*적인 문제들로, 일체의 생리학적인 문제들을

화학적인 문제들로, 일체의 화학*적인 문제들을 역학적인 문제들로 환원하는 것)"으로 연결되는 것이라고 하면서도, "다만 나는 '물질'을 믿지 않으며, 보스코비치를 코페르니쿠스와 마찬가지로 대전환점의 하나라고 간주한다는 차이는 있다"[같은 책 Ⅱ. 7. 346f.]고 덧붙인다. 위와 같은 것에서 보면, 니체의 보스코비치에 대한 관심은 주로 그의 원자론 부정의 학설에 한정되어 있었던 듯하다. 그러나 『선악의 저편』에서는 앞의 인용에 이어지는 절에서 "무엇보다도 생명이 있는 것은 자신의 힘을 **발산**하고자 한다── 생명 그 자체는 힘에의 의지*다──"라고 말해지고 있는 것을 보면, 니체의 '힘' 개념으로부터 영향을 받고 있다고 추정하는 것도 가능할 것이다. 어쨌든 니체가 당시에는 방계의 물리학자에 지나지 않았던 보스코비치의 학설을 다루고, 그를 코페르니쿠스와 비교해야 할 인물로서 평가하고 있는 것은 과학사에 있어서도 대단히 흥미로운 점이다. ☞니체와 동시대의 자연과학

─노에 게이이치(野家啓一)

▷Karl Schlechta und Anni Anders, *Friedrich Nietzsche. Von den verborgenen Anfängen seines Philosophierens*, Stuttgart-Bad Cannstatt 1962.

보임러 [Alfred Baeumler 1887-1968]

칸트*의 미학에 대한 연구, 또는 니체의 유고집 『생성의 무구함』과 크뢰너판 전집의 편자로서 알려져 있는 보임러는 다른 한편으로는 에른스트 크리크(Ernst Krieck 1882-1947) 등과 더불어 나치스* 어용철학자의 한 사람으로 저 악명 높은 베를린 '분서 사건' 때에 주도적 역할을 수행한 것으로 알려진다. 보임러 철학의 핵심을 이루고 있던 것은 니체였다. 보임러의 니체관에서는 나치스 이데올로기에서 니체가 어떠한 방식으로 수용되었는지에 관한 하나의 전형적인 예를 볼 수 있다. 보임러가 니체에게서 보고자 했던 것은 '투쟁의 형이상학'이라고 해야 하는 것이다. 이 '투쟁'은 단지 소크라테스*와 그리스도교*에 그 원천을 지니는 유럽의 관념론(Idealismus)에 대한 투쟁을 의미하는 것

만이 아니다. 니체의 철학 그 자체의 구조가 '투쟁의 철학'으로서 파악된다. 그리고 니체의 철학은 투쟁에서의 '그렇다'와 '아니다'의 단적인 양자택일에 의해 이루어지는 '결단과 행동'의 논리로 되는 것이다. 그러함에 있어 보임러는 니체 사유의 원천을 헤라클레이토스*에게서 찾는다. 좀 더 구체적으로 말하자면, 니체의 사유를 결정짓고 있는 것은 디오니소스적인 긍정성에 기초하는 영원회귀*의 모티프가 아니라 헤라클레이토스적인 '생성과 투쟁'의 모티프라고 보임러는 생각한다. 이러한 맥락에 서서 보임러는 『권력에의 의지』에서의 니체의 힘의 불평등성에 대한 인식으로부터 '투쟁'의 현실이 보여주는 하나의 모습(실체)으로서의 권력=지배관계야말로 '정의'에 다름 아니라고 하는 인식을 그려낸다. 니체의 도덕 비판과 이성 비판의 요소도 모두 이러한 '투쟁' 개념을 매개로 하는 권력=지배관계의 긍정의 이론으로 수렴된다. 이러한 니체의 '투쟁의 형이상학'은 역사적으로는 '게르만적인 것'의 재생이라는 전망 속에 자리매김 된다. 그것은 루소*적인 민주주의*=사회주의*에 의해 쇠약화된 국가*의 절대적인 지배 의지의 재생이라고 바꾸어 말해진다. 그리고 이 '게르만적인 것'의 정수가 호엔슈타우펜 왕조, 루터*, 비스마르크*에 견주어질 때, 그것들의 정통한 계승자라는 나치스의 자기규정의 정당화에 니체가 동원되고 있다는 것은 분명하다. ☞나치스

─다카하시 준이치(高橋順一)

▷Alfred Baeumler, *Nietzsche, der Philosoph und Politiker*, Leipzig 1931(龜尾英四郎 譯 『ニイチェ─その哲學觀と政治觀』愛宕書房, 1944). ▷山本尤 『ナチズムと大學』中公新書, 1985.

복수復讐 ⇨르상티망

본 [Bonn]

1864년, 대학 입학 자격을 취득한 니체는 그 해 겨울학기에 신학을, 다음 해 여름학기에 문헌학을 본대학

에서 공부했다. 함께 입학한 이들 가운데 동창인 도이
센*이 있다. 본을 포함한 라인란트 지방은 빈 회의의
결과로 프로이센에 편입되며, 루르의 석탄과 철강업은
이후의 프로이센의 군사력에 크게 기여하게 되지만,
가톨릭 인구가 압도적으로 많았기 때문에 프로이센은
다양한 수단으로 통합을 꾀했다. 본에 프리드리히 빌
헬름대학을 설립한 것도 그 일환이며, 프로이센 황태
자는 역대로 이 대학에서 공부하게 되었다. 그러한
점도 프로이센 왕국의 충실한 신하였던 니체가 본으로
가게 된 이유들 중이 하나일 것이다. 하지만 무엇보다
도 당시의 본대학은 프로이센 정부의 지원으로(쾰른
대성당의 완성도 그 결과다) 국제적으로도 저명한 학
자를 모으고 있었다. 니체는 신학은 공부하지만, 서서
히 고전문헌학*으로 기울어지며, 다음 해 여름학기부
터는 완전히 후자로 전향한다. 당시 본에는 리츨*, 얀(Ot
to Jahn 1813-69), 우제너* 등의 쟁쟁한 문헌학자들이
있었지만, 얀과의 다툼에서 진 리츨이 라이프치히대학
으로 옮김에 따라 니체도 라이프치히*로 전학한다.
본 시기의 니체는 7~8명의 슐포르타* 동창생과 함께
프랑코니아(Frankonia)라는 학생조합*에 들어가 고성
방가에 탐닉하고 결투 흉내 등도 냈던 듯하지만, 서서
히 위화감을 느끼고서 1년도 안 되어 모임에서 나왔다.
그러나 학생조합에서 본 교외의 롤란체크(롤란트의
노래(Rolandslied)로 유명) 등으로 소풍 나갔을 때의
풍경 체험이 바젤 시기의 공개 강연 「우리 교육 기관의
미래에 대하여」에서의 철학자와 학생들이 만나는 배
경으로서 사용되고 있다. 덧붙이자면, 이웃 도시인
쾰른에서 행해진 음악제에 모두 갔을 때에 도중에
외톨이가 되어 "얇은 천을 뒤집어 쓴 여성이 있는"
괴이한 가게에 들어간 일이 친우에게 보낸 편지에
적혀 있다. 편지에는 피아노를 연주하고 곧바로 나온
것으로 되어 있지만, 토마스 만*을 비롯한 많은 사람들
은 이때 매독에 걸린 것이 아닐까 추측하고 있다. ☞고
전문헌학, 학생조합, 도이센, 우제너, 리츨

—미시마 겐이치(三島憲一)

본능本能

『비극의 탄생』* 이래로 본능은 이성에 의한 반성능
력이 미치지 못하는 것, 더욱이 삶*을, 아니 이성마저도
지탱하고 기능하게 하는 존재로서 생각되고 있다. 니
체는 우선 이와 같이 본래는 이성을 뒷받침하고 있을
본능에 대한 이성 자신의 역사적 승리를 확인한다.
승리를 가져온 것은 소크라테스*다. 아테나이의 유명
인들을 캐묻는 소크라테스는 "저 모든 유명 인사가
소명 받은 자신의 직업에 대한 정확하고 확실한 인식이
없이 그것을 단지 본능적으로 수행하고 있음을 알게
되어" 경악한다. "단지 본능에 의해서란 말인가"라고
[『비극』13]. 소크라테스주의는 이 말로 그때까지의
도덕과 예술* 그 모두를 단죄했다고 니체는 말한다.
그에 의해 위대한 비극 세계가 붕괴하고 신전은 폐허
가 되었다고 말이다. 소크라테스의 다이몬{마신(魔
神)}이야말로 "전적으로 새로운"[같은 책 12] 것이었
다. 이 다이몬은 플라톤*이 『소크라테스의 변론』에서
말하고 있듯이 무언가를 하려고 하는 소크라테스에게
그것을 그만두라고 갑자기 말을 걸어오는 귀신이었
다. 보통의 사람들이라면, 하려고 하는 것을 그만두도록
촉구하는 것은 반성적인 의식인 데 반해, 소크라테스
에게 있어서는 역으로 "본능이 비판자이고 의식이 창
조자인" 것에 니체는 주목한다. 그러나 그 반면 소크라
테스에게 있어 그의 논리적 충동은 "그 창을 자기 자신
에게로 향하는 것은 전혀 불가능하다." 왜냐하면 그것
은 본능에서 유래하기 때문이다. "그는 이렇게 거침없
는 충동의 흐름 속에서 자연의 힘을 보여준다. 그것은
우리를 전율케 하는 그런 거대한 본능적 힘에서만
볼 수 있는 자연의 힘이다"[같은 책 13] 여기서 니체가
말하고 싶은 것은 이성에게는 본능 이외에 어떠한
근거도 없다, 즉 이성이라는 이름에 값하는 '이성적인'
어떠한 근거도 없다고 하는 것이다. 아테나이 사람들
이 자신들의 영위에 이성적인 근거를 제시할 수 없는
것과 마찬가지로 그것을 캐묻는 이성에게도 이성적인
근거는 없다고 하는 것이다. "단지 본능에 의해서"인
것이다.

후년의 『선악의 저편』191번에서는 약간 뉘앙스가

변하여 실은 소크라테스도 그 점을 느끼고 있었다고 생각된다. "실은 소크라테스 자신은 탁월한 변증론자의 취향과 천부적인 재능의 취향을 지니고 이성의 편에 섰다. …… 그러나 결국에 그는 남모르게 마음속으로 자기 자신도 비웃고 있었다. 그는 자신의 예민한 양심과 자기 검토 앞에서 아테네인들과 똑같은 어려움과 무능을 자기 자신에게 느꼈던 것이다. 그러나 왜 그는 자기 자신에게, 그러므로 본능을 끊을 수 없다고 말했던가? …… 근본적으로 그는 도덕적으로 판단할 때 비합리적인 것을 간파했다." 앞에서는 이성의 창을 자기 자신에게로 향할 수 없다고 여겨지고 있었지만, 실제로는 그것이 가능하며, 이성적 가치의 대변자들은 사실은 본능에 촉구되어 이성을 말하고 있다고 하는 스스로의 허망을 어렴풋이 느끼고 있다는 것이다. 『비극의 탄생』에서도 그 점은 복잡한 형태로 암시되고 있다. 요컨대 옥중의 소크라테스의 머리맡에 나타난 환영이 "소크라테스여, 음악을 하라"고 말했다는 것이다. 그리고 소크라테스는 실제로 시작(詩作)을 시도하게 되지만, 니체는 그것을 "논리적 천성에도 한계가 있는 것이 아닐까라는 의혹을 보여주는 독특한 징후"라고 해석한다[『비극』 14].

이러한 본능 개념은 머지않아 르상티망* 사상에 매개되어 약자가 출세하기 위한 거의 무의식적인 선택 능력이라는 의미를 획득하며, 다른 한편으로 지배자 도덕을 뒷받침하는 자유롭고 강한 생명이라는 의미로서도 사용된다. 본능 개념이 둘로 나뉘어 가는 것이다. 소크라테스 이래의 유럽은, 특히 근대의 민주주의적 가치 등은 '병적 본능'이 '잔학한 본능'에 대해 승리하는 징표로 여겨진다[유고 Ⅱ. 11. 298]. 특히 그러한 약자의 전략(과학과 도덕이라는 전략)이라는 의미에서 본능이라는 말이 사용되는 경우가 많아진다. "하강의 본능이 상승의 본능을 지배하게 되었다."[같은 책 Ⅱ. 11. 151] 또는 "'자연의 법칙성'에 의해 …… 그대 물리학자는 현대적 심정이 지니는 민주주의*의 본능에 완전히 영합하고 있는 것이다. …… 이 말에는 은근한 속셈이 있는데, 그 안에는 또 한 번 특권적이고 자주적인 모든 존재에 대해 천민의 적의가 숨어 있다."

[『선악』 22] 그런 의미에서 본능은 약자의 "자기 보존, 자기 긍정의 본능"이며, "이 본능에서는 어떠한 거짓말도 성스러운 것이 된다."[『계보』 Ⅰ. 13] "금욕적 이상은 퇴화되어가는 삶의 방어 본능과 구원 본능에서 생겨난 것이다."[같은 책 Ⅲ. 13] 그런 의미에서 르상티망에 기초하는 "정신적인 힘에의 의지*"와 본능 개념은 거의 동일하다. 이 정신적인 힘에의 의지는 삶에 적대하는 가치를 의지하는 이상, 최종적으로는 무에의 의지*다. "사람은 아무것도 의욕하지 않기보다는 오히려 무를 의욕한다"는 『도덕의 계보』*의 최후의 문장은 그런 사정을 언표하고 있다. "무에의 의지가 삶에의 의지를 지배하게 된"[유고 Ⅱ. 11. 151] 이상, 본능에 대해서도 "좀 더 깊은 본능, 요컨대 무에의 의지로서의 파괴에의 본능이 지니는 파괴에의 의지"[같은 책 Ⅱ. 9. 281]와 같은 표현이 이루어진다. 본능을 둘러싼 이러한 표현은 따라서 니힐리즘* 문제로 수렴한다. 하지만 이와 같이 본능 개념이 많이 사용되는 과정은 니체 사상의 자기 파괴 과정이기도 하다. 왜냐하면 그것이 이성의 한계에 대한 문화비판적인, 집요한 동시에 신중한 물음의 수단이기를 그만두고, 구별 아니 차별을 위한 매도의 말로 변질해 가기 때문이다. 예를 들면 "스스로 당하고 싶지 않은 것을 다른 사람에게도 하지 말라"는 계산에서 보이는 윤리와 도덕, "이기적과 비이기적"이라는 구분은 바로 "가축떼*의 본능"[『계보』 Ⅰ. 2]으로 간주된다. "본질적으로 말해서 유럽에서는…… 피지배 종족이 피부색과 작은 두개골 크기에서 그리고 아마도 심지어는 지적·사회적 본능에서 우세하게 되었다."[같은 책 Ⅰ. 5] 이렇게 되면 명확히 차별 언어다. 역으로 강한 본능은 "일련의 살인, 방화, 능욕, 고문에서 의기양양하게 정신적 안정을 지닌 채 돌아오는" 것을 가능하게 하는 것으로 되어 버린다[같은 책 Ⅰ. 11]. 이성의 오만함에 대한 예술 입장에서의 비판이 이성의 적의 절대적 미화로 발전해 가는 모습이 본능 개념이 사용되는 방식에서도 보이는 것이다. ☞자유 정신과 이성 비판, 자기 보존, 무에의 의지

—미시마 겐이치(三島憲一)

볼테르 [Voltaire (François-Marie Arouet) 1694-1778]

『인간적인 너무나 인간적인』*은 볼테르의 사후 100년에 해당하는 1878년 5월 30일을 기념하여 간행되며, 초판의 속표지에는 이 "가장 위대한 정신의 해방자"에 대한 헌사가 실려 있었다. 얼마 지나지 않아 "볼테르의 영혼으로부터 프리드리히 니체에게 찬사를 보낸다"고 적힌 카드와 함께 볼테르의 흉상이 파리에서 익명으로 보내져 온 일은 니체를 크게 기쁘게 했다. 그러나 이성에 의한 진리의 방법적 탐구를 예찬하는 데카르트*의 말을 권두에 실어(초판) "개념과 감각의 화학"을 표방한 이 책은 근대 이성의 비판자 니체가 돌연히 계몽주의*의 신봉자로 변모했다는 인상을 주어 친구들을 놀라게 했다. 그러나 후에 그는 볼테르의 이름을 내세운 이 저작이 사실은 자기 자신을 향한 "진보"였다고 말한다『이 사람』VI. 1]. 종래의 가치들로부터의 "위대한 해방"에 의한 "자유정신"의 탄생을 알린 니체는 그것을 비판적인 계몽의 정신에 의한 선입견으로부터의 해방에 비교했던 것일 터이다. 다만 볼테르에 대한 니체의 태도를 살펴보면, 거기서 분명해지는 것은 오히려 "계몽의 세기"에 대한 그의 양의적인 관계이며, 또한 18세기의 이성의 계몽과 그가 기도한 "새로운 계몽"과의 차이도 떠오르게 된다.

니체에게 있어 볼테르는 오랜 좋은 유럽 문화의 전통을 단절 없이 체현하고 르네상스*적인 인간성(humanità)을 이해하며 귀족* 사회의 예절(honnêteté)을 중시한 인물이었다[유고 II. 10. 147]. 또한 문학자로서는 미친 듯이 날뛰는 영혼을 그리스적인 절도*로써 억제하여 표현할 수 있었던 최후의 극작가이자(희곡『마호메트』에 대한 평언), 산문에서도 "그리스적인 귀, 그리스적인 예술가의 성실함, 그리스적인 간소와 우미"를 지닐 수 있었던 최후의 위대한 저작가였다. 요컨대 그는 "일관성을 결여한다든지 비겁하게 된다든지 하는 것이 아니라 최고의 정신의 자유와 전적으로 비혁명적인 심정을 자기 속에서 통일할 수 있었던 최후의 인간"이었다고 생각되는 것이다『인간적』 I. 221]. 하지만 그것뿐이라면 단순한 한 사람의 재사(un bel esprit)에 그쳤을지도 모를 볼테르가 "파렴치를 분쇄하라!"(Ecrasez l'infame!)라는 표어 아래 취미*와 학예 그리고 문명과 진보를 위해 싸우고 관용과 불신앙을 이야기하여 18세기를 대표하는 철학자가 된 것은 고귀*함을 가치로 삼는 사회에 대해 르상티망*을 품은 루소*와의 대결을 통해서였다고 주장된다[유고 II. 10. 146-149; 같은 책 187-190 참조]. 그리고 감상적인 자기도취에 빠져 "자연으로 돌아가라"고 외치고 평등을 이야기하는 루소 식의 "근대의 이념"이 승리를 거둔 데서 니체는 18세기 계몽의 몰락을 본다. 폭력적이고 돌발적인 혁명은 그가 생각하는 "계몽"과는 인연이 없는 것이었다『인간적』 II-2. 221]. "볼테르의 정돈과 정화와 개혁에 적합한 절도 있는 본성이 아니라 루소의 열광적인 허튼소리와 어중간한 거짓말이야말로 혁명의 낙천주의적 정신을 불러일으켰던 것이며, 그것에 맞서 나는 '파렴치를 분쇄하라!'고 외친다"고 니체는 항의한다『인간적』 I. 463].

이와 같이 루소와의 대립에서는 볼테르와 어깨동무하고 있는 니체지만, 볼테르와 자신과의 사이에 커다란 거리가 있다는 점도 자각하고 있었다. 궁정 취미의 완성자인 볼테르가 전문적 표현을 혐오한 데 반해, 전문화된 학문의 세기에 자란 니체는 그와 같은 취미 문화와의 단절을 경험하고 있었다『학문』 101]. 또한 진리와 거짓의 구별 자체가 도덕적 편견에 기초한다고 생각하는 니체는 볼테르가 "오류에도 그 나름대로 이점이 있다"고 말한 것에 불만을 표현하고 있다『인간적』 II-1. 4]. 그리고 볼테르에서 콩트*에 이르는 프랑스*의 자유사상가들은 그리스도교*적인 이상을 넘어서고자 하면서 "인간애의 숭배"라는 다른 도그마에 지배당하고 말았다고 비판한다『아침놀』 132]. 볼테르의 계몽은 아직 선을 발견하기 위해 진리를 구하고 있다고 하여 "오, 볼테르여! 오, 인간성이여! 오, 얼마나 어처구니없는 것인가!"라고 니체는 그의 소박함을 조소하고 있다『선악』 35].

1886년에 쓰인『인간적』제1부의 서문에서 니체는 "'자유정신'은 존재하지 않으며 존재한 적도 없다'고 말하여 계몽의 일은 아직 완결된 것이 아니라고 말하고 있다. 또한 다른 곳에서는 "자기 자신에게 있어 계몽의 일을 계속하고, 뒤늦게긴 하지만 혁명의 싹을 찾아내 그것을 일어나지 않은 것으로 해야 한다'고도 요구하고 있다[『인간적』 II-2. 221]. 그때 그의 관심은 단지 급격한 사회 변혁의 사상을 부정할 뿐만 아니라 18세기의 계몽과 그에 대한 낭만주의적 반동 모두에 숨어 있던 형이상학*적인 사고의 흔적을 분명히 드러내는 것으로도 향해 있었다. 그렇게 함으로써 비로소 "우리는 계몽의 기치를—페트라르카, 에라스무스, 볼테르의 이름이 적힌 기치를—새롭게 내거는 것을 허락받는다. 우리는 반동에서 진보를 만든 것이다'라는 것이다[『인간적』 I. 26]. 니체가 "새로운 계몽"이라는 표어 하에 새로운 저작을 계획한 것도 이와 같은 계몽의 반성적 계속이라는 의도에 기초하고 있었으며[유고 II. 7. 296, 299], 그것은 『선악의 저편』* 이후의 저작에서 실현되어 갔다. ☞자유정신과 이성 비판, 계몽주의, 루소

―오이시 기이치로(大石紀一郎)

부르제 [Paul Bourget 1852-1935]

19세기 프랑스의 심리소설 작가인 동시에 문예 평론가인 부르제에 의한 『현대 심리론집』(1883)을 니체는 출판 후 곧바로 읽으며, 특히 당시의 프랑스에서 왕성하게 사용되고 있던 '데카당스*'에 관한 논의(특히 보들레르*를 다룬 제1논문에서 상술된다)에 감탄하여 바그너* 비판에 사용하고 있다. "바그너에서의 퇴폐의 양식. 개개의 부분적 표현이 절대로 되며, 종속관계와 배열이 우연하게 된다. 부르제 25쪽[유고 II. 6. 465]이라고 당시의 메모에 쓰여 있지만, 부르제의 해당 부분은 곧이어 『바그너의 경우』[편지 7]에서 데카당스 양식의 해설에 커다란 흔적을 남기고 있다. 문학상의 데카당스란 단어가 자립적이 되어 전체가 전체로서의 짜임새를 잃는 것, 요컨대 "원자들의 아나키 상태, 의지의 분열"인바, 그것은 개인의 자유와 만인의 동권이 부르짖어지는 이 시대에서의 생명력의 결여의 나타남이라고 하는 논의이다. 세부는 뛰어나더라도 전체는 '인위적'으로 생겨나지 않는다는 것일 터이다. 동일한

것이 "세부의 이러한 무의미한 지나친 꾸밈, 사소한 특징의 이와 같은 강조, 모자이크 효과, 폴 부르제[유고 II. 10. 465]와 같은 1887년 가을부터 88년 봄에 걸친 메모에도 있다. 부르제 자신은 80년대 후반 이후에는 졸라(Émile François Zola 1840-1902)나 텐느*의 실증주의*와 환경결정론에서 떠나 보수적 문화주의자가 되어갔다. 또한 부르제에게는 '생명력의 결여'를 운운하는 것과 같은 생명주의는 희박하다. 데카당스의 분석에 문화생명론이라고도 할 것을 강하게 집어넣은 것은 니체일 것이다.

―미시마 겐이치(三島憲一)

圏 ▷Paul Bourget, *Essais de psychologie contemporaine*, 2vols., Paris 1883-85(平岡昇・伊藤なお 訳 『現代心理論集』 法政大學出版局, 1987).

부르크하르트 [Jacob Burckhardt 1818-97]

니체는 부르크하르트를 평생에 걸쳐 경애하고 있었다. 말년의 『우상의 황혼』*에서도 김나지움 교사와 대학 교수들을 "학식을 갖춘 상스러운 인간"이라고 꾸짖은 후, "정말 진귀한 그 예외 중의 한 명이 바로 바젤대학에 있는 나의 경외하는 지기인 야콥 부르크하르트다[『우상』 VIII. 5]라고 말할 정도이다. 그는 부르크하르트에 대해 사실은 자신과 동일한, 또는 유사한 그리스관과 세계관을 지녔을 것이라고 믿고자 하고 있었다. 바젤대학 교수 시절, 특히 그 전반기에 두 사람의 지적 교류는 상당히 두터웠다. 두 사람이 함께 적포도주를 창에서 도로에 뿌리고 악령을 퇴치하는 실없는 짓을 할 정도였다[게르스도르프에게 보낸 편지 1871. 11. 18.]. "야콥 부르크하르트와 함께 즐거운 며칠을 보냈다. 지금 우리는 그리스적인 것에 대해 여러 가지 논의를 하고 있다."[로데에게 보낸 편지 1872. 2.] "그는 쇼펜하우어*를 '우리의 철학자'라고 불러주었다"[게르스도르프에게 보낸 편지 1870. 11. 7.]와 같은 문장이 우인들에게 보낸 편지에 자주 나온다. 니체로부터의 부르크하르트에 대한 영향도 있는 듯하다. 양자의 관계에 대한 명저 『독일의 운명』에서

잘린(Edgar Bernhard Jacques Salin 1892-1974)은 『그리스 문화사』를 읽고서 디오니소스*에 대한 고찰 등에서 니체의 처녀작의 영향이 있다는 것을 알아차리지 못할 사람은 없을 거라고 말한다. 『우상의 황혼』의 「내가 옛 사람들의 덕을 보고 있는 것」 4에서 니체는 부르크하르트가 그의 저서에서 자신을 위해 특별히 한 장을 할애해 주었다고 강조한다. 실제로 『비극의 탄생』*의 출판 직후에는 부르크하르트가 읽고서 이런저런 생각을 하고 있다고 기뻐하며 우인들에게 보고한다. 그런 까닭에서인지 『삶에 대한 역사의 공과』에서 역사와의 두 번째 관계 방식인 '상고적 역사'는 부르크하르트가 모델이 되고 있다. 니체는 「그리스 문화사」와 「역사의 연구」 강의에도 출석하며, 돌아오는 길에 서로 논의하면서 뮌스터 광장을 걷는 두 사람이 자주 보였던 듯하지만, 『인간적』* 이후 관계는 서서히 소원해져 갔다. 자기 저서의 헌정에 첨부된 니체의 편지는 구애에 가까운 어조를 띠고 있었던 데 반해("자네의 한 마디 말만으로도 나를 행복하게 해준다네"[1888년 가을]), 부르크하르트의 답장은 때로는 온후하게, 때로는 야유하며 거리를 둔 것이었다("귀하가 아찔한 산 능선을 확고히 걷는 것을 아래서 바라볼 때마다 공포와 만족이 뒤섞인 기분이 됩니다", "나는 본격적인 사상의 신전에 깊숙이 들어간 일이 없습니다"[1874. 8. 18.] 등). 그리고 니체의 광기의 편지들 가운데 2통이 부르크하르트에게 보내진 것이다. 그것을 수취한 부르크하르트로부터 상담을 받은 오버베크*가 니체를 데리러 토리노*로 간 일화도 있다.

푸코*는 전혀 다른 연관에서 "19세기 전반을 통해 생트 뵈브*나 부르크하르트와 같은 사람들에게 있어 중요한 16세기 인문주의의 역사 기술은 계몽이나 18세기와 달랐으며, 때로는 그것에 분명히 대립하는 것이었다"고 말하지만, 여기에는 니체를 매료시킨 이유가 잘 표현되어 있기도 하다. "위대함이란 우리가 그렇지 않은 것이다"[『세계사적 고찰』 Werke Bd. 4. 151]라고 잘라 말하는 부르크하르트는 "우리가 모방할 수 없는 존재로 되는 유일한 방법이란 그리스인을 모방하는 것이다"라고 말한 빙켈만*을 멀리 받아들이면서 그보

다도 더 철저하게 현대를 부정한다. 니체가 읽은 『이탈리아의 르네상스 문화』는 르네상스의 국가와 개인의식과 종교에 대한 장은 무시되고 「고대의 재발견」이라는 제목이 붙은 제3장에만 많은 밑줄이 그어져 있다는 것이 보고되고 있는 것에서도 그 점에서의 양자의 관련이 감지된다. 동시대의 역사관이 과거로부터 현대로의 끊임없는 향상과 진보의 틀에 들어맞는 것에 대한 비판을 부르크하르트는 "우리의 시대는 모든 시대의 성취이든가…… 모든 존재한 것은 우리에 입각하여 파악되어야만 한다는 잘못"[같은 곳]이라고 형용하고 있지만, 이러한 '성공의 역사'에 대한 비판을 양자는 공유하고 있었다. 그가 성공의 역사를 쓴 랑케(Leopold von Ranke 1795-1886)에게 배우면서도 베를린대학으로의 초빙을 거절한 것은 당연할 것이다. 니체는 이 일을 게르스도르프*에게 기쁜 듯이 보고하고 있다[1872. 5. 1.]. 그것은 또한 괴테* 이래의 아폴론*적 그리스관에 대한 거리도 의미한다. "전 세기에서의 독일 휴머니즘의 커다란 고양 이래로 사람들은 고대 그리스인은…… 행복하다고 생각하고 있었다. …… 이것은 일반적으로 지금까지 역사 판단에서 생겨난 가장 커다란 날조다"[Werke Bd. 6. 348]라고 말하는 부르크하르트를 받아들여 니체도 유고에서 "휴머니즘의 고대는 잘못된 인식이며, 날조된 것이다. 잘 보면 고대는 휴머니즘에 대한 반증, 낙관적 인간관에 대한 반증이다'라고 쓰고 있다[유고 I. 5. 178]. 또한 부르크하르트는 현대에서는 "사회와 국가가 세련됨과 더불어 개인이 보증되지 않게 되고, 타자를 노예화하는 충동"[Werke 4. 18]이, 요컨대 "무엇이든 필연성에서 파악된" 경향이 지배하고 있으며, 그로부터 벗어나는 자유의 유일한 가능성은 "자유로운 힘"이 "수백 개의 오만한 대성당으로서 하늘로 향해 우뚝 솟아 있었던 위험한 시대"라고 하고 있다[같은 책 48].

그렇지만 이와 같은 역사의 미학화는 니체와 더불어 20세기의 보수혁명의 사상과 무관하지 않다. 다만 실제로 『세계사적 고찰』은 부르크하르트가 좋아하지 않았던 헤겔*과 독일 교양주의적인 사고방식과 용어로 역시 넘쳐나고 있고("정신은 변화할 수 있지만,

261

흘러가는 것은 아니다. ······ 끊임없이 일구어 나가는 것이며, 계속해서 노동하는 것이다" 등), '연속성'을 중시하는 온건한 인문주의자의 틀 속에서 움직이고 있는 데 반해, '연속성'을 부정하여 고대와 현대의 완전한 '대결'을 논의하는 니체는 스스로 기질이 달랐다. 니체가 바그너*에 경도되어 있던 사이에도 부르크하르트는 바그너를 문자 그대로 크게 싫어하여 <니벨룽겐의 반지*의 바이로이트 초연에 대한 악평에 쾌재를 부를 정도였다는 것도 상징적이다. ☞바젤, 역사주의

—미시마 겐이치(三島憲一)

🔖 ▷Alfred v. Martin, *Nietzsche und Burckhardt*, München 1941.
▷Edgar Salin, *Vom deutschen Verhängnis. Gespräch an der Zeitenwende: Burckhardt-Nietzsche*, Hamburg 1959.

부처

부처 및 불교에 관한 니체의 발언은 대부분의 경우 그리스도교* 비판의 입장에서 이것과 대비적으로 내지 이것에 대한 반증으로서 이루어지고 있지만, 불교 그 자체에 관한 그의 관심은 이미 젊은 적부터의 일이며, 그것은 주로 쇼펜하우어 철학을 통해 일깨워진 것이었다. 쇼펜하우어*의 '의지의(내지는 의지 부정의) 철학'이 개체화* 원리를 '마야의 베일'에 비유한다든지, 의지를 소멸시켜 도달되는 경지를 불교를 따라 '니르바나'(열반)라고 부르는 것에서도 보이듯이, 브라만적·불교적 세계관에 강한 영향을 받았다는 것은 잘 알려져 있다. 그 영향을 받아 이미 『비극의 탄생』*에서도 니체는 이들 용어를 이어받으며, 또한 두세 군데에서 불교에 대해서도 언급하고 있지만, 이 단계에서의 니체의 불교 이해는, 쇼펜하우어 자신의 그것이 결코 본격적인 것이 아니었던 점도 있어서, 이것을 단지 의지 부정의 염세적 종교로 풀이하는 데 머무르고 있다. 그 후 니체가 친구인 게르스도르프*로부터 3권짜리 『인도 잠언집』을 선사받고, 또한 영역의 『수타 니파타』(Sutta nipāta, 제경요집)를 다른 친구에게서 빌려 이것들을 탐독한 시기(1875/76)가 있다. 『수타 니파타』라는 것은 이른바 남전경전에 속하는 것인데, 이

팔리어 계통의 남전경전은 쇼펜하우어가 주로 접한 산스크리트 계열의 북전경전이 이를테면 형이상학*적인 경향을 띠고 있는 데 반해 대단히 소박하고 현실적인 내용을 지니며, 어떤 의미에서는 원시 불교의 면모를 좀 더 잘 전해주고 있다고 여겨지는 것이다. 이 독서의 영향은 『아침놀』*(1881)의 이곳저곳에서 보인다. 하지만 니체가 부처와 불교에 대한 체계적인 지식을 얻은 것은 조금 더 후인 1884년 무렵으로 생각된다. 이 해 가을, 그는 그의 김나지움 이래의 오랜 벗으로 인도학자의 길을 걷고 있던 P. 도이센*의 『베단타의 체계』(1883)와 H. 올덴베르크(Hermann Oldenberg 1854-1920)의 『부처, 그의 생애와 가르침과 교단』(1881)을 읽고, 몇 개의 메모를 남기고 있다. 특히 후자는 부처와 원시 불교의 사상을 처음으로 본격적으로 독일에 소개한 저서였다.

니체에 따르면, "불교는 노년의 인간을 위한 종교"다. "불교는 노년의 인간들에게 다시 평화와 쾌활함을 주고, 정신면의 섭생, 육체면의 어느 정도의 단련을 새롭게 부과하고자 한다."[『안티크리스트』 22] 인도에서는 4,000년 전에 오늘날 우리 사이에서보다 훨씬 많은 것이 사유되고, 사유의 기쁨이 서로 이어지고 있었던 것이다. 그런 까닭에 "아무리 수준 미달의 시와 미신이 여기에 포함되어 있더라도 그들의 논지는 참되다! 한 걸음 더 나아가 그들은 신을 배제했다. ······ 한 걸음 더 나아가 그들에게는 승려와 〈신과 인간들을〉 매개하는 사람들 역시 더 이상 필요하지 않았다. 그리고 자력에 의한 구원을 가르치는 교사, 즉 부처가 출현했다. 아직도 유럽은 이러한 문화적 단계에서 얼마나 멀리 떨어져 있는지!"[『아침놀』 96] 불교와 견줄 때 그리스도교는 '야만'이라고 불리기까지 한다. 불교는 그리스도교보다 백배나 냉정하고 성실하며 객관적이다. 불교는 정직하게 '나는 괴로워한다'고 말하며, 다만 이 괴로움을 응시하며 그것을 넘어서고자 한다. 그에 반해 그리스도교는 동일한 사실을 인정하기 위해서도 우선 해석을 필요로 하며, 거기에 '악마*'라든가 '죄'라든가 하는 것을 꾸며낸다고 하는 것이다. 니체는 또한 『이 사람을 보라』*에서 부처를 가리켜 "저 심오한 생리

학자'라고 부르며, 더 나아가 "그의 '종교'를 그리스도교 같은 비참한 것들과 섞어버리지 않기 위해서는 그것을 위생학이라고 부르는 쪽이 더 나을 것이다. 불교의 효력과 르상티망*에 대한 승리는 상호 의존적이다'라고 말하고 있다. 이와 같이 니체의 불교에 관한 발언은 그리스도교를 비판, 공격하기 위한 반증에 지나지 않는다는 느낌이 있다. 부처 및 불교에 대한 해석이 과녁을 맞히고 있는 곳도 있지만, 어쨌든 니체가 접할 수 있었던 것은 불교의 그저 일면일 뿐인바, 중국*과 일본*에서 전개된 대승불교와 그것의 '색즉시공'의 신묘한 세계에 대해서는 예감조차 할 수 없었기 때문에, 공정하게 보아 그 많은 것이 초점을 벗어나는 것도 무리가 아니다. 하지만 다른 한편, 형이상학의 차원을 돌파하고자 한 니체의 사상이 형이상학적 전통을 전혀 알지 못하는 불교의 세계와 뜻밖의 친근성을 지닌다는 점도 확실한바, 예를 들어 니체의 '놀이' 사상을 '자연법이(自然法爾)'의 경지와, '영원회귀*'의 원환 사고를 '윤회'와 '업'의 사상과 관계지어 보는 것도 가능할 것이다. ☞그리스도교, 도이센, 브라만

─소노다 무네토(薗田宗人)

참 ▷Freny Mistry, *Nietzsche and Buddhism*, Berlin/New York 1981. ▷西谷啓治 『根源的主體性の哲學・正』 西谷啓治 著作集 1, 創文社, 1986. ▷薗田香勳 『ドイツ文學における東方憧憬』 創文社, 1975. ▷大河內了義 『ニーチェと佛敎』 法藏館, 1982.

불안不安

"나의 인생을 돌이켜 보면, 모든 것 속에 스며들어 있는 어떤 하나의 감정이 있다. 그것은 불안이다. 장래에 대한 불안, 친척에 대한 불안, 인간에 대한 불안, 잠에 대한 불안, 역할에 대해, 소나기에 대해, 전쟁에 대해 지니는 불안. 불안, 불안, 불안. 그것을 타인에게 보여줄 용기는 한 번도 지녔던 적이 없다." 1919년에 자전풍의 메모에 이렇게 적은 것은 슈펭글러*이다. "서구의 운명적인 몰락이라는 슈펭글러의 줄거리로부터 영향을 받은 것에 대해서는 거의 의문의 여지가

없다'고 G. 스타이너*가 말하는 하이데거*도 1927년의 『존재와 시간』의 중요한 한 절을 불안의 현상학적 분석에 할애하고 있다. 그의 존재사 구상이 소크라테스 이전의 비극 세계를 그리는 니체의 영향을 받고 있다는 것, 또한 문명의 흥륭과 몰락에 관한 슈펭글러의 역사관의 원천들 가운데 하나가 니체에게 놓여 있다는 것도 잘 알려져 있다. 니체가 쓴 것 속에서 불안이라는 개념은 그다지 중요한 위치를 차지하고 있지 않다 하더라도, 제1차 대전부터 바이마르기에 걸친 불안에 대한 담론의 배후에 니체가 있는 것은 틀림없다.

중세 말기에 야콥 뵈메가 구원에 대한 불안을 자유와의 관련에서 논의하고 있지만, 근대에 대한 자신이 흔들리기 시작한 19세기 서두부터 다양한 형태로 불안이 주제화되게 되었다. 특히 키르케고르*에서다. 그의 불안 개념은 자유와 인간성에 대한 절망에서 출발한다. "우리 시대와 19세기를 찬양하는 모든 환호의 한가운데서 인간 존재를 경멸하는 조용한 울림이 뒤섞여 울려퍼진다'고 니체를 선취하여 적고 있는 그에게 있어, 그리스도교*가 '교양*'이 되어버리고 교회*가 국가*와 유착해 있는 현 상태와 대결하는 '단독자'의 실존의 상태는 아이러니*, 권태*, 우울, 불안, 절망에 의해 관통되어 있다. 뵈메의 경우와 마찬가지로 자기의 자유 속에서 인간은 불안에 사로잡힌다. 그는 다름 아닌 "죽음에 이르는 병"인 자유 속의 불안으로부터의 탈출을 그리스도와의 동시성으로 도약하는 것 안에서 구한다. 그것만이 "존재하는 것의 비참"을 넘어서는 방도가 된다. 물론 이 불안 개념에는 발흥하는 노동자 계급에 대한 막연한 불안감도 담겨 있었다. 시대의 해체 의식이 출발점에 놓여 있다. 니체도 19세기의 그리스도교가 원시 그리스도교의 힘을 잃고 소시민화함으로써 살아나가고 있는 것을 비판한다. 그러나 그는 그대로 불안론으로 향하지 않았다. 키르케고르에서 불안으로 말해지는 것은 니체의 입장에서 보면 단적인 페시미즘*이자 약함의 니힐리즘*이며, 쇠퇴해 가는 삶*의 징후라는 것이 될 것이다.

하이데거에게서 공포(Furcht)는 세계 내의 개개의

사태와 사물로부터 위협받아 달아날 때의 정동이지만, 그에 반해 불안(Angst)은 현존재의 근본 정동으로 생각되는바, 무언가 특정한 사태나 사물에 대해 지니게 되는 것이 아니다. 본래 세계 속에 있으면서 일상성에로 퇴락해 있는 상태를 잊기 위해 공공성 속에서 나날의 이런저런 일들에 매몰해 있는 것은 현존재 자신으로부터의 도피인바, 그것은 세계 내 존재로서의 자기의 존재방식 그 자체에 대한 불안에서 유래한다고 여겨진다. 한 번 돌이켜 보면, "세계는 붕괴하고, 전적으로 무의미한 성격을 띠고 있다." 세계는 섬뜩하게(unheimlich) 되고, 현존재에게 있어 깃들어야 할 집(Heim)은 없다고 느껴진다. 이러한 살아감 그 자체의 이렇다 할 이유가 없는 공허함의 감각이라는 의미에서 불안의 이유는 "아무것도 없고(무이고), 어디에도 없다." 이 불안 속에서 현존재는 스스로가 그것 때문에 불안을 느끼고 있는 것으로 다시 던져진다. 스스로가 그것 때문에 불안을 느끼고 있는 것이란 자기가 본래적으로 세계 내 존재로서 존재할 수 있는 가능성을 말한다. 불안에 의해 현존재는 자기 자신의 본래의 가능성에로, 요컨대 고독에로 다시 던져지는 것이다. 그런 의미에서 불안은 본래성의 가능성의 조건이라고 할 수 있다. 이렇게 보면 '실존성, 사실성, 퇴락성'이라는 현존재의 근본 성격이 불안 속에서 간취되게 된다. 그에 대해 이러한 세계 속에서 세계 내 존재로서 사실적으로 실존하고 퇴락적으로 세계와 관계하는 현존재의 구조는 '우려'(Sorge)라고 불리며, 이것은 앞의 '실존성, 사실성, 퇴락성'이라는 존재 규정의 통일적 성격을 언표하는 말로 여겨진다. 이러한 하이데거의 규정 속에서는 한편으로는 키르케고르의 불안 개념이 계승되고 있지만, 다른 한편으로는 불안을 극복하는 영웅적-비극적 삶이라는 니체적인 모티브가 깊숙한 곳에서 울려 나오고 있다. 요컨대 이러한 불안의 극복이 스스로의 죽음을 자각한 본래성에로의 결단, "죽음에 대해 자유롭게 열려 있는 것" 속에서 추구되고 있기 때문인 것이다.

확실히 니체도 다음과 같이 말하고 있다. "우리 시대가 그렇게 위험에 처해 있는데, 어느 누가 나서서 인간

성을 지키는, 즉 수많은 종족들이 오랫동안 수집해 모아둔 신성불가침의 사원 보물을 지키는 파수군과 기사로 헌신하겠는가? 모든 사람이 이기적인 벌레와 같은 욕망과 개 같은 불안만을 내면에 느끼면서 저 인간상으로부터 떨어져 동물적인 것으로, 심지어 경직된 기계로 전락할 때 어느 누가 인간상을 수립하겠는가?"[『반시대적』 III. 4] 여기서 말해지는 불안은 키르케고르의 그것과 무관하지 않다. 또한 하이데거로부터 보게 되면, '존재적-실존적'인 것에 많든 적든 '존재론적-실존론적'인 것이 뒤섞여 들어와 있어[『존재와 시간』 S. 184] 철학적으로 주의해야 할 것인지도 모른다.

오히려 니체로부터 하이데거로 이어지는 선은 일상성으로 타락한 현존재의 '불안'에 대한 문화철학적인 비판보다도 세계 그 자체의 붕괴 감각으로서의 불안일 것이다. 그것을 니체는 불안이라고는 부르지 않았지만, 『비극의 탄생』*에서는 세계와 삶의 공허함을 잘 알고 있는 그리스인의 비극적 페시미즘으로서 몇 번이고 그려지고 있다. 비극의 세계를 그리지 않게 되고서부터 니체는 이 붕괴 감각을 극복하는 것으로서 영원회귀*와 그 밖의 사상을 제시하지만, 그 전 단계로서 하이데거와 유사한 '죽음에의 자유'가 노래 불리고 있다. "너무 늦게야 죽는 사람들이 허다하다. 그리고 더러는 너무 일찍 죽는다. '제때에 죽도록 하라!'는 가르침이 있기는 하지만 그것도 아직은 낯설게 들린다. …… 나 완성을 가져오는 죽음, 살아 있는 자에게는 가시바늘이 되고 굳은 언약이 될 그런 죽음을 너희에게 보여주겠다. / 완성을 가져오는 자는 희망에 차 있는 자, 굳게 언약을 하는 자들에 둘러싸여 승리를 확신하며 자신의 죽음을 맞이한다. …… 나 너희에게 내 방식의 죽음을 기리는 바이다. 내가 원하여 찾아오는 그런 자유로운 죽음 말이다."[『차라투스트라』 I -21] 불안의 극복은 축제로서의 죽음 속에서 찾아지는바, 이 논의의 생각이 하이데거에게 계승된다.

그런 까닭에 키르케고르도 여전히 사로잡혀 있는, 사후의 세계를 두려워하는 그리스도교적인 불안은 니체에게 있어서는 타기해야 할 것이 된다. "인간이 죽음에 대한 생각을 전혀 하지 않으려는 것을 보면

나는 행복을 느낀다! 나는 인간들에게 삶에 대한 생각이 수백 배 더 생각할 가치가 있도록 만들기 위해 어떤 일이라도 하고 싶다.'[『학문』 278] 그리고 죽음을 두려워하고 조금이라도 이 지상에 매달리고자 하는 것은 지옥에 대한 공포에서 유래하는 '유럽의 병'에 지나지 않는다고 여겨진다. 하지만 니체에 의한 이러한 불안의 극복과 무시에도 불구하고, 제1차 대전에 수반되는 유럽 시민사회의 붕괴와 함께 불안 개념은 터무니없이 팽창되어 갔다. 그 전조는 표현주의*에서도 볼 수 있지만, 서두의 슈펭글러의 글은 그 점에서 상징적이다. ☞키르케고르, 슈펭글러, 하이데거, 표현주의

—미시마 겐이치(三島憲一)

뷜로 [Hans von Bülow 1830-94]

독일의 지휘자·작곡가로 근대적 지휘법의 확립자. 베를린 필하모니의 초대 상임 지휘자를 맡은 것으로 이름이 높다. 코지마 바그너*의 전남편이었던 뷜로는 당초 열렬한 바그너* 신봉자로, 바그너가 루트비히 2세의 초청을 받아 뮌헨으로 향했을 때 부인 코지마와 함께 뮌헨으로 이주하여 바그너를 위해 진력했다. 얄궂은 것은 이 뮌헨 행이 코지마와 바그너의 연애의 발단이 되었다는 것인데, 결국 코지마는 뷜로와 이혼하고 바그너와 재혼하게 된다. 그런데 1872년 6월 말 뮌헨에서 <트리스탄과 이졸데>*가 상연되었을 때에 뷜로가 지휘를 하게 되는데, 이 공연을 들은 니체는 뷜로에 대한 깊은 존경과 사랑의 염을 품는다. 이러한 존경과 사랑의 염으로 인해 니체는 자기가 작곡한 관현악곡 <만프레드의 명상>을 보내 강평을 부탁했던 것이다. 이 해에 『비극의 탄생』*을 읽고서 감명을 받은 뷜로가 니체에게 스스로가 행한 레오파르디*의 번역을 헌정하고 싶다는 뜻을 써 보낸 것도 이 기도의 동기가 되었던 듯하다. 하지만 같은 해 7월 24일의 편지에서 뷜로는 이 곡이 자신이 지금까지 만난 가장 불유쾌하고 반음악적인 작품이라고 하는 저멀어지는 평가를 내렸다. 이 뷜로의 편지에 대한 답장을 위해

남겨진 초고를 보면, 니체는 자신의 작곡이 초심자의 자의적인 생각과 혼란으로 가득 찬 것이라고 하는 점을 솔직하게 지적해준 뷜로에게 감사하고 있지만, 역시 충격과 낙담의 기분은 숨길 수 없었던 듯하다[뷜로에게 보낸 편지 초고 1872. 10. 29. 참조]. ☞니체와 작곡, 바그너(코지마)

—다카하시 준이치(高橋順一)

⟨참⟩ ▷Manfred Eger, *"Wenn ich Wagnern den Krieg mache...": Der Fall Nietzsche und das Menschliche, Allzumenschliche*, Wien 1988(武石みどり 訳 『ニーチェとヴァーグナー』 音樂之友社, 1992)

브라만

본래 '색'을 의미한 '바르나'(vaṇa)라고 불리는 고대 인도*의 네 종류의 성 가운데 최상위의 사제 계층을 가리킨다. 이 브라만을 최상위에, 크샤트리아(왕후·전사 계층), 바이샤(서민), 수드라(예속민)로 이어지는 네 개의 바르나에 의해 구성된 것이 고대 인도의 4성 제도이다. 그리고 이것은 식민지 시대에 중·근세 인도의 세습적 신분 제도의 원형이기도 하다고 해석되며, 일반적으로 카스트 제도라고 불리게 되었다. 또한 브라만을 중심으로 신봉되고 오늘날의 힌두교의 전신으로서 그 종교적 핵심을 만들어낸 이전의 의례주의 종교가 근대 서구로부터 '브라만교'라고 불렸던 것인바, 19세기에는 독일에서도 연구가 진척되어 차츰차츰 그 사상 내용이 알려지게 되고 있었다. 니체 자신은 그것을 친우인 도이센*의 인도 철학 연구로부터 배웠다.

브라만교는 '리그베다'를 비롯한 네 개의 베다 등을 성전(聖典)으로 지니며, 본래는 주술적 성격이 강한 제식 만능의 종교였다. 브라만들은 우선은 성전을 구전하고 제식을 복잡한 것으로 만들어 이것을 독점함으로써 사회적 우위성을 확립했던 것이다. 그러나 기원전 6세기경부터 동인도를 중심으로 자이나교와 불교 등의 비(非)브라만교적인 종교가 나타나게 되자 브라만들도 이에 대항하여 스스로의 교학을 정비하며, 기

원 전후에는 정통파 브라만의 고전적 철학 체계(육파 철학)를 성립해 간다. 니체가 '브라만'이라고 말할 때 염두에 두고 있는 것은 이 '브라만교'를 가리킨다.

고전적인 정통파 브라만의 철학의 기초에는 다른 인도 사상에도 공유되게 되는 '윤회'(Saṃsāra) 사상이 존재한다. 브라만교는 이것을 독특한 '업'(Karman)의 교설과 결부시킨다. 즉 현세의 행위의 윤리적 성질이 내세의 운명을 인과응보적으로 결정한다고 하는 것인 바, 이 때문에 각 카스트마다 엄격하게 지켜져야 할 의례적 의무로서의 '다르마(=법)'가 정해졌다. 브라만들은 그런 까닭에 특히 엄격한 의례적 의무에 복종하고 금욕적인 생활을 받아들였지만, 이 교설은 동시에 왕후와 그 밖의 카스트에게도 각각의 다르마 준수를 요구하는 것으로서, 이에 의해 브라만은 "스스로는 초연하게 그 권역 바깥에 멀리 떨어져 있으면서도, 국민에 대해서 왕을 임명하는 권력을 지니며"[『선악』 61], 사회적으로 가장 높은 지위를 안정적으로 확보할 수 있었던 것이다.

그렇지만 정통파 브라만의 구제 사상은 이와 같은 현세의 지위에 만족하는 것이 아니라 오히려 무조건적으로 이와 같은 현세로부터, 그리고 '업과 윤회'의 수레바퀴 그 자체로부터도 해방되는 것이었다. 브라만에게 있어 현세는 단적으로 '고(苦)'인바, 여기에 인도 사상을 특징짓는 현세 거부의 극단적인 급진주의가 성립하는 것이다. 그런 까닭에 브라만 철학의 중심적인 이론적 과제란 현세에 '자아'로서 나타나는 것의 본질적 의미와 그 지양의 방도였다. 정통파 브라만은 이 이론적 과제를 둘러싸고서 여섯 개의 학파로 나누어지지만, 그 안에서 가장 중요한 것이 '베단타학파'와 '상키야학파'다. 베단타학파는 세계의 유일한 절대적인 궁극적 원인으로서의 '브라흐만'(brahman)의 일원론을 주장한다. 그에 따르면, 개별적 자아가 윤회 중에 나타나는 것도 브라흐만의 자기 운동에서의 가상에 지나지 않으며, 개별적 자아는 이 브라흐만으로 돌아가 신적인 신비적인 재결합을 이룸으로써 해탈에 이른다(=범아일여)고 한다. 이에 반해 상키야학파는 순수 정신과 근본 물질의 이원론을 주창했다. 이에 따르면 순수

정신은 근본 물질과의 결합에 의해 제한을 받을 때, 고를 경험하고 윤회도 생긴다. 그런 까닭에 순수 정신인 개별적 자아는 스스로가 물질과는 전혀 다른 것이라는 인식을 얻는 것에서 해탈에 이른다고 생각되었다.

그런데 후기 니체의 하나의 핵심인 '영원회귀' 사상이 이와 같은 브라만 철학과 어떤 친연성을 지닌다는 것은 분명하다. 그렇지만 니체 자신은 이러한 브라만의 사상 그 자체를 "몰락의, 퇴폐의, 변질의, 지치고 허약한 본능의 징후"[『비극』 『자기비판』 1]라고 파악한다. 왜냐하면 이러한 브라만의 현세 거부의 니힐리즘은 모든 현세적 가치에 대한 회의와 더불어 긴요한 '삶' 그 자체를 거부해 버리기 때문이다. "예를 들어 베단타 철학의 금욕주의자들이 행했듯이" 육체적인 것을 환영으로 격하시키고, 주관과 객관 등의 모든 개념적 대립을 오류라고 물리치는 것에 대해, 니체는 다음과 같이 말한다. "자신의 자아에 대한 믿음을 거부하고, 스스로 자신의 '실재성'을 부정하는 것은 ── 얼마만한 승리란 말인가! ── 이미 감각이나 외관에 대한 단순한 승리가 아니라, 좀 더 고차적인 종류의 승리이며, 이성에 대한 폭행이자 잔인성이다."[『계보』 III. 12] 이와 대결하여 니체는 '영원회귀'를 드높이 긍정하고, 영원히 재생하는 '삶'을 선택하는 것이다. ☞영원회귀, 인도

─나카노 도시오(中野敏男)

브란데스 [Georg Brandes (Morris Cohen) 1842-1927]

덴마크의 문학사가·비평가, 코펜하겐대학 교수. 텐느*의 실증주의*의 영향을 받으며, 주저 『19세기 문예사조』(1872-90, 독역 1882-1900)에 의해 19세기 말의 유럽을 대표하는 문학사가로 주목받게 되었다. 영국·프랑스·독일·북구·러시아의 문예에 대한 깊은 조예에 토대하여 개개의 저작가의 '사람과 작품'을 논의하는 수법으로 카이사르*, 셰익스피어*, 볼테르*, 괴테*의 평전들과, 동시대의 문학·사상에 관한 평론을 수많이 저술했다. 콩트*와 J. S. 밀*의 영향도 받으며, 사회주의*와 아나키즘*에 대해서도 관심을 지녔다. 1877년

부터 83년에 걸친 베를린 체재 중에는 파울 레*와 루 살로메*와도 교제하며, 니체도 브란데스라는 덴마크 사람이 자신에 대해 관심을 지니고 있다는 이야기를 듣고서『차라투스트라*』를 증정하려고 하고 있다[슈 마이츠너에게 보낸 편지 1883. 2. 13.].『선악의 저편*』과 『도덕의 계보*』를 증정 받은 브란데스는 "당신의 책에 서는 새로운 근원적인 정신의 숨결이 느껴집니다"라 든가 "나 자신의 사상이나 공감과 일치하는 점이 수많 이 있습니다. 금욕주의적 이상의 멸시, 민주주의*적 범용함에 대한 깊은 혐오, 당신의 귀족적 급진주의입 니다"라고 말하고 있지만, 동정*에 대한 경멸은 자신에 게는 이해될 수 없으며, 여성관에 대해서도 일치하지 않는다고 하여 "당신의 보편주의에도 불구하고 당신 의 사고방식과 서술방식은 대단히 독일적입니다"라 는 감상을 써보낸다[니체에게 보낸 편지 1887. 11. 26.]. 그렇지만 같은 편지에서 "당신은 내가 이야기를 나누 고 싶어 하는 극히 소수의 사람들 가운데 한 명입니다" 라고 말하고 있듯이, 그는 니체에게 커다란 관심을 기울이며, 다른 서간에서는 "내게 있어 최고도로 관심 이 있는 것은 도덕적 이상의 기원에 관한 당신의 사상 입니다"라고 적는다든지[니체에게 보낸 편지 1887. 12. 17.], 자신의 "카이사르주의, 현학에 대한 증오, 스탕달* 에 대한 감성"은 당신과 공통된다고 말한다든지 하고 있다[1888. 1. 11.]. 니체에게 있어서도 셰익스피어와 샹포르*, 텐느와 졸라(Émile François Zola 1840-1902), 스탕달과 도스토예프스키* 등에 대해 종횡으로 서로 논의할 수 있는 지기를 얻은 것은 커다란 기쁨이었다. 브란데스를 "좋은 유럽인*이자 문화의 전도자"라고 부르며 "'귀족적 급진주의'라는, 당신이 사용하는 표 현은 대단히 훌륭합니다. 다시 말하자면, 나에 대해 지금까지 읽은 것 가운데 가장 교묘한 말입니다"라고 응대하고 있다[브란데스에게 보낸 편지 87. 12. 2]. 브란 데스는 또한 키르케고르*의 존재를 니체에게 알리며, 스트린드베리*와 입센*에 대해 니체가 주목하도록 시 사했다. 니체는 친우들에게 브란데스가 자신에게 탄복 하고 있다고 자만하고 있지만[오버베크에게 보낸 편 지 88. 2. 3. 등], 브란데스 쪽에서는 니체보다 더 냉정한

견해를 취하고 있었다. 사회주의와 아나키즘에 대한 니체의 성급한 판단에 대해 "여느 때는 빛나는 당신의 정신도 진리가 미묘한 뉘앙스에 존재한다는 점에서는 정말이지 조금 부족한 것으로 생각됩니다"라고 반성 을 촉구하고 있다[니체에게 보낸 편지 87. 12. 17.].

88년 4월에 브란데스는「독일의 철학자 프리드리히 니체」라는 제목으로 코펜하겐대학에서 몇 차례에 걸 친 공개 강의를 행했다. 최초에는 150명 정도였던 청강 자가 2회째부터는 300명 이상 몰려들어[니체에게 보낸 편지 88. 4. 29.], 강의는 성대한 박수갈채를 받으며 성공리에 종료되었다. 브란데스는 "당신의 이름은 이 제 코펜하겐의 모든 지식인 서클에서 대단히 대중적이 게 되었습니다. 그리고 스칸디나비아 전체에 적어도 널리 알려져 있습니다"라고 보고하고 있다[니체에게 보낸 편지 88. 5. 23]. 니체는 즉시 이것을 모든 우인들에 게 선전한다.『이 사람을 보라*』에서도 독일에서는 묵살당하고 있었음에도 불구하고 "한 사람의 외국인, 한 덴마크인"이 자신을 옹호하여 대학에서 자신의 철 학에 대해 강의하고, "심리학자로서의 진가를 보여주 었다"고 말하고 있다[XIII]. 이 브란데스의 강의는 다음 해「귀족적 급진주의」라는 제목의 논문으로 정리되어 공간되며, 1890년에는『도이체 룬트샤우』지에 독역이 게재되었다(1893년에 간행된『사람과 작품』에 수록). 거기서 브란데스는 도덕적 가치의 문제가 니체의 근본 문제라고 말하지만, 교양속물*이나 내셔널리즘에 대 한 비판에 대해서도 언급한다. 그의 서술의 특색은 동시대의 다양한 사상 경향과 비교・대조하여 니체의 자리매김을 찾고 있는 것으로, 키르케고르와 비교하여 니체는 자아의 해방을 가능하게 했다고 평가한다든지, 벤섬(Jeremy Bentham 1748-1832) 류의 공리주의*에 대한 공격에서 르낭*이나 플로베르*와도 공통된 귀족주의 의 정신을 본다든지 하고 있다. 도덕론에 대해서는 니체가 파울 레의『도덕 감정의 기원』(1877)을 거론하 면서『양심의 성립』(1885)에 대해 언급하지 않는 것은 이상하다고 지적하고, 르상티망*의 설도 밀이나 뒤링*, E. v. 하르트만* 등과 비교하여 니체의 독창성은 민주주 의 비판과 노예 도덕의 경멸에 있다고 한다. 또한『차라

투스트라』의 상징적・알레고리적 문체를 미츠키에비치(Adam Bernard Mickiewicz 1798-1855)나 슈피텔러*(『프로메테우스와 에피메테우스』)와 비교하여 그것들은 성서*적이지만 『차라투스트라』는 자유정신*을 양육하고자 하는 것이라고 한 다음, 니체 자신은 이것을 자신의 최고의 저서라고 하지만 상상력의 활동이 불충분하고 단조롭게 이루어지기 때문에 자신은 찬성하기 어렵다고 하고 있다. '초인'은 『철학대화』에서의 르낭*의 몽상의 영향이 아닐까 하는 추측이나 '영원회귀*'는 블랑키*와 귀스타브 르 봉(Gustave Le Bon 1841-1931)의 사상과 공통된다는 지적도 흥미롭다. 더 나아가 니체는 자신의 것을 독일적이라고는 느끼고 있지 않을지도 모르지만, 독일 철학의 형이상학적이고 직관적인 전통을 계승하고 있으며, 여성해방 반대나 비스마르크*적인 경향은 하르트만과도 공통된다고 한다. "여성에 대한 그 정도로 개성적이지 않은 논의에 관해 말하자면, 하르트만의 입에서도 니체의 입에서도 오랜 가부장의 독일이 이야기하고 있다"는 것이다. 그리고 "라 로슈푸코, 샹포르, 스탕달과 같은 프랑스*의 모럴리스트*나 심리학자로부터 그토록 한없이 많은 것을 배운 사람이 그들의 형식에서의 자제라는 것을 그토록 적게밖에 습득하지 못한 것은 기묘한 일이다"라는 혹독한 견해도 보여준다. 이 '귀족적 급진주의' 논문은 각국에서 번역・번안이 간행되며, 일본에서도 도바리 치쿠후(登張竹風)가 이 논문에 의거하여 「프리드리히 니체를 논한다」를 『제국문학』에 연재하여(메이지 34년) 일본에서의 수용*을 촉진했다. 광기에 빠진 니체는 브란데스 앞으로 "그대가 나를 발견하고부터 나를 찾아내는 것에 힘든 일은 없어졌다. 이제 어려운 것은 나를 잃는 것이다'라고 썼지만[89. 1. 4.], 실제로 브란데스는 초기의 니체 열광에 크게 기여하게 되었다. ☞세기말과 니체, 스트린드베리

―오이시 기이치로(大石紀一郎)

[참] ▷Georg Brandes, Aristokratischer Radicalismus. Eine Abhandlung über Friedrich Nietzsche, in: *Deutsche Rundschau* 63, 1890.

▷ブランデス (宍戸儀一 訳)『ニーチェの哲學』ナウカ社, 1935.

브레히트 [Bertolt Brecht 1898-1956]

브레히트의 고교 시절에 니체에게 심취한 시기가 있었다는 것은 친구 뮌스테러(Hanns-Otto Münsterer 1900-74)의 회상이나, 메모의 흔적까지 보이는 몇 권의 니체의 대표작이 장서에 포함되어 있는 것에서도 알 수 있다. 「망명자의 대화」의 자전적인 부분에 『차라투스트라』에 탐닉한 시기의 추억이 있으며, 논문 「오락 연극인가 교육 연극인가」에서는 실러*를 "재킹겐의 도덕적인 나팔수"[『우상』]라고 매도한 니체가 인용되고 있지만, 도덕적이지 않은 연극의 이상 형태는 브레히트와 니체에게서 전혀 다르다. 유감스러운 것은 고전 연구라는 제목의 단테, 괴테*, 칸트*, 클라이스트(Bernd Heinrich Wilhelm von Kleist 1777-1811) 등을 비판적으로 다룬 망명 중(39년경)의 브레히트의 소네트집에 「차라투스트라에 대하여」가 시도되면서 몇 행에서 중단되었다는 점이다. 루카치*가 파시즘의 근원으로 간주한 니체와 브레히트의 얽힘은 언뜻 보아 기이하지만, R. 그림(Reinhold Grimm 1931-2009)의 면밀한 연구에 의해 최후의 희곡 「투란도트」에 이르기까지 니체의 영향이 추적될 수 있다는 것이 입증되었다. 특히 「코이너 씨의 이야기」와 「메이 티」에는 니체의 아포리즘과의 연관을 떠올리게 하는 것이 놀라울 정도로 많다. 그러나 기본적으로 브레히트는 니체에 대해서도 다른 고전 작가에 대해서와 마찬가지로 의미와 기능의 치환을 행하고 있다. 예를 들어 『이 사람을 보라*』의 '표절의 천재'는 브레히트의 행동 그 자체인 듯하다. 니체의 약자를 배제하는 논리는 자본주의자의 논리로 치환된다. 니체에게서의 가치의 전환*은 베이컨과 코페르니쿠스를 자주 인용하는 점도 비슷하지만, 브레히트의 이화효과에도 영향을 남기고 있다. 「놋쇠 구입」이라는 기묘한 제목의 연극론은 「철학자의 오류」[『인간적』]의 말미에 있는 "소재 그 자체의 가치"라는 구의 변형으로도 볼 수 있다. 지식을 조금씩 잘라 가르쳐주는 지식인(브레히트의 이른바 투이들)의 발상은 학문과 학자에 대한 니체의 발언과 조응한다. 하지만 니체 식으로 말하자면 브레히트의 연극은 아이스킬로스(디오니소스*) 형이 아니라 에우리피데스(아폴론*-

소크라테스*) 형의 과학의 연극이며, 브레히트의 용어로 말하자면 니체가 이상으로 삼은 도취적인 연극은 K(메리고라운드) 형, 브레히트의 과학적인 연극은 P(플라네타리움) 형이라는 것으로 될 것이다. 벤야민*은 1934년에 브레히트에게서 "니체를 흉내 내는 일기 풍의 소일거리"라는 비난을 받았다고 말하는데, 이것이 기록되어 있는 브레히트의 니체 비판이다.

—이와부치 다쓰지(岩淵達治)

📖 ▷Reinhold Grimm, *Brecht und Nietzsche oder Geständnisse eines Dichters*, Frankfurt a. M. 1979.

블랑쇼 [Maurice Blanchot 1907-2003]

현대 프랑스의 작가·비평가. 하이데거*의 존재론적 사유로부터 커다란 영향을 받으며, 그 영향에 기초하여 독자적인 사유 세계를 만들어냈다. 『문학공간』(*L'espace littéraire*, 1955), 『와야 할 책』(*Le livre à venir*, 1959) 등의 비평 작품, 『아미나다브』(*Aminadab*, 1942), 『아주 높은 자』(*Le très-haut*, 1948) 등의 소설로 열매 맺은 그의 사유 세계는 지금까지 존재해온 문학의 견해를 '쓰는 행위'와 '작품' 개념의 철저한 전환을 통해 근저로부터 뒤집어엎는 것이었다. 그리고 이러한 블랑쇼의 사유 세계는 동시대의 바타유*나 클로소프스키* 등의 작업과 함께 누보로망에서 시작되는 새로운 문학적 사유, 또한 더 나아가 데리다*, 푸코*, 들뢰즈*로 대표되는 후기구조주의*적 사유에서의 '동일성의 해체'와 '주체의 죽음'과 같은 새로운 사유 요소의 탄생을 촉진하는 원천이 되었다.

그런데 지금 블랑쇼와 관련되는 형태로 이름이 거론된 프랑스의 사상가들에게 하나의 공통된 요소가 있다. 그것은 그들이 모두 니체로부터 커다란 영향을 받았다는 것이다. 결국 블랑쇼를 둘러싼 사유 맥락의 기저에는 니체가 중요한 요인으로서 관여하고 있다는 것이, 다시 말하면 블랑쇼의 사유 세계는 니체의 사상과의 내적 관련을 통해 해독될 수 있는 가능성을 지니고 있다는 것이 여기서 시사되고 있다고 말할 수 있을 것이다. 예를 들면 블랑쇼의 주저의 하나인 『문학공간』에는 하이데거*, 카프카*, 횔덜린*, 릴케* 등의 이름은 나오지만, 니체의 이름은 거의 나오지 않는다. (다만 평론집 『끝없는 대화』(*L'entretien infini*, 1969)에서는 「니힐리즘에 관한 고찰」, 「무신론과 에크리튀르·인간주의와 부르짖음」의 2장이 니체론에 해당되는데, 거기서는 푸코의 '인간의 종언'에 의해서도 촉발되어 신의 죽음*·인간의 소멸·초인* 등의 문제가 '쓰는 행위', 특히 단편적인 에크리튀르와 관련하여 논의되고 있다.) 하지만 『문학공간』의 텍스트를 읽어나가면, 곳곳에서 니체적인 문제의 소재가 감지된다. 그것은 무엇에서 유래하는 것인가? 블랑쇼의 가장 좋은 이해자의 한 사람인 에마뉘엘 레비나스(Emmanuel Lévinas 1906-95)는 다음과 같이 말하고 있다. "현대 사상은 인간주의적이지 않은 무신론이라는 것이 있을 수 있다는 것을 가르쳐 우리를 경탄케 했다. 그 무신론*에 따르면 신들은 죽거나 세계로부터 모습을 감추어버리고, 신체 안에 갇힌 인간은 설령 이지(理知)의 한도를 다하더라도 우주를 다 길어낼 수 없다. 형이상학*의 저편으로 가는 이들 책에서 우리는 모종의 복종과 충절이 소리 높이 부르짖어지는 것에 입회하고 있는 것이지만, 그것은 특정한 누군가에 대한 복종과 충절이 아니다. 신들의 부재는 모종의 윤곽이 명확하지 않은 현전으로서 연출된다. 기묘한 무다.'"[『모리스 블랑쇼』] 니체에 의해 고지된 '신의 죽음'에 대해 레비나스는 '인간주의적이지 않은 무신론'의 시작으로서 그 성격을 부여한다. 이 '무신론'은 신이라는 중심의 부재가 '인간'이라는 대체물에 의한 충전이 불가능한, 어떤 절대적인 '무(néant)'의 드러남으로서의 부재를 의미한다. 이 무=부재는 무언가의 형이상학적인 본성이나 실체의 동일성의 정립 불가능성에 물든 존재의 현전의 형태를 지시하고 있다. 블랑쇼의 사유 세계는 바로 이러한 의미에서의 무=부재의 현전에서 출발한다.

블랑쇼에게 있어 이러한 무=부재의 현전이 초래되는 것은 '쓰는 행위', 그리고 '쓰는 행위'의 무한한 반복으로서의 '작품(œuvre)'에 의해서다. "작품을 쓴다든가 읽는다든가 하여, 즉 작품에 의존하여 살아가는 자는 존재(être)한다는 말로밖에 표현할 수 없는 것이 지니는 고독에 속한다. 언어는 이 말을 위장시켜 숨기든가 아니면 작품이 침묵케 하는 공허 속에 스스로 모습을 감춤으로써 이 말을 드러나게 하는 것이다. …… 작품은 어떠한 증거도 없이 존재하며, 또한 어떠한 용도도 없이 존재한다.'[『문학공간』] 니체에 입각하여 말하자면 블랑쇼의 이러한 사유는 '미(예술)에 의한 세계의 구제'라는 예술가 형이상학 모티브와 '모든 존재의 현전은 해석이다'라는 원근법* 모티브의 교차점에 자리매김 될 수 있을 것이다. 또한 더 나아가 블랑쇼가 하이데거의 영향 하에 추구하고자 하는 무＝부재의 현전으로서의 존재 현전의 형태는 어딘가에서 니체의 힘 개념(해석으로서의 힘의 발현)과 연결되는 것으로 생각된다. 그리고 블랑쇼가 반복해서 말하고 있는, 무＝부재가 현전하는 토포스로서의 '작품'은 자기 자신으로부터 무한히 일탈하고 스스로를 숨기면서 드러내는 것인 까닭에 본질적으로 미완결적이며, 무언가를 표현하는 것의 유용성에서 아득히 멀리 떨어져 있다고 하는 인식은 아마도 니체가 어떤 시기부터 텍스트의 주요한 스타일로서 단장 형식을 채택하게 된 것의 본질적인 의미를 보여준다 할 것이다. 니체도 역시 형이상학적 동일성에 뒷받침된 텍스트＝'책'의 구심적 완결성 대신에 '쓰는 행위'와 '해석＝존재(힘)의 현전'이 곧바로 연결되는 텍스트 운동의 토포스로서의 '단장'의 본질적인 미완결성 — 블랑쇼 식으로 말하면 '작품'의 미완결성 — 에 스스로의 사유의 가능성을 걸고자 했다. 요컨대 니체의 텍스트의 중심에도 중심의 부재가, 그리고 그런 까닭에 무한히 일탈적 반복＝반복적 일탈을 거듭하는 미완결성이 귀속해 있는 것이다.

이러한 블랑쇼의 사유는 또한 다른 한편으로 니체의 '영원회귀*' 주제와 연결되어 간다. "쓰는 것은 환혹에 위협당하는 고독의 단어 속으로 들어가는 것이다. 영원의 반복이 군림하는, 시간의 부재의 모험에 몸을 맡기는 것이다.'[『문학공간』] 니체의 영원회귀는 이러한 블랑쇼의 인식에 입각하자면, 시간의 틀로부터의 탈각을 의미하게 된다. 아무것도 시작되지 않고, 모든 것이 고유한 실체성을 잃고서 익명의 무언가로 변모해

버리는 시간의 부재의 현전이야말로 영원회귀의 의미가 된다. 블랑쇼는 이러한 지점에서 출발하면서 불가능성으로서의 가능성, 무＝부재로서의 현전이라는 역설이 생성하는 토포스로서의 '작품'의 형태를 카프카와 릴케, 횔덜린 등의 텍스트를 통해 추구하고자 한다. 이러한 블랑쇼의 사유 특성을 푸코는 '바깥의 사유'(사유의 외부성)라고 명명했다. "말에 대한 말은 문학을 통해, 하지만 아마도 다른 다양한 길을 통해 이야기하는 주체가 거기서는 소실되는, 저 '바깥'으로 우리를 데려간다.'[푸코 『바깥의 사유』] 그리고 푸코는 이러한 블랑쇼의 '바깥의 사유'를 니체의 '힘'의 의미와 결부시키고 있다.

마지막으로 블랑쇼가 처음에는 극우였다는 것, 따라서 하이데거와 나치즘을 둘러싼 문제권역에 블랑쇼 역시 폴 드 만(Paul De Man 1919-83)과 함께 관여하고 있다는 것을 지적해 두고자 한다.

—다카하시 준이치(高橋順一)

▷M. Blanchot, *L'espace littéraire*, Gallimard, 1955(栗津則雄 外 訳『文學空間』現代思潮社, 1969). ▷id. *L'Entretien infini*, Gallimard, 1969. ▷E. Lévinas, *Sur Maurice Blanchot*, fata morgana, 1975(内田樹 訳『モーリス・ブランショ』國文社, 1992). ▷M. Foucault, *La pensée du dehors*, Critique, 1966(豊崎光一 訳『外の思考』朝日出版社, 1978).

블랑키 [Louis-Auguste Blanqui 1805-81]

19세기 프랑스의 정치가·사회주의자. 그의 혁명적 급진주의로 인해 지배계층으로부터 가장 공포의 대상이 되며, 모두 33년에 걸친 옥중 생활을 강요당했다. 그의 긴 옥중 생활 중에서 1871년의 토로 요새에서의 구금 생활에서 블랑키는 『천체에 의한 영원』이라는 제목의 한 권의 책을 썼다. 이 책에서 블랑키는 무한한 우주가 유한한 100개의 원소에 의해 구성되어 있는 까닭에 우주에는 그 수를 헤아릴 수 없는 회귀＝반복이 생겨난다고 하는 사상을 전개한다. "화합물로 하여금 변화를 가지게 하는 모든 종류의 다양성은 100이라는 대단히 한정된 수에 의존한다. …… 따라서 달라진

또는 원형의 천체는 한정된 숫자로 환원되며, 천체의 무한은 반복의 무한으로부터만 생겨나는 것이다." [『천체에 의한 영원』] 이 회귀=반복은 무엇보다도 우선 우주 전체의 물질량의 불변성 속에서의 천체의 소멸과 부활의 과정으로서 파악된다. 하지만 이 회귀=반복은 단지 시간적인 것뿐만 아니라 공간적 복제의 존재의 무한성으로서도 파악된다. "탄생으로부터 죽음까지, 그리고 재생까지 우리의 지구와 전적으로 빼닮은 지구에는 그 일생의 각 순간에 수십억이라는 복제가 존재한다."[같은 책] 이러한 블랑키의 기묘한 사고방식의 배경에서는 블랑키 자신이 본서에서도 의거하고 있는 라플라스의 결정론적 우주관으로 대표되는 동시대의 기계론적 세계관의 영향이 보인다. 하지만 그 이상으로 본서를 관통하는 주조음은 그러한 기계론적 세계관에 가탁된 블랑키의 절망감일 것이다. 모든 순간의 행위가 회귀=반복이 형성하는 영원 속의 하나의 요소에 불과할 때, 인간의 주체적 의지마저도 그 영원의 어둠 속으로 삼켜져 버릴 수밖에 없게 된다. 진보도 행복의 약속도 모두 이 회귀=반복의 '허무'로 용해되어 버리는 것이다. 거기서는 분명히 페시미즘적인 어조가 간취된다.

그 기이함 때문에 동시대의 거의 어느 누구에 의해서도 반성되지 않은 이 책의 의미를 니체의 영원회귀와 관련시켜 독해해 보인 것이 벤야민이었다[이하에서 특별히 언급하지 않는 한 인용은 벤야민 『파사주』 초고 D장으로부터의 것이다. 우선 벤야민은 『천체에 의한 영원』에서의 블랑키의 절망감이 자신이 패배한 자본주의 사회의 현실을 "지옥의 광경"으로서의 영원회귀, 즉 자본주의 질서를 영원화하는 것으로서의 회귀=반복의 나타남으로 파악한 것에서 유래한다고 본다. 그럼에도 불구하고 이것은 블랑키가 자본주의에 굴복했다는 것을 의미하는 것이 아니다. 왜냐하면 블랑키는 자본주의 사회를 이와 같이 묘사함으로써 "우주의 이러한 광경[반복의 광경]을 자기의 투영으로서 천공에 그려내는 사회에 대한 가장 격렬한 고발"을 행했기 때문이다. 이 점을 벤야민은 높이 평가한다. 하지만 그 다음에서 블랑키의 영원회귀에 대한 벤야민

의 견해는 미묘하게 전회한다. 그것은 블랑키의 영원회귀에 포함되어 있는 또 하나의 요소, 그것도 니체의 영원회귀와 공통된 요소로서의 진보 신앙의 부정을 둘러싸고서 생겨난다. 물론 블랑키의 영원회귀와 니체의 영원회귀 사이에는 차이가 존재한다. 그것은 "과거는 우리와 빼닮은 모든 천체 위에서 최고로 빛나는 문명이 자취도 없이 소멸하는 것을 목격해 왔던 것이다. …… 미래에 우리는 몇 십억이라는 지구 위에서 오랜 시대의 무지와 우행과 잔학과 다시 만날 것이다." [『천체에 의한 영원』]라고 말하는 블랑키의 페시미즘과, "나는 다시 이 동일한 삶에서 최대의 것에서도 최소의 것에서도 영원히 회귀하는, 모든 사물의 영원회귀를 가르치기 위해서"라고 말하는 것이 "축복[『차라투스트라』 Ⅲ-13. 2]일 수 있다는 니체의 긍정성과의 사이의 다름이다. 하지만 벤야민에 따르면 니체도 블랑키도 모두 영원회귀 속에서, 즉 진보로부터 해방된 시간 속에서 태고로부터 현재로 회귀=반복되는 것이 가능해지는 사태를, 그리고 그 결과 현재의 "근원(태고)의 역사"로의 매개 가능성이 생겨나는 것을 보고자 한다는 점에서 일치한다. 그것은 블랑키에게서도 니체에게서도 역사가 "신화의 회귀"로서 파악되고 있다는 것을 의미한다. 그리고 이 "신화의 회귀"는 자본주의 사회의 현재에서 "근원의 역사가 가장 현대적인 모습 하에서 상연될" 때의 "판타스마고리아[환영]라는 성격"을 환기시킨다. 그 결과 "영원회귀 사상은 거품회사 난립 시대의 비참함으로부터 행복의 판타스마고리아를 불러내는 마술"이 된다. 이 영원회귀의 판타스마고리아는 실은 "단순한 합리주의"로서의 진보 신앙의 보완물에 지나지 않는다. 벤야민은 블랑키의 "지옥의 광경"으로서의 영원회귀조차 이러한 판타스마고리아를 벗어나지 않는다고 말한다. 이리하여 벤야민은 블랑키의 영원회귀 개념을 매체로 하면서 니체의 탈역사화된 영원회귀 개념의 의미를 다시 냉혈한 자본주의 사회의 역사적 현실성 속으로 다시 되돌리는 것이다.
☞벤야민, 영원회귀

—다카하시 준이치(高橋順一)

▷A. Blanqui, L'eternité par les astres: hypothèse astronomiqu

e, Paris 1872(浜本正文 訳『天體による永遠』雁思社, 1985).
▷ブランキ(加藤晴康 訳)『革命論集』上・下, 現代思潮社, 19
67-68. ▷ W. Benjamin, *Das Passagen-Werk* (Geammelte Schrift
en, V-1 u. 2), Frankfurt a. M. 1982(今村仁司 외 訳『パサージュ
論』전 5분책, 岩波書店, 1933-).

블로흐 [Ernst Bloch 1885-1977]

루카치*와 더불어 20세기의 맑스주의* 사상을 대표하는 철학자 에른스트 블로흐의 니체에 대한 자세는 루카치의 그것과도, 하물며 '정통'을 자칭하는 레닌・스탈린적 맑스주의의 그것과도 전혀 달라서, 때때로 다소의 유보를 수반하면서도 뜨거운 정열과 깊은 공감으로 가득 찬 긍정적 수용이 특징이다.

니체에 대한 관심은 블로흐의 초기부터 이미 두드러지며, 그가 아직 뷔르츠부르크의 대학생 때에『자유로운 말』(*Das freie Wort*) 지 제6호(1906)에 발표한「니체의 문제에 대하여」가 보여주듯이 그의 니체 수용의 기본적 태도는 이미 이 무렵 거의 완성되어 있었다고 말할 수 있다.

블로흐는 여기서 근간의 철학에서 자연철학으로부터 문화의 문제로 관심이 옮겨가고 있는 것을 지적하고, 이러한 문화의 문제들을 자기 내부에서 가장 격렬하게 서로 싸우도록 한 철학자야말로 다름 아닌 니체라고 한다. 이 문제들의 모티브가 지니는 갈등의 크기 때문에 니체는 파멸했던 것이며, 이를테면 현대라는 시대의 정신적 공회로서 그의 죽음은 있었다고 자리매김한다. 따라서 그의 사상적 작업은 전적으로 새로운 것을 추구하는 것이자 개시라고 하고, 어둠 속에서 타오른 빛처럼 폭력적이고 치열하다고 한다. 니체의 말을 마무리된 지혜로서 받아들이려고 하지 않는 "무능하고 미숙한 사람들"에게 경고하면서, 니체는 어디까지나 예언자이지 결코 완성자가 아니라고 하는 젊은 블로흐의 니체 상은 그 후의 그의 사상에서의 발전을 꿰뚫어 본질적으로 유지된다.

이와 같은 논문에도 불구하고 1910년대 전반까지의 블로흐는 헤겔*의 강한 영향 하에 있어, 체계에의 확고

한 의지를 지니고 있었다. 이 무렵 그는 토마스 아퀴나스를 본떠『체계적 철학대전』이라고 부르는 저작을 계획하고, 루카치에게 보낸 편지에서 그 구상을 피력하고 있다. 그러나 이 6권이나 되는 대저의 기획은 끝없이 팽창할 뿐, 마침내 산더미 같은 원고를 남기고서 좌절하고 말았다. 이후 1915년에 루카치에게 보낸 편지에 모습을 드러내는 새로운 저서의 기획은 전의 것과 아주 달라져 니체적인 랩소디 조로 지어진 몇 개의 독립된 에세이를 모은 것으로 되어 있었다. 이 새로운 저서가 후에『유토피아의 정신』(1918)이라고 이름 붙여져 블로흐의 이름을 사상계에 각인하는 처녀작으로 되는 바로 그것이다. 요컨대 블로흐는 헤겔적인 체계 지향을 부정하고, 체계*의 기만을 폭로하는 니체의 표현방법을 취함으로써 비로소 자기를 표출하는 데 성공했다고 할 수 있다.

이『유토피아의 정신』의 초판에서 블로흐는 니체에게 3페이지 가량을 할애하여 루카치*, 칸트*, 피히테(Johann Gottlieb Fichte 1762-1814), 포이어바흐(Ludwig Andreas Feuerbach 1804-72), 키르케고르*와 나란히 니체를 놓고, "근대의 파괴적인, 결국은 성실하고 좋은 정신"의 최후에 오는 자로서 자리매김하며, "하위의 객관적인 닫힌 체계의 계통적인 친구이자 선언자인 자들의 단 한 사람도, 즉 헤겔마저도 문제로 되지 않게 되었을 때" 중요한 사상가로서 니체가 떠오르게 된다고 이야기한다.

나치즘이 세력을 강화하고 니체의 사상을 자신들의 사정에 유리하게 개찬해 버렸을 때, 블로흐의 니체 수용은 지금까지와는 다른 성격을 띠지 않을 수 없게 된다. 망명 중의 저서『이 시대의 유산』(1934)에서 블로흐는 게오르게파(George-Kreis)나 보임러* 및 로젠베르크* 등에 대항하여 이 반동적인 "가면과 야수와 신화학"의 수령으로부터 니체를 구출하는 노력을 행한다. 블로흐는 여기서 "인간 속에 있는 아직 오지 않은 것, 완성되지 않은 것의 표지로서의, 스스로 포도를 따 빛을 부르는 발효의 신으로서의, 디오니소스*"의 고지자로서 니체를 파악하고, "미래에의 다리 기슭에 헛되이 자기의 임무를 설정하고, 아직 존재하지 않는 세계

로부터의 야성적인 괴이한 빛에 얼굴을 비추고 있던 목적론자'라고 규정해 보이고 있다. 그런 한에서 니체는 조이스*나 카프카*와 마찬가지로 후기 부르주아 사회 안에서 획득되고 계승되어야만 하는 중요한 "이 시대의 유산"의 하나가 되고 있다.

니체 만년의 수수께끼 같은 말 "십자가에 못 박힌 자 대 디오니소스*'도 블로흐에 의해 대담하게 다시 해석되어 그 심오한 의미가 끌어내진다. 니체는 디오니소스 속에서 안티크리스트를 보고 있지만, 후자는 그노시스적 이단인 배사교(拜蛇敎)에 따르면, 아담과 이브에게 사과를 베어 먹게 한 뱀이자, 십자가 위에서 제우스에 의해 머리를 두 차례 밟힌 뱀이라고 한다. 여기서 뱀은 지혜의 상징임과 동시에 그것이 인간의 몸으로 변했을 때에 예수*로 되는 성스러운 존재다. 이 안티크리스트이기도 한 예수 그리스도는 일찍이 존재했던 어떠한 것도 비할 수 없는 명징함을 지니는 미지의 인간적 영광의 고지자로서, 그 이단적·혁명적인 불의 뱀이라는 참된 모습을 감추고 있다고 블로흐는 이야기한다. 만년의 니체가 디오니소스=안티크리스트와 동시에 '십자가에 못 박힌 자'에 자기를 견준 것은 전적인 광기의 사태가 아니었던 것이다. ☞'십자가에 못 박힌 자 대 디오니소스', 루카치

—고무라 후지히코(好村冨士彦)

블룸 [Allan Bloom 1930-92]

시카고대학 출신. 미합중국의 여러 곳에서 가르친 후, 시카고대학 교수가 된다. 서구의 위대함을 믿은 50년대의 학생 생활의 경험으로부터 고전 고대의 위대함, 서구의 철학 전통을 신봉하고, 인생의 스승으로서의 대학이라는 사고방식을 지니는 리버럴리스트 서구의 전통이 미국의 건국에 의해 실현 가능하게 되었다고 생각한다. 그러나 20세기 초 이래로, 또한 30년대의 독일 지식인의 망명 이후에는 좀 더 격심하게 이른바 독일 커넥션이 미국의 젊은이를 해치기 시작했다고 그는 논의한다. 요컨대 베버*의 문화 상대주의를 매개로 한 니체와 프로이트*의 정신분석이 그렇다는 것이

다. 특히 니체가 미국에서는 좌익 니체주의로 되어 전개되었다고 한다. 하이데거*에 관해서도 마찬가지다. "오늘날 하이데거의 신봉자와 마찬가지로 니체의 신봉자는 모두 실질적으로는 좌파다." 그들은 "중요한 것은 진리가 아니라 정도라고 믿고 있다." 그들의 자민족 중심주의 비판과 권위주의 비판이 미국의 교육을 망쳐버렸다고 탄식한다. "과격해진 민주주의 이론에 의해 유발된 얼얼한 듯한 감수성은 끝내 어떠한 제한도 변덕스럽고 전제적인 것으로서 경험하게 되었다." 요컨대 60년대 후반 이후, 대학은 테가 빠졌다고 하는 것이다. 이러한 문제를 놀라울 정도의 해박한 지식과 웅변으로 지어낸 『미국 정신의 종언』(1987)은 베스트셀러가 되어 일개 대학 교수의 이름이 미국 전체에 알려지게 했다. 냉전 종료 직전의 전후 사상사의 하나의 결산이자 니체와 독일 사상의 의의를 역설적으로 평가한 명제임에 틀림없다. ☞반니체*(신보수주의)

—미시마 겐이치(三島憲一)

비극悲劇 ⇨ 『비극의 탄생』

비극 작가悲劇作家

고대 그리스의 비극 작가라고 하면, 아이스킬로스, 소포클레스, 에우리피데스—『비극의 탄생』*에서 니체가 다룬 것도 당연히 이 3대 시인이다. 그들의 전기적 자료는 부족하며, 생몰년, 작품 수, 상연 횟수 등도 전해지는 것들에 따라 제각각이다. 시험 삼아 생몰년을 살펴보면, 아이스킬로스는 기원전 524년에 아테나이의 서쪽 엘레우시스에서 태어났다고 하지만, 향년은 69, 73, 68세(이전에는 58세로 자료를 오독) 등으로 전해지는 기록들이 일치하지 않는다. 소포클레스는 기원전 497/6년에 아테나이의 북쪽 콜로노스에서 태어났다고 하는 설이 유력하지만, 기원전 500/499년, 495/4년을 태어난 해로 하는 것도 있다. 죽음에 대해서도 기원전 406년 3월부터 다음 해 1월 사이였던 듯하다는 추정에

지나지 않는다. 에우리피데스가 사망한 해는 기원전 406년의 이른 봄인 듯하지만, 태어난 해에 대해서는 기원전 484년이라고 하는 설과 480년이라고 하는 설이 있다. 어찌됐든 그리스 비극의 현존 작품 중에서 가장 오랜 아이스킬로스 작품 『페르시아인들』은 기원전 472년에 상연되고, 가장 새로운 소포클레스 작품 『콜로노스의 오이디푸스』는 작자의 손자에 의해 기원전 401년에 상연되었다고 하기 때문에, 이 기원전 5세기 전후가 아티카 비극 작가의 전성기였다고 추정해도 좋을 것이다. 이른바 페르시아 전쟁(기원전 492-480년)으로부터 펠로폰네소스 전쟁(기원전 431-404년)에 이르는 고대 그리스 격동의 시대다.

살라미스, 마라톤의 양 회전을 몸으로써 체험한 아이스킬로스의 『페르시아인들』은 페르시아 전쟁을 묘사한 작품. 초연 때에 그리스는 아직 페르시아와 교전 중으로 그 때문인지 박진감 있는 묘사가 이곳저곳에서 빛을 발한다. 덧붙이자면, 이 비극의 '상연 중개인'으로서 데뷔를 우승으로 장식한 것은 약관 20세의 페리클레스였다고 한다. 전쟁과 정치와 비극의 교착이 상징적이다. 정치와 비극의 교착이라고 하면, 페리클레스에 견줄 정도의 정치가 역정과 연극계의 대가로서의 작가 역정을 만년까지 겸비한 것이 소포클레스다. 한 시기에는 그리스 동맹 재무장관에 소포클레스의 이름이 보인다. 델로스 동맹의 재정경제부 장관이라는 말인가? 전하는 바에 따르면 소포클레스의 『안티고네』가 압도적 성공을 거뒀기 때문에, 그는 페리클레스와 동료격의 지휘관직에 선임되었다고 한다. 정치적 권력을 고집하는 클레온을 악역으로 만들어내고, 예부터 내려오는 관습에 반항하는 안티고네로 하여금 "나는 사랑을 나누기 때문에 태어난 자"라고 말하게 하는 대목을 생각하면, 조금은 빈정거리는 이야기다. 아이스킬로스, 소포클레스가 정계와 깊이 관계하고 고대 폴리스에 대한 적극적인 참여를 아끼지 않았던 것을 생각하면, 에우리피데스의 비(非)폴리스적 성격이 두드러진다. 옛 기록에 따르면 그는 군중을 피하여 살라미스 섬의 동굴을 주거로 삼고 있었다. 표정은 웃는 일이 적고 암울한, 비사교적이고 사색적인 유형의 인물이었

다고 전해진다. 소크라테스와 서로 아는 사이였다는 것은 잘 알려진 전승이다. 에우리피데스가 비극 시인으로서 널리 알려진 무렵은 이미 아테나이와 스파르타의 다툼이 폭발한 펠로폰네소스 전쟁의 시대, 고대 아테나이가 번영의 절정으로부터 기울어지기 시작한 시대이다. 기원전 4세기 이후에는 에우리피데스 붐이라는 압도적 명성을 떨쳤다고도 한다.

『비극』의 니체는 아티카 비극에서의 탄생·쇠퇴·종말의 과정에 이 세 사람을 배치하고 있다. 배치 방식에 나타난 세 사람에 대한 니체의 평가를 한마디로 말하면, 아이스킬로스에 대해서는 아티카 비극의 정점으로서 높은 평가가 주어져 있는 데 반해, 에우리피데스는 그 쇠퇴를 상징하는 자로서 거의 비판의 대상으로 놓이며, 소포클레스에 대해서는 에우리피데스와 구별되는 경우에는 아이스킬로스와 동격에 놓이지만, 다른 한편으로 비극 쇠퇴의 국면에서는 오히려 에우리피데스에 이르는 타락의 발단으로 간주되기도 한다. "그리스의 음악 드라마의 개화와 최고점은 아직 소포클레스의 영향을 받기 이전의 최초의 위대한 시기에서의 아이스킬로스. 소포클레스와 함께 대단히 서서히 쇠퇴가 시작되며, 뒤이어 에우리피데스에 이르러서는 아이스킬로스에 대한 그의 의식적인 반동에 의해 갑자기 종말을 불러들였던 것이다."[「소크라테스와 비극」]

아이스킬로스에 대한 숭경에 가까운 니체의 평가는 『바이로이트의 리하르트 바그너』에서 아이스킬로스를 "바그너" 이전의 유일한 완전한 디티람보스적 극작가"라고 부르는 것으로부터도 살펴볼 수 있다. 『비극』의 제목을 적은 페이지에 '결박된 프로메테우스'의 동판화를 실은 것도 그 표현일 것이다. 『비극』의 니체는 소포클레스가 그리는 오이디푸스와 함께 이 아이스킬로스의 프로메테우스 상에 깊이 파고든 해석을 가하고 있다.

프로메테우스와 오이디푸스는 니체의 해석에 따르면 비극의 "본래의 주인공인 디오니소스"의 가면에 지나지 않는다."[『비극』 10] 디오니소스적인 것의 작용이 고대 그리스인에게는 '거인적'이고 '야만적'으로 생각되었듯이, 프로메테우스는 "아폴론" 이전의

시대", 즉 "거인족(티타네스)의 시대"를, 오이디푸스는 "아폴론 이외의 세계", 요컨대 "야만인(바르바로이)의 세계"를 상징하는 것으로 간주되었다. 그렇긴 하지만 아이스킬로스와 소포클레스의 비극이 모두 다 이 디오니소스적인 것의 광풍에 휩싸여 있었을 뿐인 것은 아니다. 니체가 그들의 비극에서 보았던 것은 오히려 디오니소스적인 것과 아폴론적인 것이 화해한 모습이다.

이러한 아티카 비극에서의 디오니소스와 아폴론의 존재해야 할 관계를 파괴하고 비극의 죽음으로 이끈 것, 바로 그것이 미적 소크라테스주의자로서의 에우리피데스다. "에우리피데스의 입을 통해 말한 신은 디오니소스도 아폴론도 아니었다. 소크라테스라고 불리는, 전적으로 새롭게 태어난 다이몬이었다. 디오니소스적인 것과 소크라테스적인 것, 이것이 새로운 대립이다. 그리고 그리스 비극이라는 예술 작품은 이 대립 때문에 사라졌던 것이다."[『비극』 12] 이전의 "아폴론적 직관"을 대신하여 이제는 "냉철한 역설적인 사상", "논리적 획일주의"가 등장하며, "디오니소스적 황홀"을 대신하는 것으로서 "불같은 격정", "자연주의적인 정열"이 불타오른다.

그렇지만 비극의 조락은 에우리피데스에 이르러 비로소 그 조짐이 나타났던 것이 아니다. 이미 소포클레스에게서도 "비극의 디오니소스적인 지반이 붕괴하기 시작했다"고 니체는 보고 있다. 그는 합창단(코로스)의 활동 영역을 좁히고, 비극으로부터 음악을 쫓아내는 최초의 발걸음을 내디뎠다. 에우리피데스는 더 나아가 관객을 무대에 등장하게 한다. 이전에 무대에 등장하는 것은 "가장 오랜 비극의 신들과 반신들로부터 나온 혈통이라는 것이 곧바로 간취되었지만", 이제 "일상생활의 현실 속의 인간이 무대에 침입"한다. 니체에 따르면, 이리하여 비극의 합창단과 비극의 주인공 쌍방에서의 디오니소스적인 것과 아폴론적인 것의 표현이 파괴되었던 것이다. ☞아폴론/디오니소스, 『비극의 탄생』

―기마에 도시아키(木前利秋)

『비극의 탄생』 [Die Geburt der Tragödie. 1972]
【 I 】성립의 경위

1869년 4월, 24세에 고전문헌학*의 원외 교수로서 바젤대학에 부임한 니체는 다음 해 5월에 트립셴의 바그너*를 처음으로 방문하며, 『비극의 탄생』의 사실상의 준비가 되는 단편을 쓰기 시작한 것은 그 해 가을로, 고대 그리스에 관한 강의를 계속하면서 바그너 및 코지마*와의 친교를 심화시켜 갈 무렵이다. 같은 해 7월, 프로이센-프랑스 전쟁*이 시작될 무렵, 「디오니소스적 세계관」이라는 논문을 탈고한다. 86년이 되어 덧붙인 서문 「자기비판의 시도」에서 니체가 『비극』의 핵심을 이룬다고 지적한 논고다. 8월에 들어서서 간호병으로서 전쟁터로 나가지만, 이질과 인두 디프테리아에 감염되어 9월에 제대한다. 다음 해 2월, 루가노에 머물던 니체는 그리스 비극에 관한 저작에 종사하는데, 이것이 『비극』의 초고가 되었다.

구상을 다듬는 과정에서 책 제목의 후보는 몇 번인가 변했지만, 1872년 1월에 간행된 초판의 제목은 『음악 정신으로부터의 비극의 탄생』이다. '음악 정신으로부터'라고 한 이유 중의 하나는 바그너를 염두에 두었기 때문일 것이다. (「자기비판의 시도」를 덧붙여 간행된 새로운 판은 『비극의 탄생, 또는 그리스 정신과 페시미즘』으로 제목이 고쳐졌지만, 이것은 역으로 바그너의 흔적을 지우기 위해서였을까?) 집필 과정에서는 내용에서도 변화가 보인다. 주목되는 것은 예정한 내용에 그리스의 국가*, 노예제, 여성* 등을 언급하고자 한 부분이 있다는 점에서, 니체가 당초에는 좀 더 커다란 그리스 정신론을 노리고 있었던 듯하다는 것이다. 또한 루가노에서 집필한 초고의 계획에는 현행의 『비극』과 같이 바그너 예찬을 결말에 놓은 모습은 없다. 아무래도 니체는 루가노로부터 돌아오는 길에 트립셴의 바그너를 방문한 후, 그리스의 국가, 노예, 전쟁*을 언급한 부분을 삭제하고 다른 원고를 보완한 듯하다.

이러한 경위에 바그너가 어느 정도 참견한 것인지는 추측의 영역을 벗어나지 않지만, 그 결과를 놓고 보면 바그너에게 유익한 점이 있었다는 것은 부정할 수 없다. 이 처녀작이 "바그너 숭배에 이용되었다"[『이 사람』 IV. 1]고 후에 불쾌한 심사를 토로한 것도 반드시 거짓말은 아니었을 것이다. 다만 거기서 바그너의 악의만을 본다면 공평하지 않다. 바그너와 절교하기 전의 니체는 바그너의 바이로이트* 계획에 적극적으로 관여하고자 한 흔적이 있다. 70년 7-8월 무렵의 집필로 보이는 바그너의 논문 「베토벤」에는 아폴론*-디오니소스*의 이름이야 없지만, 빛과 소리의 세계라는 유사한 이원론이 있다. 두 사람이 함께 쇼펜하우어*의 의지와 표상의 이원론과 예술론의 영향 아래 있었던 것은 분명하며, 이것을 둘러싸고서 두 사람이 많은 대화를 나누었던 것은 상상하기 어렵지 않다.

【Ⅱ】주제와 내용

『비극』에는 이와 관련된 세 종류의 초고와 강연이 있다. 하나는 「디오니소스적 세계관」 및 그 제2고에 해당하는 「비극적 사상의 탄생」이다. 아폴론적인 예술 충동과 디오니소스적인 그것의 상극과 화해를 대립의 조짐으로부터 설명하기 시작하여 비극의 탄생까지를 서술한 것으로, 『비극의 탄생』의 제1절부터 제7절에 해당된다. 둘째는 「소크라테스와 비극」이라는 제목의 강연 및 「소크라테스와 그리스 비극」이라는 유사한 제목의 초고다. 『비극』의 제8절부터 제15절의 원형을 이루며, 아이스킬로스와 소포클레스에서 개화한 아티카 비극이 에우리피데스에서 죽음에 이르게 된 경위를 주제로 한다. 그리고 셋째는 「그리스 음악극」이라고 불리는 강연으로, 당시의 오페라에 대한 비판에서 시작하여 오페라적인 절대 예술에 맞서 고대 그리스의 드라마를 종합 예술로서 찬양하고 있다. 그리스적 음악극(Musikdrama)이란 바그너의 음악극을 염두에 둔 듯한바, 바그너의 음악극이 그리스 비극의 재생이라는 것을 암시하는 것으로 보인다. 그 대강은 『비극』의 제16절 이하에 짜 넣어져 있다. 이 세 가지는 그대로 『비극』의 짜임새를 말해준다. 비극이 어떻게 해서 탄생하고(제1~11절), 사멸하며(제11~16절), 마지막으로 어떻게 해서 재생할 수 있는가(제17~25절)— 비극을 둘러싼 삶과 죽음과 재생이 아폴론적인 것과 디오니소스적인 것의 상극·화해·분열의 드라마로서 그려지고 있는 것이다. 니체의 저작으로서는 많지

않은 일관된 줄거리가 있는 작품이다.

새로운 판 앞에 붙인 「자기비판의 시도」에서 니체는 『비극』의 주제는 "학문* 그 자체의 문제였다"고 말한다. "학문을 예술가의 광학 하에서, 나아가 예술*을 삶의 광학 하에서 본다"고 하는 과제가 비극의 삶·죽음·재생을 묘사할 때의 기조음이다. 학문이란 우선은 니체가 전공한 고전문헌학*으로 이해할 수 있지만, 넓게 이 학문이 상징한 교양*과 문화의 어떤 경향이었다고 말할 수 있을 것이다. 『비극』의 배후에 가로놓여 있는 것은 당시의 고전문헌학과 역사학을 지배하고 있던 객관적 인식에의 신앙에 대한 비판의식이다. 다만 『비극』은 이런 종류의 역사주의* 비판을 정면에서 주제로 하기보다 학문이 전제로 하고 있던 고전주의적인 고대 그리스관에 비판의 화살을 겨눈다[『비극』 20]. '그리스적인 명랑함'을 찬양하며 소크라테스*에서 절정을 보는 빙켈만* 이래의 헬레니즘 상이 그것이다. 정말이지 니체에게 있어서도 독일 정신이 그리스로부터 배우고자 노력한 가장 좋은 시대는 실러*, 괴테*, 빙켈만의 시대였다. 하지만 그들에게서조차 "그리스적 본질의 핵심에 다가가 독일 문화와 그리스 문화 사이에 지속적인 사랑의 유대를 맺는 것에 실패했다"는 것이다[같은 곳].

『비극』에서의 '이론적 인간', '학문의 낙관주의', 나아가 '오페라의 문화', 일반적으로 소크라테스주의라는 이름이 암암리에 상징하는 것은 이러한 고대 그리스관과 그것을 전통으로 삼은 학문이다. 니체의 말을 빌리자면, 바로 이 소크라테스적인 것은 삶*의 절정이 아니라 쇠퇴의 징후에 지나지 않는다. 그리스적 명랑함을 아폴론적 현상의 하나의 위상에 두고, 아폴론적인 것과 디오니소스적인 것이라는 두 개의 예술 충동의 원리를 설정하며, '꿈과의 놀이'와 '도취*와의 놀이', '개체화*의 원리'와 '근원적 일자*', '미의 절도'와 '자연의 과잉' 등의 다양한 모습에 걸쳐 양자를 대비시켜 본 것도 양자의 분열에 이르는 예술적 전개 과정 속에서 삶의 쇠퇴의 징후라는 소크라테스적인 것의 의미가 해명될 수 있다고 생각했기 때문이다. 그리스 비극의 죽음을 에우리피데스에게서 간취하고 그를 미적 소크

라테스주의자라고 부른 것은 이 점과 관련된다. 이론적 인간과 학문이라는 것은 과잉된 아폴론적 충동이 디오니소스적인 것과 분열하여 예술을 넘어선 곳에서 나타난다. '학문을 예술가의 광학 하에서' 파악하고자 한 뛰어난 예가 여기에 놓여 있다.

물론 예술 충동의 두 가지 원리로서 아폴론과 디오니소스를 세운 것은 소크라테스주의의 참된 모습을 폭로하는 것으로 끝나는 것이 아니다. 그리스 비극의 탄생 유래와 의미를 두 가지 예술 충동에 의해 그려 보인 점은 『비극』이 내세운 또 하나의 새로운 기축이다. 호메로스 이전의 거인족의 시대, 아폴론적인 호메로스의 시대, 디오니소스적인 야만이 침입한 시대, 아폴론적인 것이 다시 지배한 도리아식 예술의 시대와 같은 단계들 후에 아폴론과 디오니소스가 화해하는 순간, 아티카 비극의 시대가 찾아온다. 니체는 이 화해의 의의를 그리스인에게서의 삶의 문제로부터 파악하여 다음과 같이 말한다. "그리스인은 실존의 공포와 경악을 알고 있었고 느꼈다. 그리스인은 살 수 있기 위하여 그 공포와 경악 앞에 올림포스 신들이라는 꿈의 산물을 세워야 했다."[『비극』 3] "미적 현상으로서만 현존재와 세계는 영원히 정당화된다"[같은 책 5]는 『비극』에서 여러 차례 반복되는 '예술가 형이상학'의 테제는 '예술을 삶의 광학 하에서' 본 뛰어난 증거다.

니체는 그리스 비극의 근저에서 디오니소스적인 예술 충동이 작용한다는 것을 주장하고, 그 기원을 '극(드라마)'이 아니라 '합창단(코로스)'에서 찾고 있다. "비극은 비극 합창단에서 발생했으며, 비극은 근원적으로 합창단일 뿐이고 합창단 이외에는 아무것도 존재하지 않았다."[『비극』 7] 이 합창단이야말로 본래의 극(드라마)의 모태다. 그러면 합창단이란 무엇인가? 합창단이란 **자연**의 가장 숭고한 표현, 즉 자연의 디오니소스적인 표현"이다[같은 책 8]. "원래 비극은 '합창단'이었을 뿐, '극'이 아니었다. 신(디오니소스)을 실제 인물로 보여주고 또 환영으로 나타나는 현상을 그것을 둘러싼 후광과 함께 모두의 눈에 보이도록 묘사하게 된 것은 나중에 가서였다. 이로써 좁은 의미의 '극'이 시작되었다."[같은 곳]

합창이란 말할 필요도 없이 음악이다. 그렇다면 그리스 비극은 음악으로부터 탄생한 것이 된다. '음악 정신으로부터의 비극의 탄생'이란 원래 이러한 것을 의미하고 있었다. 다만 니체는 이 음악에 더 나아가 두 가지 의미를 포함시키고 있다. 하나는 쇼펜하우어가 말하는 의미의 음악이다. 쇼펜하우어에게 있어 음악은 다른 예술과는 달리 현상의 모사가 아니라 직접적으로 의지 그 자체의 모사다. 합창단을 디오니소스적이라고 파악할 때, 쇼펜하우어의 이 음악론이 염두에 놓여 있다[『비극』 16]. 또 하나는 바그너의 음악이다. 니체가 극(드라마)은 음악(Musik)으로서의 합창단을 모태로 했다고 말할 때, 그는 거기에 바그너의 음악극(Musikdrama)을 복선으로 깔고 있다. 아티카 비극이 소크라테스주의에 의한 죽음 후에 다시 살아나는 것은 바그너의 음악극에서다.

삶의 비참과 고뇌를 직시하고 예술'에 의한 구제를 주창하는 사상에는 확실히 쇼펜하우어로부터의 영향이 간취된다. 그러나 쇼펜하우어가 '삶에의 의지'를 철저히 부정적으로 파악하고, 그로부터의 탈각을 추구했던 데 반해, 니체에게 있어 "사물의 근저에 놓여 있는 삶은 모든 현상의 변천에도 불구하고 어떻게 하더라도 파괴할 수 없을 정도로 강력하며 환희로 채워져 있다'[같은 책 7] 고뇌가 충실한 삶의 과잉에서 유래하는 한, 그것을 부정할 도리는 없다. 쇼펜하우어와 바그너의 강한 영향 하에 놓여 있긴 하지만, 니체의 독자적인 사상도 이미 여기서 얼굴을 내밀고 있다.

【Ⅲ】 반향과 영향

『비극』 간행 후의 평판은 그다지 좋지 않다. 바그너와 그 주변, 친우인 로데' 등을 제외하면, 긍정적으로 평가하는 자는 거의 없는 모양새다. 니체의 스승 리츨'조차 일기에 "니체의 책, 비극의 탄생(=재기가 뻗쳐 취해버렸다)"고 적었을 정도로 학계로부터 한동안은 완전한 묵살 상태가 계속된다. 서평도 거의 나오지 않는다. 로데는 『문학중앙지』에 『비극』을 소개하는 서평을 싣고자 했지만, 이 잡지의 편집부에 의해 거부당했다. 로데가 서평을 『북독일 알게마이네』지에 게

277

재할 수 있었던 것은 그로부터 몇 개월이 지난 후이다. 그러나 이 서평이 나온 것과 거의 같

은 시기에 빌라모비츠-묄렌도르프*의 본격적인 논평이 『미래의 문헌학』이라는 제목으로 베를린의 출판사에서 나왔다.

빌라모비츠의 팸플릿은 『비극』에 대한 문자 그대로의 전면 공격이다. 그의 공격 배경에는 그의 스승 얀(Otto Jahn 1813-1869)과 니체의 스승 리츨의 대학에서의 다툼이 얽혀 있다고도, 또는 『비극』에서의 얀에 대한 야유가 빌라모비츠로 하여금 떨쳐 일어나게 했다고도 하지만, 논평의 대부분은 호메로스, 아르킬로코스, 에우리피데스, 소포클레스, 아이스킬로스에 관한 니체의 오류를 상세하게 논박한 것으로, 니체로부터의 인용으로 상세하게 트집을 잡고자 하는 이상하기까지 한 집요함을 별도로 한다면, 당시 고전문헌학의 정통적인 요령에 의거한 것이라고 말할 수 있다. 빌라모비츠는 스스로의 방법적 입장을 "학문의 공유 재산이 된 역사적·비판적 방법"이라고 하고 있지만, 이것이 니체에게 있어서는 오히려 비판의 대상이 되는 역사주의*의 산물에 지나지 않았다. 니체 측에서 최초의 반격을 시도한 것은 바그너지만, 실질적인 반론이 된 것은 로데의 『사이비 문헌학』이라는 제목의 상당히 긴 팸플릿이다. 빌라모비츠는 이에 대해 『미래의 문헌학·제2편』에서 응수하고 있다. 이러한 논쟁도 물론이거니와 또한 학계에서의 불평에 의해 니체는 사실상 고전문헌학계에서 상대하지 않게 되는 처지가 되었다. "이와 같은 것을 쓴 인간은 학문적으로는 죽은 것과 마찬가지다"라는 우제너*의 자주 인용되는 말이 사태를 상징하고 있다.

그러나 이러한 탄생의 비극에도 불구하고 오늘날 『비극』은 니체의 대표작의 하나로서 아폴론-디오니소스의 이름과 함께 널리 인구에 회자되게 되었다. 고전문헌학의 전문서로서보다 하나의 사상서로서 그 후의 고대 그리스관의 변모에 끼친 영향은 크다. 『비극』은 좋든 나쁘든 니체 사상의, 더 나아가서는 현대사상의 출발점이다. ☞니체와 바그너 ― 낭만주의의 문제, 고전문헌학, 아폴론/디오니소스, 비극 작가, 빌라

모비츠-묄렌도르프

—기마에 도시아키(木前利秋)

비둘기 걸음으로 찾아오는 사상 ["Gedanken, die mit Taubenfüssen kommen..."]

『차라투스트라』* 제2부 말미의 「더없이 고요한 시간」에는 "위대한 것을 명령하라"고 목소리도 없이 차라투스트라에게 말을 거는 자가 있다. "내게는 온갖 명령을 하기 위한 사자의 우렁찬 목소리가 없다"고 대답하는 차라투스트라에게 목소리 없는 자는 "폭풍을 일으키는 것, 그것은 더없이 잔잔한 말들이다. 비둘기 걸음으로 찾아오는 사상, 그것이 세계를 끌고 가자"라고 말하며 한층 더 그를 재촉한다[II-22]. 여기서 암시되고 있는 것이 '영원회귀*'의 사상이라는 것은 제3부에 이르러 점차 명확해진다. 「일곱 개의 봉인」에서는 차라투스트라 자신이 '무거운 것 모두가 가볍게 되고, 신체 모두가 춤추는 자가 되며, 정신 모두가 새가 되는 것"이라는 '춤추는 자의 덕'을 찬양하고, 이러한 "새의 지혜"와 함께 "회귀의 반자"에 대한 열망을 노래한다[III-16. 6, 7]. 그리고 제4부 말미의 「조짐」에서 동굴 밖으로 나온 차라투스트라의 어깨에는 수많은 비둘기들이 날아오고, 웃는 사자와 놀이한다[IV-20]. 이것을 차라투스트라는 '조짐'으로서 받아들이며, 경쾌하게 날개 치는 자에게만 찾아오는 '영원회귀'의 사상이 크게 웃는 가운데 '중력의 영'을 거꾸러뜨리는 '초인*'에 의해 긍정되고, 인류가 '위대한 정오'를 맞이할 준비가 되어 있다는 것을 보여주는 것이라고 하고 있다. 이 비둘기와 사자에 대해 구스타프 나우만(Gustav Naumann)은 각각이 '부드러움'과 '성숙한 힘'의 상징이라고 하여 베네치아*의 산마르코의 문장과의 관련을 시사하고 있지만『차라투스트라 주해』(Zarathustra-Kommentar)], 명확한 배경은 분명하지 않다.

—오이시 기이치로(大石紀一郎)

비스마르크 [Otto Eduard Leopold Fürst von Bismarck 1815-98]

빌헬름 제국 창건의 주역인 재상 비스마르크에 대한 니체의 입장은 대단히 복잡하여 칭찬과 탄핵 사이를 크게 요동하고 있다. 비스마르크의 수상 재임 기간은 1862년 9월부터 1890년 2월까지로, 니체가 살아가는 동시에 저작한 시기와 거의 일치하며, 니체에게 있어 정치가란 비스마르크이고, 정치란 비스마르크의 그것이었다. "나라는 자는 비스마르크가 없다면…… 칸트, 루터가 없다면 가능하지 않았을 것이다"라고도 후년에 쓴다[유고 Ⅱ. 12. 173]. 20대의 니체는 비스마르크를 자랑스럽게 생각하는 "열광적인 프로이센안"으로, 68년의 게르스도르프에게 보낸 편지[1868. 2. 16.]에서는 "비스마르크는 내게 이상하기까지 한 만족을 준다네. 나는 그의 연설을 강한 와인을 마실 때처럼 읽는 거지. 한 번에 마셔버리는 것이 아니라 오래 즐길 수 있도록 조금씩 혀 위로 옮겨놓고……"라고 비스마르크의 예리한 정치적 감각, 그의 대담한 용기와 과감한 철저성을 찬미하며, 프로이센-프랑스 전쟁 때에는 스위스의 교수로 병역 의무가 없었음에도 불구하고 지원하여 종군하기까지 한다. 그러나 얼마 안 있어 "독일 제국을 위해 독일 정신을 근절"[『반시대적』 Ⅰ. 1]하는 비스마르크의 현실 정치를 격렬하게 탄핵하게 된다. 그러나 다른 한편으로는 비스마르크 개인에 대한 찬미로부터는 벗어나지 않는바, 비스마르크라는 이름은 "부드러운 강함"이라는 독일적 특징을 지니는 자로서 헨델, 라이프니츠, 괴테와 견주어지며, 또한 하르트만, 뒤링, 바그너와도 견주어지고, 강고한 의지의 소유자, 명령할 수 있는 자로서 나폴레옹과, 강력한 미래를 준비하는 자로서 괴테, 베토벤과 견주어지기도 한다. 그 때문인지 모르지만 그 후에도 니체와 비스마르크는 "위대한 시대를 대표하는 만남, 철학과 정치의, 정신과 국가의 만남"으로서 결합되기도 한다. 1889년에 광기에 빠지기 전의 니체의 최후의 바람은 "모든 정치가들 중에서도 월등한 백치, 호엔촐레른 왕가 이외의 것은 조금도 생각하지 못한" 비스마르크를 빌헬름 2세와 함께 추방, 처벌하는 것이었지만[유고 Ⅱ. 12. 177], 이것은 이 인물이 니체의 생애에 너무나도 크게 짓누르고 있었다는 것을 뒤집어 표현한 것이 아닐까? 니체는

비스마르크에게 질투를 느끼고 있었다.

—야마모토 유(山本尤)

▷Th. Schieder, *Nietzsche und Bismarck*, Krefeld, 1963.

비유 比喩

성서의 예수는 마태오가 전하는 바에 따르면 자각적으로 비유를 사용한다. "하늘나라는 겨자씨에 비길 수 있다. 어떤 사람이 밭에 겨자씨를 뿌렸다. 겨자씨는 모든 씨앗 중에서 가장 작은 것이지만 싹이 트고 자라나면 어느 푸성귀보다도 커져서 공중의 새들이 날아와 그 가지에 깃들일 만큼 큰 나무가 된다."[13장 31-32절] "또 하늘나라는 바다에 그물을 쳐서 온갖 것을 끌어올리는 것에 비길 수 있다."[13장 47절] "저 사람들(군중)에게 왜 비유로 말씀하십니까?"라고 묻는 제자들에 대해 "너희는 하늘나라의 신비를 알 수 있는 특권을 받았지만 다른 사람들은 받지 못하였다. 가진 사람은 더 받아 넉넉하게 되겠지만 못 가진 사람은 그 가진 것마저 빼앗길 것이다. 내가 그들에게 비유로 말하는 이유는 그들이 보아도 보지 못하고 들어도 듣지 못하고 깨닫지도 못하기 때문이다."[13장 11-13절] 군중을 위해 이해하기 쉬운 문장으로 비유를 구사하는 예수지만, 비유 자체도, 비유를 사용하는 이유도 다양한 해석을 허용한다. 여기에는 모종의 조직론·집단론이 놓여 있지만, 다른 한편으로 이 비유는 그리스도교의 오의에 깊이 내속하는 것이기도 하다. 또한 물, 물고기, 어부, 밀 등은 비유를 넘어서서 그리스도교의 대표적인 상징이 되기도 했다.

『차라투스트라』는 내용뿐만 아니라 구성과 문체에서도 적어도 부분적으로는 성서에 대항하여 쓰여 있다. 그런 까닭에 니체도 자각적으로 비유를 사용하게 된다. 「삼단의 변화에 대하여」에서의 '낙타', '사자', '어린아이'도 그러하다면, '타란툴라', '바다', '살무사', '불의 개' 등도 그러할 것이다. 그 가운데는 전통의 틀에 포함되는 비유도 있을 뿐 아니라 또한 참으로 니체의 독창적인 비유도 있다. '바다'나 태양은 후자겠지만, '낙타', '사자', '어린아이' 등은 다만 오랜 가죽부대에

새로운 포도주를 담은 것일 뿐이다. 그 점은 『차라투스트라』에 나오는 뱀*과 독수리*, 특히 하늘을 나는 독수리의 부리에 뱀이 원환을 만들어 매달리는 비유에 대해서도 마찬가지인바, 이 비유는 고대 이집트로도, 또한 아마도 거기서 나왔다고 생각되는 태고의 디오니소스* 의식으로도 소급된다. 그것은 또한 프랑스 혁명*의 인권선언의 장식 그림 한가운데서도 영원성의 비유로서 나온다. 그렇지만 그 어떤 경우에서도 그리스도의 말과 마찬가지로 선택된 비유 그 자체가 단지 무언가를 지시하고 대변할 뿐 아니라 그 말이 지니는 함의 그 자체가 개념 언어로 말할 수 없는 어떤 실질을 암시하고 있다. 예를 들어 앞에서 예로 든 성서의 비유에서는 밀이나 농사일과 같이 견실한 사회적 재생산을 가능하게 하는 재료나 그것에 수반되는 노동*이 배경에 놓여 있지만, 특히 『차라투스트라』에서는 그러한 재생산과 근면을 훨씬 아래쪽으로 내려다보는 듯한 몸짓이 특징적이다. 나폴리 만의 이스키아 섬을 모델로 하고 있는 「행복의 섬들에서」에서는 그 점이 분명히 간취된다. "보라, 우리를 감싸고 있는 저 충만을! 그 넘치는 풍요에 둘러싸여 멀리 바다를 내다보는 것은 얼마나 멋진 일인가!"[『차라투스트라』 Ⅱ-2] 이 대자연의 생성유전을 무시하는 듯한 신의 사상이 비판된다. "일체의 불멸의 존재(신을 말한다), 한낱 비유에 지나지 않는다! …… 최상의 비유라고 한다면 마땅히 불멸이 아니라 시간의 흐름과 생성에 대하여 이야기해 주어야 한다. 그런 비유는 일체의 덧없는 것들에 대한 찬미가 되어야 하며 정당화가 되어야 한다!"[같은 곳] 영원회귀*를 이야기하는 니체가 사용하는 비유는 역시 이 사상을 깊이 암시하게 된다.

비유라는 단어를 문제로 할 때에 니체의 염두에 놓여 있는 또 하나의 요소는 괴테*의 『파우스트』의 말미다. "모든 지나가는 것은 단지 비유에 지나지 않는다. 따를 수 없는 것이 여기서 일어난다. …… 영원히 여성적인 것이 나를 이끌어가라"를 토대로 한 패러디는 앞의 인용도 포함하여 곳곳에서 발견된다. "신체*라는 것을 좀 더 제대로 알게 되면서"라고 차라투스트라는 그의 제자 가운데 한 사람에게 말했다. "나는 정신이

라는 것이 그저 정신처럼 보이는 것에 지나지 않으며, '지나가지 않는 것'이란 것도 하나같이 비유에 불과하다는 것을 알게 되었다."[『차라투스트라』 Ⅱ-17] 상징과 알레고리의 위치가 교체되고 알레고리가 낮게 보이게 되는 그 전회점에 괴테는 있지만, 가다머*가 지적하듯이 괴테에게서는 사실 그 양자의 의미가 상호적으로 침투하고 있다. 아마도 비유라는 말은 그러한 사태를 보여주는 것일 터이다. 니체의 비유에서도 상징성과 알레고리성의 융합이 멀리서부터 울리는 잔향이 들린다. "사람들은 무엇이 상징이고 무엇이 비유인지에 대해 아무런 관념도 지니지 못하게 된다. …… '너는 여기에서 온갖 비유의 등에 올라타고 진리를 향해 달린다.'"[『이 사람』 Ⅸ. 3]

자신의 마음에 들지 않는 존재를 비판할 때에도 '비유'가 의식적으로 사용된다. "아, 하늘과 땅 사이에는 시인들만이 꿈꿀 수 있는 것이 그토록 많이 있구나! / 특히 하늘 **위에는**. 신들은 하나같이 시인의 비유이며 시인의 궤변이기 때문이다!"[『차라투스트라』 Ⅱ-17] "정직한 자는 발소리를 죽여가며 걷지 않는다. 그런데 저 고양이, 상 위를 살금살금 소리 없이 걸어가고 있지 않은가. 보라, 달이 저쪽에서 고양이처럼 눈치를 보아가며 다가오고 있으니. / 이 비유를 나 너희 성마른 위선자들에게 들려주는 바다."[같은 책 Ⅱ-15] "보라, 이것이 독거미 타란툴라의 굴이다! …… 내가 너희에게 말하는 것은 비유다."[같은 책 Ⅱ-7] 마지막 문장은 또다시 그리스도를 염두에 두고 있다. 또한 시인은 비유의 사용자이지만, 그러한 시인에 대해서도 또한 비유로 말해진다. "아름다움과 바다 그리고 공작새의 장식 따위가 물소에게 무슨 소용이랴! 이 비유를 나 시인들에게 들려주노라. / 진정, 저들의 정신 자체가 공작새 가운데 공작새이자 허영의 바다다!"[같은 책 Ⅱ-17] 비유는 비유로서 폭로하는 대상임과 동시에, 폭로한다고 하는 파괴 행위도 비유에 의해 이루어지는 것이 니체에게서의 비유의 특징일 것이다. ☞예수, 『차라투스트라는 이렇게 말했다』

―미시마 겐이치(三島憲一)

비제 [Georges Bizet 1838-75]

니체는 『바그너의 경우』의 서두에서 다음과 같이 말한다. "나는 어제 비제의 걸작을 스무 번째 — 당신은 이것을 믿을 수 있겠습니까? — 들었습니다."[편지 1] 니체는 바그너*의 대극에 놓여 있는 것으로서 비제의 음악을 파악하고자 한다. 니체가 처음으로 비제의 <카르멘>을 들은 것은 1881년 무렵이었던 듯하다. 그 <카르멘>에 대해 니체는 이렇게 말한다. "운명으로서의 사랑, 숙명으로서의 사랑이며, 냉소적이고 무구하며 잔혹한 사랑이고 — 바로 이 점에서 자연인 것이다!"[같은 책 편지 2] 니체가 비제의 음악에서 보고자 한 것은 우선 첫째로, 바그너의 짓누르는 듯한 정신성과는 대조적인 감각의 경쾌함, 부드러움이었다. 그리고 이러한 둔중한 정신성의 요소가 바그너도 포함한 독일적인 것의 핵심을 형성하고 있다고 한다면, 비제의 음악은 이러한 바그너적=독일적 요소의 대극으로서의 '지중해적인 것'의 전형에 다름 아니었다. 그러나 그것은 음악의 감성적 수준에서의 인상의 문제에 그치는 것이 아니라 바그너가 만들어내고자 한 '구원의 드라마'의 핵심에 놓여 있는 '신성함'의 신화, 즉 괴테*가 낭만파를 야유하여 말한 '윤리적 및 종교적 우문의 반추에 의한 질식'이라는 요소에 대한 날카로운 반정립으로서의 의미를 짊어지고 있다. 즉 그러한 윤리적·종교적 요소 속에 숨어 있는 자기 멸각의 도착에 의해 은폐되어 있는 에고이즘, 다시 말하면 자기에 대한 완전한 긍정성을 니체는 <카르멘>에서 보고자 했던 것이다. 하지만 얄궂게도 비제 자신은 바그너주의자였다. 그리고 바그너 자신은 1875년에 빈에서 <카르멘>을 듣고서 "매우 악취미다"라고 평가했다고 부인 코지마 바그너*의 『일기』에 적혀 있다. 다만 한편으로 바그너는 비제가 마음에 걸렸던 듯, 같은 『일기』의 82년 항에는 "'카르멘'이 만만치 않은 경쟁 상대가 되었다"고 하는 바그너의 말이 남아 있다. 베르디(Giuseppe Verdi 1813-1901)에 대해 대단히 냉담했던 것에 비해 이러한 바그너의 여러 차례에 걸친 비제에 대한 언급은 매우 흥미롭다. ☞니체와 바그너 — 낭만주의 문제

—다카하시 준이치(高橋順一)

비판 신학 批判神學 [kritische Theologie]

그리스도교*의 호교적인 동기를 가지고서 신학을 전개하는 것이 아니라 성서*에 대한 순수하게 객관적인 비평적 연구를 기초로 하여 형성되는 신학을 말한다. 니체와의 연관에서는 19세기의 특히 D. 슈트라우스*, 브루노 바우어(Bruno Bauer 1809-82), 오버베크* 등의 신학을 가리킨다.

슈트라우스는 그의 저서 『예수의 생애』 전 2권(Das Leben Jesu, 1835-36)에서 성서의 비평적 연구를 시도하여 복음서의 역사적 사실성을 부정하고, 성서에 기록된 예수*에 관한 이야기는 원시 그리스도교단 내부에서 무의식적으로 산출된 신화라고 주장했다. 복음서의 예수는 신과 인간의 합일이라는 종교 이념이 형상화된 신화이며, 그런 의미에서 예수 개인의 존재는 역사적 사실이라고는 말하기 어렵다는 것이다. 그러나 그 신화가 말하는 내용은 인류 가운데서 실현되어야 할 신앙상의 진리로서 타당한 것이며, 따라서 그리스도교에 고유한 진리는 아무것도 손상되지 않는다고 그는 설파했다. 이 책이 당시 독일의 신학계에 준 영향은 크며, 그 평가를 둘러싼 논쟁은 헤겔학파의 내부 분열을 야기하는 결과가 되었다. 슈트라우스는 만년에 『낡은 신앙과 새로운 신앙』(Der alte und der neue Glaube, 1872)을 저술하여 종래의 그리스도교 신앙에 맞선 새로운 과학적인 합리주의적 신앙을 피력하기에 이르렀지만, 삶을 무시하여 지식으로만 기울어지는 슈트라우스의 이러한 새로운 신앙에서 니체는 교양속물*의 신앙고백을 읽어내고 『반시대적 고찰』*의 제1편에서 철저한 슈트라우스 비판을 전개한다.

바우어는 슈트라우스의 『예수의 생애』가 출판된 당초에는 정통 헤겔학파의 입장에서 이 책에 대해 비판적인 논평을 가했지만, 얼마 안 있어 헤겔 좌파로 전향하여 『공관복음서 비판』(Kritik der evangelischen Geschichte der Synoptiker, 1841-42)을 저술하여 슈트라우스의 입장보다 더욱더 과격한 견해를 제시하게 되었다.

바우어에 따르면, 복음서의 기술이 역사적 사실이 아니라는 것은 슈트라우스가 말하는 것과 같은 무의식적으로 형성된 신화이기 때문이 아니라 복음서의 기자에 의한 작위적인 신화이기 때문이다. 슈트라우스의 견해에서는 그리스도교 신앙을 합리화함으로써 도리어 정당화하게 된다고 하여 바우어는 슈트라우스를 비판하고, 급진적인 무신론* 입장에서 복음서 비판을 행했다. 또한 바우어는 스스로 그리스도교의 기원을 그리스 철학에서 구하는 연구를 진행하여 그리스도교는 대중화된 플라톤주의라고 하는 니체의 그리스도교관에 가까운 생각을 보여준다. 바우어 사후에 니체는 자주 바우어는 자신에게 호의를 보여준 사람이라고 말하고 있으며, 슈트라우스에 대해서처럼 그를 비판하는 일은 없었다.

또한 생애에 걸쳐 니체의 친한 벗으로 지낸 오버베크는 성서의 원전 비평과 교회사 연구를 통해 원시 그리스도교단의 종말론적인 신앙을 발굴하며, 이것을 근원 역사라고 불러 역사적인 문화로 된 그리스도교는 다만 이 근원역사를 상실해 가는 퇴락의 과정일 뿐이라고 생각한다. 예수가 지금이라도 재림하여 세계 심판이 생긴다는 것을 기대한 원시 교단의 초역사적인 신앙은 그 기대가 실현되지 않은 것인 까닭에 얼마 안 있어 그리스적 교양에 의해 해체되며, 그리스도교라는 역사적인 종교 문화로 변신했다고 하는 것이다. 이와 같은 복음서의 신앙과 역사적인 그리스도교의 신앙을 비판적으로 구별하는 태도는 슈트라우스나 바우어와 마찬가지지만, 오버베크의 경우에는 복음서의 신앙을 단지 신화로 생각하지 않고 오히려 거기서 근원역사를 읽어내는 점에서 헤겔 좌파의 비판 신학과는 다른 점이 있었다. 하지만 그렇다고 해서 오버베크가 바로 지금의 그리스도교에게 근원역사로 되돌아가도록 촉구하는 것은 아닌바, 그는 슈트라우스처럼 새로운 있어야 할 신앙을 이야기하는 것도 아닐 뿐만 아니라 또한 바우어처럼 신앙을 부정하는 적극적인 무신론자였던 것도 아니다.

니체의 『반시대적 고찰』의 제1편 『다비드 슈트라우스』는 이러한 오버베크에게 바쳐졌다. 그리고 니체는 그 책 하나를 같은 해에 출판된 오버베크의 『오늘날 신학의 그리스도교성에 대하여』(Ueber die Christlichkeit unserer heutigen Theologie, 1873)와 합하여 제본하고, 그 서두에 「한 집안의 쌍둥이」라는 시를 써 붙였다. 오버베크의 이 책은 슈트라우스의 비판 신학을 넘어서서 새로운 비판 신학의 가능성을 고찰한 것이다. 따라서 니체 자신은 오버베크 류의 비판 신학에 동조하는 것이 되는바, 합리적인 신앙을 이야기한다든지 예수의 역사적 사실성을 부정한다든지 하는 것과 같은 비판 신학에 관여하고 있었던 것이 아니었다. 니체가 예수의 교설과 그리스도교 도덕을 엄밀하게 구별하고, 예수의 가르침에서 벗어난 길로 발을 들여놓고 있는 그리스도교 도덕을 '대중용 플라톤주의'라고 부를 때, 그 배경에서 복음서의 예수와 그리스도교 신앙을 비판적으로 구별하는 비판 신학, 특히 역사적 예수를 중시하는 오버베크의 비판 신학이 크게 작용하고 있다고 말할 수 있을 것이다. ☞그리스도교, 예수, 오버베크, 슈트라우스{다비드}, 역사신학

―가시와바라 게이이치(柏原啓一)

빌라모비츠-묄렌도르프 [Ulrich von Wilamowitz-Moellendorff 1848-1931]

19세기 말부터 20세기 전반에 걸쳐 독일의 고전문헌학계를 대표한 학자. 동프로이센의 융커 태생으로 니체와 마찬가지로 슐포르타*에서 공부했다. 그라이프스발트대학, 괴팅겐대학을 거쳐 1897년, 프로이센 문교부의 의향에 따라 베를린대학 교수로 초빙되어 칼 라인하르트*, 베르너 예거* 등, 수많은 차세대 문헌학자들을 길러냈다. 또한 고대 로마사가로서 저명한 테오도르 몸젠(Theodor Mommsen 1817-1903)의 사위이기도 하다. 문헌의 역사적 전승을 면밀히 추적함으로써 철저한 자료 비판을 수행하는 역사적·비판적 방법을 완성하고 많은 교정판과 번역을 간행한 이 문헌학의 태두는 호메로스*에서 비극 작가·철학자까지 고전 고대 이전부터 헬레니즘 시기에 이르기까지의 모든 문헌을 연구 대상으로 섭렵하고, 고전문헌학*을 종합

적인 고대학(Altertumswissenschaft)으로 확장할 것을 기도했다. 『비극의 탄생』*이 간행되자 아직 젊은 학생이었던 빌라모비츠는 『미래의 문헌학!』이라는 제목의 팸플릿에서 두 번에 걸쳐 니체를 규탄하고(1872-73) 강단에서 내려올 것을 요구하기까지 했다. 그때 그가 전제했던 것은 "모든 역사적으로 성립한 현상을 오직 그것이 발전한 시대의 전제로부터만 파악한다"는 역사주의*의 공준이며, "그 원칙이 학회의 공유재산이 된 역사적·비판적 방법"만이 문헌학의 유일한 방법이라는 사고방식이었다. 니체가 이런저런 문헌을 "읽고 있지 않다"라든가 "이해하고 있지 않다"와 같은 것만을 오로지 왈가왈부하는 빌라모비츠는 니체에게 있어 중대한 문제였던 문헌학의 연구·교육의 정당성이라는 것에 전혀 주의를 기울이고자 하지 않았다. 양자 모두 빙켈만* 이래의 고전주의적 그리스 상이 19세기 문헌학의 수준에서 보면 역사적 사실과 일치하지 않는 '선입견'이라는 점을 의식하고 있었겠지만, 거기서 니체가 이 그리스 상이 힘을 잃게 되면 우리의 고대에 대한 관계는 어떻게 될 것인지를 진지하게 묻고 '디오니소스*적인 것'에서 고대에 이르는 새로운 통로를 찾았던 데 반해, 빌라모비츠에게 있어서는 선입견이란 단지 극복되어야 할 것에 지나지 않으며 "그것이 예전에 어떠했던가"를 그대로 재현하는 것만이 연구라는 이름에 값하는 것이었다. 그와 같은 연구의 의의에 대한 반성의 부재가 이윽고 제1차 세계대전이 발발했을 때 베를린대학 학생들 앞에서 문헌학이 아니라 전쟁 속에서 국가에 몸을 바치라고 연설한

배경에 놓여 있었던 것은 아닐까? ☞역사주의

―오이시 기이치로(大石紀一郎)

빙켈만 [Johann Joachim Winckelmann 1717-68]

빙켈만이라는 이름은 니체의 저작들에서는 언제나 괴테*, 실러*, 레싱* 등과 함께 등장하며, 헬레니즘 문화의 핵심에 다가가고자 한 "고귀*한 교양*의 싸움"의 전사로서 비교할 바가 없는 찬사를 받고 있다. 그리스 후기 고전 예술에 구현된 '자연'을 근대 예술의 모범으로 삼아야 한다는 것을 설파한 『고대 예술 모방론』(1755)은 18세기 후반의 독일 지식인들 사이에서 그리스 회귀 열풍을 불러일으킨 한 원인이 되었다. 니체는 빙켈만과 괴테에게 있어서의 현대의 시점에 따라 이루어진 그리스 해석을 "역사적으로는 잘못"이지만 바로 그러한 과거 해석이야말로 "근대적"인 것이라고 말하고 있다. 19세기 후반의 역사주의*적 교양은 빙켈만 등이 발견한 그리스적 조화와 미의 이상을 죽은 미사여구로 치부하고 말았다. 과거에 감추어진 잠재적 가능성을 현재로 불러내고자 하는 니체의 자세는 빙켈만 등의 그리스 수용과 공통된다. 그러나 빙켈만과 괴테마저도 헬레니즘 문화의 근저에 숨어 있는 디오니소스 축제적인 열광적 요소, 요컨대 '삶에의 의지'를 이해할 수 없었다. 이것이야말로 니체가 『비극의 탄생』*에서 "디오니소스*적 정신의 부활"로서, 또한 후에는 "삶"의 영원회귀*"로서 찾았던 바로 그것이다.

―오누키 아츠코(大貫敦子)

사교社交

후년에 고독한 방랑자·은둔자로서 말하는 경우가 많았던 니체는 처음부터 비사교적 인간이었던 것 같은 인상도 있지만, 바젤* 시대까지는 남들처럼 친구와 지인, 동료들과 교제하고 있었으며, 그 후에도 질스-마리아* 등의 요양지에서는 사교에 애쓰고 있었다. 다만 그가 극히 적은 친우들과 자신이 인정한 사람들에게만 마음을 허락하고, 와자지껄한 사교 자리보다 재능 있는 자들의 조용한 대화를 좋아한 것은 확실하다. 라 로슈푸코* 등의 모럴리스트*에게서 배워 '심리학적 관찰'에 눈뜬 니체에게 있어 이런저런 사람의 험담은 하면서도 인간의 본성에 대한 분석은 빠져 있는 사교 자리에서의 대화는 지루하기 짝이 없는 것이었다[『인간적』 I. 35]. 그리고 스스로도 『인간적인 너무나 인간적인』* 이후의 저작에서 겉보기의 사교적 담화나 은근함의 배후에 숨겨진 저의와 음모를 거리를 두고서 관찰하고 날카로운 경구로 폭로했다. 「교제하는 인간」이라는 제목의 장에서는 자신의 의견을 상대로 하여금 먼저 말하게 하고서 정색하며 그것에 반대하는 인간의 우스꽝스러움[같은 책 I. 345]이나 상호 간에 재주와 지혜를 보이고자 서로 기회를 주는 담화의 공허함[같은 책 I. 369], 참월함이라는 평판을 받지 않기 위해 은근히 거짓을 지어내는 기만[같은 책 I. 373] 등이 묘사되고 있다. 그러한 인간 관찰을 통해 두드러지는 것은 첫째, 타자에 대한 우월을 둘러싼 임기응변이다. 이웃사람보다 우수한 자가 되어 스스로의 '힘의 감정'을 맛보고자 하는 노력이 인간 문화를 만들어 왔다고 하는 고찰[『아침놀』 113]은 나중의 '힘에의 의지'*의 문제 권역으로 이끄는 것이다. 또 하나 반복해서 나타나는 것은 재능 있는 인간은 평범한 인간의 모임에서는 스스로의 에스프리를 은폐하는 쪽이 좋다고 하는, 처세술로서의 '가장'이나 '가면'에 관한 발언이다[『인간적』 I. 324; II-1. 240; 같은 책 II-1. 246; 『학문』 82; 『선악』 40 등]. 비속함과 오해로 가득 찬 사교는 고급한 인간이 오히려 '은둔자'로서 살아가야 할 원인이 된다. 그럼에도 불구하고 교제하지 않으면 안 되는 은둔자는 용기를 내서 혐오를 억누르고, 상대의 좋은 점을 강조하며, 자기 최면에 의해 참는 수밖에 없다[『학문』 364]. 그런 까닭에 은근함으로 자신의 진의를 덮어 감추고, 사교에 의해 비속하게 되는 것을 피하기 위해 거듭해서 고독을 필요로 하게 된다고 한다[『선악』 284]. 이전의 18세기 계몽에서는 살롱에서의 사교에 대해 보편화 가능한 담론이 기대되고, 칸트*는 인간의 '비사교적 사교성'에서 시민사회의 도덕성의 발전 가능성을 발견했다. 그러나 니체에게 있어 대부분의 교양 시민의 사교는 기지와 유머를 다툴 뿐인 수다로 타락한 것이며, 공허한 형식과 내면성의 분열을 증명하는 어색한 실험에 다름 아니었다. 그런 까닭에 그는 우아함을 결여한 수다에 제정신을 잃기보다[『인간적』 I. 374] 명계로 내려가 영원히 살아가는 사상가들과 차분히 이야기 나누는 것을 좋아한 것이다[같은 책 II-1. 408].

─오이시 기이치로(大石紀一郎)

사람은 아무것도 의욕하지 않기보다는 오히려 무를 의욕한다 ["Lieber will noch Mensch das Nichts wollen, als nicht wollen..."]

『도덕의 계보』* 제3논문은 이 말로 매듭지어진다. 이 책은 니체 자신이 『이 사람을 보라』*에서 말하고 있듯이 그리스도교*의 본질을 악으로 가득 찬 심리학적 수법을 가지고서 분석한 것인바, 제1논문에서는 그리스도교가 내적인 복수 감정에서 태어난 것이라는 것, 제2논문에서는 '양심'*이라는 것이 내부로 향한 잔학성의 본능에 다름 아니라는 것, 그리고 제3논문에서는 금욕의 이상, 사제의 이상이 종말에의 의지라는 것이 폭로되고 있다. 니체는 존재의 본질을 힘에의 의지*로 파악하지만, 그렇다고 한다면 의지가 아무것도 의욕하지 않기보다는 오히려 무를 의욕하는 것은 이치에 들어맞는 일이다. 하지만 의지의 본질이 '보다 많이'를 추구하여 부단한 향상을 지향하는 데 있다고 한다면, 금욕의 이상에서 보이는 무에의 의지는 도착된 의지다. '아무것도 의욕하지 않기보다는 무를 의욕한다'라는 그리스도교적 의지 구조는 바로 데카당스*의 공식이다. ☞ 니힐리즘

—소노다 무네토(薗田宗人)

사람은 어떻게 자기 자신인 바의 것이 되는가? ["Wie man wird, was man ist"]

이 말은 『이 사람을 보라』*의 부제다. 니체가 광기에 빠지기 직전인 1888년 가을에 대단히 짧은 기간에 저술된 이 특이한 자전적·회고적 저작에서는 그 텍스트 성립에 얽혀 있는 복잡한 사정과 거의 억제되지 않는 매도와 나쁜 장난으로 볼 수밖에 없는 풍자와 야유로 가득 찬 문체의 가락에서 제시되는 현혹적인 동시에 단편적인 성격과, 이 부제의 말이 단적으로 상징하는 본래적인 자기의 동일성에 대한 고착이라는 성격이 서로 대립하고 있다. '사람은 어떻게……'라는 말은 실은 슐포르타*의 학생이었던 시절부터 니체가 자주 사용하는 말이지만, 본래는 핀다로스의 말 "너는 너인 바의 것이 되라!"(werde der, der du bist!)에서 유래한다 [『학문』 270 및 루 살로메에게 보낸 1882년 6월 10일자 편지 참조(다만 같은 이에게 보낸 1882년 8월 말의 서간에서는 루 자신에 대해 "당신은 당신인 바의 것이

되십시오!"<werde Sie, die Sie sind!>라고 호소하고 있다)]. 니체는 이 핀다로스의 말과 더불어 "쇠사슬로부터의 해방"이라는 형태에서의 자기의 바람의 저편으로 더 나아가 "이러한 해방으로부터 스스로를 해방할" 것을 내다보도록 살로메*에게 권고하고 있지만, '그것=자기 자신'으로 되는 것의 의미를 푸는 열쇠는 그 주변에 놓여 있을 것이다. ☞ 『이 사람을 보라』

—다카하시 준이치(高橋順一)

사르트르 [Jean-Paul Sartre 1905-80]

한 시기까지의 사상사에서 사르트르는 실존주의자라는 점에서 키르케고르*로 소급되어 말해지는 경우도 많고, 그러한 연관에서 역시 실존주의*의 조상으로 생각되고 있던 니체와 하이데거*와도 함께 언급되는 것이 하나의 도식이었다. 그러나 구조주의로의 패러다임 변화 이후 이러한 이야기는 선호되지 않게 되며, 오히려 니체의 지적 영향은 후기구조주의*의 흐름, 요컨대 푸코*나 데리다*에게서 인정되게 되고, 그 선구자인 한 세대 전의 바타유*에게서, 또한 클로소프스키*에게서 프랑스에서의 니체 영향의 원조가 파악되게 되었다. 1970년에 나오기 시작한 바타유 전집의 서문에서 푸코가 "오늘날에는 누구나 알고 있다. 바타유는 그의 세기의 가장 중요한 저작가의 한 사람이다"라고 쓴 것은 이러한 전환을 상징하고 있다. 말하는 김에 하자면, 사르트르의 경우에는 아직까지도 전집이 나와 있지 않은 것도 시대의 변화를 이야기하고 있다. 후기구조주의자들이 반휴머니즘을 내걸고 니체에 의거하는 데 반해, 실존주의는 휴머니즘이라고 호언장담하는 사르트르와 니체에게는 그런 정도의 중요한 관계가 없다, 아니 그렇기는커녕 양자는 무관계하다고 현재 생각되는 경향이 있는 것도 무리는 아니다.

그러나 30년대 중반에 있어서는 나중에 전적으로 상반되는 흐름들이 아직은 하나였다. 코제브(Alexandre Kojève 1902-68)의 헤겔 강의를 듣고 있던 바타유, 클로소프스키, 라캉(Jacques Lacan 1901-81), 메를로-퐁티* 등과의 교류도 물론이거니와 또한 '성(聖)사회학'으로

서 알려지게 되는 '콜레주 드 소시올로지'의 멤버들(다수는 코제브의 강의 청강자였지만)과의 교류로부터 당시 프랑스 사상에서 중요한 키워드였던 '희생'에 대해, 요컨대 의례화된 희생의 사회적 의의에 대해 파시즘 전야에 이루어지고 있던 논의를 사르트르는 잘 알고 있었다. 아직 독일 점령하의 파리에서 1944년 3월에 행해진 '죄'에 대한 연구회에서 바타유의 발표를 들은 사르트르는 당연히 그와 니체의 연결도 이해하고 있었다. 다만 이 발표에 대해서는 불쾌감을 숨기지 않았다고 전해지고 있는 것은 상징적이다. 이 바타유가 쓴 『내적 경험』에 대해 사르트르는 이미 1943년에 「새로운 신비주의자」라는 제목을 단 서평 속에서 과잉*에 의한 자기 파괴의 경험이라는 점에서 저자와 니체와의 공통성을 지적하고 있다. 또한 "해결 없는 갈등"에 몸을 맡기고, 그 속에서 산산이 부서진다는 점에서 바타유는 키르케고르, 야스퍼스*, 그리고 니체와 연결된다고 여겨진다. 하지만 여기서는 비장한 내적 경험이 실존주의적으로 이해되고 있을 뿐으로, 바타유가 니체로부터 배우고 그 후의 현대 사상에서 전면에 나온, 자기 문화에 대한 '에스놀로지적인 눈길'은 결여되어 있다.

아마도 사르트르가 니체로부터 가장 많은 것을 받아들이고 있는 것은 장 주네*의 옹호를 위해 쓰인 『성(聖) 주네』일 것이다. 생각되는 것은 니체 자신이 스트린드베리*에게 보낸 편지[1888. 12. 8.]에서 파리의 살인범 프라도를 언급하며 범죄인의 강렬한 심리에 관심을 기울이고 있는 일이다. 사르트르에 따르면, 주네에게 있어서는 자신을 범죄인으로 만든 세계를 저주하는 것이 아니라 바로 자기가 그와 같은 존재라는 것 때문에 초래되는 고뇌를, 그리고 세계가 끔찍한 생기사건이라는 것에 수반되는 고뇌를 쾌락의 원천으로 삼고 있다는 역설이 있다. 『차라투스트라』*의 "모든 기쁨은 영원을 원한다"*를 흉내 내어 "모든 고뇌는 영원을 원한다"고 사르트르는 덧붙인다. 또한 지옥과 유희성이라는 심벌이 파스칼*, 니체, 카프카*, 그리고 주네에게 공통된다는 점도 지적된다. 금욕 도덕*에는 자기에게 폭력을 가하는 얼마간의 폭력이 있다는 것을 논의한

『인간적』 I. 137이 인용되기도 한다. 요컨대 선과 악의 깊은 상호 의존성("악 없는 선은 파르메니데스의 존재, 요컨대 죽음에 지나지 않는다. 선 없는 악은 순수한 부정존재다")을, 그리고 악의 극한의 경험이 가질 수 있는 성스러움의 구조를 니체를 구사하여 어떻게든 정당화했던 것이다. 이러한 논의의 정점은 『주네론』에서 영원회귀*를 논한 대목이다. 여러 쪽에 걸쳐 논의되고 있는 내용을 요약하자면, 존재하는 것의 전체는 바란다든지 의지한다든지 하는 것의 대상도 무엇도 아닌데도 불구하고, 이것은 "내가 바라고 있는 것이다, 의지한 결과인 것이다"라고 용쓰고 있는 익살 이야말로 니체의 중요한 특징으로 여겨진다. 그에 의해 보통은 가능성인 미래를 현실성으로 바꿔 읽어버림으로써 니체는 현재를 비현실화해 버렸다. 그리고 "나는 그와 같이 믿고자 의지하고 있다" 또는 "나는 (회귀를) 믿고 있다고 믿고 있다"라는 구조로부터 독특한 익살이 발생한다. 하지만 이 익살스러운 희극은 주네의 세계 경험과 그 근저에서 통한다고 여겨진다.

확실히 마크 포스터(Mark Poster)(『포스트모던의 철학』)처럼 니체와 사르트르는 진리의 주관적 성격과 실천 의존성이라는 점에서 의외로 가깝다(덧붙이자면, K.-O. 아펠(Karl-Otto Apel 1922-)도 프래그머티즘, 맑스주의, 실존주의를 이 징표에서 하나로 묶고 있다)라는 견해도 가능할지 모른다. 하지만 이상과 같은 사르트르의 니체관은 레지스탕스로부터 전후의 정치적 앙가주망 시대의 모더니즘 이해의 틀에 머물고 있다고 보는 것이 현재로서는 정당할 것이다. ☞실존주의, 메를로-퐁티, 카뮈, 주네, 바타유

—미시마 겐이치(三島憲一)

「사막의 딸들 사이에서」 ["Unter Töchtern der Wüste"]
『차라투스트라』* 제4부[IV-16]에서 차라투스트라의 그림자*인 방랑자는 차라투스트라가 그의 동굴에 모인 '더 높은 인간*'들의 우울한 페시미즘적인 분위기를 참지 못하고서 나가고자 하는 것을 말리고서 우스꽝스러운 노래를 부른다. 그림자/방랑자는 그 노래를

이전에 사막의 딸 사이에서 만든 것이라고 말한다.

방랑자는 구약 성서에서 요나가 고래에게 삼켜져 버렸듯이, 사막 안에서 '오아시스'가 입을 벌리고 있었던 곳으로 푹 빠져들어 사랑스럽기 그지없는 딸들과 만난다. 이 딸들 사이에서 방랑자는 "낙원의 대기", "밝고 경쾌하며 금빛 줄을 하고 있는 대기"를 맛보며, "구름이 가득 낀, 음습하고 우울하며 늙어 기력을 잃은 유럽 땅에서 가장 멀리 떨어질 수 있었다"고 말한다. 사막의 딸들은 유럽적 니힐리즘에 대치된 비유럽적인 세계를 상징한다. '사막'의 비유*는 『차라투스트라』에 자주 등장한다. "무거운 짐을 견딜 수 없게 된 정신은 낙타처럼 자신의 사막으로 서둘러 달려가는[I -1] 것이며, 또한 "많은 덕을 지닌 자들은 사막으로 나가서 스스로 목숨을 끊었다"[I -5]고 한다. 사막은 그리스도교 도덕의 가치관을 부정하는 니힐리즘*의 제1단계의 비유*이지만, 거기서 정신은 무거운 짐을 등에 짊어진 낙타로부터 자유를 획득하는 사자로의 변화를 이룬다. 따라서 자유정신*의 무리들은 사막에 거주하는 것이다. 방랑자는 노래의 서두에 있는 "화 있을진저, 사막을 간직하는 자여!"라는 문구에서는 "도덕가들에게 어울리는 무거움"이 있다고 하여 조소하고, 사막으로 상징되는 니힐리즘을 역으로 긍정하고 있다. 하지만 사막은 니힐리즘*을 적극적으로 선택하는 단계이긴 하지만, 아직 극복은 아니다.

방랑자는 사막의 딸들 사이로 "유럽인으로서 처음으로" 왔다고 말한다. 요컨대 니힐리즘 극복의 지금까지 알려져 있지 않은 단계에 이르렀다고 하는 것이다. 사막의 딸은 그리스도교적 도덕 세계를 넘어선 선악의 저편에 있는 관능성의 상징이다. 노래 속에서 그녀들을 바이런*의 『돈 주앙』에 등장하는 두두, 괴테*의 『서동시집』에서 노래되고 있는 줄라이카와 같은 관능적인 여성의 이름으로 부르고 있는 것에서도 그것을 엿볼 수 있다. 하지만 "유럽에서 온" 까닭에 "의심이 많은" 방랑자는 이 오아시스의 낙원에 대해서도 회의*를 보내며, 이윽고 이 딸들이 다리를 한쪽, 요컨대 이성과 감성이라는 두 쪽의 다리 가운데 이성 쪽을 없애버린 것을 느낀다. 그 다리는 '사자에게 이미 물어

뜯기고 갈기갈기 찢겨 먹혔는지도 모른다. 요컨대 기성의 진리관과 도덕관을 부정하는 사자는 이성이라는 다리를 물어뜯던 것이다. 다리가 없어진 것으로 인해 우는 딸들에게 "줄라이카여, 용기를 내라! 용기를! / 그렇지 않으면 강인하게 하는 것, 마음을 강인하게 하는 어떤 것이 여기, 이 자리에 있어야 하나?"라고 방랑자는 묻는다. 이 표현은 페시미즘에 빠져든 의지가 찾고 싶어 하는 "마음을 강인하게 하는 것"에 대해 말하고 있는 쇼펜하우어*의 말[『윤리학의 두 가지 근본 문제』]을 근거로 한다.

한쪽 다리 딸의 비유는 그리스도교 도덕의 가치 세계로부터의 완전한 탈각과 관능성에의 몰입이 유럽적 이성과 결별함이 없이는 불가능하다는 것을 이야기한다. 그러나 방랑자는 한쪽 다리 딸의 관능성에 빠질 수 없다. 그는 '유럽인'일 수밖에 없다. 요컨대 유럽 정신으로부터의 탈출은 가능하지 않다는 것이다. 그렇다고 한다면 "도덕의 사자"로서 "울부짖을" 수밖에 없다. "덕의 울부짖음은, / 사랑스럽기 그지없는 소녀들이여, / 모든 것 이상의 것이어서 / 유럽인의 열정, 유럽인의 갈망이기 때문이다." 그러나 '덕의 울부짖음'은 종래대로 그리스도교 도덕을 주창하는 것과는 다르다. 사자로서, 요컨대 부정정신으로서 도덕 영역의 내부로부터 통념적인 도덕관을 고발하는 일이다. 노래의 마지막에 있는 "그리고 나 이미 거기 서 있으니, / 유럽인으로서, / 나는 달리 도리가 없으니, 신이시여 도와주옵소서!"라는 말은 루터*가 보름스의 제국 의회에서 교회 비판을 공언할 때의 말 "나는 여기에 선다. 나는 다른 것을 할 수 없다. 신이시여 도와주옵소서!"에 근거한다. 루터의 교회 비판이 그리스도교의 내재적 비판이었듯이, 유럽적인 니힐리즘도 유럽 세계로부터의 탈출에 의해서가 아니라 바로 유럽 정신의 내부로부터 넘어서야 한다는 것이 암시되고 있다.

비유럽 세계와 대조시켜 유럽적 이성과 그리스도교 도덕을 비판하는 것은 니체의 상투적 수단이지만, 그때 니체는 유럽적 이성에 있어서의 '타자'를 절대화하는 것이 아니다. 그는 이 방랑자의 노래에서도 보이듯이 비판의 자기 회귀적인 구조를 깨닫고 있었다. 요컨

대 자기의 세계로부터 일단 나옴으로써 자기를 상대화하는 시점을 외부에서 구하지만, 외부에 머무르지 않고서 다시 자기의 세계로 돌아와 그 내측으로부터의 초월을 행하는 구조인 것이다. 결국에는 유럽인이라는 것으로 돌아올 수밖에 없는 방랑자의 노래는 이러한 자기 회귀성을 회화화하고 있다. 그러나 동시에 또한 유럽적 이성의 비판이 이성의 포기여서는 안 된다는 것, 그리고 이성 비판의 자기 회귀성은 불가피하다는 것을 암시하고 있다.

덧붙이자면, 「사막의 딸들 사이에서」는 동일한 표제로 다소간의 변경을 가한 형태로 후에 『디오니소스 디티람보스』라는 시집에 수록된다. 거기서는 『차라투스트라』에는 없는 최후의 몇 행에서 영원회귀를 생각나게 만드는 부분이 있다. "돌은 돌에 닿아 삐걱거리고, 사막은 휘감고 목을 조른다. / 끔찍한 죽음이 이글거리는 갈색의 시선을 던지고 / 그리고 **씹어버린다**──그의 삶은 그가 씹는 것이다……." 이 '씹어버림'은 이미 유럽 정신 자신의 자기 순환이 아니라 죽음과 삶 사이의 순환으로 되며, 니힐리즘의 극복이 그 순환 속에서의 삶의 긍정과 연결되어 있다.

「사막의 딸들 사이에서」는 일종의 우스꽝스러운 노래이지만, 이상에서 보았듯이 거기에는 과거의 문학 작품과 성서의 이야기 그리고 루터의 말 등, 다양한 본보기들이 있다. 이러한 '장난'은 니체의 파괴적 비판의 방법 가운데 하나지만, 우리는 그것이 지리멸렬한 것이 아니라 특정한 문화적 전통을 전제로 하는 것이며, 그 맥락을 비켜 놓는 것에 의해 전통 속에서 형성되어 온 위치나 가치를 전환하는 시도라는 것을 분명히 알 수 있다. ☞방랑

─오누키 아츠코(大貫敦子)

세계의 가장 깊숙한 곳의 본질로서의 '근원적 일자'(쇼펜하우어*의 '의지', 칸트*에서는 '예지계'에 해당할 것이다)라 하고 있다. 전자는 인식론적인 규정이며, 후자는 '예술가 형이상학' 차원에서 제출되는 것이다. 따라서 양자가 등장하는 장면은 일단은 준별된다 하더라도, 사물 자체에 대한 이러한 이중감정의 병립은 초기의 사상에 무언가 불안정성을 남길 수밖에 없게 된다. 특히 중요한 유고 「도덕 외적인 의미에서의 진리와 거짓에 대하여」의 제1절에서는 사물 자체가 인식 불가능한 X로서 명확히 정의되고 있음에도 불구하고, 제2절은 "근원적 고통", "근원적 기쁨"을 속성으로 하는 "근원적 일자"를 본보기로 하지 않으면 이해하기 어려운 내용이 되고 있는바, 그 점 등에 위의 이중감정의 병립이 두드러지게 나타나 있다고 말할 수 있을 것이다. 이 저작이 미완성으로 끝나지 않을 수 없었던 이유의 하나는 거기서 찾아질 수 있을 것이다. 중기 이후 니체는 사물 자체에 대해 인식 불가능한 X로서 규정하는 태도를 일의적으로 취해 가게 된다. 사물 자체는 단적으로 문제로 삼을 만하지 않다고 간주되는 것인바, 그 점은 『이 사람을 보라』*에서 중기의 대표작 『인간적』*에서는 "거의 모든 곳에서 '사물 자체'가 얼어 죽어 있다"[Ⅵ. 1]고 말해지는 대로이다. 그리고 후기에 그 태도는 좀 더 철저화되는데, 사물 자체는 인식 불가능할 뿐만 아니라 본래 존재조차 하지 않는 것이라고 단언되게 된다. 이 점은 단지 니체 특유의 철저화라는 데 그치지 않고 그의 '원근법주의'의 이론적 정식화에 있어 일종의 기초적 조건이 되고 있기도 한데, 그런 의미에서 결코 간과되어서는 안 되는 점이다. ☞칸트, 형이상학, 진리와 인식

─스토 노리히데(須藤訓任)

사물 자체 [Ding an sich]

초기의 니체는 사물 자체를 두 가지 방식으로 개념화하고 있다. 하나는 그에 대한 칸트적인 정의를 따라 인간에게는 절대적으로 인식 불가능한 X(초월적 대상)라 하고 있으며, 또 하나는 『비극의 탄생』*에서 말하는

사육｛육성, 훈육｝ 飼育｛育成, 訓育｝ [Züchtung; Zucht; züchten]

초기의 문화 비판은 후에 『차라투스트라』*에서 새로운 인간의 출현에 대한 기대라는 형태로 하나의 정점에 도달한다. 그 이후의 후기의 저작에서는 '초인'이라는 표현이 그림자를 숨김과 동시에 생물학적인

의미를 담아 새로운 종의 육성 필요성이 '사육'이라는 말로 제시되는 경우가 많아진다. 『선악의 저편』*에서는 근대 인간의 왜소화와 평균화에 대항하여 역사를 인간의 의지에 의해 형성하기 위해 탁월한 인간의 사육이 필요하다고 여겨지며[203], 또한 그러한 인간 유형을 육성하는 데서 유리한 조건을 낳은 귀족* 사회와 그리스의 폴리스를 모범적으로 보고 있다[262]. 특히 그리스도교와 시민사회의 도덕에서는 인간의 조야한 부분을 길들이는 것이 인류의 개선이라고 여겨져 병적인 약한 야수로서의 인간이 만들어져 온 것에 대해 니체는 반발하며, 오히려 "동물학적인 용어"로 말하는 "개량", 요컨대 "강한 종의 사육"을 해야 한다고 생각한다[『우상』 Ⅶ. 2]. 또한 그리스도교적 박애 정신이나 휴머니즘의 대극에 있는 인도*의 카스트에서의 '사육'을 평가하고[같은 책 Ⅶ. 3], 또한 강한 자가 강하게 있는 것을 허락하는 "아리안적"인 종족의 특성을 정당화하고 있다[같은 책 Ⅶ. 4]. 이러한 맥락에서의 니체의 발언에는 사육이라는 표현이 생물학적인 의미에서의 인종*의 우열 순서로서 해석되어도 어쩔 수 없는 점이 있다.

하이데거*는 『니체』에서 "대지의 지배"를 위한 조건으로서의 "인간의 사육"의 필연성을 니체로부터 읽어내고서 다음과 같이 적고 있다. "인간의 사육이란 감성을 억압하고 마비시키는 것으로서의 길들임이 아니다. 오히려 규율(Zucht)이란 능력들을 축적, 정화하고 일체의 행동을 엄밀하게 통제될 수 있는 일의적 '자동성'에로 가져오는 일이다. 힘에의 의지*의 무제약적 주체성이 존재자 전체의 진리로 되는 곳에서만 종족 육성을…… 조직화하는 원리가 가능하며, 요컨대 형이상학적으로 필연이다." 니체도 사육된 인간을 "견고함, 단일성, 명료함"[『선악』 262]으로 표현하고 있지만, 거의 동일한 말을 사용하여 힘에의 의지로 사육된 인간을 말하는 하이데거의 문장에서 인종 학살조차 '자동성'에 의해 냉담하게 실행할 수 있는 나치스*의 SS 장교들의 규율적인 통제와 연결되는 자세를 볼 수 있을 것이다. '사육'이라는 말이 니체의 사상으로서 시대의 흐름 속에서 특별한 위치를 부여받은 것은 유고가 『권력에

의 의지』로서 출판되었을 때에 「훈육과 사육」(Zucht und Züchtung)이라는 항을 설정했던 것에 커다란 원인이 있다.

─오누키 아츠코(大貫敦子)

사제{승려} 司祭{僧侶}

'사제', '승려', '승직' 등으로 다양하게 번역되고 있는 말이지만, 니체의 'Priester'라는 용어에는 한편으로 그것에 의해 그리스도교*의 위계질서를 강하게 의식하게 하면서, 다른 한편으로는 고대 인도의 '천'한 백성인 찬달라*를 그 대극에 두는 것 등으로 하여 이것을 '거룩'한 '성직자' 일반의 의미로까지 확장하여 생각하게 하고자 하는 지향이 담겨 있다. 그런 까닭에 그의 그리스도교 비판이 '모든 가치의 가치 전환*'이라는 범위의 확대를 가짐에 따라 사제에 대한 비판도 깊어지고 그 진폭도 넓어진다.

니체의 사제에 대한 비판은 그 자신이 "최초의 사제 심리학"[『이 사람을 보라』]으로 자리매김하는 『도덕의 계보』* 제3논문에서 본격적으로 전개된다. 사제가 속인과 분리된 높은 곳에 존재한다고 자부하는 권리는 그 금욕주의의 생활태도와 주장에 의해서다. 사제는 금욕주의의 이상에서 자기의 신앙과 의지와 힘과 이해관계를 발견하는 것이다. 하지만 이 사제의 금욕주의의 이상이란 육체적인 것을 미망으로서 폄하하고, 고통과 삶의 다양성 등 본래적인 생명 본능이 진리를 파악하는 그 장소를 오류라고 배척하며, 그리하여 각 사람의 자아에 대한 신념을 포기시키고자 하는 바의 것이다. 이것은 힘의 원천을 가로막기 위해 힘을 이용하는 것에 다름 아니며, 그런 까닭에 우리의 삶*의 부정이고 삶에 대한 적대시일 뿐이라고 니체는 바라본다.

그렇다면 이와 같은 금욕주의적 사제가 발생하는 것은 어떻게 해서인가? 그것은 인간이 병적인 동물이기 때문에 다름 아니다. 인간은 다른 어떠한 동물보다도 한층 더 불안정하며 더욱더 불확정적이다. 왜냐하면 인간은 혁신적이고 도전적인 까닭에, 미래를 향해

쉬는 법을 알지 못하며, 또한 그러한 만큼 이 삶에 대한 권태나 피로와 싸워야만 하기 때문이다. 금욕주의적 사제는 이 "병든 가축떼"의 구세주이자 목자인 것이다. 그러나 이 '구원'은 동시에 "괴로워하고 있는 자에 대한 지배"이자 "상처의 고통을 가라앉히면서 동시에 상처에 독을 바르는" 종류의 것일 뿐이다. 왜냐하면 사제는 괴로워하고 있는 자가 지니게 되는 르상티망*을 방향 전환시켜 그것을 자기 자신에게 향하도록 하기 때문이다. 본래 사제가 감정을 고조시키지 않고 사랑하지 않으며 미워하지 않고 마음가짐을 변화시키지 않도록 사람들의 생활감정을 억압하고, 그 대신에 은혜를 베푸는 등 작은 기쁨을 그들에게 처방하는 한에서, 그것은 아직 죄가 아닐 것이다. 그러나 사람들의 고통의 원인을 자기 자신 안에서 찾도록 하고 거기에 '죄책'*이라든가 '양심'의 가책을 만들어낼 때, 병든 자는 '죄인'으로 만들어지게 된다. 여기서 만들어진 '양심'이란 르상티망*의 내향이자 역행하게 된 잔인함에 다름 아니다. 하지만 그에 의해 금욕주의적 사제는 명확하게 승리하는 것이다. 그리하여 니체는 다음과 같이 말한다. "건강과 인종적 강력함에 대해, 특히 유럽인의 그것에 대해 이 [사제의] 이상만큼 파괴적인 작용을 끼쳤던 것을 제시하는 것은 내게는 전적으로 불가능하다."[『계보』 Ⅲ. 21]

그러나 어떻게 해서 이와 같은 사제의 이상이 힘을 지니고 지배하게 된 것일까? 그것은 다름 아니라 그것이 "유일한 목표"이자 "유일한 이상"이고 "유일한 가치"라고 주장하기 때문이다. 즉, 그러한 '진리'가 존재한다고 주장하기 때문인 것이다. 역으로 말하면, 그것에 대항하여 경쟁하는 이상 따위가 없기 때문이다. 사람은 '아무것도 의욕하지 않기보다는 오히려 무를 의욕한다.'* 그런 까닭에 자신만이 진리에 도달하는 길이라고 하는 사제의 언설에 직면하면, 그 앞에 무릎 꿇고 절할 수밖에 없는 것이다. 이러한 사정은 오늘날 역시 '유일한 진리'를 주장하며 자기 자신만을 믿고 있는 근대 과학이 마찬가지의 지배적 지위를 점하게 된 것과도 그 근저에서 통한다. "과학에 대한 우리의 신념의 기초가 되고 있는 것은 역시 하나의 형이상학적

신앙이다."[『학문』 344] 그럼에도 불구하고 확실히 이 '유일한 진리'는 우리의 삶에 대해 강대한 지배적 힘을 행사하고 있다. 그렇게 보면 오늘날의 과학자도 역시 한 사람의 사제라는 것으로 될 것이다. 니체의 사제 비판은 이와 같은 근대 과학 비판으로 연결되는 진폭을 지닌다.

그런데 이와 같이 '사제만이 진리에 도달하는 길이다'라는 것이 거리낌 없이 통용되어 왔다고 한다면, '모든 가치의 가치 전환'은 사제를 정점으로 하는 서열*의 역전을 수반하지 않으면 안 된다. "서열의 역전—경건한 위조자, 사제들은 우리에게 있어서는 찬달라가 된다.—그들은 허풍선이의, 돌팔이 의사의, 위조자의, 요술쟁이의 지위를 차지한다. 우리는 그들을 의지의 파괴자, 삶의 대(大)비방자나 복수가, 됨됨이가 손상된 자들 사이의 반역자로 간주하는 것이다. 이에 반해 이전의 찬달라가 상위를 차지한다. 즉, 독신가, 배덕자, 모든 종류의 방랑자, 예인, 유대인, 건달을 선두로 하여, —요컨대 악평이 있는 계급의 사람들 모두가—."[유고 Ⅱ. 11. 290] ☞금욕 도덕, 양심, 르상티망, 찬달라

—나카노 도시오(中野敏男)

사티로스 [Satyr(Satyros)]

그리스 신화에 디오니소스*를 따라다니는 존재로서 나오는 반인반수의 산야의 정령. 산양과 같은 귀, 말과 같은 꼬리, 거대한 남근을 지니며, 털이 많고 술과 여자를 좋아하며, 기운차게 뛰어다닌다. 자주 같은 디오니소스의 종자(從者)인 실레노스(Silen)와 동일시되지만, 니체에게서 실레노스는 깊은 지혜로부터 삶의 실상을 염세적으로 말하는 나이 많은 숲의 정령으로서 구별되고 있다. 아테나이의 대(大)디오니시아 축제에서는 연극 경연이 행해지며, 3인의 작가가 하루씩 교대로 각각 세 개의 비극과 하나의 사티로스극을 상연했다. 그리스극에서는 극의 내용에 상응한 분장을 한 합창대(코로스)가 극장 중심부의 원형 가무장(오르케스트라)에서 노래하며 춤추는 것에 의해 극의 진행에 관여하지만, 광언적(狂言的)인 가벼운 내용의 사티로

스극은 사티로스로 분장한 자들만의 합창대를 동반하는 제약 때문에 이 이름을 얻었다. 그러나 『비극의 탄생』* 7-8절에서 그리스 비극의 기원은 사티로스 합창대라고 말해질 때, 니체가 염두에 두고 있었던 것은 이 사티로스극의 합창대라기보다는 오히려 반드시 사티로스 분장을 한 것은 아닌 디티람보스* 합창대였다고 생각된다. 다시 말하면 그는 비극의 기원을 비극의 합창대에서, 그리고 그 기원을 사티로스 합창대에서, 나아가 그 기원을 디티람보스 합창대에서 보고 있으며, 그러한 합창대의 발생사적 과정을 '사티로스 합창대'라는 한 마디로 상징적으로 표현했던 것이다. 니체에 따르면, 세계사의 두려워해야 할 파괴 행위와 자연의 잔학성을 깊이 통찰하여 삶의 부정의 위기에 처해 있던 그리스인은 사티로스를 자연의 근원적인 생명력과 생식력을 갖춘 원초적인 인간으로 간주하고, 디오니소스를 찬양하여 광취난무(狂醉亂舞)하는 사티로스 무리의 모습으로부터 "현상의 모든 유위변전에도 불구하고 사물의 근저에 있는 삶은 불멸의 힘을 지니며 환희로 가득 차 있다고 하는 형이상학적인 위로"를 획득했다. 사티로스 합창대는 그러한 그리스인의 환시의 구상화이며, 나아가 비극은 관객이 일체화된 사티로스 합창대의 환시의 구상화라고 하는 것이 『비극의 탄생』의 이론이 보여주는 도정이다. ☞디티람보스, 『비극의 탄생』

―시미즈 혼유(清水本裕)

사회주의 社會主義 [Sozialismus]

니체는 사회주의에 대해서도, 자유주의*에 대해서도, 국가주의에 대해서도 반대했지만, 그것은 그의 비정치적 태도에 기인한다. 본래 본능적으로 사회주의에 대해 경멸감을 지녔던 것은 쇼펜하우어*의, 사회주의자의 낙관론에 대한 거부와 귀족적 의식을 지닌 헬레니즘 문화에 대한 친화성에 의한 것이었다. 그러나 니체를 둘러싼 지적 환경은 사회주의에 대한 태도 결정을 요구하게 된다. 그가 사회 문제에 관심을 지녔던 것은 라살레(Ferdinand Gottlieb Lassalle 1825-64)나

바쿠닌(Mikhail Aleksandrovich Bakunin 1814-76) 등과 같은 데마고그적인 급진적 지도자가 나와 그것에 자못 진기함을 느낀 일과, 바그너*가 49년의 드레스덴 혁명에서 보여준 사회주의에 대한 공명을 알았기 때문이다. 더 나아가 71년에 파리 코뮌이 성립하여 하층 계급의 야만적인 행동에 대한 공포를 느꼈기 때문이기도 하다. 그러나 그는 자유주의와 비스마르크*의 밀월을 붕괴시키기 위해 사회주의에 대한 공포를 선동하는 반동가들과는 멀리 떨어진 입장에 있는바, 자본주의의 경제적 위기 속에서 지식인들 사이에 높아진 사회주의에 대해 새로운 평가를 주고자 하는 움직임에 동조하며, 이전의 젊은 시절의 반사회주의 감정을 정리하는 모습을 취하기도 한다. 그는 맑스*보다 존 스튜어트 밀*의 『사회주의』론과 뒤링*의 사회주의에 관심을 보이며 그것들을 읽고 있다. 그러나 밀의 사회주의적 자유주의나 뒤링의 인종론이 들어간 국가적 사회주의를 받아들이지는 않았다.

니체가 사회주의 운동을 가까이에서 접한 것은 마침 그가 바젤대학에 초빙된 1869년에 바젤*에서 제4회째의 인터내셔널 회의가 개최되었을 때다. 이 도시는 미국 남북전쟁의 영향으로 직물 산업이 급격히 발전하고, 가부장적인 자본가와 노동자가 충돌하며, 대규모의 노동 쟁의가 발전했다. 이것을 배경으로 하여 개최된 회의는 세계가 주시하는 바가 되었다. 바흐오펜*은 도둑놈들의 회의라고 중상할 정도로 흥분하고 있었지만, 니체는 고요히 바라본다. 이 회의에서 맑스와 바쿠닌이 결정적으로 대립하기에 이르렀다. 바젤과 그 부근 일대의 노동자가 보여준 일시적인 혁명 분위기가 바쿠닌의 아나키스트 강령과 일체가 되어 있는 것을 본 니체는 그것을 이전에 바그너가 드레스덴 혁명 때에 바쿠닌의 묵시록적 아나키즘의 마력에 사로잡힌 체험과 중첩시키며, 나아가 두려워해야 할 아시아 기원의 디오니소스*의 광란과도 이미지를 겹치게 하고 있다.

―우에야마 야스토시(上山安敏)

살로메 [Lou Andreas-Salomé 1861-1937]

여류 작가. 위그노 출신의 러시아 장군의 딸로서 페테르부르크에서 태어난다. 취리히대학에 유학, 신학을 전공하지만, 건강을 해치고서 1882년 1월 어머니와 함께 로마*로 향하며, 3월 그곳의 마이젠부르크* 부인의 살롱에서 젊은 철학자 파울 레*와 만난다. 마이젠부르크 부인과 레는 둘 다 이 젊은 여성의 높은 지성에 경탄하며, 다 같이 친교가 있었던 니체에게 각자가 반드시 소개하고 싶은 사람이라고 편지를 써 보낸다. 이보다 3년 전에 병으로 인해 바젤대학을 퇴직한 니체는 각지를 전전할 뿐만 아니라, 사회적 명성과는 맞바꾸어 자신을 인정하는 사람도 없다는 생각에 사로잡혀 참으로 자신을 아는 제자의 존재를 찾고 있었다. 4월에 이 만남은 실현되지만, 레와 니체 모두 루에 대한 생각이 더해가며, 각자 구혼하지만 거절당한다. 그 대신에 그녀가 내놓은 제안은 이른바 '삼위일체'의 관계, 요컨대 학문적 추구로서의 공동생활이었다. 이 불안정한 관계는 두 사람 남성 측의 의혹과 니체의 누이 엘리자베트의 개입에 의해 여지없는 삼각관계가 되며, 8월에는 니체와 루의 교제가 끊어진다. 겨우 몇 개월의 이른바 '살로메 체험'이지만, 그 사이에 두 사람이 주고얻은 상호 간의 영향은 크며, 루에게 있어서는 그의 시작(詩作), 나아가서는 소설 『신을 둘러싼 투쟁』(1885)을 산출하는 것으로 된다. 니체의 경우에는 그 사이 루에 대한 공감과 사랑을 친구에게 적어 보내며, 루의 시작에 작곡을 행하기도 한다. 그뿐만 아니라 그것은 『차라투스트라』* 집필 중의 니체에게 그의 정신의 고양과 굴절에 간과할 수 없는 영향을 준다. 레와의 관계는 니체와 결별한 후에도 오랫동안 계속되지만, 1887년 루는 그야말로 갑자기 15세 연상의 동양어학자 안드레아스(Friedrich Karl Andreas 1846-1930)와 결혼한다. 이 결혼도 루를 속박하지 못하며, 그녀는 평론 작업에 힘쓸 뿐만 아니라 베를린을 비롯하여 각지를 전전한다. 이 기간에 루는 함순(Knut Hamsun 1859-1952), 알텐베르크(Peter Altenberg 1859-1919), 슈니츨러(Arthur Schnitzler 1862-1931), 홀츠(Arno Holz 1863-1929), 베데킨트(Frank Wedekind 1864-1918), 잘텐(Felix Salten 1869-1945), 바서

만(Jacob Wassermann 1873-1934), 호프만스탈*, 카이절링 백작(Eduard Graf von Keyserling 1855-1918) 등등의 저명한 문필가들을 비롯한 베를린, 빈, 뮌헨 등의 대도시에서 새로운 문화를 대표하는 지성들과 만나 친하게 지니며, 때로는 대단히 화려한 염문을 뿌린다. 1897년 루는 뮌헨에서 15세 연하의 젊은 시인 릴케*를 만나 열렬한 사랑에 빠진다. 두 사람은 뮌헨 남쪽 근교인 볼프라츠하우젠에 농가를 빌려 동거하며, 또한 두 차례, 첫 번째는 루의 남편과 함께, 두 번째는 두 사람이 러시아를 여행하고 톨스토이(Lev Nikolayevich Tolstoy 1828-1910)와도 만났다. 이 여행은 시인 릴케에게 있어 매우 강한 러시아 체험이 되지만, 루에게 있어서도 러시아의 재발견이 되며, 이로부터 몇 개의 단편 소설이 태어난다. 두 사람의 관계는 두 번째 러시아 여행 후에 끝나며, 릴케는 이후 볼프스베데 시대를 맞이하게 된다. 이 헤어짐은 오로지 루 쪽에서 행해지며, 그녀가 릴케의 홀로서기를 염원했기 때문이라고 말해진다. 루의 관심은 이 시대의 새로운 학문 영역인 정신분석학으로도 일찍부터 향하며, 또한 그녀의 교우관계나 연애 대상에도 이 방면의 사람들이 있기 때문에 정신분석학을 배우고 싶다는 생각은 서서히 더해가며, 1911년 프로이트*와 만나 그의 제자가 되고 싶다는 뜻을 말한다. 처음에 프로이트는 이것을 문제로 삼지 않았지만, 빈에서 그의 제자 아들러(Alfred Adler 1870-1937)와 공동 연구를 계획하고 있는 것을 알게 되자 이것을 싫어하여 직접 지도할 것을 제안한다. 이리하여 루는 그의 생애에 이 시대를 대표하는 세 사람의 인물과 친교를 맺게 된다. 그리고 그 결과 니체에 대해서는 『그의 작품에서의 니체』(1894), 릴케에 대해서는 『R. M. 릴케』(1928) 외, 프로이트에 대해서는 『프로이트에 대한 나의 감사』(1931), 그리고 그녀의 회상록 『생애의 회고』(1952)도 아울러 그 세 사람을 대상으로 하는 연구에 있어 귀중한 참고문헌으로도 되고 또한 그 시대에 대한 탁월한 비평서로도 되는 저작들이 태어나게 된다. 루 자신의 저작으로서는 위의 것들 외에 평론 『입센의 여성상』(1892), 단편 『루트』(1895) 이하, 몇 개의 단·장편 소설, 평론, 어린아이를 위한

읽을거리, 인물 소묘기, 회상기 등이 남아 있다. ☞레, 릴케, 프로이트

—무라타 쓰네카즈(村田経和)

살루스티우스 [Gaius Sallustius Crispus 86-34 B.C.]

고대 로마의 정치가인 동시에 역사가. 카이사르*와 친교가 깊으며, 여러 차례의 위기를 그가 구해준다. 카이사르와 함께 아프리카로 가서 총독을 맡은 일도 있다. 5권의 『역사』(남아 있는 것은 단편 뿐)와 『카틸리나의 전쟁』(Bellum Catilinae) 등의 역사서로 후세에 이름을 남긴다. 고풍스러운 문체는 니체의 취향에 맞았다. 니체는 "에피그람으로서의 문체"에 대한 감각을 그에게 배웠다고 말한다『우상』 X. 1]. 고교 시절에는 라틴어 작문의 모범으로서 살루스티우스의 응축도가 높고 간결한 문체를 모방했다는 것이 『이 사람을 보라』*에 기록되어 있다『이 사람』 Ⅱ. 1]. 물론 니체는 고교 시절부터 교실이나 동급생과의 독서회에서 살루스티우스를 읽고 있었다[예를 들면 1861년 11월 말의 누이에게 보낸 편지]. 하지만 만년에 살루스티우스를 존중했던 것은 전체적으로 보아 그리스보다도 로마의 규율과 전투성에 대한 평가로 중점을 옮겼던 것과 관계가 있을 것이다. 단순한 교양 시민의 지식으로서 배운 고대 로마의 텍스트가 이윽고 교양주의로부터 탈출하기 위해 필요한 문체의 간결성을 위한 모범으로 되어갔던 듯하다. ☞고대 로마인

—미시마 겐이치(三島憲一)

삶 [Leben]

일찍이 토마스 만*은 삶이라는 말에 우리 시대에 합당한 깊은 내용을 주었던 것은 니체라고 말한 적이 있다. 그 정도로 '삶'은 니체의 텍스트 전체에서 가장 중심적인 개념이다. 하지만 '그것의 깊은 내용'으로 되면, 어떤 하나의 기분 이상으로는 좀처럼 파악하기가 어렵다. 예를 들어 『부덴브루크가의 사람들』에서 삶으로부터 탈락할 것 같은 주인공 한노의 아버지로

시참사회원인 토마스는 이전에는 쇼펜하우어*적인 페시미즘*에도 사로 잡혔지만, 니체를 읽음으로써 힘찬 삶으로 복귀한다. 하지만 또한 그의 아들 한노의 데카당스*도 틀림없이 세기말*의 니체 열광의 소산이다. 이러한 넓이는 바로 니체의 '삶' 개념 그 자체에 잠재해 있다.

삶이란 우선은 두렵고 잔혹한 것, 몰도덕적이고 강력한 것, 일종의 혼돈이다. 『비극의 탄생』*의 문장인 "미적 현상으로서만 현존재와 세계는 영원히 정당화된다"*[5절]가 전제하고 있는 것은 인간의 삶이 무목적적이고 맹목적인 자연의 활력에 뿌리박고 있으며 본질적으로는 그것과 동일하다고 하는 것이다. 자연의 폭력이 바로 인간의 세계에도 파고들어와 있기 때문에 축제 공동체는 비극의 무대 위의 가상*으로서 이 삶을 축하하고 찬양함으로써 자연으로부터의 분리와 자연으로의 회귀의 변증법적 긴장 관계를 문화로서 창출하는 것이다. 삶에는 삶을 넘어서는 가상에로의 운동이 있지만, 이 가상은 또한 삶의 본연의 모습을 그대로 비춘 것이어야만 한다는 것이다. 하지만 이 가상은 소크라테스* 이래의 인식*과 학문*으로서도 전개된다. 이 아포리아는 니체의 텍스트 전체를 꿰뚫고 있다. 후년의 『비극의 탄생』 서문에서 이 작품의 목적은 "학문을 예술의 광학 아래서 보는 것, 하지만 또한 이 예술을 삶의 광학 아래서 보는 것"이었다고 제시되고 있는 것은 이 아포리아의 첨예화다.

동시에 또한 삶을 지상에서 꿈틀거리고 보잘것없는 욕망*이나 허영심*에 희롱당하는 인간의 생활로서 볼 때, 그것은 대단히 덧없고 여린 것으로서 파악된다. 초기의 논문 「도덕 외적인 의미에서의 진리와 거짓에 대하여」에서는 우주의 무한한 넓이와 영겁의 시간 속에서 인간의 존재가 한순간의 삽화에 불과한 모습이 묘사되고 있다. 만년의 유고에는 다음과 같이 되어 있기도 하다. "인간, 동물의 이 작은 유별난 종류—다행히도 지금은 번영하고 있지만, 본래 지상의 이 생활은 눈 깜빡할 사이밖에 안 된다. 한순간의 사건, 어떠한 결과도 가져오지 않는 예외, 전체로서의 지구의 성격에 있어서는 아무래도 좋은 것일 뿐이다. 이 지구에서

293

조차 모든 별과 똑같이 두 개의 무 사이의 틈에 불과하다."[Ⅱ. 11. 354] 또는 『즐거운 학문』* 278번에서는 이탈리아*를 떠올리게 하는 "골목길, 욕구들, 목소리들"이 소용돌이치는 가운데 사람들이 살아가는 것에 대한 갈망을 얼마나 강하게 지니고 있는지를 느낄 때의 "우울한 행복감"에 대해 말하고 있다. 이러한 즐거운 인생에도 죽음은 그림자처럼 따라다닌다. 죽음의 대해로 노를 저어 나아가는 배의 출발은 가깝다. 이민선이 나갈 때의 이별의 큰 소동과도 이 인생은 비슷한 것이 아닐까? 항구를 나서면, 기다리고 있는 것은 죽음의 대해임에도 말이다. "죽음이야말로 누구에게나 공통된 미래다."

하지만 또한 바로 그렇기 때문에 가상으로 화한 삶은 아름답고 그 나름대로 살아갈 만한 것이다. 『차라투스트라』* 제3부의 「또 다른 춤의 노래」의 서두에는 다음과 같이 되어 있다. "오, 생명이여, 나 이즈막에 너의 눈을 들여다본 일이 있다. 나 너의 밤의 눈동자 속에 황금이 있어 반짝이는 것을 보았지. 나의 심장은 환희에 잠시 고동을 멈추었고 / 나 밤의 수면 위에 황금 거룻배 한 척이 반짝이는 것을, 가라앉아 물에 잠기는 듯하다가는 다시 올라와 아는 체 하는, 그렇게 오르락내리락하는 황금빛 거룻배 한 척을 보았던 것이다!" 대해를 떠도는 배는 『비극의 탄생』 이래로 니체가 삶을 이미지화 할 때의 원형이다.

이렇게 보면 힘찬 삶과 덧없고 공허한 삶이 아름다움에서, 가상에서 긴장 관계 속에서도 공존하는 소식이 감지될 것이다. "화강암처럼 강력하고 움직이기 어려운 우발성"(하버마스*) 속에서, 그럼에도 불구하고 살아가는 의미와 쾌락*이 니체가 지향하는 바였다. 앞의 『학문』 278번은 다음과 같이 끝난다. "인간이 죽음에 대한 생각을 전혀 하지 않으려는 것을 보면 나는 행복을 느낀다! 나는 인간들에게 삶에 대한 생각이 수백 배 **더 생각할 가치가 있도록** 만들기 위해 어떤 일이라도 하고 싶다." "삶은 기쁨이 솟아오르는 샘이다"[『차라투스트라』 Ⅲ-12. 16]라든가 "삶의 총체적 양상은 고통이나 기아의 상태에 있는 것이 아니다. 오히려 풍부함이자 풍요로움이고, 부조리한 낭비이기조차 하다"

[『우상』 IX. 14]와 같은, 나치스* 관련도 있어서 자칫 오해되는 경향이 있는 표현은 본래 이러한 경향에서 유래한다.

아름다움 속에서 살아갈 만한 가치가 있는 것으로 된 이와 같은 삶은 진리*나 인식과는 대단히 양의적이고 미묘한 관계에 있다. 우선은 인식에 의해 얻어지는 '진리'라는 것은 삶의 풍부한 가능성을 파괴하고 삶을 빈곤하게 한다고 생각된다[예를 들면 『비극의 탄생』 「자기비판」 5]. 인식의 목표는 지배라는 것이다. "인식의 수단은 모두 추상화와 단순화의 수단이다. 인식을 위해 만들어져 있는 것이 아니다. 사물을 지배하기 위해서다."[유고 Ⅱ. 7. 216] 삶과 학문, 삶과 진리, 삶과 인식은 즉각 대립적으로 파악된다. 이러한 관련에서는 "진리란 그것 없이는 어떤 특정한 종류의 생물이 살아갈 수 없는 오류일 뿐이다"[같은 책 Ⅱ. 8. 306]라는 실용주의적인 테제도 나온다. 개개의 사회 집단, 문화 단위는 살아가기 위해 각각에 알맞은 사물에 대한 파악방식을 취하며 가치를 설정한다. 요컨대 허위와 기만 위에 자신들의 삶을 건설한다는 것이다. '힘에의 의지'*를 다룬 『차라투스트라』의 「자기 극복에 대하여」 장에서는 앞의 거룻배 모티브를 사용하면서 이러한 사정을 "너희는 너희 의지와 가치를 생성이라는 강물 위에 띄워놓았다. 민중이 선과 악으로 믿어온 것, 그것이 예로부터의 힘에의 의지를 드러내고 있구나. …… 강물은 이제 너희가 띄운 조각배를 멀리 떠나려 보낸다. 강물로서는 그렇게 하지 않을 수가 없다. 물결이 부서져 포말을 내며, 노기를 띠고 용골에 부딪힌다 하더라도 문제될 것 별로 없다!"[Ⅱ-12]고 표현한다. 그렇다면 삶은 이러한 가치와 가치의, 인식 방식과 인식 방식의 영원한 서로 부딪힘이자 충돌과 싸움일 뿐이다. 가치 설정이나 인식 방식은 '원근법'*이라든가 '광학'이라고 불리며, 그러한 가치를 설정하고 인식을 행하는 바로 그것은 '힘에의 의지'가 된다. "삶의 본질은 힘에의 의지"[『선악』 12]이며, "진리에의 의지"*는 …… 힘에의 의지의 하나의 형식"[유고 Ⅱ. 11. 102]에 지나지 않는다. 결국은 삶뿐만 아니라 "세계는 힘에의 의지이며, 그것 이외의 아무것도 아니다"[같은 책 Ⅱ.

8. 428]라는 것이게 된다.

그러나 자기 보존*을 위한 허위를 산출하는 삶이 이와 같이 힘에의 의지로 정의됨으로써 사실은 힘에의 의지가 자기 보존을 넘어선 것이 되며, 그와 더불어 '상승*'의 범주가 도입되는 것도 중요하다. "삶은 상승하고자 한다. 상승함으로써 자기를 극복*하고자 한다." [『차라투스트라』 Ⅱ-7] "성장이야말로 삶인 것이다." [유고 Ⅱ. 8. 401] 결국은 "삶 그 자체는 무언가 다른 것을 위한 수단이 아니다. 그것은 단지 힘의 성장 형식일 뿐이다"[같은 책 Ⅱ. 11. 351]라고 한다면, 삶 자신은 목적이 아니게 되며, 힘을 위해서는 삶 자신을 희생시킨다고 하는 자기 파괴에까지 이르게 된다.

이렇게 보면 삶과 인식(자기 보존), 인식과 힘에의 의지에 관한 니체의 일정한 이론화는 만년에 다다름에 따라, 토마스 만이 말하는 것과 같은 풍부함과 깊음을 삶의 개념으로부터 빼앗으며, 단순한 정복과 약탈의, 그리고 자기 파괴의 은유로 되는 경향을 보이게 된다 ("**삶이란 무엇인가?** …… 삶, 그것은 우리 안에 있는 약하고 노쇠한 모든 것에 대해 잔혹하고 냉정한 태도를 취하는 것을 의미한다. 삶, 결국 그것은 죽어가는 것, 고통 받는 것, 노쇠한 것에 대한 경건함을 알지 못하는 것이 아닐까? 끊임없는 살인자가 아닐까?"[『학문』 26]).

하지만 복잡한 직물인 니체의 텍스트는 지금 인용한 문장에조차 주의 깊게 해석하면 반드시 그러한 일면적인 정복과 (자기) 파괴에의 의지만이 찬양되고 있는 것이 아니라는 것이 보이는 신호가 짜 넣어져 있다. 그것을 깨닫기 위해서는 의문부호를 사용하는 방식의 이의성을 생각하는 것만으로 충분할 것이다. "삶은 진리에 있어 적대적이지 않을까? …… 인간의 생활 전체는 깊이 비-진리 속에 파묻혀 있다'고 폭로 심리학을 선언하는 『인간적』* 34에서도 참된 주제는 그러한 사태를 인식하는 자의 고요한 기쁨 — 욕망이 소용돌이치는 실제 인생으로부터 거리를 두고, "다른 인간에게서 가치를 지니는 많은 것을 질투도 원한도 없이 체념하는" 자가 느끼는, 마음에 스며드는 것 같은 기쁨이다. 또는 하이데거*가 그의 강의록 『니체』의 서두에

서 인용하는, "삶이 인식하는 자의 하나의 실험*이어도 좋다는 저 사상, 저 위대한 해방자가 나를 덮친 그날 이후, 해가 갈수록 나는 삶이 더 참되고, 더 열망할 가치가 있고, 더 비밀로 가득하다는 것을 발견하고 있다"[『학문』 324]는 등도 그 연관에 속한다. 삶과 정신의 관계는 힘에의 의지와 르상티망*의 관계와 동일하다고 말할 수 있는 그러한 간단한 것이 아니다. "정신이란 스스로의 삶 속으로 깊숙이 쳐들어가는 삶이다'라는 『차라투스트라』[Ⅱ-8]의 한 문장의 함의에는 복잡한 바가 있다.

그 언저리의 소식을 전해주는 것이 『차라투스트라』의 「춤의 노래」(제2부)와 「또 다른 춤의 노래」(제3부)다. 거기서 삶은 여성에 비유된다. 남자들의 입장에서 보면 변덕스럽고 비밀로 가득 찬 여성(삶)들도 여성(삶)의 입장에서 보면 그것은 남자들의 미덕을 투영한 것일 뿐이라고 그녀는 말한다. 그러나 차라투스트라에게는 지금 한 사람의 여성이 있다. 지혜 또는 진리라는 이름의 여성이다. 그 여성에게 삶의 일을 말하자 그녀는 "너는 의지하고 갈망하며 사랑한다. 단지 그 때문에 너는 삶을 찬미하고 있는 것이다."라고 말한다. "저들 둘이 서로 그토록 닮아 있는데, 난들 어찌하겠는가?'라고 차라투스트라는 투덜대지 않을 수 없다. "내가 지혜에 대하여 다정하게, 때때로 너무나도 다정하게 대하고 있는 것은 지혜가 곧잘 삶을 일깨워주기 때문이다." 지혜라는 어떤 여성으로 찾아오는 삶에게 지혜가 변덕이 심하고 반항적이며 더욱이 자기 자신에 대해 부정적인 것을 말할 때 가장 매혹적이라고 대답하는 차라투스트라에게 삶은 "지금 누구 이야기를 하고 있는 것이자? 내 이야기가 아니냐?"라고 대답한다. 마찬가지로 「또 다른 춤의 노래」에서도 미묘한 삼각관계의 대화가 반복된다. 이번에는 삶이 차라투스트라에 대해 이렇게 말한다. "내가 네게 호의를 갖고 있다는 것, 때때로 너무나도 큰 호의를 갖고 있다는 것을 너는 알고 있다. 너의 지혜를 질투하여. 아, 제정신이 아닌, 늙고 멍청한 지혜의 여인이여! / 언젠가 너의 지혜가 네게서 떠나버린다면, 아! 그렇게 되면 나의 사랑 또한 서둘러 네게서 떠나버리리라."— 수수께끼 같은, 알 듯 모를 듯한 관

계다.

그러나 어쩌면 삶과 인식이 적대적이지 않은 순간의 그야말로 순간적인 번쩍임이야말로 니체의 삶 개념이 그 가장 좋은 내실을 보여주는 때일 것이다. "내가 말하고자 하는 것은 이 세계에는 아름다운 것들이 넘쳐나고 있지만 그럼에도 불구하고 이것들이 모습을 드러내는 아름다운 순간은 너무 적다는 것이다. 하지만 이것이야말로 삶의 가장 강력한 마법일지도 모른다. 삶은 가능성이라는 황금실로 짜인 베일로 덮여 있다. 약속하고, 반감을 품고, 수줍어하고, 냉소하고, 동정하고, 유혹하는. 그렇다, 삶은 여성이다!"[『학문』 339] 또는 "영원히 동일한 것이라는 가치에 대항하여 가장 짧은 것, 가장 지나가버리기 쉬운 것의 가치를, 삶이라는 뱀의 배의 일순간의 유혹적인 황금색의 빛을.'[유고 Ⅱ. 10. 27] 이 뱀*은 또한 차라투스트라의 지혜를 상징하며, 하이데거도 지적하는 대로 영원회귀*의 원환도 의미한다. 인식과 삶의 일치는 영원회귀 사상으로 흡수되는 기도가 되고 있는 것일까? ☞가상, 힘에의 의지, 진리와 인식, 자기 보존

―미시마 겐이치(三島憲一)

삶에의 의지―意志 [der Wille zum Leben]

쇼펜하우어* 형이상학의 근본 원리. 니체가 학생 시절인 1865년에 탐독한 『의지와 표상으로서의 세계』 정편(1819)에 의하면 지각되는 세계는 인간의 표상에 지나지 않으며, 지각되지 않는 세계의 본체는 맹목적인 거대한 '삶에의 의지'다. 욕망인 이 의지는 끊임없이 자기 자신을 확고히 견지하기 때문에 언제나 불만이며, 그런 까닭에 세계는 고뇌로 가득 차 있다. 그리고 이 의지의 개별화 형태인 인간이 고뇌의 삶으로부터 구원받기 위해서는 금욕에 의해 의지를 부정하고 의지로부터 해탈을 시도할 수밖에 없다는 윤리 사상을 쇼펜하우어는 설파하고 있었다. 니체는 이러한 형이상학* 도식을 이어받았지만, 이미 초기에 그의 세계관은 쇼펜하우어와 선을 긋고 있다. 즉, 니체에게 있어서는 "현상의 모든 유위변전에도 불구하고 사물의 근저에 있는 삶은

불멸의 힘을 지니며 환희로 가득 차 있다'[『비극』7]고 하는 것이며, 불만이나 결핍으로 인한 고뇌뿐만 아니라 삶*의 충실이나 힘의 과잉*으로 인한 고뇌도 존재하는 것이었다. 쇼펜하우어와의 다름을 명확히 표현할 수 있는 키워드를 니체가 비로소 획득한 것은 1882년 11월의 단편적인 생각에서다. "삶에의 의지? 그 대신에 내가 발견한 것은 언제나 힘에의 의지뿐이었다."[Ⅱ. 5. 256] 그리고 『차라투스트라』* 제2부의 「자기 극복에 대하여」에서는 쇼펜하우어의 이론이 다음과 같은 표현으로 비판되고 있다. "진리를 맞추고자 하여 '현존재에의 의지'(der Wille zum Dasein)라는 말을 쓴 자는 물론 명중시키지 못했다. 그와 같은 의지는 ― 존재하지 않는다! 왜냐하면 현존재하지 않는 것은 의지할 수 없기 때문이다. 또한 이미 현존재하고 있는 것이 어떻게 해서 새삼스럽게 현존재를 의지할 수 있을 것인가!" 나아가 또한 윤리적인 측면에서도 힘에의 의지*를 부정할 것이 아니라 힘에의 의지의 영원한 자동운동이라고 하는 세계의 존재방식과 이를테면 일체화하여 위험과 표리 관계에 있는 끊임없는 자기 극복에 의해 힘을 고양시키고 창조와 파괴, 상승*과 몰락*의 환희 속에서 살라고 니체는 이야기한다. ☞쇼펜하우어

―시미즈 혼유(淸水本裕)

삼단의 변화三段―變化(낙타·사자·어린아이) [Drei Verwandlungen(Kamel, Löwe, KInd)]

차라투스트라의 교설은 '정신의 삼단의 변화'를 설파하는 것에서 시작된다[『차라투스트라』Ⅰ-1]. 삼단의 변화란 정신의 단계를 낙타·사자·어린아이에 비유하여 정신이 낙타가 되고 사자가 되고 어린아이가 되는 변화를 하나로 묶은 것이다. 자기를 극복해 가는 인간 정신의 도정이 암유되고 있다―낙타의 정신은 무거운 짐을 등에 짊어진 것처럼 신성한 의무를 떠맡는 늠름한 정신이다. "외경의 염"으로 가득 찬 이 정신은 "너는 마땅히 해야 한다"라는 의무의 관념을 신성한 것으로서 사랑하면서 낙타처럼 사막으로 달려간다.

하지만 황량한 사막에 들어서면, 낙타의 '인내심 강한 정신'은 사자의 '자유로운 정신'으로 변한다. 사자는 "너는 마땅히 해야 한다"라는 의무의 관념을 향해 "거룩한 부정"을 들이대며, "나는 바란다"고 부르짖는다. 하지만 이 자유의 정신은 "새로운 가치를 구축하기 위한 권리"를 획득하지만 그것을 창조할 만큼의 힘은 없다. 자유를 얻은 사자는 더 나아가 창조로 노니는 어린아이가 되어야만 한다. "어린아이는 순진무구, 망각, 그리고 하나의 새로운 시작이다. 스스로 도는 수레바퀴, 시원의 운동, 그리고 거룩한 긍정이다. / …… 창조의 놀이에는, …… 거룩한 긍정이 필요하다. …… 세계를 상실한 자가 자기 자신의 세계를 획득하는 것이다." 「지혜로의 길」이라는 제목이 붙은 유고에서는 삼단의 변화와 겹쳐지는 "도덕 극복을 위한 지참"이 묘사되고 있다. 첫 번째 걸음이 존경할 가치가 있는 일체의 무게를 견디는 "공동체의 시대"라면, 그 모든 것을 타파하는 자유로운 정신의 "사막의 시기"가 두 번째 걸음이다. 그리고 세 번째 걸음에서는 머리 위에 어떠한 신도 받들지 않는 창조자의 본능, "위대한 책임과 순진무구"의 때가 찾아온다[유고 Ⅱ. 7. 211]. 삼단의 변화가 흥미로운 것은 이 변전이 마치 니체 자신의 사상적 경과를 암유한 것처럼 읽을 수 있기 때문일 것이다. 뢰비트*는 니체 저작의 시기 구분을 이에 대응시켜 『비극의 탄생』*과 『반시대적 고찰』*의 초기를 바그너*, 쇼펜하우어*를 존중한 경건한 정신의 시대, 『인간적』*으로부터 『즐거운 학문』*의 중기를 자유정신*에 근거하는 "오전의 철학"의 시대, 그리고 『차라투스트라』*로 시작하여 『이 사람을 보라』*에서 끝나는 후기를 영원회귀*의 교사가 되는 "정오의 철학"의 시대라고 하고 있다.

─기마에 도시아키(木前利秋)

상드 [George Sand(Aurore Dupin, baronne Dudevant) 1804-76]
프랑스 혁명*에 의해 몰락한 귀족 계급으로 태어나며, 섬세한 감수성을 발휘한 낭만주의 색깔이 짙은 많은 문학 작품을 저술하고, 뮈세(Alfred de Musset 1810-57), 부르제*, 리스트*, 들라크루아*, 플로베르*, 르낭*과 같은 남성 지식인들과의 교우를 지녔다. 특히 쇼팽(Fryderyk Franciszek Chopin 1810-49)과는 농밀한 연애 관계를 맺는 등, 화려한 사랑의 편력을 분방하게 살아간 여성이지만, 1848년의 프랑스 2월 혁명을 계기로 임시 혁명정부에 적극적으로 협력했다. 그런 까닭에 상드에 대해서는 여성의 천분과 남성적 기질을 함께 갖춘 여성이라는 평가가 있다. 조르주 상드라는 이름은 그녀의 집필 활동 개시를 도와 공저를 저술한 연인 줄 상도(Jules Sandeau)와의 공통의 필명 '줄 상드'의 변형이다. 니체는 그녀의 남자 이상의 군건함을 싫어했던 듯하며, "남자다움을 지닌 여자의 교태", "생식력이 있는 문필가 암소"[『우상』 Ⅸ. 6]라고 모멸적으로 표현하고 있다. 혁명 운동에 참가했기 때문에 니체에게 있어 상드는 루소*의 사상과 여성 해방 등 그가 혐오하는 감상적인 낭만주의에 위치하는 인물이었다. 다만 베네치아*에 매료되어 있던 상드에 대해서는 로마*에 경도된 바그너*보다는 어딘가 친숙함을 느끼고 있던 듯하다. 그녀에 대한 니체의 평가에는 루소, 페미니즘*, 낭만주의에 대한 그의 일관된 비판이 반영되어 있다. ☞페미니즘(여성 해방)

─오누키 아츠코(大貫敦子)

상승上昇

『차라투스트라』*에 대해 니체는 『이 사람을 보라』*에서 다음과 같이 말하고 있다. "차라투스트라가 오르내리는 사다리는 엄청난 것이다. 그는 여느 인간보다 더 멀리 바라보고, 더 멀리 원하며, 더 많은 것을 **할 수 있다**. 모든 정신 중에서 가장 긍정적인 정신인 그는 모든 말에 반박한다. 그에게서 모든 대립이 하나의 새로운 통일을 이룬다."[Ⅸ. 6] 여기서 니체가 『차라투스트라』로부터 끌어내는 주제란 "각각의 순간에서 인간이 극복되는"[같은 곳] 과정으로서의 차라투스트라의 발걸음의 성격과 의미다. 잘 알려져 있듯이 『차라투스트라』의 서두에서 차라투스트라는 '몰락'*을 말한다[서문 1]. 이 '몰락'은 한편으로 차라투스트라가

297

고독* 속에서 도달한 높이를 스스로 부정한다는 것을 의미한다. 그러나 이 부정이 동시에 좀 더 높은 단계의 긍정에로의 전회를 위한 하나의 여정이기도 했다는 것을 앞의 『이 사람』의 인용문은 말하고 있다. 그것은 『아침놀』* 마지막 장에서의 갈 곳이 정해지지 않은 비상 앞에 놓여 있는 것이라고 말해도 좋을 것이다[575]. 다시 말하면 '몰락'은 그대로 하나의 비상으로서의, 즉 좀 더 높은 곳에 있는 것으로의 상승이라는 의미를 지니는 것이다. 그리고 이 몰락과 상승의 양의적인 결부를 내포하는 차라투스트라의 발걸음의 총체는 니체가 말하는 "모든 대립이 하나의 새로운 통일을 이루는" 과정으로서, 다시 말하면 끊임없는 자기 극복과 그것을 통한 좀 더 높은 것, 좀 더 긍정적인 것으로의 상승 과정으로서 이해될 수 있다. 이러한 자기 극복으로서의 상승 과정을 니체는 『차라투스트라』에서 자주 '산에 오른다'는 비유*에 의해 말하고 있다. "오 차라투스트라여, 그러나 너, 모든 사물의 바탕과 배경까지 보려고 했지. 그러나 너, 너 자신을 뛰어넘어 오르지 않을 수 없는 것이지. 너의 별들을 발**아래** 둘 때까지 위로, 위를 향해! / 그렇다! 나 자신과 나의 별들을 내려다볼 수 있는 경지, 그것만이 나의 **정상**이렷다. 바로 그 경지가 내가 오를 **마지막** 정상으로 남아 있는 것이다." 이것은 "삶은 오르기를 욕구하고, 오르면서 스스로를 극복한다"[Ⅱ-7]는 것과 같은 표현과도 대응하면서 삶의 끊임없는 자기 극복 과정으로서의 상승의 의미를 우리에게 말하고 있다. ☞『차라투스트라는 이렇게 말했다』, 몰락

—다카하시 준이치(高橋順一)

생리학 生理學 [Physiologie]

후기의 니체는 스스로의 방법상의 자세를 나타내기 위해 심리학*과 함께 생리학이라는 표현을 빈번히 사용한다. 생리학이라 하더라도 니체가 문자 그대로의 생리학적 연구를 뜻했던 것은 아니며, 이른바 과학주의 입장을 채택했던 것도 아니다. '심리학'이라는 말과 마찬가지로 그의 방법론적 전략을 말하고자 한 니체의

교묘한 메타포다. 그러나 거기에는 생리학적 환원주의라고도 부르고 싶은 단순화가 따라붙을 두려움도 없지 않다.

생리학적 현상에 빗대면서 다양한 사항을 고찰해 가는 니체의 논법은 이미 초기에 놓여 있다. 『비극의 탄생』*에서는 아폴론*적·디오니소스*적인 예술 충동에 접근하기 위해 우선 꿈과 도취*라는 두 개의 생리학적 현상으로부터 말하기 시작하고 있었다. 또한 진리 충동을 말하고자 할 때에도 증거로 제시된 것은 '신경 자극'이라는 생리적 현상이다. 우리는 어떤 사물에 대해 무언가를 말하는 경우 "그러한 사물 그 자체에 대해 무언가를 알고 있다고 믿지만, 그러나 우리가 소유하고 있는 것은 근원적 본질과는 철두철미 일치하지 않는 바의, 사물의 은유 이외의 아무것도 아니다."[『진리와 거짓』 1] "하나의 신경 자극이 우선 형상으로 옮겨진다! 이것이 첫 번째 은유. 그 형상이 다시 소리에서 모조된다. 이것이 두 번째 은유. 그리고 그때마다 전혀 다른 종류의 새로운 영역 한가운데로의, 각 영역의 뛰어넘음이 행해진다."[같은 곳]

니체의 고찰은 생리학적 비유*가 그대로 생리학적 환원으로도 보일 수 있는 위험한 곳에서 움직이고 있지만, 어찌 되었든 간에 여기에 있는 것은 자연과 문화(예술·학문)를 분리, 대립시켜 생각하는 입장 그 자체의 거부다. 꿈의 형상 세계와 도취의 현실은 예술*과는 무관한 자연이 아니라 "예술 그 자체가 지니는 예술 충동"에 다름 아니다. 정신과 영혼, 이성 등을 입에 올리고 싶어 하는 것은 그것들을 신체*, 욕망*, 감성 등과 분리하고, 후자보다 전자를 우위에 두고자 하기 십상이다. 그러나 "신체는 하나의 위대한 이성"인바, '정신' 등으로 불리는 "작은 이성"은 신체의 도구에 지나지 않는다[『차라투스트라』 Ⅰ-4]. 자연과 문화, 신체와 정신 등을 분리·대립시키기를 거부하고, 신체라는 '위대한 이성', 자연의 과잉성, 생명의 풍부함 측으로부터 그러한 분리나 우위를 비판하며, 가치의 전환*을 기도해가는 방법적 전략이 생리학이라는 말에서 니체가 노렸던 것이다. "객관적인 것, 이념적인 것, 순수하게 정신적인 것 등의 외피로 감추려는 무의

식적인 시도는 놀라울 정도로 널리 퍼져 있다. ……
전체적으로 보아 철학은 단지 육체에 대한 해석, 혹은
육체에 대한 오해에 불과한 것이 아닐까?[『학문』 서문
2]라고 종래의 철학을 논란하는 경우도, 또한 아름다움
과 관능을 대립시켜 생각하지 않는 "미학의 생리학"을
다음과 같이 말하는 경우도 이러한 자세로 일관하고
있다. "관능[감성]이란 …… 미적 상태가 나타날 때
소멸하는 것이 아니라 단지 변형될 뿐이며, 성적 자극
으로 더 이상 의식에 드러나지 않는 것이다."[『계보』
Ⅲ. 8] 이러한 입장은 또한 인간의 의식적인 활동과
사고를 본능에 대립하는 것이 아니라 오히려 본능에
이끌린 것으로 보는 견해와 통한다. "모든 논리와 그
움직임의 외견상의 독단성 뒤에도 가치 평가가 있다.
좀 더 명료하게 말하자면, 특정한 방식의 삶을 보존하
기 위한 생리적 요구가 숨어 있다."[『선악』 3]

이러한 입장을 선택하면 '노쇠', '병*', '피로', '퇴화',
'허약체질' 등, 생리학상의 네거티브한 현상을 말하는
다양한 표현이 부정적인 가치 평가를 말하는 것으로서
자주 나오게 된다. "'인간의 선량화', 전체적으로 본
경우지만, 예를 들어 이 1,000년간의 유럽인이 부정하
고자 하지 않은 온화화, 인간화, 관용화——이들은 어쩌
면 장기간에 걸친 은밀하고 꺼림칙한 질병, 불구, 결핍,
초조의 결과가 아닐까? 과연 '병'은 유럽인을 '선도'했
던 것일까? 또는 다른 물음을 제기하자면, 우리의 도덕
은…… 생리학적 퇴화의 표현이 아닐까?"[유고 Ⅱ. 9.
236] 니체가 '힘에의 의지*'를 유기체를 모델로 한 삶*의
힘의 증대로서 파악하는 것은 이것과 정확히 대립하는
생리학적 가치 평가에 기초한다. "힘의 생리학" 그것은
"자기의 가장 강력한 충동과 자기의 이상(그리고 결백
한 양심)은 동일한 것이라고 인간이 느끼는 그러한
사물에 대한 견해"[같은 책 Ⅱ. 9. 138]다.

생리학이라는 비유로 불린 방법 전략은 신체와 충
동*, 자연, 생명이 지니는 풍부함, 다양성을 발굴해가는
실마리일 수도 있었을 것이다. 그러나 니체의 경우에
겉으로 보이는 것은 자주 가치의 전환이라는 시도를
생리학적인 비유로 환원하여 단순화해버릴 위험도
있다. ☞가치의 전환, 심리학, 신체, 병과 쾌유

—기마에 도시아키(木前利秋)

생성生成

'생성'은 니체 후기 사유의 기축적인 개념들 가운데
하나지만, 이것과 깊은 관련을 지니는 '존재' 개념과
더불어 고찰의 수준이 변함에 따라 다양하게 구별되어
사용된다.

【Ⅰ】

'생성' 개념은 우선 첫째로 '영원히 변함없이 존속한
다'는 의미에서의 '존재' 개념에 대치된다. 예를 들어
「니힐리즘 비판」이라는 표제를 지니는 단장[Ⅱ. 10.
353ff.]에서는 "심리적 상태로서의 니힐리즘"이 출현
하는 제3의 조건으로서 "이 생성의 세계 전체를 미망으
로 단정하고, 생성의 세계 저편에 있는 세계를 참된
세계로서 허구로 만들어내는" 입장이 문제로 되고 있
지만, 이 경우의 '참된 세계'란 '생성의 세계', 요컨대
운동하고 변화하는 감성계 저편에 상정되는, 영원히
변하는 일 없는 참으로 존재하는 초감성계를 가리킨다.
거기서의 논지에 따르면, 이러한 '참된 세계'는 실은
인간의 심리적 욕구가 투사된 것, 인간이 세계에 강요
한 범주에 다름 아니며, 이것이 분명해질 때 심리적
상태로서의 니힐리즘'이 발생한다는 것이지만, 니체
는 바로 이 동일한 단장에서 인간이 강요하는 그 제3의
범주를 차례차례 '참된 세계', '진리*', '존재'라 바꾸어
말해간다. '생성'은 우선 이와 같은 의미에서의 '참된
존재'에 대치되어 '변화·운동'을 의미한다.

【Ⅱ】

그런데 이러한 영원히 머무르는 '참된 존재'가 사실
은 가상*에 지나지 않는다는 것이 폭로되면, "'생성하
고 있는 것', '현상적인 것'이야말로 유일한 존재의
방식이다"[유고 Ⅱ. 9. 323]라는 것으로 될 것이다. 이
경우의 '존재'는 【Ⅰ】의 의미에서의 '생성-존재'의
대립을 넘어선 존재이어야만 한다. 그것과 더불어 '생
성'의 의미도 변한다. '생성하고 있는 것'이란 이 경우
'살아가고 있는 것'에 다름 아니다. "'존재'——이것에
대해 우리는 살아가고 있다(leben)라는 것 이외의 이미

지를 가질 수 없다. 죽은 것이 어떻게 '존재하는' 것 따위일 수 있겠는가?"[같은 책 Ⅱ. 9. 203]라는 단장을 아울러 생각해보면 좋을 것이다. 그리고 이 삶의 본질이 '힘에의 의지'에 다름 아니다. "······ '삶'의 개념을 새롭게 힘에의 의지로서 확정하는 것."[같은 책 Ⅱ. 9. 395] 고찰의 이 수준에서 '생성'은 '삶', '힘에의 의지'와 같은 뜻이며, 이것만이 유일하게 있을 수 있는 존재의 방식이다. 그리고【Ⅰ】의 의미에서의 '참된 존재'란 사실은 끊임없이 "강화와 힘의 확대"를 꾀하고 있는 이 힘에의 의지, 요컨대 부단히 생성하고 있는 이 삶이 자기의 현 상태를 확보하기 위해 설정한 '가치'가 변질된 것에 지나지 않는 것이다. "'가치'라는 기준은 생성 속에 있어 상대적으로 존속하는 삶의 복잡한 기구에 관한 **확보와 상승의 조건**이 되는 기준이다."[같은 책 Ⅱ. 10. 341] 삶*은 부단히 생성하고 상승해가는 것이지만, 이를 위해서는 우선 그때마다 도달한 현 단계를 확보하고, 거기에 상대적으로 계속해서 존속해야만 한다. 따라서 삶에는 도달한 현 단계를 평가하기 위한 기준과 이로부터 상승해갈 가능한 단계를 평가하기 위한 기준의 이중의 기준을 갖다 대는 활동이 속한다. 이 활동이 '가치 정립 작용'이며, 그에 의해 정립되는 기준이 '가치'인 것이다. 현 상태 확보를 위한 가치 정립 작용이 '인식'이라고 불리며, 그에 의해 정립되는 가치가 '진리'라고 불린다. 또한 상승을 위한 가치 정립 작용이 '예술'이라고 불리며, 그에 의해 정립되는 가치가 '아름다움'이라고 불린다. '진리' 내지 '참된 존재'란 생성하는 삶이 설정하는 가치의 하나에 지나지 않는다. 그럼에도 불구하고 그것이 삶과의 연관을 상실하고 즉자적인 것으로서 세워지게 된 것이다.

【Ⅲ】

그러나 더 나아가 니체에게는 "생성에 존재의 성격을 각인하는" 것——이것이야말로 최초의 힘에의 의지다", "모든 것이 회귀한다는 것은 생성의 세계의 존재의 세계로의 극도의 접근이다. 고찰의 정점"[유고 Ⅱ. 9. 394]이라는 수수께끼 같은 단장이 있다. 분명히 여기서는 회귀 사상과 힘에의 의지의 철학이 긴밀하게 결부되어 생각되고 있지만, 하이데거*가 덧붙인 주해

[GA. Bd. 44. S. 228]를 참고로 하여 생각하면, 이것은 다음과 같은 의미가 될 것이다. "생성에 존재의 성격을 각인한다"는 것은 결코 운동하고 변화하는 것으로서의 생성을 배제하고 그 대신에 영원히 머무는 존재를 세운다는 의미가 아니라 생성하는 것이 어디까지나 생성하는 것으로서 보존되고 결국은 **존재할 수 있도록** 대한다는 의미다. 회귀 사상을 발상한 1881-82년경의 단장들 가운데 하나에 "**우리의** 삶에 영원성의 비슷한 모습을 찍자"[Ⅰ. 12. 91]라는 것이 있지만, 하이데거는 위의 명제를 이것과 동일한 의미로, 요컨대 생성하는 우리의 삶을 그대도 긍정한다는 의미로 풀이하고 있다. 그런데 어떠한 도달점도 지니지 않는 삶의 이러한 생성은 같은 것의 영원회귀*라는 형태를 취할 수밖에 없지만, 그러한 삶을 긍정하는 것은 생성의 세계를 존재의 세계에 극도로 접근시키는 것, 요컨대 생성에 존재의 성격을 각인하는 것으로 된다. 이것이 제2의 명제의 의미이며, 고찰의 이 수준에서 '생성'은 '영원회귀'와 같은 것을 뜻하게 될 것이다. ☞힘에의 의지, 영원회귀, '생성에 존재의 성격을 각인한다', 플라톤

―기다 젠(木田 元)

생성에 존재의 성격을 각인한다

1887년 봄의 것으로 추정되는 유고에 보이는 말로 "생성에 존재의 성격을 각인하는 것(Dem Werden den Charakter des Seins aufzuprägen)―― 이것이야말로 최고의 힘에의 의지*다"[Ⅱ. 9. 394]로 계속되고 있다. 니체 사상의 핵심을 건드리는 대단히 중요한 말로 다양한 해석이 가능하겠지만, 어느 쪽이든지 간에 여기서 말하는 "존재의 성격을 각인한다"라는 것은 생성*을 배제하고 그것에 영속적인 존재자를 대치시키는 것이 아니다. 생성하는 것이 바로 생성하는 것으로 유지되고 존립을 얻을 수 있도록, 요컨대 "생성하는 것으로서 존재할 것을 원한다"는 의미이며, 이것이 "최고의 힘에의 의자"라고 불리는 것이다. 부단한 생성과 창조의 의지는 순간*마다의 결단으로 이루어지며, 이 결단의 순간이 영원성으로 통한다. 영원의 단위는 시간이 아

니라 순간이기 때문이다. 이 유고 단편에 이어지는 부분에는 "모든 것이 회귀한다는 것은 생성의 세계의 존재의 세계로의 극도의 접근이다. 고찰의 정점"이라고 쓰여 있는데, '힘에의 의지' 사상과 '영원회귀' 사상의 관계를 탐구하는 데는 이 단편이 결정적인 의미를 포함한다고 생각되고 있다. 다른 한편 하이데거*는 모든 것을 생성과 '힘에의 의지'라고 한 니체가 그럼에도 불구하고 최후의 곳에서 '힘에의 의지'를 존재적으로 파악하고자 한 점에서 니체의 한계를 지적하고, 그로부터 니체를 '형이상학'의 극복자'라기보다는 바로 "형이상학의 완성자"라고 하고 있다. ☞ 생성

—소노다 무네토(薗田宗人)

생성의 무구함 生成 — 無垢 — [Unschuld des Werdens]

"만물은 유전한다"고 말한 헤라클레이토스*는 무한히 생성하길 그치지 않는 세계의 모습을 '노는 어린아이'에도 비유하고 있다. 어린아이의 놀이에는 아무런 목적도 의도도 없으며, 무구하게 있는 그대로의 세계와 유희하는 것이다. 생성*의 세계 전체는 원래 그렇듯 무구하고 있는 그대로의 것임에도 불구하고 거기에 무언가의 목적이나 의도를 집어넣을 때, 후회와 죄의 의식이 생겨난다. 니체에게 있어 서양 2,000년의 형이상학*과 그리스도교*의 역사는 허구로 만들어진 원인과 목적과 선악에 의해 세계가 무리하게 의미지어지고, 생성의 무구함이 직시되지 못한 역사다. 그런 까닭에 니체 철학의 첫 번째 과제는 세계를 신과 영원한 진리와 선악으로부터 해방시키고 "생성의 무구함을 다시 나타나게 하는 것"[『우상』 IV. 8]에 놓여 있다. '생성의 무구함'이라는 말은 니체 사상의 기반을 이루는 것들 가운데 하나로, 그 위에 서야 비로소 '의지의 정화', '자유와 필연', '운명에의 사랑' 등의 문제가 깊은 의미를 띠게 된다. ☞ 생성, 헤라클레이토스

—소노다 무네토(薗田宗人)

생식에의 의지 生殖 — 意志 [der Wille zur Zeugung]

니체는 작품 창조의 일을 '임신'에 비유한 적이 있다. "나를 삶에 머무르게 하는 것은 무얼까? 임신이다. 작품이 태어날 때마다 삶은 한 줄기의 가는 실에 매달렸다."[유고 II. 5. 269] "기대되는 것이 사상이든 행동이든 모든 본질적인 완성에 대해 우리는 임신이란 상태와 다른 관계를 갖지 말아야 하며, '의욕'과 '창조'라는 오만한 말들을 바람 속에 날려버려야 한다. 이것이야말로, 즉 우리의 생산 능력이 **아름다운 결실을 맺도록** 항상 조심하고 깨어 있고 영혼을 조용한 상태로 유지하는 것이야말로 **이상적인 아집**(Selbstsucht)이다."[『아침놀』 552] 임신은 창조자의 에고이즘의 이상이다. 여성*의 의의를 아이를 낳는 성에서 보고, 초인*을 낳는 것에서 결혼*의 있어야 할 모습을 포착하고자 한 생각과도 통하는 것이지만, 생식이라는 말을 니체는 창조와 생성*의 은유로 사용하며, 이 은유로부터 창조·생성의 의미를 다시 파악하고 있다. 생식에의 의지는 머지않아 와야 할 자에 대한 모호한 예감으로 채워져 있다. "그것이 어떻게 되어가는 것인지 우리는 아무것도 모른다. 다만 우리는 기다리고 있을 뿐이다." [같은 곳] 그러나 또한 그것은 격렬한 고통을 수반한다. "생식과 수태와 출산시의 하나하나의 행위 모두가 최고의 감정과 그지없이 장엄한 감정을 불러일으켰다. …… '산모의 진통'은 고통 일반을 신성하게 한다—모든 생성과 성장, 미래를 담보하는 것은 전부 고통을 전제한다…… 창조의 영원한 기쁨이 있기 위해서는, 삶에의 의지*가 영원히 자기를 긍정하기 위해서는, '산모의 고통'도 영원히 존재해야만 한다…… 이 모든 것을 디오니소스*라는 말이 의미하고 있다."[『우상』 X. 4] 물론 창조의 행위라면 무엇이라도 좋다고 하는 것이 아니다. 생식에의 의지는 오히려 "자기 자신을 넘어서서 창조하고자 하는" 삶*의 자기 확대를 은유한 것이기도 하다. "삶은 이 비밀도 내게 직접 말해주었다. 그는 말했다. '보라, 나 끊임없이 자신을 극복해야 하는 존재다.' / 물론 너희는 그것을 불러 생식에의 의지…… 라 부르고 있지만, 이 모든 것은 하나요 동일한 비밀이다."[『차라투스트라』 II -12] 아이를 낳는다 하더라도 태어난 아이는 "부모보다 높은 하나의 유형을 드러내

는'[유고 Ⅱ. 5. 241] 것이어야만 한다. "'여기서 태어나게 될 아이가 우리보다 위대하다──라는 것이 우리의 가장 은밀한 희망이다.'"[『아침놀』 552] "보다 높은 것, 보다 먼 것, 보다 다양한 것을 향한 충동'[『차라투스트라』 Ⅱ-12]이 거기서 작용하고 있는 것이다. ☞여성과 결혼

──기마에 도시아키(木前利秋)

샌트 뵈브 [Charles-Augustin de Sainte-Beuve 1804-69]

니체는 『우상의 황혼』*에서 샌트 뵈브는 모든 수단을 사용하여 비방, 중상을 행하는 여성적인 인물로서 천박하고 천민*적인 점에서는 루소*의 르상티망*과 혈연관계에 있는 '낭만주의자'이며, '혁명적'이기는 하지만 여론과 아카데미, 궁정, 포르 르와얄과 같은 권위가 있는 것에 대해서는 약하다고 엄혹한 평가를 내리고 있다[『우상』 Ⅸ. 3]. 하지만 이러한 평언들은 상당 부분이 공쿠르 형제*의 『일기』로부터 차용한 것이며, 어디서부터가 니체 자신에 의한 평가인지가 명확하지 않다. 다만 니체가 『포르 르와얄』과 그 밖의 샌트 뵈브의 평론을 읽고 있었다는 것은 확실하며, 오버베크*의 부인 이다(Ida Overbeck 1848-1933)가 번역한 『18세기의 사람들』(『월요평론』으로부터의 발췌)의 출판을 슈마이츠너 출판사에 주선했다(1880년 간행). 프랑스 문학사에서 샌트 뵈브는 인상 비평과 과학적 비평의 성격을 함께 갖춘 근대 비평의 확립자로서 평가되며, 객관적인 배경 하에서 다양한 인간 정신의 초상을 그려내는 "정신의 박물학"을 지향하여 텐*와 르낭*의 선구자가 되었다고 자리매김 되고 있다. 그러나 몽테뉴*, 라 로슈푸코*, 스탕달*과 같은 결연한 모럴리스트*들을 높이 평가한 니체는 샌트 뵈브에게는 비평가로서의 자기 나름의 기준이 되는 확고한 취미*가 결여되어 있으며, 바로 자신감이 없기 때문에 '객관성'이라는 '가면'을 쓰고서 안전한 중립지대로 도피해 들어간 것이라는 견해를 지니고 있었다. 그렇지만 그것이 고전주의의 약체화와 함께 확고한 미적 기준이 상실되고 예술 비평이 독자적인 기준을 모색하는 과정에서 생겨

난 필연적인 사태였다고 생각하면, 그 불안정함을 미적 모더니즘 도래의 전조로 볼 수도 있다. 그런 점에서는 섬세한 취미 판단에서 샌트 뵈브는 명인이며, 보들레르*의 선구자라고 하는 니체의 지적도 정곡을 찌르고 있었다[『우상』 Ⅸ. 3; 유고 Ⅱ. 8. 415f.].

──오이시 기이치로(大石紀一郎)

샹포르 [Nicolas Sébastien Roch de Chamfort, 1741-94]

프랑스의 모럴리스트*. 대혁명에 즈음하여 미라보에게 협력했지만, 자코뱅 당의 공포정치 하에서 체포되며, 자살을 시도하여 그 상처로 인해 사망했다. 사후에 간행된 『성찰·잠언·일화·대담』(1795)의 새로운 판이 1856년경에 나오며, 니체는 이것을 편자 스탈(P. J. Stahl)의 서문 「샹포르 이야기──그의 생애와 작업」을 포함하여 늦어도 79년에는 읽었던 듯하다. 날카로운 관찰 안목과 회의 정신으로 구체제 말기의 상류 사회를 풍자한 샹포르를 니체는 몽테뉴*, 라 로슈푸코*, 파스칼* 등의 위대한 선배 모럴리스트와 동렬에 놓고서 높이 평가하지만, 그의 생애에 대해서는 인간과 대중을 모두 다 알고 있으면서도 사생아로서 태어난 것에서 오는 사회에 대한 복수심 때문에 길을 잘못 든 비극으로 파악하고 있었다. 『인간적』* Ⅱ-2. 214와 1881년 가을 이후의 유고에 그의 이름이 나타나지만, 가장 포괄적인 언급은 『즐거운 학문』* 95다. ☞모럴리스트

──시미즈 혼유(清水本裕)

서열序列 {위계질서位階秩序} [Rangordnung]

'힘에의 의지'*, 요컨대 부단한 자기 확대와 자기 향상을 존재의 본질로 생각하는 니체의 사상에 있어 서열 내지 서열짓기라는 개념은 당연히 기본적인 것이다. 다양한 차원의 서열, 즉 계급 서열, 강함의 서열, 고귀*함의 서열, 도덕적 서열, 가치의 서열 등이 생각되지만, 어느 경우에도 니체에게 있어 본질적인 것은 사람이 기성의 서열짓기를 감수하고 그것에 복종하며

살아가는 자인가 그렇지 않으면 스스로 새로운 가치 원리를 내걸고 새로운 서열짓기를 창조하는 자인가의 구별이다. 이것은 그대로 약자와 강자, 군중과 창조자의 구별이기도 하다. 들뢰즈*를 따라서 각각을 '반동적'(reaktiv) 및 '능동적'(aktiv)인 정신으로 부를 수도 있을 것이다. 또한 서열짓기를 피해 모두를 동등하다고 생각하는 이른바 평등주의도 다름 아닌 약함의 표현일 뿐이다. '힘에의 의지'는 서열 위에서 성립하며, 우선은 단호한 서열짓기로서 발동된다고 니체는 생각하는 것이다.

―소노다 무네토(薗田宗人)

『선악의 저편』 [Jenseits von Gut und Böse. Vorspiel einer Philosophie der Zukunft. 1886]

【 I 】 본서의 성립과 배경

『선악의 저편』은 1884년부터 85년에 걸쳐 집필되며, 다음 해인 86년에 라이프치히*의 나우만 출판사에서 출판되었다. 이 『선악의 저편』이 집필, 공간된 시기는 니체의 최후기의 사상 단계에 해당한다. 구체적으로 보게 되면, 82년부터 84년에 걸친 『차라투스트라』* 제1부로부터 제3부의 완성, 나아가 85년의 『차라투스트라』 제4부 집필에서 이어지는 것이 『선악의 저편』의 집필 시기라는 것이 된다. 이 시기에는 나아가 『즐거운 학문』*의 제5부가 평행해서 저술되며, 또한 『선악의 저편』과 맞짝을 이루는 최후기의 중요한 저작 『도덕의 계보』*가 계속 이어 87년에 완성, 출판된다. 『선악』은 니체의 저작 가운데서 최초로 폭넓게 수용된 저작이다. 이 책의 제목 '선악의 저판'은 니체의 사상을 형용하는 대중적인 구호가 되었다.

『선악』은 『계보』와 함께 『차라투스트라』에서 이어지는 저작이다. 보통 『차라투스트라』는 니체의 주저로 간주된다. 그러나 니체 자신은 『차라투스트라』를 자신의 사상의 최종적인 표현이라는 의미에서 주저라고는 생각하지 않았다. 84년에 쓰인 몇 개의 서간에서 니체는 『차라투스트라』를 '현관'으로 하는 그러한 '주저'의 구상에 대해 말하고 있다. 85년부터 87년에 걸쳐 쓰인 유고군은 분명히 이 '주저'를 위한 예비 작업이었다고 말할 수 있을 것이다. 거기서는 만년의 니체의 사상적 전회가 간취된다. 하지만 잘 알려져 있듯이 이 주저는 끝끝내 쓰이지 못한 채 끝났다. 그리고 이 환영으로 끝난 주저의 이를테면 그림자로서 남은 것이 『선악』과 『계보』였다.

【 II 】 본서의 주제

『차라투스트라』 이후에 생겨난 사상적 전회가 어떠한 것이었는지를 생각할 때 니체 자신의 증언으로서 시사적인 것은 『이 사람을 보라』*에서의 「선악의 저편」 장 서두에 있는 다음과 같은 말이다. "이어지는 수년간(『차라투스트라』에서 이어지는 시기)의 내 과제는 미리 엄격하게 확정되어 있었다. 내 과제의 긍정하는 부분이 해결된 다음 차례는 부정의 말을 하고 **부정하는 행동을 하는** 그 과제의 나머지 반쪽이다." 여기서 니체는 명확히 『차라투스트라』 이후의 스스로의 과제가 '부정'에 있다고 말하고 있다. 그러면 이 '부정'이란 무엇인가? 이어서 니체는 말한다. "즉 지금까지의 가치 자체를 전환시키는 위대한 전투의 차례이며 ― 결단의 날을 야기시키는 것이다." 니체에게 있어 '부정'이란 다름 아닌 '가치의 전환'*을 위한 투쟁이었다. 『차라투스트라』의 시적 산물을 통해 말해진 '긍정'의 사상적 입장은 뒤로 물러서고, '폭로 심리학'의 날카로운 메스에 의한 기존의 가치 체계에 대한 전투적인 도전이 다시 전면으로 나온다. 이 점은 더 나아가 『선악』의 「서문」을 보면 한층 더 명확해진다. 이 「서문」의 서두에서 니체는 다음과 같이 말하고 있다. "진리가 여성이라고 가정한다면*, 어떠한가? 모든 철학자가 교조주의자였을 경우, 그들이 여성을 제대로 이해하지 못했다는 혐의는 근거 있는 것이 아닐까? 지금까지 그들이 진리에 접근할 때 가졌던 소름 끼칠 정도의 진지함과 서툴고 주제넘은 자신감이 바로 여성의 마음을 사로잡기에는 졸렬하고 부적당했다는 혐의는 근거 있는 것이 아닐까?" 여기서는 진리에 접근하고자 하는 철학자의 수단으로서의 '교조주의(독단론)'에 대한 니체의 비판에 주목하고 싶다. 니체는 지금까지의 철학의 구축물이 이 교조주의를 토대로 하여 쌓아져

왔다고 한다. 그리고 이러한 교조주의가 인도의 베단타 철학으로부터 플라톤주의, 그것이 대중화된 형태로서의 그리스도교*라는 모습으로 면면히 이어져 왔다는 것을 지적한다. 그러면 교조주의의 핵심에 놓여 있는 것은 무엇인가? "플라톤*이 행했듯이 정신과 선에 대해 말하는 것이 진리를 거꾸로 세우고 모든 삶의 근본 조건인 원근법*을 스스로 부정하는 것을 의미했다." 니체는 자신이 서 있는 역사적 위치를 이러한 교조주의에 대한 '투쟁'에 둔다. 그것은 유럽이 지금 이러한 투쟁에 눈뜨고 있다는 인식과 결부되어 있다. 이러한 투쟁이 산출하는 "정신의 화려한 긴장"— 그 것이야말로 『선악』에서 니체가 제시하고자 하는 것이다. 그것이 『이 사람』에서 "**근대성의 비판**"이라는 말로 니체가 총괄한 이 저작의 주제의 내실—'부정=가치 전환'의 투쟁—을 형성한다.

그런데 『선악』 「서문」의 매듭에서 니체는 "좋은 유럽인*이며, 자유로운, **대단히** 자유로운 정신인 우리"라고 말하고 있다. 이 '자유정신'이라는 말은 『인간적』*에서 유래한다. 이 점으로도 상징되듯이 『선악』은 『인간적』에서 논의된 주제들의 재론—철학·종교·도덕에 대한 비판—으로서의 성격을 지닌다. 『선악』을 구성하는 장들 가운데 예를 들어 「철학자의 선입관에 대하여」는 『인간적』 제1부의 『최초와 최후의 사물에 대하여』에, 「종교적인 것」은 「종교적 생활」에, 「도덕의 자연사에 대하여」는 「도덕적 감각의 역사를 위하여」, 「민족과 조국」은 「국가에 대한 일별」에 각각 내용적으로 대응한다. 또한 『인간적』 제2부의 『방랑자와 그의 그림자』와도 단장의 주제나 문체상에서 깊은 관련을 지니고 있다. 그리고 무엇보다도 『선악』 전체를 관통하는 '부정=가치 전환'의 어조가 『인간적』에서 니체가 도달한 '자유정신'의 핵심에 놓여 있는 '파괴'로서의, '병'으로서의 '위대한 해방'을 이어받는 것이라는 점을 확인해 둘 필요가 있을 것이다. "늙은 비도덕주의자며 새잡이꾼인 나는 늘 해왔던 일을 이미 되풀이하여 다시 시작하고 또 하고 있다— 그리고 **선악의 저편**에서 비도덕적이고 탈도덕적으로 말하고 있지 않은가?"[『인간적』 I 서문 1(강조 필자)]

【Ⅲ】 가치 전환의 인식

『선악』을 구성하는 아포리즘*의 내용은 많은 분야에 걸쳐 있어 그 전체에 대해 여기서 언급하는 것은 불가능하다. 그래서 문제를 크게 셋으로, 즉 (A) 가치 전환의 인식, (B) 역사의 원근법, (C) 폭력의 근원성으로 묶고, 그에 따라 이 저작의 구체적 내용을 정리해 두고 싶다. 우선 (A) 가치 전환의 인식인데, 이것은 이미 언급한 교조주의에 대한 비판에서 제시되고 있는 니체의 철학 비판의 핵심을 이루며, 나아가 종교 및 도덕에 대한 비판의 계기가 되기도 한다. 니체가 여기서 묻고자 하는 것은 종래의 철학이 자명하게 바라본 '진리에의 의지'*다. "우리가 진리를 의지한다고 한다면, 무슨 까닭에 오히려 비진리를 의지하지 않는 것일까? 또한 왜 불확실성을 의지하지 않는 것일까?— 왜 무지를 의지하지 않는 것일까?"[『선악』 1] 이와 같은 물음의 지평에 서서 니체는 자명한 것으로 여겨져 온 진리의 성립 구조에 숨어 있는 전도를 폭로하고자 한다. 거기서는 진리를 진리이게끔 하는 메커니즘에 대한 폭로=비판과, 진리에 의해 배제되고 은폐되어 온 것의 복권—당연히 가치 평가의 원근법 속에 자리매김하기—이 전략적으로 표리일체를 이루어 추진된다.

전자에 관해서는 이미 『인간적』에서도 제시되어 있던 '근원'(Ursprung)의 허구성에 대한 인식이 특히 핵심을 이룬다. 철학은 지금까지 반대되는 것 안에서 기원을 찾는 것을 거부해 왔다. 그리고 "**고유한 근원**"[『선악』 2]을 언제나 추구하고자 해왔다. "오히려 존재의 모태 속에, 불변하는 것 속에, 숨어 있는 신 안에, '사물 자체'* 안에—바로 **그곳에** 그 근원이 있어야만 하지, 그 외의 다른 곳에 있는 것이 아니다!"[같은 곳] 이러한 '근원'의 인식에 철학을 전통적으로 지배해온 형이상학적 사고의 메커니즘이 나타나 있다. 즉 '근원'의 선험적 동일성에 뿌리박은 참과 그로부터 배제되는 것으로서의 거짓 사이의 가치 대립에 대한 '신앙'이며, 예를 들어 '원인'과 '결과'의 인과론적 파악에 나타나 있는 것과 같은 어떤 단일한 절대적인 의미에 의한 개개의 현상의 구속·지배. 그에 대해 니체는 의기양양하게 단언한다. "참된 것, 진실한 것, 무아적인 것에 귀속될 수 있는 모든 가치에도 불구하고, 모든 생명을 위한 더 높고 근본적인 가치는 가상에, 기만에의 의지에, 이기심에, 욕망에 있다고 생각해야만 한다는 것은 가능할 것이다."[같은 곳]

이러한 니체의 인식에서는 이미 가치의 전환을 통해 내다보여야 하는 좀 더 근원적인 삶'의 입장이 시사되고 있다. 그것은 다음과 같은 것이다. "나는……. 그 안에서 모든 것이 여전히 강력한 통일체로 결정되어 있고, 그 다음에 유기적 과정을 거치면서 나누어지고 형성되는 정서의 세계의 좀 더 원초적인 형태를……, 아직 모든 유기적 기능이 자기 조절, 동화, 영양 섭취, 배설, 신진대사 등과 종합적으로 상호 결합되어 있는 일종의 충동적 삶을 생각하고 있다.— 이것이 삶의 **선행형태**가 아닌가?"[『선악』 36] 형이상학*의 배일을 벗겨낸 후에 드러나게 되는 이러한 삶의 입장, 그리고 그것을 긍정하는 것이 다름 아닌 '힘에의 의지'다. 그것은 모든 것을 힘의 불균형한 관계와 그러한 관계의 원근법으로서의 해석의 우유성에 맡기고자 하는 다양성에의, 이질성에의 의지라고 바꾸어 말할 수도 있을 것이다. 그리고 이러한 새로운 원근법을 묻는 가장 중추적인 무대가 되는 것이 '도덕'의 문제다. 니체는 철학에서의 교조주의가 보여주는 도덕 인식에서의 변형으로서의 "도덕의 공리주의"[같은 책 190]—선이라는 유용성을 가져오는 까닭에 이루어지는 동정'과 사심 없음과 근면, 겸손 등에 대한 높은 평가—를 "노예의 도덕"[같은 책 260]으로서 물리치고, 철저한 자기 긍정의 입장에 뿌리박은 "주인의 도덕"[같은 곳]을 대치시킨다. 이러한 것을 통해 『선악의 저편』이라는 저작 전체의 귀결이라고도 말해야 할 '고귀'(vomehm)가 도출되는 것이다. "**고귀한 영혼은 스스로에 대해 외경을 품고 있다.**"[같은 책 287]

【IV】역사의 원근법

이러한 부정을 매개로 하여 긍정에 이르는 가치 전환 과정은 어떻게 가능해지는 것일까? 이때 (B) 역사의 원근법이 문제로 되어야만 한다. 확실히 이 저작에서의 니체의 과제는 '근대성 비판'이었다. 그리고 니체에게 있어 근대란 '가축떼 도덕'의 시대로서 비판, 부정

의 과녁으로 되어야만 했다. 이것은 다른 각도에서 말하자면, 근대 유럽이 더듬어가고 있던 넓은 의미에서의 계몽의 흐름에 대해 니체가 반대의 입장에 서 있었다는 것을 의미한다. 따라서 부정으로부터 긍정에 이르는 과정은 반계몽 입장의 직접적인 표명으로 받아들여지기 십상이다. 그러나 니체의 근대 계몽에 대한 관계는 결코 단순한 것이 아니다. 확실히 '문명'과 '진보'를 추구하는 "유럽의 **민주주의 운동**"[『선악』 242]은 "가축떼적인 인간"을 산출하는 조건이 된다. 그러나 한편으로 그것은 "예외적 인간"을 산출하는 조건이 되기도 한다. 그것은 민족이나 신분의 구속을 이탈하는 "좋은 유럽안"의 생성 조건과 어딘가에서 중첩된다. 물론 계몽 과정 측에서 보는 경우 "예외적 인간"의 생성은 결코 본의는 아니다. 오히려 계몽의 과정이 강요하는 "평균화"와 "획일화"(가축떼화)의 힘에 대한 반발— 힘의 불균형적인 관계— 이 그것을 가능하게 하는 것이다[같은 책 189 참조]. 그러나 계몽이 그 내부로부터 스스로에게 대항하는 요소를 산출하는 과정도 역시 근대 계몽의 필연적 본성이라고 하는 인식이 니체 속에 있었다고 생각된다. 이러한 '계몽의 변증법'이라고도 말해야 할 인식이 니체의 역사의 원근법에 내재해 있다는 것을 보지 못해서는 안 될 것인바, 그것을 니체의 근대성에 대한 관계의 복합적 성격으로서 파악할 수도 있을 것이다.

【V】폭력의 근원성

그런데 이러한 역사의 원근법에 대한 인식은 한편에서 역사를 "어떤 거대한 **생리학적** 과정"[『선악』 242]으로서 인식하는 것에 의해 뒷받침되어 있다. 그것은 니체와 같은 세기를 살아간 맑스'가 『자본』 제1판 서문에서 말하고 있는 "자연사적 과정으로의 경제 사회 과정의 환원"이라는 개념과 어딘가에서 조응한다[『선악』 230 참조]. 니체에게서 이 '자연사적 과정으로의 환원' 개념은 최후기의 또 한편의 저작 『도덕의 계보』에서 전개되는 '계보학'적 인식에서 가장 집중적으로 나타난다. 맑스라면 근대 시민사회의 이데올로기에 내재하는 물상화적 착시의 폭로로 향해질 눈길이 니체에게서는 도덕에 내재하는 전도로 향해진다. 그리고

맑스에게서 이러한 폭로 작업의 결과로서 보이게 되는 것이 계급 대립(투쟁)이고, 니체에게서 보이게 된 것이 힘의 불균형적 관계였던 것으로부터도 명확하듯이, '자연사적 과정으로의 환원'의 결과로서 보이게 되는 것은 인류사에 내재하는 복수의 힘의 대립 관계인바, 그것이야말로 사회와 역사를 형성하는 데서 지니는 근원적 성격이다.

여기서 (C) 폭력*의 근원성이라는 주제가 떠오른다. 니체는 '침해'와 '폭력'과 '착취'의 상호 억제를 "사회의 근본 원리"로 삼는 것이 ― 그것이야말로 계몽의 목표다 ― 다름 아닌 "삶의 부정의 의지", "해체와 쇠퇴의 원리"라고 말한다. "삶 그 자체는 **본질적으로** 이질적인 것과 좀 더 약한 것을 자신의 것으로 만드는 것이며, 침해하고 제압하고 억압하는 것이며 냉혹한 것이고, 자기 자신의 형식을 강요하며 동화시키는 것이며, 가장 부드럽게 말한다 해도 적어도 착취다."[『선악』 259] "착취는 삶에의 의지이기도 한 본래의 힘에의 의지의 귀결이다."[같은 곳] 이러한 '자연사적 과정으로의 환원'의 끝에서 보이는 폭력의 근원성의 인식 ― '정신'의 허구에 대한 날카로운 반정립으로서의 인식하는 자의 "잔인함"[같은 책 229] ― 을 『계보』와 80년대 후반의 유고군의 사유 내용과 아울러서 생각할 때 니체의 최후기의 사상 지평이 떠오르게 된다. 그것은 최고의 긍정*에의 의지가 끊임없는 부정의 갱신으로서의 인식의 철저주의와 표리일체를 이루는 것과 같은 경지다. 『이 사람』의 「선악의 저편」 장의 마지막에서 니체는 다음과 같이 말하고 있다. "자기 일의 끝에 인식의 나무 아래 뱀으로서 누워 있던 것은 바로 신 자신이다." 이 뒤에 이어지는 말소된 문장으로부터 추측하게 되면, 이 신이란 부정과 긍정의 사이에 서 있는 자로서의 "인식의 그림자에 숨어 있는 디오니소스*"인 것인지도 모른다.

마지막으로 『선악』이라는 저작의 가장 본질적인 매력이 바로 지금까지 보아온 것과 같은 개념적 정리를 초과하는 니체의 아포리즘적인 사유의 빛나는 듯한 첨예함, 다양한 주제를 베는 듯이 다루는 솜씨의 선명함, 그리고 사유를 가속시키는 문체의 리듬의 예민함

에 놓여 있다고 하는 것을 덧붙여 두고자 한다. ☞가치의 전환, '진리가 여성이라고 가정한다면……', 자유정신과 이성 비판, 원근법/원근법주의, 폭력

—다카하시 준이치(高橋順一)

선입견先入見{편견偏見} [Vorurteil]

타자와 대상에 대한 우리의 관계 방식을 사전에 규정하는 해석 틀로서의 선입견은 단순한 개인적인 편견에 지나지 않는 것이 아니라 오히려 역사적·문화적으로 형성되어 온 공통의 행위 규칙과 기본적으로 연계되어 있으며, 우리의 일상생활의 원활한 전개에 있어 필요 불가결한 사회적 전제들 가운데 하나다. 그렇지만 개개의 사회는 각자에게 고유한 선입견에 사로잡혀 있는바, 보편적 진리를 추구하고자 하는 학적인 영역에서 보자면 이와 같은 사회적 선입견마저도 특수하고 배제되어야 한다고 간주될 수 있을 것이다. 이리하여 이미 과거가 된 사회에 속하는 텍스트를 연구 대상으로 하는 고전문헌학*에서는 오직 이성에만 기초하여 개개의 연구자의 어떠한 선입견에 의해서도 침투되지 않는 객관적인 해석에 의해서야말로 텍스트 본래의 의미가 이해된다고 생각되었다. 그러나 니체에게 있어서는 이러한 고전문헌학에서 전형적으로 보이는 객관주의적인 진리관과 그 배후에 놓여 있는 이성적 인식에 대한 신뢰 그 자체가 당시 사회의 선입견으로서 철저하게 비판되어야 했다. 객관적 진리*는 날조*된 허위와 결코 무관한 것이 아니라 양자의 대립 그 자체가 본래 우리의 삶*의 힘에의 의지*에서 유래한다고 하는 것이다. 그러나 이성적 인식을 그 발생의 차원에서 이미 이성적이지 않은 하나의 가치적인 선택으로서 폭로하고자 하는 니체의 시도에는 선입견 배제 경향이 기본적으로 유지되고 있다. 이에 맞서 오히려 텍스트 해석에서의 선입견의 불가피성을 적극적으로 승인한 것이 가다머*의 철학적 해석학이었다. 그러나 가다머에게 있어서는 선입견을 필연적으로 동반하는 해석의 타당성을 보증하기 위해 텍스트 해석에 있어 저자와 해석자 사이에서 지평 융합이 가능해지는 기반

으로서의 전통의 연속성이 전제될 수밖에 없으며, 전통 그 자체에 대한 비판 가능성이 닫히게 되었다. 다른 한편 니체의 선입견 비판에는 해석의 정당성을 저자와 해석자 사이의 천재적인 동질성에서 구하는 등의 문제가 없는 것은 아니지만, 해석하는 일의 배후에 놓여 있는 전통 그 자체를 비판할 수 있는 가능성과 지향성은 충분히 인정될 수 있을 것이다.

—구쓰나 게이조(忽那敬三)

성서聖書

니체의 지적 생애는 성서와의 싸움이었다. 그것은 성서 속의 신=그리스도와의 싸움임과 동시에 성서라는 것을 만들어낸 이스라엘의 사제*들과 그리스도(Jesus von Nasareth)의 제자들과의 싸움이었다. 『차라투스트라』*의 설교에는 "내가 진실로 너희에게 이르노나"를 비롯하여 성서의 특징적인 표현이 예상 밖으로 사용되고 있는 것도 다소나마 악취미라고는 하지만 이러한 싸움의 전략 가운데 하나다. "신이 작가가 되고자 했을 때, 그리스어를 배웠다는 것 — 그리고 그가 그것을 더 잘 배우지 못했다는 것은 미묘한 일이다"[『선악』 121]라는 2행의 아포리즘*에서는 70인 역이라고 말해지는 성서의 그리스어역이 그다지 훌륭한 그리스어가 아니라는(초기 그리스도교의 성격으로 인해 교양층의 참가가 적기 때문이지만) 것을 야유하면서(예수*의 제자들에 대한 선전포고), 성령의 인도 등이 얼마나 거짓된 이야기인지를 암시하고 있다(신에 대한 선전포고). 또한 신약 성서와 같은 불결한 책은 장갑을 끼고서가 아니면 만져서는 안 된다고 하는 격앙된 발언도 있다[『안티크리스트』 46]. 다만 구약 성서에 대해서는 일정한 평가를 부여하며, 이것을 신약 성서와 묶어 하나의 책으로 한 것이야말로 "정신에 대한 죄"라고 하는 발언도 있다[『선악』 52] 것은 주목해야 한다. 유고에도 다음과 같이 적혀 있다. "신약 성서의 첫 인상을 고백하면 이렇다. 악취미 때문에 구역질을 느끼는 듯한 불쾌한 요소, 위선자적인 감상성…… 나아가서는 한쪽 구석의 비밀 집회의 탁한 공기. — 이러한 것에 공감 따위는

지니지 않는다."[Ⅱ. 10. 286]

—미시마 겐이치(三島憲一)

세계는 깊고, 낮이 생각한 것보다 더 깊다 ["Die Welt ist tief,/Und tiefer als der Tag gedacht."]

『차라투스트라』* 제4부 「몽중 보행자의 노래」의 12절에 있는 시 속의 말. 또한 같은 책의 제3부 「또 다른 춤의 노래」의 3절에도 동일한 시가 등장한다. 위대한 정오*가 찾아옴과 동시에 영원회귀* 사상 하에서의 참된 긍정의 경지가 나타난다. 그것은 낮의, 밝음의, 기쁨*의 대극에 있는 것으로서의 밤과 어둠과 고통*마저도 긍정하고자 하는 의지, 즉 모든 상반되는 것을 그 대극의 양상 그대로 통째로 긍정하고자 하는 의지에 다름 아니다. 이러한 긍정에서야말로 기쁨은 더 깊은 것으로 될 수 있다. 왜냐하면 영원회귀에서 경험되는 기쁨은 오히려 위에서와 같은 부정적인 것에서야말로 생겨나는 세계의 깊음의 긍정으로부터만 태어나기 때문이다. 따라서 세계의 고통의 깊음에 대해서도 "사라져라, 하지만 때가 되면 돌아오라!"[『차라투스트라』 Ⅳ-19. 10]라는 호소가 이루어지는 것이다. 이 시는 말러*가 <교향곡 제3번>의 제4악장에서 가사로 사용하고 있는 것에서도 분명하듯이 『차라투스트라』에서도 널리 인구에 회자된 표현들 가운데 하나다. ☞'모든 기쁨은 영원을 원한다'

—다카하시 준이치(高橋順一)

세기말과 니체世紀末—

니체의 저작은 아카데미즘의 틀을 깨는 도발적인 사유와 문체 때문에 이미 『비극의 탄생』*에서도 논쟁의 과녁이 되며, 1880년대에 연이어서 저작들이 간행되는 가운데 주목받기는 했지만, 극히 소수의 사람들의 관심을 모으는 데 지나지 않았다. 그러나 1890년대부터는 니체 숭배라고 말할 수 있는 열광적인 니체 수용이 시작된다. 토마스 만*은 이 사이의 니체 수용의 변화에 대해 70년대에 태어난 사람들에게 있어서의 "니체 체

함"은 서정적・심리학적 측면에 한정되어 있었던 데 반해, 자신보다 젊은 80년대 중반에 태어난 사람들에게 있어 니체는 새로운 삶의 "예언자"였다고 적고 있다 [「정신과 예술」(1909)]. 니체 수용의 변화는 일종의 지진계처럼 시대의 변이를 비추어낸다.

【 I 】 니체 열광의 시작

문학 평론가 레오 베르크(Leo Berg 1862-1908)는 1889년에 니체 수용에 관한 최초의 자료를 남기고 있는데 ["Friedrich Nietzsche. Studie"], 거기서 그는 니체의 저작이 이해되기에는 아직 시기상조라고 말하고 있었다. 그러나 그보다 8년 후에는 바로 그 베르크가 『현대 문학에서의 초인』이라는 저작을 쓸 수 있을 정도로까지 니체의 영향을 받은 작품들이 대량으로 출판되게 되고 있었다. 또한 신낭만주의 작가 마쿠스 다우텐다이(Max Dauthendey 1867-1918)가 1891년에 뷔르츠부르크대학 근처의 서점에서 니체의 책을 구입하고자 했을 때 니체라는 이름의 철학자 따위는 없다며 의아한 얼굴을 했다는 일화도 남아 있다. 그랬던 것이 세기말까지는 작은 도서관에서도 거의 니체 저작을 갖추고 있었다고 한다. 바이마르*의 니체 아르히프에 남아 있는 나우만 출판사의 니체 전집 제6권(『차라투스트라』가 수록되어 있다)의 인쇄 책 수의 기록은 이 사이의 변화를 증명해 준다. 1883년부터 1890년까지는 총계 2,500책 정도에 불과했던 데 반해, 1892년부터는 매년 거의 항상적으로 1,000책씩, 1900년 이후에는 2,000~4,000, 1905년에는 10,000책으로 올라간다. 또한 1894년에는 처음으로 브록하우스의 백과사전에 니체 항목이 마련된다.

【 II 】 시대 비판자로서의 니체

초기의 니체 수용에서는 교양속물*, 노예 도덕, 초인* 등 신랄한 시대 비판을 담은 대담한 표현과 리듬으로 가득 찬 문체의 신선함이 커다란 매력을 지니고 있었다. 철학적인 문제 제기에 대해서는 거의 관심이 돌려지지 않았던 데 반해, 문학・예술 영역에서 니체는 막대한 영향을 주었다. 이미 『비극의 탄생』의 발표 직후 나중에 자연주의*의 문학잡지 『사회』를 발간하게 되는 작가 M. G. 콘라트(Michael Georg Conrad 1846-19

27)는 『비극의 탄생』을 향한 문학적 비판에 맞서 '작가로서의 니체'를 옹호한다. 라살레(Ferdinand Gottlieb Lassalle 1825-64)와 베벨(August Bebel 1840-1913)의 사회주의*에서 영향을 받은 자연주의 작가 하르트 형제(Heinrich Hart 1855-1906; Julius Hart 1859-1930)를 중심으로 하는 '가장 젊은 독일'파 작가들에 있어서도 문학의 혁신과 사회 비판을 결합하는 접점의 하나는 니체였다. 독일에서 아직 거의 니체가 읽히지 않을 무렵, 덴마크에서 니체를 소개한 G. 브란데스*가 역으로 입센*을 독일에 소개하여 독일 자연주의 대두의 일단을 떠맡은 것도 우연이 아니다. 그러나 일반적으로 자연주의 작가들에 있어서는 니체에 대해 거리를 둔 견해가 강하다(이것은 니체의 자연주의에 대한 거리에 대응한다). 확실히 삶*을 긍정하는 니체의 메시지는 현실의 삶의 빈곤한 모습에 눈을 돌리게 되는 계기가 되었다. 그러나 사회적 부정의 고발과 새로운 문학의 존재방식을 추구한 자연주의자들에게 있어 니체의 '초인'은 너무나도 귀족주의적인 사고였다. 하우프트만(Gerhart Johann Robert Hauptmann 1862-1946)은 일시적으로는 『선악의 저편』*과 『도덕의 계보』*를 열중하여 읽었음에도 불구하고, 나중에는 바로 니체가 비판한 '동정*'이 『직조공들』(Die Weber, 1892)의 주제이며, "사회적 공평을 생각하지 않아서는 안 되는" 한에서 "니체는 우리가 추구하는 인간이 아니었다"고 말하고 있다[『나의 청춘의 모험』(1937)].

【 III 】 인물 숭배

열광적인 니체 수용은 자연주의 이후의 문학・예술의 조류 속에서 일어나지만, 이 시대에 특징적인 것은 니체의 인물 숭배. 이것에는 자연주의의 기관지 『자유무대』(Freie Bühne, 1891)에 게재된 루 살로메*의 니체론도, 니체의 저작을 그의 인물상을 배경으로 하여 소개했다는 점에서 일역을 한 것으로 생각된다. 또한 광기의 어둠에 갇혀 병상에 있는 니체의 이미지가 그의 저작들이 주는 파격적인 인상과 어울려 니체에 대한 이상한 신격화가 이루어졌다고 지적되기도 한다. 실제로 니체를 모티브로 한 초상화와 조각이 수많이 만들어진 것도 90년대다. 예를 들어 프리츠 슈마허(Fritz

Schumacher 1869-1947)의 니체 기념비 구상 「승리와 영웅의 비」(1898)는 그 제목부터가 이미 비극적 영웅으로서의 니체상을 떠올리게 한다. 또한 인물의 위대함을 그 고뇌와 결부시켜 병든 니체를 그리는 것도 유행했다. 한스 올데(Hans Olde 1855-1917)의 「떨어지는 해를 바라보는 니체」라는 제목의 동판화에 그려진 병상의 니체상(이것은 엘리자베트가 그리게 한 것이다)은 후의 니체상으로서 정착하게 되며, 또한 그리스도의 수난과 니체를 동일화한 니체상도 「가시관의 니체」라는 제목으로 무명의 화가에 의해 남겨져 있다. 또한 아르놀트 크라머(Arnold Kramer 1863-1918)의 「병상의 프리드리히 니체」라는 작은 조각상이 니체 아르히프에 놓여 있었다. 이들 작품에서도 인물의 위대함을 광기라는 이상함에 중첩시킨 니체 해석이 엿보인다.

이러한 인물 숭배 경향은 1911년부터 니체의 애독자이자 또한 누이 엘리자베트와도 긴밀한 친교가 있던 케슬러(Harry Graf Kessler 1868-1937)에 의해 시작된 니체 기념비 건립 움직임으로 이어져간다. 기념비 설립위원회 멤버에는 당시의 지식인·예술가·정치가·재계인사 등의 저명한 인물 50여명이 사상의 좌우를 막론하고 이름을 올리고 있다. 예를 들어 작가 데멜*, 하우프트만, 호프만스탈*, 쥘 드 고티에(Jules de Gautier 1858-1942), 앙드레 지드*, 화가 뭉크(Edvard Munch 1863-1944), 조각가 막스 클링거(Max Klinger 1857-1920), 작곡가 구스타프 말러*, 리하르트 슈트라우스*, 인도 철학 연구자 도이센*, 철학자 딜타이*, 파이힝거*, 정치가·실업가 라테나우(Walther Rathenau 1867-1922) 등이다. 이 기념비를 구상할 즈음 케슬러는 유겐트슈틸*로부터 바우하우스 기능주의로의 이행기에 위치하는 예술가이며, 또한 니체 아르히프의 개장(유겐트슈틸의 내장)에 관여한 반 데 벨데(Henry van de Velde 1863-1957)에게 그 설계를 의뢰했다. 케슬러는 그리스 신전을 방불케 하는 기념비가 될 것을 바라고 있었지만, 기능주의를 향한 발걸음을 내딛고 있던 벨데에게 있어 기념비적 건축은 이미 과거의 것이었다. 결국 벨데의 구상은 케슬러의 기대에 들어맞는 것이 아니고 또한 케슬러와 엘리자베트와의 다툼과 제1차 대전의 발발

도 있어 이 니체 기념비 구상은 실현될 수 없었다.

【IV】삶과 예술

벨데를 비롯하여 유겐트슈틸의 예술가들에게 있어 니체가 그들의 예술관에 커다란 영향을 준 것은 확실하다. 벨데는 1897년에 처음으로 케슬러로부터의 의뢰를 받아 『차라투스트라』*의 호화본 장정에 관여한다. 1908년에 완성된 장정에서는 표지와 각각의 페이지의 디자인에 유겐트슈틸에 특유한 식물적인 곡선 모양을 사용한다. 벨데는 니체의 삶의 사상에 좀 더 잘 대응하는 것이 이 곡선 모양이라고 생각하고 있었다. 벨데와 마찬가지로 유겐트슈틸로부터 기능주의로 향하고 있던 P. 베렌스(Peter Behrens 1868-1940)도 1902년에 차라투스트라의 호화본을 장정하고 있지만, 이쪽은 중앙에 태양과 광선을 표현하는 직선, 양편에 위로 오르는 물결을 나타내는 곡선 디자인의 조합이다. 이 디자인은 차라투스트라의 말 "너 위대한 천체여! 네가 비추어줄 그런 것들이 존재하지 않는다면 무엇이 너의 행복이겠느냐!"[『차라투스트라』 서문 1] 및 「때 묻지 않은 인식에 대하여」의 "모든 심연은 올라와야 한다. 나의 높이까지! 이것이 곧 내가 인식이라고 부르는 것이냐" [같은 책 II-15]라는 말을 본보기로 하고 있다고 말해진다. 덧붙이자면, 이 무렵까지는 니체의 저작, 특히 가장 많이 읽혔던 차라투스트라는 호화판 출판의 대상이 되어 있었다. 1899년에는 피셔 출판사가 차라투스트라의 호화본 500부 출판을 예정하고 있었다고 한다[1899. 11. 15. P. 가스트가 오버베크에게 보낸 편지]. 또한 유겐트슈틸을 대표하는 잡지 『판』의 창간호에도 차라투스트라가 인용되고 있었던 것 등, 니체 수용의 바탕의 넓이를 엿볼 수 있다.

삶의 표출로서 장식을 파악한 유겐트슈틸의 예술가는 차라투스트라의 다음의 말에서 그들의 창작 의도와 통하는 것을 보았다. "벗들이여, 취미*와 기호에 대해서는 이러쿵저러쿵하는 게 아니라고 하려는가? 일체의 생명이 취미와 기호를 둘러싼 투쟁이거늘!"[『차라투스트라』 II-13] 하지만 유겐트슈틸의 예술가들을 모은 다름슈타트의 집단도 1900년경까지는 유겐트슈틸로부터 탈피를 시작하고 있었다. 상징적인 것은 1901

년에 예술의 패러디로서 개최된 「독일 예술의 다큐멘트」 전이다. 흥미로운 것은 여기서는 그들이 일시적으로는 깊은 영향을 받아 진지하게 받아들인 니체도 이미 패러디의 대상이 되고 있다는 점이다. 초인을 비꼬아 전람회는 '초다큐멘트', 그 카탈로그는 '초메인·카탈로그'(Über-Haupt-Katalog)라고 불리며, 조각가 파울 하비히는 벨데를 의식하여 익살스러운 등신대 인형을 만들고 그 한 손에 'F. Nietzsche'라고 쓰인 책을 들고 있게 했다. 이 전람회에서 비꼬아진 것은 유겐트슈틸로부터 거리를 취하기 시작하고 있던 베렌스와 반 데 벨데지만, 새로운 예술을 지향하는 사명감으로 가득 찬 그들 두 사람의 태도가 집단의 다른 멤버들에게는 니체의 차라투스트라의 전도사적 어조와 같은 것으로 받아들여져 야유되고 있는 것이다. 이 사건은 미적 세계의 구축 안으로 삶을 되돌리고자 하는 세기말의 예술관이 크게 변화하고 있었다는 것을 이야기한다.

【Ⅴ】 니체 숭배로부터의 거리

일반적으로 초기 니체 수용은 『차라투스트라』와 『비극의 탄생』 그 둘로 집약되어 있었다고 말할 수 있을 것이다. 무질*은 후에 『특성 없는 사나이』(Der Mann ohne Eigenschaften, 1930/33)에서 클라리세를 그러한 전형적인 니체 애독자로서 묘사하고 있다. 표층적인 수용 경향이 독일어권뿐만이 아니었다는 것은 버나드 쇼*의 『인간과 초인』(Man and Superman)에서 야유되고 있는 열광적 니체주의자의 묘사로부터도 엿볼 수 있다. 특히 90년대의 니체 열광은 『차라투스트라』에 의한 바가 크다. 니체/차라투스트라/초인이 이를테면 일체가 되어 파악되고, 이것을 직접적인 소재로 한 수많은 저작과 작품이 저술되었다. 예를 들어 헤르만 콘라디(Hermann Conradi 1862-90)의 「초인의 승리」(1887), 크리스티안 모르겐슈테른*의 「교육자 니체」(1896), 미하엘 게오르크 콘라트(Michael Georg Conrad 1846-1927)의 「차라투스트라」(1899), 슈테판 게오르게*의 시 「니체」(1900) 등이다. 인간 니체와 그의 차라투스트라 사상의 이를테면 신격화에 대해 하인리히 만*은 1896년에 경고하고, "만약 초인 사상 안에서 형이상학적인 꿈을 보는 그러한 것이 되면, 다시 의인화된 신 개념을

새로 만들어 내거나 바꿔 쓸 뿐이다"라고 말하고 있다 [「니체 이해를 위해」]. 그러나 니체로부터 "삶을 힘 있게 하는 것을 얻었다"고 감동을 기록한 데멜, 그리고 또한 니체에게 바친 시에서 도취적인 동경을 노래한 게오르게뿐만 아니라 일반적으로는 90년대 후반부터 니체 열광은 깨어나기 시작한다. 세기 초에 청년 시대를 보낸 다음 세대에게 있어서도(예를 들어 표현주의* 예술가) 니체는 중요한 자양원이 되며, 몰락 후에 와야 할 '새로운 인간'의 이미지는 확실히 차라투스트라의 그것을 이어받고 있지만, 90년대의 열광으로부터는 거리를 둔, 그리고 또한 좀 더 다면적인 니체 수용이다. ☞ 『차라투스트라는 이렇게 말했다』, 바이마르, 유겐트슈틸, 쇼, 무질

— 오누키 아츠코(大貫敦子)

[참] ▷Bruno Hillebrand (Hrsg), Nietzsche und die deutsche Literatur, 2Bde., München/Tübingen 1978.

섹슈얼리티

"남녀 양성간의 영원한 싸움"이라든가 여자*는 "영원히 가까이 하기 어려운 존재"라든가 "남자는 여자에게 있어 하나의 수단이다"라는 식으로 니체에게서 남녀의 성적 차이는 강렬한 대비 하에서 묘사된다. 예를 들어 "'남성과 여성'이라는 근본적인 문제를 잘못 생각하고, 여기에 있는 헤아릴 길 없는 대립과 그 영원히 적대적인 긴장의 필연성을 부정하며, 여기에서 아마 평등한 권리와 교육, 평등한 요구와 의무를 꿈꾼다는 것은 어리석은 사람임을 나타내는 전형적인 표시이다"[『선악』 238; cf. 『이 사람』 Ⅲ. 5]라고 말해진다. 또한 「사랑과 이원성」이라는 제목이 붙은 단장에서는 "도대체 사랑이란 다른 사람이 우리와는 다른 방법으로 그리고 정반대의 방법으로 살고 행하고 느낀다는 것을 이해하고 그것을 기뻐하는 것이 아니고 무엇이란 말인가? 기쁨을 통해 대립 관계를 극복하기 위해서 사랑은 이 대립을 지양하거나 부정해서는 안 된다"[『인간적』 Ⅱ-1. 75]는 식으로도 말해진다.

그중에서도 특히 여성*에 관한 명제는 다채로우며,

논조도 다양하게 요동친다. 그 명제들을 자크 데리다 는 서로 다른 세 개의 유형으로 분할한다. (1) 여성은 허위의 형상 내지 힘으로서 비난되고 멸시되며 경멸된다(남근 중심주의적인 텍스트). (2) 여성은 진리 의 형상 내지 힘으로서 비난되고 경멸되지만, 여전히 속임수와 나이브함에 의해 진리의 체계와 이코노미 안에, 요컨대 남근 중심주의적인 공간 안에 머문다(여성은 진리임과 동시에 비진리다). (3) 여성은 이들 이중의 부정을 넘어서서 긍정적 · 은폐적 · 예술적 · 디오니소스 적인 힘으로서 인정된다. 이 세 번째 유형은 반-페미니즘을 다시 한 번 전도시키는 입장인바, 이로부터 반-페미니즘이 여성을 비난했던 것은 여성이 두 개의 반동적인 입장에서 남성에게 속하며 남성에게 답하고 있었던 한에서라는 것이 밝혀진다.

그런데 여기서 (1)과 (2)는 이를테면 서로 접혀진 관계에 놓여 있다. 그것은 여성에게서 진리는 허공에 매달린 것으로 생각되기 때문이다. 니체에 따르면, 여성은 진리로부터 멀리 떨어져 있으며, 그 떨어짐, 요컨대 비진리가 그 진리인 것이다. 진리란 사실은 여성이 그 활동 그 자체인 그러한 '덮개(베일)의 효과'일 뿐이다. 다시 말하면 여성은 그녀 자신이 그것인 바의 진리를 믿지 않는 한에서 바로 여성인 것이라고 하는 것이 된다. 이러한 효과를 산출하는 베일을 허공에 매달린 것으로 하는 것, 요컨대 진리와 비진리의 차이를 희롱하는 것, 혹은 덮개를 씌운 것과 덮개를 제거한 것과의 대립을 무효로 하는 것, 그것이 여성의 존재라는 것이다. 그런 한에서 여성적인 것은 언제나 '겉보기'(=표면 , 외관) 속에서 스스로를 펼친다. 여성의 궁극적인 관심사는 "겉보기(Schein=가상)와 아름다움"이며, 요컨대 언제나 '~체하거나'(sich geben) "몸을 꾸미는" 것에 몸을 쓴다[cf.『선악』232]. 여성이란 "어디를 찾아도 알맹이가 없는, 순전한 가면 에 지나지 않는" 그러한 존재인 것이다. 남성은 여성이 결코 "얇은 여울에 얹히는 일이 없는" 까닭에 여성의 깊이에 농락당하며, 그것에 어리둥절해 한다. 하지만 "여성은 또한 얇지조차도 않으며" "바닥도 없다"는 것이다[cf.『우상』Ⅰ. 27] 동일한 것이 다음과 같이 말해지기도

한다. "모든 덕과 심오함은 그들에게 단지 이러한 '진리'를 덮어 가리는 것, 치부를 가리는 아주 바람직한 가리개에 불과하다. 결국 체면과 수치의 문제이며 그 이상 아무것도 아닌 것이다!"[『학문』64]라고.

따라서 여성이 '여성적인 것'에 대해 남성에게 '계몽'하고자 하는 시도만큼 무의미한 것은 없다. "여성이 이와 같이 학문적으로 되려고 한다면, 이것은 가장 나쁜 취미가 아니겠는가?"[『선악』232] 그것은 데리다도 지적하듯이 니체에게서 성적 차이 그 자체의 진리, 남성 그 자체의, 또는 여성 그 자체의 진리 따위와 같은 것은 존재하지 않기 때문이다. 다시 말하면 여성은 "여성이란 무엇인가?"라는 물음도 허공에 매달린 것으로 해버리는 것인바, 따라서 "여성의 여성성을, 또는 여성의 섹슈얼리티를 탐구하는 것은 가능하지 않은" 것이다. 니체의 말로 하자면, "여자는 여자에 대해 침묵하라!"[같은 책 232]는 것이다.

인식하는 자의 의지와는 반대로 "정신은 여기에서 자신의 가면의 다양성과 교활함을 즐기며, 여기에서 안정감을 즐긴다.— 바로 자신의 프로테우스적 기술로 정신은 가장 잘 방어하고 은폐한다!— 가상에의, 단순화에의, 가면에의, 외투에의, 간단히 말해 표면에의 의지……"[『선악』230], 이 의지가 여성에 있어서는 천진난만하고 악의가 없으며 섬세하고 무의식적인 수치심으로서 꿈틀거리고 있다는 것이다. "진리에의 역겨움— 여성들은 (남성, 사랑, 어린아이, 사회, 인생의 목표에 대한) 모든 진리에서 역겨움을 느낀다"[『인간적』Ⅱ-1. 286]는 단장도, "여성에게 진리가 무슨 중요한 일이란 말인가! 여성에게는 처음부터 진리보다 낯설고 불쾌하고 적대적인 것은 없다"[『선악』232]는 문장도, 반진리라기보다는 오히려 진리와 비진리의 경계의 해체라는 앞서 지적한 시점에서 읽어야 할 것이다.

마지막으로 데리다가 말하는 (3)의 유형, 반-페미니즘의 전도라고 불렸던 입장은 예를 들면 다음과 같이 표현되고 있다. "완전한 여자는 완전한 남자보다 고급한 인간 유형이며, 또한 훨씬 드물다."[『인간적』Ⅰ. 377] 또는 "여인에게 사내는 일종의 수단이다. ……

진정한 사내는 두 가지를 원한다. 모험과 놀이가 그것이다. 그래서 사내는 위험스럽기 짝이 없는 놀잇감으로 여인을 원하는 것이다. …… 여인은, 아직은 존재하지 않는 세계의 여러 덕의 빛을 받아 반짝이는 보석처럼 순수하고 정교한 놀잇감이 되어야 한다. / 별의 광채가 너희 사랑 속에서 빛나기를! '나 초인을 낳고 싶다!' 이것이 너희의 희망이 되기를.''[『차라투스트라』 I -18] ☞여인, '진리가 여성이라고 가정한다면……'

—와시다 기요카즈(鷲田清一)

📖 ▷Jacques Derrida, *ÉPERONS: Les styles de Nietzsche*, Flammarion, 1978(白井健三郎 訳『尖筆とエクリチュール』朝日出版社, 1979).

셰익스피어 [William Shakespeare 1564-1616]

독일에서 셰익스피어는 빌란트(Christoph Martin Wiel and 1733-1813)에 의한 번역(1762-66) 이후 반복해서 번역되며, 특히 괴테*와 낭만파에 의한 수용에 의해 근대 시인의 대표로서 독일 문학사에서도 중요한 존재가 되었다. 특히 A. W. 슐레겔(August Wilhelm von Schlegel 1767-1845)과 티크(Johann Ludwig Tieck 1773-1853)에 의한 전집(1818-29)은 커다란 영향을 끼치며, 니체도 15세 때에 이 전집의 신판을 손에 넣고서 탐독했다. 그리스 비극의 해명에 몰입해 있던 당시의 니체는 운명비극으로서의 고대 비극에 대비해 셰익스피어의 성격비극의 구성에서 아티카의 신희극과의 계보상의 친연성을 지적한다든지「그리스 음악극」, 디오니소스*적 도취*의 한가운데서 사물의 두려워해야 할 본질을 인식하는 까닭에 행위할 의욕을 상실하는 인간을 햄릿에 비유한다든지 하고 있다『비극』7]. 다만 니체는 셰익스피어의 극에서 교훈이나 이념을 읽어내고자 하지 않는다. 『맥베스』로부터 야망을 품어서는 안 된다고 하는 교훈을 끌어내는 것은 잘못인바, 스스로의 정열에 내몰려 범죄를 거듭한 주인공이 파멸하는 모습은 "악마적인" 매력을 내뿜으며, 오히려 관객을 위험한 모험*에로 내몬다고 여겨진다『아침놀』240]. 또한 셰익스피어의 위대함은 브루투스라는 속박되지 않은 영혼이 위대한 영혼의 자유를 사랑하는 까닭에 그것을 위태롭게 하는 자는 설사 카이사르*와 같은 위대한 친구라 하더라도 희생시킨다고 하는 미덕을 묘사하는 데 있으며, 그리하여 브루투스가 지키고자 한 것이 정치적 자유의 이념이었는가의 여부는 아무래도 좋다고 하고 있다『학문』98]. 니체가 가장 중시한 것은 다양한 정열을 다 자세히 안 "모럴리스트*로서의 셰익스피어"였다. 몽테뉴*와 같이 스스로 정열에 대해 말하는 대신, 셰익스피어는 그가 격정에 대해 얻은 인식을 작중의 격정에 내몰린 인물로 하여금 말하게 함으로써 그 밖의 드라마가 대부분 공허한 것으로밖에 생각되지 않을 정도로 풍부한 사상으로 넘쳐나는 드라마를 창작했다. "셰익스피어의 간결한 대사는 그가 모범으로 삼은 몽테뉴의 명예를 높이며, 세련된 형식 속에 전적으로 진지한 사상을 포함한다"라는 것이다『인간적』 I . 176]. 격렬한 감정 표현 배후에서 인간 셰익스피어를 보는 까닭에 니체는 셰익스피어를 높이 평가했던 것이다. 아니, 그보다 더 나아가『이 사람을 보라』*에서는 이 정도로 꺼림칙하고 가슴을 찢어버리는 듯한 문학을 창작할 수 있기 위해서는 심연이자 철학자이지 않으면 안 된다고 하여 셰익스피어를 베이컨(Francis Bacon 1561-1626)과 동일 인물로 간주하기까지 하고 있다『이 사람』 II . 4]. 그리고『차라투스트라』*의 거대한 정열과 고양에는 괴테*와 셰익스피어도 걸맞지 않을 거라고 자만하고 있지만, 이것도 그에게 있어 셰익스피어가 괴테와 더불어 지고의 존재였다는 것의 증좌일 것이다[같은 책 IX. 6].

—오이시 기이치로(大石紀一郎)

셸러 [Max Scheler 1874-1928]

후설(Edmund Husserl 1859-1938)이 제창한 현상학*적 방법에 의거하여 인간의 다양한 체험의 모습들을 해명함으로써 철학적 인간학의 구축을 향해 나아갔던 독일의 철학자. 주저『윤리학에서의 형식주의와 실질적 가치윤리학』(*Der Formalismus in der Ethik und die materiale*

Wertethik, 1913-16)에서 칸트* 윤리학의 도덕 법칙으로 대표되는 극단적인 형식주의를 비판하고 실질적 가치들 사이의 선험적인 위계질서를 주장하는 셸러에게 있어서는, 역으로 또한 그로부터 이 이념적인 가치들을 가치 감득의 작용에 의해 파악하고 구체적인 행위에서 실현하는 것이 가능한 인격으로서의 인간 존재와 그러한 인격들 상호 간의 연대적인 존재양식과 같은 실재적인 세계의 구조 연관이야말로 철학적 논의의 중심 과제로서 도출되게 된다. 그가 주제화하는 영역은 윤리·사회·지식·문화 등의 다양한 영역에 걸쳐 있을 뿐만 아니라 또한 시기에 따라 논점들 사이에 두드러진 변화도 인정되기 때문에 확실히 일괄적으로 말할 수 없는 면도 존재한다. 그러나 그의 철학에서는 자체적으로 존재하는 이념적인 세계를 철저히 전제하면서, 그 세계를 이성적으로뿐만 아니라 정서적으로도 직관할 수 있는 현실적인 인간의 존재방식을 역사적·사회적 맥락 속에서 다양한 각도로부터 통찰해 가고자 하는 사유적인 얼개의 일관성을 간취할 수 있다. 이와 같은 셸러의 입장에서 보면, 니체의 논의는 본래 객관적이어야 할 가치 세계를 거부한 데 기초하여 구상되고 있는 까닭에, 역시 인간 관찰로서는 걸출한 것임에도 불구하고 시공을 넘어선 이념에 이르는 길을 개척할 수 있는 정신의 근원적인 역할을 무시하고, 가치의 존재 일반을 시공에 구속된 삶*의 권력 충동이라는 관점으로부터만 설명하고자 하는 생명주의적인 것으로 간주된다. 정신과 삶과의, 이념적 요인과 실재적 요인과의 이항적인 상호 관계를 견지하면서 가치 실현의 가능성을 잉태하는 인간 존재의 본질론을 구체적인 장면에 입각하여 전개하는 셸러의 철학적 인간학은 근대 철학의 전통적인 주관-객관 도식을 그 극한으로까지 밀고 나감으로써 뜻밖에도 그 문제성을 확실히 폭로하게 되었다. ☞르상티망

―구쓰나 게이조(忽那敬三)

소년애少年愛

고대 그리스, 특히 아테네에서는 남성들 사이에서 연하의 미청년에 대한 애정의 관계가 인정되고 있었다. 청년들의 유혹자로서 비난받은 소크라테스*와 그의 젊은 제자들의 관계에도 그러한 요소가 있었다. 특히 페리클레스(Periklēs ca. 495-429 B.C.)에게서 양육되고, 소크라테스 문하에 들어오며, 그의 아름다운 용모를 플루타르코스도 칭찬했다고 하는 알키비아데스는 소크라테스의 총애의 대상이었다고 한다. 플라톤*은 『심포지온』에 알키비아데스의 일화를 담아 이러한 소년애를 철학적으로 이를테면 정화하여 '에로스'로서 관념화하고, 그 위험성을 없애고자 하고 있다. 니체가 플라톤에 의해 철학화되기 이전의 소년애에 주목했던 일은 로데*의 저서 『그리스의 소설과 그 전신』(1876)의 독후감을 적은 서간[로데에게 보낸 편지, 1876. 5. 23.]에서 엿볼 수 있다. 거기서 니체는 로데의 저서를 칭찬하면서도 "에로스가 이데아화되는 기반으로서 소년애가 있었던 것을 좀 더 고려해야 했다"고 의견을 제시하고 있다. 또한 후에 『인간적』[Ⅰ. 259]에서는 그리스 문화가 오래도록 젊음을 유지할 수 있었던 것은 남성의 교육에 있다고 하여 "젊은이들에 대한 성년 남자의 에로틱한 관계"에 의해서야말로 "남자다움"이 길러졌다고 하고 있다. 이러한 '남성 문화'에 대한 생각은 몇 안 되는 친구들과의 관계에도 반영되어 있다. 바젤 대학에 부임하여 곧바로 대학의 실정에 실망한 니체는 로데에게 편지를 보내 참으로 학문하는 장으로서 "우리의 수도원"을, "그리스풍의 아카데미"를 만들고자 제안한다. 또한 남성들의 우정* 쪽이 "역겹고 탐욕스러운" 이성 관계보다 중요하다는 발언[로데에게 보낸 편지, 1869. 10. 7.]에서는 생식에 결부되어 있는 까닭에 이성 관계를 멸시한 쇼펜하우어*의 영향도 엿보인다. 그러나 그리스적 소년애를 전면적으로 긍정한 것은 아니며, 『안티크리스트』[23]에서는 그리스도교*가 "아프로디테와 아도니스 숭배"가 있는 땅에서 지배적인 힘을 얻기 위해서는 "젊은 남상"으로서의 신과 마리아가 필요했다고 야유하는 견해로 유럽적 전통의 연속성을 지적하기도 한다.

좋고 나쁨이 격렬한 니체의 인간관과 불행한 여성 관계로부터 니체의 병은 동성애에 의한 것이 아닐까

하고 그릇되게 추측되는 일도 있었다. 특히 바그너*는 니체 주치의의 발언으로부터 니체가 동성애라고 확신하고, 코지마*와 함께 열심히 니체에게 결혼을 권유했다. 동성애자가 혹독한 사회적 제재를 받은 시대이기도 해서 니체는 바그너로부터 '소년애'의 의심을 받은 일을 자신의 명성을 깎아내리기 위한 중상이라 느끼고서 그에 대한 분개를 P. 가스트*(쾨젤리츠)에게 터트리고 있다[1883년 4월 21일에 보낸 편지]. 하지만 19세기 말부터 20세기 초에 걸쳐 소년애는 예술가가 특수하게 향유할 수 있는 미적 세계의 사태로서 문학적 주제가 되어 왔다. 월터 페이터(Walter Pater 1839-94)의 『향락주의자 마리우스』(1885), 오스카 와일드(Oscar Wilde 1854-1900)의 『도리언 그레이의 초상』(1890), 토마스 만*의 『베네치아에서의 죽음』(1912) 등이 이러한 것들로 거론된다. 미시마 유키오*(三島由紀夫)의 『가면의 고백』에서의 세바스티안 체험이나 『금색』(禁色)에서의 동성애 주제도 이러한 문학적 전통을 이어받고 있다. 또한 최근에는 니체가 바젤* 시대에 학생과 김나지움 학생에게 소년애를 느꼈으며 또한 로데와는 동성애적 관계였다고 하는 논의를 전개하고 니체 사상을 금지된 성관계로부터 독해하고자 하는 J. 쾰러의 시도도 있지만, 문헌으로 검증할 수 있는 영역을 넘어서 문헌의 임의적인 조합을 행함으로써 해석의 타당성에 문제가 있다. ☞우정

—오누키 아츠코(大貫敦子)

📖 ▷Joachim Köhler, *Zarathustras Geheimnis*, Hamburg 1992.

소렐 [Georges Sorel 1847-1922]

프랑스 셰르부르에서 태어난 사회주의자. 오랜 세월 동안 토목 기사로 일한 후 문필 활동에 들어선다. 사회주의* 운동에 참가하지는 않고 독학자를 자임하며, 20세기 초의 프랑스와 이탈리아의 노동 운동, 특히 후자의 생디칼리슴에 준 영향은 크다. 그의 사상에는 맑스, 프루동 등의 영향에 더하여 베르그송(Henri Bergson 1859-1941), 비코, 제임스, 크로체, 파레트, 그리고 니체 등이 혼재되어 있다. 좋게 말하면 이종교배의

선구, 나쁘게 말하면 "악명 높은 무정견"(레닌)이다. 1912년경에 우선회하여 악시옹 프랑세즈*에 접근했는가 하면, 러시아 혁명 후에는 「레닌을 위하여」를 쓰는 것과 같은 무절조한 모습으로 "생디칼리슴의 형이상학자"라고 야유당하는 한편, 무솔리니(Benito Mussolini 1883-1945)로부터는 "파시즘의 정신적 아버지"라고 찬양받기도 했다. 소렐이라고 하면 무엇보다도 『폭력론』을 떠올리게 된다. 권력*(force)과 폭력*(violence)을 나누고, 권력이란 "어떤 사회 질서의 조직을 밀어붙일 것을 목적으로 하는" 것으로 "폭력은 이 질서의 파괴를 목표로 하는 것"과 대비시키고 있다. 근대 초 이래로 부르주아지가 사용해 온 권력에 프롤레타리아트는 폭력으로 반격하고 있다고 하여 그 무기로 프롤레타리아트의 총파업을 보았다. 이 총파업에서 중요한 것은 당 전위의 지도력이나 의회주의적인 철저가 아니라 투쟁에서 중요한 임무를 수행해야 할 하나의 병사, 영웅적 개인이라고 주장하며, 이를 위해 폭력의 윤리성과 프롤레타리아트의 도덕적 교화를 설파한다. 「생산자의 도덕」이라는 제목이 붙은 마지막 장의 한 구절에서 니체가 얼굴을 내미는 것은 이러한 맥락에서다. 소렐이 거기서 니체의 사상에 덧붙이는 코멘트는 상당히 독특하다. 혁명적 생디칼리스트의 있어야 할 모습을 영웅적 전사에서 찾는 소렐에게 있어 니체의 '영웅*'이 각별한 의의를 지닌다는 것은 상상하기 어렵지 않다. 소렐에 따르면, 니체는 고대 그리스라는 과거의 회상에 의해 지배자의 있어야 할 모습을 그렸지만, 오늘날 그것은 서부 개척의 양키들에게서 같은 종류의 모습을 볼 수 있다. 호메로스적인 영웅은 과거의 것으로 된 것이 아니라 지금도 여전히 계속해서 살아 있다는 것이다. 또한 니체는 피지배자들 속에서 사제의 금욕주의적 이상을 보지만, 이것은 이중의 의미에서 잘못이다. 현대 세계가 중요하게 여기는 덕으로서의 가치는 수도원이 아니라 가족 안에서 실현되고 있다. 사제적인 금욕이 아니라 가족애야말로 우리 문명의 도덕 전체를 지배하는 것이다. 게다가 니체는 사제적인 금욕에 부정적인 평가를 내렸지만, 소렐에게 있어 가족애는 긍정적으로 가치 평가해야 할 것이다. 소렐

은 이렇게 지적한 후에 아리스토텔레스 류의 "소비자의 도덕"에 맞서 "생산자의 도덕"의 있어야 할 모습을 그리고 있다. "만약 노동자의 세계가…… 약자의 도덕을 가지고 있다고 한다면, 혁명적 생디칼리슴은 불가능해질 것이다. 국가 사회주의가 그것에 완전히 적합할 것이다."[『폭력론』] 소렐은 여기서 니체적인 강자의 도덕을 프루동적인 가족애와 결부시키는 형태로 혁명적 생디칼리스트라는 전사의 도덕을 구상하고 있는 것이다. ☞폭력

—기마에 도시아키(木前利秋)

소크라테스 [Sokrates 470-399 B.C.]

"그리스인의 본래의 철학자는 소크라테스 이전의 철학자다. 소크라테스와 함께 무언가가 변했다."[유고 II. 11. 97] 이 말이 보여주듯이 니체에게 있어 '소크라테스 이전의 사상가들(Vorsokratiker)'이라는 표현은 단지 편의적인 역사적 구분이 아니라 오늘날에는 상실되어 버린 어떤 진정한 철학적 전통을 나타내며, 소크라테스는 이 철학적 전통을 변질시키고 파괴한 인물이다. 니체는 「학문과 지혜의 투쟁」이라는 제목이 달린 1875년의 초안에서 소크라테스가 고대 초기의 철학에 미친 영향을 다음과 같이 요약하고 있다. "1. 그는 윤리학적 판단의 천진난만함을 파괴했다. / 2. 그는 학문을 절멸시켰다. / 3. 그는 예술에 대한 감각을 지니고 있지 못했다. / 4. 그는 역사적 결합으로부터 개인을 끌어냈다. / 5. 그는 변증법적인 공담과 요설을 촉진했다."[같은 책 I. 5. 251] 니체가 소크라테스를 주제적으로 논의하는 것은 『비극의 탄생』*과 『우상의 황혼』*의 특히 「소크라테스의 문제」에서지만, 그 논술의 역점을 두는 방식에는 몇 가지 다름이 있다. 소크라테스는 전자에서 이론적 인간*의 전형으로서 다루어지며, 후자에서는 데카당의 무리로서 취급되는 것이다.

【 I 】 이론적 인간의 전형으로서의 소크라테스

『비극의 탄생』은 그리스 예술의 운명을 '아폴론*적인 것'과 '디오니소스*적인 것'이라는 두 개의 예술 충동에 의해 해명하고자 하는 시도다. 니체에 따르면, 그리스 예술은 조형 예술을 산출하는 아폴론적 예술 충동과 음악과 같은 비조형 예술을 지배하는 디오니소스적 예술 충동이 서로 대립하면서도 서로를 자극하는 것에 의해 발전해 왔다. 그리고 니체는 이 발전이 아티카 비극에서 그 정점에 도달했다고 본다. 왜냐하면 여기서는 두 개의 예술 충동이 기적적인 형태로 결합하여 디오니소스적임과 동시에 아폴론적인 예술 작품이 산출되기 때문이다. 비극에서는 디오니소스적 황홀이 일정한 아폴론적 형식을 얻어 그 덧없음으로부터 구원되는 것이다. 소포클레스의 오이디푸스 왕도 아이스킬로스의 프로메테우스도 다름 아닌 디오니소스적 삶의 표현일 뿐이다. 하지만 그리스 비극은 절정에 도달한 순간, 바로 그와 동시에 그것의 최대의 적과 만나게 된다. 에우리피데스가 디오니소스적이지도 아폴론적이지도 않은 예술관, 요컨대 "모든 것은 아름답게 있기 위해서는 지적이어야만 한다"라는 예술관을 손에 들고 등장하는 것이다. 그러나 니체에 따르면, 이 예술관은 '덕은 앎이다'라는 소크라테스의 합리적 정신의 예술에의 적용에 지나지 않는다. 요컨대 '미적 소크라테스주의'야말로 비극의 최대의 적인 것이다. "에우리피데스의 입을 빌려 말하는 신은 디오니소스가 아니며, 아폴론도 아니다. 그것은 새로 탄생한 마신(魔神), **소크라테스**라 불리는 마신이었다. 이는 디오니소스적인 것과 소크라테스적인 것의 새로운 대립을 의미한다. 그리스 비극의 예술 작품은 이 대립으로 인해 몰락해갔다."[『비극』 12]

니체에게 있어 소크라테스는 "이론적 인간"의 전형이다[『비극』 15]. 이론적 인간은 사유가 인과율을 이끄는 실로서 존재의 심연을 파악할 수 있으며, 그것을 수정하는 것마저도 할 수 있다는 낙관적인 확신에 기초하여 인식에 대해 만능의 힘을 인정한다. 이 이론적 낙관주의는 근대를 지배하는 "과학의 정신"의 본질을 이루는 것이기도 하다. 왜냐하면 과학의 사명 역시 "존재가 마치 이해할 수 있는 것이며, 따라서 시인된 것과 같은 외관을 존재에게 주는 것"[같은 곳]에 있기 때문이다. 소크라테스는 이러한 앎과 과학의 낙관주의에 의해 비극의 파괴자가 된다. 이제 존재의 심연을

우리에게 엿보게 해주는 것은 비극의 본질인 디오니소스적 도취가 아니라 인식이라는 만능약이기 때문이다.

그렇긴 하지만 니체가 이 비극의 파괴자로서의 소크라테스주의를 전적으로 부정하는 것은 아니다. 오히려 그것은 "고귀"한 천성을 갖춘 사람들만의 것"[『비극』 18]이다. 고귀한 사람은 생존의 중압에 대해 보통 사람 이상의 깊은 혐오를 느끼기 때문에, 골라 뽑은 자극제에 의해 이 혐오를 달래지 않으면 안 되며, 소크라테스주의도 이러한 자극제들 가운데 하나인 것이다. 니체는 세 가지 자극제를 거론한다. "인식과 망상의 소크라테스적 쾌락에 사로잡혀 그것으로 실존의 영원한 상처를 치유할 수 있다고 믿는 사람도 있다. 어떤 사람은 자기 눈앞에서 하늘거리는 예술의 유혹적인 미의 베일에 휘감겨 있기도 하고, 또 다른 사람은 현상의 소용돌이 밑에서 파괴할 수 없는 영원한 삶이 계속 흐른다는 형이상학적 위로에 붙잡혀 있기도 하다."[같은 곳] 그리고 니체에 따르면 이러한 자극제로부터 문화라고 불리는 일체의 것이 발생한다. "약제 혼합의 비율에 따라 우리는 **소크라테스적 문화**를 가지기도 하고 또는 **예술적 문화**, 아니면 **비극적 문화**를 가지기도 한다. 역사적인 보기를 찾아도 좋다면, 알렉산드리아* 문화 또는 그리스 문화나 불교문화가 있다." 그렇게 보면 "우리의 현대 세계는 알렉산드리아 문화의 그물에 사로잡혀서 최고의 인식 능력을 갖추고 학문을 위해 봉사하는 이론적 인간을 이상으로 알고 있다. 이 이론적 인간의 원형이 바로 소크라테스다."[같은 곳] 하지만 다른 한편으로 니체는 이러한 소크라테스적·알렉산드리아적인 문화가 이제 야위어가고 그 삶을 끝내고 있다고 말한다. 니체는 독일 철학(칸트*와 쇼펜하우어*)과 독일 음악(바그너*) 안에서 하나의 새로운 생존 형식을, 결국은 비극적 문화의 재생을 간취하는 것이다. 『비극의 탄생』은 이렇게 외친다. "소크라테스적 인간의 시대는 지나갔다. …… 이제는 그저 과감하게 비극적 인간이 되는 일을 행할 뿐이다."[20]

【Ⅱ】데카당의 무리로서의 소크라테스

『우상의 황혼』에서의 소크라테스는 고귀한 인간이기는커녕 "천민"[Ⅱ. 3]이자 "데카당의 무리"[같은 곳]

다. 소크라테스의 데카당스*는 "저 이성과 덕과 행복의 동일시"에서 제시된다. "이것은 대체로 세계에 존재하는 가장 기괴하기 짝이 없는 동일시이며, 특히 고대 그리스인의 본능 전체에 거스르고 있다."[같은 책 Ⅱ. 4] 그리하여 니체는 이 동일시가 어떠한 이상체질에서 생겨났는지를 이해하고자 한다. 니체에 따르면 '이성'을 신봉하는 철학자의 이상체질은 우선 생성의 관념을 증오하는 것에 놓여 있다. 그는 어떤 사항을 "영원의 형태 하에서" 비역사화해버린다[같은 책 Ⅲ. 1]. 그리고 그 두 번째 이상체질은 이른바 "최고의 개념들", 가장 일반적이고 가장 공허한 개념들을 "가장 실재적인 것"으로서 놓는 것에 놓여 있다[같은 책 Ⅲ. 4]. 그렇다고 한다면 이성과 덕을 동일시하는 것은 덕을 그것이 생겨난 지반으로부터 분리하여 "영원의 형태 하에서" 보는 것 그리고 그러한 '이념'화된 덕을 실재로 간주하는 것이다. 실제로 니체는 어떤 유고에서 이렇게 말하고 있다. 요컨대 이성과 덕의 동일시가 의미하는 것은 "도덕적 판단이 그 발생 지역, 또한 거기서만 의미를 지닐 수 있는 조건, 즉 그 그리스의, 그리고 그리스적 폴리스의 기초와 지반으로부터 분리되어 **승화**라는 외견 하에서 **비자연화**되었다고 하는 것이다. '선'이라든가 '정의'와 같은 위대한 개념은 그것이 속하는 전제로부터 떼어 놓고 **발이 땅에 닿지 않는** '이념'으로서 변증법의 대상이 되었다. 사람들은 그러한 이념의 배후에서 하나의 진리를 탐구한다. 그러한 이념들을 실재 또는 실재의 기호로 간주한다. 사람들은 그러한 것들이 자리 잡고 있고 그로부터 나오는 바의 하나의 세계를 창작한다…… 요컨대 도덕 가치의 **비자연화**는 그 귀결로서 퇴화한 **인간 유형**─'선인', '행복자', '현자'─을 만들어내게 되었다. 소크라테스는 인간의 역사에서 **가장 깊은 도착**(倒錯)의 순간이다."[유고 Ⅱ. 11. 110f.]

하지만 니체는 소크라테스의 이러한 도착이 그의 이상체질의 탓일 뿐만 아니라 그것에는 어떤 필연성이 있었다고도 생각한다. 요컨대 소크라테스에게는 이성을 폭군으로 만들어낼 필요가 있었던 것이다. 왜냐하면 그리스의 심오한 사유 전체가 다 같이 이성적이라는 것에 몸을 던졌던 것은 그리스인 자신이 위험에 처해 있어 "몰락하든지 아니면 **불합리할 정도로 이성적이**되든지 할 수밖에 없었기"[『우상』 II. 10] 때문이다. 요컨대 "소크라테스주의는 소크라테스보다 더 오랜 것이다."[「소크라테스와 비극」] 그렇게 보면, 소크라테스의 참된 오류는 "데카당스에 싸움을 거는 것만으로 데카당스로부터 빠져나올 수 있다고 생각했다"[『우상』 II. 11]는 것에 놓여 있다. 왜냐하면 그가 수단으로서, 구원으로서 선택하는 것 그 자체가 또한 데카당스의 하나의 표현에 지나지 않기 때문이다. 그는 데카당스의 표현을 변화시킬 뿐이지 데카당스 자체를 제거하는 것이 아닌 것이다. 따라서 니체는 다음과 같이 논의를 맺는다. "소크라테스는 하나의 오해였다. **개선의 도덕(Besserungs-Moral) 전체가, 그리스도교 도덕도 포함하여, 하나의 오해였다.**"[같은 곳] ☞ 소크라테스 이전의 그리스 철학, 데카당스, 『비극의 탄생』, 비극 작가

—무라오카 신이치(村岡晋一)

소크라테스 이전의 그리스 철학

기원전 5세기 후반부터 4세기 후반까지 그리스 본토의 아테나이를 무대로 소크라테스*, 플라톤*, 아리스토텔레스 3대의 스승과 제자에 의해 이른바 '그리스 고전 철학'이 전개되기에 앞서, 기원전 6세기 초부터 5세기 중반까지 대략 1세기 반에 걸쳐 이를테면 해외의 식민지(실제로는 그리스 문화의 선진 지대)인 이오니아 지방(소아시아의 서해안)과 마그나 그레키아(=대그리스, 남이탈리아와 시칠리아 섬)에서 수많은 사상가가 배출되어 각자에게 개성적인 사상을 형성했다. 6세기 초에 활약한 탈레스에서 시작되어 아낙시만드로스*, 헤라클레이토스*, 피타고라스*, 파르메니데스, 엠페도클레스(Empedoklēs ca. 493-ca. 433 B.C.), 아낙사고라스 등을 거쳐 5세기 전반의 데모크리토스(Dēmokritos ca. 460-ca. 370 B.C.)에 이르는 이들 사상가가 통상 일괄적으로 '소크라테스 이전의 사람들'(Vorsokratiker)이라고 불린다. 그들이 이와 같이 일괄되어 다루어지는

것은 그들의 활약 시기가 그리스 역사를 나누는 페르시아 전쟁 이전에 속한다는 점, 또한 플라톤이나 아리스토텔레스와 달리 그들의 저작이 모두 흩어져 없어지고 그 얼마 안 되는 단편들만이 전해질 뿐이어서 그들의 사상 내용 전체가 파악될 수 없다는 점 때문이기도 하지만, 그뿐만 아니라 그들의 사상에 그리스 고전 철학과는 구별되는 명확한 특질이 인정된다는 점 때문이기도 하다. 이미 아리스토텔레스가 『형이상학』 제1권에서 이들 소크라테스 이전의 사상들을 고찰하여 이를테면 최초의 철학사를 그리고 있는데, 거기서 아리스토텔레스는 그들을 일괄하여 '자연을 논하는 사람들'(physiologoi)이라고 부르고 있다. 이러한 아리스토텔레스의 규정이 기원이 되어 이후 그들은 자연의 기본적 구성 요소(아르케)를 탐구하고 이를테면 소박한 자연과학적 연구를 행했다고 보는 속설이 생겨났다. 이러한 속설에 거슬러 소크라테스 이전의 사상들에 새로운 빛을 비추고 최초로 그 복권을 꾀한 것이 니체다.

소크라테스 이전 내지 플라톤 이전의 그리스 철학에 기울이는 니체의 관심은 상당히 일찍부터 싹트고 있으며, 이미 바젤대학에 부임한 그 해의 겨울 학기(1869-70년 겨울)의 강의 제목 예고표에 「플라톤 이전의 철학자들」(Die vorplatonischen Philosophen)이라는 제목이 내걸린다. 그렇지만 이 제목의 강의가 실제로 행해진 것은 『비극의 탄생』* 출판 후인 72년 여름 학기부터이며, 그 후에도 73년, 76년의 각각 여름 학기에 같은 제목으로 강의가 행해진다. 이 사이 73년 4월까지는 미완의 유고 「그리스 비극 시대의 철학」도 저술되고 있으며, 같은 시기의 「남겨진 단상」[유고 I. 4] 안에도 위에서 말한 강의를 위한 메모로 생각되는 단장이나 비극 시대의 철학을 언급한 단장이 여럿 보인다. '비극 시대'란 '비극'이라는 예술 양식이 성립한 시대라는 의미이기도 하지만, 그보다는 오히려 그리스인이 생존을 고뇌로 보는 어두운 페시미즘 속에서 살아가고 있던 시대라는 의미이며, 그 페시미즘으로부터 치유하기 위한 '약'으로서 태어난 것이 아이스킬로스와 소포클레스의 "비극적 예술 작품"과 플라톤 이전 사상가들의

"비극적 사상"이었던 것이다[「디오니소스적 세계관」 3; 「비극적 사상의 탄생」]. 따라서 당시 니체의 구상에서 「그리스 비극 시대의 철학」은 『비극의 탄생』*과 맞짝을 이루는 책으로 될 것이었던 듯하다[같은 책 Ⅰ. 4. 232].

그런데 이 비극 시대의 철학은 니체에 의해 '소크라테스 이전'으로 생각되고 있었던 것인가 아니면 '플라톤 이전'으로 생각되고 있었던 것인가? 우선 이 문제로부터 생각해 나가보기로 하자. 72년의 강의에서는 의식적으로 "소크라테스 이전(vorsokratisch)이 아니라 플라톤 이전(vorplatonisch)의 철학자들"이 문제로 되어 있다[MusA 4. 250]. 「비극 시대의 철학」에서도 다음과 같이 말해지고 있다. "플라톤과 더불어 전혀 새로운 것이 시작된다. 또는 탈레스에서 소크라테스에 이르는 천재들의 공화국과 비교해볼 때, 플라톤 이래로 철학자들에게는 본질적인 것이 결여되어 있다고 말해도 마찬가지로 정당할 것이다."[「비극 시대의 철학」 2] "천재들의 공화국"이라는 것은 "학자 공화국"과 대비된 쇼펜하우어*의 용어다[같은 책 1]. 거기서는 또한 이렇게 말해지기도 한다. "초기 그리스의 거장들, 탈레스, 아낙시만드로스, 헤라클레이토스, 파르메니데스, 아낙사고라스, 엠페도클레스, 데모크리토스 및 소크라테스가 만들어낸, 그토록 절묘하게 이상화되어 있는 철학자 공동체를 보게 되면, 어떠한 민족도 부끄러워하지 않을 수 없을 것이다. 이들 일군의 철학자들은 하나의 전체를 이루며, 하나의 대리석에 조각되어 있는 것이다."[같은 곳] 그러나 1888년 봄의 어떤 단장에서는 표현은 거의 같지만, 플라톤이 소크라테스로 치환되어 있다. "그리스인의 참된 철학자는 소크라테스 이전의 철학자들이다. 소크라테스와 더불어 무언가가 변해버렸던 것이다."[유고 Ⅱ. 11. 97] 이 사이에 니체의 소크라테스 관이 일변했다는 것은 확실하다. 70년대 초의 니체가, 따라서 「비극 시대의 철학」도 역시 쇼펜하우어의 강한 영향 하에 있었다는 것은 분명하지만, 80년대에 들어서서 그 영향을 벗어났다는 것과 이러한 소크라테스 관의 변화에 무언가 연관이 있는 것일까? 지금은 이 문제를 파고들지 않는다. 80년대 후반의

니체의 소크라테스 관이 『우상의 황혼』*의 「소크라테스의 문제」 장에 요약되어 있다는 것을 지적하는 것으로 그친다. 그리고 여기서는 '소크라테스 이전'과 '플라톤 이전'을 너무 번거롭게 구별하지 않고 이른바 Vorsokratiker의 철학을 문제로 삼고 싶다.

니체는 그리스 문화가, 따라서 당연히 그리스의 이른 시기의 철학 사상도 이집트와 페르시아, 나아가서는 인도*와 같은 동방의 다른 나라들로부터 많은 것을 배웠다는 것을 부정하지 않는다. "그리스인들이 토착 문명을 이룩했다는 주장처럼 어리석은 것은 없다. 그들은 오히려 다른 민족들의 모든 문명을 자신 속에 흡수했다. 그들은 창을 다른 민족이 놓아두었던 곳에서 더 멀리 던질 줄 알았기 때문에 더욱 발전할 수 있었다."[「비극 시대의 철학」 1] 그는 또한 소크라테스 이전의 사상가들이 물질적 자연의 기본적 구성 요소를 탐구했다고 보는 아리스토텔레스 이래의 속견을 일소에 부친다. "만물의 아르케는 물이다"라고 말했다고 전해지는 탈레스에 대해서마저도 그는 탈레스가 말하고 싶었던 것은 "만물은 하나다"라는 것이었지만, "이제 이것을 전달하고자 했을 때에 물 등이라고 무심코 말해버렸던 것이다"라고 말하고 있다. 소크라테스 이전의 사상가들은 단순한 물질적 자연 따위가 아니라 '만물'(Ta Panta), 요컨대 신들과 인간도 포함하는 모든 존재자가 무엇이며, 어떻게 존재하는가를 형이상학적으로 묻고자 했던 것이라고 니체는 보는 것이다. "인간은 이때 개별 과학들을 일일이 기어 다니면서 알아보는 행위에서 느닷없이 벗어나게 된다."[같은 책 3] 사실 소크라테스 이전의 사상가들은 하나같이 「자연에 대하여」라는 같은 표제로 책을 썼다고 하는 전승이 있지만, 그 경우의 '자연'은 '만물'(Ta Panta), 요컨대 존재자의 전체를 의미하지 존재자의 특정 영역인 물질적 자연을 의미하는 것이 아니라는 것이 언어학적으로 확실해져 있다. '자연'(Physis)이 '인위', '기술'과 맞짝으로 되어 존재자의 특정 영역을 의미하게 되는 것은 소피스트의 시대 이후인 것이다.

그런데 니체는 "사물들은 그들이 생성되어 나온 바로 그곳으로 필연적으로 소멸해간다. 왜냐하면 그들은

자신들이 저지른 부정의 대가를 시간의 질서에 따라 치러야 하며 심판을 받아야 하기 때문이다'라고 설파한 아낙시만드로스「비극 시대의 철학」4], 그리고 "만물은 흐른다", 또는 영원한 생성일 뿐이라고 이야기한 헤라클레이토스의 사상에서 비극 시대 철학의 전기의 특색을 본다. 이것을 절단하여 전적으로 대극적인 후기의 사유에 길을 연 것은 "존재하는 것은 존재한다, 존재하지 않는 것은 존재하지 않는다", 따라서 생성도 없다면 소멸도 없다고 설파한 파르메니데스다. "파르메니데스는, 아마 고령이 되어서야 비로소 그렇기는 하지만, 어떤 현실에 의해서도 흐려지지 않은 가장 순수하고 핏기 없는 추상화를 성취했다. 존재론을 산출한——200년 동안의 비극 시대에 있어 그 어떤 사람보다도 비그리스적인——이 계기는 그의 삶 전체에서 시금석이 되었으며, 이 시금석은 그의 생애를 두 시기로 나눈다. 이 계기는 동시에 소크라테스 이전의 사유를 두 부분으로 구별했다. 처음 부분은 아낙시만드로스적인 시기로, 그리고 둘째 부분은 바로 파르메니데스적인 시기로 명명되어도 좋을 것이다."[같은 책 9] 이것이 소크라테스 이전의 그리스 철학의 전개를 바라보는 니체의 기본적인 도식이다.

그러나 72년의 강의록도 파르메니데스, 제논(Zēnōn ca. 460(50) B.C.), 아낙사고라스를 논의한 장은 표제뿐으로 본문이 결여되어 있으며, 유고 「그리스 비극 시대의 철학」도 아낙사고라스까지에서 중단된다. 따라서 소크라테스 이전의 그리스 철학에 대한 니체의 충분히 정리된 견해를 알고자 하는 바람은 차단되어 있다. 예를 들어 그는 이 계보 안에 소피스트들, 특히 프로타고라스(Prōtagoras ca. 500-ca. 400 B.C.)를 넣어 생각한다. "소피스트들의 그리스 문화는 일체의 그리스적 본능에서 자라난 것이었다. 그것이 페리클레스 시대의 문화에 속하는 것은 플라톤이 그것에 속하지 **않는** 것과 마찬가지로 필연적이었다. 소피스트들의 문화는 그 선구자를 헤라클레이토스에게서, 데모크리토스에게서, 고대 철학의 학문적 유형의 사람들에게서 지니고 있었다. 그것은 예를 들어 투키디데스의 높은 문화에서 그 표현을 보았던 것이다'[유고 Ⅱ. 11. 115]라든가

"우리의 오늘날의 사고 방법은 고도로 헤라클레이토스적이고 데모크리토스적이며 프로타고라스적이다……. 단지 **프로타고라스적**이라고 말하는 것만으로도 충분하다. 왜냐하면 프로타고라스는 헤라클레이토스와 데모크리토스 양자를 아울러 지니고 있었기 때문이다[같은 곳]와 같은 단장이 남아 있지만, 그 참된 뜻은 충분할 만큼 부연되고 있지 않다. 그러나 그렇다 하더라도 니체가 이와 같이 소크라테스 이전의 사상에 전적으로 새로운 빛을 비추고 그 시계(視界) 안에 플라톤과 아리스토텔레스의 철학을 놓고서 그것을 상대화해 보고자 함으로써 서양 철학사를 바라보는 견해가 크게 변했다는 것은 확실하다. 니체의 이러한 발상은 하이데거*에 의해 계승되어 전개되었다. 『존재와 시간』 제2부로 예정되어 있던, 그리고 1920년대·30년대의 강의들에서 세부에 걸쳐 논의된 하이데거의 철학사관도, 또한 그의 이른바 '존재사' 구상도 니체에 의해 열린 이러한 시계에 서서야 비로소 가능해졌던 것이다.
☞ 소크라테스, 플라톤, 피타고라스, 헤라클레이토스

—기다 겐(木田元)

소포클레스 [Sophokles] ⇨비극 작가

손택 [Susan Sontag 1933-]

뉴욕의 유대계 가정에서 태어나 시카고, 하버드, 파리대학에서 공부하고, 콜롬비아대학 등에서 교단에 서는 한편, 60년대부터 영화, 문학, 음악 등의 다양한 분야에 걸친 예술 비평에 종사하여 아메리카 전위 예술의 감성을 대표하는 평론가가 된다. 평론 외에 소설도 발표하며, 스스로의 각본·감독으로 만들어낸 영화 <쌍둥이들>은 칸 영화제에서 비평가 상을 수상한다. 예술을 의미 내용으로 환원하는 해석을 부정하고, 감수성을 해방하고자 하는 그녀의 비평에 있어 니체는 중요한 자양분의 원천이 되고 있다. "해석이란 세계에 대한 지성의 복수"이며, 예술을 길들이고 감수성을 억압하고자 하는 "속물근성"에 다름 아니라고「반해

석』(1966)] 하는 입장에서 그녀가 비판의 표적으로 삼고 있는 것은 부르주아적인 예술관뿐만 아니라 맑스주의* 및 프로이트*주의적인 비평도 포함하여 예술을 진리와 도덕성에 종속시키는 견해다. 작품의 숨겨진 의미를 추구하는 '해석학'(hermeneutics) 대신에 그녀가 요구하는 것은 '관능미학'(erotics)이다. 그것은 일반화·개념화를 행하는 행위가 아니라 관능성에 의한 파악의 행위라고 한다. 감성과 취미*의 복권을 꾀하는 그녀의 예술 비평은 이성의 정당성에 회의를 보낸다. "세계는 궁극적으로는 미적인 현상이다"라고 말하는 그녀는 『비극의 탄생』*의 니체를 모범으로 하고 있지만, 그로부터 니체와는 거꾸로 "세계는 궁극적으로는 정당화되지 않는다"고 결론을 내린다. 아방가르드 예술이 작품 형식에서 행하는 실험은 이성에 의해 날조*된 의미를 해체하는 시도다. "예술 작품이 내용을 지니지 않는다는 것은 세계가 내용을 지니지 않는다는 것과 같은" 것이며, 비평은 그러한 작품의 형식성이라는 표층에 계속해서 머무름으로써 해석 의지로부터 탈출할 수 있다. 일반적으로 비평에 대한 손택의 자세에는 중기 니체의 영향이 강하다. 나아가 그녀 저작의 스타일에서도 니체와의 유사성을 찾아볼 수 있다. 체계*성을 거부하는 아포리즘*과 에세이 등의 형식에 대한 친근감을 그녀 자신도 표명하고 있지만, 그 이상으로 비판의 도마 위에 올린 것을 단칼에 잘라버리는 것과 같은, 날카롭고 단적으로 응축된 표현은 니체의 독이 있는 비판의 언어를 방불케 한다. 손택은 니체의 미적 비평의 자세를 풍부하게 발전시키고 있는 한 사람이라고 말할 수 있을 것이다.

—오누키 아츠코(大貫敦子)

게 있어 바그너가 무엇보다도 '생명력'의 예술가였던 것은 그 생명주의에 뒷받침된 마술적인 음악이 개인의 구제를 수행하는 것으로 받아들여졌기 때문이다. 지크프리트를 니체적인 '초인'*으로 간주하여 찬미한 것도 그 때문이지만, 그러한 '생명력'과 '초인'을 멋지게 구현한 바그너의 충실한 계승자로서 우선 니체를 파악한다. 그 일단은 예를 들어 대표적 희곡의 하나인 『인간과 초인』(1903)에서 니체는 "확고한 신념을 지닌 '생명력'의 숭배자"라든가 만년의 바그너가 '생명력' 숭배를 버렸기 때문에 니체가 바그너를 변절자로서 엄혹하게 탄핵한 경위를 간결하게 소개하면서, 바그너보다도 오히려 니체를 편드는 대사를 삽입한 부분들로부터도 엿볼 수 있다. 나아가 니체의 초인 사상이 20세기의 새로운 문화의 전개에 대단히 중요한 역할을 수행할 것이라고 예언한다. 하지만 쇼가 반드시 좋은 니체 이해자였던 것은 아니다. 음악 평론가이기도 했던 쇼는 1876년부터 세기말에 걸쳐 바그너 소개를 중심으로 방대한 음악 평론을 써 남겼지만, 20세기에 들어서면 연극 활동과 사회 개혁 운동에 전념하게 되며, 바그너에 대한 그토록 대단했던 열정도 급속히 쇠퇴해간다. 그리고 니체에 대한 관심도 바그너 열정의 냉각화와 더불어 거의 상실되어 버린다. 그런 까닭에 니체 사상의 직접적인 영향의 흔적은 발견하기 어려운 것이다. 그러나 종래의 그리스도교적 도그마에 사로잡히지 않고서 정신의 자유를 실현하는 것이 현대인의 중요한 과제이며, 이를 위해서는 초인적인 '의사'의 활동이 불가결하다고 하는 쇼의 사상은 근본적으로 니체 사상과도 공통되는 점이 있다고 말할 수 있을 것이다. ☞초인, 니체와 바그너 — 낭만주의의 문제

—후지카와 요시유키(富士川義之)

쇼 [George Bernard Shaw 1856-1950]

버나드 쇼는 영국에서의 열광적인 바그너* 숭배자였다. 그 열광의 모습은 『완벽한 바그너주의자』(1898) 등에서 알 수 있지만, 쇼의 니체 이해도 따라서 바그너와 니체의 복잡하기 짝이 없는 애증 관계에 대한 관심과 밀접하게 관계되어 있다고 말할 수 있다. 젊은 쇼에

쇼펜하우어 [Arthur Schopenhauer 1788-1860]

라이프치히*에서의 학생 생활 최초의 2년간을 회고한 젊은 니체의 자전적인 작은 글 가운데서 그는 이 도시의 어떤 헌책방에서 우연히(1865년 가을) 쇼펜하우어의 주저 『의지와 표상으로서의 세계』(1819)에 눈

길이 끌리고 "어떤 악마의 속삭임"에 따라 이것을 구입했던 일, 하숙집으로 돌아와 읽기 시작하자마자 이 책에 끌려들어가 2주간 침식도 잊을 만큼 탐독했던 일을 적고 있다[BAW 3. 298]. 젊은 나날의 고뇌와 꿈을 지니고서 마음의 버팀목이 되어야 할 "진정한 철학자"를 구하며 우울하게 지내고 있던 당시의 니체에게 있어 쇼펜하우어와의 만남은 그야말로 전격적인 작용을 미쳤다. 이 책에서 그는 "세계와 인생과 스스로의 심정을 놀라울 정도로 확대하여 비추어낸 거울"을, 그리고 "병과 쾌유*, 추방과 피난소, 지옥과 천국"을 보았던 것이다. 『반시대적 고찰』*의 제3편 『교육자로서의 쇼펜하우어』에서는 "첫 페이지를 읽은 순간에 이 저자라면 마지막 페이지까지 통독하고 저자가 말하는 한 마디 한 마디마다 귀를 기울이게 될 것임을 깨달은" 그러한 독자였다고도, "나는 마치 저자가 나를 위해 써준 것처럼 그를 이해했다'고도 회고하고 있다. 니체가 처음으로 바그너*와 만난 것도 역시 라이프치히의 학생 시절에(1868년 11월) H. 브록하우스(Hermann Brockhaus 1806-77) 교수 집의 응접실에서였지만, 이때 양자 사이에서 교환된 대화는 오로지 쇼펜하우어의 철학에 대해서였다고 한다. "쇼펜하우어야말로 음악의 본질을 인식한 유일한 철학자'라고 예찬한 바그너의 말을 니체는 감동한 어조로 친우 로데*에게 써 보내고 있다.

쇼펜하우어의 철학은 오늘날에는 염세주의적인 속류 철학으로 정리되고, 또한 칸트 철학의 단순한 개작으로도 불린다. 확실히 그의 주저에서 말하는 '의지와 표상' 개념은 칸트*의 '사물 자체*'와 현상의 말 바꿈에 지나지 않는 것으로도 보이며, 이 점에서 그의 철학은 강하게 칸트의 영향 아래 놓여 있다. 그러나 쇼펜하우어가 '사물 자체'를 대신하여 '의지'를 주창한 것은 존재의 본질을 지각(perceptio)과 의욕(appetitus)의 근원적 통일로 규정한 라이프니츠의 철학과, 피히테, 셸링(Friedrich Wilhelm Joseph von Schelling 1775-1854), 헤겔* 등, 독일 관념론*에서의 의지설과의 연관에서 음미되어야만 한다. 셸링은 "최종적인 동시에 최고의 법정에서는 의지 이외의 어떠한 존재도 없거니와, 의지가

근원 존재다"[『인간적 자유의 본질』(1809)]라고 말하며, 헤겔은 『정신현상학』(1807)에서 존재의 본질을 앎으로서 파악하지만, 이 앎을 본질적으로 의지와 같은 것이라고 하는 것이다. 쇼펜하우어의 의지의 철학은 분명히 이 흐름에 연결되는 것이며, 이것 없이는 생각될 수 없다. 다만 그의 의지설이 그 이전의 의지설과 결정적으로 다른 것은 그가 말하는 의지가 의지한다는 것 이외의 어떤 것도 의지하지 않는 무의식적인 생존에의 의지이자 절대적으로 비이성적인 맹목적 의지라는 점에 존재한다. 라이프니츠에게서도, 또한 피히테와 셸링에게서도 표상 작용, 사유, 앎과 같은 것이 본질적으로 의지에 속한다고 생각되고 있었다. 그로부터 실천 이성과 자유와 자기 정화가 이야기될 수 있었던 것이다. 그러나 쇼펜하우어는 존재의 본질인 의지를 암흑의 충동으로만 생각하는 까닭에, 이러한 의지에 끝없이 내몰리는 현상세계에서는 어디까지 가더라도 만족이 얻어질 리가 없으며, 따라서 세계와 인생은 전적으로 비관해야 할 것이 된다. 삶의 고뇌로부터 벗어나기 위해서는 예술을 통해 이 인생의 고뇌를 한편의 연극으로서 관조하는 것, 나아가서는 종교를 통해 모든 욕망으로부터 탈각하고, 열반(니르바나)의 경지에 도달하는 수밖에 없다. 이리하여 쇼펜하우어의 철학은 그 자신이 존재의 본질로 간주하는 바로 그것을 부정하는 데서 구원을 추구한다고 하는 기묘한 철학이 되는 것이다.

그러나 이 기묘함의 부산물로서 태어난 것이 그의 장대한 예술론, 특히 그의 음악론[『의지와 표상』 제3권 52장]이었다. 예술을 통해 고뇌의 세계의 본질이 달관된다는 쇼펜하우어의 논의는 미를 '관심 없는 만족감(Wohlgefallen ohne Interesse)'으로 정의한 칸트 미학[『판단력비판』]에 대한 속류적 해석 내지 오해(하이데거*)지만, 본래 모든 예술이 현상세계의 소재에 제약되는 동시에 표상의 세계만을 대상으로 하여 그리는 데 반해, 음악 예술만은 표상세계가 아니라 의지의 세계 그 자체를 나타낼 수 있다고 하여 음악에 특별한 지위를 부여하는 그의 논의는 언제 읽어도 재미있으며, 이것이 또한 바그너를 매료시키고 니체의 『비극의

탄생』의 논지에 깊은 영향을 주기도 했던 것이다.

그러나 니체는 쇼펜하우어의 주저를 열심히 읽고서 곧바로 쇼펜하우어 철학이 지니는 기본적 모순을 어렴풋이 깨달았던 듯하다. 이것과 연관하여 당시의 젊은 니체가 열심히 읽은 또 한 권의 책을 언급하지 않으면 안 된다. 그것은 랑게의 『유물론의 역사』(1866)다. 신칸트학파*의 선구자로 간주되는 랑게는 이 책에서 다윈의 진화론과 헬름홀츠(Hermann von Helmholtz 1821-94)의 에너지 보존 법칙 등, 당시 다면적으로 전개되고 있던 자연과학 연구를 칸트 철학의 기초 위에 세워서 몇 가지 단순한 원리로 환원하여 명쾌하게 정리하고 있지만, 더 나아가 칸트적 '사물 자체'의 인식 불가능성과 자연과학의 한계를 지적하여 모든 철학이 결국은 '개념시'이기도 하다고 말한다. '사물 자체' 개념이 감성으로도 지성으로도 파악될 수 없는 것을 부르는 '한계개념'이라고 한다면, 쇼펜하우어가 이 '사물 자체'를 의지라고 부르고 이것에 경험 영역에서 얻어진 개념을 속성으로서 부여하는 것은 우스꽝스러울 것이다. 니체는 이 점을 잘 알고 있으면서 쇼펜하우어 철학을 하나의 '개념시'로서, 요컨대 예술로서, 힘으로서 긍정적으로 평가하고자 한다.

『비극의 탄생』*에서 니체는 꿈에서의 아폴론*적 충동의 작용과 서정시인이 망아적 도취*로부터 언어와 형상을 산출하는 과정을 묘사하는 부분에서, 또한 음악의 보편적 표현 능력을 서술하는 곳 등 여러 부분에서 장황하게 쇼펜하우어를 인용하고, 나아가 독일 문화에서의 고대 그리스 정신의 재생을 염원하는 제20장에서 뒤러*의 판화 「시와 악마에게 시중 받는 기사」의 모습을 이 재생의 담지자, 선도자로서 묘사하고 "우리의 쇼펜하우어야말로 이러한 뒤러적인 기사였다"고 말한다. 나아가 "미적 현상으로서만 현존재와 세계는 영원히 정당화된다*"라는 쇼펜하우어적인 명제가 몇 차례 되풀이된다. 다만 충분히 주의해야만 하는 것은 언어는 비슷하더라도 니체가 이 명제에서 말하고자 하는 것이 쇼펜하우어와는 전혀 다른 것이라는 점인바, 요컨대 쇼펜하우어에서는 현존재・삶*을 미적으로 '한편의 연극'으로서 바라볼 때에만 삶을

견뎌낼 수 있다는 것이 의미되고 있었던 데 반해, 니체는 스스로가 디오니소스*적 도취 속에서 근원적 일자*와 합체하고 스스로 예술*을 살아갈 때야말로 삶*이 완성된다고 하고 있는 것이다. 고뇌의 삶으로부터의 도피로서의 예술과 그러한 삶의 긍정으로서의 예술에서는 방향이 역전된다. 이것과 궤를 같이 하여 쇼펜하우어에서는 예술이 "의지의 진정제"라고 불렸던 데 반해, 『비극의 탄생』에서는 "삶의 자극제"로 생각되는 것이다.

본질적으로는 이미 쇼펜하우어의 철학을 넘어서고 있었음에도 불구하고 니체는 또 한 번 『반시대적 고찰』제3편에서 쇼펜하우어에게 열렬한 오마주를 바친다. 『교육자로서의 쇼펜하우어』(1874)다. 그러나 이 글에서 니체는 오로지 철학을 뜻하는 자의 스승으로서의 쇼펜하우어의 인간성을 찬양하는 것인바, 그 사상에 파고드는 언급은 거의 없다. 인간으로서의 "성실함, 명랑함, 시종 변함없음"의 세 가지를 끄집어내 "교육자로서의" 쇼펜하우어 상을 열심히 묘사하고 있다. 『반시대적』 제4편의 바그너 상과 마찬가지로 이 제3편도 쇼펜하우어에 대한 오마주임과 동시에, 내심에서의 결별의 글이었다고도 말할 수 있다. 이 글의 출판 후 "당신은 당신이 생각하는 쇼펜하우어와 닮았을 뿐, 나와는 닮지 않았다. 쇼펜하우어"라고, 괴테『파우스트』의 악령의 말을 흉내 낸 발신인 불명의 "신비한" 전문이 도착했다고 하는 일화(푀르스터-니체)가 남아 있다.

중기, 후기의 니체 저작에는 이미 쇼펜하우어에 대해 깊이 파고든, 그것도 긍정적인 방향에서의 언급은 없으며, 그의 철학은 오로지 '비관론', '동정의 철학'이라고 정리될 뿐이며, 마침내는 '위폐제작'이라고까지 불린다. 예를 들어 『선악의 저편』* 19번에서 니체는 "그러므로 느낀다는 것을, 더구나 다양하게 느낀다는 것을 의지의 구성 요소로 인정해야 하는 것처럼, 두 번째로 사고 또한 의지의 구성 요소로 인정해야만 한다. 즉 모든 의지의 행위 속에는 하나의 지배하는 사상이 있다.── 우리는 이러한 사상을 의지 작용에서 분리시킬 수 있고, 마치 그 후에도 의지가 여전히 남아

있는 것처럼 믿어서는 안 된다'고 쓰고 있지만, 여기서는 지명되고 있지 않다 하더라도 쇼펜하우어의 의지설에 대한 명료한 반론을 읽을 수 있다. 결국 쇼펜하우어의 철학은 데카당스*의 하나의 유형으로 생각되는 것이다. ☞『반시대적 고찰』

─소노다 무네토(薗田宗人)

수사학과 문체 修辭學─文體 [Rhetorik; Stil]

【 I 】 니체의 수사학 강의

아도르노*는 "니체의 모든 복합문(Periode)에는 로마의 원로원으로부터 1,000년의 시간을 격하여 울려나는 웅변가들의 목소리가 메아리치고 있다'고 말한다『미니마 모랄리아』99]. 모더니즘*을 선취했다고 생각되는 니체의 문체가 고대적 전통에 편승하고 있었다는 것은 의외라는 느낌이 있을지도 모르지만, 니체 자신도 자기의 문체에 대한 감각은 슐포르타* 시절에 살루스티우스*를 접하여 눈뜬 것이며, 미사여구를 배제하여 간결하고 엄밀한 표현에 유의하는 "로마적인 문체"에 대한 야망은 『차라투스트라』*에서도 발견된다고 말하고 있다『우상』 X. 1]. 고전문헌학자로서 그는 고대의 수사학(변론술)에 정통하며, 바젤대학에서 1872/73년 겨울 학기에는 「그리스와 로마의 수사학」에 대해, 1874/75년 겨울 학기 및 75년 여름 학기에는 「아리스토텔레스의 수사학」에 대해 강의를 행하고, 72/73년의 강의에서는 전통적 수사학의 기본 개념과 그 공적 기능을 상세하게 다루고 있다. 이 강의에서는 "진리에 대한 감각"에서 뛰어난 현대인은 수사학을 그 정도로 중시하고 있지 않지만, 그것은 "신화적 형상" 속에서 살아가는 민중으로부터 성장하여 "본질적으로 공화제적인 기예(Kunst)"로 되었으며, 고대인의 교양의 정점을 이루고 있었다고 여겨진다. 그 후의 사상과 관련하여 흥미로운 것은 거기서 그가 언어*의 수사학적인 본성에 대해 고찰하고 있다는 점과, 고대의 수사학은 무엇보다도 우선 "잘 말하기"위한 기예였다고 지적하고 있다는 점이다.

첫 번째 점에 대해 니체는 플라톤*이 진리의 언설과 신화의 언설을 구별하여 신화의 영역에서만 수사적 수단으로서의 거짓말을 인정한 것을 언급한 다음, 애초에 언어는 수사적 기교의 결과로서 발달한 것이지 진리를 표현하기 위한 것은 아니라고 주장한다. "언어란 레토릭이다. 왜냐하면 언어는 어떤 의견(독사doxa)만을 전달하고자 하는 것이지 인식을 전달하고자 하는 것이 아니기 때문이다." 언어는 감각으로부터 이미지를 통해 발음에 이르는 부정확한 전환에 기초하는 것으로, 사물 그 자체를 파악하는 것이 아니라 우리와 사물과의 관계를 의식하게 만드는 것에 지나지 않는다. 모든 말은 비유*일 뿐인 것이다. 같은 시기에 성립한 「도덕 외적인 의미에서의 진리와 거짓에 대하여」(1873)에서도 마찬가지 주장이 이루어지고 있으며, 또한 강의에서 환유를 다룬 곳에서는 플라톤이 감각에서 생겨난 개념이 사물의 본성이라고 하여 근원과 현상, 원인과 결과를 잘못 이해하고 있다고 논의하고 있는 것으로부터도 나중의 인식 비판과 통하는 사고가 수사학을 둘러싼 고찰과 관련하여 싹트고 있는 것을 알 수 있다. 다른 한편으로 니체가 강조하는 두 번째 점은, 수사적 기교의 발달을 통해 언어가 형성되었던 것은 고대에서는 읽기보다 말하기가 우선되었기 때문이라고 하는 것이다. 그리고 경쟁심(아곤agon)에 내몰린 고대의 연설가들은 자유로운 조형력*을 발휘하여 개성적인 문체를 산출했지만, 현대에는 과도적으로 신문을 읽는 것의 영향이 있기 때문에, 문체가 비속하게 되지 않도록 주의해야만 한다고 경계하고 있다.

【 II 】 현대 독일어의 문체에 대한 비판

니체가 『반시대적 고찰』*과 강연 「우리 교육 기관의 미래에 대하여」 이후 반복하여 동시대의 독일어를 비판한 배경에 있는 것은 현대에서의 문체의 퇴폐가 수사학적 전통과의 단절로부터 생겨난 것이라고 하는 견해다. 데모스테네스(Demosthenes 384-322 B.C.)와 키케로*에게 있어 복합문은 두 번의 상승과 하강을 한숨에 말할 수 있는 전체를 이루는 것이었지만, 호흡이 짧은 근대인에게는 커다란 복합문을 만들 권리조차 없다. 본래 독일에서는 공적인 장소에서 이루어지는 기교적인 연설이라고 하면 교회의 설교밖에 없었기 때문에 최대의 설교자인 루터*의 걸작, 요컨대 성서*가 독일에서 가장 좋은 서책이라고 하는 것이 되고 말았다. 그 때문에 고대의 공공적인 세계에서는 문체의 규칙과 연설의 규칙이 동일했음에도 불구하고, 독일어의 문체는 오직 눈으로 읽기 위한 것으로만 되고 말았다는 것이다[『선악』 247]. 또한 프랑스*에서는 볼테르*로 대표되는 궁정 문화가 "좋은 이야기 방식의 규칙"과 "모든 필자에 대한 좋은 문체의 규칙"을 주었지만, 독일에서는 입에 발린 소리나 궁정 풍으로 젠체하는 이야기 방식이 문체의 표준이 되어 현대의 냉혹하고 조소적인 "장교의 독일어"가 가능했다는 발언도 있다[『학문』 101, 104]. 『반시대적 고찰』 제1편에서 니체는 다비드 슈트라우스*를 현대의 사이비 교양*의 대표자로서 고발하고, 특히 그의 문체를 집요하게 공격한다. 현대의 문체의 특징은 무엇이든 좋기 때문에 모던한 비유를 구사하고자 하는 경향에 있으며, 학자의 문장은 길고 추상적이고, 설득적인 문장은 짧고 선정적인 작성법을 취하여 문장에 생명이 있는 것처럼 보이게 하고 있다. 칸트*나 쇼펜하우어*의 문장이 아직 라틴어로 번역될 수 있는 데도 불구하고, 헤겔*학파의 후예로서는 더 나은 쪽에 속하는 슈트라우스의 문장이 번역될 수 없는 것은 후자가 순수하게 독일 풍으로 쓰기 때문이 아니라 앞의 두 사람의 문체가 간결한 동시에 위대했기 때문이라고 간주된다("고귀한 간소함과 고요한 위대함"이란 빙켈만*이 그리스 예술의 본질을 정식화한 말이다). 그리고 현대 독일인의 문체와 수사학에 대한 관념이 왜곡되어버린 것은 프랑스 문학에 대한 지식과 라틴어 작문 연습이 어중간한 탓이라고 하고 있다[『반시대적』 I. 11]. 요컨대 형식을 경시하고 프랑스식의 관례를 그저 적당하게만 받아들였기 때문에, 독일인은 겉보기의 형식과 내용이 공허한 내면성과의 심각한 괴리에 괴로워하게 되고[같은 책 II. 4], 프로이센-프랑스 전쟁*에서 승리하고부터 서둘러서 프랑스식의 우아함도 몸에 익히고자 하여 "부와 세련과 겉치레의 예의작법 문화"를 겉꾸미고 있는 형편이라는 것이다[같은 책 III. 6]. 최근에는 프랑스인까지 독일식의 학문언어를 흉내 내기 시작했다고 니체는 한탄한다.

"최근 100년의 독일 문학과 프랑스 문학의 불행은, 독일인은 너무 빨리 프랑스인의 학교에서 빠져나왔고, ──프랑스인은 뒤이어 너무 빨리 독일인의 학교로 들어왔다는 점에 있다."[『인간적』 II-2. 94] 또한 독일어에는 공적인 변론에서 성장한 모범적인 문체가 없기 때문에, 잘 쓰는 기술을 배우는 연습으로서는 감나지움에서의 라틴어 작문에 가치가 있었던 것이지만[같은 책 I. 203], 지금은 그것도 충분하게는 이루어지고 있지 않다. 그 결과 "말로 하는 언어 표현에 대한 예술가적 평가와 취급과 육성이 결여되어 있다. 말로 하는 언어 표현은 살롱에서의 담화, 설교, 의회 연설이라는 말들이 이미 분명하게 말해주는 것처럼 모든 공공적 발언에서 아직 국민적 양식에 도달하지 않았고, ⋯⋯ 독일에서는 저술가들이 통일적인 규범을 갖지 않은 채 모든 것이 극히 소박한 언어 실험 단계를 탈피하지 못했다."[『반시대적』 I. 11]

그런데 1870년대 전반의 유고에는 연설가를 배우나 사기꾼과 비교한다든지 '성실'한 예술과 '불성실'한 예술을 나누어 "수사학은 **속이는 것**을 목적으로서 승인하는 것이기 때문에 한층 더 성실하다"고 하는 고찰도 보인다[유고 I. 4. 420-422, 451f.]. 그러나 그 직후에는 효과만을 노리는 '배우' 바그너*에 대한 비판적인 발언도 있는바, 수사학적인 거짓말과 예술가의 성실함의 관계에 대한 니체의 자세에서는 다소간의 동요가 보인다. 니체는 "철학자라는 것은 대단히 성실하지 않으면 안 되며, 시적이거나 수사학적인 보조수단을 사용해서는 안 된다"라는 쇼펜하우어의 말을 인용하고, 그는 "심오한 의미가 있는 것을 단순하게, 감동적인 것을 수사학 없이, 엄격하게 학문적인 것을 현학성 없이 말하는 방법을 알고 있기 때문에" 그 문체에는 "모방할 수 없는 자유로움과 자연스러움"이 있다고 하고 있지만[『반시대적』 III. 2], 고대의 수사학이 지향한 것은 오히려 수사적 기교를 사용하고서도 일부러 꾸민 듯하지 않은 채 '자연'스러운 인상을 주는 것이었다. "미적 가상*을 사용하여 사람을 속이는" 수사적 기만에 대한 경멸은 사실 어느 쪽인가 하면 니체가 혐오하는 독일적 전통에 속하는 것이었지만, 그도 이 전통에서 완전히 자유였던 것은 아니었다. 서두에서 인용한 아도르노는 니체가 진리를 비판하면서도 순수성(Echtheit) 앞에서는 멈춰 서버렸다고 하여, 바그너가 '배우'라는 것을 단죄하는 것이 아니라 '배우'라는 것을 스스로에게서 부인하고 있는 것을 비난해야 했다고 하고 있다.

【Ⅲ】 말하는 기술로부터 문체의 기법으로

니체는 『읽기와 쓰기』라는 제목의 『반시대적 고찰』에서 문체론을 전개할 것도 계획하고 있었지만, 그것은 실현되지 않았다. 그렇지만 거기서 전개되었을 사상을 그 후의 저작들에서 엿볼 수 있다. 『인간적*』 이후 니체의 아포리즘*집들에는 반드시라고 말해도 좋을 정도로 저작가와 독자의 관계와 문체에 대한 잠언이 포함되어 있다. 거기서는 그리스와 로마(와 그 후계자로서의 프랑스 문화)가 달성한 문체가 찬양되는데, 특히 그리스의 수사가가 뛰어났던 것은 풍부하고 힘찬 표현 수단이 있어도 남용하지 않고, 약간의 일상적인 언어를 사용하여 결코 장식 과잉이 되지 않았기 때문이라고 한다[『인간적』 Ⅱ-1. 112; Ⅱ-2. 127]. "위대한 양식은 아름다움이 거대한 것에 승리를 거두게 될 때 생겨난다"는 발언[같은 책 Ⅱ-2. 96]도 이와 같은 문체 의식과의 연관에서 받아들일 수 있을 것이다. 그 대극에 있다고 여겨지는 것이 규칙도 자기 억제도 없이 다양한 표현 수단과 의도를 가득 담아 전체의 구성을 소홀히 하는 "아시아주의의 바로크'다. 모든 위대한 예술의 쇠퇴기가 되면, 자기의 힘에 대해 자신이 없는 자가 "수사적인 것과 드라마틱한 것"에 손을 뻗기 때문에 이러한 "바로크적 양식(문체)"이 생겨난다고 간주된다[같은 책 Ⅱ-1. 117, 131, 144]. 데카당스* 예술의 자리매김으로 연결되는 시점이며, 나쁜 모더니티에 맞서 새로운 고전성을 모색하는 입장이다. 그리고 고대와 근대를 대비하는 경우에 그가 언제나 문제로 삼는 것은 특히 말하는 문체와 쓰는 문체의 다름이다. 데모스테네스도 키케로도 말글로 하기 위해서는 자신의 연설을 다시 써야만 했지만, 거기서는 악센트나 목소리의 리듬, 몸짓이나 눈길을 사용할 수 없으며, 그것을 대신하는 표현 수단이 필요해지기 때문에 쓰는 문체 쪽이 어렵다고 한다[같은 책 Ⅱ-2. 110].

다만 초기의 저작에서는 독일인에게는 공적인 장에서 말하는 방법의 훈련이 결여되어 있다고 비판했던 니체가 여기서는 "도시 문화의 시대가 지나갔기 때문에 좋은 연설의 시대도 지나갔다'는 것을 인정하고, 우리 "좋은 유럽인*"은 민족*의 벽을 넘어서서 이해되기를 추구하기 때문에, 그것을 위해서는 좋은 쓰기 방식을 배우지 않으면 안 되며, 그것은 좋은 사고방식을 행하는 것이기도 하다고 말하고 있다. 그는 다른 곳에서 "잘 읽기"와 "잘 쓰기"라는 두 가지 덕은 성쇠를 함께 한다고도 말하고 있기 때문에[같은 책 Ⅱ-2. 87, 131], 아포리즘 기법을 연마하고 있던 당시의 니체는 문헌학(내지 해석학*)과 수사학을 표리일체의 관계에서 파악하고 있었다고 말할 수 있다.

타우텐부르크에서 루 살로메*를 위해 쓰인 「문체론을 위해」라는 제목의 단편에서 니체는 그 자신이 "골라 뽑은 문체'로 쓰기 위해 실천한 사항의 요점을 정리하고 있다. 여기서도 고대적인 문체를 모범으로 하여 새로운 "잘 쓰는 밥"을 추구하는 의식이 활동하고 있다. 즉, 생생한 문체로 쓰기 위해서는 전달하고자 하는 특정한 인물에 어울리는 문체를 선택해야만 한다. 쓸 때에도 이야기한다든지 연설한다든지 하는 경우를 상정하여 그것을 모방해야만 하지만, 이야기할 때에 이용하는 수단을 사용할 수 없기 때문에, 글의 장단이나 말의 선택, 휴지(休止)를 취하는 방식, 논의의 순서와 같은 다른 '몸짓'을 이용해야만 한다. 그런 까닭에 복합문을 쓸 수 있는 것은 호흡이 긴 이야기 방식이 가능한 사람뿐이라고 주장된다. 또한 추상적인 진리를 가르치기 위해서는 감각에도 호소해야만 하기 때문에, 문체는 저자가 자신의 사상을 단지 생각할 뿐만 아니라 느끼고도 있다는 것을 증명해야만 한다. 다만 시에 접근하더라도 산문을 떠나서는 안 된다. 그리고 독자에게 가벼운 정도의 이의를 선취하게 한다든지 귀결을 스스로 말하도록 하는 것이 고상하고 현명한 방식이라고 한다[유고 Ⅱ. 5. 53ff.]. 이것이, 즉 "모든 기분을 읽는 자와 듣는 자에게 전달할 수 있는 표현", "어떤 인간의 가장 바람직한 기분, 그것을 전달하는 것도 역시 가장 바람직한 기분에 어울리는 표현"을 발견하는 것이야말로 가장 좋은 문체에 대한 가르침의 요청[『인간적』 II-2. 88]에 대한 니체 자신의 대답이었다고 말할 수 있을 것이다. 그는 『이 사람을 보라』*에서 "내적 상태를 정말로 전달하는 문체, 기호와 기호의 속도와 **몸짓**을—복합문의 규칙들은 모두 몸짓의 기법이다—잘못 파악하지 않는 문체는 **좋은** 문체다'라고 말하고, 자신은 다양한 문체를 구사하여 언어의 가능성을 남김없이 드러내며, 『차라투스트라』*에서는 "숭고하고도 초인간적인 열정의 거대한 상승과 하락을 표현하기 위한, 위대한 리듬의 기법, 복합문의 위대한 문체"를 발견했다고 자부하고 있다[『이 사람』 III. 4]. 그가 경쟁자로서 인정하는 것은 "불멸의 문체"를 창조한 투키디데스와 타키투스이며[『인간적』 II-2. 144], 독일인으로는 괴테*와 하이네*뿐이다("언젠가는 단연 하이네와 내가 독일어를 사용하는 최초의 예술가들이었다고 불릴 것이다")[『이 사람』 II. 4]. 그는 "아포리즘 또는 잠언에서 나는 독일인 가운데 최초의 명인이거니와, 이것들은 '영원성'의 형식이다. 다른 사람이라면 한 권의 책으로 말하는 것을, 아니 다른 사람이라면 한 권의 책으로도 말하지 못하는 것을 10개의 문장으로 말하는 것, 이것이야말로 나의 야심이다'라고 말한다[『우상』 IX. 51]. 확실히 니체가 다음 세대에게 커다란 영향을 끼치는 데 있어 그의 문체가 중요한 역할을 수행했던 것은 부정할 수 없다. 그것도 그럴 것이 고대의 '잘 말하기' 기술을 모델로 하고 있었음에도 불구하고, 또는 오히려 그러한 의도를 가지고서 '잘 쓰기'를 위한 새로운 문체를 모색했던 까닭에, 그의 문체는 자유자재한 뉘앙스의 표현과 함께 독특한 모더니티를 획득했기 때문이며, 그것은 이윽고 모데르네의 문학과 예술에 강렬한 자극을 주는 것으로 되었던 것이다.
☞아포리즘과 사유의 수행

—오이시 기이치로(大石紀一郎)

📖 ▷Nietzsche, Darstellung der antiken Rhetorik (WS 1872/73), in: Sander L. Gilman/Carole Blair/David J. Parent (eds.), *Friedrich Nietzsche on Rhetoric and Language*, Oxford 1989. ▷Anton Bierl/William M. Calder III, Friedrich Nietzsche: "Abriss der Geschichte der Beredsamkeit". New Edition, in: *Nietzsche-Studien*, Bd. 21, Berlin/New York 1992, S. 363-389. ▷Joachim Goth, *Nietzsche und die Rhetorik*, Tübingen 1970. ▷Josef Kopperschmidt/Helmut Schanze (Hrsg.), Nietzsche oder "Die Sprache ist Rhetorik", München 1994.

수치 羞恥 [Scham]

심리학자이기도 한 니체는 수치 내지 수치심에 대해 대단히 섬세한 양면적인 고찰을 행하고 있다. 어떤 현장을 목격한 자가 지니는 수치와 그것을 목격당한 자의 수치가 그것이다. 『차라투스트라』* 제4부에서 '더없이 추악한 자'를 본 차라투스트라는 보아서는 안 되는 것을 보고 만 것과 같은, 무어라 말할 수 없는 수치심에 사로잡힌다. 고귀한 정신은 추악한 것, 말로 표현하기 어려운 것에 직면하면 수치를 느낀다. 그것은 그러한 것에 대한 경의의 표명이기도 하다. 하지만 "동정*은 주제넘은 것이다." 동정은 비천한 호기심을 가지고서 부끄러움도 없이 타인의 상처를 이리저리 뜯어본다. "신의 것이든 인간의 것이든, 동정은 수치를 모른다." 인간의 모든 것을 보고 모든 것을 아는 신이란 가장 부끄러움을 알지 못하는 존재라는 것이 될 것이다. 다른 한편 보임을 당한 자가 지니는 수치에 관해서는 어떠할 것인가? 이 측면에서도 니체는 심리 분석적인 고찰을 다양하게 행하는데, 예를 들어 과대한 평가를 부여받은 자의 수치심, 너무도 위대한 자가 스스로의 깊은 곳이 보였을 때의 수치 등에 대해 이야기하며, 어느 것이든 정신의 고귀함의 나타남이라고 생각한다. 하지만 병적인 수치심은 복수와 원한(르상티망*)에로 연결된다. 스스로를 '신의 살해자'라고 칭하는 저 '더없이 추악한 자'의 경우가 그러했다. 그런 의미에서는 역시 모든 수치의 대극에서는 일체의 수치심으로부터 해방되어 있는 그대로 놀이하는 어린아이와 같은 순진함이 생각되고 있다고 말할 수 있을 것이다. ☞동정(연민)

—소노다 무네토(薗田宗人)

순간瞬間

『차라투스트라』* 제3부 「환영과 수수께끼에 대하여」에는 '순간'에 대한 수수께끼 같은 삽화가 있다. 중력의 영*을 뿌리치고 있던 차라투스트라는 난쟁이의 모습을 한 이 중력의 영과 더불어 어떤 문 앞에서 발을 멈춘다. 그 문 위에는 '순간'이라는 이름이 내걸려 있다. 그 문은 두 개의 영원히 서로 모순되는 길이 만나는 마당이다. 어느 쪽 길을 걷더라도 영원히 끝이 없다. 차라투스트라는 말한다. "보라, 여기 순간이라는 것을! 여기 순간이라는 성문으로부터 길고 영원한 골목길 하나가 뒤로 내달리고 있다. 우리 뒤에 하나의 영원이 놓여 있는 것이다. 만물 가운데서 달릴 줄 아는 것이라면 이미 언젠가 이 골목길을 달렸을 것이 아닌가? 만물 가운데서 일어날 수 있는 일이라면 이미 일어났고 행해졌고 지나가 버렸을 것이 아닌가?"[『차라투스트라』 Ⅲ-2. 2] 영원회귀*의 예감으로서 해석될 수 있는 이 구절은 검은 뱀의 머리를 물어뜯고 빛으로 감싸인 자로 변용되는 양치기의 웃음으로 끝난다. 두 개의 모순이 서로 교차하는 '순간'은 영원회귀가 달성되는 '위대한 정오*'의 순간이며, 우연과 필연*, 자유와 운명이라는 모순이 풀리고 쾌락*이 영원이 되는 순간이다. 이러한 순간의 사유는 중기까지의 작품에서는 주로 미적 경험과 결합되어 반복해서 등장한다. 예를 들어 『비극의 탄생』*에서 잔혹한 삶*의 본래적인 모습을 엿보는 순간의 미적 도취*, 『아침놀』*[423]에 적혀 있는, 눈앞에 전개되는 자연미를 느끼는 전율적인 미의 경험의 순간성 등이다. 이에 반해 『차라투스트라』에서는 순간적으로밖에 있을 수 없는 미적 구제를 영원의 범주와 결부시키고자 하는 자세가 강하게 보인다. 중력의 영으로부터 해방된 '위대한 정오'의 때는 "일체의 시간이 순간에 대한 행복한 조소"[『차라투스트라』 Ⅲ-12. 2]로 보이는 때이다. "이것이 살아간다는 것이었던가? 좋다! 그렇다면 다시 한 번!"[같은 책 Ⅲ-2. 1]이라고 말하고, 삶의 모든 것을 긍정하는 것에서 영원회귀를 받아들이는 자세는 순간에서의 순간의 극복* 시도이다. 그렇긴 하지만 그에 의해 모순이 실제로 해소되는 것은 아니다. 영원과 순간을 결부시키고자

하는 영원회귀 사상은 니체 자신이 차라투스트라에게 말하게 하고 있듯이 어디까지나 "미래의 예견"이며, 실현되지 않는 구제*의 꿈이었다고 말할 수 있을 것이다. ☞영원회귀, 중력의 영, 위대한 정오, 전율과 공포

―오누키 아츠코(大貫敦子)

슈만 [Robert Schumann 1810-56]

'괴테*와 모차르트*의 시대'로부터의 결별을 의식하고 바흐의 대위법과 장 파울(Jean Paul 1763-1825) 문학의 환상성을 작곡의 원천으로 삼은 낭만주의 작곡가. 그는 일상성을 시적 판타지에서 보고자 하는 낭만파의 '포에지' 개념에 공감하고, 제목에서도 낭만주의의 특성을 반영한 시정성 풍부한 작품을 남기고 있다. 니체는 슐포르타* 시대에는 슈만을 상당히 높이 평가하며, 스스로 자주 연주하며 듣기도 했던 듯하다. 엘리자베트에게 보낸 편지에서 슈만의 가곡 <여자의 사랑과 생애>의 악보를 사도록 권하고[1861년 11월 말], 또한 '생활필수품'으로서 어떻게 해서라도 슈만의 <환상소곡집>과 <어린이의 정경>의 악보를 보내주길 바란다고 부탁하고 있다[1863. 9. 6]. 또한 본 시대에도 그 취미는 변하지 않았던 듯, 어떤 음악회에서 "나의 가장 좋아하는 곡목, 슈만의 <파우스트의 정경>과 베토벤*의 <제7교향곡>이 들을 만했다"고 기뻐하고 있다[누이에게 보낸 편지, 1865. 6. 11.]. 바이런*의 작품을 테마로 한 <만프레드>에 대해서도 감동하고 있다. 나움부르크*로 휴가를 위해 돌아온 니체는 게르스도르프*에게 보낸 편지에서 "나의 세 가지 휴양"으로서 "쇼펜하우어*와 슈만의 음악, 그것에 더하여 고독한 산보"[1866. 4. 7.]라고 쓰고 있기도 하다. 그러나 바그너*와 그의 낭만주의로부터의 결별 이후에는 커다란 슈만 혐오로 바뀌고 있다. 『선악의 저편』*[245]에서는 베버(Carl Maria von Weber 1786-1826)의 <마탄의 사수>나 바그너의 <탄호이저>와 더불어 슈만의 <만프레드>는 독일 음악을 "유럽의 마음을 위한 목소리가 아니라 단순한 조국만세주의로 폄하해 버릴 위험성"을 지닌 것이라고 말한다. 덧붙이자면, 『이 사람을 보라』*[Ⅱ. 4]에서는 슈

만에 대항하여 만프레드 서곡을 작곡했다고 호언하고 있다. 슈만은 마치 "내게 손대지 않고서"라고 말하는 소녀와 같은 "보잘것없는 취미"의 인간으로 "고요한 서정성과 감정의 명장"으로 기울어진 그의 취미는 "독일에서는 이중의 의미에서 위험"하며, 그 "슈만적인 낭만주의가 극복된 것은 오늘날의 우리에게는 행복"이고, "해방"이라고까지 말한다[『선악』245]. 자신이 자라난 가정환경 속에서 스스로도 끌려들어가 있던 슈만 작품의 매력이 한 조각의 행복에 안주하는 소시민적 취미의 반영이자 그것이 편협한 애국주의로 직결될 위험을 니체는 독일 제국의 졸부 취미와 국가주의의 대두에서 민감하게 간취했던 것일 터이다. ☞니체와 작곡, 니체와 음악

―오누키 아츠코(大貫敦子)

슈미트 [Carl Schmitt 1888-1985]

20세기의 가장 문제적인, 독일 국법학자의 한 사람. 1930년대 초, 의회제 민주주의가 기능부전에 빠졌을 때에 등장한 대통령의 인격적 권위에 기초하는 위기 정부의 이데올로그, 나치스° 정부가 성립하자 곧바로 나치스에 입당하며, '나치스의 계관 법학자'가 된다. 그러나 1936년 말, 친위대 SS에 의해 비난받으며, 이후 "하늘에서는 자살이라는 병의 접근을 알리는 죽음의 새의 지저귐이 들렸다'고 스스로 회고하는 경지에 놓여 있었다.

그의 "비상사태에 결단을 내리는 자야말로 주권자", "법은 모두 상황의 법", "예외는 모든 것을 증명한다"[『정치신학』(1922)]라는 일회성적인 것에 대한 고집, 정치에서의 '신화'의 중시[『현대 의회주의의 정신사적 상황』(1923)], 나아가서는 유럽 공법의 몰락 의식[『육지와 바다』(1942), 『대지의 노모스』(1950)], 자기를 유럽 법학의 최후의 대표라고 하는 자의식[『유럽 법학의 상태』(1950)], "신은 죽었다"[『권력과 권력자에 대한 대화』(1954)] 등의 발언에서 짙게 나타나는 니힐리즘°·체념은 니체와 그와의 친근성을 느끼게 하며 실존적인 인상을 지니게끔 한다. 특히 그의 이름을 저명

하게 만든 "정치란 죽음을 걸고서 싸우는 적과 자기편의 관계"[『정치적인 것의 개념』(1928)]라는, 통합의 계기가 존재하지 않는 끝없는 투쟁관은 언뜻 보기에 니체 식의 영원회귀° 사상에 가깝다고 해석하는 연구자도 있다(P. P. 파틀로흐(P. P. Pattloch)). 더 나아가 그를 '니체의 유언 집행자'라고까지 말하는 연구자(F. A. 하이테(F. A. Heydte 1907-86); H. 라우퍼(H. Laufer 1933-))도 있다.

그가 시대 비판의 선구자로서의 니체의 영향을 받았다는 것은 틀림없다 하더라도 니체에 대해 정리된 형태로 발언하는 일은 적다. "사적인 사제라는 것 속에 낭만주의의 궁극적인 근거가 놓여 있다'라고 한, 그의 『정치적 낭만주의』(1919) 제2판(1925)에 대한 서문에서 "사적 사제제의 사제장임과 동시에 희생이기도 했던 니체'라고 하고 있는 것이 눈길을 끈다. 그는 청년기에 그리스도교적 고답파 시인 Th. 도이블러(Theodor Däubler 1876-1934)와 K. 바이스(Konrad Weiss 1880-1940)의 영향을 강하게 받으며, 바이마르 시기에는 가톨릭적인 권위 국가의 수립을 지향한 보수 혁명 운동의 법·국가론의 전문가로서 활약했다. 또한 전후에는 스스로를 보댕과 홉스를 "형제"로 하는 "그리스도교적 에피메테우스"[『구원은 옥중에서』(1950)]로 규정한다. 이와 같이 필시 그의 사유의 중심은 일관되게 가톨릭적 질서주의, 법학적으로는 어디까지나 국가(그 내용을 묻지 않는 것에 문제가 있다 하더라도)주의에 있었다. 그는 다음과 같이 쓰고 있다. "니체는 독일인이 분명한 무신론°에까지 나아가는 것을 중도에 저지하는 것이 이 [니체가 제6감이라고 부른] 역사적 감각이라고 생각하고, 그것을 지니는 사비니(Friedrich Carl von Savigny 1779-1861)와 헤겔°을 매도했다."[「보론」 『유럽 법학의 상태』(1958)] 이와 같이 씀으로써 그는 오히려 후자들이야말로 무신론에 대한 '저지하는 자(Katechon)라고 생각하고, 니체를 '멸망의 자식'으로서 그려내고자 한다. 이것들로부터 보더라도 그와 무신론의 '프로메테우스' 니체와의 거리는 형제 이상으로 멀지도 모른다.

―야마시타 다케시(山下威士)

슈바이처 [Albert Schweitzer] ⇨현대 신학

슈타인 [Heinrich von Stein 1857-87]

　마이젠부르크*의 소개로 1879/80년 겨울 이후 지크프리트 바그너의 가정교사가 되어 바그너 가와 친하게 교제한 철학자. 마지막은 베를린대학 사강사. 재능이 풍부했지만, 니체도 말하듯이 "용서할 수 없을 정도로 일찍 죽었다."[『이 사람』 I . 4] 1882년 저작을 니체에게 보낸 일로부터 편지 왕래가 시작되며, 1884년 8월 26-28일에는 질스-마리아*로 니체를 방문했다. 자고 나서 "나는 스위스의 경치를 보기 위해 온 것이 아니다"라고 말한 것이 니체에게는 대단히 기뻤던 일인지 가스트*에게 보낸 편지에서도 그 일을 적을 뿐만 아니라 『이 사람을 보라』*에서도 언급하고 있다. 바이로이트*에서 만나고 싶어 하는 슈타인에게 니체는 편지에서 자신의 바그너* 혐오를 분명히 이야기했음에도 불구하고[1884. 5. 21], 그 전에는 『바그너 사전』까지 내놓은 이 젊은 학자와 철학이나 미학에 관한 이야기로 들떴던 듯하다. 그는 질스-마리아에서의 그 3일간 자유의 폭풍에 의해 완전히 다른 사람으로 변했다고 『이 사람을 보라』[I . 4]에 적혀 있다. 동시에 가스트에게 보낸 편지에서는[1884. 9. 2.] 슈타인에게 『차라투스트라』*의 문장은 열둘 정도밖에 이해될 수 없다고 말해버렸다(동일한 것이 『이 사람』 III . 1에 기록되어 있다)고 쓰고 있는 것을 보면, 쾌활하게(맹렬하게 서로 웃었던 일이 슈타인의 죽음을 알리는, 가스트에게 보낸 편지[1887. 6. 27.]에 적혀 있다) 이야기하고 싶다는 것을 서로 말했던 듯하다. 다만 슈타인이 쓴 것에서는 보수혁명의 싹을 읽어낼 수 있다는 점도 분명하다. 니체에게 딜타이*의 사상을 가르쳤다는 설도 있다.

—미시마 겐이치(三島憲一)

슈트라우스, 다비드 [David Friedrich Strauß 1808-74]

　독일의 프로테스탄트 신학자. 루트비히스부르크에서 태어나 튀빙겐대학에서 공부한다. 1831년, 헤겔*과 슐라이어마허(Friedrich Ernst Daniel Schleiermacher 1768-1834)가 있던 베를린으로 향하지만, 그 직후 헤겔은 갑자기 사망하며 슐라이어마허로부터는 얻는 바가 없었다. 그 다음 해에 튀빙겐 신학교의 철학 조교수가 된다. 주저 『예수의 생애』(Das LebenJesu, kritisch bearbeitet) 2권 제1판(1835)의 출판에 의해 보수파의 격렬한 공격을 받아 직을 사임하며, 이후 거의 대부분을 재야에서 보냈다. 저작은 그 밖에 『신앙의 그리스도와 역사의 예수』(Der Christus des Glaubens und der Jesus der Geschichte, 1864), 『낡은 신앙과 새로운 신앙』(Der alte und der neue Glaube, 1872) 등이 있다.

　예수론의 계보를 거슬러 올라가면, "우리는 그리스도를 이미 육에 의해 알고자 하지 않습니다"라고 바울*이 적었듯이 원시 그리스도교는 역사적 예수*의 생애에 대해서는 무관심했으며, 루터*도 마찬가지였다. 예수의 생애를 역사적으로 파악하고자 한 것은 라이마루스(Hermann Samuel Reimarus 1694-1768)가 최초인데(1778년에 레싱이 그의 유고를 출판), 그는 있는 그대로의 예수와 제자들이 고안해낸 그리스도와의 다름을 지적했다. 이후 예수의 생애에 대한 역사적 연구는 복음서, 특히 그것이 포함하는 기적을 역사적 사실로서 그대로 받아들이는 초자연주의에 반대하여, 나아가 도그마로부터의 해방을 지향하는 수단으로서 행해졌다. 헤르더(Johann Gottfried von Herder 1744-1803)는 유대적인 공관 복음서와 그리스적인 요한 복음서를 준별한 다음, 전자에서도 순수한 역사적 사실을 인정하지 않으며, 나아가 예수의 메시아성을 말하는 성스러운 서사시를 발견했지만, 근본적으로는 기적 문제의 역사적 해명을 회피했다. 파울루스(Heinrich Eberhard Gottlob Paulus 1761-1851)는 철저한 합리주의 입장을 취해 기적을 모두 부정했다. 기적은 목격자들이 그 제2원인을 알지 못한 채 보고한 자연적 사건에 지나지 않으며, 예를 들어 예수의 ·부활'은 가사 상태로부터의 소생이라고 설명했다.

　이러한 가운데 종교적 표상을 개념으로까지 높이는 헤겔 철학에 의해 도그마로부터 해방된 내적 자유를 지닌다고 스스로 인정하고 있던 슈트라우스는 신학에

서의 초자연주의와 합리주의 쌍방에 반대하고 신약 성서를 신화로서 설명했다. '부활'은 죽은 후에 되살아 난 것도 가사 상태로부터 되돌아온 것도 아닌바, 역사 적 사실이 아니라 이야기인 것이다. 이러한 설명은 그리스도교*를 신화로 환원한 것으로도 보였지만, 슈 트라우스 자신의 의식에서 그리스도교를 방기했던 것은 아니다. 이념과 현실, 무한성과 유한성, 신과 인간 의 대립을 사변적으로 지양하는 헤겔*을 따라 신인성 이라는 이념은 예수의 역사적 인격에서 구현된 정신과 자연의 통일인바, 본래는 인류라는 유야말로 신과 인 간의 통일이며 개인도 이에 참여할 수 있다고 생각함으 로써 그리스도교를 참된 인류 종교이게끔 하고자 했던 것이다. 거기서 예수의 죽음과 부활은 정신이 스스로 의 자연성을 부정함으로써 언제나 좀 더 고차적인 정신적 삶으로 자기 지양하는 것을 나타내는 신화가 된다. 이러한『예수의 생애』는 예수전의 비기적적 고 찰 시대의 막을 열어젖혔다(알베르트 슈바이처). 다른 한편, 신학에서뿐만 아니라 철학에서의 헤겔학파 내부 에서도 이 책은 격렬한 논쟁을 불러일으켰으며, 헤겔 학파는 우파, 중앙파, 슈트라우스를 포함하는 좌파(이 들은 그의 명명에 의한 것이다)로 분열했다.

만년의『낡은 신앙과 새로운 신앙』에서는 다윈 진화 론의 강한 영향을 받아 자연과학적인 실증주의 입장에 서 헤겔 철학에 대해서도 '낡은 신앙'인 그리스도교에 대해서도 등을 돌리기에 이른다. 그러나 그것은 무신 론*이 아니라 세계의 인과 연관인 필연성을 이성이라 고도 부르며 신앙의 대상으로 삼았다. 신-우주-이성 을 숭배하는 범신론적인 '새로운 신앙'이었던 것이다. 니체는 20세 무렵에 정치한 문헌학자로서『예수의 생애』를 꼼꼼히 읽고 예수 전승의 모순을 폭로하는 그것의 총명함, 비할 데 없음에 감동하여 거기서 나중 의 말을 빌리자면 "우리 최초의 독일의 자유정신"을 보았다. 그러나 후년에 1870-71년의 프로이센-프랑스 전쟁*의 승리로 끓어오르고 문화면에서도 프랑스에게 승리했다고 환호하는 독일 여론의 현 상태에 화가 치밀어 오른 그는 1873년에『반시대적 고찰』* 제1편 『다비드 슈트라우스 — 신앙 고백자와 저술가』를 출

판하여『낡은 신앙과 새로운 신앙』이 베스트셀러가 되고 슈트라우스를 일급의 독일 정신으로 받아들이는 독일적 교양*을 엄혹하게 공격했다. 니체에 따르면 슈트라우스 및 그를 예찬하는 사람들은 '교양속물'인 바, 스스로를 뮤즈의 총아, 문화인으로 망상하고 시민 적 행복에 젖어들고 있지만, 사실은 역으로 참된 문화, 참된 독일 정신을 위험한 곳으로 몰아넣고 있는 것이 다. '새로운 신앙'의 고백자인 슈트라우스는 근대적 이념을 소박하게 신봉하는 한에서는 과학과 신앙을 혼동한 비종교자이며, 우주만유에 대한 감각이라는 경건함을 끄집어내는 종교자로서는 빈약하기 짝이 없고, 그 '낙원'은 그들의 통속적이고 '문화적'인 일상 생활 그대로라고 조소받았다. 신학자도 포함하여 누구 나 다 격찬한 저술가로서의 슈트라우스는 고전적 작가 를 연기하는 서투른 배우이자 독일어의 퇴폐를 상징한 다고 여겨져 문장이 하나하나 야유되었다. 슈트라우스 는 속물 문화의 신앙 고백자이자 저술가로서도 스스로 속물 문화를 증명하고 있다는 니체의 이러한 통렬한 논란은 비범한 비판가가 늙어 변질된 것에 대한 비판인 것을 넘어서서 당시 독일 문화에 대한 비판이기도 하다. ☞ 교양속물,『반시대적 고찰』

—고토 요시야(後藤嘉也)

슈트라우스, 리하르트 [Richard Strauß 1864-1949]

독일, 뮌헨에서 태어난 작곡가. 슈트라우스의 음악 에서는 바그너*의 강한 영향도 포함하는 당시 세기말* 데카당스* 예술과 독일에서의 아방가르드 예술 운동 이라고 해야 할 표현주의*에 대한 연결이 엿보인다. 그러나 아방가르드성을 철저히 추구함으로써 유럽 음악의 어법을 변화시킨 말러*나 쇤베르크(Arnold Schö nberg 1874-1951)와는 달리 슈트라우스는 전통과의 화 해라는 방향으로 전회하며, 일반 대중에 의해 받아들 여지기 쉬운 음악을 지향했다. 그 결과 슈트라우스는 갑자기 시대의 총아가 되었다. 니체와의 관련에서는 교향시 <차라투스트라는 이렇게 말했다>를 들 수 있는 데, 차라투스트라의 사상을 음악화하고자 했다고 일컫

는 이 작품은 속 보이는 외면적 효과에 의한 니체의 패러디화에 지나지 않는다고 평가될 수 없다. 오히려 니체의 영향을 받은 시인 데멜*의 시에 작곡한 <데멜 가곡집>의 농밀한 에로티시즘이나 호프만스탈*의 대본에 의한 가극 <엘렉트라>의 기이한 표현 등에서 니체 열광으로 상징되는 시대사조와 슈트라우스의 연결이 감지된다. 다만 어떻든지 간에 슈트라우스의 음악은 니체와는 본질적으로 인연이 없다.

—다카하시 준이치(高橋順一)

슈티프터 [Adalbert Stifter 1805-68]

슈티프터의 이름은 80년대 초에 니체가 켈러*와 더불어 즐겨 거론하고 있다. 『방랑자와 그의 그림자』에서는 슈티프터의 『늦여름』(*Nachsommer*, 1857)이 괴테*의 『에커만과의 대화』와 더불어 여러 번 읽을 가치가 있는 몇 안 되는 "독일 산문의 보배"라고 언급되며, 가스트*에게 보낸 편지에서는 괴테의 「사자의 노벨레」처럼 "상쾌하고 치유력이 있으며 애정이 섬세하고 밝고 맑다"고 말해지고 있다. 오버베크* 등에게도 이것을 여러 차례 읽도록 권장하고 있다. 베르트람*은 니체의 슈티프터에 대한 공감을 가을의 더할 나위 없는 행복에 대한 생각과 그 안의 교육적 열정에서 이루어진 것이라고 하고 있지만『니체—하나의 신화의 시도』], 그렇다 하더라도 니체와는 본질적으로 이질적인 슈티프터를 이처럼 높이 평가하는 것은 아무래도 불가해한 일이다. 당시의 니체의 모든 문학 평가를 지배하고 있던 것은 괴테와 바그너*라는 이항대립적인 예술가 유형인바, 회화적이고 호들갑스러운 데카당스*인 바그너에 대한 실망의 간접적 표현으로서 그 대극인 괴테와의 근친성에서 슈티프터가 제시된 것은 아닐까? 비제*의 평가와도 통하는 점이 있다.

—야마모토 유(山本尤)

슈펭글러 [Oswald Spengler 1880-1936]

1906년의 학위 논문 「헤라클레이토스론」 이래로 슈펭글러는 의식적으로 니체의 그림자에 몸을 두고 그 그림자에서 써나간다. 주저 『서구의 몰락』(1918-22)은『권력에의 의지』라는 유고 모음집에 대한 역사적 아틀라스이며, 유럽의 몰락 예언은 니체의 문화 페시미즘에서 도출된 것이었다. "니체를 모방하는 현명한 원숭이"(토마스 만)는 거인의 어깨 위에 올라탄 난쟁이라고 해야 할지, 니체의 사상세계의 유산 상속자로서 니체의 가래가 닿지 않는 문화권역의 형태학이라는 영역을 일군 점은 있었지만, 거기서 니체의 테제는 자기의 구상에 맞추어 변경되며, 위험한 방식으로 오해되고 있었다. 예를 들어 르네상스*는 고대의 다시옴이 아니라 고딕과 바로크 사이의 깊이를 결여한 단명한 운동으로 간주되며, '권력에의 의지'는 북구 신화 에다와 십자군의 초기 대교회당에서 온 북방혼의 존재방식으로 파악되고, 서구의 모럴은 노예 도덕이 아니라 '권력에의 의지'를 그 본질로 하는 지배자의 도덕, 그리스도교*도 지배자 종교, 종교개혁*도 니체가 말하듯이 도덕의 거짓된 형식이 아니라 "고딕의 유산이자 완성", 사회주의*도 파우스트적 권력의지의 윤리적·정치적 현실이라고 한다. '영원회귀'*에 대해서는 당연한 일이지만 회의적이었다. 그리고 유럽의 몰락을 구하기 위해 루터주의가 남긴 프로이센 왕가 호엔촐레른가에 의한 새로운 형태의 무단정치에 기대가 걸리며, 고대의 종언 후에 로마 제국이 있었듯이 서구의 종언 후의 게르만 제국이 예언되고 있었다. 『서구의 몰락』은 제1차 대전의 패배와 때를 같이하여 나왔던 만큼, 영국과 아메리카의 문명화, 합리화, 공리화의 승리의 종언을 고하는 위로의 글로서 특히 보수혁명 진영에 대단히 커다란 영향을 미쳤다. 거기에는 나치즘의 니체 곡해의 원형이 포함되어 있기도 하다. 슈펭글러는 1919년에는 니체 아르히프의 명예상을 수상하며, 1923년 이래로 아르히프의 가장 마음에 드는 조언자로서 지도적 역할을 수행했지만, 나치의 대중과 종족의 우상화에 따라가지 않으며, 1935년에는 아르히프와도 손을 끊고, 스스로가 예언한 제3제국에서는 "영원한 과거의 인간"으로서 무시되고 고립했다. ☞불안, 밀러

331

―야마모토 유(山本尤)

슈피텔러 [Carl Spitteler 1845-1924]

스위스의 작가. 니체의 『차라투스트라』*보다 2년 일찍 『프로메테우스와 에피메테우스』(*Prometheus und Epimetheus*, 1881-82)에서 세기 후반의 지도자 대망의 분위기를 작품화했다. 후에 『차라투스트라』의 모방으로 잘못 평가되는데, 1902년에는 자기 스스로 잡지 기사에서 바로잡을 정도였다. 1888년 그는 잡지 『맹약』에 「작품에서 본 니체」라는 평론을 쓰고, 그때까지의 작품마다 평가를 내린다. 『차라투스트라』는 고급한 문체 연습에 지나지 않으며, 내용의 사정은 이후 되어가는 대로 이루어진 것을 표현했다고 하는 것이 마음에 들지 않았던 니체는 『이 사람을 보라』*에서 분노를 숨김없이 털어놓고 있다. 친우인 오버베크*의 제자였기 때문인지 슈피텔러도 이윽고 태도를 바꿔[가스트에게 보낸 편지, 1888. 2. 26.] 『바그너의 경우』는 절찬한다. 서평을 계기로 시작된 편지 교환에서는 니체가 그에게 라이프치히*의 출판사를 소개하고 있으며, 이에 대해서는 후년에 슈피텔러 자신이 개인적 편지에서의 니체는 마음을 쓰고 섬세하며 남을 돕는 좋은 성격이었다는 점을 고마움을 담아 강조하고 있다. 니체는 유명한 잡지 『예술전망대』(Kunstwart)의 집필자가 될 수 있도록 그를 추천했던 일을 오버베크에게[1888. 7. 20] 말하고 있는데, 슈피텔러의 회상에서 니체는 신경을 써주고 그가 소개했던 일을 한 마디도 비추지 않는, 그럴 정도로 마음씨 고운 사람이었다고 술회하고 있다.

―미시마 겐이치(三島憲一)

슐레히타 [Karl Schlechta 1904-85]

빈에서 태어나 대학에서 처음에는 화학과 물리학을 전공했지만, 머지않아 철학과 심리학으로 전환했다. 인문주의적 교양을 배경으로 하는 실증적인 문헌학자로 괴테*와 라이프니츠, 에라스무스에 관한 저작도 있다. 또한 칼 라인하르트*나 발터 F. 오토*와 일찍부터 친교를 맺었다. 그의 니체와의 밀접한 관계는 1934년부터 니체의 『역사적 · 비판적 전집』의 편집 작업에 관여하는 것에서 시작된다. 1930년대에 히틀러가 몇 차례 니체 아르히프를 방문했을 때에는 엘리자베트 니체의 모습은 마치 "자식의 귀환을 맞이하는 어머니와 같았다"고 감동의 말을 내뱉고 있지만, 엘리자베트 사후인 1937년에 그녀가 니체의 서간을 위조했다는 것과 그녀 등에 의해 '주저'로서 간행된 『권력에의 의지』가 자의적인 편집에 기초하는 날조였다는 것을 발견했다. 다만 이 사실은 당시 전집의 편집에 관여하고 있던 일부의 사람들(그 가운데는 하이데거*와 W. F. 오토가 있었다)에게밖에 알려지지 않았다. 1954년 이후 슐레히타는 스스로의 편집에 의한 니체 전집을 간행하고(전3권, 후에 색인도 간행), 「편자 후기」에서 누이 등에 의한 왜곡과 날조의 사실을 공표했다. 그리고 제3권에서는 『권력에의 의지』에 사용된 80년대의 단편들을 가능한 한에서 성립 순서대로 배열하여 게재하는 것으로 했다. 이 전집은 이러한 실증적인 방식에 의한 『권력에의 의지』의 비신화화에 관한 찬부도 포함하여 커다란 반향을 불러일으켰지만, 콜리*와 몬티나리*의 전집이 간행되기까지 가장 신뢰할 만한 판으로서 이용되었다. 슐레히타는 『젊은 니체와 고전 고대』(1948), 『니체의 위대한 정오』(1954), 『니체의 경우』(1958) 등, 면밀한 텍스트 내재적 해석에 기초하는 연구를 발표하는 것 외에, 『프리드리히 니체, 그의 철학의 숨겨진 시작』(Anni Anders와 공저, 1962)에서는 니체와 보스코비치*의 자연철학이나 A. 슈피어(Afrikan Spir 1837-90)의 인식론과의 관계 등, 그때까지 그다지 알려지지 않았던 초기 니체의 자연과학 · 자연철학에 대한 몰두를 밝혔다.

―오이시 기이치로(大石紀一郎)

슐포르타 [Schulpforta]

니체가 1858년 10월 5일에 입학하여 64년 9월 7일에 졸업한 6년제의 명문 중 · 고등학교로 당시의 정식 명칭은 '국왕립 포르타 학원'(Die königliche Landesschule

Pforta). 12세기에 세워진 시토파 수도원이 1543년에 개조되어 창립된 이 학교는 나움부르크* 근교 잘레 강변의 녹음이 짙은 계곡 사이에 있으며, 성적이 발군인 학생밖에 받아들이지 않는 기숙제도의 남학교로서 고전어 교육의 높은 수준과 규율의 엄격함으로 알려져 있었다. 나움부르크의 대성당 부속 김나지움에서 수석을 계속하고 있던 니체는 클롭슈톡, A. v. 훔볼트, 피히테, 슐레겔 형제, 노발리스, 랑케 등을 배출한 이 학교를 이전부터 동경하고 있었기 때문에, 특대생으로서의 입학 초청에 기쁘게 응했다. 그렇지만 니체와 슐포르타의 관계는 반드시 행복한 것이었다고는 말할 수 없다. 어릴 적에 아버지와 형을 잃은 이래로 여자만으로 이루어진 가정에서 여자들의 염려 아래서 자란 그는 입학 후 격심한 향수병에 걸리며, 일요일마다 어머니와 누이와의 만남에 나갔다. 점차 기숙사 생활에 익숙해지고서부터도 동급생과의 새로운 우정은 좀처럼 맺을 수 없었다. 60년 7월부터 63년 6월까지 그는 '게르마니아'라는 동인회의 매달 한 차례의 연구 발표회에서 논문 「운명과 역사」를 낭독하는 등의 활동을 했지만, 이 동인회는 어릴 적부터 친한 크룩(Gustav Krug 1843-1902) 및 핀다(Wilhelm Pindar 1844-1928)와 슐포르타 외부에서 결성한 것이었다. 학교 내에서 6년간에 얻은 친우는 도이센*과 게르스도르프*의 두 사람에 그친다. 학업 면에서도 엄격한 지도와 관리 하에서 전반부 3년간은 수석을 지켰지만, 점점 더 심해지는 답답함과 무료함으로 인해 후반부에는 떨어졌다. 졸업 시험에서 수학 성적이 나빴던 것은 고전어와 독일어의 고득점으로 겨우 구제되었다고 한다. 슐포르타에서의 6년간은 아카데미즘으로의 기울어짐과 이반, 집단에 대한 부적응이라는 니체의 인생행로를 선취하고 있었다고 말할 수 있을지도 모른다. ☞나움부르크, 도이센, 게르스도르프

—시미즈 혼유(清水本裕)

스타이너 [George Steiner 1929-]

오스트리아계 유대인으로서 파리에서 태어나 전시 중에 미국으로 망명. 전후에는 문예 비평가로서 다채로운 활동을 전개한다. 스타이너의 사고의 정점에 놓여 있는 것은 그가 유대인으로서 겪을 수밖에 없었던 운명을 근대 유럽 문명의 행방 문제로서 보편화하는 것이었다. 이 주제를 논의한 저작 『푸른 수염의 성에서』(In Bluebeard's Castle, 1971)에서 스타이너는 19세기 유럽 문명의 기조를 '권태'로 규정한다. 그것은 혁명의 좌절과 산업혁명에 의한 생활의 가속도화가 초래한 사회와 문화의 니힐리즘적인 기분을 의미한다. 이 '권태'는 그 반동으로서 '파괴' 충동을 산출한다. 스타이너가 "지옥의 계절"이라고 부르는 이 '파괴' 충동의 시대를 꿰뚫고 있는 것은 유대 사상으로 응축된 이상주의적 규범의 추구로의 지향에 대한 깊은 증오였다. 스타이너는 니체가 '노예의 반란*'이라고 부른 '르상티망*'의 분출을 이러한 증오의 나타남으로서의 반유대주의*에서 보고자 하는 것이다. 본서에서의 스타이너의 근대 유럽 문명관에서는 분명히 니체의 근대 인식 관점의 영향이 엿보인다. 다만 스타이너는 이러한 '파괴' 충동의 흐름 속에 니체 자신도 헤아려 넣고, 니체를 이러한 '권태'와 '파괴' 충동 시대의 기조를 가장 깊은 곳에서 체현한 인물로서 비판적으로 보고 있다. 덧붙이자면 『하이데거』의 신판에 덧붙여진 「하이데거 1991」이라는 서문에서 이러한 근대의 맥락에 대한 스타이너의 견해가 좀 더 정치하게 전개되고 있지만, 거기서도 니체에 대한 언급이 보인다.

—다카하시 준이치(高橋順一)

스탕달 [Stendhal 1783-1842]

본명은 앙리 베일(Henri Beyle). 생애에 걸쳐 몇 차례인가 이름을 바꾸며, 스탕달은 사랑하고 존경하는 빙켈만*의 탄생지 슈텐달(Stendal)과 연관된 필명. 니체는 『적과 흑』을 읽고서 "자신의 혈연을 만난 기분이 들었다"고 적고 있다. 스탕달은 고향 그루노블에서 파리에 도착한 날에 브뤼메르 18일의 쿠데타와 조우한다. 그대로 나폴레옹*의 이탈리아 원정군에 가담할 정도로 나폴레옹 숭배자이며, 또한 이탈리아의 예술과 분방한

생활을 사랑했다. 『파름의 수도원』(*La Charteuse de Parme*, 1840) 등의 작품에서는 음모와 잔인함도 불사하고서 강렬한 개성을 관철하는 르네상스* 시기의 인간에 매료된 그의 성향이 엿보인다. 이러한 점에 니체가 친근감을 지녔던 것은 상상하기 어렵지 않다. 그러나 무엇보다도 니체가 관심을 기울인 것은 그의 심리 묘사 방법이다. 스탕달은 자기의 강렬한 욕정이나 감동을 속속들이 드러내는 것이 "행복의 추구"라고 하여 그것을 "에고티즘"이라 명명했다. 밀라노에서의 스스로의 연애 경험을 분석한 『연애론』과 『적과 흑』, 『에고티즘의 회상』 등은 그 전형이다. 니체는 스탕달을 "최후의 위대한 심리학자"라고 부른다[도스토예프스키*와의 만남 후에 그 평가는 상대화된다]. 감정의 주름을 베어내는 듯한 스탕달의 심리 분석 수법에서 스스로의 폭로 심리학과 동일한 것을 감지했을 것이다. 또한 "아름다움이란 행복의 약속이다"라는 스탕달의 말을 칸트*의 아름다움의 정의를 부정하는 근거로 삼고 있다. 요컨대 니체에게 있어 아름다움*은 칸트에서처럼 '관심 없는' 것이 아니라 "아름다움의 영역에서 이루어지는 강렬한 체험, 욕망, 놀람, 떨림으로 가득 찬…… 위대한 개인적 사실이자 경험이다." 그러한 아름다움을 알고 있던 스탕달과 비교해 칸트는 "비개인적이고 보편적인 인식"을 존중하는 나머지, 행복의 아름다움을 생각하고 있지 못하다고 비판한다[『계보』 III. 6]. 마찬가지로 쇼펜하우어*도 정념으로부터의 해탈이 미적 상태라고 생각하고 있다는 점에서 스탕달과 대비시켜 비판한다. 행복을 약속하는 아름다움이란 "의지의 분투"이자 금욕과는 반대다. 무신론*에 서서 고루한 도덕을 뒤집고 위선을 폭로하는 스탕달에게 니체는 선망마저 느낄 정도였다[『이 사람』 II. 3].

— 오누키 아츠코(大貫敦子)

스토아학파/스토아주의 [Stoa; Stoizismus]

스토아학파에 대해 니체는 그 금욕적인 태도의 의의를 어느 정도까지는 평가하면서, 동시에 그 한계를 지적한다고 하는 거리를 둔 견해를 취하고 있었다. 「그리스 비극 시대의 철학」에서는 현대의 부박한 철학과 비교하면 억제의 덕을 스스로에게 부과하는 스토아학파는 남자답고 훌륭하다고 치켜세우고 있지만, 헤라클레이토스*의 "세계의 유희"라는 "미적인 근본 개념"을 합목적성이나 인간의 이익이라는 관점에서 단조롭게 해석해 버렸다고 비난한다[「비극 시대의 철학」 2, 7]. (또한 『이 사람을 보라』*에서 니체는 헤라클레이토스에게서 영원회귀*설의 선구를 찾고, 모든 근본 관념을 헤라클레이토스로부터 이어받은 스토아에게서도 그 흔적이 있다고 말한다.) 윤리설과 관련해서는 그 무엇에서도 마음이 동요하지 않는 평정(아타락시아)을 행복으로 파악하는 사고방식은 고슴도치처럼 견고한 피부를 뒤집어쓰고서 "생존의 우연"이 초래하는 모든 것에 대해 불감증이 되는 것에 다름 아닌바, 정신적인 일을 하는 인간에게는 오히려 에피쿠로스*학파의 섬세한 감수성 쪽이 어울린다고 하고 있다[『학문』 306]. 본래 "자연을 따라 살아간다"는 스토아의 이상 자체가 "터무니없이 영원한 찬미와 일반화"에 의해 자연에 스스로의 해석을 밀어붙이고, 자연이 "스토아에 따라" 자연인 것처럼 강요하는 것에 의해 성립한다. 모든 철학은 "전제적인 충동, 정신적인 힘에의 의지"로서 세계를 스스로의 모습에 따라서 창조하는 것이며, "자기에 대한 전제"에 기초하는 스토아주의는 자연도 전제적으로 지배할 수 있다고 기대하고 있는 것이라는 것이다[『선악』 9]. 그런 까닭에 스토아적인 태도는 기껏해야 데카당스*에 대한 건전한 본능의 자기 방위로 되며, "제어장치의 도덕"으로서 활동하는 데 지나지 않는다고 한다[유고 II. 11. 272]. 그 "엄격함・계율로서의 '존엄', 위대함・자기 책임・권위로서의, 최고의 인격적 탁월성으로서의 덕 — 이것들은 셈적이다"라고 생각되며, 스토아주의자의 아무리 생각해도 무리한 엄격함은 "그리스의 기저귀와 개념을 뒤집어쓴 아라비아의 족장"에 비유되고 있다[같은 책 II. 10. 439]. 그렇긴 하지만 그와 같은 자기에 대한 전제 지배에서도 적극적인 것으로 전환할 가능성이 인정되지 않는 것이 아니다. 금욕주의의 극한 형태로서 어디까지나 진리를 추구하여 지적 성실*을 관철하고자 하는 '자유정신*'을 니체는 "최후의 스토아학파"라고 부른다[『선악』 227]. 그리고 이 "지성의 스토아주의"가 감성을 부정하는 "금욕주의적 이상"을 관철함으로써 도리어 금욕주의의 근저를 폭로하고 파국으로 이끌 것을 기대하는 것이다[『계보』 Ⅲ. 24].

―오이시 기이치로(大石紀一郎)

스트린드베리 [August Strindberg 1849-1912]

19세기 말부터 20세기 초에 걸쳐 활약한 스웨덴의 대표적인 극작가·사상가. 1870년의 희곡『자유사상가』에서 시작되는 그의 문학 활동은 자연주의*로부터 자기 분석적인 세기말 문학, 상징주의, 표현주의*, 나아가서는 환상적인 작품에 이르기까지 다채로운 전개를 보였다. 특히 세기말*에 개인의 자유와 여성*의 해방을 추구한 사회 비판적 작품은 독일어와 프랑스어로도 거의 동시에 간행되어 유럽에서 반향을 불러일으켰지만, 1883년부터 6년간에 걸친 유럽 편력 동안 심각한 정신적인 위기를 체험한 스트린드베리는 반-입센*적인 여성 증오의 입장[『아버지』 Fadren, 1887, 『줄리양』 Countess Julie, 1888)으로 이행했다. 니체가 게오르크 브란데스*의 중개에 의해 스트린드베리와 편지를 교환하기 시작한 것은 1888년 11월이 되고 나서의 일이다. 『차라투스트라』*를 읽고서 감격한 스트린드베리가 친구에게 보낸 편지에서 반드시 "니체를 읽게"라고 권유했다는 것을 듣고서 그는 크게 마음이 움직였다. 브란데스가 스트린드베리의 일을 "스웨덴 최대의 작가로 '참된 천재'"라고 소개한 것도 니체의 관심을 끌었던 듯하다. 즉시 『결혼』(Giftas, 1884)과 『아버지』의 프랑스어판을 읽고서 스트린드베리는 여성관에 대해서는 기묘하게도 자신과 완전히 일치하며, 여성에 관해서는 "최대의 심리학자"라는 감상을 언급한다[가스트에게 보낸 편지, 1888. 11. 18.; 오버베크에게 보낸 편지, 1888. 11. 29.]. 또한『아버지』의 프랑스어판이 스트린드베리 자신에 의한 번역이라는 것에 경탄한 니체는『이 사람을 보라』*의 프랑스어 번역을 그에게 의뢰하고자 했다[스트린드베리에게 보낸 편지, 1888.

12. 8.]. 이 의뢰장은 비스마르크*와 독일 황제에 대한 '선전포고' 등과 같은 표현도 나오는 불미스러운 편지지만, 스트린드베리는 니체가 비용을 부담한다면 기쁘게 받아들이겠다고 응한다[니체에게 보낸 편지, 1888. 12. 27.]. 그러나 이미 광기의 영역에 발을 들여놓으려고 하고 있던 니체는 번역 이야기를 진전시키는 대신, 프랑스어로 "이혼합시다"고 쓰고 "니체 카이사르"라고 서명한 기괴한 편지를 보내며[1888. 12. 31.], 스트린드베리 쪽에서도 "지고하면서 지선한 신"이라고 서명한 편지[1889. 1. 1.]로 답했지만, 그에 대해 니체로부터 돌아온 것은 "이혼합시다는 또 없습니까?"에 이어서 "십자가에 못 박힌 자"*라고 서명된 편지였다[1889. 1월 초]. 니체의 영향 하에서 정신 귀족적인 개인주의로 이행한 스트린드베리는 이윽고 강력한 개인을 주제로 하는 소설『대해 근처』(1890)를 발표했지만, 그 후에는 오컬트적인 신비주의 사상에 몰입해 갔다.

―오이시 기이치로(大石紀一郎)

스펜서 [Herbert Spencer 1820-1903]

스펜서는 오늘날에는 그야말로 거의 잊혀 있지만, 19세기 후반에는 영미 문화권은 물론 일본을 포함해서 국제적인 영향력을 지닌 시민사회의 사상가였다. 니체의 스펜서에 대한 언급은 후년의『이 사람을 보라』*를 제외하고 주로 80년대 전반에 집중되어 있지만, 그 기조는 범용한 영국 사상가의 전형에 대한 멸시와 매도로 이루어져 있다고 말할 수 있을 것이다. 중기의 니체 입장에서 보자면, 일반적으로 "도덕주의"는 그 발생으로 거슬러 올라가 해체되지만, 스펜서가 이야기하는 "이타주의와 이기주의의 화합"과 같은 도덕설은 이를테면 "소상인 근성"이라는 점에서 그것의 가장 저열한 형태이며, 나아가 "과학성이라는 위선"에 의해 꾸며져 있다는 점에서 더욱더 허용하기 어려운 것으로 간주된다. 고귀한 것, 위대한 것을 추구하게 되면, "존중해야 할 스펜서 씨"가 이야기하는 소상인적이고 천사와 같은 도덕이나 행복은 다수자에게 맡겨두면 될 것이고, 진리론에 이르러서는 논외로 하게 된다. ☞영

국/영국인

—도쿠나가 마코토(德永恂)

스피노자 [Baruch de Spinoza 1632-77]

17세기 네덜란드의 유대계 철학자 스피노자에 대해 니체는 일관되게 강한 관심을 지니고 있었다. "희생을 바치는 자인 나를 거절하지 않았던 네 쌍의 사람들이 있다. 에피쿠로스*와 몽테뉴*, 괴테*와 스피노자, 플라톤*과 루소*, 파스칼*과 쇼펜하우어*다."[『인간적』Ⅱ-1. 408] 루소의 이름이 있는 것에서도 명확하듯이 여기서 이름이 거론되고 있는 것은 니체가 그들의 사상에 찬의를 드러낸 사람들만이 아니다. 그럼에도 불구하고 그들의 이름이 거론되고 있는 것은 니체가 긍정적 평가와 부정적 평가의 갈림길에서 그들의 사상에 강한 관심과 흡인력을 느끼고 있기 때문이다. 스피노자도 이러한 양의적 평가의 대상이었다. 니체는 스피노자에게서 우선 인식하는 자로서의 성격을 보고자 한다. 그리고 인식하는 자로서의 스피노자가 추구하는 것이 "신적인 것, 영원히 스스로 안에서 휴식하는 것"[『학문』333]이라고 한다. 그러한 스피노자의 지향은 니체가 보는 바로는 인식에 포함되는 "비웃고, 한탄하고, 저주하고자 하는 서로 상이하고 대립되는 충동들[같은 곳]을 덮어 감추고, 갈등이 소거된 비정념적이고 관상적인 '의식'에 비치는 "최종적인 화해의 장면"[같은 곳]만을 두드러지게 하고자 하는 것이다. 이 "신에 대한 지적 사랑"(amor intellectualis dei)[같은 책 372]을 니체는 "관념론"(Idealismus)[같은 곳]으로 단정한다. 그리고 스피노자에게서 이러한 인식과 정념의 단절, 그리고 그 결과 생겨나는 새파랗게 질린 관념론에로의 귀착을 보는 니체의 스피노자관의 배후에 있는 것은 세계의 양태(affectio)를 모두 코나투스*(역능)의 발현으로서 파악하고자 하는 스피노자의 시점이 결국은 병으로서의 자기 보존*의 옹호로 끝난다는 인식이었다. "예를 들어 폐결핵을 앓던 스피노자의 경우처럼 철학자가 자기 보존-충동을 가장 결정적인 것으로 여길 때, 우리는 이것을 하나의 증후적인 것으로 보아야

한다:— 즉 그는 위기에 처한 인간인 것이다."[같은 책 349] 하지만 이러한 비판에도 불구하고 스피노자는 니체가 스스로의 사유와의 친근성을 느낄 수 있었던 몇 안 되는 사상가였다는 점에 대해서는 의심할 수 없다. "선과 악이 인간의 상상에 지나지 않는다는 것을 보이고, 분연히 저 독신자들로부터 그의 '자유로운 신'의 명예를 지킨 스피노자."[『계보』Ⅱ. 15] 니체의 스피노자관의 뒤틀림에는 레싱 이래로 괴테, 피히테, 셸링(Friedrich Wilhelm Joseph von Schelling 1775-1854), 헤겔*로 이어진 독일에서의 스피노자 숭배 계보의 맥락 속에 놓여 있는 "신에 취한 철학자"로서의 스피노자와 무신론자로서의 스피노자라는 상반된 견해, 그리고 각각의 견해로부터 스피노자를 스스로의 사상 체계로 받아들인 사상가들에 대한 니체 자신의 평가의 분지들이 그림자를 드리우고 있다고 생각된다. ☞자기 보존

—다카하시 준이치(高橋順一)

슬로터다이크 [Peter Sloterdijk 1947-]

현대 독일의 비평가. 1983년, 장대한 시대 비판적 에세이 『냉소적 이성 비판』에 의해 비평계에서의 입지를 굳혔다. 계몽을 거치면서 계몽을 실행할 일이 없는 현대의 정신적 특질인 시니시즘*을, 진리에 대한 일종의 굴절된 관계로 파악하는 한편, 현실과 현실사회에 대한 도발적인 자세로서의 키니시즘(키니코스학파적인 태도)에서 시니시즘 극복의 가능성을 추구한다. 디오게네스를 시조로 하는 키니코스학파의 키니시즘이 근대어인 시니시즘으로 변하는 과정에서 계몽의 굴절을 보고, 키니시즘의 재흥에서 계몽의 가능성을 추구하는 것이지만, 이와 관련하여 니체가 스스로를 시니컬=키니컬한 존재(Cyniker)로 보고 있었다는 점에 주목한다. 86년에 간행된 『무대 위의 사상가, 니체의 유물론』에서는 근대 교양인의 이상으로서의 그리스상을 뒤집고 주체의 자율성이라는 근대의 이념을 의심한 『비극의 탄생』*을 새롭게 계몽의 계보에 자리매김하고, 이 책이 그때마다 즉흥적으로 연기되어야 하는 계몽의 극적 전개를 위한 무대를 준비했다고 하고

있다. ☞시니시즘

—다카다 다마키(高田珠樹)

승려(僧侶) ⇨사제{승려}

시니시즘 [Cynismus; Zynismus]

일체의 기성관념을 경멸하고 맨발로 걸으며 나무통을 거처로 삼은 디오게네스(Diogenes von Sinope ?-323 B.C.)의 반사회적 생활방식, 괴팍한 사람의 비뚤어진 냉소주의, 이것이 시니시즘인바, 반시대적이고 공손함을 결여하며 의도적으로 배리를 가지고 들어오고, 야유, 익살, 과장, 비약, 빈정댐을 구사하는 니체는 바로 이 시니시즘의 사람이다. 환자와 의사를 한 몸에 겸비하고, 시대를 괴로워하며 시대를 치유하고자 하고, 일체의 경직된 가치에 적의를 지니며, 정신을 멀고 높게 비상시켜 미지의 영혼의 풍토로 방랑하는 니체는 시니시즘을 외적인 불리함 속에서 자립하기 위한 일종의 양생법으로 간주하고, 스스로를 '나무통' 속에 사는 디오게네스에 견주기도 한다. 시니시즘의 세련된 우행, 숨겨진 열광이야말로 "마침내 커다란 정신적 강화, 점점 커가는 건강의 기쁨과 충만함을 산출해 주기"[『인간적』 II 서문 5] 때문인바, 니체는 "노골적인 익살을 통해, 보다 세련된 생활방식에 대한 경멸을 통해, 격정과 요구를 통해, 냉소적인 철학을 통해 자신의 결점에 가면을 씌움"으로써 스스로를 뛰어난 개성으로 만들어냈다[『아침놀』 266]. 늙은 마술사(바그너)에게 유혹당하지 않기 위해 달려들어 물어야만 한다면, "늙은 유혹자여, 개를 조심하라(cave canem)"라고도 말한다[『경우』 에필로그]. 개를 꺼내드는 것은 시니시즘(키니코스학파)이 견유학파라고도 번역되듯이 디오게네스의 "개 같은 생활"(kynikos bios)을 비튼 것이다. 그러나 한편으로 니체는 타자의 시니컬한 태도에 대해서는 격렬한 말을 던진다. 아이러니를 견뎌내지 못한 자만이 시니시즘의 쾌감으로 도피하는 것이며, 시니시즘의 이기주의적인 실천은 삶의 힘들을 위축시키는

위험한 것이고[『반시대적』 II. 5], 현대는 속물의 시니컬한 신앙고백의 시대라고 하여 시니컬한 프리드리히 피셔(Friedrich Theodor von Vischer 1807-87)와 D. 슈트라우스를 탄핵한다[『반시대적』 I. 2]. "시니시즘은 저속한 영혼이 성실한 그 무엇에 스쳐가는 유일한 형식"이기 때문이다[『선악』 26]. 시니시즘의 사람이자 타자의 시니시즘을 단죄하는 곳에서야말로 니체의 진면목이 있다고 말해야 할까? ☞슬로터다이크

—야마모토 유(山本尤)

신의 죽음(神—)

'신의 죽음'은 니체의 후기 사상의 중심 개념들 가운데 하나다. 『차라투스트라』에서 가장 중심적으로 전개된 이 '신의 죽음'은 단지 하나의 개념으로만 그치지 않고 니체의 『인간적』과 더불어 시작된 비판과 해체를 위한 작업들의 결절점으로서의 의미와 그로부터 더 나아가 개시되어야 하는 새로운 사상 단계에서의 결정적인 도약점으로서의 의미를 짊어지고 있다.

【 I 】신의 살해

'신의 죽음'이라는 개념이 니체에게서 최초로 명료한 형식으로 등장하는 것은 『즐거운 학문』의 125번이다. "너희에게 그것을 말해 주겠노라! 우리가 신을 죽였다——너희들과 내가! 우리 모두가 신을 죽인 살해자다!" 광장에 돌연히 나타나 사람들을 향해 이렇게 소리 높여 외치는 "미치광이처럼 보이는 남자"는 분명히 차라투스트라의 선구자다. 신의 살해, 그것은 인간에게 있어 지금까지 없는 "위대한 행위"라고 남자는 말한다. 그리고 "우리 이후에 태어난 자는 모두 이 행위 때문에 지금까지의 어떤 역사보다도 더 높은 역사에 속하게 될 것이다"라고 말하는 것이다. 그로부터 우리는 신의 죽음이 니체에게 있어 다름 아닌 인류의 역사에서 하나의 결정적인 전회를 이루는 개념이라는 것을 파악할 수 있을 것이다. 그리고 그것이 『차라투스트라』의 주제가 된다.

우선 『차라투스트라』의 서문을 살펴보자. 『학문』의 342번에서도 인용되어 있는 서문의 서두에서

차라투스트라는 우선 자기 내부에서의 풍요와 차고 넘침을, 그리고 그 풍요와 차고 넘침을 인간들에게 나눠주기 위한 '몰락'(Untergang)에의 의지를 말한다. 이 풍요·차고 넘침과 인간들에게로 향하고자 하는 몰락에의 의지에서 이미 '신의 죽음'을 둘러싼 니체 사유의 기본 구도가 나타나 있다. 풍요·차고 넘침이란 여기서 차라투스트라가 스스로 신과도 비교할 수 있는 어떤 절대적인 긍정성(동일성)의 높이에까지 이르렀음을 증명해 주고 있다. 그것은 뒤집어 말하자면, 차라투스트라에게 있어서는 이미 신이 불필요한 존재가 되었음을 의미하고 있다고 할 수 있을 것이다. 이 점으로부터 분명해지는 것은 차라투스트라에게서 신을 중심으로 하는 삶과 존재의 모습이 해체되었다는 것이다. 차라투스트라가 숲속의 은자와 만나 그의 자족적인 생활 모습에 얼마간의 호의를 느끼면서도 헤어지지 않으면 안 되었던 것도 은자가 신 쪽을 향해 있어 본래 눈을 향해야만 하는 인간 쪽을 향해 있지 않았기 때문이었다. 여기서 차라투스트라는 대단히 유명한 저 대사를 마음속으로 말한다. "어찌 이런 일이 있을 수 있단 말인가! 저 늙은 성자는 숲속에 살고 있어서 신이 죽었다는 소문을 듣지 못했나 보다!"[서문 2] 다만 여기서 '신의 죽음'의 선고와 인간에게로 눈을 향하는 것이 맞짝을 이루고 있다고 해서 차라투스트라로 하여금 신의 죽음의 선고로 이끈 풍요와 차고 넘침이 곧바로 있는 그대로의 인간의 긍정을 의미하는 것은 아니다. 여기서 신의 죽음의 의미, 좀 더 정확히 하자면 신의 죽음을 전회의 계기로 하여 나타나는, 신이라는 중심을 결여한 삶과 존재의 모습과 의미에 대해 좀 더 생각해 볼 필요가 있을 것이다. 그 경우 신의 죽음의 또 하나의 요소인 '몰락'에의 의지가 중요한 의미를 지니게 된다.

【Ⅱ】 몰락에의 의지―초월성의 죽음

몰락에의 의지는 이미 보았듯이 차라투스트라의 풍요와 차고 넘침의 소산이자 귀결이다. 이러한 풍요와 차고 넘침이 지니는 절대적이라고도 말할 수 있는 긍정성(동일성)은 우선은 무엇보다도 차라투스트라 자신이 신을 대체해야 할 초월성으로서 표현되는 것처

럼 보인다. 이러한 차라투스트라의 초월성의 형상화가 '초인'이라는, 이 또한 『차라투스트라』에서의 대단히 유명한 개념이라는 것은 말할 필요도 없을 것이다. 그러나 한편에 몰락에의 의지라는 개념을 놓는 동시에 그것을 인간에 대한 눈길과 관련지어 초인 개념을 생각할 때, 차라투스트라를 사멸한 신의 초월성을 대체하는 또 하나의 초월성으로서 파악하는 견해, 그리고 신의 죽음이라는 개념을 이러한 초월성의 왕위 교체라는 차원에서 파악하는 견해는 완전히 잘못임이 분명해진다. 무엇보다도 우선 차라투스트라의 최초의 인간에 대한 부르짖음을 검토해 보자. "나 너희에게 초인을 가르치노라. 인간은 극복되어야 할 그 무엇이다. 너희는 인간을 극복하기 위해 무엇을 했는가?"[서문 3] 여기서 차라투스트라는 초인인 자기를 인간들을 향해 선포하고 있는 것도 아니며, 그러한 스스로의 초인으로서의 존재방식을 인간들이 모방하라고 말하고 있는 것도 아니다. 초인이란 인간이 인간임의 차원에서 실현해야 할 삶의 모습인 것이다. 이때 초인은 신을 대체하는 또 하나의 초월성일 수 없게 된다. 신의 죽음은 오히려 모든 초월성의 죽음으로 간주되어야만 한다. 이 점과 관련하여 서문의 같은 장에 있는 다음과 같은 말에 주목할 필요가 있다. "이전에는 신에 대한 모독이 가장 큰 모독이었다. 그러나 신은 죽었다. 그리고 그와 더불어 이러한 모독을 저지른 자들도 죽었다. 이제는 대지를 모독하는 것이야말로 가장 두려워해야 할 것이며, 저 알 길이 없는 것의 뱃속을 이 대지의 의미보다 높은 것으로서 존중하는 것도 마찬가지다." [같은 곳] 여기서 니체가 '신을 모독하는 자들'로서 들고 있는 것은 E. 핑크(Eugen Fink 1905-75) 등의 생각에 따르자면 '계몽주의자'를 가리킨다. 계몽주의자들은 신에 대한 비판을 통해 신과 인간의 위치를 뒤집고자 했다. 다시 말하면 계몽주의에 있어서는 신과 인간 사이에서 초월성의 왕위 교체가 추구되었던 것이다. 그러면 계몽주의에서 새로운 초월성의 자리가 되는 것은 무엇인가? 그것은 다름 아닌 주체(Subjekt)로서 정의되고 긍정되는 인간이다. 따라서 신을 모독하는 자들도 신의 죽음과 더불어 죽는다고 니체가 말할

때, 그것은 계몽주의에서 설정된 주체로서의 인간의 초월성이 신의 초월성과 더불어 죽는다는 것을 의미했던 것이다.

여기서 문제는 신의 죽음이 곧바로 있는 그대로의 인간의 긍정으로 연결되지 않는다는 조금 전의 이해와 연결된다. 신의 죽음이 모든 초월성의 죽음을 의미한다면, 신의 초월성뿐만 아니라 주체로서의 인간의 초월성에 대한 지향, 다시 말하면 계몽주의적인 신(종교) 비판의 핵심에 있는 인간 중심주의에 대한 지향도 역시 죽어야만 하는 것이다. 이러한 계몽주의적인 인간 중심주의를 니체는 동물과 초인 사이에서 위태로운 균형을 유지하고 있는 인간의 겁약함의 나타남이라고 본다. 그것은 인간임의 극복을 지향하는 의지, 즉 몰락에의 의지를 저해하는 모든 현상 도피적인 명목들—'행복', '이성', '덕', '정의', '동정*'과 같은 것들—이 지니는 의지에 다름 아니다. 뒤집어서 말하면, 몰락에의 의지란 단지 차라투스트라 자신의 인간에의 몰락의 지향을 의미할 뿐 아니라 인간 그 자체의 몰락, 즉 인간의 인간임의 극복에의 의지, 지향을 의미하고 있는 것이다. 그리고 이러한 몰락에의 의지의 핵심에 모든 초월성의 구조를 근저로부터 해체하는 신의 죽음의 인식이 작용하고 있다.

【Ⅲ】 긍정성의 사고

다만 여기서 새삼스럽게 보지 않으면 안 되는 것은 신의 죽음이라는 개념을 축으로 전개되는 『차라투스트라』 사상의 긍정적 성격의 문제다. 니체의 초월성에 대한 비판의 눈은 『차라투스트라』에서 갑자기 싹튼 것이 아니었다. 오히려 명확하게는 『인간적』에서 시작되는 니체의 제2기 사고의 존재방식의 중심적 주제로서 이 초월성에 대한 비판이 있었다고 말해야 할 것이다. 그러나 이 시점에서의 니체의 초월성에 대한 비판은 문자 그대로 '비판'의 구도에 의해 관철되고 있었다. 여기서 니체가 자기의 사고의 역점으로서 내걸고자 했던 것이 '비판'에 얽혀 있는 가치의 전환*에 대한, 혹은 가치 파괴에 대한 지향이었다고 한다면, 거기서 작용하고 있었던 것은 다름 아닌 부정성의 사고의 특성이었다. 그리고 이 비판이 지니는 부정적

특성에서 생겨난 것이 『인간적』에서의 '자유정신'이었다. "'자유정신'이라는 원형을 안에 간직하고 그것을 언젠가 완전해질 때까지 성숙시킨다든지 완비된 것으로 되게 한다든지 하는 어떤 정신은 스스로의 결정적 사건으로서 위대한 해방을 경험하고 있는…… 아마도 자신이 지금까지 숭배했고 사랑했던 곳까지 거슬러 올라가는 신전 모독자와 같은 행동과 눈초리…… — 위대한 해방의 역사에는 이와 같은 아픔과 고통이 따른다. 해방이란 동시에 인간을 파멸시킬지도 모르는 하나의 병이기도 하다. 스스로 결정하고 스스로 가치를 정립하고자 하는 힘과 의지가 만드는 이 최초의 폭발, 자유로운 의지를 향한 이 의지."[『인간적』Ⅰ 서문 3] 이 인용에서 볼 수 있는 니체의 비판이 보여주는 철저주의는 무엇보다도 우선 현상의 배후에서 영원화된 본질—예를 들면 '사물 자체*'—을 추구하는 관념론의 사고구조로 향한다. 이러한 관념론적 사고로부터 산출되는 본질이나 그것의 윤리적 변형으로서의 선은 모두 현상의 일회적이고 우연적인 생기로부터 인위적인 동시에 파생적으로 날조된 것에 지나지 않는다. 니체는 이와 같이 관념론을 되돌려 파악함으로써 본질이나 선을 기반으로 하여 성립하는 초월성의 구조에 대해 강렬한 일격을 가했던 것이다. 그것은 초월성을 초월성이게끔 하는 배후 세계와 현상의 이원 구조 및 배후 세계에 본질로서의 영속성을 부여하는 메커니즘을 해체하는 것이며, 나아가서는 그러한 영속화된 배후 세계=본질을 현상 세계의 목적으로 간주하는 목적론적 사고구조를 파괴하는 것이었다. 이 결과 '자유정신' 하에서는 '사태'(Sache)의 일회성과 각각의 대등성에 규정되는 무목적적인, 극도로 상대화된 세계가 나타나게 된다. 역으로 말하면 제2기 니체의, 비판이 지니는 부정적 특성으로 채색된 사고는 초월성을 축으로 하여 구성되는 긍정성=실정성의 파괴·해체를 지향하는 것이었다고 하는 것, 그리고 그러한 파괴·해체의 결과로서 생겨나는 것이 상대화된 세계라고 하는 것이 여기서 분명해지는 것이다. 그러나 이러한 상대적 세계가 나타날 때, 문제는 모종의 전회를 보여주게 된다.

【IV】 니힐리즘과 데카당스

앞에서 계몽주의적인 인간 중심주의와 관련하여 '신의 모독자'라는 말에 대해 언급한 바 있다. 이것과 유사한 말 '신전 모독자'가 『인간적』에서도 등장하는 것은 이미 본 그대로다. 그리고 여기서 우리는 『차라투스트라』에서의 '신의 모독자'의 취급과 『인간적』에서의 '신전 모독자'의 취급이 다르다는 것에 눈을 돌려야만 한다. 『차라투스트라』에서 '신의 모독자'는 계몽주의적인 인간 중심주의와 서로 중첩되어 비판의 대상이 되고 있었다. '신의 모독자'는 결국은 차라투스트라가 가장 경멸하는 존재로서의 '마지막 인간'으로 귀착될 수밖에 없기 때문이다. 그렇다면 왜 그러한 것인가? 그것은 '신의 모독자'의 특성으로서의 부정성이 힘의 과소(쇠퇴)로서의 '수동적 니힐리즘'으로밖에 연결되지 않기 때문이다. 만약 신의 죽음이라는 초월성의 해체를 가리켜 보이는 사태가 이러한 '신의 모독자'적인 부정성으로 회수되어 버리게 되면, 그것은 신의 죽음 이후의 상황이 '수동적 니힐리즘'에 의해 방향지어지게 되는 것 — 실은 이것이 니체가 보는 소크라테스와 기독교 이후의 유럽의 역사, 즉 데카당스의 역사인 것이지만 — 을 의미하는 것이다. 그리고 그것은 말할 필요도 없이 초월성의 허위와 기만으로 가득 찬 재흥을 의미하는 것이기도 하다. 그렇다고 한다면 여기서 물어져야만 하는 것은 신의 죽음을 부정성에 기대어 파악하고자 하는 사고방식 그 자체라고 말할 수 있을 것이다. 즉 『인간적』에서의 '신전 모독자'라는 말의 배후에 있는 '자유정신'의 비판으로서의 부정적 특성이 새삼스럽게 물어져야만 하는 것이다.

문제를 정리하자면 다음과 같다. 신의 죽음이라는 상황은, 이전에 존재한 초월성이 해체된 지점에 서 있는 인간에 맞서 이제 향해가야 할 방향이 부정성 → 계몽주의적 인간 중심주의 → 수동적 니힐리즘(데카당스) → '마지막 인간'이 될 것인가, 그렇지 않으면 긍정성(풍요·차고 넘침) → 몰락에의 의지 → 능동적 니힐리즘 → '초인'이 될 것인가 하는 양자택일을 강요하는 장으로서 존재하는 것이다. 따라서 부정성의 사고로부터 긍정성의 사고로의 전회는 『차라투스트라』 전체의 전개에 있어 지극히 중요한 의의를 지니고 있다고 말해야만 한다. 그리고 이러한 긍정성의 존재 방식을 해명해 주는 것으로 되는 것이 '대지의 의미'이자 『차라투스트라』 전편의 정점에 서 있는 이념이라고도 말해야 할 '영원회귀' 사상이다. 거기서는 현실적으로 존재하는 것이 그 일회성과 우연성도 포함하여 있는 그대로 긍정된다. 거기에는 어떠한 형이상학적인 분할이나 은폐나 왜곡도 개입할 여지가 없다. 이 점은 뢰비트가 다음과 같이 말하고 있는 것에 부합한다. "신의 죽음은 자기 자신에게 맡겨지고 자기 자신에게 명령하는 인간, 즉 그 극단적인 자유를 종국적으로 '죽음에의 자유'에서 지니는 인간의 부활을 의미한다. 그러나 이 자유의 정점에서 무에의 의지는 같은 것의 영원회귀의 의욕으로 전회된다. 죽은 그리스도교의 신과 무 앞의 인간과 영원회귀에의 의지, 이것이 니체의 체계를 대체로 하나의 운동 — 우선 '너는 마땅히 이루어야만 한다'로부터 '나는 바란다'의 탄생에로, 이어서 모든 존재하는 것의 자연적 세계의 한가운데서 영원히 회귀하는 현존재의 '최초의 운동'인 '나는 있다'의 재탄생에로의 운동 — 으로서 특징짓는 것이다."[『니체의 철학』] 이러한 니체의 긍정성의 사고는 예를 들면 다음과 같은 표현에서 엿볼 수 있다. "만약 내가 예언자이고, 그리하여 두 바다 사이의 높은 산등성을 떠돌고, / 후텁지근한 저지대와 지친 나머지 살 수도 죽을 수도 없는 모든 것에 적의를 품으면서 과거와 미래 사이를 먹구름처럼 떠도는, 저 예언자적 정신으로 충만해 있다면, / 어두운 가슴속에서 번개를 내려치고 구원의 빛살을 던질 태세를 하고 있다면, '그렇다'라고 시인하고 '그렇다'라고 웃어주는 번개를 잉태한 채, 예언자적인 번갯불을 내려칠 태세를 하고 있다면." [『차라투스트라』 III-16]

【V】 '신의 죽음'에 대한 하이데거의 파악방식

여기서 니체의 신의 죽음에 관해 독특한 해석을 보이고 있는 하이데거의 논문 「니체의 말 '신은 죽었다'」에 대해 언급하고자 한다. 하이데거는 이 논문에서 앞에서 인용한 『학문』 125번을 문제 삼는 가운데 신의 죽음을 둘러싼 니체의 사유의 의미를 파악하고자 한다.

그러함에 있어 하이데거가 묻고자 하는 것은 니체의 신의 죽음에서 나타나는 '형이상학'의 문제다. 하이데거는 니체의 신의 죽음이 유럽에서의 형이상학의 최종 단계, 즉 형이상학의 다른 길의 가능성이 이미 남아 있지 않은, 형이상학의 어떤 본질적인 전도의 국면을 보여주고 있다고 생각한다. 그것은 달리 표현하자면, 신의 죽음이 '니힐리즘'이라는 사태와 결부되어 있다고 하는 것이다. "니체 자신은 서구의 역사를 형이상학적으로, 더욱이 니힐리즘의 도래와 전개로서 해석한다. 니체의 형이상학을 깊이 생각해 보는 것은 그 운명을 진리라는 점과 관계시키면서 아는 것이 아직 거의 없는 현재의 인간의 존재방식 및 장소에 대한 성찰이 된다."

그러면 하이데거가 니체의 신의 죽음에서 보고자 하는 형이상학의 전도(니힐리즘)란 어떠한 것인가? 그것은 바로 이미 우리가 니체의 사고 한가운데서 확인한 현상과 본질의 위계 관계의 전도. 신의 죽음과 더불어 유럽 형이상학의 핵심을 형성해 온 '이념·이상'이 '감성적 영역'의 복위와 그것을 통한 양자의 구별의 소멸에 의해 사라진 것이다. 그렇다면 니체의 신의 죽음의 사고는 형이상학의 해체의 사고, 다시 말하면 반형이상학의 사고라고 불러야만 하는 것일까? 실제로 하이데거도 니체의 위와 같은 사고 성격을 '반플라톤주의'라고 말하고 있다. 그러나 하이데거는 다음과 같이 말한다. "형이상학에 대한 니체의 반대 운동은 그것의 단순한 뒤집음으로서 형이상학 속으로 말려 들어가 출구를 잃고 있으며, 그 결과 형이상학은 스스로를 스스로의 본질로부터 차단해 버려 형이상학으로서의 자기 자신의 본질을 결코 사유할 수 없게 된다." 이러한 하이데거의 니체에 대한 비판적인 시점은 니체의 형이상학의 전도(니힐리즘)가 니체의 가치 철학과 그것의 궁극적인 도달점으로서의 '힘에의 의지'와 결부되어 있다고 하이데거가 인식하고 있는 것에서 생겨난다. 확실히 니체는 "최고의 가치가 그 가치를 상실하는 것"으로서의 가치의 전환에서 형이상학의 전도의 핵심적 사태를 보고자 했다. 그러나 한편으로 가치가 복수의 힘의 위계 관계에 의해 정립된다고

니체가 말하고, 동시에 이것을 근거로 하여 가치 정립이 '힘에의 의지'의 나타남으로 생각될 때, 가치의 전환은 가치 관계 그 자체의 소멸이 아니라 '힘에의 의지'를 실체=본질로 하는 새로운 가치 정립으로 연결되어 간다. 이것은 '힘에의 의지의 형이상학의 탄생'을 의미한다.

이리하여 하이데거는 니체가 형이상학의 전도(니힐리즘)를 말하면서도 결국은 형이상학적 사고의 틀(현상-본질의 이원관계) 속에서 '이념·이상'을 대신하여 '힘'을 새로운 실체=본질로서 세운 데 지나지 않는다고 단정하는 것이다. 괴이한 철학적 용어들을 많이 사용하는 그 자신의 사고는 어떠한 것인지를 따져 묻고 싶어지는 하이데거의 니체 비판이지만, 니체의 사고가 형이상학적인가 아닌가 하는 것보다 니체의 사고를 형이상학 비판의 맥락에서 읽어나가고자 할 때의 매개로서 이러한 하이데거의 비판은 일정한 의미와 영향을 지닐 수 있었다고 생각된다.

【Ⅵ】 니체의 신의 죽음과 푸코의 '인간의 죽음'

마지막으로 니체의 신의 죽음과 푸코의 『말과 사물』에서의 '인간의 죽음'을 비교해 보고자 한다. 왜냐하면 니체의 신의 죽음 개념이 그 후의 사상의 역사에 준 영향이라고 말할 때, 맨 먼저 생각에 떠오르는 것이 푸코의 바로 이 '인간의 죽음'이기 때문이다. "신의 죽음 이상으로—아니 그보다 오히려 그 죽음의 물길 속에서 그 죽음과의 깊은 상관관계에서—니체의 사유가 고시하는 것, 그것은 그 학살자('마지막 인간'을 말함)의 종언이다. …… 철학의 종언과 도래해야 할 문화의 약속은 대체로 유한성의 사유 및 앎에서의 인간의 출현과 전적으로 일체를 이루는 것일 뿐이다. 오늘날 철학이 여전히 종언을 향해 가고 있다는 사실과, 필시 철학 속에서, 하지만 더 나아가 그 이상으로 철학 바깥에서 그에 대항하여, 즉 문학에서도 형식적 반성에서도 언어(langage) 문제가 제기되고 있다는 사실은 대체로 인간이 소멸하고 있다는 것을 증명하고 있는 것에 다름 아니다."[『말과 사물』]

푸코는 19세기 근대에서의 앎의 배치를 노동(경제학)·생명(생물학)·언어(비교문법)의 세 가지 요소

로부터 파악하고자 한다. 그리고 이 세 가지 요소가 초래하는 유한성(실정적 분절화)에 둘러싸이면서 '인간'이라는 개념이 세 가지 요소의 배치도의 중심으로 떠오른다. 그리고 이 인간이라는 개념에는 주체의 '선험성=경험성', '사고할 수 없는 것'으로서의 사고=코기토의 절대성, '기원'의 반복=후퇴라는 계기가 결부되어 있다. 이러한 인간을 둘러싼 앎의 배치도 속에서 푸코는 인간이라는 왕위로 응집해 간 19세기 근대라는 시대의 구조를, 만약 지금까지 니체에 준거하여 우리가 사용해 온 말로 하자면 초월성의 구조를 보고자 했던 것이다. 여기서 푸코의 인식을 밀어붙이고 있는 것은 니체의 계보학*의 입장일 것이다. 인간이라고 하더라도 어떤 역사적인 한정성 속에서 산출된 유한한 개념에 지나지 않는다고 하는 푸코의 인식은 분명히 모든 것을 해석의 원근법* 하에서 상대화하고자 하는 니체의 계보학의 영향 하에 태어난 것이다.

그런데 여기서 반드시 언급해 두어야만 하는 것은 『차라투스트라』에서의 긍정성의 사고가 최후 시기의 니체의 사고에서 다시 '계보학'적 사고가 지니는 부정성과 '힘에의 의지'의 긍정성의 양의적・상보적 관계 하에서 다시 파악된 일이다. 좀 더 정확히 말하자면, 여기서 니체는 '계보학'에서의 해석의 원근법과 '힘에의 의지'에서의 힘의 복수성 및 그것들 사이에서의 불균형한 위계 관계를 통해 부정 대 긍정이라는 이원성 그 자체를 최종적으로 해체하고 '차이'*로서의 힘의 놀이'라고도 말해야 할 요소를 드러나게 하는 것이다. 푸코의 '인간의 죽음'이 언어(langage)의 부상과 맞짝 관계에서 파악되고 있는 것은 여기서 언어가 무엇보다도 차이의 체계를 의미하기 때문이라는 것을 새롭게 확인해 두고자 한다. 다만 푸코는 신의 죽음에서 차라투스트라적인 긍정성의 측면을 보고자 하지 않았다. 푸코에게 있어 니체의 신의 죽음은 어디까지나 계보학적인, 차이의 사고로서의 니체의 사고 요소에서 파악되어야 하는 것이었다. 따라서 푸코의 '인간'은 언어의 차이성이라는 그물코 속에서 최종적으로는 "물가의 모래의 표정처럼 소멸하는"[『말과 사물』] 것인바, 니체의 힘에 존재하는 긍정성의 흔적마저도 부정하는

모습의 것인 것이다. ☞니힐리즘, 초인, 『차라투스트라는 이렇게 말했다』, 『즐거운 학문』, 하이데거, 푸코
—다카하시 준이치(高橋順一)

📖 ▷Martin Heidegger, Nietzsches Wort 'Gott ist tot', in: Holzwege, V. Klostermann, 1950(細谷貞雄 訳『ニーチェの言葉「神は死せり」』理想社, 1954). ▷Karl Löwith, Nietzsches Philosophie der ewigen Wiederkehr des Gleichen, Stuttgart, 1956(柴田治三郎 訳『ニーチェの哲學』岩波書店, 1960). ▷Michel Foucault, Les mots et les choses, Gallimard, 1966(渡辺一民 外 訳『言葉と物』新潮社, 1974).

신체身體{육체肉體}

【 I 】'위대한 이성'으로서의 신체

"신체는 위대한 이성이며, 하나의 의미를 지닌 다양성이고, 전쟁이자 평화, 가축떼*이자 목자다.'[『차라투스트라』 I -4] 니체 사유의 독자성의 중요한 요소로서 신체를 둘러싼 사유를 들 수 있을 것이다. 그리고 니체의 신체를 둘러싼 사유에는 삶*의 원근법*의 있어야 할 형상에 관한 인식론적 과제와 존재론적 과제가 둘 다 얽혀 있다. 그때 흥미로운 것은 니체의 삶을 둘러싼 문제의식의 핵심에 놓여 있는 이성 개념의 전환에 대한 지향이다. 지금 인용한 구절에 있는 "신체는 위대한 이성(eine große Vernunft)이다"라는 인식은 분명히 전통적인 이성 개념에 기초하는 그것과는 다르다. 이러한 니체의 이성 개념이 어떠한 모티브에 뒷받침되고 있는 것인지를 확인하기 위해 『즐거운 학문』* 서두의 한 구절을 살펴보자. 여기서 니체는 '종의 보존' 본능을 정면으로 내세우고, 통상적인 도덕관에서 보자면 '악일 뿐인 "증오, 악의의 즐거움, 약탈욕, 지배욕"[『학문』1]과 같은 요소가 귀속되는 "너무 비용이 많이 들고 낭비가 심하며 전체적으로 보아 매우 어리석은 경제"[같은 곳]야말로 '종의 보존' 본능이라고 한다. 그것은 "'종이 전부이며 개인은 아무것도 아니다'"라는, '자기 보존'*의 논리와는 정면으로 대립하는 '비이성적'인 지향, "웃음과 지혜의 결합"으로서의 "즐거운 학문'[같은 곳]의 발현 이외에 아무것도 아니다. 이러

한 "비이성적"인 것으로서의 "즐거운 학문"은 단적인 삶의 의지의 긍정으로서의 "생존의 희극"에 속하며, "비극의 시대", 즉 "도덕과 종교의 시대"와 날카로운 대비를 이룬다.

그런데 이 '희극', '즐거운 학문'과 '비극', '도덕과 종교'의 대비가 지니는 의미를 파악하고자 할 때, 다음과 같은 인식은 대단히 시사적일 것이다. "'삶은 살 만한 가치가 있는 것이다. 이 삶에는 중요한 무언가가 있다. 삶의 배후에는, 삶의 바탕에는 중요한 무언가가 있다. 너희들 자신을 존중하라──그들 모두는 이렇게 외치고 있다.' 최상의 인간과 최하의 인간 모두를 마찬가지로 지배하는 이 본능적 충동, 즉 종의 보존 충동은 때때로 **정신**의 이성이나 정열이라는 모습으로 나타난다. 이렇게 되면 충동은 근거라는 화려한 수행원들에 둘러싸여 자신이 원래 충동, 본능, 어리석음, 무근거라는 사실을 잊게 된다."『학문』1] 저『차라투스트라』*의 「신체의 경멸자들」과 같이 '비극'에의 지향을 뒷받침하는 것은 삶의 배면세계로서의 '의미'이자 '근거'다. '정신의 이성'이란 이러한 배면세계의 '의미', '근거'로 거슬러 올라가는 것에 의거하는 사유 태도를 가리킨다. 그리고 이러한 '정신의 이성'은 삶의 즉각적인 발현으로서의 '충동'의 근원, 그 '비이성적'인 무근거성의 부인──쇠약에의 의지──에로 귀착한다.

여기서 동시에 우리가 주목해야만 하는 것은 이 '정신의 이성'의 사고 스타일이 '왜냐하면'(denn)과 '~해야 한다'(soll)에 의해 규정된다고 니체가 말하고 있다는 점이다. 이 점은 '정신의 이성'이 하나의 목적론적 구도와 그것에 기초하는 '원인-결과'의 인과 연관에 뒷받침되고 있다는 것을, 그리고 '정신의 이성'이 이성적일 수 있는 기준은 이 목적 연관에 있다는 것을 보여준다. 역으로 말하면, '즐거운 학문'에서의 삶의 무근거한 충동의 즉각적인 발현은 바로 그 무근거성──인과 연관의 부정──때문에 비이성적으로 되는 것이다. '정신의 이성'의 기저를 이루는 목적 연관(인과성)의 이성적 성격에 대해 니체는 삶의, 충동의 무근거성, 비이성적 성격을 대치시킴으로써 이성 개념의 근저적인 전도를 수행한다. '위대한 이성'으로서의 '신

체'란 삶의, 충동의 무근거성을 있는 그대로 긍정하는 비이성으로서의 이성, 즉 '즐거운 학문'의 모습 외에 아무것도 아니다. 비유적으로 말하면, '위대한 이성'으로서의 '신체'란『계보』* 제1논문 11절에 있는 일체의 자기 보존을 고려하지 않는 충동의 존재로서의 '금발의 야수*'라고도 말할 수 있을 것이다.

【Ⅱ】 신체와 계보학

이 신체를 둘러싼 인식론적 과제를 해명하는 것이 '계보학*' 개념이지만, 이에 대해 삶의 원근법과 관련하여『우상의 황혼』*에 대단히 본질적인 고찰이 남아 있다.「네 가지 중대한 오류들」이라는 제목이 붙은 장의 3절「잘못된 인과관계의 오류」에서 니체는 행위의 원인을 의식 내지 의지 또는 자아와 같은 '내적 세계'로 귀결시키는 '심리학'의 오류를 지적한다. 이 오류의 연원을 이루는 것은 이러한 '내적 세계'를 형이상학적 의미에서의 본질성으로서 파악하는 것이지만, 그것은 동시에 '계보학'적 의미에서의 '앞'과 '뒤'의 관계, 즉 원근법적 관계를 잘못 파악하는 것도 의미한다. "──인간은 먼저 자아라는 개념에서 존재 개념을 끄집어내고, 자신의 모습에 따라 그리고 원인으로서의 자아라는 자신의 개념에 따라 '사물'을 존재하는 것으로 설정했던 것이다. 나중에 그가 **사물들 안에서 사물들 안에 그가 집어넣었던 것**을 다시 발견할 뿐이라는 사실은 하등 놀라운 일이 아니지 않은가?"『우상』Ⅵ. 3]

'본질=앞의 것'과 '현상=뒤의 것'의 원근법을 전도시키는 것, 그것에 의해 내적 세계의 심리학이 지니는 오류의 시정을 추구하는 것은 그대로 의식과 신체의 원근법의 전도·시정을 추구하는 것에 다름 아니었다. 거기서 제시하고자 하는 것은 삶의 내부에 인과 연관에 기초하는 거리를 만들어내고, 그에 의해 삶의 단적인 동시에 즉각적인 긍정으로서의 충동을 은폐하고 봉인하고자 하는 형이상학적 사유의 해체이며, 어떠한 거리도 지니지 않는 삶의 발현과 그 발현의 그릇으로서의 신체──거기서는 의식마저도 신체로 된다──의 절대적인 정립이다. "병들어 신음하는 자와 죽어가는 자들이야말로 신체와 대지를 경멸하고 천상의 존재와 구원의 핏방울을 생각해낸 자들이다. 이 감미롭고 음울한

독조차도 저들은 바로 신체와 대지로부터 얻어냈던 것이다!"[『차라투스트라』 I -3] 이러한 신체의 의미는 니체의 사유 속에서 '정념'(Affekt), '기관적인 것'(Das Organische), '관능'(Sinn), '성'(Geschlecht) 등의 일군의 용어들과 함께 커다란 사상적 콘텍스트를 만들어낸다. 예를 들어 『선악』*에서 니체는 종래 철학의 중심적 주제의 하나인 '의지'(Wille) 문제를 '의욕'(Wollen)이라는 좀 더 생리학*적인 각도에서 비철학화하면서 다음과 같이 말하고 있다. "셋째로 의지는 감정과 사고의 복합체일 뿐 아니라, 무엇보다도 하나의 **정념**이다. 그리고 이는 실상 명령의 정념이다. '의지의 자유*'라고 불리는 것은 본질적으로 명령에 순종해야만 하는 자에 대한 우월의 정념이다. 즉 '나는 자유다. 그는 복종해야만 한다'는 것이다."[『선악』 19]

【Ⅲ】 신체와 힘에의 의지

니체는 의식이 새파랗게 질린 '형이상학*'이 가져오는 빈곤을 철저히 증오했다. 그가 추구하는 것은 삶의 과잉*이자 넘쳐남이다. 그것은 동시에 삶을 올바른 원근법 하에 다시 놓고자 하는 지향이기도 했다. 삶을 '과잉'의 풍부함 하에 놓고자 하는 것―, 그것은 삶을 구성하는 정신과 신체라는 두 가지 영역의 관계를 형이상학이 강요하는 전도된 원근법으로부터 해방하고, '힘의 관계'로서의 원근법에로 다시 편성하고자 한다는 것을 의미한다. 니체는 삶을 힘의 관계의 장으로서, 좀 더 정확히 말하자면 능동적인 힘과 수동적인 힘이 서로 싸우는 불균형한 관계의 발현의 장으로서 바라보고자 했다. 이러한 니체의 관점의 기저를 이루는 것은 의식이라는 수동적인 힘―힘의 부정―을 제1원인으로서 설정하고, 그것을 기점으로 하는 '원인-결과'의 인과 계열에 기초하여 있어야 할 삶의 설명 원리를 조립하고자 하는 '형이상학'의 도착에 맞서 신체에 뿌리박은 능동적·창조적인 힘―힘의 긍정―, 즉 '자기*'(das Selbst)의 단적인 발현으로서의 삶의 힘을 기원으로 하는 '생성의 무구함*(죄책 없음)'의 윤리를 대치시키고자 하는 지향이다.

니체의 눈길은 소크라테스* 및 그리스도교*에서 연원을 지니고 앞에서 언급한 의식의 '형이상학'의 기저

가 되는 유럽의 기층적인 사유 논리로서의 '관상(theoria)의 논리'로 돌려진다. 그리고 거기에 포함되어 있는, 육체를 혐오하고 '삶과 대지'를 혐오하는 쇠약한 사유 논리, 다시 말하면 '데카당스*'의 논리를 용서 없이 도려낸다. 물론 니체가 바라는 것은 단순한 육체 찬미의 사상도 강자의 긍정도 아니다. 이미 언급되었듯이 이러한 데카당스로부터 생겨난 유럽적인 삶의 원근법의 구도, 즉 '도덕'과 '인과성*' 그리고 '목적론' 등의 다양한 나타남에 공통된 근저를 이루는 '형이상학' 논리의 근본적인 전도를 니체는 데카당스 타파를 위한 인식론적 과제로서 받아들인다. 그리고 이 인식론적 과제―니체의 '계보학'의 기본 모티브―는 더 나아가 '힘에의 의지*'의 즉각적인 발현을 스스로의 사명으로 받아들이는 '생성의 무구함'의 존재론적 지평과도 결부된다.

『차라투스트라』와 함께 전면적으로 개화된 니체의 삶을 둘러싼 이러한 사유는 다른 한편에서 말하자면 유럽적 사유의 역사에서 언제나 이면으로 내몰려온 신체론적 사유의 지평을 밝은 곳으로 끌어내는 것을 의미하고 있었다. 니체에 의한 형이상학적 이성의 가장 근원적인 **타자**로서의 신체의 발견,―그것은 헤겔*, 포이어바흐(Ludwig Andreas Feuerbach 1804-72), 맑스* 계보에서의 '노동 주체'로서의 신체라는 범주의 사상적 발견, 또는 프로이트*에 의한 '무의식' 범주―의식에 뿌리박은 주체 신체에 의해 은폐되어온 심층적 신체 범주―의 발견과 함께 데카르트* 이래의 근대 유럽에서의 의식 중심주의적인 사유 패러다임의 근본적인 전환을 의미했다고 해도 좋을 것이다. 그와 동시에 생리학적 용어의 편애에서 보이듯이 니체 자신도 적지 않은 영향을 받은 19세기 시대사조로서의 과학주의와 유물론적 경향 역시 니체의 신체를 둘러싼 사유에 그림자를 드리우고 있다는 것을 간과해서는 안 된다. ☞위대한 이성, 주체, 자기 보존, 해석과 계보학

―다카하시 준이치(高橋順一)

'칸트로 돌아가라'를 모토로 19세기 70년대부터 20세기 10년대에 걸친 독일의 사상계에 커다란 세력을 구축한 학파. 또한 제2차 대전 이전의 일본 철학계에도 많은 영향을 미쳤다. 빈델반트(Wilhelm Windelband 1848-1915), 리케르트* 등의 바덴학파(서남독일학파라고도 한다)와 코헨(Hermann Cohen 1842-1918), 나토르프(Paul Natorp 1854-1924), 카시러(Ernst Cassirer 1874-1945) 등의 마르부르크학파로 크게 구별된다. 자연과학에서의 실증적 연구와 문화과학에서의 역사적 연구의 진전·확대에 따라 19세기 중반 무렵부터 시대의 사조로서 서서히 두드러져가는 실증주의*적·역사주의*적 대상 파악의 경향에 맞서 근본적인 비판을 전개하고자 의도하고 있었다는 점에서 그야말로 그 문제 관심에서 니체와도 모종의 공통성이 인정되지 않는 것은 아니다. 그렇긴 하지만 니체에 의한 시대 비판에서는 바로 이성적인 것 그 자체가 디오니소스*적인 삶*의 운동과의 관계로부터 '힘의 의지*'로서 다시 파악되었던 데 반해, 그것과는 전혀 반대로 신칸트학파에서는 실제로 실현되어 있는지 여부야 어찌됐든 그 이념에서는 보편적 타당성을 요구하는 것이 가능한 학적 인식에 대한 전면적 신뢰 하에 그러한 인식의 권리 근거가 어디까지나 바로 예지적인 것 속에서 찾아졌다. 문화적 대상 그 자체를 산출하는 순수한 사유의 다양한 활동에 주목한 경우(마르부르크학파)이든 아니면 인식 주관에 있어 당위로서 현전해 있는 초월적 가치들의 체계를 전개하는 경우(바덴학파)이든, 문화적 소산으로서의 인식이 도대체 어떻게 해서 가능해지는가 하는 것이 인식 내부의 구조상의 문제로서 물어졌던 것이다. 구체적인 삶의 경험이 우리(의 인식)에게 가져오는 충격·동요·불안 등이 본래 시야에 들어오지 않는 문제 설정인 까닭에 제1차 대전 후의 시대 상황에서는 학파로서의 영향력을 급속히 상실하게 되었다. 그러나 자기비판도 포함하는 비판 일반의 가능성을 인식의 영위 그 자체에 대해 승인하고자 하는 것이라면, 상대적으로 자율적인 그 지평을 새삼스럽게 다시 묻는 것도 일괄적으로 무의미하다고는 말할 수 없을 것이다.

☞리케르트

―구쓰나 게이조(忽那敬三)

신화神話

신화, 정확하게는 그리스 신화는 『비극의 탄생』*에서 당연한 일이지만 우선 비극으로서 상연되는 이야기로서, 즉 비극 속에서 수행하는 역할에 초점을 맞추어 고찰된다. 그리고 비극 그 자체와 마찬가지로 아폴론*적인 것과 디오니소스*적인 것과의 이중의 측면을 지니는 것으로 간주된다. 더욱이 그 이중성은 신화 이야기가 지니는 의미 내용(신화의 가르침) 및 그 본질적 생성 구조라는, 이 또한 이중의 관점에서 고찰되고 있으며, 그런 의미에서 그 이중성은 이중의 이중성이라고도 말해야 할 것이 된다. 우선 전자의 의미 내용의 이중성은 주로 『비극』 9에서 분명해진다. 거기서는 오이디푸스 신화와 프로메테우스 신화가 다루어지지만, 그 가운데 예를 들어 프로메테우스 신화(『결박된 프로메테우스』)에서 두드러지는 것은 "정의를 추구하는 아이스킬로스의 깊은 경향"이라고 한다. 그것은 인간과 신들에 대한 절도에의 호소이며, 아폴론적인 경향이다. 그러나 그 반면에 그 신화에서 말해지는 문화의 수호신으로서의 불의 획득은 신적 자연에 대한 모독이며, 그런 한에서 인간은 그 귀결을 떠맡지 않으면 안 된다. 하지만 그 모독은 존엄으로 채워진 "능동적인 죄"인바, 그 점에 의해 인간의 재앙·책임·고뇌는 시인될 수 있는 것이 된다. 거기서 작용하고 있는 것은 바로 인간과 신들의 각각에게 나누어진 절도 있는 세계의 울타리를 폐기하는 디오니소스적 충동이다.

이와 같이 니체는 신화의 의미 내용에서 아폴론과 디오니소스 쌍방의 가르침을 확인한다. 그러나 그뿐만 아니라 신화는 본래 그 성립부터가 아폴론적임과 동시에 디오니소스적인 구조로 되어 있다고 니체는 주장한다. 일정한 줄거리를 지닌 이야기로서 극 안에서 가시적 형상으로 화하는 신화가 아폴론의 성격을 지닌다고 하는 것은 보기 쉬운 것이겠지만, 다른 한편으로 "고대의 신화는 대부분은 음악에서 '생겨난'[유고 Ⅰ. 3. 432] 것인 한에서, 그것은 또한 디오니소스적 기원의 것일 수밖에 없다. 니체는 신화와 음악의 관계를 『비극』 5에서 서술된 서정시인의 시작(詩作) 과정 — 시인의 "음악적 기분"에서 시적 형상이 방사된다 — 과 평행하게 생각하는 것이다. 신화를 "하나의 이야기, '교훈' 없는 사건의 연쇄지만, 전체로서 음악의 해석이다"[같은 곳]라고 규정하는 것으로부터도 그 점이 엿보일 것이다. 물론 아폴론적 형상이기도 한 하에서 신화는 디오니소스적 음악의 파괴적인 효과가 직접적으로 작용하는 것을 방해하며, 그런 까닭에 비극 작품이 지니는 예술적 승화를 가능하게 한다. 신화란 "아폴론적 예술 수단에 의한 디오니소스적 지혜의 형상화"[『비극』 21]로서 바로 비극 예술의 응축된 모습인 것이다. 여기서 주의해야만 하는 것은 설령 일정한 이야기로서 언어 작품화되는 일이 있다 하더라도, 신화의 진수를 니체가 어디까지나 무대 위에서의 형상화에서 보고 있다는 점이다. 이 형상화에 의해 신화는 언어적 추상 개념의 일반성과는 다른, 말하자면 음악적인 보편성과 진실성에 도달하며, "신화는 말해진 언어 속에서는 적절하게 구현되지 못한다. 장면의 구조와 구체적인 이미지들은 시인이 말과 개념으로 파악할 수 있는 것보다 한층 더 깊은 지혜를 드러낸다."[같은 책 17] 이 시기의 니체는 언어*의 매개를 거친 적이 없는, 시각 형상이나 청각음 형태와 같은 감각 감정에 의한 직접적인 사태 이해의 가능성, 아니 현실성을 인정하고 있었던 것이다. 따라서 또한 음악적 모태로부터 분리되어 언어적인 의미로 환원되어 버리면, 신화는 '동화'가 되며, 여자들의 오락거리밖에 되지 않던가[『반시대적』 IV. 8], 아니면 역사적인 일회적 사건으로 간주되어 오로지 그 사실로서의 신빙성에 관심이 돌려지고, 신화의 더 나아간 발전・성장은 불가능한 것이 된다[『비극』 10]. 그것은 신화의 죽음이다.

대략 이상과 같이 니체는 비극에서의 신화의 역할에 대해 규정한다. 그러나 이야기는 거기서 끝나지 않는 바, 다방면에 이르게 된다. 그중에서도 중요한 것은 민족*이나 민족의 문화와의 관계에서 보인 신화다. "그러나 신화가 없으면 모든 문화는 건강하고 창조적인 자연의 힘을 상실한다. 신화로 둘러싸인 지평이

비로소 전체 문화 운동을 통일시키고 완성시킨다. 상상력과 아폴론적 꿈의 힘은 신화를 통해 정처 없는 방랑에서 구원된다. 신화의 형상은 눈에 띄지 않지만 어디서나 현존하는 다이몬과 같은 파수꾼이어야 한다. 그 보호를 받고 젊은 영혼은 성장하며, 그 기호를 보고 남성은 자신의 삶과 투쟁을 해석한다. 국가조차 신화적 토대보다 더 강력한 불문법을 모른다. 이 법은 국가와 종교의 관계, 국가가 신화적 관념으로부터 자라나 왔음을 보증해준다."[『비극』 23] 이 문면에서 모종의 위험성을 감지하는 사람도 많을 것이다. 그 점은 그것대로 인정되어야만 한다. 그러나 어떤 한 유고[I. 3. 333]가 분명히 하고 있듯이 그러한 신화에 의한 민족과 국가의 통일은 그리스인에게 본질적인 경쟁심과 이기심이 노골화되는 것을 제어하는 것으로 평가되고 있다는 점도 파악해 두지 않으면 안 된다. 그리고 "그리스인은 경험한 모든 것을 무의식적으로 곧 신화와 연결시켰다. 아니 이렇게 연관지어야만 이해할 수 있었다. 그래서 그들에게는 가까운 현재도 '영원한 모습 아래의 것', 어느 정도 시간을 초월한 것처럼 보일 수밖에 없었다. 그러나 국가나 예술은 순간의 부담과 탐욕에서 쉬기 위해 시간을 초월한 것의 흐름 속에 몸을 담근다. 한 민족의 가치는 — 인간의 가치도 마찬가지로 — 자신의 경험에 영원성의 낙인을 찍을 수 있는 정도에 달려 있다"[『비극』 23]고 말하고, 그 칼을 되돌려 신화를 상실한 근대를 예술적 공상이 규율 없이 방황하고, 문화는 빌려온 외국 문화에 의해 간신히 몸을 기르며, 모든 것을 학문으로서의 역사로 환원하면서 역사적 인식에 대한 욕구에 들볶여 과거를 찾아다니고 있는 시대로서 엄혹하게 비판할 때, 거기에서는 틀림없이 하나의 문제가 제기되고 있다고 하는 점이 결코 '억압'되어서는 안 될 것이다. (거기에는 분명히 변전하는 역사 속에서 "반복하는 것, 항상적인 것, 유형적인 것"을 추구하고, 그리스 신화도 역사적 사실인가 아닌가 하는 차원을 넘어선 곳에서 그리스 정신의 본질을 체현한 것으로서 파악하고자 하는 부르크하르트*의 기본자세와 통하는 면이 있다. "태고의 시대에 대해 본래 무엇을 알게 해주는가 하는 점에 대해서는

아무리 의심스러운 바가 있다 하더라도, 신화는 강렬한 힘으로서 그리스인의 삶을 지배하고 그 위를 친근하고 멋진 현상으로서 떠다니고 있었다. 신화의 빛은 신화가 아직 먼 과거로는 전혀 되어 있지 않은 듯이 이르는 곳마다, 그리고 후대에 이르기까지 그리스인의 현재의 구석구석까지 들어와 있었으며, 또한 다른 한편으로 신화는 국민 자신의 것에 대한 견해와 행동을 좀 더 고차적인 상으로 찍어 근본적으로 그려내고 있었던 것이다."[『그리스 문화사』]) 왜냐하면 말할 필요도 없는 것이지만, 그것을 '억압'하는 것에 의해서는 신화의 위험성이 제거되기는커녕 도리어 불가시한 채로 온존되며, 계속해서 뜻밖의 폭발 기회를 엿보고, 또한 '억압' 자체가 하나의 신화가 되어버릴 가능성도 불식될 수 없기 때문이다.

중기 이후 니체는 신화를 주제적으로 다루는 일은 거의 없어진다. 그것은 그가 이를테면 실증주의적 '탈신화화'의 시기에 들어섰기 때문이다. 나중의 '계보학'으로도 연결되는 '사고의 발생사'에 관계하게 된 니체는 사태의 형이상학적인 영원한 본질을 더 이상 신봉하지 않게 된다. 오히려 그와 같이 자칭하는 것의 유래를 캐묻고 거기에서 어떠한 기만과 허위가 작용하고 있는지를 '심리학적'으로 폭로하는 것에 전념한다. 따라서 신화에 대해서도, 현대인이 수면 한가운데서 건전한 기억 능력을 잃고서 망상해본 꿈을 보듯이, 각성 중에도 기억이 불완전했던 고대인이 자의적으로 또한 혼란 상태에서 만들어낸 것으로 규정한다든지 하게 된다[『인간적』 Ⅰ. 12].

후기의 니체는 이러한 우상 파괴적 경향을 이어받으면서 다른 한편으로 또한 '신화적 사고'로 회귀해간다. 그 점은 주저 『차라투스트라』*가 한 편의 장대한 신화 이야기의 성격을 지닌다는 점으로부터도 헤아릴 수 있을 것이다. 신화화와 탈신화화라는 이 양면은 니체에게 모순으로 받아들여지고 있었던 것이 아니다. 그렇기는커녕 "주술을 거는 것(Zaubern)으로서의 창조는 존재하는 모든 것에 관한 탈주술화(Entzauberung)를 수반한다"[유고 Ⅱ. 6. 255]는 유고 등으로부터 보자면, 양자는 상호적으로 다른 것을 요청하는, 긴밀하게 일체를 이루는 것으로 생각되고 있었을 가능성 쪽이 클 것이다. 그렇지만 신화화에 힘쓰면 힘쓸수록 필연적으로 탈신화화를 불러들인다고 한다면, 역으로 탈신화화의 작업도 그대로 신화화를 야기한다고 말할 수 없는 것일까? 그것은 요컨대 완전한 의미에서의 탈신화화는 불가능하다는 것에 다름 아니다. 이러한 불가능성을 의식케 만드는 바에 니체의 매력과 위험성의 일단도 숨어 있을 것이며, 또한 후대에 그 자신이 "신화의 시도"(베르트람*)에 노출되거나 그러한 시도를 도발하게 되는 먼 원인이 되기도 하는 것일 터이다. 그리고 이 탈신화화의 불가능성의 의식, 다시 말하면 신화의 보편적 가능성의 의식 하에서 광기 직전(또는 직후?)의 니체는 스스로 신화의 등장인물로 화하게 된다. 클로소프스키*는 『니체와 악순환』에서 토리노*에서 한창 다행증(多幸症, Euphoria) 상태에 있던 니체가 그 자신의 손으로 스스로의 삶을 신화적 드라마로 만들어가는 그 모습을 생생하게 묘사했다. "자신은 이미 니체가 아니다, 자신은 아무것도 아니다"라는 지금까지 없었던 명석한 의식에 도달한 니체는 스스로 디오니소스 등으로 화하고, 코지마 바그너*에게 "마법을 걸어(zaubern)"[1889년 1월 6일자(소인은 1월 5일!)의 부르크하르트에게 보낸 편지] 아리아드네*로 판단하고, 이를테면 "낙소스의 아리아드네"라는 사티로스극을 자신의 삶의 현장에서 상연하고자 꾀했던 것이다. 광기의 사태로 정리하기는 쉽다. 그렇지만 니체는 그의 지적 생애의 마지막에서 신화적 사고의 심연을 다시 한 번—다만 이번에는 문자 그대로 몸으로써—보여주었던 것이며, 그런 한에서 신화가 지니는 그 범위를 고찰함에 있어 그로부터 길어낼 수 있는 것에는 다함이 없는 것이 있다고 말해야만 할 것이다. ☞오토, 크로이처, 케레니, 계몽의 변증법, 민족

―스토 노리히데(須藤訓任)

실러 [Johann Christoph Friedrich von Schiller 1759-1805]
1859년에 실러의 탄생 100주년 행사가 독일 각지에서 거행되었다. 질풍노도 시대의 자유의 기수 실러는

북독일 관세 동맹 이후 점차로 힘을 길러 1870/71년의 통일로 향하는 독일*의 국민의식을 부추겼던 듯하다. 그가 고통의 학교시기를 보낸 슈투트가르트에서는 실러 상이 건립되었다. 또한 바이마르*에 괴테, 실러 상이 "두 사람의 시인에게. 조국으로부터"라는 헌사와 함께 세워진 것이 조금 전인 1855년이다. 당시 김나지움의 상급생이었던 니체가 있던 슐포르타*에서도 이틀에 걸쳐 성대하게 실러 탄생 100년 축제가 개최되었다. 『발렌슈타인』으로부터 피콜로미니의 낭독, <종의 노래>——그 후 김나지움 학생을 괴롭히게 되는 시—의 롬베르크(Andreas Romberg 1767-1821) 작곡에 의한 연주. 다음날은 <환희의 노래>와 <자, 출발이다, 동지여>의 합창. 초기 독일 문학 연구자로서 유명한 코버슈타인(Karl August Koberstein 1797-1870) 교수의 강연. 그는 "이 국민적 축제가 다시 일깨워진 독일 국민의식의 좋은 전조가 되기를. 이 축제에 미래에 대한 좋은 희망이 연결되기를"이라고 말하며 강연을 맺었다. 밤에는 최상급생들의 댄스파티가 한밤중까지 이어졌다. 사회사적으로도 중요한 이 보고는 니체 자신이 이틀간의 인상을 기록한 작문(1859년 12월 8일, 실러의 탄생일은 11월 10일)에 의한 것이다. 작문의 마지막에는 "참가자 모두에게 고귀하고 위대한 생각이 남았다. 실러라는 인간에게 걸맞은 기념제를 개최했다는 생각이"라고 적혀 있다[BAW I. 186-188]. 어딘가 촌스러운 단순한 국민사상과 교양 생활에 고교생 니체도 휘말려들어 있었다. 이와 같은 출발 탓인지 그와 실러의 관계는 교양주의의 변질과 함께 굴절되며, 불행한 것이 되어간다.

『삶에 대한 역사의 공과』에서 전개되는 기념비적 역사의 모델 가운데 하나가 실러다. 여기서의 실러상은 아직 긍정적이다. 비참한 시대에 있어 이전의 위대한 행위에 분발하게 되고 "이전에 가능했던 것이므로 자 우리도"라고 결단하는 영웅*들의 모습이 역사주의와 교양주의에 매몰되어 있지 않는 역사적 태도로 생각된다. 『군도』에서 고결한 칼 모어는 외친다. "플루타르코스에서 위대한 인물들에 대한 이야기를 읽으면, 이 잉크 얼룩투성이의 금세기가 내게는 기분

나빠진다." 이와 같은 것을 받아들이자고 니체도 쓰고 있다. "영웅적인 힘의 숨결을 지니는 책이 현대에는 얼마나 결여되어 있는 것일까? 플루타르코스*마저도 이미 읽히지 않는다."[유고 I. 4. 25]

하지만 이 시기를 경계로 니체는 실러를 전형적으로 독일적이고 거칠며 지나치게 고지식한, 그런 까닭에 참된 문화에서 멀리 떨어진 존재로서 보게 된다. 『인간적』* II -1. 170에서는 니체가 혐오하는 코체부(August von Kotzebue 1761-1819)와 나란히 야유하는 어조로 "희곡의 천재"라고 부른다. 왜냐하면 실러는 독일의 젊은이와 젊은 여성에게 어렴풋하고 어딘지 모르게 고귀하고 도덕적인 감정을, "서른만 돼도 사라지는" 그러한 감정을 불러일으켜 왔기 때문이라고 비판한다. 나아가 『인간적』 II -2. 123에서는, 예술가는 학문*에 대해 쓰면 전적으로 무능하며 유치하며, 그 전형적인 예가 실러의 미학 논문인바, 그 까닭은 역시 예술가이기 때문이고, 그 결과 그의 논문은 학문의 패러디로서 성공하고 있다고 야유를 보낸다. 또한 실러는 독일의 젊은이와 젊은 여성들의 손으로부터 결국 철부지들의 손으로 떨어져 버렸다. 저서가 점차 미숙한 연령층에게 읽히게 되는 것은 이미 현실성을 상실한 증거라고 말한 문장도 있다[『인간적』 II -2. 125]. 또한 『아침놀』* 190번의 「예전의 독일적인 교양」이라는 제목이 붙어 있는 아포리즘에서는 대강 다음과 같이 말하고 있다. 독일의 교양은 지금은 독일인 스스로 벗어 던지고 정치와 군사라는 망상과 바꿔 버렸음에도 불구하고, 외국인들에게는 흥미로운 듯하다. 실러, 훔볼트(Wilhelm von Humboldt 1767-1835), 헤겔*, 슐라이어마허(Friedrich Ernst Daniel Schleiermacher 1768-1834) 등은 어떻게 해서든지 도덕적 감정이 흥분된 모습을 하고 빛나는 보편성의 겉모습을 꾸미면서 그리스와는 아무런 관계도 없음에도 불구하고 그리스적 아름다움을 갖춘 것처럼 하고 있다. 그러나 "독일인들은 자신들이 하늘이 아니라 구름 속에 있었다는 사실을 너무나 잘 알고 있었던 것이다!" 독일어에서 '구름'은 어렴풋하고 내용이 없는 몽상의 것, 의미가 없는 것으로 자주 사용된다. 한국어라면 '구름 잡는 것 같은'이라고도 말하는 바일

것이다. 은유를 구사한 명문으로 실러를 시초로 하는 신인문주의자들이 일도양단되고 있다. 나아가 『우상의 황혼』*에 이르면 실러는 "용인할 수 없는 자들"에 넣어진다. "내가 용인할 수 없는 자들——세네카: 또는 덕의 투우사.——루소: 또는 자연적인 불결함으로의 자연의 복귀.——실러: 또는 재킹겐의 도덕적인 나팔수……"[IX. 1] 루소*는 젊어서부터 혐오의 대상이다. 세네카는 만년의 도덕 비판의 니체가 좋아할 이유가 없다. 실러도 그들과 함께 곰팡이 냄새나고 그럴싸한 얼굴을 한 도덕주의자로 헤아려지고 만다. 『재킹겐의 나팔수』(Der Trompeter von Säckingen, 1854)는 19세기 중반의 셰펠(Joseph Victor von Scheffel 1826-86)의 작품. 자유주의적-국민주의적 내용이 인기를 얻어 160판을 거듭한 베스트셀러다. 니체가 이것과 실러를 함께 묶음으로써 실러의 이미지는 결정적인 타격을 후세에 받았다. 마르쿠제*가 지적하듯이 본래는 실러에게도 미와 쾌락*의 융합, 예술*과 생활의 통합이라는 이상이 있음에도 불구하고, 그 점은 교양이 변질해버린 19세기 말의 니체에게는 이해되지 않았음이 분명하다. 하지만 실러의 『인간의 미적 교육에 관한 서간』에 있는 이 이상은 슐레겔 등의 낭만파의 사상과도 연결되며, 마르쿠제뿐만 아니라 루카치*나 벤야민*의 문제로도 이어진다. 하버마스*의 『근대의 철학적 담론』에서는 그 문제가 논의되고 있지만, 니체의 『비극의 탄생』도 그 문제권역의 산물로 볼 수도 있을 것이다. ☞교양, 미와 쾌락, 니체와 문학사

—미시마 겐이치(三島憲一)

실존주의 實存主義 [existentialisme]

【 I 】 실존주의의 다의성

엄밀하게는 제2차 대전 종결 직후, 사르트르*, 메를로-퐁티*, 보부아르(Simone de Beauvoir 1908-86) 등에 의해서 제창되고 1940년대 후반부터 50년대 전반에 걸쳐 전개된 프랑스의 사상운동을 가리킨다고 보아야 하겠지만, 일반적으로는 좀 더 넓게 1930년대의 독일에서 하이데거*나 야스퍼스*의 이름과 결부되어 전개된

'실존철학'(Existenzphilosophie)과, 1920년 전후의 한 시기에 프랑스의 마르셀(Gabriel Marcel 1889-1973)에 의해 제창된 '실존의 철학'(philosophie de l'existence), 좀 더 소급해서 이들 사상가의 사상적 원천으로 간주된 19세기 중엽의 키르케고르*의 사상까지도 포함하여 실존주의라고 부르는 것이 통례다. 한 시기에 니체도 키르케고르와 더불어 이 실존주의의 조상 가운데 한 사람으로 헤아려진 적이 있지만, 그 여부는 실존주의를 어떠한 것으로 보는가에 달려 있다. 그것에 더해 또한 이들 사상가를 하나의 계보로 연결해 실존주의라는 이름 아래 포섭하는 것이 타당한지의 여부도 검토할 가치가 있는 문제일 것이다. 예를 들면 하이데거와 같은 사상가는 자기의 사상이 실존철학이라고 불리는 것을 시종 일관 강하게 거부하고 있기 때문이다. 본래 이들 사상가가 하나의 계보로 연결되는 것은 그들이—니체를 제외하고—모두 키르케고르의 '실존'이라는 용어를 계승하고, 그것을 그들의 사유의 기축에 놓았기 때문이지만, 잘 보면 그 개념 내용은 결코 일의적이지 않다. 그래서 우선 이 개념의 유래부터 생각해 보고자 한다.

【 II 】 셸링의 '실존철학'

키르케고르가 '실존' 개념을 계승한 것은 셸링(Friedrich Wilhelm Joseph von Schelling 1775-1854)으로부터다. 셸링은 헤겔*에 의해 완성된 근대 철학의 총체를 '소극 철학'(negative Philosophie)이라 부르고, 그것에 맞서 자기의 후기 사상을 '적극 철학'(positive Philosophie)이라 부른다[『근세 철학사 강의』(1827)]. 그것은 다음과 같은 의미다. 요컨대 근대 철학이 모두 이성에 의해 인식하고 처리할 수 있는 사물의 '본질존재'(essentia)밖에 묻고자 하지 않았던 것에 반해, 그의 후기 철학은 이성의 개입을 거부하는 사물의 '사실존재'(existentia)를 굳이 묻고자 한다. 셸링은 이 사실존재를 '현실성'(Wirklichkeit)이라든가 '실정적인 것'(das Positive)이라고도 바꿔 말한다. 후자는 라틴어로는 positum, 요컨대 pono(정립)된 것이라는 의미다. 이 말에는 다음과 같은 유래가 있다. 그리스도교적인 세계 창조론에서 보면, 이 세계는 커다란 이성이라고도 말해야 할 신에 의해 창조된 것이며, 당연히 합리적으로 만들어져 있을 것이다.

그럼에도 불구하고 이 세계에는 우리의 이성이 도저히 수용하기 어려운 악업이나 비참이 현실적으로 존재한다. 이러한 사태를 어떻게 이해해야 할 것인가가 라이프니츠의 변신론 이래로 큰 문제였지만, 결국에는 우리의 조그마한 이성이 용인하려야 용인할 수 없다 하더라도 그러한 악업이나 비참도 신에 의해 정립된 사실, 요컨대 positum으로서 받아들일 수밖에 없게 된다. 그로부터 우리 이성의 인식을 거부하고, 그것을 단호히 거절하는 불합리한 사실을 positum이라고 부르게 되었다. 통상적으로 '실정성'이라고 번역되는 젊은 헤겔의 Positivität라는 개념도 positum의 이 의미에 연결된다. 셸링은 이와 같은 의미에서의 positum, 요컨대 existentia를 묻는 자기의 후기 사상을 '적극 철학'(positive Philosophie)이라고 불렀던 것이지만, '사실적·실정적'이라는 의미에서의 positiv와 '적극적·긍정적'이라는 의미에서의 positiv는 분명히 의미론적으로 다른 계열에 속한다(후자는 '소극적·부정적'이라는 의미에서의 negativ와 맞짝을 이루며, 거기서 pono하고 nego하는 것은 인간이지만, 전자에는 맞짝을 이루는 항이 없으며, pono하는 것은 신이다)는 것으로부터 그는 여기서 일종의 언어 놀이를 하고 있는 것일 터이다. 그는 이 후기 사상을 '실존철학'(Existentialphilosophie)이라고도 불렀다고 한다[로젠크란츠 『헤겔의 생애』 서문]. 그는 이 불합리한 사실존재의 근거를 신에게서 아니라 '신 안의 자연'(Natur in Gott)에서 찾으며, 신(이성)의 근거에 숨어 있는 어두운 자연을 궁극의 존재로 본다. 자기 자신을 현세화(現勢化)하고자 의욕하고 생성하는 자연이야말로 '근원적 존재'(Ur-Sein)라고 주장하는 것이다. 이리하여 셸링은 『인간적 자유의 본질에 대하여』(1809) 이후, 주로 강의들 안에서 전개된 후기 사상에서 살아 있는 근원적 자연의 개념을 복권시키는 것에 의해 자연을 제작을 위한 무기적 소재, 요컨대 물질(materia)로 보아온 근대 철학을 총체로서 비판함과 동시에, 이러한 물질적 자연관과 연동하여 언제나 '본질존재'를 '사실존재'보다 우월한 것으로 보아온 근대 이성주의의 견해를 근저로부터 뒤집어엎고, '사실존재'를 '본질존재'보다 우월한 것으로 정립하고자 시도했던 것이다. 셸링의 '실존철학'이란 이러한 시도를 의미한다.

【Ⅲ】 키르케고르의 '실존' 개념

셸링의 이러한 후기 사상은 헤겔 사후인 1830년대에 젊은 세대의 커다란 공감을 불러 일으켰다. 왜냐하면 맑스*와 엥겔스(Friedrich Engels 1820-95) 등을 포함하는 이 세대의 청년들은 "이성적인 것은 현실적이고, 현실적인 것은 이성적이다"라는 헤겔의 테제를 믿고서 아직까지도 영방 체제를 취하고 있던 독일에서 사회 혁명을 의지하는 가운데 그때마다 관헌의 강한 탄압을 받아 좌절을 맛보고 이를테면 현실의 벽의 두께를 실감하고 있었지만, 그 청년들에게 있어 현실의 비합리성을 이야기하는 셸링의 사상에는 강하게 끌리는 점이 있었기 때문이다. 헤겔 사후 10년째인 1841년, 베를린대학에 초청받은 셸링의 취임 강의에는 엥겔스와 바쿠닌(Mikhail Aleksandrovich Bakunin 1814-76), 부르크하르트* 등 유럽의 준재들이 모였지만, 그중에는 덴마크의 코펜하겐에서 온 키르케고르도 섞여 있었다. 그는 강의에서 셸링이 '현실*'(Wirklichkeit)이라는 말을 내뱉는 것을 듣는 순간, 감격으로 인해 자신 안에서 사상의 태아가 뛰어오르는 것을 느꼈다고 일기에 적고 있다. 키르케고르가 셸링의 강의로부터 이 '현실'과 같은 의미의 '사실존재' 개념을 배워 돌아간 것은 확실하다. 그러나 그는 이 개념을 좀 더 협애화하여 자신에게 있어서의 자기 자신의 사실존재를 가리키기 위해서만 사용하고자 한다. 그것은 다음과 같은 이유 때문이다. 오늘날에는 상당히 확실한 것으로 생각되고 있지만, 키르케고르는 육체에 장애를 지니고 있었다. 그 스스로 '육체의 가시'라고 부르고 있지만, 아마도 북구에 특유한 구루병에 의한 것으로, 보통 사람들과는 달리 몸집이 작고, 게다가 등에 혹을 짊어지고 있었다고 한다. 이와 같이 다른 사람들과 다른 육체를 부여받고, 게다가 우울증의 아버지에게서 어린아이 무렵부터 그것은 옛날에 자신이 신을 저주한 대가라는 말을 들어온 키르케고르에게 있어 왜 그러한 것이 존재하는 것인지 이성에 의해 납득하기 어려운 사실존재들 중에서도 가장 납득하기 어려운 것이 자신의 사실존재였음에 틀림없다. 이리하여 그는 셸링으로부터 배운 '사실존재' 개념을 자신에게 있어서의 자신의 사실존재에 한정하여 사용한다. (이와 같은 키르케고르적인 의미에서의 Existenz 개념에 일본에서는 구키 슈조(九鬼周造 1888-1941) 이래로 '실존'이라는 번역어를 배당하고 있다.) 신의 절대적 초월성을 믿는 키르케고르에게 있어 신이 왜 이러한 실존을 자신에게 준 것인지를 헤아려 아는 것은 허락되지 않는다. 그것은 신을 인간의 영역으로까지 끌어내리는 것이기 때문이다. 따라서 인간에게 있어서는 이 실존을 스스로의 책임 하에 주체적으로 받아들이고, 눈을 감고서 신에게 몸을 맡기기 위해 도약하는 길밖에 없는 것이다. 그는 이러한 주체적인 실존 개념을 자기 자신의 사유의 기축에 두고, 헤겔식의 추상적·객관적·체계적인 사유에 대해 생애 내내 계속해서 저항했다. 확실히 그는 셸링의 '사실존재' 개념을 좀 더 협소화함으로써 이를테면 문제를 왜소화하기도 했지만, 그렇게 함으로써 문제를 한층 더 첨예화했다고 볼 수도 있다.

【IV】두 개의 실존주의

이렇게 보면 두 개의 '실존' 개념과, 따라서 또한 두 개의 '실존주의'가 생각될 수 있을 것이다. 하나는 키르케고르의 '주체적 실존' 개념에서 발단하여 마르셀, 야스퍼스, 사르트르 등에 의해 계승된 '윤리적 내지 주체적 실존주의'라고도 불러야 할 것이다. 예를 들면 자기 자신의 세계 존재를 자기를 향해 초월하고, 거기서 자각적으로 이해되는 실존을 탐색하며, 나아가 그 주체적인 자기 존재도 절대자를 향해 초월해야 한다고 이야기하는 야스퍼스의 실존철학이나, 신을 부정하는 것에 의해 자기 자신의 사실존재에 선행하는 본질존재를 모두 다 부정하고, 인간에게 있어서는 자기 자신의 사실존재를 자기의 책임 하에 주체적으로 받아들여 그것을 전적으로 자유롭게 기투해 가는 길밖에 없다고 이야기하는 사르트르의 실존주의 등이 이 계보에 속한다. 확실히 니체도 자기 자신에 대해 말하는 경우가 많은 사상가이기는 하지만, 그의 사상은 이와 같은 윤리적 기도로 끝나지 않는다. 그를 이와 같은 의미에서의 실존주의 계보에 헤아려 넣는 것은 부당할 것이

다.

하지만 또 하나, 셸링의 실존 개념과 그의 실존철학에서 시작되는 계보, 이를테면 '형이상학적 실존주의'라고도 불러야 할 계보가 생각된다. 이것은 살아 있는 자연 개념을 복권시킴으로써 근대 유럽 문화 형성의 기저가 된 물질적 자연관과 본질존재의 우위를 뒤집어엎고, 문화 형성의 전적으로 새로운 방향을 개척하고자 하는 것이다. 이러한 의미에서의 실존주의 계보라면 '힘에의 의지*' 개념 하에 고대 그리스의 퓌지스 개념을 복권시키고 그것을 기축으로 문화의 전회를 꾀하고자 한 니체도, 그 니체에게서 배워 전통적 존재론의 역사를 해체하고 새로운 존재의 생기를 대망한 하이데거도, 나아가서는 본질존재와 사실존재의 구별을 넘어서서 '현성하는'(wesen) 야생의 존재, 결국은 살아 있는 자연의 존재론을 구상한 후기의 메를로-퐁티도 거기에 자리를 차지할 수 있을 것이다. 그렇지만 후자의 계보를 실존주의라고 부르는 데는 상당한 무리가 존재한다. 지금까지 본래 서로 이질적인 사상 계보를 무리하게 실존주의라는 이름 아래 정리해 온 경향이 있었다. 이제 점차로 사상의 실질에 입각하여 다시 바라보아야 할 시점이라 할 것이다. ☞현실, 키르케고르, 사르트르, 메를로-퐁티

—기다 겐(木田元)

실증주의實證主義 [Positivismus]

실증주의라는 말을 니체는 그다지 빈번하게는 사용하지 않는다. 실증주의라고 불리는 것에 대한 니체 자신의 자세는 부정적인 경우가 많다. 다만 내용을 별도로 하면, 니체 해석에 있어 실증주의라는 말에 대해서는 다소의 주의가 필요하다. 니체 사상을 세 개의 시기로 나누어 논의하는 것은 정설로 되어 있지만, 이 구분을 정착시키는 것에 크게 관여한 것은 루 살로메*의 『그의 작품에서의 니체』(1894)라고 말해지고 있다. 거기서 살로메는 중기의 니체를 '실증주의'라고 불렀다. 살로메는 파울 레*의 『도덕 감정의 기원』(Der Ursprung der moralischen Empfindungen, 1877)에서 니체

가 영향 받았다는 점을 파악하고, "영국*의 실증주의 학파가…… 도덕적 가치 판단과 현상을 유용, 습관 및 유용성이라는 원래의 근거의 망각으로 환원한다는 점에서 니체는 이 학파와 더불어 밀접하게 결부되었다'고 보고 있다. 그러나 만약 이 점에서 니체가 실증주의와 비슷한 견해를 지녔다 하더라도, 그것을 이유로 이 시기 전체를 '실증주의'라고 부르는 것이 타당한지 아닌지는 의문이다.

19세기의 독일에서 실증주의라고 하면 무엇보다도 콩트*의 학설을 가리키기 위해 사용되었지만, 그다지 좋은 의미로는 사용되지 않았던 것 같다. 니체는 밀*의 『콩트와 실증주의』에서 콩트를 알았던 듯하다. 니체가 이름을 내세워 실증주의를 비판하는 것은 후기가 되고서부터다. 후기 사상에 속하는 『즐거운 학문』* 제5부에서 니체는 실증주의에서 "의지의 병약화", "약함의 본능"의 나타남을 보고 있다. 그리스도교*라 하든 불교라 하든 니체가 말하는 대로 하자면 "광대한 의지의 병약화"의 결과다. 그것은 무언가 확고한 것을 신앙하고, 약한 의지를 숨기고 싶어 한다는 점에서 다름이 없기 때문이다. 오늘날 이 "약함의 본능"이 광범위한 대중 속에 "확실성에 대한 원망, 어디까지나 어떤 것을 확고하게 소유하고 싶어 하는 원망"을 일으키고 있다. 그것이 나타난 것이 실증주의 체계다『학문』347].

약한 의지가 약함 때문에 도리어 확고한 것에 대한 신앙을 추구한다고 하는 구도, 한편에서의 "약함의 본능"과 다른 한편에서의 "확실성에 대한 원망"의 기묘한 결부가 실증주의의 특징이 된다. 『도덕의 계보』*에서는 약함의 본능이 "앎의 스토아주의*"라고 불리고, 확실성에 대한 원망이 "'작은 사실'의 숙명주의", "작은 사실＝숙명론(ce petit faitalisme)"이라고 명명되어 비판이 한층 더 구체적으로 된다[Ⅲ. 24]. 확실한 것을 추구하고자 하는 바람이 실증주의에서는 사실 신앙이 되어 나타난다. 아무리 비정한 사실이라 하더라도 사실은 확고하게 존재하는 것이라고 하는 사실의 숙명론이다. 그러나 "존재하는 것은 사실뿐이다'라고 하여 현상의 위치에 멈추어 서는 실증주의에 대해 나는 말하고 싶다. 아니다, 바로 사실이라는 것이야말

로 존재하지 않으며, 존재하는 것은 해석뿐이라고 우리는 사실 '그것 자체'는 인식할 수 없다." "세계를 해석하는 것은 우리가 지니는 여러 가지 욕구들이다." [유고 Ⅱ. 9. 397] 자유로운, 때때로 폭력적인 해석에는 강한 의지가 필요하다. 해석이란 힘에의 의지*다. 그러나 "사실로서의 어떤 것, '비정한 사실' 앞에 멈춰 서고자 하는 의욕"은 이러한 해석에의 욕구 그 자체를 금지한다. 약함의 본능이 앎의 금욕주의가 되어 강한 의지가 추구하는 원근법*적이고 자유로운 해석의 풍부함을 단념해 버리는 것이다. 그것은 그리스도교 이래의 "금욕주의 그 자체에 대한 신앙"의 하나의 아종에 지나지 않는다[『계보』Ⅲ. 24].

"'작은 사실'의 숙명주의"를 앎의 금욕주의로 파악하는 곳에서 니체의 독자적인 시점이 엿보이지만, 다만 그는 실증주의를 단지 금욕주의적 이상의 하나의 아종으로 본 것만이 아니다. 그것은 근대라는 한 시대를 상징하는 것이기도 했다. 예를 들면 『우상의 황혼』*에는 '참된 세계'를 둘러싼 역사 안에 '실증주의'를 자리매김한 부분이 있다. 이전에 '참된 세계'는 유덕한 자들에게 도달 가능한 것으로 간주되었다(플라톤*). 그 후 그것은 도달할 수는 없지만 유덕한 자들을 위해 약속되어 있는 것으로 간주되었다(그리스도교*). 이어서 도달도 약속도 가능하지 않지만, 사고 속에서의 하나의 위로, 의무로 여겨진다(칸트*). 그러나 이윽고 그것은 아는 것이 가능하지 않은 이상, 위로로도 되지 못하고 의무를 부여하는 것도 아니게 된다. '참된 세계'에 대한 이러한 동요의 시대가 "실증주의의 닭 울음소리"의 시대다[『우상』Ⅳ. 1~4]. 이것은 실증주의의 등장에 어떤 적극적인 의미가 존재한다는 것을 암시한다. 또한 『선악의 저편』*에서는 과학이 철학으로부터 독립하고, 과학이 "전적으로 오만하고 무분별하게 되어 철학이 복종해야 할 법칙을 부여하고 그 스스로 한 번 '주인'의 역할을 해본다.―내가 말하는 것은 철학자의 역할을 한다는 것이다'라는 과학주의 만능의 시대 상황 속에서 "철학에 대한 외경에 가장 손해를 입히고 천민적인 본능에 문을 열어주었던" 근대 철학자들의 예로 "현실 철학자"를 자칭하는 실증주의자가 거론

되고 있다[『선악』 204]. 현실 철학이란 콩트를 높이 평가하고 있던 뒤링*이 스스로의 철학을 부른 말이다. 약한 본능에서 유래하는 앎의 금욕주의가 확고한 것에 대한 원망을 사실에 대한 신앙에서 발견하게 되는 때는 '참다운 세계'의 동요와 함께 "철학이 지니는 지배자적 과제와 지배적 성질에 대한 **불신**"이 정점에 도달한 시대에 다름 아니다. 실증주의는 이러한 시대 그 자체를 상징하고 있다. ☞콩트, 밀

—기마에 도시아키(木前利秋)

실험實驗

니체는 자신의 사고 스타일을 실험으로 표현하기를 좋아했다. "나는 실험을 허용하지 않는 모든 사물과 모든 질문에 대해 더 이상 듣고 싶지 않다. 이것이 나의 진리 감각의 한계다. 왜냐하면 그곳에서 용기가 그 권리를 잃어버리기 때문이다."[『학문』 51] 기성의 습관, 정착된 사물의 사고방식을 파괴하여 그 폐허에 자신의 적극적인 철학을 수립할 수 있다고 생각할 정도로 니체는 강단 철학적인 단세포 사고를 하지 않았다. 물론 그는 그것이 얼마나 어려운지, 아니 그것이 사실은 불가능하다는 것을 잘 알고 있었다. 오히려 "이성의 구속력(Verbindlichkeit)이 감소하지 않는 한 도덕적 감정과 판단의 구속력은 날이 갈수록 점차 감소할 것임에 틀림없다!"[『아침놀』 453] 근대에 있어서는 기성의 도덕이 스스로 해체되고 그것이 '수리'되어야만 한다는 것을 누구나 알고 있으며, 또한 우리는 생리학*, 의학, 사회론, 고독론의 모든 것을 내세워 삶*을 재건하기 위해 부름 받고 있지만, 아마도 그 근거짓기는 가능하지 않을 것이다. 이 중간 상태에 있어서는 "우리 그 자체가 실험이다"[같은 곳]라는 것을 확인할 필요가 있다고 한다. 그렇다면 실험은 통상적인 인생으로부터의 일시적인 이탈이었다든지 인생 설계를 위한 시뮬레이션이었다든지 하는 것이 아니라 실험 그 자체가 삶이 되고 삶 그 자체가 실험이 된다. 그것은 인식*을 통한 해방이 아니라 인식을 위해 살아가는 것이 해방이 된다. "삶은…… 한층 더 신비로

가득 찬 것이 되었다 ── 삶이 인식하는 자의 하나의 실험이어도 좋다는 저 사상, 저 위대한 해방자가 나를 덮친 그날 이후 ── ."[『학문』 324] 하지만 이와 같은 삶은 인식하는 자의 경쾌한 모험*이라는 이미지로부터 서서히 멸망과 죽음을 각오한 도착의 에로스 감각에 가까워져 간다. "오만(Hybris)이야말로 우리 자신에 대한 우리의 태도다. 왜냐하면 우리는 어떤 동물에게도 허용되지 않는 실험을 우리 자신에게 하며, 살아 있는 몸에 깃들인 영혼을 호기심에서 기꺼이 해부하기 때문이다."[『계보』 III. 9] 이러한 쾌락*을 추구하는 "인식의 돈 후안"은 바람둥이 돈 후안이 어떠한 여성에게서도 만족하지 않았던 것처럼 어떠한 인식에도 만족하지 않는다. "이리하여 마침내 절대적인 고통을 주는 것 이외에는 사냥할 것이 아무것도 남아 있지 않을 때까지 인식을 사냥하고…… 아마도 지옥 역시 모든 인식된 것과 마찬가지로 그를 환멸에 빠지게 할 것이다!"[『아침놀』 327] 실험은 사고에 의한 것이 아닌 멸망을, 즉 도착의 쾌락에 의한 멸망을 지향한다.

—미시마 겐이치(三島憲一)

심리학心理學 [Psychologie]

"내 작품들에서는 비교할 만한 상대가 없는 심리학자 한 명이 말하고 있다."[『이 사람』 III. 5] 니체는 그의 성찰의 여러 가지를 심리학적 관찰이라고 부르길 좋아했다. 『비극』*은 디오니소스*적 현상의 "최초의 심리학"이며, 『도덕의 계보』*의 세 논문은 각각 "그리스도교의 심리학", "양심의 심리학", "사제 심리학"이다. 니체는 처음에 『우상의 황혼』*을 『한 심리학자의 나태』라는 제목으로 할 것을 생각하고 있었다. 이것은 페터 가스트*로부터의 요망도 있어 단념하지만, 그때 후보에 올랐던 부제에도 "한 심리학자의 웃음"이나 "심리학자는 어떻게 묻는가" 등, 심리학자라는 말이 되풀이되고 있다. 심리학자라는 자기규정을 니체가 각별히 좋아하고 있었다고 해도 좋은 듯하다. 심리학이라고 해도 문자 그대로의 심리학은 아니다. 하이데거*가 지적하듯이 "심적 사태의 자연과학적인 실험적

연구"가 아닐 뿐만 아니라 "'좀 더 고급한 심적 생명'과 그 현상들의 연구"도 아니며 또한 "다양한 인간 유형에 대한 학문으로서의 '성격학'"도 아니다. 야스퍼스*는 "그것은 경험적-인과적인 과학적 심리학이 아니라 이해적·사회학적-역사학적 심리학이다"라고 말하며, 하이데거는 그의 독특한 해석에 따라 그것은 "인간의 '형이상학'", 아니 "단적으로 형이상학과 같은 뜻'이라고도 말한다. 그것의 정당성 여부와는 별도로 심리학이라는 말의 함축이 역시 니체에게 독특한 것이다.

심리학이라는 말을 니체가 입에 올리게 된 것은 중기부터다. 초기의 '예술가 형이상학'이 배경으로 물러나게 됨에 따라 이 심리학이라는 이름으로 불리는 학문적 태도가 얼굴을 내밀기 시작한다. 『인간적』*에는 심리학적 고찰을 논의한 아포리즘[Ⅰ. 35-38]이 있다. 문자 그대로 그의 심리학적 입장의 선언이 된 문장이다. 니체 자신의 내적인 동기는 별도로, 이러한 전환에 기여한 것으로는 우선 파울 레*와의 교우를 지적해 두지 않으면 안 된다. 레의 처녀작은 『심리학적 관찰』이라는 제목의 아포리즘 모음집인바, 니체의 아포리즘*이라는 형식도 『인간적』에 있는 「심리학적 관찰의 이득」이라는 아포리즘의 제명도 레와의 친교의 자취를 엿보게 해준다. 루 살로메*가 중기의 니체를 "실증주의 시기'라고 부른 것은 이 영향을 크게 보았기 때문이겠지만, 다만 니체가 그 때문에 "영국*의 실증주의자들에게로 이끌렸다'고 말하는 것은 레에 대한 생각이 조금 지나치게 강했다고 말해야 할 것이다. 오히려 레와의 관계에서는 라 로슈푸코* 등, 이른바 모럴리스트*들의 작품으로 이끌렸다고 말하는 쪽이 좋을 것이다. 니체는 그들을 "심리학적 잠언의 거장들'이라고 부르며, 그 심리학적 관찰의 풍부함과 날카로움을 상찬하고 있다.

그러나 주목해야 할 것은 레와 결별하고서 스스로를 임모럴리스트라고 칭하게 된 후기에도 니체는 심리학이라는 말을 버리지 않는다는 점이다. 『인간적』에서는 심리학적 고찰을 "인간적인 너무나 인간적인 것에 관한 사유"라고 불렀지만, 『선악의 저편』*[23]에서는 심리학을 "힘에의 의지의 발전론 내지 형태학"이라고

명명하게 된다. 이후 레는 니체에게 있어 비판의 대상이 되게 되었다. 그런 만큼 시기의 다름을 지나치게 강조하는 것은 금물일 것이다. 니체가 이 말에 담은 일관된 자세가 보이지 않게 되기 때문이다. 그러나 '힘에의 의지'를 축으로 한 고찰이 전면에 나온 경우와 그렇지 않은 경우와는 나누어보지 않으면 안 된다.

중기 니체의 심리학적 고찰로서 우선 눈에 들어오는 것은 라 로슈푸코의 다음과 같은 잠언에 표현된 견해다. "우리가 덕으로 간주하는 바의 것은 자주 운명이든가 그렇지 않으면 우리 인간의 술책이 적당히 꾸려나가는 다양한 행위와 다양한 이해관계의 모임에 지나지 않는다." 우리 인간은 미덕, 이상, 진리 등에서 인간도 넘어선 신적이고 고원한 것을 보고자 한다. 하지만 과연 그러할 것인가? 그것은 좀 더 인간적인, 너무나 인간적인 것에서 생겨난 것에 지나지 않는 것이 아닐까? 니체는 심리학적 고찰에 의해 영원한 진리·이상·신 등 무엇보다도 인간의 "형이상학적 욕구"를 향해 회의*의 화살을 쏜다. "지금까지 형이상학적 가정들을 인간에게 있어 가치 있고 놀랍고 기쁨에 넘치는 것으로 만들었던 모든 것은 정열*과 오류와 자기기만이다."[『인간적』 Ⅰ. 9]

회의와 비판을 철저하게 함으로써 니체는 우선 형이상학적인 "영원한 진리"의 배후에서 "작고 보잘것없는 진리"를 발견해 가게 된다. "형이상학적이고 예술적인 시대와 인간에게서 유래하는 즐겁고 눈부신 오류보다는 엄밀한 방법에 따라 발견된 작고 보잘것없는 진리를 높이 평가하는 것이 고급문화의 특징이다."[『인간적』 Ⅰ. 3] 일상의 세계를 에워싸고 있는 다양한 인간의 드라마, 남녀의 관계로부터 민족·국가*의 문제, 문화의 다양한 모습에까지 이르는 것들을 개개의 것에 걸쳐 묘사해내는 수법이 니체의 아포리즘의 커다란 부분을 점하게 된 것은 이러한 자세로 관철되어 있었기 때문이라고 말할 수 있을 것이다. 그것은 또한 니체 사유의 대상과 관찰 방법에 형이상학*과 철학의 역사로는 환원될 수 없는 다양한 폭과 풍부함을 주는 것이기도 했다. "도덕적·종교적·미적인 표상과 감정의 화학*", "우리가 문화나 사회와의 크고 작은 교섭 속에

서, 그뿐만 아니라 고독 속에서 우리의 몸에 체험하는 모든 정념의 화학"——니체가 이렇게 부른 것이 중기 심리학의 특성을 잘 표현하고 있다.

중기 심리학의 과제가 진리·도덕·신 등, 일반적으로 높은 가치를 부여받고 있던 것의 정체를 폭로하고, '인간적인 너무나 인간적인 것'으로부터 만들어졌다는 진실을 백일하에 드러내며, '영원한 진리' 배후에서 '작고 보잘것없는 진리'를 찾아내고자 하는 것에 있었다고 한다면, 후기는 오히려 선과 악·참과 거짓과 같은 가치의 대립 자체의 조건을 묻고, 그러한 가치 평가의 방식 그 자체를 따져 묻는 곳에 심리학적 고찰의 역점이 두어진다. 예를 들어 이타주의*적인 도덕 감정에 대한 비판적 고찰을 행한 레에 대해 후년에 니체는 이타적인 행동과 이기적인 행동을 대립시키는 생각 그 자체가 일종의 신앙에 지나지 않는다고 비판한다. "형이상학자들의 근본 신앙은 서로 대립하는 가치들에 대한 신앙이다."『선악』2] 현실에 존재하는 것은 두 개의 가치의 대립이 아니라 다만 다양한 가치의 정도의 차일 뿐이다. 거기에 대립이 있다고 간주하는 것 자체가 심리학적으로는 허튼 소리인 것이다.

이러한 심리학적 고찰과 결부되어 있는 것으로 역사적·계보학*적인 시점이 있다. 이미 중기의 경우에도 영원한 진리나 불멸의 '근원'을 어느새 믿지 않는 입장은 사물의 근저에서 생성*의 우연의 '유래'를 찾는 방법과 통하고 있었다. "모든 것은 생성해 왔다. 절대적 진리가 없는 것과 마찬가지로 영원한 사실도 없다.——따라서 지금부터는 역사적으로 철학하는 일이 필요하다."『인간적』Ⅰ.2] "기적적 기원(Ursprung)"을 용인하는 "형이상학적 철학" 대신에 "유래(Herkunft)……에 관한 의문"을 망각하지 않는 "역사적 철학"이야말로 가장 새로운 방법이다. 도덕 감정은 민족·시대의 문화 상황에 따라 변전한다고 생각한 레의 견해가 여기에 어느 정도 반영되어 있었을지도 모른다. 그러나 이 역사적 생성의 시점이 후기에 이르러 '도덕의 계보학'으로서 다듬어지게 되자 그것은 『도덕 감정의 기원』의 저자 레의 견해를 "거꾸로 세운 계보학적 가설"로서 비판하는 무기가 된다. 니체는 이미 "우리의 선악은

본래 어떠한 기원을 지니는가'라는 물음에 머무는 것이 아니다. 그는 오히려 "인간이 선악이라는 예의 가치 판단을 짜내게 된 조건은 무엇인가, 이 가치 판단 그 자체는 어떠한 가치를 지니는가', 그것은 삶을 충실하게 만드는 것인가 쇠퇴하게 만드는 것인가라고 묻는다. 중기로부터 후기의 심리학으로의 변화와 평행을 이루는 것이 이러한 계보학적 방법의 확립이다.

심리학적 고찰에는 이러한 역사적 시점에 더하여 니체가 말하는 "병자의 광학"이 크게 관여하고 있다. 병자는 건강한 자의 쾌적한 일상생활로부터 거리를 두고서 관찰하며, "두려워해야 할 냉혹함을 지니고서 사물을 바라본다." 그 때문에 "그에게서는 건강한 사람의 눈이 보는, 사물을 둘러싸고 있는 저 보잘것없고 기만적인 매력들이 사라진다."『아침놀』114] 니체의 병*이 그에게 인간 관찰을 위한 '투시력'을 주었다는 뜻이지만, 그는 이 "병자의 인식"을 메타 수준에서 다시 파악하여 다음과 같이 말한다. "심리학자에게 건강과 철학의 관계에 대한 물음보다 흥미로운 것은 거의 없을 것이다. …… 병리학적인 필요에 의해 생겨난 것을 객관적인 것, 이념적인 것, 순수하게 정신적인 것 등의 외피로 감추려는 무의식적인 시도는 놀라울 정도로 널리 퍼져 있다. 나는 전체적으로 보아 철학은 단지 육체에 대한 해석, 혹은 육체에 대한 오해에 불과한 것이 아닐까라는 물음을 스스로에게 자주 던져보았다."『학문』서문 2] 심리학은 여기서 생리학*과 교차한다. 힘에의 의지 교설이 전면에 나옴에 따라 심리학은 이 생리학적 시점과의 결합의 정도를 심화시켜 간다. "도덕적·종교적·미적인 표상과 감정의 화학", "모든 정념의 화학"으로서의 중기 심리학이 "힘에의 의지의 진화론 내지 형태론"으로서의 심리학으로 전개해 가는 것은 계보학적 시점과 생리학적 시점이 니체 심리학에서의 방법상의 불가결한 계기가 되었을 때이다.

니체의 '심리학적 관찰'의 의의에 주목한 것으로 말하자면 우선 클라게스*의 이름을 들지 않으면 안된다. '힘에의 의지'가 단순한 심리학적 개념을 넘어서서 형이상학적 측면으로까지 확대되는 점을 비판하는

그의 해석은 어떤 면에서 협소함을 느끼게 만들지만, 니체의 폭로 심리학에 주의할 것을 촉구한 점은 오늘날에도 평가할 수 있다. ☞ 아포리즘과 사유의 수행, 『도덕의 계보』, 생리학, 클라게스, 레

—기마에 도시아키(木前利秋)

📖 ▷Ludwig Klages, *Die Psychologischen Errungenschaften Friedrich Nietzsches*, in: L. Klages, Werke, Bd. 5, Bonn 1979.

심연 深淵

심연(Abgrund)이란 원래 '아래쪽을 향해 들어간 지면'이라는 뜻이겠지만, 또한 '밑이 없는 것'이라고도 풀이되어 신비주의에서는 즐겨 '밑 없는 밑'이라고도 옮겨지고 있다. 니체에게 있어 이 말은 그가 애용하는 '깊음', '깊은 세계' 등이라는 말과 연결된다. '산', '영원한 진리' 등이라는 허상이 제거될 때, 그 깊은 곳에서 바닥모를 꺼림칙한 생성의 세계가 보인다. 이 무한히 생성하고 무의미로 회귀하는 '깊은 세계'를 직시하고 그것을 향해 '최고의 긍정*'을 발하는 자에게 이 밑 없는 세계는 "빛의 심연"[『차라투스트라』* Ⅲ-4]이 되지만, 그 허무성에 기가 죽는 자에게는 "니힐리즘*"의 심연*이 된다. 『선악의 저편*』의 유명한 아포리즘[146]에서는 "만일 네가 오랫동안 심연을 들여다보고 있으면, 심연도 네 안으로 들어가 너를 들여다본다"고 하고 있지만, 니체의 철학은 모든 종래의 가치 체계와 개념 규정을 제거한 곳에서 입을 연 꺼림칙한 심연의 곁에서서 그것을 들여다보는 자의, 그리고 동시에 이 심연에게 역으로 들여다보인 자의 사상이라고 말할 수 있을 것이다. 『차라투스트라』 제3부의 「환영과 수수께끼에 대하여」 2절과 「건강을 되찾고 있는 자」 장 등은 이 심연에게 이해되고자 하는 자가 이 "위대한 위급"을 전환하여 궁극적인 긍정에 도달하는, 문자 그대로 기사회생의 순간*의 긴장과 그 성질을 표현하고자 했던 것이다.

—소노다 무네토(薗田宗人)

19세기와 니체
【Ⅰ】 19세기와 청춘

1930년대 이후 하이데거*에 의해 괴이한 형이상학화를 겪었기 때문에 희미해져 버렸지만, 그때까지의 니체 수용은 그 큰 줄거리에서는 19세기의 생활 형식에 대한 투쟁과 결부되어 있었다. 1890년대 중반 이후, 젊은 철학자, 예술가, 문학자만이 아니라 일반 사회에서도 좌우를 막론하고 니체가 폭넓게 읽혔던 것은 그의 문장에서 19세기 유럽에서 고정화된 후기 시민사회의 인습, 가치관, 사회적 위계질서, 거기에서의 교양*과 문화의 존재방식에 대한 전면적인 거부가 느껴졌기 때문이다. 그가 소크라테스*, 플라톤*, 그리고 그리스도교*라는 서양의 이천 년의 전통에 대해서까지 맞선 것도 19세기에 만들어진 그것들과의 연속성의 신화가 있었기 때문이다. 유고에서의 다음과 같은 문장은 그러한 사정을 잘 엿보게 해준다. "친우들이여, 우리는 젊은 시절에 고통스러운 생각을 했다. 우리는 청춘에 괴로워했다. 중대한 병*에 걸린 것처럼 괴로워했다. 그것은 우리가 내던져진 시대 탓이다. 커다란 내면적 퇴폐와 해체의 시대 탓이다. …… 우리가 걷는 모든 길은 미끄러지기 쉽게 위험하다. 더욱이 우리를 계속해서 간신히 지탱해 주고 있는 얼음은 너무나도 얇아져 버렸다. 눈을 녹이는 뜨뜻미지근한 바람의 꺼림칙한 숨결을 우리는 누구나 느끼고 있다. 우리가 아직 이로부터 걸어가는 길은 머지않아 아무도 걷지 않게 될 것이다."[Ⅱ. 7. 19]

해체와 불확실성의 시대에 대한 의식, 시대의 고뇌와 스스로의 청춘의 고뇌가 긴밀하게 연결되어 있다고 하는 신경의 존재방식 ― 정말로 19세기야말로 청춘의 세기다. 희망으로서의 청춘이 아니라 많은 문학이 보여주듯이 청춘의 불안과 장래에 대한 막연하고 뭔가 꺼림칙한 기대를 기조음으로 하는 100년이다. 니체를 최초로 수용한 시대는 예술 면에서 유겐트슈틸*(청춘양식)이라고 불리는 새로운 양식이 곡선 속에서 퇴폐와 희망을, 경쾌한 요염함 속에서 무거운 쾌락과 멸망을 고지하고 있었다. 시대의 약함과 강함이 분리될 수 없는 것으로 존재한다는 이중성의 감각, 약점이

그대로 새로운 시대의 배양액이기도 하다는 예감도 특징적이다(그 점에서 이시카와 다쿠보쿠(石川啄木 1886-1912)와 기타무라 도코쿠(北村透谷)의 시문이나 시마자키 도손(島崎藤村)의 희망과 고발은 모두 메이지 시대의 분열을 나타낼 뿐만 아니라 역시 확실하게 그리고 동시에 급속하게 서양 19세기의 복사물이 된 저 시대의 청춘의 표현인바, 먼 듯이 보이더라도 결코 니체의 시대 경험과 무관하지 않다). 이러한 시대 경험을 극복하는 것이야말로 니체가 스스로의 과제로서 삼았던 바이다. "한 철학자가 자기 자신에게 가장 먼저 그리고 마지막에도 요구하는 바는 무엇인가? 자기가 사는 시대를 자기 안에서 극복하며 '시대를 초월하는' 것이다. …… 철학자는 자기 시대의 가책하는 양심이어야 하며" — 그러기 위해 그는 자기의 시대에 대한 최선의 앎을 지녀야만 한다.'[『경우』 서문] 그리고 이 '최선의 앎'에 따르면 '자신의 시대'란 무엇보다도 '데카당스'의 시대였다.

19세기에 대한 투쟁이 그렇게 쉬운 것이 아니라는 것은 20세기도 어지간히 지나고 나서 호프만스탈과 같은 사람이 "19세기 교양'의 극복"을 부르짖고 있는 것에서도 제시된다[「국민의 정신적 공간으로서의 문학」]. 하지만 또한 이 19세기는 20세기가, 적어도 20세기가 한창일 때인 1967/68년까지의 지적 논의와 문학적 교양이 그 원천을 계속해서 찾고 있던 시대이기도 하다. 19세기와 계속해서 대결한 칼 뢰비트는 스스로 니체 색깔이 짙은 청년 운동'을 출발점으로 하고 있지만, 대저 『헤겔에서 니체로』의 서문에서 19세기를 인물들의 이름을 나열함으로써 거의 상징적으로 특징짓고 있다. "19세기, 그것은 헤겔'과 괴테', 셸링(Friedrich Wilhelm Joseph von Schelling 1775-1854)과 낭만파, 쇼펜하우어'와 니체, 맑스'와 키르케고르'이며, 또한 포이어바흐(Ludwig Andreas Feuerbach 1804-72)와 루게(Arnold Ruge 1802-80), 바우어(Bruno Bauer 1809-82)와 슈티르너(Max Stirner 1806-56), 하르트만'과 뒤링'이다. 그것은 또한 하이네'와 뵈르네(Carl Ludwig Börne 1786-1837), 헵벨(Friedrich Hebbel 1813-63)과 뷔히너(Georg Büchner 1813-37), 임머만(Karl Leberecht Immermann 1796-1840)

과 켈러', 슈티프터'와 스트린드베리', 도스토예프스키'와 톨스토이(Lev Nikolayevich Tolstoy 1828-1910), 스탕달'과 발자크', 디킨스와 새커리, 플로베르'와 보들레르', 멜빌과 하디, 바이런'과 랭보, 레오파르디'와 단눈치오', 게오르게'와 릴케'이며, 베토벤'과 바그너', 르누아르와 들라크루아', 뭉크(Edvard Munch 1863-1944)와 마리, 고흐와 세잔느이다. 그것은 랑케(Leopold von Ranke 1795-1886)와 몸젠(Theodor Mommsen 1817-1903), 드로이젠(Johann Gustav Droysen 1808-84)과 트라이치케', 텐느'와 부르크하르트'의 위대한 역사서의 시대이자 자연과학의 압도적인 발전의 시대이기도 하다. 그에 못지않게 그것은 나폴레옹'과 메테르니히, 마치니와 카부르, 라살레와 비스마르크', 루덴도르프와 클레망소의 시대다."

【II】 사회적 모순과 교양에 의한 선별

최근에는 1815년부터 1914년까지가 비교적 안정된 시대로 생각되고 '평화의 100년' 등으로도 형용되고 있지만, 실제로는 19세기만큼 사회적인 유동성과 분열을 크게 지니고 있던 시대는 그때까지 없었다. 부르크하르트와 같은 문화 보수주의적인 인물도 "83년간이나 지속되고 있는 이 혁명 시대와 같은 동란기"[『세계사적 고찰』 11절]와 같은 표현을 반복할 수밖에 없었다. 세기의 전반부에는 이미 괴테가 이 세기가 "혼란과 부조라"의 시대라는 것을 예언하고 있었다[W. 폰 훔볼트에게 보낸 1832년 3월 편지]. "중심이 상실되고"(괴테), 시대의 진보가 가속도적으로 빨라지는(『공산당 선언』에서의 철도의 기술) 것이 예감되고 있었다. 철도의 완성을 알고서 파리의 하이네는 "우리 건물 앞에 북해의 파도가 거슬러 소용돌이친다"고 공간의 극복을 노래했다. 니체의 방랑 생활은 철도의 존재를 빼놓고서는 말할 수 없다.

이러한 격동의 요인으로서 우선 특기해야 하는 것은 맑스의 작업에 반영되어 있는 사회적 모순이다. 자본주의가 발전하는 가운데 극히 소수의 시민 계급과 방대한 양의 무산 계급이 대치하고 있었다. 세기말'로 되고부터의 중공업 발전을 제외하면 전체적으로는 현재의 눈으로 보면 경량 상품 경제였던 것에는 틀림없지만, 그럼에도(바로 그렇기 때문에?) 노동력을 교환 가능한 유일한 상품으로 하는 계급과 생산수단을 소유하는 자본가 계층의 대립이라는 생산관계는 뚜렷이 드러나 있었다. 그러한 계급 대립 속에서 하버마스*가 묘사해낸 것과 같은 18세기적인 공론장은 비더마이어기로부터 1870년대에 이르기까지 사적인 영역에서 거의 완전하게 물러나버렸으며, 결국에는 거대 미디어를 통한 국가와 사회의 유착 수단이 되어갔다. 시민 계급은 18세기 말의 변혁에 광택을 부여한 '순수한 인간성'이라는 이상의 실현을 방기하고, 그것을 내면의 교양 세계에서 추구할 뿐이었다. 니체가 비판하고 그 극복 과제가 호프만스탈에게까지 계승되어 있는 역사적 교양이라는 것은 이러한 배경에 의거하고 있다.

다른 한편으로 노동자*의 세계에서는 지금까지 지나치게 적게 평가되고 있지만 독자적인 문화와 생활 형식이 태어나고 있었다. 핵가족을 넘어선 교제 형식과 상호 부조의 모습 등은 사회민주당의 강고한 조직에도 반영되어간다. 국제적 네트워크도 생겨나고 있었다. 19세기 독일의 정치 생활의 이를테면 총결산인 제1차 세계대전 전의 제국 의회에서 제1당이 사회민주당이었던 것을 잊어서는 안 된다. 노동자의 세계에서는 반대 공론장이 형성되고 있었으며, 이윽고 이것은 노동 운동의 성과로서 현재까지 이어지는 열매를 맺게 된다. 하지만 그 결과 니체가 살아간 19세기 후반에는 레이먼드 윌리엄즈(Raymond Williams 1921-88)가 말하는 "두 개의 문화"가 상호적으로 아무런 관련도 없이 병존하게 되었다.

두 개의 문화는 교육에 의한 선별과는 정반대였다. 김나지움이라는 바늘구멍을 통과해 대학에 진학하고 '국가를 지탱하는 계층'이 되는 것은 몇 퍼센트였다. 대표적인 숫자를 거론하자면, 1885년 시점의 독일 제국 전체의 인구 4,700만 명에 대해 김나지움 학생은 겨우 84,000명이 조금 넘었다. 대학생 숫자는 1871년에 13,000명, 85년에 23,000명에 지나지 않는다. 특히 니체의 출신국인 프로이센에서는 목사, 군인, 교직, 그리고 관료가 그러한 계층이다. 김나지움을 마치고 지원병이라는 명목으로 1년간의 병역에 종사하는 것은 사회적 상승의 절대적 조건이며, 니체도 1867년 가을에는 당연한 일이듯이 군무에 임하고 있었다. 또한 그러한 계층이 한 번은 통과하는 학생조합*도 이전에는 자유와 통일을 지향한 '위험분자'의 집단으로 강한 비판성을 적어도 1830년대까지는 지니고 있었지만, 세기 후반에는 음주, 방가・고음(高吟)을 일로 하고 결투로 세월을 보내고 있었다(니체도 본대학에서 프랑코니아라는 그와 같은 학생조합에 들어갔지만 곧바로 탈퇴했다). 결투로 상징되는 명예의 규범이야말로 독일적 인간이 지켜야 할 것이었다.

그러한 사회에 대해 납득할 수 없는 여성들의 불륜이 19세기 문학의 통주저음이 된 것도 이해할 수 있다. 니체의 동시대인인 폰타네(Theodor Fontane 1819-98)의 작품 『에피 브리스트』에서는 유능하고 자리 잡은 연상의 관료 부인이 된 주인공 여성 에피의 불륜이 몇 년이나 지나고 나서 발각되자 남편은 불륜의 상대방을 결투에서 쓰러뜨린다. 사회에 대한 강한 비판을 간직한 작품이지만, 폰타네 자신도 "프로이센 식 생활은 이전에 세상에 존재한 가장 저급한 문화 형태"라고 말하며, 더 나아가 "대략 트라팔가(1805년)의 백주년 기념일이나 그보다는 그다지 늦지 않은 시기에 우리는 커다란 파국을 만날 것이다"라고도 쓰고 있다. 다소라도 비판적으로 보는 자들에게는 19세기 시민사회의 우스꽝스러움과 그 몰락의 가까움이 보이고 있었다. 폰타네의 서간[1895. 8. 30]에서 니체의 가치의 전환*론이 긍정적으로 논의되고 있는 것도 분명히 알아볼 수 있는 것이다. 정치경제에 대한 비판이 맑스에 의해 이루어진다고 한다면, 문화와 생활 스타일에 대한 비판은 니체를 대표자로 하고 있다. 하지만 이 세기의 문제성을 꿰뚫어 보고 투쟁을 시작한 자는 적다. 소설에 나오는 소수의 '괴짜'들에게서 모순이 나타나 의식될 뿐이었다.

【Ⅲ】 낭만적 페시미즘과 19세기의 주름

니체와의 연관에서 이 세기의 시민 계층의 기분을 한 마디로 말하자면, 낭만적 페시미즘이라고도 말할 수 있을 것이다. 후기 하이네와 폰타네, 보들레르 그리고 러시아 작가들을 생각해 보아도 잘 알 수 있는 대로 19세기는 페시미즘*과 권태*로 채색된 세기였다. 세계 변혁의 희망은 느껴지지 않는다. 만약 변혁이 있다고 한다면, 그것은 자신들의 교양과 문화에 의한 지배의 기반을 허물어뜨리는 것에 지나지 않는다——『이성의 파괴』에서 루카치*가 묘사한 사회적 역할을 상실한 교양인의 내면의 위기는 그의 결정론적 단순화를 제외하면 그대로일 것이다. "새로운 세계도 옛 세계만큼이나 나쁘며,—— 무에 지나지 않는다. …… 본래의 의도대로 하자면 사회주의적 유토피아에 의해 '모든 것이 지금부터 좋아진다'고 하면서 세계를 달래고, 자유연애를 기리는 노래를 부르며 작별을 고해야 했을 브륀힐데지만, 이제 그녀는 먼저 쇼펜하우어를 공부해야만 합니다.'[『경우』 편지 4] <니벨룽겐의 반지*>에 대해 이와 같은 빈정거림과 야유를 연발하는 니체가 헤쳐 나가고자 했던 것은 새로운 세계도 옛 세계와 마찬가지로 악질에 지나지 않는다고 하는, 이러한 페시미즘의 어둡고 꽉 막힌 바다였다. 이미 괴테는 나폴레옹과의 전쟁에 흥분하는 무리들을 곁눈질하며 "헛되고, 헛되고, 헛되다'(Vanitas, Vanitas, Vanitas——인생이 무상하기 때문에 철저하게 그저 마시고자 한다는 뜻)는 시를 지었다고 스스로 말하고 있다. 이 괴테는 생시몽을 읽고서 "절망의 문학"이라고 형용하고 있었다.

하지만 이 세기는 그러한 생활 형식의 폐색 상황으로부터의 탈출과 사회적 모순의 극복을 그린 유토피아가 몇 가지 산출된 100년이기도 하다. 푸리에*와 생시몽은 말할 필요도 없지만, 당연히 공상을 넘어서고자 했던 맑스도 여기에 포함된다. 하지만 니체와의 연관에서 중요한 것은 이상 사회의 구체적인 설계도를 그린 '사상'보다 언뜻 보아 그러한 것과 무관한, 예를 들어 낭만주의적 예술에서 보이는 굴절된 유토피아 지향, 때로는 퇴보의 유토피아와 정치나 사회와의 미묘한 관계다. 탈정치, 탈사회, 탈이해관계에 의한 구제의 예술*이 품고 있는 유토피아의 잠재성이다. 그 자신의 『비극의 탄생』*도 고대에 투영된, 그리고 "청춘의 우수'[『비극』「자기비판」 2]로 채워진 예술 유토피아였다. "1850년의 페시미즘의 가면에 숨겨진 1830년의

낭만주의자의 고백'[같은 책 7]이라고 그 스스로 『비극의 탄생』에 대해 인정하고 있는 그대로이다. 하지만 이후의 바그너에게서 니체는 그러한 유토피아의 잠재성조차 인정하지 않았다. 아니, 그 이상으로 19세기의 현실에 감미로운 향수를 뿌리고서 그것을 고정화하는 것에 지나지 않는다는 것을 간파하고 있었다.

19세기는 또한 비판적인 유토피아 사상과 예술에 의한 구제의 꿈을 산출했을 뿐만 아니라 특히 세기 후반에 이르면 어둡고 때로는 세상모르고 으스댄다고밖에 형용할 수 없을 것 같은, 지극히 비합리주의적인 유토피아가 문제 해결책으로서 제시되기도 한다. 반유대주의*는 그 대표이며, 세기 중반 이후의 뒤러* 숭배, 세기 전환기의 렘브란트 숭배 등과도 관련이 있는 게르만 문화의 꿈을 추구한 사상이 배출된다. 랑벤*은 그 대표적인 존재이지만, 니체에게 거절당하고 있다. 프로이트*가 중시한 슈레버의 회상록은 드레스덴의 고등재판소의 부소장까지 지낸 그가 자신의 정신의 병에 대해 써서 묶은 문서인데, 거기서도 억압된 성의 기록과 동시에 유대인 배척이나 게르만 민족과 신의 결합 등에 관한 언사가 많다. 그 사실은 이러한 어둡고도 비합리주의적인 유토피아가 만연해 있던 것을 이야기한다. 이와 같은 "19세기의 주름"(하버마스)이 대체로 소멸한 것은 겨우 최근의 일이다.

【IV】 니체가 보는 19세기의 특징

그렇다면 니체 자신은 자기 청춘의 고뇌의 원인이 된 이 세기를 만년에, 요컨대 자신 속의 시대를 극복한 만년에 어떻게 보고 있었던 것일까? 우선 첫째로, 깊이가 없는 역사적 교양의 세기라는 점은 젊었을 적부터 일관되어 변하지 않는다. 그것은 과거의 의장과 양식을 모방하여 위대함의 그림자에 만족하는 교양의 세기다. 어떠한 의장과 양식도 기본적으로는 어울리지 않기 때문에, 아무런 필연성도 없이 교체된다. "19세기가 여러 스타일의 가장(假裝)을 성급하게 좋아하다 바꾸어버린 사정을, 그리고 우리에게는 맞는 것이 '아무것도 없다'고 절망한 순간을 생각해보는 것이 좋으리라——. 낭만적으로나 고전적으로나 그리스도교식으로나 플로렌스식으로나 바로크식으로나 '내셔널하게'

나타내 보여도 소용없는 일이며, 양식에서나 기교에서도 이것은 '잘 어울리지 않는다!'[『선악』223] 역사적 의상을 착용한 가장 파티 따위가 유행하고, 초기의 공업가들(예를 들면 지멘스, 크루프)이 중세의 왕후 귀족의 복장으로 초상화가 그려지게 하고 있었다. 방 안을 어수선하게 세계 각지와 다양한 시대의 산물들로 꾸며놓는 인테리어의 공소(空所) 공포증은 자주 지적된다(벤야민*, 슈테른베르거). 당시의 건축 양식에서 오늘날에도 간취되는 그러한 '교양속물*'에 대한 비판은 니체에게 있어서는 일관되어 변하지 않는다. "우리의 학자들은 가까이에서 살펴보는 것이 좋다. 그들은 이제 반응적으로 생각할 뿐이다. 요컨대 그들은 생각하기 위해서는 우선 읽어야만 하는 것이다."[유고 Ⅱ. 10. 270f.; 또는 『차라투스트라』Ⅱ-16, Ⅱ-14 참죄]

둘째로, 사실적인 것에 대한 숭배다. 이것은 역사적 교양과 내재적으로 연결되어 있다. 왜냐하면 이미 일어난 과거의 문화를 현재의 이성의 보증으로 보는 점은 기본적으로 실증주의*이기 때문이다. "19세기는 사실적인 것에 대한 운명적 종속을 정통화하는 이론을 본능적으로 추구한다. 이미 '감상주의'와 낭만주의적 관념론에 대한 헤겔의 승리는 그의 사유가 운명 긍정에 있는 곳에, 요컨대 승리한 자의 측에 좀 더 커다란 이성*이 있다는 신앙에, 그리고 현실의 '국가*'가 정통화되어 있는 곳에 있다."[유고 Ⅱ. 10. 141] "너희가 떠벌려대며 말한다. '우리는 전적으로 현실적인 존재, 그래서 신앙과 미신을 갖고 있지 않다.' 이렇듯 가슴을 펴고 빼기고들 있으니."[『차라투스트라』Ⅱ-14] 이러한 사실 숭배는 학문성의 이름으로 이루어진다. "19세기를 두드러지게 만드는 것은 학문*의 승리가 아니라 학문에 대한 학문성의 승리다."[유고 Ⅱ. 11. 295] 여기에는 낭만적 페시미즘의 모습을 변화시킨 형태가 놓여 있다. "'확실한 사실'에 대한 요구:── 인식론. 여기에는 얼마나 많은 페시미즘이 놓여 있는 것인가?"[같은 책 298]

셋째는 근대 국가라는 익명의 지배와 관리 장치다. "국가란 온갖 냉혹한 괴물들 가운데서 가장 냉혹한 괴물이다. 이 괴물은 냉혹하게 거짓말을 해댄다. ……

많은, 너무나도 많은 사람들이 태어난다. 국가는 바로 존재할 가치가 없는 이들을 위해 고안된 것이다!'[『차라투스트라』Ⅰ-11] 그것은 동시에 대중의 지배의 시대다. 민주주의*와 유럽의 내셔널리즘이 밀접한 관계를 지니고 있다는 것을 그는 간과하지 않았다. "국민개병은 결국 우민의 무장이다."[유고 Ⅱ. 7. 94] 여기서는 통일 전의 여전히 목가적인 생활로부터 중부 유럽의 패권 국가가 된 독일에, 그리고 국가 상호 간의 균형으로부터 성립하는 19세기 유럽의 질서에 이미 따라갈 수 없는 교양인의 탄식이 보수적 문화 비판의 형태를 취하고 있다.

공허한 교양, 사실에 대한 냉정한 배례, 국가와 민중에 의한 지배 ── 그 가운데서 정치와 무관한 생활을 하면서 페시미즘에 씁쓸하게 취하면서 낭만주의의 후예에 만족한다고 베버*가 말하는 '문화인'. 이와 같은 것이 니체가 보는 19세기의 기본적 특징일 것이다. 그것들의 배후에 있는 평등과 인간성의 이상에서 니체는 그가 비판한 18세기의 연장을, 그리고 그가 좋아한 17세기 귀족* 문화의 몰락을 보고 있었다. 19세기의 결말은 그의 말을 빌리자면 "니힐리즘적인 한숨이며, 피로의 본능이고, 실제로는 끊임없이 18세기로 되돌아가고자 하는 경향이 있는 것은 아닐까? (예를 들면 감정의 낭만주의, 이타주의*, 과도한 감상주의, 취향에서의 페미니즘, 정치에서의 사회주의*와 같은 면에서.) 19세기는 특히 그 끝머리에서 단순히 강화되고 거칠어진 18세기에 지나지 않는 게 아닐까? 다시 말해 데카당스의 세기일 뿐이지 않을까?"[『우상』Ⅸ. 50]

【Ⅴ】19세기의 양의성

하지만 이러한 19세기의 부정적인 특징에서도 니체는 그 양의성을 보고 있다. 계몽의 결과는 다루기 쉬운 대중을 낳고, 그 결과 새로운 지도자를 필요로 하게 된다고 여겨진다. "정신적 계몽이야말로 인간을 불안정하게, 의지박약하게, 의지할 받침을 필요로 하는 존재로 만들기 위한 확실한 수단이다. …… 인간이 보잘것없게 되고 지배하기 쉽게 되는 것이 '진보'로서 추구된다."[유고 Ⅱ. 8. 383] 19세기는 단지 18세기의 연장일 뿐만 아니라 연장인 까닭에 또한 18세기를 극복하는 계기를 품고 있는 것이 된다. "18세기에 대한 19세기의 진보(결국 우리 좋은 유럽인*은 18세기에 대한 전쟁을 하고 있는 것이다). 1. 자연에로의 회귀는 루소*의 의미와는 반대 방향에서 점점 더 결정적으로 되고 있다.— 목가와 오페라로부터의 결별! 2. 점점 더 결정적으로 반관념론 입장이 되고, 점점 더 대상 중시로 된다…… 3. '영혼'의 건강보다도 육체의 건강을 점점 더 결정적으로 중시하게 되고 있다."[같은 책 Ⅱ. 10. 99] 귀족 문화의 몰락(목가와 오페라의 소멸), 대상적 현실의 중시, 육체의 존중이야말로 계몽의 결과이며, 바로 그에 의해 계몽을 넘어선다는 것일 터이다. 인간이 자신의 본능을 부끄러워하지 않게 된 이 "19세기에서의 인간의 자연화"[같은 책 Ⅱ. 11. 254]는 자연 지배의 결과이기도 하며, 바로 그것이야말로 새로운 지도자의 탄생을 초래한다.

시대의 극복*이라는 철학자의 과제는 저절로 실행되는 구조가 되어 있는 듯하다. 그런 의미에서 니체는 자신의 일을 "도래해야 할 세기의 첫 아이이자 조산아다"[『학문』 343]라고 생각하고 있었다. 하지만 계몽에 의한 신의 살육 후에 도래하는 "파괴, 몰락, 전복"의 규모와 공포의 정도는 측량할 수 없다고 말하여[같은 곳] 실제로 20세기는 두려운 세기가 될 것이라는 것을 예감하고 있었다. 사회주의와 관련해서는 파리 코뮌도 어린아이 놀이와 같을 정도의 격동을 20세기가 경험할 거라고도 말하고 있다. 사회주의가 무의미한 계획이며 삶의 부정에 지나지 않는다는 것을 증명하는 것에 아무리 많은 인명이 희생되더라도, 지구는 광대하며 인류의 가능성은 아직 다 길어내지지 않았기 때문에, 그것은 상관없는 것이 아닌가라고 말하여, 그 증명을 위한 실험을 바란다든지 하기도 한다[유고 Ⅱ. 8. 401]. 19세기는 "아버지의 나라, 어머니의 나라"이며, 그는 그로부터 쫓겨난 것이다. "너희는 너희 아이들의 나라를 사랑해야 한다. 이 사랑이 너희의 새로운 귀족적 기품이 되기를. 더없이 먼 바다에 있는, 아직 발견되지 않은 나라를 말이다! 나 너희의 돛에게 그것을 찾고 찾으라고 명하는 바이다!"[『차라투스트라』 Ⅲ-12. 12] 그런 까닭에 19세기의 극복은 무엇보다도 우선 새로운

생활 형식의 탐구였다. 어떤 곳에서 그는 대강 다음과 같이 말하고 있다. 현재의 풍속, 습관, 도덕에 위화감을 지니는 자들이 때로는 잘못된 깃발 아래이긴 하지만 결집하고 있다. 지금까지는 악인이나 범죄인 취급 받아온 그들이 자신들의 권리를 요구하고 있다. 이것은 기본적으로 좋은 일이다. 다만 그에 의해 20세기는 위험한 세기가 될 것이 확실하지만, 어쩌됐든 "자기를 배타적으로 올바르다고 하는 습속관습[도덕]은 너무나도 많은 좋은 힘을 죽이게 된다." 이상하게 벗어난 인간들이야말로 다음의 열매를 가져오는 것이며, 그들을 희생시켜서는 안 된다. "삶과 공동체의 새로운 시도가 수많이 이루어져야만 한다."[『아침놀』 164] 니체를 19세기에 대한 전쟁으로서 최초로 수용한 사람들은 바로 이 "삶과 공동체의 새로운 시도"를 지향하고 있었다. 독일에서의 19세기 말의 정신 운동인 청년 운동이 그것이다. 20세기 후반의 여러 가지 문화 혁신 운동(1967/68의 학생 반란, 70년대 후반 이후의 대안 운동 등)에서도 니체의 이러한 통찰은 비록 그 형태를 변화시키고 있긴 하지만 살아 있다. 전쟁과 살육의 세기가 될 거라는 니체의 예언은 옳았지만, 다른 한편으로 새로운 다양한 생활 형식의 추구라는 그의 희망도 19세기 극복의 위탁으로서 계승되고 있다. ☞독일/독일인, 역사주의, 페시미즘, 유겐트슈틸, 세기말과 니체

—미시마 겐이치(三島憲一)

십자가에 못 박힌 자 대 디오니소스 ["Dionysos gegen den Gekreuzigten"]

『이 사람을 보라』*에서 니체는 자신은 다름 아닌 인류의 역사를 전환하는 운명이라고 선언하고, "——나를 이해했는가?—— 십자가에 못 박힌 자 대 디오니소스를……"이라고 말하면서 이 글을 끝맺고 있다[XIV. 9]. 이 두 가지 유형은 그에게 있어 삶의 긍정과 부정이라는 결정적인 대립을 보여주는 것이었다[유고 Ⅱ. 11. 82f]. 즉, 갈가리 찢긴 후에 재생하는 신 디오니소스*는 삶을 고난과 파괴도 포함하여 전면적으로 긍정하고 그 영원회귀*를 가르치는 신인바, 니체는 그 "최후의

사도"를 자임하고 있었다[『선악』 295]. 그에 반해 죄 없이 십자가 위에서 죽은 예수"의 고난 때문에 삶을 저주하는 그리스도교"는 데카당스"의 종교이며, 이 "데카당스의 승리"를 초래한 것이야말로 십자가에 못 박힌 자를 신으로서 숭배한다고 하는, 사도 바울"에 의한 "고대적 가치의 가치 전환"이었다고 생각된다[『안티크리스트』 51, 58; 『선악』 46]. 니체의 '모든 가치의 가치 전환'은 이러한 삶을 비방하는 가치로의 전환을 철회하고 삶을 긍정하는 가치로의 전환을 기도하는 것이며, 그것을 그는 '십자가에 못 박힌 자 대 디오니소스'라고 정식화했던 것이다. 그러나 1889년 초두의 이른바 광기의 편지에서 그는 '디오니소스'를 자처할 뿐만 아니라 '십자가에 못 박힌 자'라고도 서명하고 있다. 코지마 바그너"에게 보낸 편지에서는 자신은 이전에 부처"와 디오니소스, 알렉산더와 카이사르", 볼테르"와 나폴레옹", 그리고 바그너"이기도 했을 뿐만 아니라 "십자가에 못 박히기도 했'지만, 이제 곧 "승리로 가득 찬 디오니소스"로서 올 것이라고 말하고 있다[1889. 1. 3]. 이에 대해 클로소프스키는 '니체'라는 인격의 동일성으로부터의 해방이 이전의 대립을 완화한 결과, 바그너에 대한(코지마 바그너＝아리아드네"를 둘러싼 것이기도 하다) 투쟁을 계속하고 어릿광대"로서 창조신의 패러디를 연기하는 "'디오니소스'의 원근법"과, 스스로를 '희생자'의 입장에서 적을 징벌하고자 하는 "'십자가에 못 박힌 자의 음모의 원근법'"이라는 두 가지 관점의 균형이 이루어졌다고 해석하고 있다[「토리노의 도취」, 『니체와 악순환』]. ☞아폴론/디오니소스, 예수, 바울, 블로흐

—오이시 기이치로(大石紀一郎)

쓰쓰이 야스타카 [筒井康隆 1934-]

쓰쓰이의 소설에 「화성의 차라투스트라」(쇼와 41년)라는 제목의 미래 소설이 있다. 일본의 니체 수용은 쓰쓰이의 세대에게 있어 다이쇼 교양주의의 정취가 코에 붙어 있어 떠나지 않는 것일 터이다. 이를테면 교양주의의 화신을 오늘날의 매스커뮤니케이션 현상

속에 가지고 들어온 블랙 유머 소설이다. 덧붙이자면, "블랙 유머라는 것은 인종 차별을 하고, 신체장애자에게 악랄한 장난을 걸고, 시체를 희롱하며, 정신이상자를 조소하고, 인육을 먹으며, 노인을 괴롭히다가 죽이는 것과 같은 내용을 웃음으로 표현함으로써 독자안의 제도적인 양식을 비웃고, 가면을 벗겨 악과 비합리성과 차별 감정을 촉발하여 반제도적인 정신에 호소하고자 하는 것"이라는 것이 쓰쓰이의 말이다. 패러디물로서도 일품으로 예를 들어 『차라투스트라』"의 「밤의 노래」의 한 구절 "내 안에는 억눌러지지 않는, 억누를 수도 없는 그 무엇이 있다. 때가 되니 그것 또한 목청을 높이려는구나. 내 안에는 사랑을 향한 갈망이 있다. 그것 또한 나서서 사랑을 속삭이누나. / 나는 빛이다. 아, 내가 밤이라도 된다면 얼마나 좋으랴! ……"는 가요풍의 배열로 "억누를 수 없는 이 바람, 억누를 수 없는 이 사랑이여, 그래서, 그래서, 밤이 되고 싶은 이 나, 빛이 되고 싶은 이 나, 아아, 차라투스트라의 밤은 깊어가고"로 옮겨진다. 『차라투스트라』가 루터"가 옮긴 성서"의 문체를 본떴다는 것은 일찍부터 알려져 있지만, '네 원수를 사랑하라'라는 예수"의 말을 암시적으로 인용한 차라투스트라의 다음 설교의 의역은 상당히 우습다.— "내가 말하고 싶은 것은 이러하다. 너희에게 원수가 있다고 하자. 그 원수가 너희에게 가한 악에 대해 선으로써 갚아라. 왜냐하면 그것은 원수에게 부끄러운 생각을 하게 만들 것이기 때문이다. 오히려 원수가 너희에게 무언가 좋은 것을 해주었다고 한다면, 입증하도록 해야 할 것이다. / 부끄러운 생각을 하게 만들고, 오히려 꾸짖는 쪽이 좋다! 너희가 저주를 받았을 때에 상대에게 축복을 빌어주는 것은 내게는 마음에 들지 않는다." — "내가 말하고 싶은 것은 세계 맞게 되면, 때려서 되돌려주라는 것입니다. 나쁜 것을 당해 침묵한다든지 그 녀석의 일을 칭찬한다든지 그런 일을 하면 안 됩니다. 원수에게 창피를 주게 되면 안 된다는 말입니다. 원수에게 창피주기보다는 화를 내십시오, 자기 혼자 자식이 되니 어쩌니 하고 세계 맞고서 참는 놈, 이런 놈은 정말 싫습니다."

—기마에 도시아키(木前利秋)

아곤과 질투 — 嫉妬

니체는 동일한 질투에서도 약한 자가 강한 자를, 아름답지 않은 자가 아름다운 자를 남몰래 질시하고 심술궂은 복수를 의도하는 시기와, 동등한 힘이 있는 자, 동등한 아름다움으로 눈부시게 빛나는 자들이 자웅을 결정하기 위해 겨루는 경쟁심을 구별했다. 헤시오도스를 따라 전자는 나쁜 에리스(Eris)라 불리고 검은 밤의 처녀로 생각된다. 반대로 후자의 좋은 에리스는 아리스토텔레스(Aristotelēs 384-322 B.C.)조차 비판적으로 보고 있지 않은 참으로 그리스적인 정신이라고 생각하고 있었다. 후자에 의한 것이 그리스인의 비길 데 없는 지혜로서의 경쟁(아곤agon)이다『아침놀』38]. 『인간적』* Ⅱ-2의 226번에서는 타자를 이기고 싶어 하는 것은 인간 본성의 사라지기 어려운 특성이자 평등의 기쁨보다도 훨씬 근원적이기 때문에 그리스인은 체육과 음악의 경쟁을 위한 특별한 장을 만드는 지혜를 발휘했던 것이며, 그에 의해 정치 질서가 위험에 드러나지 않게 된다고 했다. 그러나 이 경쟁의 장의 소멸과 함께 그리스 국가도 흔들리기 시작했다는 것이다.

"투쟁이야말로…… 치유이자 구제이며, 승리의 잔혹함이야말로 삶의 환희의 정점이다"「다섯 개의 서문」Ⅴ]라고 하는 이 심성은 니체의 말에 따르자면 호메로스* 이전 신화시대의 잔혹한 그리스로 거슬러 올라간다. 다만 인간은 자신의 딸을 신들의 딸보다 예쁘다고 말하여 제우스의 아내 헤라의 노여움을 사게 됨으로써 딸을 죽게 만든 니오베의 전설이 보여주듯이 신들과는 경쟁해서는 안 되었다. 또한 패각추방도 원래는 절대적으로 우세한 자를 쫓아내고 끊임없는 경쟁

을 가능하게 하기 위해서였다. 이 경쟁은 호메로스의 명성에 대한 후세 시인들의 질투로 되는 경우가 있다면, 비극 작가*들의 개인적 질투에 의한 경합이 되기도 하고, 어떤 연설보다도 훌륭한 연설을 썼다고 하는 플라톤*의 은근한 자부심이 되기도 한다. 플라톤의 경우에는 체육 경쟁이라기보다 에로스의 경쟁이라고 말해야 하며, 이것이 고전주의 시기 프랑스의 우아한 성의 경쟁으로 연결된다고 지적되기도 한다『우상』 Ⅸ. 23]. 어쨌든 천재*들의 경쟁이야말로 그리스 문화의 비밀이며, 펠로폰네소스 전쟁 이후 이것이 없어지고 도시국가들 사이의 경쟁도 없어지고서부터 그리스는 호메로스 이전의 야만적인 경쟁에로 되돌아가 버렸다는 것이다. 또한 그리스 고전기의 아곤에 의한 교육이 현대에 없어진 것도 계속해서 한탄의 대상이 된다. 다만 니체는 한편으로는 고전기 경쟁이 수행한 실로 풍부한 역할, 즉 거기에 놓여 있는 문화적 승화를 평가하면서도, 다른 한편으로는 호메로스 이전의 권력과 잔학한 피비린내에서 버릴 수 없는 매력을 느끼고 있기도 하다. 이것을 모순으로 볼 것인가 아니면 연속 선상에서 볼 것인가에서 니체 해석은 크게 나누어진다. "그(소크라테스)는 새로운 종류의 아곤을 발견했다." [유고 Ⅱ. 11. 86] ☞호메로스

—미시마 겐이치(三島憲一)

아나키즘 [Anarchismus]

니체는 아나키즘을 언제나 그의 후기 사유의 가장 중요한 과제들 가운데 하나였던 니힐리즘*과 관련시키면서 문제 삼고자 한다. 니체가 아나키즘 문제를

이렇게 니힐리즘과 관련시켜 고찰하고자 한 계기가 된 것은 아마도 러시아의 니힐리스트들의 동향일 것이다. 그들 가운데 일부는 아나키스트화하여 테러리즘으로 치닫고, 1881년에는 황제 암살까지 실행한다. 다음과 같은 니체의 말은 그러한 러시아의 아나키스트가 품고 있는 니힐리즘에 대해 그가 느꼈던 생생한 충격을 보여준다. "멀리서부터 마치 어딘가에서 새로운 폭약 실험이 행해지고 있는 것 같은 위험으로 가득 찬 이상한 웅성거림이 들려온다. 정신의 다이너마이트다. 필시 새롭게 발견된 러시아의 허무제(nihilien)이리라. 그것은 단지 아니오라고 말하고 아니오를 바랄 뿐 아니라 ―끔찍한 생각이지만!―아니오를 실행하는 선한 의지(bonae voluntatis)를 지닌 페시미즘이다."["선악』 208] 그렇다면 니체는 이러한 아나키즘의 충격에 어떻게 대응하고자 했던 것일까? 니체의 니힐리즘 개념에는 수동적인 부정성 단계, 능동적인 부정성 단계 그리고 좀 더 고차적인 긍정성 단계라는 세 가지 차원이 포함되지만, 니체는 최종적으로는 아나키즘을 사회주의*와 더불어 모든 가치의 동요나 전도를 견뎌낼 수 없는 약자의 자기 보존*을 위한 간지라는 수동적 니힐리즘에 대응시킨다. "〔니힐리즘의 원인은〕 **저급종**인 '가축떼*', '대중', '사회'가 신중함을 잊고 자기의 욕망을 **우주적·형이상학적** 가치로까지 팽창시키는 데 있다. 그에 의해 존재 전체가 **저속화**된다."[유고 II. 10. 39] 이러한 수동적 니힐리즘은 약자가 강자에 대해 품는 질투와 복수 감정인 르상티망*과 나아가 "꺼림칙한 양심"에 의해 강자의 힘을 부정하고 삶*의 페시미즘적인 약화를 초래하는 그리스도교* 도덕과 결부된다. 따라서 아나키즘도 이러한 수동적 니힐리즘에 포함되는 르상티망과 그리스도교 도덕과 깊이 관련되어 있다. "오늘날의 천민 가운데서 내가 가장 증오하는 것은 누구일까? 사회주의자라는 천민*, 찬달라*의 사도다. 그들은 본능*과 열락, 노동자가 스스로의 자그마한 존재에 대해 품는 만족감을 해치며―그에게 질투의 마음을 일으켜 복수를 가르친다. 부정(不正)은 결코 부등한 권리에 있는 것이 아니라 '**평등**'한 권리의 요구에 있는 것이다. 무엇이 **악한** 것일까? …… 모든 것은

약함으로부터, 질투로부터, 복수로부터 유래한다.― 아나키스트와 그리스도교도는 같은 근원을 지닌다[『안티크리스트』 57]. 그리고 "니힐리스트(Nihilist)와 그리스도인(Christ)은 운(韻)이 맞는다. 아니 운이 맞는 데 그치는 것이 아니다."[같은 책 58] ☞러시아 니힐리즘과 니체

―다카하시 준이치(高橋順一)

아네사키 마사하라｛쵸후｝ [姉崎正治(嘲風) 1873-1949]

교토의 불화 판매를 업으로 하는 집에서 태어나 종교와 인연이 깊은 환경 속에서 자란 아네사키 마사하라는 도쿄제국대학에서 종교학을 전공하고, 다카야마 쵸규*(高山樗牛)의 '미적 생활'론을 둘러싸고 시끄러운 논쟁이 교환되고 있던 메이지 34(1901)년부터 35(1902)년에 걸쳐 독일, 영국, 인도에 유학했다. 독일에서는 킬대학의 파울 도이센* 밑에서 독일 철학을 연구하는 동시에 『차라투스트라』*를 읽는다든지 그 가족과의 교제를 통해 니체의 사람됨을 아는 기회를 갖는다든지 했다. 니체의 죽음을 알리는 전보가 도착했을 때에도 마침 그 자리에 있었다고 한다. 아네사키는 쵸규를 지원하여 독일에서 몇 통의 공개서간을 써 보내고(잡지 『태양』에 게재), 일본이 본보기로 삼고 있던 빌헬름 시대의 독일을 통렬하게 비판했다. 문명의 외면적인 진보는 군국주의나 관존민비의 풍조를 조장하고 정신의 자유를 손상시키는 프로테스탄티즘*이나 쇼비니즘, 반유대주의*와 같은 정신의 황폐화를 초래하고 있다. "니체와 같은 광기의 천재, 막연하고 제멋대로인 철학이 도도한 청년의 마음과 정신을 사로잡는" 것은 "사람들의 마음이 스스로 이 내부의 와해를 깨닫기 시작하여 근대의 문화에 커다란 반항을 이루어 나가고 있는 하나의 징후"라고 말한다[「다카야마 쵸규에게 답하는 글」(메이지 35년 2-3월)]. 또한 독일의 문헌학자가 편협한 전문주의자로 타락하여 세부적인 자구의 차이에 얽매이고 자기 나름의 판단의 방기를 도리어 객관성이라 부르며 편견의 포로가 되어 있다는 관찰 등은 니체의 문헌학 비판을 떠올리게 한다[「다카야마

군에게 보낸다」(메이지 35년 3-4월)]. 아네사키는 당시 『반시대적 고찰』*의 제3편과 제4편을 읽고 있었는데, 쇼펜하우어*로부터 니체를 거쳐 전개된 '의지'의 부정과 긍정을 둘러싼 문제는 바그너*의 음악극에서 "사랑에 의한 화해"에 이르렀다고 하여 도이센의 절충적인 견해를 이어받고 있다「다시 쇼규에게 주는 글」(메이지 35년 8월)]. 니체의 비판과의 병행성은 역시 문헌학자로서의 장래를 앞에 두고 있던 아네사키 자신의 주저함과, 그의 눈에는 서양의 무비판적인 모방으로 비쳤던 일본의 근대화에 대한 의문에서 나오고 있었다. 그렇지만 청년기에는 미적인 입장에서의 문화 비판에 이끌리면서도 체제 내에서 지위를 차지하자 거기서 요구되는 역할을 충실히 수행해 갔다는 점에서 아네사키가 걸어간 궤적은 그 후 많은 지식인들의 행보를 선취하고 있었다. 귀국 후 그는 『의지와 현식(現識)의 세계』라는 제명으로 쇼펜하우어의 주저를 처음으로 번역했지만(1910-12년), 문화 비판적인 자세는 그림자를 감추게 되며, 도쿄제국대학 교수로서 일본에서의 종교학 연구의 기초를 쌓음과 동시에 불교 연구의 권위로서 국제적으로 활약하고, 관동 대지진 후에는 도쿄제국대학 부속 도서관장으로서 그 부흥에 진력했다. ☞일본에서의 수용, 다카야마 쵸규, 도이센

　　　　　　　　　　　　　　　　─오이시 기이치로(大石紀一郎)

아도르노 [Theodor Wiesengrund Adorno 1903-69]

　프랑크푸르트학파*의 대표적 사상가로서 알려져 있는 독일의 철학자. 음악, 사회학, 문학에 걸친 광범위한 영역에서 날카로운 비평 활동을 전개했다. 아도르노라는 성은 코르시카 계의 어머니 쪽 성에서 유래하지만, 부유한 유대계 가정에서 태어나 학생 시절부터 음악 비평에 종사하며, 현상학에 대해 박사 논문을 쓴 후 빈의 베르크(Alban Berg 1885-1935) 밑에서 작곡을 공부하는 한편 음악 잡지의 편집을 하기도 한다. 1931년에는 벤야민*의 영향 하에 교수 자격 논문 「키르케고르 ─미적인 것의 구성」을 제출하고 프랑크푸르트대학의 강사에 취임하는 동시에 호르크하이머*가 지도하

는 '사회연구소'에 참여한다. 33년 나치스*의 정권 획득과 함께 런던으로, 그리고 미국으로 망명하며, 호르크하이머와 함께 『계몽의 변증법』을 집필한다. 버클리대학 그룹과 『권위주의적 성격』을 공동 연구하고, 50년대 이후 독일로 돌아와 사회연구소를 재건한다. 프랑크푸르트학파의 지도자로서 화려한 활약을 계속하지만, 69년 갑자기 사망한다. 주어캄프사로부터의 전집은 일단 완결되었지만, 여전히 20권이 넘는 유고집이 간행 중이다.

　아도르노 및 그가 속한 프랑크푸르트학파는 자주 네오 맑스주의 등으로 불리는 경우가 있다. 확실히 물화 개념을 미학에 도입하는 등, 초기 루카치* 이래의 서구 맑스주의의 영향은 부정될 수 없다. 하지만 아도르노의 특색은 후기 루카치처럼 니체를 나치즘의 비합리주의적인 선구자로서 단순히 비난하는 것이 아니라 오히려 대중문화에 대한 가차 없는 비판자, 전통적 형이상학*의 파산 고지자, 특히 계몽의 변증법*의 양의성에 대한 투철한 인식자로서 적극적으로 평가하는 데서 발견될 수 있을 것이다. 프랑크푸르트학파가 기치로 내건 '비판이론'만 하더라도 그 이론 모델은 맑스*의 『정치경제학 비판』에서 찾아지고 있지만, 아도르노에게 있어서는 오히려 니체야말로 서구 문명에 대한 근본적 비판이라는 과제와 방법을 이어받은 모델이었다고 말할 수 있을 것이다. '탈구축' 또는 '후기구조주의*'라고 불리는 조류 속에서 그 선구자로서의 니체와 결부지어 아도르노가 재평가되는 것도 우연이 아니다.

　아도르노만큼 동시대의 아카데믹한 철학과 인연이 없는 철학자도 드물다. 철학사와의 결부도 헤겔*, 니체까지에서 끊어진다고 말할 수 있다. 아도르노가 일찍부터 니체를 애독한 점, 망명지에서도 크뢰너판 전집을 지참하고 다니며 정독한 점, 그의 거의 전 저작에서의 인용이 보이는 점 등에서 니체에 대한 비교할 수 없는 관심을 엿볼 수 있으며, 매년 여름휴가를 질스-마리아*에서 보냈던 것도 니체와 무관하다고는 생각되지 않는다. 그러나 아도르노에게 니체를 주제로서 다룬 저작이나 논문은 없으며, 하이데거*와 같은 강의나

유고가 나타날 가능성도 없다. 따라서 아도르노의 니체에 대한 태도는 당장은 이곳저곳에 흩어져 있는 토막글이나 짧은 비평, 경우에 따라서는 역설적인 비난이나 노골적인 비판의 이면 등에서 읽어낼 수밖에 없다. "니체는 헤겔 이후에 계몽의 변증법을 인식한 소수의 사람들 가운데 하나였다. …… 그러나 계몽에 대한 니체의 관계는 그 자체가 분열된 것이었다. 그는 계몽 속에서 숭고한 정신의 보편적 운동을 간취하고 그 완성자로서 스스로를 자각함과 동시에 또한 거기서 삶에 적대적인 '니힐리즘적인' 힘을 간취했지만, 파시즘에 선행하는 그의 후계자들에게서는 두 번째 계기만이 남아 이데올로기로 전락해 버렸다."[『계몽의 변증법』(德永恂 訳, 岩波書店) 69쪽]

'계몽'이란 막스 베버가 말하는 의미에서의 합리화 내지 신화와 야만으로부터의 이탈로서의 문명화 혹은 인류의 지적 영위의 진전이라는 가장 넓은 의미에서 생각되고 있으며, '계몽의 변증법'이란 그러한 진보를 추진해온 이성이 자기 보존 내지 자연이나 인간의 '지배'와 깊숙이 관계하면서 본래적으로 야만과 신화로 전락하는 자기 파괴적 경향을 지닌다고 하는 사태 내지 그에 대한 인식을 가리킨다. 아도르노가 니체에게서 주목하는 것은 문화 파시스트가 왜곡한 것과 같은 맹목적인 삶이나 힘에 대한 비합리적인 찬미자도, 문화 페시미스트의 영탄도, 우상 파괴적인 '적극적 니힐리즘'도 아니다. 계몽이 지니는 부정적 측면에 대한 비판을 비합리적인 적 쪽에 맡기는 것이 아니라 **계몽 자신의 자기비판**으로서 수행하고자 하는 과제와 그 딜레마다. 계몽에 대한 니체의 태도가 분열되어 있었다고 한다면 아도르노의 니체 평가도 당연히 양의적이 될 수밖에 없다. 한편으로 아도르노는 파시즘과 통하는 니체의 이데올로기적인 측면, 바그너 해석, 양심이나 잔학함, 동정과 같은 개별적인 도덕 감정들에 대한 분석, 만년의 '힘에의 의지'의 형이상학에 이르기까지 그것들에 대해서는 노골적인 비판을 가한다. 그러나 다른 한편으로 아도르노는 니체의 대중 멸시에서 문화산업에 의해 조작되는 현대의 대중문화에 대한 비판의 선취를 보고 있으며, 내적 자연 지배라는 점에서 칸트의 도덕적 엄숙주의와 동전의 양면을 이루는 사드(Marquis de Sade 1740-1814)나 니체의 배덕주의에서 역설적으로 인간에 대한 은밀한 신뢰를 읽어내고 있다.

아도르노의 후기 철학을 구성하고 있는 『계몽의 변증법』, 『부정변증법』, 『미의 이론』 3부작의 근저에 놓여 있는 이론적 기초를 **비동일성**의 철학이라고 말할 수 있다면, 그에 대한 니체의 영향도 부정할 수 없다. 언어, 특히 개념 언어, 정의, 판단 또는 주관과 객관의 일치를 지향하는 인식 목표 등 모든 동일화·전체화 작용이 지니는 폭력성에 대항하여 비동일적인 것을 주시하고 옹호하는 것은 필시 아도르노가 — 유대적인 부정신학과 더불어 — 니체의 언어 감각에서 배운 지혜일 것이다. 그러나 비동일성 입장의 수미일관한 **이론화**라는 점에서는 아도르노 쪽이 철저했다고 말할 수 있지 않을까? 니체는 최종적으로는 동일한 것의 영원회귀라는 형태로 자연이나 '힘에의 의지'를 동일적인 것으로서 실체화하지는 않았을까? 거기서 아도르노는 니체의 동일성 비판이 "항소심까지는 끌고 들어가면서 최종심에는 이르지 못한" 불철저성을 본다. 그러나 다른 한편 아도르노는 무의미한 현실의 인식 그 자체는 무의미에 지나지 않는다고 하여 실증주의를 물리치면서, 진리에 대한 의지가 희망에 대한 의지와 깊이 관계된다는 것을 인정하고, 신을 부정하는 것이 동시에 인간의 인식 능력의 부정과 통하는 것이 아닌지를 우려한다. 이리하여 아도르노가 희구하는 것은 **지배와 힘**이라는 계기를 제거한 '자연과의 화해'라는 유토피아다. 그러나 아도르노는 계몽의 비판자임과 동시에 그 완성자라는 딜레마를 니체와 공유하고 있던 것은 아니었을까? 근대를 '미완의 기획'으로 파악하는 계몽주의자 하버마스는 그런 점에서 미적 유토피아로 달려간 아도르노를 비판하고 있다. ☞ 프랑크푸르트학파, 계몽의 변증법, 자연과의 화해, 호르크하이머, 벤야민, 하버마스

—도쿠나가 마코토(德永恂)

아리아드네 [Ariadne]

아마도 크레타 섬에서 생겨난 신화 속의 여성으로, 말이 뜻하는 바로는 '유쾌한 것', '환하게 빛나는 것'이라는 의미였다고 생각되며, 디오니소스* 신화와도 깊은 관련을 지닌다. 표준적 전승은 미노타우로스와 싸우는 테세우스(Theseus)를 다이달로스에게서 빌린 실을 사용하여 미궁에서 구해내는 이야기다. 에우리피데스의 『테세우스』는 이 이야기를 희곡화한 것이다. 그 후 두 사람은 배로 아테네로 향하지만, 도중의 낙소스 섬에서 테세우스는 아리아드네를 버린다. 그 곳에서 아리아드네가 아이를 낳는 이야기나 아르테미스의 명령으로 죽임을 당하는 이야기 등 여러 이야기가 있지만, 역시 표준적인 것은 영웅 테세우스에게 버림받은 그녀가 자고 있을 때 디오니소스에게 사랑을 받아 그와 결혼한다는 것이다. 아리아드네 자신의 부활 전설도 있으며, 그런 의미에서도 디오니소스와 가까운 관계에 있는 존재라고 말할 수 있다. 디오니소스와 마찬가지로 사멸하는 자연과 재생하는 자연, 고뇌와 환희, 버림받은 여성의 슬픔과 혼인의 기쁨──그러한 양극성을 교호적으로 체현하는 인신(人神)이다.

니체는 특히 만년에 들어섬에 따라 아리아드네 모티브를 자기 사상의 상징으로서 사용하게 된다. 『선악의 저편』* 295번에서는 인간이라는 특별한 존재를 "좀 더 강하게, 좀 더 악하게, 좀 더 깊이 있게, 그리고 좀 더 아름답게" 한다고 말하는 디오니소스의 곁에는 아리아드네가 있다. 또한 『우상의 황혼』*[IX. 19]에서도 디오니소스가 아리아드네의 귀를 만지작거리며 놀리는 이야기가 나온다. 그러나 무어라 해도 아리아드네 모티브가 가장 많이 사용되는 것은 『차라투스트라』다. 예를 들면 제3부의 「위대한 동경에 대하여」에서는 "나의 영혼"을 가리켜 "광명처럼 고요하게 빛나는" 존재라 하고 있지만 이 표현은 분명히 아리아드네의 형용구의 전용이며, "그리움으로 가득 찬 바다에 작은 배를 띄우는" 것은 필시 디오니소스일 것이다. 바다, 태양, 포도, 유방, 그리고 '주다' 및 '받아들이다'라는 교합의 모티브──이와 같은 지중해 세계와 에로스의 결부 전체에 아리아드네 전설이 살아 있다. 혹은

제3부의 「일곱 개의 봉인」의 원제도 '디오니소스 아리아드네=차라투스트라의 영혼에 대하여'라고 되어 있었다. 『이 사람을 보라』*의 기술을 볼 것까지도 없이 차라투스트라는 디오니소스와 일체화되어 있으며, 그 차라투스트라(=나)의 영혼이 디오니소스에게 사랑받은 아리아드네라는 것이게 된다. 이렇게 보면 차라투스트라라는 오리엔트 종교의 창설자, 디오니소스라는 마찬가지로 원래 오리엔트 출신인 그리스 신, 그리고 그리스 신화의 가장 오랜 형태이자 이집트에서 포도주가 전래되는 도상에서 태어난 아리아드네라는 인신(케레니*)──이 3자의 융합 비의를 니체가 지향하고 있었음을 알 수 있다. 유고에서도 "미궁적인 인간은 결코 진리를 구하지 않는다. 그는 우리에게 무엇을 말하고자 하더라도 단지 그의 아리아드네를 구하고 있는 것이다"[II. 5. 170]라고 하고 있다. 생각되는 것은 『디오니소스 디티람보스』에 「아리아드네의 탄식」이라는 시가 있는데, 거기서 디오니소스는 "나는 당신의 미궁이다"라고 아리아드네를 향해 말하고 있는 것이다. 또한 『차라투스트라』 제2부의 「고매한 자들에 대하여」에서 "이것이 곧 영혼의 비밀이다. 영혼이 영웅*에게 버림받았을 때에야 비로소 그 영혼에게 꿈속에서, ──초영웅이 가까워온다"고 말하고 있는 것은 그 자체로 버림받고 사랑받는 아리아드네 신화의 재탕이지만, 역시 그가 지향한 심오한 뜻이라고도 할 것을 추측케 한다. 1889년 1월 초의 광기의 날들에 니체가 코지마 바그너*에게 보낸 최후의 편지에는 단지 "아리아드네, 나는 당신을 사랑하오. 디오니소스"라고만 마치 수수께끼처럼 기록되어 있었다. 니체에게는 자신의 그리움의 수수께끼를 푸는 실은 발견되지 않았는지도 모른다.

──미시마 겐이치(三島憲一)

아무것도 참이 아니며, 모든 것이 허용되어 있다 ["Nichts ist wahr, Alles ist erlaubt"]

『도덕의 계보』* 제3논문에서는 다양한 형태의 금욕주의적 사상에 대한 비판이 전개되어 간다. 마지막에 놓이는 것이 언뜻 보아 그리스도교*의 금욕주의적 이

상에 맞서는 것처럼 보이는 "최후의 이상론자들", 즉 "창백한 무신론자, 안티크리스트, 무도덕자, 니힐리스트들"이다. 그들은 신과 피안을 필요로 하는 것 없이 자기 자신만을 근거로 삼아온 것에 자부심을 지니고서 '자유정신'임을 표방하지만, 니체에게 있어서는 "그들은 **자유로운** 정신에는 아직 멀다. **왜냐하면 그들은 아직 진리를 믿고 있기 때문이다**." 십자군이 부딪혔다고 하는 "자유정신으로 이루어진 무적의 군단"의 비전이 "아무것도 참이 아니며, 모든 것이 허용되어 있다"[『계보』 Ⅲ. 24]고 하는 것이었다는 일화에서 니체는 정신의 자유의 모토를 발견했다. 무신론*도 반형이상학도 진리에의 의지*에 기초하고 있는 한에서, 금욕주의 사상을 계승하고 있는 것이며 정신의 완전한 자유에는 도달해 있지 않다. 예를 들어 프랑스 실증주의처럼 사실 앞에서 해석을 단념하는 지성의 스토아주의*는 진리라는 형이상학적 가치를 위해 관능적 삶의 세계를 부정한다는 점에서 금욕주의적 이상을 공유하는 까닭에 자유가 아니다. 요컨대 진리에의 의지를 파기함이 없이는 진정한 정신의 자유는 있을 수 없다는 것이다. 플라톤*으로부터 실증주의 과학에 이르기까지 그 근저에서 진리 없이는 살아갈 수 없는 약자의 자기 보존* 본능을 보는 니체의 이러한 사상은 '힘에의 의지' 사상에로 전개되어 간다. ☞자유정신과 이성 비판

―오누키 아츠코(大貫敦子)

아베 지로 [阿部次郎 1883-1959]

이른바 다이쇼 교양파의 대표적인 사상가로 그의 『산타로의 일기』(三太郎の日記, 다이쇼 3-7년)는 다이쇼에서 쇼와에 걸쳐 구제(舊制) 고교생들의 필독서라고 일컬어졌다. 아베의 니체 수용은 친구였던 와츠지 데츠로(和辻哲郎)의 니체 수용과도 밀접히 관련된다. 하지만 그의 경우에는 오로지 니체를 모범으로 삼아야 할 위인으로서 숭배하고 그의 사상을 윤리 사상으로서 파악하여 스스로의 '인격주의' 틀 안으로 결합시켜 받아들이는 경향이 강했다. 이미 『산타로의 일기』에서도 니체의 초인*은 현재 있는 자기를 부정함으로

보편적 개성에 도달할 것을 추구한다는 점에서 동서고금의 뛰어난 철학 및 종교와 일치한다고 생각되고 있다. 그런데 이와 같은 강인한 해석의 배경에 있었던 것은 개인의 의식적인 '자아'를 탈각하여 초개인적인 '자기'의 경지에 도달하는 것에서 궁극적인 윤리 규범을 발견한다고 하는 사고 유형이다. 이것은 니시다 기타로(西田幾多郎 1870-1945)의 『선의 연구』 이래의 동일한 도식으로서 와츠지 데츠로의 니체 해석도 규정하고 있던 것이다. 하지만 그것은 이기주의라는 비난을 비켜나 전통적인 도덕의식과의 마찰을 피하면서 동경하는 서양 문화를 받아들이고자 했던 지적 허영심으로 가득 차 있는 우등생들에게는 크게 환영받는 것이었다. 아베에게서는 이러한 사고 유형이 멋지다고 할 정도로 일관되어 있으며, 립스(Theodor Lipps 1851-1914)를 본받아 서술한 『윤리학의 근본 문제』(다이쇼 5년)나 자신의 윤리 사상을 집약한 『인격주의』(11년)에서도 한편으로는 이기주의나 주관주의를 비판하면서 다른 한편으로는 "인간의 극복"을 이야기하여 "위대한 이성*"을 가르친 니체의 참된 뜻은 그것들을 초월하는 것에 있었다고 함으로써 니체를 긍정적으로 평가하고자 하고 있다. 그가 "자신의 사상과 인격의 고백"이라고 하는 『니체의 차라투스트라, 해석 및 비평』은 도쿄 제대 기독교 청년회를 위한 강연을 토대로 잡지 『사조』에 연재된 후 다이쇼 8년에 간행되었다. 거기서 『차라투스트라』*의 개요를 서술한 부분은 대단히 지루하며, 초인 사상은 단조로운 인류애로 되고, 영원회귀*의 해석은 짐멜*의 『쇼펜하우어와 니체』(1907)를 답습하고 있다. 그 밖에도 평론 『『신곡』과 니체의 『차라투스트라』』(다이쇼 10년)와 『『비극의 탄생』― 그 체험 및 논리』(쇼와 5년)가 있지만, 아베는 도덕을 그 근본에서 문제 삼은 니체의 도덕 비판의 위상을 이해하지 못하며, 또한 와츠지처럼 니체 사상의 미적 측면에 관심을 지니는 것도 아니었다. 니체를 모범적인 인물로서 평가하고자 하여 도리어 그의 사상을 독으로도 약으로도 되지 못하는 윤리 사상으로 희박화시키고 마는 것은 독일에서도 초기 수용의 충격이 가신 후에 보인 경향이다. 하지만 그러한 경향을 이어받아 형성

된 아베의 니체상도 그 예외가 아니며, 니체의 대중 혐오도 박애주의적으로 탈색하여 받아들이는 그의 '인격주의'는 사회 문제가 심각화한 다이쇼 말기 이후에는 현실과 유리된 제목 이상의 것이 아니어서 더 이상 어떠한 유효성도 지니지 못했다. ☞ 일본에서의 수용

―오이시 기이치로(大石紀一郎)

아이러니 [Ironie]

소크라테스*가 소피스트들을 상대로 문답하여 자신들의 인식의 잘못을 깨닫게 한 방법을 당시 아테네인들은 '에이로네이아(eirōneia)'라고 불렀다. 근대어의 Ironie(독)/irony(영)/ironie(불)도 여기서 유래한다. 소크라테스의 아이러니는 무지를 가장함으로써 상대의 주장에 무의식적으로 숨겨져 있는 모순을 끄집어내고, 그리하여 최초 발언의 허위를 스스로 인정하게끔 하는 교육적 수단이다. 니체는 모종의 교육적 효과라는 점에서는 소크라테스적 아이러니에 대해 가치를 인정하고 있지만『인간적』Ⅰ. 372], 그 밖의 측면에서는 아이러니에 대해 일반적으로 부정적이다. 소크라테스의 아이러니는 "본능*"이 피폐한 인간들"[『선악』212]의 태도이며, 데카당스* 시대의 시작이 여기에 있다고 니체는 본다. 소크라테스의 아이러니는 어떤 사항을 '참'이라고 적극적으로 긍정하는 것이 아니라 언제나 부정성이라는 형태에서의 판단 유보로 끝난다. 이러한 영원한 부정성이라는 아이러니의 특성은 니체의 눈에는 삶*을 긍정하는 것이 아니라 오로지 자기 보전을 도모하는 19세기 시민사회의 '중용*'의 덕에 연결되는 것으로 비쳤다. 역사적 교양에서 보이는 일종의 "아이러니적 자기의식"은 이를테면 "태어나면서 노인안" 것과 같은 인식 태도이며, 자기의 현재의 삶에 대해서나 타자의 그것에 대해 무관심한, 현실을 달관한 페시미스트의 태도라고 니체는 말한다『반시대적』Ⅱ. 8]. 또한 모든 "인간적인 것"은 "아이러니적이라고 할 견해"로부터 태어나는 까닭에 "아이러니는 이 세계에서 여분인 것"[『인간적』Ⅰ. 252]이다.

아이러니를 삶의 약체화 현상으로 파악하고 데카당스와 일체화하여 비판하는 이러한 관점을 조장하고 있는 것은 니체의 낭만주의 혐오다. 아이러니를 수사학적 차원을 넘어서서 철학적 사유의 하나의 형태로서 파악한 것은 다름 아니라 '낭만적 아이러니'라는 개념을 사유와 창작의 중심에 놓은 독일 낭만파다. 자아 이외의 모든 외계의 존재(비–자아)를 자아 자신이 정립한 것으로 파악함으로써 자아를 무한대로 확대해 가는 피히테의 '절대 자아' 개념에서 노발리스(Novalis 1772-1801)와 F. 슐레겔(Friedrich von Schlegel 1772-1829)은 주체의 자유의 무한성을 읽어냈다. 그들에게 있어 아이러니의 부정성은 어떤 것에게도 사로잡히지 않는 정신의 완전한 자유를 확인하는 방법이었다. 이러한 낭만적 아이러니는 외부 세계의 부정일뿐만 아니라 자아가 산출한 작품마저도 그것이 일단 외화되었다고 한다면 단적으로 부정의 대상으로 삼는다. 요컨대 자아의 절대적 자유를 보증하는 낭만적 아이러니는 자기 창출과 자기 파괴를 무한히 반복해 가는 정신의 운동인 것이다. 키르케고르*의 저서 『아이러니의 개념』은 소크라테스에서 낭만파에 이르는 아이러니 개념의 이를테면 총괄인데, 일체의 낡고 나쁜 것을 부정하여 새로운 것으로의 길을 여는 것으로서 아이러니에 대해 높은 평가를 부여하고 있다.

니체는 낭만파의 이러한 영원한 부정의 연속이 삶으로부터의 도피이자 내면성에로의 퇴각이라는 점을 간취하고 있었다. 이것이 아이러니에 대한 비판적 관점의 원인이다. 그러나 그러한 비판에도 불구하고 아이러니는 어디선가 무의식 속에서 니체 자신의 사고 방법이 되고 있었다. 그것을 가장 날카롭게 읽어낸 것이 토마스 만이다. 그는 자신의 '니체 체험'이 다름 아니라 아이러니의 발견이라고 적고 있다. 니체를 통해 알게 된 아이러니란 "자기 부정이자 삶을 위해 정신이 스스로를 속이는 것", 요컨대 "정신의 자기 부정"이라고 말한다『비정치적 인간의 고찰』]. 토마스 만에게 있어서는 니체로부터 배운 아이러니야말로 그의 창작의 기반이 되고 있다. 아이러니는 삶과 정신, 시민사회와 예술*의 긴장 관계 속에서 동요하는 예술가의 시점

그 자체이다. 그러나 그것은 현실 사회와 유리된 '비정치성'에 대한 자기변호가 되고 있다는 점도 잊어서는 안 된다.

니체는 소크라테스 비판, 낭만파 비판, 그리고 데카당스 비판이라는 관점에서 의도적으로 아이러니 개념의 사용을 회피하고 있다고도 말할 수 있을 것이다. 그러나 그의 사고 형태에는 소크라테스나 낭만파와 공통된 아이러니적인 태도가 존재한다. 그것은 그의 이를테면 '가면*' 전략으로 모습을 바꾸어 나타난다. '가면'은 결코 하나의 주장을 참으로서 견지하는 것이 아니라 상대의 허위를 폭로하기 위해 그때마다 대체된다는 점에서 소크라테스적인 '무지를 가장하는' 전략과 동일한 것이며, 또한 그러한 의미에서 무한한 부정성이라는 점에서는 낭만적 아이러니와도 공통된다.
☞가면과 놀이, 소크라테스

―오누키 아츠코(大貫敦子)

📖 ▷Ernst Behler, Nietzsches Auffassung der Ironie, in: *Nietzsche -Studien*, Bd. 4, Berlin/New York 1975.

아이스킬로스 [Äschylus(Aischylos)] ⇨비극 작가

아침놀 [Morgenröte. Gedanken über die moralischen Vorurteile. 1881]

【Ⅰ】 성립의 배경
『인간적*』에서 이어지는 중기의 아포리즘 모음집 (출판은 1881년). 병의 악화로 인해 바젤대학을 사직하고 격심한 발작으로 초췌한 "내 생애의 가장 어두운 겨울"을 나움부르크*에서 보낸 니체는 1880년 2월에 이탈리아*로 향한다. 페터 가스트*의 권유로 3월부터 베니스(베네치아에 머문 니체는 서서히 건강과 정신적 안정을 되찾으며, 『아침놀』의 맹아가 보이는 단상집 『베네치아의 그림자』를 가스트에게 구술하여 받아적게 한다. 하지만 이 안정도 잠깐 동안으로 7월에는 더위를 피하여 마리엔바트로 향하며, 나아가 10월에는 나움부르크를 방문하고, 그로부터 바젤*, 로카르노를 거쳐 풍광이 매우 아름다운 라고 마조레 호반의 스트레자에 도착한다. 이 도상에서 병의 상태가 악화되어 고통을 겪으며, 사상적인 고독감을 우인들에게 호소하고 있다.

11월에 제노바*에 도착한 니체는 이 지역의 밝은 햇빛, 크고 넓은 바다를 바라보는 경관, 남국 풍의 쾌활한 사람들의 생활에 매료되었다. 제노바는 콜럼버스*가 미지의 세계를 향해 출항한 항구이기도 하다. 그것이 또한 그의 기분을 고양시켰던 듯하다. 언덕 위에 있는 집의 다락방에 거처를 정하고, 매일 여러 권의 책과 노트를 가방에 넣고서 여러 시간의 산보에 나서는 그를 사람들은 '작은 성자'라고 불렀다고 한다. 제노바의 자연에 둘러싸여 때로는 햇볕이 내리쬐는 해변의 바위에서 "바위틈에서 햇볕을 쪼이는 어떤 바다동물과도 같이"[『이 사람』Ⅶ. 1] 행복하게 누워 사유하고 메모를 써 남겼다. 그러한 고요한 자연에 압도되는 아름다움을 느낀 경험이 『아침놀』[423]에 보인다. 그렇게 써 둔 수고는 베네치아에 있던 가스트에게 보내 정서하도록 하며, 1881년 3월경까지는 원고가 정리되었다. 가스트가 정서하여 다시 보내온 원고의 속표지에 적혀 있던 "아직 빛을 발하지 않은 수많은 아침놀이 있다"는 인도 브라만*교의 경전 리그베다의 한 구절에서 착상을 얻어 서명을 『아침놀』로 삼았다. 『이 사람을 보라*』에는 다음과 같이 적혀 있다. "이 책의 저자는 어디서 새로운 아침을, 다시 새로운 아침을 여는 이제껏 발견되지 않았던 은근한 붉은빛을 찾는가?―아아, 새로운 날들의 연속과 새로운 날들의 세상 전체를 여는! 그것은 모든 가치의 전환*에서다. 모든 도덕 가치들로부터의 해방에서, 지금까지 부정되고 의심되며 저주받아왔던 모든 것에 대한 긍정과 신뢰에서다. 이 긍정의 책은 자기의 빛과 사랑과 부드러움을 순전히 나쁘기만 한 것들에 발산하여, 이것들에게 '영혼'과 가책 받을 일 없는 양심*과 삶에 대한 고도의 권리와 특권을 다시 되돌려준다."[『이 사람』Ⅶ. 1]

【Ⅱ】 사고의 자세
"이 책으로 도덕에 대한 나의 전투가 시작된다"[『이

사람』VII. 1]라는 말에서도 살펴볼 수 있듯이, 『아침놀』은 확실히 그리스도교*를 원천으로 하는 유럽 시민 사회 도덕에 대한 공격의 책이다. 그러나 거기에는 그 자신도 인정하는 대로 "정신의 완벽한 밝음, 맑음, 그 풍요로움"이, 정신의 경쾌한 가락과 온화함이 있다. 이러한 심경을 「병자의 인식」이라는 제목이 붙은 단편 [114]이 잘 말해준다. "중한 병*"으로 괴로워하는 자는 그의 상태로부터 두려워해야 할 냉혹함을 지니고서 외부의 사물을 바라본다. …… 고통에 저항하고자 하는 지성의 이상한 긴장의 결과, 지성이 이제 바라보는 모든 것은 하나의 새로운 빛 속에서 빛나게 된다." 이 새로운 조명이 주는 말할 수 없는 매혹이 건강한 자가 거주하는 세계에 대한 경멸로 향하게 하며, 그 우월감에 의해 자신의 육체적 고통도 넘어서고자 한다. 그리고 모든 것을 판가름하는 재판관이라고 하는 오만함에 취한다. 그러나 "쾌유*의 최초의 아침놀"이 찾아온 순간에 그때까지의 오만한 긍지가 병이었던 것을 깨닫고, "다시 인생의 온화한 빛"을 보고서 "우리는 인간이 변한 것처럼 온화하게, 아직 피로가 치유되지 않은 채 바라본다."

'바라본다'라는 말은 마치 '고대 오후의 행복'(에피쿠로스*)을 맛보듯이 제노바 바다에 비치는 햇빛이 만들어내는 미묘한 음영 하나하나를 바라보는 니체를 상상하게 한다. 바로 이러한 '바라보는' 태도가 『아침놀』에서는 인식의 방식이기도 하다. 「인식과 아름다움」이라는 단장[550]에는 다음과 같이 되어 있다. "언제나 현실로부터의 이탈, 환상의 심원함에로의 비약에서만 환희를 느끼는 사람들은 말한다, 현실은 추하다고, 그러나 이 사람들은 생각하지 않는다, 아무리 추한 현실이라 하더라도 그 인식은 아름답다는 것을. …… 인식하는 자의 행복은 세계의 아름다움을 증가시키고, 존재하는 모든 것을 더욱더 햇빛 안에 놓는다." 인식하는 자의 행복——그것은 마치 해면에 비치는 빛의 주름을 바라보듯이 심리학자의 눈을 지니고서 현실의 다층적인 국면들을 바라보고 실험하며 지금까지 보이지 않았던 것을 발견하는 '자유사상가'의 기쁨이다. 그것은 바로 읽는 자로 하여금 무의식중에 쓴웃음 짓게

하고 통렬한 야유에서 일종의 쾌감을 느끼게 하는 이유이기도 하다.

그러한 인식은 지금까지 '언어'의 그물에서, 요컨대 개념에서 누락되었던 것을 파악하고자 한다. "우리는 우리에게 표현할 언어가 결여되었을 때 더 이상 정확히 관찰하지 않는 경향이 있다. …… 분노, 증오, 사랑, 동정, 욕망, 인식, 기쁨, 고통——이것들 모두는 극단적인 상태들을 가리키는 명칭이다. 끊임없이 일어나고 있는 보다 낮은 정도의 것들은 말할 것도 없고 보다 온건한 중간 정도의 것들도 우리는 보지 못한다. 그러나 바로 이것들이야말로 우리의 성격과 운명의 직물을 짜는 것이다."[115] 도덕적 가치에서 벗어나 그것을 뒤집어엎기 위해 "삶과 공동체의 무수한 새로운 시도가 이루어져야만 한다"[164]고 말하는 니체는 "역설과 역설을 대결시키는" 사유 실험을 반복해 간다. 아포리즘*이라는 형식도 그때까지 진리로 여겨져 온 것의 베일을 벗기고 그 허구성을 폭로하는 사유 전쟁이라고 할 수 있다. 이러한 경향은 『즐거운 학문』*에서 '표면에 머무르기', '가상*'을 우러러 받들기'라는 형태로 좀 더 강조되게 된다.

【Ⅲ】비판의 스탠스

『아침놀』의 아포리즘의 중심 주제는 그 부제 '도덕적 편견에 대한 고찰'이 보여주듯이 그리스도교에서 시작되는 도덕적 가치가 복종할 만한 가치가 있는 것이 아니라 편견과 오류에 기초한다는 것을 폭로하고자 하는 것이지만, 그 수법은 그러한 편견과 오류의 발생으로 거슬러 올라가 거기에 니체 나름의 심리학*적 조명을 비추어보는 것이다. 여기에는 계보학*적 시점의 맹아가 놓여 있다. 예를 들어 "모든 행위는 가치 평가에 의거하고, 모든 가치 평가는 자신의 것이든가 받아들여진 것인데 대부분 후자에 해당한다. 왜 우리는 그것들을 받아들이는가? 두려움 때문이다. 즉 우리는 그것들이 우리 자신의 것인 듯한 태도를 취하는 것이 상책이라고 생각하는 것이다. 우리는 이 생각에 길들고 마침내 그것은 우리의 본성이 되고 만다."[104] 여기에 오류와 편견이 '습관*'으로서 정착되는 원인이 있다. 동정*의 덕도 본래의 감정을 무의식적으로 은폐

하는 이러한 오류에서 이루어진다[80]. 자기를 죄인으로 가책하고 에고이즘과 자기애를 부정하는 도덕으로부터는 본래라면 동정 따위가 생겨날 리가 없다. "부드러운 도덕주의로 전화한 그리스도교"는 "그리스도교의 안락사"인 것이다[92].

또한 자기희생과 금욕의 도덕의 근저에 놓여 있는 것은 "잔혹함의 즐거움"이라고 한다. 이전에 잔혹한 희생의 공물로 신들을 즐겁게 한 공동체 풍습의 자취가 남아 있는 것으로서 민중의 정신적 지도자이고자 하는 자는 스스로 고통을 짊어지겠지만, 그것은 "힘의 감정이 더할 나위 없이 부추겨지기 때문"이다. "따라서 공동체의 '가장 윤리적인 인간'이라는 개념은 자주 고통을 겪는 것, 궁핍, 혹독한 생활 방식, 잔혹한 고행이라는 덕들을 (그 속성으로) 포함하게 된다."[18] 높은 덕이라고 말해지는 것들도 사실은 무력감과 공포감의 반증이며, 그의 자기 방위 충동에서 힘의 감정을 추구할 수밖에 없는 약함이 도덕의 출발점에 놓여 있다. 후에 '힘에의 의지'로서 결정화되는 사상의 기본적 사유 패턴이 『아침놀』에서는 '힘의 감정'이라는 표현으로 이미 나타나 있다. 또한 르상티망과 초인과 같은 표현에서는 후에 열매 맺게 되는 사유의 맹아도 보인다.

확실히 『아침놀』은 도덕적 가치 편견의 유래를 거슬러 올라가 발굴하고자 하고 있다. 하지만 모든 비판의 원천이 되는 어떤 하나의 기원을 찾는 것이 아니다. 「기원과 의의」라는 단장[44]에는 다음과 적혀 있다. "그 생각은, 예전의 학자들이 사물의 기원을 탐구할 경우 자신들이 모든 행위와 판단에 헤아릴 수 없는 의미가 있는 어떤 것을 탐구한다고 항상 생각했다는 것, 그뿐 아니라 사람들이 항상 인간의 **구원**은 사물의 **근원을 통찰하는 것**에 달려 있음에 틀림없다고 전제했다는 것 이에 반해 지금 우리의 경우에는 근원에 다가갈수록 그만큼 우리의 관심이 더 감소하게 된다는 것, 나아가 우리가 근원으로 거슬러 올라가 사물들 그 자체에 다가갈수록 우리가 사물들에 투입했던 모든 가치 평가와 '관심'들이 그 의미를 상실하기 시작한다는 것이다. **근원에 대한 통찰과 함께 근원의 무의미성이 증대된다.**" 요컨대 궁극적인 진리가 오류에 기초하고

있는 이상, 그리스도교 도덕을 반박하기 위해 무신론을 가지고서 한다 하더라도 마찬가지의 오류를 대치시킬 뿐이라는 것이다.

그러한 기원에 대한 회의로부터 대단히 다양하게 거점을 변화시키는, 이를테면 사유의 게릴라전이라고도 해야 할 비판의 스탠스가 생겨난다. 『아침놀』의 다양한 아포리즘을 하나의 사유도식으로 정리하는 것과 또한 어떤 말의 의미를 명확하게 확정하는 것이 어려운 것도 그 때문이다. 서문(1886년에 증보)은 문헌학이 가르치는 "잘 읽기", 요컨대 금 세공사와 같은 섬세한 손가락과 눈을 가지고서 "천천히" 읽을 것을 요구한다. 정교하게 언어의 색채와 배치를 변화시킴으로써 커다란 체계적 구축물을 무너뜨리고자 하는 그의 수법은 확실히 속독으로는 보지 못할 수도 있는 바로 그 부분에 비판의 날카로운 가시를 숨기고 있다. 또한 대상과 그 맥락에서 비판의 방향성이 전혀 다른 언명이 보인다. 예를 들어 서문에서 칸트의 "장엄한 도덕적 건축물"과 독일 사회의 억압적 성질과의 연계를 비판해 두면서 뒤에서는 칸트에 대해 "이 계몽주의를 우리는 바로 지금 계속하지 않으면 안 된다"[197]고 말한다. 이 말은 니체를 계몽적 이성의 방기로 연결하는 포스트모던의 출발점으로 보는 하버마스의 입장에서 보자면 계몽의 옹호를 위한 예상외의 지원 사격일 것이다. 다른 한편 "어떻게 해서 이성은 생겨났을까? 당연히 비이성적인 방식으로, 요컨대 우연에 의해"[123]라는 말에 대해서는 이성의 커다란 이야기를 의문에 붙이는 리오타르라면 기뻐하며 찬동할 것이다. 그러나 『아침놀』의 비판의 스탠스는 그 어느 쪽도 편드는 것을 허락하지 않는다. 그런 의미에서는 일정한 확고한 근거에 기초한 비판이 불가능하게 된 현대에서의 비판 전략의 실마리를 『아침놀』로부터 끄집어내는 것도 가능하지 않을까? ☞ 아포리즘과 사유의 수행, 병과 쾌유, 제노바, 에피쿠로스

—오누키 아츠코(大貫敦子)

아쿠타가와 류노스케 [芥川龍之介 1892-1927]

제일 고등학교에 재학하고 있을 때부터 문필 활동에 종사하며, 도쿄제국대학에 재학 중이던 다이쇼 5년, 제4차 『신사조』(新思潮) 창간호에 게재한 「코」가 스승인 나쓰메 소세키(夏目漱石)에게 격찬을 받아 화려하게 문단에 등장했다. 구성미를 중시하는 이지적 작풍에 의해 다이쇼 문단의 총아가 되었지만 동시에 유명한 독서가였다. 다이쇼 시기에 유행한 니체도 당연히 이러한 아쿠타가와의 시야에 들어와 있으며, 다이쇼 3년 3월, 친구인 쓰네토 교(恒藤恭 1888-1967)에게 보낸 편지에서 『차라투스트라』*를 읽고 있음을 알리고, 그 알레고리에 한정되지 않는 흥미를 느낀다고 말한다. 공들여 다듬는 문장가였던 아쿠타가와다운 독해 방식이다. 그러나 니체 사상 그 자체에 강하게 끌린 것은 오히려 그의 만년에 이르러서일 것이다. 정리된 니체론은 아니지만, 이 무렵 쓴 것에 니체의 이름이 자주 나온다. 다이쇼 11년의 『지나유기』(支那遊記)나 다이쇼 13년의 수필 『벽견』(僻見)에서는 수호지의 영웅들이나 일본의 호걸 이와미 쥬타로(岩見重太郎)에게서 초인*을 느낀다고 말한다. 선악의 저편에 서서 생명력이 넘쳐나는 초인의 이미지다. 이것은 예술적 고뇌와 생활상의 중압으로 인해 서서히 격심해져 가는 신경 쇠약이나 미쳐버린 어머니의 유전을 두려워하는 마음가짐 등, 무력감에 괴로워하는 아쿠타가와의 강자에 대한 본능적인 동경을 나타내고 있을 것이다. 아쿠타가와가 끌린 것은 오로지 이 초인 사상뿐이다. 자살하는 해인 쇼와 2년에 저술된 『하동』(河童), 『문예적인 너무나 문예적인』, 『어떤 바보의 일생』, 『암중문답』(闇中問答), 『서방의 사람』 등 중요한 작품에는 모두 다 니체에 대한 언급이 있다. 죽음 직전에 그리스도교*에서 구원을 구했으나 얻을 수 없었던 아쿠타가와는 독특한 예수론인 『서방의 사람』을 쓴다. 여기서 아쿠타가와는 그리스도를 "영원히 넘어서고자 하는 자"라고 부르고, 마리아를 "영원히 지키고자 하는 자"라고 부른다. 영원히 넘어선다는 표현 자체에 초인을 향해 자기를 넘어설 것을 설파한 『차라투스트라』의 영향이 느껴진다. 또한 니체는 그리스도에 대한 반역자가 아니라 마리아에 대한 반역자라고도 말한다. 아쿠타가와는

넘어서는 자로서의 그리스도와 니체의 동질성을 느끼고 있는 것이다.

—스기타 히로코(杉田弘子)

⊳ 杉田弘子 「芥川龍之介とニーチェ」 東京大學教養學部 『教養學科紀要』 第3号, 1970.

아포리즘과 사유의 수행 ——思惟——遂行

『인간적』* 이후의 니체의 공간된 저작은 대부분 이른바 아포리즘(aphorism)으로 이루어져 있다. 그 수는 6,000을 넘는다. 또한 유고의 경우에도 아포리즘적인 것이 많다. 예외는 『도덕의 계보』*이며, 또한 저작 전체에 걸쳐 보게 되면 초기의 『비극의 탄생』*과 『반시대적 고찰』*도 예외에 속한다. 이 세 저작에서 아포리즘적인 요소를 찾아보는 것도 불가능하지는 않지만 역시 독자로서 받는 인상은 상당히 다르다. 어쨌든 후기의 니체에게 있어 아포리즘은 자신의 사상의 수행 그 자체였다. "시간이 아무리 그 이빨을 드러내더라도 바래지 않는 것을 만드는 것. 형식에서 말하더라도 실질에서 말하더라도 적으나마 불사성을 추구하는 것 — 나는 그 이하의 것을 자기 자신에게 요구할 만큼 겸허한 적이 아직 없었다. 아포리즘 또는 잠언에서 나는 독일인 가운데 최초의 명인이거니와, 이것들은 '영원성'의 형식이다. 다른 사람이라면 한 권의 책으로 말하는 것을, 아니 다른 사람이라면 한 권의 책으로도 말하지 못하는 것을 10개의 문장으로 말하는 것, 이것이야말로 나의 야심이다. 나는 인류에게 인류가 지니는 것 중에서 가장 심오한 책을 주었다. 그것은 바로 나의 『차라투스트라』다."[『우상』 IX. 51] 이렇게 보면 『차라투스트라』도 아포리즘적인 것으로 여겨지고 있음을 엿볼 수 있지만, 그 점이야 어쨌든 니체는 간결한 형식 속에서 긴밀하고 응축된, 그리고 시사와 암시로 가득 찬 문체*를 구사한다는 점에서는 제일인자임을 자부하고 있었다.

이러한 표현 형식을 좋아한 것에는 실제 인생에서의 두 가지 이유가 있다. 하나는 주로 바젤대학 교수 시절에 파스칼*과 라 로슈푸코*를 비롯한 프랑스 모럴리스

트*의 작품들을 즐겨 읽은 점이다. 여기에는 프랑스어에 능숙한 친구 오버베크* 부부의 영향도 있지만, 독일 학자의 난해한 문장만이 인식에 이르는 길이 아니라는 것이 프랑스* 17세기에 대한 애착과 더불어 니체의 지적 체질에 스며들어 있었다. "가장 심오하고 또한 다 흡수하기 어려운 책이라고 하는 것은 필시 파스칼의 『팡세』와 같은 아포리즘적이고 돌발적인 성격을 언제나 지니고 있을 터이다."[유고 II. 8. 324] 또 하나는 끊임없이 병*에 시달리고 있었기 때문에 고통이 가신 잠깐 동안 갈겨쓴다든지("머리와 눈 탓에 저주스러운 전보문 스타일을 취할 수밖에 없다"[페터 가스트에게 보낸 편지, 1881. 11. 5.], 아니면 산보 도중에 떠오른 생각들을 급히 적었기 때문이다. 한순간의 생각으로 세계가 꿰뚫어지는 것 같은 경험을 필적에 의해 자각적으로 정착시키고 있었던 것이다. 그런 점에서 병은 니체의 지적 활동에 내속해 있다.

또한 지적 전통으로서는 독일 계몽주의*의 기수이자 아포리즘의 명인이었던 리히텐베르크*, 촌철살인의 경구를 아로새긴 산문을 능란하게 구사한 하이네*, "독일인을 넘어선 존재"로서 니체가 높이 평가하고 있었고 『크세니엔』 등에서 역시 경구의 명수였던 괴테* 등이 거론될 수 있을 것이다. 그들은 독일의 전통 속에서 니체가 좋아한 몇 안 되는 문장가다. 또한 쇼펜하우어*의 존재도 ─ 설령 후기의 니체가 아무리 쇼펜하우어를 비판한다 하더라도 ─ 무시할 수 없다. 쇼펜하우어 자신은 『의지와 표상으로서의 세계』에서도 보이듯이 여전히 체계 지향을 지니고 있었지만, 이미 이 주저 자체가 욕망으로 소용돌이치고 있으며 또 전체적인 통찰 때문에 미워하게 된 헤겔* 이후의, 그리고 48년 혁명이 좌절된 이후의 사회를 선취하고 있는데, 그런 까닭에 행간에서는 체계*가 불가능한 시대의 표현이라는 점을 읽을 수 있다. 나아가 그의 『소품과 단편집』(Parerga und Paralipomena)은 아포리즘 문학의 걸작이다.

하지만 이러한 '배경'을 일단 파악해 두지 않으면 안 된다 할지라도 니체의 사유와 표현 스타일을 '배경'으로 환원하거나 해소해서는 안 된다. 그는 확실히

아포리즘이 "오해의 토양"이라는 점은 알고 있었지만, 체계성의 거부라는 점에서 이 표현 형식을 대단히 자각적으로 선택한 것이기도 했다. 문제는 이러한 단편적 사유와 그 문체를 어떻게 파악할 것인가 하는 점이다. 뢰비트*는 니체가 쓴 것 전체를 "아포리즘으로 이루어진 체계"라고 하고 있으며, 야스퍼스*는 이 표현 형식을 "가능성에서 가능성으로 걸어가는" 과정으로 바라보면서 그것에 키르케고르*와 마찬가지로 "인간의 실존적 상황의 근원적 문서"라는 형용을 부여하고 있다[Nietzsche, S. 398].

그러나 니체를 유럽 형이상학의 완성·종결로 파악하는 하이데거*에게 있어서는 니체의 표현이 보이는 특이성은 그다지 문제가 되지 않는다. 『니체 강의』에서는 서두에서 아주 잠깐 이 형식에 대해 언급하여 "본질적인 것과 비본질적인 것"을 구별하는 수법으로 삼고 있을 뿐이며, 오히려 니체를 '시인 철학자'로 형용하는 강단 철학과 독일 문학의 교수들로부터 거리를 두고 있다. 그의 말을 빌리자면 『권력에의 의지』라고 칭해진 유고집 그 자체가 걸출한 철학 텍스트인 것이다. 실제로 『도덕의 계보』나 『권력에의 의지』 등은 기존의 철학이나 문화사의 용어들로 '번역'하기 쉬운 것이 확실하다. 그리고 하이데거 자신이 니체 전체를 사상의 언어로, 요컨대 자기 자신이 만들어낸 '존재의 역사' 이야기로 용해하고 있다. 이렇게 보면, 뢰비트의 경우는 조금 다르긴 하지만, 30년대부터 50년대의 독일인들의 논의에서는 애초에 니체의 표현을 철학의 전문 용어들을 사용하여 번역하는 것의 의미를 묻는 것, 요컨대 그의 사상의 수행을 그 자체로서 받아들이는 것은 아무런 인연이 없었던 듯하다. ─ 예외는 『비극의 탄생』을 둘러싼 논쟁 이후, 표현의 세계와 의미의 세계가 분열되었다고 말한 고트프리트 벤*이다.

표현과 의미의 내적 정합성 또는 대응성은 그때까지의 고전주의적인 내지 의(擬)고전주의적인 문체론의 전제였다. "글은 곧 그 사람이다"(뷔퐁Georges-Louis Leclerc Buffon 1707-88)란 그러한 시대의 캐치프레이즈다. 그리고 독일 관념론*으로 대표되는 근대 철학의 담론도 기본적으로 이러한 대응 관계를 믿고 있었다.

그런 가운데 언어*의 다양성과 언어성의 통일성이, 그리고 의미의 다양성과 의미인 것의 통일성이 설정되어 있었다. 그것은 동시에 리얼리즘 문학을 가능하게 할 뿐만 아니라 또한 19세기 중반까지 조형 예술, 특히 회화에서 많이 사용되고 있던, 공통의 약속 사실에 기초하는 고전 고대 이래의 신화적 모티브를 뒷받침하고 있었다――물론 실제로는 그러한 대응에 대한 소박한 신뢰와는 별도로 적어도 예술 표현에 관해서는 표현이 의미를 만들고 있었겠지만 말이다. 또한 1820년대 무렵부터 급속히 정비되어 온 역사적 정신과학의 언어(니체가 그 속에서 자라난 언어)는 표현과 의미의 불가분한 접합을 성취하고 있었다. 이러한 유착을 해체한 최초의 사람들 가운데 하나가 니체다. 물론 보들레르*나 말라르메(Stéphane Mallarmé 1842-98) 그리고 와일드(Oscar Fingal O'Flahertie Wills Wilde 1854-1900) 등과 동일한 흐름, 즉 각각의 문화권이나 자질에 따른 성향이 영향을 미친 동일한 흐름임에는 틀림없겠지만 말이다. 20세기도 상당히 지나게 되면 그들이 앞서 모범을 보인 모더니즘이 표현과 형식의 주장이었다는 점은 자명하게 여겨져 간다. 예를 들면 "형식이라는 개념이 새로운 의미를 획득했다. 형식은 이미 그릇이 아니라 그 자신에서 내용을 지닌 역동적이고 구체적인 총체(integrité), 일체의 관계성 바깥에 위치한 총체가 되었다."(쉬클로프스키Viktor Borisovich Shklovskij 1893-1984) 아도르노*도 이러한 의미에서의 니체의 "단편적 사유"에 경의를 보내고 있었다.

하지만 또한 반성 정도의 증대라는 이러한 모더니즘의 정당화 이야기에 니체의 표현을 흡수해 버리기도 어렵다. 의미와 표현의 대응성이, 그리고 언어의 다양성과 언어성의 통일성이 표리일체를 이루는 사태를 붕괴시키는 아포리즘은 그야말로 모더니즘에 틀림없지만, 또한 모더니즘 자신의 기반도 무너뜨리는 그 무엇일 것이다. 들뢰즈*는 아포리즘을 형용하여 "다원론적 사유의 형식"[『니체와 철학』 p. 5]이라고 말하고 있는데, 바로 사유의 다양성이야말로 모더니즘의 지표에 그치지 않는, 니체의 아포리즘이 지향하는 점일 것이다. 그것은 또한 자기 자신의 문체의 다양성(뷔퐁

의 정반대)을 초래한다. "나의 문체의 기법…… 파토스를 품고 있는 하나의 상태, 하나의 내적 긴장을 기호의 연쇄 및 기호의 움직임에 의해 전달하는 것――이것이야말로 무릇 문체의 의미. 그리고 내 경우에는 내적인 상태가 예외적으로 다양하다는 것을 생각하면 내게는 많은 문체의 가능성이 있을 것이다. 지금까지 어느 누구도 자유롭게 구사할 수 없었을 정도로 너무도 다양한 문체 기법의 가능성이다."[『이 사람』 Ⅲ. 4] "자신의 내부를 거대한 우주를 바라보듯이 들여다보는 자, 자신 속에 은하를 품고 있는 자는 모든 은하가 얼마나 불규칙한지를 안다. 실제로 어떠한 은하도 삶의 혼돈과 미로에 이르기까지 사람을 이끈다."[『학문』 322] 자기 내부에 무한한 다양성을 품고 처음부터 동일성 원리와의 어긋남을 표현 수단으로 삼는 것, 따라서 은유를 완전히 소화하는 것――이것이야말로 아포리즘이라는 사유의 수행 방식일 것이다. 바타유*에 따르면 "인간이 지니는 극한의 무조건적인 갈망, 이러한 인간의 갈망은 니체에 의해 비로소 도덕적 목표와 신에 대한 봉사로부터 분리되어 표명되었던" 것이지만[『니체에 대하여』 p. 12], 그때 무한성이 "통일성 없는 다양성"으로서 경험된다. 그것은 언어 표현으로서는 철저하게 은유로 화하게 된다. "은유적으로 자기를 표현하는 것과 자기를 변모시키는 것이란 동일한 것"(코프만Sarah Kofman 1934-1994)인 것이다. 은유와 문체의 다양성이란 상호적으로 내속적이게 된다. 요컨대 코프만이 말하는 대로 "은유에 의해 말한다는 것은 언어에 대해 그것의 가장 자연스런 표현을, 즉 '가장 정당하고 가장 단순하며 가장 직접적'인 비유로 가득 찬 표현을 회복케 한다는 것이다."[『니체와 메타포』 p. 34] 그리고 그것이야말로 삶*의 표현이다. "그[예술적인 인간]는 새로운 전이, 은유, 환유를 만들어냄으로써 끊임없이 개념들의 항목이나 작은 방을 혼란시킨다. 그는 깨어난 인간의 이 현재의 세계에, 꿈의 세계가 그러한 것과도 같은, 이리도 어수선하고 불규칙적이며 이리도 맥락 없이 매력으로 넘쳐나는 영원히 새로운 형태를 부여하고자 하는 욕망을 끊임없이 보여준다."[『진리와 거짓』 2] 마침내 철학 그 자체에 대해 은유가

수많이 사용되지만, 그것은 코프만에 따르면 철학자의 임무의 다양성을 보여주기 위함이라고 여겨진다. 그렇다면 아포리즘의 해석이나 이해에는 전통적 해석학*의 수법으로는 다다를 수 없게 된다. "충분히 용해되고 주조된 아포리즘이라는 것은 한 번 읽은 것만으로는 아직 이해되지 않는다. 여러 차례 반복해서 읽을 필요가 있다. 왜냐하면 그때서야 비로소 해석이 시작되기 때문이다."[『계보』서문 8] 해석도 은유가 될지 모른다. 그리고 코프만이 말하는 대로 "은유를 늘리는 것은 운명에 대한 사랑*과 일체를 이루는 유희이며, 모든 형태에서의 삶에 대한 긍정이다."[코프만, 앞의 책 p. 176] 아마도 다양한 우연적인 사정에 기초하여 니체는 아포리즘을 선택했겠지만, 이렇게 보면 아포리즘은 그의 사상의 기본적 존재방식 — 요컨대 삶*을 삶으로서 모사하는 것 — 에 필연적인 것으로 생각하지 않을 수 없다. ☞ 수사학과 문체, 비유

—미시마 겐이치(三島憲一)

📖 ▷Sarah Kofman, *Nietzsche et la métaphore*, 1983(宇田川博 訳『ニーチェとメタファー』朝日出版社, 1986).

아폴론/디오니소스 [Apollo/Dionysos]

고대 그리스 신화의 두 신. 아폴론은 예고, 예언, 궁술, 예술의 신. 무사(Mousa)를 거느린다는 점에서 예술 중에서도 특히 음악을 맡는다. "소포클레스는 지혜롭다. 에우리피데스는 더욱 지혜롭다. 소크라테스는 모든 이들 가운데서 가장 지혜롭다"라는 유명한 델포이의 신탁은 예언의 신 아폴론이 내려준 것으로 전해진다. 기원전 5세기 무렵에는 포이보스('빛나다') 아폴론이라는 이름 때문에 태양신과 혼동되며, 이후 동일시되게 되었다. 디오니소스는 그 로마 이름이 바쿠스로 술과 도취, 해방의 신이다. 그리스에서는 가장 새로운 신으로서 풍요로운 제례를 동반한 이 신에 대한 신앙이 구원을 약속한다고 이야기되었다. 유아일 적에 티탄 신의 손에 여덟 토막이 되어 잡아먹혔지만, 심장만은 살아남았기 때문에 후에 되살아난다. 풍성한 수확을 지키는 정령 실레노스와 사티로스*를 따라다니며, 그에게 심취한 자(통례적으로는 여자)들은 미친 듯한 황홀 상태에서 산속을 노래하고 춤추며 돌아다니는 까닭에 마이나데스('미친 여자들'이라는 뜻)라고 불렸다. 역사 시대 초기의 그리스인들은 디오니소스가 다른 나라에서 들어온 신이라는 점을 의식하고 있었기 때문에, 그 통음난무의 의식은 비그리스적이라고 하여 그리스 각지에서 배척되었다고 한다.

니체가 유포시킨 말 중에서도 아마도 가장 널리 인구에 회자된 것을 들라고 하면 이 그리스 두 신의 이름을 드는 사람이 적지 않을 것이다. '아폴론-디오니소스'가 니체가 정리한 논고에 나오는 것은 「디오니소스적 세계관」이라는 제목이 붙은 초고가 최초다. 하지만 이것을 비롯하여 『비극의 탄생』*과 관련된 초고들이나 강연 원고들은 『비극의 탄생』의 내용과 중복되는 것이 대부분으로 아폴론/디오니소스를 논하는 데서 어긋남은 그다지 존재하지 않는다. 오히려 마음에 걸리는 것은 이 저작군 이후 아폴론/디오니소스라는 생각을 니체가 어떻게 보게 되었는가 하는 것이다. 중기에도 얼마 안 되긴 하지만 양자를 언급한 아포리즘*이 있으며, 80년대 후반의 유고에는 『비극』을 니체 나름대로 논평하는 가운데 이 맞짝을 다시 바라본 단편들이 존재한다[일부는 『우상』IX. 10 참조]. 그러나 그것보다 더 주목해야 할 것은 시기가 내려옴에 따라 아폴론이 배경으로 물러나고 디오니소스가 전면에 나서게 된다는 점이다. 『디오니소스 디티람보스』가 그 전형인데, 차라투스트라와 디오니소스가 동일시된다든지 광기에 빠진 니체가 "십자가에 못 박힌 자*"와 함께 디오니소스의 이름을 말한 것도 이 신에 대한 그의 치우침이 이만저만한 정도가 아님을 엿볼 수 있게 해준다.

【I】꿈과의 놀이와 도취와의 놀이

고대 그리스의 두 신은 『비극』의 서두에서 우선 "자연 그 자체로부터 출현한…… 예술적인 힘"으로서 각각 꿈과 도취라는 두 가지 생리 현상에 대응한다.

꿈속에서 "우리는 직접적으로 이해하면서 형상을 향유하고, 형태라는 형태는 모두 우리에게 말을 걸어온다. …… 헛된 것은 무엇 하나 없다."[『비극』1] 그러나

"이 꿈이라는 현실에서의 최고의 삶*에 관여하면서 우리는 역시 그것이 가상*이라는 어렴풋한 느낌을 벗어날 수 없다." 이 꿈의 경험이 그리스인의 손에서 아폴론으로 표현되었다. "빛의 신인 아폴론은 또한 내면의 상상-세계의 아름다운 가상도 지배한다. 빈틈이 없지 않은 이해밖에 허락하지 않는 일상의 현실에 대립하여 꿈이라는 상태의 좀 더 높은 진실성……, 나아가서는 잠과 꿈속에서 치유……하는 자연에 대한 깊은 의식은 동시에 예언의 능력의, 그리고 일반적으로 삶을 가능하게…… 하는 예술들의 상징적 유사물이다."[같은 곳]

니체가 이와 같이 말하는 꿈은 우리가 매일같이 체험하고 있는 꿈이라기보다 우선은 "그리스인의 꿈"이다. "후대 사람이 부끄러워할 정도의 선과 윤곽, 색채와 구도의 논리적인 인과관계, 그들의 가장 훌륭한 부조와 닮은 장면들의 연속", 니체가 말하는 이러한 선명하고 빛으로 빛나는 꿈은 "색채에 대해 밝고 순진한 기쁨을 느끼고 있던" 고대 그리스인이 볼 수 있었던 꿈인 것이다. 도즈(Eric Robertson Dodds 1893-1979)에 따르면 고대 그리스인의 문헌은 그들 특유의 종교 경험에 뿌리박은 꿈, "신으로부터 보내진" 꿈의 전승으로 흘러넘치고 있다고 한다. 이런 종류의 꿈에서는 신이나 사제가 잠자는 자의 머리맡에 나타나 예언, 조언, 경고를 행하고, 때로는 제의를 요구했다. 델포이에서의 대지의 신탁도 본래 꿈의 신탁이었다. 성소에서의 수면과 꿈에는 의료상의 효과가 있었다고도 전해진다. 신적인 꿈이 특별히 고대 그리스인에게 한정된 이야기는 아니지만, 니체가 아폴론적인 것을 고찰하기 위해 꺼내든 꿈이란 우선 이와 같은 맥락 안에 있던 꿈이다.

이에 반해 디오니소스적인 것을 아는 데서 실마리가 되는 것은 도취*다. 예를 들면 봄이 찾아오는 것이나 마취성이 있는 음료는 우리에게 디오니소스적인 흥분을 일으킨다. "이것이 높아지면 주체적인 것은 완전히 소멸하여 자기 망각 상태로 화한다." "디오니소스적인 것의 마력 하에서는 단지 인간과 인간 사이의 맹약이 다시 맺어지는 것만이 아니다. 소외되고 적이 되고

혹은 예속되어 있던 자연이 다시 그 방탕한 자식인 인간과의 화해의 제사를 올리는 것이다."[『비극』 1] "모든 신분의 제약이 사라지고" "노래하기도 하고 춤추기도 하면서 인간은 고차적인 이상적 공동체의 일원으로서 출현한다." "대지는 스스로 나아가 그 선물을 제공하고, 바위산과 사막의 맹수들은 온순하게 가까이 다가온다." 뿐만 아니라 "인간은 자신이 마법에 걸렸다고 느끼고, 실제로 무언가 다른 것이 되어 있는 것이다." [「디오니소스적 세계관」 1] "이제…… 인간으로부터도 무언가 초자연적인 것이 울려 퍼진다. 인간은 스스로를 신으로 느끼고, 그가 꿈속에서 신들이 소요하는 것을 본 그대로 스스로도 황홀함으로 고양되어 돌아다닌다."[『비극』 1]

도취를 말한 이러한 기술도 상당히 분명한 이미지로 이루어져 있다. 디오니소스적인 황홀은 역사의 여기저기서 발견된다고 니체는 지적하고 있지만, 그가 위와 같은 이미지를 끌어내는 토대로 삼은 것은 예를 들어 에우리피데스가 『바쿠스의 여신도들』에서 묘사한 그리스의 디오니소스 축제다. 니체가 디오니소스적인 본질로서 포착하는 것은 그 역사적 원천에 있던 것이 아닐 뿐만 아니라 그 역사의 모두에게 공통된 것도 아니다. 오히려 디오니소스적인 것의 그리스적 변용이야말로 그 핵심을 말하고 있다. "아시아인들에게서는 저급한 충동의 지극히 조야한 해방을 의미하고, 특정한 기간 내에서 모든 사회적 속박을 파기하는 난혼적인 동물 생활을 의미하고 있던 하나의 자연 제사로부터 그리스인들에게서는 일종의 세계 구원의 축제, 정화의 축제가 생겨났던 것이다."[「디오니소스적 세계관」 1; 「비극적 사상의 탄생」] 꿈의 경험이든 도취의 경지든 여기서 니체는 이미 디오니소스와 아폴론이 그리스적으로 변용된 모습을 염두에 두면서 말하고 있다.

물론 꿈이나 도취와 같은 생리 현상은 어디까지나 자연 차원에 속하는 것이기 때문에 그것이 그대로 아폴론적 내지 디오니소스적인 예술이 되는 것은 아니다. 예술 고유의 차원은 자연 그 자체가 아니라 '자연의 모방' 차원에 있다. 니체는 이 모방을 '유희'(Spiel)라고 말하기도 한다. 그는 '자연의 모방'이라는 말을 아리스

토텔레스로부터 끌어오고 있지만, 유희 개념에 비추어 보면 여기서는 예술적 충동을 유희 충동으로 포착하고 "예술미는 자연 그 자체가 아니라 자연의 모방이다"라고 말한 실러*를 떠올리게 한다. 꿈과 도취라는 자연 그 자체가 아니라 이러한 자연의 모방, 즉 그러한 생리 현상과의 놀이, 곧 **꿈과의 놀이와 도취와의 놀이**가 아폴론적 내지 디오니소스적인 예술이다.

다만 니체의 말을 빌리자면 꿈이란 "개개의 인간과 현실적인 것 사이의 놀이"다. 아폴론적 예술은 이러한 꿈이라는 놀이를 상대로 한 놀이다. 또한 도취란 "인간을 상대로 하는 자연의 놀이"이며, 디오니소스적인 예술은 도취라는 놀이와의 놀이다. 그렇다면 니체는 여기서 꿈과 도취라는 자연 현상을 '놀이'로 포착하고 그 '놀이와의 놀이'로서 예술 충동을 파악한 셈이다. 자연의 모방이라는 예술 고유의 차원뿐만 아니라 자연 그 자체가 이미 놀이인 것이다. 니체가 어느 정도 의식적으로 말한 것인지는 단정할 수 없지만, 여기서는 다만 "세계는 제우스의, 또는 좀 더 물리적으로 표현하자면 불의 자기 자신과 노는 놀이다"라는, 니체가 좋아한 헤라클레이토스*의 사상을 상기해 두고자 한다. "어린아이와 예술가가 놀듯이, 저…… 불도 놀며, 쌓고서는 무너뜨릴 것이다…… 새롭게 깨어난 유희 충동이 다른 다양한 세계에 생명을 부여하는 것이다."「비극 시대의 철학」7] — 니체가 헤라클레이토스의 사상을 이렇게 정리하고 있는 것에서도 살펴볼 수 있듯이 '놀이와의 놀이'라는 예술 충동의 이중의 위상에는 실러의 '예술 충동'과 헤라클레이토스의 '놀이하는 어린아이'가 이종 교배되고 있다고 파악된다. 사실 유고 단편에는 그리스 비극을 다음과 같이 말한 것이 있다. "삶 속에 처참한 것을 산출하는 충동이 비극이라는 장에서 예술 충동으로서, 미소를 떠올리면서 노는 어린아이로서 표면에 나타나는 한에서 비극은 아름답다. 두려워해야 할 충동이 우리의 눈에 예술 및 유희 충동으로서 비친다는 점에 감동을 부르고 마음을 움직이는 것으로서의 비극 자체의 진면목이 있다."[유고 Ⅰ. 3. 199]

【Ⅱ】 아폴론과 디오니소스의 화해와 분열

고대 그리스인들은 "인생에서의 두려움과 어리석음"을 알고 있었다 — 위의 인용에 있는 바와 같이 니체는 그리스인에게서의 비극 사상의 뿌리를 여기에 두고 있다『비극』7]. 삶에서의 두려움과 어리석음이란 그리스인의 생존 투쟁에서의 처참함과 고뇌를 말한 것이자 그런 의미에서 그들에게 있어서의 삶의 진실이라고 말해야 할 것이다. 아폴론적 예술과 디오니소스적 예술의 화해로부터 성립한 아티카 비극은 삶에서의 두려워해야 할 것과 어리석은 것을 이 '놀이와의 놀이'의 위상에서 예술적으로 승화시킨 것일 뿐이다. 아폴론적 내지 디오니소스적 예술 충동은 이러한 생존을 둘러싼 비참함과 고통을 인식하면서, 더 나아가 그 근원적인 고뇌를 구원하기 위해 추구되었다. "미적 현상으로서만 현존재와 세계는 영원히 정당화된다"는 것이다.

니체는 이와 같은 사태를 좀 더 원리적으로 고찰하기 위해 쇼펜하우어*의 의지와 표상, 근원적 일자*와 가상의 이원론을 실마리로 삼고 있다. "참으로 존재하는 것·근원적 일자는 영원히 고뇌하는 것·모순당착으로 가득 찬 것이다." "이것을…… 구원하기 위해서는 마음을 매료시키는 환영과 마음에 즐거운 가상을 필요로 한다."『비극』4] 아폴론/디오니소스적인 '놀이'는 이러한 시점에서 보면 '가상'이 된다. 디오니소스적인 것은 "영원한 근원적 일자의 반영"으로서 "존재의 가상"이다. 그것은 세계의 근원적인 고뇌와 모순을 그대로 비추어낸다. 이 가상으로부터 "가장 순수한 환희와…… 고통 없는 관조 속에서 빛이 감도는" 다른 새로운 가상 세계가 나타난다. 이 '가상의 가상'이 아폴론적인 미의 세계다. 이 세계에서 "근원적 일자와 목표를 영원히 달성하고 가상에 의한 그 구원이 수행되는 것이다."[같은 곳] 두 가지 예술 충동은 삶의 광학에서 보면 **"존재의 가상"**과 **"가상의 가상"**[유고 Ⅰ. 3. 248]으로서 나타난다.

물론 꿈의 놀이와 도취와의 놀이, 가상의 가상과 존재의 가상과 같은 것만으로는 아폴론적인 것과 디오니소스적인 것이 서로 어떻게 얽혀 있는지 보이지 않는다. 아폴론적 예술이란 "형체와 무리와 형상", 요컨대 모습을 "눈앞에 볼 수 있도록" 하는 예술이다. '모습'과 '눈의 세계'가 중요한 계기를 이루고 있다. 다만 눈의 세계라고 하더라도 실제로 본 지각의 세계가 아니라 꿈에서 본 신들의 세계, 빛으로 빛나는 미적 가상의 세계다. 또한 조형이라 하더라도 이른바 조형 예술에 한정되지 않는다. 예를 들면 비(非)조형 예술인 음악에서도 리듬은 조형적인 힘으로서 아폴론적인 면을 묘사해내는 데 공헌한다고 여겨진다. 형태를 만드는 것은 모습에 따라 한계를 규정하고, 한도를 아는 것에서 윤리적인 절도(節度)*의 관념을 불러일으킨다. "미의 심미적 요구"와 "절도의 윤리적 요구"를 합일시킨 "미의 절도"가 아폴론적 문화의 기초다. 또한 한도를 안다는 것은 "개별자다운 것, 즉 개별자의 한계를 지키는" 것이어서, 이런 의미에서 아폴론은 "개별화(개체화*) 원리"의 신화이기도 하다. "미의 절도"(Maß)에 기초하는 이러한 아폴론적인 고대 그리스 세계에 디오니소스가 "쾌락과 고통, 인식에서의 자연의 과잉*"(Übermaß)으로서 침입해 온다. "종래에는 한계·정도 규정으로 간주되고 있던 일체의 것이 여기서는 예술적 가상다운 본성을 드러내며, '과잉'이 진실로서 출현했다."「디오니소스적 세계관」2] 과잉이란 절도(Maß)를 넘어서는(Über) 것이다. 미의 절도에 대한 자연의 과잉, 미의 가상에 대한 삶의 고뇌의 진실과 같은 대립을 선명하게 하면서 침입해 오는 것이 디오니소스적인 것이다. 아폴론적 문화가 절도를 규범으로 하여 '너 자신을 알라'고 경고한다면, 디오니소스적 도취는 '주체적인 것'을 소멸시켜 망아에 이른다. '개별화의 원리'가 개별자의 본분을 분별할 것을 명령하는 데 반해, 디오니소스적인 '근원적 일자'는 분열을 넘어선 일체감으로 유혹한다.

미의 절도와 자연의 과잉, 자아의 깨달아 앎과 망아의 경지, 경계의 설정과 경계의 침범, 개별화 원리와 근원적 일자 — 아폴론과 디오니소스는 서로 길항하는 이러한 계기들로 이루어진다. 유고에서는 더 나아가 국가의 목적과 생존의 목적[I. 3. 208], 예언자 피티아와 영웅 오이디푸스, 세계 존속과 세계 변용[같은 책 321] 등의 속성으로 양자를 비교한 단편이 이곳저곳

에서 발견된다. 니체는 분명히 양자의 (때때로 대립도 하는) 이질성에 주목하고 있다. 양자의 이질성에 대한 강조라는 점에서 우선 느껴지는 것은 아폴론적인 것의 특성 묘사에서 빙켈만* 류의 고전주의적인 그리스 상을 상기시키는 것이 눈에 띈다는 점이다. 모습, 조형성, 눈의 세계, 광휘, 절도와 같은 특징은 그 선과 윤곽의 아름다움에 매혹당해 그리스적인 조형미에 경도되고 "고귀한 단순함과 고요한 위대함"을 찬미한 빙켈만의 그리스 상을 상기시킨다. 니체가 고대 그리스에서의 디오니소스적인 것의 의의를 찬양했을 때 이와 같은 그리스 상을 전환시키고자 한 의도가 있었음은 부정할 수 없을 것이다. 이 점이 자주 니체는 고전주의적인 아폴론적 그리스 상에 디오니소스적인 근원성을 대치시키고, 전자를 거부하고 후자를 찬미했다고 하는 통념을 유포시키는 데 일정한 역할을 담당했던 것으로 보인다. 니체가 디오니소스적인 것을 찬양한 것이나 고전주의적인 그리스관을 넘어서고자 한 것은 모두 사실이다. 하지만 그가 아폴론적인 것을 단순히 부정하거나 디오니소스적인 것을 무조건 긍정한 것은 아니다. 우리는 아티카 비극이 탄생하기 이전부터 그 이후에 걸쳐 양자의 교호 작용과 그 변용에 그의 눈이 향하고 있었던 점을 보지 못해서는 안 된다.

소포클레스(Sophokles ca. 496-406 B.C.)와 아이스킬로스(Äschylus(Aischylos) 525-456 B.C.)의 비극에서 니체가 본 것은 다름 아닌 이러한 대조적인 두 가지 예술 충동이 화해·결합한 모습이다. "우리는 이 세 번째 예술가를 다음과 같이 생각해야 한다. 그는 디오니소스적 도취와 신비적 자기 포기의 상태에서, 열광하는 합창단(Choros)으로부터 동떨어져 홀로 쓰러진다. 그리고 아폴론적인 꿈의 영향을 통해 자신의 독특한 상태, 즉 세계의 가장 내면적인 근거와 하나가 된 자신의 상태가 이제 **비유적인 꿈의 형상 속에서** 그에게 나타난다."「비극」2] 니체가 꿈과 도취의 고찰에서 염두에 두고 있던 것은 사실은 디오니소스와 아폴론이 화해·결합한 그리스 비극의 세계, **디오니소스와 아폴론의 있어야 할 모습**이다.

하지만 아티카 비극에서 양자의 화해와 있어야 할

모습이 성립했다고 한다면 그 이전과 이후는 양자의 분열과 있어서는 안 되는 모습이 나타났던 셈이다. 사실 니체에게 있어 그리스 비극이 성립하기 이전의 "이방인"들의 디오니소스 축제는 "자연의 가장 난폭한 야수가 해방되고 쾌락과 잔인성의 꺼려야 할 혼성물"이 이루어져 "과도한 성적 방종"으로 미쳐 날뛴 세계다[같은 곳]. 또한 이 화해가 종언된 후의 그리스인들 사이에서 아폴론적인 요소는 디오니소스적인 것으로부터 분열되어 미의 절도를 상실한 "한계가 없는 아폴론주의, 무절제한 지식욕, 두려움을 모르는 회의"[유고 I . 3. 183], 즉 소크라테스적인 "이론적 인간"이 되어 현상한다. 한편의 극에는 "아시아적인 분열" 속에서 미친 듯이 날뛰는 디오니소스가 있으며, 다른 한편의 극에는 소크라테스*적인 "이론적 인간"으로까지 퇴락한 아폴론이 있다. 니체에게 있어서는 어느 쪽이든 모두 **디오니소스와 아폴론의 있어서는 안 되는 모습**이다.

【Ⅲ】 디오니소스와 생성에의 의지

아폴론과 디오니소스는 **대항적 원리**라기보다 **이질적 계기**다. 니체에게 있어 참된 대립은 아티카 비극에서의 아폴론/디오니소스의 있어야 할 모습과, 비극 이전의 미친 듯이 날뛴 디오니소스/비극 이후의 퇴락한 아폴론의 있어서는 안 되는 모습과의 대립이었다. 후기 사상에 속하는 『즐거운 학문』* 제5부에는 미적 가치에 관한 분류에 의해 이러한 견해를 거의 뒷받침하는 듯한 한 절이 있다.──니체에 따르면 미적 가치를 구별할 때에는 언뜻 보기에 영원화와 존재의 원망이 창조의 원인이든가, 그렇지 않으면 파괴·변화·미래·생성에의 원망이 그 원인이든가 하는 두 가지 견해가 있다. 그러나 이 두 가지는 잘 살펴보면 각각이 또다시 두 가지로 나누어진다. "파괴·변화·생성에의 원망은 남아도는 미래를 잉태한 힘의 표현일 수도 있다. …… 하지만 또한 그것은…… 파괴를 억누를 수 없고, 완성된 상태에 대한 나쁜…… 인간의 증오일 수도 있다." 니체는 이 가운데 전자에 대해 "이에 대한 나의 술어가 잘 알려져 있듯이 '디오니소스적'이라는 말이다"라고 지적하고 있다. 마찬가지로 "영원화에의 의지"도 두 가지가 있다. "그것은 첫째로는 감사와

사랑으로부터 생겨날 수 있다──이러한 기원에 의한 예술은 언제나 신화의 예술일 것이다. …… 그러나 또한 둘째로, 그것은 크게 고통에 괴로워하는 자……의 폭군적인 의지일 수도 있다."[『학문』 370] 니체에게는 영원화에의 의지 가운데 전자를 아폴론적인 것으로 간주한 기미가 있다. 이러한 구별로부터도 니체가 디오니소스적인 것과 아폴론적인 것의 본래적인 모습을 그렇지 않은 것과 명확히 구별하고 있었다는 것을 알 수 있다. 양자의 있어야 할 모습과 그 이외의 것과의 대립은 여기서는 **삶의 과잉에서 나오는 고뇌와 삶의 쇠약화에 기초하는 고뇌와의 대항**에 근거지어져 있다.

다만 주목되는 것은 니체가 여기서 이미 디오니소스와 아폴론의 교호 작용을 입에 올리고 있지 않다는 점이다. 양자의 화해와 상극의 드라마를 말하고자 하지 않는 것이다. 『이 사람을 보라』*에서는 『비극』에 대한 다음과 같은 자기비판이 얼굴을 내민다. "이 저서에는…… 불쾌한 헤겔*적인 분위기가 있다. …… 디오니소스적인 것과 아폴론적인 것의 대립이라는 하나의 '이념'이 형이상학적인 것으로까지 고양되어 있다. 역사 그 자체가 이 '이념'의 전개인 것이다. 그리고 비극에서 이 대립이 통일로 지양된다."[『이 사람』 Ⅳ. 1] 후기 니체에게서 주목해야 할 것은 삶과 힘의 과잉이 (아폴론과 디오니소스의 화해의 모습으로 파악되지 않고) 그대로 디오니소스적인 것으로 간주된다는 점이다. 그리고 이것에 상응하기라도 하듯이 니체는 아폴론과 디오니소스와의 사이에서 이질성보다는 유사성을 보게 된다. 더욱이 그 유사점은 이전에 디오니소스적인 것으로 여겨졌던 것이다. "내가 미학에 도입한 아폴론적인 것과 디오니소스적인 것이라는 대립 개념은 양자 모두가 도취의 종류로 이해되는 경우 무엇을 의미할 것인가? ──아폴론적인 도취는 무엇보다도 우선 눈을 흥분 상태에 두는 것으로 바로 그 때문에 눈이 환시의 힘을 지니게 된다. …… 이에 반해 디오니소스적 상태에서는 정서 상태 전체가 자극되고 고양된다."[『우상』 Ⅸ. 10] 이전에 도취는 아폴론적인 꿈·환영에 대립하는 디오니소스적 현상으로 간주되었다. 이제는 꿈이나 환영도 도취로 여겨진다. 그리고 『우상의 황혼』*의

위의 아포리즘은 전체적으로 분명히 디오니소스적인 것의 전체성에 역점을 둔 기술로 마무리되고 있다.

만년의 니체가 디오니소스와 아폴론의 차이를 잊어버린 것은 결코 아니다. 그러나 그것은 대립과 화해의 이야기라기보다 "그리스적인 아폴론주의가 디오니소스적인 기저로부터" 생겨나온 것으로서 그려지게 된다[유고 II. 11. 31]. 양자의 화해란 여기서는 마치 디오니소스가 아폴론을 자기의 일부로서 짜 넣은 것처럼 보인다. 이리하여 "아폴론에 의한 기만, 미적 형식의 영원성", "환영에의 강제"는 디오니소스적인 생성에의 의지로 동화되고, 일반적으로 디오니소스적인 것으로서 "기만에의, 생성……에의 의지"로 불린다. 이에 대항하는 것은 "진리에의, …… 존재에의 의지"이며, 디오니소스의 대립항은 "십자가에 못 박힌 자" 예수*(Jesus von Nazareth)다. 그런 만큼 존재에의 의지는 "영원화에의…… 원망"[『학문』 370]으로서 탁월한 의미에서 아폴론적인 기만에의 의지일 수도 있다. 그런 한에서 "존재에의 의지 그 자체가 단지 환영에의 의지의 한 형식에 지나지 않는다."[유고 II. 11. 36] 그러나 환영에서 진리가 날조*되고, 진리와 가상이 대립되게 되면 존재에의 의지는 진리에의 의지*로 연결된다. 니체는 이에 대항하여 존재에의 의지를 진리에의 의지로부터 분리하고 기만과 생성에의 의지 측으로 탈환할 것을 의도했던 듯하다. "생성에 존재의 성격을 각인하는* 것 ─ 이것이야말로 최고의 힘의 의지다."[같은 책 II. 9. 394] 디오니소스와 예수를 대항시킬 때 고뇌와 함께 존재의 의미를 물었던 것도 이것과 무관하지 않다. "문제는 고뇌의 의미인 것이다. 그리스도교적인 의미인가 비극적인 의미인가라는 것…… 전자의 경우에 그것은 피안의 행복한 존재에 이르는 길이어야 할 것이며, 후자의 경우에는 존재 그 자체가 거대한 고뇌마저도 시인할 정도로 충분히 행복한 것으로 보인다."[같은 책 II. 11. 83]

니체의 성찰이 초기의 모종의 발상을 심화시키고 철저화해 간 모습이 여기에 나타나 있다고도 말할 수 있다. 하지만 그것은 또한 디오니소스적인 그리스인에 대한 니체의 과도한 생각이 어느 정도 극단적인

일반화와 존재론화를 초래한 것은 아닐까 하는 의혹과도 통할 수 있다. 그리스도교적인 '신의 죽음'을 말한 니체에게 있어 디오니소스는 결국 도래해야 할 신으로서 신의 재판이 되는 것은 아닐까 의심되는 것이다. ☞『비극의 탄생』, 비극 작가, 삶, '십자가에 못 박힌 자 대 디오니소스', 예수

—기마에 도시아키(木前利秋)

악마惡魔 [Teufel]

『비극의 탄생』[20]에서는 현대 문화의 황폐한 모습을 죽음과 악마를 동반자로 한 야위어 홀쭉해진 기사를 그린 뒤러*의 판화에 비유하고 있다. 이 기사는 어떠한 희망도 품고 있지 않지만 진리를 구했던 것이라고 니체는 해석한다. 진리 탐구가 악마를 길동무로 삼는다는 발상에는 선한 신에게서 진리의 근원을 구하는 그리스도교* 사상을 역전시키고자 하는 의도가 이미 엿보인다. 또한 자신은 이미 열두 살 때에 "신-아들, 아버지-아들, 신-악마라는 삼위일체"를 생각해냈다고 나중에 호언하기도 한다[유고 II. 7. 330]. 『선악의 저편』*[129]에서는 "악마는 인식의 가장 오래된 친구다"라고도 말해진다. 『반시대적 고찰』*[II. 9]에서는 인류의 역사를 이상 상태로의 접근으로 간주하는 E. 하르트만*과 같은 역사관에 맞서 "악마가 이 세계의 통치자이고, 성과와 진보의 주인이며, 악마야말로 모든 역사적 권력들 가운데서 본래적인 권력이다"라는 역사관을 대치시키고, "현대는 악마에게마저 재세례를 베푸는" 시대가 되고 말았다는 점을 한탄하고 있다. 신과 악마의 자리매김을 역전시키고자 하는 사고는 "신은 부정되었지만 악마는 부정되지 않았다"[유고 II. 8. 444f.]는 표현에서도 엿보인다.

악의 존재를 선한 신과 상보적인 존재로서 파악하는 견해는 신을 거역하여 하늘에서 쫓겨난 타락천사 루시퍼의 존재를 말한 구약 성서 이사야서를 떠올리게 한다. 그러나 이사야에 대해서는 약간의 언급밖에 없다. 하지만 이사야에 대해서는 긍정적으로 "시대의 비판자이자 풍자가"[『안티크리스트』 25]라고 말하고

있으며, 그 시대의 유대교는 아직 "양심*의 가책"을 느끼지도 못하고 "민족의 자기 긍정"이나 "자기에 대한 희망" 또는 "권력의 의삭"을 숨길 필요도 없을 정도로 "자연"이었다고 한다. 그러나 구세주의 도래를 알리는 이사야의 예언이 실현되지 않은 상황 속에서 유대교의 "사제적인 선동가"는 신의 개념에서 자연성을 제거해 버렸다고 니체는 말한다[같은 곳]. 이리하여 본능을 거세당한 그리스도교에서는 고뇌나 고통과 같은 부정적인 감수 능력은 부끄러움이자 모종의 정당화 없이는 표현될 수 없게 되었다. 그리하여 고뇌를 불러일으키는 원인으로서 악마라는 "강력한 적"을 만들어내 고뇌를 부끄러워할 필요를 없앤 것이라고 말한다[같은 책 23]. 그런 까닭에 그리스도교에서의 신과 악마는 모두 권력의지의 쇠퇴 징후인 "데카당스*의 산물"[같은 책 17]일 뿐이라고 니체는 본다. 약자가 만들어낸 이러한 신과 악마의 차원을 넘어서는 비전으로서 니체는 "체자레 보르자*가 교황을 연기하는 극"을 상상하는데, 그것은 "악마적이면서 신적인 것"[같은 책 61]이다. 그런 까닭에 또한 데카당스의 극복자로서의 차라투스트라도 "악마와 둘이서 함께 사는 은자"[「육식조 사이에서」, 『디오니소스 디티람보스』]라고 말해지는 것이다.

─오누키 아츠코(大貫敦子)

악시옹 프랑세즈 [Action française]

19세기 말부터 20세기 첫머리에 걸쳐 프랑스의 우익 내셔널리즘 사조 형성에 커다란 역할을 수행하게 된 집단. 악시옹 프랑세즈 설립의 계기가 된 것은 1894년의 드레퓌스 사건이다. 졸라(Émile François Zola 1840-1902)를 비롯하여 자유·인권·민주주의*를 주장하는 이른바 '지식인'들에 대항해 샤를 모라스(Charles-Marie-Photius Maurras 1868-1952)를 중심으로 한 사람들이 군을 옹호하고 반민주주의·반유대주의*에 입각한 내셔널리즘 논진을 펼치며, 1899년에 '프랑스 애국 동맹'에서 분리되어 악시옹 프랑세즈를 설립. 레옹 도데(Alphonse-Marie-Léon Daudet 1867-1942, 알퐁스 도데의 아들) 등이 중심 구성원. 모라스의 경우 의회제 민주주의를 경멸하고 근대를 부정적으로 바라보며 고전 고대에 의거하는 등 니체와 유사한 사고를 보이지만, 명시적으로 니체를 인용하는 경우는 거의 없다. 오히려 시대의 흐름 속에 감돌고 있던 니체주의의 영향을 받았다고 보는 것이 좋을 것이다. 근대적 악폐의 뿌리를 프로테스탄티즘*에서 본 그는 오히려 가톨릭주의에 공명하며, 니체의 그리스도교* 일반에 대한 비판과는 거리를 유지한다. 또한 모라스나 도데에게 있어 디오니소스*적인 니체는 너무도 이교적인바, 니체의 비판은 애국적 행동을 지향하는 그들에게 있어서는 지나치게 비정치적이었다. 도데는 니체를 "형이상학적 아틸라"라고 불렀다. 그러나 그들에게 있어 니체는 어디까지나 혐오스러운 독일 문화에 서 있는 자인바, 사고의 공통성이 인정됨에도 불구하고 적극적으로 찬동하는 점은 적다. 니체는 오히려 1930년대부터 악시옹 프랑세즈의 젊은 세대에게 있어 정신적 주춧돌이 되었다. 하지만 악시옹 프랑세즈의 보수 내셔널리즘은 오히려 미적 차원에서의 근대 극복이라는 성질이 더 강하다. 티에리 몰니에(Thierry Maulnier 1909-88)는 그의 저서 『니체』(1933)에서 니체를 "지중해 나라들의 이상"에 대립하는 "튜턴적·프로메테우스적 낭만주의"의 대표자로 간주하고, 대중화와 민주주의에 대항하는 니체의 사상에 공감을 나타냈다. 또한 드리외 라 로셸(Pierre Eugène Drieu La Rochelle 1893-1945)도 아직 30년대에는 니체를 단눈치오*와 나란히 탐미주의자의 전형으로 삼았다. 이러한 니체 수용에서 보더라도 악시옹 프랑세즈는 30년대에 대두하여 이윽고 대독 협력으로 향하는 파시즘적인 우익과는 선을 긋고 있다. 1942년의 독일에 의한 프랑스 점령 후 특히 파리를 중심으로 하여 프랑스 주재 독일 대사관·문화 기관에 의한 문화 전파 활동 속에서 니체는 파시즘적인 독일을 대표하는 사상가로서 소개되며, 프랑스의 파시스트에게도 이러한 '공식'적인 니체관이 정착해 간다. 모라스 등의 오랜 보수 내셔널리즘이 나치스*·파시즘으로부터 거리를 취한 사실은 보수 혁명과 파시즘의 관계를 검토하는 데서 중요할 것이다.

―오누키 아츠코(大貫敦子)

鬱 ▷Maurizio Serra, Nietzsche und die französischen Rechten 1930-45, in: Nietzsche-Studien, Bd. 13, Berlin/New York 1984. ▷Ernst Nolte, Der Faschismus in seiner Epoche, München 1963/84.

안티모더니즘 ⇨모더니즘과 안티모더니즘 사이

『**안티크리스트**』 [Der Antichrist. 1888]

1888년 8월 말부터 9월 초에 걸쳐 니체는 그때까지의 『힘에의 의지』을 대신하여 『모든 가치의 가치 전환』을 표제로 하는 저작을 계획하고 그 구성을 제1부 「안티크리스트, 그리스도교 비판의 시도」, 제2부 「자유정신」, 제3부 「비도덕주의자」, 제4부 「디오니소스 영원회귀의 철학」으로 하는 구상을 세웠다[유고 Ⅱ. 12. 43, 47f.]. 그리고 『힘에의 의지』를 위해 준비한 초고를 발췌하여 하나의 저작으로 정리함과 동시에 (이것이 『우상의 황혼』*이 되었다), 그리스도교*에 관한 초고를 『모든 가치의 가치 전환』의 제1부로서 마무리할 것을 기획했다. 9월 3일에는 질스-마리아*에서 서문이 성립하며(다만 그 일부는 『우상』의 서문으로 사용되었다), 9월 30일에 토리노*에서 그는 "위대한 승리, 가치 전환의 종결"을 맞이했다고 한다[『이 사람』 XII. 3]. 이리하여 성립한 것이 『안티크리스트』인데, 11월에 들어서면 니체는 이 저작이 『가치 전환』의 제1부가 아니라 『가치 전환』의 글 그 자체라고 생각하게 되고[브란데스에게 보낸 편지, 1888. 11. 20.; 같은 편지, 12월 초; 도이센에게 보낸 편지, 12. 26], 그 사이에 성립한 『이 사람을 보라』*를 간행한 후 '그리스도교에 대한 저주'를 부제로 하여 출판할 것을 나우만 출판사에 지시했다. 그의 발광 후 남겨진 원고는 우선 쾨겔(Fritz Koegel 1860-1904) 편 전집 제8권(1895)으로 『안티크리스트, 그리스도교 비판의 시도』로서 공간되며, 자이들(Althur Seidl 1863-1928)이 편집한 판(1899)에서는 『힘에의 의지. 모든 가치의 가치 전환의 시도』 제1부로서,

나아가 『권력에의 의지』 간행 후인 1905년 판에서는 『모든 가치의 가치 전환』 제1부로서 간행되었다. 어느 판에서든 예수*를 '백치'라고 형용한 곳과 독일 황제 빌헬름 2세(Wilhelm Ⅱ 1859-1941)를 비판했다고 받아들여지는 부분 등이 삭제되어 있는데, 그 사실은 이미 1931년에 호프밀러(Josef Hofmiller 1872-1933)가 지적하고 있었지만 삭제 부분이 복원되고 저작명도 최후의 지시에 따라 고쳐져서 간행된 것은 슐레히타*판 제3권(1956)부터이다. 콜리*/몬티나리* 편 전집에서는 그 소속에 관해 논의가 있는 단편 「그리스도교 반대법」도 말미에 덧붙여져 있다.

'안티크리스트'(반기독자, 적그리스도)라는 말은 신약 성서에서는 예수가 구세주라는 것을 부인하는 자를 의미하는 표현이지만, 교부 신학에서는 묵시록에서 대지의 밑바닥으로부터 출현하는 괴수의 이미지와 결부되기도 했다. 또한 그리스도의 가르침에 등을 돌리는 자를 말하는 표현으로서 사용되기도 하며, 루터*는 가톨릭교회를 '안티크리스트'라고 형용하고 있다. 니체가 자신은 "골라 뽑은 반나귀"('나귀*'란 우둔한 기독자를 가리킬 것이다)이자 "세계사적인 괴수", 즉 '안티크리스트'라고 말하고 있는 것도[『이 사람』 Ⅲ. 2] 그러한 연상에 기초하고 있는지 모른다. 다만 『안티크리스트』에서의 '저주'는 예수의 가르침 내용보다도 교회*에 의한 지배의 기만성으로 향하고 있다. 그 배경에는 또한 그리스도교가 길러낸 지적 성실*에 의한 그리스도교의 '자기 지양'이라는 변증법*적 사고도 놓여 있다. 『이 사람을 보라』의 초고의 하나에서 니체는 "나는 수천 년에 걸친 숙명인 것에 맞서 그 책임을 한 개인에게 떠맡도록 하는 짓은 하지 않는다. 나의 선조 자신이 프로테스탄트 목사였다. 고귀*하고 순수한 감각을 내가 그들로부터 이어받고 있는 것이 아니라고 한다면 어디서 그리스도교에 맞서 싸우는 권리가 유래할 것인지 나로서는 알 수 없다'고 하여 "안티크리스트 자체가 참된 기독자의 발전에서의 필연적인 논리이며, 이러한 내게 있어 그리스도교는 자기 자신을 극복하는 것이다"라고 말하고 있다[유고 Ⅱ. 12. 152].

그렇지만 이 저작에서는 변증법적 사고보다도 '삶'*

의 긍정과 부정의 지양할 수 없는 대립 쪽이 근본에 놓이며, 그에 기초하여 니힐리즘*과 데카당스*의 종교로서의 그리스도교에 대한 가차 없는 비판이 전개된다. 거기서는 『도덕의 계보』* 이래의 귀족*적 가치 평가와 가축떼*적 가치 평가의 대립이나 약자의 르상티망*으로부터의 도덕적 가치의 발생 또는 금욕주의적 사제*의 지배에 대한 논의가 전제되는 가운데 그리스도교의 성립이 논의되고 있지만, 그러함에 있어 니체는 벨하우젠*의 『이스라엘사 서설』이나 르낭*의 『예수전』, 톨스토이(Lev Nikolayevich Tolstoy 1828-1910)의 『나의 종교』 등도 비판적으로 이용하고 있다. 즉, 유대*교의 역사는 피정복 민족이 복수의 본능으로부터 삶을 비방하는 가치를 날조*해 간 역사이며, 사제는 권력을 획득·유지하기 위해 신 개념과 민족의 역사를 위조했다는 것이다. 그리스도교도 '신', '영혼의 불멸', '저편', '신의 나라'와 같은 현세의 삶을 부정하는 관념들을 날조하고, '죄', '벌', '양심의 가책', '최후의 심판' 등을 도구로 사용하여 신자의 양심*을 고문함으로써 교회의 지배를 유지해 왔다고 생각된다. 그에 반해 불교는 마찬가지로 니힐리즘의 종교이면서도 '선악의 저편'에 서 있으며, 거기에는 금욕이나 르상티망도 없다. 또한 마누 법전이 말하는 카스트 제도의 "서열"(Rangordnung)은 삶 그 자체의 최고의 법칙을 정식화한 데 지나지 않는다"고 여겨지고 있다.

니체의 그리스도교 비판에서 대단히 흥미로운 것은 그가 예수 그 사람의 가르침과 초기 그리스도교 교회에서 성립한 교의를 구별하여 후자는 오히려 예수의 복음에 반하는 것이라고 파악하고 있다는 점이다. 예수라는 '구세주 유형'의 해석에 있어 그는 도스토예프스키*로부터도 시사를 얻은 듯하지만, 예수는 말로 파악될 수 없는 '자유정신'*이자 내적인 현실에 대해서만 말한 채 무저항을 실천한 인물이며, 유대교회에 대해 반란을 기도한 '아나키스트'로서 **스스로의 죄 때문에** 십자가에 못 박힌 것이라고 말한다. 그러나 르상티망을 초월한 예수의 죽음을 이해할 수 없었던 사도들은 예수의 평등의 가르침에 반하여 그를 '유일한 신'이자 '신의 아들'로서 받들어 모시고 신이 '용서'를 위해

죄 없는 아들을 희생시켰다는 해석을 덧붙였다. 이리하여 "십자가에 못 박힌 신"이라는 도착된 상징이 태어나고, 모든 약자와 고뇌하는 자를 신격화하는 종교가 성립했다고 하는 것이다. 니체는 거기서 "증오의 천재" 바울*에 의한 "고대적인 가치의 가치 전환"을 본다. 더욱이 바울은 스스로의 사제적인 지배를 확실히 하기 위해 성서*의 배후를 읽어내는 문헌학이나 그리스도교도의 생리학*적 퇴폐 배후를 꿰뚫어보는 의학의 발전을 저지하는 "인류에 대한 최대의 범죄"를 저지르는 바, 그리스도교는 고대 문화의 수확을 빼앗아갔다고 여겨진다. 그 후의 역사에서는 르네상스*만이 "그리스도교적 가치의 가치 전환"을 기도한 위대한 싸움이었지만, 루터의 종교개혁*은 도리어 그리스도교의 숨을 다시 불어넣은 것이 되었으며, 삶에 적대적인 철학을 발전시킨 것도 포함하여 독일인은 언제나 삶의 부정을 방조해 왔다고 생각된다. 그리고 역사적 감각을 자랑하는 현대인은 기독자라는 것이 '무례함'이라는 것을 깨닫고 있을 것임에도 불구하고, 사제나 신학자는 '신'과 '구세주' 등이 존재하지 않는다는 것을 알면서도 거짓말을 내지르고, 정치가나 "젊은 국왕"도 반기독자이면서도 부끄러움을 알지 못한 채 그리스도교도라고 칭하고 있다고 고발한다.

니체는 『안티크리스트』에 의해 자신이 '가치 전환'을 이루어 냈다고 확신하고 있었다. 다만 아무리 긴박한 필치로 쓰여 있다고 하더라도 이 저작에서는 다른 저작에서 보이는 것과 같이 스스로의 입장도 상대화해 가는 경쾌한 자세는 거의 보이지 않으며, 요설에 그친다는 것을 알지 못하는 매도는 조금 억제를 결여하는 경향이 있다. 오히려 진지하게 그리스도교와 대결함으로써 도리어 그리스도교에 대한 사로잡힘을 드러내고 있다고도 말할 수 있다. 이 글이 초래하는 새로운 '가치 전환'에 의해 인류사가 둘로 구분되어 새로운 기원이 시작된다는 니체의 야망 자체가 그리스도교적·종말론적인 관념을 반영한 것이다. 그의 환상 속에서 "모든 가치의 가치 전환"은 "위대한 정치*"의 관념과 서로 섞이게 되며, 그리스도교에 대한 "섬멸전"에 프로이센 장교들의 공감을 기대한다는 망상도 생겨나고 있었다

[브란데스에게 보낸 편지, 1888. 12월 초]. 이 '위대한 정치'의 망상 속에서 쓰인 비스마르크*에게 보내는 도전장의 초고에 니체는 '안티크리스트'라고 서명하고 있다[1888. 12월 초]. ☞그리스도교, 예수, '십자가에 못 박힌 자 대 디오니소스'

—오이시 기이치로(大石紀一郞)

알렉산드리아적인 [alexandrinisch]

철학사에서 알렉산드리아 철학이라고 하면 기원전 1세기부터 기원후 1세기에 걸쳐 이집트의 알렉산드리아에서 필론(Philo von Alexandria ca. 20 B.C.-40 A.D.) 등을 중심으로 유대교적인 것과 그리스 철학을 융합시켜 이윽고 2세기부터 3세기의 알렉산드리아 신학과 신플라톤주의를 산출하는 조류를 가리킨다. 하지만 '알렉산드리아적인'이라고 일반적으로 형용사로 사용될 때에는 위대한 시대의 후손으로서 방대한 학식을 쌓고 문헌 고증과 훈고 주석으로 살아간 사람들의 수동적인 생활 태도를 가리키는 경우가 많다. 스스로 새로운 것을 산출하지 못하는 피로감과 그럼에도 불구하고 영위되는 학문의 근면함이 부정적인 뉘앙스로 함의되어 있다. 알렉산드리아의 도서관 화재는 헬레니즘 문화의 종언을 알리는 사건임과 동시에 이러한 학문 도야의 허망함의 상징으로서 인용된다. 니체도 거의 이러한 의미에서 '알렉산드리아적인'이라는 말을 사용하고 있다. 알렉산드리아적인 인간이란 "기본적으로 도서관원이자 교정자"[『비극』18]라고 그는 말하고 있다.

하지만 니체가 역사적 비전을 말할 때에는 소크라테스* 이전의 세계와 알렉산더 대왕(Alexander(der Große) 356-323 B.C.) 이후(그리고 알렉산드리아적인 세계 이후)의 세계라는 시대 구분이 많으며, 소크라테스의 죽음으로부터 헬레니즘 탄생까지의 그리스 고전 철학은 언제나 무시되는 경향이 있다. 때에 따라서는 소크라테스 이후 알렉산드리아적인 것이 시작되고 있는 듯하기도 하며, 또한 경우에 따라서는 알렉산더 대왕, 요컨대 헬레니즘과 더불어 그가 그렇게 찬미하고 우러

른 고대 세계의 몰락이 (고전 철학도 포함하여) 시작되고 있는 듯하기도 하다. 알렉산더 대왕은 두 가지 과제를 수행했다고 니체는 말한다. 그것은 첫째로는 세계의 헬라스화, 요컨대 그리스 문명의 동양으로의, 그리고 세계 속으로의 보급이며, 둘째로는 헬라스적인 것의 오리엔트화다. 그 후의 역사는 현재에 이르기까지 이 양극 사이에서 움직이고 있다. 그리스도교*는 오리엔트적인 고대로서 헬라스적인 것의 오리엔트화에 기여한 것으로 여겨진다. 그에 반해 르네상스* 이후 그리스도교의 힘이 약해짐에 따라 헬라스적인 문화의 힘이 강해지고 있다는 도식이다. 초기의 니체는 아직 칸트*와 엘레아학파의 공통성이나 정밀과학에서의 현대와 알렉산드리아적-그리스적 세계의 가까움 등을 이야기하여 다소나마 비역사적인 사고를 하고 있다. 그리고 근대 세계의 재-헬라스화를 수행하는 반-알렉산더는 리하르트 바그너* 그 사람이다——『반시대적 고찰』*의 제4논문에서는 대체로 이상과 같이 논의하고 있다[『반시대적』. IV. 4]. "알렉산더가 했듯이 그리스 문화의 고르디우스 매듭을 풀어 그 끈의 끝이 사방팔방으로 팔랑팔랑 나부끼게 하는 것이 아니라 그가 푼 이 매듭을 묶는 것, 이것이야말로 과제다." 말년의 『이 사람을 보라』*에서도 『비극의 탄생』*을 회고하며 동일한 메타포가 사용되고 있다. "이 책에서는 모든 것이 예고적이다. 그리스 정신의 재생이 가깝다는 것, 일단 절단된 그리스 문화의 고르디우스 매듭을 다시 결합시키게 되는 반-알렉산더주의자들의 출현의 필연성을 말한 것은 모두 그러하다."[『이 사람』. IV. 4]

앞에서 다소나마 언급했듯이 다른 한편으로 알렉산드리아 문화는 후에 태어난 자에게 있어 참된 헬라스 문화에 들어서는 문으로서 그 위치를 부여받는 점도 있다. 그러한 의미에서 알렉산드리아 세계를 훌륭하게 모방했다면 그 다음에는 그것을 넘어서 고대 그리스로 들어서는 것이 독일인으로서 가능해질 거라고 하는 발언도 있다[『반시대적』. II. 8]. 또한 니체에게는 "고대의 오후"[『학문』45]로서의 헬레니즘 문화의 고요함을 사랑했던 면도 없지 않다. 적어도 에피쿠로스* 상에 관해서만큼은 그렇다고 말할 수 있다[같은 책 45]. 하지

만 기본적으로는 부정적인 것으로서 보고 있으며, 현대 문화 자체가 알렉산드리아적인 것으로 여겨지고 있다. 그 점은 예술*에 관해서도 학문*에 관해서도 그렇다. "오페라의 기원 속에, 또한 오페라에 의해 대표되는 문화의 본질 속에 숨어 있던 낙관론은 눈이 부실 정도로 빠르게 음악으로부터 디오니소스*적인 세계 사명을 빼앗으며, 음악에 형식을 희롱하는 오락적인 각인을 찍는 데 성공했거니와, 이러한 변신(메타모르포제)에 비교할 수 있는 것은 아이스킬로스적인 인간으로부터 알렉산드리아의 쾌활한 인간으로의 변신밖에 없을 정도다."[『비극』 19] "우리의 근대 세계 전체는 알렉산드리아적인 문화의 그물코에 붙잡혀 있어, 소크라테스를 원상 및 원조로 하는 최고도의 인식 능력을 갖추고 학문에의 봉사를 직무로 하는 이론적 인간*을 이상으로 삼고 있다." "명심해야 할 것은 알렉산드리아적인 문화가 길게 존속할 수 있기 위해서는 노예 신분을 필요로 한다는 점이며, 또한 이 문화가 그것이 지니는 생존에 대한 낙관적 고찰 속에서 저 신분의 필연성을 부인하고 '인간의 존엄'이라든가 '일의 존엄'이라든가 하는 아름다운 유혹과 위안의 말의 효과를 남용한 나머지 점차 전율하지 않을 수 없는 파멸로 향한다는 점이다."[같은 책 18] 그리고 이와 같은 역사의 운명적 타락이 시작된 것은 이미 기원전 5세기 그리스의 최전성기로 자리매김 되고 있다. "그들 테미스토클레스(Themistokles ca. 524-459 B.C.)와 알키비아데스(Alkibiades ca. 450-404 B.C.)는 가장 고귀한 헬라스적인 사상인 경쟁을 포기하고, 그럼으로써 헬라스적인 것을 배반했다. 그리고 그리스 역사의 조야한 복사물이자 단축형인 알렉산더야말로 이르는 곳마다 존재하는 평균적인 헬라스인을 만들어내고, 그에 의해 '헬레니즘'을 발명했다."[「다섯 개의 서문」 V] 이 인용에서 보이듯이 니체가 바라본 역사상에는 난폭한 점이 있다고 말하지 않을 수 없다.

—미시마 겐이치(三島憲一)

알튀세르 [Louis Althusser 1918-90]

알튀세르는 『자본론을 읽는다』(1965)에서 우리가 맑스*, 프로이트*, 니체로부터 깊은 학문적 은혜를 입고 있다고 말하고 있다. 세 사람의 독일 사상가는 현실을 "읽는 법"의 위대한 교사라고 그는 말한다. 맑스는 "역사의 대륙"을 개척하고 역사를 읽는 새로운 양식을 창조했다. 프로이트는 "무의식의 대륙"을 발견하고 무의식이라는 현실을 읽는 법을 다듬어냈다. 그렇다면 알튀세르에게 있어 니체는 어떠한 의미에서 "독해의 교사"인 것일까? 맑스는 이데올로기 영역을 중시했지만 그 메커니즘에 대한 분석은 손대지 않은 채 방치했다. 니체는 맑스가 방치한 이데올로기 자체의 독해에 몰두했다고 말할 수 있다. 니체의 '도덕'은 맑스의 '이데올로기'와 거의 전면적으로 겹친다. 알튀세르의 이데올로기 이론은 니체적인 계보론과 프로이트의 정신분석론의 통합을 지향하는 것이었다. 알튀세르의 관점에서 니체를 다시 보게 되면, 니체의 계보학적 연구는 이데올로기 이론에 대한 최대한의 공헌이었다고 말할 수 있을 것이다. 맑스, 니체, 프로이트의 결합에 의해 비로소 인간 정신의 알려지지 않은 복잡한 어둠을 밝혀낼 수 있다고 말한 점에 알튀세르의 중요한 공헌이 있다.

—이마무라 히토시(今村仁司)

앙들레르 [Charles Andler 1866-1933]

프랑스의 독문학자. 독일과 프랑스의 지적인 상호 이해를 위해 노력했다. 1920년부터 31년에 걸쳐 출판된 『니체 — 그의 삶과 사상』(Nietzsche, sa vie et sa pensée. 재판이 1958년에 갈리마르 출판사에서 나와 있다)은 총 1,500쪽에 걸친 방대한 것으로 현재도 낡아지지 않았다. 특히 니체의 지적 선조를 다룬 제1권에서는 독일로부터는 괴테*, 실러*, 횔덜린*, 클라이스트(Bernd Heinrich Wilhelm von Kleist 1777-1811), 피히테(Johann Gottlieb Fichte 1762-1814), 쇼펜하우어*가 거론되고 있고, 세계의 취약성에 대한 의식으로 압축하여 논의되고 있는 클라이스트 항목 등은 참신하다. 프랑스로부터는 몽테뉴*를 비롯한 일련의 모럴리스트*, 그리고 스탕달* 등이 거론되고 있고, 특히 예술론과 관련한 스탕달과 니체의 비교는 매력적이다. 또한 19세기의 코스모폴리턴 계보로서 부르크하르트*와 에머슨*이 거론되어 각각에 대해 상세한 논의가 전개되고 있는 것도 재미있다. 특히 니체에게 있어 에머슨이 지니는 의의는 독일에서는 무시되는 경향이 있지만, 그것을 강조하고 있는 것은 외국으로부터의 시선이 아니라면 가능하지 않을 것이다. 또한 니체의 생애와 사상을 면밀히 더듬어간 제2권과 제3권도 실로 명석하고 투철한 필치로 쓰여 있으며, 『니체와 부르크하르트』와 같은 저작은 1926년에 독일어로 번역되어 있긴 하지만 좀 더 평가되어야 마땅한 존재다. 덧붙이자면, 앙들레르는 1901년에 『공산당선언』의 프랑스어 번역을 간행했고, 그 밖에도 『독일에서 사회주의의 기원』이라는 저작도 있는데, 좌익 사상과의 공존이라는 점에서도 독일의 경우와는 다른 니체 수용을 엿볼 수 있게 해준다. ☞리슈탕베르제

―미시마 겐이치(三島憲一)

야만野蠻

니체에게서 야만은 양의적으로, 즉 부정적인 의미와 긍정적인 의미로 파악되고 있다. 야만이란 본래 고전 그리스에서 보이듯이 문화적임을 자랑하는 민족*이 다른 민족·이방인을 가리켜 부른 경멸적 칭호로서 문화·문명의 대립 개념으로서 사용되어 왔다. 따라서 문화가 긍정적으로 파악되는 한에서 야만은 당연히 부정적인 것으로 생각된다. 예를 들어 고전 그리스에서처럼 "문화란 무엇보다도 우선 민족의 삶의 모든 표현에서의 예술적 양식의 통일이다'라고 한다면, 그것에 대립되는 야만은 "양식의 결여"이자 일체의 양식의 혼란이고 혼돈이다『반시대적』Ⅰ. 1]. 아폴론*적인 문화의 입장에서 보면, 디오니소스*적인 것은 야만이다. 그러나 그러한 삶의 완전한 표현으로서의 양식적 통일은 문화가 점차로 주지주의적으로 되고, '알렉산드리아화'해 감에 따라 붕괴된다. 그리스인이 대담하게도 토착적이지 않은 일체의 것을 어떠한 시대에도

'야만적'이라고 부른 참월한 민족이었다고 하더라도, 그러나 그들은 삶에 대한 배려에 의해 지칠 줄 모르는 지식욕을 제한하는 것을 알고 있었다. "무제한한 지식욕은 그것만으로는 지식에 대한 증오와 마찬가지로 언제나 사람을 야만으로 만든다." 이러한 지식욕에 내몰려 만들어져간 근대의 문화·문명은 사실은 비문화이자 야만이다. 예를 들어 19세기 후반의 독일 문화가 형식은 파리에 의존하면서 독자적인 양식이 없는 혼란 속에서 학문의 흥성과 보편적 교양을 자랑할 때, 이것은 니체의 입장에서 보면 속물적 비문화, 요컨대 현대의 야만에 지나지 않는다. 니체가 "독일인은 100년 이래의 노력에도 불구하고 자신들이 야만인이었던 것은 먼 옛날 일이었다고 말할 수 있기 위해서는 여전히 몇 백 년을 필요로 할 것이다'라는 괴테*의 말을 동의와 더불어 인용할 때, 그는 독창적 양식의 창조를 결여한 교양주의 문화를 '야만'이라는 이름 하에 규탄하고 있다[같은 곳]. 물론 이것은 독일만이 아니다. "비독일적 야만"이라는 것도 있다. 그는 어떤 종류의 민주주의*와 사회주의*, 또는 문명국에 의한 아프리카의 식민지 지배 속에서 야만인(=미개인)을 정복할 때의 수단의 야만스러움(=잔혹함)도 간과하고 있지 않다. 대체로 현대 문명은 학문*도 예술*도 기술도 모두 "도래해야 할 야만"에 봉사하고 있는 것이 된다. 여기에는 문화가 그 대립물인 야만으로 전화하고 있는 상황 진단이 놓여 있지만, 야만을 부정적인 것으로 파악하는 용법은 일관된다고 말할 수 있을 것이다.

그러나 그것은 방패의 일면에 지나지 않는다. 이것과는 다른 면, 요컨대 야만을 긍정적으로 평가하는 측면이야말로 니체에게 특유한 것으로서 주목할 만할 것이다. 본래 그리스 비극에서도 디오니소스적인 것은 아폴론적 문화에 대해 야만적인 것으로서 단지 외적으로 대립할 뿐인 것이 아니었다. 양자는 본래 조화적 내지 상보적이어야 하며, 야만스러움, 혼돈과 정열의 계기는 문화와 지성의 활성화에 불가결한 것으로 생각되고 있다. 문화가 주지주의화하여 양식의 형해화와 삶의 쇠약을 초래하는 것이 될 때, 역으로 그 대립 원리였던 야만은 경직화되고 쇠약화한 문화·문명에

387

대한 비판자·파괴자로서 새로운 긍정적 의미를 지니고서 등장한다. 새로운 정열로서의 야만으로 돌아가는 일이 있을 수 있는 것을 왜 두려워한다든지 증오한다든지 하는 것일까라고 니체는 묻는다. 쇠약한 현대 문화를 소생시키기 위해서는 오히려 "새로운 야만인"이 요구되고 있는 것이다. 이런 의미에서 니체는 전쟁의 의의도 부정하지 않는다. "지쳐가는 모든 민족에게 야영지의 그 거친 활력, 비개인적인 깊은 증오, 양심에 거리낌 없는 살인자의 냉혹함, 적의 전멸 속에서 느끼는 공통된 조직적인 격정, 커다란 상실에 대한, 즉 자신의 현존과 친한 사람의 현존에 대한 자랑스러운 무관심, 숨이 막힐 듯한 지진 같은 영혼의 감동"[『인간적』 I. 477] 등을 전쟁 이외에 오늘날 인류에게 체험시켜 줄 것이 따로 있을 것인가?

이러한 야만에 대한 칭송은 확실히 "민주주의에 있어서는 위험"이며, 사실 이 면에서 나중의 나치스*에 이용되는 면이 없지 않다. 그러나 그가 추구하는 "새로운 야만인"은 "정신적 탁월성과 건강이나 힘의 과잉이 합체"된 것이며[유고 II. 8. 322], 통상적인 국가들 사이의 전쟁이나 정치상·정치상의 바바리즘과는 종류를, 아니 그보다는 차원을 달리한 곳에서 생각되고 있다. 니체는 단지 문화에 대해 동일한 평면에서 야만을 대립시켜 그것을 칭송한 것이 아니다. 그는 (부정적인 의미에서) 야만으로 화해버린 문화를 한층 더 부정하는 것으로서, 이를테면 메타 레벨에서 "새로운 야만"을 구상했던 것인바, 문화와 야만의 관계는 단지 양의적·이분법적으로 생각되고 있었던 것이 아니라 부정의 부정으로서 변증법적으로 생각되고 있었다고 말할 수 있을 것이다. 다만 그것이 과연 '최고의 긍정*'에 도달했던 것일까? 만년의 니체는 '영원회귀*'와 관련시켜 야만의 체현자를 디오니소스보다는 프로메테우스에게서 찾고 있다.

―도쿠나가 마코토(德永恂)

야스퍼스 [Karl Jaspers 1883-1969]
　실존주의*를 대표하는 철학자. 1913년에 키르케고르*의 저작을 접하고 실존주의적 사유에 눈떴다고 한다. 1920년까지 하이델베르크에서 정신병리학의 교수였지만, 머지않아 철학으로 전환하고, 1921년부터 나치스*에 의한 교직금지령을 받은 1937년까지 하이델베르크에서 철학과의 정교수를 지냈다. 나치스를 피해 스위스로 망명, 전후에는 바젤*에서 철학 교수가 된다. 야스퍼스는 과학들과는 구별된 형이상학적 사유로서 철학을 자리매김하고, 과학적 사유로부터 철학의 본래적 사유로 '한계상황'을 매개로 하여 초월적으로 이행할 것을 요청한다. 『철학적 세계정위』, 『실존 해명』, 『형이상학』의 전 3권으로 이루어진 『철학』(1932)은 그의 실존철학의 전모를 보여주는 것이다. 34/35년의 강의를 토대로 출판된 『니체』(1936)는 그의 실존주의 사유에 입각한 니체 해석이다. 특히 제2부 「니체의 근본 사상」은 니체의 사유를 "합리적 보편성"과 "실존적 역사성"의 구별을 안 인간의 물음에서 출발한다고 하고, 그 물음을 "인간이란 무엇인가", "진리란 무엇인가", "역사와 현대는 무엇을 의미하는가"라는 세 가지 관점으로 정리하고 있다. 이 물음들을 통해 니체가 영원회귀*에 이르는 길은 역사적 세계에 놓여 있는 현존재가 자기부정성을 통해 미래를 의지하는 순간에서의 "신비적 존재 통일"에 이르는 발전으로서 파악된다. 니체의 비유적인 표현을 구체적인 내용을 포함한 긍정성을 피하기 위한 "간접적 전달"이라고 말하는 야스퍼스의 표현은 분명히 키르케고르의 영향을 떠올리게 하며, 또한 삶*의 긍정에로 향하고자 하는 단계에서 니체가 사용하는 '상태'(Zustand)라는 말을 야스퍼스 자신의 실존철학의 중심 개념인 '한계상황'(Grenzsituation)으로 끌어들여 해석하고 있다.

하지만 이와 같은 실존주의적인 해석 경향이 있다 하더라도, 그의 서술은 이를테면 니체로 하여금 말하게끔 하는 방법이며, 풍부한 인용과 그 상세한 해석은 니체 연구에 있어 중요한 초석이 되어왔다. 또한 그의 치밀한 텍스트 독해는 니체 자신이 요청한 "천천히 읽는"[『아침놀』 서문 5] 자세를 실천한 것이다. "사용할 수 있는 것만을 꺼내오는 약탈하는 군인과 같은 나쁜 독자"를 혐오한 니체의 말[『인간적』 II. 1. 137]을 인용하는 야스퍼스는 전후의 재판 서문(46/49년)에서 적혀 있듯이 이 글을 가지고서 나치스의 니체 해석의 왜곡에 저항했던 것이다. 니체의 사유 운동은 "일정한 국가적·국민적·사회적으로 제한된 내용의 것이 아니다'라는 야스퍼스의 말은 나치스라는 이름을 거론하지 않고서도 나치스 비판이라는 점을 분명히 해준다. 정확히 같은 무렵에 「니체 강의」를 행한 하이데거*의 해석과 비교하면, 야스퍼스의 자세와의 다름은 명료하다. 야스퍼스에게 있어 니체는 어디까지나 "그 부정성에서 좀 더 진가를 보여주는" 사상가이자 무제약적인 존재라고 하여 "언제나 도상에 있는" 것을 중시하고, "묻는 것을 가르치는" 철학자다. 영원회귀*에 대해서도 "그 모순에서 니체는 좌절했다'고 하고 있다. 이것과는 반대로 니체의 영원회귀 사상 속에서 근대의 극복을 향한 결정적인 전환점을 보고자 하는 하이데거는 일시적이긴 하지만 나치스에게서 그 구체적인 실현을 보았다. '실존'을 동일하게 사유의 핵심으로 하면서도 야스퍼스와 하이데거의 사유 방향성은 전적으로 반대다.

K. 뢰비트*는 야스퍼스의 『니체』가 출간된 직후에 망명지인 일본에서 그 서평을 프랑크푸르트 사회연구소 기관지에 기고하여, 야스퍼스는 니체가 가장 엄혹하게 비판한 초월적 존재의 사유로 되돌아오며, 니체 사상의 현실성을 잘못 파악하고 있다고 그의 실존주의적 경향을 신랄하게 비판한다. 니체를 19세기의 사회적 배경을 고려한 사상사 속에 자리매김하고자 하는 뢰비트의 입장에서 보면, 야스퍼스의 해석은 너무나도 개인이 살아가는 실존적 자세로 환원해 버리는 독해방식이었다. ☞실존주의

—오누키 아츠코(大貫敦子)

양심 良心 [Gewissen]
【Ⅰ】 어원과 계보
한국어의 '양심'은 『맹자』에서 유래하는 한어(사람의 본마음, 그 사람의 고유한 선한 마음)이긴 하지만, 20세기에 들어서서는 오로지 영어의 conscience, 독일

어의 Gewissen(나아가 양자의 어원인 그리스어의 syneidēsis, syntērēsis, 라틴어의 synderesis, conscientia)의 번역어로서 사용되어 왔다. 이들 서양어는 모두 앎 내지 의식을 의미하는 어근에 공동을 의미하는 접두어(con-, Ge-, syn-)가 덧붙여진 것이라는 점에서 분명하듯이, 그 본뜻은 '함께 아는 것', '전체를 의식하는 것'으로 소급될 수 있다. 실제로 고대 그리스·로마 세계에서의 syneidēsis, conscientia는 대부분의 경우 '앎을 함께 한다'라는 연대 의식과 자기의식을 가리키는 것에 그치고 있으며, 유의어인 syntērēsis를 '양심'의 의미에서 명확히 사용한 예는 라틴 교부 히에로니무스(Sophronius Eusebius Hieronymus ca. 345-419/20)가 최초라고 말해지고 있다. 그는 이 말을 가지고서 낙원 추방 후의 인간 속에도 남아 있는 '양심의 불꽃', '신의 법의 수호자'를 의미했다. 그 후 스콜라철학, 독일 신비주의, 종교개혁을 통해 '양심'의 도덕화가 좀 더 진전되었지만, 그 정점에 위치하는 것이 양심을 "인간의 내적인 법정의 의식…… 자신의 행위 때문에 신 앞에서 수행해야 할 책임의 주관적 원리[『윤리 형이상학』 덕론 § 13 (1797)]로 성격을 부여한 칸트*이다.

칸트 윤리학이 확실한 기초를 결여하며, 신학적 도덕을 다시 구워낸 것에 지나지 않는다고 간파한 쇼펜하우어*는 양심을 법정에 비유한 칸트가 "계산된 궤변"을 농하고 있다고 비난했다. 오히려 양심의 유래를 실생활에 입각하여 관찰하게 되면, "양심의 5분의 1은 인간에 대한 공포로부터, 5분의 1은 이신론적 악마에 대한 외포로부터, 5분의 1은 편견으로부터, 5분의 1은 허영으로부터, 나머지 5분의 1은 관습으로부터 성립한다"는 회의적 견해를 쉽사리 물리칠 수 없다. 그리하여 인간 행위의 근본 동기로서 (1) 자신의 행복을 바라는 '이기심', (2) 타인의 재화를 바라는 '악의', (3) 타인의 행복을 바라는 '동정'의 세 가지가 있다는 것을 지적한 그는 (1)에 정의를, (2)에 인간애를 대치시키고, 그 양자를 기초짓는 동정이야말로 도덕의 현실적 기반이라고 주장했다[『윤리학의 두 가지 근본 문제』(1860)]. 그와 영국 실증주의의 영향 아래서 『도덕 감정의 근원』(1877), 『양심의 성립』(1885)을 쓴 인물인 P. 레*인데, 니체는

레와의 논쟁을 통해 도덕 비판의 칼날을 갈아나갔다.

【Ⅱ】 양심의 꺼림칙함과 가책

양심에 관한 니체의 발언은 『반시대적 고찰』*에서 시작된다. 거기서는 과거와 이질적인 것을 고쳐 만들어 자기 것으로 할 수 있는 힘을 지닌 사람들의 "평정한 양심"(ruhiges Gewissen)이 찬미되며[Ⅱ. 1], 관습과 억견의 그늘에 가리어져 있는 대중의 "꺼림칙한 양심"(ein böses Gewissen)이 적발되었다[Ⅲ. 1]. 그리고 레의 『근원』과 병행하여 집필된 『인간적』*에서는 우선 "양심의 가책"(Gewissenbiß)과 "양심의 내용"의 무근거함이 명백히 드러난다. "양심의 가책을 느끼는 것은 개가 돌을 무는 것과 같이 어리석은 짓이다."[『인간적』 Ⅱ-2. 38] "우리 양심의 내용은 유년 시절에 우리들이 존경하거나 두려워했던 사람들이 이유 없이 규칙적으로 **요구했던** 모든 것들이다. …… 양심의 원천은 권위에 대한 믿음이다. 따라서 양심은 인간의 가슴속에 있는 신의 목소리가 아니라, 인간 속에 있는 몇몇 인간들의 목소리인 것이다."[같은 책 Ⅱ-2. 52]

도덕의 주요 문제를 이기적(악)-비이기적(선)이라는 단순한 이항대립으로 그리고자 한 레와 달리 "선악의 이중의 전사"[『인간적』 Ⅰ. 45]를 응시한 니체는 인습·규칙에의 종속과 그것들로부터의 해방이라는 대항축(후에 '노예 도덕' 및 '주인 도덕'의 두 유형으로서 그려지는 것)으로써 도덕을 다시 파악하고자 했다. 이리하여 양심의 꺼림칙함과 가책 속에 모습을 바꾼 순응주의가 숨어 있다는 것이 폭로된다. "자신의 양심에 따르는 것은 자신의 지성에 따르는 것보다 더 편하다. 왜냐하면 양심은 어떠한 실패에도 자기를 변호하고 기분을 전환해주기 때문이다."[같은 책 Ⅱ-1. 43] "네가 이런저런 판단을 양심의 소리로 듣는 이유……는 어린 시절부터 네게 옳다고 규정된 것에 대해 네가 한 번도 깊이 성찰해보지 않고 맹목적으로 받아들이는 데 있을지도 모른다."[『학문』 335] "관습 도덕의 지배 하에서는 어떠한 종류의 독창성도 꺼림칙한 양심에 빠졌다."[『아침놀』 9]

이상의 준비 작업에 기초하여 발표된 것이 레를 주된 논적으로 하는 "논쟁의 글" 『도덕의 계보』* 제2논

문이다. 그 주제는 "양심의 심리학"을 드러내 보이는 것을 통해 "양심이란 보통 믿고 있는 것처럼 '인간 내부의 신의 목소리'가 아니다.─양심은 더 이상 외부를 향해 폭발할 수 없게 된 다음에 자기를 향해 반전하는 잔인함의 본능이다"[『이 사람』 Ⅺ]라는 사태를 폭로하는 것으로 정립되어 있다. "나는 양심의 가책(das schlechte Gewissen)을…… 심각한 병이라고 간주한다. …… 오래된 자유의 본능에 대해 국가 조직이 스스로를 방어하기 위해 구축한 저 무서운 방어벽은─특히 형벌도 이러한 방어벽에 속한다─거칠고 자유롭게 방황하는 인간의 저 본능을 모두 거꾸로 돌려 인간 자신을 향하게 하는 일을 해냈다. 적의, 잔인함과 박해, 습격이나 변혁이나 파괴에 대한 쾌감─그러한 본능을 소유한 자에게서 이 모든 것이 스스로에게 방향을 돌리는 것, 이것이 '양심의 가책'의 기원이다."[『계보』 Ⅱ. 16] 다만 "양심의 가책이 병이라는 것에는 의심의 여지가 없다 하더라도, 그것은 임신이 일종의 병인 것과 같은 의미에서의 병인 것이다"[같은 책 Ⅱ. 19]라는 점에 주의를 기울일 필요가 있다. "이러한 은밀한 자기 학대, 이러한 예술가적 잔인함…… 이러한 능동적인 '양심의 가책' 전체는 결국─이미 짐작하고 있겠지만─이상적이고 공상적인 사건들의 진정한 모태로도 충만한 새롭고 기이한 아름다움과 긍정을 드러냈고, 또 아마 요컨대 아름다움을 처음으로 드러낸 것이기도 하다. …… 양심의 가책이야말로, 자기 학대를 하고자 하는 의지야말로 비이기적인 것의 가치를 낳는 전제가 된다."[같은 책 Ⅱ. 18] 양심의 가책을 매개·전 단계로 하여 산출되는 특이한 양심의 존재방식(마치 "검은 뿌리에서 나온 최고 부류의 도덕적인 그 무엇"과 같은 기묘한 작물『인간적』 Ⅱ-1. 26]), 그것을 니체는 "지적 양심"(das intellektuelle Gewissen)이라고 부른다.

【Ⅲ】 지적 양심과 성실함

그는 "지적 양심"과 "만족한(가책 없는) 양심"(das gute Gewissen)을 동일한 의미에서 사용하는 경우도 있지만[『인간적』 Ⅱ-1. 90; 『학문』 297], 전자는 어디까지나 인습적인 양심("대용의 양심"[『아침놀』 338])과의 길항관계 내에서 성립하는 것인 데 반해, 후자는

'관습의 도덕*'의 준수를 통해서도 얻어지는 경지에 지나지 않는다. '지적 양심'의 근거를 "자유로운 정신적 인격과 자립적인 강자들과 교제하듯이, 우리 자신의 사상, 개념, 언어와 동등한 부류의 사람들과 교제한다"는 반권위주의적인 태도에서 찾은 니체[『인간적』 II-I. 26]는 이 양심을 세상에서 말하는 '양심'의 배후에 놓여 있는 양심으로서 성격지은 다음, 상식의 명령에 안주하지 않고서 "양심에 귀를 기울이도록 자신을 몰아세우는 것은 본래 무엇인가?"를 캐묻고, "본래 도덕적 판단들은 어떻게 해서 생겨난 것인가"를 통찰해야 한다고 주장했다[『학문』 335].

『차라투스트라』*에서는 그러한 '지적 양심'에 해당하는 표현으로서 "정신의 양심", "머리에 자신의 양심을 지니는 자", "양심적인 인식 태도"(Wissen-Gewissenschaft)[제1부, 제3부, 제4부]가 사용되고 있지만, 이것들은 어느 것이든 지(Wissen)로서의 정신과 전지(Gewissen)로서의 양심과의 긴장 관계 속에서 자기 자신을 지니는 것"을 함의한다[吉澤伝三郎의 이 책의 역주]. 그러한 자세는 또한 그리스도교* 성립 후 2,000년에 걸쳐 계속되어 온 "진리에의 훈련"의 결과 "유럽의 양심이 대단히 고투하여 손에 넣은 승리"가 가져온 태도, 즉 쇼펜하우어와 같은 불굴의 무신론자가 보존하는 "더할 나위 없는 성실"(ganze Rechtschaffenheit)이라고도, "우리의 의향에 따라 육성도 방해도 할 수 있는, 성장하고 있는 덕", 요컨대 "성실함"(Redlichkeit)이라고도 바꿔 말해지고 있다[『학문』 357; 『아침놀』 456]. 니체는 '양심' 개념의 배후에 놓여 있는 "하나의 오랜 역사와 형식의 변천"의 종국에, "자기에 대해, 더욱이 자부를 지니고서 보증을 줄 수 있는 것, 따라서 자기에 대해서도 '그렇다고 긍정을 말할 수 있는 것'을 자리매김하고자 하고 있다 하더라도[『계보』 II. 3], 이러한 긍정의 핵심을 나타내는 말은 바로 그가 좋아한 핀다로스의 경구, 즉 "너는 너 자신이 되어야 한다"[『학문』]에 다름 아니다.

【IV】 비판과 계승

양심을 안에서 퍼진 잔인함과 자기에 대한 복수라는 관점에서 파악한 니체의 논의는 실질적 가치윤리학을 제창한 셸러* 및 그것을 양심 현상에 적용한 H. G. 슈토커(Hendrik G. Stoker 1899-1993)에 의해 비판되었다. 전자에 따르면, "복수 충동은 등근원적으로 타인에게로 향하든지 자신에게로 향하든지 하는 것인바, 니체처럼 타인에게로 향해야 하는 복수 충동이 안에서 퍼져 자기복수가 생겨난다고 생각할 필요는 전혀 없다."[「회한과 재생」(1997), 『인간에서의 영원한 것』(1921)에 재수록] 또한 후자에 따르면, "복수는 참된 양심에 있어 전적으로 비본질적인바, 니체는 진정한 양심의 본질적 중핵을 이루는 인격적 악(das Personal-Böse)의 체험을 파악하지 못한다."[『양심』(1925)]

니체의 양심론이 지니는 우상 파괴적인 측면은 프로이트*로 계승된다. 그에 따르면, 문화는 인간의 공격 충동을 무력화하기 위해 그것의 발상지로 다시 보내 자기 자신에게로 향하는 "내면화하는 방법", 즉 개개인을 약화시키고 무장해제하며 그 마음속의 법정에서 감시받도록 하는 방법을 채용한다. 자아의 내부로 돌아온 이 공격 충동은 '초자아'의 형태로 자아의 다른 부분과 대립하는 자아의 일부로 받아들여져 '양심'이 된다. 양심은 초자아라는 우리 자신의 손으로 개설된 법정 기능의 하나인바, 자아의 행동과 의도를 감시·판단해야 하며, 일종의 검열과 같은 역할을 수행하는 것이다[『문화에의 불만』(1930)].

니체의 '지적 양심'이라는 적극적 구상으로 연결되는 것으로 베버*의 '지적 성실'(intellektuale Rechtschaffenheit)과 융 학파의 심리학자 E. 노이만(Erich Neumann 1905-60)의 '전인적 윤리'(totale Ethik)의 제창이 있다. 전자는 사실(있는 것)과 가치(있어야 할 것)의 긴장관계를 견뎌내면서 양자의 이질성을 확고히 분별한다고 하는 연구의 의무 내지 덕을 말하며[『직업으로서의 학문』(1919)], 후자는 집합적 규범의 대리인인 '양심'의 지배를 거부하고, 윤리적 행위의 기반으로서 전인격을 요구하는 것이다. 이 "새로운 윤리의 주된 목표는 개체를 '선량'하게 하는 것에 있는 것이 아니라, 개체를 마음 면에서 '자립적'이게 하는 것, 즉 마음을 건전하고 생산적이며, 쉽게 감염되는 일이 없도록 하는 것에 있으며…… 오랜 윤리와 그것에 속하는 오랜 대립적인 문제를 해소하고, 있어야 할 삶의 전제로서 '선악의 저편'을 고려하는 새로운 방향으로 향하는 것이다." [노이만 『심층심리학과 새로운 윤리』(1948)] 노이만이 요구하는 '인격의 총체성'(Totalität)과 현대 영미의 덕윤리학(virtue ethics)에서 활발히 논의되고 있는 '도덕상의 전일성＝성실함'(moral integrity)도 니체가 '지적양심'이라는 말로 추구한 것과 거의 동일한 문제권역에 위치하고 있다고 말해도 지나친 말이 아니다. ☞죄책{죄}, 지적 성질, '철학자는 자기 시대의 가책하는 양심이어야 한다'

―가와모토 다카시(川本隆史)

> ▷Stefan Sonns, *Das Gewissen in der Philosophie Nietzsches*, Zürich 1955(水野清志 訳 『ニーチェの良心論』 以文社, 1972). ▷Hendrik G. Stoker, *Das Gewissen: Erscheinungformen und Theorien*, Bonn 1925(三輪健司 訳 『良心―現象形式と理論』 共学館, 1959). ▷水野清志 「ニーチェにおける良心の問題」, 日本倫理學會論集 12 『良心』 以文社, 1977 수록.

어린아이{유아幼兒} [Kind]

『차라투스트라』 제1부에서는 '낙타'로부터 '사자'를 거쳐 '어린아이'로라는 '삼단의 변화'가 이야기된다. '낙타'는 기성의 가치관이 명령하는 "너는 마땅히 해야 한다"에 복종하는 데 반해, '사자'는 "나는 하고자 한다"라고 외치며 기성관념을 타파하지만, 새로운 가치를 창조하는 데에는 이르지 못한다. 그것을 이룰 수 있는 것은 "순진무구이자 망각이며, 하나의 새로운 시작, 하나의 놀이, 제 힘으로 돌아가는 하나의 바퀴, 하나의 최초의 운동이자 하나의 거룩한 긍정"인 '어린아이'뿐이다 [Ⅰ-1]. 또한 제3부에서는 과거에 사로잡혀 살아가는 인간을 그 무거운 짐으로부터 구제하는 존재로서 르상티망에서 해방된 새로운 세대를 묘사할 때에 '어린아이'의 이미지가 나타난다. "너희는 너희 아이들의 나라를 사랑해야 한다. 이 사랑이 너희의 새로운 귀족적 기풍이 되기를. 더없이 먼 바다에 있는, 아직 발견되지 않은 나라를 말이다! 나 너희의 돛에게 그것을 찾고 찾으라고 명하는 바이다! / 너희가 너희 아버지의 아이들이었다는 사실을 너희의 아이들에게 **보상해 주어야 한다. 그렇게 함으로써** 지난날의 것 모두를 구제해야 한다!" [Ⅲ-12. 12] 그리고 제4부는 차라투스트라가 '위대한 정오'의 도래를 예감하고 "내 아이들이 가까이 와 있다"고 말하는 곳에서 끝난다[Ⅳ-20]. 이와 같이 니체에게서의 '어린아이'는 과거의 무거운 짐을 알지 못하고 천진난만하게 창조에 관계할 수 있는 존재로서 특권적인 비유가 되고 있다.

그 흔적은 초기의 저작으로까지 소급될 수 있다. 『삶에 대한 역사의 공과』에서는 "부정해야 할 어떠한 과거도 지니지 않고, 과거와 미래의 울타리 사이에서 행복한 맹목성 속에 놀고 있는 어린아이"를 보면 인간은 "잃어버린 낙원"을 상기하게 된다고 하여[『반시대적』Ⅱ. 1], 어린아이는 영원의 현재에서 살아가는 존재, 기억을 지니지 않는 까닭에 과거를 고민할 일도 없는 자로서 그려진다. 이러한 순진무구한 존재의 비유는 어린아이와 같지 않으면 하늘나라에 들어갈 수 없다는 그리스도교적인 관념도 연상하게 하지만, 그 원천은 오히려 니체가 소크라테스 이전의 그리스 철학에서 발견한 미적인 세계 구상에 놓여 있다. 「그리스 비극 시대의 철학」에서는 헤라클레이토스의 철학에 대해 다음과 같은 비유가 말해지고 있다. "생성과 소멸, 건설과 파괴는 아무런 도덕적 책임도 없이 영원히 동일한 순진무구한 상태에 있으며, 이 세계에서는 오직 예술가와 어린아이의 유희(Spiel)만 있을 뿐이다. 어린아이와 예술가가 놀이를 하듯 영원히 생동하는 불은 순진하게 놀이를 하면서 세웠다가 부순다.―영겁의 시간 아이온은 자기 자신과 이 놀이를 한다. 마치 아이가 바닷가에서 모래성을 쌓듯이 그는 물과 흙으로 변신하면서 높이 쌓았다가는 부수곤 한다. 이따금 그는 놀이를 새롭게 시작한다. 충족도 한순간, 그런 다음에는 새로운 창조활동을 예술가에게 강요하는 것과 유사한 욕구에 새롭게 사로잡힌다. 다른 세계를 소생시키는 것은 오만의 욕구가 아니라 항상 새롭게 깨어나는 유희충동(Spieltrieb)이다." 여기서는 이미 '영원회귀'의 테마가 예시되며, 도덕이라는 불순물이 섞이지 않은, 순수하게 미적인 세계 구상이 제시되어 있다. 헤라클레이토스에게는 "너는 마땅히 해야 한다"의 윤리학은 없으며, "불은 왜 항상 불이 아닌가?" "불은 왜 지금은 물이고 또 흙인가?"라는 물음에 대해서도 그는 "그것은 하나의 유희일 뿐이다. 그것을 너무 비장하게 특히 도덕적으로 받아들이지 말라!"고 대답하고자 할 뿐인 것으로 생각된다. "그에게는 이 세계가 영원한 시간 아이온의 아름답고 무구한 유희라는 사실만으로 충분했다." "헤라클레이토스는 오직 현존하는 세계를 묘사할 뿐이며, 예술가가 완성되어가는 자신의 작품을 바라볼 때 느끼는 직관적 희열을 이 세계에서 느낄 뿐이다"라는 것이다『비극 시대의 철학』7].

여기서 사용되고 있는 '놀이'나 '유희충동'이라는 말은 18세기 말의 모던한 예술을 둘러싼 언설, 예를 들면 실러*의『인간의 미적 교육에 관한 서간』에서도 중요한 개념으로서 나타난다. 또한 프리드리히 슐레겔(Friedrich von Schlegel 1772-1829)은 "예술의 모든 성스러운 놀이는 세계의 무한한 놀이의, 영원히 자기 자신을 형성하는 예술 작품의 먼 모방에 지나지 않는다"고 말하고 있다『예술에 관한 대화』]. 그렇지만 이것들이 아직 근대와 고대를 대비하는 신구 논쟁의 틀에 따라 전개된 논의였던 데 반해, 니체의 '세계의 놀이'라는 미적인 근본 개념'은 고대 그리스의 존재론을 일거에 현대의 미적 경험에로 가져오고자 하는 것인바, 양자 사이에는 시대의 차이만으로 환원될 수 없는 단절이 놓여 있다. 다만 예술가는 천진난만한 어린아이 같이 본능적인 '놀이' 속에서 창조하고 거기서 천재*의 능력이 발휘된다는 사고방식은 19세기 예술관의 저류가 되며, '예술가'='어린아이'라는 발상은 니체 후기의 유고에도 나타난다. 1885/86년의 유고에는 "'예술가'라는 현상은 역시 가장 쉽게 꿰뚫어 볼 수 있다.──그로부터 출발하여 힘과 자연 등의 근본 본능에로 눈을 향하는 것! 또한 종교나 도덕의 근본 본능에도 / 놀이', 유용해지지 않는 것은 힘으로 흘러넘치는 것의 이상이며, '어린아이의 모습'이다. 신의 '유아성', 놀이하는 어린아이들(παῖς παίζων)"이라는 단편이 있다[Ⅱ. 9. 174]. 하지만 여기서는 이미 미가 '힘에의 의지'와도 결부되어 있으며, 니체의 관심은 가상*의 '놀이'의 원

동력으로 옮겨가고 있었다. ☞삼단의 변화(낙타・사자・어린아이), 헤라클레이토스

— 오이시 기이치로(大石紀一郎)

어릿광대 [Narr; Hanswurst; Possenreißer]

『차라투스트라』* 서문에서 산을 내려온 차라투스트라가 군중에게 초인*과 몰락*의 의의를 말한다. 그러나 그 말은 받아들여지지 않는다. 그때 갑자기 두 개의 탑 사이에 설치된 줄 위에 줄 타는 광대가 나타나 줄 위를 걷기 시작한다. 하지만 걷기 시작한 줄 타는 광대 뒤에서 이번에는 "어릿광대(Possenreißer)와 같은 자"가 나타나 줄 타는 광대를 훌쩍 뛰어넘는다. 줄 타는 광대가 줄에서 떨어져 지면으로 곤두박질친다. 죽은 줄 타는 광대의 유해를 등에 메고서 걷기 시작한 차라투스트라 앞에 다시 어릿광대가 나타나 도시를 떠나라고 경고한다. 초인의 의의를 견뎌낼 수 없는 인간들이 스스로의 비루한 존재에 자리 잡고 앉아 초인을 거부하는 어릿광대와 비약을 바라면서도 그것을 견뎌내지 못한 채 스스로의 생명을 망치는 줄 타는 광대의 양극 사이에 있을 뿐이라는 것을 깨달은 차라투스트라는 이러한 인간들로부터 떠나기로 결의했다[서문 6, 7]. 다시 어릿광대라는 말이『차라투스트라』에 등장하는 것은 제3부의 「건강을 되찾고 있는 자」에서다. 이 장에서 영원회귀* 사상이 고지되지만, 그 차라투스트라 곁을 따르면서 영원회귀 사상을 오히려 차라투스트라 이상으로 능숙하게 개념화해 보이는 것이 '독수리와 뱀*'이었다. 영원회귀 사상이 말해지기보다 노래 불려져야 한다고 인식의 언어로 차라투스트라를 향해 말하는 독수리와 뱀에게 차라투스트라는 쓴웃음을 지으며 "오, 어릿광대(Narr)여, 오르골이여, 너희는 어찌 그리 잘 알고 있는 것인가! 달성하기 위해 7일을 들이지 않으면 안 되었던 것을"이라고 답한다. 이 Narr라는 말에서 니체는 차라투스트라의 그림자*로서의 인식하는 자를 상정하고 있다고 생각된다. 이 인식하는 자는 차라투스트라의 사상은 이해하고 있지만, 참된 의미에서 스스로의 것으로 하고 있지 못하다는

의미에서는 한 사람의 '바보'(Narr)다. 이 점은 또 한 군데 Narr라는 말이 나오는 제4부의 「우수의 노래」를 보면 한층 더 분명해진다. 이 장의 노래에서 늙은 마술사는 진리(인식)를 추구하는 일에 지쳐서 진절머리가 난 자신을 "어릿광대일 뿐! 시인일 뿐이다!"라고 자조한다. 하지만 니체는 이 인식하는 자로서의 어릿광대 안에 숨어 있는 거리를 반전시켜 자기 자신에 대한 웃음*, 삶의 진정한 정체성에 대한 조소로 한 걸음 더 향해 간다. 경쾌하게 자기를 웃어넘기는 삶의 이러한 존재방식을 상징하는 것이 제4부의 「환영 인사」에 나오는 광대(Hanswurst)다. "누군가가 먼저 나타나야 하겠구나. / 그대들에게 웃음을 되찾아줄 자, 마음씨 좋고 쾌활한 광대(Hanswurst), 춤추는 자, 곧 저 질풍과 야생마, 그리고 늙은 어릿광대(Narr) 말이다. 어떻게들 생각하는가?" 본래 궁정에서 왕을 위로하는 광대(Clown) 역할을 하는 자를 나타내는 이 말에 의해 니체는 희롱과 웃음으로 산산이 흩어버림으로써 역설적으로 자기를 긍정하는 삶의 태도를 보이고자 했다. 이러한 태도는 "어쩌면 나는 한 사람의 광대(Hanswurst)일지도 모른다"(『이 사람』 XIV. 1)라는 표현에서 보이는 것과 같은, 자기 탐구가 자기 희화화와 일체화하는 니체의 최후의 사상 입장으로 연결되어 간다. 이와 같은 어릿광대라는 말의 역설적 의미에는 야스퍼스*가 말하는 것과 같은, 자기와 대조적임과 동시에 자기와 동일화되는 것으로서의 '가면*'의 의의가 투영되어 있다고 생각된다. ☞가면과 놀이

—다카하시 준이치(高橋順一)

⑭ ▷Karl Jaspers, *Nietzsche: Einführung in das Verständnis seines Philosophierens*, Berlin/Leipzig 1936(草薙正夫 訳『ニーチェ』創元社, 상·하, 1966).

언어言語

니체에서 언어를 주제로 삼을 때 거기서는 자연스럽게 두 가지 서로 다른 시점으로부터의 접근이 필요해질 것이다. 하나는 니체가 본래 언어라는 것을 어떻게 생각하고 있었던가 하는, 요컨대 니체의 언어관을 찾는 시점이다. 대략적으로 말해 니체는 진리 인식과 그 전달 수단으로서의 언어에 대해서는 뿌리 깊은 불신을 품고 있었다. 언어는 생성하는 현실의 참된 모습을 표현할 수도 전달할 수도 없다고 생각하는 것이다. 하지만 그러한 언어 불신을 품으면서도 니체는 언어를 통해 사고하고 표현할 수밖에 없는 것이지만, 이러한 영위 속에서 니체는 이번에는 언어를 다루는 것의 즐거움에 몰두하고 마침내는 스스로를 언어의 천재, 나면서부터의 시인으로까지 느끼는 것이다. 니체 자신의 말하는 자세, 말하는 것에 대한 정열을 확인하는 것이 두 번째 시점이다. 물론 이들 두 가지 시점은 단순히 분리하여 논의할 수 있는 것이 아니라 오히려 이 양자가 서로 교차하는 곳으로부터 니체의 언어 불신이나 언어에 대한 정열이 모두 나오고 있다고 생각해야만 한다.

문헌학이라는, 이를테면 언어 그 자체를 대상으로 하는 학문으로부터 출발했으면서도 정면에서 언어를 논의한 니체의 발언은 의외로 적다. 하지만 이 문제가 니체에게 끊임없이 의식되고 있었다는 것은 그의 모든 시기에 걸친 저작으로부터 읽어낼 수 있다. 우선 『비극의 탄생』에서 그것은 '음악과 언어'라는 연관에서 논의된다. 음악이야말로 근원적 의지의 언어이며 그것의 직접적인 표현이라고 하는 사상을 니체는 쇼펜하우어*로부터 이어받고 있다. 하지만 그는 그로부터 더 나아가 음악에 비해 언어는 어디까지나 "현상 세계의 기관이자 상징"이며, "어떤 곳에서도 음악의 가장 깊은 내면을 외부로 뒤집어 보일 수 없다"(『비극』 6)고 생각한다. 이미 여기서 언어는 음악이라는 언어나 몸짓 언어와의 대비 속에서 한정된 지성적인 역할밖에 부여받고 있지 않다. 겨우 서정시인의 언어 속에서 니체는 끝없이 음악에 가까운, 자기 연관(Ich-Bezogenheit)을 탈각한 근원적인 언어의 가능성을 인정한다. 니체의 언어관을 아는 데서 중요한 실마리를 주는 것으로 유고 논문 「도덕 외적인 의미에서의 진리와 거짓에 대하여」(1873)가 있는데, 여기서도 니체는 언어, 특히 개념이라는 것이 결코 현실을 그대로 표현하는 것이 아니라는 것을 강조한다. 인간은 지성의 활동에 의해

혼돈*인 생성* 세계에 일정한 질서를 부여하며, 이리하여 설정된 관계를 거점으로 하여 자기 보존*의 목적을 달성한다. 언어는 이러한 인식*을 위한 도구다. 더욱이 그때 언어는 생성하는 것을 마치 그것이 불변의 존재를 지니는 것처럼 고정화하고 무한히 다양한 사물이나 상황에 동일한 하나의 언어를 덮어 씌워 단일화해 버린다. 이리하여 언어의 체계, 그리고 개념으로 구축된 진리*의 체계는 현실의 생성 세계와는 다른 차원에 하나의 존재 세계를 날조*해 버린다. 더욱이 이 허구적인 존재와 진리의 세계가 현실의 세계를 재는 척도와 규준*이 된다. 바로 언어의 폭력, 폭력으로서의 언어다.

하지만 이 동일한 논문의 다른 곳에서 니체는 조금 다른 뉘앙스로 언어에 대해 말한다. 그것은 개념으로서 경직된 언어, 인식의 도구로서의 언어가 아니라 실제로 언어를 말한다는 행위 그 자체를 말한 곳이다. 니체에 따르면 생성의 세계는 인간에게 우선 신경에 대한 자극으로서 주어진다. 이 자극이 내면적 형상에로 옮겨져 고정된다. 니체는 이것을 첫 번째 전이라고 부른다. 더 나아가 이 형상이 소리로 옮겨지며, 이리하여 말이 생겨난다. 요컨대 언어라는 것은 대단히 대담한 비약, 전적으로 다른 차원에로의 대담한 전이(Metapher)를 통해서 생겨나는 것이며, 언어를 말한다고 하는 영위 속에서는 인간에게 잠재한 근원적인 창조의 쾌락이 단적으로 나타나 있다. 전이 내지 비유*라는 근원적인 충동을 무시하는 것은 요컨대 "인간 그 자체를 무시하는 것"이라고까지 니체는 말한다. 어떤 사태를 움켜잡아 언어로서 말하고 표현하는 행위에서 사람은 삶*의 근원적인 영위에, 그리고 멋진 환상의 힘, 조형의 힘에 관계하는 것이다. 그러나 이러한 창조로서의 언어는 『차라투스트라』*를 비롯한 니체의 작품에서 실천되기는 하지만, 그의 언어 회의는 『인간적』*으로부터 80년대의 유고 단편에 이르기까지 인식, 진리, 형이상학 등에 대한 날카로운 비판의 저류를 이루고 있다. 『인간적』[Ⅰ. 11]에서는 "언어가 문화 발전에 대해서 지니는 의의는 인간이 언어 속에 하나의 독자적인 세계, 또 하나의 세계를 병치시켰다는 것, 그가 거기에 서서 다른 세계를 낚아 올리고 그 세계를 지배하기에

충분히 견고하다고 믿기에 족한 하나의 세계를 구축했다는 점에 있다'고 서술되고 있지만, 이 "언어에 대한 신앙"을 니체는 "하나의 두려워해야 할 오류"라고 부른다. 80년대의 유고에서도 인식 행위에서의 언어의 역할이 반복해서 음미된다. 하지만 여기서도 "우리는 우리의 무지가 시작되는 곳, 그 끝이 우리에게 보이지 않는 곳에 하나의 말을 둔다. …… 말은 우리의 인식 지평을 구획하는 경계선이긴 하지만 결코 '진리'가 아니다"[유고 Ⅱ. 9. 24]라고 말해진다. 이와 같은 언어를 사용하는 인식이란 바로 그런 까닭에 "어떤 미지의 것을 무언가 기지의 것, 친숙해진 것으로 환원하는 앎"[Ⅱ. 9. 244]에 지나지 않는 것이며, 사태의 진상에 다가가기는커녕 오히려 가림을 당하고 마는 것이 되는 것이다.

이러한 뿌리 깊은 언어 불신이 곳곳에서 표명되는 가운데 작품 『차라투스트라』에서는 저 창조로서의 언어, 말하는 것의 쾌락이 되살아나는 것으로 보인다. 제3부의 「귀향」 장에서 다시 산속의 동굴로 돌아온 차라투스트라는 그를 에워싼 우아한 정적과 고독* 속에서 "여기에서는 존재의 말과 그 말을 담아두고 있는 상자 모두가 나를 향해 활짝 열린다. 모든 존재가 여기에서 말이 되기를 원하며, 모든 생성이 내게서 말하는 법을 배우고 싶어 한다"고 부르짖는다. 이 말을 니체는 『이 사람을 보라』*에서 그가 『차라투스트라』를 썼을 때의 이상한 흥분 상태를 회고하는 곳에서도 인용하고 있는데, 아마도 이 말은 니체의 언어관을 나타내고 있다기보다 그의 언어 체험 그 자체를 말한 것으로 생각되어야만 한다. 또 한 군데 이 작품에서 언어라는 것이 화제로 되는 「건강을 되찾고 있는 자」 장에서는 "말이란 것이 있고 소리란 것이 있으니 얼마나 기분 좋은가? 말과 소리, 영원히 헤어진 자들 사이에 걸쳐 있는 무지개이자 가상의 교량이 아닌가?"라고 말해지고 있다. 요컨대 언어란 모두 허위이자 거짓이다. 하지만 차라투스트라는 계속해서 "이야기를 한다는 것은 하나의 아름다운 바보짓이다. 이야기를 함으로써 사람들은 모든 사물을 넘어 춤을 추게 된다"라고 말한다. 본래 차라투스트라에게는 '영원회귀* 사상'의 고지라

는 사명이 부과되어 있지만, 그는 그것을 수행할 수 없다. 개념적인 언어로서 말해질 때 그 진리는 이미 살아 있는 진리가 아니게 되는 것을 두려워하기 때문이다. 그리하여 최후에 그는 이 사상을 사상으로서 말로 전달하는 것이 아니라 오히려 노래로서, 스스로 시인으로서 노래하고자 결의하는 것이다.

하지만 스스로의 언어 체험을 다시 떠나 시인으로서의 존재방식에 숨어 있는 허위성도 냉철한 인식하는 자의 눈으로 음미해야만 하는 것이 니체라는 사람의 숙명이었다. 말하는 것의 즐거움을 빠짐없이 체험한 시인 니체가 다음 순간에는 다시 인식하는 자 니체로 되돌아와야만 하며, 그리하여 또한 인식의 도구로서의 언어에 절망할 수밖에 없는 것이다. 니체의 언어와의 교제는 언제나 이러한 긴장 관계 위에서 성립한다. 니체의 언어관, 요컨대 그가 언어에 대해 말한 이야기는 언제나 이 긴장 관계를 염두에 두고서 음미되어야만 한다. 그것은 극단적인 회의와 말하는 즐거움 사이에서 요동하고 있다. 극단적인 회의 속에서 니체는 위대한 사항을 말하기에는 오로지 위대한 말, 사태의 핵심을 "정통으로 찔러 말하는" 말만이 어울리는 것이며, 그렇지 않으면 오히려 침묵*이야말로 참된 표현이자 전달이다[유고 Ⅱ. 10. 535]라고도 생각한다. 그러나 니체는 이 위대한 침묵의 세계를 예감하면서 결국 마지막까지 표현의 세계에, '말하는 것', '노래하는 것'의 즐거움에 유혹 당한다.

니체의 언어관과 언어 체험은 플라톤*의 『크라튈로스』 이래로 그리스도교*의 언어관도 포함하여 다양하게 전개된 서양 언어 사상의 단순한 연장선상에 자리매김 되는 것이 아니다. 그러한 사상들을 지탱하고 있는 형이상학적 기반 그 자체 속에 포함된 모순이 니체에게서 언어의 문제로 되어 집약되고 체험되고 있는 것이며, 그런 의미에서 니체의 언어관과 언어 체험은 오늘날 프랑스를 중심으로 활발하게 이루어지고 있는 언어를 둘러싼 논의, 즉 형이상학과 앎의 해체 속에서 언어가 지닐 수 있는 의미에 대한 논의에 있어 그 출발점이 되는 근원 체험이었다고도 말할 수 있다. ☞니체와 언어철학, 진리와 인식

―소노다 무네토(薗田宗人)

▷Josef Simon, Grammatik und Wahrheit, in: *Nietzsche-Studien*, Bd. 1, Berlin/New York 1972.

에머슨 [Ralph Waldo Emerson 1803-82]

니체가 에머슨을 사랑하고 젊은 시절부터 몇 번이고 반복해서 읽는 가운데 계속해서 친연성을 느끼며 또한 영향을 받고 있었다는 것은 그다지 알려져 있지 않은 중요한 사실이다. "에머슨. 그를 읽을 때만큼 자기 집에 있는 것 같은 느낌을 품은 적은 없다. 그를 찬양할 수 없다. 너무나도 나와 가깝기 때문이다."[유고 Ⅰ. 12. 200] 이미 고교 시절에 애독하고 있었지만, 학생 시절에는 쇼펜하우어* 경험과 합체되어 있었다는 점을 다음의 게르스도르프*에게 보낸 편지의 한 구절에서 알 수 있다. 그는 에머슨이 묘사하는 한여름 들판의 고요함에 대해 그 "완벽하게 된" 자연 경험과 관련해서 "그때 우리는 언제나 늘어나는 의지의 저주로부터 자유로워지며, 순수하고 관조할 뿐이고 이해관심 없는 눈(reines, anschauendes, interesseloses Auge)이 된다"[1866. 4. 7]고 쓰고 있다. 청교도의 고집불통을 비판하여 하버드대학에서 금지당한 에머슨이 그리스도교*로부터 벗어나고자 하는 니체에게 용기를 주었을 가능성도 크다. 『삶에 대한 역사의 공과』를 쓰기 위해 알프스의 산촌에 틀어박힌 그가 지니고 있던 몇 안 되는 책 중에 에머슨의 『수상록』이 있었다. 이 책은 1874년에 뷔르츠부르크 역에서 여행 가방을 분실했을 때 함께 잃어버렸지만 곧바로 다시 구입한다. 여기서도 애착의 정도를 엿볼 수 있다. 이러한 독서의 영향은 『교육자로서의 쇼펜하우어』의 말미에서 보인다. 독일에서 철학이 평가받지 못하고 정치가나 군인의 관심을 끌지 못하는 것은 학식뿐인 강단철학자의 삶이라고 논의하면서 참된 철학자에 대한 에머슨의 문장이 길게 인용된다. "위대한 신이 사상가를 이 세상에 보낼 때에는 주의하는 것이 좋다. 모든 것이 위험에 노출된다. 그것은 큰 마을에 대화재가 일어났을 때와 같다. 안전한 것은 있는 것인지, 언제 끝날 것인지 누구도 알지 못하

는 사태다. 그때 학문에서도 내일에는 뒤집히지 않을 것 같은 것은 아무것도 없다. 문필 상의 명성이나 영원한 고명함 등으로 말해지는 것도 아무런 뒷받침이 되지 않는다. …… 문화의 새로운 척도는 인간 노력의 전 체계를 한순간에 전복(Umwälzung)시킬 것이다."[『반시대적』 III. 8] 이는 나중의 가치의 전환*을 떠올리게끔 한다. 또한 『우상의 황혼』*에는 에머슨이라는 제목이 붙어 있는 아포리즘*이 있다[『우상』 IX. 13]. 에머슨의 자족한 정신의 밝음, 이해관계를 초월한 이른바 초월주의자의 존재방식을 칭찬하면서 "나는 나 자신을 따릅니다"라는 로페 데 베가(Lope Felix de Vega Carpio 1562-1635)의 말을 그의 성격 묘사에 끌어들이고 있다. 그에 반해 에머슨이 영국에서 실제로 교류한 적도 있는 칼라일*의 영웅주의를 니체는 좋아하지 않았다. "그는 떠들썩함을 **필요로 한다**. 자기에 대한 끊임없는 정열적인 **불성실**── 이것이야말로 칼라일에게 **고유한 것**이다."[같은 책 12] 에머슨의 남성적이고 강한 태도, 정신적 건강의 중시 등에 매료되어 있었다는 점도 생각하면 "너 자신인 바의 것이 되라"는 니체의 생애의 좌우명에 합치하는 몇 사람 가운데 하나임을 알 수 있다. 병영에서도 『수상록』을 읽은 니체가 "자신을 위해 쓰는 자는 불멸의 공중을 위해 쓰는 것이다"라는 문장을 메모하고 있는 것도 그러한 연관에서일 것이다. 삶*의 긍정을 이야기하고 역사 비판을 하는 에머슨도 니체의 모범이 되었음에 틀림없다("맥락이 없고 조야하며 너무도 어리석은 '거기 그때'라는 말투는 사라지고 그 대신에 '지금 여기'가 등장해야 한다"라는 에머슨의 문장을 포함하는 한 절은 마지막에 언급되는 발췌에도 포함되어 있다).

이미 샤를 앙들레르*는 에머슨을 니체의 정신적 선배의 한 사람으로 헤아리고 있다. 나아가 그는 유사한 표제(life is a search after power)와 유사한 표현("자기를 베푸는 덕")을 지적하고, 에머슨의 Oversoul이나 Plus-Man에서 초인*의 암시를 감지하고 있다. 그러나 사실은 이러한 가까움 이상의 것을 말해준다. 『즐거운 학문』* 초판의 표어인 "시인과 현자에게 있어서는 모든 사물이 친구이자 거룩히 구별되어 있다. 모든 체험이 유익하며, 모든 날이 거룩한 날이고, 모든 인간이 신적이다"는 바움가르텐(Eduard Baumgarten 1898-1982)도 지적하듯이 『수상록』의 문장을 조금 변화시킨 것일 뿐이다. 또한 에머슨이 자신의 할일을 professor of joyous science라고 불렀던 것도 잊어서는 안 된다고 지적한다. 니체가 『수상록』에서 '자아'에 대해 논의하고 있는 부분의 난외에 '이 사람을 보라'라고 써 넣었다는 그의 보고도 간과해서는 안 된다. 1881년 8월 영원회귀*의 계시를 받고서부터 얼마 지나지 않아 자신의 생일(10월 15일)에도 이 책을 읽음으로써 거기서 자신의 성격을 발견하는 자기 확인의 의식을 행하고 있다. 게다가 그 책의 표지 안과 속표지 등에 『차라투스트라』*의 원초적인 구상으로 생각되도록 갈겨 쓴 것이 상당량 이루어져 있다[유고 I. 12. 243-249]. 예를 들면 "당신은 보편적이고 공정한 눈을 갖고 싶은가? 그렇다면 많은 개인을 통과한 자로서, 그 최후의 개인으로서 모든 이전의 개인들을 기능으로서 필요로 하는 자로서여야만 한다"('당신'이란 말할 필요도 없이 어법상 니체 자신을 가리킨다) 등은 "나는 인도*에서는 부처*였으며, 그리스에서는 디오니소스*였습니다. ── 알렉산더와 카이사르*는 나의 화신입니다. 마지막으로는 볼테르*와 나폴레옹*이기도 했습니다……"라는, 세계사의 모든 것에 현재하고 있었다고 참칭하는 분열자 니체(들뢰즈*/가타리)의 광기의 편지와 연결되는 점이 있다. 요컨대 영원회귀 사상을 나타내는 이러한 문장이, 끊임없이 지니고 다녔던 까닭에 누더기가 된 『수상록』에 써 넣어져 있다는 사실, 그리고 1882년 초에도 그 책에서 상당량의 발췌를 행한[유고 I. 12. 307-316] 사실은 이후에도 해석을 필요로 한다. ☞『반시대적 고찰』

　　　　　　　　　　　　　　　─미시마 겐이치(三島憲一)

▷Eduard Baumgarten, *Das Vorbild Emersons im Werk und Leben Nietzsches*, Heidelberg 1957.

에우리피데스 [Euripides] ⇨비극 작가

에피쿠로스 [Epikur(Epikouros) 341-270 B.C.]

나중에 에피쿠로스의 정원이라고 불리게 된 정원에서 학파를 구축하고, 격렬한 감정이나 욕구로부터 마음을 멀리하여 평정부동의 상태(아타락시아)를 유지하는 것이 행복에 이르는 길이라고 하는 행복주의를 외친다. 스토아*의 금욕주의와의 차이는 니체도 여러 차례 지적하고 있다[유고 Ⅰ. 11. 194 등]. 그의 주저는 분실되고, 약간의 서간과 40개 남짓의 교설밖에 남아 있지 않다. 에피쿠로스는 니체의 저작 속에서 다양한, 때로는 전적으로 대립되는 평가를 부여받고 있다. "풍요함의 철학자"[『인간적』 Ⅱ-2. 192]이자 "전형적인 데카당"[『안티크리스트』 30]이기도 하고, 또한 "그리스도교의 전신(前身)에 싸움을 건 자"[같은 책 58]임과 동시에 그리스도교 안에도 일종의 에피쿠로스주의가 있다고 한다. 언제나 사유를 수행했다는 8인의 사상가들 중에서 에피쿠로스의 이름이 거론되고 있다는[『인간적』 Ⅱ-1. 408] 점으로부터도 에피쿠로스가 니체에게 있어 중요한 사고축이 되고 있다는 것을 추측할 수 있다.

『즐거운 학문』*[45]에서 "에피쿠로스를 아마도 그 밖의 누구와도 다른 방식으로 감득하고 있다"는 것을 자랑하는 니체는 에피쿠로스를 "고대 오후의 행복"을 맛볼 수 있는 유일한 철학자라고 말한다. 이 "고대 오후의 행복"의 근원 체험이 된 것은 1879년 6월 말부터 머물고 있던 스위스의 오버엥가딘이라고 말해진다. 바그너*와 결별한 후 병도 악화되어 바젤대학을 사직하고 이곳에 온 니체는 "이탈리아*와 핀란드가 일체가 되어 자연이 지니는 모든 은 색조의 고향이라고도 해야 할" 그 풍경에서 바로 자신의 아르카디아를 보았다. 『방랑자와 그의 그림자』*에 수집되어 있는 「나 또한 아르카디아에 있고」[『인간적』 Ⅱ-2. 295]라는 제목을 달고 있는 아포리즘*에는 얼어붙은 바위 모서리가 우뚝 솟아 있고 언덕의 굽이침이 아득한 저편까지 이어지는 산기슭에서 저녁 햇살을 받으며 소와 목자가 쉬는 모습을 본 니체의 감동이 기록되어 있다. 감성의 최대의 고양을 정적 속에서 자연의 구석구석에서까지 감지하는 삶*의 해방감을 "자신을 언제나 세계 속에서 느끼고, 또한 세계를 자신 속에서 느낀다"고 표현하고 있다. 그 광경은 니체가 사랑한 푸생(Nicolas Poussin 1594-1665)과 클로드 로랭*이 그리는 "영웅적·전원시적" 풍경과 서로 겹치는 것이었다. 그러한 고대 오후의 삶을 살아간 "가장 위대한 인간 가운데 한 사람", "영웅적·전원시적인 철학 방식의 발명자"가 에피쿠로스였다고 니체는 말한다. 쾌유* 시기의 글인 『인간적』* 제2부에 비교적 많이 에피쿠로스가 언급되고 있는 것은 우연이 아닐 것이다.

그러한 철학의 방식에는 플라톤*과 같은 "덕의 철학자"에게서는 맛볼 수 없는 행복감이 있다고 한다. 왜냐하면 "가장 이성적인 것은 차가운 명석한 상태이며, 도취를 가져오는 듯한 행복의 감정을 주는 것과는 조금 멀기"[유고 Ⅱ. 11. 136f.] 때문이다. 고요함 속에서도 감성의 충실함이 있는 에피쿠로스의 행복이란 "그 앞에서는 현존재의 바다가 고요해지는 눈, 그리고 이제 그 현존재의 표면과 이 다채롭고 섬세하며 두려움에 떠는 바다─피부를 아무리 보아도 더 이상 싫증낼 수 없는 눈── 그러한 눈의 행복"[『학문』 45]이다. 그러나 그러한 행복은 "부단히 고뇌하는 자만이 창조할 수 있는 것이다"라고 말해지고 있다. '고뇌'라는 표현에 주목한다면 쇼펜하우어*의 강한 영향 하에 있던 초기와의 연속성을 떠올리게 하지만, 에피쿠로스에 대한 공감은 오히려 쇼펜하우어적인 페시미즘*을 벗어난 후의 페시미즘의 나타남이라고 말할 수 있다.

『즐거운 학문』*[370]에서는 쇼펜하우어와 바그너에 대해 "나는 철학적 페시미즘에서도 또한 독일 음악에서도 그것들의 본질인 낭만주의를 오해했다"고 술회하고, 그것이 오해였음을 앎과 동시에 "디오니소스적 페시미즘의 반대인 에피쿠로스를 이해하게 되었다. …… 사실 그리스도교도라는 것은 일종의 에피쿠로스 학파에 지나지 않으며, 에피쿠로스와 마찬가지로 본질적으로 낭만주의인 것이다"라고 말하고 있다. 여기서 니체는 "낭만주의는 고뇌와 고뇌하는 자를 전제한다"고 하고 그 고뇌하는 자를 둘로 나눈다. 하나는 "삶의 충실 때문에 고뇌하는 자"이며 "디오니소스*적 예술을 추구한다." 또 하나는 "삶의 빈곤화 때문에 고뇌하는 자이며, 휴식, 정적, 평온한 바다, 예술과 인식에 의한 자기로부터의 구원을 추구하든가 도취, 경련, 마비, 착란을 추구한다." 이 후자의 '이중의 요구'에 호응하는 것이 쇼펜하우어와 바그너이며 또한 '정적, 평온한 바다'라는 표현에서 알 수 있듯이 에피쿠로스에 공감하고 있던 니체 자신일 것이다. 전자의 '디오니소스적' 인간이라고 말해지고 있는 것은 "파괴와 해체와 부정 등의 사치를 스스로에게 허용하는" 생산적인 인간이며 "미래의 페시미스트"라고 불리고 있다. 이 무렵부터 에피쿠로스보다는 디오니소스의 형상이 중심을 차지하게 된다.

'미래의 페시미스트'라 할만한 '디오니소스적 인간'의 구상은 이윽고 페시미즘의 적극적 극복으로서의 차라투스트라 사상으로 전개되어간다. 그리고 섬세한 뉘앙스로 가득 찬 문체로 써둔 에피쿠로스적인 '고대 오후의 행복'의 감성 경험은 힘에의 의지*라는 범주의 강인한 흡인력 앞에서 그 그림자를 감추게 된다. ☞ 스토아학파/스토아주의, 페시미즘

—오누키 아츠코(大貫敦子)

엘리엇 [Thomas Stearns Eliot 1888-1965]

미국 출신의 영국 시인 T. S. 엘리엇은 니체에 대해서는 거의 아무것도 말하지 않는다. 니체를 처음으로 읽은 것은 소르본과 옥스퍼드에서의 유학 생활을 끝내고 다시 하버드대학으로 돌아와 철학과 조교로 일하면서 「J. 알프레드 프루프록의 연가」 등의 시를 쓰기 시작하거나 박사 학위를 위해 철학 연구에 종사하고 있던 1915년경의 일이다. 1916년에는 에이브러햄 월프(Abraham Wolf 1876-1948)의 저서 『니체의 철학』을 『국제윤리학지』 제26호에서 서평을 했는데, 대체로 호평이었던 이 서평이 니체와의 결부를 직접 보여주는 거의 유일한 자료이다. 그 서평 속에서 엘리엇은 당시 영미의 젊은 철학자들 사이에서 인기를 모으고 있던 니체를 상당히 냉담하게 다루고 있다. 그것은 가령 니체가 "그 철학이 문학적 특성에서 분리되면 깨끗이 사라질지도 모르는 저자들 가운데 한 사람이다. ……

그와 같은 저자는 어중간한 철학을 좋아하는 대중에게는 언제나 어떤 특별한 영향을 준다"는 식이다. 그러나 당시의 엘리엇은 소르본에서 배운 베르그송(Henri Bergson 1859-1941)의 진화론 철학이 보여주는 낙천주의에 비판적이며, 니체의 염세적인 세계관 쪽을 좋아한다는 감상을 내비치고 있다. 엘리엇이 니체와 분명히 공유한다고 생각할 수 있는 것은 현대를 퇴폐와 혼란에 빠진 세계로 보고 그 세계에서 살아가는 자신을 어떻게 구원할 것인가 하는 문제이다. 특히 장편시 『황무지』는 현대 세계를 황무지로서 파악하고 거기서 살아가는 인간의 다수가 정신적 공허함에 사로잡혀 있는 상황을 극명하게 묘사하고 있다. 이것은 니체의 퇴폐의 철학을 어느 정도 상기시키는 문화적 질병의 징후에 대한 시적 표현으로 볼 수도 있을 것이다. 현대를 묵시록적인(apocalyptic) 시대, 종말의 시대로 간주하는 감각도 니체적이다. 하지만 『황무지』 이후의 엘리엇은 니체와는 달리 중세적인 그리스도교* 전통의 부활에 의해 자기 및 사회의 소생을 꿈꾸게 된다. 그런 점에서는 니체보다도 오히려 「파르지팔」*의 바그너*에 가까워졌다고 말할 수 있을지도 모른다.

—후지카와 요시유키(富士川義之)

엘리자베트 [Elisabeth Förster-Nietzsche] ⇨니체의 가계

여성과 결혼 女性──結婚

여성과 결혼에 대해 고찰한 아포리즘*은 많다. 야유와 신랄함으로 찌르는 그 잠언들은 니체를 읽는 재미의 하나이다. "어머니들은 아들의 친구들이 특별하고 뛰어난 성공을 하면 쉽게 그들을 질투한다. 일반적으로 어머니는 아들 그 자체보다도 아들 속에 있는 자신을 더 많이 사랑한다." "만약 부부가 함께 살지 않는다면 성공적인 결혼이 훨씬 많을 것이다."[『인간적』 I . 385, 393] 인간 심리의 미묘한 사정을 건드린 관찰은 프랑스 모럴리스트*가 자랑하는 바이지만, 니체가 이런 류의 것들을 애독했다는 것은 잘 알려져 있다. 여성과 결혼

을 둘러싼 니체의 성찰은 그 수법을 공들여 구사하고 있다. 거창한 철학으로부터는 거리가 멀지만, 그렇다고 해서 기지*라고도 에스프리라고도 말할 수 없다. 언뜻 보면 문득 떠오른 한 구절을 자기 좋을 대로 나열한 것으로 읽을 수도 있지만, 니체의 초고에서 더듬어보면 문장을 다듬은 흔적을 잘 알아볼 수 있다. 과장법, 완서법緩敍法, 대구, 알레고리, 무언의 말, 중단, 암시 인용, 역설 등의 수사학 기법을 구사한 문장이 시민적 사교*의 허세와 허식투성이가 된 남녀의 모습을 생생하게 그려냄으로써 뜻밖의 통찰을 얻은 기쁨을 맛보게 해준다.

초기에 그리스 정신에 관한 커다란 책을 구상했을 때 니체는 고대 그리스의 여성에 대해 한 장을 배당하고자 한 적이 있었다[유고 Ⅰ. 3. 186]. 그 고찰이 후에 말한 여성관을 좌우한 점은 그냥 지나칠 수 없다.『비극의 탄생』의 구상을 다듬은 노트에는 플라톤*의 여성관을 언급하면서 여성과 결혼의 이상적 모습을 그린 것이 있다. 니체의 말을 빌리면, 플라톤에서의 소크라테스적인 철인국가 개념은 인정하기 어렵지만, 그 이상 국가는 여성에게 올바른 지위를 부여한다[유고 Ⅰ. 3. 194]. 플라톤은 "완벽한 국가에서 **가족은 폐기되어야만 한다**는 요구"[같은 책 Ⅰ. 3. 234]를 내건다. 가족의 폐기란 기존의 결혼을 폐기하고 "국가의 명령으로 조정되는 가장 용감한 남성과 가장 고귀한 여성의 엄숙한 결혼"을 구상하는 것이다. 더욱이 이 엄숙한 결혼은 "훌륭한 후계자를 낳을 것을 목적으로 한다"는 것이다.

니체는 여기서 첫째, 여성을 아이 낳는 성으로 바라본다. "그리스인의 여성은 **어머니**로서, 어둠 속에서 살아가야만 했다. 왜냐하면 정치적 충동이 그 최고 목적과 어울려 그렇게 있을 것을 요구했기 때문이다."[유고 Ⅰ. 3. 235] 오늘날의 눈으로 보면, 여성을 어머니 역할에 고정시켜 보는 견해에 대해서는 의문도 있지만, 그거야 어쨌든 아이 낳는 성으로서의 여성이라는 시점은 이후의 여성관과도 통한다. 둘째, 결혼도 남녀의 애정 때문에가 아니라 어디까지나 아이를 만들기 위함이며, 그 아이도 가족을 형성하기 위해서가 아니라 아이를 제공함으로써 국가*를 원조하기 위함이다. 그

런 까닭에 셋째, 여성과 결혼은 어느 것이든 가족이 아니라 국가라는 틀에서 파악된다. 중요한 것은 가족 안의 여성이 아니라 국가를 위한 여성이다. 니체에게 있어 그것은 "소모된 것을 다시 소생시키는 치유력, 절도를 결여한 것을 억제하는 유익한 고요함, 일탈과 과잉을 조정하는 기준이 되는 영원한 균질함이다. 여성 안에서 와야 할 세대는 꿈꾼다. 여성은 남성보다 더 자연에 가까우며, 모든 본질적인 점에서 불변성을 지닌다."[같은 책 Ⅰ. 3. 234]

위의 인용에서 니체는 국가에 있어서의 여성의 의의를 치유력, 절도, 꿈, 불변성이라는 말로 표현하지만, 이것들은 모두 다 아폴론적인 것의 징표를 띠고 있다. 니체는 이러한 아폴론*적인 것을 체현한 여성을 예언자 피티아에서 찾았다(아폴론은 예언의 신이기도 하다). 여성의 예지·예언의 능력은 미개사회에서는 널리 알려져 있었던 것이지만, 니체도 이러한 샤머니즘적인 능력을 간과하지 않는다. 남자의 변덕이 부족을 무질서에 노출시키면 "곧바로 여성이 경고를 발하는 예언자로서 나타난다"[같은 책 Ⅰ. 3. 237] 이 예언자에 대한 디오니소스*적인 상징이 영웅이다. "오이디푸스(Ödipus(Oidipous))는 상징으로서 의지 때문에 고뇌한다. 요컨대 모든 영웅은 디오니소스의 상징이다."[같은 책 Ⅰ. 3. 216] 디오니소스와 아폴론, 예언자 피티아(Pythia)와 영웅 오이디푸스—『비극』의 서두에서 디오니소스와 아폴론의 상극 프로세스를 남녀 양성의 갈등과 화해 드라마에 비유한 것도 이와 무관하지 않았을지도 모른다.

이러한 여성·결혼관은 근대적 여성·결혼상에 대한 니체 나름의 비판의 귀결이다. 근대적 가족을 정신의 직접적 실체성으로 규정하고 국가의 위상과는 분명히 구별하는 것의 적극적 의의를 보았던 헤겔* 등의 입장에서 보면, 그리스의 가족·결혼상을 긍정적으로 증거로 삼는 것은 놀랄만한 일이겠지만, 니체는 플라톤에 의한 가족과 결혼의 폐기를 근대적 가족과 결혼에 대한 비판의 무기로 사용한다. 여성들의 아폴론적 특성을 대신하여 나온 것은 근대적 여성의 '교양성'(Gebildetheit)이다. "국가가 내거는 **예술**의 목적도 **가정**{가

족적 예술로 하락하지 않으면 안 되었다. 그런 까닭에 여성이 유일하게 언제나 마음대로 꺼내 쓸 수 있는 것인 연애의 정열이 점차 근대 예술의 핵심까지도 규정하게 되었다."[같은 책 Ⅰ. 3. 235] 니체는 아폴론적인 것이 소크라테스*적인 이론적 인간*으로, 비극 예술이 오페라 문화로 타락한 논리와 거의 조응하는 과정을 여성과 결혼에서도 보고 있다. 고대 그리스 연구와는 별도로, 근대적인 여성과 결혼에 관한 니체의 이러한 견해가 무엇에서 유래하는 것인지가 반드시 명확한 것은 아니다. 니체가 한때 심취했던 쇼펜하우어*에게는 다음과 같은 말이 있다. "여자들은 이른바 '섹스 세쿼오르'(sex sequior, 가치가 열등한 성)로, 어떤 점에서 보더라도 남성 뒤에 서는 제2급의 성이다. 그런 까닭에 남성은 여성의 약함을 돌봐주지 않으면 안 된다." "여성을 전체로서 보게 되면, 일부다처제 쪽이 실제로는 행복을 가져다주는 것이 된다."[『여자에 대하여』] 노골적인 성차별이 활개치고 있는 점과는 별도로, 이것이 근대적인 성도덕으로부터 거리를 취한 고찰이라는 점은 사실이다. 그리고 니체가 이러한 생각에 닿아 있었던 것은 틀림없다.

고대 그리스의 여성과 결혼을 언급하는 것은 초기 이후에는 거의 없지만, 근대적인 여성과 결혼을 한편으로 바라보면서 있어야 할 여성과 결혼을 말하고자 하는 자세는 그대로 남는다. "결혼은 위대한 사랑의 능력도 위대한 우정의 능력도 없는 평균적인 인간을 위해, 그런 까닭에 대다수의 사람들을 위해 고안되었다. 그러나 사랑과 우정 양자의 능력을 지니는 저 대단히 소수의 사람들을 '위해서'도 고안되었다."[유고 Ⅱ. 5. 263] 언뜻 보아 동어반복처럼 읽을 수 있지만, 여기서 니체가 평균적 인간에게 필요한 결혼이 현실적으로 존재하는 한편, 사랑과 우정*의 능력이 풍부한 소수의 남녀에게만 허락되는 결혼이 있다는 것을 말한다는 것은 명확할 것이다.

니체는 다수자를 위한 결혼을 "근대적 결혼"이라 부르고, 이 결혼에서 중요한 것은 애정이 아니라 상호 간의 성욕을 만족시키기 위한 사회적 인가가 얻어지는 것이라고 말한다. "거기서는 일반적으로 약속할 수

없는 것이, 즉 '영원의 사랑'이 약속된다."[유고 Ⅱ. 10. 216] 이러한 결혼상은 혼인을 계약 개념 하에 포섭하여 "성을 달리 하는 두 사람의 인격이 서로 성적 특성들을 생애 동안 영속적으로 상호 간에 점유하기 위한 결합"[『인륜의 형이상학』]으로 정의한 칸트*를 떠올리게 한다. 사회적 인가가 문제가 되는 것은 결혼이 제도로서 파악되기 때문이다. 제도로서의 결혼은 가족이라는 영속적인 조직을 보증한다. 니체는 결혼과 가족을 노동*과 함께 "마치 도덕성에서 산출된 것인 것처럼 모든 시민적 질서가 장식되어 있는 위선적 외관"이라고 단정하고, 그것들은 "가장 범용한 종류의 인간을 목표로 하여 근거지어져 있다"고 나무라고 있다[유고 Ⅱ. 10. 214]. 쇠퇴와 종말을 빠르게 하는 것, 바로 그것이 결혼이다. 이와 같은 결혼 제도에 대한 비판은 니체에게 있어 '근대성'에 대한 비판과 통한다[『우상』 Ⅸ. 39]. 결혼과 마찬가지로 여성이 비판의 대상이 되는 경우도 용서가 없다. '아이 낳는 성'으로서의 여성이 니체에게 있어 각별한 의미를 지녔던 것과 정확히 거꾸로 된 위치를 차지하는 것이 '약한 성'으로서의 여성이다. "여자는 자신 안의 약함을 믿는 정도로 자신 밖에 있는 힘을 믿는다. 약함의 감정이 극단에 이르기까지 느껴지면, 이 감정은 바로 이르는 곳마다 강함을 발견하며, 자신이 접촉하는 외부의 모든 것 안에서 힘을 허구로 만들어낸다." 약한 여자가 강한 남자에게 의지하고 싶어 하는 것은 거기에 힘을 허구로 만들어내기 때문이다. "가장 약한 여자는 모든 남자로부터 한 사람의 신을 만들어낼 것이다. …… 종교의 발생에서 약한 성이 강한 성보다 중요하다는 것은 분명하다."[유고 Ⅱ. 57f.] 남자에게 의지하고 싶어 하는 약함은 여성의 연애와 성애에 대한 과잉한 기대를 낳는다. 그러한 기대는 "여성의 눈으로부터 좀 더 넓은 모든 시대를 빼앗아 버린다."[같은 책 Ⅱ. 5. 45] 또한 동일한 그 약함은 여성으로 하여금 "자신에게는 결혼을 위한 숙명이 주어져 있다"고 믿게 만든다. "결혼은 발육부전의 불완전한 인간 위에 구축되어 있다."[같은 책 Ⅱ. 5. 43] 그리고 그와 같은 약한 여성은 애정밖에 알지 못하며, 우정을 맺을 능력이 없다.

물론 이와 같은 가차 없는 공격은 있어야 할 결혼과 그 의미, 그리고 있어야 할 남녀상을 추구하는 것과 표리를 이룬다. "진정한 사내는 두 가지를 원한다. 모험과 놀이가 그것이다. 그래서 사내는 위험스럽기 짝이 없는 놀잇감으로 여인을 원하는 것이다. / 사내는 전쟁을 위해, 여인은 전사에게 위안이 될 수 있도록 양육되어야 한다. 그 밖의 모든 것은 어리석은 일이다. / …… 진정한 사내 내면에는 어린아이가 숨어 있다. 그 아이는 놀이를 하고 싶어 한다. / …… 여인은 놀잇감이다."[『차라투스트라』Ⅰ-18] 이 메타포에서 남성은 삶에 대해 공격적·창조적으로 바라보는 모습으로 그려지는 데 반해, 여성은 이를테면 그것을 받아들이는 존재로서 그려지고 있다. 여성은 포용력 있는 애정을 지닌 존재다. 니체는 여성이 남성에게 복종해야 할 존재라는 것을 자명한 전제로 하고 있다. 남녀동권 따위가 아니라 남성에 대한 좋은 복종이란 어떠한 것인가가 문제인 것이다. "여인은 순종해야 하며, 그 자신의 표면에 대해 어떤 깊이를 찾아내야만 한다."[같은 곳]

있어야 하는, 남녀 사이에 맺어지는 혼인에는 그 참된 목적이라는 것이 있다. 니체에게서의 결혼의 진리란 여기서도 아이를 낳는 것이다. 다만 그것은 단순한 생식이 아니다. "단지 낳아 길러가는 것이 아니라 낳아 높여가야만 한다! 이를 위해 혼인의 화원이 너를 돕기를 바란다! 너는 더욱 고상한 신체*를 창조해야 한다."[『차라투스트라』Ⅰ-20] 즉 "초인을 낳고 싶다"는 희망이야말로 여성과 결혼에 대해 원해야 하는 바의 것이다. "혼인, 나는 당사자들보다 더 뛰어난 사람 하나를 산출하려는 두 사람의 의지를 그렇게 부른다."[같은 곳]

이러한 결혼상에서 보자면, 이른바 연애결혼은 니체가 권장하는 바가 아니다. "연애로 맺어지는 결혼(이른바 연애결혼)들은 오류를 아버지로 하고 필요(욕망)를 어머니로 한다."[『인간적』Ⅰ.389] 연애란 성욕에 휘둘리는 애정에 지나지 않는다 하더라도 좋다고 하는 모습이다. 남녀의 성애를 추구하는 연애결혼이 아니라 아이를 낳기 위한 우정결혼이 아무래도 니체가 요구했던 바였던 듯하다. "아이를 갖기 위해 우정결혼을 하시는 것이 좋겠지요. 남녀의 사랑으로부터는 아무것도 생겨나지 않습니다." 조르주 상드*서간의 이 구절을 니체는 노트에 발췌해 놓고 있다[유고 Ⅱ. 5. 33f]. "가장 좋은 벗은 아마도 가장 좋은 아내를 얻는 것일 것이다. 좋은 결혼은 우정을 맺는 재능에 기초하기 때문이다." [『인간적』Ⅰ. 378]

니체의 여성관과 결혼관은 어떤 면에서는 19세기 후반 이후의 서구 남성 시민의 상식을 그대로 체현한 것 같은 면이 없지도 않다. 그러나 그의 논의가 처음부터 근대적인 결혼관과 여성상으로부터 거리를 취하고 있는 점은 무척 흥미롭다. 자주 자명한 것처럼 말해지는 사태를 근본으로부터 다시 물어가는 니체의 회의 정신의 장단점을 음미하는 데서도 결혼과 여성을 둘러싼 논의는 좋은 재료다.

―기마에 도시아키(木前利秋)

여인女人

여성에 대해서는 어머니, 아내, 딸, 누이, 소녀로부터 처녀, 창녀, 여자 가정교사까지 그 다양한 유형에 대한 언급이 대부분의 저작들에 흩어져 있지만, 여성적인 것 일반이 문제로 되는 것은 '진리'라는 문제와 관련하여 비진리로서, 요컨대 참된 것과 참되지 않은 것과의 구별을 나타내는 것과 같은 비유 형상으로서이다. 『선악의 저편』*의 서두에 있듯이, 만약 진리가 여성이라고 가정한다면', 철학자라고 하는 것은 이것을 자기 것으로 사로잡는다는 점에서 가장 졸렬한 인종이었다고 하는, 그러한 철학 비판의 맥락에서 '여인'이라는 비유 형상이 빈번하게 인용되는 것이다. "그러나 여인은 진리를 바라지 않는다. 여인에게 진리가 무슨 중요한 일이란 말인가! 여인에게는 처음부터 진리보다 낯설고 불쾌하고 적대적인 것은 없다.―여인의 최대의 기교는 거짓말이요, 그 최고의 관심사는 가상이며 아름다움이다. …… 그녀들의 손길, 눈길, 부드러운 어리석음을 접하고 있으면 우리의 진지함, 우리의 무게, 깊이는 거의 한갓 어리석음처럼 보인다."[『선악』232] 니체에게서 여성은 밀어지면서 유혹하는 것으로서

'거리를 둔 활동'(원격작용, actio in distans)이며, '베일' 내지는 '덮개' 놀이와 같은 것으로서 표상되고 있다. 그러한 '겉보기' 차원에서 여성적인 것이 은폐·감춤·기교·겉치레·위장·가면·거짓말로서 스스로를 펼쳐 나간다고 하는 것이다. 니체는 '여성'에게 기대어 진리의 역사를 오류의 역사로서 묘사해 내고자 하는 것이지만, 다른 한편으로 만약 진리라는 것이 떼어내는 활동(Entfernung) 속에서 비로소 개시되는 것이라고 한다면, 여성은 바로 그 존재에서 자기 자신으로부터 멀어지는 것인 까닭에 여성 그 자체의 진리 따위의 것은 존재하지 않게 된다. ☞성[섹슈얼리티], '진리가 여성이라고 가정한다면……', 여성과 결혼, '여인들에게 가려는가? 그러면 채찍을 잊지 말라!', 가면과 놀이

—와시다 기요카즈(鷲田淸一)

참 ▷Jacques Derrida, *ÉPERONS: Les styles de Nietzsche*, 1978(白井健三郎 訳 『尖筆とエクリチュール』 朝日出版社, 1979).

여인들에게 가려는가? 그러면 채찍을 잊지 말라! ["Du gehst zu Frauen? Vergiß die Peitsche nicht!"]

여인*에 대해 장황하게 말하는 차라투스트라에게 늙은 여인은 작은 진리로서 이렇게 말한다[『차라투스트라』 I-18]. 채찍이라고 하여 곧바로 생각하게 되는 것은 1882년, 루체른에서 촬영된 유명한 사진이다. 짐수레 위에 꿇어 앉아 있는 루 살로메*가 막대기에 끈을 늘어뜨린 채찍을 가지고 있고, 그 앞에 팔을 줄로 묶인 니체와 연적인 파울 레*. 니체에게는 다양한 여성 멸시의 발언들이 있지만, 루에 대한 꿈이 패배당한 후에 토로된 이 잔인한 경구는 저 사진이 보여주고 있듯이 어쩌면 여인에게서 때림을 당하고 싶어 하는 마조히즘적인 원망의 이면일지도 모른다. 후년의 메모 "진리" —/ 그것은 여인이다. …… / 부끄러운 중에 간지를 숨기고 있다. …… / 여인이 양보하는 것은 무엇인가? 폭력뿐이다! / —— 따라서 폭력이 필요하다. / 거칠게 행하라…… / 저 부끄러워하는 진리에게 / 강제해야만 한다…… / 그녀의 기쁨을 위해 / 강요가 필요한 것이다 —/ —— 진리는 여인이다……"[유고 II. 12. 65]에서도 굴절된 감정이 읽혀진다. ☞여인

—야마모토 유(山本尤)

여행旅行

【 I 】 근대 사회에서의 여행의 위치의 변화

영국 귀족의 자제들이 대륙의 귀족 친지를 방문하면서 남유럽까지 여행하는 이른바 '대여행'(grand tour)이 18세기 여행의 특징이라고 한다면, 아니 본래 여행이 독자적인 생활상의 존재가 된 처음의 형식이라고 한다면, 그것에 이어지는 것은 괴테*의 『이탈리아 기행』(여행 그 자체는 1786-88년. 출판은 1816/17년)으로 대표되는 체험과 교양*을 위한 여행일 것이다. 어느 경우이든 고대 세계가 남아 있는 남유럽이 목적지였다. 하지만 낭만파에서는 고독 속의 소요로서의 여행, 자기 자신과의 대화의 여행, 이제는 보이지 않는 아득한 고향에 이르는 길을 걷는 여행, 그리고 자기의 내면으로 깊이 내려가는 여행——이러한 이를테면 여행을 위한 여행이 개화한다. "무언가 고향을 향해 여행하는 듯한 기분이 든다"는 노발리스의 『푸른 꽃』의 한 문장은 상징적이다. 19세기 이후의 청춘과 불가분한 여행 형식이 여기서 성립한다. 두드러지게 감상적인 경우도 있는 이러한 여행은 이미 하이네*가 야유하고 있지만, 다른 한편으로 대중화하기 시작한 시민사회 속에서 센티멘털리즘과 괴테적인 교양 추구가 결합되어 패키지 여행적인 요소도 생겨났다. 토머스 쿡을 모방하여 1863년에 베를린에서 독일 최초의 여행 회사 슈탕겐이 창립된 것은 그 징후다. 한편으로 남유럽으로의, 다른 한편으로 독일의 흥륭하고 있는 내셔널리즘도 있어 라인 강과 뉘른베르크로의 여행이 증가하기 시작했다. 1840년에 증기선을 타고 라인 강을 따라 내려가는 것을 즐긴 여행자의 숫자는 50만 명에 달한다.

【 II 】 니체의 여행

니체에게서의 여행은 그가 다닌 여행과 관련해서도, 또한 여행이 비유적으로 적용된 다양한 경우(예를 들어 인생)와 관련해서도 이러한 18세기 이후의 다양한 여행 개념과는 다르다. 억지로 보자면 낭만파의 그것

과 가까울지도 모르지만, 귀향, 향수, 이향에 대한 동경과 같은 '낭만적인' 점은 전혀 인정되지 않는다. 유일하게 공통된 것은 고독*뿐이다. 오히려 안정된 질서로부터 스스로 선택하여 외부로 떠돌며 나가는 인간상 호모 비아토르(homo viator)의 홀로 걸어가고 길가에 쓰러지는 이미지가 가장 맞는지도 모른다. "산을 오르면서 차라투스트라는 젊은 시절 이래로 그가 한 그 많은 외로운 방랑*을 떠올리고, 얼마나 많은 산과 등성이와 봉우리를 올랐던가 생각해 보았다. / '나 나그네요 산을 오르는 자다.' 그는 마음속으로 말했다. '나 평지를 좋아하지 않고, 오랫동안 한 곳에 조용히 앉아 있지도 못하는 것 같다.'"[『차라투스트라』 III-1] 물론 이 호모 비아토르의 여행도 근대인의 그것인 한에서 자기 규정에의, 자기 발견에의 여행임에는 틀림없다. 하지만 그것은 낭만파와 같은 달콤한 귀향과는 달리 최고의 고독에의 여행이며, 함께 걷지 않는 자는 이해할 수 없는 인식에의 여행, 그런 의미에서 자기 파괴에의 여행이다. "내 어떤 숙명을 맞이하게 되든, 내 무엇을 체험하게 되든, 그 속에는 방랑이 있고 산 오르기가 있으리라. 사람은 결국 자기 자신을 체험할 뿐이니." [같은 곳] 방랑의 귀결은 방랑하는 자신, 호모 비아토르로서의 자신을 체험할 뿐인 것에 지나지 않는다. "내게 우연한 일들이 일어날 수도 있는 그런 때는 지나갔다. 이미 내 자신의 것이 아닌 그 어떤 것이 새삼 내게 일어날 수 있다는 말인가! / 되돌아올 뿐, 끝내 내게 되돌아올 뿐이다. 내 자신의 자기, 그리고 그 자기를 떠나 오랫동안 낯선 곳을 떠돌고 모든 사물과 우연 사이에 흩어져 있던 것은. / …… 아, 나 더없이 외로운 방랑을 시작했으니!"[같은 곳] 노발리스의 귀향과의 다름은 분명할 것이다. 어디를 가더라도 되돌아오는 것은 고독한 자신의 고독에로의 회귀일 뿐이다.

【III】 내면에로의 여행으로부터 현재의 삶에로

이러한 여행의 예감은 이미 『인간적』 II-1. 223의 「어디로 여행해야만 하는가」라는 제목의 아포리즘에서도 표현되어 있다. 거기서는 대략 다음과 같이 말해지고 있다. 자기를 알기 위해서는 과거의 여러 시대를 알 필요가 있을 것이며, 또한 과거가 남아 있는 여러

지방을 여행할 필요가 있을 것이다. 그러나 그것보다 더 '섬세한' 방식, 수천 마일이나 여행을 하지 않고서도 사는 것과 같은 여행 방식이 있다. 많은 가족과 개인 안에는 과거의 몇 세기가 그 다양한 뉘앙스나 측면들과 더불어 살아가고 있을 것이다. 그것을 보는 "백 개의 눈을 가진" 탐험선 아르고스 호가 된다면, 자신의 자아를 이집트든, 그리스든, 비잔틴과 로마*든, 르네상스*든, 종교개혁*이든 그 모든 곳으로 미끄러져 들어가게 하여 자아의 생성과 변모를 상세하게 보고 올 수 있을 것이다, 라고. 요컨대 내면 안에서 역사 전체를 읽어내는 것이 여행에 비유되고 있는 것이다. 그리고 이러한 여행은 "과거의 모든 것에 관한 총체적 인식"이며, 그 연장선상에서는 특정한 개인의 자기규정과 자기교육의 방식으로부터 "미래의 모든 인류에 관한 총체적 인식"도 가능해진다고 생각된다. 하지만 이러한 여행에 필요한 것은 다른 곳에서는 조형력*이라고도 말해지는 산출과 창조의 힘, 과거에 사로잡히지 않는 힘이기도 하다. 「여행자와 그 등급」이라는 제목의 『인간적』 II-1. 228에서는 사람들에게 보이기 위해 여행하는 가장 낮은 등급의 여행자들로부터 시작하여 무엇을 보더라도 변하지 않는 사람들, 보는 것이 체험이 되는 사람들, 본 것을 자기 안으로 가지고 들어오는 사람들로 구분한 후, 최고의 단계로서 본다든지 경험한 것을 집으로 돌아오자마자 곧 그것을 여러 가지 행위와 작업 속에서 다시 되살려나가야만 하는 사람들, 그런 의미에서는 과거에 사로잡히지 않고서 행동하고 현재를 극한까지 끝내 살아가는 사람들이 거론되고 있다. 이렇게 보면, 내면에로의 여행도 호모 비아투르가 다음의 모험*에로 생기가 넘쳐 나아가는 힘의 원천인바, 그것은 다시 말하면 "미래의 모든 인류"에 대한 희망과도 결부되어 있다는 것을 알 수 있다. 지금 있는 인류는 쓸데없다고 하는 직감과 함께. ☞고독, 방랑, 조형력

—미시마 겐이치(三島憲一)

역사신학 歷史神學 [historische Theologie]

슐라이어마허는 근대 신학을 근거지음에 있어 신학

을 철학적 신학, 역사적 신학, 실천적 신학의 세 부분으로 나누었지만, 그에 따라 오늘날에는 조직신학, 역사신학, 실천신학의 부문 명이 일반화되어 있다. 따라서 역사신학이란 조직신학(교의학)과 실천신학(목회학)과 더불어 신학의 한 부문으로, 역사 속에서 생겨나 역사 속에서 발전해 온 그리스도교*의 신앙과 그에 따른 사항들을 역사학적인 방법을 사용하여 연구하는 신학을 가리킨다. 그 내용은 크게 구별하면, 성서학과 교회사로 나누어진다. 성서학은 구약학과 신약학이 중심이 되지만, 그에 더하여 구약시대사와 신약시대사, 고고학, 언어학 등도 그에 포함된다. 교회사는 그리스도교의 역사적 발전 속에서 생겨난 다양한 사태에 대한 연구이며, 역사상의 신학자들에 대한 연구, 신조사와 교리사, 교회행정사, 포교사, 미술사, 음악사 등, 대단히 다양한 분야에 걸친다.

역사신학이 급속하게 성장하게 된 것은 19세기가 되어 니부어(Barthold Georg Niebuhr 1776-1831)와 랑케(Leopold von Ranke 1795-1886) 등에 의한 실증적인 근대 사학의 성과를 받아들였기 때문이다. 성서*와 교회*를 역사적으로 형성된 것으로서 보는 눈이 길러지고, 성서학과 교회사에 역사학적 연구 방법이 도입되어 헤겔주의자인 바우르(Ferdinand Christian Baur 1792-1860)가 지도하는 튀빙겐학파에서 역사비평적 연구가 생겨나고, 바우르의 『그노시스』(1835)와 『바울』(1845) 외에, 『서양 철학사』(1847)라는 저술로 유명한 슈베글러(Albert Schwegler 1819-57)의 『사도 이후 시대사』(1846), 그리스 철학 연구로도 알려져 있는 첼러(Eduard Zeller 1814-1904)의 『사도행전』(1854) 등의 업적이 나타났다. 또한 D. 슈트라우스*의 『예수의 생애』(1835-36)가 복음사의 역사비평적인 방법에 의해 저술되었을 뿐만 아니라, 그리스도교 비판의 동기를 지닌 성서 연구에까지 새로운 역사신학의 방법이 채용되기에 이르러 바우어(Bruno Bauer 1809-82)의 『공관복음서 비판』(1841-42)과 포이어바흐(Ludwig Andreas Feuerbach 1804-1872)의 『그리스도교의 본질』(1841) 등, 헤겔 좌파에 의한 역사신학적인 연구도 왕성해졌다.

역사신학이 본격적으로 형성되게 되는 것은 A. 리츨(Albrecht Ritschl 1822-89)과 그의 학파에 빚지고 있는 바가 크다. 리츨은 본래 튀빙겐학파의 한 사람으로서 출발했지만, 이윽고 칸트*의 철학을 수용하여 신학으로부터 헤겔적인 형이상학적 사변을 배제하고, 그리스도교의 윤리적 성격을 강조하는 신학을 전개했다. 칸트주의에 입각하여 배후 세계의 사물 자체*를 알 수 없는 것으로 간주하고 인식을 현상계에 한정하고자 하는 태도는 리츨에게서는 역사적 현상으로 된 한에서의 계시에 주목하는 신학을 이끌고, 역사적 문서로서의 성서를 중시하는 성서주의에 기초하면서 역사적 그리스도에서의 계시를 강조하는 신학이 이야기되는 것으로 되었다. 그리고 리츨의 주저 『의인과 화해』 전 3권(1870-74)이 출판되자 그의 신학을 추수하는 헤르만(Wilhelm Johann Georg Herrmann 1846-1922), J. 카프탄(Julius Kaftan 1848-1926), 하르낙(Adolf von Harnack 1851-1930), 로프스(Friedrich Loofs 1858-1928) 등에 의해 리츨학파가 형성되어 19세기 말의 신학계를 주도하게 되었다. 니체가 활약한 시기는 정확히 이 리츨학파의 시대였다고 말할 수 있다. 또한 원시 그리스도교를 비롯하여 교회사에 대한 많은 지식을 니체에게 제공한 역사신학자인 오버베크*도 이와 같은 독일 신학계의 동향 속에서 스스로의 연구를 진행하여 『오늘날 신학의 그리스도교성에 대하여』(1873), 『고대교회사 연구』(1875), 『정전사』(1880), 『교부 문헌의 기원에 대하여』(1882), 『교회사 기술의 기원에 대하여』(1892) 등의 저작을 남겼다.

그런데 리츨학파 중에서도 특히 역사신학 측면에서 작업을 한 것은 하르낙(Adolf von Harnack 1851-1930)이자 로프스(Friedrich Loofs 1858-1928)이지만, 교의학적인 관심에도 기초하여 성서가 알려주는 과거의 역사적 예수*와 성서의 깊은 곳에서 현재의 체험으로서 생겨나는 그리스도를 구별한 헤르만의 신학은 역사신학에 준 파문이 대단히 컸다. 또한 『교의사 교본』 전 3권(1887-90)과 『그리스도교의 본질』(1900)에 의해 커다란 반향을 불러일으킨 역사신학자 하르낙은 예수의 복음과 교회의 교의 사이에서 단절을 인정하고, 그리스도교의 본질은 원시 그리스도교단이 믿은 예수의 복음에 있으며, 그 후에 만들어져 온 교의는 복음의 그리스화라는 왜곡에 다름 아니고, 그리스도교의 역사는 본질로부터의 퇴락사였다고 말한다. 니체가 기성도덕으로서의 그리스도교에 철저한 공격을 가할 때에, 그리스도교가 각 사람의 마음의 경험으로서 생겨나는 신의 나라를 이야기한 예수의 복음을 망각하고 배후 세계라는 거짓을 찬미하는 플라톤주의로 영락하고 있다는 것을 지적하지만, 니체의 이러한 예수상과 그리스도교관에 리츨과 헤르만, 그리고 하르낙의 신학과 어딘가에서 근본적으로 통하는 것을 인정할 수 있는 것이 아닐까?

19세기의 90년대에는 리츨학파와 같이 계시의 역사성에 주목하는 것뿐만 아니라 성서의 종교를 다른 종교와의 연관에서 파악하는 종교사학파가 등장하여, 역사신학은 그리스도교의 상대화 문제도 껴안게 되었다. ☞그리스도교, 슈트라우스(다비드), 비판신학

—가시와바라 게이이치(柏原啓一)

역사주의 歷史主義 [Historismus]

역사주의라는 말은 니체가 공간한 저작에서는 발견할 수 없다. 그러나 역사주의 문제가 말해질 때 그에 대한 비판의 대표적인 예로서 언제나 거론되는 것이 니체의 이름이며, 특히 『반시대적 고찰』*의 제2편 『삶에 대한 역사의 공과』이다. 니체는 이 문제를 그것으로서 지명하는 것이 아니라 그것과 전면적인 대결을 행했다고 말할 수 있다.

【 I 】 역사주의의 성립과 전개

독일에서의 역사주의의 성립과 전개는 다음과 같은 세 개의 계기로 이루어지는 것으로서 파악할 수 있다. 첫째는, 현재를 과거의 산물이면서 과거와는 구별되는 새로운 시대로서 의식함과 동시에, 과거의 시대들 역시 각자에게 고유한 의의를 지닌다고 생각하는 역사의식의 성립이다. 둘째는, 역사를 개인과 민족정신, 국가와 같은 일회적인 개성의 발전으로서 파악하는 사상인데, 이것은 추상적인 보편성밖에 고려하지 않는 비역사적인 계몽주의*에 맞서 계몽적 이성도 포함하여 모든 사태는 역사적 제약 하에 있다고 하는 통찰에 기초

하고 있으며, 마이네케(Friedrich Meinecke 1862-1954)가 『역사주의의 성립』에서 면밀하게 추적했듯이 18세기 이후의 독일에서 전개된 사상적 운동의 핵심을 이루는 것이었다. 즉 거기서는 민족정신의 자각이 촉구되고(헤르더(Johann Gottfried von Herder 1744-1803)), 자유의식의 발전 과정으로서 이성에 의해 침투된 역사를 구상하는 장대한 역사철학이 생겨나고(헤겔*), 나아가 사변적인 역사철학의 목적론적 역사관을 넘어서서 객관적인 학문*으로서의 역사학을 표방하는 독일 역사학파(사비니(Friedrich Carl von Savigny 1779-1861), 랑케(Leopold von Ranke 1795-1886))가 등장한다. 그리고 이 단계에 이르러 역사주의의 제3의 계기를 이루는 것으로서 개성적인 것의 발전을 구체적인 동시에 객관적으로 기술하는 것을 지향하여 방대한 문헌·자료의 수집과 교정, 그 해석 방법의 치밀화, 전문적 학술연구의 조직화가 진행되었다. 더욱이 이러한 역사 연구의 발전은 본래 스스로를 새로운 역사의 담당자로서 자각한 시민 계급이 자기 손으로 역사를 만들고 새로운 시대를 열어나가고자 하여 내건 해방적인 요구와 결부되어야 하는 것이었다.

그러나 역사학의 발전이 많은 성과를 낳고 '역사의 세기'라고 말해질 정도로 역사의 문화적 비중이 높아진 19세기도 그 후반에 이르면, 니체가 말하는 '역사의 과잉'이 다양한 형태로 나타나며, 무엇을 위해 역사를 연구하는가라는 물음을 묻지 않고서 과거에 대한 지식은 그것 자체로서 의미가 있는 것처럼 생각하여 내용이 공허한 박식을 평가하는 사태도 생겨났다. 예를 들어 고전 고대의 저작에서 현대에서의 행동의 지침을 주는 원천을 본 W. v. 훔볼트(Wilhelm von Humboldt 1767-1835)와 F. A. 볼프(Friedrich August Wolf 1759-1824)가 제창한 신인문주의의 '교양' 사상은 고전문헌학*을 비롯한 역사 연구에서의 역사적·비판적 방법의 완성과 대학 등의 연구·교육기관의 정비에 의해 제도적으로 실현되었지만, 이렇게 하여 확립된 역사적 학문은 어느 시대든 구별 없이 연구 대상으로서 집어 들고서 방대한 사료를 수집하고, 객관성이라는 이름하에 자기의 가치판단을 유보하는 역사적 상대주의의 만연을 부르기도

했다. 또한 독일*에서의 시민 계급의 해방 운동이 결국은 프로이센 중심의 위로부터의 국가 통일로 수렴되어 감에 따라 급속한 공업화를 이루면서도 독자적인 근대성을 주장할 만큼의 새로운 문화적 기초를 결여하고 있던 시민 계급은 그 대응으로서 현재에 의미를 부여해야 할 역사적 과거를 요구하게 되었다. 그 결과 역사는 내셔널리즘과 결합된 현상 긍정의 이데올로기를 위해 사용되든가 아니면 호사가의 박물관적인 수집 대상으로서 장식적 기능을 짊어지게 되고, 국민국가를 역사의 주역으로 하는 정치사 중심의 역사관은 1871년의 독일 제국의 성립 이후 국가주의의 대변자적 성격을 점점 더 강화해 갔다. 다른 한편, 이와 같은 상황에 직면하여 역사 과학들의 방법론적 반성이 심화되었던 것도 확실하다. 예를 들어 딜타이*는 칸트*를 흉내 낸 '역사 이성 비판'을 기도하여 '이해' 개념을 핵심으로 해서 정신과학의 방법론적 근거짓기를 시도했으며, 또한 뵈크(August Boeckh 1785-1867)와 드로이젠(Johann Gustav Droysen 1808-84)은 역사 연구의 방법론으로서 '역사론'(Historik)을 전개했지만, 이러한 시도들은 역사 연구에서의 극단적인 전문화의 진행과 그 배후에 놓여 있었던 시민사회의 문화적 자기이해의 문제성과 근본적으로 대결하는 것은 아니었다.

【Ⅱ】 니체의 역사주의 비판

『삶에 대한 역사의 공과』를 비롯한 문화 비판적인 저작에서의 니체의 비판은 자기목적으로 화한 역사 연구가 과거에 관한 지식을 쓸데없이 증대시킬 뿐, 결코 현재에서의 행위의 지침을 주지 못하며, 역사에 대한 몰두에서 본래 지향되어 있었을 실천적 '교양'과는 결부되지 못한다는 점으로 향해져 있었다. 그는 이미 시민 계급의 정치적인 해방에 대해서는 기대를 품지 않고, 자신이 고대 그리스 비극의 근저에서 발견한 '디오니소스*적인 것'에 의한 현대 문화의 혁신을 꿈꾸었지만, 그런 까닭에 또한 문헌학이 고대에 관한 다양한 지식을 수집하여 전승의 경로를 천착하는 것으로 시종하고, 동시대의 역사 연구가 전문적 연구를 기치로 내걸고서 자기목적으로 화하고 있는 것에 의문을 품고 있었다. 그리스를 이해하고자 하더라도 "이른

바 역사적·비판적 학문은 이 정도로 이질적인 것에 접근하는 수단을 지니고 있지 않다"는 것이다[유고 Ⅰ. 4. 210]. 그런 까닭에 그의 역사에 대한 사유는 딜타이 등과 같이 역사 연구의 가능성 조건을 해명하고자 하는 것이 아니라 역사 연구의 폭주 결과로서 나타난 '역사병'의 증례를 폭로하고자 하는 것이었다. 거기서는 현상의 문화적 정당화를 추구하는 시민사회와 전문적인 역사 연구와의 타협에 대한 혐오가 말해지며, 교양속물*의 나르시시즘의 문화에서의 잡다한 양식의 혼재가 비판된다. 역사 연구의 조직화를 공장노동과 비교하고, 개성적 인격의 약체화에 대해서는 한탄스럽다고 하고 있는 점 등은 스테레오타입의 문화 비판이기도 하지만, 역사가가 자랑하는 '객관성'이 독자적인 규범을 지니지 않는 비판 유보라는 것을 폭로하고, 그것이 사실은 시대의 이데올로기에 의해 움직여지고 있다는 것과, 사람들의 행동양식과 복장, 실내장식과 건축, 콘서트와 박물관과 같은 문화적 제도에 침투한 과거 지향이 시민문화의 바탕의 천박함의 표현이라는 것을 들추어내는 것 등은 현대의 문화적 제도에 대해서도 맞아떨어지는 것이 아닐까? 더욱이 이러한 비판은 그가 스스로 관여하고 있던 고전문헌학의 실상에 대한 반성에서 유래하는 것이었다. 『삶에 대한 역사의 공과』의 서문에서 그는 "고전문헌학이 반시대적으로―다시 말해 시대와 대립해서, 그렇게 함으로써 시대에 그리고 바라건대 앞으로 도래할 시대를 위해―영향을 미치는 것 외에 우리 시대에 어떤 의미가 있는지 나는 잘 모르기 때문이다"라고 말하고 있다. 그로부터 또한 "고전 고대는 임의의 고대의 하나로 되어 버리고, 이미 고전적이고 모범적인 것으로서 작용하는 것은 아니다"[『반시대적』 Ⅲ. 8]라는 상황을 초래한 역사적 상대주의에 대한 회의도 생겨난 것이다.

가치판단을 유보하는 과학의 '객관성'과 그 상대주의적 귀결에 대해 니체는 "다만 현재가 가진 최고의 힘으로부터만 너희는 과거를 해석할 수 있다", "다만 미래의 건설자로서만 너희는 역사가 말하는 것을 이해할 수 있다"고 말하여[『반시대적』 Ⅱ. 6] '역사'가 '삶'에 봉사하는 것을 추구하지만, 이것은 이익이 된다든

가 도움이 된다는 의미에서의 교훈적인 역사를 추구하는 것이 아니다. '삶'에 대한 '역사'의 봉사의 형태로서 그는 과거에서의 위대한 행위를 모범으로서 지향하는 '기념비적 역사', 자기의 정체성의 근거를 옹호하고자 하는 '상고적 역사', 역사적 지식의 과잉을 타파하는 '비판적 역사'라는 세 종류의 역사 고찰 방식을 분류하고[같은 책 Ⅱ. 2, 3], '역사병'에 대한 처방전으로서 "비역사적인 것"(역사 위에 서는 예술·종교의 예지)을 추구하고 있다. 어쨌든 여기서 비판의 규범적 근거로서 최종적인 심급이 되는 것은 '삶'이지만, 그가 이와 같은 과거에 대한 해석을 '삶'의 법정에서의 심판으로서 파악하고 있었던 것의 문제성은 후년의 '힘에의 의지'의 사상에서 '해석'의 타당성을 보증하는 것은 무엇인가라는 물음으로서 다시 나타나게 된다. 역사에서의 규범성 문제를 '삶'과 '힘에의 의지'로 소급해 올라가는 것에 의해 해결하고자 한 니체는 '역사가 시민사회의 문화를 뒷받침하는 것으로서 추구되는 배경이 된 사회 변동과 그 배후에서 진행된 자본주의화 과정에 대한 물음을 결여하고 있었다. 그것은 '시대', '문화', '민족'과 같은 것을 유기적인 주체로서 보는 낭만주의적인 개념을 여전히 사용하고 있었던 점에서도 엿보인다. 과학의 시대에서 '삶'에 대한 '역사'의 봉사를 요구하는 것이라면, '삶'을 신비적인 주체로 받들어 올리는 것이 아니라 그것과는 다른 형태로, 예를 들어 과학적 언어와 일상의 소통의 단절 문제로서 논의할 수도 있었을 것이다.

그런데 니체의 역사주의 비판에는 비역사적인 계몽뿐 아니라 반계몽적으로 된 역사주의도 넘어서는 또 하나의 가능성으로서, 딜타이적인 '역사적 이성'의 폐쇄성을 무너뜨리고자 하는 또 하나의 이성 비판의 선취로 생각되는 요소도 존재하고 있었다. "역사적 교양의 기원은―그리고 '새로운 시대', '현대적 의식'의 정신에 대한 역사적 교양의 내적으로 완전히 극단적인 대립은―스스로 다시 역사적으로 인식되어야 하며, 역사는 역사의 문제를 스스로 해결해야 하고, 지식은 자신의 가시를 자신에게로 돌려야 한다"[『반시대적』 Ⅱ. 8]는 요청은 역사적 학문에게 스스로의 역사성

에 대한 반성을 압박함으로써 근대 이성의 자기반성을 통해 역사주의를 극복하는 방향성을 시사하고 있다. 『인간적인 너무나 인간적인』 이후, 니체는 "역사적으로 철학하기"의 필요성을 이야기하여 이성과 도덕의 계보학적 해체를 꾀하고[『인간적』 Ⅰ -1, 2], 역사적 사고를 철저화함으로써 좀 더 급진적인 '계몽'을 추진하는 기도를 품었다. 다양한 편견과 권위의 기원을 폭로하여 그 지배력의 효력 상실을 도모하는 니체의 전략은 역사주의의 침투에 의해 마비되어버린 문헌학의 '역사적 감각'에서 비판적인 가능성을 발견하고자 하는 것이다. 거기서는 망각되고 은폐된 기원을 폭로함으로써 일상 속에서 유지되고 있는 오랜 가치 설정의 타파를 꾀하는 계보학적 파괴와, 비대한 '개성'의 환상을 꿰뚫어 보고 의식 밑에 준동하고 있는 무수한 '힘에의 의지'를 응시하는 시선이 교차하고 있다.

【Ⅲ】 니체 이후의 역사주의의 문제성

니체의 역사주의 비판은 당초 거의 반향을 불러일으키지 못하며, 『비극의 탄생』에 대한 빌라모비츠-묄렌도르프와 로데 사이에서 교환된 논쟁에서 보이듯이, 오히려 문헌학계의 반발을 샀으며, 또한 역사 속에서 행위하고 고뇌하는 인간의 모습을 관조적으로 파악하고자 한 부르크하르트가 니체로부터 거리를 취하는 계기가 되기도 했다. 그러나 세기 전환기 이후, 시민 계급의 해방의 희망이 근대 사회에서의 시민적 개인의 무력함의 의식에 의해 대체되고, 순진한 역사 신앙과 결부된 인문주의적 교양 이념의 공허함이 점점 더 드러나게 되자 독일 시민사회의 보수적인 문화의식에 불만을 품는 지식인과 예술가들은 '역사의 과잉'을 비웃고, '영원회귀'를 대담하게 긍정하는 니체의 사상과 '삶'이라는 무한정한 개념에 커다란 매력을 느끼게 되었다. 다만 거기에는 비합리주의로의 전락 가능성도 놓여 있었다. 다른 한편, 아카데미즘 내부에서도 새롭게 발전한 사회과학이 역사과학들의 위신에 도전하게 되고, 이윽고 역사가 자신에 의해서도 '역사주의의 극복'이 과제로서 의식되게 된다. 그리고 트뢸치(Ernst Troeltsch 1865-1923)는 니체가 제출한 문제가 결국은 역사에 의한 문화적 가치의 규범적 근거짓기 문제라는

것을 파악하여, 『역사주의와 그 문제들』에서 "그는 역사로부터 가치를 근거짓고자 하는 것이 어떠한 문제인지를 참으로 이해하고 간취하고 있었다"라고 말하고, "그런 까닭에 최근의 역사주의의 위기와 자기반성이란 대부분 니체에게서 유래한다"고 단언했다. 또한 고전문헌학 내부에서도 빌라모비츠 문하의 칼 라인하르트*가 니체의 복권에 일역을 담당하게 되었다. 그후 20세기의 철학적 반성의 진행 속에서 니체에 의한 역사 고찰의 분류는 하이데거*의 『존재와 시간』에서의 시간성 분석에 받아들여지며, 하이데거의 철학적 사유를 이어받아 역사성의 자각 위에 서는 철학적 해석학을 제창한 가다머*는 『진리와 방법』에서 스스로의 역사성에 대한 반성을 결여한 역사 연구의 소박함을 새롭게 비판하고 있다. 현대에서도 상대주의에 직면하여 '삶'과 같은 즉자적 가치에 대해 절대성을 인정하는 것이 아니라고 한다면, 우리는 어떻게 해서 규범적 근거를 찾아야만 할 것인가라는 물음과, 근대화와 함께 의식되어 온 '전통'과 '문화적 정체성'의 '상실'에 대해 역사학은 어떻게 대처할 수 있는가라는 문제를 고찰하는 데서 니체의 역사주의 비판은 중요한 의의를 지니고 있다고 말할 수 있을 것이다. ☞학문, 교양, 고전문헌학, 19세기와 니체

―오이시 기이치로(大石紀一郎)

图 ▷Friedrich Jaeger/Jörn Rüsen, *Geschichte des Historismus*, München 1992. ▷Friedrich Meinecke, *Die Entstehung des Historismus*, München/Berlin 1936(菊盛英夫・麻生建 訳 『歴史主義の成立』 筑摩書房, 1967-68). ▷Wolfgang J. Mommsen, *Geschichtswissenschaft jenseits des Historismus*, Düsseldorf 1971. ▷Herbert Schnädelbach, *Geschichtsphilosophie nach Hegel. Die Probleme des Historismus*, Freiburg/München 1974(古東哲明 訳 『ヘーゲル以後の歴史哲學』 法政大學出版局, 1994). ▷Ernst Troeltsch, *Der Historismus und seine Probleme*, Tübingen 1922(近藤勝彦, トレルチ著作集 4・5・6, 『歴史主義とその諸問題』 上・中・下, ヨルダン社, 1980-88).

염세주의厭世主義 ⇨페시미즘

영국/영국인英國/英國人

19세기 독일의 교양인이 영국인에 대해 지니고 있던 이미지라고 한다면, 많은 식민지를 가진 대영 제국을 배경으로 하여 왕성한 기업가 정신을 지니고서 세계 속에서 상거래에 힘쓰는 공리적인 국민, 다윈(Charles Robert Darwin 1809-82)의 진화론과 버클(Henry Thomas Buckle 1821-62)의 문명론 등, 자연과학적인 사고방식을 발전시키는 진취적인 기질이 풍부한 국민과 같은 것들이다. 그러한 영국에 대한 감탄과 두려움이 뒤섞인 감정은 독일의 제국주의적인 발전과 함께 강대한 경쟁자에 대한 경쟁심과 적개심으로 발전해 갔다. 니체 자신은 휴양지에서 영국인과 알게 된 기회는 있었지만 영국에 간 적은 없으며, 이와 같은 일반적인 이미지를 어느 정도 공유하고 있었던 듯하다. 특히 도덕철학에 관해서는 영국인의 천박함에 대한 경멸을 노골적으로 드러낸다. 예를 들면 선과 악의 다름을 종의 유지라는 합목적성의 유무로 환원하는 도덕설은 잘못이며[『학문』 4], 벤섬(Jeremy Bentham 1748-1832) 이래의 공리주의* 철학은 학문성을 가장하여 그리스도교* 도덕을 다시 살려낸 것에 지나지 않는다고 하고 있다. 또한 영국의 도덕설이 "공공의 이익"이나 "최대 다수의 행복"을 추구하는 것은 스스로의 이기주의를 속이고 있기 때문인바, 영국인은 "완전한 위선자인 국민"일 뿐이라고 여겨진다. 그리고 평등을 추구하여 모든 인간을 평균화하는 "근대의 이념"을 산출한 것은 다윈과 J. S. 밀*, 허버트 스펜서*와 같은 "존경해야 할, 그러나 범용한 영국인들"의 취미라고 말한다. 요컨대 "유럽의 비천함, 근대 이념의 천민주의"의 근원은 영국에 있다고 말하는 것이다[『선악』 228, 252, 253; 『우상』 IX. 12]. 결국 "정신"을 결여한 영국인은 "철학적인 종족이 아니다"라고 여겨지며, 베이컨(Francis Bacon 1561-1626), 홉스, 로크(John Locke 1632-1704), 흄(David Hume 1711-76)과 대비하여 칸트*, 셸링(Friedrich Wilhelm Joseph von Schelling 1775-1854), 헤겔*, 쇼펜하우어*가 상찬되고 있다. 당시 천박한 영국인으로서는 독일 정신의 심원함 등을 이해할 수 없다고 하는 식의 편견은 독일의 교양 문화인들에게서 자주 나타난 발상이었으며,

그러한 사고방식은 최근까지도 지식층의 일부에 뿌리 깊게 남아 있었다. 니체는 그러한 교양 시민의 문화적인 자민족 중심주의에 대해서는 거리를 취하고 있었지만 완전히 편견을 벗어나 있었던 것도 아니었다. 그러나 그렇다고 해도 영국인에게는 음악성이 없다는 것을 말하고자 하여 영국 미인보다 아름다운 비둘기나 백조는 거의 없다 하더라도 그 노래를 들어보는 것이 좋을 거라든가『선악』252], 영국 요리는 인육을 즐겨 먹는 것으로의 회귀와도 다름없는 것으로 마치 영국 여자의 발을 매진 것처럼 정신을 답답하게 한다『이 사람』Ⅱ. 1]고 말하는 것은 지나치게 가혹한 표현이다. 니체의 시골사람 티가 나타난 것이라고 할 것이다. 영국 사회에 니체가 비판하는 것과 같은 속물적인 전통이 있었다 할지라도, 신기한 것에 민감한 영국에서 니체의 소개나 번역이 비교적 일찍 행해져 영어를 통한 세계적인 수용(일본의 경우로 하자면 나쓰메 소세키*(夏目漱石)나 쓰보우치 쇼요(坪內逍遙 1859-1935) 등)에 크게 공헌한 것도 사실이다. ☞공리주의

—오이시 기이치로(大石紀一郎)

영웅 英雄

그리스 신화에서의 영웅은 신과 인간의 중간에 있는 전사로 지력·담력·체력에서 보통 사람들보다 뛰어나다는 점 이외에 고투의 결과로 비극적인 죽음을 맞이하는 것을 그 특질로 한다. 고전문헌학자이기도 한 니체는 그러한 영웅 상을 염두에 두면서 자유와 향상을 지향하여 위험과 고독을 두려워하지 않고 전투적으로 매진하는 용감한 인물을 '영웅'이라고 불렀다. 그렇지만 이 호칭에는 긍정적 평가뿐만 아니라 부정적 평가가 포함되는 경우도 있다. 『차라투스트라』*제2부「고매한 자들에 대하여」에서는 각고의 노력을 기울이는 정신의 속죄자, 인식의 숲의 음울한 사냥꾼에 대해 "그는 더 나아가 그의 영웅적 의지도 잊어버려야만 한다"고 말한다. 아무리 숭고하게 보인다 하더라도 웃음*과 놀이와 편안함, 그리고 무엇보다도 아름다움이 그에게는 결여되어 있다는 것이다. "바로 영웅에게

있어 아름다움은 모든 것들 중에서 가장 어려운 것이다. 아름다움은 무릇 격렬한 의지에게는 획득되기 어렵다. …… 힘이 자애로 가득 차 가시적인 세계로 하강해 올 때, 그와 같은 하강을 나는 아름다움이라 부른다. 그리고 나는, 힘센 자여, 그 누구도 아닌 바로 너에게서 이 아름다움을 바란다." 영웅에 대한 이와 같은 요구는 제1부「삼단의 변화」에 대하여」에서의 낙타는 사자로, 사자는 어린아이로 변화하지 않으면 안 된다는 요구를 떠올리게 한다. 실제로 1884년 봄에 쓰인 단상에는 다음과 같은 부분도 있다. "절제와 금욕은 높이의 1단계이며, 그 이상으로 높은 것은 '황금의 본성'이다. …… '너여야 한다'보다 높은 것은 '나이고 싶다'(영웅들), '나이고 싶다'보다 더 높은 것은 '나다'(그리스의 신들)."[유고 Ⅱ. 7. 138-139] 요컨대 영웅은 '나이고 싶다'의 사자에 해당한다는 것으로, 이 단계를 극복하면 정신의 최고의 단계인 어린아이와 그리스 신들의 스스로 거리낌이 없는 경지에 도달할 것이 기대된다는 것이다.「고매한 자들에 대하여」장 말미에서의 "영혼에서 영웅이 떠날 때 비로소 그 영혼에게 꿈속에서—초영웅이 다가온다"라는 문장도 제1의적으로는 그와 같이 해석되어야만 한다. ☞삼단의 변화

—시미즈 혼유(清水本裕)

영원회귀 永遠回歸 [die ewige Wiederkunft der Gleichen]

【Ⅰ】최고의 긍정

말년의『이 사람을 보라』*에서 영원회귀는 "일반적으로 도달할 수 있는 한에서의 최고의 긍정의 정식"이라고 되어 있다. 자연 전체, 그 안에서의 인간의 삶, 그 혼란과 고뇌, 이성의 승리와 패배, 정열의 광분과 위축—그것들 모두를 긍정할 수 있는 최고의 명칭이 영원회귀라고 말하는 것일 터이다. 회상되고 있는 것은 역시 세계의 긍정을 정식화한 처녀작『비극의 탄생』*의 한 구절이다. "미적 현상으로서만 현존재와 세계는 영원히 정당화된다"*[『비극』5]고 거기에는 적혀 있었다. 처음의 '미적 현상'으로서의 현존재(인생) 및 세계의 '정당화'와, 마지막의 '최고의 긍정의 정식

화로서의 영원회귀' 사이에는 끊으려야 끊을 수 없는 한 줄기 실이 연결되어 있는 듯하다. 물론 『비극의 탄생』에서는 "미적 현상으로서만"이라는 한정이 붙어 있는 한에서, 거기에는 커다란 변화가 있다고 생각할 수도 있을 것이다. 우선은 이 사상의 성립 사정을 살펴보자. 『이 사람을 보라』에는 다음과 같이 적혀 있다.

〔종잇장의 메모〕 "영원회귀 사상, 일반적으로 도달될 수 있는 최고의 긍정의 정식은—1881년 8월의 것이다. 그것은 '인간과 시간의 6천 피트 저편'이라고 서명된 채 종이 한 장에 휘갈겨졌다. 그날 나는 질바플라나 호수 부근의 숲속을 산보하고 있었다. 주를라이에서 그리 멀지 않은 피라미드 모습으로 우뚝 솟아오른 거대한 바위 밑에 와서 나는 걸음을 멈췄다. 그때 이 사상이 나를 엄습했던 것이다."[『이 사람』 IX. 1] '힘에의 의지'가 80년대 초부터의 긴 숙성 과정을 거쳐 정식화에 다다른 데 반해, 여기에는 한순간의 고압 전류가 가져오는 경련, 신경이 타 없어질 듯한 전율과 떨림이 있다. 며칠 후 니체는 가스트에게 다음과 같이 써 보냈다. "나의 지평에서는 아직 본 적이 없는 사상이 솟아오르고 있습니다. …… 아, 벗이여, 나는 대단히 위험한 삶을 살고 있다는 예감이 머릿속을 맴돌고 있습니다. …… 나의 감정의 강렬함은 나로 하여금 전율케 하며, 또한 크게 웃지 않을 수 없게 합니다."

그런데 앞의 "한 장의 종이 위에" 갈겨 쓴 것으로 생각되는 것이 최신의 전집에 수록되어 있다.

"동일한 것의 회귀 — 초안

1. 여러 가지 근본적 오류의 체현(Einverleibung)
2. 여러 가지 정열의 체현
3. 앎과 체념적 앎의 체현(인식의 정열)
4. 무구한 자, 실험으로서의 단독자. 삶의 경감, 저하, 약화 — 이행
5. 새로운 중량. 동일한 것의 영원회귀. 모든 와야 할 것에 있어 우리의 앎, 미혹, 우리의 습관, 생활양식이 지니는 무한한 중요성. 남겨진 삶을 우리는 어떻게 할 것인가?— 이 삶의 대부분을 우리는 기본적인 무지 속에서 지내버린

한에서. 우리는 이 가르침을 가르친다 — 이것이야말로 이 가르침을 우리 자신에게 체현시키기 위한 가장 강력한 수단이다. 가장 위대한 가르침의 교사로서의 우리의 독자적인 행복. 1881년 8월 초, 질스-마리아에서 해발 6,000피트의 높이에서, 그리고 모든 인간적 사물로부터 한층 더 벗어날 것! 높이 —'[유고 I . 12. 80] 메모가 끝난 후 거기에 더하여 열몇 행의 언급이 계속된다. 여름 후반부터 니체는 영원회귀가 번쩍인 순간을 향한 지적 전기를 『차라투스트라』에 가탁하여 전개하는 작업에 착수한다. 유고에는 이를 위한 무수한 단편과 메모가 남아 있다.

【Ⅱ】 종잇장 메모의 해석

인용에서 알 수 있듯이 영원회귀는 계몽 이후의 사상이다. 세계와 인생에 대해 인류가 쌓아올린 그 모든 해석은 전적인 오류였다. 또한 사랑의 정열도 예술의 꿈에 내기를 건 삶도 오로지 공허할 뿐이었다. 그러한 것들은 그러나 한 번은 인간에게 피와 살이 되어 체현(Einverleibung)되어야만 했다. 왜냐하면 거기에는 절대의 진리, 절대의 가치를 추구하는 격정이 있었기 때문이다[메모의 1과 2]. 그러나 바로 그 격정이, 요컨대 니체가 진리에의 의지, 인식에의 충동이라고 부른 바로 그것이 이러한 세계 해석의 오류성을, 정열의 무의미성을, 그리고 인식 그 자체의 어리석음을 들이대게 된다[메모의 3]. 이것이야말로 그가 본, 그리고 그가 수행한 계몽의 결말이다. 인식이 자기 자신을 뒷받침하는 충동을 무로서 인식한다 — 이러한 자기 인식을 살아가는 삶은 어느 것에도 의지할 데가 없는 한에서 그 무엇도 알 수 없다고 하는 체념을 수반한 해도(海圖) 없는 항해가 되는바, 요컨대 실험밖에 아니게 된다[메모의 4]. 종잇장에는 계속해서 다음과 같이 적혀 있다. "인식의 정열의 궁극은 이러하다. 즉 이 정열의 존재에 있어 인식의 원천 및 힘인 여러 가지 오류와 정열을 유지하는 이외의 수단은 없다." 인식을 위한 실험적 삶에 대해서는 더 나아가 다음과 같이 말해지고 있다. 즉, 그 삶은 "개인인 바로 그것으로서의 우리를 부정하는 것, 가능한 한 많은 눈으로 세계를

보는 것이자 또한 눈을 열기 위해 여러 가지 충동과 영위 속에서 살아가는 것, 때로는 삶에 몸을 내맡기고 그 후 당분간은 눈이 되어 삶을 위로부터 편안히 바라보는 것"에 존재한다. 여기에는 쇼펜하우어"의 모티브가 살아 있다.

그리고 제5단계. 당돌하게 "새로운 중량. 동일한 것의 영원회귀"가 말해진다. 제4단계에서 인류의 역사는 어린아이"의 놀이와 같았다. 목적도 의미도 없이 다만 다툼과 환멸이, 힘의 게임이 있었을 뿐이다. 지금부터도 계속해서 놀이할 것이다. 그러나 계몽 이후의 쇼펜하우어적인 눈길은 그 놀이를 냉정하게 보는 "많은 눈"을 획득했다. 삶은 그 총체로서는 "어린아이의 유희이며, 그것을 많은 눈이 바라보고 있게 될 것이다." 중요한 것은 "전자의 상태 및 후자의 상태를 생각되는 대로 두는 것"이다. "그러나 여기서 가장 견디기 어려운 고통스러운 인식이 나와서 모든 삶의 방식을 대단히 의심스러운 것으로 만들어버린다"고 니체는 계속한다. 오로지 그것에 의해서만 지금까지의 인류의 삶 전체에 대항하고 또한 미래의 인류에 닥쳐올 어떠한 비참에도 대항할 수 있는 그러한 중량이 되는 인식이다. 그것은 만물과 인류사의 지금까지의 부분들이 영원히 반복되며, 또한 그러해야만 한다는 인식이다.

정열과 충동에 기초한 오류에 깊이 침잠해 있던 상태로부터 인식"에 의한 해방을 거쳐, 더 나아가 또한 그 인식도 정열과 충동을 영양원으로 삼고 있다는 메타 인식에 의거한 체념을 거쳐 삶은 그 무게가 가벼워지고 경쾌하게 되어 실험성을 획득한다— 여기에 계몽 이후의 앎이 취할 수 있는 하나의 선택지가 있다는 것은 확실할 것이다. 그것은 일반적으로 데카당스"라고 말해진다든지 세기말적이라고 형용된다든지 하는 모종의 반항적 지성의 원천이기도 하다. 또한 그것은 속세간의 이해관계 투쟁을 혐오하고 부르주아의 덧없는 생활에 개입하지 않는 거부의 자세다. 하지만 어떤 이유에서 이로부터 세계의 운행에 대해 "모든 것은 영원히 반복된다. 그것은 우리의 힘으로는 어찌할 수 없는 것이다"라는 우울한 결론이 나오는 것일까?

【Ⅲ】존재론과 순간적 경험

질바플라나 호반의 섬광과 아마도 미치기 시작하고 있던 신경의 섬망, 그 경험의 '강도'(클로소프스키")를 도외시한다면, 영원회귀의 교설은 존재론으로서 어느 정도의 재구성이 가능하며, 사실 니체도 다양하게 시도하고 있다. 예를 들어 역사의 모든 것이, 아니 자연도 포함하여 모든 것이 '힘에의 의지'의 전적으로 우연적이고 무계획적인 놀이의 산물이라고 한다면, 그 놀이를 담당하는 원리라는 것은 있는 것일까? 그 놀이의 존재방식은 어떻게 형용될 수 있을까?— 이와 같이 묻는 것이 가능할 것이다. 답은 다음과 같다. 시간이 영구적으로 계속된다고 한다면 모든 것은 다시금 똑같이 전개될 가능성을 확률로서 간직하고 있는 것이 아닐까? 유구하고 무한한 시간 속에서 유한한 에너지가 서로 충돌하는 이상, 이전에 있었던 것과 전적으로 동일한 배치도 생겨날 수 있는 것이 아닐까? 마치 아무리 많은 주사위라 하더라도 지치지 않고 계속해서 던지면 언젠가는 동일한 배치의 때가 나오는 것과 마찬가지로—.

여기에도 계몽 이후의 기계론적 자연관에 의거한 사고 실험이 있다. 수학에 약하고 하마터면 고교 졸업 시험에 떨어질 뻔 했던 니체지만, 80년대에 들어서부터는 상당히 많은 자연과학 관계의 문헌들을 섭렵했다는 것이 분명해지고 있다[Alwin Mittasch, *Friedrich Nietzsche als Naturphilosoph*. Stuttgart 1952 및 ders., *Friedrich Nietzsches Naturbeflissenheit*, Heidelberg 1950]. 그 가운데에는 당시로서는 충격적인 에너지 보존 법칙을 논의한 로베르트 마이어(Julius Robert von Mayer 1814-78)의 저서와 논문들도 포함되어 있다. 니체는 마이어가 아직도 법칙 속에 물질이 끼어 있음을 승인하고 있다고 비난하고, 존재하는 것은 유일한 에너지, 힘이라고 친구에게 보낸 편지에서 논의하고 있다. 그러나 이러한 존재론적 재구성과 니체의 경험의 질 사이에—그 둘 다 계몽 이후의 앎의 선택지라 하더라도—차이가 있다는 것은 곧바로 간취된다. 또한 고전문헌학자로서의 교양에 그리스의 원환적인 세계상이 포함되어 있었다는 점도 확실하다. 『삶에 대한 역사의 공과』(1874)에서는 그 일단을 엿볼 수 있다. "결국 만약 동일한 별의 조합이 출현할 때마다 동일한 사건이 그 세부에 걸쳐서까지 모조리 지상에서 재생산된다고 하는 피타고라스*학파의 확신, 즉 별들이 특정한 위치에 올 때마다 스토아*학파의 인물은 에피쿠로스*학파의 인물과 손을 잡고서 카이사르*를 암살하고 콜럼버스*는 아메리카 대륙을 발견하게 될 것이라는 그들의 확신이 올바르다면, 그때야말로 한 번 가능했던 모든 것이 다시 가능할 수 있을 것이다."[『반시대적』 II. 2] 그러나 설령 이러한 역사적 본보기가 다소나마 작용했다고 하더라도 오류의 체현에 불과한 거의 종교적인(피타고라스학파적인) 세계 해석과 그 오류를 간파한 계몽을 거친 후의 사고 실험 사이에, 또는 실체적이거나 존재론적인 세계 해석과 탈마술화된 세계 속에서의 주관성의 순간적 경험 사이에 단절이 있다는 점도 간과해서는 안 된다.

하지만 이 순간적 경험이란 무엇일 것인가? 그것은 무언가 이해 가능한 객관성을 취하고 있을 것인가? 클로소프스키는 역으로 이 경험이 왜 그대로의 형태로 니체의 사고 속에 존속하는 것이 아니라 사라져버린 것인가, 고양된 기분은 어떻게 해서 지고의 사상으로 될 수 있는 것인가 또는 본래 그리 될 수 없는 것인가라고 물을 정도다. 그렇지만 그 기분의 흔적은 어떻게든 더듬어볼 수 있다.

1882년에 나온 『즐거운 학문』*의 최초의 판 마지막에서 두 번째의 「최대의 중량」이라는 제목을 달고 있는 아포리즘[341]에는 이 "심연"의 사상"이 두려워하면서 언표되고 있다 ── 그것도 "만약 그러하다면"이라는 상정을 말하는 가정법을 구사하여. "어느 날 낮 또는 어느 날 밤에 악령이 당신의 가장 깊은 고독* 안으로 다가와 이렇게 말한다면 그대는 어떻게 하겠는가? '너는 네가 지금 실제로 살고 있고 지금까지 살아온 이 삶을 다시 한 번 살아야만 하고, 더 나아가서는 무한 번에 걸쳐 반복해서 살아야만 한다. …… 모든 것이 빠짐없이 모조리 그대로의 순서로 돌아오는 것이다.── 이 거미도, 나뭇가지를 스치는 달빛도 그리고 지금 이 순간*도 …….'" 주인공이 이 사상을 견뎌내고 그것을 체현하기까지 성숙되는 과정을 주제로 한 『차라투스트라』에서조차 목적도 의미도 알지 못하는 시

간의 원환성이 알려지는 것은 제3부의 「환영과 수수께끼에 대하여」 장에 이르러서부터다. '순간'이라는 이름이 걸려 있는 문 앞에서 '중력의 영'*에게 이야기를 건네는 차라투스트라의 말은 여전히 망설이는 경향이 있는 의문문이다. "무릇 달릴 수 있는 모든 것은 이미 한 번 이 길을 달렸던 적이 있는 것이 아닐까? 무릇 일어날 수 있는 모든 일들은 이미 한 번 일어나고 행해지고 이 길을 달렸던 적이 있는 것이 아닐까? …… 여기 달빛을 맞으며 느릿느릿 기어 다니는 거미, 이 달빛 그 자체, 그리고 문 언저리에서 영원의 문제에 대해 함께 속삭이는 나와 너,── 우리 모두가 이미 언젠가 존재한 적이 있는 것이 아닐까?── 그리고 또 되돌아와 저쪽으로 뻗고 있는 또 하나의 길, 저 기나긴 소름끼치는 길을 달려가야만 하는 것이 아닐까,── 우리는 영원에 걸쳐 되돌아와야만 하는 것이 아닐까?" 그러나 가정법과 의문문으로 나타나 있는 것은 자신 없음이라기보다는 경험의 강렬함, 그리고 그 미적인 순간적 성격일 터이다. 또한 어느 쪽이든 깊은 밤, 달빛, 거미가 무대 배경으로 나온다. 이 꺼림칙한 광경은 연구자에 따라서는 어릴 적 니체의 이사 체험에서 유래한다고도 여겨지고 있다. 아버지의 사후 나움부르크* 마을로 옮겨 살 때 깊은 밤의 달빛 속에서 짐이 가득 실린 수레가 움직일 때의 적막감이 ── 누이의 전기에도 나온다 ── 차라투스트라-니체의 처참한 고독*에 스며들어 있었는지도 모른다. 존재의 무의미성에 대한 미적 경험이 이 영원회귀 사상의 핵심에 놓여 있다는 것을 보여주는 방증일 것이다.

하지만 미적 경험인 한에서 모든 것이 회귀하는 것을 견뎌낼 수 없는 미적인 이유가 있다. 그것은 만약 모든 것이 이전에 있었던 대로 반복된다면 그리스도교도의 르상티망*도, 바그너*에게 고유한 어쩐지 조금은 더러운 권력의 센티멘털리즘도, 플라톤*-소크라테스*의 이상주의도, 그리고 유럽에게서 삶의 광채를 빼앗아버린 금욕 도덕*도 모두 이전에 있었던 그대로 반복하게 된다는 것이다. 미적 취미에서 보면 견디기 어려운 종류의 '문화' 형태가 무한 번에 걸쳐 반복하게 된다. 이 생각에 차라투스트라-니체는 신음한다. 과연

그것을 견뎌낼 수 있을 것인가? 이 문제도 반복해서 주제화된다. 이 점에서 중요한 것은 마찬가지로 '환영과 수수께끼'의 시소다. 앞의 대화 후에 풍경이 갑자기 일변한다. 그러자 거기에는 한 사람의 젊은 목자가 넘어져 몸부림치며 구르고 있다. 그의 "입에서는 한 마리의 검고 무거운 뱀"이 늘어뜨려져 있었다." 목자의 목구멍 깊숙이 달려들어 물고 있는 이 무시무시한 검은 뱀이야말로 모든 추한 것의 회귀를 상징한다. 목자는 그것을 극복한다. "'물어라!'— 나는 그렇게 절규했다. 나의 공포, 나의 증오, 나의 구토, 나의 연민, 나의 선의와 악의의 모든 것이 단 하나의 절규가 되어 쏟아져 나왔다. …… 목자는 나의 절규대로 물었다. 힘차게 물었다. …… 이미 목자가 아니었다. 이미 인간이 아니었다.— 한 사람의 변용한 자, 빛에 둘러싸인 자였다."

지금 하나의 "기분의 흔적"으로서도 중요한 요소는 이 영원회귀를 인식하는 그 순간도 역시 회귀한다고 하는 경험이다. 『즐거운 학문』에서도 『차라투스트라』에서도 앞에서 인용한 부분에는 그러한 메타 인식이 짜 넣어져 있다. 인류의 오류 역사의 결과로서 니체가 도달한 이 영원회귀의 앎은 지금까지 오류를 산출해온 힘에의 의지가 거기서 스스로의 맹목적 성격을 명확히 인식하는 것—더욱이 그 맹목적인 힘에의 의지에 의해 인식하는 것이었다. 인식과 오류가 그 극한에서 수렴한다. 그러나 힘의 놀이는 거기서 영구적인 정지 상태에, 완전한 균형 관계에 들어서는 것이 아니다. 위대한 정오*, 태양이 천정에 걸리는 것은 순간이며, 더욱이 그 순간을 그것으로서 인식할 수 있는 자에게 있어서만 그러할 것이다. 영원회귀의 인식 역시 지나간다. 다시금 헛된 영위가 반복되고 가치의 투쟁이 계속될 것이다. 하지만 이 한순간이, 요컨대 세계가 인식에 의해 빛나고 니체의 메모를 끌어들이자면 "쾌락의 절대적 과잉*"이 증명되는' 이 한순간이 되돌아오게 되면 이 삶은 살 만한 가치가 있다—이렇게 니체의 경험은 말하고 있는 듯하다.

이 정도가 "기분의 흔적"이라고 말할 수 있다. 하지만 여기에는 사르트르*도 지적하는 점이지만 순간적

경험의 나르시시즘적인 중시도 놓여 있다. 이미 2년 전에 가스트*에게 다음과 같이 써 보낸 것을 사르트르는 지적한다. "나도 35세가 끝난다. …… 이 해에 단테는 환시를 보았다."[1879. 9. 11] 어쨌든 이 기분은 니체가 힘에의 의지라는 형이상학적인 사상, 그리고 가치의 전환*이나 초인* 사상과의 정합성을 이루기 위해 고투하는 가운데 변질해 갔다(체계화에 대한 의지의 존재와 그 차질에 대해서는 포다흐의 문헌학적 분석이 있다. Erich F. Podach, *Friedrich Nietzsches Werke des Zusammenbruchs*, 1961). 물론 실체적 세계관으로서 영원회귀가 제시되는 곳도 충분히 있다. 뢰비트* 등은 대강 이 정도를 근거로 하여 니체의 영원회귀가 "근대성의 정점에서의 고대의 원환적 세계관의 되찾음"이라고 논의하고 있다[『니체의 철학』].

다른 한편 광기의 진행과 더불어 미적 경험은 객관적 세계상과 융합하여 붕괴인지 폭발인지 확정하기 어려운 터무니없는 언설이 되어 전개된다. 거기서는 개인이라는 동일성도 붕괴한다. 왜냐하면 모든 것이 회귀한다면 이 나는 이전에 존재했던 모든 역사상의 인물이라 하더라도 이상하지 않기 때문이다. 아니 '이 나는'이라는 가정된 주어 자체가 의미를 지니지 않게 된다. 나는 나폴레옹*이었을지도 모른다. 그러나 나폴레옹이었던 한에서 이 나는 통일적인 하나의 존재가 아닐 것이다. 대강 이 정도의 소식을 광기의 편지에서 알아볼 수 있다. 1889년 1월 3일 코지마 바그너에게 보낸 편지에는 다음과 같이 적혀 있다. "내가 인간이라는 것은 편견입니다. 나는 이미 몇 번이나 인간들 속에서 살았으며, 인간이 경험할 수 있는 모든 것을 하찮은 것으로부터 최고의 것까지 알고 있습니다. 그러나 나는 인도*에서는 부처*였으며, 그리스에서는 디오니소스*였습니다.— 알렉산더와 카이사르는 나의 화신입니다……. 마지막으로는 볼테르*와 나폴레옹이기도 했습니다. 어쩌면 리하르트 바그너였을지도 모릅니다. 이번에는 승리에 빛나는 디오니소스로서 보내겠습니다. …… 나는 십자가에 못 박힌 적도 있습니다." 동일성의 붕괴에 의한 세계사의 개관. 들뢰즈*-가타리(Felix Guattari 1930-92)는 『안티 오이디푸스』에서 이러한 편

지 속에서 분열자 니체는 통상적인 달력을 넘어서 있다고 지적하고 "지금까지 분열자와 동일한 방식으로 그리고 분열자와 동일한 정도로 역사를 깊게 배운 자는 없다'고 말하고 있다. 클로소프스키는 이 '신들의 난무(亂舞)"에 대해 "그것은 요컨대 사고하는 주체가 자기 자신으로부터 그 주체를 배제하는 것과 같은 통일성을 지닌 사고의 삶에서 스스로 동일성을 잃어버리는 것일까"[Nietzsche et le circle vicieux. Paris 1969]라고 자문하고 있다.

이렇게 보면 서두에서 언급한 문제, 요컨대 『비극의 탄생』에서의 '세계와 현존재의 미적 현상으로서의 정당화'와 '도달할 수 있는 최고의 긍정의 정식'으로서의 영원회귀와의 관계에 대해서는 미적 경험이라는 선이 이어져 있음을 알 수 있다. 단 하나 다른 점은 그 경험이 체계화에 수반되어 현저히 부풀려지고 때로는 존재론적 양상을 띠고 있다는 점이다. 그러나 기본적으로는 장대한 고양의 감각이며 그런 의미에서 미적 경험이었다. 질바플라나 호반의 종잇장에도 이렇게 적혀 있다. "그러나 그것에 맞아 쓰러지지 않기 위해 우리는 동정"을 크게 해서는 안 된다. 무관심이 깊이 우리 속에서 작용해야만 한다. 또한 바라보는 것의 즐거움이." "바라보는 것의 즐거움"── 여전히 '보는' 것의 지나친 무게가 있다. 미적인 시선이라고 해도 좋다. 여기에는 고대 이래의 테오리아(관상)의 심성이 이해관계 없는 직관 내지 "감각을 즐기며 바라본다'는 근대의 미적인 심정과 계몽 이후의 하나의 지적인 선택지 속에서 융합하고 있다.

【IV】다양한 해석

이렇게 보면 이 지금이 여러 차례 반복되더라도 좋도록 살라는 짐멜"-아베 지로(阿部次郎)적인 윤리적 해석은── 니체의 텍스트에도 그렇게 생각하게 만드는 요소가 있지만── 전적으로 빗나가게 된다. 또한 하이데거"도 조금 의심스러워진다. 하이데거의 표현을 빌리면 '힘에의 의지'는 존재자의 근본 성격을 니체가 명명한 것이다. 그런 의미에서는 존재자의 총체를 신, 이데아, 정신, 의지, 물질, 힘, 에너지 등으로 형용해 온 서구 형이상학"의 완성─종결일 따름이다. 그러나

니체는 "존재자의 존재'로까지 물음을 심화시키고 "존재에 생성의 성격을 각인하고" 그것을 영원회귀라고 불렀다는 것이다. 그러나 하이데거에 의한 이러한 정리는 바로 경험의 강도가 상실된 몇몇 텍스트에 대한 것에 지나지 않는다. 자신의 사상을 자연과학적으로 근거짓기 위해 다시 빈대학에 들어가고자 하여 루 살로메"를 유혹한다든지 했던 니체에 지나지 않는 것이다. 또한 새삼스럽게 영원회귀 등을 논의하더라도 의미는 없다, 그러한 시대는 지나갔다고 하는 하버마스"의 각성된 발언(Vorwort zu: Friedrich Nietzsche, Erkenntnistheoretische Schriften, Frankfurt a. M. 1968)도 마땅히 문제시되어야 할 것이다.

영원회귀는 아무래도 기본적으로 미적인 경험이다. 그러나 미적인 경험이라고 해서 마음 편하게 받아들이고 그 쓸쓸함을 추체험하는 것으로 족한 것이 아니다. 왜냐하면 앎의 역사에서 니체의 최대 공적은 고대 이래의 계몽의 공포가 미적 공포였다고 하는 지적에 있기 때문이다. 성스러운 것을 모독할 때, 요컨대 성과 죽음의 터부를 깨트리는 계몽이 음미하는 무서운 한 순간에 기성의 의미 세계가 붕괴하고 사회적 재생산의 토대가 되고 있던 안정된 일상이 바람에 날아간다. 또한 그 계몽의 모독 행위는 끊임없이 신화적 폭력에 의해 복수 당한다. 계몽을 끊임없이 무력화하는 폭력"의 공포, 그 순간에도 모든 것이 해체된다. 그리스 비극에서 몇 번이고 말해지는 이 공포에서 근대인 니체는 미의 절대성을 보고 있었다. 계몽적 폭로의 공포, 어떠한 계몽도 견딜 수 없는──그리고 계몽에 의해 밝혀지는──무의 영원성에서 생겨나는 신화적 폭력, 행복의 불가능성. 바로 여기에 미적 경험이 여가의 예술 감상과 다른 측면이 놓여 있다.

이 점을 본 것이 발터 벤야민"이다. 의미가 무의미에 의존하고 있다는 것의 발견은 논문 「파괴적 성격」에 있듯이 "기성의 것을 무가치한 것으로 변화시킨다." 초현실주의"의 파괴력에서 나타나는 이러한 실험은 "상쾌한 공기와 자유로운 공간에 대한 갈망"이기도 하다. 그러나 19세기 말의 미처 날뛰는 자본주의에서 그 행복의 희망은 상품 사회에 숨어 있는 신화적 폭력

에 의해 끊임없이 무화된다. 또한 지금까지의 행복의 희망이 모두 그러했듯이 행복을 불가능하게 하는 신화적 폭력의 범주들에 의해 혼탁하게 표현될 수밖에 없다. 그 점을 벤야민은 『차라투스트라』보다도 10년 일찍 블랑키의 『천체에 의한 영원』에서 묘사된 영원회귀의 또 하나의 비전과 관련지어 논의한다. 거기에도 상품의 무한한 순환, 그리고 상품이 나누어 주는 행복의 그림자가 투영되어 있다. "영원회귀의 사상은 역사적 사건조차 대량 생산 상품으로 만든다."[「센트럴파크」] "영원회귀의 이념은 거품 회사들의 난립 시대의 비참함으로부터 행복의 환영(Phantasmagorie)을 마술적으로 산출한다. 그의 표현을 빌리면 이 교설은 상호적으로 모순되는 쾌락의 방향, 요컨대 반복의 쾌락과 영원성의 쾌락을 결합한다."[『파사주론』] 그런 의미에서 영원회귀의 문제는 절망 속에서의 자기 긍정의 욕망이자 욕망에 지나지 않는 희망의 표현이다. 앞에서 인류가 범해온 오류 속에서도 "인간이라는 것을 넘어선 북방정토에의 의지"를 니체는 보고 있었다고 썼지만, 이 '절망 속에서의 자기 긍정에 대한 혼탁한 희망'이야말로 바로 그것이다. 절망 속의 미적 희망에 대해 니체는 광기의 글 『안티크리스트』의 서두에서 다음과 같이 쓰고 있다. "우리 서로의 얼굴을 쳐다보자. 우리는 휘페르보레오스인(Hyperboreer, 북방정토인)이다. 우리는 우리가 얼마나 멀리 떨어진 곳에 살고 있는지 잘 알고 있다. '육지로든 바다로든 그대는 휘페르보레오스인에게로 가는 길을 찾지 못하리.' 핀다로스(Pinder(Pindaros) ca. 518-ca. 446 B.C.)는 이미 알고 있었던 것이다. 우리가 그런 사람들이라는 것을. 북방 너머에, 얼음 나라 너머에, 죽음 너머에 ── 우리의 삶과 우리의 행복…… 우리는 행복을 발견했다. 우리는 그 길을 안다. 우리는 수천 년에 걸친 미궁 전체에서 벗어나는 통로를 발견했다." ☞ 위대한 정오, 힘에의 의지, 『차라투스트라는 이렇게 말했다』, 벤야민, 블랑키

──미시마 겐이치(三島憲一)

예거 [Werner Wilhelm Jaeger 1888-1961]

빌라모비츠─묄렌도르프의 제자 가운데 한 사람으로 고전문헌학자. 1914년 바젤대학 교수. 그를 유명하게 만든 것은 1930년에 니체의 고향 마을 나움부르크에서 개최된 고전문헌학회에서 "고전적인 것과 고전고대"라는 표제 하에 그가 조직한 일련의 강연이다. 출석한 가다머 등은 그렇게 흥미를 보이지 않았던 듯하지만[『철학적 수행 시대』], 고전문헌학의 자기반성으로서는 중요했다. 이미 니체가 『반시대적 고찰』의 하나로서 구상하고 있던 유고군 「우리 문헌학자들」에서 지적하고 있는 문제, 요컨대 고전 고대의 모범성과 역사적 상대성의 관계를 어떻게 생각할 것인가 하는 문제를 예거는 위기의 시대와 관련하여 생각하고자 했다. 그는 니체와는 전혀 반대로 가톨릭 입장에서 고전 고대 후기의 모범성을 믿고 있다. 왜냐하면 예거의 말을 빌리자면 고전 고대 후기에 태어난 '파이데이아(교양, 도야)' 사상이야말로 그리스도교 중세를 매개로 하여 서구를 만들었기 때문이다. 고전적 교양의 해체에 따라 서구의 뿌리가 망각되어버린 이 현대에 필요한 것은 고대의 인문주의, 그리고 괴테, 실러, 훔볼트(Wilhelm von Humboldt 1767-1835)의 인문주의를 잇는 제3의 인문주의이자 고대 파이데이아의 르네상스라고 그는 주장한다. 나치스의 정권 탈취와 더불어 미국으로 망명하며, 하버드대학 교수로서 전후에도 일관되게 고대 세계에서의 그리스와 그리스도교의 만남이 파이데이아의 사상을 풍요롭게 했다는 것을 계속해서 강조했다. 디오니소스라는 명칭 아래 인문주의의 전복을 도모한 니체와는 정반대다. 현재의 현실성은 아니지만, 니체 수용의 중요한 한 지점이다.

──미시마 겐이치(三島憲一)

📖 ▷Werner Jaeger, *Paideia*, Bd. Ⅰ, *Die Formung des griechischen Menschen*, 1934.

예수 [Jesus von Nasareth]

니체는 그리스도교의 본질을 '르상티망(원한 감정)'으로 파악하고 그리스도교 도덕을 '노예의 도덕'으로 끊임없이 비판·공격하지만, 그때에도 언제나 그

리스도교와 예수 그리스도라는 사람에 대해서는 나누어 생각하고자 한다. 그는 『안티크리스트』*에서 단적으로 다음과 같이 말하고 있다. "이미 그리스도교라는 말이 하나의 오해다.— 근본적으로 생각하면 그리스도교도는 단 한 사람밖에 없었다. 그리고 그 사람은 십자가에 못 박혀 죽었다." 요컨대 니체가 비판하는 '그리스도교'란 예수 그 사람의 가르침이 아니라 오히려 그 사도들이 "예수가 몸을 가지고서 살아간 것의 반대물"로 변화시켜버린 것이다. 니체에게 있어 예수 그 사람은 "그가 살아온 그대로, 가르쳐온 그대로 죽은" 희귀한 사람, 가르침과 실천, 진리와 삶*의 일체성을 완전하게 체현한 사람이었다. 니체는 D. 슈트라우스*와 르낭*의 『예수전』을 숙지하고 있었지만, 그들이 그 예수상 속에 '광신자'라든가 또는 '천재*', '영웅*' 등의 이미지를 집어넣은 것에 단호히 반대한다. 니체에게 있어 예수는 어린아이와 같이 순박한 마음을 지닌 청년, 그리고 무엇보다도 철저한 "사랑의 사람"이었다. "내 몸을 지키지도 않고 노여움도 보이지 않으며 책임을 묻지도 않는다. 악인에게도 맞서지 않으며,— 이를 사랑한다……"라고 예수를 묘사하는 니체의 말에서는 깊은 공감마저 느껴진다. 『차라투스트라』*에서는 이 헤브라이 사람 예수에 대해 "그는 너무도 일찍 죽었다. 만약 그가 내 나이까지 살았더라면 그는 자기의 가르침을 철회했을 것이기에. 철회할 정도로 충분히 그는 고귀*했던 것이다"[I -21]라고도 말하고 있다. 니체는 그리스도교로부터 예수의 해방을 시도했던 것이라고도 말할 수 있을 것이다. ☞그리스도교, 바울

—소노다 무네토(薗田宗人)

예술藝術

니체에게 있어 예술은 예술가 형이상학에 침잠해 있던 초기에서는 물론이지만, 생애 내내 중대한 문제였다. 예술의 의미와 가능성에 비판적이게 된 중기이든, 예술을 무시하는 것 같은 발언이 많은 말년이든 그 비판의 방식이나 새삼스러운 무시의 몸짓으로부터도 그에게 있어 예술의 중대성을 알아볼 수 있는 것이

다. 그 배경에는 역사적으로 보아 세 가지 요소가 있을 것이다.

첫 번째는 플라톤*의 예술론, 아리스토텔레스의 시학 이래의 예술의 사회적 위치를 둘러싼, 서구에서의 자각적인 반성의 역사. 예술을 둘러싼 담론이야말로 예술의 제작을 규정해 온 것이 서구다. 예를 들어 『인간적』*에서는 '동정과 공포'를 둘러싼 고대 비극론에 의혹이 제기되어 있지만[I . 212], 이것 등은, 레싱*의 『함부르크 연극론』(또는 「최근의 문학에 대한 제17서한」)은 굳이 말할 필요도 없고, 오랜 수용의 역사를 배경으로 한 것이다.

배경의 두 번째는 18세기 계몽과 프랑스 혁명* 이후의 독일 시민사회에서 예술의 위치가 한층 더 높아지고, 예술을 둘러싼 담론이 철학을 석권한 듯한 사태다. "현재는 이곳저곳에서 준동하고 있다는 점에서 미학이 무어라 해도 두드러진다"고 장 파울(Jean Paul 1763-1825)은 『미학 입문』(1804)의 서두에 썼다. 왕후 귀족의 궁정에서도 오페라나 연극, 음악 연주나 고대 풍의 주상(柱像)은 언제나 공적인 기능을 지니고 있었다. 그것들은 귀족의 권력과 부를 드러내 보이는 것이었지만, 그 수단이 예술이었다는 점이 중요하다(현시적 공공성). 예술이 바로 그러한 위치에 있었기 때문에 18세기 후반에 힘과 부를 획득한 시민 계급에서도 예술은 그들의 의식을 표현하는 것이 되었던 것이다. '순수한 인간성', '인격의 완성', '청순', '순수한 연애' 등이 귀족*으로부터 계승하여 귀족에 대항하는 수단이 된 예술에 짜 넣어졌다. 니체의 입장에서 보면, 여기에는 계몽에 의한 종교의 해체가 작용하고 있다. "예술은 종교가 쇠약한 곳에서 머리를 쳐든다. …… 계몽이 펼쳐지는 것에서 종교의 교의들이 흔들리고 근본적인 불신이 불어넣어졌다. 그 때문에 계몽에 의해 종교적 영역에서 밀려난 감정은 예술에 몸을 맡기는 것이다."[『인간적』 I . 150] 이러한 사정은 유럽 각 나라에서 나타나는 방식이 상당히 다르지만, 특히 독일에서는 다양한 이유에서 두드러졌다.

이것과 연관되는 것이 세 번째의, 독일 고유의 역사적 배경이다. 딜타이*는 이른바 괴테 시대를 종교적

417

의례로부터 해방되어 세계 체험에로 변한 깊은 종교 감정이 "정신생활의 가장 행복한 표현"을 낳고 "예술적 상상력이 불멸의 창조를 성취한" 시기라고 형용하면서 "이와 같은 진보의 본성을 독일에서 밝히고자 할 때의 매체는 예술이었다. …… 이리하여 성립한 〔진보와 예술의〕 도식은 헤겔*의 정신에서 문화적 발전의 보편적인 고찰로 확대되었다"〔『정신과학 입문』 전집 I.382〕고 단언한다. 요컨대 당시의 독일 지식인에게 있어 예술의 문제는 단순한 여가의 즐거움이 아니라 사회적 생활세계에서의 상호 주관성의 유지와 확대 — 보편적인 상호 주관성으로의 확대 — 의 가능성을 알리는 것이었다. 그 정점을 보여주는 것이 실러*의 『미적 교육에 관한 서간』이자 낭만파의 예술론이며, 정치 속에서 예술의 일정한 역할을 추인한 헤겔의 '예술종교'의 사고방식이다. 그들에게 있어 비극의 상연에 의해 성립하는 고대 그리스의 축제 공동체야말로 — 그 의의에 대한 해석은 조금씩 다르다 하더라도, 그리고 개중에는 제9교향곡의 <환희의 노래>에도 있는 엘리지움(공희(供犧)의 비밀 의례에 의해 맺어진 그리스의 신비적 교단)의 비의를 중시하는 입장도 있었다 하더라도 — 정치와 경제의 원리만으로는 실현되지 않는 사회적 연대의 모델이었다. 대체로 이러한 배경을 보지 못하고서는 왜 이 정도로까지 니체가 예술의 존재방식과 인생의 의미를 서로 아울러서 논의했는지는 이해 불가능하다.

하지만 니체가 직면한 것은 이러한 예술에 의한 보편적 연대에의 통로가 막히고, 이른바 "예술 시대의 종언"(하이네*)이 분명해진 포스트 관념론의 상황이었다. "사상과 반성은 예술을 뛰어넘어 버렸다. …… 예술은 정신의 최고의 규정에서 보아 이미 과거에 속한다"고 말하는 『미학 강의』의 헤겔의 각성된 발언 그대로의 사태인바, 거기서는 과거의 예술이나 시문은 오로지 '교양'을 위해 즐겨지고 계층 귀속 증명으로서 몸에 익혀질 뿐으로, 사회와는 무관하게 되고 있었다. 『인간적』* 제1부의 「예술가와 저술가의 영혼으로부터」라는 제목이 붙은 일련의 아포리즘은 그 통절한 표현이다. 그는 다음과 같이 논한다. 삼통일의 법칙 등의

형태로 예전에 예술에 부과되어 있던 엄격한 멍에는 모두 던져버려지고 말았다. 현재 존재하는 것은 오로지 실험뿐이다. 볼테르*의 위대함은 루소*의 예술상의 '자연주의'에 의해 소실되고 말았다. 괴테*는 실험을 좋아했지만 마지막에는 형식의 억제력을 잘 이해하고, 과거의 유적으로부터 거기에 놓여 있었을 완벽함을 상상해 그리는 기예를 몸에 익혔다. 그에 반해 우리는 "확실히 저 멍에를 벗어 던짐으로써 모든 민족의 포에지를, 숨겨진 곳에서 성장한 일체를, 근원적인 활력을 지닌 것, 거칠게 피어나는 모든 것을…… 즐길 수 있다. …… 하지만 모든 민족의 모든 양식의 포에지의 대홍수는 여전히 조용하고 은밀히 예술이 자라날 수 있었던 그러한 토양을 서서히 씻어내 버릴 것임에 틀림없다." 〔『인간적』 I.221〕 형식의 붕괴 → 모든 시대와 문화의 유산의 수용(역사주의*) → 의미의 상실이라는 연관이 모든 수단을 동원하여 변주되고 있다. 또는 예술과 종교적 진리가 깊이 결부되어 있었던 한에서, 또한 라파엘로*의 그림, 단테의 『신곡』, 미켈란젤로의 프레스코화, 그리고 중세 고딕의 대성당에 필적하는 것은 만들어질 수 없을 것이라는〔같은 책 I.220〕 것 등은 "중세의 아름다운 나날은 지나갔다"는 『미학 강의』의 헤겔을 떠올리게 한다. 이 점에서 가장 아름다운 아포리즘은 「예술의 저녁놀」이라는 제목의 223번이다. 1년에 하루만 아득한 선조인 그리스의 축제를 즐기는 남이탈리아의 도시를 예로 들어 멸망한 예술의 운명을 떠올린 이 아포리즘은 "태양은 이미 저물어 버렸다. 그러나 우리의 삶의 하늘은 태양이 더 이상 보이지 않는다 해도 여전히 저물어 버린 태양의 노을로 빛날 것이다"라고 맺어지고 있다(덧붙여 말하자면, 모리 오가이*(森鷗外)는 이 아포리즘이 마음에 들었던 듯 단편 「추나(追儺)」〔메이지 42년〕 말미에서 언급하고 있다). 그러므로 교양주의의 우상으로 화한 예술의 파괴가 일관되게 니체의 입장이 된다. 예를 들면, 예술의 적을 자칭하는 사람들 쪽이 그나마 더 나은 편이어서, 그들이 적대시하는 예술이 현재의 예술 애호가가 이해하는 예술인 이상, 예술의 적이야말로 우리의 벗이다. 극장, 기념비, 유명 가수의 투입, 쓸데없는 예술

학교, 각 가정에서 예술 교육에 투입되는 쓸데없는 돈 등을 생각해 보자는 것과 같은 발언은 래디컬하다[『반시대적』Ⅲ. 5].

그러므로 예술에 의한 구원의 꿈을 추구하는 니체가 우선 생각하는 것은 이와 같이 문화 사업이 된 예술의 구원이다[『반시대적』Ⅲ. 6]. 그리고 바그너*의 바이로이트 프로젝트야말로 그것을 가능하게 하는 것으로 생각되고 있었다. 바이로이트*야말로 그리스 정신의, 그 축제 공동체의 부활이 될 것이었다. 『비극의 탄생』*은 그것을 위해 쓰였다. 하지만 그리스 세계나 고딕 대성당이 이미 돌아올 수 없듯이 "괴테의 요람과 함께 시작되고 괴테의 관과 함께 끝났다"고 하이네가 말했던 '예술 시대'에 꿈꾸어진 구원, 요컨대 보편성을 향한 사회적 생활세계에서의 상호 주관성의 유지와 확대의 꿈도 겨우 수십 년 후라고는 하더라도 돌아올 도리가 없었다. 그런 까닭에 니체의 꿈은 기묘하게도 현세 이탈, 사회적 생활세계로부터의 도망의 색채를 띠고 있다. 요컨대 그와 초기의 헤겔이나 셸링(Friedrich Wilhelm Joseph von Schelling 1775-1854)과의 사이에는 쇼펜하우어*가 있는 것이다. 『비극의 탄생』에서는 한편으로 현존재와 세계를 긍정하고 시인하는 매체로서 비극이 그려지고, 예술이야말로 삶*의 자극제라고 단언되고 있는 것으로 생각된다면, 다른 한편으로는 그러한 현존재, 요컨대 일상생활로부터의 해탈의 수단으로도 예술은 간주되고 있다. "예술의 최고의, 정말로 진지하게 그렇게 불러도 좋은 과제는 밤의 두려움으로부터 눈을 구제하고, 가상*이라는 치료약에 의해 주체를, 의지의 흥분에 의한 경련으로부터 구원하는 것이다."[『비극』19] 도피와 해탈에 의한 삶의 기쁨과 긍정이라는 것은 참으로 내부 모순을 품은 생각이 아닐까? 개체화*의 원리에 의해 지배되고, 이해 갈등이 소용돌이치며, 오욕으로 더러워진 이 현세로부터의 이탈이 참으로 살아가는 것이라고 하는 것에서는 그 참다운 삶은 추상적이고 종잡을 수 없다. 바그너가 상연되고 있는 시간만 계속되는 것과 같은 것이라면, 그것은 니체가 가장 혐오하는 여가의 위로로서의 예술일 것이다. 니체, 특히 초기의 니체 안에서 쇼펜하우어 사상을 실마

리로 하여 현세로부터의 해탈과 쾌락*의 긍정이라는 양자가 어떻게든 정합적으로 서로 이어져 있는 것은 분명하지만, 나중의 우리의 눈으로 보면 모순일 뿐이다. 이른바 중기에 많이 나타나는, 예술의 의의에 대한 깊은 회의*, 예술의 허망성에 대한 야유하는 발언은 이 모순이 나타나기 시작한 증좌로서 파악될 수 있다.

예술의 제도화를 비판하는 니체지만, 근대에 예술이 자율성을 획득하고, 도덕 문제나 과학적 인식과는 별개의 가치를 인정받게 된 기본적 경험은 공유되고 있다. "도덕적 협애화나 좁은 관점으로부터의 해방"[유고 Ⅱ. 10. 172]으로서 예술이 파악되고, 역사주의의 결과로서 원시적인 것, 원초적인 것으로 예술이 돌아가는 것이 곳곳에서 강조되는 것은 그 후의 예술 동향을 선취하는 것이기도 하다. 실제로 하버마스*가 말하는 대로 니체는 "말라르메(Stéphane Mallarmé 1842-98)의 동시대인"이며, 미적 모더니즘의 선구였음에는 틀림이 없다. 다만 그것이 열매 맺지 못한 것은 "미적 모더니즘에 고유한 비역사적 견해"(하버마스) 때문만이 아니다. 오히려 예술의 제도화와 자율성 사이에 있는 미묘한 어긋남을, 그리고 양자가 반드시 서로 완전히 배제하는 것이 아닌 사태를 파악할 수 없었기 때문이기도 할 것이다. 니체에게 있어서는 제도화에 의한 한계성과 자율적인 예술의 전면적 가능성은 전적으로 상반되는 것으로서 파악되고 있다. 그 결과로서 만년에 다다름에 따라 삶이 힘을 위한 수단이 되었을 뿐만 아니라 예술도 힘의 조건에 적합한가 아닌가와 같은 관점에 따라서만 보이게 된다. 예술 작품을 예술 작품이게끔 하는 제도적인 담론이란 무엇인가라는 물음은 제기되지 않으며, 예술이 지니는 표층의 아름다움이 세계를 빛나게 하고 개시하는 기능(예를 들어 하이데거*)에도 눈길이 향하지 않는다. "예술이 존재하기 위해서는 어떤 생리학적인 조건이 불가결하다. 그 조건이란 도취*다"[『우상』Ⅸ. 8]라든가 "삶의 상승과 하강의 수단"으로서의 예술과 같은 표현이 증대하며, "예술에서는 허위가 스스로를 신성화한다"[『계보』Ⅲ. 25]거나 "허위에서 스스로를 즐기는 것은 예술이다"와 같은 발언까지 나타난다. "힘이 은총을 드리워

가시적인 세계로 내려올 때, 그것을 아름다움이라 부른다"[『차라투스트라』Ⅱ-13] 등도 그러한 방향에 속하지만, 어느 것이든 예술이 삶과 힘의, 그리고 최종적으로는 힘에의 의지*의 함수로서 이해되고, 미의 자율성, 예술의 독립성이 생리학으로 해체되어 간다. 하지만 플레스너(Helmuth Plessner 1892-1985)의 『지체된 국민』(Die Verspätete Nation, 1935) 이후 우리는 생리학*에로의 해체가 괴이한 회로를 거쳐 쇼비니즘으로 발전하는 경향을 지녔다는 것을 알고 있다.

그렇지만 제도 속에서 시장 거래되는 예술 작품과 그것을 소개하고 논의하는 예술 비평에 예술의 문제를 한정하는 것을 단호하게 거부한 의의는 크다. 종교나 도덕으로부터 자율적인 까닭에 제도화의 틈으로부터 일상생활로 전면화할 가능성을 예술에 대해 인정한 것은 오늘날에도 현실적이다. 과거로 눈길을 돌린 그의 낭만주의 — 요컨대 "1850년의 페시미즘의 가면을 쓴 1830년의 낭만주의자의 신앙고백"[『비극』,「자기비판」7] — 가 현대의 현실성과 결부될 가능성은 아직 충분히 텍스트로부터 남김없이 다 드러나 있다고 말하기 어렵다. ☞니체와 바그너 — 낭만주의의 문제, 『비극의 탄생』, 미와 쾌락

—미시마 겐이치(三島憲一)

예이츠 [William Butler Yeats 1865-1939]

영어권에서 니체 사상을 가장 깊이 받아들인 아일랜드 시인·극작가. 예이츠가 니체를 처음 접한 것은 1902년 여름의 일이다. 토머스 커먼(Thomas Common 1850-1919)이 편집한 『비평가, 철학자, 시인, 예언자로서의 니체』(1901)라는 제목의 한 권짜리 영어 번역 니체 선집을 읽고서 흥분을 억누르지 못한 채 아일랜드 부흥 운동의 맹우 그레고리 부인에게 보낸 편지(1902년 9월)에서 니체를 "저 강렬한 매혹자"라고 불렀을 정도다. 1890년대부터 블레이크(William Blake 1757-1827)의 신비주의에 경도해 있던 예이츠는 니체를 우선 블레이크와 결부시켜 이해하고자 했다. 나아가 스베덴보리(Emanuel Swedenborg 1688-1772), 뵈메(Jacob Böhme

1575-1624), 『루이 랑베르』나 『세라피타』의 작가로서의 발자크*("니체의 모든 것은 발자크에 있다"고 예이츠는 말한다), 블라바츠키 부인(Helena Petrovna Blavatsky 1831-91) 등의 신지학 내지는 신비 사상 전통의 계승자로서 니체를 자리매김해 간다. 이러한 니체관은 만년에 이르기까지 일관되지만, 예이츠에게 있어 니체는 무엇보다도 우선 근대 합리주의의 막다른 골목에서 탈출하여 인간의 영성을 직시하는 새로운 시대의 여명을 알리는 위대한 신비가 내지 예언자로서 파악되었다. 블레이크 사상의 완성자로서 니체를 바라보는 것은 이와 같은 맥락 안에서의 일이다. 그러한 의미에서 『환상록』(1925)으로 집대성되는 예이츠의 신비학의 근간에 니체의 영원회귀* 신화나 아폴론/디오니소스*라는 대립 개념이 적지 않은 그림자를 드리우고 있는 것은 특기해야 할 점이다. 특히 디오니소스 신화에 대한 관심을 강하게 불러일으켰다는 점에서 니체 독해가 수행한 역할은 적지 않다고 할 수 있다. 극작가로서의 예이츠는 비극적 엑스터시를 "예술 — 아마도 삶 — 이 줄 수 있는 최고의 것"이라고 생각하고 있었지만, 『모래시계』(1903) 이후의 주요한 희곡 작품들에서 "비극적 정열의 산"인 니체적인 디오니소스가 쿠후린 등 고대 아일랜드의 영웅상에 반영되어 있음은 명백하다. 오늘날 니체를 빼놓고서 예이츠를 말하는 것은 가능하지 않다고 할 수 있을 것이다. ☞파운드

—후지카와 요시유키(富士川義之)

예일학파 — 學派

1970년대부터 예일대학을 거점으로 하여 전개된 탈구축* 비평을 짊어진 비평가·사상가들. 제프리 하트먼(Geoffrey Hartman 1929-), J. 힐리스 밀러(J. Hillis Miller 1928-), 해럴드 블룸(Harold Bloom 1930-), 폴 드 만(Paul De Man 1919-83) 등이 거론된다. 특별히 학파 의식을 지니는 것은 아니고 탈구축을 파악하는 방식에도 차이가 있지만, 후기구조주의*를 선명히 내걸고 있다는 점에서 공통된 입장에 선다. 그들의 탈구축 비평에는 데리다*를 매개로 한 니체 해석이 큰 영향을 미치고

있다. 그중에서도 진리란 언어*의 수사적 기능에 의해 산출되는 허구라고 하는 니체의 이성 비판*의 시점은 미국에서 그때까지 지배적이었던 신비평(New Criticism)을 타파하는 데서 유효한 무기가 되었다. 신비평은 시적 언어를 과학의 합리적 언어와 구별하고, 그것에 고유한 자율성을 인정하며, 시적 진리에 이성 언어를 초월한 특권적인 지위를 부여했다. 다른 한편으로는 시적 언어에 대해 말하는 문학 비평에 객관성을 부여하기 위해 구조주의가 원용되었다. 요컨대 텍스트 독해는 시적 진리를 작품의 구조로부터 찾아내는 특수한 능력으로 간주되었던 것이다. 탈구축이 비판을 제기한 것은 구조를 의사과학적인 방법으로서 절대화하고, 그에 의해 시적 언어와 과학적 언어의 이원론을 고정화하는 이러한 신비평의 사고였다. 진리 개념의 탈구축은 텍스트를 메타포의 집합체로서 읽음으로써 진리의 허구성을 폭로하는 '운동'이게 된다. 예일학파에게 공통된 것은 특정한 진리 체계를 전제하는 비유*가 아니라 기호와 의미의 관계에서 열린 다양성을 지니는 은유와 환유에 주목하는 점이다. 그러한 시점의 기반을 이루는 것은 데리다가 "니체적인 긍정의 태도"라고 부르는 것, 요컨대 "해석"에 노출되는 일도 없고 "진리도 기원도 없는 기호의 세계"에 대한 긍정이다. 이러한 공통성이 있긴 하지만 하트먼과 밀러가 "기호의 자유로운 놀이"로 일관하고 데리다의 엄밀한 텍스트 독해 작업을 좇아 행하지 않은 채 수사학의 방종한 쾌락에 몸을 맡기는 경향이 있는 데 반해, 폴 드 만은 면밀한 논의를 전개하고, 문학을 철학보다 우위에 두는 것에 의한 진리 개념의 단순한 역전이 아니라 오히려 이성과 수사의 공범 관계를 강조한다. "니체는 인식론적 방법의 한계에 대해 생각하기 위해서는 인식론적으로 엄밀한 방법을 그 수단으로 사용할 수밖에 없다고 호소한다"[『독서의 알레고리』]고 말하는 드 만은 사티로스제의적인 기호의 놀이에 빠지지 않는 데서 니체의 수법을 찾고자 한다. 또한 수정파라고 말해지는 블룸은 카발라에 의거하는 가운데 탈구축을 벗어던지고 시적 창조력이 지니는 구원의 힘을 추구하는 비교(秘敎)적인 방향으로 향하고 있다[『카발라와 비평』]. 어느

것이든 데리다의 영향 없이 예일학파를 생각할 수는 없지만, 니체의 사유를 기호론적으로 전개할 가능성을 보여준 점에서 중요한 족적을 남기고 있다. ☞탈구축, 데리다와 니체

—오누키 아츠코(大貫敦子)

오류誤謬 ⇨진리와 인식

오르테가 [José Ortega y Gasset 1883-1955]
　마드리드에서 태어난 철학자. 독일 유학 중에 신칸트학파*의 영향 하에서 철학 연구를 계속한다. 그 밖에 짐멜*, 분트(Wilhelm Max Wundt 1832-1920) 등에게서 사사하며, 또한 딜타이*로부터 받은 영향이 크다. 상당히 이른 시기(1910년대)에 집필 활동을 개시했기 때문인지, 우나무노(Miguel de Unamuno 1864-1936) 등 한 세대 전의 이른바 '98년 세대'(1898년의 미국-스페인 전쟁 패배를 계기로 스페인 재건을 지향한 민족주의적인 문학 운동)와 문제의식을 공유한다고 말해진다.
　오르테가가 독자적인 철학적 입장을 명확히 한 것은 『돈키호테를 둘러싼 성찰』이 최초인데, "나란 나와 나의 환경이다"라는 명제는 그것을 한 마디로 요약한 것이라 할 수 있다. 나를 하나의 개체로 보는 실재론과 일체의 것을 내 속에 받아들이고자 하는 관념론의 쌍방을 넘어서서 '나'와 '나의 환경'과의 공존을 주창한 것이 이 명제. 명제에는 '나'라는 말이 세 번 나오지만, 최초의 '나'는 뒤에 나오는 두 개의 '나'를 포괄하는 위치를 차지한다. 오르테가에게 있어 참으로 실재하는 것은 이 최초의 '나'와 그의 삶뿐이다. 그렇다고 한다면 환경 속에 있는 것은 이 '나'와 그의 삶의 관점에서 존재하는 것이게 된다. 그러나 오르테가는 '나'의 관점의 복수성을 인정하면서도 복수의 관점을 규정하고 진정한 관점에 열린 '삶의 이성'이라는 것을 요청하고 있다. 니체와의 다름이 나오는 것은 여기다. '삶의 이성'은 니체의 '위대한 이성*'을 떠올리게도 하지만, 오히려 딜타이의 '역사적 이성'에 가깝다.

오르테가와 니체와의 유사성을 지적하는 것은 불가능하지 않다. 그러나 그것은 동시에 양자의 다름을 두드러지게 하는 것이게 된다. 문명 비평가로서의 오르테가의 이름을 세계에 알리는 것이 된 『대중의 반역』도 마찬가지다. 오르테가에 따르면 어떤 사회에도 엘리트와 대중이라는 것이 존재한다. 그러나 현대의 '대중인'은 상급의 규범과 국가나 문명의 소산을 존중하지 않는다는 점에서 지금까지의 대중과 다르다. 대중인의 존재에서 현대의 퇴폐 현상을 보는 오르테가의 견해는 확실히 니체의 대중 비판과 통한다. 그러나 그는 그러한 현 상황을 타개하는 방도로서 국민국가의 기반인 네이션의 활성화를 강조하지만, 이러한 시점은 니체에게는 없다.

—기마에 도시아키(木前利秋)

오버베크 [Franz Overbeck 1837-1905]

페테르부르크에서 태어난 프로테스탄트 신학자로 니체의 친구. 1864년부터 예나대학에서 교회사 사강사를 맡은 후, 70년에 바젤대학 조교수가 되어 신약학과 고대 교회사를 강의했다. 72년부터 97년까지 같은 대학 교수. 주저는 『오늘날 신학의 그리스도교성에 대하여』(Ueber die Christlichkeit unserer heutigen Theologie, 초판 1873, 증보 제2판 1903), 사후 간행된 『그리스도교와 문화』(Christentum und Kultur, 1919) 등.

오버베크는 원시 그리스도교 신앙과 그리스·로마적인 교양의 관계를 해명하고 양자의 단절을 강조했다. 그에 의하면 원시 그리스도교는 세계의 종말과 그리스도의 재림에 의한 구원을 소박하게 믿는 것이자 종말론과 세계 부정적인 인생관을 특징으로 하는 것이었다. 이러한 그리스도교*를 그는 "근원 역사"라고 부른다. 그러나 그것은 그리스·로마 문화와 접촉함으로써 변질되고, 신앙과 지식의 투쟁에 휘말려 역사적·문화적 그리스도교가 되었다. 알렉산드리아학파는 이 세상의 지혜인 그리스 철학과 결부시켜 그리스도교 신학을 성립시켰다. 이에 대한 공격이 있긴 했지만, 고대 교회는 결국 지식, 학문, 신학의 손에 떨어졌다.

중세와 근대에도 그리스도교와 그리스·로마 교양의 나쁜 결합은 명확하다. 신학은 그리스도교의 세속화 이외에 아무것도 아니다. 신앙과 신학이 본질적으로 서로 용납되지 않는다는 점은 그리스도교에 한정되지 않으며, 순수하게 호교론적인 신학 따위의 것은 환상일 따름이다. 그런 까닭에 오버베크는 당시의 정통신학도 또 이와 대립하는 자유신학도 공격했다. 그의 사고방식은 20세기의 종말론 신학과 헬레니즘화에 의한 복음의 왜곡을 이야기하는 하르나크(Adolf Karl Gustav von Harnack 1851-1930) 신학의 선구로 볼 수도 있다. 또한 K. 바르트(Karl Barth 1886-1968)는 근원 역사와 역사적·문화적 그리스도교와의 준별로부터 많은 것을 배우고, 초역사적인 비할 데 없는 근원 역사는 위로부터 수직적으로 하강하여 역사적 그리스도교를 판가름한다고 하는 사상으로서 그것을 수용했다. 다만 오버베크 자신은 종교에 대해서는 냉담한바, 근원 역사로의 복귀를 주창했다기보다 오히려 어디까지나 역사가로서 사실을 지적한 데 지나지 않는다. 그리스도교에 대한 사로잡히지 않은 자세는 니체에게도 공통되며, 후기의 니체가 예수* 그 사람의 가르침이나 삶의 방식과 그리스도교를 준별한 배경에는 오버베크의 위와 같은 구별이 놓여 있겠지만, 그리스도교에 관한 그들의 구별이 반드시 겹치는 것은 아니다.

두 사람이 서로 알게 된 것은 1870년이다. 오버베크는 그 전해 바젤에 부임해 있던 일곱 살 연하의 니체와 동료가 되며, 더욱이 우연히도 같은 바우만의 집에서 마루를 사이에 두고 아래위층에 사는 이웃이 되었다. 그들은 반년 후에 1층의 오버베크의 방('바우만의 동굴')에서 매일 저녁식사를 1시간 함께 하는 습관을 들이게 되고, 5년에 가까운 이 공동생활은 두 사람 사이를 나누기 어려운 것으로 만들었다. 그 무렵의 니체의 태도는 "넘쳐날 듯한 이야기하기 좋아함과 은자 같은 신중함"이 뒤섞여 있었다고 한다. 73년에 니체의 『반시대적 고찰』* 제1편과 오버베크의 처녀작 『오늘날 신학의 그리스도교성에 대하여』가 같은 프릿츠 출판사에서 차례로 발간되었는데, 후자가 출판된 것과 관련해서는 니체의 조력이 있었다. 니체는 이 두 책을 합본한 것에 다음과 같은 시를 적어두었다. "어떤 집의 쌍둥이가 / 용기를 내 세상에 뛰어들었네. / 세상이라는 용을 여덟으로 찢으러. / 아버지는 두 사람! 기적이었네! / 쌍둥이의 어머니 이름은 **우정**이었네!" 실제로 두 책은 프로이센-프랑스 전쟁*의 승리를 독일 **정신**의 승리로 착각하고 또 시민적 행복에 취해 있는 독일 사회와, 이를 상징하는 D. 슈트라우스*의 『낡은 신앙과 새로운 신앙』을 비판한다는 점에서 내용상으로도 공통되는 바가 크다. 오버베크에게 있어 교양속물*의 현세 긍정적인 낙관주의와 내셔널리즘은 당대 신학의 각각의 파들이 공유하는 비그리스도교성이며, 니체가 고전문헌학계에 반역했듯이 그는 신학계 전체를 적으로 돌려 싸웠던바, 두 책은 두 사람의 친교의 산물이기도 했던 것이다. 이 우정*은 생애가 끝날 때까지 이어졌다. 오버베크는 바젤대학 퇴직 후의 니체에게 물질적・정신적 도움을 아끼지 않았다. 89년 1월, 착란에 빠진 니체가 부르크하르트*에게 보낸 서간을 읽고 토리노*로 달려가서 바젤로 데리고 돌아와 정신병원에 입원시킨 것도 바로 그다. 그 후 그는 네 차례 니체와 만났지만, 마지막 대면이 된 95년 9월에는 니체가 좋지 않게 변해 "치명상을 입은 고귀한 동물이 구석에 몸을 숨기는" 듯한 인상을 받았다고 한다.

그렇지만 그들의 교우가 평탄한 것은 아니었다. 오버베크의 유고에 따르면, 로데* 등과의 경우와 달리 서로 알게 될 때의 커다란 나이 차이는 서로에게 있는 거리를 유지시켜 그로 인해 두 사람은 확고한 신뢰관계를 맺을 수 있었지만, 그와의 교제는 그에 대해 니체가 품은 시기와 의심에 의해 니체에게 "상상상의 고통"을 주었다. 나아가 오버베크는 니체가 자기 억제가 가능하지 않은 인간, 위대할 수 없는 인간이었다고 말하고 있다. 극도의 명예욕에 내몰린 야심가이면서 창조적이고 예술적인 재능이 충분하지는 않고, 비판가라는 일면적인 걸출한 재능을 자신에게로 향하게 했다는 점에서 니체의 불행과 광기의 원인을 봄과 동시에, 영원회귀*, 힘에의 의지*, 초인*, 강자와 약자의 이분법과 같은 후기 니체의 근본 사상을 "환상"이라고 평가했다. 하지만 정열적이고 격렬한 자와 냉정한 페시미스트, 지적

천분이 풍부한 자와 모자란 자라는 커다란 차이에도 불구하고, 또한 서로에 대해 불만은 가지면서도 "우리는 스스로를 넘어서고자 하는 두 가지의 학자 기질이었다"고 두 사람의 우정*을 요약하고 있다. ☞바젤, 우정, 역사신학

—고토 요시야(後藤嘉也)

오스기 사카에 [大杉栄 1885-1923]

메이지 말부터 다이쇼 시기에 걸쳐 활발하게 언론 활동을 전개한 무정부주의자로 관동 대지진 직후 헌병대의 아마카스(甘粕) 대위에 의해 학살된 일은 잘 알려져 있지만, 니체와 자기의 미적 혁명 사상을 결부시킨 점에서도 일본에서의 수용*에서 이채를 발하는 존재였다. "니체는 무엇보다 사회주의자가 아니다. 그렇지만 사회주의자는 그 정도로 니체에게 반대하지 않는다"고 말하는 오스기는 다이쇼 2년부터 3년에 걸쳐 자기가 편집하는 잡지 『근대사상』에서 여러 차례 니체에 대해 언급하고 있다. 예를 들면 당시 자주 논의된 '자아' 문제에 대해 "자아는 자유롭게 사유하고 자유롭게 행동하는, 니체의 말을 빌리자면, 피안을 향하는 갈망의 화살이다"라고 니체가 초인*을 형용한 표현을 사용하고 있다. 그리고 "오늘날과 같이 거의 모든 사회적 제도가 자아의 압박과 파괴에 힘쓰는 상황에서 자아가 향하는 곳은 다름 아닌 이들 사회적 제도에 대한 반역일 뿐이다"라는 것이며, 아나키스트와 생디칼리스트야말로 "생활 의지와 권력의지가 가장 강력한 소수자다. 가장 많이 과거를 해탈한 새로운 인간이다"라고 주장한다. 더 나아가 그는 그와 같은 사회에 대한 투쟁 그 자체에 대해 최고의 미적 가치를 인정하고, 사회 혁명을 "실행의 예술"로서 파악하고 있었다. 그러나 "삶의 최고조에 오른 순간의 우리는 가치의 창조자인 일종의 초인이다. 나는 이 초인의 기지를 맛보고 싶은 것이다"라는 오스기 나름의 미적 행동주의의 영웅주의는 이윽고 "고립된 개인은 무력하다", "새로운 역사적 생활의 가능성을 지니는 노동 계급의 군중과 결합해야만 한다. 영웅*과 범인 사이에 심연을

파놓은 니체의 초인은 어리석게도 스스로의 패망을 위해 활동하는 것이다'라는 "사회적 개인주의"의 주장으로 이해해 간다. 확실히 오스기의 이와 같은 사상적 발전은 "번역 사회주의자"라는 자기 비평으로부터도 간취할 수 있듯이 다분히 외국 문헌의 영향(예를 들면 조르주 팔랑트(Georges Toussaint Léon Palante 1862-1925)의 니체론)에 기초하고 있었다. 그러나 마침 이 시기에 개인주의로부터의 탈각을 추구하여 와츠지 데츠로*(和辻哲郎)나 아베 지로*(阿部次郎)가 관조적인 내성에 빠져든 데 반해, 그와 같은 내성에 의해 "자기의 완성"이라든가 "생명의 충실"을 꾀하는 것은 일종의 기만이자 일시적으로 달아나는 것에 불과하다고 갈파하는 가운데 어디까지나 정치적·사회적 억압에 대한 반항을 주장하고 니체를 그를 위한 자극제로 삼은 오스기의 수용은 대단히 독특한 동시에 첨예한 것이었다. ☞일본에서의 수용

—오이시 기이치로(大石紀一郎)

오이디푸스 [Ödipus] ⇨비극 작가

오토 [Walter F. Otto 1874-1958]

20세기 독일의 대표적인 고전문헌학자. 니체의 스승이었던 우제너*의 강의에도 참석한 적이 있다. 20년대에는 프랑크푸르트대학에 있으며, 칼 라인하르트*와 친교를 맺는다. 이전에 괴테*의 깊은 영향 하에 서 있던 고전문헌학*이 지엽적인 사실의 구명으로 타락한 것을 비판하고, 니체를 통해 그 재생을 꾀하고자 했다. 『비극의 탄생』*이 쓰일 무렵 독일의 학자들이 올림피아에서 발굴한 아폴론* 상이 벨베데레의 아폴론 상과 달리 디오니소스*의 형제라고도 생각되는 모습을 하고 있던 것을 강조한다. 그리스인의 자유의 이상은 신화의 신들이 살아 있는 현실이라는 것에서 유래한다. 신들이 참으로 직관된 모습이었기 때문이며, 원시 신화의 재편성에 의해 원초적인 문화가 예술적 문화로 되었다고 논의한다. 한동안 바이마르*의

니체 아르히프에서 역사적·비판적 전집의 편집 작업에 종사하며, 유고의 편집에 엄밀한 문헌학의 필요성을 강조했지만, 전쟁 때문에 실현하지 못했다. 다만 33년 이후의 '위기'의 시대가 되면, 횔덜린*과 니체의 이름을 끌어들이는 가운데 강권의 시대에 겉보기에는 반권력적인, 그러나 결국은 독일적인 문화주의적 구제를 이야기했다. 그라시(Ernesto Grassi 1902-1991) 등과의 협력은 문제다. 전쟁으로 장서를 모두 잃어버린 후 다름슈타트의 도서 구입 클럽인 학술도서협회를 창설한 일로 유명하다. 교양주의와 자유주의와 전쟁 범죄적인 문화주의와 구체적 유능함의 대단히 독일적인 공존이 두드러진다. ☞고전문헌학, 라인하르트

—미시마 겐이치(三島憲一)

와츠지 데츠로 [和辻哲郎 1889-1960]

와츠지 데츠로가 도쿄제국대학 철학과 졸업 후의 다이쇼 2(1913)년에 상재한 『니체 연구』는 '힘에의 의지*'에 관한 독특한 해석에 의해 일본에서의 수용*에 새로운 시대를 열었다. 이 방대한 저작은 다음 해에는 아베 요시시게(安倍能成 1883-1966) 번역의 『이 사람을 보라』*의 서평을 증보하여 재판되었지만, 쇼와 16년에는 현대식 말투로 개정된 제3판이 간행되며, 쇼와 23년에도 동일한 판이 재간되어 일본에서의 니체 연구서 가운데서도 굴지의 롱셀러가 되었다. 또한 와츠지는 다이쇼 4년에 『쇠렌 키르케고르』를 간행하고, 다이쇼 6년에는 엘리자베트 니체 편의 서간집에 기초하는 『니체 서간집』을 편찬했다. 다만 니체가 "냉혈 잔인한 괴물"도 "과대망상광"도 아니라는 것을 보여주고자 하여 어머니와 누이 앞으로 보낸 서간을 많이 채록했기 때문에, 엘리자베트가 날조한 것을 수많이 소개하게 되었다.

『니체 연구』의 최대의 특색은 엘리자베트 등의 편집에 의한 『권력에의 의지』의 차례를 토대로 하여 『반시대적 고찰』*을 제외한 니체의 전 저작을 요약, 발췌하고, 그 사상을 정리·소개한 점에 있다. 니체에게서의 예술과 사상의 관련이 지니는 중요성에 주목하여 '자

기표현'으로서의 철학이라는 견해를 내세우고, 재빠르게 '힘에의 의지'를 니체의 근본 사상으로서 파악한 관점은 당시로서는 신선한 것이었으며, 삶'을 유지하기 위한 인식에 의한 원근법'적 해석이 가상'을 날조'하는 것에서 '힘에의 의지'의 주요한 기능을 인정했다는 점에서도 와츠지의 소개는 요점을 누르고 있다. 그러나 그의 해석에는 역시 당시 소개된 베르그송(Henri Bergson 1859-1941)과 짐멜'의 '삶의 철학'의 요소가 뒤섞여 있으며, 윤리학설을 정리하고 있는 부분은 나쓰메 소세키'(夏目漱石)의 '즉천거사(則天去私)'와 니시다 기타로(西田幾多郎 1870-1945)의 『선의 연구』의 발상을 따르고 있다. 그리고 최대의 문제점은 와츠지가 『니체 회상』에서의 도이센'의 변론적 해석을 토대로 하여 쇼펜하우어'의 '의지의 부정'의 철학에로 니체를 회수하고, 불교적인 해탈의 윤리와의 융합을 꾀하고 있다는 점이다. 그에 의해 그는 니체가 드러내는 권력'을 찬미한다든지 에고이즘을 긍정한다든지 하는 면을 될 수 있는 한 눈에 띄지 않도록 하여 '힘에의 의지'를 해석하고 있다. 즉 '힘에의 의지'는 삶의 본질과의 일치를 주장하는 사상이지만, 그것은 개인의 의식적인 '자아'를 해탈하여 개인을 초월한 우주적인 '자기'로 귀환하고, 그것과 동일화하는 것을 이야기한 것이라는 해석인 것이다. 이러한 해석 도식은 당시의 친우였던 아베 지로'(阿部次郎)의 니체 해석과도 일치하지만, 아베가 미적 측면에 그 정도로 관심을 기울이지 않았던 데 반해, 초기에 문학적 창작에도 손을 대고 있던 와츠지는 삶을 긍정하는 예술이라는 발상에 친근감을 보이고 있다. 다만 거기서는 소박한 생명력의 찬미와 개인성의 방기만이 강조되고 있으며, 암울한 니힐리즘'은 아직 그 그림자를 드리우고 있지 않다.

이와 같은 치우침이 생겨난 배경에는 일본에서의 제1단계에서 다카야마 쵸규'(高山樗牛)가 주창한 '미적 생활'이 극단적인 에고이즘으로서 받아들여지고, 애국주의적인 '국민도덕'을 창도한 세력의 반발을 초래했다는 사정이 놓여 있었다. 이기주의라는 비난을 피하고자 하는 와츠지와 같은 경향의 해석은 니체의 개인주의를 사회혁명과 결부시켜 파악한 오스

기 사카에'(大杉栄)의 조롱에 부딪혔지만, 아베 지로를 비롯한 다이쇼 시기의 교양문화인에게는 받아들여지며, 미키 기요시'(三木清)가 하이데거'와 뢰비트'의 니체 해석을 가지고 돌아오기까지 일본에서의 니체의 이미지를 규정했다. 와츠지도 『우상재흥』(다이쇼 7년)에서 동시대의 일본에 대한 비판에 『반시대적 고찰』에서의 니체의 문화 비판을 원용하고 있지만, 이시카와 다쿠보쿠(石川啄木 1886-1912)가 「임중서(林中書)」(메이지 40년)에서 『반시대적 고찰』 제1편 서두의 비판을 러일전쟁 후의 일본에 적용했을 때만큼의 날카로움은 없다. 오히려 현재에 이르기까지 끊임없이 이어지는 문화보수주의 입장에서의 근대 비판의 정형을 답습한 데 지나지 않는다.

다이쇼 중기에 이르면, 와츠지는 고대 일본에서 '디오니소스'적인 것'을 발견하여 미적인 일본 회귀를 이루며, 『고사순례』(다이쇼 8년)에 의해 고대 붐을 불러일으켰다. 다이쇼 14년에는 교토제국대학에 취직하며, 쇼와 2년에는 유럽으로 유학하는데, 그때의 배 여행 도상에서의 직감적인 관찰은 그 후 『풍토』(쇼와 10년)로서 열매를 맺었다. 또한 근대 유럽의 자기완결적인 '개인'이 아니라 '사람 사이'를 기초로 하는 일본적인 윤리학을 구상하여 『인간의 학으로서의 윤리학』(쇼와 9년) 이후의 저작에서 전개했지만, 그것은 그가 혐오하고 있었던 '국민도덕'과 교토학파'의 '세계사적 입장' 내지 '근대의 초극'의 논리와도 통하는 멸사봉공적인 윤리관도 준비하는 것이었다. 와츠지는 쇼와 9년에 도쿄제국대학 윤리학과 교수가 되며, 『윤리학』(쇼와 12-24년)에서는 헤겔'의 체계를 모방한 구성 속에서 '자아'의 멸각에 의한 화(和)의 윤리를 가족국가관과 접합시켰다. 여기서도 『니체 연구』에서의 의식적인 '자아'의 극복에 의한 우주적인 '자기'로의 해탈이라는 도식은 멋지게 일관되고 있다. 그리고 그것은 당시의 정세 하에서 군국주의 체제에 대한 순응으로도 연결되어 갔다. 이리하여 와츠지는 군인규범인 전진훈(戰陣訓)의 주석을 집필하고, 해군학교에서 『일본의 신도』를 강연하는 등, 전쟁 협력적인 활동에도 종사했다. 그러나 전후가 되자 『윤리학』을 개정하여 국가를 넘어

서는 국제법 차원을 받아들임으로써 국가주의를 시정하는 방도를 찾고, 『쇄국』(쇼와 25년)에서 근세 일본의 폐쇄성을 비판했다. 덧붙이자면, 만년의 와츠지에게는 니체에 대한 논고는 없지만, 미적 비판의 자세에 시종일관 호감을 지니고 있었던 듯하다는 것은 그의 가르침을 받은 학생의 회상 등에서도 엿볼 수 있다. ☞일본에서의 수용, 아베 지로, 미키 기요시, 교토학파와 니체

―오이시 기이치로(大石紀一郎)

📖 ▷大石紀一郎 「和辻哲郎とニーチェ―日本におけるニーチェ受容史への一寄與」 『比較文學研究』 제46호, 東大比較文學會, 1984.

욀러 [Richard Oehler 1878-1948]

욀러 가는 니체의 어머니 쪽 가계로 니체의 종제인 리하르트 욀러는 니체와 마찬가지로 슐포르타*에서 배우고 대학에서는 신학과 고전문헌학*을 공부했다. 파이힝거*의 권유에 따라 쓴 박사 논문의 테마는 「소크라테스 이전의 철학*에 대한 니체의 관계」였다. 그는 니체 아르히프에서 엘리자베트 푀르스터-니체(Elisabeth Förster-Nietzsche 1846-1935)의 조력자로서 전집의 편집과 색인 작성에 참여하며, 또한 일찍부터 나치스*에 공명하여 그 이데올로기에 적합한 니체 상을 제공하고자 했다. 권두에 니체 아르히프를 방문한 히틀러(Adolf Hitler 1889-1945) 사진을 내건 『프리드리히 니체와 독일의 미래』에서는 니체와 히틀러의 발언을 비교하여 반민주주의와 니힐리즘*의 극복으로부터 우생학 사상·인종주의에 이르기까지 양자는 일치한다고 강조한다. 니체 아르히프를 방문한 히틀러가 곧바로 바이로이트*의 축제 극장으로 향하게 된 지금, 이전의 바이마르*와 바이로이트의 대립은 해소되었으며, 장래에는 나치스 독일에 의한 지상 지배가 니체의 이상을 실현할 거라고 하는 것이다. 덧붙이자면, 욀러 가의 다른 종제들 가운데 아달베르트 욀러(Adalbert Oehler 1860-1943)는 니체의 어머니를 이상화하여 묘사한 전기를 출판하여 엘리자베트와는 다른 견해를 보였다.

또한 막스 욀러(Max Oehler 1875-1946)는 니체 가와 욀러 가의 가계를 조사하여 니체와 바그너*에게 공통의 조상이 있다는 것을 보인다든지 니체의 장서 목록을 작성한다든지 했지만, 나치스에 입당하여 엘리자베트 사후에 아르히프의 관장이 되었다. ☞니체의 가계

―오이시 기이치로(大石紀一郎)

📖 ▷Richard Oehler, *Nietzsches Verhältnis zur vorsokratischen Philosophie*, Diss. Universität Halle-Wittenberg 1903. ▷ders., *Friedrich Nietzsche und die deutsche Zukunft*, Leipzig 1935. ▷ders., *Die Zukunft der Nietzsche-Bewegung*, Leipzig 1938. ▷Adalbert Oehler, *Nietzsches Mutter*, München 1940. ▷Max Oehler, *Nietzsches Ahnentafel*, Weimar 1938. ▷ders., *Nietzsches Bibliothek*, Weimar 1942.

욕망欲望

『차라투스트라』* 제3부의 「세 개의 악에 대하여」 장에서는 "가장 혹독하게 저주받아 왔을 뿐만 아니라 가장 고약하게 비방받아" 온 세 개의 욕망(관능적 쾌락, 지배욕, 이기심)에 대해 그 가치의 역전이 꾀해지고 있다. 관능적 쾌락(Wollust)은 "자유로운 마음을 지닌 자에게는 순진무구한 것이자 자유로운 것"이고, "쇠잔해 있는 자들에게야 감미로운 독이지만, 사자의 의지를 갖고 있는 자에게는 마음의 강정제다." 지배욕(Herrschsucht)은 "위대한 경멸*을 가르치는 교사"이며, "높은 자가 아래로 내려와 권력을 열망하는" 경우에 그 지배욕은 악이기는커녕 "베푸는 덕*"이다. 나아가 이기심(Selbstsucht)은 "모든 노예적인 것에 침을 뱉고" 모든 예종과 아첨을 거부하는 것이다. 요컨대 세 개의 욕망을 악이라고 하는 것은 삶*의 힘이 피폐한 자들의 "사이비 지혜"(After-Weisheit: 항문처럼 싸질러 모은 지혜)인 바, 이에 맞서 차라투스트라는 '자아'를 건전하고 신성한 것, '이기심'을 행복한 것이라고 부르짖고, '위대한 정오*'를 예언한다. 약자의 도덕 체계를 뒤집고, 삶의 회복을 꾀하는 힘, 그것이 욕망이다. "이 같은 신체와 영혼이 누리는 자기향락은 스스로를 일컬어 '덕'이라고 한다."[Ⅲ-10. 2]

이미 초기의 저작(「다섯 개의 서문」)에서 호메로스*의 서사시를 산출한 그리스 문화 최전성기의 그리스인의 '정치적 욕동'(politischer Trieb)을 긍정적으로 적고 있는 문장이 있다. 피로 물든 싸움 끝에 적의 시체 위에서 "사자와 같은 승리를 거두고서 의기양양해하는" 잔인한 광경을 앞에 두고서 "쾌락에 물드는"(lustvoll) 것이 가능했기 때문에 호메로스는 저와 같은 아름다움을 산출할 수 있었던 것이라고 니체는 본다. 이러한 그리스 세계에서 정치적 욕망과 예술작품이 유례가 드문 결합을 보여준 것은 정치적 욕망이 제한 없이 해방되었기 때문이라고 말한다. 이에 필적하는 상황으로서 니체는 르네상스* 시대—그가 염두에 두고 있는 것은 체자레 보르자*일 것이다—를 들고 있다. 동정*을 경멸할 정도로 자아의 욕구의 온전한 해방을 꾀하는 것이 자유로운 정신의 조건이다. 이것과는 반대로 삶이 약화된 시대는 "욕망을 말살하고 변화시키며 승화"[『아침놀』202]시키는 것에서 욕망의 내향화를 꾀한다. 니체는 이러한 욕망의 승화 형태로서 "예술가적 세계 해석", "학문적 세계 해석", "종교적 세계 해석"의 세 가지를 들고 있다[유고 Ⅱ. 9. 330f.]. 여기서 마치 프로이트*를 선취하듯이 문화의 현출 형태를 욕망의 승화(Sublimation)라고 포착하는 것은 주목할 만하다. 그러나 프로이트가 리비도의 완전한 해방에 주저하여 '승화'라는 개념에 머물러 있는 데 반해, 니체가 추구한 것은 '승화'에 의해 순치되지 않는 욕망의 해방이다. 그런 의미에서는 마르쿠제*가 기존의 시민사회적인 도덕관념과 예술관에는 포섭되지 않는 에로스의 해방 형태를 '탈-승화'(Entsublimierung)라는 개념으로 말하고자 한 것에 가까운 바가 있다.

니체는 욕망을 두 가지 관점에서 파악하고 있다. 하나는 자기 보존*의 기반이 되는 공리성을 모두 무시하고, "자아의 이익을 생각하는 일이 없는"[유고 Ⅱ. 6. 34] 욕망의 모습이다. "어떠한 욕망도 비지성적인 까닭에 공리성은 욕망에게 있어서는 전혀 안중에 없으며", "욕망은 낭비하는 것에 의해 모든 것을 파괴[같은 곳]하는 것이다. 이러한 욕망을 해방하는 것이 자유정신*을 불러오기 위한 조건이다. 이것과는 반대되는

또 하나의 관점은 세계 해석의 기반에는 언제나 욕망이 작용하고 있다는 견해다. 일반적으로는 "이해관계를 전혀 고려하지 않고서 곧장 진리를 추구하여 돌진하는, 고유한 인식에의 욕망(Erkenntnistrieb)이 있는 것처럼", "실천적인 관심의 세계와는 전혀 관계가 없는 인식에의 욕망이 있는 것처럼" 생각되고 있지만, 실제로는 "인식에의 욕망은 소유욕과 지배욕에 의한 것이다." [유고 Ⅱ. 11. 154] 요컨대 한편으로 욕망은 자기 보존의 이해관계와는 인연이 없고 바타유*의 용어에서의 '탕진'처럼 공리성을 넘어선 것으로 여겨지고 있으면서, 다른 한편으로 모든 인식은 공리적인 관심과 결부되어 있다고 여겨지는 것이다. 이 양면성은 '힘에의 의지*'의 양의성과 관계된다. 요컨대 '힘에의 의지'가 자유로운 정신의 발동인 경우에 욕망은 긍정적인 의미를 지니지만, 역으로 '힘에의 의지'가 르상티망*의 반영으로서의 그리스도교적·시민사회적 도덕 가치의 기반을 이룬다고 해석되는 경우에 욕망은 자기 보존에 대한 관심 이외의 아무것도 아닌바, 모든 인식의 근저를 이루는 것이 된다. 전자의 해석을 취하게 되면, 감성의 해방을 유토피아로서 그리는 마르쿠제*의 방향과 일치한다고 볼 수 있다. 이에 반해 후자의 해석은, 가치중립적인 인식은 불가능하며, 계몽적 인식의 구도 자체가 자기 보존의 원리와 불가분의 관계에 있다는 것을 보여준 호르크하이머*/아도르노*의 『계몽의 변증법*』, 나아가서는 하버마스*가 『인식과 관심』에서 실증주의 비판으로서 제시하는 문제로 계속되고 있다고 말할 수 있을 것이다. ☞자기 보존, 프로이트, 마르쿠제

―오누키 아츠코(大貫敦子)

『**우상의 황혼**』偶像―黃昏 [Götzen-Dämmerung. 1889]

【Ⅰ】성립의 배경

1888년의 니체는 다가오는 정신 붕괴를 예감해서인지 본서를 비롯해 모두 네 책의 저작을 잇달아 집필하고 있었다. 『바그너의 경우』에 이어지는 두 번째 책을 이루는 것이 본서다. 니체 자신의 말에 따르면 본서는

"날수를 헤아리는 것도 거리낄 정도의 단시일"[『이 사람』XII. 1]에 완성되었다고 한다. 그루이터판의 편자들은 이러한 성립 상황을 상세한 문헌학적 연구에 의해 더듬어 나감으로써, 본서 집필기인 1888년 8월 하순부터 9월 상순에 걸쳐 어떤 커다란 심경의 변화가 니체를 덮쳤음에 틀림없다는 추측을 이끌어내고 있다. 이 얼마 안 되는 기간에 '주저'가 되도록 예정된『힘에의 의지』 집필 계획은 최종적으로 단념되고, 이후 '주저'에는 단념된 저작에서는 부제에 해당되어야 할『모든 가치의 가치 전환』이라는 이름이 씌워지게 되었다는 것이다. 이 계획 변경에 따라 니체는 그때까지 이미 써 모여 있던 원고를 서둘러 정리하고, 당장은 자신의 사상의 "요약"[페터 가스트에게 보낸 편지 1888. 9. 12.]을 짓는 것으로 했다. 이리하여 태어난 것이『우상의 황혼』이다. 덧붙이자면, 편자들은 엘리자베트 등에 의해서 만들어진『힘에의 의지(권력의지)』 신화를, 앞에서 말한 것과 같은 고증에 기초하여 타파할 수 있다고 주장한다. 확실히 현재 그루이터판이 니체 연구의 출발점으로 되는 것은 확실하다. 그러나 과연 문헌학적 실증만으로 니체를 충분히 독해할 수 있는 것인지의 여부는 논의의 여지가 남는 것이 아닐까?

그런데 표제는 니체 자신이 말하는 바로는 <신들의 황혼>(Götter-Dämmerung)을 작곡한 "바그너"에 대한 비꼬기"[가스트에게 보낸 편지 1888. 9. 27.]라고 한다. 처음에는『한 심리학자의 나태』가 예정되어 있었지만, "좀 더 화려하고 빛나는 제목을 붙여갈"[니체에게 보낸 편지 1888. 9. 20.] 바라는 가스트"로부터의 요망에 따라 현재의 표제로 고쳐졌다. 그렇지만 공격당하는 것은 오로지 바그너에 그치지 않는다. 왜냐하면 본서의 "그 표지에 쓰여 있는 우상이 의미하는 바는 아주 간단하다. 그것은 이제껏 진리라고 불리어 오던 갓"[『이 사람』XII. 1]이기 때문이다. 덧붙이자면, 니체는 본서의 각 나라 언어로의 역자를 찾으며, 이폴리트 텐느"에게 프랑스어역을 의뢰할 것을 생각하고 있었던 듯하다.

【 Ⅱ 】 주제와 내용

우선『우상의 황혼』의 주제를 개관해 보자. 니체에 따르면, '이상주의'(Idea-lismus), 즉 이데아적인 것 일반을 '최고 가치'로 하는 위계짓기 시스템이 서양 정신사를 관통하여 흐르고 있다고 한다. 이러한 이상주의는 소크라테스"/플라톤" 철학에서 전형적인 맹아를 본 이래로 그리스도교"를 통해 니체 시대에 이르기까지(어쩌면 오늘날에 이르기까지?) 연면히 이어져 오며 지배적인 역할을 수행해 왔다. 본서의 테마는 이와 같은 이상주의가 사실은 우상에 지나지 않으며, 공허한 허위에 불과하다는 것을 폭로하고 비판하는 것에 있다. 그렇지만 이러한 폭로와 비판을 통해 니체 류의 새로운 '이상주의'가 태어난다고 생각해서는 안 된다. 오히려 니체의 의도는 이러한 허위 그 자체의 모습이야말로 다시 말하면 '현실'이자 '진리'라는 것을 제시하고, 더 나아가서는 이것을 '긍정하는 것에 있다. 이런 의미에서의 긍정된 진리란 다름 아닌 '힘에의 의지"다. 그러므로 니체의 공격은 이러한 힘에의 의지의 폭로를 금지시키고자 하는 이상주의의 '도덕'을 상대로 전개되는 싸움이며, 그의 텍스트에서의 격렬한 비판의 말은 이러한 끊임없는 싸움의 놀이를 체현하고 있는 것이다. 이리하여 본서의 '서문'이 말하듯이 "우상 청진(聽診)"으로서의 허위의 폭로는 동시에 "위대한 선전 포고"다. 이상이 "모든 가치의 가치 전환"이라는 전략의 개요이자 본서를 관통하는 테마다. 각 장에서는 이 주제가 다양한 형태로 변주되며, "영원한 우상"에 그치지 않고 "근대적 이념"과 같은 "가장 젊은 우상"[『이 사람』XII. 2]마저도 해학과 풍자로 가득 찬 방식으로 청진·공격되어 간다.『우상의 황혼』은 진실로 "미소 짓는 하나의 악마"다[같은 책 XII. 1].

44개의 모럴리스트 풍의 문장으로 이루어진, 유머와 에스프리가 발휘된「잠언과 화살」에 의한 도입 후에, 「소크라테스의 문제」는 캐리커처 풍으로 소크라테스 용모의 저 추함을 묘사하고(캐리커처 등의 이러한 '문학적 수법'은 '철학'에 대해서 형식상에서도 가치 전환이 이루어지고 있다는 것을 보여준다), 이 추함은 데카당스의 나타남에 지나지 않는다고 말한다. 소크라테스의 이성주의·도덕주의('이성 = 덕 = 행복')는 현자"의 지혜 같은 것이 아니라 역으로 힘에의 의지, 즉 삶에 대한 르상티망"이자 데카당스"의 전형일 뿐이다. 이어지는 「철학에서의 '이성'」은 철학자들의 "특이 체질"을 폭로한다. 이와 같은 특이 체질은 이미 헤라클레이토스*에 대립하는 엘레아학파의 철학자들에게서 보인다. 엘레아학파를 전형으로 하는 역대의 철학자들은 '생성*'이라는 현실에 대한 증오에 의해 '존재'라는 "개념의 미라"를 만들어내고, 더 나아가서는 '신'을 날조한 "개념의 우상 숭배자"이며, 그러한 한에서 그들은 "언어의 형이상학*"에 미혹되어 있는 데 지나지 않는다.

「어떻게 '참된' 세계가 결국 꾸며낸 이야기가 되었는가」는 플라톤으로부터 차라투스트라/니체로의 역사의 발걸음을 6단계로 나누어 총괄적으로 묘사한다. 블롱델(Eric Blondel 1942-)도 지적하듯이 이러한 역사의 발걸음이 태양의 운행에 의탁하여 말해지고 있는 것은 다름이 아니라 신이나 진리를 태양 내지 빛의 비유를 통해 표현해 온 전통(플라톤 철학, 그리스도교 등)에 맞서 니체가 패러디에 의한 공격을 의도하고 있기 때문이다. 「반자연으로서의 도덕」에서는 "정열을 죽여야만 한다"고 가르치는 그리스도교 도덕이 자연으로서의 삶에 '적대적'이라고 하여 공격당한다. 「네 가지 중대한 오류들」에서 니체는 "**원인과 결과를 혼동하는 오류**", "**잘못된 인과관계의 오류**", "**가상적 원인들의 오류**" 그리고 "**자유의지의 오류**"라는 철학적 개념 장치에서의 네 가지 오류가 도덕이나 종교의 영역과도 공범 관계에 있었다는 것을 폭로한다. 이러한 오류들에 니체는 '생성의 무구함'을 대치시켜 가치 전환을 수행한다. 또한 「인류를 '개선하는 자들'」에서는 유대*=그리스도교 도덕 유형과 고대 인도*의 『마누 법전』에서 보이는 도덕 유형과의 비교를 통해 승려의 심리학이 시도된다. 도덕은 그것이 힘의 의지라는 현실을 은폐하는 한 '오류'다. 우리는 도덕의, 즉 '선악의 **저편**'에 서야만 하는 것이다.

「독일인에게 모자란 것」에서 니체는 비스마르크* 정권 하의 독일 제국에서의 문화의 결여를 통렬하게 비판한다. 그것이 의도하는 바는 프로이센-오스트리아 전쟁*의 승리에 과도한 정도의 자신감을 갖춘 독일 제국이라는 전형을 통해 데카당스가 만연하는 당시

유럽의 시대 징후학을 행하는 것에 있다고 말할 수 있을 것이다. 덧붙이자면, 엘리자베트는 그의 저서 『고독한 니체』에서 니체의 독일인 비판이 사실은 다름 아닌 조국 독일에 대한 '사랑'에 뿌리박은 것이라고 하고 있다. 그러나 중요한 것은 어디까지나 니체가 말하는 사랑과 더 나아가서는 운명에 대한 사랑*, 삶의 긍정과 같은 모티브가 무엇을 의미하거나 의미하지 않는지를 물음의 소용돌이 속으로 던지는 데 있을 것이다. 그런데 앞서 말한 시대 징후학은 다음 장 「어떤 반시대적 인간의 편력」으로 계승되어 독일뿐만 아니라 유럽이 다양한 각도에서 도마 위에 오르게 된다(칼라일*, 르낭* 등의 동시대의 문사들, '예술을 위한 예술'과 같은 당시 예술의 동향들, 대두하기 시작한 사회주의* 운동, 정치 문제 등). 「내가 옛 사람들의 덕을 보고 있는 것」에서 니체는 플라톤과 투키디데스를 대치시키고, 이 대립을 통해 상징적으로 고대 그리스 세계가 데카당스에로 빠져 들어가는 모습을 묘사하면서 다시 그리스 비극과 디오니소스* 문제를 집어 든다. 이전에 니체는 고대 그리스의 이러한 현상들에서 다름 아닌 '삶에의 의지'를, 요컨대 힘에의 의지 문제를 보았다. 이것이 니체 사상의 알파이자 오메가다. 이리하여―라고 니체는 맺어간다―『비극의 탄생』*은 "최초의, 모든 가치의 가치 전환"이었다고.

【Ⅲ】영향

이미 표현주의* 시대에 "Menschheitsdämmerung"(『인류의 황혼/새벽』)이라는 제목을 가진 선집이 출판되었다. 특히 「어떻게 '참된' 세계가 결국 꾸며낸 이야기가 되었는가」라는 장은 유명하며, 다양한 사상가들에게 영향을 미치고 있다. 예를 들어 하이데거*는 그의 저서 『니체』에서 이 장에 상세한 주해를 덧붙이고, 니체의 가치 전환은 플라톤주의의 전도인 한에서도 역시 플라톤주의, 즉 '현전성'의 형이상학*에 머문다는 결론을 내리고 있다. 또한 데리다*는 『침필과 에크리튀르』에서 이 장을 다루는 가운데 특히 니체가 사용하는 여성 비유와의 관계에서 하이데거 유형의 니체 독해를 다시 검토하고, 니체에게서 현전성 형이상학의 '탈구축'의 선구자를 보고 있다. 저자 자신에 의해 요약으로 간주

된 『우상의 황혼』은 니체 사상 해명의 요충의 하나로서 이후에도 중요성을 증대시켜 갈 것이다. ☞가치의 전환, 형이상학, 소크라테스, 플라톤

―다카하시 도오루(高橋透)

📖 ▷Eric Blondel, *Fr. Nietzsche, Crépuscule des idoles*, Paris 1983. ▷Peter Pütz, *Friedrich Nietzsche*, Stuttgart 1975. ▷Kurt Pinthus (Hrsg.), *Menschheitsdämmerung*, Berlin 1920.

우연과 필연偶然―必然 [Zufall/Notwendigkeit]

"의지한다는 것은 자유롭게 하는 것이다. 그러나 이 해방자도 속박하고 있는 것이 있다. 그것은 무엇인가? 의지는 거슬러 의지할 수 없다. 의지는 시간을 타파할 수 없다. …… 시간은 역행할 수 없다는 것, 그것이 바로 의지의 비탄이다. '이미 있었던 것'― 의지가 굴릴 수 없는 돌은 그렇게 불린다.'[『차라투스트라』 Ⅱ-20] 니힐리즘*을 의지에 의해 극복하고자 하는 『차라투스트라』*에서의 최대의 문제는 의지의 자유*와 필연의 관계였다. 그러나 이 문제는 『차라투스트라』에서 시작되는 것이 아니라 니체에게 있어 이를테면 전 생애에 걸쳐 일관된 물음이었다. 이미 슐포르타* 시대에 문학 서클 '게르마니아'에서의 두 개의 발표 「운명과 역사」와 「의지의 자유와 운명」(1862)에서는 이 문제가 다루어지고 있다. 세계의 역사가 12시를 지나고 나서 다시 처음으로 돌아가는 태엽 장치의 시계와 같은 것인가 아니면 어떤 고차적인 계획이 지배하는 것인가와 같은 의문문을 나열한 후, 운명이라는 필연성이 없다면 세계는 꿈의 망상에 지나지 않는다고 말하고 있다. 이 물음은 다시 말하면 '신의 의지'를 부정한 후에 인간 영위의 총체로서의 역사는 어떠한 의미를 지닐 수 있는 것인가라는 의문이었다. "어쩌면 자유의지*는 운명의 가장 차원 높은 것일지도 모른다'는 예감이 나중의 영원회귀*로 열매 맺는다는 견해(뢰비트)도 있다. 요컨대 영원회귀는 니체가 청년 시대부터 품고 있던, 의지의 자유와 필연이라는 풀 수 없는 모순을 해소하는 시도가 되었다는 것이다. 또한 "만약 강한 의지가 모든 세계의 과거를 뒤집어엎게 되었다면, 우리는 자립한 신들의 반열에 더해지게 되고…… 인간은 스스로를 다시 발견하며, 어린아이*처럼 세계와 놀이할 것이다'라는, 이 초기 논문의 표현 [BAW 2. 58f.]도 『차라투스트라』의 어린아이를 떠올리게 한다.

영원회귀의 사유에 이르기 이전에는 운명과 자유, 필연과 우연이라는 대립 관계를 해소하는 것이 아니라 기성의 파악 방식의 맹점을 찌름으로써 역전시키고자 하는 시도가 보인다. 『아침놀』*[10]에서는 인과 관계란 필연이 아니라 그때그때마다의 사후적인 이유 부여에 의해, 요컨대 우연에 의해 '상상'된 것에 지나지 않는다고 말해진다. 나아가 이성도 우연이 산출한 것이며[『아침놀』 123], 합리성마저도 우연성이 거듭된 결과라고 한다. "아마도 의지도 목적도 없다. 우리가 그것들을 상상한 것이다. 우연의 주사위 통을 흔드는 필연성의 저 철로 된 손이 무한한 시간에 걸쳐 주사위 놀이를 계속한다. 이때 주사위는 그 패가 모든 면에서 완벽하게 합목적적이고 합리적으로 보이게끔 던져질 것임에 틀림없다. 또는 우리의 의지 작용, 우리의 목적은 바로 이러한 주사위 던지기에 지나지 않을지도 모른다.'[같은 책 130] 이들 아포리즘*에서는 운명과 의지의 자유를 대립으로 파악하는 사고 자체가 습관 속에서 만들어져 온 것이지 결코 형이상학*적인 영원의 문제가 아니라는 것이 암시되고 있다. 그러나 『차라투스트라』에서의 영원회귀의 사고에 의해 니체는 그러한 형이상학적 허구의 폭로에 그치지 않고 뢰비트가 지적하듯이 "윤리적 명제와 자연과학적 이론"을 일거에 해결하고자 하는 야망을 향해 갔다.

니체는 차라투스트라에게 이렇게 말하게 한다. "나는 인간에게 있어 단편이자 수수께끼이고 잔혹한 우연인 것을 하나의 것으로 응집하고 종합할 것을 가르쳤다. 나는 그들에게 창작자로서, 수수께끼의 해명자로서, 우연의 구제자로서 미래의 창조에 관계하고, '그렇게 있었던' 바의 과거의 일체를 창조하면서 구제할 것을 가르쳤다. 인간에 있어서의 과거를 구제하고, 모든 '그렇게 있었던' 것을 다시 만들며, 마침내 의지로 하여금 '내가 그러기를 의지한 것이다. 나는 앞으로도

그러기를 의지할 것이다'라고 말하도록 가르쳤다."
[『차라투스트라』 III-12. 3] "오, 나의 의지여! 너는 모든
곤란(Not)을 전회(wenden)하는 것이다. 너야말로 나의
필연(Notwendigkeit)이다!"[같은 책 III-12. 30] 의지는
거슬러 올라가 다시 의지할 수 없는 과거에 대해 원념
을 지니며, 그것이 복수로서 현재의 삶*을 죄 있는
것으로 생각하게 만드는 것이라고 니체는 파악한다.
하지만 그로부터 쇼펜하우어*처럼 의지의 멸각에 의
한 구제*가 아니라 역으로 존재의 필연성을 의지된
것으로 생각함으로써 삶의 긍정에로 향한다. 그리고
"무릇 만물을 지배하고 움직이게 하는 신적인 '영원한
의지' 따위는 있을 수 없다."[같은 책 III-4] "창조의
숨결이 나를 찾아왔다. 우연을 강제하여 별의 윤무를
추도록 하는, 저 천상의 필연의 숨결이.'[같은 책 III-16.
3] 차라투스트라로 하여금 이렇게 말하게 함으로써
니체는 청년 시대로부터의 물음, 요컨대 신 없는 시대
에서의 인간 존재에 대한 의미 부여에 대해 영원회귀에
의한 초월성 없는 구제라는 형태로 하나의 대답을
내놓은 것이라고 말할 수 있다. 뢰비트는 이것을 삶의
새로운 가능성을 발견하기 위해 "반그리스도교적인
근대성의 선두에 서서 고대적 세계관을 부활시키고자
한" 시도라고 해석한다. 대단히 흥미로운 것으로 벤야
민*은 「운명과 성격」이라는 초기의 에세이에서 마찬
가지로 의지의 자유와 운명 문제를 다루고 있다. 거기
서는 죄가 단순한 우연이 초래하는 불행에 지나지
않는다고 하여 "운명이 자유롭게 되는" 계기를 희극
속에서 보고 있다. 벤야민이 니체의 영원회귀를 인용
하고[『파사주론』], 또한 영원회귀와 블랑키*의 『천체
에 의한 영원』과의 유사성을 암시하면서 과거의 구제
라는 사유에 이르는 것은 양자의 사유 패턴의 가까움을
이야기해 준다. ☞영원회귀, 자유의지{의지의 자유}

─오누키 아츠코(大貫敦子)

우정友情 [Freundschaft]

19세기 말부터 20세기에 걸쳐 김나지움에서 공부한
학생들이 청춘 시절의 추억과 함께 맺은 우정은 교양*

있는 엘리트로서 체제의 담지자가 되어간 그들 사이에
특수한 공동체 의식을 길렀다. 니체도 소년 시기의
친구 구스타프 크룩(Gustav Krug 1843-1902)과 빌헬름
핀다(Wilhelm Pindar 1844-1928)와 함께 '게르마니아'라
는 동인회를 결성하고, 시작과 평론, 역사 연구, 여행기,
작곡을 제출하고서는 서로 비평하고 있다. 또한 슐포
르타*에서 서로 알게 된 도이센*과 게르스도르프*와의
우정에도 그러한 독신 남성들의 심정적 결합이라는
성격이 있으며, 대학 시절 이래의 친우 로데*가 결혼하
자 관계가 소원해질 정도였다. 당시 '우정'은 '결혼'과
'사교*'와는 상용할 수 없는 범주였던 것이며, 니체의
저작 곳곳에서 나타나는 '우정'에 대한 고찰에도 그러
한 시대 분위기가 반영되어 있다(그에게는 <우정에
대한 찬가>라는 작곡도 있다). 그것은 니체가 그 밖의
점에서는 많은 것을 빚지고 있던 라 로슈푸코*의 우정
에 대한 발언이 대단히 회의적이라는 점과 극단적인
대조를 이룬다. 니체가 우정에 대해 부정적으로 말하
는 경우에도 그것은 남자들의 우정을 이상화하는 까닭
이라는 점이 크다. 『차라투스트라』*에는 여성은 노예
이든가 전제군주일 수밖에 없기 때문에 "우정을 맺는
능력이 없다"라는 말도 있다[I -14]. 그렇지만 우정에
대한 발언 중에서도 특히 많은 것은 오해의 가능성과
우정의 취약함을 다룬 것들이다. "왜냐하면 우리는
우리와 가장 가까이 있는('우리를 가장 잘 알고 있는)
사람들에게서 이미 잘못 평가되고 있기 때문이다. 친
한 친구들조차도 자신들의 언짢음을 때로는 시기하는
말들로 표출한다. 그리고 만약 그들이 우리를 정확하
게 알고 있다면 그들이 우리의 친구가 될 수 있을까?'라
는 것이다[『인간적』 I . 352]. 하지만 우정이라는 것이
본래 오해와 착각에 기초하여 성립하는 것이라면, 친
우들 사이에서도 감정과 의견의 차이가 존재한다고
한탄하기보다, 계속해서 친구이기 위해 침묵을 배워
너그럽게 보아주는 것이 좋을 것이라고 하는 것은[같
은 책 I . 376] 우정에 대한 깊은 생각으로 인한 뒤집혀
진 발언일 것인가? 우정이 붕괴되는 것은 자신이 심하
게 오해를 받았다고 생각한다든지 자신이 지나치게
알려졌다고 느끼는 경우지만, 본래는 양자 모두 자기

자신을 알지 못하기 때문이다[『아침놀』 287]라는 쓰라린 인식도 있다. 또한 니체에게 있어서는 자신의 변화가 친우들을 소원하게 만드는 체험도 고통스러운 것이었다. "우리가 심하게 변하더라도 변하지 않았던 우리의 친구들은 우리 자신의 과거의 유령이 되기"[『인간적』 II-1. 242] 때문에, 오래 헤어져 있던 친구들이 재회하면, 마치 "죽은 자의 나라에서 하는 것과 같은 대화를 하게 된다."[같은 책 II-1. 259] 그럴 정도가 되면, "사람들은 자신의 희망을 만족시켜줄 수 없는 친구가 오히려 적이기를 바라는" 쪽이 좋다고 한다[『아침놀』 313]. 하지만 여기서 문제가 되는 것은 친구인가 적인가 하는 양자택일이 아니라 "사람은 자신의 벗에게서 최상의 적을 찾아내야 한다"라는 것이다[『차라투스트라』 I-14]. "친구와의 대화 역시 두 사람이 마침내 문제만을 생각하고 그들이 서로 친구라는 것을 잊게 될 때 비로소 좋은 인식의 열매를 익게 할 수 있을 것이다"라는, 이상화된 우정관과도 연결된다[『인간적』 I. 197]. 그렇지만 "너는 너의 벗에게 초인을 향한 화살이 되고 동경이 되어야 한다"[『차라투스트라』 I-14] 등을 요구하는 니체의 우정에 부응할 수 있는 인간은 거의 없었다. 오버베크*와 같은 대등한 친구가 적고, 가스트*와 같은 헌신적인 연하의 친구를 제외하면, 리츨*과 부르크하르트*, 말비다 폰 마이젠부크*와 같이 연상의 이해자를 얻는 일이 자주 있었던 것은 그러한 점에도 원인이 있을지 모른다. 일시적으로는 친밀하게 교제하면서 후에 생애에 걸친 적이 된 바그너*도 니체보다 훨씬 연상이었다. 아마도 바그너와의 교류를 생각한 일일 것이다. 니체는 소원해진 친구와 자신을 목표도 항로도 다른 두 척의 배에 비유하고, 이미 재회하는 일은 있을 수 없겠지만 우리의 길과 목표를 포괄하는 곡선과 별의 궤도는 있을지 모른다고 하여 "그러나 우리가 비록 지상에서 적일 수밖에 없다 할지라도, 별들의 우정을 **믿기로 하자!**"고 애석의 염을 담아 말하고 있다[『학문』 279]. ☞슐포르타, 오버베크, 게르스도르프, 도이센, 로데

―오이시 기이치로(大石紀一郎)

우제너 [Hermann Usener 1834-1905]

리츨* 밑에서 고전문헌학*을 공부했지만 후에 대립하며, 그가 라이프치히*로 옮겨간 후 야콥 베르나이스*와 함께 후임으로서 본대학 교수가 되었다. 니체는 본의 지인에게서 우제너는 "아무런 뛰어난 재능도 없는 그저 사람 좋은 속물"이라는 이야기를 들었지만[로데에게 보낸 편지, 1868. 6. 6.] 어느 정도는 경의를 품고 있었던 듯하다. 『비극의 탄생』*에 대해 우제너가 학생들에게 이것은 "전적으로 난센스"이며 "이와 같은 것을 쓴 자는 학문적으로 죽은 것과 마찬가지다"라고 말했다는 것을 듣고서 니체는 충격을 받는다[같은 편지, 1872. 10. 25.]. 다만 우제너가 『비극의 탄생』을 인정하지 않았던 것은 빌라모비츠-묄렌도르프*가 역사적 문헌학의 정통을 자인하는 입장에서 니체의 직감적인 고대 이해에 반발한 것과는 다른 이유에서였다. 그도 역시 세세한 자구에 구애받는 문헌학에 문제가 있다는 점에 대해서는 느끼고 있었다. 다만 니체가 고대 비극의 재생에 의한 현대 문화의 혁신을 기대한 데 반해, 우제너는 개별적 연구를 쌓아감으로써 인간의 본성을 알고자 하는 데에 학문의 의미가 있다고 생각하고 있었다. 거기에는 의형인 빌헬름 딜타이*로부터의 자극도 있었을 것이다. 우제너에 따르면 문헌학은 "정신의 공통성에 기초하여(kongenial) 추체험하고 함께 체험하는 능력"의 향상을 추구하는 것이기 때문에 학문(Wissenschaft)이라기보다는 예술적 기예(Kunst)이며 종합적인 역사과학의 기초를 이루는 방법이다. 그는 그리스의 시론과 수사학뿐만 아니라 풍속 습관도 포함하여 고대의 종교 생활도 문헌학의 대상으로서 고찰하고 위대한 개인의 작품뿐만 아니라 민속자료도 중시했다. 그리고 고전 고대에 머물지 않고 고대 말기와 중세의 비잔틴까지 시야에 넣은 비교문화적인 연구를 추구했지만, 이러한 의식적인 비고전주의와 대상 영역의 대폭적인 확장은 그 후 문헌학 연구에 대한 동기를 오히려 감퇴시키는 것이 되기도 하며, 프로그램의 장대함에 어울릴 정도의 성과는 거두지 못했다.

―오이시 기이치로(大石紀一郎)

📖 ▷Hermann Usener, Philologie und Geschichtswissenschaft

(1882), in: *Wesen und Rang der Philologie. Zum Gedenken an Hermann Usener und Franz Bücheler*, hrsg. von Wolfgang Schmid, Stuttgart 1969.

운명에 대한 사랑 —運命—對— [amor fati]

'운명에 대한 사랑'이라는 개념은 니체 사상의 핵심을 이루는 것들 중 하나지만, 이 말 그 자체가 니체 저작에서 자주 나오는 것은 아니다. 이것이 최초로 나타나는 것은 『즐거운 학문』* 제4부 서두의 아포리즘 [276]으로, 거기서는 새로운 해를 맞이하면서 저자가 내거는 신조의 형태로 다음과 말해지고 있다. "…… 사물에 있어 필연적인 것을 아름다움으로 보는 법을 나는 좀 더 배우고자 한다.── 이리하여 나는 사물을 아름답게 만드는 사람 중 하나가 될 것이다. 운명에 대한 사랑, 이것을 지금부터 나의 사랑으로 삼자! …… 요컨대 나는 언젠가는 이것을 오로지한 긍정자가 되고 싶은 것이다!" '운명에 대한 사랑'은 우선은 모든 필연적인 것을 좋다고 하고, 있는 그대로의 자기의 운명을 긍정하는 일종의 다기찬 심적 자세, 결의와 고양된 감정으로 넘쳐나는 기분으로 말해지고 있다. 이 말이 나타나는 최후의 저작인 『이 사람을 보라』*에서도 '운명에 대한 사랑'은 니체 자신의 철학하는 자세에 관한 신조인 듯이 말해진다. "…… 인간의 위대함을 언표하는 나의 정해진 표현은 운명애다. 즉 어떤 것도 실제로 그것이 있는 것과 다른 모양이고 싶어 한다고 생각하지 않는 것. 미래를 향해서도 과거를 향해서도 그리고 영겁에 걸쳐서도 절대로 그렇게 바라지 않는 것…… 그렇지 않고 필연을 사랑하는 것."『이 사람』 Ⅱ. 10] '운명에 대한 사랑'이라는 말은 이와 같이 언뜻 보기에는 '최고의 긍정*'을 이야기하는 니체 철학의 기본적 자세가 막연히 표현되어 있는 데 지나지 않는 것처럼 보일 수도 있지만, 사실은 좀 더 복잡한 철학적 문제와 그에 대한 니체의 해답이 숨겨져 있다.

이미 17세(1862년 4월)의 소년 니체는 '운명'(Fatum)이라는 것에 대해 각별한 관심을 지니고 있었다. 당시 동급생들이 만든 동인지 『게르마니아』를 위해 쓴 작문들 가운데 이미 후년의 니체 사상을 예견케 한다고 말해지는 것이 2편 있는데, 그것들은 「운명과 역사」 및 「의지의 자유와 운명」이라는 제목을 달고 있다. 전자에서는 이미 '영원회귀'* 사상의 맹아가 보인다고 지적하는 학자도 있지만, 여기서 중요한 것은 소년 니체가 이들 작문 속에서 자유의지*와 운명의 관계를 다양하게 사고하고 있다는 점이다. 소년 니체에 의하면 "운명이란 자유의지에 대한 무한의 대항력이다. 운명 없이 자유의지는 생각될 수 없으며, 그것은 실재 없이 정신이, 악 없이 선이 생각될 수 없는 것과 마찬가지다." 여기서는 운명과 자유의지 관념에서의 상관성이 분명하지 않게 말해지고 있는 데 지나지 않지만, 첫 번째 글의 맺음이 되는 다음과 같은 단락은 좀 더 대담한 고찰을 진척시키고 있다. "정신이 실체의 무한히 작은 것이고 선이 악의 무한히 순수한 자기 전개일 수밖에 없는 것과 아마도 유사한 방식으로 자유의지란 운명의 최고의 세위(勢位, Potenz)일 수밖에 없다."[BAW 2. 59] 요컨대 자유의지라는 것은 그것 자체로서는 존립할 수 없고 오히려 성실하게 자기의 운명을 스스로 받아들이는 데서 비로소 발현될 수 있다는, 역으로 말하면 자유의지는 그것이 아무리 자유롭게 의지하려고 한다 하더라도 바로 그와 같이 자유롭게 의지하도록 운명지어져 있었다고 하는 것이다. 자유의지가 어떻든지 간에 운명에 거두어들여져 있다고 하는 이 생각은 두 번째 글에서는 이미 태생에서 모든 것이 결정되어 있다고 표현된다든지 인도*적인 '업'(Karma)의 사상에 의한 보강이 시도된다든지 하지만[같은 책 2. 61], 여기서 서툰 형태로 나타나는 이 사상은 얼마 안 있어 『즐거운 학문』의 "자유의지라는 미신"[345]이라는 말이 되며, 좀 더 전개되어 "최고의 결단에 의한 위급(Not)의 전회(Wende)가 필연(Notwendigkeit)이자 운명이다"라는 차라투스트라의 교설[『차라투스트라』 Ⅲ-14]로 되어간다.

소년 니체는 두 번째 작문을 "운명에서 해방된 절대적인 자유의지가 있다면 그것은 인간을 신으로 만들 것이며, 숙명론적 원리는 인간을 자동기계로 만들어버릴 것이다"라고 맺고 있지만[BAW 2. 62], 자유의지가 그대로 운명이며 역으로 운명을 긍정하는 것이 그대로 자유로운 의지의 결단이라는 이 미묘한 관계를 이해하지 못하고 단순히 운명의 절대적 지배 앞에 굴종하는 삶의 방식을 니체는 『인간적』* 제2부 제2장의 어떤 아포리즘[61]에서는 "터키식 숙명론"(Türkenfatalismus)이라고 부르고 있다. 이 숙명론의 근본적인 잘못은 "그것이 인간과 운명을 두 개의 다른 것으로서 대립시키고 있는 것"이다. 그것은 인간이란 결국 운명의 힘에 거스를 수 없다고 체념하고 모든 의지를 방기하고서 운명에 모든 것을 맡기는 것이다. 이에 대해 니체는 다음과 같이 말한다. "진실을 말하자면 모든 인간이 스스로 한 조각의 운명이다. …… 운명에 거스르고자 하더라도 그렇게 생각하는 것이야말로 운명의 실현이다. [운명과의] 투쟁은 망상에 지나지 않지만, 저 단념에 의한 운명에로의 귀속도 마찬가지로 망상이다. 이 모든 망상은 운명 속에 포함되어 있다." 여기에는 모든 신들마저 복종하지 않으면 안 되는 그리스적인 모이라(운명을 담당하는 신)의 관념이 그림자를 드리우고 있음과 동시에 바로 그러한 까닭에 운명의 소극적인 승인 내지는 운명에 대한 단순한 복종에서 전환하여 운명에 대한 적극적인 '사랑'에로 향하는 것의 의미와 필연성이 암시되고 있다. 그리고 소극적인 '운명 수용'에서 적극적인 '운명에 대한 사랑'으로의 이 전환이 『차라투스트라』*에서 좀 더 단적으로 말하면 '영원회귀' 사상을 통해 이루어지는 것이다.

작품 『차라투스트라』에 '운명에 대한 사랑'이라는 말 그 자체는 한 번도 나오지 않는다. 하지만 다음과 같은 곳에서는 분명히 니체적인 의미에서의 '운명'과 그 운명에 대한 '사랑'이 말해지고 있다. "오, 나의 의지여! 너, 모든 위급의 전회여, 나의 필연이여! 내가 모든 조그마한 승리에 현혹되지 않도록 지켜다오! / 너, 나의 영혼의 섭리여, 내가 운명이라고 부르는 것이여! 나의 내적인 것이여! 내 머리 위에 있는 것이여! 하나의 위대한 운명에 같이하는 날까지 나를 지키고 아껴다오! / 그리고 나의 의지여, 네가 노리는 궁극적인 것을 위해 너의 최후의 위대함을 고이 간직해다오."[III-12. 30] "── 그대가 지금까지 한 번 있던 것을 두 번 있기를 바란 적이 있다면, 그대가 지금까지 '너는 내 마음에 들었다, 행복이여! 찰나여! 순간이여!'라고 말한 적이 있다면, 그때 그대는 모든 것이 되돌아오기를 바란 것이다! / ── 모든 것이 다시 한 번, 모든 것이 영원히, 사슬과 애정의 실에 매인 채로 되돌아오기를 바란 것이다. 오, 세계를 그와 같은 것으로서 그대는 사랑한 것이다."[『차라투스트라』 IV-19. 10] 여기에는 최고의 자유로운 의지의 행사가 그대로 운명에 대한 최고의 긍정이라는 것이, 그리고 현실의 삶의 한순간에 대한 '좋다!'가 그대로 과거와 미래도 포함한 세계 전체에 대한 '좋다!'라고 하는 것이 말해지고 있다. '영원회귀'를 응시한 데 기초한 순간에 대한 긍정은 그대로 세계 전체에 대한 긍정이자 운명에 대한 사랑이다.

'운명에 대한 사랑'이라는 말이 마지막으로 나타나는 것은 니체의 말년(1888년 여름)에 쓰인 하나의 유고 단편[II. 11. 358]이다. 여기서 '운명에 대한 사랑'은 니체의 최후의 신 디오니소스'라는 이름과 결합된다. 생성하기를 그치지 않는 현실의 세계 전체를 있는 그대로 '좋다!'고 하는 "최고의 긍정"이 여기서는 "디오니소스적 세계 긍정"이라고 불리고 있다. 그러나 현실의 세계 전체는 동시에 영원한 순환이며, 디오니소스적 세계 긍정, 다시 말하면 '힘에의 의지'의 순수한 체현은 그대로 영원회귀의 긍정, 운명에 대한 사랑이 된다. "현존재에 대해 디오니소스적으로 맞서는 것, ── 이것이야말로 대체로 철학자다운 자의 도달 가능한 최고의 상태다. 그것을 나타내는 나의 공식이 운명에 대한 사랑이다……" 이 단편의 약 20행 남짓 되는 제1단락에서는 '니힐리즘', '디오니소스', '최고의 긍정', '의지', '영원한 순환' 등의 니체 철학의 요체가 되는 대부분의 개념들이 나타나며, 그것들을 매듭짓는 것으로서 '운명에 대한 사랑'이 말해지고 있다. 이 단편에는 "어떤 점에서 나는 나와 똑같은 것을 인식하는가"라는 제목이 달려 있는데, 여기서도 '운명에 대한 사랑'이 어느 정도 니체의 철학하는 자세에서의 단적인 감상적 결의에 지나지 않는 듯한 인상을 주고 있지만, 거기서 말해지는 내용은 이 개념이 이를테면 니체의 사상 전체의 매듭이라는 것을, 그리고 니체의 철학하는 자세 그 자체가 니체의 개인적인 성향에서 나온 것이 아니라 사상 그 자체에 의해 엄격하게 규정된 것임을 보여준다. 덧붙이자면, 니체가 자기의 사상을 운명에 대한 '사랑'이라는 정서적인 것으로 집약한 것은 플라톤*의 '에로스'와 스피노자*의 '신에 대한 지적 사랑' 등도 떠올리게 하는바, 서양 철학 전체를 거시적으로 바라볼 때에도 반드시 한번 생각해볼 만한 가치가 있는 점이라 할 것이다. ☞최고의 긍정, 자유의 지{의지의 자유}

―소노다 무네토(薗田宗人)

웃음

『차라투스트라』* 집필 당시의 니체의 유고에는 "운명과 웃음이 차라투스트라의 어머니다"라는 메모가 두 차례 정도 있다. 또한 '높은 곳의 웃음'이라는 말이 『차라투스트라』의 장 구성의 핵심으로서 사용되는 계획이 몇 개인가 있다[1883년 여름, 가을의 유고. Ⅱ. 5 및 6]. 완성된 작품 속에 이와 같은 표제는 남아 있지 않지만, 전체를 관통하는 통주저음으로서 웃음이라는 요소는 이 작품의 곳곳에서 울려나고 있다. 차라투스트라의 웃음의 첫 번째 특질은 그것이 안티크리스트의 웃음이라는 점이다. 요컨대 웃음은 가치전환*의 시도의 하나라고 말할 수 있으리라는 것이다. 『차라투스트라』 전체가 성서*와 깊은 연관을 지니고, 개개의 구절과 표현에서 성서의 그것을 토대로 하고 있다는 것이나 패러디하고 있다는 것은 일일이 다 열거할 수 없다. 마지막 제4부의 「더 높은 인간에 대하여」 장에서는 "웃고 있는 자를 위한 이 면류관, 장미로 엮어 만든 이 면류관 나 스스로 이 면류관을 내 머리에 얹고는 스스로 나, 나 자신의 웃음을 신성한 것으로 드높인 것이다"라고 하고, 스스로를 "웃음을 예고하는 자 차라투스트라"라고 부르고 있다. 장미로 엮어 만든 면류관은 예수*의 머리에 놓인 가시 면류관을 대치하는 것으로 생각된다. 슬픔과 고통, 죽음의 상징인 가시에 맞서 장미는 삶*과 기쁨, 니체의 이른바 대지의

의의*의 상징이다. 이 장에서 니체는 예수로 보이는 사람에 대해 이 지상에 있었던 최대의 죄는 "이제 웃고 있는 사람들은 재앙이다!"라고 말한 저 사람의 말이라고 한다. 웃음의 예언자 차라투스트라는 웃지 않는 예언자 예수의 대극에 놓여 있는 모습이라는 것이다.

차라투스트라의 웃음의 두 번째 특징은 그것이 자유정신*의 웃음이자 파괴와 부정의 기능을 지니고 있다는 점이다. 제2부 서두의 「거울을 들고 있는 아이」 장에서는 자신의 가르침이 위태로운 형편에 처해 있다는 것을 안 차라투스트라가 다시 사람들에게로 달려갈 것을 결의하고, "번개들이 터뜨리는 웃음을 수반한 바람과 같은 사나운 지혜"를 불어대자고 말한다. 이 사나운 지혜는 암사자와 결부되어 있지만, 사자는 자유정신의 상징이며, 파괴와 부정의 정신을 나타낸다. 신들의 그림자가 없는 사막의 주인 사자는 천 년의 역사를 자랑하는 이런저런 가치들의 체현인 거대한 용과 격투한다[『차라투스트라』 Ⅰ-1 참조]. 이러한 인식에 기초하는 파괴의 웃음은 특히 제2부에 많다. 「유덕한 자들에 대하여」 장에서는 그들이 지니는 대가를 바라는 속셈, 지상의 생활 대신에 천국의 생활을 소망하는 속셈을 비웃는다. 「타란툴라*에 대하여」에서는 평등의 설교자의 상투어인 정의라는 말의 배후에 숨어 있는 복수의 일념을 폭로하고, 이것에 '높은 산의 웃음'을 퍼붓는다. 「교양의 나라에 대하여」에서는 모든 시대와 민족의 문자와 기호로 덧칠한 채 자신의 얼굴도 알지 못하게 된 현대인을 비웃는다. 제3부에서는 더 나아가 그리스도교*의 신 그 자체를 비웃는다. 늙은 시기심 깊은 신이 "신은 단 하나다!"라고 외쳤을 때, 오랜 신들은 크게 웃으며 자지러져 버렸다는 것이다.

그러나 차라투스트라의 웃음은 단지 부정과 파괴의 조소뿐만 아니라 웃는 본인의 경지의 높음, 정신의 쾌활함, 명랑함을 보여주는 '높은 곳'의 웃음이라는 점에도 주의하지 않으면 안 된다. 그 웃음의 세 번째 특질은 창조자의 웃음이라는 점, 쾌활한 기쁨과 긍정의 표현이라고 하는 점이다. 「낡은 서판과 새로운 서판에 대하여」 장[Ⅲ-12]에서는 웃음 속에서 동경이 차라투스트라를 낚아채, 태양에 취해버린 황홀을 꿰뚫고

날아가고, 일체의 생성이 신들의 춤이자 자유분방인 세계, 일체의 매임으로부터 해방되어 본래의 그것의 모습으로 되돌아가는 곳에 다다랐다고 한다. 이 지복의 세계에 차라투스트라는 새로운 밤들, 새로운 별들과 더불어 "오색찬란한 천막을 치듯 웃음을 둘러쳤다." 이 웃음은 지복의 경지로부터 생겨난 쾌활한 기쁨으로 넘쳐나는 웃음, 초인*, 즉 그 밖의 새로운 가치와 새로운 별들을 낳는 창조자의 웃음이다. 「환영과 수수께끼에 대하여」 장[III-2]에서 영원회귀*의 상징으로 생각되는 검은 뱀을 물어뜯은 양치기가 빛으로 감싸인 자가 되어 초인적인 웃음을 웃지만, 이 웃음도 영원회귀의 암흑면을 극복한 정신의 해방을 나타냄과 동시에, 모든 것에 대해 '그렇다'를 말하는 전적인 긍정으로 연결되는 가치 창조의 웃음이다.

이상에서 보았듯이 『차라투스트라』에 아로새겨진 웃음은 그 특질이 상당히 일관되어 있다. 우선 파괴와 부정의 무기로서의 웃음의 기능이 보이며, 그것이 일변하여 정신의 해방을 가져오고, 쾌활하고 명랑한 긍정적 경지를 보여주는 창조의 웃음이 된다. 이 웃음은 더 나아가 성화되고, 웃지 않는 예수의 대극적인 상으로서 웃는 예언자 차라투스트라 상으로 수렴되어간다. 웃음은 가치전환을 꾀하는 니체·차라투스트라의 대단히 중요한 속성인 것이다. ☞『차라투스트라는 이렇게 말했다』

―스기타 히로코(杉田弘子)

▷杉田弘子 「笑いの預言者 ツァラトゥストラ」 日本獨文學會 編 『ドイツ文學』 85号(1990년 가을) 수록. ▷Tarmo Kunnas, *Nietzsches Lachen*, München 1982(杉田弘子 訳 『笑うニーチェ』 白水社, 1986).

원근법/원근법주의 遠近法/遠近法主義 [Perspektive/Perspektivismus]

"현존재의 원근법적 성격은 어디까지 미치는 것일까? 또는 현존재에는 아직 무언가 그 밖의 성격도 있는 것일까? 해석 없는 현존재, '의미'(Sinn) 없는 현존재란 바로 '무의미'(Unsinn)가 되지 않을까? 달리 말하자면,

모든 현존재는 본질적으로 해석하는 존재가 아닐까?" ―니체는 『즐거운 학문』*에서 이와 같이 물음을 던진 다음, 인간의 지성을 엄밀하게 분석하고 자기 음미해 보더라도 이 문제는 해결되지 않는다고 하고 있다. 왜냐하면 "인간의 지성은 그 분석에 있어 자기 자신을 스스로의 원근법에 기초하는 형식들 하에서 볼 수밖에 없으며, 이들 형식 속에서**만** 볼 수 있기" 때문이라는 것이다[『학문』 374]. 요컨대 모든 인식은 인식하는 자의 관점(원근법)에 제약된 해석에 다름 아니며, 이 제약에 대한 반성 자체도 역시 인간의 지성에 특유한 원근법의 제약 하에 있기 때문에 어떠한 반성에 의해서도 원근법적 해석에 의해 의미가 부여된 세계 바깥에 서는 것은 불가능하다는 것이다. "원근법적인 것"은 "모든 삶*의 근본 조건"이라는 것이다[『선악』 서문].

'원근법'이라고 할 때 떠오르는 것은 특히 르네상스* 이후의 회화에서 발전된 묘사 기법이지만, 철학사에서는 모나드가 각자의 시점에서 하나의 우주를 다양하게 표상한다고 이야기하는 라이프니츠(Gottfried Wilhelm von Leibniz 1646-1716)의 모나드론이 상기된다. 그렇지만 니체가 말하는 원근법주의는 단 하나의 참다운 현실*을 전제한 다음, 시점의 차이에 의해 그 현실에 대한 다양한 표상이 생긴다고 하는 사고방식과는 전혀 다르다. "**모든** 신앙, 참이라고 생각하는 것은 어느 것이든 필연적으로 잘못이라고 하는 것, 이것은 **참된 세계 따위의 것은 전혀 존재하지 않기 때문이다.** 즉 그것은 우리에게서 유래하는 **원근법적 가상**(perspektivischer Schein)이다"라는 말이 보여주듯이[유고 II. 10. 34], 그는 오히려 참다운 현실의 존재 그 자체를 부정하고 그것도 원근법적 해석에 기초해서 생겨난 가상*에 지나지 않는다고 생각한다. 그리고 그에 대해 "내가 이해하는 **가상**이란 현실적이고 유일한, 사물의 현실(Realität)이다'라고 하여 "그러므로 나는 '가상'을 '현실'에 대치시키는 것이 아니라 반대로 가상을 현실로서 받아들이는 것이며, 이 현실은 공상의 산물인 '진리의 세계'로의 변용에 저항하는 것이다"라고 말하고 있다[같은 책 II. 8. 480]. 이와 같이 가상과 현실의 차이를 해소하여 모든 것이 '원근법적 가상'이라고 함으로써 니체는

초월적인 실재로부터 출발하는 형이상학*의 해체를 꾀하지만, '원근법'이라는 말을 사용하게 되기 이전에도 칸트*의 인식론을 쇼펜하우어*를 통해 바꿔 읽음으로써 같은 모습의 사고를 전개하고 있다. 『인간적*』 제1부에서는 "우리의 공간과 시간의 지각"은 오류에 지나지 않는다고 간주되며, "지성은 그 법칙을 자연에서 길어내는 것이 아니라 법칙을 자연에 대해 규정한다"는 칸트의 말은 자연이 "표상으로서의 세계, 즉 오류로서의 세계다"라는 것을 보여주는 것이라고 말하고 있다[Ⅰ. 19]. "우리가 지금 세계라고 부르는 것은 일련의 오류와 공상의 산물이며, 그것은 유기적 생명체의 전체 발전 과정에서 점차 발생하여 서로 결부되어 성장하고, 이제는 과거 전체의 축적된 보물로서 우리에게 상속된 것이다"라고 하여 니체는 '현상'으로서의 세계란 인간이 잘못된 해석을 사물 속에 집어넣어 만들어낸 것에 지나지 않는다고 할 뿐만 아니라 나아가 '사물 자체*'에 대해서도 실재성을 인정하지 않는다[『인간적』 Ⅰ. 16]. 동일한 사물이 존재한다는 신앙에 기초하는 형이상학은 "인간의 근본적 오류를 다루는 과학—마치 근본적 진리인 것처럼 다루는 과학—이라고 불러 지장이 없다"라는 것이다[같은 책 Ⅰ. 18].

원근법적 인식의 문제에 관해 니체가 영향을 받았다고 추측되는 것은 쇼펜하우어와 프리드리히 알베르트 랑게(Friedrich Albert Lange 1828-75, 『유물론의 역사』) 이외에 『사고와 현실』(1873)에서 시간의 선험성과 표상의 계기를 가정하는 칸트를 비판한 아프리칸 슈피어(Afrikan Spir 1837-90)와 『삶의 가치』(1865)에서 인간의 가치 판단이 감정에 의존한다고 지적한 오이겐 뒤링*이다. 또한 구스타프 타이히뮐러(Gustav Teichmüller 1832-88)의 『현실 세계와 가상 세계』(1882)에서는, 세계는 "언제나 이르는 곳마다 원근법적으로 정돈되어" 있고 직관의 형식은 "원근법적 가상"의 형식에 다름 아니라는 표현도 보인다고 한다(테오 마이어(Theo Meyer 1932-2007)의 지적에 의거한다. 타이히뮐러는 바젤대학의 동료였던 적이 있고, 그가 전임해 간 후 니체는 철학교수 자리를 노린 적도 있다). 니체가 '원근법'이라는 표현을 사용하게 되는 것은 그가 슈피어와 타이히뮐러

를 다시 읽은 1885년 무렵부터이며, 그것도 형이상학의 근본 개념들을 '원근법적 가상'으로서 해체하는 맥락에서다. '존재'와 '실체'는 경험의 잘못된 해석에 의해 성립한 개념이라고 간주되며, '자기*'와 '주관'과 같은 개념들도 '원근법적 가상'인바, "볼 때의 일종의 원근법을 다시 한 번 보는 행위 그 자체의 원인으로서 정립함"으로써 "날조"된 것이라고 말한다[유고 Ⅱ. 9. 146, 215]. 또한 보편타당한 인식을 가져온다고 하는 칸트의 순수 이성이나 헤겔*의 절대 정신은 "위험한 낡은 개념적 허구"에 지나지 않으며, 원근법에서 작용하는 "능동적인 해석하는 힘"을 결여하고 있다고 하여 배척된다[『계보』 Ⅲ. 12].

그러나 니체는 거기서 새로운 인식론을 수립하고자 하는 것이 아니다. 오히려 80년대의 유고에서 두드러지는 것은 원근법적 해석을 이끄는 것이 각각의 원근법에 특유한 가치의 관점이라고 하여 해석의 타당성을 가치 평가 문제로 환원하고, 원근법을 "모든 삶의 근본 조건"으로서 실체화하는 경향이다. "'본질'과 '본질성'이라는 것은 무언가 원근법적인 것"으로서 "근저에 놓여 있는 것은 언제나 '그것은 내게 있어 무엇인가?'(우리에게 있어, 모든 생물에게 있어 등)라는 물음"이라고 제시되며[유고 Ⅱ. 9. 187], 또한 '존재'와 '실체'라는 개념이 필요했던 것은 그것들에 대한 "종래의 해석이 모두 삶에 대해 일정한 의의를 지니고 있었다는 것, 즉 삶을 유지하고 견딜 수 있는 것으로 만들거나 소외시키고 세련화하며 또한 필시 병적인 것을 분리하여 사멸시키는 것이었다"는 사정에 의한 것으로 생각된다[같은 책 Ⅱ. 8. 454]. '선'과 '악'과 같은 도덕적 가치도 '사실'이 아니라 '해석'이고 인간이라는 종이 스스로를 유지하기 위해 필요로 한 원근법적 평가에 의해 성립했던 것이지만, 이제 이 원근법은 극복되고 있다고 한다. 다른 한편 가상의 세계가 성립하는 것은 "동물계의 어떤 특정한 종의 유지와 힘의 증대와 관련해 유익하다는 관점에 따라서" 원근법적으로 파악되고 정돈되고 선택되는 것에 의해서이며[같은 책 Ⅱ. 11. 208], "진리란 그것 없이는 어떤 특정한 종의 생물이 살아갈 수 없는 종류의 오류다"[같은 책 Ⅱ. 8. 306]라고

도 말해진다. 이러한 측면은 프래그머티즘과도 자주 비교되지만, 니체의 경우에는 종의 유지와 힘의 증대와 같은 결과에 의해 가치를 생각하는 것보다 거기서 힘의 과잉*으로부터 산출되는 것이 **가상**이라고 하는 점에 악센트가 놓여 있다. 이것은 뒤에서 보듯이 가상의 미적 현상으로서의 성격과도 관련된다.

앞에서 인용한 가상이야말로 유일한 현실이라고 하는 단편에서 그는 "이 현실에 대한 특정한 명칭이 '힘에의 의지*'일 것이다"라고 말하고 있는데[유고 II. 8. 480], 이 시기에 계획되었지만 실현되지 못한 저작 『힘에의 의지』의 부제로서 "모든 사건의 하나의 새로운 해석의 시도"라든가 "하나의 새로운 세계 해석의 시도"라는 시안이 있는 것은 우연이 아니다[같은 책 II. 9. 27, 130]. '참된 세계'라는 것은 존재하지 않는다고 하여 형이상학적 세계의 해체를 도모하는 것은 "니힐리즘*의 가장 극단적인 형식"[같은 책 II. 10. 34]이며, 그리하여 새로운 의미 부여가 필요해지게 된다. 그때 "세계의 가치라는 것의 본질은 우리의 해석에 있다"라고 하여 니체가 제시하는 것이 새로운 해석에 의한 가치 설정 원리로서의 '힘에의 의지'다. "종래의 다양한 해석은 원근법에 기초한 가치 평가이며 그에 의해 우리는 자기의 삶을, 요컨대 힘에의 의지를, 힘의 성장에의 의지를 간직해 왔고", 또한 "모든 인간의 향상은 좀 더 좁은 해석의 극복을 수반하며, 달성된 강화와 힘의 확장은 어느 것이든 새로운 관점을 열고 새로운 지평을 믿는 것이다"라고 하여[같은 책 II. 9. 156], 니체는 원근법을 진리성이 아니라 힘의 증대와 결부시키고, 원근법의 다양성을 서로 싸우는 힘의 중심의 다양성에 대응시킨다. "세계의 다양성은 힘의 문제이며", 원근법의 다양성, 즉 보다 많은 의미를 낳는 해석이 가능하다는 것이야말로 "힘의 징후"라는 것이다[같은 책 II. 9. 163, 172].

니체의 원근법주의에 대해서는 원근법이 '삶의 근본 조건'이고 모든 인식은 '원근법적 가상'이라는 주장 자체가 원근법적인 견해의 하나에 지나지 않는 것은 아닌가, '진리라는 것은 없다'라는 주장 자체의 '진리성'은 어떻게 해서 주장할 수 있는 것인가라고 물을

수도 있을 것이다. 이에 대해 니체는 "원근법적으로 보는 것**밖에**, 원근법적인 '**인식**'**밖에** 존재하지 않는다. 그리고 우리가 어떤 사항에 대해 **점점 더 많은** 감정으로 하여금 말하게끔 하고, **점점 더 많은** 눈, 다양하게 다른 눈을 동일한 사항으로 향하게 할 방도를 알고 있다면, 이 사항에 대한 우리의 '개념', 우리의 '객관성'은 한층 더 완전해질 것이다"[『계보』 III. 12]라고 말하는 데 머무르고 있다. 다만 삶의 원근법적 성격에 관한 그의 발언은 자주 반어법적인 의문이나 의도적인 모순에 의해 표현되거니와, 그는 강한 의미에서의 객관성과 진리성을 요구하기보다 오히려 가상의 놀이의 다양성을 즐길 것을 지향했다고 말할 수 있을 것이다. 어떤 원근법 바깥에 서기 위해서는 그것을 상대화할 수 있는 관점을 획득해야만 하겠지만, 니체의 경우 그것은 진리성을 문제로 삼는 관점을 가상에 의해 상대화하고, 나아가 가상을 삶과의 관련에서 평가하는 시점으로 이행함으로써 이루어지고 있었다. 『비극의 탄생』*에 대한 「자기비판의 시도」(1886)에서 그는 자신이 이전에 이 저작에서 포착한 것은 학문* 그 자체의 문제였지만, "학문의 문제는 학문의 지반 위에서는 인식되지 않기" 때문에 "학문을 예술가의 광학 하에서, 나아가 예술을 삶의 광학 하에서" 논의했던 것이라고 말하고 있다[「자기비판」 2]. 여기서 '광학(Optik)'이라는 말은 '원근법'으로 바꿔 말해도 좋을 것이다. 진리란 다름 아닌 삶을 견디기 쉽게 하는 가상의 일종임에도 불구하고 진리와 가상을 엄밀하게 구별하여 진리만을 추구하는 학문에 반해, 가상에서 출발하는 예술*이야말로 "인간의 본래적으로 형이상학적인 활동"이며 "미적 현상으로서만 현존재와 세계는 영원히 정당화된다*"라는 것이 『비극의 탄생』을 꿰뚫는 메시지였다. "왜냐하면 모든 삶은 가상, 예술, 기만, 광학에, 즉 원근법적인 것과 오류의 필연성에 기초하고 있기 때문이다"[같은 책 5] "동일한 텍스트가 무수한 해석을 허용한다. 요컨대 '올바른 해석 따위의 것은 존재하지 않는다'라는 단편[II. 9. 54]도 가상에 의한 삶의 구원이라는 모티브와 결부시켜 받아들일 수 있다. 처음에 인용한 『즐거운 학문』 374번에서 니체는 "세계는 우리에게

있어 오히려 다시 '무한'이 되었다 — 세계가 무한한 해석을 내포할 가능성을 우리가 거부할 수 없는 한에서 —. 다시 우리를 거대한 전율이 덮친다'고 하여 무한한 해석을 허용하는 세계의 숭고한 아름다움에 대해 말하고 있다. 니체의 원근법주의의 '원근법'은 다시금 삶을 살아갈 만한 것으로 만드는 가상에 대한 물음으로 이끌리고 있었던 것이다. ☞가상, 현실

— 오이시 기이치로(大石紀一郎)

원한怨恨 ⇨르상티망

위계질서位階秩序 ⇨서열{위계질서}

위대한 건강偉大 ─ 健康 [die große Gesundheit]

　실생활에서는 대체로 건강이라는 것을 알지 못했던 니체가 '위대한 건강'에 대해 말하는 것은 다소 어울리지 않는 것으로 보인다. 니체에게서의 '건강'이라는 말의 의미는 그것을 '병'이라는 말과의 대립에서 파악할 뿐만 아니라 오히려 이 양자를 신체 내지 육체라는 개념으로 일괄하고 그것을 정신 내지 이성이라는 개념에 대치시켜 생각할 때 비로소 파악된다. 니체에 의하면, 일반적으로 유럽 2,000년의 역사는 정신에 의한 육체 지배의 역사였다. 성스러운 신앙의 마음이 죄 깊은 육체를 판가름하고, 정신과 이성이 물질세계와 육체를 통제해 왔다. 그러나 니체는 이러한 역사에 또 한 걸음 파고들어가 그 이면을 폭로한다. 성스러운 마음, 신, 신의 나라, 그리고 또한 순수한 정신, 영원한 진리 등, 이러한 존재하지도 않는 '배후 세계' 모두가 본래는 병들고 지친 육체의 창작물, 자기 자신에게 절망한 육체의 망상은 아닐까 하는 것이다. 그는 역사를 정신의 역사로서가 아니라 육체의 역사로서, 그리고 모든 정신적 현상을 건강한 내지는 병든 육체의 '징후'로서 바라본다. 그리고 모든 '배후 세계'가 사라지고 새로운 가치의 창조가 시작되어야 할 지금, 가장

필요한 것은 건강한 육체, '위대한 건강'이라고 말하는 것이다.

　이미 『비극의 탄생』*에서 니체는 모든 예술 행위를 '삶의 광학' 아래서 보는 시점을 확립했다. 그리고 디오니소스*적 및 아폴론*적이라고 불리는 예술*의 두 가지 근원 충동이 각각 '도취'와 '꿈'이라는 생리적 현상을 통해 비근하게 파악되고 있었다. 그러나 곧이어 예술만이 아니라 철학도 육체에 기초하는 것으로서 생리학적으로 해석된다. "이 철학이라는 것은 끊이지 않는 강한 충동의 이를테면 이성에로의 번역 이상의 것일까?"라고 니체는 『아침놀』* 권말 가까이에서 반문하고, "결국 개인적인 먹을거리를 구하는 본능, 그것이 철학이 아닌가? 그것은 나의 태양, 나의 높이, 나의 취각, 나의 건강을 향해 두뇌라는 우회로를 걸어가고자 노력하는 본능이 아닐까?"[553절]라고 쓰고 있다. 차라투스트라는 좀 더 명료하게 "육체란 하나의 위대한 이성*, 하나의 감각을 지닌 복합체다"라고 말하고, 또한 "너의 사고와 감정 배후에 하나의 강대한 명령자, 알려지지 않은 현자가 있다 — 그의 이름을 불러 '나'라고 한다. 너의 육체 속에 그는 산다. 너의 육체가 그인 것이다"[『차라투스트라』 I -4]라고 말한다. 유럽의 형이상학*을 지배해 온 정신과 육체라는 이원론*은 니체에 의하면 유치한 미신이며, 하물며 정신을 육체의 상위에 놓는 관념론은 다만 건강한 육체의 결락, 생명력 감퇴의 징후일 뿐이다. 플라톤*의 철학도 그리스도교*도, 또한 바그너*의 예술도 모두 이것이다. 이 데카당스*의 징후에 맞서 바야흐로 요청되는 것이 '위대한 건강'이다.

　『즐거운 학문』* 제5부 권말 앞의 아포리즘[382절]은 「위대한 건강」이라는 제목을 달고서 이렇게 시작되고 있다. "우리들 새로운 자, 이름 없는 자, 이해되기 어려운 자, 정해지지 않은 미래의 조생아 — 그러한 우리는 새로운 목적을 위해 역시 새로운 수단을 필요로 하는 바, 즉 새로운 건강을, 종래의 일체의 건강보다 좀 더 강하고 좀 더 빈틈없으며 좀 더 강인하고 좀 더 즐거운 건강을 필요로 한다." 이 '위대한 건강'에 담보되어 "지금까지 성, 선, 불가침, 신적이라고 불려온

모든 것을 상대로 천진난만하게, 요컨대 나쁜 마음먹지 않고 넘쳐날 듯한 충실함과 강력함을 가지고서 놀이하는 정신"인 우리는 새로운 이상을 추구하여 출항해야만 한다고 말해지고 있다. 덧붙이자면, 『이 사람을 보라』*에서 『차라투스트라』*에 대해 말한 부분에서 니체는 이 작품에서 바로 '위대한 건강'이 실천되고 있다고 생각하는 동시에 '위대한 건강'이 차라투스트라라는 전형의 생리학적 전제라고도 말하고 있다. 그로부터 생각하면 '위대한 건강'이란 단지 육체적 건강만을 말하는 것이 아니라 '용기', '시도하는 정신', '신선한 본능', '웃음*' 등을 동시에 이미지화하고 있는 것임을 알 수 있다. ☞ 병과 쾌유

—소노다 무네토(薗田宗人)

위대한 경멸偉大─輕蔑 [die große Verachtung]

『차라투스트라』* 서문에는 차라투스트라가 민중*을 향해 '나 너희에게 초인*을 가르치노라'고 부르짖는 장면이 나온다. 이에 이어지는 부분에서 니체는 "생명의 경멸자", "경멸스럽기 짝이 없는 자" 그리고 "위대한 경멸자"라는 표현을 거기에 배치하고 있다. 이 3자의 배치 관계는 신의 죽음* · 마지막 인간 · 초인이라는 3자의 관계를 반영한 것이기 때문에, '위대한 경멸'은 인간의 의의를 깨닫고 초인에게 몸을 바칠 때에 찾아온다. 초인을 말하는 자에게 있어서는 이미 신의 이름 아래 "지상을 넘어선 희망"을 이야기할 수 없다. 그와 같은 희망을 지니는 자는 영혼에 의한 육체의 경멸을 최고의 사상으로 이야기하는 "생명의 경멸자"다. 신의 죽음과 함께 이와 같은 "죽음에 속하지 않는" 것이 지나갈 때가 왔다. 초인은 대지를 넘어선 자이기는커녕 "대지의 의의*" 그 자체이며 "대해"다. 인간이 이 대지에 몸을 바치고 대해에 잠길 때 '위대한 경멸'의 때가 찾아온다. '위대한 경멸'이란 인간이 작은 행복 · 덕 · 이성 · 정의* · 동정*에 만족하며 살아가는 자기의 모습 그 자체를 경멸하고 혐오하는 철저한 자기부정의 위대함을 형용한 것이다. 소시민적인 일상의 행복을 동경하여 이미 자기 자신을 경멸할 수조차

없는 "마지막 인간"이 차라투스트라에게 있어 "가장 경멸해야 할 자*"이며, 이 "위대한 경멸을 이루는 자"야말로 그가 사랑해야 할 "위대한 존경자"다. 여위어 홀쭉해진 추한 영혼이 육체를 경멸할 때가 지나간 후 "이미 자기 자신을 경멸할 수 없는 가장 경멸해야 할 인간의 때"에 빠지든가 '위대한 경멸'의 때를 만나든가 ── 인간은 그 어느 쪽의 가능성에 대해서도 열려 있다. ☞ 마지막 인간

—기마에 도시아키(木前利秋)

위대한 긍정偉大─肯定 ⇨ 최고의 긍정

위대한 이성偉大─理性 [die große Vernunft]

니체의 신체론을 응축적으로 표현하는 핵심어. 『차라투스트라』* 제1부의 「신체를 경멸하는 자들에 대하여」 장에서 그는 차라투스트라로 하여금 다음과 같이 말하게 하고 있다. "신체*는 하나의 위대한 이성이다. 하나의 의미를 지니는 다양체이자 전쟁과 평화이고 가축떼*와 목자다. 나의 형제여, 그대가 '정신'이라고 부르는 그대의 작은 이성도 그대의 신체의 도구일 뿐이다. 그대의 위대한 이성의 작은 도구 내지 완구에 지나지 않는다. '자아(Ich)'라고 그대는 말하고, 이 말을 자랑스러워한다. 그러나 좀 더 커다란 것은 그대가 믿고자 하지 않는 것 ── 즉 그대의 신체와 그 위대한 이성이다. …… 감각과 정신은 도구 내지 완구인 것이다. 그것들 배후에는 더 나아가 자기(Selbst)가 가로놓여 있다." 이로부터 '신체=위대한 이성=자기', 그리고 '정신=작은 이성=자아'라는, 가치 평가를 함축한 도식이 간취된다. 자기란 무엇인가라는 문제에 대해 서양의 사상사적 전통은 플라톤*으로부터 그리스도교*를 거쳐 데카르트* 이후의 근대 철학에 이르기까지 신체보다는 정신에 우위를 부여해 왔지만, 니체는 이를 역전시켜 신체야말로 포괄적인 자기이고, 정신은 신체 활동의 일부에 불과하다고 말했던 것이다. 인간의 신체는 세포, 신경, 뇌, 근육, 뼈 등의 다종다양한

생명 단위로 이루어진 통합체이며, 한 사람의 인간이 살며 행동하기 위해서는 그러한 무수한 생명 단위들 상호 간의 명령, 반항, 투쟁, 합의를 거친 신속한 협조가 이루어져야만 한다. 근대인이 자랑하는 의식 주관으로서의 자아마저도 그 근원을 묻는다면 무수한 생명 단위의 개별적인 의식—개별적인 힘에의 의지*라고 바꿔 말해도 좋다—으로부터 추상되고 종합된 것이라고 말할 수밖에 없지만, 이 추상과 종합을 행하는 것은 해당 자아가 아니라 바로 신체로서의 자기인 것이다. 그와 같이 정묘하고 복잡한 활동을 하는 신체는 '위대한 이성'이라는 이름에 걸맞은 것인바, 이러한 니체의 신체관은 프로이트*의 정신분석으로부터 현대 사상에 이르기까지 광범위한 영향을 미치고 있다. ☞ 신체

—시미즈 혼유(淸水本裕)

위대한 정오 偉大─正午 [der große Mittag]

【 I 】 비극의 죽음과 그 재생의 시도

『차라투스트라는 이렇게 말했다』*는 동굴을 나온 차라투스트라가 "이것은 나의 아침이다, 나의 낮이 시작되려고 한다. 자, 솟아올라라, 솟아올라오라, 위대한 정오여!"라고 부르짖는 것으로 끝난다[IV-20]. 차라투스트라의 역할은 이 '위대한 정오'의 도래를 알리는 것에 있다고 말해도 좋을 것이다. 『이 사람을 보라』*에서 니체는 자신의 사명은 "인류의 최고의 자각의 순간'을 준비하는 것, 인류가 과거를 돌아보고 미래를 통찰하여 우연과 사제*들의 지배를 벗어나 '왜?', '무엇 때문에?'라는 물음을 처음으로 전체로서 제기하는 **위대한 정오**를 준비하는 것"이라고 말하고 있다[『이 사람』 VII. 2]. 나아가 『비극의 탄생』*에 대해 그는 "이 저작에서 말을 걸어오는 것은 하나의 장대한 희망이다. 음악의 디오니소스적인 미래에 보내는 이 희망을 내가 철회할 이유는 결국 어디에도 없다'고 말하면서, 이전에 자신이 "바이로이트*의 사상"이라고 부른 것이란 바그너*에 대해 자신이 품은 환상을 뿌리치고서 보게 되면 '위대한 정오'를 가리키며, "이 사상이야말로 내

가 지금부터 살아 체험하게 될 하나의 축제의 비전에 다름 아니다'라고 하고 있다[같은 책 IV. 4]. 이렇게 보면 '위대한 정오'는 세계사적 전환을 가져오는 비극의 재생을 요구하는 『비극의 탄생』의 사상적으로 일관된 귀결이라고 말할 수 있다.

『비극의 탄생』에서 니체는 티베리우스 황제 시대에 그리스의 뱃사람이 "위대한 판 신은 죽었다'라는 부르짖음을 들었다고 하는 전승에 기대어 "그리스 비극의 죽음과 함께 거대한, 이르는 곳마다 깊이 느껴진 공허가 생겨났다'고 말하고 있다[『비극』 11]. 이 저작의 의도는 이 공허를 메우어 고대적인 삶*의 전체성을 회복해야 할 예술 프로그램을 제시하는 데 있으며, 그 실현의 담지자로서 당시 그가 기대를 걸었던 것이 바그너였다. 『바이로이트의 리하르트 바그너』에서도 "디티람보스(Dithyrambus(Dithyrambos))*적 예술가"는 인간이 스스로 다시 자연이 되고 자연 속에서 예술의 마력에 의해 변용되는 것을 가르치고, 그에 의해 상실된 삶의 전체성이 회복된다고 이야기하고 있다[『반시대적』 IV. 6. 7]. 그러나 일단 고대적인 삶의 전체성이 상실되어 예술이 반성적인 제작의 대상이 된 근대에 다시 한 번 예술에 의한 전체성의 회복이 추구되더라도 거기서 호출되는 고대의 이미지는 반드시 전승을 그대로 반복하는 것은 아닌바, 이 구상은 니체 자신의 사상적 전개 속에서도 변화해 갔다.

『차라투스트라』의 제4부가 성립할 무렵의 유고를 보면, 당시 니체가 『정오와 영원. 영원회귀의 철학』이라는 저서를 계획하고 있었던 것을 알 수 있다[유고 II. 8. 278; 101, 121, 227, 257, 330f.를 참조]. 이듬해의 유고에도 「영원회귀」*라는 표제 하에 "결정적인 때, 위대한 정오"라는 말이 발견되어[II. 9. 173] '위대한 정오'와 '영원회귀'의 인식 사이에 밀접한 관련이 있음을 시사하고 있다. 그러나 니체의 '영원회귀'가 헤라클레이토스* 등의 회귀 사상을 반복할 뿐인 것이 아니듯이 '위대한 정오'라는, 니체가 근대의 극점에서 대망하는 '축제'도 고대에서의 정오로의 단순한 복귀일 수 없다. 그 차이는 어디에 있는 것일까? 또한 '위대한 정오'는 어떠한 의미에서 '결정적인 때'일 것인가?

【Ⅱ】 니체와 고대적 전승에서의 정오

고대 그리스의 전승에서 정오, 특히 여름의 한낮은 모든 자연이 잠에 빠지는 시각이라고 여겨지고 있었다. 그 선잠의 고요함 속에서 헤카테와 님프, 사티로스*, 세일레노스가 왕림하고 명계를 관장하는 플루토와 페르세포네와 같은 신들도 방문한다고 생각되고 있었다. 니체의 친구 로데*는『프시케, 그리스인의 영혼 숭배와 불사 신앙』(1894)에서 이 고대 그리스인의 신앙을 상세하게 다루고 있다. 이러한 신들의 방문은 전율을 가져오며, 그 때문에 피타고라스*는 오수의 위험을 이야기했다고 한다. 민간전승에서는 정오에 살아 있는 자가 잠에 들면 생사의 경계가 소멸하여 죽은 자가 되살아난다고 믿어지고, 하루 시간의 흐름을 원환으로서 생각하면 정확히 한밤중에 맞서 있는 위치에 있는 정오는 죽은 자의 망령이 나타나는 시각이라고 생각되고 있었다. 이윽고 헬레니즘* 시기에 이르면 테오크리토스로부터 베르길리우스와 롱고스에 이르는 전원시적 문학의 전통에서 정오는 목신 판과 결부되게 되었다. 그때는 판 신이 잠자는 시각이며, 그 잠을 방해하는 자가 있으면 판의 노여움이 눈으로 볼 수 없는 형태로 나타나 사람과 짐승을 위협하기 때문에(예를 들면 짐승들이 갑자기 '패닉'을 일으켜 난폭해지는 것은 그 나타남이라고 생각되었다), 정오의 정적을 깨트리지 않도록 만물이 잠에 들었다는 것이다. 반인반수의 모습을 한 가축의 신 판은 번식을 상징하고 잠에서 깨어나 정욕에 내몰리면 님프들을 쫓아다녔다고 하지만, 동시에 '판'은 그리스어로 '모두'를 의미하는 데서 일체의 자연을 통괄하는 '위대한 신'으로서 숭배되었다. 플루타르코스* 이래로 "위대한 판은 죽고"라는 고대의 몰락을 의미하는 표현으로서 전승되며, 니체는『비극의 탄생』이전의 희곡『엠페도클레스』초안(1870년 말~71년 초의 유고)에서도 이에 대해 언급하고 있다. 이 초안 직전에 있는「나는 모든 신들이 죽어야 한다고 하는 고대 게르만의 말을 믿는다」는 메모[유고 Ⅰ. 3. 170f.]는 막스 뮐러(Friedrich Max Müller 1823-1900)를 읽고서 기록한 듯하지만,「조로아스터의 종교는 만약 다레이오스가 굴복당하지 않았더라면 그리스를 정복

했을 것이다」라는 같은 시기의 단편은 후년의『차라투스트라』와의 어렴풋한 조응 관계를 추측케 한다[Ⅰ. 3. 146].

『비극의 탄생』에 앞서 쓰인「디오니소스적 세계관」과「비극적 사상의 탄생」(1870)은 자연이 "개체화*의 원리"에 의해 분열된 것을 "디오니소스적 도취" 가운데서 다시 결합시키고자 하여 이미 자연과의 화해*를 다루고 있다. 그와 같은 도취*를 가져오는 그리스의 디오니소스 축제의 모습을 니체는 에우리피데스의『바쿠스의 여신도들』에 기초하여 다음과 같이 묘사하고 있다. 한 사람의 사자가 "정오의 찌는 듯한 더위 속에서 가축떼를 데리고 산정으로 올라갔다. 그 곳은 보인 적이 없는 것을 보기 위해서는 그야말로 올바른 때이자 올바른 곳이었다. 이제 판은 잠들고 하늘은 영광의 움직임 없는 배경을 이루고 해는 빛나고 있다." 거기서 사자가 본 것은 바쿠스의 여신도들이 막대기로 바위를 치자 샘이 솟고, 땅을 찌르자 와인이 내솟기 시작하며, 나무들의 가지로부터는 달콤한 꿀이 뚝뚝 떨어지고, 손가락 끝이 땅에 닿자 젖이 용솟음치는 광경이다. "이것은 전적으로 마법에 사로잡힌 세계이며, 자연은 인간과 화해의 축제를 즐긴다. 신화가 말하는 바에 따르면, 아폴론*은 찢겨진 디오니소스*를 다시 이어 합쳤다고 한다. 이것이야말로 아폴론에 의해 새롭게 창조되고 아시아적 분열로부터 구제된 디오니소스의 모습이다"라는 것이다[「디오니소스적 세계관」1].『비극의 탄생』에서의 자연과의 화해, 아폴론적인 것과 디오니소스적인 것의 결합에 의한 가상*에서의 도취와 변용이라는 생각과 연결되는 부분이지만, 그것이 에우리피데스에 기초하여 인도되고 있었다는 점은 니체가 에우리피데스를 비극의 쇠퇴를 불러온 장본인으로서 비판하고 있는 만큼 더욱더 흥미롭다.

고전문헌학*자로서 니체는 고대의 전원시적 문학에 대해서도 알고 있었지만, 거기에서 그려진 '영웅적·전원시적 풍경'을 그가 실감나게 포착한 것은 의외로 늦었다. 1879년 생모리츠에 머물 때에 "그저께 저녁 무렵 나는 완전히 클로드 로랭*적인 황홀감에 젖어 급기야 눈물을 흘리며 오래도록 격하게 울었다." "영웅

적·전원시적인 것을 나의 영혼은 이제 발견했다. 그리고 고대의 전원시적인 것이 이제 일거에 내 눈 앞에서 베일을 벗고 명확해졌다 — 지금까지 나는 그에 대해 아무것도 알지 못했다'고 적고 있다[유고 Ⅰ. 8. 483f.]. 지중해가 아니라 오버엥가딘의 맑고 아름다운 경관 속에서 니체는 그의 '아르카디아'를 발견했다. 「나 또한 아르카디아에 있고」[Et in Arcadia ego]라는 제목이 달린 아포리즘에서는 명확히 질스-마리아* 주변을 떠올리게 하는 풍경 속에서 소를 모는 "베르거마스크에서 태어난 듯한" 목자와 "소년과 같은 복장을 한" 소녀를 의도적으로 고대의 전승을 집어넣어 묘사하고 있다. 저녁 5시 반으로 생각되고 있지만, 이 "강렬한 석양에 비추어진" 전원시적 풍경에는 독특한 아름다움의 예감이 떠돈다. "모든 것이 위대하고 고요하며 밝았다. 전체의 아름다움은 전율을 일깨우며, 이 아름다움의 계시 순간을 말없이 숭배하고 싶어 할 정도였다. 생각 없이 그 이상으로 자연스러운 것은 없다는 듯이 이 순수하고 날카로운 빛의 세계(거기에는 그리워한다든지 기대한다든지 전후를 본다든지 하는 것은 전혀 없었다) 속에 그리스의 영웅들을 놓아보고 싶어 할 것이다."[『인간적』Ⅱ-2. 295] 그리고 이전에 이와 같이 느끼고 이와 같은 세계에서 살아간 자로서 니체는 에피쿠로스*의 이름을 드는데, 다른 곳에서는 에피쿠로스적인 '고대 오후의 행복'에 대해 "그러한 행복을 만들어낼 수 있는 것은 부단히 고뇌하는 자뿐이다. 그러한 눈의 행복 앞에서 현존재의 바다는 고요해지고, 그 눈은 이제 그 현존재의 표면과 이 다채롭고 섬세하며 두려움에 떠는 바다-피부를 아무리 보아도 더 이상 싫증낼 수 없다. 일찍이 이 정도로 조신한 열락은 한 번도 존재한 적이 없었다'고 말하고 있다[『학문』45].

하지만 니체가 이러한 '고대 오후의 행복'에 완전히 몰입하는 것은 아니다. 거기에는 에피쿠로스의 자족한 시선을 더듬으면서 그것을 응시하는 또 하나의 시선이 있다. 그것은 다양한 원근법*을 시도하고서는 물러나는 '자유정신'*의 시선이며, 그 자유로운 전환이 『인간적』* 이후의 사유의 특징을 이루고 있다. 그는 자주 '아침놀', '오전', '정오', '오후', '황혼', '밤'과 같은

하루의 시간들을 특정한 기분과 정신의 단계를 특징짓는 비유*로서 사용했지만, 이 '자유정신'의 앎을 "오전의 철학"이라고 부르고[『인간적』Ⅰ. 638], 이 정신은 자기의 참된 과제를 "삶의 정오에서 비로소 이해한다'고 하고 있다[같은 책 Ⅰ 서문 7]. 나중의 『우상의 황혼』*에서도 "정오, 그림자가 가장 짧아지는 순간, 가장 오래 계속됐던 오류의 종언, 인류의 정점, **차라투스트라가 시작된다**'고 말하여 '정오'는 종래의 형이상학*적 세계관의 오류가 드러나게 되는 때라고 하고 있다[『우상』Ⅳ. 6]. 이러한 인식의 때로서의 '삶의 정오'를 니체는 『방랑자와 그의 그림자』의 「정오에」라는 아포리즘에서 다음과 같이 묘사하고 있다. "활동적이고 파란으로 가득 찬 삶의 아침을 부여받은 자의 영혼은 삶의 정오를 맞이하여 기묘한 평안에 대한 갈망에 사로잡힌다." "숲속에 숨겨진 풀밭에서 그는 판이 잠자고 있는 것을 본다. 자연의 만물은 판과 함께 잠자고 있고, 그 얼굴에는 영원을 가리키는 표정이 떠오른다 — 그에게는 그렇게 생각된다. 그는 아무것도 바라지 않고 어떤 일에 대해서도 걱정하지 않으며, 그의 심장은 그치고 눈만이 살아 있다 — 눈을 뜨고 있는 죽음이다. 그때 이 인간은 일찍이 한 번도 본 적이 없는 많은 것을 보지만, 그가 보는 한에서 모든 것은 빛의 그물눈에 짜 넣어져 이를테면 그 속에 파묻혀 있다. 거기서 그는 자기의 행복을 느끼지만, 그것은 무겁디무거운 행복이다." 그리고 정오가 지나간 후에 다시 활동적인 삶의 해 질 녘이 찾아온다[『인간적』Ⅱ-2. 308]. 여기서는 고대적 전승에 기초하여 시간의 정지와 영원성을 띤 고요함이 묘사되고 있지만, 동시에 그것은 한 사람의 개인이 "눈을 뜨고 있는 죽음"이라는 삶의 중간점에서의 위기를 거쳐 새로운 인식을 획득하고 "무거운 행복"에 이르는 전환의 때로서도 그려지고 있다. 이와 같이 니체의 텍스트에서는 고대의 이미지와 근대의 미적 경험이 솜씨 있게 서로 짜 넣어져 있으며, 『즐거운 학문』*의 「포겔프라이 왕자의 노래」의 시편들에서도 전원시적 풍경을 그리면서 정오에서의 한순간의 미적 전율을 한층 더 강조하고 있다. "시간도 공간도 죽음으로 끊어진 한낮, / 오직 **그대의** 눈만이 — 무섭게 / 나를 응시한

다 — 무한이여!"라고 노래하는 「새로운 바다로」에 이어 「질스-마리아」에서는 "모두가 놀이였다. / 모든 호수, 모든 정오, 목표를 지니지 않는 시간이었다. / 그때 갑자기, 나의 여인이여, 하나가 둘이 되었다, / — 차라투스트라가 내 곁을 지나갔다……"고 차라투스트라의 도래가 고지된다. 『선악의 저편』*에 덧붙여진 시 「높은 산에서」에서도 "삶의 정오! 제2의 청춘! 때가 왔다."고 차라투스트라의 도착이 눈부시게 축하되고 있다. 회상과 숙려의 때였던 삶의 정오는 차라투스트라의 등장과 함께 결정적인 사건을 예고하는 때로 변화한다.

【Ⅲ】『차라투스트라』에서의 '위대한 정오'

『차라투스트라』에도 고대적 전승을 상기케 하는 '정오'에 대한 묘사가 있다. 제4부에서 지상으로부터의 속된 방문자들에게 진절머리가 난 차라투스트라는 정오에 노목 옆에서 잠이 들지만 영혼은 깨어 있는 채로, 그는 꿈꾸는 가운데 자신의 영혼과 대화를 나눈다. "오, 행복이여! 오, 행복이여! 너는 노래하려는가, 나의 영혼이여? 풀 속에 가로누워. 그러나 이제는 목자도 그 피리를 불지 않는, 은밀하고 엄숙한 시각이다. / 삼가라! 뜨거운 정오가 들판에서 자고 있다. 노래하지 말라! 고요히! 세계는 완전하다." '고대 오후의 행복'에로의 유혹, 목신이 잠자는 고대적인 삶의 환영이 그를 사로잡게 된다. "늙은 정오는 잠자고 있다. 그는 입을 움직인다. 행복의 한 방울을 바로 마시고자 하는 걸까? — / — 너무도 순수한, 너무도 순수한 포도주의 오래 익은 자줏빛 한 방울을?" "정말 적은 것이 지고의 행복을 낳는 것이다. 고요히! / — 나는 어떻게 된 것일까? 귀 기울여라! 시간은 날아가 버린 것일까? 나는 떨어져가는 것이 아닐까? 나는 떨어진 것이 아닐까? 귀 기울여라! — 영원의 우물 속으로?" 그러나 이 선잠 속에서 심장이 터질 것 같은 행복을 맛본 차라투스트라는 이윽고 "이상한 모양의 명정"에서 깨어난 듯이 일어난다[Ⅳ-10]. 차라투스트라에게 있어 세계가 완전한 것이 되어 시간이 정지한다고 하는 고대적 전승에 따른 정오는 '명정'과 같은 선잠을 가져오는 것이긴 하더라도 이미 '이질'적인 것이 되어 있으며 그대로 반복될

수 있는 것이 아니다. 판이 잠자고 모든 생명 있는 것들이 활동을 그치고 쉬는 때인 고대의 정오가 회귀하는 시간 속에서 반복되는 사건이자 본질적으로 아무것도 새로운 것은 일어나지 않는 자기 완결적인 세계 속에 있었던 데 반해, 차라투스트라가 맞이하고자 하는 '위대한 정오'는 거기서 전적으로 새로운 것이 밝혀지는 "결정적인 때", "가장 풍요로운 해명의 때"인 것이다[유고 Ⅱ. 9. 171, 173].

슐레히타*가 지적하고 있듯이 이와 같은 시간관념은 고대의 이교적 전통에 뿌리박고 있는 것이 아니라 오히려 유대·그리스도교*적인 종말론에 가깝다. 뢰비트*도 차라투스트라의 정오는 고대적인 삶의 전체성에로의 복귀보다도 예언자나 사도가 이야기하는 심판의 날과 비슷하다고 하여 "고대인의 눈으로 보면 '위대한 정오'는 절도*를 결여한 모독이다"라는 슐레히타의 말에 찬동하고 있다. 그 점은, '위대한 정오'는 "불타는 혀"에 의해 고지되고[『차라투스트라』 Ⅲ-5. 3], 그것에 선행하는 "불기둥"은 마을을 불살라버린다든가[같은 책 Ⅲ-7] "이제 낮이, 변전이, 판가름하는 검이, **위대한 정오**가 다가온다. 거기서 많은 것이 밝혀질 것이다."[같은 책 Ⅲ-10. 2] 등과 같은 묵시록적인 표현에서도 명확하다. 다만 이러한 또 하나의 '종말'이 가져오는 것은 그리스도교적 가치가 지배하는 역사의 종언이다. 즉 '위대한 정오'는 그리스도교적인 세계해석이 초래한 '니힐리즘'이라는 곤궁(Not)을 전회시키는(wenden) 필연적인 사건(Notwendigkeit)이자 더 나아가 그 필연성을 우리가 의지해야만 한다고 하는 것이다[같은 책 Ⅲ-12. 30]. "위대한 정오란 인간이 그 도정의 중간에서 짐승과 초인* 사이에 서고, 저녁을 향해 가는 자신의 길을 자신의 최고의 희망으로서 축하하며 찬양할 때이다. 그것은 새로운 아침을 향해 가는 길이기도 하기 때문이다. / 그때에 스스로 몰락하는 자는 저쪽으로 넘어가는 자로서 자기를 축복하리라. 그때 그의 인식의 태양은 그의 바로 위에 하늘의 중심에 걸려 있게 되리라. '모든 신들은 죽었다. 이제 우리는 초인이 살기를 바란다' — 이것을 어느 날인가 위대한 정오가 도래했을 때 우리의 최후의 의지로 삼자! —."

[같은 책 Ⅰ-22. 3] 여기서는 인간 이전의 존재로의 퇴락과 '초인'으로의 상승* 사이의 '중간'이라는 위기의 순간에 있어 인간이 최고의 인식 하에서 '초인'에로의 길을 걸어갈 것을 결단할 것이 요구되고 있다. 그에 의해 '정오'의 순간은 '새로운 아침'에로의 이행이 되고, '초인'에로의 결단은 '영원회귀'로의 의지와 결부된다. '위대한 정오'는 거기서 반복하여 회귀하는 것이 나타나는 까닭에 영원한 것이 아니라 그 순간에 영속적인 결정이 이루어지는 까닭에 영원성을 지니는 것이다.

「건강을 되찾고 있는 자」 장에서는 '영원회귀의 교사'인 차라투스트라의 교설을 독수리와 뱀*이 다음과 같이 말한다. "생성의 순환이 행해지는 위대한 해(年), 어찌할 방도 없이 거대한 해가 있다. 그것은 모래시계와도 닮아 반복해서 새롭게 뒤집어져야만 하고, 그에 의해 또한 새롭게 시간이 흘러내리고 흘러가듯이." "나는 다시 온다. 이 태양, 이 대지, 이 독수리, 이 뱀과 함께.── 새로운 인생이나 보다 좋은 인생, 혹은 아주 비슷한 인생으로 돌아오는 것이 **아니다**. / ──나는 영원히 반복해서 크고 작은 것을 빠짐없이 전적으로 동일한 삶으로 돌아온다, 반복해서 모든 사물의 영원회귀를 가르치기 위해,──/ ── 반복해서 대지와 인간의 위대한 정오에 대해 말하기 위해, 반복해서 인간에게 초인을 고지하기 위해."[Ⅲ-13. 2] '위대한 정오'는 '영원회귀'가 인류에 의해 감득되는 고양된 순간이다. 그러나 모든 것이 동일한 것으로서 회귀하고, 하찮고 구토마저 불러일으키는 인간과 사물들까지도 회귀한다는 이 사상의 두려워하지 않을 수 없는 함의는 전율을 초래할 수밖에 없다. 그럼에도 불구하고 이 회귀를 긍정하고 원환을 의지하게 만드는 것은 한밤중이라는 정오에 조응하는 시각에 감득되는 '기쁨'의 영원성에 대한 욕망이다. "이제 바로 나의 세계는 완전해졌다. 한밤중은 또한 정오인 것이다──." "모든 기쁨은 영원을 원한다."[같은 책 Ⅳ-19. 10] 그런데 원환의 정점에서 영원에 접하는 정오라는 이미지는 쇼펜하우어*가 『의지와 표상으로서의 세계』에서 시간을 원환에 비유하고 의지를 지는 일이 없는 태양으로서 묘사하고 있는 부분을 떠올리게 한다. "지구는 회전하여 낮에서

밤이 되고, 개체는 죽어간다. 그러나 태양 그 자체는 쉬는 일 없이 작열하여 영원의 정오에 세차게 타오른다. 삶에의 의지'에게 있어 삶만큼 확실한 것은 없으며, 삶의 형식은 끝나는 것을 알지 못하는 현재다"라는 것이다[제54절]. 그러나 쇼펜하우어의 '영원의 정오'가 시간에 제약되지 않는 근원 의지의 절대적 현재성을 나타내는 것인 데 반해, 니체의 '위대한 정오'는 이 순간에 '영원회귀'를 의지함으로써 삶의 모든 순간에 영원성의 각인을 찍고자 하는 것이다. 그것은 또한 그가 디오니소스라는 이름과 결부시켜 말하는 삶의 긍정의 정식이다. 후에 그는 『차라투스트라』에 대해 "'디오니소스적'이라는 나의 개념은 이 작품에서 최고의 행위로 되었다'고 말하고 있다[『이 사람』 Ⅸ. 6].

【Ⅳ】 디오니소스의 도래

'위대한 정오'와 관련하여 '디오니소스'에 대해 말할 때 거기에서는 몇 가지 복합적인 계기들이 발견된다. 그 하나는 그리스도교와 '디오니소스의 가르침'을 대치시키고 종말론을 전도시키는 것처럼 하여 '디오니소스의 도래'를 대망하는 역사철학적인 대립의 구도다. 『도덕의 계보』*에서 니체는 "우리를 종래의 이상에서 구원하는 것과 마찬가지로, 이 이상에서 필연적으로 생겨난 것, 즉 위대한 구토와 허무에의 의지와 니힐리즘으로부터 구원하게 될 이 미래의 인간, 의지를 다시 자유롭게 하고 대지에 그 목표를 주며 인간에게 그 희망을 되돌려주는 이 정오와 위대한 결정의 때의 종, 안티크리스트이자 반니힐리스트인 이 자, 신과 허무의 이 극복자──어느 날인가 그는 올 것임에 틀림없다……"라고 말하고 있지만[『계보』 Ⅱ. 24], 이 발언은 '위대한 정오'에서의 반그리스도교적인 종말론을 한층 더 명료하게 예언자적인 어조로 표명하고 있다. 그 후에는 더 나아가 '초인'에로의 결단을 강자의 삶에 대한 찬미와 결부시켜 인류의 훈육과 약자의 근절 위에 '디오니소스적인 상태'의 재현을 기대하는 사고도 나타난다. 그렇지만 그러한 '지상에서의 삶의 과잉'의 추구가 목적으로 하는 것은, 같은 곳에서 "나는 비극적 시대의 도래를 약속해둔다. 즉 삶을 긍정하는 최고의 예술인 비극이 얼마 안 있어 다시 탄생하게

될 시대다'라고 말해지고 있듯이, 초기에서의 예술에 의한 삶의 혁신 프로그램이 지향하고 있던 비극의 재생이다[『이 사람』 IV. 4]. 1885년의 어떤 단편에서 니체는 디오니소스의 가르침에 따라 "자기 내에서 **남방**을 다시 발견하고", "남방적인 건강과 영혼의 숨겨진 힘을 다시 획득함"으로써 그리스적인 것을 발견하고자 하는 자는 "**새로워진 날**'을 만날지도 모른다고 말하고 있다[유고 II. 8. 514]. 비극의 재생 시도는 고대의 정오나 회귀설의 단순한 반복이나 종말론의 반그리스도교적인 반전에 그치는 것이 아니라 새로운 세계가 미적으로 계시되는 순간으로서의 '위대한 정오'로 전환했다고 볼 수 있을 것이다. '위대한 정오'는 그 순간에서의 미적 계시의 충격과 중대한 전환에 수반되는 전율에 의해 선명하고 강렬한 이미지를 부여함으로써 그 후 많은 문학자와 예술가, 사상가의 마음을 사로잡았다. 세기말'에 삶의 약동을 찬미한 유겐트슈틸'을 대표하는 잡지의 하나는 『판』이라고 명명되며, 그 창간호(1895)에는 『차라투스트라』의 한 절이 게재되었다. 얼마 안 있어 20세기의 아방가르드는 갑작스런 충격에서 새로운 아름다움을 발견하는 미학을 발전시켰다. 결단의 시간에서의 전율의 경험에서 예외적인 아름다움을 발견하는 윙거'나 '역사의 정오'에서 번쩍이는 현실적인 과거의 이미지를 찾는 벤야민'에게서 미적 계시의 순간에 대한 감성은 각자에게 독특한 현상 방식을 취하고 있다. 니체의 '위대한 정오'는 이러한 넓은 의미에서의 모더니즘'의 미적 심정에 관련되는 것이었다. ☞영원회귀

—오이시 기이치로(大石紀一郎)

📖 ▷Karl Schlechta, *Nietzsches großer Mittag*, Frankfurt a. M. 1954. ▷Karl Löwith, *Nietzsches Philosophie der ewigen Wiederkehr des Gleichen*, Stuttgart ²1956(柴田治三郎 訳 『ニーチェの哲學』 岩波書店, 1960). ▷氷上英広 「ニーチェにおける『大いなる正午』」 『大いなる正午 ニーチェ論考』 筑摩書房, 1979.

위대한 정치偉大─政治 [die große Politik]

그루이터판 니체 전집은 『안티크리스트』'의 말미에 「그리스도교 반대법」(이하 「반대법」)이라는 일곱 개의 명제로 이루어진 색다른 모양의 문장을 수록하고, 『이 사람을 보라』'의 목차에는 이전의 판과는 달리 마지막 두 장으로서 「선전포고」와 「망치는 말한다」라는 제목을 올리고 있다(다만 후자는 제목뿐으로 본문은 없다). 텍스트 비판상의 문제를 두고 말하자면, 「반대법」과 「선전포고」는 니체의 다른 유고들로부터 미루어보건대 대체로 말년의 '위대한 정치'에 직접·간접적으로 관련된다. 니체가 써 남긴 단상의 필시 마지막을 장식한 것인지, 거의 광기에 접했거나 이미 광기에 빠진 니체의 정말로 이상야릇한 언설이 위대한 정치라는 이름으로 이곳저곳에 적혀 있다.

위대한 정치는 본래 비스마르크'의 용어라고도 한다. 『선악의 저편』'에 비스마르크의 정치를 가리키는 의미에서 이 말을 사용한 예가 있다[241, 254]. 또한 『즐거운 학문』' 제5부에도 당시의 유럽의 소국 분립 상태를 "작은 정치"의 시대라고 부르고 "다음 세기는 틀림없이 지상 지배를 위한 싸움을,— 위대한 정치에 대한 강제를 가져올 것이다'라고 주창하는 구절이 있어 니체의 위대한 정치의 이미지가 지니는 일면이 개진되고 있다[『학문』 377]. 『선악』 251번에서는 러시아의 위험이 증대하고 있는 지금, 유럽은 소국 분립 상태를 벗어나 "유럽을 지배하는 어떤 새로운 계급"의 손으로 통일된 독자적인 의지를 형성하고 심원한 통찰 하에 러시아에 필적할 만큼의 힘을 길러야 한다는 것이 주된 취지로 펼쳐진다. 위대한 정치에서는 강력한 적을 앞에 두고 새로운 체제의 창조가 도모되는 것이다. 『우상의 황혼』'에서는 "새로운 창조, 예를 들면 새로운 나라 등에 있어서는 자기편 이상으로 적이 필요하다. 적대하는 것에서 비로소 그것은 자기를 필연적인 것으로 느낀다'고 위대한 정치의 특징을 묘사하고 있다[V. 3].

그러나 위대한 정치가 니체의 사상과 깊게 교차하는 모습으로 표현된 것은 『이 사람』의 한 절일 것이다. 니체가 말하는 모든 가치의 전환'은 니체가 주창한 "진리가 수천 년에 걸친 허위와의 전투 상태에 돌입한다"는 것을 의미한다. "그렇게 되면 정치 따위의 개념

들은 모두 망령들의 싸움으로 되어버릴 것이며, 낡은 사회의 권력 조직은 모조리 공중으로 날아가 흩어질 것이다." 이리하여 "이제 이전에 지상에 존재하지 않았던 전쟁이 일어날 것이다. 내가 출현하자 점차로 지상에 위대한 정치가 행해지게 되는 것이다."[『이 사람』 XIV. 1] 이 위대한 정치를 둘러싼 싸움은 인종*, 민족*, 계급 사이에서 전개되어야 할 것이 아니다. 그것은 다름 아닌 삶*의 "상승과 하강, 삶에의 의지와 삶에 거스르는 복수심"과의 싸움일 뿐이다. "위대한 정치를 행하기 위해 충분히 강한 삶의 당파를 형성하는 것. 위대한 정치는 생리학*을 모든 다른 문제들에 군림하는 여왕으로 삼는다."[유고 Ⅱ. 12. 169] 이러한 발언의 어딘가에서 광기의 냄새를 맡았다고 하더라도 반드시 착각이라고는 말할 수 없을 것이다. 그러나 니체의 사상으로서 그 나름대로 일관성이 있다는 것도 확실하다. 위대한 정치가 광기처럼 보였던 것은 오히려 니체가 이러한 사상을 현실의 정치·정책에 관련시켜버린 점에 그 이유가 놓여 있다.

니체가 위대한 정치를 둘러싼 전쟁*에서 적으로 삼아 테러의 대상으로 들고 있는 것은 무엇보다 우선 그리스도교*다. 「반대법」에는 그리스도교라는 "악덕에 대해 결전을 벌인다"는 취지가 일곱 개의 명제 형태로 기록되어 있다. 승려(사제*)는 형무소로 보내야 한다는 것, 같은 그리스도교도라도 가톨릭보다는 프로테스탄트에게, 같은 프로테스탄트라도 신심이 깊은 자보다도 자유롭고 관대한 자에게 가혹하게 대해야 한다는 것, 성 생활에 관한 모멸은 모두 삶에 대한 죄라는 것, 승려와 식탁을 함께 하는 자는 추방해야 한다는 것, '신', '구세주', '성자'라는 말은 범죄자용의 휘장 마크로 해야 한다는 것 등— 읽기에 따라서는 참으로 유쾌한 블랙 유머. 또 다른 한편의 적의 이름으로 들어지는 것은 독일 제국을 지배하는 호엔촐레른 가, 특히 비스마르크와 빌헬름 2세다. 이미 광기의 징후를 일으키기 시작했다고 보아야 할 것인지, 니체는 두 사람 앞으로 「선전포고」라는 제목의 문서를 발송할 작정이었다고 한다[스트린드베리에게 보낸 편지, 1888. 12. 8]. 니체의 거의 최후라고도 말할 수 있는 조각

문서에는 다음과 같이 적혀 있다. "그대 호엔촐레른을 없애버림으로써 나는 허위를 없애버린다."[유고 Ⅱ. 12. 181] "성직자 제도"와 "왕실 제도"야말로 "두 가지 저주받아야 할 기구"다[같은 책 Ⅱ. 12. 178]. 이러한 두 개의 적을 섬멸하기 위해서는 강력한 아군을 조직해야만 한다. 1888년 12월 무렵의 문서에는 유대인 대자본과 장교들의 동맹 필요를 논의한 종잇조각이 발견된다. "본래의 동맹자가 누구냐고 묻는다면, 그것은 무엇보다도 장교. 신체 안에 군대적인 본능을 품고 있는 자는 그리스도교도가 될 수 없다…… 마찬가지로 유대계 은행가는 그 기원에서나 본능에서 민족들을 결합하는…… 유일한 국제적 세력으로서 나의 본래적인 동맹자'다. "양자를 합친 것은 힘에의 의지*를 대표한다." [같은 책 Ⅱ. 12. 175]

이것이 어느 정도 니체의 본의였는지 지금으로서는 알 길이 없다. 하지만 모든 가치의 전환을 둘러싼 싸움이 곧바로 현실의 전쟁과 직결되는 듯한 어투는 아무리 보아도 심상치 않다. 니체의 언설에는 문자 그대로 받아들이기보다 모종의 메타포로 이해하는 것이 좋은 경우가 많다. 그러나 그의 언설이 인식을 위한 삶을 지향하는 까닭에 메타포와 현실을 매개하고 구별함에 있어 어딘가 전도된 방법에 의거할 수밖에 없었다는 점도 충분히 생각할 수 있다. 심상치 않긴 하지만 광기 탓일 뿐이라고는 말할 수 없다. ☞비스마르크, 『안티크리스트』

—기마에 도시아키(木前利秋)

윌슨 [Collin Henry Wilson 1931-2013]

영국의 비평가이자 신비학 연구가인 콜린 윌슨에게 있어 니체는 낭만주의적 '아웃사이더'의 전형이다. 근대적 시민사회에 강한 위화감을 느끼지 않을 수 없고, 따라서 사회 속에서 어쩔 수 없이 고립될 수밖에 없는 대담한 사상의 모험가가 다름 아닌 윌슨이 말하는 '아웃사이더'다. 그런 의미에서 니체는 키르케고르*와 함께 '아웃사이더' 의식에서 출발하는 실천 철학을 전개한 이단의 철학자로 간주된다. 윌슨의 대표작 『아

웃사이더』(1956)에서는 니체의 생애와 작품이 '아웃사이더'라는 기본 테마에 입각하여 요령 있게 해설되고 있다. 그에 따르면 니체는 쇼펜하우어*의 영향 하에 자기를 알기 위해 가장 긴요한 것이란 "자기로부터의 이탈"이라고 자각했다. 그리고 "순수 의삭" 또는 "주체가 완전한 망각 속에서 소멸하는 디오니소스적 감정"을 직관적 게시에 의해 알았던 니체를 묘사해 간다. 나아가 '초인*'이나 '영원회귀*'와 같은 실존적 개념들이 "니체 자신의 영혼의 병에 대한 반동으로서 발현했던 것이며, 그것은 위대한 건강*이라는 사상에 살을 붙이고자 한 니체의 시도"였다는 것을 명확히 해 보인다. 이리하여 니체의 긍정의 철학은 블레이크(William Blake 1757-1827)에서 시작되는 유럽의 신비주의 내지는 "종교적 아웃사이더" 계보 속에 자리매김 된다. 이것은 아웃사이더의 궁극적인 목표란 '어떻게 살아야 할 것인가'라는 문제에 무언가 해답을 시사하는 것에 있다고 하는 윌슨의 관심이 니체 독해를 통해 가장 잘 나타나 있는 곳들 가운데 하나로서 인상 깊다. 요컨대 니체는 자기 구원이 어떤 방향에 놓여 있는지를 명확히 보여준 대사상가로서 파악되는 것이다. 여기에 윌슨의 니체 이해의 핵심이 있다. 그러나 주로 병자를 대상으로 하여 실존 문제에 몰두해 온 윌슨은 점차 관심을 초능력 문제(초능력자에게는 건강한 사람들이 많다고 그는 말한다)로 옮기며, 최근의 저작에서는 니체에 대한 언급이 거의 보이지 않는다.

―후지카와 요시유키(富士川義之)

윙거 [Ernst Jünger 1895-1998]

전쟁터에서 쓴 일기 『강철 소나기 속에서』(1920)와 에세이 『내적 체험으로서의 전투』(1922)에서 전쟁터에서의 죽음과 직면하는 시련에 의한 자기 삶의 강화 확인을 냉철한 문체로 엮어가는 윙거는 일찍부터 "위험을 무릅쓰고 살아가는 것의 매력"을 니체로부터 배우고 있었다. "무한한 것을 향해 숨 가쁘게 앞으로 달리는 말 위에 탄 기사…… 위험에 처하게 될 때 그곳에서 비로소 더 없는 행복을 맛보는 현대의 반야만인"

[『선악』 224]이 젊은 날의 윙거다. 제1차 대전 후의 윙거는 니체의 "르네상스의 풍경" 속에서는 등장할 여지가 없었던 기계를 구사하는 노동세계에 '힘에의 의지*'라는 구상을 적용시켜 간다. 『노동자―지배와 형태』(1932)에서 그려지는 것은 자기 부정과 희생의 용기를 지니고, 강철의 기계처럼 걸어가며, 파국에 처해서도 감정을 표출하지 않는 새로운 유형의 인간, 니체의 초인*의 현대판이다. 그것은 "힘에의 의지로부터 나와 힘에의 의지를 위한 무조건적인 무의미함의 조직체"에 속하고, "존재하는 것 전체를 계획적, 육성적으로 실현 가능성 속에 확보해 둔다는 의미에서의 새로운 시대의 기술 집행자"[하이데거 『니체』]였다. 니체의 삶의 철학이 현실 역사의 궤도로 끌려 들어가고, 니체가 말하는 니힐리즘*이 정치철학적으로 극복되려고 한다. 그런 의미에서 이 시기까지의 윙거의 니체는 니체 만년의 단장들로부터 조작된 책 『권력에의 의지』를 니체의 정치적 유서로 삼는 20세기 전반의 불행한 수용 경향에서 벗어나 있지 않다. 그러나 1933년에 권력을 장악한 것은 강철의 의지를 지닌 노동자 병사가 아니라 유니폼을 착용한 천민*이었다. 나치스*와는 선을 그은 채 제2차 대전과 히틀러 독재를 경험한 후의 윙거는 역사를 만드는 '병사·노동자=인간'의 환상으로부터 벗어나며, 죽음을 향해 자기 자신과만 싸우는 "숲의 산책자"로서 니힐리즘의 시대와 새로운 의미를 가로막는 선을 넘어서서 삶이 깃들는 집으로서의 숲의 풍부함에 둘러싸여 존재에 대해 시간에 대해 명상에 잠긴다[Waldgang(1951) 참조]. 60년대 이후에는 '영원회귀*' 등에 대해 '본능적 혐오'를 표현하고 니체 비판을 반복하면서 니체로부터 쇼펜하우어*로 되돌아가는 길을 걷고 있다. ☞나치스

―야마모토 유(山本尤)

유겐트슈틸 [Jugendstil]

19세기 말 프랑스에서 꽃피운 새로운 예술 운동 아르누보는 독일에 파급되어 유겐트슈틸이라는 이름으로 불렸지만, 그 이념과 형태는 같은 시기에 시작되는

니체 수용의 열광으로부터 많은 자극을 받고 있다. 장르의 개별화 정도를 심화시키는 것과 더불어 양식의 혼란을 드러내고 있던 예술들에게 새로운 시대의 새로운 표현을 주는 것 그리고 예술의 종합화, 삶의 전체성의 획득을 지향하는 것, 그것이 그들을 밀어붙이고 있던 정열이라고 한다면, 거기에는 바그너*로부터 니체에 이르는 종합 예술의 꿈이 숨 쉬고 있다. 더 나아가 니체가 행한 과거의 가치의 전환*, 부르주아지의 몰락과 궤를 같이하는 해체의 도취, 다가오는 소시민 대중 시대를 직시한 데 토대한 강렬한 개인주의, 이러한 주장들이 그의 아포리즘*적인 표현의 강력함과 더불어 많은 예술가와 공예가의 감각에 호소했다.

광범위한 니체 수용의 계기가 된 것은 덴마크의 비평가 브란데스*의 강연(1889)과 논문(1890)이었지만, 이후 많은 예술가가 니체로부터 창조적 자극을 받았다. 반 데 벨데(Henry van de Velde 1863-1957)는 『차라투스트라』와 『이 사람을 보라』에 대단히 개성적인 장정을 부여하여 북 디자인과 문자 도안의 세계에 새로운 가능성을 열었다. 또한 니체 아르히프(바이마르*)를 다시 꾸미고(1903), 니체 기념당의 설계도 계획하고 있었다. R. 슈타이너는 1900년, 니체가 사망한 해에 수많은 기념제에서 니체에 대해 강연을 행했다. E. v. 볼초겐(Ernst von Wolzogen 1855-1934)은 카바레 '위버브레틀'(Überbrettl)의 극장 '분테 테아터'의 건축을 A. 엔델(August Endell 1871-1925)에게 의뢰했는데, 그때 로비에 니체의 흉상을 놓아두도록 지시하여 스스로의 정신적 지주를 드러내고 있다. 음악가로는 R. 슈트라우스*가 교향시 「차라투스트라는 이렇게 말했다」(1896)를 작곡했다. 유겐트슈틸의 대표적 잡지 『판』(Pan) 권두에도 『차라투스트라』의 인용이 놓여 있다. 본래 이 작품은 유겐트슈틸적인 이미지로 가득 차 있지만, 그중에서도 특히 중력의 영*에 맞선 경쾌한 춤에 대한 찬양은 이 시대의 춤 열풍의 하나의 원천 또는 근거라고 말할 수 있을 것이다. ☞19세기와 니체, 세기말과 니체

―미야케 아키코(三宅晶子)

유대

니체는 그의 '초인' 사상을 둘러싸고서 사회진화론적인 인종 이론과 그것을 원용한 나치스*에 의해 이데올로기적으로 이용되어 반유대주의적인 경향을 지니는 것처럼 생각되는 경향이 있지만, 그것은 잘못인바, 인종 이론은 말할 것도 없고 그리스도 측으로부터의 종교적 편견에 대해서도 깨어 있는 거리를 취하고 있었다고 생각된다. 고대 유대교와 바울* 이후의 그리스도교*의 관계는 다양한 형태로 파악되고 있지만, 유대교의 '선민사상'과 그리스도교의 '사랑'의 교설을 묶는 공통성을 니체는 로마에 의해 멸망당한 이산 민족의 자기 보존* 본능, 르상티망에 기초하는 새로운 가치의 날조*에서 발견한다. 천민* 내지 노예 도덕의 봉기라는 것이다. 그런 한에서 유대교에 대한 니체의 부정적 평가는 그리스도교를 긍정하고 그것과 대비시키는 형태가 아니라 오히려 그의 **반**그리스도교적인 태도로부터 나온다고 말할 수 있을 것이다. 그 이외의 면에서는 그는 유대인을 모든 민족 중에서 가장 고뇌에 찬 역사를 밟아온 민족, 세계에서 가장 고귀*한 인간(그리스도), 가장 순수한 현자(스피노자*), 가장 위력 있는 책(성서*), 가장 영향력 있는 도덕 법칙을 부여해 준 민족으로서 높이 평가한다[『인간적』 I . 475]. 고대 그리스・로마의 **계몽**을 우리에게 전하는 고리로서 유대인의 공적을 파악하는 태도는 특히 주목할 만한 가치가 있을 것이다. 또한 근대의 '반유대주의*'에 대해서 니체는 그것이 근대의 '국민국가', '내셔널리즘'의 권역 내에서의 희생양의 날조라고 하는 것을 분명히 인식하고 있었다. 그것은 그의 교우들 중에 파울 레*나 게오르크 브란데스*와 같은 유대인이 있었기 때문이라기보다는 그가 내셔널리즘의 심리와 병리에 대해 깨어 있는 눈을 지니고 있었기 때문일 것이다. 바그너*에 대한 최종적인 실망을 이렇게 표명하고 있다. 그는 독일적인 것, 그리스도교, 그리고 반유대주의에 대해서조차 굴복하고 말았다고. ☞반유대주의, 나치스

―도쿠나가 마코토(德永恂)

유머 ⇨기지/유머

유물론唯物論

　니체의 경우, 사적 유물론과의 만남은 없다. 1866년, 22세 때에 신칸트학파*의 선구라고 말해지는 프리드리히 알베르트 랑게(Friedrich Albert Lange 1828-75)의 『유물론의 역사와 현대에서의 그 의의에 대한 비판』을 읽고 감명을 받은 것이 유물론과의 유일한, 그것도 간접적인 접점일 것인가? 니체는 같은 해 8월의 게르스도르프*에게 보낸 편지에서 "1. 감성계는 우리의 조직의 산물이다, 2. 우리의 눈에 보이는 (신체적) 기관들은 현상계의 다른 모든 부분과 마찬가지로 어떤 미지의 대상의 상일 뿐이다, 3. 우리의 실제의 조직은 따라서 실제의 외적 사물과 마찬가지로 우리에게 있어 여전히 미지 그대로다. 우리 앞에 있는 것은 언제나 양자의 산물일 뿐이다"라고 랑게의 결론을 세 가지 점으로 정리한 다음, "이리하여 사물의 참된 본질, 사물 자체*가 미지일 뿐만 아니라 그러한 개념도 역시 우리의 조직이 불러일으킨 대립이 최후로 낳은 소산에 불과하다"고 쓰고, 계속해서 조금은 당돌하게 "개념의 영역에서도 예술은 자유다. 누가 베토벤*의 악장을 논박하고자 할 것인가, 누가 라파엘로*의 마돈나의 잘못을 책망하고자 할 것인가"라고 적고 있다. 전해의 쇼펜하우어* 체험의 압도적인 영향 하에서 칸트*의 비판철학이 불가지론과 '사물 자체'를 강조하는 방향에서 읽히고, 게다가 그 '사물 자체' 개념도 이를테면 허구로 간주되고 있다. 엥겔스(Friedrich Engels 1820-95)의 유물론이 마찬가지로 '사물 자체'를 허구라 하고 불필요한 것으로서 제거해 버리고서 과학의 입장에 서고자 한 것과는 반대로, 니체는 이로부터 예술*의 정당화 방향으로 나아간다(과학에서 공상으로!). 철학이 구사하는 개념이 허구라고 한다면, 그것은 진리에의 특권적 통로를 지니지 못하며, 본래 허구인 예술은 적어도 그것과 동등한 지위에, 아니 허구를 그것으로서 자각하고 있는 까닭에 그것보다 뛰어난 지위에 있을 것이라고 니체는 말하고 싶은 것이 아닐까? 덧붙이자면, 루카치*

는 랑게를 '반동적'이라는 레테르가 어울리는 사상가로서 거론하고 있지만, 그의 입장에서는 당연할 것이다.

　　　　　　　　　　　　　　　─나카오 겐지(中尾健二)

📖 ▷Friedrich Albert Lange, *Geschichte des Materialismus und Kritik seiner Bedeutung in der Gegenwart*. 1866 (Neudruck: Frankfurt a. M. 1974).

유아幼兒 ⇨어린아이{유아幼兒}

육성育成 ⇨사육{육성, 훈육}

육체肉體 ⇨신체{육체}

의미와 무의미意味──無意味

　현상 세계의 근거로서 무언가 초월적 진리를 상정한다든지 현상 세계 배후에 참다운 세계 그 자체를 상정한다든지 하는 것을 강하게 부정하는 니체는, 그렇다고 해서 현상주의적으로 현상 그 자체, 출현·소멸하는 사건 그 자체와 같은 것을 인정하는 것도 아니다. 니체에 의하면 사건이란 언제나 "해석하는 존재에 의해 해석된 일군의 현상"이다. "사실이라는 것은 존재하지 않으며, 존재하는 것은 해석*뿐이다'라고 말해지듯이 모든 것은 어떤 관점(원근법*)으로부터 행하는 해석인바, 그것은 언제나 새로운 의미 부여에 열려 있다. "세계는 다르게도 해석될 수 있다. 세계는 배후에 하나의 의미를 지니는 것이 아니라 무수한 의미를 따르고 있다'[유고 Ⅱ. 9. 397] 세계란 그와 같이 무수한 해석이 끊임없이 유동적으로 교체되는 생성* 과정이며, 그러한 해석의 '다수성'이야말로 삶의 '힘'의 징후라고 여겨진다. 생성을 존재로 고정하지 않고서 좀 더 넓은 시계(관점)와 지평 속에 서서 어떤 강함을 지닌 인간의 새로운 가능성을 출현시킬 것이 추구되는 것이다.

그러면 이 해석의 '힘'이란 무엇인가? 사람들은 보통 해석의 다수성이 아니라 오히려 역으로 그 '통일'을 탐구한다. 현상하는 세계에는 의미나 목적이 내재한다고 상정하여 매달린다. 그들은 세계의 존재에, 그리고 자기의 존재에 근거나 배경을 부여하고 싶어 하며, 요컨대 '존재의 의미'라는 문제로 괴로워한다. 그러나 세계의 생성에는 의미도 목적도 존재하지 않는다. "인간의 현존재는 섬뜩하며(unheimlich), 그러면서도 무의미(ohne Sinn)하다."[『차라투스트라』 서문 7] 의미를 탐구해서는 안 되며, 오히려 그러한 무의미한 세계 속에 존재하는 것을 견뎌낼 수 있는 자가 되는 것, 신도 진리도 존재하지 않는 그러한 무 안에서 '허구'의 무한한 가능성과 힘을 발현시키는 것이 중요하다고 니체는 말한다. 생성의 "전율적인 우연을 하나로 압축하여 모으는 것", 그것이 해석의 '힘'의 발견이며, 무의미와 몰의미에 농락당하는 것이 아니라 스스로 무언가를 의욕하는 것, 그리고 아무것도 의욕하지 않기보다는 오히려 "무를 의욕할*" 것이 추구된다.

이러한 삶의 허구와 자기 해석의 생성 속에서 "이것이 삶이었던가? 자, 한 번 더!"[『차라투스트라』 III-2.1]라는 '영원회귀*'의 의지, 절대적 긍정의 의지가 발현한다. 거기서는 세계의 생성이 무의미한 것의 영원한 회귀로서 파악되며, '무의미한 것이 영원히'라는 극한의 니힐리즘*적인 의지가 끊임없이 재창조된다. 그리고 기원도 종말도 없는 이와 같은 끝없는 반복 속에서 동일한 의미가 무한히 회귀하고 순연된다는 것은 동시에 의미가 무의미한 것으로서 남김없이 태워진다는 것이기도 하다. 앞에서 해석의 '힘', 해석의 강함이라고 말해진 것은 필시 이 (무)의미를 영원히 생성시키는 그 자체가 무의미한 힘인 것이다.

참된 세계가 폐기됨과 동시에 겉보기의 세계도 폐기된다. 클로소프스키*에 따르면 세계는 이리하여 '우화'가 된다. "세계란 말해지는 무언가이며, 말해진 사건, 요컨대 하나의 해석이다. 종교, 예술, 과학, 역사는 그것과 동일할 뿐인 서로 다른 세계 해석이 아니라 오히려 그것과 동일할 뿐인 우화의 변형들인 것이다."[「니체와 다신교와 패러디」] 클로소프스키에 의해 '우화'로

서 이야기된 니체적인 세계 생성의 논리, 요컨대 해석의 생성으로서의 세계 과정에 대한 통찰('해석' 개념과 인식의 원근법주의*)은 그 후 이러한 해석의 근원적인 생기 속에서 앎의 원초적인 생성 모델을 읽어내는 해석학* 입장에서 화이트헤드(Alfred North Whitehead 1861-1947)의 실재의 과정성이라는 사고방식과 후설(Edmund Husserl 1859-1938)의 (해석으로서의) '지향성' 개념과 더불어 현대의 해석학적 철학의 원류들 가운데 하나로서 자리매김 된다. ☞해석과 계보학, 해석학, 원근법/원근법주의, 영원회귀

—와시다 기요카즈(鷲田淸一)

📖 ▷Gottfried Boehm, Einleitung, in: *Seminar: Die Hermeneutik und die Wissenschaften*, hrsg. mit H.-G. Gadamer, Frankfurt a. M. 1978.

의인관擬人觀 [Anthropomorphismus]

원래는 인간(anthrōpos)의 형태(morphē)와 비슷하게 신들의 모습을 상상한 고대 그리스 신관의 특색을 나타낸 말로, '신인동형설', '의인신관'과 같은 번역어로 옮겨지기도 한다. 엘레아학파의 시조 크세노파네스(Xenophanēs B.C. 6세기경)가 인간의 악덕마저도 신들에게 갖다 붙인 호메로스나 헤시오도스의 신관에 대해 가한 비판에서 시작되는 개념이지만, Anthropomorphismus라는 말은 18세기 중반에 만들어졌다. 그 후 좀 더 넓게 인간의 성질들을 자연 현상에 투사하여 자연을 이해하고자 하는 태도도 이렇게 부르게 되었다. 이 말은 현대에는 주로 심리학이나 동물학에서 비난을 담아 사용되는 경우가 많다.

니체는 1870년대 초의 유고에서는 이 말을 의인신관이라는 의미에서 자주 사용하고 있지만[예를 들면 I. 4. 118, 175, 180], 그 후에는 그다지 사용하지 않는다. 슐레히타판의 색인에 의하면, 유고「도덕 외적인 의미에서의 진리와 거짓에 대하여」에서 "전체 경험계"를 "의인적 세계"라고 바꿔 말하는 하나의 예밖에 발견되지 않는다. 그러나 이 말로 포착되는 문제 그 자체는 반복해서 채택되고 있는데, 니체는 그것을 "인간화"(V ermenschung; Vermenschlichung)라는 개념 하에 전개한다. 하지만 그 전개는 상당히 복잡한 경위를 밟아간다.

1881년 8월에 니체는 결국은 『차라투스트라』*로 열매 맺게 되는 '회귀사상'을 고지하는 저작의 최초 구상을 다양하게 다듬고 있지만, 그 제4초고 「어떤 새로운 생활방식의 설계'에 대하여」에서는 우선 그 제1번에서 "자연의 탈인간화"(Entmenschlichung)가 기도되고 있다[유고 Ⅰ. 12. 112]. "인간들과 철학자들은 이전에는 자연 속에 제멋대로 인간을 읽어 들이고 있었다── 우리는 자연의 탈인간화를 행한다!"[같은 책 Ⅰ. 12. 128] "우주는 어떤 특정한 형식에 도달하고자 하는 경향을 지닌다든가, 우주는 좀 더 아름답게, 좀 더 완전하게, 좀 더 복잡하게 되고자 한다는 등을 믿지 않도록 경계하자! 이것들은 모두 인간화다!"[같은 책 Ⅰ. 12. 117]라고 말해진다. 이 무렵 니체가 우주를 혼돈*으로 간주하고 있는 것도("우주의 전체적 성격은…… 영원에 걸친 혼돈이다"『학문』109) 이것과 관련된다. 이 경우의 '혼돈'이란 단순한 혼란이나 지리멸렬의 상태를 가리키는 것이 아니라 신적인 통일이나 질서를 지니지 않는다는 의미다. 따라서 우주를 혼돈으로 보는 것은 존재자 전체를 탈신격화하는 것이자── 신격화란 위장된 인간화를 가리키는 것이기 때문에── 탈인간화하는 것에 다름 아니다. "신의 이 모든 그림자들이 우리를 어둠으로 덮지 않게 될 때가 언제일까! 우리가 완전히 탈신격화된 자연을 누리게 될 때가 언제일까! 순수하고, 새로이 발견되고, 새로운 구원된 자연에 의해 우리 인간을 **자연화**하기 시작할 수 있을 때가 언제일까!"[『학문』109] 여기서는 자연을 탈신격화하고 결국은 탈인간화하는 것은 오히려 인간을 자연화하는 것이라고 말해지고 있다.

그러나 곧이어 그는 존재자를 최고도에 이르기까지 인간화한다고 하는 정반대의 요구를 내걸게 되며, 그와 더불어 '힘에의 의지*'의 사상 권역으로 이행한다. "세계를 '인간화'하는 것, 즉 우리를 점점 더 자연 속의 지배자로 느끼게 되는 것──."[1884년 봄, Ⅱ. 7. 123] 이러한 역전은 어떻게 해서 일어난 것일까? 아마도 그는 '회귀사상'을 철저히 생각하는 가운데 이 사상이 이 사상 그 자체나 그것을 사유하는 자까지 끌어들이지 않고서는 안 된다는 것, 요컨대 이 사상 자체가 지금까지 한없이 반복해서 생각된 부패한 사상에 지나지 않는다는 것, 나아가 좀 더 말하자면 니힐리즘*의 극복을 의도한 이 사상이 사실은 니힐리즘의 궁극적인 형식에 다름 아니라는 것에 생각이 미치게 되어 이를테면 절대적인 아포리아에 빠졌지만, 최후의 더 이상의 여지가 없는 곳에서 그는 저 목자처럼 자신의 목구멍 속으로 들어온 "검고 무거운 뱀"을 스스로 물어뜯고서는 모든 것이 자신의 지금 이 순간의 결단에 관계되어 있다는 것을 깨달았기 때문일 것이다. 그는 존재자 전체에 대한 해석이 모두 '인간화'라는 것, 이전에 자신이 시도한 '탈인간화'마저도 하나의 인간화이자 스스로 더 증대된 인간화라는 것을 깨닫기에 이른다. 모든 해석은 그때마다의 원근법* 속에서의 가치 부여, 결국은 인간화에 다름 아니라는 것이다. "세계의 가치는 우리의 해석에 의거한다는 것(아마도 어딘가에 단순한 인간적 해석과는 상이한 또 다른 해석이 있을지도 모른다는 것──), 지금까지의 여러 가지 해석은 원근법 속에서의 가치 부여이고, 이 가치 부여에 의해 우리는 자기를 삶 속에서, 요컨대 힘에의 의지 속에서, 힘의 증대 속에서 유지해 왔다는 것, 인간의 고양은 모두 그때까지의 좀 더 좁은 해석의 극복을 동반한다는 것, 강화와 힘의 확대가 달성되는 그때그때마다 새로운 원근법*이 열려 새로운 지평을 믿도록 명령받는다는 것, 이것이 나의 저작을 관통하는 사상이다. …… 세계는 '흐르고' 있다. 생성*하고 있는 것이자 끊임없이 자기 자신을 흘려보내는 허위이며, 결코 진리에 다가가지 않는다. 왜냐하면 ── '진리' 따위는 존재하지 않기 때문이다."[1885-86년, Ⅱ. 9. 156] ☞ 원근법/원근법주의

─기다 겐(木田元)

의지의 자유意志─自由 ⇨자유의지{의지의 자유}

이기주의/이타주의 利己主義/利他主義 [Egoismus/Altruismus]

"만약 현재 정의되는 것처럼 타인을 위해, 더구나 오직 타인만을 위해 행해지는 행위들만이 도덕적이라고 한다면, 어떠한 도덕적 행위도 존재하지 않게 될 것이다."[『아침놀』 148] 그리스도교*에서 출발하는 도덕관에서는 이기주의가 기피되고 이타주의가, 즉 "동정적이고 공평하며 공익적이고 사회적인 행위를 하는 인간"이 "도덕적인 인간"으로서 찬미된다. 니체의 이기주의와 이타주의에 대한 사유는 이와 같은 도덕관에 대한 비판의 일환으로서 전개되고 있다.

니체에 따르면, 설령 타인의 불행이 우리의 가슴을 아프게 한다 하더라도, 그때에 "우리는 이미 타인의 일만을 생각하고 있다"고 생각하는 것은 전적인 무사려함이다. 만약 타인의 불행을 보고 그것을 돕고자 하지 않는다면, 우리는 자신의 비겁을 확인하게 될 것이다. 또한 타인의 불행은 우리 자신에 대한 위험의 지표로서도 고통을 느끼게 한다. '동정*'이라는 행위에 의해 해소되는 것은 이와 같은 자기 자신의 우려와 고통뿐인 것이다. 그런 의미에서 '동정하는 인간'과 '동정하지 않는 인간'은 다른 종류의 이기주의자라고 말해야만 한다. 그러함에도 불구하고 한편을 '좋다'고 부르고 다른 한편을 '나쁘다'고 부르는 것은 하나의 도덕적인 유행에 지나지 않는다고 니체는 생각한다.

도대체 '사심 없음'이 이야기된다는 것은 어떠한 것일까? 어떤 덕이 선이라고 불리는 것은 그 덕이 본인에게가 아니라 사회에 미칠 것으로 예상되는 효과에 주목해서인 것이다. 그것이 본인의 신체와 정신을 손상시키고자 하더라도, 그 덕이 찬양받는 것은 이웃이 그것에서 이익을 발견하기 때문이다. "한 마디로 덕에는 비이성적인 것이 있으며 이를 통해 개인을 전체를 위한 기능으로 탈바꿈시킨다. 덕을 칭송하는 것은 그 개인에게 해로운 어떤 것을 칭송하는 것이다."[『학문』 21] 그럼에도 불구하고 인간 그 자체에 '사심 없음'에 대한 지향이 있다고 한다면, 그것은 '이타주의'라고 불려야 하는 것이 아니라 다른 자의 기능으로 되고 싶다고 바라는 약자의 욕망에 다름 아니다. "이러한 존재들은 이질적인 유기체에 적응할 때, 자기 보존

능력을 최고로 발휘한다. 적응에 실패하면, 그들은 화를 내고 과민해져서 자기 자신을 잡아먹는다."[같은 책 119] 그런 까닭에 이기적과 이타적이라는 대립이 인간의 양심*을 밀어붙이게 되는 것은 귀족*적 가치판단이 몰락하고 이 가축떼* 본능이 현재화해 왔다는 것을 보여주는 것으로 여겨진다.

본래 니체에 따르면 이기주의는 악이 아니다. 확실히 타인의 괴로움은 배우지 않으면 안 된다 하더라도, "완전하게는 결코 배워질 수 없는" 것이기 때문에, 우리는 얼마간은 언제나 이기주의자일 수밖에 없다. 따라서 이것을 "판가름해서는 안 된다"는 것이다[『인간적』 I. 101]. 또한 이기주의가 악이 아니라고 판명되면, 지금까지 이기적이라고 비난받아 온 행위의 가치는 회복되고, 그로부터 양심의 가책이 제거될 것이다. 이것은 행위와 인생의 전체상으로부터 그 꺼림칙한 외관을 제거하여 '삶' 그 자체의 긍정으로 우리를 이끌 것이다[『아침놀』 148]. 나아가 '정의'라는 것에 대한 존중도 이 "숙려의 이기주의"로부터 나온다. 정의는 거의 같은 힘을 지닌 자들 사이에서 상대방을 만족시켜 자신도 바라는 것을 받아들인다고 하는, 분별로 가득 찬 자기 보존*의 견지로부터 나오기 때문이다[『인간적』 I. 92]. 니체는 이기주의에 대해 우선은 다음과 같이 말한다.

그러나 이기주의가 악이 아니라는 것의 가장 중요한 핵심은 그것이 "고귀한 영혼의 본질"에 속한다는 점이다. "순진한 사람의 귀를 불쾌하게 만들지도 모를 위험을 무릅쓰고, 이기주의란 고귀한 영혼의 본질에 속한다고 나는 주장한다. 내가 말하는 이기주의란 '우리는 존재한다'처럼 존재에 대해서 다른 존재가 자연히 종속되지 않으면 안 되고 희생되어야 한다는 저 확고한 신념이다."[『선악』 265] 고귀한 영혼의 사람이 자기 자신을 존경하는, 이 이기주의는 은혜를 "위로부터" 베풀어 받는 것을 좋아하지 않고, 스스로를 "정의 그 자체"라고 선언한다. 그러나 동시에 자신과 동등한 자에 대해서는 그 고귀*함 때문에 수치심과 섬세한 외경의 염을 지니고서 자기를 자제할 것이다. 그리고 이 "자신이 높은 곳에 있음을 알고 있는 것"이 그 사람

을 또한 고귀하게 만든다고 생각할 수 있는 것이다. 이와 같은 "자기 추구"는 그것이 "임신의 상태"[『아침놀』552]에 유비되는 것과 같은 존재방식을 취할 때, 이상적인 것이 된다. 이 상태에서 사람은 스스로를 위해 이루는 모든 것이 자신의 내부에서 성장하고 있는 자에게 도움이 됨에 틀림없다는 은밀한 신념에 뒷받침되어, 그 되어가는 형편을 알지 못한 채, 엄격하게 자신을 강제할 필요도 없이 많은 것을 피하고, 고요하고 커다란 정열을 지니고서 도래해야 할 자를 대망할 것이다. 이때 이기주의는 위대한 자기에로서 가장 먼 자, 와야 할 자(초인*)를 사랑하고 그것을 추구하기 때문이다.

이와 같이 보게 되면, 니체가 지향하는 것은 이기주의 그 자체의 옹호라기보다는 오히려 이기주의와 이타주의라는 대립에 의해 억압되어 온 '삶'의 긍정, 그 '고귀함'에 대한 지향의 긍정에 있다고 이해할 수 있을 것이다. ☞이웃사랑

―나카노 도시오(中野敏男)

이론적 인간理論的人間 [theoretischer Mensch]

개개의 인간은 개체화*의 원리에 의해 그 존재를 뒷받침 받으면서 그 현실계도 역시 일종의 가상*인 것이 아닐까라는 예감을 보듬고 그 절도* 속에서 살아가야만 한다. 니체에 따르면, 아폴론*적인 것과 디오니소스*적인 것의 결합에서 그리스 비극이 탄생했다. 그런 까닭에 또한 부단히 개체화 원리를 깨트리면서 도취*의 황홀에서 자연과의 화해로 이끄는 디오니소스의 요소가 배제될 때, 비극은 일단 비극적인 죽음을 이룬다. 이 비극의 죽음에 결정적인 역할을 수행한 사람이 바로 소크라테스*인바, 니체는 이 소크라테스에게서 '이론적 인간'의 탄생을 보고 있다. "소크라테스라는 인물을 통해 처음 알려지게 된 의미심장한 **망상** 하나가 있다. 그것은 사유는 인과성의 실마리를 따라 존재의 가장 깊은 심연에까지 이를 수 있으며, 사유가 존재를 인식할 수 있을 뿐만 아니라 심지어 **수정할** 능력이 있다는 흔들림 없이 확고한 믿음이다."

[『비극』15] 이러한 형이상학적 믿음은 지식과 인식에 대해 만능의 힘을 인정하고, 보편적으로 타당한 참된 인식을 오류로부터 구별하는 것이야말로 인간의 유일한 사명이라고 생각하여 오직 전진할 뿐 안식할 줄 모르는 이론적 낙관주의를 산출한다. 이때 신화*는 사멸하고, 음악의 신화적 창조력도 상실되어 버리는 것이다. 니체에 따르면, 근대 세계는 지식에 의해 세계가 수정될 수 있다고 믿고, 보편적으로 타당한 과학 문화가 가능하다고 믿는다는 점에서 이러한 이론적 인간의 이상에 사로잡혀 왔다. 그러나 근대인은 이제 점차 자신의 기초가 오류 불가능하고 영원히 타당하다는 것에 대한 소박한 신뢰감을 의심하고, 이 이론적 문화가 귀착되는 곳을 예감하기 시작했다. 칸트*가 이미 과학 그 자체의 무기를 역으로 쥐고서 인식 일반의 한계와 제약을 보여주었다. 이와 같은 인식을 통해 영원의 고뇌를 자기 자신의 고뇌로서 공감적인 사랑의 감정으로 받아들이는 지혜를 최고의 목표로 하는 그러한 '비극적 문화'가 다시 도입되게 될 가능성이 나올 것이라고 니체는 보고 있다[『비극』18]. ☞소크라테스, 『비극의 탄생』

―나카노 도시오(中野敏男)

『이 사람을 보라』 [Ecce homo. 1908]

『이 사람을 보라』는 『안티크리스트』* 원고가 완성된(1888년 9월 30일) 직후부터 쓰이기 시작되며, 같은 해 11월 중순에는 일단 종료된다. 서문과 본문 사이의 집필 선언이라고도 말할 수 있는 짧은 문장에서는 생일인 10월 15일에 작업이 개시된 것으로 되어 있다. "포도가 갈색이 되었을 뿐 아니라, 모든 것이 잘 익은 이 완벽한 날에 다름 아닌 한 줄기 햇살이 내 삶을 비추었다." 이렇게 말하면서 과거를 돌아보고 미래를 바라보는 그 생각을, 요컨대 자신의 생애를 "나 자신에게 나의 삶을 이야기"하기로 했다고 쓰여 있다. 그러나 대부분의 저작가들의 경우와 마찬가지로 본인이 말하는 이러한 날짜는 너무 믿지 않는 것이 좋다. 사실 니체의 경우도 그 이전의 초고가 존재하며[Ⅱ. 12. 144-1

63], 그 일부는 『우상의 황혼』*의 「내가 옛 사람들에게 빚지고 있는 것」에 끼워 넣어진다든지 하고 있다.

하지만 인쇄용 원고를 나우만 출판사에 송부한 후에도 추가·수정이 몇 번이고 행해진다. 12월 6일까지는 한 번은 원고 전부를 반송시켜 예를 들면 '목차'를 덧붙이고, 또한 현재는 존재하지 않는 「선전포고」, 「망치는 말한다」 등을 추가하고 있다. 「나는 왜 이렇게 영리한가」의 7 등도 최후의 이 단계에서 삽입된다. 그 후에도 착란 직전의 정신 상태에 상응해서인지 여러 차례 우편으로 가필 정정, 삭제, 바꿔 넣기 등이 이루어졌다. 그러나 같은 해 12월 27일까지는 재교까지 종료했다. 하지만 아마도 12월 29일에 나우만 출판사 앞으로 마지막 수정을 둘러싼 몇 장의 종잇장을 발송했다.──그리고 이 상태 그대로 본서의 출판은 저자의 당사자 능력의 상실에 따라 중지되며, 라울 리히터(Raoul Richter 1871-1912)의 교정에 의해 일단 햇빛을 본 것은 1908년에 이르고 나서의 일이다. 거기에는 이 종잇장들에 적힌 문장은 들어 있지 않다. 이 수수께끼의 종잇장은 한동안 나우만 출판사에 보관된 후, 페터 가스트*의 손을 거쳐 어머니와 누이의 손에 들어가며, 그들의 증언에 따르면 파기되었다. 분명히 사정이 나쁜 내용이 있었기 때문일 것이다. 하지만 이 종잇장들 가운데 한 장을 페터 가스트가 필사한 것이 1969년에 발견되며, 콜리* 및 몬티나리*에 의한 비판적─역사적 전집의 『이 사람을 보라』는 그것에 기초하여 「나는 왜 이렇게 현명한가」의 제3절을 지금까지의 판과 달리 전면적으로 교체했다. 기존의 판이라면, 거기서는 자신에게 폴란드 귀족의 피가 흐르고 있다고 하는 유명한 자랑 이야기와 함께 아버지의 일이 언급되고 있었지만, 교체된 신판에서는 물론 아버지 일과 폴란드 귀족 이야기도 나오긴 하지만('폴란드 귀족'의 후예라는 이야기는 이미 1882년의 유고에도 있다 I. 12. 323]), 어머니와 누이를 "도저히 감당할 수 없을 정도의 본능의 속되고 악함"으로 형용하는 등, 그들에 대한 증오를 폭발시키고 있다. 또한 "율리우스 카이사르*는 나의 아버지에 해당될지도 모른다"고 말하는 등, 영원회귀* 사상 속에서 "세계사를 통람하는" "분열자 니체]들뢰

즈/가타리 『안티 오이디푸스』]가 마지막으로 친구들에게 발송한 몇 개의 광기어린 편지의 징후도 엿보인다. 파기된 것은 어머니와 누이에 대한 매도와 비방 때문일 것이다. 또한 니체 자신이 12월 29일에 '취소'를 요청하는 「선전포고」도 파기된 듯하지만, 이것은 초고의 하나가 존재한다[II. 12. 168 이후의 여러 쪽]. 거기에는 호엔촐레른가와 비스마르크* 그리고 빌헬름 2세 황제에 대한 동일한 매도와 비방이 아로새겨지며, 니체의 이른바 '위대한 정치*'의 사상 권역이 엿보인다. 자신의 사상과 유럽 현실과의 관련이 그의 입장에서 보면 드디어 보이기 시작했던 듯하다. 어머니와 누이는 불경죄를 두려워하여 파기했을 것이다. 덧붙이자면, 이러한 텍스트 상의 같음과 다름에 관해 일본어로 읽을 수 있는 것으로서는 하쿠스이샤(白水社)판 전집 제II기 제4권에 니시오 간지(西尾幹二) 씨의 정성스럽고 주의 깊은 해설이 있으며, 지금 이 항목도 그것에 대폭적으로 의지하고 있다.

이와 같이 복잡한 텍스트 성립사를 지닌 작품이지만, 도중의 니체 자신의 개고나 순서의 교체는 또한 『이 사람을 보라』가 아포리즘*이라는 그의 사유의 수행에 따른 작품이라는 것을 보여준다. 그렇지만 그러한 순서의 해체에 의한 단편성과 생애를 연속적 발전의 모습에서 말하고자 하는 본서의 자서전적 성격은 긴장 관계를 품을 수밖에 없다. 이 교체와 그에 따른 단편성의 증대에서는 고전적인 인격 동일성의 해체가 잘 제시되어 있다. 그것은 대체로 니체의 방법이 되어 있었다. 그런 점에서는 본서를 위한 유고로서 남았다든지 전집 편자의 주로서 인용되어 있는 것은 모두──바르게 독해되고 있다는 전제에 선다면──이러한 연속성으로서의 생애를 해체의 방법에 의해 말하는 니체의 글쓰기에 의한 것이며, 결정판 『이 사람을 보라』의 어디가 지금까지의 것과 다른지를 둘러싸고서 진정한 텍스트라든가 저자의 최후의 선택 등과 같은 것을 탐색하는 문헌학 상의 논쟁은 그런 만큼 의미를 지니지 못할 것이다.

안정된 연속적 발전의 모습에서 자기를 말하는 것에 대한 도발을 그 성립사에 품은 이 텍스트의 표제는

처형을 요구하며 부르짖는 유대인 앞에 끌려나온 예수에 대해 빌라도가 이야기한 말이며, 또한 가시나무 관을 쓴 예수의 십자가에 못 박힌 상을 의미한다. 그것은 본서 말미의 문장 "——나를 이해했는가?—— 십자가에 못 박힌 자 대 디오니소스……"와 연결된다(또한 지니고 있던 에머슨의 『수상집』에서 자아에 대한 논의가 이루어지는 부분의 난외에 니체가 '이 사람을 보라'고 써 넣은 사실도 E. 바움가르텐[Eduard Baumgarten, *Das Vorbild im Werk und Leben Nietzsches*, Heidelberg 1957]에 의해 보고되고 있다). 또한 '사람은 어떻게 자기 자신인 바의 것이 되는가?'(니체는 이 말을 슐포르타의 졸업 때 이래로 다양한 기회에 사용하고 있다)라는 부제도 어딘지 모르게 위인전의 모양으로 연속적 발전의 해체에는 어울리지 않는다. 아마도 본서의 이상스러운 에너지는 텍스트 성립사와 실제의 글쓰기 방법 그리고 의식상에서는(적어도 표제의 의도에서는) 여전히 니체가 사로잡혀 있는 고전적 인격상과의 어긋남에서 발생하고 있을 것이다. 분산적 이성과 교양 소설과의 균열이라고 말해도 좋을 것이다.

이러한 어긋남을 벗어나고자 하는 니체의 이야기 실마리는 (1) 자랑 이야기이며, (2) 타인에 대한 매도이고, (3) 모종의 지나친 장난이다. 자랑 이야기라는 것은 목차를 보면 뚜렷이 드러난다. 「나는 왜 이렇게 현명한가」, 「나는 왜 이렇게 영리한가」라고 계속한 후, 「나는 왜 이렇게 좋은 책들을 쓰는가」에서는 자신의 문체를 찬양하고, 다음으로 지금까지의 저서들에 대한 소개가 매우 활기찬 자기만족의 모습과 더불어 이루어져 간다. 그 사이에 흩뿌려지는 일화들도 자신에게 유리한 것들이든가 유리하게 해석된 것들뿐이다. 그리고 「왜 나는 하나의 운명인가」라는 제목이 붙은 마지막 장에서는 인류 전체와 자신과의 상이함(그리스도교의 본질을 간파하고 있는지의 여부가 그 '운명'을 나누고 있다)이 소리 높여 말해진다. "대저 책들 중에서 내 책보다 더 긍지에 차 있으면서 동시에 더 세련된 종류의 책은 전혀 존재하지 않는다"[『이 사람』 III. 3], 또는 "내가 '영원한 여성'에 대한 최초의 심리학자일지 누가 알겠는가? 여자들은 모두 나를 사랑한다——이것은 새삼스

러울 것이 없다. 아이를 낳을 도구가 없는 '해방된' 여자들, 이런 **사고를 당한** 여자들은 제외하고 말이다"[III. 5] 등등의 발언은 세상모르고 으스대는 것들로서 군이 상대할 필요도 없을 것이다. 타인에 대한 매도도 전편에 걸쳐 존재한다. 나의 공격은 개인 공격이 아니라고 말하면서도 역시 D. 슈트라우스와 바그너를 필두로 해서 날카로운 빈정거림과 야유가 퍼부어진다. "그래서 나는 바그너도 공격했던 것이다. 정확히는 교활한 자를 풍요로운 자로, 뒤처진 자를 위대한 자로 혼동하는 우리 '문화'의 허위와 본능의 불완전함을."[I. 7] 이러한 공격은 최종적으로는 바그너를 좋아하는 것으로 대표되는 독일인에 대한 매도로 된다. "독일의 영향력이 미치는 곳에서 문화는 못쓰게 된다."[II. 3] 또한 지나친 장난도 상당하다. "사실 나는 내 가장 성숙한 시기에 이르기까지 언제나 **나쁜** 식사를 해왔다. …… 예를 들어 나는 라이프치히 요리에 의해, 동시에 쇼펜하우어를 처음 공부하면서(1865년), 아주 진지하게 나의 '삶에의 의지'를 부인했었다. 목적에 불충분한 영양 섭취는 위도 망쳐 버리는 법이다——이 문제는 앞서 말한 요리가 놀랍게도 잘 해결해 주었던 것으로 내게는 생각되었다."[II. 1] "나를 오랫동안 신경병 환자로 치료해 왔던 어느 의사는 결국에는 '아닙니다! 당신의 신경에는 이상이 없습니다. 나 자신이 신경과민이오'라고 말했다."[I. 1] "웃으면서 진지한 것을 말한다"라는 호라티우스의 말을 모토로 하면서[XIII. 1], 예를 들어 "독일인을 상대하는 것은 여자를 상대하는 것과 마찬가지여서 결코 그 깊은 곳에 이를 수 없다(niemals auf den Grund kommen). 요컨대 **독일인에게는 깊이가 없는 것이다**"[XIII. 3] 따위의 시시한 익살에 지나지 않는 것도 태연하게 말하고 있다. "여자는 남자보다 말할 수 없을 정도로 악하며, 더 똑똑하기도 하다. 여자들의 친절은 이미 **퇴화**의 한 형태인 것이다. …… 소위 말하는 '아름다운 영혼' 전부에게는 근본적인 생리적 지병이 있다.—— 그 모든 지병을 다 말하지는 않으련다. 그렇지 않으면 이야기가 의학적으로 되어버릴 테니."[III. 5] 이렇게 되면 시시한 익살도 하반신을 포함하는 농담이 되어 버린다. "아마도 나는 하나의

어릿광대일 것이다'[XIV. 1]라고 본인 스스로 분명하게 말하고 있는 대로, 만년의 니체를 독해하는 데서 중요한 어릿광대*를 스스로 실천하고 있다.

다른 한편, 예를 들면 병*과 삶의 관련에 대해, 데카당스*와 건강의 상호 내속성에 대해, 살아가는 데 필요한 독에 대해 그때그때마다 이루어지는 고찰은 그때까지의 집대성 이상의 예리함을 보여준다. "본질적으로 건강한 인간에게 있어서는 역으로 심지어는 병들어 있는 것이 삶을 위한, 더 풍부한 삶을 위한 효과적인 자극제다."[I . 2, 또한 VI. 4 등도 참조]

더 나아가서는 운명주의에 의한 르상티망*으로부터의 해방을 둘러싼 고찰"자기 자신을 하나의 운명처럼 받아들이는 것, 자신이 '다른 존재방식'이기를 바라지 않는 것'[I . 6]) 등도 영원회귀*의 내면화로서 중요하다. 본서에는 영원회귀를 체현(체현이라는 말에 대해서는 '영원회귀' 항목을 참조)한 자의 태도에 입각하여 말한 부분이 몇 군데 있는데, 역시 중요하다. 예를 들면 "인간에게 있는 위대함에 대한 나의 정식은 운명에 대한 사랑*이다. 앞으로도, 뒤로도, 영원토록 다른 것은 갖기를 원하지 않는다는 것. 필연적인 것을 단순히 감당하기만 하는 것이 아니고, 은폐는 더더욱 하지 않는 것.'[II . 10] 또한 지금까지의 저작들에 대한 자랑 이야기나 연속적 발전을 보여주기 위한 회고(예를 들면 『비극의 탄생』*은 바그너에 의한 가짜 부분을 제거하면 그 후에 자신이 말하는 모든 문제가 잠재해 있다고 하는 것과 같은 발언들)가 많으며, 그런 한에서는 86년에 쓰인 그때까지의 저작들을 정당화하는 각종의 서문에 따르고 있지만, 그것들의 빈틈으로부터 니체의 이 단계에서의 앎의 존재방식이 나타난다. 예를 들면 『인간적』*에 대해서는 '천재*', '영웅*', '신앙*과 같은 그릇된 견해들이 "냉정하게 얼음 위에 놓여" 하나하나 "얼어 죽어간다"[VI. 1]와 같은 표현이 이루어진다. 이상주의는 망치로 쳐부수는 것이 아니라 얼어 죽어간다는 것은 이미 본서 안의 다른 표현들과도 모순되지만, 그러한 메타포의 투쟁이야말로 이후 니체를 고찰해가는 하나의 실마리가 될 것이다.

또한 본서에는 "언젠가는 내 이름에 어떤 거대한 것에 대한 추억이 결부될 것이다'라든가 "나는 인간이 아니다. 나는 다이너마이트다'[XVI. 1] 등등의 자주 인용되는 말이 많다. 인용되는 것은 결국 아포리즘 모음집보다도 읽기 쉬운 책이기 때문이라고 말하는 것만으로는 충분하지 않을 것이다. 역시 앞에서 말한 아포리즘적인 요소와 자서전의 강제 사이의 긴장관계가 이러한 날카로운 문장을 증가시켰던 것이라고 생각하고 싶다. ☞아포리즘과 사유의 수행, 영원회귀, 콜리/몬티나리, '사람은 어떻게 자기 자신인 바의 것이 되는가?'

—미시마 겐이치(三島憲一)

이성/이성 비판 理性/理性批判 ➡️자유정신과 이성 비판

이웃사랑

"형제들이여, 나 너희에게 이웃에 대한 사랑을 권하지 않노라. 나 더없이 먼 곳에 있는 사람들에 대한 사랑을 권하노라."[『차라투스트라』 I -16] 이웃사랑은 그리스도교* 도덕이 특히 권하는 바의 것이다. 그러나 니체가 보는바, 이웃사랑이란 다만 자신이 사랑하기에 족하지 않다는 것을 견디지 못한 채, 이웃에게 좋게 생각되는 것에 의해 자신을 꾸미고자 하는 약함의 표현일 뿐이다. 자신을 견딜 수 없는 자는 고독*을 감옥으로 느끼는 까닭에, 이웃에게로 달려간다. 그런 까닭에 이웃사랑은 하나의 자기애의 변형이기는 하다. 그러나 이웃에게 좋게 생각되는 것에서 자신을 보충하는 자는 더없이 먼 곳에 있는 자, 와야 할 자에 대한 사랑을 보지 못하게 된다. 그리고 위대한 자기애란 이 더없이 먼 곳에 있는 자, 와야 할 자를 사랑하고, 그것을 추구할 만한 가치가 자신에게도 있다는 것을 주장하는 자인 것이다. 위대한 사랑은 창조적인 사랑이어야만 한다. 그런 까닭에 자기 자신 속으로부터 자기 자신을 넘어서서 더없이 먼 곳에 있는 자, 즉 초인*을 추구하는 마음을 창조해야만 한다. 그러나 이웃에 의해 좋게 생각되려고 다가가 순조롭게 그것을 달성하면, 사람은 자기 자신도 좋게 생각하게 되고, 자신에게서 흘러넘치는 마음을 보지 못하고 만다. 더욱이 "우리의 '이웃'이 사심 없는 사람을 칭송하는 것은 **그가 이를 통해 이득을 얻기 때문이다.**"[『학문』 21] 그런 까닭에 이웃사랑은 서로를 자신에게 있어서의 기능으로 변화시키고 말 것이다. 그러나 위대한 자기애는 예를 들면 임신 상태에서와 같은 것이다. 그때 사람은 자신에 대한 배려 그 자체가 자신 내부에서 성장하고 있는 자에게 도움이 됨에 틀림없다고 하는 은밀한 신념에 뒷받침되며, 또한 그런 까닭에 엄격하게 자신을 강제할 필요도 없이 많은 것을 피하고, 언제나 배려하며, 깨어 있고, 영혼을 고요히 하여 준비한다. 그리고 고요하고 커다란 정열*을 가지고서 와야 할 자를 대망한다. 이와 같이 니체는 그리스도교 도덕의 이웃사랑을 뒤집음으로써 이른바 '초인'에 대한 지향의 통로를 열어가는 것이다. ☞이기주의/이타주의

―나카노 도시오(中野敏男)

이원론二元論

서양의 형이상학*에 대한 니체의 집요한 비판은 당연히 많은 경우에 그 조직 원리를 이루는 이항대립에까지 미친다. "철학적 문제들은 오늘날 거의 모든 점에서 다시 2천 년 전과 동일한 물음 형식을 채택하고 있다. 즉 그 무엇이 어떻게 그것과는 정반대되는 것에서부터 생길 수 있는가라는 것이다. 예컨대 어떻게 이성적인 것이 이성적이지 않은 것에서, 감각이 있는 것이 죽은 것에서, 논리가 비논리에서, 무관심한 직관이 열망에 찬 의욕에서, 이타적인 삶이 이기주의에서, 진리가 오류에서 생길 수 있는 것일까?"[『인간적』 I . 1, 『선악』 2] 형이상학은 이러한 발생을 기를 쓰고 부정하고, 가치가 높은 것에 대해서는 그것에 고유한 기적적인 기원 ― 예를 들면 '사물 자체*' ― 을 날조*함으로써 난점을 회피해 왔다. 그렇게 하는 것에 의해 이성적인 것을 비-이성적인 것으로부터, 논리를 비논리로부터, 직관을 의욕으로부터, 진리를 오류로부터 분리하여

대립을 고정하고, 전자에 의한 후자의 지배를 확립하고자 한다. 형이상학의 근본 신앙이란 "가치들의 안티노미 신앙"이다. "모든 것을 의심한다'는 결의를 했을 때조차 "역사 감각의 결여"라는 "세습적 결함"을 지니는 철학자들은 이 신앙을 손대지 않은 채로 방치했다. 이에 반해 역사학적인, 또는 계보학적인 철학은 "통속적이거나 형이상학적인 해석에서 흔히 있는 과장된 대립을 제외하고 어떤 대립도 존재하지 않는다는 사실과 이성의 오류도 이러한 대립에 기인하고 있다는 것을" 통찰한다. 그뿐만 아니라 형이상학의 관점은 수많은 관점들 중에 하나에 지나지 않으며, 더욱이 아래로부터 위를 바라보는 '개구리'의 그것인 것이다. 진실, 성실, 사심 없음 등의 가장 화려한 색채가 하급으로 경멸되는 것으로부터 형성되고, 본질적으로는 그것과 동일한 것이라고 판명된다면 어쩔 것인가? "필시 그럴 것이다." 니체는 이 '필시'는 위험하다고 말한다. 이원론에 매달리지 않고서 지금까지의 철학자와는 반대의 취미를 지니는, 즉 이 위험한 '필시'에 관여할 수 있는 새로운 종류의 철학자의 출현을 니체는 갈구하는 것이다. ☞형이상학

―미나토미치 다카시(港道隆)

이쿠타 쵸코 [生田長江 1882-1936]

시마네 현 출신. 메이지 34년경, 니체의 죽음에 이어 일본 문단에서는 도바리 치쿠후(登張竹風 1873-1955)와 다카야마 쵸규(高山樗牛)를 중심으로 니체 논의가 왕성하게 되었는데, 당시 쵸코는 제일고교의 학생이었다. 메이지 36년 7월, 도쿄제국대학 철학과에 입학했지만, 20년대에 이미 니체에 대해 강의를 했다고 하는 쾨베르* 박사와, 독일 유학을 끝내고 막 귀국한 아네사키 쵸후(姉崎嘲風, 쵸규의 친우)의 강의를 들은 것은 니체에 대한 쵸코의 관심을 깊게 한 일일 것이다. 쵸코가 니체에 대해 최초로 기술한 문장은 제국대학에 입학한 지 얼마 지나지 않은 메이지 36년 8월, 『아카보시』(明星)에 게재한 「경박함의 의의」라는 제목의 글이다. 이 글은 작금의 니체 논의의 근저를 이루는 니체

이해의 천박함을 비판하고, "생각건대 통독하지 않은 채 비평할 수 있어야 한다는 것은 모두가 뛰어난 우리 문단의 산물뿐"이라고 통렬하게 풍자하고 있다. 사실 이 시대에는 아직 니체 저작의 완전한 일본어 번역은 없었다. 그리하여 쵸코는 메이지 42년 5월부터 43년 말에 걸쳐 『차라투스트라』*의 번역에 몰두했다. 처음에 소세키*(漱石)와 상담했다고도 하지만, 가이조샤(改造社)판 현대 일본 문학 전집의 연보(쇼와 5년)에는 "모리 오가이*(森鴎外) 선생의 자택을 몇 차례 방문하여 『차라투스트라』의 난해한 부분들에 대해 가르침을 받다'라고 본인 스스로 적고 있다. 이리하여 메이지 44년 1월, 일본 최초의 『차라투스트라』 전체 번역이 오가이의 「침묵의 탑」을 서문으로 하여 신쵸샤(新潮社)에서 간행되었다. 다이쇼에 이르러 와츠지 데츠로*(和辻哲郎), 아베 지로*(阿部次郎) 등에 의한 본격적인 니체 연구가 시작되지만, 쵸코는 계속해서 다른 니체 번역에 뜻을 두어 개인적으로 니체 전집 12권의 완역(신쵸샤 간)을 수행했다. 이 일에 쵸코는 다이쇼 5년의 『인간적』을 시작으로 쇼와 4년까지 십여 년의 세월을 들이고 있다. 변설이 도도하여 장강과 같다는 의미에서 우에다 빈(上田敏 1874-1916)으로부터 장강(쵸코)이라는 호를 부여받을 만큼 평론 활동도 눈부셨지만, 니체 번역은 그의 작업 중에서도 가장 큰 것이다. 이 쵸코 역에 의해 니체는 그의 모습 거의 전체를 일본의 독서계에 드러내게 된다. ☞일본에서의 수용, 하기와라 사쿠타로

―스기타 히로코(杉田弘子)

이탈리아

1876년 처음으로 이탈리아 땅을 밟은 이래 토리노*의 길모퉁이에서 정신을 잃고 쓰러지기까지 니체는 여름 이외의 많은 시간을 이탈리아 및 니스*에 걸친 리비에라 지역에서 보냈다. 소렌토, 베네치아*, 로마*, 제노바*, 토리노, ……. 그리고 루 살로메*와의 수수께끼와 같은 한때를 보낸 것은 북이탈리아의 라고 마조레가 가까운 몬테 사크로였다. 잘 알려져 있듯이 『차라투스트라』*의 풍경 여럿에는 이러한 지중해 세계의 빛이 비추어져 있다. 하지만 그것은 계몽이 사랑하는 이지(理知)의 빛이 아니다. 사방을 두루 빛나게 하고 생명의 신화적인 아름다움의 윤곽을 떠오르게 하는 변용의 빛이다. 절대의, 그러나 한순간밖에 없는 행복의 반짝임과 그 잔광. 예를 들면 『차라투스트라』 제2부의 「행복의 섬에서」에는 나폴리 만의 이스키아 섬의 이미지가 자취를 남기고 있다고 말해진다. "둘러보라, 우리를 둘러싼 이 충실함의 기미를! 그리고 이 넘쳐흐르는 듯한 풍요로움 속에서 아득히 넓은 바다'를 내다보는 감동.'[Ⅱ-2] 차라투스트라의 착상이 떠올랐다고 하는 제노바 근교 포르토피노* 곳을 떠올리게 하는 문장도 있다. "꿈속이었다. 새벽녘의 아스름한 꿈속이었다. 오늘 나는 한 곳 위에—세계에서 멀리 떨어진 곳 위에 서서 저울을 들고 세계를 달고 있었다."[『차라투스트라』 Ⅲ-10] 이미 부르크하르트*가 "필설로 다하기 어렵게 아름다운 이탈리아'라고 말한 적이 있지만, 니체의 경우에는 그 곳곳에 남아 있는 고대의 유적보다도 바다로 상징되는 자연에 매료된 듯하다. "관능적인 푸른 바다, 지중해 하늘의 밝음 앞에서도 소리가 시들지 않는 초독일적인 음악을'[『선악』 255]과 같은 표현에서도 그러한 사정이 엿보인다. 실제로 로마* 등은 가톨릭의 중심인 까닭에 그 정도로 좋지는 않았던 듯하다. 물론 스페인의 남안까지 비추고 있는 이 변용의 빛이 국경을 넘을 궁리를 하고 있던 발터 벤야민*을 행복하게 할 수 없었던 일을 우리는 잊어서는 안 된다. ☞바다, 베네치아, 제노바, 토리노, 포르토피노, 니스, 로마

―미시마 겐이치(三島憲一)

인간 말종 人間末種 ⇨ 마지막 인간

인간은 극복되어야 할 그 무엇이다 ["Der Mensch ist etwas, das überwunden werden soll"]

『차라투스트라』* 제1부의 「서문」 3에 있는, 니체의

것들 가운데서는 '신의 죽음'과 더불어 가장 인구에 회자되는 말의 하나. 이 문장 직전에는 "나 너희에게 초인'을 가르치노라'가 놓여 있기 때문에, 인간을 넘어서서 초인인 것으로 높아질 것을 요구한 문장이라는 것은 확실하다. "인간은 동물과 초인 사이를 잇는 밧줄, 심연' 위에 걸쳐 있는 하나의 밧줄이다"에서도 보이듯이, 초인에 이르는 과정으로서만 인간은 존재 의의가 있다. 하지만 또한 이 '극복'이 그리스도교도로 대표되는 르상티망'의 무리를 실제로 말소해야 한다고 하는 것인지, 그렇지 않으면 근대의 인간 중심주의를 넘어서고자 하는 것인지 ── 간결하고 어느 정도 '시적'인 표현 때문에 명확하지 않다. 그런 까닭에 해석의 폭은 사회 다원주의'적인 그것으로부터 형이상학' 비판의 입장까지, 또는 "인간은 우리의 사고의 고고학에 의해 그 날짜의 새로움이 쉽사리 제시되는 발명에 지나지 않는다. 그리고 그 종언은 가깝다"는 푸코'의 유명한 말까지 너무나도 넓다. ☞초인

─미시마 겐이치(三島憲一)

『인간적인 너무나 인간적인』 [Menschliches, Allzumenschliches. Ⅰ 1878, Ⅱ-1 1879, Ⅱ-2 1880]

【Ⅰ】성립의 사정

1876년 8월의 바이로이트 축제 극장의 개장에 즈음하여 바그너'가 보여준 태도는 이미 조금씩 무르익고 있던 니체의 사상적 변화를 결정적인 것으로 만들었다. 독일 황제 빌헬름 1세가 스스로 특별 열차로 찾아왔다. 바이에른 국왕 루트비히 2세도 왕림했으며, 바그너는 득의의 절정으로 사교와 상연의 성공에 정성을 기울이고 있었다. 그러한 그의 모습은 니체의 입장에서 보면 음악극이라는 종합 예술에 의해 고대 그리스 정신의 재생을 꾀한다고 하는 공통의 목적을 배반하는 것이었다. 예술'의 꿈이 현실 사회의 원리(권력과 부)에 의지해서 그 실현을 꾀할 때, 예술은 현실에 다가가 영합할 수밖에 없다는 것은 분명했다. 본래 건강도 좋지 않았던 니체는 더 이상 견딜 수 없게 되어 산 깊은 곳의 피서지로 도피했다. 이 무렵부터 머지않아 이 책에

모이게 되는 아포리즘'의 초고가 쓰이기 시작되고 있었다. 같은 해 겨울 학기에 대학에서 휴가를 받아 친구인 파울 레'와 말비다 폰 마이젠부크와 함께 이탈리아'에 머문 니체는 그들과 함께 소렌토 교외에 여관을 빌려 독서와 집필에 힘썼다. 이전부터 친숙해 있었다고는 하지만 이 시기에 집중적으로 읽은 몽테뉴'와 라 로슈푸코'와 같은 프랑스의 모럴리스트'들의 사고 스타일로부터 새롭게 강한 영향을 받았다. 이 시기의 단장을 모아 1878년에 출판된 것이 『인간적인 너무나 인간적인 ── 자유정신'을 위한 책(Ein Buch für freie Geister)』이며, 잇따라서 그 속편 『혼합된 의견과 잠언들』과 『방랑자와 그의 그림자』가 나오지만, 뒤의 둘은 1886년의 재판에서 하나로 합쳐져서 『인간적』 제2부가 되었다.

【Ⅱ】내용의 변화와 그 은밀한 준비

그때까지의 친우들에게 의아스러운 기분을 불러일으킨 것은 『비극의 탄생』'과의 커다란 다름이다. 이전에는 예술에 의한 사회의 구제', 새로운 통합의 유토피아적 환상이 '예술적으로' 그려지고 있었던 데 반해, 오히려 인식과 지성에 의한 비판 정신의 무한한 운동이 부여해주는 미세한 동시에 모험적인 경험이 전면에 나오고 있다. 천재'와 이상과 세계의 근원 대신에 그것들의 배후에 있으면서 실제로는 그것들을 움직이는 저차원의 이해·타산과 충동에 용서 없는 비판의 칼날을 들이대고 있다. 예술, 종교, 철학과 같은 '위대한' 정신적 산물의 해석이 아니라 그것들을 산출하는 인간들의 이를테면 내막이 가차 없는 '폭로'의 붓으로 그려지고 있다. 이른바 '폭로 심리학'의 시대가 고해진다.

하지만 서두에서도 언급했듯이 사고 스타일과 내용의 이러한 변화가 서서히 준비되고 있었음은 물론이다. 이미 바그너에 대한 오마주로서 저술되었을 『반시대적 고찰』' 제4편 『바이로이트의 리하르트 바그너』는 읽기에 따라서는 바그너의 본성을 꿰뚫어본 비판의 글로서 읽을 수 있다. 이 책을 받아든 바그너가 보낸 "대단한 책이다. 어째서 당신은 나에 대해서 이렇게 잘 알고 있는 것입니까?"라는 감사의 전보문도 읽기에 따라서는 니체의 복잡한 마음과 날카로운 통찰력의

무서움을 바그너가 헤아려 알고 있었다고 볼 수도 있을 것이다. 또한 1886년의 재판에 즈음하여 『인간적』의 제2부에 붙인 서문에도 이렇게 적혀 있다. "나의 저작들은 오직 내가 극복한 것에 대해서만 말하고 있다. 저작 속에서의 나는 내게 있어 지겨운 것이 된 모든 것과 함께 있다. …… 그런 의미에서 내가 쓴 것은 모두――단 하나의, 그러나 〔『차라투스트라』라 는〕 본질적인 예외를 제외하고서는――성립 시기를 실제보다 거슬러서 볼 필요가 있다." 이어서 「도덕 외적인 의미에서의 진리와 거짓에 대하여」를 볼 것까지도 없이 바이로이트*의 축제 개시 이전부터 바그너와 내적으로는 결별하고 있었다는 것을 또한 『인간적』에 이르러서야 그때까지의 길었던 "가장 내면적인 고독"에 대해 겨우 홀가분하게 말할 수 있게 된 것이 말해주고 있다. 또한 이에 관해서는 슐레히타*의 면밀한 문헌학적 고증이 있다. 특히 1873/74년 무렵에 대해서는 달마시아의 자연과학자 보스코비치* 등에게서 친밀하고 열성적인 메모도 취하고 있다[Schlechta/Anders, *Nietzsche, Von den verborgenen Anfängen seines Philosophierens*, Stuttgart 1962].

【Ⅲ】계몽의 연장으로서의 비판

'위대한' 것을 무너뜨리고자 하는 전체의 취지는 또한 「최초이자 최후의 사물들에 대하여」('최초이자 최후의 사물들'이란 형이상학*의 문제들을 가리킨다), 「도덕적 감정의 역사에 대하여」, 「종교적 삶」, 「예술가와 저술가의 영혼으로부터」, 「좀 더 높은 문화와 좀 더 낮은 문화의 징후」, 「교제하는 인간」, 「여성과 어린아이」, 「국가에 대한 조망」, 「자기 자신과 함께 있을 때의 인간」 등과 같은, 제1부의 각 장의 제목에서도 분명하다. 사람들의 정열과 호언장담을, 가치에 대한 맹종과 기성의 것에 대한 순종적인 태도를, 거기에 숨어 있는 지적 태만을 냉정하게 바라보는 태도가, 나아가서는 그것들을 비웃음을 담은 문체*로 표현하는 자세가 특징적이다(덧붙이자면, 레의 『도덕 감정의 기원』을 모방한 이러한 장 나누기는 표현이야 다르긴 하지만 나중의 『선악의 저편』*에서도 대체로 답습되고 있다). 또한 부제로 「자유정신을 위한 책」이라는

표현이 붙어 있는 것도 이러한 사정을 이야기해 준다. 자유정신이란 "관습화된 것, 규칙화된 것, 지속적인 것, 기성의 결정된 것을 증오하는"[『인간적』Ⅰ. 427] 존재이며, 바로 그러한 자유로운 것에 대한 견해 때문에 일의적인 것으로부터 거리를 두고서 인식으로 살아가는 태도를 말한다. 끊임없이 독자를 엇갈리게 하며 의외의 방법을 취하고 생각지 못한 방향으로 달려가는 존재이다. "어떤 혈통과 환경, 신분과 지위 또는 지배적인 시대의 견해를 근거로 그에게서 예상할 수 있는 것과 다르게 사유하는 사람을 자유정신이라고 부른다. 자유정신은 예외자다."[Ⅰ. 225] 초판에는 또 하나의 부제가 붙어 있었다. 「볼테르*의 추억에 바친다. 1778년 5월 30일의 기일을 기념하여」라는 것이다. 니체는 바이로이트의 환멸 몇 달 전에 주네브를 둘러보았지만, 그때에 볼테르의 집을 방문하고 감명을 받았다. 이책의 출판도 사후 100년제에 맞추도록 인쇄를 서둘렀다. 그리고 출판 직후의 기일인 5월 30일에는 파리의 누구인지 알지 못하는 독자로부터 볼테르의 흉상이 도착했다. 이 책이 계몽의 연장이라는 것을 직감적으로 이해한 자도 있었다는 증거다.

서두에서 고지되고 있는 해체와 폭로의 프로그램은 유명하다. 니체의 말을 빌리자면 현재의 철학적 문제는 2,000년 전과 조금도 변함이 없다. 요컨대 '어떻게 해서 존재하는 것이 반대물로부터 생겨날 수 있는 것인가?'라는 문제다. 이성적인 것과 몰이성적인 것, 살아 있는 감정과 죽은 것, 논리와 비논리, 이해를 초월한 미적 직관과 격렬한 욕정, 그리고 선과 악, 진리*와 오류――이것들은 보통 상호적으로 배제하는 이항대립으로 생각된다. 하지만 그가 말하는 "이미 자연과학과 분리해서 더 이상 생각할 수 없는 모든 철학적 방법 중에서 가장 최근에 나타난 역사적 철학"으로부터 바라보면, 이와 같은 이항대립의 설정 그 자체가 형이상학인바, 실제로는 진리는 오류로부터, 이성은 몰이성으로부터, 선은 악으로부터 발생하는 것이다. 그러한 사태를 폭로하기 위해 그는 철학의 수단으로서 "도덕적, 종교적, 미학적 표상과 감각의 화학*"을 추천한다[Ⅰ. 1]. 예를 들어 도덕에 대해서는

다음과 같다.

"행동을 방관하는 사람뿐만 아니라 행동하는 사람 스스로도 그 행동에서 도덕적인 것 또는 비도덕적인 것을 자주 결과에 따라서 확정한다. 왜냐하면 동기와 의도는 대부분 충분히 명료하거나 단순하지 않으며 때로는 기억조차도 행동의 결과로 흐려져서, 사람들은 자신의 행동에 잘못된 동기를 부여하거나 비본질적인 동기를 본질적인 것으로 취급하기 때문이다. 성공은 흔히 어떤 행동에 선한 양심*의 아주 정직한 광채를 띠게 하고, 실패는 가장 존경받을 만한 행위에마저 양심의 가책의 그림자를 드리운다. ……"[Ⅰ. 68]

혹은 "**영혼의 피부—**뼈, 살, 내장과 혈관은 피부에 둘러싸여 있어, 그것이 인간의 모습을 참고 견딜 만한 것으로 만들 듯이, 영혼의 활동과 정열은 허영심*으로 덮여 있다. 허영심은 영혼의 피부다."[Ⅰ. 82] 종교, 또는 종교가에 대해서는 "어떤 재앙이 닥쳐올 경우, 우리는 원인을 제거하거나 아니면 그것이 우리의 감정에 미치는 영향을 바꿈으로써 그 재앙에서 벗어날 수가 있다. 즉 재앙의 이익이 나중에야 비로소 명백해지는 그런 좋은 것이라는 새로운 해석을 붙임으로써 그 재앙에서 벗어날 수가 있는 것이다. 종교와 예술(형이상학적 철학 역시)은 감각을 변화시키는 작용을 하려고 노력한다. 즉 종교와 예술은 부분적으로는 체험에 관한 우리의 판단을 바꿈으로써, (예를 들어 '신은 그가 사랑하는 자를 응징한다'는 명제에 힘입어) 또 부분적으로는 고통과 정서 일반에 일종의 쾌감을 일깨움으로써 (비극적 예술은 여기에서 출발한다) 감정들을 변화시키려고 노력한다."[Ⅰ. 108] "**사기 행위에서 정직이라는 것**— 온갖 능란한 사기꾼들이 자신의 능력을 부여받게 되는 하나의 과정은 주목할 만하다. 그들이 모든 준비를 갖추고 목소리, 표정, 몸짓에 위협적인 면을 강조하고 효과적인 무대장치 한가운데서 실제적인 사기 행위를 하면, 그들을 지배하는 것은 자기 자신에 대한 믿음이다. 그러면 바로 이 믿음이 기적적이고 압도적으로 주위 사람들에게 말을 걸어오는 것이다."[Ⅰ. 52]

【Ⅳ】 예술 비판

또한 예술에 대해서는 야유가 한껏 쏟아진다. 예술은 본래 수상한 존재인 종교에 뿌리를 지니는 것으로 여겨진다. "큰 강물로 변모한 풍요로운 종교적 감정들은 계속 넘쳐흘러 새로운 세계를 정복하려고 한다. 그러나 자라나는 계몽사상은 종교의 교의들을 흔들어 놓고 근본적으로 불신감을 조장한다. 이렇게 계몽사상에 의해 종교의 영역에서 밀려난 감정이 예술로 나아간다."[Ⅰ. 150] 그것은 어떤 의미에서는 종교가 정비되기 이전의 신화시대의 감성을 떠올리게 한다. "예술가는 돌발적인 흥분을 더 많이 존중하게 되고, 여러 신과 데몬들을 믿고, 자연에 영혼을 불어넣고, 학문을 미워하며, 고대인처럼 기분에 따라 변화한다. 그리고 그는 예술에 적합하지 않은 모든 상태를 전복시킬 것을 갈망하는데, 그러나 이것은 어린아이 같은 외고집과 부당성을 가지고 있는 것이다. 이제 예술가 그 자체로는 이미 퇴보한 존재이다."[Ⅰ. 159] 19세기*는 예술의 세기다. 시민사회에 있어 고전주의적인 건축, 빈 고전파의 음악, 그리고 오페라와 미술관은 불가결한 기능을 수행하고 있었다. 헤겔*도 예술종교라는 표현을 하고 있다. 어떤 마을에나 교회*가 있듯이 미술관과 극장과 콘서트홀이 있으며, 거기서는 일종의 종교적인 장엄함과 고요함이 지배해야만 했다. 그 허망함은 니체에게는 견디기 어려운 것이었다. "오늘날 예술 작품으로서의 예술은 무엇을 통해 근본적으로 존속해나가고 있는가? 한가한 시간을 가진 대다수의 사람들에 의해서. …… 그들은 음악, 연극, 미술관을 관람하지 않고서는…… 자신들의 시간을 활용할 수 없다고 생각한다."[Ⅱ-1. 175] 이렇게 보면 도덕, 종교, 예술의 어느 것에 있어서도 그 깊은 곳에서는 표면상의 얼굴과는 다른 추악하고 악취미한 맨얼굴이 드러나게 된다. 니체의 입장에서 보면 그러한 것이 드러나게 되는 것이 19세기인 것이다. 종교는 소멸하고, 도덕의 기준은 성공이 되고, 예술은 여가의 위로가 되고, 유일하게 남는 것은 오로지 속도와 분주함을 다투는 문명뿐이다. "이 격동은 대단히 커서 더 높은 문화는 더 이상 그들의 과일이 익도록 할 수가 없다. 이것은 마치 사계절이 너무 성급하게 겹쳐져 이어지는 것과 같다. 우리의 문명은 안정이 결여되어 있기 때문에 하나의 새로운 야만으로 끝날 것이다.'[I . 285] 이렇게 보면 부르크하르트* 등과 공통되는 근대 비판이 좀 더 분절화되고 철저하게 이루어지고 있다는 것을 알 수 있다. 니체의 폭로 심리학은 시대에 대한 불만의 표현이기도 했다.

【V】 계몽의 비극

그런 까닭에 비판과 해체의 무기로서 일단은 중시되고 있던 과학이라 하더라도, 그것이 정열을 해체하고 삶으로부터 의미를 빼앗으며 살아 있는 '기쁨'을 꺼트리는 것은 강하게 의식되고 있다. 예를 들면 대강 다음과 같이 말해지고 있다. 현대에 인간은 건강을 유지하기 위해서 뇌 속에 두 개의 방을 따로따로 갖고 있어야만 한다. 한편으로는 과학에 대한, 다른 한편으로는 비-과학에 대한 감성을 간직한 방을. 그리고 양자 사이에 회로가 연결되어 있어서는 안 된다. 만약 그러한 더 높은 문화의 조건이 갖추어지지 않으면, 과학에 대한 반감으로부터 또다시 환상과 오류가 만연하고, 결국에는 재차 야만에 빠지게 된다고도 지적되고 있다[I . 251]. 『삶에 대한 역사의 공과』 이래의 문제의식을 계승한 이와 같은 논의에는 『계몽의 변증법』으로 통하는 위기감이 숨어 있다. 이러한 계몽의 비애는 다음과 같은 아포리즘에서도 나타난다. '**행복과 문화**—— 우리의 어린 시절의 환경을 돌아보는 일은 우리에게 충격을 준다. 정원이 있는 집, 묘지가 있는 교회, 작은 연못과 숲,——이런 것을 우리는 언제나 고뇌하는 자가 되어 다시 바라보게 된다. 우리 자신에 대한 동정심이 우리를 엄습한다. 우리는 그 후 얼마나 많은 고뇌를 겪어왔는가! 그런데 그것은 여기에 아직도 이렇게 조용하게, 영원히 남아 있다. 오직 우리만이 이렇게 변하고 움직이고 있는 것이다. 우리는 떡갈나무에서처럼, 시간이 **더 이상** 자신의 이로 마모시키지 못한 몇몇 사람들도 다시 만나게 된다. 농부, 어부, 나무꾼들, 그들은 그때와 똑같다.—— 더 낮은 문화 앞에서 감동하고 자기를 동정하는 일은 더 높은 표시이다. 거기서 나오는 결론은 좀 더 높은 문화에 의해서는 어쨌든 행복이 커지지 않았다는 사실이다. 삶에서 행복과 안일을 수확하려는 사람은 항상 좀 더 높은 문화를 피하려 할

것이다.'[I . 277] 방랑자 니체의 계몽에서는 스며드는 듯한 고요한 슬픔, 약간의 야유, 인식의 기쁨이 그림자처럼 따라다니고 있다. 『방랑자와 그의 그림자』의 처음과 마지막에 덧붙여진 방랑자와 그의 그림자의 대화는 이러한 반성적 의식의 분열이라는 문제 연관에서 읽을 수도 있을 것이다.

계몽의 비애는 니체의 분석 방법으로까지 높여져 있다. "종교와 모든 마취술의 지배가 줄어들수록, 인간은 재앙을 현실적으로 제거하는 것을 더 강하게 직시하게 된다. 이것은 물론 비극 작가*에게는 나쁜 일이다"[I . 108]와 같은 문장에서도 그것이 제시되어 있다. 비극이야말로 니체가 생애에 걸쳐 도저히 망각할 수 없는 세계였다. 그러나 그 세계는 소멸할 수밖에 없다. 말할 필요도 없지만 계몽의 깃발 아래 이루어지는 분석 방법이 적절한가 어떤가 하는 물음이 대답하기 어렵다는 것은 니체에게 충분히 의식되고 있었다. 제1권 제2장 「도덕적 감정의 역사에 대하여」의 서두의 네 개의 아포리즘[I . 35-38]에서는 이러한 계몽적 분석의 이로움과 해로움에 대한, 즉 그 공과 죄에 대한 비교 고찰이 자기 문답의 형태로 이루어진다. 야유하고 익살스러우며 아취 있는 문체로 사교 중의 인간의 정치학을 폭로하는 프랑스의 모럴리스트들이 19세기에는 읽히지 않게 되었다는 것, 그러한 섬세한 문체를 즐기는 교양이 상실되었다는 것이 확인되지만[I . 35], 「반론」이라는 제목의 다음 36번에서는 오히려 그러한 모럴리스트 풍의 폭로와 냉정한 '심리학적 관찰'은 그만두는 것이 좋은 것이 아닐까, 대체로 이 분야에서의 우둔함이야말로 인간성의 진보에 좋은 것이 아닐까, 플루타르코스*의 영웅의 내막을 엿보지 않는 것이 감격이 지켜지는 것은 아닐까라고 가설적으로 반론이 이루어진다. 그러나 다음 37번에서는 공과 죄를 검토한 결산이 어느 쪽으로 유리하게 기울어지든 "특정 개별 학문의 현재 상태에서는 도덕적 고찰의 부활이 불가피해졌다', 여기서는 학문이 그렇게 명령하고 있다, 좋은지 나쁜지는 알 수 없지만 그렇게 할 수밖에 없다, "자기를 억누른 용기"가 필요하다고 주장되며, 38번에서는 동일한 내용이 좀 더 강화된 표현으로

반복된다. 이러한 의식은 많은 아포리즘에서 마치 통주저음처럼 울려나고 있다. 문제는 이러한 학문의 명령에 복종한 결과로 비극의 세계가 다른, 좀 더 장렬한 형태로 부활할 수 있는가 어떤가 하는 것이다. 이러한 꿈을 니체는 마지막까지 버리지 않았다. 바이로이트에서는 나쁜 꿈을 보게 되고 말았기 때문에, 자각적인 방법이 선택되었던 것이다.

【Ⅵ】가장 가까운 것들

본서의 또 하나의 커다란 특징은 이와 같은 분석과 폭로에 의한 이항대립 도식의 극복을 "개개의 경우를 검토함으로써"[Ⅰ. 1] 시도하고 있다는 점이다. 그런 까닭에 전통적으로는 철학의 문제가 아닌 듯한 사항, 예를 들어 "식사, 주거, 복장, 교제"와 같은 "가장 가까운 것들(die nächsten Dinge)"[서문의 5, 또한 Ⅱ-2. 5 및 Ⅱ-2의 최후의 대화]에 눈을 돌리고 있다. 거기서는 실제 인생에서의 온갖 문제들이 다루어진다. 야스퍼스는 그에 대해 다음과 같이 말하고 있다. "그의 철학함은 세속적인 재료 안에서 또 하나의 새로운, 그에게 고유한 원천을 발견한다. 니체는 한때 라 로슈푸코, 퐁트넬, 샹포르*, 특히 몽테뉴, 파스칼*, 스탕달* 등의 프랑스인을 비상하게 높이 평가한다. 심리학적 분석이 그의 철학함의 매체로 된다. 그러나 그것은 경험적·인과적으로 연구하는 심리학*이 아니라 이해적·사회학적-역사학적 심리학이다."[Jaspers, Nietzsche, S. 37] 이러한 '가장 가까운 것들'의 중요성을 지적하고 그것을 병에 걸리기 십상이어서 끊임없이 자신의 육체의 소리에 귀를 기울이지 않으면 안 되었던 니체의 '육체 구속성'과 결부시킨 것은 클라게스*이다. 뢰비트* 등도 클라게스에게서의 니체의 육체의 중요성에 대해서는 고개를 갸우뚱하면서도 니체에게서 '가장 가까운 것들'이 지니는 중요성에 대해서는 공명하고 있다[Löwith, Nietzsches Philosophie der ewigen Wiederkehr des Gleichen, S. 37f.]. 또한 당시의 사회를 어디선가 반영한 남녀관계, 가정생활, 사교*에 대한 발언은 진부한 것이 비교적 많지만, 그것도 이러한 관점에서 보면 그 위치가 보이게 된다.

이러한 아포리즘 무리가 수렴하는 개념의 하나가 허영심*이다. "허영심이 없다면 인간의 정신은 얼마나 초라하겠는가!"[Ⅰ. 79] 끊임없이 타인을 넘어서고 싶어 하고, 더욱이 실질적인 뒷받침이 없이 없어도 위로 보이고 싶어 하는 욕구가 다양한 방식으로 묘사된다. 그에 대해 긍지가 대치되고 있다. 긍지 높은 인간은 타인이 자신에게 시혜를 베푸는 것을 허락한다고 하는 보통의 감각의 역을 찌르는 듯한 관찰도 많다. 이것들은 머지않아 심리학적인 힘에의 의지*로 고양되어 간다. 그 점에서 돌이켜보면 이것들은 "힘에의 의지의 형태론 및 발생론"[『선악』 23]이었다.

【Ⅶ】고요함

본서는 제2부에 다다름에 따라 고독*과 고요함의 정도가 증대되어 간다. 다소나마 틀에 박힌 양식의 종교 비판, 예술 비판이 많았던 제1부에 비해, 주변의 현상에 대한 야유를 감춘 안정된 분석, 고독을 즐기는 색조가 눈에 띄게 된다. 실제로 이것들을 쓴 시기는 몸의 상태도 좋지 않아 대학을 그만두었을 무렵이다. "최소한의 삶, 모든 조야한 욕망의 사슬로부터의 해방"[Ⅱ 서문 5, 1886년]을 자각적으로 수행하고 있었다. '고요한 니체'의 측면이며, 후년의 특히 『차라투스트라』 등의 격렬한 표현에서 유래하는 니체의 이미지로는 수렴되지 않는 거의 은거의 분위기가 있다. '최소한의 삶'으로부터의 완만한 쾌유*로 향해 인내의 실을 찾는 니체. "아직 남아 있는 피로 안에서의, 전부터의 질병 안에서의, 치유하고 있는 자에게 일어나는 병이 도지는 것 안에서의 무어라 말할 수 없는 행복! 괴로우면서도 고요히 앉아 인내의 실을 잣고, 또한 양지쪽에 길게 눕는 일이 어떻게 그에게 있는 것인가! 그이만큼이나 겨울 한가운데서의 행복을, 벽에 비치는 햇살의 반점을 즐기는 일이 있을 수 있는 것인가?" 이 심경은 또한 양지쪽의 도마뱀에 비유되기도 한다. 특히 『방랑자와 그의 그림자』의 「나 또한 아르카디아에 있고」[Ⅱ-2. 295]와 「자연의 제2자아 현상」[같은 책 338]에는 이 시기에, 요컨대 1879년의 6월에 비로소 오버엥가딘 지방을 알게 되고 "이탈리아*와 핀란드가 일체가 되어 자연이 지니는 모든 은 색조의 고향이라고도 해야 할" 이 호반 지역에서 치유의 장을 발견한 것이 반영되어 있다. 또한 저승에서의 대화를 바라는 상대로서 에피쿠로스*와 몽테뉴, 괴테*와 스피노자*, 플라톤*과 루소*, 파스칼과 쇼펜하우어*의 이름을 들고 있는 『혼합된 의견과 잠언들』의 마지막 아포리즘 「저승 여행」[Ⅱ-1. 408] 등에서도 이러한 고요한 삶의 분위기가 나오고 있다.

【Ⅷ】 독일 비판

하지만 다른 한편으로 생애에 걸쳐 계속되는 독일 비판도 잊어서는 안 된다. 『반시대적 고찰』 제1논문에서는 아직 프로이센-프랑스 전쟁*에서 승리한 독일*에 대한 비판이었던 것이 점차로 전면화해 간다. 이것에는 『인간적』의 제1권이 바이로이트의 기관지에 의한 공격 탓도 있어서 1년 동안 겨우 120부밖에 팔리지 않은 것도 작용하고 있을 것이다. 코체부(August von Kotzebue 1761-1819) 비판으로부터 감정에 취하기 쉽고 권력에 약한 독일인*의 체질을 논한다든지[Ⅱ-1. 170], 다른 국민들에게 참을 수 있을 존재로 되고 싶다면 독일인은 독일인 이상의 존재로 되어야만 한다고 하는 취지의 괴테의 말을 사용한다든지 하면서[Ⅱ-1. 302] 비판의 전면화가 시작된다. 마지막으로 그 대표적인 것을 들어두고자 한다. "사상가의 민족'(혹은 나쁜 사상가의 민족)에 대하여——불확실한 것에 불확실한 이름을 붙여 말하자면,——사람들이 뒤에서 독일적 본성이라고 말하는 불명료하며 미결정적이고 예감적일 뿐만 아니라 초보적이며 직감적이라는 특성들이 만약 아직도 성립할 경우, 그것은 독일 문화가 여러 단계 낙후되어 있고 여전히 중세의 속박과 공기로 둘러싸여 있다는 증거일 것이다.——물론 문화의 이러한 낙후성 속에는 몇 가지 이점도 있다. 즉 독일인에게는 이러한 특성과 함께——다시 말해서 만약 독일인이 지금도 여전히 이러한 특성들을 가지고 있을 경우——특히 다른 민족들은 이미 그것에 대한 모든 힘을 상실해버린 여러 사항에 대한 이해 능력이 그들에게는 부여되어 있다는 점이다. 분명 이성의 결핍——이러한 특성들의 공통점——이 상실되어 가면, 그에 의해 분명히 많은 것들이 상실되고 말 것이다. 그러나 여기서는 어떠한 손실도 최고의 보상 없이는 존재하지 않는다. 따라서 어린아

이와 식도락가처럼 모든 계절의 과일들을 동시에 즐기려 하지만 않는다고 전제하면 탄식할 어떠한 이유도 없다."[Ⅱ-1. 319] 삽입문에 들어 있는 역설과 야유로부터 시작하여 한 행 한 행이 빈정댐이다. 그리고 여기서 계몽의 비애는 계몽의 환희로 전환하고 있다. ☞ 자유 정신과 이성 비판, 19세기와 니체, 허영심, 심리학, 모럴리스트, 레

—미시마 겐이치(三島憲一)

인과성因果性

니체에게 있어 (괄호를 친) '진리'가 다양한 관점에서 이루어지는 세계에 대한 삶의 관여 속에서 생겨나는 잠정적인 견해인 한에서 인과성에 관해서도 그 사정은 동일하다. 그것은 영원성을 결여한 하나의 해석에 불과하다. 인과성에 대한 '신념' 내지 '신앙'이 인간의 피가 되고 살이 되고 있다면, 그것은 바로 그 '신념'이 '종족'의 존망에 관계되는 것이었기 때문이다.

니체는 일관되게 인과성의 사유에 비판적이었다. 거기서는 생기하는 사항의 배후에 기체의 존재가 전제되고 있기 때문이다. 당시 니체가 물리학의 것으로 생각한 '원자'를 비롯한 사물이 그러하며, 주체의 '내적인 사실들——의지, 의식(정신), 자아——이 그렇다. 또한 (후에 하이데거*가 '존재-신학'으로 규정하는 형이상학*과) 특히 그리스도교 시대의 철학에서 신이 최고의 정신적 원인으로서, 자기 원인으로서 정립된 것은 말할 필요도 없다. 비판을 가지고서 독일 철학의 근대를 연 칸트*에게 있어서도 현상하지 않는 '사물 자체'가 원인성의 근거로 여겨지고 있다. 그에 반해 부동・불변의 실체나 기체의 존재를 인정하지 않고 '힘에의 의지*'를 가정하여 생성을 이야기하고자 하는 니체에게 있어서는 인과성의 사유란 데카당스*의 하나였다. 그런데 사물에 대한 인과성 해석은 주체 자신의 행위에 대한 인과적 해석에 그 원천을 지닌다. 즉, 사물이라는 개념은 인간이 "원인으로서의 자아라는 개념에 맞추어" 날조한 것에 지나지 않는 것이다[『우상』, Ⅵ; 유고 Ⅱ. 11. 92-95. 참조]. 따라서 인과론은 무엇보다 우선

행위의 원인을 주체의 의도나 동기, 그리고 목적에서 찾는 데서 유래한다. 이 원인이 없이는 행위의 '자유나 '책임'이 성립하지 않는다고 생각되었기 때문이다. 그런 까닭에 니체에게는 형이상학적 · 종교적 · 도덕적인 인과성을 비판하거나 '탈구축'하는 것이 급선무였던 것이다(니체는 인과성의 사유를 '착오', '미망', '악습'이라고 공격한다. 다만 예를 들어 '착오'가 여전히 '진리'의 언어에 짜 넣어져 있다고 한다면, '진리'와의 대결을 피할 수 없다. 실제로 그 대결은 반복해서 이루어지고 있다. 그리고 오늘날의 독자는 니체에게서의 '진리'를 다시 철저하게 문제화하는 하이데거의 독해를 피해갈 수 없을 것이다).

다른 한편 니체는 인과적 사유의 '심리학적' 발생을 묻고 있다. 그에 따르면 원인을 찾는 충동은 **미지의 것**에 대한 공포와 불안에서 유래한다. 미지의 경험에서 환기되는 공포를 억누르기 위해 사람들은 사후적으로 그 원인을 **기지의 것**에서 찾아낸다. 인과성이란 안심의 기제인 것이다. 그때 미지의 것은 원인의 장소에서 배제되고 기지의 것으로 이루어진 일정한 원인들의 무리가 다른 것을 배제하여 우위를 차지하며, 나아가 체계화되게 된다. 도덕과 종교란 이렇게 해서 발생하는 해석 체계에 지나지 않는다. 예를 들어 행위의 원인으로서 '자유의지'를 정립하는 것은 신학적인 의미에서 인간을 책임 있는 존재로 삼아 행위의 죄를 판가름하고 죄를 벌하는 것을 가능하게 하며, 인간들을 신에게, 나아가 자신들에게 의존시키고자 하는 승려(사제)의 본능에서 생겨나는 것이다[『우상』 VI].

자연과학의 인과적 사유에 대해서도 당연히 니체는 비판적이었다. 그것은 예를 들어 '힘', '법칙' 등의 개념들을 비롯하여 기계론, 목적론, 결정론에 대한 비판으로서 『권력에의 의지』라는 이름으로 모여 있는 유고 단편에서 읽을 수 있다. 거기서 그는 '힘에의 의지'에 기초하여 과학상의 몇 가지 개념에 관한 재해석을 시도하고 있다. 하지만 그 가운데는 새로운 형이상학의 관점을 드러내는 것도 있으며, 그의 과학에 대한 언설을 오늘날 그대로 받아들일 수는 없다. 물론 그가 과학적인 인과성에 대해 아무런 가치도 인정하지 않았

다는 것은 아니다. 기지의 것이 지닌 제한을 돌파하여 미지의 것에 대해서조차 원인을 찾고자 하는 인과성에 대한 감각은 종교나 도덕을 뒷받침하고 있는 "공상적인 인과 관계"를 파괴하기 때문이다[『아침놀』 10]. 그러나 니체는 근대 과학을 일반적으로 니힐리즘의 하나의 형태로서 비판하기도 한다. 즉, 금욕주의적인 종교 · 도덕이 실추된 시대에 그 실추에 공헌한 근대 과학이 단순히 같은 자리를 차지하는 것은 아니라 하더라도 불평과 불신, 회한과 자기 멸시와 양심의 가책의 새로운 은폐 장소가 되고 있다는[『계보』 III. 23] 과학의 양가성에 대한 지적은 오늘날에도 생각해 보아야 할 것을 포함하는 것이다.

―미나토미치 다카시(港道隆)

인도 印度

니체의 인도에 대한 관심은 우선은 쇼펜하우어로부터의 자극에 의해 생겨난 것으로 생각된다. 그리고 더 나아가서는 니체 자신의 친구로서 마찬가지로 쇼펜하우어에게서 영향을 받은 도이센에 의한 인도 철학, 특히 베다 철학 연구에서 크게 배운 바로부터 인도에 대한 인식을 심화시키고 있다. "그 밖의 점에서는 유럽이 아무리 전진해 있다 하더라도, 종교적인 사태에 관해서는 유럽은 고대 브라만의 소박한 얽매이지 않은 마음에 아직 미치지 못한다. 그 증거로서 인도에서는 4천년 이전에 현재의 우리에게서보다도 더 많은 것이 사유되고 더 많은 사유의 즐거움이 전승되어가는 것이 보통이었다."[『아침놀』 96] 니체의 인도에 대한 관심은 유럽의 그리스도교 문명에 대한 비판과 표리 관계를 이루고 있다. 브라만교나 불교를 가리지 않고 니체가 관심을 지닌 인도 사상에 공통된 중심점은 '윤회'와 '해탈'이라는 사고방식에 있었다. 인도 사상은 개체화의 원리에 속박되어 현세에 이 자아로서 나타나 있는 존재방식 그 자체를 철저히 '고(苦)'로 간주하고, 현세에서의 윤리적 행위가 인과응보적인 '업(業)'이 되어 내세의 운명을 결정한다는 '윤회'의 수레바퀴로부터의 벗어남이야말로 추구되어야 할 구

원으로서의 '해탈'이라고 파악한다. 이와 같은 견지가 모든 가치의 전환*과 상대화, 선악의 저편으로의 초탈이라는 지향, 영원회귀*라는 니체 사상의 중심과 어떤 연관성을 지닌다는 점은 분명하다. 그렇지만 모든 현세적 가치와 더불어 긴요한 "삶" 그 자체까지 부정해 버리는 인도 사상의 철저한 현세 거부를 니체는 퇴폐하고 피폐한 약함에서 오는 페시미즘*으로 간주하여 거부하고 그것을 근저로부터 전도시키고 있다. 즉, "강함에서 오는 페시미즘"을 가지고서 영원회귀를 오히려 철저히 받아들이고 거기서 끝내 살아가는 것, 이로부터 니체의 이른바 '초인*' 사상이 태어나는 것이다.

☞부처, 브라만

―나카노 도시오(中野敏男)

인식認識 ⇨진리와 인식

인종人種

쿤나스(Tarmo Kunnas 1942-)[『정신의 매춘으로서의 정치 ― 니체 철학에서의 정치적인 것』]도 지적하듯이 니체가 인종주의자였던 것은 아니다. 확실히 초기에는 민족주의 색채가 있었으며, 후기에도 그 격렬한 어조와 은유적인 어법 등으로 인해 인종주의의 오해를 줄 수도 있는 문장이 보이지 않는 것은 아니지만, 인종의 차이를 인간의 가치 차별의 기준으로 삼고 있는 것으로는 생각되지 않는다. 니체, 적어도 중·후기의 니체는 바야흐로 "유럽이 하나로 되고자 하고"[『선악』 256] 있으며, 그 속에서 인종의 교배가 진행되고 있다[『인간적』Ⅰ. 475]고 시대의 추세를 읽고 있었다. 더욱이 "인종이 혼합되는 곳에 위대한 문화의 원천이 있다"[유고Ⅱ. 9. 63]고 하여 그 추세에 대해 호의적인 태도로 임하고 있었다. 따라서 각각의 민족*과 종족의 독자성을 인정하면서도 한 민족의 인종적 우등성과 열등성을 독단적으로 주장하는 것 등은 그가 생각도 못할 것이었다. 역으로 그러한 인종적 차별 의식과 편견, 또한 배외주의야말로 그에게 있어 분쇄되어야 할 것이었다.

"준칙. 속임수 인종 사기에 관여하는 인간과는 사귀지 않을 것. (오늘날처럼 뒤섞인 상태의 유럽에서 인종 문제를 다시 문제 삼는 것 따위란 그 무슨 속임수, 그 무슨 진흙탕이란 말인가!)"[같은 책Ⅱ. 9. 267-8] 이러한 니체의 자세를 다음의 문장이 웅변적으로 이야기하고 있다. "우리 실향민들은 인종과 출신에 있어서 지극히 다양하고 혼합적인 '근대인'이다. 따라서 우리는 오늘날 독일에서 독일적 정신의 표지로서 과시되고 있는 허위로 가득 찬 인종적 자기 예찬과 무분별에 참여하려 하지 않는다. 이러한 것들은 '역사적 감각'을 지닌 민족에게는 이중의 허위이며 점잖지 못한 짓이다. 한 마디로 말해 우리는 ― 이것이 우리의 명예여야 한다! ― **좋은 유럽인***, 유럽의 상속자, 수천 년에 걸쳐 풍부하고 풍요롭게 축적된 유럽 정신의 자산을 물려받은, 하지만 이와 동시에 엄청난 의무도 물려받은 상속자들이다."[『학문』 377] ☞나치스, 민족

―스토 노리히데(須藤訓任)

인지학人智學 [Anthroposophie]

그리스어의 anthrōpos(인간)와 sophia(예지)의 합성어. 루돌프 슈타이너(Rudolf Steiner 1861-1925)에 의해 만들어졌다. 인지학은 세기말*에 지식인의 마음을 사로잡은 신지학(神智學, Theosophie)에서 파생되었다. 신지학은 신과 천사의 계시를 내적 직관에 의해 인식하는 신비주의적 조류로서 중세 이래로 이어지고 있었지만, 1875년 브라바츠키 부인(Madam Helena Blavatsky 1831-91)에 의해 신지학 협회가 설립되었다. 이것은 그리스도교에 구애되지 않는 범종교성을 지니며, 게다가 동양 사상으로부터 많은 영감을 얻었다. 슈타이너는 이 신지학 협회의 독일 지부 설립에 있어 서기장에 선출된다. 신의 예지와 인간의 예지를 결합시킬 것을 중시한 인지학은 특히 독일의 세기말 사상을 토양으로 하여 태어났다. 1913년에 인지학 협회가 만들어지며, 스위스의 도르나하에 대규모의 인지학 센터가 설립되어 괴테아눔(Goetheanum)이라 명명되었다. 이 건물은 한 번 나치스*에 의해 방화되었지만 재건되며, 제2차 대전

후에도 가장 유력한 거점으로서 신비학 운동을 전개하고, 그 영향은 종교, 예술, 교육, 의료, 농법의 분야들에 미친다. 새로운 동작 예술인 오이뤼트미와 슈타이너 학교가 유명하다.

슈타이너는 클라리에베크에서 태어나 초기에 괴테의 유기체 사상, 특히 형태학에 깊은 관심을 지니며, 괴테 저작의 편집을 맡고 그것이 동기가 되어 괴테 부흥의 주역이 되었다. 형태학과 다윈의 진화론을 일체화하여 생물의 계통수를 만들어낸 E. 헤켈(Ernst Heinrich Haeckel 1834-1919)의 일원론에도 공명하며, 헤켈 이론에 내포된 신비주의적 요소를 최대한으로 살렸다. 헤켈이 반교회 운동을 일으키고 교회로부터 공격을 받았을 때 슈타이너는 그의 옹호로 돌아선다. 슈타이너는 또한 니체주의자이기도 한바, 1895년에는 『니체 ─ 시대에 저항하는 투쟁자』를 쓰고 니체의 입장을 고수한다. 그러나 괴테주의자였던 니체는 헤켈과 달리 괴테의 형태학과 다윈의 진화론은 서로 대립한다고 보고 반다윈 학설을 채택한다. 따라서 다윈 학설의 수용에 관해서는 슈타이너와 니체 사이에 차이가 있다. ☞모르겐슈테른

─우에야마 야스토시(上山安敏)

일본日本 [Japan]

니체가 활동한 시기의 유럽에서 이제 막 쇄국을 푼 일본은 우키요에(浮世絵)와 만국박람회에 출품된 산물을 통해 주로 독특한 공예 문화가 있는 나라로서 알려져 있었다. 그리고 이질적인 표현 형식과 이국적인 매력에 대한 호기심에서 일부의 예술가와 수집가 사이에서는 열광적인 '일본 취미'(japonisme)가 유행했다. 니체가 1875년에 바그너*를 둘러싼 논의와 관련하여 '일본'이든 '아메리카의 대초원'이든 예술에 대해 무언가의 것이 화제로 될 때, 거기서 실제로 문제가 되는 것은 바그너의 예술에 대해 어떠한 태도를 취할 것인가라는 것이라고 말하고 있는 것은 일본이 동시대의 예술을 둘러싼 논의 가운데 받아들여지고 있었던 상황을 보여주는 것일 터이다[유고 Ⅰ. 5. 378]. 니체에

게 일본에 관한 지식과 관심을 가져다준 것은 1876년에 바이로이트*에서 알게 된 화가 라인하르트 폰 자이틀리츠(Reinhart Freiherr von Seydlitz 1850-1931)였다. 자이틀리츠는 뮌헨의 바그너 협회 회장이기도 했지만, 그 정도로 바이로이트 서클 일변도가 아닐 뿐만 아니라 또한 헝가리 출신의 부인 이레네(Irene von Seydlitz)에게 니체가 매력을 느끼고 있었던 점도 있어서 그가 바그너로부터 이반한 후에도 부부와의 교제는 계속되며, 85년에는 뮌헨으로 부부를 방문하기도 한다. 그 무렵 부부는 일본 취미에 빠져 있어 니체에게도 열렬히 들려주었던 듯하다. 일본 취미의 보급에 대해 메이지 천황으로부터 감사장을 받았다고 하는 자이틀리츠에 대해 니체는 조금 우스워하며 친구들에게 알리고 있다. 누이 엘리자베트에게 보낸 편지에서는 자이틀리츠는 "독일에서 최초의 일본안"이 되어가고 있다고 전하고, "내가 좀 더 건강하고 충분히 풍요롭다면, 다만 좀 더 쾌활함을 얻기 위해서 일본으로 이주할 것이다"라든가 "어째서 너희들[베른하르트 피르스터와 엘리자베트]은 [파라과이가 아니라] 일본으로 가지 않는가?" 등으로 말하고 있다. 그리고 자신이 베네치아를 좋아하는 것도 거기서는 간단히 일본적인 분위기에 젖어들 수 있기 때문으로, 그 밖의 유럽은 "페시미즘적이고 애처로워서" 좋지 않다고 한다[1885. 12. 20]. 데카당스*의 유럽을 탈출하여 남방적인 아름다움에 빠져들고 싶은 원망의 표현일 것인가? 이 무렵부터 상상에서의 '일본'에 대한 언급도 나타나며, 니체 속에서 일본의 이미지가 서서히 변화해 가는 모습이 엿보인다. 1885년의 「새로운 일본」이라는 표제를 지닌 단편은 내용으로서는 일본과 어떠한 관계가 있는 것인지가 분명하지 않지만[유고 Ⅱ. 8. 544], 86년 여름부터 87년 가을에 걸친 유고에서는 "위대한 양식"과 "종합적인 인간", "인식자"의 "격정"과 같은 니체에게 있어서는 긍정적인 사태들과 나란히 "일본의 할복에 의한 자살"이라고 적고 있다[Ⅱ. 9. 287]. 자이틀리츠로부터 할복 이야기를 들었던 것일까? 그 인상이 훨씬 더 강해졌던 듯하다. 『선악의 저편』*에서 니체는 모든 고급한 문화는 "잔혹함의 정신화와 심화"에 기초하며, 스스로의

안에 "야수"를 기르고 있는 인간은 즐겨 잔혹한 구경거리를 향유하고, 거기에는 자기 자신에게로 향한 잔혹함도 뒤섞여 있다고 하고 있지만, 그 예로서 그는 검투장으로 향하는 고대 로마인*, 십자가에 달려서 황홀해하는 그리스도교도, 화형과 투우에 흥분하는 스페인인, 피비린내 나는 혁명에서 향수를 느끼는 파리의 노동자*, <트리스탄과 이졸데>*의 도취에 몸을 맡기는 바그너광의 여성과 함께 "비극으로 몰려드는 오늘날의 일본인"을 들고 있다『선악』 229]. 『도덕의 계보』*에서도 고귀*한 종족 안에서 숨쉬는 "금발의 야수*"는 때에 따라서는 야만*으로 되돌아가 나타나는 일이 있다고 하여 "로마, 아라비아, 독일, 일본의 귀족*, 호메로스의 영웅*들, 스칸디나비아의 바이킹"을 들고 있다[Ⅰ. 11]. 동시대의 일본 취미가 공예품과 미술품에 대한 호사가적인 기호로 향하고 있었던 데 반해, 니체의 일본에 대한 견해는 잔혹한 삶*을 소박하게 긍정하는 고귀한 민족*이라는 이미지로 결정화해 갔다는 점에서 상당히 특이한 것이었다. ☞니체와 비유럽

—오이시 기이치로(大石紀一郎)

일본 낭만파와 니체 日本浪漫派 —

1935년에 창간된 잡지 『일본 낭만』에 모인 일본 낭만파 그룹은 프롤레타리아 문학 붕괴 후의 혼미한 시기에 낭만 정신의 고무와 일본적 전통에로의 회귀를 주창하여 당시 문단에서 특이한 위치를 차지했다. 잡지 창간 시의 중심 멤버로는 야스다 요쥬로(保田与重郎), 가메이 가쓰이치로(亀井勝一郎 1907-66) 등이 있으며, 또한 이 잡지로부터 다자이 오사무(太宰治 1909-48)와 단 가즈오(檀一雄 1912-76) 등이 나온다. 그런데 초기의 일본 낭만파의 지면을 보면 의외라 할 정도로 프롤레타리아 문학의 그림자가 강한 것에 놀라게 된다. 한편으로 말하면 일본 낭만파는 프롤레타리아 문학으로부터 근대 일본 문학의 주류였던 자연주의 리얼리즘 전통을 비판하기 위한 이념으로서의 이상주의를 계승했다. 다만 일본 낭만파가 활동을 개시한 쇼와 10년대는 프롤레타리아 문학이 정부의 탄압과 그것이 계기가

된 운동의 담당자들의 잇따른 전향 표명에 의해 해체로 내몰리게 된 시기였다. 또한 프롤레타리아 문학 운동이 강하게 띠고 있던 정치적 공식주의에 대한 반발, 비판으로부터 '문예부흥'이 부르짖어진 시기이기도 했다. 이러한 가운데 일본 낭만파는 프롤레타리아 문학으로부터 이상주의의 일단을 이어받으면서도 그것의 정치적 공식주의에 의해 억압된 문학적 자아의 해방을 주창하고, 스스로의 문학 이념의 기반을 낭만 정신에서 구했던 것이다. 이러한 낭만 정신의 찬양에서 그들의 모범이 된 것이 괴테, 독일 낭만파, 나폴레옹* 등과 더불어 니체였다. "과거의 문학사에서 드물게 보이는 낭만주의가 니체의 교설로부터 넘쳐흐른 순간, 그는 초인적 자아의 확립 —— 이 추상적인 것에 대한 신앙을 완성했던 것이다. 혼미한 시기에 놓여 있는 현대 지식 계급에게 이 낭만적 자아가 강하게 작용해 오는 것은 놓칠 수 없는 사실이다."[가메이 가쓰이치로 「낭만적 자아의 문제」] 또한 야스다가 데카당스*와 아이러니* 개념을 구사하면서 반시대적, 반진보적인 예술·문학관을 주창한 것은 일본 낭만파가 니체도 그 일단으로 연결되는 미적 모데르네의 지향과 유사한 경향을 지니고 있었다는 것을 이야기한다. 하지만 새롭게 동인에 가담한 하가 마유미(芳賀檀)와 아사노 아키라(浅野晃 1901-90) 등이 노골적인 국체 찬미의 논조를 전개하게 되고, 더 나아가 본래 한편으로 일본 회귀의 이데올로기적 경향을 지니고 있던 야스다가 그것에 천황제 파시즘의 지향을 곧바로 중첩시키게 됨에 이르러, 초기의 일본 낭만파에 존재했던 예술적 낭만주의와 미적 모데르네와의 유대는 상실되며, 중일 전쟁으로부터 태평양 전쟁에로 돌입해 가는 쇼와 초국가주의의 흐름에 가장 적극적으로 가담하는 방향으로 나아가게 된다. 하가 등은 스스로의 논의에서 자주 니체를 원용하고 있지만, 보임러* 등과 마찬가지로 파시즘이 주창하는 투쟁의 논리와 영웅주의의 구실로서 니체가 이용되는 것에 지나지 않는다. ☞일본 파시즘과 니체

—다카하시 준이치(高橋順一)

일본 파시즘과 니체

쇼와 시기의 일본 파시즘 운동 속에서 커다란 조류가 된 것은 육군 황도파와 청년 장교들의 '쇼와 유신'의 시도와 결부되어 간 천황제 초국가주의의 흐름이었다. 거기에는 여러 잡다한 사상 경향이 포함되어 있었지만, 공통된 요소로서 천황제 원리로 상징되는 '아시아적인 것'의 서구 문명에 대한 우위의 강조가 있었다. 이 점에서 보게 되면 독일·이탈리아 형의 파시즘은 어디까지나 '외래 사상'에 지나지 않는바, 커다란 영향력을 얻지 못했다. 다만 1937년의 독일·이탈리아·일본의 방공 협정에 의한 나치스 독일 및 이탈리아와의 동맹관계가 성립하는 과정에서 독일 파시즘의 영향이 특히 문학과 사상 영역에서 부분적이기는 하지만 보이게 된다. 구체적으로는 야스다 요쥬로(保田与重郎) 등이 중심이 된 『일본 낭만파』지와 『코기토』지, 그리고 『사계』지의 주변에 있던 문학자의 일부(진보 고타로(神保光太郎 1905-90), 다나카 가츠미(田中克己 1911-92) 등)와 독일 문학·사상 연구자의 일부(가노코기 가즈노부(鹿子木員信 1884-1949), 미노다 무네키(蓑田胸喜 1894-1946) 등)다. 그 가운데서도 당시의 논단에서 일정한 영향력을 발휘한 것이 하가 마유미(芳賀檜)였다. 1937년에 공간된 『고전의 친위대』(古典の親衛隊)를 보면, 그가 독일 유학 중 사숙한 게오르게파(George-Kreis)의 한 사람인 에른스트 베르트람*의 영향에 의한 것으로 보이는 독일 보수혁명의 역사의식, 즉 시대의 퇴락이 보여주는 여러 모습에 대한 강조, 영웅 대망, 신화와 고전의 옹호, 그리고 무엇보다도 귀족주의적 기호와 '싸움'의 자세와 같은 요소들이 기조음이 되고 있다. 이러한 역사의식에서의 이끄는 별로서 하가가 드는 것이 횔덜린*과 게오르게, 릴케* 등과 더불어 니체다. "우리는 좀 더 강하게 서로 결합해야만 한다. 만약 니체가 '위대한 중포대'라면, 우리는 우리의 고전을 지켜야 할 친위대가 되는 것에서 긍지를 발견할 수 없는 것일까?[같은 책] 하가의 니체 이해는 엘리자베트 니체의 날조에 관련된 『권력에의 의지』와 니체의 텍스트 이곳저곳에서 발견되는 시대 비판 요소의 자의적인 수집에서 만들어진 반동적 니체 상의 하나의

전형이라고 말해도 좋을 것이다. ☞베르트람, 일본 낭만파와 니체

—다카하시 준이치(高橋順一)

일본에서의 니체 수용 日本──受容

【Ⅰ】 '미적 생활' 논쟁과 초기의 수용

현재 확인되고 있는 니체에 관한 최초의 문헌은 메이지 26(1893)년 12월에 잡지 『심해(深海)』에 게재된 저자 이름이 없는 기사인데, 니체와 톨스토이(Lev Nikolayevich Tolstoy 1828-1910)의 도덕관의 비교라는 내용은 구미에서의 논설을 토대로 했다는 것을 엿보게 한다. 메이지 20년대 말에 니체의 이름은 유학생의 견문과 고용 외국인 교수가 가져다준 지식에 의해 알려지게 되었지만, 실제로 그 저작을 접할 수 있었던 것은 모리 오가이(森鷗外)와 같은 극히 소수의 사람들에 한정되어 있었다. 니체를 일약 문단의 화제로 만든 것은 메이지 30년대 중반의 '미적 생활' 논쟁이었다. 메이지 34(1901)년 1월의 『태양(太陽)』 지상에 「문명의 비평가로서의 문학자」를 발표하여 니체를 찬미했던 다카야마 린지로(쵸규)*(高山林次郎[樗牛])는 같은 해 8월의 「미적 생활을 논한다」에서 "본능의 만족"이야말로 "인생 본연의 요구"이며, 국가에 대한 봉사를 추구하여 지식과 도덕을 편중하고 본능을 억압하는 것은 위선이라고 주장했다. 이것이 발단이 되어 이후 다음 해에 걸쳐 신문·잡지를 무대로 당시의 논객들이 '미적 생활'을 둘러싸고서 눈부신 논쟁을 전개했다. 이미 브란데스*의 저작과 제국대학 독문과의 외국인 교수 칼 플로렌츠(Karl Adolf Florenz 1865-1939)의 강의에 기초하여 니체를 소개한 도바리 노부이치로(치쿠후)*(登張信一郎[竹風])는 쵸규의 주장을 니체에게로 돌리면서 당시의 도덕 교육을 비판했다. 또한 당시 유럽에 유학하고 있던 아네사키 마사하라(쵸후)*(姉崎正治[嘲風])는 쵸규에게 보낸 공개 서간에서 독일의 권위주의적 풍조와 문헌학 연구의 왜곡을 극명하게 보고하고, 일본에서의 고루한 도덕과 모방적 문명에 대한 반항을 호소했다. 이들에 대해 쓰보우치 쇼요(坪内逍遙)는 <요미우리신

문> 지상에 「마골인언(馬骨人言)」을 연재하고, 쵸규-니체의 주장은 사회에 해악을 끼치는 "극단적인 개인주의 즉 절대적인 이기주의"라고 비난했다. 이리하여 니체는 '극단적인 개인주의'라고 하는 이미지가 정착했지만, 논쟁의 당사자 대부분이 전해 들은 지식과 독일과 영국의 이차 문헌에 의지하고 있었다는 점에서 이 논쟁은 유럽에서의 초기의 논평을 반영하는 것이었다. 그렇긴 하지만 근대화와 더불어 전통적 가치가 동요하고, 청일전쟁 후의 국수주의적 열광도 지나간 시점에 젊은 지식들이 이미 국가를 동일화의 대상으로는 간주하지 않게 되고, 권위주의적 교육에 반감을 더해가고 있던 상황에서 개인의 우위를 주장한 쵸규 등의 비판은 커다란 영향을 미쳤다.

그들보다도 윗세대에 속하는 모리 오가이와 나쓰메 소세키*(夏目漱石)는 한문적 교양을 받아 지적 형성을 이루고, 유학 경험에 의해 동시대 유럽의 문화 상황에 정통해 있었기 때문에, 니체의 과격한 언설에 매력을 느끼면서도 거리를 둔 냉정한 반응을 보였다. '힘에의 의지*'가 니체에게 있어 중심적인 개념이라는 것을 파악하고 있던 오가이는 쵸규의 니체 따위는 "손톱 없고 이빨 없는 니체"에 지나지 않는다고 평했지만[「속심두어」(續心頭語)], 단도직입적인 자기주장이 이기주의로서 배척되는 사회의 현실에 체념을 지니고 있기도 했다. 소설 『청년』(메이지 44년)에서는 등장인물의 말에 의탁하여 일본으로 가지고 오면 무엇이든 작아진다고 평함과 동시에 내면적인 자유만을 고수하는 '이타적 개인주의'의 입장을 표명하고 있다. 같은 해에 발표한 「망상」은 오가이가 스스로의 지적 편력을 허구적 이야기 형태로 회상한 단편인데, 그는 그 속에서 니체의 "초인 철학"도 "자신을 길러주는 음식이 아니라 자신을 취하게 하는 술이었다"고 적고 있다. 또한 일본에서의 근대적 자아가 지니는 어려움을 창작의 주제로 삼은 소세키는 영어 번역으로 『차라투스트라*』를 읽고 있으며, 『나는 고양이로소이다』(메이지 39년)에서는 니체의 '초인'은 개성 존중의 시대인 근대에서 충분히 자신의 개성을 발휘할 수 없는 인간의 통분에 지나지 않는다고 등장인물의 한 사람으로 하여

금 말하게 하고 있다. 다른 한편 쵸규에게 촉발되어 자기의식에 눈뜬 세대로부터는 권위에 대한 반발에서 국가 권력과의 대결로 전회하는 자도 나타났다. 쵸후에게 사숙한 이시카와 다쿠보쿠(石川啄木 1886-1912)는 니체의 천재 찬미에 공명하고, 도바리 치쿠후가 소개한 『반시대적 고찰』* 제1편에서의 독일 문화 비판을 러일 전쟁 후의 일본에 적용하여 전쟁에서는 러시아에게 승리했어도 한 사람의 톨스토이도 갖지 못한 일본의 문화적 후진성을 비판했다[「숲속의 글(林中書)」(메이지 40년)]. 구(舊)막부의 신하인 무정부주의자, 구츠미 겟손(久津見蕨村 1860-1925)은 『차라투스트라』를 토대로 일본 사회를 풍자하는 등 독자적인 니체 소개를 행하며[『인생의 묘미』(메이지 44년) 등], 또한 오스기 사카에*(大杉栄)는 국가 권력과의 대결을 회피하여 내적 성찰로 향하는 교양 지식인을 비판하고, '초안'에서 혁명적 행동에서의 미의 상징을 보는 독특한 반역의 사상을 표명했다.

【Ⅱ】번역의 진행과 교양주의적 수용

메이지 44(1911)년, 이쿠타 쵸코*(生田長江)는 오가이와 소세키의 조언을 얻어 『차라투스트라』의 최초의 완역을 간행했다. 다이쇼시기에 들어서면 아베 요시시게(安倍能成) 번역의 『이 사람을 보라*』(다이쇼 2년), 가네코 우마지{치쿠스이}(金子馬治{筑水} 1870-1937) 번역의 『비극의 탄생』과 『선악의 저편』(다이쇼 4년)에 이어, 이쿠타 쵸코의 개인 번역에 의한 니체 전집도 다이쇼 5년의 『인간적인 너무나 인간적인』 이후 속속 번역되었다(쇼와 4년 완결). 그중에서는 도바리 치쿠후의 『여시경 서품 광염보살대사자후경(如是經 序品 光炎菩薩大獅子吼經)』(다이쇼 10년)처럼 『차라투스트라』 서문을 불교용어로 번역한 것까지 나타났다. 번역에 의해 니체는 독서계층의 공유재산이 되었지만, 이쿠타 쵸코의 번역은 중기의 저작부터 간행되어 가네코의 『비극의 탄생』을 제외하면, 니체가 고대 그리스 문화의 재생을 꿈꾼 초기 저작의 번역은 비교적 늦었다. 또한 니체가 철학과 독문학 분야에서 아카데믹한 연구 대상으로서 인정된 것도 쇼와에 들어서서부터인바, 구와키 겐요쿠(桑木嚴翼)의 『니체 윤리학설 일

반』(ニーチェ氏倫理說一斑, 메이지 35년) 이후에는 관립 대학의 교수에 의한 니체 연구서는 오랫동안 간행되지 않으며, 니체는 철학의 정통 규준으로부터는 벗어나 있었다. 그러나 그것은 구제 고교생과 젊은 지식계층에 의한 수용을 방해하지 못하며, 번역의 보급과 연구의 규준으로부터의 배제는 오히려 그것을 촉진했다고도 말할 수 있다. 백화파(白樺派)의 박애주의와 톨스토이적인 의사종교, 베르그송(Henri Bergson 1859-1941) 등의 삶의 철학이 차례로 유행한 다이쇼 초기에 철학에서 '인생의 의의'를 구하고, 학구적 태도에 불만을 품은 청년들은 아카데미즘에 대한 깊은 생각과 반발이 교차하는 갈등 속에서 스스로의 문화 비판적인 심정을 넣어 읽는 대상으로서 니체를 탐독했다.

특히 아베 지로*(阿部次郎), 와츠지 데츠로*(和辻哲郎), 아베 요시시게 등, 헤겔*의 훈도를 받고, 나쓰메 소세키와 니시다 기타로(西田幾多郎 1870-1945)의 영향도 받은 지식인들은 서양의 사상과 문학을 양식으로 하여 자기의 정신적 향상을 꾀하는 지적 스타일을 성립시켰다. 이른바 다이쇼 교양파이다. 그들 구제 고교의 동급생 그룹은 한편으로는 애국심 교육에 반발하면서 다른 한편으로는 권력과의 직접적인 대결은 피하고, 되는 대로의 자기주장과 욕망의 발휘를 '이기주의' 내지 '본능주의'로서 부정하는 입장을 취했다. 그때 다이쇼 교양파는 '미적 생활' 논쟁에서 정착된 '극단적인 개인주의'라는 이미지를 누그러뜨리는 변호적인 해석을 고안하여 니체도 그들의 내면적인 교양 안으로 받아들이고자 했다. 아베 지로의 『산타로의 일기』(三太郎の日記, 다이쇼 3-7년)에는 '개별적 자아'에 대한 집착을 버리고 '보편적 자아'에 참여하기 위해 동서고금의 사상과 문학에 딜레탕트적으로 관여하는 자세와, 그러한 자기 형성의 노력과 결부된 정신 귀족 의식이 표현되어 있다. 와츠지 데츠로의 『니체 연구』(다이쇼 2년)는 이러한 견해를 니체 해석에 적용하여 '힘에의 의지'에 의식적인 개인의 '자아'를 탈각하여 초개인적인 우주적 '자기'와 합일시키고자 하는 윤리 규범을 넣어 읽는 것이었다. 후에 와츠지는 이 도식을 스스로의 윤리학에서도 체계적으로 적용했지만, 아베 지로도

『니체의 차라투스트라 해석 및 비평』(다이쇼 8년 간행)에서 이 해석 유형을 답습했다. 거기서는 이기주의와 육욕의 긍정이 니체의 참된 뜻이 아니었다고 주장되며, '초인'과 '영원회귀'도 '인격의 완성'이라든가 '후회하지 않는 행위를 하라'와 같은 도덕적 제목으로서 파악되고 있다. 이리하여 수용의 제2기에는 마이너스 이미지의 불식을 넘어서서 극단적인 이상화가 꾀해지게 되었다.

이 시기에는 또한 번역에서 자극을 받아 문학적 창작에서도 니체의 영향이 보이게 되었다. 하기와라 사쿠타로*(萩原朔太郎)는 『새로운 욕정』(다이쇼 11년), 『허망의 정의』(쇼와 4년) 등, 아포리즘 형식뿐만 아니라 이쿠타 쵸코의 역문의 문체까지 본뜬 사상적 에세이집을 발표하며, 아쿠타가와 류노스케*(芥川龍之介)도 『난쟁이 어릿광대의 말』(侏儒の言葉)과 『문예적인 너무나 문예적인』(쇼와 2년) 등에서 분명히 니체를 의식하여 아포리즘을 시도하고 있다. 그 밖에도 니체적인 삶*의 충일감을 단가와 하이쿠로 표현하고자 한 사이토 모키치(齋藤茂吉 1882-1953)와 나카무라 구사타오(中村草田男 1901-83)와 같은 예가 있었다.

【Ⅲ】 이성의 위기와 파시즘

1920년 전후부터 노동 쟁의가 빈발하고 사회 문제가 첨예화하는 가운데, 지식인들에게는 도덕적인 마음가짐을 이야기하는 것만으로는 해결할 수 없는 과제가 제기되었다. 무력감이 확대되는 가운데 니체를 도스토예프스키*와 대비하여 신 없는 삶을 논의한 셰스토프(Lev Isaakovich Shestov 1866-1938)의 『비극의 철학』이 번역되어 반향을 불러일으키며(쇼와 9년), 유럽에서 '신의 죽음'의 문제였던 사정이 1930년대의 일본에서는 전통적 규범이 약체화한 후에 인간이 직면하는 불안의 문제로서 물어졌다. 다이쇼 교양파의 영향 아래 자라고 제1차 세계대전 후의 독일에서 하이데거*의 가르침을 받은 미키 기요시(三木淸)는 이성과 비이성의 관계에 대한 해명을 자기의 사상적 과제로 하여 서양 합리주의의 전면 부정과 반동적인 일본 찬미에 빠지는 일 없이 니체의 이성 비판을 논한 당시로서는 드문 예였다. 그는 '나치스*의 디오니소스적 무도'에

맞서 '이성의 권리'의 회복을 추구하여 니체와의 대결을 현대의 사상적 과제라고 하고, 「니체와 현대 사상」(쇼와 10년)에서는 니체의 정신적 본질을 '문헌학자'에서 발견하여 딜타이*, 하이데거 등의 해석학적 철학의 선구가 되었다고 지적하고 있다. 쇼와 13(1938)년에는 나치스에 의한 박해를 피하여 칼 뢰비트*가 일본에 와 도호쿠제국대학에서 교편을 잡는 한편, 유럽의 니힐리즘*과 시민사회의 사상사 속에 니체를 자리매김하는 논고를 발표했다. 이 시기에는 또한 야스다 요쥬로(保田与重郎 1910-81)의 예에서도 보이듯이 니체의 말과 이미지에 의탁하여 스스로를 말하는 문학평론도 증가했다. 아카데믹한 분야에서도 니체는 왕성하게 연구되게 되며, 베르트람*의 『니체』(쇼와 16년)와 야스퍼스*의 『니체』(쇼와 18년) 등의 니체론도 잇따라 번역되었다. 또한 나치스 독일의 문화 정책의 소개 가운데서 니체는 나치스의 사상적 선구자로서 다루어지며, 보임러*의 『니체 ─ 그의 철학관과 정치관』도 쇼와 19년에 번역된 것 외에, 하가 마유미(芳賀檀 1903-93) 등의 일본 파시즘*의 심정적인 니체론도 나타났다.

【Ⅳ】 실존주의와 하이데거의 영향

전후의 일본에서 니체와 나치즘의 문제는 독일에서만큼 심각한 문제로는 의식되지 않으며, 지적인 허기짐 속에서 니체는 이전보다도 더 널리 읽혀지게 되어 1950년의 사후 50주년에 즈음해서는 몇 종류의 전집이 기획·간행되었다. 구제 고교적인 낭만주의도 잔존하고, 구미에 대한 문화적 콤플렉스와 표리를 이루는 자기의 삶의 긍정과, 청춘의 한 시기를 차지하는 니힐리즘적인 기분의 징표로서 니체는 지적 액세서리의 하나가 되었다. 또한 대학 조직의 확대는 아카데미즘에서의 니체 연구의 양적 증대를 가져왔다. 거기에서는 여전히 인생론적인 색채도 감돌고 있었지만, 니체 내재적인 문헌학적 연구가 증대되는 경향이 강화되며, 사회의 움직임과의 관련 속에서 니체의 사상적 의미를 찾아내고자 하는 시점은 오히려 후퇴했다. 그런 가운데 새로운 유럽의 사상으로서 이입된 실존주의*와 관련짓는 해석이 수많이 행해지는바, 니체는 키르케고르*, 하이데거, 야스퍼스, 사르트르*, 카뮈*와 더불어 논해지며, 신의 죽음, 니힐리즘, 힘에의 의지, 영원회귀, 초인, 운명에 대한 사랑*이 핵심어로 되었다. 대표적인 예로서는 하라 다스쿠(原佑 1916-76), 요시자와 덴자부로(吉澤伝三郎 1924-2003), 시다 쇼조(信太正三) 등의 연구가 거론될 수 있다. 이윽고 하이데거의 『니체』강의가 간행되자(1961년), 서양 형이상학에서의 존재 망각의 역사라는 관점 속에서 니체를 파악하여 니체에 의한 니힐리즘 극복의 시도는 최종적으로 좌절했다고 하는 하이데거의 테제가 수용되었다. 1968년의 파리 5월 혁명에서 그런대로 수용된 새로운 니체 이해는 일본에서는 거의 영향력을 지니지 못했다. 철학 영역에서는 야마사키 요스케(山崎庸佑 1934-)의 연구, 문학 연구 영역에서는 히가미 히데히로(氷上英広 1911-86)의 비교문학적 연구, 니시오 간지(西尾幹二)의 전기적 연구 등이 있다. 전후 문학에서도 전전의 교양주의를 이어받은 수용의 예들은 많은데, 고바야시 히데오*(小林秀雄)는 쇼와 25년에 에세이 「니체 잡감」(ニイチェ雑感)을 발표하며, 미시마 유키오*(三島由紀夫)는 유미주의적인 니체 숭배를 배경으로 한 화려한 문체를 선보였다. 츠지 구니오(辻邦生 1925-1999)의 『한낮의 바다로의 여행』(眞晝の海への旅, 쇼와 50년)에서의 『차라투스트라』 인용에서 보이듯이, 니체를 삶의 고양이라는 점에서 파악하는 예도 많지만, 다른 한편으로는 쓰쓰이 야스타카*(筒井康隆)의 SF 단편 「화성의 차라투스트라」(쇼와 41년)처럼 부친 세대의 교양주의를 패러디의 대상으로 하고 있는 예도 있다. 1960년대에는 리소샤(理想社)로부터 니체 전집이 간행되고, 80년대에는 새로운 그루이터판에 의거한 하쿠스이샤(白水社)의 전집이 간행되며, 독문학과 철학 영역에서는 잇따라서 많은 연구 논문·연구서가 발표되고 있다. 니체 입문서 종류도 많이 간행되며, 니체 내재적인 해석의 정밀화는 물론이거니와 또한 모더니즘과 현대 철학의 여러 조류들과 관련하여 니체를 논한다든지 19세기 말의 동시대적 관련 속에서 다시 파악하여 사회사적 콘텍스트에서 해석하고자 하는 경향도 나타나 있다. ☞ 일본 파시즘과 니체, 일본 낭만파와 니체, 다카야마 쵸규, 모리 오가이, 나쓰메 소세키, 이쿠타 쵸코, 오스기 사카에,

아베 지로, 와츠지 데츠로, 하기와라 사쿠타로, 아쿠타가와 류노스케, 미키 기요시, 고바야시 히데오, 미시마 유키오, 쓰쓰이 야스타카

—오이시 기이치로(大石紀一郎)

図 ▷高松敏男・西尾幹二『日本人のニーチェ研究譜』(『ニーチェ全集』第1期 別巻), 白水社, 1982.

입센 [Henrik Ibsen 1828-1906]

니체가 근대극의 성립에 간접적으로긴 하지만 커다란 역할을 수행했다는 점은 일찍부터 지적되었다. 하지만 스트린드베리*와는 개인적으로 친교가 있었으나 입센에 대해서는 부정적인 발언밖에 남기지 않았다. 특히 『이 사람을 보라』*에서는 여성 해방을 통렬히 비판한 후 "가장 질이 나쁜 '이상주의'라는 이름의 한 종목은—이것은 남성에게서도 나타난 적이 있다. 예를 들면 헨리크 입센이라는 저 전형적인 노처녀에게서처럼—성적 사랑에서의 거리낄 것 없는 양심과 자연스러움에 독을 타 먹일 것을 목적으로 하고 있다'고 쓰고 있다. 그러나 스트린드베리가 여성 증오자이기 때문에 니체와 결부된다는 사고방식은 지독한 단견이며, 또한 니체의 이러한 입센관은 대체로 일반적인 편견에 가깝다고 말해도 좋을 것이다. 1888년에 덴마크에 니체를 소개했기 때문에 니체가 감사를 표시했던 브란데스*는 입센의 지지자이기도 한데, 입센을 니체와 친해지게 하고자 했지만 성공하지 못했다. 니체의 영향을 받기도 하여 여성 해방 운동을 경멸하고 있던 베데킨트(Frank Wedekind 1864-1918)가 입센을 평가하고 있던 점을 생각하더라도 니체의 오해는 명료하다. 루 살로메*도 90년대에 입센과 여성에 관한 논문을 저술하지만 니체에 대한 영향은 없었다. 그러나 종래의 도덕관을 뒤집고 사회에 과감히 도전한 입센이 세기 초의 예술가들에게 있어서는 자주 니체와 나란히 언급되는 존재였다는 점은 예를 들어 1909년에 알반 베르크(Alban Maria Johannes Berg 1885-1935)가 어머니에게 보낸 편지에서도 볼 수 있다. 입센 자신이 어느 정도로 니체의 사상에 친숙했는지는 명확하지 않다. 「욘 가브리엘 볼크만」의 주인공의 권력주의에서 니체의 그림자를 보고자 하는 연구도 있었지만 현재는 부정되고 있다. 한스 마이어(Hans Mayer 1907-2001)는 '에필로그'라는 부제를 달고 있는 입센의 유작 『우리 죽은 자들이 깨어날 때』의 예술가 루베크가 『차라투스트라』*에서 말해지는, 신들을 날조하는 '시인–사기극'(Dichter-Erschleichnis) 계열의 인물이며, 산정을 바라보는 그가 눈사태에 휘말려 죽는 것은 그 속임수의 폭로라고 말하고 있다. ☞스트린드베리, 브란데스

—이와부치 다쓰지(岩淵達治)

자기自己

『차라투스트라』*에는 자아(나, Ich)와 자기(자기 자신, Selbst)를 구별하여 말한 「신체」 경멸자들에 대하여」라는 한 절이 있다. 니체가 이와 같은 구별에서 비판하는 것은 정신과 신체를 대립시켜 신체보다 정신을 우위에 두는 이원론적 사유다. "너희들은 '자아(Ich)'라고 말하고는 그 말에 긍지를 느낀다. 하지만…… 그 자아보다 더 위대한 것이 있으니 너의 신체와 그 신체의 위대한 이성이 바로 그것이다. 위대한 이성, 그것은 자아 운운하는 대신에 그 자아를 실행한다. / 감각이 느끼고 정신이 깨치고 있는 것들은 결코 그 안에 자신의 목적을 지니고 있지 않다. 그런데도 감각과 정신은 너를 설득하여 저들이야말로 바로 모든 것의 목적임을 믿도록 설득하려 한다. …… / 감각과 정신은 한낱 도구이자 놀잇감이다. 이것들 배후에는 자기(das Selbst)라는 것이 버티고 있다."[『차라투스트라』 I -4] 자아란 신체를 경멸하여 신체로부터 분리·자립하고 신체를 지배하려고 하는 정신(및 감각)을 말한다. 니체는 역으로 정신과 신체를 일체로 파악하고 정신과 감정을 신체의 도구로 본다. 이와 같이 다시 파악된 신체가 자기인 것이다. 니체는 자아를 작은 이성, 자기를 위대한 이성*이라고도 형용하고 있다. "'자기'는 지배한다. 그것은 또한 '자아'의 지배이기도 하다." 자아를 지배하고 자아에게 명령하는 자기는 단순한 신체에 머무르지 않으며, 의식에 대한 무의식과 같은 함의로 해석될 수 있는 면도 없지는 않다. 니체의 심리학* 내지 생리학*적인 사유가 잘 나타난 예이다. '대지'나 신체성에 뿌리박은 자기의 개념은 자주 데카르트*적 자아를 비판하기 위한 전략적인 교두보처럼 생각되고 있지만, 이런 종류의 개념에는 위험한 함정이 없는 것이 아니다. 예를 들면 하이데거*의 '자기' 개념을 비판한 아렌트(Hannah Arendt 1906-75)의 다음과 같은 구절은 니체의 구절을 신중하게 독해하기 위한 귀중한 주해이기도 하다. "하이데거는…… 민족과 대지와 같은 신화화된 비·개념에 의해서 그의 고립된 자기에 하나의 공동적인 기저를 뒤로부터 다시 한 번 덧붙이고자 했다. 그와 같은 사고방식은 철학으로부터 벗어나 자연주의적인 미신에로 사람들을 이끌 뿐이라는 것이 명확하다."[「실존철학이란 무엇인가?」]

—기마에 도시아키(木前利秋)

자기 보존自己保存 [Selbsterhaltung]

후기 니체 사상의 핵심을 이루는 것은 '힘에의 의지' 문제다. 거기서 물어지고 있는 것은 "힘을 추구하는 충동"과 그것을 억제하는 것으로서의 "교육 본능과 사육 본능"—"가축떼*의 권력 본능"— 사이의 첨예한 대립·갈등이다. "힘을 추구하는 충동"에 대해 니체는 만년의 유고에서 이렇게 말하고 있다. "—우리의 사고도 가치 평가도 그 배후에 숨어 있는 욕구의 표현에 지나지 않는다.—이 욕구는 점점 더 세분화를 강화해 간다. 그것들의 통일이 힘에의 의지다. (충동* 중에서도 일체의 생명에 있어서의 발전을 지금까지 맡아온 가장 강력한 충동으로부터 이 명칭을 차용해 보지만)—생명에 있어서의 기본 기능을 모두 힘에의 의지로 환원하기."[유고 II. 9. 25-6] "힘을 추구하는 충동"이란 이리하여 '힘에의 의지'에 다름 아니게 된다.

【 I 】 억압으로서의 자기 보존

그러면 "가축떼의 권력 본능을 지지"하는 "교육 본능과 사육 본능" 쪽은 어떠한가? "도덕의 극복. 인간은 지금까지 그럭저럭 자기 보존을 행해 왔다. 요컨대 자신에게 있어 위험한 충동은 무자비하게 다루고 욕하며, 자신을 지켜주는 충동 앞에서는 비굴한 근성으로 추종하면서 말이다."[유고 Ⅱ. 9. 45]

니체는 여기서 자기 보존이라는 말을 사용하여 충동에 대한 억압의 모습을 제시한다. 이 점으로부터 명확하듯이 자기 보존은 "힘을 추구하는 충동"을 억제하는 "교육 본능과 사육 본능"의 핵심을 이루는 것이다. 니체는 이러한 자기 보존을 인간 본연의 에고이즘의 증좌로서의 '힘에의 의지'로부터의 한없는 소격·이탈 과정 —— 인간이 열약하게 되는 과정 —— 인 도덕의 산출 메커니즘, 즉 '도덕의 계보'의 중핵에 놓는 것이다. "자기에 대해 충분히 눈을 닫기를 바라는"[유고 Ⅱ. 11. 38] 것과 같은 자기 보존의 메커니즘은 그대로 "도덕적 가치의 기원"에로 연결되어 간다. 자기 자신에 대한 무관심이라는 부정적 자세와 자기 보존 사이의 언뜻 보아 모순된 관계 속에 "가축떼 본능"을 대변하는 약자의 도덕의 기원이 숨어 있다. "언행이 일치된 '사랑'의, 자기 긍정을 억제하는 것의, 수난의, 인내의, 도움의, 서로 동정하는 것의 교설과 종교는 그와 같은 층(퇴락하고 위축된 민중층) 사이에서는 최고의 가치를 차지하게 될 것이다. …… 그러한 교설과 종교는 적대의식, 르상티망', 질투'와 같은 감정, 요컨대 됨됨이가 나쁜 사람들의 너무나도 자연스러운 감정을 억제하기 때문이다.—— 그것은 그들 자신에게서 겸손과 순종이라는 이상 하에서 노예다운 것, 지배되고 빈곤하며 병들고 하층에 있는 것을 신성화한다."[유고 Ⅱ. 11. 39-40]

【Ⅱ】 소크라테스와 그리스도교

그런데 니체에게 있어 이러한 자기 보존의 존재방식을 역사 속에서 대표하고 있던 것이 소크라테스'의 사상과 그리스도교'였다. 이 두 가지 사상에 의해 표현되고 있는 것은 약자의 도덕과 그 도착성, 그리고 그 도착성을 군이 오만불손하게 정당화하는 얼개와 그것을 뒷받침하는 메커니즘의 그로테스크한 뒤얽힘이다.

이때 자기 보존은 소크라테스 사상에서는 '데카당스'라는 모습을 취하며, 그리스도교에서는 '르상티망'이라는 모습을 취한다. 소크라테스에게 있어서는 이성과 도덕과 행복의 등가성이 지성적인 현명함을 통해 칭송된다. 그에 대해 본능은 '조야함과 아나키'로서, 더 나아가 '데카당스'의 시작으로서 단죄된다. 하지만 여기서 주목해야만 하는 것은 니체가 소크라테스에서의 논리·이성의 시작을 그 반대물인 '본능의 조야함과 아나키'와 뗄 수 없는 인과관계에 있다고 말하고 있는 점이다.

'힘'이라는 그 자체로는 중립적인 존재의 발현이 도덕=자기 보존과 그 목적인으로서의 행복이라는 맥락 속에서 논리·이성에 의해 통제되는 '좋은' 생존 형식을 위협하는 '나쁜' 것으로 치환된다. 하지만 그것은 '자기 부정으로서의 자기 긍정'에 지나지 않는 자기 보존이 참된 자기 긍정의 근거로서의 '힘'을 봉쇄하기 위한 도착적인 전략이다. 여기서는 뒤로부터 파생적으로 들어온 선·악의 가치 위계만이 자기 보존을 뒷받침하고 있다. 이와 같은 의미에서 소크라테스적 이성은 도착이며, 삶'의 다름 아닌 열약화 형태일 뿐이다. 더욱이 본능의 '조야함과 아나키'는 이러한 자기 보존에 사로잡혀 있는 약자의 권력의지, 즉 '가축떼의 권력 본능'이 나타나는 것으로서의 의미도 지니기에 이른다. 이성은 이러한 사악한 의지의 가면에 지나지 않게 된다.

그러면 그리스도교는 어떠한가? 니체에게 있어 "그리스도교적 운동은 모든 종류의 뒤떨어지고 폐기물적인 요소에 의한 퇴화 운동이다. …… 그것은 이르는 곳마다 무산자들에게 손을 내민다. 그것은 그 뿌리에 모든 됨됨이가 좋은 자, 지배하는 자에 대한 원한(르상티망)의 염을 지니고 있다. 그것은 됨됨이가 좋은 자와 지배하는 자에 대한 저주를 표현하는 상징을 필요로 한다……"[유고 Ⅱ. 11. 84]

니체에게 있어 자기 보존은 소크라테스 이래의 계몽 전통의 틀 속에서는 힘의 자율에 뿌리박고 있는 자기 긍정(실현) 능력을 빼앗긴 약자의 생존 형식, 즉 생존에 있어서 본래 가장 대체 불가능한 요소일 자기 긍정(실현)을 희생시키는 형태로 비로소 가능해지는 대단히 도착적인 생존 형식을 의미했다. 더 나아가 자기 보존은 그러한 도착의 한가운데로부터 스스로의 전도된 '힘에의 의지'를 정당화하고자 하기까지 했다. 그것이 '데카당스'와 '르상티망'이었다. 니체의 '힘에의 의지'는 그러한 자기 보존과 대결하는 가장 철저한 사상이라고 말해야 한다.

【Ⅲ】 근대 사상사에서의 자기 보존 개념

그런데 이러한 자기 보존을 둘러싼 니체의 문제의식을 역사의 맥락에 놓고 볼 때, 자기 보존 개념을 축으로 하는 하나의 사상사적 구도가 떠오른다. 무엇보다도 우선 니체의 사상사적 선행자로서 문제가 되어야만 하는 것은 홉스와 헤겔이며, 니체의 자기 보존 개념의 계승자로서 거론되어야만 하는 것이 호르크하이머*/아도르노*의 『계몽의 변증법』*이다. 홉스, 헤겔로부터 니체를 거쳐 호르크하이머/아도르노에 이르는 이 계보는 동시에 대체로 근대 시민사회의 사상사적 진폭과 서로 겹친다. 자기 보존 개념이란 근대 시민사회의 역사 과정 전체가 거기로 수렴하는 사상적 응집점을 말한다. 여기에 자기 보존 개념의 역사적 의의가 있다.

홉스에게서 자기 보존에 조응하는 것은 '코나투스' 개념이다. 『리바이어던』에서 그는 이 개념에 인간의 욕망 실현의 초발적 동인으로 되는 내적 정념이라는 정의를 부여하고 있다. 이 코나투스는 스스로의 욕망 실현을 지향하여 욕망 실현에 적합한 '쾌' 상태로서의 '욕구'와, 그것을 저해하는 '불쾌' 상태로서의 '혐오'를 교호적으로 두루 돌아다니면서 무한한 운동 과정에 들어간다. 홉스의 코나투스 개념은 근대에서의 탈신화화된 인간의 새로운 존립 원리로서의, 그리고 시민(=시장)사회의 기본적 구성단위로서의 욕망*의 정립에 정확히 들어맞는다.

욕망은 대단히 양의적이다. 한편으로 그것은 초월적 가치의 위계로부터 해방된 인간의 자율적인 자기실현의 원리로 된다. 하지만 다른 한편으로 욕망은 홉스가 말하는 '만인의 만인에 대한 전쟁 상태'로서의 '힘의 과잉'으로 연결된다. 홉스에게는 근대 여명기에서의 욕망과 자기 보존(코나투스)이 포함하는 긍정성의 계

기가 아직 남아 있다. 하지만 그 이후의 근대 사회사상의 흐름 속에서 욕망은 단순한 공리주의를 제외하면 주로 부정적인 관점에서만 다루어지며, 그 억제와 그것을 통한 사회적 균형의 실현이 지향되게 된다. 그 귀결이 다름 아닌 헤겔의 『법철학』에서의 '욕망의 체계'로서의 시민사회와 그 지양체로서의 국가라는 도식이다. 그리고 이러한 인식의 출발점에 저 『정신현상학』에서의 '주인과 노예의 변증법'이, 즉 '주인에 대한 복종·죽음에 대한 두려움·노동에 대한 종사'라는 자기 보존 원리에 종속하는 노예의, 자기의식의 정립 과정에서의 승리라는 사태가 놓여 있다는 것에 유의해야만 한다. 이것에 의해 헤겔은 시민사회의 욕망이 자기 보존에 종속될 수밖에 없는 필연성을 보여주었다고 말할 수 있을 것이다.

하지만 이러한 자기 보존에 이르는 욕망의 억제의 논리는 욕망의 긍정적 의미, 즉 '자기실현'이라는 긍정적 의미도 억제의 대상으로 만들어버린다. 이 점은 홉스와 헤겔 사상의 또 하나의 측면인 국가의 근거짓기의 논리, 즉 욕망의 억제를 지배 연관의 정당성에 대해 부연하는 논리와 연결되어 간다. "욕망의 자기실현의 무한 연기·단념의 논리[헤겔 『예나 실재철학』 참조]는 그대로 지배 연관 내부에서의 욕망 단념을 대가로 하는 생존 유지=자기 보존의 근거짓기로 되는 것이다.

니체는 자기 보존을 우선 이러한 홉스와 헤겔의 맥락을 전제로 하면서 파악함과 동시에, 자기 보존으로 스스로의 존재의 정당성을 감축시킬 수밖에 없었던 근대 시민사회의 현실과 정면에서 대결하고자 한다. 그 배후에는 1848년 혁명 이후의 자본주의 사회의 비대화와 그것에 대한 다양한 민주주의적·사회주의적 저항의 발생이라는 시대 상황을 노예 도덕의 포로가 된 약자들의 자기 보존 욕구만이 발호하는 알렉산드리아적인* 상황으로서 보고자 하는 니체의 시대 진단이 존재한다. 그리고 이러한 니체의 자기 보존의 논리는 호르크하이머와 아도르노에 의해 '계몽의 변증법'의 메커니즘으로서 다시 파악된다. '계몽의 변증법'이란 주체의 자기 확립·보존을 지향하는 "주체성의 근원사"로서의 계몽=진보의 과정이지만, 그것을 위한 전

략이었던 자기희생과 단념—자기 보존의 메커니즘의 내실—에 의해 역설적으로 주체의 자기 부정·파괴의 과정에로 반전될 수밖에 없다고 하는 사태를 의미한다. "자기를 근거짓는 인간의 자기 자신에 대한 지배는 잠재적으로는 언제나 바로 그 지배의 탄생에 봉사한 주체의 부정이다. 왜냐하면 지배되고 억압되며 자기 보존에 의해 해체되는 실체란 자기 보존의 영위를 유일한 기능으로서 부여받고 있는 저 살아 있는 것에 다름 아니기 때문이다. 본래 보존되어야 하는 것은 이 살아 있는 것이다."[『계몽의 변증법』] 하지만 니체의 자기 보존 개념은 이러한 근대 시민사회의 역사적 실정성 수준에서의 부정적 성격과만 결부되어 있는 것이 아니다.

【IV】스피노자의 자기 보존 개념

우리는 지금까지 '힘에의 의지'를 자기 보존과 단순히 대립시켜 왔지만, 다른 곳에서 니체는 "강자의 자기 보존"이라는 말을 거론하며, 그것을 거의 '힘에의 의지'와 같은 뜻으로 사용하고 있다. 분명히 니체에게는 지금까지 보아온 자기 보존의 맥락과는 다른 입각점이 존재한다. 이러한 다른 입각점을 검증하기 위해 마찬가지로 자기 보존에 관해 이질적인 입각점을 보여주고 있는 한 사람의 사상가를 들어두고 싶다. 그는 스피노자*다. "자기 자신을 보존하고자 하는 노력(코나투스)은 덕의 최초이자 더 나아가 유일한 기초다."[『에티카』 제4부, 정리22계, 일역 「世界の名著」판 286쪽] 여기서 스피노자가 말하는 코나투스는 홉스, 헤겔 이래의 자기 보존 맥락과는 결부되지 않는다. "이 노력(코나투스)이 오직 정신에만 관계될 때에는 의지라고 일컬어지지만, 그것이 정신과 신체에 동시에 관계될 때에는 충동이라고 일컬어진다. 그러므로 충동이란 인간의 본질 자체에 다름 아니며, 그 본성으로부터 자기 유지에 도움이 되는 많은 것이 이끌려 나온다. …… 다음으로 충동과 욕망 사이에는 오로지 욕망이 자신의 충동을 의식하고 있는 사람에 관해서만 타당하다는 점을 제외하면 양자를 구별하는 것은 아무것도 없다. 즉 욕망이란 스스로의 충동을 의식하고 있는 충동이다. 거기서 이상의 것을 검토해 보면……, 어떤 것을 선으로 판단하

는 것은 본래 우리가 우리를 향해 노력하고 의식하며, 충동을 느끼거나 욕구하기 때문이다."[같은 책 제3부, 정리9 주해, 일역 196-7쪽]

여기서 스피노자가 보여주는 '의지=충동(욕망)=덕'이라는 도식, 그리고 그것이 '선'으로서 긍정되어야 한다고 하는 스피노자의 시점은 분명히 근대 시민사회가 돌아보고자 하지 않은 욕망의 자기실현으로서의 성격에 조응한다. 스피노자의 자기 보존(ce koncervale)은 충동=욕망을 근대 시민사회가 강제하는 "자기 보존이라는 이름의 자기 부정"의 맥락으로부터 해방시켜 그것이 억압·은폐해 온 긍정성의 맥락에로 옮겨 놓기 위한 시사점을 준다. 이러한 스피노자의 자기 보존을 둘러싼 인식은 니체의 스피노자에 대한 수많은 유보에도 불구하고 그의 '힘을 추구하는 충동', 즉 '힘에의 의지'—'강자의 자기 보존'—의 선구를 이루고 있다고 생각된다. ☞힘에의 의지, 욕망, 소크라테스, 스피노자

―다카하시 준이치(高橋順一)

자살自殺

니체에게서 자살의 문제는 언제나 병자에 대한 견해와 관련되어 있다. 『아침놀』*의 몇 개의 장에 자살에 대한 언급이 보이지만, 거기서 자살은 병자가 너무 고통스러운 나머지 스스로의 삶을 부정하는 페시미즘적인 행위로서 부정적으로 파악되고 있다. 중기 니체의 중요한 개념들 가운데 하나인 "병자의 광학"은 이러한 자살에 대한 유혹이 단절된 곳에서 비로소 성립한다. "고통에 저항하고자 하는 지성의 무시무시한 긴장이 지성이 보고 있는 것 모두에게 새로운 빛을 던진다. 그리고 모든 새로운 조명이 부여하는 말하기 어려운 매혹은 자주 모든 자살에 대한 유혹에 반항하며, 병자에게 계속 살아가는 것이 가장 바람직한 것이라고 생각하게 할 정도로 강력한 것이다."[『아침놀』 114] 이러한 인식의 배경에는 『아침놀』이 쓰이기 전년도(1879년)의 겨울로부터 다음 해에 걸친 니체의 병의 결정적인 악화가 있었다고 생각된다. 이 시기의 서간에서

니체는 오로지 인식을 추구하는 기쁨만이 자신에게 자살을 그만 생각하게 했다고 말하고 있다. 하지만 이러한 병의 시기를 보내고 사상적으로도 『차라투스트라』*에서의 삶의 최고의 긍정의 지평을 거친 후기의 니체에게 있어서는 자살의 자릿값이 크게 변화한다. 『차라투스트라』 제 I 부의 「자유로운 죽음에 대하여」에서는 시의적절한 죽음이야말로 삶의 본래적인 의미에서의 긍정을 가능하게 한다는 인식이 제시되고 있지만, 이러한 죽음을 니체는 "죽음을 향해 자유롭게(frei zum Tode) 죽음에서 자유롭다(frei im Tode)"[『차라투스트라』 I -21]고 형용한다. 이러한 '자유로운 죽음'은 긍정되어야 할 것으로서의 자살이라는 인식에로 이어져간다. "자살에 대해 생각하는 것은 커다란 위로의 수단이다. 이러한 생각으로 사람들은 수많은 괴로운 밤을 잘 넘긴다."[『선악』 157] 이러한 자살에 대한 긍정적인 평가로의 전환은 니체의 입각점이 병자 측으로부터 건강한 삶을 향유하고 긍정하는 자 측으로 이행한 것과 결부되어 있다. 이 이행의 결과 자살에는 건강한 삶*의 소유자가 스스로의 삶에 대한 긍지를 지키기 위한 수단으로서의 의미가 주어진다. 역으로 말하면 삶의 최고의 긍정을 견뎌낼 수 없는 병자가 되었을 때 오로지 자살에 의해서만 스스로의 삶의 긍지를 지킬 수 있는 것이다. 여기서 자살은 삶의 긍정적 결산으로서의 죽음의 가장 좋은 형태를 의미하게 된다. "자발적으로 선택하여 취해진 죽음, 밝음과 기쁨을 지니고서 아이들과 증인들 한가운데서 실행되는 알맞은 때를 얻은 죽음은 결과적으로 이별을 고하는 자가 **아직 거기에 있다**고 하는 참된 이별을 가능하게 해준다. 마찬가지로 달성된 것과 의지된 것의 참된 평가, 삶의 **총결산**도 가능해진다."[『우상』 IX. 36] 다만 니체가 다른 곳에서 사회적인 '위생학'이라는 관점에서 치유 불가능한 정신병자라는 딱지가 붙은 범죄자에게 최후의 구제 수단으로서 남겨져 있는 것은 자살뿐이라고 말하고 있는 것을 보면, 시대적 제약이 있다 하더라도 모종의 역겨움을 느끼지 않을 수 없다[『아침놀』 202 참조].

―다카하시 준이치(高橋順一)

자연과의 화해 自然――和解

"디오니소스*적인 것의 마력 하에선 단지 인간과 인간 사이의 연합만이 다시 이루어지는 것이 아니다. 소외되고 적대적이거나 억압된 자연 역시 자신의 잃어버린 탕아, 즉 인간과의 화해의 제전을 다시 축하하게 된다."[『비극』 1] 니체가 인간과 자연의 화해에 대해 직설적으로 서술한 문장이라고 하면, 우선 『비극의 탄생』*의 이 구절이 떠오른다. 디오니소스적인 예술 충동이 그리스 비극에서 어떻게 나타나는지를 말한 구절이다.

니체는 자연과의 화해의 근원 이미지를 고대 그리스의 디오니소스 축제에서 보고 있다. 거기서는 "대지는 자발적으로 선물을 제공하고, 암벽과 황야의 맹수들은 온순하게 다가온다. 디오니소스의 수레는 꽃과 화환으로 뒤덮이고, 그 멍에를 메고 표범과 호랑이가 걸어간다. 베토벤*의 '환희'의 송가를 한 폭의 그림으로 바꾸어보라. 수백만의 사람들이 두려움에 가득 차 먼지 속에 가라앉을 때 상상력을 가지고 물러서지 말라. 그러면 사람들은 디오니소스적인 것에 다가갈 수 있을 것이다. 이제 노예는 자유민이다. 이제 곤궁, 자의 혹은 '파렴치한 유행'이 인간들 사이에 심어놓은 완고하고 적대적인 모든 구분들이 부서진다. 이제, '세계의 조화'라는 복음에서 각자는 자신의 이웃과 결합되고 화해하고 융해되어 있음을 느낄 뿐만 아니라, 마치 마야의 베일이 갈가리 찢어져 신비로운 '근원적 일자'* 앞에서 조각조각 펄럭이고 있는 것처럼 자신의 이웃과 하나가 됨을 느낄 것이다. 인간은 노래하고 춤추면서 보다 높은 공동체의 일원으로서 출현한다."[같은 곳] 자연과의 화해가 어떠한 이미지로 구상되었는지를 전해주는 구절이지만, 니체는 여기서 자연과의 화해 하에서 우선 **자연 그 자체가 탈야만화되고 비폭력화되어** 인간과 놀이하고, 나아가 **인간들 사이에 축제 공동체가 출현한다**는 것을 말하고 있다. 하지만 이야기는 그것만이 아니다. "인간은 자신이 마법에 걸렸다고 느끼고, 실제로 무언가 다른 것이 되어 있는 것이다. 짐승들이 말하고, 땅이 우유와 꿀을 주는 것처럼 인간에게서도 역시 초자연적인 것이 울려나온다. …… 여기서는 자연이 지닌 예술의 힘이 ─ 그것은 이미 어느 한 인간의 예술의 힘이 아니다 ─ 계시되고 있는 것이다.'[「디오니소스적 세계관」 1] 자연과의 화해 하에서 일어나고 있는 것은 더 나아가 '마법에 걸린 **망아 속에서 인간 자신이 자연과 융합하면서 변신을 이루고 있는 도취 상태**다. 니체에 따르면 그리스 민족에 의한 "디오니소스 축제의 정신화"는 야수적인 성적 방종의 놀이로 가득 찬 자연 제사를 "세계 구원의 축제, 정화의 축제"로 전화시켰다. 자연과 인간의 화해는 인간과 인간 사이의 축제 공동체와 표리를 이루면서 자연 그 자체의 탈야만화·비폭력화와, 도취* 상태에서의 인간의 자기 변용으로 이끌렸던 것이다.

인간과 자연과의 화해의 반대가 인간과 자연의 분열이라는 것은 말할 필요도 없다. 「호메로스의 경쟁」[「다섯 개의 서문」 V]의 서두에서 니체는 인간을 자연으로부터 분리해 버리는 생각이란 "인간성이라는 근대의 유약한 개념"에 의한 것이라고 비판하고 있다. 이 분열을 전제로 하여 소외된 상태에 자연을 두는 것은 예를 들면 과학이다. "'과학'……이란 자연을 좀 더 쉽게 산정 가능한 것, 더 나아가서는 통제 가능한 것으로 하고자 하는 목적에서 일체의 현상에 공통된 기호 언어를 창조하고자 하는 시도다." "과학들은 자연 제어에의 의지에 이바지한다."[유고 Ⅱ. 7. 273] 그렇다면 고대 예술에서의 자연과의 화해에 대해 말하는 것은 과학에 의한 자연의 지배를 극복하고, **자연의 과학적인 객관화로부터 벗어나는 길**을 찾아내고자 하는 것과 통할 것이다. 자연의 야만화로부터도 자연의 객관화로부터도 자연을 구제하는 것은 예술이다. 자연의 비폭력화와 더불어 자연과의 화해에 암시된 또 하나의 모티브가 여기에 놓여 있다.

"예술에의 욕구"에 복종하는 소수자와 "생존 투쟁에의 갈망"에 따르는 다수자라는 고대 그리스의 인간 유형에 대해 니체가 말한 것도 이 미적인 자연과의 화해의 이러한 배치에 조응한다. "예술 발전을 위한…… 토양이 존재하기 위해서는 소수자에 봉사하는 터무니없는 다수의 사람들이 그 개인적인 필요의 정도를 넘어서서 생활의 어려움과 고됨에 노예적으로 복종

하지 않으면 안 된다." 니체에 따르면 노동*도 노예 제도도 그리스인에게는 필연적인 치욕으로 간주되었다. 이 치욕의 감정에는 다음과 같은 인식이 숨어 있다. "본래적인 목표는 저 전제조건들을 필요로 한다. 하지만 이 욕구들 안에 자연이라는 스핑크스의 처절함과 맹수 같은 본성이 가로놓여 있다. 이 스핑크스는 예술 가적으로 자유로운 문화생활을 예찬하면서 처녀의 몸을 그토록 아름답게 내뻗는다."[「다섯 개의 서문」 Ⅲ] 여기서는 생존에의 갈망을 위해 노동하는 다수자와 예술에의 욕구를 채울 수 있는 특권적인 소수자와의 대립이 필연성 하에서의 야수적인 자연의 폭력성과 예술 하에서의 자유로운 문화와 미적 자연과의 화해의 대립에 조응되고 있다. 그리고 노예적인 생존에의 만족할 줄 모르는 갈망 앞에서 예상되고 있는 것은 그 타락한 형태가 사회를 지배하기에 이른 근대의 노동의 시대다. 니체에 따르면 그리스적인 문화 개념은 "새롭게 개혁된 자연(physis)으로서의 문화 개념"이라고도 말해야 할 것으로, 거기서는 "삶과 사유와 외관과 의욕"이 일치해 있다[『반시대적』 Ⅱ. 10]. 문화 개념은 인간성과 불가분이다. 자연과의 화해에 숨겨진 모티브들 중의 하나에는 **근대적 인간성을 넘어선 새로운 인간상의 모색**이 놓여 있다.

물론 이러한 근대 비판의 함축이 19세기 중반 이후의 유럽의 시대 경험과 밀접하게 뒤얽혀 있다는 점에 대해서는 말할 필요도 없다. 사회적 분열과 문화적 위기를 앞에 둔 정신의 고뇌와 번민으로부터 벗어나고자 하는 노력은 낭만파 이래로 젊은 세대에게서 보인 미적인 자연 경험에로의 도피의 길과 통하고 있었다. 그리스적 자연을 노래한 횔덜린*과의 조우가 니체 자신의 자연 경험에 무언가 커다란 그림자를 던졌을 것이라는 점은 상상하기 어렵지 않다. 다만 『비극』과 관련하여 여기서 언급해 두고 싶은 것은 실러*의 자연 개념이다.

이미 실러는 "그리스인의 사회생활의 구조 전체는…… 자연의 감각에 기초하고 있었다"[『소박 문학과 정감 문학에 대하여』]고, 고대 그리스인의 "소박한 감정" 속에 자연과 융화된 모습을 보고 있었다. 실러가

말하는 '정감성'에 대립된 '소박함'이다. 여기서 지적해 두고 싶은 것은 『비극』의 니체는 예술에서의 소박함에 "아폴론적인 문화의 최고의 작용력"[『비극』 3]이 있다는 점을 지적하면서도 자연과의 화해는 디오니소스적인 마력 하에서 나타난다고 생각하고 있다는 점이다. 니체는 실러의 소박한 것을 아폴론*적인 모습으로서 인정하면서 자연과의 융화를 이 소박함의 차원에 한정하고 있지 않다. 또한 『비극』에서는 소박이라는 말이 실러적인 자연과의 조화라는 의미에서 사용되고 있음에도 불구하고 정감적이라는 말은 발견되지 않는다. 유고에는 "소박한 것 속에서 최고의 예술 종(種)을 나타내는 영원의 속성이 인정되고 있다는 점은 확실하지만, '정감적'이라는 개념으로는 소박하지 않은 예술의 모든 속성을 포괄할 수 없다는 점도 확실하다"[Ⅰ. 3. 248]고 비판한 한 구절이 있다. 니체는 소박과 정감의 대립을 아폴론과 디오니소스로 대체하고, 자연과 인간의 화해를 아폴론적인 것과 디오니소스적인 것의 유화가 이루어진 곳에 놓는 모습을 취한다. "디오니소스적인 것의 마력 하에서의" 자연과의 화해는 아폴론적인 소박함과의 융화를 배경으로 하고 있는 것이다.

하지만 '자연과의 화해'라 하더라도 자연이 회복되기만 한다면 아무래도 좋다는 것은 아니다. 특히 니체가 염두에 두고 있던 것은 루소*적인 자연에로의 회귀와의 다름이다. "근대인들이 그토록 동경에 가득 차 바라보았던 인간과 자연의 조화, 아니 통일은…… 우리가 모든 문화의 입구, 즉 인류의 낙원에서 마주칠 수밖에 없는 몹시 단순하고 스스로 발생하는 불가피한 상태가 결코 아니다. 루소가 에밀을 예술가로 생각하려 했고, 또 호메로스에게서 자연의 품 안에서 교육받은 예술가 에밀을 발견했다고 잘못 생각한 시대만이 이런 것을 믿을 수 있었다."[『비극』 3] 루소와의 다름을 분명히 말하는 자세는 이후에도 계속되며, 『우상의 황혼*』에는 다음과 같은 구절이 있다. 루소와 마찬가지로 "나 역시 '자연에로의 회귀'를 말하지만, 그것은 돌아감이 아니라 올라감이다 — 즉 드높고 자유로우며 심지어는 섬뜩하기까지 한 자연과 자연성에로의 올라감, 커다란 과제를 갖고서 유희하며 유희가 허락

되어 있는 자연과 자연성에로의 올라감이다."[『우상』 Ⅸ. 48]

다만 자연으로 돌아가는 것이 아니라 자연에로 올라가는 것이라는 표현의 강조는 단지 루소와의 다름뿐만 아니라 또한 초기 니체와의 다름도 말하고 있다. "섬뜩하기까지 한 자연"이라는 말이 암시하듯이, 자연은 '힘'과 동일화되고 있다. 그리고 니체는 이미 단순한 그리스적 자연의 재생을 말하지 않는다. "아직껏 자연적인 인간성이라는 것은 한 번도 존재한 적이 없다. …… 인간이 자연에 도달하는 것은 오랜 투쟁 후이다 — 인간은 결코 '돌아가는' 것이 아니다. …… 자연이란 요컨대 자연과 같이 감히 비도덕적인 것이다."[유고 Ⅱ. 10. 188] 니체는 1881년의 메모에 "나의 과제. 자연의 탈인간화, 그것으로부터 인간의 자연화. 그 전에 인간이 '자연'의 순수 개념을 획득하는 것"[같은 책 Ⅰ. 12. 118f.]이라고 적고 있었지만, 도덕의 반자연적인 성격을 비판하고, 도덕의 자연화를 부르짖게 되는 것도 이 노선에 따르고 있다. "— 나는 하나의 원리를 정식화하고자 한다. 도덕에서의 모든 자연주의. 말하자면 모든 **건강한** 도덕은 특정한 삶*의 본능에 의해 지배된다 — 삶의 계명들은 '해야 한다'와 '해서는 안 된다'라는 특정한 규범으로 가득 차 있고, 이러면서 삶의 노정에서 나타나는 방해나 적대 행위가 제거된다."[『우상』 Ⅴ. 4] 물론 이러한 도덕의 자연화가 힘에의 의지* 교설과 분리되지 않는다는 점도 간과해서는 안 된다. 여기서는 초기 니체에서의 자연과의 화해에 놓여 있었던 자연 그 자체의 변용, 비폭력화와 탈야만화라는 모티브는 울러나고 있지 않다. 자연은 본능으로, 더 나아가서는 힘으로 귀결된다. 그것은 폭력*을 찬양하는 것은 아니지만, 폭력에서 벗어나는 것을 추구하고 있지 않다.

물론 '인간의 자연화'가 곧바로 '금발의 야수*'들의 세계로 귀착될 정도로 단순하지는 않을 것이다. 니체에게는 도덕적인 가치 평가를 둘러싸고서 다음과 같이 말한 구절이 있다. "아름답다든가 더럽다는 등의 판단 쪽이 좀 더 오래되었다. 그러나 그러한 미학적 판단은 그것이 절대적 진리로서 주장되기 시작하면 즉각적으

481

로 도덕적 요청으로 변해버린다. / 만약 우리가 절대적 진리를 부정하게 되면, 동시에 모든 절대적 요청을 던져버리고 미학적 판단에로 돌아가야만 한다.'[유고 Ⅰ. 12. 51f.] 인간의 자연화가 이러한 미학적인 가치 평가의 창조와 결부되어 있는 것이라면, 자연화란 다름 아닌 미학화를 가리키게 된다. 그것은 가능성으로서의 과거의 재생과도, 근원적 자연에로의 회귀와도 다른 길로 통할지도 모른다.

자연을 둘러싼 니체의 생각은 오늘날에 이르기까지 여러 가지 사상적 영향의 자취를 남겨왔다. 예를 들면 후기 하이데거*가 '자연'(Physis) 개념을 소크라테스 이전의 철학 안에서 찾아갈 때에도 니체의 생각이 짙게 그림자를 드리우고 있다. 또한 아도르노*/호르크하이머*가 『계몽의 변증법』에서 말한 '화해의 이념'도 니체의 비판적 섭취에 기초하고 있었다. 하지만 어떤 입장에 서고자 하더라도 자연과의 화해에 관한 니체의 논의에 대해 안이한 찬양이나 비난은 모두 금물이다. ☞『비극의 탄생』, 루소, 계몽의 변증법

—기마에 도시아키(木前利秋)

자연주의自然主義(문학사에서의)

문학사에서의 자연주의는 유럽에서는 19세기의 최후의 30년간, 니체의 활동 시기와 거의 병행하여 강력한 사조가 되었다. 당시에는 산업 사회의 진전에 의해 초래된 도시 민중의 경제적·도덕적으로 비참한 생활 실태가 절박한 사회 문제로 되고 있었다. 이에 무관심과 위선적인 이상주의로 대응하는 부르주아 계급에 대한 비판에서 출발하는 가운데, 자연주의는 자연과학적 인식에 기초하여 인간을 유전·환경·역사적 상황 등의 요소에 의해 결정되는 존재로 보는 입장(텐느*)을 취하며, 비참한 처지에 허덕이는 사람들에 대한 공감과 이 현상의 개혁을 동기로 하면서 현실을 전체로서 그려내기 위해 저속한 것, 추한 것을 그 소재로서 적극적으로 채택했다. 그 선두에 있는 졸라(Émile François Zola 1840-1902)와 더불어 프랑스에서는 모파상*, 북구에서는 브란데스*의 시대 경향에 대한 엄밀한 분석의

요청과 결부되어 사회 비판적 희곡을 쓴 입센*과 스트린드베리*, 러시아에서는 도스토예프스키*와 톨스토이(Lev Nikolayevich Tolstoy 1828-1910), 독일에서는 A. 홀츠(Arno Holz 1863-1929)와 하우프트만(Gerhart Johann Robert Hauptmann 1862-1946)의 이름을 들 수 있을 것이다. 니체가 신랄한 시대 비판, 특히 시민적 모럴의 기만성에 대한 비판을 전개한 점에서 이 사조와 일맥상통하는 것은 확실하다. 그중에서도 도스토예프스키는 니체에게 있어 각별했던 듯한데, 『우상의 황혼』*에서 니체는 그에게 "배우는 바가 있던 유일한 심리학자" "스탕달의 발견보다도 우수한 행운"이라는 찬사를 바치고 있다. 이러한 평언은 니체가 범죄자를 "강한 인간이 불리한 조건 하에 놓인 경우의 전형"으로 파악하여 길들여지고 거세된 사회 전반에 대한 비판의 지렛대로 삼는 논의 속에서 나타난다. 더 나아가 이 논의의 배경을 이루는 것은 종래의 도덕이 반자연적이며, 따라서 하강되고 쇠약하며 지쳐버린 것인 데 반해, '도덕에서의 자연주의'는 삶*의 본능들에 대한 긍정에 기초하는 건강한 도덕이라고 하는 니체의 기본 구상이다. 문학사에서의 자연주의가 과학과 휴머니즘이라는 19세기 정신과의 관계를 잃지 않았던 한편, 니체의 삶*의 찬양, 자연에로의 상승*으로서의 급진화된 자연주의는 그 정신을 관통하여 포스트모던의 정신(예를 들면 바타유*)에서 그 적자를 발견하고 있다. ☞도스토예프스키

—나카오 겐지(中尾健二)

자유의지自由意志{의지의 자유意志——自由} [der freie Wille; die Freiheit des Willens]

의지의 자유는 존재하는지, 또한 존재한다고 하면 그것은 어떠한 자유인지의 문제는 고대 이래로 특히 그리스도교* 신학과의 관련하여 논의되며, 인간에게 '무차별의 자의의 자유'(liberum arbitrium indifferentiae)를 인정하는 입장과, 신에게만 초월적인 자유를 인정하고 피조물에 대해서는 결정론 내지는 예정설을 취하는 입장을 양극으로 하여 스피노자*와 라이프니츠, 셸링(Friedrich Wilhelm Joseph von Schelling 1775-1854)에

이르기까지 다양한 논의가 전개되어 왔다. 니체도 이 문제에 일찍부터 관심을 지니며, 이미 슐포르타* 시기의 작문 「운명과 역사」나 「자유의지와 운명」(둘 다 1862년 봄)에서도 자유의지와 운명의 필연성과의 이율배반을 다루고 있다. 다만 그의 경우에는 처음부터 변신론적인 발상과는 무관해서, 『인간적』* 이후에 그가 논의하고 있는 것은 칸트*와 쇼펜하우어*가 주장한 도덕적 자유의 가부라는 문제다. 칸트는 현상 세계에서는 자연법칙의 필연성이 지배한다고 했지만, 예지적 세계(die intelligible Welt)에서의 의지의 자율에 대해서는 초월론적 자유를 인정하고 있었다[『실천이성비판』]. 또한 쇼펜하우어는 『의지와 표상으로서의 세계』나 '도덕의 기초'에 대한 현상 논문에서 '사물 자체'로서의 '의지'는 시간의 외부에 있어 자유이지만, '현상' 세계에서는 인과적 필연성이 지배하고 있으며, '의지'의 하나의 현상에 지나지 않는 인간도 필연에 의해 규정된다고 주장한다. 따라서 현상 영역에 속하는 행위에 대해 자유를 상정하는 것은 착각이라고 생각되지만, 인간이 어떠한 자가 되고자 하는가라는 의욕에 대해서는 자유가 인정된다. 그리고 현상계에서는 '삶에의 의지'*를 부정하는 것만이 유일한 자유로운 행위라고 강조하여 쇼펜하우어는 독특한 도덕설을 전개하고 있다.

이러한 논의에 대해 니체는 감성적인 세계 이외에 무언가의 초감성적인 세계를 내세우는 형이상학*적인 전제 그 자체를 부정한다. 그런 까닭에 '예지적 자유' 등등이라는 것을 상정할 여지 따위는 본래 존재하지 않으며, 자유의지라는 것이 있다는 것은 환상에 지나지 않고, 모든 것은 필연이라고 생각된다. 그리고 세계의 운행이 정지된 순간에 모든 운동을 계산할 수 있는 (마치 라플라스의 악마와 같은) 전지(全知)의 지성이 존재한다면, 모든 행위를 자유의지에 관한 잘못된 관념도 포함하여 미리 계산할 수 있음에 틀림없다고 한다[『인간적』 Ⅰ. 106]. 그럼에도 불구하고 의지의 자유를 상정한 것으로부터 행위에 대한 책임이 물어지기에 이른 사정에 대해 니체는 다음과 같은 '도덕적 감각의 역사'를 추론하고 있다. 즉, 처음에는 행위의 결과에 의해 선악이 판단되고, 다음으로 행위 자체에 선악이 있다고 생각되게 되었다. 그에 이어서 선악의 구별은 이미 행위의 동기에 있다고 여겨지며, 결국에는 그 행위를 이룬 인간의 본질이 선이라든가 악이라든가로 말해지고, 그 인간의 책임이 물어지게 되었다는 것이다. 그러나 모든 것이 필연의 결과라고 한다면, 인간에게 자신의 행위와 본질에 대한 책임을 묻는 것은 가능하지 않을 것이다. 결국 사람들은 "도덕적 감각의 역사는 오류의 역사이자 책임성에 관한 오류의 역사이며, 그것은 의지의 자유에 관한 오류에서 나오고 있다는 인식에 이른다."[같은 책 Ⅰ. 39] 후년의 계보학* 사상을 선취하는 듯한 논의다. 이리하여 니체는 "인간 행위의 엄밀한 필연성"으로부터 "절대적인, 의지의 부자유와 무책임이라는 명제"를 도출한다[같은 책 Ⅱ-1. 33]. "모든 것은 필연이다 — 라고 새로운 인식은 말한다. 그리고 이 인식 자체도 필연이다. 모든 것은 죄가 없으며, 인식이란 무죄를 향한 통찰에 이르는 길이다"라는 것이다[같은 책 Ⅰ. 107].

그는 또한 이러한 "인간의 의지의 완전한 부자유"라는 "최강의 인식"에는 허영심*이라는 "최강의 적"이 있다고 하면서[같은 책 Ⅱ-1. 50] 자유로운 의지가 있다고 하는 착각이 인간이라는 허영으로 가득 찬 동물에게서 어떻게 나타나는가 하는 것을 다양하게 묘사하고 있다. 인간은 자신의 삶*의 감정이 최대한으로 되는 곳에 의지의 자유를 상정하고, 그러한 사회적·정치적 지배의 경험을 잘못되게도 형이상학에 적용한다[같은 책 Ⅱ-2. 9]. 또한 실제로는 쇠사슬에 연결되어 있더라도 그 이상으로 쇠사슬이 증가하지 않으면 그 무게를 느끼지 못하듯이, 인간은 종속의 사실에 익숙해지면, 그럼에도 불구하고 자신에게는 의지의 자유가 있다고 믿어버린다[같은 책 Ⅱ-2. 10]. 그리고 자신은 "부자유한 세계에서의 자유로운 자"이며, "경탄해야 할 예외, 초수(超獸, Übertier), 거의 신"과도 같은 "자연의 위대한 지배자"라고 믿는다[같은 책 Ⅱ-2. 12]. 요컨대 의지 자유의 교설은 인간의 긍지와 '힘의 감정'으로부터 생겨난다는 것이다[『아침놀』 128]. 또한 후기에는 르상티망*과 관련하여 사제*들이 복수의 권리를 만들어내고자 하여 희생양을 필요로 한 데로부터 자유의지에 기초하는 행위라는 것을 고안해내고, 누군가에게 책임을 돌리고자 했다는 논의도 이루어진다[dbrh Ⅱ. 11. 272ff.]. 그에 맞서 인간을 복수의 본능으로부터 해방할 것을 지향하는 니체=차라투스트라는 의지의 '구제*'를 이야기하고, 모든 것이 필연*이라고 하는 사상을 '영원회귀*' 관념과 결합한다. "의지하는 것은 자유롭게 하는 것"이지만, 지금까지 의지는 과거로 소급하여 의지할 수 없었다. 그러나 "지나가버린 인간들을 구제하고, 모든 것의 '그러했다'를 '내가 그와 같이 의욕했다'로 바꾸어 놓는 것"이야말로 '구제'이며, "창조하는 의지"는 "내가 그러한 것을 의욕했다"고 말하는 것으로 되어야만 한다는 것이다[『차라투스트라』 Ⅱ-20].

이와 같이 도덕적 행위와 자유가 분리된 곳에서 니체는 의지의 이론, 즉 '힘에의 의지*' 사상을 전개한다. 거기서는 현대에 이르기까지 도덕적 가치 평가가 타당해 왔다고 하는 것, 그리고 아직까지도 믿어지고 있다고 하는 것의 사실성으로부터 출발하여, 그것이 인간의 잘못된 자기 해석의 하나였음에도 불구하고 그러한 오류를 차례차례로 '체현'해 온 것의 필연성도 인정되어야만 한다는 논의가 전개된다. 다른 한편 의지의 자유라는 것은 저항과 억압의 감정에 기초하는 허구에 지나지 않으며, "자유의지든 부자유의지든 본래 어떠한 의지도 존재하지 않는다'고 생각된다[유고 Ⅱ. 7. 367, 359]. 이것은 '의지'라는 존재를 실체로서 표상하는 것이 아니라 그것을 다양한 의욕의 상호작용으로서 고찰하고자 하는 사고방식이다. 신체*를 실마리로 하여 보면, 인간은 다양한 생명 있는 본질의 복합체이며, 다양한 충동* 사이의 투쟁과 지배 · 피지배가 보이게 된다고 여겨진다[Ⅱ. 7. 368]. 쇼펜하우어가 '의지'를 '근원적 일자*'로서 실체화하여 생각한 것은 잘못으로, '의욕'(Wollen)은 복합적인 것이고, 단지 언어로서 통일체를 이루는 데 지나지 않는다. 그것은 다수의 감정 · 사고 · 정서의 복합체이며, 그것들 사이에서의 지배와 복종의 유희가 '의지의 자유'라고 불리는 쾌감을 산출하는 데 지나지 않는다는 것이다

[『선악』 19].

그렇긴 하지만 니체에게 있어서도 "자유로운 의지에의 의지"[『인간적』 Ⅰ 서문 3]라는 것은 있다고 생각된다. 그것은 스스로의 자유에 대해서도 자유로운 사고방식을 하는 '자유정신*'의 의지이며, "정신이 저 신앙, 확실성에의 요구와 결별하고, 있는 그대로의 자신을 실행하여, 가벼운 밧줄과 가능성 위에서도 몸을 바로 세우고 드리워진 심연 위에서 춤을 추는" 의지의 자유를 지니는 자야말로 "가려낸 **자유정신**"이라고 한다[『학문』 347]. 이것이 자유의지를 상대화하고, 실체적인 의지 개념을 충동의 다양성에로 해체해 가는 시점을 가능하게 했던 것이기도 할 것이다. ☞우연과 필연

―오이시 기이치로(大石紀一郎)

[참고] ▷Wolfgang Müller-Lauter, Nietzsches Auflösung des Problems der Willensfreiheit, in: Sigrid Bauschinger/Susan L. Cosalis/Sara Lennox(Hrsg.), *Nietzsche heute. Die Rezeption seines Werkes nach 1968*, Bern/Stuttgart 1988.

자유정신과 이성 비판自由精神――理性批判
【Ⅰ】이성과 비이성 사이

"변명도 말라! 용서도 말라! / 그대 기쁘고, 마음이 자유로운 사람들이여 베풀어다오 / 이 비이성(Unvernunft)의 책에 / 귀와 마음과 쉴 곳을! / 믿어다오, 친구들이여! 저주가 되지 않도록 / 나의 비이성이 나에게! / …… / 이 어릿광대*의 책에서 배우라, / 어떻게 이성이 ―'이성'에 이르는가를!(Wie Vernunft kommt―'zur Vernunft'!)" ―"자유정신을 위한 책"(Ein Buch für freie Geister)을 부제로 하는 『인간적인 너무나 인간적인』*의 제1부에 덧붙여진 시 「친구들 사이에서」에서 니체는 도래해야 할 '자유정신'에게 이렇게 호소하고 있다. '이성에 이른다'(zur Vernunft kommen)라는 표현은 '이성을 되찾는다'는 것을 의미하기 때문에, 마지막 행은 '이성은 지금까지 자신을 잃어버리고 있었다. 따라서 어떻게 해서 제정신을 되찾을 것인지를 배워야만 한다'라는 것일까? 하지만 이성이 제정신을 되찾기 위해

왜 "어릿광대의 책"으로부터, 요컨대 비이성적인 것으로부터 배워야만 하는 것일까?

니체에게서의 이성 비판에 대한 물음은 이성이 계몽의 중심 개념으로서 유럽 근대의 자기 이해의 근간을 이루는 사항인 만큼, 그의 근대 비판의 귀추를 결정하는 물음으로서 지금까지 수없이 문제되어 왔다. 그 과정에서 니체는 이성과 정신에 대해 삶*과 영혼의 근원성을 이야기하는 자로서, 계몽의 흐름을 흡수하는 서구 '문명'에 대한 독일 '문화'의 투쟁을 대표하는 자로 만들어진 일도 있다면(클라게스*, 베르트람* 등), 제국주의 시대에서의 부르주아 문화의 퇴폐를 보여주는 비합리주의자라는 낙인을 받은 일도 있다(루카치*). 그리고 나치스*에 의한 니체의 도구화는 이성을 짓밟는 비합리주의라는 이미지를 보급시키게 되었다. 그러나 미묘한 아이러니*로 채색되고 자주 의도적으로 상반되는 해석 가능성이 짜 넣어진 그의 텍스트에는 이성의 우군인가 적인가와 같은 단순한 결정 방식에 저항하는 점이 있다. 니체에게서 특징적인 것은 오히려 이성과 비이성, 계몽과 반계몽의 관련을 묻고 그 대립의 기원을 찾는 시선이며, 또한 (이성이 비이성에서 '이성을 되찾는다'라는 앞의 표현에서도 연상되듯이) 그의 이성 비판은 때때로 '계몽의 변증법*' ─ 자연 지배를 지향한 이성의 발전 끝에 초래된 신화*로의 회귀와 새로운 야만*으로부터의 탈출구를 찾는 사고 ─ 에 접근하는 점도 있다. 이에 관해서는 이성에서 도착된 '힘에의 의지*'밖에 보지 못하는 니체는 '이성의 타자'에 호소함으로써 계몽의 변증법과 결별했다고 하는 비판(하버마스*)도 있다. 하지만 비합리주의라는 이미지나 계몽의 변증법과의 결별이라는 비판은 모두 '이성'이라는 말에 사로잡힌 나머지 니체가 **그 이외의** 말에 의해 표현한 근대에 대한 태도를 간과하고 있는 것은 아닐까? 니체의 이성 비판의 지평을 확인하기 위해서는 그가 사용한 또 하나의 비유로 눈을 돌려야만 할 것이다. 즉, 처음에 인용한 시구에서 그가 호소하고 있던 '자유정신'이라는 비유*로 말이다.

【Ⅱ】자유정신

'자유정신'(der freie Geist)이라는 표현이 니체의 저작에서 나타나는 것은 1878년에 출판된 『인간적인 너무나 인간적인』에서부터다. 당시 니체는 정신생활에서도 실생활에서도 커다란 변화를 경험하고 있었다. 바이로이트*에서의 바그너*의 기획에 환멸을 느낀 그는 이전의 이상을 다시 묻고, 독일 문화에 대해 지니고 있던 개혁자적인 얽매임에서 벗어나 다양한 사물에 대해 제멋대로의 사유를 차례로 펼치게 되었다. 1879년에 바젤대학을 퇴직한 그는 이탈리아*와 남프랑스* 그리고 스위스를 오고가는 방랑* 생활에 들어간다. 그렇지만 고독한 방황은 상당히 견디기 힘들었던 듯한데, 그는 후년의 유고에서 "나의 존재의 안티노미는 내가 래디컬한 철학자로서 래디컬하게 **필요**로 하는 일체의 것 ─ 직업, 여자, 어린아이, 친구, 사회, 조국, 고향, 신앙으로부터의 자유, 거의 사랑이나 미움과도 관계를 지니지 않는 자유 ─ 을, 다행히도 내가 살아 있는 존재이지 단순한 추상화 장치가 아닌 까닭에, 그것이 없다고 역시 부자유하다고 느끼는 데 놓여 있다"고 약한 소리를 토로하고 있다[유고 Ⅱ. 9. 257]. 그럼에도 불구하고 숨 막히는 속박으로부터의 탈출 소망은 그의 생애를 통해 변하지 않았다. 다른 유고에는 "달아나자, 친구여, 지루한 것으로부터, 구름으로 뒤덮인 하늘로부터, 뒤뚱뒤뚱 걷는 거위로부터, 너무 딱딱한 여자로부터, 사물을 쓰고 '책'을 '낳는' 노처녀들로부터 ─ 지루해 하고 있기에는 인생은 너무나도 짧지 않은가?"라는 구절이 있다[Ⅱ. 9. 62]. 이와 같은 스스로 추구한 "자유롭고 제멋대로이며 경쾌한 고독"[『선악』 25] 속에서 필요할 때에 재잘거린다든지 웃는다든지 하는 무리, "은둔자의 그림자 연극"으로서 그가 '날조*'한 것이 '자유정신'이었다. 『인간적』 제1부에 덧붙여진 서문(1886)에서 니체는 "그와 같은 '자유정신'은 존재하지 않으며 존재한 적도 없지"만, 이미 도래하고 있다고 하여 스스로의 체험을 되돌아보면서 '자유정신'의 탄생과 변모 과정을 그리고 있다. "위대한 해방"은 갑자기 지진처럼 다가와 영혼을 흔들어 놓는다. 청춘기에 외경과 숭배와 감사의 대상이었던 것(니체의 경우에는 고전문헌학, 쇼펜하우어*, 바그너일 것이다)에 묶여 있던 자는 미지의 세계에 대한 호기심에 내몰리며, 지금까지 숭배하고 사랑해 왔던 것에 회의*의 시선을 던지고, 자신이 믿고 있던 가치를 의심하며, 시험 삼아 반전시켜 보게 된다. 이러한 병적인 회의의 고독으로부터 "위대한 건강*"에 이르는 쾌유* 과정에서 '자유정신'은 성숙하는 것이다.

그리하여 '자유정신'은 단순한 '프라이가이스트'(Freigeist)가 아니게 되고, "지극히 자유로운 정신"으로서 '선악의 저편'에 서게 된다. '프라이가이스트'라는 표현을 니체는 많은 경우에 이성의 이름으로 종교를 비판하는 고전적인 유형의 자유사상가를 가리켜 사용하며, 볼테르*뿐만 아니라 다비드 슈트라우스*도 '프라이가이스트'라고 불리고 있다『인간적』II-1. 4;『우상』VIII. 2]. "속박된 정신"(der gebundene Geist)이 신앙에 응고되어 있는 데 반해, '자유정신'과 '프라이가이스트'는 어느 것이든 인습에 사로잡히지 않으며, 신앙이 아니라 근거를 추구한다는 점에서 공통적이다『인간적』I. 225, 226, 229]. 그러나 종교와 전통을 비판하더라도 하나의 신념을 고집한다든지 이성 신앙 하에 멈춰 서버리는 '프라이가이스트'는 아직 '자유정신'이라고 말할 수 없다. 민주주의*와 평등을 이야기하며 성급한 사회 개혁을 부르짖는 루소*와 그 후예인 "자유사상가"(Freidenker)를 '자유정신'이라고 부르는 것은 잘못이라고 한다『선악』44]. '자유정신'은 다양한 오랜 가치의 "얼음"을 융해시키는 "열풍"이며, "고향 없는 자"로서 보수든 혁신이든 어떠한 정치적 당파에도 참여하지 않고, 인류애의 설교나 내셔널리즘에 대해서도 매력을 느끼지 않는다『학문』377]. 정신의 자유는 오히려 다양한 욕망을 정신화하여 행동에서의 '절도*'를 가져오는 것이며, "세련된 영웅주의"을 가지고서 인식을 위해 살아가는 '자유정신'은 외적 생활과 정치질서의 변화에는 신경을 쓰지 않고, 대중의 숭배의 과녁이 되는 것도 주의 깊게 회피한다. 그리고 바쁜 노동*과 전문화된 학문*의 시대에 있어 느긋한 관조적인 생활을 보내며, "고독한 곳에 놓인 입장에서 학문적이고 학식 있는 인간들의 징병 전체를 지휘하고, 그들에게 문화의 도정과 목적을 보여준다고 하는, 전적으로 다른 고급한 임무"를 지닌다고 한다『인간적』I.

464, 291, 282]. 이를 위해서는 신앙과 사회, 고향으로부터의 자유뿐만 아니라 여성으로부터의 자유도 필요하다 할 것이다. 어머니와 같이 생활을 보살펴 주는 여자들은 '자유정신'의 자립을 방해하며, 권위와 사회 통념에 약한 여자는 '자유정신'의 반항의 걸림돌이 되고, 또는 결혼은 습관의 거미집으로 '자유정신'을 칭칭 얽어매기 때문에 독신을 견지해야 한다는 발언도 있다[같은 책 I. 426-437].

'자유정신'은 또한 니체가 자기의 사상을 말할 때에 쓰는 '가면*'이기도 하며, 그 변모의 궤적에는 『인간적』으로부터 『선악의 저편』*에 이르기까지의 지적 편력이 반영되어 있다. 이들 저작에서 그는 자칭하여 "우리 자유정신"이라고 말하며, 아직 보이지 않는 친구인 "그대들 자유정신"에게 호소하고 있다. 거기에 나타나는 '은둔자', '방랑자', '고향 없는 자', '새', '모험가', '항해자'와 같은 비유들도 '자유정신'의 분신으로 볼 수 있다. "어느 정도 이성의 자유에 이른 사람은 지상에서는 스스로를 방랑자로 느낄 수밖에 없다—비록 하나의 궁극적인 목표를 향하여 여행하는 사람이 아니라고 할지라도 말이다. 왜냐하면 이와 같은 목표는 존재하지 않기 때문이다. 그러나 아마도 그는 세상에서 도대체 어떤 일들이 일어나고 있는지를 주시하고 그것에 대하여 눈을 크게 뜨고 보려 할 것이다. 따라서 그는 모든 개별적인 것에 너무 강하게 집착해서는 안 된다. 변화와 무상함에 대한 기쁨을 가진 방랑하는 그 무엇이 그 자신 속에 존재함이 틀림없다."[같은 책 I. 638] 결코 하나의 의견이나 확신에 머무는 일 없이 서서히 스스로의 것인 관점(원근법*)을 비켜 놓아 가는 "정신적 유목 생활"[같은 책 II-1. 211]이야말로 '자유정신'이 자신의 일로 삼는 바이다. "허물을 벗을 수 없는 뱀은 파멸한다. 의견을 바꾸는 것을 방해받는 정신들도 이와 마찬가지다. 그들은 정신이기를 그친다"[『아침놀』573]라는 잠언도 이러한 앎의 존재방식의 표현이며, 만화경적인 아포리즘*의 세계는 그 다채로운 허물이라고도 말할 수 있을 것이다. '자유정신'의 모험을 말하는 니체의 언어에는 분방하고 몹시 강렬한 이미지가 난무하는 『차라투스트라』*의 언어와는 다른 명징한 아름다움, 독특한 경묘함이 있다. 인식의 영웅주의로 살아가더라도 어릿광대의 몸짓으로써 가상과 경쾌하게 놀이하는 '즐거운 학문'이야말로 '자유정신'이 즐기는 앎이며, 그것은 객체를 포착·조작 가능하게 하는 기능을 비대하게 만든 근대의 주관 중심적 이성과는 전적으로 이질적인, 스스로를 상대화할 수 있는 탈중심적인 인식 주체의 이미지다. 그리고 '신의 죽음'의 전조에 접한 '자유정신'은 새로운 아침놀을 쬔 것처럼 느끼고, 마침내 다시 열린 지평선을 지향하여 인식하는 자의 모험*을 향해 출항한다[『학문』 343]. "골라 뽑은 자유정신"은 "모든 신앙, 모든 확실성에 대한 요구에 이별을 고하고", "가벼운 밧줄과 가능성 위에서도 몸을 바로 세우고, 드리워진 심연* 위에서도 춤추는 것에 뛰어나다"는 것이다[같은 책 347]. 도덕의 지배와 결별한 방랑자가 호흡하는 투명한 대기, 높이 날아올라 아무것에도 방해받지 않고서 눈 밑의 사물을 내려다보는 새의 자유, 겨울의 양지에 가만히 누워 있는 도마뱀처럼 쾌유의 경과를 되돌아보는 행복 등, '자유정신'의 근대로부터의 도주는 실로 다채로운 미적 경험을 수반한다. 『인간적』 제1부의 마지막에서 니체는 "어떤 때는 쾌활하고 또 금방 생각에 잠기는 현자, 방랑자 그리고 철학자"인 '자유정신'은 "이른 아침의 비밀에서 태어나, 왜 열 번째와 열두 번째를 치는 종소리 사이의 낮이 이렇게 순수하고 투명하며 빛나도록 화사한 얼굴을 가질 수 있는 것인지에 대하여 생각한다. 그들이 찾고 있는 것은 **오전의 철학**이다"라고 말하고 있다[『인간적』 I. 638]. 이 '오전의 철학'은 머지않아 결정적인 가치 전환의 때인 '위대한 정오*'를 맞이하는 준비로서 자리매김 되며, 니체는 '가치의 전환*' 이후의 가치를 찾아 이성 비판을 전개하게 된다. "진실로 정신 속에서 자유로운 사람은, 정신 그 자체에 대해서도 자유롭게 사유할 것이며 정신의 근원과 방향에 대한 관점에서도 몇몇 가공할 만한 것들을 은폐하려고 하지 않을 것이다"라는 것이다[같은 책 II-1. 11].

【Ⅲ】 이성 비판과 계몽의 변증법

다만 이성 비판이라 하더라도 니체는 이성을 전면적

으로 부정한 것이 아니다. 합리적 추론에 기초하는 비판적 사고를 훈련하는 "학교에서의 이성"을 그는 인정하고 있었으며[『인간적』 I. 265], 그가 가장 존중하는 '지적 성실'은 이 비판적 사고에 의한 회의의 관철을 추구하는 것이다. 니체의 이성 비판에서 문제가 된 것은 오히려 인식의 '도구'로서의 이성의 한계이며, '진리'에 대한 신앙의 근거에 놓여 있는 것에 대한 물음이었다. 즉, 이성은 위험과 불안을 극복하기 위해 인류가 발전시킨 능력이며, 미지의 다양한 사물을 기성의 개념과 도식에 맞추어 파악하고 그에 의해 지배하기 위한 장치라고 여겨지는 것이다. 따라서 거기서 진리성의 기준을 이루는 것은 사물과 인식의 일치나 인식 주체들 사이의 합의가 아니라 삶에 대한 유용성이다. **진리란 그것 없이는 어떤 특정한 종류의 생물이 살아갈 수 없는 그러한 오류의 일종이다.**"[유고 II. 8. 306] 진리와 허위와의 차이는 가상성의 정도 차이에 지나지 않는다고 하여 상대화되며[『선악』 34], 오히려 삶에서의 기만의 필연성이 강조된다. 의식적인 이성은 신체'라는 '위대한 이성*'이 필요로 하는 '기만'을 기만이라고는 알지 못한 채로 자아내고 있을 뿐이며, 그 활동도 실은 그 근저에 있는 다양한 충동'의 상호 다툼이 초래하는 결과에 지나지 않는다는 것이다. 니체는 더 나아가 그럼에도 불구하고 허위보다 진리를 추구하는 '진리에의 의지*'는 어디로부터 생기는 것인지를 묻고, 이성적 인식의 규범적인 근거를 문제로 삼아 거기서 "신은 진리다"라는 형이상학적 신앙의 자취를 찾아내고 있다[『학문』 344]. 이리하여 그의 이성 비판은 이성에 의한 인식의 가능성 조건이나 진리의 타당성 조건을 묻는 것이 아니라 인식을 이끄는 관심에 대한 반성이라는 형식을 취하는 것이지만, 동시에 도구에 지나지 않는 이성이 자기의 능력을 반성하는 것은 불가능하다고 하여 이성의 반성 능력을 부인한다. 더욱이 이성의 인식 능력을 확정하고자 하는 칸트*적인 의미에서의 이성 비판은 도덕의 영지를 지키기 위해 지식에 한계를 설정하고자 한 기획인바, 이성에 대한 신뢰도 다만 "도덕적 현상"일 뿐이라고 한다[『아침놀』 서문 4]. 결국 이성의 활동을 도구적 자연 지배를 모델로 하여 파악하고, 그 근거에 대한 물음을 규범적 정당화 문제로 바꿔 다뤄내는 니체의 이성 비판은 자연에 대해 지배 이외의 관계를 지닐 수 있는 반성적인 이성 개념을 구상하는 것이 아니라 이성에 대한 신뢰를 형이상학*의 잔재로서 파괴하는 것이게 된다. 진리의 본질이란 "'나는 이러이러한 것이 이러하다는 것을 믿는다'라는 **가치 평가**'라고 여겨지며[유고 Ⅱ. 10. 32], '진리에의 의지'는 '힘에의 의지'의 도착된 현상 형태의 하나에 다름 아니라고 간주된다[Ⅱ. 8. 536]. 이리하여 '힘에의 의지'의 고양과 하강만이 모든 가치의 기준이라고 생각되게 된다.

『선악의 저편』의 서문에서 니체는 '진리'(독일어에서는 여성 명사)를 '여인'에 비유하여, 그토록 진지하고 서툰 방식으로는 종래의 교조적인 철학자들이 '여인'을 사로잡을 이유가 없었다고 조롱하고 있다. 이 저작에서는 "우리 자유정신"은 머지않아 도래할 "미래의 철학자"의 전령사이자 선구자라고 생각되고 있지만, 이 "미래의 철학자"도 "지극히 자유로운 정신"이자 진리의 벗이며, 인간적 가치의 다양한 영역을 편력한 후에 새로운 가치를 창조하고 새로운 서열*을 결정하는 입법자인바, '힘에의 의지'야말로 그들의 의지라고 주장된다[『선악』44, 43, 211]. 거기서는 이미 '가치의 전환'을 준비하고 "미래의 대지의 지배자"를 육성하고자 하는 니체의 '새로운 계몽' 프로그램이 울려난다. 계몽주의*로부터 대략 100년 후의 시대에 살아간 니체는 고전적인 계몽이 내걸고 있던 이념과 그것이 실현한 형태와의 차이와, 진보적 지성의 생각지도 못한 후퇴에 비판적인 눈길을 돌린다. 이성의 도구적 기능의 비대와 공공성의 기능 부전, 문화의 현상 긍정적 성격의 증대와 같은 상황에 대해 정신 귀족적인 혐오를 품었다는 점에서 니체는 그 후의 시민적 문화 비판과 마찬가지의 자세를 취하고 있었지만, 그럼에도 계몽의 기도를 완전히 방기한 것은 아니었다. 계몽의 이념을 평등한 시민에 의한 민주적인 사회 질서의 구축이라는 측면과, 종교 비판에 의한 정신적 자유의 획득이라는 측면으로 나누어 생각하면, 니체는 이 두 가지 측면에 대해 전적으로 다른 태도를 취하고 있었다. 그에게

있어 프랑스 혁명*을 이끈 루소적인 계몽은 "최후의 커다란 노예의 반란*"이며, 본래의 계몽과 진보의 정신에 반하는 것이었다[『선악』46; 『인간적』Ⅰ. 463]. 그는 민주주의*와 저널리즘*이 인간을 범용화・획일화하여 약자의 지배를 초래했다고 개탄한다. 하지만 이 범용화가 언젠가 예외적인 인간, 명령을 내리는 강대한 지도자를 필요로 하게 되자 변증법적 역전의 발상도 나오고 있다[『선악』242]. 그에 맞서 니체는 그리스도교*를 비판하는 볼테르적인 계몽을 평가한다. 다만 이러한 이성에 기초하는 종교 비판도 신을 대신하여 이성을 신앙의 대상으로 삼았다는 점에서 아직 그리스도교에 의존하고 있으며, 계몽적인 비판에 의해 종교로부터 구축된 종교적 감정은 예술과 과학 또는 이성을 신뢰하는 철학에서 새로운 은둔처를 발견했다고 생각된다[『인간적』Ⅰ. 150]. 더욱이 개중에는 칸트와 같이 회의를 수단으로 하여 신앙의 길을 여는 '계몽주의자'도 있기 때문에 주의해야만 한다고도 말해지고 있다[같은 책 Ⅱ-1. 27].

그에 반해 니체는 낭만주의라는 계몽에 대한 반동에서 배워 그것을 진보의 계기로 생각하고, 무반성적으로 무시간적인 이성에 대한 신앙에 빠짐이 없이 역사의식을 가지고서 회의를 관철함으로써 계몽의 과제를 변증법적으로 계승할 것을 추구한다[『아침놀』197]. 다시 말하면 이것은 '자유정신'에 의한 가치 파괴 후에 어떻게 유럽의 지적 전통을 계승할 것인가 하는 과제이며, 그 담지자를 니체는 다른 곳에서 "좋은 유럽인"이라고 부르고 있다. 이 비유에 의해 표현되는 "그리스도교적 도덕성"의 "자기 지양"[『계보』Ⅲ. 27]에는 모종의 '계몽의 변증법'이 갖추어진다. 요컨대 '좋은 유럽인'은 이미 그리스도교의 신을 믿지 않지만, 그것은 "유럽적 양심"이 "2,000년에 걸친 진리에의 훈련의 가장 커다란 행위로서, 마침내는 스스로에 대해 신에 대한 신앙에서의 거짓말을 금하기"에 이른 결과이며, 그리스도교의 신을 타도한 것은 "지적 성실"로 승화된 "그리스도교의 도덕성" 그 자체에 다름 아니다. 그런 의미에서 '좋은 유럽인'은 "유럽의 가장 장기간에 걸친 가장 용감한 자기 극복의 상속자"이지만, 동시에 그들

이 새로운 가치를 추구하는 것도 무조건적인 신앙으로 살아간 그리스도교도의 후예로서 '진리에의 의지'라는 최후의 신앙에 따르고 있기 때문이라고 한다[『학문』357, 377]. 그러나 진리에 대한 신앙에 머무는 '자유정신'도 '아무것도 참이 아니며, 모든 것이 허용되어 있다'라는 동방적인 '정신의 **자유**'에는 아직 도달해 있지 않다고 여겨진다[『계보』Ⅲ. 24]. 그리고 유럽적인 도덕적 가치를 평가하기 위해서는 유럽 외부에 서지 않으면 안 된다고 하며, 그런 까닭에 '자유정신'은 '방랑자'로서 그리스도교적 유럽으로부터 탈출을 시도해야만 한다고 말해지는 것이다[『학문』380].

【Ⅳ】또 하나의 근대 비판의 가능성

새로운, 그리고 지금까지와는 이질적인 삶의 가능성을 추구하여 여행을 떠나는 니체의 '자유정신'은 확실히 모데르네가 전통으로부터 정신적으로 해방되는 선두에 서 있다. 그러나 이성에 대한 신뢰를 파기하고 그리스도교적 기원의 잔재를 폭로하여 오랜 계몽과 결별하는 것은 정말로 유럽 정신을 계승하는 것이 될 것인가? 니체가 자신의 이상을 언제나 주체의 '유형', 새로운 '종'으로서밖에 구상할 수 없었다는 점은 줄여 생각한다 하더라도, '자유정신'에서 표현된 지적 자세는 '계몽의 변증법'과 '포스트모던'이라는 두 가지 시대 진단 사이에서 또 하나의 근대 비판의 모델일 수 있을 것인가? 내적·외적 자연 지배의 진전에 의한 이성의 자기 파괴 과정으로서 '계몽의 변증법' 프로세스를 구상하는 역사철학에서 유럽 근대로부터의 탈출은 니체가 생각한 만큼 쉽지 않으며, 이성의 자연과의 화해'는 점점 더 어려워지고 있다. 기술에 의한 자연 지배가 관철되면 될수록, 반성에 의한 이성의 자기 수정에 대한 불신은 심해지며, 주관적 동기의 간섭을 배제하여 자기를 제어하게 된 시스템은 그 정당성에 대한 다소간의 회의로는 꿈쩍도 하지 않는다. 다만 '자유정신'에게도 기회가 없는 것은 아니다. 현 상황을 추인하지 않고 미적인 감수성을 활동시켜 결별하는 자세나, 다수자의 의식을 흐려지게 하는 전제를 다시 묻고 응고된 확신을 파괴하는 비판은 이러한 이의제기 과정을 통해 이성의 다양한 가능성이 나타나는 것을

인정하는 사회의 감성과 결합될 수 있다. 다른 한편 니체로부터 '계몽'에 의한 해방이라는 '커다란 이야기'의 종언을 설파하는 '포스트모던의 조건'에로 일직선적인 도정이 통해 있다고는 할 수 없다. 이성의 자기 정당화의 계략을 폭로하는 계보학의 전략만이 니체의 본령은 아니다. '진리에의 의지'에 대한 의혹을 이성에 대한 신뢰의 전면적인 파기로까지 확대시키지 않고 오히려 고지식한 진리 탐구를 거리를 두고서 되돌아보는 곳에서 '자유정신'의 가능성을 볼 수 있는 것이 아닐까?

그와 같이 경쾌한 자세를 가능하게 하는 것은 '즐거운 학문'이 가르치는, 인식과의 유희적인 관계다. 그것은 한편으로는 "가장 추악한 현실이라 하더라도, 그 인식은 아름답다"고 하여 "인식하는 사람의 행복은 세계의 아름다움을 증대시키며, 존재하는 모든 것을 보다 밝게 만든다"고 설득하며[『아침놀』550], 다른 한편으로는 "진리는 추악하다. 진리로 인해 파멸하지 않기 위해서 **우리는 예술을 지니고 있다**"고 예술'에서 구원을 찾는 시점이기도 하다[유고 Ⅱ. 11. 369]. 진리성의 요구를 미적 반성 속에서 상대화하는 아이러니'는 주관의 탈중심화의 하나의 방식이며, 거짓말을 하지 않기보다도 거짓말이라고 알면서 놀이하는 것에 지성의 즐거움이 있다. 진리를 상징적으로 파기하여 일시적으로 필연성과 목적 합리성, 사실성의 강제로부터 해방되는 것에는 무의미한 것에 대한 기쁨이 수반된다[『인간적』Ⅰ. 213]. 이리하여 이성으로부터 일시적으로 휴식을 취하는 어릿광대의 시선은 이성에게 자신을 다시 응시하는 기회를 부여하며, 그에 의해 이성은 단순한 도구가 아닌 "이성에 이르는" 것이다. '자유정신'의 미적 결별의 포즈는 이와 같은 반성을 이끄는바, 그것은 어지럽게 흩어진 이성의 파편을 번뜩이게 하면서 근대 사회라는 "강철의 우리"를 교묘하게 빠져나와 "회의적이고 남방적·자유정신적인 세계"[『선악』46]로부터 외양을 향해 날아오르는 새에 비유된다. 이 철새들은 "생성의 대양" 한가운데 떠 있는 "작은 섬"에 잠시 쉬며 대화를 나눈다. "여기 이 작은 장소에서 우리는 다른 철새들을 발견하고 이전에 여기에

있었던 철새들에 대해 듣는다. 이렇게 우리는 즐겁게 날갯짓을 하고 지저귀며 소중한 일 분 동안 인식과 추측에 시간을 보내고는, 대양 그 자체에 못지않은 긍지를 품고 정신 속에서 대양으로 모험을 떠난다."[『아침놀』 314] 타율적인 정보의 큰 바다 안에서 어떻게 해서 정신적 자유에 기초하는 대화를 창출하고 그 '섬'을 광범위한 네트워크로 만들어갈 것인가 하는 것은 바로 현대의 '자유정신'들의 과제일 것이다. ☞진리와 인식, 가면과 놀이

—오이시 기이치로(大石紀一郎)

자유주의 自由主義 [Liberalismus]

니체가 병으로 쓰러진 90년대에 청년 운동*을 중심으로 니체 열광이 높아졌을 때, 그들은 대체로 반자유주의, 반사회주의, 반자본주의 분위기에 둘러싸여 있었다. 그들은 자유주의적 합리주의, 비판적 역사주의*, 문화적 속물에 대해 철저히 비판하는 니체의 사상에 공명했다. 니체는 당시의 정치적 자유주의와 사회주의*에 반발한 비정치적 입장을 취하고 있었다. 니체는 3월 혁명 후의 프로이센의 헌법 투쟁, 비스마르크*의 철혈 정책, 프로이센-오스트리아 전쟁(1866), 프로이센-프랑스 전쟁*에 의해 3월 혁명의 정치의식을 뒷받침한 자유주의 세력이 그 힘을 잃고, 비스마르크에 대해 대결로부터 타협의 자세로 옮겨간 시대에 청년기를 보냈다. 처음에 니체는 비스마르크와 타협한 국민 자유당을 따르고 있었다.

그러나 그가 바젤*로 와서 『비극의 탄생』*을 상재한 시기부터 조금 변화가 나타난다. 비스마르크, 빌헬름 체제를 통해 체제화한 자유주의파는 프로이센의 수도 베를린대학을 거점으로 삼았다. 그에 반해 주변에 위치한 스위스의 바젤대학에는 자유주의파가 우위를 점한 베를린대학에 대항하고자 하는 기류가 있었다. 니체는 바젤대학을 거점으로 하여 베를린의 자유주의자가 비스마르크의 문화 투쟁을 지원하는 것을 저지하고자 한다. 니체가 바젤에서 발표한 『비극의 탄생』은 자유주의자인 트라이치케*로부터도 비난받고, 자유

파의 잡지로부터도 받아들여지지 않았다. 이 글에 대한 최대의 적이 된 빌라모비츠-묄렌도르프*는 베를린대학의 고전학의 정점에 서 있었다. 바젤의 니체의 친구가 된 로데*와 오버베크*는 베를린대학의 자유주의자들로부터 니체와 함께 세 명의 악인으로 지목되었다. 부르크하르트*는 베를린대학으로의 초빙을 거절했다. 그러한 와중에 베를린을 중심으로 한 정치적 자유주의가 지배한 지적 체제를 니체는 현대의 소크라테스주의라고 파악하고 있었다고 생각된다. 이러한 자유주의로부터 트라이치케와 같이 반유대주의*를 선동한다든지 빌라모비츠와 같이 자유제국주의자로서 전쟁에 대한 지도적 역할을 수행하는 자들이 나온다. 바젤에 있던 니체가 젊었을 적의 반유대주의를 완전히 버리고 독일 제국의 내셔널리즘에 반발한 것은 베를린을 중심으로 한 정치적 자유주의와 대결했기 때문이었다. 따라서 90년대의 니체 열광에 들뜬 청년들의 니체상과는 어긋난다는 것을 알 필요가 있다.

—우에야마 야스토시(上山安敏)

잘리스 [Meta von Salis-Marschlins 1855-1926]

스위스의 그라우뷘덴 지방 영주의 후예. 각지에서 가정교사를 한 후에 영지를 계승하지만, 그 사이 여성 해방 운동에 경도되며, 말비다 폰 마이젠부크*의 서클에 들어간다. 여성도 학위가 필요하다는 인식에서 1883년에 취리히대학에 입학하여 철학, 역사, 법학을 공부하며, 1887년에는 그라우뷘덴 지방의 여성으로서는 처음으로 박사 학위를 취득한다. 전투적인 여권론자였다는 것은 1894년에 알게 된 한 여성이 휘말린 재판과 관련하여 재판관 모욕죄로 단기간이긴 하지만 형을 산 것으로부터도 알 수 있다. 폰 잘리스는 이미 1879년에 나움부르크*에 거주하는 러시아계 독일인 귀족의 가정교사를 했으며, 그때에 이 귀족과 교제가 있던 니체가의 사람들을 알고 있었다. 그러나 니체와는 1884년 7월 취리히에서 처음으로 알게 된다. 그 후 그녀는 해마다 질스-마리아*의 니체를 방문하며, 특히 1887년에는 한 여름 동안 머물면서 산보나 보트 놀이를 함께

하면서 문학과 사상에 대한 논의의 상대가 되었다. 텍스트에서는 여성 모욕적인 발언이 많은 니체이지만, 실제로는, 특히 질스-마리아에서는 많은 여권론자들과 교제가 있으며, 또한 그녀들에게 우러름을 받고 있었다. 다양한 사람들이 각자의 분야에서 새로운 삶의 형식을 갈망하고 모색한 이 시대의 특징이다. 후에 그녀가 쓴 니체에 대한 회상 『철학자와 귀인』(*Philosoph und Edelmensch*, 1897)에는 니체의 스탕달*과 에머슨*에 대한 호의를 비롯하여 당시의 독서 경향 등이 상세하게 기록되어 있다. 독일 문화의 왜곡에 대한 분개와 비판은 두 사람에게 공통적이었기 때문에, 마지막까지 깊은 우정으로 결합된 관계로 되었다. ☞페미니즘/여성 해방〕

─미시마 겐이치(三島憲一)

저널리즘─공론장의 문제

니체가 살아갈 무렵의 독일*에서는 이미 저널리즘이 융성의 시기를 맞이하고 있었다. 3월 혁명 이후의 정치 신문의 등장으로 시작하여 1880년대에는 보도 신문이 독일 각지에서 무더기로 생겨났다. 영국의 보도주의와 미국의 대중지의 영향은 니체의 눈에도 당연히 띄었을 것이다. 모리 오가이*(森鷗外)는 『무희』의 주인공 입을 빌려 정확히 같은 무렵의 독일 저널리즘의 왕성한 기세를 전해 준다. "대체로 민간학이 유포시킨 것은 유럽 나라들 사이에서 독일에서가 아니라면 아무것도 없어. 수백 종의 신문 잡지 이곳저곳에서 보이는 논의에는 제법 고상한 것도 많지." ─ 오가이는 대학 아카데미에서의 "한 줄기 길로만 달려가는 지식"과 저널리즘(민간학)에서의 "총괄적" 교양을 비교하고, 전자의 쇠퇴와 후자의 성황을 대조한다. 당시 독일의 지적 상황은 이미 일개 유학생의 눈에도 선명하게 비쳐 보였던 듯하다. 다만 같은 독일에서의 "민간학의 유포"가 니체에게는 "독일인의 정신은 그들의 맥주와 신문으로 억제되고 있다"〔『인간적』 II-1. 324〕고 보이고, 신문과 잡지 이곳저곳에서 보이는 논의가 "현대의 교양 있는 야만"으로밖에 보이지 않았던 것은 동시대

의 같은 사회에 대한 대조적인 평가로서 흥미롭다.

니체의 생애에 걸친 사유가 반시대성으로 채색되어 있었다는 점은 새삼스럽게 말할 필요도 없지만, 그 예의 하나로 저널리즘에 대한 비판을 들어도 나쁘지 않다. "현대의 교양 있는 야만", "찰나의 종복", "일간 신문의 그날그날의 정신" "날마다의 종이의 노예", "신문이라는 이른 아침의 구역질", "근대 문화의 천치", "영원히 계속되는 헛소동" 등으로 저널리즘과 신문에 대한 신랄한 매도는 그 수를 헤아릴 수 없다. 유고 단편을 보면 '신문'은 『반시대적 고찰』*의 속편의 주제로 예정되어 있었던 구석이 있다〔I. 5. 109f〕. 『비극의 탄생』*에서도 저널리즘 비판은 얼굴을 내밀고 있지만, 초기의 것으로서는 연속 강의 「우리 교육 기관의 미래에 대하여」의 저널리즘 비판이 우선 눈길을 끈다.

"타락한 교양인이라는 것은 중대한 문제이지. 그런데 우리 독일의 학자* 사회와 저널리즘 사회 전체가 이런 타락한 모습을 띠고 있는 것을 관찰하면서 우리는 충격을 받지 않을 수 없네. 우리의 학자들이 물리지도 않고 혹세무민하는 저널리즘 풍의 작품을 기웃거리거나 더 나아가 한몫 거든다면, 그들에게 학식이란 소설 쓰는 일이 언론인에게 의미하는 바와 비슷하다는 가설 외에 우리의 학자들에게 더 적합한 평가가 어디 있겠는가? 다시 말하면 그것은 자신에게서 도피하는 것이며, 교양에 대한 본능적 충동을 금욕적으로 절멸하는 것이고 자포자기에서 개인을 소멸시키는 일이라네."〔「교육 기관」 V〕

니체는 우선 여기서 저널리즘과 아카데미즘을 이를테면 세트로 비판하고 있다. 더욱이 그것을 교양인 내지 교양* 그 자체의 명운에 관계되는 문제로 보고 있었다. 아카데미즘과 저널리즘 모두로부터 거리를 두면서 교양 형성의 방식을 반성해 보는 것이 니체의 여기서의 주안점이다.

저널리즘과 아카데미즘을 맞짝으로 한 이 비판에서 연상되는 것은 첫째로, 니체 자신이 아카데미와 손을 끊기에 이르렀다는 것, 더 나아가 아카데미즘으로부터 절연한 후, 저널리즘에 몸을 팔 정도로 절조 없음을 보이지 않았다는(또는 저널리즘으로 변신할 만큼 처

세술에 밝지 않았다는) 점일 것이다. 이 점을 생각하면, 니체가 '문필가로서의 다비드 슈트라우스'를 비난의 대상으로 삼은 것은 상징적인 사건이었을지도 모른다. 슈트라우스를 필두로 하는 이른바 헤겔 좌파의 면면들은 맑스*, 엥겔스(Friedrich Engels 1820-95)에 이르기까지 대부분이 아카데미즘으로부터의 탈락자 내지 전직자들이다. 헤겔 우파가 강단 철학으로서 아카데미의 일각을 차지하고 있던 것에 반해, 그들은 활동의 무대를 저널리즘에서 찾을 수밖에 없었다. 하지만 니체는 아카데미즘을 떠난 후에는 오히려 아카데미즘인가 저널리즘인가 하는 선택의 바깥에 계속해서 서 있었다. 그리고 이러한 스탠스를 취하는 것은 공공 권역에서의 의견 형성, 여론에 대한 일관된 멸시의 태도와 결부되어 있는 것이다.

저널리즘과 아카데미즘을 한 세트로 한 비판은 둘째로, 니체가 교양속물'들에게 비판의 창끝을 향하고 있던 것과도 관련된다. 니체는 이미 아카데미즘과 저널리즘, 교양인과 속물, 지식인과 대중을 단순히 대립시켜 한쪽을 취하는 일은 하지 않는다. 오히려 대중으로 화한 지식인, 즉 '교양속물'들에게야말로 비판의 화살이 향한다. 적은 대중의 무지가 아니다. 교양인과 속물을 대립시키는 것 자체가 이미 기만이다. 이러한 교양속물들 사이에는 같은 욕구와 비슷한 견해밖에 존재하지 않는다. 그들의 주변을 둘러싸고 있는 것은 이런저런 사항들에 관한 암묵적인 협정의 고리다. 교양속물을 지배하는 "이 대단히 인상적인 동일성"[『반시대적』 I. 2]이야말로 니체에게 있어 여론의 형태를 취해 나타나는 공공 권역의 특징을 이루고 있었던 것이다.

아카데미즘과 저널리즘 쌍방의 외부에 서는 것은 속물로 화한 교양인으로부터 거리를 두는 일이며, 그들이 형성하는 교양과 공론장을 이화(異化)시키는 일이기도 했다. 저널리즘 속에서 니체가 본 것은 이러한 "교양의 쇠퇴와 확산"에 다름 아니다[「교육 기관」 I].

교양속물이 발호하는 시대가 되면 "그리스의 강물로부터 독일 교양의 행복을 위해 쉴 틈 없이 물을 퍼 올리는 데서 자신들의 권위를 찾는 집단 안에서,

즉 고등 교육 기관의 선생 집단 안에서…… 드물지 않게 그리스의 이상에 대해 회의를 품고 포기하거나 모든 고대 연구의 진정한 의도를 완전히 전도하는 사태가 벌어진다." "따라서 고등 교육 기관의 교육 능력이 현재보다 더 낮고 약했던 적이 없다."[『비극』 20] 이와 같은 교양의 쇠약에 앞서 저널리즘이 고등 교육의 교원들에 대해 승리를 거둔다. 그뿐만 아니라 해당 교수들 중에서도 자주 변신하기로 결정하고서 저널리즘의 "경쾌한 우아함"에 몸을 감싸고 경쾌한 앎에 도취하기도 하는 것이 현재의 상황이다.

그렇지만 교양을 쇠퇴로 몰아넣은 책임이 저널리즘의 경박함과 천박함에만 있다고는 말할 수 없다. 이전의 "온전한 교양"을 불가능하게 하는 것은 다름 아닌 학문에서의 분업, 전문화 그 자체다. "우리의 학교는 훨씬 더 대규모적인 분업의 방향을 가리키고 있다. 온전한 교양을 얻고자 하는 노력이 이루어지는 것은 그런 까닭에 점점 더 드물어진다. …… / 그런 까닭에 연락 역할을 하는 일반적인 인간, 즉 저널리스트의 권력이 당분간 역시 한층 더 크게 될지도 모른다. 요컨대 그들은 다양한 영역을 하나로 통합해내는 것이다." [유고 I. 3. 512] 그러나 니체의 입장에서 보면, 이와 같은 "총괄적" 교양이 "한 줄기 길로만 달려가는 지식"을 넘어서서 이전의 "온전한 교양"에 어깨를 겨룰 정도의 높이에 도달한다고는 도저히 생각될 수 없다. "'일반'교양은 본래 예외적인 '교양'의 위계를 떨어뜨려 버린다. 저널리스트는 하나의 필연적인 결과다. 이른바 일반교양의 하나의 탄생이다."[같은 책 I. 3. 402] "잡지나 신문을 통한 이른바 '문화적 관심'이라는 천민적 공론장(die plebejische Öffentlichkeit)이 가장 고상하고 성숙한 새로운 형태의 교양의 기초로 숭배된다면"[「교육 기관」 III] 교양의 쇠퇴와 확산 — 교양속물과 평범한 사람들의 일반교양의 현실, 저널리즘이 산출한 현실은 이러한 것이다.

초기의 니체에서 보이는 교양 개념에서는 그리스적 이상에 더하여 '독일 정신'과 '참된 문화'에 기울이는 니체의 뜨거운 생각이 느껴진다. 하지만 중기가 되면, 이 측면은 배경으로 물러나고, 그에 수반하여 신문과

여론에 대한 비판도 역점을 두는 곳이 변한다. 중기의 저널리즘 비판에서 간과해서는 안 되는 것은 아카데미즘과 저널리즘, 교양속물과 '온전한 교양'이라는 보완과 대립의 구도와는 다른 시점으로부터 저널리즘과 공론장 문제를 말하게 된 점일 것이다.

예를 들면 신문을 대표로 한 저널리즘의 현 상황이 문화의 위기라는 시점에서 아카데미즘의 실정과 한 세트로 비판되는 것은 이미 아니다. 문제가 되는 것은 오히려 저널리즘과 여론이 발휘하는 다양한 정치적·심리적 효과다. "어떻게 오늘날에도 커다란 정치적 사건들 모두가…… 그 막대한 영향을 나타내고 나중에 땅을 뒤흔들어 놓는지를 곰곰이 생각해보라.— 오늘날에도 그러한 것처럼, 소리치고 귀를 먹먹하게 하며 자극하고 놀라게 하기 위하여 매일 폐를 혹사하고 있는 언론에 어떤 의미를 부여해줄 수 있을까?"[『인간적』Ⅱ-1. 321] "보편적인 신념과 여론으로 옷을 입지 않으면 대부분의 인간들은 아무것도 아니며 그 무엇으로 간주되지도 않는다."[Ⅱ-1. 325]

또한 여론(공적 의견Öffentliche Meinung)은 그것의 "대단히 인상적인 동일성"이 문제로 되기보다 "공적 의견"이라는 이름 하에서 범해지는 "사적 태만"[『인간적』Ⅰ. 482], 다수자들의 "불성실한 범죄"로서 고발된다. "신문 잡지의 힘은 거기에 종사하는 각각의 모든 개인이 거의 의무와 책임을 느끼지 않는 데서 성립한다. 그들은 보통 자신의 의견을 말하지만, 자신의 당파나 자기 나라의 정치 또는 결국 자신에게 유리하도록 한 번쯤은 그것을 말하지 않는 일도 있다. 이와 같은 불성실함 또는 아마 단지 불성실한 침묵일 뿐인 사소한 범죄…… 가 많은 사람들에 의해 동시에 이루어지기 때문에, 그 결과는 특별한 것이 된다."[같은 책 Ⅰ. 447]

니체는 이미 공론(여론)의 현실을 공적인 것의 전개로서가 아니라 다수를 보여준 사적인 것의 지배로서 파악하고 있다. 그런 의미에서 공론장의 상실 내지 구조 변동의 현실을 어느 정도 응시하고 있었다고도 볼 수 있다. ☞교양, 교양속물

—기마에 도시아키(木前利秋)

전율과 공포戰慄 ― 恐怖

이성 질서의 명랑한 세계가 '마야의 베일'처럼 일거에 떨어지고, 그 속에 숨겨진 삶*의 심연*이 엿보이는 순간*을 니체는 전율과 공포의 경험으로 파악한다. 『비극의 탄생』*에서는 디오니소스*적 도취*가 바로 이 전율의 경험이다. 인과율과 도덕률 등 현실 인식을 규정하는 "근거의 원리"가 "어딘가에서 예외를 허락하는 듯이 보이는 경우, 인간은 갑자기 현상계의 인식 형식들에 혼란스러워 하고, 어쩔 수 없는 전율적 공포(Grausen)에 사로잡히는"[『비극』1] 것이다. 자기 보존*을 지향하는 근대의 인식 도식은 삶의 추악함과 기쁨을 망각시켜 왔다. 이러한 지적 금욕주의가 배제하고 보는 것을 금지한 삶의 본래적인 존재방식을 엿보는 것은 삶의 가장 깊은 곳에서 끓어오르는 "환희로 넘쳐나는 황홀감을 느끼는 순간"이다. 하지만 이성 질서의 확고한 지반을 떠나 일상성을 벗어나는 이 경험은 마치 낭떠러지 끝에 서서 발아래에 펼쳐지는 심연을 들여다보는 것과 같은 공포와 떨림을 수반한다. 니체는 『비극의 탄생』에서 실러*의 시에 의한 베토벤*의 「환희의 노래」의 광경을 떠올려보라고 말한다. 수백만의 사람들이 '두려워하며'(schauervoll) 창조주 앞에 공손히 절하는 모습은 디오니소스적인 마력에 씌어 미친 듯이 노래하고 춤추는 축제의 도취처럼, 인간들이 다시 유대를 회복하고 소외되어 있던 자연과 화해하는 광경이다. 니체가 이러한 화해를 추구하고 있었다 할지라도, 그것은 결코 사티로스*의 합창이 있을 수 있었던 사회의 재현일 수 없다. 이성 인식이 배제한 것을 보는 순간의 떨림은 어디까지나 근대적인 미적 경험이다. 『비극의 탄생』에서 이 미적 체험은 그가 일시적으로 바그너*에게 기대를 걸었던 것에서 엿보이듯이 아직 구체적인 예술과 결부되어 있지만, 바그너와의 결렬 이후에는 기성 예술의 틀을 넘어선 감성 경험으로 넓어져 간다. 『아침놀』*[423]에는 저물어가는 어스름 속에서 모든 것이 "커다란 침묵"으로 빨려 들어가는 제노바 만에서의 자연 체험에 대해 "돌발적으로 우리를 엄습하는 이러한 거대한 침묵*은 바로 아름다움이자 전율이다"라고 적혀 있지만, 그것은 인

식 대상으로서가 아니라 자연과의 만남에서 오는 감성의 떨림이다. 나아가 『즐거운 학문』[341]에서 기록된 영원회귀*의 예감도 전율적인 경험이다.

전율과 공포는 근대적 주체의 존립을 위해 배제되어 온 것에 접촉하는 두려움임과 동시에, 금지되어 있는 까닭에 매혹적인 인력을 수반한 경험이다. 그것은 이전에 종교가 간직하고 있던 초월자와의 교류에 의한 탈자적인 도취 경험과 같은 것이며, 바타유*가 말하는 '지고성'과 접촉하는 순간과 비교된다. 바타유의 경우, 광란의 잔치나 성 행위 금지의 침범에 있어서의 에로티시즘은 거부되고 저주받은 자연이 자연 그 자체로서 회귀하는 것이 아니라 감성에 의해 변용되어 '성스러운 것'으로서 추구되는 것이다. 여기서 니체와의 공통점을 볼 수 있다.

일상성을 벗어나는 미적 경험으로서의 전율과 공포는 모더니즘 예술에 공통된 미적 경험이다. 이미 독일 낭만파는 일상적 세계 안에 숨어 있는 꺼림칙한 것의 전율적 매혹을 문학화하고, 정상과 이상, 의식과 무의식의 경계를 무너뜨리는 것에 의해 계몽적 이성의 한계를 돌파하고자 했다. 이 미적 경험은 보들레르*에게서 첨예화된다. 그가 고야 그림의 꺼림칙한 유혹에서 감지한 "막연하고 무한한 것의 전율"은 『파리의 우울』과 『악의 꽃』의 근저에 흐르는 모티브가 된다. 더 나아가 일상 감각을 뒤흔드는 초현실주의*의 충격과 독일 표현주의*에서의 병적인 것과 부패의 주제화, 죽음의 편애와 언어 질서의 파괴 등은 근대적 자아의 기반으로서의 논리 법칙과 법질서로부터 배제된 것에 문학 형식 안에서 언어를 부여하는 시도이다. 하지만 전율적 경험은 미적 영역에서야말로, 그리고 미적 영역을 넘어서지 않는 한에서만 일상성의 폭로로서의 기능을 지닐 수 있다는 것은 니체 자신에게도 분명했다. 요컨대 전율의 순간에 일상성을 벗어나는 경험은 합리적 인식의 한계를 뒤흔드는 것이긴 하지만, 그 경험이 미적 영역에 머물러 있는 한에서는 비합리주의에 빠지는 것이 아니다. 그러나 그것이 미적 영역을 일탈하는 경우에 반근대적 퇴행으로 될 수 있다는 것을 노골적인 반유대주의자이자 파시스트였던 셀린

(Louis-Ferdinand Céline 1894-1961)과 윙거*라는 구체적인 예들이 보여준다. 여기서 모더니즘 예술의 대단히 미묘한 측면을 볼 수 있다. 그렇지만 전율의 미적 경험을 공유하는 니체와 표현주의 예술에 대해 독일에서 예를 들어 루카치*로 대표되듯이 '반계몽'의 딱지를 붙이는 경향이 있는 것은 나치즘을 낳은 독일의 불행이다. 니체에게서 근대로부터의 결별 징후를 강하게 읽어내는 하버마스*의 반응에도 이러한 독일의 과거가 크게 그림자를 드리우고 있다.

전후 다시 전율과 공포라는 주제를 모더니즘 예술이 제기한 미해결의 문제로서 적극적으로 다루고 있는 것이 오히려 독일 이외의 문화권이라는 것은 우연이 아니다. 스스로가 유대인이기도 한 크리스테바(Julia Kristeva 1941-)는 『공포의 권력』(Pouvoirs de l'horreur: Essai sur l'abjection, 1980)에서 셀린의 『밤의 끝으로의 여행』에 대한 독해를 통해 "셀린에게는 넘어설 수 없었던 아방가르드의 모험"에 몰두하고 있다. 크리스테바에 따르면, 모더니즘 예술이야말로 사회 질서의 형성을 위해 "폐기해야 할 것"(abject), 요컨대 "역겹고 더러운 것"으로 여겨져 온 자연의 욕동이 언어를 얻는 장이다. 그녀에 따르면, 모더니즘 문학은 주체의 자기 동일성을 파괴할 위험이 있는 '아브젝트'를 승화하는 역할을 짊어져 왔다. 셀린에게 있어서는 금기시됨과 동시에 매혹되는 것 사이 가까이에서 "정념을 작열시키는" 수단이 통상적인 통사법을 파괴하고 변형시키는 문제였다고 크리스테바는 말한다. 하지만 셀린은 근대적 자아의 파산을 문학에서 승화시키지 않고서 문체에서 파괴된 주체의 동일성 회복을 파시즘에서 추구했던 것이 잘못이었다고 지적한다. 그녀는 니체의 『선악의 저편』*에서 "문장의 리듬을 뒤바꾸는 것은 문장의 의미 그 자체를 뒤바꾸는 것이다"라는 말을 인용하고 있지만, 모더니즘 예술이 근대의 전면 부정에 빠지지 않는 근대 비판을 어떻게 전개해 왔는지를 탐구하기 위해서는 니체에게서의 "문장의 리듬"에 감추어진 비판의 힘을 분명히 하는 것이 필요할 것이다.
☞아포리즘과 사유의 수행, 미와 쾌락, 표현주의

―오누키 아츠코(大貫敦子)

전쟁과 군대戰爭—軍隊

"공격하는 것은 나의 본능에 속한다"[『이 사람』 I. 7]고 말하는 니체의 저작에는 전쟁이나 군대에 관한 표현이 수많이 나타난다. 그렇긴 하지만 규율과 용감함이 남자다움의 이상으로 여겨진 시대에 군사적인 비유*의 많은 사용은 어떠한 학자나 문학자의 문장에서도 공통적이었다. 또한 사회적으로도 융커의 행동 양식을 모범으로 하여 공적 규범이 형성된 프로이센에서는 시민이라 하더라도 병역을 마치고 예비역 사관이 되어서야 겨우 어른으로 간주되는 풍조가 강했으며, 학생들은 결투에 의해 용기를 보여줄 기회를 놓치지 않았다. 목사의 아들로서 태어난 니체도 소년 시절에는 크리미아 전쟁을 흉내 내 납으로 만든 병졸들로 전쟁놀이를 하며 자라고, 학생 시절에는 결투에서 상처를 입는다. 그리고 프로이센이 여러 차례 전쟁을 수행한 시기에 성인이 된 그는 근시 때문에 두 번까지는 소집을 면했지만, 1867년 가을의 징병 검사에서 합격되어 나움부르크*의 야전포병 기마연대에서 훈련을 받았다. 다만 군대 생활에는 친숙해지지 못하며, 말에서 떨어져 부상당한 후에는 그대로 제대하여 예비역 소위의 지위에 대해서는 열의를 보이지 않았다. 프로이센-프랑스 전쟁* 때에는 지원하여 간호병으로서 종군했지만, 그 후에는 전쟁의 승리로 솟아오르는 여론에 맞서 독일의 승리는 독일 문화의 승리가 아니라 독일군의 규율과 용감함, 지휘관의 유능함과 전술의 우수함 등, "문화와는 아무런 관계도 없는 요소"에 의한 것이라고 논의한다[『반시대적』 I. 1]. 이와 같이 근대 국가의 군대와 문화를 대립시키는 한편, 고대 그리스 국가에 대해 니체는 "전사로 이루어지는 사회"에 입각한 군사 국가와 뛰어난 문화의 성립 사이에는 본질적인 관련이 있다고 주장한다[「다섯 개의 서문」 III]. 뛰어난 문화의 기초가 되는 투쟁을 긍정하는 사고는 그 후에도 일관되며, "군사적으로 기초가 부여된 문화" 쪽이 "산업 문화"보다 고귀*하다고 하고 있다[『학문』 40]. 또한 자유란 "남성적인, 전쟁과 승리를 기뻐하는 본능"의 지배이며, 근대에 자유를 보증하기 위한 제도가 가축떼*적인 인간을 증식시키고 있는 데 반해, 자유의 획득을 지향하는 싸움 속에서야말로 본원적인 자유가 있는 것이며, 그러한 자유로운 인간의 최고의 전형이 카이사르*라고[『우상』 IX. 38] 하는 발언도 있다.

그렇지만 중기 이후의 군사적인 표현의 대부분은 인식과 창작에 임하는 태도에 대한 비유로서 사용되고 있다. "전쟁은 모든 좋은 것의 아버지다"라는 헤라클레이토스*의 말은 시에 대한 산물의 "우아한 전쟁"과 관련하여 인용된다[『학문』 92]. 『차라투스트라』*의 「전쟁과 전사에 대하여」[I-10]에서도 "좋은 전쟁은 어떠한 사항도 신성한 것으로 만든다", "적을 갖되, 증오할 가치가 있는 적만을 가져야 한다. 경멸스러운 적은 갖지 말도록 하라"라는 잠언에 이어서 "인식의 전사"로서 자신의 사상을 위해 싸우고 사상의 패배에 즈음해서도 성실함을 관철하여 "좋은 전사"가 복종해야 할 명령이란 "인간은 극복되어야 할 그 무엇이다"*라는 사상이라고 말하고 있다. "피로써 쓰고"[같은 책 I-7] "쓰러지는 것을 더욱더 밀어붙여야 한다"[같은 책 III-12. 20]와 같은 표현도 이 부류에 들어올 것이다. 더 나아가 니체는 개개의 비유 수준에 머물지 않고서 스스로의 저작 활동 그 자체도 현대 문화에 대한 '전쟁'으로서 이해하고 있었다. 자신의 저작은 현대의 문화와 그리스도교*에 대한 "선전포고"이며[『우상』 서문], "전투적인 철학자는 인간만이 아니라 문제에 대해서도 결투를 신청한다"는 것이다. 그리고 "성실한 결투"의 마음가짐으로서 (1) 승리하고 있다고 자랑하는 것들만을 공격한다, (2) 오직 홀로 위험을 고려하지 않고 싸운다, (3) 개인을 공격하지 않는다[다비드 슈트라우스*나 바그너*는 어떤 문제의 전형으로서 다루었던 것에 지나지 않는다고 한다], (4) 개인적 감정에 좌우되지 않는다고 하는 네 가지를 들고 있다[『이 사람』 I. 7]. 용기와 명예를 중시하는 결투의 작법을 비평 언어 안으로 가지고 들어오고자 하는 듯하지만, 승리하고 있다고 자랑하는 다수파에 대해 홀로 과감히 도전하는 전사를 자처하는 영웅주의는 돈키호테적인 익살스러움과 종이 한 장 차이이기도 하다.

제1차 세계대전의 개시와 더불어 총동원 체제에

의해 사회가 기능적으로 편성되고 군사화가 관철되어 가면, 이러한 전투적인 언설은 오히려 정치적 반동과 결부되어 받아들여지게 되었다. 독일 군국주의의 대표격으로서 트라이치케*와 나란히 니체의 이름이 거론된 적도 있다. 하지만 그 원인은 니체 자신의 전쟁 비유가 후기에 현실과의 경계를 넘어서려고 하게 된 것에도 놓여 있었다. "이제 역사에서 그 유례를 찾아볼 수 없는 전쟁의 몇 세기가 계속 이어질 것이라는 것, 요컨대 우리가 고전적인 전쟁의 시대, 즉 (수단과 재능과 규율의 점에서) 최대 규모의, 학식에 기초함과 동시에 대중적인 전쟁의 시대에 들어선 것"을 니체는 나폴레옹*의 유산으로서 평가하고, 유럽의 일원적인 지배의 달성이라는 과제에 대해 말하고 있다[『학문』 362]. 그리고 "이제 이전에 지상에 없었던 전쟁이 일어날 것이다. 나로부터 시작되어 지상에는 **위대한 정치**가 행해질 것이다'라고 예언하는 것이다[『이 사람』 XIV. 1]. 20세기 초의 예술 혁명에 대해서도 '아방가르드'라는 군사적 비유가 사용되지만, 예를 들어 미래주의에서는 "세계의 유일한 위생학으로서의 전쟁"이라는 전쟁 찬미가 이윽고 파시스트적 행동주의로 전화해 갔다. 니체의 '위대한 정치'의 언어도 그 미묘한 경계선 위에 접어들고 있었다. ☞위대한 정치, 국가, 카이사르, 나폴레옹

―오이시 기이치로(大石紀一郎)

절도節度｛중용中庸｝ [Maß]

니체는 고급한 인간의 가장 고귀*한 덕으로서 고대 그리스의 폴리스 시민에게 있어서의 네 가지 주된 덕, 즉 용기, 정의, 절도, 지혜를 들고 있지만[『인간적』 II-2. 64], 그중에서도 특히 절도를 중시했다. 그리고 "두 가지 아주 고귀한 것: 절도(Maß)와 중용(Mitte)에 대해서는 전혀 말하지 않는 것이 가장 좋다. 극소수의 사람만이 내적 체험들과 회심의 신비로운 좁은 길을 통해 그것들의 힘과 징후를 알고 있다"[같은 책 II-1. 230]고 말하면서 자주 이 덕에 대해 말하고 있다. 예를 들어 "사고와 연구의 완전히 단호한 태도, 즉 성격의

특징이 되어버린 자유정신*의 활동은 행위에 절도가 있게 해주지만[같은 책 I. 464], 루터*의 교회*에 대한 반항은 무례하고 좋은 취미*의 결여를 보이며, 절도를 결여하고 있었다고 생각된다[『계보』 III. 22]. 이러한 발언들에서 말해지는 '절도'는 귀족 사회의 모럴과도 통하는 것이지만, 니체에게서의 '절도'는 본래 미적인 범주로서 도입되어 있었다. 『비극의 탄생』*에서 아폴론*적인 것은 꿈의 가상*이 거칠고 난폭한 흥분을 부르지 않도록 "절도 있는 제한"을 설정하고, 개체의 한계를 지키도록 하기 위해 "너 자신을 알라"라고 요구하여 "그리스적인 의미에서의 절도"를 깨닫게 하는 것이라고 여겨진다. 그에 반해 디오니소스*적인 것은 인간의 삶*에서의 미와 절도의 근저에 숨겨진 고뇌를 나타나게 한다. "가상과 절도 위에 세워지고 인위적으로 억제된 세계" 속에 "디오니소스 축제의 황홀한 울림"이 작용하게 되면, 그때까지 절도를 지니고 있던 개체는 아폴론적 규정을 잊어버리고 "디오니소스적인 망아의 상태"에 빠진다. 그리고 "과잉*(Übermaß＝절도를 넘어서는 것)이 스스로를 진리로서 개시하고 고통으로부터 태어난 환희라는 모순이 자연의 가슴으로부터 자신을 알린다"는 것이다[『비극』 I. 4]. 후기에 이르면, 중기의 아포리즘 모음집에서 유지되고 있던 문체의 절도가 느슨해지고, 이 점에서도 과잉이 흘러넘치게 되지만, 그것과 더불어 미적 절도를 달성하는 것은 '힘'의 과잉이라고 하는 사유가 나타난다. 예술에서의 "뉘앙스에 대한 감각과 기쁨(본래의 모더니티), 일반적으로는 **없는** 것에 대한 감각과 기쁨은 **전형적인 것**을 파악하는 것에서 기쁨과 힘을 발견하는 충동, 요컨대 최전성기에서의 그리스적인 취미와 같은 것에 대립한다. 후자에 놓여 있는 것은 생명 있는 것의 넘쳐흐름을 제압하는 것이며, 절도가 지배하고 있다." 그런 까닭에 "확고한 것, 강력한 것, 견고한 것, 광대한 동시에 힘차게 휴식하고 그 힘을 숨기고 있는 삶―그것이 '뜻에 합당하다'는 것이다"라고 생각된다[유고 II. 9. 367]. 그렇지만 예술에서 절도 있는 고전성에로의 '힘'에 의한 회귀를 도모하고, 그 밖의 장면에서도 "가장 절도 있는 자"야말로 니힐리즘*을 극복해야 할 "가장 강한

자'라고 주장하는[Ⅱ. 9. 283] 니체가 담론에 있어서는 '힘'을 찬미하더라도 모더니티의 "뉘앙스에 대한 감각과 기쁨"에서 그 나름의 매력을 발견하고 거기서 절도와 과잉으로는 환원될 수 없는 새로운 감성을 헤아려 알고 있었다는 점도 역시 확실하다.

— 오이시 기이치로(大石紀一郎)

정열情熱

『아침놀』*에는 「새로운 정열」이라는 제목으로 '인식의 정열'에 대해 말한 아포리즘이 있다. 야만의 시대가 과거의 것이 된 지금, "인식 없는 행복"은 우리에게 고통을 준다. "우리 마음속에서 인식*은 어떠한 희생도 두려워하지 않으며 자기 자신의 소멸 이외에는 아무것도 근본적으로 두려워하지 않는 정열로 변화되었다." 이 정열 때문에 인류는 멸망할 수도 있다. 그렇지 않으면 "인류는 쇠약 때문에 멸망할 것이다. 어느 쪽이 좋을까? 이것이 근본 문제."[『아침놀』 429] 우선은 인식의 정열에 한정된 이야기지만, 동시에 정열 그 자체가 지니는 특성을 상당히 잘 암시하고 있다.

정열(Leidenschaft)은 우선 고뇌(Leiden)도 끌어안는 적극적 태도, 상태라고도 말하는 것으로 차가운 로고스가 아닌 뜨거운 파토스에 내몰린 자세, 병이 든 상태라고도 말해야 할 어떤 것이다. "어떠한 희생도 두려워하지 않는 정열"이란 그러한 강한 "고뇌에의 의지"를 말한다. "고뇌로부터 도망하고 싶다'라는 소극적 감정과는 달리 창조하는 것으로서 "위태롭게 파멸하는 곳까지" 가는 것[유고 Ⅱ. 2 291], 말하자면 최고의 삶이기 때문에 굳이 "고뇌를 산출하는 것"도 싫어하지 않는 강한 의지다. 따라서 고뇌는 적은 고뇌가 아니라 커다란 고뇌이어야만 한다. "적은 고뇌는 사람을 작게 만든다. 커다란 고뇌는 사람을 크게 만든다."[같은 책 Ⅱ. 5. 135] **위대한 고뇌에의 의지**야말로 정열이 추구하는 것이다.

이러한 의미에서 '고뇌하는 산', 다름 아닌 바로 그것이야말로 니체에게 있어 디오니소스*다. "그리스인들의 이상적인 충동은 정열을 지향하고, 사랑하고, 고양

하고,…… 신격화했다. 정열 안에 있을 때 그들은 다른 때보다 더 행복했을 뿐만 아니라, 더 순수하고 신적이라고 느꼈다." 사도 바울*과 같은 인간은 정열을 오직 더러운 것으로만 볼 뿐이지만[『학문』 139], '고뇌하는 산' 디오니소스는 '정열의 신격화'다. 정열이 소멸되지 않는 정열의 신격화야말로 니체가 바라는 바다.

물론 고뇌로서의 정열은 커다란 고통이 다른 것으로 변할 수 있다는 것을 부정하지 않는다. 정열의 신격화란 어떤 의미에서 그러한 고뇌로서의 정열의 변용과도 통한다. "너는 일찍이 정열들을 지녔었다. 그리고 그것을 악이라고 불렀다. 그러나 이제는 단지 네 자신의 여러 덕을 갖고 있을 뿐이다. 그런데 그것들도 너의 정열에서 자란 것들이다. / 너는 이러한 고통스러운 정열(Leidenschaft)의 심장부에 너의 최고 목표를 세웠다. 그러자 그것들, 너의 덕이 되고 환희(Freudenschaft)가 되었던 것이다."[『차라투스트라』 Ⅰ. 5] 여기서 '고통스러운 정열'은 통상적으로 '정열'이라고 번역되는 말 Leidenschaft다. 커다란 고뇌에서 만족하는 것은 만족한 환희를 끌어낸다. 덕으로서의 정열은 **고뇌로부터 환희**로 통하지 않으면 안 된다.

정열의 이러한 존재방식은 정열과는 다른 것·대립하는 것과의 다름을 부각시킨다. 니체는 "정열이라는 것은 우리가 신체에 돌리지 않는 바의 어떤 신체적 상태를 표시하기 위한 감정이다"[유고 Ⅱ. 6. 54]라고 말하지만, 이러한 신체의 상태는 단순한 육체적 흥분 상태를 의미하지 않는다. "흥분 잘하고 소란스러우며 변덕스럽고 신경질적인 사람은 **위대한 정열**을 가진 사람과는 정반대의 사람이다. 이러한 정열은 조용하고 어두운 화염처럼 내면에 머무르며 그곳에서 뜨겁고 열을 내는 모든 것을 모으면서 그러한 정열의 소유자를 외관상으로는 냉정하고 무관심한 사람으로 보이게 하며, 그의 얼굴에 무감동한 표정을 새겨 넣는다."[『아침놀』 471] 니체는 신경만을 흥분시키는 시대의 정신상태를 앞에 두고 말한다. "우리의 시대는 흥분의 시대다. 그런 까닭에 정열의 시대가 아니다." 단순한 흥분을 추구하는 것은 "따뜻하지 않다고 느끼고" 있기 때문에 "본래는 얼어 있다."[유고 Ⅱ. 5. 112] 밖으로 차갑게

꾸미면서 안으로 열기를 감춘 정열과는 대조적으로, 무언가 커다란 사건이 일어날 때마다 흥분은 하지만 오로지 그것뿐이다. "우리는 최대의 흥분을 앞에 두고 있다 ─ 하지만 그 배후에 있는 것은 퇴화! 무에 대한 동경이다!"[같은 책 Ⅱ. 5. 147] 정열이란 배후에 퇴화를 숨긴 **흥분(Erregung)과는 다른 것**이다.

서두에서 언급한 인식의 정열에서 보았듯이 니체는 정열에 의해 인류가 멸망할지 그렇지 않으면 쇠약에 의해 소멸할지를 대립시키고 있었다. 이 대립이 좀 더 선명한 형태를 취하는 것은 『차라투스트라』*에서 볼 수 있는 "위대한 정열"과 "신앙에의 욕구"의 대립일 것이다. 니체는 회의주의자의 의의를 "위대한 정열"에서 구하여 다음과 같이 말한다. "위대한 정열, 이것이 회의주의자라는 존재의 근거……. 정열은 회의주의자 그 사람보다 훨씬 더 계몽되고 훨씬 더 전제적이다. 위대한 정열은 그라는 존재의 지성 전체를 자신에게 봉사시킨다. 그것은 회의주의자를 결단하게 만든다." 그것은 필요하다면 신념의 종류도 수단으로 삼는 용기를 준다. "위대한 정열은 신념을 사용하고, 신념을 남김없이 사용해 버리기도 하지만, 신념 등에 굴복하지 않는다."[『안티크리스트』 54] 이에 반해 "신앙에의 욕구는 그렇다와 아니다에 관해 무언가 절대적인 것을 구하고자 하는" "약함의 욕구"다. 그것을 밖으로부터 구속해줄 것을 갈망한다. 그로 인해 가치를 재는 데서 융통성 없는 척도를 취하며, 많은 사람을 보고자 하지 않는다. 하지만 이 때문에 "신앙의 인간"은 "성실한 인간"의 적이 된다[같은 곳]. 진리에의 의지*와 인식의 정열의 대립도 이 대립의 하나의 변종일 것이다. 위대한 정열은 **신앙에의 욕구에 대립한다**.

─기마에 도시아키(木前利秋)

정언명법定言命法 [kategorischer Imperativ]

칸트*의 도덕 입법으로서 알려져 있는 것 "너 자신의 의지의 준칙이 언제나 동시에 보편적 입법으로서 타당하도록 행위하라"[『실천이성비판』]라는 명제로 표현된다. 니체에게는 이 명법의 내용보다 그 가치와 성격·효과 쪽이 마음에 걸렸던 듯하다. 그 때문에 '정언명법' 내지 '명법'이라는 말이 칸트를 염두에 두지 않고서 비유로서 사용되는 경우가 있다. 정언명법으로 상징되는 칸트의 도덕관은 쇼펜하우어*가 동정*의 도덕을 전개할 때에 그 추상성 때문에 비난의 대상으로 삼았던 것으로, 그 동정 도덕에 대해 비판적으로 된 중기 이후의 니체의 입장에서 보면 단지 비판하는 것만으로 끝낼 수는 없었을지도 모른다. "지금까지 철학자들은 바로 동정이 **가치가 없다**는 데는 의견이 일치해 있었다. 나는 플라톤*, 스피노자*, 라 로슈푸코*와 칸트의 이름만을 들겠다"[『계보』 서문 5]라고 하는 언저리에서 동정 도덕과 비교할 때의 평가의 높음이 엿보인다. "도덕적 개념 세계의 발단은 지상에서의 모든 대사건과 마찬가지로 철저히 오랫동안 피로 물들었다. …… (심지어 늙은 칸트에게서도 그렇다. 정언명법에서는 잔인함의 냄새가 난다)"[같은 책 Ⅱ. 6]라는 발언에서도 잔인함에서 강함과 위대한 것의 상징을 본다는 점에서 부정적이라고는 말할 수 없는 미묘한 뉘앙스가 엿보인다. 그렇지만 니체가 이 명법을 적극적으로 긍정한 모양은 아니다. 『안티크리스트』*에서는 단적으로 '칸트의 명법'은 삶'에 있어 위험한 것이라고 말해지고 있다. 니체의 말을 빌리면 덕 있는 것은 우리 각 개인의 발명이어야만 한다. 그 이외의 것들은 삶에 해로운 것으로, 예를 들어 칸트는 '덕'이라는 개념에 대한 존경에서 나온 덕을 생각하지만, 이 따위 것들은 그 해로움이 가장 두드러진 것들이다. 왜냐하면 그것은 개인적인 것이 아니라 보편타당하면서 사심 없는 성격을 지니기 때문이다. '덕', '의무', '선 그 자체', 이것들이 표현하고 있는 것은 삶의 쇠퇴이자 무력화다. "보존과 성장을 위한, 가장 의미 깊은 규칙이 명령하는 것은 바로 그 정반대, 즉 누구라도 자신의 덕, 자신의 정언명법을 발명하라는 것이다." "내적인 필연성도 없고 깊은 개인적인 선택도 없고 쾌감도 없이, 요컨대 '의무'의 자동기계로서 행동한다든지 생각한다든지 느낀다든지 하는 것 이상으로 성급하게 자기 파괴를 부르는 것이 따로 있을 것인가?" 니체는 정언명법에 나타나 있는 '입법'적이고 '명령'적인 성격을 이어받으면서, 다른 한편으로 그 보편타당한 성격을 단호히 거부하고 있다. 개개인의 손에 의한 자기에 대한 입법, 자기에 대한 명령, 그런 의미에서의 자기의 정언명법이야말로 삶을 긍정하는 강함의 도덕인 것이다. ☞ 칸트, 동정{동고

—기마에 도시아키(木前利秋)

정의正義 ⇨ 법과 정의

제노바 [Genua(Genova)]

니체는 이탈리아*의 도시들 중에서도 제노바를 사랑했다. 1880년 겨울에 처음으로 머물 때는 난방도 없는 다락방의 고독 속에서 지냈지만, 다음 해 겨울에 비제*의 <카르멘>을 처음으로 이 도시에서 들었다. 또한 「성스러운 1월」이라는 제목이 붙은 『즐거운 학문』* 제4부의 대부분이 쓰인 것도 이 도시다. 『차라투스트라』*의 착상이 이루어진 것도 교외의 포르토피노*에서라고 되어 있다. 이 도시에서의 사유가 그의 고독*한 파괴의 사상 형성에 기여한 것은 확실하며, 후년에 로데*에게 보낸 편지[1884. 8. 22.]에서 자신의 고독을 선전하면서 그것을 항해*의 고독에 비유하여 "나는 콜럼버스*의 도시에서 몇 년이라도 쓸데없이 지낸 것은 아닙니다'라고 말하고 있는 것도 까닭 없는 것은 아닌 듯하다. 또한 맑은 날의 해 질 녘에 제노바 만에 울려 퍼지는 만종은 아름다움의 순간적인 충격적 경험이 되었던 듯한데, 『아침놀』* 423에 그에 대한 훌륭한 증언이 있다. "돌발적으로 우리를 엄습하는 이러한 거대한 침묵은 아름다움이며 전율*이다." 『인간적』*[Ⅰ. 628]에서는 그때에 플라톤*의 다음과 같은 말을 생각해 냈다고 적혀 있다. "모든 인간적인 것은 진지하게 취할 만하지 않다. 그럼에도 불구하고……" ☞ 콜럼버스, 이탈리아, 포르토피노

—미시마 겐이치(三島憲一)

조이스 [James Joyce 1882-1941]

아일랜드 작가 제임스 조이스가 니체를 처음 읽은 것은 1903년의 일이다. 조이스는 예수회 계의 학교에서 초등 및 중등 교육을 받고 한때는 성직자가 될 것을 꿈꿨지만, 서서히 가톨릭에서 멀어지며, 예술가로서 자유롭게 살아가기 위해 가톨릭과 결별하기에 이른다. 그러한 시기에 니체를 만났던 것이다. 가톨릭에서 이탈한 후에 사로잡힌 니힐리즘*을 극복하려고 고투하고 있었기 때문에, 조이스가 니체에게서 자신의 선구자를 발견했던 것은 자연스러운 일의 진행이었다. 하지만 니체의 '신이교주의'에 커다란 흥미를 지니게 되었다 하더라도, 조이스가 반드시 니체의 열렬한 찬미자가 된 것은 아니었다. 그것은 한편으로는 평범한 일상생활이 커다란 의미를 지니고 있던 조이스에게 있어 언제나 현실로부터의 비상을 기도하는 니체는 매력적임과 동시에 때로는 지겨운 이질적인 존재였기 때문임에 틀림없다. 그림엽서에 장난으로 '제임스 초인'(overman)이라고 서명하는 일도 있었으며, 『율리시즈』(1922)에서는 스티븐이 "이 빠진 초인 킨티"라고 조롱된다. 또한 『율리시즈』 제18 삽화에서 "최후의 말(인간적인 너무나 인간적인)은 페넬로페에게 남겨졌다'고 말하고, 몰리에 대해 "내게 있어서는 전적으로 제정신의, 도덕을 초월한, 수태 가능한, 신용할 수 없는, 매력 있는, 날카로운, 신중하고, 무관심한 여자다. 나는 언제나 긍정하는 육체입니다'라고 말하는 조이스에게서 니체에 대한 야유를 듣는 것은 용이한 일일 것이다. 조이스는 스스로 문학적 초인이 됨으로써 자기를 극복해 갔지만, 그것은 작품 안에서 철저한 자기 희화화가 되어 나타난다. 자기를 포함하여 모든 것을 대상화하고 소재화하는 것에서 역설적으로 자기를 구제해 갔던 것이다. "기분 좋게 자신까지 함께 조소하는 것" — 그러한 조이스의 "초인의 눈"은 "웃음으로써 진지한 것을 말하는" 니체의 웃음*의 정신과 어딘가 중첩해 있다는 분위기마저 느끼게 한다.

—후지카와 요시유키(富士川義之)

조형력造形力 [plastische Kraft]

니체가 이 표현을 자각적으로 사용하는 것은 단한 군데뿐이지만, 그것이 의미하는 바는 대단히 중요하다. 두 번째 『반시대적 고찰』인 『삶에 대한 역사의 공과』 서두 부분에서 니체는 행복한 삶에 있어서 망각이 지니는 의미에 대해 논의한다. "거의 기억 없이 행복하게 살아가는 것은 가능하지만, 전혀 망각을 알지 못하고서는 본래 살아가는 것조차 불가능하다." 그리고 문제는 망각과 기억이 균형을 이룬 관계라고 하는 취지의 발언이 이루어진다. "불면과 되새김질, 역사적 감각에도 어떤 한도가 있는데, 이 한도에 이르면 인간이든 민족이든 문화든 살아 있는 것은 모두 해를 입고 마침내 파멸한다." 그러한 한계선을 정하고 과거가 현재의 무덤을 파지 않게 하기 위해서는 해당 인간과 민족과 문화의 '조형력'이 얼마나 큰지를 정확히 알아야만 한다고 니체는 말하면서, 이 조형력을 다음과 같이 정의한다. "조형력이란 스스로 고유한 방식으로 성장하고, 과거의 것과 낯선 것을 변형시켜 자기 것으로 만들며, 상처를 치유하고 상실한 것을 대체하고 부서진 형식을 스스로 복원할 수 있는 힘을 말한다."[『반시대적』 Ⅱ. 1] '생육하다'(wachsen), '개조하다'(umbilden), '혈육화하다'(einverleiben) 등의 말은 괴테, 실러, 훔볼트(Wilhelm von Humboldt 1767-1835)의 신인문주의를 생각나게 하며, bilden은 그 앞에서 말해지는 '과거의 획득'(aneignen) 등과 더불어 헤겔을 중심으로 하는 독일 관념론의 교양 개념도 떠올리게 만든다. 어찌됐든 이질적인 타자를 정신의 노동에 의해 자기의 발전의 자료로 삼는 유기적인 인격 발전의 사상이 생동하고 있다.

다른 한편으로 "상처를 치유하고 상실한 것을 대체하고 부서진 형식을 스스로 복원한다"는 표현은 상처, 상실, 파괴를 전제로 하고 있는바, 여기에는 역사의 세기인 19세기의 비애감이 선행한다. 콜로세움의 폐허에 서서 장대한 과거를 애절한 생각으로 회상하는 니부어(Barthold Georg Niebuhr 1776-1831)의 일화가 니체가 경애하는 부르크하르트의 『이탈리아에서의 르네상스 문화』(Die Kultur der Renaissance in Italien, 1860)

에 나오지만, 그러한 뉘앙스가 깃들어 있다. 하지만 그러한 비애감은 실은 이미 헤겔에게도 있었다. 『미학 강의』에는 "그리스의 맑고 명랑한 세계도, 중세의 아름다운 나날도 지나가버렸다'고 적혀 있다. 신인문주의와 독일 관념론에서는 아직 하나로 합쳐 있던 요소들, 요컨대 미래로 향한 과거의 흡수(인격적 발전)와 잃어버린 과거에 대한 비애감이 니체에게서는 분열하기 시작하고 있다는 것이 분명히 드러난다. 어떻게든 양자를 통합하고자 한 것이 이 조형력의 탐구일 것이다.

그러나 그것이 무리라는 것은 그 앞의 문장에서 극단적인 가능성이 인용되고 있는 것으로부터도 알 수 있다. 니체는 대강 다음과 같이 논의를 계속한다. 즉, 사람에 따라서는 이 조형력을 거의 소유하고 있지 않아 어지간한 강한 체험이나 고통으로도, 어지간한 부당한 취급을 받는 것만으로도 치유할 수 없을 정도로 피를 흘리는 사람이 있는가 하면, "몹시 거칠고 두려운 생명의 힘으로 가득 차' 있기 때문에 어떠한 혹독한 일에 처하더라도, 그뿐만 아니라 자신의 악행에 대해서도 아무것도 느끼지 않고 기운차게 있을 수 있는 자가 있다. "한 인간의 가장 깊은 천성의 뿌리가 강하면 강할수록, 그가 과거로부터 흡수 획득(aneignen)하거나 갈취하는 것은 더 많아진다. 가장 강력하고 거대한 천성이 있다고 상상한다면, 그것을 식별할 수 있는 특성은 역사적 의미가 너무 무성해서 유해한 영향을 끼칠 수 있는 한계가 그 천성에는 없다는 점이다. 이 천성은 자기 것이든 가장 낯선 것이든 과거의 모든 것을 끌어당기고 집어삼켜서 피로 만들어버릴 것이다. 그런 천성은 정복하지 못하는 것을 망각할 줄 안다." 가장 약한 경우와 가장 강한 경우가 가설적인 예로서 인용되고 있다. 그리고 가장 강한 인간, 요컨대 생각대로 할 수 없을 때에는 어떠한 과거라도 잊고서 현재의 행위에 매몰될 수 있는 인간이야말로 아무리 강한 역사의식이라도 견딜 수 있는 것이다. 여기서는 신인문주의 안에 있었던 두 가지 요소, 즉 니체의 조형력 정의에도 남아 있는 두 가지 요소가 붕괴되기 시작하고 있는바, 나중의 초인이나 힘에의 의지를 생각나게 하는 표현이 되고 있다. 힘에의 의지의 진리관에 접근함에 따라 과거를 날조*한다(erfinden), 가치를 꾸며낸다(erdichten), 또는 그것에 의해 사람들을 속인다(täuschen)와 같은 표현이 늘어나지만, 조형력의 정의에서 사용되고 있던 표현으로부터 차례차례로 서서히 이러한 일종의 프래그머티즘으로 이행해가는 그 과정을 파악하는 것은 니체에 대한 내재적 연구로서는 가장 어렵지만 중요한 논제들 가운데 하나다.

마지막으로, 아직 신인문주의 분위기를 간직하고 있는 조형력의 plastisch라는 말에는 빙켈만*으로부터 괴테의 고전주의 정신이 살아남아 있다는 점도 지적해 두고 싶다. "학문은 좀 더 높은 프락시스에 의해 밖의 세계에 작용해야 한다"고 괴테는 요구했던 것이라고 니체도 쓰고 있는 그대로이다[『반시대적』Ⅱ. 7]. 고전주의에서와 같은 과거와의 건설적인 관계가 불가능해져 버린 단계에서는 이 개념을 한층 더 발전시키는 니체라 할지라도 불가능했다. ☞독일 관념론, 괴테, 역사주의

―미시마 겐이치(三島憲一)

종교개혁 [Reformation]

전체로서 말하자면 니체는 종교개혁에 대해 호의적이지 않았다. 사실 1875년에 친구인 로문트(Heinrich Romundt 1845-ca. 1920)가 가톨릭으로 개종하여 사제*가 되겠다는 결의를 했을 때에는 그 일을 깊이 슬퍼하며, 자신이 얼마나 루터*의 자식이고 "프로테스탄트의 순수한 공기"를 사랑하는지[로데에게 보낸 편지 1875. 2. 28] 말하고 있다. 그러나 그것은 계몽에 의한 그리스도교*의 해체와 자유의 확대라는 시대 경험에서 나온 발언이었다.

확실히 만년의 니체는 루터가 이룩한 것이 그리스도교의 폐지라는 자신의 목표와 무관하지 않다는 것을 인정하는 데 인색하지 않았다. 그리고 종교개혁이 본래 지향하고 있는 것은 "자유분방한 생활"(Libertinage)이었다고까지 말하고 있다. 하지만 종교개혁이 실제로 나타나는 방식은 결국 그리스도교의 재건이며, 르네상스라는 고귀*한 문화의 파괴였다는 것이 중심적인 견해이다. "르네상스의 '보다 지체가 높은 인간*'에 대해 정신의 농민 전쟁을 시작한 루터*야말로 "일종의 선동적인 농민과 설교자의 정신"의 대표자였다[유고 Ⅱ. 8. 539]. 루터와의 비교에서는 가톨릭에 대해서조차 일정한 의의를 인정하고 있다. 요컨대 루터는 남유럽의 문화적 맥락 안에서의 가톨릭교회를 이해하지 못한다는 것이다. 루터의 고지식함은 남유럽 정신의 "자유와 마음대로 함"을 이해할 수 없었다. 그의 교회* 비판은 복잡함에 대한 단순한 인간의 노여움이며, 회의와 관용이라는 남유럽의 '사치'를 이해할 수 없는 "정신의 농민 반란"이라고 매우 엄혹하게 이야기한다[『학문』358].

또한 니체의 말을 빌리자면, 루터가 그리스도교의 진수를 지키고자 하여 행한 것은 모두 그 파괴로 이어지고 있었다. 사제의 독신 제도를 폐지하고, "여성과의 성행위를" 사제들에게 돌려 준 것은 그들로부터 종교적 신비성을 빼앗고, 고백 제도의 폐지로 이어졌으며, 성서*를 만인의 것으로 삼은 것은 문헌학에 의한 성서 비판을 가능하게 만들었다[같은 곳]. 그것들 모두에서는 고귀한 인간을 혐오하는 "농민의 교활함"이 나타나 있다. 하지만 그것은 또한 거짓된 정신적 깊이를 낳고, 그리스도교를 붕괴시키면서 교묘하게 유지하는 독일 정신, 즉 그가 말하는 "라이프니츠, 칸트, 그 밖의 독일 철학, 해방 전쟁, 독일 제국"[『차라투스트라』61]을 만들어내며, 그에 의한 역사의 지연을 초래했다. 더욱이 그것은 루터만의 죄가 아니라 독일인의 책임으로 여겨진다. "독일인은 그리스도교가 존속하고 있는 것에 책임이 있다."[같은 곳] ☞루터

―미시마 겐이치(三島憲一)

좋은 유럽인 [der gute Europäer; die guten Europäer]

"나는 우리의 태양이 헤라클레스 성좌를 향해 급히 움직이고 있다는 말을 듣고 만족한다. 나는 이 지구상의 인간도 이 점에서 태양과 같이했으면 하고 바란다. 그러면 우리는 선두에 설 것이다. 우리 좋은 유럽인들

이여!'[『선악』 243] '좋은 유럽인'이란 초인*과 더불어 니체의 커다란 희망의 은유였다. 지금까지와는 전혀 다른 생활형식의 가능성에 대한 꿈을 자아내는 은유였다. 따라서 '좋은'에는 '뛰어난'의 뉘앙스가 놓여 있다. 그러나 초인이 어느 쪽인가 하면 강함, 의지, 지배, 고독* 등과 결부되는 데 반해, '좋은 유럽인'은 좀 더 융화적이고 '우리'라는 말이 붙는 경우가 많으며, 지적·문화적 공동체를, 모더니즘을, 그리고 다양성의 존중을 떠올리게 한다.

이 '좋은 유럽인'에게 있어 가장 골칫거리인 것은 19세기의 내셔널리즘이다. 내셔널리즘에 빠지기에는 "우리는 너무 분방하고, 너무 악의적이며, 너무 제멋대로이고, 너무 훌륭한 교육을 받았으며, 너무 여행을 많이 했다." 유럽의 소국 난립과 그에 의한 시야의 협소함에 대해서는 아주 신물이 나고 있다. "우리들 실향민들은 인종과 출신에서 지극히 다양하고 혼합적인 '모던한' 인간이며, 따라서 우리는 독일*에서 독일적 정신의 표지로서 과시되고 있는 허위로 가득 찬 인종적 자기예찬과 무분별에 참여하려 하지 않는다."[『학문』 377] 이러한 "민족주의의 망상이 유럽의 여러 민족들 사이에 가져다주었고 아직도 가져다주고 있는 병적인 소외 현상"은 어차피 단기적인 것이며, "유럽이 하나가 되기를 원한다……명백한 징조'가 있다[『선악』 256]. 그것은 정치적이거나 경제적인 통합과 같은 의미에서는 물론 아니며, 그리스와 그리스도교*에 의해 이루어진 생활형식이 그 정점에, 즉 그 난숙에 도달한다고 하는 것이다. 그 과정은 동시에 '플라톤주의'와 '그리스도교'에 대한 끊임없는 투쟁의 역사이기도 하다. "수천 년에 걸쳐 풍부하고 풍요롭게 축적된 유럽 정신의 자산의 계승자인 '우리 좋은 유럽인'은 그리스도교 속에서 성장하여 그로부터 벗어나 있으며 그것을 혐오한다.'[『학문』 377] 그것은 우리의 선조가 아무런 유보 없는 그리스도교적 성실함을 실천하고 있었기 때문이다[같은 곳]. 바로 과거의 지적 긴장이 있기 때문에, 그 긴장으로부터 해방되는 자유로운 유럽 정신이 생겨난다고 하는 것이다. '플라톤'에 대한 투쟁, 또는 대중을 위해 좀 더 이해하기 쉽게 말한다면, 수천 년에

걸쳐 지속되어온 그리스도교 교회의 억압에 맞서 한 투쟁은…… 유럽 내에서 아직까지 없었던 화려한 정신적 긴장을 만들어냈다. 사람들은 이렇게 팽팽한 활을 가지고 이제부터 가장 먼 표적을 맞힐 수 있을 것이다. 물론 유럽인은 이 긴장을 위기로 느끼고 있다.'[『선악』 서문] 그러나 니체의 말을 빌리자면 예수회나 민주주의*가 했던 것과 같은, 긴장을 완화하고자 하는 시도는 무의미하다. "그러나 예수회원도 민주주의자도 아니고 게다가 충분한 독일인도 아닌 우리, **좋은 유럽인**이며 자유로운, 대단히 자유로운 정신인 우리—우리는 여전히 긴장을, 정신의 온갖 곤경과 그러한 정신적 활의 긴장 전체를 가지고 있다! 그리고 아마 화살과 과제도 가지고 있을 것이다. 누가 알겠는가? 목표도 있는지…….'[같은 곳] 여기서는 초인 메타포와의 친근성이 느껴지지만, 다른 한편으로 그리스도교와 플라톤주의의 난숙한 사생아인 세기말*의 모더니즘적 감성도 '좋은 유럽인'의 문맥에 포함되어 있다. "모레의 유럽인인 우리, 20세기의 첫 아이인 우리,—모든 위험한 호기심과 다양성과 변장의 기술과 정신과 감각에서 무르익은, 말하자면 감미로움이 첨가된 잔인함을 지니고 있는 우리,—이러한 우리가 덕을 가져야만 **한다면**, 아마 우리의 가장 은밀하고 진실한 경향이나 강렬한 요구에 가장 잘 부합하는 덕만을 가지게 될 것이다.'[『선악』 214] 그리고 니체는 이러한 미덕이 선조의 금욕도덕*에서 출발하며, 그런 까닭에 그것과 전혀 다른 것이 된다는 것을 덧붙이기를 잊지 않는다. 그런 점에서는 19세기의 유럽적 낭만주의, 리하르트 바그너*로 상징되는 낭만주의의 무리도 그들 모두가 지니는 "표현의 광신자'로서의 공통성 때문에 '좋은 유럽인'인 것이다. "이 양자는 그 요구의 높이와 깊이 모두에서 유사하며 근본이 유사하다. 그들의 다양하고 격정적인 예술을 통해 그 영혼이 밖으로 위로 치닫고 이를 열망하는 것이 유럽, 바로 이 하나의 유럽인 것이다. — 그것은 어디로 향하는가? 새로운 광명을 향하고 있는가? 새로운 태양을 열망하는가?'[『선악』 256]

이러한 사고방식을 지니는 이상, 유대*인 또는 유대 정신도 유럽의 중요한 구성요소이며, 따라서 당시에

널리 퍼져 있던 반유대주의*에 대해 단호히 반대한다. 『인간적』* 제1부 475번에서는 내셔널리즘이 특정한 계급의 이해관계에 맞아떨어진다는 것을 간파할 수 있게 되면, "사람들이 대담하게 자신이 **좋은 유럽인**이라는 것을 말하고 행동으로 민족들을 융합하는 데 힘써야만 한다"고 말한 후, 국민국가가 있는 한에서 차별받는 유대인에게 유럽이 얼마나 많은 것을 빚고 있는가를 자각해야 한다고 말하고 있다. "가장 고귀한 인간(그리스도), 가장 순수한 현자(스피노자), 가장 위력 있는 책과 가장 영향력 있는 도덕 법칙"을 그들은 낳았으며, 또한 유럽 중세가 아시아적 미망의 어둠에 갇혀 있었을 때에 계몽과 정신의 자유를 기치로 내걸고 있었던 것은 유대인 학자라는 것이다. 그리고 유대인 덕분에 유럽의 과제는 그리스의 계승이 되었던 것이라고 역설적으로 유대인을 옹호한다. 그러한 다양성과 정신의 긴장으로부터, 또한 난숙과 퇴폐로부터 새로운 자유롭고 경쾌한 문화가 나오기를 니체는 '좋은 유럽인'으로서 바라고 있다. ☞자유정신과 이성 비판, 지적 성실

―미시마 겐이치(三島憲一)

죄罪 ⇨죄책{죄}

죄책罪責{죄罪} [Schuld; Sünde]

"나의 싸움은 죄책 감정을 향해 있다. 또한 벌 개념이 형이하 및 형이상의 세계로, 또한 그와 마찬가지로 심리학과 역사 해석에로 섞어 들어오는 것을 향해 있다."[유고 Ⅱ. 10. 154] 니체에 의하면 "죄는 이성의 오류에 의해 세계에 들어온"[『인간적』 Ⅰ. 124] 것에 지나지 않으며, "형이상학적 의미에서의 죄는 존재하지 않는다."[같은 책 Ⅰ. 56] 본래 죄 감정이라는 것이 존재하지 않았던 고대 그리스 세계와 달리 유대교는 '죄'를 불행과 결부시키고 모든 죄를 신에 대한 죄로 환원해 버렸다. 따라서 '죄'라는 것은 어디까지나 유대적인 감정이며, 유대인의 발명품일 뿐이다[『학문』 13

5; 유고 Ⅱ. 10. 210]. "죄라는 개념을 이 세상에서 추방하자"[『아침놀』 202]고 호소한 그는 "이해하는 것, 사랑도 하지 않고 미움도 하지 않는 것, 통찰하는 것과 같은 새로운 습관이…… 충분히 강력하게 되어 현명하고 죄책을 지니지 않는(죄책 없음을 자각한) 인간을 한결같이 산출하기에 충분하게 될 것이다"[『인간적』 Ⅰ. 107]라든가 "'신'과 '죄'라는 개념도…… 아마도 언젠가는 우리에게 있어 받아들일 만하지 않은 것으로 생각되게 될 것이다"[『선악』 57]와 같은 전망을 지니고 있었다. 그러한 예측을 뒷받침하기 위해서는 "'죄책'이라는 도덕상의 주요 개념이 대단히 물질적인 개념인 '부채'(Schulden)에서 유래한다"[『계보』 Ⅱ. 4]는 것, "채무법 영역을 발상지로 하여 '죄책'이나 '양심'……과 같은 도덕상의 개념 세계가 성립한다"[같은 책 Ⅱ. 6]는 것, 나아가 "인간의 '죄'라는 것이 사실이 아니라 오히려 어떤 사실, 즉 생리적 부조의 해석에 지나지 않는다"[같은 책 Ⅲ. 16]는 것을 '계보학'의 관점에서 견실하게 폭로하는 것이 무엇보다 우선 필요한 작업이라고 생각되었던 것이다. "죄책이라든가 개인적 책무라는 감정은…… 대체로 존재하는 가장 오래되고 가장 원초적인 대인관계, 즉 사는 사람과 파는 사람, 채권자와 채무자 간의 관계에 그 기원을 지닌다. …… 이 관계에서 처음으로 개인이 개인과 대치하고, 여기서 처음으로 개인이 개인을 척도로 하여 자기를 측정했던 것이다."[같은 책 Ⅱ. 8] "신에 대해 부채를 짊어지고 있다는 의식은 역사가 가르치듯이 '공동체'라는 혈연적 체제가 쇠퇴한 후에도 결코 없어지지 않았다. 인류는 '좋음과 나쁨'(gut und schlecht)이라는 개념을 귀족*으로부터 상속한 것과 똑같은 방식으로 종족 신 및 혈족 신이라는 유산과 더불어 부채를 아직 갚지 못했다는 중압감과 이것을 갚고 싶다는 욕구도 상속했던 것이다. …… 신에게 채무를 지고 있다는 감정은 수천 년에 걸쳐 끊임없이 계속 성장해 왔다. …… 지금까지 달성된 신의 극한으로서의 그리스도교 신의 출현은 그런 까닭에 또한 최대한의 부채 감정을 세계에 가져왔다. …… 무신론의 완전한 결정적 승리가 인류를 그 시작인 '제1원인'에 대해 채무를 지고 있다고 하는

이 감정의 모든 것으로부터 해방시킬지도 모른다는 기대는 확실히 문전에서 쫓겨나야 할 것이 아니다.'[같은 책 Ⅱ. 20]

만년의 니체에게서도 "'벌'과 '죄책'에 의해 생성의 죄책 없음(무구함)을 오염시키는 일을 그치지 않는 신학자들과의 적대관계'[『우상』 Ⅵ. 7]는 더욱더 격화되고, "우연으로부터 그 죄책 없음을 빼앗고 불행을 '죄'라는 개념으로 더럽혀온"[『안티크리스트』 25] 그리스도교적 도덕에 대한 과감한 공격이 이어진다. "죄야말로 권력의 본래적인 구실이며, 승려는 죄를 먹을 거리로 하여 살고 있는 것이다."[같은 책 26] 이러한 비판은 '생성의 무구함*(죄책 없음)'이라는 사상으로 열매 맺는다. "우리의 존재를 판가름하고 헤아리고 비교하여 유죄 판결을 내릴 수 있는 것은 아무것도 없다. 그러한 것은 전체를 판가름하고 헤아리고 비교하여 유죄를 선고하는 것에 다름 아니기 때문이다. …… 이미 누구 하나 책임이 물어지지 않는다는 것, 존재의 방식을 제1원인으로 환원해서는 안 된다는 것…… 이것이야말로 위대한 해방이다.— 이에 의해 점차 생성의 무구함이 회복되었던 것이다."[『우상』 Ⅵ. 8]

'죄책'과 '죄' 감정에 관한 니체의 계보학적 해명은 프로이트*에 의해 심층심리학적인 확증이 주어졌다. 그에 의하면 죄책이란 외적인 권위에 대한 불안("사랑의 상실에 대한 불안")에 지나지 않는 것이었음에도 불구하고 초자아라는 내적 권위가 설정되고부터는 엄격한 초자아와 그에 종속해 있는 자아 사이의 긴장(초자아에 대한 불안)으로서 의식되게 되었다. 인류는 행복의 상실과 바꾸어 죄책의 감정을 높임으로써 간신히 문화 진보의 대가를 지불하고 있는 것이다[『문화에의 불만』(1930)]. 또한 니체의 양심론을 비판하면서 '회한 현상의 적극적 의의에 대한 해명을 기도한 셸러*의 「회한과 재생」[(1917);『인간에서의 영원한 것』(1921)에 다시 수록]에서는 인격의 나쁜 행위에 의해 지속적으로 자신의 것이 되어버린 '악'이라는 성질이야말로 죄책이라고 하는 파악이 내세워지고 있는데, 양자 모두 회한이든 죄책이든 개인의 내면적인 심리적 기제

에 머무르는 것이 아니라 '사회적·역사적인 전체 현상'이라는 점을 강조하고 있다. ☞양심, 생성의 무구함

—가와모토 다카시(川本隆史)

주네 [Jean Genet 1910-86]

작가로서 세상에 알려지기 이전에 주네가 니체에 대해 어떠한 지식을 갖고 있었는지는 명확하지 않지만, 아마도 지드*적인 도덕적 관심에서 출발한 것으로 추정된다. 그 경우 니체는 도덕 부정자로 간주되며, 그에 반해 『꽃의 노트르담』(1942)의 주인공 디빈이 "그녀는 성인이 살아가는 선악의 저편에는 있지 않다"고 생각되듯이, 주네는 기성도덕의 전도에 의한 거꾸로 선 도덕을 추구했다고 말할 수 있다. 주네가 집중적으로 니체를 읽은 것은 50년대 초이자 소설 시기를 거쳐 연극으로 나아가는 과도기였다. 여기서 그는 니체의 초인* 사상이 단순한 도덕 부정이 아니라 예술을 원리로 하는 한층 더 고차적인 도덕의 탐구라는 것을 발견하고 충격을 받는다. 그 이후 『비극의 탄생』*이 그의 반드시 지니고 다녀야 할 책 가운데 하나가 되며, 또한 만년에 데리다* 등의 니체론에 대해서도 언급한 것으로부터 『사랑하는 포로』(Un Captif Amoureux, 1986) 등 그의 후기 작품들에서는 니체와의 대화 발자취를 찾아볼 수 있다.

—우카이 사토시(鵜飼 哲)

주체 主體

주체는 니체에게 있어 하나의 도착 형태에 다름 아니다. 그리고 이 '도착 형태로서의 주체'라는 니체의 인식에는 후기 니체의 두 가지 사상적 주제인 '도덕의 계보학'의 문제의식과 '힘에의 의지*'의 문제의식이 합쳐져 있다. 1885-86년의 유고에서 니체는 이렇게 말하고 있다. "결과를 원인으로 소급시키는 것은 주체인 것으로 거슬러 올라가는 일이다. 일체의 변화가 주체에 의해 산출된 것으로 여겨지는 것이다."[Ⅱ. 9. 28] 여기서 니체는 주체의 기원을 '결과를 원인으로 소급

시키는 일'이라고 생각한다. 그것이 '결과와 원인의 뒤바꿈'이라는 착오를 의미한다는 것은 말할 필요도 없을 것이다. '결과와 원인의 뒤바꿈'—이것은 『인간적』*으로부터 『도덕의 계보』*에 이르는 니체의 도덕의 기원을 둘러싼 논의에서 중요한 위치를 차지하고 있던 문제다. '계보학'이 도덕의 확립 과정에 숨어 있는 '앞'과 '뒤'의 원근법*의 착오와 기만을 들추어내는 방법적 전략이라고 한다면, '원인과 결과의 뒤바꿈'의 폭로는 그 핵심을 이루는 것이다. 따라서 주체의 도착으로서의 모습을 폭로하는 것도 이러한 인과론적 사고의 해체라는 사상 과제의 맥락에서 다루어져야만 한다.

이 문제에 관해서는 1888년 유고의 한 단편에 대단히 본질적인 고찰이 남아 있다. 이 단편은 우선 "힘에의 의지 원리적으로 / '원인'이라는 개념의 비판"[Ⅱ. 11. 92-94]이라는 말로 시작된다. 니체의 의도는 이미 명확하다. 니체는 원인 개념 그 자체를 비판의 도마 위에 올리고자 하는 것이다. 그리고 이 '계보학*'적인 비판 전략은 '힘에의 의지'의 '원리적'인 구명 맥락으로 이어져 있다. 니체는 계속한다. "나는 운동의 기원으로서 '힘에의 의지'라는 출발점을 필요로 한다. 따라서 운동은 밖으로부터 발생하게 된 것이 아니다 — 원인에 의해 생겨난 것일 수 없다……"[같은 곳] 주목해야만 하는 것은 "운동은 밖으로부터 발생하게 된 것이 아니다"라는 것과 "원인에 의해 생겨난 것일 수 없다"라는 것이 등치되고 있는 것이다. 뒤집어 말하자면 원인이란 해당 존재에 대해 밖으로부터 움직이게 하는 힘이며, '힘에의 의지'는 이러한 밖으로부터 움직이게 하는 힘의 대극에 놓여 있는 것이라는 것이다.

여기서 우리는 '밖으로부터 움직이게 하는 힘'(=초월)으로서의 원인의 가장 궁극적인 존재가 일체의 피조세계 저편에 있는 '신'이라는 것을 곧바로 상기할 수 있다. 그리고 이 '신'으로 대표되는 모든 초월적・형이상학적 '제일원인'(causa prima)이 거기에 포함될 수 있다는 것도 역시 상기할 수 있다. 따라서 이러한 원인의 대극에 놓여 있는 '힘에의 의지'는 무엇보다도 내재적・비초월적 '자기 발현', '힘의 직접적 발현'에 다름 아니다. 그것은 운동의 구체적인 시작에 위치하는 한

에서는 '출발점'이지만, '밖으로부터 움직이게 하는' 원인이 아니다. '힘에의 의지'는 그 안에 원인과 함께 결과도 포함하는, 요컨대 움직임과 그 효과를 한 몸에 규합하는 '나타남'일 뿐이다. "작용인과 목적인은 기본적으로 하나의 것'[같은 곳]이며, 그런 까닭에 "'원인'이라는 것은 결코 존재하지 않는다"는 것이다. 주체는 의지나 의도와 함께 이러한 '나타남'을 원인으로부터 분절화하고자 하는 데서 생겨난 것이다.

그런데 니체의 이러한 비판은 주체 개념과 그것을 가능하게 한 그리스 고전기 이래의 유럽 형이상학*의 전통 개념에까지 닿아 있을 것이다. 예를 들어 아리스토텔레스에게서 주체는 대체로 '기체=밑에 놓여 있는 것'(hypokeimenon)과 같은 뜻이었다. 그것은 변해가는 세계의 근저에 놓여 있는 '부동의 일자'이며, 결과=운동이 귀속되는 변해가는 세계와는 본질적으로 단절되어 있는 '테오리아'의 영역에 속한다. 이러한 '기체'의 부동성・일자성에 중세 스콜라 철학 이후 인격 개념이나 영혼 개념이 부가되어 이른바 주체 개념이 형성되어 갔던 것이지만, 이러한 형태로 파악되는 주체가 우선 자기 동일성을 강하게 띠고 스스로의 바깥 세계와의 관계를 이러한 자기 동일성을 통해 지닐 수 있다고 하는 것은 명확할 것이다. 그것은 모든 '초월적・형이상학적 원인'이 스스로의 바깥에 있는 변해가는 세계와 관계하고자 할 때 반드시 나타나는 관계 형식인 '본질/현상'(개념/개물・원인/결과) 이원론의 성격이기도 하다. 주체는 이러한 형이상학적 도식의 역사적 필연과 더불어 나타났던 것이다.

니체는 이러한 형이상학적인 '동일성의 논리'에 대해 '힘에의 의지'가 발현되는 장에서의 '힘의 관계'의 복수성과 거기에 잉태되어 있는 무한이라고 말할 수 있는 차이*의 다양성을 대치시킨다. 세계란 다름 아닌 이러한 힘의 다양성의 해석이다. 거기서는 이미 기체-주체의 단일성・동일성은 성립하지 않는다. 이러한 니체의 사유는 근대적 주체 개념의 동요를 자각적으로 구명하고자 한 한 무리의 사상가들에게 커다란 영향을 주었다. 하이데거*는 말할 것도 없고 이른바 후기구조주의*라고 불리는 들뢰즈*, 데리다*, 푸코* 등의 사유는

이러한 니체의 형이상학 비판에 뒷받침된 주체의 철저한 해체 작업 없이는 있을 수 없었을 것이다. ☞형이상학, 후기구조주의

—다카하시 준이치(高橋順一)

중국/중국인 中國/中國人

중국에 대해 니체가 지니고 있던 이미지는 동시대의 일반적인 편견과 그다지 다른 것이 아니었다. 요컨대 이전에는 위대한 문화 민족이었을지도 모르지만, 스스로의 현 상태에 대한 불만을 역동적인 변화로 결부시켜 간 유럽과는 대조적으로 "중국은 대규모의 불만과 변화의 능력이 몇 세기 전부터 사멸해 있는 나라의 예다"라는 것이다『학문』24]. 근대 자본주의를 발전시킬 수 없었던 '아시아적 정체'라는 견해와도 통하는 바가 있다. 다만 니체의 관심은 당시 열강의 식민지화 정책에 의해 침략당하고 있던 중국의 상황이 아니라 오로지 유럽의 (비유적인 의미에서의) '중국화'의 방지라는 점으로 향해 있었다. 그에게 있어 '중국인 근성'이란 노예적인 상태 하에 있으면서도 신중함을 잃지 않으며 자기를 억제하여 끈기 있고 근면하게 일하는 정신인바, 거기서는 사회의 평화와 안정은 지켜질지도 모르지만, 어떠한 문화적 발전도 초래되지 않는다는 것이다. 그러한 '중국화'의 귀결로서 그는 칸트* 철학과, 평등과 진보를 이야기하는 근대 사상, 그리고 특히 사회주의*를 들고 있다. 즉 칸트는 '의무의 윤리학을 세워 비인격적이고 보편타당한 '선'을 추구함으로써 가치의 전환*을 억제하고 삶*의 하강을 정당화한 "쾨니히스베르크의 위대한 중국인"이라고 여겨진다『선악』210;『안티크리스트』11]. 또한 '진보'를 찬미하고 "권리의 평등"이나 "자유로운 사회"를 노래하는 사회주의는 "정의와 일치단결의 나라"를 이상으로 하고 있지만, 그것이 실현된다면 "가장 심각한 범용화와 중국적 상태의 나라"가 될 것이라고 말한다『학문』24, 377]. 20세기에는 "일종의 유럽적인 중국인 근성"이 이루어져서 "온화한 불교적·그리스도교적 신앙을 지니면서, 실천에서는 중국인과 같이 현명하고 에피쿠로스적"인 "축소된 인간'(다시 말하면 '마지막 인간*')이 될 뿐이라는 것을 그는 걱정한다[유고 II. 7. 95]. 저열하지만 생존 능력만큼은 있는 이들 유형이 힘을 합하면 고귀한 종족을 지배할 수 있다고 보는 까닭에[II. 8. 319], 그와 같은 사태는 니체에게 있어서는 악몽이었다. 하지만 다른 한편으로는 중국 멸시의 이면이라고도 말할 수 있는 발언도 있다. 해방을 부르짖는 유럽의 노동자는 차라리 식민시켜 쫓아 보내고, 노동력 부족은 정말이지 중국인을 데려와 해소하는 쪽이 좋을지도 모른다. 그들은 "잘 일하는 개미에 걸맞은 사고와 생활의 양식"을 가져와서 불온한 유럽에 "아시아적 침착함과 정관'과 "아시아적인 지구력"을 주입해 줄 것이라는 등의 난폭한 제안도 하고 있다『아침놀』206]. 그리스도교*와 혁명에 의해 퇴화하고 있는 유럽인보다 "중국인 쪽이 더 잘 만들어진 유형이다. 요컨대 유럽인보다 더 지구력이 있다"는 것이다[유고 II. 11. 255]. 어쨌든 니체의 중국 이미지는 미적인 중국 취미나 제국주의적 수탈의 대상이라는 것이 아니라 유럽과는 이질적이지만 그다지 매력을 느끼지 않는 문화라는 정도의 것이었다.

—오이시 기이치로(大石紀一郎)

중력의 영 重力─靈 [der Geist der Schwere]

'삼단의 변화'를 거쳐 초인*에 이르는 길을 보여주는 『차라투스트라』*의 전개는 삶*이라는 "견디기 어려운 무거운 짐"을 극복하여 가벼움에로 넘어서는 과정으로서 파악될 수 있다. 그러한 상승*을 방해하는 것이 중력의 영이다. 이미 제1부「읽기와 쓰기에 대하여」에서는 "나의 악마"인 "중력의 영"을 "웃음에 의해 살해한다"고 말해지며, 이것이 『차라투스트라』 전체를 관통하는 하나의 모티브라는 것이 넌지시 제시된다. "반은 난쟁이, 반은 두더지"라고 형용되는 중력의 영은 기성의 선악의 가치관에 매달리며, "만인에게 있어서의 선과 악"을 나귀*처럼 오로지 추종할 뿐이고, 건전한 자기애를 망각한 보잘것없는 삶에 인간을 묶어 두는 힘이다. 삶이 무거운 짐이라는 것은 이 중력의 영을

뿌리칠 수 없기 때문이다. 덧붙이자면, 『아라비안나이트』에는 신드바드가 다섯 번째 항해에서 등에 올라탄 남자를 좀처럼 뿌리칠 수 없어 짊어지고 가는 이야기가 있다. 이것이 차라투스트라의 등에 올라탄 난쟁이 삽화의 밑바탕이 된다고도 말해진다.

제3부 「환영과 수수께끼에 대하여」에 이르면 난쟁이=중력의 영과 차라투스트라와의 대결이 그려진다. 위쪽으로 오르고자 하는 차라투스트라의 발을 아래쪽의 심연*에로 끌어내리는 중력의 영은 "납덩이같은 사상"을 뇌 속으로 방울방울 떨어뜨리며, "위로 던져진 돌은 어김없이 도로 떨어지기 마련이거늘"(에머슨*의 에세이가 밑바탕에 놓여 있다)이라고 차라투스트라의 상승을 조소한다. "납덩이같은 사상"을 니힐리즘*으로 해석하면, 중력의 영=난쟁이는 그 극복을 방해하는 것이다. 그 난쟁이에 맞서 차라투스트라는 어떠한 낙담이나 동정*이든지간에 그것이 심연에 임할 때의 현기증도 살해하는 "공격적 용기"를 지니고서 "우리 가운데서 더 강한 자는 단연 나다. 너는 나의 심원한 사상을 모른다"고 당당히 대처한다. 그러자 난쟁이는 차라투스트라의 어깨에서 뛰어내린다. 그 후에 차라투스트라는 '순간*'이라고 쓰여 있는 문 앞에서 '영원회귀*'를 말한다. 난쟁이도 "진리는 하나같이 굽어 있으며 시간 자체도 일종의 둥근 고리"라는 것을 알고는 있지만, 차라투스트라가 말하는 영원회귀를 이해할 수 없는 자로서 그려지고 있다.

하이데거*는 이 차이를 난쟁이가 영원회귀 사상의 귀결을 받아들이지 않는 방관자에 머물고, 순간 속에서 있지 않기 때문이라고 설명한다「영원회귀」, 『니체』]. 요컨대 '순간성'에서의 '결단*'만이 중력의 영으로서 영원회귀적인 사유 속에도 들어와 있는 니힐리즘*을 최종적으로 극복할 수 있다는 것이다. 덧붙이자면, 하이데거에 따르면 중력의 영과 차라투스트라의 힘 관계의 역전은 「환영과 수수께끼에 대하여」 제2절 서두에서 일어난다. 여기서는 용기를 얻은 차라투스트라가 난쟁이에 대해 다시 호소하지만, 그것은 제1절에서의 표현과 달리 "나! 아니면 너다!"라고 '나'가 앞에 놓여 있다. 이 시점(時點)에서 중력의 영이 극복된다는

것이다. 하이데거의 해석은 본래적 실존에의 결의성이 지니는 의미를 중시한 시점(視點)에서 이루어지는 독해지만, 그러한 해석에로 유혹하는 요소는 확실히 니체 자신의 문장에도 놓여 있다. 『차라투스트라』 전반부에서는 이미 인용했듯이 중력의 영을 "웃음에 의해 살해한다", 또는 "나의 더없이 강력한 악마인 저 중력의 영에게 던지는 춤의 노래이자 조롱의 노래"[Ⅱ-10] 한다와 같은 표현으로 놀이*의 경쾌함에 의해 중력의 영을 넘어서고자 하는 의향이 제시되고 있었음에도 불구하고, 「환영과 수수께끼에 대하여」 장에서 '용기'라는 요소를 가지고 들어오기 위해 실존주의*적인 독해로 길을 열고 있다고 말할 수 있다. 또한 그것을 위해 놀이의 경쾌함을 잃고 있다고도 말할 수 있을 것이다.

체코의 망명 작가 밀란 쿤데라(Milan Kundera 1929-)는 소설 『참을 수 없는 존재의 가벼움』(1984)에서 니체의 인용을 곳곳에 짜 넣으면서 프라하의 봄 이후 체코의 세계를 그리고 있지만, 제목이 이미 암시하듯이 거기서 그려지는 것은 반체제 운동을 떠맡는 주체를 모조리 말살해 가는 체제 권력을 마주하는 개인의 삶의 가벼움이다. 스스로의 의지에 의한 초월 등을 무의미하게 만들어버리는 구조적 권력의 중압 쪽이 오히려 현대 사회의 문제일 것이다. ☞상승

―오누키 아츠코(大貫敦子)

중용中庸 ⇨절도{중용}

『**즐거운 지식**』{『**즐거운 지혜**』} ⇨『즐거운 학문』

『**즐거운 학문**』{『**즐거운 지식**』} [Die fröhliche Wissenschaft ("la gaya scienza"), 1882/87]

『즐거운 학문』 제2판에 대한 서문(1886)에서 니체는 이 책은 쾌유*하고 있는 자가 감사의 염과 더불어 결핍과 무력의 나날에 이별을 고하는 축연이며, 미래의

모험을 예기하며 느끼는 환희라고 말하고 있다. 거기에는 『아침놀』* 간행 후인 1881년 8월, 질스-마리아* 체재 중에 질바플라나 호수 부근에서 '영원회귀' 사상에 사로잡힌 체험도 반영되어 있을 것이다. 10월부터 그는 제노바*에서 『아침놀』의 속편에 착수하며, 창작 의욕의 충일함으로 인해 그 자신이 "성스러운 1월"이라고 부른 1882년 1월에는 새로운 저작이 절반 완성되었다는 것을 친우들에게 알리고 있다. 『즐거운 학문』의 원형이다. 3월에는 시칠리아에서 나중에 「메시나에서의 전원시」에 거두어지는 시편들이 성립하며, 이 가운데 몇 편인가는 개작되어 『학문』 제2판의 「포겔프라이 왕자의 노래」로 거두어졌다. 1882년 4월, 니체는 로마*에서 루 살로메*와 알게 되고, 양자의 연애 사건은 파울 레*와 누이 엘리자베트를 끌어들인 애증의 뒤얽힘으로 발전하지만, 그러한 실생활에서의 혼란 속에서 그는 『즐거운 학문』으로 제목을 정한 저작의 완성에 힘을 기울이고 있었다. 루에게 보낸 서간에서는 이 책에 의해 『인간적인』* 이후의 "자유정신"의 새로운 모습과 이상"을 수립한 시기가 완결된다고 선언하고 있다[1882년 6월 말7월 초순]. 루와 함께 타우텐부르크에 머물고 있던 니체에게 슈마이츠너 출판사에서 간행된 『즐거운 학문』이 도착한 것은 8월 20일의 일이었다. 이 초판은 63편의 시로 이루어지는 「농담, 간계 그리고 복수」에서 이어지는 342개의 아포리즘*을 4부로 나누어 수록하고 있었다. 1887년 5월에 프리츠 출판사에서 간행된 제2판에서는 제5부 「우리들 두려움을 모르는 자들」이 더해져서 아포리즘은 383번까지 증보되며, 제2판에 대한 서문과 「포겔프라이 왕자의 노래」가 덧붙여졌다. 주목되는 것은 이 증보가 『차라투스트라』*(1883-85)와 『선악의 저편』*(1886)의 간행 후에 행해졌다는 점이다. 요컨대 이 양자를 사이에 두고 성립한 『즐거운 학문』 제2판, 특히 그 제5부에는 가치전환기를 앞에 둔 니체의 사상적 도달점이 집약되어 있다고 말할 수 있는 것이다.

제명인 『즐거운 학문』은 독일어에서도 그다지 친숙하지 않은 표현으로, 친우들의 문의에 대해 니체는 "트루바두르(troubadour)의 gaya scienza를 생각했을 뿐

이다―그것에 시도 들어 있다'고 대답하고 있지만 [로데에게 보낸 편지, 1882년 12월 초], 그 때문인지 제2판에서는 초판에는 없었던 "la gaya scienza"라는 부제를 붙이고 있다. 트루바두르란 12세기 초부터 13세기에 걸쳐 루아르 강 이남의 궁정을 중심으로 오크어를 사용하여 활약한 시인들을 가리키는 것으로, 특히 프로방스의 음유시인이 유명하다. 다수는 기사 계급 출신으로 연애시와 풍자시, 대화시와 애도시 등, 우아한 서정시의 기교를 발전시켰다. gaya scienza는 그 시법을 가리키며, fröhliche Wissenschaft라는 표현은 헤르더(Johann Gottfried von Herder 1744-1803)가 『인간성의 촉진을 위한 서간』 제7집(1796)에서 "gay sabèr, gaya ciencia"의 번역어로서 사용하고 있다. 그리하여 그는 '즐거운 학문'은 궁정 생활에 "즐겁고 마음 좋은 즐거움"을 가져오는 기교(Kunst)=배움(Wissenschaft)이라고 하여, 이것이 유럽 근대시의 '아침놀'이 되고, 이로부터 유럽에서 최초의 '계몽'이 시작되었다고 말한다[제84, 85 서간]. 니체는 1881년인가 82년의 것으로 생각되는 유고에서 "Gaya Scienza"라는 제목으로 트루바두르의 시형의 명칭을 열거하고 있으며[I . 12. 178], 『선악의 저편』 260번에서는 유럽은 "프로방스의 기사=시인, 화려하고 창의가 풍부한 '유쾌한 배움'(gai saber)의 사람들"에게 "많은 것을, 거의 자기 자신을 빚지고 있다"고도 말한다. 그리고 『이 사람을 보라』*에서는 「포겔프라이 왕자의 노래」가 "'유쾌한 배움'이라는 프로방스적인 개념, **시인**과 **기사**와 **자유정신** 사이의 통일"을 떠올리게 하는 것이라고 하여, **"새로운 춤을 창조하는 자를 찬미하라! / 우리는 수천 가지 방식으로 춤을 춘다, / 자유로워라―우리의 예술이여, / 즐거워라―우리의 학문이여! …… 트루바두르의 음유시인처럼 / …… 춤을 추자!"**라고 노래하는 최후의 시 「북서풍에게」야말로 도덕을 넘어서서 춤추는 "완벽한 프로방스주의"라고 말하고 있다[『이 사람』. VIII]. 니체에게 있어 '즐거운 학문'이라는 제목은 그 어원을 떠나 전문화된 연구에 힘쓰는 음울한 '학문'(Wissenschaft)에 맞서 그것과는 다른 양태를 갖춘 인식이 가능하다는 것을 보여주는 것이었다. '진리'를 찾아 고심하는 이성의

작업에 지친 정신이 남방의 세계에서 발견한 것이 '즐거운 학문'의 예술이었다고 말할 수 있을 것이다.

이 저작에도 『인간적』 이후의 아포리즘 모음집과 마찬가지 패턴으로 도덕과 종교에 대한 고찰, 현대의 문화와 예술에 대한 발언, 우정*과 사랑에 관한 잠언이 아로새겨져 있다. 바그너*에 대한 비난과 쇼펜하우어*에 대한 비평도 빠지지 않는다. 다만 여기서는 다른 저작에서보다 한층 더 인식에의 열정*의 다양한 방식이 그려지고 있다. 우리는 인식자로서 '진리'를 추구하고자 하면서도 실은 '가상*'의 춤에 가담하고 있는 데 지나지 않든가, 인식에서 문제가 되는 것은 '진리'(Wahrheit)가 아니라 '그럴듯함'(Wahrscheinlichkeit)이라고 하면서, 다른 한편으로는 진리에의 용기를 가지고서 회의*를 수행하는 정열이 요구된다든지, 또한 때때로 주어지는 인식의 지복의 순간, 에피쿠로스*적인 관조적 시선의 행복이 말해지고 있다[『학문』 54, 51, 58, 45]. 이러한 인식의 시도들을 이끄는 것이 자기 자신에 대해 웃을 줄 알고, 큰 웃음과 예지를 결합하는 '즐거운 학문'인 것이다[같은 책 1]. 그러한 쾌활한 회의의 정신은 머지않아 그리스도교*의 '신의 죽음*'을 고지하기에 이르지만, 그것에 의해 열려오는 새로운 지평에서 좀 더 새로운 인식의 가능성을 추구하고자 한다. 제3부의 아포리즘 125번은 우화적인 어투로 광기의 남자가 대낮에 등불을 켜고서 신을 찾아다니며 "우리 모두가 신을 죽인 살해자다"라고 외치는 모습을 이야기하고 있다(이 줄거리는 대낮에 등불을 켜고서 '인간을 찾았다'고 하는 디오게네스 일화의 패러디이다). 그리고 인간은 자신들이 신을 살해한 것을 자각하지 못한 채 신이라는 관념에 의해 주어져 있던 방향을 잃고서 "무한의 허무" 속을 헤매고 있는 것이 아닐까, 또한 신의 살해라는 '위대한 행위'에 값하기 위해서는 인간이 스스로 신들이 되어야만 하는 것은 아닐까라고도 묻는다. 이미 그에 선행하여 108번과 109번에서는 신('부처*'라는 이름으로 불리고 있지만)의 사후에 남는 '그림자*'를 극복해야 한다고 하며, 인간은 아직 자연이라는 텍스트에 신에 의해 주어진 법칙과 질서를 읽어 넣고 있기 때문에, 본래의 텍스트를 복원해야만

한다고 하고 있었다. 또한 124번에서는 항해*의 비유*가 사용되어 육지(확고한 도덕적 가치의 지반)와의 연계를 끊고 배를 띄운 우리는 대양의 파도 위에서 육지에 대해 향수를 느끼면서도 이미 되돌아갈 수 없다고 하는 각오가 말해지고 있다. 「성 야누아리우스」(Sanctus Januarius, 성스러운 1월)라는 제목의 제4부에서는 이 항해의 비유가 '삶*'이란 "인식자의 실험*"이라고 하는 또 하나의 비유와 함께 나타난다[319, 324]. 여기서는 삶을 대담하게 긍정하는 '운명에 대한 사랑*'을 내걸고서 "사물에서 필연적인 것을 아름다움으로서 보는" 것이 추구되는 한편[276], 그것은 베수비오 화산에 도시를 건설한다든지 미지의 바다에 배를 띄운다든지 하는 것처럼 "위험하게 살아가는" 것이기도 하다고 여겨진다[같은 책 283]. 그리고 콜럼버스*가 신세계를 발견했듯이 종래의 도덕을 대체하는 도덕의 신세계를 발견하기 위해서는 철학자에 대해서도 역시 "배에 타라"고 요구되어 인식자의 영웅주의가 칭송되고 있다.

제4부에는 또한 그 후의 사상적 전개를 예시하는 듯한 단편도 등장한다. 밀려왔다가는 되돌아가는 파도의 은밀한 욕망에서 인간의 의지와 동일한 유래를 지니는 비밀을 본다든지, 인식의 근저에서 다양한 충동*들 사이의 투쟁을 간취하는 시점은[310, 333] 머지않아 '힘에의 의지*'의 사상으로서 전개되게 되는 것일 터이다. 그리고 341번의 「최대의 중량」 "너는 이 삶을 다시 한 번, 그리고 무수히 반복해서 다시 살기를 원하는가?"라는 물음에서 '영원회귀*' 사상이 암시된다. 이 사상을 처음으로 기록한 1881년 8월 초의 단편에서 니체는 이 사상을 체현하기 위한 조건으로서 모든 것을 생성으로서 이해하고, 스스로의 개체성을 부정하여 다양한 충동 속에서 살아가며, 가능한 한 많은 눈으로 세계를 보는 것, 그리고 때로는 삶을 위로부터 편안하게 내려다보며 즐기는 것을 들고 있다. 지금까지 인식에의 정열로 살아온 인간이 이전에는 인생의 중대사였던 것에 대해 모든 것을 놀이를 장난감으로 만들어버리는 어린아이*와 같은 태도를 취함과 동시에, 이 "어린아이의 유희"마저도 관조적으로 보는 "현자*의

눈"으로 바라보는 것이 '영원회귀'라는 "가장 짓눌리는 인식"을 받아들이기 위해 필요하다고 하는 것이다[유고 Ⅰ. 12. 80-82]. 『학문』에 수록된 아포리즘이 '신의 죽음'과 '영원회귀'라는 짓눌리는 인식을 배경으로 하면서 쾌활한 기분으로 관철되고 있는 것은 이러한 에피쿠로스적인 시선 때문일 것이다. 「최대의 중량」에 이어지는 제4부의 최후의 아포리즘은 「비극이 시작되다」(incipit tragoedia)라는 제목이 붙여져 있는데, 『차라투스트라』의 서두와 거의 같은 글로 이루어진다[342]. 그런 까닭에 『즐거운 학문』 제4부는 서술 형식은 크게 다르지만, 『차라투스트라』에 대한 서곡으로 간주된다.

더 나아가 『선악의 저편』을 거쳐 성립한 제5부 「우리들 두려움을 모르는 자들」에서 니체는 "신은 죽었다"라는 "근대에서의 최대의 사건"을 알고서 새로운 항해로 출발하는 '자유정신'의 모험'을 그리고 있다[343]. 이 '자유정신'은 모든 도덕적 가치에 의문부호를 붙이고, 어떠한 신앙이나 확실성과도 결별하지만, 다른 한편으로는 이 정신을 이끄는 '진리에의 의지'도 역시 "신은 진리이고 진리는 신적이다"라는 오랜 형이상학'적인 신앙에 기초한다. 요컨대 허위의 도덕적 가치를 신앙하는 것도, 진리를 추구하여 그 허위를 폭로하는 것도 모두 다 '니힐리즘'에 다름 아니라는 것이지만[344-348], 이와 같이 하여 스스로도 의심하는 회의 정신은 제5부의 텍스트에 대단히 변화로 가득 찬 다층성을 부여한다. 몇 가지 특징적인 측면을 들면, 우선 인식과 해석의 문제에 대해서 한편으로는 초기의 「도덕 외적인 의미에서의 진리와 거짓에 대하여」 이래의 논의가 다시 제출되어, 인식과 의식은 가축떼'적인 인간들이 위급할 때의 전달 필요에 내쫓겨 위조한 공통의 기호의 세계라고 주장되며, 그런 까닭에 인식의 본질은 본래 동일하지 않은 것을(가축떼의 기호로) 동일화하는 것, 미지의 것을 기지의 것으로 환원하는 것에 다름 아니라고 한다[354, 355]. 하지만 다른 한편으로는 '신의 죽음'이 보여주는 그리스도교적 세계 해석의 붕괴에 의해 세계가 아직 다양한 원근법'으로부터 무한히 해석 가능하다는 것이 드러나게 되었다고 지적

하고, 사물의 의문에 붙일 만한 성격을 간과하지 않는 에피쿠로스적인 인식의 존재방식을 강조하는 등[374, 375], 원근법적 가상을 즐기는 가운데 종래와는 다른 인식의 가능성을 시도하는 자세가 제시되고 있다. 둘째는, 여기서 니체가 19세기 말의 유럽의 지적 견취도를 그리고서 탈독일의 입장, 나아가서는 탈유럽의 시점을 내세우고 있다는 점이다. "세계에 으뜸가는 독일"의 국수주의를 경멸하고, 교회'의 붕괴를 막은 루터'의 "정신의 농민 반란"을 비판하는 니체는 독일에서 유일하게 유럽적인 의미를 지닌 사건으로서 쇼펜하우어'가 "생존의 가치에 대한 물음"을 제기한 것을 든다. 그리고 그의 "무조건적으로 성실한 무신론'"이야말로 지적 성실'이라는 그리스도교의 덕이 스스로 그리스도교의 신에 대한 신앙을 밀어 넘어뜨린 결과라고 하여, 거기서 "유럽의 가장 오래되고 가장 용감한 자기극복의 상속자"로서의 '좋은 유럽인'의 모습을 발견하고 있다[357, 358]. 니체가 자신의 '즐거운 학문'을 바치고자 바라는 것은 이들 "고향 없는 자들"인바, 그들은 아무것도 보수하지 않고, 자유주의'와 사회주의', 국수주의, 인류애와 동정'의 종교에도 관여하지 않은 채, 바다로 나아가는 이주자라고 한다[377]. 요컨대 어떤 도시의 탑의 높이를 알기 위해서는 방랑자로서 도시 바깥으로 나가야만 하듯이, 유럽의 도덕을 편견 없이 평가하기 위해서는 유럽적인 선악의 저편에 서야만 한다고 하는 탈유럽의 사상이 말해지고, 그것을 위해서는 시대를 자신 속에서 극복할 뿐만 아니라 이 시대에 대한 자신의 "반시대성"과 "낭만주의"도 극복해야만 한다고 여겨지는 것이다[380]. 이러한 스스로의 내적인 부정성에 대한 반성이 제3의 특징적인 측면으로서 거론될 수 있을 것이다. 거기서는 이전에는 열광의 대상이었던 바그너와 쇼펜하우어의 낭만주의가 병들고 쇠약한 삶에 기초하는 것이라고 하여 비판되며, 그에 맞서 삶을 긍정하는 고전적 내지는 디오니소스'적인 페시미즘'이 대망된다[370]. 그리고 새로운 가치를 추구하는 이상의 '지중해'를 두루 항해하기 위해서는 '위대한 건강'이 필요하다고 말해지기도 한다[382]. 이러한 건강과 병', 강함과 약함의 대비에

기초하는 부정은 그 후의 데카당스* 비판에서는 제한 없이 사용되게 되는 것이지만, 382번이 다시 한 번 『차라투스트라』를 예고하여 "비극이 시작될 것이다"라는 문장으로 끝나는 것으로 이어지고, 『즐거운 학문』의 최후의 아포리즘에서는 그때까지의 엄숙한 표현이 일변하여 짓누르는 문제제기를 불어 날려버릴 노래와 춤이 요구되고 있다[383]. 이와 같이 심각한 비판과 극복이 그 대상에 얽매인 채 이루어지는 것을 비키어 놓는다든지 패러디화한다든지 하여 웃어버리고자 하는 자세가 『즐거운 학문』에 독특하고 경쾌한 가락을 주고 있다고 말할 수 있을 것이다. ☞자유정신과 이성 비판, 진리와 인식

―오이시 기이치로(大石紀一郎)

증여하는 덕贈與―德 ⇨베푸는 덕

지드 [André Gide 1869-1951]

지드의 초기 작품에는 작가 자신의 부인에도 불구하고 니체의 영향이 깊다. 예를 들면 엄격한 청교도적인 도덕으로부터의 달아남을 시도한 『지상의 양식』(Les nourritures terrestres, 1897)은 삶, 관능, 쾌락의 대담한 긍정에 의해 모든 가치의 전도를 시도한 것으로, 거기에는 『선악의 저편』*과 대구를 이루는 아포리즘들이 아로새겨져 있다. 또한 『배덕자』(L'immoraliste, 1902)는 바로 『안티크리스트』*의 자유로운 의역으로 평가될 정도로 니체적인 소설이었다. 그것과 맞짝을 이루는 저 순애 소설 『좁은 문』(La porte étroite, 1909)도 『힘에의 의지』*의 역설적 표현으로 간주되고 있다.

그렇긴 하지만 독일 사상과의 관련으로 하자면 괴테*의 영향 쪽이 강했다. 디오니소스*적인 격정으로부터 시민(부르주아)사회, 식민지 지배를 날카롭게 공격하고, 소연방에서 개인과 전체의 융합을 몽상했지만, 스탈린주의적 현실에 직면하여 실망하고, 만년에는 다시 아폴론*적인 고요함을 동경했기 때문이다.

―야마우치 히사시(山內 和)

囹 ▷H. Drain, *Nietzsche et Gide*, Ed. de la Madeleine, 1932.
▷R. Lang, *André Gide*, L. U. F., 1949.

지배와 복종支配―服從

니체는 사회주의*와 민주주의* 등의 인간의 평등을 부르짖는 주의주장에 대해 대체로 비판적이다. '평등에의 의지*'에는 천민*들의 복수 본능이 숨어 있다. 니체에게는 지배로부터의 해방보다 좋은 지배 쪽이 바람직하다. 지배와 복종을 둘러싼 이러한 귀족주의적인 견해는 생애 내내 변하지 않았던 듯하다. 하지만 지배와 복종을 입에 담을 때 그는 오로지 정치와 사회를 화제로 삼았던 것이 아니다. 니체는 민주주의에서 "정치 기구의 쇠망 형식"뿐만 아니라 "인간의 전반적 퇴화"도 보았지만, 지배와 복종의 행위를 문제로 삼은 경우에도 정치의 존재방식에 머물지 않고 넓게 도덕, 문화, 인간의 존재 모습에 관계하고 있었다.

고대 그리스 국가를 다룬 소론[「다섯 개의 서문」Ⅲ]은 지배와 복종을 둘러싼 초기의 견해를 말하는 대표적인 글인데, 거기서 니체는 "노예 제도는 문화의 본질에 속한다"는 것과, 고대 그리스 국가에서의 노예제가 그리스인에게 있어 치욕이기는 했지만 국가의 "본래의 목표"에 있어 필요한 것이기도 했다는 것을 인정하고 있다. 그러면 국가의 목표란 무엇인가? 유고 단편[Ⅰ. 3. 449-469]에서 미루어 보면, 니체는 디오니소스적*, 아폴론*적인 예술 충동이 "천재*의 탄생"이라는 형태로 현현하는 것에 국가의 목표를 두었던 듯하다[Ⅰ. 3. 450]. 노동*과 노예 제도가 인간을 "생존 투쟁에 대한 갈망"에 사로잡힌 몸으로 삼고 있는 증좌라고 한다면, 국가와 그 지배자는 그것을 넘어서서 "예술에의 욕구에 대한 갈망"을 목표로 해야만 한다. "문화의 개선 행렬은…… 선택된 소수자에게만 그 역할을 맡긴다는 것, 그에 반해 실제로 예술의 참된 생성의 기쁨을 얻고자 한다면, 대중의 노예 봉사가 반드시 필요하다는 것, 이것은 자연의…… 본질에 의한다."[Ⅰ. 3. 453] 생존 투쟁을 넘어선 예술 충동에 기초하면서 "천재 공화국"[『반시대적』Ⅱ. 9]을 구축하는 소수자의 지배

와 대중의 노예 봉사──우선 이것이 니체가 고대 그리스에서 보았던 지배와 복종이다. 다만 니체는 국가의 존재 이유를 예술적 충동에 귀착시킬 뿐만 아니라 그러한 예술적 충동에 대응한 정치적 충동과, 그에 기초하는 지배·복종의 관계에 대해서도 언급하고 있었다. "노예가 사회에 있어 필요 없는 것이 아닌 것과 마찬가지로" 국가에 있어 필요 없는 것이 아닌 것은 전쟁이다. 현실 정치 차원에서는 이 전쟁의 천재, 즉 "군사적 천재"야말로 요구되며, 그 산출을 원하는 군인 계급을 정점으로, 노예적인 최하층을 기반으로 한 "군사 사회"가 국가의 원상으로서 생각되고 있다.

니체가 고대 그리스의 지배와 복종을 이전에 있을 수 있었던 가능성으로 보는 것처럼 그리 이면에는 노예를 대신하는 근대의 노동자*의 현실과 노동*의 존엄을 노래하는 근대적 이념에 대한 비판의식이 존재한다. 근대 사회는 "민중이라는 권력 없는 자를 더욱 예속적으로, 더욱 저속하고 비민중적으로 만들어 버리고 그러한 민중을 근대적 '노동자'로 만들어냈다." [『반시대적』 IV. 8] "유서 있는 가문의 남녀가 다른 사람들보다 우월한 점은…… 명령할 수 있는 기술과 긍지를 지닌 복종의 기술이다." 그러나 오늘날의 상공업 세계는 "복종에서의 고귀한 태도가 결여되어 있다." [『인간적』 I. 440] 니체는 여기서 복종하는 자의 있어야 할 모습과 있어야 할 것이 아닌 모습을 구별한다. 근대의 노동자는 후자의 대표격이다. 동일한 것을 지배자에 대해서도 말할 수 있다. 『즐거운 학문』*에서는 "군사적 기초를 지니는 문화"에서의 병사-지휘관 관계와 "산업 문화"에서의 노동자-고용주 관계를 대비한 문장에서 다음과 같이 말하고 있다. 군사 문화에서는 위협과 전율을 주는 강한 인격에 대한 복종이 통례를 이루는 데 비해, 산업 문화에서는 면식도 없고 흥미도 느끼지 않는 인물에 대한 복종이 횡행한다. 후자에는 "고급한 종족이 갖추고 있던 모습과 특색", 예를 들면 세습 귀족의 고귀함이 없다[『학문』 40].──니체는 한편으로 생래적으로 명령할 수 있는 자질을 지닌 자들에 대해(예를 들면 강자, 정복자, 입법자, 새로운 귀족*, 고급 종, 예외적 인간, 소수자, 위대한 인간 등),

또한 복종해야 할 자들에 대해(예를 들면 노예, 노동자, 평균적 인간, 가축떼*, 선인, 다수자, 범용한 자, 병신, 약자, 대중 등) 다양한 이미지를 흩뿌리면서 고귀함*과 비천에 대해 말하고 있다. 하지만 그는 지배를 취하고 복종을 버리는 것과 같은 단순한 선택을 하지 않는다. "긍지 높은 복종의 기술"도 있는가 하면, 고귀함을 결여한 인물에 의한 지배라는 것도 있다. 고귀함과 비천이라는 특성을 축으로 하여 지배와 복종에서의 있어야 할 모습과 그렇지 않은 모습이 물어지고 있는 것이다.

지배와 복종은 사회적·정치적인 구조를 해부하기 위한 개념적 장치라기보다 오히려 문화나 인간 유형의 다름을 부각시키기 위한 비유적 표현에 가깝다. 하지만 지배와 복종을 그와 같이 이해하면, 한 개인이 양자를 한 몸에 겸비하는 일도 있을 것이다. 니체는 이 지배와 복종을 다 같이 갖추었다는 점에서 '의지(의욕)'의 특징의 하나를 보고 있다. "의욕하는 인간은 자기 속에서 복종하는 어떤 것……에 명령한다. …… 의욕하는 자는 이리하여 명령자로서의 쾌감에 더하여…… 봉사하는 '하부 의지'……의 쾌감을 맛본다." [『선악』 19] 하지만 의지 자신이 지배와 복종의 두 가지 특성을 지닌다면, **한편으로** "복종하고 섬기는 자의 의지 속에조차 지배자가 되고자 하는 의지"가 있는 것으로 된다. "약자가 강자를 섬기는 것은 좀 더 약한 자에 대해서 지배자가 되고자 하는 약자의 의지가 그를 설복시키는 것이다." "희생과 봉사와 사랑의 눈길이 있는 곳, 거기에도 또한 지배자가 되고자 하는 의지가 있다. 요컨대 그때 약자는 숨겨진 길을 통해 강자의 성내로 몰래 들어가며, 나아가서는 주인의 심장 안으로까지 잠입하여,── 힘을 훔치는 것이다."[『차라투스트라』 II-12] 물론 이것과 정반대로 **다른 한편으로는** 탁월한 의미에서의 '지배의 의지'에도 복종의 계기가 있다. "생명체를 발견할 때마다 나는 복종 운운하는 말을 들을 수가 있었다. …… / 그리고 두 번째는 이것이니, 자기 자신에게 복종할 수 없는 존재에게는 명령이 떨어지기 마련이라는 것이다. …… / 그러나 내가 들은 세 번째의 것은 이것이니, 복종보다 명령이 더 어렵다는 것이다."[같은 곳] 니체는 이러한 명령에서 자기 자신을 건 "하나의 시도와 모험"을 본다. "자기 자신에게 명령할 때조차도 그렇다. 그리하여 그는 자신의 명령에 대해서조차 보상하지 않을 수 없는 것이다. 그는 그 자신의 율법에 대해 판관이, 그 율법의 수호자가 그리고 제물이 되지 않을 수 없는 것이다."[같은 곳] 이와 같이 삶에 대해 복종하고 명령하며, 자기에게 명령하는 것에 의해 자기에게 복종할 것을 촉구하는 것 — 이것이 다름 아닌 탁월한 의미에서의 힘에의 의지*다.

그러나 니체는 단지 명령과 복종의 있어야 할 모습과 그렇지 않은 모습을 묘사하는 것만이 아니다. 거기에는 또한 독특한 사회적·정치적인 함의도 놓여 있다. 예를 들면 민주주의나 사회주의의 움직임 속에서 니체는 약한 권력밖에 지니지 못하는 인민, 다수자를 지배자로 만들고자 하는 책략이 숨어 있는 것을 본다. 복종해야 할 자가 고귀함을 결여한다는 것만이 아니다. 비속한 존재로 떨어진 복종해야 할 자가 그럼에도 불구하고 수에 의지하여 지배적인 지위에 올라가고자 하는 것이야말로 문제인 것이다. "가장 강한……자들도 조직화된 가축떼 본능을…… 적에게 넘길 때에는 약하다."[유고 Ⅱ. 11. 128] "하강의 본능이 상승의 본능을 지배하게 되었다……."[같은 책 Ⅱ. 11. 151] 니체는 민주주의에서 천민*들의 지배를 보았다. 이리하여 니체의 과제는 첫째로는 이와 같은 역전된 사태에 이른 것은 왜 그리고 어떻게 해서인지를 계보학*적으로 묻고, 둘째로는 그 역전은 더 나아가 어떻게 전환되어야 하는지를 도래해야 할 내일의 사상으로서 고지하는 것에 놓인다.

"인간이 존재하는 한, 어느 시대든지 무리를 이룬 인간 집단 역시 존재했으며……, 언제나 소수의 명령하는 자에 비해 복종하는 사람들이 대단히 많았다."[『선악』 199] 만약 복종해야 할 자가 지배자의 지위에 올라섰다고 한다면, 복종의 가축떼 본능이 도덕적인 가치 부여를 좌우하는 사태가 생겨난다. '주인의 도덕'을 대신해 '노예의 도덕'이 지배적이 되는 도덕상의 노예의 반란*이란 이러한 사태에 다름 아니다. 니체에 따르면 인류 발전의 우여곡절은 "명령의 기술을 희생하는 대가를 치르면서 복종이라는 무리의 본능이 가장 잘 유전된 것에서 기인한다." 원시 그리스도교, 종교개혁*, 프랑스 혁명*의 역사는 도덕상의 노예의 반란, 도덕상의 가치 부여의 역전을 일으킨 사건들 그 자체다. 그리고 유럽에서의 민주주의 운동의 시대에 이르러 복종의 가축떼 본능은 자기 멋대로의 극단에 도달한다. 여기에 이르면 "바로 명령권자나 독립적인 인간은 없어지게 된다. 또는 그들은 내면적으로 양심*의 가책에 괴로워하게 되며, 명령하기 위해서는 이를테면 그들 역시 복종만 했다는 듯이 우선 스스로를 기만하는 것이 필요하게 된다. …… 나는 이것을 명령하는 자들의 도덕적 위선이라고 부른다."[『선악』 199]

니체는 노예의 단결과 궐기에 의한 역전의 구도를 거의 이와 같이 묘사한다. 다만 유럽의 민주주의 운동이 니체에게 있어 전적으로 부정적인 것으로만 비쳤는가 하면 그렇지는 않다. 지배자와 노예의 관계의 역사에는 또 하나의 막이 남아 있다. "대체로 인간이 평준화되고 평범화되는 — 유용하고 근면하며 다양하게 써먹을 수 있는 재주 있는 가축떼적인 인간이 형성되는 — 조건과 같은 새로운 조건들은 가장 위험하고 매력적인 성질을 지닌 예외적 인간을 발생시키는 데 대단히 적합하다."[『선악』 242] 민주화가 복종의 본능에 길들은 가축떼적인 인간을 대량으로 산출하게 되면, 그것은 "가장 미묘한 의미에서 **노예근성**을 준비하는 인간 유형을 산출하는 데 이르게 된다. 이에 반해 개별적이고 예외적인 경우 **강한** 인간은…… 그가 아마 지금까지 이르렀던 것보다 더 강하고 풍부해지지 않을 수 없을 것이다. …… 유럽의 민주화는 동시에 본의 아니게 **전제적 지배자를**…… 길러내는 것을 준비하는 것이 된다."[같은 책 242] 니체가 나폴레옹*에서 본 것은 이러한 전제적 지배자의 선구자였다.

만년의 니체는 오래전부터 내려온 사회학을 대신하는 "지배 형태의 이론"을 구상한다. 『안티크리스트』*의 다음과 같은 구절은 그 한 단면을 엿보게 해준다. "높은 문화는 일종의 피라미드. 그것은 단지 넓은 지반에서만 설 수 있으며, 무엇보다도 강력하고도 건강하게 다져진 평균성을 전제로 한다.'[57] 평균성이란 카스트적인 서열* 속에서 "주로 정신적인 사람들"과 "주로 근육과 활력 강한 사람들"의 하위에 놓인 "평균적인 사람들"에서, 즉 노예나 노동자로서 대표되는 것일 터이다. 그것은 니체에게 있어 "예외자가 존재하는 것을 허락할 수 있기 위한 첫 번째 요건"이다[같은 곳]. 확실히 '예외자'는 단순한 정치적 지배자로는 생각되고 있지 않다. 그러나 '평균적인 사람들'이 그러한 존재를 위한 단순한 수단으로 간주되고 있는 것은 틀림없다. 이 부근에서 니체가 어디까지 정치적·사회적인 의미에서 문자 그대로 고찰하고자 했는지 오늘날 조금 분명하지 않은 점이 남는다. 다만 지배와 복종을 둘러싼 이 최후의 언설이 (아마도 절반 이상) 광기 속에서 니체가 말하게 된 "위대한 정치*"의 "선전포고"[유고 Ⅱ. 12. 168f.]와 거의 하나로 접해 있었던 것은 확실하다. ☞ 권력, 국가, 노예의 반란, 민주주의, 사회주의, 평등에의 의지, 전쟁과 군대

—기마에 도시아키(木前利秋)

지적 성실 知的誠實

성실성, 지적 성실, 정직과 같은 말은 니체에게 있어서는 미묘하게 동요하는 위치가를 지닌다. 우선은 그리스도교*와 그 신 자신이 불성실한 존재로서 고발된다. "그리스도교가 성실함과 공평함에 대한 감각을 얼마나 적게 육성하는가"는 예를 들어 성서 해석학자들의 태도를 보면 잘 알 수 있다. 그것은 구약 성서를 형편에 맞추어 교회의 자기 정당화에 이용하는 모습에서도 나타난다. 70인역 성서의 오역 부분을 그리스도 도래의 예언으로서 해석하는 전말이 그러하다. 당시는 교회* 설립을 둘러싸고서 "투쟁의 한가운데 있었다. 그래서 적에 대해서는 생각했지만 성실함에 대해서는 생각하지 못했다."[『아침놀』 84] 요컨대 그리스도교는 그 역사적 발단에서 성실하지 못했다는 것이다. 허위의 역사는 철학에서도 마찬가지다. "거짓과 위폐 만들기가 철학의 역사 전체를 관통하고 있다. 정말이지 존중할 만한 가치가 있는 회의주의자를 별도로 한다면,

지적 성실함의 본능은 어디에서도 보이지 않는다."[유고 Ⅱ. 11. 271] 이러한 논의에서는 성실 그 자체가 플러스 기호를 띠고 있지만, 다른 한편으로 그리스도교와 소크라테스*, 플라톤 이래의 전통 속에서 성실로 생각되어 온 것에 대한 용서 없는 비판도 퍼부어진다. 거기서는 있지도 않은 가치를 날조*하고, 천국이나 구원*을 선전하며, 스스로도 그것에 따른 겸허하고 온화한, 그리고 무엇보다도 '성실'한 인간이 되는 것이 목표로 여겨져 왔다고 니체는 본다. 특히 그리스도교가 시민사회의 자기 보존*의 수단이 되어버린 19세기 후반에는 한층 더 그렇다. "체념과 겸허야말로 신성이 되었다. …… 이에 의해 그리스도교는 부드러운 도덕주의로 변했다."[『아침놀』 92]

이러한 성실이 '기만'이라는 것을 폭로하는 것은, 그것을 위한 문채(文彩)는 변하더라도, 『반시대적 고찰*』의 제1논문으로부터 『안티크리스트*』까지 일관된 과제였다. '성실'로 여겨지고 있다는 것은 사실은 "'신약 성서'를 읽을 때는 장갑을 끼는 게 좋다"[『안티크리스트』 46]는 것과 마찬가지로 '불결'하다는 것이다. "오늘날 우리는 알고 있으며, 우리의 양심은 알고 있다 — 사제와 교회의 그 섬뜩한 고안물들이 어떤 가치를 가지고 있으며, 어디에 사용될 것인지를. 인류가 그들의 모습에서 구역질을 일으킬 정도로 인류의 자기 모독 상태를 달성시킨 그 고안물들이 말이다 — 즉 '피안', '최후의 심판', '영혼의 불멸', '영혼' 자체라는 개념들이 말이다. 이것들은 사제들을 지배자로 만들었고 지배자로 남게 했던 고문 기구들이자 잔인함의 체계들이다…… 누구나 이 사실을 알고 있다. 그럼에도 불구하고 변한 것은 아무것도 없다. 다른 점에서는 전혀 얽매이지 않고 철저하게 반그리스도교적인 행동을 하는 우리의 정치가들조차 여전히 그리스도교인임을 자처하고 성찬식에 나가는 오늘날, 품위와 자존심이라는 최후의 감정은 어디로 가버린 것일까?"[같은 책 38] 시민사회적인 '성실'한 것이 이중도덕을 지니고 있는 것에 대한 비판이다.

그러한 만큼 니체에게 있어 진술함으로부터 나오는 정직 또는 성실은 거의 생리적으로 불가결한 요청이

된다. "자기 자신에 대한 성실함이 그것만으로 절대적으로 고급하고 순수한 것이라고 말한다든지 하려고 하는 것은 아니다. 그러나 이것은 내게 있어 청결함의 요구와 비슷한 그런 것이다. 어떠한 인간이고자 하든 자유다. 천재이고자 하든 배우이고자 하든 자유다. 그러나 청결한 것만큼은 원하는 것이다."[유고 I. 11. 421] 이러한 참된 의미에서의 "자기 자신에 대한 성실함"이 자랐으면 하는 희망도 표명된다. "성실함은 가장 최근의 덕들 중 하나이며 아직 덜 성숙했고 자주 혼동되거나 오해되고 있으며, 자기 자신을 거의 의식하지 못하고 있다. 그것은 우리의 감각의 상태에 따라 우리가 촉진하거나 저지할 수 있는, 생성 중에 있는 어떤 것이다."[『아침놀』 456] "성실함, 만일 이것이 우리 자유정신이 벗어날 수 없는 덕목이라고 한다면 ── 그러면 우리는 모든 악의와 사랑으로 이것을 위한 작업을 해보고자 하며, 단지 우리에게 남겨진 **우리의** 덕 안에서 지치지 않고 우리 자신을 '완성'해 보고자 한다. 그 덕의 광채가 언젠들 금빛으로 빛나는 푸르면서 조소하는 듯한 저녁노을처럼 이렇게 늙어가는 문화와 그 희미하고 침울한 진지함 위에 머물러 있다고 해도!" [『선악』 227]

마지막의 어느 정도 서정적인 이 표현에서는 또한 지적 성실함의 양의성이 빛나고 있다. 요컨대 "모든 성실을 영혼의 비소함으로 변화시켜 온"[『안티크리스트』 62] 그리스도교이지만, 사실은 그 그리스도교 안에서 지적인 성실함이 자라나고, 그 결과 그것이 그리스도교 자신에게로 향하게 되어 그리스도교를 멸망시켜 간다는 역설이 니체에게 있어 대단히 중요해지는 것이다. "모든 위대한 것은 그 스스로에 의해, 자기 지양의 작용에 의해 몰락해간다. 생명의 법칙이, 생명의 본질 속에 있는 **필연적인** '자기 극복'의 법칙이 이러한 것을 원하는 것이다.──'그대 스스로 제정한 법에 복종하라'라는 외침은 언제나 마지막으로는 입법자 자신을 향하게 된다."[『계보』 III. 27] 고해에서 보이는 것과 같은 자기 자신의 죄에 대한 끊임없는 검증, 나아가서는 자기 자신의 신앙의 정당성을 둘러싼 끊임없는 논의 ── 이러한 신앙의 함양과 훈련이 결국은 이 신앙이

공허하고 무라는 것을 폭로해 간다고 하는 논리가 지적된다. "무조건적인 성실한 무신론"이야말로…… 마침내 어렵게 이루어진 유럽 양심의 승리이며, 신에 대한 신앙에 내재한 **허위**를 스스로에게 금하는 최후의 훈육, 이천 년에 걸친 이 진리에의 훈육이 결실을 맺은 지극히 영향력 있는 행위이다…… 우리는 원래 **무엇이** 그리스도교의 신에 대해 승리를 거두었는지를 알고 있다. 그것은 바로 그리스도교 도덕 자체, 점점 더 엄격해진 진실의 개념, 그리스도교적 양심을 지닌 고해신부의 예민함이 학문적 양심으로 옮아가고 승화되어 모든 것을 희생해서라도 지적 청렴함을 지키도록 만들었던 것이다."[『학문』 357] 또한 다음과 같이도 말해진다. 확실히 과학 신앙은 형이상학적 신앙이고 형이상학"의 잔재이지만, 여기서도 역으로 그러한 "과학 신앙이 성실한 인간을 필요로 한다"는 것이며, 얼마 안 있어 그리스도교의 붕괴를 초래하는 것이다[『계보』 III. 24].

스스로가 중시하고 길러낸 지적 성실함에 의한 그리스도교의 자기 붕괴 ── 신 자신이 희생되는 것에 의해 성립한 종교에 걸맞게 이번에는 앎의 제단에 종교 자신이 자기를 희생으로 바친다고 하는 장대한 역설이 여기에 놓여 있다. 그러나 이러한 자기 붕괴의 논리는 더 나아가 또한 이러한 지적 성실함 자신에게로도 향하게 된다. "그와 같이 **교의로서의** 그리스도교는 자기 자신의 **도덕**에 의해 몰락했다. 그와 같이 **도덕으로서의** 그리스도교도 몰락할 수밖에 없다 ── 우리는 **이러한** 사건의 경계선에 서 있다. 그리스도교적인 성실성은 하나하나 결론을 이끌어낸 다음, 결국 자신의 **가장 강력한 결론**을, 자기 자신에 반하는 결론을 이끌어내게 된다. 그러나 이러한 사건이 일어나는 것은 이 성실성이 '**모든 진리에의 의지**'란 무엇을 의미하는가?'라는 물음을 던질 때인 것이다."[『계보』 III. 27] 지적 성실함이 이전의 신과 마찬가지로 자기를 희생으로 바치는 것이다. 아마도 무를 위해 희생으로 바치는 것일 터이다.

이리하여 그리스도교의 붕괴에 의해 허공에 뜬 성실함 그 자체가 진리에의 의지를 회의"의 대상으로 하는, 요컨대 성실함이 자기 자신의 정당성을 검증하는 철저

한 회의주의*와 아이러니*가 생겨난다. 이 문제는 이미 소크라테스 자신이 옥중에서 '왜 인간은 본능*으로부터 해방되어야만 하는가'라는 물음에 스스로 대답할 수 없었다[『선악』 191]고 하는 니체의 추정으로 상징되는 자기 회의의 극치와도 대응한다. 다다르는 끝은 성실함보다는 불신의 존중으로 된다. 이제 성실하다는 것은 절대적인 불신에 귀착하게 된다. "이때까지 이전에 없었던 불신의 교사*'로서의 피론(Pyrrho(Pyrrhon) ca. 360-ca. 270 B.C.)은 "불신만이 진실에 이르는 유일한 길"이라고 말하고, 최후에는 "침묵의 웃음"에 의해 대답하지 않는 방도를 선택한다[『인간적』 II-2. 213]. 또한 성실함보다는 위장의 중시로 되기도 한다. 이제 성실하다는 것은 절대적인 위장에 귀착하게 된다. "정직함(Ehrlichkeit)에 대해서는 정직하게— 공공연하게 자신이 정직하다고 하는 사람은, 결국에는 자신의 이러한 정직함을 어느 정도 자부하게 된다. 왜냐하면 그는 왜 자신이 정직한지 너무나 잘 알고 있기 때문이다.— 다른 사람은 같은 이유에서 오히려 겉모양과 위장을 택할 것이다"[『인간적』 II-1. 56]와 같은 정직함의 심리학이 이윽고 부정직, 불성실을 자각하면서 실행하는 것이야말로 정직과 성실이라고 하는, 아이러니컬한 인생 태도에 대한 공감을 불러일으킨다. "의도적인 위장은…… 자기 자신에 대한 성실함의 감각에 의거한다."[유고 I. 11. 336] 또는 "나의 성실함이라는 사치를 나에게 계속 허용하게 하려면 또 얼마나 많은 허위가 필요한지에 대해 너희들은 무엇을 알고 있으며 또 무엇을 알 수 있겠는가?"[『인간적』 서문 1] 성실하다는 것은 또한 자기 자신의 힘의 증대를 위해 더욱더 거대한 허위를 창조하는 것으로도 연결된다. 그것은 "허위성의 좀 더 고차적인 포텐츠로 나아가는 수단"[유고 II. 10. 363]이다. 왜냐하면 "본질에 있어 거짓인 세계에서 성실함이라는 것은 자연에 반하는 경향일 것이기"[같은 곳] 때문이다. 초기의 호르크하이머*의 논고를 떠올리게 하는 이 최후의 문장은, 그러나 허위의 고발이기보다 그리스도교와 형이상학의 붕괴 후에 예술*에서 구원을 원망하는 동시에 해내지 못한 세대의 아이러니컬한 자기 도피일지도 모른다. ☞그리스

도교

—미시마 겐이치(三島憲一)

진리가 여성이라고 가정한다면…… ["Vorausgesetzt, daß die Wahrheit ein Weib ist—"]

『선악의 저편』* 서문의 서두다. 니체에게는 강력한 '여성* 멸시'의 계기 있다는 것이 자주 지적되어 왔다. 확실히 '아이를 낳는 자로서의 여성 규정이나 당시의 페미니즘에 대한 비판에는 그 나름의 역사적 한계가 있다고도 말할 수 있다[아도르노 『미니마 모랄리아』 59절 참조]. 그리고 오늘날 그와 동일한 어조로 성 문제를 논의하는 사람은 적을 것이다. 그러나 니체의 '여성 멸시'라는 결론을 맺기 위해서는 그가 초역사적인 여성 '자체'에 대해 언표하고 있다는 전제가 필요하다. 그러나 니체의 여성에 대한 언표에는 몇 가지 유형이 있다. (1) 여성을 진리*의 알레고리로 하는 유형. 반자연적인 도덕의 승리를 이끄는 간지를 여성의 유혹으로 간주하여 여성의 비진리를 폭로하든, 아니면 진리로서의 여성에 대한 접근 방식을 알지 못하는 '독단적' 철학-신학자를 조소하든, 그것들의 언표는 거세와 (비)진리가 결부되는 남성 중심주의의 공간에서 생기한다. (2) 하지만 그것으로 존재론적으로 결정 불가능한 형태로 여성은 삶으로서, 삶을 긍정하고 낳는 힘으로서 남성 안에서도 스스로를 긍정한다. 거기서는 유혹과 위장과 수치도 가치 전환*을 겪을 수밖에 없다.

「어떻게 '참된' 세계가 결국 꾸며낸 이야기가 되었는가—하나의 오류의 역사」[『우상』 IV]에서 니체는 여성과 진리의 결부((1)의 공간)의 역사적 유한성을 '참된 세계'의 그리스도교화=여성화로서 묘사하고, 다른 텍스트에서는 대부분의 문명에서 당초 지배권을 장악하고 있던 여성이 약한 성으로서의 유형에 빠져든 것은 역사적 사건이라고도 쓰고 있다[『이 사람』 III. 5의 제1고=KSA 14. 485]. '아이 낳는 자로서의 여성 규정은 따라서 역사적으로 '약한 성'에 몸을 둔 여성, 그로부터 남성에 대해 전술적으로 매력적으로 된, 즉 간지에서 뛰어나 남자의 흥미를 끄는 존재가 된 여성에 있어서의

유일한 구제 장치에 다름 아니다. **아이**를 '낳는' 것을 거부하고 **책**을 낳고자 하며, 남성과 똑같이 될 것을 바라고 사실은 아이를 낳는 다른 여성들을 비하하는 (당시의) 페미니스트 비난도 니체의 텍스트에 있어서는 여성과 진리가 결부된 남성 중심주의의 역사적 공간 속에서 여성이 남성의 욕망에 호응하는 형태로 보여주는 반동에 대한 비판으로 읽을 수 있을 것이다. 니체 자신이 책을 **낳는** 것에 의해 여성(어머니)과 동일화하고 있는 것이라면, 모든 것은 가치 전환되고, 낳는 아이와 책이 성적으로 결정 불가능하게 되며, 책(아이)을 낳는 남성에 있어 삶을 긍정하는 여성이 책(아이)을 낳아 나쁠 것이 없다(다만 니체가 그렇게 말하는 것은 아니다). 이 역사성의 **단적인 바깥**은 없다 하더라도 니체는 '사물 자체'와 마찬가지로 성의 '자체'는 존재하지 않으며, '영원히 여성적인 것'에 대해서는 '나의 진리들'이라는 형태로 나임과 복수성을 표시하고 있다『이 사람』 III. 4-6]. 따라서 니체의 **텍스트**는 거세 문제를 매개로 한 여성의(과) 진리의 존재론적인 결정 불가능성에서, 데리다*가 시도하듯이, 심지어 존재의 진리(하이데거*)와도 다른 차원을 연 것으로 읽을 수 있다. ☞ 여성과 결혼, 여자, 『선악의 저편』

─미나토미치 다카시(港道隆)

[참] ▷Jacques Derrida, *Éperons: Les styles de Nietzsche*, Flammari on, 1978(白井健三郎 訳 『尖筆とエクリチュール』 朝日出版社, 1979). ▷Sarah Kofman, *Nietzsche et la scène philosophique*, Galilée, 1986; *Explosion I*, Galilée, 1992.

진리에의 의지眞理──意志 [der Wille zur Wahrheit]

『선악의 저편』* 제1장 「철학자들의 선입견에 대하여」를 니체는 '진리에의 의지'에 대한 의문으로써 시작하고 있다. "우리가 진리를 의지한다고 한다면, 무슨 까닭에 오히려 비진리를 의지하지 않는 것일까? 또한 왜 불확실성을 의지하지 않는 것일까?── 왜 무지를 의지하지 않는 것일까?"[『선악』 1] 문제는 '진리*'를 추구하는 움직임을 선험적인 사태로서 승인하는 것이 아니라 그것을 삶*의 콘텍스트에 다시 놓고 다시 **평가**

하는 것이다.

니체에게 있어 '진리에의 의지'란 삶을 관통하는 힘에의 의지*의 하나의 양태다. 힘에의 의지야말로 해석하고 평가한다. 그러나 논리와 이성의 범주는 삶이 스스로를 위해 세계를 해석하고 세계에 "원리적으로 유용한 위조"[유고 II. 11. 166]를 베풀기 위한 수단이다. 그 유용성을 보여주는 표지가 다름 아닌 '진리'다. 그러나 이 **계보학적 기원**을 보지 못하고 콘텍스트를 초월한 진리, 이 세계와 단절된 '참된 세계'를 다시 위조할 때 힘에의 의지는 '진리에의 의지'가 된다. 여기서 사람들은 항상적인 참된 실재를 믿고 인식하고자 한다. 그러나 이 "있는 것이 이러저러하게 **있다**는 인식"은 "가상*의 세계"로 폄하된 **이** 세계에서의 창조를 방기한 부정적이고 무력한 의지의 양태를, 즉 '진리에의 의지'의 성격을 나타낸다(존재에 대한 신앙, 생성에의 불신). 하지만 '가상*'은, 그리고 잘못될 수 있는 판단은, 나아가 (논리적인 것도 포함하여) 허구는 삶의 불가결한 조건을 이룬다. 따라서 긍정적이고 창조적인 힘에의 의지를, 즉 "있는 것이 이러저러하게 **되기** 위한 행위"를 '진리에의 의지'로부터 해방하기 위해서는 "참된 세계를 제거하는 것이 결정적으로 중요하다."[같은 책 II. 11. 101] 철학('미래의 철학')이 "비진리를 삶의 조건으로 용인하는 것, 이것이야말로 위험한 방식으로 습관화된 가치 감정에 저항하는 것을 의미한다. 이 일을 감행하는 철학은 그것만으로도 이미 선과 악의 저편에 서 있게 된다."[『선악』 4] ☞ 가상, 진리와 인식, 힘에의 의지

─미나토미치 다카시(港道隆)

진리와 인식眞理──認識

진리와 인식을 둘러싼 아포리즘*이나 단상은 니체의 생애를 관통해 계속해서 쓰였다. 엄청난 숫자의 그것들에서 니체는 진리와 인식의 다양한 측면, 관련된 사태의 이모저모를 성찰의 불꽃으로 태우고 있다. 그는 형이상학*적인 진리 개념에 메스를 가하기도 하고 칸트*의 인식 기관설이나 선험적 종합 판단을 힐난

한다든지 하기도 했지만, 철학의 관행에 입각한 인식론이나 진리론을 의도했던 것이 아니다. 거기서 철학의 고래로부터의 진리관·인식관을 의심한 니체를 간파하여 유럽 형이상학의 역사에 그를 자리매김해 보는 것도 반드시 불가능한 일이 아니다. 그러나 우리는 그 전에 생애에 걸친 사유 속에서 몇 번이고 시도된 진리와 인식을 둘러싼 '인식자의 실험'의 반복에서 그 풍요로운 발상과 연상, 다채로운 비유와 문체에 주목해야 할 것이다. 거기서는 니체 자신의 삶에 뿌리박은 무언가가 울려나오고 있기 때문이다.

【 I 】 초기 니체에서의 진리와 인식

"진리란 모종의 오류다."[유고 Ⅱ. 8. 306] "인식은 힘의 도구로서 작용한다."[같은 책 Ⅱ. 11. 126] 만년의 니체가 남긴 단편들 중에서도 인상적이라 하지 않을 수 없는 구절들이지만, 이것이 반드시 후기 니체만의 사상인 것은 아니다. 「도덕 외적인 의미에서의 진리와 거짓에 대하여」나 「다섯 개의 서문」 I에는 초기 특유의 맥락에서 이것과 유사한 생각이 얼굴을 내밀고 있다. "수많은 태양계에서 쏟아 부은 별들로 반짝거리는 우주의 외딴 어느 곳에 언젠가 영리한 동물들이 인식이라는 것을 발명해낸 별이 하나 있었다."[「진리와 거짓」 1, 「다섯 개의 서문」 I]─조금 과장된 듯한 표현이 느껴지지만, **인식은 발명된 것**이라는 지적은 니체의 진리·인식관의 일관된 특성을 아는 데서 시사적이다. "인간은…… 본성적으로 알기를 바란다"고 말한 것은 아리스토텔레스지만, 니체의 입장에서 보면 인식은 인간의 생득적 본성이 아니라 우발적 상황 안에서 생겨난 것이다. "인간은 우연히 인식하는 생명체가 되었다. …… 언젠가는 인간이기를 그만 둘 때가 올 것이다……"[유고 I. 4. 88] 지성을 만들어내고 소유한 자는 "세계의 축이 인간 지성을 중심으로 회전하는 것처럼"[「진리와 거짓」 1] 착각한다. 이를테면 우연, 오류와 같은 것들이 인간의 인식, 진리에 달라붙어 있는 것이다.

그렇다면 지성은 무엇을 위해 발명되었을까? **개체 보존을 위한 위장 수단**으로서이다. "위장이야말로 비교적 약하고 그다지 강건하지 않은 개체가 자기를 보존하기 위한 수단이다. …… 인간에게서 이 위장 기술은 정점에 도달한다." 이 위장에서 힘을 발휘하는 것이 바로 지성이다. 만약 인간이 "사회적으로 무리를 이루어 생존하기를" 바란다면, "만인의 만인에 대한 전쟁"을 그치고 평화 조약을 체결해야만 한다. 이 체결의 결과 누구에게라도 "일률적으로 통용되고 구속력을 지니는 사물의 표시", 예를 들어 언어가 고안되고 개체들에게 공유된다. 그리고 이 "언어의 입법이 진리의 최초의 법칙들도 포고한다."[「진리와 거짓」 1]

여기에는 첫째, 인식이란 기만·허구를 날조한다는 견지가 놓여 있다. 둘째, 진리란 일률적으로 통용되는 기호 표현의 동일성으로서 구속력을 지닌다고 간주하는 식견이 놓여 있다. 그리고 셋째, 진리와 인식을 모두 인간 특유의 자기 보존의 수단으로 파악하는 견해가 놓여 있다. 이것들과 유사한 생각은 후기의 니체에게서 다시 볼 수 있게 되지만, 여기서 우리의 눈길을 끄는 것은 진리와 인식을 문제로 삼을 때에 언제나 양자로부터 일정한 거리를 취하고자 한 니체의 자세다. 진리와 인식을 둘러싸고서는 이것이 적어도 니체의 중요한 일면을 이루고 있었다. 다만 중요하긴 하지만 일면에 지나지 않는다. 왜냐하면 니체는 진리와 인식에 대한 비판을 입에 담으면서 입에 담은 측면으로부터 그것의 다른 모습도 추구하고자 하기 때문이다.

「도덕 외적인 의미에서의 진리와 거짓에 대하여」에 독특한 견해로서 진리의 창작을 은유(metaphor) 형성의 충동과 결부시킨 주장이 있다. 진리란 "은유, 환유, 의인관 등의 유동적인 한 무리"로, 그것이 시적·수사적으로 전용되고 오랫동안 사용되어 구속력을 지니기에 이른 것이다. 인간은 사물의 인간에 대한 관계를 표현하기 위해 은유를 원용한다. 어떤 사물에 관한 "일회에 한정된 전적으로 개성화된 근원적 경험"에서의 "하나의 신경 자극이 우선 형상으로 옮겨진다." 이것이 원초적인 직관적 은유다. 그러나 "직관의 은유는 어느 것이든 모두 개성적으로…… 언제나 모든 분류망으로부터 새나간다." 그리하여 "이들 개성적인 많은 차이들을 임의적으로 버려버리고 상이성을 망각'함으로써" "직관적 은유를 하나의 도식에로 휘발시키고" "형상을 하나의 개념에로 해소시키는" 일이 행해진다. 이를테면 "같을 수 없는 것의 등치에 의해" 개념이라는 것이 성립하는 것이다. 개념이란 그 원초적인 모습을 망각하고 관습화된 은유다. "이 관습적인 은유를 사용하도록 하는 의무"가 사회를 존속시키기 위한 의무로서 구속력을 얻었을 때에 "진리의 감장"이 생기는 것이다「진리와 거짓」1]. 개념에 의한 진리 날조 이전의 직관적 은유의 창조에 대해 여기서 니체는 부정적인 견해를 취하고 있지 않다. 그는 이 "은유 형성의 충동"이 개념에 의해 망각되었다 하더라도 소멸해버리는 것은 아니라고 보고 있었다. 오히려 그것은 스스로의 새로운 활동 영역을 "신화" 속에서, 일반적으로 예술 속에서 발견한다." 과연 그렇다고 해서 환영을 낳는 것에 변함은 없다. 하지만 거기서는 "인간 지성은 해를 주지 않고서 사람을 속일 수 있다." 지성이 이때만큼 풍요롭게 되는 경우도 없다. "지성은 창조자에 어울리는 쾌감을 지니면서 다양한 은유를 종횡으로 던지며, 추상 작용의 경계석의 위치를 옮기는「같은 책 2] 것이다.

니체는 여기서 **진리는 어떻게 해서 형성되는가**라는 문제 시각으로부터 진리라는 것을 파악하고 있다. 이것은 진리와 인식을 둘러싼 평생 변하지 않는 시점이다. 참된 것은 만들어진 것이다. 다만 이 창작은 양의적이다. 원초적인 직관적 은유와 관습화된 은유에서 보듯이 그것은 한편으로는 창조로 이어지지만, 다른 한편으로는 날조로도 이끈다. 이에 비해 진리는 어떻게 해서 타당한가라는 시각으로부터의 접근에 대해서는 니체는 대체로 부정적이다. 니체에게 있어 진리가 타당하게 되는 과정은 관습적인 구속력이 강요되고 인식의 창조성이 억압되는 과정일 뿐이다. 진리의 형성이 창조로도 날조로도 되는 것은 이러한 진리의 타당성 조건에 관한 부정적인 견해와 무관하지 않다. 진리와 인식을 둘러싼 니체의 사유는 이러한 창조와 날조의 역점을 어디에 둘 것인가를 둘러싸고서 전개되게 된다.

초기에는 진리의 날조와 창조 및 각각에 대응한 인식에 이름을 부여하고자 한 시도가 이곳저곳에서

보인다.「그리스 비극 시대의 철학」에서 헤라클레이토스"에게서 "직관적 표상의 최고의 능력"을 간취하고 그 언설에서 "논리의 밧줄 사다리를 타고 올라가 획득한 진리"가 아니라 "직관적으로 파악된 진리"를 간취한 것도「비극 시대의 철학」5, 9,『비극의 탄생』"에서 낙관주의적 인식에 맞서 비극적 인식을, 논리적 소크라테스주의에 맞서 디오니소스"적 영웅을 주창한 것도 진리와 인식을 둘러싼 이러한 대립 도식을 배경으로 하고 있다. 그리고 여기서 진리가 창조적인 형태를 취할 수 있는 불가결한 조건으로서 생각되고 있는 것은, "진리처럼 보임"이라는 범주로 상징되듯이, 예술에 의한 인식의 제어다.

「디오니소스적 세계관」에서 니체는 말한다. 그리스인은 현존재라는 것이 두려워해야 할 것과 어리석은 것으로 이루어져 있다는 진리를 인식하고 있었다. 이 두려워해야 할 것과 어리석은 것을 함께 살아갈 수 있도록 하기 위해서는 그것들을 숭고함과 익살스러움이라는 미적 현상으로 승화시켜야만 한다. 그런데 숭고함과 익살스러움이란 단지 진리가 아닐 뿐만 아니라 아름다움도 아니다. "아름다움과 진리 사이의 중간 세계"에 있는 것이다. 마찬가지로 "(디오니소스적 인간으로서의 배우는) 아름다움을 넘어서지만, 그렇다고 해서 진리를 찾지는 않는다. 양자의 중간에서 떠돌아다니고 있다. 그는 아름다운 가상"을 추구하지는 않지만 가상은 추구한다. 그리고 진리를 추구하지는 않지만 **진리처럼 보임**(진리의 상징과 기호)을 추구한다."「디오니소스적 세계관」3] 디오니소스적 지혜가 아폴론"적 예술 수단에 의해 비로소 형상화되고 비극적 인식이 예술을 필요로 한다는 것은 진리(Wahrheit)가 가상(Schein)을 걸친 진리처럼 보임(Wahrscheinlichkeit)에서 비로소 가능해진다는 것을 알리고 있다.

【Ⅱ】중기 니체에서의 진리와 인식

초기 니체가 추구한 진리와 인식은 비극적 인식과 진리처럼 보임에서 가장 잘 나타나 있을 것이다. 그렇긴 하지만 이 '진리처럼 보임'은 새로운 진리 개념이라기보다 진리와는 다른 것으로도 취할 수 있다. 비극적 인식도 새로운 인식 개념이라기보다 인식과는 다른

것과의 결합을 추구하는 것으로 받아들일 수 있다. "인식 충동의 제어—종교를 위해 이루어져만 하는가, 그렇지 않으면 예술적 문화를 위해서인가를 명확히 해야만 한다. 나는 후자 측에 선다."[유고 Ⅰ. 4. 26] 니체가 여기서 단호히 거부하는 것은 순수한 인식을 홀로 달려 나가게끔 하는 시도도. "어떠한 시대에도 무제한적인 지식욕은 그것만으로는…… 인간을 야만으로 만든다."[「비극 시대의 철학」1] 그리고 그것은 인식과 삶의 관계에서도 말할 수 있다. "도대체 삶이 인식과 학문을 지배해야 하는 것인가, 인식이 삶을 지배해야 하는 것인가? …… 누구도 의심하지 않을 것이다. 삶이야말로 좀 더 높은 지배하는 위력이다."[『반시대적』Ⅱ. 10] 인식 충동을 예술적 힘의 제어 아래 두고 인식을 삶의 지배 아래 두는 것이 초기 니체에서의 인식의 있어야 할 모습이었다고 말할 수 있을 것이다.

이에 반해 중기가 되면 인식과 과학에 대해 이들과는 조금 다른 발언이 얼굴을 내민다. 중요한 것은 인식 충동을 제어하는 것이 아니라 그것을 "인식의 정열"로까지 고양시키는 것이다. "우리 마음속에서 인식은 어떠한 희생도 두려워하지 않으며 자기 자신의 소멸 이외에는 아무것도 근본적으로 두려워하지 않는 정열로 변화되었다. 우리는 다음과 같은 사실을 솔직하게 믿는다. 인류 전체는 이러한 정열의 압박과 고통 아래서 이제까지보다도, 즉 야만에서 비롯되는 좀 더 거친 유쾌함에 대한 시기를 아직 극복하지 못했던 때보다도 자신을 더 숭고하고 더 위로받는 존재로 믿을 것임에 틀림없다는 사실을."[『아침놀』429] "진리에 대한 생기 넘치는 열중이 있다면, 우리는 경쾌하게 살아가는 신들처럼 살아갈 수 있다."[유고 Ⅰ. 8. 50] 여기서는 언뜻 보면 인식을 삶의 지배 아래 두고자 하기보다 '인식만으로 살아가는' 태도가 추구되고 있다.

그렇지만 이러한 다름에도 불구하고 여기에는 초기와 중기에 공통된 자세가 숨어 있다. 니체는 어찌됐든 인식과 삶을 분리하여 인식 없는 삶을 취해야 할 것인가 삶 없는 인식을 취해야 할 것인가의 선택을 강요하는 것이 아니다. '삶'이 인식과 학문'을 지배해야 한다

고 하든 '인식만으로 살아간다'고 하든 그 모두가 지향하는 것은 인식과 삶이 분열되지 않고서 양자가 통일되어 있는 상태. 문제는 **인식과 삶을 일치시키는** 것은 어떻게 해서 가능한가 하는 것인바, 초기와 중기는 다만 이 일치의 가능케 하는 방법에서만, 즉 역점을 어디에 둘 것인가 하는 점에서만 변화가 있는 데 지나지 않는다.

중기의 니체가 한가와 고독으로 이루어지는 "정관적 생활"(vita contemplativa)을 말한 것도 인식과 삶의 통일을 추구한 결과라고 보는 것이 좋을 것이다[『인간적』Ⅰ. 282, 284]. 다만 니체 개인의 경우 그것은 '병'에 의해 강요된 한가[같은 책 Ⅰ. 289]다. "내 병은 내게 나의 습관으로 완전히 되돌아갈 권리를 주었다." 병으로 인해 어떻게든 아무것도 하지 않는 것이라는 선물을 받았다. "하지만 이것이야말로 결국 '생각한다'는 것이 아니겠는가!"[『이 사람』Ⅵ. 4] 병든 자는 건강한 자의 일상생활로부터 거리를 두고서 관찰하고 "두려워해야 할 냉혹함을 지니고서 외부의 사물을 바라본다." 그 때문에 "그에게서는 건강한 사람의 눈이 보는, 사물을 둘러싸고 있는 저 보잘것없고 기만적인 매력들이 사라진다."[『아침놀』114] 폭로 심리학의 생리학적 조건이라고도 할 것이 '병자의 광학'에 존재한다.

따라서 '정관적 생활'이라 하더라도 신적 진리를 추구하는 아리스토텔레스 류의 '관조적 생활(bios theoretikos)'과는 전혀 인연이 없다. 오히려 중기의 니체에게서 간과해서는 안 되는 것은 '영원한 진리'를 희구하는 형이상학적 사유에 대해 정면에서 비판의 화살이 겨누어졌다는 점일 것이다. "모든 것은 생성된 것인바, 영원한 사실이라는 것은 존재하지 않는다. 절대적 진리가 존재하지 않는 것과 마찬가지로."[『인간적』Ⅰ. 2] 형이상학적 진리야말로 탁월하게 날조된 진리인 것이다. 이러한 '형이상학적 철학'에 맞서 니체가 대치시키는 것은 이미 다른 형이상학(예술가 형이상학)이 아니라 "자연과학과 구별하여 생각하는 것이 전혀 가능하지 않은 역사적 철학[같은 책 Ⅰ. 1], 근대적인 자연과학과 역사를 경험한 후의 자유정신'인바, 니체는 근대적 계몽을 철저화한 지점에 몸을 둔 모양이 된다. 병자의

인식과 조화를 이룬 것은 계몽의 빛 아래서 약동하는 비판정신에 다름 아니다.

과연 인식을 위한 삶이라 하더라도 다른 충동을 억압하는 것이 아니다. "어떤 사람이 인식할 때는 순수하고 엄격하며, 또한 다른 순간에는 시, 종교, 형이상학에 백 걸음의 여유를 주고 그들의 위력과 아름다움에 공감할 수 있는 힘과 유연성을 가지고 있다면, 그것은 오늘날 위대한 문화의 결정적인 표시라고 간주될 수 있다."[『인간적』 I. 278] 그러나 삶과 인식과 아름다움의 조화를 추구하는 것에 모순되지는 않는다 하더라도, 그것은 예술가 형이상학 하에서가 아닐 뿐만 아니라 또한 예술적 문화를 위해서도 아니다. 예술의 우위는 배경으로 물러난다. 동일한 것이 진리의 (날조되지 않은) 창조의 존재방식에 관해서도 말해질 수 있다.

"내가 '한 번 시험해봅시다!'라는 대답을 하게 만드는 모든 회의를 나는 찬양한다. 나는 실험을 허용하지 않는 모든 사물과 모든 질문에 대해 더 이상 듣고 싶지 않다. 이것이 나의 진리 감각의 한계다."[『학문』 51] 긍정적인 의미에서 진리가 창조될 때, 이전처럼 예술에 의한 인식의 제어라는 형태를 취하지 않고 사고의 자유로운 실험성에 주안이 두어진다. 고정된 습관과 법칙을 증오하는 실험적 사고의 입장에서 보면, 무언가의 신념이나 신앙을 고집하는 것은 적다. "신념의 투쟁"이 아니라 "의견의 투쟁"[『인간적』 I. 630]이 실험적 사고의 마당이다. 그렇다고 한다면 확고한 신념에 기초한 진리가 아니라 다양한 의견의 싸움으로부터 무리지어 생겨나 생성하는 것이야말로 진리라는 이름에 값하는 것이 될 것이다. 하지만 니체는 의견의 다툼에 기초하여 산출되는 합의 형성이야말로 진리를 가능하게 한다고는 말하지 않는다. 위에서 지적했듯이 그에게는 진리의 타당성 조건에 특별한 눈길을 돌릴 의지가 없다. 니체의 입장에서 보면 합의의 형성 따위는 결국 다수자와의 일치에 지나지 않는다. "도래해야 할 이 철학들은 새로운 '진리'의 친구들인가? …… '나의 판단은 나의 판단이다. 이에 대해 다른 사람도 권리를 갖는다는 것은 쉽지 않은 일이다.' ─미래의 철학자는 아마 이렇게 말할 것이다. 수많은 사람과

의견을 일치시키려는 좋지 않은 취미에서 스스로 벗어나야만 한다."[『선악』 43] 니체의 역점은 진리 창조의 과정에서 나타나는 의견의 개성과 다수성에 놓여 있다. 또한 실험적 사고를 뜻하는 자에게 있어 진리는 결코 불변·부동일 수 없다. "지금 우리는 학문의 청년기에 살고 있으며 아름다운 소녀를 좇듯이 진리를 좇고 있다." 그러나 그러한 젊디젊은 진리도 고정되어 버리면 늙고 앙상해져 "회색이고 권태를 느끼게 하는 오류"와 그다지 다르지 않게 될지도 모른다[『인간적』 I. 257]. 진리는 오히려 부단한 유동적인 생성 안에 있다.

【Ⅲ】 후기 니체에서의 진리와 인식

그러나 이러한 진리 창조 과정에서의 유동성과 의견의 다수성을 강조하게 되면, 이 과정에서 창조되는 것이 정말로 참인가 어떤가 하는 것은 아무래도 좋게 될 것이다. "오랜 시간 동안 새로운 '사물'을 창조하기 위해서는 새로운 이름과 평가, 가장 그럴듯함을 창조하는 것으로 충분할 것이다."[『학문』 58] 여기서 '가장 그럴듯함'이라고 번역한 것은 Wahrscheinlichkeit로, 앞에서 '진리처럼 보임'으로 옮긴 말과 동일하다. 다만 여기서는 '아름다움과 진리 사이의 중간 세계'라는 의미가 아니다. 문자 그대로 진리처럼 보이는 것이라는 정도를 의미하는바, 단적으로 오류이어도 좋다. 하지만 그렇게 되면 진리 형성에서 창조와 날조를 변별하는 것은 그다지 의미가 없어진다. 이리하여 중기로부터 후기에 이름에 따라 니체에서의 진리 창조설은 날조라는 말뜻에 역점이 놓이는 형태로 점차 옮겨간다.

"진리란 오류의 일종이며, 그것 없이는 어떤 종의 생물이 생존할 수 없는 바의 것이다. 삶에 있어서의 가치가 최종적으로 일을 결정한다."[유고 Ⅱ. 8. 306] 후기 니체를 상징하는 구절이지만, 진리가 오류라고 하는 이 말을 문자 그대로 취하게 되면 이것은 일종의 패러독스, 아니 어의모순이다. '진리란 오류다'라는 명제가 참이라면, 진리는 오류이기도 하기 때문에 이 참인 명제는 거짓이 된다. 니체의 발언의 뜻을 길어 올리고자 한다면, 이러한 논리적인 견해를 괄호에 넣은 곳에서 해석을 시작해야만 한다.

니체가 "진리란 오류의 일종이다"라고 주장할 때, 그는 첫째, 진리와 가상을 대립시켜 전자를 후자보다 가치 있다고 보는 이항대립의 도식을 거부한다. "좋지 않은 것은 '가상의'와 '참된'이라는 예부터의 대립과 더불어 '가치가 적은'과 절대적으로 '가치 있고'라는 상관적 가치 판단이 널리 퍼지는 것이다."[유고 Ⅱ. 11. 100] 이항대립을 거부하기 위해 니체는 진리와 오류를 가치로 환원한다. 가치 평가란 "어떤 종의 삶을 보존하기 위한 생리적 요구"[『선악』 3]다. 이러한 삶의 조건으로서의 가치 평가는 생성 유전하는 현실에서는 다종다양한 형태를 취할 수 있다. 정도의 차이밖에 없는 다원적인 가치들 중에서 가치 있는 것과 가치가 적은 것의 대립을 만들어내는 곳에서 진리와 가상의 두 세계가 날조된다. 형이상학적인 영원한 진리도 이러한 대립의 신앙이 낳은 것일 뿐이다. "형이상학자들의 근본 신앙은 서로 대립하는 가치들에 대한 신앙이다."[같은 책 2]

이러한 진리에의 의지*에 놓여 있는 것은 생성・변전하는 것에 대한 증오와 존재・지속하는 것에 대한 원망에 지나지 않는다. 진리의 이러한 확실성과 항상성에 대한 신앙에 조응하는 것은 인식의 다음과 같은 존재방식이다. "'인식하다'란 어떠한 것인가? 미지의 것을 기지의 것, 친숙한 것으로 환원하는 것이다." 그것은 우선 "규칙의 탐구"를 인식에 힘쓰는 자의 첫 번째 본능으로 보는 것이며, 그에 의해 변전 무상한 세계에 대한 "공포심을 진정시킬" 것을 목적으로 한다. "그들이 규칙을 추구하는 것은 그 규칙에 의해 세계의 무서움이 제거되기 때문이다." 무언가를 '설명'하는 것은 이러한 사태의 규칙을 추출하는 것이다[유고 Ⅱ. 9. 244f.]. **"인식은 존재에 대한 신앙에 기초해서만 가능해진다."**[같은 책 Ⅱ. 9. 146]

물론 니체는 '설명'으로서의 인식이 인식의 모든 것이라고는 보고 있지 않다. **"인식**이란 결국 무엇일 수 있을까? ― '해석'이지 '설명'이 **아니다.**"[유고 Ⅱ. 9. 144] "모든 것은 유동하며, 붙잡히지 않고, 붙잡고자 하더라도 멀어져버린다. 아무리 항상적인 것으로 여겨지는 것이라도 역시 우리가 가지고 들어온 의견에

지나지 않는다. 해석에 의해 의미를 집어넣는다 ― 대다수의 경우에는 오랜 해석이 이해 불가능한 것이 되고 이미 단순한 기호에 지나지 않게 되었을 때에 새로운 해석을 덮어씌울 뿐이다."[같은 책 Ⅱ. 9. 138] "'인식'이라는 말에 의미가 있는 정도에 따라서 세계는 인식될 수 있는 것이 된다. 하지만 세계는 다르게도 해석될 수 있다. 세계는 배후에 하나의 의미를 지니는 것이 아니라 무수한 의미를 따르는 것이다."[같은 책 Ⅱ. 9. 397] 진리를 일종의 오류라고 풀이하는 것은 진리와 가상의 이항대립을 거부하는 것임과 동시에 둘째, 이와 같은 복수의 해석에 열린 다양한 '오류'의 형성, 아니 오히려 허구의 형성의 모습에서 진리라는 것을 다시 파악하는 길로 통한다. 이것은 진리 창조의 유동적 성격과 의견의 다수성, 그리고 '진리처럼 보임'(Wahrscheinlichkeit)이라는 이전의 개념과 통하는 면이다. 다만 니체는 그것을 다른 진리의 모습으로는 파악하지 않는다. 오히려 그것은 작위의 산물, 오류・기만이다.

그렇다고 한다면 니체는 '오류'라는 것을 만들어진 것으로서 두 가지 의의에서 파악한 것이 된다. 하나는 니체가 미지의 것을 기지의 것으로 환원하는 인식에 기초한다고 했던 진리다. "기지의 것은 신뢰감을 불러일으킨다. '참'이란 안정감을 주는 것을 말한다."[유고 Ⅱ. 9. 329] 안정감 속에 있는 것은 미지의 새로운 것으로 들어가고자 하는 의욕보다 기지의 것에 의한 해석으로 끝내고자 하는 일종의 게으름이다. "게으름(inertia)은 어떠한 인상에 즈음해서도 우선 **동일시**를 시도한다. 요컨대 새로운 인상과 기억을 동일화하는 것이다. 반복일 것을 바라는 것이다." 그것은 또한 어떤 근거와 근원을 사고의 기반에 두고자 하는 욕구로도 연결된다. "근원적 활동은 비교가 아니라 동일화다!"[같은 곳] '진리의 날조'에서는 기지의 것에로의 환원, 안정감, 게으름, 반복, 근원에로의 회귀, 동일화 사고와 같은 일련의 심리적인 조작이 작용하고 있다.

그러나 다른 한편으로 미지의 새로운 것에 접촉하는 순간은 기지의 것으로 환원될 수 없는 것을 경험하는 순간에 다름 아니다. "**새로운 것**은 **공포**를 불러일으킨

다. 다른 한편으로 새로운 것을 새로운 것으로서 파악하기 위해서는 본래 공포가 존재해야만 한다." 그것은 기지의 것으로 환원할 수 없고 동일화 사고의 폭력을 행사할 수 없기 때문에 느끼는 공포다. "**공포는 구별하기, 비교하기**를 가르친다."[같은 곳] 그것은 동시에 인간이 만물의 생성·유전에 던져 넣은 것을 아는 순간이기도 하다. 거기에는 '제일 원인'이나 근거와 같은 것은 아무것도 없다. "어느 누구도 더 이상은 책임지지 않는다는 것, 존재의 방식이 제일 원인으로 소급되어서는 안 된다는 것, 세계가 감각중추나 '정신'으로서의 단일체는 아니라는 것 **바로 이것이야말로 위대한 해방이며**──이로써 생성의 **무구함***이 비로소 회복된다······." [『우상』 VI. 8]

기지의 것에로의 환원, 안정감, 게으름, 반복, 근원에로의 회귀, 동일화하는 사고와 같은 일련의 심리적인 조작이 '진리의 날조'에 이르는 '설명'으로서의 인식의 회로를 한편에 놓는 가운데, 니체에게는 미지의 새로운 경험, 공포*, 놀람, 전율*, 신의 죽음*, 차이화하는 사고, 변화·유전, 창조의 놀이로 줄지어 서 있는 인식의 회로, 즉 이러한 '생성의 무구함'에 이르는 '해석'으로서의 인식의 회로가 존재했을 것이다. 하지만 이러한 회로를 니체는 이전처럼 새로운 진리라는 차원에서 파악하지 않고 오히려 예술이라는 다른 가치에서 추구한다. 다시 말하면 진리의 다른 모습이 아니라 허위·기만의 다양한 생성과 창조의 가능성에로 몸을 돌리는 것이다. ☞가상, 날조, 형이상학, 학문, 진리에의 의지, 가치의 전환

─기마에 도시아키(木前利秋)

질스-마리아 [Sils-Maria]

스위스 동남부 그라우뷘덴 주의 오버엥가딘 협곡에 있는 질스 호에 가까운 작은 마을. 1879년 여름에 『방랑자와 그의 그림자』의 초고가 쓰인 관광지 생모리츠에서 남서쪽으로 12km 더 들어간 곳에 위치한 휴양지. 니체는 1881년 7월 초에 우연히 숙박한 이래 그 다음 해를 제외하고 매년 여름──82년 여름에는 루 살로메*

를 초대하기 위해 타우텐부르크에 머물렀다── 사상가로서의 말년인 88년에 이르기까지 모두 일곱 차례 여기에 머물렀다. 해발 1,800m의 건조하고 서늘한 기후와 고요하고 전원적인 분위기가 그의 체질과 기질에 맞았던 것일 터이다. 그렇지만 니체가 질스-마리아를 좋아한 가장 큰 이유는 그것이 영원회귀*를 착상한 곳이었다는 점에서 찾아져야만 한다. 『이 사람을 보라』의 「차라투스트라」 제1절에 따르면 81년 8월에 근처의 질바플라나 호반을 산책하던 도중, "피라미드 모습으로 우뚝 솟아오른 거대한 바위"(다만 실물은 사람 키의 두 배 정도) 앞에 멈춰선 그에게 갑자기 영원회귀 사상이 도래했다고 한다. 마찬가지로 제4절에서는 이곳이 "『차라투스트라』* 사상의 첫 번째 번개가 내게 번쩍였던 성지'라고 불리고 있다. 그런 의미에서 질스-마리아는 이탈리아의 라팔로로부터 포르토피노* 곶에 이르는 산책로와 더불어 "차라투스트라의 탄생지"라고도 의식되고 있었다[가스트에게 보낸 편지 1883. 9. 3. 참조]. 그 점은 87년에 증보되어 다시 간행된 『즐거운 학문』의 부록 「포겔프라이 왕자의 노래」의 「질스-마리아」라는 제목의 짧은 시로부터도 엿보인다. 더 나아가 또한 니체는 후기 저작의 대부분을 이곳에서 집필하며, 특히 그것들의 서문을 즐겨 이곳에서 완성시켰다. 86-87년에 재간된 『비극의 탄생』*과 『인간적』* II 도 포함하여 그의 저작의 서문의 집필지로서 질스-마리아라는 이름이 가장 많이 보이는 것은 그 때문이다. 결과적으로 마지막이 된 88년의 체제를 돌아보며 그는 다음과 같이 쓰고 있다. "9월 20일이 되어서야 나는 그곳을 떠났다. ······ 나의 감사 표시로 영원히 기억될 이름을 선사하고 싶다."[『이 사람』 XII. 3] ☞영원회귀, 포르토피노, 『차라투스트라는 이렇게 말했다』

─시미즈 혼유(清水本裕)

질투 ⇨아곤과 질투

짐멜 [Georg Simmel 1858-1918]

베를린에서 태어난 유대계 독일인 철학자·사회학자. 19세기부터 20세기에 걸친 '세기 전환기'의 독일에서 다채로운 분야에 독창적인 업적을 남겼지만, 당시 학계에 강했던 인종적 편견과 아카데미즘에 어울리지 않는 학문 스타일 때문에 오랫동안 베를린대학 사강사의 지위를 감내할 수밖에 없었으며, 만년이 되어서야 비로소 신설된 슈트라스부르크대학 정교수가 될 수 있었다.

짐멜 사상의 핵심을 이루는 것은 독특한 이원론이다. 그리고 이 이원론에서 짐멜의 이른바 '삶의 철학'의 구도가 투시된다. 짐멜의 이원론적 사유를 이해하고자 할 때 가장 적합한 텍스트로서 『철학적 문화』(1911)에 수록된 「문화의 개념과 문화의 비극」을 들 수 있을 것이다. 여기서 짐멜은 문화에 내재하는 숙명적이라고도 말할 수 있는 분열, 대립을 '비극'(Tragödie)이라는 개념에서 보여주고자 한다. 그것은 삶에서의 주관적 내용과 객관적 형식 사이의 상극이라고 바꾸어 말할 수도 있을 것이다. "주관은 정신으로서 정신에 대단히 내면적으로 결부되어 있지만, 바로 그런 까닭에서야말로 이러한 깊은 형식상의 대립에서 수많은 비극을 체험하는 것이다. 즉 지치는 일은 없지만 시간적으로는 유한한 주관적 삶과 한 번 산출되면 부동이면서 무시간적으로 타당한 삶의 내용과의 사이에서." 이러한 대립, 상극 안에 문화의 이념이 자리 잡고 있다고 한다면, 문화 그 자체도 역시 이원적 대립, 상극을 지니지 않을 수 없다. 요컨대 '영혼의 전체성'으로서의 스스로의 내적인 율동을 순수하게 실현시키고자 하는 삶의 충동과 그것을 고정적인 응고된 객관성에로 틀 짓고자 하는 '형성' 작용의 투쟁인 것이다. 그러나 그것은 결코 부정적 의미에서의 '비극'인 것이 아니다. 오히려 그것은 문화가 그 형성·존립 과정에서 불가피하게 껴안을 수밖에 없는 숙명에 다름 아니다. "우리가 그 지속적인 흐름을 감지하고 자기 자신 안에서 내적인 완성에로 향하는 주관적 삶은, 문화의 이념에서 보면, 자기 자신에서는 결코 내적인 완성을 달성할 수 없다는 것이다. 그것은 이 삶에 있어 지금은 완전히 소원하게 된, 자기 충족적인 완결성으로까지 결정화된 저 형성물을 통해서만 완성을 달성할 수 있으며, 그것이 문화의 역설이 되는 것이다."

이러한 이원적 대립의 필연성을 출발점으로 하는 가운데 짐멜은 문화와 사회의 현상들을 각각의 세부 안에 각인된 삶의 다양한 객체화 작용에 대한 분석을 통해 파악하고자 한다. 한편에서 인격적 내면성의 완성을 지향하는 교양주의 전통을 포함하면서 객체화된 문화의 물상성에도 단순한 부정이 아닌 섬세한 눈길을 돌리는 곳에서 짐멜 사유의 독특함을 간취할 수 있다.

이러한 짐멜의 사유는 니체의 사유에 대한 미묘한 흡인과 반발의 양의성을 보이게 된다. 짐멜의 니체 해석이 집대성되는 것은 1907년에 발간된 『쇼펜하우어와 니체』에서이다. 이 저작의 처음에서 짐멜은 쇼펜하우어와 니체의 사유 전제가 되는 문제 지평이 대단히 '현대적'인 까닭을 분명히 하고자 한다. 그것은 그리스도교가 쇠퇴했기 때문에 그리스도교가 남긴 내면적인 '목적 의지'만큼은 형식적으로 남으면서 중요한 '목적' 그 자체가 부정되어버린 사태로부터 그들의 사유가 시작되었다는 점이다. 이 현대성은 예를 들어 짐멜 자신의 『화폐의 철학』에서도 출발점이 된다. 하지만 짐멜이 니체에 대해 "'살아가기'라는 단 하나의 가치밖에 알지 못한다"고 말할 때, 짐멜과 니체의 차이도 드러나게 된다.

짐멜은 니체의 사유에서 주관적 삶의 철저한 해방을 다원주의적 역사관과 결부시키고, '사회'라는 매개항 없는 개개인의 권력의지의 온전한 성취를 지향하고자 하는 '역사철학적 원리'를 보고자 한다. 이러한 니체의 삶의 일원론과 그로부터 도출되는 '고귀성'의 이상에 대해 짐멜은 거기에 참된 의미에서의 초월성이 결여되어 있다고 지적한다. "니체의 도덕은 이를테면 아래로부터의 도덕인바, 그것에는 플라톤, 스피노자, 칸트와 쇼펜하우어가 초월적 존재를 인간적인 의지의 유동성 안에 도입한, 저 형이상학적 첨단이 완전히 결여되어 있다." 여기서 짐멜이 말하고자 하는 것은 어떤 면에서는 대단히 평범한 전통 철학의 입장에 서는 니체 비판으로 들린다. 그러나 짐멜의 사고방식에 서면 이러한 초월성이란 단순히 전통 철학의 의미에서의 형이상학적 원리를 의미할 뿐만 아니라 짐멜이 삶의 일원적 진화로의 무리한 밀어붙임으로 본 니체의 '삶에의 의지'의 사유 과정으로부터 넘쳐 떨어져나가는 요소―예를 들면 니체 자신에서의 조용한 모럴리스트*로서의 측면―, 또는 삶에 대한 부정의 요소(쇼펜하우어)도 포함하는 삶의 다양성의 진폭을 가능하게 하는 것도 포함한다고 생각할 수 있다. 이 점에서 짐멜의 니체 해석에는 짐멜의 문화 인식의 분절성이 결부되어야 한다.

하지만 다른 한편으로 짐멜의 니체관에는 이 시대에 특유한 윤리적인 색조가 존재한다는 점도 사실이다.

또한 『삶의 직관』(1918)에서는 짐멜 자신이 삶의 일원론의 입장을 취하고자 하고 있다. 이러한 점을 아울러 생각할 때 이러한 짐멜의 니체 해석에는 과거의 것이 되어가는 유럽의 '좋은' 교양 전통과 높아져가는 문화의 사물화의 틈바구니에서 '좀 더 좋은 삶'으로의 통합을 희구하고자 하는 전환기(Wendepunkt) '유럽인' 짐멜의 자세가 투영되어 있는 것으로 보인다.

―다카하시 준이치(高橋順一)

图 ▷G. Simmel, *Schopenhauer und Nietzsche, ein Vortragszyklus*, Berlin 1907(吉村博次 訳 『ショーペンハウアーとニーチェ』 ジンメル著作集 5, 白水社, 1975).

『차라투스트라는 이렇게 말했다』 [Also sprach Zarathustra.

　1883-85]

　『차라투스트라는 이렇게 말했다』에 대해서는 니체
자신이 스스로의 저작들 가운데서의 무언가 특별한
위치를 인정하고 있다. 그 구상 단계도 포함하면, 제4부
가 완성되기까지 필요했던 기간은 3년 반에 이르며,
이것이 이미 니체의 다른 저작들에서는 보이지 않는
점이다. 하지만 무엇보다도 니체가 여기서 직접 자신
의 입으로가 아니라 차라투스트라(조로아스터)라는
대변자를 세우고 이 가면을 통해 스스로의 사상을
말하며, 또한 그것을 극적인 구성에 의해 전개하고자
했다는 점이 특수하다. 전체는 차라투스트라가 다양한
듣는 이들을 앞에 두고서 말하는 설교가 주가 되고
있지만, 동시에 그는 또한 시인인바, 그가 노래한 '노래'
라는 제목이 붙은 것이 여러 장 작품 안에 배치되어
있다. 니체 자신은 이 작품의 고양된 문체의 구석구석
까지 흘러넘치는 음악성을 자찬하며, 또한 4부로 이루
어진 전체의 구성을 베토벤*의 교향곡에 비기고 있다.
확실히 『차라투스트라』의 문체가 지니는 형상의 풍부
함과 역동감은 압도적이며, 이것이 우선 1900년 전후의
젊은이들의 마음을 사로잡았던 것이다. 다만 너무나도
호들갑스럽게 화려한 이 문체는 지금의 눈으로 보면
조금은 익살인바, 예를 들어 가다머*는 "바그너*의 음
악극과 유사한, 그리고 너무나도 과장되게 구·신약
성서를 본뜬" 이 문체가 이미 30년대의 청년들에게는
빤히 속이 들여다보이는 것이었다고 회고한다. 하지만
문체의 평가와는 별도로 니체가 이 작품에서 자기의
가장 핵심적인 사상을 시적으로 표현하고자 했다는
것, 다시 말하면 시적으로밖에 표현할 수 없다고 생각

했다는 것은 중요하다. 이 작품이 니체의 저작 활동의
절정기에 위치한다는 것, '영원회귀' 사상을 중심으로
그의 사상의 대부분이, 그것도 대단히 형상적으로 말
해지고 있다는 것, 그리고 이 작품이 미친 영향의 크기
등으로부터 보아 『차라투스트라』가 니체의 주저로
간주되어 왔다는 것은 지극히 당연하다. 다만 니체
자신은 완성되지 못한 저작 『힘에의 의지』에 착수한
무렵에는 이것을 스스로의 주저라고 생각하고, 『차라
투스트라』는 이 주된 건축물로부터 보면 '현관 입구'
에 지나지 않는다고도 말하고 있다.

【Ⅰ】성립

　『이 사람을 보라』*에서 『차라투스트라』에 대해 말
한 부분에서 니체는 "이 작품의 근본 구상, 즉 영원회귀
사상, 일반적으로 도달될 수 있는 최고의 긍정의 정식
은――1881년 8월의 것이다. 그것은 '인간과 시간의
6천 피트 저편'이라고 서명된 채 종이 한 장에 휘갈겨졌
다"고 쓰고 있다. 이 여름에 처음 방문한 남스위스의
오버엥가딘에서 니체는 '동일한 것의 영원회귀'라는
수수께끼 같은 사상을 '회임'하고, 나아가 이 사상을
차라투스트라라는 성인의 입을 통해 말하게 한다는
착상에 도달했던 듯하다. 상술한 초고 종잇장이 쓰이
고 나서 겨우 반달쯤 후의 것으로 추정되는 또 하나의
초고[유고 Ⅰ. 12. 111]는 「정오와 영원」이라는 제목을
달고 있어 분명히 작품 『차라투스트라』의 맹아를 보여
준다. 하지만 니체는 이 "지금까지 이전에 내가 본
적도 없는 사상"[페터 가스트에게 보낸 편지 1881. 8.
14.]을 당분간 누구에게도 누설하지 않겠다고 결심한
다. 그리고 가을에는 『즐거운 학문』*의 집필에 착수하
며, 그것이 1882년 초여름에는 벌써 탈고 출판된다.

그러나 이 책의 제4부 말미의 두 개의 아포리즘[341, 342절]에서 영원회귀 사상과 차라투스트라의 몰락이 나란히 말해지고 있다. 결국 니체는 겨우 10개월밖에 침묵을 지킬 수 없었던 것이다.

이상은 아직 『차라투스트라』 성립의 전사다. 저 1881년 여름의 착상으로부터 18개월이 지나서야 겨우 니체가 『이 사람을 보라』에서 "차라투스트라가 나를 엄습했다"고 말하는 저 출산의 10일간이 찾아온다. 1883년 2월의 일이며, 장소는 제노바에서 가까운 라팔로 마을로부터 포르토피노 곶을 넘어가는 산책로에서였다. "누군가 19세기의 말기에, 강력한 시대의 시인이 영감이라고 부른 것에 대해 명료한 개념을 지닌 자가 있을까"라고 니체가 자부하는 일종의 흥분 상태 속에서 이렇게 10일 사이에 단숨에 『차라투스트라』 제1부가 다 쓰인다. 마지막 장을 끝낸 날(2월 13일)이 기이하게도 바그너가 베네치아에서 사망한 "성스러운 날"이었다고도 니체는 인연인 듯이 말하고 있다. 이어지는 제2부가 쓰인 것은 대강 반년이 지난 1883년 6월 26일부터 7월 6일에 걸쳐 다시 엔가딘의 질스-마리아에서였다. 단편적인 부분은 그 이전부터 써서 모아두고 있던 듯한데, 예를 들면 니체가 "이전에 지어진 것들 가운데 가장 고독한 노래"라고 부른 저 「밤의 노래」[II-9]는 이 해 봄에 로마에 머물던 중이던 어느 날 밤, 숙소의 창밑에서 바르베리니 광장 분수의 술렁거림을 들으면서 작성된 것이었다. 이어서 그 다음 해인 1884년 1월, 이 또한 10일 사이에 제3부가 써 내려진다. 장소는 니스. 그리고 니체는 이 제3부로써 일단 『차라투스트라』는 완결되었다고 생각하고, 뒤이어서 새로운 제명으로 속편을 쓸 계획을 세운다. 현존하는 『차라투스트라』 제4부는 원래는 예정된 다른 (역시 차라투스트라를 주인공으로 하는) 저작의 제1부로서 구상되었던 것으로 주로 1884년 가을, 취리히 및 망통에서 집필되었다. 병으로 인한 중단도 있고 해서 탈고된 것은 다음 해인 1885년 2월이었다. 결국 『차라투스트라』 제4부로서 4월에 지금까지의 출판사 슈마이츠너와는 다른 출판사 나우만에서 니체의 자비 출판으로 40부만이 인쇄되며, 실제로는 아주 가까운 벗들에게 총 7부만이 보내진다.

【II】구성

제1부에 앞서 있는 「서문」은 10년간 산속의 고독에서 지혜를 쌓은 차라투스트라가 그 흘러넘치는 지혜를 인간에게 나눠주기 위해 몰락, 요컨대 하산할 것을 결의하는 데서 시작된다. 산기슭의 숲에서 은둔하고 있는 늙은 성자와 만나 이야기를 나누고서 그는 이 늙은 성자가 '신의 죽음'을 알지 못하는 것에 놀란다. 처음으로 도착한 마을에서는 마침 줄 타는 광대가 곡예를 할 것이라는 소문이 퍼져 있어 광장에 군중이 모여 있었다. 차라투스트라는 서둘러 군중을 향해 설법을 시작하고, 우선은 '초인'에 대해, 나아가 그 대극자인 '마지막 인간(인간 말종)'에 대해 말한다. 하지만 군중은 이해하지 못하며, 다만 크게 웃을 뿐이었다. 듣는 귀를 가지지 못한 군중에게는 말해야 하는 것이 아니라고 깨달은 그는 줄타기에서 실패한 광대의 사체를 등에 짊어지고서 마을을 떠난다. 진리의 전달을 위해서는 우선 그것을 받아들이기에 걸맞은 듣는 이가 성장해 있어야만 하는 것이다. 제1부는 "얼룩소"라는 이름의 마을에 머무는 차라투스트라가 그를 경모하여 차츰차츰 모여든 제자들을 상대로 이야기하는 22개의 설화로 이루어진다. 피안적이고 형이상학적인 세계를 향한 것이 아니라 바로 현실의 삶과 육체와 대지의 의의에 뿌리박은 창조적 삶의 이상이 다양한 주제에 입각하여 설파된다. 그러나 그는 궁극적인 진리를 밝히기에는 제자들이 아직 충분히 성장해 있지 않다는 것을 깨닫고 일단 이별을 고하고서 산속의 고독으로 돌아간다. 제1부는 이를테면 씨뿌리기이다. 제2부 서두에서 산중의 차라투스트라는 자신이 남기고 온 제자들과 가르침이 이미 사교로 더럽혀져 있다는 것을 알고서 다시 한 번 하산을 결의한다. 그리고 이번에는 「행복의 섬들에서」 머물며 포교에 전념한다. 그는 시인이기도 한데, 제2부에는 '노래'(Lied)라는 제목이 붙은 장이 세 개 있지만[II. 9~11], 동시에 그는 시인의 허위성을 날카롭게 비판한다. 그리스도교적 '동정'의 미덕이나 "순수한 진리"라는 망상이 폭로되며, "의지의 해방"이 설파된다. 하지만 마지막 장에서 「더없이

527

고요한 시간」이 소리 없는 소리로 그에게 궁극적인 진리를 말하라고 명령할 때, 그에게는 아직 그 결의가 가능하지 않다. 궁극의 진리란 말할 필요도 없이 '영원 회귀' 사상이다. 제3부에서는 점차 이 궁극의 사상이 단지 「환영과 수수께끼」라는 형태로 말해진다. 산으로 돌아가는 도상의 차라투스트라가 배 안에서 "담대하게 구하는 자들, 굳이 모험하는 자들"인 배에 오른 사람들에게 이야기하는 것이다. "최고의 긍정의 정식"이라고 불리는 이 사상은 그러나 그것이 단지 도식적으로 받아들여질 때에는 금세 거꾸로 무기력한 니힐리즘으로 변해버린다. 이 사상은 추상적 개념적으로 이해될 때에는 이미 죽은 것이기 때문에, 그것이 나타날 때의 힘이 동시에 체험되어야만 한다. 니체는『차라투스트라』라는 작품 전체를 통해 이러한 독특한 전달의 장을 구축하고자 했던 것이라고도 말할 수 있다. 산으로 돌아온 차라투스트라는 다시 한 번 이 사상과 대결하고, 이 사상으로는 말하는 것이 아니라 노래하는 것이야말로 걸맞은 것이라고 깨닫는 것이다.

제4부는 무대가 처음부터 끝까지 차라투스트라의 동굴이 있는 산속이다. 두 사람의 왕, 예언자, 가장 추악한 인간 등, 고급한 인간(보다 지체가 높은 인간*)들이라고 불리는 이를테면 뛰어난 자들이 차라투스트라를 찾아 산에 올라온다. 동굴 속에서 그들은 차라투스트라의 눈을 속여 나귀*를 신으로 만든 그로테스크한 「나귀 축제」를 벌여 차라투스트라를 놀라게 하지만, 정신을 다시 차린 그는 한밤중에 계곡에서 울려오는 종소리에 맞추어 '영원회귀'의 정수를 담은 「몽중 보행자의 노래」를 부른다. 하지만 다음날 아침 "웃는 사자"의 조짐을 본 그는 이 고급한 인간들에 대한 동정이야말로 그에게 걸린 최후의 유혹이었다는 것을 깨닫고, 다시 한 번 결연히 동굴을 뒤로 하고 산을 내려온다. 작품 전체가 몰락에서 시작하여 몰락으로 끝난다고 하는 일종의 순환 형식을 이루고 있는 것이다. 나쁜 장난이 지나치다는 관점도 있는 이 제4부는 성립의 사정부터도 제3부까지와는 다르고 내용적으로도 작품 전체의 통일성을 파괴하는 취지가 보이는바, 이것을 "보기도 고통스러운 탈산"이며, 새로운 비극적 세계

관을 개시하는 이 글에 꼴사납게 달라붙어 있는 "부도덕하고 악의로 가득 찬 익살극"이라고까지 평가하는 학자(E. 핑크(Eugen Fink 1905-75))도 있다.

【Ⅲ】영향

출판 당초에는 거의 아무런 반향도 들을 수 없었던 이 작품도 니체의 죽음에 앞선 1895년 무렵부터 시작되는 니체 붐 속에서 그의 대표작으로서 폭넓은 독자를 얻게 된다. '초인', '영원회귀' 등의 사상이 20세기의 정신사에 미친 영향의 크기와 깊이는 여기서 논할 수 있는 것이 아니지만, 세기말*의 암울한 분위기를 불식시키고자 한 세기 초의 젊은 지식층에게 이 작품에 넘쳐나는 생명의 약동감이 가져다준 영향은 압도적이었다. 일본에서도 니체의 작품 가운데 최초로 번역된 것은 이것이었다(이쿠타 쵸코(生田長江) 역『차라투스트라』메이지 44년). 다이쇼시기에 들어서면『광염보살 대사자후 경』이라는 제목의 도바리 치쿠후(登張竹風)의 불경 풍의 번역이 시도된다든지 아베 지로*(阿部次郎)의『니체의 차라투스트라. 해석 및 비평』이 애독되어 당시의 지식층에게 강한 영향을 주었다. ☞영원회귀, 초인, 위대한 정오, 위대한 이성, 베푸는 덕, 「사막의 딸들 사이에서」, 삼단의 변화, 중력의 영, 대지의 의의, 배후 세계론자, 보다 지체가 높은 인간, 몰락, 마지막 인간, 타란튤라, 나귀, 독수리와 뱀, '비둘기 걸음으로 찾아오는 사상', '인간은 극복되어야 할 그 무엇이다', '모든 기쁨은 영원을 원한다', '세계는 깊고, 낮이 생각한 것보다 더 깊다', 포르토피노, 질스-마리아, 니스, 이쿠타 쵸코, 아베 지로

―소노다 무네토(薗田宗人)

차이差異

니체는 동일성과 동일한 것의 존재에 대한 신앙을 생성* 속에서 한계짓는다. 그것이 계보학*으로 될 때에는 '누가 동일성을 바라는가?'라고 정식화할 수 있을 물음에 의해 이끌린다. 모순율에 기초하는 논리학적인 동일성에 대해서도 마찬가지다. 일반적으로 논리학의 공리는 '현실성' 개념을 만들어내기 위한 기준과 수단

이다. 논리적 사고는 그 이전에 이미 현실인 것을 알지 못하는 것이기 때문에, 그 공리가 현실에 적합하다고 말할 수 없다. 사물 자체*의 색다른 모습을 별도로 하면, 여기까지는 칸트*의 비판과 길을 같이 한다. 그러나 니체는 선험적–초월론적 주체의 동일성도 돌파한다. 삶의 문맥 속에서 논리학은 우리에게 있어서의 현실의 세계인 것을 개념화・도식화하고, 결국 정식화하기 쉽고 계산하기 쉬운 것으로 만드는 시도에 지나지 않는다. 모순율은 피하기 어려운 유용성을 지닌다 할지라도, 그것이 나타내고 있는 것은 필연성이 아니라 오히려 '어떤 무능력'인 것이다.

니체가 논리학적 해석까지 포함한 해석의 저변에 가정하는 '힘에의 의지*'에서도 동일성을 찾는 것은 가능하지 않다(그런 까닭에 '힘에의 의지'는 근저가 아니다). 거기에 있는 것은 힘과 힘 사이의 양과 질의 차이이며, 의지 유형의 다름이다. 좀 더 높은 것을 바라는 능동적인 힘에의 의지가 **차이를 긍정하는** 데 반해, 반동적인 힘에 의거하는 '무에의 의지*'는 **차이를 부정하며**, 최종적으로는 부동의 안녕에 도달하고자 한다. **타입**으로서의 강자(주인)는 강자–약자의 차이와 작용 관계(히에라르키)를 긍정한다. **타입**으로서의 종복을 특징짓는 것은 부정과 대립이다. 종복은 주인에 대립하고, 히에라르키를 부정하여 그 전복을 꾀하며, 차이를 평준화하고자 한다(헤겔*의 주인과 노예 변증법을 참조). 약자의 승리는 '참된 세계', '배후 세계'를 정립하는 '승려의 이상'이나 '형이상학'으로서 구축되지만, '신의 죽음*' 이후, 무제한의 현세 긍정으로서의 니힐리즘*으로도 귀결된다.

'마지막 인간*'을 넘어서서 새로운 감수성에서 긍정하는 '초인*'의 지평인 '영원회귀*'도 존재하는 동일물의 회귀가 아니라 선별을 포함한 차이의 회귀라는 차이의 문제계열 속에서 이해해야 할 것이다. 바로 그런 까닭에 니체를 헤겔 변증법*과의 대결로서 읽는 것이 필요하다. ☞ 형이상학, 들뢰즈

—미나토미치 다카시(港道隆)

착각錯覺 ⇨ 날조

찬달라 [Tschandala]

찬달라는 산스크리트어로 인도에서의 네 개의 카스트의 한층 더 바깥에 있는 최하층의 천민*을 나타내는 말이다. 니체는 최후기의 저작 『우상의 황혼*』의 「인류의 '개선자'들」이라는 장에서 인간을 길들이는 수단으로서의 도덕과 인간을 단련시키는 도덕을 구별하고, 서로 다른 종의 카스트들 사이에서 태어난 "잡종 인간" (Mischmasch-Mensch)으로서의 찬달라를 철저하게 차별하고 배제할 것을 명령하는 인도의 『마누 법전』의 아리아적 도덕을 후자의 전형적인 예로서 거론한다. 그것은 전자의 전형적인 예로서의 그리스도교 도덕의 대극에 있는 것이다. 즉 찬달라는 "'금발의 야수'라는 아름다운 모범"과는 대조적인 "짓밟힌 자, 불우한 자, 실패자, 처우를 잘 받지 못하는 자들"을 의미하며, 그리스도교*는 이러한 찬달라의 르상티망*에 뿌리박고 있는 "일제 봉기"로서의 의미를 지닌다[『우상』 Ⅶ. 2-4]. 『안티크리스트』 45절에서는 『신약 성서』의 여러 구절들이 인용되며, 거기서 말해지고 있는 사랑과 용서의 교의가 "찬달라의 도덕의 심리학"으로 단정되고 있다. 나아가 같은 책의 58절에서는 "로마에 적대하고 '세계'에 적대하는 찬달라적 증오의 화신이자 천재"가 된 인물로서의 바울*의 이름이 거론되고 있다. ☞ 르상티망, 가축떼, 바울, 브라만

책임責任

'책임'(responsibility)은 두 열로 서로 바라보는 성가대가 교호적으로 노래하는 '응답성'에서 유래하며, 18세기 후반의 산업 혁명과 계약의 성행에 수반하여 생겨난 도덕 용어로, 서로 상대방과 교환하는 말에 따라서 약속대로 움직이는 태도를 가리키고 있었다[今道友信 『エコエティカ』(1990)]. "바로 이것이야말로 책임 (Verantwortlichkeit)의 유래에 관한 오랜 역사다. 약속할 수 있는 동물을 기른다는 저 과제는…… 그 조건과

준비로 우선 인간을 어느 정도까지는 필연적이고 같은 모양으로 서로 동등하게 규칙적으로 따라서 예측할 수 있게 만드는 좀 더 상세한 과제를 함축하고 있다"[『계보』Ⅱ. 2]고 쓴 니체는 책임 개념의 새로움(출현에 이르기까지의 오랜 역사)과, 더욱이 그것이 대규모의 교역·시장경제의 성립을 '조건·준비'로 하여 생겨난 것이라는 점을 파악하고 있다. 그는 한편으로 책임의 추궁이 언제나 "벌하고 판결하고자 하는 본능"에 추동되고 있다는 점을 폭로하며[『우상』Ⅵ. 7], "누구도 자신의 행동…… 자신의 본질에 대해 책임이 없다"[『인간적』Ⅰ. 39]라고 잘라 말하면서도, 다른 한편으로 그러한 "책임 없음", 무구함을 자각하기에 앞서 ('부채'와는 구별된) 적극적인 책임 개념을 수립하고자 한다. 이러한 새로운 책임의 담지자야말로 "참으로 약속하기를 허락받고 있는 자유롭게 된 인간"이며, 그에게 있어서는 "책임이라는 이상한 특권에 대한 자랑스러운 인식, 이 희한한 자유에 대한 의식, 자기 자신과 운명을 지배하는 이 힘에 대한 의식"이 "지배적인 본능"이 되어버렸다[『계보』Ⅱ. 2]. "책임의 유래에 관한 오랜 역사"의 정점에 위치하는 자가 "우리 자유정신이 이해하는 것과 같은 철학자—즉 가장 포괄적인 책임의 소유자인 인간으로서 인간의 발전 전체에 대한 양심을 지니는 자다"[『선악』61] 따라서 니체는 "인간 자신의 역사에 대한 인간의 책임"을 고찰한 최초의 철학자인바[G. Picht, 『니체』(Nietzsche, 1988)], 현재 그의 문제의식은 테크놀로지의 전제를 저지하고 미래 세대를 위해 환경의 보전을 요구하는 H. 요나스(Hans Jonas 1903-93)의 "원격 책임의 윤리"라는 구상으로 모습을 변화시켜 계승되어 있다[『책임의 원리』(1979)].

—가와모토 다카시(川本隆史)

천민賤民

후기 니체가 많이 사용한 '품성이 비루한 무리'에 대한 호칭. 『차라투스트라』* 제4부 「더 높은 인간*에 대하여」 장에서 반복하여 "오늘날은 천민의 것이다"라고 말해지듯이 이 호칭에는 시대에 대한 니체의

고발이 담겨 있다. 사상가로서의 니체가 민중 멸시자라는 점은 의심할 수 없는 바이지만, '천민'은 반드시 일반 민중을 가리키는 것이 아니라 당시 졸부 취미에 대한 반발이 저류에 놓여 있었던 듯하다. 이 점은 같은 책의 다음 부분에서 분명히 드러난다. "진정 금으로 온통 칠을 해대고 요란하게 화장을 한, 우리의 저 가증스러운 천민과 함께 사는 것보다야 은자와 염소치기를 벗하면서 사는 것이 그래도 낫겠다. 천민이야 스스로를 '상류사회'라고 부른다든지 '귀족'이라고 부른다든지 하고 있지만."[『차라투스트라』Ⅳ-3. 1] "차디찬 눈길과 음탕한 심보로 온갖 허섭스레기로부터 이득을 챙기는, 그렇게 부에 집착하고 있는 자, 하늘을 향해 악취나 내뿜는 잡것들에 대한 역겨움. …… 금으로 번지르르하게 겉칠을 한 저 천민에 대한 역겨움."[같은 책 Ⅳ-8] 다음으로 천민의 속성으로서 불순함 내지 불통일이 거론된다. "천민 잡동사니. 그 속에 모든 것이, 이를테면 성자와 건달, 귀족과 유대인, 그리고 노아의 방주에서 나온 온갖 짐승들이 뒤섞여 있는."[같은 책 Ⅳ-3. 1] 그리고 니체는 이러한 천민성을 유전과 혈통의 산물이라고도 생각하고 있었다. "어떤 장애가 되는 무절제와 음험한 질투, 볼품없는 자기 정당화—이러한 세 가지 요소와 함께 어느 시대에나 본래의 천민 유형을 이루어왔던 것처럼—이와 같은 것들은 썩은 피처럼 자식에게 확실히 옮아가는 것이 틀림없다. …… 우리의 매우 민중적인, 즉 천민적이라고 말할 수 있는 시대에 '교육'과 '교양'은 본질적으로 속이기 위한—혈통이나, 육체와 정신에 유전된 천민을 속이기 위한 기술이 될 **수밖에** 없다."[『선악』264]

—시미즈 혼유(清水本裕)

천재天才 [Genie]

바그너*에게 여전히 심취하고 있을 무렵의 니체는 게르스도르프*에게 "나는 쇼펜하우어*가 '천재'라고 부른 자의 이미지를 누구보다도 확실하게 나타내는 인간을 찾아냈다네. 그는 다른 누구도 아닌 바로 리하르트 바그너라네"[1869. 8. 4]라고 바그너와의 만남의

흥분을 전하고 있다. 쇼펜하우어의 강한 영향 하에 있고, 그를 "제1급의 천재"[도이센에게 보낸 편지 1868. 10월 하순]이라고도 부르는 니체가 바그너에게서 쇼펜하우어 사상의 구현을 보고 있었다는 것은 분명하다. 초기의 '천재' 개념은 쇼펜하우어의 강한 영향 하에 있음에도 불구하고, 이미『비극의 탄생』*에서도 쇼펜하우어와의 미묘한 차이가 보인다. 쇼펜하우어는『의지와 표상으로서의 세계』[「플라톤적 이데아—예술의 대상」 장]에서 "천재성이란 순수하게 관조적인 태도를 취하고, 관조 속에서 자기를 사라지게 하며, 본래에 의지에 이바지하는 역할을 짊어지는 인식으로부터 이 역할을 없애고, 마침내 의지의 관심과 요구와 목적을 전적으로 도외시한 인식을 하는 능력"이라고 하고 있다. 의지에 사로잡힌 현실세계로부터 순화되어 표상세계의 이데아적 본질을 파악하는 지적 직관이 천재이며, 그것의 나타남이 참된 예술이다. "천재성이란 가장 완전한 객관성이다"라는 규정이 보여주듯이 그의 천재 개념은 주관적 직관 능력에 이성보다 높은 가치를 부여함으로써 칸트* 인식론의 역전을 꾀하고 있다.

하지만 니체는 그러한 주관성과 객관성의 대립을 미학에 가지고 들어오는 것은 적당하지 않다고 말한다[『비극』 5]. 왜냐하면 그러한 대립 도식에 서는 한에서, 예술가와 같은 주관성의 존재방식, 요컨대 "가상"*에서 스스로의 구원*을 축하하는 매체가 되는" 그러한 주관성의 존재방식을 파악할 수 없기 때문이다. "천재가 예술적 창조 행위에서 세계의 저 근원적 예술가와 융합되는 한에서만 그는 예술*의 영원한 본질에 관하여 약간 알 수 있다. 그러한 상태에 있는 천재는……주체인 동시에 객체이며, 또한 작가이고 배우이고 관객이기도 한 것이다." 쇼펜하우어의 천재 개념이 예술을 보는 자의 입장으로부터의 규정이라고 한다면, 니체가 여기서 말하는 천재 개념은 예술의 창조적 측면에 주목한 것이다. 그런 의미에서 그것은 젊은 괴테*와 헤르더 등에 의해 천재라는 말이 거의 신격화되어 왕성하게 사용된 18세기 말 독일의 질풍노도 시기의 천재 개념의 흐름을 흡수하고 있다.

1770년대는 독일 문학사에서 '천재 시대'라고도 말

해진다. 천재는 자연과 마찬가지로 권위나 외재적인 규칙에 사로잡히지 않고서 자기 안에 발전하는 힘을 감춘 창조력으로 간주되었다. 이것은 귀족 계급의 취미를 답습하지 않고 새로운 아름다움의 기준을 추구하고자 한 시민 계급 의식의 나타남임과 동시에 기계론적인 계몽의 자연 파악에 대한 비판이기도 했다. 이러한 유기적 자연관은 영국에서 섀프츠베리(Third Earl of Shaftesbury 1671-1713)에게서 시작되어 이윽고 18세기 중반에 E. 영(Edward Young 1683-1765) 등의 작가들과 에디슨(Joseph Addison 1672-1719)과 같은 비평가들에 의해 천재 찬미로 이어졌다. 그 영향을 받은 독일에서는 이성적 사고의 한계를 넘어선 천재의 예술에 대해 좀 더 높은 진리성을 인정하는 경향이 강해졌다. '천재 시대'를 가장 잘 반영하고 있는 것은 괴테의『젊은 베르테르의 슬픔』이다. 여기서 '천재'는 규칙투성이인 시민사회의 대극에 놓이며, 인간 본래의 자유를 무한히 확대하는 창조성으로서 묘사되고 있다. 나아가 천재의 예술적 창조력은 신의 창조와 같은 것으로 간주되며, 제우스에게 거역하여 자신과 유사한 모습으로 인간을 만든 프로메테우스가 천재의 상징이 된다. 그리스 신화의 프로메테우스는 그리스도교* 비판의 의미를 짊어졌다.『비극의 탄생』에서도 인용되는 괴테의 송가『프로메테우스』나 헤르더의 시『창조』는 그것을 잘 보여준다. 니체가 슐포르타* 시기에 남긴 「프로메테우스」라는 시도 이러한 문학 작품으로부터의 영향을 이야기하고 있다. 또한『비극의 탄생』 초판의 속표지에 「해방된 프로메테우스」라는 그림을 싣고 있는 것도 상징적이다.『비극의 탄생』에서 아이스킬로스의 「프로메테우스」가 "위대한 천재의 뛰어난 기예"라고 말하는 부분에서는 규범과 권위를 타파하는 대담하기 짝이 없는 반항적 개인의 창조성을 찬양하는 질풍노도의 모티브가 숨 쉬고 있다.

그러나 쇼펜하우어의 천재 개념과의 공통성도 간과할 수 없다. 그것은 천재가 공장 노동자와 대중 민주주의와 공론 등의 세계를 경멸적으로 내려다보는 높은 곳에 자리매김 된다는 점이다. "짐수레꾼들은 자기들끼리 협정을 맺어 천재를 쓸모없는 인간으로 결정했다.

그렇게 함으로써 모든 짐수레꾼들은 천재로 둔갑했다.'[『반시대적 고찰』Ⅱ. 7] 민주주의* 사회를 '속물'(Philister)의 세계라고 하여 거리를 두는 쇼펜하우어의 시점은 니체의 경우와 마찬가지로 천재 찬양의 이면이다.

이러한 천재 개념은 그 후에도 형태를 변화시켜 변주되고 있지만, 그 하나는 '자유정신*'이다. 예를 들면 반항적 죄수의 기지를 "신화적이고 종교적인 인상을 제거한 천재'라고 말하고 "천재란 해방에의 욕구다. 여기서 천재가 생겨나며, 자유정신이 태어난다'[『인간적』Ⅰ. 231]고 적고 있다. 그런 까닭에 반역자의 "능동적인 죄"가 긍정된다. "거의 모든 천재는 자신의 발전의 하나로서 카틸리나*적인 존재 방식을 알고 있다. 이미 존재하고 있으며 더 이상은 생성하지 않는 모든 것에 대한 증오와 복수와 반역의 느낌을 알고 있다.'[『우상』Ⅸ. 45] 여기서 천재는 본능이 강한 자연아이며, "사육하여 길들여진, 범용하고 거세된 우리의 사회"와 대치된다. 또는 80년대의 유고에 다음과 같은 표현이 있다. "도덕 판단으로부터 자유롭게 되는 것, 그것은 천재에 전형적인 비도덕성이지만, 그것을 쇼펜하우어는 보고자 하지 않았다. 천재와 도덕 · 비도덕이라는 의지의 세계를 대립시키는 어리석은 짓을 나는 하지 않는다. …… 내가 인간을 재는 기준은 힘의 양과 의지의 충실 정도이지 의지의 약화나 그 소멸 정도가 아니다."[유고 Ⅱ. 10. 236] 이 의지는 자기 보존*을 꾀하는 의지가 아니다. "천재라는 것은 — 작품에서나 행위에서 — 필연적으로 낭비하는 자다. 전력을 다한다는 것, 이것이 그의 위대함인 것이다…… 자기 보존 본능이 말하자면 제거되어 버린 것이다."[『우상』Ⅸ. 44] 이렇게 해석된 천재는 자기 보존을 위한 목적 달성에 사용되는 인식을 넘어서서 무한한 자유를 획득하고자 하는 창조성이며, 자유정신*이나 초인은 그 변양이라고 간주할 수 있다. ☞초인, 자유정신과 이성 비판

—오누키 아츠코(大貫敦子)

철학자는 자기 시대의 가책하는 양심이어야 한다 ["(Der

Philosoph) hat das schlechte Gewissen seiner Zeit zu sein"]

『인간적인 너무나 인간적인』* 제2부의 『혼합된 의견과 잠언들』에는 "가책하지 않는 양심(gutes Gewissen)은 가책하는 양심(böses Gewissen)을 전 단계로서 지닌다"고 하는 역설을 말한 한 구절이 있다. 모든 좋은 것은 그것이 새롭게 나타날 때에는 그 신기함으로 인해 "관습에 반하는 부도덕한 것"이자 발안자의 마음을 벌레처럼 갉아먹는 것이었다. 학문*이라는 좋은 것(das Gute)도 "적어도 밀수 상인이 가지고 있을 듯한 느낌으로", 요컨대 가책하는 양심을 품으면서 세상에 나타났던 것이다[90]. 새로운 좋은 것이 가책해야 할 것으로 느껴진다고 하는 역설은 『바그너의 경우』의 서문에서 보이는 "철학자는 자기 시대의 가책하는 양심이어야 하며 — 그러기 위해 그는 자기의 시대에 대한 최선의 앎을 지녀만야 한다'라는 구절에도 꼭 들어맞을 것이다. 다만 여기서는 가책하는 양심(das schlechte Gewissen)이라고 하는 것에는 최선의 지식(bestes Wissen)이 있다고 하는 또 하나의 역설이 겹쳐진다. 『선악의 저편』*에는 이 구절을 이해하는 데 관건이 되는 아포리즘*이 있다[212]. 철학자는 그 시대의 미덕에 메스를 가하여 시대의 위대한 것이란 무엇인지를 알고자 한다. 그러나 그들이 들추어낸 것, 그 시대에 관한 '최선의 지식'이란 시대의 덕 있는 것에 많은 위선이 숨겨져 있다는 것이었다. 따라서 철학자들은 시대를 극복하는 방향에서 '위대함'을 찾을 수밖에 없다. "내일 및 모레의 필연적인 인간으로서" 시대에 대해 "부도덕한 자"이어야만 한다. 내일의 좋은 것을 위해 오늘의 가책하는 양심이어야만 한다는 것이다[같은 곳]. "개인에 관해 말하자면, 누구나 다 본래 그 시대의 자식이지만, 철학도 역시 그 시대를 사상 속에서 파악한 것이다'라고 말한 것은 헤겔*이지만, 니체에게 있어 철학자라고 하는 자는 오히려 "자신 속에 있는 자신의 시대를 극복하여 '무시대적'이게 되는 자다."[『경우』서문] 철학자는 스스로를 "불유쾌한 바보와 위험한 물음표"로 느끼는 점은 있더라도[『선악』212] 미네르바의 부엉이는 아니다. ☞헤겔, 양심

—기마에 도시아키(木前利秋)

청년 운동과 니체青年運動—

독일의 청년 운동은 19세기의 세기말*로부터 반더포겔(Wandervogel, 철새) 운동으로서 일어났다. 도시화 현상이 진전된 세기말 무렵, 청년들은 무리를 이루어 산과 들을 도보로 여행했다. 그들은 대도시가 낳은 서구적 기계 문명과 그리스도교*의 종교 교육을 모체로 한 관리형의 교육 체제를 비판하고, 중세 이래의 민족 전승에 동경을 품게 된다. 베를린 서부 교외의 슈테글리츠라는 신흥 주택지에 사는 중산 계급의 자제들 사이에서 일어난 반더포겔은 곧바로 독일 전역으로 확대되었다. 더 나아가 오스트리아에서도 연대를 발견했다. 그들은 대도시의 교외로부터 오랜 거리와 깊은 숲속으로, 호수와 강을 따라 농가가 있는 마을들로 오랜 민요를 부르면서 걸었다. 무릎이 나온 바지, 풀어 헤친 칼라, 무거운 배낭 위에 올려놓은 검게 그을린 큰 솥, 어깨에 매단 기타, 독특한 반시대적 풍속이 사람들의 주목을 받았다. 그들은 개개의 부모들로부터 이반한 것은 아니지만, 서구 문명에 순응하고 그것에 무릎 꿇고 배례하는 것에 떠밀려가는 어른들의 사회에 대해 거부를 과시하고 있었다. 그런 만큼 그들은 어른들 이상으로 애국주의자였다.

그러나 반더포겔은 1910년대에 들어서서 회원이 증대되고 조직화가 전진하는 것과 더불어 청년 운동으로서 정치적으로 성장해갔다. 제1차 대전 발발 전인 1913년에 호에 마이스너 언덕에서 독일 전체의 청년 운동을 규합한 대회가 열렸다. 반더포겔 출신의 대학생들이 중심이 된 것이자 정부 주도의 대(對)나폴레옹 전쟁 전승 기념행사에 대항한 것이었다. 낭만주의의 출판사 사주 E. 디데리히스(Eugen Diederichs 1867-1930)와 '자유학교 공동체'를 만든 교육가인 G. 비네켄(Gustav Wyneken 1875-1964), 민족주의적 사상의 소유자인 F. 아베나리우스(Ferdinand Avenarius 1856-1923) 등을 사상적 지도자로 한 '자유 독일 청년'이 운동체로서 결성되었다. 이 운동을 지지하는 메시지를 A. 베버*, F. 나우만(Friedrich Naumann 1860-1919)도 보내온다.

청년 운동이 그리스도교회와 제휴한 교육 체제에 불만을 지니고 있었던 한에서 니체의 『안티크리스트』* 등의 책이 그들 사이에서 읽히더라도 이상하지 않다. 니체의 글이 80년대 후반에 김나지움 학생들에게 은밀히 읽히고, 학교장들에 의해 위험한 책으로서 리스트에 오른다. 하지만 반더포겔에게 영향을 준, 급진적인 교육 개혁가인 L. 구를리트(Ludwig Gurlitt 1855-1931)는 학교의 압력에 굴하지 않고 니체 사상의 전도자가 된다. 반더포겔에도 후기에 이르면 자신들의 호칭을 '즐거운 학문'(fröhliche Wissenschaft)이라고 붙인 그룹이 있는 것은 그들 사이에 니체 열광이 높아진 것을 보여준다.

'자유 독일 청년'의 이론적 지주가 된 것이 비네켄이었지만, 그는 P. 라가르드*, J. 랑벤*, 니체, L. 클라게스* 등의 사상을 받아들여 '청년 문화'를 제창했다. 그가 말하는 '청년 문화'는 특히 니체의 반역사주의의 세례를 받고 있다. 역사와 삶*의 대립을 니체에게서 배우고, 역사적 비판주의에 의한 그리스도교 해석학에 반항한다. 반시민적 영웅주의의 이데올로기, 그리스도교에 대한 투쟁, 역사주의*로부터의 전환, 속물(Philister)의 단죄, 문헌학적 교양에 대한 비판, 진리의 원천으로서의 예술의 해석이라는 니체의 사상들이 그대로 비네켄 그의 안에 수태되고 있다.

그러나 비네켄은 그 주장의 급진성으로 인해 내분에 휘말리며, 일시적으로 떠나지 않으면 안 되었다. 제1차 대전 후 의용군 조직과 분트의 청년 운동이 특히 20년대에 왕성해지며, 자유 독일 청년도 좌익과 우익으로 나누어져 그 대립이 격화되었다. 강력한 우익 그룹은 민족주의적 경향을 강화하기까지는 귀족적 정신 엘리트주의의 게오르게*의 영향이 컸지만, 머지않아 33년 이후에는 히틀러 유겐트 아래로 강제적으로 규합되어 갔다. 그러나 전체가 이 흐름에 휘말려 들어간 것은 아니다. 분트의 잔당은 제3제국에서 비합법 조직을 계속해서 유지했으며, 그들로부터 저항 운동이 일어난다. ☞세기말과 니체, 나치스, 게오르게

　　　　　　　　　　　　　—우에야마 야스토시(上山安敏)

체계體系

『우상의 황혼』*[Ⅰ. 26]에서 니체는 "나는 모든 체계가들을 불신하며 피한다. 체계에의 의지는 성실함의 결여다"라고 말하고 있다. 체계적인 철학에 대한 회의는 니체 사상의 근저를 관통하는 것이며, 거기에 아포리즘* 형식을 취한 저작이 생겨난 이유도 놓여 있다. 『아침놀』*[318]에는 「체계가들을 조심하라!」라는 아포리즘이 있다. "체계가들의 연극이 있다. 그들은 하나의 체계를 완성하려 하고 그것 주변에 지평선을 둘러 자신들의 약한 성질들을 보다 강한 성질들과 동일한 유형으로 나타내고자 해야 한다. 그들은 완전하면서도 오직 강한 성격만을 가진 사람들의 역할을 하려 한다." 요컨대 체계화에의 의지는 필연성의 개념으로 파악될 수 없는 우연성 — 육체와 감정과 같은 우발적인 요소 — 에 대한 두려움으로부터 생겨난다고 한다. 같은 『아침놀』[86]에서는 그러한 체계가로서 뜻밖에도 파스칼*이 거론된다. "단지 위, 내장, 심장의 고동, 신경, 담즙, 정액에서 비롯되는 모든 것들 — 즉 저 모든 불쾌감, 무기력, 과도한 긴장, 우리에게 잘 알려지지 않은 기계[육체]의 우연성 전체! — 파스칼과 같은 그리스도교인은 이 모든 것에 대해 이 속에 깃들어 있는 것이 신인가 악마인가, 선인가 악인가, 구원인가 저주인가 하는 질문과 함께 이 모든 것을 도덕적이고 종교적인 하나의 현상으로 받아들여야 했다! 오, 얼마나 불행한 해석가인가! 그가 얼마나 자신의 체계를 비틀고 괴롭혀야만 하는지! 의로움을 얻기 위해 그가 자기 자신을 얼마나 비틀고 괴롭혀야만 하는지!" 그렇지만 체계적 사유는 독일적이라고 간주하는 경우가 많다. 『선악의 저편』*[20]에서는 어떠한 철학의 개념도 그것 자신으로서 태어난 것이 아니며, 관계성과 유사성에 기초하여 어떤 사태를 기성의 체계로 거두어들이는 데 지나지 않는다고 말해진다. 이러한 사유는 이미 기지의 것의 재인식일 뿐이며, 그중에서도 철학은 "최고 수준의 격세유전"이다. 그것은 "세계 해석의 다양한 가능성"에 이르는 길을 닫는 것이다. 유사성이나 관계성에서 인식의 귀착점을 찾는 것은 거기에 공통의 언어, 문법이 있기 때문이지만, 그 배후에는 무의식 안에 공통의 문법을 지니는 것의 지배력이 작용하고 있기 때문이라고 한다. 이는 또한 체계와 권력 구조와의 밀접한 관계를 폭로하고 있기도 하다. 이러한 체계에 대한 비판을 아도르노*는 높이 평가하고 있다. ☞아포리즘과 사유의 수행, 파스칼

―오누키 아츠코(大貫敦子)

초인超人 [der Übermensch]

1890년대에 들어서서 유행병처럼 퍼진 니체 열광은 오로지 『차라투스트라』*에 의한 바가 크다. 시대의 공기에 떠도는 니체 열광 속에서 '영원회귀*'나 '신의 죽음*'과 더불어 '초인'이라는 말은 니체 사상의 대명사가 되기도 했다. 니체 자신은 초인이 무엇인지를 명확히 규정하고 있지 않으며, 그 수용도 다분히 『차라투스트라』의 문체가 자아내는 독특한 분위기에 젖어든 도취적인 공명이었다. 그들은 초인 사상에서 아직 명확하게는 표현할 수 없는 새로운 가능성을 읽어내고 있었다. 그 후의 초인 사상 수용에서도 이러한 무규정성 때문에 다양한 해석이 이루어져 왔다.

【Ⅰ】『차라투스트라』 이전의 '초인' 사상의 맹아

'초인'이라는 말 그 자체는 결코 니체의 발명이 아니다. 이미 루키아노스(Lucianos ca. 120-ca. 180)에게서 hyperanthropos라는 표현이 보이며, 니체는 그것을 읽었다고 추측된다. 또한 헤르더, 장 파울, 그중에서도 특히 괴테*의 『파우스트』에서의 용례도 알고 있었음에 틀림없다. 니체가 처음으로 '초인'이라는 말을 사용하는 것은 그가 젊었을 적에 애독한 바이런*의 희곡 『만프레드』와 관련해서인데, 만프레드를 "영혼을 생각대로 제어할 수 있는 초인"이라고 형용하고 있다[BAW 2. 10]. 초인에는 만프레드나 파우스트처럼 통상적인 인간을 넘어선 능력을 지니는 자라는 의미와, "인간은 극복되어야 할 그 무엇이다*"라는 『차라투스트라』의 표현에서 보이는 것과 같은, 인간 자신의 자기 극복이라는 의미가 섞여 있다. 모든 한계와 속박을 넘어서서 자유로 향하는 인간으로서 '초인'이 생각되고 있다는 점에서는 초인 사상의 맹아가 이미 초기에 있다고 볼 수 있을 것이다.

'초인'을 타성적이고 관습에 따를 뿐인 현재의 삶을 '넘어서'(über) 가는 자로 해석하는 경우, 영어역의 '슈퍼맨'은 오역이라는 지적도 있다(W. 카우프만(Walter Kaufmann 1921-80)). 『반시대적 고찰』*[III. 1]에는 그러한 '넘어서 위에 있는'(über)의 용례가 있다. 니체는 "'너 스스로가 되어라! 네가 지금 행하고 생각하고 원하는 것은 모두 네가 아니다' …… 왜냐하면 너의 진정한 본질은 네 안에 깊이 감추어져 있는 것이 아니라, 너보다 훨씬 위에(über dir), 적어도 네가 보통 너의 자아로 생각하고 있는 것보다 훨씬 더 위에 있기 때문이다'라고 적고 있다. 하지만 이 '위에'라는 표현은 결코 형이상학적인 근거를 추구하는 것이나 하물며 신을 추구하는 것이 아니다. 자기 자신이 자기의 결정자인 것과 같은 해방된 존재로, 지금까지의 타율적이고 비소한 삶을 자신의 힘으로 넘어서는 것이다. 그것을 통상적인 인간이 하지 않는 것은 인습을 깨트리는 두려움 때문이다. 따라서 "너 스스로가 되어라!"라는 호소를 듣고서 "참된 영혼의 해방"을 생각하는 젊은이는 무서워 벌벌 떠는 것이다.

『차라투스트라』이전의 저작에는 '초인'이라는 용어의 사용례가 적고 의미도 하나가 아니다. 『아침놀』*[27]의 "초인적인 정열에 대한 믿음이 갖는 가치"라는 아포리즘은 적은 용례들 가운데 하나다. 거기서는 결혼 제도가 다름 아닌 일시적인 정열이 지속될 수 있다는 믿음일 뿐이라고 주장된 후에 다음과 같이 말해지고 있다. "잠깐 동안 불타오르는 헌신에 대한 열정에서 영원한 충실함을, 열렬한 분노의 욕망에서 영원한 복수를, 절망에서 영원한 슬픔을, 돌발적이고 일회적인 약속에서 영원한 의무를 창출해낸 제도들과 풍습들을 생각해보라. 그때마다 그런 개조를 통해 극히 많은 위선과 거짓이 생겨났다. 또한 그때마다 이에 대한 대가로 새로운 **초인적인**, 즉 인간을 고양하는 개념이 생겨났다." 여기서의 '초인적'이란 순간적인 정열이 지나간 후에도 여전히 제도에 구속되어 충실함을 지키는 금욕적 인간이며, 약자가 만들어낸 우상적 존재로서 오히려 부정적인 평가를 부여받고 있다.

이것과는 반대로 『즐거운 학문』*[297]에서 말해지는 "해방된 정신"에는 『차라투스트라』에서 전개된 초인 사상의 맹아가 놓여 있다. 해방된 정신이란 "이의를 제기할 수 있는 힘"이며, "전통에서 전해져온 것, 신성한 것으로 숭배되어온 것에 대한 적대감을 지니는 것"으로부터 태어난다. 이러한 해방된 정신의 존재방식을 니체는 어떤 때에는 카이사르*나 나폴레옹*에서, 또 어떤 때에는 괴테에서 본다. 카이사르와 나폴레옹의 경우에는 자기의 의지를 관철하기 위해 파괴도 불사하는 전투적인 행동성으로서 파악되는 데 반해, 괴테에 관해서는 내면적이고 고요한 자기완성을 향해 자기 초월하는 정신의 창조성으로서 파악된다. 이와 같이 전적으로 대극적인 이미지에서 파악된 "해방된 정신"의 두 측면은 나중의 초인 사상으로도 계승되고 있다.

해방의 순간으로서의 '초인'이 의미하는 바를 찾는 하나의 실마리는 『즐거운 학문』[382]에 있다. 그것은 미지의 진리를 탐구하는 인식하는 자를 황금빛 양털 가죽을 찾아 언제나 새로운 항해*를 떠나는 고대 전설의 아르고 호의 선원들에 비기는 구절이다. 항해의 끝에서 보이게 되는 미지의 땅, 그것은 "지금까지의 모든 나라의 저편에 있고, 이상의 한 귀퉁이이며, 아름다운 것과 기묘한 것과 수상쩍은 것과 두려운 것과 신적인 것들로 어찌나 흘러넘치는지, 우리의 호기심이나 소유욕이 정신을 차릴 수 없을 지경이 되고 마는 그런 땅이다. …… 지금까지 성스럽다고, 선하다고, 불가침적이라고, 신적이라고 불렸던 모든 것을 상대로 해서 순진하게, 즉 일부러가 아니라 넘칠 정도로 충만하고 강하기에 유희하는 정신의 이상이다." 니체는 미지의 세계가 개시되는 때의 아름다움과 공포와 성스러움이 들어와 섞이는 순간을 "인간적이며 초인적 행복"이라고 부른다. 그것은 초인적 존재자 없는 세계에서의 해방의 순간을 의미한다. 인용문 안의 "흘러넘치는"(überreich), "넘칠 정도로 충만함"(überströmende Fülle) 등, 과잉(über)을 의미하는 접두사를 지닌 많은 표현은 초인적 경험이 디오니소스*적인 삶*의 충일함과 같다는 것을 암시하고 있다. 거기에는 이전에 『비극의 탄생』*에서 말해진 디오니소스적 도취* 모티브가 울려난다. 『차라투스트라』에서 '디오니소스적'이라는 개념이 "최고의 행위가 되었다"[『이 사람』 IX. 6]라는 니체의 말을 염두에 두면, 초인 사상은 『차라투스트라』에서 갑자기 등장한 것이 아니라 오히려 『비극의 탄생』에서의 '디오니소스적인 것'의 모티브가 "예술에 의한 구원" 프로그램의 좌절 후에 다른 차원에서 변주된 것이라고 볼 수 있다. 하지만 거기에는 커다란 변화가 놓여 있다.

【Ⅱ】『차라투스트라』에서의 '초인'

『차라투스트라』에 관해 『이 사람을 보라*』에서는 "여기서는 모든 순간에 인간이 극복되고 있다"고 말한다. 예술에서의 디오니소스적 도취가 흔히 있는 일상을 넘어선, 넘쳐나는 삶의 충실감이라 하더라도, 그것은 순간*의 경험이다. 그러한 한에서 『비극의 탄생』에서는 예술*이 삶과 아름다움을 일치시키는 순간에서만 권태*로운 삶이 구제될 수 있었다. 하지만 거기서는 "세계는 정당화*"되는 데 지나지 않는바, 삶의 모든 순간에 대한 '최고의 긍정*'으로는 되지 않는다. 쇼펜하우어*적 페시미즘*이 더듬어가는 내면에로의 후퇴에도, 또한 예술에 의한 삶의 구제라는 낭만주의적 태도에도 만족하지 못하고 니힐리즘*의 적극적인 극복에로 향하고자 하는 니체는 삶을 긍정하는 지복의 순간을 영원화하고자 한다. 모든 순간에서의 삶의 긍정을 구상하기 위해서는 "지칠 줄 모르고 생명을 낳는 삶의 의지"[『차라투스트라』 Ⅱ-12]라는 의미에서의 '힘에의 의지*'와 의지와 시간의 모순을 해결하는 '영원회귀' 사상이 필요했다. 이 두 가지 사상과 밀접하게 결부됨으로써 『차라투스트라』의 '초인' 사상은 니힐리즘을 전회시키고, 인간의 전면적 부정을 통과하여 삶의 최고의 긍정에로 향한다.

하지만 '초인'이 대부분의 경우에 그 자신의 의도와는 반대로 이해되어 버렸다는 것을 니체는 한탄한다[『이 사람』 Ⅲ. 1]. 칼라일*에게서와 같은 영웅 숭배를 혐오한 니체에게 있어 초인이 "더 높은 종류의 인간의 '이상적인' 전형으로서, 반은 '성인'이고 반은 '천재*'로서" 이해되는 것은 본의가 아니었다. 하지만 이러한 오해가 생기는 것도 이상하지 않다. 『차라투스트라』는 '초인'에 대해 아무런 명확한 윤곽도 주고 있지 않기 때문이다. 도래해야 할 인간으로서 '초인' 대신에 '새로운 민족', '새로운 귀족', '명령자'라는 표현이 사용되는 것에도 후에 초인 사상이 나치스*에게 이용된 것과 같은 오해를 부르는 요인이 놓여 있다.

"초인은 대지의 의의*이다", "인간은 동물과 초인 사이에 가로놓인 하나의 망이다 ― 심연 위에 걸린 망이다", "초인은 번개이며, 광기다", "초인은 당신들의 위대한 경멸*이 빠질 수 있는 대해다" 등, '초인'에 대해 말하는 차라투스트라의 말들은 언제나 비유적이고 시적이다. 차라투스트라의 입에서는 초인으로 나아가는 길은 말해지지만, 몰락* 후에 와야 할 초인이 어떤 자인지에 대해서는 전혀 말해지지 않는다. '초인'은 아폴론*과의 연결이 끊기고 몹시 거친 파괴와 도취가 강조된 디오니소스라고 읽을 수 있는 부분도, 또한 "인식의 정오*"에 찾아오는 저 고대의 목신 판의 오후를 떠올리게 하는 고요함으로 읽을 수 있는 부분도 있다. 또는 삼단의 변화*의 마지막에 나타나는 어린아이, 요컨대 "하나의 새로운 시작, 하나의 유희, 하나의 스스로 회전하는 수레바퀴, 하나의 제일운동, 거룩한 긍정"[『차라투스트라』 Ⅰ -1]이라고 주장되는 어린아이와 공통되는 면을 지니면서도 어린아이와 동일하지 않다. 오히려 어떤 자인가로서 결정되는 것을 굳이 거부하는 듯이 보이는 많은 모순을 지닌 말이다. 그것은 도래해야 할 전적으로 새로운 것에 대한 예감일 뿐이다. 도래해야 할 것을 구체적으로 알고자 하는 것 자체가 '마지막 인간*'이 하는 일인 것이다. "인식하기 때문에 살아가는 자, 어느 날엔가 초인이 나타나기 때문에 인식하고자 하는 자"라는 차라투스트라의 말은 '초인'이 새로운 인식을 추구하는 사고 실험을 위한 비유*라는 것을 암시하고 있다.

'초인'은 그런 의미에서 모든 기성 가치의 중력을 벗어난 사고 실험의 끝에 나타나게 될 인식의 새로운 지평이라고밖에 당장은 말할 수 없는 것이다. 차라투스트라는 말한다. "…… 그때마다 나는 화살이 되어 파르르 떨면서 햇빛에 취한 희열을 헤집고 날아갔고 / 아직 그 어떤 꿈도 꿈꾸어본 일이 없는 멀고 먼 미래를 향하여, 그 어떤 조형자가 머릿속에 그려본 것보다 한층 뜨거운 남녘을 향하여. 춤을 추는, 그러면서 몸에 걸치고 있는 온갖 옷가지를 수치스럽게 생각하는 신들이 있는 그곳을 향하여. / …… / 일체의 생성이 신들의 춤과 신들의 자유분방으로 생각되며, 이 세계가 해방되어 거칠 것 없으며 자기 자신을 향해 다시 도망치고 있는 것으로 생각되는 그곳에는.'[III-12. 2] 이러한 미지의 지평을 차라투스트라는 "나 비유를 들어 말하고 시인들처럼 주저해가며 더듬더듬 말할 수밖에 없다"[같은 곳]고 말한다. 미지의 인식 지평을 추구하는 초인은 또한 '창조하는 자'(der Schaffende)라고도 고쳐 말해진다. "창조하는 자는 사람이 추구해야 할 목표를 제시하는가 하면 이 대지에 의미를 부여하고 미래를 약속하는 자다."[같은 곳] 이러한 연관에서 초인에게 주어진 특성은 예술적 창조와 가깝다.

비판과 파괴에 의해 새로운 세계를 개시하고자 한다는 점에서 니체의 사고 실험에는 모더니즘 예술과 공통된 면이 있다. 하지만 니체의 경우에 모더니즘에로의 이륙이 어중간하게 끝나고 있는 것은 인식 문제·가치 문제도 동시에 비유적인 시인의 언어로 풀이하고자 하고 있기 때문이다. 현실과는 다른 가능성의 예감 — 이것이야말로 모더니즘 예술의 핵심이다 — 은 근대적인 인식의 구도를 비판할 수는 있어도 그것을 대신할 수는 없다. 그럼에도 불구하고 니체는 그것을 굳이 행하고자 했다. 뢰비트*는 "왜 차라투스트라의 교설이 심정을 설득할 수도 지성을 설득할 수도 없는 것인가?"라고 묻고, 다음과 같이 대답한다. "그것은 그의 교설이 비판적으로 맑게 연마된 아포리즘*에서 강함을 지니는 저작가의 형성물인 데 반해, 그의 고지가 신약 성서 및 바그너*의 음악극과 니체 자신의 위대한 언어 예술의 너무나도 면밀한 혼합물이기 때문이다. 니체가 직접적으로 설득력 있게 말하는 것은 제5복음서의 고지자로서 말하는 때가 아니라 그가 '얼음과 눈을 녹이는 바람의 언어'를 이야기하는 경우다.'['니체의 철학']] 하지만 이렇게 말하는 뢰비트마저도 철학 문제로서의 니체 해석을 중시한다. 실제로 그 후의 수용을 보면, 철학 영역에서 비유적 말투의 문제는

배제되고 인식 문제로 환원되어 읽혀 온 것이 많았던 것은 사실이며, 문체에 주목하는 사라 코프만(Sarah Kofman 1934-94)과 폴 드 만(Paul De Man 1919-83)이 연구 대상으로 하고 있는 것도 주로 『차라투스트라』 이외의 저작이다. 차라투스트라로 하여금 "나 비유를 들어 말하고 시인들처럼 주저해가며 더듬더듬 말할 수밖에 없다"라고 말하게 하는 니체는 '초인'의 구상이 실험적 성질의 것이며, 기성의 철학적 담론을 일탈할 수밖에 없다는 것을 예견하고 있었을 것이다.

【III】 '초인'의 수용

1890년대에 급속하게 퍼진 니체 열광은 '초인'을 주제로 한 문학 작품이 많은 것에서 잘 나타난다. 그 많음은 니체 자신이 비판한 "반은 '성인'이고 반은 '천재'"로서 '초인'을 해석하고 있다. 그러한 표면적인 수용에 의한 풍조를 야유하여 당시의 문예 비평가 레오 베르크(Leo Berg 1862-1908)는 "니체가 그의 마술적 언사를 내뱉은 이래로 독일에서는 갑자기 누구나 다 초인이 되어 버렸다. …… 아무렇지도 않게 돈을 빌리고 여성을 유혹하며 많은 술을 마시게 되었다"고 적고 있다. 또한 무질*은 『차라투스트라』와 『비극의 탄생』밖에 읽지 않은 천박한 니체 열광자를 『특성 없는 남자』(Der Mann ohne Eigenschaften)의 주인공의 누이 클라리세에게서 묘사하고 있다. 하지만 이러한 일면적이고 열광적인 수용은 세기말*의 음울한 시대 상황에 '초인'이 준 충격의 세기를 여실히 이야기해 준다.

'초인'이 환기하는 이미지는 그 수용에서 두 가지 측면으로 포착되고 있다. 하나는 현실에 대한 철저한 비판과 미지의 것에 대한 실험적 선취라는 지극히 모더니즘적인 측면이 강조되는 방향이며, 또 하나는 반근대적인 영웅성이 강조되는 방향이다. 이러한 양면성은 정치적으로도 180도 다른 방향에서의 해석을 초래했다. 톨러(Ernst Toller 1893-1939)나 뮈잠(Erich Kurt Mühsam 1878-1934) 등 행동주의적인 표현주의* 작가들 사이에서는 '새로운 인간'을 추구하는 삶의 변혁 사상이 정치적 혁명 사상으로 이어졌다. 또한 나치스에게 있어 '초인'은 '새로운 종족'과 '지배하는 귀족'으로서

나치스 지배를 정당화하는 알맞은 소재가 되었다. 이와 같이 '초인'이 혁명적 아나키즘*으로도 해석되고 또한 나치스 이데올로기로도 해석되었던 사태는 『차라투스트라』의 문체에서 기인한다. 『차라투스트라』가 성서*의 문체를 본뜨고 있는 까닭, 그 막연한 언사가 무언가의 실천적 행동을 촉구하는 듯한 어세를 지니고 있기 때문이다. '초인'의 교설로부터 윤리적 가치짓기의 실마리를 얻고자 한 짐멜*의 해석, 또는 동물과 초인 사이에 있는 인간이라는 표현으로부터 본래적 실존으로 향하는 초월로의 결의를 촉구하는 야스퍼스*의 실존주의*적인 해석도 차라투스트라의 이러한 문체에서 영향을 받았다.

문학에서의 『차라투스트라』의 영향에 관해서는 일일이 거론할 수 없을 정도다. 지드*, D. H. 로렌스*, 호프만스탈*과 벤*, 게오르게*, 만 형제*의 작품도 그 영향 없이는 있을 수 없었을 것이다. 그 가운데 직접 초인을 제목으로 하고 있는 것이 버나드 쇼*의 『인간과 초인』(1903)이다. '힘에의 의지'를 떠올리게 하는 '생명의 의지'라는 말을 비롯해서 니체의 사상을 바탕으로 삼으면서 야유와 조롱으로 영국 상류 사회의 우스꽝스러움을 묘사하는 이 작품은 초인 사상에 의거하면서도 초인 사상의 마력에 도취적으로 빠져들고 마는 인간을 웃어넘기는 경쾌함이 있다.

사상 면에서의 수용에 있어 초인이 중심 주제가 되는 것은 하이데거*의 경우다. 하이데거는 강의록 『니체』에서 니체를 형이상학*의 역사를 완성시키는 동시에 종언시키는 자로 간주하고, '영원회귀'를 니체의 "유일한 사상"으로 주장한 데 기초하여 '초인'에 대해 다음과 같이 말하고 있다. "힘에의 의지의 무제약적 주체성 자신에 의해 수립된 주체, 이 주체성 그 자체의 최고의 주체로서 바로 초인이 존재해야만 하는 것이다." '초인'은 근대적 주체성의 전형으로 간주된다. "니힐리즘적으로 반전된 인간이 비로소 전형으로서의 인간인 것이다. '전형'이야말로 문제다. …… 그것은 대지의 지배를 위해 힘의 본질을 무제약적으로 기능하게 하는 것이다." '전형'이라는 말은 이미 E. 윙거*가 『노동자 ─ 지배와 형태』(Der Arbeiter ─ Herr

schaft und Gestalt, 1932)에서 시민 계급을 대신하여 세계를 창조(gestalten)하는 계급인 인간 유형을 형용한 말이지만, 하이데거 자신이 윙거의 '전형'이라는 개념에서 커다란 자극을 받았다고 적고 있기도 하다. 하이데거와 윙거에게 있어 '전형'이라는 개념은 근대와 시민사회 문화의 정점과 동시에 종언을 보여주는 징후로 간주되고 있다. 확실히 니체 자신도 "'초인'이라는 말은 가장 잘 되어 있는 인간의 하나의 전형을 나타낸다"[『이 사람』 Ⅲ. 1]고 말하고 있는데, 여기서의 '전형'(Typus)이라는 표현은 아직 구체적으로 내용 규정은 할 수 없지만, 우선은 새로운 인간의 이미지를 일정한 '유형'으로서 제시하고자 하는 시도라고 해석해야 하는바, 반드시 하이데거처럼 대지의 지배로 수렴하는 근대적 주관성과 결부시켜 해석할 수 있는 것은 아니다. 나아가 하이데거의 경우 전형으로서의 초인은 나치스적인 인간과 너무나도 동일화된다. "초인이란 비로소 자기 자신을 주형으로서 의지하고, 스스로를 이 주형으로 다듬어내는 인간의 주형이다"[『니체』]라는 하이데거의 표현에서 하버마스*는 나치스 돌격대의 인간상과의 유사성을 지적하고, 문제가 되는 것은 하이데거가 나치스라는 형태로 출현한 '초인'에 의한 전면적인 지배를 "유럽적 니힐리즘의 최종 단계"에서의 "운명적인 파국"으로서 용인하는 점이라고 강조하고 있다.

뢰비트는 하이데거의 '초인' 해석이 니체의 텍스트로부터 상당히 일탈하는 것에 대해 "니체가 근대 기술, 회전하는 발동기의 본질은 '같은 것의 영원회귀의 형태화'일지도 모른다는 등등으로 언제 생각한 적이 있을 것인가?"라고 이의를 제기한다. 그리고 계속해서 더 나아가 하이데거가 초인과 영원회귀와 힘에의 의지의 교설의 통일을 주장하는 것은 잘못이라고 하면서 바로 그 통일성에 기초하는 해석이야말로 니체를 다시 형이상학 권역 내로 끌어들이는 것이라고 비판한다. 이렇게 재형이상학화된 니체 해석이 하이데거의 경우에는 나치스를 근대의 극복과 본래성의 도래로서 보는 착오에 빠진 원인이라는 것이다.

하이데거와는 반대로 바타유*는 독일군의 포화를

아주 가까이 하면서 니체를 나치스의 그림자로부터 구하고자 하는 시도를 써나간다. "그가 '세계의 지배자'라는 표현을 입에 올린 것을 근거로 하여 그에게 선거 정치의 용어로 측정할 수 있는 무언가의 의도가 있었다고 간주하는 것은 헛된 일이다. …… 니체는 이 지고의 인간에 대해 모든 것을 견뎌내는 정신력을 요구함과 동시에 규범을 침범할 수 있는 권리를 인정하고 있었다. 그러나 원칙적으로 이 지고의 인간을 권력의 자리에 매달리는 자와는 구별하고 있었다. 니체는 어느 하나로 한정될 수 없는바, 오직 가능성의 영역을 가능한 한 자유롭게 묘사해 내는 데만 머무르고 있었다."[『니체와 국가사회주의』]

확실히 '초인'은 하이데거 해석에서와 같이 근대적 주관성의 좁은 길로부터의 탈출 시도다. 그러나 니체의 초인 사고는 결코 근대 그 자체의 부정이 아니다. 바타유의 해석은 인식 주체와 대상 세계의 분리에 기초하는 근대적 인식의 구도를 비판하는 점에서는 하이데거의 그것과 동일한 출발점을 지니지만, 바타유에서는 근대성 전체의 폐기에 이르지 않는다. 그의 '지고성' 개념의 기술에서는 '초인'이라는 말은 사용되고 있지 않지만, '지고성'은 초인 사상에 내재하는 디오니소스적 계기와 동질적인 요소를 지닌다. 바타유에서의 '지고성'이 반근대 사고에 빠지지 않는 것은 어디까지나 미적인 순간적 경험으로서 '디오니소스적인 것'을 파악하고 어떠한 실체적 존재와도 동일화를 행하지 않기 때문이다. '초인'을 실체적인 권력과 동일시하는 해석에 빠지지 않기 위해서는 전후에 곧바로 토마스 만이 이야기한 다음의 말을 염두에 둘 필요가 있을 것이다. "니체를 그냥 그 말 그대로 받아들여 그를 믿는 자는 구제 불가능하다."[『우리의 경험에서 본 니체의 철학』(1947)]

전후의 수용에서 '초인'은 중심적인 위치를 차지하지 않게 되었다. '초인'이 확대되어 보인 수용의 모습은 시대 배경을 빼놓고서 생각될 수 없을 것이다. ☞『차라투스트라는 이렇게 말했다』, 세기말과 니체, 대지의 의의, 나치스, 금발의 야수

—오누키 아츠코(大貫敦子)

图 ▷Walther Kaufmann, *Nietzsche. Philosopher, Psychologist, Antichrist*, Princeton, NJ. 1974.

초현실주의超現實主義 [surréalisme]

제1차 세계대전 후에 앙드레 브르통(André Breton 1896-1966)을 중심으로 실험적 예술을 지향하는 집단이 형성되기 시작했다. 초기는 다다 그룹과 밀접한 관계에 있어 다다와 구별하기가 어렵다. 그러나 '현대 정신의 옹호를 위한 국제회의' 소집을 둘러싸고서 다다와 대립한다. 1924년, 브르통은 「초현실주의 제1선언」을 발표하며, 파리에 연구소를 개설하고 기관지 『초현실주의 혁명』을 발행한다. 브르통 외에 루이 아라공(Louis Aragon 1897-1982), 필립 수포(Philippe Soupault 1897-1990), 폴 엘뤼아르(Paul Éluard 1895-1952), 피카비아(Francis Picabia 1879-1953) 등을 중심으로 하여 강한 집단의식을 지닌 그룹이 형성되었다. 그들은 스스로의 '교부모(教父母)'로서 사드(Marquis de Sade 1740-1814), 네르발(Gérard de Nerval 1808-55), 로트레아몽(Comte de Lautréamont 1846-70)을 들고, 그들을 상상력의 대담한 해방에 의해 상식적인 현실을 타파한 상상력의 모험자로 간주했다. 소시민적인 일상성에 충격을 주는 미적 경험에 의해 전통적인 예술 개념을 뒤집고 예술에 의한 정신과 생활의 혁명을 지향하는 초현실주의자들에게 공통된 것은 "미는 경련적인 것"(브르통)이라는 사고다. 아라공은 "모든 것이 나로부터 떨어져 나가고 세계라는 궁전에 거대한 균열이 나타나는 순간, 나는 이러한 순간을 위해 생명을 희생해도 좋다"고 말하고 있지만, 이 발언에는 니체가 『비극의 탄생』*에서 적고 있는 "마야의 베일이 끊어 떨어지는 순간", 세계의 심연*이 엿보일 때의 공포와 미적 떨림을 생각나게 하는 바가 있다. 이러한 유사성을 보이는 곳이 대단히 많음에도 불구하고 기묘한 것은 그들이 니체를 직접 언급하고 있는 것이 거의 없다는 점이다. 브르통의 「제1·2선언」에서 보이는 초현실주의 구상은 독일 초기 낭만파(특히 노발리스), 프로이트*의 정신분석과 무의식의 이론, 그리고 헤겔*의 변증법*에 대한 철저한

비판이라는 세 개의 기둥으로 지탱되고 있다. 『나쟈』(Nadja)에서의 광기 취급과 이성 비판, 「선언」에서의 "최대의 자유는 정신의 자유다"라는 표현 등, 니체와의 가까움을 엿볼 수 있게 해줌에도 불구하고, 니체에 대해서는 거의 언급하고 있지 않다.

명확히 니체가 지목되고 있는 몇 안 되는 예들 가운데 하나는 브르통의 『블랙 유머 선집』(1939)이다. 거기서는 1889년 1월 6일에 부르크하르트에게 보낸 니체의 서간이 인용되어 이 편지가 "가장 고도한 서정적 폭발"의 나타남이라고 하고 있다. "이전에 유머가 이 정도의 강렬함에 도달한 적도 없었으며, 또한 이 정도로 가혹한 한계에 부딪친 적도 없었다. 왜냐하면 니체의 기도 전체는 자아의 증대와 확장에 의해 '초자아'를 강화할 것을 지향하고 있기 때문이다." 니체가 정신착란 속에서 스스로를 이탈리아의 왕이나 로마 교황 또는 프랑스의 범죄자라고 말하는 광기의 발언을 브르통은 "인간이 신이라는 이름 위에 둘 수 있었던 모든 힘을 인간에게 되돌린다"는 터무니없는 기도에서 자아가 융해해버리는 모습을 두드러지게 나타내고 있다고 간주한다. 니체에 대한 언급이 적은 것은 초현실주의자들이 그다지 니체와 직접적으로 대결하지 않았기 때문일 것이다. 그럼에도 불구하고 니체의 사유와의 유사성이 있는 것은 프로이트를 매개로 한 간접적인 영향 관계 때문이다.

니체와 초현실주의의 연관을 명확히 보았던 것은 오히려 브르통과 반목했던 바타유다. 브르통이 『제2선언』에서 철저한 바타유 비판을 행한 직후에 바타유는 「노련한 두더지와 초인 및 초현실주의자라는 말에 포함된 '초'라는 접사에 대하여」(1931)라는 긴 제목의 논문에서 초현실주의를 니체의 초인 사상과 하나로 합쳐 "부르주아 계급의 자기만족"이라고 깎아내리고 있다. 확실히 니체는 부르주아적 생활의 기만과 추종적 성격에 대한 혐오감을 드러내며, 자기의 계급을 배반하는 저항을 보여주었다. 하지만 그의 반항은 "계급적 우월과 결부된 모든 가치의 단념"이며, "부르주아 계급의 개인이 하늘의 불의 탈취를 바라는 것은 아세틸렌가스의 불꽃에 타버리는 날벌레와 같은 것인바, 결국은 단지 자기 자신을 태워 없애버리는 것이 될 뿐이다." 그리고 초현실주의자들의 '초'라는 말에서는 그들의 사고가 니체와 마찬가지로 부르주아 문화를 넘어선다고 자칭하면서도 결국 그 내부에 머무는 소아병적인 반항에 지나지 않는다는 것이 나타나 있다고 바타유는 비판한다.

니체의 영향은 좁은 의미의 브르통파에는 들어가지 않는 회화의 면에서도 강하게 나타난다. 키리코(Giorgio de Chirico 1888-1978)는 1906-09년의 뮌헨 체재 시에 니체의 저작과 깊이 관계하며, 아폴리네르(Guillaume Apollinaire 1880-1918)가 "형이상학적 풍경"이라고 평한 그의 일련의 작품(1912-18)에서는 『이 사람을 보라』에 있는 토리노의 이미지가 나타나 있다고 말해진다. 또한 키리코의 영향을 강하게 받은 막스 에른스트(Max Ernst 1891-1976)의 작품에는 『희극의 탄생』이라는 제목으로 가면을 그린 것이 있다. 회화에서의 니체 수용에서는 브르통 등의 서클에서 보이는 것과 같은, 예술에 의한 현실 변혁의 꿈을 정치적인 행동으로 직접 연결하는 점은 없었다.

—오누키 아츠코(大貫敦子)

최고의 긍정 最高—肯定 [die höchste Bejahung]

긍정과 부정은 어떤 사항에 대한 지성적 판단의 형식이다. 그러나 니체가 '최고의 긍정'이라고 부르는 것은 무언가의 부분적인 사항에 대한 긍정이 아닐 뿐 아니라 지성의 판단에 기초하는 긍정도 아니다. 그것은 근원적인 '힘에의 의지'로 하여금 바로 그 힘에의 의지이게끔 하는 원리 그 자체의 표현이자 자기 자신과 세계 전체를 있는 그대로 시인하고 긍정하는, 그와 같은 절대적 긍정이다. '최고의'라는 형용의 말은 니체가 다른 경우에 많이 사용하는, 예를 들어 '위대한 건강'이라든가 '위대한 양식', '위대한 정치' 등에서 말해지는 '위대한'이라는 형용사와 그 맥락을 같이하고 있지만, 이들은 모두 '힘에의 의지' 그 자체가 현현하는 그때마다의 절대적인 존재방식을 가리킨다. '최고의 긍정'이란 '힘에의 의지'가 자기 자신을 긍정하면서 능동적으로 작용하는 그 자체라고 말해도 좋다. 『이 사람을 보라』*에서 니체는 그가 『비극의 탄생』*에서 말한 '디오니소스*적인 것'이라는 개념을 언급하면서 이것이야말로 이미 "흘러넘치는 과잉*에서 생겨난 하나의 최고의 긍정 방식, 고뇌와 죄에 대해서조차 그리고 생존에서의 모든 의심스러운 것과 기이한 것에 대해서조차 유보 없이 그렇다고 말하는 태도"였다고 회고하고 있다. 『비극의 탄생』에서는 아직 '힘에의 의지'라는 사상은 나타나지 않는다. 하지만 '디오니소스적인 것'이라는 개념이 후에 '힘에의 의지'라고 불리는 것의 다른 명칭에 지나지 않는다는 점은 분명하다.

 '최고의 긍정'이 능동적으로 자기 자신을 긍정하는 '힘에의 의지'의 본질 그 자체라고 한다면, 이 '힘에의 의지'의 사상과 더불어 이를테면 니체 사상의 양축을 이루고 있는 '영원회귀'의 사상(하이데거*는 '힘에의 의지'가 '존재란 무엇인가'라는 물음에 대한 니체의 대답이라고 한다면, '영원회귀'의 사상은 '존재자는 어떻게 존재하는가'의 물음에 대답하는 것이라고 말한다)도 당연히 '최고의 긍정'의 하나의 공식이다. 가장 하찮은 것, 가장 추악한 것도 포함한 모든 것이 영원히 회귀한다는 것을 인정하는 것은 다시 말하면 이 원환 속에 서 있는 자기 자신을 인정하는 것이자 있는 그대로의 자기 자신을 긍정함으로써 동시에 세계 전체를 긍정하는 것이기도 하다. "당신은 지금까지 하나의 기쁨을 '그렇다'고 말하며 긍정한 적이 있는가? 오, 벗들이여, 만약 그렇다면 그때 당신은 모든 슬픔에 대해서도 '그렇다'를 말한 것이다. 아아, 모든 사물은 사슬에서 하나로 서로 이어지며 애정의 실로 연결되어 있다.—— 당신이 지금까지 한 번 있었던 것을 두 번 있기를 바란 적이 있다면…… 그때 당신은 일체의 것이 돌아올 것을 바란 것이다"라고 차라투스트라는 말하고 있다『차라투스트라』 Ⅳ-19. 10]. '영원회귀'의 사상은 "일반적으로 도달될 수 있는 최고의 긍정 방식"이라고도 불린다『이 사람』 Ⅸ. 1]. 니체 만년의 또 하나의 사상 '운명에 대한 사랑'*도 '최고의 긍정'의 하나의 공식이다. 니체에게 있어 '인간의 위대함'을 나타내는 표현인 '운명에 대한 사랑'이란 "어떤 것도 그것이

있는 것과는 다른 모양이기를 바란다고 생각하지 않는 것, 미래를 향해서도 과거를 향해서도, 그리고 영겁을 향해서도 절대로 그렇게 바라지 않는 것"이라는, 있는 그대로의 자기 자신에 대한 무조건적인 긍정의 자세이다. 더욱이 여기서 긍정은 "필연을 인내하는" 것이 아니라 더 나아가 "필연을 사랑하는" 것으로까지 높아져 있다. 니체의 사상들—'힘에의 의지', '영원회귀', '초인', '운명에 대한 사랑' 등 그 모두는 '최고의 긍정'에 뒷받침되어 있다. 모든 것을 '유보 없이' 긍정하고자 하는 이러한 니체의 자세는 언뜻 보아 "나르시시즘적인 과대망상"으로도, 자기의 약점을 은폐하기 위한 "과잉보상"(H. E. 리히터(Horst Eberhard Richter 1923-2011))으로도 비친다. 현실의 니체의 생활을 상상하면 더욱더 그렇다. 그러나 이 '최고의 긍정'을 내걸고서 돌진해야만 했던 니체의 모습은 그 본질을 왜곡당한 '힘에의 의지'가 2,000년의 역사—그것은 니체의 입장에서 보면 '최고의 부정'의 역사였다고도 말할 수 있을 것이다—를 통해 지내온 니힐리즘*의 어둠의 깊이에 대해 그가 지녔던 불안과 위기감의 강함을 뒷받침해 주는 것일 따름이다. ☞운명에 대한 사랑, 힘에의 의지

―소노다 무네토(薗田宗人)

최후의 인간最後─人間 ⇨마지막 인간

충동衝動

 니체는 인간의 영위로부터 생겨나는 다양한 가치와 사태에 충동이라는 말을 부가하여 사용한다. 예술 충동, 진리 충동, 인식 충동, 정의 충동 등, 그 다종다양한 용어법이 우선 눈길을 끈다. 초기 이래의 용어들 가운데서도 그의 어떤 일관된 사상의 특성을 시사한 말이라고 해도 좋다. 충동이라고 하면 프로이트*의 충동 개념이 곧바로 떠오르지만, 프로이트 개념과 결부시켜 생각하는 것은 맥락을 놓치게 된다. 프로이트의 충동론이 무엇보다 성욕을 모델로 하여 이원적인 구도를 지니는 데 반해, 니체의 충동 개념은 무정형하고 다원

적이다. 오히려 실러*의 충동 개념에 가까운 용법이 초기 니체에게서 간취된다. 예를 들어 니체는 아티카 비극에서 아폴론*적·디오니소스*적인 예술 충동을 보면서, 다른 한편으로 소크라테스 이전의 그리스 철학*자들에게서 인식 충동이 제어되는 모습을 본다. "우리가 금후 언젠가 하나의 문화를 쟁취해야만 한다면, 무제한의 인식 충동을 깨뜨려 부수고 다시 통일성을 만들어내기 위해 미증유의 예술적 힘들이 필요하다. 철학자의 최고의 존엄은 무제한한 인식 충동을 집중화하고 이것을 제어하여 통일성에로 가져오는 데서 나타난다."[유고 Ⅰ. 4. 22] 니체는 여기서 무제한한 인식 충동을 제어하는 힘을 철학에서 구하고 있다. 더욱이 그 힘은 예술적 힘이다. 무제한한 인식 충동은 "삶"이 노화해 버렸다는 것의 징표"다. 철학에 의한 이러한 통일이야말로 "삶의 좀 더 고차적인 형식"을, 따라서 참된 문화를 가능하게 한다. "한 민족의 문화는 이 민족이 지니는 충동들을 제어하여 통일하는 데서 현현한다."[같은 책 Ⅰ. 4. 32] 여러 가지 충동을 예술가 형이상학 하에서 통일한다는 구상은 그 후의 니체에게서는 없어지지만, 여기에 나타난 견해에서는 충동 일반을 둘러싼 이후 고찰의 맹아가 간취된다.

니체는 우선 충동이라는 것이 복수로 존재한다는 것을 전제한다. "생리학적으로 세포와 세포가 서로 나란히 있듯이 충동과 충동은 서로 나란히 있다. 우리 존재의 가장 일반적인 이미지는 상호 간의 끊임없는 적대와 결합을 수반한 **충동들의 사회화**다."[유고 Ⅱ. 5. 364] 우리의 사상, 감정, 의지와 같은 것들은 무언가 특정한 충동에서 나온다기보다 "우리를 구성하는 모든 충동 상호 간의 당장의 힘 관계의 귀결에 지나지 않는다."[같은 책 Ⅱ. 9. 37] 초기에 사용된 인식 충동이라는 말이 사용되지 않게 되는 것은 인식도 "충동 상호 간의 모종의 관계"의 결과로 간주되게 되기 때문이다[『학문』 333]. "따라서 나는 '인식에의 충동'이 철학의 아버지라고 믿지 않는다. 오히려 다른 경우와 마찬가지로 여기서도 어떤 다른 충동이 인식을(그리고 잘못된 인식을!) 오직 도구처럼 사용했을 뿐이라고 믿는다."[『선악』 6] 오히려 "충동이라는 것은 모두 비지성

적이다."[유고 Ⅱ. 6. 34] 추구해야 하는 것은 인식 충동이 아니라 "다양한 충동에 봉사하는 지성"[같은 책 Ⅰ. 12. 336]이다.

또한 "모든 충동은 활동하는 것을 통해 힘을 희생시키고, 다른 활동들을 희생시킨다."[같은 책 Ⅱ. 6. 34] 그렇다면 삶의 본래의 근본 충동은 "힘의 확장을 지향하고, 이 의지 안에서 자주 자기 보존*조차도 문제삼고 희생시킨다."[『학문』 349] 스피노자*처럼 자기 보존의 본능을 유기체의 근본 충동으로 보는 것은 타당하지 않다[『선악』 13]. "충동은 어느 것이나 지배욕에 불타고"[같은 책 6] 있으며, 그로 인해 지배적인 충동과 그것에 복종하지 않고서 저항하는 충동과의 힘 관계가 생긴다. "한 사람의 철학자의 완결된 체계 전체가 증명하는 것은 그의 속에서 **하나의** 충동이 주권자라는 것, 확고한 위계의 질서(서열*)가 존재한다는 것이다. 그때 그것은 '진리'라고 일컬어진다."[유고 Ⅱ. 5. 351] "우리의 가장 강한 충동, 우리 안에 있는 이 폭군에게는 우리의 이성뿐만 아니라 양심도 굴복한다. 그러나 충동 안에 이와 같은 폭군이 있지 않은 경우에 개개의 충동은 이성과 양심의 가호를 얻고자 한다— 그리고 이성과 양심이 거의 지배권을 얻기에 이른다."[유고 Ⅱ. 5. 101; 『선악』 158 참조]

또한 더 나아가 "모든 충동은 쾌감 및 불쾌감과 결부되어 있다. …… 충족될 때에 쾌감이 예상되지 않는 충동은 존재하지 않는다."[유고 Ⅰ. 4. 290] 충동은 쾌적한 사물에 손을 뻗는다. "행위의 기쁘고 유익한 결과를 상상하는 것은 기쁘고 자극적인 작용을 미치며, 혈액은 좀 더 활발하게 흐른다. 이 점에서 행위의 목적은 행동하는 사이에도 역시 자극적이고 기쁨을 불러일으키는 힘을 지닌다. / 그런 까닭에 충동의 활동은 쾌감과 결합해 있다."[같은 책 Ⅱ. 5. 422]

이러한 충동은 자주 우리에게 통제할 수 없는 것으로 생각되지만, 니체에게 있어 충동이란 제어할 수 없는 것도 억압해야 할 어떤 것도 아니다. "우리는 정원사처럼 자신의 충동을 마음대로 다룰 수 있다." 우리는 그것을 또한 자연이 이루는 그대로 맡길 수도, 이런저런 손질을 가할 수도 있다. 우리에게 있어 그것은 생각

하는 그대로인 것이다. 다만 니체는 서로 대립하는 충동의 한편을 취하고 다른 편을 버리는 것을 바라지 않는다. "여러 충동을 사악한 것으로 보고, 그 대립항을 강조하는 것"은 "플라톤의 소박함"이다. 오히려 "여러 대립항이나 다양하게 서로 대립하는 충동을 통합하는 것이야말로 그 인간의 전체적 힘의 증좌다."[유고 Ⅱ. 9. 17] "일의 분야가 대량으로 개발되고, 식량, 장소, 시간을 둘러싸고서 다양한 충동이 몇 번이고 서로 투쟁한다. 자동 조절은 곧바로 행해지는 것이 아니다. 전체로서 보게 되면 인간이란 바로 이러한 자동 조절을 달성할 수 없기 때문에, 필연적으로 몰락할 수밖에 없는 생물이다. …… 최고도로 자유로운 인간은 자기 자신에 대한 힘의 감정을 가장 강하게 지닌다. 또한 자기 자신에 대해 가장 많은 **지식**을 지니며, 자신의 내부에서 필연적으로 다투는 세력들의 투쟁에 최대의 **질서**를 유지하고, 또한 이 세력들의 **독립 정도**가 상대적으로 가장 크며, 자신의 내부에 상대적으로 가장 커다란 투쟁을 지닌다. 그는 가장 모순된 존재이며, 가장 변화가 풍부한, 가장 오래 살아가는 존재, 풍작 속에서 욕구하고, 자기를 기르는 존재, **대사량**이 가장 커다란, 그리고 가장 크게 자기를 혁신해 가는 존재다."[같은 책 Ⅰ. 12. 73f.]

니체의 충동 개념에는 힘에의 의지*나 삶의 개념이 그렇듯이 다양한 인간의 활동을 충동으로 일원적으로 환원해 버리는 발상이 따라다니기 쉽다. 그러나 충동의 다수성을 인정하면서 그 상호 간의 갈등과 조정 방식을 찾아내고자 하는 시점에는 미완성이면서 풍부한 사유에의 길이 열려 있다. ☞ 힘에의 의지, 진리에의 의지, 프로이트

─기마에 도시아키(木前利秋)

취미趣味

"노래해야 했다, 이 '새로운 영혼'은. 말해야 할 것이 아니었다." 『비극의 탄생』*을 되돌아보며 니체는 후에 「자기비판의 시도」[3]에서 이렇게 말하고 있다. '노래하는 것'과 '말하는 것'으로 비유적으로 표현되는 두

가지 태도는 사실은 근대 비판의 두 가지 모습을 보여준다. 전자는 근대적 이성의 범주로부터 배제된 감성 경험을 비판의 원천으로 하는 입장이며, 후자는 어디까지나 로고스의 담론에 의거하고자 하는 입장이다. 니체는 때때로 전자의 사상가로 헤아려지며, 그런 까닭에 예를 들어 하버마스*로부터 "도덕 판단을 취미 판단으로 바꿔치기했다"『근대의 철학적 담론』]고 지적되고, 반근대로의 역행의 징후라고 비난받는다. 하지만 '말해야 할 것이 아니었다'라는 그의 태도가 그대로 퇴행적인 이성 방기라고는 말할 수 없다. 『비극의 탄생』 간행 직후 니체는 다음과 같이 적고 있다. "철학은 예술*인가 그렇지 않으면 학문*인가라는 커다란 당혹. 그 목적과 산물로부터 보자면 일종의 예술이다. 그러나 개념에 의한 서술이라는 수단은 학문과 공통된다. 그것은 시의 하나의 형식이다. 철학은 어디로도 잘 수렴되지 않는다.── 그런 까닭에 하나의 새로운 유개념을 고안해내 성격지어야만 할 것이다."[유고 Ⅰ. 4. 41] 이 배후에서는 니체가 학생 시절에 애독한 『유물론의 역사』의 저자 랑게의 영향이 보인다. 랑게는 철학을 공상의 산물이라고 간주하고 '개념시'라는 표현으로 철학 개념의 허구성을 지적했다. 또한 예술을 철학적 진리보다 상위에 자리매김하는 쇼펜하우어*의 그림자도 무시할 수 없다. 학문도 예술도 아닌, 또는 그 기성의 구분을 넘어선 철학이 그 후의 니체의 다양한 사유 실험이 지향하는 바라고 한다면, 그 통주저음으로서 울려나고 있는 것이 '취미' 개념이다.

'취미'라는 개념이 주제화되기 시작한 것은 17세기 말의 프랑스*다. 그때까지는 스콜라 철학의 영향 하에 취미는 이론적 고찰을 할 만한 가치가 없는 자의적인 것으로 생각되었다. "취미에 대해서는 다투지 않는다", 요컨대 이론적 논쟁을 할 만한 가치가 없다는 견해가 정착해 있었던 것이다. 취미를 단순한 주관적 자의성을 넘어서서 사태의 올바름에 대한 판단(jugement) 능력에 가까운 관계에서 파악한 것은 라 로슈푸코*였다. 세련된 사람(honnête homme)이 겸비하고 있어야 할 '좋은 취미'(bon goût)는 프랑스의 모럴리스트* 사이에서는 도덕 판단과 밀접한 관계에 두어졌다. 그런 까닭

에 니체는 라 로슈푸코와 생테브르몽(Saint-Everemond 1615-1703)에게 높은 평가를 부여한다. 취미가 중요한 역할을 수행한 것은 특히 예술에서의 미＊의 평가이며, 미적 판단과 도덕 판단은 연속성을 지니고 있었다. 프랑스 고전주의 연극에서 정수를 보게 되는 이 시기의 '좋은 취미'는 아리스토텔레스 시학을 규범으로 하여 고전 고대의 미학에 입각한 '규칙성'을 중시했다는 의미에서는 확실히 계몽적 의도에 따른 것이었다. 하지만 사회적으로 보면 이 '좋은 취미'는 루이 14세 하에서 꽃피운 궁정 문화를 배경으로 하여 상류 사회가 공유한 취미다. 이윽고 17세기 말에는 '좋은 취미'를 규정하는 계급적 제약을 마주하여 프랑스 문학계를 양분한 이른바 '신구 논쟁'이 벌어졌다. 근대인의 의식을 반영한 새로운 미적 감성을 정당화하고자 하는 이른바 '근대파'의 대표인 페로(Charles Perrault 1628-1703)는 취미란 계급과는 관계없이 인간으로서 자연에서 느끼는 가치 판단이어야 하며, 고전의 권위는 자연스러운 인간의 감성에서 보자면 준수할 필요가 없는 것이라고 주장하기에 이른다. 이러한 논쟁을 배경으로 타자와 판단 기준을 공유하는 것을 전제로 한 취미보다 개인적인 감성에서 유래하는 판단력이 점차 중시되며, 18세기에 들어서면 '취미'보다 '감정'(sentiment)이 중시되게 된다. 디드로(Denis Diderot 1713-84)의 『백과전서』에서 강렬한 개인의 감정·감성에서 창조력의 원천을 지니는 '천재＊'가 '취미'와 대립하는 개념으로서 등장하는 것도 이러한 변화를 이야기하고 있다.

개인의 자연스러운 감성의 발로인 '천재'와 사회적으로 공유되는 가치 판단으로서의 '취미'를 둘러싼 대립에 하나의 결말을 지은 것은 칸트＊였다. 칸트는 어떠한 강제력도 없이 자연스럽게 사회 안에서 형성되는 공통된 가치 판단력을 '취미'로 간주하고, 이것을 미적 공통 감각(sensus communis aestheticus)이라고 불렀다. 인류성의 상징인 미를 창조하는 것이 천재라고 한다면, 그 미에 접근하여 동요되는 도덕성의 감정을 개념의 도움 없이 타자에게 전달 가능하게 하는 것이 취미다. 취미는 초월론적으로 근거지어지는 정언명법＊을 개개인의 내적·감성적 우발성과 매개하는 역

할을 수행한다. 천재의 독창적인 예술도 취미라는 공통의 판단에 의해 미로 인정되어 비로소 예술의 가치를 지니게 된다. 요컨대 칸트는 보편적으로 타당한 도덕적 가치의 표현인 취미를 우선하고, 그에 따르는 한에서 개인적인 미적 감성을 인정하는 것이다.

칸트에서 보이는 것과 같은 계몽적 이성에 대한 낙관적 신뢰에 대해 니체는 불신의 눈길을 보낸다『아침놀』2, 142]. 도덕적 이념을 모두에게 공유되는 것으로 할 것을 지향하는 취미는 "비교와 모순에 대한 감각, 새로운 것, 모험적인 것, 시도되지 않은 것을 맛보는 쾌락의 감각"[『학문』4]을 마비시키며, 종의 보존에 이바지하는 노예 도덕에 대한 부화뇌동을 촉진할 뿐이라고 니체는 말한다. 그리고 칸트의 의미에서의 취미 개념을 "자기 방위 본능을 나타내기 위해 자주 사용되는 말, 그것이 취미다"[『이 사람』Ⅱ. 8]라고 비판한다. 요컨대 사회에 만연해 있는 취미란 "껍데기를 지니는 것, 즉 아름다운 외관을 갖추어 우리 눈을 닫는 현명함을 몸에 익히는 것"[『차라투스트라』Ⅲ-11. 2], 요컨대 자기 억제하고 타자에게 동조하는 것에 다름 아니다. 니체가 추구하는 것은 이러한 공통 감각으로서의 취미가 아니라 도덕의 기만에 '아니다'를 들이대는 자발적 감정이며, 타자와 공약 불가능한 감각적 판단이다. 차라투스트라는 말한다. "'정신'이 '마음'에 대해 거짓말을 하는 일이 자주 있다. …… 하지만 다음과 같이 말하는 자는 자신을 발견했다고 말할 수 있다.—'이것은 **나의** 선이다. 이것은 **나의** 악이다'라고, 그는 이렇게 말함으로써 '만인에게 공통된 선, 만인에게 공통된 악' 따위를 말하는 두더지와 난쟁이를 침묵시킨다."[같은 곳] 그리고 "나는 '나', '그렇다' 그리고 '아니다'를 말할 줄 아는 반항적이며 까다로운 혀와 위장을 높게 평가한다."[같은 곳] 이것이 니체가 말하는 의미에서의 '좋은 취미', '고귀＊한 자의 취미'다. 이러한 취미야말로 도덕 판단의 기준으로 생각된다.

'좋은 취미'라고 말할 때 니체의 염두에 놓여 있는 것은 앞에서 말했듯이 17세기의 프랑스 모럴리스트들의 취미다. 그것은 바로 귀족적 취미이며, 귀족적인 까닭에 그 무엇에게도 아양 떨지 않는 자부심에 뒷받침

된 취미다. 이러한 사회와 거기서 생겨나는 문화 스타일에 니체는 선망을 보내고 있었다. 졸부 취미의 독일 제국의 문화에서 니체가 혐오를 느끼고 '취미의 상실'을 탄식할 때, 그 비교의 기준이 되는 것은 이러한 취미다. 하지만 여기서 니체는 '취미의 상실'이 근대의 귀결이라고 너무나 성급히 결론을 내리고 만다. "역사 감각"이 상실되고 유럽이 "반야만"에 빠진 것은 "신분과 인종*이 민주주의*에 의해 뒤섞여 버렸기"[『선악』 224] 때문이라고 니체는 말하지만, 이 역사 감각은 "모든 것에 대한 취미와 미각"을 의미한다. 요컨대 니체가 추구하는 '나의 취미'란 생리학적 차원으로까지 환원된 판단이며, 그러한 취미가 있는 것이 평준화에 물들지 않은 강한 개인의 유일성의 증좌인 것이다. 그러나 그 취미 판단은 동시에 근대가 획득한 성과들과 모두 대립하는 관계에 놓이는바, 이성에 의거하는 보편성, 민주주의*, 평등을 부정적으로 내려다보는 근거가 된다. 이러한 취미의 절대화가 반계몽적이라고 비난 받는 것에도 일리가 있다. 그러나 니체가 지나치게 성급한 나머지 범하고 있는 억지스러운 관련의 면으로부터만 반계몽이라고 비난할 수는 없다.

니체는 '나의 취미'에 의거함으로써 모든 도덕학의 근거를 의문에 붙였다. 지금까지의 도덕학은 이미 있는 도덕 가치를 자명한 것으로 하고, 본래 일반적으로 도덕이라고 말해지는 것 자체가 날조된 보편성에 지나지 않는다는 것을 잊고 있다고 니체는 지적한다. 오히려 도덕학에 필요한 것은 "생명을 지니고 성장하며 생식하고 몰락해가는 섬세한 가치 감각과 가치의 차이로 이루어진 거대한 왕국을 개념으로 파악하고 정리하는 것"이라고 한다. 이로부터 니체는 일종의 "도덕의 유형학"이 이루어진다고 생각하고 있었다[『선악』 186]. 그러나 이 시도에는 처음부터 모순이 포함되어 있다. 요컨대 개념화를 행하는 한에서 '나로 표현되는 개별성·차이는 말살될 수밖에 없기 때문이다[『아침놀』 115]. 확실히 니체도 이 모순을 느끼고 있다. 본래 니체가 기성의 도덕 개념을 붕괴시키기 위해 사용하는 취미 판단은 개념에 의한 고정화와 체계화를 거부하며, 그런 까닭에 그때마다 거점을 변화시켜 기존의 가치에

비판을 가하는 것이 가능해진다. '취미'에 의한 비판은 그 나름대로 이성의 전제에 맞서 유효하긴 하지만, 그것은 취미 판단의 보편화를 행하지 않는 한에서다. 니체의 경우 하버마스가 걱정하듯이 결코 개인의 취미를 보편타당한 것으로서 도덕학의 근저에 두고 있는 것이 아니다. 아니 그것이 불가능하다는 것을, 그리고 '노래하는 것', 요컨대 로고스의 담론을 놀이에 의해 계속해서 뒤집을 수밖에 없다는 것을 인식하고 있었다. 그렇다고 한다면 '도덕의 유형학과 같은 취미 판단의 일반화 구상을 내걸어야 하는 것은 아니었을 것이다. 여기에 니체가 오해되는 원인이 숨어 있다. ☞모럴리스트

―오누키 아츠코(大貫敦子)

츠바이크 [Stefan Zweig 1881-1942]

빈에서 태어난 유대계 시인·소설가·에세이스트·극작가. 세기말* 빈의 시·연극·음악·프로이트* 심리학, 그리고 니체의 가르침이 직접 길러낸 조숙한 재능에 의해 다양한 인생의 결정적 순간을 붙잡고, 섬세한 심리나 격정의 발작을 지적하며, 그윽한 향기를 지닌 표현에 의해 사람의 마음을 사로잡는 작품들을 저술했다. 특히 수많은 생생한 전기 작품, 시대 회고에 의해 많은 독자를 얻고 있다. "지난날의 세계"가 된 유럽 시민사회에 대한 깊은 연결과 범유럽적인 교양으로부터 철저한 평화주의를 관철하며, 제2차 세계대전 중에 브라질로 망명하고, 싱가포르 함락 보도에 절망하여 스스로 죽음을 선택한다. 1925년의 문학적 전기집 『데몬과의 투쟁』에서 횔덜린*, 클라이스트와 더불어 니체를 다루어 그의 삶을 상대역도 관중도 없이 홀로 펼치는 비극으로 파악하며, 그의 병고와 고뇌, 인식의 섭렵, 성실의 격정에 사로잡혀 끊임없이 달아나고 극복하고자 하는 모습을 그리고 있다.

―무라타 쓰네카즈(村田経和)

침묵沈黙

니체는 최종적인 진리*를 예언자처럼 단언하는 형이상학*의 기만성을 간파하고 있었다. 그런 의미에서 "때때로 침묵하기. 참으로 침묵하기 위해 말하는 방법을 배워야만 한다'고 말하고 있다. 침묵은 이미 상투화된 언어로는 표현할 수 없는 사고의 나타남이다. 니체는 여러 차례 P. 가스트*와 누이에게 자신의 사고를 전달하고 이해하는 자를 얻고 싶다는 욕구와, 사고는 기본적으로 전달 불가능하지 않은가라는 의혹과의 상극에 대해 고뇌를 밝히고 있다. "전달하기 위해서는 무언가가 확정되고 단순화되며 확실하게 되지 않으면 안 된다'고 한다면, 사고의 표현은 하나의 해석이며, "확정되고 단순화되는" 것에 의해 해석은 다양성이 삭감된다. 따라서 "세계가 무한한 해석을 감추고 있을 가능성을 부정할 수 없다고 한다면, 우리는 공포*에 사로잡힌다"는 것이다. 침묵과 공포란 기성의 사고 도식과 언어 표현으로는 포착하기 어려운 것과의 만남에 공통된 반응이다. 『아침놀』*[423]에서의 제노바*만에서의 황혼의 자연 경험이 「거대한 침묵 속에서」라고 제목이 붙여져 있는 것도 우연이 아니다. "지금은 모든 것이 침묵한다! 바다는 창백하게 빛을 발하며 누워 있다. 그것은 말할 수 없다. 하늘은 빨강, 노랑, 초록 등의 색으로 자신의 영원한 황혼 녘의 무언극을 연출한다. …… 돌발적으로 우리를 엄습하는 이러한 거대한 침묵은 아름다움*이고 전율*이다." 이 자연 경험은 근대의 합리주의적인 자연관으로는 파악할 수 없는 전혀 다른 경험인 까닭에, 자연은 침묵의 세계로서 그려지며 전율을 불러일으킨다.

흥미로운 것은 이것과 거의 같은 시기에 바그너*가 자신이 자부하는 "미래 음악"을 "울려 퍼지는 침묵"으로 표현했다는 점이다. 이성에 지배된 "낮의 대화"가 요설에 지나지 않는 데 반해, 그가 말하는 "무한 선율"의 "울려 퍼지는 침묵"은 언어화할 수 없는 것의 표현을 추구하는 것이었다. 상투적인 것으로 타락하지 않는 표현의 모색이 침묵이라는 개념에 도달한다는 점에서 니체와의 공통성이 있다. 침묵을 깨트리고 말할 때의 니체의 비유* 구사와 '가면*'의 사고는 진리 개념의 고정화에 빠지지 않기 위한 책략이기도 하다. 이 점에서는 야스퍼스*가 지적하듯이 키르케고르*의 "간접적 전달" 수법과의 유사성을 볼 수 있을 것이다. ☞ 전율과 공포

—오누키 아츠코(大貫敦子)

카뮈 [Albert Camus 1913-60]

독일에서 니체 수용은 보수적인 측에서 철학화된 니체가 우세해 있었지만, 프랑스에서는 반항자로서의 이를테면 좌익 니체의 문학적 전통이 일찍부터 시작되고 있었다. 그 가운데 한 사람이 카뮈다. 그는 19세 때의 「음악에 관한 시론」에서 쇼펜하우어*, 니체, 바그너*의 음악관을 비교, 고찰하고 있다. "니체의 철학은 오로지 풍요로운 생명력의 독특한 비약에서 성립함에도 불구하고, 사람들은 그것을 이기주의라고 하여 너무도 성급히 비난했다"고 하는 이 「시론」 속의 한 문장은 생애에 걸친 카뮈 자신의 인생관을 암시함과 동시에 니체관의 기초가 되고 있다. 하지만 이 문장 전체에서는 바그너의 인간적 불결함에 환멸을 느낀 나머지 그 음악까지 비판하는 니체가 비판되고 있다.

카뮈의 문학과 평론은 일관되게 세계의 부조리와의 격투였지만, 이 개념에 대한 설명에 있어 니체가 빈번하게 인용된다. 이성은 끊임없이 단위와 통일성에 의해 세계를 설명하고자 하지만, 결국 그것은 불가능한 기획이다. 인간이 만든 젖빛 유리를 통해 본 세계는 그 우연성에서 우리에게는 넘어설 수 있는 것이 아니다. "세계의 원초적인 적의가 수천 년의 시간을 넘어서 우리들 쪽으로 되돌아온다."[『시지포스의 신화』] "이 세계가 이성으로는 이해가 되지 않으며, 더욱이 인간의 깊은 곳에는 명석함을 추구하는 결사적인 원망이 격렬하게 울려나고 있어, 이 양자가 함께 서로 대치한 채로 있는 상태[같은 책]야말로 부조리인 것이다. 하지만 니체에게 많은 것을 빚지고 있는 이러한 인식론적 절망은 그대로 실천도덕의 사라짐이기도 하다. 사회 일반의 실천도덕은 "자기를 속이지 않는 인간에게는 웃음거리다. …… 쇠사슬에 연결되어 있다는 정신의 깊은 진실을 부정하는 자다."[같은 책] 그런 까닭에 레지스탕스에 참가하면서도 니체를 나치스*의 선조로서 전면적으로 부정하지는 않았다. 오히려 나치스를 신뢰하는 허구의 친구에게 보낸 「독일 친구에게 보내는 편지」에서는 모든 것이 허용되어 있는 신 없는 시대에 정의를 지키는 것의 의미가 다루어지고 있다. 거기서는 강제수용소의 연소로의 불을 부채질하는 것이나 나병 환자의 간호에 몸을 바치는 것이 모두 똑같은 것이라고 하는, 실천도덕의 사라짐이 확인된다. "악의인가 미덕인가는 우연 또는 기분"에 지나지 않는다. 하지만 그는 정의에 내기를 건다. 왜냐하면 대지에 충실하기 위해서라고 그는 말한다. 여기서는 『차라투스트라』*의 비유를 사용하여 "풍요로운 생명력의 독특한 비약"이라는, 카뮈가 일관되게 니체에게서 보고 있는 것을 고수하고자 하고 있다. 생명의 풍요로움과 윤리를 결합한다고 하는, 니체가 지니고 있었지만 스스로는 보고자 하지 않았던 과제를 달성하기 위해서다. 그것은 신 없는 시대의 정의를 추구하는 것이기도 했다. 인생과 세계는 바로 부조리인 까닭에 그런 만큼 한층 더 잘 살 수 있다고 논의하는 카뮈의 운명론은 니체의 부정성을 넘어서는 적극적인 의지의 니힐리즘*이 된다. 바로 이성으로는 이해가 되지 않는 삶의 풍요로움과 다양함 때문에 우리는 부조리에 대해 "의식적 반항"을 수행하는 것이라고 주장된다. "영구혁명의 주제가 이리하여 개인의 경험 안으로 옮겨지게 된다. …… 사리가 통하는 몇 안 되는 철학적 자세의 하나는 반항이다. 반항이란 인간과 인간 고유의 암흑과의 부단한 대결이다. 불가능한 투명성에 대한 요구

다:'[같은 책] 부조리한 까닭에 나는 사는 것이며(자살 부정), 또한 "나는 반항한다. 때문에 우리는 존재한다." ['『반항적 인간』]('우리'라고 뒤가 복수인 것이 중요)

이러한 자세가 가장 잘 나타나는 작품인 『페스트』는 니체 문제와의 대결을 거쳐 르상티망*과 지배자 도덕의 사상으로부터 벗어난 성과다. 어떠한 합리적 이유도 없이 페스트와 싸우는 주인공 의사와 그의 친구들은 어떠한 휴머니즘이나 영웅주의와도 인연이 없다. 인간이 자신과 인류를 결합하는 위대한 사상 때문에 살육에 열중한 스페인 시민전쟁에 대한 회상이 책의 한순간에 나오지만, 사상의 정치화에 대한 거부를 철저화함과 동시에 생명과 풍요로운 자연 때문에 연대와 희망에로 내몰리는 사람들의 모습에서 카뮈는 신 없는 시대의 정의를 본다. 그러한 태도를 구성하는 개개의 요소는 니체로부터 많은 것을 취하고 있다. 죽기 1년 전쯤의 일기에도 "어떠한 고통*이라 하더라도 그것이 내가 보는 바의 이 삶에 대해 잘못된 증언을 하도록 나를 유혹할 수 없었으며, 앞으로도 할 수 없을 것이다"라는 니체의 말이 인용되고 있다. 삶이라는 것 자체가 지니는 희망은 니체에게서 카뮈가 보았던 중대한 측면이다. "행복과 부조리란 동일한 하나의 대지로부터 태어난 두 자식이다"라는 것은 "또 하나의 삶을 희망한다, 아니 그것은 희망이라기보다는 기만이거니와, 삶그 자체를 위해 살아가는 것이 아니라 삶을 넘어선 무언가의 위대한 관념, 삶을 순화하고 삶에 하나의 의의를 부여하며 결국 삶을 배반하는 위대한 관념을 위해 살아가고 있는 사람들의 기만'(배후 세계론)을 규탄하는 것이기도 하다. 이러한 태도는 미래로 행복을 미루어 놓는 것이 아니라 순간의 미와 풍요로움을 향유한다고 하는 카뮈의 결의에서도 유래한다. 미래를 생각한다는 것은 그것만으로 이데아와 배후 세계를 믿는 것으로 연결된다고 하는 것일 터이다. "미궁을 잉태한 인간은 결코 진리를 추구하지 않는다. 다만 아리아드네*만을 추구한다"고 하는 것은 마찬가지로 말년의 일기에 인용되어 있는 니체의 말이다.

알제리 출신인 카뮈는 니체처럼 무리하지 않고서도 자연스럽게 지중해 숭배가 가능했다. 니체가 애써 선택한 지중해 세계야말로 신 없는 시대에서도 이와 같은 반항과 미와 윤리를 부조리 속에서 융합시킬수 있었다. "열기를 품은 부동의 바다의 정오 / 그것이 환성도 울리지 않은 채 나를 맞이한다. 침묵과 미소 / 라틴적 정신, 고대, 고민의 부르짖는 소리에 / 뒤덮인 수치의 베일." 열아홉 살 때에 쓰인 「지중해」라는 시의 일부인데, 분명한 니체의 영향은 그대로 자신의 발견이었다. 만년에 토리노*로 여행한 카뮈는 일기에서 광기의 니체를 그리워하면서 "내가 경탄하고 이끌린 그"가 "왜 이 도시를 사랑했는지"에 대해 이모저모로 생각하고 있다. 그리고 1957년 노벨상 수상에 즈음한 강연 「예술가와 그의 시대」에서는 니체가 제노바* 주변의 산을 밤에 산보하면서 모닥불을 피우고 그 불이 꺼지는 것을 물끄러미 바라봤다는 에피소드가 인용된다. 그 초고와 메모 일기의 문장은 다음과 같이 끝난다. "그리고 내가 모종의 사상이나 인간에 대해 부당했다고 한다면, 그것은 이러한 사상이나 인간을 어떻게 해서든 이 니체의 모닥불의 불과, 요컨대 그것에 의해 재로 변해 버린 이 사람과 비교하기 때문이다." 니체의 열정이 반항과 비판의 열정이고, 그것은 천박한 휴머니즘을 넘어선 연대와 희망의 사상으로 바꿔 읽힐수 있다는 것이 카뮈의 니체 이해의 근본일 것이다. 그러한 사상을 묶은 1951년의 『반항적 인간』의 「정오의 사상」이라는 니체적인 표제를 지니는 마지막 장의 최후의 몇 행에서 카뮈는 니체도 맑스*도 배제하지 않는, 그리고 니힐리즘을 넘어선 유럽의 건설을 꿈꾸고 있다. 하지만 이 책이 니체를 다소나마 긍정적으로 취급하고 또한 좌익 사상의 폭력성을 비판했기 때문에 사르트르*와의 대논쟁으로 발전했던 일은 잘 알려져 있다. ☞사르트르

—미시마 겐이치(三島憲一)

📖 ▷Maurice Weyembergh, Camus und Nietzsche, in: Sinn und Form, Heft 4, Berlin 1993.

카오스 ⇨혼돈

카이사르 [Cäsar(Gaius Julius Caesar) 100-44 B.C.]

니체에게 있어 카이사르는 언제나 칭찬받아야 할 영웅*이며, 그 이름은 초기의 『반시대적 고찰』*로부터 만년의 유고에 이르기까지 몇 차례 나타난다. 니체는 카이사르에게서 "안식에 대한 원망을 지니는 허약한 유형"[『선악』200]과는 대조적인 "전사"로서의 "자유인"[『우상』 IX. 38]을 본다. 중기 이후 명확하게 되어간 니체에게서의 두 가지 인간 유형 사이의 대립, 즉 강자와 약자 사이의 힘의 불균형에 의해 그 형태가 만들어지는 위계질서 속에서 카이사르는 나폴레옹*과 알렉산더 대왕과 함께 강자의 인간 유형의 전형으로서의 의미를 지니고 있었다. 그것은 성실함과 양심*과 같은 소인의 도덕의 울타리를 넘어서는 "간자"[유고 II. 10. 267]로 넘쳐난 인간이며, "행동의 충동"에 의해 '자기'라는 틀로부터 일탈해 버리는 인간이고[『아침놀』 549], "싸움과 승리를 기뻐하는 본능"이 다른 본능을 압도해 버리는 것과 같은 "포학"과 "예속"의 위험으로 아슬아슬한 곳에 위치하는 인간이었다[『우상』 IX. 38]. ☞ 영웅, 고대 로마인, 나폴레옹

―다카하시 준이치(高橋順一)

카틸리나 [Lucius Sergius Catilina ca. 108-62 B.C.]

로마 공화정 말기에 나타난 음모가로 공화정에 불만을 가진 사람들을 결집하여 반란을 일으키고자 시도했지만, 그 음모는 키케로*의 추적을 받아 저지되었다. 니체는 "카틸리나적인 존재"가 범죄자의 원형이며, "모든 황제를 선취한 형식"[『우상』 IX. 45]이라고 말한다. 범죄자란 정착된 규범이나 가치에 대해 "증오와 복수와 반역의 감정"을 품는 자이며, 그런 의미에서는 '천재*'의 특성이기도 하다. 이와 동렬에 놓여 있는 것은 나폴레옹*이며, 또한 도스토예프스키*가 그리는 시베리아의 유형자다. 그들은 본능이 강한 "자연아*"인 까닭에 "거세된 우리 사회"에 들어오게 되면 필연적으로 범죄자가 될 수밖에 없을 거라고 말해진다. 그들의 "강한 인간의 덕"이 사회로부터 추방되어 있는 것은 "생리학적인 퇴화"의 징후인바, 니체는 카틸리나적인 범죄자의 "지하적인" 것을 사제적인 도덕을 대신하여 가장 높은 곳에 자리하게 함으로써 "정신의 혁신자"를 찾고자 하고 있다. ☞ 천재

―오누키 아츠코(大貫敦子)

카프카 [Franz Kafka 1883-1924]

니체가 카프카에게 어느 정도로 '직접적인' 영향을 주었는지에 대해서는 여러 설이 있다. 카프카의 장서에 『차라투스트라』*가 포함되어 있었던 것과 그것을 여자 친구들에게 낭독해 준 일(1900), 또한 『비극의 탄생』*을 읽고 있었다고 생각하게 만드는 증언이 있는 것 등이 확인되지만, 영향 관계를 직접적으로 보여주는 전기적 사실은 한정되어 있다. 동물 우화의 사용법, 『판결』에서 보이는 비극의 구조나 죽음에의 원망, 『단식 광대』의 금욕과 정신적 갈망, 나아가서는 윤리적인 것에 저항하는 심미주의적인 경향 등에서 니체로부터의 영향을 지적하는 연구도 있지만, 이러한 해석에 대해서는 회의적인 연구도 있다. 그러나 직접적인 영향 관계와는 별도로 양자의 작품에서는 장르나 문체상의 차이를 넘어선 현대 사상의 근간을 이루는 공통성이 발견된다. 인간의 인식*이나 언어*의 메커니즘에는 본래 주체의 투영에 지나지 않는 가상* 세계를 끊임없이 실체적·객관적인 진리*로서 정립하고자 하는 작용이 있다는 것, 그리고 이러한 오류의 메커니즘과 기계화된 산업사회에서의 삶의 억압의 메커니즘 사이에는 내적인 연관이 있다는 것 등을 두 사람은 통찰하고 있었다. 양자가 즐겨 사용한 비체계적인 아포리즘*이나 단장에는 언어의 실체화에 대한 비판, 근대 과학적 진리 개념이나 체계적 사상에 대한 회의, 삶과 인식의 괴리에 대한 통찰, 원근법주의* 등, 다양한 공통된 주제와 표현이 발견된다.

―스즈키 다다시(鈴木直)

📖 ▷辻瑆・三島憲一・廐生建「ニーチェとカフカ」『エピステーメー』1977年 2月号. ▷P. Bridgwater, *Kafka and Nietzsche*, Bonn 1987. ▷K-H. Fingerhut, *Die Funktion der Tierfiguren im Werke Franz Kafkas. Offene Erzählgerüste und Figurenspiele*,

Bonn 1969. ▷W. H. Sokel, *Franz Kafka. Tragik und Ironie. Zur Struktur seiner Kunst*, Frankfurt a. M. 1976.

칸트 [Immanuel Kant 1724-1804]

처음에 니체는 칸트를 그렇게 부정적으로 보지 않았다. 무어라 해도 칸트는 19세기 이후 독일의 대부분의 지식인에게 그렇듯이 그에게 있어서도 근대 철학과의 최초의 만남 기회였다. 이미 슐포르타* 시절에 어느 정도 칸트를 알고 있던 니체는 학생 시절인 1868년에 친구에게 보낸 편지에서 '칸트 이후의 목적론'에 대해 논문을 집필할 계획을 전하고 있다(랑게를 읽은 것이 배경에 놓여 있다). 인식 가능성의 조건을 논의한 『순수이성비판』은 세속화해 나가는 가운데 독일 지식인의 객관 중시의 생활 태도와 학문관에 깊이 배어든다. 그에 더하여 청년기에 매혹당한 쇼펜하우어*의 기본 개념인 '의지'와 '표상'이 칸트의 '사물 자체'와 '현상'의 통속적인 재탕이었던 점도 긍정적인 칸트관에 기여한다. 『비극의 탄생』*[18절]에서는 논리적 추론에 의해 사물의 가장 깊은 내적인 근거를 인식할 수 있다고 하는 이론적 문화의 학문 신앙을 칸트가 바로 그 학문적 수단에 의해 타파하는 "어려운 승리"를 장식했다고 여겨진다. 시간도 공간도 인과율도 모두 현상계라는 베일을 유일한 현실로 높이기 위한 수단에 지나지 않는다는 것을 보여주었다는 것이다. 호르크하이머*의 말을 빌리자면, 객관적 이성은 존재하지 않으며, 또한 주관적 이성만으로는 문화를 만들 수 없다는 것이 점점 더 명확해졌다는 것일 터이다. 그러한 사태에서 유일하게 의미가 있는 문화는 "학문에 의한 유혹"에 굴복하지 않는 예지를 지닌 "비극적 문화"라고 주장된다. 칸트에 의해 쇼펜하우어와 바그너*가 가능해졌다는 것이다. D. 슈트라우스*는 칸트의 이성 비판을 이해하지 못하고 있다든가[『반시대적』 I. 6] 칸트의 인식 비판에 충격을 받은 H. v. 클라이스트(Bernd Heinrich Wilhelm von Kleist 1777-1811)는 "고통과 욕망에서의 완전한 인간"[같은 책 III. 3]이라는 등과 같은 당시의 발언에서도 칸트를 상당히 적극적으로 평가하고 있는

것이 간취된다. 그러나 동일한 쇼펜하우어론에서 칸트는 국가에 대해 "우리 학자의 늘 있는 일로서" 지나치게 조심스러웠다는 비판이 이루어지고 있으며, 『인간적』* I. 25에는 칸트에게서의 행위의 보편화 가능성 요구는 자유무역 원리와 마찬가지로 수상한 예정조화의 발상을 숨기고 있다고 하는 지적도 있다.

시간이 지남에 따라 칸트 비판이 높아지며 최종적으로는 전면적 비판이 된다. 비판은 대체로 세 가지 점으로 나누어진다.

우선은, 칸트 이후의 독일의 도덕철학이 프랑스나 영국과 비교하여 수준이 낮으며, 엘베시우스(Claude Adrien Helvétius 1715-71)에 대한 "반쯤은 신학적인 암살"이었다[『인간적』 II-2. 216. 유사한 발상이 『안티크리스트』 10에 있다고 주장되는데, 그런 의미에서 칸트는 독일 정신의 내면성, 후진성, 권력 추수적인 태도의 원흉 가운데 한 사람이라는 것이다. "인간은 무언가 절대적으로 복종할 것이 필요하다"라는 "독일적 감정"의 전통에 서는 점에서 칸트는 루터*의 후계자이자[『아침놀』 207] 라이프니츠와 더불어 유럽의 지적 성실*함에 있어서의 브레이크이거니와[『이 사람을 보라』 XIII. 2], 그런 점에서 괴테*의 대극에 위치한다[『우상』 IX. 49]. 최종적으로는 "철학으로서의 독일적 데카당스 ― 칸트"라고 『안티크리스트』*[11]에서 말하게 된다.

두 번째 점은, 신앙을 위해 앎을 소거한 칸트의 도덕주의에 대한 비판이다[『아침놀』 서문 3 등]. 보편화 명제야말로 자신의 판단을 보편적인 것으로 느끼고 싶은 이기심의 나타남일 뿐이며, 더욱이 이 이기심은 아직 자신의 욕망과 취미의 본래적인 모습을 알지 못하는 맹목적인 이기심에 지나지 않는다[『학문』 335]. 늙은 칸트는 타르튀프(위선자)와 마찬가지며, 정언명법의 유혹에 굴복한 부정직한 철학자[『선악』 5]다. 그런 의미에서 그는 확실히 반그리스도교적이긴 하지만, 미묘한 소리를 듣고 분간하는 귀를 가진 사람을 위해 말하자면 결코 '반종교적'이라고는 말할 수 없는 근대 철학의 도덕을 좋아하는 대표다[같은 책 54]. 르상티망*이나 희생*에 대한 자신의 논의를 토대로 하는

가운데 이 정언명법에는 피 냄새마저 난다든가[『계보』 I. 6], 칸트의 예지적 이성 개념에도 이성에 의해 이성을 희생물로 바치는 금욕가의 음탕함이 숨어 있다[같은 책 III. 12]는 등으로 니체는 칸트를 폭로 심리학의 먹잇감으로 삼고 있다. 그 궁극적인 것은 "이해관계 없는 만족"이라는 미의 정의에 대한 비판이다[같은 책 III. 6]. "미란 행복의 약속이다"라는 스탕달*의 정의와 어느 쪽이 올바른 것인가? 자신이 만든 미녀의 조각에 사랑을 느낀 피그말리온은 결코 미적 감각이 없는 인간이었다는 것이 아닌가라고 다그치며, 칸트에게서의 에로스의 부정이 쇼펜하우어에게까지 연결된다고 주장한다.

세 번째 점은, 인식론의 메타 비판이다. 세계를 참된 세계와 가상*의 세계로 나누는 것은 그리스도교적으로 행하든 칸트적으로 행하든 데카당스*의 시사에 지나지 않는다[『우상』 III. 6]는 관점에서 인과율이 도마 위에 오른다. 구별을 짓는 것, 단위를 현상에 읽어 넣는 것, 인식에 대한 신뢰는 적법하다고 하는 전제를 묻지 않는 것 등이 최종적으로는 도덕적 감정에 대한 신뢰와 연결된다고 주장되며, 도덕주의와 인식론과의 내적 관련이 폭로된다. 이리하여 전면적 비판이 완결된다. 「어떻게 '참된' 세계가 결국 꾸며낸 이야기가 되었는가」라는 『우상의 황혼』*의 유명한 한 절은 그 전면화를 교묘하게 모아놓은 것이다. "참된 세계는 이를 수 없고 증명할 수 없으며 약속도 할 수 없다. 그렇지만 이미 위안으로서, 의무로서, 명령으로서 생각되고 있다. 근본적으로는 옛 태양과 같은 것이지만, 이제 안개와 회의 사이에서 엷은 빛이 비춘다. 이념은 숭고해지고 창백해지며 북방적이고 쾨니히스베르크적이 되었다."[『우상』 IV. 3]

포스트모던이 논의되는 현재, 니체의 칸트 비판은 더욱더 현실적이지만, 우리는 칸트를 논한 푸코*의 논의도 잊어서는 안 된다. 푸코는 계몽과 휴머니즘을 구별하고, 하나의 에토스 또는 태도로서의 근대성은 계몽에 찬성하는가 반대하는가와 같은 불모의 이항대립을 넘어선, 자유에의 일에 내속한다고 논의한다. 계몽을 둘러싼 논의가 니체의 조금은 난폭한 논의를 넘어서 정밀화되고 있음과 동시에, 니체의 문체에는, 나아가 사유의 스타일에는 바로 이러한 에토스가 있다는 점도 확실하다. ☞아포리즘과 사유의 수행, 사물 자체

―미시마 겐이치(三島憲一)

칼라일 [Thomas Carlyle 1795-1881]

영국*의 문학자로 독일의 문학과 철학에 조예가 깊고, 프로이센-프랑스 전쟁*에 즈음해서는 『타임즈』 지상에서 독일을 지지하는 주장을 내세웠다. 특히 『영웅*, 영웅 숭배, 역사에서의 영웅성』(1841)이나 크롬웰과 프리드리히 대왕의 전기 등에서의 영웅 숭배로 알려지는데, 니체는 자신의 '초인'*이 칼라일의 영웅 숭배와 마찬가지 것으로 받아들여지는 것을 대단히 불쾌하게 생각하고 있었다[『이 사람』 III]. 제자로서 장래를 기대한 하인리히 폰 슈타인*이 칼라일을 모방한 『영웅과 세계』(1883)라는 책을 쓴 것도 마음에 들지 않았던 듯하다. 『우상의 황혼』에서는 정직한 자인 에머슨*과 위선자인 칼라일을 대비하고 있다. 칼라일은 에머슨에 대해 "그는 **우리에게** 충분히 씹는 맛이 있는 것을 주지 않는다"고 평가했지만, "소화불량은 사물 속에 남겨두는" 에머슨 쪽이 상당히 더 정직하다고 여겨지게 된다[『우상』 IX. 13]. 칼라일은 "소화불량 상태의 영웅적·도덕적 해석"을 향하여 "언제나 강한 신념에 대한 욕구와, **그것과 더불어** 그와 같은 신념을 지니지 못한다는 무력감에 자극받고 있는" "전형적인 낭만주의자"에 지나지 않는다. 더욱이 그는 그것을 숨기기 위해 과장된 언어와 몸짓을 필요로 하는 "결여로 인한 웅변가"이며, "자기 자신에 대해 언제나 정열적일 정도로 불성실"한 점은 "위선자의 국민"인 영국인의 전형이라고 간주된다. 결국 칼라일은 자신이 "무신론자가 아니라는 것에서 명예를 구하는 영국의 무신론자"이며[『우상』 IX. 12], 그 불성실함은 위대한 인간에게는 따라붙기 마련인 부정과 거짓말과 착취를 찬탄하여 그것을 선한 것으로 왜곡하고자 하는 그리스도교*적인 해석자 유형에 다름 아니라는 것이다[유고

Ⅱ. 9. 264, 393]. ☞영국/영국인

—오이시 기이치로(大石紀一郎)

칼리오스트로 [Alessandro conte di Cagliostro (Giuseppe Balsamo) 1743-95]

백작을 참칭하고 연금술과 초능력에 통한다고 자처하면서 유럽의 많은 궁정을 무대로 사기를 행하고, 결국 로마에서 종신형에 처해진 이탈리아*의 사기꾼. 사기꾼의 대명사적인 존재가 되며, 괴테*나 실러*도 작품의 소재로 삼는다. 니체는 국민을 속이는 정치가나 괴이한 철학자를 칼리오스트로에 비유하고 있는데[『선악』, 194, 205], 예를 들면 '선의 이데아'나 불사의 영혼과 같이 그에게 있어서는 기만에 불과한 것에 대해 말한 플라톤*을 "위대한 칼리오스트로"라고 부르고 있다[유고 Ⅱ. 11. 115]. 그렇지만 니체에게 있어 특히 '칼리오스트로'라고 부르기에 걸맞은 인물은 바그너*였다. 이미 칼 구츠코(Karl Gutzkow 1811-78)도 바그너를 칼리오스트로에 비유하고 있었지만, 니체는 바그너를 "근대성(Modernität)의 칼리오스트로"라고 형용하고 있다. 여기서 그가 말하는 '근대성'이란 현대의 예술이 피폐한 삶을 자극하기 위해 "잔학한 것과 인위적인 것, 죄 없는 것(백치적인 것)"을 구하여 대립하는 가치나 도덕을 무원칙하게 받아들이고, 그 모순에서 양심의 가책을 느끼지도 못하는 상태다. 자극적인 것을 교묘하게 짜 맞추어 세상에 영합하고, 더 나아가서는 삶*을 긍정해야 할 예술*에 삶을 부정하는 그리스도교*의 구원의 사상을 가지고 들어오는(「파르지팔」*을 가리킴) 거짓을 행한 바그너는 니체에게 있어 이러한 '근대성'을 체현하는 존재였다. "바로 우리 시대에 거짓 자체가 살이 되어버렸고 심지어는 천재*가 되어버렸다는 것도, 바그너가 '우리 가운데 거한다'는 것도 놀랄 필요가 없다'라는 것이다[『경우』 편지 5; 같은 책 에필로그].

—오이시 기이치로(大石紀一郎)

커다란 이성 ⇨위대한 이성

케레니 [Karl Kerényi(Kerényi Károly) 1897-1973]

헝가리 태생의 고전문헌학, 종교학, 신화학의 권위자. 가톨릭의 소농 출신으로 부다페스트대학에서 고전문헌학 학위를 취득한 후, 그리스, 이탈리아로 여행하고 독일 여러 대학에서 연구를 쌓아가며, 발터 폰 오토*의 종교사적 접근에 공명하고, 니체나 부르크하르트*의 사상에서 영향을 받아 대학의 정통파 문헌학의 틀을 넘어서서 역사적 방법과 신학적 방법을 결합한 경지를 연다. 그는 새로운 방향에서의 작품으로서『아폴론』(1937)과『고대 종교』(1940)를 저술한다. 1930년대에 토마스 만*과 C. G. 융(Carl Gustav Jung 1875-1961)과 친교를 맺었다. 토마스 만과의 사이에 왕복서간이 교환되며, 바흐오펜*의 모권제에 대해 서로 논의한다. 융과는 1941년에 공동으로『신화학』을 공간했다. 1942년에 융의 권유로 스위스로 이주하며, 독일의 헝가리 점령 후 고향을 버리고 스위스로 영구히 망명한다. 그는 융 연구소의 공동 설립자가 되며, 거기서 연구와 강의를 했다. 융의 분석 심리학을 받아들여 그리스의 신들에 대한 일련의 시리즈를 기획했다. 융의 분석 심리학과는 일정한 거리를 두고 있지만, 신화학의 모든 시점은 인간 문화의 시점이며, 따라서 신학은 동시에 인간학(Anthropologie)이어야만 한다는 것이 그의 지론이었다. 그 때문에 망명 중에는 신화학자로서의 평가가 지식인들 사이에 널리 퍼졌을 뿐만 아니라 대중적인 신화 해석학자로서 알려지게 되었다. 융에 대해서와 마찬가지로 니체에 대해서도 깊은 관심을 기울인 케레니는 니체가 근원 체험으로서 품은 태양 신화학이 그의 영원회귀*설 가운데 나타났다고 보고 있다. 노르웨이 왕립과학아카데미 회원, 웁살라대학의 명예 학위, 훔볼트협회 금메달 등 수많은 명예 칭호를 수여받았다. 그는 1941년부터 62년까지 사이에 매년 개최된 '에라노스' 회의에서 강연하며, 현재 일본에서도 번역되고 있다. 그의 저작들은 아주 초기의 일부를 제외하고 독일어로 저술되며 전 세계적으로 번역되어 읽히고 있지만, 일본에서도 『신화학』이나 『그리스의 신화』 시리즈, 그리고 『디오니소스』가 일역되어 있다.

—우에야마 야스토시(上山安敏)

켈러 [Gottfried Keller 1819-90]

켈러는 니체에게 있어 "존경해야 할 유일한 생존해 있는 독일어 작가"로서 『방랑자와 그의 그림자』(『인간적』 Ⅱ-2)에서는 슈티프터*의 『늦여름』(*Nachsommer*, 1857) 등과 더불어 켈러의 『젤트빌라의 사람들』(*Die Leute von Seldwyla*, 1856, 1973-74)이 괴테* 이후의 "독일 산문의 보배"로 여겨지며, 『즐거운 학문』*, 『차라투스트라』*, 『선악의 저편』*이 켈러에게 보낸 서간을 첨부하여 증정되고 있다. 친구에게 보낸 편지에서도 『녹색의 하인리히』(*Der grüne Heinrich*, 1854-55)가 고통스러운 작업 후의 청량제라고 말한다. 그러나 켈러 쪽은 빈의 독일 문학자 E. 쿠(Emil Kuh 1828-76)에게 보낸 편지[1873. 11. 18.]에서 니체의 D. 슈트라우스*론에 대해 "적극적인 내용 내지 오아시스가 전혀 없는, 너무도 단조로운 비방문이기 때문에 마지막까지 읽지 않았다"고 하며, "26세가 될까 말까 한 이 젊은 교수는…… 모종의 잘난 체하는 버릇에 사로잡혀 학문 이외의 영역에서 센세이션을 불러일으키고자 하는 확실한 속물"로 생각되고 있으며, 1884년 10월에 니체가 스스로 부탁하여 켈러와 만났을 때의 일을 전하는 니체의 친구 R. 프로인트(Robert Freund 1852-1936)의 메모에 따르면 니체 쪽은 친절하게 대우받았다고 말하고 있음에도 불구하고 켈러는 "저 남자는 미친 것이 아닐까라고 생각했다"고 말한다. 니체 측의 존경의 염과는 달리 켈러 쪽은 니체의 재능은 인정하면서도 그의 사고는 전혀 받아들이고자 하지 않았으며 또한 가능하지도 않았다. 켈러에게 있어 니체는 본질적으로 이질적이었기 때문이다. 그렇다 하더라도 현실주의나 자연주의*에 대해 결코 호의적이지 않고 또 반시대적이었던 니체가 시대를 호의적인 눈길로 바라보는 스위스 서민파의 이야기 작가에 대해 이리도 높이 평가했던 것은 대단히 불가해하다. 니체의 음악 체험이라고도 말할 수 있는 시적 환상과 슈티프터와 마찬가지로 천직은 풍경화가라고 느끼고 있던 켈러와는 본질적으로 달랐다. 세기말*의 젊은이들에게 있어 켈러는 스위스의 속물로 비쳐지고 있으며, 괴테와 니체 사이의 문학사에는 커다란 공백이 있었다고 한다. 니체의 문학에 대한 몰두가 괴테 이후에는 켈러와 슈티프터 이상으로는 나가지 못했던 것도 어쩔 수 없었는지도 모른다. 말기의 단상에서[Ⅱ. 9. 230] 만초니(Alessandro Manzoni 1785-1873), 슈티프터와 더불어 켈러의 이름이 쓰여 있음에도 불구하고 켈러에게만 괄호가 붙어 있는 것은 무엇을 의미하는 것일까? ☞슈티프터

—야마모토 유(山本尤)

코지마 바그너 ⇨바그너{코지마}

콜럼버스 [Christoph Columbus(Christoforo Colombo) ca. 1446-1506]

니체는 만년에 자신의 인식의 모험*의 비유로서 콜럼버스를 사용하는 경우가 많았다. 또한 콜럼버스의 출신 마을, 즉 산이 바다로 달려가 아득한 난바다에 대한 유혹에 사로잡히는 제노바*에도 즐겨 머물렀다(하지만 콜럼버스의 제노바 출신설은 지금도 여전히 확실하지 않다. 다만 니체의 시대는 콜럼버스 출생의 수수께끼를 좀 더 불투명하게 만든 바티칸 문서가 발견되기 전이며, 적어도 독일어권에서는 일반적으로 제노바설이 유포되어 있었다). 그러한 탈출의 기분을 그는 유고에서 다음과 같이 쓰고 있다. "이제야 나는 자신이 어떠한 바람에도 돛달고 달릴 수 있는 것을 배운 인간과 같은 기분이 든다. 그리고 자신의 항로를! 오늘 나는 나의 제노바적인 대담함에 젖어 있으며, 스스로 어디로 향해 나아가면 좋을지 알지 못할 정도다. 생활이 너무도 좁게 느껴지며, 새로운 생활을 발견하든가 창조할 수밖에 없는 것 같은 기분이 든다. 나는 넓음을 필요로 한다. 아득히 먼 알지 못하고 발견되지 않은 광대한 세계를 필요로 한다. 그 이외에는 이미

구역질이 난다.'[유고 Ⅰ. 12. 252f.] 아득한 커다란 세계로의 여행은 니체의 경우에는 인식의 근거를 파헤치며, 깊이 주체의 근저로 내려가는 여행이었다. 내면에야말로 아득히 먼 알지 못하고 발견되지 않은 광대한 세계가 있는 것이다. 목표는 기성 가치의 파괴이며, 필시 자기 자신의 몰락, 요컨대 침몰이었다. 그러한 기분을 그는 「새로운 바다」라는 제목의 시[『즐거운 학문』의 부록인 「포겔프라이 왕자의 노래」에 수록되어 있다]로 표현하고 있다. "그곳으로——나는 **가련다**. / 내 마음과 손을 믿고, / 열린 바다로 무작정 / 내 제노바의 배는 향한다. / 모든 것이 새롭게 빛난다, / 시간과 공간 위에 잠들어 있는 정오—: / 오직 그대의 눈만이 두렵게 / 나를 응시하는구나, 무한이여!" 만물이 고요함에 휩싸이고 판 신이 조용히 통과한다고 하는 고대적인 정오의 경험과, 인식에 의한 몰락이라는 근대적인 모험 욕구가 합체해 있다. 그것은 지중해 세계의 경험을 상징하는 제노바라는 지명과 땅 끝의 지브롤터 곶을 넘어서는 콜럼버스의 공존에서도 나타나 있다. 이 시에는 유고 안에 몇 종류의 변주가 있다. 그중에는 "여자 친구에게 콜럼버스는 말했다'라고 첫머리가 시작되는 것도 있는데[유고 Ⅱ. 5. 19f.], 니체는 콜럼버스의 전기 따위를 읽고 있었던 건지도 모른다. 「새로운 콜럼버스」(Columbus novus)라는 제목의, 내용은 거의 같은 것도 있다[같은 책 Ⅱ. 5. 48]. 또한 고대의 정오 경험 부분이 다른 표현을 취해 사실상 소거되고 있는 것을 제외하면, 거의 동일한 내용의, 그리고 「아득한 난바다에서」라는 제목이 붙은 시가 그대로 『즐거운 학문』*의 표지를 장식하고, 책의 타이틀도 '아득한 난바다에서'라고 할 예정이 있었다는 것이 1882년 여름부터 가을에 걸친 메모를 보면 알 수 있다[같은 책 Ⅱ. 5. 72, 145]. ☞위대한 정오, 항해, 제노바, 모험

—미시마 겐이치(三島憲一)

콜리/몬티나리 [Giorgio Colli 1917-79; Mazzino Montinari 1928-86]

두 사람 모두 이탈리아*의 니체 연구자. 두 사람의

만남은 제2차 대전 말기, 루카의 김나지움의 젊은 철학 교사와 학생으로서 반파시즘 저항 운동에 관계하며 독서회에서 니체를 읽은 것으로 거슬러 올라간다. 몬티나리는 "니체=파시즘이라는 나쁜(이렇게 말하는 것은 그것이 이데올로기적이기 때문이다) 등식은 우리 반파시즘 운동에 참가한 이탈리아의 고교생에게는 당시 타당하지 않았으며', 그런 까닭에 "전쟁이 끝나고서 독일에서 니체가 비(非)나치화의 희생이 되고서도 니체에 대한 우리의 관계는 본질적으로 무거운 짐을 짊어지는 것이 아니었다'고 회상하고 있다. 콜리는 전후 피사대학 교수가 되며, 괴테*, 쇼펜하우어*, 부르크하르트*, 프로이트*, 그리고 니체와 로데*나 부르크하르트와의 서간집을 정력적으로 편집·번역했다. 몬티나리는 이탈리아 공산당에 입당했지만, 교조적인 사고와는 무관하며, 콜리가 계획한 니체의 번역·출판 계획에 참여했다(후에 피렌체대학, 피사대학의 교수를 역임). 그들은 나치스*에 의한 이데올로기적 이용에 대해서도 또 교조적 좌익에 의한 단죄에 대해서도 선을 긋고, 신뢰할 만한 니체 전집을 간행하고자 했지만, 슐레히타*의 전집도 유고의 취급에 문제가 있다고 느끼고서 괴테·실러 아르히프에 보관되고 있는 니체 유고의 정밀한 재검토에 기초하여 새로운 전집을 편찬할 것을 결의했다. 몬티나리는 1961년 이후, 당시에는 동독에 있던 바이마르*를 몇 차례 찾아간 후 결국은 그곳에 정주하며, 비상한 노력을 기울인 끝에 유고를 해독하여 니체가 『힘에의 의지』라는 저작을 포기한 경위를 상세하게 해명했다. 또한 콜리와 몬티나리는 페터 가스트*의 유고로부터 발견된 『이 사람을 보라』*의 초고 사본을 검토하고, 그 안에 어머니와 누이를 중상하는 내용을 포함하는 구절을 최종고로 인정하여 종래의 텍스트를 바꿔 놓았다. 콜리와 몬티나리의 비판판 전집 및 서간집은 이탈리아에서는 1964년부터 간행이 시작되며, 독일에서는 1967년 이후, 그들이 르와요몽의 니체 회의*에서 알게 된 칼 뢰비트*의 주선에 의해 그루이터 출판사에서 간행되고 있고, 동시에 프랑스어 번역도 갈리마르 출판사에서 간행되었다. 콜리에게 있어 니체는 부르크하르트와 더불어 그리스인의

지혜에 대해 가장 중요한 공헌을 한 반시대적 철학자이며, 또한 "적극적인 니힐리즘"의 철학자였다. 그는 또한 니체와 그리스를 둘러싼 성찰을 한 권의 아포리즘 모음집으로 정리했다(독일어역의 제목 "Nach Nietzsche"가 시사하듯이 그 내용은 '니체를 따라서'라고 취할 수도 있고 '니체 후에'라고 받아들일 수도 있다). 다른 한편 몬티나리는 '인식의 정열'을 니체 사상의 초점으로 파악하여 『차라투스트라』보다도 아포리즘 모음집을 높이 평가하는 입장을 취했지만, 철학적 사유의 기초로서의 문헌학적 작업을 중시하고, 니체 전집의 주석을 위해 니체의 장서를 대대적으로 조사했다. 그는 역시 그루이터 출판사에서 간행되고 있는 『니체 연구 — 니체 연구를 위한 국제연감』과 니체 연구의 모노그라피 시리즈의 창간·편집도 떠맡았다. 이 두 사람의 장기간에 걸친 끈질긴 공동 작업 위에 성립한 새로운 니체 전집은 자의적인 편집이나 이데올로기적인 왜곡이라는 장애를 제거하여 현대의 니체 연구의 최선의 기초가 되고 있다. ☞부록·다양한 니체 전집에 대하여

―오이시 기이치로(大石紀一郎)

[참고] ▷Giorgio Colli, *Nach Nietzsche*, Frankfurt a. M. 1980. ▷ders., *Distanz und Pathos*, Frankfurt a. M. 1982(Milano 1974). ▷Mazzino Montinari, *Nietzsche lesen*, Berlin 1982. ▷ders., *Friedrich Nietzsche. Eine Einführung*, Berlin 1991(Roma 1975). ▷Giuliano Campioni, Mazzino Montinari in den Jahren von 1943 bis 1963, in: *Nietzsche-Studien*, Bd. 17, 1988. ▷ders., 'Die Kunst, gut zu lesen.' Mazzino Montinari und das Handwerk des Philologen, in: *Nietzsche-Studien*, Bd. 18, 1989. ▷Wolfgang Müller-Lauter, Ständige Herausforderung. Über Mazzino Montinaris Verhältnis zu Nietzsche, in: a. a. O. ▷Sandro Barbera, Der 'griechische' Nietzsche des Giorgio Colli, in: a. a. O.

콩트 [Auguste Comte 1798-1857]

니체의 노트에는 J. S. 밀의 『콩트와 실증주의』를 독일어판으로 읽은 흔적이 있다. 니체가 콩트 자신을 상대한 기미는 없으며, 콩트에 관한 지식은 이 책에 의거한 듯하다. 콩트는 니체에게 있어 대척점에 위치하는 존재로, 니체는 몇 가지 면에 걸쳐 그것을 묘사하고 있다. "콩트는 18세기의 계속이다"라고 말한 만년의 단상의 한 구절에는 "머리에 대한 마음의 지배, 인식론에서의 감각론, 이타주의적 광산"과 그 내용을 보충한 문구가 기록되어 있지만[Ⅱ. 10. 140], 콩트를 둘러싼 니체의 발언에는 이 세 가지 중의 어떤 것인가에 관련된 것이 많다. 여성적인 향기를 발산시키는 "심정의 종교"에 공명하는 프랑스인 콩트『우상』 Ⅸ. 4], 과학적 방법을 가까스로 철학으로까지 만들어내고자 한 콩트, 그리고 쇼펜하우어, J. S. 밀과 더불어 이타주의적 도덕의 대표자로서의 콩트『아침놀』 132]가 그것이다. 『아침놀』에는 또한 스스로의 사유를 이미 음미하고자 하지 않고 단지 이미 만들어진 열매를 맛보며 여생을 보내고자 하는 늙은 학자들 중의 한 사람으로 "엄밀 과학의 집대성자" 콩트의 이름이 보인다[542]. 대체로 "과학이…… 주권을 장악하게 된"[유고 Ⅱ. 10. 140] 시대에 있어 의지의 약함과 단념, 쇠퇴를 상징하는 인격으로서 콩트가 묘사되고 있다. ☞밀

―기마에 도시아키(木前利秋)

쾌락快樂 ⇨미와 쾌락

쾌유快癒 ⇨병과 쾌유

쾨베르 [Raphael von Koeber 1848-1923]

메이지 26년(1893)부터 다이쇼 3년(1914)까지 21년간에 걸쳐 도쿄제국대학 철학과에서 철학사와 고전어를 강의하고, 일본에서의 서양 철학·사상의 수용에 커다란 영향을 준 외국인 교수. 제정 러시아에 사는 독일계 가정에서 태어나 모스크바 음악원을 졸업한 후 독일에 유학하여 예나와 하이델베르크에서 철학·문학을 전공했다. 슈베글러(Albert Schwegler 1819-57) 편의 『철학사』에 경애하는 쇼펜하우어에 관한 장을

집필한 것이 에두아르트 폰 하르트만*의 눈에 띄어 그의 추천으로 일본으로 건너왔다. 그는 인문주의적 교양* 이념에 입각하여 그리스·라틴의 고전을 존중했지만, 신비주의적 경향을 지니는 경건한 그리스도교도이기도 하며, 그러한 자세는 일본의 아카데믹한 철학 연구가 신칸트학파*의 영향 하에서 확립된 시기에 재미없는 인식론에는 어울리지 않고 오히려 철학에서 인생관을 추구한 학생들——하타노 세이이치(波多野精一 1877-1950), 후카다 야스카즈(深田康算 1878-1928), 구보 마사루(久保勉 1883-1972), 아베 요시시게(安倍能成 1883-1966), 아베 지로*, 와츠지 데츠로*와 같은 이후의 교양 지식인들——의 경애를 받았다. 공공연하게는 학생들에게 니체의 학설은 배척해야 할 "극단적인 이기주의"라고 이야기하고, 방종한 니체주의 무리로 타락해서는 안 된다고 경계한 쾨베르였지만, 무인도로 가지고 간다면 어떤 책을 선택할 것인가라는 물음에 대해서는 호메로스*, 성서*, 괴테*의 『파우스트』와 나란히 "니체의 것 두세 책*을 거론하고 있다. 기술·'문명'에 대한 정신·'문화'의 우위를 설파한 쾨베르의 미적 교양은 인격 숭배와도 결부되어 그의 제자들이 이상으로 하는 '교양'의 모델을 제공하게 되며, 다이쇼 시기의 교양주의에 커다란 영향을 주었다. ☞일본에서의 수용

—오이시 기이치로(大石紀一郎)

图 ▷久保勉 편역 『けーべる博士随想集』 岩波文庫, 1928, ²1957.

크로이처 [Georg Friedrich Creuzer 1771-1858]

독일 낭만주의의 신화학자. 마르부르크, 예나대학에서 공부하고, 1802년에 마르부르크대학의 문헌학 교수, 1804년에 하이델베르크대학의 문헌학·고대사 교수가 된다. 그의 주저는 『고대 민족들, 특히 고대 그리스인의 상징과 신화학』(Symbolik und Mythologie der alten Völker, besonders der Griechen, 1819)이다. 그는 고대 그리스 종교는 일신교로부터 시작되지만, 그것은 인도*로부터 방랑하는 승려에 의해 초래되었다고 주장했다. 이러한 고도한 일신교가 조야한 토착의 다신

교와 절충되었기 때문에 비의(秘儀)로 화했다. 크로이처는 이 비의적 전통이야말로 엘레우시스의 비의, 사모트라케인의 비의, 오르페우스, 피타고라스*주의, 신플라톤주의를 형성해 왔다고 한다. 이 책은 문헌학·종교사 내부에서의 비판적 합리주의파와 낭만주의파 논쟁의 소용돌이에 휘말려 들어갔다. 그는 참된 종교의 발상지를 인도로 보는 독일 낭만주의에 힘을 보탰다. 그가 사용한 자료와 방법은 다양한 방향으로부터 비판을 받았다. 칼 O. 뮐러(Karl Otfried Müller 1797-1840), 크리스티안 로베크(Christian August Lobeck 1781-1860) 등의 합리주의적 문헌학자들로부터는 신화*를 살아 있는 종교적 힘으로 삼는 낭만주의의 정열과 사색은 경멸당했다.

크로이처의 신화관은 신화와 상징을 구별하고, 신성한 의미는 상징으로 표현된다고 보았다. 그것이 민중에게서 통속적으로 되기 위해 상징은 새롭게 신화에 의해 해석된다. 상징은 일신교를 구체적으로 표현하고 있으며, 신화는 다신교의 전도 매체가 되었다고 한다. 신화는 상징의 해석이며, 신화 이전에 상징이 있다는 견해는 『모권론』(Das Mutterrecht, 1861)을 쓴 바흐오펜*에게로 계승되었다. 또한 니체에게 있어서는 크로이처와 쇼펜하우어*가 역사에 대한 지식 원천이 되고 있다. 그 경우 비판적 문헌학자와 달리 그리스 신들의 종교 관념을 오리엔트에서 찾고자 하는 크로이처의 경향은 괴테*로부터 이어받은 것이지만, 그 후의 문헌학·종교사에 영향을 주고 있다. 니체도 디오니소스* 축제에 관해 바빌론에서 기원한 것으로 보고 있다.

—우에야마 야스토시(上山安敏)

클라게스 [Ludwig Klages 1872-1956]

이른바 뮌헨 우주론 서클의 중심적 존재. 무질*의 『특성 없는 남자』(Der Mann ohne Eigenschaften)의 마인가이스트의 모델로 여겨지고 있다. 니체에게서 우주론적인 에로스의 흐름을 읽어낸 그의 『니체의 심리학적 업적』(Die psychologischen Errungenschaften Nietzsches, 1926)은 힘에의 의지*의 해석으로서 가장 정합적인

것들 가운데 하나다. 결론적으로 말하자면, 니체는 자아 개념을 해체한 데 반해, 클라게스는 자아를 순수하게 정신적인 존재로서 형이상학적으로 파악하고 힘에의 의지와 동일시했다.

클라게스는 정신과 생을 준별한다. 정신은 세계 외적인 힘으로서 개인적인 자아를 형성하며, 그에 반해 생은 영혼과 육체로 나누어지지만, 영혼은 관득(Schauung)의, 육체는 감각(Empfinden)의 능력을 지니며, 상호적으로 보완한다. 이 정신은 언젠가 우주 바깥의 어딘가로부터 생 속으로 침입하여 자기주장을 시작한 것으로, 영혼의 적대자로 생각된다. 인간이 시간과 공간을 넘어서서, 요컨대 과거의 자신에 대해서도, 타향에 있을 때의 자신에 대해서도 '나'라고 말할 수 있는 동일성은 정신 덕분이라고 여겨진다. 이 정신은 자기주장 욕망으로 넘쳐나며, 타인 앞에서 자기를 인정받고 싶은 의욕에 사로잡혀 있다. 그 때문에 설정하는 것이 가치다. 이 정신적인 힘에의 의지에 의한 가치 설정의 구조를 폭로한 것이 니체의 심리학*적 업적이라고 주장된다. 니체에게 그 폭로가 가능해진 것은 "그의 정신이 생과 육체에 의존하고 있기" 때문이다. 이 점을 클라게스는 니체에게서의 "가까운 것들", 예를 들면 요리나 풍토에 대한 민감함으로부터 논증한다. 그러나 그에 따르면 니체는 또한 바로 이 "육체 의존상" 때문에 힘에의 의지를 생 또는 육체와 동일시하는 치명적인 잘못을 범했다. 그에게 있어 르상티망*으로서의 정신적인 힘에의 의지와 전사의 정복욕에 숨어 있는 힘에의 의지라는 양면성이 있는 것은 그 때문이라고 여겨진다. 그리함으로써 결국 니체의 폭로는 소크라테스*적인 폭로가 되며, 정신으로부터 거리를 둘 수 없는바, 엘레아학파로부터 독일 관념론*을 거쳐 쇼펜하우어*에 이르는 서구의 주관주의적 형이상학에 한 발을 담그고 있다──이렇게 클라게스는 분석한다 [『니체의 심리학적 업적』 S. 70]. 그의 말을 빌리자면, 니체가 "육체와 생명을 부정하는 가치의 설명을 육체에서 구하고자 하는 것은…… 불에 물을 부어 끌 때 불은 내가 붓고 있는 물로 일부 전환함으로써 스스로 꺼진 것이라고 입증하고자 하는 것보다 몇 백 배 더

어리석은 것이다."[『성격학의 기초』(Die Grundlagen der Charakterkunde) 일본어역 144쪽]

하지만 이러한 논의를 전개하는 클라게스의 정신 개념에 대해서도 비판이 가능하다. 정신이 들어온 이래로 인간은 살아남을 수단을 얻었지만, 그에 의해 "죽음에 이르는 불치의 병"이 시작되었다고 하는 그의 인간관은 정신 개념이 한편으로 형이상학적이면서도, 사실은 경험주의적인 동시에 실용주의적인 이성 이해, 요컨대 도구적 이해일 뿐이다. 그의 정신에는 "기술적 지성의 전달 가능한 사유밖에 포함되어 있지 않다"는 것을 셸러*는 그 당시 격렬하게 공격하고 있다. 그에 의해 셸러는 그의 니체 이해에 대해서도 비판을 가한다. ☞무질

─미시마 겐이치(三島憲一)

🗃 ▷Ludwig Klages, Die psychologischen Errungenschaften Nietzsches, Leipzig 1926. ▷Max Scheler, Mensch und Geschichte, Zürich 1929.

클로소프스키 [Pierre Klossowski 1905-2001]

피에르 클로소프스키는 제2차 세계대전 후의 프랑스에서 독자적인 지반을 구축한 작가·사상가로, 사드(Marquis de Sade 1740-1814)나 니체에 대한 중요한 평론 활동과, 에로티시즘과 철학적 사유가 교차하는 매혹적인 많은 수의 소설로 알려져 있다. 그의 독자성은 '시뮬라크르'(Simulacre, 모상) 개념으로 어느 정도 요약할 수 있는데, 그것은 '인격'의 동일성이 성립하기 이전, 즉 주체도 객체도 아직 확고한 형태를 지니지 못한 채 순간순간마다 변화하는 충동과 그 반동으로서만 존재하는 것과 같은 상태 때의, 그 순간순간마다의 충동=반동의 모습을 나타내는 개념이며, 따라서 그 '시뮬라크르'의 세계에서는 예를 들어 소설의 등장인물들이 차례차례로 신분이나 역할을 바꿔 가지면서 욕망의 파도에 몸을 맡기는 것과 같은 대단히 환혹적인 광경이 성립한다. 그의 평론 분야에서의 주저인 『니체와 악순환』(Nietzsche et le cercle vicieux, 1969)도 최종적으로 주체의 자기 동일성의 해체로까지(사상에서도

실생활에서도) 나아간 니체의 발걸음을 다시 더듬어 보고자 하는 시도로, 빈발하는 두통을 통해 신체의 어두운 곳에 눈을 돌리는 니체, 거기서 꿈틀거리는 인격 '니체' 이전의 힘에 두려워 떨면서 그것들에 차례로 언어를 부여해 가는 니체, 이윽고 영원회귀*라는 시간의 방향성의 부정 속에서 각각의 순간의 '힘'을 절대적으로 긍정하게 되는 니체, 그리고 마지막으로는 스스로가 그 이름 없는 '힘'이 되어 인격 '니체'를 산산조각으로 파괴해 버리는 니체 — 그러한 니체의 각 단계가 거기서 훌륭하게 기술되고 있다. 니체를 '인간'이나 '주체' 개념이 파괴되는 차원에서 해석하는 것은 1960년대 프랑스에서 시작된 새로운 니체 해석의 경향이지만, 클로소프스키의 『니체와 악순환』은 들뢰즈*의 『니체와 철학』(Nietzsche et la Philosophie)과 더불어 그 경향을 대표하는 저작이라고 생각된다.

　　　　　　　　　　　　　　—가네코 마사카쓰(兼子正勝)

키르케고르 [Søren Aabye Kierkegaard 1813-55]

니체는 1888년 2월 19일, G. 브란데스*에게 보낸 편지에 다음 독일 여행에 나설 때에는 키르케고르에게 있어서의 심리학적 문제와 씨름해 볼 작정이라고 적고 있다. 하지만 그에 대한 언급은 유감스럽게도 존재하지 않는다. 다만 편지의 전반부에는 브란데스로부터 '근대성'(Modernität)의 사고방식에 대해 크게 배웠다고 하고 있는데, 아마도 키르케고르에 대해서도 그러한 관심에서 씨름해 볼 필요를 느끼고 있었을지 모른다. 니체와 키르케고르의 사상에서는 확실히 공통의 구조가 보이지만, 그것은 직접적인 수용에 의한 것이 아니라 사유 패턴의 모종의 유사성 때문이다. 야스퍼스*는 『이성과 실존』(1935)에서 "키르케고르와 니체의 역사적 의의"에 대해 언급하고, 예외자로서의 삶의 방식, 전통적 이성에 대한 회의의 모습 등을 양자의 공통항으로서 들고 있다. 또한 뢰비트*는 『키르케고르와 니체』(1933)에서 19세기 정신사의 귀결로서의 니힐리즘* 문제에서 이 두 사람이 "마치 교차점에서처럼 만나고", 그로부터 "벗어나는 길"에서 또한 나누어진

다고 하고 있다. 뢰비트는 두 사람의 "벗어나는 길"을 니힐리즘의 "신학적 및 철학적 극복"이라고 명명한다. 요컨대 키르케고르의 경우에는 "반복에 의한 신앙의 패러독스"라는 형태에서의 신학적 극복이며, 니체의 경우에는 "동일한 것의 영원회귀*"에 의한 철학적 극복이다.

확실히 두 사람 사이에는 많은 교차점이 있다. 우선 그리스도교 비판이다. 하지만 니힐리즘의 원인을 키르케고르는 그리스도교*의 타락과 신앙에로의 비약의 결여에서 구하며, 니체는 인간이 아직 신으로부터 벗어나 있지 못하다는 점에서 구한다. 전자는 원시 그리스도교와 현대 사이를 떼어놓는 "1,800년을 마치 존재하지 않았던 것처럼 제거하고", 무릎 앞에 둔 절망적 비약에 의해 원시 그리스도교의 계시를 현대에 반복적으로 되살려냄으로써 니힐리즘의 극복을 도모하고자 한다. 후자는 역으로 "2,000년간 그리스도교도였던 것에 대해 대가를 지불해야 할 때가 왔다"고 하며, 신의 죽음*을 선고하는 차라투스트라를 등장시킨다. 키르케고르는 "신만이 무로부터 존재를 다시 살려낸다"고 하고, 니체는 "왜 도대체 존재자가 있는 것인가, 오히려 무가 있는 것이 아닌가"라고 묻는다. 키르케고르에게서는 실존적 결단에 의한 참된 신앙의 회복, 니체에게서는 니힐리즘을 신의 죽음으로까지 철저화시키는 것에 의한 삶의 가치의 긍정이라는 식으로 방향성은 전적으로 반대지만, 둘 다 인간의 의지를 강조한다는 점에서는 공통된다. 거기에 양자가 실존주의* 계보 속에서 해석되어 온 이유가 있다.

하지만 사회사적으로 보면 그 공통성은 맑스*가 소외라고 부른 사회 상황 — 자립적인 개인이 현실을 주체적으로 움직일 수 있다는 초기 시민사회의 환상이 붕괴된 시대 — 에 대한 공통된 반응이라고 말할 수 있다. 키르케고르가 '해체의 시대'라고 느낀 1840년대의 덴마크에서는 급진적인 사회 운동이 발족하고, 니체가 가축떼*에 의한 대중 민주주의를 혐오한 1871년 이후의 독일에서는 노동 운동이 시민 계급에게 있어 위협이 되고 있었다. 두 사람이 모두 '대중', '저널리즘*', '평균화', '사회주의*'를 싫어하고, 역으로 '예외

자'(키르케고르), '초인*'(니체)에게 시대 비판의 희망을 건 것은 우연이 아니다. 둘 다 니힐리즘의 극복이라는 문제 설정 자체가 시대 상황과의 정치적 대결을 회피한 사고로 향하여 반민주주의적으로 된다.

하지만 이 두 사람에게 공통된 또 하나의 요소는 예술*에 의거한 이성 비판의 입장이다. 키르케고르는 헤겔*에게서의 이성 신앙에 불신을 표하여 "오로지 이성만이 세례를 받고 있고, 정열은 이교도인 것인가"라는 E. 영(Edward Young 1683-1765)의 말을 『이것이냐 저것이냐』의 서두에 두고 있다. 그리고 에로스적 감성으로부터 끓어오르는 삶에의 동경을 이성의 전제를 넘어서는 것으로서 정당화한다. 그에게 있어 에로스적 감성의 전형이 모차르트*의 <돈 조반니>라고 한다면, 니체는 자신을 "인식의 돈 조반니"라고 말한다. 여기서는 이성과 감성의 이분화야말로 근대가 빠진 애로라고 하는 공통된 사유 전제가 보인다. 양자 모두 윤리적인 규범을 이성에 의해서가 아니라 에로스와 미*라는 범주에 의해 이끌고자 한다. 키르케고르가 그리스도교의 역사를 초월하여 원시 그리스도교로 되돌아가고, 이성을 넘어선 결단으로서의 '도약'을 본래적인 삶의 회복으로 생각했듯이, 적어도 초기 니체는 고대 그리스 비극에로의 "호랑이의 도약"(벤야민*)에 의해 이성과 감성의 일체화를 현대에 실현하고자 했다. 하지만 초인 사상이 강해지고 난 후의 니체에게는 미래를 과거의 반복으로서 미적으로 구축하고자 하는 자세는 희박해진다. 이와 같이 미래를 과거의 다시 옮임과 동시에 갱신으로서 파악하는 사상 구도는 모더니즘 예술에게로 계승되어 간다.

그러나 이러한 공통점에도 불구하고 양자를 나누는 것은 키르케고르의 미적 경험이 어디까지나 내면성에 머무는 데 반해, 니체는 낭만파에게서 생겨나는 이러한 내면성을 혐오했다는 점이다. 그것을 가장 잘 나타내는 것이 '항해*'의 비유다. 키르케고르는 『이것이냐 저것이냐』의 「유혹자의 일기」에서 에로스적 체험의 극단이라고도 말할 수 있는 애인과의 만남의 방을 선실에 비유하고 있다. 하지만 미지의 세계로 통해야 할 그의 선실은 말하자면 파도가 그친 잔잔한 바다에

놓여 있다. 그것은 두터운 장막으로 외계와 차단된 지극히 비다마이어적인, 요컨대 바깥의 세계를 창에 설치한 거울로 몰래 엿보는 데에 지나지 않는 소심한 ── 모험을 꿈에서는 그리면서도 실제로는 그것을 행할 용기가 없는 ── 시민적 내면성에 갇혀 있다. 그에 반해 니체의 항해 비유는 실험적 사유의 모험성을 나타낸다. 자유로운 정신은 '오랜 신의 죽음'을 알고, 새로운 인식의 항해에 나선다. "우리 배는 드디어 다시 출범할 수 있다. 모든 위험을 무릅쓰고 출범할 수 있는 것이다. 인식하는 자의 모험*의 모든 것이 다시 허락되었다."[『학문』 343] 이러한 인식의 실험*이 니체에게 있어 어느 정도 성공했는지는 문제지만, 니체와 키르케고르를 실존주의라는 범주로 하나로 묶을 수 없는 이유가 여기에 있다. ☞니힐리즘, 그리스도교, 실존주의

―오누키 아츠코(大貫敦子)

키케로 [Marcus Tullius Cicero 106-43 B.C.]
고대 로마의 정치가이자 웅변가, 스토아 학도인 키케로를 니체는 고전문헌학자로서 몇 번이고 손에 집어들었을 것이다. 실제로 바젤* 시절에는 세미나에서 키케로를 다루기도 한다. 그러나 국가*나 정치보다는 문화와 예술의 본연의 모습을, 로마의 공화정보다는 그리스의 비극 시대를 좋아한 니체에게 있어서는 그 정도로 중대한 의미를 지니는 인물은 아니었다. 카이사르*를 비판한 키케로인 한에서, 영웅*숭배의 니체가 좋아할 까닭이 없다. 영국 17세기의 귀족이 만년의 은둔 생활 시대의 키케로의 저작, 특히 『의무론』을 좌우명과 같은 책으로 삼아 국정을 생각한 것과는 완전히 대조적이다. 「그리스 비극 시대의 철학」 2에는 헤라클레이토스*나 데모크리토스의 발언은 단편밖에 전해지지 않음에도 불구하고 스토아*학파, 에피쿠로스*학파, 키케로가 남아 있는 것을 보면 "책의 운명"이라는 것을 생각하게 된다고 말하는 부분이 있다. 이 점에서도 키케로에 대한 평가가 낮은 것을 볼 수 있다. "세네카(Lucius Annaeus Seneca ca. 4 B.C.-65 A.D.)나

더구나 키케로에게서처럼 철학을 마치 교훈처럼 퍼트리는 것만큼이나 내게 있어 혐오스러운 것은 도대체 하나도 없다[유고 Ⅱ. 7. 353]와 같은 문장을 보더라도 정치적 책임 등을 그럴듯하게 말하는 키케로를 좋아하지 않는 것을 알 수 있다. 그러면서도 웅변가로서 일정한 평가는 하고 있다. 특히 웅변의 전통이 부족한 독일에서 보면[『선악』 247], 이러한 키케로라 하더라도 중요한 듯하다. 또한 천재'를 산출하는 데 필요한 범용한 매개자로서의 공적을 인정하는 따위에서도 니체다운

냉소가 놓여 있다. "만약 로마 문화가 그리스 문화를 업신여겼다고 한다면"으로 시작되는 단편[Ⅰ. 5. 190]에서는 그리스 사상을 로마에, 그리고 유럽에 전하는 데서 중요한 역할을 수행한 "키케로는 인류의 최대의 공로자 가운데 한 사람"이라고 하고 있다. 더 나아가 그는 천재라는 것이 어떻게 위험에 노출되는 것인가 하는 것과 행운이라는 우연에 의한다고 하는 것의 예증으로 사용되고 있다.

―미시마 겐이치(三島憲一)

타란툴라 [Tarantel]

독거미과에 속하는 몸길이 3~4cm 정도의 갈색 거미. 이탈리아와 스페인 등 남유럽 여러 나라에 분포하며, 그 이름은 남이탈리아의 마을 타란토(Taranto)에서 유래한다. 낮에는 땅에 수직으로 판 대롱 모양의 집에 숨어 있고, 밤에는 그 주변을 배회한다. 중세 이래로 이 거미에 물린 자는 오랜 시간 미친 듯이 계속해서 춤추고 대량의 땀과 함께 독을 몸 밖으로 내보냄으로써 점차 숨을 멈추게 된다는 전설이 있지만, 실제로 독은 그 정도로 강하지 않다. 덧붙이자면, 남이탈리아의 격렬한 선회를 수반하는 빠른 템포의 민속무용 '타란텔라'(Tarantella)의 유래도 이 전설로 설명된다. 니체는 『차라투스트라』* 제2부의 「타란툴라에 대하여」 장에서 전설상의 이 거미의 모습을 "평등의 설교자"의 비유*로서 사용했다. 그때 그의 염두에 놓여 있던 것은 유물론적인 실증주의 입장에서 사회주의*를 이야기한 뒤링*일 것이다. 차라투스트라는 타란툴라를 향해 "네 영혼 속에 복수심이 도사리고 있는 것이다. 네가 어디를 물어뜯든, 그곳에는 검은 부스럼이 솟아오르지. 너의 독은 복수를 함으로써 영혼에 현기증을 일으키고!"라고 말한다. 즉 사회주의적 평등론의 동기를 질투와 원한이라고 하고, 그것은 강자를 무력화하고 싶어 하고 높은 곳에 있는 자를 끌어내리고 싶어 하는 약자의 욕망을 선동하는 위험한 독이라고 말하는 것이다. 후에 『도덕의 계보』*에서 전개되는, 약자의 르상티망*으로부터 노예 도덕과 금욕주의적 이상이 생겨났다고 하는 이론이 여기서는 생생한 비전으로 선취되고 있다. 그렇지만 인간은 평등하지 않으며 평등하게 되어야 하는 것도 아니라고 말하는 차라투스트라는 결코 권력자에게 아첨하는 보수 반동의 이데올로그가 아니다. 힘에의 의지*를 삶*의 본질로 확신하는 그는 모든 인간이 이 본질에 입각하여 서로 경쟁하고 서로 싸우며 나아가서는 서로 멸망시킬 것을 바란다. 이와 같은 니체의 사상을 규정하고 있던 것은 힘에의 의지의 대해에서 개별적인 힘에의 의지의 파도가 다이내믹하게 서로 놀이하는 이미지를 아름답다고 보는, 그의 독자적인 미의식이었다. ☞힘에의 의지, 르상티망, 사회주의, 뒤링

―시미즈 혼유(淸水本裕)

탈구축脫構築

탈구축(déconstruction)이라는 명칭은 자크 데리다*가 자기의 철학적 작업을 그렇게 명명한 것에서 유래하지만, 그는 그 **계보** ― 영향 관계도 계승도 아니다 ― 의 결절점을 하이데거*와 니체로 거슬러 올라가고 있다. 하지만 하이데거도 탈구축하는 데리다에 의해 니체의 도덕의 계보학을 하이데거가 규정한 "플라톤주의의 전도"와는 다른 것으로서 평가하는 것이 가능해졌다.

니체는 도덕을 형이상학에 의해 근거짓는 데카르트*도, 비판의 끝에서 도덕의 초월론적인 필연성을 정립하는 칸트*도, 도덕의 발생을 생물학적인 내지 공리주의*적으로 추구하는 경험주의도 물리친다[『계보』]. 어느 것이든 도덕을 일단은 상대화하면서도 최종적으로는 그것을 부동의 것으로 삼기 때문이다. 그에 반해 니체는 도덕의 ― 그중에서도 그리스도교*라는 가장 강력한 도덕의 ― 발생을 삶의 본능의, 또는 힘의 유형학에 호소함으로써 더듬어가며, 근대 철학뿐만 아니라

소크라테스*/플라톤*으로까지 거슬러 올라가 도덕과 철학의 공범 관계를 폭로한다. 더욱이 그 배후에서 삶에 대해 체념하고 삶*을 부정하는 힘의 움직임을 간취하는 한편, 스스로는 부정성으로부터 몸을 빼내 삶을 긍정하는 (예술적) 공간을 여는 것이다. 그러한 시도는 플라톤 이래의 전통적 철학 언어로는 달성될 수 없으며, "플라톤주의의 전도"에 의해서도 이루어질 수 없다. 따라서 계보학*은 언제나 이미 이 전통의 공간 속으로 끌려 들어가 있는 그러한 '제3의' 근거에 기초하는 '제3의' 길이 아니다. 언뜻 보아 모순으로 가득 찬 니체의 언어상의 모색과 문체의 단련 의의는 여기에 있었다고 말할 수 있을 것이다. 그런 의미에서 도덕의 계보학은 오늘날 서양 형이상학 전체와의 대결을 계속하면서도 그로부터 단적으로 뛰어나오는 것의 불가능성도 부정하지 않은 채로 형이상학–신학과는 전적으로 다른 가능성을 개척하고 있는 **긍정적** 사상으로서의 (다양한) 탈구축의 시도로서, 그것도 목적론에 빠지지 않는 시도로서 읽을 수 있다. ☞ 데리다와 니체

—미나토미치 다카시(港道隆)

참 ▷Sarah Kofman, *Nietzsche et la métaphore*, Galilée, 1983(宇田川博 訳『ニーチェとメタファー』朝日出版社, 1986). ▷id., *Nietzsche et la scène de la philosophie*, Galilée, 1986; *Explosion I*, Galilée, 1992. ▷Jacques Derrida, *Positions*, Minuit, 1972(高橋允昭 訳『ポジシオン』青土社, 1981). ▷id., *Éperons: Les Styles de Nietzsche*, Flammarion, 1978(白井健三郎 訳『尖筆とエクリテュール』朝日出版社, 1979). ▷id., *Otobiographie. L'enseignement de Nietzsche et la politique du nom propre*, Galilée, 1984; *L'Oreille de l'autre*, VLB, 1982(浜名優美 외 訳『他者の耳』産業圖書, 1988). ▷id., *De la grammatologie*, Minuit, 1967(足立和浩 訳『グラマトロジーについて—根源の彼方に』上·下, 現代思潮社, 1984). ▷id., *Marges: de la philosophie*, Minuit, 1972.

탐미주의와 니체 수용耽美主義—受容

19세기 후반에 영국의 스윈번(Algernon Charles Swinburne 1837-1909)의 시와 W. 페터(Walter Haratio Peter 1839

-94)의 평론에서 발단하고, 특히 프랑스에서 자연주의*의 안티테제로서 미를 유일한 최고의 목적으로 하는 예술 사상이 탐미주의 또는 유미주의(Ästhetizismus)라고 불린다. 위스망스(Joris-Karl Huysmans 1848-1907)의 『거꾸로』(À rebours, 1884)에서 비속한 일상세계에 등을 돌리고서 인공 정원에서 파멸을 향해 살아가는 주인공 데제생트의 삶의 방식에 탐미주의의 극치가 있다고 생각되며, 이것에 영향 받은 젊은 댄디의 자칭 예술가들이 하나의 풍속을 형성하고 있기도 했다. 그러한 프랑스에 니체가 본격적으로 소개된 것은 1896-1909년에 간행된 H. 알베르(Henri Albert 1869-1921) 역의 작품집부터라고 말해지지만, 그 이전에도 1878년에 『인간적』*이, 1888년에 『우상의 황혼』*이 본국 독일에서 간행된 것과 같은 해에 즉시 프랑스어로 번역되고 있고, 이미 1903년에 E. 잘루(Edmond Jalloux 1878-1949)는 오늘날 펜을 드는 젊은 프랑스 작가들 중에서 니체의 영향을 벗어나 있는 자는 한 사람도 없다고 말하면서 단눈치오*, 메테를링크(Maurice Maeterlinck 1862-1949), 지드 등 열몇 사람의 이름을 들고 있다.

미적 과정이 지니는 사회경제적 조건들을 경멸하여 예술의 절대적인 자율적 가치를 주장하고, 그것을 무엇보다도 도덕적 가치와 대결시키는 젊은 작가들은 자연주의의 사회적 비참 문학, 대중 설교사가 이야기하는 회색의 빈혈증 도덕, 시대를 주도하고 있는 합리주의, 좀스러운 정치주의에 신물이 나서 반도덕, 반사회주의, 반합리주의를 설파하는 니체의 삶의 기쁨, 삶의 자기 소진에서 막다른 골목에 와 있던 시민사회와 그 문화로부터의 돌파구를 보았던 것이다. 그러나 당시의 히스테릭한 니체로의 경도는 잘못 이해된 삶의 낭만주의에 기초하고 있었다. 일본에서도 다카야마 쵸규*(高山樗牛)의 니체론(메이지 34년) 이래로 미적 생활=니체주의=본능주의의 공식이 이루어져서 니체주의는 반그리스도, 반도덕의 본능주의, 향락주의의 동의어로서 유행했지만, 프랑스에서의 당초의 수용도 그것과 그다지 다른 것이 아니었다. 니체의 도덕 비판에서 자신들의 비도덕적 삶의 방식에 대한 허울 좋은 철학적 확인을 볼 뿐, 니체가 모든 병적인 것, 부패한

것에 대해 보낸 독기 있는 눈길이 사실은 그들 자신에게도 향해 있었다는 점에 대해서는 깨닫지 못한다. 탐미주의에서의 미와 추, 선과 악의 관계가 지금까지의 전통적 형식으로부터 철저하게 이반한 것인 한에서, 존재가 오로지 미적으로만 정당화된다고 하는 니체의 미학은 전통적인 형이상학적 해석으로부터의 단절, 독일 관념론˚, 예를 들어 예술미를 이념의 감성적 나타남으로 보는 헤겔˚의 구상으로부터의 이반으로서 받아들여지고 있었다. 탐미주의자들은 모더니티와 미를 결합하는 가능성을 여기서 보고자 했던 것이지만, 거기서 감성과 지성은 무관계한 것으로서 분리되어 있어, 그러한 의식이야말로 니체가 신의 죽음˚=니힐리즘˚으로 해석한 것이라는 점은 이해되고 있지 않았다. 니체 자신은 탐미주의를 '예술을 위한 예술'로서, "실재성을 비방하고 추한 것을 이상화"하는 "위험한 원리"라고 생각하고 있으며, 이러한 '아름다움을 위한 아름다움'을 '참을 위한 참', '선을 위한 선'과 더불어 현실을 바라보는 나쁜 눈길의 세 가지 형식이라고 한다[유고 Ⅱ. 10. 294]. 예술을 위한 예술은 가치조차도 호트러뜨리는 "삶의 최대의 자극제"라는 장질환적인 열병의 암시를 잊고서 "연못에서 자포자기의 목소리를 올리고 있는 차가운 개구리의, 저 명인예(名人藝)"인 것이다 [같은 책 Ⅱ. 11. 123f.].

탐미주의의 미적 감수성은 산업화한 자본주의 사회의 도덕적, 사회적 가치 질서의 피안에 서는 한에서 작품의 예술 가치와 시장 가치의 모순을 들추어내고, 낙천적인 진보 사상에 저항한다는 의미에서 사회 비판의 측면도 지닌다. 하지만 그와는 역으로 예술의 사회적 사명을 방기하여 진리 내용과 현실 내용과는 분리된 관념적인 미의 세계로 도피하고, 병적이고 도착적인 관능미에 탐닉하며, 퇴락과 섬세함이라는 예술적 유혹, 추악한 것이 지니는 모종의 마음 편한 자리의 좋음에 안주한다. 이러한 데카당스˚가 일면적인 니체 이해 하에서 삶을 긍정하는 입장으로 다시 만들어질 때, 다양한 왜곡된 형태가 나타나게 된다. 예를 들어 단눈치오의 『죽음의 승리』(Il trionfo della morte, 1894) 등에서는 보헤미안의 몰락 의식을 '초인˚'의 엘리트 의식으로 반전시키고 '초인'을 자기 식으로 죽음과 퇴폐 그리고 아름다움과 결부시키며 현실의 차원에 적용하고자 하여 파시즘의 광기에 접근해간다. "차라투스트라의 젊은 종족"이라고 말해진 게오르게˚에 대해서도, 나중의 30년대의 벤˚에 대해서도 마찬가지로 말할 수 있다. 역으로 토마스 만˚ 초기의 유미주의적인 산문 『토니오 크뢰거』(1903)에서는 니체 산문의 빛남도 아이러니의 필터를 통해 보게 되며, '금발의 야수˚'로부터는 야수성이 제거되어 육욕이 사랑해야 할 상징이라는 금발성만이 다루어진다. 니체가 말한 것은 토마스 만에게 있어서는 수사이며, 모든 나쁜 낭만주의적 자극에 대한 저항력을 부여해주는 것이었다. 그러나 유미주의자에 대해 일반적으로 말할 수 있는 것은 니체를 철학자로서가 아니라 새로운 미적인 생명 감정의 고지자로서만 보는 자세다. 예술의 의장을 쓰고서 철학할 수밖에 없었던 니체임에도 불구하고, 특히 호프만스탈˚과 후기 벤의 경우에는 철학자 니체가 표현 예술가 니체의 그림자에 가려져 버리며, 거기에 있는 것은 효과에 대한 본능, 온화하고 미묘한 음조로부터 귀를 찢는 듯한 팡파르에 이르기까지 모든 음역을 구사하는 교묘한 문필가, 언어의 자연스러운 선율에 대한 두드러진 감수성인바, 그 배후에서 미묘하게 흔들리고 있는 지성은 간과되고 있었다. ☞데카당스

—야마모토 유(山本尤)

『태양으로 날아오르다』(陽に翔け昇る, 위서)

니체가 예나대학 병원 정신과에 입원 중(1889. 1. 17-1890. 5. 13.)에 쓴 자전적 작품 「누이와 나」의 번역으로서 쇼와 31년 5월 31일자로 간행된 것, 역자: 十菱麟, 감수자: 丸田浩三, 발행자: 니체 유작 간행회, 서문과 본문 합쳐서 348쪽. 원전은 "My Sister and I", Translated & Introduced by Oscar Levy, Editor of the complete works of F. Nietzsche (1951)로 되어 있다. 뉴욕의 5번가 160번지에 있는 출판사라고 되어 있을 뿐, 회사명은 제시되어 있지 않지만, 조사해 보면 제임스 조이스의 『피네건스 웨이크』와 『율리시스』의 해적판을 낸 것으로 악명

높은 편집자 Samuel Roth의 Two Worlds Publishing Company이다. 영역하고 서문을 쓴 오스카 레비는 18권으로 이루어진 최초의 영역판 니체 전집의 간행자인데, 그의 서문에 따르면 이 원전은 다음과 같은 사정에서 성립했다고 한다. 니체는 1889년 1월 3일 토리노*에서 쓰러져 맞이하러 온 친우 오버베크*에게 이끌려 1월 10일에 바젤대학 병원에 입원하지만, 한 주가 지난 후에 어머니를 따라 예나대학 병원으로 옮긴다. 최초의 착란이 수습되고부터는 발화 능력은 저하되어 있었지만, 사고의 흐름은 명석하고 집필 능력도 있었다고 한다. 그는 누이 엘리자베트가『이 사람을 보라』*를 공표하지 않은 것에 초조해하며, 다시 한 번 자전적 작품을 쓰려고 생각했다. 그에게 호의를 보이고 있던 소상인 입원 환자의 자식에게 부탁하여 필요한 종이와 펜과 잉크를 손에 넣고 어머니와 누이의 눈을 피하여 이 원고를 쓰며, 그 소상인이 퇴원할 때에 가지고 나가 출판사에 보내주도록 했다. 그러나 부탁을 받은 쪽은 머리가 이상한 교수 선생의 부탁이기 때문에 진지하게 받아들이지 않으며, 그대로 자기 주위에 놓아두었던 것을 후년에 그의 자식이 캐나다로 이주할 때에 가지고 가 전직 목사로 고서를 좋아하는 고용주에게 보여준 이후에 이 원고가 햇빛을 보게 된다. 레비의 손에 다다른 것은 1921년 봄이며, 그는 그것을 영역하고 서문을 붙여 1927년에 뉴욕의 새뮤얼 로스에게 보냈다. 엘리자베트가 명예 훼손 소송을 걸 것이 예상되기 때문에, 영국에서의 출판을 바랄 수 없었던 것이다. 이후의 일은 본서의 말미에 붙어 있는 로스의 손으로 이루어진「간행자의 해명」에 의거하는 것이지만, 그는 1928년에 자신이 간행하는『두 세계 평론』(Two Worlds Monthly)에 이「누이와 나」의 다이제스트를 연재하려고 계획하고 그 예고를 내보냈던 것인데, 이것도 악명 높은 앤서니 콤스톡(Anthony Comstock)이 창립한 '뉴욕 악덕금압 협회'의 회원들이 몰려들어『율리시스』의 게재지 및 그 밖의 것들과 더불어 니체의 직필 원고를 가지고 나가 태워버리고 말았다. 레비의 원고와 서문은 가까스로 어려움을 벗어나 상당한 시간이 지난 뒤에야 겨우 발견되었다. 그것이 1951년에 이르러 출판되었다는 이야기다. 원문이 없을 뿐만 아니라 이 시점에서의 니체의 지식에 포함되어 있었다고는 도저히 생각될 수 없는 맑스*의『자본론』에 대한 언급이 보인다든지 하기 때문에 위서로 간주될 수밖에 없겠지만, 니체의 전기와 사상에 상당히 깊은 지식을 보여주는바, 헨리 밀러* 급의 상당한 필력을 지닌 위작자에 의해 이루어진 것일 터이다. 길고 짧은 다양한 자전 풍의 기술과 아포리즘으로 이루어져 있는데, 유년기에 시작된 누이 엘리자베트와의 근친상간, 루 살로메*나 코지마 바그너와의 정사를 적나라하게 고백하는 식의 대목도 있어 읽을거리로서 대단히 재미있으며, 하나의 니체 해석으로서도 읽을 수 있다.

─기다 겐(木田元)

텐느 [Hippolyte Adolphe Taine 1828-93]

프랑스의 철학자, 비평가, 역사가. 르낭*과 더불어 19세기 프랑스 실증주의*의 대표적 사상가. 그의 주저『영국 문학사』(전 3권, 1864)와『근대 프랑스의 기원』(전 6권, 1875-93)의 독일어역의 간행이 1877년부터 개시된 것을 계기로 니체는 78년부터 텐느를 읽기 시작했다. 유고에는 위의 역서들 외에『비평 및 역사논집』(전 3권, 1858-94)의 원서로부터의 인용도 발견된다. 공간 저서에서의 텐느라는 이름은『선악의 저편』* 254가 처음 나오는 것으로 니체는 이 책을 증정함에 있어 86년 9월 20일경에 처음으로 그에게 편지를 보내며, 10월 17일자의 호의적인 사례 편지를 받았다. 그 후 재간된『아침놀』*과『즐거운 학문』*의 증정에 즈음하여 87년 7월 4일에 쓴 편지에 대해서는 7월 12일자의 사례 편지가,『우상의 황혼』*의 증정 때에는 88년 12월 8일에 쓴 편지에 대해 12월 14일자의 사례 편지가 되돌아왔다. 일반적으로 니체 전기에서는 니체가 존경하는 텐느를 혹평한 것을 계기로 해서 로데*와의 우정이 파탄했다고 말해진다. 확실히 87년 5월 19일, 5월 23일, 11월 11일자의 로데에게 보낸 편지는 그와 같은 사연을 담고 있다. 그러나 니체는 스탕달* 평가에서의 공감을 제외하면, 텐느를 존경하고 있지 않았다. 그는 일반적으로 "작고 모나지 않은 사실 앞에 납작 엎드리는" 실증주의자를 비웃고 있었으며, 유고에서의 텐느에 대한 코멘트도 부정적이었다. 『이 사람을 보라』*에는 다음과 같은 부분도 있다. "예를 들면 친애하는 텐느는 헤겔이 망쳐버렸다. 텐느는 위대한 인간과 위대한 시기를 오해했는데, 이 오해는 헤겔 탓이다. 독일이 닿으면 문화가 **부패한다**."[『이 사람』 Ⅱ. 3] 텐느 쪽도 니체의 기질은 간취하고 있었을 것이다. 그의 사례 편지는 세 통 모두 정중하면서도 의례적인 짧은 것에 지나지 않았다. 그럼에도 불구하고 만년의 니체가 깊이 감사했던 것은 텐느가 어찌됐든 저서를 읽고서 답장을 주는 몇 안 되는 유명인들 가운데 한 사람이었기 때문일 것이다. 그런 의미에서 텐느는 니체에게 있어 부르크하르트*와 동렬의 존재였다. ☞실증주의, 로데, 스탕달

—시미즈 혼유(淸水本裕)

토리노 [Turin; Torino]

1888년 4월에 처음으로 토리노를 방문한 니체는 그야말로 금방 인구 30만에 가까운 도시에 있으면서도 안정된 모습을 보이며, 굉장한 궁전과 화려한 광장을 가지고 있는 이 도시에 호감을 품었다. 건조한 대기는 그의 건강에 적합했으며, 아케이드의 밑을 걸으며 독특한 "카페 하우스 문화"를 즐기고 포 강 연변의 풍경을 바라보면서 산책할 수 있는 이 거리는 "걷기에도 보기에도 고전적"인 "낙원"이었다[가스트에게 보낸 편지 1888. 4. 7.; 오버베크에게 보낸 편지 같은 해 4. 10.; 어머니에게 보낸 편지 같은 해 4. 20.]. 극장에서는 비제* <카르멘>이 상연되고 있으며, 여기서 그는 『바그너의 경우』를 마무리한다. 6월부터 9월 중순까지를 질스-마리아*에서 지낸 그는 다시 토리노로 돌아오며, 봄과 마찬가지로 거리 중심에 있는 카를로 알베르토 광장이 보이는 한 방에서 하숙했다. 흘러넘치는 태양빛, 노랗게 물든 나무들, 엷은 푸른빛의 하늘과 강, 맑디맑은 대기 — 토리노 가을의 완벽한 아름다움을 그는 무한히 펼쳐진 클로드 로랭*의 색채의 세계에 비유하고 있다[『이 사람』 XII. 3; 가스트에게 보낸 편지 1888. 10. 30.; 오버베크에게 보낸 편지 같은 해 11. 13.]. 후에 화가 키리코(Giorgio de Chirico 1888-1978)는 그의 회상록에서 자신은 니체에게서 "하늘이 맑게 개고 태양이 낮아져 여름보다 그림자가 길게 되는 가을 오후의 기분"을 느끼지만, 그것은 특히 "골라 뽑은 이탈리아의 도시 토리노"에서 발견된다고 말하고 있다. 니체 자신이 오버베크*에게 보낸 편지에서 "나는 지금 세계에서 가장 감사하고 있는 인간이다 — 말의 모든 좋은 의미에서 **가을에 어울리는** 심정이다. 요컨대 나의 위대한 **수확기**라는 것이다"라고 쓰고 있듯이[1888. 10. 18.], 토리노에서는 질스-마리아에서 시작한 '모든 가치의 가치 전환'의 책인 『안티크리스트』*가 마무리되며, 나아가 『우상의 황혼』*, 『이 사람을 보라』*, 『니체 대 바그너』와 같은 저작이 잇따라 완성되었다. 그러나 1889년 1월 초에 니체는 지인과 친우들 앞으로 이른바 '광기의 편지'를 써 보내며, 부르크하르트*의 경고를 받고서 토리노로 급히 간 오버베크는 방 안에서 벌거벗은 채 미쳐 날뛰는 니체의 모습을 발견했다고 한다. 광기의 발작을 일으켰을 때, 니체는 토리노의 거리에서 마부에게 채찍질을 당하는 말을 보고서 길을 가로질러 가 말의 목을 껴안고서 목소리를 높여 흐느꼈다고 하는 이야기가 전해지고 있지만, 도스토예프스키*의 『죄와 벌』의 한 장면을 떠올리게 하는 이 삽화의 진위의 정도는 확실하지 않다.

—오이시 기이치로(大石紀一郎)

참 ▷Anacleto Verrecchia, *Zarathustras Ende. Nietzsches Katastrophe in Turin*, Köln/Weimar/Wien 1986(Torino 1978).

퇴니에스 [Ferdinand Tönnies 1855-1936]

독일의 사회학자. 『게마인샤프트와 게젤샤프트』(*Gemeinschaft und Gesellschaft*, 1887)로 일찍부터 알려지는데, 그 기초에 놓여 있는 의지론(본질 의지와 선택 의지)은 젊은 날에 홉스, 스피노자*, 쇼펜하우어*, 그리고 니체로부터 받은 영향이 배경을 이룬다고 말해지기도 한다. 고전문헌학*이 학문상의 경력의 출발점이었

던 점도 있어서인지 니체가 그다지 알려져 있지 않았을 무렵부터 니체에 열중해 있었던 듯하다. 『자기 기술에서의 현대의 철학』 총서에 게재된 그의 자서전에는 이러한 열중의 정도를 알게 해주는 일화가 나온다. 1883년 여름, 그는 스위스로 향해 루 살로메*와 파울레*를 만나 니체와 개인적으로 알게 되고자 하지만, 당시 두 사람은 이미 니체와 절교 상태였다. 그 후 질스-마리아*에서 며칠간 머물며 개인적으로 알게 되지는 못했지만 니체와 몇 차례인가 조우하며, 그때 약시인 니체의 "가시와 같은 눈길이 자신에게로 향하는 것을 느꼈다"고 적고 있다(덧붙이자면, 그도 니체와 마찬가지로 루 살로메에게 구혼했다고도 말해진다). 퇴니에스에게는 『니체 숭배』(1897)라는 제목의 니체 비판의 소책자가 있다. 세기말*의 니체 붐과 더불어 니체 자신에 대한 비판을 의도한 것으로, 사회학적 시점에서 행하는 니체론으로서는 상당히 이른 시기의 것이다.

―기마에 도시아키(木前利秋)

📖 ▷Ferdinand Tönnies, *Der Nietzsche-Kultus. Eine Kritik*, Leipzig 1897, Neudruck: Berlin 1990.

트라이치케 [Heinrich von Treitschke 1834-96]

베를린대학 교수로 종사하고, 랑케(Leopold von Ranke 1795-1886) 사후에는 프로이센 국가의 역사 기술관이 된 트라이치케는 만년의 니체에게 있어서는 협애한 독일 내셔널리즘의 대표자이자 소시민성과 속류 그리스도교 도덕과 호엔촐레른가 찬미의 이를테면 삼위일체를 체현한, 가장 증오해야 마땅하고 문화와는 가장 인연이 없는 존재였다. 그 점에서는 바그너*와 궤를 같이 한다고 여겨지고 있었다. 『이 사람을 보라』*에서도 바그너를 논한 부분에서 비난받고 있는 것은 우연이 아니다. "독일에서 '깊다'고 불리는 것은 내가 말하고 있는 바로 그것, 즉 자기 자신에 대한 본능적 불결인 것이다. …… 프로이센의 궁정에서 트라이치케 씨가 깊이 있다고 여겨지는 것은 염려할 만한 일이다."[『이 사람』 XIII. 3] 또는 "프로이센적인 우둔"[『선악』 251]

의 대표자로 생각되고 있기도 하다. 실제로 트라이치케는 작센 왕국 출신임에도 불구하고, 비스마르크*의 성공을 실제로 보게 되자 프로이센 주도의 독일 통일에 찬성하여 고향의 양친과 완전히 결렬되게 될 정도였다. 또한 1871년 이후에는 10여 년에 걸쳐 제국 의회에 자리를 차지하고서 사회주의*에 맞서 날카로운 논진을 펼치며, 반유대주의*적인 저작도 쓰고 있다. 1887년 빌헬름 1세(1797-1888)의 탄생일에 즈음하여 "프리드리히 대왕(1712-86)의 관과 빌헬름 1세 황제의 요람 사이에는 불과 11년의 시간적 거리밖에 없다"로 시작되는 축사에서 프리드리히의 국가와 독일 제국의 연속성을 강조하고, 독일의 역사의식은 공허한 자연법과 세계시민의식을 넘어선다고 단정하며, "자유로운 왕 아래의 자유로운 국민 ― 이것이야말로 우리가 프로이센의 자유라고 부르는 바의 것이다. …… 우리는 외국에서 자유로운 기질로서 자만의 대상인 저 불신의 가르침을 무시하는 것이다"라고 호언한다. 그리고 "독일의 왕좌를 위해서는 최강이자 가장 탁월한 우수한 인간이 가장 적절하다고 겸허히 생각한다"고 하는 발언에는 반프랑스론, 반유대주의로 연결되는 점이 충분히 놓여 있다. 그리고 이러한 허구의 연속성의 선전, 반프랑스론, 반유대주의를 니체는 대단히 혐오했다. 하지만 20세기의 게르만 신화 속에서는 니체와 트라이치케 사이의 이러한 중요한 차이가 무시되는바, 니체에게도 어떤 강자 절대의 사상과 트라이치케적인 역사 이데올로기가 유착되어 수용된 점도 잊혀서는 안 된다.

―미시마 겐이치(三島憲一)

〈트리스탄과 이졸데〉 [Tristan und Isolde. 1859년 성립; 1865년 초연]

1861년, 16세의 니체가 처음으로 만난 바그너*의 작품이 피아노 발췌판의 〈트리스탄〉이었다. 그 후 니체는 1868년에 라이프치히*에서 처음으로 바그너를 만나는데, 그 10일 전에 들은 바그너의 작품이 역시 〈트리스탄〉이었다. 니체와 바그너의 해후에는 〈트리스탄〉을 둘러싼 인연이 작용하고 있는 듯이 생각된다. 그것이

한갓 추측이 아닌 근거로서 『비극의 탄생』*의 21장에 나오는 <트리스탄>에 대한 오마주를 들 수 있다. 잘 알려져 있듯이 이 책에서 니체는 예술*에서의 두 가지 서로 대립하는 원리로서의 '아폴론*적인 것'과 '디오니소스*적인 것'을 제시한다. 그리고 그가 지향하는 비극 예술에서는 '디오니소스적인 것'과 '아폴론적인 것'의 공동 작용이 추구된다. 그것은 '디오니소스적인 것'의 발현이 '미적 가상'에 매개되어야만 한다는 것과 같은 뜻이다. 니체는 이것을 '디오니소스적인 것'으로서의 음악이 비극에서 스스로와 관중 사이에 '비유'를 정립하는 것으로 파악한다. 이 비유에서 음악은 역으로 '디오니소스적인 것'의 자유를 얻는 것이다. 그러면 이 비유란 무엇인가? 니체는 그것을 '신화*'로 규정한다. '신화'로서의 비유에서 음악의 디오니소스적인 환기시키는 힘과 미적 가상의 비할 데 없는 융합이 가능해진다. 이러한 비극 예술의 현대에서의 예증을 니체는 <트리스탄>에서 보았던 것이다. 운명의 실에 유혹되어 금단의 사랑의 기쁨에 떨어져 가는 영웅 트리스탄과 공주 이졸데의 이야기는 '죽음에의 에로스'라는 디오니소스적 충동을 신화라는 틀을 통해 대단히 순수한 예술 표현에로 승화시킬 수 있었다는 점에서 바그너의 작품 전체 가운데서도 으뜸감과 동시에 니체의 비극 개념의 범례가 되고 있다. 후년에 바그너 비판으로 전환하여 다른 작품에 대해서는 가차 없는 비판을 전개한 니체지만, <트리스탄>에 대해서만큼은 비판적 언사를 남기고 있지 않다. 니체의 이 작품에 대한 생각의 깊이를 증명하고 있다고 말할 수 있을 것이다.

—다카하시 준이치(高橋順一)

프

〈파르지팔〉 [Parsifal. 1882 성립·초연]

바그너* 최후의 음악극 — 정확하게는 '무대 신성 축전극'—〈파르지팔〉은 볼프람 폰 에셴바흐의 『파르치발』(*Parzival*) 등을 소재로 하여 1877년 대본이 작성되고, 나아가 1882년 작곡이 완성되어 같은 해 7월 바이로이트*에서 초연되었다. 바그너가 이 작품의 대본을 니체에게 헌정한 것과 니체가 『인간적』*을 바그너에게 헌정한 것이 동시였다고 하는 유명한 일화가 있지만, 엄밀하게는 약간의 어긋남이 있다. 어쨌든 이 작품에 의해 바그너와 니체의 결별은 결정적인 것이 되었다. 성배 전설에 의지하는 이 작품은 '무구한 어리석은 자의 동정*에 의한 죄의 구원이라는 대단히 그리스도교*적·종교적인 주제를 다루고 있다. 만년의 바그너에게서 종교 전통에로의 이러한 회귀는 이미 결정적인 것으로 되어 있던 니체의 바그너에 대한 혐오를 한층 더 확실한 것으로 만들었다. 니체에게 있어 〈파르지팔〉은 정신과 도덕의 이름으로 관능에 대항하고, 모든 과잉한 것, 정열, 힘의 현전을 '이상'과 '영혼'과 같은 도착적인 초월성 아래로 눌러 넣고자 하는 '금욕주의적 이상'에로의 바그너의 회귀를 가장 선명하게 증명하는 작품이었다. 다시 말하면 〈파르지팔〉은 바그너의 데카당스* 그 자체에 다름 아니었던 것이다. 『도덕의 계보』* 제3논문의 제3절에 그러한 니체의 〈파르지팔〉관이 가장 집중적으로 서술되어 있다. 우선 니체는 〈파르지팔〉이 과연 진지하게 받아들여질 수 있는 것인가라는 물음을 제기한다. 이 작품은 바그너가 떠맡고자 한 '비극적인 것'을 웃어넘기는 패러디가 아닌가? 만약 그렇다면 이 작품에는 구제의 여지가 있다. 하지만 만약 바그너가 어디까지나 진지했다고 한다면. 그때 〈파르지팔〉은 "인식과 정신과 감각에 대한 터무니없는 증오"를, "감각과 정신에 대한, 증오와 호흡이 하나가 된 매도"를, "예술의 최고의 정신화와 감각화를 지향해 온 예술가의 자기 부정, 자기 말살"을 의미하는 것으로 된다. 이러한 말에는 근대(moderne)의 첨예한 문제 권역으로부터 뒤로 물러서려고 하는 바그너에 대한 니체의 분노가 나타나 있다. 그럼에도 불구하고 거기에는 만년의 거장의 원숙한 음악의 부정하기 어려운 매력에 대한 초조함도 존재하는 것으로 생각된다.

—다카하시 준이치(高橋順一)

파스칼 [Blaise Pascal 1623-62]

오버베크*는 니체가 일찍부터 파스칼에 관심을 지니고 있었다고 말하지만, 비로소 파스칼을 진지하게 읽은 시기는 특정하기 어렵다. 그렇지만 1872년 겨울부터 다음 해 봄에 걸쳐 주의 깊게 읽은 것은 확실하다. 그 영향은 D. 슈트라우스* 비판(『반시대적 고찰』*의 제1논문)에서 엿볼 수 있다. 슈트라우스의 저작을 환영하는 현대의 강단에 자리 잡고 있는 사람들이 "이 인생이 영원한 계속을 보증 받고 있다는 듯이" 학문*을 영위하고 있는 사태를 비판함에 있어 파스칼에 의거하고 있다. "그런데 파스칼은 대체로 사람들이 모든 고독*과 모든 현실적 여가가 그들에게 끈질기게 강요하는 가장 중요한 물음들로부터 도망치기 위하여 그토록 열심히 업무와 학문에 종사한다고 생각한다. 그것은 바로 인간은 무엇 때문에 어디서 와서 어디로 가는가 하는 물음이다."[『반시대적』 Ⅰ. 8] 말할 필요도 없이 파스칼의 위락(慰樂, divertissement)의 사상[예를 들면 『팡세』 143]이 토대가 되고 있다. 하지만 이러한 파스칼의 '실존적' 자세에 대해 니체는 그다지 관심을 보이고 있지 않다. 교양속물*에 대항하여 자기가 바그너* 속에서 간취한 문화, 요컨대 "최고의 인간 전형에 의한 구제"의 모티브, 예술*에 의한 구제의 모티브를 논의하는 데서는 확실히 파스칼은 어울리지 않는다는 느낌을 준다. 그러면서도 현대 문명의 떠들썩함을 비판할 때에 파스칼을 끌어들이는 보수적인 문화주의의 상투적 수단이 이미 시작되고 있는 것도 틀림없다. "우리가 혼자 조용히 있을 때 무언가 귀에서 속삭이는 것이 겁이 난다. 그래서 우리는 고요함을 싫어하고 사교로 귀를 먹게 한다"[『반시대적』 III. 5]와 같은 문장에서는 위락 사상의 반향이 간취된다. 또한 거의 같은 무렵의 「도덕 외적인 의미에서의 진리와 거짓에 대하여」에서도 꿈의 문제로 논지가 옮아가는 부분에서 『팡세』 386이 인용되고 있다. 매일 밤 수면 중에 왕이 되는 꿈을 꾸는 직인과, 역으로 직인 생활을 하고 있는 꿈을 매일 밤 꾸는 왕은 등가라고 하는 파스칼이다. 여기에는 인생이 일장춘몽이라고 하는 17세기의 모티브가 놓여 있지만, 그것에 대항하여 니체는 이 삶*의 전체를 아름다운 가상*에 의해 구제한 그리스인을 묘사하고 있다.

『아침놀』* 이후 니체가 힘의 감정에 대해 고찰을 심화시키는 가운데 파스칼은 점차로 양의적인 위치를 차지하게 된다. 금욕주의자가 자기 자신을 수단으로 하여 맛보는, 희미한 쾌락으로 채워진 권력*, 자기에 대한 잔학이 가져오는 도착적인 욕망*의 만족을 분석하는 것에 의해 니체는 르상티망*의 무딘 빛을 눈 밑에 간직하는 그리스도교도에 대한 비판을 행한다. 하지만 그것과는 별개로 그러한 종교의 창립자와 성인들에 대해서는 '적이지만 훌륭하다'와도 비슷한 일정한 평가를 내리게 된다. 사제들 옆을 말없이 지나가도록 한 후의 차라투스트라의 탄식 "저들 가운데도 영웅은 있다. 너무나도 많은 고통을 받아온 자도 많다. …… 나의 피는 저들의 것과 아주 가깝다"[『차라투스트라』 II 4]는 그것을 잘 보여준다. 금욕주의자의 자기도취

와 자기에 대한 승리감, 그리고 결과로서의 애석히 여겨야 할 자기파괴, 그 대표적인 예야말로 후년의 니체에게 있어서의 파스칼인 것이다. "우리가 '더 높은 문화'라고 부르는 거의 모든 것은 잔인함이 정신화되고 심화한 데 바탕을 둔 것이다. …… 자기 자신에게 고통*을 주고 자기 자신을 스스로 괴롭힌다는 것에도 풍부한, 넘칠 정도의 풍부한 즐거움이 있다.— 그리고 페니키아인이나 금욕주의자에게서처럼, 오직 인간이 **종교적인** 의미로서의 자기 부정이나 자기 훼손을 하도록, 또는 일반적으로 관능과 육체를 부정하고 참회하도록, 청교도적인 참회의 발작, 양심*의 해부, 파스칼적인 지성을 희생하도록 설득되는 경우 그는 자신의 잔인함에 의해 **자기 자신을 향한** 저 위험한 잔인성의 전율에 은밀히 유혹되고 앞으로 내몰리는 것이다." [『선악』 229] 여기에는 니체가, 가치설정을 이루고 규범으로 강제하는 정신적인 것으로서 힘에의 의지*를 이해하고 그 위에서 모든 것은 힘에의 의지라고 하여 긍정하고 있었던 것의 문제성이 놓여 있다. 요컨대 이 지상의 삶의 풍부함에 대한 긍정은 반드시 가치설정적인 의지의 긍정으로 되는 것은 아님에도 불구하고, 니체는 삶이 그대로 힘에의 의지라고 했기 때문에, 그리스도교*의 영웅들에 대한 취급에서 고생하게 되었던 것이다. 그러나 동시에 그것은 위대함과 도착의 사실 문제로서 존재하는 친화 관계에 대한 감수성을 높이는 것으로 되기도 했다. 그 전형적인 예가 파스칼이다. 만년의 유고에는 이렇게 되어 있다. "그리스도교가 파스칼과 같은 인간을 몰락*으로 이끈 것은 결코 허락되어서는 안 된다. …… 힘에의 의지, 인간이라는 종 전체의 성장에의 의지가 한 걸음을 나아가게 하는 그러한 강한 질의 예외적 인간, 행운의 인간이 그리스도교적인 이상에 의해 몰락에로 위협 당했던 것이다. …… 우리는 그리스도교에서 무엇을 몰아내기 위해서 싸우고자 하는 것일까? …… 요컨대 그리스도교가 고귀*한 본능*에 독을 넣어 병들게 하는 기술을 지니고 있는 것, 바로 그것이다. 그 독이 넣어진 결과 본능의 힘, 즉 힘에의 의지가 후퇴하게 되어 자기 자신에게로 향하며, 강자가 자기 경멸 및 자기에 대한 잘못된 대처

라는 방탕 때문에 몰락하고 마는 것이다. 그것은 저 몸서리치는 듯한 몰락이지만, 그것의 가장 유명한 예는 파스칼이 보여준다.'[Ⅱ. 10. 331f.] 그로부터 많은 것을 배우고, "거의 사랑하고 있다"고까지 파스칼에 대해 말하며, "유일한 논리적 그리스도교도"라고 형용할[브란데스에게 보낸 편지 1888. 11. 20.] 정도이지만, 파스칼에 대한 태도의 양의성은 심리학적인 힘에의 의지의 사상 틀이 지니는 문제성과 밀접하게 서로 얽혀 있다. ☞체계, 그리스도교

—미시마 겐이치(三島憲一)

참 ▷Ludwig Klages, *Die psychologischen Errungenschaften Friedrich Nietzsches*, Leipzig 1926.

파운드 [Ezra Loomis Pound 1885-1972]

미국의 시인 에즈라 파운드는 W. B. 예이츠*의 비서로서 1913년부터 16년까지 겨울철에 영국 서식스 주의 작은 마을의 별장 '스톤 코티지'에서 공동생활을 영위하며 주로 오컬트 연구에 종사했다. 파운드가 니체를 알게 된 것은 이 기간 중에 예이츠를 통해서일 거라고 추측된다. 당시 예이츠는 세기말 이래의 오컬트 사상에 대한 관심과 니체 체험을 어떻게 결부시킬 것인가 하는 문제에 직면해 있었다. 한편 파운드는 예이츠와 만나기 이전부터 스베덴보리(Emanuel Swedenborg 1688-1772)를 읽고 있어 예이츠가 20년 만에 스베덴보리를 다시 읽은 것은 파운드에게 권유를 받고서였다고 한다. 예이츠에게 감화되어 니체를 읽은 파운드가 니체를 어떻게 파악했는지에 관해서는 상세하지 않지만, 예이츠와 마찬가지로 스베덴보리 등의 신비학 연구자 전통에 연결되는 신비가로서 보고 있었던 것이 아닐까 하고 말해진다. 그러나 예이츠만큼은 니체를 높이 평가하지 않았던 듯한데, 그 일단은 「르미 드 그루몽론」(1915)에서 "니체가 프랑스에서는 아무런 해악도 주지 않은 것은 거기서는 사고가 행동과는 별개로 존재할 수 없다고 이해되고 있기 때문일 뿐이다"라고 말하고 있는 것에서도 엿볼 수 있을 것이다. 요컨대 파운드에게 있어 니체는 사고와 행동이 분열된 불건강한 관념론

자라고 하는 식으로 받아들여지고 있었다고도 생각되는 것이다. 사고와 행동의 일치에 무엇보다도 유의하고 있던 파운드에게 니체는 반드시 감탄해야 할 존재는 아니었다. 흥미로운 것은 예이츠가 파운드를 니체적인 인간으로 보고 있었다는 점이다. 예이츠에게 있어 파운드는 니체적인 초인*이 될 수 있는 존재, 새로운 시대의 도래를 알리는 선구자였기 때문이다. 그 점은 파운드의 경우 대중 혐오와 민주주의 비판의 형태를 취해 나타났다고 바꿔 말할 수도 있을 것이다. 초인이기를 원한 파운드가 파시즘 사상의 지지자가 되어간 것은 거기서 유래하는 것이다.

—후지카와 요시유키(富士川義之)

파이힝거 [Hans Vaihinger 1852-1933]

『순수이성비판』의 상세한 주석서(1881-92)와 잡지 『칸트 연구』의 창간(1897), 칸트 협회의 설립(1905) 등을 통해 칸트 철학의 재흥에 크게 공헌함과 동시에, 다른 한편으로는 관념론적인 실증주의* 입장에서 『……처럼의 철학』(*Die Philosophie des Als Ob*, 1911)을 슬로건으로 하여 허구주의(Fiktionismus)에 의거하는 독특한 프래그머티즘을 전개한 독일의 철학자. 파이힝거는 본래의 현실을 감관에 직접적으로 주어지는 것에만 한정하는 감각주의적인 진리관을 논의의 기초에 둠으로써 칸트*가 경험의 대상을 본래 가능하게 하기 위한 구성적인 원리로서 도입했던 지성의 원칙도 단순한 규제적 내지 발견법적인 원리라고 다시 해석하고, 이론적인 판단은 모두 개념에 의한 현실의 위조로서의 허구에서 성립한다고 주장한다. 그렇지만 그에게 있어 좀 더 중요한 것은 이 허구가 우리의 삶에 있어서는 마치 참인 '것처럼' 간주되는 유용하면서 불가결한 것이고, 또한 그것은 경험과학의 진보에 구체적으로 기여함으로써 정당화되기도 한다는 점이다. 따라서 삶에 있어 유용한 허구를 매개로 하여 획득되는 사유 일반의 성과로서의 인식은 관조적·이론적이라기보다 오히려 제1차적으로는 실천적인 관점에서, 더욱이 실제의 역사 과정 속에서 발견되는 구체적인 주체의

목적 활동에 입각해서야 비로소 그 본질이 파악되게 된다. 그의 철학은 인식 활동이 자기 목적적으로가 아니라 오히려 대상을 조작·제어·지배하는 방향에서 영위된다고 지적하고 있어, 산업사회가 대규모로 발전해 가는 가운데서 시대 진단적인 의의를 지니고 있다는 점과 관련해서는 충분히 평가받을 수 있지만, 인식의 실용적인 측면을 오로지 강조함으로써 인간들 사이의 상호 이해로 향하는 인식의 다른 존재방식을 등한시하는 결과도 동시에 이끌어 들이게 되었다. 또한 그는 니체가 주장하는 삶의 권력 충동을 가상*에의 의지라는 관점에서 파악함으로써 스스로의 철학을 니체의 논의의 연장선상에 자리매김하고 있으며, 『철학자로서의 니체』(Nietzsche als Philosoph, 1902)라는 저서도 있다. ☞ 가상

—구쓰나 게이조(忽那敬三)

페미니즘[여성 해방]

니체의 시대에는 계몽 이래의 여성*의 해방 운동이 활발해져 있었다. 같은 바젤*에 사는 바흐오펜*은 『모권론』을 공개하고, 남성 지배 이전에 여성 지배의 시대가 있었다는 것을 제창했다. 그것이 모건(Lewis Henry Morgan 1818-81)을 거쳐 엥겔스(Friedrich Engels 1820-95)에 의해 소개되어 사회주의자들 사이에서 공명을 얻었다. 베벨(August Bebel 1840-1913), 바쿠닌(Mikhail Aleksandrovich Bakunin 1814-76)도 페미니즘 운동을 지원 사격했다. 여성 해방은 사회주의자들 사이에서뿐만 아니라 상류 부인층의 문화 살롱에서도 활발히 논의되었다. 니체와 루 살로메*와 파울 레* 사이의, 이른바 삼위일체 관계에서 중간 역할을 한 마이젠부크*도 당시의 여성 해방 운동의 기수였다. 그러나 니체의 페미니즘에 대한 태도는 엄격하며, 그의 아포리즘*에는 반페미니즘이 관철되어 있다. 이것은 그가 심취한 쇼펜하우어*의 여성 혐오에서 유래한다. 쇼펜하우어로부터 니체에 이르는 이러한 반페미니즘 전통은 『성과 성격』(Geschlecht und Charakter, 1903)을 쓰고서 자살한 바이닝거*로 계승되고 있다.

니체는 동시대의 여성이 생물학적으로 퇴화하고 그것과 연관하여 성격이 타락해 있다고 판단한다. 동시대의 여성을 병적이라고 본 것이다. 이 퇴화의 원인은 남성에 있다. 남성적인 자가 적어지고 있기 때문에 여자들이 남성화된다. 오늘날의 여성은 경제적·법률적으로 독립을 추구하고자 애쓰고 있지만, 이것은 여성의 쇠퇴이다. 남자와 여자의 관계는 양자의 심원한 대립과 영원히 적대적인 긴장을 지닌 것이다. 그에 맞서 남녀의 평등의 권리, 교육의 균등, 주장과 의무의 평등을 몽상하는 것은 허약한 두뇌의 소유자가 하는 일이라고 한다.

니체는 현대의 퇴화한 여성을 복원시키는 이상적인 상을 그리스의 여성에게서 찾았다. 건강과 힘과 품위를 지니는 그녀들은 초인*과 양립하는 여성이다. 그 연원을 오리엔트의 여성에게서 찾고 있는 것도 주목해야 할 점이다. 니체의 사상에는 그리스 문화를 남성 문화로 볼 만큼 남성 측에서 보는 시각이 강하게 작용하고 있다. 그리스의 동성애에 대한 공명도 그렇다. 그로 인해 동일한 반페미니즘을 공유한 바이닝거는 니체에게 영향을 받았음에도 불구하고, 니체가 여성을 사회와 남성을 위해 이용하고 있다고 보고 비판한다. ☞ 여성과 결혼, 바이닝거, 바흐오펜

—우에야마 야스토시(上山安敏)

페시미즘 [Pessimismus]

페시미즘이라고 하면, 니체가 아니더라도 쇼펜하우어*라는 이름이 떠오른다. 쇼펜하우어는 1850년대에 1848년 혁명의 좌절에서 발단하는 폐쇄된 시대 분위기로부터 한 시기에 붐처럼 읽혀졌다고 한다. 뢰비트*는 이러한 사정을 다음과 같이 전해준다. "'페시미즘'과 '옵티미즘'은 시대의 표어가 되었다. 왜냐하면 그것들은 체념과 불만 및 더 좋은 시대에 대한 원망을 멋들어지게 표현했기 때문이다." 사람들이 그 출발점에서 무엇을 발견했든지 간에 거기서 공통된 것은 "생존(Dasein) 그 자체가 문제로 되어 있었다는 점에 놓여 있다. 그중에서도 특히 쇼펜하우어는 시대의 철학자가 되었

다.'[『헤겔에서 니체로』] 니체도 이러한 '생존 그 자체의 문제화'라는 시대감각을 접한 곳에서 쇼펜하우어의 염세관을 만나게 되었다. 그렇지만 쇼펜하우어 자신은 『의지와 표상으로서의 세계』에서 페시미즘이라는 말을 자주 사용하지는 않는다. 스스로 페시미스트라고 칭한 경우도 없다. 니체가 이 말을 연이어 내뱉은 것과는 크게 다르지만, 어쨌든 니체에게 있어서의 페시미즘이 좋든 나쁘든 우선 쇼펜하우어의 존재와 그것이 상징한 시대의 분위기와 더불어 생각되고 있었던 것은 확실하다. 초기에는 숭경해야 할 스승으로서, 후기에는 타기해야 할 적으로서 쇼펜하우어(및 바그너)로 상징되는 페시미즘이 니체의 염두에서 떠나지 않았던 듯하다.

『비극의 탄생』*에서는 우선 서문의 「자기비판」에 있는 "강함의 페시미즘"이라는 표현이 눈에 들어온다. 하지만 이것은 후년에 덧붙여진 서문 속에 있는 것으로, 같은 표현이 본문에서는 발견되지 않는다. 본문 쪽에서 눈길을 끄는 것은 오히려 소크라테스*를 공격할 때의 "이론적 옵티미즘"이라는 표현이다. 이것과 조화를 이루어 니체는 "실천적 페시미즘"이라는 것에 대해 언급하고 있지만, 이것은 인간의 에너지가 이론적인 인식에 사용되지 않고 개인과 민족의 실천적인 목표로 향해진 경우에 절멸적 전투와 민족 살육을 위해 삶*의 본능적 욕구의 약화를 초래하는 사태를 가리켜 말한 것으로, 이론적 옵티미즘에 대립한다기보다 그것과 상보관계에 놓여 있다. 소크라테스 류의 낙관주의적인 인식과 대립하는 것은 "비극적 인식", "디오니소스*적 지혜"라고 말해지는 것일 터이다. 예를 들어 「소크라테스와 비극」이라는 제목의 강연에서는 소크라테스의 변증법*과 그리스 비극을 대조시켜 "변증법은 그 본질의 근저에서 옵티미즘적"인 데 반해, "비극은 동정이라는 깊은 샘으로부터 발생한 것이기 때문에 그 본질상 페시미즘적"이라고 말한다. "비극 속에서 현존재는 매우 두려워해야 할 것이며, 인간은 매우 어리석은 자이다. …… 〔비극의 주인공은〕 맹목적으로 머리를 가린 채로 자신의 재앙 속으로 날아 들어가는 것이다. 그리고 그가 이제 막 인식한 이 두려워해야 할 세계 앞에 잠시 멈춰 섰을 때의 절망적이지만 고귀한 태도는 마치 가시처럼 우리의 영혼에 꽂히는 것이다." 니체가 후에 '강함의 페시미즘'이라고 부른 것은 이러한 비극적 인식에서 나타난다.

그런데 『비극』에서 이론적 옵티미스트라고 말해진 동일한 소크라테스가 『즐거운 학문』*에 이르면 완전히 바뀌어 페시미스트로서 등장한다. "그 무언가가 저 마지막 순간에 그의 혀를 풀리게 하여 그는 이렇게 말했다. '오 크리톤, 나는 아스클레피오스에게 닭 한 마리를 갚아야 하네!' …… 항상 쾌활하고 그 누가 보아도 군인처럼 살았던 그가 실은— 염세주의자였던 것이다! 그는 삶에 대해 좋은 표정을 짓고 있었지만, 일생 동안 그의 궁극적 판단, 그의 가장 내밀한 감정을 숨기고 있었던 것이다!"[『학문』 340] 니체는 여기서 '강함으로서의 페시미즘'에 대한 '쇠퇴로서의 페시미즘'의 징후를 보고 있다.

옵티미즘 대 페시미즘이라는 도식 대신에 두 개의 페시미즘을 구별하여 대립시키게 된 배후에는 니체가 쇼펜하우어와 바그너의 페시미즘으로부터 거리를 두게 된 경위가 놓여 있다. 『학문』의 니체는 양자를 낭만주의적 페시미즘으로 단정하면서 거기서 병고로 괴로워하는 자의 '영원화에의 의지'를 간취한다. "그러한 의지는…… 자신의 고통이 지니는 특수성을 구속력 있는 법칙과 강제력으로 규정하려 하며, 모든 사물에…… 자신의 고문의 상을 찍어 누르고, 강제로 각인하며, 불로 지져 새김으로써, 말하자면 이것들에게 복수를 한다.'[『학문』 370] 니체에게 있어서의 페시미즘은 이러한 "낭만주의적 허위와는 대조적인…… 과감한 페시미즘"[『인간적』 II 서문 2]이어야만 한다. "나는 낭만주의적 염세주의……에 대해서 제대로 반박하고자 한다. 비극적인 것과 염세주의의 의지가 있는데 그것은 강한 지성(취미, 감정, 양심)이 지닌 엄격함의 징후다. 이 의지를 가슴속에 지니고 있는 사람은 모든 삶에 고유하게 존재하는 공포스러운 것, 의심스러운 것을 두려워하지 않는다. 오히려 그것을 추구한다. 그러한 의지의 배후에는 용기와 긍지 그리고 거대한 적을 원하는 욕구가 숨어 있다."[같은 책 서문 7] 니체는 이것을 '디오니소스적 페시미즘'이라고도 부른다.

80년대의 유고 단편에서 니체는 이러한 자기의 페시미즘을 다음과 같이 말하고 있다. "나는 페시미즘을 그 깊은 곳까지 꿰뚫어 생각하고자 노력해 왔지만, 그것은 쇼펜하우어의 형이상학*에서 우선 최초로 내가 만난 저 페시미즘의, 반은 그리스도교적이고 반은 독일적인 협소함과 단순함으로부터 페시미즘을 해방시키기 위해서인바, 인간이 페시미즘의 최고의 표현을 아는 것에 의해 이 사고법을 견딜 수 있게 되기 위해서였다." 이러한 '세계 부정적인 사고법'은 종래의 최고의 가치들을 파괴하고, "궁극적 니힐리즘*에까지 이르는 페시미즘"이다. 그러나 니체는 이 '세계 부정적인 사고법'에서 모든 것을 끝내고자 하지 않는다. 그는 이것과 전혀 거꾸로 된 이상, 즉 "모든 가능한 사고법 중에서 가장 불손하고 생생하며 세계 긍정적인 사고법"도 추구한다. "나는 이 사고법을 기계주의적인 세계관을 철저히 깊이 생각하는 가운데 발견했다. ...... 영원회귀*의 세계 — 요컨대 영원의 반복(da capo) 속에 있는 우리 자신을 포함하여 — 를 유지하기 위해서는 실제로 세계에 대한 가장 좋은 유머가 필요하다."[Ⅱ. 8. 284f.]

초기의 니체는 실천적 페시미즘과 상보적인 이론적 옵티미즘에 대립하는 것으로서 비극적 인식을 구상했지만, 후기에 이르면 쇠퇴로서의 페시미즘, 낭만주의적 페시미즘에 대항시켜 '디오니소스적 페시미즘'의 '세계 부정적인 사고법'과 '세계 긍정적인 사고법'의 (통일되지 않는) 이원성을 끝까지 파고들고자 했던 것이다. ☞쇼펜하우어, 니힐리즘

—기마에 도시아키(木前利秋)

페트로니우스 [Gaius Petronius Arbiter ?-66]

고대 로마의 황제 네로의 궁정에서 '취미의 심판자'(arbiter elegantiae)로서 존중받았지만, 네로 전복의 혐의를 받아 자살로 내몰린다. 소설 『쿠오바디스』에는 그의 우아한 생활이 그리스도교도와 대조적으로 묘사되어 있다. 페트로니우스의 소설 『트리말키오의 향연』(C

ena Trimalchionis)에는 무취미한 벼락부자가 아무리 애를 써 취미*를 꾸미더라도 소용없다는 것이 경쾌한 풍자로 묘사된다. 그 밖에도 야유의 문장 단편이 전해지지만, 니체는 '취미의 심판자'로서보다 경쾌하고 야유로 가득 찬 문체를 사랑했던 듯하다. 『선악의 저편』* 28번에서는 독일어로 번역할 수 없는 소탈하고 즐거운 문체의 예로서 아리스토파네스(Aristophanes ca. 445-ca. 385 B.C.)와 더불어 페트로니우스가 거론된다. "결국 그 누가 지금까지의 어느 위대한 음악가보다 훌륭한 창의와 발상, 말에 있어서 빠른 속도의 장인이었던 페트로니우스를 감히 독일어로 번역할 수 있겠는가." 『안티크리스트』* 46절에서도 성서*와 정반대의 "가장 기품 있고 가장 원기 발랄한 조롱꾼"으로서 페트로니우스가 자리매김 되며, 나아가 유고에서도 역시 성서와 대조시켜 페트로니우스에게 있어서는 성서의 입장에서 보면 큰 죄가 아닌 것은 하나도 이루어지지 않고서는, 또한 쓰이지 않고서는 끝나지 않음에도 불구하고, 경쾌한 발걸음의 탁월한 정신이 느껴진다고 하는 것이 말해지고 있다[Ⅱ. 10. 111]. 네로의 박해 속에서 교세를 확대하는 그리스도교도와 사멸해가는 고대 세계의 최후의 세련됨을 대표하는 페트로니우스의 대조가 자주 이루어지지만(『쿠오바디스』는 그 전형), 니체도 그 노선에 따라 성서와 그를 문체에서 비교하고 있었다. ☞성서

—미시마 겐이치(三島憲一)

편견偏見 ⇨선입견{편견}

평등에의 의지平等—意志

니체가 공표한 저작에 '평등에의 의지'라는 표현이 자주 나오는 것은 아니다. 그러나 근대의 평등사상에 비판적이었다는 것은 그의 발언으로부터 분명히 읽어낼 수 있다. 이 표현이 등장하는 것은 『차라투스트라』* 제2부 「타란툴라에 대하여」라는 제목의 절에서이다. 타란툴라*란 사회주의*·민주주의* 등의 평등론자의

메타포다. 니체는 그들의 주장 배후에서 어떤 악의를 읽어낸다. 평등하지 않은 자에 대한 숨겨진 복수심이 그것이다. "평등을 설교하는 자들이여! 무기력이라는 폭군의 광기가 너희 내면에서 '평등'을 외쳐대는구나. …… 상처받은 자부심, 억제된 질투*, 너희 선조의 것일지도 모를 자부심과 질투. 이런 것들이 너희 가슴속에서 불꽃이 되고 앙갚음의 광기가 되어 터져 나오는구나." 니체의 정의는 '인간은 평등하지 않다'고 부르짖는다. 천성이 비루한 열악한 인간과 고귀*하고 힘이 넘치는 인간 사이에는 커다란 다름이 있다. 평등을 이야기하는 자는 전자다. 이에 반해 후자는 인간이 평등하지 않다는 것을 인정하고, 힘의 우월을 추구하며 싸운다. 여기서는 양자의 다름이 복수심에서 평등을 이야기하는 자와 불평등을 전제로 자기 극복을 향해 싸우는 자의 대립이 되어 나타난다. 니체의 '평등에의 의지'에 대한 비판은 삶의 높은 곳으로 상승하고자 하는 자의 의욕을 잘라버리고 동등하게 낮은 수준으로 수평화하고자 하는 의도로 향해 있지, 정치적·경제적 불평등의 철폐라는 주장 그 자체로 향해 있는 것은 아니다. 차별과 평등의 대립이 아니라 높은 곳으로 향하는 차이화와 낮은 것에 만족하는 키르케고르*적인 수평화의 대항이 평등에의 의지에서 문제로 되는 대립이다. 하지만 니체는 인간 사이의 차이와 차별을 구별하고 있지 않다. 그 때문에 평등화를 수평화와 동일한 것으로 간주해 버린다. 사회적 불평등의 철폐를 둘러싼 주장 그 자체를 부인하는 것은 아니지만, 이 주장 그 자체를 문제로 삼는 시각이 니체에게는 없다. ☞민주주의, 사회주의, 타란툴라

―기마에 도시아키(木前利秋)

포르타교―校 ⇨슐포르타

포르토피노 [Portofino]

북이탈리아의 지중해안, 제노바*의 동쪽 30㎞에 위치하는 휴양지 라팔로 가까이에 있는 어항의 이름('최후의 항구'라는 뜻). 이 항구를 껴안듯이 해안 벽을 이루는 곳이 펼쳐져 있는데, 니체는 이 곳의 능선 길을 산보하며, 그 어떤 날에 여기서 "차라투스트라의 모습이 나(니체)를 덮쳤다"고 말하고 있다[『이 사람』 IX. 1]. 『차라투스트라』*의 제1부는 라팔로에서 성립했다. 이 작품 속에는 이곳저곳에 이 곳의 풍경과, 거기서 얻어진 이미지가 살아 있다[제3부 「방랑자」, 「세 개의 악에 대하여」 등]. 또한 『즐거운 학문』의 아포리즘[281절]은 제1급의 악장들이 "완전한 방식으로 곡을 종결로 이끈다"는 것을 말하고, 그것을 "제노바 만에서 멜로디의 결말을 노래하는 포르토피노 곳처럼 긍지에 차서 고요하고 유유하게 바다로 미끄러져 들어가는" 모습에 비유하고 있다. 베르트람*은 그의 저서 『니체―신화의 시도』에 「포르토피노」라는 제목의 한 장을 설치하고, 이 곳의 풍경을 오버엥가딘의 그것과 더불어 두 개의 "차라투스트라적인 풍경"으로서 멋지게 그려내고 있다. ☞『차라투스트라는 이렇게 말했다』, 베르트람

―소노다 무네토(薗田宗人)

폭력暴力

니체의 사유 스타일에서 모종의 폭력성이 느껴진다는 것은 부정할 수 없을 것이다. 예를 들어 『우상의 황혼』*의 부제인 '사람은 어떻게 망치를 들고 철학하는가*'(Wie man mit dem Hammer philosophiert)라는 말은 그러한 니체의 사유 스타일의 폭력성을 보여주는 예의 하나다. "그리고 너희의 강함이 빛을 발하려 하지 않고, 갈라지거나 절단되고자 한다면: 어찌 너희가 장차 나와 함께 ― 창조할 수 있겠는가?"[『우상』 말미에 「망치는 말한다」라는 제목으로 인용된 『차라투스트라』 III-12. 29] 그것은 니체 사유 스타일의 공격적 성격이라고도 바꿔 말할 수 있다. 그리고 이 공격적 성격은 '선악의 저편'에 서는 '고귀*한 인간의 긍정적 속성으로서의 의미도 지닌다. 그것은 다름 아닌 저 '금발의 야수*'라는 이미지 속에 내포된 속성이다. "이러한 모든 고귀한 종족의 근저에서 맹수, 즉 먹잇감과 승리를

갈구하며 방황하는 화려한 **금발의 야수**를 오해해서는 안 된다."[『계보』 I. 11] 그리고 이 속성은 구체적으로는 "안전, 육체, 생명, 쾌적함에 대한 그들의 무관심과 경시, 모든 파괴에서, 승리와 잔인함에 탐닉하는 것에서 보이는 그들의 놀랄 만한 명랑함과 쾌락의 깊이"[같은 곳]로서 표현된다. 거기서 간취되는 것은 진리와 도덕의 날조*의 동기가 되는 '자기 보존'에의 지향으로부터 해방된 "자기 자신에게 더 감사하고 더 환호하는 긍정"[같은 책 I. 10]의 계기에 다름 아니다. 이러한 견해의 배경을 이루는 것은 특히 고대 그리스와 인도에 대한 고찰로부터 생겨난 '전사'라는 인간 유형에 대한 니체의 강한 애착일 것이다. '전사'는 살아가기 위한 나날의 노동과 이런저런 일로 번거하지 않고 오로지 전투만을 지향한다. 힘과 힘의 충돌 속에서 적을 무너뜨리고 승리를 얻는 것만을 바란다. "내가 너희에게 권하는 것은 노동이 아니라 전투다. 내가 너희에게 권하는 것은 평화가 아니라 승리다. 너희가 하는 노동이 전투가 되고 너희가 누리는 평화가 승리가 되기를 바란다."[『차라투스트라』 I-10]

하지만 니체의 폭력관의 문제는 이러한 '고귀한 인간'에서의 단적인 긍정성의 차원에만 머물지 않는다. 오히려 이러한 긍정적인 폭력에 대한 부정으로서의 또 하나의 폭력의 문제가 중요한 것으로 생각된다. 그것은 니체가 유대*・그리스도교* 도덕의 기원에서 본 '증오와 복수'로서의 폭력이다. 니체에 따르자면, 이 "가장 깊고 가장 숭고한 증오"[『계보』 I. 8]는 긍정적인 폭력에 대한 단절과 억지의 기능을 통해 "도덕에서의 노예 반란"을 촉진한 '르상티망*'이 지니는 '열악함(schlecht)'을 준비해 간다. 그런 한에서 이 폭력은 니체에게 있어 부정되어야 하는 것이다. 하지만 니체의 고찰은 거기에 머물지 않고 더 나아가 사회성의 기원으로서의 폭력에 관한 대단히 본질적인 인식을 이 폭력의 모습으로부터 추출해 간다. 그에 의해 니체는 어떤 절박함을 포함하는 가운데, 도덕이라는 형태로 실체화된 사회성의 깊은 곳에 은폐되어 있는 폭력의 계기를 밝은 곳으로 끄집어낸다. 『도덕의 계보』*의 제2논문은 이 문제의 고찰에 바쳐져 있다.

여기서 니체는 "우월한 주권적 개체"[『계보』 II. 2]의 전적인 긍정성에 이르는 "인류 전사"로서의 "관습도덕*"의 계보에 대한 고찰의 칼날을 들이댄다. 그리고 이러한 도덕의 핵에 놓여 있는 "좋은 것", 즉 "이성, 진지함, 정념의 통제, 숙고라 불리는 이러한 음울한 일 전체"의 근거에 "많은 피와 전율"[같은 책 II. 3]이 숨어 있다는 것을 지적한다. 이 '잔학함'의 영역은 말하자면 역사의 기원에 자리하는 태곳적의 폭력의 영역이라고 말할 수도 있을 것이다. 니체는 더 나아가 인류가 이러한 태곳적의 폭력에 숨어 있는 공포와 고통의 기억에 기초하는 가운데 "죄(Schuld)의 의식"이라는 "음성의 '음울한 것'"[같은 책 II. 4]을 창출해 가는 과정을 추구한다. 이 '죄의 의식'의 근저에서 니체가 발견하는 것은 "채권자와 채무자의 계약 관계", 즉 '채무(Schuld)' 관계다. 그것은 채권자가 그 우월성에 기초하여 채무자(=무력한 자)에 대해 "폭력을 휘두르는"[같은 책 II. 5] 것의 쾌락을 향유하는 것으로서 나타난다. 하지만 그 앞에서 어떤 결정적인 전회가 생겨난다. 그것은 '피와 전율'의 기억에 여전히 매여 있던 도덕 속으로 '르상티망'의 계기가 몰래 들어갈 때 생겨나는 전회다. 그것은 니체가 "병적인 유약화와 도덕화"[같은 책 II. 7]라고 부르는 사태이기도 하다. 이때 중요한 것은 정의를 떠받치는 것이 "지배욕과 소유욕 등의 참으로 능동적인 정념"으로부터 "반동적인 정념"에로 전도되는 일이다. 전자에서는 강자의 자기긍정이 전제로서 있고, 그 후에 타자(약자)의 부정이 나오는 형태로 정의가 확증되는 데 반해, 후자에서는 약자에 의한 강자의 부정(증오와 복수의 정념)이 우선 있고, 그런 후에 약자의 정의가 정립되는 것이다. 폭력 문제 맥락으로 바꿔 놓고 보면, 전자는 자기의 전적인 긍정에 뿌리박은 강자 사이의 폭력 행사(예를 들면 전쟁*)를 의미하며, 후자는 자기가 자기에 대해 가하는 부정적 폭력에 뿌리박은 약자의 강자에 대한 반항・저항이라는 형태의 폭력 행사를 의미하게 된다. 니체는 후자를 명확히 거절했다.

확실히 니체는 계보학*적 사유에 의해 폭력과의 무관성을 사칭하는 다양한 도덕 이데올로기의 기만을 철저하게 폭로했다. 그리고 인류의 역사의 기원에 내재하는 폭력의 근원적인 의미를 선양했다. 그에 의해 니체는 폭력을 은폐하기 위해 행사되는 또 하나의 폭력, 즉 자기부정적인 폭력(도덕)의 '잔인함'으로부터 '삶'의 해방을 지향했다. 하지만 그러한 자기부정적인 폭력의 교활한 '잔인함'을 강조하는 나머지 니체는 폭력의 단적인 창조성의 수사학을 지나치게 무반성적인 동시에 무매개적으로 행사했던 것은 아닐까? 여기서 폭력의 유토피아적 긍정이 일체의 사회적 규범성의 계기에 대한 부정을 초래한 것 그리고 그것이 파시즘으로 상징되는 폭력의 조야한 성화와 자기 비대화로 연결되어 갔던 것을 이러한 니체의 폭력 긍정의 수사학과 더불어 상기하지 않을 수 없다. 벤야민*은 후에 소렐*과 니체의 영향을 받아 법 제정과 법 유지를 담당하는 '신화적 폭력'과 그러한 폭력을 해제하는 반-폭력으로서의 '신적 폭력'이라는 맞짝 개념을 제기했지만, 다른 한편으로 이러한 '신적 폭력'의 성급한 실체화를 강하게 경계했다. 그것은 니체에 의한 도덕 문제의 성급한 폐기에 대한 비판과 평행을 이룬다. 이러한 벤야민의 사고방식 안에 니체의 폭력 개념이 잉태한 문제성을 푸는 열쇠가 숨어 있는 것으로 생각된다. ☞르상티망, 소렐, 벤야민

—다카하시 준이치(高橋順一)

표면表面

"오, 이들 그리스인들이여! 그들은 어떻게 살아가야 할지를 알고 있었던 것인가! 그것은 용감하게도 표면에 머물고자 하는 결의를 요구한다', 『즐거운 학문』*의 서문에서 니체는 이렇게 쓰고 있다. 하지만 그는 '심연*'을 거부하는 것이 아니다. 다만 그 '심연'은 표면에 있는 감성적 외관의 베일에 숨겨져 있어 드러내야 할 '진리*'로 이루어지는 것이 아니고, 또한 표면에 대립하는 것도 아니라는 점에 주목해야 한다. 그러한 형이상학적 대립이야말로 오히려 고뇌로 가득 찬 삶의 두려워해야 할 심연에 대해 감수성을 닫고, 인식의 지배에 의해 형태의 질서인 아폴론적 표면에 안심하는

데카당스*의 기제에 다름 아니다. 이 기제는 표면과 심연, 쌍방의 이해를 방해한다. 『비극의 탄생』* 이래로 변천은 있긴 하지만 『이 사람』 IV], 니체에게 있어 아폴론*과 디오니소스*, 표면과 심연은 변증법적으로 마저도 대립하지 않는다. 양자가 투쟁(아곤) 상태에 있다고 하더라도 그것은 대립이 아닌바, 아폴론은 디오니소스의 분신이며, 디오니소스는 아폴론의 **가면** 이전에 실체적으로 존재하는 것이 아니다. 아폴론의 가면, 그 표면(겉)은 고뇌와 공포 속에서 생성하는 삶의 심연, 직시할 수 없는 디오니소스적 심연을 긍정하는 데서 불가결한 틀(허구)인바, 이로부터 예술에서의 아폴론주의, 나아가 형상-본질의 개념적 인식 지상주의는 데카당스라는 부정적인 것이라 하더라도 삶을 살아갈 수 있는 것으로 만드는 **하나의** 틀이라는 것이 밝혀진다. 그에 반해 삶을 전면적으로 긍정하는 힘에의 의지*의 관점에서는 아름다운 표면-가면은 적극적으로 추구되는 것이 된다—또 하나의 가면! 베일 속에 놓여 있는 것은 진리*=여성*이 아니라 또 하나의 베일인 것이다. 이리하여 니체에게서는 철학의 예술에 대한 우위, 개념의, 그것의 (불)가능성의 조건인 비유*에 대한 우위는 역전되는 것이 아니라 탈구축*되기 시작한다고 말해야 한다. ☞심연

—미나토미치 다카시(港道隆)

▷Sarah Kofman, *Nietzsche et la scène philosophique*, Galilée, 1986.

표현주의表現主義 [Expressionismus]

표현주의는 부친 세대에 대한 자식들의 반란이라고 말해진다. 부친 살해, 세계의 몰락, 아나키즘적인 파괴 사고, 새로운 것의 도래를 대망하는 기대감—표현주의에 공통된 이러한 모티브는 그들의 부친 세대가 체현하는 시민사회의 모럴과 가치관에 대한 반항과 증오의 나타남이었다. 일반적으로 표현주의로 헤아려지는 작가나 예술가의 다수는 니체의 저작이 차례차례 출판되기 시작한 1880년대를 중심으로 그 전후에 태어난다. 그들은 니체가 비판한 제2제정기 독일 시민사회

의 엄격함과 편협한 모럴을 부친의 권위로 총괄된 가정의 분위기로서 호흡하고, 삶*과의 연결이 조금도 느껴지지 않는 경직화된 교양*을 김나지움의 학교 교육에서 강요받으면서 자랐다. 아버지 세대와 그 사회에 대한 반발이 울적하게 만들고 있던 이 괴로운 세대는 니체의 저작에서 시대 비판의 대변자를 발견하며, 20대 전반까지의 청년기에 일종의 숭배에 가까운 열광을 가지고서 니체를 수용했다. 표현주의는 니체의 세례를 받아 비로소 새로운 예술 창조에 대한 의욕을 얻었다고 해도 지나친 말이 아니다. 그 한 사람인 알프레드 되블린(Alfred Döblin 1878-1957)은 "횔덜린*과 쇼펜하우어*와 니체는 이미 김나지움 시절부터 책상 밑에 숨겨 읽는 책이 되어 있었다"고 말한다. 또한 고트프리트 벤*은 자신들의 세대에게 있어 니체는 시대를 뒤흔드는 지진과 같았다고 회상한다. 또한 시인 카지미르 에트슈미트(Kasimir Edschmid 1890-1966)와 게오르크 하임(Georg Heym 1887-1912)은 니체를 성인과 같은 위치로까지 올려 세우고 있다.

하지만 이와 같은 니체 열광이 어느 정도나 니체의 저작과의 직접적인 대결로부터 생겨났는가 하는 점에 대해서는 직접적인 영향 관계로부터 입증하기 어려운 부분이 많다. 니체를 읽지 않더라도 '영원회귀*'나 '초인*'과 같은 표현은 반항적 세대 사이에서 시대의 언어로서 말해지고 있었다. 니체는 이를테면 시대의 분위기가 되어 있었다. 그런 의미에서 표현주의는 이미 1890년대부터 시작되고 있던 니체 수용의 연장선상에 놓여 있다. 그렇지만 그들에 선행하는 시인들—R. 데멜*, S. 게오르게*, R. M. 릴케* 등—에서의 니체 수용과 표현주의가 다른 점은 니체가 이야기하는 '삶의 긍정'을 페시미즘*의 적극적인 극복으로 이해하고, 현실 비판을 기존의 예술 형식의 파괴와, K. 힐러(Kurt Hiller 1885-1972) 등으로 대표되는 행동주의로도 이어지는 현상 타파의 행위와도 결부시킨 점이다. 그들에게 있어서의 니체란 무엇보다도 『차라투스트라』*의 니체이며, 또한 1901/06년에 출판된 『권력에의 의지』의 니체였다. 물론 『권력에의 의지』는 니체의 누이의 편찬에 의한 것인바, 거기에서는 니체 상의 날조가

인정될 수 있다는 점은 말할 필요도 없다. 하지만 이 편찬의 방식이 역으로 당시의 독자들의 요구에 따르는 것이었다는 점도 확실하다.

'삶'의 개념을 데카당스* 극복을 위한 도약대로 삼는 방향에서 니체 해석이 이루어지게 되었던 계기는 '삶의 철학'의 유행이었다. 1908년에 처음으로 베르그송(Henri Bergson 1859-1941)의 저작[『물질과 기억』]의 독일어역이 출판되며, 그 후 몇 년 사이에 다른 저작들의 번역 출판이 잇따라 니체가 삶의 철학과의 연관에서 이해되는 기반이 되었다. G. 하임과 K. 힐러는 짐멜*의 니체 강의를 직접 듣기도 한다. 하임은 삶이 고갈된 시민사회의 견디기 어려운 일상을 감옥과 무덤에 비유하고, 죽음, 부패, 어두움, 그림자 등의 이미지로 표현하는 일이 많지만, 그 이면에는 강력한 삶의 희구가 놓여 있다.

사회를 뒤덮는 무거운 공기에 압박된 질식 상태로부터 삶을 되살리고자 하는 의욕은 기성의 예술 형식의 타파로 이어진다. 표현주의는 삶을 감옥으로부터 해방하는 힘을 예술에서 찾았다. "무엇보다도 형식과 폐쇄를 깨트리고, 경직화된 동맥을 찢어 살아 있는 세계를 용솟음치게 할 필요가 있었다"고 슈타들러(Ernst Stadler 1883-1914)는 말한다. A. 슈트람(August Stramm 1874-1915)에게서 두드러진 철저한 통사론의 파괴와, 벤에게서의 '형식'의 절대화로 이어지는 길이 여기에 놓여 있다. 물론 여기에서는 마리네티(Filippo Tommaso Marinetti 1876-1944)의 「미래주의 선언」(1909/10년에 표현주의 잡지 『슈투름』에 게재되었다)의 영향을 간과할 수 없다. 또한 쿠르트 핀투스(Kurt Pinthus 1886-1975)는 표현주의의 시를 모은 『인류의 여명』(Menschheitsdämmerung, 1919)을 출판함에 있어 그 서문에서 표현주의를 "부르주아적 인습에 예속된 시대의 현실에 대한 전투"라고 표현하고, "우리 시대의 시는 종말이자 동시에 시작이다"라고 서술한다. 여기에 표명되어 있는 표현주의의 자기 이해가 이 시집의 제목에 있는 '여명'(Dämmerung)이라는 말에—독일어의 Dämmerung이라는 말에는 해질 녘의 황혼의 어슴푸레함과 새로운 아침을 맞이하고자 하는 새벽의 어슴푸레함의 두 의미가 다 있다—상

징적으로 집약되어 있다. 요컨대 이 제목은 니체의 『우상의 황혼』*의 바꾸어 말하기이자 더 나아가서는 『아침놀』*의 이미지도 포함하는 것이다.

파괴를 통해서 새로운 창조로, 몰락을 통해서 새로운 삶으로와 같은 형태로 니힐리즘*의 극복을 보여주는 이미지에는 『차라투스트라』*의 모티브가 많이 사용되어 있다. 몰락*을 스스로 원하고 '초인'의 출현을 예언하는 차라투스트라에 표현주의 예술가들은 새로운 시대를 개척하는 자로서의 자기를 겹쳐놓고 있다. "새로운 것으로 향하는 것이다. 그것이 너희 예술가와 작가의 법칙이다. …… 오랜 석판을 쳐부수고, 너희 자신의 의지로 너희는 자신의 법률을 만들어내라"[「처녀지」]라는 슈타들러의 말은 차라투스트라의 어조 그대로이다. 또한 낙타-사자-어린아이라는 삼단의 변화*를 염두에 두어 사자가 G. 카이저(Georg Kaiser 1878-1945)나 G. 하임 등의 경우에 새로운 창조의 상징이 된다. 카이저에게는 니체의 삼단의 변화와 정확히 대응하는 『지옥, 길, 대지』라는 극작품이 있다.

구세계의 몰락에 대한 기대는 묵시록적인 세계 파국의 이미지로서로 그려진다. "생기를 잃은 인류에게는 최대의 가장 효과가 큰 전쟁이 필요하라"[『인간적』 I. 477]라는 니체의 말을 문자 그대로 받아들이는 모양으로 하임의 시 「기도」에는 "전화를, 불타는 나라를 보여주게 / 우리의 마음이 날아가는 화살처럼, 또한 고동치듯이"라고 되어 있다. 이러한 파국에 대한 기대는 다양한 방향을 취했다. 하나는 제1차 세계대전의 발발에서 기대했던 파국의 실현을 보았다고 생각하고 스스로 나아가 종군한 사람들이다. 대전 중에 많은 젊은이가 배낭에 『차라투스트라』를 넣어 가지고 다녔다는 것에서도 알 수 있듯이, 젊은이들에게 있어 『차라투스트라』는 암울한 시대를 날려버리는 기폭제였던 것이다. 또 하나의 방향은 니힐리즘의 극복을 새로운 시대를 불러오는 것에 대한 기대로부터 점차 구체적인 종교에서 구하게 된 작가들이다(되블린, 조르게(Reinhard Johannes Sorge 1892-1916), 발(Huge Ball 1886-1927) 등). 또한 더 나아가서는 독일 혁명으로 귀결된 행동주의의 흐름이 있다. H. 레르쉬(Heinrich Lersch 1889-1936),

E. 뮈잠(Erich Kurt Mühsam 1878-1934), E. 톨러(Ernst Toller 1893-1939), K. 힐러, 또한 사회민주당에 들어가기 전의 베허(Johannes Robert Becher 1891-1958) 등에게서 예술에서의 파괴는 현실 사회의 질서의 파괴이기도 하며, 혁명의 요청과 결부되어 있었다. 하임에게도 정신의 혁명과 사회 혁명이 일치하는 유토피아적 정경을 그린 『10월 5일』이라는 단편이 있다. 그들의 행동주의의 원천이 되는 것은 그들의 니체 수용에 커다란 영향을 준 『권력에의 의지』로 편찬된 니체의 말 "영원히 자기를 창조해 나가고 영원히 자기를 파괴해 나가는 디오니소스*적인 세계"라는 사고다. 삶의 역동성을 행위로 연결하고자 하는 해석이 예술 운동을 사회 혁명으로 연결하는 다리가 되고 있는 것이다. 이러한 아나키즘적인 행동주의는 후에 루카치*로부터 "맹목적인, 프티부르주아적인 반항에 지나지 않는다"고 비판받게 되지만, 루카치의 표현주의에 대한 평가가 전체로서는 아무리 아방가르드 예술에 대한 맹목성에 기초하고 있다 하더라도, 이 점에 대해서는 인정할 수밖에 없을 것이다. 표현주의 운동은 예술의 틀에서 나와 현실 사회의 운동이 되고자 했을 때, 예술로서의 힘을 상실했다고 말할 수 있을 것이다. ☞ 세기말과 니체, 삶, 『차라투스트라는 이렇게 말했다』, 뮌헨 레테 공화국

—오누키 아츠코(大貫敦子)

📖 ▷Seth Taylor, *Left-Wing Nietzscheans. The Politics of German Expressionismus*, Berlin/New York 1990. ▷Gunter Martens, Im Aufbruch das Ziel. Nietzsches Wirkung im Expressionismus, in: Hans Steffen (Hrsg.), *Nietzsche. Werk und Wirkungen*, Göttingen 1974.

푸르트벵글러 [Wilhelm Furtwängler 1886-1954]

단지 지휘자이기만 한 것이 아니라 동시대를 대표하는 지식인의 한 사람이기도 했던 푸르트벵글러의 정신의 배경에 놓여 있던 것은 Th. 만*과 마찬가지로 19세기 독일의 교양 시민 문화의 전통이었다. 그리고 베토벤*을 제외하면, 푸르트벵글러도 『비정치적 인간의 고

찰』에서의 만과 마찬가지로, 그러한 교양 시민 문화의 내면성, 역동성의 핵심으로서 "정신의 3연성", 즉 쇼펜하우어*, 바그너*, 니체를 받아들이고 있었다. 예를 들어 그가 지휘하는 <트리스탄과 이졸데>*에서는 고차적인 정신성과 난숙한 관능성이 하나가 되어 예술 표현으로 승화된다. 그것은 지금은 이미 상실되어 버린 교양 시민 문화의 가장 좋은 감성의 하나의 예증이다. 그런데 스스로의 정신적 배경으로서의 19세기 교양 시민 문화와 "정신의 3연성"의 내적인 연관에 관해 푸르트벵글러 자신의 증언이 남아 있다. 그것은 그의 저서 『음과 언어』(Ton und Wort)에 수록되어 있는 「니체의 경우」라는 논문이다. 푸르트벵글러는 바그너의 존재를 둘러싼 찬반의 격렬한 논쟁의 핵심에 니체가 있다는 것을 지적한다. 니체에 의해 바그너는 처음으로 수용되게 되고, 니체에 의해 바그너는 처음으로 스스로의 가장 두려운 적을 발견하게 된다는 것이다. 니체와 바그너의 결별은 푸르트벵글러에게 있어 교양 시민 문화의 핵심에 놓여 있는 내면성에 대한 확신의 입장과 그에 대한 회의, 그로부터의 일탈의 입장의, 즉 근대정신에서의 정통성과 아방가르드(반문화) 양방향으로의 결별도 의미하고 있었다. 그리고 푸르트벵글러 자신은 후세에서의 니체 수용과 니체 자신을 구별한 다음, 니체와 바그너 양자를 데카당으로서 포괄하는 19세기의 정신 전체의 구제를 지향하고자 한다. 그것은 푸르트벵글러의 독일 시민 문화 전통의 가장 정통적인 옹호자로서의 위치를 가리켜 보여주는 것이다. 하지만 푸르트벵글러의 독일 교양 시민 문화 전통에 대한 충성에는 니체가 반복해서 행한 '독일적인 것'의 의심스러움에 대한 자각이 전혀라고 해도 좋을 정도로 결여되어 있다. 그것은 동시에 Th. 만에게는 있었던 정치성의 계기의 결여도 의미한다. 그 결과 나치스* 시대에 독일 교양 시민 문화의 성채의 사수라는 푸르트벵글러의 의도가 결과적으로 나치스에의 가담으로 이어지는 희비극을 낳았던 것이다. 히틀러의 생일 기념 연주회에서 히틀러와 악수하는 푸르트벵글러의 모습은 희화 그 자체다. ☞<트리스탄과 이졸데>

—다카하시 준이치(高橋順一)

푸리에 [Charles Fourier 1772-1837]

푸리에는 '문명사회'(근대 사회)를 전면적으로 부정했지만, 인간의 욕망(욕망에서 생기는 행위와 그 성과도 포함한다)을 전면적으로 긍정했다. 그는 니체 이전에 세계와 욕망을 향해 '옳다(oui)'를 외친 최초의 사상가다. 인간 속에서 부정되어야 할 욕망은 하나도 없다. 그가 말하는 13개의 정념(욕망)은 복합적으로, 누적적으로 짜 맞춰짐으로써 인간이 지니는 모든 잠재력을 해방한다. 전통적으로 '악'으로 불려온 욕망도 푸리에의 '조화사회'에서는 모두 다 '선'으로 반전된다. 선과 악의 구분은 '문명사회'의 도덕관념이 만들어낸 환영에 지나지 않는다. 인간에게 있어서는 선도 악도 없다. 모든 유형의 성욕, 모든 소비 욕망은 긍정된다. 푸리에의 '신세계'는 노동과 사랑(성 행위)이 하나로 융합된 세계다. 그렇다고 한다면 푸리에는 근대의 세속 내 금욕이 낳은 근면사회(산업사회)에 대한 최초의 근본적인 비판자일 뿐만 아니라 금욕 도덕*이 어떻게 인간을 왜곡하는지를 처음으로 깨달은 사상가인바, 문제 계열과 사태에 입각해서 말하자면 푸리에는 곧바로 니체에게로 이어진다. 푸리에는 이를테면 일찍 태어난 니체이자 최초의 '도덕의 계보' 학자였다. 니체의 유토피아라는 것이 있다고 한다면, 그것은 푸리에의 '신세계'라고까지 말할 수 있을 것이다. ☞금욕 도덕

—이마무라 히토시(今村仁司)

푸코 [Michel Foucault 1926-84]

만년의 인터뷰에서 푸코는 1950년대 전반에 하이데거*와 니체를 읽었을 때의 충격을 말하고 있다[L. D. Kritzman (ed.), Michel Foucault: Politics, Philosophy, Culture. Routledge (1988) p. 28]. 그 후 하이데거의 이름은 그의 텍스트로부터 물러나게 되지만, 니체의 이름은 언제나 중요한 가치를 계속해서 지닌다. 『임상의학의 탄생』에서는 18세기 말부터 19세기에 탄생한, 근본적으로 유한한 개인을 대상으로, 과학을 자칭하는 의학의 가능성의 조건을 이루는 죽음의 경험을 이야기하는 자로서 횔덜린*의 이름과 더불어[일역 226쪽], 『광기의

579

역사』에서는 "창조 활동의 절대적인 단절"로서 근대 세계에서의 광기 개념의 한계를 드러냄과 동시에 "광기의 술책과 새로운 승리"를 알리는 자로서 반 고흐(Vincent van Gogh 1853-90)와 아르토(Antonin Artaud 1896-1948)의 이름과 함께[일역 558-9쪽] 거론되고 있으며, 또한 『말과 사물』에서는 19세기 이래의 인간학적-역사주의*적 에피스테메의 종언을 고하는 "언어의 존재"를 드러내는 자로서 루셀(Raymond Roussel 1877-1933)과 말라르메(Stéphane Mallarmé 1842-98)와 아르토의 이름과 더불어[일역 406쪽] 끊임없이 인용되고 있다. 사드(Marquis de Sade 1740-1814)도 포함하여 이들 이름의 계열은 G. 바타유*, M. 블랑쇼*, P. 클로소프스키*[일역 312쪽] 등 동시대의 고유명사로 이어진다. 즉 헤겔*에게서 일단은 끝난 후에도 다양한 형태로 반복되어 온 철학적 담론으로부터의, 즉 **창설적 주체**를 상정하는 담론으로부터의 탈출을 가능하게 한 작가들이다. 푸코는 분명히 그러한 전통에 스스로의 시도를 등록하고자 한다. 특히 앎의 사회적-역사적인 생성을 다시 묻는 스스로의 '고고학' — 후에는 '계보학' — 을 "니체 류의 저 위대한 탐구의 햇빛을 뒤집어쓰면서"라고 형용하고 있다[『광기의 역사』 일역 10쪽]. 더 나아가 『지식의 고고학』의 서문에서 그는 창설적 주체를 기원으로 하지 않는, 또는 창설적 주체에 의해 목적론적으로 회수할 수 없는 역사 공간을 연 자로서 맑스*와 동시에 니체의 이름을 들고 있다[L'archéologie du savoir, Gallimard, 1969, pp. 23-24. 또한 「니체·계보학·역사」(『エピステーメ』 재간 준비호, 朝日出版社, 1984)도 참조]. 앎과 진리의 사회적 생성과, 그 사회적 (권력) 효과를 추적하는 그는 '진리에의 의지'를 묻는 니체의 '계보학*'에서 스스로의 작업의 계보를 발견했다고 말할 수 있을 것이다.

니체를 논의한 논문[「니체·계보학·역사」]에서 푸코는 '기원'(Ursprung)과 구별할 수 있는 '유래'(Herkunft)의 개념에 주목한다. 그의 해석에 따르면, 적어도 위의 두 가지가 구별되어 사용될 때, 니체가 '기원'을 배척하는 것은 첫째로, 그것이 모든 우유적이고 외적인 변전에 선행하고, 이미 있었던 그것 자체로서의

본질을 전제로 하기 때문이다. 그에 반해 계보학이 그 본질 그 자체가 **비-본질적인** 갈등에서 발생했다는 것을 추적했다면 어떻게 될 것인가? 둘째로, 기원에서는 사항이 완전한 상태에 있었다고 생각되기 때문이다. 하지만 계보학이 그와 같은 신화적-신적 기원을 '불완전한' 세계와 시간과 육체로부터 출발하여 조소했다면? 셋째로, 기원이란 진리의 마당이고 진리의 보증이라고 생각되기 때문이다. 그러나 계보학이 그러한 진리의 탐구 방식, 진리의 규정 방식 그 자체는 하나의 '오류의 역사'라고 해석해 보였다면 어떤 일이 일어날 것인가?

다른 논문에서도[「니체, 프로이트, 맑스」(『エピステーメ』 재간 준비호, 朝日出版社, 1984)] 동일한 몸짓으로 푸코는 니체에게서의 '해석'을 문제로 삼고 있다. '기원'에서 스스로를 뒷받침하고, 또는 그것을 미래에 투사하는 역사, 요컨대 형이상학적인 '기원'을 예-상(豫-想)하는 역사와, '유래'를 묻는 계보학적 역사의 쌍방이 **해석**이라는 것에 이론의 여지는 없다 하더라도, 거기에는 두 개의 **해석의 해석**이 걸려 있다. 해석 과정은 원리적으로 기원을 시원으로 삼아 의미(되는 것)와 진리에서 정지한다고 생각하는 '해석의 해석'과, 해석에는 그러한 궁극적인 심급은 없다고 하는 '해석의 해석'의 다툼이다. 더 나아가서는 자연적인 것에는 해석을 넘어선 진리가 있다고 하는 '해석의 해석'(형이상학적 사유)과, 그것은 이미 해석된 것이라고 하는 '해석의 해석'(계보학적 사유)의 싸움이다. 그것은 다름 아닌 힘의 차이를 전제로 한 힘의 관계일 뿐이다.

니체는 '진리에의 의지*'는 '힘에의 의지*'의 하나라고 한다. 진리를 권력 관계 속에서 다시 묻게 된 푸코는 여기서도 당연히 권력에 철학적 사유의 초점을 맞추면서 무언가의 정치 이론의 틀 안에 머물지 않았던 니체를 평가한다.

이 점은 물론 푸코가 니체의 사상적 영위를 그 토포스 그 스타일 그리고 개개의 평가와 해석에서 계승하는 '니체주의자'라고 하는 의미가 아니다. 본래 배후에 무언가의 본질을 상정하는 '니체주의'란 형용모순에 지나지 않는바, 니체의 시도의 반복과 '계승'에는 다양

한 형태가 가능하다. 푸코의 작업이 그러한 '반복'의 하나라는 것에 의심은 없다. 그럼에도 불구하고 해석에서 커다란 차이가 없는 것도 아니다. 예를 들면 『성의 역사』 제2권의 말미에서 푸코는 플라톤의 『심포지온』과 『파이드로스』를 다루고 있는데, 거기서 그는 니체에게는 대단히 중요했던 소크라테스*/플라톤* 문제, 요컨대 플라톤의 **텍스트** 문제와는 씨름하고 있지 않다. 이 문제가 푸코의 그것은 아니라고 하더라도, 그 이유는 무엇일까라고 물을 여지는 있다. 푸코의 시도를 이후 평가해 가는 데서 중요성을 지닐 거라고 생각된다. ☞후기구조주의, 진리에의 의지, 해석과 계보학

―미나토미치 다카시(港道隆)

프랑스

니체는 이웃나라 프랑스의 문화에 대해 언제나 호의적이었다. 19세기 독일의 평균적 이데올로기였던 프랑스에 대한 증오 또는 경멸을 보여주는 텍스트는 전혀 없는 것과 마찬가지다. 프로이센-프랑스 전쟁* 때에도 프랑스인 일반에 대한 반감은 서간에서도 보이지 않는다. 물론 개별적으로 보면, 루소*에 대해서는 일관되게 비판했으며, 르낭*은 "병들어 있으며 의지박약의 프랑스의 징후"[『우상』 IX. 2]로 여겨졌고, 또한 파스칼*에 대해서도 이중적인 감정을 지니고 있다. 그럼에도 불구하고 독일* 혐오의 반동으로부터인지 그리고 어차피 자신의 문화가 아닌 탓인지 그 이질적임을 어딘가 홀가분하게 사랑했던 점이 있다. 유명한 것은 프로이센-프랑스 전쟁의 승리가 결코 프랑스에 대한 독일 문화의 승리가 아니라고 하는 『반시대적 고찰』* 서두의 구절이다. 니체는 라이프치히*에서의 문헌학 공부가 일단락되었을 때에 파리 유학을 계획하기까지 했다. 그리고 만년에 겨울을 종종 남프랑스에서 지냈던 것도 잘 알려져 있다. 다만 역시 자신의 문화가 아닌 탓인지 당시의 칸과 니스*에서 별장 지대를 팔기 시작하고 있던 개발업자에 대한 비판은 모파상*[예를 들면 『물 위』] 등과 달리 보이지 않는다(세기말*의

졸부 취미라는 점에서는 독일과 그다지 다르지 않았던 것이지만).

이와 같이 현대 프랑스의 자본주의의 움직임에 무감각한 것은 무어라고 해도 프랑스의 17세기를 사랑하고 있었던 것과 무관하지 않다. 17세기의 프랑스에는 "경쾌한 가상*을 지니는 삶의 광경의 향유"가 있으며, "자기 자신에 대한 단호한 신앙"이 있고, "형식의 힘"이 있으며, "행복을 목적으로서 인정할" 용의가 있었다. 그 점에서는 그리스인과 비슷한 점이 있었다[유고 II. 7. 81]. 또한 플라톤*의 철학에는 소년애*의 에로스가 있었던 것과 마찬가지로, "고전주의 시기의 프랑스의 고급한 문화와 문학은 성애에 대한 관심을 토대로 하여 성장했다"는 것이 긍정적으로 평가되고 있다[『우상』 IX. 24]. 또는 『아침놀』[198]에서는 다음과 같다. "**자신의 민족에게 품격을 부여한다**.― 위대하고 내면적인 많은 경험을 갖고 정신적인 눈과 함께 그러한 경험들에 의거하면서 그것들을 초월하는 것, 이것이 문화인들을 만들어내며 이러한 문화인들이 자신의 민족에게 **품격**을 부여한다. 프랑스와 이탈리아*에서는 귀족이 이러한 일을 했다." 어쨌든 유럽의 취미와 품격을 만든 것은 영국*이 아니라 프랑스다[『선악』 253]라는 판단은 변함이 없었다. 그러한 프랑스를 "모던의 이상"으로 못 쓰게 만든 것이 영국인의 근면과 무취미라고 하는 것이다. 여기서 니체가 생각하는 것은 몽테스키외(Charles de Montesquieu 1689-1755)와 볼테르* 등 18세기 프랑스 지식인의 영국 숭배다. 그 숭배가 민주주의* 때문이라는 것을 생각하게 되면, 전체의 지적 분포도가 보이게 될 것이다. ☞독일/독일인, 프로이센-프랑스 전쟁, 영국/영국인

―미시마 겐이치(三島憲一)

프랑스 혁명―革命

프랑스 혁명에 대한 니체의 평가는 그리 높지 않다. 루소*, 민주주의*, 평등・박애 등, 이 근대사의 사건에 결부된 이념과 인물이 니체에게 있어 참을 수 없는 것들이었기 때문인지, 대체로 프랑스 혁명에 대한 평

가는 부정적이다. 다만 나폴레옹*의 등장에 대해서는 다르지만 말이다.

근대의 역사적 사건 중에서 니체가 높이 평가하고 있던 것은 프랑스 혁명도 종교개혁*도 아니라 르네상스*다. 『도덕의 계보』*에서는 유대*적 노예 도덕과 로마*적인 귀족 도덕과의 투쟁의 역사 속에 이 사건들을 자리매김하고 있다. '로마 대 유대'의 대립의 역사에서는 예수*의 출현과 함께 후자가 승리를 거두었지만, 르네상스에서 "고귀*한 로마 자신이 마치 가사 상태로부터 깨어난 사람처럼 몸을 움직였다." 그러나 다음에 종교개혁이라는 "천민적인…… 르상티망* 운동"에 의해 다시 유대가 승리한다. 하지만 "그때보다도 심지어 더 결정적이고 깊은 의미에서 유대는 또 한 번 프랑스 혁명과 더불어 고전적 이상에 대해 승리를 거두었다." [『계보』 I. 16] "유대인들과 더불어 도덕상의 노예의 반란*은 시작된다"[『선악』195]고 한다면, 프랑스 혁명과 더불어 일어난 것은 "최후의 거대한 노예의 반란" [같은 책 46]이다. 노예 도덕의 전형인 동정 도덕은 "프랑스 혁명 시대 이후 거대한 추진력으로서 도처에서, 그리고 가장 조야하면서도 정교한 형태를 띠고 나타났다."[『아침놀』 132] 프랑스 혁명에서의 민중의 승리란 첫째로 "정치적 고귀함"의 패배, "17, 18세기의 프랑스의 귀족주의"의 붕괴에 다름 아니다[『계보』 I. 16].

따라서 프랑스 혁명은 "그리스도교*의 자식이며 후계자다."[유고 II. 11. 240] 다만 그리스도교라 하더라도 여기서는 종교개혁 후의 프로테스탄티즘*을 가리킨다. 이 측면에서 보면, 프랑스 혁명은 남방의 로마 교회에 대한 북방의 프로테스탄티즘의 투쟁을 계승한 것이다. '유대 대 로마'가 아닌 '북방 대 남방'의 이 대립에서는 "보다 범속하고, 쾌활하고, 친숙하고, 피상적인 천성을 지닌 인간들이, 보다 무겁고, 깊고, 관조적인 인간들, 다시 말해 실존의 가치와 자기 자신의 가치에 대해 오랫동안 의심을 품어온 인간들의 지배에 대항하여" 투쟁을 기도한다. 북방은 남방보다 사람이 선량한 만큼 천박하다. 프로테스탄티즘은 이런 의미에서 "깊이가 없는 인간들을 위한 민중적 반란"이며,

프랑스 혁명은 이 "선량한 인간"의 손에 "주권의 홀을 쥐어주었다."[『학문』 350] 프랑스 혁명에서의 민중의 승리란 둘째로, 이런 의미에서 "교회*에 대한 투쟁"이며, 종교적 인간의 패배다.

하지만 니체는 프랑스 혁명을 '그리스도교의 자식'이라고만 생각했던 것이 아니다. 프랑스 혁명에서의 "비이성, 그것은 루소의 이성이다"[유고 I. 12. 281]라고 어떤 단편에 기록되어 있듯이, "프랑스 혁명에 의한 그리스도교의 계속. 그 유혹자는 루소다." 이 루소는 "여성*을 다시 해방하고, 여성은 그 이후 점점 더 흥미로운 자 — 고뇌하는 자 — 로서 묘사되기에 이르렀다." 그러나 니체의 말을 빌리자면, 이 '여성 해방'은 '여성다운 본능'의 쇠퇴일 뿐이다. "여성이 이와 같이 새로운 권리를 자기 것으로 하고 '주인'이 되고자 하며 '여성'의 진보를 자신들의 깃발에 적고 있는 동안 놀라울 만큼 명확하게 반대의 일이 실현된다. 즉 **여성이 퇴보해 가는 것이다**. 프랑스 혁명 이래 유럽에서 여성의 영향력은 여성의 권리와 요구가 증대한 것에 비례하여 **감소되어** 왔다. 그리고 '여성 해방'이란 (천박한 남성에 의해서만이 아니라) 여성 자신에 의해 요구되고 촉진되는 한, 이와 같이 가장 여성다운 본능이 더욱 약화되고 둔화되는 현저한 증후로 나타나고 있다."[『선악』 239] 셋째로, 프랑스 혁명 후에 찾아온 '여성 해방'은 '여성다운 본능의 약화와 둔화'에 다름 아니다.

프랑스 혁명은 "교회에 대해, 귀족에 대해, 최후의 특권에 대해 반항하는 본능을 지니고 있다"[유고 II. 11. 240]는 니체의 메모는 이상과 같은 점들의 총괄이라고도 읽을 수 있다. 하지만 니체는 이야기를 이것으로 끝맺지 않는다. 이 혁명에서 어떤 의외의 것이 일어났다는 것이다. "다수자의 특권이라는 르상티망의 거짓된 표어에 맞서" "소수자의 특권이라는 두려운, 더욱이 매혹적인 반대의 표어"가 울려 퍼진다. "사람이 아닌 사람과 초인*의 종합"인 나폴레옹의 등장이다[『계보』 I. 16]. "나폴레옹. 즉 좀 더 높은 인간과 두려운 인간의 필연적인 표리일체성이 이해되고 있다. '남성'의 복권이 완수되고, 여성에게는 경멸과 공포라는 부채가 반환된다. 건강 및 최고의 활동성으로서의 '전체성'이

있다. 행동에서의 직선성, 즉 위대한 양식이 재발견된다. …… 삶 그 자체의 본능, 요컨대 지배욕이 긍정된다." [유고 Ⅱ. 10. 158] "프랑스 혁명은 나폴레옹의 출현을 가능하게 했다. 그것이 프랑스 혁명을 정당화한다."[같은 책 Ⅱ. 10. 175] 만년의 유고에서 니체가 "일종의 르네상스인으로의 복귀"라고 말한 괴테*를 보완하는 존재라거나 "괴테의 최고의 체험"[같은 책 Ⅱ. 10. 175£] 이라고도 평가된 나폴레옹이지만, 나폴레옹 숭배에 의탁하여 표현된 이 꿈이 위험한 오해를 생겨나게 하는 먼 원인이 된 것은 아닐까? 덧붙이자면, 니체는 앞의 인용을 이렇게 이어가고 있다. "프랑스 혁명의 경우와 동일한 보상을 얻기 위해서는 우리의 문명 전체의 아나키즘*적 붕괴를 바라지 않으면 안 될 것이다. 나폴레옹이 내셔널리즘의 출현을 가능하게 했다. 그 점이 내셔널리즘을 제약한다."[같은 책 Ⅱ. 10. 175] ☞루소, 나폴레옹, 르네상스

―기마에 도시아키(木前利秋)

프랑크푸르트학파

프랑크푸르트학파는 1920년대부터 전쟁 시기를 거쳐 전후에 이르는 시대 속에서 프랑크푸르트사회연구소를 중심으로 하여 다방면에 걸친 활동을 수행해 온 사회과학자 및 인문과학자 집단을 가리키는 명칭이다. 프랑크푸르트학파가 형성되는 데서 하나의 기조가 된 것은 제2·3 인터내셔널 계보에서 두드러지게 생명력이 고갈되어 버린 맑스주의*의 사상적, 이론적 재검토였다. 그런 의미에서 프랑크푸르트학파는 후에 메를로-퐁티*가 '유럽 맑스주의'라고 부른 루카치*와 칼 코르쉬(Karl Korsch 1887-1961), 그람시(Antonio Gramsci 1891-1937) 등의 비정통파 맑스주의 계보 속에 자리매김 될 수 있을 것이다. 그러나 프랑크푸르트학파, 특히 그 중심 멤버인 호르크하이머*와 아도르노*의 사유 스타일에는 단지 맑스주의의 이론적 틀만으로는 정리될 수 없는 고유한 사상적 모티브가 내포되어 있다. 그것은 첫째로는 '비판이론'이라고 불리는 그들의 이론 스타일에 포함되어 있는 기성의 전통적인 이론(사

고) 형태에 대한 비판의 모티브이며, 나아가서는 그러한 전통적인 이론 형태를 배후에서 지탱해 온 유럽의 문명 총체가 지니고 있는 성격의 비판적 해명이라는 모티브다. 전자에서는 특히 실증주의적인 이론 형태가 비판의 중심적인 안목이 되며, 후자에서는 유럽 문명의 추진 원리로서의 '계몽'이 비판적 해명의 도마 위에 오른다. 그리고 이러한 프랑크푸르트학파의 중심적인 멤버에게 고유한 사상적 모티브와 깊은 관계를 지니는 것이 니체다.

아도르노의 『문학 노트』에 모아져 있는 「형식으로서의 에세이」라는 문장 속에서 다음과 같은 기술을 볼 수 있다. "개념 모두가 서로 돕는 관계에서 사용되고, 각자가 다른 개념과의 배합(Konfigurationen)에서 명확하게 되는 식이어야만 한다. 상호 간의 차이를 공들여 두드러지게 한 요소들이 수집되어 전체로서 판독될 수 있는 것이 된다. 요컨대 에세이는 발판을 짜서 건축하는 방식은 하지 않는 것이다. 그러나 배열된 요소들은 운동을 통해 결정화된다. 배열은 하나의 힘의 장이다. 에세이의 눈빛은 정신적인 형성물을 모두 힘의 장으로 변화시키는 것이다." 여기서 아도르노는 에세이라는 표현 형식에게 어떤 실정화된 개념과 인식의 공약 가능성(Kommensurabilität)에 대해 '비동일적인 것'의 공약 불가능한 차이성의 계기를 대치시키고자 하는 앎의 시도로서의 의의를 부여하고자 하고 있다. 아도르노에서의 동일화된 실정성(Positivität)에 의존하는 사고 스타일에 대한 이러한 비판은 니체의 계보학*적 사고와 거기에 내포되어 있는 형이상학* 비판의 모티브와 놀라울 정도로 닮아 있다. 실제로 에세이에서 서로 다른 요소들이 배열관계 ― 이것에는 아도르노 고유의 개념인 'Parataxis(병렬관계)'도 대응한다 ― 에 있고 그것이 '힘의 장'을 형성한다는 아도르노의 지적은 그러한 인식이 형이상학적 사고를 형성하는 원근법*의 계보학적 전도의 의미를 포함하는 것도 포함하여 아도르노와 니체의 사고의 동질성을 보여준다.

그런데 계몽의 비판적 해명이라는 모티브와 관련하여 문제로 되지 않으면 안 되는 것이 호르크하이머와 아도르노의 공저 『계몽의 변증법』이다. 이 저작에서

니체는 "계몽의 가차 없는 완성자", "헤겔" 이후에 계몽의 변증법을 인식한 몇 안 되는 이들 가운데 한 사람"이라고 불린다. 여기서 호르크하이머와 아도르노가 '계몽의 변증법'이라는 개념으로 보여주고자 하는 것은 "모든 자연적인 것을 자기 지배적 주체 아래 예속시키고자" 하는 계몽의 야심이 "마침내 다름 아닌 맹목적인 객체적인 것, 자연적인 것에 의한 지배"로 반전되지 않을 수 없는 사태다. 그 배경을 이루는 것은 "주체성의 근원사"라는 말에 의해 지시되는 지배의 역사 내부에서 도구화된 이성과 주체에 대한 비판이다. 물론 '계몽의 변증법'에는 그러한 반전의 이면으로서 계몽의 자기 각성의 계기, 즉 계몽(이성) 비판도 계몽(이성) 그 자체 안으로부터만 생겨날 수 있다고 하는 인식의 계기도 포함되어 있다.

호르크하이머와 아도르노는 이러한 '계몽의 자기 파괴'와 '계몽의 자기 각성'의 양의성으로서의 '계몽의 변증법'의 몇 안 되는 인식자들 가운데 한 사람으로서 니체를 들고 있다. 특히 본서의 제2보론 「쥘리엣 또는 계몽과 도덕」에서 니체는 칸트*, 사드(Marquis de Sade 1740-1814)와 나란히 시민사회에서의 "도덕적 엄격함과 전적인 무도덕성의 대립"이 '계몽의 변증법'의 전개 과정 속에서 무효화되는 것의 증인으로서 거론되고 있다. 니체에게서의 '힘에의 의지*'와 '초인*'에 대한 원망은 '자기'를 "자연적인 자기로가 아니라 자연적인 것 이상의 자기"로 귀속시키고자 하는 칸트 이래의 자율(Autonomie)에 대한 지향의 궁극적인 귀결로 간주된다. 그리고 그것은 "합리화된 파시즘의 형태를 취한 고대적 공포"로 회귀하는 것이다. 니체의 사고는 이러한 '계몽의 변증법'의 귀결을 그의 사고 스타일 그 자체에서 시사한다. 그것은 확실히 도덕과 동정*에 뿌리박은 시민적 휴머니즘과 자유주의에 비해 모종의 '무감동'한 잔인함을 내포한 사고이며, 거기에 니체가 나치스*에게 이용되는 근거도 있었을지 모른다. 하지만 호르크하이머와 아도르노는 말한다. "(사드와 니체의) 비정한 교설은 가차 없이 지배와 이성의 동일성을 고지함으로써 실은 도리어 시민계층의 도덕적 종복들의 교설보다 더 깊은 것을 지니고 있다. '너의 최대의

위험은 어디에 있는가?'라고 일찍이 니체는 자문했다. '동정 속에'. 그는 스스로 거부함으로써 모든 일시적 위안의 보증으로부터 날마다 배반당하고 있는, 흔들리지 않은 인간에 대한 신뢰를 구제했던 것이다."

마지막으로 니체와 예술 모더니즘의 관계 문제에 대해 언급해 두고자 한다. 사회적 근대(계몽 근대)의 진행에 대한 비판적인 잠재적 힘으로서의 위치를 차지하는 예술 모더니즘(문화적 근대)은 낭만파에서 비로소 가능해진 미=예술에서의 주관적 자유와 자율의 발현, 그리고 사회적 근대가 불가피하게 현출시킨 분열 상태에 미=예술을 통해 다시 화해를 가져오고자 하는 '세계의 미적 구제'의 모티브에 우선 기원을 지닌다. 그러나 낭만파적인 미적 구제에의 지향이 후에 역사주의*적인 교양시민문화의 현상 긍정적 성격으로 퇴행해 갔을 때, 사회적 근대와 교양시민문화의 상보적인 유착 관계에 반항하는 형태로 예술 모더니즘의 새로운 단계가 시작된다. 그리고 이 개시를 고지한 것이 보들레르*와 니체였다. 미=예술은 화해와 구제에의 지향이라는 지점을 한층 더 넘어서서 모더니즘 본래의 의의인 '지금'의 현실성을 근본적으로 부각시키는 가운데 자율적인 경험에로 순화되어 간다. 그리고 그것에 의해 예술 모더니즘의 '근대 비판으로서의 근대'라는 성격이 선명하게 되는 것이다.

이 점에 대해서는 프랑크푸르트학파의 제2(전후) 세대에 속하는 하버마스*의 『근대의 철학적 담론』에서의 「포스트모던의 개시—니체에 의한 전환」이 상세한 사정을 밝히고 있다. 이 논문에서 하버마스는 니체의 '디오니소스*' 개념과 낭만파의 분기점을 니체의 이성 비판의 계기로 확인하고, 그것이 근대의 비합리주의적인 극복의 시도인 하이데거*와 바타유*, 더 나아가서는 후기구조주의*에 이르는 예술 모더니즘(문화적 근대)의 역사의 분수령을 형성한다고 한다. 이러한 포스트모던적인 니체 상의 기원이 되었던 것은 니체에게서의 예술 모더니즘의 경험의 질이라고 하버마스는 지적한다. "그러나 니체는 쇼펜하우어*의 제자로 끝나는 존재가 아니다. 그는 동시에 말라르메를 비롯한 상징주의자들과 같은 시대의 인간이며, '예술

을 위한 예술'의 옹호자다." 물론 포스트모던적인 조류에서도 예를 들어 하이데거처럼 탈중심화된 주관성의 자기 경험에서 미적인 것이라는 독특한 영역을 집요하게 전개하는 예술만이 왜 새로운 신화의 주인공일 수 있었는지에 대한 이해가 전적으로 결여되어 있는 경우도 있다. 그렇긴 하지만 하이데거든, 하이데거와는 대조적으로 니체에서의 미적 경험에 깊이 측연을 내리고 있는 바타유든, 니체가 예술 모더니즘의 경험을 이성 비판*의 맥락에 접합시킨 것을 중시하고 있다는 점에서는 공통된다.

하버마스는 니체에서의 이러한 예술 모더니즘의 경험의 질을 어떤 수준에서는 인정하면서도, 니체가 그것을 이성 비판의 일원적인 돌출에 내맡기고, 그 결과 그러한 이성의 비판 기능이나 더 나아가 윤리적 요청과의 결합 가능성 속에 간직되어 있는 예술 모더니즘의 해방적 계기를 잃어버린 것을 혹독하게 비판한다. 이 비판 속에서 전후 세대로서의 하버마스의, 호르크하이머와 아도르노에 대항하는 자기주장이 엿보인다. 하버마스는 '계몽의 변증법'이라는 개념에 담겨 있는 문화 페시미즘을 수정하고, 이성 비판과 근대 비판이 아니라 내측으로부터의 이성 개념과 근대 개념의 개작을 지향한다. 그 모티브에 의해 하버마스의 니체 인식이 호르크하이머나 아도르노와 달라져 갔다고 말할 수 있을 것이다. ☞아도르노, 호르크하이머, 계몽의 변증법, 하버마스, 마르쿠제

—다카하시 준이치(高橋順一)

프로메테우스 [Prometheus] ⇨비극 작가

프로이센-프랑스 전쟁

1870년 7월, 프로이센을 중심으로 하는 독일 연방의 동맹군과 프랑스*와의 전쟁이 시작되자 니체는 이미 바젤대학에 부임하여 프로이센 국적을 이탈해 있었음에도 불구하고 '조국에 대한 의무'를 이유로 하여 시 당국에 휴가 원서를 제출하고, 스스로 지원하여 간호

병으로서 이 전쟁에 종군하게 되었다. 메츠를 공격하는 독일군의 포성을 들으면서 그는『비극의 탄생』*의 구상을 다듬었다고 한다. 그러나 얼마 안 되어 그는 부상병을 이송하는 중에 이질과 인두디프테리아에 감염되어 송환되며, 실제로 전장을 목격한 일은 거의 없었다. 더욱이 전쟁의 진전과 더불어 그의 애국적 정열도 각성되어, '문화'를 희생시켜 '국가'로서의 통일을 추진하는 프로이센에 대해 걱정과 두려움을 지니게 되었다. 1871년 1월, 베르사유 궁전에서 프로이센 국왕 빌헬름의 독일 황제 대관식이 거행되며, 비스마르크*의 주도에 의한 독일 통일이 완성되자 그의 위기 의식은 결정적인 것으로 되었다.『반시대적 고찰』* 제1편의 서두에서는 독일*의 승리란 유능한 지휘관이 잘 훈련된 군대를 뛰어난 전술에 의해 움직이게 한 결과에 지나지 않음에도 불구하고 그것을 프랑스 문화에 대한 독일 문화의 승리인 것처럼 극구 찬양하는 독일의 저널리즘과, 승리에 들떠 우쭐대고 있는 교양 속물*들을 통렬히 비난하고 있다[『반시대적』 Ⅰ. 1]. 그에게 있어서는 독일의 "정치적 재통일" 따위보다도 형해화한 관습과 내용이 공허한 내면성의 분열을 지니는 독일인*이 "정신과 삶"을 통일하는 일 쪽이 훨씬 중요한 과제이며, 그것이야말로 "최고의 의미에서의 독일 통일"이었다[같은 책 Ⅱ.4]. ☞독일/독일인, 프랑스

—오이시 기이치로(大石紀一郎)

프로이트 [Sigmund Freud 1856-1939]

"니체에 대해 말하자면 그의 예견과 통찰은 정신분석이 애써 얻은 성과와 놀라울 정도로 잘 합치하는 사람이지만, 이를테면 바로 그렇기 때문에도 그때까지 오랫동안 피하고 있었던 것이다"—『자기를 말하다』에서 프로이트는 이렇게 술회하고 있다. 정신분석의 성과와의 일치를 느끼면서도 '피하고 있었다'고 하는 니체에 대한 프로이트의 이중감정 병립적인 발언은 양자의 관계를 잘 상징한다. 프로이트는 위와 같이 말한 맥락에서 정신분석의 이론적 성과가 과학적인

관찰과 치료의 축적에 기초한다는 것, 정신분석의 일반적인 개념(자아·이드·초자아, 쾌감 원칙·현실 원칙 등)이 사변의 우연한 놀이로부터 얻은 것이 아니라는 것을 역설하고 있었다. 프로이트의 입장에서 보면, 쇼펜하우어*나 니체와의 유사성은 도리어 그의 정신분석의 '과학적 객관성'에 물을 끼얹는 것이었을지도 모른다. '철저조작'(Durcharbeiten)이라는 말이 상징하듯이, 그는 치료실에 틀어박혀 연구와 작업을 하는 사람인바, 만년에 어쩔 수 없이 망명했다고는 하지만 방랑* 등과는 인연이 없는 사람이다. 프로이트가 학문적인 수준에서 니체를 평가했다고는 생각되지 않는다. '놀라울 정도로 잘 합치'했다 하더라도, 니체의 사유는 프로이트의 과학적 고찰과는 인연이 멀다. 정신분석의 이론을 공개했을 때 학계와 세상으로부터의 냉대를 견뎌야만 했던 프로이트의 방어본능이 화근이었다고 말해야만 하겠지만, 그럼에도 불구하고 니체와의 기묘한 합치는 이후의 사상계에 있어서는 회피할 수 없는 사건이 되었던 듯하다.

프로이트가 실제로 어느 정도 니체를 읽었는지가 명확하지 않다. 어니스트 존스(Ernest Jones 1879-1958)는 다독가로 알려진 프로이트가 니체를 읽고자 하기는 했지만, 프로이트 자신의 사상적인 풍요로움 때문에 니체를 읽기를 그만두었다고 전한다[『프로이트의 생애』]. 프로이트의 서간에는 니체가 "나의 젊은 시절에 가까이 하기 어려운 고상함 그 자체를 의미했다"[아르놀트 츠바이크(Arnold Zweig 1887-1968)에게 보낸 편지 1934. 5. 12.]고 하는 발언이 있다. 프로이트의 사상 형성 초기에 니체는 각 방면에서 화제가 되었기 때문에 "니체 사상에 침투할 수 있기 위해서는 일부러 니체의 원저에 부딪쳐 연구할 필요 따위는 없었다"는 지적도 있다[엘렌베르거(Henri F. Ellenberger 1905-93) 『무의식의 발견』]. 정신분석의 탄생을 알린 첫 번째 목소리라고도 해야 할 『히스테리 연구』가 나온 것은, 1895년에 니체는 이미 광기에 떨어져 있었지만, 니체 열광이 독일어권을 석권하고 있었을 무렵이다. 니체를 직접 접하지 않는다 할지라도 그 사상의 일단 정도는 프로이트의 귀에 다다랐을 것이다. 이론적·사상적 유사성을 프로이트 자신이 느꼈던 것은 추측하기 어렵지 않다. 그렇지만 스튜어트 휴즈(Stuart Hughes 1926-99)는 이러한 유사점에도 불구하고 프로이트, 베르그송(Henri Bergson 1859-1941)과 같은 "무의식의 사상가들에 대한 니체의 직접적인 영향은 거의 없었다"[『의식과 사회』]고 단정하고 있다.

프로이트와 니체와의 사이에는 직접적인 인적 연결은 없지만, 공통의 지인으로서 역시 루 살로메*라는 이름을 빠트릴 수 없다. 프로이트와 루 사이에서 자주 니체가 화제가 되었다고 한다. 하지만 양자가 서로 알게 된 것은 니체가 죽고 나서 11년 후의 일이다. 또한 프로이트의 우인 요제프 파네트(Joseph Paneth 1857-90)가 1883년에 니체를 방문하며, 프로이트는 이 파네트로부터 니체에 관한 지식을 얻은 듯하다. 그 밖에 군이 관계를 찾고자 한다면, 니체의 스승 리츨*의 수제자(즉 니체의 선배) 야콥 베르나이스*의 조카가 프로이트의 처였다는 것 정도지만, 물론 이것을 매개로 한 인적인 교류가 있었던 것은 아니다. 다만 아리스토텔레스의 카타르시스에 관한 베르나이스의 해석은 프로이트도 알고 있었던 듯하다. 브로이어(Josef Breuer 1842-1925)와의 공저 『히스테리 연구』에서 정신병의 새로운 요법으로서 제창한 '카타르시스적 방법'이 과연 이것과 관련된 것일까 — 베르나이스의 해석에 대한 니체의 비판과 평가를 음미해 가면, 양자의 사상을 비교할 수 있는 실마리가 될지도 모른다. 어쨌든 양자의 관련에 주목하면서 양자의 사상을 비교해 가는 작업이 매력 있는 것임에는 틀림없다.

우선 양자의 공통점으로서 지적해 두어야만 하는 것은 무의식의 발견일 것이다. 초기의 니체는 이미 무의식적인 것의 창조성에 주목하고 있다 "[소크라테스의] 다이몬은 무의식적인 것이지만, 그것은 의식적인 것에 대해 때때로 방해하는 것으로 나타나는 데 지나지 않는다. 요컨대 그것은 생산적으로는 작용하지 않으며, 비판적으로 작용하는 데 지나지 않는다. …… 보통은 무의식적인 것이 언제나 생산적이며, 의식적인 것이 비판적인 데도 불구하고"[유고 Ⅰ. 3. 29] 하지만 니체는 이와 같은 무의식의 위상이 성 충동으로 규정되어 있다고 보았던 것은 아니다. 니체의 경우, 충동*과 본능*, 욕동과 같은 말은 성애에 관련된 것을 거부하지는 않지만, 그것이 모든 것은 아니다. 니체도 프로이트와 마찬가지로 인간의 다양한 활동 배후에서 충동의 작용을 보았다는 점에서 유사하다. 그러나 프로이트의 충동론이 무엇보다 성 충동을 기둥으로 하여 구성되고, 그것도 언제나 이원론적인(초기의 성 충동과 자기 보존 충동, 후의 생 충동과 죽음 충동) 구도를 지니는 데 반해, 니체의 충동 개념에는 그러한 특징이 없다. 예를 들어 초기 니체의 충동 개념은 어느 쪽인가 하면 실러*의 충동 개념에 가깝다. 일반적으로 말하자면 무의식 개념이든 충동 개념이든 프로이트의 그것이 '의식-전의식-무의식', '자기 보존 충동과 성 충동' 등, 엄밀한 개념 구성으로 조직되었던 데 반해, 니체의 용어법은 훨씬 더 다원적이고 무형적이다. (덧붙이자면, 프로이트의 제자 아들러(Alfred Adler 1870-1937)는 성 충동보다 열등감을 극복하고자 하는 우월에의 의지야말로 인간의 기본적 충동이라고 프로이트에게 이의를 제기하여 정신분석의 세계에서는 신경증의 병인으로 성적이지 않은 요인을 지적한 최초의 사람이 되었지만, 이 우월에의 의지는 니체의 '힘에의 의지*'로부터 빌린 것이다.)

무의식의 발견과 관련하여 프로이트가 니체로부터 수용했다고 생각되는 개념이 있다. '에스(이드)'의 개념이다. 다만 이것은 직접적으로는 게오르크 그로덱(Georg Groddeck 1866-1934)의 『에스의 책 — 한 여성에게 보내는 편지』(1923)로부터 차용한 것으로, 어디까지나 이 책을 매개로 한 간접 수용에 지나지 않는다. 프로이트는 『자아와 이드』에서 이 개념을 처음으로 사용했을 때에 다음과 같이 주를 덧붙이고 있었다. "그로덱 자신이 확실히 니체의 예를 따르고 있다. 니체에서는 우리의 본질 속의 무인격적인 것, 이를테면 자연필연적인 것에 대해 이 문법상의 표현 에스가 언제나 사용되고 있다." 언제나 사용되고 있다고는 말하기 어렵지만, 확실히 니체에게는 "사상이라는 것은 '그것 es'이 원할 때에 다가오는 것이지, '내 ich'가 원할 때에 다가오는 것이 아니다"[『선악』 17]라고 말한 구절이 있다. 물론

이 에스를 성 충동과 결부시키는 관점은 니체에게 없다. 게다가 프로이트가 '자아-에스-초자아'라는 이른바 제2국소론을 구상했을 때, 그 발상에는 에스의 심급이 에로스에의 충동의 원인으로 된다는 인과론적 사고가 남아 있다. 니체가 위의 맥락에서 비판하고자 한 것은 무언가의 작용을 무언가의 주어(주체)에 귀착시켜 생각하고자 하는 그러한 발상 그 자체다. 따라서 '나는 생각한다' 대신에 '그것은 생각한다'고 바꿔 말했다는 점에서 니체에게 있어서는 '그것 es'이라는 것을 세우는 것 자체가 이미 오류인 것이다.

프로이트의 이러한 사고 스타일과 과학적 정신을 생각하면, 푸코*가 아니더라도 프로이트의 성의 과학에서 진리와 앎에의 의지를 간취했다고 하더라도 과장은 아닐 것이다. 하지만 그러한 그의 자기 이해에도 불구하고, 프로이트가 정신분석이라는 새로운 앎을 창조했던 것도 틀림없다. 그리고 이 새로움은 자주 프로이트 자신의 자기 이해를 배반하기도 한다.

또한 중기 이후의 니체는 스스로의 인식 수법을 '심리학*'이라는 말에 비유하고 있었다. 그리고 그의 심리학적 고찰에는 프로이트 학설로 그대로 통하는 것과 같은 것들도 있다. "욕동을 이겨낸다는 것은 대개의 경우 잠깐 사이 욕동을 억압하고 막는다는 것이다. 따라서 위험을 더욱 증대시킨다."[유고 Ⅱ. 5. 177] "어떤 인간의 성욕의 정도와 성질은 그 사람의 정신의 최후의 정점까지 미친다."[『선악』 75]— 물론 이것은 프로이트가 자기의 학문을 정신분석이라 부른 경우와는 전혀 위상이 다르다. 인식의 대상은 나날의 사소한 심적 사건으로부터 종교, 국가, 예술 등에까지 이르며, 전문적인 심리학과는 거리가 멀다.

그렇지만 프로이트의 심리학적 고찰에는 응용 심리학에 해당하는 분야가 있다. 정신분석의 수법을 심리학 고유의 대상 이외로까지 적용한 것인데, 프로이트는 이런 종류의 고찰을 단순한 취미활동으로는 보지 않았다. 예를 들어 『꿈의 해석』에는 니체에게 동의한 다음과 같은 발언이 있다. "니체는 꿈속에서는 '우리의 내부에 있는 지극히 오래된 이러한 인간성의 한 부분이 행해지고 있다'고 하고 있지만, 이 말이 얼마나 적절한

것인지를 잘 알 수 있을 것 같은 기분이 든다. ……
우리는 꿈을 분석하는 것에 의해 인간의 원시적 유
산……을 인식할 수 있지 않을까 생각한다."[니체의
말은 『인간적』 Ⅰ. 13의 인용이다.] 이러한 수준에서
보는 한에서 프로이트의 응용 심리학에는 니체의 심리
학적 고찰과 평행한 것이 놓여 있다. 마치 니체가 '영원
한 진리', 신, 종교 등 인간의 '형이상학적 욕구'를 일상
의 '눈에 띄지 않는 작은 진리'로부터 해부해 보였듯이,
프로이트는 예를 들어 "종교의 교리가 심리학적 성질
로부터 말해 환상이라는 것", 게다가 그 밖의 '문화재'
도 마찬가지라는 것을 지적하고, 학문·과학 등을 그
것에 포함시키는 것에도 주저하지 않는다. 일종의 폭
로 심리학인 것이다. 문화란 억압의 과정이라고 하는
유명한 명제의 경우든, 양심*, 양심의 가책, 죄의식
등의 분석의 경우이든, 프로이트가 니체가 취한 입장
을 알고 있었던 것은 아닐까 하고 생각하게 만드는
점이 있다.

『말과 사물』의 푸코는 근대의 에피스테메를 대신
하는 새로운 앎의 범례로 문화인류학과 정신분석을
들고 있었다. 새로움의 기준은 어느 쪽의 대상이든
"인간이라는 개념 없이도 가능할 뿐 아니라, 인간을
경유하는 것" 없이도 "인간의 외부의 한계들을 구성
하는 것"이라는 점에 있다. 그리고 이러한 '인간의
종언'은 니체가 사실상 '신의 죽음*'이라는 이름으로
말한 것에 다름 아니다. ☞심리학, 충동, 살로메, 베르
나이스

—기마에 도시아키(木前利秋)

참 ▷Henri Ellenberger, *The Discovery of the Unconsciousness:*
The History and Evolution of Dynamic Psychiatry, New York
1970(木村敏・中井久夫 監訳 『無意識の發見』 上・下, 弘文
堂, 1980).

프로테스탄티즘

목사의 자식으로서 태어난 니체의 생애를 통한 사상
적 영위가 그리스도교*에 대한 철저한 비판으로 관철
되었다는 것은 잘 알려져 있다. 그리고 니체의 이 그리

스도교 비판에 있어 최초로 직면한 표적의 중심에
계속해서 놓인 상대는 프로테스탄티즘이었다. 니체는
말한다. "프로테스탄티즘의 정의란 무엇인가? 그것은
반신이 마비된 그리스도교, **그리고** 반신이 마비된 이
성."[『안티크리스트』 10] 니체에게서 프로테스탄티즘
이란 '섬세함을 결여한' 그리스도교이며, 또한 독일
철학의 '조부'로서의 '원죄'를 짊어지는 것에 다름 아
니다. 그런 까닭에 이에 대한 비판은 독일 문화 비판이
라는 모티브로도 연결되어 간다.

프로테스탄티즘이 우선 특히 널리 퍼진 것은 독일
등 북방의 유럽이었다. 여기서는 남방의 국민들만큼
오랜 교회의 상징주의에 깊이 사로잡혀 있지 않았던
점도 있어서, 오랜 토착 종교성과 날카롭게 대립하고
결렬하는 이 그리스도교가 받아들여졌다고 니체는
본다. "그런 까닭에 그것은 처음부터 감각적이기보다
는 오히려 사상적이었다. 바로 이 때문에 그것은 위급
할 때에 한층 더 광신적인 동시에 도전적이었다."[『인
간적』 Ⅱ-1. 97] 가톨릭은 좀 더 감각적인 까닭에, 라틴
민족에 의해 훨씬 내면 깊이 수용되었다. 따라서 그것
은 한편으로는 다양한 종교적 이단과 융합하는 것이지
만, 그런 까닭에 다른 한편으로는 아무리 잎이 떨어지
더라도 계속해서 살아가는 강인함을 갖추고 있기도
하다. 그러나 프로테스탄티즘은 감각을 결여한 채 마
치 노골적으로 강요하는 것 같은 방식이 만연하고,
훨씬 값싸게 신을 떠받들고 있다. 더욱이 마치 강요하
는 듯한 이 모습을 뒷받침하는 신앙은 니체가 보기에는
아무래도 성실과 정의의 감각을 도야하는 점이 적은
것이다. 이 점을 분명히 보여주는 것은 프로테스탄티
즘의 문헌학이다. 고전문헌학자로서 연구를 쌓아온
니체에게 있어 이 성서 문헌학의 불성실함은 참으로
마음에 걸리는 바이자, 또한 아무리 해도 허용하기
어려운 바의 것이었음에 틀림없다. 니체가 보기에 구
약 성서는 인간의 지난날의 모습, 거기서 살아가는
인물, 사물, 언어를 웅대하게 이야기하여 사람들에게
공포와 외경의 염을 불러일으키지 않고서 그냥 놔두지
않을 것이다. "구약 성서를 맛보는 힘이 있는가 없는가
는 '위대함'과 '왜소함'을 나누는 시금석이다."[『선악』

52] 그럼에도 불구하고 이 프로테스탄티즘의 문헌학은 구약 성서의 곳곳을 그리스도와 십자가에 결부시켜 버리는 것이다. 더욱이 이 부끄러움을 알지 못하는 제멋대로의 해석을, 반론되지 않은 것을 핑계로 설교단에서 강요한다. "나는 옳다. 왜냐하면 쓰여 있는 것이기 때문에"[『아침놀』]라고, 여기서 그리스도교의 불성실은 극에 달한다고 니체는 생각한다.

그런데 다른 한편으로 니체는 독일 철학을 "하나의 음험한 신학"[『안티크리스트』 10]이라고 성격짓고, 여기서 프로테스탄티즘의 후계자를 본다. 왜냐하면 칸트*에게서 현실은 '현상계'라는 가상*으로 폄하되고, 진실의 세계로서의 '사물 자체*'나 세계의 본질로서의 '도덕 법칙'이 논증은 되지 않는다 하더라도 결코 논파도 될 수 없는 것으로서 정립됨으로써 여기서 '배후 세계'가 완전히 날조되어 버리기 때문이다. 그러나 니체가 보기에 이것이야말로 '확신(=신앙)을 진리의 규준으로 간주한다'고 하는 바로 프로테스탄티즘의 오만이며, 지적 성실*이 결여된 '학문*'에 의한 정당화에 다름 아니다.

이와 같이 감각을 결여하여 반신이 마비된 그리스도교이자 지적 성실을 결여하여 반신이 마비된 이성인 프로테스탄티즘의 오만은 '금욕주의적 이상'을 내거는 것에 의해 '삶' 그 자체에 대해서도 반항하게 된다고 니체는 생각한다. 금욕주의적 이상은 '죄책*'의 감정을 이용함으로써 인간의 건강을 위협하며, 불손하게 절도*를 넘어서는 무례함에 의해 취미*를 퇴폐하게 만들고, '유일한 목표'나 '유일한 이상'을 내거는 것에 의해 '진실(=과학적 진리)'을 의문시하는 것을 결코 허락하지 않는다. 무례한 루터*와 초월론자 칸트, 이들 금욕주의의 대표자야말로 단적으로 말해 프로테스탄티즘의 오만을 가장 명확하게 표현하는 자들에 다름 아니다.

그런데 니체는 이와 같은 프로테스탄티즘의 문제성과 대결하여 그에 대해 승리를 거둘 수 있는 것도 또한 프로테스탄티즘의 준엄함으로부터 생겨난다고 생각하는 듯하다. "무엇이 그리스도교의 신에 대해 승리를 거두었는가?"라는 물음에 대해 니체는 "그것은 바로 그리스도교 도덕성 그 자체, 점점 더 엄격해진 진실의 개념, 그리스도교적 양심을 지닌 고해신부의 예민함이 학문적 양심으로 옮아가고 승화되어 모든 것을 희생해서라도 지적 청렴함을 지키도록 만들었던 것이다"[『학문』 357]라고 대답한다. 그렇다면 니체의 철저한 그리스도교 비판은 그 실질에서는 오히려 프로테스탄티즘의 자기 극복의 시도로서 파악되어야만 할지도 모른다. ☞금욕도덕, 그리스도교, 지적 성실, 칸트, 루터

─나카노 도시오(中野敏男)

플라톤 [Platon 427-347 B.C.]

니체는 바젤 시대에 고전문헌학자로서 「플라톤 대화편 연구 서설」(1871-72)과 「플라톤의 생애와 학설」(1876) 등, 플라톤에 관한 강의를 여러 차례 행했다. 그리고 여기서 니체는 플라톤을 "동시에 예술가일 수 있었던 최후의 그리스 철학자"로서, 또한 "세계 전체를 근본으로부터 개혁하고자 애쓰고, 특히 이 목적을 위해 저술가가 되기도 한 정치가"로서 평가한다. 니체는 후의 저작에서도 예술가 및 정치 개혁자로서의 플라톤에 대해서는 어느 정도의 경의를 보내고 있다.

하지만 사상가 내지 철학자로서의 플라톤으로 되면, 니체의 평가는 혹독하다. 그는 『우상의 황혼*』에서 이렇게 말하고 있다. "플라톤은 지루하다.── 결국 플라톤에 대한 나의 불신은 심층적인 부분에까지 이르고 있다: 내가 보기에 그는 헬레네인의 모든 근본 본능들에서 너무 벗어나 있고, 너무 도덕화되어 있으며, 너무 그리스도교*의 조상 격이어서── 그가 이미 '선' 개념을 최상의 개념으로 갖고 있었기에── 플라톤이라는 현상 전체에 대해 나는 차라리 '고등 사기'라는 심한 말을, 또는 사람들이 더 듣기 좋아하는 '이상주의'라는 말을 다른 말보다는 더 사용하고 싶을 정도다."[X. 2] 니체에게 있어 플라톤은 "폴리스로부터, 경기로부터, 군사 능력으로부터, 예술과 미로부터, 종교적 비의로부터, 전통과 조상에 대한 신앙으로부터 본능을 분리한"[유고 Ⅱ. 11. 90] 반그리스적 존재이며, '순수

정산'과 '선 그 자체'라는 "지금까지 모든 오류 중에서 가장 악질적이고 가장 지루하며 가장 위험한 오류의 발명자"[『선악』 서문]이고, 그리스의 신들을 선이라는 개념으로 무가치하게 만드는 "이미 유대인 류의 위선을 몸에 익힌"[유고 Ⅱ. 10. 303], 말하자면 그리스도교 이전의 그리스도인 것이다.

니체에 따르면, 플라톤 사상의 이러한 유해한 성격을 낳는 궁극적인 원인은 그의 '두 세계론'에 놓여 있다. 그리고 두 세계론은 플라톤의 기본 사상인 '이데아론'에서 귀결된다. 플라톤은 감성계의 개별적인 것과 그 성질을 넘어선 피안에 그것들의 이상적인 원형, 요컨대 '이데아'가 있고, 생성소멸을 면할 수 없는 감성적인 것은 영원한 존재인 이데아로부터 그 존재를 부여받고 있다고 생각한다. 예를 들어 노트에 작도된 삼각형이든 모래 위에 그려진 삼각형이든 그것들이 같은 삼각형으로서 인식되는 것도 이미 그것들에 선행하여 이상적인 삼각형이 무언가의 형태로 존재하고 있기 때문인 것이다. 이리하여 플라톤은 감성계의 피안에 '참된 세계'를 상정하고, 초감성적인 가치를 최고 가치로 치켜 올린다. 하지만 그렇게 되면, 감성계 쪽은 그것 자체로는 존재할 수 없는 '가상'의 세계로 폄하되어 버린다. 니체에 따르면, 플라톤의 이러한 배후 세계론은 그리스도교를 선취하는 것이다. 왜냐하면 그리스도교도 역시 '이 세상'을 비방하고 단죄하여 "삶"의 중심을 삶에 두지 않고, 오히려 '피안'으로──무로── 옮겨 버리기"[『안티크리스트』 43] 때문이다. 그리스도교는 차안의 세계는 눈물의 골짜기이며, 영원한 축복의 장소인 피안 세계로의 통과점에 지나지 않는다고 가르친다. "그리스도교는 민중용 플라톤주의"[『선악』 서문]인 것이다.

그것만이 아니다. 서양의 역사 그 자체가 플라톤주의의 역사다. 그리스도교만이 아니라 서양사를 꿰뚫고 있는 플라톤 이후의 철학이나 스토아 이후의 금욕주의적인 도덕도 초감성적인 것을 최고 가치로 한다는 점에서는 플라톤주의에 지나지 않는다. 하지만 그렇다고 한다면, 서양의 역사는 동시에 니힐리즘의 역사이기도 하다. 왜냐하면 플라톤주의처럼 "생성"의 세계를

미망으로 단정하고, 이것의 피안에 있는 세계를 참된 세계로서 날조하는 것"이야말로 "니힐리즘의 궁극 형태"[유고 Ⅱ. 10. 355]이기 때문이다.

니체에 따르면, 플라톤주의는 삶의 자연적 본능을 이중의 의미에서 저해한다. 우선 그것은 본래는 삶의 내적 욕구가 투영된 것에 지나지 않는 가치를 영원한 최고 가치로 추어올림으로써 역으로 삶을 그것에 종속시킨다. 그리고 더 나아가 플라톤주의는 삶의 영원한 것으로의 이러한 종속에 의해 끊임없는 자기 극복을 본령으로 해야 할 삶을 오로지 자기 보존과 현상유지만을 원하는 퇴폐한 삶으로 변화시키고 만다. 그렇다고 한다면, 니힐리즘을 극복하기 위해서는 플라톤주의에서의 가치의 이러한 역전을 다시 한 번 역전시키지 않으면 안 된다. 바로 그렇기 때문에 니체는 "나의 철학은 **역전된** 플라톤주의다"[유고 Ⅰ. 3. 267]라고 말하는 것이다. 하지만 플라톤주의를 역전시키는 것이란 초감성계와 감성계, 참된 세계와 가상의 세계의 구별 그 자체를 없애는 것이다. "우리는 참된 세계를 없애 버렸다. 어떤 세계가 남는가? 아마도 가상 세계? …… 천만에! **참된 세계와 함께 우리는 가상 세계도 없애 버린 것이다!**"[『우상』 Ⅳ. 6] 그리고 니체는 이러한 구별을 없앰으로써 삶이 모든 가치와 가치 정립의 유일한 담지자이며, 삶의 본래적인 존재방식이 좀 더 높은 것, 좀 더 강한 것을 향해 끊임없이 자기 자신을 넘어서고자 하는 의욕에 있다는 것을 보이고자 한다. 요컨대 우리는 플라톤주의의 역전에 의해 '힘에의 의지'로 이끌리게 되는 것이다. ☞형이상학, 이원론, 배후 세계론자, 니힐리즘, 가상

―무라오카 신이치(村岡晋一)

플로베르 [Gustave Flaubert 1821-80]

『보바리 부인』(Madame Bovary, 1857) 등을 쓴, 19세기 프랑스를 대표하는 작가의 한 사람. 『우상의 황혼』의 「잠언과 화살」 34번에서 니체는 "앉아 있을 때만 생각하고 쓸 수 있다"는 플로베르의 말을 집어 들고 야유한다. "이로써 나는 너, 허무주의자를 잡았다! …… **걸으면**

서 얿은 생각만이 가치 있다'고, 따라서 니체의 견해에서 플로베르는 다만 데카당스*의 예술가일 뿐이다. 플로베르는 삶을 증오하고 있었던 것이다. 이러한 증오는 그의 창작 태도에서도 나타난다. "플로베르는 언제나 가증스럽다. 그라는 인간 자체는 아무것도 아니고 그의 작품이 전부다"[『니체 대 바그너』 VI]라고 말하면서 니체는 작가 플로베르에서의 '자기 없음(Selbstlosigkeit)'과 '비이기'성을 비판한다. 니체에게 있어 약동하는 삶'이 힘의 과잉*을 의미하는 한에서, 삶의 증오자 플로베르는 삶의 "정령에 대한 **죄**"다.

—다카하시 도오루(高橋透)

플루타르코스 [Plutarch(Plutarchos) ca. 46-120]

모럴리스트* 전통에서 플루타르코스의 저작은 중요한 원천인바, 몽테뉴*는 자주 찬양과 더불어 그의 말을 인용한다. 니체에게 플루타르코스에 대한 직접적인 언급은 적지만, 플루타르코스에 대한 몽테뉴의 말은 몽테뉴 자신에게도 들어맞는다고 하여 그를 일별하는 것만으로도 "내게는 발과 날개가 생겨난다"고 말하고 있다[『반시대적』 III. 2]. 다만 니체의 친우로 이 『반시대적 고찰』*을 불역한 마리 바움가르트너(Marie Baumgartner 1831-97)에게 지적당해 니체도 인정하는 대로 이것은 오역인바, 몽테뉴는 플루타르코스를 더할 나위 없는 새 요리에 비유하여, 집어먹기에는 좋지 않지만 무슨 일이 있어도 그로부터 다리와 날개를 취하고 만다고 말하는 데 지나지 않는다[『수상록』 제3권 제5장]. 그렇지만 플루타르코스에 대해 니체가 몽테뉴와 동일한 독해 방식을 취했던 것은 확실하다. 요컨대 그는 플루타르코스를 그리스・로마의 풍속이나 사적을 알기 위한 참고서로 삼고 있었던 것이다. 특히 그리스의 뱃사람이 티베리우스 황제 시대에 "위대한 판 신은 죽었다"고 알리는 소리를 들었다고 하는, 플루타르코스가 전하는 고사를 1870년부터 71년에 걸쳐 계획

한 희곡 「엠페도클레스」의 초고에 인용하고 있는 것 외에 『비극의 탄생』*에서도 이 말을 증거로 내세우면서 고대 비극의 몰락을 애도하고 있다[『비극』 11].

—오이시 기이치로(大石紀一郎)

피타고라스 [Pythagoras ca. 571-ca. 497 B.C.]

사모스 섬에서 태어나 오르페우스교를 개혁하고, 남이탈리아의 크로톤으로 이주하여 이른바 피타고라스 교단을 조직한 소크라테스 이전의 사상가. 영혼의 정화에 의해 윤회를 벗어날 수 있다고 믿었던 이 교단은 이를 위해 금욕 생활을 영위하고, 그 일환으로서 수학 연구를 중시했다. '만물은 수로 이루어진다'라는 주장도 그로부터 생겨났다. 니체는 종교개혁자로서의 피타고라스를 중시하고, 그를 헤라클레이토스*에게도 비견되어야 할 현자로 간주한다. 1872년 여름의 강의 「플라톤 이전의 철학자들」(Die vorplatonischen Philosophen)의 노트에는 다음과 같이 쓰여 있다. "피타고라스, 헤라클레이토스, 소크라테스*의 세 사람은 가장 순수한 전형으로 불려야만 한다. 피타고라스는 종교개혁자인 현자이며, 헤라클레이토스는 오만 고독한 진리의 발견자로서의 현자이고, 소크라테스는 영원한 탐구자로서의 현자다." 니체에게 있어서 피타고라스의 위대함은 자기 자신에 대한 일종의 초인적인 존경을 품으면서도 "영혼의 윤회와 모든 생명체의 통일성에 관한 확신과 결합되어 있는 동정의 끈은 그를 다시금 다른 사람들에게로 인도하여, 이들을 구원하고 구제하도록 했다"[『비극 시대의 철학』 8]는 점에 있다. ☞소크라테스 이전의 그리스 철학

—무라오카 신이치(村岡晋一)

필연必然 ➪우연과 필연

하기와라 사쿠타로 [萩原朔太郎 1886-1942]

시집 『달 보고 짖는다』(다이쇼 6년, 1917)와 『푸른 고양이』(다이쇼 11년, 1923)에 의해 근대 구어시로 새로운 경지를 연 일류의 서정시인. 병적으로 예민한 신경과 존재의 불안에 떠는 영혼을 상징적으로 비전화하고, 일상적 생활 차원을 넘어선 실존의 깊은 곳을 조형화한 것에 그의 독자성이 놓여 있다. 이러한 자질의 사쿠타로는 열광적일 정도로 니체를 숭배했다. 45세의 사쿠타로는 "나는 실로 경탄했다. 이러한 심각한 대사상가, 이러한 예리한 심리학자, 이러한 시인적인 형이상학자, 게다가 이러한 강력한 의지를 고조시킨 정신이 어디에 있을 것인가"「포, 니체, 도스토예프스키」쇼와 5년]라고 노골적인 예찬을 바치며, 니체라는 거인 앞에서는 자신은 벌레와 같은 존재라고까지 말하고 있다. 사쿠타로가 니체에게 강하게 끌리기 시작한 것은 다이쇼 5, 6년경, 30세를 조금 벗어났을 무렵으로 추정된다. 앞에서 제시한 에세이에서 그는 『차라투스트라』*를 20대 무렵에 읽었지만 전혀 이해할 수 없었다고 고백하고, 후에 이쿠타 쵸코*(生田長江)가 번역한 『인간적인 너무나 인간적인』*을 읽고서 "완전히 놀라서 엎드렸다"고 말한다. 『인간적』의 상권 번역이 출판된 것은 다이쇼 5년 10월. 하권의 간행은 다이쇼 6년 2월. 사쿠타로가 쓴 것에서 아마도 처음으로 니체를 언급한 것은 다이쇼 6년 10월 26일자의 다카하시 모토키치(高橋元吉 1893-1965)에게 보낸 서간에서일 것이다. 쵸코는 이후 차례차례 니체의 작품을 번역하여 개인으로 니체 전집을 완역하지만, 사쿠타로는 이 쵸코 역 니체를 탐독했다고 생각된다.

이러한 직접적인 영향은 『새로운 욕정』(新しき欲情, 1922) 이후 잇따라 간행된 사쿠타로의 아포리즘 모음집에 나타나 있다고 말할 수 있을 것이다. 사쿠타로는 우선 니체의 문체에 경탄하며, 쇼와 9년의 「니체에서의 여러 생각」(ニイチェに就いての雜感)이라는 에세이에서는 니체의 아포리즘*을 이해하기 위해서는 시인임과 동시에 철학자일 것을 필요로 한다고 말한다. 사유한다는 것은 빵 이상으로 자신에게 있어 필요하다고 말하는 사쿠타로는 니체의 아포리즘 모음집과 마찬가지 모양의 책을 간행하고자 시도한 것이 아닐까? 『새로운 욕정』의 서언에서 그는 여기서 말하는 사상은 논문이라든가 평론과 같은 견고한 것이 아니라 좀 더 서정적인 윤기가 있는 것이라고 말하고 있지만, 이것은 앞의 니체에 대한 사쿠타로의 아포리즘 평가와 완전히 일치한다. 또한 『새로운 욕정』의 문체가 쵸코 역 니체의 문체와 아주 유사하다는 것은 많은 이들에 의해 자주 지적되고 있다. 표현자인 사쿠타로는 우선 아포리즘이라는 표현 형식을 니체에게서 배운 것일 터이다. 다른 한편 사상 내용으로서 배운 것은 주로 심리학*과 문학인바, 형이상학자, 윤리학자, 문명 비평가로서의 니체는 추적할 수 없었다고 앞의 「여러 생각」에서 말하고 있다. 『새로운 욕정』 이외에서 고찰된 예술론은 좀 더 다듬어져 『시의 원리』(쇼와 2년, 1928)로서 열매 맺지만, 여기서는 니체의 『비극의 탄생』*의 이항 대립, 즉 아폴론*적 예술과 디오니소스*적 예술도 그대로 이용되고 있다. 형이상학적 측면과 문명 비평적 측면을 추적할 수 없었다고 하는 것은 어떤 의미에서 당연할 것이다. 사쿠타로는 존재의 근저를 위협당할 정도로 삶의 무목적감에 괴로워했지만, 그의 적은 개국 일본을 밀어붙여 온 실학 우위의 사상이며, 이 현실

에 맞서 정신 영역을 확립하는 것이 그의 과제였다. 그 모범으로서 찾은 것이 서양 사상이었지만, 그가 만난 니체는 유럽 문화의 근간을 뒤흔드는 신의 죽음*이라는 역사 인식으로부터 전통적 사유와의 대결을 꾀한 사상가였다. 유럽의 운명으로서의 니체·니힐리즘*의 문제가 사쿠타로의 문제로 될 수 없었던 것도 당연하다.

사쿠타로는 점차 서양과의 거리감을 심화시켜 젊었을 적부터 영혼의 가향으로서 계속해서 추구한 서양이 신기루에 지나지 않았다는 것을 자각해 가지만, 다시 한 번 니체의 새로운 측면을 발견하여 이 철학자에 대해 친근감을 강화한다. 그것은 서정시인으로서의 니체다. 쇼와 4년 1월, 쵸코 역으로 니체의 시*가 간행되었지만, 그 가운데 둘, 셋의 것, 특히 「가을」, 「적요」(寂寥) 등은 그 고독감의 깊이가 사쿠타로의 마음을 깊이 사로잡았다. 그는 니체의 논문과 시의 그 대비에 놀라 이러한 애처로운 시가 과연 오만불손한 철인 니체의 같은 작품인가 눈을 의심한다고 말한다. 일찍이 밤에 『푸른 고양이』의 유토피아를 환영(幻影)하고, 대낮에 『새로운 욕정』의 참회를 쏟는다고 말했던 사쿠타로는 자기의 양면성과 동일한 자질을 니체에게서 발견하여 생리적이고 기질적인 친근감을 느꼈던 것이다. 이 영향은 시집 『얼음 섬』(쇼와 9년, 1934)에 나타난다. 특히 그 서두를 장식하는 「방랑자의 노래」는 어휘, 한어조와 같은 표현 형식뿐만 아니라 방랑*의 고독*에 도전하는 비상한 의지라는 중심적 포에지가 쵸코 역 니체의 「적요」와 아주 유사하다. 이 시집에 대한 평가는 한어조의 채용 등 표현 측면에서 사쿠타로의 후퇴로 간주하는 논자들과 그 시적 경지의 높이를 평가하는 논자들로 나누어지지만, 사쿠타로 자신은 이 시집에 대한 사랑을 멈추지 않았다. 사쿠타로는 니체로부터 의기양양한 귀족* 정신을 배웠다고 말하며, 또한 니체는 자신이 살아올 수 있었던 생활이었다고도 말하지만, 절망하면서도 무로부터의 창조를 지향한 사쿠타로에게 있어 니체는 살아가는 의지를 계속해서 부여해준 존재였던 것이다. ☞이쿠타 쵸코, 아포리즘과 사유의 수행

—스기타 히로코(杉田弘子)

📖 ▷杉田弘子「萩原朔太郎とニーチェ」富士川英郎 教授 還暦 記念論文集『東洋の詩, 西洋の詩』수록, 朝日出版社, 1969.
▷杉田弘子「朔太郎とニヒリズム」『現代思想』1980年 7月 号.

하르트만 [Eduard von Hartmann 1842-1906]

프로이센의 육군 소위가 된 아버지를 따라서 근위 포병연대에 들어갔지만 부상으로 인해 제대하며, 쇼펜하우어*, 헤겔*, 셸링(Friedrich Wilhelm Joseph von Schelling 1775-1854)의 철학을 독학으로 공부하여 『무의식의 철학』(Philosophie des Unbewußten, 3권 1868-69)을 집필했다. 이 책은 10년 사이에 8판을 거듭할 정도로 호평을 받아 각국어로 번역되어, 하르트만은 일약 '유행 철학자'(Modephilosoph)가 되었다. 그에게는 각지의 대학으로부터 교수직 제안이 쇄도했지만 공직에는 나서지 않으며, 『도덕의식의 현상학』(Phänomenologie des sittlichen Bewusstseins, 1878), 『미학』(Ästhetik, 2권 1886-87), 『범주론』(Kategorienlehre, 1896) 등, 다수의 저작을 집필했다. 하르트만이 유행할 무렵에 독일에 유학한 모리 오가이*(森鷗外)는 단편 소설 「망상」(메이지 44년)에서 "그 무렵 19세기는 철도와 하르트만의 철학을 가져왔다고 이야기할 정도로 최신의 커다란 계통으로서 찬부의 목소리가 떠들썩했다"고 전하고 있으며, 또한 『심미론』(審美論, 메이지 25-26년)과 『심미강령』(審美綱領, 메이지 32년)에서 하르트만의 미학을 일본에 소개한다. 『무의식의 철학』에서 하르트만은 쇼펜하우어의 '의지' 대신에 '무의식'을 세계의 근저에 놓고, 헤겔적인 '발전' 사상을 생물학적 진화와도 결부시켜 '세계과정'(Weltprozeß)의 진전을 묘사했다. 그는 이 '세계과정'을 인류가 행복을 현재에서 달성할 수 있다고 생각하는 제1단계, 사후의 삶에서 구하는 제2단계, 그리고 미래에서 기대하는 제3단계로 나누고, 각각을 '고대-유년기', '중세-소년기', '근대-장년기'에 비교하지만, 이것들은 어느 것이든 '미망'이고 모든 행복의 추구는 허무한바, 고뇌로부터 구제받지 못한 채로 인류는 '노년기'를 맞이한다고 한다. 그러나 쇼펜하우어 식의

'의지 부정'도 무의미한바, 우선은 '삶에의 의지*'의 긍정을 올바른 것으로 삼아 '세계과정'의 종결에서의 '구제'를 기대하면서 '세계과정에의 인격의 완전한 헌신'으로 살아갈 수밖에 없다고 이야기한다. 니체는 『반시대적 고찰』* 제2편에서 하르트만은 시니시즘*으로써 세계사의 패러디를 그리는 "철학적 패러디스트"라고 공격하고 있다. 요컨대 '세계과정'의 끝에서 구제를 보는 그의 사상은 페시미즘*을 가장하고 있기는 하지만, 실은 자신들이야말로 역사의 목적이라고 하여 과거를 점유하고 스스로의 현대를 정당화하고자 하는 욕구에 기초하고 있는바, 왜 프로이센–프랑스 전쟁*의 승리 후에 하르트만이 유행했던 것인지 그 배경을 폭로하고자 하는 것이다. 그리고 빈틈없는 '장년'의 에고이즘과 삶에 매달리는 '노년'의 욕망의 지배를 대신하여 역사적 지식에 의해 손상되지 않은 "청년의 나라"가 도래하는 것에 대한 희망을 이야기하고 있다[『반시대적』 Ⅱ. 9]. 니체는 그 후의 저작에서도 『무의식의 철학』으로부터 얻은 이미지에 기초하여 하르트만을 비판하며, 율리우스 반젠(Julius Bahnsen 1830-81)과 필립 마인랜더(Philipp Mainländer 1841-76)와 나란히 하여 이들은 쇼펜하우어의 진지한 철학적 탐구를 우롱하는 것이라고 한다든지[『학문』 357], 뒤링*과 마찬가지로 때마침 시류에 편승한 '절충 철학자'에 지나지 않는다고 매도한다든지 하고 있다[『선악』 204]. 하르트만 쪽에서도 90년대에 니체가 유행하게 되자 니체를 다루어 아포리즘으로 재치 있는 것을 말하고 있는 듯이 보이게 하고 있지만, 그 사상은 빈곤하며, 이미 막스 슈티르너(Max Stirner 1806-56)가 『유일자와 그 소유』(Der Einzige und sein Eigentum, 1844)에서 말한 것 이상의 것이 아니라고 혹평하고 있다. ☞쾨베르, 모리 오가이

―오이시 기이치로(大石紀一郎)

参 ▷Eduard von Hartmann, *Philosophie des Unbewußten*, Berlin 1868-69.

하버마스 [Jürgen Habermas 1929-]

프랑크푸르트학파* 제1세대인 호르크하이머*와 아도르노*가 19세기 시민사회에 대한 니체의 반항적 문장에 매료된 경험을 가진 데 반해, 하버마스에게 있어 니체는 처음부터 대결의 대상이었다. 직접적으로 니체를 논한 것은 19세기에서의 실증주의의 성립을 논의한 『인식과 관심』(1968)의 마지막 장, 니체의 문장들 중에서 인식론에 관한 것을 모은 선집의 후기(1968), 그리고 『근대의 철학적 담론』(1985)에서의 「포스트모던의 개시」라는 제목의 장 등이지만, 그 이외에도 저작의 많은 장소에서 니체 비판을 숨기지 않는다. 그의 입장에서 보면, 니체는 시대의 병을 민감하게 감지한 세기말 이후의 일련의 지식인들의 선두에 위치해 있기는 하지만, 그와 동시에 아도르노가 「문화 비판과 사회」[『프리즈멘』(*Prismen*, 1955) 수록]에서 '시민적 문화 비판'이라고 부른 반시대적 정신과 그 반근대주의를 앞질러 간 사상가다. 또한 독일 정신이 서구의 민주주의 전통, 18세기의 보편주의 정신과 결정적으로 결별하게 된 지점을 상징하고 있기도 하다. 그런 의미에서 니체는 그가 이해하는 '포스트모던'의 시작이다.

그렇지만 60년대 후반부터 70년대에 걸친 하버마스에게 있어 니체는 이미 그 정도로 커다란 문제가 아니게 되었다. 세기말*의 꿈과 결부된 것과 같은 수용은 "이미 과거이며, 거의 이해하기 어려운 것이 되었다. 니체는 이미 전염력을 가지고 있지 않다"고 선집의 후기에서도 쓰고 있었다. 그러나 그의 견해는 희망적 관측일 뿐이었다. 70년대에 들어서면, 프랑스 사상을 중심으로 하여 독일에서도 니체는 되살아난다. 푸코*를 중심으로 하는 근대 비판은 근대적인 이성의 '갑작스러운' 등장을, 요컨대 '인간'의 등장을 일상생활의 구석구석까지 침투해 있는 권력의 산물로 파악하고, 그러한 권력=합리성에 의해 배제된 것 측에 서고자 한다. 실제로 일정한 정상과 이상(異常)의 범주, 현실과 비현실의 구분이 근대에 의해 관철됨으로써 근대가 망각한 것의 대가는 크다. 이러한 근대 비판은 세기말의 문화 비판 이래로 삶의 근원의 힘, 태고의 세계, 예술, 성스러운 것, 성적 폭발, 이상과 변경이 지니는 충격력을 지주로 삼아 왔다. 거기에는 저항의 에너지

가, 반항적인 지적 분격이 담겨 있었다. 하버마스는 그것을 모데르네라는 이름으로 평가하는 것에는 인색하지 않지만, 그것이 니체 부활과 결부되는 것에는 민감한 반응을 보인다. 근대의 이성 원리를 매장하고자 하는 힘이 작용하고 있다고 보는 것이다. 강연 「근대 —미완의 기획」에서는 그러한 반근대론의 무리에 대해 다음과 같이 말하고 있다. "그들은 탈중심화한 주관성, 인식과 유용한 활동의 제한으로부터 해방되어 노동과 유효성의 명법으로부터 자유로워진 주관성을 쬐는 경험은 하고 있습니다. 그러나 이 경험과 더불어 그들은 근대 세계로부터도 뛰쳐나오고 만 것입니다. 모더니즘 풍의 태도를 보이면서도 화해 불가능한 반근대주의의 기초가 되고자 하고 있습니다. …… 이 계통은 프랑스에서는 조르주 바타유*로부터 푸코를 거쳐 데리다*에까지 연결되고 있습니다만…… 이들 모두 위에 떠돌고 있는 것은 70년대에 재생된 니체의 정신입니다."

이러한 문제들과 대결한 것이 『근대의 철학적 담론』이다. 이미 『인식과 관심』에서 니체에서의 힘에의 의지*는 인식관심의 자연주의적 오해라고 하는 논의가 이루어지고 있었지만, 그것을 근거로 한 니체 비판은 대체로 세 가지 점으로 요약될 수 있다. 첫째, 니체는 근대적 주체가 자기의 인식 상태를 비판할 수 있는 이성의 반성 능력을 스스로 행사하고 있음에도 불구하고, 그 점을 인정하지 않을 뿐만 아니라 이 반성 능력이 지니는 치유의 힘, 즉 실증주의*를 넘어설 수 있는 힘을 거부하고 있다. 실제로 니체 자신이 "소크라테스*에게서 나타나는 논리적 충동은 결코 자기 자신을 향하지 못했다"[『비극』13]고 말하는 것이 생각될 수 있다. "자기반성 그 자체가 인식이라는 것을 부정해 버리는" 이 역설을 "반성의 자기 부정이라는 아이러니한 모순"[『인식과 관심』]이라고 하버마스는 형용한다. 둘째, 니체는 그런 까닭에 참-거짓의 구별을 좋아하고 싫어하는 취미판단으로 바꿔치기하여 심리학*에 그치지 않고 생리학*을 규범으로 하기까지 타락해 버렸다. 근대에서 분화된 타당성 요구(참-거짓, 선-악, 예술적인 내면의 순정함)가 니체에게서 혼동되며, 진리

표명에 관계되는 판단문을 참과 거짓의 어느 쪽을 취해야 할 것인가, 선과 악의 어느 쪽을 좋아해야 할 것인가 하는 메타 차원의 취미에 관한 평가문으로 축소하고 말았다고 여겨진다. 셋째, 그 귀결로서 힘의 사상에 흡수되며, 미의 충격과 도취*라는, 그 자체는 비판적인 저항의 계기로 될 수 있는 근본 경험을 일반화하여 전면적인 기준으로 확대한다고 하는 비합리주의의 함정에 빠지고 말았다. 이렇게 보면, 정치 분야에 미적 범주가 도입된다고 하는, 벤야민*이 나치스*에 대해 지적한 사태의 단서는 니체에게 놓여 있는 것으로 될 것이다.

니체에 대한 하버마스의 이러한 비판은 정당하다. 하지만 문제는 이 비판에 의해 니체라는 현상을 모두 극복할 수 있을 것인가 하는 점이다. 왜냐하면 니체는 예술적 모더니즘의 선구이기도 했기 때문이다. 그 점은 하버마스 자신도 인정하는 바이다. "퇴락의 역사의 연속성을 물리치고자 하는 초현실주의자들의 아나키즘적인 의도는 이미 니체 안에서 작용하고 있다. 미에 의한 저항이 지니는 반항적 전복의 힘은 후에 벤야민에게서, 또한 페터 바이스(Peter Weiss 1916-82)에 이르러서까지도 반성의 원동력이 되었지만, 이러한 미적 저항의 힘은 이미 니체에게 있어서도 일체의 규범적인 것에 대한 반항을 스스로 행한 그 자신의 경험에서 유래한다."[『근대의 철학적 담론』] 다시 말하면, 하버마스는 니체가 반성을 실제로 행하고 있는 것을 자기 자신에 대해 숨겼다는 것을 비판하는 데 급한 나머지, 실제로 거기서 행해지고 있는 니체의 미적 반성을 일단은 승인하면서도 그 정도와 질과 범위에 대해서는 지나치게 맹목하게 된 것은 아닌가 하는 것이다. 하지만 또한 이러한 미적 혁명의 틀에서만 니체를 파악한다고 하는 유혹에도 커다란 위험이 놓여 있다는 점도 우리로서는 인정하지 않을 수 없다. 이 위험은 20세기의 비극에 손을 빌려준 것이기도 하지만, 현재 이 위험에 빠지게 되면, 거기에서 기다리고 있는 것은 지적 나르시시즘과 사소설화한 '위대한 거부'이자 '배제'에의 섬세한 감각을 무작정 배푸는 것밖에 없기 때문이다.

다른 한편 독일 통일의 움직임과 더불어 독일 문화의 정체성을 말하는 보러(Karl-Heinz Bohrer 1932-) 등이 니체를 독일의 '반합리주의 유산'으로서 찬양하는 경우에 대해 하버마스는 니체의 반합리주의적이지 않은 측면을 강조한다고 하는 미묘한 자세를 취하게 된다. "우리의 가장 훌륭한 계몽가(니체를 말함)에 의한 계몽 비판의 전통을 계승하지 않는다는 따위의 난폭한 생각에 도대체 누가 봉착할 것인가'라고 말이다[『뒤늦은 혁명』]. 여기에는 니체의 미적 반성력에 대한 평가가 배어나오고 있다. 어쨌든 니체에 대한 하버마스의 대응이 보여주는 미묘한 동요가 1970년대 이후의 독일에서 정신의 좌표축의 이행에 대응하고 있다는 것은 틀림없다. ☞프랑크푸르트학파

—미시마 겐이치(三島憲一)

阁 ▷Jürgen Habermas, *Erkenntnis und Interesse*, Frankfurt a. M. 1968(奧山次郎 外 訳『認識と關心』未來社, 1981). ▷ders., *Der philosophische Diskurs der Moderne*, Frankfurt a. M. 1985 (三島憲一 外 訳『近代の哲學的ディスクルス』Ⅰ・Ⅱ, 岩波書店, 1990).

하이네 [Heinrich Heine 1797-1856]

니체가 하이네를 사랑한 것은 잘 알려져 있다. "서정 시인이라는 것의 최고의 개념을 준 것은 하이네다'라고 『이 사람을 보라』[Ⅱ. 4]에는 적혀 있다. 19세기의 50-60년대, 김나지움 졸업에 즈음하여 동급생들이 하이네의 『노래책』을 서로 증정하는 것은 드문 일이 아니었다. 그런 의미에서는 세대 경험이기도 하지만, 니체가 하이네를 좋아하는 것은 단지 청춘 시절의 추억으로 끝나는 것이 아니라 이 논쟁적 지식인에 대한 높은 평가를 내장하고 있었다.

물론 언뜻 보면 하이네와 니체만큼 서로 대립하는 경우도 없는 듯이 보인다. 나폴레옹* 지배하의 뒤셀도르프에서 "회의적인 18세기 말에' 태어나 프랑스 혁명*을 뒷받침하는 시민적 계몽에 충실하고, 아도르노*도 말하듯이 "부풀릴 수 없는 계몽의 이념'[「하이네라는 상처」]을 계속해서 짊어진 유대인인 하이네에 반해,

프로이센 왕 프리드리히 빌헬름 4세를 기념하여 이름을 부여받은 니체의 요람 주위에는 추악한 내셔널리즘이 싹트고 있었으며, 그의 지적 생애는 계몽에 대한 근원적인 물음을 과제로 하고 있었다. 하이네는 나치스* 시대에 로렐라이의 악보에서 작자 이름을 삭제당하고 말았던 데 반해, 니체는 나치의 성인의 한 사람으로 여겨지고 있었다. 이 정도로 다른 진영에 속하는 존재도 드물다 할 것이다.

그렇지만 양자 사이에는 자유로운 생활을 향한 19세기의 싸움을 관통하는 공통성도 존재한다. 첫째는 두 사람 모두 프랑스*를 더할 수 없이 사랑했다는 점이다. 프랑스야말로 두 사람에게 있어 위대한 전통과 모데르네 경험이 행복한 공생을 이루고 있는 문화의 대명사였다. 7월 혁명의 소식을 듣고 결연히 라인 강을 넘어서 파리에 도착한 하이네는 1831년 정부 주최 전람회에서 들라크루아*를 보고서 예술에 있어 새로운 시대가 시작되고 있다는 것을 감지했다. '예술 시대의 종언' 테제가 주창되는 계기다. 그리고 학생 시기의 마지막에 품고 있던 파리 유학의 꿈을 이루지 못한 니체의 말을 빌리자면, 파리야말로 "유럽의 모든 예술가의 고향'이며, "들라크루아를 처음으로 이해한 남자" 보들레르*[『이 사람』Ⅱ. 5]의 도시다. 예술 시대가 종언한 후의 예술은 "끊임없는 무구한 현재"(옥타비오 파스Octavio Paz Lozano 1914-98)일 수밖에 없다는 것을 감지한 니체에게 있어 파리는 스스로가 앞장을 선 유럽의 데카당스*의 도시였다. 또한 하이네에게 있어 파리는 "쾌락과 열락으로 넘쳐난 도시'[『독일 겨울 이야기』 원고이다. 니체도 관념적 이해였긴 하지만, 쾌락의 깊이를 주창한다는 점에서, 그리고 그런 의미에서 19세기의 음흉스런 도덕으로부터의 탈출을 원한다는 점에서 하이네에게 뒤지지 않았다. 그는 그 꿈을 오히려 프랑스 17세기에 담아 읽었지만, 동시대의 프랑스도 여전히 "유럽에서 가장 정신적이고 세련된 문화의 땅'이었다. '멋진 하이네'(l'adorable Heine)라는 프랑스어 표현은 니체의 말을 빌리자면 하이네가 "파리의 시인들 속에서 벌써 피가 되고 살이 되었다"[『선악』 254]는 것을 보여주고 있었다.

양자에게 공통된 것은 둘째로, 대학, 학문*, 교수들에 대한 거리낌 없는 야유이다. 『여행 그림』(Reisebilder, 1826-31)의 「하르츠 기행」(1824)의 유명한 첫머리는 다음과 같다. "괴팅겐 도시가 유명한 것은 그곳의 소시지와 대학 때문이다. 일반적으로 말해서 괴팅겐의 주민은 학생, 교수, 속물, 그리고 가축으로 나누어진다. …… 가장 중요한 것은 가축이다. 모든 학생, 교수, 조교수의 이름을 여기서 드는 것은 너무나도 많은 자리를 차지할 것이며, 모든 학생의 이름을 내가 기억하고 있는 것도 아니다. 게다가 교수들 중에는 이름이 전혀 없는 자도 많이 있다. 괴팅겐의 속물의 숫자는 해변의 모래만큼, 아니 해변의 똥 덩어리만큼 많음에 틀림없다." 젊은 문헌학자를 "영원의 수용기"로 형용한 니체의 학문 비판과 일맥상통하는 바가 있다. 중요한 것은 이미 하이네에게 있어서도 이러한 야유를 넘어서 역사적 정신과학 그 자체가 권력에 봉사하는 것으로서 회의의 대상이 되고 있다는 점이다. 라우머(Friedrich Ludwig Georg von Raumer 1781-1873)와 같은 어용역사가는 "학식을 엮어 쓴 쓸데없이 포장된 청어 말린 것"[「다양한 역사관」]과 같은 고약한 냄새나는 존재이며, 독일 연방회의의 결의를 옹호하는 랑케(Leopold von Ranke 1795-1886)는 현 상황 옹호를 위해 역사를 사용할 뿐으로 권력과의 공범 관계밖에 인정되지 않는다. 하이네는 이상과 같이 말하고 있지만, 니체에게 있어서도 랑케는 "사실적인 것을 중시하는 교활한 무리들 중에서도 가장 교활한 존재"[『계보』 Ⅲ. 19]였다. 랑케와 슐라이어마허의 우정을 하이네는 야유하고 있는데, 니체도 "일단 헤겔 병과 슐라이어마허 병에 걸린 자는 다시는 완치되지 않는다"[『반시대적』 Ⅰ. 6]고 말하고 있다.

또한 「다양한 역사관」에서 하이네는 이른바 교양 여행을 비판하고 있다. "이탈리아의 엘레지로 흘러넘치는 유적에서 운명적 사실에 대한 생각으로 기분이 누그러뜨려지는" 것을 목표로 한 대학 교수의 교양 여행에 프로이센 정부가 출장 여비를 지출하는 것을 야유하고 있다. 니체도 그러한 감개가 교양속물*의 그것이라는 것을 알고 있었다. 남유럽을 걸으면서도 고대의 유적 앞에서 감상적인 감동에 사로잡힌 문장을 그는 한 행도 쓰지 않았다.

「하이네라는 상처」라는 제목의 앞에서 제시한 문장에서 아도르노는 또한 하이네의 운명이 오늘날의 인간 모두의 운명이 되었다고 말하고 있다. 아도르노가 말하고자 하는 것은 고향을 지니지 않는다고 하는 운명을 가리킨다. 실제로 하이네는 여행 도상에 있었던 것만이 아니다. 1831년 이후에는 정치적 망명 생활이 어쩔 수 없게 되며, 프랑스 정부의 보조금으로 그럭저럭 지낼 수밖에 없었다. 또한 바젤대학의 얼마 안 되는 연금으로 여름은 엔가딘 지방, 겨울은 베네치아*, 로마*, 제노바*, 니스* 사이를 옮겨 다니는 니체의 생활도 독일로부터의 일종의 정신적·문화적 망명이었다. 여기에는 양자의 세 번째의 유사점이 놓여 있다. 안정된 가정을 지닌 시민 생활은 불가능했다. 그 근저에 놓여 있는 것은—네 번째 것으로 헤아려도 좋은데—프로이센 혐오이자 독일*에 대한 혐오감이었다. 하이네는 말한다. "나는 이 프로이센을 믿지 않는다. 경건한 체하면서 밥통만은 큰 이 가짜 영웅을 믿지 않는다. 가지고 있는 하사관용의 지휘봉으로 때리려고 덤비기 전에 그것을 교회당의 성수에 적시는 이 프로이센을 믿지 않는다. …… 위선적이고 여러 국가들 중에서도 타르튀프 그 자체인 프로이센을." 니체의 독일 혐오는 새삼스럽게 말할 필요도 없다. "독일인은 내게는 용인될 수 없는 존재들이다. 내 모든 본능에 역행하는 어떤 인간 유형을 생각해내면, 언제나 독일인이 등장한다."[『이 사람』 XIII. 4]

프랑스 선호, 정신과학 비판, 지적 또는 정치적 망명의 불안정한 생활, 독일 비판—이와 같은 공통점이 니체로 하여금 하이네를 높이 평가하게 만든 이유지만, 그렇다고 해서 이 공통점을 완전한 공통점으로 받아들여서는 안 된다. 오히려 이러한 배경 위에서 차이도 명확히 보인다. 예를 들면 파리와 들라크루아에 관해서도 정치적으로 흥분한 하이네는 들라크루아 그림의 색채의 어두움, 억눌린 기세에 대해 그것은 7월 혁명의 태양에 비추어져 건조해진 파리를 상징하고 있다고 본다. 파리와 태양(혁명의 메타포)의 혼례의 증거로 받아들이고 있다[『프랑스의 회화』]. 하지만 "들라크루아를 처음으로 이해한"[니체 『이 사람』] 보들레르는 거기서 "치유하기 어려운 멜랑콜리"[보들레르 「들라크루아」]를 읽어내고 있다. 어떠한 혁명의 희망도 흘려보내는 우수. 19세기의 권태감(ennui)이 이미 시작되고 있었던 것이다. 니체는 그것을 데카당스라는 이름으로 불렀다. 이렇게 보면 예술과 정치 사이에서 행복한 상호 보완성을 보고 있었던 하이네와, 정치의 세계가 있는 것 그 자체에 격렬한 의문부호를 붙이는 것에서 예술*의 의미를 보고 있던 니체 사이의 몇 십 년에 근대의 정치적 경험과 예술적 아방가르드 사이의 균열이 확대되고 있는 것을 알 수 있다. 니체에게서 구체적인 정치는 흥미의 대상이 아니게 된다. 역사적 정신과학에 대해서도 맑스*의 친우였던 하이네는 참된 역사 파악과 유토피아 희망의 수렴을 믿고 있었지만, 니체에게서는 참된 역사 파악이 지니는 비판 능력 그 자체에 대한 비판이 출발점이었다. 따라서 교양주의 비판에서도 하이네와 같은 유쾌한 아이러니*, 그의 "신적인 악의"[『이 사람』 Ⅱ. 4]는 후자에게서는 없어진다. 또한 하이네는 프로이센 독일을 비판하면서도 독일의 시인과 사상가가 마음에 그린 꿈이 실현된 그날의 "독일의 보편적 지배"에 대한 꿈을 버리지 않는다. 바로 독일에 대한 "이 사랑 때문에 나는 13년간이나 망명 생활을 보냈다. 그리고 이 사랑 때문에 또한 나는 망명 생활로 돌아간다."[『독일 겨울 이야기』 서문] 그러나 니체에게는 독일의 지적 전통이 체현하는 이러한 보편주의의 꿈이 실현되고 지배하는 세계를 생각하는 마음가짐은 이미 전혀 존재하지 않는다. 바로 이러한 보편적 이상과 권력의 공범관계의 폭로야말로 주제다.

니체에게서 이와 같이 문제가 첨예화되고 있는 것은 말할 필요도 없이 19세기 시민사회의 병터(lesion)가 진행되고 있기 때문이다. 계몽의 이념을 여전히 고집하고 있던 하이네에게서도 『독일의 종교와 철학의 역사에 대하여』(Zur Geschichte der Religion und Philosophie in Deutschland, 1834)의 유명한 말미가 보여주듯이, 계몽의 역설적 운명에 대한 회의적인 눈길은 자라고 있었다. 거기에서는 만약 독일인이 참으로 혁명을 일으켰다고 한다면, 그 독일적 철저성 때문에 파괴는 매우 대규모의 것이 되어 그때까지의 유럽이 송두리째 뒤집힐 거라는 것이 거의 나치스를 예언하는 것과 같은 필치로 그려지고 있다. 그리고 니체에 이르면 계몽의 비판이라는 형태로밖에 계몽이 가능하지 않게 되어 있었다. 하지만 양자에게 여전히 공통된 것은 국가*, 학문, 교양* 등, 근대적 이성이 산출한 객관 정신의 어떠한 형태와도 동일화되는 것은 거부하는 지적 자세이다. 어떠한 제도나 운명도 옳다고 하지 않는 고립 지향이야말로 니체가 하이네에게서 사랑한 것일 터이다. 그리고 아마도 바로 그런 까닭에 그는 하이네의 문체를 좋아했을 것이다. 기성의 것에 대한 동일화의 거부는 두 사람의 문체에 명확히 나타난다. "행복이 있는 곳에는 거의 어디에나 무의미에 대한 기쁨이 있다고 할 수 있다."[『인간적』 Ⅰ. 213] 우리가 따르지 않으면 안 되는 현실의 강제력을 적어도 표현 속에서 웃어넘기는 것이야말로 니체는 자신의 아포리즘*의 일이라고 생각하고 있었다. 그것을 그는 주인이 노예에게 술과 음식을 제공하는 사티로스 제의에서 느끼는 노예의 기쁨에 비기고 있다. 이런 의미에서 하이네와 니체가 시도한 비판과 파괴는 제도가 변화되지 않는 가운데서의, 19세기의 문학적 사티로스 제의였다고도 말할 수 있을 것이다. 문장 도중에서의 돌연한 사고의 방향 전환, 무관계한 것의 병기[「소시지와 대학」], 주제의 예상할 수 없는 변경에 의한 자유 공간의 창출, 야유와 완곡한 용어에 의한 문제의 첨예화, 자기의 약함을 인정하는 것에 의한 적의 무장 해제, 상식인이 눈살을 찌푸릴 듯한 섹슈얼한 차원 — 두 사람의 문체 기술상의 공통점은 얼마든지 들 수 있다. 무엇보다도 공통된 것은 계몽이 현실 승인이라는 반계몽으로 역전될지도 모르는 곳에서 균형을 잡고자 할 때의 수단인 시니시즘*이다. 니체는 이 시니시즘에 대해 그것은 이 지상에서 도달할 수 있는 최고의 것이라고[『이 사람』 Ⅲ. 3] 말하고 있지만, 아마도 그것은 계몽의 결과인 현실에 절망하면서도 계몽의 일을 잊지 않고자 하는 자의 자기 보존*의 시도일 것이다. "무력한 가운데 매도하는 자의 힘은 그의 무력함을 상회한다"고 하는 아도르노의 하이네론의 한 문장은 바로 니체에게도 꼭 들어맞으며, 두 사람이 벌이는 사티로스 제의를 딱 알아맞히고 있다. 하지만 사티로스 제의는 결국 노예의 축제다. 니체의, 그리고 부분적으로는 하이네의 문체 속에 이른바 '노예의 언어'가 숨어 있지 않다는 보증도 없다. '노예의 언어'란 지배를 희화화하려는 의도이면서도 결국은 그 속에서 살아남을 것을 지향함으로써 지배를 고정화하고 마는 언어를 가리킨다. 우리 시대의 감수성은 그것도 문제로 삼지 않을 수 없다.
☞교양, 시니시즘, 독일 관념론, 독일/독일인

—미시마 겐이치(三島憲一)

📖 ▷Theodor W. Adorno, Die Wunde Heine, in: ders. *Noten zur Literatur*, in: *Gesammelte Schriften*, Bd. 11, Frankfurt a. M. 1974.

하이데거 [Martin Heidegger 1889-1976]

독일어권에서 니체가 미친 지적 영향 가운데서 가장 강력한 동시에 심원한 것은 하이데거를 통한 그것이다. 그에게 있어 니체의 그림자는 크게 보아 두 가지 점으로 나누어진다. 하나는 『존재와 시간』에서 니체의 초기 작업이 주는 자극이다. 또 하나는 나치스* 시기의 강의를 포함하는 저작(그 다수는 1950년대부터 60년대 전반에 걸쳐 공간되었다)에서의 니체론이다. 전후의 독일은 '존재사적 사유'의 이를테면 최전성기이며, 1955년의 강연 「니체의 차라투스트라는 누구인가?」, 1961년에 출판된 방대한 2권으로 이루어진 책 『니체』에서 만들어진 니체상은 70년대에 들어서서도 여전히 커다란 힘을 지니고 있었다. 그 어느 경우에도 하이데거의 사유가 독일 현대사의 가장 심각한 몇 개 장과 깊이 얽혀 있다는 것을 빼놓고서는 이해하기 어려운 바가 있다.

『존재와 시간』에서 현존재의 역사성을 논의하는 하이데거에게는 독일 정신과학을 지탱하는 역사의식과, 그것이 길러온 교양* 전통에 대한 깊은 회의가 놓여 있다. 역사적 정신과학이 유럽의, 아니 세계 속의 과거의 문화유산을 수집하고 해석하며 현재의 앎과 감상의 대상으로 삼는다 하더라도 그러한 교양재로부터는 미래에의 결단적 행위, 요컨대 스스로가 죽어야 한다는 것을 선취하고 각오로 넘쳐나는 결단에 의해 운명을, 더욱이 공동체(예를 들면 민족)의 운명을 끌어안는 충동은 결코 생겨나지 않는다고 그는 야유하는 필치로 강조한다. "아득히 먼, 원시의 문화에까지 미치는 섬세한 역사적인 관심이 지배하고 있다 하더라도, 그것만으로는 조금도 그 '시대'의 본래적인 역사성의 증명이 되는 것이 아니다."[『존재와 시간』 76절] 이 논의는 『반시대적 고찰』*의 제2논문 『삶에 대한 역사의 공과』의 연장선상에 놓여 있다. '본래적인 역사성'이란 현존재의 시간성에 그 뿌리를 둔 것인바, "과거의 가능적인 것의 힘(Kraft)의 되찾음[반복]"이라고 여겨진다. '되찾음'이란 그것이 키르케고르*의 모티브인 것에서도 알 수 있듯이, 스스로를 충격적으로 사로잡고 크게 흔들리게 하는 어떤 특정한 과거의, 어떤 특정한 '말을 걺'을 받아들이는 것, 마치 그리스도와의 동시성에서 살아가고자 하는 실존적 그리스도인처럼 받아들이는 것이다. 그것만이 미래로 향한 실천, '기투'를 가져다준다. 하지만 하이데거의 경우에 그러한 특정한 '말을 걺'이란 수많이 존재하는 교양재들 가운데 어떤 것을 개인이 그에 대한 '미적 이해'에 따라 선택하는 것이 아니다. 물론 그는 "현존재가 스스로의 영웅을 선택한다"고 하는 표현을 하지만, 그러한 영웅은 무언가의 존재자가 아니라, 요컨대 과거의 현실이 아니라 어디까지나 현존재의 미래로 향한 가능성으로서의 과거를 말한다. 더욱이 그 가능성은 오직 하나, 즉 존재가 존재자에 대한 형이상학*에 의해서 은폐되어 온 역사의 파괴에 의해서만 나타나게 될 것을 가리킨다. 하이데거 사상 전체와 관련하여 말하자면, 그것은 소크라테스 이전의 세계를 말한다. 아니 좀 더 정확히 말하자면, 소크라테스 이전의 세계에서도 실현되지 못했지만, 그 세계로부터라면 실현 가능성을 읽어낼 수 있는 어떤 무언가, 요컨대 존재가 모습을 숨기면서도 그에 의해 스스로를 알리기를 시작한 근원의 순간, 역사적인 시간으로서는 특정할 수 없는 순간을 가리킬 것이다. 결국 형이상학이라는 퇴적물을 파괴하고 파냄으로써(후설이 말하는 '침전'된 층을 파냄으로써) 과거에서도 실현될 수 없었던 다른 가능성, 다른 역사의 씨앗, 다른 삶의 존재방식에 도달하고자 하는 것이야말로 본래적인 역사성을 살아가는 현존재의 '수행 형식'이라는 것이 되는 것이다. 이러한 점에서 하이데거는 『비극의 탄생』* 이래로 '그리스인의 영웅시대'를 논의하는 니체의 방법으로부터 많은 것을 얻고 있다. 요컨대 니체에게서도 디오니소스*와 아폴론*의 긴장된 균형 관계로서의 참된 비극의 세계라는 것은 아이스킬로스에게서 그 그림자가 보일지언정 결코 완전하게 실현되어 있지는 않은 것이다. 기껏해야 연속적인 시간을 넘어선 순간 속에서 읽어낼 수밖에 없다. 소크라테스*가 없애버린 것은 그 그림자일 뿐이었다. 아득한 과거의 끊임없는 가까움(실현 가능성)에 대한 상기(Andenken), 요컨대 과거로의 되돌아감이란 "무언가의 역사적으로 확인할 수 있는 과거의 재흥"이 아니라 "이전에 있었던 것(das Gewesene)으로의, 요컨대 그 시작(Anfang)이 아직도 상기되기를 기다리고 있는 바의 것, 그 상기가 있어서야 비로소 개시(Beginn)로 되는 그러한 것, 태고에 소멸된 개시로 되는 것"으로 되돌아가는 것이라는 것과 같은 발언은 「니체의 차라투스트라는 누구인가?」에 이르기까지 반복된다. 이러한 숨으면서 나타날지도 모르는 '시작'에 대한 '동경'은 디오니소스를 의도하고 있다. "차라투스트라는 디오니소스의 대변인이다"라는 것이 지금 인용한 소론의 결론이다.

역사를 중심하는 교양주의에 대한 비판으로부터(다보스 회의에서 하이데거가 괴테*를 중시하는 교양주의자 카시러(Ernst Cassirer 1874-1945)를 쏘아보았다는 이야기는 유명하다) '참된' 역사성에 도달하고자 하는 자세라는 점에서 니체를 중시하고 있다는 것은 『존재와 시간』의 해당 절[76절]에서 『삶에 대한 역사의 공과』에서의 세 개의 역사, 요컨대 기념비적, 상고적, 비판적 역사를 증거로 삼아 그것들의 통일성을 논의하고 있는 것에서도 분명하다. 이러한 '역사성의 이름에서의 역사주의*의 극복'은 또한 실질적으로는 니체를 딜타이*에 대치시키는 것이기도 했다[『존재와 시간』

77절 이하]. 요컨대 해석학에 대해 이성의 타자를 맞세우는 것이다.

이러한 논의는 또한 "퇴락하는 공론장으로부터의 이탈"[『존재와 시간』 76절]이라는 표현으로부터도 알 수 있는 대로 아도르노*가 말하는 시민적인 문화 비판(bürgerliche Kulturkritik)을 토대로 하고 있었다. 대중의 시대, 미디어의 시대, 축적되고 싸게 팔리는 지식의 시대——그러한 일상성의 세계에 대한 독일 대학인의 본능적 혐오는 크다. 얼마 안 있어 1929년의 대공황을 거쳐 슈펭글러*와 클라게스*, 그리고 E. 윙거*에 대한 공감을 그가 보이기 시작하는 바탕이 여기에 놓여 있다. 그런데 좌익 지식인이면서도 마찬가지로 청년운동*적인 근대 비판을 공유하는 벤야민*에게도 과거의 가능성을 현재에 살린다고 하는 발상은 있었다[「역사철학적 테제」]. 하지만 하이데거에게는 벤야민에게 있었던 과거의 사자와의 연대, 그리고 문화와 야만의 상호 내속적인 뒤얽힘에 대한 시선은 없었다. 그런 의미에서 하이데거의 교양주의 비판은 윙거의 『노동자——지배와 형태』(Der Arbeiter——Herrschaft und Gestalt, 1932) 등과 마찬가지로 프레파시즘적 지식인의 그것에 한없이 가깝다. 29년의 취임 강의 「형이상학이란 무엇인가?」의 출판을 맞이하여 덧붙여진 긴 후기에서는 "존재의 목소리를 듣기 위해 부르심을 받은 인간"이 치르는 '희생'에 대해 말해지고 있었다. 당시의 맥락에서 '희생'이라는 것은 위험한 말이다.

33년의 나치스에 대한 가담을 거친 후의 하이데거는 빈번하게 니체에 대한 강의를 행했다. 그의 옹호자들에 따르면, 나치스에 대한 저항의 자세가 이 강의에서는 읽혀진다고 한다. 실제로 나치스의 횡포한 현실로부터의 거리감이 작용하고 있다는 것은 틀림없다. 이 강의를 정리한 것이 61년의 『니체』이다. 거기서의 기본적 입장은 힘에의 의지*야말로 니체의 본래의 철학이며, 그런 의미에서 문제적인 유고집 『권력에의 의지』야말로 참으로 사유하는 자가 마주서야 할 텍스트라고 말하는 것이다. 힘에의 의지란 근대의 표상하고(vorstellen) 공작하고(herstellen) 힘으로 제압하는(machten) 주관성의 궁극의 명칭이라고 한다. 그것의 현재에서의 나타남은 "행성 크기 규모의 기술"이다. 플라톤*의 이데아에서 시작하는 서구 형이상학의 역사는 존재자란 무엇인가를 물어왔다. 데카르트*의 코기토도 칸트*의 초월론적 인식론도 세계를 대상화하고 표상 속으로 거두어들인다는 의미에서는 주관성에 의한 이 세계의 지배일 뿐이었다. 그러한 형이상학 역사의 최종적 형태로서 힘에의 의지를 파악해야만 한다. 근대에서 현실적인 것으로 생각되고 있는 것, 참으로서 통용되고 있는 것, 그 틀은 주관성에 의해 만들어지고 있다. 사물의 근저에 놓여 있는(subjacere) 것으로서의 subjectum이 인간 측으로 옮겨지고 말았다. 니체를 이용하여 이렇게 논의하는 것이지만, 하이데거의 말을 빌리자면 니체는 이 사태를 니힐리즘*이라고 이름붙이고 있긴 하지만 도대체 그것이 무엇인지를 파악하고 있지 못하다. 요컨대 존재의 결여의 역사(Geschichte des Ausbleibens des Seins)라는 것은 보지 못하는 것이다. 형이상학을 넘어서기 위해서는 니체를 넘어서야만 한다는 것이다. 그런 까닭에 강의의 서두에서 존재자의 본질로서 힘에의 의지가 타당하다면, 그 존재자의 존재란 영원회귀*라고 말해지고 있긴 하지만, 영원회귀는 중요한 주제로는 간주되지 않는다. 그것은 존재의 별칭이 아니라 아득한 시원에의 생각일 뿐이게 된다.

니체를 빌려 이와 같이 기술의 본질론을 전개하는 하이데거에게는 양의적인 측면이 있다. 한편으로 횔덜린*과 릴케*와 관련시키면서 고요한 사유, 목가적인 생활, 대지에 뿌리박은 농부의 세계에 대한 생각이 점차로 강해져 가지만, 다른 한편으로 '행성 크기의 기술'의 폭주에 의한 '대지의 황량화'를, 즉 힘과 이성의 결합을 그 결말까지 확인하고자 하는, 더욱이 모종의 필연성을 거기서 보고자 하는 자세가 존재한다. 힘에의 의지의 철저한 폭주가 있어서야 비로소 니체가 말하는 초인*의 세계가, 그리고 형이상학의 극복의 조건이 나온다고 하는 것이다. 여기에는 숨겨진 기술 긍정론이 놓여 있다. "니체야말로 인간이 이 대지 전체의 지배자의 위치에 오르는 역사적 순간을 바로 그것으로서 인식했던 것이다. 그는 이제야 비로소 도래한 세계사와의 관련에서 결정적인 물음을 제출한 최초의

사유자다. 그 물음이란 인간은 지금까지의 모습으로 과연 지상의 지배권을 받아들일 충분한 용의가 있다고 말할 수 있을 것인가 하는 것이다." E. 윙거에게 보내는 서간의 형태를 빌린 55년의 『존재에의 물음에 대하여』에서는 기술 세계를 비판하면서도 윙거의 『노동자』의 '형태'에 거의 매료되어 있다. "당신이 노동하는 자의 형태(Gestalt)를 형이상학적으로 보고 계신 것은 힘에의 의지의 형이상학에서 차라투스트라의 본질형태(Wesensgestalt)에 대한 묘사 방식에 대응하고 있습니다." 하이데거가 이해하는 윙거에게 있어서는 단지 기술에 부려지는 것이 아니라 그것을 참된 지배를 위해 사용해내는 노동하는 자야말로 중요하다. 그러한 힘에의 의지의 철저성 — 왜냐하면 의지는 자기 자신을 의지하기 때문에 — 위에서야 비로소 서구 역사로부터의 출구가 보이게 된다고 한다. 존재의 역사는 존재의 은폐의 역사인바, 그 속에서 움직이고 있는 우리에게는 기술이 존재를 점점 더 숨긴다는 것은 반성할 수 있으면서도 그 사태를 변화시킬 수는 없다. 도구적 이성에 대한 반성과 기술에 대한 체념이 뒤섞인 긍정이 손에 손을 잡고서 전후 부흥하는 서독을 끝내 살아가고자 하는 철학자의 자세가 니체 해석 속에서 잘 간취된다. 더욱이 그것은 목가적 생활에 대한 동경과 동거할 수 있었다.

한 세대 이상에 걸쳐 니체상을 규정해온 하이데거지만, 정치적인 함축을 제외하더라도 그의 해석에는 문제가 있다. 실제의 역사와 존재의 역사가 무관계하다는 것을 아무리 강조하더라도 그는 역시 경험적인 역사를 언급하지 않을 수 없다. 실제로는 플라톤과 데카르트라는 역사적 인물을, 또한 그리스 철학의 라틴어로의 번역이라는 역사적 착오를 논의한다고 하는 자가당착이 놓여 있다. 그리고 그것은 서구 세계의 구체적이고 다양한 문화 현상에 대해 구체적이고 다양한 비판의 붓을 휘두른 니체의 중요한 한 측면을 모두 무시하는 일이다. 또한 뢰비트*는 하이데거에 대해 서구는 그리스 이래의 형이상학의 역사로부터만 성립한 것이 아닌바, 알프스 이북의 그리스도교회에 수반되는 신에 대한 논의를 잊어서는 안 되며, 그런 의미에

서 그리스도교*를 '이천년의 거짓말'로 단정한 니체의 그리스도교의 신에 대한 투쟁을 보지 못하고 있다고 비판한다. 또한 힘에의 의지*는 하이데거도 여러 차례 말하는 대로 디오니소스와도 연결된다고 한다면, 힘에의 의지가 지니는 공작적 의지, 르상티망* 도덕과 같은 측면뿐만 아니라 영원히 산출하는 봄의 생명력, 양성의 폭발적 결합이라는, 니체가 확실히 시야에 두고 있던 측면을 충분히 전개해야 하겠지만, 그것은 하이데거가 잘 하는 바가 아니다. 만약 그렇게 했더라면 힘에의 의지의 양면 사이의 모순을 지적하고(클라게스는 그것을 1926년에 『니체의 심리학적 업적』에서 훌륭하게 보여주고 있다), 바타유* 등의, 30년대의 또 하나의 니체 수용과의 사이에 다리를 놓는 것도 가능했을 것이다. ☞형이상학, 니힐리즘

—미시마 겐이치(三島憲一)

학문學問
【 I 】배경과 특징

니체는 학문 또는 과학에 대한 근대의 복잡한 논의에 관해 정확하게는 이해하고 있지 못했다. 확실히 대강의 것은 알고 있다. 예를 들면 『순수이성비판』 B판 서문의 유명한 "우리는 자신이 현상 속에 집어넣은 것을 끄집어낸다"는 칸트*의 '코페르니쿠스적 전회'를 의식적으로 철저하게 하여 다음과 같이 말한다든지 한다. "과학이란 사물을 가능한 한 충실하게 인간에게 어울리는 것으로 만든 것이라고 여기는 것으로 충분하다. 우리는 사물과 그 계기를 기술함으로써 자기 자신을 좀 더 정확히 기술하는 것을 끊임없이 배우고 있는 것이다"[『학문』 112], 또는 "인간이 최종적으로 사물 속에서 발견하는 것은 스스로 그 속에 미리 넣어둔 것 이외의 아무것도 아니다."[유고 Ⅱ. 9. 204] 그러나 그보다 앞선 참으로 철학적인 문제, 즉 그렇다면 개개인은 전적으로 지각과 감각이 모두 다름에도 불구하고, 요컨대 우발적인 '나'에게는 차이가 있음에도 불구하고 어떻게 해서 경험에 관한 객관적인 인식이 성립하는 것인가, 요컨대 보편적인 '주체'에 대해 말할 수 있는

것인가라는 문제에 대해서는 전혀 관심이 없었다. 그것은 물론 칸트적인 초월론적 통각을 인정하지 않는 까닭에 틀림없지만, 그렇다면 다른 곳들에서 열심히 계속해서 말하고 있는 칸트 비판도 어쩐지 박력을 잃을 수밖에 없다. 오히려 니체의 학문 비판의 출발점이자 강점이기도 한 것은 자신의 시대, 자신의 대학, 자신의 전문 분야에서의 학자*들의 생태학이다. 말하자면 직관에 기초하여 그는 새로운 세대의 생활 감각에 호소하는 힘이 없어진 학문을 고발했던 것이다. 중요한 것은 다음에 오는 빌헬름 시대 말기의 세대가 품은 학문에 대한 비판적 감정을 상당히 일찍부터 정직하게 표명했다는 점이다.

대학과 학문과 교수들의 거드름 피우는 권위주의에 대한 비판에도 긴 역사가 있다. 실제로 학문의 세계만큼 보편성을 표방하면서, 그리고 인식의 우월함 및 올바름과 그릇됨만이 문제이면서 실천에 있어서는 신분의 차이화에 의한 지배와 결부되고, 더욱이 그것이 대다수 사람들의 생활과 무관계하다는 것을 자랑으로 삼음으로써 대다수 사람들의 생활을 굴복시키는 부와 권력에 대한 선별 프로그램을 만들어온 세계는 그 어디에도 존재하지 않는다. 중세의 편력 학생의 노래 『카르미나 부라나』(Carmina Burana)에도 학문의 도착이 노래되고 있었다. 학문이 지식에 편중되고, 예전에는 나이가 들어가도 예지를 구하는 공부를 그만두지 않았던 학자가 많았지만, 현재는 열 살짜리 소년이라도 알은체하는 얼굴을 하고서 "학사라고 칭하며 활보한다"고, 이 구절을 끌어들이고 있는 것은 『유럽 문학과 라틴적 중세』에서의 에른스트 로베르트 쿠르티우스(Ernst Robert Curtius 1886-1956)인데, 그러한 그도 역시 "인문주의라는 말 위에는 400년의 먼지가 쌓여 있다"고 말하여, 고대와의 살아 있는 관계가 학문과 그 교사들에게서 상실된 것을 한탄하고 있다. 나아가서는 니체가 존경하길 그치지 않은 괴테*도 "모든 이론은 회색이다"로 시작하여 학자에 대한 매도를 펼쳤던 것도 떠올릴 수 있다. 그러한 일련의 학문 비판 계열 속에서 니체가 지니는 특징은 한 마디로 말하면 그것을 형이상학* 비판으로 고양시킨 것이며, 또한

그 결과 거짓된 철저주의에 빠져 있다는 점이다. 그럼에도 불구하고 니체의 학문론이 막스 베버*의 그것과 더불어 현실성을 잃고 있지 않은 것은 사회적 분업이 삶의 분열로서밖에 경험되지 않는 사회의 존재방식이 현재까지도 계속되고 있기 때문이다. 그 점과 독일 제국의 학문에 대한 비판은 서로 관련되어 있을 것이다.

니체의 학문 비판을 시대적으로 추적하면서 논리적으로 재구성하기 위해서는 문헌학 비판이 학문 일반의 비판에로 고양되는 과정과, 학문과 예술의 관계가 삶*이라는 기반으로부터 다시 물어지고 이윽고 힘에의 의지*의 함수로서 이해되게 되는 과정이 문제가 된다. 또한 니체가 어떠한 학문을, 또는 어떻게 제도화된 학문을 주로 비판의 과녁으로 삼고 있었던 것인가도 묻지 않으면 안 된다.

【Ⅱ】문화 비판으로서의 학문 비판ー초기

이미 바젤대학에 응모함에 있어 바젤 시의 문교 당국에 이력서를 제출한 것과 같은 무렵에(1869년), 니체는 문헌학자의 생활에서 인생의 완전한 의미를 발견하는 것에 주저함을 느끼고 있다고 적고 있다. "나는 아마도 자연의 강철로 된 날카로운 펜으로 여기서 문헌학자라고 이마에 새겨지고, 어린아이처럼 천진난만하게 전혀 굴절을 모른 채 정해진 길을 걸어가는 좁은 의미의 문헌학자에는 속하지 않을 것이다. …… 내가 어떻게 해서 예술로부터 철학에로, 철학으로부터 학문에로, 나아가 학문 중에서도 점점 더 좁은 영역에로 들어가게 되었는지를 뒤돌아보면, 그것은 거의 의식적인 체념의 길이었던 것으로 보이기도 한다."[BAW 5. 251] 때는 마침 고전문헌학*으로 대표되는 역사적 정신과학의 융성 시기였다. 그 후 세계 속의 교양속물*이 모범으로 삼고, 일본에서도 그 허망함을 일찍부터 감지하고 있던 아네사키 쵸후*(姉崎嘲風) 등을 제외하면 최근까지 존경과 동경의 대상이었던 독일의 석학들의 세계에 대한 위화감은 니체에게 있어서는 그가 유럽 형이상학이라고 하는 것을 적대시하기 시작하기 훨씬 이전부터 이를테면 체질적으로 깃들어 있었다. 『비극의 탄생』*의 통주저음은 학문[과학]에 의해

만들어진 현대 세계와 그 문화의 존재방식에 대한 비판이었다. 후년에 쓰인 서문에 있는 유명한 말인 "당시 내가 파악할 수 있었던 것, 이 두렵고 위험한 것, …… 여하튼 하나의 새로운 문제, 그것은 오늘날의 나로서 말하자면, **학문 그 자체**의 문제였다. 학문이 처음으로 문제로서, 의심스러운 것으로서 파악되었다. …… 학문의 문제는 학문의 토대 위에서는 인식될 수 없는 것이다"라는 말은 초기의 작업에 대한 정확한 확인일 것이다. "학문이라는 원칙 위에 성립하는 문화"[『비극』 18]가 자기의 귀결을 두려워하고 있다는 근원적 고뇌를 그가 『비극의 탄생』의 마지막 몇 개의 장에서 말하고 있는 것은 바로 이 학생 시대 이래의 위화감에 의거한다. 현대인은 어떠한 생산적인 시대에 살고자 하더라도, 또한 아무리 자연을 모방하더라도 진짜가 되지 못하며, 위로를 위해 '세계문학'을 수집하더라도 헛될 뿐이고, 모든 시대의 예술 양식이나 예술가의 작품을 늘어놓고 아담처럼 이름을 붙이더라도 영원한 굶주림에는 변함이 없다. "즐거움과 힘이 없는 비평가"로서의 "알렉산드리아적인* 인간"에 머물 뿐이며, 책 먼지에 둘러싸여 오자를 추적하느라 서서히 눈이 멀게 될 뿐이다[『비극』 18장 끝 부분의 요약].

이러한 학문에 대한 위화감은 『비극의 탄생』에 대한 학회의 악평과 공격을 계기로 니체가 시작한 문헌학 및 역사 연구에 대한 비판으로서 집중적으로 전개된다. 『반시대적 고찰』*의 두 번째 논문 『삶에 대한 역사의 공과』가 그 대표이며, 또한 마찬가지로 『반시대적 고찰』 시리즈의 하나로서 준비되었지만 최종적으로 매듭지어지지 못한 「우리 문헌학자들」이나 그것과는 다른 연속 강연 「우리 교육 기관의 미래에 대하여」도 그것과 일관된 것을 이루고 있다. 문제가 되고 있는 것은 근대적 학문에 의한 역사의 대상화가 문화적 실천의 연관을 해체하고, 신화적인 축제 공동체의 숨결을 현대의 형성력으로 살려낼 수 없다는 점이다. 요컨대 근대에서의 역사의식의 탄생에 의해 비로소 고대 그리스와의 긴장을 내포한 살아 있는 연결이 가능해진 것이지만, 바로 그와 더불어 생겨난 제도화된 학문에 의해 그러한 연결이 단절되어 간다는 역설이

다. "고대에 대해 학문적이고자 하고 생기한 것을 역사가의 눈으로 파악하거나 자연과학자의 눈으로 고대의 걸작의 언어상의 형식을 분류하고 비교하고자……한다면, 우리는 교양*을 기르는 훌륭한 것을, 바로 고전적 분위기의 본래적인 향기를 잃게 된다." 취임 강연 「호메로스와 고전문헌학」으로부터의 인용이지만, 같은 강연의 서두에서도 "고전문헌학은 예술적 요소를, 또한 미학적, 윤리적 영역에서는 명령자적인 요소를 내포하고" 있는데, 이는 당연히 문헌학에 따라다니는 "순수한 학문적인 태도와는 의심스러운 대립관계에 있다"고 여겨진다.

"역사상의 현상은 만약 순수하고 완전하게 인식되어 인식 현상으로 해체되어 버리게 되면, 그것을 인식하는 자에게 있어서는 죽은 것이다"[『반시대적』Ⅱ. 1]와 같은 발언은 생동하는 공동체에게는 그리고 또한 위대한 행동에게는 반드시 한 조각의 환상과 허위의 꾸밈이 필요하다고 하는, 니체가 몇 번이고 되풀이하는 기본 패턴에 기초하고 있으며, 바로 그 점은 그의 진리관 그 자체가 실증주의화한 계몽주의*의 퇴폐 형태에 의거한다는 것을 보여준다. 그렇지만 그러한 퇴폐 형태가 국가*나 권력*과 결합하기 쉽다는 것은 니체도 간과하지 않는다. "고전문헌학은 천박하기 짝이 없는 계몽의 온상이다. 언제나 부정하게 이용되며, 서서히 전적으로 무력해져 버렸다. 힘이 있다고 생각하는 것은 현대인의 환상이다. 본래적으로 여기에는 주지 스님이 되지 못한 교사 계급이 있을 뿐이다. 여기에 이해관계를 지니는 것은 국가다."[유고 Ⅰ. 5. 199f.] "모든 국가가 고전적 교양을 조성하는 모습을 보고 나는 이렇게 말하고 싶다. '그것은 지극히 무해한 것임에 틀림없다.' 나아가 '그것은 대단히 도움이 되는 것임에 틀림없다고.'"[같은 책 Ⅰ. 5. 214] "대단히 불완전한 문헌학과 고대 지식으로부터 자유사조가 나왔다. 우리의 고도로 발전한 문헌학은 국가라는 우상에 예속되어 봉사하고 있다."[같은 책 Ⅰ. 5. 225] 제도화된 자유와 국가는 억압이라는 점에서 협력하고 있으며, 그 핵심에 문헌학이 있다고 하는 것이다. 마치 제도화된 자유 이외의 자유가 있을 수 있을 것 같은 환상이 놓여

있지만, 제도화된 자유를 맑스*처럼 부르주아적 자유라고 단정하지 않은 채 전혀 다른 자유에 대한 꿈을 문헌학 비판에 맞추어 품는 것은 아마도 시대 형세의 되어가는 모습일 터이다(덧붙이자면, 마르쿠제*가 억압적 관용과 구조적 폭력을 벗어난 한계적인 지적 존재의 하나의 가능성으로서 문헌학자를 들고 있는 것은 오늘날의 눈으로 보면 그리운 1960년대의 꿈이었다).

어쨌든 니체의 이러한 비판은 교양주의 비판이라는 차원에서 보면, 독일의 19세기 후반의 사회와 문화의 문제성을 날카롭게 공격한 것으로서 세기말* 이후의 청년 운동*을 선취하고 있다. 하인리히 만*은 『운라트 교수』(1905)에서 실러*를 김나지움에서 읽는 것을 그만두게 해야 하며, 그렇지 않으면 아이들은 한 평생 실러를 접하기를 싫어하게 되고, 정말로 오를레앙의 소녀의 메시지를 알아들을 수 있는 나이가 되더라도 읽지 않을 거라고 말하고 있다. 본래는 의미를 지니는 것이 학교 교육과 대학의 정신과학 내에서 선별과 지배의 수단이 되는 것에 대한 날카로운 비판이지만, 신인문주의의 모방자들이 발호하고 그들의 계획에 맞추어 조달된 고대 그리스에 한층 더 맞추어 실러가 조리되고 있는 사태는 니체가 고전문헌학에 대해 말하고 있는 것과 상응한다. 프랑스 혁명* 이래로 45년 이상 이어진 정권은 유럽 대륙에는 없다고 말한 것은 발레리이지만, 마찬가지로 45년 이상 이어진 교육 규범이나 문화적 자기 해석도 존재하지 않는 이상, 니체의 비판은──시대의 경향이 관계되어 있는 만큼──이루어져야 하는 일이 이루어진 것이다.

하지만 니체의 특이성은 "학문이라는 원칙 위에 성립하는 문화"의 탄생을 1830년 무렵의 중부 유럽에서 확실히 발생한 문화적 틀의 커다란 변화에서 보지 않고 소크라테스*와 그 이성에서 보고 있다는 점이다. 문헌학으로 학문론이 집중하는 시기보다 이른 『비극의 탄생』의 본문에서 그 점은 이미 간취된다. "사유는 인과성이라는 이끄는 실을 따라 존재의 가장 깊은 심연까지 이를 수 있으며, 사유가 존재를 인식할 수 있을 뿐만 아니라 심지어 수정할 능력이 있다"고

하는 소크라테스의 신념은 "우리의 존재를 이해할 수 있는 것으로 만들며 그럼으로써 정당화된 것으로 만든다"고 하는 그 후의 "학문의 사망"[『비극』15]을 산출했다고 하는 것이다. "이러한 숭고한 형이상학적 망상은 본능으로서 학문에 부속해 있다." 19세기의 제도화된 학문에 대한 위화감이 유럽 문화 전체의 문제를 대변하고 있으며, 그 발단에서의 나쁜 선택에서 유래하는 것으로 된다. 이 선택이 근거 없는 선택이었다는 것은 몇 번이고 강조된다. 요컨대 유럽이 그 발단에서 학문을 선택한 근거는 근거를 중시해야 할 학문의 요청에서 보면 근거로든 그 무엇으로든 되지 못한다고 하는 역설이다. 근거의 정반대인 "본능으로서 학문에 부속해 있는" 데 지나지 않는 것이 되는 것이다. 학문은 허무 위에 수립되어 있다고 하는 후기의 니힐리즘* 테제가 여기서 준비되고 있다. 하지만 근거가 근거로서 걸맞지 않다 하더라도 그것이 그대로 허무라고 하는 것으로 되어서는 안 될 것이다. 근거를 단지 솜씨 좋게 표현하고 있지 못했을 가능성도 있는 것이다. 하지만 니체는 그러한 논의에는 개입하지 않았다. 그 이유는 마찬가지로 가상*으로 여겨지는 예술*과의 관계에서 학문을 파악하고자 했기 때문일 것이다. 니체는 숭고한 형이상학적 망상에 대해 그것은 "학문을 그 한계점으로, 즉 학문이 예술로 전환하지 않을 수 없는 한계점으로 몰고 간다. 예술이야말로 이런 메커니즘에서 본래 학문이 지향하는 목표인 것이다"[『비극』15]라고 말한다.

【Ⅲ】 예술과 학문

이러한 관련은 「도덕 외적인 의미에서의 진리와 거짓에 대하여」에서 대체로 다음과 같이 논의되고 있다. 지성은 타자에 대한 "자기 위장"과 "자연 지배"를 위한 수단에 지나지 않는다. 이러한 위장이야말로 "뿔도, 날카로운 맹수의 이빨도 갖지 못한" 우리가 자기 보존*을 성취하는 수단이며, 위장과 기만, 꾸밈과 사기를 본령으로 하는 인간 속에서 진리에의 의지*가 태어난 것만큼 불가사의한 것은 없다. 대체적으로 보아 인간은 환상과 꿈의 세계에 깊이 빠져 있으며, 우리의 시선은 사물의 본래적인 모습에 도달하기는커녕, 그

표면과 가장자리만을 맴돌 뿐이다. 이러한 환상과 꿈속에서 자기 보존에 도움이 되는 것으로서의 개념들이 선택되고 만들어지는 것이지만, 그것을 행하는 것은 옛날에는 언어*이며, 그 후의 시대가 되면 그 언어에 의거한 '학문'이다. 하지만 지성에게는 오늘날 또 하나의 다른 활동이 있다. 어떠한 실제적인 해도 끼치지 않고 위장을 행할 때에는 지성은 자기 보존이라는 노예 노동을 벗어나 참으로 자유롭다. 그때에는 또한 자기 보존을 위해 완성되어 있는 개념이나 추상의 체계를 혼란에 빠트리고 경계석을 뒤집어 놓는다. 이때 지성은 직관에 이끌리며, 삶의 꾸밈없는 존재방식이 바로 허구와 가상이라는 수단에 의해 떠오른다. 그것이야말로 예술이며, 그때에 비로소 "삶에 대한 예술의 지배"가 가능해진다. "저 위장, 개념의 저 부정, 메타포적인 직관의 저 광채 및 위장의 직접성이야말로 이와 같은 [예술에 의해 지배된] 삶의 일체의 표현을 특징짓는 것이 된다. 거기서는 집도, 걸음걸이도 그리고 복장도 점토잔도 생활의 필요로부터 만들어진 것으로 간주되어 버리는 것이 아니게 된다. 그것들 모두에게서 어떤 숭고한 행복과 올림포스의 구름 없는 창공이, 이를테면 진지함과의 놀이가 표현되고 있는 것으로 보인다." 이러한 논의는 학문이 스스로를 떠받치는 이념 때문에 스스로 한계에 도달하여 예술에 마당을 양도한다고 하는 식으로 정리될 수 있다. 요컨대 생활의 필요를 채우는 것만으로는 인간은 '즐겁지 않은' 까닭에 그것을 넘어서서 때로는 일상의 욕구를 만족시키는 데 몰두하고 있는 한에서는 맛보지 못한 채 지내는 '고뇌'마저도 맛보는 '즐거움'과 '행복'이 학문이 예술로 변모함으로써 가능해진다고 하는 것이다. 하지만 학문 뒤에 예술이 온다고 하는 이러한 이를테면 체계적인 고찰과 더불어 역사철학적 고찰로서는, 비극이라는 예술세계가 이론적 인간*에 의해 파괴되어 버리고 그 이래로 학문이 문화의 주역이 되었다고 하는 논의가 있다. 이 양자 사이에는 모순이 있다. 또한 이론적 인간이라는 것은 아마도 단지 자기 보존에 대한 지향 이상의 욕구를 지닌 인간을 의미하겠지만, 이 무렵의 초기에는 분명하지 않은 점이 있다.

【IV】 회의의 보루로서의 학문

이른바 중기가 되어서도 앎의 산출과 축적과 전달의, 국가에 의해 보증되고 지배를 위한 차이를 지향하여 제도화된 영위로서의 학문에 대해 호의적인 발언은 거의 존재하지 않는다. 오히려 니체는 제도를 떠난 회의의 보루로서의 학문을 말하게 되었다. 그리고 리히텐베르크*와 볼테르*의, 그리고 보브나르그(Luc de Clapiers de Vauvenargues, 1715-47)와 샹포르*의 "표현의 기지"[『인간적』 II -2. 214]를 사랑하고 있었다. 예를 들면 "우리가 다른 사람들을 위해 감정을 지닌다는 것 따위는 불가능하다. 우리는 우리 자신을 위해서만 느낄 뿐이다"[『인간적』 I, 133의 리히텐베르크의 인용]와 같은 기발함을 좋아하고 있었다. 요컨대 삐딱하고 유연한 계몽을 학문이라는 이름 아래 높이 평가하고 있었던 것이다. 이 시기에 대해 폭로 심리학이라든가 실증주의*에 의한 비판이라는 등으로 형용하는 경우가 많이 있지만, 그것이 반드시 적합한 것은 아니다. 왜냐하면 거기서 학문은 철저한 회의정신과 지배적 사고에 대한 반항을 의미하기 때문이다. 자유정신*에 대해 "습관화된 것, 규칙화된 것, 지속적인 것, 기성의 결정된 것을 증오하는" 존재라고 말하고[『인간적』 I, 427], "그는 그의 혈통과 환경, 계층과 지위 또는 시대의 지배적 정신을 근거로 그에게서 예상할 수 있는 것과 다르게 사유하는 인간이다. 그는 예외자다"[같은 책 225]라고 말하고 있는 것은 이 시기의 니체가 '학문'이라는 표현에서 이해하고 있는 것과 겹쳐진다. 단적으로 말하자면, 하늘의 사귀(邪鬼)의 지적이고 교묘한 표현력을 구사한 계몽을 가리키는 것이다. 학문이 지니는 논리성도, 방법적 사고도, 결론을 내릴 때의 신중함도 이러한 정신적 태도의 결과라고 니체는 이해하고 있었다. 예를 들면 『인간적』 I. 635에서 그러한 사정을 잘 엿볼 수 있다. 결론보다는 방법 쪽이 중요하다. 그 주변에 있는 재치 있는 사람들은 곧바로 모종의 가설을 자기의 의견으로 믿고서 '불처럼' 열중하게 된다. 그들에게 있어 무언가의 견해를 갖는다는 것은 단적으로 그것에 열중하게 된다는 것이다. 잘 알고 있지 않은 것에 열중하게 되고 열중할 수 있는 의견이

야말로 사태에 대한 설명으로서 적절하다고 믿는 경향을 지닌 인간들이 있으며, 그러한 사람들은 특히 정치 분야에서 위험하기 짝이 없다. 사상가들로부터 결국은 자신에게 있어 확신이나 신념이 될 수 있는 것만을 구하는 사람들이 오늘날에도 많지만, 그러한 사람들에 대한 처방전은 바로 학문적 방법, 신중한 사고라는 겸허함이다 — 대체로 이와 같이 그는 기지*로 가득 찬 문장에서 논하고 있다.

학문에 대한 이러한 논술이 바그너*에 대한 열정으로부터의 자기 해방에 의한 것임은 물론이다. 또한 근대인이 격해지기 쉽다는 것에 대한 좀 더 깊은 통찰에 기초하고 있다. 하지만 니체는 이러한 즐거운 회의라 할 수 있을 방향의 학문관을 '즐거운 학문'('즐거운 지식')과 같은 재미있는 표현으로 넌지시 암시할 뿐, 충분히 전개했다고는 하기 어렵다. 오히려 최종적으로는 소크라테스 이래의 학문이 인간의 자기 보존을 위한 도구적 인식과 동일시된다. 특히 말년에는 힘에의 의지의 함수로밖에 간주되지 않게 되어 학문이야말로 유럽의 잠재적 논리로서의 니힐리즘을 체현하는 것으로 성격지어진다. 그러나 실제로는 이러한 지적 반성도 학문으로서 가능하다는 것을 니체는 망각하고 거짓된 철저주의로 달려가 버렸다고 생각할 수 있다. 그것은 서두에 적었듯이 학문이나 인식의 존재방식을 둘러싼 논의의 다면성을 니체가 충분히 파악하지 못했기 때문일 것이다. ☞고전문헌학, 진리와 인식, 형이상학, 자유정신과 이성 비판, 진리에의 의지, 예술, 학자, 『즐거운 학문』

—미시마 겐이치(三島憲一)

학생조합學生組合 [Burschenschaft; Corps]

1864년 10월에 본대학에 입학한 니체는 도이센* 등 슐포르타*의 졸업생 7명과 함께 학생조합 프랑코니아에 입회했다. 학생조합은 나폴레옹 전쟁 후, 독일 통일과 학문의 자유를 내건 학생들과 교수들에 의해 각지에서 결성되어 자유주의적인 정치 운동의 담당자가 되었지만, 빈 체제 하에서 탄압 당했다. 니체가 대학에

입학한 1860년대에는 진보적인 정치적 주장을 유지하고 있었긴 하지만, 회원들이 정기적으로 회합하여 맥주를 마시면서 논의하며 떠든다든지 소풍을 나간다든지 사격이나 펜싱을 함께 연습하는 단체라는 색채를 짙게 해가고 있었다. 거기서는 다른 단체에 속한 학생과 결투를 하는 것이 입회식이 되고, 결투에서 부상당한 일이 성인의 상징으로서 받아들여지는 경향이 강했다. 또한 취직이나 승진에 있어 학생조합에서의 관계가 도움이 되는 경우도 있었다. 니체가 입회한 프랑코니아는 좀 더 자유주의적인 경향의 Corps와는 다른 Burschenschaft의 하나로, 역사가 트라이치케*와 작가 슈필하겐(Friedrich von Spielhagen 1829-1911), 정치가 칼 슈르츠(Carl Schurz 1829-1906) 등이 적을 두고 있던 '명문' 조합이며, 민주적인 내셔널리즘에 기초한 독일 통일을 목표로서 내걸고 있었다. 입회 시에 빨강과 황금빛 나는 녹색을 덧붙인 하얀 모자를 받고서 기뻐한 니체는 정치적으로는 오히려 반동적인 경향에 이해를 나타내며, 그 후 모임의 상징 색을 독일 민주화의 기치인 '검정·빨강·황금색'으로 바꿀 것이 결정된 일에 불복했다. 결국 이틀간 취하는 일밖에 아무것도 없는 회합이나 선배의 설교에 진절머리가 난 니체는 불현듯 생각난 듯이 결투를 하여 코끝에 상처를 입은 것 이외에는 눈에 띄는 활동을 하지 않으며, 65년에 라이프치히대학으로 옮겨감과 동시에 프랑코니아를 탈퇴했다. 니체에게 있어 학생단체에 입회한 일은 정치적인 동기보다도 학생조합에 대한 시대착오적인 낭만적 생각에 기초한 것이었던 듯하다. 대강 그런 정도의 사정은 후에 바젤*에서 행한 강연에서 '자주성'을 내걸고서 제멋대로 터무니없는 행동을 하고 있는 학생들에 대해서는 위대한 지도자에 의한 정신적인 지도가 필요하다고 이야기하고, 이를 위해서는 학생조합이야말로 참된 교양*을 촉진하고 본래적인 독일 정신을 가르치는 제도라고 찬미하고 있는 점으로부터도 살펴볼 수 있다 [「교육 기관」 V]. 19세기 말 이후 많은 학생조합은 애국주의적 경향을 강화하고(그러한 과거의 유물은 현대에도 남아 있다), 그에 반해 권위주의적 사회로부터의 해방을 추구한 세기말*의 젊은이들은 오히려 청

년 운동*에 참가하며, 그러한 청년 조직에서 니체가 왕성하게 읽혀지게 되었다. ☞ 청년 운동과 니체

—오이시 기이치로(大石紀一郎)

📘 ▷Oskar Franz Scheuer, *Friedrich Nietzsche als Student*, Bonn 1923. ▷Walter Z. Laquer, *Young Germany. A History of the German Youth Movement*, London 1962(西村稔 訳『ドイツ靑年運動』人文書院, 1985). ▷潮木守一『ドイツの大學』講談社學術文庫, 1992. ▷上山安敏『世紀末ドイツの若者』同, 1994.

학자學者

『차라투스트라』* 제2부의 「학자에 대하여」 장에서 주인공은 "나는 학자들의 집을 뛰쳐나와서는 문을 등 뒤로 힘껏 닫아버렸다"라고 말하는데, 이것은 니체의 바젤대학 교수직 사임이 건강상의 이유 때문만이 아니라 학자의 세계에 대한 혐오 때문이기도 했다는 점을 보여준다. 그의 저작의 많은 구절들에서 보이는 학자에 대한 언급들도 대체로 부정적이었다. 학자 비판에서 가장 강조되는 것은 생산력과 창조력의 결여다. "천재*에 비하면, 즉 생산하든지 아니면 출산하는 존재에 비하면, …… 학문*을 하는 평균적 인간인 학자에게는 언제나 늙은 처녀 같은 점이 있다. 왜냐하면 그는 이 늙은 처녀와 마찬가지로 인간이 지니는 가장 귀중한 두 가지 기능을 이해하지 못하기 때문이다."[『선악』 206] 그리고 학자는 타인이 산출한 것을 수집한다든지 분류하고 정리한다든지 하는 것에 지나지 않는다고 말해지고 있지만, 이것은 자립적 사고의 결여라는 비판과 결부된다. "학자는 생각한다고 할 때에도 모종의 자극(── 책에서 읽은 사상)에 대답하고 있을 뿐이다. …… 학자는 자기의 온 힘을 이미 누군가가 생각한 것을 비평하여 '그렇다고 한다든지 '다르다'라고 한다든지 하는 데에 다 쏟아 부으며── 스스로는 더 이상 생각하지 않는다."[『이 사람』 II. 8] 나아가 학문*의 전문화·세분화로부터 오는 전체적이고 종합적인 시야의 결여, 학문을 떠받치는 이상이나 목적의식의 결여, 타성적이고 기계적인 근면함으로부터 결과하는 인간적 감정의 결여 등이 곳곳에서 비판되고 있다.

그렇지만 다른 한편으로 니체는 전문 분야에 갇혀 있는 학자라 하더라도 그의 성실·정직함과 직인적 근면함에 철저한 한에서 권력에 알랑거리며 보신을 꾀하는 어용학자나 돈벌이를 위해서라면 무엇이든 써대는 매문업자보다는 높이 평가한다. 『차라투스트라』 제4부에서 거머리의 뇌수를 연구하는 남자가 '정신이 양심적인 자'라고 불리며 '더 높은 인간' 중의 하나로 헤아려지는 것은 그 때문이다. ☞학문, 고전문헌학, 진리와 인식, 진리에의 의지

—시미즈 혼유(淸水本裕)

항해航海

"너희는 대담한 탐구자다, 나아가고자 시도하는 사람들이다. 돛을 교묘하게 달고서 공포의 바다를 돌아다니는, 팔뚝에 기억이 있는 사람들이다."[『차라투스트라』 III-2. 1] "나는 바다가 좋다. 바다의 성질을 지니는 모든 것이 좋다. …… 미지의 세계를 향해 돛을 올리도록 하는 저 탐구의 기쁨이 내 안에 있다. 나의 기쁨 속에는 항해자의 기쁨이 있다."[같은 책 III-16. 5] 니체는 현재와는 전적으로 이질적인 무언가 다른 것을 향한 출항, 지금까지 보였던 것이 아닌, 그리고 아마도 이후에도 볼 수가 없는 땅(terra incognita)을 향한 출발의 이미지가 좋아서, 특히 『즐거운 학문』* 이후 이 이미지는 다양하게 변주된다. 다른 한편, 넓고 넓은 바다의 배는 인식의 모험*의 메타포임과 동시에 판자 한 장 밑은 지옥이나 언제 무로 돌아갈지 알 수 없는 우리의 인생을 나타내기도 한다. 그러나 그런 인생이라 하더라도 존재 깊은 곳의 '생명'과 연결될 때 긍정된다. "오, 생명이여, 나, 이즈막에 너의 눈을 들여다본 일이 있다. 너, 너의 밤의 눈동자 속에 황금이 있어 반짝이는 것을 보았지. 나의 심장은 환희에 잠시 고동을 멈추었고 / 나, 밤의 수면 위에 황금 거룻배 한 척이 반짝이는 것을, 가라앉아 물에 잠기는 듯하다가는 다시 올라와 알은체하는, 그렇게 오르락내리락하는 황금빛 거룻배 한 척을 보았던 것이다!"[『차라투스트라』 III-15. 1] 여기에는 미쳐 날뛰는 바다 위의 한 척의

배에 있으면서 고요하게 개체화*의 원리를 신뢰하며 살아가는 아폴론*적인 것이 놓여 있다. 이것은 니체의 이를테면 근원 체험이다[『비극』 1 참조]. 쇼펜하우어*로부터 물려받은 페시미즘*이 삶의 긍정에로 변한다. "태양은 자기의 무진장한 풍요로부터 황금을 꺼내 바다에 뿌리지 않는가? / 그때는 가장 가난한 어부조차도 황금으로 된 노를 저을 만큼!"[『차라투스트라』 III-12. 3] 태양은 아폴론이다.

미쳐 날뛰는 바다를 미끄러져 가는 요트는 또한 여성의 이미지이기도 하다. 데리다*는 『즐거운 학문』의 60번 「여성과 그 원격작용」에서 바위 그늘로부터 거친 바다로 미끄러져 나오는 요트에서 남성으로부터 본 여성의 이미지를 표상한 니체의 논의로부터 파도를 부수는 해안의 절벽을 남근에, 또한 배의 용골 끝을 음경(Phallus)에, 그리고 돛을 여성의 베일, 처녀막에 비유하는 괴이한 논의를 펼치면서 서구 형이상학의 문제를 생각하고 있다. 니체의 항해 이미지는 형이상학* 문제로 번역하기에는 너무나도 형이상학 바깥에 있다고는 말할 수 없는 것일까? ☞바다, 미와 쾌락

—미시마 겐이치(三島憲一)

해석과 계보학解釋—系譜學

【 I 】 니체의 해석 규정

니체는 『즐거운 학문』*에서 다음과 같이 말하고 있다. "우리의 새로운 '무한한 것'.— 현존재의 원근법*적 성격은 그 범위가 어디까지 미치는가, 또는 현존재는 그 외의 무언가 다른 성격도 지니는가, 해석과 '의미'가 없는 현존재란 '무의미한 것'이 아닌가, 다른 측면에서 말하면 모든 현존재는 본질적으로 해석하는 현존재인 것이 아닌가 — 당연한 일이지만 이러한 물음은 지성에 의한 지극히 부지런하고 고통스러울 만큼 양심적인 분석과 자기 검증을 거친다고 해도 해결될 수 없다. 왜냐하면 인간의 지성은 이러한 분석에 있어서 자기 자신을 자신의 원근법의 형식들 하에서, 오로지 그 형식에 의해서만 바라볼 수밖에 없기 때문이다."[374] 니체는 여기서 해석이 현존재(Dasein, 생존)의 가장

기본적인 여건이라는 것을 제시한다. 해석이란 삶*에서의 어떤 특정한 원근법의 형식이다. 현존재는 이러한 원근법의 형식으로서의 해석을 통해서만 대상들에 관여할 수 있다. 좀 더 정확히 말하면, 현존재의 활동 형태 그 자체가 해석이며, 그러한 활동 형태의 소산으로서 현전하는 대상세계의 총체와 그것과 서로 마주보는 현존재 자신도 역시 해석일 뿐이다.

이러한 니체의 해석에 대한 견해는 우선 첫째로 칸트*의 '사물 자체'로 대표되는 '부동의 일자', 즉 생성이나 변화 과정에서 요동하는 현상세계 배후에 있으면서 영원한 자기 동일성을 유지하는 형이상학*적 본질의 부정을 의미한다. 이 점에 대한 지적은 이미 『인간적』* 제1부에서 보인다. "…… 좀 더 엄밀한 논리가들[칸트도 여기에 포함된다]은 형이상학적인 것의 개념을 무제약적인 것으로서, 따라서 또한 제약하지도 않는 것으로서 날카롭게 구별한 뒤에, 무제약적인 것(형이상학적 세계)과 우리에게 알려져 있는 세계 사이의 모든 관련성을 부정했다. 그 결과 사물 자체는 결코 현상에 나타나지 않으며, 현상 측에서 이루어지는 사물 자체에 대한 어떠한 추론도 거부되어야 하게 된다. 그러나 이 두 가지 모두 다음과 같은 가능성, 즉 저 그림(Gemälde)——지금 우리 인간에게 있어 삶과 경험을 의미하는 것——이 점진적으로 생성되어 온 것이거나 아직 전적으로 생성의 도상에 있는 것이며, 그런 까닭에 그것으로부터 창시자(충족 이유)에 관한 추론을 한다든지 단지 배척한다든지 하는 것이 허용되는 것과 같은 확정된 크기로서 간주되어서는 안 되는 가능성을 간과한다."[16] 니체는 형이상학적인 본질과 현상의 구별을 거부한다. 그 결과 존재의 양태로서 '생성(Werden)'의 도상에 있다고 하는 규정성만이 남는다. 여기서 '생성'은 존재가 지니는 동일성으로 환원할 수 없는 부단한 변화와 다양한 차이*성을 의미한다. 그것은 동시에 존재를 향한 해석에 내포되는 원근법의 무한이라고 말해야 할 다양성도 지시한다. "오히려 우리에게 세계는 다시금 '무한한 것'이 되었다. 세계가 무한한 해석을 자기 내에 내포하고 있을 가능성을 우리가 배제하지 않는 한에서 그렇다."[『학문』 374]

【Ⅱ】 형이상학 비판의 시점

이러한 해석을 둘러싼 니체의, 이를테면 존재론적 시점으로부터 두 번째 문제점을 추출할 수 있다. 그것은 해석과 해석되는 것의 분리에 대한 부정이다. 모든 것이 해석을 통해 파악된다고 한다면, 존재하는 것의 현전은 그대로 해석 그 자체의 현전을 의미하게 된다. 이러한 니체의 사유 모습은 후기의 짧은 문장에서 추적할 수 있다. "일체의 사태는 해석된 성격을 지닌다. 생기사건 그 자체라는 것은 존재하지 않는다. 사태로서 일어나고 있는 것은 해석하는 무언가의 존재에 의해 선별되어 정리된 일군의 현상에 지나지 않는다."[유고 Ⅱ. 9. 53] 이것은 니체가 세계를 해석의 상대성에서 보고자 했다는 것만을 의미하는 것이 아니다. 오히려 여기서 물어져야 하는 것은 조금 전에 언급한 형이상학적 본질존재와 현상세계의 구별에 대한 부정에 내재하는 니체의 사유 모습이다. 니체는 우리의 판단에 뿌리 깊게 달라붙어 있는 그릇된 견해를 지적한다. 그것은 우리가 사물을 언제나 '주어(~는)와 술어(~이다)의 결합'에 대한, '원인과 결과의 결합'에 대한 신앙에 기초하여 판단한다고 하는 그릇된 견해다. 달리 표현하자면, 판단의 근거를 사태의 진리에서 찾고자 하는 그릇된 견해다. 이러한 그릇된 견해의 메커니즘을 니체는 다음과 같이 들추어낸다. "…… 변화를 하나의 생기사건으로서가 아니라 하나의 존재로서, '특성'이라는 것으로서 설정해 버리고——그러한 변화가 수반하는 것으로서의 존재자를 그것에 더하여 날조*한 것이다. **요컨대** 우리는 작용(Wirkung)을, 그 작용을 불러일으키는 것(Wirkendes)과 혼동하고, 그 작용자를 존재자로서 설정해 버렸다. …… 내가 '번개가 빛난다'고 말한다고 하면, 사태의 깊은 곳에 하나의 존재를 전제하고 있으며, 그 존재는 생기사건과 동일하지 않고 오히려 계속해서 그대로인 것(bleiben), 존재하는 것(sein)이지 '변화하는 것(werden)'이 아니라고 보는 것이다."[유고 Ⅱ. 9. 143, 『계보』 Ⅰ. 13 참조] 작용이 작용자에 의한 활동작용으로서 파악될 때, 그때마다의 생기사건(Geschehen)은 '주어-술어'의 결합 형식으로서의 판단 하에서 작용의 '원인'인 작용자의 존재와 작용 그 자체='결과'의 분리·결합으로서 현전하게 된다. 그것은 달리 말하자면 해석되는 것이 그때그때마다의 해석으로부터 분리되어 정립되는 것이, 즉 해석되는 것이 실체로서 정립되는 동시에 그 지속적 동일성이 그때마다의 해석에 선행하게 되는 것이 해석의 전제가 된다고 하는 것이다. 그리고 진리란 이러한 해석의 그때그때마다의 일회적인 성격 배후에 놓여 있는 해석되는 것의 지속적인 존재=실체로 소급함으로써 얻어지는 인식 내용에 지나지 않게 된다. 우리는 이러한 해석과 해석되는 것의 분리가, 그리고 그 배경에 있는 생기사건성의 존재=실체로의 환원과 그것을 지탱하는 '주어(원인)-술어(결과)의 결합'에 대한 신앙이 앞에서 언급한 형이상학적 본질과 현상세계의 분리라는 형이상학적 사고형식에 뿌리박고 있다는 것을 간취할 수 있다. 니체는 이러한 사고형식이 "생기사건을 작용으로서 설정하는" 것과 "작용을 존재로서 설정하는" 것인 까닭에 "이중의 오류"라고 말한다[유고 Ⅱ. 9. 143]. 여기서 니체는 형이상학적 사고형식의 본질을 생기사건의 일회적 성격이 작용이라는 원인-결과 연관 내의 하나의 요소로 환원되는 점에서 보고 있는 것이다.

【Ⅲ】 아곤으로서의 해석―두 가지 해석관의 투쟁

그런데 방금 언급된 구절에 이어서 니체는 다음과 같이 말하고 있다. "(위와 같은 그릇된 견해는) 어쩌면 우리 자신이 책임을 짊어져야 할 해석이다."[유고 Ⅱ. 9. 143] 해석의 무한한 다양성, 일회적 성격을 부정하고자 하는 형이상학적 사고도 역시 하나의 해석이다. 그렇다면 니체가 해석을 통해 제기하고자 한 것은 형이상학적 사고 대 해석의 이원 대립도 또 그것에 뿌리박고 있는 형이상학적 사고의 전도도 아니게 된다. 형이상학적 사고도 포함한 모든 인간의 사고형태가 해석이라고 하는 인식에 입각하여 니체는 해석을 다양한 사고형태가 패권을 다투는 장(아곤*)으로서, 다시 말하면 생성과 변용을 무한히 반복하는 세계와 삶을 어떠한 원근법 하에서 틀 지을 것인가를 다투는 장으로서 파악하는 것이다. 거기서는 언제나 새로운 해석과 오랜 해석의 싸움이 전개된다.

이때 하나의 테제가 집요하게 반복된다. 그것은 '해석이지 설명이 아니다'라는 테제다. "해석이지 설명이 아니다. 사실 관계 등은 존재하지 않는다. 모든 것은 유동하고 있고, 파악되지 않으며, 파악하고자 하더라도 멀어져 버린다. 아무리 항상적인 것이라 하더라도 역시 우리가 가지고 들어온 의견에 불과하다. 해석에 의해 의미를 들여온다― 대다수의 경우에는 낡은 해석이 이해 불가능한 것이 되고 이미 단순한 기호에 지나지 않는 것이 되었을 때에 새로운 해석을 덮어씌울 뿐이다."[유고 Ⅱ. 9. 138]

'설명'을 요구하는 사고는 해석의 저편에 있는 사실이나 존재의 동일성으로 소급함으로써 자신이 해석이라는 것을 부정하고자 하는 해석이다. 여기서 니체가 설정하고자 하는 대항관계의 기저가 명확해진다. 그것은 해석이라는 것의 자각·성찰로부터 출발하는 사고와 해석이라는 것의 부인으로부터 출발하는 사고의 대항관계다. 전자가 생성과 변용― 무한한 다양성― 에 몸을 맡기고 그때마다의 생기사건이 지니는 일회적 성격을 스스로의 현전의 장으로서 확인하고자 하는 사고, 다시 말하면 '차이성'의 사고라고 한다면, 후자는 설명 또는 인식을 가능하게 하는 고정되고 확정된 사실관계로의 소급을 추구하는 사고, 다시 말하면 '동일성'의 사고다. 다른 각도에서 말하자면, 전자는 힘(Macht) 또는 욕동(Affekt)의 발현으로서 생기사건을, 나아가서는 그러한 생기사건에 관한 해석의 모습을 파악하고자 하는 사고인 데 반해, 후자는 그러한 힘이나 욕동을 인과연관의 하나의 요소로서의 '원인'이나 '주체*'로서 파악하고, 그것을 통해 생기사건=해석을 그러한 인과연관의 연속성의 틀 안으로 밀어 넣고자 하는 사고라고 할 수 있다. 그리고 전자가 생기사건=해석의 우유적인 차이성에 정위함으로써 일체의 동일화의 기준, 즉 진리 기준을 방기하는 데 반해, 후자는 존재=실체의 동일성의 정립에 근거지어진 진리 기준을 일의적인 판단의 척도로 삼는다. 니체는 이러한 두 가지 사고양태의 대항관계에서 해석을 둘러싼 투쟁의 주된 싸움터(아곤)를 보고자 했던 것이다.

"지금까지의 여러 가지 해석은 원근법에 기초하는

가치 평가이며, 그것에 의해 우리는 자기의 삶을, 요컨대 힘에의 의지를, 힘의 성장에의 의지를 보존해 왔다는 것, 인간 고양의 그 어떤 것을 취하더라도 그때까지의 좁은 해석의 극복을 초래한다는 것, 힘의 강화와 확대가 달성될 때마다 새로운 시계가 열리고 새로운 지평을 믿을 수 있도록 해준다는 것 — 이러한 모든 것이 나의 저작을 관통하고 있다. 우리가 관계하고 있는 세계는 거짓이다. 요컨대 사실적 관계가 아니다. 그러한 것이 아니라 허구이며, 모자란 관찰들을 모아 온전한 의미를 만들어낸 것일 뿐이다. 세계는 '흐르고' 있다. 생성하는 것이자 끊임없이 자기 자신을 밀어 흐르게 하는 거짓이지 결코 진리*에 가까워지는 것이 아니다.— 왜냐하면 '진리' 따위는 존재하지 않기 때문이다."[유고 Ⅱ. 9. 156]

【IV】'계보학'과 '힘에의 의지'—들뢰즈의 니체관에 관하여

이로부터 니체의 후기 사상을 둘러싼 두 가지 문제가 파생된다. 그것은 다름 아닌 '계보학'(Genealogie)이라는 형태로 전개된 니체의, 도덕 비판의 핵심을 이루는 형이상학 비판의 존재방식과, 니체 사유의 극한이라고 해야 할 '힘에의 의지'*(Wille zur Macht)의 문제들이다. 역으로 말하면 해석이라는 문제의 장에서 계보학의 문제성(Problematik)과 힘에의 의지의 문제성이 중층화되어 현전하고 있는 것이다. 해석과 계보학의 관련이라는 문제에서는 언제나 이 이중성이 간취된다.

현대 프랑스의 철학자 질 들뢰즈*는 니체의 철학이 가치와 의미를 둘러싼 철학이라는 것을 지적한 다음 이렇게 말하고 있다. "그가 창출하고 구상하는 가치의 철학은 비판의 참된 실현이며, 전체적 비판을 실현한다."[『니체와 철학』]

가치를 문제로 삼는 것이 비판의 실현을 의미한다는 것은 어떠한 것인가? 니체에게서 가치 — 예를 들면 '고상', '저속'과 같은— 는 가치 그 자체가 아니라 배경으로서 각각에게 걸맞은 생존 형식을 짊어지고 있는 가치 상호 간의 평가 관계에 뿌리박고 있다고 들뢰즈는 말한다. 그리고 "가치 평가에 대응하는 가치들의 차이적 요소(elément différentiel)"인 것이다. 이러한 '차이적 요소'가 앞에서 언급한 생기사건=해석의 차이성에 대응한다는 것은 명확하다. 따라서 들뢰즈가 이러한 '차이적 요소'와 대조시켜 가치를 그것 자체로서 절대화한다든지 아니면 인과적 파생관계나 단순한 기원으로 환원한다든지 하는 태도를 들고서, '차이적 요소'가 이러한 태도에 대한 철저한 비판을 내포한다고 할 때, 그것은 분명히 동일성으로 수렴되는 형이상학적 사유에 대한 비판을 의미한다. 그리고 들뢰즈는 이러한 비판으로서의 가치(의미)의 철학이 형성되는 것을 니체에게 있어서의 계보학의 탄생으로서 파악하는 것이다[유고 Ⅱ. 9. 213 참조].

이러한 인식으로부터 추출되는 것은 가치의 기원으로서의 힘의 복수성이다. 힘의 복수성이란 어떤 힘이 언제나 다른 힘과 관계지어져 있다고 하는 것을 의미한다. 그리고 중요한 것은 이러한 힘의 복수성, 힘의 관계로서의 현전이 '힘에의 의지'의 내실을 형성한다는 것, 다시 말하면 지배의지와 위계서열*이라는 형태로 현전하는 '힘에의 의지'의 핵심에 있는 것이 힘의 복수성이라고 하는 것이다. 그것은 반복해서 말하듯이 힘의 현전으로서의 대상들, 현상들이 무한한 다양성·차이성의 우유적인 병렬적 관계 속에 놓인다는 것을 의미한다. 그리고 다양성·차이성의 우유적인 병렬적 관계로서의 '힘에의 의지'란 좀 더 정확히 말하자면 다름 아닌 스스로가 해석에 불과하다는 것을 수용하는 해석일 뿐이다. "'해석하고 있는 것은 도대체 누구인가'와 같은 질문을 해서는 안 된다. 해석 그 자체가 힘에의 의지의 하나의 형식으로 실현되고 있는 것이다."[유고 Ⅱ. 9. 188]

이로부터 계보학이 지향하고자 하는 인식의 모습이 분명해진다. 그것은 어떠한 중심(원인이나 주체)도, 그리고 그 중심으로부터 시작되는 계기적·인과적 관계도 지니지 않는 병렬적 관계의 모델이다. "만약 세계가 어떤 특정한 양의 힘을 지니고 있다고 한다면, 그 안의 어딘가에서의 대수롭지 않은 변화라 하더라도 시스템 전체에 영향을 주지 않을 수 없다는 것은 명확하다 — 그런 까닭에 전후관계로서의 인과성*과 더불어 병렬관계의, 또는 서로 짜 넣어진 관계의 상호 의존성이 있게 된다.'[유고 Ⅱ. 9. 184] 이러한 상호 의존성에 의해 증명되는 것은 "병렬관계와 짜 넣어진 관계가 있다"고 하는 생기사건뿐이지 "무엇이 병렬되고 짜 넣어져 있는가"가 아니다. '무엇이'가 물어질 때 필연적으로 병렬관계에 있는 각각의 항은 분리되어 관계에 선행하는 존재=실체로서 결정되게 된다──"행위와 행위자의, 능동과 수동의, 존재와 생성의, 원인과 결과의 이러한 분리."[같은 책 Ⅱ. 9. 183]

뒤집어 말하면, 인과관계란 이러한 관계항의 분리·자립을 전제로 하며, 그러한 자립한 항들의 관계로서 생기사건을 해석하고자 하는 태도의 소산이라고 할 수 있을 것이다. 그리고 거기에는 '누가' 해석하고 '무엇이' 해석되는 것인가라는, 해석에서의 주체와 대상의 분리가 수반된다. 그에 의해 해석(생기사건)의 일회적인 생기사건성이 소거되는 것이다. 계보학의 문제의식이 이러한 생기사건성의 소거에 대한 비판에 있다고 한다면, 거기에는 어떤 '무언가'로서의 존재=실체를 '경우'로서의 관계성에 **선행**시켜 정립하는 것에 대한 비판이 포함되어 있을 것이다. 여기서 계보학에서의 '계보'의 의미가 발견된다. 즉 인과관계에 내재하는 존재=실체와 생기사건성의 기원-파생 관계, 다시 말하면 시간적 순서관계(계보)를 전도시키고 해체시키는 것이야말로 '계보'의 의미에 다름 아닌 것이다. 따라서 계보학이란 어떤 의미에서 계보 비판이라고도 말할 수 있을 것이다. 『도덕의 계보』*에서 이러한 계보 비판으로서의 계보학이라는 문제의식이 가장 여실하게 간취되는 것은 제2논문에서의 '죄'를 둘러싼 논의다.

니체는 우선 도덕의 주요 개념인 '죄'*(Schuld)가 대단히 물질적인 개념인 '부채'(Schulden)에서 유래한다고 말한다. 그리고 '죄'에 대응하는 '벌'이 '의지의 자유' 또는 부자유'로부터가 아니라 '보복'(Vergeltung)으로부터 발전해 온 것이라고 말한다. 그것은 "범죄자는 다른 행동을 할 가능성이 있었기 때문에 처벌받을 만하다"라는 인과론적 사고방식과 그 전제에 있는 '정의의 감정'의 선험적 실체성을 부정하고, '죄'와 '벌'의 관계를 "채권자와 채무자의 계약 관계", 즉 "매매·교환·교역·통상과 같은 근본 형식"으로 환원하는 것

을 의미한다[『계보』 Ⅱ. 4]. 그에 의해 '죄'와 '벌'의 관계는 선험적인 도덕적 관념이라는 기준에서 해방되어 시장에서의 파는 사람과 사는 사람과 같은 두 개의 비균형적인 힘들의 관계로 치환된다. 역으로 말하면, '죄'나 '양심'*, '의무'와 같은 도덕적 관념의 기원은 이러한 두 개의 비균형적인 힘들의 관계에서의 균형의 회복, 즉 채권자와 채무자 사이의 보상 관계에 있게 되는 것이다. 그러면 이 '보상 형식 전체의 논리'의 핵심에 놓여 있는 것은 무엇인가? 그것은 다름 아닌 채권자가 보상의 대용물로서 채무자에 대해 권력'과 폭력'을 단념하고 발현할 수 있는 '쾌감'(Wohlgefühl)이다.

여기서도 니체의 해석을 둘러싼 '계보학'적 관심의 핵심이 떠오른다. 어떠한 보편적·추상적 가장에도 불구하고 도덕적 관념의 기원에는 '피와 전율'이 숨어 있다. 그것은 능동적인 힘과 수동적인 힘의 충돌이며, 지배나 위계의 기원으로서의 폭력의 난무다. 형이상학적 사유가 허망한 것은 단지 생기사건=해석의 일회적 우연성과 상대성을 인정하지 않기 때문만이 아니라 이러한 기원으로서의 힘(폭력)의 전율을 도덕적 관념으로 상징되는 전도적=도착적 파생관념 ── 나중에 생겨난 것의 선험적인 선행화 ── 에 의해 은폐하고 평준화해 버리기 때문이다. 이러한 점에서 니체의 파시즘과의 친근성이 있다고 하는 견해도 있을 것이다. 그러나 니체의 '계보학'에 의한 기원으로서의 힘(폭력)의 소재와 그러한 힘의 비균형적인 다양성과 복수성에 대한 지적은 단순한 폭력과 권력 예찬의 이데올로기나 후기구조주의*에서의 '차이의 놀이' 식의 지적 스노비즘으로 환원될 수 없는 사회철학 상의 절실한 과제를 담고 있다. 그것은 정의나 법, 통치 등의 모든 사회적 실정성의 근원에 힘(폭력)이 존재한다는 통찰이다. 확실히 그로부터 폭력적 이데올로기가 생겨날 가능성도 있지만, 다른 한편으로 이러한 통찰로부터 기원으로서의 폭력을 제어할 수 있는 예지도 생겨날 수 있는 것이 아닐까 하는 것이다. 우리는 니체의 해석과 계보학을 둘러싼 사상적 영향 범위를 그러한 것으로서 파악해야만 한다.

【V】푸코의 니체관

여기서 니체의 해석과 계보학 문제를 아마도 현대에서 가장 깊은 차원에서 받아들인 사상가라고 할 수 있는 미셸 푸코의 견해에 대해 언급하고자 한다. 푸코는 『임상의학의 탄생』과 『광기의 역사』, 나아가서는 그러한 계열의 작업들 가운데 정점에 서는 『말과 사물』에서 역사를 문제로 삼는다. 푸코는 거기서 역사를 각각의 국면이 불연속적으로 구성하는 앎의 모습과 거기에 얽혀 있는 언표-언설의 분절=배치, 그리고 그러한 요소들을 이를테면 심층에서 포괄하는 의미의 집장체(archives)로부터 포착하고자 한다. 그리고 이와 같은 형태로 역사를 파악하는 방식을 푸코는 '고고학(archéologie)이라고 부른다. 이러한 푸코에 의한 역사의 '고고학'적 견해, 그리고 거기에 포함되는 두 개의 커다란 요소인 '역사와 앎-언설의 결합'과 '역사의 불연속성'은 분명히 니체의 계보학 방법의 영향 하에서 형성된 것이다. 푸코는 계보학의 작업을 다음과 같이 말한다. "단일한 궁극 지향성의 전적으로 바깥에서 다양한 생기사건의 독자성을 확인하는 것, 그러한 생기사건들을, 가장 예기치 않은 곳에서 역사 따위를 지니지 않는 것이 되는 것—…… 그러한 생기사건들의 회귀를, 진화의 서두르지 않는 곡선을 더듬어 나가기 위해서가 아니라 그것들이 다양한 역할을 연출한 다양한 장면을 재발견하기 위해 파악하는 것……."[伊藤晃 「니체・계보학・역사ニーチェ・系譜學・歷史」] 이러한 계보학의 의미를 명확히 하기 위해 푸코는 Ursprung(기원)과 Herkunft(유래)를 대조시킨다. '기원'을 찾는 것은 '이미 있었던 것', '배후에 있는 다른 것'을 찾는 것을 의미한다. 그리고 "기원은 언제나 실추의 앞, 육체의 앞, 세계와 시간의 앞에 있는 것이다. 기원은 신들 쪽에 있으며, 이것을 말하기 위해 사람들은 언제나 신들의 발생 계보를 노래하는 것이다."[같은 곳] 달리 표현하자면, '기원'은 다름 아닌 역사에서 진리가 현성하는 장이다. 푸코는 이러한 바로 역사에 대한 형이상학적 견해의 원천이라고도 해야 할 '기원'에 대해 '유래'를 대치시킨다. '유래'를 찾는 것에서는 "미묘하고 독특한, 개체 아래에 은폐되어 있는 다양한 흔적을,

즉 개체 안에 서로 교차하고 풀기 어려운 그물코를 만들고 있을 수도 있는 흔적을 모두 확인하는 것이 문제인 것이다." 따라서 "유래의 복잡한 실의 연결을 더듬는 것은 그것(현재까지의 진화의 도정을 더듬는 것)과는 역으로, 일어난 것을 그것에 고유한 산란 상태 속에 보존하는 것이다."[같은 곳] 나아가 푸코는 이러한 '유래'의 의미가 육체의 의미와 결부된다는 것, 다시 말하면 '유래'는 '육체와 역사의 결절점'이라는 것을 지적한다. 이리하여 '기원'의 부인으로서의 '유래'의 계보학적 시점에 설 때, 역사는 다양한 힘=해석이 현출하는 착란 상태에 다름 아니게 된다. 거기에는 이미 언급한 니체의 사유의 사회철학적인 의의가 투영되어 있다. 후년의 푸코의 『감시와 처벌』이나 『성의 역사』에서 보이는, 진리와 권력의 공범 관계에 대한 분석이나 미시 현상 차원에서의 권력 작동에 대한 추적(미시 정치의 시점) 등도 이러한 계보학적인 사유로부터 온 것으로 생각할 수 있을 것이다.

【VI】니체의 해석관과 철학적 해석학

마지막으로 니체의 해석을 둘러싼 사유와 슐라이어마허(Friedrich Ernst Daniel Schleiermacher 1768-1834)로부터 딜타이를 거쳐 가다머에 이르는 철학적 해석학의 관계에 대해 살펴보고자 한다. 니체와 해석학 사이에는 공통된 전제가 존재한다. 그것은 근대 계몽의 지주로서의 주관적 이성의 절대적 자율성에 대한 회의다. 이성의 자기 결정권에 대한 의심으로부터 니체와 해석학에 공통된 물음의 형식이 생겨난다. 즉 이성의 — 이성의 토대로서의 자기의식(cogito)의 — '배후에 대한 물음'(Hinterfragen)이라는 형식이 그것이다. 그에 의해 니체와 해석학은 모두 근대 계몽 이성이 초래하는 설명적 인식과 그 지주인 객관적 진리라는 기준의 근거를 해체하고자 한다. 그러나 이 근대 계몽 이성의 근거를 해체한 후에 남는 것을 둘러싸고서 니체와 해석학은 확연히 다른 입장에 서게 된다. 가다머는 도덕 영역에 대한 근대 계몽 이성의 해답 능력의 불완전함으로 인해 노정된 근대 계몽 이성의 한계를 이성 배후에 있는, 즉 개개의 이성의 판단과 반성 능력을 넘어서서 존재하는 '전통'의 권위를 승인함으로써 극

복하고자 한다. 그 결과 해석학에 남겨진 과제는 '전통'의 초월론적 구조에 기초하여 개개의 역사사태나 작품과 해석 주체 사이의 '영향작용사'(Wirkungsgeschichte)적인 연관을 반성하는 것이 된다. 이러한 해석학의 존재방식은 개별적인 주관성의 틀 내부에서 성립하는 근대 계몽 이성의 동일성의 근거를 좀 더 역사적·상호 주관적인 차원에서 성립하는 동일성에서 찾음으로써 기초지어진다. 그에 반해 니체의 '배후에 대한 물음'은 오히려 배후의 존립 그 자체의 해체를 지향하는 것이다. 계보학으로 귀착되는 니체의 해석적 사유는 도덕을 지탱하는 전통이나 관습의 초월적 구조도 '힘에의 의지'로서의 해석이라는 시점으로부터 반성하고 상대화한다. 니체는 근대 계몽 이성에 잠재된 비판적 반성 능력을 해석이 지니고 있는 비판적 요소를 통해 좀 더 철저화하고자 한다고 말할 수도 있을 것이다. ☞가치의 전환, 진리와 인식, 『도덕의 계보』, 주체, 딜타이, 가다머, 들뢰즈, 푸코

—다카하시 준이치(高橋順一)

참 ▷Gilles Deleuze, *Nietzsche et la philosophie*, Paris 1962(足立和浩 訳 『ニーチェと哲學』 國文社, 1974).

해석학解釋學 [Hermeneutik]

니체와 해석학의 관계는 생각만큼 단순하지 않다. 오늘날 어떠한 형태로든 해석학을 표방하는 사람들에게 있어 니체의 문제의식과 생각의 일정 부분들은 계승해야 할 것의 하나로 간주되고 있다. 그러나 반-해석학을 주창하는 사람들에게 있어서도 니체는 반론의 유력한 실마리로 여겨지고 있다. 언뜻 보아서는 니체의 사상에는 해석학과 통하는 면과 해석학과의 다름을 주장할 수 있는 면이 혼재되어 있다고 말할 수 있을지도 모른다.

확실히 니체에게는 해석학과 그 전통을 상기시키는 문구들이 이곳저곳에서 발견된다. 고전문헌학도로서 출발한 니체가 텍스트 해석에 대한 무언가 의견을 지니기에 이른 것은 지극히 자연스러운 일일 것이다. 그리고 그것이 해석학의 전통과 어떻게든 통하는 면이 있었던 것도 충분히 예상할 수 있을 것이다. 예를 들면 『삶에 대한 역사의 공과』에는 다음과 같은 한 구절이 있다. "오로지 현재가 가진 최고의 힘으로부터만 너희는 과거를 해석할 수 있다. …… 바로 같은 것은 같은 것을 통해서만 알려지는 것이다! 그렇게 하지 않으면 너희는 과거를 너희의 차원으로 끌어내리는 셈이 된다."[『반시대적』 II. 6] 같은 것은 같은 것을 통해서만 알려진다고 하는 것은 단지 작자와 해석자가 동등성을 지닌다는 것이 아니라 해석자의 자질이 텍스트의 질과 같은 높이로까지 도달한다는 것을 의미한다. 여기에는 텍스트의 해석자가 탁월한 독자이어야만 하며, 탁월한 독자라고 하는 것은 그가 텍스트의 작가와 동질이어야만 한다고 하는 생각, 예를 들면 E. 슈타이거(Emil Staiger 1908-87)의 '작품 내재적 해석'의 입장 등에 연결되는 생각이 없지 않다. 또는 좀 더 넓게 '감정이입'론 등과 통하는 면도 없지 않다. 그러나 이해와 해석, 원근법* 등에 관한 니체의 그 후의 다양한 발언은 니체를 해석학에 가깝게 하는 이상으로 멀어지게도 하고 있다.

오늘날의 철학적 해석학이 니체로부터 계승한 것을 들라고 한다면, 역사주의 비판의 모티브를 간과할 수 없다. 가다머*에게 있어서의 선입견(Vorurteil)과 지평(Horizont) 개념도 이러한 비판의식을 빼놓고서는 생각할 수 없다. "역사주의*에 대한 니체의 비난을 상기해 보는 것이 좋을 것이다. 문화가 유일하게 살아갈 수 있는 지평, 신화로 둘러싸인 지평을 역사주의는 해소해 버린다고 니체는 비난한다."[『진리와 방법』] 지평이라는 말 그 자체는 후설(Edmund Husserl 1859-1938)에게서 유래한 것이지만, 가다머는 이 말에 대해 "니체와 후설 이래의 철학의 용어법에서는 사유가 자기의 유한한 규정성에 구속되어 있다는 점과 시계가 일정한 규칙을 지니고서 펼쳐져 있다는 점을 특징짓기" 위해 사용된 것이라고 지적하고 있다. 개개인의 다양한 판단·이해·해석을 미리 규정하는 선입견의 활동에 의해 이 지평이 형성된다. 니체가 지평이라는 말을 자주 사용한 기미는 없지만 『반시대적 고찰』* 제2편에 가다머의 정의와 합치하는 용법이 보이며[『반시대적』 II. 1], 『즐거운 학문』*에는 '지평'과 '원근법'이라는

말을 나란히 한 인상 깊은 다음과 같은 한 구절이 있다. "다신교에는 인간의 자유정신과 다수 정신이 깃들어 있었다. 새롭고 독자적인 눈을 스스로 만들어 내는 힘, 계속해서 더 새롭고 더 독자적인 눈을 만들어 내는 이 힘으로 인해, 모든 동물들 중에서 오직 인간에게만 영원한 지평과 원근법이 주어지지 않게 된 것이다."[『학문』143] 지평에 관한 가다머의 규정 방식은 확실히 니체의 관점(원근법)에 관한 생각과 통하는 면이 있다. 하이데거도 니체가 양자의 상이성 및 연관을 명시하고 있지 않다는 점을 힐난하면서 "지평과 원근법은 필연적으로 상호 공속하고 교차하며, 한편이 다른 편을 대치할 수 있는 모습의 것"[『니체』]이라고 지적하고 있었다.

원근법이라는 말은 인간의 인식이 특정한 시점에 제약되며, 일정한 각도로부터만 사물을 볼 수 있다고 하는 특성을 나타내기 위해 사용된 말이다. "지평이란 어떤 한 지점으로부터 볼 수 있는 것 모두를 포괄·포위하는 시계"라고 하는 가다머의 정의에서 보더라도 원근법 사상이 현상학과 해석학에서의 '지평' 사상의 선구를 이루고 있다는 것은 확실하다. 그러나 이러한 원근법=지평이라는 니체와 가다머의 접점은 양자를 결합하기보다는 오히려 이반시키는 계기가 되고 있다.

"이해는 단지 재현을 일삼는 행위가 아니라 언제나 창조적인 행동이다. 이해에 포함되어 있는 이러한 창조적 계기를 표현하기 위해 좀 더 좋은 이해를 말하는 것은 대체로 올바르지 않다. …… 일반적으로 이해한다는 것은 다른 방식으로 이해하는 것이다."[『진리와 방법』] 가다머는 이와 같이 해석자에 의한 이해의 다양성과 창조성을 원칙적으로 인정한다. 이러한 견해만을 보게 되면 니체의 다음과 같은 생각과 비슷하지 않은 점은 없다. "동일한 텍스트는 무수한 해석을 허용한다. '올바른' 해석은 존재하지 않는다."[유고 Ⅱ. 9. 54] "'인식'이라는 말이 어느 정도인가에 따라서는 세계는 인식할 수 있는 것이 된다. 그러나 세계는 다르게도 해석될 수 있다. 세계는 배후에 하나의 의미를 지니는 것이 아니라 무수한 의미를 따르고 있다."[같은 책 Ⅱ. 9. 397] 니체의 원근법주의는 이러한 해석과 이해의

다른 가능성과 의미의 다수성을 인정한다는 점에서는 오히려 해석학보다 훨씬 더 철저했다고 말할 수 있다. 다만 이 철저함의 방식에서 니체와 가다머는 다른 방향을 향하고 있다. 그것이 가장 잘 나타나 있는 것이 지평의 사상인 것이다.

가다머는 이 지평 개념과 관련하여 니체를 다음과 같이 비판하고 있었다. 니체는 "이 지평이 여럿이고 변화하는 것이라고" 생각하지만, "그것은 역사적 의식을 올바르게 기술하고 있지 못하다."[『진리와 방법』] 오히려 단지 개개인에 따른 각각의 개별적인 '닫힌 지평'이 있는 것이 아니다. "자기 자신의 개별성을 극복하고, 나아가서는 타인의 개별성도 극복하여 한층 더 높은 보편성으로 고양시키는 것", "여기서 지평이라는 개념이 나타난다." 각각의 시점과 시계에 따른 다양한 지평은 바로 그 개별성이 지양되어 고차적인 보편성에 이른다는 점에서야말로 지평이 지평인 까닭이 존재한다. "왜냐하면 이 개념이 표현하는, 특별히 먼 곳을 바라보는 것이 가능하다는 것이야말로 이해하는 자에게는 불가결한 것이기 때문이다." 따라서 "본래적으로는 단 하나의 지평이라는 것이 역사의식 속에 포함되어 있는 모든 것을 포위하고 있는" 것이며, "이와 같은 지평이…… 전승이 되어 인간의 삶을 규정해 가는 것이다." 지평의 다수성이 가다머에게 의의가 깊은 것은 그것이 '지평 융합'의 계기가 되기 때문이다. 지평의 다수성의 배후에서 가다머가 보는 것은 결국 하나의 지평, 즉 '전승의 부르는 소리'에 다름 아니다. 그렇다고 한다면 시대의 거리를 계기로 한 이해와 해석에 의해 생겨날 수 있는 무수히 다양한 의미도 이러한 지평 융합, 즉 과거와 현재의 매개에 의해 '의미의 연속체'로서의 전승이 생기하는 것에서 미리 그 방향이 주어져 있었던 것이 될 것이다.

니체가 해석과 의미의 다양성을 말하는 자세는 '의미의 연속체' 따위와는 분명히 다르다. "의미란 필연적으로 관계로서의 의미이자 원근법인 것이 아닐까? 일반적으로 의미인 것은 힘에의 의지"[대유고 Ⅱ. 9. 134]. 의미인 것에서 힘에의 의지를 보는 것은 의미의 연속체에서 전승의 부르는 소리를 듣는 것과는 분명히 다르

다. 의미의 다양성 배후에 무언가가 있다고 한다면, 그것은 무의미 내지 비의미다.

가다머와 데리다* 사이에서 교환된(거의 엇갈림이라고 해도 좋다) 논쟁도 이러한 방향의 다름과 무관하지 않다. 가다머가 전승에서의 '의미의 연속체'를 말하는 경우 거기에 무언가 불변적인 실체적 의미가 존재한다고 소박하게 생각한 것은 아니다. 그는 이해라는 해석학적 경험의 본질적 특징으로서 이러한 경험이 언어를 매체로 한다는 점에 주목하고 있었다. "모든 상호 이해는 언어의 문제다." 텍스트와 해석자와의 관계를 '물음과 대답의 변증법'으로서 파악하고 거기서 대화적 구조를 간취한 것도 이러한 언어성에 대한 주목과 관련되어 있다. 전승에서의 의미와 진리는 해석과 상호 이해에 의한 대화적인 작업과 더불어 생기하는 것이다. 그러나 데리다가 반론을 가했던 것은 '이해'라는 것에 대한 파악방식에서 내세워져 있던 모종의 암묵적인 이해다. "(문제는 가다머가) '이해'……라는 표현을 하고 있는 것이 무엇인가 하는 것이다. …… (상호 이해와 오해의 어느 쪽으로부터 출발하든지 간에) 이해의 조건이라는 것은 연속적으로 발전하는 연관……과는 전적으로 무관한 것이 아닐까? 오히려 이해의 조건이란 이러한 연관의 단절인 것이 아닐까?" [「힘에의 좋은 의지」 『텍스트와 해석』] 전승의 부르는 소리라는 메타포는 이해가 합의를 목적으로 하고, 합의가 규범적 구속력을 지닌 실체적인 언어공동체에 의해 보증된다는 것을 암암리에 전제하고 있는 것이 아닐까? 만약 그렇다면 가다머가 말하는 '이해' 개념은 예를 들어 니체의 다음과 같은 생각으로부터는 아득히 먼 곳에 있는 것일 터이다. "깊이 있는 사상가는 모두 오해받기보다는 이해되는 것을 더 두려워한다. 오해받는 것을 괴로워하는 것은 아마 그의 허영심*일 것이다. 그러나 이해되는 것을 괴로워하는 것은 그의 마음과 동정*인데, 이 동정은 언제나 다음과 같이 말한다. '아, 왜 그대들은 나처럼 그것을 그렇게도 힘들게 생각하려고 하는가?"[『선악』 290] ☞ 원근법/원근법주의, 해석과 계보학, 가다머, 현상학

—기마에 도시아키(木前利秋)

허영심 虛榮心 [Eitelkeit]

니체는 초기의 「도덕 외적인 의미에서의 진리와 거짓에 대하여」에서 인간에게는 진리를 추구하는 충동보다 거짓꾸밈에서 기쁨을 느끼는 허영심 쪽이 본질적이라는 의미의 말을 하고 있다[「진리와 거짓」 1]. 그렇지만 그가 허영심을 자주 거론하게 된 것은 중기의 저작들, 특히 『인간적인 너무나 인간적인』* 이후의 일이다. 예를 들면 똑같이 허영심이 강한 인간들이 만나면 서로 자신이 상대방에게 주는 인상에만 몰두하여 아무런 효과도 얻지 못하기 때문에 결국 나쁜 인상 밖에 남기지 못한다든가[『인간적』 I. 338], 사람들이 어떤 의견을 고집하는 것은 자신이 그 의견에 도달한 것이나 그것을 이해했다는 것을 스스로 자랑하고 싶어 하는 허영심 때문이고[같은 책 I. 527], 아무리 불합리한 것이라 하더라도 자신의 허영심을 만족시키는 것이라면 인정해 버리는 것이라고 하는 발언들이다[같은 책 I. 574]. 또는 여인*은 사랑하는 남자가 타인에게도 중요한 인물로 보이기를 바라고, 자신에게는 남자를 행복하게 하는 힘이 있다고 믿고 싶어 하는 것과 같은, 여성의 허영심에 대한 관찰[같은 책 I, 401, 407]이나, 병자나 노인의 허영심에 대한 고찰도 있다[같은 책 I. 546; II-1. 289]. 그리고 자신의 허영심을 부인하는 것은 그것을 직시할 수 없을 정도로 조야한 허영심의 소유자라고도 말해지고 있듯이[같은 책 II-1. 38], 니체에게 있어 허영심은 어떠한 인간에게도 존재하는 가장 인간적인 감정이자 어떠한 희생을 치르더라도 자신의 우월함을 확신하고자 하는 욕구를 특징으로 하는 것이었다. 즉, 우리가 자신의 평판에 마음 쓰는 것은 대개 자신의 이익을 위해서든가 타인을 기쁘게 하고자 하기 때문이다. 그러나 허영심의 경우에는 자기 자신을 기쁘게 하기 위해 타인이 자신에 대해 부당하게 높은 평가를 하도록 작용한 데 기초하여 잘못된 의견을 지닌 타인의 권위를 믿음으로써 자부심을 확신으로 높이고자 한다. 그에 의해 자기 자신에 대한 기쁨을 확인할 수 있으면, 거짓된 이미지가 타인의 질투를 자극하여 그 결과 자신에게 해악을 불러일으키는 것도 불사한다는 것이다[같은 책 I. 89]. 요컨대 허영적인

인간은 탁월한 자이길 바라기보다 자신이 탁월하다고 느끼길 원하여 이를 위해서는 (타인에 대해서도 자신에 대해서도) 모든 수단을 사용하여 기만을 기도하는 것이며, 그리하여 그가 본래적으로 마음 쓰는 것은 타인의 의견이 아니라 타인의 의견에 대한 자신의 의견이게 된다[같은 책 Ⅰ. 545]. 다시 말하면 자신을 우월한 자로 만드는 것과 공공에게도 그와 같이 보이도록 원하는 것 가운데 첫 번째가 결여되고 두 번째가 있는 것이 허영심이고, 그 반대가 자부심(Stolz)이라는 것이게 된다[같은 책 Ⅰ. 170]. 그런 까닭에 자신이 실제로 무엇인가라는 존재보다도 무엇으로서 통용되는가 하는 겉보기 쪽이 인생의 부침에 있어 결정적이라고 하는 확신이야말로 허영심에서 근본적인 것이다[같은 책 Ⅱ-2. 60, 181].

이러한 허영심에 대한 고찰에 있어서는 『인간적』을 집필할 당시 긴밀한 지적 교류가 있었던 파울 레*로부터의 자극이 있었을 것이고, 또한 쇼펜하우어*의 처세의 지혜나 모럴리스트*의 사유가 니체의 염두에 있었으리라는 것은 상상하기 어렵지 않다. 쇼펜하우어는 허영적인 사람들은 "타인의 머릿속에 비치는 그들의 본성에 대한 이미지 쪽이 그들의 본성 자체보다도 중요하다고 생각한다"고 하여 그 어리석음을 이야기하고 『인생의 지혜에 대한 아포리즘』 제4장], 또한 '허영심'(Eitelkeit, vanitas)이라는 말이 본래는 '공허'나 '허무'를 의미했다는 점을 지적하여 그 비어 있음에 대해 말하고 있다[『의지와 표상으로서의 세계』 제59절]. 그에 반해 니체는 마찬가지로 말의 의미를 문제 삼으면서도 거기에 "인간의 가장 가깝고도 가장 자연스런 감장"을 비난하는 도덕적 평가가 들어와 있는 것은 "우리 모럴리스트"에게 있어 곤혹스러움의 씨앗이라고 말한다. 그리고 모든 사회적 행동의 조정키가 되는 이 "가장 충실하고 가장 내용이 풍부한 것"을 속이 빈 것이라고 하는 과거 습관의 목소리에 귀를 기울이지 않고서 '선악의 저편'에서 허영심을 고찰하도록 요구하고 있다[『인간적』 Ⅱ-2. 60]. 거기서 니체에게 있어 선례가 된 것은 몽테뉴*보다는 라 로슈푸코*였을 것이다. 몽테뉴는 자신의 가치에 대해 실제보다 좋은 의견

을 지니고 타인의 가치를 충분히 평가하지 않는 '자부심'이나 그것을 경계하여 "허영으로부터 겸손해지는" 것을 모두 잘못으로 배척하지만[『수상록』 제17장], 라 로슈푸코는 허영심에서 인간의 다양한 행동거지의 원동력을 발견하여 가치 평가를 빼고서 그 현상들을 묘사하고 있다. 허영심은 우리를 과묵하게 한다든지 악의도 없는 것에 욕설을 하게 한다든지 한다. 선심 쓰게 한다든지 스스로 나아가 자신의 결점을 인정하게 만든다든지 하는 것도 허영심이다[『성찰과 잠언』 137, 483, 263, 609]. 미덕을 발휘하게 하는 것도 또 그 미덕을 동요하게 만드는 것도 허영심에서 비롯된 것으로, 그것은 우리의 기호에 반하는 것들에서도 그 수가 많다는 점에서는 이성을 능가한다. 가장 격렬한 정념마저도 쉴 때가 있지만, 허영심만큼은 끊임없이 우리를 몰아대길 그치지 않는 것이다[같은 책 200, 388, 467, 443]. 그 가운데는 니체의 관찰에 조응하는 그러한 잠언들도 있다. 예를 들면 '타인의 허영심이 참을 수 없을 정도로 역겨운 것은 그것이 우리의 허영심을 손상하기 때문이다'라는 잠언[같은 책 389]은 "타인의 허영심이 우리의 취미에 반하는 것은 그것이 우리의 허영심에 반하는 경우뿐이다"라는 니체의 잠언[『선악』 176]과 부합하며, 또한 영웅*을 만드는 것도 허영심이고 고행도 사람들에게 간취되면 허영심이 채워져 즐거워진다[『잠언과 성찰』 24, 536]는 지적은 싸우는 자들은 지는 것이 확실하더라도 자신의 싸우는 방법이 감탄받기를 바란다는 니체의 발언[『인간적』 Ⅱ-1. 379]과 통하는 점이 있다. 나아가 니체가 자신의 우월함을 과시하고 싶어 하는 상대가 있으면 친구에 대해서까지도 가혹한 처사를 한다든지 적의 가치를 과장하여 자신이 그와 같은 적에 걸맞은 자라는 것처럼 보이고자 한다든지 한다고 말하는 것은[같은 책 Ⅱ-1. 263], 라 로슈푸코가 인간을 그 근저에서 움직이는 것이라고 한 '자기애'에 대해 그것은 경우에 따라 적들에 대해 그들과 뜻을 함께하는 경우도 있다고 주장하는 것[『잠언과 성찰』 563= 「삭제된 잠언」 Ⅰ]을 니체 나름대로 전개한 것으로 보이기도 한다. 어쨌든 라 로슈푸코에 따르면 "허영심의 종류는 도대체 그 수를 헤아릴 수가 없다."[같은

책 506]

그렇지만 니체는 '도덕적 감정'으로서의 허영심의 기원을 찾는 가운데 그 다양한 현상 형태의 근저에서 하나의 공통된 성질을 발견했다. 즉, 허영심이 추구하는 것은 무엇보다도 자기 향락(Selbstgenuß)이며, 그것은 실제의 존재보다도 겉보기에 의해 '힘의 감정'을 맛보고자 하는 것이라는 고찰이다. 요컨대 약자가 고의로 부당하고 냉혹하게 행동하는 것은 자신이 강하다는 인상을 주고 싶기 때문이며[『인간적』 II-1. 64], 강자가 자기의 힘을 과시하여 약자를 두려워하게 만드는 것도 자신이 실제로 어떤 사람이라는 것보다도 어떤 사람으로서 통용되는 쪽이 결정적이라는 것을 깨닫고 있기 때문이다. 이것이 허영심의 기원이며, 그런 까닭에 권력자는 겉보기에 의해 스스로의 힘에 대한 신뢰를 증대시키고자 하고, 굴복한 자들도 자신들의 가치가 강자에 있어서의 자신들의 겉보기에 기초한다는 것을 알고 있다. 더욱이 "힘에 대한 신뢰를 증대시키는 것이 힘 자체를 증대시키는 것보다도 훨씬 더 쉽기" 때문에 겉보기에 의해 속이는 방도를 알아낸 영리한 사람일수록 허영심이 강한 것으로 여겨진다[같은 책 II-2. 181]. 역으로 권력*을 추구하는 자는 타인이 불쾌하게 생각할 정도로 자신의 우월함을 드러내는 것도 꺼리지 않지만, 그것은 권력을 손에 넣게 되면 자신이 어떻게 하더라도 남의 맘에 들게 된다는 것을 알기 때문이라는 관찰도 있다[같은 책 I. 595].

이와 같은 허영심과 겉보기의 공범관계에 관한 고찰 가운데 특히 흥미로운 것은 『인간적』 제1부에서 금욕주의자의 허영심을 다룬 부분이다[같은 책 I. 136-144]. 거기서 니체는 모든 종교와 철학에는 자기 파괴나 자신의 본성에 대한 조롱이 산출하는 고도의 허영심이 반드시 따라붙는다고 하며 '산상수훈'을 예로 들고 있다. 그리고 금욕 도덕*에서 인간은 극단적인 요구에 의해 스스로에게 폭행을 가하고, 자신의 영혼 안에서 폭군과 같이 요구하는 부분을 신으로 삼고 다른 일부를 악마로 삼는다고 한다[같은 책 I. 137]. 요컨대 금욕주의자는 '내면의 적'을 만들어내 자기 자신의 영혼을 선악이 싸우는 전장으로 변화시키고, 과도한 도덕적

요구를 내걺으로써 스스로의 본성을 한층 더 죄 있는 것으로 느끼며, 거기서 흥분을 깨닫는 도착된 기쁨을 발명했다는 것이다. "이것이야말로 고대가 발명한 최후의 쾌락이었다."[같은 책 I. 141] 이렇게 해서 등장한 금욕주의적인 '성자'는 자신의 격정을 잔인하게 지배하여 '힘의 감정'을 향유하고, 고통*과 굴종에서도 쾌락을 느끼게 된다[같은 책 I. 142]. 금욕이란 스스로를 분열시켜 격절된 지배와 굴종을 동시에 체험하는 것에서 한층 더한 자기 향유를 얻고자 하는 탐욕스러운 허영심의 나타남인 것이다. 그러므로 성자를 자신들과는 격절된 초인적인 존재로서 숭배하는 것은 그 영혼에 대한 잘못된 해석에 기초하는 것으로 여겨진다[같은 책 I. 143]. 이것은 예술*에서 천재*란 자신과는 거리가 먼 기적과 같은 존재라고 생각한다면, 질투*하는 것도 허영심이 상처를 입는 일이 없이 해결되기 위해 천재가 숭배되는 경우[같은 책 I. 162]와도 공통된 메커니즘일 것이다. 이와 같은 허영심에 대한 고찰이 나중의 '힘에의 의지*'의 원천들 가운데 하나가 되었다는 것은 의심할 수 없다. 그것은 '힘에의 의지*'가 논의되게 되자 '허영심'이라는 말이 니체의 텍스트에서 거의 나타나지 않게 되는 것으로부터도 역으로 뒷받침될 것이다. 다만 '힘에의 의지*'가 허영심에만 한정되어 고찰된 것은 아니듯이, 이미 『인간적』에서도 니체는 "개인의 유일한 욕망인 자기 향락에 대한 욕망"은 "허영심과 복수, 쾌락, 유용성, 악의, 간계의 행위에서든, 희생이나 동정, 인식의 행동이든 상관없이" 만족된다고 하여 "자기 향락에 대한 욕망"을 허영심에 한정되지 않는 현상으로서 파악하고 있다[같은 책 I. 107].

그런데 허영심에 대한 니체의 발언들 가운데는 자유의지*의 부정에 대한 "가장 강한 적"은 허영심[같은 책 II-1. 50]이라든가 '목적'이라는 개념도 일체의 사물을 꿰뚫는 필연성을 인정하고 싶어 하지 않는 허영심으로부터 인간이 고안해낸 것[『학문』 360]이라고 하고 있듯이, 인간 중심적인 견해에 수반되는 허영심을 지적함으로써 "지나치게 인간적"인 원근법*의 상대화를 시도하는 것도 있다. 특히 「세계의 희극배우인 인간」이라는 제목의 아포리즘*에서는 인간의 삶과 같은 것

이라 하더라도 영원한 우주 속에서는 한순간에 소멸하는 것에 불과함에도 불구하고 자신들이 세계의 목적이나 의도와 깊이 관계하고 있는 것처럼 생각하는 인간은 "신의 원숭이"로서 조롱당할 만하다고 여겨진다. 더욱이 그와 같은 허영심의 어리석음을 느껴서 인간이란 이 허영심에서 비교할 수 없는 기적적인 존재라고 생각하는 것도 그것 자체로서 역시 허영심이 되게 하는 행위라고 한다[『인간적』Ⅱ-2. 14]. 그렇다면 허영심을 극복하는 것은 불가능한 것일까? 정열적인 사람들은 다른 사람들이 무엇을 생각하는지 거의 고려하지 않음으로써 허영심을 초월한다는 잠언도 있지만[『아침놀』394], 얼마 안 있어 니체는 고귀*한 지배자의 가치 평가와 가축떼*적인 가치 평가의 대립을 제출하여, 스스로를 좋게 만드는 고귀한 인간에게 있어서는 타인에 의한 평가에 마음의 괴로움을 당하는 허영심은 이해하기 어렵다고 하게 된다. 허영심은 이전에 자신이 어떤 사람으로서 통용되는가 하는 그 가치가 지배자에 의해 정해져 있었던 노예의 본능이 격세 유전적으로 나타난 것이게 되며, 중기에서의 미묘한 심리적 관찰은 새로운 이항대립 속에서 사라져 버리는 것이다[『선악』261]. ☞심리학, 모럴리스트, 힘에의 의지, 라 로슈푸코, 레

—오이시 기이치로(大石紀一郎)

헤겔 [Georg Wilhelm Friedrich Hegel 1770-1831]

헤겔에 대한 니체의 평가는 대체로 부정적이다. 초기 니체의 평가에서 유의해야 할 것은 부르크하르트*로부터의 영향일 것이다. 그의 강의록『세계사적 고찰』에서는 "우리는 체계적인 것 일체를 단념한다. 우리는 '세계사적 이념'을 아무것도 요구하지 않고 관찰에 만족하며, 역사의…… 가능한 한 다방면에서 본 횡단면을 준다"고 헤겔의 역사철학에 대해 비판적이다. 헤겔 탄생 백 주년인 1870년에 니체가 들은 부르크하르트의 강연[게르스도르프에게 보낸 편지 1870. 11. 7.]에서도 이러한 발언이 얼굴을 내밀었음에 틀림없다.『엔치클로페디』의 한 구절을 발췌한 72년의 노트에는

"세계 과장"과 국가의 목표 따위를 말하는 것은 망상이며, "국가의 역사란 다만 대중의 에고이즘과 살고자 하는 맹목적 욕망의 역사일 뿐이다"와 같은 쇼펜하우어*를 떠올리게 하는 언급이 덧붙여져 있지만[유고 Ⅰ. 4. 324-327], 『반시대적 고찰』* 제2편[8]에서는 "자신의 시대를 이 세계 과정의 필연적 결과로 정당화"한 헤겔 철학은 "역사의 과잉" 탓에 스스로를 "말기의 인간"으로 믿게 된 풍조 속에서 "후예야말로 지금까지의 전 시대의 참된 의미"라고 강압조의 태도를 취한 것에 지나지 않는바, 결국 그것은 "사실에 대한 우상숭배"로 이어진다고 힐난한다. 「우리 교육 기관의 미래에 대하여」*에서는 "교양을 위한 모든 노력을 국가 목적 하에 종속시키는 것과 관련하여 프로이센은 헤겔 철학의, 실천에 도움이 되는 유산을 멋들어지게 손에 넣었다"고 논해지며[Ⅲ], 『우리 문헌학자들』을 구상한 노트에 "독일은 역사에 대한 낙관주의의 발생지가 되었다. 그 책임은 헤겔에게도 있다고 생각된다"[유고 Ⅰ. 5. 176]고 기록된 것도 쇼펜하우어의 영향 아래서의 같은 맥락에 놓여 있다.

니체의 헤겔 평가에는 그의 문체를 야유한 것이 있다. 초기의 단상에는 하이네*와 헤겔의 문체 감각에서 비교·논평하고자 시도한 것도 있지만[유고 Ⅰ. 4. 246, 250; Ⅰ. 5. 469], 『아침놀』*에서 "헤겔의 독특한 악문"을 평가한 구절은 아주 인상적이다. 프랑스적인 에스프리를 만나면, 독일인은 도덕에 눈을 못 뜨게 되는 것은 아닐까 불안을 품는다. 그러한 독일인 가운데 헤겔만큼 에스프리를 지니고 있었던 자는 없었다. 물론 이 esprit는 헤겔의 Geist를 울려나게 한 야유일 것이다. 이로부터 독일인에게 "허락된 형식의 에스프리"가 생겨난 것이지만, 그것이 덮어 숨기고 있는 사상의 핵심은 "매우 정신적인 사태에 대한 기지로 가득 찬, 자주 뻔뻔스러운 착상이자 섬세하고 대담한 언어 결합"인바, 결국 난해한 학문과 도덕적인 지루함으로 화해버린다. 프랑스적인 에스프리의 소탈함과 독일적 가이스트의 촌스러움을 대조시킨 모양은 중기 아포리즘*의 성격을 암시하는 듯하여 재미있다.

헤겔에 대한 비판은 초기부터 후기에 걸쳐 이곳저곳

에서 발견된다. 헤겔은 "현실적인 것을 이성적인 것으로서 숭배하고" "성공을 신격화한다"[『반시대적』 I. 기]고도, 헤겔의 의의는 "악과 오류, 그리고 고뇌가 신에 대한 반증으로는 느껴지지 않는 범신론을 생각해내" "기존의 세력들(국가 등등)에 의해 악용된"[유고 II. 9. 155] 곳에 있다고도 말해진다. 『즐거운 학문』*에는 "'발전'이라는 결정적인 개념을 처음으로 학문에 가지고 들어온 헤겔의 혁신'에 대해 언급한 구절이 있으며, "우리 독일인은 설령 헤겔이 존재하지 않았다 하더라도 헤겔주의자다 — 우리가…… '존재하는' 것보다 생성과 발전에 좀 더 깊은 의미와 좀 더 풍부한 가치를 본능적으로 주는 한에서는"[『학문』 357]이라고 언뜻 보면 적극적인 평가를 행한 듯이 보이지만, "'역사적 감각'이라는 우리의 제6감의 도움을 빌려 우리에게 존재의 신성성을 설득하고자 하는…… 거창한 시도'로서 헤겔을 비판하는 구절이 그 뒤에 이어진다.

니체가 헤겔을 어느 정도나 읽었는지, 또한 헤겔과 자기의 관계를 어떻게 의식했는지는 상당히 의심스럽다. 그러나 양자의 사상적인 연관과 대립의 의미를 찾는 것은 니체 해석에서도 흥미로운 과제의 하나가 되어 왔다. 말할 필요도 없이 양자의 대립점을 강조하는 논자도 적지 않다. 예를 들어 하이데거*는 예술의 자리매김을 둘러싸고 헤겔에게 있어서는 "예술이 절대자를 결정적으로 형태화하고 보존하는 것으로서의 힘을 상실해버렸다"고 간주되었던 데 반해, 니체에게 있어 그러한 힘을 상실했다고 보였던 것은 "종교, 도덕, 철학" 쪽이라는 것을 지적한다. "헤겔에게 있어서는 종교, 도덕, 철학이 아니라 예술이 니힐리즘에 사로잡혀 과거의 것, 비현실적인 것으로 되었던 데 반해, 니체는 바로 예술 속에서 니힐리즘에 대한 반운동을 찾는다."[『니체 강의』] 헤겔과의 타협 불가능한 대립으로부터 니체의 전체상을 부각시키고자 한 대표적인 이를 든다고 하면, 들뢰즈*가 있다. 헤겔의 변증법은 (1) 대립과 모순 속에서 나타나는 이론적 원리로서의 부정의 힘, (2) 분열과 단절 속에서 나타나는 실천적 원리로서의 고통과 비참의 가치, (3) 부정 그 자체의 실천적·이론적 산물로서의 긍정성이라는 세 가지

관념으로 이루어진다. 그러나 대립·모순 개념은 차이의 상의 전도에, 분열과 단절의 관념은 반동적 세력과 니힐리즘의 결합에 지나지 않으며, 변증법*적 긍정성은 단지 "긍정의 환영"일 뿐이다. 니체는 부정적인 대립과 모순에는 차이와 여럿의 긍정을, 변증법의 고통에는 힘(에의) 의지의 놀이를, 부정의 무게에는 긍정하는 자의 경쾌함을 대치시켰다고 한다[『니체와 철학』].

양자의 비타협성과 대립을 강조하는 경향은 이른바 후기구조주의* 조류에서는 자주 눈에 띄는 것으로, 데리다*가 헤겔에게서 '현전성의 형이상학'의 하나의 전형을 보고, 니체에게서 탈구축* 사상을 읽어내고자 한 것에서도 그 일례가 보인다. 헤겔과 니체로부터 결정적인 영향을 받았다고 생각되는 바타유*에게도 이 경향이 있다. 그에 따르면 "헤겔은 노동*이야말로 완성된 인간을 산출한 유일한 것"으로 본다. 그러나 니체에게 있어 중요한 것은 노동의 유용성의 거부와 "잃어버린 지고성의 회복"이다[『지고성』]. 헤겔이 절대지에서 끝나는 것을 추구했던 데 반해, 니체는 비-지를 말하고, 진리와 신의 부재를 고지한다. 그렇지만 니체 예찬이 그대로 헤겔의 단적인 거부로 되지 않는 것도 바타유인바, 코제브(Alexandre Kojève 1902-68)의 헤겔 강의에서 알게 된 '주인과 노예의 변증법'은 그에게 커다란 충격을 주었던 듯하다. "니체의 『도덕의 계보』*는 헤겔의 주인과 노예의 변증법이 어떠한 무지 속으로 던져 넣어져 있는지를 보여주는 반드시 언급해야 할 증거품일 것이다. 헤겔의 이 변증법의 통찰력은 두려운 것이었다."[『내적 체험』] "지성의 가능성들을 헤겔만큼 깊이 파내려간 자는 없다"고 보는 바타유는 비-지가 단순한 무지와는 다르며, 인식의 정열의 무서움을 절대지의 극한에서 경험하는 것에 의해서만 열린다는 것을 강조하기도 했다.

데리다가 바타유를 "유보 없는 헤겔주의자"라고 부르는 까닭이지만, 여기에는 양자를 단순히 대항시키는 것과는 다른 독특한 사고 스타일이 놓여 있다. 이 스타일의 내용에서는 전혀 다르지만, 아도르노*도 양자의 단순한 대립을 보는 것만으로 끝나지 않는다. 아도르

노에 따르면 "헤겔은 그 이후에는 『우상의 황혼』*의 니체만이 그랬듯이…… 진리와 가장 추상적인 관념의 동일시를 비난했다."[『세 개의 헤겔 연구』] "헤겔의 체계 속에는 개념적이지 않은 내용이 있어 이것이 헤겔의 개념의 운동에 저항하고 있다. 그리고 이 비개념적인 내용 속에서는 비동일성이 개념보다 우위를 차지한다." 하지만 다른 한편 "헤겔의 철학 속에서는…… 비동일적인 것이 공공연히 걸어 나오는 것을 금지하는 한계선"이 그어져 있기도 하다. 외견상으로는 동일성의 철학의 전형으로 비쳐지기도 하는 헤겔이지만, 아도르노는 개념의 운동에서 비동일적인 것이 이질적인 것처럼 계속해서 남아 있으면서 그것을 구출할 수 없는 헤겔의 가능성과 한계에 주목한다. "논리학에 엄밀하게 대응하는 것은 현실 속에서는 무엇 하나 나타나지 않는다"고 하는 니체의 말 쪽이 "변증법의 동기가 된 헤겔의 경험과 공통되는 것을 그런대로 충분히 지니고 있다"고 아도르노가 지적하기도 하지만, 여기서는 동일성과 비동일성을 축으로 한 헤겔 독해가 니체와의 연관에서 행해지고 있다는 것을 이야기하고 있기도 하다.

헤겔을 니체의 적으로만 보게 되면, 조금 일면적일 것이다. 양자의 관계는 좀 더 복잡하다. 니체가 철저화한 근대 비판의 단서는 이미 헤겔의 손으로 쌓여져 있었다. "개인에 관한 한, 본디 모든 개인은 **자기 시대의 아들**이다. 따라서 또한 철학도 **사상으로 포착된 그의 시대다**"라고 하는 것은 『법철학』의 유명한 구절이지만, 니체는 마치 이것을 의식했다는 듯이 "한 철학자가 자기 자신에게 가장 먼저 그리고 마지막에도 요구하는 바는 무엇인가? 자기가 사는 시대를 자기 안에서 극복하며 '시대를 초월하는' 것이다. 그렇다면 그가 가장 격렬한 싸움을 벌이는 대상은 무엇인가? 그를 그 시대의 아들이게끔 만드는 것이다'라고 말하고 있다[『경우』서문]. 그야 어쨌든 '시대의 아들'로서의 강한 자각 속에서 사유를 계속해 나갔다는 점이 양자에게 뛰어난 것임에는 틀림없다. ☞변증법{디알렉틱}, 들뢰즈, 바타유

―기마에 도시아키(木前利秋)

헤라클레이토스 [Heraklit(Hērakleitos) ca. 535/40-ca. 475 B.C.]

소크라테스 이전의 철학자. 니체가 가장 존경하는 사상가의 한 사람. 에페소스의 왕가에서 태어났으며, 잠언 풍의 현묘한 표현 때문에 '어두운 사람'이라고 불린다. "만물은 유전한다", "사람은 같은 강에 두 번 들어갈 수 없다" 등의 단편은 잘 알려져 있으며, 철저한 생성*의 철학을 설파했다. 니체는 이 철학에서 영원회귀* 사상의 선구자를 본다. 청년 니체는 이미 「그리스 비극 시대의 철학」에서 헤라클레이토스를 상세하게 논의하고, 그 사상의 본질로서 아래의 요소를 추출한다. 요컨대 존재와 가상*의 이중성을 부정한 곳에서 열리는 '생성'의 광경, 생성의 전개 과정으로서의 대립하는 것의 '투쟁', 투쟁에 내재하는 법칙으로서의 '정의', 어린아이*와 같은 유희충동에 의해 세계를 불태우고서는 소생시키는 '불' 등이 그것이다. 니체에게 있어 헤라클레이토스는 세계의 생성과 소멸의 드라마를 예술가적 도취를 가지고서 바라볼 수 있었던 유일한 사상가였다. ☞소크라테스 이전의 그리스 철학, 생성

―무라오카 신이치(村岡晋一)

헤세 [Hermann Hesse 1877-1962]

아마도 일본에서 가장 널리 애독되고 있는 독일의 작가·시인. 19세기 말에 지적 활동을 시작한 독일인이 언제나 그렇듯이 헤르만 헤세도 니체에게 깊은 영향을 받고 있다. 최초의 시집 『낭만의 노래』를 내고 시인으로서 출발하는 것은 1899년 22세 때의 일이지만, 그때까지의 헤세는 신학교 탈주, 퇴학, 자살 미수, 고교 중퇴, 그리고 몇 개의 직업을 전전하는 등 몇 차례의 위기를 맞이했다. 95년 이후 튀빙겐의 서점에서 일하며 괴테*, 횔덜린*의 작품에 친숙해지지만, 니체를 알게 되는 것은 20세 때이다. 『차라투스트라는 이렇게 말했다』*에서 깊은 감명을 받고 거금을 투자하여 니체의 사진을 구해 하숙집을 꾸몄다고 후년에 반복해서 말하고 있으며, 1899년 바젤*의 R. 라이히 서점으로 옮긴 것도 이 도시가 니체와 야콥 부르크하르트*와 연고가 있는 도시라는 점이 커다란 이유가 되었다. 그러나

후의 에세이에서 "나의 생애 후반부에서는 이전에 니체가 차지하고 있던 지위를 부르크하르트가 차지하기에 이르렀다"고 말하듯이, 이후 헤세의 작품에 니체의 모습이 묘사되거나 니체 또는 그의 사상에 대해 언급하는 것이 적은 것은 동시대의 토마스 만* 등의 예에 비해 기이한 느낌을 지닐 정도이거니와, 아니면 의식적이라고 할 수 있을 정도로 적다. 직접 니체를 떠올리게 하는 작품은 1919년의 『차라투스트라 재래, 독일 청년에 대한 한 마디』뿐에 지나지 않는데, 이것도 차라투스트라의 이름을 빌려 자신의 생각을 말한 것이다. 다만 여기서도 그 시대의 니체주의에 대한 걱정을 볼 수 있는 것이 있지만, 헤세에게 있어 가장 큰 동시에 생애에 걸쳐 계속되는 니체의 가르침은 "시작이란 음악의 마음을 창조하는 것"이다. 또한 볼노우(Otto Friedrich Bollnow 1903-91), 쿤체(Johanna Maria Luisa Kunze) 등, 차라투스트라에서의 정신의 세 변용을 『헤르만 라우셔』로부터 『황야의 이리』 그리고 『유리알 유희』로 더듬어가는 헤세의 도정에서 보는 사람도 많다.

—무라타 쓰네카즈(村田経和)

헬레니즘 ⇨알렉산드리아적인

현대 신학現代神學

그리스도교*는 무력한 대중의 강자에 대한 르상티망*의 소산이며, 바야흐로 신은 죽고 우리는 초인*이 살아갈 것을 바란다고 하는 니체의 선언은 현대 프로테스탄트 신학에도 다양한 파문을 던졌다. 슈바이처(Albert Schweitzer 1875-1965, 단지 신학자로서라기보다는 '삶에 대한 외경'을 주장하는 철학자로서)는 초인에서의 삶의 긍정의 윤리를 평가하면서도 그것이 다른 삶을 위해 자기를 부정해서까지도 헌신하는 세계 긍정으로는 될 수 없다고 비판했다. K. 바르트(Karl Barth 1886-1968)는 동포(Mitmenschen)를 지니지 않는 인간성을 극한까지 전개한 점에서, 요컨대 디오니소스*-차라투스트라를 십자가에 못 박힌 예수*에 대치시킨 곳에

서 가장 철저한 그리스도교 공격을 발견하며, 그에 기초하여 예수는 디오니소스를 고귀하지 않은 자, 가난한 자, 병든 자 사이로 끌어내리고, 고독하게 살아가기보다 오히려 타자에게로 불러낸다고 지적했다. 한편, 현대는 그리스도교가 이미 자명하지 않게 된 시대인 까닭에, 니체에 대해 좀 더 긍정적인 태도를 취하는 신학자도 적지 않다. '존재에의 용기'를 부르짖는 틸리히(Paul Tillich 1886-1965)는 자기를 극복하는 삶으로서의 '힘에의 의지*'가 시민적 범용과 퇴폐의 시대와 격투하여 전적인 고독 속에서 무의 심연*을 들여다보는 용기를 지녔다는 점, 그리고 그리스도교의 사랑을 연민으로 환원하는 경향을 르상티망 이론에 의해 폭로한 점에서 위대함을 인정했다. '신의 죽음*'은 상대적인 진리에 머무르고 신은 여전히 살아 있다고 말하면서도, 전통적인 의미에서의 궁극적인 것의 의식이 죽고 사회의 토대를 이루는 윤리적 가치 체계가 붕괴한 것을 니체가 제시했다는 점에서 신학은 많은 것을 배워야 한다고 그는 생각했다. 좀 더 적극적인 것은 60년대 미국의 '신의 죽음의 신학'이다. 해밀턴(William Hamilton 1924-2012)과 알타이저(Thomas J. J. Altizer 1927-)를 중심으로 하는 이 학파는 무종교 시대라는 것을 이어받으면서 신 없이 신 앞에서 신과 함께 살아가고자 한 후기 본회퍼(Dietrich Bonhoeffer 1906-45) 신학을 니체에게 다가가게 함과 동시에 세속적이고 무신론적인 그리스도인이고자 한다. 예를 들어 해밀턴에 따르면 부재하는 신이 다시 도래할 것을 기다리면서 살아가야 할 장소는 성단 앞이 아니라 이 세상, 이 도시 안, 고통받는 이웃들 사이이며, 신에게 등을 돌리는 운동은 이 세상의 삶으로 향하는 좀 더 중요한 운동과 표리를 이룬다.

—고토 요시야(後藤嘉也)

현상학現象學 [Phänomenologie]

니체 이전에도 칸트*나 헤겔*이 '현상학'이라는 말을 사용했지만, 오늘날 말하는 현상학은 니체가 죽은 바로 그 해, 1900년에 간행된 후설(Edmund Husserl 1859-19

38)의 『논리 연구』와 함께 작업이 개시되었다. 따라서 니체는 유고 속에서 현상주의(Phänomenalismus)에 대해 논의하고 있지만 현상학에 대해서는 전혀 언급하지 않는다. 한편, 후설도 니체 사상의 영향은 전혀 받지 않았다. 그렇다면 니체와 현상학의 관계는 사상사적인 해석에서밖에 문제가 되지 않는다고 말할 수 있다. 니체와 현상학은 학설사적으로는 실체주의나 실증주의*(객관주의), 법칙 과학 등에 대한 강한 비판적 의식이라는 면에서 서로 겹친다. 니체에게는 G. 뵘(Gottfried Boehm 1942-)도 말하듯이[cf. Einleitung, in: *Seminar: Die Hermeneutik und die Wissenschaft*, hrsg. mit H.-G. Gadamer, 1978] 선구적인 그리고 철저한 '해석학자'라는 면이 있으며, 그러한 시점에서 보면 양자 사이에서 몇 가지 병행적인 논점을 지적할 수 있다. 니체는 '존재하는 것은 사실뿐이다'라는 객관주의도, '모든 것은 주관적이다'라고 하는 주관주의도 모두 배척하고 '존재하는 것은 해석이다'라는 입장에 선다[유고 Ⅱ. 9. 397]. 세계도 주체도 모두 해석 과정 속에서 생성되는 것으로 여겨지며, 주관과 객관의 매개 관계 그 자체를 문제로 삼는다. (자아나 주관성이 아니라) '삶' 그 자체의 역동적인 자기 생성 과정과 그 구체적인 존재로서의 '해석'의 관점성에 현상학 측에서 대응하는 것은 지향적인 '삶'의 목적론적인 생성 운동이며, 사진 기술의 용어를 받아들여 '태도'(Einstellung=초점 조절, 앵글)라든가 '사영'(Abschattung=음영, 흐리게 하기)이라는 술어로 표현되는 인식의 시점적 성격이다. 후설에게서도 현상은 무언가가 무언가로서(als) 나타나는 그 해석성(Interpretiertheit)과 과정성(Prozessualität)에서 포착된 것이었다. 생성*이라는 시점에서 보면 현상학에는 또한 미리 완결된 앎의 체계로서로 있는 것이 아니라 탐구의 무한히 열린 지평을 지니며, 언제나 새롭게 현출하는 사태에 의해 그 방법도 역시 심화해 간다고 하는, 그러한 '작업철학'(Arbeitsphilosophie)이라는 면이 있지만, 이러한 '작업철학의 이념과 "있는 그대로의 세계에 대해 뺀다든지 제외한다든지 선택한다든지 하는 것 없이 디오니소스적으로 그렇다고 단언하는"[유고 Ⅱ. 11. 35] 곳에 이르기까지 탐구를 철저화하는 니체의 '실험철학'의

이념 사이에서도 유사성을 발견할 수 있을지도 모른다. ☞메를로-퐁티

—와시다 기요카즈(鷲田淸一)

현실現實

'현실'이란 현실적으로 사실로서 눈앞에 있는 것, '현실성'이란 그와 같이 있는 존재방식, 요컨대 존재의 어떤 양태를 말하며, 그 어느 것이든 대단히 단순명쾌한 사태를 의미하는 것으로 생각되지만, 반드시 그렇지는 않다. 사실로서 눈앞에 있다고 하는 그 사태의 파악방식이 실로 다양한 것이다. 여기서는 서양 철학에서의 이 개념의 변천을 더듬어 보고자 한다.

'현실' 내지 '현실성'을 의미하는 독일어 Wirklichkeit는 라틴어 actualitas를 거쳐 그리스어 에네르게이아(ἐνέργεια)로까지 소급된다. 그것들 어느 것에서나 '작용하다'라는 의미의 동사 wirken, agere(이것의 과거분사가 actum), 에네르게인(ἐνεργεῖν)이 어근을 이루고 있으며, 따라서 '현실'이 무언가의 작용에 의해 성립한다고 생각된다는 점에서는 일관되지만, 그 '작용'에 대한 파악방식이 다양하며, 그에 따라 '현실적으로 있다'라는 사태를 수용하는 방식도 변화되는 것이다.

통상적으로 '현실태'로 번역되는 ἐνέργεια는 아리스토텔레스에 의해 조어된 말이며, '엔(ἐν, …에서) + 에르곤(ἔργον, 작품) + 추상명사 어미'라는 구성을 지닌다. 요컨대 'ἐνέργεια란 ἔργον(작품)이 되어 나타나 있는 상태'를 말하는 것이다. 예를 들어 조각가의 작업장에 있는 대리석 덩어리가 제작 과정의 종결과 함께 비너스상이 되어 나타날 때, 그것은 에네르게이아에서 있는 존재자(ἐνέργεια ὄν)인 것이다. 역시 아리스토텔레스에 의해 조어되어 ἐνέργεια와 마찬가지로 사용되는 엔텔레케이아(ἐντελέχεια)가 'ἐν + 텔로스(τέλος, 종국점) + 에케인(ἔχειν, 몸을 두다)'이라는 구성을 지니고 제작 과정의 종국점에 몸을 두고 있는 상태를 의미하는 것과 마찬가지다. 여기서는 현실을 성립시키는 '작용'이 인간의 제작 행위로서 또는 적어도 그것을 모델로 해서 생각되고 있는 것이다.

이 ἐνέργεια가 중세의 스콜라 철학자에 의해서 actua litas로 번역되었던 것이며, 여기서도 현실은 어떤 '작용'(agere)에 의해 성립한다고 생각되고 있지만, 여기서는 이 '작용'이 신의 창조 활동으로서 파악된다. 요컨대 신에 의해 창조된 것만이 actualitas(현실성)을 지닐 수 있다는 것이다. 신에 의해 단지 구상될 뿐인 사물의 '본질존재(essentia)'와 신의 창조 활동에 의해 현실화된 그 '현실존재(existentia)', 요컨대 actualitas의 구별을 어떻게 생각할 것인지, 그 구별 원리에 관해서는 스콜라 내부에서도 예를 들어 토마스, 둔스 스코투스, 수아레스(Francisco Suárez 1548-1617)가 각각 다른 생각을 하고 있지만, 현실을 성립시키는 '작용'을 신의 창조 활동으로 보는 점에서 그들은 일치한다.

이 actualitas의 충실한 번역어로서 만들어진 것이 Wirklichkeit이지만, 근대 철학에서도 현실을 성립시키는 그 wirken에 대한 파악방식은 결코 한 가지가 아니다. 근대 철학에서 이 wirken은 통상적으로 사물 그 자체의 다른 사물에 대한 작용, 더 나아가서는 사물이 주관의 인식 능력(감각 기관)에 미치는 작용으로 이해되고 있다. 그와 같은 wirken의 힘을 지니는 것만이 현실적으로(wirklich) 존재한다고 하는 것이다.

하지만 근대의 철학자들 가운데서도 칸트*만은 이 '작용'을 다른 식으로 파악한다. 『순수이성비판』의 범주표에서 현실성은 가능성·필연성과 함께 양상 범주로 헤아려지고 있는데, "양상 범주는 그것이 술어로서 더해지는 개념을 객관의 규정으로서는 조금이라도 증가시키는 것이 아니라 〔그 객관의〕 인식 능력에 대한 관계를 표현하는 데 지나지 않는다"[B 266]는 것이며, 그 가운데 현실성은 "경험의 질료적 조건(감각)"[같은 책 265]에 관계되는 것이어서 "개념의 재료를 주는 지각이야말로 현실성의 유일한 특성"[같은 책 273]이라고 생각되고 있다. 요컨대 칸트에게 있어서는 현실성을 성립시키는 '작용'이 주관의 지각 작용——또는 좀 더 넓게 생각해서 주관의 표상 작용(Vorstellung)——이라고 생각되는 것이다. 그 '작용'을 사물의 속성으로서가 아니라 인간의 활동으로 본다는 점에서 그의 현실성 개념은 아리스토텔레스의 그것에 가깝다고

말할 수 있을 것이다.

피히테(Johann Gottlieb Fichte 1762-1814)가 '사실'(Tatsache)을 대신하여 제창한 '사행'(Tathandlung) 개념도 물론 그것의 계승이며, 헤겔*이 "이성적인 것은 현실적이며, 현실적인 것은 이성적이다"라고 주장할 때의 그 현실성도 역시 그것을 성립시키는 것이 정신(=이성)의 자기 외화의 운동인 한에서, 칸트의 현실성 개념의 연장선상에 있는 것이게 된다.

『인간적 자유의 본질』(1809) 이후의 후기 셸링(Friedrich Wilhelm Joseph von Schelling 1775-1854)의 '현실성' 내지 '현실존재'(existentia) 개념, 그리고 어떤 의미에서 그것을 계승한 키르케고르*의 '실존'(Existenz) 개념도, 확실히 칸트나 헤겔에서와 같이 이성에게는 아니지만, 그 근저에 숨어 있는 비합리적인 '의욕', '의지'의 작용에 의존하는 것으로 생각되고 있는 이상, 역시 칸트 이후의 현실성 개념의 계보에 속하는 것으로 볼 수 있을 것이다.

19세기의 실증주의* 시대에는 고전 물리학적 세계상 안에 정위될 수 있는 것만이 현실에 존재한다고 간주되는 통속적인 '현실성' 개념이 성립한다. 니체는 특히 '현실성' 개념을 주제적으로 논의하지는 않지만, 그의 '힘에의 의지*'의 철학에서는 아마도 힘에의 의지를 본질로 하는 각각의 존재자의 원근법*적 구도 안에서 나타나는 것, 요컨대 각각의 존재자의 힘의 권역에 들어오는 것만이 그 존재자에게 있어 현실적이라는 것으로 될 것이다. 그러나 그의 사상의 강한 영향 하에 성립한 '독일 표현주의*'에서 이 개념은 중요한 의미를 지니며, 거기서는 비속한 일상적 현실을 타파하여 '참된 현실성', '현실적인 현실성'을 추구하는 것이 과제가 되었다. "현실성, 이것이야말로 유럽의 데모니쉬(demonisch)한 개념이다. …… 약 400년 사이에 그것이야말로 '현실'이라고 생각되어 온 자연과학적 현실성이 붕괴하기에 이르러 1900년 이후 현재에 이르기까지 현실성의 기본적인 동요가 계속되고 있다."[고트프리트 벤, 『표현주의적인 10년간의 서정시』] ☞표현주의

一기다 젠(木田 元)

현자賢者

'현자'라는 말에는 세상을 다 자세히 안 삶의 달인이면서 더 나아가 그 행로를 걱정하는 우수의 사람이라는 이미지가 있다. 니체도 초기에는 「우리 교육 기관의 미래에 대하여」에 등장하는 노철학자나 『교육자로서의 쇼펜하우어』(『반시대적』 Ⅲ)의 쇼펜하우어*(뢰비트*는 거기에 당시 친교가 있었던 부르크하르트*의 모습이 투영되어 있다고 말한다) 등에게 ─ 다소 공격적이고 사나이다운 면도 눈에 띈다 하더라도 ─ 현자의 역할을 맡기고 있었다고 말할 수 있을 것이다. 그러나 『차라투스트라』에 이르면 세상의 현자들에 대한 가차 없는 비판이 퍼부어지게 된다. 특히 나날의 큰 잘못 없이 안온하게 지내기 위한 '잠자는' 덕을 설교하는 현자와, 민중*의 오피니언 리더를 자부하면서 결국은 민중에게 아첨하고 예속될 수밖에 없는 현자에 대해서는 각각 하나의 장을 배정하여(「덕의 강좌에 대하여」, 「이름 높은 현자들에 대하여」) 도마 위에 올리고 있다. 다른 한편으로 차라투스트라 자신이 현자의 측면을 지니며, 또한 다른 저술에서 '현자'가 긍정적 의미로 사용되는 경우도 있다. 그렇게 보면 '현자'는 양의적이지만, 니체의 진의는 비교적 단순하다. 비판의 과녁이 되는 것은 종래 '현자'라고 불려온 자들이지 그가 생각하는 그것이 아니라고 하는 것에 지나지 않는 것이다. 다만 그의 비판이 '현자'의 실태가 그 칭호에 합치하지 않는다는 따위의 것과 같은, 그 내막을 폭로하는 곳에 그 주안점이 있는 것이 아니라 어디까지나 '모든 가치의 가치 전환*'을 지향한 그의 기본 구상의 일환으로서 있었다고 하는 점에는 유의할 필요가 있을 것이다. 따라서 니체는 "위대한 현자들은 쇠약의 전형이다"(『우상』 Ⅰ. 2]라든가, 고독에로 돌아가는 차라투스트라가 말하는 것은 "대체로 '현자'라든가 '성자'라든가 '세계의 구원자'라든가, 그 밖의 데카당의 무리가 그러한 경우에 입에 올리는 것과는 정반대의 것"[『이 사람』 서문 4]이라고 ─ 단순한 허세로서가 아니라 ─ 단언할 수 있었던 것이다. ☞민중

─스토 노리히데(須藤訓任)

형벌刑罰

『도덕의 계보』 제2논문의 서두는 이렇게 말한다 ─ "**약속할 수 있는** 동물을 기르는 것…… 이것이야말로 인간에 **관한** 본래적인 문제가 아닐까?"[『계보』 Ⅱ. 1] 약속을 하고 지키는 것은 책임*을 지니는 일이지만, 책임이라는 도덕의식이 형성되기 위해서는 독자적인 인간이 구성되어야만 한다. "이를 위해서는 인간 자체가 우선 **산정할 수 있는, 규칙적이고 필연적인 존재가** 되어 있을 필요가 있으며", 이 인간은 "일반적으로 계산하고 산정하는 능력"을 갖추고 있어야만 한다[같은 곳]. 이러한 계산 능력이 배양되는 장소는 상업이다. 계약·교환·거래라는 근본 형식이 틀 구조를 이루고 있는 상업에서는 채권자와 채무자의 관계가 모든 것이다. 죄의 관념은 부채의 관념에서 기인한다. 약속과 책임, 채무와 죄의 연관을 통해 형성되는 계산적 인간의 역사는 길다. 이 긴 역사의 마지막 단계에 근대적 인간이 위치한다.

니체에 따르면 약속을 지키는 인간을 만들어내기 위해서는 약속의 기억을 신체에 새기는 것이 가장 좋다. 형벌은 약속한 것을 잊지 못하도록 깨우치고 상기시키는 일이다. 채권자는 부채를 물건으로 받는 것에 한정되지 않는다. 부채를 갚는 것을 쾌락이라는 형태로 지불하는 것도 가능하며, 대체로 자주 채권자는 채무자에게 고통*을 맛보게 하여 쾌락을 맛보는 것에 만족한다. 형벌은 타인이 괴로워하는 것을 보고서 즐거워하는 쾌락을 낳는다. 따라서 형벌은 잔혹하며, 잔혹함의 쾌락으로 가득 찬 축제다. 최초의 국가 역시 이러한 축제적 형벌을 실행한다. 국가는 계약으로부터 생겨나지는 않지만, 계약을 지키는 인간을 형벌로써 만들어낸다. "무시무시한 폭정으로 인정사정 없이 으깨버리는 기계장치"로서의 국가에 의해 "민중과 반(半) 동물이라는 저 원료는 마침내 반죽되어 부드러워졌을 뿐만 아니라 **형태를 이루게 되었다.**"[『계보』 Ⅱ. 17] 요컨대 정치권력은 폭력*적 정복으로부터 생겨나며, 이러한 폭력 상태에서는 옳음과 옳지 않음은 말할 수 없다. 벤야민*의 말을 빌려 말하자면[『폭력 비판론』], "법 정립 폭력" 후에 옳음과 옳지 않음의

절단선이 그어지는 것이다. 옳음과 옳지 않음을 판단하는 도덕의식은 옳음과 옳지 않음의 저편인 폭력적 행위, 니체의 말로 하자면 약속을 지키는 도덕 이전에 약속을 지킬 수 있는 계산 능력을 몸에 갖춘 인간을 형벌에 의해 구성하는 것에서 생겨난다.

니체의 계보학적 분석을 도덕의식의 분석에 이용할 수 있다. 니체의 논의가 제공하는 중요한 논점은 법(규칙)을 둘러싼 고통과 쾌락의 관계, 요컨대 약속을 지키지 않은 것에 고통을 주는 것에서 쾌락을 향유한다고 하는 인간 욕망의 역학이다. 고통과 쾌락의 시점에서 근대의 도덕의식을 조망해 보자. 애덤 스미스(Adam Smith 1723-90)는 『도덕감정론』(*The Theory of Moral Sentiments*, 1759)[제6부 제3편]에서 "자기 규제"(Self-command)에 대해 언급하고 있다. 공감(sympathy) 능력과 적의성(適宜性, propriety) 감각에 의해 정의의 관념을 체현하는 "공평한 관찰자"와 상담하여 행위하는 것이 "자기 규제"다. 자기 규제야말로 근대인의 모럴이 된다. 또한 칸트*는 『인륜의 형이상학 정초』에서 이성적 존재자가 스스로 자신에게 법을 부여하고 그 법에 스스로 복종하는 것과 더불어 이념으로서의 "목적의 나라"가 실현된다고 말한다. 니체에게 있어 고대의 채무자의 도덕의식이었던 것(형벌에 의해 육체에 새겨 넣어진 것)이 스미스나 칸트에게서는 스스로 자신에게 법=규칙(형벌이 순화된 것)을 부여하는 것으로 변화하고 있다. 근대인에게 있어서는 형벌자는 사라지고 개인적 주체가 자기에게 있어서의 형벌자가 된다. 여기에는 양심*이 개재되어 있다. 자기 규율이나 자기 입법은 양심의 일이다. 니체 식으로 말하자면, 양심의 꺼림칙함이 자기 규율이나 자기 입법을 낳는 것이다. 이러한 경위를 니체를 따라 말하자면, 근대에서는 권력의지로서의 "자유의 본능"이 타인을 향하는 것이 아니라 자신에게로 향하는 것이다. "괴롭히는 것에 대한 쾌감으로부터 자기 자신을 괴롭히는 영혼의 이러한 무섭고 두려울 정도의 즐거운 일, 이러한 활동적인 '양심의 가책'의 전체"[『계보』Ⅱ. 18]가 예술에서는 아름다움이라는 형식을 낳고, 도덕에서는 법이라는 형식을 낳는다. 자기 규제나 자기 입법은 이성의 일이라기보다

내면성이라는 감옥에 갇힌 '본능'이 내부로 향한 결과인 것이다. 자기 규율이나 자기 입법은 모두 법에 의한 자기의 형벌이다. 거기에는 자기 부정과 자기희생이 놓여 있다. 근대인은 법이라는 형식에 의해 자기에게 고통을 주며, 동시에 자신이 괴로워하는 것을 보고서 쾌락을 얻는다. 고통이 쾌락을 낳는다고 하는 욕망의 역학이 없다면, 자기희생도 자기 부정도 있을 수 없다. 니체는 말한다――"자기가 없는 자, 자기 자신을 부정하는 자, 자기 자신을 희생하는 자가 느끼는 **쾌감**이라는 것…… 그것은 잔인함에 따르는 쾌감이다. …… 양심의 가책이야말로, 자기 학대를 하고자 하는 의지야말로 비이기적인 것의 **가치**를 낳는 전제가 된다."[『계보』Ⅱ. 18]

근대에서는 타율이 아니라 자율이 가치가 된다. 자율은 자신이 자신을 판단하는 것, 즉 스스로 자신에게 정의의 이념을 부여한다든지 도덕 법칙을 부과한다든지 하는 것이다. 하지만 이 자율성은 욕망*의 역학으로부터 보게 되면 새로운 유형의 타율을 낳고 있다. "자신이 자신에게 부여한다"는 점을 강조하면 자율이지만, 정립된 법·이념·형식이 자기를 속박한다는 점에서는 타율이다. 자율의 타율로의 끊임없는 변환을 가능하게 하는 것은 니체가 지적한 "고통의 자기 향유"다. 법의 형식은 자립하여 운동한다. 자립한 법은 고통의 제공자다. 형식은 공허하고 일반적일수록 엄격하게 법의 집행을 요구한다. 고통의 제공은 법의 형식 합리성 때문에 논리주의적인 근본주의를 보여준다. 이 측면을 사드(Marquis de Sade 1740-1814)가 체현한다. 형식으로서의 법의 공허성과 일반성은 바로 공허한 일반성인 까닭에 모든 욕망을 흡수하여 내용으로 삼을 수가 있다. 욕망은 형식으로서의 법 안에서 응고한다. 욕망은 고통을 추구하여 법을 요구한다. 처벌하는 법에 대한 욕망, 바로 법에 의해 고통을 주는 것을 기대하는 욕망을 체현하는 것은 마조흐(Leopold von Sacher-Masoch 1836-95)의 세계다. 사드의 추상적·합리적인 논리주의(계산 합리성)와 마조흐의 신화적 상상력은 서로 이질적이기는 하다. 그렇지만 근대의 자기 입법의 자율성의 이념 안에는 서로 벡터를 달리 하는 사디즘과

마조히즘이 내재한다. 한편으로는 법에 의한 신체의 고문을, 다른 한편으로는 고문에 의한 고통을 추구한다. 근대 세계에서 사디즘적 욕망과 마조히즘적 욕망이 동시에 공존하는 것은 자기 규율이나 자기 입법의 이념이 성립하고 있기 때문이다.

법, 도덕, 정의, 자율과 같은 이념은 그것 자체의 근거를 지닐 수 없다. 욕망의 활동의 흔적이 정의의 법이나 자율의 이념으로서 나타난다. 폭력적인 욕망의 움직임이 법과 그 밖의 제도의 원천이다. 법이나 정의는 옳음/옳지 않음이라는 도덕의식 이전으로부터 발생하는 것이어서, 법의 성립을 도덕의식으로부터 말하는 것은 본말전도다. 이 점을 니체는 간파하고 있으며, 후에 벤야민도 깨닫는다. 그렇다고 한다면, 법과 그 밖의 제도가 순화되었다 하더라도 그 배경에서는 폭력이 기다리고 있다는 것을 무시할 수 없다. 법을 정립하는 폭력은 법을 유지하는 폭력을 통해 어디까지라도 관철된다. 그것은 국가적인 제도에서뿐만 아니라 개인의 도덕의식에서도 확인될 수 있다. 고통을 주는 것과 고통을 쾌감으로서 느끼는 것은 욕망의 폭력성의 증거다. 인간이 만든 제도(실정법이든 도덕법이든)에 자발적으로 복종하는 것의 이유는 신체와 하나가 된 욕망의 활동 없이는 이해될 수 없다.

그런데 태고 이래로 인류는 다양한 방식으로 자기를 희생하는 행위를 반복해 왔다. 그 이유를 니체는 "약속할 수 있는 인간"을 강제적으로 만들어내는 것에서 찾았다. 예전에는 잔혹한 형벌에 의한 신체 기억을 고안해내고, 근대에는 이성적인 형태의 자기 훈련을 고안해냈다. 모든 것은 인간 신체를 희생*하는 것으로 끝난다. 희생하기를 공희(供犧)라고 부른다면, 인류가 이렇게 오랜 세월에 걸쳐 신체 공희를 계속해 온 것은 놀랄 만하다. 니체는 그 점에서 놀라움을 느끼고 있으며, 현재도 우리는 니체와 더불어 계속해서 놀라지 않을 수 없다. 아마도 인류는 무언가를 향해 자기의 신체를 희생하는 것에 매혹되어 있는 것일 터이다. 이 '희생의 매혹'의 비밀은 아직 분명하지 않다. "약속할 수 있는 동물"로 인간을 고쳐 만드는 니체의 해답도 아직 잠정적일지도 모른다. 그렇지만 니체의 형벌론은

도덕의식의 계약적 기반에 대해 예리한 고찰을 행하고 희생의 매혹적인 힘의 근원에 다가서고자 하고 있었다. 이후의 과제는 니체의 고찰에 입각하여 희생의 폭력이 인류에게 계속해서 불러일으키는 매혹의 이유를 계약적 맥락이 향하는 측면에서 찾아가는 것일 터이다. 그때 형벌론은 새로운 각도에서 조명될 수 있을 것이다. ☞양심, 고통, 폭력, 희생

―이마무라 히토시(今村仁司)

형이상학 形而上學

서양 철학은 플라톤* 이래로 이상적인 존재로부터 일체를 사유하고자 해 왔다. 즉, 변하기 쉽고 모순이나 파괴나 창조를 수반하며 고뇌와 기쁨으로 가득 찬 감성적인 것의 생성 밑에, 즉 '자연' 밑에 ― 또는 위에, 배후에 ― 자기와 동일하고 움직이지 않는 항상적인 내지 영원한, 안녕으로 가득 찬 초-감성적인 존재(소크라테스*/플라톤 이전의 철학자 파르메니데스의 '일자'를 비롯하여 '이데아', '우시아', 'res', '사물 자체*', '정신', '의지' 등의 **실체**)를 설정해 왔던 것이다. 니체는 그것을 '배후 세계'(Hinterwelt)라고 부른다. 그리고 철학적 사유가 감성적인 '현실'의 '자연'의 생성으로부터, 그것에 의해 오염되지 않은 초월적 존재로의 넘어섬의 운동을 보여주는 한에서, 그것은 본질적으로 초-자연학=형이상학(Meta-physik), 형이상학적 존재론 또는 이상주의=관념론(Idealismus)이 된다. 본래 형이상학은 감성적인 '현실'을 단적으로 벗어나 초-감성적인 존재에 몰두하는 것이 아니다. 거기서는 초-감성적인 것으로부터 출발하여 감성적인 것에 질서를 부여해야 한다는 가치 판단이 움직이고 있다. 전자와 후자 사이에는 이미 위계가 있는 것이다. 따라서 또한 형이상학은 이원론*에 의해 조직된다. 실체가 감성을 초월해 있는 것이라면, 그것은 본질적으로 감성을 넘어선 사유 또는 이성에 의해서만 도달할 수 있으며, 그 존재가 자기와 동일한 한에서 동일성을 원리로 하여 구성되는 개념에 기초하는 논리에 의해서만 사유할 수 있는 것이 된다. 그것은 사유의 진리성을 최종적으로 보증

한다. 니체는 이미『비극의 탄생』*에서 소크라테스-에우리피데스에 의한 그리스의 비극적 문화의 전도를 디오니소스*적인 것의 추방과 아폴론*적인 것의 논리 획일주의로의 에워 가둠이라고 성격짓고 있다. 또한 『파이드로스』말미에서 죽음을 맞이하고 있는 소크라테스는 로고스를 따라 걸어가는 철학에 의해 몸을 정화하고 덕과 지혜를 추구하는 자의 영혼의 안녕과 행복을 이야기하고 있다.

동일성에서 출발하거나 동일성을 회복하면서 논리적으로 존재 개념을 전개하고 구축해 가는 형이상학적 존재론은 그러나 중립적인 논리를 위한 논리가 아니다. 니체에 따르면 형이상학은 도덕적인 동시에 신학적인 의미를 지닌다. 한편으로 철학자들은 도덕의 유혹 하에서 개념 구축을 해 왔던 것이며, 플라톤 이래로 철학은 도덕의 지배 아래 있다[유고 Ⅱ. 9. 332; 또한『아침놀』서문,『우상』Ⅱ, 같은 책 Ⅲ 참조]. 다른 한편으로 '형이상학적 욕구'는 종교적인 망상의 소멸 후에 남는 공허를 메꾸기 위해 새로운 '배후 세계'를 만들어낸다 [『학문』151,『인간적』Ⅰ. 110 참조]. 이리하여 '신'과 '선' 및 안녕 내지 행복의 약속이야말로 형이상학이 보증하고자 하는 점이다.

이러한 서양 형이상학의 전통 전체에 도전하는 니체의 전략이 계보학*(Genealogie)이다. 그것은 '힘에의 의지'*의 가설에 기초하여 삶의 일정한 유형에서 형이상학의 유래를 찾는다. 다만 니체의 '힘에의 의지'를 새로운 실체라고 말할 수는 없다. 또한 '삶의 일정한 유형'은 실체로부터 논리적인 분류를 거쳐 도출되는 것이 아니다. 따라서 계보학은 초월적인 존재를 다른 초월적 존재를 근거로 하여 부정하는 것과 같은, 형이상학의 형이상학적 비판이 아니다. 또한 삶의 일정한 유형이란 것이 철학자의 사실적인 생활 상황을 일컫는 것이 아니라고 한다면, 계보학이 형이상학의 사실상의 사회적·역사적인 기원을 드러내고 그것을 근거로 하는 비판도 아니라는 것이 분명해진다. 그러한 비판은 다시 은밀하게 이상주의적인 요소를 끌어들이기 때문이다. '감성적 현실'이나 '자연'이라는 용어에 호소할 수밖에 없다 하더라도, 계보학적 비판은 전통 속에서 폄하되어 온 '감성적 현실'이야말로 유일 부동의 현실이라고 하여 형이상학의 전통 전체를 전도=반복하는 시도(예를 들어 포이어바흐(Ludwig Andreas Feuerbach 1804-72)를 참조)와는 다르다고 해야 한다.

이 세계에 대해 '참된 세계'를, 제약된 것에 대해 무제약적인 것을, 모순에 대해 무모순을 대립시키고, 전자가 있다면 그 반대 개념인 후자도 있을 거라는 추론을 가지고서 사람들은 이 세계보다 가치가 높은 세계를 공상하고 날조*한다. 거기에는 추론하는 이성과 논리학에 대한 무조건적인 신뢰가 놓여 있다. 니체에 따르면, 사유는 원래 이항대립을 산출하는 논리법칙이나 수·형태와 같은 스스로의 규준에 합치시켜 세계를 해석한다. 이 해석 그 자체는 부당하지 않다. 이성적 사유가 강한 신뢰를 획득해 왔다면, 그것은 그것이 삶에 있어 실천적인 '유용성'을 지니고 있고, 이성에 기초한 추론을 잃어버려서는 종족이 몰락하기 때문이다. 그러나 그에 의해 사유가 감성보다 우월하다는 것을, 그리고 존재 그 자체를 사유가 파악할 수 있다는 것을 증명할 수 있는 것은 아니다. 이성적 사유를 편애하는 형이상학의 태도는 따라서 다시 물어볼 만하다.

'힘에의 의지'를 가정하는 니체에게 있어서는 삶*에는 좀 더 강력한 삶의 가능성과 몰락의 위험이, 기쁨과 고뇌가 필연적으로 수반한다. 따라서 삶에는 창조적인 방향성과 데카당스*가 반드시 있다는 것이다. 창조적인 삶은 몰락*의 위험과 그것에 따르는 불쾌와 고뇌를 걸고서까지, 아니 그보다는 긍정해서까지 이 세계를 창조하고자 한다. 무엇을 어떻게 창조하고자 하는가라는 스스로의 의지에 상관적으로 고뇌와 기쁨, 쾌와 불쾌의 양자를 의지할 수밖에 없는 것이다. 그러나 동일한 삶이 그 둘을 다 의지하지 않고 불쾌와 고뇌를 피하여 자기 보존*을 의지하는 것도 언제나 가능하다. 요컨대 데카당스에 철저한 것이 가능한 것이다. 형이상학은 이 세계의 고뇌에 대한 복수로서, 유동과 변화에 맞선 안정된 불변의 존재의 반동으로서 성립한다. '감성'과 '육체'에 기초한──다만 이성적 사유나 정신을 배제하지 않는──이 세계의 투쟁으로 가득 찬 생성을 견딜 수 없는 비-생산적 데카당스의 계기가 고통을 수반하는 창조에 지쳐 그것에 등을 돌린 삶에 대한 르상티망*이 보편의 논리법칙을, 따라서 이성적 사유를 절대시하여 창조적으로 된 것이 형이상학—'무에의 의지'의 '삶의 의지'에 대한 지배—에 다름 아니다. ☞소크라테스, 플라톤, 해석과 계보학, 차이, 이원론, 그리스도교

—미나토미치 다카시(港道隆)

호라티우스 [Horaz(Quintus Horatius Flaccus) 65-8 B.C.]

"오늘날까지 나는 어떤 시인에게서도 호라티우스의 송가가 처음부터 내게 주었던 그러한 예술적 감각을 느끼지 못했다'고 말하고 있듯이, 니체는 고대 로마의 시인들 가운데서 특히 호라티우스를 좋아했다. "개개의 말이 소리와 위치와 개념으로서 오른쪽으로 왼쪽으로 그리고 전체로 자신의 힘을 방출하는 말들의 모자이크, 기호의 최소한의 범위와 수, 그렇게 이르게 된 기호의 극대 에너지—이 모든 것이 로마적이고 **고귀함**의 전형이라고 나는 말하겠다'고 니체는 호라티우스를 절찬하고 있다[『우상』 X. 1]. 또한 문체뿐만 아니라 미신이 깊은 유대인을 조롱한다든지 서정적인 심정 아래 빈틈없는 고리대금업자의 본성이 숨어 있는 인간을 풍자한다든지 하는 호라티우스의 '엄숙한 경쾌함'도 마음에 들었던 듯하다[『인간적』 Ⅰ. 109; 『아침놀』 175]. 니체는 자주 로마 제국을 '청동보다도 영원한'이라는 호라티우스의 「카르미나」(Carmina)의 시구로 형용하고 있지만, 이 "영원한 건축물들에 깃든 전혀 다른 종류의 멜랑콜리"를 누그러뜨려 위로를 가져다주는 것도 역시 "호라티우스의 경쾌함"이라고 하고 있다[『아침놀』 71]. ☞고대 로마인

—오이시 기이치로(大石紀一郎)

호르네퍼 형제 [Ernst Horneffer 1871-1954; August Horneffer 1875-1955]

호르네퍼 형제는 형 에른스트가 1899년부터 1901년까지, 동생 아우구스트가 1899년부터 1903년까지 니체의 유고 정리에 관계하고, 그로스옥타프판(Großoktava usgabe, 1894-1926) 전집 제11권과 제12권을 편집하는 등, 니체 아르히프의 활동에 적극적으로 관여했지만, 얼마 안 있어 『권력에의 의지』의 편집을 둘러싼 방침의 대립으로 인해 아르히프를 떠났다. 에른스트는 『니체의 영원회귀 교설과 그에 대한 종래의 공간물』(1900)에서 전임자 쾨겔(Fritz Koegel 1860-1904)이 영원회귀*와 관련된 유고를 자의적으로 편집하고, 유고에 써넣기를 하는 등, 중대한 문제가 있었다는 것을 혹독하게 비판했다. 동시에 그는 삶*을 영원한 것으로서 파악하는 영원회귀의 인식은 그것을 견딜 수 있는 인간을 선별하는 원리인바, 그런 까닭에 초인* 사상과 통일적으로 파악되어야 하는 종교적 이념이라고 하여, 니체는 영원회귀를 경험 과학적으로 기초짓고자 했다고 하는 루 살로메*의 주장에 이의를 제기하고 있다. 본래 호르네퍼 형제는 경직된 그리스도교*를 대신하는 이교적 종교를 추구했으며, 그런 까닭에 신비주의적인 자연사상을 이야기하는 일원론 동맹 운동에도 가담하고 있었기 때문에, 니체는 그들에게 있어 이상의 종교가・예언자로서 중요한 인물이었다. 공저로 간행한 『고전적 이상』(1906)에서도 니체를 새로운 이교적 종교의 전도자로서 다루고, 잡지 『타트(행위)』의 창간(1909) 당시에는 공동 편집자로서 자유 종교의 문화 운동을 추진하고자 하고 있었다. 얼마 안 있어 기센대학의 철학 교수가 된 에른스트는 나치스*의 정권 장악 후에도 '국민적 예언자' 니체의 사상 전도에 힘쓰며, 순수한 인종*을 지킨다고 하는 소극적인 방법보다도 니체가 말하는 '사육*(육성)'처럼 정신적인 수단에 의한 인종의 규정 쪽이 적극적이라든가, 니체의 초인의 '유토피아'는 제3제국과 밀접하게 관련된다고 주장하는 등, 니체를 '현대의 선구자'로서 그려 나치스 체제에 영합하는 해석을 제공했다.

—오이시 기이치로(大石紀一郎)

▷Ernst Horneffer, *Vorträge über Nietzsche. Versuch einer Wiedergabe seiner Gedanken*, Berlin 1900(=Nietzsche-Vorträge, Leipzig 1920). ▷ders., *Nietzsches Lehre von der Ewigen*

Wiederkunft und deren bisherige Veröffentlichung, Leipzig 1900. ▷ders., *Nietzsches letztes Schaffen*, Jena 1907. ▷ders., *Nietzsche als Vorbote der Gegenwart*, Düsseldorf 1934. ▷August Horneffer, *Nietzsche als Moralist und Schriftsteller*, Jena 1906. ▷Ernst und August Horneffer, *Das klassische Ideal. Realen und Aufsätze*, Leipzig 1906.

호르크하이머 [Max Horkheimer 1895-1973]

프랑크푸르트학파*로 총칭되는 사상가들을 배출한 프랑크푸르트대학 부속 사회연구소의 소장에 1930년에 취임, 학제적 연구와 사회철학을 통합한 '비판이론'의 기반을 만들었다. 1895년, 슈투트가르트 근교의 거리에서 섬유공장을 경영하는 유복한 유대인 가정에서 태어나며, 다감한 청년기에는 입센*, 졸라(Émile François Zola 1840-1902), 톨스토이(Lev Nikolayevich Tolstoy 1828-1910), 크로포트킨(Peter Kropotkin 1842-1921) 등을 탐독하고, 스스로 단편 소설을 쓰기도 한다. 아버지의 바람대로 기업을 잇기 위해 처음에는 대학에 진학하지 않으며, 아버지가 경영하는 공장의 감독을 맡아 가차 없이 착취되는 노동자의 가혹한 실태를 알게 된다. 하지만 부유한 자의 동정은 위선이라고 느끼고, 정치 운동으로부터는 거리를 두고 있었다. 예술에 의한 사회변혁을 지향하는 표현주의* 잡지 『악시옹(행동)』을 애독하고 있던 그의 문학 작품에는 표현주의의 색조가 짙게 보이지만, 정치적으로 행동주의를 지지하는 일은 없었다. 니체에 대해서는 이미 표현주의 사조를 통해 접하고 있었다고 생각된다.

억압된 자에 대한 연대를 정치 행동이 아니라 사회 분석과 이론적 반성에서 찾은 그는 23세에 심리학, 철학, 경제학을 공부하기 시작했다. 1919년 이후 프랑크푸르트에서 신칸트학파* 철학자 코르넬리우스(Hans Cornelius 1863-1947)에게 사사하고, 그 후 프라이부르크의 후설(Edmund Husserl 1859-1938) 밑에서 조교를 하고 있던 하이데거*와 만나며, 아카데미즘 철학과는 이질적인 언어이어야 할 삶을 말하는 철학에 감동하지만, 이윽고 그의 실존분석에는 사회 구조의 분석이 결여되어 있다고 하여 비판으로 돌아서고 있다. 세계 공황의 현실을 보지 못하고서 현존재의 '우려'를 말할 뿐인 철학자를 야유한 아포리즘이 있다. 하이데거에 대한 감동으로부터 깨어난 호르크하이머는 교조주의가 아닌 맑스* 해석에 의한 유물론과 프로이트 심리학에서 사회비판의 실마리를 얻고자 한다.

초기의 아포리즘 모음집 『박명』(1926-31)은 68년의 학생 운동 속에서 『계몽의 변증법*』에 이어 많이 읽힌 책이지만, 거기에는 니체의 '폭로 심리학'의 수법을 떠올리게 하는 점이 많다. 심정적 좌익이 노동자 계급에게 보이는 천박한 동정과, 노동 운동에 숨겨진 르상티망* 심리를 폭로하는 발언에서도 그 영향이 엿보인다. 예를 들어 사회적 공정을 부르짖는 사회주의자의 발언 배후에는 다른 인간이 자신보다 좋다고 생각하는 것을 저지하고자 하는 비억압자의 르상티망이 있다고 한다. 하지만 그 후에 "프롤레타리아의 아이들을 기아에 빠지게 하면서 기업의 이사회를 연회석으로 만드는 이 질서는 실제로 르상티망을 불러일으키는 것이다"라는 사회적 억압에 대한 고발이 이어지는 점이 니체에게는 없는 자본주의 비판의 시점이다. 귀족주의적인 초인* 사상으로 이어지는 니체의 대중 멸시에 대해서는 비판적으로 "니체는 착취와 빈곤 속에서 성립하는 시스템의 진정한 적대자인 적은 결코 없었다"고 말하며, 그런 의미에서 초인*은 프롤레타리아 운동의 사상에 이바지하는 것이 없다고 하고 있다. 하지만 그 직후에 니체를 증인으로 내세워 다음과 같이 계속한다. "대중이 이 사회기구를 타파하기를 주저하는 것은 그렇게 하는 것이 두렵기 때문이라고 하는 것을 대중에게 가르치는 것이 니체 그 사람인 것이다. 그것을 만약 대중이 진정으로 이해하게 되면, 도덕에서의 노예의 반란을 프롤레타리아의 실천으로 삼기 위해 니체도 힘이 될 수 있을 것이다." 여기에서는 모든 속박으로부터 스스로를 해방하고자 하는 자유정신*이라는 의미에서의 초인 해석이 인정된다.

1930년 이후의 비판이론의 형성 과정에서 르상티망, 자기희생, 자기 보존*과 같은 니체에게 독특한 심리학*의 수법과 개념은 프로이트*의 이론을 매개로 하여 다시 해석되며, 나아가 유물론적 기반에 놓이게 됨으로써 호르크하이머 고유의 사회 분석의 시점을 만들어 간다. 그것은 교조적 맑스주의 이론에서는 보이지 않는, 사람들의 일상적인 평범한 행위와 표정에서 나타나는 사회의 왜곡을 조명하는 유물론적 시점이다. 단순한 반영 이론에 의한 상부구조 분석이 아니라 사회심리학의 실증적 조사를 통해 현실을 응시하고, 이미 1930년 초에 그가 계급투쟁과 혁명의 가능성을 부정한 것은 현대의 시점에서는 높이 평가된다. 하지만 그로 인해 좌익 이론 속에서는 오랫동안 수정주의의 낙인을 받게 되었다.

그러나 학제적인 연구 프로젝트를 이제 막 시작했을 뿐인 사회연구소도 1933년 나치스*의 박해를 받아 어쩔 수 없이 미국으로 망명하지 않을 수 없게 된다. 「현대 철학에서의 합리주의 논쟁」(1934)에서 호르크하이머는 나치스적인 전체주의 국가론의 대두와 비합리주의 사상과의 관계를 밝히고 있지만, 그 속에서 비합리주의를 그대로 계몽의 부정으로 간주하고 있지는 않다는 점이 주목된다. "인상주의의 회화와 문학, 니체, 베르그송(Henri Bergson 1859-1941) 철학에서의 합리주의로부터의 전향은 시민사회의 인문주의적 전통의 위기를 열어 보여주고 있었던 것과 동시에, 자본의 집중화가 부과하는 개인 생활의 속박에 대한 항의도 표현하고 있었다. 그러나 오늘날의 비합리주의는 이 전통으로부터 상당히 떨어져 나오고 있다." 그에 따르면, 비합리주의는 사회 전체를 시야에 넣기를 포기하고 자기 정합성만을 추구하는 합리성으로 위축되어 버린 계몽적 이성에 대한 비판인 한에서, 반계몽이 아니다. 비합리주의가 공동체에 대한 무제약적인 헌신을 요구하는 전체주의로 변질하는 것은 "개인의 자기 보존의 권리를 부정하고, 전체 속에서 일체의 인간 활동의 의미와 목표를 직접적으로 보고자 하는" 경우다. 이 점에서 호르크하이머는 금욕적 이상이 한편으로 마취제*로 되고, 다른 한편으로 무조건적인 순종과 자기희생을 낳는 심리적 과정을 적확하게 고찰한 니체와 마찬가지로, 자기 보존의 권리의 적극적인 면을 파악하고 있다. 확실히 자기 보존의 도구로 화한 이성

('도구적 이성')이야말로 인간에 의한 인간의 지배를 조직적 살인에 이르기까지 수행하게 만든 원인이지만, 그것을 비판할 수 있는 것은 자기의 에고이즘을 방기하지 않고 자유의 제한을 허락하지 않는 자율적인 개인이다. 그는 그것을 '강자'라고는 말하지 않지만, 삶*의 적극적인 긍정이 자유의 원천이라고 간주한다는 점에서는 니체와 공통된 점이 있다.

아도르노*와의 공저 『계몽의 변증법*』에서 니체는 사드(Marquis de Sade 1740-1814)와 더불어 동정*과 이웃사랑* 등 시민적 덕목의 적대자로 여겨진다. "사드와 니체는 논리실증주의 이상으로 결연히 이성을 고집했다. 거기에는 칸트*의 이성 개념뿐만 아니라 모든 위대한 철학에 포함되어 있는 유토피아를 그 껍데기로부터 해방시키고자 하는 은밀한 의미가 숨겨져 있다. 그것은 이미 스스로 왜곡을 지니지 않기 때문에 어떠한 것도 왜곡할 필요가 없는 인간성의 유토피아다." 니체에게서의 합리주의 비판을 반이성으로 파악하지 않고, 오히려 그것은 아직 실현되지 않은 이성에 대한 절대적인 고집이었다고 파악하는 점이 프랑크푸르트학파 제2세대의 하버마스*와 크게 다른 점이다. 사드와 니체에게서의 "잔혹함에 대한 상상"에 대해 호르크하이머/아도르노는 "후에 독일 파시즘이 인간에 대해 현실의 세계에서 취한 것과 마찬가지의 엄격한 태도를 놀이의 공상의 세계에서 보여준다"고 말한다. 하버마스는 도덕규범의 전도가 실제로 나치스의 잔인한 행위로 귀결했던 까닭에 니체적인 계몽 비판을 위험시하지만, 호르크하이머는 그 전도가 "놀이와 공상의 세계에서", 요컨대 미적 영역에서 행해지고 있는 한에서, 거기서 강렬한 현실 비판을 읽어낸다. 여기에는 모더니즘 예술과 이성 비판을 둘러싼 복잡한 문제가 놓여 있다. 니체의 경우, 그 언설에 대한 해석이 반이성주의로 전락하는 것을 막는 제어장치가 과연 텍스트 자체에서 인정되는가라는 물음에 대해서는 호르크하이머도 충분히 답하고 있지 않다. ☞프랑크푸르트학파, 계몽의 변증법, 아도르노, 하버마스

―오누키 아츠코(大貫敦子)

호메로스 [Homer(Homēros) B.C. 9세기경]

고전문헌학*자로서 출발한 니체에게 있어 호메로스의 세계는 당연히 주요한 관심의 대상이며, 바젤대학에서의 취임 강연(1869년 5월)도 「호메로스와 고전문헌학」이라는 제목이 붙어 있는 것이었다. 『일리아스』와 『오디세이아』의 시인으로 생각되는 호메로스에 대해서는 이미 18세기 말 이래로 하나의 인격으로서의 실재가 의문시되어, 두 서사시의 성립에 대해서는 독일에서도 뫼저(Justus Möser 1720-94), 헤르더(Johann Gottfried von Herder 1744-1803) 이래로 다양한 가설이 제시되고 있었다. 니체가 취임 강연에서 다루는 것도 이 문제로, 그는 대체로 산재된 단편적 서사시를 한 사람의 시인이 짜 맞추고(『원일리아스』), 나아가 후대가 되어 상당한 부분이 덧붙여졌다고 생각하지만, 어찌됐든 하나의 인격으로서의 호메로스의 실재는 부정하고, 호메로스란 결국 하나의 미학적인, 요컨대 비역사적인 개념이라고 하고 있다. 니체에게 있어 이 인격 문제보다 더 중요했던 것은 호메로스의 세계 전체를 그리스 문화 속에 어떻게 자리매김할 것인가 하는 것인데, 그것이 『비극의 탄생』*에서 논의된다. 호메로스는 아폴론*적 시인으로 불리지만, 저 광명과 형상으로 가득 찬 신들의 세계를 산출한 고대 그리스 문화의 근저에는 어두운 염세관과 살벌한 충동*이 잠재해 있었다고 니체는 생각한다. 호메로스의 세계는 이 음침한 충동에 아름다운 가상*의 베일을 씌워 현세를 살아갈 만한 가치가 있는 것으로 변화시키는 원리, 그리스적인 의지의 근저에 자리 잡고 있던 아폴론적 충동의 승리의 산물로 여겨진다. 빙켈만* 이래의 '소박하고 명랑한 그리스인'이라는 이미지는 멋지게 뒤집혀 그리스 문화의 근저에 숨어 있는 암흑의 부분이 드러나게 되며, 그와 동시에 호메로스 세계의 한층 더 심오한 의미부여가 이루어지는 것이다. 니체는 또한 호메로스가 집요하게 묘사하는 '아곤*'(경쟁)에 대해 자주 언급한다. 그는 이 '경쟁'의 원리가 그리스 세계의 기반이라고 생각하고, 이것을 단 하나의 신이 주재하는 그리스도교 세계에 대치시킨다. '경쟁'의 강조는 니체 만년의 '힘에의 의지*' 사상으로 이어져 가는 것이다. ☞아곤

과 질투

—소노다 무네토(薗田宗人)

호프만스탈 [Hugo von Hofmannsthal 1874-1929]

세기말* 빈의 탐미적인 문학자로서 호프만스탈은 이미 16세에 니체를 읽고, "니체의 3쪽만으로 우리 인생의 모든 사랑의 모험, 에피소드, 고투보다도 훨씬 많은 체험이 얻어진다", "니체란 나의 사상이 결정화되기 위해 필요한 열이다"라고 쓰고 있다. 미의 순간성을 추구하고, 미와 지배의 불가분성에 대해서도 자각적이었던 그와 니체는 무엇보다도 19세기의 교양주의에 대한 비판에서 많은 공통점을 지니고 있었다(강연 「국민의 정신적 공간으로서의 문학」 등에서는 역사주의*와 교양주의에 대한 비판이 격렬하다). 또한 『선악의 저편』*의 프랑스어 번역을 시도하기도 했다. 한 시기에 계획하고 있던 몽환극 『티치아노의 죽음』의 집필 메모에서는 『차라투스트라』*의 직접적 영향이 인정되는데, "기분(즐거운 학문). 차라투스트라는 산에 들어가 그의 지혜와 고독*을 즐긴다. …… 신이 죽은 세계, 황혼이 되어 점점 더 꺼림칙해지는 세계 — 커다란 그림자를 수반하면서" 등으로 적혀 있다. 세기 전환기 무렵, 부르크하르트*의 영향도 있어 널리 퍼지고 있던 르네상스* 붐도 배경에 놓여 있을 것이다. 하지만 '꺼림칙해진' 세계를 넘어서는 계기를, 그의 만년이 잘츠부르크로 상징되듯이, 바로크적 세계극장의 현대화에서 찾은 그의 — 본인도 인정하는 대로 '보수혁명'의 — 기도는 유럽의 과거로부터의 결별을 추구한 니체로부터는 상당히 떨어져 있다. 그렇지만 「찬도스 경의 편지」로 대표되는 언어에 대한 회의는 니체의 단지 인식론적인 언어 비판(일반화에 의해 허구를 날조*하는 수단으로서의 언어)을 넘어서 있다.

—미시마 겐이치(三島憲一)

혼돈混沌 [Chaos]

"'그리스도교 신앙이 없다면 여러분 자신이 자연이나

역사와 마찬가지로 괴물과 혼돈이 되고 만다'고 파스칼은 말했다. 이 예언을 우리는 성취했다."[유고 Ⅱ. 10. 144] 1887년 가을의 메모에 니체는 이렇게 써두었다. 그리스도교*적 세계관 안에서 인간은 자연을 통치하는 지배자로서 군림하며 종말에서의 구제를 믿고 있었지만, 신앙의 상실은 인간의 그와 같은 자기 이해에 근본적인 변경을 강요하게 된다——이러한 사태의 도래를 두려워한 파스칼*이 굳이 신앙에 내기를 걸고자 한 데 반해, 계몽의 세기를 거쳐 사회생활의 세속화도 진행된 19세기에 파스칼의 예언은 이미 실현되어 있다는 것이 니체의 시대 진단이다. 그의 말에 따르면, 모든 과거를 이해하고 향유하는 보편성을 자랑하는 역사주의*와, 사실을 존중하는 대담한 리얼리즘에 기초하는 실증주의*를 낳은 19세기가 혼돈과 니힐리즘*에 빠진 것, 요컨대 이전의 의미를 상실한 세계에서의 현존재의 무의미함에 대한 탄식밖에 산출하지 못한 데에 이 세기의 데카당스*가 있다고 한다[『우상』 Ⅸ. 50]. 하지만 현존재의 의미가 상실된 것처럼 생각되는 것은 지금까지 인간이 '신'이라는 자신에게 편리한 허구에 의해 세계에 의미를 부여하는 것에 익숙해져 있었기 때문일 뿐이다. 오히려 "세계의 전체로서의 성격은 영원히 혼돈이다. 필연성의 결여라는 의미가 아니라 질서・조직・형식・미・예지, 그 밖에 우리의 미적 인간성으로 칭해지는 것 따위가 전혀 존재하지 않는다는 의미에서 혼돈이다'라고 한다면, 자연법칙을 발견했다고 일컬으며 세계의 목적을 해명했다고 생각하는 자연과학도 여전히 '신의 그림자'를 질질 끌고 가고 있다는 것이 된다. 이에 반해 니체가 추구하는 것은 혼돈으로 화한 세계에 무언가 협애한 관점으로부터의 해석에 의해 의미를 부여하는 것이 아니라 혼돈을 있는 그대로 인정하는 것이며, "인간을 순수한, 새롭게 발견되고 새롭게 구제된 자연에 의해 자연화하기 시작하는 것"이다[『학문』 109]. 그렇지만 동시에 그는 미궁으로 화한 근대인의 영혼 속에서 생각지도 못한 삶*의 가능성을 찾아내고자 하고 있다. "자신의 내부를 거대한 우주를 바라보듯이 들여다보는 자, 자신 속에 은하를 품고 있는 자는 모든 은하가 얼마나

불규칙한지를 안다. 실제로 어떠한 은하도 삶의 혼돈과 미로에 이르기까지 사람을 이끈다."[같은 책 322] 그리고 차라투스트라는 "너희에게 말하거니와, 춤추는 별 하나를 탄생시키기 위해 사람은 자신들 속에 혼돈을 지니고 있어야 한다"고 설파하며[『차라투스트라』 서문 5], 혼돈의 저편에서 초인*의 도래를 대망하는 것이다.

　　　　　　　　　　　　　―오이시 기이치로(大石紀一郎)

화학化學

『인간적』의 제1부의, 서문에 이어지는 서두의 제1절에는 '개념과 감각의 화학'이라는 제목이 달려 있다. 이것은 본서를 통해 수행된, 니체에게 있어서의 예술가 형이상학의 입장으로부터 폭로 심리학과 자유정신*의 탐구의 입장으로의 전화 과정에서 '화학'이라는 말이 이를테면 그 착수점으로서의 역할을 수행하고 있음을 시사한다. 여기서 니체는 자연과학의 입장에 의탁하는 가운데 전통적 철학이 고차적인 존재를 설명하기 위한 근거로서 사용해 온 '기적으로서의 기원'(Wunder-Ursprung)을 부정한다. 이 부정에는 그러한 기원의 설정 배경을 이루고 있는 고차/저차라는 존재의 형이상학적 위계짓기가 허구이며, 예를 들면 '비이기적 행위'라는 것과 같은 높은 도덕적 가치를 지니는 것으로 여겨지는 현상도 "대단히 섬세한 관찰에 있어서만 존재한다는 것이 명확해지는 승화물에 지나지 않는다'라는 인식이 움직이고 있다. 그렇다고 한다면 참된 의미에서의 기원은 그러한 승화물에 어울리는 형태로 설정되는 형이상학*적・이념적 차원에서가 아니라 승화물을 발생시키기 위해 복합적으로 작용하는 요소들과 연관의 좀 더 개별적이고 구체적인 차원에서 찾아져야 할 것이다. 이러한 차원에 입각하는 방법을 니체는 "도덕적, 종교적, 미적 표상과 감각의 화학"이라고 부르는 것이다. 니체는 이러한 표현을 통해 중기 이후의 형이상학 비판의 입장을 확실히 확정했다. 좀 더 말하자면 이러한 화학이라는 말의 사용방법과 그 배후에 놓여 있는 반철학적인 자세에는 생리학*이라는 용어

에 대한 편애에서도 보이는 니체의 동시대의 자연과학*에 대한 강한 관심이 투영되어 있다. ☞니체와 동시대의 자연과학, 생리학

—다카하시 준이치(高橋順一)

회의懷疑

니체의 문장에는 반어적인 경향을 보이는 의문문이 많다. 끊임없이 무언가를 의심하고 스스로 묻기를 그치지 않은 니체의 회의벽이 그러한 문체에 잘 나타나 있다. 초기의 『반시대적 고찰』*은 제목부터 이미 시대에 대한 회의의 자세 그 자체다. 중기에 이르면 "라 로슈푸코* 식의 예민한 회의"[『아침놀』 103]가 그의 심리학*적 고찰에 커다란 그림자를 드리운다. 후기의 『안티크리스트』*에서는 "위대한 정신이란 회의가의 그것이다. …… 강함이라는 것, 정신의 힘, 정신의 남아도는 힘으로부터 오는 자유는 회의에 의해 증명된다"[54]고 회의를 선전하는 한 구절이 눈길을 끈다. 모든 가치의 전환*을 시도하는 니체 사유의 특성은 지적 성실*성과 더불어 철저한 회의를 관철하고자 하는 자세에 나타나 있다. "종래, …… 이른바 도덕의 가치를 음미한 이는 아직 한 사람도 없다. 그것을 위해서는 무엇보다도 우선 — 의문시하는 것이 필요하다."[『학문』 345] 『차라투스트라』*에서는 차라투스트라의 그림자인 것이 등장하지만, 이것은 회의의 메타포라. 『인간적』* Ⅱ-2의 프롤로그와 에필로그로서 놓인 방랑자와 그림자*의 대화는 그 선구적인 것이라고도 말해야 할 것인가? 니체의 성찰과 문체에 회의는 그림자처럼 항상 따라다니며 떠나지 않는다.

그럼에도 불구하고 니체가 회의라는 이름이 붙은 것이라면 모두 환영했는가 하면 그렇지는 않다. 『인간적』* Ⅱ-1에는 "지성을 극도로 세련되게 함으로써 지성의 성과들에 대한 권태감을 낳고자 노력하고" "우리의 현존재에 관한 관념을 어두운 것으로 만들어버리는" 반계몽주의자의 회의를 풍자한 한 구절이 있지만[27], 이것은 중기의 니체가 빚지고 있던 "라 로슈푸코 식의 예민한 회의"와는 정반대의 것일 터이다. 회의는 단순

한 부정이 아니다. 오히려 그것은 정신의 밝음 속에서 긍정하는 것도 배우는 것이어야만 한다. "그대는 바로 회의가인 것을 그친 것이네! 왜냐하면 그대는 부정하기 때문에! …… 그에 의해 나는 동시에 다시 긍정하는 것을 배운 것이라네."[『아침놀』 477]

또한 『선악의 저편』*에는 두 개의 회의를 구별한 절이 있다. 하나는 '의지마비증'으로부터 나온 "신경쇠약이라든가 허약이라고 불리는…… 생리 상태의…… 정신적 표현"이라고도 볼 수 있는 회의. 그것은 단호히 결정하기를 주저하고, 복수의 가치와 척도를 앞에 두고서 어느 것을 받아들여야 좋을지 불안해하며 망설인다. 결단하고 명령하는 의지가 퇴화해 있는 것이다. "그들은 결의에 찬 독립심이나 의욕에 깃들어 있는 용감한 쾌감을 이미 전혀 알지 못한다.— 그들은 꿈속에서조차 '의지의 자유'를 회의한다."[『선악』 208] 이 우유부단한 회의에 맞서 니체는 "어느 정도 다른 좀 더 강한" "남성적 회의"에 대해 말하고 있다. "이 회의는 경멸하지만, 그럼에도 불구하고 강탈한다. 이것은 상대를 무너뜨리며 소유한다. 이것은 믿지 않지만, 그로 인해 자신을 잃지도 않는다. 이것은 정신에 위험한 자유를 주지만, 마음은 엄격하게 지키고 있다." "대담한 시선", "과감하고 엄격한 해부의 솜씨와 황량하고 위험한 하늘 아래 행해지는 위험한 발굴 여행과 정신화된 북극 탐험을 하는 강인한 의지"[같은 책 209]—그와 같은 남성적 의지가 산출한 회의다.

"마침내 회의 그 자체로 회의가 향한다. 회의에 대한 회의"[Ⅱ. 9. 22]—니체는 80년대의 유고에 이러한 글을 남기고 있는데, 그의 회의 정신의 윤곽을 부각시키는 것에서 자기와는 다른 회의로부터 거리를 취하고자 하는 자세가 잘 나타나 있다. 거기에는 "성실함의 정당성과 범위에 대한 물음이 나타난다"고 말해야 할 점도 존재한다. 예를 들면 『선악』에는 데카르트*적 회의를 비판한 다음과 같은 문장이 있다. "형이상학자들의 근본적인 믿음은 가치들의 대립에 관한 믿음이다. 그들 가운데 가장 신중한 사람들도, 그들이 '모든 것을 의심한다'는 것을 긍정적으로 평가해 왔다고 할지라도, 의심하는 것이 가장 필요했던 이 경계선에서 이미

의심하는 것을 생각하지 못했다'[2] 젊은 니체는 '나는 생각한다, 그러므로 나는 존재한다'라는 데카르트의 말에 "나는 산다, 그러므로 나는 생각한다"라는 "삶의 위생학"을 대치시킨 적이 있지만『반시대적』Ⅱ. 10], 여기서의 니체는 오히려 데카르트 식의 방법적 회의가 회의를 철저화하지 못했다는 점을 힐난하고 있다. 그것은 의심해야 할 곳에서 의심하지 못한 채 가치들이라는 것은 대립하는 두 가지 것으로 갈라진다고 하는 신앙에 빠져버렸다. 회의 앞에 신앙을 놓았다고 하는 것이다.

신앙이라는 것은 회의의 대극에 놓여 있다. 회의가가 신앙에 몸을 내맡겼다고 하는 것은 스스로가 성실성을 기만한 것과 같다. 니체는 신앙을 가지고 싶어 하는 자에게는 "확실성에 대한 원망"이 있으며, 그것은 "약함의 본능"의 징표라고 보고 있었다『학문』347]. 신앙이라고 해서 오로지 그리스도교*신앙만은 아니다. 애국심도 실증주의*도, 끝내는 '무신앙에 대한 신앙'도 무언가 확실한 것의 존재를 바란다는 점에서 다르지 않다. 그것은 의지가 "명령의 정열로서 자주성과 함"을 지닌다는 것을 잊고 있다. 오히려 "정신이 그…… 가능성 위에 몸을 지탱하고, 심연*에 임해서도 춤추는 힘을 얻어 모든 신앙, 모든 확실성에 대한 원망에 이별을 고하는 자유"야말로 정신의 자유롭고 활달한 춤이자 니체에게 있어서의 회의 정신이었을 것이다. "나는 '그러면 한 번 시험해봅시다'라는 대답을 허용하는 모든 회의를 찬양한다. 나는 실험*을 허용하지 않는 모든 사물과 모든 질문에 대해 더 이상 듣고 싶지 않다."[같은 책 51] 회의는 이러한 실험적인 사고와 결부됨으로써 비로소 그 힘을 발휘할 수 있는 것이다.

하지만 니체가 신앙 내지 신념과 회의의 대립만을 말하고자 하는 것은 아니다. 『안티크리스트』에는 회의가라는 존재의 근거와 위력을 "위대한 정열"에서 찾고서 이 위대한 정열은 필요가 있다면 신념과 같은 종류라 하더라도 수단으로서 사용한다고 말하고 있다[54]. 그렇지만 니체가 추구한 회의가 정신의 자유, 지적 성실*성, 강한 의지, 실험과 탐험의 정신 등, 그의 사상의 특징을 나타낸 것이라는 점에 변함은 없다.

―기마에 도시아키(木前利秋)

횔덜린 [Friedrich Hölderlin 1770-1843]

시인 횔덜린이 광기의 어둠 속에서 사망한 다음 해에 다시 태어난 것처럼 니체가 태어나, 니체의 운명은 자주 횔덜린의 그것과 비교된다. 곤궁한 시대에 나라들을 전전하는 혁명적인 시인, 독일의 야만성을 날카롭게 비판하고 그리스의 신들의 재림을 원하는 시인 횔덜린에게서 니체는 일찍부터 자기와의 동질성을 간취하며, 슐포르타*에서도 유별난 광기의 시인으로서 당시 거의 무시되고 있던 횔덜린에 대해 작문을 쓰고 있다. 이것에는 "좀 더 건강하고 명석하며 독일적인 시인에게 몰두하라"는 교사의 평가가 덧붙여져 있었다. 횔덜린이 일반적으로 평가받게 되는 것은 딜타이*의 『체험과 시작』(Erlebnis und Dichtung, 1905)과 게오르게*파의 횔덜린 연구 이후의 일로, 니체는 반세기나 일찍이 이것을 선취한 셈이다. 더군다나 딜타이도 게오르게도 니체의 『반시대적 고찰』*에서의 횔덜린에 대한 논의를 통해 이 시인에게 주목한 것이었다. 횔덜린은 니체의 운명을 선구적으로 살아간 시인이며, 『휘페리온』에서의 '위대한 정오*'라는 구상, "어쩌면 나는 당신을 사랑하고 나서야, 오 영원이여"라는 『휘페리온』최후의 찬가, 『엠페도클레스의 죽음』의 신들의 긍지로 인한 죽음, 몰락 속의 생성, 사랑과 자기희생의 모티브, 그리고 이런저런 은유에는 『차라투스트라』*의 전주곡이 간취된다. 아폴론*적인 것(냉정한 분별)과 디오니소스*적인 것(성스러운 파토스)의 대립 등, 니체에 의해 결정적으로 전개되는 테마의 몇 가지도 독일 고전주의 시대에 이미 다루어지고 있었다. 그러나 니체는 1876년의 전환기 이후 첫사랑의 시인이라고 할 수 있는 횔덜린으로부터 의도적으로 거리를 취하게 된다. 횔덜린을 극복하는 새로운 길을 모색하면서 위대한 건강*앞에서 섬세한 약함을 의식적으로 밀어 없애고자 한 것일까? 그러나 『차라투스트라』에는 횔덜린의 『엠페도클레스』로부터의 인용이 수없이 숨어 있는데, 이것은 콜리*와 몬티나리*에 의해 해명되

고 있다. 니체도 휠덜린도 새로운 존재의 방식을 예감
하고는 있었지만, 그 환상의 무게 앞에 부서져 그것을
스스로 살아갈 수 없었다.

—야마모토 유(山本尤)

후기구조주의後期構造主義

【 I 】 구조주의

구조주의는 하나의 인식론적 혁명이었다. 소쉬르
(Ferdinand de Saussure 1857-1913)학파의 구조언어학은
언어학의 구조론적 선회를 완수하고 있었지만, 차이의
체계로서의 언어관은 인류학, 정신분석, 비평의 이론
(독해의 이론)에 심원한 영향력을 미쳤다. 레비-스트
로스(Claude Lévi-Strauss 1908-2009)의 이항대립 도식의
사회구조론과 신화론, 라캉(Jacques Lacan 1901-81)의
'언어처럼, 언어로서 구조화된 무의식'의 이론, 롤랑
바르트(Roland Barthes 1915-80)의 기호학과 비평의 이
론 등은 구조언어학 없이는 생각될 수 없다. 그러나
구조언어학은 프랑스 구조주의에 있어 인식론적 혁명
의 출발점에 지나지 않는다. 인류학, 정신분석, 기호학,
비평과 텍스트 이론은 구조 개념을 각자의 방식으로
확대하고 단련하여 개작해 간다. 각 영역에서 고유의
구조 개념이 제안되었던 것인바, 하나의 구조 개념이
있는 것은 아니다.

구조주의가 인식 양식을 변경하는 운동인 한에서는
각자의 실증적 지식의 추진(예를 들면 민족학)과 동시
에 인식론적 연구도 수행되지 않으면 안 된다. 레비-스
트로스의 구조인류학은 인류학을 구조론적으로 만들
어내는 인식론적인 연구로 볼 수 있으며, 라캉의 프로
이트 연구는 프로이트*의 정신분석학의 인식론적 순
화로 간주할 수 있다. 푸코*의 '지식의 고고학'에서조
차 니체의 충격('계보학*'의 이념) 하에 있으면서도
바슐라르(Gaston Bachelard 1884-1962)적인 과학철학
(특히 캉길렘(Georges Canguilhem 1904-95)의 과학철학)
의 선상에서 사고하고 있다. 프랑스의 60년대가 구조
주의의 시대였던 것은 그것이 동시에 인식론이 시대였
다는 것을 의미한다. 알튀세르*의 인식론적인 맑스

독해가 이 시대의 분위기를 가장 잘 대표하고 있다.
앎의 혁신은 반드시 인식론적 연구를 활성화시킨다.
구조주의는 직접적으로는 철학 운동이 아니지만, 인식
론적 혁신의 첨예화와 더불어 철학적 문제를 날카롭게
돌출시키게 되었다.

후에 인식론주의(epistemologism)라는 비난을 부를
정도로 인식론을 중시한 구조주의는 과학적 인식의
성립 조건을 엄밀하게 확증하고자 했다. 구조주의에
의한 인식론으로의 극단적인 기울어짐과 그 편애는
예를 들어 레비-스트로스의 『구조인류학』, 라캉의
『에크리』, 알튀세르와 발리바르(Étienne Balibar 1942-)
의 『자본론을 읽는다』, 푸코의 『지식의 고고학』 등에
서 두드러지게 보인다. 왜 구조주의는 인식론주의라고
비판적으로 특징지어질 정도로 과학적 지식의 조건의
탐구로 내달렸던 것일까? 그 이유의 하나는 구조주의
가 활약한 '인간과학'(les sciences humaines, la science
de l'homme)의 미성숙에 있었다. 무엇보다도 과학적
지식이고자 노력한 구조주의는 인간과학을 과학으로
서 확립해야만 했다. 구조주의자는 구조언어학에서
인간에 대한 과학의 범형을 찾았던 까닭에 언어학에
매혹되었지만, 그것만은 아니다. 인간의 사회와 문화
를 대상으로 하는 과학은 비-과학(또는 전-과학)적
지식의 '대륙' 안으로부터 생성되고, 동시에 그로부터
단절됨으로써 자립한다. 과학적 지식의 조건은 바슐라
르가 말하듯이 '끊임없는 인식론적 단절'에 있다고
생각되었다. 여기에 알튀세르가 정식화한 것과 같은
'이데올로기의 조건과 과학적 지식의 조건의 단절 문
제'가 등장했던 것이다. 구조주의자들의 용어법은 서
로 다르긴 하지만, 인식론적 단절의 물음은 공통의
토대였다.

구조주의가 인간과학을 과학으로서 확립시키는 것
을 저지하는 것으로 본 또 하나의 사상 환경이 동시에
부상했다. 근대의 의식철학(주체 중심의 철학)은 인간
과학의 발전을 제한해 왔다고 구조주의는 바라본다.
근대 의식철학의 최후의 대표는 실존주의*였다. 따라
서 구조주의와 실존주의의 대결은 불가피하게 된다.
여기에 구조주의는 과학적이긴 하면서도 실존주의와

의 논쟁 속에서 하나의 사상적 태도를 취하지 않을 수 없게 된다.

과학적 인식의 대상을 인식 주체도 관계의 담지자로서 포함하는 구조로 생각할 때, 구조주의의 과학론은 근대의 의식철학을 내던지게 된다. 사회관계(예를 들면 친족), 문화(예를 들면 신화), 인간의 정신(예를 들면 무의식), 인간이 만들어낸 것(예를 들면 작품) 등은 주체로부터가 아니라 구조로부터 출발하여 좀 더 좋게 인식할 수 있다는 것을 구조주의의 과학은 증명했다. 이런 의미에서 구조주의는 과학적 지식의 혁신일 뿐만 아니라 사상의 혁신의 고지자가 되었다. 구조주의의 등장과 더불어 근대의 주체 중심의 형이상학의 해체가 개시된다. 그리고 이 형이상학적 주체에 대한 회의야말로 니체의 플라톤주의 비판을 수용하여 결부시키는 결절점이 되었다. 구조주의적 사유의 깊은 곳에서 니체의 모습이 희미하게 보이고 있다.

【Ⅱ】 구조주의와 후기구조주의

구조주의와 후기구조주의의 관계는 무엇보다도 우선 근대 주체철학에 대한 회의를 둘러싸고 맺어진다. 주체철학에 대한 구조주의적인 비판은 후기구조주의의 문제권역을 만들었다. 하지만 후기구조주의는 구조주의가 내포하는 물음을 맑스*, 니체, 프로이트*가 사실상 제기한 형이상학 비판과 짜 맞춘다. 맑스, 니체, 프로이트는 각각 서로 다른 각도에서 서구의 제도화된 사유 형식을 무너뜨리는 시도를 해왔다. 1960년대에 구조주의의 화려한 등장과 더불어 맑스/니체/프로이트라는 독일 사상의 세 거장이 갑자기 부상했던 것도 서구적 사유의 근저에 대한 회의가 있었기 때문이다. 후기구조주의는 구조주의적인 코기토 비판을 철저화하고, 맑스, 니체, 프로이트의 물음을 전면적으로 떠맡아 서구적인 정신과 사유의 본질을 가능한 한에서 해부하게 된다. 후기구조주의는 이전의 후설처럼 서구적 사유의 재건 방향으로가 아니라 서구적인 사유(형이상학*이라고 불리고, 플라톤주의라도 불린다)의 구조를 드러내면서 근원으로부터 그것을 동요시켜 간다.

어떤 사상가들을 후기구조주의자라고 부를 것인가 하는 것은 어려운 문제다. 데리다*, 들뢰즈*, 리오타르*

를 후기구조주의에 넣는 것에 문제는 없다. 그렇지만 이전에 구조주의자라고 불린 푸코와 바르트조차도 후기가 되면 후기구조주의적으로 된다. 알튀세르마저도 그의 독특한 구조 개념 속에 후기구조주의적 경향을 감추고 있다. 따라서 후기구조주의의 사상적 체질은 사상이 짜이는 방식이나 물음의 방향으로부터 결정되어야만 한다. 즉 구조주의적 지식에 가세하는 가운데 구조주의가 함축하는 코기토 비판을 떠맡고, 그와 동시에 고대 그리스 이래의 서구의 지식 전체의 비판적 음미를 철저하게 수행하는 것, 이것이 후기구조주의의 사상적 얼개라고 말할 수 있을 것이다.

후기구조주의는 어떤 관점에서 보면, 차이*의 철학 또는 욕망의 철학이라고 말할 수 있다. 들뢰즈의 『차이와 반복』(1968)은 '차이는 반복이며, 반복은 차이다'라는 테제로부터 서구적 지식을 요약해 보인 책이지만, 반복하면서 차이화하는 기호라는 생각 자체는 구조주의의 정신을 철학적으로 표명한 것이다. 레비–스트로스의 '신화논리'는 바로 '차이와 반복'의 논리였다. 들뢰즈는 구조주의에 '가세하는' 철학자다. 또한 들뢰즈와 가타리(Felix Guattari 1930-92)의 공저 『안티 오이디푸스』(1972)와 리오타르의 『리비도 경제』(1974)는 '주체'가 아니라 '욕망'을 강조한다는 점에서 구조주의의 코기토 비판을 이어받는다. 들뢰즈/가타리의 '리좀(근경根莖)'의 은유도 이미 근대적인 의식 주체가 원리일 수 없는 인간의 존재방식을 '욕망'의 흐름이라는 시점에서 그려보여 주었다. 이때 코기토의 구조주의도 헤겔적인 변증법적 종합도 소실되고, 분자적 욕망의 수평적인 확대와 만남의 장이 떠오르며, 우연적이고 다양한 만남의 공간 속에서 반권력적인 '탈주=투쟁'과 자유의 가능성이 엿보이게 된다. 『말과 사물』(1966)을 쓴 시기의 푸코는 '에피스테메의 대좌'를 강조하고 있어 아무래도 구조주의적이었지만, 70~80년대의 푸코는 『감옥의 탄생』과 『성의 역사』를 쓰고부터는 후기구조주의적으로 된다. 하나의 시대의 앎의 체계와 구조를 잘라내 보이는 것이 아니라 앎과 권력의 동적이고 불가시적인 공범관계를 해명하고자 한 후기의 푸코는 단지 근대적 지식뿐만 아니라 서구의 지식 전체가 앎과 진리에 대한 의지에 사로잡혀 있는 역사를 그리게 된다. 앎과 섹슈얼리티*와 권력의 복합태라는 각도에서 푸코는 니체 이래의 형이상학 비판의 기도를 구체화했다고 말할 수 있을 것이다.

구조주의 이후, 맑스/니체/프로이트의 영향을 받으면서, 더 나아가 하이데거*의 '형이상학의 해체'(Destruktion) 테제를 받아들여 서구적 지식의 제도 자체의 분석으로 향한 것은 자크 데리다이다. 데리다의 시선은 구조주의적인 앎에 대해 최대한의 경의를 보이면서도 구조주의(인간과학) 자신도 역시 서구 형이상학의 틀 내에 있을 수밖에 없다는 것을 들추어내 보인다. 데리다는 구조주의가 착수한 인간과학의 전 영역(인류학, 정신분석, 기호학, 문학비판)을 다시 더듬으면서 그것들을 재료로 하여 서구적인 형이상학적 앎의 체질을 드러내는 가운데 근원으로부터 뒤흔들어 버린다. 데리다에게서 '앎의 체질을 드러내는 것'과 '뒤흔들어 버리는 것'은 하나다. 그 방법을 '탈구축'(déconstruction)이라고 부른다.

구조주의가 '기호언어'를 모델로 하고 있다고 한다면, 그 기호의 체계란 무엇인가를 묻지 않으면 안 된다. 기호의 과학이 시니피앙/시니피에의 차이, 나아가서는 감각적인 것/가지적인 것의 차이 없이는 있을 수 없는 것이라면, 이 과학의 시니피에로의 준거는 결국 '절대적 로고스'에 다다른다. 그리고 '절대적 로고스'는 이전에 중세 신학에서 무한의 창조적 주체였던 것으로부터 알 수 있듯이 기호의 존재를 가능하게 하는 것은 신의 언어와 존재 방식에로 향한다. 따라서 기호와 신성은 동시 탄생이자 동일한 장소를 지닌다. 기호의 시대는 본질적으로 신학적이다[J. Derrida, De la grammatologie, (1966) p. 25]. 그렇다고 한다면, 기호의 과학으로서의 구조주의, 나아가서는 근대의 과학적 지식 자신이 기호의 시대(에포크)에 속하는 것이자 신학=형이상학의 권역 내에 있는 것이게 된다. 구조주의적인 앎은 근대 과학적 지식의 권역 안에서의 혁신이긴 하지만, 서구적 앎의 권역 안을 벗어나는 것이 아니다. 바로 구조주의를 산출하는 '기호의 시대'의 신학=형이상학 체제를 드러내야만 하는 것이다. 그러나 기호의 앎을 성립시키는 개념들을 부정하는 것은 문제가 되지 않는다. 앎의 개념 없이 유산의 음미는 불가능하다. 전통적인 앎의 유산으로부터 개념들을 차용하여 그것들을 뒤흔들어 서구적 지식이 체질과 체제를 밝혀내는 것이 과제로 된다. 기호의 앎의 시대는 끝나지 않는다. 하지만 그 앎의 역사적 폐역(閉域)은 그려내는 것이 가능하다. "내부로부터 조작하면서 전도의 전략적·경제적 수단을 오랜 구조로부터 차용하고, 앎의 요소와 원자를 고립시키지 않고서 구조적으로 차용하는 가운데" 탈구축의 기도는 수행된다[같은 책 p. 39]. 앎의 폐역이 역사적으로 묘사되는 것은 하나의 앎의 '에포크'(존재=신학=형이상학적 앎의 에포크)의 극한(limit)을 지시한다. 오랜 앎의 체질과 체제를 '드러내고 뒤흔드는' 탈구축의 작업은 "폐역 외부의 빛남이 아직 명명도 되지 않은 채 엿보이는 틈"[같은 책 p. 25]을 지시하는 것이다.

서구적 지식의 체제는 구조주의적인 기호의 과학에서 극점에 도달했다. 앎의 극한에 도달했다는 것을 아는 것은 이 앎의 존재방식과는 또 다른 앎에의 통로(파사주)를 탐구하는 것이다. 니체와 맑스가 개시한 서구적 지식 비판의 작업은 하이데거를 거쳐 데리다로 발전해 왔다. 특히 니체의 사상은 그의 플라톤주의 비판과 그리스도교 도덕 비판에 의해 서구 정신이 소박하게 격세유전 하는 회로를 단절시켰다. 니체는 서구 정신에 대해 미지의 길을 개척하라는 명령을 발했다고 말할 수 있다. 바로 이로부터 후기구조주의가 출발하는 것이며, 동시에 후기구조주의에 의해 서구형이상학의 피안을 가리키는 사람으로서의 니체상이 만들어지게 되었다. 후기구조주의란 단지 구조주의적인 앎의 뒤에 오는 앎이 아니라 서구적 지식의 근원에 다가가는 운동인바, 그것은 지금까지도 끝나기는커녕 이제 막 개시되었을 뿐이다. ☞ 푸코, 데리다와 니체, 들뢰즈, 리오타르, 하이데거, 형이상학, 차이, 탈구축

—이마무라 히토시(今村仁司)

훈육訓育 ⇨사육{육성, 훈육}

희생犧牲

희생을 둘러싼 니체의 사유는 삶*의 의미에 대한 물음 하에서 전개된다. "삶에는 본래 어떠한 가치가 있는 것일까"[『반시대적』 III. 3]라는 근본적인 물음을 쇼펜하우어*로부터 이어받은 니체에게 있어 인간의 삶이 그 자체로서 의미를 지닌다고는 생각되지 않았다. 삶에는 의미가 주어져야만 한다. 그러한 의미 부여는 우선 초기에는 대다수의 인간의 삶에 대해 "모든 문화의 목표인 천재*의 산출"[같은 곳]에 의해 이루어진다고 생각되었다. 소수의 탁월한 철학자·예술가·종교인이 각각의 문화적 사명을 완수하기 위해 마땅히 해야 할 준비 작업에 종사함으로써, 즉 천재가 (무의식적이긴 하지만) 희생이 됨으로써 그 밖의 모든 인간의 삶도 유의미하게 될 수 있다고 하는 것이다. 삶은 그 자체로는 의미를 결여하고 있는 까닭에 무언가에 바쳐지는 희생이 되지 않고서는 의미 있는 존재가 될 수 없다고 하는 이러한 사고 유형은 니체의 생애를 관통해 갈 것이다.

그러나 "살아가고 살리는 것은 일반적으로 자기 주위에 어떤 분위기, 어떤 신비적인 안개를 필요로 한다"[『반시대적』 II. 7]고 하여 천재의 존재에 의해 "한정된 지평 속에 자기를 가뒀다"[같은 책 10]고 하는 반동 역시 강하며, 중기의 『인간적』*에 이르면 천재를 비롯하여 종래 인간의 삶의 의미의 원천으로 여겨져 온 것이 '심리학적으로' 그 유래가 폭로되어 간다. 그 정체 폭로는 두드러지게 엄밀하고 냉철한 과학적 인식의 영위로서 수행된다. 바야흐로 천재가 과학의 희생이 된다고 말할 수도 있을 것이다. 따라서 천재의 형이상학이 와해된 후, 삶에 의미를 부여할 수 있는 것은 인식의 작업밖에 있을 수 없다. 이 점은 『인간적』의 다음 저작 『아침놀』*에 이르면 좀 더 명확히 자각되어 간다. "인식은 우리에게 있어 어떠한 희생도 두려워하지 않는 정열, 결국 자기 자신의 소멸 이외에 아무것도 두려워하지 않는 정열로 변했다. 전 인류가 **이** 정열의

압박과 고뇌 아래서 지금까지의 야만*에서 비롯되는 보다 거친 쾌락*에 대한 질투를 아직 극복하지 못한 시대보다도 자신을 더 숭고하고 더 위로받는 존재로 믿을 것임에 틀림없다고 우리는 솔직하게 믿는다."[429] 그런 까닭에 인식의 발전을 위해서는 모든 것이 희생될 수 있다——인류의 존재 자체도 예외가 아니다. "감격을 주는 모든 수단 중에서 모든 시대를 통해 인간을 가장 앙양시켜 감동시킨 것은 인간의 희생이었다. 그리고 아마도 거대한 하나의 사상, 즉 **자신을 희생하는 인류**라는 사상이라면 어떠한 다른 노력도 굴복시킬 수 있을 것이며, 가장 압도적인 것에 대해서도 승리를 거둘 수 있을 것이다. 그렇지만 인류는 누구를 위해 자신을 희생해야 할 것인가? 우리는 이에 대해 다음과 같이 미리 단언할 수 있다. 즉 언젠가 이 사상의 별자리가 지평선에 나타날 때면 진리의 인식이 그러한 희생에 어울리는 단 하나의 거대한 목표로 남게 될 것이다. 그러한 목표에 비하면 어떤 희생도 크다고 할 수 없기 때문이다."[같은 책 45] 이와 같이 어떤 것인가의 희생이 되는 것이 삶에 의무를 부여한다고 하면, 의미를 주는 것은 그 어떤 것인가(천재, 인식)라고 생각될 뿐만 아니라, 다른 한편으로는 마지막 인용에서도 추측할 수 있듯이 희생 행위 그 자체가 의미부여를 실현하는 듯이 느껴지기도 한다. 그러나 그 경우에는 희생이 바쳐지는 어떤 것인가는 자칫 단순한 구실이 될지도 모른다. 아니, 본래 희생의 행위 자체가 엄밀한 의미에서의 자기 부정이 아니라 어떤 숨겨진 욕망의 가면*에 불과하게 된다. "그대들은 열광적으로 자신을 헌신하고 자신을 희생물로 만들어, 신이든 인간이든 그대들이 그대 자신을 바치는 강력한 존재와 지금 하나가 되었다고 생각하고 도취*되는 것이다. 그대들은 그대들의 희생을 통해 다시 한 번 확인되는 저 강력한 존재가 갖는 힘의 느낌에 탐닉한다. 사실 그대들은 단지 희생되는 것처럼 **보일** 뿐이다. 오히려 그대들은 마음속에서 그대들을 신으로 변화시키고 신이 된 자신을 즐기는 것이다."[같은 책 215] 결국 희생은 순수한 의미에서 성립할 수 없으며, '힘의 감정'의 획득이라는 목적에 바로 그것이 바쳐지고 있다는 것이다. '힘의

감정'이야말로——『아침놀』에서는—— 삶을 의미 있는 존재이게 하는 것이기 때문이다.

희생 행위의 숨겨진 동기를 찾는 이러한 견해는 앞에서 이야기한 인식에의 헌신에 의한 삶의 유의미화에도 파급되지 않을 수 없다. 『차라투스트라』*에 이르러 그 점이 명확해진다. 제2부의 「자기 극복에 대하여」에서 삶이 인식하는 자 차라투스트라에게 말한다. "보라, 나는 **끊임없이 자신을 극복해야 하는 존재**다. …… 진실로 몰락*이 일어나고 낙엽이 지는 곳에서 생명은 자신을 제물로 바치니, 힘을 확보하기 위해! …… 깨친 자여, 너 또한 나의 의지가 가는 오솔길이요 발자국일 뿐이다. 참으로, 나의 힘에의 의지는 그대의 진리에의 의지*조차도 발로 삼아 거닌다! …… 많은 것이 살아 있는 것에 있어 삶 그 자체보다 높이 평가되고 있다. 하지만 그 평가 자체 속에서 말하고 있는 것, 그것은 힘에의 의지다." 모든 것으로——따라서 인식하는 자의 '진리에의 의지'로도—— 천변만화하는 '힘에의 의지'의 사상의 등장이다. 이후 삶의 의미는 이 '힘에의 의지'로부터 다시 파악되며, '희생'도 기본적으로 그 관점에서 해석되어 간다. ☞삶, 천재

——스토 노리히데(須藤訓任)

힐레브란트 [Karl Hillebrand 1829-84]

『이 사람을 보라』*에서 니체는 『반시대적 고찰』* 제1편에 대한 반향을 돌아보면서 힐레브란트가 『아우크스부르거 알게마이네 차이퉁』에 기고한 비평[1873. 9. 22/23.]에 대해 "거기서 내 글은 사건이자 전환점이며 최초의 자기 성찰로, 단연 최고의 징후로, 정신적인 사항에 있어서의 독일적 진지함과 독일적 열정이 진정 **귀환**한 것으로 제시되어 있다'고 하여, 더 나아가 "글을 쓸 줄 아는 최후의 **인간다운** 독일인" 힐레브란트는 "내 글이 갖추고 있는 그 형식, 그 성숙한 취미", 개인과 사태를 구분하는 그 완벽한 절도"를 높이 평가하여 "독일어로 쓰인 최고의 논쟁적 저술"로 극찬했다고 전하고 있다[『이 사람』. V. 2]. 힐레브란트는 『반시대적 고찰』 제2편, 제3편도 비평했는데, 이 서평들이 수록

된 『시대, 민족, 인간』 제2권(Zeiten, Völker, Menschen, Bd. 2, 1875)을 니체는 때때로 널리 알려 사람들에게 권유하고 있었다. 기센의 철학 교수의 아들로 태어난 힐레브란트는 1849년의 바덴 봉기에 참가하여 투옥되며, 처형 직전에 프랑스로 도망하고, 짧은 기간 하이네*의 비서를 맡은 후 프랑스 국적을 취득하여 두에대학의 근대문학 교수가 되며, 『두 세계 평론』과 『주르날 데 데바』에 왕성하게 기고했다. 그러나 프로이센-프랑스 전쟁*이 발발하자 프랑스를 떠나 이후에는 피렌체에 살며 『타임즈』와 『아우크스부르거 알게마이네 차이퉁』의 통신원도 맡으면서 영국과 프랑스, 독일과 이탈리아의 잡지와 신문에 수많은 에세이를 기고했다. 힐레브란트가 상당히 일찍 니체를 다룬 것은 바이로이트* 서클에 속해 있던 말비다 폰 마이젠부크*와 (후에 그와 결혼한) 제시 로소-테일러(Jessie Lossot-Taylor 1827-1905)로부터 가르침을 받았기 때문인 듯하다. 다만 실제로 힐레브란트의 서평은 니체의 표현력에 대해서는 찬양하면서도 다비드 슈트라우스*의 말투를 집요하게 왈가왈부하는 절도 없음, 쇼펜하우어*에 대한 열광으로부터의 헤겔* 비판의 부당함, 그리고 젊을 때의 작품인 까닭의 미숙함을 솔직하게 지적하고 있었다. 그럼에도 어느 정도는 호의적인 평가를 받아 니체는 기뻤던 듯하다. 그는 저서를 힐레브란트에게 계속해서 보내며, 또한 당신의 책으로부터는 "유럽적인 대기가 불어오며, 결코 사랑해야 할 민족적인 질소는 나오지 않습니다'라고 찬사를 보내고서, 당신의 비평은 정말로 기뻤다고 쓰고 있다[힐레브란트에게 보낸 편지 1878년 4월 중순]. 그들 사이에는 소규모의 상호적인 영향도 보이는데, 예를 들어 힐레브란트의 『미학의 이단자의 열두 통의 서간』(1873)에는 '교양속물*'이라는 표현이 사용되고 있으며(이 책을 찬미한 니체는 바그너 부처의 빈축을 샀다), 다른 한편 유럽 문화에 대한 헤겔의 공헌은 '발전' 개념을 가져온 것이라고 하는 니체의 발언[『학문』. 357 등]도 주로 힐레브란트에게서 유래한다고 추측된다. 그렇지만 쇼펜하우어에 맞서 헤겔을 옹호한다든지 프로이센의 군국주의와 비스마르크*를 찬미한다든지 한 힐레브란트와 니체

사이에는 커다란 거리가 있었던 것도 확실한바, 자신이 이탈리아*에서 발간하는 잡지에 기고하지 않겠는가 하는 힐레브란트의 권유를 니체는 거절했으며[니체에게 보낸 힐레브란트의 편지 1874. 1. 24.; 힐레브란트에게 보낸 니체의 편지 1874. 2. 11.], 힐레브란트 쪽에서도『차라투스트라』*의 성서* 풍의 표현과 과대망상광적인 사고에 대해서는 따를 수 없다고 말하고 있다[한스 폰 뷜로에게 보낸 편지 1886. 9. 16.]. 두 사람이 심각한 대립에 이르지 않았던 것은 오로지 그들의 교제가 얼마 안 되는 편지 교환 이상으로는 발전하지 않았기 때문일 것이다.

─오이시 기이치로(大石紀一郎)

힘에의 의지 [der Wille zur Macht]
【Ⅰ】 '힘에의 의지'의 다면성
니체가 공간한 저작들 가운데 '힘에의 의지'라는 말이 최초로 나타나는 것은『차라투스트라』*제1부(1883)의 「천 개의 목표와 하나의 목표에 대하여」로 각각의 민족들에서의 선악은 "그 민족의 힘에의 의지가 발한 목소리"라고 하는 한 구절에서다[Ⅰ-15]. 그 후에는『선악의 저편』*(1886)과『즐거운 학문』*의 제5부(1887)에서 자주 언급되며,『도덕의 계보』*(1887)의 제3논문에서는『힘에의 의지. 모든 가치의 가치 전환의 시도』라는 제명의 저작이 예고되고 있다[Ⅲ. 27]. 후에 누이 엘리자베트 등은 유고를 편집하여 동명의 책을 니체의 '주저'로서 간행했지만, 슐레히타*나 콜리/몬티나리*가 명확히 했듯이 니체 자신은 '힘에의 의지'에 관한 체계적인 저작 계획을 최종적으로는 포기하며, 이 사상에 관한 발언의 많은 것은 1880년대 후반의 유고에 단편으로서 남아 있게 되었다. 더욱이 이 유고들에서는 자연, 삶, 사회, 인식, 종교, 도덕, 예술 등, 실로 다양한 영역에 걸쳐 '힘에의 의지'의 다양한 형태가 다루어지고 있다[유고 Ⅱ. 11. 67f. 등]. '힘에의 의지'가 후기 니체의 중심 사상들 가운데 하나였다는 점은 의심할 수 없지만, 텍스트의 상황으로부터 보거나 거기서 논의되고 있는 내용에서 볼 때 이것을 통일적인

사상으로서 파악하는 것은 그리 쉽지 않다. 니체가 체계적인 저작의 완성을 단념한 것도 그가 파악하고자 한 것이 그것 자체로서 다면적이고 종래의 형이상학*과 마찬가지로 통일적인 사상으로 가져올 수 없는 사항이었기 때문이 아닐까?

그 다면성은 이미『차라투스트라』*제2부(1883)의 「자기 극복에 대하여」에서의 기술에서도 보인다. 우선 지금까지 '진리에의 의지'*라고 여겨져 온 것은 "존재하는 모든 것을 사유 가능한 것으로 만들려고 하는 의자"이며, 그것은 사물을 사고에 복종시키고자 하는 '힘에의 의지'에 다름 아니라고 생각된다. 마찬가지로 선이나 악과 같은 가치도 '힘에의 의지'에 기초하고 있다고 간주되어 모든 가치가 '힘에의 의지'로 환원된다. 나아가 모든 살아 있는 것에는 명령과 복종이 있으며, 거기서 발견되는 것이 '힘에의 의지'라고 말해진다. 요컨대 강자에게 복종하는 약자에게도 자신보다 약한 자를 지배하는 쾌락을 추구하고자 하는 의지가 있으며, 또한 강자는 위험을 아랑곳하지 않고 스스로를 걸고서 한층 더한 힘을 추구한다는 것이다. 왜냐하면 '삶'*의 근본에 있는 것은 단순한 자기 보존*을 꾀하는 '삶에의 의지'*가 아니라 '힘에의 의지'이기 때문인바, 그것은 "다하는 일 없이 산출하는 삶의 의지"로서 스스로가 산출한 것을 파괴하고 새로운 가치를 창조하고자 한다는 것이다[Ⅱ-12]. 이렇게 보면 '힘에의 의지'에 대해 다음과 같은 특징을 지적할 수 있을 것이다. 즉 '진리에의 의지'도 선과 악과 같은 도덕적 가치도 '힘에의 의지'의 발현 형태에 다름 아니다【Ⅱ】. 그리고 모든 살아 있는 것은 힘의 증대와 지배를 추구하는 것이기 때문에, 존재자 전체의 본질은 '힘의 본질'로서 규정되며, 거기서 새로운 형이상학의 가능성이 발견된다【Ⅲ】. 게다가 동시에 '힘에의 의지'는 새로운 가치 설정의 원리이며【Ⅳ】, 그것은 또한 창조적인 생산(다시 말하면 '예술')에 관한 것【Ⅴ】이라는 것이다.
【Ⅱ】 '힘에의 의지'의 위장과 지배
'힘에의 의지'의 사상적 기원을 생각하는 데서 중요한 시점의 하나는 "힘에의 의지의 형태론·발전설"로서의 "심리학*"이라는 구상이다[『선악』 23]. '힘에의

의지'라는 개념을 말하고자 하게 되기 이전에도 니체는 이미 거기서 논의되게 되는 사태를 고찰하고 있으며, 『인간적』* 제1부(1878)에서는 동정*에 관한 라 로슈푸코*의 발언과 관련하여 약한 인간에게도 타인에게 동정 받음으로써 자신이 사람들에게 고통을 주는 힘(Macht)을 지니고 있었다는 것을 의식하고, 그 얼마 안 되는 우월감 속에서 일종의 "힘의 감정"을 느낀다고 말한다[Ⅰ. 50]. 현세적인 지배욕을 초월해 있는 것처럼 보이는 금욕적인 "성자"도 자신 내부에서 "적"을 발견하고 그것을 극복하는 것에서 잔인한 "힘의 감정"을 느낀다고 하고 있다[같은 책 Ⅰ. 141]. '힘에의 의지'라는 표현은 분명히 파울 레*의 『심리학적 관찰』(1875)의 영향을 받아 쓰인 1876년 말부터 77년 여름에 걸친 단편[Ⅰ. 8. 218]에서('힘의 감정'이라는 표현과 함께) 처음으로 사용된다. 타자와 '내면의 적'에 대한 우월로부터 생겨나는 '힘의 감정'은 『아침놀』*(1881)에서도 논의되며, 그것을 얻기 위해 인간이 발견한 수단은 "거의 문화의 역사 그 자체"에 필적한다고 생각된다[『아침놀』 23, 113]. 거기에서는 이미 후년의 '계보학'*으로 통하는 발상도 보이며, "인간은 힘의 감정을 가질 때, 자신이 **선하다**고 느끼고 자신을 선한 사람이라고 부른다. 그리고 바로 그때, 그가 자신의 힘을 **방출하지** 않으면 안 되는 대상인 타인들은 그를 **악한** 사람이라고 부른다."는 구절이 있다[같은 책 189]. 이러한 고찰을 니체는 라 로슈푸코 등의 모럴리스트*의 '자기애'나 '허영심*'에 대한 통찰에 빚지고 있었다. 인간의 심리에 숨어 있는 미묘한 권력* 감정을 도려내는 시점이라 할 것이다. 이것은 이윽고 모든 도덕적 가치 평가가 약자가 르상티망*에서 강자의 지배를 제약하고자 설정한 것이며, 위장된 '힘에의 의지'의 표현에 다름 아니라고 하는 사고로 발전한다.

다른 한편, 니체는 '진리에의 의지'도 '힘에의 의지'의 위장에 지나지 않는다고 하여 인식을 힘의 문제로 환원하고자 하고 있다. 이 기도도 초기의 학문* 비판 이래로 니체가 계속해서 물어온, 진리*를 추구하는 충동의 기원이라는 문제의 연장선상에 놓여 있다. 「도덕 외적인 의미에서의 진리와 거짓에 대하여」(1873)에서 그는 진리와 거짓의 구별은 인간 사회에서의 편의적인 관습에 불과하다고 하여 "모든 개념은 동일하지 않은 것을 동일화함으로써 성립한다"고 말하고 있었다. 그리고 언어*는 기껏해야 인간의 사물에 대한 관계를 보여주는 메타포에 지나지 않음에도 불구하고, 그 사정을 망각한 인간은 어디까지나 진리의 인식*이 가능하다고 믿는다. 그러나 인식도 사실은 생존의 유지라는 목적을 위한 위장으로서 기능하고 있는 데 지나지 않는다고 하고 있다. 이러한 사고방식을 니체는 후기에 새롭게 다루는데, 세계가 유동하기를 그치지 않는 '생성*'인 데 반해, 인식은 사물을 동일성을 지닌 개념과 범주에 맞춤으로써 사고 가능한 '존재'로서 파악하고, 그것에 의해 자연을 지배하고자 한다고 주장한다. 그리고 '진리에의 의지'라는 것은 본래 파악될 수 없는 것을 파악될 수 있는 것으로 날조하는 '기만에의 의지'에 다름 아니라고 하여 진리와 거짓이라는 범주의 차이를 해소해 버린다. 어떤 유고에서 니체는 "**진리란** 그것 없이는 어떤 특정한 종의 생물이 살아갈 수 없는 그러한 **종류의 오류다**"라고 말하고 있다[유고 Ⅱ. 8. 306]. 결국 인식이란 "자연을 자연의 지배를 목적으로 하여 개념에로 전환하는 것"이며[Ⅱ. 7. 253], "인식은 힘의 도구로서 작용한다"고 생각된다[Ⅱ. 11. 126]. 요컨대 문제로 되는 것은 진리가 아니라 힘의 증대에 의한 지배와 정복이라는 것이다.

이리하여 심리학적·인식론적 환원에 의해 모든 활동의 근저에서 지치지 않고서 힘의 증대를 추구하는 경향이 발견되며, 지배와 복종*은 삶의 근본 사실인바, '힘에의 의지'야말로 "존재의 가장 내적인 본질"이라고 규정된다[Ⅱ. 11. 75]. '힘에의 의지'는 "원초적인 정념의 형태"(Affekt-Form)이며, "그 밖의 정념은 단지 그 발전에 지나지 않고", "모든 몰아대는 힘은 힘에의 의지이고, 그것 이외에는 어떠한 물리적, 역학적, 심리적 힘도 없다"는 것이다[Ⅱ. 11. 124]. 더욱이 그것은 단순한 '자기 보존'을 추구하는 것이 아니라 오히려 스스로를 위험에 드러내면서도 자기의 우월, 성장, 확대를 끊임없이 지향한다고 여겨진다. 그리고 니체는 다양한 '위장'을 폭로하여 종래의 가치 평가의 파괴를 수행하는 한편, 도덕에 사로잡히지 않는 '무구'한 강자의 힘에 의한 지배에서 순수한 '힘에의 의지'의 발동을 보고 그것을 대담하게 긍정한다. 그로부터 그는 '금발의 야수*'나 '지배자 도덕'과 같은 말에 의해 강자에 의한 약자의 착취를 정당화하고, 못난 천민*을 도태시키고자 하는 주장까지 도출하는 것이다. 후에 보임러*는 이 사상의 이러한 측면을 강조하여 노골적인 강자 숭배야말로 교양* 시민의 유약한 내면성을 타파하고 그 도덕을 넘어서는 "행위의 철학"을 가져오는 것이라고 하면서 니체를 나치스* 이데올로기에 거두어들이고자 했다. 니체에게도 그와 같은 해석을 허용하는 점이 있었다는 것은 부정할 수 없지만, 아래에서 보듯이 그러한 해석이 '힘에의 의지'의 부당한 일면화라는 것도 역시 확실하다.

【Ⅲ】 '힘에의 의지'의 형이상학

'힘에의 의지'에 의해 니체는 초감성적인 것에 대해 참된 실재성을 인정하고 감성적인 현실을 폄하하는 플라톤* 이래의 전통적인 형이상학*을 부정하고, 감성적인 삶의 긍정에 기초하여 세계를 내재적으로 해석하는 새로운 형이상학을 세우고자 한다. 이와 관련하여 '힘에의 의지'의 또 하나의 사상적 기원이 되는 것은 라이프니츠, 셸링(Friedrich Wilhelm Joseph von Schelling 1775-1854), 쇼펜하우어* 등의 의지의 형이상학 전통이다. 다만 니체는 존재자의 근본적 성격을 '의지'로서 해석하는 발상은 이어받으면서도 그것을 존재의 유일한 본질로서 실체화하고자 하는 것이 아니다. "신체*라는 이끄는 살'에 따라 생각하게 되면, 자아의 근저에는 다양한 충동*들의 서로간의 투쟁이 발견되며, 다양한 '힘에의 의지'의 복합체인 인간의 '의지'에 대해 단수형으로 말할 수는 없다는 것이다[유고 Ⅱ. 7. 368, 377; Ⅱ. 9. 36 등]. 그리고 쇼펜하우어가 말하는 '의지'는 "욕망과 본능, 충동"을 의지의 본질로 하는 근본적 오해에 기초하고 있으며, 본래는 개개의 구체적인 "힘의 중심"으로서밖에 존재할 수 없는 것을 의지 일반으로 추상화하여 공허한 언어로 만든 것이라고 비판된다 [Ⅱ. 10. 133; 11. 125]. '의지' 자체에 대해 말하는 것은 "잘못된 추상화"라는 것이다[Ⅱ. 9. 38].

그에 반해 니체는 작용하는 모든 힘을 '힘에의 의지'로서 해석하고, 다수의 힘의 상호 작용을 상정하여 라이프니츠의 모나드론과도 유사한 구상을 전개한다. 세계는 다수의 "힘의 중심"의 대립과 간섭, 흡수와 동화의 과정으로서 생각되며, 각각의 중심은 스스로의 원근법*에 기초하는 가치 평가에 의해 자신에게 있어서의 세계를 표상하면서 서로 자기의 힘의 유지와 확대를 끊임없이 의욕하며 다른 존재자를 지배하고자 한다는 것이다[Ⅱ. 11. 208, 211]. 그렇지만 여기서도 일정불변한 모나드와 같은 실체적 존재가 전제로 되어 있는 것은 아닌바, 각각의 힘의 존재 양태는 다양하게 변동하고 증감하며, 상호적으로 작용을 미치는 차이의 관계로서 생각되고 있다. 다른 한편 니체는 세계의 본래적인 존재 양태를 부단한 '생성'으로서 파악하고 있으며, 이 점에서 '힘에의 의지'의 형이상학 구상은 '영원회귀'와 결부된다. 즉 세계가 일정한 '힘의 중심들'의 상호 작용으로 성립해 있다고 한다면, 무한한 시간 속에서는 모든 조합이 실현될 수 있으며, 또한 이미 실현되어 있을 것이다[Ⅱ. 11. 214]. 그리하여 그는 **모든 것이 회귀한다는 것은 생성의 세계의 존재의 세계로의 극한적인 접근이며 고찰의 정점이다**라고 말하고, "생성에 존재의 성격을 **각인하는*** 것 — 이것이야말로 최고의 **힘에의 의지다**'라고 하고 있다[Ⅱ. 9. 394]. '영원회귀'야말로 '생성'으로서의 세계를 항상적인 '존재'로서 파악하는 유일한 사상이라고 하는 것일 터이다. 그러나 "힘에의 의지가 존재도 생성도 아니라 **파토스**라고 하는 것은 가장 기본적인 사실이며, 그로부터 비로소 생성과 작용이 생긴다'라는 발언[Ⅱ. 11. 74]은 니체가 모든 실체적 존재의 정립을 배제하는 기도를 추구하며, 힘의 차이라는 상호 관계로부터 생겨나는 작용 이외에 아무것도 인정하지 않는 입장에 도달해 있다는 것을 보여준다.

야스퍼스*는 『니체』(1935)의 「세계 해석」이라는 제목의 장에서 '힘에의 의지'를 상세히 소개하고, 그것이 철저하게 내재적인 형이상학으로서 "존재의 암호"(Chiffre)를 초월자 없이 읽어내고자 하는 기도라는 것을 지적함과 동시에, 그에 맞서 권력투쟁과는 상용할 수 없는 "교제"(Kommunikation)의 의미를 강조하고 있다. 또한 하이데거*는 나치스 지배 하의 시대에 행한 『니체』 강의(1961년 간행)에서 니체 해석의 과제는 존재자의 기본 성격으로서의 '힘에의 의지'와 존재 양태로서의 '영원회귀'의 동일성을 사유하는 것이 있다고 하고 있다. 그리하여 그는 라이프니츠로부터 헤겔*, 셸링, 나아가서는 아리스토텔레스에 이르기까지 철학사에서의 '의지'의 사상의 전개를 돌이켜본 데 기초하여, 니체는 데카르트*의 '나는 생각한다'를 '나는 원한다'로 환원했지만, 기체(subiectum)로서의 '자아' 대신에 '신체'를 놓은 것에 지나지 않으며, 아직 "주관성의 형이상학"이 틀 내에 머물러 있다고 한다. 요컨대 니체의 '힘에의 의지'의 형이상학은 데카르트 이래의 근대 철학의 완성이며, 무제약적인 "주관성의 형이상학"으로서 서양의 형이상학 일반의 종말을 이루는 것이기도 하다는 것이다. 나아가 들뢰즈*는 『니체의 철학』(1962)에서 차이*의 입장에서 작용하는 '힘에의 의지'를 능동적과 반동적, 긍정적과 부정적이라는 대립 개념 속에서 파악하고자 하고 있다.

【Ⅳ】 해석으로서의 '힘에의 의지'

야스퍼스와 들뢰즈 그에 더하여 최근의 해석자들도 지적하는 것은 내재적 형이상학으로서의 '힘에의 의지'에서, 그리하여 '힘에의 의지'가 힘의 차이에 의한 지배와 정복으로서 뿐만 아니라 '해석'의 원리로서도 포착되어 이를테면 '힘에의 의지'의 해석학이라고도 말해야 할 사상이 전개되고 있다는 것이다. "'도대체 누가 해석하는 것인가'라고 물을 수는 없다. 그런 것이 아니라 해석하는 것 자체가 힘의 의지의 하나의 형태로서 존재하는(그러나 하나의 '존재'로서가 아니라 하나의 **과정**으로서, 하나의 **생성**으로서) 정념으로서 존재하는 것이다.'[유고 Ⅱ. 9. 188] 이러한 해석으로서의 '힘에의 의지'는 종래의 "도덕적·종교적 세계 해석"(그리스도교*와 플라톤주의에서의 형이상학적 세계상)이 붕괴하고, 인간에게 있어 세계에 아무런 의미도 없게 된 상황(니힐리즘*)에 직면하여 그것을 극복*하기 위한 "새로운 가치 설정의 원리"로서 도입된다. '신의 죽음*'에 의해 이전의 신을 중심으로 하는 세계관

속에서 인간에게 주어져 있었던 삶의 의미는 상실되어 버렸지만, 그것은 또한 세계라는 텍스트에 다시 무한한 해석의 가능성이 부여된 것이기도 하다[『학문』37 4]. 여기서 '힘에의 의지'는 그것 자체로서는 무의미한 혼돈*에 불과한 세계에 의미를 부여하는 원리로서 생각되고 있다. 모든 해석은 각각의 '힘의 중심'이 힘의 증대를 꾀하기 위해 스스로의 원근법에 기초하여 내리는 가치 평가이며, 그에 의해 필연적으로 다양한 "원근법적 가상"이 생긴다는 것이다. 모든 인식은 '힘에의 의지'가 스스로의 목적에 따라 "의미를 넣어 읽기"(Sinn-hineinlegen)이며[Ⅱ. 9. 138], "우리의 가치는 사물에 **해석에 의해 부여된**(hineininterpretiert) 것이다. / 도대체 그것 자체에서의 **의미**라는 것이 있는 것일까? / 필연적으로 의미란 바로 관계의 의미이자 관점이 아닐까? / 모든 의미는 힘에의 의지다'라는 것이다[Ⅱ. 9. 134]. 여기서 해석의 진리성이나 객관성은 문제가 되지 않는바, 해석의 타당성은 여러 가지 해석들 사이의 투쟁에서 좀 더 넓은 관점에 서서 타자의 원근법을 자기의 원근법에 동화·흡수하여 삶을 증진하는 가상*을 산출할 수 있다고 하는 것에만 기초한다. "모든 해석은 성장의 징후 내지는 하강의 징후다. …… 해석의 많음은 힘의 징표다."[Ⅱ. 9. 163]

더 나아가 니체는 '해석'으로서의 '힘에의 의지'를 생물학적 진화와도 결부시켜 '힘에의 의지'의 '자연사'라고도 말해야 할 것을 구상하고 있다. 즉 인간의 신체 기관도 자기의 삶에 있어서의 유용성에 기초하여 이루어진 '해석'에 의해 형성되며, 다양한 원근법적 평가를 '체현'하여 발달해 온 것이라고 하는 사고방식이다. "모든 목적, 모든 유용성이란 하나의 힘에의 의지가 좀 더 힘이 약한 것을 지배하게 되고, 그 약한 것에 그 스스로 어떤 기능의 의미를 새겼다는 **표시**에 불과하다. 어떤 '사물', 어떤 기관, 어떤 관습의 역사 전체도 이와 같이 항상 새로운 해석과 정돈이라는 계속되는 기호의 연쇄일 수 있다"는 것이다[『계보』Ⅱ. 12]. 이리하여 인식과 도덕 혹은 종교도 유기체의 기관들과 마찬가지로 인간이라는 생물을 유지하고 자연에 대한 지배력을 높이기 위해 필요한 조건으로서 '힘에의 의

지'에 기초하여 발전해 온 것이라고 여겨져, 기묘한 실체화가 생겨나고 있다.

그런데 야스퍼스가 지적하듯이 '힘에의 의지'가 '해석'에 의한 가치 설정의 원리라고 생각되는 것과 더불어, 만약 모든 것이 원근법적 해석에 지나지 않는다고 한다면, '힘에의 의지'라는 사상도 "해석의 해석"으로서 가설적인 성격밖에 지니지 않는 것이 될 것이다. 니체는 『선악의 저편』에서 "노련한 문헌학자"로서 생물학자들의 "서투른 해석의 기술"을 지적하고, 그들이 주창하는 "자연의 합법칙성"은 "해석"이지 "텍스트" 그 자체가 아니라고 주장한다. 그리고 현대의 평등사상에 의해 타락하게 된 물리학자들과는 "전혀 대립적인 의도와 해석 기술을 지니고, 동일한 자연에서 동일한 현상에 대해 바로 포학하고 인정사정없는, 가차 없는 권력 주장이 관철되고 있음을 읽어낼 줄 아는" 해석자, 즉 '힘에의 의지'에 의한 자연의 해명을 지향하는 철학자의 도래를 암시하며, 게다가 "이것도 역시 해석에 지나지 않는다면" 어떠할 것인가라고 도발적으로 묻고 있다[『선악』 22]. 다른 곳에서도 모든 충동, 모든 유기체의 기능이 하나의 의지의 근본 형식으로 환원된다고 **가정하게 되면**, 작용하는 힘은 모두 '힘에의 의지'로서 규정되는 것이 된다고 하여 '힘에의 의지'의 형이상학 구상에 대해 가설적인 지위밖에 인정하고 있지 않다[같은 책 36]. 실현되지 않은 저작 『힘에의 의지』의 부제로서 생각된 표현의 하나가 시사하고 있듯이, '힘에의 의지'도 세계에 관한 "하나의 새로운 해석의 시도"에 지나지 않는 것으로 된다. 그렇지만 바로 그런 까닭에 거기에는 학문적인 가설과는 달리 가상을 사유하고 또한 스스로의 사유의 가상성의 의식에 의해 관철된 사상으로서의 '힘에의 의지'의 특수한 성격이 나타나 있다고 말할 수 있는 것이 아닐까?

【V】 예술로서의 '힘에의 의지'

하이데거는 니체에 대한 최초의 강의에 「예술로서의 힘에의 의지」라는 제목을 붙여 '힘에의 의지'에서 가상과 예술*의 문제가 핵심을 이룬다는 것을 지적하고 있지만, 그 후의 사유에서는 니체의 철학을 서양 형이상학의 완성으로서 자리매김하는 데 부심하여

자연 지배의 도구로서의 이성과 기술이라는 문제로 논고의 중심을 옮기며, "가상에의 의지"로서의 '힘에의 의지'라는 측면을 거의 다루고 있지 않다. 그러나 '진리에의 의지'에서의 위장의 폭로와 동시에 '가상'의 필연성을 문제로 삼는 시점은 니체에게 있어 일관되게 작용하고 있다. 이미 「도덕 외적인 의미에서의 진리와 거짓에 대하여」에서도 인간의 근본 충동을 메타포(=가상)의 형성에서 보고 그 두 가지 나타남을 학문과 예술이라고 한다면, 스스로 산출하는 것이 가상이라는 것을 분별하고서 가상의 산출을 행하는 예술 쪽이 그것이 마치 가상과는 전적으로 대립하는 다른 것이라는 듯이 진리를 추구하는 학문*보다 근본적이라고 하는 논의를 행하고 있지만, 이것은 예술이야말로 인간의 "본래적으로 형이상학적인 활동"이라고 하여 가상에서의 삶의 구제를 이야기하는 『비극의 탄생』*의 사상과도 깊이 관계되어 있다. 후기의 '힘에의 의지'의 사상에서는 예술에서의 도취* 체험을 "고양된 힘의 감정"과 결부시키고[유고 Ⅱ. 11. 191], 아름다움에서 "힘의 최고의 징후"를 발현시키는 "예술가의 힘의 의지"에 대해 말하고 있는데[Ⅱ. 9. 331], 거기서도 예술은 본래 허구에 의해 성립하는 것이기 때문에, "**허위와 위장**의 충동이 예술가에게서 분출한다"라는 지적이 이루어진다[Ⅱ. 9. 409]. 즉 예술에서는 '진리'라는 위장에 의하지 않고서 '힘에의 의지'가 순수하게 나타난다는 것이다. "'예술가'라는 현상은 역시 가장 쉽사리 **꿰뚫어 보는** 것이 가능하다.──그로부터 출발하여 **힘**과 자연 등의 **근본 본능**에로 눈을 돌리는 것! 또한 종교와 도덕의 근본 본능에게로도!"[Ⅱ. 9. 174] 더욱이 여기서 중요한 것은 예술 표현에서는 공공연한 폭력적 지배에 직결되지 않는 '힘에의 의지'의 발현 가능성이 제시된다는 점이다. "아름다움에서는 여러 가지 대립이 억제되어 있으며", "그것은 힘의 최초의 표시, 요컨대 대립하는 것에 대한 힘의 최고의 표시다. 거기서는 또한 긴장도 없다. ── 이미 어떠한 폭력도 필요하지 않으며, 모든 것이 경쾌하게 따르고 복종한다. 더욱이 복종하기 위해 대단히 사랑스러운 몸짓을 한다 ── 이것이 예술가의 권력 의지를 기쁘게 만든다."[Ⅱ. 9. 331] 이리

하여 니체는 예술에서 "삶에의 위대한 유혹자, 위대한 자극제"를 발견하며[Ⅱ. 12. 18], 니힐리즘에 대한 "대항운동"의 전망을 열고자 한다. 가상에 의한 삶의 구제라는 초기의 주제가 여기서는 '힘에의 의지'와 결부되며, 형이상학의 극복과 예술에 의한 세계의 의미부여, 삶의 가치의 전면적인 긍정과 같은 사항들이 한 몸을 이룬 과제로서 파악되고 있다. 이러한 맥락에서는 영원히 회귀하며 스스로를 의욕하는 세계라는 '영원회귀' 사상도 세계를 "자기 자신을 산출하는 예술 작품"으로서 해석하는 것으로 간주된다[Ⅱ. 9. 161]. '힘에의 의지'를 원리로 하는 세계는 영원히 자기 창조와 자기 파괴를 반복하며, 그 파괴와 창조의 도취 속에서 미적 현상으로서만, 요컨대 감성적으로 경험되는 다양하고 우발적인 가상으로서만 세계와 삶은 정당화되는 것이게 된다. 가상에의 의지로서의 '힘에의 의지'에서는 이전의 '예술가 형이상학'에서의 '디오니소스'적인 것'이 숨 쉬고 있는 것이다. ☞가상, 영원회귀, 허영심, 권력, 지배와 복종, 진리에의 의지, 무에의 의지, 르상티망

―오이시 기이치로(大石紀一郎)

부 록

- 니체 연보
- 다양한 니체 전집에 대하여
- 문헌 안내
- 한국어판 니체 저작 및 연구 문헌 일람

※ 니체 연보 ※

오이시 기이치로(大石紀一郎)

이 연보의 작성에 있어서는 주로 아래의 자료를 참조했다.

1) Zeit- und Lebenstafel, in: Friedrich Nietzsche, *Werke in drei Bänden*. Hrsg. von K. Schlechta, Bd. 3, Carl Hanser Verlag, München, 1966, 71977.

2) Chronik zu Nietzsches Leben vom 19. April 1869 bis 9. Januar 1889, in: Friedrich Nietzsche, *Sämtliche Werke. Kritische Studienausgabe in 15 Bänden* [=KSA], Hrsg. von Giorgio Colli und Mazzino Montinari, Bd. 15, Deutscher Taschenbuch Verlag, München [Walter de Gruyter, Berlin/New York] 1980. (氷上英広 訳「ニーチェ生活記錄(M. モンティナーリ編)──1869年4月19日から1889年1月9日まで──」『ニーチェ全集』 第Ⅱ期第12卷, 白水社.

3) Kommentar zur Kritischen Studienausgabe, in: KSA, Bd. 14, München 1980.

4) Curt Paul Janz, *Friedrich Nietzsche. Biographie*, 3 Bde., Deutscher Taschenbuch Verlag, München 1981 [Carl Hanser Verlag, München, 1978, 21994.]

5) Richard Frank Krummel, *Nietzsche und der deutsche Geist. Ein Schrifttumsverzeichnis der Jahre 1867-1900* (Monographien und Texte zur Nietzsche-Forschung, Bd. 3), Walter de Gruyter, Berlin/New York 1974.

6) David Marc Hoffmann, *Zur Geschichte der Nietzsche-Archivs. Chronik, Studien und Dokumente* (Supplementa Nietzscheana, Bd. 2), Walter de Gruyter, Berlin/New York 1991.

7) 歷史學硏究會 編『世界史年表』 岩波書店, 1994.

1844년

10월15일 프리드리히 빌헬름 니체, 목사 칼 루트비히 니체(1813-49)와 아내 프란치스카(결혼 전 성 욀러, 1826-97)의 장남으로서, 라이프치히의 서남, 뤼첸 근교의 뢰켄에서 태어나며, 아버지를 뢰켄의 목사로 임명한 프로이센 국왕 프리드리히 빌헬름 4세를 기념하기 위해 이름이 지어졌다. 양친 모두 프로테스탄트 목사 가정 출신이었다.

1846년

7월 10일 누이 엘리자베트가 태어난다(1935년 11월 8일 사망).

1848년

2월 27일 동생 루트비히 요제프가 태어난다.

3월 18일 베를린 3월 혁명, 바리케이드 전으로 발전. 프로이센 국왕을 경애하는 부친에게 충격을 주었지만, 뢰켄에서의 일상생활에는 거의 영향이 없었다.

5월 18일	프랑크푸르트 암 마인에서 국민의회 개최.

1849년

7월 30일	아버지 사망. 사인은 뇌연화증으로 생각된다.

1850년

1월 4일	동생 루트비히 요제프, 생치경련을 일으켜 급사.
4월 초순	어머니, 누이, 친할머니 에르트무테와 두 명의 고모 아우구스테와 로잘리에와 함께 나움부르크로 이주. 부활제 무렵부터 그 지방의 소년시민학교(초등학교)에 다니지만 잘 어울리지 못하며, 오로지 할머니 친구의 손자인 빌헬름 핀더, 구스타프 크룩과만 교제한다.

1851년

봄	핀더, 크룩과 함께 대성당 부속 김나지움의 예비학교가 되어 있던 베버의 사설학교로 전교. 종교와 그리스어, 라틴어 교육을 받는다.

1854년

10월	어머니와 함께 피아노 레슨을 받는다. 이 무렵부터 시작, 작곡 등의 시도를 시작한다. 대성당 부속 김나지움의 제5학년으로 편입된다. 크리미아 전쟁(1853-56)에서 세바스트폴리 요새 공방전이 시작되며, 핀더, 크룩과 공방전을 흉내 내며 논다.

1856년

4월 3일	할머니 에르트무테 사망.
여름	두통과 눈의 고통 때문에 휴가를 연장. 근시의 진행으로 인한 것인 듯. 이 무렵부터 학생 시기에 이르기까지 자주 자신의 생애를 회고하는 문장을 쓴다.

1858년

	이 해에 부르크하르트, 바젤대학 교수가 된다.
여름	가족 전체가 Weingarten 18로 이사.
10월 6일	나움부르크 근교의 슐포르타에 입학하며, 기숙사에서 지낸다. 교수진 가운데 코르센과 폴크만은 후에 니체가 사사하게 되는 리츨 문하의 고전문헌학자였다.

1859년

	이 해에 독일 각지에서 실러 탄생 100년제가 거행되며, 슐포르타에서도 11월에 코버슈타인을 중심으로 하여 기념제가 열린다. 파울 도이센과 알게 된다.

1860년

7월	핀더, 크룩과 함께 동호회 '게르마니아'를 결성. 시, 논문, 작곡 등을 제출하고, 서로 비평한다. 1863년까지 계속되지만, 마지막 해까지 창작 활동을 계속한 것은 니체뿐이었다.

1861년

3월	크룩에게서 바그너의 <트리스탄과 이졸데>의 피아노 편곡 발췌를 알게 된다. 도이센과 함께 견신례를 받는다. 슐포르타에서도 피아노 즉흥 연주를 즐기며, 칼 폰 게르스도르프와 알게 된다.
7월	「에르마나리히, 동고트의 왕」에 관한 역사 스케치를 쓴다. 이 해부터 다음 해에 걸쳐 「에르마

	나리히」를 주제로 한 시작과 극작, 교향시의 작곡을 시도한다.
10월	횔덜린에 관한 작문 「내가 애호하는 시인을 읽도록 친구에게 권하는 편지」를 쓴다.
12월	바이런과 실러에 관한 작문을 쓴다. 셰익스피어 전집을 손에 넣는다.

1862년

	이 해에 자주 두통을 호소한다. 이 무렵부터 에머슨을 읽는다.
4월	작문 「운명과 역사」, 「의지의 자유와 운명」에서 그리스도교 신앙에 대한 회의를 묘사한다.
9월 23일	비스마르크, 프로이센 재상이 된다.

1863년

10월	에르마나리히 전설에 관한 논문을 완성하고, 슐포르타에서 독일어·독일 문학사를 담당한 코버슈타인에게 절찬을 받는다.

1864년

6월 이후	라틴어에 의한 졸업논문 「메가라의 테오그니스에 대하여」를 쓴다.
9월	슐포르타 졸업. 수료 시험에서는 종교, 독일어, 라틴어는 뛰어났지만, 수학만은 불가로 되며, 고전어 성적이 우수했던 것에 의해 구제받는다. 도이센과 함께 라인 지방으로 여행.
10월	본대학 신학부에 학적 등록하지만, 고전문헌학자 프리드리히 리츨, 오토 얀의 수업에 출석한다. 도이센과 함께 학생조합 '프랑코니아'에 입회. 왕성하게 작곡하고, 콘서트와 오페라에 다닌다.

1865년

봄	신학 공부를 그만두는 것으로 어머니와 대립.
여름학기	본대학 문학부에 학적 등록. 다른 학생조합에 소속된 학생과 결투를 행하며, 코에 상처를 입는다.
10월	리츨, 얀과의 다툼 끝에 본대학에서 라이프치히대학으로 옮긴다. 에르빈 로데, 라이프치히로 옮긴다. 니체도 라이프치히로 옮기며, '프랑코니아'를 탈퇴한다.
10월 말/11월 초	하숙집 주인 롱이 운영하는 고서점 서가에서 발견한 쇼펜하우어의 『의지와 표상으로서의 세계』를 읽고, 감명을 받는다.
12월	리츨의 권유로 '문헌학연구회'를 조직한다.

1866년

1월 18일	'문헌학연구회'에서 「테오그니스의 최종적 편집」에 대해 연구 발표. 리츨, 니체가 제출한 원고를 읽고서 칭찬하며, 공간을 권유한다.
여름학기	로데와 알게 된다.
6월 1일	'문헌학연구회'에서 「수이다스의 문헌사적 전거에 대하여」를 발표
15일	프로이센-오스트리아 전쟁이 시작된다. 라이프치히가 있는 작센 왕국은 오스트리아 측에 붙었지만, 라이프치히대학 교수 트라이치케는 프로이센에 의한 독일 통일 운동을 지지한다. 니체도 프로이센을 지지했다. 게르스도르프와 크룩은 종군했지만, 니체는 근시 때문에 소집을 면했다.

19일	프로이센 군, 라이프치히를 점령.
7월 3일	프로이센 군, 쾨니히그라츠 전투에서 오스트리아 · 작센 연합군을 깨트린다.
여름	대학에서 연구를 계속할 것을 결의. 프리드리히 알베르트 랑게의 『유물론의 역사』를 읽는다.
8월	로데와 함께 보헤미아의 숲으로 여행한다.
23일	프로이센, 오스트리아와 프라하 강화조약을 체결.
가을	논문 「테오그니스의 격언시집의 역사를 위하여」를 정리한다. 다음 해, 리츨이 주관하는 『라인 문헌학지』에 게재.
10월	리츨의 시사에 따라 디오게네스 라에르티오스 연구를 시작한다.
월말	라이프치히대학의 현상논문 주제로서 「디오게네스 라에르티오스의 전거에 대하여」가 발표된다.

1867년

2월 1일	'문헌학연구회'에서 「아리스토텔레스의 저작 목록」에 대하여 발표. 이 달에 문헌학연구회의 회장이 된다.
7월	라이프치히대학에 현상논문을 제출. '문헌학연구회'에서 「에우보이아의 음유시인의 경쟁」에 대하여 발표. '문헌학연구회'에 입회한 로데와 짧은 기간 같은 하숙집에 산다.
10월 9일	나움부르크 야전포병기마연대에 입대하고, 훈련을 받는다.
11월	현상논문 「디오게네스 라에르티오스의 전거에 대하여」가 수상. 다음 해와 다다음 해의 『라인 문헌학지』에 게재된다.

1868년

3월	낙마하여 가슴에 부상을 당한다. 8월까지 요양 생활을 보낸다. 10월 중순에 제대.
4월	로데와 다음 해 파리로 유학할 계획을 세운다. 「칸트 이후의 목적론과 유기적인 것의 개념에 대하여」를 주제로 하는 박사 논문을 계획한다.
10월 28일	<트리스탄과 이졸데>와 <뉘른베르크의 마이스터징거>의 전주곡을 듣고서 바그너의 음악에 심취한다.
11월 8일	동양학자 헤르만 브록하우스 집에서 바그너와 처음으로 만나며, 쇼펜하우어에 관해 대화. 바그너의 저작을 감격하며 읽는다.
	다음 해에 걸쳐 리츨이 주관하는 학술지 『라인 문헌학지』의 총색인 작성을 돕는다(1871년 간행).

1869년

1월	문헌학 연구를 단념하고 화학을 전공할 것을 계획.
10일	리츨로부터 바젤대학 교수 후보에 올라 있다는 것을 알게 된다.
21일	드레스덴에서 바그너의 <뉘른베르크의 마이스터징거> 초연을 듣고서 깊은 감명을 받는다.
2월 13일	리츨과 바젤 시의 문부 담당자 빌헬름 피셔–빌핑거의 노력에 의해 바젤대학 원외교수(고전문헌학 담당)로의 초빙 결정. 연봉 3,000프랑. 박사 논문의 제출 및 교수 자격의 취득을 면제받는다.
3월 23일	라이프치히대학에서 무시험으로 박사학위를 수여받는다.

4월 17일	프로이센 국적에서 제적. 바젤 부임 후에도 스위스 국적을 취득하지 않으며, 무국적(스위스 법률 용어로는 heimatlos)이 된다[Janz에 의함].
19일	바젤에 도착. Spalenthorweg 2에 산다.
5월 17일	루체른 근교의 트립셴으로 바그너를 방문. 이 이후 1872년 4월까지 26회에 걸쳐 방문한다.
28일	취임 강연 「호메로스의 인격에 대하여」를 행한다(다음 해 「호메로스와 고전문헌학」으로서 출판). 야코프 부르크하르트의 지기를 얻는다.
6월 5-6일	바그너를 방문. 6일, 코지마 폰 뷜로, 바그너의 자식을 출산. 지크프리트라고 이름지어진다.
7월	Schützengraben 45의 바우만 집에서 하숙. 휴가로 인터라켄으로 여행. 이 무렵 에두아르트 폰 하르트만의 『무의식의 철학』을 읽는다.
9월 6일	제1인터내셔널, 바젤에서 제4회 대회 개최.
19일	채식주의를 주장하여 바그너와 논쟁. 그 후 채식주의를 포기.
12월 24일 이후	크리스마스를 트립셴의 바그너 집에서 보낸다. 25일에 코지마와 함께 서사시 『파르치발』을 읽는다.

1870년

1월 18일	「그리스 음악극」에 대하여 바젤 박물관에서 공개 강연을 행한다.
2월 1일	「소크라테스와 비극」에 대하여 바젤 박물관에서 공개 강연을 행한다. 두 개의 강연 원고를 증정한 니체에 대해 바그너는 방대한 저작을 쓰도록 격려하고, 위대한 '르네상스'를 가져오기 위한 협력을 구한다.
3월 5일	바그너, <니벨룽겐의 반지> 3부작을 바이로이트에서 상연할 구상을 품는다.
4월 9일	니체, 정교수가 된다. 연봉 4,000프랑으로 승급.
23일	프란츠 오버베크, 바젤대학에 신학 교수로서 부임. 니체와 같은 집('바우만의 동굴')에 하숙한다.
	이 달에 간행된 게를라흐 교수의 기념논문집에 「라에르티오스 디오게네스의 전거 연구와 문헌 비판에 대하여」를 기고. 이 해에 『라인 문헌학지』에도 「라에르티오스 연구 단장」과 「호메로스와 헤시오도스, 그들의 종족과 경쟁에 대한 피렌체 사본 수장 논문」을 기고.
여름학기	소포클레스의 「오이디푸스 왕」에 대하여 강의. 니체의 강의 청강자는 평균하여 약 10명 전후였다.
6월 5-6일	이탈리아에서 돌아온 로데와 어머니·누이와 함께 베르너 오버란트로 여행한다.
7일	오버베크, 취임 강의 「신학에서의 신약 문서들에 대한 순수하게 역사적인 고찰의 성립과 권리에 대하여」를 행한다.
8일	로데와 부르크하르트와 함께 무텐츠로 멀리 나간다.
11-13일	로데와 함께 트립셴으로 바그너를 방문. 코지마에게 뒤러의 판화 <멜랑콜리아>를 선사한다. 바이로이트 계획을 위해 수년간 휴가를 얻어 강연 여행을 할 것을 계획한다.
7월 13일	엠스 전보 사건. 19일, 프랑스, 프로이센에 대해 선전포고. 프로이센-프랑스 전쟁 발발.
28일	바그너를 방문. 다음 날, 누이 엘리자베트를 코지마에게 소개한다.
8월	바젤 시 문부 당국에 "조국에 대한 의무"에서 "병졸 또는 간호병"으로서 봉사하기 위해

	휴가원을 제출한다.
13-22일	에어랑겐에서 간호병으로서의 훈련을 받는다. 8월 말부터 9월 초까지 전선의 야전병원에서 부상자의 간호와 수송에 임한다.
25일	바그너, 한스 폰 뷜로와의 이혼이 성립한 코지마와 결혼식을 올린다.
9월 1일	세단 전투에서 프랑스 군 패배. 황제 나폴레옹 3세, 포로가 된다.
7일	부상병을 수송하는 중에 이질과 인두 디프테리아에 감염되며, 에어랑겐으로 돌아와 입원. 10월 21일까지 나움부르크에서 요양. 희곡 「엠페도클레스」 초고
10월	로데, 킬대학의 사강사가 된다. 니체, 11월에 걸쳐 라틴어 시의 새로운 운율론을 생각한다. 이 무렵부터 프로이센의 대두에서 문화의 위기를 깨닫는다.
겨울학기	부르크하르트의 「역사에서의 위대함」에 대한 강연과 「역사의 연구」에 관한 강의(후의 『세계사적 고찰』)를 청강. 쇼펜하우어에 대한 경애에서 부르크하르트와 일치한다.
12월 24일 이후	크리스마스를 트립셴의 바그너 집에서 보낸다. 25일 이른 아침, 바그너, 코지마를 위해 <지크프리트 목가>를 자택 계단에서 연주한다. 니체, 「비극적 사상의 탄생」(「디오니소스적 세계관」의 제2고)을 코지마에 대한 생일 축하로서 증정한다.

1871년

1월 18일	베르사이유 궁전에서 프로이센 국왕 빌헬름 1세의 독일 황제 대관식이 거행되며, 비스마르크의 주도에 의한 독일 제국(제2제정)이 성립.
1월-2월	위장 장애와 불면으로 피로워한다. 구스타프 타이히뮐러의 전임에 의해 공석이 된 철학 교수직으로의 배치전환을 희망하며, 자기의 후임으로서 로데를 제안하지만 성공하지 못하고, 루돌프 오이켄이 타이히뮐러의 후임이 된다.
2월 16일-4월 초	겨울학기의 남은 기간을 휴강하고, 루가노에서 요양. 누이와 함께 루가노로 향하는 도중에 이탈리아의 혁명가 주제페 마치니를 우연히 만난다. 『비극의 탄생』의 초고 「비극의 근원과 목적」을 쓴다.
28일	프랑스, 독일에 항복. 다음날, 독일군 파리에 입성.
3월 28일-5월 28일	파리 코뮌.
4월 이후	바그너, 베를린에서 「오페라의 사명」에 대해 강연하고, 바이로이트 계획에 대한 원조를 황제 빌헬름 1세에게 작용해 주도록 비스마르크에게 의뢰한다.
5월 6일	프랑크푸르트 화의가 성립. 독일, 프랑스로부터 막대한 배상금을 얻어 일시적인 호경기로 용솟음친다.
24일	튀일리 궁전 화재. 니체, 루브르 궁전도 화재를 당했다는 오보에 충격을 받는다.
6월	「소크라테스와 그리스 비극」을 자비 출판. 바젤대학 도서관으로부터 바흐오펜의 『고대인의 무덤의 상징에 대한 시론』, 크로이처의 『고대 민족의 상징과 신화학』을 빌린다.
7월	비스마르크, 가톨릭교회에 대한 '문화 투쟁'을 개시.
10월 21일	나움부르크에 머물던 중에 문헌학도이자 슐포르타의 후배인 빌라모비츠-묄렌도르프의 방문을 받는다.

1872년

1월 2일	『음악 정신으로부터의 비극의 탄생』을 바그너의 저작을 출판하고 있던 프릿츠 출판사에서 간행(1,000부). 바그너 부부에게 격찬 받는다. 리츨은 "재기 있는 술주정꾼"이라고 메모하고 침묵을 지키며, 그 후 그의 문의에 대해 그의 철학적 경향을 나무라는 답신을 보낸다. 후에 본대학 고전문헌학 교수 헤르만 우제너가 "이와 같은 것을 쓴 자는 학문적으로 죽은 것과 마찬가지다"라고 학생들에게 말했다는 것을 전해 듣고서 충격을 받는다.
중순	그라이프스발트대학으로부터의 초빙을 거절. 이 해에 부르크하르트는 베를린대학으로부터의 레오폴트 폰 랑케의 후임으로서의 초빙을 사퇴.
1월 16일, 2월 6일, 27일, 3월 5일, 23일	바젤 시 학술협회의 의뢰에 따라 공개 강연 「우리 교육 기관의 미래에 대하여」를 행하고, 호평을 받는다.
1월 24일-2월 초순	바그너, 베를린으로 여행하며, 바이로이트 계획을 위한 자금을 융통한다. 돌아오는 길에 바이로이트에서 반프리트 여관의 토지를 구입. 니체, 대학을 사직하고 바그너를 위해 강연 여행을 할 것을 생각한다.
4월 15일	<만프레드 명상곡>을 작곡.
25-27일	트립셴의 바그너 집을 마지막으로 방문. 바그너는 이미 바이로이트로 출발했으며, 코지마를 도와 짐을 꾸린다.
여름학기	「플라톤 이전의 철학자들」에 대해 강의. 로데, 킬대학 교수가 된다. 같은 하숙집의 오버베크와 친교를 깊이 한다. 라이프치히 시절부터의 친우 하인리히 로문트, 철학의 사강사로서 바젤로 온다. 1875년 봄까지 니체, 오버베크와 같은 '바우만의 동굴'에 하숙.
5월 6일	부르크하르트, 「그리스 문화사」에 관한 강의를 개시.
22일	게르스도르프, 로데와 함께 바이로이트 축제극장의 기공식에 참가. 말비다 폰 마이젠부크와 알게 된다.
26일	『문학중앙지』에 게재를 거절당한 로데의 『비극의 탄생』 서평, 수정되어 『북독일 알게마이네 신문』에 게재.
월말	빌라모비츠-묄렌도르프, 팸플릿 「미래의 문헌학!」에서 『비극의 탄생』을 비판.
6월 23일	니체를 옹호하는 바그너의 공개 서간, 『북독일 알게마이네 신문』에 게재.
28-30일	게르스도르프, 마이젠부크와 함께 뮌헨에서 한스 폰 뷜로가 지휘하는 「트리스탄과 이졸데」를 듣는다.
7월 20일	뷜로에게 「만프레드 명상곡」을 보내지만 혹평을 받는다. 리스트, 니체의 다른 곡을 호의적으로 평가.
8월 12일	호메로스와 헤시오도스, 그들의 종족과 경쟁에 대한 피렌체 사본 수장 논문」 속편을 리츨에게 보내며, 다음 해 『라인문헌학지』에 게재된다.
9월	바쿠닌파의 아나키스트, 스위스의 산 티미에서 국제회의를 개최.
28일-10월 10일	슈플뤼겐에서 키아벤나를 거쳐 코모 호수 변의 베르가모까지 여행하며, 처음으로 이탈리아에 발을 들여 놓는다.
10월	로데의 빌라모비츠에 대한 반론 「사이비 문헌학」, 출판된다.
겨울학기	「그리스와 로마의 수사학」에 대해 강의하지만, 2명의 청강자밖에 없으며, 문헌학 전공 학생은

한 사람도 청강하지 않는다.

12월 21일 이후	크리스마스를 나움부르크의 가족과 함께 보낸다. 코지마 바그너에게 「쓰이지 않은 다섯 권의 책을 위한 다섯 개의 서문」을 생일 축하로서 증정하지만, 크리스마스를 바그너 집에서 지내지 않은 것으로 인해 바그너의 노여움을 산다. 바이마르에서 <로엔그린>을 듣는다.

1873년

	이 해 이래로 격렬한 눈의 고통과 편두통으로 괴로움을 당한다.
2월	빌라모비츠, 「미래의 문헌학」 속편을 내고서 니체 공격을 계속한다.
3월	「그리스 비극 시대의 철학」 성립. 바젤대학 도서관으로부터 보스코비치의 『자연철학』과 아프리칸 슈피어의 『사고와 현실』을 빌린다.
4월 6-15일	로데와 바이로이트를 방문하며, 「그리스 비극 시대의 철학」을 바그너 부부에게 낭독한다.
24일	<우정의 찬가>의 작곡을 시작한다.
여름학기	「플라톤 이전의 철학자들」에 대해 강의. 게르스도르프와, 로몬트의 친구 파울 레가 청강.
5월 9일	빈에서 공황 발생. 유럽 각국으로 파급되며, 대불황이 시작된다.
6월	『반시대적 고찰』 제1편 및 논문 「도덕 외적인 의미에서의 진리와 거짓에 대하여」를 게르스도르프에게 구술한다. 투르게네프의 『아버지와 아들』을 읽는다.
8월 8일	『반시대적 고찰』 제1편 『다비드 슈트라우스—고백자와 저술가』 간행. 9월 22-23일의 『아우구스부르크 알게마이네 신문』에 칼 힐레브란트에 의한 호의적인 서평이 게재된다.
10월 22일	바그너 지지를 호소하는 「독일인에 대한 경고」를 쓰지만, 30일부터의 바이로이트에서의 바그너 협회의 회합에서 너무 과격하다고 하여 각하된다.
크리스마스	휴가를 나움부르크의 가족과 함께 보내며, 『반시대적 고찰』 제2편을 완성한다.
12월 30일	리츨을 방문하지만, 바그너를 둘러싸고 언쟁을 벌인다.

1874년

2월 하순	『반시대적 고찰』 제2편 『삶에 대한 역사의 공과』 간행. 부르크하르트, 니체에 대해 거리를 두는 감상을 표명한다.
여름학기	오이켄의 후임으로서, 슐포르타에서 니체를 담임한 막스 하인체가 바젤대학에 부임. 로몬트의 교수 취임이 되지 못한다.
6월 9일	바젤에서 브람스 자신의 지휘에 의한 <운명의 노래>를 듣는다.
7월 5일	바젤 초빙 이래로 니체를 옹호해 온 바젤 시의 문부 담당자 피셔-빌핑거 사망.
8월 4-15일	바이로이트에 바그너 부부를 방문하지만, 브람스를 칭찬하여 소원함이 퍼진다.
겨울학기	「아리스토텔레스의 수사학」에 대해 강의(다음 해 여름학기에도 계속).
10월 초순	『반시대적 고찰』 제3편 『교육자로서의 쇼펜하우어』를 슈마이츠너 출판사에서 간행. 새로운 『반시대적 고찰』로서 『우리 문헌학자들』의 초고를 다음 해 봄에 걸쳐 집필하지만, 공간하지 않는다.
11월	이 시점에 『비극의 탄생』은 수백 부가 팔리지 않고 남아 있었으며, 『반시대적』 제1편은 약 500부, 제2편은 200부밖에 팔리지 않았다. 제3편은 75년 2월까지 350부를 판매.

1875년

1월	도이센, 인도 철학 연구를 결심하여 니체를 기쁘게 한다.
3월	니체의 학생 아돌프 바움가르트너의 어머니 마리 바움가르트너에 의한 『교육자로서의 쇼펜하우어』의 프랑스어역 간행.
8월 초순	오버베크, 로데, 게르스도르프, 바이로이트에서 <반지>의 연습을 듣는다.
중순 이후	엘리자베트, 니체와 함께 Spalenthorweg 48에 살며, 와병 중인 오빠를 위해 월터 스코트의 소설을 낭독한다.
9월 말/10월 초	『바이로이트의 리하르트 바그너』의 집필을 중단.
겨울학기	니체의 저작을 읽은 젊은 음악가 하인리히 쾨젤리츠(페터 가스트)와 파울 빈데만, 바젤대학에서 니체와 오버베크의 강의를 청강한다.
10월	파울 레가 익명으로 출판한 『심리학적 관찰』을 읽는다.
12월	빈데만의 권유로 『수타 니파타』를 읽는다. 연말에 걸쳐 건강 상태 악화.

1876년

1월 초순	병으로 인해 부활제까지 부속 김나지움의 수업을 휴강한다. 2월 이후에는 대학 강의도 중단. 2월 중순부터 3월 말까지 어머니가 바젤에 온다. 마이젠부르크의 『어느 이상주의자의 회상』을 읽는다.
4월 6일 이후	주네브로 여행하며, 페르네의 볼테르의 집을 방문한다.
11일	알게 된 지 며칠 후에 마틸데 트람페다흐에게 구혼한다.
여름학기	「플라톤 이전의 철학자들」에 대해 강의. 부르크하르트의 「그리스 문화사」 강의를 청강.
6월 2일	요양을 위해 겨울학기부터 1년간의 휴가를 얻을 것을 허가받는다.
7월 중순	『바이로이트의 리하르트 바그너』를 『반시대적』 제4편으로서 간행(1,500부).
23일 이후	음악제 연습을 들으러 바이로이트로 가지만, 최초의 총연습 이전에 바이에른의 휴양지 클링겐브룬으로 '도망'간다.
8월 8일	오버베크, 이다 로트플레츠와 결혼.
12일	<라인의 황금>의 최초의 공연 전에 엘리자베트의 요청에 따라 바이로이트로 돌아온다. 화가·저술가 라인하르트 폰 자이틀리츠와 알게 된다. 바이로이트 음악제 기간 중에도 니체의 바그너론은 약 100부밖에 팔리지 않았다.
9월	쾨젤리츠(가스트)에게 『인간적인 너무나 인간적인』이 되는 초고를 구술한다.
10월 1일 이후	레와 함께 스위스로부터 이탈리아로 여행.
23일	제노바에서 배로 나폴리로 건너가며, 거기서 마이젠부르크와 함께 소렌토로 향한다. 바그너도 10월 5일부터 11월 5일까지 소렌토에 머물며, 이것이 최후의 만남이 된다.
11월 6일	리츨 사망.

1877년

1월	마리 바움가르트너에 의한 『바이로이트의 리하르트 바그너』의 프랑스어 번역 간행.
5월 초순까지	소렌토에 머문다. 레, 마이젠부르크 등과 함께 독서하며, 카프리와 나폴리, 폼페이 등으로 나간다. 니체는 『인간적』의 초고를 쓰며, 레는 『도덕 감정의 기원』을 완성. 니체의 눈 상태

<table>
<tr><td></td><td>악화. 의사는 신경통으로 진단하고, 결혼을 권유한다. 마이젠부크 등과 다양한 결혼 계획을 세우며, 자산가의 딸과 결혼하여 대학을 퇴직할 것을 생각한다.</td></tr>
<tr><td>8월</td><td>도이센, 『형이상학의 기초』를 간행하며, 니체에게 증정.</td></tr>
<tr><td>중순</td><td>로데, 결혼한다.</td></tr>
<tr><td>9월 초순</td><td>엘리자베트와 함께 Gellertstraße 22에 거주. 페터 가스트, 니체의 『인간적』 집필을 돕는다.</td></tr>
<tr><td>12월</td><td>게르스도르프의 연애 사건에 개입한 마이젠부크를 옹호하여, 그와 절교. 레의 『도덕 감정의 기원』, 슈마이츠너 출판사에서 간행된다.</td></tr>
</table>

1878년

1월 3일	바그너가 보내온 〈파르지팔〉의 각본을 받는다.
중순	『인간적』의 초고를 슈마이츠너 출판사에 보낸다.
3월 7일	부속 김나지움에서의 교육 의무를 완전히 면제 받는다.
5월 초순	『인간적인 너무나 인간적인』 간행. 바그너 부부와의 결렬, 결정적이게 된다. 레, 부르크하르트는 『인간적』을 환영했지만, 로데는 "애처로운 마음"을 가졌다고 보고.
31일	볼테르 사후 100년에 해당되는 이날, 파리로부터 익명으로 볼테르의 흉상이 배달되어 니체를 기쁘게 한다.
6월 말	바젤 시의 변두리인 Bachlettenstraße 11로 이사. 엘리자베트, 나움부르크로 돌아간다.
8월	슈마이츠너, 비스마르크에게 『인간적』을 증정하며, 사례 편지를 받는다. 바그너, 『바이로이터 블레터』지 8월 호에 「청중과 대중성」을 게재하며, 지명하지 않고서 니체를 공격한다.
9월	슈마이츠너, 프릿취로부터 인수한 『비극의 탄생』 초판의 남은 170부와 재판 750부(1874년 인쇄)에 새로운 출판사와 간행년도를 인쇄한 스티커를 붙여 판매.
겨울학기	바젤 시 교외의 비닝겐 마을로 이사.
9월 이후	건강상태는 더욱 악화되고, 단속적인 두통의 발작과 불면에 시달린다. 오버베크 부부와 친하게 교제한다. 『혼합된 의견과 잠언들』을 집필하며, 마리 바움가르트너가 정서를 돕는다(12월 말 완성).
10월 18일	사회주의자 진압법 성립.

1879년

1월 이후	건강상태 더욱 악화. 위장의 부조, 두통, 눈의 이상, 구토로 고생한다.
3월 초순	병상태의 악화로 인해 강의를 중지. 『혼합된 의견과 잠언들』을 『인간적』 속편으로서 간행. 그러나 최초의 『인간적』은 이 해의 부활제까지 120부밖에 팔리지 않았다.
5월 2일	바젤 시 문부 당국에 퇴직원을 제출.
6월 14일	퇴직원 수리. 1,000프랑의 연금과 호이슬러 기금 및 학술협회로부터 각각 1,000프랑씩, 총계 3,000프랑(최종 연봉의 3분의 2)을 받게 된다. 후임으로서 그 밑에서 공부한 야콥 바커나겔이 초빙된다.
6월 21일-9월 17일	생모리츠(오버엔가딘 지방)에 머문다. 『방랑자와 그의 그림자』의 초고를 집필. 이다 오버베크, 니체의 권유로 생트 뵈브의 『월요평론』으로부터의 번역을 행한다.
9월 20일 이후	회복되지 못한 채 나움부르크에서 지낸다. 고골리, 레르몬토프, 마크 트웨인, 에드가

엘런 포 등을 어머니에게 낭독해 준다. 이 해는 118일에 걸쳐 병상에 있었다.

12월 중순　『방랑자와 그의 그림자』를 『인간적』 속편 제2부로서 간행(1880년 간행으로 기재).

1880년

3월 14일-6월 29일　페터 가스트가 있는 베네치아에 머문다. 슈티프터의 『늦여름』을 읽는다. 5월 초순부터 6월 말에 걸쳐 가스트에게 『베네치아의 그림자』(『아침놀』이 된다)를 구술. 스펜서, J. S. 밀과 그리스도교에 관한 책을 읽으며, 도덕 문제에 관해 생각한다.

7월 초순-8월 말　마리엔바트에 머문다. 거기에 머물고 있던 한 폴란드인에게 같은 나라 사람으로 오인된다. 바이런, 메리메, 생트 뵈브를 읽는다.

11월 말 이후　제노바에 머물며 겨울을 중단 없이 거기서 지낸다. 연말에 걸쳐 『아침놀』을 집필. 이 가을에 스탕달, 레뮈자 부인, 파스칼, 에머슨을 읽는다.

1881년

3월　가스트를 통해 게르스도르프에게 함께 1년이나 2년간 튀니스로 가지 않겠느냐고 묻는다.

5월　가스트와 함께 비첸차 근교의 레코아로에서 『아침놀』을 교정. 니체를 위해 자작곡 「농담, 간계 그리고 복수」를 연주한 가스트의 음악가로서의 재능을 인정한다. 오버베크에게서 『녹색의 하인리히』를 보내 받는다.

6월 말　『아침놀』 간행.

7월 4일-10월 1일　처음으로 질스-마리아에 머문다. 쿠노 피셔의 스피노자론을 읽는다.

8월 초순　질바플라나 호수 부근에서 '영원회귀' 사상에 사로잡힌다. 자연과학에 몰두한다.

　　26일　『정오와 영원』이라는 표제 하에 『차라투스트라』의 최초 구상을 세운다.

10월 초순 이후　제노바에 머물며, 11월 말에 비제의 <카르멘>을 듣고서 감격한다. 『즐거운 학문』이 되는 『아침놀』 속편을 집필.

1882년

1월 말　『즐거운 학문』 제4부 「성스러운 1월」 성립. 슈마이츠너 출판사에서 간행된 『국제월간』 창간호 서문에서 국민성을 초월한 유럽 정신을 주장한 브루노 바우어에 대해 가스트에게 이것은 자신의 사상이 아닌가라고 말한다.

2월　레, 제노바로 니체를 방문하며, 타이프라이터를 건넨다. 그와 함께 사라 베르나르의 <춘희>를 본다든지 모나코에서 룰렛을 본다든지 한다. 후에 엘리자베트와 결혼하는 베른하르트 퓌르스터, 베를린에서 니체에 대해 강연. 레, 로마의 마이젠부크에게서 러시아 장군의 딸 루 살로메와 알게 된다.

　　29일　제노바에서 시칠리아의 범선으로 메시나로 건너간다.

2월-4월　많은 시편을 창작. 『즐거운 학문』에 덧붙인 「농담, 간계 그리고 복수」와 「메시나에서의 전원시」가 된다.

4월 23-24일　마이젠부크와 레의 초대에 응하여 로마에 도착. 루 살로메를 소개받는다. 루에게 결혼을 청하여 거절당하지만, 레와 세 명이서 함께 연구 생활을 보낼 계획을 세운다.

5월　레, 루와 그녀의 어머니와 오르타로 여행. 루와 둘이서 몬테 사크로를 오른다. 루체른에서 짐마차를 끄는 레와 니체에게 루가 채찍을 휘두르는 포즈를 취한 사진을 촬영한다. 다시

	루에게 구혼하며 거절당한다. 그녀와 트립센을 방문하며, 바그너와의 교제의 나날들을 회고한다. 「메시나에서의 전원시」, 『국제월간』 5월호에 게재.
6월	가을과 겨울을 빈에서 공동 생활하는 '삼위일체'(루, 레, 니체) 계획을 세운다.
16일	루와 만나고자 베를린에 짧게 머무르지만, 루는 이미 레가 있는 슈티베로 출발하여 이루지 못한다.
6월 25일-8월 27일	튀링겐 지방의 타우텐부르크에 머문다.
7월 26일	엘리자베트와 루, 바이로이트에서 <파르지팔> 초연을 듣는다.
8월 7일	엘리자베트, 루로부터 니체가 그녀와 함께 살고자 하고 있었다는 것을 알게 되고, 격분한다. 엘리자베트와 루, 타우텐부르크에 온다.
20일	『즐거운 학문』 초판, 니체에게 도착한다. 빈 대신에 파리를 '삼위일체' 계획의 땅으로 생각한다.
26일	루, 타우텐부르크를 떠난다.
27일	니체, 나움부르크의 가족에게로 돌아온다. 루 문제로 어머니와 대립. 엘리자베트에 따르면, 어머니는 루체른에서 촬영한 사진에 대해서도 분노하여, 루를 집에 맞아들이는 것을 거부했다고 한다. 엘리자베트는 그 후 루와 레를 비방·중상하고, 니체가 지적 활동을 정지하고서부터는 특히 이 시기의 서간을 위조·개찬했다.
28일	<우정에의 찬가>를 토대로 루의 시 「삶에의 기도」로 작곡(후에 「삶에의 찬가」로 개제).
10월	루, 레와 라이프치히에서 최후의 만남. 레를 폄하하고자 한 니체와 루 사이에 소원함이 생긴다.
12월	루, 레와의 관계에서 위기가 심화되며, 자살을 생각하고, 마취제를 남용. 하인리히 폰 슈타인과 편지를 교환하며, 『영웅과 세계』의 견본쇄를 증정 받는다. 이 무렵, 베를린에서 루와 레를 둘러싼 서클이 성립하며, 1886/87년 겨울까지 슈타인, 도이센, 게오르크 브란데스, 페르디난트 퇴니에스 등이 출입한다.
23일 이후	라팔로에 머문다. 어머니·누이와의 편지 교환을 끊는다.

1883년

1월	『차라투스트라는 이렇게 말했다』 제1부 성립. 불면에 시달린다.
2월 13일	바그너, 베네치아에서 사망.
23일 이후	제노바에 머문다. 파울 레의 『양심의 성립』(1885년에야 간행)의 헌정을 거절하며, 레, 루와의 교제에 종지부를 찍는다.
3월 14일	칼 맑스 사망.
4월	어머니와의 편지 교환을 재개하며, 마이젠부크의 권유에 따라 엘리자베트와 로마에서 만나기로 한다.
5월 4일 이후	로마에 머무르며 엘리자베트와 화해한다.
6월	『차라투스트라』 제1부 간행.
18일 이후	질스-마리아에 머문다. 『차라투스트라』 제2부를 집필.
9월 5일 이후	나움부르크에 머문다. 어머니와 누이, 대학으로의 복귀를 압박하며, 다시 의견 충돌이 생겨난

다. 엘리자베트, 유명한 반유대주의자이자 바그너 숭배자인 베른하르트 피르스터와 혼약. 다시 불화가 일어난다.

초순　『차라투스트라』 제2부 간행.

11월 말 이후 니스에 머문다. 지그문트 프로이트의 친우인 요제프 파네트의 방문을 받는다.

1884년

3월 말　『차라투스트라』 제3부 간행.

4월 21일-6월 12일　베네치아로 가스트를 방문. 가스트의 희가극 <베네치아의 사자>에 감격하며, 그 초연을 위해 도울 것을 생각한다.

7월 12-15일　취리히에서 메타 폰 잘리스와 알게 된다.

18일 이후　질스-마리아에 머문다. 러시아의 여성 관리인 만스로프 후작 부인, 오스트리아의 여학생 레자 폰 시른호퍼, 영국에 쇼펜하우어를 소개한 유대인 여성 헬렌 지만 등과 교제.

8월 26-28일　하인리히 폰 슈타인, 질스로 니체를 방문.

9월 26일 이후　취리히에 머문다. 엘리자베트와 화해. 고트프리트 켈러와 개인적으로 알게 되지만, 그가 말하는 "지독한 독일어"에 기겁한다. 켈러도 니체에 대해 "저 남자는 머리가 이상하다"고 말했다고 한다. 취리히의 음악 감독 프리드리히 헤가르가 지휘하는 오케스트라, 니체 한 사람을 위해 가스트의 <베네치아의 사자> 서곡을 연주한다.

12월 초순 이후　니스에 머문다. 팡숑 드 주네브에 살면서 폴란드 인 파울 란츠키와 교제한다. 다시 『정오와 영원』이라는 표제 하에 『차라투스트라』 제4부를 계획한다.

1885년

2월 13일　『차라투스트라』 제4부를 완성하지만, 슈마이츠너와 결별하며, 경제 상태 악화. 게르스도르프에게 출판 비용의 도움을 의뢰.

4월 10일 이후　베네치아에 머문다. 가스트의 협력으로 『차라투스트라』 제4부를 교정하고, 5월 무렵까지 개인판으로 40부를 간행한다.

5월 22일　바그너의 탄생일에 엘리자베트, 베른하르트 피르스터와 결혼.

6월 7일 이후 질스-마리아에 머문다. 가스트의 친우 루이제 레더-비더호르트 부인에게 『선악의 저편』의 초고를 구술. 『인간적』을 개작하고, 바그너에 대해 새로운 『반시대적 고찰』을 쓸 계획을 세운다. 영국인 여성 에밀리 핀과 그의 딸과 교제. 『힘에의 의지』를 표제로 하는 저작의 최초 계획을 세운다.

9월 중순 이후　주저한 끝에 나움부르크로 간다. 9월 하순, 슈마이츠너 출판사로부터의 판권 매수 교섭 실패. 다음 해부터 남편과 함께 파라과이로 이주하게 된 엘리자베트에게 이별을 고한다. 라이프치히에서 레의 『양심의 성립』과 루 살로메의 『신을 둘러싼 투쟁』을 읽는다.

11월 초순　뮌헨으로 자이틀리츠 부부를 방문한다. 피렌체에서 독일인 천문학자 템펠과 알게 되며, 이 노인이 『인간적』의 애독자라는 것을 안다.

중순 이후　니스에 머문다.

1886년

5월 중순-6월 27일　나움부르크, 라이프치히에 머문다. 라이프치히대학으로 초빙된 로데와 다시 만나지

　　　　　　　　만 실망한다. 로데의 강의를 청강. 라이프치히의 게반트하우스에서의 가스트의 7중주곡의 연주를 준비한다.

6월 13일　　　바이에른 국왕 루트비히 2세, 슈타른베르크 호수에서 물에 빠져 사망.

　　하순 이후　　　질스–마리아에 머문다. 불면, 눈의 고통, 피곤으로 괴로워한다.

8월　　　　　　『선악의 저편』을 C. G. 나우만 사에서 자비 출판(다음 해 여름까지 100부 정도밖에 팔리지 않는다). 이전의 출판주 프릿츠, 슈마이츠너로부터 니체 저작의 재고(『차라투스트라』는 각각 60-70부 정도밖에 팔리지 않으며, 『인간적』은 아직 500부 정도가 남아 있었다)를 되산다. 『차라투스트라』의 최초의 3부를 1권으로 묶어 프릿츠에서 간행. 마찬가지로 『반시대적 고찰』 4편도 이 해 후반에 간행.

9월 8-10일　　메타 폰 잘리스, 질스로 니체를 방문.

10월 말　　　　프릿츠 출판사로부터 「자기비판의 시도」를 덧붙인 『비극의 탄생』 신판(『비극의 탄생, 또는 그리스 정신과 페시미즘』으로 개제), 서문을 덧붙인 『인간적』 제1부와 제2부를 간행.

　　22일 이후　　　니스에 머문다. 『즐거운 학문』 제5부를 집필. 텐느에게서 편지를 받는다.

1887년

1월　　　　　　르낭과 도스토예프스키를 읽는다. 몬테카를로에서 바그너의 <파르지팔> 전주곡을 처음으로 들으며, 감탄한다.

5월　　　　　　루 살로메, 니체에게 안드레아스와의 혼약을 알린다. 로데와 텐느에 대해 서간 속에서 논쟁하고 절교한다. 파라과이로 이주한 푀르스터 부부를 위해 돈을 빌려줄 것을 거절.

6월-7월　　　서문을 덧붙인 『아침놀』 신판, 서문과 제5부 및 「포겔프라이 왕자의 노래」를 증보한 『즐거운 지혜』 신판을 간행. 과거 3년간에 500탈러의 출판 비용을 들이고, 원고료 수입은 한 푼도 없었다고 한탄한다.

6월 12일 이후　　　질스–마리아에 머문다. 하인리히 폰 슈타인의 부고(6월 20일 사망)에 충격을 받는다. 메타 폰 잘리스, 질스에 7주간 머문다.

7월 10-30일　『도덕의 계보』를 집필.

9월　　　　　　도이센, 신혼여행에서 돌아오는 길에 아내와 함께 니체를 방문하며, 14년 만에 재회.

　21일-10월 21일　베네치아에서 가스트와 공동생활.

10월 20일　　　라이프치히의 프릿츠 출판사로부터, 루 살로메의 시에 작곡하고, 페터 가스트에게 편곡하게 한 혼성합창과 오케스트라를 위한 「삶에의 찬가」를 출판.

　　23일 이후　　　니스에 머문다. 몽테뉴의 『수상록』과 공쿠르 형제의 『일기』를 읽는다. 다음 해 2월 중순까지 『힘에의 의지』를 하나의 저작으로 정리하는 작업에 몰두한다.

11월 10일　　　『도덕의 계보』를 자비 출판.

　　26일　　　게오르크 브란데스로부터 서간을 받으며, 편지 교환을 시작한다.

12월　　　　　비제의 <카르멘>과 <진주 조개잡이> 제1막을 듣는다. 겨울의 주거에 처음으로 스토브가 들어온다.

1888년

2월　　　　　　13일자의 서간에서 「가치전환의 시도」의 최초의 초고가 나왔다고 가스트에게 보고, 이 겨울부터 봄에 걸쳐 플루타르코스, 보들레르, 도스토예프스키의 『악령』, 톨스토이의 『나의 종교』, 벨하우젠의 『이스라엘사 서설』, 르낭의 『예수의 생애』 등을 읽는다. 슈피텔러가 『분트』지에 기고한 비평에 불만을 표시한다.

3월 9일   빌헬름 1세 사망. 프리드리히 3세가 즉위하지만 3개월 만에 사망.

4월 5일   토리노에 도착. 토리노의 거리가 마음에 들며, 정력적으로 집필 활동을 이어간다. 『바그너의 경우』 성립.

    초순   브란데스로부터 코펜하겐대학에서 행한 니체에 관한 강의가 성공했다고 보고를 받는다.

5월   <카르멘> 공연을 듣고서 감격한다.

6월 6일 이후   질스-마리아에 머문다.

    15일   빌헬름 2세 즉위.

7월 중순-8월 하순   베를린의 젊은 사강사 리하르트 M. 마이어(후에 독일 문학 교수가 되며, 니체론을 간행), 도이센을 통해 익명으로 니체에게 2,000마르크를 보낸다. 니체는 도이센 자신 아니면 레에 의한 것으로 추측하고 출판 비용에 보탠다. 메타 폰 잘리스도 니체에게 출판 비용으로서 1,000프랑을 제공한다.

8월 26일-9월 3일   26일에 『힘에의 의지. 모든 가치의 가치전환의 시도』의 최후의 계획을 세우지만, 그 후 자신의 철학의 요약으로서 『한 심리학자의 나태』(『우상의 황혼』이 된다)와, 4부로 이루어진 『모든 가치의 가치전환』을 공간할 것을 결의. 그 제1부로서 『힘에의 의지』를 위해 준비하고 있는 초고들 가운데서 그리스도교에 관한 부분을 『안티크리스트』로서 묶기로 한다.

9월 중순   『바그너의 경우』 간행. 악천후로 인해 어쩔 수 없이 20일까지 질스-마리아에 머문다. 홍수가 덮친 코모 호반을 가까스로 통과하여 토리노로 향한다.

    21일 이후   토리노에 머문다. 토리노의 완벽한 가을에 도취감을 느낀다.

    30일   『안티크리스트』 초고를 완성.

10월 중순 무렵   『이 사람을 보라』를 쓰기 시작한다.

    하순   바그너 공격을 말리는 편지를 보내 온 마이젠부크에게 그의 '이상주의'를 조롱하며 격렬한 말로 응수한다. 브란데스, 스트린드베리에게 『바그너의 경우』를 보내 니체에게 주목할 것을 촉구한다.

11월 초순-중순   『이 사람을 보라』를 『가치전환』보다 먼저 출판할 것을 나우만에게 지시. 슈피텔러, 『분트』지에 『바그너의 경우』의 서평을 게재. 스트린드베리의 『결혼』 프랑스어판을 읽으며, 그에게 『이 사람을 보라』의 프랑스어 번역을 의뢰할 것을 생각한다.

    하순   『비극의 탄생』으로부터 『차라투스트라』 제3부까지의 전 저작을 프릿츠로부터 다시 사들여 나우만에 판권을 넘기는 교섭을 한다. 『우상의 황혼』 초판(판매 1889년부터)을 받으며, 스트린드베리에게 스웨덴어 번역을 제안. 브란데스와 도이센에게 보내는 편지에서 『안티크리스트』를 『가치전환』의 책 그 자체라고 한다. 이 무렵부터 『가치전환』을 주요 7개 국어로 동시에 100만 부 출판할 것을 마음에 그린다. 『디오니소스 디티람보스』 성립.

12월 초순   『이 사람을 보라』의 영역을 헬렌 지만에게 의뢰한다. 『이 사람을 보라』에서 '제국'이나

'삼국동맹'과 같은 현존 질서를 전복하고, 『안티크리스트』에서 그리스도교를 습격한다고 하는 음모를 기도하여 비스마르크와 빌헬름 2세에 대한 '선전포고'의 초안을 쓴다든지 그리스도교에 대한 공격에 있어 '유대인 대자본'이나 프로이센의 '장교들'과의 동맹을 마음에 그린다든지 한다. 가스트, 프리드리히 아베나리우스의 『쿤스트발트』지에 『바그너의 경우』의 서평을 게재. 니체, 아베나리우스에게 서간을 보내며, 자신의 바그너론의 에센스를 발췌하여 정리하는 구상을 말한다(『니체 대 바그너』가 된다).

중순　『니체 대 바그너』의 원고를 나우만에게 보내며, 『이 사람을 보라』보다 앞서 출판하도록 의뢰. 텐느, 니체에게 보내는 서간에서 『우상의 황혼』의 번역자로서 『주르날 드 데바』지의 편집장 장 부르드를 제안하여 니체를 감격시킨다.

하순　어머니에게 보낸 서간에서 자신은 독일에서 이름이 없지만, 상트페테르부르크, 파리, 스톡홀름, 빈, 뉴욕의 지위와 영향력이 있는 인물이나 천재가 자신을 숭배하고 있다고 보고, 엘리자베트로부터 브란데스는 자신을 팔아먹기 위해서는 무엇이든 할 유대인이라고 중상하는 편지가 도착하여 격노한다. 오버베크에게 유럽 나라들에 작용하여 '독일 제국'을 전복할 음모에 대해 털어놓는다. 월말부터 착란의 징후가 편지 문면에 나타난다.

1889년

1월 2일　『이 사람을 보라』와 「디오니소스 디티람보스」의 구성에 관한 최종적인 변경과 『니체 대 바그너』의 공간 중지를 지시하는 전보를 나우만에게 타전.

3일　토리노의 카를로 알베르토 광장에서 혼절하며, 정신에 이상을 일으킨다. 7일에 걸쳐 이른바 '광기의 편지'를 가스트, 한스 폰 뷜로, 로데, 메타 폰 잘리스, 코지마 바그너, 칼 슈피텔러, 오버베크, 마이젠부크, 부르크하르트, 도이센, 브란데스 등에게 써 보낸다.

6일　부르크하르트, 니체를 걱정하여 오버베크를 방문.

7일　오버베크, 니체로부터 '광기의 편지'를 받는다. 바젤의 신경과 의사 빌레와 상담하고, 저녁쯤에 토리노를 향해 출발.

8일　오버베크, 토리노에 도착. 착란 상태의 니체를 하숙집에서 발견한다.

9일　오버베크, 니체를 데리고서 바젤로 돌아온다.

10일　바젤의 신경과 의원에 입원. 의사는 회복 가망이 없다고 진단. 오버베크, 니체의 어머니에게 연락.

13일　어머니 프란치스카, 바젤에 도착. 빌레, '진행 마비'라고 진단.

17일　어머니, 니체를 데리고 예나로 향한다. 다음날, 대학 부속병원 정신과에 입원. 오토 빈스방거에 의한 치료가 행해진다.

중순　『우상의 황혼』 간행.

2월　나우만, 오버베크와 가스트의 의도에 반해 『니체 대 바그너』를 100부 인쇄·출판.

3월-4월　오버베크, 토리노에서 니체의 서류 속에서 찾아낸 『안티크리스트』의 원고를 필사. 가스트, 나우만으로부터 회수한 『이 사람을 보라』의 인쇄용 원고를 필사하고, 양자 사이에서 필사 원고를 교환.

6월 3일　엘리자베트의 남편 베른하르트 푀르스터, 식민지 경영에서 실패하여 자살.

8월 3일	어머니 프란치스카, 오버베크에게 자식의 후견인이 되어줄 것을 의뢰하지만, 지리적인 거리와 국적의 다름으로 인해 곤란하다고 판명된다.
11월 이후	율리우스 랑벤(다음 해 1월에 간행된 그의 저서 『교육자로서의 렘브란트』는 1년 사이에 30판을 거듭하는 베스트셀러가 된다), 니체를 치료한다고 칭하며 어머니에게 접근. 빈스방거, 니체의 병은 유전에 의한 점이 있다고 하여 치료 불가능이라고 진단.

1890년

1월 8일	프란치스카, 자식의 후견인이 된다.
2월 23-25일	오버베크, 예나의 니체를 병문안하고, 랑벤에 의한 '치료'를 그만두게 한다. 빈스방거, 오버베크에게 병인은 매독에 있다고 하는 소견을 알린다.
3월 20일	비스마르크, 재상에서 파면된다.
24일	프란치스카, 퇴원한 니체와 예나에서 산다.
4월	브란데스의 니체론 「귀족적 급진주의」, 『도이체 룬트샤우』지에 게재.
5월 13일	니체, 어머니에게 이끌려 나움부르크로 돌아온다.
9월 22일경	도이센 부부, 니체를 병문안한다.
12월 16일	엘리자베트, 파라과이로부터 귀국. 식민지 '신게르마니아' 구제를 위한 선전 활동을 행한다.

1891년

1월-2월	루 안드레아스-살로메, 『자유무대』지에 「프리드리히 니체의 초상에 대하여」를 기고하고, 니체를 '모데르네의 철학자'라고 형용. 그 후에도 단속적으로 니체론을 발표하며, 1894년에 『작품에서의 니체』를 공간.
3월	엘리자베트, 니체 저작의 간행에 대한 간섭을 시작하며, 「나귀의 축제」 장 때문에 『차라투스트라』 제4부의 출간을 저지.
	이 해에 마쿠스 다우텐다이(후에 작가로서 일본을 무대로 한 소설을 발표), 뷔르츠부르크대학의 서점에서 니체의 『차라투스트라』를 주문하지만, 점원에게 그와 같은 이름의 철학자는 독일에 없다는 말을 듣는다.

1892년

2월	페터 가스트, 니체의 공간된 저작과 유고로 이루어진 전집의 편집을 맡는다. 94년까지 5권을 간행. 가스트, 나우만으로부터 『이 사람을 보라』의 인쇄용 원고를 받아 필사(후에 몬티나리 등에 의해 발견되며, 니체가 어머니와 누이를 비방한 부분이 그루이터판에 채록되었다).
4월	『차라투스트라』 제4부 공간.
6월 2일	엘리자베트, 파라과이로 출발.
	니체의 병 상태 악화.

1893년

9월	엘리자베트, 가재를 처분하고, 독일로 귀국. 가스트의 편집 작업에 개입.
10월 23일	가스트, 라이프치히에서 니체의 유고를 엘리자베트에게 건넨다.
24일	오버베크, 『이 사람을 보라』의 필사 원고와 『안티크리스트』의 오리지널 원고를 가스트의 요구에 따라 그에게 보낸다.

11월 | 가스트, 이 원고들을 엘리자베트에게 보냄과 동시에, 니체의 최후의 계획에서는 『안티크리스트』가 『가치전환』의 글 그 자체였다는 것을 전한다(그러나 엘리자베트는 『권력에의 의지』를 4부로 이루어진 니체의 '주저'로서 편찬하고, '원고 분실'의 책임을 토리노에서 니체의 원고를 가지고 돌아온 오버베크에게 전가했다). 가스트는 엘리자베트가 친교가 있는 코지마 바그너를 불쾌하게 만드는 부분은 공간하려고 하지 않는다는 점에서 유고의 편집에 대해 걱정하지만, 결국 엘리자베트에게 협력한다. 엘리자베트, 니체 아르히프 설립을 계획.

1894년

니체의 병 상태, 더욱 악화. 외출도 거의 불가능해진다.

1월 | 가스트, 엘리자베트에게 결별을 알린다. 엘리자베트, 가스트 편 전집 간행을 정지시킨다.

2월 2일 | 엘리자베트, 니체 아르히프를 어머니 집의 1층에 마련한다.

4월 | 전집의 편집자로서 프리츠 쾨겔을 맞이한다.

10월 | 엘리자베트, 어머니의 부재중에 니체의 초상을 쿠르트 슈테빙에게 그리게 하며, 라이프치히와 베를린에서 전시한다.

연말에 간행된 『브록하우스 백과사전』 제14판에 처음으로 니체가 '일류 문장가'로서 게재된다. 96년판에서는 '일류 심리학자이자 문장가'라고 기술.

1895년

쾨겔의 편집에 의한 전집 간행이 시작되며, 『안티크리스트』가 처음으로 간행된다(삭제된 부분이 있다). 97년까지 유고 4권을 포함한 12권을 간행.

엘리자베트, 『니체의 생애』 제1권을 간행. 그 내용과 니체의 간호를 둘러싸고서 어머니 프란치스카와 불화하게 된다. 이 해 8월부터 9월에 걸쳐 속편 집필을 위해 스위스, 이탈리아로 여행하며, 메타 폰 잘리스와 마이젠부크를 만난다. 부르크하르트는 엘리자베트의 뻔뻔스러운 방문을 기뻐하지 않으며, 냉담하게 돌려보낸다.

니체에게 마비 증상이 나타난다.

12월 말 | 엘리자베트, 은행에서 대부를 받아 어머니로부터 저작권을 사들이며, 계약서에 서명하게 한다.

1896년

여름 | 구스타프 말러, 교향곡 제3번 제4악장에서 『차라투스트라』의 「몽중 보행자의 노래」에서의 시로 작곡하며, 이 교향곡에 <즐거운 학문>이라 명명할 것을 계획(1902년에 전곡 초연).

8월 | 엘리자베트, 니체 아르히프를 바이마르로 옮긴다.

11월 27일 | 리하르트 슈트라우스, 프랑크푸르트 암 마인에서 자작 교향시 <차라투스트라는 이렇게 말했다>를 초연.

12월 | 잡지 『심해』에 일본에서 최초의 니체 문헌 게재.

1897년

4월 20일 | 어머니 프란치스카 사망.

7월 | 엘리자베트, 메타 폰 잘리스가 4만 마르크로 바이마르에 구입한 질바브리크 관(현재 Humboldtstraße 36)으로 아르히프와 함께 이사하며 오빠를 옮긴다, 병자의 간호를 어머니의 하녀였던

	알비네가 떠맡는다.
8월 8일	부르크하르트 사망.

1898년

1월 11일	로데 사망.
7월 30일	비스마르크 사망.
10월 1일	아르투르 자이들, 니체 전집의 새로운 편집 책임자가 된다.

1899년

	자이들 편집에 의한 전집(그로스옥타프판 및 클라인옥타프판)의 간행 개시. 1904년까지 15권을 간행. 1901년에 가스트와 E. 호르네퍼에 의해 편집된 『권력에의 의지』 제1판(제15권)은 가스트와 엘리자베트가 편집한 1906년의 포켓판으로 증보되며, 1911년에 그로스옥타프판 제15권 · 제16권으로서 간행.
6월	한스 올데, 병상의 니체를 소묘 · 촬영하여 초상화를 그린다.
8월	에른스트 호르네퍼, 편집 작업에 참여한다. 자이들, 아르히프를 떠난다.
10월	가스트, 니체 아르히프에 복귀. 이후 엘리자베트의 날조 작업의 도구가 되어 『권력에의 의지』의 편집에 협력.

1900년

8월 25일	니체 사망
28일	고향 뢰켄에 매장된다.

✠ 다양한 니체 전집에 대하여 ✠

미시마 겐이치(三島憲一)

현재 니체 텍스트의 독일어판으로서 가장 신뢰할 수 있는 것은 통칭 그루이터판이라고도 말해진다.

Kritische Gesamtausgabe Werke, hrsg. von Giorgio Colli und Mazzino Montinari, ca. 30 Bde. in 8 Abteilungen, Walter de Gruyter, Berlin/New York 1967ff.이다(KGW로 약기, 다만 1994년 말 현재, 최초의 2부는 Ⅱ/1~Ⅱ/4 이외에는 미간행).

나아가 서간 전집으로서는,

Kritische Gesamtausgabe Briefwechsel, hrsg. von G. Colli und M. Montinari, ca. 20 Bde. in 3 Abteilungen, Walter de Gruyter, Berlin/New York 1975ff.가 있다(KGB로 약기).

또한 위의 *Kritische Gesamtausgabe*(Philologica라고 불리는 초기의 문헌학 관계 논문, 강의 노트의 일부를 제외하면 유고도 포함하여 중요한 텍스트는 이미 모두 간행되어 있다)의 페이퍼백판, *Sämtliche Werke. Kritische Studienausgabe*, 15 Bde.(einschl. Kommentar u. Konkordanz), München, Berlin/New York 1980(KSA로 약기)이 같은 그루이터 사로부터 출판되어 있다(정확하게는 dtv와의 조인트 출판). KGB의 페이퍼백판도 *Sämtliche Briefe. Kritische Studienausgabe*, 8 Bde., München, Berlin/New York 1986(KSB로 약기)으로서, 마찬가지로 그루이터 사와 dtv에서 출판되어 있다. 통상적인 독서와 연구에는 이것으로 충분하다. 또한 위의 KGW에는 부(Abteilung)마다 상세한 문헌학적 주해가 붙어 있으며, 텍스트 상의 같음과 다름, 생전에 출판된 작품에서의 부분과의 상호 조응관계, 또한 인용의 전거 등에 대해서도 가르쳐 준다. KSA에서도 1권에 주해가 갖춰져 있다. 만년의 작품(특히 『이 사람을 보라』)의 교정에 대해서는 다소간의 비판적 견해도 있을 수 있지만, 우리로서는 이 두 전집의 텍스트를 신뢰할 수밖에 없다.

하지만 이와 같은 신뢰할 수 있는 전집이 성립하기까지는 오랜, 그리고 두려울 정도의 날조와 무책임과 남용의 역사가 있었다. 간단히 그것을 더듬어 보고자 한다.

니체 저작의 모든 판권을 자기 것으로 한 누이 엘리자베트 푀르스터-니체는 1894년에 나움부르크에, 얼마 안 있어 1897년에는 오빠를 데리고 넘어간 바이마르에 니체 아르히프를 만들고, 거기에서 저작집 또는 전집 편찬 작업을 개시하게 했다. 당초에는 나우만 출판사, 얼마 안 있어서는 크뢰너 출판사에서 통상적으로 그로스옥타프판이라고 불리는 전집(GA 또는 GOA라고 약기된다)이 출판되었다. 이것은 제1권부터 제8권까지가 니체 생전에 출판된 것(그렇지만 제8권에는 『안티크리스트』와 그 밖의 텍스트 및 시가 수록되어 있다), 제9권부터 제15권이 유고, 나머지가 문헌학 관계의 강의 등에 더하여 색인이 붙어 최종적으로는 모두 20권이 되었다. 그 가운데 특히 문제인 것은 1901년에 나온 제15권 『권력에의 의지. 메모 및 단편』, 나아가 1906년에 포켓판 전집 제9권·제10권으로서, 1911년에는 GOA 제15권에 보충권(제16권)을 더하여 출판된 『권력에의 의지. 모든 가치의 전환의 시도』이다. 왜냐하면 1901년판에서는 유고로부터 총계 483개의 아포리즘이 모여 있었지만, 나중 판에서는 그 수가 1067개로 부풀어 오르며, 최초의 판에 있었던 것으로 이번에는 수록되지 않은 것도 일부 있었기 때문이다. 그러나 이것들은 모두 편집 서문에서는 1887년 3월 17일자의 집필 메모 또는 차례 예정에 의해 유고를 편찬한 것이라고 하고 있다. 그것은 이전에 체계적 저작을 지향하면서 병고에 의해 저지된 니체의 이를테면 유지를 실현한 것과 같은 체재를 취하고 있었다. 니체가 실현할 수 없었던 것을 그의 뜻을 성취하여 독자에게 전해준다는 것이다.

그러나 아포리즘 숫자의 격변만으로도 전집 편집에 필요한 최저한의 문헌학적 배려의 결여를 충분히 상상할 수 있게 한다. 실제로도 그래서 편집은 대단히 날림의 것이었다. 중심에 있었던 것은 공교롭게도 니체의 누이 엘리자베트 푀르스터-니체, 그리고 장년 니체의 제자로서 가까이 있었던 페터 가스트(본명 하인리히 케젤링)였다. 특히 누이인 엘리자베트의 방식은 무시무시한 것으로, 어쨌든 빨리 유고의 편집을 행하여 오빠를 이를테면 대대적으로 팔아넘기고, 그것을 통해 자기 자신의 허영심을 만족시키고자 하고 있었던 것이, 그런 까닭에 가장 가까이에서 협력하고 있던 자들의 빈축마저 살 수밖에 없었던 것이 그 후 다양한 증언에서 밝혀지고 있다.

위의 메모가 유고 속에 있는 것은 확실하지만, 니체는 동일한 메모 종류를 대량으로 남기고 있으며, 『권력에의 의지』라는 체계적 저작은 방기했다고 보는 쪽이 오히려 타당하다. 실제로 이 편집이 위조라는 것은 편집에 참가한 에른스트 호르네퍼 자신이 이미 당시(1907년) 다른 곳에서 분명히 고백하고 있었으며, 관계자에게는 이미 알려진 일이었다. 그럼에도 니체의 문장에는 다름이 없으며, 순서가 변했을 뿐이 아닌가 하는 견해도 있겠지만, 역시 하나의 아포리즘을 분단한다든지 전혀 다른 곳에 있는 것을 붙인다든지 아주 가까이 놓아본다든지 하는 등의 방식이 특정한 해석 방향으로 유혹하는 것이었다는 점도 틀림없다. 또한 제1차 대전부터 바이마르 민주주의의 붕괴에 이르는 20년간의 시기에 그러한 유혹에 빠지기 쉬운 토양이 있었다는 것도 확실하다. 요컨대 지적·정신적 투쟁이 사회적 현실의 일부로서 지금으로서는 믿을 수 없을 정도로 중요했던 이 시대에 스파르타적인 그리스 정신과 게르만성의 친근성 신화가, 그리고 권력주의적인 동시에 패권주의적인 언설이 니체에 의해 한층 더 정당화되었던 것이며, 그 과정에 이 환영과도 같은 『권력에의 의지』라는 사기에 가까운 책이 커다란 역할을 수행했던 것이다.

이러한 점은 1920년부터 1929년에 나온 전 23권의 호화로운 장정의 무자리온판(MusA로 약기)에서도 수정되어 있지 않다. 무자리온판은 GOA와 달리 생전의 공간 저작, 유고, 문헌학이라는 3부 구성을 무너뜨리고 시대별로 배열하며, 또한 제1권에 소년기의 원고로 공개되지 않은 것이 들어 있다. 그 이외의 내용은 GOA와 동일하다.

그러한 움직임을 더욱 부채질한 것이 크뢰너 사의 정평 있는 포켓북 시리즈의 일환으로서 현재도 손에 넣을 수 있는 니체 선집이다. 이 선집 중의 『권력에의 의지』가 보임러의 후기와 함께 일정한 니체 상의 유포에 커다란 작용을 했다. 니체의 본래 사상은 유고에 있으며, 그것은 또한 체계화할 수 있는 것이라는 전제가 여기에 살아 있다. KGW의 편집자 중 한 사람인 몬티나리의 말을 빌리자면, 철학 즉 체계라는, 촌티 나는 소시민의 정신적 태도가 여기에 놓여 있다는 것이다. 실제로 그렇게 말하더라도 어쩔 수 없을 것이다.[1] 전후가 되어 누이가 행위가 다양한 형태로 백일하에 드러나게 되고 나서도 크뢰너 사는 이 판을 계속해서 출판하고 있으며, 또한 보임러도 후기에 약간의 개정을 — 전후의 정치 상황에 맞추어 — 가했을 뿐이다. 따라서 크뢰너판의 전집은 니체가 스스로 출판한 저작 부분을 제외하고서는 인용에 적합하지 않을 뿐만 아니라 학문적 연구와 세미나에서의 교재로서는 사용 불가능하다고 말해야 할 것이다. 또한 당시의 저작권

---

1) 보임러의 역할 및 나치스 시대 니체 상의 놀라울 정도로 긴 생명에 관해서는 Mazzino Montinari: Nietzsche zwischen Alfred Baeumler und Georg Lukács, in: ders., *Nietzsche lesen*, Berlin/New York 1982를 참조.

규정에서는 저자의 사후 30년에 판권이 끝나는 것으로 되어 있어, 1930년 9월 이후에는 출판이 자유로워진 점도 있어서 니체를 둘러싼 논의가 한층 더 격렬해진 점도 작용하고 있다.

앞에서도 언급했듯이 누이 엘리자베트의 지시 하에 거짓된 편집이 이루어졌다는 것은 호르네퍼 형제의 고백도 있어 전문가들 사이에서는 이미 전전부터 상식이었다. 그러나 누이가 실권을 쥐고 있는 사이에는 어떻게 할 도리가 없었다. 그러나 누이 쪽도 역사적·비판적 전집의 필요성은 인정하고 있으며, 바이마르의 니체 협회가 중심이 되어 1933년 이후 그 전집이 간행되기 시작한다. 정식 타이틀은 Friedrich Nietzsche, *Werke und Briefe. Historisch-kritische Gesamtausgabe*, München 1933ff.이다. 하지만 저작(현재는 BAW로 약기된다)은 1940년까지 모두 5권(1869년까지), 서간(현재는 BAB로 약기된다)은 1942년까지 모두 4권(1877년까지)을 내며, 전쟁 때문에 중단되었다(BAW는 1994년에 칼 한저 사 및 dtv에서 재간되었다). 이 전집의 제1권에서 한스 요아힘 메테는 그때까지 나온 니체의 간행물의 주된 것들을 다루고, 문헌학적인 관점에서 성격을 부여하고 있다. 또한 유고의 보존 상황에 대한 세세한 보고도 행한다. 그것들을 주의 깊게 읽으면, 통칭 『권력에의 의지』라고 하는 책을 니체 해석의 기초에 두는 것은 단순한 기술적 문제 이상의, 해석에 관한 중대한 예단을 포함하는 것이라는 점을 알 수 있을 것이다. 텍스트의 본래 상태를 가능한 한 변경하지 않고서 출판할 필요성이 주장되고 있었기 때문이다. 또한 역사적·비판적 전집 간행을 수행하는 학문적 위원회의 성원이었던 발터 오토도 1934년의 니체 아르히프 원조협회 총회에서 좀 더 분명하게 "제멋대의의 편집을" 하지 않고서 출판할 필요성을 강조하고 있었다. 그렇지만 누이의 존재는 커서, 몬티나리에 따르면 제1권의 메테의 상세한 보고 결론부도 원고 심사 단계에서 지금까지 판에 대한 분명한 비판의 어조는 모두 삭제되고 말았다고 한다. 그리고 나치스 지배 하의 시대상황도 이유가 되어 보임러의 크뢰너판의 영향 쪽이 압도적으로 강했다.[2] 어쨌든 야스퍼스, 뢰비트 등의 뛰어난 니체 연구는 말할 것도 없고, 1950년대 전반까지의 니체론은 거의 GOA로부터 인용하고 있으며, GOA가 어느 도서관에나 다 있는 것은 아닌 현재에는 그러한 연구서의 연구가 대단히 성가신 절차를 밟는 작업이 되었다. 인용 부분의 조회를 위해서는 슐레히타판 *Index*의 부록의 조회표, KGW의 조회표 등을 사용해야만 하기 때문이다.

또한 서간에 관해서도 *Gesammelte Briefe*, 5 Bde., Leipzig und Berlin 1900ff.(GBr)가 간행되었지만, 대단히 날림일 뿐만 아니라 누이에 의한 위조도 상당수 포함하고 있었다. 물론 문체라는 것은 아무리 오빠 동생이라 하더라도 흉내 낼 수 있는 것은 아닐 것이다. 필적은 더욱더 그렇다. 그러나 필적에 관해서는 잃어버린(잃어버렸다고 여겨진) 서간의 사본이라 칭하는 것을 사용함으로써 문제는 소멸한다. 문체도 잃어버린(잃어버렸다고 여겨진) 서간의 몇 군데로부터 적당히 취하게 되면 될 것이다. 또한 실제로 니체의 필적이라 하더라도, 위조하는 것은 서두의 인사말 부분의 받는 사람 이름을 변경한다든지 편지 끝의 '당신의 누이로부터'를 '당신의 자식으로부터'로 바꾸는 것 등이 가능하다. 한 마디 정도의 필적은 모방할 수 있을 것이다. 더욱이 이것에는 만년의 니체가 편지를 씀에 있어 많은 초안을 남기고 있었다는 사실이 '다행'이었다. 그것을 적당히 사용할 수 있었던 것이다. 더욱이 루 살로메 문제시기에 집중하여 루 살로메, 파울 레, 오버베크 부부, 때로는 어머니에게조차 불리한 내용의 편지가 많으며, 그 시기의 누이에게 보낸 편지는 그녀에게 절대적인 신뢰를 두고 있는 것 같은 문장으로 넘쳐나고 있어, 슐레히타와 호페와 같은 BAB의 편집 담당자는 처음부터 의심을 품고 있었다. 그리고 대부분 우연처럼 누이에 의한 위조 부분이(받는 사람 이름을 바꿔 씀에 있어 전에 쓰여 있던 단어를

• • • • • • • • • • • •

2) 나치스 안에서 니체 이해가 아주 제각각이었다는 점에 대해서는 다음 논문을 참조. Hans Landgreder, *Die Auseinandersetzung mit Nietzsche im Dritten Reich, Ein Beitrag zur Wirkungsgeschichte Nietzsches*, Diss. Kiel 1971.

충분히 없애지 못했다든지, 잉크가 드리워져 스러진 것처럼 되어 있는 가장자리에서는 혼란스럽게 전의 이름이 남아 있다든지 하는 '사고' 때문에) 발각되고 나서 좀 더 정밀하게 검토한 결과, 현재는 30개 이상의 편지가 위조라는 것이 알려져 있다. 1954-56년에 슐레히타가 상재한 3권짜리 니체 저작집(Friedrich Nietzsche, *Werke in drei Bänden*, München 1954ff., SA로 약기) 제3권의 후기가 이 문제를 가장 알기 쉽게 해명해 준다. 지금 이 해설도 대폭적으로 이에 입각하고 있지만, 특히 슐레히타가 붙인 연보 속에서도 "1883년 8월 초 및 9월 2일의 누이에게 보낸 장문의 편지는 누이에 의한 위조"와 같은 문장이 분노로 가득 찬 냉정함으로 몇 군데에 적혀 있다. 서두에 거론한 현재의 전집에서 이 문제는 대폭적으로 매듭지어져 있다. 그에 더하여 현재의 사상 연구에서 인물 중심의 전기적 연구는 그 정도로 중요하지 않은 점도 있어 서간 문제는 커다란 논쟁의 대상이 아니다.

그에 반해 아직 완전하게 매듭지어졌다고 말할 수 없는 것이 『권력에의 의지』를 둘러싼 문제다. 슐레히타는 자기가 편집한 3권짜리 저작집의 제3권에 통칭 『권력에의 의지』로 수집되어 있는 유고를 "그것이 원래 있었던 대로의" 순서로 다시 배열하고, 「80년대의 유고로부터」라는 표제 아래 하나로 모아두고 있다. 이러한 편집 방식에 대해서는 커다란 논쟁이 일어났다. 요컨대 『권력에의 의지』라는 주저가 환영으로서도 존재한다는 것을 부정하고, 아울러 유고 그 자체에게는 중요성이 거의 없다고 하는 뉘앙스가 담겨 있었기 때문이다. 자세한 경과는 생략하지만, 요점은 역시 유고의 중요성 및 해석을 둘러싼 문제와, 저작으로서의 『권력에의 의지』의 존재를 둘러싼 문제 두 가지로 정리될 수 있을 것이다. 몬티나리의 말을 빌리자면, 이 두 가지 문제가 혼동된 것이 더욱 골치 아픈 사태를 초래하고 있다는 것이다.[3] 요컨대 저작 『권력에의 의지』의 존재를 부정하는 것과, 말년의 유고에 중요성을 인정하고 거기서 '힘에의 의지' 사상이 중심적이라고 하는 것은 결코 모순되지 않는다는 것이 이해되지 않았던 것이다. 그리고 뵈뮐러가 편집한 『권력에의 의지』가 계속해서 항간에 유포되어 있었다는 점, 그것도 특정한 해석과 함께 유포되어 있었다는 점이 중요하다. 니체의 비판자들도 결국은 이 권력에의 의지의 이미지가 혐오스러운 것이었다. 또한 하이데거와 같은 대철학자가 『차라투스트라』이후의 니체의 '본래의' 철학으로서 유고 『권력에의 의지』속에서 비밀스러운 철학적 체계성을 시사한 점도 중요하다.

물론 슐레히타판에도 문제는 있다. 역시 모든 유고가 모여 있는 것은 아니며, 오로지 『권력에의 의지』그것만을 표적으로 하고 있기 때문에, 니체 전체에 대한 연구를 위해 반드시 적합하다고 하기 어렵다. 또한 일부는 편집 방침이 완전히 관철되었다고 말하기 어려운 부분도 있는 듯하다. 그러나 GOA가 시간이 흐른 점도 있어 일부 도서관에만 존재하고, 그에 반해 니체 연구자, 아니 전문적인 것이 아니라 하더라도 니체를 인용하는 사람들의 숫자가 늘어남에 따라 슐레히타판이 간편함과 신화 파괴의 신뢰성 때문에 비교적 광범위하게 사용되게 되었다. 그러나 이러한 사태도 서두의 전집이 등장함으로써 크게 변했다.

현재의 KGW의 편자 조르지오 콜리 및 마치노 몬티나리는 이탈리아인이다. 제2차 대전 중에 콜리는 피사의 고등학교의 고전어 및 철학의 교사, 몬티나리는 그의 학생인데, 두 사람은 나치스에 대한 저항 운동에 종사하여 콜리는 이윽고 스위스로 도망할 수밖에 없었다. 저항 운동 한가운데서 '적국'의 사상가 니체의 저작이 커다란 힘의 원천이었다는 것을 몬티나리는 어떤 곳에서 감동적으로 적고 있다.[4] 전후 다시 만난 두 사람은 1958년 니체 전집의 번역을 결심하는데, 독일의 판을 조사해 보았지만, 그 거칠고 날림인 것을 참지 못하고, 스스로 바이마르의 니체 아르히프(당시에는 동독의 괴테·실러 아르히프의 일부로서, 국립 독일고전문학연구기념관

. . . .

3) 이 점에 대해서도 각주 1)의 논문을 참조

4) Mazzino Montinari, Die neue kritische Gesamtausgabe von Nietzsches Werke, in: ders., a. a. O.

안에 있었다)로 향하여 개신한 조사의 결과가 현재의 전집이다. 이탈리아의 작은 출판사 및 프랑스의 갈리마르 사는 기획을 받아들였지만, 그에 대응하는 독일의 출판사가 좀처럼 발견되지 않았을 무렵, 1964년에 르와요몽에서 개최된 국제 니체 심포지움에서 서로 알게 된 뢰비트의 중개로 마침내 기획이 햇빛을 보게 되었다는 일화도 있다. 현재는 이 전집에 의해 인용을 하는 것이 통상적이다.

일본에서의 니체의 번역·수용의 역사는 길고 복잡하고 본 사전에서도 일부 다루었기 때문에, 여기서는 지금까지의 전집 번역에만 초점을 맞추고자 한다. 2차 대전 전에는 이쿠타 쵸코(生田長江)의 개인 번역에 의한 전집이 간행되었다(『니체 전집』, 1916-29; 『{신역결정판}니체 전집』, 1935-36). 그러나 이것에는 현재로서는 역사적인 가치 이상의 것은 없을 것이다. 전후에는 니체 사후 50주년에 즈음하여 1950년에 소겐샤(創元社), 미카사서방(三笠書房), 가도카와서점(角川書店, 문고판), 신쵸샤(新潮社)에서 전집 간행이 시작되었지만, 완결된 것은 신쵸샤의 『니체 전집』뿐이다(전 12권, 1950-53). 또한 이소샤(理想社)의 『니체 전집』(전 16권, 1962-70. 제15·16권은 서간, 별권으로 오이겐 핑크의 『니체의 철학』이 번역되어 있다)은 오래 판을 거듭하며, 현재에도 대학 도서관 등에는 반드시라고 말해도 좋을 정도로 갖춰져 있다. 이 전집은 최근 치쿠마서방(筑摩書房)의 치쿠마학예문고에 들어갔다(전 15권, 별권 4{서간 2권 및 보임러가 편집한 유고집 『생성의 무구함』 2권}, 1993-94). 이소샤판(또는 치쿠마학예문고판) 전집의 가장 큰 문제점은 『권력에의 의지』의 존재를 ── 당시에는 충분히 이해할 수 있는 이유에서 ── 인정한 편집을 행하고 있다는 점이다. 문고본 편입에 즈음해서도 그것이 답습되고 있다. 그러나 역으로 가장 큰 장점은 상당히 친절한 용어 색인이 각 권에 붙어 있다는 점이다. 이것은 니체와 같은 비체계적인 사상가의 경우에 초학자뿐만 아니라 연구자에게도 대단히 편리하다. 또한 본문에 붙어 있는 주해도 정확하고 뛰어난 것이 많다.

최근의 전집으로서는 하쿠스이샤(白水社)판의 『니체 전집』이 있다(전 24권{제Ⅰ기 12권, 제Ⅱ기 12권}, 별권 1{『일본인의 니체 연구보』}, 1979-87). 이것은 전기 그루이터 출판사의 전집에 의거한 것으로, 텍스트로서는 전체적으로 가장 신뢰가 가며, 지금 이 사전도 유고의 전거 등은 이것을 기준으로 하고 있다. 번역에 있어서의 주해의 많은 것도 같은 전집의 그것을 따르고 있기 때문에, 예를 들면 생전에 출판된 저작들의 아포리즘의 초안이나 전신의 형태를 추적하는 것도 어느 정도 가능하게 되었다. 가장 큰 결점은 용어 색인이 없다는 점이다. 독일어판에서는 페이퍼백판(KSA)에 색인이 있지만, 인명·지명 등의 고유명사뿐이며,[5] 그런 점에서 생전의 저작에 관해서라면 이소샤/치쿠마서방판이 사용하기 편리하다는 것은 부정할 수 없다. 또한 하쿠스이샤판은 반드시 니체나 사상을 전문으로 하고 있지 않은 번역자가 많기 때문에, 일부이긴 하지만 오역이 눈에 띄는 경우도 많다.

・・・・・・・・・・・

5) 다만 그루이터판 전집(KGW)의 CD-ROM 판의 발행이 그루이터 사로부터 예고되고 있으며(1994년 11월 발매 예정), 더 나아가 초기 저작, Philologica, 주석에 대해서도 CD-ROM 판의 발매가 예정되어 있다. 따라서 고유명사 이외에 관해서도 원어만 분명하면, IBM/매킨토시 계열의 퍼스널컴퓨터를 가지고서 검색할 수 있게 된다.

✠ 문헌 안내 ✠

오이시 기이치로(大石紀一郎)

Ⅰ. 니체의 저작, Ⅱ. 관련 문헌, Ⅲ. 잡지·논집으로 나누어 참고문헌을 제시한다. Ⅰ에서는 1995년 초 현재 일반적으로 입수 가능한 니체의 저작(독일어 및 일본어역)을 제시하고 있다. 과거에 간행된 전집에 관해서는 「다양한 니체 전집에 대하여」를 참조할 수 있을 것이다. 또한 일본어역에 관해서도 주로 현재 시판되고 있는 대표적인 번역을 제시했다. Ⅱ에서는 저자의 성 알파벳순(한자는 로마자로 바꿔 읽는다)으로, 동일 저자의 경우에는 간행 연대순으로 배열하고 있다. 잡지와 편자 이름을 특정할 수 없는 논집은 Ⅲ에 일본어와 그 이외의 언어로 나누어 서명의 알파벳순으로 게재했다.

이 문헌 안내의 작성에 있어서는 다음과 같은 점들에 유의했다.

1) 주로 일본어, 독일어, 영어, 프랑스어, 드물게는 이탈리아어, 스페인어, 덴마크어 문헌을 검색 대상으로 했다. 번역(특히 일본어역)이 있는 문헌에 대해서는 조사가 붙어 있는 한에서 번역도 덧붙여 적어 두었다.

2) 비교적 구하기 쉬운 최근의 문헌을 조금 많이 다루며, 역사적인 문헌에 대해서는 니체와 교섭이 있었던 인물의 회상과, 수용사에서 특색이 있는 것, 일본어역이 있는 것을 중심으로 선택했다.

3) 원칙적으로 잡지논문보다 단행본을 우선하여 채록했다. 다만 수용사에서의 자료가 되는 문헌에 대해서는 이런 제한이 없다.

4) 직접 니체를 다루지 않는 문헌이라 하더라도 본문 속에서 언급되고 있다든지 관련된 주제를 다루고 있는 경우에는 채록했다. 다만 본문에서 거론된 참고문헌이라 하더라도 이 문헌 안내에는 채록하지 않은 것이 있다.

5) 다양한 판으로 출판되어 있는 문헌과 번역의 경우, 반드시 처음 나온 것을 우선시하는 것은 아니며, 비교적 구하기 쉬운 새로운 판·새로운 번역이 있는 경우는 그것을 제시했다.

6) 문헌 안내 작성 시점에 출판사에 의해 간행이 예고되어 있으면서 1995년 1월 시점에 간행이 확인되지 않는 문헌에 대해서는 간행연도를 괄호로 묶어 제시했다.

7) 이하의 시리즈·잡지에 대해서는 아래와 같은 약호를 사용했다.

MTNF	Monographien und Texte zur Nietzsche-Forschung
NS	Nietzsche-Studien. Internationales Jahrbuch für die Nietzsche-Forschung
ND	Nietzsche in der Diskussion
SN	Supplementa Nietzscheana

이 문헌 안내의 작성에 있어서는 다양한 서지·문헌 목록을 참고했지만, 서구어 문헌에 관해서는 특히 Herbert W. Reichert/Karl Schlechta가 편집한 서지에 의거하며, 또한 일본어 문헌에 관해서는 다카마쓰 도시오(高松敏男) 편의 서지(하쿠스이사(白水社)판 니체 전집 별권)에 대단히 많은 것을 빚지고 있다. 여기에 기록하여 감사드리지 않을 수 없다. 아래에서는 참조한 문헌 목록이 게재되어 있는 문헌을 그 항목 끝에 *를 붙여 제시하기로

한다.

덧붙이자면, 공간 관계로 수많은 문헌을 생략할 수밖에 없었다. 독자가 각자의 관심에 따라서 이 문헌 안내를 충실하게 만들어나갈 것을 부탁드린다.

Ⅰ. 니체의 저작

1) 전집

Werke. Kritische Gesamtausgabe. ca. 30 Bde. in 8 Abteilungen. Hrsg. von Giorgio Colli/Mazzino Montinari, Walter de Gruyter, Berlin/New York 1967ff. [=KGW]

Sämtliche Werke, Kritische Studienausgabe, 15 Bde. Hrsg. von G. Colli/M. Montinari, dtv. München/Walter de Gruyter, Berlin/New York 1980, ²1988 (=*Sämtliche Werke in Einzelbänden*). [=KSA]

Werke in drei Bänden. Hrsg. von Karl Schlechta, Carl Hanser, München 1954-56, ¹⁰1994. [=SA]

Nietzsche-Index zu den Werken in drei Bänden. Hrsg. von K. Schlechta, Hanser, München 1965, ⁴1994.

Frühe Schriften 1854-1869, 5 Bde. Hrsg. von Hans Joachim Mette, Karl Schlechta und Carl Koch, C. H. Beck (auch bei dtv), München 1994 (Nachdruck von: *Historisch-Kritische Gesamtausgabe. Werke* [5 Bde.], C. H. Beck, München 1933-40). [=BAW]

Werke auf CD-ROM, Walter de Gruyter, Berlin/New York (1994).

2) 서간집

Briefwechsel. Kritische Gesamtausgabe. ca. 20 Bde. in 3 Abteilungen. Hrsg. von G. Colli/M. Montinari, Walter de Gruyter, Berlin 1975ff. [=KGB]

Sämtliche Briefe, Kritische Studienausgabe, 8 Bde. Hrsg. von G. Colli/M. Montinari, dtv. München/Walter de Gruyter, Berlin/New York 1986. [=KSB]

3) 그 밖의 것들

현재 시점에서 구하기 쉬운 문고판으로서 Goldmann Taschenbuch Klassiker, *Gesammelte Werke*, 10 Bde., München 1994; Kröners Taschenausgabe, *Sämtliche Werke in Einzelbänden*, 12 Bde., Stuttgart (Bd. 12 [=KTA 170]: R. Oehler (Hrsg.), *Nietzsche-Register*); Insel Taschenbuch, Frankfurt a. M. 1977-94(거의 모든 저작 및 유고집 『권력에의 의지』); Reclams Universal-Bibliothek, Stuttgart/Leipzig(『비극』, 『반시대적』 Ⅱ/Ⅳ, 『학문』, 『차라투스트라』, 『선악』, 『계보』 및 시집) 등이 있지만, Kröner판과 Insel판에는 편집에 문제가 있는 유고집도 포함되어 있다.

니체의 작곡도 *Der musikalische Nachlaß.* Hrsg. von Curt Paul Janz, Basel 1976으로서 간행되어 있다.

4) 일본어역

현재 입수할 수 있는 번역 전집으로서는,

『ニーチェ全集』 Ⅱ기 24권+별권 1, 白水社, 1979-87.

『ニーチェ全集』 15권+별권 4, 筑摩書房(ちくま學藝文庫), 1993-94.

가 있다. 또한 이 이외에 문고판 등으로서 비교적 구하기 쉬운 저작으로는 다음과 같은 것들이 있다.

『悲劇の誕生』	秋山英夫 訳: 岩波文庫, 1966.
	西尾幹二 訳: 中公文庫, 1974/中公バックス 『世界の名著』 57 中央公論社, 1978.
『反時代的考察』	秋山英夫 訳: 角川文庫, 1950(재간: 1990).
『ツァラトゥストラ』	竹山道雄 訳: 新潮文庫, 1953.
	氷上英広 訳: 岩波文庫, 1967/1970.
	手塚富雄 訳: 中公文庫, 1973/中公バックス 『世界の名著』 57 中央公論社, 1978.
『善惡の彼岸』	竹山道雄 訳: 新潮文庫, 1954.
	木場深定 訳: 岩波文庫, 1970.
『道德の系譜』	木場深定 訳: 岩波文庫, 1964.
『偶像の黄昏』	西尾幹二 訳: 白水社(イデー選書), 1992(『アンチクリスト』도 수록).
	秋山英夫 訳: 角川文庫, 1951(『ヴァーグナーの場合』, 『ニーチェ對ヴァーグナー』도 수록, 재간: 1990).
『この人を見よ』	手塚富雄 訳: 岩波文庫, 1969.
	西尾幹二 訳: 新潮文庫, 1990.

단행본으로서 간행된 번역들 가운데, 주요 저작의 초역과 특징이 있는 번역을 아래에 적어 두고자 한다.

生田長江 訳, 『ツァラトゥストラ』[序・森鷗外「沈黙の塔」] 新潮社, 1911.

生田長江 編訳, 『ニイチェ語錄』 玄黃社, 1911.

安倍能成 訳, 『この人を見よ』 南北社, 1913.

金子馬治 訳, 『悲劇の誕生 善惡の彼岸』 早稻田大學出版部, 1915.

和辻哲郎 訳・解說 『ニイチェ書簡集』 岩波書店, 1917.

登張信一郎 訳注・論評 『如是經序品 光炎菩薩大獅子吼經』[『차라투스트라』 서설의 불교 용어에 의한 번역・해설] 星文堂書店, 1921.

平山良吉 訳, 『反基督 一切價値の轉換 第一部』 ロゴス社, 1923.

吹田順介 訳注, 『獨和對訳詳注 ニーチェ原著 ツァラトゥストラ解說』[서설・제1부・제2부의 독일어・일본어 대역・주석] 郁文堂書店, 1929.

阿部六郎 訳, 『物質と悲劇 希臘族悲劇時代の哲學』 芝書店, 1934.

土井虎賀壽 訳注, 『『ツァラトーストラ』 羞恥・同情・運命』 岩波書店, 1936(신판: 評論社, 1948)

野中正夫 訳, 『ギリシア人の世界』[「우리들 고전문헌학자」, 「호메로스와 고전문헌학」, 「도덕 외적인 의미에서의 진리와 거짓에 대하여」 등의 초기 유고] 筑摩書房, 1943.

國松孝二 編, 『世界文學體系』 42 「ニーチェ」[『ツァラトゥストラ』(淺井真男 訳), 『悲劇』(阿部賀隆 訳), 『反時代的』 II (秋山英夫 訳), 『この人』(氷上英広 訳) 서간(和辻哲郎・手塚富雄 訳), 시(淺井真男 訳)] 筑摩書房, 1960(『筑摩 世界文學體系』 44 「ニーチェ」, 1972).

秋山英夫・富岡近雄 『ニーチェ全詩集』 人文書院, 1968.

II. 관련 문헌

(무서명)「歐州における德義思想の二代表者フリデリヒ, ニツシエ氏とレオ, トウストイ伯とのとの意見比較」,「ニツシェ氏とトウストイ伯德義思想を評す」『心海』 제4/5호, 1983.12/1894.1(『니체 전집』 제 I 기 별권 白水社, 1982 수록).

阿部次郎,『ニイチエのツァラツストラ解釋並びに批評』 新潮社, 1919(『阿部次郎全集』 4 角川書店, 1961 수록).

———,『『悲劇の誕生』── その體驗及び論理』『大塚博士還曆記念美學及藝術史硏究』岩波書店, 1931(『阿部次郎全集』 9 角川書店, 1961 수록).

Abel, Günter: *Nietzsche. Die Dynamik der Willen zur Macht und die ewige Wiederkehr* (MTNF 15), Berlin/New York 1984.

Adorno, Theodor W.: *Minima Moralia. Reflexionen aus dem beschädigten Leben*, Frankfurt a. M. 1951, in: *Gesammelte Schriften*, Bd. 4, Frankfurt a. M. 1980(三光長治 訳,『ミニマ・モラリア, 傷ついた生活裡の省察』法政大學出版局, 1979).

———, *Ästhetische Theorie*, in: *Gesammelte Schriften*, Bd. 7, Frankfurt a. M. 1970(大久保健治 訳『美の理論』河出書房新社, 1985; 같은 이『美の理論・補遺』河出書房新社, 1988).

秋山英夫,『ディオニュソスと超人──ニーチェ研究序說──』理想社, 1948.

———,『ゲーテとニーチェ』大東出版社, 1948.

———,『キェルケゴールとニーチェ』理想社, 1966(『ニヒルと神──キェルケゴールとニーチェ』, 1951).

———,『文學的ニーチェ像──ニーチェと詩人たち──』勁草書房, 1969.

———,『ニーチェ 神の殺害者』朝日出版社, 1972.

———,『思想するニーチェ』人文書院, 1975.

———,『魔性の文學ニーチェ』(新潮選書) 新潮社, 1975.

Allemann, Beda: *Ironie und Dichtung*, Pfullingen 1956(山本定祐 訳『イロニーと文學』) 國文社, 1972).

Allison, David B. (ed.): *The New Nietzsche. Contemporary Styles of Interpretation*, New York 1977; Cambridge, Massachusetts 1985.

Althaus, Horst: *Friedrich Nietzsche. Das Leben eines Genies im 19. Jahrhundert*, München 1985, Ullstein Taschenbuch 35307, Frankfurt a. M. 1993.

Andler, Charles: *Nietzsche, sa vie et sa pensée*, 6 vols., Paris 1920-31, [2]1958(3 vols.).

Andreas-Salomé, Lou: *Friedrich Nietzsche in seinen Werken*, Wien 1894(erw. Neuausgabe, Frankfurt a. M. 1994. 原佑 訳『ニーチェと作品』『ル・ザロメ著作集』 3 以文社, 1974).

———, *Lebensrückblick*, Hrsg. von Ernst Pfeiffer, Zürich/Wiesbaden 1951.

姉崎正治{嘲風},「高山樗牛に答ふるの書」『太陽』 제8권 제2/3호, 1902. 2/3.

———,「高山君に贈る」『太陽』 제8권 제3/4호, 1902. 3/4.

———,「再び樗牛に与ふる書」『太陽』 제8권 제10호, 1902. 8(이상 3편 모두『明治文學全集』40 筑摩書房, 1970 수록).

Ansell-Pearson, Keith: *Nietzsche contra Rousseau: A Study of Nietzsche's Moral and Political Thought*, Cambridge 1991. [*]

——— (ed.): *Nietzsche and Modern German Thought*, London/New York 1991.

————, *An Introduction to Nietzsche as Political Thinker: The Perfect Nihilist*, Cambridge 1994. *

Ansell-Pearson, Keith/H. Caygill(eds.): *The Fate of the New Nietzsche*, London/New York 1993.

青木隆嘉, 『ニーチェと政治』 世界思想社, 1993.

Apel, Karl-Otto: *Diskurs und Verantwortung. Das Problem des Übergangs zur postkonventionellen Moral*, Frankfurt a. M. 1988.

Arendt, Hannah: Tradition and the Modern Age, 1953, in: *Between Past and Future: Eight Exercises in Political Thought*. New and enlarged edition, New York 1968(引田隆也・齋藤純一 訳 『過去と未來の間』 みすず書房, 1994 수록).

Aschheim, Steven E.: *The Nietzsche Legacy in Germany 1890-1990*, Berkeley, California 1992.

Assoun, Paul-Laurent: *Freud et Nietzsche*, Paris 1980, 1982.

Augstein, Rudolf: Ein Nietzsche für Grüne und Alternative? Rudolf Augstein zur Philosophie vom Übermenschen, in: *Der Spiegel*, 35. Jg., Nr. 24, 1981. 6. 8(Titel: Wiederkehr eines Philosophien. Täter Hitler. Denker Nietzsche).

Bachelard, Gaston: *L'air et les songes*, Paris 1943(宇佐見英治 訳 『空と夢 運動の想像力に關する試論』 法政大學出版局, 1968).

Bachofen, Johann Jakob: *Das Mutterrecht. Eine Untersuchung über die Gynaikokratie der alten Welt nach ihrer religiösen und rechtlichen Natur*, 1861, in: *Gesammelte Werke*, Bd. 2/3, Basel 1948, auch: stw 135, Frankfurt a. M. 1975(岡道男・河上倫逸 監訳 『母權論』 1・2 みすず書房, 1991/93).

Baeumler, Alfred: *Bachofen und Nietzsche*, Zürich 1929, in: ders., *Studien zur deutschen Geistesgeschichte*, Berlin 1937.

————, *Nietzsche, der Philosoph und Politiker*, Leipzig 1931(亀尾英四郎 訳 『ニイチェ──その哲學觀と政治觀』 愛宕書房, 1944).

————, Nietzsche und der Nationalismus, in: *Nationalsozialistische Monatshefte*, 1934. 5, auch in: ders., *Studien zur deutschen Geistesgeschichte*, Berlin 1937.

Ball, Hugo: Nietzsche in Basel. Eine Streitschrift, in: *Hugo Ball-Almanach*. Hrsg. von der Stadt Primasens, bearbeitet von E. Teubner, Pirmasens 1978.

Bataille, Georges: *L'expérience intérieure* (*La somme athéologique*, tome Ⅰ), Paris 1943, in: *Œuvres complètes* Ⅴ, Paris 1973(出口裕弘 訳 『內的體驗』[『無神學大全』 Ⅰ] 現代思潮社, 신장판: 1991).

————, *Le coupable* (*La somme athéologique*, tome Ⅱ), Paris 1943, in: *Œuvres complètes* Ⅴ, Paris 1973(出口裕弘 訳 『有罪者』[『無神學大全』 Ⅱ] 現代思潮社, 신장판: 1992).

————, *Sur Nietzsche, volonté de chance* (*La somme athéologique*, tome Ⅲ), Paris 1945, in: *Œuvres complètes* Ⅵ, Paris 1973(酒井健 訳 『ニーチェについて──好運への意志』[『無神學大全』 Ⅲ] 現代思潮社, 신장판: 1992).

————, Nietzsche. La théologie et la folie de William Blake, in: *Critique* n° 34, 1949. 3, jetzt in: *Œuvres complètes* Ⅸ, Paris 1988(山本功 訳 『道德と倫理』 『ジョルジュ・バタイユ著作集』 13 『言葉とエロス──作家論1──』 二見書房, 1971 수록).

————, *La souverainité. La part maudite. Essai d'économie générale*, tome Ⅲ, in: *Œuvres complètes* Ⅷ, Paris 1976(湯浅博雄・中地義和・酒井健 訳 『至高性, 呪われた部分── 普遍經濟論の試み, 第3卷』 人文書院, 1990).

Baumgarten, Eduard: *Das Vorbild Emersons im Werk und Leben Nietzsche*, Heidelberg 1957.

Bauschinger, Sigrid/Susan L. Cocalis/Sara Lennox (Hrsg.): *Nietzsche heute. Die Rezeption seines Werk nach 1968*, Bern/Stuttgart 1988.

Becker, Hans-Joachim: *Die frühe Nietzsche-Rezeption in Japan (1893-1903). Ein Beitrag zur Individualismusproblematik im Modernisierungsprozeß*, Wiesbaden 1983.

Behler, Ernst: *Nietzsche-Derrida. Derrida-Nietzsche*, München/Paderborn/Wien/Zürich 1988.

Benjamin, Walter: *Ursprung des deutschen Trauerspiels*, Berlin 1928(山村二郎・三城滿禧 訳『ドイツ悲劇の根源』法政大學出版局, 1975).

————, Nietzsche und das Archiv seiner Schwester, in: *Die literarische Welt*, Jg. 8, Nr. 12, 1932. 3. 18, jetzt in: *Gesammelte Schriften*, Bd. Ⅲ, Frankfurt a. M. 1972.

————, *Das Passagen-Werk*, Frankfurt a. M. 1982, in: *Gesammelte Schriften*, Bd. Ⅴ, Frankfurt a. M. 1990(今村仁司・大貫敦子・高橋順一・三島憲一 外 訳『パサージュ論』Ⅰ-Ⅴ 岩波書店, 1993ff.).

————, *Gesammelte Schriften*, 7 Bde.[14 Teilbde.](stw 931-937), Frankfurt a. M. 1990(『ベンヤミン著作集』15권 晶文社, 1969-81; 野村修 編訳『暴力批判論, ベンヤミンの仕事 1』『ボードレール, ベンヤミンの仕事 2』岩波文庫, 1994 등).

Benn, Gottfried: Nietzsche - nach 50 Jahren, in: *Das Lot*, H. 4, 1950. 10, auch in: *Gesammelte Werke in vier Bänden*. Hrsg. von Dieter Wellershoff, Bd. 1, Wiesbaden 1959(內藤道雄 訳「ニーチェ死後――五十年」『ゴットフリート・ベン著作集』2「文學論・小說」社會思想社, 1972).

Berg, Leo: *Der Übermensch in der modernen Literatur. Ein Kapitel zur Geistesgeschichte des 19. Jahrhunderts*, München 1897(高橋禎二 訳『近代文學に現れたる超人』國文堂書店, 1920).

Bergmann, Peter: *Nietzsche: The "Last Anti-political German"*, Bloomington/Indianapolis 1987.

Berlinger, Rudolph/Wiebke Schrader (Hrsg.): *Nietzsche kontrovers* Ⅰ-Ⅵ, Würzburg 1981-87.

Bernoulli, Carl Albrecht: *Franz Overbeck und Friedrich Nietzsche. Eine Freundschaft*, 2 Bde., Jena 1908.

Bertram, Ernst: *Nietzsche. Versuch einer Mythologie*, Berlin 1918, 8. erw. Aufl. Bonn 1965(淺井眞男 訳『ニーチェ』상・하 筑摩書房, 1970/71).

Bianquis, Geneviève: *Nietzsche en France*, Paris 1929.

Bindschedler, Maria: *Nietzsche und die poetische Lüge*, Basel 1954, Berlin/New York 1966.

Binion, Rudolph: *Frau Lou: Nietzsche's Wayward Disciple*, Princeton, New Jersey 1968.

Biser, Eugen: *"Got ist tof". Nietzsches Destruktion des christlichen Bewußtseins*, München 1962.

————, *Gottsucher oder Antichrist? Nietzsches provokative Kritik des Christentums*, Salzburg 1982.

Blanchot, Maurice: *L'espace littéraire*, Paris 1955(栗津則雄 外 訳『文學空間』現代思潮社, 1969).

————, Passage de la ligne, in: *Nouvelle revue française*, 1958. 9(清水徹 訳「線の横斷」『筑摩世界文學體系』44「ニーチェ」筑摩書房, 1972).

————, Nietzsche aujourd'hui, in: *L'entretien infini*, Paris 1967(清水徹 訳「ニーチェの現狀」『現代思想』제2권 제6호「特集=ニーチェ 虛無を直視する真昼の思想」, 1974. 6).

Bloch, Ernst: *Erbschaft dieser Zeit*, Zürich 1935, 2. erw. Ausgabe in: *Gesammelte Schriften*, Bd. 4, Frankfurt a. M. 1962(池田浩士 訳『この時代の遺産』筑摩書房[ちくま學藝文庫], 1994).

Blondel, Eric: *Nietzsche: Le 'cinquième "évangele"'?*, Paris 1980.

————, *Friedrich Nietzsche: Crépuscule des idoles*, Paris 1983.

————, *Nietzsche, le corps et la culture. La philosophie comme généalogie philosophique*, Paris 1986(engl. *Nietzsche: The Body and Culture: Philosophy as Philological Genealogy*, London 1991).

Bloom, Allan: *The Closing of the American Mind*, New York 1987(菅野盾樹 訳『アメリカン・マインドの終焉, 文化と教育の危機』みすず書房, 1988).

Blunck, Richard: *Friedrich Nietzsche. Kindheit und Jugend.* München/Basel 1953.

Böning, Thomas: *Metaphysik, Kunst und Sprache beim frühen Nietzsche* (MTNF 20), Berlin/New York 1988.

Bohrer, Karl Heinz: *Plötzlichkeit. Zum Augenblick des ästhetischen Scheins* (es 1058), Frankfurt a. M. 1981.

Borchmeyer, Dieter/Jörg Salaquarda (Hrsg.): *Nietzsche und Wagner. Stationen einer epochalen Begegnung*, 2 Bde., Frankfurt a. M. 1994.

Borland, Harold H.: *Nietzsches Influence on Swedish Literature with Special Reference to Strindberg, Ola Hansson, Heidenstam and Fröding*, Göteborg 1956.

Borsche, Tilman/Federico Gerratana/Aldo Venturelli (Hrsg.): *'Centauren-Geburten'. Wissenschaft, Kunst und Philosophie beim jungen Nietzsche* (MTNF 20), Berlin/New York 1994.

Boudot, Pierre: *Nietzsche et l'au-delà de la liberté. Nietzsche et les écrivains français de 1930 à 1960*, Paris 1970.

————, *L'ontologie de Nietzsche*, Paris 1971.

————, *Nietzsche en miettes* Paris 1973.

Braatz, Kurt: *Friedrich Nietzsche. Eine Studie zur Theorie der Öffentlichen Meinung* (MTNF 18), Berlin/New York 1988.

Brandes, Georg: *En Afhandling om aristokratisk radikalisme*, København 1889 (dt. Aristokratischer Radicalismus. Eine Abhandlung über Friedrich Nietzsche, in. *Deutsche Rundschau*, Bd. 63[16. Jg., H. 7], Berlin 1890, auch in: ders., *Menschen und Werke. Essays*, Frankfurt a. M. 1893. 宍戸儀一 訳『ニーチェの哲學』ナウカ社, 1935[영역으로부터의 번역?]).

Brandl, Horst: *Persönlichkeitsidealismus und Willenskult. Aspekte des Nietzsche-Rezeption in Schweden*, Heidelberg 1977.

Bridgwater, Patrick: *Nietzsche in Anglosaxony: A Study of Nietzsche's Impact on English and American Literature*, Leicester 1972.

Brose, Karl: *Sklavenmoral. Nietzsches Sozialphilosophie*, Bonn 1990.

Bueb, Bernhard: *Nietzsches Kritik der praktischen Vernunft*, Stuttgart 1970.

Burckhardt, Jacob: *Die Kultur der Renaissance in Italien. Ein Versuch*, 1960, in: *Gesammelte Werke*, Bd. Ⅲ, Basel/Stuttgart 1970(柴田治三郎 訳『イタリア・ルネサンスの文化』상・하 中公文庫, 1974).

————, *Die griechische Kulturgeschichte*, 1898-1902, in: *Gesammelte Werke*, Bd. Ⅴ-Ⅷ, Basel/Stuttgart 1970(新井靖一 訳『ギリシア文化史』5권 筑摩書房, 1991-93).

————, *Weltgeschichtliche Betrachtungen*, 1905, in: *Gesammelte Werke*, Bd. Ⅳ, Basel/Stuttgart 1970(藤田健治 訳『世界史的考察』二玄社, 1981).

Camus, Albert: *L'homme révolté*, Paris 1951, in: *Œuvres complètes d'Albert Camus* Ⅲ, Paris 1983(佐藤朔・白井浩司

訳『反抗的人間』『カミュ全集』6 新潮社, 1975).

Canzik, Hubert/Hildegard Canzik-Lindemaier, *Nietzsches vierte Unvollendete: "Wir Philologen". Entwürfe und Vorarbeiten*, Stuttgart (1994).

Chaix-Ruy, Jules: *Pour connaître la pensée de Nietzsche*, Paris 1964, 1977.

Chapelle, Daniel: *Nietzsche and Psychoanalysis*, New York 1993.

Clark, Maudemarie: *Nietzsche on Philosophy and Truth*, Cambridge 1990.

Clowes, Edith W.: *The Revolution of Moral Conciousness: Nietzsche in Russian Literature 1890-1914*, DeKalb 1988.

Colli, Giorgio: *Dopo Nietzsche*, Milano 1974 (dt. *Nach Nietzsche*, Frankfurt a. M. 1980).

————, *Scritti su Nietzsche*, Milano 1980 (dt. *Distanz und Pathos. Einleitungen zu Nietzsches Werken*. Mit einem Nachwort von Mazzino Montinari, Frankfurt a. M. 1982).

————, *La nascita della filosofia*, Milano 1975 (dt. *Die Geburt der Philosophie*, Frankfurt a. M. 1981).

Connolly, William E.: *Political Theory and Modernity*, Oxford 1988(金田耕一・栗栖聡・的射場敬一・山田正行 訳 『政治理論とモダニティー』昭和堂, 1993).

Crawford, Claudia: *The Beginning of Nietzsche's Theory of Language* (MTNF 19), Berlin/New York 1988.

————, *To Nietzsche: Dionysus, I love you! Ariadne*, Albany, New York 1995.

Danto, Arthur C.: *Nietzsche as Philosopher*, New York 1965, [3]1980.

Del Caro, Adrian: *Nietzsche contra Nietzsche: Creativity and the Anti-Romantic*, Baton Rouge, Louisiana 1989.

Deleuze, Gilles: *Nietzsche et la philosophie*, Paris 1962(足立和浩 訳『ニーチェと哲學』國文社, 1974).

————, Mystère d'Arianne, in: *Bulletin de la société française d'études nietzschéennes* n° 2, 1963(田中敏彦 訳「アリアドネの神秘」『現代思想』임시증간호「總特集 ドゥルーズ=ガタリ」, 1984. 9).

————, *Nietzsche*, Paris 1965(湯浅博雄 訳『ニーチェ』朝日出版社, 1985).

————, *Différence et répétition*, Paris 1968(財津理 訳『差異と反復』河出書房新社, 1992).

————, Pensée nomade, in: *Nietzsche aujourd'hui?*, Paris 1973(立川健二 訳「ノマド的思考」『現代思想』임시증간호「總特集 ドゥルーズ=ガタリ」, 1984. 9).

————, Préface: Nietzsche et Saint Paul. Lawrence et Jean de Patmos, in: D. H. Lawrence, *Apocalypse*, Paris 1978(鈴木雅大 訳「ニーチェと聖パウロ, ロレンスとパトモスのヨハネ」『現代思想』임시증간호「總特集 ドゥルーズ=ガタリ」, 1984. 9).

Deleuze, Gilles/Félix Guattari: *L'anti-œdipe: Capitalisme et schizophrénie*, Paris 1972(市倉宏祐 訳『アンチ・オイディプス』河出書房新社, 1986).

————, *Mille plateaux: Capitalisme et schizophrénie*, Paris 1980(宇野邦一・小澤秋廣・田中敏彦・豊崎光一・宮林寛・守中高明 訳『千のプラトー, 資本主義と分裂症』河出書房新社, 1994).

de Man, Paul: *Allegories of Reading: Figural Language in Rousseau, Nietzsche, Rilke and Proust*, New Haven, Connecticut 1979.

Derrida, Jacques: *De la grammatologie*, Paris 1967(足立和浩 訳『グラマトロジーについて——根源の彼方に』상・하 現代思潮社, 1972).

————, *L'ecriture et la différence*, Paris 1967(若桑毅・野村英夫・坂上脩・川久保輝興・梶谷温子・三好郁朗 訳

『エクリチュールと差異』상・하 法政大學出版局, 1977/83).

————, *Éperons: Les Styles de Nietzsche*, Venezia 1976, Paris 1978(白井健三郎 訳『尖筆とエクリチュール――ニーチェ・女・真理』朝日出版社, 1979).

————, *Otobiographie de Nietzsche. L'enseignement de Nietzsche et la politique du nom propre*, Paris 1984(in: *L'oreille de de l'autre. Otobiographies, transferts, traductions*, Montréal 1982. 浜名優美・庄田常勝 訳『他者の耳――デリダ「ニーチェの耳伝」・自伝・翻訳――』産業圖書, 1988).

Detwiler, Bruce: *Nietzsche and the Politics of Aristocratic Radicalism*, Chicago 1990.

Deussen, Paul: *Erinnerungen an Friedrich Nietzsche*, Leipzig 1901.

Diet, Emmanuel: *Nietzsche et les métamorphoses du divin*, Paris 1972.

Djurić, Michailo: *Nietzsche und die Metaphysik* (MTNF 16), Berlin/New York 1985.

Djurić, Michailo/Josef Simon (Hrsg.): *Zur Aktualität Nietzsches*, 2 Bde. (ND), Würzburg 1984.

———— (Hrsg.): *Kunst und Wissenschaft bei Nietzsche* (ND), Würzburg 1986.

———— (Hrsg.): *Nietzsche und Hegel* (ND), Würzburg 1992.

Dodds, Eric Robertson: *The Greeks and the Irrational*, Berkeley, California 1951(岩田靖史・水野一 訳『ギリシア人と非理性』みすず書房, 1972).

土井虎賀壽『觸覺的世界像の成立――ニイチェ――』河出書房, 1939.

————,『ゲーテとニイチェを結ぶもの』創元社, 1948.

Donnellan, Brendan: *Nietzsche and the French Moralists*, Bonn 1982.

道躰章弘『ニーチェ・コントラ・ボードレール』水聲社, 1994.

Drain, Henri: *Nietzsche et Gide*, Paris 1932(淀野隆三・高沖陽造 訳『ニーチェとドイツ』[개정판] 建設社, 1946[초판: 1934]).

Dürr, Volker/Reinhold Grimm/Kathy Harms (eds.), *Nietzsche: Literature and Values*, Madison 1988.

Duhamel, Roland: *Nietzsches Zarathustra, Mystiker des Nihilismus. Eine Interpretation von Friedrich Nietzsches "Also sprach Zarathustra. Ein Buch für. Alle und Keinen"* (ND), Würzburg 1991.

Duhamel, Roland/Erik Oger (Hrsg.): *Die Kunst der Sprache und die Sprache der Kunst* (ND), Würzburg 1994.

Dumoulié, C.: *Nietzsche et Artaud*, Paris 1992.

Eger, Manfred: *"Wenn ich Wagnern den Krieg mache". Der Fall Nietzsche und das Menschliche, Allzumenschliche*, Wien 1988(武石みどり 訳『ニーチェとヴァーグナー』音樂之友社, 1992).

Eschenbach, Insa: *Der versehrte Maßstab. Versuch zu Nietzsches Willen zu Macht und seiner Rezeptionsgeschichte* (ND), Würzburg 1990.

Fazio, Domenico M.: *Il caso Nietzsche. La cultura italiana di fronte a Nietzsche 1872-1940*, Milano 1988.

Figl, Johann: *Interpretation als philosophisches Prinzip. Friedrich Nietzsches universale Theorie der Auslegung im späten Nachlaß* (MTNF 7), Berlin/New York 1982.

————, *Dialektik der Gewalt. Nietzsches hermeneutische Religionsphilosophie*, Düsseldorf 1984.

Fink, Eugen: *Nietzsches Philosophie*, Stuttgart 1960(吉沢伝三郎 訳『ニーチェの哲學』『ニーチェ全集』별권, 理想社,

1963).

Fischer-Dieskau, Dietrich: *Wagner und Nietzsche. Der Mystagoge und sein Abtrünniger*, Stuttgart 1974(荒井秀直 訳 『ワーグナーとニーチェ』白水社, 1977).

Flake, Otto: *Nietzsche. Rückblick auf eine Philosophie*, Baden-Baden 1946, 2., vermehrte Aufl. 1947.

Flashar, Hellmut/Karlfried Gründer/Axel Horstmann (Hrsg.): *Philologie und Hermeneutik im 19. Jahrhundert* (darin: Viktor Pöschl, Nietzsche und die klassische Philologie), Göttingen 1979.

Fleischer, Margot: *Der "Sinn der Erde" und die Entzauberung des Übermenschen. Eine Auseinandersetzung mit Nietzsche.* Darmstadt 1993.

Förster-Nietzsche, Elisabeth: *Das Leben Friedrich Nietzsches*, 2 Bde., Leipzig 1895-1904.

――――, *Der junge Nietzsche*, Leipzig 1912(淺井真男 監訳『若きニーチェ――ニーチェの生涯(上)』河出書房新社, 1983).

――――, *Der einsame Nietzsche*, Leipzig 1914(淺井真男 監訳『孤獨なニーチェ――ニーチェの生涯(下)』河出書房新社, 1983).

――――, *Wagner und Nietzsche zur Zeit ihrer Freundschaft*, München 1915.

Forget, Philippe (Hrsg.): *Text und Interpretation*. Mit Beiträgen von Hans-Georg Gadamer, Jacques Derrida u. a., München 1984(轡田收・三島憲一 外 訳『テクストと解釋』産業圖書, 1990).

Foucault, Michel: *Les mots et les choses. Une archéologie des sciences humaines*, Paris 1966(渡辺一民・佐々木明 訳『言葉と物――人文科學の考古學――』新潮社, 1974).

――――, Nietzsche, Freud, Marx, in: *Cahiers de Royaumont. Nietzsche*, Paris 1967; *Dits et écrits 1954-1988 Ⅰ: 1954-1969*, Paris 1994(豊崎光一 訳「ニーチェ・系譜學・歴史」『季刊第二次エピステーメー』創刊 0호 朝日出版社, 1984).

――――, *L'archéologie du savoir*, Paris 1969(中村雄二郎 訳『知の考古學』河出書房新社, 1981).

――――, Nietzsche, la généalogie, l'histoire, in: *Hommage à Jean Hyppolite*, Paris 1971; *Dits et écrits 1954-1988 Ⅱ: 1970-1976*, Paris 1994(伊藤晃 訳「ニーチェ・系譜學・歴史」『パイデイア』제11호, 1972. 2;『季刊第二次エピステーメー』創刊 0호 朝日出版社, 1984).

――――, *L'histoire de la sexualité 1. La volonté de savoir*, Paris 1976(渡辺守章 訳『性の歴史Ⅰ 知への意志』新潮社, 1986).

――――, *L'histoire de la sexualité 2. L'usage des plaisirs*, Paris 1984(田村俶 訳『性の歴史Ⅱ 快樂の活用』新潮社, 1986).

――――, *L'histoire de la sexualité 3. Le souci de soi*, Paris 1984(田村俶 訳『性の歴史Ⅲ 自己への配慮』新潮社, 1987).

Frank, Manfred: *Der kommende Gott. Vorlesungen über die Neue Mythologie* (es 1142), Frankfurt a. M. 1982.

Frenzel, Ivo: *Friedrich Nietzsche in Selbstzeugnissen und Bilddokumenten*, Reinbek bei Hamburg 1966(川原榮峰 訳『ニーチェ』理想社, 1967, 신장판: 1983).

藤田健治『ニーチェ その思想と實存の解明』中央公論社(中公新書 235), 1970.

Funke, Monika: *Ideologiekritik und ihre Ideologie bei Nietzsche*, Stuttgart-Bad Cannstadt 1974.

Gadamer, Hans-Georg: *Wahrheit und Methode. Grundzüge einer philosophischen Hermeneutik*, Tübingen 1960, [4]1975, jetzt in: *Gesammelte Werke*, Bd. 1 u. 2, Tübingen 1986(轡田收・麻生建・三島憲一・北川東子・我田廣之・大石紀一郎 訳『真理と方法Ⅰ』[제1부의 번역] 法政大學出版局, 1986).

Gaède, Édouard: *Nietzsche et Valéry. Essai sur la comédie de l'esprit*, Paris 1962.

Gander, Hans-Helmuth (Hrsg.): *"Verwechselt mich vor Allem nicht". Heidegger und Nietzsche*, Frankfurt a. M. 1994.

Gebhard, Walter (Hrsg.): *Friedrich Nietzsche. Perspektivität und Tiefe. Bayreuther Nietzsche-Kolloquium 1980*, Frankfurt a. M. 1982.

————, *Nietzsche's Totalitalismus. Philosophie der Natur zwischen Verklärung und Verhängnis* (MTNF 8), Berlin/New York 1983.

Gerhardt, Volker: *Pathos und Distanz. Studien zur Philosophie Friedrich Nietzsches* (Reclam UB 8504), Stuttgart 1988.

————, *Friedrich Nietzsche* (Beck'sche Reihe. Große Denker, 522), München 1992.

Germer, Andrea: *Wissenschaft und Leben. Max Webers Antwort auf eine Frage Friedrich Nietzsches*, Göttingen 1994.

Gide, André: Lettres à Angèle XII, in: *Prétextes*, Paris 1903(dt. Nietzsche. Brief an Angèle, in: *Ariadne. 1. Jahrbuch der Nietzsche-Gesellschaft*, München 1925. 河上徹太郎 訳『アンドレ・ジイド全集』13 新潮社, 1951).

Giesz, Ludwig: *Nietzsche. Existenzialismus und Wille zur Macht*, Stuttgart 1950(樫山欽四郎・川原榮峰 訳『ニーチェ 實存主義と力への意志』理想社, 1970[パンセ書院, 1954]).

Gillespie, Michael Allen/Tracy B. Strong (eds.): *Nietzsche's New Seas. Explorations in Philosophy, Aesthetics and Politics*, Chicago 1988.

Gillespie, Michael Allen, *Nihilism before Nietzsche*, Chicago/London 1995.

Gilman, Sander L. (Hrsg.): *Begegnungen mit Nietzsche*, Bonn 1981, 2., verbesserte Aufl. 1985.

————, *Conversations with Nietzsche: A Life in the Words of His Contemporaries*, New York/Oxford 1987.

Glaser, Hermann: *Bildungsbürgertum und Nationalismus. Politik und Kultur im Wilhelminischen Deutschland* (dtv 4508), München 1983.

Glucksman, André: *Les maîtres penseurs*, Paris 1977(西永良成 訳『思想の首領たち』中央公論社, 1980).

Goch, Klaus: *Franziska Nietzsche* (it 1623), Frankfurt a. M. 1994.

Goicoechea, David (ed.): *The Great Year of Zarathustra (1881-1981)*, New York/London/Lanham 1983.

Goth, Joachim: *Nietzsche und die Rhetorik*, Tübingen 1970.

Goyard-Fabre, Simone: *Nietzsche et la conversion métaphysique*, Paris 1972.

————, *Nietzsche et la question politique*, Paris 1977.

Granier, Jean: *Le problème de la vérité dans la philosophie de Nietzsche*, Paris 1966.

Grau, Gerd-Günther: *Christlicher Glaube und intellektuelle Redlichkeit. Eine religionsphilosophische Studie über Nietzsche*, Frankfurt a. M. 1958.

————, *Ideologie und Wille zur Macht. Zeitgemäße Betrachtungen über Nietzsche* (MTNF 13), Berlin/New York 1984.

————, *Kritik des absoluten Ansprache. Nietzsche - Kant* (ND), Würzburg 1993.

Gregor-Dellin, Martin, *Richard Wagner. Sein Leben. Sein Werk. Sein Jahrhundert*, München 1980.

Grimm, Reinhold/Jost Hermand (Hrsg.): *Karl Marx und Friedrich Nietzsche. Acht Beiträge*, Königstein/Ts. 1978(秋山英夫・木戸三良・高橋輝曉 訳『啓蒙主義とロマン派のあいだ, マルクスとニーチェ』朝日出版社, 1983).

Grimm, Reinhold: *Brecht und Nietzsche oder ständnisse eines Dichters. Fünf Essays und ein Bruchstück* (es 774), Frankfurt a. M. 1979.

Grimm, Ruediger Hermann: *Nietzsche's Theory of Knowledge* (MTNF 4), Berlin/New York 1977.

Groddeck, Wolfram: *Friedrich Nietzsche. "Dionysos-Dithyramben"*, 2 Bde. (MTNF 23/1 u. 2), Berlin/New York 1991.

Gründer, Karlfried (Hrsg.): *Der Streit um Nietzsches "Geburt der Tragödie"* (Die Schriften von Erwin Rohde, Richard Wagner und Ulrich von Wilamowitz-Möllendorff), Hildesheim 1969.

Grundlehner, Philip: *The Poetry of Friedrich Nietzsche*, Oxford/New York 1986.

Gundolf, Ernst/Kurt Hildebrandt: *Nietzsche als Richter unserer Zeit*, Breslau 1923.

Gustafasson, Lars: *Sprache und Lüge. Drei sprachphilosophische Extremisten: Friedrich Nietzsche, Alexander Bryan Johnson, Fritz Mauthner*, München 1980 (Original: schwedisch. Stockholm 1979).

Guzzoni, Alfredo (Hrsg.): *90 Jahre philosophische Nietzsche-Rezeption*, Königstein/Ts. 1979.

Haar, Michel: *Nietzsche et la métaphysique*, Paris 1993.

Habermas, Jürgen: Nachwort zu: Friedrich Nietzsche, *Erkenntnistheoretische Schriften*, Frankfurt a. M. 1968, auch in: ders., *Kultur und Kritik. Verstreute Aufsätze* (st 125), Frankfurt a. M. 1973.

―――, *Erkenntnis und Interesse* (stw 1), Frankfurt a. M. 1968(奧山次良・八木橋貢・渡辺祐邦 訳『認識と關心』未來社, 1981).

―――, Die Moderne―ein unvollendetes Projekt, in: ders., *Kleine Politische Schriften (Ⅰ-Ⅳ)*, Frankfurt a. M. 1981(三島憲一 訳「近代――未完成のプロジェクト」『思想』696호, 1982. 6).

―――, *Der philosophische Diskurs der Moderne. Zwölf Vorlesungen*, Frankfurt a. M. 1985(三島憲一・轡田收・木前利秋・大貫敦子 訳『近代の哲學的ディスクルス』Ⅰ・Ⅱ 岩波書店, 1990).

Härtle, Heinrich: *Nietzsche und der Nationalsozialismus*, München 1937(南秀三・松尾運平 訳『ニイチェと民族社會主義』青年書房, 1940).

芳賀檀「ニイチェの君臨」『民族と友情』實業之日本社, 1942.

―――, 『ニーチェ論』理想社, 1963.

萩原朔太郎『新しき欲情』, 1922,(『萩原朔太郎全集』4 筑摩書房, 1975 수록).

―――, 『虛妄の正義』, 1929(『萩原朔太郎全集』4 筑摩書房, 1975 수록; 講談社文藝文庫, 1994).

―――, 「ポオ, ニイチエ, ドストイエフスキイ」『ニヒル』제1권 제3호, 1930. 10(『萩原朔太郎全集』11 筑摩書房, 1977 수록).

―――, 「ニイチェに就いての雑感(種々なる覺え書)」『浪漫古典』제1권 제7집, 1934. 10(『萩原朔太郎全集』9 筑摩書房, 1976 수록).

―――, 「私の詩人とツアラトストラ 序にかつて」『無からの抗爭』白水社, 1937,(『萩原朔太郎全集』9 筑摩書房, 1976 수록).

Halévy, Daniel: *La vie de Frédéric Nietzsche*, Paris 1909(野上巖 訳『ニーチェ伝』상・중・하 改造社, 1938, 1942[生田長江・野上巖, 1930의 개역]).

―――, *Nietzsche*, Paris 1944(*La vie de Frédéric Nietzsche*, Paris 1909의 개정판. 大野俊一 訳『ニーチェ』新潮社, 1953).

Hamacher, Werner (Hrsg.): *Nietzsche aus Frankreich* (Ullstein Taschenbuch 35238), Frankfurt a. M. 1986.

Hansson, Ola: *Friedrich Nietzsche. Seine Persönlichkeit und sein System*, Leipzig 1890.

原佑『ニーチェ 時代の告發』以文社, 1971(『ニーチェ世界觀の展望』春秋社, 1950의 개정판).

Harrison, Jane Ellen: *Ancient Art and Right*, Oxford 1913(星野徹 訳『古代の藝術と祭祀』法政大學出版局, 1974).

Harrison, Thomas (ed.): *Nietzsche in Italy*, Saratoga, California 1988.

長谷川天渓「ニーツェの哲學」『早稻田學報』제30/33호, 1899. 8/11(『ニーチェ全集』제1기 別卷 白水社, 1982 수록).

──────, 「美的生活とは何ぞや」『讀賣新聞』, 1901. 8. 19/26(『長谷川天渓文藝評論集』岩波文庫, 1955 수록).

Haslinger, Reinhard: *Nietzsche und die Anfänge der Tiefenpsychologie*, Regensburg 1993.

林道義『ツァラトゥストラの深層』朝日出版社, 1979.

Heftrich, Eckhard: *Nietzsches Philosophie. Identität von Welt und Nichts*, Frankfurt a. M. 1962.

Heidegger, Martin: *Sein und Zeit*, Halle 1927, 15 Aufl. Tübingen 1979(原佑・渡辺二郎 訳『存在と時間』中公バックス『世界の名著』74「ハイデガー」中央公論社, 1980; 細谷貞雄 訳『存在と時間』상・하, 筑摩書房[ちくま學藝文庫], 1994).

──────, Wer ist Nietzsches Zarathustra, in: *Vorträge und Aufsätze*, Pfullingen 1954(新井惠雄 訳「ニーチェのツァラトゥストラは誰か」『理想』제524/525호, 1977. 1/2).

──────, *Was heißt Denken?* Tübingen 1954(四日谷敬子 外 訳「思惟とは何の謂いか」『ハイデッガー全集』別卷 3 創文社, 1987).

──────, Nietzsches Wort "Gott ist tot", 1943, in: *Holzwege*, Frankfurt a. M. 1950, auch in: *Gesammtausgabe*, Bd. 5, Frankfurt a. M. 1977(茅野良男 訳「ニーチェの言葉「神は死せり」」『ハイデッガー全集』5『杣道』創文社, 1988; 細谷貞雄 訳『ハイデッガー選集』2 理想社, 1954).

──────, *Nietzsche*, 2 Bde., Pfullingen 1961, ⁵1989(薗田宗人 訳『ニーチェ』Ⅰ・Ⅱ・Ⅲ 白水社, 1976/77).

Heintel, Erich: *Nietzsches 'System' in seinen Grundbegriffen. Eine prinzipielle Untersuchung*, Leipzig 1939.

Heller, Edmund: *Nietzsches Scheitern am Werk*, Freiburg i. Br./München 1989.

Heller, Erich: *The Disinherited Mind: Essays in Modern German Literature and Thought* (Jacob Burckhardt and Nietzsche; Nietzsche and Goethe; Rilke and Nietzsche), Philadelphia 1952(dt. *Enterbter Geist. Essays über modernes Dichten und Denken*, Frankfurt a. M. 1964. 靑木順三・杉浦博・中田美喜 訳『廢嫡者の精神』紀伊國屋書店, 1969).

──────, *The Artist's Journey into the Interior and Other Essays* (The Importance of Nietzsche; Wittgenstein and Nietzsche), New York 1965 (dt. *Die Reise der Kunst ins Innere und andere Essays*, Frankfurt a. M. 1966. 河原忠彦・渡辺健・杉浦博 訳『藝術家の內面への旅』法政大學出版局, 1972).

Heller, Peter: *Von den ersten und letzten Dingen. Studien und Kommentar zu einer Aphorismenreihe von Friedrich Nietzsche* (MTNF 1), Berlin/New York 1972.

Henke, Dieter: *Gott und Grammatik. Nietzsches Kritik der Religion*, Pfullingen 1980.

Hesse, Hermann: *Zarathustras Wiederkehr. Ein Wort an die deutsche Jugend. Von einem Deutschen* [Anonym], Bern 1919, in: *Gesammelte Werke in zwölf Bänden*, Bd. 10, Frankfurt a. M. 1970, auch: st 2228, Frankfurt a. M. 1993(高橋健二 訳「ツァラツストラの再來」『ヘッセ全集』6 新潮社, 1957;『若き人々へ』角川文庫, 1969 수록).

Higgins, Kathleen M.: *Nietzsche's Zarathustra*, Philadelphia 1987.

Higgins, Kathleen M./Bernd Magnus (eds.): *The Cambridge Companion to Nietzsche*, Cambridge (iVb.).

樋口大介『ニーチェを辿る』泰流社, 1985.

氷上英廣『ニーチェの問題』創元社, 1948.

―――, 『NIETZSCHE』(生ける思想叢書) 新潮社, 1949.

―――, 『大いなる正午, ニーチェ論考』筑摩書房, 1979.

―――, 『ニーチェとの對話』岩波書店, 1988.

―――, 『ニーチェとその時代』岩波書店, 1988.

氷上英廣 編『ニーチェ研究』[高坂正顯・斎藤茂吉・西谷啓治・手塚富雄・小林秀雄・國松孝二 등의 논고가 있다] 社會思想研究會出版部, 1952.

氷上英廣教授還曆記念論文集刊行委員會 編『ニーチェとその周邊』朝日出版社, 1972(氷上英廣 編으로서도 간행).

氷上英廣・薗田宗人・杉田弘子・三島憲一『ニーチェ ツァラトゥストラ』有斐閣 [有斐閣新書, 古典入門], 1980.

Hildebrandt, Kurt: *Wagner und Nietzsche. Ihr Kampf gegen das 19. Jahrhundert*, Breslau 1924.

―――, *Gesundheit und Krankheit in Nietzsches Leben und Werk*, Berlin 1926.

Hildebrand, Bruno: *Artistik und Auftrag. Zur Kunsttheorie von Benn und Nietzsche*, München 1966.

―――, (Hrsg.): *Nietzsche und die deutsche Literatur*, 2 Bde., München/Tübingen 1978. *

Hoffmann, David Marc: *Zur Geschichte des Nietzsche-Archivs. Elisabeth Förster-Nietzsche, Fritz Koegel, Rudolf Steiner, Gustav Naumann, Josef Hofmiller. Chroniken, Studien und Dokumente* (SN 2), Berlin/New York 1991.

―――, (Hrsg.): *Rudolf Steiner und das Nietzsche-Archiv. Briefe von R. Steiner, E. Förster-Nietzsche, F. Koegel, C. G. Naumann, G. Naumann und E. Horneffer 1894-1900*, Dornach 1993.

Hofmann, Johann Nepomuk: *Wahrheit, Perspektive, Interpretation. Nietzsche und die philosophische Hermeneutik* (MTNF 28), Berlin/New York 1994.

Hollingdale, Reginald John: *Nietzsche: The Man and His Philosophy*, Baton Rouge, Louisiana 1965.

Hollinrake, Roger: *Nietzsche, Wagner, and the Philosophy of Pessimism*, London 1982.

Horkheimer, Max: Bemerkungen zu Jaspers' Nietzsche, in: *Zeitschrift für Sozialforschung* 6, 1937, jetzt in: *Gesammelte Schriften*, Bd. 4, Frankfurt a. M. 1988.

―――, *Eclipse of Reason*, New York 1947 (dt. *Zur Kritik der instrumentellen Vernunft*, Frankfurt a. M. 1967, jetzt in: *Gesammelte Schriften*, Bd. 6, Frankfurt a. M. 1991. 山口祐弘 訳『理性の腐蝕』せりか書房, 1987).

―――, *Gesammelte Schriften*, 18 Bde., Frankfurt a. M. 1985ff.

Horkheimer, Max/Theodor W. Adorno: *Dialektik der Aufklärung. Philosophische Fragmente*, Amsterdam 1947, Frankfurt a. M. 1969, jetzt in: *Gesammelte Schriften*, Bd. 5, Frankfurt a. M. 1987(德永恂 訳『啓蒙の弁証法, 哲學的斷想』岩波書店, 1990).

Horneffer, August: *Nietzsche als Moralist und Schriftsteller*, Jena 1906.

Horneffer, Ernst: *Vorträge über Nietzsche. Versuch einer Wiedergabe seiner Gedanken*, Berlin 1900 (=ders., *Nietzsche-Vorträge*, Leipzig 1920).

―――, *Nietzsches Lehre von der Ewigen Wiederkunft und deren bisherige Veröffentlichung*, Leipzig 1900.

―――, *Nietzsches letztes Schaffen. Eine kritische Studie*, Jena 1907.

Howald, Ernst: *Friedrich Nietzsche und die klassische Philologie*, Gotha 1920.

Hunt, Lester M.: *Nietzsche and the Origin of Virtue*, London 1993.

生田長江 「『ツァラトゥストラ』の翻訳其他」『文章世界』 제5권 제5호, 1909. 4.

今井仙一『ニーチェとソクラテス』富書店, 1947.

Irigaray, Luce: *Amante marine: De Friedrich Nietzsche*, Paris 1980(engl. *Marine Lover: Of Friedrich Nietzsche*, New York 1991).

石川啄木 「林中書」, 1907. 3(『石川啄木全集』 4 筑摩書房, 1980 수록).

———, 「卓上一枝」『釧路新聞』, 1908. 2. 21(『石川啄木全集』 4 筑摩書房, 1980 수록).

Italienisches Kulturinstitut Stuttgart (Hrsg.): *Nietzsche und Italien. Ein Weg vom Logos zum Mythos?* (Stauffenburg Colloquium 14), Tübingen 1990.

岩山三郎『美の哲學 ニーチェによる藝術と人間の研究』 創元社, 1966.

Jäger, Friedrich/Jörn Rüsen: *Geschichte des Historismus*, München 1992.

Jähnig, Dieter: *Welt-Geschichte: Kunst-Geschichte. Zum Verhältnis von Vergangenheitserkenntnis und Veränderung*, Köln 1975.

Janz, Curt Paul: *Friedrich Nietzsche. Biographie in 3 Bänden*, München/Wien 1978 (dtv, München 1981), 2., verb. Aufl. München 1994. [*]

Jaspers, Karl: *Vernunft und Existenz. Fünf Vorlesungen*, Groningen 1935, auch: Serie Piper 57, München/Zürich [4]1987(草薙正夫 訳『理性と實存』 創元社, 1949).

———, *Nietzsche. Einführung in das Verständnis seines Philosophierens*, Berlin/Leipzig 1936, Nachdruck der 4. Aufl. Berlin/New York 1981(草薙正夫 訳『ニーチェ』 상・하『ヤスパース選集』 18/19 理想社, 1966).

———, *Nietzsche und das Christentum*, Hameln 1946(橋本文夫 訳『ニーチェとキリスト教』『ヤスパース選集』 11 理想社, 1965).

Jeanmeire, Henri: *Dionysos: Histoire de culte de Bacchus*, Paris 1951(小林真紀子・福田素子・松村一男・前田壽彦 訳『ディオニューソス, バッコス崇拝の歴史』 言叢社, 1991).

實存主義協會 編『ニーチェ』 實存思想論集 IX(제2기 제1호) 理想社, 1994.

Joël, Karl: *Nietzsche und die Romantik*, Jena/Leipzig 1905, 2. Aufl. 1923.

Jünger, Friedrich Georg: *Nietzsche*, Frankfurt a. M. 1949.

Jung, Carl Gustav: Der andere Gesichtspunkt: Der Wille zur Macht, in: *Über die Psychologie des Unbewußten*, 1917/43, in: *Gesammelte Werke*, Bd. 7, Olten/Freiburg i. Br. 1974, Düsseldorf [3]1981.

———, Das Apollinische und das Dionysische, in: *Phychologische Typen*, 1921, in: *Gesammelte Werke*, Bd. 6, Olten/Freiburg i. Br. 1974, Düsseldorf [16]1981(佐藤正樹 訳『心理學的類型』 I 人文書院, 1986).

———, *Nietzsche's Zarathustra. Notes of the Seminar Given in 1934-39*. Edited by James L. Jarrett, Princeton, New Jersey 1988, London 1989.

Kaempfert, Manfred: *Säkularisation und neue Heligkeit. Religiöse und religionsbezogene Sprache bei Friedrich Nietzsche*,

Berlin 1971.

Kaftan, Julius: *Das Christentum und Nietzsches Herrenmoral*, Berlin 1897.

鹿子木員信「ヨーロッパの戰とニイチエ」『戰鬪的人生觀』同文館, 1917.

Kaufmann, Walter: *Nietzsche. Philosopher, Psychologist, Antichrist*, Princeton, New Jersey 1950, 4th. ed. 1974 (dt. *Nietzsche. Philosoph, Psychologie, Antichrist*, Darmstadt 1988). *

Kaulbach, Friedrich: *Nietzsches Idee einer Experimentalphilosophie*, Köln/Wien 1980.

―――, *Sprachen der ewigen Wiederkunft. Die Denksituationen des Philosophen Nietzsche und ihre Sprachstile* (ND), Würzburg 1985.

川原榮鋒『ニヒリズム』講談社現代新書 468, 1977.

Kerényi, Karl: Der Sprung: Nietzsche zwischen seinem Roman und seinem Evangelium, in: *Werke in Einzelausgaben*, Bd. Ⅴ/2: *Wege und Weggenossen 2*, München 1988(丘澤靜也 訳「ニーチェの龜裂」『現代思想』第4권 제12호「總特集=ニーチェ」, 1976. 11).

―――, *Dionysos. Urbild des unzerstörbaren Lebens*, München/Wien 1976, Stuttgart 1994(岡田素之 訳『ディオニューソス――破壞されざる生の根源像――』白水社, 1993).

木田元『哲學と反哲學』岩波書店, 1990.

Kirchhoff, Jochen: *Nietzsche, Hitler und die Deutschen. Die Perversion des Neuen Zeitalters. Vom unerlösten Schatten des Dritten Reichs*. Vorwort von Rudolf Bahro, Berlin 1990.

Klages, Ludwig: *Die psychologischen Errungenschaften Friedrich Nietzsches*, Leipzig 1926, 5. Aufl. 1989, auch in: *Sämtliche Werke*, Bd. 5, Bonn 1979.

Klossowski, Pierre: *Un si funeste désir* (Sur quelques thèmes fondamentaux de la "Gaya Scienza" de Nietzsche [1956]; Nietzsche, le polythéisme et la parodie [1958]), Paris 1963(小島俊明 訳『かくも不吉な欲望』現代思潮社, 1968, 개장판: 1977).

―――, Oubli et anamnèse dans l'expérience vécue de l'éternel retour de même, in: *Cahiers de Royaumont. Nietzsche*, Paris 1967(高橋允昭 訳「永劫回歸の體驗――同じきものの永劫回歸の體驗における忘却と想起――」『現代思想』제1권 제4호「特集=ニヒリズムと無の論理」, 1973. 4).

―――, *Nietzsche et le cercle vicieux*, Paris 1969(兼子正勝 訳『ニーチェと惡循環』哲學書房, 1989).

小林秀雄「ニイチェ雜感」『新潮』제47권 제10호, 1950. 10(『作家の顔』新潮文庫, 1961 及『新訂 小林秀雄全集』8 新潮社, 1978 수록).

小堀桂一郎「『妄想』の精神世界」『森鷗外の世界』講談社, 1971 수록.

―――, 「ニーチェの光と影」『西學東漸の門――森鷗外研究――』朝日出版社, 1976 수록(「森鷗外のニーチェ像――我國におけるニーチェ理解史初期の一面――」이라는 제목으로 氷上英廣敎授還曆記念論文集『ニーチェとその周邊』朝日出版社, 1972에 게재된 논문의 개고).

Koecke, C.: *Zeit des Ressentiments, Zeit der Erlösung. Nietzsches Typologie temporaler Interpretation und ihre Aufhebung in der Zeit* (MTNF 29), Berlin/New York (1994).

Köhler, Joachim: *Zarathustras Geheimnis. Friedrich Nietzsche und seine verschlüsselte Botschaft. Eine Biographie*, Nördlingen 1989, auch: Rowohlt Taschenbuch 13080, Reinbek bei Hamburg 1992.

Koelb, Clayton (ed.): *Nietzsche as Postmodernist. Essays Pro and Contra*, New York 1990.

Kofman, Sarah: *Nietzsche et la métaphore*, Paris 1972(宇田川博 訳『ニーチェとメタファー』朝日出版社, 1986).

――――, *Nietzsche et la scène philosophique*, Paris 1979.

――――, *Explosion Ⅰ. De "l'Ecce Homo" de Nietzsche*, Paris 1992.

――――, *Explosion Ⅱ. Les enfants de Nietysche*, Paris 1993.

――――, *Le mérits des Juifs. Nietzsche, les Juifs, l'antisémitisme*, Paris 1994.

Kopperschmidt, Josef/Helmut Schaze (Hrsg.): *Nietzsche oder "Die Sprache ist Rhetorik"*, München 1994.

高坂正顯『ニーチェ』アテネ文庫 81 弘文堂, 1949(『高坂正顯著作集』4 理想社, 1964).

――――,『ツアラツストラを讀む人のために』弘文堂, 1950(『高坂正顯著作集』5 理想社, 1964).

Krause, Jürgen: *"Märtyrer" und "Prophet". Studien zum Nietzsche-Kult in der bildenden Kunst der Jahrhundertwende* (MTNF 14), Berlin/New York 1984.

Kreis, Rudolf: *Der gekreuzigte Dionysos. Kindheit und Genie Friedrich Nietzsches. Zur Genese einer Philosophie der Zeitenwende* (ND), Würzburg 1986.

Krell, David Farell: *Postponements: Woman, Sensuality and Death in Nietzsche*, Bloomington 1986.

Krell, David Farell/D. Wood (eds.): *Exceedingly Nietzsche: Aspects of Contemporary Nietzsche-Interpretation*, London 1988.

Kremer-Marietti, Angèle: *L'homme et ses labyrinthes. Essai sur Friedrich Nietzsche*, Paris 1972.

――――, *Nietzsche et la rhéthorique*, Paris 1992.

Krummel, Richard Frank: *Nietzsche und der deutsche Geist*, Bd. 1: *Ausbreitung und Wirkung des Nietzscheschen Werkes im deutschen Sprachraum bis zum Todesjahr des Philosophen. Ein Schrifttumsverzeichnis der Jahre 1867-1900* (MTNF 3), Berlin/New York 1974. [*]

――――, *Nietzsche und der deutsche Geist*, Bd. 2: *Ausbreitung und Wirkung des Nietzscheschen Werkes im deutschen Sprachraum vom Todesjahr bis zum Ende des Weltkrieges. Ein Schrifttumsverzeichnis der Jahre 1901-1918* (MTNF 9), Berlin/New York 1983. [*]

工藤綏夫『ニーチェ』(人と思想 26) 清水書院, 1967.

Kuhn, Elisabeth: *Friedrich Nietzsches Philosophie des europäischen Nihilismus* (MTNF 25), Berlin/New York 1992.

Kundera, Milan: *Mesnesitelná lehkost bytí*, Toronto 1984(千野榮一 訳『存在の耐えられない輕さ』集英社, 1993).

――――, *Les testaments trahis*, Paris 1993(西永良成 訳『裏切られた遺言』集英社, 1994).

Kunnas, Tarmo: *Nietzsches Lachen. Eine Studie über das Komische bei Nietzsche*, München 1982(杉田弘子 訳『笑うニーチェ』白水社, 1986).

――――, *Die Politik als Prostitution des Geistes. Eine Studie über das Politische in Nietzsches Werken*, München 1982(木戸三良・佐々木寛治 訳『精神の賣春としての政治, ニーチェ哲學における政治的なもの』法政大學出版局, 1989).

Kunne-Ibsch, Elrud: *Die Stellung Nietzsches in der Entwicklung der modernen Literaturwissenschaft*, Tübingen 1972.

桑木嚴翼『ニーチェ氏倫理説一斑』(續倫理學書解説) 育成會, 1902.

久津見蕨村『人生の妙味』丙午出版, 1911(『ツァラトゥストラ』의 '의역'「超人教」. 메이지 44년 12월 23일 판금. 陶忠平 編『久津見蕨村集』1926 수록)

――――,『ニイチエ』丙午出版社, 1914(陶忠平 編『久津見蕨村集』1926 수록)

Lacoue-Labarthe, Philippe: *Le sujet de la philosophie. Typographies I*, Paris 1979.

———, *L'imitation des modernes. Typographies II*, Paris 1986.

Lampert, Lawrence: *Nietzsche's Teaching: An Interpretation of* Thus Spoke Zarathustra, New Haven, Connecticut 1987.

Landmann, Michael: *Geist und Leben. Varia Nietzschean*, Bonn 1951.

Lane, Ann M.: *Nietzsche in Russian Thought 1890-1917*, University of Wisconsin, 1976.

Lange, Friedrich Albert: *Geschichte des Materialismus und Kritik seiner Bedeutung in der Gegenwart*, 2 Bde., 1986 (Neudruck: stw 70, Frankfurt a. M. 1974).

Lange-Eichbaum, Wilhelm: *Nietzsche. Krankheit und Wirkung*, Hamburg 1946, ²1948(栗野龍 訳『ニイチェ』みすず書房, 1959).

Langreder, Hans: *Die Auseinandersetzung mit Nietzsche im Dritten Reich. Ein Beitrag zur Wirkungsgeschichte Nietzsches*, Diss. Kiel 1971.

Lanzky, Paul: *Friedrich Nietzsche als Mensch und als Dichter*, Leipzig 1895.

Laruelle, François: *Nietzsche contre Heidegger. Thèses pour une politique nietzschéenne*, Paris 1977.

Ledure, Yves: Bulletin nietzschéen, in: *Archives de philosophie* 51, 1988. *

Lee Jin-Woo: *Politische Philosophie des Nihilismus. Nietzsches Neubestimmung des Verhältnisses von Politik und Metaphysik* (MTNF 26), Berlin/New York 1992.

Lefevre, Henri: *Nietzsche*, Paris 1939.

Lessing, Theodor: *Nietzsche*, Berlin 1925 (Neudruck: München 1985).

Lichtenberger, Henri: *La philosophie de Nietzsche*, Paris 1898 (dt. *Die Philosophie Friedrich Nietzsches*, übersetzt von Elisabeth Förster-Nietzsche, Dresden 1899; rev. Neuausgabe: Elisabeth Förster-Nietzsche/Henri Lichtenberger, *Nietzsche und sein Werk*, Dresden 1928).

———, *Aphorismus et fragments choisis de Nietzsche*, Paris 1899 (dt. *Friedrich Nietzsche. Ein Abriß seines Lebens und seiner Lehre*, Dresden/Leipzig 1900).

Löw, Reinhard: *Nietzsche. Sophist und Erzieher. Philosophische Untersuchungen zum systematischen Ort von Friedrich Nietzsches Denken*, Weinheim 1984.

Löwith, Karl: *Kierkegaard und Nietzsche oder philosophische und theologische Überwindung des Nihilismus*, Frankfurt a. M. 1933, jetzt in: *Sämtlichen Schriften*, Bd. 6: *Nietzsche*, Stuttgart 1987(中川秀恭 訳『キェルケゴールとニーチェ』未來社, 1967 [弘文堂書房, 1943]).

———, *Jacob Burckhardt. Der Mensch inmitten der Geschichte*, Luzern 1936, Stuttgart ²1966, jetzt in *Sämtlichen Schriften*, Bd. 7: *Jacob Burckhardt*, Stuttgart 1988(西尾幹二・瀧内槇雄 訳『ヤーコプ・ブルクハルト 歴史のなかの人間』筑摩書房 [ちくま學藝文庫], 1994).

———, *Von Hegel zu Nietzsche. Der revolutionäre Bruch im Denken des 19. Jahrhunderts*, Zürich/New York 1941, ²1949, jetzt in *Sämtlichen Schriften*, Bd. 4, Stuttgart 1988(柴田治三郎 訳『ヘーゲルからニーチェへ』I・II 岩波書店, 1952/53).

———, *Nietzsches Philosophie der ewigen Wiederkehr des Gleichen*, 2. erweiterte Aufl. Stuttgart 1956, zuerst unter dem Titel: *Nietzsches Philosophie der ewigen Wiederkunft des Gleichen*, Berlin 1935, jetzt in *Sämtlichen Schriften*,

Bd. 6: *Nietzsche*, Stuttgart 1987(柴田治三郎 訳『ニーチェの哲學』岩波書店, 1960 [제2판으로부터의 번역]).

———, *Gott, Mensch und Welt in der Metaphysik von Descartes bis zu Nietzsche*, Güttingen 1967, in *Sämtlichen Schriften*, Bd. 9, Stuttgart 1986(柴田治三郎 訳『デカルトからニーチェまでの形而上學における神と人間と世界』岩波書店, 1973).

———, *Der Mensch inmitten der Geschichte. Philosophische Bilanz des 20. Jahrhundert*. Hrsg. von Bernd Lutz (Der europäische Nihilismus, zuerst in:『思想』제220-222호, 1940. 9-11; Nietzsche nach 60 Jahren etc.), Stuttgart 1990(中村啓・永沼更始郎 訳『ある反時代的考察, 人間・世界・歴史を見つめて』法政大學出版局, 1992).

Love, Frederick R.: *Young Nietzsche and the Wagnerian Experience*, Chapel Hill, North Carolina 1963.

———, *Nietzsche's Saint Peter. Genesis and Cultivation of an Illusion* (MTNF 5), Berlin/New York 1981.

Lukács, Georg: Nietzsche als Vorläufer der faschistischen Ästhetik, in: *Literaturnaja Gazeta*, Moskau 1934. 1. 16, auch in: *Internationale Literatur – Deutsche Blätter*, Moskau 1934, jetzt in: *Gesammelte Schriften*, Bd. 10, Neuwied/Berlin 1969.

———, Der deutsche Faschismus und Nietzsche, in: *Internationale Literatur* 13, Moskau 1943, auch in: *Gesammelte Schriften*, Bd. 10, Neuwied/Berlin 1969(真下信一・藤野渉 訳「ドイツ・ファシズムとニーチェ」『現實と逃避 運命の轉回』平凡社, 1957).

———, *Zerstörung der Vernunft. Der Weg des Irrationalismus von Schelling zu Hitler* (Nietzsche als Begründer des Irrationalismus der imperialistischen Periode), Berlin 1954, jetzt in: *Gesammelte Schriften*, Bd. 9, Neuwied/Berlin 1962(暉崎凌三・飯島宗享・生松敬三 訳『理性の破壊』『ルカーチ著作集』12/13 白水社, 1968).

Lyotard, Jean-François: *Le condition postmoderne*, Paris 1979(小林康夫『ポストモダンの條件』書肆風の薔薇, 1986).

MacIntyre, Alasdair: *After Virtue. A Study in Moral Theory*, Notre Dame. Indiana 1981, ²1984(篠崎榮 訳『美德なき時代』みすず書房, 1993).

MacIntyre, Ben: *Forgotten Fatherland. The Search for Elisabeth Nietzsche*, London 1992(藤川芳朗 訳『エリーザベト・ニーチェ, ニーチェをナチに賣り渡した女』白水社, 1994).

Mackey, Ilonka Schmidt: *Lou Salomé. Inspiratrice et interprète de Nietzsche, Rilke et Freud*, Paris 1956(後藤信幸 訳「ル・ザロメ ニーチェ, リルケ, フロイトをめぐって」『ル・ザロメ著作集』別권 以文社, 1974).

Magnus, Bernd: *Nietzsche's Existential Imperative*, Bloomington/London 1978.

Magnus, Bernd/Jean-Pierre Mileur/Stanley Stewart: *Nietzsche's Case. Philosophy as/and Literature*, New York/London 1993.

Maikuma Yoshihiko: *Der Begriff der Kultur bei Warburg, Nietzsche und Burckhardt*, Augsburg 1985.

Malorny, Heinz: *Zur Philosophie Friedrich Nietzsches*, Berlin (Ost) 1989.

Mann, Heinrich: Nietzsche, in: *The Living Thoughts of Nietzsche*, presented by H. Mann, New York/Toronto 1939, jetzt in: Wolfgang Klein (Hrsg.), *Nietzsches unsterbliche Gedanken*. Eingeleitet von H. Mann. Ausgewählt von Golo Mann, Berlin 1992(原田義人 訳『ニイチェ』創元社, 1953).

Mann, Thomas: *Betrachtungen eines Unpolitischen*, Berlin 1918, in: *Gesammelte Werke in Einzelbänden*, Frankfurt a. M. 1983(森川俊夫・野田倬・池田紘一・青木順三 訳『非政治的人間の考察』『トーマス・マン全集』XI 新潮社, 1972).

————, Nietzsches Philosophie im Lichte unserer Erfahrung, in: *Neue Rundschau*, H. 8, Stockholm 1947, jetzt in: *Gesammelte Werke in Einzelbänden: Leiden und Größe der Meister*, Frankfurt a. M. 1982(三城滿禧 訳「われわれの經驗から見たニーチェの哲學」『トーマス・マン全集』IX 新潮社, 1971).

————, *Doktor Faustus. Das Leben des deutschen Tonsetzers Adrian Leverkühn erzählt von einem Freunde*, Stockholm 1947, in: *Gesammelte Werke in Einzelbänden*, Frankfurt a. M. 1980(円子修平 訳『ファウストゥス博士』『トーマス・マン全集』VI 新潮社, 1971).

Marcuse, Herbert: *Eros and Civilization. A Philosophical Inquiry into Freud*, Boston 1955 (dt. *Triebstruktur und Gesellschaft*, Frankfurt a. M. 1965, jetzt in: *Schriften*, Bd. 5, Frankfurt a. M. 1979. 南博 訳『エロス的文明』紀伊國屋書店, 1958).

Marti, Urs: *"Der große Pöbel- und Sklavenaufstand". Nietzsches Auseinandersetzung mit Revolution und Demokratie*, Stuttgart/Weimar 1993.

Martin, Alfred von: *Nietzsche und Burckhardt. Zwei geistige Welten im Dialog*, München 1941, 3., veränderte u. vermehrte Aufl. Basel 1945.

Martini, Fritz: *Das Wagnis der Sprache. Interpretationen deutscher Prosa von Nietzsche bis Benn*, Stuttgart 1954.

Marx-Engels-Stiftung (Hrsg.): *Bruder Nietzsche? Wie muß ein marxistisches Nietzsche-Bild heute aussehen?*, Symposium, Wuppertal, 9./10. April 1988, Neuss 1988.

May, Keith M.: *Nietzsche and Modern Literature: Themes in Yeats, Rilke, Mann & Lawrence*, Basingstoke 1988.

Mehring, Franz: Nietzsche gegen den Sozialismus, in: *Die Neue Zeit* 15, 1897. 1. 20, jetzt in: *Gesammelte Schriften*, Bd. 13, Berlin 1961.

————, Über Nietzsche, in: *Die Neue Zeit* 17, 1899. 1. 18, jetzt in: a. a. O., Berlin 1961(山田重助 訳「ニーチェ論」『先驅』제1권 제1호, 1935. 6).

Mencken, Henry Louis: *The Philosophy of Friedrich Nietzsche*, Boston 1908, Port Washington, New York 1967.

Mette, Hans Joachim: *Der handschriftliche Nachlaß Friedrich Nietzsches*, 6. Jahres der Gesellschaft der Freunde des Nietzsche-Archivs, Leipzig 1932. Auch in: BAW, Bd. 1 (Sachlicher Vorbericht zur Gesamtausgabe der Werke Friedrich Nietzsches. Der handschriftliche Nachlaß, seine Geschichte und seine editorische Auswertung), München 1933.

Meyer, Richard Moritz: *Nietzsche. Sein Leben und seine Werke*, München 1912.

Meyer, Theo: *Nietzsche. Kunstauffassung und Lebensbegriff*, Tübingen 1991. *

————, *Nietzsche und die Kunst* (UTB 1414), Tübingen/Basel 1993. *

Meysenbug, Malwida von: *Memoiren einer Idealistin*, Stuttgart 1876/77. Auswahledtion: Renate Wiggershaus (Hrsg.), Insel Taschenbuch 824, Frankfurt a. M. 1985.

————, *Der Lebensabend einer Idealistin*, Berlin 1898.

————, *Individualitäten*, Berlin ²1902.

三木清「ニイチェ」『岩波講座 世界思潮』제11책, 1929. 3.

————,「ハイデッガーと哲學の運命」『セルパン』제33호, 1933. 11.

————,「ニーチェと現代思想」『經濟往來』제10권 제4호, 1935. 4(이상 3편 모두『三木清全集』10 岩波書店, 1967 수록).

三島憲一「ニーチェ──自由と權力」『現代思想』第9권 제3호「特集＝ニーチェと現代」, 1981. 3.

─────,「ディルタイとニーチェ──近代と傳統の二義的な關係, もしくは危機意識と連續性のあいだ──」河上倫逸 編『ドイツ近代の意識と社會』ミネルヴァ書房, 1987.

─────,『ニーチェ』岩波新書(黃版) 361, 1987.

─────,『ニーチェとその影──藝術と批判のあいだ』未來社, 1990.

Mistry, Freny: *Nietzsche and Buddhism. Prolegomenon to a Comparative Study* (MTNF 6), Berlin/New York 1981.

Mittasch, Alwin: *Friedrich Nietzsches Naturbeflissenheit*, Heidelberg 1950.

─────, *Friedrich Nietzsche als Naturphilosoph*, Stuttgart 1952.

Möbius, Paul Julius: *Über das Pathologische bei Nietzsche*, Wiesbaden 1902(三浦白水 訳『ニイチェの人格及哲學』警醒社書店, 1913).

Moeller-Bruck, Arthur: *Tschandala Nietzsche*, Berlin/Leipzig 1899.

Mommsen, Wolfgang J./Wolfgang Schwentker (Hrsg.): *Max Weber und seine Zeitgenossen*, Göttingen 1988 (engl. W. J. Mommsen/Jürgen Osterhammel (eds.): *Max Weber and His Contemporaries*, London 1987. 鈴木廣・米澤和彥・嘉目克彦 監訳『マックス・ウェーバーとその同時代人群像』ミネルヴァ書房, 1994).

Montinari, Mazzino: *Nietzsche lesen*, Berlin/New York 1982.

─────, *Friedrich Nietzsche. Eine Einführung*, Berlin/New York 1991 (it. Roma 1975).

Morel, Georges: *Nietzsche. Introduction à une première lecture*, 3 vols., Paris 1971.

森鷗外「妄想」, 1911(『鷗外全集』4 岩波書店, 1972 수록).

─────,『靑年』, 1911(『鷗外全集』64 岩波書店, 1972 수록).

Müller-Lauter, Wolfgang: *Nietzsche. Seine Philosophie der Gegensätze und die Gegensätze seiner Philosophie*, Berlin/New York 1971(秋山英夫・木戸三良 訳『ニイチェ・矛盾の哲學』以文社, 1983).

Mussolini, Bentio: La filosofia della forza, in: *Il pensiero romagnolo*, 1908. 11/12, auch in: *Opera omnia*, Bd. Ⅰ, Firenze 1951.

─────, La vita di Nietzsche, in: *Avanti!*, 1912. 8. 13, auch in: *Opera omnia*, Bd. Ⅴ, Firenze 1951.

中原道郎・新田章 編『ニーチェ解讀』早稻田大學出版部, 1993.

中村正雄『ニーチェとキリスト教倫理』弘文堂, 1961.

中澤臨川『破壞と建設』(「フリードリッヒ, ニーチェ」「超人の福音」[후자는 Halévy, *La vie de Frédéric Nietzsche*로부터 간추린 번역]) 新潮社, 1914(『臨川全集』1 春陽堂, 1923 수록).

─────,「嵐の前」(소설)『中央公論』제33년 제1호, 1918. 1(『嵐の前』改造社, 1921 수록).

中澤臨川・生田長江 編『近代思想十六講』(제4강「ニーチェの超人の哲學」) 新潮社, 1915.

Nancy, Jean-Luc: *L'impératif catégorique*, Paris 1983.

夏目漱石『吾輩は猫である』, 1906(『漱石全集』2 岩波書店, 1956 수록).

Naumann, Gustav: *Zarathustra-Commentar*, 4 Bde., Leipzig 1899-1901.

Nehamas, Alexander: *Nietzsche: Life as Literature*, Cambridge, Massachusetts 1985 (dt. *Nietzsche. Leben als Literatur*, Göttingen 1994).

(Nietzsche, Friedrich): *My Sister and I*. Translated and Introduced by Oskar Levy [Walter Kaufmann에 따르면 David

George Plotkin에 의한 위작], New York 1951, Reprint: Amok Books 1990(十菱麟 訳, ニイチエ遺著『陽に翔け昇る──妹と私──』ニイチエ遺作刊行會, 1956).

Nikkels, Eveline: "*O Mensch! Gib Acht!*". *Friedrich Nietzsches Bedeutung für Gustav Mahler*, Amsterdam 1989.

西尾幹二『ニーチェ』제1부・제2부 中央公論社, 1977. *

────,『ニーチェとの對話 ツァラトゥストラ私評』講談社現代新書 501, 1978.

西谷啓治「ニイチェのツァラツストラとマイスター・エックハルト」石原謙 編『哲學及び宗教と其歷史──波多野精一先生獻呈論文集』岩波書店, 1938(西谷啓治『根源的主體性の哲學』弘文堂書房, 1940 수록; 후에『西谷啓治著作集』1 創文社, 1986 수록).

────,『ニヒリズム』弘文堂, 1949(『西谷啓治著作集』8 創文社, 1986 수록).

Nolte, Ernst: *Nietzsche und der Nietzscheanismus*, Frankfurt a. M./Berlin 1990.

Norris, Christopher: *Deconstruction. Theory and Practice*, London 1982(荒木正純・富山太佳夫 訳『ディコンストラクション』勁草書房, 1985).

────, *The Truth about Postmodernism*, Oxford/Cambridge, Massachusetts 1993.

Obenauer, Karl Justus: *Friedrich Nietzsche. Der ekstatische Nihilist. Eine Studie zur Krise des religiösen Bewußtseins*, Jena 1924.

Oehler, Adalbert: *Nietzsches Mutter*, München 1940.

Oehler, Max (Hrsg.): *Den Manen Friedrich Nietzsches. Weimarer Weihegeschenk zum 75. Geburtstag der Frau Elisabeth Förster-Nietzsche*, München 1921.

Oehler, Max: *Nietzsches Ahnentafel*, Weimar 1938.

────, *Nietzsches Bibliothek*. 14. Jahresgabe der Gesellschaft der Freunde des Nietzsche-Archivs, Weimar 1942.

Oehler, Richard: *Friedrich Nietzsche und die Vorsokratiker*, Leipzig 1904 (Diss. Halle-Wittenberg 1903: *Nietzsches Verhältnis zur vorsokratischen Philosophie*).

────, *Friedrich Nietzsche und die deutsche Zukunft*, Leipzig 1938.

O'Flaherty, James C./Timothy F. Sellner/Robert M. Helm (eds.): *Studies in Nietzsche and the Classical Tradition*, Chapel Hill, North Carolina/London 1976.

────, *Studies in Nietzsche and the Judaeo-Christian Tradition*, Chapel Hill, North Carolina/London 1985.

大河內了義『ニーチェと佛教』法蔵館, 1982.

大森五郎『萩原朔太郎とニーチェ──ディオニュソスの世界──』東京文獻センター, 1969.

小野浩『若きニイチェの識られざる神 祭祀的なるもの(Das Kultische)についての一考察』三修社, 1977.

Ottmann, Henning: *Philosophie und Politik bei Nietzsche* (MTNF 17), Berlin/New York 1987.

Otto, Walter F.: *Dionysos. Mythos und Kultus*, Frankfurt a. M. 1933, [3]1960.

────, *Mythos und Welt*, Stuttgart 1962.

Overbeck, Franz: Erinnerungen an Friedrich Nietzsche. Hrsg. von Carl Albrecht Bernoulli, in: *Die Neue Rundschau* 17, 1906.

────, *Werke und Nachlaß*, 9 Bde., Stuttgart 1994ff.

Overbeck, Franz/Erwin Rhode: *Franz Overbeck ─ Erwin Rohde. Briefwechsel*. Hrsg. u. kommentiert von Andreas Patzer

(SN 1), Berlin/New York 1989.

Overbeck, Franz/Heinrich Köselitz: *Franz Overbeck – Heinrich Köselitz (Peter Gast). Briefwechsel.* Hrsg. u. kommentiert von David Marc Hoffmann (SN 3), Berlin/New York (1992).

Owen, David: *Maturity and Modernity. Nietzsche, Weber, Foucault and the Ambivalence of Reason*, London 1994.
*

Parkes, Graham (ed.): *Nietzsche and Asian Thought*, Chicago 1991. *

————, *Composing the Soul: Reaches of Nietzsche's Psychology*, Chicago/London 1994. *

Pasley, John Malcolm Sabine (ed.): *Nietzsche: Imagery and Thought. A Collection of Essays*, Berkeley, California/London 1978.

Patton, Paul (ed.): *Nietzsche, Feminism and Political Theory*, London 1993.

Pautrat, Bernard: Nietzsche médusé, in: *Nietzsche aujourd'hui?* 1, Paris 1973(高橋允昭 訳「メドゥサに石化されたニーチェ」『現代思想』제4권 제12호「總特集＝ニーチェ」, 1974. 11).

————, *Versions du soleil. Figures et système de Nietzsche*, Paris 1971.

Penzo, Giorgio: *Il superamento di Zarathustra. Nietzsche e il nazionalsocialismo*, Roma 1987 (dt. *Der Mythos vom Übermenschen. Nietzsche und der Nationalsozialismus*, Frankfurt a. M. 1992).

Peters, Heinz Frederick: *My Sister, My Spouse. A Biography of Lou Andreas-Salomé*, London 1963(土岐恒二 訳『ルー・サロメ 愛と生涯』筑摩書房 [ちくま文庫], 1990).

————, *Zarathustra's Sister. The Case of Elisabeth and Friedrich Nietzsche*, New York 1974 (dt. *Zarathustras Schwester. Fritz und Lieschen Nietzsche – ein deutsches Trauerspiel*, München 1983. 河端春雄『ニーチェの光と影——故郷喪失者の自由と孤獨——』啓文社, 1990).

Pfeiffer, Ernst (Hrsg.): *Friedrich Nietzsche, Paul Rée, Lou Salomé: Die Dokumente ihrer Begegnung*, Frankfurt a. M. 1970.

Pfotenhauer, Helmut: Benjamin und Nietzsche, in: Burkhardt Lindner (Hrsg.), *Walter Benjamin im Kontext*. Frankfurt a. M. 1978, 2. erw. Aufl. Königstein/Ts. 1985.

————, *Die Kunst als Physiognomie. Nietzsches ästhetische Theorie und literarische Produktion*, Stuttgart 1985.

Picht, Georg: *Nietzsche (Vorlesungen und Schriften.* Hrsg. von Constanze Eisenbart und Enno Rudolph), Stuttgart 1988(青木隆嘉 訳『ニーチェ』法政大學出版局, 1991).

Piechotta, Hans Joachim/Ralph-Rainer Wuthenow/Sabine Rothemann (Hrsg.): *Die literarische Moderne in Europa*, 3 Bde., Opladen 1994.

Pippin, Robert B.: *Modernism as a Philosophical Problem. On the Dissatisfaction of European High Culture*, Cambridge, Massachusetts 1991.

Plessner, Helmuth: *Die verspätete Nation. Über die politische Verführbarkeit bürgerlichen Geistes*, Stuttgart 1959 (1. Aufl. 1935), in: *Gesammelte Schriften*, Bd. Ⅵ, Frankfurt a. M. 1982, auch: stw 66, Frankfurt a. M. 1974(土屋洋二 訳『遅れてきた國民——ドイツ・ナショナリズムの精神史』名古屋大學出版會, 1991).

Plumpe, Gerhard: *Ästhetische Kommunikation der Moderne.* 2 Bde., Opladen 1993.

Podach, Erich: *Nietzsches Zusammenbruch. Beiträge zu einer Biographie auf Grund unveröffentlichter Dokumente*, Heidelberg

1930.

―――, *Gestalten um Nietzsche. Mit unveröffentlichten Dokumenten zur Geschichte seines Lebens und seines Werkes*, Weimar 1932(加藤信也 訳 『ニイチェ研究』 耕進社, 1935).

―――, *Friedrich Nietzsche und Lou Salomé. Ihre Begegnung 1882*, Zürich/Leipzig 1937.

―――, *Der kranke Nietzsche. Briefe seiner Mutter an Franz Overbeck*, Wien 1937.

―――, *Friedrich Nietzsches Werke des Zusammenbruchs*, Heidelberg 1961.

―――, *Ein Blick in Notizbücher Nietzsches. Ewige Wiederkunft, Wille zur Macht, Ariadne. Eine schaffensanalytische Studie*, Heidelberg 1963.

Politycki, Matthias: *Umwertung aller Werte? Deutsche Literatur im Urteil Nietzsches* (MTNF 21), Berlin/New York 1989.

Przybyszewski, Stanislaw: *Zur Psychologie des Individuums. Ⅰ. Chopin und Nietzsche*, Berlin 1892, 1906, jetzt in: *Werke, Aufzeichnungen und Briefe. Gesamtausgabe mit einem Kommentarband*, Bd. 2, Paderborn 1991.

Pütz, Peter: *Kunst und Künstlerexistenz bei Nietzsche und Thomas Mann. Zum Problem des ästhetischen Perspektivismus in der Moderne*, Bonn 1963.

―――, *Friedrich Nietzsche* (Sammlung Metzler 62), Stuttgart 1967, 2. ergänzte Aufl. 1975. *

Raschel, Heinz: *Das Nietzsche-Bild im George-Kreis. Ein Beitrag zur Geschichte der deutschen Mythologeme* (MTNF 12), Berlin/New York 1984.

Rauschning, Hermann: *Masken und Metamorphosen des Nihilismus. Der Nihilismus des XX. Jahrhunderts*, Frankfurt a. M./Wien 1954(岩村行雄 訳 『ニヒリズムの假面と變貌』 福村出版, 1973).

Reibnitz, Barbara von: *Ein Kommentar zu Friedrich Nietzsches "Die Geburt der Tragödie aus dem Geiste der Musik"* (*Kapitel 1-12*), Stuttgart 1992.

Reichel, Norbert: *Der Traum vom höheren Leben. Nietzsches Übermensch und die Conditio humana europäischer Intellekueller von 1890 bis 1945*, Darmstadt 1994.

Reichert, Herbert W./Karl Schlechta (eds.): *International Nietzsche Bibliography*. Revised and Expanded, Chapel Hill, North Carolina 1968 (1st ed. 1960). *

Reichert, Herbert W. (ed.): International Nietzsche Bibliography 1968 through 1971, in: *NS* 2, Berlin/New York 1973. *

――― (ed.): International Nietzsche Bibliography 1972-73, in: *NS* 4, Berlin/New York 1975. *

―――, *Friedrich Nietzsche's Impact on Modern German Literature. Five Essays*, Chapel Hill, North Carolina/London 1975.

Reinhardt, Karl: *Vermächtnis der Antike. Gesammelte Essays zur Philosophie und Geschichtsschreibung*, Göttingen 1960, 2. erw. Aufl. 1966.

Reuber, Rudolf: *Ästhetische Lebensformen bei Nietzsche*, München 1989.

Rey, Jean Michel: *L'enjeu des signes. Lecture de Nietysche*, Paris 1971.

Richter, Raoul: *Friedrich Nietzsche. Sein Leben und sein Werk*, Leipzig 1903, 2., umgearbeitete u. vermehrte Aufl. Leipzig 1909.

Rickels, Lawrence A. (ed.): *Looking after Nietzsche*, Albany, New York 1990.

Riehl, Alois: *Friedrich Nietzsche. Der Künstler und der Denker*, Stuttgart 1897.

Ries, Wiebrecht: *Friedrich Nietzsche. Wie die 'wahre Welt' endlich zur Fabel wurde*, Hannover 1977.

————, *Nietzsche zur Einführung*, 4 überarb. und erw. Neuausgabe, Hamburg 1990.

Ringer, Fritz K.: *The Decline of the German Madarins: The German Academic Community 1890-1933*, Cambridge, Massachusetts 1969(西村稔 訳『讀書人の沒落——世紀末から第三帝國までのドイツ知識人——』名古屋大學出版會, 1991).

Rippel, Philipp (Hrsg.): *Der Sturz der Idole. Nietzsches Umwertung von Kultur und Subjekt*, Tübingen 1985.

Rittelmeyer, Friedrich: *Friedrich Nietzsche und das Erkenntnisproblem*, Leipzig 1903.

Röttges, Heinz: *Nietzsche und die Dialektik der Aufklärung. Untersuchungen zum Problem einer humanistischen Ethik* (MTNF 2), Berlin/New York 1972.

Rohrmoser, Günther: *Nietzsche und das Ende der Emanzipation*, Freiburg i. Br./München 1971(木戸三良『ニーチェと解放の終焉』白水社, 1979).

Rorty, Richard: *Contingency, Irony, and Solidarity*, Cambridge/New York 1989.

Rosenberg, Alfred: *Der Mythos des 20. Jahrhunderts*, München 1930(吹田順介・上村清延 訳『二十世紀の神話』中央公論社, 1938).

————, *Friedrich Nietzsche*, München 1944.

Rosenthal, Bernice Glatzer (ed.): *Nietzsche in Russia*, Princeton, New Jersey 1986.

————, *Nietzsche and Soviet Culture. Ally and Adversary*, Cambridge 1994.

Ross, Werner: *Der ängstliche Adler. Friedrich Nietzsches Leben*, Stuttgart 1980, auch: dtv 30427, München 1994.

———— (Hrsg.): *Friedrich Nietzsche im Urteil seiner Zeitgenossen. Schriften, Briefe und Aufzeichnungen seiner Freunde und Gegner*, München (1991).

————, *Der wilde Nietzsche oder Die Rückkehr des Dionysos*, Stuttgart 1994.

Rukser, Udo: *Nietzsche in der Hispania. Ein Beitrag zur hispanischen Kultur- und Geistesgeschichte*, Bern/München 1962.

Rzehak, Wolfgang: *Musil und Nietzsche: Beziehungen der Erkenntnisperspektiven*, Frankfurt a. M. 1993.

斎藤恵『ニーチェとバルトーク——ディオニソス的音樂について——』勁草書房, 1963.

齋藤忍隨『幾度もソクラテスの名を』 I 1946-1965(「ニーチェとクラッスィッシェ・フィロロギー」[1950], 「フィロローグ・ニーチェ——ニーチェ・コントラ・ブルックハルト」[1952]) みすず書房, 1986.

齋藤龍太郎『ニイチェ哲學の本質』甲子社書房, 1927(개정증보판:『ニイチェ論考』雄風館書房, 1937; 가필정정판:『ニイチェ哲學』瑞穂出版社, 1950).

Salaquarda, Jörg (Hrsg.): *Nietzsche* (Wege der Forschung 521), Darmstadt 1980.

Salin, Edgar: *Jacob Burckhardt und Nietzsche*, Basel 1938, 2., erw. Aufl. Heidelberg 1948.

————, *Vom deutschen Verhängnis. Gespräch an der Zeitenwende: Burckhardt-Nietzsche*, Reinbek bei Hamburg 1959.

Salis-Marschlins, Meta von: *Philosoph und Edelmensch. Ein Beitrag zur Charakteristik Friedrich Nietzsches*, Leipzig 1897.

Sandvoss, Ernst: *Sokrates und Nietzsche*, Leiden 1966.

─────, *Hitler und Nietzsche. Eine bewußtseinsgeschichtliche Studie*, Göttingen 1969.

Sartre, Jean-Paul: *Saint Genet, comédien et martyr*, Paris 1952(白井浩司・平井啓之 訳『聖ジュネ──演技者と殉教者』Ⅰ・Ⅱ『サルトル全集』34/35 人文書院, 1966).

Schacht, Richard: *Nietzsche*, London 1983.

───── (ed.): *Nietzsche, Genealogy, Morality: Essays on Nietzsche's* Genealogy of Morals, Berkeley, California 1994.

Scheler, Max: Das Ressentiment im Aufbau der Moralen. Versuch einer Philosophie des Lebens. in: *Vom Umstruz der Werte. Abhandlungen und Aufsätze*, Leipzig 1915, jetzt in: *Gesammelte Werke*, Bd. 3, Bern 1955(林田新二 訳「道徳の構造におけるルサンチマン」『シェーラー著作集』4「價値の顚倒」상 白水社, 1977).

Schieder, Theodor: *Nietzsche und Bismarck*, Krefeld 1963, auch in: *Historische Zeitschrift* 196, 1963.

Schipperges, Heinrich: *Am Leitfaden des Leibes. Zur Anthropologik und Therapeutik Friedrich Nietzsches*, Stuttgart 1975.

Schirmacher, Wolfgang (Hrsg.): *Schopenhauer, Nietzsche und die Kunst*, Wien 1991.

Schlechta, Karl: *Nietzsches Großer Mittag*, Frankfurt a. M. 1954.

─────, *Der Fall Nietzsche. Aufsätze und Vorträge*, München 1958, 2. erw. Aufl. 1959.

─────, *Nietzsche-Chronik. Daten zu Leben und Werk*, München/Wien 1975.

Schlechta, Karl/Anni Anders: *Friedrich Nietzsche. Von den verborgenen Anfängen seines Philosophierens*, Stuttgart-Bad Cannstatt 1962.

Schlüpmann, Heide: *Friedrich Nietzsches ästhetische Opposition. Der Zusammenhang von Sprache, Natur und Kultur in seinen Schriften 1869-1876*, Stuttgart 1977.

Schmidt, Alfred: *Zur Frage der Dialektik in Nietzsches Erkenntnistheorie*, Framkfurt a. M. 1963, auch in: *Zeugnisse. Theodor W. Adorno zum 60. Geburtstag. Im Auftrag des Institus für Sozialforschung* hrsg. von Max Horkheimer(森田侑男 訳「ニーチェの認識論における弁証法の問題」『現代思想』제2권 제6호, 1974. 6).

Schmidt, Hermann Josef: *Nietzsche und Sokrates. Philosophische Untersuchungen zu Nietzsches Sokratesbild*, Meisenheim am Glan 1969.

─────, *Nietzsche absconditus oder Spurenlesen bei Nietzsche*, Bd. 1, 3 Teile, Berlin [2]1991, Bd. 2, Teile, Berlin 1993/94.

Schnädelbach, Herbert: *Geschichtsphilosophie nach Hegel. Probleme des Historismus*, Freiburg i. Br./München 1974(古東哲明 訳『ヘーゲル以後の歴史哲學, 歴史主義と歴史的理性批判』法政大學出版局, 1994).

─────, *Philosophie in Deutschland 1831-1933* (stw 401), Frankfurt a. M. 1982.

Schneider, Ursula: *Grundzüge einer Philosophie des Glücks bei Nietzsche* (MTNF 11), Berlin/New York 1983.

Schopenhauer, Arthur: *Die Welt als Wille und Vorstellung*, 1819(西尾幹二 訳『意志と表象としての世界』中公バックス『世界の名著』45 中央公論社, 1980).

─────, *Werke in fünf Bänden*. Hrsg. von Ludgar Lütkehaus, Zürich 1991; *Sämtliche Werke*, 5 Bde. Hrsg. von Wolfgang Freiherr von Löhneysen, Frankfurt a. M./Darmstadt 1989(『ショーペンハウアー全集』14권+별권 1 白水社, 1972-75).

Schrift, Alan D.: *Nietzsche and the Question of Interpretation*, London 1991.

Schutte, Ofelia: *Beyond Nihilism: Nietzsche without Masks*, Chicago/London 1984.

Schweppenhäuser, Gerhard: *Nietzsches Überwindung der Moral. Zur Dialektik der Moralkritik in "Jenseits von Gut und Böse" und in der "Genealogie der Moral"* (ND), Würzburg 1988.

青海健『三島由紀夫とニーチェ』青弓社, 1992.

Shapiro, Gary: *Nietzschean Narratives*, Bloomington 1989.

————, *Alcyone: Nietzsche on Gifts, Noise, and Women*, Albany, New York 1991.

Shaw, George Bernard: *Man and Superman. A Comedy and a Philosophy*, 1903(市川又彦 訳『人と超人』岩波文庫, 1958).

Shestov, Lev: *Tolstoi und Nietzsche. Die Idee des Guten in ihren Lehren*, Köln 1923 (Original: St. Petersburg 1907, Neudruck: München 1994. 植野修司 訳『善の哲學』雄渾社, 1967.)

————, *Dostojewski und Nietzsche. Philosophie der Tragödie*, Köln 1924 (Original: St. Petersburg 1909. 河上徹太郎・阿部六郎 訳『悲劇の哲學』[니체론 부분은 독역으로부터의 번역] 芝書店, 1934; 近田友一 訳『悲劇の哲學』現代思潮社, 1968).

信太正三『ニーチェ』(世界思想家全書) 牧書店, 1964.

————,『永遠回歸と遊戲の哲學——ニーチェにおける無限革命の論理——』勁草書房, 1969.

————,『ニーチェ研究——實存と革命——』哲書房, 1980(같은 제목의 저작[創文社, 1956]의 증보판).

新明正道『ファッシズムの社會觀』岩波書店, 1936(제3부 제4장「ニーチェ哲學の社會學的性格」, 제5장「ニーチェにおける超人と永劫回歸の思想の社會學的解釋」;『新明正道著作集』7 誠信書房, 1977 수록).

Simmel, Georg: Nietzsche und Kant, in: *Frankfurter Zeitung*, 1906. 1. 6, jetzt in: *Gesamtausgabe*, Bd. 8: *Aufsätze und Abhandlungen 1901-1908*, Bd. Ⅱ (stw 808), Frankfurt a. M. 1993(酒田健一 訳「ニーチェとカント」『ジンメル著作集』12「橋と扉」白水社, 1976, ²1994).

————, *Schopenhauer und Nietzsche. Ein Vortragszyklus*, Leipzig 1907, jetzt in: *Gesamtausgabe*, Bd. 10 (stw 810), Frankfurt a. M. (1994)(吉村博次 訳『ショーペンハウアとニーチェ』『ジンメル著作集』5 白水社, 1975, ²1994).

Simon, Josef (Hrsg.): *Nietzsche und die philosophische Tradition*, 2 Bde. (ND), Würzburg 1985.

Sleinis, Edgar Evalt: *Nietzsche's Revaluation of Values. A Study in Strategies*, Urbana/Chicago 1994.

Sloterdijk, Peter: *Der Denker auf der Bühne. Nietzsches Materialismus* (es 1353), Frankfurt a. M. 1986.

Sobejano, Gonzalo: *Nietzsche en España*, Madrid 1967.

Solomon, Robert C. (ed.): *Nietzsche: A Collection of Critical Essays*, Garden City, New York 1973, Notre Dame, Indiana 1980.

Solomon, Robert C./Kathleen M. Higgins (eds.): *Reading Nietzsche*, Oxford/New York 1988.

Sonns, Stefan: *Das Gewissen in der Philosophie Nietzsches*, Zürich 1955(水野清志 訳『ニーチェの良心論』以文社, 1972).

薗田香勳『ニイチェと佛教』顯真學苑出版部, 1932(『ドイツ文學における東方憧憬』創文社, 1975 수록).

Sontag, Susan: Against Interpretation, 1964, in: *Against Interpretation*, New York 1966(高橋康成 訳『反解釋』竹内書店, 1971).

Sperber, Manès/Hans Mayer/Erich Heller/Iring Fetscher/Walter Jens: Nietzsche und wir. Ein Symposium, in: *Merkur. Deutsche Zeitschrift für europäisches Denken*. 29. Jg., H. 12, 1975. 12.

Spiekermann, Klaus: *Naturwissenschaft als subjeklose Macht? Nietzsches Kritik physikalischer Grundkonzepte* (MTNF 24), Berlin/New York 1992.

Spitteler, Carl: *Meine Beziehungen zu Nietzsche*, München 1908, in: *Gesammelte Werke*, Bd. 6: *Autobiographische Schriften*, Zürich 1947.

Stack, George J.: *Lange and Nietzsche* (MTNF 10), Berlin/New York 1983.

————, *Nietzsche and Emerson: An Elective Affinity*, Athens, Ohio 1992.

Stambaugh, Joan: *Nietzsche's Thought of Eternal Return*, Baltimore/London 1972.

————, *The other Nietzsche*, New York (1994).

Staten, Henry: *Nietzsche's Voice*, Ithaca, New York 1990.

Stauth, George/Bryan S. Turner: *Nietzsche's Dance: Resentment, Reciprocity and Resistance in Social Life*, Oxford/New York 1988.

Steffen, Hans (Hrsg.): *Nietzsche. Werk und Wirkungen* (KV 1349), Göttingen 1974.

Stegmaier, Werner: *Philosophie der Fluktuanz. Dilthey und Nietzsche*, Göttingen 1992.

————, *Nietzsches "Genealogie der Moral"*, Darmstadt (1994).

Steiner, Rudolf: *Friedrich Nietzsche, ein Kämpfer gegen seine Zeit*, Weimar 1895, Dornach 1983(樋口純明 訳『ニーチェ──同時代との闘争者』『シュタイナー著作全集』5 人智學出版社, 1981).

Stern, Fritz: *The Politics of Cultural Despair: A Study in the Rise of the Germanic Ideology*, Berkeley, California 1961(中道寿一 訳『文化的絶望の政治, ゲルマン的イデオロギーの台頭に關する研究』三嶺書房, 1988).

Stern, Joseph Peter: *A Study of Nietzsche*, Cambridge 1979(河端春雄 訳『ニーチェ哲學の原景』[일부가 생략되었다] 啓文社, 1987).

Strecker, Karl: *Nietzsche und Strindberg. Mit ihrem Briefwechsel*, München 1921(野中正夫 訳『ニーチェとストリンドベリー 附・往復書簡』新太陽社, 1944).

Strong, Tracy B.: *Friedrich Nietzsche and the Politics of Transfiguration*, Berkeley, California 1975, 2nd, expanded edition 1989.

Stroux, Johannes: *Nietzsches Professur in Basel*, Jena 1925.

Stuart Hughes, H.: *Consciousness and Society. The Reconstruction of European Social Thought 1890-1930*, New York 1958(生松敬三・荒川幾男 訳『意識と社會, ヨーロッパ社會思想 1890-1930』みすず書房, 1970).

杉田弘子 「高山樗牛とニーチェ」 東大比較文學會 『比較文學研究』 제11호, 1966.

————,「ニーチェ解釋の資料的研究──移入初期における日本文獻と外國文獻の關係──」『國語と國文學』 제43권, 1966. 5.

高松敏男 『ニーチェから日本近代文學へ』 幻想社 , 1981.

高松敏男・西尾幹二 編『ニーチェ全集』 제1기 별권 「日本のニーチェ研究譜」(書誌篇・高松敏男 編/資料文獻篇・西尾幹二 編) 白水社, 1982. *

高沖陽造 『ニイチェと現代精神』 清和書店, 1935(증보개정판: 『ニイチェ 破壊より建設へ』 古明地書店, 1950).

高山林次郎{樗牛} 「文明批評家としての文學者」『太陽』 제7권 제1호, 1901. 1(『改訂注釋 樗牛全集』 2 博文館, 1926[복각: 日本圖書センター, 1980]; 『明治文學全集』 40 筑摩書房, 1970 수록).

───, 「美的生活を論ず」 『太陽』 제7권 제9호, 1901. 8(『改訂注釋 樗牛全集』 4 博文館, 1926[복각: 日本圖書セン
　　ター, 1980]; 『明治文學全集』 40 筑摩書房, 1970 수록).

竹田靑嗣 『ニーチェ』(FOR BIGGINER シリーズ) 現代書館, 1988.

───, 『ニーチェ入門』 筑摩書房(ちくま新書), 1994.

竹内芳郎 『ニーチェからマルクスまで 實存的自由の冒險』 現代思潮社, 1963.

田中王堂 「ニイチェのザラツストラを論ず」 『新小說』, 1901. 9(『書齋より街頭に』 廣文堂書店, 1911 수록).

立澤剛 『ニイチェ ツァラツストラ』(大思想文庫 26) 岩波書店, 1936, 복각: 1985.

Taureck, Bernhard H. F.: *Nietzsche und der Faschismus. Eine Studie über Nietzsches politische Philosophie und ihre
　　Folge*, Hamburg 1989.

───, *Nietzsches Alternativen zum Nihilismus*, Hamburg 1991.

Taylor, Seth: *Left-Wing Nietzscheans: The Poilitics of German Expressionism* (MTNF 22), Berlin/New York 1990.

Tepe, Peter, *Mein Nietzsche*,Wien 1993.

Thatcher, David S.: *Nietzsche in England 1890-1914. The Growth of a Reputation*, Toronto 1970.

Thiele, Leslie Paul: *Friedrich Nietzsche and the Politics of the Soul: A Study of Heroic Individualism*, Princeton, New
　　Jersey 1990.

Thomas, Richard Hinton: *Nietzsche in German Politics and Society 1890-1918*, Manchester 1983.

登張信一郎{竹風} 「獨逸の輓近文學を論ず」 『帝國文學』 제6권 제5-7호, 1900. 5-7(『ニーチェ全集』 제 I 기 별권
　　白水社, 1982 수록).

───, 「フリイドリヒ, ニイチェを論ず」 『帝國文學』 제7권 제6-8, 11호, 1901. 6-8, 11(『ニイチェと詩人』 人文社,
　　1902; 『明治文學全集』 40 筑摩書房, 1970 수록).

───, 「美的生活論とニイチェ」 『帝國文學』 제7권 제9호, 1901. 9.

───, 「解嘲」 『帝國文學』 제7권 제10호, 1901. 10.

───, 「馬骨人言を難ず」 『帝國文學』 제7권 제12호, 1901. 12.

───, 「馬骨先生に答ふ」 『帝國文學』 제8권 제2호, 1902. 2(이상 4편 모두 『氣熖錄』 金港堂 1902. 7; 『明治文學全
　　集』 40 筑摩書房, 1970 수록).

登張竹風遺稿・追想集刊行會 編 『登張竹風遺稿追想集』 郁文堂出版, 1970.

Tönnies, Ferdinand: *Der Nietzsche-Kultus. Eine Kritik*, Leipzig 1897, Neudruck: Berlin 1990.

Tongeren, Paul van: *Die Moral von Nietzsches Moralkritik. Studien zu "Jenseits von Gut und Böse"*, Bonn 1989 (holl.
　　Leuwen 1984).

Touraine, Alan: *Critique de la modernité*, Paris 1992 (engl. *Critique of Modernity*, Cambridge, Massachusetts/Oxford
　　1995).

Troeltsch, Ernst: *Der Historismus und seine Probleme*, Tübingen 1922(近藤勝彥 訳 『歷史主義とその諸問題』 상・중・하
　　『トレルチ著作集』 4・5・6 ヨルダン社, 1980-88).

坪內逍遙 「馬骨人言」 『讀賣新聞』, 1901. 10. 12-11. 7.

───, 「帝國文學記者に与へて再びニイチェを論ずるの書」 『讀賣新聞』, 1901. 12. 18/22(2편 모두 『通俗倫理談』
　　冨山房, 1903. 2; 『逍遙選集』 8 春陽堂, 1916[복각: 第一書房, 1977] 수록).

筒井康隆 「火星のツァラトゥストラ」, 1966(『筒井康隆全集』 3 新潮社, 1983).

Türcke, Christoph: *Der tolle Mensch. Nietzsche und der Wahnsinn der Vernunft* (Fischer Taschenbuch 6589), Frankfurt a. M. 1989.

内村鑑三「ニイチェ伝を讀みて」『聖書之研究』第199호, 1917. 2.

―――, 「イエスと超人 ニイチェ研究の一節」『聖書之研究』第200호, 1917. 3.

―――, 「ルーテルとニイチェ ルーテル紀念會に於ける演說の一節」『聖書之研究』第209호, 1917. 12(이상 3편 모두 『内村鑑三全集』 23 岩波書店, 1982 수록).

上山安敏『神話と科學── ヨーロッパ知識社會, 世紀末~20世紀──』 岩波書店, 1984.

―――, 『世紀末ドイツの若者』 三省堂, 1986(講談社學術文庫, 1994).

―――, 『フロイトとユング, 精神分析運動とヨーロッパ知識社會』 岩波書店, 1989.

Ulmer, Karl: *Nietzsche. Einheit und Sinn seines Werkes*, München 1962.

Vaihinger, Hans: *Nietzsche als Philosoph*, Berlin 1902.

―――, *Die Philosophie des Als-Ob. System der theoretischen, praktischen und religiösen Fiktionen der Menschheit auf Grund eines idealistischen Positivismus*, Berlin 1911.

Valadier, Paul: Bulletin nietzschéen, in: *Archives de philosophie* 34/1971, 36/1973, 37/1974, 39/1976. *

―――, *Nietzsche et la critique du christianisme*, Paris 1974.

―――, *Jésus-Christ ou Dionysos. La loi chrétienne en confrontation avec Nietzsche* Paris 1979.

Valéry, Paul: Quatre lettres de Paul Valéry au sujet de Nietzsche, in: *Cahiers de la quinzaine*, vol. 18, Paris 1927(寺田透 訳「ニーチェに關する4つの手紙」『ヴァレリー全集』 9 筑摩書房, 1967).

Vattimo, Gianni: *Le avventure della differenza*, Milano 1980 (engl. *The Adventure of Difference. Philosophy after Nietzsche and Heidegger*, Oxford 1993).

―――, *Al di là del soggetto. Nietzsche, Heidegger e l'ermeneutica*, Milano 1981 (dt. *Jenseits vom Subjekt. Nietzsche, Heidegger und die Hermeneutik*, Wien/Graz/Köln 1986).

―――, *Introduzione a Nietzsche*, Roma/Bali 1985 (dt. *Nietzsche. Eine Einführung* [Sammlung Metzler 268], Stuttgart 1992). *

Verrecchia, Anacleto: *La catastrofe di Nietzsche a Torino*, Torino 1978 (dt. *Zarathustras Ende. Die Katastrophe Nietzsches in Turin*, Wien/Graz/Köln 1986).

Vogel, Martin: *Apollinisch und dionysisch. Geschichte eines Irrtums*, Regensburg 1966.

―――, *Nietzsche und Wagner*, Bonn 1984.

Volkmann-Schluck, Karl-Heinz: *Leben und Denken. Interpretationen zur Philosophie Nietzsches*, Frankfurt a. M. 1968.

―――, *Die Philosophie Nietzsches. Der Untergang der abendländischen Metaphysik.* Hrsg. von Bernd Heimbüchel, Würzburg 1991.

Volz, Pia Daniela: *Nietzsche im Labyrinth seiner Krankheit. Eine medizinisch-biographische Untersuchung*, Würzburg 1990.

Wagner, Cosima: *Die Tagebücher*, 2 Bde., Ed. u. komment. von Martin Gregor-Dellin/Dietrich Mack, München/Zürich

1976/77, auch: Serie Piper 251-254, 4 Bde., München/Zürich 1982.

Wagner, Richard: *Mein Leben*. Hrsg. von Martin Gregor-Dellin, München 1963, auch: Serie Piper 8231, Mainz/München 1983(山田ゆり 訳『わが生涯』勁草書房, 1986).

――――, *Dichtungen und Schriften. Jubiläumsausgabe in 10 Bänden*. Hrsg. von Dieter Borchmeyer, Frankfurt a. M. 1983 (*Gesammelte Schriften und Dichtungen*, 12 Bde., Leipzig 1887/88; 三光長治 監修『ワーグナー著作集』第三文明社, 1990ff.).

Wahl, Jean: *La pensée philosophique de Nietzsche des années 1885-1888*, Paris 1959.

――――, *L'avant-dernière pensée de Nietzsche*, Paris 1961.

Warren. Mark: *Nietzsche and Political Thought*, Cambridge, Massachusetts 1988.

渡辺二郎『ニヒリズム 内面性の現象學』(UP選書 152) 東京大學出版會, 1975.

渡辺二郎・西尾幹二 編『ニーチェ物語 その深淵と多面的世界』有斐閣, 1980. *

和辻哲郎『ニイチェ研究』内田老鶴圃, 1913, 개정 재판: 1914, 개정 제3판: 筑摩書房, 1942, 정정판: 상・하 1948(『和辻哲郎全集』1 岩波書店, 1961).

Weber, Alfred: *Abschied von der bisherigen Geschichte. Überwindung des Nihilismus*, Bern 1946.

Weber, Max: *Wirschaftsethik der Weltreligionen* (Einleitung, Zwischenbetrachtungen), in: *Gesammelte Aufsätze zur Religions soziologie*, Bd. 1, Tübingen 1920, ^{9}1988(大塚久雄・生松敬三 訳『宗教社會學論集』みすず書房, 1972).

――――, *Die protestantische Ethik und der Geist des Kapitalismus*, in: *Gesammelte Aufsätze zur Religionssoziologie*, Bd. 1, Tübingen 1920, ^{9}1988(大塚久雄 訳『プロテスタンティズムの倫理と資本主義の精神』岩波文庫, 1989).

――――, *Wissenschaft als Beruf*, 1919, in: *Gesammelte Aufsätze zur Wissenschaftslehre*. Hrsg. von Johannes Winckelmann, Tübingen 1922, ^{7}1988(尾高邦雄 訳『職業としての學文』岩波文庫, 1980).

Westernhagen, Curt von: *Richard Wagner*, Zürich 1956(三光長治・高辻知義 訳『ワーグナー』白水社, 1973).

White, Alan: *Within Nietzsche's Labyrinth*, New York/London 1991.

Wilcox, John T.: *Truth and Value in Nietzsche: A Study of His Metaethics and Epistemology*, Ann Arbor, Michigan 1974.

Williams, D. William: *Nietzsche and the French. A Study of the Influence of Nietzsches French Reading on His Thought and Writing*, Oxford 1952.

Wilson, Colin: *The Outsider*, London 1956(中村保男 訳『アウトサイダー』集英社文庫, 1988).

Winchester, J. J.: *Nietzsche's Aesthetic Turn: Reading Nietzsche after Heidegger, Deleuze, Derrida*, New York (1994).

Würzbach, Friedrich: *Nietzsche. Sein Leben in Selbstzeugnissen, Briefen und Berichten*, Berlin 1942, auch: Goldmanns Gelbe Taschenbücher 1753/54, München (o. J.).

――――, *Das Vermächtnis Friedrich Nietzsches*, Graz 1943.

Wurzer, William S.: *Nietzsche und Spinoza*, Meisenheim am Glan 1975.

Wuthenow, Ralph-Rainer: *Nietzsche als Leser*, Hamburg 1994.

矢島羊吉『ニヒリズムの論理――ニーチェの哲學――』福村出版, 1975.

Yalom, Irvin D.: *When Nietzsche Wept*, New York 1992 (dt. *Und Nietzsche weinte*, Hamburg 1994[소설]).

山之内靖『ニーチェとウエーバ』未來社, 1993.

山崎庸佑『ニーチェと現代の哲學』理想社, 1970.

―――,『人類の知的遺産』54「ニーチェ」講談社, 1978.

吉田靜致「ニーチユエ氏の哲學(哲學史上第三期の懷疑論)」『哲學雜誌』第14권 제143호, 1899. 1(『ニーチェ全集』 제1기 別卷 白水社, 1982 수록).

吉沢伝三郎『パスカルとニーチェ 《愛と實存》の論理』勁草書房, 1964.

―――,『ツァラトゥストラ入門』塙書房(塙新書 11), 1967.

―――,『ニーチェと實存主義』理想社, 1969.

Young, Julian: *Nietzsche's Philosophy of Art*, Cambridge 1992.

Yovel, Yirmiyahu (ed.): *Nietzsche as Affirmative Thinker*, Dordrecht 1986.

湯田豊『ニーチェと佛教』世界聖典刊行協會, 1987.

―――,『ニーチェ『反キリスト』――翻訳および解説』晃洋書房, 1991.

―――,『ニーチェ『偶像のたそがれ』を讀む』勁草書房, 1992.

Zeitlin, Irving M.: *Nietzsche. A Re-Examination*, Cambridge 1994.

Zeitler, Julius: *Nietzsches Ästhetik*, Leipzig 1900.

Ziegler, Theobald: *Die geistigen und sozialen Strömungen im 19. Jahrhundert*, Berlin 1899(伊藤吉之助・飯田忠純 訳『獨逸思潮史』國民圖書, 1927).

―――, *Friedrich Nietzsche*, Berlin 1900.

Zweig, Stephan: *Der Kampf mit dem Dämon. Hölderlin, Kleist, Nietzsche* (*Die Baumeister der Welt*, Bd. 2), Leipzig 1925, Neuausgabe: Fischer Taschenbuch 12186, Frankfurt a. M. 1994(杉浦博 外 訳『デーモンとの鬪爭』『ツヴァイク全集』9 みすず書房, 1973).

Ⅲ. 잡지・논집

『現代思想』제1권 제4호「特集=ニヒリズムと無の論理」, 1973. 4.

『現代思想』제2권 제6호「特集=ニーチェ 虛無を直視する眞晝の思想」, 1974. 6.

『現代思想』제4권 제12호(11월 임시증간호)「總特集=ニーチェ」, 1976. 11. *

『現代思想』제9권 제3호「特集=ニーチェと現代」, 19814. 3.

『實存主義』제25호「特集 ニーチェ」, 1962. 7.

『實存主義』제63호「特集 日本におけるニーチェ研究」, 1973. 6.

『日本讀書新聞』「特集・ニーチェ」, 1969. 11. 10.

『理想』제62호「特集 ニイチェとキェルケゴール」, 1936. 1.

『理想』제207호「特集 ニイチェと現代――沒後五十年記念――」, 1950. 7.

『理想』제365호「特集 ニーチェの思想」, 1963. 10.

『理想』제420호「特集 ニーチェの哲學」, 1968. 5.

『理想』제557호「秋季特大号 ニーチェ」, 1979. 10.

『哲學雜誌』 제708호 「ニーチェ特輯」, 1950. 9.

Cahiers de Royaumont. Philosophie n° Ⅵ, Ⅶᵉ colloque. 4-8 Juillet 1964: *Nietzsche*, Paris 1967.

Literaturmagazin 12: Nietzsche, Redaktion: Nicolas Born, Jürgen Manthey, Delf Schmidt, Reinbek bei Hamburg 1980.

Nietzsche aujourd'hui? Actes du colloque international de Cérisy-La-Salle (Juillet 1972), 2 vols. (1. Intensites; 2. Passion), Paris 1973.

Nietzsche-Forschung. Eine Jahresschrift, Hrsg. von R. Eischenberg/H.-M. Gerlach/J. Schmidt, Berlin (1994ff.).

Nietzsche-Studien. Internationales Jahrbuch für die Nietzsche-Forschung. Hrsg. von Ernst Behler/Wolfgang Müller-Lauter/Heinz Wenzel, Berlin/New York 1972ff. *

✠ 한국어판 니체 저작 및 연구 문헌 일람 ✠

(수록 범위는 2016년 8월 현재까지 단행본으로 출간된 니체 저작들의 원전 번역들과 연구서들의 번역서 및 저서를 포함한 연구 문헌들로 제한했다. 먼저 Ⅰ에서는 전집을 비롯한 니체 저작의 번역들과 발췌역들을, 그리고 Ⅱ에서는 저서와 번역서를 막론한 연구 문헌들을 저작명의 가나다 순으로 수록했으며, 동일한 저자나 역자의 판본이 여럿일 경우 개정 작업이나 독자들의 이용 편의를 고려하여 가능한 한 최근 것을 수록했다.)

Ⅰ. 니체 저작의 번역들

■ 니체 전집 ■

(책세상, 2001~)

1. 『언어의 기원에 관하여/이러한 맥락에 관한 추정/플라톤의 대화 연구 입문/플라톤 이전의 철학자들/아리스토텔레스 수사학 Ⅰ/유고(1864년 가을~1868년 봄)』, 김기선 옮김.

2. 『비극의 탄생/반시대적 고찰』, 이진우 옮김.

3. 『유고(1870년~1873년)』, 이진우 옮김.

4. 『유고(1869년 가을~1872년 가을)』, 최상욱 옮김.

5. 『유고(1872년 여름~1874년 말)』, 이상엽 옮김.

6. 『바이로이트의 리하르트 바그너/유고(1875년 초~1876년 봄)』, 최문규 옮김.

7. 『인간적인 너무나 인간적인 Ⅰ』, 김미기 옮김.

8. 『인간적인 너무나 인간적인 Ⅱ』, 김미기 옮김.

9. 『유고(1876년~1877/78년 겨울)/IV 3 유고(1878년 봄~1879년 11월)』, 강용수 옮김.

10. 『아침놀』, 박찬국 옮김.

11. 『유고(1880년 초~1881년 봄)』, 최성환 옮김.

12. 『즐거운 학문/메시나에서의 전원시/유고(1881년 봄~1882년 여름)』, 안성찬 옮김.

13. 『차라투스트라는 이렇게 말했다(1883년~1885년)』, 정동호 옮김.

14. 『선악의 저편/도덕의 계보(1886년~1887년)』, 김정현 옮김.

15. 『바그너의 경우/우상의 황혼/안티크리스트/이 사람을 보라/디오니소스 송가/니체 대 바그너』, 백승영 옮김.

16. 『유고(1882년 7월~1883/84년 겨울)』, 박찬국 옮김.

17. 『유고(1884년 초~가을)』, 정동호 옮김.

18. 『유고(1884년 가을~1885년 가을)』, 김정현 옮김.

19. 『유고(1885년 7월~1887년 가을)』, 이진우 옮김.

20. 『유고(1887년 가을~1888년 3월)』, 백승영 옮김.

21. 『유고(1888년 초~1889년 1월 초)』, 백승영 옮김.

(청하, 1982~)

1. 『비극의 탄생: 바그너의 경우: 니체 대 바그너』, 김대경 옮김.

2. 『반시대적 고찰』, 임수길 옮김.

3. 『인간적인 너무나 인간적인』, 한기찬 옮김.

4. 『서광』, 이필렬·임수길 옮김.

5. 『즐거운 지식』, 권영숙 옮김.

6. 『짜라투스트라는 이렇게 말했다』, 최승자 옮김.

7. 『선악을 넘어서』, 김훈 옮김.

8. 『도덕의 계보 외』, 김태현 옮김.

9. 『우상의 황혼 외』, 송무 옮김.

10. 『권력에의 의지』, 강수남 옮김.

『고독과 허무와 초인』, 한상철 편역, 대한출판사, 1963.

『고독이 그림자를 드리울 때』, 최혁순 옮김, 범우사, 1985.

『고통의 이름으로 노래하라; 니체 잠언록』, 강두식 옮김, 문장, 1981.

『굿모닝 니체—예술가적 철학자 New 니체 100배 즐기기』, 유진상 엮음, 휘닉스, 2010.

『권력에의 의지』, 정진웅 옮김, 백문당, 1978.

『그래도 나는 인간이고 싶다』, 지문사 편집부 옮김, 지문사, 1989.

『그래도 못다한 마지막 한마디: 젊은 지성을 위한 인생론』, 이영조 옮김, 풍림출판사, 1988.

『누가 나의 운명이 되어 주려는가: 프리드리히 니체 잠언록』, 범기철 옮김, 백상, 1990.

『나의 누이와 나: 니체 최후의 고백』, 프리드리히 니체 지음, 이덕희 옮김, 문예출판사, 1989.

『니체 대화록』, 최민홍 옮김, 한국독서문화원, 1973.

『니체 명언집: 강하게 살아가게 하는 가르침』, 노다 교코 엮음, 최선임 옮김, 지식여행, 2010.

『니체의 독설: 내일을 준비하는 이들에게 전하는 니체의 지혜』, 홍성광 옮김, 을유문화사, 2013.

『니체의 숲으로 가다』, 김욱 옮김, 지훈, 2004.

『니체, 인생을 말하다』, 뤼디거 사프란스키 엮음, 정미라 옮김, 현실과과학, 2004.

『니체 자서전—나의 여동생과 나』, 프리드리히 니체 지음, 김성균 옮김, 까만양, 2013.

『(니체 잠언선) 인간적인, 너무나 인간적인 것 외』, 백선일 편역, 동천사, 1988.

『니체전집: 니체 철학의 핵심』, 아키야마 히데오·도미오카 치카오 엮음, 시라토리 하루히코 해설, 이민영 옮김, 시그마북스, 2013.

『도덕의 계보—다락원 스파크노트(sparknotes) 명저노트 8』, 강태원 옮김, 다락원, 2009.

『도덕의 계보/이 사람을 보라/니이체 서간집/니이체의 미발표 서간들』 박준택·구기중·박환덕 옮김, 휘문출판사, 1969.

『도덕의 계보학: 하나의 논박서』, 강영계 옮김, 지식을만드는지식, 2013.

『도덕의 계보학: 하나의 논박서』, 홍성광 옮김, 연암서가, 2011.

『디오니소스 송가』, 박환덕 옮김, 혜원출판사, 2001.

『디오니소스의 송가』, 정광식 엮음, 선영사, 1993.

『디오니소스 찬가』, 이상일 옮김, 민음사, 1994.

『비극의 탄생; 즐거운 지식』, 곽복록 옮김, 동서문화사, 2009.

『비극의 탄생』, 김남우 옮김, 열린책들, 2014.

『비극의 탄생』, 박찬국 옮김, 아카넷, 2007.

『비극의 탄생』, 성동호 옮김, 홍신문화사, 1989.

『비극의 탄생』, 정진웅 옮김, 삼한출판사, 1981.

『비극적 사유의 탄생』, 이진우 옮김, 문예출판사, 1997.

『사랑과 고뇌』, 오소백 엮음, 세문사, 1986.

『삶과 죽음의 탐구』, 김진욱 옮김, 자유문학사, 1988.

『생각의 망치: 기존 질서와 고정관념을 깨버린 니체의 혁명』, 강윤철 옮김, 스타북스, 2015.

『선과 악을 넘어서—다락원 스파크노트(sparknotes) 명저노트 2』, 한성간 옮김, 다락원, 2009.

『선과 악의 저편: 미래 철학의 서곡』, 강영계 옮김, 지식을만드는지식, 2014.

『선악의 피안/이 사람을 보라』, 최현 옮김, 민성사, 2000.

『시간과 자유의지/자라투스트라는 이렇게 말했다』, 베르그송; 정석해 옮김·니체; 정경석 옮김, 삼성출판사, 1990.

『신과 인간: 니체의 인생론』, 함현규 옮김, 빛과향기, 2006.

『신은 죽었다』, 강윤식 옮김, 스타북스, 2011.

『신을 향한 도덕의 향기』, 김문두 엮음, 문조사, 1990.

『실존철학』, 조가경 지음, 박영사, 1991.

『안티크리스트』, 나경인 옮김, 이너북, 2014.

『안티크리스트』, 두행숙 옮김, 부북스, 2016.

『안티크리스트』, 박찬국 옮김, 아카넷, 2013.

『오, 고독이여』, 최혁순 옮김, 범우사, 2011.

『우상의 황혼』, 박찬국 옮김, 아카넷, 2015.

『우상의 황혼; 이 사람을 보라; 선악의 피안』, 정진웅·최민홍·김기덕 공역, 백문당, 1978.

『이 사람을 보라』, 김병옥 옮김, 정음사, 1981.

『이 사람을 보라』, 박준택 옮김, 여원사, 1959.

『인간적인 것, 너무나 인간적인 것: 자유정신을 위한 책』, 강영계 옮김, 커뮤니케이션북스, 2012.

『인간적인, 너무나 인간적인』, 권미영 옮김, 일신서적, 1991.

『인간적인 너무나도 인간적인』, 박영식 옮김, 한림출판사, 1968.

『인간적인 너무나도 인간적인』, 정진웅 옮김, 삼한출판사, 1981.

『인간적인 너무나 인간적인』, 강두식 옮김, 동서문화사, 2011.

『인간적인 너무나 인간적인』, 지명석 옮김, 문음사, 1968.

『인간적인 너무나 인간적인』, 최혁순 옮김, 문음사, 1981.

『인간적인 너무나 인간적인』, 황문수 옮김, 삼중당, 1992.

『인간적인, 너무나 인간적인 것』, 한기찬 편역, 동천사, 1994.

『짜라두짜는 이렇게 말했다』, 백성현 옮김, 심볼리쿠스, 2016.

『짜라트스트라는 이렇게 말하였다』, 박준택 옮김, 양영각, 1985.

『짜라투스트라는 이렇게 말했다』, 강영계 옮김, 삼중당, 1993.

『짜라투스트라는 이렇게 말했다』, 김영호 옮김, 한국중앙문화공사, 2000.

『짜라투스트라는 이렇게 말했다』, 김지원 옮김, 고려출판문화공사, 1990.

『짜라투스트라는 이렇게 말했다』, 백문영 옮김, 혜원출판사, 1994.

『짜라투스트라는 이렇게 말했다』, 사순옥 옮김, 홍신문화사, 2013.

『짜라투스트라는 이렇게 말했다』, 사지원 옮김, 홍신문화사, 2006.

『짜라투스트라는 이렇게 말했다』, 오영환 옮김, 금성출판사, 1987.

『짜라투스트라는 이렇게 말했다』, 윤현옥 옮김, 일신서적, 1991.

『짜라투스트라는 이렇게 말했다』, 이병준 옮김, 신림출판사, 1981.

『짜라투스트라는 이렇게 말했다』, 이영조 옮김, 풍림출판사, 1989.

『짜라투스트라는 이렇게 말했다』, 이임순 옮김, 양우당, 1986.

『짜라투스트라는 이렇게 말했다』, 최명 옮김, 학원사, 1995.

『짜라투스트라는 이렇게 말했다』, 한영환 옮김, 덕문출판사, 1979.

『짜라투스투라는 이렇게 말했다; 반그리스도자』, 김기덕·정진웅 외 옮김, 백문당, 1978.

『차라투스트라는 이렇게 말하였다』, 박진환 옮김, 신원문화사, 2005.

『차라투스트라는 이렇게 말했다』, 강대석 옮김, 한길사, 2011.

『차라투스트라는 이렇게 말했다』, 강두식 옮김, 누멘, 2010.

『차라투스트라는 이렇게 말했다』, 강영계 옮김, 지식을만드는지식, 2012.

『차라투스트라는 이렇게 말했다』, 곽복록 옮김, 동서문화사, 2007.

『차라투스트라는 이렇게 말했다』, 김인순 옮김, 열린책들, 2015.

『차라투스트라는 이렇게 말했다』, 김정진 옮김, 올재, 2012.

『차라투스트라는 이렇게 말했다―다락원 스파크노트(sparknotes) 명저노트 13』, 한성간 옮김, 다락원, 2009.

『차라투스트라는 이렇게 말했다』, 두행숙 옮김, 부북스, 2012.

『차라투스트라는 이렇게 말했다』, 장희창 옮김, 민음사, 2004.

『차라투스트라는 이렇게 말했다』, 정성호번역센터 옮김, 오늘, 1993.

『차라투스트라는 이렇게 말했다』, 최민홍 옮김, 집문당, 2010.

『차라투스트라는 이렇게 말했다』, 최승자 옮김, 큰글, 2012.

『차라투스트라는 이렇게 말했다』, 홍성광 옮김, 웅진씽크빅, 2015.

『차라투스트라는 이렇게 말했다』, 황문수 옮김, 문예, 2010.

『초인의 원리』, 최현 옮김, 신조문화사, 1961.
『(超譯) 니체의 말 1·2』, 시라토리 하루히코 엮음, 박재현 옮김, 삼호미디어, 2010·2014.
『프리드리히 니체: 들어라 위대한 인간의 조용한 외침을』, 정진홍 엮음, 청하출판, 1985.
『프리드리히 니체: 인생론 에세이 어떻게 살 것인가』, 이동진 옮김, 해누리, 2010.

II. 니체 관련 단행본 연구문헌

『가치의 입법자 프리드리히 니체』, 리 스핑크스 지음, 윤동구 옮김, 앨피book, 2009.
『곁에 두고 읽는 니체: 내 인생에 힘이 되어준 니체의 말』, 사이토 다카시 지음, 이정은 옮김, 홍익출판사, 2015.
『과거의 파괴: 19세기 유럽의 반역사적 사상』, 최성철 지음, 서강대학교 출판부, 2012.
『광기와 사랑: 초인 니체와 바그너 부인』, 요아힘 쾰러 지음, 최효순 옮김, 한길사, 1999.
『굿모닝 니체』, 유진상 엮음, 휘닉스, 2010.
『그대 자신이 되라!: 니체의 잠언과 해설』, 박찬국 지음, 부북스, 2012.
『그대 자신이 되어라: 해체와 창조의 철학자 니체』, 박찬국 지음, 부북스, 2016.
『그림과 함께 읽는 365일 니체』, 석산 지음, 북오션, 2016.
『극단의 예언자들: 니체, 하이데거, 푸코, 데리다』, 앨런 메길 지음, 정일준·조형준 옮김, 새물결, 1996.
『근대 세계관의 역사: 칸트·괴테·니체』, 게오르그 짐멜 지음, 김덕영 옮김, 길, 2007.
『깊이의 심리학자 니체』, 루이 꼬르망 지음, 김웅권 옮김, 어문학사, 1996.
『나의 섬은 나의 광기다: 소설 니체』, 이자벨 프레트르 지음, 고은경 옮김, 한뜻, 1995.
『노장철학과 니체의 니힐리즘: 심층심리학에 의한 이해』, 양승권 지음, 문사철, 2013.
『놀이하는 아이, 예술의 신-니체』, 권터 볼파르트 지음, 정해창 옮김, 담론사, 1997.
『니이체』, 하기락 지음, 사상계사, 1960.
『니이체 철학의 현대적 이해와 수용: 안설 정영도 박사 회갑기념 논문집』, 안설 정영도 박사 회갑기념 논문집 간행위원회 편, 세종, 1999.
『니체』, 로런스 게인 지음, 피에로 그림, 윤길수 옮김, 김영사, 2005.
『니체』, 이보 프렌첼 지음, 강대석 옮김, 한길사, 1997.
『니체』, 정동호 지음, 책세상, 2014.
『니체』, J. P. 스턴 지음, 이종인 옮김, 시공사, 1998.
『니체』, J. P. 스턴 지음, 임규정 옮김, 지성의 샘, 2005.
『니체』, 페터 추다이크 지음, 임영은 옮김, 생각의나무, 2009.
『니체』, 폴 스트래던 지음, 김주휘 옮김, 편앤런북스, 1997.
『니체가 눈물을 흘릴 때』, 어빈 D. 얄롬 지음, 임옥희 옮김, 필로소픽, 2014.
『니체가 뒤흔든 철학 100년』, 김상환 외 지음, 민음사, 2002.
『니체가 들려주는 슈퍼맨 이야기』, 박민수 지음, 자음과모음, 2006.
『니체가 사랑한 여성들』, 마리오 라이스 지음, 정영도 옮김, 한국문화사, 2015.

『니체: 건강한 삶을 위한 긍정의 철학을 기획하다』, 백승영 지음, 한길사, 2011.

『니체: 귀족적 급진주의—니체론/브란데스와 니체가 주고받은 편지들』, 기오 브란데스 지음, 김성균 옮김, 2014.

『니체, 그의 삶과 철학』, 레지날드 J. 홀링데일 지음, 김기복·이원진 옮김, 이제이북스, 2004.

『니체: 그의 생애와 사상의 전기』, 뤼디거 자프란스키 지음, 오윤희 옮김, 문예, 2003.

『니체 극장: 영원회귀와 권력의지의 드라마』, 고명섭 지음, 김영사, 2012.

『니체냐 그리스도냐』, 게오르그 지그문트 지음, 박영도 옮김, 열음사, 1985.

『니체: 너의 운명을 사랑하라』, 이진우·백승영 지음, 북이십일, 2016.

『니체는 누구인가: 그리스도교도를 위하여』, 오이겐 비저 지음, 정영도 옮김, 분도출판사, 1993.

『니체는 왜 민주주의에 반대했는가』, 김진석 지음, 개마고원, 2009.

『니체: 니체의 목소리들』, 로널드 헤이먼 지음, 박갑현 옮김, 궁리, 2003.

『니체 다시 읽기』, 다케다 세이지 지음, 윤성진 옮김, 서광사, 2001.

『니체, 데리다, 이리가레의 여성』, 신경원 지음, 소나무, 2004.

『니체 '도덕의 계보'』, 백승영 지음, 서울대학교 철학사상연구소 편, 서울대학교 철학사상연구소, 2005.

『니체, 동양에서 완성되다』, 박정진 지음, 소나무, 2015.

『니체, 디오니소스적 긍정의 철학』, 백승영 지음, 책세상, 2005.

『니체를 쓰다』, 슈테판 츠바이크 지음, 원당희 옮김, 세창미디어, 2013.

『니체를 읽는다: 막스 셸러에서 들뢰즈까지』, 박찬국 지음, 아카넷, 2015.

『니체: 문학으로서 삶』, 알렉산더 네하마스 지음, 김종갑 옮김, 연암서가, 2013.

『니체사상의 역사적 조명과 현대적 이해』, 한국니체학회 편, 세종출판사, 2003.

『니체, 생명과 치유의 철학』, 김정현 지음, 책세상, 2006.

『니체-생애』, 칼 야스퍼스 지음, 강영계 옮김, 까치, 1984.

『니체, 세월호 성인교육을 논하다』, 이관춘 지음, 학지사, 2015.

『니체, 신과 교육을 말하다』, 박상철 지음, 학지사, 2015.

『니체 신드롬: 우울과 광기의 철학적 변주』, 자크 로제 지음, 이혜은 옮김, 이끌리오, 2000.

『니체, 실험적 사유와 극단의 사상』, 이진우 지음, 책세상, 2009.

『니체 씨, 긍정은 어떤 힘이 있나요?』, 이남석 지음, 토토북 탐, 2013.

『니체야 놀자: 초인이 도인을 만났을 때』, 박정진 지음, 소나무, 2013.

『니체에게 길을 묻다』, 알란 페르시 지음, 이용철 옮김, 21세기북스, 2012.

『니체에게 묻고 싶은 것들』, 양운덕 지음, 휴머니스트, 2013.

『니체에서 세르까지: 초월에서 포월로, 둘째권』, 김진석 지음, 솔출판사, 1994.

『니체, 영원회귀와 차이의 철학』, 진은영 지음, 그린비, 2007.

『니체와 걷다』, 시라토리 하루히코 엮음, 이신철 옮김, 케미스토리, 2016.

『니체와 그리스도교』, 성바오로서원 자료실 편, 성바오로출판사, 1987.

『니체와 기독교』, 칼 야스퍼스 지음, 이진오 옮김, 철학과현실사, 2006.

『니체와 니힐리즘』, 마르틴 하이데거 지음, 박찬국 옮김, 철학과현실사, 2000.

『니체와 도덕의 위기 그리고 기독교』, 최순영 지음, 철학과현실사, 2012.

『니체와 문명비판』, 강영계 지음, 철학과현실사, 2007.

『니체와 불교』, 박찬국 지음, 씨아이알, 2013.

『니체와 불교적 사유』, 김진 지음, UUP, 2004.

『니체와 소피스트: 우리에게 필요한 논리』, 장 프랑수아 리오타르 지음, 이상엽 옮김, 커뮤니케이션북스, 2015.

『니체와 악순환: 영원회귀의 체험에 대하여』, 피에르 클로소프스키 지음, 조성천 옮김, 그린비, 2009.

『니체와 예술: 한 천재 철학자의 광기와 진리』, 강영계 지음, 한길사, 2000.

『니체와 전통 해체: 전통 형이상학의 극복을 시도하는 니체 철학 이야기』, 이서규 지음, 서광사, 1999.

『니체와 정신분석학: 힘에의 의지와 심층의식에 관한 철학적 성찰』, 강영계 지음, 서광사, 2004.

『니체와 철학』, 질 들뢰즈 지음, 이경신 옮김, 민음사, 2012.

『니체와 포스트모더니즘』, 데이브 로빈슨 지음, 박미선 옮김, 이제이북스, 2002.

『니체와 프로이트: 계보학과 정신분석학』, 이창재 지음, 철학과 현실사, 2000.

『니체와 하이데거』, 박찬국 지음, 그린비, 2016.

『니체와 함께 춤을』, 이동용 지음, 이파르, 2015.

『니체와 해석의 문제』, 앨런 슈리프트 지음, 박규현 옮김, 푸른숲, 1997.

『니체와 현대 예술』, 정낙림 지음, 역락, 2012.

『니체와 현대의 만남』, 니체연구 제4집, 한국니체학회 편, 세종출판사, 2001.

『니체와 현대철학』, 강대석 지음, 한길사, 1989.

『니체와 현대철학의 이해: 희로 최준성 교수 회갑기념 논문집』, 희로 최준성 교수 회갑기념 논문집 간행위원회 편, 철학과현실사, 1991.

『니체 '우상의 황혼'』, 백승영 지음, 서울대학교 철학사상연구소, 2006.

『니체 운명수업』, 헬렌 S. 정 지음, 인라잇먼트, 2015.

『니체의 고독: 강대석 전교수의 니체 비판』, 강대석 지음, 중원문화, 2014.

『니체의 고독한 방황』, 최혁순 옮김, 범우사, 2002.

『니체의 긍정 철학: 선악을 뛰어넘는 강인한 삶』, 헨리 해블록 엘리스 지음, 최선임 옮김, 지식여행, 2010.

『니체의 눈으로 다빈치를 읽다』, 사카이 다케시 지음, 남도현 옮김, 개마고원, 2005.

『니체의 '도덕의 계보' 읽기』, 강용수 지음, 세창미디어, 2016.

『니체의 도덕철학』, 슈베펜호이저 지음, 홍기수 옮김, UUP, 1999.

『니체의 마을에서 아버지의 집으로 돌아오는 길』, 김정효 지음, 좋은땅, 2016.

『니체의 몸 철학』, 김정현 지음, 문학과 현실사, 2000.

『니체의 문체』, 하인츠 슐라퍼 지음, 변학수 옮김, 책세상, 2013.

『니체의 문화철학』, 이상엽 지음, 울산대학교출판부, 2007.

『니체의 '비극의 탄생' 입문』, D. 번햄·M. 제싱호젠 지음, 임건태 옮김, 서광사, 2015.

『니체의 사랑과 철학』, 정영도 지음, 서문당, 2006.

『니체의 생애와 사상: 가면과 고독』, 미시마 겐이치 지음, 남이숙 옮김, 한국학술정보, 2003.

『니체의 생철학 담론』, 홍일희 지음, 전남대학교 출판부, 2002.

『니체의 신은 죽었다』, F. W. 니체·M. 하이데거 지음, 강윤철 옮김, 스마트북, 2015.

『니체의 역사관과 학문관』, 이상엽 지음, 울산대학교출판부, 2005.

『니체의 위험한 책, 차라투스트라는 이렇게 말했다』, 고병권 지음, 그린비, 2003.

『니체의 음악철학』, 강영계 지음, 건국대학교, 1997.

『니체의 인생 강의: 낙타, 사자, 어린아이로 사는 변신의 삶』, 이진우 지음, 휴머니스트, 2015.

『니체의 차라투스트라는 이렇게 말했다: 웃음과 망치와 열정의 책』, 진은영·김정진 지음, 웅진씽크빅, 2009.

『니체의 차라투스트라를 찾아서: 이진우 교수의 철학적 기행문』, 이진우 지음, 책세상, 2010.

『니체의 철학 강의: 예술로서의 힘에의 의지』, M. 하이데거 지음, 김정현 옮김, 이성과현실, 1991.

『니체의 철학과 사상』, 工藤綏夫 지음, 김문두 옮김, 문조사, 1999.

『니체 이해의 새로운 지평』, 성진기 외 지음, 철학과 현실사, 2000.

『니체 이후의 정신사』, 김인호 지음, 깊은샘, 2001.

『니체, 인간에 대해서 말하다: 병든 인간, 건강한 인간』, 박찬국 지음, 철학과현실사, 2008.

『니체 1-2』, 마르틴 하이데거 지음, 박찬국, 길, 2010-2012.

『니체 읽기』, 리샤르 비어즈워스 지음, 김웅권 옮김, 동문선, 1999.

『니체 읽기』, 책세상 엮음, 책세상, 2005.

『니체 자서전: 여동생과 나』, 프리드리히 니체[오스카 레비 영역], 김성균 옮김, 까만양, 2013.

『니체 '차라투스트라는 이렇게 말했다'』, 백승영 지음, 서울대학교 철학사상연구소, 2003.

『니체, 천 개의 눈 천 개의 길』, 고병권 지음, 소명, 2001.

『니체철학강의 1: 예술로서의 힘에의 의지』, M. 하이데거 지음, 김정현 옮김, 이성과 현실, 1991.

『니체, 철학의 주사위』, 질르 들뢰즈 지음, 신범순·조영복 공역, 인간사랑, 1994.

『니체철학의 키워드』, 이상엽 지음, UUP, 2005.

『니체 평전: 죽음 앞에서 노래한 삶의 찬가, 니체의 삶과 사상』, 강대석 지음, 한얼미디어, 2005.

『니체, 프로이트, 맑스 이후: 현대 프랑스철학의 쟁점』, 김상환 지음, 창작과비평사, 2002.

『니체, 해체의 모험』, 강영계 지음, 고려원, 1995.

『니체 혼자인 인간』, 쿠르트 활쉬 지음, 안영란 옮김, 세광문화, 1996.

『니체, 횔덜린, 하이데거, 그리고 게르만 신화』, 최상욱 지음, 서광사, 2010.

『다다 혁명 운동과 니체의 디오니소스주의』, 정상균 지음, 보고사, 2015.

『다이너마이트 니체』, 고병권 지음, 천년의상상, 2016.

『더 나은 선택: 니체의 행복 철학 강의』, 펑마이펑 지음, 권수철 옮김, 타래, 2015.

『데리다-니체 니체-데리다』, 에른스트 벨러 지음, 박민수 옮김, 책세상, 2003.

『데리다와 예일학파』, 페터 지마 지음, 김혜진 옮김, 문학동네, 2001.

『도스토예프스키, 키에르케고르, 니체, 카프카』, W. 후벤 지음, 윤지관 옮김, 까치, 1983.

『도스토예프스키, 톨스토이, 니체: 悲劇의 哲學』, L. 셰스토프 지음, 이경식 옮김, 현대사상사, 1987.

『독일 허무주의 문학: 현대 서정적 자아의 양상: 프리드리히 니체, 고트프리트 벤』, 김인수 지음, 강원대학교출판부, 1999.

『동물원과 유토피아—니체의 철학으로 비춰본 한국인, 한국 사회』, 장석주 지음, 푸르메, 2013.

『들뢰즈의 니체』, 질 들뢰즈 지음, 박찬국 옮김, 철학과현실사, 2007.

『들뢰즈의 '니체와 철학' 읽기』, 박찬국 지음, 세창미디어, 2012.

『루 살로메: 니체, 릴케, 프로이트에게 인스피레이션을 끼쳐 준 여성』, Ilonka Schmidt Mackey 지음, 곽복록 옮김, 지음사, 1979.

『루카치 미학사 연구: 쉴러에서 니체까지』, 게오르그 루카치 지음, 김윤상 옮김, 이론과 실천, 1992.

『마르크스, 니체, 프로이트 철학의 끌림—20세기를 뒤흔든 3대 혁명적 사상가』, 강영계 지음, 멘토프레스, 2011.

『마음과 철학: 서양편—하—니체에서 차머스까지』, 서울대학교 철학사상연구소 엮음, 서울대학교출판문화원, 2012.

『맑스, 프로이트, 니체를 넘어서: 근대성의 이론적 비판』, 서울사회과학연구소, 중원문화, 2012.

『망각 교실: 니체의 <반시대적 고찰>로 읽는 현대의 한계 논쟁』, 이동용 지음, 이파르, 2016.

『망치를 든 철학자 니체 vs. 불꽃을 품은 철학자 포이어바흐』, 강대석 지음, 들녘, 2016.

『명랑철학—니체를 읽는 아홉 가지 키워드』, 이수영 지음, 동녘, 2011.

『몸과 미학: 칸트, 니체, 프로이트, 라캉, 지젝』, 권택영 지음, 경희대학교 출판국, 2004.

『미래를 창조하는 나, 차라투스트라는 이렇게 말했다』, 프리드리히 니체·이수영 지음, 아이세움, 2009.

『미학적 인간』, 뤽 페리 지음, 방미경 옮김, 고려원, 1994.

『반민주적인, 너무나 반민주적인』, 박홍규 지음, 필맥, 2008.

『사랑이 외로운 건 내 전부를 걸기 때문입니다: 니체의 연애론』, 시라토리 하루히코 지음, 오석윤 옮김, 아선미디어, 2001.

『삶과 실존철학』, 이서규 지음, 서광사, 2002.

『30분에 읽는 니체』, 로이 잭슨 지음, 이근영 옮김, 중앙 MB, 2003.

『서양 근대 정치사상사: 마키아벨리에서 니체까지』, 강정인 외 지음, 책세상, 2007.

『성찰하는 삶—소크라테스에서 니체까지, 좋은 삶의 본보기를 탐구한 철학자 12인의 생애』, 제임스 밀러 지음, 박중서 옮김, 현암사, 2012.

『쇼펜하우어 & 니체: 철학자가 눈물을 흘릴 때』, 김선희 지음, 김영사, 2011.

『쇼펜하우어·니체·프로이트: 토마스 만, 현대 지성을 논하다』, 토마스 만 지음, 원당희 옮김, 세창미디어, 2009.

『쇼펜하우어와 니체의 문장론: 책읽기와 글쓰기에 대하여』, 아르투어 쇼펜하우어·프리드리히 니체 지음, 홍성광 옮김, 연암서가, 2013.

『쉽게 읽는 니이체 짜라투스트라는 이렇게 말했다』, 뤼디거 슈미트; 코르드 슈프레켈젠 공저, 김미기 옮김, 이학사, 1999.

『시로 읽는 니체—삶으로만 생을 타전하다』, 오철수 지음, 갈무리, 2012.

『신은 허구의 존재인가: 현대무신론 비판』, 김성원 지음, 대한기독교서회, 2003.

『18·19세기 독일철학: 피히테에서 니체까지』, 프레드릭 코플스턴 지음, 표재명 옮김, 서광사, 2008.

『Others: 레비나스, 니체, 도스토예프스키, 두셀』, 성태준 지음, Pubple, 2013.

『아티스트 니체: 니체와 그의 예술 철학』, 강영계 지음, 텍스트, 2014.

『언더그라운드 니체: 천천히, 그러나 대담한 날갯짓으로 다시 시작하려는 이들을 위하여』, 고병권 지음, 천년의상상, 2014.

『에쁘롱: 니체의 문체들』, J. 데리다 지음, 김다은 · 황순희 옮김, 동문선, 1998.

『예술로서의 삶: 니체에서 푸코까지』, 재커리 심슨 지음, 김동규 · 윤동민 옮김, 갈무리, 2016.

『예언자적 사상가 프리드리히 니체』, 발터 니그 지음, 정경석, 분도출판사, 1977.

『오늘 우리는 왜 니체를 읽는가』, 정동호 외 지음, 책세상, 2006.

『우리 시대의 아나키즘』, 숀 쉬한 지음, 조준상 옮김, 필맥, 2003.

『우울할 땐 니체』, 발타자르 토마스 지음, 김부용 옮김, 자음과모음, 2013.

『유럽의 붓다, 니체』, 야니스 콩스탕티니데스 지음 · 다미앙 막도날드 그림, 강희경 옮김, 열린책들, 2012.

『인간과 초인』, 조지 버나드 쇼 지음, 이후지 옮김, 열린책들, 2013.

『인간과 행복에 대한 철학적 성찰: 실존철학의 재조명을 통하여』, 박찬국 지음, 집문당, 2010.

『인생교과서 니체—너의 운명을 사랑하라』, 이진우 · 백승영 지음, 21세기북스, 2016.

『짜라투스트라: 니체의 '짜라투스트라는 이렇게 말했다'를 라즈니쉬가 새롭게 해설한 책』, 오쇼 라즈니쉬 지음, 손민규 옮김, 시간과 공간사, 1995.

『정오의 그림자: 니체와 라캉』, 알렌카 주판치치 지음, 조창호 옮김, 도서출판 b, 2005.

『좋은 유럽인 니체』, 데이비드 F. 크렐; 도널드 L. 베이츠 지음, 박우정 옮김, 글항아리, 2014.

『진리는 미풍처럼 온다—장석주의 니체 읽기』, 장석주 지음, 북인, 2005.

『진리와 해석: 서구 정신의 본질과 니체의 비판』, 최상욱 지음, 다산글방, 2002.

『짜라투스트라』, 오쇼 라즈니쉬 지음, 손민규 옮김, 시간과 공간사, 1995.

『짜라투스트라는 이렇게 말했다—쉽게 읽는 철학 4』, 뤼디거 슈미트 · 코르드 슈프레켈젠 지음, 김미기 옮김, 이학사, 1999.

『'차라투스트라는 이렇게 말했다' 메타포로 읽기』, 최상욱 지음, 서광사, 2015.

『천재 광기 열정』, 슈테판 츠바이크 지음, 원당희 옮김, 세창미디어, 2009.

『철학과 마음의 치유: 니체, 심층심리학, 철학상담치료』, 김정현 지음, 책세상, 2013.

『철학으로 읽는 괴테 니체 바그너』, 승계호 지음, 석기용 옮김, 반니, 2014.

『철학의 거장들 4, 현대편: 니체에서 사르트르까지』, 오트프리트 회페 엮음, 이진우 외 옮김, 한길사, 2006.

『철학의 끌림: 마르크스, 니체, 프로이트』, 강영계 지음, 멘토press, 2011.

『청년 니체: 예술과 문화 비판』, 윤병태 지음, 용의숲, 2012.

『초월에서 포월로』, 김진석 지음. 솔, 1994.

『초인수업: 나를 넘어 나를 만나다』, 박찬국 지음, 21세기북스, 2014.

『칼 야스퍼스의 '니체와 기독교' 읽기』, 정영도 지음, 세창미디어, 2016.

『탈현대의 사회이론: 탈현대의 비판적 질의』, 스티븐 베스트 · 더글라스 켈너 지음, 정일준 옮김, 현대미학사, 1995.

『프리드리히 니체』, 발터 니그 지음, 정진홍 옮김, 청하, 1982.

『How to read 니체』, 키스 안셀 피어슨 지음, 서정은 옮김, 웅진씽크빅, 2007.

『한 권으로 읽는 니체』, 로버트 솔로몬 · 캐슬린 히긴스 지음, 고병권 옮김, 푸른숲, 2002.

『해체미학: 니체에서 후기구조주의까지』, 피종호 지음, 뿌리와이파리, 2005.

『허무주의: 불안 절망 허무에의 길』, W. 듀란트 지음, 박종응 옮김, 아카데미서림, 1961.

『헤겔에서 니체로: 마르크스와 키아케고어, 19세기 사상의 혁명적 결렬』, 카를 뢰비트 지음, 강학철 옮김,

민음사, 2006.

『현대사상의 거목들: 니체·사르트르·프로이트·키에르케고르』, 반 리이센·주이데마·루쉬두니 지음, 이창우 옮김, 종로서적, 1992.

『현대의 철학자들』, 이윤일 지음, 선학사, 2002.

『현대철학의 거장들』, 박찬국 지음, 철학과현실사, 2005.

『현대철학의 파노라마: 20세기 철학의 맥락 살펴보기』, 조광제 외 지음, 동방미디어, 2008.

『휴머니티: 20세기의 폭력과 새로운 도덕』, 조너선 글로버 지음, 김선욱, 이양수 [공]옮김, 문예출판사, 2008.

『히틀러의 철학자들: 철학은 어떻게 정치의 도구로 변질되는가?』, 이본 셰라트 지음, 김민수 옮김, 다빈치, 2014.

색 인

❈ 우리말 사항 색인 ❈

(ㅇ)

㈜

(ㅊ)

✠ 구미어 사항 색인 ✠

✠ 인명 색인 ✠

로소-테일러 Jessie Lossot-Taylor 1827-1905   640
로시니 Gioacchino Antonio Rossini 1792-1868   2, 98
로젠베르크 Alfred Rosenberg 1893-1946   65, 156, 272
로크 John Locke 1632-1704   59, 409
로티 Pierre Loti 1850-1923   84, 195
로티 Richard Rorty 1931-2007   41, 226
로프스 Friedrich Loofs 1858-1928   405
롤랑 Romain Rolland 1866-1944   175
롤즈 John Rawls 1921-2002   225
롬베르크 Andreas Romberg 1767-1821   348
롬브로조 Cesare Lombroso 1836-1909   35
뢰비트 Karl Löwith 1897-1973   3, 13, 66, 75, 107, 127, 156,
    208, 297, 340, 357, 389, 414, 425, 430, 444, 464, 473, 537,
    554, 558, 571, 601
루게 Arnold Ruge 1802-1880   127
루소 Jean-Jacques Rousseau 1712-78   24, 37, 84, 158, 259,
    349, 481, 581
루쉰 魯迅 Ru Hsün 1881-1936   160
루카치 György Lukács 1885-1971   56, 66, 124, 135, 161, 174,
    183, 223, 272, 359, 365, 450, 485, 578
루키아노스 Lucianos ca. 120-ca. 180   534
루터 Martin Luther 1483-1546   53, 131, 162, 166, 324, 383,
    496, 501, 510, 589
르 봉 Gustave Le Bon 1841-1931   268
르낭 Ernest Renan 1823-92   84, 164, 297, 384, 417, 581
르메트르 François-Élie-Jules Lemaître 1853-1914   84
르메트르 Jules Lemaître 1853-1914   195
리슈탕베르제 Henri Lichtenberger 1864-1941   168
리스트 Franz Liszt 1811-86   169, 216, 297
리오타르 Jean François Lyotard 1924-1997   169, 235, 637
리츨 Friedrich Wilhelm Ritschl 1806-76   146, 153, 170, 220,
    238, 257, 277, 432, 586
리츨(알브레히트) Albrecht Ritschl 1822-89   405
리케르트 Heinrich Rickert 1863-1936   171, 208, 345
리쾨르 Paul Ricœur 1913-2005   171
리히터 Horst Eberhard Richter 1923-2011   541
리히터 Raoul Richter 1871-1912   109, 455
리히텐베르크 Georg Christoph Lichtenberg 1742-99   81, 172,
    374
리히텐슈타인 Alfred Liechtenstein 1889-1914   194
릴리엔크론 Axel Detlev von Liliencron 1844-1909   117
릴케 Rainer Maria Rilke 1875-1926   172, 292, 577, 601
립스 Theodor Lipps 1851-1914   368
링거 Fritz K. Ringer 1934-2006   212
링겔나츠 Joachim Ringelnatz 1883-1934   194

(ㅁ)

마르셀 Gabriel Marcel 1889-1973   75, 349
마르쿠제 Herbert Marcuse 1898-1979   174, 190, 224, 349, 427,
    604
마리네티 Filippo Tommaso Marinetti 1876-1944   112, 201,
    577
마야코프스키 Vladimir Vladimirovich Mayakovskii 1893-1930
    149
마우트너 Fritz Mauthner 1849-1923   95
마이네케 Friedrich Meinecke 1862-1954   406
마이어 Hans Mayer 1907-2001   474
마이어 Julius Robert von Mayer 1814-1878   80, 412
마이어 Theo Meyer 1932-2007   437
마이젠부크 Malwida von Meysenbug 1816-1903   19, 155, 175,
    292, 329, 432, 460, 490, 571, 640
마인랜더 Philipp Mainländer 1841-76   594
마조흐 Leopold von Sacher-Masoch 1836-95   626
마키아벨리 Nicollò di Bernardo dei Machiavelli 1469-1527
    254
만(토마스) Thomas Mann 1875-1955   19, 56, 66, 74, 85, 117,
    133, 137, 178, 179, 238, 293, 307, 369, 552, 563, 578
만(골로) Golo Mann 1909-1994   178
만(클라우스) Klaus Mann 1906-1949   178
만(하인리히) Heinrich Mann 1871-1950   178, 179, 310, 604
만초니 Alessandro Manzoni 1785-1873   553
말라르메 Stéphane Mallarmé 1842-98   19, 419
말러 Gustav Mahler 1860-1911   102, 180, 219, 307, 309
맑스 Karl Marx 1818-83   22, 28, 181, 223, 305, 350, 357,
    492, 637
맥거번 William Montgomery McGovern 1897-1964   66
메레지코프스키 Dmitrii Sergeevich Merezhkovskii 1866-1941
    149
메를로-퐁티 Maurice Merleau-Ponty 1908-61   184, 285, 349
메리메 Prosper Mérimée 1803-70   84, 185
메링 Franz Erdmann Mehring 1846-1919   66
메이약 Henri Meilhac 1831-1897   195
메이지 천황   468
메테를링크 Maurice Maeterlinck 1862-1949   562
모건 Lewis Henry Morgan 1818-1881   222
모라스 Charles-Marie-Photius Maurras 1868-1952   382
모르겐슈테른 Christian Morgenstern 1871-1914   194, 310
모리 오가이 森鷗外 1862-1922   111, 194, 418, 470, 593
모스 Marcel Mauss 1872-1950   34
모차르트 Wolfgang Amadeus Mozart 1756-91   38, 97, 242
모파상 Guy de Maupassant 1850-93   84, 187, 195, 482
몬티나리 Mazzino Montinari 1928-86   75, 332, 383, 455, 554,
    641
몰니에 Thierry Maulnier 1909-1988   382
몸베르트 Alfred Mombert 1872-1942   117
몸젠 Theodor Mommsen 1817-1903   282

(ㅂ)

(ㅅ)

(ㅇ)

❊ 저작명 색인 ❊

현 대 철 학 사 전 IV

니체사전

초판 1쇄 발행_2016년 10월 12일

엮은이_기마에 도시아키+다카하시 준이치+미시마 겐이치+오누키 아츠코+오이시 기이치로
옮긴이_이신철
펴낸이_조기조
기획_이성민+이신철+정지은+조영일
편집_김장미+백은주
표지디자인_미라클인애드
인쇄_상지사P&B
펴낸곳_도서출판 b

등록_2003년 2월 24일 제12-348호
주소_08772 서울특별시 관악구 난곡로 288 남진빌딩 401호
전화_02-6293-7070(대) / 팩시밀리_02-6293-8080
홈페이지_b-book.co.kr / 이메일_bbooks@naver.com

정가_80,000원

ISBN 979-11-87036-12-8 94100
ISBN 978-89-91706-20-0 (세트)